法官必备法律司法解释解读丛书
（第四版）

民事法官必备
法律司法解释解读

── 上 册 ──

人民法院出版社／编

人民法院出版社

图书在版编目（CIP）数据

民事法官必备法律司法解释解读 / 人民法院出版社编. -- 4版. -- 北京：人民法院出版社，2025.5. （法官必备法律司法解释解读丛书）. -- ISBN 978-7-5109-4324-9

Ⅰ. D923.05；D925.105

中国国家版本馆CIP数据核字第2025ZR9390号

民事法官必备法律司法解释解读（第四版）
人民法院出版社　编

责任编辑	杨　洁
出版发行	人民法院出版社
地　　址	北京市东城区东交民巷 27 号（100745）
电　　话	（010）67550656（责任编辑）　　67550558（发行部查询）
	65223677（读者服务部）
网　　址	http://www.courtbook.com.cn
E - mail	courtpress@sohu.com
印　　刷	三河市国英印务有限公司
经　　销	新华书店
开　　本	787×1092 毫米　1/16
字　　数	2916 千字
印　　张	123
版　　次	2025 年 5 月第 1 版　2025 年 5 月第 1 次印刷
书　　号	ISBN 978-7-5109-4324-9
定　　价	298.00 元（上下册）

版权所有　侵权必究

总 目 录

（上册）

第一部分 民商事

一、总类 ……………………………………………………………（ 1 ）
二、物权 ……………………………………………………………（ 207 ）
　（一）所有权 ……………………………………………………（ 207 ）
　（二）用益物权 …………………………………………………（ 265 ）
　（三）担保物权 …………………………………………………（ 291 ）
三、合同 ……………………………………………………………（ 352 ）
　（一）综合 ………………………………………………………（ 352 ）
　（二）买卖合同 …………………………………………………（ 456 ）
　（三）租赁合同 …………………………………………………（ 508 ）
　（四）融资租赁合同 ……………………………………………（ 513 ）
　（五）建设工程合同 ……………………………………………（ 516 ）
　（六）技术合同 …………………………………………………（ 540 ）
　（七）借款合同 …………………………………………………（ 547 ）
四、人格权 …………………………………………………………（ 562 ）
五、婚姻家庭、继承纠纷 …………………………………………（ 628 ）
　（一）婚姻家庭 …………………………………………………（ 628 ）
　（二）继承 ………………………………………………………（ 678 ）
六、侵权责任 ………………………………………………………（ 696 ）
七、劳动争议、人事争议 …………………………………………（ 935 ）

· 1 ·

（下册）

- 八、公司、企业 …………………………………………………………（1025）
- 九、票据 ……………………………………………………………（1127）
- 十、破产 ……………………………………………………………（1144）
- 十一、证券、期货 ……………………………………………………（1272）
- 十二、信用证、独立保函 ……………………………………………（1353）
- 十三、保险 …………………………………………………………（1380）
- 十四、涉港澳台民事关系的法律适用 ………………………………（1451）

第二部分　民事诉讼

- 一、综合 ……………………………………………………………（1453）
- 二、起诉和受理 ……………………………………………………（1636）
- 三、管辖 ……………………………………………………………（1648）
- 四、诉讼参加人 ……………………………………………………（1698）
- 五、证据 ……………………………………………………………（1735）
- 六、期间、送达 ……………………………………………………（1773）
- 七、一审、二审程序 ………………………………………………（1783）
- 八、审判监督程序 …………………………………………………（1789）
- 九、特别程序和督促程序 …………………………………………（1825）
- 十、涉港澳台民事诉讼程序的规定 ………………………………（1848）

目 录

（上册）

第一部分 民商事

一、总　　类

中华人民共和国民法典
　　（2020年5月28日）···（ 1 ）
最高人民法院
　　关于适用《中华人民共和国民法典》总则编若干问题的解释
　　（2022年2月24日）···（ 110 ）
　　【解读】解读《关于适用〈中华人民共和国民法典〉总则编
　　　　　若干问题的解释》···（ 115 ）
最高人民法院
　　关于适用《中华人民共和国民法典》时间效力的若干规定
　　（2020年12月29日）···（ 132 ）
　　【解读】解读《关于适用〈中华人民共和国民法典〉时间效力的
　　　　　若干规定》···（ 135 ）
最高人民法院
　　关于审理民事案件适用诉讼时效制度若干问题的规定
　　（2020年12月29日修正）··（ 143 ）
最高人民法院
　　关于印发《全国法院贯彻实施民法典工作会议纪要》的通知
　　（2021年4月6日）··（ 146 ）
　　【解读】解读《全国法院贯彻实施民法典工作会议纪要》·········（ 150 ）
最高人民法院
　　关于印发《全国法院民商事审判工作会议纪要》的通知
　　（2019年11月8日）···（ 159 ）

【链接】 最高人民法院民二庭负责人就《全国法院民商事审判工作会议
纪要》答记者问 …………………………………………………（192）

最高人民法院
关于印发《第八次全国法院民事商事审判工作会议（民事部分）纪要》的通知
（2016年11月21日）…………………………………………（201）

二、物　权

（一）所有权

中华人民共和国城市房地产管理法
（2019年8月26日修正）………………………………………（207）

中华人民共和国土地管理法
（2019年8月26日修正）………………………………………（215）

最高人民法院
关于商品房消费者权利保护问题的批复
（2023年4月20日）……………………………………………（227）

最高人民法院
关于适用《中华人民共和国民法典》物权编的解释（一）
（2020年12月29日）…………………………………………（228）

最高人民法院
关于审理建筑物区分所有权纠纷案件适用法律若干问题的解释
（2020年12月29日修正）……………………………………（230）

【解读】 解读《关于审理建筑物区分所有权纠纷案件适用法律若干问题的
解释》新修改条文 …………………………………………（233）

最高人民法院
关于审理物业服务纠纷案件适用法律若干问题的解释
（2020年12月29日修正）……………………………………（254）

指导案例65号
上海市虹口区久某大厦小区业主大会诉上海环某实业总公司
业主共有权纠纷案
（2016年9月19日）……………………………………………（254）

【解读】 解读《上海市虹口区久某大厦小区业主大会诉上海环某实业
总公司业主共有权纠纷案》…………………………………（256）

（二）用益物权

中华人民共和国农村土地承包法
（2018年12月29日修正）……………………………………（265）

最高人民法院
  关于审理涉及农村土地承包纠纷案件适用法律问题的解释
    （2020年12月29日修正） ································· （273）
    【解读】 解读《关于审理涉及农村土地承包纠纷案件适用法律问题的
           解释》新修改条文 ··································· （276）
最高人民法院
  关于审理涉及国有土地使用权合同纠纷案件适用法律问题的解释
    （2020年12月29日修正） ································· （288）

（三）担保物权

最高人民法院
  关于适用《中华人民共和国民法典》有关担保制度的解释
    （2020年12月31日） ····································· （291）
    【解读】 解读《关于适用〈中华人民共和国民法典〉有关担保制度的
           解释》 ··· （304）
最高人民法院
  关于破产企业国有划拨土地使用权应否列入破产财产等问题的批复
    （2020年12月29日修正） ································· （326）
指导案例53号
  福建海某银行股份有限公司福州某支行诉长某污水处理
  有限公司、福州某工程有限公司金融借款合同纠纷案
    （2015年11月19日） ····································· （327）
    【解读】 解读《福建海某银行股份有限公司福州某支行诉长某污水
           处理有限公司、福州某工程有限公司金融借款合同纠纷案》 ····· （330）
指导案例57号
  某银行股份有限公司宁波分行诉浙江创某电器有限公司等
  金融借款合同纠纷案
    （2016年5月20日） ······································ （333）
    【解读】 解读《某银行股份有限公司宁波分行诉浙江创某电器
           有限公司等金融借款合同纠纷案》 ····················· （335）
指导案例95号
  某银行股份有限公司宣城龙首支行诉宣城柏某贸易有限公司、
  江苏凯某置业有限公司等金融借款合同纠纷案
    （2018年6月20日） ······································ （339）
    【解读】 解读《某银行股份有限公司宣城龙首支行诉宣城柏某贸易
           有限公司、江苏凯某置业有限公司等金融借款合同纠纷案》 ···· （341）
指导案例168号
  某银行股份有限公司东莞分行诉陈某华等金融借款合同纠纷案
    （2021年11月9日） ······································ （348）

· 3 ·

三、合 同

（一）综 合

最高人民法院
关于外币及港澳台货币逾期付款利息计算标准的批复
（2025年2月12日） ……………………………………………………（352）

  【链接】 最高人民法院民四庭负责人就《最高人民法院关于外币及
    港澳台货币逾期付款利息计算标准的批复》答记者问 …………（353）

最高人民法院
关于大型企业与中小企业约定以第三方支付款项为付款前提
  条款效力问题的批复
（2024年8月27日） ……………………………………………………（354）

  【链接】 保护中小企业的合法权益 促进各经营主体公平参与市场竞争
    ——《最高人民法院关于大型企业与中小企业约定以第三方支付
    款项为付款前提条款效力问题的批复》的新闻发布稿 ………（355）

最高人民法院
关于适用《中华人民共和国民法典》合同编通则若干问题的解释
（2023年12月4日） ……………………………………………………（358）

  【解读】 解读《关于适用〈中华人民共和国民法典〉合同编
    通则若干问题的解释》 …………………………………………（371）

  【解读】 《关于适用〈中华人民共和国民法典〉合同编通则若干问题的解释》
    实施中重点问题解读 ……………………………………………（396）

最高人民法院
关于审理存单纠纷案件的若干规定
（2020年12月29日修正） ………………………………………………（416）

最高人民法院
关于审理旅游纠纷案件适用法律若干问题的规定
（2020年12月29日修正） ………………………………………………（420）

  【解读】 解读《关于审理旅游纠纷案件适用法律若干问题的规定》
    新修改条文 ………………………………………………………（423）

最高人民法院
关于国有土地开荒后用于农耕的土地使用权转让合同纠纷案件如何适用
  法律问题的批复
（2020年12月29日修正） ………………………………………………（427）

  【解读】 解读《关于国有土地开荒后用于农耕的土地使用权转让合同纠纷
    案件如何适用法律问题的批复》 ………………………………（428）

指导案例 64 号
刘某捷诉某通信集团江苏有限公司某分公司电信服务合同纠纷案
  （2016 年 6 月 30 日） ··（430）
  【解读】 解读《刘某捷诉某通信集团江苏有限公司某分公司
  电信服务合同纠纷案》 ···（432）

指导案例 68 号
上海欧某生物科技有限公司诉辽宁特某置业发展有限公司
企业借贷纠纷案
  （2016 年 9 月 19 日） ··（438）
  【解读】 解读《上海欧某生物科技有限公司诉辽宁特某置业发展
  有限公司企业借贷纠纷案》 ···（445）

指导案例 166 号
北京隆某贸易有限公司诉北京某重工有限公司合同纠纷案
  （2021 年 11 月 9 日） ··（450）

指导案例 169 号
徐某诉某银行股份有限公司上海延西支行银行卡纠纷案
  （2021 年 11 月 9 日） ··（452）

指导案例 189 号
上海熊某文化有限公司诉李某、昆山播某信息技术有限公司合同纠纷案
  （2022 年 12 月 8 日） ··（454）

（二）买卖合同

最高人民法院
关于审理预付式消费民事纠纷案件适用法律若干问题的解释
  （2025 年 3 月 13 日） ··（456）
  【解读】 解读《关于审理预付式消费民事纠纷案件适用法律若干
  问题的解释》 ··（460）

最高人民法院
关于审理买卖合同纠纷案件适用法律问题的解释
  （2020 年 12 月 29 日修正） ···（472）

最高人民法院
关于审理商品房买卖合同纠纷案件适用法律若干问题的解释
  （2020 年 12 月 29 日修正） ···（476）

指导案例 17 号
张某诉北京合某汽车服务有限公司买卖合同纠纷案
  （2013 年 11 月 8 日） ··（479）
  【解读】 解读《张某诉北京合某汽车服务有限公司买卖合同纠纷案》 ······（481）

指导案例 23 号
  孙某山诉南京欧某超市有限公司江宁店买卖合同纠纷案
    (2014 年 1 月 26 日) ……………………………………………………（485）
    【解读】解读《孙某山诉欧某超市有限公司江宁店买卖合同纠纷案》……（487）
指导案例 33 号
  瑞士嘉某国际公司诉福建金某制油有限公司等确认合同无效纠纷案
    (2014 年 12 月 18 日) …………………………………………………（493）
    【解读】解读《瑞士嘉某国际公司诉福建金某制油有限公司等
            确认合同无效纠纷案》 ……………………………………（496）
指导案例 72 号
  汤某、刘某龙、马某太、王某刚诉新疆鄂尔多斯彦某房地产
  开发有限公司商品房买卖合同纠纷案
    (2016 年 12 月 28 日) …………………………………………………（500）
    【解读】解读《汤某、刘某龙、马某太、王某刚诉新疆鄂尔多斯彦某
            房地产开发有限公司商品房买卖合同纠纷案》……………（502）
指导案例 167 号
  北京大某燃料有限公司诉山东百某物流有限公司买卖合同纠纷案
    (2021 年 11 月 9 日) ……………………………………………………（506）

（三）租赁合同

最高人民法院
  关于审理城镇房屋租赁合同纠纷案件具体应用法律若干问题的解释
    (2020 年 12 月 29 日修正) ……………………………………………（508）
指导案例 170 号
  饶某礼诉某物资供应站等房屋租赁合同纠纷案
    (2021 年 11 月 9 日) ……………………………………………………（510）

（四）融资租赁合同

最高人民法院
  关于审理融资租赁合同纠纷案件适用法律问题的解释
    (2020 年 12 月 29 日修正) ……………………………………………（513）

（五）建设工程合同

最高人民法院
  关于审理建设工程施工合同纠纷案件适用法律问题的解释（一）
    (2020 年 12 月 29 日) …………………………………………………（516）

【解读】解读《关于审理建设工程施工合同纠纷案件适用法律问题的解释（一）》……（521）

指导案例 171 号
中某建设集团有限公司诉河南恒某置业有限公司建设工程施工合同纠纷案
（2021 年 11 月 9 日）……（538）

（六）技术合同

最高人民法院
关于审理技术合同纠纷案件适用法律若干问题的解释
（2020 年 12 月 29 日修正）……（540）

（七）借款合同

最高人民法院
关于新民间借贷司法解释适用范围问题的批复
（2020 年 12 月 29 日）……（547）

最高人民法院
关于审理民间借贷案件适用法律若干问题的规定
（2020 年 12 月 29 日修正）……（548）

【解读】解读《关于审理民间借贷案件适用法律若干问题的规定》………（552）

最高人民法院
关于债务人在约定的期限届满后未履行债务而出具没有还款日期的欠款条诉讼时效期间应从何时开始计算问题的批复
（2020 年 12 月 29 日修正）……（559）

最高人民法院
关于超过诉讼时效期间借款人在催款通知单上签字或者盖章的法律效力问题的批复
（1999 年 2 月 11 日）……（560）

【解读】解读《关于超过诉讼时效期间借款人在催款通知单上签字或者盖章的法律效力问题的批复》……（560）

四、人格权

最高人民法院
关于审理人身损害赔偿案件适用法律若干问题的解释
（2022 年 4 月 24 日修正）……（562）

【解读】人身损害赔偿司法解释的两次修改与重点解读 ………（565）

最高人民法院
关于审理使用人脸识别技术处理个人信息相关民事案件适用法律若干问题的规定
（2021 年 7 月 27 日）……（573）

【解读】　解读《关于审理使用人脸识别技术处理个人信息相关民事案件
　　　　　　适用法律若干问题的规定》 ……………………………………（575）
最高人民法院
　关于确定民事侵权精神损害赔偿责任若干问题的解释
　（2020年12月29日修正） ………………………………………………（584）
　　【解读】　解读《关于确定民事侵权精神损害赔偿责任若干问题的
　　　　　　解释》修改条文 …………………………………………………（585）
最高人民法院
　关于审理铁路运输人身损害赔偿纠纷案件适用法律若干问题的解释
　（2021年12月28日修正） ………………………………………………（594）
指导案例98号
　张某福、张某凯诉朱某彪生命权纠纷案
　　（2018年12月19日） ……………………………………………………（596）
　　【解读】　解读《张某福、张某凯诉朱某彪生命权纠纷案》 ……………（598）
指导案例99号
　葛某生诉洪某快名誉权、荣誉权纠纷案
　　（2018年12月19日） ……………………………………………………（600）
　　【解读】　解读《葛某生诉洪某快名誉权、荣誉权纠纷案》 ……………（602）
指导案例141号
　支某1等诉北京市永定河管理处生命权、健康权、身体权纠纷案
　　（2020年10月9日） ……………………………………………………（606）
　　【解读】　解读《支某1等诉北京市永定河管理处生命权、健康权、
　　　　　　身体权纠纷案》 …………………………………………………（608）
指导案例142号
　刘某莲、郭某丽、郭某双诉孙某、河南兰某物业管理有限公司信阳
　分公司生命权纠纷案
　　（2020年10月9日） ……………………………………………………（611）
　　【解读】　解读《刘某莲、郭某丽、郭某双诉孙某、河南兰某物业
　　　　　　管理有限公司信阳分公司生命权纠纷案》 ……………………（613）
指导案例143号
　北京兰某光电科技有限公司、黄某兰诉赵某名誉权纠纷案
　　（2020年10月9日） ……………………………………………………（619）
　　【解读】　解读《北京兰某光电科技有限公司、黄某兰诉赵某名誉权纠纷案》 …（622）

五、婚姻家庭、继承纠纷

（一）婚姻家庭

最高人民法院
　关于适用《中华人民共和国民法典》婚姻家庭编的解释（二）
　（2025年1月15日） ………………………………………………………（628）

【解读】 解读《关于适用〈中华人民共和国民法典〉婚姻家庭编的
解释（二）》 …………………………………………………………（632）
最高人民法院
关于适用《中华人民共和国民法典》婚姻家庭编的解释（一）
（2020年12月29日） ………………………………………………………（643）
【解读】 解读《关于适用〈中华人民共和国民法典〉婚姻家庭编的
解释（一）》 …………………………………………………………（651）
最高人民法院
关于审理涉彩礼纠纷案件适用法律若干问题的规定
（2024年1月17日） …………………………………………………………（660）
【解读】 解读《关于审理涉彩礼纠纷案件适用法律若干问题的规定》 ……（661）
指导案例66号
雷某某诉宋某某离婚纠纷案
（2016年9月19日） …………………………………………………………（669）
【解读】 解读《雷某某诉宋某某离婚纠纷案》 …………………………（670）
指导案例228号
张某诉李某、刘某监护权纠纷案
（2024年5月30日） …………………………………………………………（675）
指导案例229号
沙某某诉袁某某探望权纠纷案
（2024年5月30日） …………………………………………………………（677）

（二）继　　承

最高人民法院
关于适用《中华人民共和国民法典》继承编的解释（一）
（2020年12月29日） …………………………………………………………（678）
【解读】 解读《关于适用〈中华人民共和国民法典〉继承编的
解释（一）》 …………………………………………………………（681）
指导案例50号
李某、郭某阳诉郭某和、童某某继承纠纷案
（2015年4月15） ……………………………………………………………（689）
【解读】 解读《李某、郭某阳诉郭某和、童某某继承纠纷案》 …………（691）

六、侵权责任

中华人民共和国道路交通安全法
（2021年4月29日修正） ……………………………………………………（696）
中华人民共和国产品质量法
（2018年12月29日修正） ……………………………………………………（712）

· 9 ·

中华人民共和国消费者权益保护法
　　（2013年10月25日修正）……………………………………………（720）
最高人民法院
　　关于适用《中华人民共和国民法典》侵权责任编的解释（一）
　　（2024年9月25日）……………………………………………………（727）
　　　　【解读】 解读《关于适用〈中华人民共和国民法典〉侵权责任编的
　　　　　　　　解释（一）》………………………………………………（731）
最高人民法院
　　关于审理食品药品惩罚性赔偿纠纷案件适用法律若干问题的解释
　　（2024年8月21日）……………………………………………………（743）
　　　　【解读】 解读《关于审理食品药品惩罚性赔偿纠纷案件适用
　　　　　　　　法律若干问题的解释》……………………………………（746）
最高人民法院
　　关于审理生态环境侵权责任纠纷案件适用法律若干问题的解释
　　（2023年8月14日修正）………………………………………………（755）
　　　　【解读】 解读《关于审理生态环境侵权责任纠纷案件
　　　　　　　　适用法律若干问题的解释》………………………………（759）
最高人民法院
　　关于审理森林资源民事纠纷案件适用法律若干问题的解释
　　（2022年6月13日）……………………………………………………（769）
　　　　【解读】 解读《关于审理森林资源民事纠纷案件适用法律
　　　　　　　　若干问题的解释》…………………………………………（772）
最高人民法院
　　关于审理网络消费纠纷案件适用法律若干问题的规定（一）
　　（2022年3月1日）………………………………………………………（780）
　　　　【解读】 解读《关于审理网络消费纠纷案件适用法律若干问题的
　　　　　　　　规定（一）》………………………………………………（782）
最高人民法院
　　关于审理生态环境侵权纠纷案件适用惩罚性赔偿的解释
　　（2022年1月12日）……………………………………………………（790）
　　　　【解读】 解读《关于审理生态环境侵权纠纷案件适用惩罚性
　　　　　　　　赔偿的解释》………………………………………………（792）
最高人民法院
　　关于生态环境侵权案件适用禁止令保全措施的若干规定
　　（2021年12月27日）……………………………………………………（800）
　　　　【解读】 解读《关于生态环境侵权案件适用禁止令保全措施的若干规定》…（806）
最高人民法院
　　关于审理食品药品纠纷案件适用法律若干问题的规定
　　（2021年11月18日修正）………………………………………………（816）

最高人民法院
　　关于审理生态环境损害赔偿案件的若干规定（试行）
　　　　（2020年12月29日修正） ………………………………………………（818）
　　　　【解读】 解读《关于审理生态环境损害赔偿案件的若干规定（试行）》………（821）
最高人民法院
　　关于审理道路交通事故损害赔偿案件适用法律若干问题的解释
　　　　（2020年12月29日修正） ………………………………………………（832）
最高人民法院
　　关于审理食品安全民事纠纷案件适用法律若干问题的解释（一）
　　　　（2020年12月8日） ……………………………………………………（836）
　　　　【解读】 解读《关于审理食品安全民事纠纷案件适用法律若干问题的
　　　　　　　　解释（一）》……………………………………………………（838）
最高人民法院
　　关于审理医疗损害责任纠纷案件适用法律若干问题的解释
　　　　（2020年12月29日修正） ………………………………………………（849）
最高人民法院
　　关于审理利用信息网络侵害人身权益民事纠纷案件适用法律若干问题的规定
　　　　（2020年12月29日修正） ………………………………………………（853）
　　　　【解读】 解读《关于审理利用信息网络侵害人身权益民事纠纷案件适用
　　　　　　　　法律若干问题的规定》新修改条文 ……………………………（855）
最高人民法院
　　关于审理海洋自然资源与生态环境损害赔偿纠纷案件若干问题的规定
　　　　（2017年12月29日） ……………………………………………………（865）
　　　　【解读】 解读《关于审理海洋自然资源与生态环境损害赔偿纠纷案件
　　　　　　　　若干问题的规定》………………………………………………（867）
最高人民法院
　　关于审理涉及会计师事务所在审计业务活动中民事侵权赔偿案件的若干规定
　　　　（2007年6月11日） ……………………………………………………（875）
　　　　【解读】 解读《关于审理涉及会计师事务所在审计业务活动中民事侵权
　　　　　　　　赔偿案件的若干规定》…………………………………………（877）
最高人民法院
　　关于购买人使用分期付款购买的车辆从事运输因交通事故造成他人财产
　　　　损失保留车辆所有权的出卖方不应承担民事责任的批复
　　　　（2000年12月1日） ……………………………………………………（896）
　　　　【解读】 解读《关于购买人使用分期付款购买的车辆从事运输因交通事故
　　　　　　　　造成他人财产损失保留车辆所有权的出卖方不应承担
　　　　　　　　民事责任的批复》………………………………………………（896）
最高人民法院
　　关于依法妥善审理高空抛物、坠物案件的意见
　　　　（2019年10月21日） ……………………………………………………（898）

【解读】 解读《关于依法妥善审理高空抛物、坠物案件的意见》 ………… (901)
指导案例 19 号
　　赵某明等诉烟台市福山区某运输公司、卫某平等机动车
　　交通事故责任纠纷案
　　　　(2013 年 11 月 8 日) ……………………………………………… (907)
　　　　【解读】 解读《赵某明等诉烟台市福山区某运输公司、卫某平等机动车交通
　　　　　　　事故责任纠纷案》 ………………………………………………… (909)
指导案例 24 号
　　荣某英诉王某、永某财产保险股份有限公司江阴支
　　公司机动车交通事故责任纠纷案
　　　　(2014 年 1 月 26 日) ……………………………………………… (913)
　　　　【解读】 解读《荣某英诉王某、永某财产保险股份有限公司江阴支公司
　　　　　　　机动车交通事故责任纠纷案》 ……………………………………… (915)
指导案例 75 号
　　中国生物多样性保护与绿色发展基金会诉宁夏瑞某科技
　　股份有限公司环境污染公益诉讼案
　　　　(2016 年 12 月 28 日) ……………………………………………… (920)
　　　　【解读】 解读《中国生物多样性保护与绿色发展基金会诉宁夏瑞某科技
　　　　　　　股份有限公司环境污染公益诉讼案》 ……………………………… (923)
指导案例 140 号
　　李某月等诉广州市花都区梯面镇红山村村民委员会违反
　　安全保障义务责任纠纷案
　　　　(2020 年 10 月 9 日) ……………………………………………… (927)
　　　　【解读】 解读《李某月等诉广州市花都区梯面镇红山村村民委员会违反
　　　　　　　安全保障义务责任纠纷案》 ………………………………………… (929)

七、劳动争议、人事争议

中华人民共和国劳动法
　　(2018 年 12 月 29 日修正) ………………………………………………… (935)
中华人民共和国劳动合同法
　　(2012 年 12 月 28 日修正) ………………………………………………… (944)
中华人民共和国劳动争议调解仲裁法
　　(2007 年 12 月 29 日) ……………………………………………………… (955)
最高人民法院
　　关于审理劳动争议案件适用法律问题的解释(一)
　　　　(2020 年 12 月 29 日) ……………………………………………… (961)
　　　　【解读】 解读《关于审理劳动争议案件适用法律问题的解释(一)》 ……… (968)

最高人民法院
　关于人事争议申请仲裁的时效期间如何计算的批复
　　（2013年9月12日）………………………………………………………（976）
　　【解读】　解读《关于人事争议申请仲裁的时效期间如何计算的批复》……（976）
最高人民法院
　关于人民法院审理事业单位人事争议案件若干问题的规定
　　（2003年8月27日）………………………………………………………（979）
　　【解读】　解读《关于人民法院审理事业单位人事争议案件若干问题的
　　　　　　　规定》……………………………………………………………（979）
　　【链接】　最高人民法院
　　　　　　　关于事业单位人事争议案件适用法律等问题的答复 …………（988）
最高人民法院
　关于人民法院对经劳动争议仲裁裁决的纠纷准予撤诉或驳回起诉后劳动
　　争议仲裁裁决从何时起生效的解释
　　（2000年7月10日）………………………………………………………（989）
　　【解读】　解读《关于人民法院对经劳动争议仲裁裁决的纠纷准予撤诉
　　　　　　　或驳回起诉后劳动争议仲裁裁决从何时起生效的解释》………（989）
指导案例18号
　中某通讯（杭州）有限责任公司诉王某劳动合同纠纷案
　　（2013年11月8日）………………………………………………………（992）
　　【解读】　解读《中某通讯（杭州）有限责任公司诉王某劳动合同纠纷案》…（993）
指导案例179号
　聂某兰诉北京林某文化有限公司确认劳动关系案
　　（2022年7月4日）…………………………………………………………（997）
指导案例180号
　孙某锋诉淮安某人力资源开发有限公司劳动合同纠纷案
　　（2022年7月4日）…………………………………………………………（998）
指导案例181号
　郑某诉霍某自动化控制（中国）有限公司劳动合同纠纷案
　　（2022年7月4日）…………………………………………………………（1001）
指导案例182号
　彭某翔诉南京市某（集团）有限责任公司追索劳动报酬纠纷案
　　（2022年7月4日）…………………………………………………………（1003）
指导案例183号
　房某诉某人寿保险有限公司劳动合同纠纷案
　　（2022年7月4日）…………………………………………………………（1005）
指导案例184号
　马某楠诉北京搜某信息技术有限公司竞业限制纠纷案
　　（2022年7月4日）…………………………………………………………（1006）

指导案例 185 号
闫某琳诉浙江喜某度假村有限公司平等就业权纠纷案
  （2022 年 7 月 4 日） ································· (1008)
  【解读】 解读《闫某琳诉浙江喜某度假村有限公司平等就业权纠纷案》 ······ (1010)
指导案例 190 号
王某诉万某信息技术股份有限公司竞业限制纠纷案
  （2022 年 12 月 8 日） ································ (1014)
指导案例 237 号
郎溪某服务外包有限公司诉徐某申确认劳动关系纠纷案
  （2024 年 12 月 20 日） ······························· (1017)
指导案例 238 号
圣某欢诉江苏某网络科技有限公司确认劳动关系纠纷案
  （2024 年 12 月 20 日） ······························· (1019)
指导案例 239 号
王某诉北京某文化传媒有限公司劳动争议案
  （2024 年 12 月 20 日） ······························· (1021)
指导案例 240 号
秦某丹诉北京某汽车技术开发服务有限公司劳动争议案
  （2024 年 12 月 20 日） ······························· (1023)

第一部分　民商事

一、总　类

中华人民共和国民法典

（2020年5月28日第十三届全国人民代表大会第三次会议通过　2020年5月28日中华人民共和国主席令第45号公布　自2021年1月1日起施行）

目　录

第一编　总　则
 第一章　基本规定
 第二章　自然人
  第一节　民事权利能力和民事行为能力
  第二节　监　护
  第三节　宣告失踪和宣告死亡
  第四节　个体工商户和农村承包经营户
 第三章　法　人
  第一节　一般规定
  第二节　营利法人
  第三节　非营利法人
  第四节　特别法人
 第四章　非法人组织
 第五章　民事权利
 第六章　民事法律行为
  第一节　一般规定
  第二节　意思表示
  第三节　民事法律行为的效力
  第四节　民事法律行为的附条件和附期限
 第七章　代　理
  第一节　一般规定
  第二节　委托代理
  第三节　代理终止

第八章　民事责任
第九章　诉讼时效
第十章　期间计算

第二编　物　权
第一分编　通　则
第一章　一般规定
第二章　物权的设立、变更、转让和消灭
第一节　不动产登记
第二节　动产交付
第三节　其他规定
第三章　物权的保护
第二分编　所有权
第四章　一般规定
第五章　国家所有权和集体所有权、私人所有权
第六章　业主的建筑物区分所有权
第七章　相邻关系
第八章　共　有
第九章　所有权取得的特别规定
第三分编　用益物权
第十章　一般规定
第十一章　土地承包经营权
第十二章　建设用地使用权
第十三章　宅基地使用权
第十四章　居住权
第十五章　地役权
第四分编　担保物权
第十六章　一般规定
第十七章　抵押权
第一节　一般抵押权
第二节　最高额抵押权
第十八章　质　权
第一节　动产质权
第二节　权利质权
第十九章　留置权
第五分编　占　有
第二十章　占　有

第三编　合　同
第一分编　通　则
第一章　一般规定
第二章　合同的订立

第三章　合同的效力
　　第四章　合同的履行
　　第五章　合同的保全
　　第六章　合同的变更和转让
　　第七章　合同的权利义务终止
　　第八章　违约责任
第二分编　典型合同
　　第九章　买卖合同
　　第十章　供用电、水、气、热力合同
　　第十一章　赠与合同
　　第十二章　借款合同
　　第十三章　保证合同
　　　　第一节　一般规定
　　　　第二节　保证责任
　　第十四章　租赁合同
　　第十五章　融资租赁合同
　　第十六章　保理合同
　　第十七章　承揽合同
　　第十八章　建设工程合同
　　第十九章　运输合同
　　　　第一节　一般规定
　　　　第二节　客运合同
　　　　第三节　货运合同
　　　　第四节　多式联运合同
　　第二十章　技术合同
　　　　第一节　一般规定
　　　　第二节　技术开发合同
　　　　第三节　技术转让合同和技术许可合同
　　　　第四节　技术咨询合同和技术服务合同
　　第二十一章　保管合同
　　第二十二章　仓储合同
　　第二十三章　委托合同
　　第二十四章　物业服务合同
　　第二十五章　行纪合同
　　第二十六章　中介合同
　　第二十七章　合伙合同
第三分编　准合同
　　第二十八章　无因管理
　　第二十九章　不当得利

第四编　人格权
　　第一章　一般规定

第二章　生命权、身体权和健康权
　　第三章　姓名权和名称权
　　第四章　肖像权
　　第五章　名誉权和荣誉权
　　第六章　隐私权和个人信息保护
第五编　婚姻家庭
　　第一章　一般规定
　　第二章　结　婚
　　第三章　家庭关系
　　　　第一节　夫妻关系
　　　　第二节　父母子女关系和其他近亲属关系
　　第四章　离　婚
　　第五章　收　养
　　　　第一节　收养关系的成立
　　　　第二节　收养的效力
　　　　第三节　收养关系的解除
第六编　继　承
　　第一章　一般规定
　　第二章　法定继承
　　第三章　遗嘱继承和遗赠
　　第四章　遗产的处理
第七编　侵权责任
　　第一章　一般规定
　　第二章　损害赔偿
　　第三章　责任主体的特殊规定
　　第四章　产品责任
　　第五章　机动车交通事故责任
　　第六章　医疗损害责任
　　第七章　环境污染和生态破坏责任
　　第八章　高度危险责任
　　第九章　饲养动物损害责任
　　第十章　建筑物和物件损害责任
附　则

第一编　总　则

第一章　基本规定

第一条　为了保护民事主体的合法权益，调整民事关系，维护社会和经济秩序，适应中国特色社会主义发展要求，弘扬社会主义核心价值观，根据宪法，制定本法。

第二条 民法调整平等主体的自然人、法人和非法人组织之间的人身关系和财产关系。

第三条 民事主体的人身权利、财产权利以及其他合法权益受法律保护，任何组织或者个人不得侵犯。

第四条 民事主体在民事活动中的法律地位一律平等。

第五条 民事主体从事民事活动，应当遵循自愿原则，按照自己的意思设立、变更、终止民事法律关系。

第六条 民事主体从事民事活动，应当遵循公平原则，合理确定各方的权利和义务。

第七条 民事主体从事民事活动，应当遵循诚信原则，秉持诚实，恪守承诺。

第八条 民事主体从事民事活动，不得违反法律，不得违背公序良俗。

第九条 民事主体从事民事活动，应当有利于节约资源、保护生态环境。

第十条 处理民事纠纷，应当依照法律；法律没有规定的，可以适用习惯，但是不得违背公序良俗。

第十一条 其他法律对民事关系有特别规定的，依照其规定。

第十二条 中华人民共和国领域内的民事活动，适用中华人民共和国法律。法律另有规定的，依照其规定。

第二章 自 然 人

第一节 民事权利能力和民事行为能力

第十三条 自然人从出生时起到死亡时止，具有民事权利能力，依法享有民事权利，承担民事义务。

第十四条 自然人的民事权利能力一律平等。

第十五条 自然人的出生时间和死亡时间，以出生证明、死亡证明记载的时间为准；没有出生证明、死亡证明的，以户籍登记或者其他有效身份登记记载的时间为准。有其他证据足以推翻以上记载时间的，以该证据证明的时间为准。

第十六条 涉及遗产继承、接受赠与等胎儿利益保护的，胎儿视为具有民事权利能力。但是，胎儿娩出时为死体的，其民事权利能力自始不存在。

第十七条 十八周岁以上的自然人为成年人。不满十八周岁的自然人为未成年人。

第十八条 成年人为完全民事行为能力人，可以独立实施民事法律行为。

十六周岁以上的未成年人，以自己的劳动收入为主要生活来源的，视为完全民事行为能力人。

第十九条 八周岁以上的未成年人为限制民事行为能力人，实施民事法律行为由其法定代理人代理或者经其法定代理人同意、追认；但是，可以独立实施纯获利益的民事法律行为或者与其年龄、智力相适应的民事法律行为。

第二十条 不满八周岁的未成年人为无民事行为能力人，由其法定代理人代理实施民事法律行为。

第二十一条 不能辨认自己行为的成年人为无民事行为能力人，由其法定代理人代理实施民事法律行为。

八周岁以上的未成年人不能辨认自己行为的,适用前款规定。

第二十二条 不能完全辨认自己行为的成年人为限制民事行为能力人,实施民事法律行为由其法定代理人代理或者经其法定代理人同意、追认;但是,可以独立实施纯获利益的民事法律行为或者与其智力、精神健康状况相适应的民事法律行为。

第二十三条 无民事行为能力人、限制民事行为能力人的监护人是其法定代理人。

第二十四条 不能辨认或者不能完全辨认自己行为的成年人,其利害关系人或者有关组织,可以向人民法院申请认定该成年人为无民事行为能力人或者限制民事行为能力人。

被人民法院认定为无民事行为能力人或者限制民事行为能力人的,经本人、利害关系人或者有关组织申请,人民法院可以根据其智力、精神健康恢复的状况,认定该成年人恢复为限制民事行为能力人或者完全民事行为能力人。

本条规定的有关组织包括:居民委员会、村民委员会、学校、医疗机构、妇女联合会、残疾人联合会、依法设立的老年人组织、民政部门等。

第二十五条 自然人以户籍登记或者其他有效身份登记记载的居所为住所;经常居所与住所不一致的,经常居所视为住所。

第二节 监 护

第二十六条 父母对未成年子女负有抚养、教育和保护的义务。

成年子女对父母负有赡养、扶助和保护的义务。

第二十七条 父母是未成年子女的监护人。

未成年人的父母已经死亡或者没有监护能力的,由下列有监护能力的人按顺序担任监护人:

(一)祖父母、外祖父母;

(二)兄、姐;

(三)其他愿意担任监护人的个人或者组织,但是须经未成年人住所地的居民委员会、村民委员会或者民政部门同意。

第二十八条 无民事行为能力或者限制民事行为能力的成年人,由下列有监护能力的人按顺序担任监护人:

(一)配偶;

(二)父母、子女;

(三)其他近亲属;

(四)其他愿意担任监护人的个人或者组织,但是须经被监护人住所地的居民委员会、村民委员会或者民政部门同意。

第二十九条 被监护人的父母担任监护人的,可以通过遗嘱指定监护人。

第三十条 依法具有监护资格的人之间可以协议确定监护人。协议确定监护人应当尊重被监护人的真实意愿。

第三十一条 对监护人的确定有争议的,由被监护人住所地的居民委员会、村民委员会或者民政部门指定监护人,有关当事人对指定不服的,可以向人民法院申请指定监护人;有关当事人也可以直接向人民法院申请指定监护人。

居民委员会、村民委员会、民政部门或者人民法院应当尊重被监护人的真实意愿,按照最有利于被监护人的原则在依法具有监护资格的人中指定监护人。

依据本条第一款规定指定监护人前，被监护人的人身权利、财产权利以及其他合法权益处于无人保护状态的，由被监护人住所地的居民委员会、村民委员会、法律规定的有关组织或者民政部门担任临时监护人。

监护人被指定后，不得擅自变更；擅自变更的，不免除被指定的监护人的责任。

第三十二条　没有依法具有监护资格的人的，监护人由民政部门担任，也可以由具备履行监护职责条件的被监护人住所地的居民委员会、村民委员会担任。

第三十三条　具有完全民事行为能力的成年人，可以与其近亲属、其他愿意担任监护人的个人或者组织事先协商，以书面形式确定自己的监护人，在自己丧失或者部分丧失民事行为能力时，由该监护人履行监护职责。

第三十四条　监护人的职责是代理被监护人实施民事法律行为，保护被监护人的人身权利、财产权利以及其他合法权益等。

监护人依法履行监护职责产生的权利，受法律保护。

监护人不履行监护职责或者侵害被监护人合法权益的，应当承担法律责任。

因发生突发事件等紧急情况，监护人暂时无法履行监护职责，被监护人的生活处于无人照料状态的，被监护人住所地的居民委员会、村民委员会或者民政部门应当为被监护人安排必要的临时生活照料措施。

第三十五条　监护人应当按照最有利于被监护人的原则履行监护职责。监护人除为维护被监护人利益外，不得处分被监护人的财产。

未成年人的监护人履行监护职责，在作出与被监护人利益有关的决定时，应当根据被监护人的年龄和智力状况，尊重被监护人的真实意愿。

成年人的监护人履行监护职责，应当最大程度地尊重被监护人的真实意愿，保障并协助被监护人实施与其智力、精神健康状况相适应的民事法律行为。对被监护人有能力独立处理的事务，监护人不得干涉。

第三十六条　监护人有下列情形之一的，人民法院根据有关个人或者组织的申请，撤销其监护人资格，安排必要的临时监护措施，并按照最有利于被监护人的原则依法指定监护人：

（一）实施严重损害被监护人身心健康的行为；

（二）怠于履行监护职责，或者无法履行监护职责且拒绝将监护职责部分或者全部委托给他人，导致被监护人处于危困状态；

（三）实施严重侵害被监护人合法权益的其他行为。

本条规定的有关个人、组织包括：其他依法具有监护资格的人，居民委员会、村民委员会、学校、医疗机构、妇女联合会、残疾人联合会、未成年人保护组织、依法设立的老年人组织、民政部门等。

前款规定的个人和民政部门以外的组织未及时向人民法院申请撤销监护人资格的，民政部门应当向人民法院申请。

第三十七条　依法负担被监护人抚养费、赡养费、扶养费的父母、子女、配偶等，被人民法院撤销监护人资格后，应当继续履行负担的义务。

第三十八条　被监护人的父母或者子女被人民法院撤销监护人资格后，除对被监护人实施故意犯罪的外，确有悔改表现的，经其申请，人民法院可以在尊重被监护人真实意愿的前提下，视情况恢复其监护人资格，人民法院指定的监护人与被监护人的监护关系同时终止。

第三十九条 有下列情形之一的，监护关系终止：

（一）被监护人取得或者恢复完全民事行为能力；

（二）监护人丧失监护能力；

（三）被监护人或者监护人死亡；

（四）人民法院认定监护关系终止的其他情形。

监护关系终止后，被监护人仍然需要监护的，应当依法另行确定监护人。

第三节 宣告失踪和宣告死亡

第四十条 自然人下落不明满二年的，利害关系人可以向人民法院申请宣告该自然人为失踪人。

第四十一条 自然人下落不明的时间自其失去音讯之日起计算。战争期间下落不明的，下落不明的时间自战争结束之日或者有关机关确定的下落不明之日起计算。

第四十二条 失踪人的财产由其配偶、成年子女、父母或者其他愿意担任财产代管人的人代管。

代管有争议，没有前款规定的人，或者前款规定的人无代管能力的，由人民法院指定的人代管。

第四十三条 财产代管人应当妥善管理失踪人的财产，维护其财产权益。

失踪人所欠税款、债务和应付的其他费用，由财产代管人从失踪人的财产中支付。

财产代管人因故意或者重大过失造成失踪人财产损失的，应当承担赔偿责任。

第四十四条 财产代管人不履行代管职责、侵害失踪人财产权益或者丧失代管能力的，失踪人的利害关系人可以向人民法院申请变更财产代管人。

财产代管人有正当理由的，可以向人民法院申请变更财产代管人。

人民法院变更财产代管人的，变更后的财产代管人有权请求原财产代管人及时移交有关财产并报告财产代管情况。

第四十五条 失踪人重新出现，经本人或者利害关系人申请，人民法院应当撤销失踪宣告。

失踪人重新出现，有权请求财产代管人及时移交有关财产并报告财产代管情况。

第四十六条 自然人有下列情形之一的，利害关系人可以向人民法院申请宣告该自然人死亡：

（一）下落不明满四年；

（二）因意外事件，下落不明满二年。

因意外事件下落不明，经有关机关证明该自然人不可能生存的，申请宣告死亡不受二年时间的限制。

第四十七条 对同一自然人，有的利害关系人申请宣告死亡，有的利害关系人申请宣告失踪，符合本法规定的宣告死亡条件的，人民法院应当宣告死亡。

第四十八条 被宣告死亡的人，人民法院宣告死亡的判决作出之日视为其死亡的日期；因意外事件下落不明宣告死亡的，意外事件发生之日视为其死亡的日期。

第四十九条 自然人被宣告死亡但是并未死亡的，不影响该自然人在被宣告死亡期间实施的民事法律行为的效力。

第五十条 被宣告死亡的人重新出现，经本人或者利害关系人申请，人民法院应当撤销死亡宣告。

第五十一条 被宣告死亡的人的婚姻关系，自死亡宣告之日起消除。死亡宣告被撤销的，婚姻关系自撤销死亡宣告之日起自行恢复。但是，其配偶再婚或者向婚姻登记机关书面声明不愿意恢复的除外。

第五十二条 被宣告死亡的人在被宣告死亡期间，其子女被他人依法收养的，在死亡宣告被撤销后，不得以未经本人同意为由主张收养行为无效。

第五十三条 被撤销死亡宣告的人有权请求依照本法第六编取得其财产的民事主体返还财产；无法返还的，应当给予适当补偿。

利害关系人隐瞒真实情况，致使他人被宣告死亡而取得其财产的，除应当返还财产外，还应当对由此造成的损失承担赔偿责任。

第四节 个体工商户和农村承包经营户

第五十四条 自然人从事工商业经营，经依法登记，为个体工商户。个体工商户可以起字号。

第五十五条 农村集体经济组织的成员，依法取得农村土地承包经营权，从事家庭承包经营的，为农村承包经营户。

第五十六条 个体工商户的债务，个人经营的，以个人财产承担；家庭经营的，以家庭财产承担；无法区分的，以家庭财产承担。

农村承包经营户的债务，以从事农村土地承包经营的农户财产承担；事实上由农户部分成员经营的，以该部分成员的财产承担。

第三章 法 人

第一节 一般规定

第五十七条 法人是具有民事权利能力和民事行为能力，依法独立享有民事权利和承担民事义务的组织。

第五十八条 法人应当依法成立。

法人应当有自己的名称、组织机构、住所、财产或者经费。法人成立的具体条件和程序，依照法律、行政法规的规定。

设立法人，法律、行政法规规定须经有关机关批准的，依照其规定。

第五十九条 法人的民事权利能力和民事行为能力，从法人成立时产生，到法人终止时消灭。

第六十条 法人以其全部财产独立承担民事责任。

第六十一条 依照法律或者法人章程的规定，代表法人从事民事活动的负责人，为法人的法定代表人。

法定代表人以法人名义从事的民事活动，其法律后果由法人承受。

法人章程或者法人权力机构对法定代表人代表权的限制，不得对抗善意相对人。

第六十二条 法定代表人因执行职务造成他人损害的，由法人承担民事责任。

法人承担民事责任后，依照法律或者法人章程的规定，可以向有过错的法定代表人追偿。

第六十三条 法人以其主要办事机构所在地为住所。依法需要办理法人登记的，应当将主要办事机构所在地登记为住所。

第六十四条 法人存续期间登记事项发生变化的，应当依法向登记机关申请变更登记。

第六十五条 法人的实际情况与登记的事项不一致的，不得对抗善意相对人。

第六十六条 登记机关应当依法及时公示法人登记的有关信息。

第六十七条 法人合并的，其权利和义务由合并后的法人享有和承担。

法人分立的，其权利和义务由分立后的法人享有连带债权，承担连带债务，但是债权人和债务人另有约定的除外。

第六十八条 有下列原因之一并依法完成清算、注销登记的，法人终止：

（一）法人解散；

（二）法人被宣告破产；

（三）法律规定的其他原因。

法人终止，法律、行政法规规定须经有关机关批准的，依照其规定。

第六十九条 有下列情形之一的，法人解散：

（一）法人章程规定的存续期间届满或者法人章程规定的其他解散事由出现；

（二）法人的权力机构决议解散；

（三）因法人合并或者分立需要解散；

（四）法人依法被吊销营业执照、登记证书，被责令关闭或者被撤销；

（五）法律规定的其他情形。

第七十条 法人解散的，除合并或者分立的情形外，清算义务人应当及时组成清算组进行清算。

法人的董事、理事等执行机构或者决策机构的成员为清算义务人。法律、行政法规另有规定的，依照其规定。

清算义务人未及时履行清算义务，造成损害的，应当承担民事责任；主管机关或者利害关系人可以申请人民法院指定有关人员组成清算组进行清算。

第七十一条 法人的清算程序和清算组职权，依照有关法律的规定；没有规定的，参照适用公司法律的有关规定。

第七十二条 清算期间法人存续，但是不得从事与清算无关的活动。

法人清算后的剩余财产，按照法人章程的规定或者法人权力机构的决议处理。法律另有规定的，依照其规定。

清算结束并完成法人注销登记时，法人终止；依法不需要办理法人登记的，清算结束时，法人终止。

第七十三条 法人被宣告破产的，依法进行破产清算并完成法人注销登记时，法人终止。

第七十四条 法人可以依法设立分支机构。法律、行政法规规定分支机构应当登记的，依照其规定。

分支机构以自己的名义从事民事活动，产生的民事责任由法人承担；也可以先以该分支机构管理的财产承担，不足以承担的，由法人承担。

第七十五条 设立人为设立法人从事的民事活动，其法律后果由法人承受；法人未成立的，其法律后果由设立人承受，设立人为二人以上的，享有连带债权，承担连带债务。

设立人为设立法人以自己的名义从事民事活动产生的民事责任，第三人有权选择请求法人或者设立人承担。

第二节 营利法人

第七十六条 以取得利润并分配给股东等出资人为目的成立的法人，为营利法人。
营利法人包括有限责任公司、股份有限公司和其他企业法人等。

第七十七条 营利法人经依法登记成立。

第七十八条 依法设立的营利法人，由登记机关发给营利法人营业执照。营业执照签发日期为营利法人的成立日期。

第七十九条 设立营利法人应当依法制定法人章程。

第八十条 营利法人应当设权力机构。
权力机构行使修改法人章程，选举或者更换执行机构、监督机构成员，以及法人章程规定的其他职权。

第八十一条 营利法人应当设执行机构。
执行机构行使召集权力机构会议，决定法人的经营计划和投资方案，决定法人内部管理机构的设置，以及法人章程规定的其他职权。
执行机构为董事会或者执行董事的，董事长、执行董事或者经理按照法人章程的规定担任法定代表人；未设董事会或者执行董事的，法人章程规定的主要负责人为其执行机构和法定代表人。

第八十二条 营利法人设监事会或者监事等监督机构的，监督机构依法行使检查法人财务，监督执行机构成员、高级管理人员执行法人职务的行为，以及法人章程规定的其他职权。

第八十三条 营利法人的出资人不得滥用出资人权利损害法人或者其他出资人的利益；滥用出资人权利造成法人或者其他出资人损失的，应当依法承担民事责任。
营利法人的出资人不得滥用法人独立地位和出资人有限责任损害法人债权人的利益；滥用法人独立地位和出资人有限责任，逃避债务，严重损害法人债权人的利益的，应当对法人债务承担连带责任。

第八十四条 营利法人的控股出资人、实际控制人、董事、监事、高级管理人员不得利用其关联关系损害法人的利益；利用关联关系造成法人损失的，应当承担赔偿责任。

第八十五条 营利法人的权力机构、执行机构作出决议的会议召集程序、表决方式违反法律、行政法规、法人章程，或者决议内容违反法人章程的，营利法人的出资人可以请求人民法院撤销该决议。但是，营利法人依据该决议与善意相对人形成的民事法律关系不受影响。

第八十六条 营利法人从事经营活动，应当遵守商业道德，维护交易安全，接受政府和社会的监督，承担社会责任。

第三节 非营利法人

第八十七条 为公益目的或者其他非营利目的成立，不向出资人、设立人或者会员分配所取得利润的法人，为非营利法人。

非营利法人包括事业单位、社会团体、基金会、社会服务机构等。

第八十八条 具备法人条件，为适应经济社会发展需要，提供公益服务设立的事业单位，经依法登记成立，取得事业单位法人资格；依法不需要办理法人登记的，从成立之日起，具有事业单位法人资格。

第八十九条 事业单位法人设理事会的，除法律另有规定外，理事会为其决策机构。事业单位法人的法定代表人依照法律、行政法规或者法人章程的规定产生。

第九十条 具备法人条件，基于会员共同意愿，为公益目的或者会员共同利益等非营利目的设立的社会团体，经依法登记成立，取得社会团体法人资格；依法不需要办理法人登记的，从成立之日起，具有社会团体法人资格。

第九十一条 设立社会团体法人应当依法制定法人章程。

社会团体法人应当设会员大会或者会员代表大会等权力机构。

社会团体法人应当设理事会等执行机构。理事长或者会长等负责人按照法人章程的规定担任法定代表人。

第九十二条 具备法人条件，为公益目的以捐助财产设立的基金会、社会服务机构等，经依法登记成立，取得捐助法人资格。

依法设立的宗教活动场所，具备法人条件的，可以申请法人登记，取得捐助法人资格。法律、行政法规对宗教活动场所有规定的，依照其规定。

第九十三条 设立捐助法人应当依法制定法人章程。

捐助法人应当设理事会、民主管理组织等决策机构，并设执行机构。理事长等负责人按照法人章程的规定担任法定代表人。

捐助法人应当设监事会等监督机构。

第九十四条 捐助人有权向捐助法人查询捐助财产的使用、管理情况，并提出意见和建议，捐助法人应当及时、如实答复。

捐助法人的决策机构、执行机构或者法定代表人作出决定的程序违反法律、行政法规、法人章程，或者决定内容违反法人章程的，捐助人等利害关系人或者主管机关可以请求人民法院撤销该决定。但是，捐助法人依据该决定与善意相对人形成的民事法律关系不受影响。

第九十五条 为公益目的成立的非营利法人终止时，不得向出资人、设立人或者会员分配剩余财产。剩余财产应当按照法人章程的规定或者权力机构的决议用于公益目的；无法按照法人章程的规定或者权力机构的决议处理的，由主管机关主持转给宗旨相同或者相近的法人，并向社会公告。

第四节 特别法人

第九十六条 本节规定的机关法人、农村集体经济组织法人、城镇农村的合作经济组织法人、基层群众性自治组织法人，为特别法人。

第九十七条 有独立经费的机关和承担行政职能的法定机构从成立之日起，具有机关法人资格,可以从事为履行职能所需要的民事活动。

第九十八条 机关法人被撤销的,法人终止,其民事权利和义务由继任的机关法人享有和承担;没有继任的机关法人的,由作出撤销决定的机关法人享有和承担。

第九十九条 农村集体经济组织依法取得法人资格。

法律、行政法规对农村集体经济组织有规定的,依照其规定。

第一百条 城镇农村的合作经济组织依法取得法人资格。

法律、行政法规对城镇农村的合作经济组织有规定的,依照其规定。

第一百零一条 居民委员会、村民委员会具有基层群众性自治组织法人资格,可以从事为履行职能所需要的民事活动。

未设立村集体经济组织的,村民委员会可以依法代行村集体经济组织的职能。

第四章 非法人组织

第一百零二条 非法人组织是不具有法人资格,但是能够依法以自己的名义从事民事活动的组织。

非法人组织包括个人独资企业、合伙企业、不具有法人资格的专业服务机构等。

第一百零三条 非法人组织应当依照法律的规定登记。

设立非法人组织,法律、行政法规规定须经有关机关批准的,依照其规定。

第一百零四条 非法人组织的财产不足以清偿债务的,其出资人或者设立人承担无限责任。法律另有规定的,依照其规定。

第一百零五条 非法人组织可以确定一人或者数人代表该组织从事民事活动。

第一百零六条 有下列情形之一的,非法人组织解散:

(一)章程规定的存续期间届满或者章程规定的其他解散事由出现;

(二)出资人或者设立人决定解散;

(三)法律规定的其他情形。

第一百零七条 非法人组织解散的,应当依法进行清算。

第一百零八条 非法人组织除适用本章规定外,参照适用本编第三章第一节的有关规定。

第五章 民事权利

第一百零九条 自然人的人身自由、人格尊严受法律保护。

第一百一十条 自然人享有生命权、身体权、健康权、姓名权、肖像权、名誉权、荣誉权、隐私权、婚姻自主权等权利。

法人、非法人组织享有名称权、名誉权和荣誉权。

第一百一十一条 自然人的个人信息受法律保护。任何组织或者个人需要获取他人个人信息的,应当依法取得并确保信息安全,不得非法收集、使用、加工、传输他人个人信息,不得非法买卖、提供或者公开他人个人信息。

第一百一十二条 自然人因婚姻家庭关系等产生的人身权利受法律保护。

第一百一十三条 民事主体的财产权利受法律平等保护。

第一百一十四条 民事主体依法享有物权。

物权是权利人依法对特定的物享有直接支配和排他的权利,包括所有权、用益物权和担保物权。

第一百一十五条 物包括不动产和动产。法律规定权利作为物权客体的，依照其规定。

第一百一十六条 物权的种类和内容，由法律规定。

第一百一十七条 为了公共利益的需要，依照法律规定的权限和程序征收、征用不动产或者动产的，应当给予公平、合理的补偿。

第一百一十八条 民事主体依法享有债权。

债权是因合同、侵权行为、无因管理、不当得利以及法律的其他规定，权利人请求特定义务人为或者不为一定行为的权利。

第一百一十九条 依法成立的合同，对当事人具有法律约束力。

第一百二十条 民事权益受到侵害的，被侵权人有权请求侵权人承担侵权责任。

第一百二十一条 没有法定的或者约定的义务，为避免他人利益受损失而进行管理的人，有权请求受益人偿还由此支出的必要费用。

第一百二十二条 因他人没有法律根据，取得不当利益，受损失的人有权请求其返还不当利益。

第一百二十三条 民事主体依法享有知识产权。

知识产权是权利人依法就下列客体享有的专有的权利：

（一）作品；
（二）发明、实用新型、外观设计；
（三）商标；
（四）地理标志；
（五）商业秘密；
（六）集成电路布图设计；
（七）植物新品种；
（八）法律规定的其他客体。

第一百二十四条 自然人依法享有继承权。

自然人合法的私有财产，可以依法继承。

第一百二十五条 民事主体依法享有股权和其他投资性权利。

第一百二十六条 民事主体享有法律规定的其他民事权利和利益。

第一百二十七条 法律对数据、网络虚拟财产的保护有规定的，依照其规定。

第一百二十八条 法律对未成年人、老年人、残疾人、妇女、消费者等的民事权利保护有特别规定的，依照其规定。

第一百二十九条 民事权利可以依据民事法律行为、事实行为、法律规定的事件或者法律规定的其他方式取得。

第一百三十条 民事主体按照自己的意愿依法行使民事权利，不受干涉。

第一百三十一条 民事主体行使权利时，应当履行法律规定的和当事人约定的义务。

第一百三十二条 民事主体不得滥用民事权利损害国家利益、社会公共利益或者他人合法权益。

第六章 民事法律行为

第一节 一般规定

第一百三十三条 民事法律行为是民事主体通过意思表示设立、变更、终止民事法律关系的行为。

第一百三十四条 民事法律行为可以基于双方或者多方的意思表示一致成立，也可以基于单方的意思表示成立。

法人、非法人组织依照法律或者章程规定的议事方式和表决程序作出决议的，该决议行为成立。

第一百三十五条 民事法律行为可以采用书面形式、口头形式或者其他形式；法律、行政法规规定或者当事人约定采用特定形式的，应当采用特定形式。

第一百三十六条 民事法律行为自成立时生效，但是法律另有规定或者当事人另有约定的除外。

行为人非依法律规定或者未经对方同意，不得擅自变更或者解除民事法律行为。

第二节 意思表示

第一百三十七条 以对话方式作出的意思表示，相对人知道其内容时生效。

以非对话方式作出的意思表示，到达相对人时生效。以非对话方式作出的采用数据电文形式的意思表示，相对人指定特定系统接收数据电文的，该数据电文进入该特定系统时生效；未指定特定系统的，相对人知道或者应当知道该数据电文进入其系统时生效。当事人对采用数据电文形式的意思表示的生效时间另有约定的，按照其约定。

第一百三十八条 无相对人的意思表示，表示完成时生效。法律另有规定的，依照其规定。

第一百三十九条 以公告方式作出的意思表示，公告发布时生效。

第一百四十条 行为人可以明示或者默示作出意思表示。

沉默只有在有法律规定、当事人约定或者符合当事人之间的交易习惯时，才可以视为意思表示。

第一百四十一条 行为人可以撤回意思表示。撤回意思表示的通知应当在意思表示到达相对人前或者与意思表示同时到达相对人。

第一百四十二条 有相对人的意思表示的解释，应当按照所使用的词句，结合相关条款、行为的性质和目的、习惯以及诚信原则，确定意思表示的含义。

无相对人的意思表示的解释，不能完全拘泥于所使用的词句，而应当结合相关条款、行为的性质和目的、习惯以及诚信原则，确定行为人的真实意思。

第三节 民事法律行为的效力

第一百四十三条 具备下列条件的民事法律行为有效：
（一）行为人具有相应的民事行为能力；
（二）意思表示真实；
（三）不违反法律、行政法规的强制性规定，不违背公序良俗。

第一百四十四条 无民事行为能力人实施的民事法律行为无效。

第一百四十五条 限制民事行为能力人实施的纯获利益的民事法律行为或者与其年龄、智力、精神健康状况相适应的民事法律行为有效;实施的其他民事法律行为经法定代理人同意或者追认后有效。

相对人可以催告法定代理人自收到通知之日起三十日内予以追认。法定代理人未作表示的,视为拒绝追认。民事法律行为被追认前,善意相对人有撤销的权利。撤销应当以通知的方式作出。

第一百四十六条 行为人与相对人以虚假的意思表示实施的民事法律行为无效。

以虚假的意思表示隐藏的民事法律行为的效力,依照有关法律规定处理。

第一百四十七条 基于重大误解实施的民事法律行为,行为人有权请求人民法院或者仲裁机构予以撤销。

第一百四十八条 一方以欺诈手段,使对方在违背真实意思的情况下实施的民事法律行为,受欺诈方有权请求人民法院或者仲裁机构予以撤销。

第一百四十九条 第三人实施欺诈行为,使一方在违背真实意思的情况下实施的民事法律行为,对方知道或者应当知道该欺诈行为的,受欺诈方有权请求人民法院或者仲裁机构予以撤销。

第一百五十条 一方或者第三人以胁迫手段,使对方在违背真实意思的情况下实施的民事法律行为,受胁迫方有权请求人民法院或者仲裁机构予以撤销。

第一百五十一条 一方利用对方处于危困状态、缺乏判断能力等情形,致使民事法律行为成立时显失公平的,受损害方有权请求人民法院或者仲裁机构予以撤销。

第一百五十二条 有下列情形之一的,撤销权消灭:

(一)当事人自知道或者应当知道撤销事由之日起一年内、重大误解的当事人自知道或者应当知道撤销事由之日起九十日内没有行使撤销权;

(二)当事人受胁迫,自胁迫行为终止之日起一年内没有行使撤销权;

(三)当事人知道撤销事由后明确表示或者以自己的行为表明放弃撤销权。

当事人自民事法律行为发生之日起五年内没有行使撤销权的,撤销权消灭。

第一百五十三条 违反法律、行政法规的强制性规定的民事法律行为无效。但是,该强制性规定不导致该民事法律行为无效的除外。

违背公序良俗的民事法律行为无效。

第一百五十四条 行为人与相对人恶意串通,损害他人合法权益的民事法律行为无效。

第一百五十五条 无效的或者被撤销的民事法律行为自始没有法律约束力。

第一百五十六条 民事法律行为部分无效,不影响其他部分效力的,其他部分仍然有效。

第一百五十七条 民事法律行为无效、被撤销或者确定不发生效力后,行为人因该行为取得的财产,应当予以返还;不能返还或者没有必要返还的,应当折价补偿。有过错的一方应当赔偿对方由此所受到的损失;各方都有过错的,应当各自承担相应的责任。法律另有规定的,依照其规定。

第四节 民事法律行为的附条件和附期限

第一百五十八条 民事法律行为可以附条件,但是根据其性质不得附条件的除外。

附生效条件的民事法律行为，自条件成就时生效。附解除条件的民事法律行为，自条件成就时失效。

第一百五十九条 附条件的民事法律行为，当事人为自己的利益不正当地阻止条件成就的，视为条件已经成就；不正当地促成条件成就的，视为条件不成就。

第一百六十条 民事法律行为可以附期限，但是根据其性质不得附期限的除外。附生效期限的民事法律行为，自期限届至时生效。附终止期限的民事法律行为，自期限届满时失效。

第七章 代 理

第一节 一般规定

第一百六十一条 民事主体可以通过代理人实施民事法律行为。

依照法律规定、当事人约定或者民事法律行为的性质，应当由本人亲自实施的民事法律行为，不得代理。

第一百六十二条 代理人在代理权限内，以被代理人名义实施的民事法律行为，对被代理人发生效力。

第一百六十三条 代理包括委托代理和法定代理。

委托代理人按照被代理人的委托行使代理权。法定代理人依照法律的规定行使代理权。

第一百六十四条 代理人不履行或者不完全履行职责，造成被代理人损害的，应当承担民事责任。

代理人和相对人恶意串通，损害被代理人合法权益的，代理人和相对人应当承担连带责任。

第二节 委托代理

第一百六十五条 委托代理授权采用书面形式的，授权委托书应当载明代理人的姓名或者名称、代理事项、权限和期限，并由被代理人签名或者盖章。

第一百六十六条 数人为同一代理事项的代理人的，应当共同行使代理权，但是当事人另有约定的除外。

第一百六十七条 代理人知道或者应当知道代理事项违法仍然实施代理行为，或者被代理人知道或者应当知道代理人的代理行为违法未作反对表示的，被代理人和代理人应当承担连带责任。

第一百六十八条 代理人不得以被代理人的名义与自己实施民事法律行为，但是被代理人同意或者追认的除外。

代理人不得以被代理人的名义与自己同时代理的其他人实施民事法律行为，但是被代理的双方同意或者追认的除外。

第一百六十九条 代理人需要转委托第三人代理的，应当取得被代理人的同意或者追认。

转委托代理经被代理人同意或者追认的，被代理人可以就代理事务直接指示转委托的第三人，代理人仅就第三人的选任以及对第三人的指示承担责任。

转委托代理未经被代理人同意或者追认的，代理人应当对转委托的第三人的行为承担责任；但是，在紧急情况下代理人为了维护被代理人的利益需要转委托第三人代理的除外。

第一百七十条 执行法人或者非法人组织工作任务的人员，就其职权范围内的事项，以法人或者非法人组织的名义实施的民事法律行为，对法人或者非法人组织发生效力。

法人或者非法人组织对执行其工作任务的人员职权范围的限制，不得对抗善意相对人。

第一百七十一条 行为人没有代理权、超越代理权或者代理权终止后，仍然实施代理行为，未经被代理人追认的，对被代理人不发生效力。

相对人可以催告被代理人自收到通知之日起三十日内予以追认。被代理人未作表示的，视为拒绝追认。行为人实施的行为被追认前，善意相对人有撤销的权利。撤销应当以通知的方式作出。

行为人实施的行为未被追认的，善意相对人有权请求行为人履行债务或者就其受到的损害请求行为人赔偿。但是，赔偿的范围不得超过被代理人追认时相对人所能获得的利益。

相对人知道或者应当知道行为人无权代理的，相对人和行为人按照各自的过错承担责任。

第一百七十二条 行为人没有代理权、超越代理权或者代理权终止后，仍然实施代理行为，相对人有理由相信行为人有代理权的，代理行为有效。

第三节 代理终止

第一百七十三条 有下列情形之一的，委托代理终止：

（一）代理期限届满或者代理事务完成；

（二）被代理人取消委托或者代理人辞去委托；

（三）代理人丧失民事行为能力；

（四）代理人或者被代理人死亡；

（五）作为代理人或者被代理人的法人、非法人组织终止。

第一百七十四条 被代理人死亡后，有下列情形之一的，委托代理人实施的代理行为有效：

（一）代理人不知道且不应当知道被代理人死亡；

（二）被代理人的继承人予以承认；

（三）授权中明确代理权在代理事务完成时终止；

（四）被代理人死亡前已经实施，为了被代理人的继承人的利益继续代理。

作为被代理人的法人、非法人组织终止的，参照适用前款规定。

第一百七十五条 有下列情形之一的，法定代理终止：

（一）被代理人取得或者恢复完全民事行为能力；

（二）代理人丧失民事行为能力；

（三）代理人或者被代理人死亡；

（四）法律规定的其他情形。

第八章 民事责任

第一百七十六条 民事主体依照法律规定或者按照当事人约定，履行民事义务，承担民事责任。

第一百七十七条 二人以上依法承担按份责任，能够确定责任大小的，各自承担相应的责任；难以确定责任大小的，平均承担责任。

第一百七十八条 二人以上依法承担连带责任的，权利人有权请求部分或者全部连带责任人承担责任。

连带责任人的责任份额根据各自责任大小确定；难以确定责任大小的，平均承担责任。实际承担责任超过自己责任份额的连带责任人，有权向其他连带责任人追偿。

连带责任，由法律规定或者当事人约定。

第一百七十九条 承担民事责任的方式主要有：

（一）停止侵害；

（二）排除妨碍；

（三）消除危险；

（四）返还财产；

（五）恢复原状；

（六）修理、重作、更换；

（七）继续履行；

（八）赔偿损失；

（九）支付违约金；

（十）消除影响、恢复名誉；

（十一）赔礼道歉。

法律规定惩罚性赔偿的，依照其规定。

本条规定的承担民事责任的方式，可以单独适用，也可以合并适用。

第一百八十条 因不可抗力不能履行民事义务的，不承担民事责任。法律另有规定的，依照其规定。

不可抗力是不能预见、不能避免且不能克服的客观情况。

第一百八十一条 因正当防卫造成损害的，不承担民事责任。

正当防卫超过必要的限度，造成不应有的损害的，正当防卫人应当承担适当的民事责任。

第一百八十二条 因紧急避险造成损害的，由引起险情发生的人承担民事责任。

危险由自然原因引起的，紧急避险人不承担民事责任，可以给予适当补偿。

紧急避险采取措施不当或者超过必要的限度，造成不应有的损害的，紧急避险人应当承担适当的民事责任。

第一百八十三条 因保护他人民事权益使自己受到损害的，由侵权人承担民事责任，受益人可以给予适当补偿。没有侵权人、侵权人逃逸或者无力承担民事责任，受害人请求补偿的，受益人应当给予适当补偿。

第一百八十四条 因自愿实施紧急救助行为造成受助人损害的，救助人不承担民事责任。

第一百八十五条 侵害英雄烈士等的姓名、肖像、名誉、荣誉，损害社会公共利益的，应当承担民事责任。

第一百八十六条 因当事人一方的违约行为，损害对方人身权益、财产权益的，受损害方有权选择请求其承担违约责任或者侵权责任。

第一百八十七条 民事主体因同一行为应当承担民事责任、行政责任和刑事责任的，承担行政责任或者刑事责任不影响承担民事责任；民事主体的财产不足以支付的，优先用于承担民事责任。

第九章　诉讼时效

第一百八十八条 向人民法院请求保护民事权利的诉讼时效期间为三年。法律另有规定的，依照其规定。

诉讼时效期间自权利人知道或者应当知道权利受到损害以及义务人之日起计算。法律另有规定的，依照其规定。但是，自权利受到损害之日起超过二十年的，人民法院不予保护，有特殊情况的，人民法院可以根据权利人的申请决定延长。

第一百八十九条 当事人约定同一债务分期履行的，诉讼时效期间自最后一期履行期限届满之日起计算。

第一百九十条 无民事行为能力人或者限制民事行为能力人对其法定代理人的请求权的诉讼时效期间，自该法定代理终止之日起计算。

第一百九十一条 未成年人遭受性侵害的损害赔偿请求权的诉讼时效期间，自受害人年满十八周岁之日起计算。

第一百九十二条 诉讼时效期间届满的，义务人可以提出不履行义务的抗辩。

诉讼时效期间届满后，义务人同意履行的，不得以诉讼时效期间届满为由抗辩；义务人已经自愿履行的，不得请求返还。

第一百九十三条 人民法院不得主动适用诉讼时效的规定。

第一百九十四条 在诉讼时效期间的最后六个月内，因下列障碍，不能行使请求权的，诉讼时效中止：

（一）不可抗力；

（二）无民事行为能力人或者限制民事行为能力人没有法定代理人，或者法定代理人死亡、丧失民事行为能力、丧失代理权；

（三）继承开始后未确定继承人或者遗产管理人；

（四）权利人被义务人或者其他人控制；

（五）其他导致权利人不能行使请求权的障碍。

自中止时效的原因消除之日起满六个月，诉讼时效期间届满。

第一百九十五条 有下列情形之一的，诉讼时效中断，从中断、有关程序终结时起，诉讼时效期间重新计算：

（一）权利人向义务人提出履行请求；

（二）义务人同意履行义务；

（三）权利人提起诉讼或者申请仲裁；

（四）与提起诉讼或者申请仲裁具有同等效力的其他情形。

第一百九十六条 下列请求权不适用诉讼时效的规定：

（一）请求停止侵害、排除妨碍、消除危险；

（二）不动产物权和登记的动产物权的权利人请求返还财产；

（三）请求支付抚养费、赡养费或者扶养费；

（四）依法不适用诉讼时效的其他请求权。

第一百九十七条 诉讼时效的期间、计算方法以及中止、中断的事由由法律规定，当事人约定无效。

当事人对诉讼时效利益的预先放弃无效。

第一百九十八条 法律对仲裁时效有规定的，依照其规定；没有规定的，适用诉讼时效的规定。

第一百九十九条 法律规定或者当事人约定的撤销权、解除权等权利的存续期间，除法律另有规定外，自权利人知道或者应当知道权利产生之日起计算，不适用有关诉讼时效中止、中断和延长的规定。存续期间届满，撤销权、解除权等权利消灭。

第十章 期间计算

第二百条 民法所称的期间按照公历年、月、日、小时计算。

第二百零一条 按照年、月、日计算期间的，开始的当日不计入，自下一日开始计算。

按照小时计算期间的，自法律规定或者当事人约定的时间开始计算。

第二百零二条 按照年、月计算期间的，到期月的对应日为期间的最后一日；没有对应日的，月末日为期间的最后一日。

第二百零三条 期间的最后一日是法定休假日的，以法定休假日结束的次日为期间的最后一日。

期间的最后一日的截止时间为二十四时；有业务时间的，停止业务活动的时间为截止时间。

第二百零四条 期间的计算方法依照本法的规定，但是法律另有规定或者当事人另有约定的除外。

第二编 物　权

第一分编 通　则

第一章 一般规定

第二百零五条 本编调整因物的归属和利用产生的民事关系。

第二百零六条 国家坚持和完善公有制为主体、多种所有制经济共同发展，按劳分配为主体、多种分配方式并存，社会主义市场经济体制等社会主义基本经济制度。

国家巩固和发展公有制经济，鼓励、支持和引导非公有制经济的发展。

国家实行社会主义市场经济，保障一切市场主体的平等法律地位和发展权利。

第二百零七条 国家、集体、私人的物权和其他权利人的物权受法律平等保护，任何组织或者个人不得侵犯。

第二百零八条 不动产物权的设立、变更、转让和消灭，应当依照法律规定登记。动产物权的设立和转让，应当依照法律规定交付。

第二章 物权的设立、变更、转让和消灭

第一节 不动产登记

第二百零九条 不动产物权的设立、变更、转让和消灭,经依法登记,发生效力;未经登记,不发生效力,但是法律另有规定的除外。

依法属于国家所有的自然资源,所有权可以不登记。

第二百一十条 不动产登记,由不动产所在地的登记机构办理。

国家对不动产实行统一登记制度。统一登记的范围、登记机构和登记办法,由法律、行政法规规定。

第二百一十一条 当事人申请登记,应当根据不同登记事项提供权属证明和不动产界址、面积等必要材料。

第二百一十二条 登记机构应当履行下列职责:

(一)查验申请人提供的权属证明和其他必要材料;

(二)就有关登记事项询问申请人;

(三)如实、及时登记有关事项;

(四)法律、行政法规规定的其他职责。

申请登记的不动产的有关情况需要进一步证明的,登记机构可以要求申请人补充材料,必要时可以实地查看。

第二百一十三条 登记机构不得有下列行为:

(一)要求对不动产进行评估;

(二)以年检等名义进行重复登记;

(三)超出登记职责范围的其他行为。

第二百一十四条 不动产物权的设立、变更、转让和消灭,依照法律规定应当登记的,自记载于不动产登记簿时发生效力。

第二百一十五条 当事人之间订立有关设立、变更、转让和消灭不动产物权的合同,除法律另有规定或者当事人另有约定外,自合同成立时生效;未办理物权登记的,不影响合同效力。

第二百一十六条 不动产登记簿是物权归属和内容的根据。

不动产登记簿由登记机构管理。

第二百一十七条 不动产权属证书是权利人享有该不动产物权的证明。不动产权属证书记载的事项,应当与不动产登记簿一致;记载不一致的,除有证据证明不动产登记簿确有错误外,以不动产登记簿为准。

第二百一十八条 权利人、利害关系人可以申请查询、复制不动产登记资料,登记机构应当提供。

第二百一十九条 利害关系人不得公开、非法使用权利人的不动产登记资料。

第二百二十条 权利人、利害关系人认为不动产登记簿记载的事项错误的,可以申请更正登记。不动产登记簿记载的权利人书面同意更正或者有证据证明登记确有错误的,登记机构应当予以更正。

不动产登记簿记载的权利人不同意更正的,利害关系人可以申请异议登记。登记

机构予以异议登记,申请人自异议登记之日起十五日内不提起诉讼的,异议登记失效。异议登记不当,造成权利人损害的,权利人可以向申请人请求损害赔偿。

第二百二十一条 当事人签订买卖房屋的协议或者签订其他不动产物权的协议,为保障将来实现物权,按照约定可以向登记机构申请预告登记。预告登记后,未经预告登记的权利人同意,处分该不动产的,不发生物权效力。

预告登记后,债权消灭或者自能够进行不动产登记之日起九十日内未申请登记的,预告登记失效。

第二百二十二条 当事人提供虚假材料申请登记,造成他人损害的,应当承担赔偿责任。

因登记错误,造成他人损害的,登记机构应当承担赔偿责任。登记机构赔偿后,可以向造成登记错误的人追偿。

第二百二十三条 不动产登记费按件收取,不得按照不动产的面积、体积或者价款的比例收取。

第二节 动产交付

第二百二十四条 动产物权的设立和转让,自交付时发生效力,但是法律另有规定的除外。

第二百二十五条 船舶、航空器和机动车等的物权的设立、变更、转让和消灭,未经登记,不得对抗善意第三人。

第二百二十六条 动产物权设立和转让前,权利人已经占有该动产的,物权自民事法律行为生效时发生效力。

第二百二十七条 动产物权设立和转让前,第三人占有该动产的,负有交付义务的人可以通过转让请求第三人返还原物的权利代替交付。

第二百二十八条 动产物权转让时,当事人又约定由出让人继续占有该动产的,物权自该约定生效时发生效力。

第三节 其他规定

第二百二十九条 因人民法院、仲裁机构的法律文书或者人民政府的征收决定等,导致物权设立、变更、转让或者消灭的,自法律文书或者征收决定等生效时发生效力。

第二百三十条 因继承取得物权的,自继承开始时发生效力。

第二百三十一条 因合法建造、拆除房屋等事实行为设立或者消灭物权的,自事实行为成就时发生效力。

第二百三十二条 处分依照本节规定享有的不动产物权,依照法律规定需要办理登记的,未经登记,不发生物权效力。

第三章 物权的保护

第二百三十三条 物权受到侵害的,权利人可以通过和解、调解、仲裁、诉讼等途径解决。

第二百三十四条 因物权的归属、内容发生争议的,利害关系人可以请求确认权利。

第二百三十五条　无权占有不动产或者动产的，权利人可以请求返还原物。

第二百三十六条　妨害物权或者可能妨害物权的，权利人可以请求排除妨害或者消除危险。

第二百三十七条　造成不动产或者动产毁损的，权利人可以依法请求修理、重作、更换或者恢复原状。

第二百三十八条　侵害物权，造成权利人损害的，权利人可以依法请求损害赔偿，也可以依法请求承担其他民事责任。

第二百三十九条　本章规定的物权保护方式，可以单独适用，也可以根据权利被侵害的情形合并适用。

第二分编　所有权

第四章　一般规定

第二百四十条　所有权人对自己的不动产或者动产，依法享有占有、使用、收益和处分的权利。

第二百四十一条　所有权人有权在自己的不动产或者动产上设立用益物权和担保物权。用益物权人、担保物权人行使权利，不得损害所有权人的权益。

第二百四十二条　法律规定专属于国家所有的不动产和动产，任何组织或者个人不能取得所有权。

第二百四十三条　为了公共利益的需要，依照法律规定的权限和程序可以征收集体所有的土地和组织、个人的房屋以及其他不动产。

征收集体所有的土地，应当依法及时足额支付土地补偿费、安置补助费以及农村村民住宅、其他地上附着物和青苗等的补偿费用，并安排被征地农民的社会保障费用，保障被征地农民的生活，维护被征地农民的合法权益。

征收组织、个人的房屋以及其他不动产，应当依法给予征收补偿，维护被征收人的合法权益；征收个人住宅的，还应当保障被征收人的居住条件。

任何组织或者个人不得贪污、挪用、私分、截留、拖欠征收补偿费等费用。

第二百四十四条　国家对耕地实行特殊保护，严格限制农用地转为建设用地，控制建设用地总量。不得违反法律规定的权限和程序征收集体所有的土地。

第二百四十五条　因抢险救灾、疫情防控等紧急需要，依照法律规定的权限和程序可以征用组织、个人的不动产或者动产。被征用的不动产或者动产使用后，应当返还被征用人。组织、个人的不动产或者动产被征用或者征用后毁损、灭失的，应当给予补偿。

第五章　国家所有权和集体所有权、私人所有权

第二百四十六条　法律规定属于国家所有的财产，属于国家所有即全民所有。

国有财产由国务院代表国家行使所有权。法律另有规定的，依照其规定。

第二百四十七条　矿藏、水流、海域属于国家所有。

第二百四十八条　无居民海岛属于国家所有，国务院代表国家行使无居民海岛所有权。

第二百四十九条 城市的土地，属于国家所有。法律规定属于国家所有的农村和城市郊区的土地，属于国家所有。

第二百五十条 森林、山岭、草原、荒地、滩涂等自然资源，属于国家所有，但是法律规定属于集体所有的除外。

第二百五十一条 法律规定属于国家所有的野生动植物资源，属于国家所有。

第二百五十二条 无线电频谱资源属于国家所有。

第二百五十三条 法律规定属于国家所有的文物，属于国家所有。

第二百五十四条 国防资产属于国家所有。

铁路、公路、电力设施、电信设施和油气管道等基础设施，依照法律规定为国家所有的，属于国家所有。

第二百五十五条 国家机关对其直接支配的不动产和动产，享有占有、使用以及依照法律和国务院的有关规定处分的权利。

第二百五十六条 国家举办的事业单位对其直接支配的不动产和动产，享有占有、使用以及依照法律和国务院的有关规定收益、处分的权利。

第二百五十七条 国家出资的企业，由国务院、地方人民政府依照法律、行政法规规定分别代表国家履行出资人职责，享有出资人权益。

第二百五十八条 国家所有的财产受法律保护，禁止任何组织或者个人侵占、哄抢、私分、截留、破坏。

第二百五十九条 履行国有财产管理、监督职责的机构及其工作人员，应当依法加强对国有财产的管理、监督，促进国有财产保值增值，防止国有财产损失；滥用职权，玩忽职守，造成国有财产损失的，应当依法承担法律责任。

违反国有财产管理规定，在企业改制、合并分立、关联交易等过程中，低价转让、合谋私分、擅自担保或者以其他方式造成国有财产损失的，应当依法承担法律责任。

第二百六十条 集体所有的不动产和动产包括：

（一）法律规定属于集体所有的土地和森林、山岭、草原、荒地、滩涂；

（二）集体所有的建筑物、生产设施、农田水利设施；

（三）集体所有的教育、科学、文化、卫生、体育等设施；

（四）集体所有的其他不动产和动产。

第二百六十一条 农民集体所有的不动产和动产，属于本集体成员集体所有。

下列事项应当依照法定程序经本集体成员决定：

（一）土地承包方案以及将土地发包给本集体以外的组织或者个人承包；

（二）个别土地承包经营权人之间承包地的调整；

（三）土地补偿费等费用的使用、分配办法；

（四）集体出资的企业的所有权变动等事项；

（五）法律规定的其他事项。

第二百六十二条 对于集体所有的土地和森林、山岭、草原、荒地、滩涂等，依照下列规定行使所有权：

（一）属于村农民集体所有的，由村集体经济组织或者村民委员会依法代表集体行使所有权；

（二）分别属于村内两个以上农民集体所有的，由村内各该集体经济组织或者村民

小组依法代表集体行使所有权;

(三)属于乡镇农民集体所有的,由乡镇集体经济组织代表集体行使所有权。

第二百六十三条 城镇集体所有的不动产和动产,依照法律、行政法规的规定由本集体享有占有、使用、收益和处分的权利。

第二百六十四条 农村集体经济组织或者村民委员会、村民小组应当依照法律、行政法规以及章程、村规民约向本集体成员公布集体财产的状况。集体成员有权查阅、复制相关资料。

第二百六十五条 集体所有的财产受法律保护,禁止任何组织或者个人侵占、哄抢、私分、破坏。

农村集体经济组织、村民委员会或者其负责人作出的决定侵害集体成员合法权益的,受侵害的集体成员可以请求人民法院予以撤销。

第二百六十六条 私人对其合法的收入、房屋、生活用品、生产工具、原材料等不动产和动产享有所有权。

第二百六十七条 私人的合法财产受法律保护,禁止任何组织或者个人侵占、哄抢、破坏。

第二百六十八条 国家、集体和私人依法可以出资设立有限责任公司、股份有限公司或者其他企业。国家、集体和私人所有的不动产或者动产投到企业的,由出资人按照约定或者出资比例享有资产收益、重大决策以及选择经营管理者等权利并履行义务。

第二百六十九条 营利法人对其不动产和动产依照法律、行政法规以及章程享有占有、使用、收益和处分的权利。

营利法人以外的法人,对其不动产和动产的权利,适用有关法律、行政法规以及章程的规定。

第二百七十条 社会团体法人、捐助法人依法所有的不动产和动产,受法律保护。

第六章 业主的建筑物区分所有权

第二百七十一条 业主对建筑物内的住宅、经营性用房等专有部分享有所有权,对专有部分以外的共有部分享有共有和共同管理的权利。

第二百七十二条 业主对其建筑物专有部分享有占有、使用、收益和处分的权利。业主行使权利不得危及建筑物的安全,不得损害其他业主的合法权益。

第二百七十三条 业主对建筑物专有部分以外的共有部分,享有权利,承担义务;不得以放弃权利为由不履行义务。

业主转让建筑物内的住宅、经营性用房,其对共有部分享有的共有和共同管理的权利一并转让。

第二百七十四条 建筑区划内的道路,属于业主共有,但是属于城镇公共道路的除外。建筑区划内的绿地,属于业主共有,但是属于城镇公共绿地或者明示属于个人的除外。建筑区划内的其他公共场所、公用设施和物业服务用房,属于业主共有。

第二百七十五条 建筑区划内,规划用于停放汽车的车位、车库的归属,由当事人通过出售、附赠或者出租等方式约定。

占用业主共有的道路或者其他场地用于停放汽车的车位,属于业主共有。

第二百七十六条 建筑区划内,规划用于停放汽车的车位、车库应当首先满足业主的需要。

第二百七十七条 业主可以设立业主大会，选举业主委员会。业主大会、业主委员会成立的具体条件和程序，依照法律、法规的规定。

地方人民政府有关部门、居民委员会应当对设立业主大会和选举业主委员会给予指导和协助。

第二百七十八条 下列事项由业主共同决定：

（一）制定和修改业主大会议事规则；

（二）制定和修改管理规约；

（三）选举业主委员会或者更换业主委员会成员；

（四）选聘和解聘物业服务企业或者其他管理人；

（五）使用建筑物及其附属设施的维修资金；

（六）筹集建筑物及其附属设施的维修资金；

（七）改建、重建建筑物及其附属设施；

（八）改变共有部分的用途或者利用共有部分从事经营活动；

（九）有关共有和共同管理权利的其他重大事项。

业主共同决定事项，应当由专有部分面积占比三分之二以上的业主且人数占比三分之二以上的业主参与表决。决定前款第六项至第八项规定的事项，应当经参与表决专有部分面积四分之三以上的业主且参与表决人数四分之三以上的业主同意。决定前款其他事项，应当经参与表决专有部分面积过半数的业主且参与表决人数过半数的业主同意。

第二百七十九条 业主不得违反法律、法规以及管理规约，将住宅改变为经营性用房。业主将住宅改变为经营性用房的，除遵守法律、法规以及管理规约外，应当经有利害关系的业主一致同意。

第二百八十条 业主大会或者业主委员会的决定，对业主具有法律约束力。

业主大会或者业主委员会作出的决定侵害业主合法权益的，受侵害的业主可以请求人民法院予以撤销。

第二百八十一条 建筑物及其附属设施的维修资金，属于业主共有。经业主共同决定，可以用于电梯、屋顶、外墙、无障碍设施等共有部分的维修、更新和改造。建筑物及其附属设施的维修资金的筹集、使用情况应当定期公布。

紧急情况下需要维修建筑物及其附属设施的，业主大会或者业主委员会可以依法申请使用建筑物及其附属设施的维修资金。

第二百八十二条 建设单位、物业服务企业或者其他管理人等利用业主的共有部分产生的收入，在扣除合理成本之后，属于业主共有。

第二百八十三条 建筑物及其附属设施的费用分摊、收益分配等事项，有约定的，按照约定；没有约定或者约定不明确的，按照业主专有部分面积所占比例确定。

第二百八十四条 业主可以自行管理建筑物及其附属设施，也可以委托物业服务企业或者其他管理人管理。

对建设单位聘请的物业服务企业或者其他管理人，业主有权依法更换。

第二百八十五条 物业服务企业或者其他管理人根据业主的委托，依照本法第三编有关物业服务合同的规定管理建筑区划内的建筑物及其附属设施，接受业主的监督，并及时答复业主对物业服务情况提出的询问。

物业服务企业或者其他管理人应当执行政府依法实施的应急处置措施和其他管理措施，积极配合开展相关工作。

第二百八十六条 业主应当遵守法律、法规以及管理规约，相关行为应当符合节约资源、保护生态环境的要求。对于物业服务企业或者其他管理人执行政府依法实施的应急处置措施和其他管理措施，业主应当依法予以配合。

业主大会或者业主委员会，对任意弃置垃圾、排放污染物或者噪声、违反规定饲养动物、违章搭建、侵占通道、拒付物业费等损害他人合法权益的行为，有权依照法律、法规以及管理规约，请求行为人停止侵害、排除妨碍、消除危险、恢复原状、赔偿损失。

业主或者其他行为人拒不履行相关义务的，有关当事人可以向有关行政主管部门报告或者投诉，有关行政主管部门应当依法处理。

第二百八十七条 业主对建设单位、物业服务企业或者其他管理人以及其他业主侵害自己合法权益的行为，有权请求其承担民事责任。

第七章 相邻关系

第二百八十八条 不动产的相邻权利人应当按照有利生产、方便生活、团结互助、公平合理的原则，正确处理相邻关系。

第二百八十九条 法律、法规对处理相邻关系有规定的，依照其规定；法律、法规没有规定的，可以按照当地习惯。

第二百九十条 不动产权利人应当为相邻权利人用水、排水提供必要的便利。

对自然流水的利用，应当在不动产的相邻权利人之间合理分配。对自然流水的排放，应当尊重自然流向。

第二百九十一条 不动产权利人对相邻权利人因通行等必须利用其土地的，应当提供必要的便利。

第二百九十二条 不动产权利人因建造、修缮建筑物以及铺设电线、电缆、水管、暖气和燃气管线等必须利用相邻土地、建筑物的，该土地、建筑物的权利人应当提供必要的便利。

第二百九十三条 建造建筑物，不得违反国家有关工程建设标准，不得妨碍相邻建筑物的通风、采光和日照。

第二百九十四条 不动产权利人不得违反国家规定弃置固体废物，排放大气污染物、水污染物、土壤污染物、噪声、光辐射、电磁辐射等有害物质。

第二百九十五条 不动产权利人挖掘土地、建造建筑物、铺设管线以及安装设备等，不得危及相邻不动产的安全。

第二百九十六条 不动产权利人因用水、排水、通行、铺设管线等利用相邻不动产的，应当尽量避免对相邻的不动产权利人造成损害。

第八章 共 有

第二百九十七条 不动产或者动产可以由两个以上组织、个人共有。共有包括按份共有和共同共有。

第二百九十八条 按份共有人对共有的不动产或者动产按照其份额享有所有权。

第二百九十九条 共同共有人对共有的不动产或者动产共同享有所有权。

第三百条 共有人按照约定管理共有的不动产或者动产；没有约定或者约定不明确的，各共有人都有管理的权利和义务。

第三百零一条 处分共有的不动产或者动产以及对共有的不动产或者动产作重大修缮、变更性质或者用途的，应当经占份额三分之二以上的按份共有人或者全体共同共有人同意，但是共有人之间另有约定的除外。

第三百零二条 共有人对共有物的管理费用以及其他负担，有约定的，按照其约定；没有约定或者约定不明确的，按份共有人按照其份额负担，共同共有人共同负担。

第三百零三条 共有人约定不得分割共有的不动产或者动产，以维持共有关系的，应当按照约定，但是共有人有重大理由需要分割的，可以请求分割；没有约定或者约定不明确的，按份共有人可以随时请求分割，共同共有人在共有的基础丧失或者有重大理由需要分割时可以请求分割。因分割造成其他共有人损害的，应当给予赔偿。

第三百零四条 共有人可以协商确定分割方式。达不成协议，共有的不动产或者动产可以分割且不会因分割减损价值的，应当对实物予以分割；难以分割或者因分割会减损价值的，应当对折价或者拍卖、变卖取得的价款予以分割。

共有人分割所得的不动产或者动产有瑕疵的，其他共有人应当分担损失。

第三百零五条 按份共有人可以转让其享有的共有的不动产或者动产份额。其他共有人在同等条件下享有优先购买的权利。

第三百零六条 按份共有人转让其享有的共有的不动产或者动产份额的，应当将转让条件及时通知其他共有人。其他共有人应当在合理期限内行使优先购买权。

两个以上其他共有人主张行使优先购买权的，协商确定各自的购买比例；协商不成的，按照转让时各自的共有份额比例行使优先购买权。

第三百零七条 因共有的不动产或者动产产生的债权债务，在对外关系上，共有人享有连带债权、承担连带债务，但是法律另有规定或者第三人知道共有人不具有连带债权债务关系的除外；在共有人内部关系上，除共有人另有约定外，按份共有人按照份额享有债权、承担债务，共同共有人共同享有债权、承担债务。偿还债务超过自己应当承担份额的按份共有人，有权向其他共有人追偿。

第三百零八条 共有人对共有的不动产或者动产没有约定为按份共有或者共同共有，或者约定不明确的，除共有人具有家庭关系等外，视为按份共有。

第三百零九条 按份共有人对共有的不动产或者动产享有的份额，没有约定或者约定不明确的，按照出资额确定；不能确定出资额的，视为等额享有。

第三百一十条 两个以上组织、个人共同享有用益物权、担保物权的，参照适用本章的有关规定。

第九章 所有权取得的特别规定

第三百一十一条 无处分权人将不动产或者动产转让给受让人的，所有权人有权追回；除法律另有规定外，符合下列情形的，受让人取得该不动产或者动产的所有权：

（一）受让人受让该不动产或者动产时是善意；

（二）以合理的价格转让；

（三）转让的不动产或者动产依照法律规定应当登记的已经登记，不需要登记的已经交付给受让人。

受让人依据前款规定取得不动产或者动产的所有权的，原所有权人有权向无处分权人请求损害赔偿。

当事人善意取得其他物权的，参照适用前两款规定。

第三百一十二条 所有权人或者其他权利人有权追回遗失物。该遗失物通过转让被他人占有的，权利人有权向无处分权人请求损害赔偿，或者自知道或者应当知道受让人之日起二年内向受让人请求返还原物；但是，受让人通过拍卖或者向具有经营资格的经营者购得该遗失物的，权利人请求返还原物时应当支付受让人所付的费用。权利人向受让人支付所付费用后，有权向无处分权人追偿。

第三百一十三条 善意受让人取得动产后，该动产上的原有权利消灭。但是，善意受让人在受让时知道或者应当知道该权利的除外。

第三百一十四条 拾得遗失物，应当返还权利人。拾得人应当及时通知权利人领取，或者送交公安等有关部门。

第三百一十五条 有关部门收到遗失物，知道权利人的，应当及时通知其领取；不知道的，应当及时发布招领公告。

第三百一十六条 拾得人在遗失物送交有关部门前，有关部门在遗失物被领取前，应当妥善保管遗失物。因故意或者重大过失致使遗失物毁损、灭失的，应当承担民事责任。

第三百一十七条 权利人领取遗失物时，应当向拾得人或者有关部门支付保管遗失物等支出的必要费用。

权利人悬赏寻找遗失物的，领取遗失物时应当按照承诺履行义务。

拾得人侵占遗失物的，无权请求保管遗失物等支出的费用，也无权请求权利人按照承诺履行义务。

第三百一十八条 遗失物自发布招领公告之日起一年内无人认领的，归国家所有。

第三百一十九条 拾得漂流物、发现埋藏物或者隐藏物的，参照适用拾得遗失物的有关规定。法律另有规定的，依照其规定。

第三百二十条 主物转让的，从物随主物转让，但是当事人另有约定的除外。

第三百二十一条 天然孳息，由所有权人取得；既有所有权人又有用益物权人的，由用益物权人取得。当事人另有约定的，按照其约定。

法定孳息，当事人有约定的，按照约定取得；没有约定或者约定不明确的，按照交易习惯取得。

第三百二十二条 因加工、附合、混合而产生的物的归属，有约定的，按照约定；没有约定或者约定不明确的，依照法律规定；法律没有规定的，按照充分发挥物的效用以及保护无过错当事人的原则确定。因一方当事人的过错或者确定物的归属造成另一方当事人损害的，应当给予赔偿或者补偿。

第三分编 用益物权

第十章 一般规定

第三百二十三条 用益物权人对他人所有的不动产或者动产，依法享有占有、使用和收益的权利。

第三百二十四条 国家所有或者国家所有由集体使用以及法律规定属于集体所有的自然资源，组织、个人依法可以占有、使用和收益。

第三百二十五条 国家实行自然资源有偿使用制度，但是法律另有规定的除外。

第三百二十六条 用益物权人行使权利，应当遵守法律有关保护和合理开发利用资源、保护生态环境的规定。所有权人不得干涉用益物权人行使权利。

第三百二十七条 因不动产或者动产被征收、征用致使用益物权消灭或者影响用益物权行使的，用益物权人有权依据本法第二百四十三条、第二百四十五条的规定获得相应补偿。

第三百二十八条 依法取得的海域使用权受法律保护。

第三百二十九条 依法取得的探矿权、采矿权、取水权和使用水域、滩涂从事养殖、捕捞的权利受法律保护。

第十一章 土地承包经营权

第三百三十条 农村集体经济组织实行家庭承包经营为基础、统分结合的双层经营体制。

农民集体所有和国家所有由农民集体使用的耕地、林地、草地以及其他用于农业的土地，依法实行土地承包经营制度。

第三百三十一条 土地承包经营权人依法对其承包经营的耕地、林地、草地等享有占有、使用和收益的权利，有权从事种植业、林业、畜牧业等农业生产。

第三百三十二条 耕地的承包期为三十年。草地的承包期为三十年至五十年。林地的承包期为三十年至七十年。

前款规定的承包期限届满，由土地承包经营权人依照农村土地承包的法律规定继续承包。

第三百三十三条 土地承包经营权自土地承包经营权合同生效时设立。

登记机构应当向土地承包经营权人发放土地承包经营权证、林权证等证书，并登记造册，确认土地承包经营权。

第三百三十四条 土地承包经营权人依照法律规定，有权将土地承包经营权互换、转让。未经依法批准，不得将承包地用于非农建设。

第三百三十五条 土地承包经营权互换、转让的，当事人可以向登记机构申请登记；未经登记，不得对抗善意第三人。

第三百三十六条 承包期内发包人不得调整承包地。

因自然灾害严重毁损承包地等特殊情形，需要适当调整承包的耕地和草地的，应当依照农村土地承包的法律规定办理。

第三百三十七条 承包期内发包人不得收回承包地。法律另有规定的，依照其规定。

第三百三十八条 承包地被征收的，土地承包经营权人有权依据本法第二百四十三条的规定获得相应补偿。

第三百三十九条 土地承包经营权人可以自主决定依法采取出租、入股或者其他方式向他人流转土地经营权。

第三百四十条　土地经营权人有权在合同约定的期限内占有农村土地,自主开展农业生产经营并取得收益。

第三百四十一条　流转期限为五年以上的土地经营权,自流转合同生效时设立。当事人可以向登记机构申请土地经营权登记;未经登记,不得对抗善意第三人。

第三百四十二条　通过招标、拍卖、公开协商等方式承包农村土地,经依法登记取得权属证书的,可以依法采取出租、入股、抵押或者其他方式流转土地经营权。

第三百四十三条　国家所有的农用地实行承包经营的,参照适用本编的有关规定。

第十二章　建设用地使用权

第三百四十四条　建设用地使用权人依法对国家所有的土地享有占有、使用和收益的权利,有权利用该土地建造建筑物、构筑物及其附属设施。

第三百四十五条　建设用地使用权可以在土地的地表、地上或者地下分别设立。

第三百四十六条　设立建设用地使用权,应当符合节约资源、保护生态环境的要求,遵守法律、行政法规关于土地用途的规定,不得损害已经设立的用益物权。

第三百四十七条　设立建设用地使用权,可以采取出让或者划拨等方式。

工业、商业、旅游、娱乐和商品住宅等经营性用地以及同一土地有两个以上意向用地者的,应当采取招标、拍卖等公开竞价的方式出让。

严格限制以划拨方式设立建设用地使用权。

第三百四十八条　通过招标、拍卖、协议等出让方式设立建设用地使用权的,当事人应当采用书面形式订立建设用地使用权出让合同。

建设用地使用权出让合同一般包括下列条款:

(一)当事人的名称和住所;

(二)土地界址、面积等;

(三)建筑物、构筑物及其附属设施占用的空间;

(四)土地用途、规划条件;

(五)建设用地使用权期限;

(六)出让金等费用及其支付方式;

(七)解决争议的方法。

第三百四十九条　设立建设用地使用权的,应当向登记机构申请建设用地使用权登记。建设用地使用权自登记时设立。登记机构应当向建设用地使用权人发放权属证书。

第三百五十条　建设用地使用权人应当合理利用土地,不得改变土地用途;需要改变土地用途的,应当依法经有关行政主管部门批准。

第三百五十一条　建设用地使用权人应当依照法律规定以及合同约定支付出让金等费用。

第三百五十二条　建设用地使用权人建造的建筑物、构筑物及其附属设施的所有权属于建设用地使用权人,但是有相反证据证明的除外。

第三百五十三条　建设用地使用权人有权将建设用地使用权转让、互换、出资、赠与或者抵押,但是法律另有规定的除外。

第三百五十四条　建设用地使用权转让、互换、出资、赠与或者抵押的,当事人应当采用书面形式订立相应的合同。使用期限由当事人约定,但是不得超过建设用地使用权的剩余期限。

第三百五十五条 建设用地使用权转让、互换、出资或者赠与的,应当向登记机构申请变更登记。

第三百五十六条 建设用地使用权转让、互换、出资或者赠与的,附着于该土地上的建筑物、构筑物及其附属设施一并处分。

第三百五十七条 建筑物、构筑物及其附属设施转让、互换、出资或者赠与的,该建筑物、构筑物及其附属设施占用范围内的建设用地使用权一并处分。

第三百五十八条 建设用地使用权期限届满前,因公共利益需要提前收回该土地的,应当依据本法第二百四十三条的规定对该土地上的房屋以及其他不动产给予补偿,并退还相应的出让金。

第三百五十九条 住宅建设用地使用权期限届满的,自动续期。续期费用的缴纳或者减免,依照法律、行政法规的规定办理。

非住宅建设用地使用权期限届满后的续期,依照法律规定办理。该土地上的房屋以及其他不动产的归属,有约定的,按照约定;没有约定或者约定不明确的,依照法律、行政法规的规定办理。

第三百六十条 建设用地使用权消灭的,出让人应当及时办理注销登记。登记机构应当收回权属证书。

第三百六十一条 集体所有的土地作为建设用地的,应当依照土地管理的法律规定办理。

第十三章 宅基地使用权

第三百六十二条 宅基地使用权人依法对集体所有的土地享有占有和使用的权利,有权依法利用该土地建造住宅及其附属设施。

第三百六十三条 宅基地使用权的取得、行使和转让,适用土地管理的法律和国家有关规定。

第三百六十四条 宅基地因自然灾害等原因灭失的,宅基地使用权消灭。对失去宅基地的村民,应当依法重新分配宅基地。

第三百六十五条 已经登记的宅基地使用权转让或者消灭的,应当及时办理变更登记或者注销登记。

第十四章 居 住 权

第三百六十六条 居住权人有权按照合同约定,对他人的住宅享有占有、使用的用益物权,以满足生活居住的需要。

第三百六十七条 设立居住权,当事人应当采用书面形式订立居住权合同。

居住权合同一般包括下列条款:

(一)当事人的姓名或者名称和住所;

(二)住宅的位置;

(三)居住的条件和要求;

(四)居住权期限;

（五）解决争议的方法。

第三百六十八条 居住权无偿设立，但是当事人另有约定的除外。设立居住权的，应当向登记机构申请居住权登记。居住权自登记时设立。

第三百六十九条 居住权不得转让、继承。设立居住权的住宅不得出租，但是当事人另有约定的除外。

第三百七十条 居住权期限届满或者居住权人死亡的，居住权消灭。居住权消灭的，应当及时办理注销登记。

第三百七十一条 以遗嘱方式设立居住权的，参照适用本章的有关规定。

第十五章 地役权

第三百七十二条 地役权人有权按照合同约定，利用他人的不动产，以提高自己的不动产的效益。

前款所称他人的不动产为供役地，自己的不动产为需役地。

第三百七十三条 设立地役权，当事人应当采用书面形式订立地役权合同。

地役权合同一般包括下列条款：

（一）当事人的姓名或者名称和住所；
（二）供役地和需役地的位置；
（三）利用目的和方法；
（四）地役权期限；
（五）费用及其支付方式；
（六）解决争议的方法。

第三百七十四条 地役权自地役权合同生效时设立。当事人要求登记的，可以向登记机构申请地役权登记；未经登记，不得对抗善意第三人。

第三百七十五条 供役地权利人应当按照合同约定，允许地役权人利用其不动产，不得妨害地役权人行使权利。

第三百七十六条 地役权人应当按照合同约定的利用目的和方法利用供役地，尽量减少对供役地权利人物权的限制。

第三百七十七条 地役权期限由当事人约定；但是，不得超过土地承包经营权、建设用地使用权等用益物权的剩余期限。

第三百七十八条 土地所有权人享有地役权或者负担地役权的，设立土地承包经营权、宅基地使用权等用益物权时，该用益物权人继续享有或者负担已经设立的地役权。

第三百七十九条 土地上已经设立土地承包经营权、建设用地使用权、宅基地使用权等用益物权的，未经用益物权人同意，土地所有权人不得设立地役权。

第三百八十条 地役权不得单独转让。土地承包经营权、建设用地使用权等转让的，地役权一并转让，但是合同另有约定的除外。

第三百八十一条 地役权不得单独抵押。土地经营权、建设用地使用权等抵押的，在实现抵押权时，地役权一并转让。

第三百八十二条 需役地以及需役地上的土地承包经营权、建设用地使用权等部分转让时，转让部分涉及地役权的，受让人同时享有地役权。

第三百八十三条 供役地以及供役地上的土地承包经营权、建设用地使用权等部分转让时，转让部分涉及地役权的，地役权对受让人具有法律约束力。

第三百八十四条 地役权人有下列情形之一的，供役地权利人有权解除地役权合同，地役权消灭：

（一）违反法律规定或者合同约定，滥用地役权；

（二）有偿利用供役地，约定的付款期限届满后在合理期限内经两次催告未支付费用。

第三百八十五条 已经登记的地役权变更、转让或者消灭的，应当及时办理变更登记或者注销登记。

第四分编　担保物权

第十六章　一般规定

第三百八十六条 担保物权人在债务人不履行到期债务或者发生当事人约定的实现担保物权的情形，依法享有就担保财产优先受偿的权利，但是法律另有规定的除外。

第三百八十七条 债权人在借贷、买卖等民事活动中，为保障实现其债权，需要担保的，可以依照本法和其他法律的规定设立担保物权。

第三人为债务人向债权人提供担保的，可以要求债务人提供反担保。反担保适用本法和其他法律的规定。

第三百八十八条 设立担保物权，应当依照本法和其他法律的规定订立担保合同。担保合同包括抵押合同、质押合同和其他具有担保功能的合同。担保合同是主债权债务合同的从合同。主债权债务合同无效的，担保合同无效，但是法律另有规定的除外。

担保合同被确认无效后，债务人、担保人、债权人有过错的，应当根据其过错各自承担相应的民事责任。

第三百八十九条 担保物权的担保范围包括主债权及其利息、违约金、损害赔偿金、保管担保财产和实现担保物权的费用。当事人另有约定的，按照其约定。

第三百九十条 担保期间，担保财产毁损、灭失或者被征收等，担保物权人可以就获得的保险金、赔偿金或者补偿金等优先受偿。被担保债权的履行期限未届满的，也可以提存该保险金、赔偿金或者补偿金等。

第三百九十一条 第三人提供担保，未经其书面同意，债权人允许债务人转移全部或者部分债务的，担保人不再承担相应的担保责任。

第三百九十二条 被担保的债权既有物的担保又有人的担保的，债务人不履行到期债务或者发生当事人约定的实现担保物权的情形，债权人应当按照约定实现债权；没有约定或者约定不明确，债务人自己提供物的担保的，债权人应当先就该物的担保实现债权；第三人提供物的担保的，债权人可以就物的担保实现债权，也可以请求保证人承担保证责任。提供担保的第三人承担担保责任后，有权向债务人追偿。

第三百九十三条 有下列情形之一的，担保物权消灭：

（一）主债权消灭；

（二）担保物权实现；

（三）债权人放弃担保物权；

（四）法律规定担保物权消灭的其他情形。

第十七章　抵　押　权

第一节　一般抵押权

第三百九十四条　为担保债务的履行，债务人或者第三人不转移财产的占有，将该财产抵押给债权人的，债务人不履行到期债务或者发生当事人约定的实现抵押权的情形，债权人有权就该财产优先受偿。

前款规定的债务人或者第三人为抵押人，债权人为抵押权人，提供担保的财产为抵押财产。

第三百九十五条　债务人或者第三人有权处分的下列财产可以抵押：

（一）建筑物和其他土地附着物；

（二）建设用地使用权；

（三）海域使用权；

（四）生产设备、原材料、半成品、产品；

（五）正在建造的建筑物、船舶、航空器；

（六）交通运输工具；

（七）法律、行政法规未禁止抵押的其他财产。

抵押人可以将前款所列财产一并抵押。

第三百九十六条　企业、个体工商户、农业生产经营者可以将现有的以及将有的生产设备、原材料、半成品、产品抵押，债务人不履行到期债务或者发生当事人约定的实现抵押权的情形，债权人有权就抵押财产确定时的动产优先受偿。

第三百九十七条　以建筑物抵押的，该建筑物占用范围内的建设用地使用权一并抵押。以建设用地使用权抵押的，该土地上的建筑物一并抵押。

抵押人未依据前款规定一并抵押的，未抵押的财产视为一并抵押。

第三百九十八条　乡镇、村企业的建设用地使用权不得单独抵押。以乡镇、村企业的厂房等建筑物抵押的，其占用范围内的建设用地使用权一并抵押。

第三百九十九条　下列财产不得抵押：

（一）土地所有权；

（二）宅基地、自留地、自留山等集体所有土地的使用权，但是法律规定可以抵押的除外；

（三）学校、幼儿园、医疗机构等为公益目的成立的非营利法人的教育设施、医疗卫生设施和其他公益设施；

（四）所有权、使用权不明或者有争议的财产；

（五）依法被查封、扣押、监管的财产；

（六）法律、行政法规规定不得抵押的其他财产。

第四百条　设立抵押权，当事人应当采用书面形式订立抵押合同。

抵押合同一般包括下列条款：

（一）被担保债权的种类和数额；

（二）债务人履行债务的期限；

（三）抵押财产的名称、数量等情况；
（四）担保的范围。

第四百零一条 抵押权人在债务履行期限届满前，与抵押人约定债务人不履行到期债务时抵押财产归债权人所有的，只能依法就抵押财产优先受偿。

第四百零二条 以本法第三百九十五条第一款第一项至第三项规定的财产或者第五项规定的正在建造的建筑物抵押的，应当办理抵押登记。抵押权自登记时设立。

第四百零三条 以动产抵押的，抵押权自抵押合同生效时设立；未经登记，不得对抗善意第三人。

第四百零四条 以动产抵押的，不得对抗正常经营活动中已经支付合理价款并取得抵押财产的买受人。

第四百零五条 抵押权设立前，抵押财产已经出租并转移占有的，原租赁关系不受该抵押权的影响。

第四百零六条 抵押期间，抵押人可以转让抵押财产。当事人另有约定的，按照其约定。抵押财产转让的，抵押权不受影响。

抵押人转让抵押财产的，应当及时通知抵押权人。抵押权人能够证明抵押财产转让可能损害抵押权的，可以请求抵押人将转让所得的价款向抵押权人提前清偿债务或者提存。转让的价款超过债权数额的部分归抵押人所有，不足部分由债务人清偿。

第四百零七条 抵押权不得与债权分离而单独转让或者作为其他债权的担保。债权转让的，担保该债权的抵押权一并转让，但是法律另有规定或者当事人另有约定的除外。

第四百零八条 抵押人的行为足以使抵押财产价值减少的，抵押权人有权请求抵押人停止其行为；抵押财产价值减少的，抵押权人有权请求恢复抵押财产的价值，或者提供与减少的价值相应的担保。抵押人不恢复抵押财产的价值，也不提供担保的，抵押权人有权请求债务人提前清偿债务。

第四百零九条 抵押权人可以放弃抵押权或者抵押权的顺位。抵押权人与抵押人可以协议变更抵押权顺位以及被担保的债权数额等内容。但是，抵押权的变更未经其他抵押权人书面同意的，不得对其他抵押权人产生不利影响。

债务人以自己的财产设定抵押，抵押权人放弃该抵押权、抵押权顺位或者变更抵押权的，其他担保人在抵押权人丧失优先受偿权益的范围内免除担保责任，但是其他担保人承诺仍然提供担保的除外。

第四百一十条 债务人不履行到期债务或者发生当事人约定的实现抵押权的情形，抵押权人可以与抵押人协议以抵押财产折价或者以拍卖、变卖该抵押财产所得的价款优先受偿。协议损害其他债权人利益的，其他债权人可以请求人民法院撤销该协议。

抵押权人与抵押人未就抵押权实现方式达成协议的，抵押权人可以请求人民法院拍卖、变卖抵押财产。

抵押财产折价或者变卖的，应当参照市场价格。

第四百一十一条 依据本法第三百九十六条规定设定抵押的，抵押财产自下列情形之一发生时确定：

（一）债务履行期限届满，债权未实现；
（二）抵押人被宣告破产或者解散；

（三）当事人约定的实现抵押权的情形；
（四）严重影响债权实现的其他情形。

第四百一十二条 债务人不履行到期债务或者发生当事人约定的实现抵押权的情形，致使抵押财产被人民法院依法扣押的，自扣押之日起，抵押权人有权收取该抵押财产的天然孳息或者法定孳息，但是抵押权人未通知应当清偿法定孳息义务人的除外。

前款规定的孳息应当先充抵收取孳息的费用。

第四百一十三条 抵押财产折价或者拍卖、变卖后，其价款超过债权数额的部分归抵押人所有，不足部分由债务人清偿。

第四百一十四条 同一财产向两个以上债权人抵押的，拍卖、变卖抵押财产所得的价款依照下列规定清偿：
（一）抵押权已经登记的，按照登记的时间先后确定清偿顺序；
（二）抵押权已经登记的先于未登记的受偿；
（三）抵押权未登记的，按照债权比例清偿。

其他可以登记的担保物权，清偿顺序参照适用前款规定。

第四百一十五条 同一财产既设立抵押权又设立质权的，拍卖、变卖该财产所得的价款按照登记、交付的时间先后确定清偿顺序。

第四百一十六条 动产抵押担保的主债权是抵押物的价款，标的物交付后十日内办理抵押登记的，该抵押权人优先于抵押物买受人的其他担保物权人受偿，但是留置权人除外。

第四百一十七条 建设用地使用权抵押后，该土地上新增的建筑物不属于抵押财产。该建设用地使用权实现抵押权时，应当将该土地上新增的建筑物与建设用地使用权一并处分。但是，新增建筑物所得的价款，抵押权人无权优先受偿。

第四百一十八条 以集体所有土地的使用权依法抵押的，实现抵押权后，未经法定程序，不得改变土地所有权的性质和土地用途。

第四百一十九条 抵押权人应当在主债权诉讼时效期间行使抵押权；未行使的，人民法院不予保护。

第二节 最高额抵押权

第四百二十条 为担保债务的履行，债务人或者第三人对一定期间内将要连续发生的债权提供担保财产的，债务人不履行到期债务或者发生当事人约定的实现抵押权的情形，抵押权人有权在最高债权额限度内就该担保财产优先受偿。

最高额抵押权设立前已经存在的债权，经当事人同意，可以转入最高额抵押担保的债权范围。

第四百二十一条 最高额抵押担保的债权确定前，部分债权转让的，最高额抵押权不得转让，但是当事人另有约定的除外。

第四百二十二条 最高额抵押担保的债权确定前，抵押权人与抵押人可以通过协议变更债权确定的期间、债权范围以及最高债权额。但是，变更的内容不得对其他抵押权人产生不利影响。

第四百二十三条 有下列情形之一的，抵押权人的债权确定：
（一）约定的债权确定期间届满；

（二）没有约定债权确定期间或者约定不明确，抵押权人或者抵押人自最高额抵押权设立之日起满二年后请求确定债权；

（三）新的债权不可能发生；

（四）抵押权人知道或者应当知道抵押财产被查封、扣押；

（五）债务人、抵押人被宣告破产或者解散；

（六）法律规定债权确定的其他情形。

第四百二十四条 最高额抵押权除适用本节规定外，适用本章第一节的有关规定。

第十八章 质 权

第一节 动产质权

第四百二十五条 为担保债务的履行，债务人或者第三人将其动产出质给债权人占有的，债务人不履行到期债务或者发生当事人约定的实现质权的情形，债权人有权就该动产优先受偿。

前款规定的债务人或者第三人为出质人，债权人为质权人，交付的动产为质押财产。

第四百二十六条 法律、行政法规禁止转让的动产不得出质。

第四百二十七条 设立质权，当事人应当采用书面形式订立质押合同。

质押合同一般包括下列条款：

（一）被担保债权的种类和数额；

（二）债务人履行债务的期限；

（三）质押财产的名称、数量等情况；

（四）担保的范围；

（五）质押财产交付的时间、方式。

第四百二十八条 质权人在债务履行期限届满前，与出质人约定债务人不履行到期债务时质押财产归债权人所有的，只能依法就质押财产优先受偿。

第四百二十九条 质权自出质人交付质押财产时设立。

第四百三十条 质权人有权收取质押财产的孳息，但是合同另有约定的除外。

前款规定的孳息应当先充抵收取孳息的费用。

第四百三十一条 质权人在质权存续期间，未经出质人同意，擅自使用、处分质押财产，造成出质人损害的，应当承担赔偿责任。

第四百三十二条 质权人负有妥善保管质押财产的义务；因保管不善致使质押财产毁损、灭失的，应当承担赔偿责任。

质权人的行为可能使质押财产毁损、灭失的，出质人可以请求质权人将质押财产提存，或者请求提前清偿债务并返还质押财产。

第四百三十三条 因不可归责于质权人的事由可能使质押财产毁损或者价值明显减少，足以危害质权人权利的，质权人有权请求出质人提供相应的担保；出质人不提供的，质权人可以拍卖、变卖质押财产，并与出质人协议将拍卖、变卖所得的价款提前清偿债务或者提存。

第四百三十四条 质权人在质权存续期间，未经出质人同意转质，造成质押财产毁损、灭失的，应当承担赔偿责任。

第四百三十五条 质权人可以放弃质权。债务人以自己的财产出质，质权人放弃该质权的，其他担保人在质权人丧失优先受偿权益的范围内免除担保责任，但是其他担保人承诺仍然提供担保的除外。

第四百三十六条 债务人履行债务或者出质人提前清偿所担保的债权的，质权人应当返还质押财产。

债务人不履行到期债务或者发生当事人约定的实现质权的情形，质权人可以与出质人协议以质押财产折价，也可以就拍卖、变卖质押财产所得的价款优先受偿。

质押财产折价或者变卖的，应当参照市场价格。

第四百三十七条 出质人可以请求质权人在债务履行期限届满后及时行使质权；质权人不行使的，出质人可以请求人民法院拍卖、变卖质押财产。

出质人请求质权人及时行使质权，因质权人怠于行使权利造成出质人损害的，由质权人承担赔偿责任。

第四百三十八条 质押财产折价或者拍卖、变卖后，其价款超过债权数额的部分归出质人所有，不足部分由债务人清偿。

第四百三十九条 出质人与质权人可以协议设立最高额质权。

最高额质权除适用本节有关规定外，参照适用本编第十七章第二节的有关规定。

第二节 权利质权

第四百四十条 债务人或者第三人有权处分的下列权利可以出质：

（一）汇票、本票、支票；

（二）债券、存款单；

（三）仓单、提单；

（四）可以转让的基金份额、股权；

（五）可以转让的注册商标专用权、专利权、著作权等知识产权中的财产权；

（六）现有的以及将有的应收账款；

（七）法律、行政法规规定可以出质的其他财产权利。

第四百四十一条 以汇票、本票、支票、债券、存款单、仓单、提单出质的，质权自权利凭证交付质权人时设立；没有权利凭证的，质权自办理出质登记时设立。法律另有规定的，依照其规定。

第四百四十二条 汇票、本票、支票、债券、存款单、仓单、提单的兑现日期或者提货日期先于主债权到期的，质权人可以兑现或者提货，并与出质人协议将兑现的价款或者提取的货物提前清偿债务或者提存。

第四百四十三条 以基金份额、股权出质的，质权自办理出质登记时设立。

基金份额、股权出质后，不得转让，但是出质人与质权人协商同意的除外。出质人转让基金份额、股权所得的价款，应当向质权人提前清偿债务或者提存。

第四百四十四条 以注册商标专用权、专利权、著作权等知识产权中的财产权出质的，质权自办理出质登记时设立。

知识产权中的财产权出质后，出质人不得转让或者许可他人使用，但是出质人与质权人协商同意的除外。出质人转让或者许可他人使用出质的知识产权中的财产权所得的价款，应当向质权人提前清偿债务或者提存。

第四百四十五条 以应收账款出质的，质权自办理出质登记时设立。

应收账款出质后，不得转让，但是出质人与质权人协商同意的除外。出质人转让应收账款所得的价款，应当向质权人提前清偿债务或者提存。

第四百四十六条 权利质权除适用本节规定外，适用本章第一节的有关规定。

第十九章 留置权

第四百四十七条 债务人不履行到期债务，债权人可以留置已经合法占有的债务人的动产，并有权就该动产优先受偿。

前款规定的债权人为留置权人，占有的动产为留置财产。

第四百四十八条 债权人留置的动产，应当与债权属于同一法律关系，但是企业之间留置的除外。

第四百四十九条 法律规定或者当事人约定不得留置的动产，不得留置。

第四百五十条 留置财产为可分物的，留置财产的价值应当相当于债务的金额。

第四百五十一条 留置权人负有妥善保管留置财产的义务；因保管不善致使留置财产毁损、灭失的，应当承担赔偿责任。

第四百五十二条 留置权人有权收取留置财产的孳息。

前款规定的孳息应当先充抵收取孳息的费用。

第四百五十三条 留置权人与债务人应当约定留置财产后的债务履行期限；没有约定或者约定不明确的，留置权人应当给债务人六十日以上履行债务的期限，但是鲜活易腐等不易保管的动产除外。债务人逾期未履行的，留置权人可以与债务人协议以留置财产折价，也可以就拍卖、变卖留置财产所得的价款优先受偿。

留置财产折价或者变卖的，应当参照市场价格。

第四百五十四条 债务人可以请求留置权人在债务履行期限届满后行使留置权；留置权人不行使的，债务人可以请求人民法院拍卖、变卖留置财产。

第四百五十五条 留置财产折价或者拍卖、变卖后，其价款超过债权数额的部分归债务人所有，不足部分由债务人清偿。

第四百五十六条 同一动产上已经设立抵押权或者质权，该动产又被留置的，留置权人优先受偿。

第四百五十七条 留置权人对留置财产丧失占有或者留置权人接受债务人另行提供担保的，留置权消灭。

第五分编 占 有

第二十章 占 有

第四百五十八条 基于合同关系等产生的占有，有关不动产或者动产的使用、收益、违约责任等，按照合同约定；合同没有约定或者约定不明确的，依照有关法律规定。

第四百五十九条 占有人因使用占有的不动产或者动产，致使该不动产或者动产受到损害的，恶意占有人应当承担赔偿责任。

第四百六十条 不动产或者动产被占有人占有的，权利人可以请求返还原物及其孳息；但是，应当支付善意占有人因维护该不动产或者动产支出的必要费用。

第四百六十一条 占有的不动产或者动产毁损、灭失，该不动产或者动产的权利人请求赔偿的，占有人应当将因毁损、灭失取得的保险金、赔偿金或者补偿金等返还给权利人；权利人的损害未得到足够弥补的，恶意占有人还应当赔偿损失。

第四百六十二条 占有的不动产或者动产被侵占的，占有人有权请求返还原物；对妨害占有的行为，占有人有权请求排除妨害或者消除危险；因侵占或者妨害造成损害的，占有人有权依法请求损害赔偿。

占有人返还原物的请求权，自侵占发生之日起一年内未行使的，该请求权消灭。

第三编 合 同

第一分编 通 则

第一章 一般规定

第四百六十三条 本编调整因合同产生的民事关系。

第四百六十四条 合同是民事主体之间设立、变更、终止民事法律关系的协议。

婚姻、收养、监护等有关身份关系的协议，适用有关该身份关系的法律规定；没有规定的，可以根据其性质参照适用本编规定。

第四百六十五条 依法成立的合同，受法律保护。

依法成立的合同，仅对当事人具有法律约束力，但是法律另有规定的除外。

第四百六十六条 当事人对合同条款的理解有争议的，应当依据本法第一百四十二条第一款的规定，确定争议条款的含义。

合同文本采用两种以上文字订立并约定具有同等效力的，对各文本使用的词句推定具有相同含义。各文本使用的词句不一致的，应当根据合同的相关条款、性质、目的以及诚信原则等予以解释。

第四百六十七条 本法或者其他法律没有明文规定的合同，适用本编通则的规定，并可以参照适用本编或者其他法律最相类似合同的规定。

在中华人民共和国境内履行的中外合资经营企业合同、中外合作经营企业合同、中外合作勘探开发自然资源合同，适用中华人民共和国法律。

第四百六十八条 非因合同产生的债权债务关系，适用有关该债权债务关系的法律规定；没有规定的，适用本编通则的有关规定，但是根据其性质不能适用的除外。

第二章 合同的订立

第四百六十九条 当事人订立合同，可以采用书面形式、口头形式或者其他形式。

书面形式是合同书、信件、电报、电传、传真等可以有形地表现所载内容的形式。

以电子数据交换、电子邮件等方式能够有形地表现所载内容，并可以随时调取查用的数据电文，视为书面形式。

第四百七十条 合同的内容由当事人约定，一般包括下列条款：

（一）当事人的姓名或者名称和住所；
（二）标的；
（三）数量；
（四）质量；
（五）价款或者报酬；
（六）履行期限、地点和方式；
（七）违约责任；
（八）解决争议的方法。
当事人可以参照各类合同的示范文本订立合同。

第四百七十一条 当事人订立合同，可以采取要约、承诺方式或者其他方式。

第四百七十二条 要约是希望与他人订立合同的意思表示，该意思表示应当符合下列条件：
（一）内容具体确定；
（二）表明经受要约人承诺，要约人即受该意思表示约束。

第四百七十三条 要约邀请是希望他人向自己发出要约的表示。拍卖公告、招标公告、招股说明书、债券募集办法、基金招募说明书、商业广告和宣传、寄送的价目表等为要约邀请。
商业广告和宣传的内容符合要约条件的，构成要约。

第四百七十四条 要约生效的时间适用本法第一百三十七条的规定。

第四百七十五条 要约可以撤回。要约的撤回适用本法第一百四十一条的规定。

第四百七十六条 要约可以撤销，但是有下列情形之一的除外：
（一）要约人以确定承诺期限或者其他形式明示要约不可撤销；
（二）受要约人有理由认为要约是不可撤销的，并已经为履行合同做了合理准备工作。

第四百七十七条 撤销要约的意思表示以对话方式作出的，该意思表示的内容应当在受要约人作出承诺之前为受要约人所知道；撤销要约的意思表示以非对话方式作出的，应当在受要约人作出承诺之前到达受要约人。

第四百七十八条 有下列情形之一的，要约失效：
（一）要约被拒绝；
（二）要约被依法撤销；
（三）承诺期限届满，受要约人未作出承诺；
（四）受要约人对要约的内容作出实质性变更。

第四百七十九条 承诺是受要约人同意要约的意思表示。

第四百八十条 承诺应当以通知的方式作出；但是，根据交易习惯或者要约表明可以通过行为作出承诺的除外。

第四百八十一条 承诺应当在要约确定的期限内到达要约人。
要约没有确定承诺期限的，承诺应当依照下列规定到达：
（一）要约以对话方式作出的，应当即时作出承诺；
（二）要约以非对话方式作出的，承诺应当在合理期限内到达。

第四百八十二条 要约以信件或者电报作出的，承诺期限自信件载明的日期或者电报交发之日开始计算。信件未载明日期的，自投寄该信件的邮戳日期开始计算。要约以电话、传真、电子邮件等快速通讯方式作出的，承诺期限自要约到达受要约人时开始计算。

第四百八十三条 承诺生效时合同成立，但是法律另有规定或者当事人另有约定的除外。

第四百八十四条 以通知方式作出的承诺，生效的时间适用本法第一百三十七条的规定。

承诺不需要通知的，根据交易习惯或者要约的要求作出承诺的行为时生效。

第四百八十五条 承诺可以撤回。承诺的撤回适用本法第一百四十一条的规定。

第四百八十六条 受要约人超过承诺期限发出承诺，或者在承诺期限内发出承诺，按照通常情形不能及时到达要约人的，为新要约；但是，要约人及时通知受要约人该承诺有效的除外。

第四百八十七条 受要约人在承诺期限内发出承诺，按照通常情形能够及时到达要约人，但是因其他原因致使承诺到达要约人时超过承诺期限的，除要约人及时通知受要约人因承诺超过期限不接受该承诺外，该承诺有效。

第四百八十八条 承诺的内容应当与要约的内容一致。受要约人对要约的内容作出实质性变更的，为新要约。有关合同标的、数量、质量、价款或者报酬、履行期限、履行地点和方式、违约责任和解决争议方法等的变更，是对要约内容的实质性变更。

第四百八十九条 承诺对要约的内容作出非实质性变更的，除要约人及时表示反对或者要约表明承诺不得对要约的内容作出任何变更外，该承诺有效，合同的内容以承诺的内容为准。

第四百九十条 当事人采用合同书形式订立合同的，自当事人均签名、盖章或者按指印时合同成立。在签名、盖章或者按指印之前，当事人一方已经履行主要义务，对方接受时，该合同成立。

法律、行政法规规定或者当事人约定合同应当采用书面形式订立，当事人未采用书面形式但是一方已经履行主要义务，对方接受时，该合同成立。

第四百九十一条 当事人采用信件、数据电文等形式订立合同要求签订确认书的，签订确认书时合同成立。

当事人一方通过互联网等信息网络发布的商品或者服务信息符合要约条件的，对方选择该商品或者服务并提交订单成功时合同成立，但是当事人另有约定的除外。

第四百九十二条 承诺生效的地点为合同成立的地点。

采用数据电文形式订立合同的，收件人的主营业地为合同成立的地点；没有主营业地的，其住所地为合同成立的地点。当事人另有约定的，按照其约定。

第四百九十三条 当事人采用合同书形式订立合同的，最后签名、盖章或者按指印的地点为合同成立的地点，但是当事人另有约定的除外。

第四百九十四条 国家根据抢险救灾、疫情防控或者其他需要下达国家订货任务、指令性任务的，有关民事主体之间应当依照有关法律、行政法规规定的权利和义务订立合同。

依照法律、行政法规的规定负有发出要约义务的当事人，应当及时发出合理的要约。

依照法律、行政法规的规定负有作出承诺义务的当事人，不得拒绝对方合理的订立合同要求。

第四百九十五条 当事人约定在将来一定期限内订立合同的认购书、订购书、预订书等，构成预约合同。

当事人一方不履行预约合同约定的订立合同义务的，对方可以请求其承担预约合同的违约责任。

第四百九十六条 格式条款是当事人为了重复使用而预先拟定，并在订立合同时未与对方协商的条款。

采用格式条款订立合同的，提供格式条款的一方应当遵循公平原则确定当事人之间的权利和义务，并采取合理的方式提示对方注意免除或者减轻其责任等与对方有重大利害关系的条款，按照对方的要求，对该条款予以说明。提供格式条款的一方未履行提示或者说明义务，致使对方没有注意或者理解与其有重大利害关系的条款的，对方可以主张该条款不成为合同的内容。

第四百九十七条 有下列情形之一的，该格式条款无效：

（一）具有本法第一编第六章第三节和本法第五百零六条规定的无效情形；

（二）提供格式条款一方不合理地免除或者减轻其责任、加重对方责任、限制对方主要权利；

（三）提供格式条款一方排除对方主要权利。

第四百九十八条 对格式条款的理解发生争议的，应当按照通常理解予以解释。对格式条款有两种以上解释的，应当作出不利于提供格式条款一方的解释。格式条款和非格式条款不一致的，应当采用非格式条款。

第四百九十九条 悬赏人以公开方式声明对完成特定行为的人支付报酬的，完成该行为的人可以请求其支付。

第五百条 当事人在订立合同过程中有下列情形之一，造成对方损失的，应当承担赔偿责任：

（一）假借订立合同，恶意进行磋商；

（二）故意隐瞒与订立合同有关的重要事实或者提供虚假情况；

（三）有其他违背诚信原则的行为。

第五百零一条 当事人在订立合同过程中知悉的商业秘密或者其他应当保密的信息，无论合同是否成立，不得泄露或者不正当地使用；泄露、不正当地使用该商业秘密或者信息，造成对方损失的，应当承担赔偿责任。

第三章 合同的效力

第五百零二条 依法成立的合同，自成立时生效，但是法律另有规定或者当事人另有约定的除外。

依照法律、行政法规的规定，合同应当办理批准等手续的，依照其规定。未办理批准等手续影响合同生效的，不影响合同中履行报批等义务条款以及相关条款的效力。应当办理申请批准等手续的当事人未履行义务的，对方可以请求其承担违反该义务的责任。

依照法律、行政法规的规定，合同的变更、转让、解除等情形应当办理批准等手续的,适用前款规定。

第五百零三条 无权代理人以被代理人的名义订立合同,被代理人已经开始履行合同义务或者接受相对人履行的,视为对合同的追认。

第五百零四条 法人的法定代表人或者非法人组织的负责人超越权限订立的合同,除相对人知道或者应当知道其超越权限外,该代表行为有效,订立的合同对法人或者非法人组织发生效力。

第五百零五条 当事人超越经营范围订立的合同的效力,应当依照本法第一编第六章第三节和本编的有关规定确定,不得仅以超越经营范围确认合同无效。

第五百零六条 合同中的下列免责条款无效:
(一)造成对方人身损害的;
(二)因故意或者重大过失造成对方财产损失的。

第五百零七条 合同不生效、无效、被撤销或者终止的,不影响合同中有关解决争议方法的条款的效力。

第五百零八条 本编对合同的效力没有规定的,适用本法第一编第六章的有关规定。

第四章 合同的履行

第五百零九条 当事人应当按照约定全面履行自己的义务。

当事人应当遵循诚信原则,根据合同的性质、目的和交易习惯履行通知、协助、保密等义务。

当事人在履行合同过程中,应当避免浪费资源、污染环境和破坏生态。

第五百一十条 合同生效后,当事人就质量、价款或者报酬、履行地点等内容没有约定或者约定不明确的,可以协议补充;不能达成补充协议的,按照合同相关条款或者交易习惯确定。

第五百一十一条 当事人就有关合同内容约定不明确,依据前条规定仍不能确定的,适用下列规定:

(一)质量要求不明确的,按照强制性国家标准履行;没有强制性国家标准的,按照推荐性国家标准履行;没有推荐性国家标准的,按照行业标准履行;没有国家标准、行业标准的,按照通常标准或者符合合同目的的特定标准履行。

(二)价款或者报酬不明确的,按照订立合同时履行地的市场价格履行;依法应当执行政府定价或者政府指导价的,依照规定履行。

(三)履行地点不明确,给付货币的,在接受货币一方所在地履行;交付不动产的,在不动产所在地履行;其他标的,在履行义务一方所在地履行。

(四)履行期限不明确的,债务人可以随时履行,债权人也可以随时请求履行,但是应当给对方必要的准备时间。

(五)履行方式不明确的,按照有利于实现合同目的的方式履行。

(六)履行费用的负担不明确的,由履行义务一方负担;因债权人原因增加的履行费用,由债权人负担。

第五百一十二条 通过互联网等信息网络订立的电子合同的标的为交付商品并采用快递物流方式交付的,收货人的签收时间为交付时间。电子合同的标的为提供服务的，生成的电子凭证或者实物凭证中载明的时间为提供服务时间；前述凭证没有载明时间或者载明时间与实际提供服务时间不一致的，以实际提供服务的时间为准。

电子合同的标的物为采用在线传输方式交付的，合同标的物进入对方当事人指定的特定系统且能够检索识别的时间为交付时间。

电子合同当事人对交付商品或者提供服务的方式、时间另有约定的，按照其约定。

第五百一十三条 执行政府定价或者政府指导价的，在合同约定的交付期限内政府价格调整时，按照交付时的价格计价。逾期交付标的物的，遇价格上涨时，按照原价格执行；价格下降时，按照新价格执行。逾期提取标的物或者逾期付款的，遇价格上涨时，按照新价格执行；价格下降时，按照原价格执行。

第五百一十四条 以支付金钱为内容的债，除法律另有规定或者当事人另有约定外，债权人可以请求债务人以实际履行地的法定货币履行。

第五百一十五条 标的有多项而债务人只需履行其中一项的，债务人享有选择权；但是，法律另有规定、当事人另有约定或者另有交易习惯的除外。

享有选择权的当事人在约定期限内或者履行期限届满未作选择，经催告后在合理期限内仍未选择的，选择权转移至对方。

第五百一十六条 当事人行使选择权应当及时通知对方，通知到达对方时，标的确定。标的确定后不得变更，但是经对方同意的除外。

可选择的标的发生不能履行情形的，享有选择权的当事人不得选择不能履行的标的，但是该不能履行的情形是由对方造成的除外。

第五百一十七条 债权人为二人以上，标的可分，按照份额各自享有债权的，为按份债权；债务人为二人以上，标的可分，按照份额各自负担债务的，为按份债务。

按份债权人或者按份债务人的份额难以确定的，视为份额相同。

第五百一十八条 债权人为二人以上，部分或者全部债权人均可以请求债务人履行债务的，为连带债权；债务人为二人以上，债权人可以请求部分或者全部债务人履行全部债务的，为连带债务。

连带债权或者连带债务，由法律规定或者当事人约定。

第五百一十九条 连带债务人之间的份额难以确定的，视为份额相同。

实际承担债务超过自己份额的连带债务人，有权就超出部分在其他连带债务人未履行的份额范围内向其追偿，并相应地享有债权人的权利，但是不得损害债权人的利益。其他连带债务人对债权人的抗辩，可以向该债务人主张。

被追偿的连带债务人不能履行其应分担份额的，其他连带债务人应当在相应范围内按比例分担。

第五百二十条 部分连带债务人履行、抵销债务或者提存标的物的，其他债务人对债权人的债务在相应范围内消灭；该债务人可以依据前条规定向其他债务人追偿。

部分连带债务人的债务被债权人免除的，在该连带债务人应当承担的份额范围内，其他债务人对债权人的债务消灭。

部分连带债务人的债务与债权人的债权同归于一人的，在扣除该债务人应当承担的份额后，债权人对其他债务人的债权继续存在。

债权人对部分连带债务人的给付受领迟延的，对其他连带债务人发生效力。

第五百二十一条 连带债权人之间的份额难以确定的，视为份额相同。

实际受领债权的连带债权人，应当按比例向其他连带债权人返还。

连带债权参照适用本章连带债务的有关规定。

第五百二十二条 当事人约定由债务人向第三人履行债务，债务人未向第三人履行债务或者履行债务不符合约定的，应当向债权人承担违约责任。

法律规定或者当事人约定第三人可以直接请求债务人向其履行债务，第三人未在合理期限内明确拒绝，债务人未向第三人履行债务或者履行债务不符合约定的，第三人可以请求债务人承担违约责任；债务人对债权人的抗辩，可以向第三人主张。

第五百二十三条 当事人约定由第三人向债权人履行债务，第三人不履行债务或者履行债务不符合约定的，债务人应当向债权人承担违约责任。

第五百二十四条 债务人不履行债务，第三人对履行该债务具有合法利益的，第三人有权向债权人代为履行；但是，根据债务性质、按照当事人约定或者依照法律规定只能由债务人履行的除外。

债权人接受第三人履行后，其对债务人的债权转让给第三人，但是债务人和第三人另有约定的除外。

第五百二十五条 当事人互负债务，没有先后履行顺序的，应当同时履行。一方在对方履行之前有权拒绝其履行请求。一方在对方履行债务不符合约定时，有权拒绝其相应的履行请求。

第五百二十六条 当事人互负债务，有先后履行顺序，应当先履行债务一方未履行的，后履行一方有权拒绝其履行请求。先履行一方履行债务不符合约定的，后履行一方有权拒绝其相应的履行请求。

第五百二十七条 应当先履行债务的当事人，有确切证据证明对方有下列情形之一的，可以中止履行：

（一）经营状况严重恶化；

（二）转移财产、抽逃资金，以逃避债务；

（三）丧失商业信誉；

（四）有丧失或者可能丧失履行债务能力的其他情形。

当事人没有确切证据中止履行的，应当承担违约责任。

第五百二十八条 当事人依据前条规定中止履行的，应当及时通知对方。对方提供适当担保的，应当恢复履行。中止履行后，对方在合理期限内未恢复履行能力且未提供适当担保的，视为以自己的行为表明不履行主要债务，中止履行的一方可以解除合同并可以请求对方承担违约责任。

第五百二十九条 债权人分立、合并或者变更住所没有通知债务人，致使履行债务发生困难的，债务人可以中止履行或者将标的物提存。

第五百三十条 债权人可以拒绝债务人提前履行债务，但是提前履行不损害债权人利益的除外。

债务人提前履行债务给债权人增加的费用，由债务人负担。

第五百三十一条 债权人可以拒绝债务人部分履行债务，但是部分履行不损害债权人利益的除外。

债务人部分履行债务给债权人增加的费用，由债务人负担。

第五百三十二条 合同生效后，当事人不得因姓名、名称的变更或者法定代表人、负责人、承办人的变动而不履行合同义务。

第五百三十三条 合同成立后，合同的基础条件发生了当事人在订立合同时无法预见的、不属于商业风险的重大变化，继续履行合同对于当事人一方明显不公平的，受不利影响的当事人可以与对方重新协商；在合理期限内协商不成的，当事人可以请求人民法院或者仲裁机构变更或者解除合同。

人民法院或者仲裁机构应当结合案件的实际情况，根据公平原则变更或者解除合同。

第五百三十四条 对当事人利用合同实施危害国家利益、社会公共利益行为的，市场监督管理和其他有关行政主管部门依照法律、行政法规的规定负责监督处理。

第五章 合同的保全

第五百三十五条 因债务人怠于行使其债权或者与该债权有关的从权利，影响债权人的到期债权实现的，债权人可以向人民法院请求以自己的名义代位行使债务人对相对人的权利，但是该权利专属于债务人自身的除外。

代位权的行使范围以债权人的到期债权为限。债权人行使代位权的必要费用，由债务人负担。

相对人对债务人的抗辩，可以向债权人主张。

第五百三十六条 债权人的债权到期前，债务人的债权或者与该债权有关的从权利存在诉讼时效期间即将届满或者未及时申报破产债权等情形，影响债权人的债权实现的，债权人可以代位向债务人的相对人请求其向债务人履行、向破产管理人申报或者作出其他必要的行为。

第五百三十七条 人民法院认定代位权成立的，由债务人的相对人向债权人履行义务，债权人接受履行后，债权人与债务人、债务人与相对人之间相应的权利义务终止。债务人对相对人的债权或者与该债权有关的从权利被采取保全、执行措施，或者债务人破产的，依照相关法律的规定处理。

第五百三十八条 债务人以放弃其债权、放弃债权担保、无偿转让财产等方式无偿处分财产权益，或者恶意延长其到期债权的履行期限，影响债权人的债权实现的，债权人可以请求人民法院撤销债务人的行为。

第五百三十九条 债务人以明显不合理的低价转让财产、以明显不合理的高价受让他人财产或者为他人的债务提供担保，影响债权人的债权实现，债务人的相对人知道或者应当知道该情形的，债权人可以请求人民法院撤销债务人的行为。

第五百四十条 撤销权的行使范围以债权人的债权为限。债权人行使撤销权的必要费用，由债务人负担。

第五百四十一条 撤销权自债权人知道或者应当知道撤销事由之日起一年内行使。自债务人的行为发生之日起五年内没有行使撤销权的，该撤销权消灭。

第五百四十二条 债务人影响债权人的债权实现的行为被撤销的，自始没有法律约束力。

第六章 合同的变更和转让

第五百四十三条 当事人协商一致，可以变更合同。

第五百四十四条　当事人对合同变更的内容约定不明确的，推定为未变更。

第五百四十五条　债权人可以将债权的全部或者部分转让给第三人，但是有下列情形之一的除外：

（一）根据债权性质不得转让；

（二）按照当事人约定不得转让；

（三）依照法律规定不得转让。

当事人约定非金钱债权不得转让的，不得对抗善意第三人。当事人约定金钱债权不得转让的，不得对抗第三人。

第五百四十六条　债权人转让债权，未通知债务人的，该转让对债务人不发生效力。

债权转让的通知不得撤销，但是经受让人同意的除外。

第五百四十七条　债权人转让债权的，受让人取得与债权有关的从权利，但是该从权利专属于债权人自身的除外。

受让人取得从权利不因该从权利未办理转移登记手续或者未转移占有而受到影响。

第五百四十八条　债务人接到债权转让通知后，债务人对让与人的抗辩，可以向受让人主张。

第五百四十九条　有下列情形之一的，债务人可以向受让人主张抵销：

（一）债务人接到债权转让通知时，债务人对让与人享有债权，且债务人的债权先于转让的债权到期或者同时到期；

（二）债务人的债权与转让的债权是基于同一合同产生。

第五百五十条　因债权转让增加的履行费用，由让与人负担。

第五百五十一条　债务人将债务的全部或者部分转移给第三人的，应当经债权人同意。

债务人或者第三人可以催告债权人在合理期限内予以同意，债权人未作表示的，视为不同意。

第五百五十二条　第三人与债务人约定加入债务并通知债权人，或者第三人向债权人表示愿意加入债务，债权人未在合理期限内明确拒绝的，债权人可以请求第三人在其愿意承担的债务范围内和债务人承担连带债务。

第五百五十三条　债务人转移债务的，新债务人可以主张原债务人对债权人的抗辩；原债务人对债权人享有债权的，新债务人不得向债权人主张抵销。

第五百五十四条　债务人转移债务的，新债务人应当承担与主债务有关的从债务，但是该从债务专属于原债务人自身的除外。

第五百五十五条　当事人一方经对方同意，可以将自己在合同中的权利和义务一并转让给第三人。

第五百五十六条　合同的权利和义务一并转让的，适用债权转让、债务转移的有关规定。

第七章　合同的权利义务终止

第五百五十七条　有下列情形之一的，债权债务终止：

（一）债务已经履行；

（二）债务相互抵销；
（三）债务人依法将标的物提存；
（四）债权人免除债务；
（五）债权债务同归于一人；
（六）法律规定或者当事人约定终止的其他情形。

合同解除的，该合同的权利义务关系终止。

第五百五十八条 债权债务终止后，当事人应当遵循诚信等原则，根据交易习惯履行通知、协助、保密、旧物回收等义务。

第五百五十九条 债权债务终止时，债权的从权利同时消灭，但是法律另有规定或者当事人另有约定的除外。

第五百六十条 债务人对同一债权人负担的数项债务种类相同，债务人的给付不足以清偿全部债务的，除当事人另有约定外，由债务人在清偿时指定其履行的债务。

债务人未作指定的，应当优先履行已经到期的债务；数项债务均到期的，优先履行对债权人缺乏担保或者担保最少的债务；均无担保或者担保相等的，优先履行债务人负担较重的债务；负担相同的，按照债务到期的先后顺序履行；到期时间相同的，按照债务比例履行。

第五百六十一条 债务人在履行主债务外还应当支付利息和实现债权的有关费用，其给付不足以清偿全部债务的，除当事人另有约定外，应当按照下列顺序履行：
（一）实现债权的有关费用；
（二）利息；
（三）主债务。

第五百六十二条 当事人协商一致，可以解除合同。

当事人可以约定一方解除合同的事由。解除合同的事由发生时，解除权人可以解除合同。

第五百六十三条 有下列情形之一的，当事人可以解除合同：
（一）因不可抗力致使不能实现合同目的；
（二）在履行期限届满前，当事人一方明确表示或者以自己的行为表明不履行主要债务；
（三）当事人一方迟延履行主要债务，经催告后在合理期限内仍未履行；
（四）当事人一方迟延履行债务或者有其他违约行为致使不能实现合同目的；
（五）法律规定的其他情形。

以持续履行的债务为内容的不定期合同，当事人可以随时解除合同，但是应当在合理期限之前通知对方。

第五百六十四条 法律规定或者当事人约定解除权行使期限，期限届满当事人不行使的，该权利消灭。

法律没有规定或者当事人没有约定解除权行使期限，自解除权人知道或者应当知道解除事由之日起一年内不行使，或者经对方催告后在合理期限内不行使的，该权利消灭。

第五百六十五条 当事人一方依法主张解除合同的，应当通知对方。合同自通知到达对方时解除；通知载明债务人在一定期限内不履行债务则合同自动解除，债务人在该期限内未履行债务的,合同自通知载明的期限届满时解除。对方对解除合同有异议的,任何一方当事人均可以请求人民法院或者仲裁机构确认解除行为的效力。

当事人一方未通知对方,直接以提起诉讼或者申请仲裁的方式依法主张解除合同,人民法院或者仲裁机构确认该主张的,合同自起诉状副本或者仲裁申请书副本送达对方时解除。

第五百六十六条 合同解除后,尚未履行的,终止履行;已经履行的,根据履行情况和合同性质,当事人可以请求恢复原状或者采取其他补救措施,并有权请求赔偿损失。

合同因违约解除的,解除权人可以请求违约方承担违约责任,但是当事人另有约定的除外。

主合同解除后,担保人对债务人应当承担的民事责任仍应当承担担保责任,但是担保合同另有约定的除外。

第五百六十七条 合同的权利义务关系终止,不影响合同中结算和清理条款的效力。

第五百六十八条 当事人互负债务,该债务的标的物种类、品质相同的,任何一方可以将自己的债务与对方的到期债务抵销;但是,根据债务性质、按照当事人约定或者依照法律规定不得抵销的除外。

当事人主张抵销的,应当通知对方。通知自到达对方时生效。抵销不得附条件或者附期限。

第五百六十九条 当事人互负债务,标的物种类、品质不相同的,经协商一致,也可以抵销。

第五百七十条 有下列情形之一,难以履行债务的,债务人可以将标的物提存:

(一)债权人无正当理由拒绝受领;

(二)债权人下落不明;

(三)债权人死亡未确定继承人、遗产管理人,或者丧失民事行为能力未确定监护人;

(四)法律规定的其他情形。

标的物不适于提存或者提存费用过高的,债务人依法可以拍卖或者变卖标的物,提存所得的价款。

第五百七十一条 债务人将标的物或者将标的物依法拍卖、变卖所得价款交付提存部门时,提存成立。

提存成立的,视为债务人在其提存范围内已经交付标的物。

第五百七十二条 标的物提存后,债务人应当及时通知债权人或者债权人的继承人、遗产管理人、监护人、财产代管人。

第五百七十三条 标的物提存后,毁损、灭失的风险由债权人承担。提存期间,标的物的孳息归债权人所有。提存费用由债权人负担。

第五百七十四条 债权人可以随时领取提存物。但是,债权人对债务人负有到期债务的,在债权人未履行债务或者提供担保之前,提存部门根据债务人的要求应当拒绝其领取提存物。

债权人领取提存物的权利,自提存之日起五年内不行使而消灭,提存物扣除提存费用后归国家所有。但是，债权人未履行对债务人的到期债务，或者债权人向提存部门书面表示放弃领取提存物权利的，债务人负担提存费用后有权取回提存物。

第五百七十五条 债权人免除债务人部分或者全部债务的，债权债务部分或者全部终止，但是债务人在合理期限内拒绝的除外。

第五百七十六条 债权和债务同归于一人的，债权债务终止，但是损害第三人利益的除外。

第八章 违约责任

第五百七十七条 当事人一方不履行合同义务或者履行合同义务不符合约定的，应当承担继续履行、采取补救措施或者赔偿损失等违约责任。

第五百七十八条 当事人一方明确表示或者以自己的行为表明不履行合同义务的，对方可以在履行期限届满前请求其承担违约责任。

第五百七十九条 当事人一方未支付价款、报酬、租金、利息，或者不履行其他金钱债务的，对方可以请求其支付。

第五百八十条 当事人一方不履行非金钱债务或者履行非金钱债务不符合约定的，对方可以请求履行，但是有下列情形之一的除外：

（一）法律上或者事实上不能履行；

（二）债务的标的不适于强制履行或者履行费用过高；

（三）债权人在合理期限内未请求履行。

有前款规定的除外情形之一，致使不能实现合同目的的，人民法院或者仲裁机构可以根据当事人的请求终止合同权利义务关系，但是不影响违约责任的承担。

第五百八十一条 当事人一方不履行债务或者履行债务不符合约定，根据债务的性质不得强制履行的，对方可以请求其负担由第三人替代履行的费用。

第五百八十二条 履行不符合约定的，应当按照当事人的约定承担违约责任。对违约责任没有约定或者约定不明确，依据本法第五百一十条的规定仍不能确定的，受损害方根据标的的性质以及损失的大小，可以合理选择请求对方承担修理、重作、更换、退货、减少价款或者报酬等违约责任。

第五百八十三条 当事人一方不履行合同义务或者履行合同义务不符合约定的，在履行义务或者采取补救措施后，对方还有其他损失的，应当赔偿损失。

第五百八十四条 当事人一方不履行合同义务或者履行合同义务不符合约定，造成对方损失的，损失赔偿额应当相当于因违约所造成的损失，包括合同履行后可以获得的利益；但是，不得超过违约一方订立合同时预见到或者应当预见到的因违约可能造成的损失。

第五百八十五条 当事人可以约定一方违约时应当根据违约情况向对方支付一定数额的违约金，也可以约定因违约产生的损失赔偿额的计算方法。

约定的违约金低于造成的损失的，人民法院或者仲裁机构可以根据当事人的请求予以增加；约定的违约金过分高于造成的损失的，人民法院或者仲裁机构可以根据当事人的请求予以适当减少。

当事人就迟延履行约定违约金的，违约方支付违约金后，还应当履行债务。

第五百八十六条 当事人可以约定一方向对方给付定金作为债权的担保。定金合同自实际交付定金时成立。

定金的数额由当事人约定；但是，不得超过主合同标的额的百分之二十，超过部分不产生定金的效力。实际交付的定金数额多于或者少于约定数额的，视为变更约定的定金数额。

第五百八十七条 债务人履行债务的，定金应当抵作价款或者收回。给付定金的一方不履行债务或者履行债务不符合约定，致使不能实现合同目的的，无权请求返还定金；收受定金的一方不履行债务或者履行债务不符合约定，致使不能实现合同目的的，应当双倍返还定金。

第五百八十八条 当事人既约定违约金，又约定定金的，一方违约时，对方可以选择适用违约金或者定金条款。

定金不足以弥补一方违约造成的损失的，对方可以请求赔偿超过定金数额的损失。

第五百八十九条 债务人按照约定履行债务，债权人无正当理由拒绝受领的，债务人可以请求债权人赔偿增加的费用。

在债权人受领迟延期间，债务人无须支付利息。

第五百九十条 当事人一方因不可抗力不能履行合同的，根据不可抗力的影响，部分或者全部免除责任，但是法律另有规定的除外。因不可抗力不能履行合同的，应当及时通知对方，以减轻可能给对方造成的损失，并应当在合理期限内提供证明。

当事人迟延履行后发生不可抗力的，不免除其违约责任。

第五百九十一条 当事人一方违约后，对方应当采取适当措施防止损失的扩大；没有采取适当措施致使损失扩大的，不得就扩大的损失请求赔偿。

当事人因防止损失扩大而支出的合理费用，由违约方负担。

第五百九十二条 当事人都违反合同的，应当各自承担相应的责任。

当事人一方违约造成对方损失，对方对损失的发生有过错的，可以减少相应的损失赔偿额。

第五百九十三条 当事人一方因第三人的原因造成违约的，应当依法向对方承担违约责任。当事人一方和第三人之间的纠纷，依照法律规定或者按照约定处理。

第五百九十四条 因国际货物买卖合同和技术进出口合同争议提起诉讼或者申请仲裁的时效期间为四年。

第二分编　典型合同

第九章　买卖合同

第五百九十五条 买卖合同是出卖人转移标的物的所有权于买受人，买受人支付价款的合同。

第五百九十六条 买卖合同的内容一般包括标的物的名称、数量、质量、价款、履行期限、履行地点和方式、包装方式、检验标准和方法、结算方式、合同使用的文字及其效力等条款。

第五百九十七条 因出卖人未取得处分权致使标的物所有权不能转移的，买受人可以解除合同并请求出卖人承担违约责任。

法律、行政法规禁止或者限制转让的标的物，依照其规定。

第五百九十八条　出卖人应当履行向买受人交付标的物或者交付提取标的物的单证，并转移标的物所有权的义务。

第五百九十九条　出卖人应当按照约定或者交易习惯向买受人交付提取标的物单证以外的有关单证和资料。

第六百条　出卖具有知识产权的标的物的，除法律另有规定或者当事人另有约定外，该标的物的知识产权不属于买受人。

第六百零一条　出卖人应当按照约定的时间交付标的物。约定交付期限的，出卖人可以在该交付期限内的任何时间交付。

第六百零二条　当事人没有约定标的物的交付期限或者约定不明确的，适用本法第五百一十条、第五百一十一条第四项的规定。

第六百零三条　出卖人应当按照约定的地点交付标的物。

当事人没有约定交付地点或者约定不明确，依据本法第五百一十条的规定仍不能确定的，适用下列规定：

（一）标的物需要运输的，出卖人应当将标的物交付给第一承运人以运交给买受人；

（二）标的物不需要运输，出卖人和买受人订立合同时知道标的物在某一地点的，出卖人应当在该地点交付标的物；不知道标的物在某一地点的，应当在出卖人订立合同时的营业地交付标的物。

第六百零四条　标的物毁损、灭失的风险，在标的物交付之前由出卖人承担，交付之后由买受人承担，但是法律另有规定或者当事人另有约定的除外。

第六百零五条　因买受人的原因致使标的物未按照约定的期限交付的，买受人应当自违反约定时起承担标的物毁损、灭失的风险。

第六百零六条　出卖人出卖交由承运人运输的在途标的物，除当事人另有约定外，毁损、灭失的风险自合同成立时起由买受人承担。

第六百零七条　出卖人按照约定将标的物运送至买受人指定地点并交付给承运人后，标的物毁损、灭失的风险由买受人承担。

当事人没有约定交付地点或者约定不明确，依据本法第六百零三条第二款第一项的规定标的物需要运输的，出卖人将标的物交付给第一承运人后，标的物毁损、灭失的风险由买受人承担。

第六百零八条　出卖人按照约定或者依据本法第六百零三条第二款第二项的规定将标的物置于交付地点，买受人违反约定没有收取的，标的物毁损、灭失的风险自违反约定时起由买受人承担。

第六百零九条　出卖人按照约定未交付有关标的物的单证和资料的，不影响标的物毁损、灭失风险的转移。

第六百一十条　因标的物不符合质量要求，致使不能实现合同目的的，买受人可以拒绝接受标的物或者解除合同。买受人拒绝接受标的物或者解除合同的，标的物毁损、灭失的风险由出卖人承担。

第六百一十一条　标的物毁损、灭失的风险由买受人承担的，不影响因出卖人履行义务不符合约定，买受人请求其承担违约责任的权利。

第六百一十二条　出卖人就交付的标的物，负有保证第三人对该标的物不享有任何权利的义务,但是法律另有规定的除外。

第六百一十三条 买受人订立合同时知道或者应当知道第三人对买卖的标的物享有权利的,出卖人不承担前条规定的义务。

第六百一十四条 买受人有确切证据证明第三人对标的物享有权利的,可以中止支付相应的价款,但是出卖人提供适当担保的除外。

第六百一十五条 出卖人应当按照约定的质量要求交付标的物。出卖人提供有关标的物质量说明的,交付的标的物应当符合该说明的质量要求。

第六百一十六条 当事人对标的物的质量要求没有约定或者约定不明确,依据本法第五百一十条的规定仍不能确定的,适用本法第五百一十一条第一项的规定。

第六百一十七条 出卖人交付的标的物不符合质量要求的,买受人可以依据本法第五百八十二条至第五百八十四条的规定请求承担违约责任。

第六百一十八条 当事人约定减轻或者免除出卖人对标的物瑕疵承担的责任,因出卖人故意或者重大过失不告知买受人标的物瑕疵的,出卖人无权主张减轻或者免除责任。

第六百一十九条 出卖人应当按照约定的包装方式交付标的物。对包装方式没有约定或者约定不明确,依据本法第五百一十条的规定仍不能确定的,应当按照通用的方式包装;没有通用方式的,应当采取足以保护标的物且有利于节约资源、保护生态环境的包装方式。

第六百二十条 买受人收到标的物时应当在约定的检验期限内检验。没有约定检验期限的,应当及时检验。

第六百二十一条 当事人约定检验期限的,买受人应当在检验期限内将标的物的数量或者质量不符合约定的情形通知出卖人。买受人怠于通知的,视为标的物的数量或者质量符合约定。

当事人没有约定检验期限的,买受人应当在发现或者应当发现标的物的数量或者质量不符合约定的合理期限内通知出卖人。买受人在合理期限内未通知或者自收到标的物之日起二年内未通知出卖人的,视为标的物的数量或者质量符合约定;但是,对标的物有质量保证期的,适用质量保证期,不适用该二年的规定。

出卖人知道或者应当知道提供的标的物不符合约定的,买受人不受前两款规定的通知时间的限制。

第六百二十二条 当事人约定的检验期限过短,根据标的物的性质和交易习惯,买受人在检验期限内难以完成全面检验的,该期限仅视为买受人对标的物的外观瑕疵提出异议的期限。

约定的检验期限或者质量保证期短于法律、行政法规规定期限的,应当以法律、行政法规规定的期限为准。

第六百二十三条 当事人对检验期限未作约定,买受人签收的送货单、确认单等载明标的物数量、型号、规格的,推定买受人已经对数量和外观瑕疵进行检验,但是有相关证据足以推翻的除外。

第六百二十四条 出卖人依照买受人的指示向第三人交付标的物,出卖人和买受人约定的检验标准与买受人和第三人约定的检验标准不一致的,以出卖人和买受人约定的检验标准为准。

第六百二十五条 依照法律、行政法规的规定或者按照当事人的约定，标的物在有效使用年限届满后应予回收的，出卖人负有自行或者委托第三人对标的物予以回收的义务。

第六百二十六条 买受人应当按照约定的数额和支付方式支付价款。对价款的数额和支付方式没有约定或者约定不明确的，适用本法第五百一十条、第五百一十一条第二项和第五项的规定。

第六百二十七条 买受人应当按照约定的地点支付价款。对支付地点没有约定或者约定不明确，依据本法第五百一十条的规定仍不能确定的，买受人应当在出卖人的营业地支付；但是，约定支付价款以交付标的物或者交付提取标的物单证为条件的，在交付标的物或者交付提取标的物单证的所在地支付。

第六百二十八条 买受人应当按照约定的时间支付价款。对支付时间没有约定或者约定不明确，依据本法第五百一十条的规定仍不能确定的，买受人应当在收到标的物或者提取标的物单证的同时支付。

第六百二十九条 出卖人多交标的物的，买受人可以接收或者拒绝接收多交的部分。买受人接收多交部分的，按照约定的价格支付价款；买受人拒绝接收多交部分的，应当及时通知出卖人。

第六百三十条 标的物在交付之前产生的孳息，归出卖人所有；交付之后产生的孳息，归买受人所有。但是，当事人另有约定的除外。

第六百三十一条 因标的物的主物不符合约定而解除合同的，解除合同的效力及于从物。因标的物的从物不符合约定被解除的，解除的效力不及于主物。

第六百三十二条 标的物为数物，其中一物不符合约定的，买受人可以就该物解除。但是，该物与他物分离使标的物的价值显受损害的，买受人可以就数物解除合同。

第六百三十三条 出卖人分批交付标的物的，出卖人对其中一批标的物不交付或者交付不符合约定，致使该批标的物不能实现合同目的的，买受人可以就该批标的物解除。

出卖人不交付其中一批标的物或者交付不符合约定，致使之后其他各批标的物的交付不能实现合同目的的，买受人可以就该批以及之后其他各批标的物解除。

买受人如果就其中一批标的物解除，该批标的物与其他各批标的物相互依存的，可以就已经交付和未交付的各批标的物解除。

第六百三十四条 分期付款的买受人未支付到期价款的数额达到全部价款的五分之一，经催告后在合理期限内仍未支付到期价款的，出卖人可以请求买受人支付全部价款或者解除合同。

出卖人解除合同的，可以向买受人请求支付该标的物的使用费。

第六百三十五条 凭样品买卖的当事人应当封存样品，并可以对样品质量予以说明。出卖人交付的标的物应当与样品及其说明的质量相同。

第六百三十六条 凭样品买卖的买受人不知道样品有隐蔽瑕疵的，即使交付的标的物与样品相同，出卖人交付的标的物的质量仍然应当符合同种物的通常标准。

第六百三十七条 试用买卖的当事人可以约定标的物的试用期限。对试用期限没有约定或者约定不明确，依据本法第五百一十条的规定仍不能确定的，由出卖人确定。

第六百三十八条 试用买卖的买受人在试用期内可以购买标的物，也可以拒绝购买。试用期限届满,买受人对是否购买标的物未作表示的,视为购买。

试用买卖的买受人在试用期内已经支付部分价款或者对标的物实施出卖、出租、设立担保物权等行为的,视为同意购买。

第六百三十九条 试用买卖的当事人对标的物使用费没有约定或者约定不明确的,出卖人无权请求买受人支付。

第六百四十条 标的物在试用期内毁损、灭失的风险由出卖人承担。

第六百四十一条 当事人可以在买卖合同中约定买受人未履行支付价款或者其他义务的,标的物的所有权属于出卖人。

出卖人对标的物保留的所有权,未经登记,不得对抗善意第三人。

第六百四十二条 当事人约定出卖人保留合同标的物的所有权,在标的物所有权转移前,买受人有下列情形之一,造成出卖人损害的,除当事人另有约定外,出卖人有权取回标的物:

(一)未按照约定支付价款,经催告后在合理期限内仍未支付;

(二)未按照约定完成特定条件;

(三)将标的物出卖、出质或者作出其他不当处分。

出卖人可以与买受人协商取回标的物;协商不成的,可以参照适用担保物权的实现程序。

第六百四十三条 出卖人依据前条第一款的规定取回标的物后,买受人在双方约定或者出卖人指定的合理回赎期限内,消除出卖人取回标的物的事由的,可以请求回赎标的物。

买受人在回赎期限内没有回赎标的物,出卖人可以以合理价格将标的物出卖给第三人,出卖所得价款扣除买受人未支付的价款以及必要费用后仍有剩余的,应当返还买受人;不足部分由买受人清偿。

第六百四十四条 招标投标买卖的当事人的权利和义务以及招标投标程序等,依照有关法律、行政法规的规定。

第六百四十五条 拍卖的当事人的权利和义务以及拍卖程序等,依照有关法律、行政法规的规定。

第六百四十六条 法律对其他有偿合同有规定的,依照其规定;没有规定的,参照适用买卖合同的有关规定。

第六百四十七条 当事人约定易货交易,转移标的物的所有权的,参照适用买卖合同的有关规定。

第十章 供用电、水、气、热力合同

第六百四十八条 供用电合同是供电人向用电人供电,用电人支付电费的合同。

向社会公众供电的供电人,不得拒绝用电人合理的订立合同要求。

第六百四十九条 供用电合同的内容一般包括供电的方式、质量、时间,用电容量、地址、性质,计量方式,电价、电费的结算方式,供用电设施的维护责任等条款。

第六百五十条 供用电合同的履行地点,按照当事人约定;当事人没有约定或者约定不明确的,供电设施的产权分界处为履行地点。

第六百五十一条 供电人应当按照国家规定的供电质量标准和约定安全供电。供电人未按照国家规定的供电质量标准和约定安全供电，造成用电人损失的，应当承担赔偿责任。

第六百五十二条 供电人因供电设施计划检修、临时检修、依法限电或者用电人违法用电等原因，需要中断供电时，应当按照国家有关规定事先通知用电人；未事先通知用电人中断供电，造成用电人损失的，应当承担赔偿责任。

第六百五十三条 因自然灾害等原因断电，供电人应当按照国家有关规定及时抢修；未及时抢修，造成用电人损失的，应当承担赔偿责任。

第六百五十四条 用电人应当按照国家有关规定和当事人的约定及时支付电费。用电人逾期不支付电费的，应当按照约定支付违约金。经催告用电人在合理期限内仍不支付电费和违约金的，供电人可以按照国家规定的程序中止供电。

供电人依据前款规定中止供电的，应当事先通知用电人。

第六百五十五条 用电人应当按照国家有关规定和当事人的约定安全、节约和计划用电。用电人未按照国家有关规定和当事人的约定用电，造成供电人损失的，应当承担赔偿责任。

第六百五十六条 供用水、供用气、供用热力合同，参照适用供用电合同的有关规定。

第十一章　赠与合同

第六百五十七条 赠与合同是赠与人将自己的财产无偿给予受赠人，受赠人表示接受赠与的合同。

第六百五十八条 赠与人在赠与财产的权利转移之前可以撤销赠与。

经过公证的赠与合同或者依法不得撤销的具有救灾、扶贫、助残等公益、道德义务性质的赠与合同，不适用前款规定。

第六百五十九条 赠与的财产依法需要办理登记或者其他手续的，应当办理有关手续。

第六百六十条 经过公证的赠与合同或者依法不得撤销的具有救灾、扶贫、助残等公益、道德义务性质的赠与合同，赠与人不交付赠与财产的，受赠人可以请求交付。

依据前款规定应当交付的赠与财产因赠与人故意或者重大过失致使毁损、灭失的，赠与人应当承担赔偿责任。

第六百六十一条 赠与可以附义务。

赠与附义务的，受赠人应当按照约定履行义务。

第六百六十二条 赠与的财产有瑕疵的，赠与人不承担责任。附义务的赠与，赠与的财产有瑕疵的，赠与人在附义务的限度内承担与出卖人相同的责任。

赠与人故意不告知瑕疵或者保证无瑕疵，造成受赠人损失的，应当承担赔偿责任。

第六百六十三条 受赠人有下列情形之一的，赠与人可以撤销赠与：

（一）严重侵害赠与人或者赠与人近亲属的合法权益；

（二）对赠与人有扶养义务而不履行；

（三）不履行赠与合同约定的义务。

赠与人的撤销权，自知道或者应当知道撤销事由之日起一年内行使。

第六百六十四条 因受赠人的违法行为致使赠与人死亡或者丧失民事行为能力的，

赠与人的继承人或者法定代理人可以撤销赠与。

赠与人的继承人或者法定代理人的撤销权，自知道或者应当知道撤销事由之日起六个月内行使。

第六百六十五条 撤销权人撤销赠与的，可以向受赠人请求返还赠与的财产。

第六百六十六条 赠与人的经济状况显著恶化，严重影响其生产经营或者家庭生活的，可以不再履行赠与义务。

第十二章 借款合同

第六百六十七条 借款合同是借款人向贷款人借款，到期返还借款并支付利息的合同。

第六百六十八条 借款合同应当采用书面形式，但是自然人之间借款另有约定的除外。

借款合同的内容一般包括借款种类、币种、用途、数额、利率、期限和还款方式等条款。

第六百六十九条 订立借款合同，借款人应当按照贷款人的要求提供与借款有关的业务活动和财务状况的真实情况。

第六百七十条 借款的利息不得预先在本金中扣除。利息预先在本金中扣除的，应当按照实际借款数额返还借款并计算利息。

第六百七十一条 贷款人未按照约定的日期、数额提供借款，造成借款人损失的，应当赔偿损失。

借款人未按照约定的日期、数额收取借款的，应当按照约定的日期、数额支付利息。

第六百七十二条 贷款人按照约定可以检查、监督借款的使用情况。借款人应当按照约定向贷款人定期提供有关财务会计报表或者其他资料。

第六百七十三条 借款人未按照约定的借款用途使用借款的，贷款人可以停止发放借款、提前收回借款或者解除合同。

第六百七十四条 借款人应当按照约定的期限支付利息。对支付利息的期限没有约定或者约定不明确，依据本法第五百一十条的规定仍不能确定，借款期间不满一年的，应当在返还借款时一并支付；借款期间一年以上的，应当在每届满一年时支付，剩余期间不满一年的，应当在返还借款时一并支付。

第六百七十五条 借款人应当按照约定的期限返还借款。对借款期限没有约定或者约定不明确，依据本法第五百一十条的规定仍不能确定的，借款人可以随时返还；贷款人可以催告借款人在合理期限内返还。

第六百七十六条 借款人未按照约定的期限返还借款的，应当按照约定或者国家有关规定支付逾期利息。

第六百七十七条 借款人提前返还借款的，除当事人另有约定外，应当按照实际借款的期间计算利息。

第六百七十八条 借款人可以在还款期限届满前向贷款人申请展期；贷款人同意的，可以展期。

第六百七十九条 自然人之间的借款合同，自贷款人提供借款时成立。

第六百八十条 禁止高利放贷，借款的利率不得违反国家有关规定。

借款合同对支付利息没有约定的，视为没有利息。

借款合同对支付利息约定不明确，当事人不能达成补充协议的，按照当地或者当事人的交易方式、交易习惯、市场利率等因素确定利息；自然人之间借款的，视为没有利息。

第十三章　保证合同

第一节　一般规定

第六百八十一条 保证合同是为保障债权的实现，保证人和债权人约定，当债务人不履行到期债务或者发生当事人约定的情形时，保证人履行债务或者承担责任的合同。

第六百八十二条 保证合同是主债权债务合同的从合同。主债权债务合同无效的，保证合同无效，但是法律另有规定的除外。

保证合同被确认无效后，债务人、保证人、债权人有过错的，应当根据其过错各自承担相应的民事责任。

第六百八十三条 机关法人不得为保证人，但是经国务院批准为使用外国政府或者国际经济组织贷款进行转贷的除外。

以公益为目的的非营利法人、非法人组织不得为保证人。

第六百八十四条 保证合同的内容一般包括被保证的主债权的种类、数额，债务人履行债务的期限，保证的方式、范围和期间等条款。

第六百八十五条 保证合同可以是单独订立的书面合同，也可以是主债权债务合同中的保证条款。

第三人单方以书面形式向债权人作出保证，债权人接收且未提出异议的，保证合同成立。

第六百八十六条 保证的方式包括一般保证和连带责任保证。

当事人在保证合同中对保证方式没有约定或者约定不明确的，按照一般保证承担保证责任。

第六百八十七条 当事人在保证合同中约定，债务人不能履行债务时，由保证人承担保证责任的，为一般保证。

一般保证的保证人在主合同纠纷未经审判或者仲裁，并就债务人财产依法强制执行仍不能履行债务前，有权拒绝向债权人承担保证责任，但是有下列情形之一的除外：

（一）债务人下落不明，且无财产可供执行；

（二）人民法院已经受理债务人破产案件；

（三）债权人有证据证明债务人的财产不足以履行全部债务或者丧失履行债务能力；

（四）保证人书面表示放弃本款规定的权利。

第六百八十八条 当事人在保证合同中约定保证人和债务人对债务承担连带责任的，为连带责任保证。

连带责任保证的债务人不履行到期债务或者发生当事人约定的情形时，债权人可以请求债务人履行债务，也可以请求保证人在其保证范围内承担保证责任。

第六百八十九条 保证人可以要求债务人提供反担保。

第六百九十条 保证人与债权人可以协商订立最高额保证的合同，约定在最高债权额限度内就一定期间连续发生的债权提供保证。

最高额保证除适用本章规定外，参照适用本法第二编最高额抵押权的有关规定。

第二节 保证责任

第六百九十一条 保证的范围包括主债权及其利息、违约金、损害赔偿金和实现债权的费用。当事人另有约定的，按照其约定。

第六百九十二条 保证期间是确定保证人承担保证责任的期间，不发生中止、中断和延长。

债权人与保证人可以约定保证期间，但是约定的保证期间早于主债务履行期限或者与主债务履行期限同时届满的，视为没有约定；没有约定或者约定不明确的，保证期间为主债务履行期限届满之日起六个月。

债权人与债务人对主债务履行期限没有约定或者约定不明确的，保证期间自债权人请求债务人履行债务的宽限期届满之日起计算。

第六百九十三条 一般保证的债权人未在保证期间对债务人提起诉讼或者申请仲裁的，保证人不再承担保证责任。

连带责任保证的债权人未在保证期间请求保证人承担保证责任的，保证人不再承担保证责任。

第六百九十四条 一般保证的债权人在保证期间届满前对债务人提起诉讼或者申请仲裁的，从保证人拒绝承担保证责任的权利消灭之日起，开始计算保证债务的诉讼时效。

连带责任保证的债权人在保证期间届满前请求保证人承担保证责任的，从债权人请求保证人承担保证责任之日起，开始计算保证债务的诉讼时效。

第六百九十五条 债权人和债务人未经保证人书面同意，协商变更主债权债务合同内容，减轻债务的，保证人仍对变更后的债务承担保证责任；加重债务的，保证人对加重的部分不承担保证责任。

债权人和债务人变更主债权债务合同的履行期限，未经保证人书面同意的，保证期间不受影响。

第六百九十六条 债权人转让全部或者部分债权，未通知保证人的，该转让对保证人不发生效力。

保证人与债权人约定禁止债权转让，债权人未经保证人书面同意转让债权的，保证人对受让人不再承担保证责任。

第六百九十七条 债权人未经保证人书面同意，允许债务人转移全部或者部分债务，保证人对未经其同意转移的债务不再承担保证责任，但是债权人和保证人另有约定的除外。

第三人加入债务的，保证人的保证责任不受影响。

第六百九十八条 一般保证的保证人在主债务履行期限届满后，向债权人提供债务人可供执行财产的真实情况，债权人放弃或者怠于行使权利致使该财产不能被执行的，保证人在其提供可供执行财产的价值范围内不再承担保证责任。

第六百九十九条 同一债务有两个以上保证人的，保证人应当按照保证合同约定的保证份额，承担保证责任；没有约定保证份额的，债权人可以请求任何一个保证人在其保证范围内承担保证责任。

第七百条 保证人承担保证责任后，除当事人另有约定外，有权在其承担保证责任的范围内向债务人追偿，享有债权人对债务人的权利，但是不得损害债权人的利益。

第七百零一条 保证人可以主张债务人对债权人的抗辩。债务人放弃抗辩的，保证人仍有权向债权人主张抗辩。

第七百零二条 债务人对债权人享有抵销权或者撤销权的，保证人可以在相应范围内拒绝承担保证责任。

第十四章 租赁合同

第七百零三条 租赁合同是出租人将租赁物交付承租人使用、收益，承租人支付租金的合同。

第七百零四条 租赁合同的内容一般包括租赁物的名称、数量、用途、租赁期限、租金及其支付期限和方式、租赁物维修等条款。

第七百零五条 租赁期限不得超过二十年。超过二十年的，超过部分无效。

租赁期限届满，当事人可以续订租赁合同；但是，约定的租赁期限自续订之日起不得超过二十年。

第七百零六条 当事人未依照法律、行政法规规定办理租赁合同登记备案手续的，不影响合同的效力。

第七百零七条 租赁期限六个月以上的，应当采用书面形式。当事人未采用书面形式，无法确定租赁期限的，视为不定期租赁。

第七百零八条 出租人应当按照约定将租赁物交付承租人，并在租赁期限内保持租赁物符合约定的用途。

第七百零九条 承租人应当按照约定的方法使用租赁物。对租赁物的使用方法没有约定或者约定不明确，依据本法第五百一十条的规定仍不能确定的，应当根据租赁物的性质使用。

第七百一十条 承租人按照约定的方法或者根据租赁物的性质使用租赁物，致使租赁物受到损耗的，不承担赔偿责任。

第七百一十一条 承租人未按照约定的方法或者未根据租赁物的性质使用租赁物，致使租赁物受到损失的，出租人可以解除合同并请求赔偿损失。

第七百一十二条 出租人应当履行租赁物的维修义务，但是当事人另有约定的除外。

第七百一十三条 承租人在租赁物需要维修时可以请求出租人在合理期限内维修。出租人未履行维修义务的，承租人可以自行维修，维修费用由出租人负担。因维修租赁物影响承租人使用的，应当相应减少租金或者延长租期。

因承租人的过错致使租赁物需要维修的，出租人不承担前款规定的维修义务。

第七百一十四条 承租人应当妥善保管租赁物，因保管不善造成租赁物毁损、灭失的，应当承担赔偿责任。

第七百一十五条 承租人经出租人同意,可以对租赁物进行改善或者增设他物。

承租人未经出租人同意,对租赁物进行改善或者增设他物的,出租人可以请求承租人恢复原状或者赔偿损失。

第七百一十六条 承租人经出租人同意,可以将租赁物转租给第三人。承租人转租的,承租人与出租人之间的租赁合同继续有效;第三人造成租赁物损失的,承租人应当赔偿损失。

承租人未经出租人同意转租的,出租人可以解除合同。

第七百一十七条 承租人经出租人同意将租赁物转租给第三人,转租期限超过承租人剩余租赁期限的,超过部分的约定对出租人不具有法律约束力,但是出租人与承租人另有约定的除外。

第七百一十八条 出租人知道或者应当知道承租人转租,但是在六个月内未提出异议的,视为出租人同意转租。

第七百一十九条 承租人拖欠租金的,次承租人可以代承租人支付其欠付的租金和违约金,但是转租合同对出租人不具有法律约束力的除外。

次承租人代为支付的租金和违约金,可以充抵次承租人应当向承租人支付的租金;超出其应付的租金数额的,可以向承租人追偿。

第七百二十条 在租赁期限内因占有、使用租赁物获得的收益,归承租人所有,但是当事人另有约定的除外。

第七百二十一条 承租人应当按照约定的期限支付租金。对支付租金的期限没有约定或者约定不明确,依据本法第五百一十条的规定仍不能确定,租赁期限不满一年的,应当在租赁期限届满时支付;租赁期限一年以上的,应当在每届满一年时支付,剩余期限不满一年的,应当在租赁期限届满时支付。

第七百二十二条 承租人无正当理由未支付或者迟延支付租金的,出租人可以请求承租人在合理期限内支付;承租人逾期不支付的,出租人可以解除合同。

第七百二十三条 因第三人主张权利,致使承租人不能对租赁物使用、收益的,承租人可以请求减少租金或者不支付租金。

第三人主张权利的,承租人应当及时通知出租人。

第七百二十四条 有下列情形之一,非因承租人原因致使租赁物无法使用的,承租人可以解除合同:

(一)租赁物被司法机关或者行政机关依法查封、扣押;

(二)租赁物权属有争议;

(三)租赁物具有违反法律、行政法规关于使用条件的强制性规定情形。

第七百二十五条 租赁物在承租人按照租赁合同占有期限内发生所有权变动的,不影响租赁合同的效力。

第七百二十六条 出租人出卖租赁房屋的,应当在出卖之前的合理期限内通知承租人,承租人享有以同等条件优先购买的权利;但是,房屋按份共有人行使优先购买权或者出租人将房屋出卖给近亲属的除外。

出租人履行通知义务后,承租人在十五日内未明确表示购买的,视为承租人放弃优先购买权。

第七百二十七条 出租人委托拍卖人拍卖租赁房屋的,应当在拍卖五日前通知承租人。承租人未参加拍卖的,视为放弃优先购买权。

第七百二十八条 出租人未通知承租人或者有其他妨害承租人行使优先购买权情形的,承租人可以请求出租人承担赔偿责任。但是,出租人与第三人订立的房屋买卖合同的效力不受影响。

第七百二十九条 因不可归责于承租人的事由,致使租赁物部分或者全部毁损、灭失的,承租人可以请求减少租金或者不支付租金;因租赁物部分或者全部毁损、灭失,致使不能实现合同目的的,承租人可以解除合同。

第七百三十条 当事人对租赁期限没有约定或者约定不明确,依据本法第五百一十条的规定仍不能确定的,视为不定期租赁;当事人可以随时解除合同,但是应当在合理期限之前通知对方。

第七百三十一条 租赁物危及承租人的安全或者健康的,即使承租人订立合同时明知该租赁物质量不合格,承租人仍然可以随时解除合同。

第七百三十二条 承租人在房屋租赁期限内死亡的,与其生前共同居住的人或者共同经营人可以按照原租赁合同租赁该房屋。

第七百三十三条 租赁期限届满,承租人应当返还租赁物。返还的租赁物应当符合按照约定或者根据租赁物的性质使用后的状态。

第七百三十四条 租赁期限届满,承租人继续使用租赁物,出租人没有提出异议的,原租赁合同继续有效,但是租赁期限为不定期。

租赁期限届满,房屋承租人享有以同等条件优先承租的权利。

第十五章 融资租赁合同

第七百三十五条 融资租赁合同是出租人根据承租人对出卖人、租赁物的选择,向出卖人购买租赁物,提供给承租人使用,承租人支付租金的合同。

第七百三十六条 融资租赁合同的内容一般包括租赁物的名称、数量、规格、技术性能、检验方法,租赁期限,租金构成及其支付期限和方式、币种,租赁期限届满租赁物的归属等条款。

融资租赁合同应当采用书面形式。

第七百三十七条 当事人以虚构租赁物方式订立的融资租赁合同无效。

第七百三十八条 依照法律、行政法规的规定,对于租赁物的经营使用应当取得行政许可的,出租人未取得行政许可不影响融资租赁合同的效力。

第七百三十九条 出租人根据承租人对出卖人、租赁物的选择订立的买卖合同,出卖人应当按照约定向承租人交付标的物,承租人享有与受领标的物有关的买受人的权利。

第七百四十条 出卖人违反向承租人交付标的物的义务,有下列情形之一的,承租人可以拒绝受领出卖人向其交付的标的物:

(一)标的物严重不符合约定;

(二)未按照约定交付标的物,经承租人或者出租人催告后在合理期限内仍未交付。

承租人拒绝受领标的物的,应当及时通知出租人。

第七百四十一条 出租人、出卖人、承租人可以约定,出卖人不履行买卖合同义务的，由承租人行使索赔的权利。承租人行使索赔权利的，出租人应当协助。

第七百四十二条 承租人对出卖人行使索赔权利，不影响其履行支付租金的义务。但是，承租人依赖出租人的技能确定租赁物或者出租人干预选择租赁物的，承租人可以请求减免相应租金。

第七百四十三条 出租人有下列情形之一，致使承租人对出卖人行使索赔权利失败的，承租人有权请求出租人承担相应的责任：

（一）明知租赁物有质量瑕疵而不告知承租人；

（二）承租人行使索赔权利时，未及时提供必要协助。

出租人怠于行使只能由其对出卖人行使的索赔权利，造成承租人损失的，承租人有权请求出租人承担赔偿责任。

第七百四十四条 出租人根据承租人对出卖人、租赁物的选择订立的买卖合同，未经承租人同意，出租人不得变更与承租人有关的合同内容。

第七百四十五条 出租人对租赁物享有的所有权，未经登记，不得对抗善意第三人。

第七百四十六条 融资租赁合同的租金，除当事人另有约定外，应当根据购买租赁物的大部分或者全部成本以及出租人的合理利润确定。

第七百四十七条 租赁物不符合约定或者不符合使用目的的，出租人不承担责任。但是，承租人依赖出租人的技能确定租赁物或者出租人干预选择租赁物的除外。

第七百四十八条 出租人应当保证承租人对租赁物的占有和使用。

出租人有下列情形之一的，承租人有权请求其赔偿损失：

（一）无正当理由收回租赁物；

（二）无正当理由妨碍、干扰承租人对租赁物的占有和使用；

（三）因出租人的原因致使第三人对租赁物主张权利；

（四）不当影响承租人对租赁物占有和使用的其他情形。

第七百四十九条 承租人占有租赁物期间，租赁物造成第三人人身损害或者财产损失的，出租人不承担责任。

第七百五十条 承租人应当妥善保管、使用租赁物。

承租人应当履行占有租赁物期间的维修义务。

第七百五十一条 承租人占有租赁物期间，租赁物毁损、灭失的，出租人有权请求承租人继续支付租金，但是法律另有规定或者当事人另有约定的除外。

第七百五十二条 承租人应当按照约定支付租金。承租人经催告后在合理期限内仍不支付租金的，出租人可以请求支付全部租金；也可以解除合同，收回租赁物。

第七百五十三条 承租人未经出租人同意，将租赁物转让、抵押、质押、投资入股或者以其他方式处分的，出租人可以解除融资租赁合同。

第七百五十四条 有下列情形之一的，出租人或者承租人可以解除融资租赁合同：

（一）出租人与出卖人订立的买卖合同解除、被确认无效或者被撤销，且未能重新订立买卖合同；

（二）租赁物因不可归责于当事人的原因毁损、灭失，且不能修复或者确定替代物；

（三）因出卖人的原因致使融资租赁合同的目的不能实现。

第七百五十五条　融资租赁合同因买卖合同解除、被确认无效或者被撤销而解除，出卖人、租赁物系由承租人选择的，出租人有权请求承租人赔偿相应损失；但是，因出租人原因致使买卖合同解除、被确认无效或者被撤销的除外。

出租人的损失已经在买卖合同解除、被确认无效或者被撤销时获得赔偿的，承租人不再承担相应的赔偿责任。

第七百五十六条　融资租赁合同因租赁物交付承租人后意外毁损、灭失等不可归责于当事人的原因解除的，出租人可以请求承租人按照租赁物折旧情况给予补偿。

第七百五十七条　出租人和承租人可以约定租赁期限届满租赁物的归属；对租赁物的归属没有约定或者约定不明确，依据本法第五百一十条的规定仍不能确定的，租赁物的所有权归出租人。

第七百五十八条　当事人约定租赁期限届满租赁物归承租人所有，承租人已经支付大部分租金，但是无力支付剩余租金，出租人因此解除合同收回租赁物，收回的租赁物的价值超过承租人欠付的租金以及其他费用的，承租人可以请求相应返还。

当事人约定租赁期限届满租赁物归出租人所有，因租赁物毁损、灭失或者附合、混合于他物致使承租人不能返还的，出租人有权请求承租人给予合理补偿。

第七百五十九条　当事人约定租赁期限届满，承租人仅需向出租人支付象征性价款的，视为约定的租金义务履行完毕后租赁物的所有权归承租人。

第七百六十条　融资租赁合同无效，当事人就该情形下租赁物的归属有约定的，按照其约定；没有约定或者约定不明确的，租赁物应当返还出租人。但是，因承租人原因致使合同无效，出租人不请求返还或者返还后会显著降低租赁物效用的，租赁物的所有权归承租人，由承租人给予出租人合理补偿。

第十六章　保理合同

第七百六十一条　保理合同是应收账款债权人将现有的或者将有的应收账款转让给保理人，保理人提供资金融通、应收账款管理或者催收、应收账款债务人付款担保等服务的合同。

第七百六十二条　保理合同的内容一般包括业务类型、服务范围、服务期限、基础交易合同情况、应收账款信息、保理融资款或者服务报酬及其支付方式等条款。

保理合同应当采用书面形式。

第七百六十三条　应收账款债权人与债务人虚构应收账款作为转让标的，与保理人订立保理合同的，应收账款债务人不得以应收账款不存在为由对抗保理人，但是保理人明知虚构的除外。

第七百六十四条　保理人向应收账款债务人发出应收账款转让通知的，应当表明保理人身份并附有必要凭证。

第七百六十五条　应收账款债务人接到应收账款转让通知后，应收账款债权人与债务人无正当理由协商变更或者终止基础交易合同，对保理人产生不利影响的，对保理人不发生效力。

第七百六十六条　当事人约定有追索权保理的，保理人可以向应收账款债权人主张返还保理融资款本息或者回购应收账款债权，也可以向应收账款债务人主张应收账款债权。保理人向应收账款债务人主张应收账款债权，在扣除保理融资款本息和相关费用后有剩余的，剩余部分应当返还给应收账款债权人。

第七百六十七条 当事人约定无追索权保理的，保理人应当向应收账款债务人主张应收账款债权，保理人取得超过保理融资款本息和相关费用的部分，无需向应收账款债权人返还。

第七百六十八条 应收账款债权人就同一应收账款订立多个保理合同，致使多个保理人主张权利的，已经登记的先于未登记的取得应收账款；均已经登记的，按照登记时间的先后顺序取得应收账款；均未登记的，由最先到达应收账款债务人的转让通知中载明的保理人取得应收账款；既未登记也未通知的，按照保理融资款或者服务报酬的比例取得应收账款。

第七百六十九条 本章没有规定的，适用本编第六章债权转让的有关规定。

第十七章 承揽合同

第七百七十条 承揽合同是承揽人按照定作人的要求完成工作，交付工作成果，定作人支付报酬的合同。

承揽包括加工、定作、修理、复制、测试、检验等工作。

第七百七十一条 承揽合同的内容一般包括承揽的标的、数量、质量、报酬，承揽方式，材料的提供，履行期限，验收标准和方法等条款。

第七百七十二条 承揽人应当以自己的设备、技术和劳力，完成主要工作，但是当事人另有约定的除外。

承揽人将其承揽的主要工作交由第三人完成的，应当就该第三人完成的工作成果向定作人负责；未经定作人同意的，定作人也可以解除合同。

第七百七十三条 承揽人可以将其承揽的辅助工作交由第三人完成。承揽人将其承揽的辅助工作交由第三人完成的，应当就该第三人完成的工作成果向定作人负责。

第七百七十四条 承揽人提供材料的，应当按照约定选用材料，并接受定作人检验。

第七百七十五条 定作人提供材料的，应当按照约定提供材料。承揽人对定作人提供的材料应当及时检验，发现不符合约定时，应当及时通知定作人更换、补齐或者采取其他补救措施。

承揽人不得擅自更换定作人提供的材料，不得更换不需要修理的零部件。

第七百七十六条 承揽人发现定作人提供的图纸或者技术要求不合理的，应当及时通知定作人。因定作人怠于答复等原因造成承揽人损失的，应当赔偿损失。

第七百七十七条 定作人中途变更承揽工作的要求，造成承揽人损失的，应当赔偿损失。

第七百七十八条 承揽工作需要定作人协助的，定作人有协助的义务。定作人不履行协助义务致使承揽工作不能完成的，承揽人可以催告定作人在合理期限内履行义务，并可以顺延履行期限；定作人逾期不履行的，承揽人可以解除合同。

第七百七十九条 承揽人在工作期间，应当接受定作人必要的监督检验。定作人不得因监督检验妨碍承揽人的正常工作。

第七百八十条 承揽人完成工作的，应当向定作人交付工作成果，并提交必要的技术资料和有关质量证明。定作人应当验收该工作成果。

第七百八十一条 承揽人交付的工作成果不符合质量要求的,定作人可以合理选择请求承揽人承担修理、重作、减少报酬、赔偿损失等违约责任。

第七百八十二条 定作人应当按照约定的期限支付报酬。对支付报酬的期限没有约定或者约定不明确,依据本法第五百一十条的规定仍不能确定的,定作人应当在承揽人交付工作成果时支付;工作成果部分交付的,定作人应当相应支付。

第七百八十三条 定作人未向承揽人支付报酬或者材料费等价款的,承揽人对完成的工作成果享有留置权或者有权拒绝交付,但是当事人另有约定的除外。

第七百八十四条 承揽人应当妥善保管定作人提供的材料以及完成的工作成果,因保管不善造成毁损、灭失的,应当承担赔偿责任。

第七百八十五条 承揽人应当按照定作人的要求保守秘密,未经定作人许可,不得留存复制品或者技术资料。

第七百八十六条 共同承揽人对定作人承担连带责任,但是当事人另有约定的除外。

第七百八十七条 定作人在承揽人完成工作前可以随时解除合同,造成承揽人损失的,应当赔偿损失。

第十八章 建设工程合同

第七百八十八条 建设工程合同是承包人进行工程建设,发包人支付价款的合同。
建设工程合同包括工程勘察、设计、施工合同。

第七百八十九条 建设工程合同应当采用书面形式。

第七百九十条 建设工程的招标投标活动,应当依照有关法律的规定公开、公平、公正进行。

第七百九十一条 发包人可以与总承包人订立建设工程合同,也可以分别与勘察人、设计人、施工人订立勘察、设计、施工承包合同。发包人不得将应当由一个承包人完成的建设工程支解成若干部分发包给数个承包人。

总承包人或者勘察、设计、施工承包人经发包人同意,可以将自己承包的部分工作交由第三人完成。第三人就其完成的工作成果与总承包人或者勘察、设计、施工承包人向发包人承担连带责任。承包人不得将其承包的全部建设工程转包给第三人或者将其承包的全部建设工程支解以后以分包的名义分别转包给第三人。

禁止承包人将工程分包给不具备相应资质条件的单位。禁止分包单位将其承包的工程再分包。建设工程主体结构的施工必须由承包人自行完成。

第七百九十二条 国家重大建设工程合同,应当按照国家规定的程序和国家批准的投资计划、可行性研究报告等文件订立。

第七百九十三条 建设工程施工合同无效,但是建设工程经验收合格的,可以参照合同关于工程价款的约定折价补偿承包人。

建设工程施工合同无效,且建设工程经验收不合格的,按照以下情形处理:

(一)修复后的建设工程经验收合格的,发包人可以请求承包人承担修复费用;

(二)修复后的建设工程经验收不合格的,承包人无权请求参照合同关于工程价款的约定折价补偿。

发包人对因建设工程不合格造成的损失有过错的,应当承担相应的责任。

第七百九十四条 勘察、设计合同的内容一般包括提交有关基础资料和概预算等文件的期限、质量要求、费用以及其他协作条件等条款。

第七百九十五条 施工合同的内容一般包括工程范围、建设工期、中间交工工程的开工和竣工时间、工程质量、工程造价、技术资料交付时间、材料和设备供应责任、拨款和结算、竣工验收、质量保修范围和质量保证期、相互协作等条款。

第七百九十六条 建设工程实行监理的，发包人应当与监理人采用书面形式订立委托监理合同。发包人与监理人的权利和义务以及法律责任，应当依照本编委托合同以及其他有关法律、行政法规的规定。

第七百九十七条 发包人在不妨碍承包人正常作业的情况下，可以随时对作业进度、质量进行检查。

第七百九十八条 隐蔽工程在隐蔽以前，承包人应当通知发包人检查。发包人没有及时检查的，承包人可以顺延工程日期，并有权请求赔偿停工、窝工等损失。

第七百九十九条 建设工程竣工后，发包人应当根据施工图纸及说明书、国家颁发的施工验收规范和质量检验标准及时进行验收。验收合格的，发包人应当按照约定支付价款，并接收该建设工程。

建设工程竣工经验收合格后，方可交付使用；未经验收或者验收不合格的，不得交付使用。

第八百条 勘察、设计的质量不符合要求或者未按照期限提交勘察、设计文件拖延工期，造成发包人损失的，勘察人、设计人应当继续完善勘察、设计，减收或者免收勘察、设计费并赔偿损失。

第八百零一条 因施工人的原因致使建设工程质量不符合约定的，发包人有权请求施工人在合理期限内无偿修理或者返工、改建。经过修理或者返工、改建后，造成逾期交付的，施工人应当承担违约责任。

第八百零二条 因承包人的原因致使建设工程在合理使用期限内造成人身损害和财产损失的，承包人应当承担赔偿责任。

第八百零三条 发包人未按照约定的时间和要求提供原材料、设备、场地、资金、技术资料的，承包人可以顺延工程日期，并有权请求赔偿停工、窝工等损失。

第八百零四条 因发包人的原因致使工程中途停建、缓建的，发包人应当采取措施弥补或者减少损失，赔偿承包人因此造成的停工、窝工、倒运、机械设备调迁、材料和构件积压等损失和实际费用。

第八百零五条 因发包人变更计划，提供的资料不准确，或者未按照期限提供必需的勘察、设计工作条件而造成勘察、设计的返工、停工或者修改设计，发包人应当按照勘察人、设计人实际消耗的工作量增付费用。

第八百零六条 承包人将建设工程转包、违法分包的，发包人可以解除合同。

发包人提供的主要建筑材料、建筑构配件和设备不符合强制性标准或者不履行协助义务，致使承包人无法施工，经催告后在合理期限内仍未履行相应义务的，承包人可以解除合同。

合同解除后，已经完成的建设工程质量合格的，发包人应当按照约定支付相应的工程价款；已经完成的建设工程质量不合格的，参照本法第七百九十三条的规定处理。

第八百零七条 发包人未按照约定支付价款的，承包人可以催告发包人在合理期限内支付价款。发包人逾期不支付的，除根据建设工程的性质不宜折价、拍卖外，承包人可以与发包人协议将该工程折价，也可以请求人民法院将该工程依法拍卖。建设工程的价款就该工程折价或者拍卖的价款优先受偿。

第八百零八条 本章没有规定的，适用承揽合同的有关规定。

第十九章 运输合同

第一节 一般规定

第八百零九条 运输合同是承运人将旅客或者货物从起运地点运输到约定地点，旅客、托运人或者收货人支付票款或者运输费用的合同。

第八百一十条 从事公共运输的承运人不得拒绝旅客、托运人通常、合理的运输要求。

第八百一十一条 承运人应当在约定期限或者合理期限内将旅客、货物安全运输到约定地点。

第八百一十二条 承运人应当按照约定的或者通常的运输路线将旅客、货物运输到约定地点。

第八百一十三条 旅客、托运人或者收货人应当支付票款或者运输费用。承运人未按照约定路线或者通常路线运输增加票款或者运输费用的，旅客、托运人或者收货人可以拒绝支付增加部分的票款或者运输费用。

第二节 客运合同

第八百一十四条 客运合同自承运人向旅客出具客票时成立，但是当事人另有约定或者另有交易习惯的除外。

第八百一十五条 旅客应当按照有效客票记载的时间、班次和座位号乘坐。旅客无票乘坐、超程乘坐、越级乘坐或者持不符合减价条件的优惠客票乘坐的，应当补交票款，承运人可以按照规定加收票款；旅客不支付票款的，承运人可以拒绝运输。

实名制客运合同的旅客丢失客票的，可以请求承运人挂失补办，承运人不得再次收取票款和其他不合理费用。

第八百一十六条 旅客因自己的原因不能按照客票记载的时间乘坐的，应当在约定的期限内办理退票或者变更手续；逾期办理的，承运人可以不退票款，并不再承担运输义务。

第八百一十七条 旅客随身携带行李应当符合约定的限量和品类要求；超过限量或者违反品类要求携带行李的，应当办理托运手续。

第八百一十八条 旅客不得随身携带或者在行李中夹带易燃、易爆、有毒、有腐蚀性、有放射性以及可能危及运输工具上人身和财产安全的危险物品或者违禁物品。

旅客违反前款规定的，承运人可以将危险物品或者违禁物品卸下、销毁或者送交有关部门。旅客坚持携带或者夹带危险物品或者违禁物品的，承运人应当拒绝运输。

第八百一十九条 承运人应当严格履行安全运输义务，及时告知旅客安全运输应当注意的事项。旅客对承运人为安全运输所作的合理安排应当积极协助和配合。

第八百二十条 承运人应当按照有效客票记载的时间、班次和座位号运输旅客。

承运人迟延运输或者有其他不能正常运输情形的，应当及时告知和提醒旅客，采取必要的安置措施，并根据旅客的要求安排改乘其他班次或者退票；由此造成旅客损失的，承运人应当承担赔偿责任，但是不可归责于承运人的除外。

第八百二十一条 承运人擅自降低服务标准的，应当根据旅客的请求退票或者减收票款；提高服务标准的，不得加收票款。

第八百二十二条 承运人在运输过程中，应当尽力救助患有急病、分娩、遇险的旅客。

第八百二十三条 承运人应当对运输过程中旅客的伤亡承担赔偿责任；但是，伤亡是旅客自身健康原因造成的或者承运人证明伤亡是旅客故意、重大过失造成的除外。

前款规定适用于按照规定免票、持优待票或者经承运人许可搭乘的无票旅客。

第八百二十四条 在运输过程中旅客随身携带物品毁损、灭失，承运人有过错的，应当承担赔偿责任。

旅客托运的行李毁损、灭失的，适用货物运输的有关规定。

第三节 货运合同

第八百二十五条 托运人办理货物运输，应当向承运人准确表明收货人的姓名、名称或者凭指示的收货人，货物的名称、性质、重量、数量，收货地点等有关货物运输的必要情况。

因托运人申报不实或者遗漏重要情况，造成承运人损失的，托运人应当承担赔偿责任。

第八百二十六条 货物运输需要办理审批、检验等手续的，托运人应当将办理完有关手续的文件提交承运人。

第八百二十七条 托运人应当按照约定的方式包装货物。对包装方式没有约定或者约定不明确的，适用本法第六百一十九条的规定。

托运人违反前款规定的，承运人可以拒绝运输。

第八百二十八条 托运人托运易燃、易爆、有毒、有腐蚀性、有放射性等危险物品的，应当按照国家有关危险物品运输的规定对危险物品妥善包装，做出危险物品标志和标签，并将有关危险物品的名称、性质和防范措施的书面材料提交承运人。

托运人违反前款规定的，承运人可以拒绝运输，也可以采取相应措施以避免损失的发生，因此产生的费用由托运人负担。

第八百二十九条 在承运人将货物交付收货人之前，托运人可以要求承运人中止运输、返还货物、变更到达地或者将货物交给其他收货人，但是应当赔偿承运人因此受到的损失。

第八百三十条 货物运输到达后，承运人知道收货人的，应当及时通知收货人，收货人应当及时提货。收货人逾期提货的，应当向承运人支付保管费等费用。

第八百三十一条 收货人提货时应当按照约定的期限检验货物。对检验货物的期限没有约定或者约定不明确，依据本法第五百一十条的规定仍不能确定的，应当在合理期限内检验货物。收货人在约定的期限或者合理期限内对货物的数量、毁损等未提出异议的，视为承运人已经按照运输单证的记载交付的初步证据。

第八百三十二条 承运人对运输过程中货物的毁损、灭失承担赔偿责任。但是，承运人证明货物的毁损、灭失是因不可抗力、货物本身的自然性质或者合理损耗以及托运人、收货人的过错造成的,不承担赔偿责任。

第八百三十三条 货物的毁损、灭失的赔偿额,当事人有约定的,按照其约定;没有约定或者约定不明确,依据本法第五百一十条的规定仍不能确定的,按照交付或者应当交付时货物到达地的市场价格计算。法律、行政法规对赔偿额的计算方法和赔偿限额另有规定的,依照其规定。

第八百三十四条 两个以上承运人以同一运输方式联运的,与托运人订立合同的承运人应当对全程运输承担责任;损失发生在某一运输区段的,与托运人订立合同的承运人和该区段的承运人承担连带责任。

第八百三十五条 货物在运输过程中因不可抗力灭失,未收取运费的,承运人不得请求支付运费;已经收取运费的,托运人可以请求返还。法律另有规定的,依照其规定。

第八百三十六条 托运人或者收货人不支付运费、保管费或者其他费用的,承运人对相应的运输货物享有留置权,但是当事人另有约定的除外。

第八百三十七条 收货人不明或者收货人无正当理由拒绝受领货物的,承运人依法可以提存货物。

第四节 多式联运合同

第八百三十八条 多式联运经营人负责履行或者组织履行多式联运合同,对全程运输享有承运人的权利,承担承运人的义务。

第八百三十九条 多式联运经营人可以与参加多式联运的各区段承运人就多式联运合同的各区段运输约定相互之间的责任;但是,该约定不影响多式联运经营人对全程运输承担的义务。

第八百四十条 多式联运经营人收到托运人交付的货物时,应当签发多式联运单据。按照托运人的要求,多式联运单据可以是可转让单据,也可以是不可转让单据。

第八百四十一条 因托运人托运货物时的过错造成多式联运经营人损失的,即使托运人已经转让多式联运单据,托运人仍然应当承担赔偿责任。

第八百四十二条 货物的毁损、灭失发生于多式联运的某一运输区段的,多式联运经营人的赔偿责任和责任限额,适用调整该区段运输方式的有关法律规定;货物毁损、灭失发生的运输区段不能确定的,依照本章规定承担赔偿责任。

第二十章 技术合同

第一节 一般规定

第八百四十三条 技术合同是当事人就技术开发、转让、许可、咨询或者服务订立的确立相互之间权利和义务的合同。

第八百四十四条 订立技术合同,应当有利于知识产权的保护和科学技术的进步,促进科学技术成果的研发、转化、应用和推广。

第八百四十五条 技术合同的内容一般包括项目的名称,标的的内容、范围和要求,履行的计划、地点和方式,技术信息和资料的保密,技术成果的归属和收益的分配办法，验收标准和方法，名词和术语的解释等条款。

与履行合同有关的技术背景资料、可行性论证和技术评价报告、项目任务书和计划书、技术标准、技术规范、原始设计和工艺文件，以及其他技术文档，按照当事人的约定可以作为合同的组成部分。

技术合同涉及专利的，应当注明发明创造的名称、专利申请人和专利权人、申请日期、申请号、专利号以及专利权的有效期限。

第八百四十六条 技术合同价款、报酬或者使用费的支付方式由当事人约定，可以采取一次总算、一次总付或者一次总算、分期支付，也可以采取提成支付或者提成支付附加预付入门费的方式。

约定提成支付的，可以按照产品价格、实施专利和使用技术秘密后新增的产值、利润或者产品销售额的一定比例提成，也可以按照约定的其他方式计算。提成支付的比例可以采取固定比例、逐年递增比例或者逐年递减比例。

约定提成支付的，当事人可以约定查阅有关会计账目的办法。

第八百四十七条 职务技术成果的使用权、转让权属于法人或者非法人组织的，法人或者非法人组织可以就该项职务技术成果订立技术合同。法人或者非法人组织订立技术合同转让职务技术成果时，职务技术成果的完成人享有以同等条件优先受让的权利。

职务技术成果是执行法人或者非法人组织的工作任务，或者主要是利用法人或者非法人组织的物质技术条件所完成的技术成果。

第八百四十八条 非职务技术成果的使用权、转让权属于完成技术成果的个人，完成技术成果的个人可以就该项非职务技术成果订立技术合同。

第八百四十九条 完成技术成果的个人享有在有关技术成果文件上写明自己是技术成果完成者的权利和取得荣誉证书、奖励的权利。

第八百五十条 非法垄断技术或者侵害他人技术成果的技术合同无效。

第二节 技术开发合同

第八百五十一条 技术开发合同是当事人之间就新技术、新产品、新工艺、新品种或者新材料及其系统的研究开发所订立的合同。

技术开发合同包括委托开发合同和合作开发合同。

技术开发合同应当采用书面形式。

当事人之间就具有实用价值的科技成果实施转化订立的合同，参照适用技术开发合同的有关规定。

第八百五十二条 委托开发合同的委托人应当按照约定支付研究开发经费和报酬，提供技术资料，提出研究开发要求，完成协作事项，接受研究开发成果。

第八百五十三条 委托开发合同的研究开发人应当按照约定制定和实施研究开发计划，合理使用研究开发经费，按期完成研究开发工作，交付研究开发成果，提供有关的技术资料和必要的技术指导，帮助委托人掌握研究开发成果。

第八百五十四条 委托开发合同的当事人违反约定造成研究开发工作停滞、延误或者失败的，应当承担违约责任。

第八百五十五条 合作开发合同的当事人应当按照约定进行投资，包括以技术进行投资，分工参与研究开发工作，协作配合研究开发工作。

第八百五十六条 合作开发合同的当事人违反约定造成研究开发工作停滞、延误或者失败的，应当承担违约责任。

第八百五十七条 作为技术开发合同标的的技术已经由他人公开，致使技术开发合同的履行没有意义的，当事人可以解除合同。

第八百五十八条 技术开发合同履行过程中，因出现无法克服的技术困难，致使研究开发失败或者部分失败的，该风险由当事人约定；没有约定或者约定不明确，依据本法第五百一十条的规定仍不能确定的，风险由当事人合理分担。

当事人一方发现前款规定的可能致使研究开发失败或者部分失败的情形时，应当及时通知另一方并采取适当措施减少损失；没有及时通知并采取适当措施，致使损失扩大的，应当就扩大的损失承担责任。

第八百五十九条 委托开发完成的发明创造，除法律另有规定或者当事人另有约定外，申请专利的权利属于研究开发人。研究开发人取得专利权的，委托人可以依法实施该专利。

研究开发人转让专利申请权的，委托人享有以同等条件优先受让的权利。

第八百六十条 合作开发完成的发明创造，申请专利的权利属于合作开发的当事人共有；当事人一方转让其共有的专利申请权的，其他各方享有以同等条件优先受让的权利。但是，当事人另有约定的除外。

合作开发的当事人一方声明放弃其共有的专利申请权的，除当事人另有约定外，可以由另一方单独申请或者由其他各方共同申请。申请人取得专利权的，放弃专利申请权的一方可以免费实施该专利。

合作开发的当事人一方不同意申请专利的，另一方或者其他各方不得申请专利。

第八百六十一条 委托开发或者合作开发完成的技术秘密成果的使用权、转让权以及收益的分配办法，由当事人约定；没有约定或者约定不明确，依据本法第五百一十条的规定仍不能确定的，在没有相同技术方案被授予专利权前，当事人均有使用和转让的权利。但是，委托开发的研究开发人不得在向委托人交付研究开发成果之前，将研究开发成果转让给第三人。

第三节 技术转让合同和技术许可合同

第八百六十二条 技术转让合同是合法拥有技术的权利人，将现有特定的专利、专利申请、技术秘密的相关权利让与他人所订立的合同。

技术许可合同是合法拥有技术的权利人，将现有特定的专利、技术秘密的相关权利许可他人实施、使用所订立的合同。

技术转让合同和技术许可合同中关于提供实施技术的专用设备、原材料或者提供有关的技术咨询、技术服务的约定，属于合同的组成部分。

第八百六十三条 技术转让合同包括专利权转让、专利申请权转让、技术秘密转让等合同。

技术许可合同包括专利实施许可、技术秘密使用许可等合同。

技术转让合同和技术许可合同应当采用书面形式。

第八百六十四条 技术转让合同和技术许可合同可以约定实施专利或者使用技

秘密的范围，但是不得限制技术竞争和技术发展。

第八百六十五条 专利实施许可合同仅在该专利权的存续期限内有效。专利权有效期限届满或者专利权被宣告无效的，专利权人不得就该专利与他人订立专利实施许可合同。

第八百六十六条 专利实施许可合同的许可人应当按照约定许可被许可人实施专利，交付实施专利有关的技术资料，提供必要的技术指导。

第八百六十七条 专利实施许可合同的被许可人应当按照约定实施专利，不得许可约定以外的第三人实施该专利，并按照约定支付使用费。

第八百六十八条 技术秘密转让合同的让与人和技术秘密使用许可合同的许可人应当按照约定提供技术资料，进行技术指导，保证技术的实用性、可靠性，承担保密义务。

前款规定的保密义务，不限制许可人申请专利，但是当事人另有约定的除外。

第八百六十九条 技术秘密转让合同的受让人和技术秘密使用许可合同的被许可人应当按照约定使用技术，支付转让费、使用费，承担保密义务。

第八百七十条 技术转让合同的让与人和技术许可合同的许可人应当保证自己是所提供的技术的合法拥有者，并保证所提供的技术完整、无误、有效，能够达到约定的目标。

第八百七十一条 技术转让合同的受让人和技术许可合同的被许可人应当按照约定的范围和期限，对让与人、许可人提供的技术中尚未公开的秘密部分，承担保密义务。

第八百七十二条 许可人未按照约定许可技术的，应当返还部分或者全部使用费，并应当承担违约责任；实施专利或者使用技术秘密超越约定的范围的，违反约定擅自许可第三人实施该项专利或者使用该项技术秘密的，应当停止违约行为，承担违约责任；违反约定的保密义务的，应当承担违约责任。

让与人承担违约责任，参照适用前款规定。

第八百七十三条 被许可人未按照约定支付使用费的，应当补交使用费并按照约定支付违约金；不补交使用费或者支付违约金的，应当停止实施专利或者使用技术秘密，交还技术资料，承担违约责任；实施专利或者使用技术秘密超越约定的范围的，未经许可人同意擅自许可第三人实施该专利或者使用该技术秘密的，应当停止违约行为，承担违约责任；违反约定的保密义务的，应当承担违约责任。

受让人承担违约责任，参照适用前款规定。

第八百七十四条 受让人或者被许可人按照约定实施专利、使用技术秘密侵害他人合法权益的，由让与人或者许可人承担责任，但是当事人另有约定的除外。

第八百七十五条 当事人可以按照互利的原则，在合同中约定实施专利、使用技术秘密后续改进的技术成果的分享办法；没有约定或者约定不明确，依据本法第五百一十条的规定仍不能确定的，一方后续改进的技术成果，其他各方无权分享。

第八百七十六条 集成电路布图设计专有权、植物新品种权、计算机软件著作权等其他知识产权的转让和许可，参照适用本节的有关规定。

第八百七十七条 法律、行政法规对技术进出口合同或者专利、专利申请合同另有规定的，依照其规定。

第四节 技术咨询合同和技术服务合同

第八百七十八条 技术咨询合同是当事人一方以技术知识为对方就特定技术项目提供可行性论证、技术预测、专题技术调查、分析评价报告等所订立的合同。

技术服务合同是当事人一方以技术知识为对方解决特定技术问题所订立的合同，不包括承揽合同和建设工程合同。

第八百七十九条 技术咨询合同的委托人应当按照约定阐明咨询的问题，提供技术背景材料及有关技术资料，接受受托人的工作成果，支付报酬。

第八百八十条 技术咨询合同的受托人应当按照约定的期限完成咨询报告或者解答问题，提出的咨询报告应当达到约定的要求。

第八百八十一条 技术咨询合同的委托人未按照约定提供必要的资料，影响工作进度和质量，不接受或者逾期接受工作成果的，支付的报酬不得追回，未支付的报酬应当支付。

技术咨询合同的受托人未按期提出咨询报告或者提出的咨询报告不符合约定的，应当承担减收或者免收报酬等违约责任。

技术咨询合同的委托人按照受托人符合约定要求的咨询报告和意见作出决策所造成的损失，由委托人承担，但是当事人另有约定的除外。

第八百八十二条 技术服务合同的委托人应当按照约定提供工作条件，完成配合事项，接受工作成果并支付报酬。

第八百八十三条 技术服务合同的受托人应当按照约定完成服务项目，解决技术问题，保证工作质量，并传授解决技术问题的知识。

第八百八十四条 技术服务合同的委托人不履行合同义务或者履行合同义务不符合约定，影响工作进度和质量，不接受或者逾期接受工作成果的，支付的报酬不得追回，未支付的报酬应当支付。

技术服务合同的受托人未按照约定完成服务工作的，应当承担免收报酬等违约责任。

第八百八十五条 技术咨询合同、技术服务合同履行过程中，受托人利用委托人提供的技术资料和工作条件完成的新的技术成果，属于受托人。委托人利用受托人的工作成果完成的新的技术成果，属于委托人。当事人另有约定的，按照其约定。

第八百八十六条 技术咨询合同和技术服务合同对受托人正常开展工作所需费用的负担没有约定或者约定不明确的，由受托人负担。

第八百八十七条 法律、行政法规对技术中介合同、技术培训合同另有规定的，依照其规定。

第二十一章 保管合同

第八百八十八条 保管合同是保管人保管寄存人交付的保管物，并返还该物的合同。

寄存人到保管人处从事购物、就餐、住宿等活动，将物品存放在指定场所的，视为保管，但是当事人另有约定或者另有交易习惯的除外。

第八百八十九条 寄存人应当按照约定向保管人支付保管费。

当事人对保管费没有约定或者约定不明确,依据本法第五百一十条的规定仍不能确定的,视为无偿保管。

第八百九十条 保管合同自保管物交付时成立,但是当事人另有约定的除外。

第八百九十一条 寄存人向保管人交付保管物的,保管人应当出具保管凭证,但是另有交易习惯的除外。

第八百九十二条 保管人应当妥善保管保管物。

当事人可以约定保管场所或者方法。除紧急情况或者为维护寄存人利益外,不得擅自改变保管场所或者方法。

第八百九十三条 寄存人交付的保管物有瑕疵或者根据保管物的性质需要采取特殊保管措施的,寄存人应当将有关情况告知保管人。寄存人未告知,致使保管物受损失的,保管人不承担赔偿责任;保管人因此受损失的,除保管人知道或者应当知道且未采取补救措施外,寄存人应当承担赔偿责任。

第八百九十四条 保管人不得将保管物转交第三人保管,但是当事人另有约定的除外。

保管人违反前款规定,将保管物转交第三人保管,造成保管物损失的,应当承担赔偿责任。

第八百九十五条 保管人不得使用或者许可第三人使用保管物,但是当事人另有约定的除外。

第八百九十六条 第三人对保管物主张权利的,除依法对保管物采取保全或者执行措施外,保管人应当履行向寄存人返还保管物的义务。

第三人对保管人提起诉讼或者对保管物申请扣押的,保管人应当及时通知寄存人。

第八百九十七条 保管期内,因保管人保管不善造成保管物毁损、灭失的,保管人应当承担赔偿责任。但是,无偿保管人证明自己没有故意或者重大过失的,不承担赔偿责任。

第八百九十八条 寄存人寄存货币、有价证券或者其他贵重物品的,应当向保管人声明,由保管人验收或者封存;寄存人未声明的,该物品毁损、灭失后,保管人可以按照一般物品予以赔偿。

第八百九十九条 寄存人可以随时领取保管物。

当事人对保管期限没有约定或者约定不明确的,保管人可以随时请求寄存人领取保管物;约定保管期限的,保管人无特别事由,不得请求寄存人提前领取保管物。

第九百条 保管期限届满或者寄存人提前领取保管物的,保管人应当将原物及其孳息归还寄存人。

第九百零一条 保管人保管货币的,可以返还相同种类、数量的货币;保管其他可替代物的,可以按照约定返还相同种类、品质、数量的物品。

第九百零二条 有偿的保管合同,寄存人应当按照约定的期限向保管人支付保管费。

当事人对支付期限没有约定或者约定不明确,依据本法第五百一十条的规定仍不能确定的,应当在领取保管物的同时支付。

第九百零三条 寄存人未按照约定支付保管费或者其他费用的,保管人对保管物享有留置权,但是当事人另有约定的除外。

第二十二章 仓储合同

第九百零四条 仓储合同是保管人储存存货人交付的仓储物，存货人支付仓储费的合同。

第九百零五条 仓储合同自保管人和存货人意思表示一致时成立。

第九百零六条 储存易燃、易爆、有毒、有腐蚀性、有放射性等危险物品或者易变质物品的，存货人应当说明该物品的性质，提供有关资料。

存货人违反前款规定的，保管人可以拒收仓储物，也可以采取相应措施以避免损失的发生，因此产生的费用由存货人负担。

保管人储存易燃、易爆、有毒、有腐蚀性、有放射性等危险物品的，应当具备相应的保管条件。

第九百零七条 保管人应当按照约定对入库仓储物进行验收。保管人验收时发现入库仓储物与约定不符合的，应当及时通知存货人。保管人验收后，发生仓储物的品种、数量、质量不符合约定的，保管人应当承担赔偿责任。

第九百零八条 存货人交付仓储物的，保管人应当出具仓单、入库单等凭证。

第九百零九条 保管人应当在仓单上签名或者盖章。仓单包括下列事项：

（一）存货人的姓名或者名称和住所；
（二）仓储物的品种、数量、质量、包装及其件数和标记；
（三）仓储物的损耗标准；
（四）储存场所；
（五）储存期限；
（六）仓储费；
（七）仓储物已经办理保险的，其保险金额、期间以及保险人的名称；
（八）填发人、填发地和填发日期。

第九百一十条 仓单是提取仓储物的凭证。存货人或者仓单持有人在仓单上背书并经保管人签名或者盖章的，可以转让提取仓储物的权利。

第九百一十一条 保管人根据存货人或者仓单持有人的要求，应当同意其检查仓储物或者提取样品。

第九百一十二条 保管人发现入库仓储物有变质或者其他损坏的，应当及时通知存货人或者仓单持有人。

第九百一十三条 保管人发现入库仓储物有变质或者其他损坏，危及其他仓储物的安全和正常保管的，应当催告存货人或者仓单持有人作出必要的处置。因情况紧急，保管人可以作出必要的处置；但是，事后应当将该情况及时通知存货人或者仓单持有人。

第九百一十四条 当事人对储存期限没有约定或者约定不明确的，存货人或者仓单持有人可以随时提取仓储物，保管人也可以随时请求存货人或者仓单持有人提取仓储物，但是应当给予必要的准备时间。

第九百一十五条 储存期限届满，存货人或者仓单持有人应当凭仓单、入库单等提取仓储物。存货人或者仓单持有人逾期提取的，应当加收仓储费；提前提取的，不减收仓储费。

第九百一十六条 储存期限届满，存货人或者仓单持有人不提取仓储物的，保管人可以催告其在合理期限内提取；逾期不提取的，保管人可以提存仓储物。

第九百一十七条 储存期内，因保管不善造成仓储物毁损、灭失的，保管人应当承担赔偿责任。因仓储物本身的自然性质、包装不符合约定或者超过有效储存期造成仓储物变质、损坏的，保管人不承担赔偿责任。

第九百一十八条 本章没有规定的，适用保管合同的有关规定。

第二十三章 委托合同

第九百一十九条 委托合同是委托人和受托人约定，由受托人处理委托人事务的合同。

第九百二十条 委托人可以特别委托受托人处理一项或者数项事务，也可以概括委托受托人处理一切事务。

第九百二十一条 委托人应当预付处理委托事务的费用。受托人为处理委托事务垫付的必要费用，委托人应当偿还该费用并支付利息。

第九百二十二条 受托人应当按照委托人的指示处理委托事务。需要变更委托人指示的，应当经委托人同意；因情况紧急，难以和委托人取得联系的，受托人应当妥善处理委托事务，但是事后应当将该情况及时报告委托人。

第九百二十三条 受托人应当亲自处理委托事务。经委托人同意，受托人可以转委托。转委托经同意或者追认的，委托人可以就委托事务直接指示转委托的第三人，受托人仅就第三人的选任及其对第三人的指示承担责任。转委托未经同意或者追认的，受托人应当对转委托的第三人的行为承担责任；但是，在紧急情况下受托人为了维护委托人的利益需要转委托第三人的除外。

第九百二十四条 受托人应当按照委托人的要求，报告委托事务的处理情况。委托合同终止时，受托人应当报告委托事务的结果。

第九百二十五条 受托人以自己的名义，在委托人的授权范围内与第三人订立的合同，第三人在订立合同时知道受托人与委托人之间的代理关系的，该合同直接约束委托人和第三人；但是，有确切证据证明该合同只约束受托人和第三人的除外。

第九百二十六条 受托人以自己的名义与第三人订立合同时，第三人不知道受托人与委托人之间的代理关系的，受托人因第三人的原因对委托人不履行义务，受托人应当向委托人披露第三人，委托人因此可以行使受托人对第三人的权利。但是，第三人与受托人订立合同时如果知道该委托人就不会订立合同的除外。

受托人因委托人的原因对第三人不履行义务，受托人应当向第三人披露委托人，第三人因此可以选择受托人或者委托人作为相对人主张其权利，但是第三人不得变更选定的相对人。

委托人行使受托人对第三人的权利的，第三人可以向委托人主张其对受托人的抗辩。第三人选定委托人作为其相对人的，委托人可以向第三人主张其对受托人的抗辩以及受托人对第三人的抗辩。

第九百二十七条 受托人处理委托事务取得的财产，应当转交给委托人。

第九百二十八条 受托人完成委托事务的，委托人应当按照约定向其支付报酬。

因不可归责于受托人的事由，委托合同解除或者委托事务不能完成的，委托人应当向受托人支付相应的报酬。当事人另有约定的，按照其约定。

第九百二十九条 有偿的委托合同，因受托人的过错造成委托人损失的，委托人可以请求赔偿损失。无偿的委托合同，因受托人的故意或者重大过失造成委托人损失的，委托人可以请求赔偿损失。

受托人超越权限造成委托人损失的，应当赔偿损失。

第九百三十条 受托人处理委托事务时，因不可归责于自己的事由受到损失的，可以向委托人请求赔偿损失。

第九百三十一条 委托人经受托人同意，可以在受托人之外委托第三人处理委托事务。因此造成受托人损失的，受托人可以向委托人请求赔偿损失。

第九百三十二条 两个以上的受托人共同处理委托事务的，对委托人承担连带责任。

第九百三十三条 委托人或者受托人可以随时解除委托合同。因解除合同造成对方损失的，除不可归责于该当事人的事由外，无偿委托合同的解除方应当赔偿因解除时间不当造成的直接损失，有偿委托合同的解除方应当赔偿对方的直接损失和合同履行后可以获得的利益。

第九百三十四条 委托人死亡、终止或者受托人死亡、丧失民事行为能力、终止的，委托合同终止；但是，当事人另有约定或者根据委托事务的性质不宜终止的除外。

第九百三十五条 因委托人死亡或者被宣告破产、解散，致使委托合同终止将损害委托人利益的，在委托人的继承人、遗产管理人或者清算人承受委托事务之前，受托人应当继续处理委托事务。

第九百三十六条 因受托人死亡、丧失民事行为能力或者被宣告破产、解散，致使委托合同终止的，受托人的继承人、遗产管理人、法定代理人或者清算人应当及时通知委托人。因委托合同终止将损害委托人利益的，在委托人作出善后处理之前，受托人的继承人、遗产管理人、法定代理人或者清算人应当采取必要措施。

第二十四章 物业服务合同

第九百三十七条 物业服务合同是物业服务人在物业服务区域内，为业主提供建筑物及其附属设施的维修养护、环境卫生和相关秩序的管理维护等物业服务，业主支付物业费的合同。

物业服务人包括物业服务企业和其他管理人。

第九百三十八条 物业服务合同的内容一般包括服务事项、服务质量、服务费用的标准和收取办法、维修资金的使用、服务用房的管理和使用、服务期限、服务交接等条款。

物业服务人公开作出的有利于业主的服务承诺，为物业服务合同的组成部分。

物业服务合同应当采用书面形式。

第九百三十九条 建设单位依法与物业服务人订立的前期物业服务合同，以及业主委员会与业主大会依法选聘的物业服务人订立的物业服务合同，对业主具有法律约束力。

第九百四十条 建设单位依法与物业服务人订立的前期物业服务合同约定的服务期限届满前，业主委员会或者业主与新物业服务人订立的物业服务合同生效的，前期物业服务合同终止。

第九百四十一条 物业服务人将物业服务区域内的部分专项服务事项委托给专业性服务组织或者其他第三人的，应当就该部分专项服务事项向业主负责。

物业服务人不得将其应当提供的全部物业服务转委托给第三人，或者将全部物业服务支解后分别转委托给第三人。

第九百四十二条 物业服务人应当按照约定和物业的使用性质，妥善维修、养护、清洁、绿化和经营管理物业服务区域内的业主共有部分，维护物业服务区域内的基本秩序，采取合理措施保护业主的人身、财产安全。

对物业服务区域内违反有关治安、环保、消防等法律法规的行为，物业服务人应当及时采取合理措施制止、向有关行政主管部门报告并协助处理。

第九百四十三条 物业服务人应当定期将服务的事项、负责人员、质量要求、收费项目、收费标准、履行情况，以及维修资金使用情况、业主共有部分的经营与收益情况等以合理方式向业主公开并向业主大会、业主委员会报告。

第九百四十四条 业主应当按照约定向物业服务人支付物业费。物业服务人已经按照约定和有关规定提供服务的，业主不得以未接受或者无需接受相关物业服务为由拒绝支付物业费。

业主违反约定逾期不支付物业费的，物业服务人可以催告其在合理期限内支付；合理期限届满仍不支付的，物业服务人可以提起诉讼或者申请仲裁。

物业服务人不得采取停止供电、供水、供热、供燃气等方式催交物业费。

第九百四十五条 业主装饰装修房屋的，应当事先告知物业服务人，遵守物业服务人提示的合理注意事项，并配合其进行必要的现场检查。

业主转让、出租物业专有部分、设立居住权或者依法改变共有部分用途的，应当及时将相关情况告知物业服务人。

第九百四十六条 业主依照法定程序共同决定解聘物业服务人的，可以解除物业服务合同。决定解聘的，应当提前六十日书面通知物业服务人，但是合同对通知期限另有约定的除外。

依据前款规定解除合同造成物业服务人损失的，除不可归责于业主的事由外，业主应当赔偿损失。

第九百四十七条 物业服务期限届满前，业主依法共同决定续聘的，应当与原物业服务人在合同期限届满前续订物业服务合同。

物业服务期限届满前，物业服务人不同意续聘的，应当在合同期限届满前九十日书面通知业主或者业主委员会，但是合同对通知期限另有约定的除外。

第九百四十八条 物业服务期限届满后，业主没有依法作出续聘或者另聘物业服务人的决定，物业服务人继续提供物业服务的，原物业服务合同继续有效，但是服务期限为不定期。

当事人可以随时解除不定期物业服务合同，但是应当提前六十日书面通知对方。

第九百四十九条 物业服务合同终止的，原物业服务人应当在约定期限或者合理期限内退出物业服务区域，将物业服务用房、相关设施、物业服务所必需的相关资料等交还给业主委员会、决定自行管理的业主或者其指定的人，配合新物业服务人做好交接工作，并如实告知物业的使用和管理状况。

原物业服务人违反前款规定的，不得请求业主支付物业服务合同终止后的物业费；造成业主损失的，应当赔偿损失。

第九百五十条 物业服务合同终止后，在业主或者业主大会选聘的新物业服务人或者决定自行管理的业主接管之前，原物业服务人应当继续处理物业服务事项，并可以请求业主支付该期间的物业费。

第二十五章 行纪合同

第九百五十一条 行纪合同是行纪人以自己的名义为委托人从事贸易活动，委托人支付报酬的合同。

第九百五十二条 行纪人处理委托事务支出的费用，由行纪人负担，但是当事人另有约定的除外。

第九百五十三条 行纪人占有委托物的，应当妥善保管委托物。

第九百五十四条 委托物交付给行纪人时有瑕疵或者容易腐烂、变质的，经委托人同意，行纪人可以处分该物；不能与委托人及时取得联系的，行纪人可以合理处分。

第九百五十五条 行纪人低于委托人指定的价格卖出或者高于委托人指定的价格买入的，应当经委托人同意；未经委托人同意，行纪人补偿其差额的，该买卖对委托人发生效力。

行纪人高于委托人指定的价格卖出或者低于委托人指定的价格买入的，可以按照约定增加报酬；没有约定或者约定不明确，依据本法第五百一十条的规定仍不能确定的，该利益属于委托人。

委托人对价格有特别指示的，行纪人不得违背该指示卖出或者买入。

第九百五十六条 行纪人卖出或者买入具有市场定价的商品，除委托人有相反的意思表示外，行纪人自己可以作为买受人或者出卖人。

行纪人有前款规定情形的，仍然可以请求委托人支付报酬。

第九百五十七条 行纪人按照约定买入委托物，委托人应当及时受领。经行纪人催告，委托人无正当理由拒绝受领的，行纪人依法可以提存委托物。

委托物不能卖出或者委托人撤回出卖，经行纪人催告，委托人不取回或者不处分该物的，行纪人依法可以提存委托物。

第九百五十八条 行纪人与第三人订立合同的，行纪人对该合同直接享有权利、承担义务。

第三人不履行义务致使委托人受到损害的，行纪人应当承担赔偿责任，但是行纪人与委托人另有约定的除外。

第九百五十九条 行纪人完成或者部分完成委托事务的，委托人应当向其支付相应的报酬。委托人逾期不支付报酬的，行纪人对委托物享有留置权，但是当事人另有约定的除外。

第九百六十条 本章没有规定的，参照适用委托合同的有关规定。

第二十六章 中介合同

第九百六十一条 中介合同是中介人向委托人报告订立合同的机会或者提供订立合同的媒介服务，委托人支付报酬的合同。

第九百六十二条 中介人应当就有关订立合同的事项向委托人如实报告。

中介人故意隐瞒与订立合同有关的重要事实或者提供虚假情况,损害委托人利益的,不得请求支付报酬并应当承担赔偿责任。

第九百六十三条 中介人促成合同成立的,委托人应当按照约定支付报酬。对中介人的报酬没有约定或者约定不明确,依据本法第五百一十条的规定仍不能确定的,根据中介人的劳务合理确定。因中介人提供订立合同的媒介服务而促成合同成立的,由该合同的当事人平均负担中介人的报酬。

中介人促成合同成立的,中介活动的费用,由中介人负担。

第九百六十四条 中介人未促成合同成立的,不得请求支付报酬;但是,可以按照约定请求委托人支付从事中介活动支出的必要费用。

第九百六十五条 委托人在接受中介人的服务后,利用中介人提供的交易机会或者媒介服务,绕开中介人直接订立合同的,应当向中介人支付报酬。

第九百六十六条 本章没有规定的,参照适用委托合同的有关规定。

第二十七章 合伙合同

第九百六十七条 合伙合同是两个以上合伙人为了共同的事业目的,订立的共享利益、共担风险的协议。

第九百六十八条 合伙人应当按照约定的出资方式、数额和缴付期限,履行出资义务。

第九百六十九条 合伙人的出资、因合伙事务依法取得的收益和其他财产,属于合伙财产。

合伙合同终止前,合伙人不得请求分割合伙财产。

第九百七十条 合伙人就合伙事务作出决定的,除合伙合同另有约定外,应当经全体合伙人一致同意。

合伙事务由全体合伙人共同执行。按照合伙合同的约定或者全体合伙人的决定,可以委托一个或者数个合伙人执行合伙事务;其他合伙人不再执行合伙事务,但是有权监督执行情况。

合伙人分别执行合伙事务的,执行事务合伙人可以对其他合伙人执行的事务提出异议;提出异议后,其他合伙人应当暂停该项事务的执行。

第九百七十一条 合伙人不得因执行合伙事务而请求支付报酬,但是合伙合同另有约定的除外。

第九百七十二条 合伙的利润分配和亏损分担,按照合伙合同的约定办理;合伙合同没有约定或者约定不明确的,由合伙人协商决定;协商不成的,由合伙人按照实缴出资比例分配、分担;无法确定出资比例的,由合伙人平均分配、分担。

第九百七十三条 合伙人对合伙债务承担连带责任。清偿合伙债务超过自己应当承担份额的合伙人,有权向其他合伙人追偿。

第九百七十四条 除合伙合同另有约定外,合伙人向合伙人以外的人转让其全部或者部分财产份额的,须经其他合伙人一致同意。

第九百七十五条 合伙人的债权人不得代位行使合伙人依照本章规定和合伙合同享有的权利,但是合伙人享有的利益分配请求权除外。

第九百七十六条 合伙人对合伙期限没有约定或者约定不明确,依据本法第五百一十条的规定仍不能确定的,视为不定期合伙。

合伙期限届满,合伙人继续执行合伙事务,其他合伙人没有提出异议的,原合伙合同继续有效,但是合伙期限为不定期。

合伙人可以随时解除不定期合伙合同,但是应当在合理期限之前通知其他合伙人。

第九百七十七条 合伙人死亡、丧失民事行为能力或者终止的,合伙合同终止;但是,合伙合同另有约定或者根据合伙事务的性质不宜终止的除外。

第九百七十八条 合伙合同终止后,合伙财产在支付因终止而产生的费用以及清偿合伙债务后有剩余的,依据本法第九百七十二条的规定进行分配。

第三分编 准 合 同

第二十八章 无因管理

第九百七十九条 管理人没有法定的或者约定的义务,为避免他人利益受损失而管理他人事务的,可以请求受益人偿还因管理事务而支出的必要费用;管理人因管理事务受到损失的,可以请求受益人给予适当补偿。

管理事务不符合受益人真实意思的,管理人不享有前款规定的权利;但是,受益人的真实意思违反法律或者违背公序良俗的除外。

第九百八十条 管理人管理事务不属于前条规定的情形,但是受益人享有管理利益的,受益人应当在其获得的利益范围内向管理人承担前条第一款规定的义务。

第九百八十一条 管理人管理他人事务,应当采取有利于受益人的方法。中断管理对受益人不利的,无正当理由不得中断。

第九百八十二条 管理人管理他人事务,能够通知受益人的,应当及时通知受益人。管理的事务不需要紧急处理的,应当等待受益人的指示。

第九百八十三条 管理结束后,管理人应当向受益人报告管理事务的情况。管理人管理事务取得的财产,应当及时转交给受益人。

第九百八十四条 管理人管理事务经受益人事后追认的,从管理事务开始时起,适用委托合同的有关规定,但是管理人另有意思表示的除外。

第二十九章 不当得利

第九百八十五条 得利人没有法律根据取得不当利益的,受损失的人可以请求得利人返还取得的利益,但是有下列情形之一的除外:

(一) 为履行道德义务进行的给付;

(二) 债务到期之前的清偿;

(三) 明知无给付义务而进行的债务清偿。

第九百八十六条 得利人不知道且不应当知道取得的利益没有法律根据,取得的利益已经不存在的,不承担返还该利益的义务。

第九百八十七条 得利人知道或者应当知道取得的利益没有法律根据的,受损失的人可以请求得利人返还其取得的利益并依法赔偿损失。

第九百八十八条 得利人已经将取得的利益无偿转让给第三人的,受损失的人可以请求第三人在相应范围内承担返还义务。

第四编　人格权

第一章　一般规定

第九百八十九条　本编调整因人格权的享有和保护产生的民事关系。

第九百九十条　人格权是民事主体享有的生命权、身体权、健康权、姓名权、名称权、肖像权、名誉权、荣誉权、隐私权等权利。

除前款规定的人格权外，自然人享有基于人身自由、人格尊严产生的其他人格权益。

第九百九十一条　民事主体的人格权受法律保护，任何组织或者个人不得侵害。

第九百九十二条　人格权不得放弃、转让或者继承。

第九百九十三条　民事主体可以将自己的姓名、名称、肖像等许可他人使用，但是依照法律规定或者根据其性质不得许可的除外。

第九百九十四条　死者的姓名、肖像、名誉、荣誉、隐私、遗体等受到侵害的，其配偶、子女、父母有权依法请求行为人承担民事责任；死者没有配偶、子女且父母已经死亡的，其他近亲属有权依法请求行为人承担民事责任。

第九百九十五条　人格权受到侵害的，受害人有权依照本法和其他法律的规定请求行为人承担民事责任。受害人的停止侵害、排除妨碍、消除危险、消除影响、恢复名誉、赔礼道歉请求权，不适用诉讼时效的规定。

第九百九十六条　因当事人一方的违约行为，损害对方人格权并造成严重精神损害，受损害方选择请求其承担违约责任的，不影响受损害方请求精神损害赔偿。

第九百九十七条　民事主体有证据证明行为人正在实施或者即将实施侵害其人格权的违法行为，不及时制止将使其合法权益受到难以弥补的损害的，有权依法向人民法院申请采取责令行为人停止有关行为的措施。

第九百九十八条　认定行为人承担侵害除生命权、身体权和健康权外的人格权的民事责任，应当考虑行为人和受害人的职业、影响范围、过错程度，以及行为的目的、方式、后果等因素。

第九百九十九条　为公共利益实施新闻报道、舆论监督等行为的，可以合理使用民事主体的姓名、名称、肖像、个人信息等；使用不合理侵害民事主体人格权的，应当依法承担民事责任。

第一千条　行为人因侵害人格权承担消除影响、恢复名誉、赔礼道歉等民事责任的，应当与行为的具体方式和造成的影响范围相当。

行为人拒不承担前款规定的民事责任的，人民法院可以采取在报刊、网络等媒体上发布公告或者公布生效裁判文书等方式执行，产生的费用由行为人负担。

第一千零一条　对自然人因婚姻家庭关系等产生的身份权利的保护，适用本法第一编、第五编和其他法律的相关规定；没有规定的，可以根据其性质参照适用本编人格权保护的有关规定。

第二章 生命权、身体权和健康权

第一千零二条 自然人享有生命权。自然人的生命安全和生命尊严受法律保护。任何组织或者个人不得侵害他人的生命权。

第一千零三条 自然人享有身体权。自然人的身体完整和行动自由受法律保护。任何组织或者个人不得侵害他人的身体权。

第一千零四条 自然人享有健康权。自然人的身心健康受法律保护。任何组织或者个人不得侵害他人的健康权。

第一千零五条 自然人的生命权、身体权、健康权受到侵害或者处于其他危难情形的，负有法定救助义务的组织或者个人应当及时施救。

第一千零六条 完全民事行为能力人有权依法自主决定无偿捐献其人体细胞、人体组织、人体器官、遗体。任何组织或者个人不得强迫、欺骗、利诱其捐献。

完全民事行为能力人依据前款规定同意捐献的，应当采用书面形式，也可以订立遗嘱。

自然人生前未表示不同意捐献的，该自然人死亡后，其配偶、成年子女、父母可以共同决定捐献，决定捐献应当采用书面形式。

第一千零七条 禁止以任何形式买卖人体细胞、人体组织、人体器官、遗体。

违反前款规定的买卖行为无效。

第一千零八条 为研制新药、医疗器械或者发展新的预防和治疗方法，需要进行临床试验的，应当依法经相关主管部门批准并经伦理委员会审查同意，向受试者或者受试者的监护人告知试验目的、用途和可能产生的风险等详细情况，并经其书面同意。

进行临床试验的，不得向受试者收取试验费用。

第一千零九条 从事与人体基因、人体胚胎等有关的医学和科研活动，应当遵守法律、行政法规和国家有关规定，不得危害人体健康，不得违背伦理道德，不得损害公共利益。

第一千零一十条 违背他人意愿，以言语、文字、图像、肢体行为等方式对他人实施性骚扰的，受害人有权依法请求行为人承担民事责任。

机关、企业、学校等单位应当采取合理的预防、受理投诉、调查处置等措施，防止和制止利用职权、从属关系等实施性骚扰。

第一千零一十一条 以非法拘禁等方式剥夺、限制他人的行动自由，或者非法搜查他人身体的，受害人有权依法请求行为人承担民事责任。

第三章 姓名权和名称权

第一千零一十二条 自然人享有姓名权，有权依法决定、使用、变更或者许可他人使用自己的姓名，但是不得违背公序良俗。

第一千零一十三条 法人、非法人组织享有名称权，有权依法决定、使用、变更、转让或者许可他人使用自己的名称。

第一千零一十四条 任何组织或者个人不得以干涉、盗用、假冒等方式侵害他人的姓名权或者名称权。

第一千零一十五条 自然人应当随父姓或者母姓，但是有下列情形之一的，可以在父姓和母姓之外选取姓氏：

（一）选取其他直系长辈血亲的姓氏；

（二）因由法定扶养人以外的人扶养而选取扶养人姓氏；

（三）有不违背公序良俗的其他正当理由。

少数民族自然人的姓氏可以遵从本民族的文化传统和风俗习惯。

第一千零一十六条 自然人决定、变更姓名，或者法人、非法人组织决定、变更、转让名称的，应当依法向有关机关办理登记手续，但是法律另有规定的除外。

民事主体变更姓名、名称的，变更前实施的民事法律行为对其具有法律约束力。

第一千零一十七条 具有一定社会知名度，被他人使用足以造成公众混淆的笔名、艺名、网名、译名、字号、姓名和名称的简称等，参照适用姓名权和名称权保护的有关规定。

第四章 肖像权

第一千零一十八条 自然人享有肖像权，有权依法制作、使用、公开或者许可他人使用自己的肖像。

肖像是通过影像、雕塑、绘画等方式在一定载体上所反映的特定自然人可以被识别的外部形象。

第一千零一十九条 任何组织或者个人不得以丑化、污损，或者利用信息技术手段伪造等方式侵害他人的肖像权。未经肖像权人同意，不得制作、使用、公开肖像权人的肖像，但是法律另有规定的除外。

未经肖像权人同意，肖像作品权利人不得以发表、复制、发行、出租、展览等方式使用或者公开肖像权人的肖像。

第一千零二十条 合理实施下列行为的，可以不经肖像权人同意：

（一）为个人学习、艺术欣赏、课堂教学或者科学研究，在必要范围内使用肖像权人已经公开的肖像；

（二）为实施新闻报道，不可避免地制作、使用、公开肖像权人的肖像；

（三）为依法履行职责，国家机关在必要范围内制作、使用、公开肖像权人的肖像；

（四）为展示特定公共环境，不可避免地制作、使用、公开肖像权人的肖像；

（五）为维护公共利益或者肖像权人合法权益，制作、使用、公开肖像权人的肖像的其他行为。

第一千零二十一条 当事人对肖像许可使用合同中关于肖像使用条款的理解有争议的，应当作出有利于肖像权人的解释。

第一千零二十二条 当事人对肖像许可使用期限没有约定或者约定不明确的，任何一方当事人可以随时解除肖像许可使用合同，但是应当在合理期限之前通知对方。

当事人对肖像许可使用期限有明确约定，肖像权人有正当理由的，可以解除肖像许可使用合同，但是应当在合理期限之前通知对方。因解除合同造成对方损失的，除不可归责于肖像权人的事由外，应当赔偿损失。

第一千零二十三条 对姓名等的许可使用，参照适用肖像许可使用的有关规定。

对自然人声音的保护，参照适用肖像权保护的有关规定。

第五章　名誉权和荣誉权

第一千零二十四条　民事主体享有名誉权。任何组织或者个人不得以侮辱、诽谤等方式侵害他人的名誉权。

名誉是对民事主体的品德、声望、才能、信用等的社会评价。

第一千零二十五条　行为人为公共利益实施新闻报道、舆论监督等行为，影响他人名誉的，不承担民事责任，但是有下列情形之一的除外：

（一）捏造、歪曲事实；

（二）对他人提供的严重失实内容未尽到合理核实义务；

（三）使用侮辱性言辞等贬损他人名誉。

第一千零二十六条　认定行为人是否尽到前条第二项规定的合理核实义务，应当考虑下列因素：

（一）内容来源的可信度；

（二）对明显可能引发争议的内容是否进行了必要的调查；

（三）内容的时限性；

（四）内容与公序良俗的关联性；

（五）受害人名誉受贬损的可能性；

（六）核实能力和核实成本。

第一千零二十七条　行为人发表的文学、艺术作品以真人真事或者特定人为描述对象，含有侮辱、诽谤内容，侵害他人名誉权的，受害人有权依法请求该行为人承担民事责任。

行为人发表的文学、艺术作品不以特定人为描述对象，仅其中的情节与该特定人的情况相似的，不承担民事责任。

第一千零二十八条　民事主体有证据证明报刊、网络等媒体报道的内容失实，侵害其名誉权的，有权请求该媒体及时采取更正或者删除等必要措施。

第一千零二十九条　民事主体可以依法查询自己的信用评价；发现信用评价不当的，有权提出异议并请求采取更正、删除等必要措施。信用评价人应当及时核查，经核查属实的，应当及时采取必要措施。

第一千零三十条　民事主体与征信机构等信用信息处理者之间的关系，适用本编有关个人信息保护的规定和其他法律、行政法规的有关规定。

第一千零三十一条　民事主体享有荣誉权。任何组织或者个人不得非法剥夺他人的荣誉称号，不得诋毁、贬损他人的荣誉。

获得的荣誉称号应当记载而没有记载的，民事主体可以请求记载；获得的荣誉称号记载错误的，民事主体可以请求更正。

第六章　隐私权和个人信息保护

第一千零三十二条　自然人享有隐私权。任何组织或者个人不得以刺探、侵扰、泄露、公开等方式侵害他人的隐私权。

隐私是自然人的私人生活安宁和不愿为他人知晓的私密空间、私密活动、私密信息。

第一千零三十三条 除法律另有规定或者权利人明确同意外，任何组织或者个人不得实施下列行为：

（一）以电话、短信、即时通讯工具、电子邮件、传单等方式侵扰他人的私人生活安宁；

（二）进入、拍摄、窥视他人的住宅、宾馆房间等私密空间；

（三）拍摄、窥视、窃听、公开他人的私密活动；

（四）拍摄、窥视他人身体的私密部位；

（五）处理他人的私密信息；

（六）以其他方式侵害他人的隐私权。

第一千零三十四条 自然人的个人信息受法律保护。

个人信息是以电子或者其他方式记录的能够单独或者与其他信息结合识别特定自然人的各种信息，包括自然人的姓名、出生日期、身份证件号码、生物识别信息、住址、电话号码、电子邮箱、健康信息、行踪信息等。

个人信息中的私密信息，适用有关隐私权的规定；没有规定的，适用有关个人信息保护的规定。

第一千零三十五条 处理个人信息的，应当遵循合法、正当、必要原则，不得过度处理，并符合下列条件：

（一）征得该自然人或者其监护人同意，但是法律、行政法规另有规定的除外；

（二）公开处理信息的规则；

（三）明示处理信息的目的、方式和范围；

（四）不违反法律、行政法规的规定和双方的约定。

个人信息的处理包括个人信息的收集、存储、使用、加工、传输、提供、公开等。

第一千零三十六条 处理个人信息，有下列情形之一的，行为人不承担民事责任：

（一）在该自然人或者其监护人同意的范围内合理实施的行为；

（二）合理处理该自然人自行公开的或者其他已经合法公开的信息，但是该自然人明确拒绝或者处理该信息侵害其重大利益的除外；

（三）为维护公共利益或者该自然人合法权益，合理实施的其他行为。

第一千零三十七条 自然人可以依法向信息处理者查阅或者复制其个人信息；发现信息有错误的，有权提出异议并请求及时采取更正等必要措施。

自然人发现信息处理者违反法律、行政法规的规定或者双方的约定处理其个人信息的，有权请求信息处理者及时删除。

第一千零三十八条 信息处理者不得泄露或者篡改其收集、存储的个人信息；未经自然人同意，不得向他人非法提供其个人信息，但是经过加工无法识别特定个人且不能复原的除外。

信息处理者应当采取技术措施和其他必要措施，确保其收集、存储的个人信息安全，防止信息泄露、篡改、丢失；发生或者可能发生个人信息泄露、篡改、丢失的，应当及时采取补救措施，按照规定告知自然人并向有关主管部门报告。

第一千零三十九条 国家机关、承担行政职能的法定机构及其工作人员对于履行职责过程中知悉的自然人的隐私和个人信息，应当予以保密，不得泄露或者向他人非法提供。

第五编 婚姻家庭

第一章 一般规定

第一千零四十条 本编调整因婚姻家庭产生的民事关系。

第一千零四十一条 婚姻家庭受国家保护。

实行婚姻自由、一夫一妻、男女平等的婚姻制度。

保护妇女、未成年人、老年人、残疾人的合法权益。

第一千零四十二条 禁止包办、买卖婚姻和其他干涉婚姻自由的行为。禁止借婚姻索取财物。

禁止重婚。禁止有配偶者与他人同居。

禁止家庭暴力。禁止家庭成员间的虐待和遗弃。

第一千零四十三条 家庭应当树立优良家风,弘扬家庭美德,重视家庭文明建设。

夫妻应当互相忠实,互相尊重,互相关爱;家庭成员应当敬老爱幼,互相帮助,维护平等、和睦、文明的婚姻家庭关系。

第一千零四十四条 收养应当遵循最有利于被收养人的原则,保障被收养人和收养人的合法权益。

禁止借收养名义买卖未成年人。

第一千零四十五条 亲属包括配偶、血亲和姻亲。

配偶、父母、子女、兄弟姐妹、祖父母、外祖父母、孙子女、外孙子女为近亲属。

配偶、父母、子女和其他共同生活的近亲属为家庭成员。

第二章 结 婚

第一千零四十六条 结婚应当男女双方完全自愿,禁止任何一方对另一方加以强迫,禁止任何组织或者个人加以干涉。

第一千零四十七条 结婚年龄,男不得早于二十二周岁,女不得早于二十周岁。

第一千零四十八条 直系血亲或者三代以内的旁系血亲禁止结婚。

第一千零四十九条 要求结婚的男女双方应当亲自到婚姻登记机关申请结婚登记。符合本法规定的,予以登记,发给结婚证。完成结婚登记,即确立婚姻关系。未办理结婚登记的,应当补办登记。

第一千零五十条 登记结婚后,按照男女双方约定,女方可以成为男方家庭的成员,男方可以成为女方家庭的成员。

第一千零五十一条 有下列情形之一的,婚姻无效:

(一)重婚;

(二)有禁止结婚的亲属关系;

(三)未到法定婚龄。

第一千零五十二条 因胁迫结婚的,受胁迫的一方可以向人民法院请求撤销婚姻。

请求撤销婚姻的,应当自胁迫行为终止之日起一年内提出。

被非法限制人身自由的当事人请求撤销婚姻的,应当自恢复人身自由之日起一年内提出。

第一千零五十三条 一方患有重大疾病的,应当在结婚登记前如实告知另一方;不如实告知的,另一方可以向人民法院请求撤销婚姻。

请求撤销婚姻的,应当自知道或者应当知道撤销事由之日起一年内提出。

第一千零五十四条 无效的或者被撤销的婚姻自始没有法律约束力,当事人不具有夫妻的权利和义务。同居期间所得的财产,由当事人协议处理;协议不成的,由人民法院根据照顾无过错方的原则判决。对重婚导致的无效婚姻的财产处理,不得侵害合法婚姻当事人的财产权益。当事人所生的子女,适用本法关于父母子女的规定。

婚姻无效或者被撤销的,无过错方有权请求损害赔偿。

第三章 家庭关系

第一节 夫妻关系

第一千零五十五条 夫妻在婚姻家庭中地位平等。

第一千零五十六条 夫妻双方都有各自使用自己姓名的权利。

第一千零五十七条 夫妻双方都有参加生产、工作、学习和社会活动的自由,一方不得对另一方加以限制或者干涉。

第一千零五十八条 夫妻双方平等享有对未成年子女抚养、教育和保护的权利,共同承担对未成年子女抚养、教育和保护的义务。

第一千零五十九条 夫妻有相互扶养的义务。

需要扶养的一方,在另一方不履行扶养义务时,有要求其给付扶养费的权利。

第一千零六十条 夫妻一方因家庭日常生活需要而实施的民事法律行为,对夫妻双方发生效力,但是夫妻一方与相对人另有约定的除外。

夫妻之间对一方可以实施的民事法律行为范围的限制,不得对抗善意相对人。

第一千零六十一条 夫妻有相互继承遗产的权利。

第一千零六十二条 夫妻在婚姻关系存续期间所得的下列财产,为夫妻的共同财产,归夫妻共同所有:

(一)工资、奖金、劳务报酬;
(二)生产、经营、投资的收益;
(三)知识产权的收益;
(四)继承或者受赠的财产,但是本法第一千零六十三条第三项规定的除外;
(五)其他应当归共同所有的财产。

夫妻对共同财产,有平等的处理权。

第一千零六十三条 下列财产为夫妻一方的个人财产:

(一)一方的婚前财产;
(二)一方因受到人身损害获得的赔偿或者补偿;
(三)遗嘱或者赠与合同中确定只归一方的财产;
(四)一方专用的生活用品;
(五)其他应当归一方的财产。

第一千零六十四条 夫妻双方共同签名或者夫妻一方事后追认等共同意思表示所

负的债务,以及夫妻一方在婚姻关系存续期间以个人名义为家庭日常生活需要所负的债务,属于夫妻共同债务。

夫妻一方在婚姻关系存续期间以个人名义超出家庭日常生活需要所负的债务,不属于夫妻共同债务;但是,债权人能够证明该债务用于夫妻共同生活、共同生产经营或者基于夫妻双方共同意思表示的除外。

第一千零六十五条 男女双方可以约定婚姻关系存续期间所得的财产以及婚前财产归各自所有、共同所有或者部分各自所有、部分共同所有。约定应当采用书面形式。没有约定或者约定不明确的,适用本法第一千零六十二条、第一千零六十三条的规定。

夫妻对婚姻关系存续期间所得的财产以及婚前财产的约定,对双方具有法律约束力。

夫妻对婚姻关系存续期间所得的财产约定归各自所有,夫或者妻一方对外所负的债务,相对人知道该约定的,以夫或者妻一方的个人财产清偿。

第一千零六十六条 婚姻关系存续期间,有下列情形之一的,夫妻一方可以向人民法院请求分割共同财产:

(一)一方有隐藏、转移、变卖、毁损、挥霍夫妻共同财产或者伪造夫妻共同债务等严重损害夫妻共同财产利益的行为;

(二)一方负有法定扶养义务的人患重大疾病需要医治,另一方不同意支付相关医疗费用。

第二节 父母子女关系和其他近亲属关系

第一千零六十七条 父母不履行抚养义务的,未成年子女或者不能独立生活的成年子女,有要求父母给付抚养费的权利。

成年子女不履行赡养义务的,缺乏劳动能力或者生活困难的父母,有要求成年子女给付赡养费的权利。

第一千零六十八条 父母有教育、保护未成年子女的权利和义务。未成年子女造成他人损害的,父母应当依法承担民事责任。

第一千零六十九条 子女应当尊重父母的婚姻权利,不得干涉父母离婚、再婚以及婚后的生活。子女对父母的赡养义务,不因父母的婚姻关系变化而终止。

第一千零七十条 父母和子女有相互继承遗产的权利。

第一千零七十一条 非婚生子女享有与婚生子女同等的权利,任何组织或者个人不得加以危害和歧视。

不直接抚养非婚生子女的生父或者生母,应当负担未成年子女或者不能独立生活的成年子女的抚养费。

第一千零七十二条 继父母与继子女间,不得虐待或者歧视。

继父或者继母和受其抚养教育的继子女间的权利义务关系,适用本法关于父母子女关系的规定。

第一千零七十三条 对亲子关系有异议且有正当理由的,父或者母可以向人民法院提起诉讼,请求确认或者否认亲子关系。

对亲子关系有异议且有正当理由的,成年子女可以向人民法院提起诉讼,请求确认亲子关系。

第一千零七十四条 有负担能力的祖父母、外祖父母,对于父母已经死亡或者父母无力抚养的未成年孙子女、外孙子女,有抚养的义务。

有负担能力的孙子女、外孙子女,对于子女已经死亡或者子女无力赡养的祖父母、外祖父母,有赡养的义务。

第一千零七十五条 有负担能力的兄、姐,对于父母已经死亡或者父母无力抚养的未成年弟、妹,有扶养的义务。

由兄、姐扶养长大的有负担能力的弟、妹,对于缺乏劳动能力又缺乏生活来源的兄、姐,有扶养的义务。

第四章 离 婚

第一千零七十六条 夫妻双方自愿离婚的,应当签订书面离婚协议,并亲自到婚姻登记机关申请离婚登记。

离婚协议应当载明双方自愿离婚的意思表示和对子女抚养、财产以及债务处理等事项协商一致的意见。

第一千零七十七条 自婚姻登记机关收到离婚登记申请之日起三十日内,任何一方不愿意离婚的,可以向婚姻登记机关撤回离婚登记申请。

前款规定期限届满后三十日内,双方应当亲自到婚姻登记机关申请发给离婚证;未申请的,视为撤回离婚登记申请。

第一千零七十八条 婚姻登记机关查明双方确实是自愿离婚,并已经对子女抚养、财产以及债务处理等事项协商一致的,予以登记,发给离婚证。

第一千零七十九条 夫妻一方要求离婚的,可以由有关组织进行调解或者直接向人民法院提起离婚诉讼。

人民法院审理离婚案件,应当进行调解;如果感情确已破裂,调解无效的,应当准予离婚。

有下列情形之一,调解无效的,应当准予离婚:

(一)重婚或者与他人同居;
(二)实施家庭暴力或者虐待、遗弃家庭成员;
(三)有赌博、吸毒等恶习屡教不改;
(四)因感情不和分居满二年;
(五)其他导致夫妻感情破裂的情形。

一方被宣告失踪,另一方提起离婚诉讼的,应当准予离婚。

经人民法院判决不准离婚后,双方又分居满一年,一方再次提起离婚诉讼的,应当准予离婚。

第一千零八十条 完成离婚登记,或者离婚判决书、调解书生效,即解除婚姻关系。

第一千零八十一条 现役军人的配偶要求离婚,应当征得军人同意,但是军人一方有重大过错的除外。

第一千零八十二条 女方在怀孕期间、分娩后一年内或者终止妊娠后六个月内,男方不得提出离婚;但是,女方提出离婚或者人民法院认为确有必要受理男方离婚请求的除外。

第一千零八十三条 离婚后,男女双方自愿恢复婚姻关系的,应当到婚姻登记机关重新进行结婚登记。

第一千零八十四条 父母与子女间的关系,不因父母离婚而消除。离婚后,子女无论由父或者母直接抚养,仍是父母双方的子女。

离婚后,父母对于子女仍有抚养、教育、保护的权利和义务。

离婚后,不满两周岁的子女,以由母亲直接抚养为原则。已满两周岁的子女,父母双方对抚养问题协议不成的,由人民法院根据双方的具体情况,按照最有利于未成年子女的原则判决。子女已满八周岁的,应当尊重其真实意愿。

第一千零八十五条 离婚后,子女由一方直接抚养的,另一方应当负担部分或者全部抚养费。负担费用的多少和期限的长短,由双方协议;协议不成的,由人民法院判决。

前款规定的协议或者判决,不妨碍子女在必要时向父母任何一方提出超过协议或者判决原定数额的合理要求。

第一千零八十六条 离婚后,不直接抚养子女的父或者母,有探望子女的权利,另一方有协助的义务。

行使探望权利的方式、时间由当事人协议;协议不成的,由人民法院判决。

父或者母探望子女,不利于子女身心健康的,由人民法院依法中止探望;中止的事由消失后,应当恢复探望。

第一千零八十七条 离婚时,夫妻的共同财产由双方协议处理;协议不成的,由人民法院根据财产的具体情况,按照照顾子女、女方和无过错方权益的原则判决。

对夫或者妻在家庭土地承包经营中享有的权益等,应当依法予以保护。

第一千零八十八条 夫妻一方因抚育子女、照料老年人、协助另一方工作等负担较多义务的,离婚时有权向另一方请求补偿,另一方应当给予补偿。具体办法由双方协议;协议不成的,由人民法院判决。

第一千零八十九条 离婚时,夫妻共同债务应当共同偿还。共同财产不足清偿或者财产归各自所有的,由双方协议清偿;协议不成的,由人民法院判决。

第一千零九十条 离婚时,如果一方生活困难,有负担能力的另一方应当给予适当帮助。具体办法由双方协议;协议不成的,由人民法院判决。

第一千零九十一条 有下列情形之一,导致离婚的,无过错方有权请求损害赔偿:
(一)重婚;
(二)与他人同居;
(三)实施家庭暴力;
(四)虐待、遗弃家庭成员;
(五)有其他重大过错。

第一千零九十二条 夫妻一方隐藏、转移、变卖、毁损、挥霍夫妻共同财产,或者伪造夫妻共同债务企图侵占另一方财产的,在离婚分割夫妻共同财产时,对该方可以少分或者不分。离婚后,另一方发现有上述行为的,可以向人民法院提起诉讼,请求再次分割夫妻共同财产。

第五章 收 养

第一节 收养关系的成立

第一千零九十三条 下列未成年人,可以被收养:
(一)丧失父母的孤儿;
(二)查找不到生父母的未成年人;
(三)生父母有特殊困难无力抚养的子女。

第一千零九十四条 下列个人、组织可以作送养人:
(一)孤儿的监护人;
(二)儿童福利机构;
(三)有特殊困难无力抚养子女的生父母。

第一千零九十五条 未成年人的父母均不具备完全民事行为能力且可能严重危害该未成年人的,该未成年人的监护人可以将其送养。

第一千零九十六条 监护人送养孤儿的,应当征得有抚养义务的人同意。有抚养义务的人不同意送养、监护人不愿意继续履行监护职责的,应当依照本法第一编的规定另行确定监护人。

第一千零九十七条 生父母送养子女,应当双方共同送养。生父母一方不明或者查找不到的,可以单方送养。

第一千零九十八条 收养人应当同时具备下列条件:
(一)无子女或者只有一名子女;
(二)有抚养、教育和保护被收养人的能力;
(三)未患有在医学上认为不应当收养子女的疾病;
(四)无不利于被收养人健康成长的违法犯罪记录;
(五)年满三十周岁。

第一千零九十九条 收养三代以内旁系同辈血亲的子女,可以不受本法第一千零九十三条第三项、第一千零九十四条第三项和第一千一百零二条规定的限制。

华侨收养三代以内旁系同辈血亲的子女,还可以不受本法第一千零九十八条第一项规定的限制。

第一千一百条 无子女的收养人可以收养两名子女;有子女的收养人只能收养一名子女。

收养孤儿、残疾未成年人或者儿童福利机构抚养的查找不到生父母的未成年人,可以不受前款和本法第一千零九十八条第一项规定的限制。

第一千一百零一条 有配偶者收养子女,应当夫妻共同收养。

第一千一百零二条 无配偶者收养异性子女的,收养人与被收养人的年龄应当相差四十周岁以上。

第一千一百零三条 继父或者继母经继子女的生父母同意,可以收养继子女,并可以不受本法第一千零九十三条第三项、第一千零九十四条第三项、第一千零九十八条和第一千一百条第一款规定的限制。

第一千一百零四条 收养人收养与送养人送养,应当双方自愿。收养八周岁以上未成年人的，应当征得被收养人的同意。

第一千一百零五条 收养应当向县级以上人民政府民政部门登记。收养关系自登记之日起成立。

收养查找不到生父母的未成年人的，办理登记的民政部门应当在登记前予以公告。

收养关系当事人愿意签订收养协议的，可以签订收养协议。

收养关系当事人各方或者一方要求办理收养公证的，应当办理收养公证。

县级以上人民政府民政部门应当依法进行收养评估。

第一千一百零六条 收养关系成立后，公安机关应当按照国家有关规定为被收养人办理户口登记。

第一千一百零七条 孤儿或者生父母无力抚养的子女，可以由生父母的亲属、朋友抚养；抚养人与被抚养人的关系不适用本章规定。

第一千一百零八条 配偶一方死亡，另一方送养未成年子女的，死亡一方的父母有优先抚养的权利。

第一千一百零九条 外国人依法可以在中华人民共和国收养子女。

外国人在中华人民共和国收养子女，应当经其所在国主管机关依照该国法律审查同意。收养人应当提供由其所在国有权机构出具的有关其年龄、婚姻、职业、财产、健康、有无受过刑事处罚等状况的证明材料，并与送养人签订书面协议，亲自向省、自治区、直辖市人民政府民政部门登记。

前款规定的证明材料应当经收养人所在国外交机关或者外交机关授权的机构认证，并经中华人民共和国驻该国使领馆认证，但是国家另有规定的除外。

第一千一百一十条 收养人、送养人要求保守收养秘密的，其他人应当尊重其意愿，不得泄露。

第二节 收养的效力

第一千一百一十一条 自收养关系成立之日起，养父母与养子女间的权利义务关系，适用本法关于父母子女关系的规定；养子女与养父母的近亲属间的权利义务关系，适用本法关于子女与父母的近亲属关系的规定。

养子女与生父母以及其他近亲属间的权利义务关系，因收养关系的成立而消除。

第一千一百一十二条 养子女可以随养父或者养母的姓氏，经当事人协商一致，也可以保留原姓氏。

第一千一百一十三条 有本法第一编关于民事法律行为无效规定情形或者违反本编规定的收养行为无效。

无效的收养行为自始没有法律约束力。

第三节 收养关系的解除

第一千一百一十四条 收养人在被收养人成年以前，不得解除收养关系，但是收养人、送养人双方协议解除的除外。养子女八周岁以上的，应当征得本人同意。

收养人不履行抚养义务，有虐待、遗弃等侵害未成年养子女合法权益行为的，送养人有权要求解除养父母与养子女间的收养关系。送养人、收养人不能达成解除收养关系协议的，可以向人民法院提起诉讼。

第一千一百一十五条 养父母与成年养子女关系恶化、无法共同生活的，可以协议解除收养关系。不能达成协议的，可以向人民法院提起诉讼。

第一千一百一十六条 当事人协议解除收养关系的，应当到民政部门办理解除收养关系登记。

第一千一百一十七条 收养关系解除后，养子女与养父母以及其他近亲属间的权利义务关系即行消除，与生父母以及其他近亲属间的权利义务关系自行恢复。但是，成年养子女与生父母以及其他近亲属间的权利义务关系是否恢复，可以协商确定。

第一千一百一十八条 收养关系解除后，经养父母抚养的成年养子女，对缺乏劳动能力又缺乏生活来源的养父母，应当给付生活费。因养子女成年后虐待、遗弃养父母而解除收养关系的，养父母可以要求养子女补偿收养期间支出的抚养费。

生父母要求解除收养关系的，养父母可以要求生父母适当补偿收养期间支出的抚养费；但是，因养父母虐待、遗弃养子女而解除收养关系的除外。

第六编 继 承

第一章 一般规定

第一千一百一十九条 本编调整因继承产生的民事关系。

第一千一百二十条 国家保护自然人的继承权。

第一千一百二十一条 继承从被继承人死亡时开始。

相互有继承关系的数人在同一事件中死亡，难以确定死亡时间的，推定没有其他继承人的人先死亡。都有其他继承人，辈份不同的，推定长辈先死亡；辈份相同的，推定同时死亡，相互不发生继承。

第一千一百二十二条 遗产是自然人死亡时遗留的个人合法财产。

依照法律规定或者根据其性质不得继承的遗产，不得继承。

第一千一百二十三条 继承开始后，按照法定继承办理；有遗嘱的，按照遗嘱继承或者遗赠办理；有遗赠扶养协议的，按照协议办理。

第一千一百二十四条 继承开始后，继承人放弃继承的，应当在遗产处理前，以书面形式作出放弃继承的表示；没有表示的，视为接受继承。

受遗赠人应当在知道受遗赠后六十日内，作出接受或者放弃受遗赠的表示；到期没有表示的，视为放弃受遗赠。

第一千一百二十五条 继承人有下列行为之一的，丧失继承权：

（一）故意杀害被继承人；

（二）为争夺遗产而杀害其他继承人；

（三）遗弃被继承人，或者虐待被继承人情节严重；

（四）伪造、篡改、隐匿或者销毁遗嘱，情节严重；

（五）以欺诈、胁迫手段迫使或者妨碍被继承人设立、变更或者撤回遗嘱，情节严重。

继承人有前款第三项至第五项行为，确有悔改表现，被继承人表示宽恕或者事后在遗嘱中将其列为继承人的，该继承人不丧失继承权。

受遗赠人有本条第一款规定行为的，丧失受遗赠权。

第二章　法定继承

第一千一百二十六条　继承权男女平等。

第一千一百二十七条　遗产按照下列顺序继承：

（一）第一顺序：配偶、子女、父母；

（二）第二顺序：兄弟姐妹、祖父母、外祖父母。

继承开始后，由第一顺序继承人继承，第二顺序继承人不继承；没有第一顺序继承人继承的，由第二顺序继承人继承。

本编所称子女，包括婚生子女、非婚生子女、养子女和有扶养关系的继子女。

本编所称父母，包括生父母、养父母和有扶养关系的继父母。

本编所称兄弟姐妹，包括同父母的兄弟姐妹、同父异母或者同母异父的兄弟姐妹、养兄弟姐妹、有扶养关系的继兄弟姐妹。

第一千一百二十八条　被继承人的子女先于被继承人死亡的，由被继承人的子女的直系晚辈血亲代位继承。

被继承人的兄弟姐妹先于被继承人死亡的，由被继承人的兄弟姐妹的子女代位继承。

代位继承人一般只能继承被代位继承人有权继承的遗产份额。

第一千一百二十九条　丧偶儿媳对公婆，丧偶女婿对岳父母，尽了主要赡养义务的，作为第一顺序继承人。

第一千一百三十条　同一顺序继承人继承遗产的份额，一般应当均等。

对生活有特殊困难又缺乏劳动能力的继承人，分配遗产时，应当予以照顾。

对被继承人尽了主要扶养义务或者与被继承人共同生活的继承人，分配遗产时，可以多分。

有扶养能力和有扶养条件的继承人，不尽扶养义务的，分配遗产时，应当不分或者少分。

继承人协商同意的，也可以不均等。

第一千一百三十一条　对继承人以外的依靠被继承人扶养的人，或者继承人以外的对被继承人扶养较多的人，可以分给适当的遗产。

第一千一百三十二条　继承人应当本着互谅互让、和睦团结的精神，协商处理继承问题。遗产分割的时间、办法和份额，由继承人协商确定；协商不成的，可以由人民调解委员会调解或者向人民法院提起诉讼。

第三章　遗嘱继承和遗赠

第一千一百三十三条　自然人可以依照本法规定立遗嘱处分个人财产，并可以指定遗嘱执行人。

自然人可以立遗嘱将个人财产指定由法定继承人中的一人或者数人继承。

自然人可以立遗嘱将个人财产赠与国家、集体或者法定继承人以外的组织、个人。

自然人可以依法设立遗嘱信托。

第一千一百三十四条　自书遗嘱由遗嘱人亲笔书写，签名，注明年、月、日。

第一千一百三十五条 代书遗嘱应当有两个以上见证人在场见证，由其中一人代书，并由遗嘱人、代书人和其他见证人签名，注明年、月、日。

第一千一百三十六条 打印遗嘱应当有两个以上见证人在场见证。遗嘱人和见证人应当在遗嘱每一页签名，注明年、月、日。

第一千一百三十七条 以录音录像形式立的遗嘱，应当有两个以上见证人在场见证。遗嘱人和见证人应当在录音录像中记录其姓名或者肖像，以及年、月、日。

第一千一百三十八条 遗嘱人在危急情况下，可以立口头遗嘱。口头遗嘱应当有两个以上见证人在场见证。危急情况消除后，遗嘱人能够以书面或者录音录像形式立遗嘱的，所立的口头遗嘱无效。

第一千一百三十九条 公证遗嘱由遗嘱人经公证机构办理。

第一千一百四十条 下列人员不能作为遗嘱见证人：

（一）无民事行为能力人、限制民事行为能力人以及其他不具有见证能力的人；

（二）继承人、受遗赠人；

（三）与继承人、受遗赠人有利害关系的人。

第一千一百四十一条 遗嘱应当为缺乏劳动能力又没有生活来源的继承人保留必要的遗产份额。

第一千一百四十二条 遗嘱人可以撤回、变更自己所立的遗嘱。

立遗嘱后，遗嘱人实施与遗嘱内容相反的民事法律行为的，视为对遗嘱相关内容的撤回。

立有数份遗嘱，内容相抵触的，以最后的遗嘱为准。

第一千一百四十三条 无民事行为能力人或者限制民事行为能力人所立的遗嘱无效。

遗嘱必须表示遗嘱人的真实意思，受欺诈、胁迫所立的遗嘱无效。

伪造的遗嘱无效。

遗嘱被篡改的，篡改的内容无效。

第一千一百四十四条 遗嘱继承或者遗赠附有义务的，继承人或者受遗赠人应当履行义务。没有正当理由不履行义务的，经利害关系人或者有关组织请求，人民法院可以取消其接受附义务部分遗产的权利。

第四章 遗产的处理

第一千一百四十五条 继承开始后，遗嘱执行人为遗产管理人；没有遗嘱执行人的，继承人应当及时推选遗产管理人；继承人未推选的，由继承人共同担任遗产管理人；没有继承人或者继承人均放弃继承的，由被继承人生前住所地的民政部门或者村民委员会担任遗产管理人。

第一千一百四十六条 对遗产管理人的确定有争议的，利害关系人可以向人民法院申请指定遗产管理人。

第一千一百四十七条 遗产管理人应当履行下列职责：

（一）清理遗产并制作遗产清单；

（二）向继承人报告遗产情况；

（三）采取必要措施防止遗产毁损、灭失；

（四）处理被继承人的债权债务；
（五）按照遗嘱或者依照法律规定分割遗产；
（六）实施与管理遗产有关的其他必要行为。

第一千一百四十八条 遗产管理人应当依法履行职责，因故意或者重大过失造成继承人、受遗赠人、债权人损害的，应当承担民事责任。

第一千一百四十九条 遗产管理人可以依照法律规定或者按照约定获得报酬。

第一千一百五十条 继承开始后，知道被继承人死亡的继承人应当及时通知其他继承人和遗嘱执行人。继承人中无人知道被继承人死亡或者知道被继承人死亡而不能通知的，由被继承人生前所在单位或者住所地的居民委员会、村民委员会负责通知。

第一千一百五十一条 存有遗产的人，应当妥善保管遗产，任何组织或者个人不得侵吞或者争抢。

第一千一百五十二条 继承开始后，继承人于遗产分割前死亡，并没有放弃继承的，该继承人应当继承的遗产转给其继承人，但是遗嘱另有安排的除外。

第一千一百五十三条 夫妻共同所有的财产，除有约定的外，遗产分割时，应当先将共同所有的财产的一半分出为配偶所有，其余的为被继承人的遗产。

遗产在家庭共有财产之中的，遗产分割时，应当先分出他人的财产。

第一千一百五十四条 有下列情形之一的，遗产中的有关部分按照法定继承办理：
（一）遗嘱继承人放弃继承或者受遗赠人放弃受遗赠；
（二）遗嘱继承人丧失继承权或者受遗赠人丧失受遗赠权；
（三）遗嘱继承人、受遗赠人先于遗嘱人死亡或者终止；
（四）遗嘱无效部分所涉及的遗产；
（五）遗嘱未处分的遗产。

第一千一百五十五条 遗产分割时，应当保留胎儿的继承份额。胎儿娩出时是死体的，保留的份额按照法定继承办理。

第一千一百五十六条 遗产分割应当有利于生产和生活需要，不损害遗产的效用。不宜分割的遗产，可以采取折价、适当补偿或者共有等方法处理。

第一千一百五十七条 夫妻一方死亡后另一方再婚的，有权处分所继承的财产，任何组织或者个人不得干涉。

第一千一百五十八条 自然人可以与继承人以外的组织或者个人签订遗赠扶养协议。按照协议，该组织或者个人承担该自然人生养死葬的义务，享有受遗赠的权利。

第一千一百五十九条 分割遗产，应当清偿被继承人依法应当缴纳的税款和债务；但是，应当为缺乏劳动能力又没有生活来源的继承人保留必要的遗产。

第一千一百六十条 无人继承又无人受遗赠的遗产，归国家所有，用于公益事业；死者生前是集体所有制组织成员的，归所在集体所有制组织所有。

第一千一百六十一条 继承人以所得遗产实际价值为限清偿被继承人依法应当缴纳的税款和债务。超过遗产实际价值部分，继承人自愿偿还的不在此限。

继承人放弃继承的，对被继承人依法应当缴纳的税款和债务可以不负清偿责任。

第一千一百六十二条 执行遗赠不得妨碍清偿遗赠人依法应当缴纳的税款和债务。

第一千一百六十三条 既有法定继承又有遗嘱继承、遗赠的，由法定继承人清偿被继承人依法应当缴纳的税款和债务；超过法定继承遗产实际价值部分，由遗嘱继承人和受遗赠人按比例以所得遗产清偿。

第七编　侵权责任

第一章　一般规定

第一千一百六十四条　本编调整因侵害民事权益产生的民事关系。

第一千一百六十五条　行为人因过错侵害他人民事权益造成损害的，应当承担侵权责任。

依照法律规定推定行为人有过错，其不能证明自己没有过错的，应当承担侵权责任。

第一千一百六十六条　行为人造成他人民事权益损害，不论行为人有无过错，法律规定应当承担侵权责任的，依照其规定。

第一千一百六十七条　侵权行为危及他人人身、财产安全的，被侵权人有权请求侵权人承担停止侵害、排除妨碍、消除危险等侵权责任。

第一千一百六十八条　二人以上共同实施侵权行为，造成他人损害的，应当承担连带责任。

第一千一百六十九条　教唆、帮助他人实施侵权行为的，应当与行为人承担连带责任。

教唆、帮助无民事行为能力人、限制民事行为能力人实施侵权行为的，应当承担侵权责任；该无民事行为能力人、限制民事行为能力人的监护人未尽到监护职责的，应当承担相应的责任。

第一千一百七十条　二人以上实施危及他人人身、财产安全的行为，其中一人或者数人的行为造成他人损害，能够确定具体侵权人的，由侵权人承担责任；不能确定具体侵权人的，行为人承担连带责任。

第一千一百七十一条　二人以上分别实施侵权行为造成同一损害，每个人的侵权行为都足以造成全部损害的，行为人承担连带责任。

第一千一百七十二条　二人以上分别实施侵权行为造成同一损害，能够确定责任大小的，各自承担相应的责任；难以确定责任大小的，平均承担责任。

第一千一百七十三条　被侵权人对同一损害的发生或者扩大有过错的，可以减轻侵权人的责任。

第一千一百七十四条　损害是因受害人故意造成的，行为人不承担责任。

第一千一百七十五条　损害是因第三人造成的，第三人应当承担侵权责任。

第一千一百七十六条　自愿参加具有一定风险的文体活动，因其他参加者的行为受到损害的，受害人不得请求其他参加者承担侵权责任；但是，其他参加者对损害的发生有故意或者重大过失的除外。

活动组织者的责任适用本法第一千一百九十八条至第一千二百零一条的规定。

第一千一百七十七条　合法权益受到侵害，情况紧迫且不能及时获得国家机关保护，不立即采取措施将使其合法权益受到难以弥补的损害的，受害人可以在保护自己合法权益的必要范围内采取扣留侵权人的财物等合理措施；但是，应当立即请求有关国家机关处理。

受害人采取的措施不当造成他人损害的,应当承担侵权责任。

第一千一百七十八条 本法和其他法律对不承担责任或者减轻责任的情形另有规定的,依照其规定。

第二章　损害赔偿

第一千一百七十九条 侵害他人造成人身损害的,应当赔偿医疗费、护理费、交通费、营养费、住院伙食补助费等为治疗和康复支出的合理费用,以及因误工减少的收入。造成残疾的,还应当赔偿辅助器具费和残疾赔偿金;造成死亡的,还应当赔偿丧葬费和死亡赔偿金。

第一千一百八十条 因同一侵权行为造成多人死亡的,可以以相同数额确定死亡赔偿金。

第一千一百八十一条 被侵权人死亡的,其近亲属有权请求侵权人承担侵权责任。被侵权人为组织,该组织分立、合并的,承继权利的组织有权请求侵权人承担侵权责任。

被侵权人死亡的,支付被侵权人医疗费、丧葬费等合理费用的人有权请求侵权人赔偿费用,但是侵权人已经支付该费用的除外。

第一千一百八十二条 侵害他人人身权益造成财产损失的,按照被侵权人因此受到的损失或者侵权人因此获得的利益赔偿;被侵权人因此受到的损失以及侵权人因此获得的利益难以确定,被侵权人和侵权人就赔偿数额协商不一致,向人民法院提起诉讼的,由人民法院根据实际情况确定赔偿数额。

第一千一百八十三条 侵害自然人人身权益造成严重精神损害的,被侵权人有权请求精神损害赔偿。

因故意或者重大过失侵害自然人具有人身意义的特定物造成严重精神损害的,被侵权人有权请求精神损害赔偿。

第一千一百八十四条 侵害他人财产的,财产损失按照损失发生时的市场价格或者其他合理方式计算。

第一千一百八十五条 故意侵害他人知识产权,情节严重的,被侵权人有权请求相应的惩罚性赔偿。

第一千一百八十六条 受害人和行为人对损害的发生都没有过错的,依照法律的规定由双方分担损失。

第一千一百八十七条 损害发生后,当事人可以协商赔偿费用的支付方式。协商不一致的,赔偿费用应当一次性支付;一次性支付确有困难的,可以分期支付,但是被侵权人有权请求提供相应的担保。

第三章　责任主体的特殊规定

第一千一百八十八条 无民事行为能力人、限制民事行为能力人造成他人损害的,由监护人承担侵权责任。监护人尽到监护职责的,可以减轻其侵权责任。

有财产的无民事行为能力人、限制民事行为能力人造成他人损害的,从本人财产中支付赔偿费用;不足部分,由监护人赔偿。

第一千一百八十九条 无民事行为能力人、限制民事行为能力人造成他人损害，监护人将监护职责委托给他人的，监护人应当承担侵权责任；受托人有过错的，承担相应的责任。

第一千一百九十条 完全民事行为能力人对自己的行为暂时没有意识或者失去控制造成他人损害有过错的，应当承担侵权责任；没有过错的，根据行为人的经济状况对受害人适当补偿。

完全民事行为能力人因醉酒、滥用麻醉药品或者精神药品对自己的行为暂时没有意识或者失去控制造成他人损害的，应当承担侵权责任。

第一千一百九十一条 用人单位的工作人员因执行工作任务造成他人损害的，由用人单位承担侵权责任。用人单位承担侵权责任后，可以向有故意或者重大过失的工作人员追偿。

劳务派遣期间，被派遣的工作人员因执行工作任务造成他人损害的，由接受劳务派遣的用工单位承担侵权责任；劳务派遣单位有过错的，承担相应的责任。

第一千一百九十二条 个人之间形成劳务关系，提供劳务一方因劳务造成他人损害的，由接受劳务一方承担侵权责任。接受劳务一方承担侵权责任后，可以向有故意或者重大过失的提供劳务一方追偿。提供劳务一方因劳务受到损害的，根据双方各自的过错承担相应的责任。

提供劳务期间，因第三人的行为造成提供劳务一方损害的，提供劳务一方有权请求第三人承担侵权责任，也有权请求接受劳务一方给予补偿。接受劳务一方补偿后，可以向第三人追偿。

第一千一百九十三条 承揽人在完成工作过程中造成第三人损害或者自己损害的，定作人不承担侵权责任。但是，定作人对定作、指示或者选任有过错的，应当承担相应的责任。

第一千一百九十四条 网络用户、网络服务提供者利用网络侵害他人民事权益的，应当承担侵权责任。法律另有规定的，依照其规定。

第一千一百九十五条 网络用户利用网络服务实施侵权行为的，权利人有权通知网络服务提供者采取删除、屏蔽、断开链接等必要措施。通知应当包括构成侵权的初步证据及权利人的真实身份信息。

网络服务提供者接到通知后，应当及时将该通知转送相关网络用户，并根据构成侵权的初步证据和服务类型采取必要措施；未及时采取必要措施的，对损害的扩大部分与该网络用户承担连带责任。

权利人因错误通知造成网络用户或者网络服务提供者损害的，应当承担侵权责任。法律另有规定的，依照其规定。

第一千一百九十六条 网络用户接到转送的通知后，可以向网络服务提供者提交不存在侵权行为的声明。声明应当包括不存在侵权行为的初步证据及网络用户的真实身份信息。

网络服务提供者接到声明后，应当将该声明转送发出通知的权利人，并告知其可以向有关部门投诉或者向人民法院提起诉讼。网络服务提供者在转送声明到达权利人后的合理期限内，未收到权利人已经投诉或者提起诉讼通知的，应当及时终止所采取的措施。

第一千一百九十七条　网络服务提供者知道或者应当知道网络用户利用其网络服务侵害他人民事权益，未采取必要措施的，与该网络用户承担连带责任。

第一千一百九十八条　宾馆、商场、银行、车站、机场、体育场馆、娱乐场所等经营场所、公共场所的经营者、管理者或者群众性活动的组织者，未尽到安全保障义务，造成他人损害的，应当承担侵权责任。

因第三人的行为造成他人损害的，由第三人承担侵权责任；经营者、管理者或者组织者未尽到安全保障义务的，承担相应的补充责任。经营者、管理者或者组织者承担补充责任后，可以向第三人追偿。

第一千一百九十九条　无民事行为能力人在幼儿园、学校或者其他教育机构学习、生活期间受到人身损害的，幼儿园、学校或者其他教育机构应当承担侵权责任；但是，能够证明尽到教育、管理职责的，不承担侵权责任。

第一千二百条　限制民事行为能力人在学校或者其他教育机构学习、生活期间受到人身损害，学校或者其他教育机构未尽到教育、管理职责的，应当承担侵权责任。

第一千二百零一条　无民事行为能力人或者限制民事行为能力人在幼儿园、学校或者其他教育机构学习、生活期间，受到幼儿园、学校或者其他教育机构以外的第三人人身损害的，由第三人承担侵权责任；幼儿园、学校或者其他教育机构未尽到管理职责的，承担相应的补充责任。幼儿园、学校或者其他教育机构承担补充责任后，可以向第三人追偿。

第四章　产品责任

第一千二百零二条　因产品存在缺陷造成他人损害的，生产者应当承担侵权责任。

第一千二百零三条　因产品存在缺陷造成他人损害的，被侵权人可以向产品的生产者请求赔偿，也可以向产品的销售者请求赔偿。

产品缺陷由生产者造成的，销售者赔偿后，有权向生产者追偿。因销售者的过错使产品存在缺陷的，生产者赔偿后，有权向销售者追偿。

第一千二百零四条　因运输者、仓储者等第三人的过错使产品存在缺陷，造成他人损害的，产品的生产者、销售者赔偿后，有权向第三人追偿。

第一千二百零五条　因产品缺陷危及他人人身、财产安全的，被侵权人有权请求生产者、销售者承担停止侵害、排除妨碍、消除危险等侵权责任。

第一千二百零六条　产品投入流通后发现存在缺陷的，生产者、销售者应当及时采取停止销售、警示、召回等补救措施；未及时采取补救措施或者补救措施不力造成损害扩大的，对扩大的损害也应当承担侵权责任。

依据前款规定采取召回措施的，生产者、销售者应当负担被侵权人因此支出的必要费用。

第一千二百零七条　明知产品存在缺陷仍然生产、销售，或者没有依据前条规定采取有效补救措施，造成他人死亡或者健康严重损害的，被侵权人有权请求相应的惩罚性赔偿。

第五章　机动车交通事故责任

第一千二百零八条　机动车发生交通事故造成损害的，依照道路交通安全法律和本法的有关规定承担赔偿责任。

第一千二百零九条 因租赁、借用等情形机动车所有人、管理人与使用人不是同一人时，发生交通事故造成损害，属于该机动车一方责任的，由机动车使用人承担赔偿责任；机动车所有人、管理人对损害的发生有过错的，承担相应的赔偿责任。

第一千二百一十条 当事人之间已经以买卖或者其他方式转让并交付机动车但是未办理登记，发生交通事故造成损害，属于该机动车一方责任的，由受让人承担赔偿责任。

第一千二百一十一条 以挂靠形式从事道路运输经营活动的机动车，发生交通事故造成损害，属于该机动车一方责任的，由挂靠人和被挂靠人承担连带责任。

第一千二百一十二条 未经允许驾驶他人机动车，发生交通事故造成损害，属于该机动车一方责任的，由机动车使用人承担赔偿责任；机动车所有人、管理人对损害的发生有过错的，承担相应的赔偿责任，但是本章另有规定的除外。

第一千二百一十三条 机动车发生交通事故造成损害，属于该机动车一方责任的，先由承保机动车强制保险的保险人在强制保险责任限额范围内予以赔偿；不足部分，由承保机动车商业保险的保险人按照保险合同的约定予以赔偿；仍然不足或者没有投保机动车商业保险的，由侵权人赔偿。

第一千二百一十四条 以买卖或者其他方式转让拼装或者已经达到报废标准的机动车，发生交通事故造成损害的，由转让人和受让人承担连带责任。

第一千二百一十五条 盗窃、抢劫或者抢夺的机动车发生交通事故造成损害的，由盗窃人、抢劫人或者抢夺人承担赔偿责任。盗窃人、抢劫人或者抢夺人与机动车使用人不是同一人，发生交通事故造成损害，属于该机动车一方责任的，由盗窃人、抢劫人或者抢夺人与机动车使用人承担连带责任。

保险人在机动车强制保险责任限额范围内垫付抢救费用的，有权向交通事故责任人追偿。

第一千二百一十六条 机动车驾驶人发生交通事故后逃逸，该机动车参加强制保险的，由保险人在机动车强制保险责任限额范围内予以赔偿；机动车不明、该机动车未参加强制保险或者抢救费用超过机动车强制保险责任限额，需要支付被侵权人人身伤亡的抢救、丧葬等费用的，由道路交通事故社会救助基金垫付。道路交通事故社会救助基金垫付后，其管理机构有权向交通事故责任人追偿。

第一千二百一十七条 非营运机动车发生交通事故造成无偿搭乘人损害，属于该机动车一方责任的，应当减轻其赔偿责任，但是机动车使用人有故意或者重大过失的除外。

第六章　医疗损害责任

第一千二百一十八条 患者在诊疗活动中受到损害，医疗机构或者其医务人员有过错的，由医疗机构承担赔偿责任。

第一千二百一十九条 医务人员在诊疗活动中应当向患者说明病情和医疗措施。需要实施手术、特殊检查、特殊治疗的，医务人员应当及时向患者具体说明医疗风险、替代医疗方案等情况，并取得其明确同意；不能或者不宜向患者说明的，应当向患者的近亲属说明，并取得其明确同意。

医务人员未尽到前款义务,造成患者损害的,医疗机构应当承担赔偿责任。

第一千二百二十条 因抢救生命垂危的患者等紧急情况,不能取得患者或者其近亲属意见的,经医疗机构负责人或者授权的负责人批准,可以立即实施相应的医疗措施。

第一千二百二十一条 医务人员在诊疗活动中未尽到与当时的医疗水平相应的诊疗义务,造成患者损害的,医疗机构应当承担赔偿责任。

第一千二百二十二条 患者在诊疗活动中受到损害,有下列情形之一的,推定医疗机构有过错:

(一)违反法律、行政法规、规章以及其他有关诊疗规范的规定;
(二)隐匿或者拒绝提供与纠纷有关的病历资料;
(三)遗失、伪造、篡改或者违法销毁病历资料。

第一千二百二十三条 因药品、消毒产品、医疗器械的缺陷,或者输入不合格的血液造成患者损害的,患者可以向药品上市许可持有人、生产者、血液提供机构请求赔偿,也可以向医疗机构请求赔偿。患者向医疗机构请求赔偿的,医疗机构赔偿后,有权向负有责任的药品上市许可持有人、生产者、血液提供机构追偿。

第一千二百二十四条 患者在诊疗活动中受到损害,有下列情形之一的,医疗机构不承担赔偿责任:

(一)患者或者其近亲属不配合医疗机构进行符合诊疗规范的诊疗;
(二)医务人员在抢救生命垂危的患者等紧急情况下已经尽到合理诊疗义务;
(三)限于当时的医疗水平难以诊疗。

前款第一项情形中,医疗机构或者其医务人员也有过错的,应当承担相应的赔偿责任。

第一千二百二十五条 医疗机构及其医务人员应当按照规定填写并妥善保管住院志、医嘱单、检验报告、手术及麻醉记录、病理资料、护理记录等病历资料。

患者要求查阅、复制前款规定的病历资料的,医疗机构应当及时提供。

第一千二百二十六条 医疗机构及其医务人员应当对患者的隐私和个人信息保密。泄露患者的隐私和个人信息,或者未经患者同意公开其病历资料的,应当承担侵权责任。

第一千二百二十七条 医疗机构及其医务人员不得违反诊疗规范实施不必要的检查。

第一千二百二十八条 医疗机构及其医务人员的合法权益受法律保护。

干扰医疗秩序,妨碍医务人员工作、生活,侵害医务人员合法权益的,应当依法承担法律责任。

第七章 环境污染和生态破坏责任

第一千二百二十九条 因污染环境、破坏生态造成他人损害的,侵权人应当承担侵权责任。

第一千二百三十条 因污染环境、破坏生态发生纠纷,行为人应当就法律规定的不承担责任或者减轻责任的情形及其行为与损害之间不存在因果关系承担举证责任。

第一千二百三十一条 两个以上侵权人污染环境、破坏生态的,承担责任的大小,根据污染物的种类、浓度、排放量，破坏生态的方式、范围、程度，以及行为对损害后果所起的作用等因素确定。

第一千二百三十二条　侵权人违反法律规定故意污染环境、破坏生态造成严重后果的，被侵权人有权请求相应的惩罚性赔偿。

第一千二百三十三条　因第三人的过错污染环境、破坏生态的，被侵权人可以向侵权人请求赔偿，也可以向第三人请求赔偿。侵权人赔偿后，有权向第三人追偿。

第一千二百三十四条　违反国家规定造成生态环境损害，生态环境能够修复的，国家规定的机关或者法律规定的组织有权请求侵权人在合理期限内承担修复责任。侵权人在期限内未修复的，国家规定的机关或者法律规定的组织可以自行或者委托他人进行修复，所需费用由侵权人负担。

第一千二百三十五条　违反国家规定造成生态环境损害的，国家规定的机关或者法律规定的组织有权请求侵权人赔偿下列损失和费用：

（一）生态环境受到损害至修复完成期间服务功能丧失导致的损失；

（二）生态环境功能永久性损害造成的损失；

（三）生态环境损害调查、鉴定评估等费用；

（四）清除污染、修复生态环境费用；

（五）防止损害的发生和扩大所支出的合理费用。

第八章　高度危险责任

第一千二百三十六条　从事高度危险作业造成他人损害的，应当承担侵权责任。

第一千二百三十七条　民用核设施或者运入运出核设施的核材料发生核事故造成他人损害的，民用核设施的营运单位应当承担侵权责任；但是，能够证明损害是因战争、武装冲突、暴乱等情形或者受害人故意造成的，不承担责任。

第一千二百三十八条　民用航空器造成他人损害的，民用航空器的经营者应当承担侵权责任；但是，能够证明损害是因受害人故意造成的，不承担责任。

第一千二百三十九条　占有或者使用易燃、易爆、剧毒、高放射性、强腐蚀性、高致病性等高度危险物造成他人损害的，占有人或者使用人应当承担侵权责任；但是，能够证明损害是因受害人故意或者不可抗力造成的，不承担责任。被侵权人对损害的发生有重大过失的，可以减轻占有人或者使用人的责任。

第一千二百四十条　从事高空、高压、地下挖掘活动或者使用高速轨道运输工具造成他人损害的，经营者应当承担侵权责任；但是，能够证明损害是因受害人故意或者不可抗力造成的，不承担责任。被侵权人对损害的发生有重大过失的，可以减轻经营者的责任。

第一千二百四十一条　遗失、抛弃高度危险物造成他人损害的，由所有人承担侵权责任。所有人将高度危险物交由他人管理的，由管理人承担侵权责任；所有人有过错的，与管理人承担连带责任。

第一千二百四十二条　非法占有高度危险物造成他人损害的，由非法占有人承担侵权责任。所有人、管理人不能证明对防止非法占有尽到高度注意义务的，与非法占有人承担连带责任。

第一千二百四十三条　未经许可进入高度危险活动区域或者高度危险物存放区域

受到损害，管理人能够证明已经采取足够安全措施并尽到充分警示义务的，可以减轻或者不承担责任。

第一千二百四十四条 承担高度危险责任，法律规定赔偿限额的，依照其规定，但是行为人有故意或者重大过失的除外。

第九章 饲养动物损害责任

第一千二百四十五条 饲养的动物造成他人损害的，动物饲养人或者管理人应当承担侵权责任；但是，能够证明损害是因被侵权人故意或者重大过失造成的，可以不承担或者减轻责任。

第一千二百四十六条 违反管理规定，未对动物采取安全措施造成他人损害的，动物饲养人或者管理人应当承担侵权责任；但是，能够证明损害是因被侵权人故意造成的，可以减轻责任。

第一千二百四十七条 禁止饲养的烈性犬等危险动物造成他人损害的，动物饲养人或者管理人应当承担侵权责任。

第一千二百四十八条 动物园的动物造成他人损害的，动物园应当承担侵权责任；但是，能够证明尽到管理职责的，不承担侵权责任。

第一千二百四十九条 遗弃、逃逸的动物在遗弃、逃逸期间造成他人损害的，由动物原饲养人或者管理人承担侵权责任。

第一千二百五十条 因第三人的过错致使动物造成他人损害的，被侵权人可以向动物饲养人或者管理人请求赔偿，也可以向第三人请求赔偿。动物饲养人或者管理人赔偿后，有权向第三人追偿。

第一千二百五十一条 饲养动物应当遵守法律法规，尊重社会公德，不得妨碍他人生活。

第十章 建筑物和物件损害责任

第一千二百五十二条 建筑物、构筑物或者其他设施倒塌、塌陷造成他人损害的，由建设单位与施工单位承担连带责任，但是建设单位与施工单位能够证明不存在质量缺陷的除外。建设单位、施工单位赔偿后，有其他责任人的，有权向其他责任人追偿。

因所有人、管理人、使用人或者第三人的原因，建筑物、构筑物或者其他设施倒塌、塌陷造成他人损害的，由所有人、管理人、使用人或者第三人承担侵权责任。

第一千二百五十三条 建筑物、构筑物或者其他设施及其搁置物、悬挂物发生脱落、坠落造成他人损害，所有人、管理人或者使用人不能证明自己没有过错的，应当承担侵权责任。所有人、管理人或者使用人赔偿后，有其他责任人的，有权向其他责任人追偿。

第一千二百五十四条 禁止从建筑物中抛掷物品。从建筑物中抛掷物品或者从建筑物上坠落的物品造成他人损害的，由侵权人依法承担侵权责任；经调查难以确定具体侵权人的，除能够证明自己不是侵权人的外，由可能加害的建筑物使用人给予补偿。可能加害的建筑物使用人补偿后，有权向侵权人追偿。

物业服务企业等建筑物管理人应当采取必要的安全保障措施防止前款规定情形的发生；未采取必要的安全保障措施的，应当依法承担未履行安全保障义务的侵权责任。

发生本条第一款规定的情形的，公安等机关应当依法及时调查，查清责任人。

第一千二百五十五条 堆放物倒塌、滚落或者滑落造成他人损害，堆放人不能证明自己没有过错的，应当承担侵权责任。

第一千二百五十六条 在公共道路上堆放、倾倒、遗撒妨碍通行的物品造成他人损害的，由行为人承担侵权责任。公共道路管理人不能证明已经尽到清理、防护、警示等义务的，应当承担相应的责任。

第一千二百五十七条 因林木折断、倾倒或者果实坠落等造成他人损害，林木的所有人或者管理人不能证明自己没有过错的，应当承担侵权责任。

第一千二百五十八条 在公共场所或者道路上挖掘、修缮安装地下设施等造成他人损害，施工人不能证明已经设置明显标志和采取安全措施的，应当承担侵权责任。

窨井等地下设施造成他人损害，管理人不能证明尽到管理职责的，应当承担侵权责任。

附　则

第一千二百五十九条 民法所称的"以上"、"以下"、"以内"、"届满"，包括本数；所称的"不满"、"超过"、"以外"，不包括本数。

第一千二百六十条 本法自2021年1月1日起施行。《中华人民共和国婚姻法》、《中华人民共和国继承法》、《中华人民共和国民法通则》、《中华人民共和国收养法》、《中华人民共和国担保法》、《中华人民共和国合同法》、《中华人民共和国物权法》、《中华人民共和国侵权责任法》、《中华人民共和国民法总则》同时废止。

最高人民法院
关于适用《中华人民共和国民法典》
总则编若干问题的解释

法释〔2022〕6号

(2021年12月30日最高人民法院审判委员会第1861次会议通过　2022年2月24日最高人民法院公告公布　自2022年3月1日起施行)

为正确审理民事案件，依法保护民事主体的合法权益，维护社会和经济秩序，根据《中华人民共和国民法典》《中华人民共和国民事诉讼法》等相关法律规定，结合审判实践，制定本解释。

一、一般规定

第一条 民法典第二编至第七编对民事关系有规定的，人民法院直接适用该规定；民法典第二编至第七编没有规定的，适用民法典第一编的规定，但是根据其性质不能适用的除外。

就同一民事关系，其他民事法律的规定属于对民法典相应规定的细化的，应当适用该民事法律的规定。民法典规定适用其他法律的,适用该法律的规定。

民法典及其他法律对民事关系没有具体规定的,可以遵循民法典关于基本原则的规定。

第二条 在一定地域、行业范围内长期为一般人从事民事活动时普遍遵守的民间习俗、惯常做法等,可以认定为民法典第十条规定的习惯。

当事人主张适用习惯的,应当就习惯及其具体内容提供相应证据;必要时,人民法院可以依职权查明。

适用习惯,不得违背社会主义核心价值观,不得违背公序良俗。

第三条 对于民法典第一百三十二条所称的滥用民事权利,人民法院可以根据权利行使的对象、目的、时间、方式、造成当事人之间利益失衡的程度等因素作出认定。

行为人以损害国家利益、社会公共利益、他人合法权益为主要目的行使民事权利的,人民法院应当认定构成滥用民事权利。

构成滥用民事权利的,人民法院应当认定该滥用行为不发生相应的法律效力。滥用民事权利造成损害的,依照民法典第七编等有关规定处理。

二、民事权利能力和民事行为能力

第四条 涉及遗产继承、接受赠与等胎儿利益保护,父母在胎儿娩出前作为法定代理人主张相应权利的,人民法院依法予以支持。

第五条 限制民事行为能力人实施的民事法律行为是否与其年龄、智力、精神健康状况相适应,人民法院可以从行为与本人生活相关联的程度,本人的智力、精神健康状况能否理解其行为并预见相应的后果,以及标的、数量、价款或者报酬等方面认定。

三、监护

第六条 人民法院认定自然人的监护能力,应当根据其年龄、身心健康状况、经济条件等因素确定;认定有关组织的监护能力,应当根据其资质、信用、财产状况等因素确定。

第七条 担任监护人的被监护人父母通过遗嘱指定监护人,遗嘱生效时被指定的人不同意担任监护人的,人民法院应当适用民法典第二十七条、第二十八条的规定确定监护人。

未成年人由父母担任监护人,父母中的一方通过遗嘱指定监护人,另一方在遗嘱生效时有监护能力,有关当事人对监护人的确定有争议的,人民法院应当适用民法典第二十七条第一款的规定确定监护人。

第八条 未成年人的父母与其他依法具有监护资格的人订立协议,约定免除具有监护能力的父母的监护职责的,人民法院不予支持。协议约定在未成年人的父母丧失监护能力时由该具有监护资格的人担任监护人的,人民法院依法予以支持。

依法具有监护资格的人之间依据民法典第三十条的规定,约定由民法典第二十七条第二款、第二十八条规定的不同顺序的人共同担任监护人,或者由顺序在后的人担任监护人的,人民法院依法予以支持。

第九条 人民法院依据民法典第三十一条第二款、第三十六条第一款的规定指定监护人时,应当尊重被监护人的真实意愿,按照最有利于被监护人的原则指定,具体参考以下因素:

（一）与被监护人生活、情感联系的密切程度；
（二）依法具有监护资格的人的监护顺序；
（三）是否有不利于履行监护职责的违法犯罪等情形；
（四）依法具有监护资格的人的监护能力、意愿、品行等。

人民法院依法指定的监护人一般应当是一人，由数人共同担任监护人更有利于保护被监护人利益的，也可以是数人。

第十条 有关当事人不服居民委员会、村民委员会或者民政部门的指定，在接到指定通知之日起三十日内向人民法院申请指定监护人的，人民法院经审理认为指定并无不当，依法裁定驳回申请；认为指定不当，依法判决撤销指定并另行指定监护人。

有关当事人在接到指定通知之日起三十日后提出申请的，人民法院应当按照变更监护关系处理。

第十一条 具有完全民事行为能力的成年人与他人依据民法典第三十三条的规定订立书面协议事先确定自己的监护人后，协议的任何一方在该成年人丧失或者部分丧失民事行为能力前请求解除协议的，人民法院依法予以支持。该成年人丧失或者部分丧失民事行为能力后，协议确定的监护人无正当理由请求解除协议的，人民法院不予支持。

该成年人丧失或者部分丧失民事行为能力后，协议确定的监护人有民法典第三十六条第一款规定的情形之一，该条第二款规定的有关个人、组织申请撤销其监护人资格的，人民法院依法予以支持。

第十二条 监护人、其他依法具有监护资格的人之间就监护人是否有民法典第三十九条第一款第二项、第四项规定的应当终止监护关系的情形发生争议，申请变更监护人的，人民法院应当依法受理。经审理认为理由成立的，人民法院依法予以支持。

被依法指定的监护人与其他具有监护资格的人之间协议变更监护人的，人民法院应当尊重被监护人的真实意愿，按照最有利于被监护人的原则作出裁判。

第十三条 监护人因患病、外出务工等原因在一定期限内不能完全履行监护职责，将全部或者部分监护职责委托给他人，当事人主张受托人因此成为监护人的，人民法院不予支持。

四、宣告失踪和宣告死亡

第十四条 人民法院审理宣告失踪案件时，下列人员应当认定为民法典第四十条规定的利害关系人：

（一）被申请人的近亲属；
（二）依据民法典第一千一百二十八条、第一千一百二十九条规定对被申请人有继承权的亲属；
（三）债权人、债务人、合伙人等与被申请人有民事权利义务关系的民事主体，但是不申请宣告失踪不影响其权利行使、义务履行的除外。

第十五条 失踪人的财产代管人向失踪人的债务人请求偿还债务的，人民法院应当将财产代管人列为原告。

债权人提起诉讼，请求失踪人的财产代管人支付失踪人所欠的债务和其他费用的，人民法院应当将财产代管人列为被告。经审理认为债权人的诉讼请求成立的，人民法院应当判决财产代管人从失踪人的财产中支付失踪人所欠的债务和其他费用。

第十六条　人民法院审理宣告死亡案件时，被申请人的配偶、父母、子女，以及依据民法典第一千一百二十九条规定对被申请人有继承权的亲属应当认定为民法典第四十六条规定的利害关系人。

符合下列情形之一的，被申请人的其他近亲属，以及依据民法典第一千一百二十八条规定对被申请人有继承权的亲属应当认定为民法典第四十六条规定的利害关系人：

（一）被申请人的配偶、父母、子女均已死亡或者下落不明的；
（二）不申请宣告死亡不能保护其相应合法权益的。

被申请人的债权人、债务人、合伙人等民事主体不能认定为民法典第四十六条规定的利害关系人，但是不申请宣告死亡不能保护其相应合法权益的除外。

第十七条　自然人在战争期间下落不明的，利害关系人申请宣告死亡的期间适用民法典第四十六条第一款第一项的规定，自战争结束之日或者有关机关确定的下落不明之日起计算。

五、民事法律行为

第十八条　当事人未采用书面形式或者口头形式，但是实施的行为本身表明已经作出相应意思表示，并符合民事法律行为成立条件的，人民法院可以认定为民法典第一百三十五条规定的采用其他形式实施的民事法律行为。

第十九条　行为人对行为的性质、对方当事人或者标的物的品种、质量、规格、价格、数量等产生错误认识，按照通常理解如果不发生该错误认识行为人就不会作出相应意思表示的，人民法院可以认定为民法典第一百四十七条规定的重大误解。

行为人能够证明自己实施民事法律行为时存在重大误解，并请求撤销该民事法律行为的，人民法院依法予以支持；但是，根据交易习惯等认定行为人无权请求撤销的除外。

第二十条　行为人以其意思表示存在第三人转达错误为由请求撤销民事法律行为的，适用本解释第十九条的规定。

第二十一条　故意告知虚假情况，或者负有告知义务的人故意隐瞒真实情况，致使当事人基于错误认识作出意思表示的，人民法院可以认定为民法典第一百四十八条、第一百四十九条规定的欺诈。

第二十二条　以给自然人及其近亲属等的人身权利、财产权利以及其他合法权益造成损害或者以给法人、非法人组织的名誉、荣誉、财产权益等造成损害为要挟，迫使其基于恐惧心理作出意思表示的，人民法院可以认定为民法典第一百五十一条规定的胁迫。

第二十三条　民事法律行为不成立，当事人请求返还财产、折价补偿或者赔偿损失的，参照适用民法典第一百五十七条的规定。

第二十四条　民事法律行为所附条件不可能发生，当事人约定为生效条件的，人民法院应当认定民事法律行为不发生效力；当事人约定为解除条件的，应当认定未附条件，民事法律行为是否失效，依照民法典和相关法律、行政法规的规定认定。

六、代理

第二十五条　数个委托代理人共同行使代理权，其中一人或者数人未与其他委托代理人协商，擅自行使代理权的，依据民法典第一百七十一条、第一百七十二条等规定处理。

第二十六条　由于急病、通讯联络中断、疫情防控等特殊原因，委托代理人自己不能办理代理事项，又不能与被代理人及时取得联系，如不及时转委托第三人代理，会给被代理人的利益造成损失或者扩大损失的，人民法院应当认定为民法典第一百六十九条规定的紧急情况。

第二十七条　无权代理行为未被追认，相对人请求行为人履行债务或者赔偿损失的，由行为人就相对人知道或者应当知道行为人无权代理承担举证责任。行为人不能证明的，人民法院依法支持相对人的相应诉讼请求；行为人能够证明的，人民法院应当按照各自的过错认定行为人与相对人的责任。

第二十八条　同时符合下列条件的，人民法院可以认定为民法典第一百七十二条规定的相对人有理由相信行为人有代理权：

（一）存在代理权的外观；

（二）相对人不知道行为人行为时没有代理权，且无过失。

因是否构成表见代理发生争议的，相对人应当就无权代理符合前款第一项规定的条件承担举证责任；被代理人应当就相对人不符合前款第二项规定的条件承担举证责任。

第二十九条　法定代理人、被代理人依据民法典第一百四十五条、第一百七十一条的规定向相对人作出追认的意思表示的，人民法院应当依据民法典第一百三十七条的规定确认其追认意思表示的生效时间。

七、民事责任

第三十条　为了使国家利益、社会公共利益、本人或者他人的人身权利、财产权利以及其他合法权益免受正在进行的不法侵害，而针对实施侵害行为的人采取的制止不法侵害的行为，应当认定为民法典第一百八十一条规定的正当防卫。

第三十一条　对于正当防卫是否超过必要的限度，人民法院应当综合不法侵害的性质、手段、强度、危害程度和防卫的时机、手段、强度、损害后果等因素判断。

经审理，正当防卫没有超过必要限度的，人民法院应当认定正当防卫人不承担责任。正当防卫超过必要限度的，人民法院应当认定正当防卫人在造成不应有的损害范围内承担部分责任；实施侵害行为的人请求正当防卫人承担全部责任的，人民法院不予支持。

实施侵害行为的人不能证明防卫行为造成不应有的损害，仅以正当防卫人采取的反击方式和强度与不法侵害不相当为由主张防卫过当的，人民法院不予支持。

第三十二条　为了使国家利益、社会公共利益、本人或者他人的人身权利、财产权利以及其他合法权益免受正在发生的急迫危险，不得已而采取紧急措施的，应当认定为民法典第一百八十二条规定的紧急避险。

第三十三条　对于紧急避险是否采取措施不当或者超过必要的限度，人民法院应当综合危险的性质、急迫程度、避险行为所保护的权益以及造成的损害后果等因素判断。

经审理，紧急避险采取措施并无不当且没有超过必要限度的，人民法院应当认定紧急避险人不承担责任。紧急避险采取措施不当或者超过必要限度的，人民法院应当根据紧急避险人的过错程度、避险措施造成不应有的损害的原因力大小、紧急避险人是否为受益人等因素认定紧急避险人在造成的不应有的损害范围内承担相应的责任。

第三十四条 因保护他人民事权益使自己受到损害，受害人依据民法典第一百八十三条的规定请求受益人适当补偿的，人民法院可以根据受害人所受损失和已获赔偿的情况、受益人受益的多少及其经济条件等因素确定受益人承担的补偿数额。

八、诉讼时效

第三十五条 民法典第一百八十八条第一款规定的三年诉讼时效期间，可以适用民法典有关诉讼时效中止、中断的规定，不适用延长的规定。该条第二款规定的二十年期间不适用中止、中断的规定。

第三十六条 无民事行为能力人或者限制民事行为能力人的权利受到损害的，诉讼时效期间自其法定代理人知道或者应当知道权利受到损害以及义务人之日起计算，但是法律另有规定的除外。

第三十七条 无民事行为能力人、限制民事行为能力人的权利受到原法定代理人损害，且在取得、恢复完全民事行为能力或者在原法定代理终止并确定新的法定代理人后，相应民事主体才知道或者应当知道权利受到损害的，有关请求权诉讼时效期间的计算适用民法典第一百八十八条第二款、本解释第三十六条的规定。

第三十八条 诉讼时效依据民法典第一百九十五条的规定中断后，在新的诉讼时效期间内，再次出现第一百九十五条规定的中断事由，可以认定为诉讼时效再次中断。

权利人向义务人的代理人、财产代管人或者遗产管理人等提出履行请求的，可以认定为民法典第一百九十五条规定的诉讼时效中断。

九、附则

第三十九条 本解释自2022年3月1日起施行。

民法典施行后的法律事实引起的民事案件，本解释施行后尚未终审的，适用本解释；本解释施行前已经终审，当事人申请再审或者按照审判监督程序决定再审的，不适用本解释。

【解读】

解读《关于适用〈中华人民共和国民法典〉总则编若干问题的解释》

为正确审理民事案件，依法保护民事主体的合法权益，维护社会和经济秩序，2021年12月30日，最高人民法院审判委员会第1861次全体会议审议通过了《最高人民法院关于适用〈中华人民共和国民法典〉总则编若干问题的解释》（法释〔2022〕6号，以下简称《总则编解释》），自2022年3月1日起施行。为便于广大法官在司法实践中正确理解与适用，现就《总则编解释》的起草背景和过程、基本原则、主要内容以及有关重点问题作一阐述。

一、《总则编解释》起草的背景和过程

民法典是在以习近平同志为核心的党中央坚强领导下取得的新时代我国社会主义法治建设重大成果。2020年5月29日，习近平总书记在中共中央政治局第二十次集体学习时作出重要讲话，强调指出："民法典实施水平和效果，是衡量各级党和国家机关履行为人民服务宗旨的重要尺度。"①"要及时完善相关民事司法解释，使之同民法典及有关法律规定和精神保持一致，统一民事法律适用标准。"②为深入学习贯彻习近平法治思想和习近平总书记重要讲话精神，指导全国各级人民法院统一正确实施民法典，2020年6月最高人民法院启动司法解释全面清理工作，并同步启动《总则编解释》的起草工作。

在起草初期，最高人民法院有关部门对标民法典的规定，对《最高人民法院关于贯彻执行〈中华人民共和国民法通则〉若干问题的意见（试行）》（以下简称《民法通则意见》）、《最高人民法院关于适用〈中华人民共和国合同法〉若干问题的解释（一）》（以下简称《合同法解释一》）、《最高人民法院关于适用〈中华人民共和国合同法〉若干问题的解释（二）》（以下简称《合同法解释二》）等司法解释的每一个条文提出废、改、留的意见，并组织专家进行逐条研讨，后将拟保留或修改后保留的条文送全国人大常委会法工委征求意见，形成《总则编解释》的初稿。

2021年3月，最高人民法院向各高级人民法院发出通知，征集总则编适用问题及起草建议。此后，根据反馈意见和《全国法院贯彻实施民法典工作会议纪要》（以下简称《贯彻民法典会议纪要》）的有关内容，起草形成了《总则编解释》修改稿，并先后召开7次法院系统座谈会、4次民法学专家研讨会、1次由审判业务专家代表和法学专家代表共同组成的封闭改稿会。11月，最高人民法院先后征求了院内各相关部门、全国各高级人民法院意见，并送中宣部、中政委、中央依法治国办、最高人民检察院、公安部、司法部、民政部、市场监管总局、中国法学会、中国社科院、全国工商联等有关单位征求意见，后又进一步征求中国法学会民法学研究会的意见，两次书面征求全国人大常委会法工委的意见，最终形成送审稿，提交最高人民法院审判委员会讨论通过。

二、《总则编解释》起草的基本原则

为确保《总则编解释》严格遵循民法典规定精神，切实解决司法实践中具有一定普遍性的法律适用问题，《总则编解释》的起草始终遵循以下基本原则。

一是坚持正确政治方向。全面深入贯彻习近平法治思想和习近平总书记关于贯彻实施民法典的重要讲话精神，将以人民为中心的发展思想贯穿始终。例如，通过规定权利滥用的认定与法律后果，细化监护制度适用规则，明确民事责任的认定，突出了权利保护理念。

二是坚持严格依法。充分尊重、全部采纳立法机关意见，确保准确理解贯彻民法典的立法意图。坚守不创设新规则的基本立场，只根据民商事审判工作的实际需要对总则编制度作配套补充细化，确保民法典总则编的新增亮点制度在司法审判中准确落实落地。

三是坚持问题导向和强基导向。坚持以解决司法实践中的突出问题为出发点，以指导各级人民法院准确适用民法典为落脚点，注重听取法院系统尤其是中基层法院一

---

① 中共中央宣传部宣传教育局、全国人大常委会法制工作委员会民法室、司法部普法与依法治理局编：《〈中华人民共和国民法典〉总则编学习读本》，中国民主法制出版社2021年版，第33页。
② 中共中央宣传部宣传教育局、全国人大常委会法制工作委员会民法室、司法部普法与依法治理局编：《〈中华人民共和国民法典〉总则编学习读本》，中国民主法制出版社2021年版，第10页。

线审判业务专家及骨干的意见。在条文规范上尽量给予清晰明确的指引，对法院裁量权予以必要限制；对于不宜或者无法作出"一刀切"规定的，则采取动态系统论的思路，细化适用节点和参考因素，为适用法律提供指引。

四是坚持充分研究论证。一方面，坚持理论与实践相结合。通过类案检索、学术资料整理和专家论证的方式，确保条文设计均有人民法院典型案例和主流学术观点支撑。另一方面，坚持解决国内问题与借鉴域外经验相结合，广泛研究借鉴德国、日本、法国等20多个国家和地区的民法典等域外规则设计。

三、《总则编解释》的主要内容和特点

起草《总则编解释》主要是为了解决三个方面问题。

一是确保民法典与旧法的有序衔接。民法典施行后，民法通则、民法总则、合同法等法律废止，最高人民法院相应废止了《民法通则意见》《合同法解释一》《合同法解释二》等司法解释。但这些司法解释中仍有不少条文与民法典一致，在审判实践中仍有重要指导价值，有必要予以保留并梳理整合，以免出现法律衔接适用空当，影响民法典的实施。

二是系统梳理人民法院在长期司法实践中总结积累的经验智慧。民法典采取的是编纂式的立法技术，大多数条文是对原有法律的承继。人民法院在适用这些法律规定处理民事纠纷时积累了许多行之有效的经验，有必要将此一并纳入，以更好地实现统一裁判尺度的目的。比如，关于表见代理的具体适用，最高人民法院2009年发布的《最高人民法院关于当前形势下审理民商事合同纠纷案件若干问题的指导意见》作了细化规定，历经十余年的审判实践检验，一些内容有必要吸收到《总则编解释》中。基于同样的考虑，《全国法院民商事审判工作会议纪要》中的一些规定精神也被吸收到《总则编解释》当中。

三是积极回应民法总则施行后亟须明确的具体法律适用问题。民法典总则编的绝大多数规定源自民法总则，实际上已实施了四年多。其间，人民法院积累了丰富的审判经验，也发现了一些亟须统一规范的具体法律适用问题。特别是，民法典总则编凝练了民事法律制度中具有普遍适用性和引领性的规则，集中体现了民法典严谨逻辑体系中"总"的特点和规律，这就要求各级人民法院牢固树立体系化思维，准确把握民法典总则编与各分编、民法典与其他民商事法律、基本原则与具体规定之间的适用逻辑关系。

上述三个方面的目的，归根结底是为了统一民事案件裁判尺度，更好地贯彻实施民法典，维护民法典权威。

《总则编解释》共39条，分为一般规定、民事权利能力和民事行为能力、监护、宣告失踪和宣告死亡、民事法律行为、代理、民事责任、诉讼时效和附则九个部分。

其中，第一部分一般规定共3条，主要针对民法典总则编"总"的特点，对实践中法官普遍感到难以把握的民事法律适用规则、习惯作为法源的适用、滥用民事权利的认定与法律后果等一般性问题作出规定。

第二部分至第四部分属于对总则编自然人制度中有关民事权利能力和民事行为能力、监护、宣告失踪和宣告死亡等具体规则的细化规定。通过解决诉讼保护胎儿利益问题，遗嘱指定监护人、协议确定监护人、指定监护、意定监护等监护制度适用问题，以及申请宣告失踪、宣告死亡的利害关系人范围确定等问题，实现对胎儿、被监护人、

失踪人及利害关系人的权利保护。

第五部分、第六部分属于对总则编民事法律行为和代理制度中有关具体规则的配套、细化规定。该部分主要是在《民法通则意见》《合同法解释二》等的基础上,立足理论进步与实践发展,重点解决重大误解、欺诈、胁迫的认定,以及无权代理、表见代理的具体适用等问题,突出保护善意相对人的利益。

第七部分、第八部分属于对总则编民事责任制度和诉讼时效制度中有关规则的细化规定。重点解决防卫过当、避险不当的认定标准,见义勇为受益人适当补偿数额的确定等问题,并对无民事行为能力人、限制民事行为能力人的权利受损害时诉讼时效期间的起算作出补充规定。

第九部分附则规定了《总则编解释》的施行时间为2022年3月1日,以及适用案件范围。

《总则编解释》的条文内容主要有以下三个显著特点。

一是理念上大力弘扬社会主义核心价值观。通过细化习惯的适用规则、监护制度、民事法律行为、民事责任、诉讼时效等制度规则,将社会主义核心价值观贯穿始终,彰显民法典强调公平正义、倡导诚实守信的价值导向。特别是细化了正当防卫、紧急避险、见义勇为的制度规则,进一步在"扶不扶""劝不劝""追不追""救不救""为不为""管不管"等问题上亮明态度,坚决防止"和稀泥",让司法有力量、有是非、有温度,让群众有温暖、有遵循、有保障。

二是内容上突出强调权利保护。贯彻以人民为中心的发展思想,将自然人的权利保护置于中心位置,从保护未成年人、胎儿利益,规范权利的行使,平衡失踪人与利害关系人利益等方面作出系统规定,体现了人民至上的司法立场。

三是形式上体现小而精的起草思路。始终坚持以问题为导向、以审判执行需求为出发点、以准确理解和适用民法典为原则,不追求大而全的体系,不追求"一揽子"解决所有问题,而是聚焦总则编适用中审判实践亟须解决、有较为丰富的实践基础,且能够最大限度凝聚共识的问题明确相应的法律适用规则。

四、一般规定部分的重点内容

本部分主要是对人民法院适用民事法律、习惯和禁止权利滥用原则作出指引,对司法实践中的重点难点问题作出回应。

(一)民事法律适用规则

民法典呈现鲜明的总分结构,不仅在总则编规定了整个法典的一般性规则,在各分编中也是先规定一般性规则,再规定具体规则或者特别规则。这种提取公因式的立法技术,使得民事法律规范在呈现法典化、体系化特征的同时,也增加了法官"找法"的难度。为帮助广大法官适应民法典的体系性,树立法典化思维,《总则编解释》第一条在明确民法典各编适用关系的同时,也对民法典与其他民事法律的适用问题、法律具体规则与基本原则的适用问题作出规定。

准确把握民法典总则编与各分编的适用关系,首先要明确民法典总分式架构的内在逻辑。从体系上讲,总则编主要是围绕主体、客体、法律行为、民事责任等法律关系的基本要素展开,而有关具体的民事权利、义务内容则规定在各分编中。[①] 各分编的

[①] 参见王利明:《以法律关系为主线构建民法典总则体系》,载《社会科学文摘》2016年第1期。

具体规定通常可以直接适用于案件审理，但当各分编没有相应具体规定时，往往需要适用总则编中的一般规定。

例如，在处理某一具体的合同纠纷案件时，先要到民法典合同编的典型合同分编中查找是否存在与该合同有关的特别规定。如果有，就要优先适用特别规定，只有在没有找到特别规定时，才能适用合同编通则部分的规定；也只有在合同编通则部分没有特别规定时，才能适用总则编关于法律行为与代理的一般规定。①当然，并非所有各分编未具体规定的问题都可以适用总则编的规定，尤其是涉及身份关系的情形。

因此，《总则编解释》第一条第一款规定："民法典第二编至第七编对民事关系有规定的，人民法院直接适用该规定；民法典第二编至第七编没有规定的，适用民法典第一编的规定，但是根据其性质不能适用的除外。"

关于民法典与其他民事法律的适用关系，民法典第十一条规定："其他法律对民事关系有特别规定的，依照其规定。"这就明确了特别法优先于一般法的原则。

但应当注意，在民法典未明确规定适用其他法律的情况下，适用单行法的前提是单行法的规定属于对民法典相应规定细化的规定，且不能违反民法典的规定，如此才能体现出民法典基础性法律的地位。②

同时，根据立法法（2015年修正）第九十四条第一款的规定，法律之间对同一事项的新的一般规定与旧的特别规定不一致，不能确定如何适用时，由全国人民代表大会常务委员会裁决。

为指导各级人民法院正确适用民法典第十一条的规定，处理好民法典与其他民事法律的适用关系，《总则编解释》第一条第二款明确了以下两种规则。

一是对于同一民事关系，其他民事法律的规定属于对民法典相应规定的细化的，应当适用该民事法律的规定。例如，民法典第一千一百六十五条第二款规定："依照法律规定推定行为人有过错，其不能证明自己没有过错的，应当承担侵权责任。"而个人信息保护法第六十九条第一款明确规定了处理个人信息侵害个人信息权益造成损害，适用过错推定责任。对此类纠纷，就应当适用个人信息保护法的这一规定。又如，电子签名法第二十八条关于侵害电子签名人利益归责原则的规定就构成了对民法典第一千一百六十五条第二款有关过错推定责任规定的细化，此时应当适用电子签名法的规定。需要注意的是，这里的"民事法律"实质上是指民商事法律。③

二是民法典规定适用其他法律规定的，适用该法律的规定。因为在此情形下，民法典已经作出了适用其他法律的指引或者授权，此时适用其他法律的规定也不存在与立法法规定相冲突的问题。例如，产品质量法第四十五条规定，因产品存在缺陷造成损害要求赔偿的诉讼时效期间为二年，民法典第一百八十八条明确，"法律另有规定的，依照其规定"，此时应当适用产品质量法的规定。

《总则编解释》第一条第三款主要解决民事法律具体规定与基本原则的关系问题。民法典所规定的基本原则能否直接作为裁判规范以及如何作为裁判规范一直有争议。

---

① 参见刘贵祥：《民法典适用的几个重大问题》，载《人民司法》2021年第1期。
② 参见王利明：《一部有力保障民法典总则编实施的司法解释——评〈最高人民法院关于适用《中华人民共和国民法典》总则编若干问题的解释〉》，载《人民法院报》2022年2月27日。
③ 参见于飞："《民法典总则编解释》第一条评析——民法适用的体系化"，载《人民法院报》2022年3月1日。

该款在梳理有关学术成果、实务做法、各方意见的基础上明确,民法典及其他法律对民事关系没有具体规定的,"可以遵循"民法典关于基本原则的规定。采用"可以遵循"基本原则的表述,使得条文内容更具包容性,也与法律没有具体规定时运用法律解释方法确定适用或者参照适用其他具体规定的做法相一致。

通常而言,基本原则的适用可以与有关法律解释和漏洞填补方法相结合,在没有可以适用或者参照适用的具体条文的情况下,可以遵循基本原则的规定。有学者认为,在纠纷的处理缺乏具体法律规定的情况下,可以结合习惯、法律原则等创造尚未由立法计划所预测或者完成的法律规则,进而填补漏洞。[1] 这一见解较有道理,值得在审判实践中紧密结合民法典的制度体系和规定精神进行有益探索。因此,有必要注意的是,在审判实践中对于法律没有具体规定的情形,并非当然直接适用基本原则。

(二)习惯作为法源的适用

根据民法典第十条规定,处理民事纠纷可以适用习惯,明确了习惯可以作为法源适用。在我国审判实践中,习惯作为法源多见于与丧葬事宜相关的案件,比如遗体瞻仰、告别、吊唁、祭奠等。[2] 需要注意的是,此处所讲的习惯不同于当事人之间形成的交易习惯,是可以主张作为裁判依据适用的习惯。

关于习惯的认定,是人民法院适用习惯时首要明确的标准问题。对此,《总则编解释》第二条第一款规定作为法源意义上的习惯,通常表现为民间习俗、惯常做法等,其核心要义在于能够在一定范围内为特定群体长期确信并自觉遵守。这就意味着,判断是否构成民法法源的习惯,关键在于该习俗或者做法是否具备两方面的条件:一是是否具有长期性、恒定性、内心确信性;二是是否具有具体行为规则属性,即并非宽泛的道德评价标准,而是能够具体引导人们的行为。[3]

关于习惯的证明,主要涉及举证责任的分配问题。对于习惯是否存在、何为习惯的具体内容,这首先是一项事实问题。因此,当事人主张适用习惯的,应当根据民事诉讼法(2021年修正,下同)第六十七条第一款的规定提供证据,必要时,人民法院可以依职权查明。正如王泽鉴先生所言,主张习惯法者,对于习惯法的存在,"固应负举证责任,唯法律亦应依职权调查之"[4]。

调研中有意见认为,习惯作为法源,应当由法院依职权查明。我们经研究未采纳上述意见,主要是考虑到我国幅员辽阔、风俗多样,人员流动情况复杂,法院事实上难以真正了解掌握当地习惯的情况。采取以由当事人主张并提供证据为主、法院依职权查明为辅的方式,不仅符合民事诉讼法第六十七条第二款的规定精神,也是立足我国国情、确保民法典第十条规定有效施行的可行做法。

关于习惯的适用,民法典明确习惯要作为裁判依据,必须是在法律没有具体规定的前提下,且该习惯不得违背公序良俗。由于我国历史悠久,不少习惯中文明与糟粕并存,有必要对习惯的适用采取审慎的态度。为此,《总则编解释》第二条第三款明确"适用习惯,不得违背社会主义核心价值观,不得违背公序良俗"。

---

[1] 参见王利明:《法律解释学导论:以民法为视角》,法律出版社2009年版,第45~46页。
[2] 参见浙江省绍兴市中级人民法院(2012)浙绍民终字第950号民事判决、江苏省南通市中级人民法院(2015)通中民终字第00832号民事判决。
[3] 参见王利明:《论习惯作为民法渊源》,载《法学杂志》2016年第11期。
[4] 王泽鉴:《民法总则》,中国政法大学出版社2001年版,第57~58页。

（三）滥用民事权利的认定与法律后果

民法典第一百三十二条规定禁止权利滥用，为权利设定了范围，明确了权利行使的边界。考虑到该规定是指导民事主体依法行使民事权利的一般准则，具有较强的原则性和抽象性，有必要在司法适用时进一步具体化，《总则编解释》在第三条的位置对滥用民事权利的认定与法律后果问题作出规定。

在学理上，禁止权利滥用原则通常被认为是诚信原则的具体化表现之一，衡量权利是否滥用应围绕诚信原则展开，① 但诚信原则属于抽象性法律原则，在适用时仍需具体判断。为解决实务中如何认定构成权利滥用的问题，《总则编解释》第三条第一款、第二款对滥用民事权利的认定作出规定。

第一款采用动态系统论的思路，明确人民法院在判断是否构成权利滥用时，可以从权利行使的对象、目的、时间、方式、造成当事人之间利益失衡的程度等因素予以考量。例如，在姚某与潘某相邻损害防免关系纠纷中，姚某安装的可视门铃对潘某进出住宅等活动信息进行自动记录、存储，超出了防盗的必要范围和合理限度，法院认定构成滥用民事权利。② 此即从权利行使的目的、方式、造成当事人之间利益失衡的程度等角度，对当事人行使权利是否超出合理范围作出的界定。

第二款主要是从损害目的的角度对人民法院应当认定构成权利滥用的特定情形作出明确。比较法上，德国民法典、俄罗斯联邦民法典明确权利滥用为"专以加害（损害）他人为目的"行使权利。我国学界也认为，权利滥用正是民事主体利用权利的合法形式，来实现损害他人或社会之目的。③ 据此，解释明确，行为人以损害国家利益、社会公共利益、他人合法权益为主要目的行使民事权利的，构成权利滥用。

在此需要说明的是，凡符合第二款规定情形的，应当认定构成滥用民事权利；存在第二款规定以外情形的，应根据第一款规定的参考因素，结合具体案情认定是否构成滥用民事权利。例如，在一则案件中，被告将厨房改为厕所后，导致其厕所位于原告厨房之上，引起原告心理不适。此时，因不能证明被告有损害原告利益之目的，难以直接适用第二款规定，但其权利行使方式明显不当，法院判决其恢复原状。④

关于滥用民事权利的法律后果，学界多认为，权利滥用的效果以承认权利存在而否认其行使为原则，以权利丧失为例外。⑤ 滥用权利行为将发生两方面的后果：一是不能产生行为人预期的法律效果；二是造成他人损害，将承担法律责任。⑥

我们经过多次研究论证后，在第三款规定"构成滥用民事权利的，人民法院应当认定该滥用行为不发生相应的法律效力"。换言之，权利行使本来应产生的效果，因其滥用权利，法律遂不使之发生。⑦

但需注意的是，此处否定的应产生的效果限于该滥用行为，并不包括在合理范围内的权利行使部分。另外，考虑到滥用民事权利可能造成他人损害，权利滥用者应当

---

① 参见陈甦主编：《民法总则评注》，法律出版社 2017 年版，第 910 页。
② 参见江西省无锡市中级人民法院（2019）苏 02 民终 5307 号民事判决、江苏省无锡市梁溪区人民法院（2019）苏 0213 民初 6264 号民事判决。
③ 参见佟柔：《中国民法学·民法总则》，人民法院出版社 2008 年版，第 52 页。
④ 参见江西省赣州市中级人民法院（2021）赣 07 民终 4407 号民事判决。
⑤ 参见梁慧星：《读条文 学民法》，人民法院出版社 2017 年版，第 60 页。
⑥ 参见王利明：《民法总则研究》，中国人民大学出版社 2018 年版，第 45 页。
⑦ 参见钱玉林：《禁止权利滥用的法理分析》，载《现代法学》2002 年第 1 期。

承担相应的民事责任,故《总则编解释》选取此情形中适用法律的典型领域,列明适用民法典侵权责任编的规定。

当然,滥用民事权利危及他人人身、财产安全的,不仅涉及民法典侵权责任编的适用,还可能涉及人格权编、物权编等有关规定,对于公司股东滥用公司法人独立地位和股东有限责任损害公司债权人的利益等情形,更涉及公司法的有关规定,对此,直接按照相应规定处理即可,难以一一列举,故使用"等"字予以概括,避免条文过于烦琐。

五、监护部分的重点内容

民法典确立了"以家庭监护为基础,以社会监护为补充,以国家监护为兜底"的监护制度体系。为将监护制度准确落实落地,《总则编解释》从监护能力的认定、监护人的确定、监护职责的委托行使等角度作了补充规定。其中,遗嘱指定监护人、协议确定监护人、意定监护属于当事人通过意思自治确定监护人的方式,为加强相关规则适用,《总则编解释》第七条、第八条、第十一条作出进一步细化规定。

(一)遗嘱指定监护人

《总则编解释》第七条关于遗嘱指定监护人的规定,旨在解决以下两种情形中的监护人确定问题:一是遗嘱生效时,被指定的人不同意担任监护人;二是被监护人是未成年人时,父母中的一方通过遗嘱指定监护人,因而与遗嘱生效时有监护能力的另一方的法定监护之间产生冲突。

对于第一种情形,《总则编解释》第七条第一款明确,人民法院应当适用民法典第二十七条、第二十八条的规定确定监护人。在此需要说明的是以下两点。

第一,关于被指定的人拒绝担任监护人的权利。按照遗嘱的性质,遗嘱人订立遗嘱无论是自书遗嘱或者公证遗嘱,均不要求事先征得拟指定的人(个人或者组织)同意,依据意思自治原则,遗嘱内容公开后被指定的个人或者组织理当可以拒绝担任监护人。[①] 且对被指定人而言,担任监护人意味着重大的法律职责,应充分考虑其自愿性,应当允许其拒绝接受指定。[②] 在比较法上,魁北克民法典第202条第2款、第203条规定更是直接明确了遗嘱指定监护人应当考虑被指定的人的意愿(魁北克民法典第202条第2款规定:如被指定人知悉指定后三十日内未拒绝,推定为接受职责。第203条规定:父亲或母亲指定的监护人接受或拒绝监护职责,应告知遗产清算人和公共保佐人)。

第二,关于被指定的人拒绝担任监护人时的监护人确定规则。被指定的人拒绝接受指定的,应当视为没有遗嘱指定监护人,故应当按照法律的规定,即适用民法典第二十七条、第二十八条的规定确定监护人。

对于第二种情形,为减少实践争议,《总则编解释》第七条第二款明确人民法院应当适用民法典第二十七条第一款的规定确定监护人,即由父母中有监护能力的另一方担任监护人。这主要是考虑到,父母担任未成年子女的法定监护人是无条件的,只有在父母死亡或者没有监护能力的情况下,才可以由其他个人或者有关组织担任监护人。[③]

[①] 参见梁慧星:《民法总则讲义》,法律出版社2021年版,第68页。
[②] 参见满洪杰:《〈民法总则〉监护设立制度解释论纲》,载《法学论坛》2018年第3期。
[③] 参见黄薇主编:《中华人民共和国民法典释义》,法律出版社2020年版,第58页。

(二) 协议确定监护人

民法典第三十条规定，依法具有监护资格的人之间可以协议确定监护人。由于民法典第二十七条第一款明确规定未成年人的父母为其监护人，故未成年人的父母有监护能力的，当然不得与其他人签订协议，确定由其他人担任监护人，推卸自身责任。① 为此，《总则编解释》第八条第一款对未成年人的父母协议确定监护人的权限作出规定，明确父母不得通过协议免除该具有监护能力的父母的监护职责，而仅得约定在其丧失监护能力时由具有监护资格的人担任监护人。这既兼顾了父母对未成年子女负有法定监护职责的要求，也体现了对父母预先安排未成年子女监护问题的尊重。

关于以协议监护方式确定的监护人能否突破法定监护顺序的问题，有观点认为，有权协商的人，必须是根据民法典第二十七条和第二十八条有监护资格的人，而且应当遵守这两条关于监护顺位的规定，即必须先由上一顺位的数位具有监护资格的人进行协商。② 这就意味着，协议确定的监护人将受到监护顺序的限制。也有观点认为，这一解释对于监护顺序的理解过于严苛，将以亲属血缘关系为基础的监护顺序置于被监护人的最大利益考虑之上，且不符合监护顺序弱化的发展趋势。③

我们经研究认为，民法典第三十条的立法本意是在尊重被监护人真实意愿的基础上，通过依法具有监护资格的人之间的协商确定，最大限度体现最有利于被监护人的原则。如对协议监护在顺序上作严苛限制，可能因受限于法定监护顺序，而难以确定最合适的监护人，进而与民法典第三十条的立法目的相悖。

因此，《总则编解释》第八条第二款明确，协议确定的监护人不受法定监护顺序的限制，不同顺序依法具有监护资格的人可以共同担任监护人，顺序在后的具有监护资格的人也可以经协议约定作为监护人。

(三) 意定监护

意定监护，以书面的监护协议为成立要件。实践中，关于该监护协议能否参照适用委托合同的问题，一直存有争议。

一种观点认为，一方委托另一方当事人，在一方丧失或者部分丧失民事行为能力时，另一方为其担任监护人的协议，显然具有委托合同的属性。④ 也有观点认为，意定监护协议在原则上可以适用委托合同的原理和规则，但需考虑意定监护的特别之处。因为按照意定监护的委托合同构造，委托合同仅给予受托人处理他人事务的事务管理权，不一定包括代理权授予，而意定监护中的代理权主要源于意定授权。⑤ 且意定监护协议具体参照适用委托合同到什么程度很难确定，比如违约责任、违约金调整以及是否区分有偿与无偿等问题，一概参照适用委托合同不够妥当。最终，《总则编解释》第十一条重点聚焦实践中普遍关注的意定监护中监护协议的任意解除权问题作出规定。

一是充分考虑监护本身包含的职责或者负担属性，以及双方当事人之间的信任关系是意定监护的基础等因素，参照民法典第九百三十三条关于委托合同中委托人和受

---

① 参见黄薇主编：《中华人民共和国民法典总则编释义》，法律出版社2020年版，第82页。
② 参见王利明主编：《中华人民共和国民法总则详解》，中国法制出版社2017年版，第142页。
③ 参见满洪杰：《〈民法总则〉监护设立制度解释论纲》，载《法学论坛》2018年第3期。
④ 参见杨立新：《民法典总则编司法解释对成年意定监护制度的完善》，载《人民法院报》2022年2月28日。
⑤ 参见朱晓喆：《意定监护与信托协同应用的法理基础——以受托人的管理权限和义务为重点》，载《环球法律评论》2020年第5期。

托人任意解除权的规定，明确在成年人丧失或者部分丧失民事行为能力前，成年人和意定监护人均享有任意解除监护协议的权利。这是因为在监护协议生效以前，受托人尚未成为监护人，无须履行监护职责，委托人也尚处于完全民事行为能力阶段，通过意思自治原则完全能够充分维护自己的权益，如果任何一方萌生解除协议的念头，强行维持的监护关系也不能最大限度地维护被监护人的利益。①

二是明确在成年人已经丧失或者部分丧失民事行为能力的情况下，意定监护人无正当理由不享有解除监护协议的权利。这主要是考虑到，此时意定监护人已经负有依据该监护协议履行监护职责的义务，并且此处的监护职责与法定监护、指定监护规则下的监护职责在本质上具有一致性，即具有法定性乃至强制性。如仍允许监护人行使任意解除权，极易产生监护真空，使得意定监护制度功能价值大打折扣。但是如果在此情形下一概认定监护人不享有任意解除权，过于绝对，我们参考借鉴域外做法，增加了"无正当理由"这一限定。

考虑到成年人丧失或者部分丧失民事行为能力后，意定监护人应当开始履行监护职责，为引导意定监护人依法履行监护职责，保护被监护人的合法利益，《总则编解释》第十一条第二款明确了有关撤销意定监护人监护资格的规则。

需要说明的是，该款规定特别注意了与民法典第四百六十四条第二款规定的衔接。因为意定监护系以有关监护关系的协议为基础，应当适用有关监护关系的法律规定，仅在监护制度没有规定的情况下，才可以根据协议性质参照适用民法典合同编的规定。鉴于通过意定监护和法定监护方式确定的监护人，监护行为都应当受到整个民法典监护制度的约束，故《总则编解释》第十一条第二款将对意定监护人的监督指向民法典第三十六条第一款，不仅没有突破民法典第三十六条的立法本意，还满足了对意定监护人进行监督的实践需要。

有观点认为，这一规定也为当事人通过协议选择监护监督人预留了空间。如果成年人与民法典第三十六条第二款规定的其他依法具有监护资格的人、居民委员会、村民委员会、医疗机构、妇女联合会、残疾人联合会、依法设立的老年人组织、民政部门等民事主体签订意定监护监督协议，依据合同自愿原则，没有不认可其效力的理由。这既不违反法律的现行规定，又能认可意定监护监督协议的效力，实现对意定监护协议进行监督，更好地保护意定被监护人的合法权益。②

这一见解较有道理，在《总则编解释》起草过程中，我们曾根据实践需要对监护监督制度作了规定，后因各方意见尚未完全一致而未规定，但这并不影响实践中继续探索积累经验。

六、宣告失踪、宣告死亡部分的重点内容

《总则编解释》关于宣告失踪、宣告死亡部分的规定共4条，主要是对申请宣告失踪、宣告死亡的利害关系人范围，财产代管人的诉讼地位，战争期间下落不明申请宣告死亡的期间作出规定。

（一）申请宣告失踪的利害关系人

宣告失踪为对自然人失踪事实之司法确定，其具有双重目的：其一，维护失踪人

---

① 参见张素华：《意定监护制度实施中的困境与破解》，载《东方法学》2020年第2期。
② 参见杨立新：《民法典总则编司法解释对成年意定监护制度的完善》，载《人民法院报》2022年2月28日。

自身的合法利益，使其不因财产无人管理而遭受不测之损害；其二，维护与失踪人有利害关系的当事人的合法权益，使其不受失踪人失踪之事实而导致的财产损害。①

因此，在确定申请宣告失踪的利害关系人范围时，应注重平衡被申请宣告失踪人与利害关系人的利益。

为此，《总则编解释》第十四条第一项沿用了《民法通则意见》第24条的做法，明确被申请人的近亲属有权申请宣告失踪。

第二项明确了依据民法典第一千一百二十八条、第一千一百二十九条规定对被申请人有继承权的亲属也有权申请宣告失踪。这是因为，民法典第一千一百二十八条规定的代位继承人、第一千一百二十九条规定的丧偶儿媳或者丧偶女婿作为典型的继承人，与被申请人存在财产上的利害关系，且难以为近亲属所涵盖，有必要予以规定。

第三项主要是在《民法通则意见》有关"与被申请人有民事权利义务关系的人"的规定基础上，将债权人、债务人、合伙人作为典型的与被申请人有民事权利义务关系的民事主体予以列明，同时为防止申请宣告失踪制度的滥用，设定了"不申请宣告失踪不影响其权利行使、义务履行"的除外条件。

（二）申请宣告死亡的利害关系人

关于申请宣告死亡的利害关系人范围，《贯彻民法典会议纪要》曾专门阐释利害关系人申请宣告死亡无顺序限制的问题，对此不再赘述。《总则编解释》的起草也遵循这一思路，并为防止宣告死亡制度的滥用，对申请宣告死亡的利害关系人条件作出严格限制。

考虑到宣告死亡制度对亲属身份利益的影响重大，且主要涉及继承人利益问题，《总则编解释》第十六条第一款明确，作为第一顺序继承人的配偶、父母、子女以及依据民法典第一千一百二十九条规定对被申请人有继承权的亲属有权申请宣告死亡。

第十六条第二款主要从尽量减少对近亲属间身份利益尤其夫妻身份权益方面不利影响的角度，对被申请人的其他近亲属以及依据民法典第一千一百二十八条规定对被申请人有继承权的亲属申请宣告死亡的条件作出明确。例如，对于被申请人的其他近亲属而言，其属于第二顺序的法定继承人，在第一顺序的法定继承人均已死亡或者下落不明时才享有继承权利，此时可认定其与被申请人有利害关系。或者其他近亲属符合"不申请宣告死亡不能保护其相应合法权益"的条件的，也可以认定为利害关系人。

另外，考虑到多数情况下，债权人、债务人、合伙人等的利益保护问题可以通过财产权益保护制度予以解决，不宜在申请宣告死亡方面过分"开口子"，故在第三款中明确了债权人、债务人、合伙人等民事主体无权申请宣告死亡的一般原则，同时，结合现实需要，设有"但是不申请宣告死亡不能保护其相应合法权益的除外"的但书规定，给特殊情形下上述主体申请宣告死亡留有空间。例如，有学者即指出："自改革开放以来，已经发生利害关系人出于侵占下落不明的自然人的财产、损害其他利害关系人合法权益，以及冒领其退休金、养老金、补助金等违法目的，故意不提出死亡宣告申请的社会问题。"②

---

① 参见尹田：《论宣告失踪与宣告死亡》，载《法学研究》2001年第6期。
② 梁慧星：《民法总则讲义》，法律出版社2021年版，第103页。

七、民事法律行为部分的重点内容

《总则编解释》在民事法律行为部分，对认定民事法律行为的其他形式、重大误解、欺诈、胁迫的认定，以及意思表示的误传、民事法律行为不成立的法律后果、民事法律行为附不可能条件的效力认定作出规定。

（一）重大误解

关于重大误解的认定问题，《总则编解释》第十九条对《民法通则意见》第71条的规定作了较大调整。调研中，关于如何构建重大误解的认定规则，有两种不同观点。

一种观点主张，参考比较法上的做法，强化对善意相对人的保护，严格限制行为人的撤销权。[①]

另一种观点认为，不宜对行为人的撤销权作过多限制，不论相对人是否善意，均得主张撤销，故在《民法通则意见》第71条的规定基础上作适当修改即可。调研中有意见反映，限制撤销权的行使虽有一定道理，但是过于抽象，且易与欺诈等情形混淆，实践中不易操作，故我们在传承《民法通则意见》第71条规定的基础上，主要作以下调整。

一是增加价格作为典型的重大误解情形。这一规定旨在回应实践需求，考虑到因"薅羊毛"问题引发的经营者主张撤销合同问题，主要源于经营者在商品价格方面的标志性错误，故将价格作为重大误解的典型情形予以列举。

二是根据调研意见适当调整重大误解中重大性的判断标准。调研中，关于重大误解中对"重大"的认定是否需以造成较大损失为标准，存在不同意见。有意见认为，造成较大损失是《民法通则意见》施行以来形成的共识，司法实务中，容易掌握；也有意见认为，较大损失本身很难界定，可操作性不强。我们经研究认为，重大误解的认定不应以造成或者可能造成较大损失为构成要件。例如，卖家混淆买家想购买的纪念品颜色，弄错节日带有特定意义的花束品种，虽未对买家造成重大损失，但违背了买家的交易目的，同样构成重大误解。因此，《总则编解释》第十九条第一款明确将"重大"解释为"按照通常理解如果不发生该错误认识行为人就不会作出相应意思表示"。

三是明确主张重大误解的举证责任和不得主张重大误解的情形。行为人主张基于重大误解请求撤销民事法律行为，应当举证证明其在实施民事法律行为时存在重大误解，同时考虑到古董买卖等交易习惯的特殊性，以及社会生活发展的复杂性，作但书规定"根据交易习惯等认定行为人无权请求撤销的除外"。

（二）其他重点内容

1. 民事法律行为的其他形式

民法典第一百三十五条延续了民法通则、合同法有关规定的精神，明确民事法律行为可以采取其他形式。同时，民法典第一百四十条为新增规定，明确意思表示可以通过默示或者沉默的方式作出。此前，《合同法解释二》第二条就订立合同的其他方式作过规定。我们认为，有关"其他形式"问题，虽以合同领域为典型，但并不限于合同，故有必要在遵循民法典规定精神的基础上，总结《合同法解释二》的经验做法，

---

① 例如，《国际商事合同通则》（PICC）第3.2.2条、《欧洲合同法原则》（PECL）第4：103条、《欧洲示范民法典草案》（DCFR）第2—7：201条，以及荷兰民法典第6：228条等的规定，均强调相对人参与了行为人的错误认识的，应当保护行为人的真意。反之，相对人属于善意的，行为人不得主张撤销。

上升为总则编的细化规则，并衔接好民法典第一百三十五条和第一百四十条的规定，为司法实践中准确认定以其他形式实施民事法律行为作出指引。

2. 意思表示的转达错误

关于意思表示的转达错误，民法典未作规定，而《民法通则意见》第77条的规定没有解决有关意思表示人与相对人之间的关系问题。对此，调研中有两种不同意见。一种意见认为，应当参照域外立法的通行做法，按照意思表示错误（重大误解）的思路解决；另一种意见主张，意思表示人与转达人之间是委托关系，可参照表见代理的规则，强调对善意相对人的保护。经研究，我们采纳了第一种意见，主要考虑是：第一，转达错误参照表见代理的规则，缺乏明确的法律依据。第二，意思表示的转达错误属于意思表示错误范畴，通过重大误解来解决符合法理。特别是转达意思表示的第三人本质上是使者，与代理人存在显著区别，例如，代理人需有民事行为能力而使者无此限制。第三，符合域外法例的通行规则。

3. 欺诈、胁迫

《总则编解释》在《民法通则意见》的基础上修改完善了欺诈、胁迫的认定要件。

关于欺诈的认定，主要修改是明确行为人故意隐瞒真实情况构成欺诈的，应当以其负有告知义务为前提。欺诈行为包括（故意）告知虚假情况和（故意）隐瞒真实情况两种情形，但二者在评价上不应完全相同。在前一种情形下，行为人积极地通过编造虚假事实、提供误导信息等方式使对方陷入错误认识，违反了交易磋商过程中的普遍性不作为义务，必然对相对人的意思决定自由造成严重侵害；而在后一种情形下，相对人只是因行为人消极地不提供重要交易信息而陷入错误认识，但由于双方当事人之间存在利益冲突，原则上应由相对人亲自搜寻对己方有利之交易信息，除非行为人负有主动告知的义务。① 需要注意的是，这里的告知义务可以来源于法律规定、诚信原则、交易习惯等。

关于胁迫的认定，采纳学术界的意见，明确被胁迫人是基于恐惧心理作出意思表示。

4. 民事法律行为不成立

民法典第一百五十七条规定了民事法律行为无效、被撤销或者确定不发生效力的法律后果，调研中，部分高级人民法院建议吸收2019年《全国法院民商事审判工作会议纪要》第32条的规定，明确规定民事法律行为不成立的法律后果。我们经研究，采纳有关建议，明确民事法律行为不成立，当事人请求返还财产、折价补偿或者赔偿损失的，参照适用民法典第一百五十七条的规定。这是因为，在隐藏的未达成合意情形下，尽管合同因双方意思表示不一致而不能成立，但当事人完全可能因不知合同不成立的事实而履行合同，此时也存在返还财产、折价补偿、损害赔偿等问题。由于不成立已超出民法典第一百五十七条之可能文义的范围，故是"参照适用"。②

5. 附不可能条件的民事法律行为

对附不可能条件的民事法律行为的效力，《民法通则意见》第75条直接规定为无效，未考虑生效条件、解除条件对民事法律行为效力的不同影响。《总则编解释》根据

---

① 参见申卫星：《民法典总则编司法解释对法律行为制度的发展》，载《人民法院报》2022年3月1日。
② 参见朱广新：《经验、法理与体系：民法典总则编司法解释的三重思维》，载《人民法院报》2022年2月28日。

调研意见对《民法通则意见》第75条作出较大调整，分别针对所附条件为生效条件或者解除条件作出规定。当事人约定不可能条件为生效条件的，从意思表示解释的角度看，应当解释为当事人根本不希望民事法律行为发生效力。当事人约定上述条件为解除条件的，因解除条件不可能成就，民事法律行为应视为未附解除条件，民事法律行为是否失效应当依照民法典和相关法律、行政法规的规定认定。

八、代理部分的重点内容

《总则编解释》在代理部分的规定共有5条，主要规定了共同代理、紧急情况下的转代理、无权代理的适用、表见代理中相对人有理由相信行为人有代理权的认定，以及追认意思表示的作出对象与生效时间。其中，对表见代理制度作出细化规定，是实务界尤其关注的重点。据统计，2019年1月1日至2021年12月31日，涉表见代理的民事案件达67665件。①

如何认定相对人有理由相信行为人有代理权，是表见代理认定的核心问题。此前，《最高人民法院关于当前形势下审理民商事合同纠纷案件若干问题的指导意见》第13条明确："合同法第四十九条规定的表见代理制度不仅要求代理人的无权代理行为在客观上形成具有代理权的表象，而且要求相对人在主观上善意且无过失地相信行为人有代理权……"鉴于该规定在各级人民法院裁判中得到了普遍遵循，适用效果较好，我们将之上升为司法解释规则。

为细化表见代理制度的适用规则，《总则编解释》第二十八条第一款第二项将相对人善意且无过失进一步明确为"相对人不知道行为人行为时没有代理权，且无过失"。调研中，对于应当采纳无过失标准还是无重大过失标准，存在不同认识。

一种意见认为，可以参考《最高人民法院关于适用〈中华人民共和国民法典〉物权编的解释（一）》第十四条有关善意取得的认定规则，规定为无重大过失，以体现规则的一致性。

另一种意见认为，无过失标准更有利于平衡被代理人与相对人的利益。

经研究认为，较之善意取得，在表见代理中，行为人必须以被代理人的名义作出代理行为，相对人至少知道被代理人的存在，获知行为人无权代理的信息成本要低一些，因此，表见代理中相对人善意的要求程度更高一些。② 相对人不仅主观上不能有重大过失，而且应无一般过失，否则容易因滥用表见代理制度损害被代理人的利益。

还有学者指出，表见代理是以牺牲被代理人的利益为代价实现交易安全保护的一项制度，在未将代理权外观的形成可归责于被代理人规定为表见代理的一个构成要件的情况下，如果仅要求相对人负担较轻的注意义务（无重大过失），被代理人通常会面临较为宽泛的受损害风险。③

因此，我们采取了无过失的标准。对此情形的认定，需要结合代理行为存在诸如合同书、公章、印鉴等有权代理的客观表象形式要素，以及合同的缔结时间、以谁的名义签字、是否盖有相关印章及印章真伪、标的物的交付方式与地点等因素综合判断。

此外，《总则编解释》第二十八条第二款还规定了有关举证责任的分配问题。这是

---

① 2022年1月12日，在中国裁判文书网上以"表见代理"为关键词检索得到的数据。
② 参见王利明主编：《中国民法典释评总则编》，中国人民大学出版社2020年版，第433页。
③ 参见朱广新：《经验、法理与体系：民法典总则编司法解释的三重思维》，载《人民法院报》2022年2月28日。

为了贯彻善意推定的原则,明确相对人就行为人存在代理权的外观承担举证责任,被代理人就相对人非善意承担举证责任,为审判实践提供指引。因为"按照社会生活经验,'不知道'是难于举证证明的,故法庭不要求相对人就自己属于善意举证,而依'善意推定'的法理进行判断"①。

九、民事责任部分的重点内容

《总则编解释》第七部分通过对正当防卫的认定、防卫过当的认定和责任、紧急避险的认定、避险不当的认定和责任、见义勇为受益人适当补偿数额的确定等细化规定,明确了有关认定标准和责任分担问题,鲜明体现了弘扬社会主义核心价值观的价值导向。

(一)关于正当防卫、紧急避险的认定

关于正当防卫、紧急避险的认定,民事法律和司法解释一直未作明确规定,此前审判实践中通常是依据民法法理来认定,调研中不少意见认为,有必要予以明确,为类似案件审理提供统一具体的法律适用规则。对此,《总则编解释》第三十条、第三十二条在参考有关刑事法律规定的基础上作出明确。《总则编解释》第三十条从防卫的起因、目的、时间、对象等角度,为人民法院正确适用正当防卫制度作出指引。《总则编解释》第三十二条为认定是否构成紧急避险,明确了避险的起因、目的、时间、紧迫性等重要参考因素。

(二)关于防卫过当、避险不当的认定与责任

关于防卫过当、避险不当的认定,《总则编解释》第三十一条、第三十三条均采取了动态系统论的思路,为人民法院依法认定作出指引。

对于防卫过当的民事责任,《总则编解释》第三十一条第二款规定明确了民法典第一百八十一条第二款规定的"适当的民事责任"是指部分责任,而不是全部责任,即正当防卫人只在造成不应有的损害范围内承担部分责任。

对于避险不当的民事责任,考虑到实践中紧急避险的情形非常复杂(从危险发生的原因看,可能是自然原因引起的,也可能是第三人行为引起的,还有可能是避险人的行为引起的;从避险目的看,可能是为了保护避险人利益,可能是为了保护引起险情的人的利益,也可能是为了保护其他人利益,或者两者兼而有之;从避险过当造成的损害后果看,可能造成了避险人损害,可能造成了引起险情的人的损害,也可能造成了其他人的损害),《总则编解释》第三十三条列出参考因素,指引人民法院在认定紧急避险人的责任时应当综合紧急避险人的过错程度、避险措施造成不应有的损害的原因力大小、紧急避险人是否为受益人等因素认定。

(三)关于见义勇为受益人适当补偿数额的确定规则

因见义勇为使自己受到损害,在侵害人无力赔偿或者没有侵害人的情况下,受害人提出请求的,《民法通则意见》第142条规定,人民法院可以根据受益人受益的多少及其经济状况,责令受益人给予适当补偿。为鼓励见义勇为行为,不让见义勇为者流血又流泪,《总则编解释》第三十四条在此基础上,采用动态系统论的思路,明确了见义勇为受益人适当补偿数额的确定规则。

第一,保留《民法通则意见》中以"受益人受益的多少及其经济状况"作为考量

---

① 梁慧星:《民法总则讲义》,法律出版社2021年版,第316~317页。

因素。

第二，增加受害人所受损失的情况作为考量因素。主要考虑是，受益人对受害人的法定补偿是侵权责任法分配正义的体现，①虽不适用赔偿责任的填平原则，但受害人的受损情况仍是最重要的考量因素。因为只有先确定受损情况，才能进一步确定补偿数额。一般而言，受害人所受损害严重的，应适当增加受益人补偿数额。

第三，增加受害人已获赔偿的情况作为考量因素。因为按照立法本意，见义勇为受害人的损失原则上应当由侵权人负责赔偿，在有侵权人时受益人仅是可以给予适当补偿，而只有在没有侵权人、侵权人逃逸或者侵权人无力赔偿的情况下，才应当由受益人适当补偿。因此，受害人的损失已经由侵权人部分填补的，受益人的补偿责任应当相应减轻。

十、其他部分的重点内容

（一）关于父母诉讼保护胎儿利益的时间问题

关于胎儿利益能否在娩出前得到保护，理论与实务中主要存在法定解除条件说和法定停止条件说两种观点。②前者认为，根据民法典第十六条的规定，在涉及遗产继承、接受赠与等胎儿利益保护情形下，胎儿视为具有民事权利能力，虽未出生视为已出生，应当肯定其诉的利益；后者认为，胎儿娩出是否为活体尚未确定，如为死体则涉及利益返还问题，并且胎儿姓名尚未确定，实践中在诉讼主体列明方面存在操作困难，故以胎儿娩出为活体后再起诉为宜。

对此，《总则编解释》第四条明确胎儿利益可以在娩出前得到保护，并且可由父母作为法定代理人主张相应权利。主要理由是，虽然父母在胎儿出生后代为起诉，相对于在胎儿娩出前起诉，人民法院处理有关诉讼案件更为简易，但肯定父母在胎儿娩出前代为起诉的权利，更符合民法典第十六条关于加强胎儿利益保护的立法本意。③反之，如"一刀切"地否定胎儿出生前的诉权，并不利于胎儿利益的保护。不仅不符合民法典的立法精神，且可能导致个案诉讼中出现极不公平的局面，比如，给侵权人恶意转让财产提供时间，致使胎儿健康维护所需费用得不到及时赔付等。况且，随着医疗卫生事业的发展，胎儿娩出时死亡率较低，即使胎儿娩出为死体，亦可通过受理后中止审理、中止执行甚至执行回转等方式解决。故《总则编解释》采取对胎儿利益可在娩出前诉讼保护的态度，有利于从真正意义上将民法典保护胎儿利益这一亮点规则落实落地。

关于民法典总则编第十六条规定的"涉及遗产继承、接受赠与等"中的"等"的细化问题，我们在起草过程中曾规定了损害赔偿的情形，但由于这一问题较为复杂，且涉及伦理问题，实践中争议也较大，最终对此未作规定。特别是涉及胎儿身体健康权益侵害的问题，往往与其母体受到相应损害密切相连，有观点认为，对此完全可以通过孕妇主张对自身身体健康权进行损害赔偿予以救济。我们认为，不少情形下通过这一做法可以解决问题，也有利于避免法律关系过于复杂化，但考虑到社会生活及有关纠纷案件的多样性，对于胎儿的损害与孕妇自身所遭受损害的关联性及合理界分问

---

① 参见［美］约翰·罗尔斯：《正义论》，何怀宏等译，中国社会科学出版社 2009 年版，第 12 页。
② 参见最高人民法院民法典贯彻实施工作领导小组主编：《中华人民共和国民法典总则编理解与适用》，人民法院出版社 2020 年版，第 115 页。
③ 参见黄薇主编：《中华人民共和国民法典释义》，法律出版社 2020 年版，第 39 页。

题，还有必要在实践中通过具体案例进一步探索积累经验。

(二)关于诉讼时效的规定

1.关于诉讼时效中止、中断和延长

《总则编解释》第三十五条对诉讼时效中止、中断和延长的具体适用作了规定，重点是明确民法典第一百八十八条规定的三年诉讼时效期间可否延长的问题。对此，理论和实践中存在不同认识。

有观点认为，民法典第一百八十八条第二款规定的诉讼时效延长主要适用于普通诉讼时效期间，而不适用于最长诉讼时效期间。法律规定最长诉讼时效制度的主要目的是给权利行使设定一个固定期限，如果允许该期限延长，就会使该最长期限变成可变期限，法律设置该最长期限的目的也将不复存在。①《民法通则意见》第175条则规定，民法通则第一百三十五条、第一百三十六条规定的诉讼时效期间，可以适用中止、中断和延长的规定，二十年期间可以适用延长的规定，不适用中止、中断的规定。

还有观点认为，民法典第一百八十八条仅规定了最长诉讼时效期间的延长，普通诉讼时效不再适用延长的规则。民法典的有关释义性资料也持相同观点。②

部分学术著作亦指出："所谓诉讼时效期间的延长，只能适用于二十年长期时效期间。三年普通时效期间，因有中止、中断的规定，不发生延长问题。"③

产生以上认识分歧的一个重要原因就是民法典第一百八十八条第二款规定相较于民法通则第一百三十七条规定的标点符号调整，民法通则第一百三十七条但书中"有特殊情况的"前面为句号，而民法典中为逗号。考虑到立法本意是普通诉讼时效期间不适用延长，而在调研中发现绝大多数法官依然存在《民法通则意见》第175条规定形成的思维惯性，故在充分调研并征询立法机关意见后达成共识，明确规定普通诉讼时效期间可以适用中止、中断的规定，不适用延长的规定，最长诉讼时效期间不适用中止、中断的规定。

2.关于无民事行为能力人、限制民事行为能力人的诉讼时效期间起算规则

《总则编解释》第三十六条明确，无民事行为能力人、限制民事行为能力人遭受法定代理人以外的人侵害的，诉讼时效期间自法定代理人知道或者应当知道损害事实以及义务人之日起计算。此即对照民法典第一百八十八条第二款，明确无民事行为能力人、限制民事行为能力人权利受到损害的，以其法定代理人知道或者应当知道的时间为起算点。

此外，《总则编解释》第三十七条还补充规定了无民事行为能力人或者限制民事行为能力人对法定代理人的诉讼时效期间起算规则。主要考虑是，虽然民法典第一百九十条规定"无民事行为能力人、限制民事行为能力人对其法定代理人的请求权的诉讼时效期间，自该法定代理终止之日起计算"，但实践中，已经发生法定代理终止时，无民事行为能力人、限制民事行为能力人仍不知道损害事实和义务人，或者仍因民事行为能力欠缺而无法亲自主张权利的情形。

因此，该条规定，即使原法定代理已经终止，诉讼时效期间也并非当然按照民法典第一百九十条的规定开始计算，而是适用民法典第一百八十八条第二款、《总则编解

---

① 参见王利明、杨立新、王轶、程啸：《民法学》，法律出版社2020年版，第303页。
② 参见黄薇主编：《中华人民共和国民法典释义》，法律出版社2020年版，第377页。
③ 梁慧星：《民法总论》，法律出版社2017年版，第265页。

释》第三十六条的规定,自相应民事主体知道或者应当知道权利受到损害之日起计算。具体而言,无民事行为能力人、限制民事行为能力人如系因取得、恢复完全民事行为能力导致法定代理终止,且在终止后才知道权利受到损害的,自其本人知道或者应当知道权利受到损害之日起计算;如系原法定代理终止并确定新的法定代理人,且新的法定代理人在原法定代理终止后才知道权利受损害的,自其新的法定代理人知道或者应当知道权利受到损害之日起计算。

3. 关于与相关司法解释的衔接

调研中,有学者建议将《最高人民法院关于审理民事案件适用诉讼时效制度若干问题的规定》(2020年修正,以下简称《诉讼时效规定》)整体纳入《总则编解释》中。

我们经研究认为,《总则编解释》和《诉讼时效规定》有不同的侧重点。《总则编》"诉讼时效"部分规则紧密围绕对民法典关于诉讼时效的具体条文的细化展开,旨在解决民法典关于诉讼时效规则的相互衔接问题,在体系上保持了与《民法通则意见》的连续性。而《诉讼时效规定》则是针对司法实践中涉及诉讼时效适用的具体问题展开,在内容上与《总则编解释》各有侧重,且在2020年司法解释全面清理工作中已经系统清理修订后重新发布。按照最高人民法院审委会关于构建民法典司法解释体系的思路,《总则编解释》起到一般规则的作用,应当紧扣总则编的条文进行;而《诉讼时效规定》系对具体问题的规定,属于另一层级的司法解释。因此,二者在体系上各有分工,可以相互呼应,形成完整体系。

(撰稿人:郭锋、陈龙业、蒋家棣、刘婷)

最高人民法院
关于适用《中华人民共和国民法典》
时间效力的若干规定

法释〔2020〕15号

(2020年12月14日最高人民法院审判委员会第1821次会议通过 2020年12月29日最高人民法院公告公布 自2021年1月1日起施行)

根据《中华人民共和国立法法》《中华人民共和国民法典》等法律规定,就人民法院在审理民事纠纷案件中有关适用民法典时间效力问题作出如下规定。

一、一般规定

第一条 民法典施行后的法律事实引起的民事纠纷案件,适用民法典的规定。

民法典施行前的法律事实引起的民事纠纷案件,适用当时的法律、司法解释的规定,但是法律、司法解释另有规定的除外。

民法典施行前的法律事实持续至民法典施行后,该法律事实引起的民事纠纷案件,适用民法典的规定,但是法律、司法解释另有规定的除外。

第二条 民法典施行前的法律事实引起的民事纠纷案件,当时的法律、司法解释有规定，适用当时的法律、司法解释的规定，但是适用民法典的规定更有利于保护民事主体合法权益，更有利于维护社会和经济秩序，更有利于弘扬社会主义核心价值观的除外。

第三条 民法典施行前的法律事实引起的民事纠纷案件，当时的法律、司法解释没有规定而民法典有规定的，可以适用民法典的规定，但是明显减损当事人合法权益、增加当事人法定义务或者背离当事人合理预期的除外。

第四条 民法典施行前的法律事实引起的民事纠纷案件，当时的法律、司法解释仅有原则性规定而民法典有具体规定的，适用当时的法律、司法解释的规定，但是可以依据民法典具体规定进行裁判说理。

第五条 民法典施行前已经终审的案件，当事人申请再审或者按照审判监督程序决定再审的，不适用民法典的规定。

二、溯及适用的具体规定

第六条 《中华人民共和国民法总则》施行前，侵害英雄烈士等的姓名、肖像、名誉、荣誉，损害社会公共利益引起的民事纠纷案件，适用民法典第一百八十五条的规定。

第七条 民法典施行前，当事人在债务履行期限届满前约定债务人不履行到期债务时抵押财产或者质押财产归债权人所有的，适用民法典第四百零一条和第四百二十八条的规定。

第八条 民法典施行前成立的合同，适用当时的法律、司法解释的规定合同无效而适用民法典的规定合同有效的，适用民法典的相关规定。

第九条 民法典施行前订立的合同，提供格式条款一方未履行提示或者说明义务，涉及格式条款效力认定的，适用民法典第四百九十六条的规定。

第十条 民法典施行前，当事人一方未通知对方而直接以提起诉讼方式依法主张解除合同的，适用民法典第五百六十五条第二款的规定。

第十一条 民法典施行前成立的合同，当事人一方不履行非金钱债务或者履行非金钱债务不符合约定，对方可以请求履行，但是有民法典第五百八十条第一款第一项、第二项、第三项除外情形之一，致使不能实现合同目的，当事人请求终止合同权利义务关系的，适用民法典第五百八十条第二款的规定。

第十二条 民法典施行前订立的保理合同发生争议的，适用民法典第三编第十六章的规定。

第十三条 民法典施行前，继承人有民法典第一千一百二十五条第一款第四项和第五项规定行为之一，对该继承人是否丧失继承权发生争议的，适用民法典第一千一百二十五条第一款和第二款的规定。

民法典施行前，受遗赠人有民法典第一千一百二十五条第一款规定行为之一，对受遗赠人是否丧失受遗赠权发生争议的，适用民法典第一千一百二十五条第一款和第三款的规定。

第十四条 被继承人在民法典施行前死亡，遗产无人继承又无人受遗赠，其兄弟姐妹的子女请求代位继承的，适用民法典第一千一百二十八条第二款和第三款的规定，但是遗产已经在民法典施行前处理完毕的除外。

第十五条 民法典施行前，遗嘱人以打印方式立的遗嘱，当事人对该遗嘱效力发生争议的，适用民法典第一千一百三十六条的规定，但是遗产已经在民法典施行前处理完毕的除外。

第十六条 民法典施行前,受害人自愿参加具有一定风险的文体活动受到损害引起的民事纠纷案件,适用民法典第一千一百七十六条的规定。

第十七条 民法典施行前,受害人为保护自己合法权益采取扣留侵权人的财物等措施引起的民事纠纷案件,适用民法典第一千一百七十七条的规定。

第十八条 民法典施行前,因非营运机动车发生交通事故造成无偿搭乘人损害引起的民事纠纷案件,适用民法典第一千二百一十七条的规定。

第十九条 民法典施行前,从建筑物中抛掷物品或者从建筑物上坠落的物品造成他人损害引起的民事纠纷案件,适用民法典第一千二百五十四条的规定。

三、衔接适用的具体规定

第二十条 民法典施行前成立的合同,依照法律规定或者当事人约定该合同的履行持续至民法典施行后,因民法典施行前履行合同发生争议的,适用当时的法律、司法解释的规定;因民法典施行后履行合同发生争议的,适用民法典第三编第四章和第五章的相关规定。

第二十一条 民法典施行前租赁期限届满,当事人主张适用民法典第七百三十四条第二款规定的,人民法院不予支持;租赁期限在民法典施行后届满,当事人主张适用民法典第七百三十四条第二款规定的,人民法院依法予以支持。

第二十二条 民法典施行前,经人民法院判决不准离婚后,双方又分居满一年,一方再次提起离婚诉讼的,适用民法典第一千零七十九条第五款的规定。

第二十三条 被继承人在民法典施行前立有公证遗嘱,民法典施行后又立有新遗嘱,其死亡后,因该数份遗嘱内容相抵触发生争议的,适用民法典第一千一百四十二条第三款的规定。

第二十四条 侵权行为发生在民法典施行前,但是损害后果出现在民法典施行后的民事纠纷案件,适用民法典的规定。

第二十五条 民法典施行前成立的合同,当时的法律、司法解释没有规定且当事人没有约定解除权行使期限,对方当事人也未催告的,解除权人在民法典施行前知道或者应当知道解除事由,自民法典施行之日起一年内不行使的,人民法院应当依法认定该解除权消灭;解除权人在民法典施行后知道或者应当知道解除事由的,适用民法典第五百六十四条第二款关于解除权行使期限的规定。

第二十六条 当事人以民法典施行前受胁迫结婚为由请求人民法院撤销婚姻的,撤销权的行使期限适用民法典第一千零五十二条第二款的规定。

第二十七条 民法典施行前成立的保证合同,当事人对保证期间约定不明确,主债务履行期限届满至民法典施行之日不满二年,当事人主张保证期间为主债务履行期限届满之日起二年的,人民法院依法予以支持;当事人对保证期间没有约定,主债务履行期限届满至民法典施行之日不满六个月,当事人主张保证期间为主债务履行期限届满之日起六个月的,人民法院依法予以支持。

四、附则

第二十八条 本规定自 2021 年 1 月 1 日起施行。

本规定施行后,人民法院尚未审结的一审、二审案件适用本规定。

【解读】

解读《关于适用〈中华人民共和国民法典〉时间效力的若干规定》

为确保民法典统一正确适用,妥善解决民法典施行后新旧法律衔接适用问题,2020年12月14日,最高人民法院审判委员会第1821次全体会议审议通过了《最高人民法院关于适用〈中华人民共和国民法典〉时间效力的若干规定》(以下简称《规定》),自2021年1月1日起施行。本文就《规定》的起草背景、基本原则及重点条文进行说明,便于广大法官准确理解和适用。

一、《规定》的起草背景

2020年5月28日,第十三届全国人大第三次会议审议通过了民法典。5月29日,中共中央政治局就切实实施民法典举行第二十次集体学习,习近平总书记发表重要讲话时强调,要及时完善相关民事司法解释,使之同民法典及有关法律规定和精神保持一致,统一民事法律适用标准。① 这为人民法院贯彻实施民法典、制定民法典时间效力司法解释提供了根本遵循。最高人民法院党组高度重视民法典贯彻实施工作,周强院长多次提出,要以对党负责、对人民负责、对国家法治负责的态度坚决做好民法典贯彻实施工作。

从以往司法实践看,新的重要法律出台后,为统一裁判尺度、确保新法施行初期在司法适用上的平稳过渡,人民法院一般会以司法解释形式对新旧法律的衔接适用予以明确。民法典施行之日,民法通则等九部法律同时废止,对于人民法院尚未审结的案件,以及法律事实发生在民法典施行之前,当事人在民法典施行之后提起诉讼的案件,如何正确适用法律,是人民法院切实实施民法典亟待解决的现实问题。

《规定》作为人民法院第一部关于民法典适用的司法解释,严格遵循立法法和民法典的相关立法精神,对人民法院适用民法典的时间效力问题作了全面系统规定,有利于统一法律适用尺度,保障民法典贯彻实施。《规定》的出台是人民法院践行习近平法治思想的生动实践,对于确保统一正确适用民法典具有重要意义。

二、《规定》的起草过程

《规定》是专门就民事法律溯及力进行规定的司法解释,理论性强、起草难度大。为做好起草工作,最高人民法院专门成立起草小组,于民法典颁布后立即在全国范围内开展书面调研。2020年8月,起草小组先后召开了三场座谈会和一场内部论证会,在此基础上经多次修改,形成征求意见稿(共61条)。9月,在杭州召开会议,邀请部分专家学者以及全国法院40多名法官代表进行研讨,完善征求意见稿条文。10月初,邀请民法典起草专班成员和民商事审判专家型法官进行封闭式研究论证。随后,又分别在湖南、北京等地召开了两次全国部分法院专题座谈会。10月底,

---

① 参见中共中央宣传部宣传教育局、全国人大常委会法制工作委员会民法室、司法部普法与依法治理局编:《〈中华人民共和国民法典〉物权编学习读本》,中国民主法制出版社2021年版,第10页。

在中国人民大学召开专家论证会,王利明、崔建远、杨立新、刘凯湘等17位知名专家提出相应意见建议。11月初,征求中央政法委、中央全面依法治国委员会办公室、中央宣传部、最高人民检察院、公安部等单位和各高级人民法院意见。

《规定》在制定过程中,始终得到全国人大常委会法工委的支持和指导。2020年11月下旬,起草小组赴法工委就基本思路、主要内容等进行汇报,并交换意见。此后,两次书面征求法工委意见,法工委均及时回函指导。

在充分吸收各方意见建议基础上,形成送审稿,提交最高人民法院审判委员会讨论通过。

三、《规定》的基本原则

《规定》的起草,始终坚持以习近平新时代中国特色社会主义思想为指导,深入学习贯彻习近平法治思想,认真贯彻落实习近平总书记关于切实实施民法典的重要讲话精神,及时完善与民法典相配套的司法解释,妥善解决新旧法律衔接适用问题,确保民法典的统一正确适用。在具体起草过程中,遵循了以下原则。

一是坚持法不溯及既往原则,严格控制溯及适用范围。《规定》严格依照立法法(2015年修正,下同)第九十三条的规定,明确规定除了法律、司法解释另有规定外,对于民法典施行前的法律事实引起的民事纠纷案件,应当适用当时的法律、司法解释规定。同时,依据立法法第九十三条但书规定的"为了更好地保护公民、法人和其他组织的权利和利益而作的特别规定",严格遵循民法典的立法精神和核心要义,结合审判实践,对民法典有利溯及的情形作了具体规定。

二是尊重和保护当事人合理预期,维护法律秩序稳定。《规定》在有利溯及标准的把握上,根据立法法和民法典的规定,将更有利于保护民事主体合法权益、更有利于维护社会和经济秩序、更有利于弘扬社会主义核心价值观的"三个更有利于"作为判断有利溯及的标准,并以符合诚实信用、公序良俗和日常生活经验法则的要求为判断合理预期的基准。同时,《规定》明确了对于背离当事人合理预期的新增规定,不能溯及适用。

三是总结民事审判经验,促进裁判尺度统一。民事审判实践中,新法对某一问题已经作出明确规定,而旧法对此没有规定的,基于法官不得拒绝裁判规则,可以将民法典的相关规定作为裁判依据,以解决法律规则欠缺的问题,确保裁判尺度的统一。《最高人民法院关于贯彻执行〈中华人民共和国民法通则〉若干问题的意见(试行)》(以下简称《民通意见》)、《最高人民法院关于适用〈中华人民共和国合同法〉若干问题的解释(一)》(以下简称《合同法解释一》)、《最高人民法院关于适用〈中华人民共和国公司法〉若干问题的规定(一)》(2014年修正,以下简称《公司法解释一》)、《全国法院民商事审判工作会议纪要》(以下简称《九民会纪要》)等均规定了这一溯及适用规则。《规定》在总结民事审判经验、遵循民事审判规律的基础上,明确规定了新增规定的溯及适用规则。

四是弘扬和践行社会主义核心价值观,全面贯彻民法典立法目的。弘扬社会主义核心价值观是民法典的重要立法目的,也是《规定》最为鲜明的特点。在判断民法典条文能否有利溯及适用时,《规定》将弘扬社会主义核心价值观作为重要的判断标准;在具体列举新增规定的溯及适用情形时,《规定》将是否弘扬社会主义核心价值观作为主要考虑因素。

四、《规定》的主要内容

《规定》分为四个部分，共28条，其中，"一般规定"5个条文，"溯及适用的具体规定"14个条文，"衔接适用的具体规定"8个条文，"附则"1个条文，全面系统规定了适用民法典的时间效力问题。《规定》主要包括六大方面的内容。

（一）法不溯及既往原则和有限例外

《规定》第一条是本司法解释最基础和最重要的规定，规定了法不溯及既往原则和例外，统领整部司法解释。法不溯及既往是法的效力的一般原则，其法理基础在于对信赖利益的保护。一般而言，"昨天的行为不能适用今天的法律"，如果人们按照昨天的法律去行为，由此形成的各种法律关系却被今天的法律所否定，不利于信赖利益保护，不利于社会关系稳定，不利于维护法律权威。因此，法律原则上只对其生效后的行为起规范作用，不能要求人们遵守还没有制定出来的法律。当然，法不溯及既往也有例外情形，《规定》在第一部分明确规定了法不溯及既往原则以及溯及既往的有限例外。

一是明确以法律事实发生时间作为判断是否适用民法典的基准点。法律事实，也称为民事法律事实，是指依法能够引起民事法律关系产生、变更或消灭的客观现象。法律事实的发生时间不同于纠纷的发生时间和起诉时间，法律事实发生时间通常早于纠纷发生时间和起诉时间。

关于以什么为依据作为是否适用民法典的判断基准，主要有三种意见。第一种意见认为，应以民事关系的发生时间为基准；第二种意见认为，应以行为或者事件的发生时间为基准；第三种意见认为，应以法律事实的发生时间为基准。在国外法学家研究时间效力的著作中，对法律事实、法律关系、民事法律行为存在交叉使用的情况，如萨维尼在《法律冲突与法律规则的地域和时间范围》一书中就同时使用了这些概念。《规定》采纳了第三种意见，具体理由如下：第一，民事关系的发生时间不宜作为判断是否适用民法典的基准。民事关系是平等民事主体间的权利义务关系，这本身就是法律评价后的概念，而对于是否能够形成民事关系，其前提就需要明确是适用新法还是旧法进行评价。以民事关系的产生时间作为判断标准，势必会出现新法适用过宽，进而冲击法不溯及既往原则。第二，行为和事件在外延上是否包括状态存在争议，逻辑上可能存在不周延，而法律事实既涵盖了行为和事件，还可以包括行为、事件之外的其他事项，比如状态、期间经过等，较为全面、稳妥。第三，以法律事实的发生时间作为判断标准有先例可循。经检索，涉外民事关系法律适用法第三十七条、民事诉讼法（2017年修正）第六十九条、《最高人民法院关于适用〈中华人民共和国民事诉讼法〉的解释》（2020年修正）第五百二十二条、《九民会纪要》第4条等法律、司法解释及规范性文件均使用过"法律事实"这一概念，并将法律事实的发生时间或者地点作为确定法律适用的依据。

二是在贯彻法不溯及既往原则的前提下对民法典的适用作了一般性规定。《规定》将法律事实发生时间分为三类情形：第一类是法律事实发生在民法典施行后；第二类是法律事实发生在民法典施行前；第三类是法律事实发生在民法典施行前并持续至民法典施行后。对于民法典施行后的法律事实引起的民事纠纷案件，适用民法典的规定，这是民法典施行后对其效力的当然解释；对于民法典施行前的法律事实引起的民事纠纷案件，原则上适用当时的法律、司法解释的规定，这是法不溯及既往原则的体现；

对于民法典施行前的法律事实持续至民法典施行后，该法律事实引起的民事纠纷案件，一般适用民法典的规定。

对于第三类情形，也即跨越民法典施行前后的持续性法律事实，《规定》予以明确，一般要统一适用民法典的规定。这是因为：首先，持续性法律事实的衔接适用需要考虑法律事实发生的时间节点和保护当事人合理预期两个因素。保护当事人预期存在一个假设的前提即当事人知道法律的规定，并根据法律规定形成行为后果的预期，任何人不得以不知道法律规定作抗辩。其次，适用新法是贯彻实施民法典的必然要求。民法典施行后对所有的调整对象均发生效力，而持续性的法律事实自然就落入民法典生效后要调整的范围之内，这是民法典时间效力的当然解释。最后，适用新法有法律、司法解释和规范性文件的先例。《最高人民法院关于审理著作权民事纠纷案件适用法律若干问题的解释》对跨法律的民事行为采取适用新法的规则，《九民会纪要》也是采用这一做法，对跨法律的事实统一适用新法有利于维护法律适用的稳定。

对于跨越民法典施行前后的持续性法律事实，实践中要正确把握。民事法律事实可按其发生的形态分为瞬间性法律事实和持续性法律事实。瞬间性法律事实发生的时间是一个点，持续性法律事实发生的时间是一条不断延伸的线。例如，一次性交付行为就属于瞬间性法律事实，而持续一定时间的拘禁、胁迫等就是持续性法律事实。持续性法律事实不同于重复发生的相同法律事实，持续性法律事实是一个法律事实，而重复发生的相同法律事实是多个法律事实。例如，侵权人在一定时间内大量生产侵害专利权人专利的产品，这些侵权行为并非一个持续性的侵权法律事实，而是批量的、间隔很短的反复性侵权法律事实。

需要注意的是，上述第二类和第三类情形均存在例外，即"法律、司法解释另有规定的除外"。该例外情形具体包括三种情况：一是法律另有规定的情况。法律有权对溯及力问题作出特殊规定，这也是给法律预留的空间。二是《规定》其他条文所作的具体规定。例如，《规定》第二十条就是《规定》第一条第三款的例外。三是其他司法解释另有规定的情况。此系基于社会生活的复杂性考虑，给其他司法解释预留的空间。

（二）有利溯及适用规则

《规定》第二条主要规定了民法典有利溯及的适用规则。立法法第九十三条明确将"为了更好地保护公民、法人和其他组织的权利和利益而作的特别规定"作为法不溯及既往的例外情形，该例外也被称为有利溯及。有利溯及在公法领域的适用规则比较明确，例如刑法上的从旧兼从轻原则，但是，民事法律通常涉及双方乃至多方当事人的权益，有的还与公序良俗和社会公共利益直接相关，如何确定有利溯及的具体标准十分复杂。

此前司法解释、规范性文件对民事法律的具体有利溯及规定并不多。一般认为，《合同法解释一》第三条、《最高人民法院关于适用〈中华人民共和国保险法〉若干问题的解释（一）》（以下简称《保险法解释一》）第二条和《九民会纪要》第4条关于无效合同转换为有效合同的规定意味着国家对法律行为效力干预的减少，更加符合当事人的意思自治，属于有利溯及的情形。依法理，有利溯及改变了当事人的预期，因为这种改变更加有利于当事人，所以允许溯及适用。但是，有利溯及的标准需要严格限定，如果泛化有利溯及的标准和范围，无疑会冲击法不溯及既往的基本原则，破坏社会生活和交易秩序的稳定，影响法律秩序的统一。

关于民事法律的有利溯及标准，《规定》以不打破当事人合理预期、不减损当事人既存权利、不冲击既有社会秩序为出发点，严格遵循立法法第九十三条但书的规定，充分依据民法典第一条关于立法宗旨的规定，结合审判实际作了进一步细化解释，将更有利于保护民事主体合法权益、更有利于维护社会和经济秩序、更有利于弘扬社会主义核心价值观的"三个更有利于"作为判断民法典有利溯及的标准。

首先，更有利于保护民事主体合法权益严格遵循了立法法第九十三条的规定。立法法第九十三条没有规定保护一方当事人还是双方当事人合法权益，《规定》第二条依据立法法第九十三条规定，使用了"民事主体"的表述。在有利溯及判定上，应当限定在对各方当事人均更加有利或者至少对一方更加有利的同时不损害其他方权益的情形。其次，维护社会和经济秩序是民法典的立法目的之一，"更有利于维护社会和经济秩序"标准能够涵盖鼓励交易、维护交易秩序等具体判断因素，可以作为有利溯及的重要判断标准。最后，社会主义核心价值观是民族精神和时代精神的高度凝练，弘扬社会主义核心价值观也是民法典的立法目的和立法宗旨，对于民法典更有利于弘扬社会主义核心价值观的相关规定，溯及适用能够实现更好的法律效果、政治效果和社会效果。"三个更有利于"角度不同、各有侧重，但本质上是相通的，只有符合"三个更有利于"标准的，才能作为有利溯及予以适用。为防止有利溯及的不当扩大适用，各地法院应当严格把握有利溯及的适用，不断总结审判经验，最高人民法院也将进一步完善工作机制，通过发布指导案例等方式，推动和保障有利溯及在全国范围内统一适用。

在《规定》征求意见过程中，有意见认为，应当将维护公序良俗作为有利溯及的标准，理由是瑞士民法典将维护公共秩序和善良风俗作为有利溯及标准；也有意见认为，应当将保护当事人的真实意思作为溯及标准，理由是目前司法解释规定的有利溯及均可归入保护当事人真实意思的范畴；还有意见认为，应当将促进公平正义、减轻义务人的负担作为有利溯及的标准；等等。

《规定》没有采纳上述意见，理由如下：第一，公序良俗是民法的基本原则之一，如果将公序良俗作为有利溯及的标准，而同样作为民法基本原则的诚信原则等其他原则不作为有利溯及标准的理由并不充分。此外，公序良俗与社会主义核心价值观也存在重叠。第二，保护当事人真实意思表示是一些民事法律有利溯及的重要判断因素，例如合同由无效转变为有效等，充分体现了对当事人真实意思的保护和尊重。但这一标准尚不能作为整个民事法律的有利溯及标准。第三，促进公平正义过于宏观，宣示价值的针对性也不强，作为有利溯及适用的标准可能带来法院自由裁量权过大的后果，实践中不易操作和把握。第四，减轻义务人负担与刑法上的从轻不同，国家出于保护人权的考虑，可以对刑事被告人从轻。而民事法律中的权利和义务都是相对的，减轻义务人负担则意味着损害权利人的权益，不宜作为民事法律规定的有利溯及标准。

（三）新增规定溯及适用规则

《规定》第三条主要规定了新增规定的适用规则。新增规定的溯及适用是在长期审判实践和一系列司法解释基础上发展而来的溯及适用类型，有学者称之为"空白溯及"。例如，《合同法解释一》第一条规定，合同法实施以前成立的合同发生纠纷起诉到人民法院，当时没有法律规定的，可以适用合同法的有关规定。这一规定经过了多年司法实践的检验，已经为社会公众和广大法官所接受和认同。民法典编纂过程中，在总结以往审判实践经验的基础上新增加了一些规定。对于民法典施行前发生的法律事实引起的民事纠纷案件,在当时法律、司法解释没有规定情况下,适用民法典的新增规定,可以为相应案件的司法裁判提供明确法律依据,可以规范自由裁量权的行使,切实维护裁判尺度统一。

《规定》中的"新增规定"主要指法律规则层面的新增,例如,人格权编的大部分规定,合同编关于债权债务的一般规定、关于保理合同的规定等,即属于《规定》第三条所调整的范围。而表面上是语句或者文字表述上的新增,实际上是法律规范的要件、法律后果等增加的规定,属于修改了原有法律规定的"改变规定",不属于《规定》第三条所调整的范围。例如,民法典第一千二百三十二条规定了故意污染环境、破坏生态的惩罚性赔偿,虽然从文字表述上看是新增,但是实质上加重了损害赔偿的后果,系改变规定而非新增规定,不能根据《规定》第三条溯及适用。

为了进一步明确新增规定的溯及适用标准、便于司法审判,《规定》明确了新增规定不能溯及适用的情形。新增规定溯及适用时,明显减损当事人合法权益、增加当事人法定义务或者背离当事人合理预期的,仍然不能溯及适用,避免严重损害当事人的权益和预期。《规定》主要从弘扬社会主义核心价值观的角度列举了若干条新增规定的溯及适用,除《规定》明确的新增规定溯及适用的具体情形外,其他符合《规定》第三条规定情形的新增规定也可以溯及适用。

有意见认为,新增规定溯及适用可能会破坏当事人的合理预期。我们认为,对于明显背离当事人合理预期的新增规定,《规定》第三条已经通过但书条款排除,对于大部分新增规定而言,溯及适用不但不会破坏当事人的合理预期,还会起到统一裁判尺度、稳定社会秩序的作用。第一,法律所保护的当事人预期,是当事人基于对行为时的法律信赖所形成的预期,如果当时并没有相关法律规定,当事人和社会公众不存在明确的、统一的对法律后果的预期。第二,法律所要保护的当事人预期是当事人的合理预期。因缺乏法律的规定,当事人可能形成错误的预期或者不合法、不合理的预期,这些预期当然是不受法律保护的。第三,在没有法律规定的情况下,往往会存在规则适用不统一的问题,民法典的新增规定是对过去合理经验做法的立法确认,而当事人合理预期的要求当然就是要符合公平正义和人们日常经验法则的认知,这正好可以与作为总结以往经验而形成的新法具体规则高度契合。第四,民法典具有权威性和公信力,对于民法典施行前的法律事实,本应适用当时的法律、司法解释,在缺乏具体规则的情况下,适用民法典的新增规定无疑是统一裁判尺度、实现公平正义的最佳选择,也有利于促进社会秩序的和谐稳定。

对新增规定是"可以适用"还是"参照适用",此前的司法解释和规范性文件存在不同的做法。例如,《民通意见》第196条使用了"可以比照……处理",《合同法解释一》第一条使用了"可以适用",《公司法解释一》第二条使用了"可参照适用",《保险法解释一》使用了"参照适用",《九民会纪要》使用了"可以……作为裁判依据"。《规定》第三条使用了"可以适用",理由如下:第一,根据全国人大常委会法工委《立法技术规范(试行)(一)》(法工委发〔2009〕62号)第18.3条规定,"参照"一般用于没有直接纳入法律调整范围,但是又属于该范围逻辑内涵自然延伸的事项。民法典有26处"参照适用",2处"可以参照适用",针对的都是在没有规定情况下的类似事项的参照适用。第二,在法学方法论视角下,"参照"是两个性质相同的不同事项之间的准用，不同时空下的同一事项不能用"参照"。因此，对同一事项的法律适用，不存在参照和准用的问题，对标民法典关于参照的用法，使用"可以适用"更为准确。

（四）细化规定的适用规则

《规定》第四条明确了细化规定的适用规则。民法典虽然属于民事基本法，但是它仍有一些规定是对原有法律、司法解释的细化。对于这些细化条款，《规定》明确了适用规则。对于民法典施行前的法律事实引起的民事纠纷案件，当时的法律、司法解释有规定而民法典有更加具体、细化规定的，人民法院可以依据民法典的细化规定进行裁判说理，增加裁判的正当性、合理性。但是，不能将民法典的细化规定作为裁判依据进行援引，主要原因是：细化规定是在原有法律、司法解释规定的基础上进行的规定，对于民法典施行前的法律事实引起的民事纠纷案件，人民法院在进行具体裁判时是有旧法可依的，如果直接将民法典的细化规定作为裁判依据进行援引，则会导致此类条款的溯及适用，不符合法不溯及既往基本精神。

（五）具体溯及适用条款中需要注意的问题

《规定》第二条和第三条是关于法不溯及既往例外情形的一般性规定，统领《规定》第二部分"溯及适用的具体规定"。这种"一般规定＋具体列举"的体例方式，既突出民法典的亮点规定，又通过一般性条款保证周延性，力求在体系完整的情况下实现原则规范和具体规则的有机结合。这既是宣传贯彻民法典，特别是其中的重点亮点内容，弘扬社会主义核心价值观的有力举措，又能有效确保解释条文的可操作性，给办案法官和广大人民群众以具体明确指引，也与域外民法典施行法的做法大致相当。

一是要准确把握溯及适用具体条文的性质和适用要件。《规定》第二部分"溯及适用的具体规定"（第六条至第十九条），在排列顺序上，统一按照民法典的编章顺序进行规定。《规定》出于立法技术的考虑，部分条文并未周延规定民法典相应条文的全部适用条件，在实体上是否能够适用，还需要根据民法典的相应规定进行判断。例如，《规定》第十七条规定了自助行为的溯及适用，但是并未全部规定自助行为的适用条件，是否能够适用民法典关于自助行为的规定，还需要根据民法典第一千一百七十七条进行判断。

二是正确理解英烈保护的溯及适用规定。民法通则没有关于英烈保护的相关规定，民法总则在吸收审判实践经验的基础上，对英烈保护作了规定。民法典沿袭了民法总则的规定。虽然英雄烈士保护法对英烈保护问题有更加系统全面的规定，但是该法自2018年5月1日起施行，施行时间在民法总则之后，而且该法未规定溯及力问题，不能解决民法总则施行前的英烈保护无法可依的问题。为加强对英雄烈士人格权益的司法保护，充分发挥民法典的制度价值，大力弘扬社会主义核心价值观，《规定》第六条明确，民法总则施行前，侵害英雄烈士等的姓名、肖像、名誉、荣誉，损害社会公共利益引起的民事纠纷案件，适用民法典第一百八十五条的规定。需要注意的是，这里适用的是民法典，而不是民法总则。民法典与民法总则的关系不同于民法典与其他八部法律之间的关系，在溯及适用问题上具有一定特殊性。尽管二者关于英雄烈士的规定是一致的，但由于侵害行为发生在民法总则施行之前，没有落入民法总则的施行期间，民法典施行后再提起诉讼的，不宜适用民法总则的规定，而应适用民法典的规定。另外，对于民法总则施行后、民法典施行前发生的侵害英雄烈士人格权益的行为，由于落入民法总则的施行期间，故对于2021年1月1日之后尚未审结的案件，应当适用民法总则的相关规定。

三是准确适用合同效力有利溯及适用的规定。合同效力体现的是国家对当事人意思自治的干预。当新法规定合同有效或者更有可能使得合同成为有效合同时，此时适用新法更加尊重当事人的意思自治。《规定》第八条抽象规定了合同效力的有利溯及适用，实践中要结合具体情形加以适用。例如，民法典第七百一十七条关于转租合同效力的规定改变了《最高人民法院关于审理城镇房屋租赁合同纠纷案件具体应用法律若干问题的解释》（法释〔2009〕11号）第十五条的规定，属于《规定》第八条规定的情况；又如，民法典第五百零二条关于履行报批等义务条款的效力的规定改变了《合同法解释一》第九条的规定，也应予溯及适用。

（六）具体衔接适用条款中的重点问题

《规定》在第三部分用8个条文（第二十条至第二十七条）规定了衔接适用的具体规定，主要针对特殊的持续性法律事实、同一法律规范下数个构成要件事实分别发生在民法典施行前后的情况等，规定如何适用法律的问题。重点内容主要有以下几点。

一是明确了跨法合同履行行为分段适用新旧法律的规则。《规定》对跨法履行行为采用了分段适用新旧法律的规则，因民法典施行前履行合同发生争议的，适用当时的法律、司法解释的规定；因民法典施行后履行合同发生争议的，适用民法典第三编第四章和第五章的相关规定。合同履行跨越民法典施行之日，民法典对其施行后发生的包括合同履行行为在内的全部法律事实具有法律约束力。而对于民法典施行前的履行行为，根据法不溯及既往原则，仍应适用当时法律、司法解释的规定。分段适用新旧法律的规则本质上是以法律事实的发生时间为标准确定法律的适用，既严格遵循了法不溯及既往原则，也使落入民法典施行后的履行行为得到新法保护，比全部从旧或者全部从新更为科学、合理。

二是明确了租赁合同中承租人优先承租权的衔接适用。一般而言，民法典对其施行后发生的法律事实，不管是全部发生在民法典施行后的法律事实还是持续到民法典施行后的部分法律事实，都具有约束力。因此，对于租赁期间持续到民法典施行后的租赁合同，赋予承租人优先承租权并不破坏当事人的合理预期。并且，优先承租权是承租人在同等条件下的优先承租，不仅不损害出租人的权益，还有利于租赁关系的稳定，故对于租赁期限在民法典施行后届满的租赁合同应赋予承租人优先承租权。

三是明确了数份遗嘱内容相抵触的处理规则。民法典第一千一百四十二条取消了继承法第二十条规定的公证遗嘱的优先效力。为充分尊重遗嘱人的真实意愿，《规定》明确，被继承人在民法典施行前立有公证遗嘱，民法典施行后又立有新遗嘱，数份遗嘱内容相抵触的，应当适用民法典的规定，以最后的遗嘱为准。主要理由为：遗嘱人基于继承法形成的预期应当以所有遗嘱均立在继承法施行期间为前提，遗嘱人在民法典施行后再立新遗嘱，其关于数份遗嘱效力优先问题的合理预期基于民法典的规定而形成，因此，对于民法典施行后立有新遗嘱的，将所有遗嘱都纳入民法典的评价范围，更有利于尊重遗嘱人的真实意愿。

四是对合同解除权行使期限的衔接适用作了明确规定。民法典施行前的法律、司法解释并没有对解除权行使期限进行统一规定，而民法典第五百六十四条第二款规定了一年的行使期限。为保护当事人基于原有法律形成的合理预期，在对方当事人未催告的情况下，即使解除权人在民法典施行前知道或者应当知道解除事由，有关解除权行使期限亦应以民法典施行之日起算方为妥当，而不应以民法典施行前当事人知道或者应当知道之日起算。一般而言，新法基于填补空白，明确规定了权利行使期间的，一般均以新法施行之日作为行使期限的起算点，符合司法实践经验，有利于充分保护当事人预期。当然，对于民法典施行后当事人知道或者应当知道解除事由的，适用民法典的规定，自当事人知道或者应当知道解除事由之日起算。

此外，审判实践中要注意正确援引《规定》、已废止和修改的法律、司法解释。对于民法典施行后尚未审结和新受理的发生在民法典施行前的法律事实，以及发生在民法典施行前并持续至民法典施行后的法律事实引起的纠纷案件，根据《规定》应当适用民法典的，在援引民法典的同时还应援引《规定》相关条文；根据《规定》应当适用当时的法律、司法解释规定（现在已经废止或者修改）的，在援引当时的法律、司法解释具体规定的同时还应援引《规定》关于法不溯及既往的相关条文。对于发生在民法典施行后的法律事实引起的纠纷案件，可以直接援引民法典，不需要援引《规定》相关条文。

（撰稿人：郭锋、陈龙业、贾玉慧、程立武）

最高人民法院关于审理民事案件适用诉讼时效制度若干问题的规定

（2008年8月11日最高人民法院审判委员会第1450次会议通过 根据2020年12月23日最高人民法院审判委员会第1823次会议通过的《最高人民法院关于修改〈最高人民法院关于在民事审判工作中适用《中华人民共和国工会法》若干问题的解释〉等二十七件民事类司法解释的决定》修正）

为正确适用法律关于诉讼时效制度的规定，保护当事人的合法权益，依照《中华人民共和国民法典》《中华人民共和国民事诉讼法》等法律的规定，结合审判实践，制定本规定。

第一条 当事人可以对债权请求权提出诉讼时效抗辩，但对下列债权请求权提出诉讼时效抗辩的，人民法院不予支持：

（一）支付存款本金及利息请求权；

（二）兑付国债、金融债券以及向不特定对象发行的企业债券本息请求权；

（三）基于投资关系产生的缴付出资请求权；

（四）其他依法不适用诉讼时效规定的债权请求权。

第二条 当事人未提出诉讼时效抗辩，人民法院不应对诉讼时效问题进行释明。

第三条 当事人在一审期间未提出诉讼时效抗辩，在二审期间提出的，人民法院不予支持，但其基于新的证据能够证明对方当事人的请求权已过诉讼时效期间的情形除外。

当事人未按照前款规定提出诉讼时效抗辩,以诉讼时效期间届满为由申请再审或者提出再审抗辩的,人民法院不予支持。

第四条 未约定履行期限的合同,依照民法典第五百一十条、第五百一十一条的规定,可以确定履行期限的,诉讼时效期间从履行期限届满之日起计算;不能确定履行期限的,诉讼时效期间从债权人要求债务人履行义务的宽限期届满之日起计算,但债务人在债权人第一次向其主张权利之时明确表示不履行义务的,诉讼时效期间从债务人明确表示不履行义务之日起计算。

第五条 享有撤销权的当事人一方请求撤销合同的,应适用民法典关于除斥期间的规定。对方当事人对撤销合同请求权提出诉讼时效抗辩的,人民法院不予支持。

合同被撤销,返还财产、赔偿损失请求权的诉讼时效期间从合同被撤销之日起计算。

第六条 返还不当得利请求权的诉讼时效期间,从当事人一方知道或者应当知道不当得利事实及对方当事人之日起计算。

第七条 管理人因无因管理行为产生的给付必要管理费用、赔偿损失请求权的诉讼时效期间,从无因管理行为结束并且管理人知道或者应当知道本人之日起计算。

本人因不当无因管理行为产生的赔偿损失请求权的诉讼时效期间,从其知道或者应当知道管理人及损害事实之日起计算。

第八条 具有下列情形之一的,应当认定为民法典第一百九十五条规定的"权利人向义务人提出履行请求",产生诉讼时效中断的效力:

(一)当事人一方直接向对方当事人送交主张权利文书,对方当事人在文书上签名、盖章、按指印或者虽未签名、盖章、按指印但能够以其他方式证明该文书到达对方当事人的;

(二)当事人一方以发送信件或者数据电文方式主张权利,信件或者数据电文到达或者应当到达对方当事人的;

(三)当事人一方为金融机构,依照法律规定或者当事人约定从对方当事人账户中扣收欠款本息的;

(四)当事人一方下落不明,对方当事人在国家级或者下落不明的当事人一方住所地的省级有影响的媒体上刊登具有主张权利内容的公告的,但法律和司法解释另有特别规定的,适用其规定。

前款第(一)项情形中,对方当事人为法人或者其他组织的,签收人可以是其法定代表人、主要负责人、负责收发信件的部门或者被授权主体;对方当事人为自然人的,签收人可以是自然人本人、同住的具有完全行为能力的亲属或者被授权主体。

第九条 权利人对同一债权中的部分债权主张权利,诉讼时效中断的效力及于剩余债权,但权利人明确表示放弃剩余债权的情形除外。

第十条 当事人一方向人民法院提交起诉状或者口头起诉的,诉讼时效从提交起诉状或者口头起诉之日起中断。

第十一条 下列事项之一,人民法院应当认定与提起诉讼具有同等诉讼时效中断的效力:

(一)申请支付令;

(二) 申请破产、申报破产债权;

(三) 为主张权利而申请宣告义务人失踪或死亡;

(四) 申请诉前财产保全、诉前临时禁令等诉前措施;

(五) 申请强制执行;

(六) 申请追加当事人或者被通知参加诉讼;

(七) 在诉讼中主张抵销;

(八) 其他与提起诉讼具有同等诉讼时效中断效力的事项。

第十二条 权利人向人民调解委员会以及其他依法有权解决相关民事纠纷的国家机关、事业单位、社会团体等社会组织提出保护相应民事权利的请求,诉讼时效从提出请求之日起中断。

第十三条 权利人向公安机关、人民检察院、人民法院报案或者控告,请求保护其民事权利的,诉讼时效从其报案或者控告之日起中断。

上述机关决定不立案、撤销案件、不起诉的,诉讼时效期间从权利人知道或者应当知道不立案、撤销案件或者不起诉之日起重新计算;刑事案件进入审理阶段,诉讼时效期间从刑事裁判文书生效之日起重新计算。

第十四条 义务人作出分期履行、部分履行、提供担保、请求延期履行、制定清偿债务计划等承诺或者行为的,应当认定为民法典第一百九十五条规定的"义务人同意履行义务"。

第十五条 对于连带债权人中的一人发生诉讼时效中断效力的事由,应当认定对其他连带债权人也发生诉讼时效中断的效力。

对于连带债务人中的一人发生诉讼时效中断效力的事由,应当认定对其他连带债务人也发生诉讼时效中断的效力。

第十六条 债权人提起代位权诉讼的,应当认定对债权人的债权和债务人的债权均发生诉讼时效中断的效力。

第十七条 债权转让的,应当认定诉讼时效从债权转让通知到达债务人之日起中断。

债务承担情形下,构成原债务人对债务承认的,应当认定诉讼时效从债务承担意思表示到达债权人之日起中断。

第十八条 主债务诉讼时效期间届满,保证人享有主债务人的诉讼时效抗辩权。

保证人未主张前述诉讼时效抗辩权,承担保证责任后向主债务人行使追偿权的,人民法院不予支持,但主债务人同意给付的情形除外。

第十九条 诉讼时效期间届满,当事人一方向对方当事人作出同意履行义务的意思表示或者自愿履行义务后,又以诉讼时效期间届满为由进行抗辩的,人民法院不予支持。

当事人双方就原债务达成新的协议,债权人主张义务人放弃诉讼时效抗辩权的,人民法院应予支持。

超过诉讼时效期间,贷款人向借款人发出催收到期贷款通知单,债务人在通知单上签字或者盖章,能够认定借款人同意履行诉讼时效期间已经届满的义务的,对贷款人关于借款人放弃诉讼时效抗辩权的主张,人民法院应予支持。

第二十条 本规定施行后,案件尚在一审或者二审阶段的,适用本规定;本规定施行前已经终审的案件，人民法院进行再审时，不适用本规定。

第二十一条 本规定施行前本院作出的有关司法解释与本规定相抵触的，以本规定为准。

最高人民法院
关于印发《全国法院贯彻实施民法典工作会议纪要》的通知

2021年4月6日　　　　　　　　　　　　　法〔2021〕94号

各省、自治区、直辖市高级人民法院，解放军军事法院，新疆维吾尔自治区高级人民法院生产建设兵团分院：

《全国法院贯彻实施民法典工作会议纪要》（以下简称《会议纪要》）已于2021年3月15日经最高人民法院审判委员会第1834次会议通过。为便于进一步学习领会和正确适用《会议纪要》，现作如下通知：

一、充分认识《会议纪要》出台的意义

《会议纪要》以习近平法治思想为指导，就当前人民法院贯彻实施民法典工作中需要重点解决的法律适用问题和有关工作机制完善问题作出具体规定，对于确保民法典正确实施，统一法律适用标准，平等保护各方当事人合法权益，服务保障经济社会高质量发展具有十分重要的意义。各级人民法院要全面把握、准确理解《会议纪要》的精神实质和基本内容。

二、认真组织学习培训

各级人民法院要通过多种形式组织学习培训，做好宣传工作，帮助广大法官、司法辅助人员和其他有关人员准确理解《会议纪要》的精神实质，在案件审理中正确适用。

三、准确把握《会议纪要》的应用范围

纪要不是司法解释，不得作为裁判依据援引。《会议纪要》发布后，人民法院对尚未审结的一审、二审案件，在裁判文书"本院认为"部分具体分析法律适用的理由时，可以根据《会议纪要》的相关规定进行说理。

对于适用中存在的问题，请及时层报最高人民法院。

全国法院贯彻实施民法典工作会议纪要

为深入学习贯彻习近平法治思想，切实实施民法典，统一法律适用标准，服务保障经济社会高质量发展，指导各级人民法院依法公正高效审理各类民事案件，最高人民法院于2021年1月4日在北京以视频方式召开全国法院贯彻实施民法典工作会议。最高人民法院党组书记、院长周强同志出席会议并讲话，党组副书记、常务副院长贺荣同志主持会议并作了总结，审判委员会副部级专职委员刘贵祥同志就《全国法院贯彻实施民法典工作会议纪要》的起草情况和主要内容作了说明。各省、自治区、直辖市高级人民法院、解放军军事法院、新疆维吾尔自治区高级人民法院生产建设兵团分院院长、主管民商事审判工作的副院长、民商事审判庭负责人参加了会议，江苏、广东、河南三省高级人民法院作了专题汇报和经验交流。

会议强调，各级人民法院要坚持以习近平法治思想武装头脑、指导实践、推动工作，切实增强贯彻实施民法典的责任感使命感。会议指出，贯彻实施好民法典，是增强"四个意识"、坚定"四个自信"、做到"两个维护"的实际行动，是将党的领导和我国制度优势转化为国家治理效能的重要环节，是坚持以人民为中心，维护社会公平正义的应有之义，是服务保障"十四五"时期经济行稳致远、社会安定和谐，全面建设社会主义现代化国家的必然要求。

会议研究了当前人民法院贯彻实施民法典工作中需要重点解决的法律适用问题，包括民法典总则编、合同编有关内容的具体适用，民法典施行后有关新旧法律、司法解释的衔接适用等内容，以及有关工作机制的完善问题。现纪要如下：

一、正确适用民法典总则编、合同编的相关制度

会议要求，各级人民法院要充分发挥民事审判职能作用，切实维护人民群众合法权益。要将民法典的贯彻实施与服务经济社会高质量发展结合起来，要将弘扬社会主义核心价值观融入民法典贯彻实施工作的全过程、各领域。

会议研究了《最高人民法院关于贯彻执行〈中华人民共和国民法通则〉若干问题的意见（试行）》（以下简称民通意见）、《最高人民法院关于适用〈中华人民共和国合同法〉若干问题的解释（一）》（以下简称合同法解释一）、《最高人民法院关于适用〈中华人民共和国合同法〉若干问题的解释（二）》（以下简称合同法解释二）废止后，新的司法解释颁布前，依法适用民法典总则编、合同编需要重点关注的问题。

1. 申请宣告失踪或宣告死亡的利害关系人，包括被申请宣告失踪或宣告死亡人的配偶、父母、子女、兄弟姐妹、祖父母、外祖父母、孙子女、外孙子女以及其他与被申请人有民事权利义务关系的民事主体。宣告失踪不是宣告死亡的必经程序，利害关系人可以不经申请宣告失踪而直接申请宣告死亡。但是，为了确保各方当事人权益的平衡保护，对于配偶、父母、子女以外的其他利害关系人申请宣告死亡，人民法院审查后认为申请人通过申请宣告失踪足以保护其权利，其申请宣告死亡违背民法典第一百三十二条关于不得滥用民事权利的规定的，不予支持。

2. 行为人因对行为的性质、对方当事人、标的物的品种、质量、规格和数量等的错误认识，使行为的后果与自己的意思相悖，并造成较大损失的，人民法院可以认定为民法典第一百四十七条、第一百五十二条规定的重大误解。

3. 故意告知虚假情况，或者故意隐瞒真实情况，诱使当事人作出错误意思表示的，人民法院可以认定为民法典第一百四十八条、第一百四十九条规定的欺诈。

4. 以给自然人及其亲友的生命、身体、健康、名誉、荣誉、隐私、财产等造成损害或者以给法人、非法人组织的名誉、荣誉、财产等造成损害为要挟，迫使其作出不真实的意思表示的，人民法院可以认定为民法典第一百五十条规定的胁迫。

5. 民法典第一百八十八条第一款规定的普通诉讼时效期间，可以适用民法典有关诉讼时效中止、中断的规定，不适用延长的规定。民法典第一百八十八条第二款规定的"二十年"诉讼时效期间可以适用延长的规定，不适用中止、中断的规定。

诉讼时效根据民法典第一百九十五条的规定中断后，在新的诉讼时效期间内，再次出现第一百九十五条规定的中断事由，可以认定诉讼时效再次中断。权利人向义务人的代理人、财产代管人或者遗产管理人主张权利的，可以认定诉讼时效中断。

6. 当事人对于合同是否成立发生争议，人民法院应当本着尊重合同自由，鼓励和促进交易的精神依法处理。能够确定当事人名称或者姓名、标的和数量的，人民法院一般应当认定合同成立，但法律另有规定或者当事人另有约定的除外。

对合同欠缺的当事人名称或者姓名、标的和数量以外的其他内容，当事人达不成协议的，人民法院依照民法典第四百六十六条、第五百一十条、第五百一十一条等规定予以确定。

7. 提供格式条款的一方对格式条款中免除或者减轻其责任等与对方有重大利害关系的内容，在合同订立时采用足以引起对方注意的文字、符号、字体等特别标识，并按照对方的要求以常人能够理解的方式对该格式条款予以说明的，人民法院应当认定符合民法典第四百九十六条所称"采取合理的方式"。提供格式条款一方对已尽合理提示及说明义务承担举证责任。

8. 民法典第五百三十五条规定的"债务人怠于行使其债权或者与该债权有关的从权利，影响债权人的到期债权实现的"，是指债务人不履行其对债权人的到期债务，又不以诉讼方式或者仲裁方式向相对人主张其享有的债权或者与该债权有关的从权利，致使债权人的到期债权未能实现。相对人不认为债务人有怠于行使其债权或者与该债权有关的从权利情况的，应当承担举证责任。

9. 对于民法典第五百三十九条规定的明显不合理的低价或者高价，人民法院应当以交易当地一般经营者的判断，并参考交易当时交易地的物价部门指导价或者市场交易价，结合其他相关因素综合考虑予以认定。

转让价格达不到交易时交易地的指导价或者市场交易价百分之七十的，一般可以视为明显不合理的低价；对转让价格高于当地指导价或者市场交易价百分之三十的，一般可以视为明显不合理的高价。当事人对于其所主张的交易时交易地的指导价或者市场交易价承担举证责任。

10. 当事人一方违反民法典第五百五十八条规定的通知、协助、保密、旧物回收等义务，给对方当事人造成损失，对方当事人请求赔偿实际损失的，人民法院应当支持。

11. 民法典第五百八十五条第二款规定的损失范围应当按照民法典第五百八十四条规定确定，包括合同履行后可以获得的利益，但不得超过违约一方订立合同时预见到或者应当预见到的因违约可能造成的损失。

当事人请求人民法院增加违约金的，增加后的违约金数额以不超过民法典第五百八十四条规定的损失为限。增加违约金以后，当事人又请求对方赔偿损失的，人民法院不予支持。

当事人请求人民法院减少违约金的，人民法院应当以民法典第五百八十四条规定的损失为基础，兼顾合同的履行情况、当事人的过错程度等综合因素，根据公平原则和诚信原则予以衡量，并作出裁判。约定的违约金超过根据民法典第五百八十四条规定确定的损失的百分之三十的，一般可以认定为民法典第五百八十五条第二款规定的"过分高于造成的损失"。当事人主张约定的违约金过高请求予以适当减少的，应当承担举证责任；相对人主张违约金约定合理的，也应提供相应的证据。

12. 除上述内容外，对于民通意见、合同法解释一、合同法解释二的实体性规定所体现的精神，与民法典及有关法律不冲突且在司法实践中行之有效的，如民通意见第2条关于以自己的劳动收入为主要生活来源的认定规则等，人民法院可以在裁判文书说理时阐述。上述司法解释中的程序性规定的精神，与民事诉讼法及相关法律不冲突的，如《合同法解释一》第十四条、第二十三条等，人民法院可以在办理程序性事项时作为参考。

二、准确把握民法典及相关司法解释的新旧衔接适用

会议要求，各级人民法院要把系统观念落实到贯彻实施工作各方面，全面准确适用民法典及相关司法解释，特别是要准确把握民法典施行后的新旧法律、司法解释的衔接适用问题。会议强调，要认真学习贯彻《最高人民法院关于适用〈中华人民共和国民法典〉时间效力的若干规定》（以下简称《时间效力规定》）等7件新制定司法解释、《最高人民法院关于废止部分司法解释及相关规范性文件的决定》（以下简称《废止决定》）以及《最高人民法院关于修改〈最高人民法院关于在民事审判工作中适用《中华人民共和国工会法》若干问题的解释〉等二十七件民事类司法解释的决定》等5个修改决定（以下简称《修改决定》）的基本精神，在审判中准确把握适用民法典的时间效力问题，既彰显民法典的制度价值，又不背离当事人基于原有法律所形成的合理预期，确保法律的统一适用。

13. 正确适用《时间效力规定》，处理好新旧法律、司法解释的衔接适用问题。坚持"法不溯及既往"的基本原则，依法保护当事人的合理预期。民法典施行前的法律事实引起的民事纠纷案件，适用当时的法律、司法解释的规定，但《时间效力规定》另有规定的除外。

当时的法律、司法解释包括根据民法典第一千二百六十条规定废止的法律，根据《废止决定》废止的司法解释及相关规范性文件，《修改决定》所涉及的修改前的司法解释。

14. 人民法院审理民事纠纷案件，根据《时间效力规定》应当适用民法典的，同时适用民法典相关司法解释，但是该司法解释另有规定的除外。

15. 人民法院根据案件情况需要引用已废止的司法解释条文作为裁判依据时，先列明《时间效力规定》相关条文，后列明该废止的司法解释条文。需要同时引用民法通则、合同法等法律及行政法规的，按照《最高人民法院关于裁判文书引用法律、法规等规范性法律文件的规定》确定引用条文顺序。

16. 人民法院需要引用《修改决定》涉及的修改前的司法解释条文作为裁判依据时，先列明《时间效力规定》相关条文，后列明修改前司法解释名称、相应文号和具体条文。人民法院需要引用修改后的司法解释作为裁判依据时，可以在相应名称后以括号形式注明该司法解释的修改时间。

17. 民法典施行前的法律事实引起的民事纠纷案件，根据《时间效力规定》应当适用民法典的，同时列明民法典的具体条文和《时间效力规定》的相关条文。民法典施行后的法律事实引起的民事纠纷案件，裁判文书引用法律、司法解释时，不必引用《时间效力规定》的相关条文。

18. 从严把握溯及适用民法典规定的情形，确保法律适用统一。除《时间效力规定》第二部分所列具体规定外,人民法院在审理有关民事纠纷案件时,认为符合《时间效力规定》第二条溯及适用民法典情形的,应当做好类案检索,经本院审判委员会讨论后层报高级人民法院。

高级人民法院审判委员会讨论后认为符合《时间效力规定》第二条规定的"三个更有利于"标准,应当溯及适用民法典规定的,报最高人民法院备案。最高人民法院将适时发布相关指导性案例或者典型案例,加强对下指导。

三、切实加强适用民法典的审判指导和调查研究工作

会议要求,各级人民法院要把贯彻实施民法典作为一项重大政治任务,加强组织领导,强化责任担当,做好审判指导监督,扎实抓好调查研究,注重总结审判实践经验,建立健全保障民法典贯彻实施的长效机制,确保民法典在全国法院统一正确实施。

19. 要结合民法典立法精神和规定,将权利保护理念融入审判执行工作各环节,切实保护人民群众的人身权利、财产权利以及其他合法权益,不断增进人民福祉、促进人的全面发展。要加大产权司法保护力度,依法全面平等保护各类产权,坚决防止利用刑事手段插手民事纠纷,坚决防止把经济纠纷当作犯罪处理,坚决防止将民事责任变为刑事责任,让企业家专心创业、放心投资、安心经营。

20. 要牢固树立法典化思维,确立以民法典为中心的民事实体法律适用理念。准确把握民法典各编之间关系,充分认识"总则与分则""原则与规则""一般与特殊"的逻辑体系,综合运用文义解释、体系解释和目的解释等方法,全面、准确理解民法典核心要义,避免断章取义。全面认识各编的衔接配合关系,比如合同编通则中关于债权债务的规定,发挥了债法总则的功能作用,对于合同之债以外的其他债权债务关系同样具有适用效力。

21. 要加强对民法典具体法律适用问题的调查研究,尤其是加强对民法典的新增规定或者对原有民事法律制度有重大修改的规定适用情况的调查研究,不断探索积累经验。有关民法典适用的新情况、新问题及时层报最高人民法院,为最高人民法院及时制定民法典总则编、合同编等相关司法解释提供有力实践支撑。要特别注重发挥民法典对新技术新模式新业态的促进和保障作用,为人民法院依法公正高效审理涉及人工智能、大数据、区块链等新技术,数字经济、平台经济、共享经济等新模式,外卖骑手、快递小哥、网约车司机等新业态的民事纠纷案件积累司法经验。

【解读】

解读《全国法院贯彻实施民法典工作会议纪要》

2021年1月4日,最高人民法院召开了全国法院贯彻实施民法典工作会议。会议研究了当前人民法院贯彻实施民法典工作中需要重点解决的法律适用问题,包括民法典总则编、合同编有关内容的具体适用,民法典施行后有关新旧法律、司法解释的衔接适用等内容,以及有关工作机制的完善问题。为了确保会议精神贯彻落实,并为人民法院在审判工作中准确适用民法典提供指引,我们组织起草了《全国法院贯彻实施民法典工作会议纪要》（以下简称《纪要》），并于2021年3月15日由最高人民法院审判委员会第1834次会议审议通过。本文就《纪要》的起草背景、基本原则和主要内容进行说明，便于广大法官准确理解与适用。

一、《纪要》的起草背景、过程与原则

民法典通过后，最高人民法院立即部署开展司法解释及相关规范性文件的全面清理工作，其中，与民法通则、物权法、担保法、合同法、婚姻法、继承法等配套的司法解释是本次清理的重点内容。经过清理，上述司法解释全部宣告废止，同时，其中的《最高人民法院关于适用〈中华人民共和国物权法〉若干问题的解释（一）》、《最高人民法院关于适用〈中华人民共和国担保法〉若干问题的解释》、婚姻法相关司法解释、继承法相关司法解释等相应编纂为《最高人民法院关于适用〈中华人民共和国民法典〉物权编的解释（一）》《最高人民法院关于适用〈中华人民共和国民法典〉有关担保制度的解释》《最高人民法院关于适用〈中华人民共和国民法典〉婚姻家庭编的解释（一）》《最高人民法院关于适用〈中华人民共和国民法典〉继承编的解释（一）》等司法解释。《最高人民法院关于贯彻执行〈中华人民共和国民法通则〉若干问题的意见（试行）》（以下简称《民通意见》）、《最高人民法院关于适用〈中华人民共和国合同法〉若干问题的解释（一）》（以下简称《合同法解释一》）、《最高人民法院关于适用〈中华人民共和国合同法〉若干问题的解释（二）》（以下简称《合同法解释二》），根据审委会决议要求，对清理后不与民法典冲突的内容予以保留，通过会议纪要形式为司法实践提供指引，并为下一步制定总则编、合同编的司法解释进一步积累经验。之所以暂不将《民通意见》《合同法解释一》《合同法解释二》中清理后仍有适用价值的内容直接以新的总则编、合同编的司法解释呈现，主要考虑是总则编具有统帅全局的作用，合同纠纷在民商事纠纷中占比很大（据统计，2020年度，作为二级案由的合同纠纷一审案件结案数量占民事一审结案数量的比例为66.58%），这两部分的司法解释在根据经济社会发展形势最新变化和民法典新增、重大修改规定作相应增补后再出台，更有利于有针对性地指导司法实践，更有利于推动和保障民法典统一正确实施。

因此，《纪要》的起草过程实质上包括两个阶段。

第一阶段是司法解释清理阶段。2020年6月，司法解释清理工作启动后，最高人民法院研究室按照清理要求，对《民通意见》《合同法解释一》《合同法解释二》的每一个条文进行了认真研究，提出废、改、留的意见。2020年9月至11月，就清理结果两次征求院内各单位意见，在杭州、武汉等地组织全国法院的审判业务专家和法学专家进行研讨，并召集部分法官代表和学者代表到北京集中研讨，对每个条文逐一研究论证。2020年12月征求了全国人大常委会法工委意见，形成了《纪要》的主体内容。

第二阶段是《纪要》完善阶段。根据全国法院贯彻实施民法典工作会议精神和审判实际，我们对会议纪要稿进行了逐条核改，再次向最高人民法院各庭室征求意见，并向全国各高级人民法院征求了意见。书面征求了法学专家和各级法院的审判业务专家代表意见，对会议纪要稿进行了逐条研究完善，并于2021年1月20日再次征求全国人大常委会法工委意见。在吸收各方意见的基础上，形成《纪要》送审稿，提交审委会讨论。此后，根据审委会决议，对《纪要》内容作了进一步修改完善。

《纪要》的起草，始终坚持以下原则。

一是坚持政治引领。深入贯彻习近平法治思想，认真落实最高人民法院党组决策部署,坚持服务司法审判工作大局,充分发挥民法典保障人民权利、优化营商环境的制度功能。例如,遵循民法典的规定,本着有利于维护守约方利益、鼓励诚信交易的导向,对于违约金司法调整的计算基准,由《合同法解释二》规定的实际损失改为民法典第五百八十四条规定的损失,既包括了实际损失,也包括了可得利益损失。

二是坚持严格依法。在司法解释清理和《纪要》起草过程中,始终把统一法律适用标准摆在突出位置,严格对标民法典,凡是已被民法典吸收的规定或者与民法典相抵触的规定一律删除,凡是民法典作出修改、增删的内容一律作出相应调整。例如,《合同法解释一》第八条规定除斥期间不适用中止、中断、延长的规定,已被民法典第一百九十九条吸收,故在《纪要》中不再体现。

三是坚持问题导向。在《纪要》起草过程中,始终把解决各级人民法院在审判实践中期望解决的问题作为工作目标,充分吸收采纳了来自实务一线的审判专家的意见。例如,针对新制定的司法解释、《最高人民法院关于废止部分司法解释及相关规范性文件的决定》(以下简称《废止决定》)和《最高人民法院关于修改〈关于在民事审判工作中适用《中华人民共和国工会法》若干问题的解释〉等二十七件民事类司法解释的决定》(以下简称《修改决定》)施行后,有关法律和司法解释如何引用的问题,我们在《纪要》中专门作为第二部分予以明确。

二、《解释》所遵循的原则

《纪要》分为三个部分,共计21条,主要内容如下。

第一部分规定民法典总则编、合同编相关制度的适用问题。本部分共计12条,其中第1条至第5条规定总则编有关制度的适用问题,涉及宣告失踪或宣告死亡的利害关系人、意思表示的重大误解、欺诈、胁迫、诉讼时效的中止、中断、延长等问题。第6条至第11条规定合同编有关制度的适用问题,涉及合同必备条款及合同条款的补充、格式条款提供方履行提示说明义务的合理方式、代位权诉讼中债务人怠于行使权利影响债权人到期债权实现的认定、撤销权诉讼中不合理的低价或高价的认定和举证责任分配、违反后合同义务应当赔偿实际损失、违约金调整的计算基础、参考标准、举证责任等问题。第12条是兜底条款,主要解决《民通意见》《合同法解释一》《合同法解释二》中与民法典及相关法律精神不冲突且司法实践中行之有效,但未在《纪要》中明确列举的内容如何适用的问题,为司法实践提供明确指引。

第二部分规定民法典及相关司法解释的衔接适用问题。本部分共计6条,其中,第13条、第14条规定司法解释的时间效力问题,第15条至第17条规定法律和司法解释的引用问题,第18条规定《最高人民法院关于适用〈中华人民共和国民法典〉时间效力的若干规定》(以下简称《时间效力规定》)第二条的适用程序问题。在司法解释清理过程中,最高人民法院废止了116件司法解释及相关规范性文件,修改了111件司法解释,新制定了7件司法解释,另有364件司法解释继续保留适用。因此,有关司法解释在实践中如何适用,例如,废止的司法解释是否一概不得适用、修改前后的司法解释如何适用等问题,以及相应引起的法律、司法解释如何引用的问题,都有必要予以明确。

第三部分规定了切实加强适用民法典的审判指导和调查研究工作。本部分共计3条,主要目的是从价值理念及工作机制层面为各级人民法院准确适用民法典提供指引。其中,第19条强调权利保护理念,旨在引导各级人民法院在审判执行工作中充分发挥民法典的制度功能,更好服务保障经济社会高质量发展。第20条强调树立法典化思维,旨在引导各级人民法院确立以民法典为中心的民事实体法律适用理念。第21条强调调查研究,旨在引导各级人民法院积极探索民法典新增、重大修改规定的适用问题,以及如何发挥民法典对新技术新模式新业态的促进和保障作用问题。

三、民法典总则编、合同编适用中的重点问题

（一）申请宣告失踪或宣告死亡的利害关系人

《纪要》第1条规定了申请宣告失踪或宣告死亡的利害关系人范围包括被申请宣告失踪或宣告死亡人的配偶、父母、子女、兄弟姐妹、祖父母、外祖父母、孙子女、外孙子女以及其他与被申请人有民事权利义务关系的民事主体。对于申请宣告失踪的利害关系人范围,基本保留了《民通意见》第24条的规定,只是将"有民事权利义务关系的人"修改为"有民事权利义务关系的民事主体"。

需要重点说明的是宣告死亡的利害关系人问题。《民通意见》第25条规定了申请宣告死亡的利害关系人顺序,调研中对此有不同意见。

第一种意见认为,宣告死亡对于当事人利益尤其是配偶的身份利益影响巨大,因而有必要作出顺序限制。《民通意见》第25条体现了配偶以及其他民事主体的先后顺序问题,可以防止债权人任意宣告债务人死亡。而且,债权人通常可以通过宣告失踪程序救济其权利。该条规定在《民通意见》实施多年来效果良好,故有必要保留。

第二种意见（主要是参与民法典编纂的有关同志）认为,民法典编纂过程中曾就是否规定宣告死亡的利害关系人的顺序作了专门研究,但最终对此未作规定。规定申请宣告死亡的顺序与民法典立法精神并不一致,有必要慎重处理。例如,如果规定了宣告死亡的顺序,在配偶、父母、子女等在先顺位人不宣告死亡的情况下,失踪人所在单位因无权宣告死亡,不得不继续支付失踪人的基本工资,损害用人单位的利益。另有学者指出,改革开放以来,已经发生利害关系人出于侵占下落不明自然人的财产、损害其他利害关系人的合法权益,以及冒领其退休金、养老金、补助金等违法目的,故意不申请宣告死亡的社会问题。例如,退休人员长期失踪而其配偶、子女不申请宣告死亡,而社保机构照常定期向该长期失踪的退休人员账户汇付养老金、社保金的情形所在多有。

第三种意见（主要是部分法官）认为,宣告死亡主要涉及继承人利益问题,配偶、父母、子女为第一顺序继承人,没有必要再区分先后顺序。

综合各方意见特别是立法机关的意见后,我们依据民法典第四十七条的规定,对《民通意见》第25条作了实质性修改,不再规定申请宣告死亡的利害关系人顺序。

但是为了平衡各方当事人的利益,防止取消申请宣告死亡的利害关系人顺序后又走向另一个极端,我们对利害关系人申请宣告死亡也作了必要限制,引入民法典第一百三十二条关于不得滥用民事权利的规定精神,吸纳前述第三种意见的精神,明确配偶、父母、子女以外的其他利害关系人通过申请宣告失踪足以保护其权利,却申请宣告死亡的,人民法院不予支持。这是因为宣告死亡对于当事人利益尤其是配偶的身份权益影响巨大,而且宣告死亡适用特别程序审理,实行一审终审,受影响的当事人无上诉的救济机会,所以为避免利益失衡,根据民法典第一百三十二条关于禁止权利滥用的精神,作出相应规定。

此外,《纪要》还延续了《民通意见》第29条的精神,明确规定宣告失踪不是宣

告死亡的必经程序，利害关系人可以不经申请宣告失踪而直接宣告死亡。民法典第四十七条吸收了《民通意见》第29条的基本精神，规定："对同一自然人，有的利害关系人申请宣告死亡，有的利害关系人申请宣告失踪，符合本法规定的宣告死亡条件的，人民法院应当宣告死亡。"这一规定已经隐含了宣告失踪不是宣告死亡的前置程序的意思，《纪要》在民法典规定基础上进一步予以明确，以方便准确适用法律。这样规定与域外经验也是一致的。例如，葡萄牙民法典第114条第3款规定："失踪人推定死亡之宣告，不取决于先前有否设定临时或确定保佐，且以失踪人最后音讯日终了时为推定死亡之时。"

在理解与适用时要特别注意，《纪要》这一规定与申请宣告死亡不得滥用民事权利的规定不冲突。前者旨在解决申请宣告死亡有无程序条件限制的问题，后者旨在解决申请宣告死亡有无实质条件限制的问题。例如，债权人可以不经申请宣告失踪而直接申请宣告死亡，但是其申请宣告死亡不能构成权利滥用。如果债权人的权利主张完全能够通过宣告失踪获得救济，而其申请宣告死亡则损害了他人的身份利益，超出了权利行使的必要限度，属于典型的权利滥用行为。在具体适用时，人民法院可以根据查明的事实进行释明，对于能通过申请宣告失踪解决的问题，告知其可以变更为申请宣告失踪；当事人坚持申请宣告死亡的，人民法院不予支持。

（二）诉讼时效的中止、中断和延长

《纪要》第5条规定普通诉讼时效期间可以适用中止、中断的规定，不适用延长的规定；最长诉讼时效期间可以适用延长的规定，不适用中止、中断的规定。

对于普通诉讼时效期间和最长诉讼时效期间是否可以延长的问题，存在不同的认识。

一种观点认为，民法典第一百八十八条第二款规定的诉讼时效延长主要适用于普通诉讼时效期间，而不适用于最长权利保护期间，法律规定最长诉讼时效制度的主要目的是给权利行使设定一个固定的期限，如果允许该期限延长，就会使该最长期限变成可变期限，法律设置该最长期限的目的也将不复存在。

另一种观点认为，民法典第一百八十八条仅规定了最长诉讼时效期间的延长，普通诉讼时效不再适用延长的规则。部分参与民法典编纂的学者持此种主张，有关立法资料也持相同观点。部分学术著作也认为民法典第一百八十八条第二款规定的"但是，自权利受到损害之日起超过二十年的，人民法院不予保护，有特殊情况的，人民法院可以根据权利人的申请决定延长"，是针对二十年最长权利保护期间所作的规定。所谓诉讼时效期间的延长，只能适用于二十年长期时效期间。三年普通时效期间，因有中止、中断的规定，不发生延长问题。

产生认识分歧的一个重要原因是民法典第一百八十八条第二款相较于民法通则第一百三十七条的标点符号调整。民法通则第一百三十七条但书中"有特殊情况的"前面为句号，而民法典中为逗号。

各种理解均有一定道理，为解决分歧、统一认识，我们在结合民法典文义的基础上，征询立法机关意见后认为：普通诉讼时效期间可以适用中止、中断的规定，不适用延长的规定；最长诉讼时效期间可以适用延长的规定，不适用中止、中断的规定。

此外，《纪要》第5条延续了《民通意见》第173条精神，规定诉讼时效期间可以多次中断。同时，根据参与民法典编纂的法学专家意见，增加规定向遗产管理人主张权利的,可以认定诉讼时效中断。

(三)违约金司法调整的有关问题

《纪要》第 11 条规定了违约金司法酌增酌减的有关问题,在《合同法解释二》第二十八条、第二十九条规定的基础上作了相应调整。

1. 违约金计算基础的问题

明确违约金调整的基础应当按照民法典第五百八十四条规定确定,包括合同履行后可以获得的利益,但不得超过违约一方订立合同时预见到或者应当预见到的因违约可能造成的损失。

调研过程中,对于违约金司法调整的计算基准存在不同意见。

少数意见认为,约定的违约金系当事人意思自治的结果,应当尽量尊重,违约金过低需要酌增的,以实际损失为限有合理性,有利于平衡双方当事人的利益。

多数意见认为,明确按照民法典第五百八十四条规定的损失范围来确定违约金调整的基准,有利于充分救济守约方的利益,惩处违约行为,维护诚信原则。

学术界也认为,因违约所造成的损失除了要包括实际损失之外,还应当包括可得利益的损失,因为只有在调整的标准包括可得利益损失的情况下,才能使非违约方因违约金责任的承担而达到如同合同被完全履行时,即就像没有发生违约行为时一样的效果。

《全国法院民商事审判工作会议纪要》(以下简称《九民会纪要》)第 50 条规定:认定约定违约金是否过高,一般应当以合同法第一百一十三条规定的损失为基础进行判断,这里的损失包括合同履行后可以获得的利益。这一规定具有合理性,应当予以吸收。同时,认定违约金低于所造成的损失,也有必要坚持同一标准。

综合考虑各方意见,并征询立法机关意见,我们采纳了多数意见。由于将申请司法酌减的计算基准由原来的实际损失改为民法典第五百八十四条规定的损失,《纪要》第 11 条相应地在人民法院应当兼顾的综合因素中删除"预期利益",因为预期利益因素已包含在民法典第五百八十四条规定的"损失"当中。

在具体适用时,要注意对本条规定的"综合因素"的把握。

本条列举了以下两个因素。

(1) 合同履行情况,包括瑕疵履行的严重程度、迟延履行的时间长短、部分履行对合同的影响程度等。例如,如果部分履行对合同整体的影响程度很轻,可以适当调整违约金数额,但如果部分履行直接影响合同目的的实现,则应当审慎酌减违约金。

(2) 当事人过错程度。对于当事人恶意违约的场合,人民法院在调整违约金时应当体现出对当事人主观恶性的惩罚。双方都违约的,在调整违约金时也要充分考虑双方违约程度的大小、主观恶性的大小等。

需要特别注意的是,《纪要》第 11 条的"综合因素"不限于列举的两种情形,还包括其他因素,由人民法院根据案件的具体情况考虑。

比较典型的因素包括以下几个。

(1) 当事人的主体身份。例如当事人是否为商事主体、是否为格式条款提供方等。调研过程中,许多法院提出调整违约金时应当区分是商事合同还是民事合同。考虑到我国采取的是民商合一体例,在立法层面未明确采用商行为、商主体的概念,而且理论上也很难区分商主体与普通民事主体、商行为与一般法律行为,因此不宜在规范层面作出绝对的区分，但是不妨碍人民法院根据案件具体情况将当事人的主体身份纳入考虑范围。如果债务人是商事主体，其对违约风险的预见和控制能力更强，因此在酌减违约金时就要更加审慎。另外，格式条款提供方请求减少违约金的，一般也要十分慎重。

（2）当事人约定违约金的目的。如果当事人约定违约金的目的本身带有惩罚性质，又不存在其他显失公平的因素，此时就要尊重当事人的意思自治，不能因为司法干预而使当事人约定违约金的目的完全落空。

（3）其他因素。实践中，实际损失、可得利益损失有时难以确定，可以斟酌考虑合同标的的总价款、一定倍数的租金或者承包金、通常利率的一定倍数、投资性合同中投资总额的一定比例等。

在具体适用时，还要注意民法典第五百八十四条规定的损失的认定标准。人民法院在认定民法典第五百八十四条规定的"因违约所造成的损失"时，应当综合运用可预见规则、减损规则、损益相抵规则以及过失相抵规则等，从非违约方主张的合同履行后可以获得的利益总额中扣除违约方订立合同时不可预见或者不应当预见到的因违约所造成的损失、非违约方不当扩大的损失、非违约方因违约获得的利益、非违约方与有过失所造成的损失以及必要的交易成本。

2. 违约金司法酌减的举证责任问题

《纪要》第11条吸收《九民会纪要》第50条、《最高人民法院关于当前形势下审理民商事合同纠纷案件若干问题的指导意见》（以下简称《民商合同纠纷意见》）第8条的内容，增加了违约金司法酌减的举证责任的规定。

对于《纪要》第11条规定的"相对人主张违约金约定合理的，也应提供相应的证据"，有不同意见。反对意见认为，"相对人主张违约金约定合理的，也应提供相应的证据"的规定不合理，理由是守约方依照约定主张违约金具有合同上当然的合理性，不应当再要求守约方承担对违约金的举证责任。

我们经研究认为，一方面，这一举证责任分配的规则在《民商合同纠纷意见》中已有明确规定，而且实际效果良好；另一方面，从法理上讲，举证责任应该由主张调整违约金的一方承担，但是有可能该方无法得知对方损失的大致范围，所以相对人也应提供相应证据证明。《合同法解释二》的起草资料也显示，解释制定者倾向认为，违约方需要提供足以让法官对违约金约定公平性产生怀疑的证据，然后法官可将举证责任分配给守约方：理由是违约方提出调整违约金的主张必须要有举证的责任，这符合"谁主张，谁举证"的一般规则，但考虑到证据掌握情况，比如违约方不可能举出守约方损失全部证据等因素，因此分配给其举出让法官对违约金约定公平性产生怀疑的证据即可。是故，赋予守约方相应的行为意义上的提交证据义务，既符合案件的实际情况，也较为公平合理。

此外，《纪要》第11条规定的30%的标准系沿用《合同法解释二》第二十九条第二款的规定，以保持法律适用的连续性、稳定性和统一性。

（四）其他相关问题

除上述问题外，《纪要》第2条至第4条、第6条至第10条，都是清理《民通意见》《合同法解释一》《合同法解释二》时予以保留并根据民法典和有关方面意见进行修改后形成的条文。

一是根据民法典的规定对应修改原条文引用的条文序号。

二是对标民法典对民法通则、合同法的修改，调整相应表述、删除已被民法典吸收的内容。例如，《纪要》第3条、第4条关于欺诈和胁迫的规定，较原条文在表述上作了调整，以体现民法典关于第三人欺诈和胁迫的规定。

三是根据有关方面的意见新增了部分内容。例如，《纪要》第9条新增了举证责任的规定："当事人对于其所主张的交易时交易地的指导价或者市场交易价承担举证责任。"

除了《纪要》第一部分规定内容外，《民通意见》和《合同法解释一》《合同法解释二》还有其他内容在司法实践中仍然具有指导价值，因此，《纪要》第12条专门规定了其他条文如何继续发挥指导作用。

要注意的是，实体性的内容必须不与民法典的精神冲突，且在实践中行之有效。例如，《民通意见》第3条、第4条关于限制民事行为能力人从事的民事活动是否与其年龄、智力、精神健康状况相适应的认定问题，第十一条关于监护人监护能力的认定问题，《合同法解释二》第二条规定的订立合同的其他形式问题等。程序性的内容必须不与民事诉讼法及相关法律的精神冲突。例如，《合同法解释一》第十七条代位权诉讼中债权人申请财产保全应当提供相应的财产担保，《民通意见》第32条关于失踪人的财产代管人可以作为原告起诉，作为被告应诉的规定等。

上述内容在新司法解释出台前，仍可作为司法实践的参考。例如，失踪人的财产代管人的诉讼地位问题，理论上有一定争议，有的认为应作为原告、被告，有的认为应属于失踪人的法定代理人，但实践中基本按照《民通意见》第32条规定将财产代管人列为原告、被告，因此在新司法解释对此作出明确前，原有做法仍可以继续沿用。

四、关于民法典及相关司法解释的新旧衔接适用问题

关于本部分规定，要特别注意准确把握以下三个问题。

（一）司法解释的时间效力问题

一般而言，司法解释溯及适用于所解释的法律的施行时间，例如，《合司法解释一》《合同法解释二》原则上溯及适用于合同法的施行时间。但本次司法解释清理中新制定的司法解释、《修改决定》和《废止决定》均是与民法典同步施行，即自2021年1月1日起施行。原则上，这些司法解释只向后发生效力，例外情形下才有向前发生效力的可能。把握上述司法解释时间效力问题的基本思路是以《时间效力规定》为依据。即根据《时间效力规定》应当适用民法典的，可以同时适用与民法典配套的新制定的司法解释和《修改决定》中根据民法典修改后的司法解释条文；根据《时间效力规定》应当适用当时的法律的，可以同时适用根据民法典修改前的司法解释和根据《废止决定》废止前的司法解释。但是，具体的法律或司法解释对于某司法解释的时间效力问题另有规定的除外。当然，由于本次司法解释清理是全面清理，部分司法解释的修改是为了与相应法律保持一致，例如，有的修改是根据2017年修正后的民事诉讼法作出的修改，此种情形并不涉及与溯及适用民法典的衔接问题。

（二）司法解释的引用问题

如前所述，民法典施行后的一段时间内，被废止的合同法等法律及司法解释以及根据《修改决定》修改前的司法解释，仍然有适用的空间；加上本次司法解释清理对司法解释作了大批量的修改，可以说是史无前例的，因而如何引用有关的法律和司法解释是各级人民法院在审判实践中十分关注的问题。

对此，可以按照以下思路办理。

1. 关于引用已废止司法解释的问题

根据案件情况需要引用已废止的司法解释条文作为裁判依据时，在裁判文书中先列明《时间效力规定》相关条文，后列明该废止的司法解释条文。这样就明确了案件裁判适用的是原有法律及司法解释的内容，这当然就包括已被废止的司法解释。需要同时引用民法通则、合同法等法律及行政法规等的，按照《最高人民法院关于裁判文书引用法律、法规等规范性法律文件的规定》确定引用条文顺序。

2. 关于引用《修改决定》所涉及的司法解释的问题

裁判文书中需要引用《修改决定》涉及的修改前的司法解释条文作为裁判依据时，先列明《时间效力规定》相关条文，后列明修改前司法解释名称、相应文号和具体条文。需要引用修改后的司法解释作为裁判依据时，在其名称后面以括号形式注明该司法解释的修改时间。本次司法解释清理采取一个修改决定修改若干个司法解释的方式，根据《修改决定》修改后的司法解释全文没有对应的文号，为便于区分，可在修改后的司法解释名称后注明修改时间。

3. 关于引用民法典有关规定的问题

民法典施行前的法律事实引起的民事纠纷案件，根据《时间效力规定》应当适用民法典的，同时列明民法典的具体条文和《时间效力规定》的相关条文。民法典施行后的法律事实引起的民事纠纷案件，当然适用民法典，因此裁判文书引用法律、司法解释时不必再引用《时间效力规定》的相关条文。

（三）按照《时间效力规定》第二条规定溯及适用的层报问题

《时间效力规定》第二条规定了溯及适用民法典的"三个有利于"标准，即更有利于保护民事主体合法权益，更有利于维护社会和经济秩序，更有利于弘扬社会主义核心价值观的，可以溯及适用民法典。但是有利溯及的标准需要严格限定，如果泛化有利溯及的标准和范围，无疑会冲击法不溯及既往的基本原则，改变当事人根据旧法所形成的合理预期，破坏社会生活和交易秩序的稳定；而且还可能会出现有的法院裁判溯及适用民法典某一条文，有的法院则不溯及适用的问题，影响法律秩序的统一。

为确保民法典适用的统一性，《纪要》第18条规定了溯及适用民法典的层报程序，要求除《时间效力规定》第二部分所列具体规定外，人民法院认为符合《时间效力规定》第二条规定，可以溯及适用民法典的，应当遵循以下程序：先由办案法院作好类案检索，经本院审委会讨论通过后层报高级人民法院；高级人民法院审委会讨论后认为符合《时间效力规定》第二条规定，应当溯及适用民法典的，报最高人民法院备案。

这样规定的主要考虑是：第一，充分保护当事人的合理预期，避免有利溯及的滥用；第二，民法典条文众多，有些内容如何适用还要进一步加强研究和总结经验，通过层报程序可以避免具体列举不全带来法律适用上的困难；第三，确保民法典新旧衔接适用裁判尺度在全国范围内的统一。

（撰稿人：郭锋、陈龙业、蒋家棣）

最高人民法院关于印发《全国法院民商事审判工作会议纪要》的通知

2019年11月8日 　　　　　　　　法〔2019〕254号

各省、自治区、直辖市高级人民法院，解放军军事法院，新疆维吾尔自治区高级人民法院生产建设兵团分院：

《全国法院民商事审判工作会议纪要》（以下简称《会议纪要》）已于2019年9月11日经最高人民法院审判委员会民事行政专业委员会第319次会议原则通过。为便于进一步学习领会和正确适用《会议纪要》，特作如下通知：

一、充分认识《会议纪要》出台的意义

《会议纪要》针对民商事审判中的前沿疑难争议问题，在广泛征求各方面意见的基础上，经最高人民法院审判委员会民事行政专业委员会讨论决定。《会议纪要》的出台，对统一裁判思路，规范法官自由裁量权，增强民商事审判的公开性、透明度以及可预期性，提高司法公信力具有重要意义。各级人民法院要正确把握和理解适用《会议纪要》的精神实质和基本内容。

二、及时组织学习培训

为使各级人民法院尽快准确理解掌握《会议纪要》的内涵，在案件审理中正确理解适用，各级人民法院要在妥善处理好工学关系的前提下，通过多种形式组织学习培训，做好宣传工作。

三、准确把握《会议纪要》的应用范围

纪要不是司法解释，不能作为裁判依据进行援引。《会议纪要》发布后，人民法院尚未审结的一审、二审案件，在裁判文书"本院认为"部分具体分析法律适用的理由时，可以根据《会议纪要》的相关规定进行说理。

对于适用中存在的问题，请层报最高人民法院。

全国法院民商事审判工作会议纪要

引　言

为全面贯彻党的十九大和十九届二中、三中全会以及中央经济工作会议、中央政法工作会议、全国金融工作会议精神，研究当前形势下如何进一步加强人民法院民商事审判工作，着力提升民商事审判工作能力和水平，为我国经济高质量发展提供更加有力的司法服务和保障，最高人民法院于2019年7月3日至4日在黑龙江省哈尔滨市召开了全国法院民商事审判工作会议。最高人民法院党组书记、院长周强同志出席会议并讲话。各省、自治区、直辖市高级人民法院分管民商事审判工作的副院长、承担民商事案件审判任务的审判庭庭长、解放军军事法院的代表、最高人民法院有关部门负责人在主会场出席会议,地方各级人民法院的其他负责同志和民商事审判法官在各地分会场通过视频参加会议。中央政法委、全国人大常委会法工委的代表、部分全国人大代表、全国政协委员、最高人民法院特约监督员、专家学者应邀参加会议。

会议认为,民商事审判工作必须坚持正确的政治方向,必须以习近平新时代中国特色社会主义思想武装头脑、指导实践、推动工作。一要坚持党的绝对领导。这是中国特色社会主义司法制度的本质特征和根本要求,是人民法院永远不变的根和魂。在民商事审判工作中,要切实增强"四个意识"、坚定"四个自信"、做到"两个维护",坚定不移走中国特色社会主义法治道路。二要坚持服务党和国家大局。认清形势,高度关注中国特色社会主义进入新时代背景下经济社会的重大变化、社会主要矛盾的历史性变化、各类风险隐患的多元多变,提高服务大局的自觉性、针对性,主动作为,勇于担当,处理好依法办案和服务大局的辩证关系,着眼于贯彻落实党中央的重大决策部署、维护人民群众的根本利益、维护法治的统一。三要坚持司法为民。牢固树立以人民为中心的发展思想,始终坚守人民立场,胸怀人民群众,满足人民需求,带着对人民群众的深厚感情和强烈责任感去做好民商事审判工作。在民商事审判工作中要弘扬社会主义核心价值观,注意情理法的交融平衡,做到以法为据、以理服人、以情感人,既要义正辞严讲清法理,又要循循善诱讲明事理,还要感同身受讲透情理,争取广大人民群众和社会的理解与支持。要建立健全方便人民群众诉讼的民商事审判工作机制。四要坚持公正司法。公平正义是中国特色社会主义制度的内在要求,也是我党治国理政的一贯主张。司法是维护社会公平正义的最后一道防线,必须把公平正义作为生命线,必须把公平正义作为镌刻在心中的价值坐标,必须把"努力让人民群众在每一个司法案件中感受到公平正义"作为矢志不渝的奋斗目标。

会议指出,民商事审判工作要树立正确的审判理念。注意辩证理解并准确把握契约自由、平等保护、诚实信用、公序良俗等民商事审判基本原则;注意树立请求权基础思维、逻辑和价值相一致思维、同案同判思维,通过检索类案、参考指导案例等方式统一裁判尺度,有效防止滥用自由裁量权;注意处理好民商事审判与行政监管的关系,通过穿透式审判思维,查明当事人的真实意思,探求真实法律关系;特别注意外观主义系民商法上的学理概括,并非现行法律规定的原则,现行法律只是规定了体现外观主义的具体规则,如《物权法》第106条规定的善意取得,《合同法》第49条、《民法总则》第172条规定的表见代理,《合同法》第50条规定的越权代表,审判实务中应当依据有关具体法律规则进行判断,类推适用亦应当以法律规则设定的情形、条件为基础。从现行法律规则看,外观主义是为保护交易安全设置的例外规定,一般适用于因合理信赖权利外观或意思表示外观的交易行为。实际权利人与名义权利人的关系,应注重财产的实质归属,而不单纯地取决于公示外观。总之,审判实务中要准确把握外观主义的适用边界,避免泛化和滥用。

会议对当前民商事审判工作中的一些疑难法律问题取得了基本一致的看法,现纪要如下:

一、关于民法总则适用的法律衔接

会议认为,民法总则施行后至民法典施行前,拟编入民法典但尚未完成修订的物权法、合同法等民商事基本法,以及不编入民法典的公司法、证券法、信托法、保险法、票据法等民商事特别法，均可能存在与民法总则规定不一致的情形。人民法院应当依照《立法法》第92条、《民法总则》第11条等规定，综合考虑新的规定优于旧的规定、特别规定优于一般规定等法律适用规则，依法处理好民法总则与相关法律的衔接问题，主要是处理好与民法通则、合同法、公司法的关系。

1.【民法总则与民法通则的关系及其适用】民法通则既规定了民法的一些基本制度和一般性规则，也规定了合同、所有权及其他财产权、知识产权、民事责任、涉外民事法律关系适用等具体内容。民法总则基本吸收了民法通则规定的基本制度和一般性规则，同时作了补充、完善和发展。民法通则规定的合同、所有权及其他财产权、民事责任等具体内容还需要在编撰民法典各分编时作进一步统筹，系统整合。因民法总则施行后暂不废止民法通则，在此之前，民法总则与民法通则规定不一致的，根据新的规定优于旧的规定的法律适用规则，适用民法总则的规定。最高人民法院已依据民法总则制定了关于诉讼时效问题的司法解释，而原依据民法通则制定的关于诉讼时效的司法解释，只要与民法总则不冲突，仍可适用。

2.【民法总则与合同法的关系及其适用】根据民法典编撰工作"两步走"的安排，民法总则施行后，目前正在进行民法典的合同编、物权编等各分编的编撰工作。民法典施行后，合同法不再保留。在这之前，因民法总则施行前成立的合同发生的纠纷，原则上适用合同法的有关规定处理。因民法总则施行后成立的合同发生的纠纷，如果合同法"总则"对此的规定与民法总则的规定不一致的，根据新的规定优于旧的规定的法律适用规则，适用民法总则的规定。例如，关于欺诈、胁迫问题，根据合同法的规定，只有合同当事人之间存在欺诈、胁迫行为的，被欺诈、胁迫一方才享有撤销合同的权利。而依民法总则的规定，第三人实施的欺诈、胁迫行为，被欺诈、胁迫一方也有撤销合同的权利。另外，合同法视欺诈、胁迫行为所损害利益的不同，对合同效力作出了不同规定：损害合同当事人利益的，属于可撤销或者可变更合同；损害国家利益的，则属于无效合同。民法总则则未加区别，规定一律按可撤销合同对待。再如，关于显失公平问题，合同法将显失公平与乘人之危作为两类不同的可撤销或者可变更合同事由，而民法总则则将二者合并为一类可撤销合同事由。

民法总则施行后发生的纠纷，在民法典施行前，如果合同法"分则"对此的规定与民法总则不一致的，根据特别规定优于一般规定的法律适用规则，适用合同法"分则"的规定。例如，民法总则仅规定了显名代理，没有规定《合同法》第402条的隐名代理和第403条的间接代理。在民法典施行前，这两条规定应当继续适用。

3.【民法总则与公司法的关系及其适用】民法总则与公司法的关系，是一般法与商事特别法的关系。民法总则第三章"法人"第一节"一般规定"和第二节"营利法人"基本上是根据公司法的有关规定提炼的，二者的精神大体一致。因此，涉及民法总则这一部分的内容，规定一致的，适用民法总则或者公司法皆可；规定不一致的，根据《民法总则》第11条有关"其他法律对民事关系有特别规定的，依照其规定"的规定，原则上应当适用公司法的规定。但应当注意也有例外情况，主要表现在两个方面：一是就同一事项，民法总则制定时有意修正公司法有关条款的，应当适用民法总则的规定。例如，《公司法》第32条第3款规定："公司应当将股东的姓名或者名称及其出资额向公司登记机关登记；登记事项发生变更的，应当办理变更登记。未经登记或者变更登记的，不得对抗第三人。"而《民法总则》第65条的规定则把"不得对抗第三人"修正为"不得对抗善意相对人"。经查询有关立法理由，可以认为，此种情况应当适用民法总则的规定。二是民法总则在公司法规定基础上增加了新内容的，如《公司法》第22条第2款就公司决议的撤销问题进行了规定，《民法总则》第85条在该条基础上增加规定："但是营利法人依据该决议与善意相对人形成的民事法律关系不受影响。"此时，也应当适用民法总则的规定。

4.【民法总则的时间效力】根据"法不溯及既往"的原则，民法总则原则上没有溯及力，故只能适用于施行后发生的法律事实；民法总则施行前发生的法律事实，适用当时的法律；某一法律事实发生在民法总则施行前，其行为延续至民法总则施行后的，适用民法总则的规定。但要注意有例外情形，如虽然法律事实发生在民法总则施行前，但当时的法律对此没有规定而民法总则有规定的，例如，对于虚伪意思表示、第三人实施欺诈行为，合同法均无规定，发生纠纷后，基于"法官不得拒绝裁判"规则，可以将民法总则的相关规定作为裁判依据。又如，民法总则施行前成立的合同，根据当时的法律应当认定无效，而根据民法总则应当认定有效或者可撤销的，应当适用民法总则的规定。

在民法总则无溯及力的场合，人民法院应当依据法律事实发生时的法律进行裁判，但如果法律事实发生时的法律虽有规定，但内容不具体、不明确的，如关于无权代理在被代理人不予追认时的法律后果，民法通则和合同法均规定由行为人承担民事责任，但对民事责任的性质和方式没有规定，而民法总则对此有明确且详细的规定，人民法院在审理案件时，就可以在裁判文书的说理部分将民法总则规定的内容作为解释法律事实发生时法律规定的参考。

二、关于公司纠纷案件的审理

会议认为，审理好公司纠纷案件，对于保护交易安全和投资安全，激发经济活力，增强投资创业信心，具有重要意义。要依法协调好公司债权人、股东、公司等各种利益主体之间的关系，处理好公司外部与内部的关系，解决好公司自治与司法介入的关系。

（一）关于"对赌协议"的效力及履行

实践中俗称的"对赌协议"，又称估值调整协议，是指投资方与融资方在达成股权性融资协议时，为解决交易双方对目标公司未来发展的不确定性、信息不对称以及代理成本而设计的包含了股权回购、金钱补偿等对未来目标公司的估值进行调整的协议。从订立"对赌协议"的主体来看，有投资方与目标公司的股东或者实际控制人"对赌"、投资方与目标公司"对赌"、投资方与目标公司的股东、目标公司"对赌"等形式。人民法院在审理"对赌协议"纠纷案件时，不仅应当适用合同法的相关规定，还应当适用公司法的相关规定；既要坚持鼓励投资方对实体企业特别是科技创新企业投资原则，从而在一定程度上缓解企业融资难问题，又要贯彻资本维持原则和保护债权人合法权益原则，依法平衡投资方、公司债权人、公司之间的利益。对于投资方与目标公司的股东或者实际控制人订立的"对赌协议"，如无其他无效事由，认定有效并支持实际履行，实践中并无争议。但投资方与目标公司订立的"对赌协议"是否有效以及能否实际履行，存在争议。对此，应当把握如下处理规则：

5.【与目标公司"对赌"】投资方与目标公司订立的"对赌协议"在不存在法定无效事由的情况下，目标公司仅以存在股权回购或者金钱补偿约定为由，主张"对赌协议"无效的,人民法院不予支持,但投资方主张实际履行的,人民法院应当审查是否符合公司法关于"股东不得抽逃出资"及股份回购的强制性规定,判决是否支持其诉讼请求。

投资方请求目标公司回购股权的,人民法院应当依据《公司法》第35条关于"股东不得抽逃出资"或者第142条关于股份回购的强制性规定进行审查。经审查,目标公司未完成减资程序的,人民法院应当驳回其诉讼请求。

投资方请求目标公司承担金钱补偿义务的,人民法院应当依据《公司法》第35条关于"股东不得抽逃出资"和第166条关于利润分配的强制性规定进行审查。经审查,目标公司没有利润或者虽有利润但不足以补偿投资方的,人民法院应当驳回或者部分支持其诉讼请求。今后目标公司有利润时,投资方还可以依据该事实另行提起诉讼。

(二)关于股东出资加速到期及表决权

6.【股东出资应否加速到期】在注册资本认缴制下,股东依法享有期限利益。债权人以公司不能清偿到期债务为由,请求未届出资期限的股东在未出资范围内对公司不能清偿的债务承担补充赔偿责任的,人民法院不予支持。但是,下列情形除外:

(1)公司作为被执行人的案件,人民法院穷尽执行措施无财产可供执行,已具备破产原因,但不申请破产的;

(2)在公司债务产生后,公司股东(大)会决议或以其他方式延长股东出资期限的。

7.【表决权能否受限】股东认缴的出资未届履行期限,对未缴纳部分的出资是否享有以及如何行使表决权等问题,应当根据公司章程来确定。公司章程没有规定的,应当按照认缴出资的比例确定。如果股东(大)会作出不按认缴出资比例而按实际出资比例或者其他标准确定表决权的决议,股东请求确认决议无效的,人民法院应当审查该决议是否符合修改公司章程所要求的表决程序,即必须经代表三分之二以上表决权的股东通过。符合的,人民法院不予支持;反之,则依法予以支持。

(三)关于股权转让

8.【有限责任公司的股权变动】当事人之间转让有限责任公司股权,受让人以其姓名或者名称已记载于股东名册为由主张其已经取得股权的,人民法院依法予以支持,但法律、行政法规规定应当办理批准手续生效的股权转让除外。未向公司登记机关办理股权变更登记的,不得对抗善意相对人。

9.【侵犯优先购买权的股权转让合同的效力】审判实践中,部分人民法院对公司法司法解释(四)第21条规定的理解存在偏差,往往以保护其他股东的优先购买权为由认定股权转让合同无效。准确理解该条规定,既要注意保护其他股东的优先购买权,也要注意保护股东以外的股权受让人的合法权益,正确认定有限责任公司的股东与股东以外的股权受让人订立的股权转让合同的效力。一方面,其他股东依法享有优先购买权,在其主张按照股权转让合同约定的同等条件购买股权的情况下,应当支持其诉讼请求,除非出现该条第1款规定的情形。另一方面,为保护股东以外的股权受让人的合法权益,股权转让合同如无其他影响合同效力的事由,应当认定有效。其他股东行使优先购买权的,虽然股东以外的股权受让人关于继续履行股权转让合同的请求不能得到支持,但不影响其依约请求转让股东承担相应的违约责任。

（四）关于公司人格否认

公司人格独立和股东有限责任是公司法的基本原则。否认公司独立人格，由滥用公司法人独立地位和股东有限责任的股东对公司债务承担连带责任，是股东有限责任的例外情形，旨在矫正有限责任制度在特定法律事实发生时对债权人保护的失衡现象。在审判实践中，要准确把握《公司法》第20条第3款规定的精神。一是只有在股东实施了滥用公司法人独立地位及股东有限责任的行为，且该行为严重损害了公司债权人利益的情况下，才能适用。损害债权人利益，主要是指股东滥用权利使公司财产不足以清偿公司债权人的债权。二是只有实施了滥用法人独立地位和股东有限责任行为的股东才对公司债务承担连带清偿责任，而其他股东不应承担此责任。三是公司人格否认不是全面、彻底、永久地否定公司的法人资格，而只是在具体案件中依据特定的法律事实、法律关系，突破股东对公司债务不承担责任的一般规则，例外地判令其承担连带责任。人民法院在个案中否认公司人格的判决的既判力仅仅约束该诉讼的各方当事人，不当然适用于涉及该公司的其他诉讼，不影响公司独立法人资格的存续。如果其他债权人提起公司人格否认诉讼，已生效判决认定的事实可以作为证据使用。四是《公司法》第20条第3款规定的滥用行为，实践中常见的情形有人格混同、过度支配与控制、资本显著不足等。在审理案件时，需要根据查明的案件事实进行综合判断，既审慎适用，又当用则用。实践中存在标准把握不严而滥用这一例外制度的现象，同时也存在因法律规定较为原则、抽象，适用难度大，而不善于适用、不敢于适用的现象，均应当引起高度重视。

10.【人格混同】认定公司人格与股东人格是否存在混同，最根本的判断标准是公司是否具有独立意思和独立财产，最主要的表现是公司的财产与股东的财产是否混同且无法区分。在认定是否构成人格混同时，应当综合考虑以下因素：

（1）股东无偿使用公司资金或者财产，不作财务记载的；

（2）股东用公司的资金偿还股东的债务，或者将公司的资金供关联公司无偿使用，不作财务记载的；

（3）公司账簿与股东账簿不分，致使公司财产与股东财产无法区分的；

（4）股东自身收益与公司盈利不加区分，致使双方利益不清的；

（5）公司的财产记载于股东名下，由股东占有、使用的；

（6）人格混同的其他情形。

在出现人格混同的情况下，往往同时出现以下混同：公司业务和股东业务混同；公司员工与股东员工混同，特别是财务人员混同；公司住所与股东住所混同。人民法院在审理案件时，关键要审查是否构成人格混同，而不要求同时具备其他方面的混同，其他方面的混同往往只是人格混同的补强。

11.【过度支配与控制】公司控制股东对公司过度支配与控制，操纵公司的决策过程，使公司完全丧失独立性，沦为控制股东的工具或躯壳，严重损害公司债权人利益，应当否认公司人格，由滥用控制权的股东对公司债务承担连带责任。实践中常见的情形包括：

（1）母子公司之间或者子公司之间进行利益输送的；

（2）母子公司或者子公司之间进行交易，收益归一方，损失却由另一方承担的；

（3）先从原公司抽走资金，然后再成立经营目的相同或者类似的公司，逃避原公司债务的；

（4）先解散公司，再以原公司场所、设备、人员及相同或者相似的经营目的另设公司，逃避原公司债务的；

（5）过度支配与控制的其他情形。

控制股东或实际控制人控制多个子公司或者关联公司，滥用控制权使多个子公司或者关联公司财产边界不清、财务混同，利益相互输送，丧失人格独立性，沦为控制股东逃避债务、非法经营，甚至违法犯罪工具的，可以综合案件事实，否认子公司或者关联公司法人人格，判令承担连带责任。

12.【资本显著不足】资本显著不足指的是，公司设立后在经营过程中，股东实际投入公司的资本数额与公司经营所隐含的风险相比明显不匹配。股东利用较少资本从事力所不及的经营，表明其没有从事公司经营的诚意，实质是恶意利用公司独立人格和股东有限责任把投资风险转嫁给债权人。由于资本显著不足的判断标准有很大的模糊性，特别是要与公司采取"以小博大"的正常经营方式相区分，因此在适用时要十分谨慎，应当与其他因素结合起来综合判断。

13.【诉讼地位】人民法院在审理公司人格否认纠纷案件时，应当根据不同情形确定当事人的诉讼地位：

（1）债权人对债务人公司享有的债权已经由生效裁判确认，其另行提起公司人格否认诉讼，请求股东对公司债务承担连带责任的，列股东为被告，公司为第三人；

（2）债权人对债务人公司享有的债权提起诉讼的同时，一并提起公司人格否认诉讼，请求股东对公司债务承担连带责任的，列公司和股东为共同被告；

（3）债权人对债务人公司享有的债权尚未经生效裁判确认，直接提起公司人格否认诉讼，请求公司股东对公司债务承担连带责任的，人民法院应当向债权人释明，告知其追加公司为共同被告。债权人拒绝追加的，人民法院应当裁定驳回起诉。

（五）关于有限责任公司清算义务人的责任

关于有限责任公司股东清算责任的认定，一些案件的处理结果不适当地扩大了股东的清算责任。特别是实践中出现了一些职业债权人，从其他债权人处大批量超低价收购僵尸企业的"陈年旧账"后，对批量僵尸企业提起强制清算之诉，在获得人民法院对公司主要财产、账册、重要文件等灭失的认定后，根据公司法司法解释（二）第18条第2款的规定，请求有限责任公司的股东对公司债务承担连带清偿责任。有的人民法院没有准确把握上述规定的适用条件，判决没有"怠于履行义务"的小股东或者虽"怠于履行义务"但与公司主要财产、账册、重要文件等灭失没有因果关系的小股东对公司债务承担远远超过其出资数额的责任，导致出现利益明显失衡的现象。需要明确的是，上述司法解释关于有限责任公司股东清算责任的规定，其性质是因股东怠于履行清算义务致使公司无法清算所应当承担的侵权责任。在认定有限责任公司股东是否应当对债权人承担侵权赔偿责任时，应当注意以下问题：

14.【怠于履行清算义务的认定】公司法司法解释（二）第18条第2款规定的"怠于履行义务"，是指有限责任公司的股东在法定清算事由出现后，在能够履行清算义务的情况下，故意拖延、拒绝履行清算义务，或者因过失导致无法进行清算的消极行为。股东举证证明其已经为履行清算义务采取了积极措施，或者小股东举证证明其既不是公司董事会或者监事会成员，也没有选派人员担任该机关成员，且从未参与公司经营管理，以不构成"怠于履行义务"为由，主张其不应当对公司债务承担连带清偿责任的，人民法院依法予以支持。

15.【因果关系抗辩】有限责任公司的股东举证证明其"怠于履行义务"的消极不作为与"公司主要财产、账册、重要文件等灭失，无法进行清算"的结果之间没有因果关系，主张其不应对公司债务承担连带清偿责任的，人民法院依法予以支持。

16.【诉讼时效期间】公司债权人请求股东对公司债务承担连带清偿责任，股东以公司债权人对公司的债权已经超过诉讼时效期间为由抗辩，经查证属实的，人民法院依法予以支持。

公司债权人以公司法司法解释（二）第18条第2款为依据，请求有限责任公司的股东对公司债务承担连带清偿责任的，诉讼时效期间自公司债权人知道或者应当知道公司无法进行清算之日起计算。

（六）关于公司为他人提供担保

关于公司为他人提供担保的合同效力问题，审判实践中裁判尺度不统一，严重影响了司法公信力，有必要予以规范。对此，应当把握以下几点：

17.【违反《公司法》第16条构成越权代表】为防止法定代表人随意代表公司为他人提供担保给公司造成损失，损害中小股东利益，《公司法》第16条对法定代表人的代表权进行了限制。根据该条规定，担保行为不是法定代表人所能单独决定的事项，而必须以公司股东（大）会、董事会等公司机关的决议作为授权的基础和来源。法定代表人未经授权擅自为他人提供担保的，构成越权代表，人民法院应当根据《合同法》第50条关于法定代表人越权代表的规定，区分订立合同时债权人是否善意分别认定合同效力：债权人善意的，合同有效；反之，合同无效。

18.【善意的认定】前条所称的善意，是指债权人不知道或者不应当知道法定代表人超越权限订立担保合同。《公司法》第16条对关联担保和非关联担保的决议机关作出了区别规定，相应地，在善意的判断标准上也应当有所区别。一种情形是，为公司股东或者实际控制人提供关联担保，《公司法》第16条明确规定必须由股东（大）会决议，未经股东（大）会决议，构成越权代表。在此情况下，债权人主张担保合同有效，应当提供证据证明其在订立合同时对股东（大）会决议进行了审查，决议的表决程序符合《公司法》第16条的规定，即在排除被担保股东表决权的情况下，该项表决由出席会议的其他股东所持表决权的过半数通过，签字人员也符合公司章程的规定。另一种情形是，公司为公司股东或者实际控制人以外的人提供非关联担保，根据《公司法》第16条的规定，此时由公司章程规定是由董事会决议还是股东（大）会决议。无论章程是否对决议机关作出规定，也无论章程规定决议机关为董事会还是股东（大）会，根据《民法总则》第61条第3款关于"法人章程或者法人权力机构对法定代表人代表权的限制，不得对抗善意相对人"的规定，只要债权人能够证明其在订立担保合同时对董事会决议或者股东（大）会决议进行了审查，同意决议的人数及签字人员符合公司章程的规定，就应当认定其构成善意，但公司能够证明债权人明知公司章程对决议机关有明确规定的除外。

债权人对公司机关决议内容的审查一般限于形式审查，只要求尽到必要的注意义务即可，标准不宜太过严苛。公司以机关决议系法定代表人伪造或者变造、决议程序违法、签章（名）不实、担保金额超过法定限额等事由抗辩债权人非善意的，人民法院一般不予支持。但是，公司有证据证明债权人明知决议系伪造或者变造的除外。

19.【无须机关决议的例外情况】存在下列情形的，即便债权人知道或者应当知道没有公司机关决议，也应当认定担保合同符合公司的真实意思表示，合同有效：

(1) 公司是以为他人提供担保为主营业务的担保公司，或者是开展保函业务的银行或者非银行金融机构；

(2) 公司为其直接或者间接控制的公司开展经营活动向债权人提供担保；

(3) 公司与主债务人之间存在相互担保等商业合作关系；

(4) 担保合同系由单独或者共同持有公司三分之二以上有表决权的股东签字同意。

20.【越权担保的民事责任】依据前述 3 条规定，担保合同有效，债权人请求公司承担担保责任的，人民法院依法予以支持；担保合同无效，债权人请求公司承担担保责任的，人民法院不予支持，但可以按照担保法及有关司法解释关于担保无效的规定处理。公司举证证明债权人明知法定代表人超越权限或者机关决议系伪造或者变造，债权人请求公司承担合同无效后的民事责任的，人民法院不予支持。

21.【权利救济】法定代表人的越权担保行为给公司造成损失，公司请求法定代表人承担赔偿责任的，人民法院依法予以支持。公司没有提起诉讼，股东依据《公司法》第 151 条的规定请求法定代表人承担赔偿责任的，人民法院依法予以支持。

22.【上市公司为他人提供担保】债权人根据上市公司公开披露的关于担保事项已经董事会或者股东大会决议通过的信息订立的担保合同，人民法院应当认定有效。

23.【债务加入准用担保规则】法定代表人以公司名义与债务人约定加入债务并通知债权人或者向债权人表示愿意加入债务，该约定的效力问题，参照本纪要关于公司为他人提供担保的有关规则处理。

（七）关于股东代表诉讼

24.【何时成为股东不影响起诉】股东提起股东代表诉讼，被告以行为发生时原告尚未成为公司股东为由抗辩该股东不是适格原告的，人民法院不予支持。

25.【正确适用前置程序】根据《公司法》第 151 条的规定，股东提起代表诉讼的前置程序之一是，股东必须先书面请求公司有关机关向人民法院提起诉讼。一般情况下，股东没有履行该前置程序的，应当驳回起诉。但是，该项前置程序针对的是公司治理的一般情况，即在股东向公司有关机关提出书面申请之时，存在公司有关机关提起诉讼的可能性。如果查明的相关事实表明，根本不存在该种可能性的，人民法院不应当以原告未履行前置程序为由驳回起诉。

26.【股东代表诉讼的反诉】股东依据《公司法》第 151 条第 3 款的规定提起股东代表诉讼后，被告以原告股东恶意起诉侵犯其合法权益为由提起反诉的，人民法院应予受理。被告以公司在案涉纠纷中应当承担侵权或者违约等责任为由对公司提出的反诉，因不符合反诉的要件，人民法院应当裁定不予受理；已经受理的，裁定驳回起诉。

27.【股东代表诉讼的调解】公司是股东代表诉讼的最终受益人，为避免因原告股东与被告通过调解损害公司利益，人民法院应当审查调解协议是否为公司的意思。只有在调解协议经公司股东（大）会、董事会决议通过后，人民法院才能出具调解书予以确认。至于具体决议机关，取决于公司章程的规定。公司章程没有规定的，人民法院应当认定公司股东（大）会为决议机关。

（八）其他问题

28.【实际出资人显名的条件】实际出资人能够提供证据证明有限责任公司过半数的其他股东知道其实际出资的事实，且对其实际行使股东权利未曾提出异议的，对实际出资人提出的登记为公司股东的请求，人民法院依法予以支持。公司以实际出资人的请求不符合公司法司法解释（三）第24条的规定为由抗辩的，人民法院不予支持。

29.【请求召开股东（大）会不可诉】公司召开股东（大）会本质上属于公司内部治理范围。股东请求判令公司召开股东（大）会的，人民法院应当告知其按照《公司法》第40条或者第101条规定的程序自行召开。股东坚持起诉的，人民法院应当裁定不予受理；已经受理的，裁定驳回起诉。

三、关于合同纠纷案件的审理

会议认为，合同是市场化配置资源的主要方式，合同纠纷也是民商事纠纷的主要类型。人民法院在审理合同纠纷案件时，要坚持鼓励交易原则，充分尊重当事人的意思自治。要依法审慎认定合同效力。要根据诚实信用原则，合理解释合同条款、确定履行内容，合理确定当事人的权利义务关系，审慎适用合同解除制度，依法调整过高的违约金，强化对守约者诚信行为的保护力度，提高违法违约成本，促进诚信社会构建。

（一）关于合同效力

人民法院在审理合同纠纷案件过程中，要依职权审查合同是否存在无效的情形，注意无效与可撤销、未生效、效力待定等合同效力形态之间的区别，准确认定合同效力，并根据效力的不同情形，结合当事人的诉讼请求，确定相应的民事责任。

30.【强制性规定的识别】合同法施行后，针对一些人民法院动辄以违反法律、行政法规的强制性规定为由认定合同无效，不当扩大无效合同范围的情形，合同法司法解释（二）第14条将《合同法》第52条第5项规定的"强制性规定"明确限于"效力性强制性规定"。此后，《最高人民法院关于当前形势下审理民商事合同纠纷案件若干问题的指导意见》进一步提出了"管理性强制性规定"的概念，指出违反管理性强制性规定的，人民法院应当根据具体情形认定合同效力。随着这一概念的提出，审判实践中又出现了另一种倾向，有的人民法院认为凡是行政管理性质的强制性规定都属于"管理性强制性规定"，不影响合同效力。这种望文生义的认定方法，应予纠正。

人民法院在审理合同纠纷案件时，要依据《民法总则》第153条第1款和合同法司法解释（二）第14条的规定慎重判断"强制性规定"的性质，特别是要在考量强制性规定所保护的法益类型、违法行为的法律后果以及交易安全保护等因素的基础上认定其性质，并在裁判文书中充分说明理由。下列强制性规定，应当认定为"效力性强制性规定"：强制性规定涉及金融安全、市场秩序、国家宏观政策等公序良俗的；交易标的禁止买卖的，如禁止人体器官、毒品、枪支等买卖；违反特许经营规定的，如场外配资合同；交易方式严重违法的，如违反招投标等竞争性缔约方式订立的合同；交易场所违法的，如在批准的交易场所之外进行期货交易。关于经营范围、交易时间、交易数量等行政管理性质的强制性规定，一般应当认定为"管理性强制性规定"。

31.【违反规章的合同效力】违反规章一般情况下不影响合同效力，但该规章的内容涉及金融安全、市场秩序、国家宏观政策等公序良俗的，应当认定合同无效。人民法院在认定规章是否涉及公序良俗时,要在考察规范对象基础上,兼顾监管强度、交易安全保护以及社会影响等方面进行慎重考量,并在裁判文书中进行充分说理。

32.【合同不成立、无效或者被撤销的法律后果】《合同法》第58条就合同无效或者被撤销时的财产返还责任和损害赔偿责任作了规定,但未规定合同不成立的法律后果。考虑到合同不成立时也可能发生财产返还和损害赔偿责任问题,故应当参照适用该条的规定。

在确定合同不成立、无效或者被撤销后财产返还或者折价补偿范围时,要根据诚实信用原则的要求,在当事人之间合理分配,不能使不诚信的当事人因合同不成立、无效或者被撤销而获益。合同不成立、无效或者被撤销情况下,当事人所承担的缔约过失责任不应超过合同履行利益。比如,依据《最高人民法院关于审理建设工程施工合同纠纷案件适用法律问题的解释》第2条规定,建设工程施工合同无效,在建设工程经竣工验收合格情况下,可以参照合同约定支付工程款,但除非增加了合同约定之外新的工程项目,一般不应超出合同约定支付工程款。

33.【财产返还与折价补偿】合同不成立、无效或者被撤销后,在确定财产返还时,要充分考虑财产增值或者贬值的因素。双务合同不成立、无效或者被撤销后,双方因该合同取得财产的,应当相互返还。应予返还的股权、房屋等财产相对于合同约定价款出现增值或者贬值的,人民法院要综合考虑市场因素、受让人的经营或者添附等行为与财产增值或者贬值之间的关联性,在当事人之间合理分配或者分担,避免一方因合同不成立、无效或者被撤销而获益。在标的物已经灭失、转售他人或者其他无法返还的情况下,当事人主张返还原物的,人民法院不予支持,但其主张折价补偿的,人民法院依法予以支持。折价时,应当以当事人交易时约定的价款为基础,同时考虑当事人在标的物灭失或者转售时的获益情况综合确定补偿标准。标的物灭失时当事人获得的保险金或者其他赔偿金,转售时取得的对价,均属于当事人因标的物而获得的利益。对获益高于或者低于价款的部分,也应当在当事人之间合理分配或者分担。

34.【价款返还】双务合同不成立、无效或者被撤销时,标的物返还与价款返还互为对待给付,双方应当同时返还。关于应否支付利息问题,只要一方对标的物有使用情形的,一般应当支付使用费,该费用可与占有价款一方应当支付的资金占用费相互抵销,故在一方返还原物前,另一方仅须支付本金,而无须支付利息。

35.【损害赔偿】合同不成立、无效或者被撤销时,仅返还财产或者折价补偿不足以弥补损失,一方还可以向有过错的另一方请求损害赔偿。在确定损害赔偿范围时,既要根据当事人的过错程度合理确定责任,又要考虑在确定财产返还范围时已经考虑过的财产增值或者贬值因素,避免双重获利或者双重受损的现象发生。

36.【合同无效时的释明问题】在双务合同中,原告起诉请求确认合同有效并请求继续履行合同,被告主张合同无效的,或者原告起诉请求确认合同无效并返还财产,而被告主张合同有效的,都要防止机械适用"不告不理"原则,仅就当事人的诉讼请求进行审理,而应向原告释明变更或者增加诉讼请求,或者向被告释明提出同时履行抗辩,尽可能一次性解决纠纷。例如,基于合同有给付行为的原告请求确认合同无效,但并未提出返还原物或者折价补偿、赔偿损失等请求的,人民法院应当向其释明,告知其一并提出相应诉讼请求;原告请求确认合同无效并要求被告返还原物或者赔偿损失,被告基于合同也有给付行为的,人民法院同样应当向被告释明,告知其也可以提出返还请求;人民法院经审理认定合同无效的,除了要在判决书"本院认为"部分对同时返还作出认定外,还应当在判项中作出明确表述,避免因判令单方返还而出现不公平的结果。

第一审人民法院未予释明,第二审人民法院认为应当对合同不成立、无效或者被撤销的法律后果作出判决的,可以直接释明并改判。当然,如果返还财产或者赔偿损失的范围确实难以确定或者双方争议较大的,也可以告知当事人通过另行起诉等方式解决,并在裁判文书中予以明确。

当事人按照释明变更诉讼请求或者提出抗辩的,人民法院应当将其归纳为案件争议焦点,组织当事人充分举证、质证、辩论。

37.【未经批准合同的效力】法律、行政法规规定某类合同应当办理批准手续生效的,如商业银行法、证券法、保险法等法律规定购买商业银行、证券公司、保险公司5%以上股权须经相关主管部门批准,依据《合同法》第44条第2款的规定,批准是合同的法定生效条件,未经批准的合同因欠缺法律规定的特别生效条件而未生效。实践中的一个突出问题是,把未生效合同认定为无效合同,或者虽认定为未生效,却按无效合同处理。无效合同从本质上来说是欠缺合同的有效要件,或者具有合同无效的法定事由,自始不发生法律效力。而未生效合同已具备合同的有效要件,对双方具有一定的拘束力,任何一方不得擅自撤回、解除、变更,但因欠缺法律、行政法规规定或当事人约定的特别生效条件,在该生效条件成就前,不能产生请求对方履行合同主要权利义务的法律效力。

38.【报批义务及相关违约条款独立生效】须经行政机关批准生效的合同,对报批义务及未履行报批义务的违约责任等相关内容作出专门约定的,该约定独立生效。一方因另一方不履行报批义务,请求解除合同并请求其承担合同约定的相应违约责任的,人民法院依法予以支持。

39.【报批义务的释明】须经行政机关批准生效的合同,一方请求另一方履行合同主要权利义务的,人民法院应当向其释明,将诉讼请求变更为请求履行报批义务。一方变更诉讼请求的,人民法院依法予以支持;经释明后当事人拒绝变更的,应当驳回其诉讼请求,但不影响其另行提起诉讼。

40.【判决履行报批义务后的处理】人民法院判决一方履行报批义务后,该当事人拒绝履行,经人民法院强制执行仍未履行,对方请求其承担合同违约责任的,人民法院依法予以支持。一方依据判决履行报批义务,行政机关予以批准,合同发生完全的法律效力,其请求对方履行合同的,人民法院依法予以支持;行政机关没有批准,合同不具有法律上的可履行性,一方请求解除合同的,人民法院依法予以支持。

41.【盖章行为的法律效力】司法实践中,有些公司有意刻制两套甚至多套公章,有的法定代表人或者代理人甚至私刻公章,订立合同时恶意加盖非备案的公章或者假公章,发生纠纷后法人以加盖的是假公章为由否定合同效力的情形并不鲜见。人民法院在审理案件时,应当主要审查签约人于盖章之时有无代表权或者代理权,从而根据代表或者代理的相关规则来确定合同的效力。

法定代表人或者其授权之人在合同上加盖法人公章的行为,表明其是以法人名义签订合同,除《公司法》第16条等法律对其职权有特别规定的情形外,应当由法人承担相应的法律后果。法人以法定代表人事后已无代表权、加盖的是假章、所盖之章与备案公章不一致等为由否定合同效力的，人民法院不予支持。

代理人以被代理人名义签订合同，要取得合法授权。代理人取得合法授权后，以被代理人名义签订的合同，应当由被代理人承担责任。被代理人以代理人事后已无代理权、加盖的是假章、所盖之章与备案公章不一致等为由否定合同效力的，人民法院不予支持。

42.【撤销权的行使】撤销权应当由当事人行使。当事人未请求撤销的，人民法院不应当依职权撤销合同。一方请求另一方履行合同，另一方以合同具有可撤销事由提出抗辩的，人民法院应当在审查合同是否具有可撤销事由以及是否超过法定期间等事实的基础上，对合同是否可撤销作出判断，不能仅以当事人未提起诉讼或者反诉为由不予审查或者不予支持。一方主张合同无效，依据的却是可撤销事由，此时人民法院应当全面审查合同是否具有无效事由以及当事人主张的可撤销事由。当事人关于合同无效的事由成立的，人民法院应当认定合同无效。当事人主张合同无效的理由不成立，而可撤销的事由成立的，因合同无效和可撤销的后果相同，人民法院也可以结合当事人的诉讼请求，直接判决撤销合同。

（二）关于合同履行与救济

在认定以物抵债协议的性质和效力时，要根据订立协议时履行期限是否已经届满予以区别对待。合同解除、违约责任都是非违约方寻求救济的主要方式，人民法院在认定合同应否解除时，要根据当事人有无解除权、是约定解除还是法定解除等不同情形，分别予以处理。在确定违约责任时，尤其要注意依法适用违约金调整的相关规则，避免简单地以民间借贷利率的司法保护上限作为调整依据。

43.【抵销】抵销权既可以通知的方式行使，也可以提出抗辩或者提起反诉的方式行使。抵销的意思表示自到达对方时生效，抵销一经生效，其效力溯及自抵销条件成就之时，双方互负的债务在同等数额内消灭。双方互负的债务数额，是截至抵销条件成就之时各自负有的包括主债务、利息、违约金、赔偿金等在内的全部债务数额。行使抵销权一方享有的债权不足以抵销全部债务数额，当事人对抵销顺序又没有特别约定的，应当根据实现债权的费用、利息、主债务的顺序进行抵销。

44.【履行期届满后达成的以物抵债协议】当事人在债务履行期限届满后达成以物抵债协议，抵债物尚未交付债权人，债权人请求债务人交付的，人民法院要着重审查以物抵债协议是否存在恶意损害第三人合法权益等情形，避免虚假诉讼的发生。经审查，不存在以上情况，且无其他无效事由的，人民法院依法予以支持。

当事人在一审程序中因达成以物抵债协议申请撤回起诉的，人民法院可予准许。当事人在二审程序中申请撤回上诉的，人民法院应当告知其申请撤回起诉。当事人申请撤回起诉，经审查不损害国家利益、社会公共利益、他人合法权益的，人民法院可予准许。当事人不申请撤回起诉，请求人民法院出具调解书对以物抵债协议予以确认的，因债务人完全可以立即履行该协议，没有必要由人民法院出具调解书，故人民法院不应准许，同时应当继续对原债权债务关系进行审理。

45.【履行期届满前达成的以物抵债协议】当事人在债务履行期届满前达成以物抵债协议，抵债物尚未交付债权人，债权人请求债务人交付的，因此种情况不同于本纪要第71条规定的让与担保，人民法院应当向其释明，其应当根据原债权债务关系提起诉讼。经释明后当事人仍拒绝变更诉讼请求的，应当驳回其诉讼请求，但不影响其根据原债权债务关系另行提起诉讼。

46.【通知解除的条件】审判实践中，部分人民法院对合同法司法解释（二）第24条的理解存在偏差，认为不论发出解除通知的一方有无解除权，只要另一方未在异议期限内以起诉方式提出异议，就判令解除合同，这不符合合同法关于合同解除权行使的有关规定。对该条的准确理解是，只有享有法定或者约定解除权的当事人才能以通知方式解除合同。不享有解除权的一方向另一方发出解除通知，另一方即便未在异议期限内提起诉讼，也不发生合同解除的效果。人民法院在审理案件时，应当审查发出解除通知的一方是否享有约定或者法定的解除权来决定合同应否解除，不能仅以受通知一方在约定或者法定的异议期限届满内未起诉这一事实就认定合同已经解除。

47.【约定解除条件】合同约定的解除条件成就时，守约方以此为由请求解除合同的，人民法院应当审查违约方的违约程度是否显著轻微，是否影响守约方合同目的实现，根据诚实信用原则，确定合同应否解除。违约方的违约程度显著轻微，不影响守约方合同目的实现，守约方请求解除合同的，人民法院不予支持；反之，则依法予以支持。

48.【违约方起诉解除】违约方不享有单方解除合同的权利。但是，在一些长期性合同如房屋租赁合同履行过程中，双方形成合同僵局，一概不允许违约方通过起诉的方式解除合同，有时对双方都不利。在此前提下，符合下列条件，违约方起诉请求解除合同的，人民法院依法予以支持：

（1）违约方不存在恶意违约的情形；
（2）违约方继续履行合同，对其显失公平；
（3）守约方拒绝解除合同，违反诚实信用原则。

人民法院判决解除合同的，违约方本应当承担的违约责任不能因解除合同而减少或者免除。

49.【合同解除的法律后果】合同解除时，一方依据合同中有关违约金、约定损害赔偿的计算方法、定金责任等违约责任条款的约定，请求另一方承担违约责任的，人民法院依法予以支持。

双务合同解除时人民法院的释明问题，参照本纪要第36条的相关规定处理。

50.【违约金过高标准及举证责任】认定约定违约金是否过高，一般应当以《合同法》第113条规定的损失为基础进行判断，这里的损失包括合同履行后可以获得的利益。除借款合同外的双务合同，作为对价的价款或者报酬给付之债，并非借款合同项下的还款义务，不能以受法律保护的民间借贷利率上限作为判断违约金是否过高的标准，而应当兼顾合同履行情况、当事人过错程度以及预期利益等因素综合确定。主张违约金过高的违约方应当对违约金是否过高承担举证责任。

（三）关于借款合同

人民法院在审理借款合同纠纷案件过程中，要根据防范化解重大金融风险、金融服务实体经济、降低融资成本的精神，区别对待金融借贷与民间借贷，并适用不同规则与利率标准。要依法否定高利转贷行为、职业放贷行为的效力，充分发挥司法的示范、引导作用，促进金融服务实体经济。要注意到，为深化利率市场化改革，推动降低实体利率水平，自2019年8月20日起，中国人民银行已经授权全国银行间同业拆借中心于每月 20 日（遇节假日顺延）9 时 30 分公布贷款市场报价利率（LPR），中国人民银行贷款基准利率这一标准已经取消。因此，自此之后人民法院裁判贷款利息的基本标准应改为全国银行间同业拆借中心公布的贷款市场报价利率。应予注意的是，贷款利率标准尽管发生了变化，但存款基准利率并未发生相应变化，相关标准仍可适用。

51.【变相利息的认定】金融借款合同纠纷中，借款人认为金融机构以服务费、咨询费、顾问费、管理费等为名变相收取利息，金融机构或者由其指定的人收取的相关费用不合理的，人民法院可以根据提供服务的实际情况确定借款人应否支付或者酌减相关费用。

52.【高利转贷】民间借贷中，出借人的资金必须是自有资金。出借人套取金融机构信贷资金又高利转贷给借款人的民间借贷行为，既增加了融资成本，又扰乱了信贷秩序，根据民间借贷司法解释第 14 条第 1 项的规定，应当认定此类民间借贷行为无效。人民法院在适用该条规定时，应当注意把握以下几点：一是要审查出借人的资金来源。借款人能够举证证明在签订借款合同时出借人尚欠银行贷款未还的，一般可以推定为出借人套取信贷资金，但出借人能够举反证予以推翻的除外；二是从宽认定"高利"转贷行为的标准，只要出借人通过转贷行为牟利的，就可以认定为是"高利"转贷行为；三是对该条规定的"借款人事先知道或者应当知道的"要件，不宜把握过苛。实践中，只要出借人在签订借款合同时存在尚欠银行贷款未还事实的，一般可以认为满足了该条规定的"借款人事先知道或者应当知道"这一要件。

53.【职业放贷人】未依法取得放贷资格的以民间借贷为业的法人，以及以民间借贷为业的非法人组织或者自然人从事的民间借贷行为，应当依法认定无效。同一出借人在一定期间内多次反复从事有偿民间借贷行为的，一般可以认定为是职业放贷人。民间借贷比较活跃的地方的高级人民法院或者经其授权的中级人民法院，可以根据本地区的实际情况制定具体的认定标准。

四、关于担保纠纷案件的审理

会议认为，要注意担保法及其司法解释与物权法对独立担保、混合担保、担保期间等有关制度的不同规定，根据新的规定优于旧的规定的法律适用规则，优先适用物权法的规定。从属性是担保的基本属性，要慎重认定独立担保行为的效力，将其严格限定在法律或者司法解释明确规定的情形。要根据区分原则，准确认定担保合同效力。要坚持物权法定、公示公信原则，区分不动产与动产担保物权在物权变动、效力规则等方面的异同，准确适用法律。要充分发挥担保对缓解融资难融资贵问题的积极作用，不轻易否定新类型担保、非典型担保的合同效力及担保功能。

（一）关于担保的一般规则

54.【独立担保】从属性是担保的基本属性，但由银行或者非银行金融机构开立的独立保函除外。独立保函纠纷案件依据《最高人民法院关于审理独立保函纠纷案件若干问题的规定》处理。需要进一步明确的是：凡是由银行或者非银行金融机构开立的符合该司法解释第 1 条、第 3 条规定情形的保函，无论是用于国际商事交易还是用于国内商事交易，均不影响保函的效力。银行或者非银行金融机构之外的当事人开立的独立保函，以及当事人有关排除担保从属性的约定，应当认定无效。但是，根据"无效法律行为的转换"原理，在否定其独立担保效力的同时，应当将其认定为从属性担保。此时，如果主合同有效，则担保合同有效，担保人与主债务人承担连带保证责任。

主合同无效,则该所谓的独立担保也随之无效,担保人无过错的,不承担责任;担保人有过错的,其承担民事责任的部分,不应超过债务人不能清偿部分的三分之一。

55.【担保责任的范围】担保人承担的担保责任范围不应当大于主债务,是担保从属性的必然要求。当事人约定的担保责任的范围大于主债务的,如针对担保责任约定专门的违约责任、担保责任的数额高于主债务、担保责任约定的利息高于主债务利息、担保责任的履行期先于主债务履行期届满,等等,均应当认定大于主债务部分的约定无效,从而使担保责任缩减至主债务的范围。

56.【混合担保中担保人之间的追偿问题】被担保的债权既有保证又有第三人提供的物的担保的,担保法司法解释第38条明确规定,承担了担保责任的担保人可以要求其他担保人清偿其应当分担的份额。但《物权法》第176条并未作出类似规定,根据《物权法》第178条关于"担保法与本法的规定不一致的,适用本法"的规定,承担了担保责任的担保人向其他担保人追偿的,人民法院不予支持,但担保人在担保合同中约定可以相互追偿的除外。

57.【借新还旧的担保物权】贷款到期后,借款人与贷款人订立新的借款合同,将新贷用于归还旧贷,旧贷因清偿而消灭,为旧贷设立的担保物权也随之消灭。贷款人以旧贷上的担保物权尚未进行涂销登记为由,主张对新贷行使担保物权的,人民法院不予支持,但当事人约定继续为新贷提供担保的除外。

58.【担保债权的范围】以登记作为公示方式的不动产担保物权的担保范围,一般应当以登记的范围为准。但是,我国目前不动产担保物权登记,不同地区的系统设置及登记规则并不一致,人民法院在审理案件时应当充分注意制度设计上的差别,作出符合实际的判断:一是多数省区市的登记系统未设置"担保范围"栏目,仅有"被担保主债权数额(最高债权数额)"的表述,且只能填写固定数字。而当事人在合同中又往往约定担保物权的担保范围包括主债权及其利息、违约金等附属债权,致使合同约定的担保范围与登记不一致。显然,这种不一致是由于该地区登记系统设置及登记规则造成的该地区的普遍现象。人民法院以合同约定认定担保物权的担保范围,是符合实际的妥当选择。二是一些省区市不动产登记系统设置与登记规则比较规范,担保物权登记范围与合同约定一致在该地区是常态或者普遍现象,人民法院在审理案件时,应当以登记的担保范围为准。

59.【主债权诉讼时效届满的法律后果】抵押权人应当在主债权的诉讼时效期间内行使抵押权。抵押权人在主债权诉讼时效届满前未行使抵押权,抵押人在主债权诉讼时效届满后请求涂销抵押权登记的,人民法院依法予以支持。

以登记作为公示方法的权利质权,参照适用前款规定。

(二)关于不动产担保物权

60.【未办理登记的不动产抵押合同的效力】不动产抵押合同依法成立,但未办理抵押登记手续,债权人请求抵押人办理抵押登记手续的,人民法院依法予以支持。因抵押物灭失以及抵押物转让他人等原因不能办理抵押登记,债权人请求抵押人以抵押物的价值为限承担责任的,人民法院依法予以支持,但其范围不得超过抵押权有效设立时抵押人所应当承担的责任。

61.【房地分别抵押】根据《物权法》第182条之规定,仅以建筑物设定抵押的,抵押权的效力及于占用范围内的土地;仅以建设用地使用权抵押的,抵押权的效力亦及于其上的建筑物。在房地分别抵押，即建设用地使用权抵押给一个债权人，而其上的建筑物又抵押给另一个人的情况下，可能产生两个抵押权的冲突问题。基于"房地一体"规则，此时应当将建筑物和建设用地使用权视为同一财产，从而依照《物权法》第 199 条的规定确定清偿顺序：登记在先的先清偿；同时登记的，按照债权比例清偿。同一天登记的，视为同时登记。应予注意的是，根据《物权法》第 200 条的规定，建设用地使用权抵押后，该土地上新增的建筑物不属于抵押财产。

62.【抵押权随主债权转让】抵押权是从属于主合同的从权利，根据"从随主"规则，债权转让的，除法律另有规定或者当事人另有约定外，担保该债权的抵押权一并转让。受让人向抵押人主张行使抵押权，抵押人以受让人不是抵押合同的当事人、未办理变更登记等为由提出抗辩的，人民法院不予支持。

（三）关于动产担保物权

63.【流动质押的设立与监管人的责任】在流动质押中，经常由债权人、出质人与监管人订立三方监管协议，此时应当查明监管人究竟是受债权人的委托还是受出质人的委托监管质物，确定质物是否已经交付债权人，从而判断质权是否有效设立。如果监管人系受债权人的委托监管质物，则其是债权人的直接占有人，应当认定完成了质物交付，质权有效设立。监管人违反监管协议约定，违规向出质人放货、因保管不善导致质物毁损灭失，债权人请求监管人承担违约责任的，人民法院依法予以支持。

如果监管人系受出质人委托监管质物，表明质物并未交付债权人，应当认定质权未有效设立。尽管监管协议约定监管人系受债权人的委托监管质物，但有证据证明其并未履行监管职责，质物实际上仍由出质人管领控制的，也应当认定质物并未实际交付，质权未有效设立。此时，债权人可以基于质押合同的约定请求质押人承担违约责任，但其范围不得超过质权有效设立时质押人所应当承担的责任。监管人未履行监管职责的，债权人也可以请求监管人承担违约责任。

64.【浮动抵押的效力】企业将其现有的以及将有的生产设备、原材料、半成品及产品等财产设定浮动抵押后，又将其中的生产设备等部分财产设定了动产抵押，并都办理了抵押登记的，根据《物权法》第 199 条的规定，登记在先的浮动抵押优先于登记在后的动产抵押。

65.【动产抵押权与质权竞存】同一动产上同时设立质权和抵押权的，应当参照适用《物权法》第 199 条的规定，根据是否完成公示以及公示先后情况来确定清偿顺序：质权有效设立、抵押权办理了抵押登记的，按照公示先后确定清偿顺序；顺序相同的，按照债权比例清偿；质权有效设立，抵押权未办理抵押登记的，质权优先于抵押权；质权未有效设立，抵押权未办理抵押登记的，因此时抵押权已经有效设立，故抵押权优先受偿。

根据《物权法》第 178 条规定的精神，担保法司法解释第 79 条第 1 款不再适用。

（四）关于非典型担保

66.【担保关系的认定】当事人订立的具有担保功能的合同，不存在法定无效情形的，应当认定有效。虽然合同约定的权利义务关系不属于物权法规定的典型担保类型，但是其担保功能应予肯定。

67.【约定担保物权的效力】债权人与担保人订立担保合同，约定以法律、行政法规未禁止抵押或者质押的财产设定以登记作为公示方法的担保，因无法定的登记机构而未能进行登记的,不具有物权效力。当事人请求按照担保合同的约定就该财产折价、变卖或者拍卖所得价款等方式清偿债务的,人民法院依法予以支持,但对其他权利人不具有对抗效力和优先性。

68.【保兑仓交易】保兑仓交易作为一种新类型融资担保方式,其基本交易模式是,以银行信用为载体、以银行承兑汇票为结算工具、由银行控制货权、卖方(或者仓储方)受托保管货物并以承兑汇票与保证金之间的差额作为担保。其基本的交易流程是:卖方、买方和银行订立三方合作协议,其中买方向银行缴存一定比例的承兑保证金,银行向买方签发以卖方为收款人的银行承兑汇票,买方将银行承兑汇票交付卖方作为货款,银行根据买方缴纳的保证金的一定比例向卖方签发提货单,卖方根据提货单向买方交付对应金额的货物,买方销售货物后,将货款再缴存为保证金。

在三方协议中,一般来说,银行的主要义务是及时签发承兑汇票并按约定方式将其交给卖方,卖方的主要义务是根据银行签发的提货单发货,并在买方未及时销售或者回赎货物时,就保证金与承兑汇票之间的差额部分承担责任。银行为保障自身利益,往往还会约定卖方要将货物交给由其指定的当事人监管,并设定质押,从而涉及监管协议以及流动质押等问题。实践中,当事人还可能在前述基本交易模式基础上另行作出其他约定,只要不违反法律、行政法规的效力性强制性规定,这些约定应当认定有效。

一方当事人因保兑仓交易纠纷提起诉讼的,人民法院应当以保兑仓交易合同作为审理案件的基本依据,但买卖双方没有真实买卖关系的除外。

69.【无真实贸易背景的保兑仓交易】保兑仓交易以买卖双方有真实买卖关系为前提。双方无真实买卖关系的,该交易属于名为保兑仓交易实为借款合同,保兑仓交易因构成虚伪意思表示而无效,被隐藏的借款合同是当事人的真实意思表示,如不存在其他合同无效情形,应当认定有效。保兑仓交易认定为借款合同关系的,不影响卖方和银行之间担保关系的效力,卖方仍应当承担担保责任。

70.【保兑仓交易的合并审理】当事人就保兑仓交易中的不同法律关系的相对方分别或者同时向同一人民法院起诉的,人民法院可以根据民事诉讼法司法解释第221条的规定,合并审理。当事人未起诉某一方当事人的,人民法院可以依职权追加未参加诉讼的当事人为第三人,以便查明相关事实,正确认定责任。

71.【让与担保】债务人或者第三人与债权人订立合同,约定将财产形式上转让至债权人名下,债务人到期清偿债务,债权人将该财产返还给债务人或第三人,债务人到期没有清偿债务,债权人可以对财产拍卖、变卖、折价偿还债权的,人民法院应当认定合同有效。合同如果约定债务人到期没有清偿债务,财产归债权人所有的,人民法院应当认定该部分约定无效,但不影响合同其他部分的效力。

当事人根据上述合同约定,已经完成财产权利变动的公示方式转让至债权人名下,债务人到期没有清偿债务,债权人请求确认财产归其所有的,人民法院不予支持,但债权人请求参照法律关于担保物权的规定对财产拍卖、变卖、折价优先偿还其债权的,人民法院依法予以支持。债务人因到期没有清偿债务,请求对该财产拍卖、变卖、折价偿还所欠债权人合同项下债务的,人民法院亦应依法予以支持。

五、关于金融消费者权益保护纠纷案件的审理

会议认为,在审理金融产品发行人、销售者以及金融服务提供者(以下简称卖方机构）与金融消费者之间因销售各类高风险等级金融产品和为金融消费者参与高风险等级投资活动提供服务而引发的民商事案件中，必须坚持"卖者尽责、买者自负"原则，将金融消费者是否充分了解相关金融产品、投资活动的性质及风险并在此基础上作出自主决定作为应当查明的案件基本事实，依法保护金融消费者的合法权益，规范卖方机构的经营行为，推动形成公开、公平、公正的市场环境和市场秩序。

72.【适当性义务】适当性义务是指卖方机构在向金融消费者推介、销售银行理财产品、保险投资产品、信托理财产品、券商集合理财计划、杠杆基金份额、期权及其他场外衍生品等高风险等级金融产品，以及为金融消费者参与融资融券、新三板、创业板、科创板、期货等高风险等级投资活动提供服务的过程中，必须履行的了解客户、了解产品、将适当的产品（或者服务）销售（或者提供）给适合的金融消费者等义务。卖方机构承担适当性义务的目的是为了确保金融消费者能够在充分了解相关金融产品、投资活动的性质及风险的基础上作出自主决定，并承受由此产生的收益和风险。在推介、销售高风险等级金融产品和提供高风险等级金融服务领域，适当性义务的履行是"卖者尽责"的主要内容，也是"买者自负"的前提和基础。

73.【法律适用规则】在确定卖方机构适当性义务的内容时，应当以合同法、证券法、证券投资基金法、信托法等法律规定的基本原则和国务院发布的规范性文件作为主要依据。相关部门在部门规章、规范性文件中对高风险等级金融产品的推介、销售，以及为金融消费者参与高风险等级投资活动提供服务作出的监管规定，与法律和国务院发布的规范性文件的规定不相抵触的，可以参照适用。

74.【责任主体】金融产品发行人、销售者未尽适当性义务，导致金融消费者在购买金融产品过程中遭受损失的，金融消费者既可以请求金融产品的发行人承担赔偿责任，也可以请求金融产品的销售者承担赔偿责任，还可以根据《民法总则》第167条的规定，请求金融产品的发行人、销售者共同承担连带赔偿责任。发行人、销售者请求人民法院明确各自的责任份额的，人民法院可以在判决发行人、销售者对金融消费者承担连带赔偿责任的同时，明确发行人、销售者在实际承担了赔偿责任后，有权向责任方追偿其应当承担的赔偿份额。

金融服务提供者未尽适当性义务，导致金融消费者在接受金融服务后参与高风险等级投资活动遭受损失的，金融消费者可以请求金融服务提供者承担赔偿责任。

75.【举证责任分配】在案件审理过程中，金融消费者应当对购买产品（或者接受服务）、遭受的损失等事实承担举证责任。卖方机构对其是否履行了适当性义务承担举证责任。卖方机构不能提供其已经建立了金融产品（或者服务）的风险评估及相应管理制度、对金融消费者的风险认知、风险偏好和风险承受能力进行了测试、向金融消费者告知产品（或者服务）的收益和主要风险因素等相关证据的，应当承担举证不能的法律后果。

76.【告知说明义务】告知说明义务的履行是金融消费者能够真正了解各类高风险等级金融产品或者高风险等级投资活动的投资风险和收益的关键，人民法院应当根据产品、投资活动的风险和金融消费者的实际情况，综合理性人能够理解的客观标准和金融消费者能够理解的主观标准来确定卖方机构是否已经履行了告知说明义务。卖方机构简单地以金融消费者手写了诸如"本人明确知悉可能存在本金损失风险"等内容主张其已经履行了告知说明义务，不能提供其他相关证据的，人民法院对其抗辩理由不予支持。

77.【损失赔偿数额】卖方机构未尽适当性义务导致金融消费者损失的,应当赔偿金融消费者所受的实际损失。实际损失为损失的本金和利息,利息按照中国人民银行发布的同期同类存款基准利率计算。

金融消费者因购买高风险等级金融产品或者为参与高风险投资活动接受服务,以卖方机构存在欺诈行为为由,主张卖方机构应当根据《消费者权益保护法》第55条的规定承担惩罚性赔偿责任的,人民法院不予支持。卖方机构的行为构成欺诈的,对金融消费者提出赔偿其支付金钱总额的利息损失请求,应当注意区分不同情况进行处理:

(1) 金融产品的合同文本中载明了预期收益率、业绩比较基准或者类似约定的,可以将其作为计算利息损失的标准;

(2) 合同文本以浮动区间的方式对预期收益率或者业绩比较基准等进行约定,金融消费者请求按照约定的上限作为利息损失计算标准的,人民法院依法予以支持;

(3) 合同文本虽然没有关于预期收益率、业绩比较基准或者类似约定,但金融消费者能够提供证据证明产品发行的广告宣传资料中载明了预期收益率、业绩比较基准或者类似表述的,应当将宣传资料作为合同文本的组成部分;

(4) 合同文本及广告宣传资料中未载明预期收益率、业绩比较基准或者类似表述的,按照全国银行间同业拆借中心公布的贷款市场报价利率计算。

78.【免责事由】因金融消费者故意提供虚假信息、拒绝听取卖方机构的建议等自身原因导致其购买产品或者接受服务不适当,卖方机构请求免除相应责任的,人民法院依法予以支持,但金融消费者能够证明该虚假信息的出具系卖方机构误导的除外。卖方机构能够举证证明根据金融消费者的既往投资经验、受教育程度等事实,适当性义务的违反并未影响金融消费者作出自主决定的,对其关于应当由金融消费者自负投资风险的抗辩理由,人民法院依法予以支持。

六、关于证券纠纷案件的审理

(一) 关于证券虚假陈述

会议认为,《最高人民法院关于审理证券市场因虚假陈述引发的民事赔偿案件的若干规定》施行以来,证券市场的发展出现了新的情况,证券虚假陈述纠纷案件的审理对司法能力提出了更高的要求。在案件审理过程中,对于需要借助其他学科领域的专业知识进行职业判断的问题,要充分发挥专家证人的作用,使得案件的事实认定符合证券市场的基本常识和普遍认知或者认可的经验法则,责任承担与侵权行为及其主观过错程度相匹配,在切实维护投资者合法权益的同时,通过民事责任追究实现震慑违法的功能,维护公开、公平、公正的资本市场秩序。

79.【共同管辖的案件移送】原告以发行人、上市公司以外的虚假陈述行为人为被告提起诉讼,被告申请追加发行人或者上市公司为共同被告的,人民法院应予准许。人民法院在追加后发现其他有管辖权的人民法院已先行受理因同一虚假陈述引发的民事赔偿案件的,应当按照民事诉讼法司法解释第36条的规定,将案件移送给先立案的人民法院。

80.【案件审理方式】案件审理方式方面,在传统的"一案一立、分别审理"的方式之外,一些人民法院已经进行了将部分案件合并审理、在示范判决基础上委托调解等改革,初步实现了案件审理的集约化和诉讼经济。在认真总结审判实践经验的基础上,有条件的地方人民法院可以选择个案以《民事诉讼法》第 54 条规定的代表人诉讼方式进行审理,逐步展开试点工作。就案件审理中涉及的适格原告范围认定、公告通知方式、投资者权利登记、代表人推选、执行款项的发放等具体工作,积极协调相关部门和有关方面,推动信息技术审判辅助平台和常态化、可持续的工作机制建设,保障投资者能够便捷、高效、透明和低成本地维护自身合法权益,为构建符合中国国情的证券民事诉讼制度积累审判经验,培养审判队伍。

81.【立案登记】多个投资者就同一虚假陈述向人民法院提起诉讼,可以采用代表人诉讼方式对案件进行审理的,人民法院在登记立案时可以根据原告起诉状中所描述的虚假陈述的数量、性质及其实施日、揭露日或者更正日等时间节点,将投资者作为共同原告统一立案登记。原告主张被告实施了多个虚假陈述的,可以分别立案登记。

82.【案件甄别及程序决定】人民法院决定采用《民事诉讼法》第 54 条规定的方式审理案件的,在发出公告前,应当先行就被告的行为是否构成虚假陈述,投资者的交易方向与诱多、诱空的虚假陈述是否一致,以及虚假陈述的实施日、揭露日或者更正日等案件基本事实进行审查。

83.【选定代表人】权利登记的期间届满后,人民法院应当通知当事人在指定期间内完成代表人的推选工作。推选不出代表人的,人民法院可以与当事人商定代表人。人民法院在提出人选时,应当将当事人诉讼请求的典型性和利益诉求的份额等作为考量因素,确保代表行为能够充分、公正地表达投资者的诉讼主张。国家设立的投资者保护机构以自己的名义提起诉讼,或者接受投资者的委托指派工作人员或者委托诉讼代理人参与案件审理活动的,人民法院可以商定该机构或者其代理的当事人作为代表人。

84.【揭露日和更正日的认定】虚假陈述的揭露和更正,是指虚假陈述被市场所知悉、了解,其精确程度并不以"镜像规则"为必要,不要求达到全面、完整、准确的程度。原则上,只要交易市场对监管部门立案调查、权威媒体刊载的揭露文章等信息存在着明显的反应,对一方主张市场已经知悉虚假陈述的抗辩,人民法院依法予以支持。

85.【重大性要件的认定】审判实践中,部分人民法院对重大性要件和信赖要件存在着混淆认识,以行政处罚认定的信息披露违法行为对投资者的交易决定没有影响为由否定违法行为的重大性,应当引起注意。重大性是指可能对投资者进行投资决策具有重要影响的信息,虚假陈述已经被监管部门行政处罚的,应当认为是具有重大性的违法行为。在案件审理过程中,对于一方提出的监管部门作出处罚决定的行为不具有重大性的抗辩,人民法院不予支持,同时应当向其释明,该抗辩并非民商事案件的审理范围,应当通过行政复议、行政诉讼加以解决。

(二)关于场外配资

会议认为,将证券市场的信用交易纳入国家统一监管的范围,是维护金融市场透明度和金融稳定的重要内容。不受监管的场外配资业务,不仅盲目扩张了资本市场信用交易的规模,也容易冲击资本市场的交易秩序。融资融券作为证券市场的主要信用交易方式和证券经营机构的核心业务之一,依法属于国家特许经营的金融业务,未经依法批准,任何单位和个人不得非法从事配资业务。

86.【场外配资合同的效力】从审判实践看,场外配资业务主要是指一些 P2P 公司或者私募类配资公司利用互联网信息技术，搭建起游离于监管体系之外的融资业务平台，将资金融出方、资金融入方即用资人和券商营业部三方连接起来，配资公司利用计算机软件系统的二级分仓功能将其自有资金或者以较低成本融入的资金出借给用资人，赚取利息收入的行为。这些场外配资公司所开展的经营活动，本质上属于只有证券公司才能依法开展的融资活动，不仅规避了监管部门对融资融券业务中资金来源、投资标的、杠杆比例等诸多方面的限制，也加剧了市场的非理性波动。在案件审理过程中，除依法取得融资融券资格的证券公司与客户开展的融资融券业务外，对其他任何单位或者个人与用资人的场外配资合同，人民法院应当根据《证券法》第 142 条、合同法司法解释（一）第 10 条的规定，认定为无效。

87.【合同无效的责任承担】场外配资合同被确认无效后，配资方依场外配资合同的约定，请求用资人向其支付约定的利息和费用的，人民法院不予支持。

配资方依场外配资合同的约定，请求分享用资人因使用配资所产生的收益的，人民法院不予支持。

用资人以其因使用配资导致投资损失为由请求配资方予以赔偿的，人民法院不予支持。用资人能够证明因配资方采取更改密码等方式控制账户使得用资人无法及时平仓止损，并据此请求配资方赔偿其因此遭受的损失的，人民法院依法予以支持。

用资人能够证明配资合同是因配资方招揽、劝诱而订立，请求配资方赔偿其全部或者部分损失的，人民法院应当综合考虑配资方招揽、劝诱行为的方式、对用资人的实际影响、用资人自身的投资经历、风险判断和承受能力等因素，判决配资方承担与其过错相适应的赔偿责任。

七、关于营业信托纠纷案件的审理

会议认为，从审判实践看，营业信托纠纷主要表现为事务管理信托纠纷和主动管理信托纠纷两种类型。在事务管理信托纠纷案件中，对信托公司开展和参与的多层嵌套、通道业务、回购承诺等融资活动，要以其实际构成的法律关系确定其效力，并在此基础上依法确定各方的权利义务。在主动管理信托纠纷案件中，应当重点审查受托人在"受人之托，忠人之事"的财产管理过程中，是否恪尽职守，履行了谨慎、有效管理等法定或者约定义务。

88.【营业信托纠纷的认定】信托公司根据法律法规以及金融监督管理部门的监管规定，以取得信托报酬为目的接受委托人的委托，以受托人身份处理信托事务的经营行为，属于营业信托。由此产生的信托当事人之间的纠纷，为营业信托纠纷。

根据《关于规范金融机构资产管理业务的指导意见》的规定，其他金融机构开展的资产管理业务构成信托关系的，当事人之间的纠纷适用信托法及其他有关规定处理。

89.【资产或者资产收益权转让及回购】信托公司在资金信托成立后，以募集的信托资金受让特定资产或者特定资产收益权，属于信托公司在资金依法募集后的资金运用行为，由此引发的纠纷不应当认定为营业信托纠纷。如果合同中约定由转让方或者其指定的第三方在一定期间后以交易本金加上溢价款等固定价款无条件回购的，无论转让方所转让的标的物是否真实存在、是否实际交付或者过户，只要合同不存在法定无效事由，对信托公司提出的由转让方或者其指定的第三方按约定承担责任的诉讼请求，人民法院依法予以支持。

当事人在相关合同中同时约定采用信托公司受让目标公司股权、向目标公司增资方式并以相应股权担保债权实现的,应当认定在当事人之间成立让与担保法律关系。当事人之间的具体权利义务,根据本纪要第71条的规定加以确定。

90.【劣后级受益人的责任承担】信托文件及相关合同将受益人区分为优先级受益人和劣后级受益人等不同类别,约定优先级受益人以其财产认购信托计划份额,在信托到期后,劣后级受益人负有对优先级受益人从信托财产获得利益与其投资本金及约定收益之间的差额承担补足义务,优先级受益人请求劣后级受益人按照约定承担责任的,人民法院依法予以支持。

信托文件中关于不同类型受益人权利义务关系的约定,不影响受益人与受托人之间信托法律关系的认定。

91.【增信文件的性质】信托合同之外的当事人提供第三方差额补足、代为履行到期回购义务、流动性支持等类似承诺文件作为增信措施,其内容符合法律关于保证的规定的,人民法院应当认定当事人之间成立保证合同关系。其内容不符合法律关于保证的规定的,依据承诺文件的具体内容确定相应的权利义务关系,并根据案件事实情况确定相应的民事责任。

92.【保底或者刚兑条款无效】信托公司、商业银行等金融机构作为资产管理产品的受托人与受益人订立的含有保证本息固定回报、保证本金不受损失等保底或者刚兑条款的合同,人民法院应当认定该条款无效。受益人请求受托人对其损失承担与其过错相适应的赔偿责任的,人民法院依法予以支持。

实践中,保底或者刚兑条款通常不在资产管理产品合同中明确约定,而是以"抽屉协议"或者其他方式约定,不管形式如何,均应认定无效。

93.【通道业务的效力】当事人在信托文件中约定,委托人自主决定信托设立、信托财产运用对象、信托财产管理运用处分方式等事宜,自行承担信托资产的风险管理责任和相应风险损失,受托人仅提供必要的事务协助或者服务,不承担主动管理职责的,应当认定为通道业务。《中国人民银行、中国银行保险监督管理委员会、中国证券监督管理委员会、国家外汇管理局关于规范金融机构资产管理业务的指导意见》第22条在规定"金融机构不得为其他金融机构的资产管理产品提供规避投资范围、杠杆约束等监管要求的通道服务"的同时,也在第29条明确按照"新老划断"原则,将过渡期设置为截止2020年底,确保平稳过渡。在过渡期内,对通道业务中存在的利用信托通道掩盖风险,规避资金投向、资产分类、拨备计提和资本占用等监管规定,或者通过信托通道将表内资产虚假出表等信托业务,如果不存在其他无效事由,一方以信托目的违法违规为由请求确认无效的,人民法院不予支持。至于委托人和受托人之间的权利义务关系,应当依据信托文件的约定加以确定。

94.【受托人的举证责任】资产管理产品的委托人以受托人未履行勤勉尽责、公平对待客户等义务损害其合法权益为由,请求受托人承担损害赔偿责任的,应当由受托人举证证明其已经履行了义务。受托人不能举证证明,委托人请求其承担相应赔偿责任的,人民法院依法予以支持。

95.【信托财产的诉讼保全】信托财产在信托存续期间独立于委托人、受托人、受益人各自的固有财产。委托人将其财产委托给受托人进行管理,在信托依法设立后,该信托财产即独立于委托人未设立信托的其他固有财产。受托人因承诺信托而取得的信托财产,以及通过对信托财产的管理、运用、处分等方式取得的财产,均独立于受托人的固有财产。受益人对信托财产享有的权利表现为信托受益权，信托财产并非受益人的责任财产。因此，当事人因其与委托人、受托人或者受益人之间的纠纷申请对存管银行或者信托公司专门账户中的信托资金采取保全措施的，除符合《信托法》第17条规定的情形外，人民法院不应当准许。已经采取保全措施的，存管银行或者信托公司能够提供证据证明该账户为信托账户的，应当立即解除保全措施。对信托公司管理的其他信托财产的保全，也应当根据前述规则办理。

当事人申请对受益人的受益权采取保全措施的，人民法院应当根据《信托法》第47条的规定进行审查，决定是否采取保全措施。决定采取保全措施的，应当将保全裁定送达受托人和受益人。

96.【信托公司固有财产的诉讼保全】除信托公司作为被告外，原告申请对信托公司固有资金账户的资金采取保全措施的，人民法院不应准许。信托公司作为被告，确有必要对其固有财产采取诉讼保全措施的，必须强化善意执行理念，防范发生金融风险。要严格遵守相应的适用条件与法定程序，坚决杜绝超标的执行。在采取具体保全措施时，要尽量寻求依法平等保护各方利益的平衡点，优先采取方便执行且对信托公司正常经营影响最小的执行措施，能采取"活封""活扣"措施的，尽量不进行"死封""死扣"。在条件允许的情况下，可以为信托公司预留必要的流动资金和往来账户，最大限度降低对信托公司正常经营活动的不利影响。信托公司申请解除财产保全符合法律、司法解释规定情形的，应当在法定期限内及时解除保全措施。

八、关于财产保险合同纠纷案件的审理

会议认为，妥善审理财产保险合同纠纷案件，对于充分发挥保险的风险管理和保障功能，依法保护各方当事人合法权益，实现保险业持续健康发展和服务实体经济，具有重大意义。

97.【未依约支付保险费的合同效力】当事人在财产保险合同中约定以投保人支付保险费作为合同生效条件，但对该生效条件是否为全额支付保险费约定不明，已经支付了部分保险费的投保人主张保险合同已经生效的，人民法院依法予以支持。

98.【仲裁协议对保险人的效力】被保险人和第三者在保险事故发生前达成的仲裁协议，对行使保险代位求偿权的保险人是否具有约束力，实务中存在争议。保险代位求偿权是一种法定债权转让，保险人在向被保险人赔偿保险金后，有权行使被保险人对第三者请求赔偿的权利。被保险人和第三者在保险事故发生前达成的仲裁协议，对保险人具有约束力。考虑到涉外民商事案件的处理常常涉及国际条约、国际惯例的适用，相关问题具有特殊性，故具有涉外因素的民商事纠纷案件中该问题的处理，不纳入本条规范的范围。

99.【直接索赔的诉讼时效】商业责任保险的被保险人给第三者造成损害，被保险人对第三者应当承担的赔偿责任确定后，保险人应当根据被保险人的请求，直接向第三者赔偿保险金。被保险人怠于提出请求的，第三者有权依据《保险法》第65条第2款的规定，就其应获赔偿部分直接向保险人请求赔偿保险金。保险人拒绝赔偿的，第三者请求保险人直接赔偿保险金的诉讼时效期间的起算时间如何认定，实务中存在争议。根据诉讼时效制度的基本原理，第三者请求保险人直接赔偿保险金的诉讼时效期间，自其知道或者应当知道向保险人的保险金赔偿请求权行使条件成就之日起计算。

九、关于票据纠纷案件的审理

会议认为，人民法院在审理票据纠纷案件时，应当注意区分票据的种类和功能，正确理解票据行为无因性的立法目的，在维护票据流通性功能的同时，依法认定票据行为的效力，依法确认当事人之间的权利义务关系以及保护合法持票人的权益，防范和化解票据融资市场风险，维护票据市场的交易安全。

100.【合谋伪造贴现申请材料的后果】贴现行的负责人或者有权从事该业务的工作人员与贴现申请人合谋，伪造贴现申请人与其前手之间具有真实的商品交易关系的合同、增值税专用发票等材料申请贴现，贴现行主张其享有票据权利的，人民法院不予支持。对贴现行因支付资金而产生的损失，按照基础关系处理。

101.【民间贴现行为的效力】票据贴现属于国家特许经营业务，合法持票人向不具有法定贴现资质的当事人进行"贴现"的，该行为应当认定无效，贴现款和票据应当相互返还。当事人不能返还票据的，原合法持票人可以拒绝返还贴现款。人民法院在民商事案件审理过程中，发现不具有法定资质的当事人以"贴现"为业的，因该行为涉嫌犯罪，应当将有关材料移送公安机关。民商事案件的审理必须以相关刑事案件的审理结果为依据的，应当中止诉讼，待刑事案件审结后，再恢复案件的审理。案件的基本事实无须以相关刑事案件的审理结果为依据的，人民法院应当继续审理。

根据票据行为无因性原理，在合法持票人向不具有贴现资质的主体进行"贴现"，该"贴现"人给付贴现款后直接将票据交付其后手，其后手支付对价并记载自己为被背书人后，又基于真实的交易关系和债权债务关系将票据进行背书转让的情形下，应当认定最后持票人为合法持票人。

102.【转贴现协议】转贴现是通过票据贴现持有票据的商业银行为了融通资金，在票据到期日之前将票据权利转让给其他商业银行，由转贴现行在收取一定的利息后，将转贴现款支付给持票人的票据转让行为。转贴现行提示付款被拒付后，依据转贴现协议的约定，请求未在票据上背书的转贴现申请人按照合同法律关系返还转贴现款并赔偿损失的，案由应当确定为合同纠纷。转贴现合同法律关系有效成立的，对于原告的诉讼请求，人民法院依法予以支持。当事人虚构转贴现事实，或者当事人之间不存在真实的转贴现合同法律关系的，人民法院应当向当事人释明按照真实交易关系提出诉讼请求，并按照真实交易关系和当事人约定本意依法确定当事人的责任。

103.【票据清单交易、封包交易案件中的票据权利】审判实践中，以票据贴现为手段的多链条融资模式引发的案件应当引起重视。这种交易俗称票据清单交易、封包交易，是指商业银行之间就案涉票据订立转贴现或者回购协议，附以票据清单，或者将票据封包作为质押，双方约定按照票据清单中列明的基本信息进行票据转贴现或者回购，但往往并不进行票据交付和背书。实务中，双方还往往再订立一份代保管协议，约定由原票据持有人代对方继续持有票据，从而实现合法、合规的形式要求。

出资银行仅以参与交易的单个或者部分银行为被告提起诉讼行使票据追索权，被告能够举证证明票据交易存在诸如不符合正常转贴现交易顺序的倒打款、未进行背书转让、票据未实际交付等相关证据，并据此主张相关金融机构之间并无转贴现的真实意思表示，抗辩出资银行不享有票据权利的，人民法院依法予以支持。

出资银行在取得商业承兑汇票后又将票据转贴现给其他商业银行，持票人向其前手主张票据权利的，人民法院依法予以支持。

104.【票据清单交易、封包交易案件的处理原则】在村镇银行、农信社等作为直贴行,农信社、农商行、城商行、股份制银行等多家金融机构共同开展以商业承兑汇票为基础的票据清单交易、封包交易引发的纠纷案件中,在商业承兑汇票的出票人等实际用资人不能归还票款的情况下,为实现纠纷的一次性解决,出资银行以实际用资人和参与交易的其他金融机构为共同被告,请求实际用资人归还本息、参与交易的其他金融机构承担与其过错相适应的赔偿责任的,人民法院依法予以支持。

出资银行仅以整个交易链条的部分当事人为被告提起诉讼的,人民法院应当向其释明,其应当申请追加参与交易的其他当事人作为共同被告。出资银行拒绝追加实际用资人为被告的,人民法院应当驳回其诉讼请求;出资银行拒绝追加参与交易的其他金融机构为被告的,人民法院在确定其他金融机构的过错责任范围时,应当将未参加诉讼的当事人应当承担的相应份额作为考量因素,相应减轻本案当事人的责任。在确定参与交易的其他金融机构的过错责任范围时,可以参照其收取的"通道费""过桥费"等费用的比例以及案件的其他情况综合加以确定。

105.【票据清单交易、封包交易案件中的民刑交叉问题】人民法院在案件审理过程中,如果发现公安机关已经就实际用资人、直贴行、出资银行的工作人员涉嫌骗取票据承兑罪、伪造印章罪等立案侦查,一方当事人根据《最高人民法院关于在审理经济纠纷案件中涉及经济犯罪嫌疑若干问题的规定》第11条的规定申请将案件移送公安机关的,因该节事实对于查明出资银行是否为正当持票人,以及参与交易的其他金融机构的抗辩理由能否成立存在重要关联,人民法院应当将有关材料移送公安机关。民商事案件的审理必须以相关刑事案件的审理结果为依据的,应当中止诉讼,待刑事案件审结后,再恢复案件的审理。案件的基本事实无须以相关刑事案件的审理结果为依据的,人民法院应当继续案件的审理。

参与交易的其他商业银行以公安机关已经对其工作人员涉嫌受贿、伪造印章等犯罪立案侦查为由请求将案件移送公安机关的,因该节事实并不影响相关当事人民事责任的承担,人民法院应当根据《最高人民法院关于在审理经济纠纷案件中涉及经济犯罪嫌疑若干问题的规定》第10条的规定继续审理。

106.【恶意申请公示催告的救济】公示催告程序本为对合法持票人进行失票救济所设,但实践中却沦为部分票据出卖方在未获得票款情形下,通过伪报票据丧失事实申请公示催告、阻止合法持票人行使票据权利的工具。对此,民事诉讼法司法解释已经作出了相应规定。适用时,应当区别付款人是否已经付款等情形,作出不同认定:

(1)在除权判决作出后,付款人尚未付款的情况下,最后合法持票人可以根据《民事诉讼法》第223条的规定,在法定期限内请求撤销除权判决,待票据恢复效力后再依法行使票据权利。最后合法持票人也可以基于基础法律关系向其直接前手退票并请求其直接前手另行给付基础法律关系项下的对价。

(2)除权判决作出后,付款人已经付款的,因恶意申请公示催告并持除权判决获得票款的行为损害了最后合法持票人的权利,最后合法持票人请求申请人承担侵权损害赔偿责任的,人民法院依法予以支持。

十、关于破产纠纷案件的审理

会议认为,审理好破产案件对于推动高质量发展、深化供给侧结构性改革、营造稳定公平透明可预期的营商环境,具有十分重要的意义。要继续深入推进破产审判工作的市场化、法治化、专业化、信息化，充分发挥破产审判公平清理债权债务、促进优胜劣汰、优化资源配置、维护市场经济秩序等重要功能。一是要继续加大对破产保护理念的宣传和落实，及时发挥破产重整制度的积极拯救功能，通过平衡债权人、债务人、出资人、员工等利害关系人的利益，实现社会整体价值最大化；注重发挥和解程序简便快速清理债权债务关系的功能，鼓励当事人通过和解程序或者达成自行和解的方式实现各方利益共赢；积极推进清算程序中的企业整体处置方式，有效维护企业营运价值和职工就业。二是要推进不符合国家产业政策、丧失经营价值的企业主体尽快从市场退出，通过依法简化破产清算程序流程加快对"僵尸企业"的清理。三是要注重提升破产制度实施的经济效益，降低破产程序运行的时间和成本，有效维护企业营运价值，最大程度发挥各类要素和资源潜力，减少企业破产给社会经济造成的损害。四是要积极稳妥进行实践探索，加强理论研究，分步骤、有重点地推进建立自然人破产制度，进一步推动健全市场主体退出制度。

107.【继续推动破产案件的及时受理】充分发挥破产重整案件信息网的线上预约登记功能，提高破产案件的受理效率。当事人提出破产申请的，人民法院不得以非法定理由拒绝接收破产申请材料。如果可能影响社会稳定的，要加强府院协调，制定相应预案，但不应当以"影响社会稳定"之名，行消极不作为之实。破产申请材料不完备的，立案部门应当告知当事人在指定期限内补充材料，待材料齐备后以"破申"作为案件类型代字编制案号登记立案，并及时将案件移送破产审判部门进行破产审查。

注重发挥破产和解制度简便快速清理债权债务关系的功能，债务人根据《企业破产法》第95条的规定，直接提出和解申请，或者在破产申请受理后宣告破产前申请和解的，人民法院应当依法受理并及时作出是否批准的裁定。

108.【破产申请的不予受理和撤回】人民法院裁定受理破产申请前，提出破产申请的债权人的债权因清偿或者其他原因消灭的，因申请人不再具备申请资格，人民法院应当裁定不予受理。但该裁定不影响其他符合条件的主体再次提出破产申请。破产申请受理后，管理人以上述清偿符合《企业破产法》第31条、第32条为由请求撤销的，人民法院查实后应当予以支持。

人民法院裁定受理破产申请系对债务人具有破产原因的初步认可，破产申请受理后，申请人请求撤回破产申请的，人民法院不予准许。除非存在《企业破产法》第12条第2款规定的情形，人民法院不得裁定驳回破产申请。

109.【受理后债务人财产保全措施的处理】要切实落实破产案件受理后相关保全措施应予解除、相关执行措施应当中止、债务人财产应当及时交付管理人等规定，充分运用信息化技术手段，通过信息共享与整合，维护债务人财产的完整性。相关人民法院拒不解除保全措施或者拒不中止执行的，破产受理人民法院可以请求该法院的上级人民法院依法予以纠正。对债务人财产采取保全措施或者执行措施的人民法院未依法及时解除保全措施、移交处置权，或者中止执行程序并移交有关财产的，上级人民法院应当依法予以纠正。相关人员违反上述规定造成严重后果的，破产受理人民法院可以向人民法院纪检监察部门移送其违法审判责任线索。

人民法院审理企业破产案件时，有关债务人财产被其他具有强制执行权力的国家行政机关，包括税务机关、公安机关、海关等采取保全措施或者执行程序的，人民法院应当积极与上述机关进行协调和沟通，取得有关机关的配合，参照上述具体操作规程，解除有关保全措施，中止有关执行程序，以便保障破产程序顺利进行。

110.【受理后有关债务人诉讼的处理】人民法院受理破产申请后，已经开始而尚未终结的有关债务人的民事诉讼，在管理人接管债务人财产和诉讼事务后继续进行。债权人已经对债务人提起的给付之诉，破产申请受理后，人民法院应当继续审理，但是在判定相关当事人实体权利义务时，应当注意与企业破产法及其司法解释的规定相协调。

上述裁判作出并生效前，债权人可以同时向管理人申报债权，但其作为债权尚未确定的债权人，原则上不得行使表决权，除非人民法院临时确定其债权额。上述裁判生效后，债权人应当根据裁判认定的债权数额在破产程序中依法统一受偿，其对债务人享有的债权利息应当按照《企业破产法》第46条第2款的规定停止计算。

人民法院受理破产申请后，债权人新提起的要求债务人清偿的民事诉讼，人民法院不予受理，同时告知债权人应当向管理人申报债权。债权人申报债权后，对管理人编制的债权表记载有异议的，可以根据《企业破产法》第58条的规定提起债权确认之诉。

111.【债务人自行管理的条件】重整期间，债务人同时符合下列条件的，经申请，人民法院可以批准债务人在管理人的监督下自行管理财产和营业事务：

（1）债务人的内部治理机制仍正常运转；
（2）债务人自行管理有利于债务人继续经营；
（3）债务人不存在隐匿、转移财产的行为；
（4）债务人不存在其他严重损害债权人利益的行为。

债务人提出重整申请时可以一并提出自行管理的申请。经人民法院批准由债务人自行管理财产和营业事务的，企业破产法规定的管理人职权中有关财产管理和营业经营的职权应当由债务人行使。

管理人应当对债务人的自行管理行为进行监督。管理人发现债务人存在严重损害债权人利益的行为或者有其他不适宜自行管理情形的，可以申请人民法院作出终止债务人自行管理的决定。人民法院决定终止的，应当通知管理人接管债务人财产和营业事务。债务人有上述行为而管理人未申请人民法院作出终止决定的，债权人等利害关系人可以向人民法院提出申请。

112.【重整中担保物权的恢复行使】重整程序中，要依法平衡保护担保物权人的合法权益和企业重整价值。重整申请受理后，管理人或者自行管理的债务人应当及时确定设定有担保物权的债务人财产是否为重整所必需。如果认为担保物不是重整所必需，管理人或者自行管理的债务人应当及时对担保物进行拍卖或者变卖，拍卖或者变卖担保物所得价款在支付拍卖、变卖费用后优先清偿担保物权人的债权。

在担保物权暂停行使期间，担保物权人根据《企业破产法》第75条的规定向人民法院请求恢复行使担保物权的，人民法院应当自收到恢复行使担保物权申请之日起三十日内作出裁定。经审查，担保物权人的申请不符合第75条的规定，或者虽然符合该条规定但管理人或者自行管理的债务人有证据证明担保物是重整所必需，并且提供与减少价值相应担保或者补偿的，人民法院应当裁定不予批准恢复行使担保物权。担保物权人不服该裁定的，可以自收到裁定书之日起十日内，向作出裁定的人民法院申请复议。人民法院裁定批准行使担保物权的，管理人或者自行管理的债务人应当自收到裁定书之日起十五日内启动对担保物的拍卖或者变卖，拍卖或者变卖担保物所得价款在支付拍卖、变卖费用后优先清偿担保物权人的债权。

113.【重整计划监督期间的管理人报酬及诉讼管辖】要依法确保重整计划的执行和有效监督。重整计划的执行期间和监督期间原则上应当一致。二者不一致的，人民法院在确定和调整重整程序中的管理人报酬方案时，应当根据重整期间和重整计划监督期间管理人工作量的不同予以区别对待。其中，重整期间的管理人报酬应当根据管理人对重整发挥的实际作用等因素予以确定和支付；重整计划监督期间管理人报酬的支付比例和支付时间，应当根据管理人监督职责的履行情况，与债权人按照重整计划实际受偿比例和受偿时间相匹配。

重整计划执行期间，因重整程序终止后新发生的事实或者事件引发的有关债务人的民事诉讼，不适用《企业破产法》第21条有关集中管辖的规定。除重整计划有明确约定外，上述纠纷引发的诉讼，不再由管理人代表债务人进行。

114.【重整程序与破产清算程序的衔接】重整期间或者重整计划执行期间，债务人因法定事由被宣告破产的，人民法院不再另立新的案号，原重整程序的管理人原则上应当继续履行破产清算程序中的职责。原重整程序的管理人不能继续履行职责或者不适宜继续担任管理人的，人民法院应当依法重新指定管理人。

重整程序转破产清算案件中的管理人报酬，应当综合管理人为重整工作和清算工作分别发挥的实际作用等因素合理确定。重整期间因法定事由转入破产清算程序的，应当按照破产清算案件确定管理人报酬。重整计划执行期间因法定事由转入破产清算程序的，后续破产清算阶段的管理人报酬应当根据管理人实际工作量予以确定，不能简单根据债务人最终清偿的财产价值总额计算。

重整程序因人民法院裁定批准重整计划草案而终止的，重整案件可作结案处理。重整计划执行完毕后，人民法院可以根据管理人等利害关系人申请，作出重整程序终结的裁定。

115.【庭外重组协议效力在重整程序中的延伸】继续完善庭外重组与庭内重整的衔接机制，降低制度性成本，提高破产制度效率。人民法院受理重整申请前，债务人和部分债权人已经达成的有关协议与重整程序中制作的重整计划草案内容一致的，有关债权人对该协议的同意视为对该重整计划草案表决的同意。但重整计划草案对协议内容进行了修改并对有关债权人有不利影响，或者与有关债权人重大利益相关的，受到影响的债权人有权按照企业破产法的规定对重整计划草案重新进行表决。

116.【审计、评估等中介机构的确定及责任】要合理区分人民法院和管理人在委托审计、评估等财产管理工作中的职责。破产程序中确实需要聘请中介机构对债务人财产进行审计、评估的，根据《企业破产法》第28条的规定，经人民法院许可后，管理人可以自行公开聘请，但是应当对其聘请的中介机构的相关行为进行监督。上述中介机构因不当履行职责给债务人、债权人或者第三人造成损害的，应当承担赔偿责任。管理人在聘用过程中存在过错的，应当在其过错范围内承担相应的补充赔偿责任。

117.【公司解散清算与破产清算的衔接】要依法区分公司解散清算与破产清算的不同功能和不同适用条件。债务人同时符合破产清算条件和强制清算条件的，应当及时适用破产清算程序实现对债权人利益的公平保护。债权人对符合破产清算条件的债务人提起公司强制清算申请，经人民法院释明，债权人仍然坚持申请对债务人强制清算的,人民法院应当裁定不予受理。

118.【无法清算案件的审理与责任承担】人民法院在审理债务人相关人员下落不明或者财产状况不清的破产案件时,应当充分贯彻债权人利益保护原则,避免债务人通过破产程序不当损害债权人利益,同时也要避免不当突破股东有限责任原则。

人民法院在适用《最高人民法院关于债权人对人员下落不明或者财产状况不清的债务人申请破产清算案件如何处理的批复》第3款的规定,判定债务人相关人员承担责任时,应当依照企业破产法的相关规定来确定相关主体的义务内容和责任范围,不得根据公司法司法解释(二)第18条第2款的规定来判定相关主体的责任。

上述批复第3款规定的"债务人的有关人员不履行法定义务,人民法院可依据有关法律规定追究其相应法律责任",系指债务人的法定代表人、财务管理人员和其他经营管理人员不履行《企业破产法》第15条规定的配合清算义务,人民法院可以根据《企业破产法》第126条、第127条追究其相应法律责任,或者参照《民事诉讼法》第111条的规定,依法拘留,构成犯罪的,依法追究刑事责任;债务人的法定代表人或者实际控制人不配合清算的,人民法院可以依据《出境入境管理法》第12条的规定,对其作出不准出境的决定,以确保破产程序顺利进行。

上述批复第3款规定的"其行为导致无法清算或者造成损失",系指债务人的有关人员不配合清算的行为导致债务人财产状况不明,或者依法负有清算责任的人未依照《企业破产法》第7条第3款的规定及时履行破产申请义务,导致债务人主要财产、账册、重要文件等灭失,致使管理人无法执行清算职务,给债权人利益造成损害。"有关权利人起诉请求其承担相应民事责任",系指管理人请求上述主体承担相应损害赔偿责任并将因此获得的赔偿归入债务人财产。管理人未主张上述赔偿,个别债权人可以代表全体债权人提起上述诉讼。

上述破产清算案件被裁定终结后,相关主体以债务人主要财产、账册、重要文件等重新出现为由,申请对破产清算程序启动审判监督的,人民法院不予受理,但符合《企业破产法》第123条规定的,债权人可以请求人民法院追加分配。

十一、关于案外人救济案件的审理

案外人救济案件包括案外人申请再审、案外人执行异议之诉和第三人撤销之诉三种类型。修改后的民事诉讼法在保留案外人执行异议之诉及案外人申请再审的基础上,新设立第三人撤销之诉制度,在为案外人权利保障提供更多救济渠道的同时,因彼此之间错综复杂的关系也容易导致认识上的偏差,有必要厘清其相互之间的关系,以便正确适用不同程序,依法充分保护各方主体合法权益。

119.【案外人执行异议之诉的审理】案外人执行异议之诉以排除对特定标的物的执行为目的,从程序上而言,案外人依据《民事诉讼法》第227条提出执行异议被驳回的,即可向执行人民法院提起执行异议之诉。人民法院对执行异议之诉的审理,一般应当就案外人对执行标的物是否享有权利、享有什么样的权利、权利是否足以排除强制执行进行判断。至于是否作出具体的确权判项,视案外人的诉讼请求而定。案外人未提出确权或者给付诉讼请求的,不作出确权判项,仅在裁判理由中进行分析判断并作出是否排除执行的判项即可。但案外人既提出确权、给付请求,又提出排除执行请求的,人民法院对该请求是否支持、是否排除执行,均应当在具体判项中予以明确。执行异议之诉不以否定作为执行依据的生效裁判为目的,案外人如认为裁判确有错误的，只能通过申请再审或者提起第三人撤销之诉的方式进行救济。

120.【债权人能否提起第三人撤销之诉】第三人撤销之诉中的第三人仅局限于《民事诉讼法》第 56 条规定的有独立请求权及无独立请求权的第三人，而且一般不包括债权人。但是，设立第三人撤销之诉的目的在于，救济第三人享有的因不能归责于本人的事由未参加诉讼但因生效裁判文书内容错误受到损害的民事权益，因此，债权人在下列情况下可以提起第三人撤销之诉：

（1）该债权是法律明确给予特殊保护的债权，如《合同法》第 286 条规定的建设工程价款优先受偿权，《海商法》第 22 条规定的船舶优先权；

（2）因债务人与他人的权利义务被生效裁判文书确定，导致债权人本来可以对《合同法》第 74 条和《企业破产法》第 31 条规定的债务人的行为享有撤销权而不能行使的；

（3）债权人有证据证明，裁判文书主文确定的债权内容部分或者全部虚假的。

债权人提起第三人撤销之诉还要符合法律和司法解释规定的其他条件。对于除此之外的其他债权，债权人原则上不得提起第三人撤销之诉。

121.【必要共同诉讼漏列的当事人申请再审】民事诉讼法司法解释对必要共同诉讼漏列的当事人申请再审规定了两种不同的程序，二者在管辖法院及申请再审期限的起算点上存在明显差别，人民法院在审理相关案件时应予注意：

（1）该当事人在执行程序中以案外人身份提出异议，异议被驳回的，根据民事诉讼法司法解释第 423 条的规定，其可以在驳回异议裁定送达之日起 6 个月内向原审人民法院申请再审；

（2）该当事人未在执行程序中以案外人身份提出异议的，根据民事诉讼法司法解释第 422 条的规定，其可以根据《民事诉讼法》第 200 条第 8 项的规定，自知道或者应当知道生效裁判之日起 6 个月内向上一级人民法院申请再审。当事人一方人数众多或者当事人双方为公民的案件，也可以向原审人民法院申请再审。

122.【程序启动后案外人不享有程序选择权】案外人申请再审与第三人撤销之诉功能上近似，如果案外人既有申请再审的权利，又符合第三人撤销之诉的条件，对于案外人是否可以行使选择权，民事诉讼法司法解释采取了限制的司法态度，即依据民事诉讼法司法解释第 303 条的规定，按照启动程序的先后，案外人只能选择相应的救济程序：案外人先启动执行异议程序的，对执行异议裁定不服，认为原裁判内容错误损害其合法权益的，只能向作出原裁判的人民法院申请再审，而不能提起第三人撤销之诉；案外人先启动了第三人撤销之诉，即便在执行程序中又提出执行异议，也只能继续进行第三人撤销之诉，而不能依《民事诉讼法》第 227 条申请再审。

123.【案外人依据另案生效裁判对非金钱债权的执行提起执行异议之诉】审判实践中，案外人有时依据另案生效裁判所认定的与执行标的物有关的权利提起执行异议之诉，请求排除对标的物的执行。此时，鉴于作为执行依据的生效裁判与作为案外人提出执行异议依据的生效裁判，均涉及对同一标的物权属或给付的认定，性质上属于两个生效裁判所认定的权利之间可能产生的冲突，人民法院在审理执行异议之诉时，需区别不同情况作出判断：如果作为执行依据的生效裁判是确权裁判，不论作为执行异议依据的裁判是确权裁判还是给付裁判，一般不应据此排除执行，但人民法院应当告知案外人对作为执行依据的确权裁判申请再审；如果作为执行依据的生效裁判是给付标的物的裁判，而作为提出异议之诉依据的裁判是确权裁判，一般应据此排除执行，此时人民法院应告知其对该确权裁判申请再审；如果两个裁判均属给付标的物的裁判，人民法院需依法判断哪个裁判所认定的给付权利具有优先性，进而判断是否可以排除执行。

124.【案外人依据另案生效裁判对金钱债权的执行提起执行异议之诉】作为执行依据的生效裁判并未涉及执行标的物，只是执行中为实现金钱债权对特定标的物采取了执行措施。对此种情形，《最高人民法院关于人民法院办理执行异议和复议案件若干问题的规定》第26条规定了解决案外人执行异议的规则，在审理执行异议之诉时可以参考适用。依据该条规定，作为案外人提起执行异议之诉依据的裁判将执行标的物确权给案外人，可以排除执行；作为案外人提起执行异议之诉依据的裁判，未将执行标的物确权给案外人，而是基于不以转移所有权为目的的有效合同（如租赁、借用、保管合同），判令向案外人返还执行标的物的，其性质属于物权请求权，亦可以排除执行；基于以转移所有权为目的有效合同（如买卖合同），判令向案外人交付标的物的，其性质属于债权请求权，不能排除执行。

应予注意的是，在金钱债权执行中，如果案外人提出执行异议之诉依据的生效裁判认定以转移所有权为目的的合同（如买卖合同）无效或应当解除，进而判令向案外人返还执行标的物的，此时案外人享有的是物权性质的返还请求权，本可排除金钱债权的执行，但在双务合同无效的情况下，双方互负返还义务，在案外人未返还价款的情况下，如果允许其排除金钱债权的执行，将会使申请执行人既执行不到被执行人名下的财产，又执行不到本应返还给被执行人的价款，显然有失公允。为平衡各方当事人的利益，只有在案外人已经返还价款的情况下，才能排除普通债权人的执行。反之，案外人未返还价款的，不能排除执行。

125.【案外人系商品房消费者】实践中，商品房消费者向房地产开发企业购买商品房，往往没有及时办理房地产过户手续。房地产开发企业因欠债而被强制执行，人民法院在对尚登记在房地产开发企业名下但已出卖给消费者的商品房采取执行措施时，商品房消费者往往会提出执行异议，以排除强制执行。对此，《最高人民法院关于人民法院办理执行异议和复议案件若干问题的规定》第29条规定，符合下列情形的，应当支持商品房消费者的诉讼请求：一是在人民法院查封之前已签订合法有效的书面买卖合同；二是所购商品房系用于居住且买受人名下无其他用于居住的房屋；三是已支付的价款超过合同约定总价款的百分之五十。人民法院在审理执行异议之诉案件时，可参照适用此条款。

问题是，对于其中"所购商品房系用于居住且买受人名下无其他用于居住的房屋"如何理解，审判实践中掌握的标准不一。"买受人名下无其他用于居住的房屋"，可以理解为在案涉房屋同一设区的市或者县级市范围内商品房消费者名下没有用于居住的房屋。商品房消费者名下虽然已有1套房屋，但购买的房屋在面积上仍然属于满足基本居住需要的，可以理解为符合该规定的精神。

对于其中"已支付的价款超过合同约定总价款的百分之五十"如何理解，审判实践中掌握的标准也不一致。如果商品房消费者支付的价款接近于百分之五十，且已按照合同约定将剩余价款支付给申请执行人或者按照人民法院的要求交付执行的，可以理解为符合该规定的精神。

126.【商品房消费者的权利与抵押权的关系】根据《最高人民法院关于建设工程价款优先受偿权问题的批复》第1条、第2条的规定，交付全部或者大部分款项的商品房消费者的权利优先于抵押权人的抵押权，故抵押权人申请执行登记在房地产开发企业名下但已销售给消费者的商品房，消费者提出执行异议的，人民法院依法予以支持。但应当特别注意的是，此情况是针对实践中存在的商品房预售不规范现象为保护消费者生存权而作出的例外规定，必须严格把握条件，避免扩大范围，以免动摇抵押权具有优先性的基本原则。因此，这里的商品房消费者应当仅限于符合本纪要第125条规定的商品房消费者。买受人不是本纪要第125条规定的商品房消费者，而是一般的房屋买卖合同的买受人，不适用上述处理规则。

127.【案外人系商品房消费者之外的一般买受人】金钱债权执行中，商品房消费者之外的一般买受人对登记在被执行人名下的不动产提出异议，请求排除执行的，《最高人民法院关于人民法院办理执行异议和复议案件若干问题的规定》第28条规定，符合下列情形的依法予以支持：一是在人民法院查封之前已签订合法有效的书面买卖合同；二是在人民法院查封之前已合法占有该不动产；三是已支付全部价款，或者已按照合同约定支付部分价款且将剩余价款按照人民法院的要求交付执行；四是非因买受人自身原因未办理过户登记。人民法院在审理执行异议之诉案件时，可参照适用此条款。

实践中，对于该规定的前3个条件，理解并无分歧。对于其中的第4个条件，理解不一致。一般而言，买受人只要有向房屋登记机构递交过户登记材料，或向出卖人提出了办理过户登记的请求等积极行为的，可以认为符合该条件。买受人无上述积极行为，其未办理过户登记有合理的客观理由的，亦可认定符合该条件。

十二、关于民刑交叉案件的程序处理

会议认为，近年来，在民间借贷、P2P等融资活动中，与涉嫌诈骗、合同诈骗、票据诈骗、集资诈骗、非法吸收公众存款等犯罪有关的民商事案件的数量有所增加，出现了一些新情况和新问题。在审理案件时，应当依照《最高人民法院关于在审理经济纠纷案件中涉及经济犯罪嫌疑若干问题的规定》《最高人民法院关于审理非法集资刑事案件具体应用法律若干问题的解释》《最高人民法院、最高人民检察院、公安部关于办理非法集资刑事案件适用法律若干问题的意见》以及民间借贷司法解释等规定，处理好民刑交叉案件之间的程序关系。

128.【分别审理】同一当事人因不同事实分别发生民商事纠纷和涉嫌刑事犯罪，民商事案件与刑事案件应当分别审理，主要有下列情形：

（1）主合同的债务人涉嫌刑事犯罪或者刑事裁判认定其构成犯罪，债权人请求担保人承担民事责任的；

（2）行为人以法人、非法人组织或者他人名义订立合同的行为涉嫌刑事犯罪或者刑事裁判认定其构成犯罪，合同相对人请求该法人、非法人组织或者他人承担民事责任的；

（3）法人或者非法人组织的法定代表人、负责人或者其他工作人员的职务行为涉嫌刑事犯罪或者刑事裁判认定其构成犯罪，受害人请求该法人或者非法人组织承担民事责任的；

（4）侵权行为人涉嫌刑事犯罪或者刑事裁判认定其构成犯罪，被保险人、受益人

或者其他赔偿权利人请求保险人支付保险金的;

(5) 受害人请求涉嫌刑事犯罪的行为人之外的其他主体承担民事责任的。

审判实践中出现的问题是,在上述情形下,有的人民法院仍然以民商事案件涉嫌刑事犯罪为由不予受理,已经受理的,裁定驳回起诉。对此,应予纠正。

129.【涉众型经济犯罪与民商事案件的程序处理】2014 年颁布实施的《最高人民法院、最高人民检察院、公安部关于办理非法集资刑事案件适用法律若干问题的意见》和 2019 年 1 月颁布实施的《最高人民法院、最高人民检察院、公安部关于办理非法集资刑事案件若干问题的意见》规定的涉嫌集资诈骗、非法吸收公众存款等涉众型经济犯罪,所涉人数众多、当事人分布地域广、标的额特别巨大、影响范围广,严重影响社会稳定,对于受害人就同一事实提起的以犯罪嫌疑人或者刑事被告人为被告的民事诉讼,人民法院应当裁定不予受理,并将有关材料移送侦查机关、检察机关或者正在审理该刑事案件的人民法院。受害人的民事权利保护应当通过刑事追赃、退赔的方式解决。正在审理民商事案件的人民法院发现有上述涉众型经济犯罪线索的,应当及时将犯罪线索和有关材料移送侦查机关。侦查机关作出立案决定前,人民法院应当中止审理;作出立案决定后,应当裁定驳回起诉;侦查机关未及时立案的,人民法院必要时可以将案件报请党委政法委协调处理。除上述情形人民法院不予受理外,要防止通过刑事手段干预民商事审判,搞地方保护,影响营商环境。

当事人因租赁、买卖、金融借款等与上述涉众型经济犯罪无关的民事纠纷,请求上述主体承担民事责任的,人民法院应予受理。

130.【民刑交叉案件中民商事案件中止审理的条件】人民法院在审理民商事案件时,如果民商事案件必须以相关刑事案件的审理结果为依据,而刑事案件尚未审结的,应当根据《民事诉讼法》第 150 条第 5 项的规定裁定中止诉讼。待刑事案件审结后,再恢复民商事案件的审理。如果民商事案件不是必须以相关的刑事案件的审理结果为依据,则民商事案件应当继续审理。

【链接】

最高人民法院民二庭负责人就《全国法院民商事审判工作会议纪要》答记者问

最高人民法院于 2019 年 7 月 3 日至 4 日在黑龙江省哈尔滨市召开了全国法院民商事审判工作会议。时任最高人民法院党组书记、院长周强出席会议并讲话,审判委员会专职委员刘贵祥作了工作报告。会上讨论了《全国法院民商事审判工作会议纪要(稿)》。会后向全社会公开征求意见,社会反响热烈,希望尽快出台。《全国法院民商事审判工作会议纪要》(以下简称《纪要》)2019 年 11 月 14 日正式发布,记者为此采访了最高人民法院民二庭负责人。

问:能否请您简要说明一下《纪要》的起草过程以及主要特点?

答: 从 2019 年 2 月开始起草到 11 月出台,历时 8 个多月,其间,我们多次专门调研、征求专家学者意见、书面征求有关部门和单位意见，还向全社会公开征求意见。《纪要》的公布对统一裁判思路，规范法院自由裁量权，增强民商事审判的公开性、透明度以及可预期性，提高司法公信力具有重要意义。《纪要》主要有以下几个特点：一是问题意识强。《纪要》本着高度的责任感和担当意识，直面民商事审判中的前沿疑难争议问题，明确最高人民法院的态度，避免因规则的不明确而影响司法公信力。二是指导理论新。《纪要》密切关注正在制定修改过程中的民法典、公司法、证券法、破产法等法律的最新动态，密切跟踪金融领域最新监管政策、民商法学最前沿理论研究成果。三是涉及面广。《纪要》共计12部分130条，涉及公司、合同、担保、金融（包括金融消费者保护、证券、信托、保险、票据）、破产等民商事审判的绝大部分领域。《纪要》同时对案外人执行异议之诉、第三人撤销之诉、民刑交叉等突出程序问题进行了规范。

问：请您谈谈民商事审判要坚持哪些基本原则和理念？

答： 民商事审判工作，事关国家安全、社会稳定以及经济社会发展大局，事关营造法治化营商环境以及防范化解重大风险，事关人民群众对社会公平正义的向往和期待，必须以习近平新时代中国特色社会主义思想武装头脑、指导实践、推动工作。一要坚持党的绝对领导。这是中国特色社会主义司法制度的本质特征和根本要求，是人民法院永远不变的根和魂。在民商事审判工作中，要切实增强"四个意识"、坚定"四个自信"、做到"两个维护"，坚定不移走中国特色社会主义法治道路。二要坚持服务党和国家大局。认清形势，高度关注中国特色社会主义进入新时代背景下经济社会的重大变化、社会主要矛盾的历史性变化、各类风险隐患的多元多变，提高服务大局的自觉性、针对性，主动作为，勇于担当，处理好依法办案和服务大局的辩证关系，着眼于贯彻落实党中央的重大决策部署、维护人民群众的根本利益、维护法治的统一。三要坚持司法为民。牢固树立以人民为中心的发展思想，始终坚守人民立场，胸怀人民群众，满足人民需求，带着对人民群众的深厚感情和强烈责任感去做好民商事审判工作。在民商事审判工作中要弘扬社会主义核心价值观，注意情理法的交融平衡，做到以法为据、以理服人、以情感人，既要义正词严讲清法理，又要循循善诱讲明事理，还要感同身受讲透情理，争取广大人民群众和社会的理解与支持。要建立健全方便人民群众诉讼的民商事审判工作机制。四要坚持公正司法。公平正义是中国特色社会主义制度的内在要求，也是我党治国理政的一贯主张。司法是维护社会公平正义的最后一道防线，必须把公平正义作为生命线，必须把公平正义作为镌刻在心中的价值坐标，必须把"努力让人民群众在每一个司法案件中感受到公平正义"作为矢志不渝的奋斗目标。

会议指出，民商事审判工作要树立正确的审判理念。注意辩证理解并准确把握契约自由、平等保护、诚实信用、公序良俗等民商事审判基本原则；注意树立请求权基础思维、逻辑和价值相一致思维、同案同判思维，通过检索类案、参考指导案例等方式统一裁判尺度，有效防止滥用自由裁量权；注意处理好民商事审判与行政监管的关系，通过穿透式审判思维，查明当事人的真实意思，探求真实法律关系；特别注意外观主义系民商法上的学理概括，并非现行法律规定的原则，现行法律只是规定了体现外观主义的具体规则，审判实务中应当依据有关具体法律规则进行判断，类推适用亦应当以法律规则设定的情形、条件为基础。从现行法律规则看，外观主义是为保护交易安全设置的例外规定，一般适用于因合理信赖权利外观或意思表示外观的交易行为。实际权利人与名义权利人的关系，应注重财产的实质归属，而不单纯地取决于公示外观。总之，审判实务中要准确把握外观主义的适用边界，避免泛化和滥用。

问：据了解，《纪要》部分内容提交了最高人民法院民事行政审判专业委员会讨论，您能不能介绍一下这方面的情况？

答：《纪要》涉及面广、问题多，对争议比较大、实践中迫切需要统一裁判尺度的十二个问题，审委会进行了讨论，它们分别是：一是与目标公司签订的"对赌协议"的效力及能否履行；二是股东出资能否加速到期；三是如何理解《最高人民法院关于适用〈中华人民共和国公司法〉若干问题的规定（二）》[2014年修正，下同，以下简称《公司法司法解释（二）》]第十八条第二款规定的清算义务人的责任；四是法定代表人未经授权对外提供担保，公司应否承担责任；五是违约方能否起诉解除合同；六是混合担保中承担了担保责任的担保人能否向其他担保人追偿；七是因登记簿设置原因，导致登记簿记载与合同约定的担保范围不一致的情况下，究竟应以合同约定还是以登记簿记载为准来确定担保物权的担保范围；八是在房地分别抵押情况下，如何确定抵押范围以及清偿顺序；九是让与担保的效力如何；十是场外配资合同无效，应否以及如何返还利息；十一是如何理解信托财产的独立性；十二是实际权利人能否对抗一般债权人的执行。

问：请您谈谈《纪要》中公司纠纷案件部分对哪些问题统一了裁判思路？

答：《纪要》对"对赌协议"、股东出资加速到期、表决权限制、有限责任公司清算义务人的责任、公司人格否认、公司对外担保等争议问题统一了裁判思路。关于"对赌协议"的效力及履行。《纪要》规定，投资方与目标公司签订的"对赌协议"在不存在法定无效事由的情况下，一方当事人仅以协议存在股权回购或者金钱补偿约定为由，主张协议无效的，人民法院不予支持。但当事人主张实际履行的，人民法院应当审查是否符合公司法关于"股东不得抽逃出资"或股份回购的强制性规定，判决是否支持其请求。关于股东出资能否加速到期。《纪要》规定了两种例外情形：一是公司作为被执行人的案件，因穷尽执行措施无财产可供执行，已具备破产原因，但不申请破产的；二是在公司债务产生后，公司股东（大）会决议延长股东出资期限的。关于公司人格否认。《纪要》明确，公司人格独立和股东有限责任是公司法的基本原则。否认公司独立人格，由滥用公司法人独立地位和股东有限责任的股东对公司债务承担连带责任，只是股东有限责任的例外情形，旨在运用平衡的方法矫正有限责任制度在特定法律事实发生时对债权人保护的失衡现象。要准确把握公司法（2018年修正，下同）第二十条第三款的规定精神。要根据查明的案件事实，进行综合判断，既审慎适用，又当用则用。实践中存在标准把握不严而滥用这一例外制度的现象，也存在因法律规定较为原则、抽象，适用难度大，而不善适用、不敢适用现象，均应当引起高度重视。《纪要》对否定公司人格的三种典型情形（人格混同、过度支配与控制、资本显著不足）如何把握进行了细化。关于有限责任公司清算义务人的责任。《纪要》明确，《公司法司法解释（二）》第十八条第二款规定的"怠于履行义务"，是指有限责任公司的股东在法定清算事由出现后，在能够履行清算义务的情况下，故意拖延、拒绝履行清算义务，或者因过失导致无法进行清算的消极行为。股东举证证明其已经为履行清算义务采取了积极措施，或者小股东举证证明其既不是公司董事会或者监事会成员，也没有选派人员担任该机关成员，且从未参与公司经营管理，则不是"怠于履行义务"。有限责任公司的股东能够证明其"怠于履行义务"与公司主要财产、账册、重要文件等灭失之间没有因果关系，其不应承担连带清偿责任。关于公司对外担保。《纪要》明确，根据公司法第十六条的规定，担保行为不是法定代表人所能单独决定的事项，必须以公司股东（大）会、董事会等公司机关的决议作为授权的基础和来源。法定代表人未经授权擅自对外提供担保的，构成越权代表，人民法院应当根据合同法第五十条关于法定代表人越权代表的规定，区分订立合同时债权人是否善意分别认定合同效力：债权人善意的，合同有效；反之，合同无效。债权人的善意，是指债权人对公司机关决议内容进行了审查，但这种审查一般限于形式审查，只要求尽到必要的注意义务即可，标准不宜太过严苛。《纪要》规定，担保合同有效，债权人请求公司承担担保责任的，人民法院依法予以支持；担保合同无效，债权人请求公司承担担保责任的，人民法院不予支持，但可以按照担保法及有关司法解释关于担保无效的规定处理。公司举证证明债权人明知法定代表人超越权限或者机关决议系伪造或者变造，债权人请求公司承担合同无效后的民事责任的，人民法院不予支持。《纪要》还对表决权能否受限、有限公司的股权变动、侵犯优先购买权的股权转让合同的效力、上市公司为他人提供担保的合同效力、债务加入准用担保规则、实际出资人显名的条件以及股东代表诉讼等问题进行了规定。

问：请您谈谈《纪要》中合同纠纷案件部分对哪些问题统一了裁判思路？

答：《纪要》对合同效力、合同履行与救济以及借款合同中的一些争议问题统一了裁判思路。关于合同无效及其法律后果。《纪要》从鼓励交易原则出发，明确了强制性规定的识别标准、违背公序良俗无效的适用情形，尽量避免泛化认定合同无效；明确了合同不成立、无效或者被撤销时的返还责任、折价补偿以及损害赔偿之间的关系，重申要根据诚实信用原则确定合同无效后的法律后果，不能使不诚信的当事人从合同无效中获利；规定了合同无效和解除时人民法院的释明义务，避免案结事不了现象的发生。关于批准生效合同未经批准的效力。《纪要》明确，法律、行政法规规定合同需要批准生效的，批准是法定的生效条件，未经批准的合同属于未生效合同，当事人既不能请求履行，也不能请求确认合同无效。《纪要》强调，尽管整个合同未生效，但报批义务及相关条款独立生效，一方可以请求另一方履行报批义务。报批义务人拒不履行报批义务的，另一方也可以直接请求解除合同，并请求其承担专门针对报批义务约定的违约责任。人民法院判令一方履行报批义务后，一方拒不履行判决的，应当承担相当于违约责任的责任。关于盖章行为的法律效力。盖章行为表明代表人或者代理人从事的是职务行为，因此，要根据签约人于盖章之时有无代表权或者代理权，并根据代表或者代理的相关规则来确定合同的效力。《纪要》强调，不能将重点放在公章的真伪上，要纠正过分依赖鉴定来解决相关问题的裁判思路。关于以物抵债的性质和效力。《纪要》区别履行期限届满后签订以物抵债协议和履行期限届满前签订以物抵债协议两种情形，而异其处理方式。前一种以物抵债协议，当事人可以直接请求履行；后一种以物抵债协议，当事人不能直接请求履行，只能根据原债权债务关系确定双方的权利义务关系。关于合同解除。《纪要》明确了通知解除的条件，强调要根据诚实信用原则认定约定解除的条件。《纪要》规定，违约方在合同僵局的前提下，符合下列条件的，违约方起诉请求解除合同的，人民法院应予支持：违约方不存在恶意违约的情形；违约方继续履行合同，对其显失公平；守约方拒绝解除合同，违反诚实信用原则。关于金钱之债的裁判思路。《纪要》明确，要坚持金融服务实体经济原则，区别对待金融借贷与民间借贷，适用不同的利率标准。关于民间借贷，着重从规范高利转贷以及职业放贷人两个方面着手,从宽认定高利转贷行为的牟利标准以及借款人知情标准,明确职业放贷行为无效;关于金融借贷,《纪要》着重对变相利息进行规制;《纪要》强调,作为对价的价款或报酬给付之债,并非借款合同项下的还款义务,不能以民间借贷利率上限作为判断违约金是否过高的标准,避免简单地以民间借贷利率的司法保护上限作为调整依据。此外,《纪要》还对撤销权的行使方式、抵销的效力等问题进行了规定,明确撤销权也可以抗辩的方式行使;抵销的效力溯及至抵销条件成就之时,而非抵销通知达到之时。

问:请您谈谈《纪要》中担保纠纷案件部分对哪些问题统一了裁判思路?

答:《纪要》对担保的一般规则、不动产担保物权、动产担保物权、非典型担保的一些争议问题统一了裁判思路。关于独立担保。《纪要》明确,从属性是担保的基本属性,要将独立担保限于《最高人民法院关于审理独立保函纠纷案件若干问题的规定》(2016年公布)规定的银行和非银行机构出具的独立保函的范围,不能任意扩大独立保函的适用范围。其他当事人开立的独立保函以及当事人有关排除担保从属性的约定,应当认定无效。但根据"无效法律行为的转换"原理,在否定其独立担保效力的同时,应当将其认定为从属性担保,并根据主合同的效力状况区别对待担保合同的效力。关于担保责任的范围。《纪要》明确,担保人承担的担保责任不能大于主债务的范围,是担保从属性的必然要求。当事人通过针对担保责任约定专门的违约责任等方式,使担保人承担的责任范围大于、程度强于债务人所应承担的责任的,大于或者强于的部分无效,避免过度担保等对担保人不利现象的发生。关于混合担保中担保人之间的求偿问题。司法实践存在不同做法,理论界也有不同观点。为此,《纪要》明确,在混合担保中,根据物权法第一百七十六条的规定,承担了担保责任的担保人不能向其他担保人追偿。关于担保债权的范围。根据当前我国登记系统设置的实际情况,区别情形作出差别对待:对于不动产登记簿仅有"被担保主债权数额(最高债权数额)"表述,未设置"担保范围"栏目,导致合同约定的担保范围与登记簿记载不一致的,要根据合同约定来确定担保范围;对于系统设置比较规范,担保范围与登记簿记载一致的,则以登记簿记载为准。关于未办理登记的不动产抵押合同的效力。《纪要》明确,未办理抵押登记的,债权人既可以请求抵押人继续办理抵押登记,也可以请求抵押人以抵押物的价值为限承担责任,但其范围不得超过抵押权有效设立时抵押人所应承担的责任。关于房地分别抵押。《纪要》明确,设定抵押时土地上有建筑物的,根据物权法第一百八十二条之规定,在当事人仅以房或者地抵押,或者房地产分别抵押给不同债权人场合,均应当认为房地一并抵押。房地分别抵押给不同债权人的,应当依照物权法第一百九十九条的规定确定清偿顺序:登记在先的,先清偿;同时登记的,按照债权比例清偿。关于流动质押。《纪要》肯定了流动质押的效力,明确既要根据合同约定确定监管人系受谁的委托来监管质物,也要根据监管人是否已经实际履行监管职责、质物实际受谁管领控制等因素综合判断质物是否已经交付,进而确定质权是否已经设立。关于浮动抵押的效力。浮动抵押有英式结晶说和美式登记说两种理论,《纪要》采登记说,明确登记在先的浮动抵押优先于登记在后的动产抵押受偿。关于非典型担保。《纪要》明确,应当认可非典型担保的合同效力,至于应否认可其物权效力,要看其是否完成了公示。以登记作为公示方法的,未在法定的登记机构登记的,不具有物权效力。关于让与担保。《纪要》明确,债务人或者第三人与债权人订立合同,约定将财产形式上转让至债权人名下,债务人到期清偿债务,债权人将该财产返还给债务人或第三人,债务人到期没有清偿债务,债权人可以对财产拍卖、变卖、折价偿还债权的,人民法院应当认定合同有效。合同如果约定债务人到期没有清偿债务,财产归债权人所有的,人民法院应当认定该部分约定无效,但不影响合同其他部分的效力。当事人根据上述合同约定,已经完成财产权利变动的公示方式转让至债权人名下,债务人到期没有清偿债务,债权人请求确认财产归其所有的,人民法院不予支持,但债权人请求参照法律关于担保物权的规定对财产拍卖、变卖、折价优先偿还其债权的,人民法院依法予以支持。债务人因到期没有清偿债务,请求对该财产拍卖、变卖、折价偿还所欠债权人合同项下债务的,人民法院亦应依法予以支持。此外,《纪要》还对借新还旧时旧贷上的担保物权是否随之消灭、抵押权随主债权转让时未办理变更登记是否影响受让人享有抵押权、动产抵押权与质权竞存时如何确定清偿顺序、保兑仓的性质和效力等问题作出了规定。

问:请您谈谈《纪要》中金融纠纷案件部分对哪些问题统一了裁判思路?

答:金融部分包括金融消费者权益保护、证券、营业信托、财产保险、票据纠纷案件审理五个方面的内容,《纪要》对其中的一些争议问题,统一了裁判思路。

关于金融消费者权益保护纠纷案件。《纪要》规定,在审理金融产品发行人、销售者以及金融服务提供者(以下简称卖方机构)与金融消费者之间因销售各类高风险等级金融产品和为金融消费者参与高风险等级投资活动提供服务而引发的民商事案件中,必须坚持"卖者尽责、买者自负"原则,将金融消费者是否充分了解相关金融产品、投资活动的性质及风险并在此基础上作出自主决定作为应当查明的案件基本事实,依法保护金融消费者的合法权益,规范卖方机构的经营行为。卖方机构不能证明其已经按照法律、行政法规和相关监管规定的要求履行了适当性义务的,应当对金融消费者因此所受的损失承担赔偿责任。《纪要》还对举证责任、告知说明义务的衡量标准、损失赔偿数额的确定、免责事由进行了规定。

关于证券纠纷案件。《纪要》规定,对于需要借助其他学科领域的专业知识进行职业判断的问题,要充分发挥专家证人的作用,使得案件的事实认定符合证券市场的基本做法和普遍认知或者认可的经验法则,责任承担与侵权行为及其主观过错程度相匹配,在切实维护投资者合法权益的同时,通过民事责任追究实现震慑违法的功能,维护资本市场公开、公平、公正的市场秩序。在案件审理方式方面,一些人民法院已经进行了将部分案件合并审理、在示范判决基础上委托调解等尝试,有条件的人民法院可以选择个案以民事诉讼法第五十四条(2017年修正,下同)规定的代表人诉讼方式对案件进行审理,逐步展开试点工作,为构建符合中国国情的证券民事诉讼制度积累审判经验,培养审判队伍。《纪要》还对统一登记立案、案件甄别及程序审查、选定代表人、揭露日和更正日的认定、重大性要件的认定等进行了规定。对于场外配资合同纠纷,《纪要》明确,将证券市场的信用交易纳入国家统一监管的范围,是维护金融市场透明度和金融稳定的重要内容。不受监管的场外配资业务,不仅盲目扩张了资本市场信用交易的规模,也容易冲击资本市场的交易秩序。融资融券作为证券市场的主要交易方式和证券经营机构的核心业务,依法属国家特许经营的金融业务,未经依法核准,任何单位和个人不得非法从事配资业务。在认定配资合同无效的同时,《纪要》还对配资方和用资方的法律责任进行了规定。

关于营业信托纠纷案件。《纪要》明确,对信托公司开展和参与的多层嵌套、通道业务、回购承诺等融资活动，要以其实际构成的法律关系确定其效力，并在此基础上依法确定各方的权利义务。按照"新老划断"的监管政策要求，在过渡期之前，一方当事人以信托目的违法违规为由请求确认无效的，人民法院不予支持。在营业信托纠纷案件中，应当重点审查受托人在"受人之托，忠人之事"的财产管理过程中，是否恪尽职守，履行了谨慎、有效管理等法定或者约定义务，并将举证责任依法分配给受托人。除信托公司作为被告外，原告申请对信托公司固有资金账户的资金采取保全措施的，人民法院不应准许。信托公司作为案件被告，确有必要对其固有财产采取诉讼保全措施的，必须强化善意执行理念，防范发生金融风险。明确要求人民法院对信托公司的固有财产采取保全措施时，要尽量寻求依法平等保护各方利益的平衡点，优先采取方便执行且对信托公司正常经营影响最小的执行措施。《纪要》还对营业信托纠纷的认定、资产或者资产收益权转让及回购、劣后级受益人的责任承担、增信文件的性质、保底或者刚兑条款无效、信托财产的诉讼保全等进行了规定。

关于票据纠纷案件。《纪要》规定，贴现行的负责人或者有权从事该业务的工作人员与贴现申请人合谋，伪造贴现申请人与其前手之间具有真实的商品交易关系的合同、增值税发票等材料申请贴现，贴现行不享有票据权利。票据贴现属于国家特许经营业务，合法持票人向不具有法定贴现资质的当事人进行"贴现"的，该行为应当认定无效。人民法院在案件审理过程中，发现不具有法定资质的当事人以"贴现"为业的，因该行为涉嫌犯罪，应当将有关材料移送公安机关。《纪要》还对票据清单交易封包交易案件的处理原则、票据权利的认定以及民刑交叉的程序处理、恶意申请公示催告的权利救济等进行了规定。

关于保险纠纷案件。《纪要》规定，财产保险合同约定以投保人支付保险费作为合同生效条件，但对该生效条件是否为全额支付约定不明，投保人已经支付部分保险费的，应当认定保险合同已经生效。关于仲裁协议对行使保险代位求偿权的保险人的约束力问题，《纪要》明确，保险代位求偿权是一种法定债权转让，被保险人和第三者在保险事故发生前达成的仲裁协议，对保险人具有约束力。考虑到涉外民商事案件的处理常常涉及国际条约、国际惯例的适用，相关问题具有特殊性，故未将具有涉外因素的仲裁协议对保险人的约束力问题纳入《纪要》规范的范围。

问：请您谈谈《纪要》中破产纠纷案件部分对哪些问题统一了裁判思路？

答：为了进一步审理好破产案件，《纪要》再次明确和强调了破产审判工作总体思路和下一步工作重点，并对以下重要问题统一了裁判思路。关于受理后债务人财产保全和执行程序的处理。首先，《纪要》强调了人民法院系统内部的责任追究机制，即相关人民法院未依法及时解除保全措施、移交处置权，或者中止执行程序并移交有关财产的，上级人民法院应当依法予以纠正；相关人员违反上述规定造成严重后果的，破产受理人民法院可以向人民法院纪检监察部门移送其违法审判责任线索。其次，对于国家行政机关采取的保全措施或者执行程序，《纪要》强调要积极与上述机关进行协调和沟通，取得有关机关的配合。关于重整中的债务人自行管理。《纪要》首次明确，重整期间，债务人同时符合下列条件的，经申请，人民法院可以批准债务人在管理人的监督下自行管理财产和营业事务：内部治理机制仍正常运转；债务人自行管理有利于债务人继续经营；债务人不存在隐匿、转移财产的行为；债务人不存在其他严重损害债权人利益的行为。同时，《纪要》明确规定，经人民法院批准由债务人自行管理财产和营业事务的,管理人职权中有关财产管理和营业经营的职权应当由债务人行使。关于重整中担保物权的恢复行使。针对企业破产法第七十五条关于重整期间对债务人的特定财产享有的担保权暂停行使等规定,《纪要》在明确暂停行使一般原则的基础上,强调要在注重维护企业重整价值的同时,依法平衡保护担保权人的合法权益。管理人或者自行管理的债务人如果认为担保物不是重整所必需的,应当及时对担保物进行拍卖或者变卖,拍卖或者变卖担保物所得价款在支付拍卖、变卖费用后优先清偿担保权人的债权。担保权人与管理人或者自行管理的债务人就担保权应否恢复行使发生争议的,应当由管理人或者自行管理的债务人举证证明担保物是否为重整所必需,人民法院据此裁定是否应当恢复行使。担保权人对人民法院不予批准恢复行使的裁定不服的,可以自收到裁定书之日起十日内,向作出裁定的人民法院申请复议。关于重整计划执行期间的有关问题。针对重整计划执行期间与监督期间的关系,《纪要》明确二者原则上应当保持一致。如果不一致的,人民法院在确定和调整重整程序中的管理人报酬方案时,应当根据重整期间和重整计划监督期间管理人工作量的不同予以区别,以提升管理人工作报酬确定的合理性。对于重整计划执行期间的债务人诉讼管辖问题,《纪要》明确因重整程序终止后新发生的事实或者事件引发的有关债务人的民事诉讼,不适用企业破产法第二十一条有关集中管辖的规定。关于无法清算案件的审理与责任承担。针对实践中关于债务人相关人员下落不明或者财产状况不清的破产案件中相关主体的义务内容和责任范围、无法清算造成损失的责任性质、责任主体和追责方式不明、强制清算与破产清算制度适用错位等问题,《纪要》基于强制清算制度与破产清算制度的不同制度目标、不同适用条件,就此类破产清算案件中的责任承担问题予以纠偏,明确在破产程序终结后不能适用《公司法司法解释(二)》第十八条第二款的规定判定债务人的原股东承担民事责任,避免不当突破股东有限责任原则。

问:《纪要》还涉及民商事审判程序,请问这部分对哪些问题统一了裁判思路?

答: 这部分包括案外人救济案件的审理和民刑交叉案件的程序处理两个问题。关于案外人救济案件各救济途径之间的关系。《纪要》界定了执行异议之诉与案外人申请再审以及第三人撤销之诉的关系,明确了执行异议之诉不以否定作为执行依据的生效裁判为目的,如认为裁判有错误,只能通过申请再审或提起第三人撤销之诉进行救济。《纪要》规定了同时符合案外人申请再审与第三人撤销之诉的条件时,要按照程序启动的先后顺序来确定相应的救济途径,限制当事人的程序选择权。《纪要》还规定了被遗漏的必要共同诉讼人申请再审的两种程序,明确了两种程序之间的区别。关于执行异议之诉的裁判规则。《纪要》规定了执行异议之诉案件的实体审查规则。在案外人依据另案生效裁判提起执行异议之诉的处理上,强调实质审查原则,而不拘泥于生效裁判作出的时间是在查封扣押之前还是之后。《纪要》同时规定,在案外人依据另案生效裁判提出执行异议之诉时,要区别执行标的是金钱债权还是非金钱债权作出不同处理。对于非金钱债权,如果作为执行依据的生效裁判是确权裁判,不论作为执行异议依据的裁判是确权裁判还是给付裁判,一般不应据此排除执行,但人民法院应当告知案外人对作为执行依据的确权裁判申请再审;如果作为执行依据的生效裁判是给付标的物的裁判,而作为提出异议之诉依据的裁判是确权裁判,一般应据此排除执行,此时,人民法院应告知其对该确权裁判申请再审;如果两个裁判均属给付标的物的裁判,人民法院需依法判断哪个裁判所认定的给付权利具有优先性,进而判断是否可以排除执行。对于金钱债权,作为案外人提起执行异议之诉依据的生效裁判将执行标的确权给案外人,可以排除执行;作为案外人提起执行异议之诉依据的生效裁判,未将执行标的物确权给案外人,而是基于不以转移所有权为目的的有效合同(如租赁合同、借用合同、保管合同),判令向案外人返还执行标的物的,其性质属于物权请求权,亦可以排除执行;基于以转移所有权为目的有效合同(如买卖合同),判令向案外人交付标的物的,其性质属于债权请求权,不能排除执行;如果案外人提出执行异议之诉依据的生效法律文书认定以转移所有权为目的的合同(如买卖合同)无效或应当解除,进而判令向案外人返还执行标的物的,只有在案外人已经返还价款的情况下,才能排除普通债权人的执行。在不动产买受人提起的执行异议之诉的处理上,对于未办理过户登记是否基于买受人自身原因,《纪要》作了细化的规定。在消费者购房人排除执行的规定中对于"买受人名下无其他用于居住的房屋"作了细化的规定。在消费者购房人权利与抵押权冲突的处理上,认定在符合规定条件的情况下消费者购房人的权利优先于抵押权,贯彻了生存利益至上的原则。关于债权人能否提起第三人撤销之诉。《纪要》从设立第三人撤销之诉的目的出发,规定特定条件下,债权人可以提起第三人撤销之诉进行救济的三种债权。关于房屋消费者的权利与抵押权冲突的处理。《纪要》明确,根据《最高人民法院关于建设工程价款优先受偿权问题的批复》的规定,符合《纪要》第125条规定的,应当认定买受人对执行标的享有足以排除强制执行的民事权益。但是,买受人购买二手房的,或者买受人知道该商品房出售前已经办理抵押登记的,其对执行标的不享有足以排除强制执行的民事权益,除非抵押权人同意转让。

关于民刑交叉案件分别审理的原则和具体情形。《纪要》规定,同一当事人因不同事实分别发生民商事纠纷和涉嫌刑事犯罪,民商事案件与刑事案件应当分别审理,并且明确列举了应当分别审理的五种具体情形。关于涉众型经济犯罪与民商事案件的程序处理问题。集资诈骗、非法吸收公众存款等涉众型经济犯罪,由于所涉人数众多、当事人分布地域广、标的额特别巨大、影响范围广,严重影响社会稳定,故对于受害人就同一事实提起的以犯罪嫌疑人或者刑事被告人为被告的民事诉讼,人民法院应裁定不予受理,并将有关材料移送侦查机关、检察机关或者正在审理该刑事案件的人民法院。除上述人民法院不予受理的情形外,要防止通过刑事手段干预民商事审判,搞地方保护,影响营商环境。当事人因租赁、买卖、金融借款等与涉嫌集资诈骗、非法吸收公众存款等涉众型经济犯罪无关的民事纠纷,请求上述主体承担民事责任的,人民法院应予受理。关于民刑交叉案件中民商事案件中止审理的条件。《纪要》明确,如果民商事案件必须以相关刑事案件的审理结果为依据,而刑事案件尚未审结的,应当根据民事诉讼法第一百五十条第一款第五项的规定中止诉讼。如果民商事案件不是必须以相关的刑事案件的审理结果为依据,则民商事案件应当继续审理。

问:请问《纪要》适用哪些案件?

答: 需要强调的是,《纪要》不是司法解释,不能作为裁判依据进行援引。人民法院尚未审结的一审、二审案件,在裁判文书"本院认为"部分具体分析法律适用的理由时,可以根据《纪要》的相关规定进行说理。

最高人民法院
关于印发《第八次全国法院民事商事审判工作会议（民事部分）纪要》的通知

2016年11月21日　　　　　　　　　　法〔2016〕399号

各省、自治区、直辖市高级人民法院，解放军军事法院，新疆维吾尔自治区高级人民法院生产建设兵团分院：

现将《第八次全国法院民事商事审判工作会议（民事部分）纪要》印发给你们，请认真贯彻执行。对于执行中存在的问题，请层报最高人民法院。

第八次全国法院民事商事审判工作会议（民事部分）纪要

2015年12月23日至24日，最高人民法院在北京召开第八次全国法院民事商事审判工作会议。中共中央政治局委员、中央政法委书记孟建柱同志专门作出重要批语。最高人民法院院长周强出席会议并讲话。各省、自治区、直辖市高级人民法院，解放军军事法院，新疆维吾尔自治区高级人民法院生产建设兵团分院以及计划单列市中级人民法院派员参加会议。中央政法委、全国人大常委会法工委、国务院法制办等中央国家机关代表，部分全国人大代表、全国政协委员、最高人民法院特邀咨询员、最高人民法院特约监督员以及有关专家学者应邀列席会议。

这次会议是在党的十八届五中全会提出"十三五"规划建议新形势下召开的一次重要的民事商事审判工作会议。对于人民法院主动适应经济社会发展新形势新常态，更加充分发挥审判工作职能，为推进"十三五"规划战略布局，实现全面建成小康社会"第一个百年目标"提供有力司法保障，具有重要而深远的历史意义。通过讨论，对当前和今后一段时期更好开展民事审判工作形成如下纪要。

一、民事审判工作总体要求

我国正处于奋力夺取全面建成小康社会的决胜阶段，人民法院面临的机遇和挑战前所未有，民事审判工作的责任更加重大。作为人民法院工作重要组成部分的民事审判工作，当前和今后一段时期的主要任务是：深入贯彻落实党的十八大和十八届三中、四中、五中、六中全会精神，以习近平总书记系列重要讲话精神为指导，按照"五位一体"总体部署，协调推进"四个全面"战略布局，围绕"努力让人民群众在每一个司法案件中感受到公平正义"的目标，坚持司法为民、公正司法，充分发挥民事审判职能作用，服务创新、协调、绿色、开放、共享五大发展理念，坚持依法保护产权、尊重契约自由、依法平等保护、权利义务责任相统一、倡导诚实守信以及程序公正与实体公正相统一"六个原则"，积极参与社会治理，切实提升司法公信力，为如期实现全面建成小康社会提供有力司法服务和保障。

二、关于婚姻家庭纠纷案件的审理

审理好婚姻家庭案件对于弘扬社会主义核心价值观和中华民族传统美德,传递正能量,促进家风建设,维护婚姻家庭稳定,具有重要意义。要注重探索家事审判工作规律,积极稳妥开展家事审判方式和工作机制改革试点工作;做好反家暴法实施工作,及时总结人民法院适用人身安全保护令制止家庭暴力的成功经验,促进社会健康和谐发展。

(一)关于未成年人保护问题

1. 在审理婚姻家庭案件中,应注重对未成年人权益的保护,特别是涉及家庭暴力的离婚案件,从未成年子女利益最大化的原则出发,对于实施家庭暴力的父母一方,一般不宜判决其直接抚养未成年子女。

2. 离婚后,不直接抚养未成年子女的父母一方提出探望未成年子女诉讼请求的,应当向双方当事人释明探望权的适当行使对未成年子女健康成长、人格塑造的重要意义,并根据未成年子女的年龄、智力和认知水平,在有利于未成年子女成长和尊重其意愿的前提下,保障当事人依法行使探望权。

3. 祖父母、外祖父母对父母已经死亡或父母无力抚养的未成年孙子女、外孙子女尽了抚养义务,其定期探望孙子女、外孙子女的权利应当得到尊重,并有权通过诉讼方式获得司法保护。

(二)关于夫妻共同财产认定问题

4. 婚姻关系存续期间以夫妻共同财产投保,投保人和被保险人同为夫妻一方,离婚时处于保险期内,投保人不愿意继续投保的,保险人退还的保险单现金价值部分应按照夫妻共同财产处理;离婚时投保人选择继续投保的,投保人应当支付保险单现金价值的一半给另一方。

5. 婚姻关系存续期间,夫妻一方作为被保险人依据意外伤害保险合同、健康保险合同获得的具有人身性质的保险金,或者夫妻一方作为受益人依据以死亡为给付条件的人寿保险合同获得的保险金,宜认定为个人财产,但双方另有约定的除外。

婚姻关系存续期间,夫妻一方依据以生存到一定年龄为给付条件的具有现金价值的保险合同获得的保险金,宜认定为夫妻共同财产,但双方另有约定的除外。

三、关于侵权纠纷案件的审理

审理好侵权损害赔偿案件对于保护民事主体的合法权益,明确侵权责任,预防并制裁侵权行为,促进社会公平正义具有重要意义。要总结和运用以往审理侵权案件所积累下来的成功经验,进一步探索新形势下侵权案件的审理规律,更加强调裁判标准和裁判尺度的统一。当前,要注意以下几方面问题:

(一)关于侵权责任法实施中的相关问题

6. 鉴于侵权责任法第十八条明确规定被侵权人死亡,其近亲属有权请求侵权人承担侵权责任,并没有赋予有关机关或者单位提起请求的权利,当侵权行为造成身份不明人死亡时,如果没有赔偿权利人或者赔偿权利人不明,有关机关或者单位无权提起民事诉讼主张死亡赔偿金,但其为死者垫付的医疗费、丧葬费等实际发生的费用除外。

7. 依据侵权责任法第二十一条的规定,被侵权人请求义务人承担停止侵害、排除妨害、消除危险等责任,义务人以自己无过错为由提出抗辩的,不予支持。

8. 残疾赔偿金或死亡赔偿金的计算标准,应根据案件的实际情况,结合受害人住所地、经常居住地、主要收入来源等因素确定。在计算被扶养人生活费时，如果受害人是农村居民但按照城镇标准计算残疾赔偿金或者死亡赔偿金的，其被扶养人生活费也应按照受诉法院所在地上一年度城镇居民人均消费性支出标准计算。被扶养人生活费一并计入残疾赔偿金或者死亡赔偿金。

（二）关于社会保险与侵权责任的关系问题

9. 被侵权人有权获得工伤保险待遇或者其他社会保险待遇的，侵权人的侵权责任不因受害人获得社会保险而减轻或者免除。根据社会保险法第三十条和四十二条的规定，被侵权人有权请求工伤保险基金或者其他社会保险支付工伤保险待遇或者其他保险待遇。

10. 用人单位未依法缴纳工伤保险费，劳动者因第三人侵权造成人身损害并构成工伤，侵权人已经赔偿的，劳动者有权请求用人单位支付除医疗费之外的工伤保险待遇。用人单位先行支付工伤保险待遇的，可以就医疗费用在第三人应承担的赔偿责任范围内向其追偿。

（三）关于医疗损害赔偿责任问题

11. 患者一方请求医疗机构承担侵权责任，应证明与医疗机构之间存在医疗关系及受损害的事实。对于是否存在医疗关系，应综合挂号单、交费单、病历、出院证明以及其他能够证明存在医疗行为的证据加以认定。

12. 对当事人所举证据材料，应根据法律、法规及司法解释的相关规定进行综合审查。因当事人采取伪造、篡改、涂改等方式改变病历资料内容，或者遗失、销毁、抢夺病历，致使医疗行为与损害后果之间的因果关系或医疗机构及其医务人员的过错无法认定的，改变或者遗失、销毁、抢夺病历资料一方当事人应承担相应的不利后果；制作方对病历资料内容存在的明显矛盾或错误不能作出合理解释的，应承担相应的不利后果；病历仅存在错别字、未按病历规范格式书写等形式瑕疵的，不影响对病历资料真实性的认定。

四、关于房地产纠纷案件的审理

房地产纠纷案件的审判历来是民事审判的重要组成部分，审理好房地产纠纷案件对于保障人民安居乐业，优化土地资源配置，服务经济社会发展具有重要意义。随着我国经济发展进入新常态、产业结构优化升级以及国家房地产政策的调整，房地产纠纷案件还会出现新情况、新问题，要做好此类纠纷的研究和预判，不断提高化解矛盾的能力和水平。

（一）关于合同效力问题

13. 城市房地产管理法第三十九条第一款第二项规定并非效力性强制性规定，当事人仅以转让国有土地使用权未达到该项规定条件为由，请求确认转让合同无效的，不予支持。

14. 物权法第一百九十一条第二款并非针对抵押财产转让合同的效力性强制性规定，当事人仅以转让抵押房地产未经抵押权人同意为由，请求确认转让合同无效的，不予支持。受让人在抵押登记未涂销时要求办理过户登记的，不予支持。

（二）关于一房数卖的合同履行问题

15. 审理一房数卖纠纷案件时，如果数份合同均有效且买受人均要求履行合同的，一般应按照已经办理房屋所有权变更登记、合法占有房屋以及合同履行情况、买卖合同成立先后等顺序确定权利保护顺位。但恶意办理登记的买受人，其权利不能优先于已经合法占有该房屋的买受人。对买卖合同的成立时间，应综合主管机关备案时间、合同载明的签订时间以及其他证据确定。

（三）关于以房抵债问题

16. 当事人达成以房抵债协议，并要求制作调解书的，人民法院应当严格审查协议是否在平等自愿基础上达成；对存在重大误解或显失公平的，应当予以释明；对利用协议损害其他债权人利益或者规避公共管理政策的，不能制作调解书；对当事人行为构成虚假诉讼的，严格按照民事诉讼法第一百一十二条和《最高人民法院关于适用〈中华人民共和国民事诉讼法〉的解释》第一百九十条、第一百九十一条的规定处理；涉嫌犯罪的，移送刑事侦查机关处理。

17. 当事人在债务清偿期届满后达成以房抵债协议并已经办理了产权转移手续，一方要求确认以房抵债协议无效或者变更、撤销，经审查不属于合同法第五十二条、第五十四条规定情形的，对其主张不予支持。

（四）关于违约责任问题

18. 买受人请求出卖人支付逾期办证的违约金，从合同约定或者法定期限届满之次日起计算诉讼时效期间。

合同没有约定违约责任或者损失数额难以确定的，可参照《最高人民法院关于审理民间借贷案件适用法律若干问题的规定》第二十九条第二款规定处理。

五、关于物权纠纷案件的审理

物权法是中国特色社会主义法律体系中的重要支柱性法律，对于明确物的归属，发挥物的效用，增强权利义务意识和责任意识，保障市场主体的权利和平等发展，具有重要作用。妥善审理物权纠纷案件，对于依法保护物权，维护交易秩序，促进经济社会发展，意义重大。

（一）关于农村房屋买卖问题

19. 在国家确定的宅基地制度改革试点地区，可以按照国家政策及相关指导意见处理宅基地使用权因抵押担保、转让而产生的纠纷。

在非试点地区，农民将其宅基地上的房屋出售给本集体经济组织以外的个人，该房屋买卖合同认定为无效。合同无效后，买受人请求返还购房款及其利息，以及请求赔偿翻建或者改建成本的，应当综合考虑当事人过错等因素予以确定。

20. 在涉及农村宅基地或农村集体经营性建设用地的民事纠纷案件中，当事人主张利润分配等合同权利的，应提供政府部门关于土地利用规划、建设用地计划及优先满足集体建设用地等要求的审批文件或者证明。未提供上述手续或者虽提供了上述手续，但在一审法庭辩论终结前土地性质仍未变更为国有土地的，所涉及的相关合同应按无效处理。

（二）关于违法建筑相关纠纷的处理问题

21. 对于未取得建设工程规划许可证或者未按照建设工程规划许可证规定内容建设的违法建筑的认定和处理，属于国家有关行政机关的职权范围，应避免通过民事审判变相为违法建筑确权。当事人请求确认违法建筑权利归属及内容的，人民法院不予受理；已经受理的，裁定驳回起诉。

22. 因违法建筑倒塌或其搁置物、悬挂物脱落、坠落造成的损害赔偿纠纷，属于民事案件受案范围，应按照侵权责任法有关物件损害责任的相关规定处理。

（三）关于因土地承包、征收、征用引发争议的处理问题

23. 审理土地补偿费分配纠纷时，要在现行法律规定框架内，综合考虑当事人生产生活状况、户口登记状况以及农村土地对农民的基本生活保障功能等因素认定相关权利主体。要以当事人是否获得其他替代性基本生活保障为重要考量因素，慎重认定其权利主体资格的丧失，注重依法保护妇女、儿童以及农民工等群体的合法权益。

（四）关于诉讼时效问题

24. 已经合法占有转让标的物的受让人请求转让人办理物权变更登记，登记权利人请求无权占有人返还不动产或者动产，利害关系人请求确认物权的归属或内容，权利人请求排除妨害、消除危险，对方当事人以超过诉讼时效期间抗辩的，均应不予支持。

25. 被继承人死亡后遗产未分割，各继承人均未表示放弃继承，依据继承法第二十五条规定应视为均已接受继承，遗产属各继承人共同共有；当事人诉请享有继承权、主张分割遗产的纠纷案件，应参照共有财产分割的原则，不适用有关诉讼时效的规定。

六、关于劳动争议纠纷案件的审理

劳动争议案件的审理对于构建和谐劳动关系，优化劳动力、资本、技术、管理等要素配置，激发创新创业活力，推动大众创业、万众创新，促进新技术新产业的发展具有重要意义。应当坚持依法保护劳动者合法权益和维护用人单位生存发展并重的原则，严格依法区分劳动关系和劳务关系，防止认定劳动关系泛化。

（一）关于案件受理问题

26. 劳动人事仲裁机构作出仲裁裁决，当事人在法定期限内未提起诉讼但再次申请仲裁，劳动人事仲裁机构作出不予受理裁决、决定或通知，当事人不服提起诉讼，经审查认为前后两次申请仲裁事项属于不同事项的，人民法院予以受理；经审查认为属于同一事项的，人民法院不予受理，已经受理的裁定驳回起诉。

（二）关于仲裁时效问题

27. 当事人在仲裁阶段未提出超过仲裁申请期间的抗辩，劳动人事仲裁机构作出实体裁决后，当事人在诉讼阶段又以超过仲裁时效期间为由进行抗辩的，人民法院不予支持。

当事人未按照规定提出仲裁时效抗辩，又以仲裁时效期间届满为由申请再审或者提出再审抗辩的，人民法院不予支持。

（三）关于竞业限制问题

28. 用人单位和劳动者在竞业限制协议中约定的违约金过分高于或者低于实际损失，当事人请求调整违约金数额的，人民法院可以参照《最高人民法院关于适用〈中华人民共和国合同法〉若干问题的解释（二）》第二十九条的规定予以处理。

（四）关于劳动合同解除问题

29. 用人单位在劳动合同期限内通过"末位淘汰"或"竞争上岗"等形式单方解除劳动合同，劳动者可以用人单位违法解除劳动合同为由，请求用人单位继续履行劳动合同或者支付赔偿金。

七、关于建设工程施工合同纠纷案件的审理

经济新常态形势下，因建设方资金缺口增大，导致工程欠款、质量缺陷等纠纷案件数量持续上升。人民法院要准确把握法律、法规、司法解释规定，调整建筑活动中个体利益与社会利益冲突，维护社会公共利益和建筑市场经济秩序。

（一）关于合同效力问题

30. 要依法维护通过招投标所签订的中标合同的法律效力。当事人违反工程建设强制性标准，任意压缩合理工期、降低工程质量标准的约定，应认定无效。对于约定无效后的工程价款结算，应依据建设工程施工合同司法解释的相关规定处理。

（二）关于工程价款问题

31. 招标人和中标人另行签订改变工期、工程价款、工程项目性质等影响中标结果实质性内容的协议，导致合同双方当事人就实质性内容享有的权利义务发生较大变化的，应认定为变更中标合同实质性内容。

（三）关于承包人停（窝）工损失的赔偿问题

32. 因发包人未按照约定提供原材料、设备、场地、资金、技术资料的，隐蔽工程在隐蔽之前，承包人已通知发包人检查，发包人未及时检查等原因致使工程中途停、缓建，发包人应当赔偿因此给承包人造成的停（窝）工损失，包括停（窝）工人员人工费、机械设备窝工费和因窝工造成设备租赁费用等停（窝）工损失。

（四）关于不履行协作义务的责任问题

33. 发包人不履行告知变更后的施工方案、施工技术交底、完善施工条件等协作义务，致使承包人停（窝）工，以至难以完成工程项目建设的，承包人催告在合理期限内履行，发包人逾期仍不履行的，人民法院视违约情节，可以依据合同法第二百五十九条、第二百八十三条规定裁判顺延工期，并有权要求赔偿停（窝）工损失。

34. 承包人不履行配合工程档案备案、开具发票等协作义务的，人民法院视违约情节，可以依据合同法第六十条、第一百零七条规定，判令承包人限期履行、赔偿损失等。

八、关于民事审判程序

程序公正是司法公正的重要内容。人民群众和社会各界对于司法公正的认知和感受，很大程度上来源于其所参与的诉讼活动。要继续严格贯彻执行民事诉讼法及其司法解释，进一步强化民事审判程序意识，确保程序公正。

（一）关于鉴定问题

35. 当事人对鉴定人作出的鉴定意见的一部分提出异议并申请重新鉴定的，应当着重审查异议是否成立；如异议成立，原则上仅针对异议部分重新鉴定或者补充鉴定，并尽量缩减鉴定的范围和次数。

（二）关于诉讼代理人资格问题

36. 以当事人的工作人员身份参加诉讼活动，应当按照《最高人民法院关于适用〈中华人民共和国民事诉讼法〉的解释》第八十六条的规定，至少应当提交以下证据之一加以证明：

（1）缴纳社保记录凭证；

（2）领取工资凭证；

（3）其他能够证明其为当事人工作人员身份的证据。

第八次全国法院民事商事审判工作会议针对新情况、新问题，在法律与司法解释尚未明确规定的情况下，就民事审判中的热点难点问题提出处理意见，对于及时满足民事审判实践需求，切实统一裁判思路、标准和尺度，有效化解各类矛盾纠纷，具有重要指导意义。对于纪要规定的有关问题，在充分积累经验并被证明切实可行时，最高人民法院将及时制定相关司法解释。各级人民法院要紧密团结在以习近平同志为核心的党中央周围，牢固树立政治意识、大局意识、核心意识、看齐意识，充分发挥审判职能，为全面推进"十三五"规划提供有力司法保障，为如期实现全面建成小康社会作出更大贡献。

二、物　权

（一）所有权

中华人民共和国城市房地产管理法

（1994年7月5日第八届全国人民代表大会常务委员会第八次会议通过　根据2007年8月30日第十届全国人民代表大会常务委员会第二十九次会议《关于修改〈中华人民共和国城市房地产管理法〉的决定》第一次修正　根据2009年8月27日第十一届全国人民代表大会常务委员会第十次会议《关于修改部分法律的决定》第二次修正　根据2019年8月26日第十三届全国人民代表大会常务委员会第十二次会议《关于修改〈中华人民共和国土地管理法〉〈中华人民共和国城市房地产管理法〉的决定》第三次修正）

目　录

第一章　总　则
第二章　房地产开发用地
　第一节　土地使用权出让
　第二节　土地使用权划拨
第三章　房地产开发
第四章　房地产交易
　第一节　一般规定
　第二节　房地产转让
　第三节　房地产抵押
　第四节　房屋租赁
　第五节　中介服务机构
第五章　房地产权属登记管理

第六章 法律责任
第七章 附　则

第一章　总　则

第一条 为了加强对城市房地产的管理，维护房地产市场秩序，保障房地产权利人的合法权益，促进房地产业的健康发展，制定本法。

第二条 在中华人民共和国城市规划区国有土地（以下简称国有土地）范围内取得房地产开发用地的土地使用权，从事房地产开发、房地产交易，实施房地产管理，应当遵守本法。

本法所称房屋，是指土地上的房屋等建筑物及构筑物。

本法所称房地产开发，是指在依据本法取得国有土地使用权的土地上进行基础设施、房屋建设的行为。

本法所称房地产交易，包括房地产转让、房地产抵押和房屋租赁。

第三条 国家依法实行国有土地有偿、有限期使用制度。但是，国家在本法规定的范围内划拨国有土地使用权的除外。

第四条 国家根据社会、经济发展水平，扶持发展居民住宅建设，逐步改善居民的居住条件。

第五条 房地产权利人应当遵守法律和行政法规，依法纳税。房地产权利人的合法权益受法律保护，任何单位和个人不得侵犯。

第六条 为了公共利益的需要，国家可以征收国有土地上单位和个人的房屋，并依法给予拆迁补偿，维护被征收人的合法权益；征收个人住宅的，还应当保障被征收人的居住条件。具体办法由国务院规定。

第七条 国务院建设行政主管部门、土地管理部门依照国务院规定的职权划分，各司其职，密切配合，管理全国房地产工作。

县级以上地方人民政府房产管理、土地管理部门的机构设置及其职权由省、自治区、直辖市人民政府确定。

第二章　房地产开发用地

第一节　土地使用权出让

第八条 土地使用权出让，是指国家将国有土地使用权（以下简称土地使用权）在一定年限内出让给土地使用者，由土地使用者向国家支付土地使用权出让金的行为。

第九条 城市规划区内的集体所有的土地，经依法征收转为国有土地后，该幅国有土地的使用权方可有偿出让，但法律另有规定的除外。

第十条 土地使用权出让，必须符合土地利用总体规划、城市规划和年度建设用地计划。

第十一条 县级以上地方人民政府出让土地使用权用于房地产开发的，须根据省级以上人民政府下达的控制指标拟订年度出让土地使用权总面积方案，按照国务院规定，报国务院或者省级人民政府批准。

第十二条 土地使用权出让，由市、县人民政府有计划、有步骤地进行。出让的每幅地块、用途、年限和其他条件,由市、县人民政府土地管理部门会同城市规划、建设、房产管理部门共同拟定方案,按照国务院规定,报经有批准权的人民政府批准后,由市、县人民政府土地管理部门实施。

直辖市的县人民政府及其有关部门行使前款规定的权限,由直辖市人民政府规定。

第十三条 土地使用权出让,可以采取拍卖、招标或者双方协议的方式。

商业、旅游、娱乐和豪华住宅用地,有条件的,必须采取拍卖、招标方式;没有条件,不能采取拍卖、招标方式的,可以采取双方协议的方式。

采取双方协议方式出让土地使用权的出让金不得低于按国家规定所确定的最低价。

第十四条 土地使用权出让最高年限由国务院规定。

第十五条 土地使用权出让,应当签订书面出让合同。

土地使用权出让合同由市、县人民政府土地管理部门与土地使用者签订。

第十六条 土地使用者必须按照出让合同约定,支付土地使用权出让金;未按照出让合同约定支付土地使用权出让金的,土地管理部门有权解除合同,并可以请求违约赔偿。

第十七条 土地使用者按照出让合同约定支付土地使用权出让金的,市、县人民政府土地管理部门必须按照出让合同约定,提供出让的土地;未按照出让合同约定提供出让的土地的,土地使用者有权解除合同,由土地管理部门返还土地使用权出让金,土地使用者并可以请求违约赔偿。

第十八条 土地使用者需要改变土地使用权出让合同约定的土地用途的,必须取得出让方和市、县人民政府城市规划行政主管部门的同意,签订土地使用权出让合同变更协议或者重新签订土地使用权出让合同,相应调整土地使用权出让金。

第十九条 土地使用权出让金应当全部上缴财政,列入预算,用于城市基础设施建设和土地开发。土地使用权出让金上缴和使用的具体办法由国务院规定。

第二十条 国家对土地使用者依法取得的土地使用权,在出让合同约定的使用年限届满前不收回;在特殊情况下,根据社会公共利益的需要,可以依照法律程序提前收回,并根据土地使用者使用土地的实际年限和开发土地的实际情况给予相应的补偿。

第二十一条 土地使用权因土地灭失而终止。

第二十二条 土地使用权出让合同约定的使用年限届满,土地使用者需要继续使用土地的,应当至迟于届满前一年申请续期,除根据社会公共利益需要收回该幅土地的,应当予以批准。经批准准予续期的,应当重新签订土地使用权出让合同,依照规定支付土地使用权出让金。

土地使用权出让合同约定的使用年限届满,土地使用者未申请续期或者虽申请续期但依照前款规定未获批准的,土地使用权由国家无偿收回。

第二节 土地使用权划拨

第二十三条 土地使用权划拨,是指县级以上人民政府依法批准,在土地使用者缴纳补偿、安置等费用后将该幅土地交付其使用,或者将土地使用权无偿交付给土地使用者使用的行为。

依照本法规定以划拨方式取得土地使用权的,除法律、行政法规另有规定外,没有使用期限的限制。

第二十四条 下列建设用地的土地使用权，确属必需的，可以由县级以上人民政府依法批准划拨：

（一）国家机关用地和军事用地；

（二）城市基础设施用地和公益事业用地；

（三）国家重点扶持的能源、交通、水利等项目用地；

（四）法律、行政法规规定的其他用地。

第三章　房地产开发

第二十五条 房地产开发必须严格执行城市规划，按照经济效益、社会效益、环境效益相统一的原则，实行全面规划、合理布局、综合开发、配套建设。

第二十六条 以出让方式取得土地使用权进行房地产开发的，必须按照土地使用权出让合同约定的土地用途、动工开发期限开发土地。超过出让合同约定的动工开发日期满一年未动工开发的，可以征收相当于土地使用权出让金百分之二十以下的土地闲置费；满二年未动工开发的，可以无偿收回土地使用权；但是，因不可抗力或者政府、政府有关部门的行为或者动工开发必需的前期工作造成动工开发迟延的除外。

第二十七条 房地产开发项目的设计、施工，必须符合国家的有关标准和规范。

房地产开发项目竣工，经验收合格后，方可交付使用。

第二十八条 依法取得的土地使用权，可以依照本法和有关法律、行政法规的规定，作价入股，合资、合作开发经营房地产。

第二十九条 国家采取税收等方面的优惠措施鼓励和扶持房地产开发企业开发建设居民住宅。

第三十条 房地产开发企业是以营利为目的，从事房地产开发和经营的企业。设立房地产开发企业，应当具备下列条件：

（一）有自己的名称和组织机构；

（二）有固定的经营场所；

（三）有符合国务院规定的注册资本；

（四）有足够的专业技术人员；

（五）法律、行政法规规定的其他条件。

设立房地产开发企业，应当向工商行政管理部门申请设立登记。工商行政管理部门对符合本法规定条件的，应当予以登记，发给营业执照；对不符合本法规定条件的，不予登记。

设立有限责任公司、股份有限公司，从事房地产开发经营的，还应当执行公司法的有关规定。

房地产开发企业在领取营业执照后的一个月内，应当到登记机关所在地的县级以上地方人民政府规定的部门备案。

第三十一条 房地产开发企业的注册资本与投资总额的比例应当符合国家有关规定。

房地产开发企业分期开发房地产的，分期投资额应当与项目规模相适应，并按照土地使用权出让合同的约定，按期投入资金，用于项目建设。

第四章 房地产交易

第一节 一般规定

第三十二条 房地产转让、抵押时，房屋的所有权和该房屋占用范围内的土地使用权同时转让、抵押。

第三十三条 基准地价、标定地价和各类房屋的重置价格应当定期确定并公布。具体办法由国务院规定。

第三十四条 国家实行房地产价格评估制度。

房地产价格评估，应当遵循公正、公平、公开的原则，按照国家规定的技术标准和评估程序，以基准地价、标定地价和各类房屋的重置价格为基础，参照当地的市场价格进行评估。

第三十五条 国家实行房地产成交价格申报制度。

房地产权利人转让房地产，应当向县级以上地方人民政府规定的部门如实申报成交价，不得瞒报或者作不实的申报。

第三十六条 房地产转让、抵押，当事人应当依照本法第五章的规定办理权属登记。

第二节 房地产转让

第三十七条 房地产转让，是指房地产权利人通过买卖、赠与或者其他合法方式将其房地产转移给他人的行为。

第三十八条 下列房地产，不得转让：

（一）以出让方式取得土地使用权的，不符合本法第三十九条规定的条件的；

（二）司法机关和行政机关依法裁定、决定查封或者以其他形式限制房地产权利的；

（三）依法收回土地使用权的；

（四）共有房地产，未经其他共有人书面同意的；

（五）权属有争议的；

（六）未依法登记领取权属证书的；

（七）法律、行政法规规定禁止转让的其他情形。

第三十九条 以出让方式取得土地使用权的，转让房地产时，应当符合下列条件：

（一）按照出让合同约定已经支付全部土地使用权出让金，并取得土地使用权证书；

（二）按照出让合同约定进行投资开发，属于房屋建设工程的，完成开发投资总额的百分之二十五以上，属于成片开发土地的，形成工业用地或者其他建设用地条件。

转让房地产时房屋已经建成的，还应当持有房屋所有权证书。

第四十条 以划拨方式取得土地使用权的，转让房地产时，应当按照国务院规定，报有批准权的人民政府审批。有批准权的人民政府准予转让的，应当由受让方办理土地使用权出让手续，并依照国家有关规定缴纳土地使用权出让金。

以划拨方式取得土地使用权的，转让房地产报批时，有批准权的人民政府按照国务院规定决定可以不办理土地使用权出让手续的，转让方应当按照国务院规定将转让房地产所获收益中的土地收益上缴国家或者作其他处理。

第四十一条 房地产转让，应当签订书面转让合同，合同中应当载明土地使用权取得的方式。

第四十二条 房地产转让时，土地使用权出让合同载明的权利、义务随之转移。

第四十三条 以出让方式取得土地使用权的，转让房地产后，其土地使用权的使用年限为原土地使用权出让合同约定的使用年限减去原土地使用者已经使用年限后的剩余年限。

第四十四条 以出让方式取得土地使用权的，转让房地产后，受让人改变原土地使用权出让合同约定的土地用途的，必须取得原出让方和市、县人民政府城市规划行政主管部门的同意，签订土地使用权出让合同变更协议或者重新签订土地使用权出让合同，相应调整土地使用权出让金。

第四十五条 商品房预售，应当符合下列条件：

（一）已交付全部土地使用权出让金，取得土地使用权证书；

（二）持有建设工程规划许可证；

（三）按提供预售的商品房计算，投入开发建设的资金达到工程建设总投资的百分之二十五以上，并已经确定施工进度和竣工交付日期；

（四）向县级以上人民政府房产管理部门办理预售登记，取得商品房预售许可证明。

商品房预售人应当按照国家有关规定将预售合同报县级以上人民政府房产管理部门和土地管理部门登记备案。

商品房预售所得款项，必须用于有关的工程建设。

第四十六条 商品房预售的，商品房预购人将购买的未竣工的预售商品房再行转让的问题，由国务院规定。

第三节 房地产抵押

第四十七条 房地产抵押，是指抵押人以其合法的房地产以不转移占有的方式向抵押权人提供债务履行担保的行为。债务人不履行债务时，抵押权人有权依法以抵押的房地产拍卖所得的价款优先受偿。

第四十八条 依法取得的房屋所有权连同该房屋占用范围内的土地使用权，可以设定抵押权。

以出让方式取得的土地使用权，可以设定抵押权。

第四十九条 房地产抵押，应当凭土地使用权证书、房屋所有权证书办理。

第五十条 房地产抵押，抵押人和抵押权人应当签订书面抵押合同。

第五十一条 设定房地产抵押权的土地使用权是以划拨方式取得的，依法拍卖该房地产后，应当从拍卖所得的价款中缴纳相当于应缴纳的土地使用权出让金的款额后，抵押权人方可优先受偿。

第五十二条 房地产抵押合同签订后，土地上新增的房屋不属于抵押财产。需要拍卖该抵押的房地产时，可以依法将土地上新增的房屋与抵押财产一同拍卖，但对拍卖新增房屋所得，抵押权人无权优先受偿。

第四节 房屋租赁

第五十三条 房屋租赁，是指房屋所有权人作为出租人将其房屋出租给承租人使用，由承租人向出租人支付租金的行为。

第五十四条 房屋租赁，出租人和承租人应当签订书面租赁合同，约定租赁期限、租赁用途、租赁价格、修缮责任等条款，以及双方的其他权利和义务，并向房产管理部门登记备案。

第五十五条 住宅用房的租赁，应当执行国家和房屋所在城市人民政府规定的租赁政策。租用房屋从事生产、经营活动的，由租赁双方协商议定租金和其他租赁条款。

第五十六条 以营利为目的，房屋所有权人将以划拨方式取得使用权的国有土地上建成的房屋出租的，应当将租金中所含土地收益上缴国家。具体办法由国务院规定。

第五节 中介服务机构

第五十七条 房地产中介服务机构包括房地产咨询机构、房地产价格评估机构、房地产经纪机构等。

第五十八条 房地产中介服务机构应当具备下列条件：
（一）有自己的名称和组织机构；
（二）有固定的服务场所；
（三）有必要的财产和经费；
（四）有足够数量的专业人员；
（五）法律、行政法规规定的其他条件。

设立房地产中介服务机构，应当向工商行政管理部门申请设立登记，领取营业执照后，方可开业。

第五十九条 国家实行房地产价格评估人员资格认证制度。

第五章 房地产权属登记管理

第六十条 国家实行土地使用权和房屋所有权登记发证制度。

第六十一条 以出让或者划拨方式取得土地使用权，应当向县级以上地方人民政府土地管理部门申请登记，经县级以上地方人民政府土地管理部门核实，由同级人民政府颁发土地使用权证书。

在依法取得的房地产开发用地上建成房屋的，应当凭土地使用权证书向县级以上地方人民政府房产管理部门申请登记，由县级以上地方人民政府房产管理部门核实并颁发房屋所有权证书。

房地产转让或者变更时，应当向县级以上地方人民政府房产管理部门申请房产变更登记，并凭变更后的房屋所有权证书向同级人民政府土地管理部门申请土地使用权变更登记，经同级人民政府土地管理部门核实，由同级人民政府更换或者更改土地使用权证书。

法律另有规定的，依照有关法律的规定办理。

第六十二条 房地产抵押时，应当向县级以上地方人民政府规定的部门办理抵押登记。

因处分抵押房地产而取得土地使用权和房屋所有权的,应当依照本章规定办理过户登记。

第六十三条 经省、自治区、直辖市人民政府确定,县级以上地方人民政府由一个部门统一负责房产管理和土地管理工作的,可以制作、颁发统一的房地产权证书,依照本法第六十一条的规定,将房屋的所有权和该房屋占用范围内的土地使用权的确认和变更,分别载入房地产权证书。

第六章 法律责任

第六十四条 违反本法第十一条、第十二条的规定,擅自批准出让或者擅自出让土地使用权用于房地产开发的,由上级机关或者所在单位给予有关责任人员行政处分。

第六十五条 违反本法第三十条的规定,未取得营业执照擅自从事房地产开发业务的,由县级以上人民政府工商行政管理部门责令停止房地产开发业务活动,没收违法所得,可以并处罚款。

第六十六条 违反本法第三十九条第一款的规定转让土地使用权的,由县级以上人民政府土地管理部门没收违法所得,可以并处罚款。

第六十七条 违反本法第四十条第一款的规定转让房地产的,由县级以上人民政府土地管理部门责令缴纳土地使用权出让金,没收违法所得,可以并处罚款。

第六十八条 违反本法第四十五条第一款的规定预售商品房的,由县级以上人民政府房产管理部门责令停止预售活动,没收违法所得,可以并处罚款。

第六十九条 违反本法第五十八条的规定,未取得营业执照擅自从事房地产中介服务业务的,由县级以上人民政府工商行政管理部门责令停止房地产中介服务业务活动,没收违法所得,可以并处罚款。

第七十条 没有法律、法规的依据,向房地产开发企业收费的,上级机关应当责令退回所收取的钱款;情节严重的,由上级机关或者所在单位给予直接责任人员行政处分。

第七十一条 房产管理部门、土地管理部门工作人员玩忽职守、滥用职权,构成犯罪的,依法追究刑事责任;不构成犯罪的,给予行政处分。

房产管理部门、土地管理部门工作人员利用职务上的便利,索取他人财物,或者非法收受他人财物为他人谋取利益,构成犯罪的,依法追究刑事责任;不构成犯罪的,给予行政处分。

第七章 附 则

第七十二条 在城市规划区外的国有土地范围内取得房地产开发用地的土地使用权,从事房地产开发、交易活动以及实施房地产管理,参照本法执行。

第七十三条 本法自1995年1月1日起施行。

中华人民共和国土地管理法

(1986年6月25日第六届全国人民代表大会常务委员会第十六次会议通过 根据1988年12月29日第七届全国人民代表大会常务委员会第五次会议《关于修改〈中华人民共和国土地管理法〉的决定》第一次修正 1998年8月29日第九届全国人民代表大会常务委员会第四次会议修订 根据2004年8月28日第十届全国人民代表大会常务委员会第十一次会议《关于修改〈中华人民共和国土地管理法〉的决定》第二次修正 根据2019年8月26日第十三届全国人民代表大会常务委员会第十二次会议《关于修改〈中华人民共和国土地管理法〉〈中华人民共和国城市房地产管理法〉的决定》第三次修正)

目 录

第一章 总 则
第二章 土地的所有权和使用权
第三章 土地利用总体规划
第四章 耕地保护
第五章 建设用地
第六章 监督检查
第七章 法律责任
第八章 附 则

第一章 总 则

第一条 为了加强土地管理,维护土地的社会主义公有制,保护、开发土地资源,合理利用土地,切实保护耕地,促进社会经济的可持续发展,根据宪法,制定本法。

第二条 中华人民共和国实行土地的社会主义公有制,即全民所有制和劳动群众集体所有制。

全民所有,即国家所有土地的所有权由国务院代表国家行使。

任何单位和个人不得侵占、买卖或者以其他形式非法转让土地。土地使用权可以依法转让。

国家为了公共利益的需要,可以依法对土地实行征收或者征用并给予补偿。

国家依法实行国有土地有偿使用制度。但是,国家在法律规定的范围内划拨国有土地使用权的除外。

第三条 十分珍惜、合理利用土地和切实保护耕地是我国的基本国策。各级人民政府应当采取措施,全面规划,严格管理,保护、开发土地资源,制止非法占用土地的行为。

第四条 国家实行土地用途管制制度。

国家编制土地利用总体规划，规定土地用途，将土地分为农用地、建设用地和未利用地。严格限制农用地转为建设用地，控制建设用地总量，对耕地实行特殊保护。

前款所称农用地是指直接用于农业生产的土地，包括耕地、林地、草地、农田水利用地、养殖水面等；建设用地是指建造建筑物、构筑物的土地，包括城乡住宅和公共设施用地、工矿用地、交通水利设施用地、旅游用地、军事设施用地等；未利用地是指农用地和建设用地以外的土地。

使用土地的单位和个人必须严格按照土地利用总体规划确定的用途使用土地。

第五条 国务院自然资源主管部门统一负责全国土地的管理和监督工作。

县级以上地方人民政府自然资源主管部门的设置及其职责，由省、自治区、直辖市人民政府根据国务院有关规定确定。

第六条 国务院授权的机构对省、自治区、直辖市人民政府以及国务院确定的城市人民政府土地利用和土地管理情况进行督察。

第七条 任何单位和个人都有遵守土地管理法律、法规的义务，并有权对违反土地管理法律、法规的行为提出检举和控告。

第八条 在保护和开发土地资源、合理利用土地以及进行有关的科学研究等方面成绩显著的单位和个人，由人民政府给予奖励。

第二章 土地的所有权和使用权

第九条 城市市区的土地属于国家所有。

农村和城市郊区的土地，除由法律规定属于国家所有的以外，属于农民集体所有；宅基地和自留地、自留山，属于农民集体所有。

第十条 国有土地和农民集体所有的土地，可以依法确定给单位或者个人使用。使用土地的单位和个人，有保护、管理和合理利用土地的义务。

第十一条 农民集体所有的土地依法属于村农民集体所有的，由村集体经济组织或者村民委员会经营、管理；已经分别属于村内两个以上农村集体经济组织的农民集体所有的，由村内各该农村集体经济组织或者村民小组经营、管理；已经属于乡（镇）农民集体所有的，由乡（镇）农村集体经济组织经营、管理。

第十二条 土地的所有权和使用权的登记，依照有关不动产登记的法律、行政法规执行。

依法登记的土地的所有权和使用权受法律保护，任何单位和个人不得侵犯。

第十三条 农民集体所有和国家所有依法由农民集体使用的耕地、林地、草地，以及其他依法用于农业的土地，采取农村集体经济组织内部的家庭承包方式承包，不宜采取家庭承包方式的荒山、荒沟、荒丘、荒滩等，可以采取招标、拍卖、公开协商等方式承包，从事种植业、林业、畜牧业、渔业生产。家庭承包的耕地的承包期为三十年，草地的承包期为三十年至五十年，林地的承包期为三十年至七十年；耕地承包期届满后再延长三十年，草地、林地承包期届满后依法相应延长。

国家所有依法用于农业的土地可以由单位或者个人承包经营，从事种植业、林业、畜牧业、渔业生产。

发包方和承包方应当依法订立承包合同，约定双方的权利和义务。承包经营土地的单位和个人，有保护和按照承包合同约定的用途合理利用土地的义务。

第十四条 土地所有权和使用权争议，由当事人协商解决；协商不成的，由人民政府处理。

单位之间的争议，由县级以上人民政府处理；个人之间、个人与单位之间的争议，由乡级人民政府或者县级以上人民政府处理。

当事人对有关人民政府的处理决定不服的，可以自接到处理决定通知之日起三十日内，向人民法院起诉。

在土地所有权和使用权争议解决前，任何一方不得改变土地利用现状。

第三章 土地利用总体规划

第十五条 各级人民政府应当依据国民经济和社会发展规划、国土整治和资源环境保护的要求、土地供给能力以及各项建设对土地的需求，组织编制土地利用总体规划。

土地利用总体规划的规划期限由国务院规定。

第十六条 下级土地利用总体规划应当依据上一级土地利用总体规划编制。

地方各级人民政府编制的土地利用总体规划中的建设用地总量不得超过上一级土地利用总体规划确定的控制指标，耕地保有量不得低于上一级土地利用总体规划确定的控制指标。

省、自治区、直辖市人民政府编制的土地利用总体规划，应当确保本行政区域内耕地总量不减少。

第十七条 土地利用总体规划按照下列原则编制：

（一）落实国土空间开发保护要求，严格土地用途管制；

（二）严格保护永久基本农田，严格控制非农业建设占用农用地；

（三）提高土地节约集约利用水平；

（四）统筹安排城乡生产、生活、生态用地，满足乡村产业和基础设施用地合理需求，促进城乡融合发展；

（五）保护和改善生态环境，保障土地的可持续利用；

（六）占用耕地与开发复垦耕地数量平衡、质量相当。

第十八条 国家建立国土空间规划体系。编制国土空间规划应当坚持生态优先、绿色、可持续发展，科学有序统筹安排生态、农业、城镇等功能空间，优化国土空间结构和布局，提升国土空间开发、保护的质量和效率。

经依法批准的国土空间规划是各类开发、保护、建设活动的基本依据。已经编制国土空间规划的，不再编制土地利用总体规划和城乡规划。

第十九条 县级土地利用总体规划应当划分土地利用区，明确土地用途。

乡（镇）土地利用总体规划应当划分土地利用区，根据土地使用条件，确定每一块土地的用途，并予以公告。

第二十条 土地利用总体规划实行分级审批。

省、自治区、直辖市的土地利用总体规划，报国务院批准。

省、自治区人民政府所在地的市、人口在一百万以上的城市以及国务院指定的城市的土地利用总体规划，经省、自治区人民政府审查同意后，报国务院批准。

本条第二款、第三款规定以外的土地利用总体规划，逐级上报省、自治区、直辖市人民政府批准；其中，乡（镇）土地利用总体规划可以由省级人民政府授权的设区的市、自治州人民政府批准。

土地利用总体规划一经批准，必须严格执行。

第二十一条 城市建设用地规模应当符合国家规定的标准，充分利用现有建设用地，不占或者尽量少占农用地。

城市总体规划、村庄和集镇规划，应当与土地利用总体规划相衔接，城市总体规划、村庄和集镇规划中建设用地规模不得超过土地利用总体规划确定的城市和村庄、集镇建设用地规模。

在城市规划区内、村庄和集镇规划区内，城市和村庄、集镇建设用地应当符合城市规划、村庄和集镇规划。

第二十二条 江河、湖泊综合治理和开发利用规划，应当与土地利用总体规划相衔接。在江河、湖泊、水库的管理和保护范围以及蓄洪滞洪区内，土地利用应当符合江河、湖泊综合治理和开发利用规划，符合河道、湖泊行洪、蓄洪和输水的要求。

第二十三条 各级人民政府应当加强土地利用计划管理，实行建设用地总量控制。

土地利用年度计划，根据国民经济和社会发展计划、国家产业政策、土地利用总体规划以及建设用地和土地利用的实际状况编制。土地利用年度计划应当对本法第六十三条规定的集体经营性建设用地作出合理安排。土地利用年度计划的编制审批程序与土地利用总体规划的编制审批程序相同，一经审批下达，必须严格执行。

第二十四条 省、自治区、直辖市人民政府应当将土地利用年度计划的执行情况列为国民经济和社会发展计划执行情况的内容，向同级人民代表大会报告。

第二十五条 经批准的土地利用总体规划的修改，须经原批准机关批准；未经批准，不得改变土地利用总体规划确定的土地用途。

经国务院批准的大型能源、交通、水利等基础设施建设用地，需要改变土地利用总体规划的，根据国务院的批准文件修改土地利用总体规划。

经省、自治区、直辖市人民政府批准的能源、交通、水利等基础设施建设用地，需要改变土地利用总体规划的，属于省级人民政府土地利用总体规划批准权限内的，根据省级人民政府的批准文件修改土地利用总体规划。

第二十六条 国家建立土地调查制度。

县级以上人民政府自然资源主管部门会同同级有关部门进行土地调查。土地所有者或者使用者应当配合调查，并提供有关资料。

第二十七条 县级以上人民政府自然资源主管部门会同同级有关部门根据土地调查成果、规划土地用途和国家制定的统一标准，评定土地等级。

第二十八条 国家建立土地统计制度。

县级以上人民政府统计机构和自然资源主管部门依法进行土地统计调查，定期发布土地统计资料。土地所有者或者使用者应当提供有关资料，不得拒报、迟报，不得提供不真实、不完整的资料。

统计机构和自然资源主管部门共同发布的土地面积统计资料是各级人民政府编制土地利用总体规划的依据。

第二十九条 国家建立全国土地管理信息系统，对土地利用状况进行动态监测。

第四章 耕地保护

第三十条 国家保护耕地，严格控制耕地转为非耕地。

国家实行占用耕地补偿制度。非农业建设经批准占用耕地的，按照"占多少，垦多少"的原则，由占用耕地的单位负责开垦与所占用耕地的数量和质量相当的耕地；没有条件开垦或者开垦的耕地不符合要求的，应当按照省、自治区、直辖市的规定缴纳耕地开垦费，专款用于开垦新的耕地。

省、自治区、直辖市人民政府应当制定开垦耕地计划，监督占用耕地的单位按照计划开垦耕地或者按照计划组织开垦耕地，并进行验收。

第三十一条 县级以上地方人民政府可以要求占用耕地的单位将所占用耕地耕作层的土壤用于新开垦耕地、劣质地或者其他耕地的土壤改良。

第三十二条 省、自治区、直辖市人民政府应当严格执行土地利用总体规划和土地利用年度计划，采取措施，确保本行政区域内耕地总量不减少、质量不降低。耕地总量减少的，由国务院责令在规定期限内组织开垦与所减少耕地的数量与质量相当的耕地；耕地质量降低的，由国务院责令在规定期限内组织整治。新开垦和整治的耕地由国务院自然资源主管部门会同农业农村主管部门验收。

个别省、直辖市确因土地后备资源匮乏，新增建设用地后，新开垦耕地的数量不足以补偿所占用耕地的数量的，必须报经国务院批准减免本行政区域内开垦耕地的数量，易地开垦数量和质量相当的耕地。

第三十三条 国家实行永久基本农田保护制度。下列耕地应当根据土地利用总体规划划为永久基本农田，实行严格保护：

（一）经国务院农业农村主管部门或者县级以上地方人民政府批准确定的粮、棉、油、糖等重要农产品生产基地内的耕地；

（二）有良好的水利与水土保持设施的耕地，正在实施改造计划以及可以改造的中、低产田和已建成的高标准农田；

（三）蔬菜生产基地；

（四）农业科研、教学试验田；

（五）国务院规定应当划为永久基本农田的其他耕地。

各省、自治区、直辖市划定的永久基本农田一般应当占本行政区域内耕地的百分之八十以上，具体比例由国务院根据各省、自治区、直辖市耕地实际情况规定。

第三十四条 永久基本农田划定以乡（镇）为单位进行，由县级人民政府自然资源主管部门会同同级农业农村主管部门组织实施。永久基本农田应当落实到地块，纳入国家永久基本农田数据库严格管理。

乡（镇）人民政府应当将永久基本农田的位置、范围向社会公告，并设立保护标志。

第三十五条 永久基本农田经依法划定后，任何单位和个人不得擅自占用或者改变其用途。国家能源、交通、水利、军事设施等重点建设项目选址确实难以避让永久基本农田，涉及农用地转用或者土地征收的，必须经国务院批准。

禁止通过擅自调整县级土地利用总体规划、乡（镇）土地利用总体规划等方式规避永久基本农田农用地转用或者土地征收的审批。

第三十六条 各级人民政府应当采取措施，引导因地制宜轮作休耕，改良土壤，提高地力，维护排灌工程设施，防止土地荒漠化、盐渍化、水土流失和土壤污染。

第三十七条 非农业建设必须节约使用土地，可以利用荒地的，不得占用耕地；可以利用劣地的，不得占用好地。

禁止占用耕地建窑、建坟或者擅自在耕地上建房、挖砂、采石、采矿、取土等。

禁止占用永久基本农田发展林果业和挖塘养鱼。

第三十八条 禁止任何单位和个人闲置、荒芜耕地。已经办理审批手续的非农业建设占用耕地，一年内不用而又可以耕种并收获的，应当由原耕种该幅耕地的集体或者个人恢复耕种，也可以由用地单位组织耕种；一年以上未动工建设的，应当按照省、自治区、直辖市的规定缴纳闲置费；连续二年未使用的，经原批准机关批准，由县级以上人民政府无偿收回用地单位的土地使用权；该幅土地原为农民集体所有的，应当交由原农村集体经济组织恢复耕种。

在城市规划区范围内，以出让方式取得土地使用权进行房地产开发的闲置土地，依照《中华人民共和国城市房地产管理法》的有关规定办理。

第三十九条 国家鼓励单位和个人按照土地利用总体规划，在保护和改善生态环境、防止水土流失和土地荒漠化的前提下，开发未利用的土地；适宜开发为农用地的，应当优先开发成农用地。

国家依法保护开发者的合法权益。

第四十条 开垦未利用的土地，必须经过科学论证和评估，在土地利用总体规划划定的可开垦的区域内，经依法批准后进行。禁止毁坏森林、草原开垦耕地，禁止围湖造田和侵占江河滩地。

根据土地利用总体规划，对破坏生态环境开垦、围垦的土地，有计划有步骤地退耕还林、还牧、还湖。

第四十一条 开发未确定使用权的国有荒山、荒地、荒滩从事种植业、林业、畜牧业、渔业生产的，经县级以上人民政府依法批准，可以确定给开发单位或者个人长期使用。

第四十二条 国家鼓励土地整理。县、乡（镇）人民政府应当组织农村集体经济组织，按照土地利用总体规划，对田、水、路、林、村综合整治，提高耕地质量，增加有效耕地面积，改善农业生产条件和生态环境。

地方各级人民政府应当采取措施，改造中、低产田，整治闲散地和废弃地。

第四十三条 因挖损、塌陷、压占等造成土地破坏，用地单位和个人应当按照国家有关规定负责复垦；没有条件复垦或者复垦不符合要求的，应当缴纳土地复垦费，专项用于土地复垦。复垦的土地应当优先用于农业。

第五章 建设用地

第四十四条 建设占用土地，涉及农用地转为建设用地的，应当办理农用地转用审批手续。

永久基本农田转为建设用地的，由国务院批准。

在土地利用总体规划确定的城市和村庄、集镇建设用地规模范围内，为实施该规划而将永久基本农田以外的农用地转为建设用地的，按土地利用年度计划分批次按照国务院规定由原批准土地利用总体规划的机关或者其授权的机关批准。在已批准的农用地转用范围内，具体建设项目用地可以由市、县人民政府批准。

在土地利用总体规划确定的城市和村庄、集镇建设用地规模范围外，将永久基本农田以外的农用地转为建设用地的，由国务院或者国务院授权的省、自治区、直辖市人民政府批准。

第四十五条 为了公共利益的需要，有下列情形之一，确需征收农民集体所有的土地的，可以依法实施征收：

（一）军事和外交需要用地的；

（二）由政府组织实施的能源、交通、水利、通信、邮政等基础设施建设需要用地的；

（三）由政府组织实施的科技、教育、文化、卫生、体育、生态环境和资源保护、防灾减灾、文物保护、社区综合服务、社会福利、市政公用、优抚安置、英烈保护等公共事业需要用地的；

（四）由政府组织实施的扶贫搬迁、保障性安居工程建设需要用地的；

（五）在土地利用总体规划确定的城镇建设用地范围内，经省级以上人民政府批准由县级以上地方人民政府组织实施的成片开发建设需要用地的；

（六）法律规定为公共利益需要可以征收农民集体所有的土地的其他情形。

前款规定的建设活动，应当符合国民经济和社会发展规划、土地利用总体规划、城乡规划和专项规划；第（四）项、第（五）项规定的建设活动，还应当纳入国民经济和社会发展年度计划；第（五）项规定的成片开发并应当符合国务院自然资源主管部门规定的标准。

第四十六条 征收下列土地的，由国务院批准：

（一）永久基本农田；

（二）永久基本农田以外的耕地超过三十五公顷的；

（三）其他土地超过七十公顷的。

征收前款规定以外的土地的，由省、自治区、直辖市人民政府批准。

征收农用地的，应当依照本法第四十四条的规定先行办理农用地转用审批。其中，经国务院批准农用地转用的，同时办理征地审批手续，不再另行办理征地审批；经省、自治区、直辖市人民政府在征地批准权限内批准农用地转用的，同时办理征地审批手续，不再另行办理征地审批，超过征地批准权限的，应当依照本条第一款的规定另行办理征地审批。

第四十七条 国家征收土地的，依照法定程序批准后，由县级以上地方人民政府予以公告并组织实施。

县级以上地方人民政府拟申请征收土地的，应当开展拟征收土地现状调查和社会稳定风险评估，并将征收范围、土地现状、征收目的、补偿标准、安置方式和社会保障等在拟征收土地所在的乡（镇）和村、村民小组范围内公告至少三十日，听取被征地的农村集体经济组织及其成员、村民委员会和其他利害关系人的意见。

多数被征地的农村集体经济组织成员认为征地补偿安置方案不符合法律、法规规定的，县级以上地方人民政府应当组织召开听证会，并根据法律、法规的规定和听证会情况修改方案。

拟征收土地的所有权人、使用权人应当在公告规定期限内,持不动产权属证明材料办理补偿登记。县级以上地方人民政府应当组织有关部门测算并落实有关费用,保证足额到位,与拟征收土地的所有权人、使用权人就补偿、安置等签订协议;个别确实难以达成协议的,应当在申请征收土地时如实说明。

相关前期工作完成后,县级以上地方人民政府方可申请征收土地。

第四十八条 征收土地应当给予公平、合理的补偿,保障被征地农民原有生活水平不降低、长远生计有保障。

征收土地应当依法及时足额支付土地补偿费、安置补助费以及农村村民住宅、其他地上附着物和青苗等的补偿费用,并安排被征地农民的社会保障费用。

征收农用地的土地补偿费、安置补助费标准由省、自治区、直辖市通过制定公布区片综合地价确定。制定区片综合地价应当综合考虑土地原用途、土地资源条件、土地产值、土地区位、土地供求关系、人口以及经济社会发展水平等因素,并至少每三年调整或者重新公布一次。

征收农用地以外的其他土地、地上附着物和青苗等的补偿标准,由省、自治区、直辖市制定。对其中的农村村民住宅,应当按照先补偿后搬迁、居住条件有改善的原则,尊重农村村民意愿,采取重新安排宅基地建房、提供安置房或者货币补偿等方式给予公平、合理的补偿,并对因征收造成的搬迁、临时安置等费用予以补偿,保障农村村民居住的权利和合法的住房财产权益。

县级以上地方人民政府应当将被征地农民纳入相应的养老等社会保障体系。被征地农民的社会保障费用主要用于符合条件的被征地农民的养老保险等社会保险缴费补贴。被征地农民社会保障费用的筹集、管理和使用办法,由省、自治区、直辖市制定。

第四十九条 被征地的农村集体经济组织应当将征收土地的补偿费用的收支状况向本集体经济组织的成员公布,接受监督。

禁止侵占、挪用被征收土地单位的征地补偿费用和其他有关费用。

第五十条 地方各级人民政府应当支持被征地的农村集体经济组织和农民从事开发经营,兴办企业。

第五十一条 大中型水利、水电工程建设征收土地的补偿费标准和移民安置办法,由国务院另行规定。

第五十二条 建设项目可行性研究论证时,自然资源主管部门可以根据土地利用总体规划、土地利用年度计划和建设用地标准,对建设用地有关事项进行审查,并提出意见。

第五十三条 经批准的建设项目需要使用国有建设用地的,建设单位应当持法律、行政法规规定的有关文件,向有批准权的县级以上人民政府自然资源主管部门提出建设用地申请,经自然资源主管部门审查,报本级人民政府批准。

第五十四条 建设单位使用国有土地,应当以出让等有偿使用方式取得;但是,下列建设用地,经县级以上人民政府依法批准,可以以划拨方式取得:

(一)国家机关用地和军事用地;
(二)城市基础设施用地和公益事业用地;
(三)国家重点扶持的能源、交通、水利等基础设施用地;
(四)法律、行政法规规定的其他用地。

第五十五条 以出让等有偿使用方式取得国有土地使用权的建设单位，按照国务院规定的标准和办法，缴纳土地使用权出让金等土地有偿使用费和其他费用后，方可使用土地。

自本法施行之日起，新增建设用地的土地有偿使用费，百分之三十上缴中央财政，百分之七十留给有关地方人民政府。具体使用管理办法由国务院财政部门会同有关部门制定，并报国务院批准。

第五十六条 建设单位使用国有土地的，应当按照土地使用权出让等有偿使用合同的约定或者土地使用权划拨批准文件的规定使用土地；确需改变该幅土地建设用途的，应当经有关人民政府自然资源主管部门同意，报原批准用地的人民政府批准。其中，在城市规划区内改变土地用途的，在报批前，应当先经有关城市规划行政主管部门同意。

第五十七条 建设项目施工和地质勘查需要临时使用国有土地或者农民集体所有的土地的，由县级以上人民政府自然资源主管部门批准。其中，在城市规划区内的临时用地，在报批前，应当先经有关城市规划行政主管部门同意。土地使用者应当根据土地权属，与有关自然资源主管部门或者农村集体经济组织、村民委员会签订临时使用土地合同，并按照合同的约定支付临时使用土地补偿费。

临时使用土地的使用者应当按照临时使用土地合同约定的用途使用土地，并不得修建永久性建筑物。

临时使用土地期限一般不超过二年。

第五十八条 有下列情形之一的，由有关人民政府自然资源主管部门报经原批准用地的人民政府或者有批准权的人民政府批准，可以收回国有土地使用权：

（一）为实施城市规划进行旧城区改建以及其他公共利益需要，确需使用土地的；

（二）土地出让等有偿使用合同约定的使用期限届满，土地使用者未申请续期或者申请续期未获批准的；

（三）因单位撤销、迁移等原因，停止使用原划拨的国有土地的；

（四）公路、铁路、机场、矿场等经核准报废的。

依照前款第（一）项的规定收回国有土地使用权的，对土地使用权人应当给予适当补偿。

第五十九条 乡镇企业、乡（镇）村公共设施、公益事业、农村村民住宅等乡（镇）村建设，应当按照村庄和集镇规划，合理布局，综合开发，配套建设；建设用地，应当符合乡（镇）土地利用总体规划和土地利用年度计划，并依照本法第四十四条、第六十条、第六十一条、第六十二条的规定办理审批手续。

第六十条 农村集体经济组织使用乡（镇）土地利用总体规划确定的建设用地兴办企业或者与其他单位、个人以土地使用权入股、联营等形式共同举办企业的，应当持有关批准文件，向县级以上地方人民政府自然资源主管部门提出申请，按照省、自治区、直辖市规定的批准权限，由县级以上地方人民政府批准；其中，涉及占用农用地的，依照本法第四十四条的规定办理审批手续。

按照前款规定兴办企业的建设用地，必须严格控制。省、自治区、直辖市可以按照乡镇企业的不同行业和经营规模，分别规定用地标准。

第六十一条 乡（镇）村公共设施、公益事业建设，需要使用土地的，经乡（镇）

人民政府审核,向县级以上地方人民政府自然资源主管部门提出申请,按照省、自治区、直辖市规定的批准权限,由县级以上地方人民政府批准;其中,涉及占用农用地的,依照本法第四十四条的规定办理审批手续。

第六十二条 农村村民一户只能拥有一处宅基地,其宅基地的面积不得超过省、自治区、直辖市规定的标准。

人均土地少、不能保障一户拥有一处宅基地的地区,县级人民政府在充分尊重农村村民意愿的基础上,可以采取措施,按照省、自治区、直辖市规定的标准保障农村村民实现户有所居。

农村村民建住宅,应当符合乡(镇)土地利用总体规划、村庄规划,不得占用永久基本农田,并尽量使用原有的宅基地和村内空闲地。编制乡(镇)土地利用总体规划、村庄规划应当统筹并合理安排宅基地用地,改善农村村民居住环境和条件。

农村村民住宅用地,由乡(镇)人民政府审核批准;其中,涉及占用农用地的,依照本法第四十四条的规定办理审批手续。

农村村民出卖、出租、赠与住宅后,再申请宅基地的,不予批准。

国家允许进城落户的农村村民依法自愿有偿退出宅基地,鼓励农村集体经济组织及其成员盘活利用闲置宅基地和闲置住宅。

国务院农业农村主管部门负责全国农村宅基地改革和管理有关工作。

第六十三条 土地利用总体规划、城乡规划确定为工业、商业等经营性用途,并经依法登记的集体经营性建设用地,土地所有权人可以通过出让、出租等方式交由单位或者个人使用,并应当签订书面合同,载明土地界址、面积、动工期限、使用期限、土地用途、规划条件和双方其他权利义务。

前款规定的集体经营性建设用地出让、出租等,应当经本集体经济组织成员的村民会议三分之二以上成员或者三分之二以上村民代表的同意。

通过出让等方式取得的集体经营性建设用地使用权可以转让、互换、出资、赠与或者抵押,但法律、行政法规另有规定或者土地所有权人、土地使用权人签订的书面合同另有约定的除外。

集体经营性建设用地的出租,集体建设用地使用权的出让及其最高年限、转让、互换、出资、赠与、抵押等,参照同类用途的国有建设用地执行。具体办法由国务院制定。

第六十四条 集体建设用地的使用者应当严格按照土地利用总体规划、城乡规划确定的用途使用土地。

第六十五条 在土地利用总体规划制定前已建的不符合土地利用总体规划确定的用途的建筑物、构筑物,不得重建、扩建。

第六十六条 有下列情形之一的,农村集体经济组织报经原批准用地的人民政府批准,可以收回土地使用权:

(一)为乡(镇)村公共设施和公益事业建设,需要使用土地的;
(二)不按照批准的用途使用土地的;
(三)因撤销、迁移等原因而停止使用土地的。

依照前款第(一)项规定收回农民集体所有的土地的,对土地使用权人应当给予适当补偿。

收回集体经营性建设用地使用权，依照双方签订的书面合同办理，法律、行政法规另有规定的除外。

第六章　监督检查

第六十七条　县级以上人民政府自然资源主管部门对违反土地管理法律、法规的行为进行监督检查。

县级以上人民政府农业农村主管部门对违反农村宅基地管理法律、法规的行为进行监督检查的，适用本法关于自然资源主管部门监督检查的规定。

土地管理监督检查人员应当熟悉土地管理法律、法规，忠于职守、秉公执法。

第六十八条　县级以上人民政府自然资源主管部门履行监督检查职责时，有权采取下列措施：

（一）要求被检查的单位或者个人提供有关土地权利的文件和资料，进行查阅或者予以复制；

（二）要求被检查的单位或者个人就有关土地权利的问题作出说明；

（三）进入被检查单位或者个人非法占用的土地现场进行勘测；

（四）责令非法占用土地的单位或者个人停止违反土地管理法律、法规的行为。

第六十九条　土地管理监督检查人员履行职责，需要进入现场进行勘测、要求有关单位或者个人提供文件、资料和作出说明的，应当出示土地管理监督检查证件。

第七十条　有关单位和个人对县级以上人民政府自然资源主管部门就土地违法行为进行的监督检查应当支持与配合，并提供工作方便，不得拒绝与阻碍土地管理监督检查人员依法执行职务。

第七十一条　县级以上人民政府自然资源主管部门在监督检查工作中发现国家工作人员的违法行为，依法应当给予处分的，应当依法予以处理；自己无权处理的，应当依法移送监察机关或者有关机关处理。

第七十二条　县级以上人民政府自然资源主管部门在监督检查工作中发现土地违法行为构成犯罪的，应当将案件移送有关机关，依法追究刑事责任；尚不构成犯罪的，应当依法给予行政处罚。

第七十三条　依照本法规定应当给予行政处罚，而有关自然资源主管部门不给予行政处罚的，上级人民政府自然资源主管部门有权责令有关自然资源主管部门作出行政处罚决定或者直接给予行政处罚，并给予有关自然资源主管部门的负责人处分。

第七章　法律责任

第七十四条　买卖或者以其他形式非法转让土地的，由县级以上人民政府自然资源主管部门没收违法所得；对违反土地利用总体规划擅自将农用地改为建设用地的，限期拆除在非法转让的土地上新建的建筑物和其他设施，恢复土地原状，对符合土地利用总体规划的，没收在非法转让的土地上新建的建筑物和其他设施；可以并处罚款；对直接负责的主管人员和其他直接责任人员，依法给予处分；构成犯罪的，依法追究刑事责任。

第七十五条　违反本法规定，占用耕地建窑、建坟或者擅自在耕地上建房、挖砂、采石、采矿、取土等，破坏种植条件的，或者因开发土地造成土地荒漠化、盐渍化的，由县级以上人民政府自然资源主管部门、农业农村主管部门等按照职责责令限期改正或者治理，可以并处罚款；构成犯罪的，依法追究刑事责任。

第七十六条　违反本法规定，拒不履行土地复垦义务的，由县级以上人民政府自然资源主管部门责令限期改正；逾期不改正的，责令缴纳复垦费，专项用于土地复垦，可以处以罚款。

第七十七条　未经批准或者采取欺骗手段骗取批准，非法占用土地的，由县级以上人民政府自然资源主管部门责令退还非法占用的土地，对违反土地利用总体规划擅自将农用地改为建设用地的，限期拆除在非法占用的土地上新建的建筑物和其他设施，恢复土地原状，对符合土地利用总体规划的，没收在非法占用的土地上新建的建筑物和其他设施，可以并处罚款；对非法占用土地单位的直接负责的主管人员和其他直接责任人员，依法给予处分；构成犯罪的，依法追究刑事责任。

超过批准的数量占用土地，多占的土地以非法占用土地论处。

第七十八条　农村村民未经批准或者采取欺骗手段骗取批准，非法占用土地建住宅的，由县级以上人民政府农业农村主管部门责令退还非法占用的土地，限期拆除在非法占用的土地上新建的房屋。

超过省、自治区、直辖市规定的标准，多占的土地以非法占用土地论处。

第七十九条　无权批准征收、使用土地的单位或者个人非法批准占用土地的，超越批准权限非法批准占用土地的，不按照土地利用总体规划确定的用途批准用地的，或者违反法律规定的程序批准占用、征收土地的，其批准文件无效，对非法批准征收、使用土地的直接负责的主管人员和其他直接责任人员，依法给予处分；构成犯罪的，依法追究刑事责任。非法批准、使用的土地应当收回，有关当事人拒不归还的，以非法占用土地论处。

非法批准征收、使用土地，对当事人造成损失的，依法应当承担赔偿责任。

第八十条　侵占、挪用被征收土地单位的征地补偿费用和其他有关费用，构成犯罪的，依法追究刑事责任；尚不构成犯罪的，依法给予处分。

第八十一条　依法收回国有土地使用权当事人拒不交出土地的，临时使用土地期满拒不归还的，或者不按照批准的用途使用国有土地的，由县级以上人民政府自然资源主管部门责令交还土地，处以罚款。

第八十二条　擅自将农民集体所有的土地通过出让、转让使用权或者出租等方式用于非农业建设，或者违反本法规定，将集体经营性建设用地通过出让、出租等方式交由单位或者个人使用的，由县级以上人民政府自然资源主管部门责令限期改正，没收违法所得，并处罚款。

第八十三条　依照本法规定，责令限期拆除在非法占用的土地上新建的建筑物和其他设施的，建设单位或者个人必须立即停止施工，自行拆除；对继续施工的，作出处罚决定的机关有权制止。建设单位或者个人对责令限期拆除的行政处罚决定不服的，可以在接到责令限期拆除决定之日起十五日内，向人民法院起诉；期满不起诉又不自行拆除的，由作出处罚决定的机关依法申请人民法院强制执行，费用由违法者承担。

第八十四条　自然资源主管部门、农业农村主管部门的工作人员玩忽职守、滥用职权、徇私舞弊，构成犯罪的，依法追究刑事责任；尚不构成犯罪的，依法给予处分。

第八章 附 则

第八十五条 外商投资企业使用土地的,适用本法;法律另有规定的,从其规定。

第八十六条 在根据本法第十八条的规定编制国土空间规划前,经依法批准的土地利用总体规划和城乡规划继续执行。

第八十七条 本法自1999年1月1日起施行。

最高人民法院
关于商品房消费者权利保护问题的批复

法释〔2023〕1号

(2023年2月14日最高人民法院审判委员会第1879次会议通过 2023年4月20日最高人民法院公告公布 自2023年4月20日起施行)

河南省高级人民法院:

你院《关于明确房企风险化解中权利顺位问题的请示》(豫高法〔2023〕36号)收悉。就人民法院在审理房地产开发企业因商品房已售逾期难交付引发的相关纠纷案件中涉及的商品房消费者权利保护问题,经研究,批复如下:

一、建设工程价款优先受偿权、抵押权以及其他债权之间的权利顺位关系,按照《最高人民法院关于审理建设工程施工合同纠纷案件适用法律问题的解释(一)》第三十六条的规定处理。

二、商品房消费者以居住为目的购买房屋并已支付全部价款,主张其房屋交付请求权优先于建设工程价款优先受偿权、抵押权以及其他债权的,人民法院应当予以支持。

只支付了部分价款的商品房消费者,在一审法庭辩论终结前已实际支付剩余价款的,可以适用前款规定。

三、在房屋不能交付且无实际交付可能的情况下,商品房消费者主张价款返还请求权优先于建设工程价款优先受偿权、抵押权以及其他债权的,人民法院应当予以支持。

最高人民法院
关于适用《中华人民共和国民法典》物权编的解释（一）

法释〔2020〕24号

（2020年12月25日最高人民法院审判委员会第1825次会议通过 2020年12月29日最高人民法院公告公布 自2021年1月1日起施行）

为正确审理物权纠纷案件，根据《中华人民共和国民法典》等相关法律规定，结合审判实践，制定本解释。

第一条 因不动产物权的归属，以及作为不动产物权登记基础的买卖、赠与、抵押等产生争议，当事人提起民事诉讼的，应当依法受理。当事人已经在行政诉讼中申请一并解决上述民事争议，且人民法院一并审理的除外。

第二条 当事人有证据证明不动产登记簿的记载与真实权利状态不符，其为该不动产物权的真实权利人，请求确认其享有物权的，应予支持。

第三条 异议登记因民法典第二百二十条第二款规定的事由失效后，当事人提起民事诉讼，请求确认物权归属的，应当依法受理。异议登记失效不影响人民法院对案件的实体审理。

第四条 未经预告登记的权利人同意，转让不动产所有权等物权，或者设立建设用地使用权、居住权、地役权、抵押权等其他物权的，应当依照民法典第二百二十一条第一款的规定，认定其不发生物权效力。

第五条 预告登记的买卖不动产物权的协议被认定无效、被撤销，或者预告登记的权利人放弃债权的，应当认定为民法典第二百二十一条第二款所称的"债权消灭"。

第六条 转让人转让船舶、航空器和机动车等所有权，受让人已经支付合理价款并取得占有，虽未经登记，但转让人的债权人主张其为民法典第二百二十五条所称的"善意第三人"的，不予支持，法律另有规定的除外。

第七条 人民法院、仲裁机构在分割共有不动产或者动产等案件中作出并依法生效的改变原有物权关系的判决书、裁决书、调解书，以及人民法院在执行程序中作出的拍卖成交裁定书、变卖成交裁定书、以物抵债裁定书，应当认定为民法典第二百二十九条所称导致物权设立、变更、转让或者消灭的人民法院、仲裁机构的法律文书。

第八条 依据民法典第二百二十九条至第二百三十一条规定享有物权，但尚未完成动产交付或者不动产登记的权利人，依据民法典第二百三十五条至第二百三十八条的规定，请求保护其物权的，应予支持。

第九条 共有份额的权利主体因继承、遗赠等原因发生变化时，其他按份共有人主张优先购买的，不予支持，但按份共有人之间另有约定的除外。

第十条 民法典第三百零五条所称的"同等条件"，应当综合共有份额的转让价格、价款履行方式及期限等因素确定。

第十一条 优先购买权的行使期间，按份共有人之间有约定的，按照约定处理；没有约定或者约定不明的，按照下列情形确定：

（一）转让人向其他按份共有人发出的包含同等条件内容的通知中载明行使期间的，以该期间为准；

（二）通知中未载明行使期间，或者载明的期间短于通知送达之日起十五日的，为十五日；

（三）转让人未通知的，为其他按份共有人知道或者应当知道最终确定的同等条件之日起十五日；

（四）转让人未通知，且无法确定其他按份共有人知道或者应当知道最终确定的同等条件的，为共有份额权属转移之日起六个月。

第十二条 按份共有人向共有人之外的人转让其份额，其他按份共有人根据法律、司法解释规定，请求按照同等条件优先购买该共有份额的，应予支持。其他按份共有人的请求具有下列情形之一的，不予支持：

（一）未在本解释第十一条规定的期间内主张优先购买，或者虽主张优先购买，但提出减少转让价款、增加转让人负担等实质性变更要求；

（二）以其优先购买权受到侵害为由，仅请求撤销共有份额转让合同或者认定该合同无效。

第十三条 按份共有人之间转让共有份额，其他按份共有人主张依据民法典第三百零五条规定优先购买的，不予支持，但按份共有人之间另有约定的除外。

第十四条 受让人受让不动产或者动产时，不知道转让人无处分权，且无重大过失的，应当认定受让人为善意。

真实权利人主张受让人不构成善意的，应当承担举证证明责任。

第十五条 具有下列情形之一的，应当认定不动产受让人知道转让人无处分权：

（一）登记簿上存在有效的异议登记；

（二）预告登记有效期内，未经预告登记的权利人同意；

（三）登记簿上已经记载司法机关或者行政机关依法裁定、决定查封或者以其他形式限制不动产权利的有关事项；

（四）受让人知道登记簿上记载的权利主体错误；

（五）受让人知道他人已经依法享有不动产物权。

真实权利人有证据证明不动产受让人应当知道转让人无处分权的，应当认定受让人具有重大过失。

第十六条 受让人受让动产时，交易的对象、场所或者时机等不符合交易习惯的，应当认定受让人具有重大过失。

第十七条 民法典第三百一十一条第一款第一项所称的"受让人受让该不动产或者动产时"，是指依法完成不动产物权转移登记或者动产交付之时。

当事人以民法典第二百二十六条规定的方式交付动产的，转让动产民事法律行为生效时为动产交付之时；当事人以民法典第二百二十七条规定的方式交付动产的，转让人与受让人之间有关转让返还原物请求权的协议生效时为动产交付之时。

法律对不动产、动产物权的设立另有规定的，应当按照法律规定的时间认定权利人是否为善意。

第十八条　民法典第三百一十一条第一款第二项所称"合理的价格",应当根据转让标的物的性质、数量以及付款方式等具体情况,参考转让时交易地市场价格以及交易习惯等因素综合认定。

第十九条　转让人将民法典第二百二十五条规定的船舶、航空器和机动车等交付给受让人的,应当认定符合民法典第三百一十一条第一款第三项规定的善意取得的条件。

第二十条　具有下列情形之一,受让人主张依据民法典第三百一十一条规定取得所有权的,不予支持:

(一)转让合同被认定无效;

(二)转让合同被撤销。

第二十一条　本解释自2021年1月1日起施行。

最高人民法院
关于审理建筑物区分所有权纠纷案件适用法律若干问题的解释

(2009年3月23日最高人民法院审判委员会第1464次会议通过 根据2020年12月23日最高人民法院审判委员会第1823次会议通过的《最高人民法院关于修改〈最高人民法院关于在民事审判工作中适用《中华人民共和国工会法》若干问题的解释〉等二十七件民事类司法解释的决定》修正)

为正确审理建筑物区分所有权纠纷案件,依法保护当事人的合法权益,根据《中华人民共和国民法典》等法律的规定,结合民事审判实践,制定本解释。

第一条　依法登记取得或者依据民法典第二百二十九条至第二百三十一条规定取得建筑物专有部分所有权的人,应当认定为民法典第二编第六章所称的业主。

基于与建设单位之间的商品房买卖民事法律行为,已经合法占有建筑物专有部分,但尚未依法办理所有权登记的人,可以认定为民法典第二编第六章所称的业主。

第二条　建筑区划内符合下列条件的房屋,以及车位、摊位等特定空间,应当认定为民法典第二编第六章所称的专有部分:

(一)具有构造上的独立性,能够明确区分;

(二)具有利用上的独立性,可以排他使用;

(三)能够登记成为特定业主所有权的客体。

规划上专属于特定房屋,且建设单位销售时已经根据规划列入该特定房屋买卖合同中的露台等,应当认定为前款所称的专有部分的组成部分。

本条第一款所称房屋,包括整栋建筑物。

第三条　除法律、行政法规规定的共有部分外,建筑区划内的以下部分,也应当认定为民法典第二编第六章所称的共有部分:

(一)建筑物的基础、承重结构、外墙、屋顶等基本结构部分,通道、楼梯、大堂等公共通行部分，消防、公共照明等附属设施、设备，避难层、设备层或者设备间等结构部分；

（二）其他不属于业主专有部分，也不属于市政公用部分或者其他权利人所有的场所及设施等。

建筑区划内的土地，依法由业主共同享有建设用地使用权，但属于业主专有的整栋建筑物的规划占地或者城镇公共道路、绿地占地除外。

第四条 业主基于对住宅、经营性用房等专有部分特定使用功能的合理需要，无偿利用屋顶以及与其专有部分相对应的外墙面等共有部分的，不应认定为侵权。但违反法律、法规、管理规约，损害他人合法权益的除外。

第五条 建设单位按照配置比例将车位、车库，以出售、附赠或者出租等方式处分给业主的，应当认定其行为符合民法典第二百七十六条有关"应当首先满足业主的需要"的规定。

前款所称配置比例是指规划确定的建筑区划内规划用于停放汽车的车位、车库与房屋套数的比例。

第六条 建筑区划内在规划用于停放汽车的车位之外，占用业主共有道路或者其他场地增设的车位，应当认定为民法典第二百七十五条第二款所称的车位。

第七条 处分共有部分，以及业主大会依法决定或者管理规约依法确定应由业主共同决定的事项，应当认定为民法典第二百七十八条第一款第（九）项规定的有关共有和共同管理权利的"其他重大事项"。

第八条 民法典第二百七十八条第二款和第二百八十三条规定的专有部分面积可以按照不动产登记簿记载的面积计算；尚未进行物权登记的，暂按测绘机构的实测面积计算；尚未进行实测的，暂按房屋买卖合同记载的面积计算。

第九条 民法典第二百七十八条第二款规定的业主人数可以按照专有部分的数量计算，一个专有部分按一人计算。但建设单位尚未出售和虽已出售但尚未交付的部分，以及同一买受人拥有一个以上专有部分的，按一人计算。

第十条 业主将住宅改变为经营性用房，未依据民法典第二百七十九条的规定经有利害关系的业主一致同意，有利害关系的业主请求排除妨害、消除危险、恢复原状或者赔偿损失的，人民法院应予支持。

将住宅改变为经营性用房的业主以多数有利害关系的业主同意其行为进行抗辩的，人民法院不予支持。

第十一条 业主将住宅改变为经营性用房，本栋建筑物内的其他业主，应当认定为民法典第二百七十九条所称"有利害关系的业主"。建筑区划内，本栋建筑物之外的业主，主张与自己有利害关系的，应证明其房屋价值、生活质量受到或者可能受到不利影响。

第十二条 业主以业主大会或者业主委员会作出的决定侵害其合法权益或者违反了法律规定的程序为由，依据民法典第二百八十条第二款的规定请求人民法院撤销该决定的，应当在知道或者应当知道业主大会或者业主委员会作出决定之日起一年内行使。

第十三条 业主请求公布、查阅下列应当向业主公开的情况和资料的，人民法院应予支持：

（一）建筑物及其附属设施的维修资金的筹集、使用情况；

（二）管理规约、业主大会议事规则，以及业主大会或者业主委员会的决定及会议记录；

（三）物业服务合同、共有部分的使用和收益情况；

（四）建筑区划内规划用于停放汽车的车位、车库的处分情况；

（五）其他应当向业主公开的情况和资料。

第十四条 建设单位、物业服务企业或者其他管理人等擅自占用、处分业主共有部分、改变其使用功能或者进行经营性活动，权利人请求排除妨害、恢复原状、确认处分行为无效或者赔偿损失的，人民法院应予支持。

属于前款所称擅自进行经营性活动的情形，权利人请求建设单位、物业服务企业或者其他管理人等将扣除合理成本之后的收益用于补充专项维修资金或者业主共同决定的其他用途的，人民法院应予支持。行为人对成本的支出及其合理性承担举证责任。

第十五条 业主或者其他行为人违反法律、法规、国家相关强制性标准、管理规约，或者违反业主大会、业主委员会依法作出的决定，实施下列行为的，可以认定为民法典第二百八十六条第二款所称的其他"损害他人合法权益的行为"：

（一）损害房屋承重结构，损害或者违章使用电力、燃气、消防设施，在建筑物内放置危险、放射性物品等危及建筑物安全或者妨碍建筑物正常使用；

（二）违反规定破坏、改变建筑物外墙面的形状、颜色等损害建筑物外观；

（三）违反规定进行房屋装饰装修；

（四）违章加建、改建，侵占、挖掘公共通道、道路、场地或者其他共有部分。

第十六条 建筑物区分所有权纠纷涉及专有部分的承租人、借用人等物业使用人的，参照本解释处理。

专有部分的承租人、借用人等物业使用人，根据法律、法规、管理规约、业主大会或者业主委员会依法作出的决定，以及其与业主的约定，享有相应权利，承担相应义务。

第十七条 本解释所称建设单位，包括包销期满，按照包销合同约定的包销价格购买尚未销售的物业后，以自己名义对外销售的包销人。

第十八条 人民法院审理建筑物区分所有权案件中，涉及有关物权归属争议的，应当以法律、行政法规为依据。

第十九条 本解释自 2009 年 10 月 1 日起施行。

因物权法施行后实施的行为引起的建筑物区分所有权纠纷案件，适用本解释。

本解释施行前已经终审，本解释施行后当事人申请再审或者按照审判监督程序决定再审的案件，不适用本解释。

【解读】

解读《关于审理建筑物区分所有权纠纷案件适用法律若干问题的解释》新修改条文

一、修改情况说明

根据2020年12月23日最高人民法院审判委员会第1823次会议通过的《最高人民法院关于修改〈最高人民法院关于在民事审判工作中适用《中华人民共和国工会法》若干问题的解释〉等二十七件民事类司法解释的决定》，最高人民法院对2009年《最高人民法院关于审理建筑物区分所有权纠纷案件具体应用法律若干问题的解释》（以下简称原司法解释）进行了修正，修正后的司法解释简称新司法解释。

新司法解释对原司法解释共修改15处。其中，将名称修改为"最高人民法院关于审理建筑物区分所有权纠纷案件适用法律若干问题的解释"。第四条、第十三条、第十六条、第十七条、第十八条、第十九条未作修改。引言、第一条、第二条、第三条、第五条、第六条、第十一条、第十二条、第十五条涉及对法律依据的调整。第七条、第八条、第九条、第十条、第十四条涉及实质性修改。

二、关于适应性修改条文的说明

引言部分：民法典颁布实施后，物权法同时废止，因此，在对原司法解释修改时，将其引言中"根据《中华人民共和国物权法》等法律规定"修改为"根据《中华人民共和国民法典》等法律规定"。

第一条第一款：将"根据物权法第二章第三节规定"修改为"依据民法典第二百二十九条至第二百三十一条规定"；将"应当认定为物权法第六章所称的业主"修改为"应当认定为民法典第二编第六章所称的业主"。

第一条第二款：将"可以认定为物权法第六章所称的业主"修改为"可以认定为民法典第二编第六章所称的业主"。

第二条第一款：将"应当认定为物权法第六章所称的专有部分"修改为"应当认定为民法典第二编第六章所称的专有部分"。

第二条第二款：将"应当认定为物权法第六章所称专有部分的组成部分"修改为"应当认定为前款所称的专有部分的组成部分"。

第三条第一款：将"也应当认定为物权法第六章所称的共有部分"修改为"也应当认定为民法典第二编第六章所称的共有部分"。

第五条第一款：将"应当认定其行为符合物权法第七十四条第一款有关'应当首先满足业主的需要'的规定"修改为"应当认定其行为符合民法典第二百七十六条有关'应当首先满足业主的需要'的规定"。

第六条：将"应当认定为物权法第七十四条第三款所称的车位"修改为"应当认定为民法典第二百七十五条第二款所称的车位"。

第十一条：将"应当认定为物权法第七十七条所称'有利害关系的业主'"修改为

"应当认定为民法典第二百七十九条所称'有利害关系的业主'"。

第十二条：将"依据物权法第七十八条第二款的规定请求人民法院撤销该决定的"修改为"依据民法典第二百八十条第二款的规定请求人民法院撤销该决定的"。

第十五条：将"可以认定为物权法第八十三条第二款所称的其他'损害他人合法权益的行为'"修改为"可以认定为民法典第二百八十六条第二款所称的其他'损害他人合法权益的行为'"。

三、关于重点修改条文的修改说明和理解与适用

（一）第七条

【修改内容】

本条将"改变共有部分的用途、利用共有部分从事经营性活动、处分共有部分，以及业主大会依法决定或者管理规约依法确定应由业主共同决定的事项，应当认定为物权法第七十六条第一款第七项规定的有关共有和共同管理权利的'其他重大事项'"修改为"处分共有部分，以及业主大会依法决定或者管理规约依法确定应由业主共同决定的事项，应当认定为民法典第二百七十八条第一款第九项规定的有关共有和共同管理权利的'其他重大事项'"。

【修改说明】

民法典第二百七十八条第一款规定："下列事项由业主共同决定：……（八）改变共有部分的用途或者利用共有部分从事经营活动；（九）有关共有和共同管理权利的其他重大事项。"新司法解释第七条删除了已被民法典第二百七十八条第一款第八项吸收的内容。

【理解与适用】

1. 修改过程

本条原是对物权法第七十六条第一款第七项规定的有关共有和共同管理权利的"其他重大事项"进行的解释。"其他重大事项"包括以下几种情形：一是改变共有部分的用途；二是利用共有部分从事经营性活动；三是处分共有部分；四是业主大会依法决定或者管理规约依法确定应由业主共同决定的事项。

民法典第二百七十八条在物权法第七十六条基础上作了修改完善，考虑到改变共有部分的用途或者利用共有部分从事经营活动，关系业主切身利益，属于有关共有和共同管理权利的重大事项，应当由业主共同决定，2018年8月审议的民法典各分编（草案）在总结实践经验的基础上，吸收原司法解释第七条的部分内容，增加规定"改变共有部分的用途或者利用共有部分从事经营活动"为业主共同决定的重大事项。

鉴于"改变共有部分的用途或者利用共有部分从事经营活动"的规定已被民法典第二百七十八条第一款吸收，在对原司法解释修改过程中，将第七条的该项内容予以删除。

2. 条文理解

19世纪以来，随着现代城市的兴起，高楼层建筑有效地实现了对土地空间的立体化利用，同时，形成了以建筑区划为单位的相对特定的社群集体。这带来了更为复杂的所有权关系和居住利益的冲突。建筑物区分所有权就是因此产生的一种特殊的不动产所有权形态。我国立法对于建筑物区分所有权采取的是三元论说，即专有权、共有权、共同管理权，其中，共同管理权是从专有权和共有权中派生出来的成员权，就是通过团体自治来管理业主成员之间的共同利益事项，维持这一特殊的共同体关系。民

法典第二百七十一条规定:"业主对建筑物内的住宅、经营性用房等专有部分享有所有权,对专有部分以外的共有部分享有共有和共同管理的权利。"从该条规定的内容看,业主的建筑物区分所有权主要包括其对建筑物专有部分的所有权、对建筑区划内的专有部分以外的共有部分享有的共有权和共同管理的权利。建筑物区分所有权制度的发展、变化、完善,始终是围绕如何有效协调业主个人与个人之间、个人和团体之间的利益而展开的。第一,业主对建筑物(包括住宅、经营性用房)专有部分有所有权,可以依法占有、使用、收益和处分,与传统民法中所有权的完整权能范围完全一致。第二,业主对建筑区划内的共有部分享有共有权。即业主对专有部分以外的共有部分如电梯、过道、楼梯、水箱、外墙面、水电气的主管线等享有共有的权利。此外,关于建筑区划内的道路(属于城镇公共道路的除外)、绿地(属于城镇公共绿地或者明示属于个人的除外)及其他公共场所、公用设施和物业服务用房等,都属于业主共有。第三,业主对建筑区划内的共有部分的共同管理权。即业主对专有部分以外的共有部分享有共同管理的权利。业主共同管理权的主要内容,包括对建筑物本身的管理和对业主共同生活秩序的维护,也就是物(设施)的管理、人(行为)的管理。业主可以自行管理建筑物及其附属设施,也可以委托物业服务企业或者其他管理人管理。物的管理,是对建筑物及其附属设施、设备的保存、改良、利用和处分。与广大业主关系最为密切的,就是共用部分的维护修缮和共有部分的使用收益。人的管理,主要是针对人的行为。一般可分为对建筑物的不当毁损行为、不当使用行为和对生活妨害行为的管理。民法典新增规定中最为典型的,是对"住改商"的限制,常见的如将住宅擅自改为餐饮、娱乐等商业用途。共同管理权行使的方式主要是,业主可以设立业主大会,选举业主委员会,制定或者修改业主大会议事规则和建筑物及其附属设施的管理规约,选举业主委员会和更换业主委员会成员,选聘和解聘物业服务企业或者其他管理人,筹集和使用建筑物及其附属设施的维修资金,改建和重建建筑物及其附属设施等。总体而言,建筑物专有权和共有权具有传统的"物法性"特征;而共同管理权本质上属于成员权的范畴。建筑物区分所有权的性质决定了业主的自治管理起着主导作用,同时,共同管理权的行使表现出"公私相济"的显著特征。由于所有业主对建筑物专有部分以外的共有部分享有共有和共同管理的权利,对共有部分的处分将涉及业主自身权益及共同权益,势必对业主专有权、共有权以及共同管理权的行使产生重大影响,因此,该事项应由业主共同决定,应作为须由业主共同决定的重大事项。

  民法典第二百七十七条第一款规定:"业主可以设立业主大会,选举业主委员会。业主大会、业主委员会成立的具体条件和程序,依照法律、法规的规定。"《物业管理条例》第十七条第一款规定:"管理规约应当对有关物业的使用、维护、管理,业主的共同利益,业主应当履行的义务,违反管理规约应当承担的责任等事项依法作出约定。"由于业主对专有部分以外的共有部分享有共同管理的权利,业主可以设立业主大会、选举业主委员会、制定管理规约来共同决策和管理有关共有的重大事项,对有关共有和共同管理事项的确定本质上取决于业主自治。据此,本条明确规定业主大会依法决定或者管理规约依法确定应由业主共同决定的事项,应当认定为民法典第二百七十八条第一款第九项规定的有关共有和共同管理权利的"其他重大事项"。

  首先,应明确何为"管理规约"。关于这一概念,民法典没有给出具体规定。基于业主对专有部分以外的共有部分享有共同管理的权利这一原则,学理上一般将其定义为，由业主通过业主大会制定的有关共有财产的管理、使用、维护，以及规范业主相互关系的协议或者规则。(1) 管理规约是业主自治的产物。业主在不违反法律规定的情况下，有权自主决定其共同事务管理以及相互权利义务关系的一切规则，在性质上，其属于自治法和自治规则。(2) 管理规约是业主共同意志的产物，性质上属于一种共同行为，是各业主对共同事项一致的意思表示，类似于公司章程，全体业主必须严格遵守。①

其次，应当对"业主大会依法决定或者管理规约依法确定应由业主共同决定的事项"中的"依法"予以格外注意。根据民法典第二百八十条第一款关于"业主大会或者业主委员会的决定，对业主具有法律约束力"的规定及《物业管理条例》第十七条第三款关于"管理规约对全体业主具有约束力"的规定，全体业主均应遵守业主大会的决定及管理规约。业主大会决定的作出以及管理规约的制定必须符合法律规定，其程序性要求主要规定在民法典第二百七十八条第二款，其实体性要求则体现在民法典第二百七十八条第一款及《物业管理条例》第十七条、第十九条。《物业管理条例》第十七条第二款规定，管理规约应当尊重社会公德，不得违反法律、法规或者损害社会公共利益。第十九条第一款规定，业主大会、业主委员会应当依法履行职责，不得作出与物业管理无关的决定，不得从事与物业管理无关的活动。对业主大会决定、管理规约之合法性所应具备的实体性要求，可以按照其是否属于事关"共用和共同管理权"的"重大"事项的标准予以衡量。实际上，正是基于对业主大会（包括业主委员会）决定合法性制约之必要，民法典第二百八十条第二款规定："业主大会或者业主委员会作出的决定侵害业主合法权益的，受侵害的业主可以请求人民法院予以撤销。"但是对于管理规约，民法典并没有明确规定业主可以请求人民法院予以撤销。"这主要是因为管理规约是全体业主基于法定的程序而共同制定的，体现了业主的共同意志，从维护业主自治考虑，只要管理规约没有违反法律、行政法规的强制性规定，则业主无权请求法院撤销或宣告无效。"② 此外，为加强物业管理，维护全体业主合法权益，维护物业区域内公共安全、公共环境和公共秩序，地方人民政府住房和建设行政管理部门一般会依法依规发布管理规约的示范文本，辖区内各物业小区可以参照遵循，以解决管理规约合法性的问题。现阶段，在业主群体自治观念、主体意识和自治能力还有待提升的情况下，突出政府在管理关系中发挥引导和帮助作用，遵循司法被动性原则，可以有效降低自治成本、衡平各方利益、促进自治机制的培育成熟。需要注意的是，管理规约的性质决定了其不能非法干预业主对专有部分的正常使用，也不能对业主的人身权利作出不当限制。

最后，本条规定并未列举业主委员会决定的应由业主共同决定的事项，但《物业管理条例》第十五条规定："业主委员会执行业主大会的决定事项，履行下列职责：（一）召集业主大会会议，报告物业管理的实施情况；（二）代表业主与业主大会选聘的物业服务企业签订物业服务合同；（三）及时了解业主、物业使用人的意见和建议，监督和协助物业服务企业履行物业服务合同；（四）监督管理规约的实施；（五）业主大会赋予的其他职责。"根据该规定，业主委员会实际上是业主大会的执行机构，其本

---

① 参见王泽鉴：《民法物权》，中国政法大学出版社2001年版，第263页。
② 王利明：《物权法论》，中国政法大学出版社2008年版，第177页。

身一般无权针对有关业主共有权和共同管理权的重大事项作出决定。如果业主委员会根据业主大会的决定（授权）可以针对此事项作出决定，其亦应满足民法典第二百七十八条第二款规定的程序和条件。据此，从法律属性上看，业主委员会的相关决定系属于业主大会决定的延伸。

【审判实践中应注意的问题】

审判实务中，本条规定的有关业主共有和共同管理权的重大事项，在议决程序上应当满足民法典第二百七十八条第二款的规定。在专有部分面积占比三分之二以上的业主且人数占比三分之二以上的业主参与表决的情况下，应当经参与表决专有部分面积过半数的业主且参与表决人数过半数的业主同意。

管理规约不得非法干预业主对专有部分的正常使用，但如果业主将住宅改变为经营性用房的，即业主突破住宅规划用途的"住改商"行为，已不属于对专有部分的正常使用范畴，该事项可以纳入管理规约的调整范围。民法典第二百七十九条在规定业主将住宅改变为经营性用房须满足的法定条件时，就明确列举了"管理规约"。因此，管理规约规定业主不得"住改商"，符合法律规定。

在建筑物区分所有的情况下，众多业主在同一小区共同生活，业主之间产生了许多特殊的相邻关系，业主与物业服务企业之间也可能发生物业合同纠纷之外的其他矛盾。例如，随着电子设备、信息技术的应用，楼道内安装红外线功能的摄像设备、可视门铃等都曾引发诉讼案件，引起社会关注。这些特殊的相邻关系在法律规则上并没有具体规定的类型，对于一些行为法律也没有明文禁止。因此，除了司法救济途径，有必要通过管理规约或业主大会、业委会的决定来处理此类纠纷，用业主自治的方式调整复杂的相邻关系问题可能有更好的效果。此外，业主大会依法决定或者管理规约依法确定的事项，委托给物业服务企业或者其他管理人遵照执行，限制业主相关行为自由的，不构成侵权责任。例如，业主大会或者管理规约基于公共利益作出的不允许小区内部骑行、停放共享单车的决定或规定对全体业主具有约束力，物业服务企业据此拒绝业主将共享单车骑入小区的，不构成侵权。

（二）第八条

【修改内容】

本条将"物权法第七十六条第二款和第八十条规定的专有部分面积和建筑物总面积，可以按照下列方法认定：（一）专有部分面积，按照不动产登记簿记载的面积计算；尚未进行物权登记的，暂按测绘机构的实测面积计算；尚未进行实测的，暂按房屋买卖合同记载的面积计算；（二）建筑物总面积，按照前项的统计总和计算"修改为"民法典第二百七十八条第二款和第二百八十三条规定的专有部分面积可以按照不动产登记簿记载的面积计算；尚未进行物权登记的，暂按测绘机构的实测面积计算；尚未进行实测的，暂按房屋买卖合同记载的面积计算"。

【修改说明】

民法典第二百七十八条第二款规定，业主共同决定事项，应当由专有部分面积占比三分之二以上的业主且人数占比三分之二以上的业主参与表决。决定前款第六项至第八项规定的事项，应当经参与表决专有部分面积四分之三以上的业主且参与表决人数四分之三以上的业主同意。决定前款其他事项，应当经参与表决专有部分过半数的业主且参与表决人数过半数的业主同意。第二百八十三条规定，建筑物及其附属设施的费用分摊、收益分配等事项，有约定的，按照约定；没有约定或者约定不明确的，按照业主专有部分面积所占比例确定。上述规定已删除建筑物总面积的规定，故新司法解释中的本条无须再对总面积的认定方法进行规定。

【理解与适用】

1. 修改过程

本条原是为了使物权法第七十六条第一款以及第八十条规定的事项进行表决时更具合理性，对建筑物区分所有权专有部分面积及建筑物总面积的计算方法作出的规定。由于民法典第二百七十八条第二款、第二百八十三条规定已取消建筑物总面积的规定，故在对原司法解释修改过程中，删除了建筑物总面积认定方法的规定。

业主行使共同管理权，简而言之，就是"先决后行"。"决"是通过召开业主大会，对涉及公共管理的重大事项，以集体决策的形式讨论表决；"行"则是由业委会作为执行机构具体开展管理活动。对于小区的日常管理，通常都是采取委托的方式，由专门的物业服务企业等代为管理。有效的表决需要同时满足面积占比要求和人数占比要求，本条主要解决参与表决的业主面积占比的计算方法问题。根据民法典第二百七十八条第二款规定，业主共同决定重大事项的表决程序如下：首先，表决程序需由专有部分面积占比三分之二以上的业主且人数占比三分之二以上的业主参与表决。即参与表决的业主须同时满足两个条件：一是参与表决的业主的专有部分面积占比三分之二以上；二是参与表决的业主人数占比三分之二以上。在此前提下，需根据表决事项的不同，按照不同的表决程序进行。民法典第二百七十八条第一款第六项至第八项规定的筹集建筑物及其附属设施的维修资金，改建、重建建筑物及其附属设施，改变共有部分的用途或者利用共有部分从事经营活动是建筑区划内较为重大的事情，关系每个业主的切身利益。为了保证对这三类事项决策的慎重，保证决策能够获得绝大多数业主的支持，故决定这三类事项，应当经参与表决专有部分面积四分之三以上的业主且参与表决人数四分之三以上的业主同意。民法典第二百七十八条第一款规定的其他重大事项，属于建筑区划内的一般性、常规性事务，其决定的作出，应当经参与表决专有部分面积过半数的业主且参与表决人数过半数的业主同意。上述规定确定的表决程序，已无须对建筑物总面积作出认定。

民法典第二百八十三条是关于建筑物及其附属设施费用分摊、收益分配的规定。物权法第八十条规定"没有约定或者约定不明确的，按照业主专有部分占建筑物总面积的比例确定"。根据原司法解释第八条规定的建筑物总面积的计算方法，"建筑物总面积"即为"建筑物专有部分总面积"，"业主专有部分占建筑物总面积的比例"实质上即为"业主专有部分面积占专有部分总面积的比例"。由此，2018年8月审议的民法典各分编草案将"按照业主专有部分占建筑物总面积的比例确定"修改为"按照业主专有部分所占比例确定"。2019年4月审议的民法典物权编草案，进一步修改为"按照业主专有部分面积所占比例确定"。

由于民法典相关条文已无建筑物总面积的规定，且建筑物总面积实质为建筑物专有部分的总面积，因此，在对原司法解释修改过程中，将建筑物总面积认定方法予以删除。

2. 条文理解

首先，需明确本条解释所适用的范围。由于本条规定的目的在于确定民法典第二百七十八条和第二百八十三条专有部分面积的计算标准,因此,其适用范围是特定的。具体而言,本条规定所确定的面积的计算标准仅仅用来计算业主大会表决时表决权的表决能力,或者计算费用分摊和收益分配的比例。也就是说,在人民法院处理涉及建筑物区分所有权的其他纠纷或者商品房买卖合同纠纷时,本条并无适用之余地。

其次,需厘清专有部分面积的内涵。按照我国现行法律、行政法规或者部门规章的规定,对于房屋及建筑物的面积,有多种概念加以描述。理解本条专有部分的面积,需对有关房屋及建筑物面积的概念加以介绍。商品房销售中的各种面积标准及其计算商品房销售面积是指商品房买卖合同中约定的面积。对于该面积的计量单位及计算标准,原建设部1995年9月8日发布的《商品房销售面积计算及公用建筑面积分摊规则(试行)》中规定,商品房销售以建筑面积为面积计算单位。如果商品房整栋销售,商品房的销售面积即为整栋商品房的建筑面积(地下室作为人防工程的,应从整栋商品房的建筑面积中扣除)。商品房按"套"或"单元"出售,商品房的销售面积即为购房者所购买的套内或单元内建筑面积与应分摊的公用建筑面积之和。换言之,商品房销售面积等于套内建筑面积与分摊的公用建筑面积之和。

所谓的套内建筑面积,根据上述规则的规定,由以下三部分组成:套(单元)内的使用面积、套内墙体面积和阳台建筑面积。其中,套(单元)内的使用面积,按照国家标准《住宅建筑设计规范》规定的方法计算。套内墙体面积,则区分共用墙和非共用墙,前者是指商品房各套(单元)之间的分隔墙、套(单元)与公用建筑空间之间的分隔墙以及外墙(包括山墙)。这部分共用墙套内墙体面积按其墙体水平投影面积的一半计算。非共用墙墙体的套内墙体面积按其水平投影面积全部计算。阳台建筑面积则按其水平投影面积的一半计算。公用建筑面积由以下两部分组成:电梯井、楼梯间、垃圾道、变电室、设备间、公共厅和过道、地下室、值班警卫室以及其他功能上为整栋建筑服务的公共用房和管理用房建筑面积;套(单元)与公用建筑空间之间的分隔墙以及外墙(包括山墙)墙体水平投影面积的一半。公用建筑面积计算原则是,凡已作为独立使用空间销售或出租的地下室、车棚等,不应计入公用建筑面积部分。作为人防工程的地下室也不计入公用建筑面积。公用建筑面积的计算方法是:整栋建筑物的建筑面积扣除整栋建筑物各套(单元)套内建筑面积之和,并扣除已作为独立使用空间销售或出租的地下室、车棚及人防工程等建筑面积,即为整栋建筑物的公用建筑面积。公用建筑面积分摊系数的计算方法是:将整栋建筑物的公用建筑面积除以整栋建筑物的各套套内建筑面积之和,得到建筑物的公用建筑面积分摊系数。公用建筑面积分摊的计算方法是:各套(单元)的套内建筑面积乘以公用建筑面积分摊系数,得到购房者应合理分摊的公用建筑面积。

通过以上商品房销售中的房屋面积计算标准的分析可知,上述房屋销售面积包括了业主应分摊的公用建筑面积。根据新司法解释第三条第一款第一项的规定,上述《商品房销售面积计算及公用建筑面积分摊规则(试行)》中规定的公用建筑第一部分即"电梯井、楼梯间、垃圾道、变电室、设备间、公共门厅和过道、地下室、值班警卫室以及其他功能上为整栋建筑服务的公共用房和管理用房"等基本上属于业主的共有部分。

根据国家质量技术监督局批准的国家标准《房产测量规范》(GB/T 17986.1—2000),房屋面积测量包括房屋建筑面积、共有建筑面积、产权面积和使用面积等的测量。其中，房屋建筑面积是指房屋外墙（柱）勒脚以上各层的外围水平投影面积，包括阳台、挑廊、地下室、室外楼梯，且具备上盖，结构牢固，层高 2.20 米以上（含 2.20 米）的永久性建筑。房屋使用面积是指房屋户内全部可供使用的空间面积，按房屋的内墙面水平投影计算。房屋的产权面积是指产权主依法拥有房屋所有权的房屋建筑面积。房屋的共有建筑面积是指各产权主共同占有或共同使用的建筑面积。关于成套房屋的建筑面积，上述国家标准规定，由套内房屋的使用面积、套内墙体面积和套内阳台建筑面积三部分组成。其计算标准与前述原建设部发布的规则保持了一致。关于住宅用房屋共有建筑面积的内容、分摊的标准也都与前述原建设部发布的规则保持了一致，即以幢为单位，按照成套房屋的套内建筑面积比例进行分摊。

关于房屋产权登记中的面积及其计算标准，按照原建设部《商品房销售面积计算及公用建筑面积分摊规则（试行）》的规定，房地产权属登记机关进行房屋产权登记，应遵循《商品房销售面积计算及公用建筑面积分摊规则（试行）》测定商品房的建筑面积。2008 年 7 月 1 日起施行的《房屋登记办法》第三十条规定，因合法建造申请房屋所有权初始登记的，应当提交房屋测绘报告。因此，房屋产权登记面积应当区分套内建筑面积和分摊的公用建筑面积两种类型。

综上所述，民法典及新司法解释中所讲的专有部分面积，应当与上述商品房销售、房屋测量以及房屋产权登记中的套内建筑面积相当，而共有部分面积则相当于上述的公用或者共有建筑面积。

再次，关于新司法解释中的专有部分及建筑物总面积的依据问题，本条规定并没有明确列明专有部分面积及建筑物总面积的计算标准，其原因在于：第一，从上述我国的房地产实践中的面积计算标准来看，并未统一采用专有部分和共有部分这一民法典上的概念，而是分别采用了房屋（套内）建筑面积、套内使用面积、套内墙体面积、阳台面积、公摊共用面积以及房屋销售面积等概念。这些概念的内容与民法典上的专有部分和共有部分的范围可能存在或多或少的差异。因此，不宜采纳其中某一种概念来确定专有部分的面积。第二，前述各种面积概念要么服务于商品房买卖合同中标的的确定，要么服务于房产测量或者房产登记，其功能特定。而新司法解释中本条的目的在于确定各个业主表决权的表决能力、判断业主大会的决议是否通过，其核心点在于业主专有面积的比例。因此，只要在一个业主大会的范围内的面积标准一致，该比例都能反映各个业主表决权的表决能力。至于具体采用何种标准，并不需要在本条中明确。

最后，关于本条具体规定的情况分析。本条规定分别规定了三种标准，即登记簿中记载的专有部分面积、测绘机构的实测面积以及买卖合同记载的面积。所列举的三种面积标准具有先后次序，即如果该房屋已经办理产权登记，则登记簿中记载的面积具有最终的决定性。究其原因有以下几点：一是根据民法典第二百一十六条第一款的规定，不动产登记簿是物权归属和内容的根据，而按照物权的相关规定及理论，不动产的公示方法为登记，因此，不动产登记簿是有效地表明业主就不动产享有的权利的证明文件，能够清晰地展现不动产上的权利状况，因此，具有无可争辩的权威性。二是不动产登记簿具有公信力，所谓公信力，是指依据公示方法所表现的物权即便不存在或内容有异，但对于信赖这项公示方法所表现的物权而为物权交易的人，法律仍然承认其具有与真实物权存在相同的法律效果,并加以保护。① 因此,本条中的"不动产登记簿记载的面积"具有最终的决定性,这既是我国物权法所确立的不动产公示制度的结果,也是我国不动产登记制度的效力范围。本条后半段所表述的"暂按"实测面积或者房屋买卖合同记载的面积也说明,最终的判断标准仍然是不动产登记簿记载的面积。

对于尚未进行物权登记的业主,其专有部分的面积暂按测绘机构的实测面积计算。这里的实测面积,按照前面关于房产测量的国家标准,在测绘报告上反映的数据有:销售建筑面积和共用面积计算系数。销售建筑面积中尚包含有套内建筑面积(含阳台)、阳台建筑面积、分摊的公用建筑面积等的明细。可以看出,本条所讲的专有部分面积与套内建筑面积(含阳台)大致相当。可能出现不同的原因是,按照新司法解释第二条的规定,只要满足构造上、利用上的独立性且具有登记能力,即可成为专有部分,包括露台等。这样,在测绘上可能不算入建筑面积的部分在建筑物区分所有权上即成为专有部分。但是,需要注意的是,无论业主大会计算表决通过比例时以测量报告中的套内建筑面积计算或者以公摊的公用建筑面积计算,或者以二者之和计算,最后的结果应当是一致的,原因在于,公摊的公用面积的计算标准也是以套内建筑面积为基础的。

对于尚未进行实际测量的房屋的所有权人,其专有部分面积暂按房屋买卖合同中记载的面积。根据前述原建设部《商品房销售面积计算及公用建筑面积分摊规则(试行)》的规定,商品房按"套"或"单元"出售,商品房的销售面积即为购房者所购买的套内或单元内建筑面积与应分摊的公用建筑面积之和。从民法典物权编的角度看,专有部分面积相当于这里的套内或单元内建筑面积。房屋买卖合同的履行包括房屋的交付及房屋所有权转移登记,经常存在例如房地产开发企业设计变更、施工条件变化等导致的商品房面积与实际面积不一致的情况,所以,商品房买卖合同中记载的套内建筑面积未必与真实情况一致。所以,新司法解释本条规定的以房屋买卖合同中记载的面积计算专有部分面积只有在未办理物权登记且未进行实际测量的情况下才能适用。

【审判实践中应注意的问题】

第一,关于撤销业主大会决议诉讼中应注意的问题。民法典第二百八十条第二款规定:"业主大会或者业主委员会作出的决定侵害业主合法权益的,受侵害的业主可以请求人民法院予以撤销。"新司法解释第十二条规定对民法典第二百八十条规定的业主撤销权作出了进一步的明确,"业主的合法权益"不仅包括侵害业主的实体权利,也包括作出决定的程序违反法律规定。后者的典型情况是违反民法典第二百七十八条第二款的规定。

如果业主以决议未满足民法典第二百七十八条第二款规定的决议通过比例或者业主大会议事规则约定的决议通过比例为理由请求撤销业主大会决议,则可能涉及各个业主的表决权的表决能力的计算问题。在审判实务中应当注意两个问题:其一,在撤销权诉讼中,其解决的问题是决议是否符合法律规定或者业主规约的规定,而非区分

---

① 参见最高人民法院物权法研究小组编著:《〈中华人民共和国物权法〉条文理解与适用》,人民法院出版社2007年版,第93页。

建筑物所有权专有部分的面积到底是多少的问题。如果当事人在诉讼中请求确认其专有部分面积或者建筑物总面积的，法院不应当在同一诉讼中进行处理。从诉讼法的角度来看，该请求所形成的诉讼标的与撤销权之诉的诉讼标的是两个，应当分别处理。其二，如果在撤销权诉讼中，一方当事人认为不动产登记簿、测量报告或者房屋买卖合同中记载的面积错误，申请实际测量的，应当不予准许。理由在于，首先，从纠纷的性质上来看，诉讼的目的在于解决业主大会决议的效力问题，本条也正是以此为规范目的的。其次，如果允许当事人对上述面积提出再次测量的请求，则将使本条司法解释被虚置。最后，从纠纷解决的快捷性角度考虑，允许此类申请将会导致诉讼旷日持久。当然，需要注意的是，如果登记簿登记存在显著错误的，例如，将"119平方米"的套内建筑面积登记为"19平方米"，在诉讼中应当给予该业主一定的时间到登记部门进行更正登记。但是，对于由此产生的业主与房地产开发企业或者登记部门的纠纷不应在同一诉讼中进行处理。

第二，关于业主能否在业主大会议事规则中约定与民法典第二百七十八条规定不同的规则的问题。对于业主的此类特别约定，我们认为应当承认其效力，业主可以约定不低于民法典第二百七十八条第二款规定标准的决议规则。首先，就业主大会而言，其实质是业主的自治组织，共同管理事项更是业主最重要的自治内容。所以，法律对其尚无干涉的必要。其次，《物业管理条例》第十八条规定，业主大会议事规则应当就业主大会的议事方式、表决程序、业主委员会的组成和成员任期等事项作出约定。其中的表决程序在解释上应当包括决议的通过条件。最后，从比较法上来看，德国、日本对决议规则都明确规定允许当事人作出特别约定。在审判实务中应当注意，对于有特别约定的案件，要根据该约定来判断业主表决权的表决能力及决议的效力问题。但是，应当明确，前述业主的特别约定仍然要受到一定的限制，即业主有关此事项所作特别约定的比例不得低于民法典第二百七十八条第二款规定的比例要求。其原因在于，首先，民法典第二百七十八条第二款的立法目的不仅是确立一个多数决的决议规则，更为重要的是，其还有防止专有部分面积较大的业主控制业主大会的功能。如果允许业主不加限制地约定决议的通过规则，往往会造成个别大业主即能控制业主大会的后果，显然与立法目的相悖。其次，从我国的实践来看，由于业主自治起步较晚，各地发展很不平衡，业主参加业主大会的积极性在很多地方不够充分。民法典第二百七十八条第二款不仅是处理诉讼案件的依据，更为重要的是，它能够促使业主逐步地参加业主大会，最终形成业主自治。如果允许业主不加限制地约定决议规则，显然会导致法律的倡导功能丧失，从长远来看，不利于业主自治的逐步发展与完善。

第三，关于出现"表决僵局"问题的处理。我国民法典物权编及《物业管理条例》并未对业主大会决议未达到民法典第二百七十八条规定的比例如何处理作出规定，对此问题的处理有两种路径。一是民法典第二百七十八条第一款第一项规定的"制定和修改业主大会议事规则"系由业主共同决定的事项，则业主大会有权制定和修改业主大会的议事规则，由此，业主大会的议事规则可以就出现"表决僵局"的情形作出规定，例如，议事规则规定可以就同一事项进行二次表决，应该认定该规定有效；二是如果业主大会议事规则未作规定，则业主大会如果未满足召开条件或者未满足决议通过条件，在法律效果上应当是该次会议不具有决议能力或者所作的决议无效。

此外还需要注意两点：一是依据新司法解释确定的专有部分面积对其他类型的案件不具有拘束力；二是根据上述规则，虽然买受人已经与建设单位签订了商品房买卖合同但是尚未合法占有建筑物专有部分的，则业主仍是建设单位，该专有部分上的表决权由建设单位行使。

（三）第九条

【修改内容】

本条将"物权法第七十六条第二款规定的业主人数和总人数，可以按照下列方法认定：（一）业主人数，按照专有部分的数量计算，一个专有部分按一人计算。但建设单位尚未出售和虽已出售但尚未交付的部分，以及同一买受人拥有一个以上专有部分的，按一人计算；（二）总人数，按照前项的统计总和计算"修改为"民法典第二百七十八条第二款规定的业主人数可以按照专有部分的数量计算，一个专有部分按一人计算。但建设单位尚未出售和虽已出售但尚未交付的部分，以及同一买受人拥有一个以上专有部分的，按一人计算"。

【修改说明】

民法典第二百七十八条第二款规定，业主共同决定事项，应当由专有部分面积占比三分之二以上的业主且人数占比三分之二以上的业主参与表决。决定前款第六项至第八项规定的事项，应当经参与表决专有部分面积四分之三以上的业主且参与表决人数四分之三以上的业主同意。决定前款其他事项，应当经参与表决专有部分面积过半数的业主且参与表决人数过半数的业主同意。该条规定已无业主总人数的规定，故本条规定无须再对总人数的认定方法进行规定。

【理解与适用】

1. 修改过程

本条原是为了使物权法第七十六条第一款规定的事项进行表决时更具合理性，而对业主人数及总人数的计算方法作出的规定。如前所述，民法典第二百七十八条第二款对物权法第七十六条进行了修改，修改后的业主共同决定重大事项的表决已无须确定业主总人数，而业主总人数实际为专有部分业主人数的总和，也无须再特别作出解释。故在本解释修改过程中，删除了总人数的规定。

2. 条文理解

业主的认定是本条适用的前提性条件。新司法解释第一条规定："依法登记取得或者依据民法典第二百二十九条至第二百三十一条规定取得建筑物专有部分所有权的人，应当认定为民法典第二编第六章所称的业主。基于与建设单位之间的商品房买卖民事法律行为，已经合法占有建筑物专有部分，但尚未依法办理所有权登记的人，可以认定为民法典第二编第六章所称的业主。"

根据上述规定，本条中的业主包括三种类型：（1）已经登记为所有权人的，应当计入本条规定的业主人数；（2）虽未登记为所有权人，但是属于民法典第二百二十九条、第二百三十条、第二百三十一条规定的根据公权力文书、继承以及合法建造等方式取得该专有部分所有权的，也属于业主，拥有表决权，也应当计入本条规定的业主人数；（3）已经与建设单位签订房屋买卖合同且已合法占有该房屋的，也属于本条的业主，拥有表决权，应当计入业主人数。这一规定主要基于以下考虑，现实生活中，已与建设单位实施商品房买卖民事法律行为，且已经合法占有使用专有部分但尚未依法办理物权登记的情形大量存在，其中的原因十分复杂，主要有以下三点：一是建设单位尚未办理大产权，直接导致买受人无法办理专有部分的所有权登记；二是登记往往需要一个过程，在最终作成之前，买受人也是无法依登记取得所有权的；三是由于买受人自身的原因拖延办理专有部分所有权登记。在此情况下，如果仅以是否已经依法登记取得所有权作为界定业主身份的标准，将与现实生活产生较为激烈的冲突，并有可能对前述人群应当享有的权利造成损害。因此，新司法解释第一条规定，虽未办理物权登记手续，但已实际占有房屋的人也可以认定为业主。需要注意的是，基于上述规则，虽然已经与建设单位签订了商品房买卖合同但是尚未合法占有房屋的，则业主仍是建设单位，该专有部分上的表决权由建设单位行使。

按照本条规定，一个专有部分按一人计算，而对于同一买受人拥有数个专有部分的，仍然按一人计算。对于建设单位未出售的部分和虽然已出售但尚未交付的部分，业主均为建设单位，也按照一人计算。

【审判实践中应注意的问题】

第一，实践中，可能出现业主大会通过的管理规约或者各地的地方性法规对业主人数的计算作出不同于新司法解释本条规定标准的情形。而从新司法解释本条的规范目的来看，应当将其解释为一种强制性规定，其目的在于防止大业主通过管理规约对小业主的权利进行控制。所以，如果地方性法规、业主大会议事规则或者管理规约对于表决权的计算作出了与新司法解释本条不同的规定，且该规定不能充分保护小业主的表决权，使小业主表决权的权重受到不利影响，则应当根据本条司法解释规定的标准计算。

第二，关于数人共有一个专有部分情况下的表决权的行使问题。根据本条司法解释的规定，一个专有部分按一人计算，则数人共有一个专有部分也只有一个表决权。新司法解释本条对于数人共有一个专有部分的情况下，表决权如何行使和计算并未作出明确规定，实践中，以下两种情形容易产生纠纷。

一是夫妻共同共有某一专有部分的情形。如果夫妻双方推举出一人行使表决权，则表决权的行使并不存在问题，但是，如果夫妻一方参加业主大会行使表决权后，另一方以该表决权的行使未经其同意为由请求确认该表决权的行使无效的，如何处理？根据民法典第一千零六十条规定，夫妻一方因家庭日常生活需要而实施的民事法律行为，对夫妻双方发生效力，但是夫妻一方与相对人另有约定的除外。夫妻之间对一方可以实施的民事法律行为范围的限制，不得对抗善意第三人。民法典第一千零六十二条第二款规定，夫妻对共同财产，有平等的处理权。根据上述规定，在建筑物区分所有权的场合，夫妻双方应平等行使成员权。因此，我们认为，在遇到夫妻一方未经另一方同意而参加业主大会行使表决权的情形，应当认定为该行使表决权的行为是夫妻共同的意思表示，其表决权的行使合法有效。

二是数人按份共有某一专有部分的情形。如果共有人推举一人行使或者委托他人行使表决权，则不存在表决权的行使问题，但如果各共有人在表决事项上不一致，共有人之一行使表决权后，其他共有人能否以该表决权的行使未经其同意为由请求撤销或者宣告该表决权的行使无效？对于上述问题，我们认为，应当从如下几个方面考虑：首先，各共有人在表决事项上有的表示赞成，有的表示反对时，不能按照各共有人份额分割投票权，分别计算会导致违反新司法解释本条规定的后果，即一个专有部分上存在两个投票权，如果合并计算为一票，则会出现是投赞成票还是投反对票的问题。也不能适用民法典第三百零一条的规定，以占份额三分之二以上的共有人同意为标准来判断该表决权的行使是否有效。该条款是对按份共有的不动产或者动产的处分或重大修缮、变更性质或者用途的决定如何作出的规定，而建筑物区分所有权中的表决权则针对的主要是共有部分的共同管理事项问题。且根据民法典第三百零七条规定，除非第三人明知或者法律另有规定，按份共有人对外承担连带责任。上述规定从侧面反映出，民法典第三百零一条是对共有人内部关系的处理原则，对外仍然是由全体共有人承担责任。在建筑物区分所有权场合，共有人之一如未经其他共有人同意行使表决权的，则该表决权的行使在对外方面仍然产生效力，但是其他共有人可以该共有人未经其同意或者同意的共有人份额未达三分之二以上侵害其共有权为由另行请求损害赔偿。其他共有人请求损害赔偿尚需证明损害后果是否存在，而损害后果是否发生取决于该表决权是否左右了决议结果。如果根据民法典第二百七十八条第二款和新司法解释的规定，无论该共有人投赞成票或者反对票，都不实质性地影响该决议最终的命运，即不存在损害后果。如果该表决权不投赞成票，则该决议即不会通过；或者该表决权不投反对票，则该决议即会通过，则损害后果据此可以认定。由此来看，此类案件在实践中发生的概率也较小。其次，在建筑物区分所有权中，共同管理事项的处理是一个涉及面广、程序复杂的问题。业主大会的通知、召开、讨论、决议都需要根据议事规则、管理规约及法律、法规的规定进行。由此，业主大会效率的提高也应当是司法实践中着重考虑的关键因素。同时，从交易安全的角度来看，共有人内部关系的处理也不应当影响到其他业主表决权行使的安全性。在此意义上，对于共有人之一以上述理由请求撤销或者确认表决权的行使无效及决议的效力的，原则上不应当准许。审判实务中，只要按份共有人之一参加业主大会时提供了相关的产权证书或者其他能够证明其具有业主身份的文件，并依此参加业主大会并行使了表决权，则原则上应当认定该表决权的行使合法有效。

　　如果未经其他共有人同意或者同意的共有人的份额未达三分之二以上，则共有人之间由此产生的纠纷属于侵权纠纷，该共有人依法应向其他共有人承担侵权责任。但该诉讼的启动和判决结果并不影响业主大会决议的效力。如果其他共有人以此为理由请求确认表决权行使无效或进而请求业主大会决议无效或请求撤销的，人民法院不应准许。

　　第三，基于商品房买卖合同关系且已合法占有的买受人享有共同管理权，但并非相关专有面积的所有权人。本条规定：业主人数，按照专有部分的数量计算，一个专有部分按一人计算。但建设单位尚未出售和虽已出售但尚未交付的部分，以及同一买受人拥有一个以上专有部分的，按一人计算。新司法解释第一条规定："依法登记取得或者依据民法典第二百二十九条至第二百三十一条规定取得建筑物专有部分所有权的人，应当认定为民法典第二编第六章所称的业主。基于与建设单位之间的商品房买卖民事法律行为，已经合法占有建筑物专有部分，但尚未依法办理所有权登记的人，可以认定为民法典第二编第六章所称的业主。"即从社会生活的复杂性出发，新司法解释承认并赋予基于商品房买卖合同关系且已合法占有的买受人享有共同管理权，但是，这并不意味着对城市房地产权变动登记生效主义的突破，"业主"并不必然等同于所有权人。新司法解释第十八条规定："人民法院审理建筑物区分所有权案件中，涉及有关物权归属争议的，应当以法律、行政法规为依据。"目前，我国商品房供给仍以预售商品房为主，从商品房预售、交付到商品房完成首次不动产登记存在时间不确定因素，不动产登记法仍在制定过程中，登记制度和登记工作仍存在不完善之处。因此，共同管理权虽然是从专有权和共有权理论当中派生而来，但是，相比于不动产物权归属登记的公示公信力要求而言，共同管理权的认定并不依赖登记，更需要考虑社会生活现实并侧重保护相对弱势的业主一方，确认物权的归属与共同管理权人的认定显然不能采用同一标准。

（四）第十条

【修改内容】

本条将"业主将住宅改变为经营性用房，未按照物权法第七十七条的规定经有利害关系的业主同意，有利害关系的业主请求排除妨害、消除危险、恢复原状或者赔偿损失的，人民法院应予支持。将住宅改变为经营性用房的业主以多数有利害关系的业主同意其行为进行抗辩的，人民法院不予支持"修改为"业主将住宅改变为经营性用房，未依据民法典第二百七十九条的规定经有利害关系的业主一致同意，有利害关系的业主请求排除妨害、消除危险、恢复原状或者赔偿损失的，人民法院应予支持。将住宅改变为经营性用房的业主以多数有利害关系的业主同意其行为进行抗辩的，人民法院不予支持"。

【修改说明】

民法典第二百七十九条规定，业主不得违反法律、法规以及管理规约，将住宅改变为经营性用房。业主将住宅改变为经营性用房的，除遵守法律、法规以及管理规约外，应当经有利害关系的业主一致同意。新司法解释除调整相关法律依据之外，根据民法典第二百七十九条的规定，作了相应修改。将"经有利害关系的业主同意"修改为"经有利害关系的业主一致同意"。

【理解与适用】

1. 修改过程

本条是对"住改商"纠纷如何处理的规定。将住宅改变为经营性用房，使原本用于居住的房屋改为用于经营的房屋，住宅的性质、用途由居住变为商用。这一改变带来许多弊端，危害性大。作为规范业主建筑物区分所有权的基本法律，2007年通过的物权法第七十七条明确规定，业主不得违反法律、法规以及管理规约，将住宅改变为经营性用房。据此，业主不得随意改变住宅的居住用途，是业主应当遵守的最基本的准则，也是业主必须承担的一项基本义务。

原司法解释第十条规定，业主将住宅改变为经营性用房，未按照物权法第七十七条的规定经有利害关系的业主同意，有利害关系的业主请求排除妨害、消除危险、恢复原状或者赔偿损失的，人民法院应予支持。将住宅改变为经营性用房的业主以多数有利害关系的业主同意其行为进行抗辩的，人民法院不予支持。由此可见，将住宅改变为经营性用房须经有利害关系业主同意，应理解为有利害关系的业主一致同意，而非有利害关系业主多数同意。基于上述考虑，2018年8月审议的民法典各分编草案将"应当经有利害关系的业主同意"进一步明确为"应当经有利害关系的业主一致同意"。在对原司法解释修改过程中，亦将"未按照物权法第七十七条的规定经有利害关系的业主同意"修改为"未依据民法典第二百七十九条的规定经有利害关系的业主一致同意"。将"按照"修改为"依据",用语更为规范,而"经有利害关系业主一致同意"是该条的应有之义,亦与民法典的规定保持一致。

2. 条文理解

对本条的理解,应当把握如下几个方面。

第一,"住改商"的含义、表现形式及危害。在建筑物区分所有的情形下,业主擅自将小区内的住宅房屋改变为餐饮、娱乐等商业用房,以及经营公司、服务行业等经营性用房的情况不断增加,实践中将此种情况称为"住改商"。既包括利用住宅从事经营生产企业、规模较大的餐饮及娱乐、洗浴或者作为公司办公用房等营业行为,也包括因生活需要利用住宅开办小卖部、早点铺、理发店等经营行为。"住改商"有几种情形,有的只是改变了房屋的使用性质,有的不仅改变房屋的使用性质,而且改变了房屋的结构状况。房屋在建造并报经审批时的用途不得随意改变,如果需要在建造过程中改变房屋的用途,例如,将住宅性质的房屋改变成经营性用房,需要重新报经规划部门同意批准后才能建造,作为购房人的业主在购买商品房后也不得改变商品房屋的用途,这既涉及城市功能的定位、布局规划,同时更涉及区域社会秩序的安定、社会的管理。如果允许业主随意将住宅改为经营性用房,将带来很多弊端,主要表现有:一是干扰业主的正常生活,造成邻里不和,引发社会矛盾;二是造成小区车位、电梯、水、电等公共设施使用的紧张;三是容易产生安全隐患;四是使城市规划目标难以实现;五是造成国家税费的大量流失。

第二,法律规定对"住改商"行为的限制。2007年通过的物权法第七十七条规定:"业主不得违反法律、法规以及管理规约,将住宅改变为经营性用房。业主将住宅改变为经营性用房的,除遵守法律、法规以及管理规约外,应当经有利害关系的业主同意。"据此,业主不得随意改变住宅的居住用途,是业主应当遵守的最基本的准则,也是业主必须承担的一项基本义务。值得注意的是,该条规定,业主将住宅改变为经营性用房的,除遵守法律、法规以及管理规约外,应当经有利害关系的业主同意。实践中有的做法是按照多数决来确定有利害关系业主的意见,这违背了当初的立法本意。因此,民法典第二百七十九条在物权法第七十七条的基础上进行了修改,明确规定"应当经有利害关系的业主一致同意",明确了"住改商"中有利害关系业主的意见不应适用多数决。需要强调的是,在"住改商"问题上,有利害关系业主一致同意只是必要条件,业主将住宅改为经营性用房时必须遵守法律、法规以及管理规约的规定,这两个条件必须同时具备,缺一不可,才可以将住宅合理合法地改变为经营性用房。

第三,本条规定的"业主"和"有利害关系业主"的主体范围。本条规定的"业主"应是指将专有部分住宅改为经营性用房的业主,但实践中,业主将住宅出租、出借后,承租人、借用人将住宅改变为经营性用房的情况时有发生。非业主的物业使用人同样受本条内容的规制,在将住宅改变为经营性用房时,亦应遵守本条规定的相应义务。对有利害关系的业主的界定,不仅要考虑对业主居住、生活环境的安全和安宁的影响或者可能造成的影响,还应当考虑对其专有部分不动产价值的影响。实践中,在判断某一业主是否属于本条所称的有利害关系的业主时,应注意从以下几点进行认定:一是应当具有法律规定的业主身份。实践中,应认定基于合同或法律规定而具体居住或者使用物业的符合法律规定情形的物业使用人,拥有与业主相同的权利。二是必须是业主的合法权利受到或者可能受到侵害,这里所说的合法权利指的是业主作为建筑物所有权人所享有的特定权利，如共有权、区分专有权等。三是损害与"住改商"业主行为之间有法律上的因果关系。从位置上来说，本栋建筑物内的其他业主是当然的有利害关系的业主，但不宜将整个小区的所有业主都认定为法律规定的有利害关系的业主。实践中确有可能出现建筑区划内本栋建筑物之外的业主也与"住改商"行为存在利害关系的情况，但这部分业主的范围难以统一划定。如果建筑区划内本栋建筑物之外的业主主张与"住改商"行为存在利害关系的，应当举证证明利害关系的存在，即其房屋价值、生活质量受到或者可能受到不利影响。当存在业主已将房屋出租、出借等情形时，也应赋予非业主的物业使用人相同的异议权利。

第四，"住改商"行为未经有利害关系的业主一致同意的法律后果。根据民法典第二百七十九条规定，"住改商"行为的合法性需要满足两个条件：遵守法律、法规以及管理规约；应当经有利害关系的业主一致同意。未经有利害关系的业主一致同意，其行为仍不具备合法性，该条规定实际上已成为"住改商"业主对由此产生的损害后果需承担相应民事责任的法律依据。有利害关系的业主请求"住改商"业主承担民事责任的不以已经造成实际损害为限。根据本条第一款关于"有利害关系的业主请求排除妨害、消除危险、恢复原状或赔偿损失的，人民法院应予支持"的规定，在已经造成现实损害的情形中，有利害关系的业主可以请求"住改商"业主承担恢复原状或者赔偿损失的民事责任；若损害尚未实际发生，但有发生之虞时，有利害关系的业主也可以请求"住改商"业主依法承担排除妨害、消除危险的民事责任。实践中，有的"住改商"业主以其已经办理工商登记并取得了营业执照为由主张其行为的合法性，用以对抗有利害关系业主的反对意见。"住改商"业主已经办理了工商登记取得营业执照的事实，不能改变其行为欠缺合法性的事实。办理工商登记并取得了营业执照的事实属于行政登记及许可范围，其不涉及当事人"住改商"民事行为效力问题。

【审判实践中应注意的问题】

第一，有利害关系的业主的一致同意需以明示的方式表达方为适格。有利害关系的业主的一致同意是"住改商"行为的合法性要件之一。民法典第二百七十九条规定的立法导向是不主张"住改商"行为的，在有利害关系的业主于特定期间内未明确表态的情况下，应当从更有利于实现本条立法目的的角度进行解释和认定。"住改商"行为对业主居住、生活环境的安全和安宁及对其专有部分不动产价值均会产生不利影响，以明示的方式确定有利害关系的业主的"同意"也是对其权利的一种保护。只要业主未以明示的方式表示同意，就应当推定其本意是不同意的。明示的意思表示必须具备一定的要件，在具体表现形式上可以有两种：一是书面；二是明确无误的口头表示。不能以业主在约定期限内未表态即认为其默认同意"住改商"行为。在处理"住改商"纠纷时，要注意审查业主之间是否有证据证明书面同意相关业主将住宅性质的房屋改变成商业用房或者办公用房等经营性用房。没有书面证据证明的，不能认定为同意。

第二，《物业管理条例》第四十七条第二款规定，物业使用人违反本条例和管理规约的规定，有关业主应当承担连带责任。根据该条规定精神，在因专有部分使用人实施"住改商"行为而导致的相关纠纷案件中，专有部分使用人及业主应当作为"共同被告"。

第三，业主（出租人、出借人）与非业主的物业使用人（承租人、借用人）对"住改商"行为的意见不一致时，应当如何处理。在非业主的物业使用人对"住改商"

表示同意而业主表示不同意的情况下,应当以业主的意见为准。原因在于,非业主的物业使用人并非物业的所有权人,其表示同意既有可能是其真的认为这种"住改商"是可以的,也有可能是由于使用关系行将终止。但不论如何,业主的"不同意"都不会对非业主的物业使用人的正常居住带来负面影响。从另一个角度看,业主是住宅物业的所有权人,在非业主的物业使用人因使用关系结束离开之后,业主还要居住在这里,其意见当然具有一票否决的效力。在非业主的物业使用人对"住改商"表示不同意而业主表示同意的情况下,应当以非业主的物业使用人的意见为准。理由是,结合民法典第二百七十九条的立法目的,这种异议权更应赋予住宅的现实居住使用人。否则,势必导致业主因与"住改商"业主私交甚密或者"事不关己"而表示同意,而非业主的物业使用人却不得不承受难堪之困扰的结果。在民法典第二百七十九条已经明确表达了不提倡"住改商"立场的前提下,我们应当朝着更能达成该立法目的的方向进行解释。

(五)第十四条

【修改内容】

本条将"建设单位或者其他行为人擅自占用、处分业主共有部分、改变其使用功能或者进行经营性活动,权利人请求排除妨害、恢复原状、确认处分行为无效或者赔偿损失的,人民法院应予支持。属于前款所称擅自进行经营性活动的情形,权利人请求行为人将扣除合理成本之后的收益用于补充专项维修资金或者业主共同决定的其他用途的,人民法院应予支持。行为人对成本的支出及其合理性承担举证责任"修改为"建设单位、物业服务企业或者其他管理人等擅自占用、处分业主共有部分、改变其使用功能或者进行经营性活动,权利人请求排除妨害、恢复原状、确认处分行为无效或者赔偿损失的,人民法院应予支持。属于前款所称擅自进行经营性活动的情形,权利人请求建设单位、物业服务企业或者其他管理人等将扣除合理成本之后的收益用于补充专项维修资金或者业主共同决定的其他用途的,人民法院应予支持。行为人对成本的支出及其合理性承担举证责任"。

【修改说明】

在对原司法解释清理过程中,对本条的存废存在争议。有观点认为,民法典第二百八十二条已经规定利用业主的共有部分产生的收入,在扣除合理成本之后,属于业主共有,本条的精神被法律吸收,应当废止。另一种观点认为,本条规定与民法典并不冲突,有利于民法典的贯彻落实,倾向于保留。从向全国人大常委会法工委、住建部、自然资源部等征求意见的情况看,全国人大常委会法工委及相关行政职能部门均同意保留本条款。我们认为,考虑到实际情况,建设单位、物业服务企业或者其他管理人等利用业主的共有部分产生的收入往往以金钱的方式存入账户,根据金钱占有即所有的原则,业主对上述收入真正可受益、可利用,还需要具体的、可操作的落地方案,故最终修改完善本条后予以保留。民法典第二百八十二条规定,建设单位、物业服务企业或者其他管理人等利用业主的共有部分产生的收入,在扣除合理成本之后,属于业主共有。在对原司法解释修改过程中,对原司法解释第十四条条文进行了修改,将第一款中"建设单位或者其他行为人"修改为"建设单位、物业服务企业或者其他管理人等",将第二款中"行为人"修改为"建设单位、物业服务企业或者其他管理人等",在表述上与民法典保持一致。

【理解与适用】

1. 修改过程

物权法并无关于共有部分产生收益归属问题的规定，原司法解释中对有关业主共有权受到侵害的处理作出了规定，其第十四条规定："建设单位或者其他行为人擅自占用、处分业主共有部分、改变其使用功能或者进行经营性活动，权利人请求排除妨害、恢复原状、确认处分行为无效或者赔偿损失的，人民法院应予支持。属于前款所称擅自进行经营性活动的情形，权利人请求行为人将扣除合理成本之后的收益用于补充专项维修资金或者业主共同决定的其他用途的，人民法院应予支持。行为人对成本的支出及其合理性承担举证责任。"在民法典编纂过程中，有的意见建议吸收上述解释的内容，增加关于共有部分产生收益归属的内容。2018年8月，十三届全国人大常委会第五次会议《关于〈民法典各分编（草案）〉的说明》中提到，加强对建筑物业主权利的保护，要明确共有部分产生的收益属于业主共有。民法典各分编（草案）第七十七条规定，建设单位、物业服务企业或者其他管理人等利用业主的共有部分产生的收益，在扣除合理成本之后，属于业主共有。民法典各分编（草案）在征求意见过程中，有的意见提出，收益的含义本身就包含收入扣除成本的意思，为更加准确，避免实践操作中的歧义，建议将草案第七十七条中的"收益"修改为"收入"。2019年4月审议的民法典物权编（草案）吸收了这一意见，并最终形成民法典第二百八十二条的规定。在对原司法解释修改过程中，根据民法典的规定对原司法解释第十四条条文进行了修改。

2. 条文理解

根据民法典第二百八十二条的规定，建设单位、物业服务企业或者其他管理人等利用业主的共有部分产生的收入，在扣除合理成本之后，属于业主共有。即业主对共有部分产生的收入有共有的权利。本条是有关业主共有权受到侵害时如何处理的规定。对本条的理解，应当把握如下几个方面。

第一，关于业主共有部分的范围。我国对业主共有部分范围的划分，采用的是排除加列举的方式。民法典第二百七十一条规定："业主对建筑物内的住宅、经营性用房等专有部分享有所有权，对专有部分以外的共有部分享有共有和共同管理的权利。"第二百七十四条规定："建筑区划内的道路，属于业主共有，但是属于城镇公共道路的除外。建筑区划内的绿地，属于业主共有，但是属于城镇公共绿地或者明示属于个人的除外。建筑区划内的其他公共场所、公用设施和物业服务用房，属于业主共有。"业主共有部分中能够产生收入的共有部分一般包括：（1）车库、车位。在保证业主的合理停车需求在任何时候都得到首先满足的前提下，如果车位、车库还有空余，为缓解小区停车难的社会问题，开发商可以将车位、车库出租给业主之外的第三人，这样既未损害小区业主的停车权益，又能够更好地实现开发商的利益，也能帮助政府解决周边居民的停车难问题。（2）楼顶平台。楼顶平台是建筑的楼顶及其空间，按照建筑物区分所有权的规则，这一部分应当属于全体业主所有，实践中，如果开发商对楼顶平台进行处分，例如设置广告塔，就必然会产生收益。（3）建筑外墙面。建筑外墙面属于建筑物的整体构造部分，应当属于全体业主共有。如果开发商或者建筑物底商利用建筑物外墙设置广告、牌匾等商业宣传设施、在外壁上悬挂霓虹灯招牌，应当支付使用费。（4）建筑物基本构造部分中的走廊、楼梯、过道、电梯间等。实践中，有开发商或物业服务机构在这些位置设置广告位，由此产生的收益也应当属于共有部分产生的收益。

第二，关于擅自占用、处分业主共有部分、改变其使用功能或进行经营活动的主体的认定。根据民法典第二百八十二条的规定，可能侵占业主共有部分收益的主体包括建设单位、物业服务企业或者其他管理人等。建设单位是建筑物的开发建设者，同时，也是物业服务管理企业的设立者或发起者。因而，建设单位在设立物业服务管理企业的过程中，以及在物业服务管理企业设立的初期，因掌握着物业服务管理权，该企业有时为了追求自己利益的最大化，可能存在滥用其权力的行为。而物业服务管理企业侵害业主共有权的情形在审判实务中占有较大数量。《物业管理条例》第二条对"物业服务管理"界定为业主通过选聘物业服务企业，由业主和物业服务企业按照物业服务合同约定，对房屋及配套的设施设备和相关场地进行维修、养护、管理，维护物业管理区域内的环境卫生和相关秩序的活动。从上述表述内容可以得知，物业服务管理行为实为私权处分行为，它应遵循私法之意思，实行自治原则。也就是业主既可以决定委托专业的物业服务企业对物业实施服务管理，也可以对物业实施自我管理。对于物业服务管理企业来说，是接受全体业主委托，为其提供服务的具有专业管理能力的服务机构。它的权利和职责范围是由全体业主赋予的。但现实生活中，物业服务企业的观念有时是错位的，将服务者的角色转变为管理者的角色，对共有部分随意处置、收取使用费等，将业主的权利排除在外，限制业主行使共有权，挪用共有部分维修资金等，这些行为都是严重侵害业主的共有权的行为。生活中还存在住户侵害业主共有权的情形，包括业主和使用人侵害共有权的情况。业主在行使共用部分共有权时，应当依据共用部分的性质及用途平等行使，不得将共用部分据为己有或影响其他业主行使权利。业主是物业的所有权人，但是业主并不一定是实际使用物业的人，例如，业主将房屋出租或借他人使用的情形。承租人、借用人等房屋使用人，也成为非业主使用人。非业主使用人与建设单位、物业服务企业没有直接的关系，一般不参加业主大会和业主委员会，但是非业主使用人是物业区域的重要成员。为了能约束非业主使用人的行为，保障其合法权益，物业管理立法都肯定了非业主使用人独立存在的地位。所以，非业主使用人的权利义务不仅源自与业主间的租赁合同等，而且也出自法律和法规以及管理规则的规定。非业主使用人在使用及占有业主共有部分、使用专有部分时，应当按照业主与物业服务企业的约定居住、使用，不得有违反物业服务合同或者管理规约的行为。如果其不按共有部分及专有部分的性质和用途使用，不履行使用共有部分及专有部分的相应义务，亦构成对业主共有权的侵害。

第三，关于建设单位等擅自经营所得收入的处理。根据民法典第二百七十一条的规定，业主对专有部分以外的共有部分享有共有和共同管理的权利，即全体业主是共有部分的权利主体。"权利保护是权利实现的特殊环节，也称权利救济。权利人在权利受侵害时，就应获得救济的权利，并通过救济程序行使救济权，恢复和确保受侵害的权利的利益。"① 恢复和确保受侵害的业主的权利和利益，其根本途径是由侵权人或相对人承担相应的民事责任。侵权的民事责任方式是因侵权行为而产生的，是侵权损害所产生的法律后果，各种责任形式适用于各种不同的侵权行为，而且这些责任形式既可以单独适用，也可以合并适用，在法律上形成一个对共有权保护的有效体系。根据本条第一款的规定，对于建设单位等擅自占用、处分业主共有部分、改变其使用功能

---

① 龙卫球：《民法总论》，中国法制出版社2002版，第137页。

或者进行经营性活动的,权利人可以请求建设单位等行为人排除妨害、恢复原状、确认处分行为无效或者赔偿损失。此处的"权利人"不应作限缩解释,既包括特定范围的业主,也包括依法取得业主授权或者法律授权的业主大会或者业主委员会等。

本条第二款规定了对侵权人经营所得收益应如何处理问题。《物业管理条例》第五十四条规定:"利用物业共用部位、共用设施设备进行经营的,应当在征得相关业主、业主大会、物业服务企业的同意后,按照规定办理有关手续。业主所得收益应当主要用于补充专项维修资金,也可以按照业主大会的决定使用。"新司法解释的规定与《物业管理条例》第五十四条规定的精神一致。专项维修资金主要是指属于全体业主共有的,用于物业共用部位的特定事项进行维护的资金。原建设部、财政部于2008年2月1日发布的《住宅专项维修资金管理办法》(以下简称《办法》)第二条第二款规定:"本办法所称住宅专项维修资金,是指专项用于住宅共用部位、共用设施设备保修期满后的维修和更新、改造的资金。"物业专项维修资金主要来源于业主交纳、开发商交纳、经营收入以及维修资金的增值部分。该基金的性质不同于一般的物业管理服务费用。《办法》第四条规定,住宅专项维修资金管理实行专户存储、专款专用、所有权人决策、政府监督的原则。以保障维修资金的特殊功效、运作和依照规定使用。根据上述相关规定,本条第二款将建设单位或者其他行为人,擅自进行经营性活动,所得收益纳入了专项维修资金。当然,经业主共同决定,另有他用的除外。由专项维修资金的特殊性所决定,在业主共同向法院提出,物业服务企业返还擅自经营所得收入请求的,属于公益性诉讼。依据区分所有中的共同所有之规则,单个业主对维修资金所享有的支配权应通过行使成员权来实现,维修资金的支配应该由业主团体决定。为此,对物业服务企业返还的经营收入,应纳入专项维修资金,而不能分配给业主个人所有。《住宅公共部位共用设施设备维修基金管理办法》第十三条还规定,业主转让房屋所有权时,结余维修基金不予退还,随房屋所有权同时过户。依照上述有关规定,专项维修资金属于业主所有,专项用于物业保修期满后物业共有部位、公有设施设备的维修和更新、改造,不得挪作他用。

当然,在业主主张返还共有部分产生的收入时,应扣除必要的、合理的管理成本。本条第二款规定:"权利人请求建设单位、物业服务企业或者其他管理人等将扣除合理成本之后的收益用于补充专项维修资金或者业主共同决定的其他用途的,人民法院应予支持。"建设单位、物业服务企业或者其他管理人利用业主的共有部分进行经营性活动,所取得的经营收入返还给全体业主时,可以请求扣除合理成本。但根据"谁主张,谁举证"原则,建设单位等主体主张经营管理成本的,需对成本的支出及其合理性承担举证责任。审判实践中,建设单位或物业服务企业经常主张,利用业主的共有部分产生的收入已经全部投入到物业服务管理费用中,其并未从中获取收益。而业主并不认同,认为上述收入已被建设单位、物业服务企业或者其他管理人实际占有使用。此种情况下,应当根据当事人所提供的证据及案件的具体事实区分不同情况后处理。如果上述主体确已将利用业主的共有部分产生的收入全部用于物业服务管理及共用部分的维修等支出的,对全体业主请求返还经营收入的,不能支持。反之,上述主体应向全体业主返还其经营所得收入。

【审判实践中应注意的问题】

第一,审判实践中,侵害业主共有权纠纷的案件,在建筑物区分所有权案件中占有较大比例。根据本条规定，只要未经业主共同决定和同意而擅自占用、处分、改变共有部分使用功能或者利用共有部分从事经营性活动的，即构成违约或者侵权。侵权人应当依据相关的民事法律规定，承担排除妨害、消除危险、恢复原状或者赔偿损失的责任。对于请求停止侵害、消除危险、排除妨害、恢复原状来说，请求人无须证明对方已给其造成了实际损失，而只证明对方的行为给其造成了妨害即可。不管这种妨碍是否已经形成了损害。因为妨害和损害在法律上是有区别的，损害是可以用货币来计算的，但是妨害很难计算。损害都是实际发生的，而妨害既可能是现实面临的，也可能是将来可能发生的。因此，请求人只要证明有妨害事实就可以要求排除妨害、消除危险、恢复原状。当然，共有权人也可以请求损害赔偿。损害赔偿是法律强制民事违法行为人向受害人支付金钱以弥补受害人所遭受的损失。在物业服务企业对某个或一部分业主造成共有权灭失、毁损等损害后果时，业主可以请求损害赔偿。

第二，物业服务企业不得主张以共有部分收益抵销部分业主欠付的物业费。根据法律规定，要进行债务抵销，当事人之间应当互负债务、互享债权。欠付物业费的为部分业主，为单个的主体；而共有部分产生的收入，在扣除合理成本之后，属于业主共有。此时虽然包括了该部分欠费业主，但二者有本质的区别。因此，双方债权债务主体不同，不符合法定抵销的规定，因此，对物业服务企业行使抵销权的主张，人民法院不应予以支持。

第三，民法典第二百八十二条规定的利用共有部分产生的收入共有制度、本条关于权利人请求将该共有收益用于补充专项维修资金等的规定以及民法典第二百八十一条规定的紧急状态下维修资金使用规则可以联系起来一体适用，解决生活中具体问题，符合法定情形的，允许业主大会和业委会直接请求划用共有收益。民法典第二百八十一条规定："建筑物及其附属设施的维修资金，属于业主共有……建筑物及其附属设施的维修资金的筹集、使用情况应当定期公布。紧急情况下需要维修建筑物及其附属设施的，业主大会或者业主委员会可以依法申请使用……"维修资金专款专用，与每个业主的切身利益密切相关，筹集和使用都应当经由业主共同决定。但在紧急情况下，如果危及房屋安全或设施设备的使用功能受到重大影响，及时修缮对业主而言无疑更为重要。实践中，业主大会和业委会为维护业主利益，在紧急情况下申请从共有收益中使用维修资金，应予支持。

（撰稿人：万挺、王慧娴）

最高人民法院关于审理物业服务纠纷案件适用法律若干问题的解释

(2009年4月20日最高人民法院审判委员会第1466次会议通过 根据2020年12月23日最高人民法院审判委员会第1823次会议通过的《最高人民法院关于修改〈最高人民法院关于在民事审判工作中适用《中华人民共和国工会法》若干问题的解释〉等二十七件民事类司法解释的决定》修正)

为正确审理物业服务纠纷案件,依法保护当事人的合法权益,根据《中华人民共和国民法典》等法律规定,结合民事审判实践,制定本解释。

第一条 业主违反物业服务合同或者法律、法规、管理规约,实施妨碍物业服务与管理的行为,物业服务人请求业主承担停止侵害、排除妨碍、恢复原状等相应民事责任的,人民法院应予支持。

第二条 物业服务人违反物业服务合同约定或者法律、法规、部门规章规定,擅自扩大收费范围、提高收费标准或者重复收费,业主以违规收费为由提出抗辩的,人民法院应予支持。

业主请求物业服务人退还其已经收取的违规费用的,人民法院应予支持。

第三条 物业服务合同的权利义务终止后,业主请求物业服务人退还已经预收,但尚未提供物业服务期间的物业费的,人民法院应予支持。

第四条 因物业的承租人、借用人或者其他物业使用人实施违反物业服务合同,以及法律、法规或者管理规约的行为引起的物业服务纠纷,人民法院可以参照关于业主的规定处理。

第五条 本解释自2009年10月1日起施行。

本解释施行前已经终审,本解释施行后当事人申请再审或者按照审判监督程序决定再审的案件,不适用本解释。

指导案例65号

上海市虹口区久某大厦小区业主大会诉上海环某实业总公司业主共有权纠纷案

(最高人民法院审判委员会讨论通过 2016年9月19日发布)

关键词

民事 业主共有权 专项维修资金 法定义务 诉讼时效

裁判要点

专项维修资金是专门用于物业共用部位、共用设施设备保修期满后的维修和更新、改造的资金，属于全体业主共有。缴纳专项维修资金是业主为维护建筑物的长期安全使用而应承担的一项法定义务。业主拒绝缴纳专项维修资金，并以诉讼时效提出抗辩的，人民法院不予支持。

相关法条

《中华人民共和国民法通则》第一百三十五条

《中华人民共和国物权法》第七十九条、第八十三条第二款

《物业管理条例》第七条第四项、第五十四条第一款、第二款

基本案情

2004年3月，被告上海环某实业总公司（以下简称环某公司）取得上海市虹口区久某大厦底层、二层房屋的产权，底层建筑面积691.36平方米、二层建筑面积910.39平方米。环某公司未支付过上述房屋的专项维修资金。2010年9月，原告久某大厦小区业主大会（以下简称久某业主大会）经征求业主表决意见，决定由久某业主大会代表业主提起追讨维修资金的诉讼。久某业主大会向法院起诉，要求环某公司就其所有的久某大厦底层、二层的房屋向原告缴纳专项维修资金57566.9元。被告环某公司辩称，其于2004年获得房地产权证，至本案诉讼有6年之久，原告从未主张过维修资金，该请求已超过诉讼时效，不同意原告诉请。

裁判结果

上海市虹口区人民法院于2011年7月21日作出（2011）虹民三（民）初字第833号民事判决：被告环某公司应向原告久某业主大会缴纳久某大厦底层、二层房屋的维修资金57566.9元。宣判后，环某公司向上海市第二中级人民法院提起上诉。上海市第二中级人民法院于2011年9月21日作出（2011）沪二中民二（民）终字第1908号民事判决：驳回上诉，维持原判。

裁判理由

法院生效裁判认为：物权法第七十九条规定，"建筑物及其附属设施的维修资金，属于业主共有。经业主共同决定，可以用于电梯、水箱等共有部分的维修。"《物业管理条例》第五十四条第二款规定，"专项维修资金属于业主所有，专项用于物业保修期满后物业共用部位、共用设施设备的维修和更新、改造，不得挪作他用"。《住宅专项维修资金管理办法》（建设部、财政部令第165号）（以下简称《办法》）第二条第二款规定，"本办法所称住宅专项维修资金，是指专项用于住宅共用部位、共用设施设备保修期满后的维修和更新、改造的资金。"依据上述规定，维修资金性质上属于专项基金，系为特定目的，即为住宅共用部位、共用设施设备保修期满后的维修和更新、改造而专设的资金。它在购房款、税费、物业费之外，单独筹集、专户存储、单独核算。由其专用性所决定，专项维修资金的缴纳并非源于特别的交易或法律关系，而是为了准备应急性地维修、更新或改造区分所有建筑物的共有部分。由于共有部分的维护关乎全体业主的共同或公共利益，所以维修资金具有公共性、公益性。

根据《物业管理条例》第七条第四项规定，业主在物业管理活动中，应当履行按照国家有关规定交纳专项维修资金的义务。第五十四条第一款规定，"住宅物业、住宅小区内的非住宅物业或者与单幢住宅楼结构相连的非住宅物业的业主，应当按照国家

有关规定交纳专项维修资金。"依据上述规定，缴纳专项维修资金是为特定范围的公共利益，即建筑物的全体业主共同利益而特别确立的一项法定义务，这种义务的产生与存在仅仅取决于义务人是否属于区分所有建筑物范围内的住宅或非住宅所有权人。因此，缴纳专项维修资金的义务是一种旨在维护共同或公共利益的法定义务，其只存在补缴问题，不存在因时间经过而可以不缴的问题。

业主大会要求补缴维修资金的权利，是业主大会代表全体业主行使维护小区共同或公共利益之职责的管理权。如果允许某些业主不缴纳维修资金而可享有以其他业主的维修资金维护共有部分而带来的利益，其他业主就有可能在维护共有部分上支付超出自己份额的金钱，这违背了公平原则，并将对建筑物的长期安全使用，对全体业主的共有或公共利益造成损害。

基于专项维修资金的性质和业主缴纳专项维修资金义务的性质，被告环某公司作为久某大厦的业主，不依法自觉缴纳专项维修资金，并以业主大会起诉追讨专项维修资金已超过诉讼时效进行抗辩，该抗辩理由不能成立。原告根据被告所有的物业面积，按照同期其他业主缴纳专项维修资金的计算标准算出的被告应缴纳的数额合理，据此判决被告应当按照原告诉请支付专项维修资金。

（生效裁判审判人员：卢薇薇、陈文丽、成皿）

【解读】

解读《上海市虹口区久某大厦小区业主大会诉上海环某实业总公司业主共有权纠纷案》

2016年9月19日，最高人民法院发布了指导案例65号《上海市虹口区久某大厦小区业主大会诉上海环某实业总公司业主共有权纠纷案》。为了正确理解和准确参照适用该指导案例，现对其推选经过、裁判要点、需要说明问题等情况予以解释、论证和说明。

一、推选过程及指导意义

2013年，上海市虹口区人民法院一审、上海市第二中级人民法院二审的上海市虹口区久某大厦小区业主大会诉上海环某实业总公司业主共有权纠纷案，由上海市虹口区人民法院推荐，上海市第二中级人民法院作为备选指导性案例报送上海市高级人民法院。2014年7月14日，上海市高级人民法院审判委员会经过讨论，决定向最高人民法院推荐该案例作为备选指导性案例。最高人民法院案例指导工作办公室研究后，将该案例送最高人民法院研究室民事处、民一庭、相关诉讼时效司法解释的起草人以及最高人民法院案例指导工作专家委员会物权法、民事诉讼法领域的部分专家委员审查和征求意见。2016年8月23日，最高人民法院审判委员会讨论研究认为，本案例符合《最高人民法院关于案例指导工作的规定》第二条的有关要求，具有指导意义，同意将该案例确定为指导性案例。同年9月19日，最高人民法院以法〔2016〕311号文件，将该案例编在第 14 批指导性案例予以发布。

《上海市虹口区久某大厦小区业主大会诉上海环某实业总公司业主共有权纠纷案》涉及对《物业管理条例》(2007 年修订，下同)第七条第四项、第五十四条第一款以及物权法第七十九条关于专项维修资金规定的理解与应用。对以超过诉讼时效为由，拒绝缴纳物业专项维修资金的案件，作出了示范性裁判。本案例明确了专项维修资金具有专用性、公共性和公益性，缴纳专项维修资金是维护共同或公共利益的法定义务，只存在补缴问题，不存在因时间经过而可以不缴的问题，业主缴纳物业维修资金不适用诉讼时效制度。该指导案例的裁判进一步统一了司法实践中对专项维修资金性质的认识，明确了催缴专项维修资金不适用诉讼时效的裁判标准，有利于保障住宅物业的长期安全使用和广大业主的共同利益，取得了较好的法律效果和社会效果。

二、裁判要点的理解与说明

该指导案例的裁判要点确认：专项维修资金是专门用于物业共用部位、共用设施设备保修期满后的维修和更新、改造的资金，属于全体业主共有。缴纳专项维修资金是业主为维护建筑物的长期安全使用而应承担的一项法定义务。业主拒绝缴纳专项维修资金，并以诉讼时效提出抗辩的，人民法院不予支持。裁判要点主要包含了三层意思：(1)专项维修资金性质上属于专项基金，系为特定目的，即为住宅共用部位、共用设施设备保修期满后的维修和更新、改造而专设的资金。它在购房款、税费、物业费之外，单独筹集、专户存储、单独核算。由其专用性所决定，专项维修资金的缴纳并非源于特别的交易或法律关系，而是为了准备应急性地维修、更新或改造区分所有建筑物的共有部分。由于共有部分的维护关乎全体业主的共同或公共利益，所以该维修资金具有公共性、公益性。(2)专项维修资金的缴、存、用均由相关法律作出规定。缴纳专项维修资金是为特定范围的公共利益，而缴纳专项维修资金的范围，亦限于区分所有建筑物范围内的住宅或非住宅所有权人。因此，缴纳专项维修资金是一种旨在维护特定区分所有建筑物范围内的住宅或非住宅所有权人共同利益或公共利益的法定义务。(3)基于物业维修资金的公共性、公益性，以及缴纳物业维修资金属于法定义务，并且该种法定义务具有时间上的持续性等特点，业主以已过诉讼时效为由对追讨物业维修资金诉讼提出抗辩的，人民法院不予支持。此外，本案例也对业主大会作为追缴维修资金诉讼主体的资格予以进一步确认。现对裁判要点的相关问题作如下说明。

(一)有关物业维修资金的性质和特点

专项维修资金，[①] 是专门用于物业共用部位、共用设施设备保修期满后的维修和更

[①] 关于"专项维修资金"的表述，1998 年 7 月《国务院关于进一步深化城镇住房制度改革加快住房建设的通知》(国发〔1998〕23 号)使用的是"专项维修资金"，其第二十六条规定，"加强住房售后地维修管理，建立住房共用部位、设备和小区公共设施专项维修资金，并健全业主对专项维修资金管理和使用的监督制度"；1998 年建设部、财政部联合颁布的《住宅共用部位共用设施设备维修基金管理办法》使用的是"共用设施设备维修基金"；2003 年国务院令第 379 号《物业管理条例》第七条第四项使用了"专项维修资金"；2008 年 2 月 1 日建设部、财政部联合颁布的《住宅专项维修资金管理办法》实施，同时，1998 年《住宅共用部位共用设施设备维修基金管理办法》废止，新的《住宅专项维修资金管理办法》中使用的是"住宅专项维修资金"。"专项维修资金"与"共用设施设备维修基金"二者含义相同，只是不同时期，不同法律法规文件中使用的不同文字叙述，表述的是同一事物，在指导案例 65 号和本文中统一使用了"专项维修资金"。

新、改造的资金，由业主缴交，属于全体业主共有。① 《住宅专项维修资金管理办法》（建设部、财政部令第 165 号）第二条第二款规定："本办法所称住宅专项维修资金，是指专项用于住宅共用部位、共用设施设备保修期满后的维修和更新、改造的资金。"《物业管理条例》第五十四条第二款规定，"专项维修资金属于业主所有，专项用于物业保修期满后物业共用部位、共用设施设备的维修和更新、改造，不得挪作他用。"物权法第七十九条规定，"建筑物及其附属设施的维修资金，属于业主共有。经业主共同决定，可以用于电梯、水箱等共有部分的维修。"专项维修资金性质特殊，缴、存、用均由法律法规规定。其性质上属于专项基金，系为特定目的，住宅共用部位、共用设施设备应急性的维修、更新或改造区分所有建筑物共有部分留存的资金。

1. 专项维修资金缴、存、用的法定性、复杂性

在我国计划经济时期，单位的职工住房长期以来由单位分配，实行福利分配。各单位住房维修维护保障基本各自为政，维修资金来源单一。80 年代后，国家逐步推进改革住房保障，开始有了售后公有住房、商品房，房屋的维修资金缴存不再单一。专门规定专项维修资金缴、存、用的法规始于 1998 年《住宅共用部位共用设施设备维修基金管理办法》（建住房〔1998〕213 号）。该办法分别对商品住房和售后公有住房的维修资金缴纳、缴纳比例作了不同的规定。"缴"，专项维修资金有由个人缴的，有由单位缴的，成分不再单一。依该办法第四条，专项维修基金的使用执行《物业管理企业财务管理规定》（财政部财基字〔1998〕7 号）。依该办法第六条，公有住房售后维修基金管理与使用的具体办法，由市、县财政部门和房地产行政主管部门共同制定。"存"，专项维修资金由银行专户存储，专款专用。"用"，有特别程序规定，定向使用，并受专门的监督。闲置时，严禁挪作他用，除可用于购买国债等无风险投资外，只能享有银行的利息净收益。专项维修资金因其资金的特殊性，从其第一部法规规范开始，注定是法定的、复杂的。到 2008 年颁布《住宅专项维修资金管理办法》（1998 年《住宅共用部位共用设施设备维修基金管理办法》废止），其对专项维修资金缴、存、用有更加严格细致规范的规定，实行缴存依规、专户存储、专款专用、所有权人决策、程序合法、政府监督。

2. 专项维修资金的专属性、附属性

关于"专属性"，2008 年《住宅专项维修资金管理办法》第二条规定，专项维修资金专项用于住宅共用部位、共用设施设备保修期满后的维修和更新、改造；第四条规定："住宅专项维修资金管理实行专户存储、专款专用、所有权人决策、政府监督的原则。"第十条第二款规定："直辖市、市、县人民政府建设（房地产）主管部门应当委托所在地一家商业银行，作为本行政区域内住宅专项维修资金的专户管理银行，并在专户管理银行开立住宅专项维修资金专户。"第十四条规定："专户管理银行、代收住宅专项维修资金的售房单位应当出具由财政部或者省、自治区、直辖市人民政府财政

---

① 依 1998 年《住宅共用部位共用设施设备维修基金管理办法》（建住房〔1998〕213 号）第六条第一款"售房单位按照一定比例从售房款中提取，原则上多层住宅不低于售房款的 20%，高层住宅不低于售房款的 30%。该部分基金属售房单位所有"规定，公有住房售后的维修基金由售房单位缴存、所有。该办法被 2008 年《住宅专项维修资金管理办法》废止替代，《住宅专项维修资金管理办法》第八条、第九条中亦有类似规定。售后公房前期的物业维修均由单位负责，转售单位职工后，专项维修资金由单位和个人各负责一部分，单位缴存的专项维修资金由单位所有，个人缴存的由个人所有。一般来说，售后公房原单位会或多或少地保留些单元，这时原单位成了业主，所以说，此规定与专项维修资金由业主缴交，属于全体业主共有并不矛盾。

部门统一监制的住宅专项维修资金专用票据。"这些规定都体现了专项维修资金的"专"字。专项维修资金的收缴属于专款，收缴对象、款额有专门规定；存储到专户管理银行，专户存储；只能用于房屋的共用部位、共用设施设备，专款专用；申请使用程序也有专项规定，还要接受专门的监督；各地使用、管理和监督还制定有专门的细则。关于"附属性"，专项维修资金虽属业主共有，但专项维修资金只能附属于楼房物业，使用随附着楼房物业，价值也体现在楼房物业中。《住宅专项维修资金管理办法》第二十八条第一款规定："房屋所有权转让时，业主应当向受让人说明住宅专项维修资金交存和结余情况并出具有效证明，该房屋分户账中结余的住宅专项维修资金随房屋所有权同时过户。"第二十九条规定："房屋灭失的，按照以下规定返还住宅专项维修资金：（一）房屋分户账中结余的住宅专项维修资金返还业主；（二）售房单位交存的住宅专项维修资金账面余额返还售房单位；售房单位不存在的，按照售房单位财务隶属关系，收缴同级国库。"

3. 专项维修资金的公共性、公益性

本点在前述裁判要点的理解与说明中已有详述，专项维修资金是为了准备应急性地维修、更新或改造区分所有建筑物的共有部分，建筑物共有部分的维护关乎全体业主的共同利益或公共利益，维修资金具有公共性、公益性。

综上可以看出，专项维修资金性质上是专门用于物业共用部位、共用设施设备保修期满后的维修和更新、改造的资金，属于全体业主共有。缴纳专项维修资金是业主为维护建筑物的长期安全使用而应承担的一项法定义务。

（二）关于业主大会诉小区业主追缴物业专项维修资金的诉讼，能否适用诉讼时效的问题

本案例要厘清权利人对专项维修资金的请求权是否适用诉讼时效制度，需要对诉讼时效制度的设立目的、诉讼时效制度适用的请求权类型，权利人对专项维修资金请求权的性质以及专项维修资金的民事法律属性逐一辨析。下面对这几个问题分别阐述，并分析民事法律关系分歧意见。

关于诉讼时效制度与其适用客体。"法律不保护在权利上睡觉的人"，私权的行使以权利人的意思为准，除与公益有关者外，权利人不行使权利，法律不必加以催促。[①] 2008年《最高人民法院关于审理民事案件适用诉讼时效制度若干问题的规定》第一条规定："当事人可以对债权请求权提出诉讼时效抗辩，但对下列债权请求权提出诉讼时效抗辩的，人民法院不予支持：（一）支付存款本金及利息请求权；（二）兑付国债、金融债券以及向不特定对象发行的企业债券本息请求权；（三）基于投资关系产生的缴付出资请求权；（四）其他依法不适用诉讼时效规定的债权请求权。"实务中，依上述诉讼时效司法解释的规定，诉讼时效的适用范围限定为债权请求权。关于权利人对专项维修资金请求权的性质，讨论中，主要有两种不同观点。

第一种观点认为，对专项维修资金的请求权是特殊的债权请求权。1998年，国务院出台《国务院关于进一步深化城镇住房制度改革加快住房建设的通知》规定，改革住房分配制度，逐步取消公房分配，推进配套商品房改革。为保障个人购买商品房、售后公房的维护保养，建设部、财政部出台了《住宅共用部位共用设施设备维修基金

---

① 参见施启扬：《民法总则》，中国法制出版社2010年版，第327页。

管理办法》，明确专项维修基金缴、存、用等规定。这是我国第一次对专项维修基金以法规形式予以规范。在当时的历史环境下，规定债与债权的法律有1986年民法通则第八十四条、第八十七条，到1999年合同法实施，[①] 法官已普遍习惯对债及债权、债务法条的理解与司法应用，对以货币为对价的权利请求，一般定性为债权请求权。该观点认为，对专项维修基金的请求权与《最高人民法院关于审理民事案件适用诉讼时效制度若干问题的规定》第一条第一项至第三项请求权具有类比性，遂认定其为债权请求权，但因其具有特殊性，不适用诉讼时效制度。

第二种观点认为，对专项维修资金的请求权应定性为物权请求权。[②] 虽然请求缴纳物业维修资金以货币给付为表现形式，但就其实质而言，系物上请求权的表现类型，与债权请求权有本质区别。理由有如下七点。

第一，分析民法上的两个概念，即不特定物与货币。不特定物又称为种类物，是相对于特定物而言的概念，民法中区别特定物与不特定物的意义在于，特定物可以成为物权的客体，不特定物一般不能成为物权的客体。不特定物抑或特定物是相对的概念，在不同的环境下，原来是不特定物的，可能被视为特定物。例如，手机在用户手里，就是特定物，但对于生产厂商来说，就是不特定物。不特定物还可以通过某种方式转变为特定物，比如，木材可以被做成椅子，打造成家具。不特定物还可被集合建造成特定物，比如，用水泥、黄沙和砖建成房屋。货币是一种特殊的不特定物，在交易上具有高度的可替代性。货币的特殊性集中体现在所有权上。一般认为，货币的占有与所有是同一的，被称为"占有即所有"。在市场上，货币是商品的一般等价物，具有强制流通性。在交易中，货币本质上是一种所有者与市场关于交换权的契约，根本上是所有者相互之间的约定。民法理论通说认为，货币是一种不特定物，所有人对货币"占有即所有"，不能成为物权的客体。当然，也有特例，比如，错币实际已成为收藏品，是一种特定物，可以是物权的客体。"占有即所有"亦有特例，例如，保证金账户内的开证保证金，[③] 是被代理人对外支付的设备款，对代理人来说不适用"占有即所有"。开证保证金也是所有权与占有权分离的表现。当某权利客体以货币为表现形式时，只有在其失去流动性与易换性，且具有明显的专属特征，回到类似远古"以物易物"的年代，才能说其丧失了货币属性。

第二，关于分析法律关系用到的相对与辩证分析方法。这里的相对与辩证分析不是哲学中的概念，只是正常生活中的常识与理解，不需要过于专业。先举一个特定物与不特定物相对与辩证分析的例子，甲的手机因电池爆炸被拿去修理，一周后被取回。实际上，维修商给他换了一部新手机，原手机的资料全部备份到了新手机上。试分析下修理过程中手机的物权归属，对甲而言，手机是特定物，对手机拥有的物权没有因修理更换而发生变化；对维修商来说，手机是不特定物，换部新的，节省了修理时间，客户也满意。退一步说，即使甲知道了修理实际上是换了部新手机，自然也会高兴，肯定不会基于对原手机的物权，向维修商"请求物上返还权"。再来分析专项维修资

[①] 1999年，合同法实施，原有的1981年经济合同法、1985年涉外经济合同法、1987年技术合同法废止，物权法尚未出台。
[②] 该观点由上海市高级人民法院研究室提出，经该院民一庭审查后报审判委员会讨论通过，作为裁判理由之一随案例报送最高人民法院备选。
[③] 参见王利明：《民法疑难案例研究》，中国法制出版社2013年版，第58页。

金，其以货币不特定物为表现形式。货币具有高度可替代性，作为商品一般等价物，具有强制流通性、市场上的易换性，这些是其基本属性。全面分析专项维修资金后，发现其已无一般等价物的价值，只能附属于大楼物业，不具高度替代性，失去了流通性，也失去了市场上的易换特性，失去了它的货币化不特定物的属性。

第三，专项维修资金是物权的客体特定物。专项维修资金以货币为表现形式，是物业所有人——业主共同"集合"缴纳的资金，不论是从其"集合"的角度分析，还是从相对与辩证的角度分析，专项维修资金都是民法中的特定物。从"集合"角度分析，当货币大量"集合"成专项维修资金后，其使用受限，只能用于大楼共用部位、共用设施设备保修期满后的维修和更新，占有权与所有权也适度分离。换而言之，其高度可替代性被限制，失去了流通性，也失去了市场上的易换特性，可以说就是失去了它的货币化不特定物的属性；从辩证全面的角度分析，专项维修资金专属性特征明显，该笔款项被存放在一个特定账户内，与所有人和使用人自身的财产是严格分离的，因各物业不同而不同，各物业的大楼不同而不同，各大楼的门栋不同而不同，专户存储细化到户，使用时，只能用于其相对应的大楼，甲小区的专项维修资金不能用于乙小区的大楼，甲小区A栋的专项维修资金不能用于甲小区B栋的大楼，对具体的大楼、业主来说，这就是特定物的专属属性。从"集合"概念来讲，若水泥、黄沙（不特定物）可以"集合"建成大楼（特定物），木材（不特定物）可以"集合"打造成家具（特定物），为什么货币（不特定物）"集合"成某种特定用途、占有使用等性质特殊的专项资金时，不能被认定为特定物呢？分析专项维修资金的本质属性，需要溯本求源，抽丝剥茧，去伪存真，透过现象看本质，用相对辩证的方法分析，厘清其中的法律关系。

第四，关于支配权、占有权与所有权的分离。这是专项维修资金另一个特别的地方，涉及的就是小区业主对其支配权、占有权与所有权的分离。支配权、占有权是所有权的权能之一，以所有权的表现对象的形式实现。小区业主对专项维修资金的共有共管，虽然将支配权、占有权分离出去，小区业主仅享有不完全的支配权和占有权，但其所有权人的权利身份并没有任何改变，一直拥有更为绝对的权利，即使用人对专项维修资金的支配权，共同占有权人的绝对占有权。支配、占有、收益、处分所有权权能中的一项或多项可以暂时与所有权分离，所有权不会丧失，所有权权能与所有权分离，也正是所有权人行使对物所有权的一种形式。另外，我国物权法物权体系由三种权利构成：所有权、用益物权和担保物权，用益物权和担保物权正是由权能与所有权分离而形成的。

第五，再分析民事权利中有时容易混淆的物上请求权与债权请求权。物权的基本属性是支配权，债权的性质由请求权决定，传统理论认为，物权是支配权，债权是请求权，特别强调了支配权与请求权的对立，形成了非此即彼的观念，没有在支配权与请求权的辩证关系下建立物权与债权的概念。在区别物权与债权时，通说之一便是，物权是绝对的权利，债权是相对的权利。实际上，物权的绝对权，是与债权的相对权比较而言的，不能作为根本区别的原则。物权也有相对权，甚至物权的相对权的表现形式会更多。对物的关系而言，物权与债权的本质区别是对物的支配关系或控制关系，而非相对与绝对的关系。物权与债权的客体不同，是二者的根本区别之一。物权的客体是物。债权的客体是给付行为（权利义务的对价），常以货币、特定物为表现形式，权利义务的一方以特定物为给付标的（标的物）。① 当一种民事权利的客体是物，另一种民事权利的客体表现形式也是物时，这两种民事权利混淆是不可避免的。本案例中，专项维修资金就是以特别种类物货币为表现形式，第一种观点就是将权利人对专项维修资金追缴权认定为债权。需要特别注意的是，物权的客体也可以是权利，② 而债权为请求权，即请求相对人为或不为一定行为，也是权利，也容易混淆。不过，要注意的是，当权利成为物权的客体时，是需要法律规定的，目前，我国法律就规定了几种，这就比较容易区分了。债权与物权的产生基础：债的产生有合同、侵权、无因管理、不当得利、其他法律规定；物权的产生则有转让、继受和原始取得（生产、征收）。将权利人对专项维修资金请求权看作是债权的理由之一，是专项维修资金由法律规定而来，由1998年《住宅共用部位共用设施设备维修基金管理办法》规定而来。其实不然，比上述办法早的是1994年《城市公有房屋管理规定》第四十二条"公有房屋修缮所需的资金，应当按照现行财务制度和有关规定分别列支，严禁挪用"有关房屋维修资金的规定；更早的是1984年《房屋修缮范围和标准》[城乡建设环境保护部，城住字（84）第677号]，第一段就有"……充分发挥维修资金效益，延长房屋使用年限"的叙述；还有更早的，如1963年《中共中央、国务院第二次城市工作会议纪要》，"为进一步加强住宅、中小学校舍和其他市政设施的维修，必须确定和增辟经常的、固定的资金来源……"也有类似的描述，只是当时还未谓之为专项维修资金。再来看专项维修资金的产生，专项维修资金是房屋物业的维修金，是随房屋的建成而产生的，不论私房还是公房，这笔钱都是必不可少的。1998年《住宅共用部位共用设施设备维修基金管理办法》规定之前，公房的维修资金由国家拨款，单位负担，私房的维修资金由产权人自己负担，如前述1963年会议纪要，要求"应当督促房主维修房屋"，之后，各地出台管理细则，进一步规范其缴、存、用。房屋的维修资金随房屋的建成而来，必不可少。

专项维修资金的请求权是债权请求权还是物权请求权容易被混淆，在很多情况下，将专项维修资金的请求权混淆为债权请求权处理法律问题时，貌似正确。这是因为，在物权人行使以所有权返还请求权为基础的各种返还请求权时，原则上债权法的制度可以得到普遍的适用，根据债权法的法理基础，在所有权人和占有人之间的关系中也可以适用债法上的"讯问请求权"（指物的所有权人可以向占有权人、承租人等提出关于物的现实状态的信息的权利）的规定。③

第六，确定了专项维修资金是物上请求权的客体后，再分析专项维修资金的附属性，以确认其为住宅大楼（主物）的从物属性，便于更清晰地分析其具体的物上请求权属性。

专项维修资金是从物。④ "从物的根本标志是，它对主物具有服务性功能，并与主

---

① 国内大多数民法总论相关书籍，在讲到"物"时，通常会放到"民事权利的客体"这一章中，例如，陈华彬著的《民法总论》第七章"权利的客体"，又如，梁慧星著的《民法总论》第五章"民事权利客体"。并且，"物"会占用很大的篇幅，而其他权利客体通常篇幅较少，会并到一节中叙述。这样，容易造成的误解是，民事权利的客体是物。而实际上，民事两大权利是物权与债权，物权的客体不限于物，物权的客体还可以是法定的权利。有学者认为，物权的客体只是物，但我国物权法总则中明确规定，物权的客体可以是权利。

② 物权法第二条第二款规定："本法所称物，包括不动产和动产。法律规定权利作为物权客体的，依照其规定。"

③ 参见孙宪忠：《论物权法》，法律出版社2008年版，625页。

④ 国内民法概念中，习惯称"从物"，偶有称"附属物"的。参见孙宪忠：《论物权法》，法律出版社2008年版，543页。本文从习惯，称"从物"。

物处于某一特定的空间关系中,但不允许具备成分性质。而如何识别从物,这根本上取决于交易之观念。"① 在前述的专项维修资金的专属性、附属性②中,已详细对专项维修资金这方面的属性予以描述,这里不再累述,依从物的定义与性质,很容易得出专项维修资金是从物的结论。从物的效力随主物的效力,权利人处分主物时,从物随主物所有权转移而转移;权利人对从物的物权效力,随主物物权而定。

关于专项维修资金物上请求权的权利形式。业主大会对专项维修资金的追缴,属于所有物返还请求权、妨害排除请求权还是妨害防止请求权?应该是妨害防止请求权更合适些。若属所有物返还请求权,绕不开被追缴的业主本身也是共有的权利人之一。如果大楼只有一个业主,岂不成了业主与其他共有人组织(业主大会)追缴属业主自己的维修资金?若属妨害排除请求权,妨害的事由可能尚未发生或持续,但如果已有如大楼楼顶漏水、电梯损坏等事由,可以考虑这点。妨害防止请求权,"所有权'有继续受妨害之虞者',产生——在性质上为实体法权利(有争议)的——妨害防止请求权。该请求权旨在阻却将来发生之妨害。"③ 对专项维修资金的追缴,目的之一是防止一旦因物业项目维修需要资金入不敷出,对大楼物业造成损害,因此,属妨害防止请求权,更适合。

第七,反对两个倾向。物权制度、债权制度等民事法律制度的存在与发展,有其自有的社会认知基础,有其自身的发展规律,混同不同的民事权利,或说不同的民事权利趋于一体,不符合现今社会中法律现状。尽管物权与债权在某些民事法律关系中会出现融合状态,简单的理论划界也不可能,但反对碰到问题,不假思索地将物权当作债权,或将债权当物权。"正是金钱,不仅使物权与债权获得了前所未有的高度统一,同时也使二者区别之界限愈益模糊,以致使人们试图在学说上对二者加以区别已变得毫无意义及根本不可能。"④ 当民事权利涉及以货币为客体内容转移时,民事法律关系中的物权与债权易混淆。但是,"物权与债权在现实生活中的区别通常是确定的、清晰的。有时此而彼的现象,不等于此与彼之间再无分界,只是人们的认识不够深入或有所偏差"⑤。在具体的法律实务中,法无明文规定,或规定不明时,既要反对不加分析便将物权当作债权,也要反对将债权当物权,遇到不易解决的法律关系问题时,多分析与辨别,厘清基本的法律关系才是真谛。

针对上述理论和司法实务部门的主要分歧观点,本案例在征求意见过程中,有同志提出,鉴于缴纳维修资金是法定义务,但相应的"请求权"到底是什么性质的权利,判决中没有阐明,学界对此认识也不一。虽然判决结论符合现实情况,而且比较合理,但权利性质尚未明确,导致论点存疑。因此,目前不宜发布涉及该类问题的指导性案例。但多数同志经过讨论认为,尽管对案涉相关请求权的性质的法学理论研究目前尚不充分,但从这类案件司法实践中遇到比较多,裁判尺度亟待统一的情况考虑,最高人民法院可以就此发布指导性案例,在法学理论界尚未形成明确共识的情况下,根据法学的基本原理和实践经验,来解决这类案件的裁判尺度统一问题。为此,建议本案

---

① [德]鲍尔、施蒂纳尔:《德国物权法》,张双根译,法律出版社2004年版,第28页。
② 我国法律中的很多概念是外来词,国内"从物"从英文 accession things 翻译而来,accession 是 access 词根的名词,形容词是 accessorial,附属的,辅助的。
③ [德]鲍尔、施蒂纳尔:《德国物权法》,张双根译,法律出版社2004年版,第13页。
④ 陈华彬:《物权法原理》,国家行政学院出版社1998年版,第20页。
⑤ 孟勤国:《物权二元结构论——中国物权制度的理论重构》,人民法院出版社2009年版,第37页。

例的裁判要点对涉及争议的请求权性质问题暂时予以回避，而直接表述为"专项维修资金是专门用于物业共用部位、共用设施设备保修期满后的维修和更新、改造的资金，属于全体业主共有。缴纳专项维修资金是业主为维护建筑物的长期安全使用而应承担的一项法定义务。业主拒绝缴纳专项维修资金，并以诉讼时效提出抗辩的，人民法院不予支持"。未来，对该问题在法理上形成共识之后，可以再考虑是否需要通过新的指导性案例替代目前最高人民法院的相关司法意见。

三、其他需要说明的问题

关于业主大会能否作为原告起诉不依法缴纳物业维修资金的业主，也是本案例涉及的一个重要问题。民事诉讼法（2012年修正）第四十八条第一款规定："公民、法人和其他组织可以作为民事诉讼的当事人。"法学理论界和司法实务中，对业主大会的性质以及基于业主大会性质判断其是否具有诉讼当事人资格，存在分歧意见。有一种观点认为，业主大会既非法人，亦非"其他组织"，因此业主大会作为诉讼当事人不适格。讨论中多数观点认为，业主大会可以作为原告起诉不依法缴纳物业维修资金的业主。理由如下：第一，物权法在第六章"业主的建筑物区分所有权"中，对建筑物的所有权规定了业主所有和业主共有两种情形，并规定了业主通过成立业主大会、业主委员会，对业主共有部分实行管理的制度。物权法第八十三条第二款也规定了"业主大会和业主委员会，对任意弃置垃圾、排放污染物或者噪声、违反规定饲养动物、违章搭建、侵占通道、拒付物业费等损害他人合法权益的行为，有权依照法律、法规以及管理规约，要求行为人停止侵害、消除危险、排除妨害、赔偿损失"。尽管该款未明确列举追讨物业维修资金的内容，但鉴于物业维修资金也关系建筑物的安全使用和全体业主的共同利益。因此，无论从物权法所作的制度安排角度，还是满足实践的迫切需要，都应当明确业主大会追缴物业维修资金的诉讼原告资格。第二，从法律依据来看，物权法第七十六条第七项规定了"有关共有和共同管理权利的其他重大事项"，应当"由业主共同决定"。这一兜底条款，可以为业主大会作为追缴物业维修资金诉讼的原告提供司法实践操作的空间。第三，业主大会是依据物权法规定行使管理、维护全体业主共同利益的组织。尽管它没有自己独立的财产，但由于它代表全体业主的利益参加诉讼，因此，诉讼的法律后果应当由全体业主来承担。所以对于业主大会提起相关诉讼，也不存在实际操作上的障碍，仅仅是现有民事诉讼法的规定不够明确而已。第四，从中国裁判文书网了解的情况看，目前，不少地方法院在裁判中也认可了业主大会在追缴物业维修资金案件中的原告诉讼主体资格。综上所述，尽管本案例没有将业主大会具有起诉业主缴纳物业维修资金的原告主体资格问题作为裁判要点的内容，但通过发布本指导性案例，认可相关法院对本案例所作出裁判的方式，实际上表明了最高人民法院对此问题的观点和意见。

与此相关的还有两个问题：一是业主委员会能否作为追缴专项维修资金案件民事诉讼主体的问题。《物业管理条例》第十条规定："同一个物业管理区域内的业主，应当在物业所在地的区、县人民政府房地产行政主管部门或者街道办事处、乡镇人民政府的指导下成立业主大会，并选举产生业主委员会……"第十五条规定："业主委员会执行业主大会的决定事项，履行下列职责：（一）召集业主大会会议，报告物业管理的实施情况；（二）代表业主与业主大会选聘的物业服务企业签订物业服务合同；（三）及时了解业主、物业使用人的意见和建议，监督和协助物业服务企业履行物业服务合同;(四)监督管理规约的实施;(五)业主大会赋予的其他职责。"可以看出,业主委员会是从业主中选出,执行业主大会决定的机构,因此,业主委员会依据业主大会的授权,可以作为民事诉讼的当事人参与诉讼。《最高人民法院关于审理物业服务纠纷案件具体应用法律若干问题的解释》(法释〔2009〕8号)第十条第一款也明确规定:"物业服务合同的权利义务终止后,业主委员会请求物业服务企业退出物业服务区域、移交物业服务用房和相关设施,以及物业服务所必需的相关资料和由其代管的专项维修资金的,人民法院应予支持。"由此,业主委员会也可以依据业主大会授权,作为原告起诉追缴专项维修资金。

二是关于物业服务企业能否成为追缴专项维修资金的诉讼主体的问题。情况有点复杂。依据《最高人民法院关于审理物业服务纠纷案件具体应用法律若干问题的解释》(法释〔2009〕8号)第四条规定:"业主违反物业服务合同或者法律、法规、管理规约,实施妨害物业服务与管理的行为,物业服务企业请求业主承担恢复原状、停止侵害、排除妨害等相应民事责任的,人民法院应予支持。"物业服务企业在上述第四条规定的情形,以及业主欠缴物业费的案件中,可以作为原告。而在追缴专项维修资金的案件中,物业服务企业与业主大会和业主委员会不同,业主大会和业主委员会都可以代表业主行使权利,物业服务企业则是受雇的服务第三方,能否行使追缴权利,要看其是否有法律法规规定的委托事项。各地的具体实施办法可能会有不同,应视具体情况而定。例如,《山东省住宅专项维修资金管理办法》第十八条规定,"由物业服务企业或者其他机构代收补交、续交维修资金的……"此时,物业服务企业被委托代收专项维修资金,其能够成为适格当事人。

(撰稿人:席建林、陆齐、李兵)

(二) 用益物权

中华人民共和国农村土地承包法

(2002年8月29日第九届全国人民代表大会常务委员会第二十九次会议通过 2002年8月29日中华人民共和国主席令第七十三号公布 根据2009年8月27日第十一届全国人民代表大会常务委员会第十次会议《关于修改部分法律的决定》第一次修正 根据2018年12月29日第十三届全国人民代表大会常务委员会第七次会议《关于修改〈中华人民共和国农村土地承包法〉的决定》第二次修正)

目 录

第一章 总 则
第二章 家庭承包

第一节　发包方和承包方的权利和义务
第二节　承包的原则和程序
第三节　承包期限和承包合同
第四节　土地承包经营权的保护和互换、转让
第五节　土地经营权
第三章　其他方式的承包
第四章　争议的解决和法律责任
第五章　附　则

第一章　总　则

第一条　为了巩固和完善以家庭承包经营为基础、统分结合的双层经营体制，保持农村土地承包关系稳定并长久不变，维护农村土地承包经营当事人的合法权益，促进农业、农村经济发展和农村社会和谐稳定，根据宪法，制定本法。

第二条　本法所称农村土地，是指农民集体所有和国家所有依法由农民集体使用的耕地、林地、草地，以及其他依法用于农业的土地。

第三条　国家实行农村土地承包经营制度。

农村土地承包采取农村集体经济组织内部的家庭承包方式，不宜采取家庭承包方式的荒山、荒沟、荒丘、荒滩等农村土地，可以采取招标、拍卖、公开协商等方式承包。

第四条　农村土地承包后，土地的所有权性质不变。承包地不得买卖。

第五条　农村集体经济组织成员有权依法承包由本集体经济组织发包的农村土地。任何组织和个人不得剥夺和非法限制农村集体经济组织成员承包土地的权利。

第六条　农村土地承包，妇女与男子享有平等的权利。承包中应当保护妇女的合法权益，任何组织和个人不得剥夺、侵害妇女应当享有的土地承包经营权。

第七条　农村土地承包应当坚持公开、公平、公正的原则，正确处理国家、集体、个人三者的利益关系。

第八条　国家保护集体土地所有者的合法权益，保护承包方的土地承包经营权，任何组织和个人不得侵犯。

第九条　承包方承包土地后，享有土地承包经营权，可以自己经营，也可以保留土地承包权，流转其承包地的土地经营权，由他人经营。

第十条　国家保护承包方依法、自愿、有偿流转土地经营权，保护土地经营权人的合法权益，任何组织和个人不得侵犯。

第十一条　农村土地承包经营应当遵守法律、法规，保护土地资源的合理开发和可持续利用。未经依法批准不得将承包地用于非农建设。

国家鼓励增加对土地的投入，培肥地力，提高农业生产能力。

第十二条　国务院农业农村、林业和草原主管部门分别依照国务院规定的职责负责全国农村土地承包经营及承包经营合同管理的指导。

县级以上地方人民政府农业农村、林业和草原等主管部门分别依照各自职责，负责本行政区域内农村土地承包经营及承包经营合同管理。

乡（镇）人民政府负责本行政区域内农村土地承包经营及承包经营合同管理。

第二章　家庭承包

第一节　发包方和承包方的权利和义务

第十三条　农民集体所有的土地依法属于村农民集体所有的，由村集体经济组织或者村民委员会发包；已经分别属于村内两个以上农村集体经济组织的农民集体所有的，由村内各该农村集体经济组织或者村民小组发包。村集体经济组织或者村民委员会发包的，不得改变村内各集体经济组织农民集体所有的土地的所有权。

国家所有依法由农民集体使用的农村土地，由使用该土地的农村集体经济组织、村民委员会或者村民小组发包。

第十四条　发包方享有下列权利：

（一）发包本集体所有的或者国家所有依法由本集体使用的农村土地；

（二）监督承包方依照承包合同约定的用途合理利用和保护土地；

（三）制止承包方损害承包地和农业资源的行为；

（四）法律、行政法规规定的其他权利。

第十五条　发包方承担下列义务：

（一）维护承包方的土地承包经营权，不得非法变更、解除承包合同；

（二）尊重承包方的生产经营自主权，不得干涉承包方依法进行正常的生产经营活动；

（三）依照承包合同约定为承包方提供生产、技术、信息等服务；

（四）执行县、乡（镇）土地利用总体规划，组织本集体经济组织内的农业基础设施建设；

（五）法律、行政法规规定的其他义务。

第十六条　家庭承包的承包方是本集体经济组织的农户。

农户内家庭成员依法平等享有承包土地的各项权益。

第十七条　承包方享有下列权利：

（一）依法享有承包地使用、收益的权利，有权自主组织生产经营和处置产品；

（二）依法互换、转让土地承包经营权；

（三）依法流转土地经营权；

（四）承包地被依法征收、征用、占用的，有权依法获得相应的补偿；

（五）法律、行政法规规定的其他权利。

第十八条　承包方承担下列义务：

（一）维持土地的农业用途，未经依法批准不得用于非农建设；

（二）依法保护和合理利用土地，不得给土地造成永久性损害；

（三）法律、行政法规规定的其他义务。

第二节　承包的原则和程序

第十九条　土地承包应当遵循以下原则：

（一）按照规定统一组织承包时，本集体经济组织成员依法平等地行使承包土地的权利，也可以自愿放弃承包土地的权利；

（二）民主协商，公平合理；

（三）承包方案应当按照本法第十三条的规定，依法经本集体经济组织成员的村民会议三分之二以上成员或者三分之二以上村民代表的同意；

（四）承包程序合法。

第二十条　土地承包应当按照以下程序进行：

（一）本集体经济组织成员的村民会议选举产生承包工作小组；

（二）承包工作小组依照法律、法规的规定拟订并公布承包方案；

（三）依法召开本集体经济组织成员的村民会议，讨论通过承包方案；

（四）公开组织实施承包方案；

（五）签订承包合同。

第三节　承包期限和承包合同

第二十一条　耕地的承包期为三十年。草地的承包期为三十年至五十年。林地的承包期为三十年至七十年。

前款规定的耕地承包期届满后再延长三十年，草地、林地承包期届满后依照前款规定相应延长。

第二十二条　发包方应当与承包方签订书面承包合同。

承包合同一般包括以下条款：

（一）发包方、承包方的名称，发包方负责人和承包方代表的姓名、住所；

（二）承包土地的名称、坐落、面积、质量等级；

（三）承包期限和起止日期；

（四）承包土地的用途；

（五）发包方和承包方的权利和义务；

（六）违约责任。

第二十三条　承包合同自成立之日起生效。承包方自承包合同生效时取得土地承包经营权。

第二十四条　国家对耕地、林地和草地等实行统一登记，登记机构应当向承包方颁发土地承包经营权证或者林权证等证书，并登记造册，确认土地承包经营权。

土地承包经营权证或者林权证等证书应当将具有土地承包经营权的全部家庭成员列入。

登记机构除按规定收取证书工本费外，不得收取其他费用。

第二十五条　承包合同生效后，发包方不得因承办人或者负责人的变动而变更或者解除，也不得因集体经济组织的分立或者合并而变更或者解除。

第二十六条　国家机关及其工作人员不得利用职权干涉农村土地承包或者变更、解除承包合同。

第四节　土地承包经营权的保护和互换、转让

第二十七条　承包期内，发包方不得收回承包地。

国家保护进城农户的土地承包经营权。不得以退出土地承包经营权作为农户进城

落户的条件。

承包期内,承包农户进城落户的,引导支持其按照自愿有偿原则依法在本集体经济组织内转让土地承包经营权或者将承包地交回发包方,也可以鼓励其流转土地经营权。

承包期内,承包方交回承包地或者发包方依法收回承包地时,承包方对其在承包地上投入而提高土地生产能力的,有权获得相应的补偿。

第二十八条 承包期内,发包方不得调整承包地。

承包期内,因自然灾害严重毁损承包地等特殊情形对个别农户之间承包的耕地和草地需要适当调整的,必须经本集体经济组织成员的村民会议三分之二以上成员或者三分之二以上村民代表的同意,并报乡(镇)人民政府和县级人民政府农业农村、林业和草原等主管部门批准。承包合同中约定不得调整的,按照其约定。

第二十九条 下列土地应当用于调整承包土地或者承包给新增人口:
(一)集体经济组织依法预留的机动地;
(二)通过依法开垦等方式增加的;
(三)发包方依法收回和承包方依法、自愿交回的。

第三十条 承包期内,承包方可以自愿将承包地交回发包方。承包方自愿交回承包地的,可以获得合理补偿,但是应当提前半年以书面形式通知发包方。承包方在承包期内交回承包地的,在承包期内不得再要求承包土地。

第三十一条 承包期内,妇女结婚,在新居住地未取得承包地的,发包方不得收回其原承包地;妇女离婚或者丧偶,仍在原居住地生活或者不在原居住地生活但在新居住地未取得承包地的,发包方不得收回其原承包地。

第三十二条 承包人应得的承包收益,依照继承法的规定继承。

林地承包的承包人死亡,其继承人可以在承包期内继续承包。

第三十三条 承包方之间为方便耕种或者各自需要,可以对属于同一集体经济组织的土地的土地承包经营权进行互换,并向发包方备案。

第三十四条 经发包方同意,承包方可以将全部或者部分的土地承包经营权转让给本集体经济组织的其他农户,由该农户同发包方确立新的承包关系,原承包方与发包方在该土地上的承包关系即行终止。

第三十五条 土地承包经营权互换、转让的,当事人可以向登记机构申请登记。未经登记,不得对抗善意第三人。

第五节 土地经营权

第三十六条 承包方可以自主决定依法采取出租(转包)、入股或者其他方式向他人流转土地经营权,并向发包方备案。

第三十七条 土地经营权人有权在合同约定的期限内占有农村土地,自主开展农业生产经营并取得收益。

第三十八条 土地经营权流转应当遵循以下原则:
(一)依法、自愿、有偿,任何组织和个人不得强迫或者阻碍土地经营权流转;
(二)不得改变土地所有权的性质和土地的农业用途,不得破坏农业综合生产能力和农业生态环境;

（三）流转期限不得超过承包期的剩余期限；
（四）受让方须有农业经营能力或者资质；
（五）在同等条件下，本集体经济组织成员享有优先权。

第三十九条 土地经营权流转的价款，应当由当事人双方协商确定。流转的收益归承包方所有，任何组织和个人不得擅自截留、扣缴。

第四十条 土地经营权流转，当事人双方应当签订书面流转合同。

土地经营权流转合同一般包括以下条款：
（一）双方当事人的姓名、住所；
（二）流转土地的名称、坐落、面积、质量等级；
（三）流转期限和起止日期；
（四）流转土地的用途；
（五）双方当事人的权利和义务；
（六）流转价款及支付方式；
（七）土地被依法征收、征用、占用时有关补偿费的归属；
（八）违约责任。

承包方将土地交由他人代耕不超过一年的，可以不签订书面合同。

第四十一条 土地经营权流转期限为五年以上的，当事人可以向登记机构申请土地经营权登记。未经登记，不得对抗善意第三人。

第四十二条 承包方不得单方解除土地经营权流转合同，但受让方有下列情形之一的除外：
（一）擅自改变土地的农业用途；
（二）弃耕抛荒连续两年以上；
（三）给土地造成严重损害或者严重破坏土地生态环境；
（四）其他严重违约行为。

第四十三条 经承包方同意，受让方可以依法投资改良土壤，建设农业生产附属、配套设施，并按照合同约定对其投资部分获得合理补偿。

第四十四条 承包方流转土地经营权的，其与发包方的承包关系不变。

第四十五条 县级以上地方人民政府应当建立工商企业等社会资本通过流转取得土地经营权的资格审查、项目审核和风险防范制度。

工商企业等社会资本通过流转取得土地经营权的，本集体经济组织可以收取适量管理费用。

具体办法由国务院农业农村、林业和草原主管部门规定。

第四十六条 经承包方书面同意，并向本集体经济组织备案，受让方可以再流转土地经营权。

第四十七条 承包方可以用承包地的土地经营权向金融机构融资担保，并向发包方备案。受让方通过流转取得的土地经营权，经承包方书面同意并向发包方备案，可以向金融机构融资担保。

担保物权自融资担保合同生效时设立。当事人可以向登记机构申请登记；未经登记，不得对抗善意第三人。

实现担保物权时，担保物权人有权就土地经营权优先受偿。

土地经营权融资担保办法由国务院有关部门规定。

第三章 其他方式的承包

第四十八条 不宜采取家庭承包方式的荒山、荒沟、荒丘、荒滩等农村土地,通过招标、拍卖、公开协商等方式承包的,适用本章规定。

第四十九条 以其他方式承包农村土地的,应当签订承包合同,承包方取得土地经营权。当事人的权利和义务、承包期限等,由双方协商确定。以招标、拍卖方式承包的,承包费通过公开竞标、竞价确定;以公开协商等方式承包的,承包费由双方议定。

第五十条 荒山、荒沟、荒丘、荒滩等可以直接通过招标、拍卖、公开协商等方式实行承包经营,也可以将土地经营权折股分给本集体经济组织成员后,再实行承包经营或者股份合作经营。

承包荒山、荒沟、荒丘、荒滩的,应当遵守有关法律、行政法规的规定,防止水土流失,保护生态环境。

第五十一条 以其他方式承包农村土地,在同等条件下,本集体经济组织成员有权优先承包。

第五十二条 发包方将农村土地发包给本集体经济组织以外的单位或者个人承包,应当事先经本集体经济组织成员的村民会议三分之二以上成员或者三分之二以上村民代表的同意,并报乡(镇)人民政府批准。

由本集体经济组织以外的单位或者个人承包的,应当对承包方的资信情况和经营能力进行审查后,再签订承包合同。

第五十三条 通过招标、拍卖、公开协商等方式承包农村土地,经依法登记取得权属证书的,可以依法采取出租、入股、抵押或者其他方式流转土地经营权。

第五十四条 依照本章规定通过招标、拍卖、公开协商等方式取得土地经营权的,该承包人死亡,其应得的承包收益,依照继承法的规定继承;在承包期内,其继承人可以继续承包。

第四章 争议的解决和法律责任

第五十五条 因土地承包经营发生纠纷的,双方当事人可以通过协商解决,也可以请求村民委员会、乡(镇)人民政府等调解解决。

当事人不愿协商、调解或者协商、调解不成的,可以向农村土地承包仲裁机构申请仲裁,也可以直接向人民法院起诉。

第五十六条 任何组织和个人侵害土地承包经营权、土地经营权的,应当承担民事责任。

第五十七条 发包方有下列行为之一的,应当承担停止侵害、排除妨碍、消除危险、返还财产、恢复原状、赔偿损失等民事责任:

(一)干涉承包方依法享有的生产经营自主权;

(二)违反本法规定收回、调整承包地;

(三)强迫或者阻碍承包方进行土地承包经营权的互换、转让或者土地经营权流转;

（四）假借少数服从多数强迫承包方放弃或者变更土地承包经营权；
（五）以划分"口粮田"和"责任田"等为由收回承包地搞招标承包；
（六）将承包地收回抵顶欠款；
（七）剥夺、侵害妇女依法享有的土地承包经营权；
（八）其他侵害土地承包经营权的行为。

第五十八条 承包合同中违背承包方意愿或者违反法律、行政法规有关不得收回、调整承包地等强制性规定的约定无效。

第五十九条 当事人一方不履行合同义务或者履行义务不符合约定的，应当依法承担违约责任。

第六十条 任何组织和个人强迫进行土地承包经营权互换、转让或者土地经营权流转的，该互换、转让或者流转无效。

第六十一条 任何组织和个人擅自截留、扣缴土地承包经营权互换、转让或者土地经营权流转收益的，应当退还。

第六十二条 违反土地管理法规，非法征收、征用、占用土地或者贪污、挪用土地征收、征用补偿费用，构成犯罪的，依法追究刑事责任；造成他人损害的，应当承担损害赔偿等责任。

第六十三条 承包方、土地经营权人违法将承包地用于非农建设的，由县级以上地方人民政府有关主管部门依法予以处罚。

承包方给承包地造成永久性损害的，发包方有权制止，并有权要求赔偿由此造成的损失。

第六十四条 土地经营权人擅自改变土地的农业用途、弃耕抛荒连续两年以上、给土地造成严重损害或者严重破坏土地生态环境，承包方在合理期限内不解除土地经营权流转合同的，发包方有权要求终止土地经营权流转合同。土地经营权人对土地和土地生态环境造成的损害应当予以赔偿。

第六十五条 国家机关及其工作人员有利用职权干涉农村土地承包经营，变更、解除承包经营合同，干涉承包经营当事人依法享有的生产经营自主权，强迫、阻碍承包经营当事人进行土地承包经营权互换、转让或者土地经营权流转等侵害土地承包经营权、土地经营权的行为，给承包经营当事人造成损失的，应当承担损害赔偿等责任；情节严重的，由上级机关或者所在单位给予直接责任人员处分；构成犯罪的，依法追究刑事责任。

第五章 附 则

第六十六条 本法实施前已经按照国家有关农村土地承包的规定承包，包括承包期限长于本法规定的，本法实施后继续有效，不得重新承包土地。未向承包方颁发土地承包经营权证或者林权证等证书的，应当补发证书。

第六十七条 本法实施前已经预留机动地的，机动地面积不得超过本集体经济组织耕地总面积的百分之五。不足百分之五的，不得再增加机动地。

本法实施前未留机动地的，本法实施后不得再留机动地。

第六十八条 各省、自治区、直辖市人民代表大会常务委员会可以根据本法，结合本行政区域的实际情况，制定实施办法。

第六十九条 确认农村集体经济组织成员身份的原则、程序等，由法律、法规规定。

第七十条 本法自2003年3月1日起施行。

最高人民法院
关于审理涉及农村土地承包纠纷案件适用法律问题的解释

（2005年3月29日最高人民法院审判委员会第1346次会议通过 根据2020年12月23日最高人民法院审判委员会第1823次会议通过的《最高人民法院关于修改〈最高人民法院关于在民事审判工作中适用《中华人民共和国工会法》若干问题的解释〉等二十七件民事类司法解释的决定》修正）

为正确审理农村土地承包纠纷案件，依法保护当事人的合法权益，根据《中华人民共和国民法典》《中华人民共和国农村土地承包法》《中华人民共和国土地管理法》《中华人民共和国民事诉讼法》等法律的规定，结合民事审判实践，制定本解释。

一、受理与诉讼主体

第一条 下列涉及农村土地承包民事纠纷，人民法院应当依法受理：

（一）承包合同纠纷；

（二）承包经营权侵权纠纷；

（三）土地经营权侵权纠纷；

（四）承包经营权互换、转让纠纷；

（五）土地经营权流转纠纷；

（六）承包地征收补偿费用分配纠纷；

（七）承包经营权继承纠纷；

（八）土地经营权继承纠纷。

农村集体经济组织成员因未实际取得土地承包经营权提起民事诉讼的，人民法院应当告知其向有关行政主管部门申请解决。

农村集体经济组织成员就用于分配的土地补偿费数额提起民事诉讼的，人民法院不予受理。

第二条 当事人自愿达成书面仲裁协议的，受诉人民法院应当参照《最高人民法院关于适用〈中华人民共和国民事诉讼法〉的解释》第二百一十五条、第二百一十六条的规定处理。

当事人未达成书面仲裁协议，一方当事人向农村土地承包仲裁机构申请仲裁，另一方当事人提起诉讼的，人民法院应予受理，并书面通知仲裁机构。但另一方当事人接受仲裁管辖后又起诉的，人民法院不予受理。

当事人对仲裁裁决不服并在收到裁决书之日起三十日内提起诉讼的，人民法院应予受理。

第三条 承包合同纠纷,以发包方和承包方为当事人。

前款所称承包方是指以家庭承包方式承包本集体经济组织农村土地的农户,以及以其他方式承包农村土地的组织或者个人。

第四条 农户成员为多人的,由其代表人进行诉讼。

农户代表人按照下列情形确定:

(一)土地承包经营权证等证书上记载的人;

(二)未依法登记取得土地承包经营权证等证书的,为在承包合同上签名的人;

(三)前两项规定的人死亡、丧失民事行为能力或者因其他原因无法进行诉讼的,为农户成员推选的人。

二、家庭承包纠纷案件的处理

第五条 承包合同中有关收回、调整承包地的约定违反农村土地承包法第二十七条、第二十八条、第三十一条规定的,应当认定该约定无效。

第六条 因发包方违法收回、调整承包地,或者因发包方收回承包方弃耕、撂荒的承包地产生的纠纷,按照下列情形,分别处理:

(一)发包方未将承包地另行发包,承包方请求返还承包地的,应予支持;

(二)发包方已将承包地另行发包给第三人,承包方以发包方和第三人为共同被告,请求确认其所签订的承包合同无效、返还承包地并赔偿损失的,应予支持。但属于承包方弃耕、撂荒情形的,对其赔偿损失的诉讼请求,不予支持。

前款第(二)项所称的第三人,请求受益方补偿其在承包地上的合理投入的,应予支持。

第七条 承包合同约定或者土地承包经营权证等证书记载的承包期限短于农村土地承包法规定的期限,承包方请求延长的,应予支持。

第八条 承包方违反农村土地承包法第十八条规定,未经依法批准将承包地用于非农建设或者对承包地造成永久性损害,发包方请求承包方停止侵害、恢复原状或者赔偿损失的,应予支持。

第九条 发包方根据农村土地承包法第二十七条规定收回承包地前,承包方已经以出租、入股或者其他形式将其土地经营权流转给第三人,且流转期限尚未届满,因流转价款收取产生的纠纷,按照下列情形,分别处理:

(一)承包方已经一次性收取了流转价款,发包方请求承包方返还剩余流转期限的流转价款的,应予支持;

(二)流转价款为分期支付,发包方请求第三人按照流转合同的约定支付流转价款的,应予支持。

第十条 承包方交回承包地不符合农村土地承包法第三十条规定程序的,不得认定其为自愿交回。

第十一条 土地经营权流转中,本集体经济组织成员在流转价款、流转期限等主要内容相同的条件下主张优先权的,应予支持。但下列情形除外:

(一)在书面公示的合理期限内未提出优先权主张的;

(二)未经书面公示,在本集体经济组织以外的人开始使用承包地两个月内未提出优先权主张的。

第十二条 发包方胁迫承包方将土地经营权流转给第三人,承包方请求撤销其与第三人签订的流转合同的,应予支持。

发包方阻碍承包方依法流转土地经营权,承包方请求排除妨碍、赔偿损失的,应予支持。

第十三条 承包方未经发包方同意,转让其土地承包经营权的,转让合同无效。但发包方无法定理由不同意或者拖延表态的除外。

第十四条 承包方依法采取出租、入股或者其他方式流转土地经营权,发包方仅以该土地经营权流转合同未报其备案为由,请求确认合同无效的,不予支持。

第十五条 因承包方不收取流转价款或者向对方支付费用的约定产生纠纷,当事人协商变更无法达成一致,且继续履行又显失公平的,人民法院可以根据发生变更的客观情况,按照公平原则处理。

第十六条 当事人对出租地流转期限没有约定或者约定不明的,参照民法典第七百三十条规定处理。除当事人另有约定或者属于林地承包经营外,承包地交回的时间应当在农作物收获期结束后或者下一耕种期开始前。

对提高土地生产能力的投入,对方当事人请求承包方给予相应补偿的,应予支持。

第十七条 发包方或者其他组织、个人擅自截留、扣缴承包收益或者土地经营权流转收益,承包方请求返还的,应予支持。

发包方或者其他组织、个人主张抵销的,不予支持。

三、其他方式承包纠纷的处理

第十八条 本集体经济组织成员在承包费、承包期限等主要内容相同的条件下主张优先承包的,应予支持。但在发包方将农村土地发包给本集体经济组织以外的组织或者个人,已经法律规定的民主议定程序通过,并由乡(镇)人民政府批准后主张优先承包的,不予支持。

第十九条 发包方就同一土地签订两个以上承包合同,承包方均主张取得土地经营权的,按照下列情形,分别处理:

(一)已经依法登记的承包方,取得土地经营权;

(二)均未依法登记的,生效在先合同的承包方取得土地经营权;

(三)依前两项规定无法确定的,已经根据承包合同合法占有使用承包地的人取得土地经营权,但争议发生后一方强行先占承包地的行为和事实,不得作为确定土地经营权的依据。

四、土地征收补偿费用分配及土地承包经营权继承纠纷的处理

第二十条 承包地被依法征收,承包方请求发包方给付已经收到的地上附着物和青苗的补偿费的,应予支持。

承包方已将土地经营权以出租、入股或者其他方式流转给第三人的,除当事人另有约定外,青苗补偿费归实际投入人所有,地上附着物补偿费归附着物所有人所有。

第二十一条 承包地被依法征收,放弃统一安置的家庭承包方,请求发包方给付已经收到的安置补助费的,应予支持。

第二十二条 农村集体经济组织或者村民委员会、村民小组,可以依照法律规定的民主议定程序,决定在本集体经济组织内部分配已经收到的土地补偿费。征地补偿安置方案确定时已经具有本集体经济组织成员资格的人,请求支付相应份额的,应予

支持。但已报全国人大常委会、国务院备案的地方性法规、自治条例和单行条例、地方政府规章对土地补偿费在农村集体经济组织内部的分配办法另有规定的除外。

第二十三条 林地家庭承包中,承包方的继承人请求在承包期内继续承包的,应予支持。

其他方式承包中,承包方的继承人或者权利义务承受者请求在承包期内继续承包的,应予支持。

五、其他规定

第二十四条 人民法院在审理涉及本解释第五条、第六条第一款第(二)项及第二款、第十五条的纠纷案件时,应当着重进行调解。必要时可以委托人民调解组织进行调解。

第二十五条 本解释自 2005 年 9 月 1 日起施行。施行后受理的第一审案件,适用本解释的规定。

施行前已经生效的司法解释与本解释不一致的,以本解释为准。

【解读】

解读《关于审理涉及农村土地承包纠纷案件适用法律问题的解释》新修改条文

一、修改情况说明

根据 2020 年 12 月 23 日最高人民法院审判委员会第 1823 次会议通过的《最高人民法院关于修改〈最高人民法院关于在民事审判工作中适用《中华人民共和国工会法》若干问题的解释〉等二十七件民事类司法解释的决定》,最高人民法院对 2005 年《最高人民法院关于审理涉及农村土地承包纠纷案件适用法律问题的解释》(以下简称原司法解释)进行了修正,修正后的司法解释简称为新司法解释。

新司法解释对原司法解释共修改 21 处。其中,引言、第二条第一款、第三条第二款、第四条第二款第二项、第五条、第八条、第九条、第十条、第十一条、第十三条、第十八条、第二十六条涉及法律依据的调整。第一条、第十二条、第十四条、第十七条、第十九条、第二十条、第二十二条涉及实质性修改。此外,保留第六条、第七条、第十六条、第二十三条、第二十四条、第二十五条、第二十七条,废止第十五条、第二十一条。

二、关于适应性修改条文的说明

引言部分:民法典颁布实施后,民法通则、合同法同时废止。因此,在对原司法解释修改时,将其引言中"根据《中华人民共和国民法通则》《中华人民共和国合同法》《中华人民共和国民事诉讼法》《中华人民共和国农村土地承包法》《中华人民共和国土地管理法》等法律的规定"修改为"根据《中华人民共和国民法典》《中华人民共和国农村土地承包法》《中华人民共和国土地管理法》《中华人民共和国民事诉讼法》等法律的规定"。

第二条第一款：《最高人民法院关于适用〈中华人民共和国民事诉讼法〉若干问题的意见》已被2015年施行的《最高人民法院关于适用〈中华人民共和国民事诉讼法〉的解释》（以下简称《民诉法解释》）所吸收和修改，其第一百四十五条至第一百四十八条的内容已变更为《民诉法解释》第二百一十五条、第二百一十六条的有关内容。

第三条第二款：施行后的民法典第二条规定，民法调整平等主体的自然人、法人和非法人组织之间的人身关系和财产关系。从该规定看，民事主体分为自然人和非自然人（组织）。为与民法典的规定一致，在对原司法解释进行修改时，将"前款所称承包方是指以家庭承包方式承包本集体经济组织农村土地的农户，以及以其他方式承包农村土地的单位或者个人"修改为"前款所称承包方是指以家庭承包方式承包本集体经济组织农村土地的农户，以及以其他方式承包农村土地的组织或者个人"。

第四条第二款第二项：根据民法典的有关规定，合同的订立，当事人应当签名、盖章或者按指印。相较于合同法的表述，将"签字"修改为"签名"。因此，为与民法典的表述一致，在对原司法解释修改时，将"未依法登记取得土地承包经营权证等证书的，为在承包合同上签字的人"修改为"未依法登记取得土地承包经营权证等证书的，为在承包合同上签名的人"。

第五条：2018年修正的农村土地承包法已将原第二十六条、第二十七条、第三十条修改为第二十七条、第二十八条、第三十一条，并删除了第三十五的规定为容。因此，在对原司法解释修改时，将第五条所涉法律条文的顺序进行了相应的调整，即将"违反农村土地承包法第二十六条、第二十七条、第三十条、第三十五条规定的"修改为"违反农村土地承包法二十七条、第二十八条、第三十一条规定的"。

第八条：修正后的农村土地承包法已将原第十七条修改为第十八条，且原第一项内容"（一）维持土地的农业用途，不得用于非农建设"修改为："（一）维持土地的农业用途，未经依法批准不得用于非农建设"。故在对原司法解释修改时，将"承包方违反农村土地承包法第十七条规定，将承包地用于非农建设"修改为"承包方违反农村土地承包法第十八条规定，未经依法批准将承包地用于非农建设"。

第九条：民法典第三百三十九条明确了土地经营权的流转方式为：出租、入股或者其他方式。且修正后的农村土地承包法已将原第二十六条修改为第二十七条。根据民法典和农村土地承包法的规定，将"发包方根据农村土地承包法第二十六条规定收回承包地前，承包方已经以转包、出租等形式将其土地承包经营权流转给第三人"修改为"发包方依据农村土地承包法第二十七条规定收回承包地前，承包方已经以出租、入股或者其他方式将其土地经营权流转给第三人"。

第十条：修正后的农村土地承包法已将原第二十九条修改为第三十条。因此，在对原司法解释修改时，对照法律的条文顺序修改情况，将"承包方交回承包地不符合农村土地承包法第二十九条规定程序的"修改为"承包方交回承包地不符合农村土地承包法第三十条规定程序的"。

第十一条：民法典物权编中关于土地承包经营权之章节，落实了农村承包地"三权分置"政策，吸收农村土地承包法关于土地经营权的规定内容。根据民法典的规定，土地承包经营权人流转的标的是土地经营权。故在对原司法解释修改时，将"土地承包经营权"修改为"土地经营权"。

第十四条：根据民法典的有关规定，土地经营权的流转方式为出租、入股和其他方式等，且区分了土地承包经营权和土地经营权主体变更的方式。在对原司法解释修改时，将"承包方依法采取转包、出租、互换或者其他方式流转土地承包经营权，发包方仅以该土地承包经营权流转合同未报其备案为由"修改为"承包方依法采取出租、入股或者其他方式流转土地经营权，发包方仅以该土地经营权流转合同未报其备案为由"。

第十五条：修正后的农村土地承包法已明确了土地经营权的融资担保内容。例如，该法第四十七条规定：承包方可以用承包地的土地经营权向金融机构融资担保，并向发包方备案。受让方通过流转取得的土地经营权，经承包方书面同意并向发包方备案，可以向金融机构融资担保。担保物权自融资担保合同生效时设立。当事人可以向登记机构申请登记，未经登记，不得对抗善意第三人。实现担保物权时，担保物权人有权就土地经营权优先受偿。土地经营权融资担保办法由国务院有关部门规定。由此，本条对土地经营权抵押或者抵偿债务的行为性质之规定，与法律的规定和党中央的"三权分置"政策不符。在对司法解释修改时，将本条的规定予以废止。

第十七条：根据民法典的有关规定，土地经营权流转的方式为出租、入股或者其他方式。此外，合同法第二百三十二条的规定已被民法典第七百三十条的规定所吸收。在对原司法解释修改时，将"当事人对转包、出租地流转期限没有约定或者约定不明的，参照合同法第二百三十二条规定处理"修改为"当事人对出租地流转期限没有约定或者约定不明的，参照民法典第七百三十条规定处理"。

第十八条：民法典已明确土地经营权制度。土地经营权作为承包方及土地经营权人的一项权利被确定后，权利人享有流转土地经营权的收益。特别是作为承包方的农户而言，除了享有承包收益之外，在流转土地经营权时，亦享有土地经营权流转的收益。且根据农村土地承包法的有关规定，土地承包经营权的主体变更的方式为互换、转让，流转为土地经营权的主体变更方式。故在对原司法解释修改时，将"发包方或者其他组织、个人擅自截留、扣缴承包收益或者土地承包经营权流转收益"修改为"发包方或者其他组织、个人擅自截留、扣缴承包收益或者土地经营权流转收益"。

第十九条：民法典第二条规定，民法调整平等主体的自然人、法人和非法人组织之间的人身关系和财产关系。根据该条的规定，民事主体的具体类型包括自然人、法人和非法人组织三种。在对原司法解释修改时，对照民法典的规定，将"单位"修改为"组织"。修正后的农村土地承包法第五十一条将"享有优先承包权"修改为"有权优先承包"，故在对原司法解释修改时，吸收了法律的修正内容，将"主张优先承包经营权的"之表述修改为"主张优先承包的"。

第二十条：民法典三百四十二条规定了以其他方式承包取得的土地经营权流转的规定。根据该规定，以其他方式取得的是土地经营权，而非土地承包经营权。在对原司法解释修改时，将"土地承包经营权"的表述修改为"土地经营权"。

第二十一条：民法典第二百一十五条规定了合同效力与物权变动区分之内容。由此，本条有关以其他方式取得的土地经营权流转合同效力的规定，与施行的民法典的规定不一致。在对司法解释修改时，将本条的规定予以废止。

第二十二条：根据民法典的规定，土地承包经营权人可以自主决定向他人通过出租等方式流转土地经营权。在对原司法解释修改时，将"承包方已将土地承包经营权以转包、出租等方式流转给第三人"修改为"承包方已将土地经营权以出租、入股或者其他方式流转给第三人的"。

第二十六条：因原司法解释第十五条的规定内容予以废止，相应的条文顺序应进行调整，也即第十六条的条文顺序变更为第十五条。在对原司法解释修改时，将"人民法院在审理涉及本解释第五条、第六条第一款第二项及第二款、第十六条的纠纷案件时，应当着重进行调解"修改为"人民法院在审理涉及本解释第五条、第六条第一款第二项及第二款、第十五条的纠纷案件时，应当着重进行调解"。

三、关于重点修改条文的修改说明和理解与适用

（一）第一条

【修改内容】

第一款将"下列涉及农村土地承包民事纠纷，人民法院应当依法受理：（一）承包合同纠纷；（二）承包经营权侵权纠纷；（三）承包经营权流转纠纷；（四）承包地征收补偿费用分配纠纷；（五）承包经营权继承纠纷"修改为"下列涉及农村土地承包民事纠纷，人民法院应当依法受理：（一）承包合同纠纷；（二）承包经营权侵权纠纷；（三）土地经营权侵权纠纷；（四）承包经营权互换、转让纠纷；（五）土地经营权流转纠纷；（六）承包地征收补偿费用分配纠纷；（七）承包经营权继承纠纷；（八）土地经营权继承纠纷"。将第二款、第三款中"集体经济组织成员"修改为"农村集体经济组织成员"。

【修改说明】

民法典第三百三十九条规定了土地经营权流转的内容，即增加了土地经营权的制度设计。相应地，针对原司法解释关于人民法院应当受理的因农村土地承包纠纷而引发的民事案件的种类和范围，亦应增加土地经营权纠纷案件的种类和范围。民法典第五十五条规定："农村集体经济组织的成员，依法取得农村土地承包经营权，从事家庭承包经营的，为农村承包经营户。"为与民法典的表述一致，将"集体经济组织成员"修改为"农村集体经济组织成员"。

【理解与适用】

随着我国农业现代化进程的加快发展，农业物质技术水平不断得到提高，大量的农村劳动力得到转移，农村承包地流转的情况比较普遍。在此背景下，为推进农业农村现代化，党中央提出探索"三权分置"改革。为此，党中央相继出台了一系列政策。比如，2014年中央一号文件《中共中央、国务院关于全面深化农村改革加快推进农业现代化的若干意见》中明确要在落实农村集体所有权的基础上，稳定农户承包权、放活土地经营权。2014年11月，《中共中央办公厅、国务院办公厅关于引导农村土地经营权有序流转发展农业适度规模经营的意见》中明确，要坚持农村土地集体所有权，稳定农户承包权，放活土地经营权，以家庭承包为基础，推进家庭承包经营、集体经营、合作经营等多种经营方式共同发展。鼓励农村承包户依法采取转包、出租、互换、转让及入股等方式流转承包地。2015年11月，中共中央办公厅、国务院办公厅印发的《深化农村改革综合性实施方案》中明确，落实集体所有权、稳定农户承包权、放活土地经营权为深化农村土地制度改革的基本方向。落实所有权，就是落实"农民集体所有的不动产和动产，属于本集体经济组织成员所有"的要求。稳定农户承包权，就是要依法将农户承包的本集体经济组织土地的承包经营权保持稳定。放活土地经营权，是允许承包农户将土地经营权依法自愿流转给有经营意愿和经营能力的主体，发展多

种形式的适度规模经营。2016年10月，《中共中央办公厅、国务院办公厅关于完善农村土地所有权承包权经营权分置办法的意见》中明确，改革开放之初，在农村实行家庭联产承包责任制，将土地所有权和承包经营权分设，所有权归集体，承包权经营权归农户，极大地调动了亿万农民积极性，有效解决了温饱问题，农村改革取得重大成果。现阶段深化农村土地制度改革，顺应农民保留土地承包权、流转土地经营权的意愿，将土地承包经营权分为承包权和经营权，实行所有权、承包权、经营权分置并行，着力推进农业现代化，是继家庭联产承包责任制后农村改革的又一重大制度创新。2018年中央一号文件《中共中央、国务院关于实施乡村振兴战略的意见》中明确，巩固和完善农村基本经营制度。落实农村土地承包关系稳定并长久不变政策，衔接落实好第二轮土地承包到期后再延长三十年的政策，让农民吃上长效"定心丸"。完善农村承包地"三权分置"制度，在依法保护集体土地所有权和农户承包权前提下，平等保护土地经营权。农村承包土地经营权可以依法向金融机构融资担保、入股从事农业产业化经营。

在法律层面，为落实党中央农村承包地"三权分置"政策，2018年修正的农村土地承包法的主要任务是落实"三权分置"，修改后的农村土地承包法对于"三权分置"中的第三个权利——土地经营权作出明确规定。在第九条规定中，提出了土地经营权的概念。承包方既可以自己经营，也可以流转其承包地的土地经营权，由他人经营。关于流转的方式，修改后的农村土地承包法第三十六条规定，承包方可以自主决定依法采取出租（转包）、入股或者其他的方式，向他人流转土地经营权，并向发包方备案。民法典在吸收农村土地承包法中有关土地经营权规定内容的基础上，进行了修改。针对土地经营权的有关规定，民法典第三百三十九条至第三百四十二条对土地经营权的流转、土地经营权人享有的基本权利、土地经营权的设立与登记、以其他方式取得的土地经营权的流转等问题进行了明确。由此，本条有关农村土地承包引发的民事案件的种类和范围的规定，在对照民法典和农村土地承包法有关规定的基础上，增加了土地经营权的纠纷，即增加了土地经营权侵权纠纷、土地经营权流转纠纷和土地经营权继承纠纷。下面简要对该三种纠纷类型加以介绍。

1. 土地经营权侵权纠纷

所谓土地经营权，是土地经营权合同受让方根据合同的约定享有的对承包地占有，以及利用土地开展农业生产经营并取得收益的权利。土地经营权是土地经营权人依据合同而对承包地依法享有的权利。在论及土地经营权侵权纠纷前，有必要对土地经营权的性质作一分析。尽管在民法典施行后，侵权责任的对象不再存有争议。关于土地经营权的性质，学界的认识并不一致，主要有以下几种观点：一是债权说，认为土地经营权是承租权，其是根据租赁合同享有的权利，本质是债权。二是物权说，认为土地经营权是设立在土地承包经营权之上的用益物权。三是具有物权效力的债权，认为土地经营权是派生于土地承包经营权的债权，是债权性利用关系的法律表达，同时，为了赋予其更强的效力，使其具有一定的物权效力。四是折中说，认为土地经营权是债权抑或物权，是政策选择问题，有稳定需要的就建构为物权，租赁、转包等利用关系则可维系其债权性质。从立法机关的态度看，针对土地经营权的性质，采取了折中说。例如，民法典第三百四十一条规定，流转期为五年以上的土地经营权，自流转合同生效时设立。当事人可以向登记机构申请土地经营权登记；未经登记的，不得对抗善意第三人。

就土地经营权的权利内容而言，土地经营权人的权利具体包括占有权、使用权、收益权、改良土壤和建设农业附属配套设施的权利、再流转的权利、融资担保的权利以及根据法律规定或合同约定的其他权利。因此，土地经营权侵权纠纷的具体表现形态，则是侵犯土地经营权人依法享有的前述具体权利的情形。比如，土地经营权人取得土地经营权后，对承包地依法享有占有并排除他人干涉的权利。该占有是对承包地的直接占有，是对承包地的实际控制，在该项权利受到侵害时，土地经营权人有权要求侵权人承担排除妨碍、停止侵害、消除危险、赔偿损失等民事责任。又如，土地经营权人对承包地享有使用权，可利用承包地开展农业生产经营，可以自主决定开展何种生产经营活动，利用耕地种植粮食作物或者经济作物而不受干涉。农村土地承包法第三十七条亦明确，土地经营权人有权在合同约定的期限内占有农村土地，自主开展农业生产经营取得收益。但需注意的是，土地经营权人需按照农业用地性质使用承包地。如是耕地，需从事种植业，不得变更为林业或者牧业用途；如是林地或者草地，亦不得开垦为耕地。如是基本农田，还必须遵守有关的行政法规和部门规章的规定。

2. 土地经营权流转纠纷

土地经营权流转，是土地承包经营权人通过出租、入股或者其他方式向他人流转土地经营权的行为。同时，土地经营权人依法将土地经营权再次流转的行为也应包括在内。根据农村土地承包法第四十六条的规定，经承包方书面同意，并向本集体经济组织备案，受让方可以再流转土地经营权。故此，土地经营权流转实际上包括土地经营权的初次流转和土地经营权的再流转。

土地经营权的流转方式，依法应采取书面形式。农村土地承包法第四十条规定，土地经营权流转，当事人双方应当签订书面流转合同。土地经营权流转合同一般包括以下条款：（1）双方当事人的姓名、住所；（2）流转土地的名称、坐落、面积、质量等级；（3）流转期限和起止日期；（4）流转土地的用途；（5）双方当事人的权利和义务；（6）流转价款及支付方式；（7）土地被依法征收、征用、占用时有关补偿费用的归属；（8）违约责任。承包方将土地交由他人代耕不超过一年的，可以不签订书面合同。通常而言，土地经营权流转纠纷所涉及的主要是前述流转合同一般条款的履行问题，特殊情况下，针对代耕时间不超过一年的，则是涉及事实合同履行争议问题。

需注意的是，土地经营权流转也包括以其他方式承包的荒山、荒沟、荒丘、荒滩（四荒地）等农村土地。对于四荒地的土地经营权的流转，与家庭承包的农村土地存在一定的差异。农村土地承包法第五十三条规定，通过招标、拍卖、公开协商等方式承包农村土地，经依法登记取得权属证书的，可以依法采取出租、入股、抵押或者其他方式流转土地经营权。对比该法第四十六条的规定，可以看出，针对土地经营权的流转，法律的规定和要求存在一定的差异。

3. 土地经营权继承纠纷

土地经营权为在土地承包经营权基础上派生出来的权利。相较于承包经营权，土地经营权亦是权利主体享有的一种独立的权利类型。本条第一款第七项明确了承包经营权继承纠纷类型，土地经营权作为土地经营权人的一项重要权利，亦存在土地经营权人死亡后，相关权利主体对其经营权益的继承问题。

根据民法典继承编的有关规定，因继承产生的民事法律关系，受民法典继承编的调整。国家保护自然人的继承权。而自然人继承的对象则是自然人死亡后所遗留的个人合法财产。土地经营权人取得土地经营权后，便可以开展农业生产经营，并取得收益。而该土地的经营收益，在自然人死亡后，则成为其遗留的个人合法财产，继承人可依法继承。同时，从民法典继承编的规定看，遗产的范围较为广泛，不仅包括财产，还包括财产性权益。尽管民法典继承编删除了继承法第三条有关个人合法财产范围的规定，但通过概括性的规定明确了遗产的范围，即遗留的个人合法财产，实际上扩大了遗产的范围。关于土地承包经营权以及土地经营权继承问题，农村土地承包法有明确的规定。例如，农村土地承包法第三十二条规定："承包人应得的承包收益，依照继承法的规定继承。林地承包的承包人死亡，其继承人可以在承包期限内继续承包。"第五十四条规定："依照本章规定通过招标、拍卖、公开协商等方式取得土地经营权的，该承包人死亡，其应得的承包收益，依照继承法的规定继承；在承包期内，其继承人可以继承承包。"尽管前述法律规定针对家庭承包的土地承包经营权和以其他方式承包的土地经营权的规定，但对在流转期限内的土地经营权而言，针对土地经营收益以及经营权，土地经营权人的继承人可以继承（承包）。

【审判实践中应注意的问题】

关于承包经营权的继承问题，根据农村土地承包法第十六条的规定，家庭承包的承包方是本集体经济组织的农户。农户内家庭成员依法平等享有承包土地的各项权益。由此，家庭承包是以户为生产经营单位进行承包经营的，而非以农户内的家庭成员。因此，家庭部分成员死亡的，作为生产经营单位的户仍然存在，不发生继承的问题，而是由家庭中的其他成员继续承包经营。继承只能在因家庭成员全部死亡致使作为生产经营单位的户不存在的情况下存在。而对此情形下发生的继承，需区分不同的情形加以处理。如果涉及承包人应得的承包收益的继承问题，如承包经营收获的农作物等，可作为承包人的个人财产，根据民法典继承编的规定予以继承。如果涉及承包经营权的问题，则不能继承，应当由农村集体经济组织收回。

（二）第十二条

【修改内容】

本条将"发包方强迫承包方将土地承包经营权流转给第三人，承包方请求确认其与第三人签订的流转合同无效的，应予支持。发包方阻碍承包方依法流转土地承包经营权，承包方请求排除妨碍、赔偿损失的，应予支持"修改为"发包方胁迫承包方将土地经营权流转给第三人，承包方请求撤销其与第三人签订的流转合同的，应予支持。发包方阻碍承包方依法流转土地经营权，承包方请求排除妨碍、赔偿损失的，应予支持"。

【修改说明】

根据民法典第一百五十条的规定，以胁迫手段实施的民事法律行为的效力为可撤销，而非原司法解释制定时民法通则关于胁迫民事法律行为效力为无效的规定。对发包方胁迫承包方签订流转合同、阻碍流转合同的签订的行为，依法应为可撤销。同时，基于承包地"三权分置"制度设计，承包方可在保留承包权的基础上，向第三方流转土地经营权，由此，将"土地承包经营权"修改为"土地经营权"。

【理解与适用】

农村土地"三权分置"后，承包方可在保留承包权的基础上，向第三人流转土地经营权，此举既有利于稳定农村土地承包关系，又有利于放活经营权，保障农民收入，实现农民富裕。从法律对土地经营权的规定看，土地承包经营权人既享有是否流转土地经营权的自主权，又享有选择流转土地经营权具体方式的自由权。而为承包人土地承包经营权免受侵害，法律亦规定了侵害土地经营权的相应法律责任。比如，根据农村土地承包法第五十七条规定，发包方强迫或者阻碍承包方进行土地承包经营权的互换、转让和土地经营权流转，应当承担停止侵害、排除妨碍、消除危险、返还财产、恢复原状、赔偿损失等民事责任。此举赋予承包方依法救济其所享有的土地承包经营权的方式，有利于保护承包方的土地承包经营权。然而，对于发包方胁迫承包方将土地经营权流转给第三人的行为，除了前述之外，还应赋予承包方依法请求撤销流转合同的权利，以充分保护承包人的权益。

在对原司法解释修改过程中，有意见认为，从文义来看，强迫属于胁迫的一种，同样适用民法典第一百五十条的规定。强迫在条款中能体现发包人利用其优势地位，有利于在审判实践中适当减轻承包人的举证责任负担，且农村土地承包法第六十条、第六十五条原条文中所用的词即为强迫，故建议保持一致。经研究，在对原司法解释进行修改时，最终采取了"胁迫"之表述。主要基于以下两点考虑：一是从内涵而言，胁迫的含义更为广泛。且民法通则、合同法中的有关表述亦为胁迫，相关的司法解释也是使用"胁迫"的表述；二是民法典第一百五十条对于使用威胁、恐吓等不法手段对他人思想上施加的强制亦是胁迫，立法上的表述前后一致。

1. 发包方胁迫承包方流转土地经营权的构成

在解决此问题之前，有必要对胁迫的构成要件加以明确。通常而言，胁迫的构成包括以下几个方面：一是胁迫者具有胁迫的故意；二是胁迫者实施了胁迫行为；三是行为必须是非法的；四是受胁迫者因胁迫作出违背真实意思的行为。具体而言，胁迫者具有胁迫的故意，即胁迫者明知自己的行为会对受胁迫者造成心理上的恐惧仍故意而为的主观心理状态，且胁迫者希望通过胁迫行为使受胁迫者的行为与胁迫者所追求的结果一致。胁迫者实施了胁迫行为，是胁迫者将胁迫的主观故意客观化的过程，如果没有胁迫行为，只有主观上的故意，不构成胁迫行为。胁迫行为的非法性，要求胁迫者的这种威胁没有法律依据。如果一方有合法的理由对另一方施加压力，则不构成威胁。比如，如果合同一方当事人未能按照约定履行合同义务，合同另一方当事人起诉保护自己的合法权益的行为，则因提起诉讼是当事人通过法律手段维护权益的一种方式，该行为不构成胁迫。受胁迫者因胁迫作出违背真实意思的行为，则是要求胁迫与受胁迫者的行为具有因果关系，即受胁迫者行为的作出是基于胁迫者的威胁，如果受胁迫者对于胁迫者的胁迫无动于衷，不是基于胁迫者的要求而为的行为，或者说，受胁迫者作出的行为不是因胁迫者的胁迫，则也不构成胁迫。基于此，发包方胁迫承包方流转土地经营权的构成亦符合前述四个方面的要件。即发包方具有胁迫承包方流转土地经营权的主观故意；发包方实施了胁迫承包方流转土地经营权的客观行为；发包方的胁迫行为具有非法性；承包方流转土地经营权的行为基于发包方的胁迫。

2. 发包方胁迫承包方流转土地经营权的行为性质

针对受胁迫的行为效力问题，民法典施行之前，法律及司法解释的规定并非可撤销，而是规定为无效。比如，民法通则第五十八条第一款第三项规定，一方以胁迫的手段，使对方在违背真实意思的情况下所为的民事法律行为无效。合同法虽对胁迫的情形进行了区分，但仍明确了胁迫行为的行为在一定情形下的无效性。针对胁迫承包方流转土地经营权的行为性质，农村土地承包法第三十八条第一项规定："土地经营权流转应当遵循以下原则：（一）依法、自愿、有偿，任何组织和个人不得强迫或者阻碍土地经营权流转。"其中的"强迫"属于合同法第五十二条第五项规定的"违反法律、行政法规的强制性规定"，因此，在胁迫的情况下签订的流转合同无效。此外，农村土地承包法第六十条规定，任何组织和个人强迫进行土地承包经营权互换、转让或者土地经营权流转的，该互换转让或者流转无效。

基于此，发包方胁迫承包方将土地经营权流转给第三人，违背了承包方的意愿，侵害了承包方土地承包经营权的行为，违反了农村土地承包法的有关规定，不符合民法通则有关民事法律行为应当具备的当事人"意思表示真实"的条件，所以是无效的。承包方请求确认其与第三人签订的流转合同无效的，人民法院应予支持。

从当今世界各国和地区的立法来看，多数国家和地区对胁迫效力规定为可撤销，而非无效。例如，德国民法典第123条第1款规定，因被恶意欺诈或被不法胁迫，致使作出意思表示的人，可以撤销该表示。从立法机关的态度看，民法典采用了世界多数国家和地区立法例，改变了原立法的规定，将胁迫效力由无效变化为可撤销。主要是考虑民事活动的复杂性以及意思自治的民事基本原则，受胁迫人在其权益受损时，有权基于自身的利益衡量对民事法律行为的效力作出选择。因此，本条规定采用世界多数国家和地区立法例，将因胁迫实施的民事法律行为效力规定为可撤销，同时，赋予受胁迫人以撤销权。[①]

民法典施行后，关于以胁迫手段实施的民事法律行为的效力为可撤销，而非无效。在此情况下，发包方胁迫承包方将土地经营权流转给第三人的，该土地经营权流转合同的效力为可撤销，而非无效。承包方可基于自身的利益衡量而对土地经营权流转合同的效力采取相应的选择，有权请求撤销因胁迫而与第三人签订的流转合同。

3. 发包方胁迫承包方流转土地经营权的权利救济

农村土地"三权分置"后，土地经营权是承包人所享有的重要权益。该权益受法律保护，任何组织和个人不得侵害承包人的此项权利。比如，农村土地承包法第六十五条规定，国家机关及其工作人员有利用职权干涉农村土地承包经营，变更、解除承包经营合同，干涉承包经营当事人依法享有的生产经营自主权，强迫、阻碍经营当事人进行土地承包经营权互换、转让或者土地经营权流转等侵害土地承包经营权、土地经营权的行为，给承包经营当事人造成损失的，应当承担损害赔偿等责任；情节严重的，由上级机关或者所在单位给予直接责任人员处分；构成犯罪的，依法追究刑事责任。

与此同时，就受胁迫而订立的土地经营权流转合同，承包方依法享有撤销权。在土地经营权流转合同被撤销后，需依法确定当事人的责任承担问题。根据民法典第一百五十七条的规定，民事法律行为无效、被撤销或者确定不发生效力后，行为人因该行为取得的财产，应当予以返还；不能返还或者没必要返还的，应当折价补偿。有过错的一方当事人应当赔偿对方由此所受到的损失；各方都有过错的，应当各自承担相应的责任。法律另有规定的，依照其规定。由此，土地经营权流转合同被依法撤销后，

---

① 参见黄薇主编：《中华人民共和国民法典释义》，法律出版社2020年版，第298页。

存在以下几种法律后果：一是返还财产。合同被撤销后，土地经营权人所取得的土地经营权缺乏相应的依据，依法应当将土地经营权返还给承包人。返还土地经营权的目的在于使双方的关系恢复到民事法律行为实施前的状态。二是折价补偿。此种方式是不能返还财产或者没必要返还的情况下而作出的替代举措。民事法律行为被撤销后，返还财产为恢复原状的原则做法。三是赔偿损失。根据前述规定，有过错的一方应当赔偿对方由此所受到的损失；各方都有过错的，应当各自承担相应的责任。

【审判实践中应注意的问题】

审判实践中，如何认定发包方的胁迫行为，则是关键问题所在。从立法条文内容看，法律并未对胁迫的具体含义作出明确规定。在此情况下，胁迫的认定则存在认识上的分歧。对此问题，尽管立法机关考虑到民事活动的复杂性以及民事法律行为事件不断发展而未对胁迫作出明确限制性的规定，但并不影响胁迫的具体认定。对于"胁迫"概念的内涵，不论理论界还是实务界已达成较为广泛的共识。例如，《最高人民法院关于贯彻执行〈中华人民共和国民法通则〉若干问题的意见（试行）》（以下简称《民法通则意见》）第69条规定，以给公民及其亲友的生活健康、荣誉、名誉、财产等造成损失或者以给法人的荣誉、名誉、财产等造成损害为要挟，迫使对方作出违背真实的意思表示的，可以认定为胁迫行为。尽管《民法通则意见》已被废止，但该规定的内容对于实践中胁迫的具体认定，仍具有一定的参考意义。

（三）第十三条

【修改内容】

本条将"承包方未经发包方同意，采取转让方式流转其土地承包经营权的，转让合同无效"修改为"承包方未经发包方同意，转让其土地承包经营权的，转让合同无效"。

【修改说明】

民法典和修正后的农村土地承包法区分了承包人和土地经营权人的权益，即承包人享有土地承包经营权，土地经营权人依据土地经营权流转合同享有土地经营权。且对承包经营权主体的变更和土地经营权主体的变更方式进行了区分，即承包经营权的变更方式为互换、转让，而土地经营权的变更方式为流转。根据法律的规定，土地承包经营权的转让经发包方同意后，由受让方的农户同发包方建立新的承包关系，原承包方与发包方在该土地上的承包关系即行终止。针对土地承包经营权转让合同效力的问题，在对原司法解释修改时，沿袭了原司法解释的认定规则，仅将"采取转让方式流转其土地承包经营权的"修改为"转让其土地承包经营权的"。

【理解与适用】

从条文规定主旨来看，本条确立了土地承包经营权转让合同未经发包方同意时合同效力为无效的认定规则。同时，针对特定的情形，对合同效力作出了特别的规定。在司法解释修改征求意见时，存在一定的争议。主要分歧在于未经发包方同意的情况下所签订的转让土地承包经营权合同的效力问题，也即本条的存废之争。

第一，废止本条的理由主要为：（1）"经发包方同意"为土地承包经营权转让的程序要件，并无实质意义，且修正后的农村土地承包法将土地承包经营权的受让主体从"有稳定的非农职业或者有稳定的收入来源的农户"限定为"本集体经济组织的其他农户"。（2）农村土地承包法第三十四条规定，经发包方同意，承包方可以将全部或者部分的土地承包经营权转让给本集体经济组织的其他农户，由该农户同发包方确立新的承包关系，原承包方与发包方在该土地上的承包关系即行终止。其中，经发包方同意可以视为对承包方处分权（主要是转让这种方式的处分权）的一种限制，应参照适用民法典第五百九十七条关于买卖合同物权处分的规定，其法律效果为转让合同有效，但未经发包方同意或追认权利不能转让，应通过合同解除和违约责任解决后续履行不能的问题。

第二，保留本条的理由为：（1）根据农村土地承包法第三十四条的规定，承包方转让土地承包经营权的，须经发包方同意。且承包经营权的转让必须坚持"稳"这一原则。如果允许农民自由转让农村土地承包经营权，可能会导致尚无生活保障的农民失去土地。（2）土地承包经营权转让是承包农户在承包期内完全让渡土地承包经营权。为防止承包方随意转让土地承包经营权，2018年修正的农村土地承包法仍保留了"经发包方同意"的前置程序，承包方可以将全部或者部分的土地承包经营权转让给本集体经济组织的其他农户，由该农户同发包方确立新的承包关系，原承包方与发包方在该土地上的承包关系即行终止。经慎重研究，最终采纳了保留的意见。理由主要为：（1）从修正的农村土地承包法的情况看，尽管修正后的第三十四条对修正前的第四十一条的有关土地承包经营权的转让的规定进行了修改，删除了转让的条件限制，修改了受让方的条件，即从"从事农业生产经营的农户"限制为"本集体经济组织的其他农户"，禁止将土地承包经营权转让给本集体经济组织以外的主体，但仍保留了"经发包方同意"之条件，如发包方同意对土地承包经营权的转让无实质意义，则修正后的农村土地承包法"发包方同意"之规定内容无存在之必要。（2）考虑到发包方对农村土地的独占权、拥有对土地承包的监督权，监督承包方依照合同约定的用途合理利用和保护土地，监督和制止承包方损害承包地和农业资源，以及农村土地承包经营权关涉农村基本经营制度等因素，有必要将"经发包方同意"作为土地承包经营权转让合同的有效要件。（3）严格限制土地承包经营权转让合同的效力，符合目前我国绝大多数农村的农民在较长时期内还得依靠承包经营土地的基本国情，符合党中央"落实所有权、稳定承包权、放活经营权"的农村承包地"三权分置"政策。此外，为维护土地承包经营权人的合法权益，在特殊的情况下，对"发包方同意"之例外作出了规定。此举已统筹考虑实践中的情况，避免发包方利用其自身地位借口阻碍承包方依法转让土地承包经营权而损害土地承包经营权人合法权益的行为。

1. 土地承包经营权的转让应当注意的问题

第一，转让的条件。土地承包经营权的转让，除了发包人同意之前置条件外，还需满足其他的要件。从法律的规定看，主要涉及转让方和受让方的条件限制。在农村土地承包法修正之前，法律对转让方和受让方的条件为：转让方（承包方）有稳定的非农职业或者稳定的收入来源；受让方为其他从事农业生产经营的农户。比如，修正前农村土地承包法第四十一条规定："承包方有稳定的非农职业或者有稳定的收入来源的，经发包方同意，可以将全部或者部分土地承包经营权转让给其他从事农业生产经营的农户……"在农村土地承包法修正之后，法律对转让方和受让方的条件为：转让方为承包方，且并无承包方须有稳定的非农职业或者稳定的收入来源之限制；受让方为本集体经济组织的其他农户，而非其他从事农业生产经营的农户，也即将受让方限定为本集体经济组织的其他农户，不能转让给本集体经济组织之外的其他主体。由此可见，修正后的农村土地承包法对土地承包经营权转让的规定作了一定的修改。一是删除了对转让方的限制条件，不再要求转让方有稳定的非农职业或者有稳定的收入来源，转让方根据自己的情况自由决定是否转让土地承包经营权；二是修改了受让方的条件，即从"从事农业生产经营的农户"限制为"本集体经济组织的其他农户"。由此，从主体而言，土地承包经营权的转让条件对受让方有限制要求，即本集体经济组织的其他农户，而非其他主体。如承包方不愿继续承包经营土地，也不转让给本集体经济组织的其他农户，可以根据法律规定向他人流转土地经营权，仍保留土地承包权。

第二，转让的范围。土地承包经营权的转让，承包方转让的是其享有的土地承包经营权。从实践情况看，承包方转让的原因是多方面的。比如，有的农户进城落户，不想再继续承包农村土地。有的是基于承包农户自身的原因，例如，家庭农户的劳动力不足，不能有效承包经营农村土地。承包人转让的土地承包经营权，可以是全部，也可以是部分。具体的范围，由土地承包经营权人自由决定，不受他人干涉。从农村土地承包法第三十四条的规定看，该条亦明确承包方可以将全部或者部分土地承包经营权转让。

第三，转让的法律后果。土地承包经营权转让后，基于承包经营权主体发生了变化，将导致一系列的法律后果。首先，关于承包关系问题，受让人基于其与转让人签订的土地承包经营权转让合同而取得土地承包经营权，同时，基于土地的所有权主体为农村集体经济组织，亦是发包方。为此，受让人需与发包方签订新的土地承包经营权合同，确立新的土地承包关系。其次，基于前述分析，土地承包经营权的转让范围存在全部转让和部分转让之分。故此，基于转让范围的不同，相应的法律后果存在一定的差异。在土地承包经营权全部转让的情况下，则发生土地承包经营权人退出其与发包方所订立的土地承包经营权合同法律关系，相应地，受让方在发包方同意的情况下，基于土地承包经营权转让合同，取得了承包人的法律地位，并与发包方重新订立土地承包经营权合同。在土地承包经营权部分转让的情况下，承包方仅就部分土地承包经营权退出了土地承包经营，而未转让的部分其仍享有相应的权利。就退出及剩余的土地承包经营权，不论转让方（承包人）还是受让方（新的承包人）均需与发包人重新订立新的土地承包经营权合同，确立新的承包关系，原承包人与发包人在转让的土地承包经营权所涉的土地上的承包关系即行终止。

2. 发包人同意的例外

土地承包经营权是承包人享有的一项法定权利，并不受非法侵犯。例如，农村土地承包法第八条规定："国家保护集体土地所有者的合法权益，保护承包方的土地承包经营权，任何组织和个人不得侵犯。"第十七条规定："承包方享有下列权利：……（二）依法互换、转让土地承包经营权；……"实践中，发包方无法定理由而故意拖延表态的情况较为常见。由于农业生产经营具有较强的季节性，如错过了耕作时节，将会给承包人带来较大的损失。在确定承包方转让土地承包经营权需经发包人同意的一般原则之下，基于实践的复杂性，应允许例外情形，从而避免因发包方故意拖延而损害承包方权利的情形。对此情况，新司法解释明确了两种例外情况：一是发包方无法定理由不同意表态；二是发包方拖延表态。如存在前述两种情形，则承包方转让其土地承包经营权的合同虽未经发包方同意，但合同的效力并不受影响。

司法实践中，如何认定发包方未同意不具备法定理由？从字面意义上理解，主要是法律规定的理由。土地承包经营权的转让，不仅涉及转让人（承包方）与受让方，还与土地的所有权主体密切相关。从法律的规定看，除了明确不得改变土地用途等强制性规定外，法律赋予了发包方对土地的监督权，监督承包人按照承包合同约定的用途合理利用承包的土地以及履行保护土地的义务，以保护土地资源不被破坏。比如，农村土地承包法第十四条的规定。一般而言，发包人不同意的法定理由主要包括：第一，合同存在改变土地用途的情形。土地承包经营权转让合同，承包方转让的对象为土地承包经营权，但不得改变土地的农业用途。如果转让合同约定将土地用于非农建设，则发包方可以拒绝同意。第二，转让合同的期限超出承包人的承包期限。土地承包经营权的转让合同所约定的转让期限，不得超过承包合同尚未履行的剩余期限。例如，承包期限为三十年，承包人与发包人之间的土地承包经营权合同已履行十年。在承包人与受让人订立合同转让土地承包经营权时，转让的期限不得超过剩余承包期限，即不得超过二十年。第三，受让的对象不是本集体经济组织的其他农户。修正后的农村土地承包法修改了土地承包经营权的转让对象，将"其他从事农业生产经营的农户"修改为"本集体经济组织的其他农户"。因此，如承包人将土地承包经营权转让给非本集体经济组织的其他农户，则发包方可以行使监督权，拒绝同意。

（撰稿人：赵风暴）

最高人民法院
关于审理涉及国有土地使用权合同纠纷案件适用法律问题的解释

（2004年11月23日最高人民法院审判委员会第1334次会议通过
根据2020年12月23日最高人民法院审判委员会第1823次会议通过的
《最高人民法院关于修改〈最高人民法院关于在民事审判工作中适用
《中华人民共和国工会法》若干问题的解释〉等二十七件民事类
司法解释的决定》修正）

为正确审理国有土地使用权合同纠纷案件，依法保护当事人的合法权益，根据《中华人民共和国民法典》《中华人民共和国土地管理法》《中华人民共和国城市房地产管理法》等法律规定，结合民事审判实践，制定本解释。

一、土地使用权出让合同纠纷

第一条 本解释所称的土地使用权出让合同，是指市、县人民政府自然资源主管部门作为出让方将国有土地使用权在一定年限内让与受让方，受让方支付土地使用权出让金的合同。

第二条 开发区管理委员会作为出让方与受让方订立的土地使用权出让合同，应当认定无效。

本解释实施前，开发区管理委员会作为出让方与受让方订立的土地使用权出让合同，起诉前经市、县人民政府自然资源主管部门追认的，可以认定合同有效。

第三条 经市、县人民政府批准同意以协议方式出让的土地使用权，土地使用权出让金低于订立合同时当地政府按照国家规定确定的最低价的，应当认定土地使用权出让合同约定的价格条款无效。

当事人请求按照订立合同时的市场评估价格交纳土地使用权出让金的，应予支持；受让方不同意按照市场评估价格补足，请求解除合同的，应予支持。因此造成的损失，由当事人按照过错承担责任。

第四条 土地使用权出让合同的出让方因未办理土地使用权出让批准手续而不能交付土地，受让方请求解除合同的，应予支持。

第五条 受让方经出让方和市、县人民政府城市规划行政主管部门同意，改变土地使用权出让合同约定的土地用途，当事人请求按照起诉时同种用途的土地出让金标准调整土地出让金的，应予支持。

第六条 受让方擅自改变土地使用权出让合同约定的土地用途，出让方请求解除合同的，应予支持。

二、土地使用权转让合同纠纷

第七条 本解释所称的土地使用权转让合同，是指土地使用权人作为转让方将出让土地使用权转让于受让方，受让方支付价款的合同。

第八条 土地使用权人作为转让方与受让方订立土地使用权转让合同后，当事人一方以双方之间未办理土地使用权变更登记手续为由，请求确认合同无效的，不予支持。

第九条 土地使用权人作为转让方就同一出让土地使用权订立数个转让合同，在转让合同有效的情况下，受让方均要求履行合同的，按照以下情形分别处理：

（一）已经办理土地使用权变更登记手续的受让方，请求转让方履行交付土地等合同义务的，应予支持；

（二）均未办理土地使用权变更登记手续，已先行合法占有投资开发土地的受让方请求转让方履行土地使用权变更登记等合同义务的，应予支持；

（三）均未办理土地使用权变更登记手续，又未合法占有投资开发土地，先行支付土地转让款的受让方请求转让方履行交付土地和办理土地使用权变更登记等合同义务的，应予支持；

（四）合同均未履行，依法成立在先的合同受让方请求履行合同的，应予支持。

未能取得土地使用权的受让方请求解除合同、赔偿损失的，依照民法典的有关规定处理。

第十条 土地使用权人与受让方订立合同转让划拨土地使用权，起诉前经有批准权的人民政府同意转让，并由受让方办理土地使用权出让手续的，土地使用权人与受让方订立的合同可以按照补偿性质的合同处理。

第十一条 土地使用权人与受让方订立合同转让划拨土地使用权，起诉前经有批准权的人民政府决定不办理土地使用权出让手续，并将该划拨土地使用权直接划拨给受让方使用的，土地使用权人与受让方订立的合同可以按照补偿性质的合同处理。

三、合作开发房地产合同纠纷

第十二条 本解释所称的合作开发房地产合同，是指当事人订立的以提供出让土地使用权、资金等作为共同投资，共享利润、共担风险合作开发房地产为基本内容的合同。

第十三条 合作开发房地产合同的当事人一方具备房地产开发经营资质的，应当认定合同有效。

当事人双方均不具备房地产开发经营资质的，应当认定合同无效。但起诉前当事人一方已经取得房地产开发经营资质或者已依法合作成立具有房地产开发经营资质的房地产开发企业的，应当认定合同有效。

第十四条 投资数额超出合作开发房地产合同的约定，对增加的投资数额的承担比例，当事人协商不成的，按照当事人的违约情况确定；因不可归责于当事人的事由或者当事人的违约情况无法确定的，按照约定的投资比例确定；没有约定投资比例的，按照约定的利润分配比例确定。

第十五条 房屋实际建筑面积少于合作开发房地产合同的约定，对房屋实际建筑面积的分配比例，当事人协商不成的，按照当事人的违约情况确定；因不可归责于当事人的事由或者当事人违约情况无法确定的，按照约定的利润分配比例确定。

第十六条 在下列情形下，合作开发房地产合同的当事人请求分配房地产项目利益的，不予受理；已经受理的，驳回起诉：

（一）依法需经批准的房地产建设项目未经有批准权的人民政府主管部门批准；

（二）房地产建设项目未取得建设工程规划许可证；

（三）擅自变更建设工程规划。

因当事人隐瞒建设工程规划变更的事实所造成的损失，由当事人按照过错承担。

第十七条 房屋实际建筑面积超出规划建筑面积，经有批准权的人民政府主管部门批准后，当事人对超出部分的房屋分配比例协商不成的，按照约定的利润分配比例确定。对增加的投资数额的承担比例，当事人协商不成的，按照约定的投资比例确定；没有约定投资比例的，按照约定的利润分配比例确定。

第十八条 当事人违反规划开发建设的房屋，被有批准权的人民政府主管部门认定为违法建筑责令拆除，当事人对损失承担协商不成的，按照当事人过错确定责任；过错无法确定的，按照约定的投资比例确定责任；没有约定投资比例的，按照约定的利润分配比例确定责任。

第十九条 合作开发房地产合同约定仅以投资数额确定利润分配比例，当事人未足额交纳出资的，按照当事人的实际投资比例分配利润。

第二十条 合作开发房地产合同的当事人要求将房屋预售款充抵投资参与利润分配的，不予支持。

第二十一条 合作开发房地产合同约定提供土地使用权的当事人不承担经营风险，只收取固定利益的，应当认定为土地使用权转让合同。

第二十二条 合作开发房地产合同约定提供资金的当事人不承担经营风险，只分配固定数量房屋的，应当认定为房屋买卖合同。

第二十三条 合作开发房地产合同约定提供资金的当事人不承担经营风险，只收取固定数额货币的，应当认定为借款合同。

第二十四条 合作开发房地产合同约定提供资金的当事人不承担经营风险,只以租赁或者其他形式使用房屋的,应当认定为房屋租赁合同。

四、其他

第二十五条 本解释自 2005 年 8 月 1 日起施行;施行后受理的第一审案件适用本解释。

本解释施行前最高人民法院发布的司法解释与本解释不一致的,以本解释为准。

(三)担保物权

最高人民法院
关于适用《中华人民共和国民法典》
有关担保制度的解释

法释〔2020〕28 号

(2020 年 12 月 25 日最高人民法院审判委员会第 1824 次会议通过 2020 年 12 月 31 日最高人民法院公告公布 自 2021 年 1 月 1 日起施行)

为正确适用《中华人民共和国民法典》有关担保制度的规定,结合民事审判实践,制定本解释。

一、关于一般规定

第一条 因抵押、质押、留置、保证等担保发生的纠纷,适用本解释。所有权保留买卖、融资租赁、保理等涉及担保功能发生的纠纷,适用本解释的有关规定。

第二条 当事人在担保合同中约定担保合同的效力独立于主合同,或者约定担保人对主合同无效的法律后果承担担保责任,该有关担保独立性的约定无效。主合同有效的,有关担保独立性的约定无效不影响担保合同的效力;主合同无效的,人民法院应当认定担保合同无效,但是法律另有规定的除外。

因金融机构开立的独立保函发生的纠纷,适用《最高人民法院关于审理独立保函纠纷案件若干问题的规定》。

第三条 当事人对担保责任的承担约定专门的违约责任,或者约定的担保责任范围超出债务人应当承担的责任范围,担保人主张仅在债务人应当承担的责任范围内承担责任的,人民法院应予支持。

担保人承担的责任超出债务人应当承担的责任范围,担保人向债务人追偿,债务人主张仅在其应当承担的责任范围内承担责任的,人民法院应予支持;担保人请求债权人返还超出部分的,人民法院依法予以支持。

第四条 有下列情形之一,当事人将担保物权登记在他人名下,债务人不履行到期债务或者发生当事人约定的实现担保物权的情形,债权人或者其受托人主张就该财

产优先受偿的,人民法院依法予以支持:

(一)为债券持有人提供的担保物权登记在债券受托管理人名下;

(二)为委托贷款人提供的担保物权登记在受托人名下;

(三)担保人知道债权人与他人之间存在委托关系的其他情形。

第五条 机关法人提供担保的,人民法院应当认定担保合同无效,但是经国务院批准为使用外国政府或者国际经济组织贷款进行转贷的除外。

居民委员会、村民委员会提供担保的,人民法院应当认定担保合同无效,但是依法代行村集体经济组织职能的村民委员会,依照村民委员会组织法规定的讨论决定程序对外提供担保的除外。

第六条 以公益为目的的非营利性学校、幼儿园、医疗机构、养老机构等提供担保的,人民法院应当认定担保合同无效,但是有下列情形之一的除外:

(一)在购入或者以融资租赁方式承租教育设施、医疗卫生设施、养老服务设施和其他公益设施时,出卖人、出租人为担保价款或者租金实现而在该公益设施上保留所有权;

(二)以教育设施、医疗卫生设施、养老服务设施和其他公益设施以外的不动产、动产或者财产权利设立担保物权。

登记为营利法人的学校、幼儿园、医疗机构、养老机构等提供担保,当事人以其不具有担保资格为由主张担保合同无效的,人民法院不予支持。

第七条 公司的法定代表人违反公司法关于公司对外担保决议程序的规定,超越权限代表公司与相对人订立担保合同,人民法院应当依照民法典第六十一条和第五百零四条等规定处理:

(一)相对人善意的,担保合同对公司发生效力;相对人请求公司承担担保责任的,人民法院应予支持。

(二)相对人非善意的,担保合同对公司不发生效力;相对人请求公司承担赔偿责任的,参照适用本解释第十七条的有关规定。

法定代表人超越权限提供担保造成公司损失,公司请求法定代表人承担赔偿责任的,人民法院应予支持。

第一款所称善意,是指相对人在订立担保合同时不知道且不应当知道法定代表人超越权限。相对人有证据证明已对公司决议进行了合理审查,人民法院应当认定其构成善意,但是公司有证据证明相对人知道或者应当知道决议系伪造、变造的除外。

第八条 有下列情形之一,公司以其未依照公司法关于公司对外担保的规定作出决议为由主张不承担担保责任的,人民法院不予支持:

(一)金融机构开立保函或者担保公司提供担保;

(二)公司为其全资子公司开展经营活动提供担保;

(三)担保合同系由单独或者共同持有公司三分之二以上对担保事项有表决权的股东签字同意。

上市公司对外提供担保,不适用前款第二项、第三项的规定。

第九条 相对人根据上市公司公开披露的关于担保事项已经董事会或者股东大会决议通过的信息,与上市公司订立担保合同,相对人主张担保合同对上市公司发生效力,并由上市公司承担担保责任的,人民法院应予支持。

相对人未根据上市公司公开披露的关于担保事项已经董事会或者股东大会决议通过的信息，与上市公司订立担保合同，上市公司主张担保合同对其不发生效力，且不承担担保责任或者赔偿责任的，人民法院应予支持。

相对人与上市公司已公开披露的控股子公司订立的担保合同，或者相对人与股票在国务院批准的其他全国性证券交易场所交易的公司订立的担保合同，适用前两款规定。

第十条 一人有限责任公司为其股东提供担保，公司以违反公司法关于公司对外担保决议程序的规定为由主张不承担担保责任的，人民法院不予支持。公司因承担担保责任导致无法清偿其他债务，提供担保时的股东不能证明公司财产独立于自己的财产，其他债权人请求该股东承担连带责任的，人民法院应予支持。

第十一条 公司的分支机构未经公司股东（大）会或者董事会决议以自己的名义对外提供担保，相对人请求公司或者其分支机构承担担保责任的，人民法院不予支持，但是相对人不知道且不应当知道分支机构对外提供担保未经公司决议程序的除外。

金融机构的分支机构在其营业执照记载的经营范围内开立保函，或者经有权从事担保业务的上级机构授权开立保函，金融机构或者其分支机构以违反公司法关于公司对外担保决议程序的规定为由主张不承担担保责任的，人民法院不予支持。金融机构的分支机构未经金融机构授权提供保函之外的担保，金融机构或者其分支机构主张不承担担保责任的，人民法院应予支持，但是相对人不知道且不应当知道分支机构对外提供担保未经金融机构授权的除外。

担保公司的分支机构未经担保公司授权对外提供担保，担保公司或者其分支机构主张不承担担保责任的，人民法院应予支持，但是相对人不知道且不应当知道分支机构对外提供担保未经担保公司授权的除外。

公司的分支机构对外提供担保，相对人非善意，请求公司承担赔偿责任的，参照本解释第十七条的有关规定处理。

第十二条 法定代表人依照民法典第五百五十二条的规定以公司名义加入债务的，人民法院在认定该行为的效力时，可以参照本解释关于公司为他人提供担保的有关规则处理。

第十三条 同一债务有两个以上第三人提供担保，担保人之间约定相互追偿及分担份额，承担了担保责任的担保人请求其他担保人按照约定分担份额的，人民法院应予支持；担保人之间约定承担连带共同担保，或者约定相互追偿但是未约定分担份额的，各担保人按照比例分担向债务人不能追偿的部分。

同一债务有两个以上第三人提供担保，担保人之间未对相互追偿作出约定且未约定承担连带共同担保，但是各担保人在同一份合同书上签字、盖章或者按指印，承担了担保责任的担保人请求其他担保人按照比例分担向债务人不能追偿部分的，人民法院应予支持。

除前两款规定的情形外，承担了担保责任的担保人请求其他担保人分担向债务人不能追偿部分的，人民法院不予支持。

第十四条 同一债务有两个以上第三人提供担保，担保人受让债权的，人民法院应当认定该行为系承担担保责任。受让债权的担保人作为债权人请求其他担保人承担担保责任的，人民法院不予支持；该担保人请求其他担保人分担相应份额的，依照本解释第十三条的规定处理。

第十五条 最高额担保中的最高债权额，是指包括主债权及其利息、违约金、损害赔偿金、保管担保财产的费用、实现债权或者实现担保物权的费用等在内的全部债权，但是当事人另有约定的除外。

登记的最高债权额与当事人约定的最高债权额不一致的，人民法院应当依据登记的最高债权额确定债权人优先受偿的范围。

第十六条 主合同当事人协议以新贷偿还旧贷，债权人请求旧贷的担保人承担担保责任的，人民法院不予支持；债权人请求新贷的担保人承担担保责任的，按照下列情形处理：

（一）新贷与旧贷的担保人相同的，人民法院应予支持；

（二）新贷与旧贷的担保人不同，或者旧贷无担保新贷有担保的，人民法院不予支持，但是债权人有证据证明新贷的担保人提供担保时对以新贷偿还旧贷的事实知道或者应当知道的除外。

主合同当事人协议以新贷偿还旧贷，旧贷的物的担保人在登记尚未注销的情形下同意继续为新贷提供担保，在订立新的贷款合同前又以该担保财产为其他债权人设立担保物权，其他债权人主张其担保物权顺位优先于新贷债权人的，人民法院不予支持。

第十七条 主合同有效而第三人提供的担保合同无效，人民法院应当区分不同情形确定担保人的赔偿责任：

（一）债权人与担保人均有过错的，担保人承担的赔偿责任不应超过债务人不能清偿部分的二分之一；

（二）担保人有过错而债权人无过错的，担保人对债务人不能清偿的部分承担赔偿责任；

（三）债权人有过错而担保人无过错的，担保人不承担赔偿责任。

主合同无效导致第三人提供的担保合同无效，担保人无过错的，不承担赔偿责任；担保人有过错的，其承担的赔偿责任不应超过债务人不能清偿部分的三分之一。

第十八条 承担了担保责任或者赔偿责任的担保人，在其承担责任的范围内向债务人追偿的，人民法院应予支持。

同一债权既有债务人自己提供的物的担保，又有第三人提供的担保，承担了担保责任或者赔偿责任的第三人，主张行使债权人对债务人享有的担保物权的，人民法院应予支持。

第十九条 担保合同无效，承担了赔偿责任的担保人按照反担保合同的约定，在其承担赔偿责任的范围内请求反担保人承担担保责任的，人民法院应予支持。

反担保合同无效的，依照本解释第十七条的有关规定处理。当事人仅以担保合同无效为由主张反担保合同无效的，人民法院不予支持。

第二十条 人民法院在审理第三人提供的物的担保纠纷案件时，可以适用民法典第六百九十五条第一款、第六百九十六条第一款、第六百九十七条第二款、第六百九十九条、第七百条、第七百零一条、第七百零二条等关于保证合同的规定。

第二十一条 主合同或者担保合同约定了仲裁条款的，人民法院对约定仲裁条款的合同当事人之间的纠纷无管辖权。

债权人一并起诉债务人和担保人的，应当根据主合同确定管辖法院。

债权人依法可以单独起诉担保人且仅起诉担保人的,应当根据担保合同确定管辖法院。

第二十二条 人民法院受理债务人破产案件后,债权人请求担保人承担担保责任,担保人主张担保债务自人民法院受理破产申请之日起停止计息的,人民法院对担保人的主张应予支持。

第二十三条 人民法院受理债务人破产案件,债权人在破产程序中申报债权后又向人民法院提起诉讼,请求担保人承担担保责任的,人民法院依法予以支持。

担保人清偿债权人的全部债权后,可以代替债权人在破产程序中受偿;在债权人的债权未获全部清偿前,担保人不得代替债权人在破产程序中受偿,但是有权就债权人通过破产分配和实现担保债权等方式获得清偿总额中超出债权的部分,在其承担担保责任的范围内请求债权人返还。

债权人在债务人破产程序中未获全部清偿,请求担保人继续承担担保责任的,人民法院应予支持;担保人承担担保责任后,向和解协议或者重整计划执行完毕后的债务人追偿的,人民法院不予支持。

第二十四条 债权人知道或者应当知道债务人破产,既未申报债权也未通知担保人,致使担保人不能预先行使追偿权的,担保人就该债权在破产程序中可能受偿的范围内免除担保责任,但是担保人因自身过错未行使追偿权的除外。

二、关于保证合同

第二十五条 当事人在保证合同中约定了保证人在债务人不能履行债务或者无力偿还债务时才承担保证责任等类似内容,具有债务人应当先承担责任的意思表示的,人民法院应当将其认定为一般保证。

当事人在保证合同中约定了保证人在债务人不履行债务或者未偿还债务时即承担保证责任、无条件承担保证责任等类似内容,不具有债务人应当先承担责任的意思表示的,人民法院应当将其认定为连带责任保证。

第二十六条 一般保证中,债权人以债务人为被告提起诉讼的,人民法院应予受理。债权人未就主合同纠纷提起诉讼或者申请仲裁,仅起诉一般保证人的,人民法院应当驳回起诉。

一般保证中,债权人一并起诉债务人和保证人的,人民法院可以受理,但是在作出判决时,除有民法典第六百八十七条第二款但书规定的情形外,应当在判决书主文中明确,保证人仅对债务人财产依法强制执行后仍不能履行的部分承担保证责任。

债权人未对债务人的财产申请保全,或者保全的债务人的财产足以清偿债务,债权人申请对一般保证人的财产进行保全的,人民法院不予准许。

第二十七条 一般保证的债权人取得对债务人赋予强制执行效力的公证债权文书后,在保证期间内向人民法院申请强制执行,保证人以债权人未在保证期间内对债务人提起诉讼或者申请仲裁为由主张不承担保证责任的,人民法院不予支持。

第二十八条 一般保证中,债权人依据生效法律文书对债务人的财产依法申请强制执行,保证债务诉讼时效的起算时间按照下列规则确定:

(一)人民法院作出终结本次执行程序裁定,或者依照民事诉讼法第二百五十七条第三项、第五项的规定作出终结执行裁定的,自裁定送达债权人之日起开始计算;

(二)人民法院自收到申请执行书之日起一年内未作出前项裁定的,自人民法院收到申请执行书满一年之日起开始计算，但是保证人有证据证明债务人仍有财产可供执行的除外。

一般保证的债权人在保证期间届满前对债务人提起诉讼或者申请仲裁，债权人举证证明存在民法典第六百八十七条第二款但书规定情形的，保证债务的诉讼时效自债权人知道或者应当知道该情形之日起开始计算。

第二十九条 同一债务有两个以上保证人，债权人以其已经在保证期间内依法向部分保证人行使权利为由，主张已经在保证期间内向其他保证人行使权利的，人民法院不予支持。

同一债务有两个以上保证人，保证人之间相互有追偿权，债权人未在保证期间内依法向部分保证人行使权利，导致其他保证人在承担保证责任后丧失追偿权，其他保证人主张在其不能追偿的范围内免除保证责任的，人民法院应予支持。

第三十条 最高额保证合同对保证期间的计算方式、起算时间等有约定的，按照其约定。

最高额保证合同对保证期间的计算方式、起算时间等没有约定或者约定不明，被担保债权的履行期限均已届满的，保证期间自债权确定之日起开始计算；被担保债权的履行期限尚未届满的，保证期间自最后到期债权的履行期限届满之日起开始计算。

前款所称债权确定之日，依照民法典第四百二十三条的规定认定。

第三十一条 一般保证的债权人在保证期间内对债务人提起诉讼或者申请仲裁后，又撤回起诉或者仲裁申请，债权人在保证期间届满前未再行提起诉讼或者申请仲裁，保证人主张不再承担保证责任的，人民法院应予支持。

连带责任保证的债权人在保证期间内对保证人提起诉讼或者申请仲裁后，又撤回起诉或者仲裁申请，起诉状副本或者仲裁申请书副本已经送达保证人的，人民法院应当认定债权人已经在保证期间内向保证人行使了权利。

第三十二条 保证合同约定保证人承担保证责任直至主债务本息还清时为止等类似内容的，视为约定不明，保证期间为主债务履行期限届满之日起六个月。

第三十三条 保证合同无效，债权人未在约定或者法定的保证期间内依法行使权利，保证人主张不承担赔偿责任的，人民法院应予支持。

第三十四条 人民法院在审理保证合同纠纷案件时，应当将保证期间是否届满、债权人是否在保证期间内依法行使权利等事实作为案件基本事实予以查明。

债权人在保证期间内未依法行使权利的，保证责任消灭。保证责任消灭后，债权人书面通知保证人要求承担保证责任，保证人在通知书上签字、盖章或者按指印，债权人请求保证人继续承担保证责任的，人民法院不予支持，但是债权人有证据证明成立了新的保证合同的除外。

第三十五条 保证人知道或者应当知道主债权诉讼时效期间届满仍然提供保证或者承担保证责任，又以诉讼时效期间届满为由拒绝承担保证责任或者请求返还财产的，人民法院不予支持；保证人承担保证责任后向债务人追偿的，人民法院不予支持，但是债务人放弃诉讼时效抗辩的除外。

第三十六条 第三人向债权人提供差额补足、流动性支持等类似承诺文件作为增信措施，具有提供担保的意思表示，债权人请求第三人承担保证责任的，人民法院应当依照保证的有关规定处理。

第三人向债权人提供的承诺文件,具有加入债务或者与债务人共同承担债务等意思表示的,人民法院应当认定为民法典第五百五十二条规定的债务加入。

前两款中第三人提供的承诺文件难以确定是保证还是债务加入的,人民法院应当将其认定为保证。

第三人向债权人提供的承诺文件不符合前三款规定的情形,债权人请求第三人承担保证责任或者连带责任的,人民法院不予支持,但是不影响其依据承诺文件请求第三人履行约定的义务或者承担相应的民事责任。

三、关于担保物权

(一)担保合同与担保物权的效力

第三十七条 当事人以所有权、使用权不明或者有争议的财产抵押,经审查构成无权处分的,人民法院应当依照民法典第三百一十一条的规定处理。

当事人以依法被查封或者扣押的财产抵押,抵押权人请求行使抵押权,经审查查封或者扣押措施已经解除的,人民法院应予支持。抵押人以抵押权设立时财产被查封或者扣押为由主张抵押合同无效的,人民法院不予支持。

以依法被监管的财产抵押的,适用前款规定。

第三十八条 主债权未受全部清偿,担保物权人主张就担保财产的全部行使担保物权的,人民法院应予支持,但是留置权人行使留置权的,应当依照民法典第四百五十条的规定处理。

担保财产被分割或者部分转让,担保物权人主张就分割或者转让后的担保财产行使担保物权的,人民法院应予支持,但是法律或者司法解释另有规定的除外。

第三十九条 主债权被分割或者部分转让,各债权人主张就其享有的债权份额行使担保物权的,人民法院应予支持,但是法律另有规定或者当事人另有约定的除外。

主债务被分割或者部分转移,债务人自己提供物的担保,债权人请求以该担保财产担保全部债务履行的,人民法院应予支持;第三人提供物的担保,主张对未经其书面同意转移的债务不再承担担保责任的,人民法院应予支持。

第四十条 从物产生于抵押权依法设立前,抵押权人主张抵押权的效力及于从物的,人民法院应予支持,但是当事人另有约定的除外。

从物产生于抵押权依法设立后,抵押权人主张抵押权的效力及于从物的,人民法院不予支持,但是在抵押权实现时可以一并处分。

第四十一条 抵押权依法设立后,抵押财产被添附,添附物归第三人所有,抵押权人主张抵押权效力及于补偿金的,人民法院应予支持。

抵押权依法设立后,抵押财产被添附,抵押人对添附物享有所有权,抵押权人主张抵押权的效力及于添附物的,人民法院应予支持,但是添附导致抵押财产价值增加的,抵押权的效力不及于增加的价值部分。

抵押权依法设立后,抵押人与第三人因添附成为添附物的共有人,抵押权人主张抵押权的效力及于抵押人对共有物享有的份额的,人民法院应予支持。

本条所称添附,包括附合、混合与加工。

第四十二条 抵押权依法设立后,抵押财产毁损、灭失或者被征收等,抵押权人请求按照原抵押权的顺位就保险金、赔偿金或者补偿金等优先受偿的,人民法院应予支持。

给付义务人已经向抵押人给付了保险金、赔偿金或者补偿金，抵押权人请求给付义务人向其给付保险金、赔偿金或者补偿金的，人民法院不予支持，但是给付义务人接到抵押权人要求向其给付的通知后仍然向抵押人给付的除外。

抵押权人请求给付义务人向其给付保险金、赔偿金或者补偿金的，人民法院可以通知抵押人作为第三人参加诉讼。

第四十三条 当事人约定禁止或者限制转让抵押财产但是未将约定登记，抵押人违反约定转让抵押财产，抵押权人请求确认转让合同无效的，人民法院不予支持；抵押财产已经交付或者登记，抵押权人请求确认转让不发生物权效力的，人民法院不予支持，但是抵押权人有证据证明受让人知道的除外；抵押权人请求抵押人承担违约责任的，人民法院依法予以支持。

当事人约定禁止或者限制转让抵押财产且已经将约定登记，抵押人违反约定转让抵押财产，抵押权人请求确认转让合同无效的，人民法院不予支持；抵押财产已经交付或者登记，抵押权人主张转让不发生物权效力的，人民法院应予支持，但是因受让人代替债务人清偿债务导致抵押权消灭的除外。

第四十四条 主债权诉讼时效期间届满后，抵押权人主张行使抵押权的，人民法院不予支持；抵押人以主债权诉讼时效期间届满为由，主张不承担担保责任的，人民法院应予支持。主债权诉讼时效期间届满前，债权人仅对债务人提起诉讼，经人民法院判决或者调解后未在民事诉讼法规定的申请执行时效期间内对债务人申请强制执行，其向抵押人主张行使抵押权的，人民法院不予支持。

主债权诉讼时效期间届满后，财产被留置的债务人或者对留置财产享有所有权的第三人请求债权人返还留置财产的，人民法院不予支持；债务人或者第三人请求拍卖、变卖留置财产并以所得价款清偿债务的，人民法院应予支持。

主债权诉讼时效期间届满的法律后果，以登记作为公示方式的权利质权，参照适用第一款的规定；动产质权、以交付权利凭证作为公示方式的权利质权，参照适用第二款的规定。

第四十五条 当事人约定当债务人不履行到期债务或者发生当事人约定的实现担保物权的情形，担保物权人有权将担保财产自行拍卖、变卖并就所得的价款优先受偿的，该约定有效。因担保人的原因导致担保物权人无法自行对担保财产进行拍卖、变卖，担保物权人请求担保人承担因此增加的费用的，人民法院应予支持。

当事人依照民事诉讼法有关"实现担保物权案件"的规定，申请拍卖、变卖担保财产，被申请人以担保合同约定仲裁条款为由主张驳回申请的，人民法院经审查后，应当按照以下情形分别处理：

（一）当事人对担保物权无实质性争议且实现担保物权条件已经成就的，应当裁定准许拍卖、变卖担保财产；

（二）当事人对实现担保物权有部分实质性争议的，可以就无争议的部分裁定准许拍卖、变卖担保财产，并告知可以就有争议的部分申请仲裁；

（三）当事人对实现担保物权有实质性争议的，裁定驳回申请，并告知可以向仲裁机构申请仲裁。

债权人以诉讼方式行使担保物权的，应当以债务人和担保人作为共同被告。

（二）不动产抵押

第四十六条 不动产抵押合同生效后未办理抵押登记手续，债权人请求抵押人办理抵押登记手续的，人民法院应予支持。

抵押财产因不可归责于抵押人自身的原因灭失或者被征收等导致不能办理抵押登记，债权人请求抵押人在约定的担保范围内承担责任的，人民法院不予支持；但是抵押人已经获得保险金、赔偿金或者补偿金等，债权人请求抵押人在其所获金额范围内承担赔偿责任的，人民法院依法予以支持。

因抵押人转让抵押财产或者其他可归责于抵押人自身的原因导致不能办理抵押登记，债权人请求抵押人在约定的担保范围内承担责任的，人民法院依法予以支持，但是不得超过抵押权能够设立时抵押人应当承担的责任范围。

第四十七条 不动产登记簿就抵押财产、被担保的债权范围等所作的记载与抵押合同约定不一致的，人民法院应当根据登记簿的记载确定抵押财产、被担保的债权范围等事项。

第四十八条 当事人申请办理抵押登记手续时，因登记机构的过错致使其不能办理抵押登记，当事人请求登记机构承担赔偿责任的，人民法院依法予以支持。

第四十九条 以违法的建筑物抵押的，抵押合同无效，但是一审法庭辩论终结前已经办理合法手续的除外。抵押合同无效的法律后果，依照本解释第十七条的有关规定处理。

当事人以建设用地使用权依法设立抵押，抵押人以土地上存在违法的建筑物为由主张抵押合同无效的，人民法院不予支持。

第五十条 抵押人以划拨建设用地上的建筑物抵押，当事人以该建设用地使用权不能抵押或者未办理批准手续为由主张抵押合同无效或者不生效的，人民法院不予支持。抵押权依法实现时，拍卖、变卖建筑物所得的价款，应当优先用于补缴建设用地使用权出让金。

当事人以划拨方式取得的建设用地使用权抵押，抵押人以未办理批准手续为由主张抵押合同无效或者不生效的，人民法院不予支持。已经依法办理抵押登记，抵押权人主张行使抵押权的，人民法院应予支持。抵押权依法实现时所得的价款，参照前款有关规定处理。

第五十一条 当事人仅以建设用地使用权抵押，债权人主张抵押权的效力及于土地上已有的建筑物以及正在建造的建筑物已完成部分的，人民法院应予支持。债权人主张抵押权的效力及于正在建造的建筑物的续建部分以及新增建筑物的，人民法院不予支持。

当事人以正在建造的建筑物抵押，抵押权的效力范围限于已办理抵押登记的部分。当事人按照担保合同的约定，主张抵押权的效力及于续建部分、新增建筑物以及规划中尚未建造的建筑物的，人民法院不予支持。

抵押人将建设用地使用权、土地上的建筑物或者正在建造的建筑物分别抵押给不同债权人的，人民法院应当根据抵押登记的时间先后确定清偿顺序。

第五十二条 当事人办理抵押预告登记后，预告登记权利人请求就抵押财产优先受偿，经审查存在尚未办理建筑物所有权首次登记、预告登记的财产与办理建筑物所有权首次登记时的财产不一致、抵押预告登记已经失效等情形，导致不具备办理抵押登记条件的，人民法院不予支持；经审查已经办理建筑物所有权首次登记，且不存在预告登记失效等情形的，人民法院应予支持，并应当认定抵押权自预告登记之日起设立。

当事人办理了抵押预告登记，抵押人破产，经审查抵押财产属于破产财产，预告登记权利人主张就抵押财产优先受偿的，人民法院应当在受理破产申请时抵押财产的价值范围内予以支持，但是在人民法院受理破产申请前一年内，债务人对没有财产担保的债务设立抵押预告登记的除外。

（三）动产与权利担保

第五十三条 当事人在动产和权利担保合同中对担保财产进行概括描述，该描述能够合理识别担保财产的，人民法院应当认定担保成立。

第五十四条 动产抵押合同订立后未办理抵押登记，动产抵押权的效力按照下列情形分别处理：

（一）抵押人转让抵押财产，受让人占有抵押财产后，抵押权人向受让人请求行使抵押权的，人民法院不予支持，但是抵押权人能够举证证明受让人知道或者应当知道已经订立抵押合同的除外；

（二）抵押人将抵押财产出租给他人并移转占有，抵押权人行使抵押权的，租赁关系不受影响，但是抵押权人能够举证证明承租人知道或者应当知道已经订立抵押合同的除外；

（三）抵押人的其他债权人向人民法院申请保全或者执行抵押财产，人民法院已经作出财产保全裁定或者采取执行措施，抵押权人主张对抵押财产优先受偿的，人民法院不予支持；

（四）抵押人破产，抵押权人主张对抵押财产优先受偿的，人民法院不予支持。

第五十五条 债权人、出质人与监管人订立三方协议，出质人以通过一定数量、品种等概括描述能够确定范围的货物为债务的履行提供担保，当事人有证据证明监管人系受债权人的委托监管并实际控制该货物的，人民法院应当认定质权于监管人实际控制货物之日起设立。监管人违反约定向出质人或者其他人放货、因保管不善导致货物毁损灭失，债权人请求监管人承担违约责任的，人民法院依法予以支持。

在前款规定情形下，当事人有证据证明监管人系受出质人委托监管该货物，或者虽然受债权人委托但是未实际履行监管职责，导致货物仍由出质人实际控制的，人民法院应当认定质权未设立。债权人可以基于质押合同的约定请求出质人承担违约责任，但是不得超过质权有效设立时出质人应当承担的责任范围。监管人未履行监管职责，债权人请求监管人承担责任的，人民法院依法予以支持。

第五十六条 买受人在出卖人正常经营活动中通过支付合理对价取得已被设立担保物权的动产，担保物权人请求就该动产优先受偿的，人民法院不予支持，但是有下列情形之一的除外：

（一）购买商品的数量明显超过一般买受人；

（二）购买出卖人的生产设备；

（三）订立买卖合同的目的在于担保出卖人或者第三人履行债务；

（四）买受人与出卖人存在直接或者间接的控制关系；

（五）买受人应当查询抵押登记而未查询的其他情形。

前款所称出卖人正常经营活动，是指出卖人的经营活动属于其营业执照明确记载的经营范围，且出卖人持续销售同类商品。前款所称担保物权人，是指已经办理登记的抵押权人、所有权保留买卖的出卖人、融资租赁合同的出租人。

第五十七条　担保人在设立动产浮动抵押并办理抵押登记后又购入或者以融资租赁方式承租新的动产，下列权利人为担保价款债权或者租金的实现而订立担保合同，并在该动产交付后十日内办理登记，主张其权利优先于在先设立的浮动抵押权的，人民法院应予支持：

（一）在该动产上设立抵押权或者保留所有权的出卖人；

（二）为价款支付提供融资而在该动产上设立抵押权的债权人；

（三）以融资租赁方式出租该动产的出租人。

买受人取得动产但未付清价款或者承租人以融资租赁方式占有租赁物但是未付清全部租金，又以标的物为他人设立担保物权，前款所列权利人为担保价款债权或者租金的实现而订立担保合同，并在该动产交付后十日内办理登记，主张其权利优先于买受人为他人设立的担保物权的，人民法院应予支持。

同一动产上存在多个价款优先权的，人民法院应当按照登记的时间先后确定清偿顺序。

第五十八条　以汇票出质，当事人以背书记载"质押"字样并在汇票上签章，汇票已经交付质权人的，人民法院应当认定质权自汇票交付质权人时设立。

第五十九条　存货人或者仓单持有人在仓单上以背书记载"质押"字样，并经保管人签章，仓单已经交付质权人的，人民法院应当认定质权自仓单交付质权人时设立。没有权利凭证的仓单，依法可以办理出质登记的，仓单质权自办理出质登记时设立。

出质人既以仓单出质，又以仓储物设立担保，按照公示的先后确定清偿顺序；难以确定先后的，按照债权比例清偿。

保管人为同一货物签发多份仓单，出质人在多份仓单上设立多个质权，按照公示的先后确定清偿顺序；难以确定先后的，按照债权比例受偿。

存在第二款、第三款规定的情形，债权人举证证明其损失系由出质人与保管人的共同行为所致，请求出质人与保管人承担连带赔偿责任的，人民法院应予支持。

第六十条　在跟单信用证交易中，开证行与开证申请人之间约定以提单作为担保的，人民法院应当依照民法典关于质权的有关规定处理。

在跟单信用证交易中，开证行依据其与开证申请人之间的约定或者跟单信用证的惯例持有提单，开证申请人未按照约定付款赎单，开证行主张对提单项下货物优先受偿的，人民法院应予支持；开证行主张对提单项下货物享有所有权的，人民法院不予支持。

在跟单信用证交易中，开证行依据其与开证申请人之间的约定或者跟单信用证的惯例，通过转让提单或者提单项下货物取得价款，开证申请人请求返还超出债权部分的，人民法院应予支持。

前三款规定不影响合法持有提单的开证行以提单持有人身份主张运输合同项下的权利。

第六十一条　以现有的应收账款出质，应收账款债务人向质权人确认应收账款的真实性后，又以应收账款不存在或者已经消灭为由主张不承担责任的，人民法院不予支持。

以现有的应收账款出质，应收账款债务人未确认应收账款的真实性，质权人以应收账款债务人为被告，请求就应收账款优先受偿，能够举证证明办理出质登记时应收账款真实存在的，人民法院应予支持；质权人不能举证证明办理出质登记时应收账款真实存在，仅以已经办理出质登记为由，请求就应收账款优先受偿的，人民法院不予支持。

以现有的应收账款出质，应收账款债务人已经向应收账款债权人履行了债务，质权人请求应收账款债务人履行债务的，人民法院不予支持，但是应收账款债务人接到质权人要求向其履行的通知后，仍然向应收账款债权人履行的除外。

以基础设施和公用事业项目收益权、提供服务或者劳务产生的债权以及其他将有的应收账款出质，当事人为应收账款设立特定账户，发生法定或者约定的质权实现事由时，质权人请求就该特定账户内的款项优先受偿的，人民法院应予支持；特定账户内的款项不足以清偿债务或者未设立特定账户，质权人请求折价或者拍卖、变卖项目收益权等将有的应收账款，并以所得的价款优先受偿的，人民法院依法予以支持。

第六十二条 债务人不履行到期债务，债权人因同一法律关系留置合法占有的第三人的动产，并主张就该留置财产优先受偿的，人民法院应予支持。第三人以该留置财产并非债务人的财产为由请求返还的，人民法院不予支持。

企业之间留置的动产与债权并非同一法律关系，债务人以该债权不属于企业持续经营中发生的债权为由请求债权人返还留置财产的，人民法院应予支持。

企业之间留置的动产与债权并非同一法律关系，债权人留置第三人的财产，第三人请求债权人返还留置财产的，人民法院应予支持。

四、关于非典型担保

第六十三条 债权人与担保人订立担保合同，约定以法律、行政法规尚未规定可以担保的财产权利设立担保，当事人主张合同无效的，人民法院不予支持。当事人未在法定的登记机构依法进行登记，主张该担保具有物权效力的，人民法院不予支持。

第六十四条 在所有权保留买卖中，出卖人依法有权取回标的物，但是与买受人协商不成，当事人请求参照民事诉讼法"实现担保物权案件"的有关规定，拍卖、变卖标的物的，人民法院应予准许。

出卖人请求取回标的物，符合民法典第六百四十二条规定的，人民法院应予支持；买受人以抗辩或者反诉的方式主张拍卖、变卖标的物，并在扣除买受人未支付的价款以及必要费用后返还剩余款项的，人民法院应当一并处理。

第六十五条 在融资租赁合同中，承租人未按照约定支付租金，经催告后在合理期限内仍不支付，出租人请求承租人支付全部剩余租金，并以拍卖、变卖租赁物所得的价款受偿的，人民法院应予支持；当事人请求参照民事诉讼法"实现担保物权案件"的有关规定，以拍卖、变卖租赁物所得价款支付租金的，人民法院应予准许。

出租人请求解除融资租赁合同并收回租赁物，承租人以抗辩或者反诉的方式主张返还租赁物价值超过欠付租金以及其他费用的，人民法院应当一并处理。当事人对租赁物的价值有争议的，应当按照下列规则确定租赁物的价值：

（一）融资租赁合同有约定的，按照其约定；

（二）融资租赁合同未约定或者约定不明的，根据约定的租赁物折旧以及合同到期后租赁物的残值来确定；

（三）根据前两项规定的方法仍然难以确定，或者当事人认为根据前两项规定的方法确定的价值严重偏离租赁物实际价值的，根据当事人的申请委托有资质的机构评估。

第六十六条 同一应收账款同时存在保理、应收账款质押和债权转让，当事人主张参照民法典第七百六十八条的规定确定优先顺序的，人民法院应予支持。

在有追索权的保理中，保理人以应收账款债权人或者应收账款债务人为被告提起诉讼，人民法院应予受理；保理人一并起诉应收账款债权人和应收账款债务人的，人民法院可以受理。

应收账款债权人向保理人返还保理融资款本息或者回购应收账款债权后，请求应收账款债务人向其履行应收账款债务的，人民法院应予支持。

第六十七条 在所有权保留买卖、融资租赁等合同中，出卖人、出租人的所有权未经登记不得对抗的"善意第三人"的范围及其效力，参照本解释第五十四条的规定处理。

第六十八条 债务人或者第三人与债权人约定将财产形式上转移至债权人名下，债务人不履行到期债务，债权人有权对财产折价或者以拍卖、变卖该财产所得价款偿还债务的，人民法院应当认定该约定有效。当事人已经完成财产权利变动的公示，债务人不履行到期债务，债权人请求参照民法典关于担保物权的有关规定就该财产优先受偿的，人民法院应予支持。

债务人或者第三人与债权人约定将财产形式上转移至债权人名下，债务人不履行到期债务，财产归债权人所有的，人民法院应当认定该约定无效，但是不影响当事人有关提供担保的意思表示的效力。当事人已经完成财产权利变动的公示，债务人不履行到期债务，债权人请求对该财产享有所有权的，人民法院不予支持；债权人请求参照民法典关于担保物权的规定对财产折价或者以拍卖、变卖该财产所得的价款优先受偿的，人民法院应予支持；债务人履行债务后请求返还财产，或者请求对财产折价或者以拍卖、变卖所得的价款清偿债务的，人民法院应予支持。

债务人与债权人约定将财产转移至债权人名下，在一定期间后再由债务人或者其指定的第三人以交易本金加上溢价款回购，债务人到期不履行回购义务，财产归债权人所有的，人民法院应当参照第二款规定处理。回购对象自始不存在的，人民法院应当依照民法典第一百四十六条第二款的规定，按照其实际构成的法律关系处理。

第六十九条 股东以将其股权转移至债权人名下的方式为债务履行提供担保，公司或者公司的债权人以股东未履行或者未全面履行出资义务、抽逃出资等为由，请求作为名义股东的债权人与股东承担连带责任的，人民法院不予支持。

第七十条 债务人或者第三人为担保债务的履行，设立专门的保证金账户并由债权人实际控制，或者将其资金存入债权人设立的保证金账户，债权人主张就账户内的款项优先受偿的，人民法院应予支持。当事人以保证金账户内的款项浮动为由，主张实际控制该账户的债权人对账户内的款项不享有优先受偿权的，人民法院不予支持。

在银行账户下设立的保证金分户，参照前款规定处理。

当事人约定的保证金并非为担保债务的履行设立，或者不符合前两款规定的情形，债权人主张就保证金优先受偿的，人民法院不予支持，但是不影响当事人依照法律的规定或者按照当事人的约定主张权利。

五、附则

第七十一条 本解释自2021年1月1日起施行。

【解读】

解读《关于适用〈中华人民共和国民法典〉有关担保制度的解释》

为正确适用民法典有关担保制度的规定,切实规范担保交易秩序,保障债权实现,缓解中小企业融资难、融资贵等问题,2020年12月25日,最高人民法院审判委员会第1824次会议通过了《关于适用〈中华人民共和国民法典〉有关担保制度的解释》(以下简称《担保制度解释》),并已于2021年1月1日起施行。现就《担保制度解释》涉及的有关问题予以说明,以期对该解释的正确理解和适用有所裨益。

一、《担保制度解释》的制定背景和经过

担保作为一项重要民事法律制度,涉及民事法律体系的各个方面,担保制度的完善对于促进经济发展起着至关重要的作用。2020年5月28日,第十三届全国人大三次会议表决通过了民法典,民法典的颁布对于各主体的民商事活动都具有深远的影响,尤其是在担保领域,民法典作出了重大变革,包括保证方式和保证期间的修改、纳入非典型担保合同、逐步消灭隐形担保、抵押财产转让规则的调整等诸多方面。为切实做好民法典的贯彻实施工作,正确适用民法典有关担保制度的规定,我们对《最高人民法院关于适用〈中华人民共和担保法〉若干问题的解释》(以下简称《担保法解释》)进行逐条梳理并进行了较为深入的研究,组成了专门的研究团队,对担保领域的相关理论和实务问题进行了深入的专题研讨,为此次司法解释起草工作打下了坚实的理论基础。

为确保司法解释能够符合经济交易的基本规律,便于人民法院在审判实践中统一裁判尺度,我们在加强调研的基础上,广泛征求社会各界意见,力求达成认识上的一致。在2019年起草《全国法院民商事审判工作会议纪要》(以下简称《纪要》)期间,我们已经比照民法典草案的相关规定,对担保制度进行了系统性梳理,在《纪要》中设置专门章节予以规定,对于《纪要》在审判实践中取得良好社会效果和法律效果的内容,此次司法解释予以吸收和改进。此外,我们召开专项研讨会,听取了专家学者、地方高级法院以及法官学院培训学员的意见,并就仓单质押、应收账款质押等问题征求了"一行两会"以及部分行业协会意见,就不动产登记事宜拜访了自然资源部不动产登记局并听取其意见,就金融、房地产等相关实务问题听取了全国律协、北京律协等部分地方律协以及房地产协会意见。为了使该司法解释更加务实管用、更具国际视野、更具理论品位,我们组织了专门力量,逐条附上典型案例、相关规范以及比较法资料,并对实践中争议比较大的23个条文进行了类案检索。可以说,《担保制度解释》是社会各界共同努力的结果。

二、《担保制度解释》的指导思想

担保制度在社会交易中的运用十分普遍，担保规则在制定中应以平等保护当事人合法权益为出发点和落脚点，通过切实规范担保交易秩序，保障债权实现，不断优化我国营商环境；通过缓解中小企业融资难、融资贵等问题，提升市场主体活力，发挥法治对于经济发展的保障作用，不断增强市场活力和人民群众获得感。在《担保制度解释》制定过程中，我们始终坚持以下指导思想和原则。

一是尊重立法原意。例如，对于共同保证，担保人之间是否具有追偿权，不论是在民法典制定过程中还是在出台后，都存在争议。在此情况下，我们秉持尊重立法原意原则，明确担保人之间原则上不能相互追偿，但是担保人之间有明确约定或者担保人之间因共同关系而形成连带债务关系的除外。对于未办理登记的动产抵押合同的效力、抵押财产转让的法律后果，我们在尊重立法原意的基础上，结合可能产生的实践问题进行了规范。

二是坚持问题导向。司法解释规定的担保问题，例如，公司对外担保、分支机构对外担保、学校医院对外担保、混合担保中担保人有无追偿权、债务人破产时保证债务应否停止计息、如何认识先诉抗辩权、保证合同无效时能否适用保证期间、预告登记的效力、流动质押、仓单质押等问题，几乎全部是长期困扰司法实践的疑难问题。另外，对于《担保法解释》规定的很多制度，尽管从法理上说仍然具有正确性，但考虑到目前已经基本没有异议，秉持问题导向，所以未简单地予以沿袭。

三是合理引导预期。针对经济金融领域存在的一些不规范现象，着眼于规范交易行为，对相关问题进行了规范，合理引导社会预期。例如，针对金融机构分支机构负责人越权提供担保的情形，规定未经金融机构授权，金融机构分支机构对外提供的保函以外的担保无效；针对上市公司违规担保这一资本市场的毒瘤，规定相对人未审查公开披露信息就与上市公司签订担保合同的，上市公司不承担责任；针对一单多质等仓单领域的乱象，规定仓单既可以背书方式进行质押，也可以依法进行登记，并明确保管人的责任。

四是保持政策延续性。例如，关于担保从属性、公司对外担保、共同担保、借新还旧中的担保责任、房地一体抵押等所涉及的具体规则，主要来自《纪要》的相关规定，目的就在于保持司法政策的一致性。

五是优化营商环境。世界银行营商环境评估中的获得信贷指标，对应的很多内容涉及担保制度。其中，关于担保财产的概括描述、抵押权及于从物与添附物、担保物权的实现程序等规定，与民法典规定不相冲突，故司法解释予以规定。

三、《担保制度解释》对于优化营商环境的具体体现

《担保制度解释》在优化营商环境问题上有两方面体现：一是对标世界银行营商环境指标；二是优化国内营商环境。

一般认为，现代动产担保制度的基本规则包括以下几方面：一是将不转移占有的动产担保形式作为最基本和最主要的担保形式；二是除典型担保外，担保方式还应包括所有具有担保功能的非典型担保，如让与担保、所有权保留、融资租赁、保理等；三是担保范围应当包括所有的动产和权利；四是担保权通过担保协议设立，允许企业为任何类型的债务设定担保，允许对担保物和担保债务进行概括描述；五是担保资产上的担保权延及可识别的收益、产品和替代品；六是建立统一的公示对抗效力规则，

并明确登记是担保权取得对抗第三人效力的主要公示方法;七是建立全国集中统一的登记机构和登记系统,提供电子化的登记公示服务;八是建立统一清晰、可预测的优先权规则;九是建立高效的担保权执行程序,支持庭外执行。世界银行获得信贷指标基本采纳了前述观点,将其作为评估动产担保制度的主要依据。

因应世界银行优化营商环境要求,着力构建现代动产担保制度,是民法典的重要内容。《担保制度解释》的很多条文都体现了优化营商环境的要求,例如,第三十八条至第四十二条有关担保物权的不可分性、抵押权及于从物、抵押权及于添附物、抵押权的物上代位效力的规定,体现的就是担保资产上的担保权延及可识别的收益、产品和替代品这一要求;第四十五条有关担保物权实现程序的规定,体现的是建立高效的担保权执行程序,支持庭外执行这一要求;第五十三条允许对抵押财产进行概括描述,体现了允许对担保物和担保债务进行概括描述的要求;第五十四条关于未办理登记的动产抵押权效力的规定,体现了建立统一清晰、可预测的优先权规则的要求;有关所有权保留、融资租赁、保理、让与担保等条文的规定,体现了功能主义担保的要求。可以说,优化营商环境是《担保制度解释》的重要着力点。

着力缓解中小微企业融资难、融资贵问题,切实规范担保交易秩序,更好地发挥物的流转效用,是优化营商环境的重要内容。缺乏银行可接受的有效担保,是造成中小微企业融资难的重要成因之一。如何寻求新的有效担保方式,规范担保交易秩序,已经成为经济发展中的重要环节。除民法典第三百九十九条规定的财产不得抵押,第四百二十六条规定的法律、行政法规禁止转让的动产不得出质外,《担保制度解释》第六十三条允许以法律、行政法规尚未规定可以担保的财产权利设立担保,并确认了该类合同的效力,以及可以请求按照担保合同的约定折价、变价受偿,丰富了当事人担保的方式和类型;第五十五条明确了质权设立的条件,明确了监管人的责任,有利于规范质押担保时的交易秩序。在非典型担保部分,《担保制度解释》明确了融资租赁、保理、让与担保等非典型性担保合同的性质,并规定了债权人实现担保物权的方式,丰富了担保交易的类型,拓宽了获得信贷的途径。类似的规定还有很多。作出此类规定的本意也是从服务实体经济的角度出发,预防化解金融交易风险点,促进市场主体规范经营,繁荣社会主义市场经济。

四、《担保制度解释》的主要内容

《担保制度解释》主要包括一般规定、保证、担保物权、非典型性担保、时间效力五个方面,针对民法典关于保证合同以及担保物权的内容进一步细化规定,以便更加适应经济社会的需要,统一人民法院对担保规则的认识。下面就各部分应当重点关注的内容予以说明。

(一)关于一般规定部分的重点内容

1.关于《担保制度解释》的适用范围

《担保制度解释》主要适用于典型担保和非典型担保。典型担保是指民法典规定的保证和担保物权。因保证发生的纠纷主要是保证合同纠纷,因担保物权发生的纠纷则既包括抵押合同、质押合同等合同纠纷,也包括抵押权、质权、留置权等物权纠纷。在所有权保留买卖、融资租赁中,出卖人或者出租人享有的所有权具有担保功能;此外,有追索权的保理亦具有担保功能。这些合同在涉及担保功能发生纠纷时也应适用《担保制度解释》的相关规定,主要包括:一是有关登记对抗的规则;二是有关担保物权的顺位规则；三是有关担保物权的实现规则；四是与价款优先权等有关的担保制度。需要特别说明的是，尽管民法典第五百八十六条规定定金也是债权的担保方式，但鉴于其和违约责任联系更密切，《担保制度解释》未对其作出规定，留待民法典合同编相关司法解释统一处理。有关行业协会建议《担保制度解释》对典当中的"死当""绝当"等作出规定，考虑到民法典对此并未作出规定，我们对这些问题的认识也还不成熟，故《担保制度解释》亦未对典当作相应的规定。

2. 关于担保的从属性

考虑到民法典已对担保在变更、转让以及消灭上的从属性等作出规定，《担保制度解释》坚持问题导向，仅对效力、范围上的从属性作出规定。具体包括以下两方面的内容。

一是关于效力上的从属性。实践中，当事人往往会在担保合同中约定，即便主合同无效，担保人也应承担相当于担保合同有效的责任，或者即便担保合同无效，担保人也应对合同无效的后果提供担保。《担保制度解释》规定，此类有关排除担保从属性的约定无效，但其无效并不当然导致整个担保合同无效。担保合同的效力还要看主合同是否有效：主合同有效，则有关担保独立性的约定无效不影响担保合同的效力；主合同无效，则当然导致担保合同无效，担保人依法承担缔约过失责任。

二是关于担保范围的从属性。担保责任本质上系担保人替债务人承担责任，担保人承担担保责任后可以向债务人追偿。如果担保人承担的责任范围大于债务人所应承担责任的范围，或者针对担保责任约定专门的违约责任，那么担保人承担责任后，超出部分将无法向债务人追偿，从而违反担保的从属性。有鉴于此，《担保制度解释》规定，担保责任超出主债务范围的，担保人对超出部分不承担责任。

3. 关于担保的资格

总体而言，只有市场化的主体才具有担保资格，才能成为保证人。根据民法典第六百八十三条的规定，机关法人原则上不得为保证人，以公益为目的的非营利法人、非法人组织亦不能为保证人，但是民法典并未对不具有保证资格的主体能否提供物保作出规定。我们认为，此类主体之所以不具有保证资格，是因为其只能从事与法定职责相关的活动，不得从事民商事经营活动，因而不能为他人债务提供担保，当然也包括不能为他人债务提供物保，故《担保制度解释》规定不具有保证资格的主体也不能提供物保。此外，民法典也没有对其他非营利法人或者特别法人能否提供保证作出规定。考虑到实践中常常就村民委员会、居民委员会等民事主体是否具有担保资格发生争议，《担保制度解释》规定村民委员会、居民委员会不具有担保资格，但是依法代行村集体经济组织职能的村民委员会，依照村民委员会组织法规定的讨论决定程序对外提供担保的除外。之所以如此规定，是因为村民委员会、居民委员会作为基层群众自治组织，只有办公经费而无收入来源，应参照同样作为特别法人的机关法人处理，但村集体经济组织有自己的财产，也有提供担保的现实需求，应有担保资格，因此代行村集体经济组织职能的村民委员会亦应作相同处理。需要注意的是，村民委员会组织法对村民委员会处分集体所有财产的民主决策程序作了明确规定，村民委员会代行村集体经济组织职能对外提供担保属于对集体所有财产的重大处分行为，应严格依照该法规定的讨论决定程序进行民主决策。

关于学校、幼儿园、医疗机构、养老机构等提供担保的效力问题一直是争议较大的问题。实践中,此类机构既有公办的,也有民办的。即便是民办机构,多数也是以公益为目的的非营利法人、非法人组织,故原则上不具有担保资格,不能对外提供担保,但登记为营利法人的民办学校、幼儿园、医疗机构、养老机构等,性质上就是企业法人,当然具有担保资格,其提供的担保应当认定有效。需要注意的是,民法典第三百九十九条第三项规定,学校、幼儿园、医疗机构等为公益目的成立的非营利法人的教育设施、医疗卫生设施和其他公益设施不得设定抵押。这意味着上述机构的公益设施不能用于为自身债务提供担保。考虑到此类主体也有融资需求,《担保制度解释》第六条规定了两种例外情形:一是在购入或者以融资租赁方式承租教育设施、医疗卫生设施、养老服务设施和其他公益设施时,出卖人、出租人为担保价款或者租金实现而在该公益设施上保留所有权;二是以教育设施、医疗卫生设施、养老服务设施和其他公益设施以外的不动产、动产或者财产权利设定的担保物权。

4. 关于公司对外担保

《纪要》就长期以来困扰审判实践的公司对外担保问题作了全面规定。在《纪要》确定的裁判思路基础上,《担保制度解释》进一步完善了相关规定,主要体现在以下四点。

一是关于越权担保的效力与责任。法定代表人未经法律规定的决议程序,超越代表权限以公司名义提供担保,要根据民法典第六十一条、第五百零四条等规定确定越权担保的效力与责任:相对人善意的,构成表见代表,担保合同对公司发生效力,公司承担担保责任;相对人非善意的,不构成表见代表,担保合同对公司不发生效力,公司不承担担保责任。问题是,在相对人非善意时,公司是否仍须对相对人的损失承担缔约过失责任,实践中存在较大争议。一种观点认为,法定代表人越权代表的后果亦应参照民法典关于无权代理的规定处理,在不构成表见代表的情形下,法定代表人的代表行为虽然对公司不发生效力,但对法定代表人发生效力,应由法定代表人对相对人的损失承担相应的责任。我们认为,民法典关于越权代表和表见代表的规定不同于民法典关于无权代理和表见代理的规定,参照民法典关于无权代理的规定认定公司不承担责任,仅由法定代表人承担责任的依据不足;考虑到公司也存在过错,此时公司对合同无效给相对人造成的损失也应当承担一定的赔偿责任。当然,在法定代表人越权担保的情形下,无论是公司因承担担保责任还是赔偿责任而受到损失,都有权向有过错的法定代表人追偿。

二是关于无须决议的例外情形。在我国现阶段,基于公司治理的现状,法定代表人未经公司决议径行对外提供担保的情况仍普遍存在。为避免裁判思路的变化对社会经济生活产生过大的冲击,《纪要》第19条规定:"存在下列情形的,即便债权人知道或者应当知道没有公司机关决议,也应当认定担保合同符合公司的真实意思表示,合同有效:(1)公司是以为他人提供担保为主营业务的担保公司,或者是开展保函业务的银行或者非银行金融机构;(2)公司为其直接或者间接控制的公司开展经营活动向债权人提供担保;(3)公司与主债务人之间存在相互担保等商业合作关系;(4)担保合同系由单独或者共同持有公司三分之二以上有表决权的股东签字同意。"经过一年多的实践,我们认为,《纪要》关于无须公司决议的规定确有必要,但也因范围过大而影响到公司的运营安全,实践中甚至出现一些公司尤其是上市公司的法定代表人利用公司对外提供担保输送利益的现象。为此,《担保制度解释》修改了上述《纪要》关于无须公司决议的规定，主要表现在以下三个方面：一是删除了《纪要》第19条第3项有关"公司与主债务人之间存在相互担保等商业合作关系"的规定；二是将该条第二项"公司为其直接或者间接控制的公司开展经营活动向债权人提供担保"修改为"公司为其全资子公司开展经营活动提供担保"；三是明确规定上市公司对外提供担保，不适用《担保制度解释》关于"公司为其全资子公司开展经营活动提供担保"和"担保合同系由单独或者共同持有公司三分之二以上对担保事项有表决权的股东签字同意"均无须公司决议的规定。

三是关于上市公司对外提供担保。上市公司属于公众公司，涉及众多中小投资者利益。法律为保护投资者的利益，明确规定上市公司有信息披露的义务，其中担保事项也是必须披露的内容。为全面落实法律关于上市公司信息披露的规定，《担保制度解释》对于上市公司对外提供担保进行了特别规定：一方面，上市公司对外担保，不仅须依据公司法（2018年修正，下同）第十六条由董事会或股东大会决议，而且还要对决议公开披露，但如果债权人仅仅是根据披露的信息与上市公司签订担保合同，人民法院也认定担保有效，上市公司应承担担保责任；另一方面，即使上市公司已根据公司法第十六条由董事会或股东大会对担保事项进行决议，但如果债权人不是根据上市公司公开披露的对外担保的信息签订担保合同，人民法院也应认为担保合同对上市公司不发生效力，此时公司既不承担担保责任，也不承担其他赔偿责任。由此可以看出，上市公司对外担保，不仅在效力认定上比一般封闭性公司要严格得多，在责任承担方面也有所不同：一般公司在担保合同对公司不发生效力的情况下，虽不承担担保责任，但要承担一定的赔偿责任；而上市公司在担保合同对其不发生效力的情况下，不承担任何责任。

需要指出的是，《纪要》第22条规定："债权人根据上市公司公开披露的关于担保事项已经董事会或者股东大会决议通过的信息订立的担保合同，人民法院应当认定有效。"根据反面解释规则，债权人没有根据上市公司公开披露的信息与上市公司订立的担保合同，应当认定无效。在无效的后果上，上市公司与一般公司承担的责任没有区别。在起草《担保制度解释》过程中，经过反复研究，我们更进一步地认识到，上市公司的所有担保事项都必须披露，如果相对人没有根据上市公司公开披露的信息与上市公司订立担保合同，就会损害证券市场上广大股民的权利，该合同应当认定对上市公司不发生效力，上市公司不应承担任何民事责任。《担保制度解释》的这一规定，与《纪要》第22条规定的无效后果不同，根据《最高人民法院关于适用〈中华人民共和国民法典〉时间效力的若干规定》第二条的规定，这一规定不具有溯及力。换言之，民法典施行之前债权人与上市公司订立的担保合同被认定无效的，上市公司应当视情况承担不超过二分之一或者三分之一的民事责任。民法典施行之后债权人与上市公司订立的担保合同被认定对上市公司不发生效力的，上市公司不承担任何民事责任。

四是关于公司的分支机构提供担保。公司的分支机构虽然不是独立的民事主体，但可以自己的名义从事民事活动，后果则由公司承担。我们认为，除金融机构开立保函以及担保公司提供担保外，既然公司对外提供担保原则上须有公司决议，那么公司的分支机构对外提供担保自然更是如此。由于金融机构对外提供担保无须公司决议，因此，金融机构的分支机构对外提供担保自然也无须公司决议，但考虑到担保行为的高风险性，从防范化解金融风险的角度出发，仍有必要规定金融机构的分支机构在提供担保时须取得金融机构的授权。为此,《担保制度解释》区分开立保函与提供保函之外的担保规定如下：对于标准化的保函业务，金融机构的分支机构既可以在其营业执照记载的经营范围内根据金融机构的概括授权开展，也可以经有权从事担保业务的上级机构个别授权开展，但是，提供保函之外的个别担保，则应取得金融机构（如商业银行总行）授权。至于担保公司的分支机构对外提供担保，虽然类似于金融机构的分支机构开立保函，但金融机构分支机构的营业执照可以不记载保函业务，而担保公司分支机构的营业执照则必然都会记载担保业务，因此，不能简单将担保公司分支机构营业执照记载的经营范围理解为担保公司对其分支机构的概括授权。为了便于担保公司加强风险控制，防止其设立的分支机构在未经公司授权时擅自对外提供担保，《担保制度解释》规定担保公司的分支机构以自己的名义对外提供担保，仍须获得公司的个别授权。

5. 关于共同担保

同一债务存在两个以上第三人提供的担保时，尽管民法典并未明确规定担保人之间不能相互追偿，但通过与担保法及《担保法解释》进行比较，不难看出民法典删除了担保人之间相互追偿的规定，立法机构不允许担保人之间相互追偿的用意不言自明。不过，担保人之间相互追偿问题属于私法自治的范围，即使民法典未规定担保人之间相互追偿，如果担保人之间约定可以相互追偿，自应基于尊重当事人的意思，允许已经承担担保责任的担保人依据其与其他担保人之间的约定进行追偿。此外，即使担保人没有明确约定可以相互追偿，但如果各担保人在提供担保时约定相互之间构成连带共同担保，则已经承担担保责任的担保人也有权根据民法典第五百一十九条的规定，向其他担保人请求分担其应当承担的份额。

值得注意的是，实践中数个担保人为同一债务提供担保有两种情形：一是同时提供担保，即数个担保人在同一份合同书上签字、盖章或者按指印；二是分别提供担保，即数个担保人分别在不同的合同书上签字、盖章或者按指印。我们认为，如果数个担保人在同一份合同书上签字、盖章或者按指印，亦应构成连带共同担保，已经承担担保责任的担保人可根据民法典第五百一十九条的规定，向其他担保人请求分担其应当承担的份额。

值得探讨的是，在担保人之间可以相互追偿的情形下，已承担担保责任的担保人是否应先向主债务人追偿，再就债务人不能清偿的部分请求其他担保人分担其应当承担的份额，实践中存在不同观点。我们认为，当事人对追偿问题有明确约定的，按照其约定处理；未约定或者约定不明的，已经承担担保责任的担保人应当先向主债务人追偿，只有主债务人不能清偿的部分才能在担保人之间进行分担。此种做法有利于避免循环追偿，同时也便于人民法院在担保纠纷案件的判决主文中就担保人之间的追偿问题直接作出裁判，从而减少诉累。

此外，在数个担保人为同一债务提供担保的情况下，如果担保人之间不能相互追偿，就可能会出现某一担保人通过与债权人签订债权转让协议的方式取得被担保的债权，再以债权人的身份向其他担保人主张担保权利，从而达到自己不再承担担保责任的目的的情形。我们认为，与一般情形下的债权转让不同，担保人本身对债权人负有担保债务，担保人受让债权的行为，其性质属于承担担保责任的行为。因此，如果受让的债权未超过其应当承担的担保责任，则受让债权的担保人作为债权人请求其他担保人承担担保责任的，人民法院不予支持；该担保人请求其他担保人分担相应份额的，则取决于担保人之间是否有相互追偿的权利,此时,依照前述思路处理。

6. 关于担保合同无效的法律后果

首先,根据《担保法解释》第七条的规定,如果主合同有效而担保合同无效,则推定担保人有过错,因而仅需根据债权人有无过错来确定担保人的责任:债权人无过错的,担保人与债务人对主合同债权人的经济损失承担连带赔偿责任;债权人有过错的,担保人承担的责任不超过债务人不能清偿部分的二分之一。我们认为,《担保法解释》第七条的规定存在以下不妥之处:一是在过错形态上,其推定担保人必定有过错与实际情况不符,例如,在债权人与债务人恶意串通骗取担保人提供担保的场合,就存在仅债权人一方有过错而担保人无过错的情形。二是在债权人无过错而担保人有过错的情况下,让担保人与债务人对主合同债权人的经济损失承担连带赔偿责任,缺乏理论和法律依据,因为在担保合同有效的情形下,担保人可能仅对债务人不能清偿的部分承担担保责任(如一般保证),而在担保合同无效的情形下,却要与债务人承担连带赔偿责任,从而可能导致轻重失衡,且在法律没有明确规定情况下,让担保人承担连带责任也缺乏依据。基于以上考虑,《担保制度解释》在《担保法解释》基础上作了如下修改:一是增加规定了债权人有过错担保人无过错时,担保人不承担责任的规定;二是担保人有过错而债权人无过错时,担保人对债务人不能清偿的部分承担赔偿责任,其性质属于补充责任而非《担保法解释》规定的连带赔偿责任。同时,为了保持既有裁判规则的连续性,同时限制法院的自由裁量权,《担保制度解释》沿袭了《担保法解释》对赔偿责任的上限进行控制的做法,规定了担保人承担的责任不超过债务人不能清偿部分的二分之一或者三分之一。

其次,关于担保人承担赔偿责任后向债务人追偿的问题。担保人在承担责任后向债务人的追偿,主要包括两种情形:一是承担了担保责任后的追偿,民法典第七百条已经作出了明确规定;二是承担了赔偿责任后的追偿,民法典并无明确规定,但《担保法解释》第九条对此有规定,《担保制度解释》沿袭了该规定。

最后,关于担保合同无效时反担保人的责任。在担保合同无效的情况下,反担保人应否承担责任以及如何承担责任?一种观点认为,担保合同是反担保合同的主合同,担保合同无效,反担保合同随之无效,反担保人应根据其过错承担相应的赔偿责任。我们认为,反担保合同担保的是担保人对主债务人的追偿权,并非担保合同的从合同,因此,即便担保合同无效,担保人在承担赔偿责任的范围内也享有对债务人的追偿权,因而,反担保合同并不因担保合同的无效而无效,反担保人仍应对担保人的损失承担全部担保责任。当然,反担保合同虽然不因担保合同无效而无效,但也可能因其他理由被认定无效,在反担保合同因自身原因被认定无效时,则应依据《担保制度解释》关于主合同有效而担保合同无效时法律后果的规定来确定反担保人的赔偿责任。

7. 关于担保与破产程序的衔接

《担保制度解释》在沿袭《全国法院破产审判工作会议纪要》第31条的基础上,就担保与破产程序的衔接问题作了进一步规定。一是根据民法典第七百条关于担保人代位行使债权人的权利不得损害债权人利益的规定,《担保制度解释》增加规定:不管担保人是否全部履行了担保责任,在债权人的债权未获全部清偿前,担保人不得代替债权人在破产程序中受偿,但是有权就债权人通过破产分配和实现担保债权等方式获得清偿总额中超出债权的部分,在其承担担保责任的范围内请求债权人返还。二是为了避免债权人和担保人重复行使权利,尤其是为了防止和解协议或者重整计划执行完毕的债务人利益受到损害,增加规定,债权人在债务人破产程序中未获全部清偿,请求担保人继续承担担保责任的,人民法院应予支持。但担保人承担担保责任后,向和解协议或者重整计划执行完毕后的债务人追偿的,人民法院不予支持。

(二)关于保证部分的重点内容

1. 关于保证类型的识别

考虑到民法典对于当事人没有约定或者约定不明时的保证类型从担保法规定的推定为连带责任保证修改为推定为一般保证,实践中可能会存在将推定规则与解释规则混为一谈的问题,即认为只要当事人在保证合同中没有写明"连带责任保证"字样,就应认定为一般保证。我们认为,民法典规定的推定规则只有在难以确定保证人真实意思表示的情况下才能适用。反之,如果可以通过意思表示解释规则,确定当事人承担的是连带责任保证的,就不能简单地根据推定规则将其认定为一般保证。在对保证人的意思表示进行解释时,要坚持以下规则:一是保证合同含有债务人应当先承担责任的意思表示的,人民法院应当将其解释为一般保证,例如,约定保证人在债务人不能履行债务或者无力偿还债务时才承担保证责任等类似内容;二是保证合同含有债权人可以选择债务人或者保证人承担责任的意思表示的,应当将其解释为连带责任保证,例如,约定保证人在债务人不履行债务或者未偿还债务时即承担保证责任、无条件承担责任等类似内容。

此外,《担保制度解释》还对实践中较为常见的各种增信措施的法律性质认定问题进行了回应。实践中,一些民事主体为规避法律关于提供担保须经公司决议等限制,采取向债权人提供差额补足、流动性支持等类似承诺文件作为增信措施。对于这些承诺文件的法律性质,有不同观点。我们认为,第三人提供的上述承诺文件在法律性质上应根据其内容进行解释,可区分为以下三种情形。

其一,如果承诺文件具有提供担保的意思表示,债权人请求该第三人承担保证责任的,人民法院应当依照保证的有关规定处理。此时,第三人究竟是承担一般保证的保证责任还是承担连带责任保证的保证责任,需根据前述解释规则进行认定,在无法依解释规则得出结论时,应推定为一般保证。

其二,第三人在承诺文件中具有加入债务或者具有与债务人共同承担债务等意思表示的,人民法院应当认定为民法典第五百五十二条规定的债务加入。第三人的意思难以解释为是债务加入还是保证时,从民法典平衡保护债权人与担保人的立场出发,应当推定为保证。至于是一般保证还是连带责任保证,亦应先通过解释当事人的意思表示来确定,只有在无法通过解释规则确定时,才能适用推定规则。

其三,如果第三人提供的承诺文件既无提供担保的意思表示,也没有加入债务的意思表示,但承诺文件约定了第三人的义务或者责任,则债权人请求第三人依据承诺文件的内容履行义务或者承担相应责任的,人民法院应予支持。

2. 关于一般保证

一般保证与连带责任保证最大的区别在于保证人是否享有先诉抗辩权。先诉抗辩权在实践中如何准确理解和适用,也是《担保制度解释》想要解决的重点和难点问题,主要涉及以下几个方面。

一是对一般保证的诉讼当事人作出规定。一般保证中,债权人是只能先起诉债务人再起诉保证人,还是可以将债务人和保证人作为共同被告一并提起诉讼,存在不同理解。一种观点认为,因保证人享有先诉抗辩权,债权人必须先起诉债务人,直接起诉一般保证人的,应当驳回其起诉;另一种观点则认为,应继续沿用《担保法解释》第一百二十五条的规定,债权人可以将债务人和保证人作为共同被告提起诉讼,但须在判决书主文中明确保证人仅对债务人财产依法强制执行后仍不能履行的部分承担保证责任。经研究,我们认为,先诉抗辩权的意义主要体现在以下三个方面:一是在诉讼阶段,债权人不能单独对保证人提起诉讼,因此,债权人未就主合同纠纷提起诉讼或者申请仲裁,仅起诉一般保证人的,人民法院应当向债权人释明将债务人一并提起诉讼,否则人民法院应当驳回起诉;二是在执行阶段,保证人仅对债务人不能清偿部分承担保证责任,因此,在债权人一并起诉债务人和保证人的情形下,虽然人民法院可以受理,但是在作出判决时,除有民法典第六百八十七条第二款但书规定的情形外,应当在判决书主文中明确,保证人仅对债务人财产依法强制执行后仍不能履行的部分承担保证责任;三是在财产保全中,如果债权人未对债务人的财产申请保全,或者保全的债务人的财产足以清偿债务,债权人申请对一般保证人的财产进行保全的,人民法院不予准许。

二是增加规定了当事人实现先诉抗辩权的一种特殊情形。从民法典第六百八十七条的规定看,在一般保证中,债权人必须在保证期间内向债务人提起诉讼或者申请仲裁,并就债务人财产依法强制执行仍不能履行债务的,才能向保证人主张保证责任。显然,债权人提起诉讼或者申请仲裁的目的是得到生效法律文书,并以此为依据执行债务人的财产。但实践中,还存在无须经过诉讼或者仲裁,债权人就能直接取得执行依据的特殊情形,即债权人取得赋予强制执行效力的公证债权文书。根据目的解释规则,债权人在取得此类文书后,依法就债务人财产申请强制执行仍不能履行的,债权人亦有权要求保证人承担保证责任。

三是关于一般保证的诉讼时效。民法典第六百九十四条第一款规定:"一般保证的债权人在保证期间届满前对债务人提起诉讼或者申请仲裁的,从保证人拒绝承担保证责任的权利消灭之日起,开始计算保证债务的诉讼时效。"所谓保证人拒绝承担保证责任的权利消灭之日,即先诉抗辩权消灭之日,具体包括两种情形:一是债权人已就债务人的财产依法强制执行仍不能清偿债务,具体表现为人民法院因无财产可供执行而作出终结本次执行裁定,或者依照民事诉讼法(2017年修正,下同)第二百五十七条第三项、第五项的规定作出终结执行裁定,此时一般保证的诉讼时效应自前述裁定送达债权人之日起开始计算。当然,由于实践中情况较为复杂,有些法院在法律或者司法解释规定的期限内未作出前述裁定,如果放任不管,可能会影响到债权人向一般保证人主张权利,因此,《担保制度解释》规定人民法院自收到申请执行书之日起一年内未作出前述裁定的,保证债务的诉讼时效自人民法院收到申请执行书满一年之日起计算。之所以规定一年,是因为根据民事诉讼法第二百二十六条的规定,通常情形下的执行期限是从收到申请执行书之日起六个月,但考虑到在强制执行过程中需要对标的物进行评估、拍卖,特殊情形下人民法院可能无法在六个月内完成全部执行行为。此外,《担保制度解释》规定一年的目的,只是推定债务人没有可供执行的财产,如果保证人有证据证明债务人仍有可供执行财产,自然不受此限。二是存在民法典第六百八十七条第二款但书规定的四种情形时,保证人的先诉抗辩权即已经消灭。从文义上看,似乎只要出现这四种情形之一，就应当开始计算诉讼时效。问题是，债权人对这四种情形的发生可能并不知情，客观计算既不利于保护债权人权益，也不符合诉讼时效从知道或者应当知道权利被侵害之日起计算的法理。为此，《担保制度解释》根据诉讼时效的一般法理，采主观说，规定存在民法典第六百八十七条第二款但书规定情形的，一般保证债务的诉讼时效自债权人知道或者应当知道该情形之日起开始计算。

3. 关于共同保证的保证期间

如前所述，在同一债务上有数个担保的情况下，担保人之间既可能存在连带债务关系（相互之间有追偿权），也可能不发生连带债务关系（相互之间没有追偿权）。在各保证人之间不存在连带债务关系的情形下，债权人对部分保证人行使权利的行为，其效力自然不及于其他担保人。例如，甲对乙享有200万元的债权，A、B为保证人，保证期间分别为主债权履行期限届满后六个月、一年。在保证人之间未形成连带债务关系的情况下，甲在六个月内向A主张了权利，但未向B主张权利，主债权履行期限满一年后，甲以其曾经向A主张权利为由，主张其也已经依法向B行使权利的，人民法院不予支持。相应地，B以甲未在保证期间内行使权利为由主张不承担担保责任的，人民法院应予支持。

问题是，在各保证人之间形成连带债务关系的情形下，债权人对部分保证人依法行使权利的行为，其效力是否及于其他保证人？根据民法典第五百二十条的规定，在连带债务中，只有履行、抵销、提存、免除、混同、给付受领迟延六种行为而导致债务消灭才对其他债务人发生效力。依反面解释，在共同保证中，债权人向其中部分保证人依法主张权利的行为，其效果亦不及于其他保证人。

值得注意的是，在各保证人之间构成连带债务关系的情况下，债权人未在保证期间内依法向部分保证人行使权利，而其他保证人在承担保证责任后向依法不再承担保证责任的保证人追偿时，依据民法典第五百一十九条第二款之规定，该保证人对债权人的抗辩，自可向行使追偿权的保证人主张，这将导致已经承担了保证责任的保证人的追偿权不能得到实现。还以前述案件为例，假设A、B相互之间具有追偿权，甲在主债权履行期限届满后九个月内向B主张权利时，甲未在保证期间内向A主张权利，导致B在承担担保责任后不能再向A追偿。考虑到该后果系因债权人的行为所致，且债权人在保证期间内未向部分保证人主张权利导致其担保责任被免除的行为，本质上属于免除该保证人责任的行为，根据民法典第五百二十条第二款的规定，在债权人免除该保证人债务的范围内，应当免除其他保证人的责任。

4. 与保证期间有关的事实查明

保证期间是确定保证人承担保证责任的期间，债权人只有在保证期间内依法向保证人主张了权利，才能要求保证人承担保证责任，否则保证人的保证责任消灭。我们认为，保证期间可以由当事人约定，且无中止、中断和延长的情形，故不同于诉讼时效；除斥期间作为法定期间，不允许当事人约定，且除斥期间届满后消灭的是形成权，故除斥期间和保证期间亦存在本质区别。考虑到保证期间届满消灭的是实体权利，对当事人权利义务的影响至巨，人民法院对与保证期间有关的事实进行审理时不宜采取类似诉讼时效那样的当事人抗辩主义，而应当在向当事人释明的基础上查明与保证期间有关的基本事实。在具体案件的审理中，应重点查明保证期间是否已经届满，债权人是否在保证期间内依法行使权利等具体内容。

此外，债权人在保证期间内未依法行使权利，保证责任本已消灭，但实践中有的债权人又书面通知保证人要求其承担保证责任，而保证人也在通知书上签字、盖章或者按指印，此时，债权人是否能够请求保证人继续承担保证责任，存在较大争议。我们认为，保证期间不同于诉讼时效，诉讼时效届满产生的仅仅是债务人的抗辩权，因此债务人在催款通知书上签字、盖章或者按指印，可以理解为其对抗辩权的放弃，但保证期间届满消灭的是实体权利，保证人仅仅在催款通知书上签字、盖章或者按指印，不足以认定保证人有重新为债务提供担保的意思表示。因此，《担保制度解释》规定在上述情形下，债权人向保证人请求继续承担保证责任的，人民法院不予支持，但是债权人有证据证明成立了新的保证合同的除外。

5. 关于最高额保证的保证期间

从司法实践的情况看，多数情况下，当事人对于最高额保证的保证期间都有约定，根据意思自治原则，当事人对计算方式与起算点等有约定的，从其约定。问题是，在没有约定或者约定不明确时，究竟是根据被担保的债权逐笔单独计算保证期间，还是统一计算保证期间，存在不同的观点。我们认为，由于最高额担保系对一定时期连续发生的债权提供担保，逐笔单独计算保证期间，无法体现最高额担保的特点，但是，如果采取统一计算的方式，也可能存在起算点难以确定的问题，因为当事人约定的期间届满时，有些被担保债权的履行期限尚未届满，自无起算保证期间的可能。经反复研究，《担保制度解释》对于最高额保证的保证期间采用统一计算的方式，但对于保证期间的起算点，则应视债权确定时被担保债权的履行期限是否已经届满来确定：债权确定时，对于被担保的履行期限已届满的债权，保证期间自债权确定之日起开始计算；对于被担保的履行期限还有未届满的债权，保证期间则自最后到期债权的履行期限届满之日起开始计算。这里所说的债权确定之日，根据民法典第六百九十条第二款的规定，应参照民法典第四百二十三条进行认定。

6. 关于撤诉是否影响保证期间

债权人提起诉讼或者申请仲裁后又撤回起诉或者仲裁申请，能否视为债权人依法向保证人主张过权利，实践中存在较大争议。我们认为，对于此种情形，应当区别一般保证和连带责任保证规定不同的法律后果。

其一，在一般保证中，债权人向债务人提起诉讼或者申请仲裁并就债务人财产依法强制执行仍未履行债务的，才能向保证人主张实体权利。换言之，债权人必须让债务人先承担责任。当事人撤诉或者撤回仲裁申请本质上意味着其并无让债务人先承担责任的意思表示，因此，只要债权人在保证期间内没有再次对债务人提起诉讼或者申请仲裁，保证人就不应再承担保证责任。

其二，在连带责任保证中，在债权人撤诉或者撤回仲裁申请时，能否认定债权人向保证人主张过权利？对此，存在不同观点。我们认为，与诉讼时效只需要债权人主张过权利不同，保证期间的意义在于使处于或然状态的保证责任成为确定的保证债务，因而不仅需要债权人主张权利，而且还要让保证人知道债权人在主张权利。因此，仅人民法院受理了案件或者仲裁机构受理了仲裁申请仍不足以构成依法行使权利，只有起诉状副本或者仲裁申请书副本送达保证人才意味着依法行使了权利。

7. 关于保证合同无效时的保证期间

保证合同无效或者被撤销时能否适用保证期间制度，是司法实践中争议较大的一个问题。我们认为，债权人通常不会主观上认为保证合同无效或者可被撤销，否则就不会订立保证合同。因此，在债权人不知道保证合同无效或者可撤销时，如果其认为保证人应当承担保证责任，自应在保证期间内向保证人主张保证责任。相应地，债权人未在保证期间内依法向保证人主张保证责任，通常可以解释为债权人不再要求保证人承担保证责任，当然也就无意要求保证人承担赔偿责任。更为重要的是，如果保证合同无效或者被撤销，保证人不能受到保证期间的保护，就可能导致保证人在保证合同无效或者被撤销时的责任较之保证合同有效时更重：保证合同有效时，保证人因债权人未在保证期间内行使权利而无须承担任何责任，但在保证合同无效或者被撤销时，保证人反倒可能承担赔偿责任，这显然不公平。有鉴于此，《担保制度解释》第三十三条规定保证合同无效，债权人未在约定或者法定的保证期间内依法行使权利，保证人主张不承担赔偿责任的，人民法院应予支持。

（三）关于担保物权部分的重点内容

1. 关于抵押合同及抵押权的效力

民法典第三百九十九条规定，所有权、使用权不明或者有争议的财产以及依法被查封、扣押、监管的财产不得抵押。我们认为，当事人以上述财产设立担保，如不存在其他无效情形，一般应当认定担保合同有效，因为这些财产只要不是违法财产，就不存在因标的违法而无效的问题，且根据区分原则，民法典第三百九十九条规定不得抵押的情形，即使构成无权处分，也不应影响抵押合同的效力。值得注意的是，当事人以权属不明或者有争议的财产设立抵押，经人民法院审查后可能有两种结果：一是抵押人有处分权的；二是抵押人无权处分。在抵押人有权处分的场合，不仅抵押合同效力不受影响，抵押权的设立也应认定有效。在抵押人无权处分的场合，抵押合同虽然不因抵押人无权处分而受影响，但抵押权的设立取决于债权人是否满足善意取得的条件：构成善意取得的，债权人可主张行使抵押权；不符合善意取得条件的，债权人无权主张行使抵押权，真正的权利人可以请求注销抵押登记。至于当事人以被查封、扣押、监管的财产设立抵押，债权人请求行使抵押权时，如果查封、扣押或者监管措施已经解除，人民法院应予支持；抵押人以抵押权设立时财产被查封或者扣押为由主张抵押合同无效的，人民法院不予支持。

此外，《担保制度解释》沿袭《纪要》的相关规定，明确在不动产抵押中，如果当事人签订抵押合同但未办理抵押登记，仅仅抵押权没有设立，抵押合同的效力不受影响，债权人可以请求抵押人继续办理抵押登记。在不能继续办理抵押登记的情况下，我们认为，应区分是否因可归责于抵押人的原因进行不同的处理：一是因不可归责于抵押人的原因导致不能办理抵押登记，例如，自然灾害导致标的物灭失的，除抵押人因此取得抵押财产的代位物而须在代位物的价值范围内依其过错程度承担违约损害赔偿责任外，其他情形下抵押人不应承担赔偿责任；二是因可归责抵押人的原因导致不能办理抵押登记，例如，抵押人将抵押财产转让他人，此时抵押人应在约定的担保范围内承担违约损害赔偿责任，但是不得超过抵押权能够设立时抵押人应当承担的责任范围。

2. 关于抵押财产转让

一是明确禁止或者限制转让的约定不影响转让合同的效力。民法典第四百零六条在允许抵押人自由转让抵押财产的同时，规定"当事人另有约定，按照其约定"。根据区分原则，无论当事人关于限制或者禁止抵押物转让的约定是否登记，都不应影响抵押财产转让合同的效力。

二是明确禁止或者限制转让的约定经登记的，具有对抗效力。在限制或者禁止抵押物转让的约定已经登记的情形下，如果抵押人将抵押财产转让给他人且已经办理了过户登记，抵押权人主张抵押物所有权变动无效的，人民法院应予支持。之所以作此种规定，是因为在我国当前，抵押权的追及力实际上受到很多限制。为落实民法典有关保护抵押权人利益的精神，有必要通过赋予经登记的限制或者禁止转让的约定以类似于预告登记的效力，从而有条件地否定转让行为的物权效力。这样规定的另一个理由是，民法典第四百零六条规定的情形发生纠纷的多是不动产交易，不动产买受人购买不动产时应当查询不动产是否已经办理抵押登记。如限制或者禁止转让的约定已经依法登记，其查询时自然也应知道。最后一个理由是，在与自然资源部不动产登记局进行沟通的过程中，我们获知在民法典施行后，是否存在禁止或限制转让不动产的约定将是不动产登记簿上可以登记的事项，因而具有可操作性。

需要注意的是，对消费者进行特殊保护是长期以来坚持的一项司法政策，在作为消费者的购房人从房地产开发单位处购买商品房的情况下，关于抵押权人能否向购房人主张权利，以及购房人能否排除抵押权人申请的强制执行等问题，根据司法解释的分工，将由其他司法解释进行规定，《担保制度解释》未予涉及。

3. 关于主债权诉讼时效期间届满的法律后果

民法典仅规定抵押权在主债权诉讼时效期间未行使的，人民法院不再予以保护。由于担保物权从属于主债权，因此，在主债权因诉讼时效届满而成为自然债务后，抵押权也无法通过人民法院予以保护。问题是，在抵押权不再受人民法院保护的情形下，抵押人能否提起诉讼，请求抵押权人协助办理注销抵押登记？我们认为，既然抵押权已经不再受到人民法院的保护，与其让抵押登记的存在影响抵押人处分抵押物，不如明确抵押人有权请求抵押权人协助办理注销抵押登记，以充分发挥物的效用，这也是物尽其用原则的基本要求。但考虑到民法典并无主债权诉讼时效届满导致担保物权消灭的规定，而《纪要》对此问题已经作出规定，为稳妥起见，《担保制度解释》未就抵押权登记的注销问题作出规定。

另外，实践中较有争议的是，质权和留置权是否也会因主债权诉讼时效届满而不再受人民法院的保护？对此，有两种意见。第一种意见认为，民法典第四百一十九条明确规定抵押权人未在主债权诉讼时效期间行使抵押权的，人民法院不予保护，而关于留置权，民法典第四百五十四条则规定债务人可以请求留置权人在债务履行期限届满后行使留置权。从民法典的上述规定可以看出，主债权诉讼时效期间届满对于权利人行使权利的影响并不相同，即明确了人民法院对于抵押权不予保护，但对于留置权的保护问题并未予以规定。考虑到民法典第四百一十九条规定的抵押权一般以登记为生效要件，而留置权以债权人占有标的物为前提，因此对于权利人保护方式和处理结果上应有所区别，留置权不因主债权已过诉讼时效而不受人民法院的保护，在主债权诉讼时效期间届满后，债务人或者留置财产的所有权人虽然不能要求返还留置财产，但可以请求拍卖、变卖留置财产以清偿债务。第二种意见认为，留置权人留置债务人的财产，应视为主张权利的方式，因此无主债权诉讼时效已过的问题。经研究，《担保制度解释》采纳了第一种意见。此外，对于质权而言，以登记作为生效要件的权利质权与抵押权相似，可能发生因主债权已过诉讼时效而不再受人民法院保护的问题，应参照适用《担保制度解释》第四十四条第一款的处理规则；动产质权、交付权利凭证为生效要件的权利质权，因质押财产及权利凭证由质权人占有，则应参照适用《担保制度解释》第四十四条第二款的处理规则。

4. 关于抵押预告登记

由于民法典对于抵押预告登记的效力未作明确规定，因此实践中对于当事人在签订抵押合同后未办理抵押登记但已办理预告登记，预告登记权利人能否主张行使抵押权的问题一直存在争议。我们认为，预告登记是在本登记暂时无法办理时当事人为确保将来取得物权而办理的一种特殊登记。由于抵押权本身无法阻止抵押人转让抵押物或者在抵押物上为他人再次设立抵押权，因此，债权人办理抵押预告登记后，亦无法阻止抵押人转让标的物或者再次以标的物设立担保物权。就此而言，当事人办理抵押预告登记的目的在于当能够办理抵押登记时，其能获得较之其他担保物权人更加优先的顺位，而不在于防止抵押人再次处分标的物，因此并无民法典第二百二十一条第一款关于"预告登记后，未经预告登记的权利人同意，处分该不动产的，不发生物权效力"之规定适用的余地。

此外，为避免诉累，虽然当事人办理的只是抵押预告登记而非抵押登记，但在诉讼过程中经人民法院审查具备办理抵押登记的条件的，预告登记权利人即可主张已经取得抵押权，而无须判决认定预告登记权利人只有在办理抵押登记后才能主张抵押权。至于办理抵押登记的条件，经与自然资源部不动产登记局沟通，是指建筑物已经办理首次登记。也就是说，只要在预告登记的有效期内建筑物已经办理了首次登记，人民法院就认定预告登记权利人可直接主张行使抵押权。当然，如果当事人不具备办理抵押登记条件，预告登记权利人请求行使抵押权的，人民法院自不应予以支持，但不影响其在具备抵押登记条件时再行使抵押权。

值得注意的是，在抵押人破产的情况下，考虑到抵押预告登记权利人无法等到办理抵押登记的条件具备时再主张优先受偿权，《担保制度解释》参照企业破产法关于破产程序中债权加速到期的相关规定，赋予抵押预告登记具有抵押登记的效力，抵押预告登记权利人可以就抵押财产优先受偿。但是，为了不妨碍和解协议和重整程序的顺利进行，我们认为，预告登记权利人的优先受偿范围应以受理破产申请时抵押财产的价值为限。另外，企业破产法第三十一条第三项规定，在人民法院受理破产申请前一年内，债务人对没有财产担保的债务提供财产担保的，管理人有权请求人民法院予以撤销。据此，债务人在人民法院受理破产申请前一年内办理抵押预告登记，且系为没有财产担保的债务设立的抵押预告登记的，不享有破产保护效力。

5. 未办理登记的动产抵押权的效力

民法典第四百零三条规定："以动产抵押的，抵押权自抵押合同生效时设立；未经登记，不得对抗善意第三人。"如何界定善意第三人的范围，存在不同理解。我们认为，准确理解善意第三人的范围，应把握以下几点：一是这里的第三人不包括抵押权人、质权人、留置权人等担保物权人，因为担保物权人之间的顺位，根据民法典第四百一十四条、第四百一十五条确立的规则确定即可，无须考虑彼此之间是否为善意，否则有悖于建立统一的、可预测的优先顺位规则的目的。二是这里的善意第三人主要是指已经占有标的物的买受人或者承租人，因为在第三人是普通债权人的情形下，基于物权优先于债权的民法理论，无论第三人为善意还是恶意，抵押权人都是可以对抗的，而已经取得占有的买受人或者承租人要么已经取得物权，要么取得了具有一定物权效力的债权，因此只有在第三人为恶意的情形下，抵押权人才能对其主张权利。三是有必要进一步区分第三人是买受人还是承租人。在第三人为买受人时，涉及抵押权是否对买受人有追及效力，即抵押权人能否向买受人主张抵押权的问题；在第三人为承租人时，涉及租赁合同是否因标的物已经抵押而受到影响，即抵押权实现时是否须带租拍卖的问题。

值得注意的是，为落实民法典消除隐形担保的目的，我们认为，如果抵押人的其他债权人已经申请人民法院对标的物采取了查封、扣押措施，也应认为未经登记的抵押权人不能向其主张优先受偿。此外，在抵押人进入破产程序后，由于抵押人的其他债权人既有可能是善意的，也有可能是恶意的，认定未经登记的抵押权具有对抗效力可能带来不公平的结果，也与破产程序追求债权人公平受偿的理念相冲突，因此，未办理抵押登记的抵押权人主张优先受偿的，人民法院亦不应予以支持。

6. 关于正常经营活动中的买受人

动产抵押以登记作为公示方法，但动产类型众多、数量很大，且有些动产价值较低，采用登记作为公示方法无疑会大幅增加当事人的查询成本。为了避免动产抵押给人们的正常生活造成干扰，同时防止加重当事人的交易成本，民法典第四百零四条规定："以动产抵押的，不得对抗正常经营活动中已经支付合理价款并取得抵押财产的买受人。"我们认为，该条规定的"正常经营活动"从文义上看固然针对的是出卖人，即其在营业执照明确记载的经营范围内从事经营活动且持续经营同类商品的销售，但考虑到设立上述规则的主要目的在于明确哪些情况下可以豁免买受人的查询义务，因而还有必要考察买受人的有关情况。如果买受人知道或者应当知道标的物已被设立担保物权，此时其就不能援引该项规则阻却抵押权的追及效力。为了便于法院判断买受人何时可以无须查询抵押登记，《担保制度解释》参考域外经验，将下列情形的买受人排除在正常经营活动之外：（1）购买商品的数量明显超过一般买受人；（2）购买出卖人的生产设备；（3）订立买卖合同的目的在于担保出卖人或者第三人履行债务；（4）买受人与出卖人存在直接或者间接的控制关系；（5）买受人应当查询抵押登记而未查询的其他情形。此外，考虑到民法典已将所有权保留买卖和融资租赁中的所有权规定为非典型担保物权，《担保制度解释》将正常经营活动中的买受人规则的适用范围扩及已经办理登记的所有权保留、融资租赁。

7. 关于价款优先权

民法典第四百一十六条规定："动产抵押担保的主债权是抵押物的价款，标的物交付后十日内办理抵押登记的，该抵押权人优先于抵押物买受人的其他担保物权人受偿，但是留置权人除外。"这一规定在学理上被称为价款优先权或者价款超级优先权。通过考察价款超级优先权在域外的发展过程以及立法机构对这一制度的说明，我们将这一规定在实践中的运用区分为两种情形：一是债务人在设立动产浮动抵押后又购入新的动产时，为担保价款的支付而在该动产上为出卖人设立抵押权；二是在动产买卖中，买受人通过赊销取得动产后立即为他人设立担保物权，出卖人为担保价款支付而在该动产上设立抵押权。

需要说明的是，前一种情形主要是为了解决中小企业在将现有的和将有的动产设立浮动抵押后的再融资能力问题,因为如果动产浮动抵押设立在前且已经办理登记,则抵押人新购入的动产也将自动成为浮动抵押权的客体,即使买受人在新购入的动产上为担保价款债权实现而为出卖人设立了抵押权,由于该抵押权登记在后,根据民法典第四百一十四条关于担保物权清偿顺序的规定,出卖人的交易安全也无法获得有效保障,从而影响出卖人与抵押人进行交易的积极性。价款超级优先权旨在打破民法典第四百一十四条的清偿顺序,赋予后设立的抵押权优先于先设立的浮动抵押权的效力,从而增强了抵押人的再融资能力,具有正当性。

不过,后一种情形下价款优先权的正当性遭到了部分学者的质疑,因为该种情形针对的仅仅是买受人尚未将以赊购方式买入的动产"捂热",即又在该动产上为第三人设立担保物权,从而导致出卖人的价款可能无法实现,这虽然有利于保障出卖人的交易安全,却可能威胁到已经在标的物上设立担保物权的第三人的交易安全。从文义上看,民法典第四百一十六条应包括此种情形,因此,《担保制度解释》从尽量尊重立法原意的角度,对此种情形下的价款优先权亦予以承认,至于由此带来的第三人交易安全的问题,则可由第三人通过尽职调查等方式予以克服。

此外,考虑到实践中对价款支付进行担保的手段除了以标的物设立抵押权外,还存在所有权保留、融资租赁等方式,因此,《担保制度解释》将上述两种情形下可以主张价款优先权的主体规定为三类当事人:一是在该动产上设立抵押权或者保留所有权的出卖人;二是为价款支付提供融资而在该动产上设立抵押权的债权人;三是以融资租赁方式出租该动产的出租人。

8. 关于仓单质押

实践中,存在所谓仓单乱象,即保管人就同一批货物开出数份仓单,导致存货人将仓单多次质押或者转让,或者保管人在开出仓单后,仍然允许存货人无单取货或者以货物再次进行质押、抵押等情况。为了明确仓单作为货权凭证的法律地位,并通过司法裁判引导和规范仓单质押的实践,《担保制度解释》首先明确了仓单质押的成立要件,即仓单质押并非仅仅是交付仓单即可,而是应当进行质押背书并由保管人签名或者盖章。此外,考虑到《国务院关于实施动产和权利担保统一登记的决定》规定仓单可以进行质押登记,因而《担保制度解释》规定,没有权利凭证的仓单,依法可以办理出质登记的,仓单质权自办理出质登记时设立。其次,根据民法典第四百一十四条、第四百一十五条的规定,我们认为,在出质人既以仓单出质又以仓储物设立担保的情况下,应按照公示的先后确定清偿顺序;难以确定先后顺序的,按照债权比例清偿。在保管人为同一货物签发多份仓单,而出质人又在多份仓单上设立多个质权的情况下,应按照公示的先后确定清偿顺序;难以确定先后顺序的,按照债权比例受偿。最后,考虑到实践中上述问题的出现,往往是存货人与保管人共同侵权的结果,故有过错的保管人应与存货人对因此受到损失的债权人承担连带赔偿责任。

9. 关于应收账款质押

根据中国人民银行发布的《应收账款质押登记办法》第二条第一款的规定,应收账款是权利人因提供一定的货物、服务或者设施而获得的要求义务人付款的权利以及依法享有的其他付款请求权,包括现有的、将有的金钱债权,但不包括因票据或者其他有价证券而产生的付款请求权,以及法律、行政法规禁止转让的付款请求权。现有的应收账款,主要是指出质时应收账款债务人、质押标的都能够确定或者特定的金钱债权;将有的应收账款,是指出质时应收账款债务人或者质押标的尚未确定或者特定的金钱债权,主要包括不动产收费权、依法可以出质的其他收费权以及其他将有的应收账款出质。

关于以现有的应收账款出质,实践中主要的问题是应收账款不存在或者虚构应收账款时该如何分配举证责任以及确定责任。为此,《担保制度解释》规定:一是应收账款债务人向质权人确认应收账款的真实性后,又以应收账款不存在或者已经消灭为由主张不承担责任的,人民法院不予支持。二是应收账款债务人未确认应收账款的真实性,质权人以应收账款债务人为被告,请求就应收账款优先受偿,能够举证证明办理出质登记时应收账款真实存在的,人民法院应予支持;质权人不能举证证明办理出质登记时应收账款真实存在,仅以已经办理出质登记为由,请求就应收账款优先受偿的,人民法院不予支持。

现有的应收账款出质后,应收账款债务人应当向谁履行是另一大问题。鉴于应收账款质押与债权转让有很大程度的相似性,为此《担保制度解释》第六十一条参照民法典关于债权转让经通知债务人后对其具有约束力的规定,规定应收账款债务人接到质权人要求向其履行的通知前,可以向应收账款债权人履行;接到通知后,只能向应收账款质权人履行。现有的应收账款,质权人可以直接请求应收账款债务人向自己履行。

将有的应收账款质押,实践中主要体现为各种收费权,其区别于现有应收账款的一大显著特征是:出质以及实现时应收账款债务人均难以确定。为此,质权人不能直接向应收账款债务人主张权利,故其权利实现方式主要是由质权人直接请求应收账款债权人履行,实践中又要区分是否已经设立特定账户等情形:一是当事人为应收账款设立特定账户的,质权人可以请求就该特定账户内的款项优先受偿;二是特定账户内的款项不足以清偿债务或者未设立特定账户的,质权人可以请求折价或者拍卖、变卖收费权并就所得的价款优先受偿。

(四) 关于非典型担保部分的重点内容

1. 关于所有权保留

在分期付款买卖中,当事人约定在标的物交付买受人后由出卖人继续保留所有权的情况在实践中较为常见。出卖人保留所有权的目的,显然是担保价款债权的实现,因此出卖人保留的所有权被认为是一种非典型担保物权。关于所有权保留买卖,合同法已有明确规定,但由于合同法没有规定公示方式,因此第三人无法从外观上识别出卖人所保留的所有权,从而对第三人的交易安全构成了一定的威胁。民法典为消除此种隐形担保,明确规定出卖人保留的所有权非经登记,不得对抗善意第三人(第六百四十一条第二款)。不仅如此,在同一标的物上存在数个担保物权时,即使其中有出卖人保留的所有权,也应根据民法典第四百一十四条第二款的规定处理数个担保物权之间的清偿顺序。

值得注意的是,为了确保出卖人保留的所有权发挥其担保价款债权实现的功能,民法典第六百四十二条第一款不仅规定了出卖人可以取回标的物的几种情形,而且于该条第二款规定,在发生出卖人可以取回标的物的情形下,出卖人可以与买受人协商取回标的物;协商不成的,可以参照适用担保物权的实现程序。对此,一种意见认为,在当事人就出卖人取回标的物协商不成的情形下,出卖人只能请求参照担保物权的实现程序，申请人民法院拍卖、变卖标的物并就所得价款受偿。我们认为，民法典第六百四十二条第二款规定的"可以"不能理解为"只能"，因此，在当事人不能协商取回标的物时，民法典实际上一方面允许当事人通过非讼程序的方式实现担保物权，另一方面也允许出卖人通过诉讼取回标的物。

问题在于，如果出卖人不通过非讼程序实现担保物权，而是径行通过诉讼请求取回标的物，是否存在损害买受人利益的可能？从实践情况看，出卖人不能通过协商一致取回标的物，往往是因为买受人已经支付了大部分价款，且标的物的价值又超过买受人欠付的价款及其他费用，买受人担心出卖人取回标的物后自己无力依据民法典第六百四十三条进行回赎，而出卖人又不以合理价格转卖标的物并将超过欠付价款及其他费用的部分返还自己，将导致买受人的利益受到损害。为了避免上述情形的发生，我们认为，如果出卖人不通过非讼程序请求人民法院拍卖、变卖标的物并以所得价款受偿，而是以诉讼的方式请求取回标的物的，则应根据买受人是否提出抗辩或者反诉来审理案件：如果出卖人虽然有权取回标的物，但买受人反诉请求出卖人将标的物价值超过欠付价款及其他费用的部分予以返还，或者出卖人虽然有权取回标的物，但买受人抗辩标的物的价值大于欠付价款及其他费用，请求人民法院拍卖、变卖标的物的，则人民法院对于买受人的主张应一并予以处理。

当然，无论出卖人是通过协商还是通过诉讼取回标的物，根据民法典第六百四十三条的规定，买受人既有权在合理期间内回赎标的物，也有权在放弃回赎后请求出卖人以合理价格转卖标的物并将超过买受人欠付价款及其他费用的部分予以返还。如果出卖人不以合理价格转卖标的物并将超过买受人欠付价款及其他费用的部分返还给买受人，买受人也仍然有权请求参照担保物权的实现程序，申请人民法院拍卖、变卖标的物。

2. 关于融资租赁

在融资租赁中，出租人对租赁物享有的所有权亦具有担保功能。与对待所有权保留一样，民法典为消除隐形担保，于第七百四十五条规定："出租人对租赁物享有的所有权，未经登记，不得对抗善意第三人。"此外，民法典第七百五十二条规定，如果承租人经催告后在合理期限内仍不支付租金，出租人既可选择请求支付全部租金，也可以选择解除合同，收回租赁物。值得注意的是，与关于所有权保留的规定有所不同，民法典在这里不仅明确了收回租赁物的前提是解除合同，也没有规定如果当事人就租赁物的取回协商不一致，可以请求参照适用担保物权的实现程序。可见，民法典对于融资租赁出租人所享有的所有权，在其担保功能的实现上采取了不同于所有权保留的思路。据此，如果承租人欠付租金导致出租人有权解除合同并收回租赁物，而双方无法就合同解除和租赁物的收回达成一致，出租人自可起诉到人民法院，请求解除合同并收回租赁物。

不过，如果当事人约定租赁期限届满租赁物归承租人所有，且承租人已经支付大部分租金，只是无力支付剩余租金，此时出租人享有的所有权就与出卖人保留的所有权极为类似，都可能涉及承租人的利益保护问题。也正因为如此，民法典第七百五十八条规定，出租人因此解除合同收回租赁物，收回的租赁物的价值超过承租人欠付的租金以及其他费用的，承租人可以请求相应返还。问题是，如果当事人就租赁物的价值发生争议，如何确定租赁物的价值？显然，由于融资租赁出租人的目的是解除合同并收回租赁物,因此承租人不能主张参照适用担保物权的实现程序由人民法院通过拍卖、变卖来确定租赁物的价值,也不能在诉讼程序中请求人民法院对租赁物进行拍卖、变卖来确定租赁物的价值。关于租赁物的价值,我们的意见是,融资租赁合同有约定的,按照其约定;融资租赁合同未约定或者约定不明的,可以根据约定的租赁物折旧以及合同到期后租赁物的残值来确定;如果根据前述方法仍难以确定,或者当事人认为依照前述方法确定的价值严重偏离租赁物实际价值的,可以请求人民法院委托有资质的机构评估。

3. 关于保理

依据民法典第七百六十一条的规定,保理合同是应收账款债权人将现有的或者将有的应收账款转让给保理人,保理人提供资金融通、应收账款管理或者催收、应收账款债务人付款担保等服务的合同。需要说明的是,该条所谓保理人提供的应收账款债务人付款担保服务,系指保理人就应收账款债务人的付款义务向债权人提供担保,它是保理服务的常见内容之一,但这并非保理合同本身的担保功能。保理合同的担保功能仅仅存在于有追索权的保理中,因为无追索权保理仅仅是保理人为赚取应收账款与保理融资款之间的差价而受让应收账款。根据民法典第七百六十六条的规定,在有追索权的保理中,保理人可以向应收账款债权人主张返还保理融资款本息或者回购应收账款债权,也可以向应收账款债务人主张应收账款债权;保理人向应收账款债务人主张应收账款债权,在扣除保理融资款本息和相关费用后有剩余的,剩余部分应当返还给应收账款债权人。可见,在有追索权的保理中,应收账款虽然名义上已经转让给保理人,但其目的在于担保保理人对应收账款债权人所享有的保理融资款本息。就此而言,有追索权的保理与应收账款质押一样,其功能都是担保债权的实现。也正因如此,与同一应收账款可能发生多次质押或者多次转让一样,同一应收账款也可能发生多重保理。对此,民法典第七百六十八条规定:"应收账款债权人就同一应收账款订立多个保理合同,致使多个保理人主张权利的,已经登记的先于未登记的取得应收账款;均已经登记的,按照登记时间的先后顺序取得应收账款;均未登记的,由最先到达应收账款债务人的转让通知中载明的保理人取得应收账款;既未登记也未通知的,按照保理融资款或者服务报酬的比例取得应收账款。"尽管该条针对的是就同一应收账款订立多个保理合同的情形,但考虑到实践中也可能发生就同一应收账款同时存在保理、应收账款质押或者债权转让的情形,故上述规则应类推于就同一应收账款同时存在保理、应收账款质押或者债权让与的场合。

此外,需要说明的是,民法典第七百六十六条规定当事人约定有追索权保理的,保理人可以向应收账款债权人主张返还保理融资款本息或者回购应收账款债权,也可以向应收账款债务人主张应收账款债权。据此,保理人分别以应收账款债权人和债务人为被告提起诉讼的,人民法院应予受理。问题是,如果保理人以应收账款债权人或者应收账款债务人一并提起诉讼,人民法院是否应予受理?对此存在争议。我们认为,有追索权的保理实质上是应收账款债权人为保理人不能从应收账款债务人处收回约定的债权而提供的担保,这也是有追索权的保理被视为其他具有担保功能的合同的原因。既然是担保,自应适用担保的一般规则,即保理人应有权同时起诉应收账款债务人和债权人。从类案检索的情况看,有追索权的保理合同纠纷中,此类案件中保理人一般都会将应收账款的债权人和债务人作为共同被告一并提起诉讼,故《担保制度解释》

规定:"保理人一并起诉应收账款债权人和应收账款债务人的,人民法院可以受理。"

4. 关于让与担保

让与担保有广义和狭义之分。广义让与担保,包括买卖式担保和让与式担保。所谓买卖式担保,又称卖与担保、卖渡担保等,是指以买卖方式移转标的物的所有权,而以价金名义通融金钱,并约定日后将该标的物买回的制度。狭义让与担保,仅指让与式担保,又称为信托让与担保,是指债务人(或第三人)为担保债务清偿,将担保标的物之所有权移转给债权人,在债务清偿后,标的物之所有权回归于担保人;在债务届时未能得到清偿时,债权人有就担保物优先受偿的权利。其要点是:第一,在设立这一担保时,担保人需将标的物所有权暂时转让给债权人,债权人成为形式上的所有权人;第二,为使担保人保持对担保标的物的使用效益,债权人往往与担保人签订标的物的借用或租赁合同,由担保人使用担保标的物;第三,债务人履行债务后,债权人应返回标的物所有权;第四,在债务人未偿还债务时,债权人并不是当然地取得担保标的物所有权,而是进行清算。清算分为两种:一是归属清算型,对标的物进行评估,超出债务价值部分由债权人偿还给担保人,债权人取得所有权;二是处分清算型,由债权人将标的物予以变卖,将价款用于清偿债权,多余部分归属于担保人。民法典虽未明确规定让与担保,但通过其第四百零一条、第四百二十八条对流押、流质条款的修改,足以产生让与担保的制度效果。我国司法实务中,不应简单认定该担保形式无效,尤其不应依据有关流押或流质之禁止规定认定担保合同无效。即使合同未约定债务不能清偿时具体的清算办法,法院亦可基于民法典第四百零一条、第四百二十八条的规定,认定债权人对相应标的物的优先受偿权。基于这一理解,《担保制度解释》分以下三种情形对让与担保作出规定。

其一,让与担保在实践中的典型表现形式为,债务人或者第三人与债权人约定将财产形式上转移至债权人名下,债务人不履行到期债务,债权人有权对财产折价或者以拍卖、变卖该财产所得价款偿还债务。此时,人民法院应当认定该约定有效,且如果当事人已经完成财产权利变动的公示,债务人不履行到期债务,债权人请求参照民法典关于担保物权的有关规定就该财产优先受偿的,人民法院应予支持。

其二,债务人或者第三人与债权人约定将财产形式上转移至债权人名下,债务人不履行到期债务,财产归债权人所有的,人民法院应当认定该约定无效,但是不影响当事人有关提供担保的意思表示的效力。如果当事人已经完成财产权利变动的公示,债务人不履行到期债务,债权人请求对该财产享有所有权的,人民法院不予支持;但是,债权人请求参照民法典关于担保物权的规定对财产折价或者以拍卖、变卖该财产所得的价款优先受偿的,人民法院应予支持。此外,债务人履行债务后请求返还财产,或者请求对财产折价或者以拍卖、变卖所得的价款清偿债务的,人民法院应予支持。

其三,实践中当事人经常约定将财产转移至债权人名下,一定期间后再由债务人或者第三人溢价回购,如果债务人未履行回购义务,财产归债权人所有。我们认为,此种约定符合让与担保的特征,应当参照《担保制度解释》关于让与担保的规定处理。但是,如果经审查当事人约定的回购对象自始不存在,由于缺乏担保财产,应当依照民法典第一百四十六条第二款的规定,按照实际构成的法律关系处理。

此外,考虑到股权让与担保中,当事人常常就被登记为名义股东的债权人是否须对原股东出资不足或者抽逃出资的行为承担连带责任发生争议,《担保制度解释》还对股权让与担保作了特别规定。我们认为，在构成股权让与担保的情形下，债权人虽名义上被登记为股东，但其目的在于担保债权的实现，故即使原股东存在出资不足或者抽逃出资的情况，债权人也不应对此承担连带责任。

5. 关于保证金质押

实践中，存在当事人通过交付保证金或者将保证金存入特定账户来提供担保的情形。归结起来，大体有以下三种情形：一是债务人或者第三人设立专门的保证金账户并由债权人实际控制；二是债务人或者第三人将其资金存入债权人设立的保证金账户；三是在银行账户下设立保证金分户。我们认为，只要是设立了专门的保证金账户，并且债权人实际控制该账户，债权人就对账户内的资金享有优先受偿权。当事人以保证金账户内的资金浮动为由，主张实际控制该账户的债权人对账户内的资金不享有优先受偿权的，人民法院不予支持。

此外，如果不满足上述条件，债权人主张就保证金优先受偿的，人民法院不应予以支持，但当事人请求行使合同约定或者法律规定的权利的，人民法院应予支持。

（五）关于《担保制度解释》的时间效力

尽管《担保制度解释》自2021年1月1日起施行，但根据民法典时间效力的司法解释，如果民法典的规定具有溯及力，则针对该规定的司法解释也应被赋予溯及既往的效力。此外，编纂民法典并非制定一部新的法律，且民法典的大部分内容来自九部被废止的法律。对于民法典完全继受九部法律的情形，如果待决案件应当适用九部法律，《担保制度解释》的有关规定也可以在裁判说理时作为依据加以援引，但应区分是广义的法律解释还是狭义的法律解释。狭义的法律解释是针对法律有规定但理解有分歧而作的解释；广义的法律解释则不仅包括狭义的法律解释，也包括制定法漏洞的填补。在司法解释旨在填补制定法漏洞的情形下，因带有规则创制的性质，为保护当事人的合理预期，不宜将此类解释溯及对原法律的理解。以上市公司对外提供担保为例，虽然《担保制度解释》第九条制定的依据是公司法第十六条，且公司法并未修改或者废止，但由于公司法第十六条并无关于上市公司提供担保的特别规定，因此，《担保制度解释》关于上市公司对外提供担保的规定属广义的法律解释，不应赋予其溯及既往的效力。也就是说，《担保制度解释》第九条仅适用于2021年1月1日后发生的担保行为。

（撰稿人：林文学、杨永清、麻锦亮、吴光荣）

最高人民法院
关于破产企业国有划拨土地使用权
应否列入破产财产等问题的批复

(2002年10月11日最高人民法院审判委员会第1245次会议通过
根据2020年12月23日最高人民法院审判委员会第1823次会议通过的
《最高人民法院关于修改〈最高人民法院关于破产企业国有划拨土地使用权
应否列入破产财产等问题的批复〉等二十九件商事类司法解释的决定》修正)

湖北省高级人民法院：

你院鄂高法〔2002〕158号《关于破产企业国有划拨土地使用权应否列入破产财产以及有关抵押效力认定等问题的请示》收悉。经研究，答复如下：

一、根据《中华人民共和国土地管理法》第五十八条第一款第（三）项及《城镇国有土地使用权出让和转让暂行条例》第四十七条的规定，破产企业以划拨方式取得的国有土地使用权不属于破产财产，在企业破产时，有关人民政府可以予以收回，并依法处置。纳入国家兼并破产计划的国有企业，其依法取得的国有土地使用权，应依据国务院有关文件规定办理。

二、企业对其以划拨方式取得的国有土地使用权无处分权，以该土地使用权设定抵押，未经有审批权限的人民政府或土地行政管理部门批准的，不影响抵押合同效力；履行了法定的审批手续，并依法办理抵押登记的，抵押权自登记时设立。根据《中华人民共和国城市房地产管理法》第五十一条的规定，抵押权人只有在以抵押标的物折价或拍卖、变卖所得价款缴纳相当于土地使用权出让金的款项后，对剩余部分方可享有优先受偿权。但纳入国家兼并破产计划的国有企业，其用以划拨方式取得的国有土地使用权设定抵押的，应依据国务院有关文件规定办理。

三、国有企业以关键设备、成套设备、建筑物设定抵押的，如无其他法定的无效情形，不应当仅以未经政府主管部门批准为由认定抵押合同无效。

本批复自公布之日起施行，正在审理或者尚未审理的案件，适用本批复，但对提起再审的判决、裁定已经发生法律效力的案件除外。

指导案例 53 号

福建海某银行股份有限公司福州某支行诉长某污水处理有限公司、福州某工程有限公司金融借款合同纠纷案

(最高人民法院审判委员会讨论通过 2015 年 11 月 19 日发布)

关键词

民事 金融借款合同 收益权质押 出质登记 质权实现

裁判要点

1. 特许经营权的收益权可以质押，并可作为应收账款进行出质登记。

2. 特许经营权的收益权依其性质不宜折价、拍卖或变卖，质权人主张优先受偿权的，人民法院可以判令出质债权的债务人将收益权的应收账款优先支付质权人。

相关法条

《中华人民共和国物权法》第二百零八条、第二百二十三条、第二百二十八条第一款

基本案情

原告福建海某银行股份有限公司福州某支行（以下简称海某银行某支行）诉称：原告与被告长某污水处理有限公司（以下简称长某公司）签订单位借款合同后向被告贷款 3000 万元。被告福州某工程有限公司（以下简称福州某工程公司）为上述借款提供连带责任保证。原告海某银行某支行、被告长某公司、福州某工程公司、案外人长乐市建设局四方签订了《特许经营权质押担保协议》，福州某工程公司以长乐市污水处理项目的特许经营权提供质押担保。因长某公司未能按期偿还贷款本金和利息，故诉请法院判令：长某公司偿还原告借款本金和利息；确认《特许经营权质押担保协议》合法有效，拍卖、变卖该协议项下的质物，原告有优先受偿权；将长乐市建设局支付给二被告的污水处理服务费优先用于清偿应偿还原告的所有款项；福州某工程公司承担连带清偿责任。

被告长某公司和福州某工程公司辩称：长乐市城区污水处理厂特许经营权，并非法定的可以质押的权利，且该特许经营权并未办理质押登记，故原告诉请拍卖、变卖长乐市城区污水处理厂特许经营权，于法无据。

法院经审理查明：2003 年，长乐市建设局为让与方、福州某工程公司为受让方、长乐市财政局为见证方，三方签订《长乐市城区污水处理厂特许建设经营合同》，约定：长乐市建设局授予福州某工程公司负责投资、建设、运营和维护长乐市城区污水处理厂项目及其附属设施的特许权，并就合同双方权利义务进行了详细约定。2004 年 10 月 22 日，长某公司成立。该公司系福州某工程公司为履行《长乐市城区污水处理厂特许建设经营合同》而设立的项目公司。

2005年3月24日,福州市商某银行某支行与长某公司签订《单位借款合同》,约定:长某公司向福州市商某银行某支行借款3000万元;借款用途为长乐市城区污水处理厂BOT项目;借款期限为13年,自2005年3月25日至2018年3月25日;还就利息及逾期罚息的计算方式作了明确约定。福州某工程公司为长某公司的上述借款承担连带责任保证。

同日,福州市商某银行某支行与长某公司、福州某工程公司、长乐市建设局共同签订《特许经营权质押担保协议》,约定:福州某工程公司以《长乐市城区污水处理厂特许建设经营协议》授予的特许经营权为长某公司向福州市商某银行某支行的借款提供质押担保,长乐市建设局同意该担保;福州某工程公司同意将特许经营权收益优先用于清偿借款合同项下的长某公司的债务,长乐市建设局和福州某工程公司同意将污水处理费优先用于清偿借款合同项下的长某公司的债务;福州市商某银行某支行未受清偿的,有权依法通过拍卖等方式实现质押权利等。

上述合同签订后,福州市商某银行某支行依约向长某公司发放贷款3000万元。长某公司于2007年10月21日起未依约按期足额还本付息。

另查明,福州市商某银行某支行于2007年4月28日名称变更为福州市商某银行股份有限公司某支行;2009年12月1日其名称再次变更为海某银行某支行。

裁判结果

福建省福州市中级人民法院于2013年5月16日作出(2012)榕民初字第661号民事判决:一、长某公司应于本判决生效之日起十日内向海某银行某支行偿还借款本金28714764.43元及利息(暂计至2012年8月21日为2142597.6元,此后利息按《单位借款合同》的约定计至借款本息还清之日止);二、长某公司应于本判决生效之日起十日内向海某银行某支行支付律师代理费人民币123640元;三、海某银行某支行于本判决生效之日起有权直接向长乐市建设局收取应由长乐市建设局支付给长某公司、福州某工程公司的污水处理服务费,并对该污水处理服务费就本判决第一项、第二项所确定的债务行使优先受偿权;四、福州某工程公司对本判决第一项、第二项确定的债务承担连带清偿责任;五、驳回海某银行某支行的其他诉讼请求。宣判后,二被告均提起上诉。福建省高级人民法院于2013年9月17日作出福建省高级人民法院(2013)闽民终字第870号民事判决:驳回上诉,维持原判。

裁判理由

法院生效裁判认为:被告长某公司未依约偿还原告借款本金及利息,已构成违约,应向原告偿还借款本金,并支付利息及实现债权的费用。福州某工程公司作为连带责任保证人,应对讼争债务承担连带清偿责任。本案争议焦点主要涉及污水处理项目特许经营权质押是否有效以及该质权如何实现问题。

一、关于污水处理项目特许经营权能否出质问题

污水处理项目特许经营权是对污水处理厂进行运营和维护,并获得相应收益的权利。污水处理厂的运营和维护,属于经营者的义务,而其收益权,则属于经营者的权利。由于对污水处理厂的运营和维护,并不属于可转让的财产权利,故讼争的污水处理项目特许经营权质押,实质上系污水处理项目收益权的质押。

关于污水处理项目等特许经营的收益权能否出质问题,应当考虑以下方面:其一,本案讼争污水处理项目《特许经营权质押担保协议》签订于2005年,尽管当时法律、

行政法规及相关司法解释并未规定污水处理项目收益权可质押，但污水处理项目收益权与公路收益权在性质上相类似。《最高人民法院关于适用〈中华人民共和国担保法〉若干问题的解释》第九十七条规定："以公路桥梁、公路隧道或者公路渡口等不动产收益权出质的，按照担保法第七十五条第（四）项的规定处理"，明确公路收益权属于依法可质押的其他权利，与其类似的污水处理收益权亦应允许出质。其二，国务院办公厅2001年9月29日转发的《国务院西部开发办〈关于西部大开发若干政策措施的实施意见〉》（国办发〔2001〕73号）中提出，"对具有一定还贷能力的水利开发项目和城市环保项目（如城市污水处理和垃圾处理等），探索逐步开办以项目收益权或收费权为质押发放贷款的业务"，首次明确可试行将污水处理项目的收益权进行质押。其三，污水处理项目收益权虽系将来金钱债权，但其行使期间及收益金额均可确定，其属于确定的财产权利。其四，在物权法颁布实施后，因污水处理项目收益权系基于提供污水处理服务而产生的将来金钱债权，依其性质亦可纳入依法可出质的"应收账款"的范畴。因此，讼争污水处理项目收益权作为特定化的财产权利，可以允许其出质。

二、关于污水处理项目收益权质权的公示问题

对于污水处理项目收益权的质权公示问题，在物权法自2007年10月1日起施行后，因收益权已纳入该法第二百二十三条第六项的"应收账款"范畴，故应当在中国人民银行征信中心的应收账款质押登记公示系统进行出质登记，质权才能依法成立。由于本案的质押担保协议签订于2005年，在物权法施行之前，故不适用物权法关于应收账款的统一登记制度。因当时并未有统一的登记公示的规定，故参照当时公路收费权质押登记的规定，由其主管部门进行备案登记，有关利害关系人可通过其主管部门了解该收益权是否存在质押之情况，该权利即具备物权公示的效果。

本案中，长乐市建设局在《特许经营权质押担保协议》上盖章，且协议第七条明确约定"长乐市建设局同意为原告和福州某工程公司办理质押登记出质登记手续"，故可认定讼争污水处理项目的主管部门已知晓并认可该权利质押情况，有关利害关系人亦可通过长乐市建设局查询了解讼争污水处理厂的有关权利质押的情况。因此，本案讼争的权利质押已具备公示之要件，质权已设立。

三、关于污水处理项目收益权的质权实现方式问题

我国担保法和物权法均未具体规定权利质权的具体实现方式，仅就质权的实现作出一般性的规定，即质权人在行使质权时，可与出质人协议以质押财产折价，或就拍卖、变卖质押财产所得的价款优先受偿。但污水处理项目收益权属于将来金钱债权，质权人可请求法院判令其直接向出质人的债务人收取金钱并对该金钱行使优先受偿权，故无须采取折价或拍卖、变卖之方式。况且收益权均附有一定之负担，且其经营主体具有特定性，故依其性质亦不宜拍卖、变卖。因此，原告请求将《特许经营权质押担保协议》项下的质物予以拍卖、变卖并行使优先受偿权，不予支持。

根据协议约定，原告海某银行某支行有权直接向长乐市建设局收取污水处理服务费，并对所收取的污水处理服务费行使优先受偿权。由于被告仍应依约对污水处理厂进行正常运营和维护，若无法正常运营，则将影响到长乐市城区污水的处理，亦将影响原告对污水处理费的收取，故原告在向长乐市建设局收取污水处理服务费时，应当合理行使权利，为被告预留经营污水处理厂的必要合理费用。

【解读】

解读《福建海某银行股份有限公司福州某支行诉长某污水处理有限公司、福州某工程有限公司金融借款合同纠纷案》

2015年11月19日,最高人民法院发布了指导案例53号《福建海某银行股份有限公司福州某支行诉长某污水处理有限公司、福州某工程有限公司金融借款合同纠纷案》。为了正确理解和准确参照适用该指导性案例,现对其推选经过、裁判要点等有关情况予以解释、论证和说明。

一、推选经过及指导意义

本案例由福建省福州市中级人民法院于2013年5月16日作出一审民事判决,9月17日由福建省高级人民法院二审生效。福建省高院遂向最高人民法院案例指导工作办公室推荐了该案例。案例指导工作办公室对该案例初审后,送最高人民法院民二庭审查。2015年4月30日,民二庭经审查认为,该案法律效果和社会效果好,同意将该案例作为指导性案例。7月10日,研究室室务会讨论认为,案例有指导价值,同意将此案例作为指导案例报院领导审核后提请审委会讨论。2015年10月20日,最高人民法院审判委员会经讨论同意将该案例确定为指导案例。11月19日,最高人民法院以法〔2015〕320号文件将该案例作为第11批指导案例予以公开发布。

我国目前关于特定项目收益权质押的相关法律规范还不够明确,担保法的司法解释仅规定公路、桥梁、隧道等不动产的收益权可以出质,物权法将可出质的收益权纳入应收账款范畴,但法律上并没有明确哪些收益权可以出质。该指导案例旨在明确特许经营权的收益权可以作为应收账款予以质押,对于协调新生物权与物权法定原则提供了指引,有利于解决对特定项目的特许经营权能否质押及收益权质押实现方式的争议,统一裁判标准;同时,对规范金融机构特许经营权的质押贷款业务,促进基础设施项目的融资有积极指导意义。

二、裁判要点的理解与说明

指导案例53号裁判要点确认:(1)特许经营权的收益权可以质押,并可作为应收账款进行出质登记。(2)特许经营权的收益权依其性质不宜折价、拍卖或变卖,质权人主张优先受偿权的,人民法院可以判令出质债权的债务人将收益权的应收账款优先支付质权人。

下面结合有关法律和司法解释规定,围绕裁判要点中有关问题予以论证和说明。

(一)关于特许经营权的收益权能否出质问题

裁判要点之一明确了一个裁判规则,即特许经营权的收益权可以作为应收账款出质。目前,法学理论通说认为,权利质权是以债务人或第三人所享有的可让与性财产权利为客体而设定的质权。权利质权的客体是出质人拥有的权利,该权利应当具备以下要件:一是必须是财产权;二是必须是具有可让与性的财产权,不具有让与性的财产权不能成为权利质权的客体;三是适于设定质权的权利,不属于法律明确规定的构成其他担保物权客体的权利。因此,作为权利质权的客体限于所有权、用益物权以外的可让与性财产权利。① 对于权利质权,质权标的须有变价的可能,其必须是依法可转让的财产权利。② 根据我国物权法第二百二十三条的规定,可以质押的权利具体包括:(1)汇票、本票、支票;(2)债券、存款单;(3)仓单、提单;(4)依法可以转让的基本份额、股权;(5)可以转让的商标专用权、专利权、著作权等知识产权中的财产权;(6)应收账款;(7)法律、行政法规规定可以出质的其他权利。需要注意的是,与担保法比较,物权法增加了基金份额和应收账款可以作为质押的权利。

特许经营的收益权在本质上属于将来金钱债权,属于将来的应收账款,与因赊销贸易产生的一般应收账款相比,收益权是特殊的应收账款。但学界对于哪些收益权适宜质押,可以纳入可出质的应收账款,尚未形成共识。司法实践中,质押标的物涉及房屋、船舶等租赁物的租金收益,可获得的出口退税、物业费、供暖费等应收账款,但专属于人身性质的金钱给付义务不应作为质押标的物。根据中国人民银行颁布的《应收账款质押登记办法》的规定,应收账款包括现在的与未来的金钱债权与收费权,不包括有价证券所产生的付款请求权。本案审理中认为具备以下条件的收益权可以质押:一是政策上允许该收益权质押,并且不损害公共利益,例如,国务院办公厅曾发文鼓励扩大基础设施项目收益权质押贷款,包括污水处理项目收益权质押;二是收益权特定化,即收益权行使期间特定、收益金额相对确定,确保收益权可作为特定化的财产权利;三是该收益权可以纳入现行法律规定的涵盖范围,例如,物权法中的"应收账款"可以涵盖收益权。

本案例中,污水处理项目等特许经营权是对污水处理厂进行运营和维护,并获得相应收益的权利。污水处理厂的运营和维护,属于经营权人的义务;而污水处理厂的收益权,则属于经营权人所享有的权利。由于对污水处理厂的运营和维护,并不属于可转让的财产权利,故讼争的污水处理项目特许经营权的质押,实际上是污水处理项目收益权的质押。

污水处理项目等特许经营权的收益权可以出质的主要理由如下:一是国家相关政策允许。2001年9月29日,国务院办公厅转发《国务院西部开发办〈关于西部大开发若干政策措施的实施意见〉》(国办发〔2001〕73号)中提出,"对具有一定还贷能力的水利开发项目和城市环保项目(如城市污水处理和垃圾处理等),探索逐步开办以项目收益权或收费权为质押发放贷款的业务",首次明确可以将城市环保项目的收益权进行质押。二是该收益权可以特定化。污水处理项目收益权虽系将来金钱债权,但其行使期间及收益金额均可确定,其属于确定的财产权利,可以特定化的财产权利。三是该收益权可以纳入物权法第二百二十三条规定中的"应收账款"。在物权法颁布实施后,因污水处理项目收益权系基于提供污水处理服务而产生的将来金钱债权,其可纳入可出质的"应收账款"的范畴。四是相关司法解释有类似情形规定。本案讼争污水处理项目《特许经营权质押担保协议》签订于2005年,当时法律、行政法规及相关司法解释并未明确规定污水处理项目收益权可以质押,但污水处理项目收益权与公路设施不动产的收益权在

---

① 参见刘凯湘主编:《民法学》,中国法制出版社2008年版,第330~331页。
② 参见高圣平:《担保法论》,法律出版社2009年版,第497页。

性质上相类似。《最高人民法院关于适用〈中华人民共和国担保法〉若干问题的解释》第九十七条规定"以公路桥梁、公路隧道或者公路渡口等不动产收益权出质的,按照担保法第七十五条第(四)项的规定处理",明确了公路设施等不动产的收益权属于依法可质押的其他权利。与其相似的污水处理等特许经营权的收益权,也应当允许出质。因此,本案例中讼争污水处理项目收益权作为特定化的财产权利,可以出质。

(二)关于特许经营权的收益权的质权实现方式问题

裁判要点之二涉及特许经营收益权的质权实现方式问题,其有别于一般质权的实现方式。理论界通说认为,担保物权以优先支配担保物的交换价值为内容,其属价值权,担保物应具备交换价值,即"变换为价金或其他足使债权获得满足之某种价值"。① 动产质权的实现方式是协议拍卖、变卖质物或者以质物折价。质权人在行使动产质权时,通常采取的方法是与出质人达成协议以质押财产折价,或就拍卖、变卖质押财产所得的价款优先受偿,这可称为"协议变价法"。如果达不成协议的,质权人可以根据民事诉讼法有关特别程序的规定,向担保财产所在地或者担保物权登记地基层人民法院提出实现担保物权的申请。

权利质权在实现方式上,并非以权利变价优先受偿为唯一方式,比较通行的是质权人可以取代出质人的地位,向入质权利的义务主体直接行使入质权利,并通过直接行使入质权利使被担保的债权优先受偿,即质权人可以请求第三债务人向质权人给付相应的款项,从而确保应收账款便捷、高效地实现。特许经营项目的收益权,其经营主体具有特定性,且收益权系与相应的不动产及提供服务紧密相关,并非可单独转让的权利。特许经营收益权属于金钱债权,质权人可以通过直接收取的方式行使优先受偿权(可以称为"直接收取法"),无须通过拍卖、变卖方式转换为金钱价款后,再行使优先权。大陆法系国家和地区关于一般债权质权的实现方法,也规定了质权人直接取偿的方法,并非需通过变价法实现质权。

本案例中,对于特许经营收益权的质权实现方式,质权人只能对污水处理费行使优先受偿权,不得对项目收益权按一般质权的实现方式进行折价或拍卖、变卖,以维持污水处理厂的特许经营和正常运转,并且为确保污水处理的持续稳定的运营,避免质权人滥用权利,生效判决还指出质权人在行使权利时应当预留污水处理厂运营管理的合理费用。故本案中原告根据协议约定有权直接向出质人的债务人收取污水处理服务费,即出质人的债务人应当将污水处理费这一应收账款支付给质权人,并以此方式实现质权人的优先受偿权。

三、其他需要说明的问题

在本指导案例中,还有一个当事人争议和值得关注的问题,即污水处理项目收益权的质权公示问题。在物权法自2007年10月1日起施行后,因收益权已纳入该法第二百二十三条第六项的"应收账款"范畴,故应当在中国人民银行征信中心的应收账款质押登记公示系统进行出质登记,质权才能依法设立。由于本案的质押担保协议签订于2005年,在物权法施行之前,故不适用物权法关于应收账款的统一登记制度。因当时并未有统一的登记公示的规定,故参照当时公路收费权质押登记的规定,由其主管部门进行备案登记,有关利害关系人可通过其主管部门了解该收益权是否存在质押的

---

① 谢在全:《民法物权论》,中国政法大学出版社1999年版,第527~528页。

情况，同样具备物权公示的效果。

本案例中，福建省长乐市建设局在《特许经营权质押担保协议》上盖章，且协议第七条明确约定"长乐市建设局同意为原告和福州某工程公司办理质押登记出质登记手续"，故可认定讼争污水处理项目的主管部门已知晓并认可该权利质押情况，有关利害关系人也可以通过长乐市建设局查询了解讼争污水处理厂的有关权利质押的情况。因此，本案讼争的权利质押已具备公示等要件，质权已设立。

（撰稿人：吴光侠）

指导案例 57 号

某银行股份有限公司宁波分行诉浙江创某电器有限公司等金融借款合同纠纷案

（最高人民法院审判委员会讨论通过　2016 年 5 月 20 日发布）

关键词

民事　金融借款合同　最高额担保

裁判要点

在有数份最高额担保合同情形下，具体贷款合同中选择性列明部分最高额担保合同，如债务发生在最高额担保合同约定的决算期内，且债权人未明示放弃担保权利，未列明的最高额担保合同的担保人也应当在最高债权限额内承担担保责任。

相关法条

《中华人民共和国担保法》第十四条

基本案情

原告某银行股份有限公司宁波分行（以下简称某银行）诉称：其与被告宁波婷某电子科技有限公司（以下简称婷某电子公司）、岑某锋、宁波三某塑模制造有限公司（以下简称三某塑模公司）分别签订了最高额保证合同，约定三被告为浙江创某电器有限公司（以下简称创某电器公司）一定时期和最高额度内借款，提供连带责任担保。创某电器公司从某银行借款后，不能按期归还部分贷款，故诉请判令被告创某电器公司归还原告借款本金 250 万元，支付利息、罚息和律师费用；岑某锋、三某塑模公司、婷某电子公司对上述债务承担连带保证责任。

被告创某电器公司、岑某锋未作答辩。

被告三某塑模公司辩称：原告诉请的律师费不应支持。

被告婷某电子公司辩称：其与某银行签订的最高额保证合同，并未被列入借款合同所约定的担保合同范围，故其不应承担保证责任。

法院经审理查明：2010 年 9 月 10 日，某银行与婷某电子公司、岑某锋分别签订了编号为温银 9022010 年高保字 01003 号、01004 号的最高额保证合同，约定婷某电子公司、岑某锋自愿为创某电器公司在 2010 年 9 月 10 日至 2011 年 10 月 18 日期间发生的余额不超过1100万元的债务本金及利息、罚息等提供连带责任保证担保。

2011年10月12日,某银行与岑某锋、三某塑模公司分别签署了编号为温银9022011年高保字00808号、00809号最高额保证合同,岑某锋、三某塑模公司自愿为创某电器公司在2010年9月10日至2011年10月18日期间发生的余额不超过550万元的债务本金及利息、罚息等提供连带责任保证担保。

2011年10月14日,某银行与创某电器公司签署了编号为温银9022011企贷字00542号借款合同,约定某银行向创某电器公司发放贷款500万元,到期日为2012年10月13日,并列明担保合同编号分别为温银9022011年高保字00808号、00809号。贷款发放后,创某电器公司于2012年8月6日归还了借款本金250万元,婷某电子公司于2012年6月29日、10月31日、11月30日先后支付了贷款利息31115.3元、53693.71元、21312.59元。截至2013年4月24日,创某电器公司尚欠借款本金250万元、利息141509.01元。另查明,某银行为实现本案债权而发生律师费用95200元。

裁判结果

浙江省宁波市江东区人民法院于2013年12月12日作出(2013)甬东商初字第1261号民事判决:一、创某电器公司于本判决生效之日起十日内归还某银行借款本金250万元,支付利息141509.01元,并支付自2013年4月25日起至本判决确定的履行之日止按借款合同约定计算的利息、罚息;二、创某电器公司于本判决生效之日起十日内赔偿某银行为实现债权而发生的律师费用95200元;三、岑某锋、三某塑模公司、婷某电子公司对上述第一项、第二项款项承担连带清偿责任,其承担保证责任后,有权向创某电器公司追偿。宣判后,婷某电子公司以其未被列入借款合同,不应承担保证责任为由,提起上诉。浙江省宁波市中级人民法院于2014年5月14日作出(2014)浙甬商终字第369号民事判决,驳回上诉,维持原判。

裁判理由

法院生效裁判认为:某银行与创某电器公司之间签订的编号为温银9022011企贷字00542号借款合同合法有效,某银行发放贷款后,创某电器公司未按约还本付息,已经构成违约。原告要求创某电器公司归还贷款本金250万元,支付按合同约定方式计算的利息、罚息,并支付原告为实现债权而发生的律师费95200元,应予支持。岑某锋、三某塑模公司自愿为上述债务提供最高额保证担保,应承担连带清偿责任,其承担保证责任后,有权向创某电器公司追偿。

本案的争议焦点为,婷某电子公司签订的温银9022010年高保字01003号最高额保证合同未被选择列入温银9022011企贷字00542号借款合同所约定的担保合同范围,婷某电子公司是否应当对温银9022011企贷字00542号借款合同项下债务承担保证责任。对此,法院经审理认为,婷某电子公司应当承担保证责任。理由如下:第一,民事权利的放弃必须采取明示的意思表示才能发生法律效力,默示的意思表示只有在法律有明确规定及当事人有特别约定的情况下才能发生法律效力,不宜在无明确约定或者法律无特别规定的情况下,推定当事人对权利进行放弃。具体到本案,某银行与创某电器公司签订的温银9022011企贷字00542号借款合同虽未将婷某电子公司签订的最高额保证合同列入,但原告未以明示方式放弃婷某电子公司提供的最高额保证,故婷某电子公司仍是该诉争借款合同的最高额保证人。第二,本案诉争借款合同签订时间及贷款发放时间均在婷某电子公司签订的编号为温银9022010年高保字01003号最高额保证合同约定的决算期内(2010年9月10日至2011年10月18日),某银行向婷某电子公司主张权利并未超过合同约定的保证期间,故婷某电子公司应依约在其承诺的最高债权限额内为创某电器公司对某银行的欠债承担连带保证责任。第三,最高额担保合同是债权人和担保人之间约定担保法律关系和相关权利义务关系的直接合同依据,不能以主合同内容取代从合同的内容。具体到本案,某银行与婷某电子公司签订了最高额保证合同,双方的担保权利义务应以该合同为准,不受某银行与创某电器公司之间签订的某银行非自然人借款合同约束或变更。第四,婷某电子公司曾于2012年6月、10月、11月三次归还过本案借款利息,上述行为也是婷某电子公司对本案借款履行保证责任的行为表征。综上所述,婷某电子公司应对创某电器公司的上述债务承担连带清偿责任,其承担保证责任后,有权向创某电器公司追偿。

(生效裁判审判人员:赵文君、徐梦梦、毛姣)

【解读】

解读《某银行股份有限公司宁波分行诉浙江创某电器有限公司等金融借款合同纠纷案》

2016年5月20日,最高人民法院发布了指导性案例《某银行股份有限公司宁波分行诉浙江创某电器有限公司等金融借款合同纠纷案》(指导案例57号)。为了正确理解和准确参照适用该指导性案例,现对该指导性案例的推选经过、裁判要点、需要说明的问题等有关情况予以解释、论证和说明。

一、推选过程及指导意义

某银行股份有限公司宁波分行(以下简称某银行)诉浙江创某电器有限公司(以下简称创某电器公司)等金融借款合同纠纷案,由浙江省宁波市中级人民法院二审结案后作为备选指导性案例报送浙江省高级人民法院。浙江省高级人民法院审判委员会经讨论后,将本案例向最高人民法院案例指导工作办公室推荐。最高人民法院案例指导工作办公室经研究讨论后将该案例送最高人民法院民二庭审查和征求意见。2016年1月26日,民二庭经审查认为,该案例对于正确理解和适用《最高人民法院关于适用〈中华人民共和国担保法〉若干问题的解释》第二十三条规定,审理同类案件有指导意义,同意将其作为指导性案例。5月10日,最高人民法院审判委员会经讨论认为,该案例符合《最高人民法院关于案例指导工作的规定》第二条的有关规定,同意将该案例确定为指导性案例。5月20日,最高人民法院以法〔2016〕172号文件将该案例作为第12批指导性案例予以发布。

近年来,金融案件数量及标的额连年攀升,少数借款人和担保人诚信观念缺失,利用各种手段恶意逃避债务。该案例旨在明确未列入贷款合同中的最高额担保合同的担保人承担担保责任。针对该问题的处理,目前,上海、浙江、福建等部分法院判决结果不统一,多数判决不能脱保,少数判决可以脱保,实践中争议较大,也使得该问题成为法院、金融机构、担保人密切关注的热点问题。该问题具有普遍性和典型性。该案例从最高额担保的相关法律规定出发,认为最高额担保合同是债权人和担保人之间约定担保法律权利和义务关系的合同,在债权人未明示放弃担保权利的情况下,对部分最高额担保在贷款合同中的选择性列举,并不意味着债权人放弃了其余担保债权,进而认定未在贷款主合同中列明的最高额担保人仍受其签订的最高额担保合同的约束,仍应在最高债权限额内承担担保责任。该指导性案例的发布,解决了司法实践中的认识分歧,统一了此类案件的裁判标准,有利于保护金融债权人合法权益,引导金融资本支持企业发展,防止担保人恶意逃债现象发生,具有良好的社会效果和法律效果。

二、裁判要点的理解与说明

该指导性案例的裁判要点确认:在有数份最高额担保合同情形下,具体贷款合同中选择性列明部分最高额担保合同,如债务发生在最高额担保合同约定的决算期内,且债权人未明示放弃担保权利,未列明的最高额担保合同的担保人也应当在最高债权限额内承担担保责任。本案例争议问题在于贷款合同中未列明的最高额担保合同的担保人,是否需要对借款合同项下债务承担担保责任。现结合有关法律和司法解释规定,围绕与该裁判要点相关的问题逐一论证和说明。

(一)最高额保证具有相对独立性

担保法第十四条规定:"保证人与债权人可以就单个主合同分别订立保证合同,也可以协议在最高债权额限度内就一定期间连续发生的借款合同或者某项商品交易合同订立一个保证合同。"第九十三条规定:保证合同可以是单独订立的书面合同,包括当事人之间的具有担保性质的信函、传真等,也可以是主合同中的担保条款。最高额保证是指保证人与债权人之间就债务人在一定期间内连续发生的多笔债务,确定一个最高额度,由保证人在此最高额度内对债务人履行债务向债权人提供保证。最高额保证,较之一般保证和连带责任保证具有更强的独立性,可以与主债权相分离而独立地成立、消灭。具体体现在三个方面:第一,最高额保证在应担保的债权确立前成立,即使具体的债权增加、减少甚至全部消失,均不影响其存在。在最高额保证决算期届至前,一系列债权中某一债权的消灭,并不影响最高额担保权的存在。第二,最高额担保合同的效力范围在无特别约定的情况下,不随主债务范围的扩张而扩张,保证人仅在保证限额内承担保证责任,不承担主债务人不履行债务而产生的延迟利息和损害赔偿金的保证责任。第三,在未约定保证期间的最高额合同成立后,保证人可以随时书面通知债权人终止保证合同。

借款合同与其最高额担保合同是性质不同的合同,当事人不尽相同,当事人的权利与义务要以各自的合同内容为准。在主合同借款合同和从合同最高额保证合同均有效的前提下,在债务人未按主合同约定履行其债务时,如无特别约定,担保人则应当依据最高额保证合同承担保证责任,无论债权人对主合同项下的债权是否还有其他人(包括债务人)提供的任何其他担保,债权人均有权依照最高额保证合同直接要求保证人按合同约定履行保证责任。

(二)债权人放弃最高额担保权利应明示

在民事法律行为中,除以下两种情形外,默示原则上不能作为有效意思表示的形式:一是基于当事人约定;二是法律于特定情形对于沉默赋予意思表示的效果,拟制其为意思表示。① 具体而言，民事权利的放弃一般采取明示的意思表示才能发生法律效力，默示的意思表示只有在法律有明确规定或当事人有特别约定的情况下才能发生法律效力，不宜在无明确约定或者法律无特别规定的情况下，推定当事人放弃了权利。

金融借款合同中担保责任的默示免除并无特别法律规定，除当事人有特别约定或有其他证据足以证明债权人放弃相应最高额担保权利外，主债务是否在最高额保证合同范围，主要取决于该债务是否发生在最高额保证合同约定的保证期间内。债权人与担保人在主合同中对担保债权作出进一步约定的行为，即对部分最高额担保合同的选择性列明，尚不足以推定债权人以明示意思表示的形式放弃其他最高额担保权，故债权人仍可要求未列入主合同中的最高额担保合同的担保人承担担保责任。

（三）合同解释应符合公平原则

公平原则是合同法基本原则，贯穿于合同法始终，以保证合同内容本身、履约行为乃至因合同产生的法律后果的公平。我国合同法第五条规定："当事人应当遵循公平原则确定各方的权利和义务。"在进行合同解释活动中，法院应当遵循这个原则，以维护交易安全和交易秩序为出发点，注意平衡合同各方当事人之间的利益，尽量作出能兼顾合同各方当事人利益的解释。公平原则既强调合同条款本身权利义务的均衡，也强调合同派生权利义务的均衡；既关注合同主体的利益，又关注合同主体面临的风险。

具体到多个最高额保证并存的情形下，在决算期限届满最高额担保的债权确定后，所有符合条件的最高额担保人均须在其担保范围内与债务人一起承担保证责任。在借款合同与多个最高额合同均有效的前提下，如认定未列入借款合同的最高额担保人承担担保责任，则没有额外加重该担保人的负担，也没有加重其他最高额担保人依照各自最高额保证合同中约定的保证责任，因为根据担保法第十二条规定，同一债务有两个以上保证人的，保证人应当按照保证合同约定的保证份额，承担保证责任。没有约定保证份额的，保证人承担连带责任。承担了担保责任的担保人，可以向债务人追偿，也可以要求承担连带责任的其他担保人清偿其应当分担的份额。相反，如果认定未列入借款合同的最高额担保人脱保，则实质上加重了所列明的部分最高额担保人的保证责任，损害了这部分最高额担保人的利益，也违背了公平原则。

具体到本案例而言，争议焦点为被告宁波婷某电子科技有限公司（以下简称婷某电子公司）是否应当对被告创某电器公司的银行贷款债务承担连带保证责任。法院认为，被告婷某电子公司应对原告某银行诉请款项在约定的最高限额范围内承担连带保证责任。理由如下：第一，本案诉争借款合同签订时间及贷款发放时间在被告婷某电子公司签订的温银9022010年高保字01003号最高额保证合同约定的决算期间内，根据该合同第一条1.1约定"保证人为债权人与申请人在2010年9月10日至2011年10月18日内签署的所有主合同项下各笔债权提供最高额连带责任保证"，被告婷某电子公司应当承担连带保证责任；第二，原告与被告创某电器公司签订的温银9022011企贷字00542号借款合同，虽未将该合同列入，但原告未以明示方式放弃被告婷某电子公司提供的最高额保证；第三，被告婷某电子公司曾于2012年6月、10月、11月三次代借款人创某电器公司归还过本案借款利息，该些行为也是婷某电子公司对本案借款提供最高额保证的行为表征。因此，被告婷某电子公司应对被告创某电器公司的上述债务在编号为温银9022010年高保字

---

① 参见杨峰：《商行为意思表示的瑕疵和表示方法问题探讨》，载《长白学刊》2005年第1期。

01003号最高额保证合同约定担保范围内承担连带清偿责任,其承担保证责任后,有权向被告创某电器公司追偿。

三、其他需要说明的问题

(一)当事人约定下的权利放弃

实践中,银行在单笔贷款合同中未列尽最高额担保的情形及原因复杂多样。在参照适用该指导性案例时,应根据不同的个案事实,充分考虑纠纷的发生背景、主从合同的具体约定、银行的交易习惯等因素,推究银行债权人的真实意思表示,依法妥善处理具体个案。如果未列入主合同的担保人有证据证明债权人以明示行为作出过放弃担保债权的意思表示,则该未列入的担保人不承担保证责任。例如,假设该案例中的主合同有诸如"某银行与婷某电子公司于2010年9月10日签订的编号为温银9022010年高保字01003号最高额保证合同不再为本借款担保"或者"本借款合同选定的担保方式仅限于岑某锋、三某塑模公司提供的保证担保"等此类约定,或者从合同婷某电子公司与某银行的最高额保证合同中有诸如"婷某电子公司具体为创某电器公司哪一笔借款承担担保责任由某银行与创某电器公司的贷款合同约定,如在贷款合同中没有将本最高额保证合同列入担保,则婷某电子公司无须为该笔贷款承担担保责任"等此类明确约定,则可以认定担保权利的明示放弃。

(二)债权人在借款合同中仅列明部分最高额担保的真实意思

从理论上讲,意思表示意味着法律交易参与人或交易人欲设立一定法律关系的主观想法的外在表达或宣示。它应有两个最基本的要素,即意思本身和意思的表达,其中前者是实质要素,因为没有意思,也就没有所谓意思的表示。意思表示的这两个要件又可以分为主观要件和客观要件,即表示要件和意思要素,任何完整的意思表示都必然包含这两个要件。实践中,该类贷款案件中仅列明部分最高额担保的,银行的真实意思到底是什么呢?经调研后了解,原因主要有以下方面:(1)多数情况下是由于银行工作人员操作不规范。由于银行监管部门与司法部门对此长期没有确定的规范标准与裁判标准,各家银行对此做法不一:有的银行要求在借款合同中记载对应的最高额担保合同,有的银行不要求在借款合同中记载最高额担保合同。(2)部分情况下是出借人、担保人故意不在借款合同中记载。这又有以下两种情况:一是部分银行会将最高额担保人的担保限额也记入人民银行的征信系统,而担保人考虑到自身的资信情况,为避免影响今后的融资和担保,而与银行协商不将其担保情况在借款合同中记载;二是对上市公司而言,超过一定数额的担保情况需要公告,可能对公司股价产生不利影响,故上市公司通常也希望不将担保情况记入借款合同和人民银行征信系统。但上述两种情况中,担保人为借款人提供担保的意思表示是真实的,只是希望银行不要将其列明在具体贷款合同中。(3)还有少数情况是由于银行内部系统操作平台的限制。有的银行只能输入特定限额(如5个)以下的担保合同编号,仅仅是因为具体操作的原因无法将所有的担保合同编号输入而导致在具体的贷款合同担保条款中仅列明部分最高额担保合同。由此可见,从实践中银行在具体贷款合同中未列明所有最高额担保合同的原因分析,也难以简单得出债权人在具体贷款合同中仅列明部分最高额担保合同的真实意思即为放弃未列明的最高额担保的结论。

(撰稿人:吴光侠、杨治、袁玮玮)

指导案例 95 号

某银行股份有限公司宣城龙首支行诉宣城柏某贸易有限公司、江苏凯某置业有限公司等金融借款合同纠纷案

（最高人民法院审判委员会讨论通过　2018 年 6 月 20 日发布）

关键词

民事　金融借款合同　担保　最高额抵押权

裁判要点

当事人另行达成协议将最高额抵押权设立前已经存在的债权转入该最高额抵押担保的债权范围，只要转入的债权数额仍在该最高额抵押担保的最高债权额限度内，即使未对该最高额抵押权办理变更登记手续，该最高额抵押权的效力仍然及于被转入的债权，但不得对第三人产生不利影响。

相关法条

《中华人民共和国物权法》第二百零三条、第二百零五条

基本案情

2012 年 4 月 20 日，某银行股份有限公司宣城龙首支行（以下简称某行宣城龙首支行）与宣城柏某贸易有限公司（以下简称柏某公司）签订《小企业借款合同》，约定柏某公司向某行宣城龙首支行借款 300 万元，借款期限为七个月，自实际提款日起算，2012 年 11 月 1 日还 100 万元，2012 年 11 月 17 日还 200 万元。涉案合同还对借款利率、保证金等作了约定。同年 4 月 24 日，某行宣城龙首支行向柏某公司发放了上述借款。

2012 年 10 月 16 日，江苏凯某置业有限公司（以下简称凯某公司）股东会决议决定，同意将该公司位于江苏省宿迁市宿豫区江山大道××号即宿迁红星凯某国际家居广场房产，抵押给某行宣城龙首支行，用于亿某公司商户柏某公司、闽某公司、航某公司、金某公司四户企业在某行宣城龙首支行办理融资抵押，因此产生的一切经济纠纷均由凯某公司承担。同年 10 月 23 日，凯某公司向某行宣城龙首支行出具一份房产抵押担保的承诺函，同意以上述房产为上述四户企业在某行宣城龙首支行融资提供抵押担保，并承诺如该四户企业不能按期履行某行宣城龙首支行的债务，上述抵押物在处置后的价值又不足以偿还全部债务，凯某公司同意用其他财产偿还剩余债务。该承诺函及上述股东会决议均经凯某公司全体股东签名及加盖凯某公司公章。2012 年 10 月 24 日，某行宣城龙首支行与凯某公司签订《最高额抵押合同》，约定凯某公司以宿房权证宿豫字第 201104767 号房地产权证项下的商铺为自 2012 年 10 月 19 日至 2015 年 10 月 19 日期间，在 4000 万元的最高余额内，某行宣城龙首支行依据与柏某公司、闽某公司、航某公司、金某公司签订的借款合同等主合同而享有对债务人的债权，无论该债权在上述期间届满时是否已到期，也无论该债权是否在最高额抵押权设立之前已经产生，提供抵押担保，担保的范围包括主债权本金、利息、实现债权的费用等。同日，

双方对该抵押房产依法办理了抵押登记，某行宣城龙首支行取得宿房他证宿豫第201204387号房地产他项权证。2012年11月3日，凯某公司再次经过股东会决议，并同时向某行宣城龙首支行出具房产抵押承诺函，股东会决议与承诺函的内容及签名盖章均与前述相同。当日，凯某公司与某行宣城龙首支行签订《补充协议》，明确双方签订的《最高额抵押合同》担保范围包括2012年4月20日某行宣城龙首支行与柏某公司、闽某公司、航某公司和金某公司签订的四份贷款合同项下的债权。

柏某公司未按期偿还涉案借款，某行宣城龙首支行诉至宣城市中级人民法院，请求判令柏某公司偿还借款本息及实现债权的费用，并要求凯某公司以其抵押的宿房权证宿豫字第201104767号房地产权证项下的房地产承担抵押担保责任。

裁判结果

宣城市中级人民法院于2013年11月10日作出（2013）宣中民二初字第00080号民事判决：一、柏某公司于判决生效之日起五日内给付某行宣城龙首支行借款本金300万元及利息……四、如柏某公司未在判决确定的期限内履行上述第一项给付义务，某行宣城龙首支行以凯某公司提供的宿房权证宿豫字第201104767号房地产权证项下的房产折价或者以拍卖、变卖该房产所得的价款优先受偿……宣判后，凯某公司以涉案《补充协议》约定的事项未办理最高额抵押权变更登记为由，向安徽省高级人民法院提起上诉。该院于2014年10月21日作出（2014）皖民二终字第00395号民事判决：驳回上诉，维持原判。

裁判理由

法院生效裁判认为：凯某公司与某行宣城龙首支行于2012年10月24日签订《最高额抵押合同》，约定凯某公司自愿以其名下的房产作为抵押物，自2012年10月19日至2015年10月19日期间，在4000万元的最高余额内，为柏某公司在某行宣城龙首支行所借贷款本息提供最高额抵押担保，并办理了抵押登记，某行宣城龙首支行依法取得涉案房产的抵押权。2012年11月3日，凯某公司与某行宣城龙首支行又签订《补充协议》，约定前述最高额抵押合同中涉及抵押担保的主债权及于2012年4月20日某行宣城龙首支行与柏某公司所签《小企业借款合同》项下的债权。该《补充协议》不仅有双方当事人的签字盖章，也与凯某公司的股东会决议及其出具的房产抵押担保承诺函相印证，故该《补充协议》应系凯某公司的真实意思表示，且所约定内容符合物权法第二百零三条第二款的规定，也不违反法律、行政法规的强制性规定，依法成立并有效，其作为原《最高额抵押合同》的组成部分，与原《最高额抵押合同》具有同等法律效力。由此，本案所涉2012年4月20日《小企业借款合同》项下的债权已转入前述最高额抵押权所担保的最高额为4000万元的主债权范围内。就该《补充协议》约定事项，是否需要对前述最高额抵押权办理相应的变更登记手续，物权法没有明确规定，应当结合最高额抵押权的特点及相关法律规定来判定。

根据物权法第二百零三条第一款的规定，最高额抵押权有两个显著特点：一是最高额抵押权所担保的债权额有一个确定的最高额度限制，但实际发生的债权额是不确定的；二是最高额抵押权是对一定期间内将要连续发生的债权提供担保。由此，最高额抵押权设立时所担保的具体债权一般尚未确定，基于尊重当事人意思自治原则，物权法第二百零三条第二款对前款作了但书规定，即允许经当事人同意，将最高额抵押权设立前已经存在的债权转入最高额抵押担保的债权范围，但此并非重新设立最高额抵押权，也非物权法第二百零五条规定的最高额抵押权变更的内容。同理，根据《房屋登记办法》第五十三条的规定，当事人将最高额抵押权设立前已存在债权转入最高额抵押担保的债权范围，不是最高抵押权设立登记的他项权利证书及房屋登记簿的必要记载事项，故亦非应当申请最高额抵押权变更登记的法定情形。

本案中，某行宣城龙首支行和凯某公司仅是通过另行达成补充协议的方式，将上述最高额抵押权设立前已经存在的债权转入该最高额抵押权所担保的债权范围内，转入的涉案债权数额仍在该最高额抵押担保的4000万元最高债权额限度内，该转入的确定债权并非最高额抵押权设立登记的他项权利证书及房屋登记簿的必要记载事项，在不会对其他抵押权人产生不利影响的前提下，对于该意思自治行为，应当予以尊重。此外，根据商事交易规则，法无禁止即可为，即在法律规定不明确时，不应强加给市场交易主体准用严格交易规则的义务。况且，就涉案2012年4月20日借款合同项下的债权转入最高额抵押担保的债权范围，凯某公司不仅形成了股东会决议，出具了房产抵押担保承诺函，且和某行宣城龙首支行达成了《补充协议》，明确将已经存在的涉案借款转入前述最高额抵押权所担保的最高额为4000万元的主债权范围内。现凯某公司上诉认为该《补充协议》约定事项必须办理最高额抵押权变更登记才能设立抵押权，不仅缺乏法律依据，也有悖诚实信用原则。

综上所述，某行宣城龙首支行和凯某公司达成《补充协议》，将涉案2012年4月20日借款合同项下的债权转入前述最高额抵押权所担保的主债权范围内，虽未办理最高额抵押权变更登记，但最高额抵押权的效力仍然及于被转入的涉案借款合同项下的债权。

（生效裁判审判人员：陶恒河、王玉圣、马士鹏）

【解读】

解读《某银行股份有限公司宣城龙首支行诉宣城柏某贸易有限公司、江苏凯某置业有限公司等金融借款合同纠纷案》

2018年6月20日，最高人民法院发布了第18批指导性案例，包括第93号至第96号共4件指导性案例，总结了审判实践中某些普遍的疑难复杂法律适用问题，有利于进一步明确裁判规则，统一司法尺度。其中，第95号指导案例为《某银行股份有限公司宣城龙首支行诉宣城柏某贸易有限公司、江苏凯某置业有限公司等金融借款合同纠纷案》。为了正确理解和准确参照适用该指导案例，现对该指导案例的选编过程、裁判要点、参照适用等有关情况予以解释和说明。

一、选编过程及指导意义

该案例由安徽省高级人民法院（以下简称安徽高院）民三庭庭务会讨论决定后，

按《安徽省高级人民法院关于加强参考性案例工作的意见》的要求向安徽高院研究室推荐，研究室认为该案例有效解决了最高额抵押权在实际操作中的有关盲点问题，并认为该案例具有普遍性和代表性，有一定的参考价值，可以提请安徽高院审委会予以讨论。安徽高院审委会讨论通过，决定作为安徽法院参考性案例发布，同时作为备选指导性案例向最高人民法院推荐。最高人民法院案例指导工作办公室对该案例经过初审，认为符合指导性案例的要求，并提交研究室室务会讨论。2017年10月12日，研究室室务会讨论同意推荐该案例，并要求向最高人民法院民一庭、民二庭征求意见。民一庭、民二庭均同意推荐该案例作为指导性案例，并提出修改意见。2018年6月12日，最高人民法院民专会第288次会议讨论通过该案例。6月20日，最高人民法院以法〔2018〕164号文件将该案例列在第18批指导性案例中予以发布。

当事人另行达成协议将最高额抵押权设立前已经存在的债权转入该最高额抵押担保的债权范围，是否需要对最高额抵押权办理相应的变更登记手续，物权法及相关法律法规均没有明确规定。该指导案例明确，只要转入的债权数额仍在该最高额抵押担保的最高债权额限度内，即使未对该最高额抵押权办理变更登记手续，该最高额抵押权的效力仍然及于被转入的债权，但不得对第三人产生不利影响。该指导案例确认的裁判规则，准确把握了最高额抵押权制度的立法精神、设立目的和作用，对于依法审理类似金融借款合同纠纷案件具有重要的指导意义。

二、关于本案例的相关情况

本案中，某银行股份有限公司宣城龙首支行（以下简称某行宣城龙首支行）与江苏凯某置业有限公司（以下简称凯某公司）于2012年10月24日签订《最高额抵押合同》，约定凯某公司自愿以其名下的房产作为抵押物，自2012年10月19日至2015年10月19日期间，在4000万元的最高余额内，为宣城柏某贸易有限公司（以下简称柏某公司）在某行宣城龙首支行所借贷款本息提供最高额抵押担保，并办理了抵押登记，某行宣城龙首支行取得涉案房产的他项权证。2012年11月3日，凯某公司与某行宣城龙首支行签订《补充协议》，约定前述最高额抵押合同中述及抵押担保的主债权及于2012年4月20日某行宣城龙首支行与柏某公司所签《小企业借款合同》项下的债权，凯某公司就该《补充协议》事项形成股东会决议，并向某行宣城龙首支行出具房产抵押担保承诺函。本案争议焦点在于：案涉最高额抵押权担保的债权范围是否及于2012年4月20日《小企业借款合同》项下债权。对此，凯某公司认为，其和某行宣城龙首支行未对2012年4月20日《小企业借款合同》项下借款以凯某公司房产办理抵押权设立登记，也未对案涉最高额抵押权办理任何与该笔借款有关的抵押权变更登记手续，故该笔借款的抵押权根本没有设立。而某行宣城龙首支行认为，案涉最高额抵押权已登记设立，当事人约定将设立之前已经存在的债权转入该最高额抵押权担保的债权范围，无须办理抵押变更登记手续。

本案焦点涉及的法律问题是：最高额抵押权设立前已经存在的债权，能否转入最高额抵押担保的债权范围；若能转入，则如何转入最高额抵押担保的债权范围。就该法律问题，目前，最高额抵押权相关理论鲜有涉及，国外相关立法对此也未作规定。但是，物权法第二百零三条第二款对此问题作了回应，该款明确规定："最高额抵押权设立前已经存在的债权，经当事人同意，可以转入最高额抵押担保的债权范围。"下面，围绕最高额抵押权理论来分析下物权法第二百零三条第二款规定的法理基础和立法价值。

(一) 最高额抵押权的概念与功能

最高额抵押权,又称最高额抵押,指在预定的最高限额内,为担保将来一定期间内连续性交易所生债权的清偿而设定的抵押。① 最高额抵押属于特殊抵押形式,对连续发生的债权和特定交易关系中债权具有强大的保障功能,最高额抵押受到各国的普遍重视。在立法例上,许多国家民法典都规定了最高额抵押权。德国民法典第1190条规定:"抵押权可以以这样的方式予以设定,即仅对土地所应负责任的最高额加以规定,除此以外,债权的确定予以保留。该最高额必须登记于土地登记簿。"② 日本民法典第398条之二第1项规定:"抵押权,可以依设定行为的约定,在最高额限度内担保一定范围内的不特定债权而设定。"③ 担保法及物权法均明文规定了最高额抵押权,其中物权法第二百零三条第一款规定:为担保债务的履行,债务人或者第三人对一定期间内将要连续发生的债权提供担保财产的,债务人不履行到期债务或者发生当事人约定的实现抵押权的情形,抵押权人有权在最高债权额限度内就该担保财产优先受偿。最高额抵押权之所以受到各国的普遍重视,是因为最高额抵押权具有普遍抵押权所不具有的功能,其创设的目的在于配合继续性交易形态的需要,促进社会经济的繁荣,从而具有生命力。物权法规定最高额抵押权的目的也是简化手续,方便当事人,促进资金融通,更好地发挥抵押担保的功能。

(二) 最高额抵押权的显著法律特征

最高额抵押权是一种特殊的抵押权,依据前述最高额抵押权的概念及立法体例,相对于一般抵押权而言,有两个显著的法律特征:一是最高额抵押担保的债权系将来一定期间内不特定的债权。最高额抵押担保的不是已经发生的特定债权,而是基于当事人之间的连续性交易关系而于将来一定期间内可能发生的不特定债权。一般抵押权的设定,以先存在的债权为前提。而最高额抵押权的设定则不以先存在确定的债权为必要,质言之,最高额抵押,不仅在于其担保债权的发生属于将来一定期间,而且在于其担保债权的数额在设定最高额抵押权时并不确定。二是最高额抵押担保的债权必须明确一个最高限额。最高限额,指抵押权人基于最高额抵押权所能优先受偿债权的最高数额,这是最高额抵押权区别于一般抵押权的最重要特征,也是最高额抵押权设立的必要条件。依各国法及其实务,当事人设定最高额抵押而无最高限额的约定与登记时,将不产生最高额抵押权设定的效力。因为最高额抵押担保的债权,系基于当事人之间的连续性交易关系而在将来一定期间内可能发生的不特定债权,故必须约定一个最高限额作为其担保范围。这里需要注意的是:此最高限额,并非指最高额抵押担保的实际债权额,实际债权额的多寡需待最高额抵押权确定后才能确定,在未确定前,担保的债权额可以增减变动。

综上所述,最高额抵押担保的债权并非某一笔或多笔的具体债权,而是在最高债权额限度内且在一定期间内将要发生的不特定的债权。最高额抵押权在没有确定之前,所担保的债权总额是不确定的,是随时发生变化的。因此,最高抵押权在债权确定前

---

① 参见陈华彬:《物权法》,中国法制出版社2006年版,第530~531页。
② 陈卫佐译注:《德国民法典》,法律出版社2015年版,第407页。
③ 刘士国、牟宪魁、杨瑞贺译:《日本民法典》,中国法制出版社2018年版,第79页。

并不随某一具体债权的转让而转让,也不因某一具体债权的消灭而消灭。①

(三) 最高额抵押担保的债权范围

最高额抵押担保的债权在抵押权设立时并没有确定具体的数额,只是明确了最高债权额限度和债权确定的期间。在最高额抵押权没有确定时,债权额得随时增减变动,即使债权一度为零,也不因此影响最高额抵押权的效力。当最高额抵押权确定时,实际债权额始得确定,此时的实际债权额如超过最高债权额限度,则以最高债权额限度为准,超过部分不在抵押担保范围内,如不及最高债权额限度,则以实际债权额为准。可见,最高额抵押担保的债权仅仅以现在及将来债权为限,而不能回溯至过去的债权。但是,物权法第二百零三条第二款规定,即最高额抵押权设立前已经存在的债权,经当事人同意,可以转入最高额抵押担保的债权范围。该款规定实际上是对最高额抵押权"针对将来一定期间内不特定债权担保"法律特征的突破,拓展了最高额抵押权担保的债权范围,学理上可称之为最高额抵押权的回溯性,经查阅国外相关立法对此没有规定,相关理论也很少提及。所以,物权法第二百零三条第二款规定有其特定的制度价值和实际效用。

首先,体现了对当事人意思自治的尊重。当事人意思自治原则是商法基本原则,在市场经济条件下,当事人有权自主决定是否交易及如何交易。将最高额抵押权设立前已经存在的债权转入最高额抵押担保的债权范围,只要抵押人和抵押权人就此形成合意,就应对当事人意思自治给予尊重。

其次,不会动摇最高额抵押权的制度基础。如前所述,最高额抵押担保的债权是在最高债权额限度内且在一定期间内将要连续发生的不特定的债权。而物权法第二百零三条第二款规定实际上是对最高额抵押权"针对将来一定期间内不特定债权担保"法律特征的突破,转入的债权不仅在最高额抵押权设立前业已存在,而且数额确定。尽管如此,该款规定也不会动摇最高额抵押权的制度基础。理由是:该转入的债权系当事人协商一致纳入最高额抵押担保的债权范围之内,与最高额抵押权存续期间可能发生的任一笔债权一样,也仅仅是作为最高额抵押担保范围内所有债权的一部分存在,在最高额抵押权确定之前,也可以因债务人清偿等原因消灭,但最高额抵押权不会随之消灭,不受其影响,这也与最高额抵押权的法理相符。况且,该转入的债权仍要受制于最高额抵押担保的最高债权额限度,也不会对第三人产生不利影响。因此,该被当事人合意转入的债权既不是对业已设立最高额抵押权的变更,也不是要对该转入债权另行设立最高额抵押权。

最后,对最高额抵押权危险的缓解。如前所述,最高额抵押权系配合继续性交易形态的需要,有其制度优势,但也应看到其缺陷与不足,学说称为最高额抵押权的危险,亦即债权人为了担保自己债权的实现,常常超过交易上的必要范围,设定巨额的最高额抵押权,独占抵押权的交换价值,使得抵押人无剩余价值可资利用,从而妨害抵押物担保价值的发挥。② 物权法第二百零三条第二款的规定有利于最大限度发挥抵

---

① 按照担保法理论,抵押权属从权利,随主债权生而生,随主债权灭而灭,不能与主债权分离单独转让。但最高额抵押权基于其担保的是一定期间内将要连续发生的不特定债权,则最高额抵押权的从属性与一般抵押权的从属性有所不同,一般抵押权随主债权的转移而转移,而最高抵押权在债权确定前并不随某一具体债权的转让而转让,也不因某一具体债权的消灭而消灭。

② 参见陈华彬:《物权法》,中国法制出版社 2006 年版,第 533 页。

物的交换价值,也维护了抵押权人的合法利益。

综上所述,物权法第二百零三条第二款的但书规定,不仅进一步完善了最高额抵押权的制度体系,而且在实践中发挥更大的效用。然而,该款规定较为原则,审判实践中,如何理解与适用?尤其对于抵押物为房产、土地使用权等须经登记才设立最高额抵押权的又如何认定?对此,我国物权法及相关法律法规也没有明确规定。本案例围绕最高额抵押权制度的立法精神、设立目的和作用,给出了明确的答案,为涉及此种情形案件的处理厘清了裁判思路,明确了物权法第二百零三条第二款的适用规则,也有利于保护债权人的合法权益,取得了良好的社会效果。

三、裁判要点的理解与说明

该指导案例的裁判要点确认:当事人另行达成协议将最高额抵押权设立前已经存在的债权转入该最高额抵押担保的债权范围,只要转入的债权数额仍在该最高额抵押担保的最高债权额限度内,即使未对该最高额抵押权办理变更登记手续,该最高额抵押权的效力仍然及于被转入的债权,但不得对第三人产生不利影响。现围绕与该裁判要点相关的问题逐一解释和说明如下。

(一) 须有合法设立的最高额抵押权

物权法第二百零三条第二款规定:"最高额抵押权设立前已经存在的债权,经当事人同意,可以转入最高额抵押担保的债权范围。"可以看出,该款规定适用的前提是须有依法设立的最高额抵押权。最高额抵押权依法设立应注意把握以下几点:首先,最高额抵押权须为继续性法律关系的不特定债权而设立。一般抵押权得由当事人对任何债权设立,但最高额抵押权设定担保的债权,依各国法律规定,应以继续性法律关系为限。继续性法律关系是债权连续发生、变动的社会基础,也是最高额抵押权存在的基本依据。其次,当事人须订立最高额抵押权合同。最高额抵押合同与一般抵押合同的内容基本相同,不同之处在于,最高额抵押合同应订明以下两项内容:最高限额和债权确定的期间,这两项内容是最高额抵押权的之所以是一种特殊抵押权的显著特征所在,旨在用于确定最高额抵押担保的债权范围。其中,最高限额是最高额抵押担保债权的最高债权额限度,是最高额抵押合同必须明确的内容,是最高额抵押权设立的必要条件。债权确定的期间是确定最高额抵押担保债权实际数额的时间,最高额抵押担保的债权为将来的不特定债权,在抵押权存续期间得自由增减变更。最后,设立最高额抵押权须依抵押财产的性质进行登记。物权法对于最高额抵押权的登记问题没有专门规定,根据物权法第二百零七条规定,应当适用一般抵押权登记的规定,即根据抵押财产的不同而分别采取登记要件主义和登记对抗主义。物权法第一百八十七条规定:"以本法第一百八十条第一款第一项至第三项规定的财产或者第五项规定的正在建造的建筑物抵押的,应当办理抵押登记。抵押权自登记时设立。"第一百八十八条规定:"以本法第一百八十条第一款第四项、第六项规定的财产或者第五项规定的正在建造的船舶、航空器抵押的,抵押权自抵押合同生效时设立;未经登记,不得对抗善意第三人。"由此可见,最高额抵押权的设立登记,依其抵押财产的性质,分别采取登记要件主义和登记对抗主义。

本案例中,凯某公司与某行宣城龙首支行于2012年10月24日签订《最高额抵押合同》,约定凯某公司自愿以其名下的房产作为抵押物,自2012年10月19日至2015年10月19日期间,在4000万元的最高余额内,为柏某公司在某行宣城龙首支行所借贷款本息提供最高额抵押担保。该最高额抵押合同明确约定了最高限额、债权确定的期间等条款，系双方当事人真实意思表示，应为合法有效。又因为抵押物为房产，双方于签订抵押合同当日办理了抵押登记，某行宣城龙首支行就涉案房产享有最高额抵押权。

（二）须经当事人同意

根据物权法第二百零三条第二款规定，将最高额抵押权设立前已经存在的债权转入最高额抵押担保的债权范围的，须经当事人同意。这里要求：第一，此处同意的事项，是指将最高额抵押权设立前已经存在的债权，转入最高额抵押权担保的债权范围。该已经存在的债权应为真实合法的债权。第二，此处同意的当事人，是指经过债权人（抵押权人）和抵押人就上述事项的意思表示一致，形成合意。实践中，当事人一般采取另行达成补充协议的形式对该事项进行明确，对补充协议效力的认定要依据合同法等进行认定，不再赘述。第三，已经存在债权的债权人和债务人与最高额抵押中的债权人和债务人必须同一，这样才能符合当事人设立最高额抵押的目的，如果二者并非同一，将最高额抵押权设立前的债权转入最高额抵押担保的债权范围，极易发生各种纠纷。①

本案例中，某行宣城龙首支行就凯某公司提供的房产享有最高额抵押权，该最高额抵押权担保的期间为 2012 年 10 月 19 日至 2015 年 10 月 19 日，担保最高债权额限度为 4000 万元。2012 年 11 月 3 日，凯某公司与某行宣城龙首支行签订《补充协议》，明确约定将 2012 年 4 月 20 日某行宣城龙首支行与柏某公司所签《小企业借款合同》项下的债权转入前述最高额抵押权所担保的最高额为 4000 万元的主债权范围内，凯某公司就该《补充协议》事项形成股东会决议，并向某行宣城龙首支行出具房产抵押担保承诺函。该《补充协议》系双方当事人真实意思表示，符合物权法第二百零三条第二款的规定，也不违反法律、行政法规的强制性规定，依法成立并有效，且作为原最高额抵押合同的组成部分，与原最高额抵押合同具有同等法律效力。

（三）无须办理抵押权变更登记手续

如前所述，对于以房产、土地使用权等为抵押物设立最高额抵押权的，采取的是登记要件主义，应当办理抵押登记，最高额抵押权自登记时设立。那么，此种情形下，经当事人同意将最高额抵押权设立前已经存在的债权转入到最高额抵押担保债权范围的，是否需要对该最高额抵押权办理变更登记手续，才能使最高额抵押权的效力及于该协议转入的债权。对此，我国物权法及相关法律法规均没有明确规定，但考虑到：第一，此种情形并非另行设立最高额抵押权。当事人协商一致将最高额抵押权登记设立前债权转入该担保的债权范围，不是对协议转入债权另行设立抵押权，只是将最高额抵押权登记设立之前业已存在债权转入最高额抵押权担保的债权范围而已，这与最高额抵押权存续期间可能发生的任意一笔债权一样，也仅是作为最高额抵押担保范围内所有债权的一部分存在，在最高额抵押权确定之前也可以因债务人清偿等原因消灭，但最高额抵押权不会随之消灭，不受其影响，这也与最高额抵押权的法理相符。第二，此种情形也非最高额抵押权法定设立或变更登记的必要事项。物权法第二百零

---

① 参见王利明：《物权法论》，中国政法大学出版社 2008 年版，第 387 页。

五条规定,最高额抵押担保的债权确定前,抵押权人与抵押人可以通过协议变更债权确定的期间、债权范围以及最高债权额,但变更的内容不得对其他抵押权人产生不利影响。《房屋登记办法》第五十三条规定:"对符合规定条件的最高额抵押权设立登记,除本办法第四十四条所列事项外,登记机构还应当将最高债权额、债权确定的期间记载于房屋登记簿,并明确记载其为最高额抵押权。"第三,实际操作困难。由于最高额抵押权设立时的他项权利书和房屋登记簿的必要记载事项,不包括物权法第二百零三条第二款规定的情形,再行要求最高额抵押权变更登记缺乏操作细则。综上所述,最高额抵押权无论是设立登记还是变更登记,所关注的是最高债权额和债权确定的期间。当事人将最高额抵押权设立前已存在的债权转入最高额抵押担保的债权范围,既非最高额抵押权设立时登记记载事项,也非最高额抵押权变更的登记的记载事项。根据"法无禁止即可为"的商事交易规则,在法律规定不明确时,就不应强加给市场交易主体准用严格交易规则的义务。因此,当事人协商一致将最高额抵押权登记设立前债权转入该担保的债权范围的,无须办理抵押权变更登记手续,最高额抵押权的效力仍然及于该协议转入的债权。

本案例中,某行宣城龙首支行和凯某公司达成《补充协议》,将涉案2012年4月20日借款合同项下的债权转入前述最高额抵押权所担保的主债权范围内,且未办理最高额抵押权变更登记,但最高额抵押权的效力仍然及于被转入的涉案借款合同项下的债权。

(四)不得对第三人产生不利影响

当事人对最高额抵押权设立前已经存在的债权,虽经当事人同意转入最高额抵押担保的债权范围,但必须在最高额抵押担保的最高债权额限度内。如前所述,协议转入的债权系将最高额抵押权设立之前业已存在的债权转入最高额抵押担保的债权范围,与最高额抵押权存续期间可能发生的任意一笔债权一样,在最高额抵押权确定之前,可以增减、消灭,但仍然受制于最高额抵押担保的最高债权额度。应当注意的是,对于采取登记方式设立的最高额抵押权,最高债权额、债权确定的期间系不动产登记簿的必要记载事项,对第三人也具有公示的效力,只要转入的债权数额不超过最高额抵押担保的最高债权额度,就不会对第三人产生不利影响。

本案例中,某行宣城龙首支行和凯某公司已登记设立的最高额抵押权担保的最高债权额限度为4000万元,而涉案2012年4月20日借款合同项下的债权数额仅为300万元,故该转入的债权在4000万元的最高债权额限度内,也不会对其他抵押权人产生不利影响。

四、参照适用时应注意的问题

从实务上看,本案例虽系银行在办理最高额抵押担保贷款中引发的案件,但在实践中类似的情况比较普遍,物权法第二百零三条第二款的适用规则有很强的现实指导意义。鉴于物权法第二百零三条第二款规定系该条但书条款,且规定过于原则,在适用该条款时应当严格把握前述四个要件,尤其注意不得超过最高额抵押权担保的最高限额以及对第三人不得产生不利影响。

从学理上讲,物权法第二百零三条第二款规定实质上是对最高额抵押权"针对将来一定期间内不特定债权担保"特征的突破,拓展了最高额抵押权担保的债权范围,学理上可称之为最高额抵押权的回溯性,经查阅国外相关立法对此没有规定,相关理论也很少提及，需要结合审判实践对该款规定的理论体系进行建构和丰富，进一步完善最高额抵押权的制度体系。

（撰稿人：马士鹏、石磊）

指导案例 168 号

**某银行股份有限公司东莞分行诉
陈某华等金融借款合同纠纷案**

（最高人民法院审判委员会讨论通过　2021 年 11 月 9 日发布）

关键词

民事　金融借款合同　未办理抵押登记　赔偿责任　过错

裁判要点

以不动产提供抵押担保，抵押人未依抵押合同约定办理抵押登记的，不影响抵押合同的效力。债权人依据抵押合同主张抵押人在抵押物的价值范围内承担违约赔偿责任的，人民法院应予支持。抵押权人对未能办理抵押登记有过错的，相应减轻抵押人的赔偿责任。

相关法条

1.《中华人民共和国物权法》第十五条（注：现行有效的法律为《中华人民共和国民法典》第二百一十五条）；

2.《中华人民共和国合同法》第一百零七条、第一百一十三条第一款、第一百一十九条第一款（注：现行有效的法律为《中华人民共和国民法典》第五百七十七条、第五百八十四条、第五百九十一条第一款）。

基本案情

2013 年 12 月 31 日，某银行股份有限公司东莞分行（以下简称某银行东莞分行）与东莞市华某塑料有限公司（以下简称华某公司）、东莞市亿某集团有限公司（以下简称亿某公司）、东莞市高某塑料有限公司（以下简称高某公司）签订《综合授信合同》，约定某银行东莞分行为亿某公司、高某公司、华某公司提供 4 亿元的综合授信额度，额度使用期限自 2013 年 12 月 31 日起至 2014 年 12 月 31 日止。为担保该合同，某银行东莞分行于同日与陈某波、陈某华、陈某文、亿某公司、高某公司、华某公司、东莞市怡某贸易有限公司（以下简称怡某公司）、东莞市力某贸易有限公司（以下简称力某公司）、东莞市同某贸易有限公司（以下简称同某公司）分别签订了《最高额保证合同》，约定：高某公司、华某公司、亿某公司、力某公司、同某公司、怡某公司、陈某波、陈某华、陈某文为上述期间的贷款本息、实现债权费用在各自保证限额内向某银行东莞分行提供连带保证责任。同时，某银行东莞分行还分别与陈某华、陈某波、陈某兴、梁某霞签订了《最高额抵押合同》，陈某华、陈某波、陈某兴、梁某霞同意为某银行东莞分行自 2013 年 12 月 31 日至 2014 年 12 月 31 日期间对亿某公司等授信产生的债权提供最高额抵押，担保的主债权限额均为 4 亿元，担保范围包括贷款本息及相关费用，抵押物包括：1. 陈某华位于东莞市中堂镇东泊村的房产及位于东莞市中堂镇东泊村中堂汽车站旁的一栋综合楼（未取得不动产登记证书）；2. 陈某波位于东莞市中堂镇东泊村陈屋东兴路东一巷面积为4667.7平方米的土地使用权及地上建筑物、位于东莞市中堂镇吴家涌面积为30801平方米的土地使用权及位于东莞市中堂镇东泊村面积为12641.9平方米的土地使用权（均未取得不动产登记证书）；3. 陈某兴位于东莞市中堂镇的房屋；4. 梁某霞位于东莞市中堂镇东泊村陈屋新村的房产。以上不动产均未办理抵押登记。

另，某银行东莞分行于同日与亿某公司签订了《最高额权利质押合同》《应收账款质押登记协议》。

基于《综合授信合同》，某银行东莞分行与华某公司于2014年3月18日、19日分别签订了《人民币流动资金贷款合同》，约定：某银行东莞分行为华某公司分别提供2500万元、2500万元、2000万元流动资金贷款，贷款期限分别为2014年3月18日至2015年3月18日、2014年3月19日至2015年3月15日、2014年3月19日至2015年3月12日。

东莞市房产管理局于2011年6月29日向东莞市各金融机构发出《关于明确房地产抵押登记有关事项的函》（东房函〔2011〕119号），内容为："东莞市各金融机构：由于历史遗留问题，我市存在一些土地使用权人与房屋产权人不一致的房屋。2008年，住建部出台了《房屋登记办法》（建设部令第168号），其中第八条明确规定'办理房屋登记，应当遵循房屋所有权和房屋占用范围内的土地使用权权利主体一致的原则'。因此，上述房屋在申请所有权转移登记时，必须先使房屋所有权与土地使用权权利主体一致后才能办理。为了避免抵押人在实现该类房屋抵押权时，因无法在房管部门办理房屋所有权转移登记而导致合法利益无法得到保障，根据物权法、《房屋登记办法》等相关规定，我局进一步明确房地产抵押登记的有关事项，现函告如下：一、土地使用权人与房屋产权人不一致的房屋需办理抵押登记的，必须在房屋所有权与土地使用权权利主体取得一致后才能办理。二、目前我市个别金融机构由于实行先放款再到房地产管理部门申请办理抵押登记，产生了一些不必要的矛盾纠纷。为了减少金融机构信贷风险和信贷矛盾纠纷，我局建议各金融机构在日常办理房地产抵押贷款申请时，应认真审查抵押房地产的房屋所有权和土地使用权权利主体是否一致，再决定是否发放该笔贷款。如对房地产权属存在疑问，可咨询房地产管理部门。三、为了更好地保障当事人利益，我局将从2011年8月1日起，对所有以自建房屋申请办理抵押登记的业务，要求申请人必须同时提交土地使用权证。"

某银行东莞分行依约向华某公司发放了7000万贷款。然而，华某公司自2014年8月21日起未能按期付息。某银行东莞分行提起本案诉讼。请求：华某公司归还全部贷款本金7000万元并支付贷款利息等；陈某波、陈某华、陈某兴、梁某霞在抵押物价值范围内承担连带赔偿责任。

裁判结果

广东省东莞市中级人民法院于2015年11月19日作出（2015）东中法民四初字第15号民事判决：一、华某公司向某银行东莞分行偿还借款本金7000万元、利息及复利并支付罚息；二、华某公司赔偿某银行东莞分行支出的律师费13万元；三、亿某公司、高某公司、力某公司、同某公司、怡某公司、陈某波、陈某华、陈某文在各自

《最高额保证合同》约定的限额范围内就第一、二判项确定的华某公司所负某银行东莞分行的债务范围内承担连带清偿责任，保证人在承担保证责任后，有权向华某公司追偿；四、陈某华在位于广东省东莞市中堂镇东泊村中堂汽车站旁的一栋综合楼，陈某波在位于广东省东莞市中堂镇东泊村陈屋东兴路东一巷面积为4667.7平方米的土地使用权及地上建筑物（面积为3000平方米的三幢住宅）、位于东莞市中堂镇吴家涌面积为30801平方米的土地使用权、位于东莞市中堂镇东泊村面积为12641.9平方米的土地使用权的价值范围内就第一判项、第二判项确定的华某公司所负某银行东莞分行债务的未受清偿部分的二分之一范围内承担连带赔偿责任；五、驳回某银行东莞分行的其他诉讼请求。某银行东莞分行提出上诉。广东省高级人民法院于2017年11月14日作出（2016）粤民终1107号民事判决：驳回上诉，维持原判。某银行股份有限公司东莞分行不服向最高人民法院申请再审。最高人民法院于2018年9月28日作出（2018）最高法民申3425号民事裁定，裁定提审本案。2019年12月9日，最高人民法院作出（2019）最高法民再155号民事判决：一、撤销广东省高级人民法院（2016）粤民终1107号民事判决；二、维持广东省东莞市中级人民法院（2015）东中法民四初字第15号民事判决第一项、第二项、第三项、第四项；三、撤销广东省东莞市中级人民法院（2015）东中法民四初字第15号民事判决第五项；四、陈某华在位于东莞市中堂镇东泊村的房屋价值范围内、陈某兴在位于东莞市中堂镇的房屋价值范围内、梁某霞在位于东莞市中堂镇东泊村陈屋新村的房屋价值范围内，就广东省东莞市中级人民法院（2015）东中法民四初字第15号民事判决第一判项、第二判项确定的华某公司所负债务未清偿部分的二分之一范围内向某银行东莞分行承担连带赔偿责任；五、驳回某银行东莞分行的其他诉讼请求。

裁判理由

最高人民法院认为：物权法第十五条规定："当事人之间订立有关设立、变更、转让和消灭不动产物权的合同，除法律另有规定或者合同另有约定外，自合同成立时生效；未办理物权登记的，不影响合同效力。"本案中，某银行东莞分行分别与陈某华等三人签订的《最高额抵押合同》，约定陈某华以其位于东莞市中堂镇东泊村的房屋、陈某兴以其位于东莞市中堂镇的房屋、梁某霞以其位于东莞市中堂镇东泊村陈屋新村的房屋为案涉债务提供担保。上述合同内容系双方当事人的真实意思表示，内容不违反法律、行政法规的强制性规定，应为合法有效。虽然前述抵押物未办理抵押登记，但根据物权法第十五条之规定，该事实并不影响抵押合同的效力。

依法成立的合同，对当事人具有法律约束力，当事人应当按照合同约定履行各自义务，不履行合同义务或履行合同义务不符合约定的，应依据合同约定或法律规定承担相应责任。《最高额抵押合同》第六条"甲方声明与保证"约定："6.2 甲方对本合同项下的抵押物拥有完全的、有效的、合法的所有权或处分权，需依法取得权属证明的抵押物已依法获发全部权属证明文件，且抵押物不存在任何争议或任何权属瑕疵……6.4 设立本抵押不会受到任何限制或不会造成任何不合法的情形。"第十二条"违约责任"约定："12.1 本合同生效后，甲乙双方均应履行本合同约定的义务，任何一方不履行或不完全履行本合同约定的义务的，应当承担相应的违约责任，并赔偿由此给对方造成的损失。12.2 甲方在本合同第六条所作声明与保证不真实、不准确、不完整或故意使人误解，给乙方造成损失的，应予赔偿。"根据上述约定，陈某华等三人应确保案涉房产能够依法办理抵押登记，否则应承担相应的违约责任。本案中，陈某华等三人尚未取得案涉房屋所占土地使用权证，因房地权属不一致，案涉房屋未能办理抵押登记，抵押权未依法设立，陈某华等三人构成违约，应依据前述约定赔偿由此给某银行东莞分行造成的损失。

合同法第一百一十三条第一款规定："当事人一方不履行合同义务或者履行合同义务不符合约定，给对方造成损失的，损失赔偿额应当相当于因违约所造成的损失，包括合同履行后可以获得的利益，但不得超过违反合同一方订立合同时预见到或者应当预见到的因违反合同可能造成的损失。"《最高额抵押合同》第6.6条约定："甲方承诺：当主合同债务人不履行到期债务或发生约定的实现担保物权的情形，无论乙方对主合同项下的债权是否拥有其他担保（包括但不限于主合同债务人自己提供物的担保、保证、抵押、质押、保函、备用信用证等担保方式），乙方有权直接请求甲方在其担保范围内承担担保责任，无须行使其他权利（包括但不限于先行处置主合同债务人提供的物的担保）。"第8.1条约定："按照本合同第二条第2.2款确定的债务履行期限届满之日债务人未按主合同约定履行全部或部分债务的，乙方有权按本合同的约定处分抵押物。"在《最高额抵押合同》正常履行的情况下，当主债务人不履行到期债务时，某银行东莞分行可直接请求就抵押物优先受偿。本案抵押权因未办理登记而未设立，某银行东莞分行无法实现抵押权，损失客观存在，其损失范围相当于在抵押财产价值范围内华某公司未清偿债务数额部分，并可依约直接请求陈某华等三人进行赔偿。同时，根据本案查明的事实，某银行东莞分行对《最高额抵押合同》无法履行亦存在过错。东莞市房产管理局已于2011年明确函告辖区各金融机构，房地权属不一致的房屋不能再办理抵押登记。据此可以认定，某银行东莞分行在2013年签订《最高额抵押合同》时对于案涉房屋无法办理抵押登记的情况应当知情或者应当能够预见。某银行东莞分行作为以信贷业务为主营业务的专业金融机构，应比一般债权人具备更高的审核能力。相对于此前曾就案涉抵押物办理过抵押登记的陈某华等三人来说，某银行东莞分行具有更高的判断能力，负有更高的审查义务。某银行东莞分行未尽到合理的审查和注意义务，对抵押权不能设立亦存在过错。同时，根据合同法第一百一十九条"当事人一方违约后，对方应当采取适当措施防止损失的扩大；没有采取适当措施致使损失扩大的，不得就扩大的损失要求赔偿"的规定，某银行东莞分行在知晓案涉房屋无法办理抵押登记后，没有采取降低授信额度、要求提供补充担保等措施防止损失扩大，可以适当减轻陈某华等三人的赔偿责任。综合考虑双方当事人的过错程度以及本案具体情况，酌情认定陈某华等三人以抵押财产价值为限，在华某公司尚未清偿债务的二分之一范围内，向某银行东莞分行承担连带赔偿责任。

（生效裁判审判人员：高燕竹、张颖新、刘少阳）

三、合　同

（一）综　合

最高人民法院
关于外币及港澳台货币逾期付款利息计算标准的批复

法释〔2025〕2号

（2024年11月25日最高人民法院审判委员会第1933次会议通过　2025年2月12日最高人民法院公告公布　自2025年2月13日起施行）

各省、自治区、直辖市高级人民法院，解放军军事法院，新疆维吾尔自治区高级人民法院生产建设兵团分院：

近来，部分高级人民法院就外币及港澳台货币逾期付款计算利息损失时如何确定相关利率提出请示。经研究，批复如下：

一、外币逾期付款情形下，当事人就逾期付款主张利息损失时，对利率计算标准有约定的，按当事人约定处理。但是双方约定的利率计算标准超过案涉纠纷适用的准据法规定上限的，对超过的部分不予支持。

二、当事人没有约定利率计算标准或者约定不明时，依据下列方式确定逾期付款利息的计算标准：

（一）对于美元逾期付款利息的计算标准，可以依据中国人民银行官网定期公开发布的《中国货币政策执行报告》附表中公布的3个月以内、3（含）至6个月、6（含）至12个月、1年、1年以上美元贷款平均利率，由人民法院根据案件具体情况予以确定。

（二）对于欧元、英镑、日元、澳大利亚元、瑞士法郎、加拿大元、新西兰元、新加坡元逾期付款利息的计算标准，可以分别参考欧元银行间同业拆借利率（EURIBOR）、英镑隔夜平均利率（SONIA）、东京隔夜平均利率（TONA）、澳大利亚元银行票据利率（BBSW）、瑞士法郎担保隔夜利率（SARON）、加拿大元担保隔夜利率（CORRA）、新西兰元银行票据利率（BKBM）、新加坡元无担保隔夜利率（SORA）确定。

（三）对于其他外币逾期付款利息的计算标准，可以参考相关国家中央银行官方网站公布的该币种基准利率确定。

三、对于港币、澳门元、新台币逾期付款利息的计算标准，当事人有约定的，参照本批复第一条的规定执行。当事人没有约定或者约定不明的,可以分别参考香港银行间同业拆借利率、澳门元综合利率、新台币基本放款利率确定。

【链接】

**最高人民法院民四庭负责人就
《最高人民法院关于外币及港澳台货币逾期
付款利息计算标准的批复》答记者问**

2025年2月12日,最高人民法院发布《最高人民法院关于外币及港澳台货币逾期付款利息计算标准的批复》(以下简称《批复》)。为更好地理解和适用《批复》,最高人民法院民四庭负责人回答了记者提问。

问:能否简要介绍一下发布《批复》的背景、起草经过和重要意义?

答:涉外及涉港澳台民商事审判实践中,跨境货物买卖、借贷、承揽等各类合同纠纷经常涉及逾期付款利息的认定问题。当合同约定的币种为外币以及港澳台货币,但合同没有就逾期付款明确约定违约金或违约损失的计算方法时,人民法院就需要通过确定外币及港澳台货币的利率标准来计算逾期付款利息的金额。伴随着中国人民银行深化外币利率市场化改革步伐的推进,自2015年5月以来外币存贷款利率全部市场化,中国人民银行不再对外公布统一的外币存贷款利率。因此,各地法院审判实践中对外币及港澳台货币逾期付款利息的计算标准不一致,不利于裁判尺度的统一,亟须加以规范。部分高级人民法院亦就该问题向最高人民法院提出了请示。

我们在深入调研,并向立法机关、利率主管机关、外汇管理机构、商务主管部门等征求意见的基础上,对外币的逾期付款利息计算标准作出了明确规定。此外,在审理涉港澳台民商事案件时,如何确定港币、澳门元、新台币逾期付款利息的计算标准,亦是司法实践中十分常见的问题。为此,《批复》专门对港币、澳门元、新台币逾期付款利息的计算标准作了规定。

问:《批复》的主要内容是什么?相关外币逾期付款利息的计算标准是如何确定的?

答:《批复》对外币逾期付款利息的计算标准,分为当事人有约定和无约定两种情形。

第一,当事人事先约定了逾期利率的计算标准或者事后就此达成一致意见的,根据尊重当事人意思自治原则,按照当事人约定来计算逾期付款利息。由于涉外民商事纠纷可能适用不同的准据法,不同国家的法律对于逾期付款利息有不同的规定,不少国家有最高利率的限制,因此,《批复》第一条在按当事人约定处理的基础上,规定了约定的逾期利率计算标准超过案涉纠纷适用的准据法规定之上限的,对超过的部分不予支持。

第二,对于当事人没有约定逾期利率的计算标准或者约定不明的情形,《批复》分别对美元、欧元、英镑等常见外币逾期付款利息的计算标准确定了适用的利率标准;

对于其他外币逾期付款利息的计算标准，则规定可以参考相关国家中央银行官方网站公布的该币种基准利率予以确定。

在选择外币币种逾期付款利息的适用利率标准时，主要考虑了利率标准的权威性、适用广泛性、执行便利性等因素。以常见的美元为例，目前，关于美元的利率标准主要有：（1）中国人民银行官网定期公开发布的《中国货币政策执行报告》附表中公布的美元贷款平均利率。该利率期限较为完整，分为3个月以内、3（含）至6个月、6（含）至12个月、1年、1年以上五个不同期限，该利率标准更接近企业能获得的实际贷款利率。（2）美元担保隔夜融资利率（SOFR）。该利率是纽约联邦储备银行和美国财政部金融研究办公室共同编制的新基准利率。（3）境内美元同业拆放参考利率（CIROR）。该利率是由中国外汇交易中心根据境内信用等级较高、外币定价能力较强的银行报价计算并发布的，以单利计息、无担保、批发性的外币拆出利率，是境内银行间市场常用的美元利率价格，也是境内银行内部美元资金成本定价的参考价格，按日在中国外汇交易中心官网发布。经综合考虑，并参考利率主管机关中国人民银行的建议，以第一种利率即美元贷款平均利率作为美元逾期付款利息的计算标准。

由于外币币种较多，无法一一列举，对于没有明确提及的外币，《批复》明确其逾期付款利息的计算可以参考相关国家中央银行官方网站公布的该币种基准利率确定。最高人民法院将根据涉外审判实践的需要，与相关外币利率主管部门定期联系，适时在最高人民法院相关网站上公布查询网址。

问：《批复》规定了港币、澳门元、新台币的逾期付款利息计算标准，对这一规定如何理解和把握？

答：《批复》第三条专门对港币、澳门元、新台币逾期付款利息的计算标准作了规定。当事人有约定的，参照《批复》第一条的规定执行，即当事人约定优先，但当事人约定的利率计算标准超过案涉纠纷适用的准据法规定上限的，对超过的部分不予支持。当事人对逾期付款利息的计算没有约定或者约定不明的，则分别参考香港银行间同业拆借利率、澳门元综合利率、新台币基本放款利率确定。

最高人民法院
关于大型企业与中小企业约定以第三方支付款项为付款前提条款效力问题的批复

法释〔2024〕11号

（2024年6月3日最高人民法院审判委员会第1921次会议通过 2024年8月27日最高人民法院公告公布 自2024年8月27日起施行）

山东省高级人民法院：

你院《关于合同纠纷案件中"背靠背"条款效力的请示》收悉。经研究，批复如下：

一、大型企业在建设工程施工、采购货物或者服务过程中，与中小企业约定以收到第三方向其支付的款项为付款前提的，因其内容违反《保障中小企业款项支付条例》第六条、第八条的规定，人民法院应当根据民法典第一百五十三条第一款的规定，认定该约定条款无效。

二、在认定合同约定条款无效后，人民法院应当根据案件具体情况，结合行业规范、双方交易习惯等，合理确定大型企业的付款期限及相应的违约责任。双方对欠付款项利息计付标准有约定的，按约定处理；约定违法或者没有约定的，按照全国银行间同业拆借中心公布的一年期贷款市场报价利率计息。大型企业以合同价款已包含对逾期付款补偿为由要求减轻违约责任，经审查抗辩理由成立的，人民法院可予支持。

【链接】

保护中小企业的合法权益
促进各经营主体公平参与市场竞争
——《最高人民法院关于大型企业与中小企业约定以第三方支付款项为付款前提条款效力问题的批复》的新闻发布稿

为深入贯彻落实党的二十大和二十届二中、三中全会精神，进一步解决企业账款拖欠问题，保障中小企业公平参与市场竞争，依法维护企业合法权益，提振经营主体信心，最高人民法院研究制定了《关于大型企业与中小企业约定以第三方支付款项为付款前提条款效力问题的批复》（以下简称《批复》），于2024年8月27日正式发布。

这是最高人民法院落实党中央、国务院关于清理企业拖欠账款决策部署的一项重要司法举措。《批复》对大型企业和中小企业之间以第三方支付款项作为付款条件的约定，在效力上予以否定性评价，并对相关条款无效后如何确定付款期限和违约责任作出规定，体现了依法保障中小企业公平参与市场竞争、维护中小企业合法权益的鲜明态度，对防范化解金融风险、促进矛盾纠纷实质性化解具有重要意义。

近年来，我国虽然陆续出台了中小企业促进法和《保障中小企业款项支付条例》等法律法规，对防范治理大型企业拖欠中小企业账款行为进行约束，但大型企业拖欠中小企业账款问题仍然比较突出，尤其是大型企业在建设工程施工、采购商品或者服务等合同中，常与中小企业签订合同约定在收到第三方（业主或上游采购方）向其支付的款项后再向中小企业付款，或约定按照第三方向其拨付的进度款比例向中小企业支付款项，这类以第三方支付款项作为付款前提的"背靠背"条款，是引发相关款项支付纠纷的重要原因。

这类"背靠背"条款本质上是将第三方付款风险转嫁给下游供应商或者施工方，对于依约全面履行了合同义务的守约方而言，明显有失公允。一方面，中小企业市场竞争力普遍不强，交易过程中往往处于弱势地位，缺乏与大型企业进行平等协商谈判的能力，往往出于生存考虑不得不同意此类不合理的交易条件，难以体现中小企业的真实意愿，发生争议也不敢采取投诉、司法手段维权；另一方面，基于信息不对称的原因，中小企业通常无法及时了解大型企业与第三方（往往是机关、事业单位）之间合同的履行情况，难以对第三方的付款风险进行把控，由其承担第三方不及时付款的风险亦不符合合理的风险负担原则。近年来，随着欠款规模不断增长、账期持续拉长，中小企业面临的账款回收压力、诉讼周期成本等已成为影响其生存和发展的重要障碍，甚至濒临破产。此类"背靠背"条款亦与国家关于改善中小企业经营环境、保障中小企业公平参与市场竞争、维护中小企业合法权益的宏观政策导向不符。

从调研中了解的情况看，由于现行法律法规对此类"背靠背"条款缺乏明确处罚措施，给相关部门的行政执法带来困难，中小企业担心"赢了官司丢了业务"，轻易不愿也不敢采取司法手段维权。从人民法院受理的案件看，因法律、行政法规没有对此类条款的效力问题加以明文规定，导致具体案件办理过程中理解不同，案件裁判标准不统一，裁判结果亦有较大差异，亟待对相关条款的效力认定、裁判标准予以统一。2024年1月，山东省高级人民法院就审理买卖合同、建设工程合同等合同类纠纷案件中，当事人普遍约定的此类条款效力问题，向最高人民法院报送了《关于合同纠纷案件中"背靠背"条款效力的请示》。

为更好指导各级人民法院妥善审理此类纠纷案件，最高人民法院与工业和信息化部联合进行调研，梳理实践中拖欠中小企业账款情况，以及相关合同条款的主要表现形式。根据调研中了解的情况，最高人民法院研究起草了《批复（征求意见稿）》，并与相关部门多次沟通、听取意见后，经最高人民法院审判委员会审议通过。《批复》的及时发布，有利于推动解决大型企业拖欠中小企业账款问题，对于畅通中小企业司法救济渠道、统一案件裁判标准、激发市场活力均具有重要意义。

《批复》共计2条，分别就大型企业与中小企业约定以第三方支付款项为付款前提条款效力、认定合同约定条款无效后如何合理确定付款期限及相应的违约责任两个方面的法律适用问题进行了规定。对《批复》内容的理解，可以从四个方面加以把握。

一是适用范围问题。《批复》适用的案件类型范围为合同纠纷，合同主体方面，主要是指大型企业与中小企业。关于大型企业、中小企业的认定标准问题，中小企业促进法第二条、《保障中小企业款项支付条例》第三条对大型企业、中小企业有明确界定标准，可作为司法实践的认定依据。在合同类型方面，《批复》列举了建设工程施工、采购货物或者服务等典型的合同类型，这也是当前问题比较集中的领域。在合同约定内容方面，主要表现为约定大型企业以收到业主或上游采购方等第三方向其支付的款项作为向中小企业付款前提的条款，实践中约定的按照第三方向大型企业拨付的进度款比例向中小企业支付款项等不合理交易条件的，也应包括在内。从案件审理情况看，类似的约定方式可能有多种表现形式，但其本质都是大型企业不承担其交易对手方的违约风险或破产风险，而是将风险转嫁给中小企业。审判工作中，可以从这一方面把握《批复》所适用的不合理交易条件，以便在最大范围内解决中小企业账款拖欠问题。此外，我们注意到，实践中机关、事业单位与中小企业签订的合同中，也存在约定以第三方支付款项为付款前提条款，并因此拖欠中小企业款项的情形。鉴于《保障中小企业款项支付条例》中对机关、事业单位从中小企业采购货物、工程、服务的预算执行、政府投资项目不得垫资建设、付款期限等均有明确规定，故《批复》未将其纳入规范范围。对此类案件，应直接适用《保障中小企业款项支付条例》的相关规定加以处理。

二是条款效力问题。《保障中小企业款项支付条例》第六条第一款规定，机关、事业单位和大型企业不得要求中小企业接受不合理的付款期限、方式、条件和违约责任等交易条件，不得违约拖欠中小企业的货物、工程、服务款项。第八条第二款规定，大型企业应当合理约定付款期限并及时支付款项。上述规定虽然针对的是合同订立后的履行行为，但其目的在于促进大型企业及时支付中小企业账款，保障中小企业公平参与市场竞争，维护中小企业依法获得款项支付的合法权益，在性质上应当属于民法典第一百五十三条第一款规定的强制性规定。因此，大型企业与中小企业约定以第三方支付款项为付款前提的条款，实质是关于不合理的付款期限、方式、条件的约定，显然违反了《保障中小企业款项支付条例》上述条文规定，根据民法典第一百五十三条第一款的规定，此类条款应当认定无效。但此类条款被认定无效，不必然导致合同其他条款无效，在满足其他支付条件情况下，大型企业应当履行合同义务，及时支付合同款项。

三是约定无效后的付款期限及违约责任问题。在上述有关付款期限、方式、条件的合同条款被认定无效后，关于付款期限的起算日，《保障中小企业款项支付条例》第八条第三款规定，合同约定采取履行进度结算、定期结算等结算方式的，付款期限应当自双方确认结算金额之日起算。第九条规定约定以货物、工程、服务交付后经检验或者验收合格作为支付中小企业款项条件的，付款期限应当自检验或者验收合格之日起算；拖延检验或者验收的，付款期限自约定的检验或者验收期限届满之日起算。关于具体付款期限，考虑到实践情况的复杂性，《批复》未予明确规定，人民法院应当根据案件具体情况，结合行业规范、双方交易习惯等，合理确定大型企业的付款期限。

在违约责任确定方面，为保障各经营主体之间的利益平衡，《批复》要求应当充分尊重经营主体的意思自治，经营主体之间约定有利息计付标准的，应当按照约定处理。约定违法或者未约定的，应当按照中国人民银行授权全国银行间同业拆借中心公布的一年期贷款市场报价利率（LPR）计息。《批复》还明确大型企业违约责任的确定主要基于填补损失原则，如果大型企业以合同价款已包含对逾期付款补偿为由要求减轻违约责任，人民法院应当依法进行审查，抗辩理由成立的应当予以支持，确保实现各经营主体之间的利益平衡。

四是溯及力的问题。因《保障中小企业款项支付条例》自2020年9月1日开始施行，根据溯及力的一般原则，对于2020年9月1日之后大型企业和中小企业签订此类"背靠背"条款引发的纠纷案件，应当适用《批复》的规定。对于2020年9月1日前大型企业和中小企业签订此类"背靠背"条款引发的纠纷案件，虽然不能直接适用《批复》规定，但是最高人民法院处理该问题的态度是一贯的，为做好《批复》施行的衔接，最高人民法院将广西某物资公司诉某工程公司买卖合同纠纷案、上海某建设公司诉上海某公司建设工程施工合同纠纷案、北京某建筑工程公司诉某建筑公司北京分公司、某建筑公司建设工程分包合同纠纷案作为示范案例纳入案例库，以统一裁判尺度。

最高人民法院
关于适用《中华人民共和国民法典》
合同编通则若干问题的解释

法释〔2023〕13号

（2023年5月23日最高人民法院审判委员会第1889次会议通过 2023年12月4日最高人民法院公告公布 自2023年12月5日起施行）

为正确审理合同纠纷案件以及非因合同产生的债权债务关系纠纷案件，依法保护当事人的合法权益，根据《中华人民共和国民法典》、《中华人民共和国民事诉讼法》等相关法律规定，结合审判实践，制定本解释。

一、一般规定

第一条 人民法院依据民法典第一百四十二条第一款、第四百六十六条第一款的规定解释合同条款时，应当以词句的通常含义为基础，结合相关条款、合同的性质和目的、习惯以及诚信原则，参考缔约背景、磋商过程、履行行为等因素确定争议条款的含义。

有证据证明当事人之间对合同条款有不同于词句的通常含义的其他共同理解，一方主张按照词句的通常含义理解合同条款的，人民法院不予支持。

对合同条款有两种以上解释，可能影响该条款效力的，人民法院应当选择有利于该条款有效的解释；属于无偿合同的，应当选择对债务人负担较轻的解释。

第二条 下列情形，不违反法律、行政法规的强制性规定且不违背公序良俗的，人民法院可以认定为民法典所称的"交易习惯"：

（一）当事人之间在交易活动中的惯常做法；

（二）在交易行为当地或者某一领域、某一行业通常采用并为交易对方订立合同时所知道或者应当知道的做法。

对于交易习惯，由提出主张的当事人一方承担举证责任。

二、合同的订立

第三条 当事人对合同是否成立存在争议，人民法院能够确定当事人姓名或者名称、标的和数量的，一般应当认定合同成立。但是，法律另有规定或者当事人另有约定的除外。

根据前款规定能够认定合同已经成立的，对合同欠缺的内容，人民法院应当依据民法典第五百一十条、第五百一十一条等规定予以确定。

当事人主张合同无效或者请求撤销、解除合同等，人民法院认为合同不成立的，应当依据《最高人民法院关于民事诉讼证据的若干规定》第五十三条的规定将合同是否成立作为焦点问题进行审理，并可以根据案件的具体情况重新指定举证期限。

第四条 采取招标方式订立合同，当事人请求确认合同自中标通知书到达中标人时成立的，人民法院应予支持。合同成立后，当事人拒绝签订书面合同的，人民法院应当依据招标文件、投标文件和中标通知书等确定合同内容。

采取现场拍卖、网络拍卖等公开竞价方式订立合同,当事人请求确认合同自拍卖师落槌、电子交易系统确认成交时成立的,人民法院应予支持。合同成立后,当事人拒绝签订成交确认书的,人民法院应当依据拍卖公告、竞买人的报价等确定合同内容。

产权交易所等机构主持拍卖、挂牌交易,其公布的拍卖公告、交易规则等文件公开确定了合同成立需要具备的条件,当事人请求确认合同自该条件具备时成立的,人民法院应予支持。

第五条 第三人实施欺诈、胁迫行为,使当事人在违背真实意思的情况下订立合同,受到损失的当事人请求第三人承担赔偿责任的,人民法院依法予以支持;当事人亦有违背诚信原则的行为的,人民法院应当根据各自的过错确定相应的责任。但是,法律、司法解释对当事人与第三人的民事责任另有规定的,依照其规定。

第六条 当事人以认购书、订购书、预订书等形式约定在将来一定期限内订立合同,或者为担保在将来一定期限内订立合同交付了定金,能够确定将来所要订立合同的主体、标的等内容的,人民法院应当认定预约合同成立。

当事人通过签订意向书或者备忘录等方式,仅表达交易的意向,未约定在将来一定期限内订立合同,或者虽然有约定但是难以确定将来所要订立合同的主体、标的等内容,一方主张预约合同成立的,人民法院不予支持。

当事人订立的认购书、订购书、预订书等已就合同标的、数量、价款或者报酬等主要内容达成合意,符合本解释第三条第一款规定的合同成立条件,未明确约定在将来一定期限内另行订立合同,或者虽然有约定但是当事人一方已实施履行行为且对方接受的,人民法院应当认定本约合同成立。

第七条 预约合同生效后,当事人一方拒绝订立本约合同或者在磋商订立本约合同时违背诚信原则导致未能订立本约合同的,人民法院应当认定该当事人不履行预约合同约定的义务。

人民法院认定当事人一方在磋商订立本约合同时是否违背诚信原则,应当综合考虑该当事人在磋商时提出的条件是否明显背离预约合同约定的内容以及是否已尽合理努力进行协商等因素。

第八条 预约合同生效后,当事人一方不履行订立本约合同的义务,对方请求其赔偿因此造成的损失的,人民法院依法予以支持。

前款规定的损失赔偿,当事人有约定的,按照约定;没有约定的,人民法院应当综合考虑预约合同在内容上的完备程度以及订立本约合同的条件的成就程度等因素酌定。

第九条 合同条款符合民法典第四百九十六条第一款规定的情形,当事人仅以合同系依据合同示范文本制作或者双方已经明确约定合同条款不属于格式条款为由主张该条款不是格式条款的,人民法院不予支持。

从事经营活动的当事人一方仅以未实际重复使用为由主张其预先拟定且未与对方协商的合同条款不是格式条款的,人民法院不予支持。但是,有证据证明该条款不是为了重复使用而预先拟定的除外。

第十条 提供格式条款的一方在合同订立时采用通常足以引起对方注意的文字、符号、字体等明显标识,提示对方注意免除或者减轻其责任、排除或者限制对方权利等与对方有重大利害关系的异常条款的,人民法院可以认定其已经履行民法典第四百九十六条第二款规定的提示义务。

提供格式条款的一方按照对方的要求，就与对方有重大利害关系的异常条款的概念、内容及其法律后果以书面或者口头形式向对方作出通常能够理解的解释说明的，人民法院可以认定其已经履行民法典第四百九十六条第二款规定的说明义务。

提供格式条款的一方对其已经尽到提示义务或者说明义务承担举证责任。对于通过互联网等信息网络订立的电子合同，提供格式条款的一方仅以采取了设置勾选、弹窗等方式为由主张其已经履行提示义务或者说明义务的，人民法院不予支持，但是其举证符合前两款规定的除外。

三、合同的效力

第十一条 当事人一方是自然人，根据该当事人的年龄、智力、知识、经验并结合交易的复杂程度，能够认定其对合同的性质、合同订立的法律后果或者交易中存在的特定风险缺乏应有的认知能力的，人民法院可以认定该情形构成民法典第一百五十一条规定的"缺乏判断能力"。

第十二条 合同依法成立后，负有报批义务的当事人不履行报批义务或者履行报批义务不符合合同的约定或者法律、行政法规的规定，对方请求其继续履行报批义务的，人民法院应予支持；对方主张解除合同并请求其承担违反报批义务的赔偿责任的，人民法院应予支持。

人民法院判决当事人一方履行报批义务后，其仍不履行，对方主张解除合同并参照违反合同的违约责任请求其承担赔偿责任的，人民法院应予支持。

合同获得批准前，当事人一方起诉请求对方履行合同约定的主要义务，经释明后拒绝变更诉讼请求的，人民法院应当判决驳回其诉讼请求，但是不影响其另行提起诉讼。

负有报批义务的当事人已经办理申请批准等手续或者已经履行生效判决确定的报批义务，批准机关决定不予批准，对方请求其承担赔偿责任的，人民法院不予支持。但是，因迟延履行报批义务等可归责于当事人的原因导致合同未获批准，对方请求赔偿因此受到的损失的，人民法院应当依据民法典第一百五十七条的规定处理。

第十三条 合同存在无效或者可撤销的情形，当事人以该合同已在有关行政管理部门办理备案、已经批准机关批准或者已依据该合同办理财产权利的变更登记、移转登记等为由主张合同有效的，人民法院不予支持。

第十四条 当事人之间就同一交易订立多份合同，人民法院应当认定其中以虚假意思表示订立的合同无效。当事人为规避法律、行政法规的强制性规定，以虚假意思表示隐藏真实意思表示的，人民法院应当依据民法典第一百五十三条第一款的规定认定被隐藏合同的效力；当事人为规避法律、行政法规关于合同应当办理批准等手续的规定，以虚假意思表示隐藏真实意思表示的，人民法院应当依据民法典第五百零二条第二款的规定认定被隐藏合同的效力。

依据前款规定认定被隐藏合同无效或者确定不发生效力的，人民法院应当以被隐藏合同为事实基础，依据民法典第一百五十七条的规定确定当事人的民事责任。但是，法律另有规定的除外。

当事人就同一交易订立的多份合同均系真实意思表示，且不存在其他影响合同效力情形的，人民法院应当在查明各合同成立先后顺序和实际履行情况的基础上，认定合同内容是否发生变更。法律、行政法规禁止变更合同内容的，人民法院应当认定合同的相应变更无效。

第十五条 人民法院认定当事人之间的权利义务关系，不应当拘泥于合同使用的名称，而应当根据合同约定的内容。当事人主张的权利义务关系与根据合同内容认定的权利义务关系不一致的，人民法院应当结合缔约背景、交易目的、交易结构、履行行为以及当事人是否存在虚构交易标的等事实认定当事人之间的实际民事法律关系。

第十六条 合同违反法律、行政法规的强制性规定，有下列情形之一，由行为人承担行政责任或者刑事责任能够实现强制性规定的立法目的的，人民法院可以依据民法典第一百五十三条第一款关于"该强制性规定不导致该民事法律行为无效的除外"的规定认定该合同不因违反强制性规定无效：

（一）强制性规定虽然旨在维护社会公共秩序，但是合同的实际履行对社会公共秩序造成的影响显著轻微，认定合同无效将导致案件处理结果有失公平公正；

（二）强制性规定旨在维护政府的税收、土地出让金等国家利益或者其他民事主体的合法利益而非合同当事人的民事权益，认定合同有效不会影响该规范目的的实现；

（三）强制性规定旨在要求当事人一方加强风险控制、内部管理等，对方无能力或者无义务审查合同是否违反强制性规定，认定合同无效将使其承担不利后果；

（四）当事人一方虽然在订立合同时违反强制性规定，但是在合同订立后其已经具备补正违反强制性规定的条件却违背诚信原则不予补正；

（五）法律、司法解释规定的其他情形。

法律、行政法规的强制性规定旨在规制合同订立后的履行行为，当事人以合同违反强制性规定为由请求认定合同无效的，人民法院不予支持。但是，合同履行必然导致违反强制性规定或者法律、司法解释另有规定的除外。

依据前两款认定合同有效，但是当事人的违法行为未经处理的，人民法院应当向有关行政管理部门提出司法建议。当事人的行为涉嫌犯罪的，应当将案件线索移送刑事侦查机关；属于刑事自诉案件的，应当告知当事人可以向有管辖权的人民法院另行提起诉讼。

第十七条 合同虽然不违反法律、行政法规的强制性规定，但是有下列情形之一，人民法院应当依据民法典第一百五十三条第二款的规定认定合同无效：

（一）合同影响政治安全、经济安全、军事安全等国家安全的；

（二）合同影响社会稳定、公平竞争秩序或者损害社会公共利益等违背社会公共秩序的；

（三）合同背离社会公德、家庭伦理或者有损人格尊严等违背善良风俗的。

人民法院在认定合同是否违背公序良俗时，应当以社会主义核心价值观为导向，综合考虑当事人的主观动机和交易目的、政府部门的监管强度、一定期限内当事人从事类似交易的频次、行为的社会后果等因素，并在裁判文书中充分说理。当事人确因生活需要进行交易，未给社会公共秩序造成重大影响，且不影响国家安全，也不违背善良风俗的，人民法院不应当认定合同无效。

第十八条 法律、行政法规的规定虽然有"应当""必须"或者"不得"等表述，但是该规定旨在限制或者赋予民事权利，行为人违反该规定将构成无权处分、无权代理、越权代表等，或者导致合同相对人、第三人因此获得撤销权、解除权等民事权利的，人民法院应当依据法律、行政法规规定的关于违反该规定的民事法律后果认定合同效力。

第十九条 以转让或者设定财产权利为目的订立的合同,当事人或者真正权利人仅以让与人在订立合同时对标的物没有所有权或者处分权为由主张合同无效的,人民法院不予支持;因未取得真正权利人事后同意或者让与人事后未取得处分权导致合同不能履行,受让人主张解除合同并请求让与人承担违反合同的赔偿责任的,人民法院依法予以支持。

前款规定的合同被认定有效,且让与人已经将财产交付或者移转登记至受让人,真正权利人请求认定财产权利未发生变动或者请求返还财产的,人民法院应予支持。但是,受让人依据民法典第三百一十一条等规定善意取得财产权利的除外。

第二十条 法律、行政法规为限制法人的法定代表人或者非法人组织的负责人的代表权,规定合同所涉事项应当由法人、非法人组织的权力机构或者决策机构决议,或者应当由法人、非法人组织的执行机构决定,法定代表人、负责人未取得授权而以法人、非法人组织的名义订立合同,未尽到合理审查义务的相对人主张该合同对法人、非法人组织发生效力并由其承担违约责任的,人民法院不予支持,但是法人、非法人组织有过错的,可以参照民法典第一百五十七条的规定判决其承担相应的赔偿责任。相对人已尽到合理审查义务,构成表见代表的,人民法院应当依据民法典第五百零四条的规定处理。

合同所涉事项未超越法律、行政法规规定的法定代表人或者负责人的代表权限,但是超越法人、非法人组织的章程或者权力机构等对代表权的限制,相对人主张该合同对法人、非法人组织发生效力并由其承担违约责任的,人民法院依法予以支持。但是,法人、非法人组织举证证明相对人知道或者应当知道该限制的除外。

法人、非法人组织承担民事责任后,向有过错的法定代表人、负责人追偿因越权代表行为造成的损失的,人民法院依法予以支持。法律、司法解释对法定代表人、负责人的民事责任另有规定的,依照其规定。

第二十一条 法人、非法人组织的工作人员就超越其职权范围的事项以法人、非法人组织的名义订立合同,相对人主张该合同对法人、非法人组织发生效力并由其承担违约责任的,人民法院不予支持。但是,法人、非法人组织有过错的,人民法院可以参照民法典第一百五十七条的规定判决其承担相应的赔偿责任。前述情形,构成表见代理的,人民法院应当依据民法典第一百七十二条的规定处理。

合同所涉事项有下列情形之一的,人民法院应当认定法人、非法人组织的工作人员在订立合同时超越其职权范围:

(一)依法应当由法人、非法人组织的权力机构或者决策机构决议的事项;

(二)依法应当由法人、非法人组织的执行机构决定的事项;

(三)依法应当由法定代表人、负责人代表法人、非法人组织实施的事项;

(四)不属于通常情形下依其职权可以处理的事项。

合同所涉事项未超越依据前款确定的职权范围,但是超越法人、非法人组织对工作人员职权范围的限制,相对人主张该合同对法人、非法人组织发生效力并由其承担违约责任的,人民法院应予支持。但是,法人、非法人组织举证证明相对人知道或者应当知道该限制的除外。

法人、非法人组织承担民事责任后,向故意或者有重大过失的工作人员追偿的,人民法院依法予以支持。

第二十二条 法定代表人、负责人或者工作人员以法人、非法人组织的名义订立合同且未超越权限，法人、非法人组织仅以合同加盖的印章不是备案印章或者系伪造的印章为由主张该合同对其不发生效力的，人民法院不予支持。

合同系以法人、非法人组织的名义订立，但是仅有法定代表人、负责人或者工作人员签名或者按指印而未加盖法人、非法人组织的印章，相对人能够证明法定代表人、负责人或者工作人员在订立合同时未超越权限的，人民法院应当认定合同对法人、非法人组织发生效力。但是，当事人约定以加盖印章作为合同成立条件的除外。

合同仅加盖法人、非法人组织的印章而无人员签名或者按指印，相对人能够证明合同系法定代表人、负责人或者工作人员在其权限范围内订立的，人民法院应当认定该合同对法人、非法人组织发生效力。

在前三款规定的情形下，法定代表人、负责人或者工作人员在订立合同时虽然超越代表或者代理权限，但是依据民法典第五百零四条的规定构成表见代表，或者依据民法典第一百七十二条的规定构成表见代理的，人民法院应当认定合同对法人、非法人组织发生效力。

第二十三条 法定代表人、负责人或者代理人与相对人恶意串通，以法人、非法人组织的名义订立合同，损害法人、非法人组织的合法权益，法人、非法人组织主张不承担民事责任的，人民法院应予支持。法人、非法人组织请求法定代表人、负责人或者代理人与相对人对因此受到的损失承担连带赔偿责任的，人民法院应予支持。

根据法人、非法人组织的举证，综合考虑当事人之间的交易习惯、合同在订立时是否显失公平、相关人员是否获取了不正当利益、合同的履行情况等因素，人民法院能够认定法定代表人、负责人或者代理人与相对人存在恶意串通的高度可能性的，可以要求前述人员就合同订立、履行的过程等相关事实作出陈述或者提供相应的证据。其无正当理由拒绝作出陈述，或者所作陈述不具合理性又不能提供相应证据的，人民法院可以认定恶意串通的事实成立。

第二十四条 合同不成立、无效、被撤销或者确定不发生效力，当事人请求返还财产，经审查财产能够返还的，人民法院应当根据案件具体情况，单独或者合并适用返还占有的标的物、更正登记簿册记载等方式；经审查财产不能返还或者没有必要返还的，人民法院应当以认定合同不成立、无效、被撤销或者确定不发生效力之日该财产的市场价值或者以其他合理方式计算的价值为基准判决折价补偿。

除前款规定的情形外，当事人还请求赔偿损失的，人民法院应当结合财产返还或者折价补偿的情况，综合考虑财产增值收益和贬值损失、交易成本的支出等事实，按照双方当事人的过错程度及原因力大小，根据诚信原则和公平原则，合理确定损失赔偿额。

合同不成立、无效、被撤销或者确定不发生效力，当事人的行为涉嫌违法且未经处理，可能导致一方或者双方通过违法行为获得不当利益的，人民法院应当向有关行政管理部门提出司法建议。当事人的行为涉嫌犯罪的，应当将案件线索移送刑事侦查机关；属于刑事自诉案件的，应当告知当事人可以向有管辖权的人民法院另行提起诉讼。

第二十五条 合同不成立、无效、被撤销或者确定不发生效力，有权请求返还价款或者报酬的当事人一方请求对方支付资金占用费的，人民法院应当在当事人请求的范围内按照中国人民银行授权全国银行间同业拆借中心公布的一年期贷款市场报价利率（LPR）计算。但是，占用资金的当事人对于合同不成立、无效、被撤销或者确定不发生效力没有过错的，应当以中国人民银行公布的同期同类存款基准利率计算。

双方互负返还义务，当事人主张同时履行的，人民法院应予支持；占有标的物的一方对标的物存在使用或者依法可以使用的情形，对方请求将其应支付的资金占用费与应收取的标的物使用费相互抵销的，人民法院应予支持，但是法律另有规定的除外。

四、合同的履行

第二十六条 当事人一方未根据法律规定或者合同约定履行开具发票、提供证明文件等非主要债务，对方请求继续履行该债务并赔偿因怠于履行该债务造成的损失的，人民法院依法予以支持；对方请求解除合同的，人民法院不予支持，但是不履行该债务致使不能实现合同目的或者当事人另有约定的除外。

第二十七条 债务人或者第三人与债权人在债务履行期限届满后达成以物抵债协议，不存在影响合同效力情形的，人民法院应当认定该协议自当事人意思表示一致时生效。

债务人或者第三人履行以物抵债协议后，人民法院应当认定相应的原债务同时消灭；债务人或者第三人未按照约定履行以物抵债协议，经催告后在合理期限内仍不履行，债权人选择请求履行原债务或者以物抵债协议的，人民法院应予支持，但是法律另有规定或者当事人另有约定的除外。

前款规定的以物抵债协议经人民法院确认或者人民法院根据当事人达成的以物抵债协议制作成调解书，债权人主张财产权利自确认书、调解书生效时发生变动或者具有对抗善意第三人效力的，人民法院不予支持。

债务人或者第三人以自己不享有所有权或者处分权的财产权利订立以物抵债协议的，依据本解释第十九条的规定处理。

第二十八条 债务人或者第三人与债权人在债务履行期限届满前达成以物抵债协议的，人民法院应当在审理债权债务关系的基础上认定该协议的效力。

当事人约定债务人到期没有清偿债务，债权人可以对抵债财产拍卖、变卖、折价以实现债权的，人民法院应当认定该约定有效。当事人约定债务人到期没有清偿债务，抵债财产归债权人所有的，人民法院应当认定该约定无效，但是不影响其他部分的效力；债权人请求对抵债财产拍卖、变卖、折价以实现债权的，人民法院应予支持。

当事人订立前款规定的以物抵债协议后，债务人或者第三人未将财产权利转移至债权人名下，债权人主张优先受偿的，人民法院不予支持；债务人或者第三人已将财产权利转移至债权人名下的，依据《最高人民法院关于适用〈中华人民共和国民法典〉有关担保制度的解释》第六十八条的规定处理。

第二十九条 民法典第五百二十二条第二款规定的第三人请求债务人向自己履行债务的，人民法院应予支持；请求行使撤销权、解除权等民事权利的，人民法院不予支持，但是法律另有规定的除外。

合同依法被撤销或者被解除，债务人请求债权人返还财产的，人民法院应予支持。

债务人按照约定向第三人履行债务，第三人拒绝受领，债权人请求债务人向自己履行债务的，人民法院应予支持，但是债务人已经采取提存等方式消灭债务的除外。第三人拒绝受领或者受领迟延，债务人请求债权人赔偿因此造成的损失的，人民法院依法予以支持。

第三十条 下列民事主体，人民法院可以认定为民法典第五百二十四条第一款规定的对履行债务具有合法利益的第三人：

（一）保证人或者提供物的担保的第三人；

（二）担保财产的受让人、用益物权人、合法占有人；

（三）担保财产上的后顺位担保权人；

（四）对债务人的财产享有合法权益且该权益将因财产被强制执行而丧失的第三人；

（五）债务人为法人或者非法人组织的，其出资人或者设立人；

（六）债务人为自然人的，其近亲属；

（七）其他对履行债务具有合法利益的第三人。

第三人在其已经代为履行的范围内取得对债务人的债权，但是不得损害债权人的利益。

担保人代为履行债务取得债权后，向其他担保人主张担保权利的，依据《最高人民法院关于适用〈中华人民共和国民法典〉有关担保制度的解释》第十三条、第十四条、第十八条第二款等规定处理。

第三十一条 当事人互负债务，一方以对方没有履行非主要债务为由拒绝履行自己的主要债务的，人民法院不予支持。但是，对方不履行非主要债务致使不能实现合同目的或者当事人另有约定的除外。

当事人一方起诉请求对方履行债务，被告依据民法典第五百二十五条的规定主张双方同时履行的抗辩且抗辩成立，被告未提起反诉的，人民法院应当判决被告在原告履行债务的同时履行自己的债务，并在判项中明确原告申请强制执行的，人民法院应当在原告履行自己的债务后对被告采取执行行为；被告提起反诉的，人民法院应当判决双方同时履行自己的债务，并在判项中明确任何一方申请强制执行的，人民法院应当在该当事人履行自己的债务后对对方采取执行行为。

当事人一方起诉请求对方履行债务，被告依据民法典第五百二十六条的规定主张原告应先履行的抗辩且抗辩成立的，人民法院应当驳回原告的诉讼请求，但是不影响原告履行债务后另行提起诉讼。

第三十二条 合同成立后，因政策调整或者市场供求关系异常变动等原因导致价格发生当事人在订立合同时无法预见的、不属于商业风险的涨跌，继续履行合同对于当事人一方明显不公平的，人民法院应当认定合同的基础条件发生了民法典第五百三十三条第一款规定的"重大变化"。但是，合同涉及市场属性活跃、长期以来价格波动较大的大宗商品以及股票、期货等风险投资型金融产品的除外。

合同的基础条件发生了民法典第五百三十三条第一款规定的重大变化，当事人请求变更合同的，人民法院不得解除合同；当事人一方请求变更合同，对方请求解除合同的，或者当事人一方请求解除合同，对方请求变更合同的，人民法院应当结合案件的实际情况，根据公平原则判决变更或者解除合同。

人民法院依据民法典第五百三十三条的规定判决变更或者解除合同的，应当综合考虑合同基础条件发生重大变化的时间、当事人重新协商的情况以及因合同变更或者解除给当事人造成的损失等因素，在判项中明确合同变更或者解除的时间。

当事人事先约定排除民法典第五百三十三条适用的,人民法院应当认定该约定无效。

五、合同的保全

第三十三条 债务人不履行其对债权人的到期债务,又不以诉讼或者仲裁方式向相对人主张其享有的债权或者与该债权有关的从权利,致使债权人的到期债权未能实现的,人民法院可以认定为民法典第五百三十五条规定的"债务人怠于行使其债权或者与该债权有关的从权利,影响债权人的到期债权实现"。

第三十四条 下列权利,人民法院可以认定为民法典第五百三十五条第一款规定的专属于债务人自身的权利:

(一)抚养费、赡养费或者扶养费请求权;

(二)人身损害赔偿请求权;

(三)劳动报酬请求权,但是超过债务人及其所扶养家属的生活必需费用的部分除外;

(四)请求支付基本养老保险金、失业保险金、最低生活保障金等保障当事人基本生活的权利;

(五)其他专属于债务人自身的权利。

第三十五条 债权人依据民法典第五百三十五条的规定对债务人的相对人提起代位权诉讼的,由被告住所地人民法院管辖,但是依法应当适用专属管辖规定的除外。

债务人或者相对人以双方之间的债权债务关系订有管辖协议为由提出异议的,人民法院不予支持。

第三十六条 债权人提起代位权诉讼后,债务人或者相对人以双方之间的债权债务关系订有仲裁协议为由对法院主管提出异议的,人民法院不予支持。但是,债务人或者相对人在首次开庭前就债务人与相对人之间的债权债务关系申请仲裁的,人民法院可以依法中止代位权诉讼。

第三十七条 债权人以债务人的相对人为被告向人民法院提起代位权诉讼,未将债务人列为第三人的,人民法院应当追加债务人为第三人。

两个以上债权人以债务人的同一相对人为被告提起代位权诉讼的,人民法院可以合并审理。债务人对相对人享有的债权不足以清偿其对两个以上债权人负担的债务的,人民法院应当按照债权人享有的债权比例确定相对人的履行份额,但是法律另有规定的除外。

第三十八条 债权人向人民法院起诉债务人后,又向同一人民法院对债务人的相对人提起代位权诉讼,属于该人民法院管辖的,可以合并审理。不属于该人民法院管辖的,应当告知其向有管辖权的人民法院另行起诉;在起诉债务人的诉讼终结前,代位权诉讼应当中止。

第三十九条 在代位权诉讼中,债务人对超过债权人代位请求数额的债权部分起诉相对人,属于同一人民法院管辖的,可以合并审理。不属于同一人民法院管辖的,应当告知其向有管辖权的人民法院另行起诉;在代位权诉讼终结前,债务人对相对人的诉讼应当中止。

第四十条 代位权诉讼中,人民法院经审理认为债权人的主张不符合代位权行使条件的,应当驳回诉讼请求,但是不影响债权人根据新的事实再次起诉。

债务人的相对人仅以债权人提起代位权诉讼时债权人与债务人之间的债权债务关系未经生效法律文书确认为由，主张债权人提起的诉讼不符合代位权行使条件的，人民法院不予支持。

第四十一条 债权人提起代位权诉讼后，债务人无正当理由减免相对人的债务或者延长相对人的履行期限，相对人以此向债权人抗辩的，人民法院不予支持。

第四十二条 对于民法典第五百三十九条规定的"明显不合理"的低价或者高价，人民法院应当按照交易当地一般经营者的判断，并参考交易时交易地的市场交易价或者物价部门指导价予以认定。

转让价格未达到交易时交易地的市场交易价或者指导价百分之七十的，一般可以认定为"明显不合理的低价"；受让价格高于交易时交易地的市场交易价或者指导价百分之三十的，一般可以认定为"明显不合理的高价"。

债务人与相对人存在亲属关系、关联关系的，不受前款规定的百分之七十、百分之三十的限制。

第四十三条 债务人以明显不合理的价格，实施互易财产、以物抵债、出租或者承租财产、知识产权许可使用等行为，影响债权人的债权实现，债务人的相对人知道或者应当知道该情形，债权人请求撤销债务人的行为的，人民法院应当依据民法典第五百三十九条的规定予以支持。

第四十四条 债权人依据民法典第五百三十八条、第五百三十九条的规定提起撤销权诉讼的，应当以债务人和债务人的相对人为共同被告，由债务人或者相对人的住所地人民法院管辖，但是依法应当适用专属管辖规定的除外。

两个以上债权人就债务人的同一行为提起撤销权诉讼的，人民法院可以合并审理。

第四十五条 在债权人撤销权诉讼中，被撤销行为的标的可分，当事人主张在受影响的债权范围内撤销债务人的行为的，人民法院应予支持；被撤销行为的标的不可分，债权人主张将债务人的行为全部撤销的，人民法院应予支持。

债权人行使撤销权所支付的合理的律师代理费、差旅费等费用，可以认定为民法典第五百四十条规定的"必要费用"。

第四十六条 债权人在撤销权诉讼中同时请求债务人的相对人向债务人承担返还财产、折价补偿、履行到期债务等法律后果的，人民法院依法予以支持。

债权人请求受理撤销权诉讼的人民法院一并审理其与债务人之间的债权债务关系，属于该人民法院管辖的，可以合并审理。不属于该人民法院管辖的，应当告知其向有管辖权的人民法院另行起诉。

债权人依据其与债务人的诉讼、撤销权诉讼产生的生效法律文书申请强制执行的，人民法院可以就债务人对相对人享有的权利采取强制执行措施以实现债权人的债权。债权人在撤销权诉讼中，申请对相对人的财产采取保全措施的，人民法院依法予以准许。

六、合同的变更和转让

第四十七条 债权转让后，债务人向受让人主张其对让与人的抗辩的，人民法院可以追加让与人为第三人。

债务转移后，新债务人主张原债务人对债权人的抗辩的，人民法院可以追加原债务人为第三人。

当事人一方将合同权利义务一并转让后，对方就合同权利义务向受让人主张抗辩或者受让人就合同权利义务向对方主张抗辩的，人民法院可以追加让与人为第三人。

第四十八条 债务人在接到债权转让通知前已经向让与人履行，受让人请求债务人履行的，人民法院不予支持；债务人接到债权转让通知后仍然向让与人履行，受让人请求债务人履行的，人民法院应予支持。

让与人未通知债务人，受让人直接起诉债务人请求履行债务，人民法院经审理确认债权转让事实的，应当认定债权转让自起诉状副本送达时对债务人发生效力。债务人主张因未通知而给其增加的费用或者造成的损失从认定的债权数额中扣除的，人民法院依法予以支持。

第四十九条 债务人接到债权转让通知后，让与人以债权转让合同不成立、无效、被撤销或者确定不发生效力为由请求债务人向其履行的，人民法院不予支持。但是，该债权转让通知被依法撤销的除外。

受让人基于债务人对债权真实存在的确认受让债权后，债务人又以该债权不存在为由拒绝向受让人履行的，人民法院不予支持。但是，受让人知道或者应当知道该债权不存在的除外。

第五十条 让与人将同一债权转让给两个以上受让人，债务人以已经向最先通知的受让人履行为由主张其不再履行债务的，人民法院应予支持。债务人明知接受履行的受让人不是最先通知的受让人，最先通知的受让人请求债务人继续履行债务或者依据债权转让协议请求让与人承担违约责任的，人民法院应予支持；最先通知的受让人请求接受履行的受让人返还其接受的财产的，人民法院不予支持，但是接受履行的受让人明知该债权在其受让前已经转让给其他受让人的除外。

前款所称最先通知的受让人，是指最先到达债务人的转让通知中载明的受让人。当事人之间对通知到达时间有争议的，人民法院应当结合通知的方式等因素综合判断，而不能仅根据债务人认可的通知时间或者通知记载的时间予以认定。当事人采用邮寄、通讯电子系统等方式发出通知的，人民法院应当以邮戳时间或者通讯电子系统记载的时间等作为认定通知到达时间的依据。

第五十一条 第三人加入债务并与债务人约定了追偿权，其履行债务后主张向债务人追偿的，人民法院应予支持；没有约定追偿权，第三人依照民法典关于不当得利等的规定，在其已经向债权人履行债务的范围内请求债务人向其履行的，人民法院应予支持，但是第三人知道或者应当知道加入债务会损害债务人利益的除外。

债务人就其对债权人享有的抗辩向加入债务的第三人主张的，人民法院应予支持。

七、合同的权利义务终止

第五十二条 当事人就解除合同协商一致时未对合同解除后的违约责任、结算和清理等问题作出处理，一方主张合同已经解除的，人民法院应予支持。但是，当事人另有约定的除外。

有下列情形之一的，除当事人一方另有意思表示外，人民法院可以认定合同解除：

（一）当事人一方主张行使法律规定或者合同约定的解除权，经审理认为不符合解除权行使条件但是对方同意解除；

（二）双方当事人均不符合解除权行使的条件但是均主张解除合同。

前两款情形下的违约责任、结算和清理等问题，人民法院应当依据民法典第五百六十六条、第五百六十七条和有关违约责任的规定处理。

第五十三条 当事人一方以通知方式解除合同,并以对方未在约定的异议期限或者其他合理期限内提出异议为由主张合同已经解除的,人民法院应当对其是否享有法律规定或者合同约定的解除权进行审查。经审查,享有解除权的,合同自通知到达对方时解除;不享有解除权的,不发生合同解除的效力。

第五十四条 当事人一方未通知对方,直接以提起诉讼的方式主张解除合同,撤诉后再次起诉主张解除合同,人民法院经审理支持该主张的,合同自再次起诉的起诉状副本送达对方时解除。但是,当事人一方撤诉后又通知对方解除合同且该通知已经到达对方的除外。

第五十五条 当事人一方依据民法典第五百六十八条的规定主张抵销,人民法院经审理认为抵销权成立的,应当认定通知到达对方时双方互负的主债务、利息、违约金或者损害赔偿金等债务在同等数额内消灭。

第五十六条 行使抵销权的一方负担的数项债务种类相同,但是享有的债权不足以抵销全部债务,当事人因抵销的顺序发生争议的,人民法院可以参照民法典第五百六十条的规定处理。

行使抵销权的一方享有的债权不足以抵销其负担的包括主债务、利息、实现债权的有关费用在内的全部债务,当事人因抵销的顺序发生争议的,人民法院可以参照民法典第五百六十一条的规定处理。

第五十七条 因侵害自然人人身权益,或者故意、重大过失侵害他人财产权益产生的损害赔偿债务,侵权人主张抵销的,人民法院不予支持。

第五十八条 当事人互负债务,一方以其诉讼时效期间已经届满的债权通知对方主张抵销,对方提出诉讼时效抗辩的,人民法院对该抗辩应予支持。一方的债权诉讼时效期间已经届满,对方主张抵销的,人民法院应予支持。

八、违约责任

第五十九条 当事人一方依据民法典第五百八十条第二款的规定请求终止合同权利义务关系的,人民法院一般应当以起诉状副本送达对方的时间作为合同权利义务关系终止的时间。根据案件的具体情况,以其他时间作为合同权利义务关系终止的时间更加符合公平原则和诚信原则的,人民法院可以以该时间作为合同权利义务关系终止的时间,但是应当在裁判文书中充分说明理由。

第六十条 人民法院依据民法典第五百八十四条的规定确定合同履行后可以获得的利益时,可以在扣除非违约方为订立、履行合同支出的费用等合理成本后,按照非违约方能够获得的生产利润、经营利润或者转售利润等计算。

非违约方依法行使合同解除权并实施了替代交易,主张按照替代交易价格与合同价格的差额确定合同履行后可以获得的利益的,人民法院依法予以支持;替代交易价格明显偏离替代交易发生时当地的市场价格,违约方主张按照市场价格与合同价格的差额确定合同履行后可以获得的利益的,人民法院应予支持。

非违约方依法行使合同解除权但是未实施替代交易,主张按照违约行为发生后合理期间内合同履行地的市场价格与合同价格的差额确定合同履行后可以获得的利益的,人民法院应予支持。

第六十一条 在以持续履行的债务为内容的定期合同中,一方不履行支付价款、租金等金钱债务，对方请求解除合同，人民法院经审理认为合同应当依法解除的，可以根据当事人的主张，参考合同主体、交易类型、市场价格变化、剩余履行期限等因素确定非违约方寻找替代交易的合理期限，并按照该期限对应的价款、租金等扣除非违约方应当支付的相应履约成本确定合同履行后可以获得的利益。

非违约方主张按照合同解除后剩余履行期限相应的价款、租金等扣除履约成本确定合同履行后可以获得的利益的，人民法院不予支持。但是，剩余履行期限少于寻找替代交易的合理期限的除外。

第六十二条 非违约方在合同履行后可以获得的利益难以根据本解释第六十条、第六十一条的规定予以确定的，人民法院可以综合考虑违约方因违约获得的利益、违约方的过错程度、其他违约情节等因素，遵循公平原则和诚信原则确定。

第六十三条 在认定民法典第五百八十四条规定的"违约一方订立合同时预见到或者应当预见到的因违约可能造成的损失"时，人民法院应当根据当事人订立合同的目的，综合考虑合同主体、合同内容、交易类型、交易习惯、磋商过程等因素，按照与违约方处于相同或者类似情况的民事主体在订立合同时预见到或者应当预见到的损失予以确定。

除合同履行后可以获得的利益外，非违约方主张还有其向第三人承担违约责任应当支出的额外费用等其他因违约所造成的损失，并请求违约方赔偿，经审理认为该损失系违约一方订立合同时预见到或者应当预见到的，人民法院应予支持。

在确定违约损失赔偿额时，违约方主张扣除非违约方未采取适当措施导致的扩大损失、非违约方也有过错造成的相应损失、非违约方因违约获得的额外利益或者减少的必要支出的，人民法院依法予以支持。

第六十四条 当事人一方通过反诉或者抗辩的方式，请求调整违约金的，人民法院依法予以支持。

违约方主张约定的违约金过分高于违约造成的损失，请求予以适当减少的，应当承担举证责任。非违约方主张约定的违约金合理的，也应当提供相应的证据。

当事人仅以合同约定不得对违约金进行调整为由主张不予调整违约金的，人民法院不予支持。

第六十五条 当事人主张约定的违约金过分高于违约造成的损失，请求予以适当减少的，人民法院应当以民法典第五百八十四条规定的损失为基础，兼顾合同主体、交易类型、合同的履行情况、当事人的过错程度、履约背景等因素，遵循公平原则和诚信原则进行衡量，并作出裁判。

约定的违约金超过造成损失的百分之三十的，人民法院一般可以认定为过分高于造成的损失。

恶意违约的当事人一方请求减少违约金的，人民法院一般不予支持。

第六十六条 当事人一方请求对方支付违约金，对方以合同不成立、无效、被撤销、确定不发生效力、不构成违约或者非违约方不存在损失等为由抗辩，未主张调整过高的违约金的，人民法院应当就若不支持该抗辩，当事人是否请求调整违约金进行释明。第一审人民法院认为抗辩成立且未予释明，第二审人民法院认为应当判决支付违约金的，可以直接释明，并根据当事人的请求，在当事人就是否应当调整违约金充分举证、质证、辩论后，依法判决适当减少违约金。

被告因客观原因在第一审程序中未到庭参加诉讼,但是在第二审程序中到庭参加诉讼并请求减少违约金的,第二审人民法院可以在当事人就是否应当调整违约金充分举证、质证、辩论后,依法判决适当减少违约金。

第六十七条 当事人交付留置金、担保金、保证金、订约金、押金或者订金等,但是没有约定定金性质,一方主张适用民法典第五百八十七条规定的定金罚则的,人民法院不予支持。当事人约定了定金性质,但是未约定定金类型或者约定不明,一方主张为违约定金的,人民法院应予支持。

当事人约定以交付定金作为订立合同的担保,一方拒绝订立合同或者在磋商订立合同时违背诚信原则导致未能订立合同,对方主张适用民法典第五百八十七条规定的定金罚则的,人民法院应予支持。

当事人约定以交付定金作为合同成立或者生效条件,应当交付定金的一方未交付定金,但是合同主要义务已经履行完毕并为对方所接受的,人民法院应当认定合同在对方接受履行时已经成立或者生效。

当事人约定定金性质为解约定金,交付定金的一方主张以丧失定金为代价解除合同的,或者收受定金的一方主张以双倍返还定金为代价解除合同的,人民法院应予支持。

第六十八条 双方当事人均具有致使不能实现合同目的的违约行为,其中一方请求适用定金罚则的,人民法院不予支持。当事人一方仅有轻微违约,对方具有致使不能实现合同目的的违约行为,轻微违约方主张适用定金罚则,对方以轻微违约方也构成违约为由抗辩的,人民法院对该抗辩不予支持。

当事人一方已经部分履行合同,对方接受并主张按照未履行部分所占比例适用定金罚则的,人民法院应予支持。对方主张按照合同整体适用定金罚则的,人民法院不予支持,但是部分未履行致使不能实现合同目的的除外。

因不可抗力致使合同不能履行,非违约方主张适用定金罚则的,人民法院不予支持。

九、附则

第六十九条 本解释自2023年12月5日起施行。

民法典施行后的法律事实引起的民事案件,本解释施行后尚未终审的,适用本解释;本解释施行前已经终审,当事人申请再审或者按照审判监督程序决定再审的,不适用本解释。

【解读】

解读《关于适用〈中华人民共和国民法典〉合同编通则若干问题的解释》

民法典施行后,最高人民法院废止了根据合同法制定的《最高人民法院关于适用〈中华人民共和国合同法〉若干问题的解释(一)》(以下简称《合同法解释一》)和《最高人民法院关于适用〈中华人民共和国合同法〉若干问题的解释(二)》(以下简称

《合同法解释二》），司法实践亟须出台关于民法典合同编通则的司法解释。为此，最高人民法院在清理相关司法解释的基础上，结合审判实践中遇到的疑难问题，制定了《最高人民法院关于适用〈中华人民共和国民法典〉合同编通则若干问题的解释》（以下简称《解释》），并自2023年12月5日起施行。

一、《解释》的制定背景和起草思路

2020年5月29日，中共中央政治局举行第二十次集体学习，习近平总书记就切实实施民法典发表重要讲话，强调要充分认识颁布实施民法典的重大意义，推动民法典实施，以更好推进全面依法治国、建设社会主义法治国家，更好保障人民权益。[①] 为贯彻落实习近平总书记的重要讲话精神，最高人民法院对当时有效的591件司法解释进行了全面清理，废止116件，修改111件，继续有效适用364件。在废止的116件司法解释中，就包括根据合同法制定的《合同法解释一》和《合同法解释二》。考虑到这两件废止的司法解释中的一些内容对统一裁判尺度仍有指导意义，一些内容需要根据民法典的新的规定作出调整，特别是民法典合同编通则规定的有些内容在审判实践中仍需要细化标准，最高人民法院决定制定《解释》。

在《解释》的起草过程中，最高人民法院始终以习近平新时代中国特色社会主义思想为指导，深入学习贯彻习近平法治思想及习近平总书记关于切实实施民法典的重要讲话精神，紧密结合人民法院审判工作实际，广泛征求各方面意见特别是全国人大常委会法工委意见，反复研究论证，力争形成最大共识，确保《解释》的条文既符合立法原意，又能解决审判实践中的问题，还要与学界通说相吻合。为做好《解释》的起草工作，确保调研充分，接地气、有实效，我们采取了以下工作思路。

一是尊重立法原意。起草工作始终将准确理解和贯彻民法典的立法意图作为最高标准，坚决避免规则设计偏离立法原意。严格依照立法法赋予的司法解释制定权限，坚守不创设新规则的基本立场，坚决做到根据民商事审判执行工作的实际需要作配套补充细化，确保民法典合同编的优秀制度设计在司法审判中准确落实落地。例如，民法典相对于合同法而言，进一步强化了债的保全制度，其目的是防止债务人逃废债，即通过赋予债权人代位权和撤销权，防止债务人的责任财产该增加的不增加，不该减少的却人为减少。为充分保障这一制度功能的实现，《解释》针对实践中存在的疑难问题，就代位权诉讼、撤销权诉讼的管辖、当事人等作了大量具体操作性规定。特别是对理论界、实务界热切期盼解决的代位权诉讼与仲裁协议的关系、撤销权行使的法律效果等问题作了明确回应，进一步统一了法律适用标准。

二是坚持问题导向。党的二十大报告在谈到开辟马克思主义中国化、时代化新境界时指出，"必须坚持问题导向"。这一指导思想同样适用于司法解释的制定。在《解释》的起草过程中，我们始终坚持以问题为导向，在内容上要求所有条文必须具有针对性，要有场景意识，致力于解决实际问题，所提出的方案要具有可操作性。在形式上不追求大而全，尽可能做到小而精。例如，预约合同是运用较多的一类特殊合同，民法典对预约合同的内涵和外延都作出了明确规定，但实践中的问题还是很多，涉及预约合同的认定（包括预约和交易意向的区分、预约与本约的区分）、违反预约合同的

[①] 参见中共中央宣传部宣传教育局、全国人大常委会法制工作委员会民法室、司法部普法与依法治理局编：《〈中华人民共和国民法典〉合同编学习读本》，中国民主法制出版社2021年版，第7页。

认定以及违反预约合同的违约责任等。为此,《解释》在"合同的订立部分",将预约合同作为重点予以规定,而没有对要约、承诺等一般规则再作具体规定。又如,民法典合同编通则部分就无权代理所订合同的效力作了规定,但实践中较为突出的问题是对于法人或者非法人组织的工作人员(如项目经理)以法人或者非法人组织的名义订立合同的,何时构成职务代理,何时构成无权代理,常常发生认识上的分歧。为此,《解释》仅就职务代理的认定进行了规定。再如,关于抵销有无溯及效力的问题,司法实践中形成两种截然相反的裁判观点,亟须统一裁判尺度。为此,《解释》在综合各方面意见后,明确抵销自通知到达时发生效力,有助于从根本上解决自合同法施行以来长期困扰司法实践的难题。

三是保持司法政策的延续性。在起草《解释》的过程中,对于《合同法解释一》、《合同法解释二》和《最高人民法院关于适用〈中华人民共和国担保法〉若干问题的解释》(以下简称《担保法解释》)中与民法典并无冲突且仍然行之有效的规定,尽可能保留或者在适当修改后予以保留。此外,对于《全国法院民商事审判工作会议纪要》(以下简称《九民会纪要》)、《最高人民法院关于当前形势下审理民商事合同纠纷案件若干问题的指导意见》等相关规定,也根据其实施情况及时总结经验,将被实践证明既符合民法典精神又切实可行的规定上升为司法解释,从而对实践发挥更重要的指导作用。例如,在违约金、定金等法律适用问题上,《解释》尽量做到保持司法政策的延续性,原则上保留了原司法解释或者司法政策性文件的基本精神,并根据时代发展作出相应调整。

四是坚持系统观念和辩证思维。党的二十大报告指出:"万事万物是相互联系、相互依存的。只有用普遍联系的、全面系统的、发展变化的观点观察事物,才能把握事物发展规律。"在《解释》的起草过程中,我们始终坚持系统观念,重视制度之间的联系,做到全面解决问题。例如,无权处分所订合同效力问题就涉及与民法典物权编的衔接与适用,债务加入则涉及与保证合同和不当得利等制度之间的协调。在《解释》的起草过程中,我们还十分注意辩证思维的运用。例如,关于格式条款的认定以及格式条款提供方对格式条款的提示义务和说明义务,就涉及平等保护和倾斜保护的辩证关系;阴阳合同和名实不符的认定与处理,则要求法官在民商事审判过程中做到透过现象看本质。此外,在认定价格变化是否构成情势变更以及合同是否因违反强制性规定或者违背公序良俗而无效时,都涉及从量变到质变的辩证关系。

二、合同的成立与合同内容的确定

《解释》的第一部分是"一般规定",共2条,内容包括合同条款的解释、交易习惯的认定,主要涉及合同内容的确定;第二部分是"合同的成立",共8条,内容包括合同成立的认定标准、竞争性缔约中合同成立的时间、合同订立中的第三人责任、预约合同的认定与违约救济、格式条款等,不仅涉及合同的成立,也涉及合同内容的确定,如合同成立后,对于欠缺的合同内容如何认定以及格式条款是否订入合同,《解释》都作了相应规定。此外,在判断合同是否成立时,必然要审查当事人一方的意思表示在内容上是否符合民法典关于要约的规定。

为此,《解释》第三条就合同成立必须具备的内容作了明确规定。值得注意的是,在认定合同成立后,如果当事人对合同条款的含义发生争议,就涉及合同解释问题。《解释》第一条第一款首先强调了合同解释的客观主义立场,即以通常理解的词句含义为基础;其次,进一步细化了合同解释的方法,如强调文义解释的基础性地位,并明确了文义解释的标准;最后,增加将缔约背景、磋商过程、履行行为等作为合同解释的参考因素。《解释》第一条第二款是对客观主义立场的适当软化,明确规定如果当事人之间在订立合同时对合同条款有不同于词句字面含义的其他共同理解,就应当按照该共同理解对合同条款进行解释。《解释》第一条第三款还明确了对合同条款有两种以上解释时的处理:一是选择有利于合同条款有效的解释;二是无偿合同作有利于债务人的解释。此外,考虑到交易习惯在合同关系中大量运用,也是对合同进行解释的重要途径,且民法典中的交易习惯与民法典第十条所指的习惯有所区别,为更好地指导审判实践,《解释》第二条传承《合同法解释二》的精神,对交易习惯的认定作出了规定。

(一)合同成立的条件

《解释》第三条第一款继受了《合同法解释二》第一条第一款,规定了合同成立的必备条件;《解释》第三条第二款则在继受了《合同法解释二》第一条第二款的基础上,规定合同成立后如果合同内容存在欠缺,则应根据民法典第五百一十条、第五百一十一条等规定对合同进行解释或者对合同内容进行推定。

在适用该规定时,实践中常常存在以下问题。

第一,人们往往将交易过程描述为"讨价还价",价款或者报酬应属于重要内容,能否一概交由法官通过合同解释规则或者推定规则进行认定,尤其是当事人未就价款或者报酬进行协商,而合同标的又没有市场价格或者难以确定市场价格,也不属于依法应当执行政府定价或者政府指导价,此时认定合同已经成立,是否符合当事人的真实意愿?

第二,合同解释规则和推定规则的适用应当建立在当事人对合同内容没有进行意思表示的基础上,但在订立合同的过程中,如果有证据证明当事人仅就合同主体、标的和数量达成一致,而在其他方面,双方已经进行了意思表示但未达成一致,是否能够认定合同已经成立,再依据合同解释规则和推定规则对其他内容进行补充?

我们认为,首先,只有在市场价格公开透明或者依法应当执行政府定价或者政府指导价的情况下,即使当事人未对价款或者报酬进行协商,也可以认定合同已经成立,否则认定合同成立并不符合当事人的真实意愿。其次,除合同主体、标的和数量外,如果当事人认为其他内容对其具有重要性而进行了意思表示,则就该内容也必须双方达成一致,才能认定合同成立,而不能通过合同解释规则或者推定规则来解决意思表示不一致的问题。此外,如果当事人明确约定必须就某项内容达成一致合同才能成立,也应认为该内容属于实质性内容,且只有在双方就该内容达成一致时,合同才能成立。这是何以《解释》第三条第一款在有但书规定的情况下,仍采用"一般应当"这一表述的原因所在。

(二)中标通知书的法律地位

招标投标法第四十六条第一款规定:"招标人和中标人应当自中标通知书发出之日起三十日内,按照招标文件和中标人的投标文件订立书面合同。"但在实践中,常常发生招标人或者中标人在中标通知书发出后拒绝签订书面合同的情形。对于此种情形,招标投标法第四十五条第二款明确规定:"中标通知书对招标人和中标人具有法律效力。中标通知书发出后,招标人改变中标结果的,或者中标人放弃中标项目的,应当依法承担法律责任。"问题是，拒绝签订书面合同的招标方或者中标方究竟应承担何种性质的民事责任？

在以往的司法实践中，一种观点认为，拒绝签订书面合同的招标方或者中标方仅需承担缔约过失责任，理由是书面合同签订前合同不成立。由于这一观点不利于维护相对方的交易安全和合理预期，且从民法典的相关规定看，投标行为应为要约，中标通知书应是承诺，合同应自中标通知书到达中标方时即已成立，因此，另一种观点认为，当事人拒绝订立书面合同，仅仅导致本约合同不成立，但在中标通知书到达中标方后，当事人之间已经成立预约合同关系，应承担违反预约的违约责任。

我们认为，后一观点虽然较之前一观点更有利于保护当事人的交易安全和合理预期，也更符合合同成立的基本理论，但忽视了预约合同是当事人约定将来一定期限内订立本约合同，而非法律规定当事人在一定期限内订立书面合同，且在招投标的过程中，当事人并没有先订立预约合同再订立本约合同的意思。

据此，《解释》第四条第一款规定，中标通知书到达中标人时本约合同已经成立，而非成立的是预约合同。实践中之所以常常将书面合同理解为合同（本约）的成立要件，是因为误将招标投标法第四十六条第一款规定的书面合同认为是合同法第十条规定的书面形式或者民法典第一百三十五条规定的特定形式。

事实上，投标文件、中标通知书都是书面形式，因此，即使法律、行政法规规定某种合同应当采用书面形式（如建设工程合同），投标文件和中标通知书也已经满足书面形式的要求。招标投标法之所以要求当事人在中标通知书发出后一定期限内签订书面合同，无非是为了以更加明确的方式确定当事人之间的权利义务关系，进而将签订书面合同作为合同成立后当事人的一项法定义务，而非将书面合同的签订作为合同的成立要件。与此类似的规定，还有劳动合同法关于书面劳动合同的规定。

（三）合同订立中的第三人责任

《解释》第五条对合同订立中的第三人责任进行了规定。这一规定之所以必要，是因为民法典第一百四十九条和第一百五十条分别规定了第三人欺诈和第三人胁迫两种情形下的合同效力，但未对第三人的责任问题作出明确规定。

我们认为，根据民法典第一百五十七条的规定，第三人也应对因此受到损失的当事人承担赔偿责任。当然，在上述情形下，如果当事人也有过错，则各自根据过错程度承担相应的责任。需要说明的是，《解释》第五条旨在明确第三人的赔偿责任，至于第三人的赔偿范围，则应根据缔约过失责任的赔偿范围进行确定。此外，现有司法解释对担保人、会计师的责任已有明确规定，为避免司法解释之间发生冲突，《解释》第五条采取特别规定优于一般规定的思路，规定在法律、司法解释另有特别规定的情况下，优先适用特别规定。

（四）关于预约合同的法律适用

预约合同是当事人为将来一定期间订立本约合同而预先订立的合同。《解释》第六条至第八条分别从预约合同的认定、违反预约合同的认定以及违反预约合同的救济三个方面对预约合同的法律适用进行了规定。

1. 预约合同的认定

民法典第四百九十五条第一款规定了预约合同及其表现形式，实践中，对于认购书、订购书、预订书等是否都能构成预约合同，存在争议。我们认为，预约合同作为合同的一种，自应具备合同的一般成立要件，即内容具体确定且表明当事人受意思表示的约束。关于内容具体明确的程度，考虑到预约合同是为将来订立本约而订立的合同，不能完全以本约内容的具体明确程度来要求预约的内容，因此，如果能够确定将来所要订立合同的主体、标的等内容，即可认定意思表示的内容已经具体明确。

此外，如果当事人在协议中明确约定不受意思表示的约束，或者明确约定该文件不具有法律约束力，则即使当事人意思表示的内容具体明确，也不能认为构成预约合同。从实践的情况看，意向书、备忘录等通常情形下仅仅表明当事人有订立合同的意向，不构成预约合同。但是，如果意向书、备忘录等具备前述预约合同的成立要件，也应认定构成预约合同。此外，当事人虽然没有签订认购书、订购书、预订书、意向书、备忘录等书面文件，但为将来订立合同交付了定金，也应认为当事人之间已经成立预约合同。就此而言，立约定金本质上是预约合同的违约定金。

需要说明的是，合同采用何种名称虽然具有一定的法律意义，但决定合同性质的仍然是合同的内容。无论是当事人订立的认购书、订购书、预订书等，还是订立的意向书、备忘录等，如果具备本约合同的构成要件，且当事人未明确约定将来一定期限内另行订立本约合同，则该协议应被理解为本约合同。此外，根据民法典第四百六十九条的规定，合同可以通过行为的方式订立，因此，如果当事人达成的协议具备本约合同的构成要件，则即使当事人约定将来要另行订立合同，但当事人一方已实施履行行为且对方接受，即已表明当事人已经就订立本约合同达成合意，应认定本约合同成立。

2. 违反预约合同的认定

当事人之所以先订立预约而不直接订立本约，很可能是当事人一方面想将阶段化的谈判成果固定下来并赋予其法律约束力，另一方面又想将未能协商一致的内容留待将来进一步磋商，从而保留最终是否完成交易的决策权。由于当事人对是否将交易推进到订立本约享有决策权，因此，如何认定当事人违反预约合同，也是实践中难以解决的问题之一。

我们认为，预约合同生效后，当事人一方拒绝订立本约合同或者在磋商订立本约合同时违背诚信原则导致未能订立本约合同，都属于违反预约合同，应承担违反预约合同的违约责任。至于如何判断当事人在磋商订立本约合同时是否违背诚信原则导致未能订立本约合同，则应当综合考虑该当事人在磋商订立本约合同时提出的条件是否明显背离预约合同约定的内容，以及是否已尽合理努力进行协商等因素。

3. 违反预约合同的司法救济

关于违反预约合同的违约责任，历来存在应当磋商说和必须缔约说两种不同的观点。前者旨在落实意思自治，认为预约合同仅产生继续磋商义务，不能强制当事人订立本约；后者则旨在防止不诚信行为，认为预约合同可产生意定强制缔约的效力，可由法院的判决代替当事人的意思表示，并赋予强制执行的效力。《解释》第八条没有明确规定当事人违反预约合同是否可以采取强制履行的救济方式，仅对违反预约合同的损害赔偿进行规定，主要是考虑到民事强制执行法仍在起草过程中，现行法并无对意思表示进行强制执行的规定。

此外，如何计算违反预约合同的损失赔偿额，也是实践中一个较难解决的问题。一种观点认为，为凸显预约合同和本约合同的区别，可以参照本约合同的信赖利益计算违反预约合同的损失赔偿额；另一种观点认为，为保护当事人的合理预期，可以参照本约合同的履行利益计算违反预约合同的损失赔偿额。

我们认为,一方面,参照本约合同的信赖利益计算违反预约合同的损失赔偿额,可能导致预约合同的功能丧失殆尽,因为即使没有预约合同,当事人在磋商订立本约合同的过程中有不诚信的行为,对方也可就信赖利益主张赔偿责任;另一方面,参照本约合同的履行利益计算违反预约合同的损失赔偿额,也可能导致预约合同与本约合同的区分没有必要。较为稳妥的方案应该是,在违反预约合同的情况下,应由法院在本约合同的信赖利益与履行利益之间,根据交易的成熟度进行酌定。预约合同的内容越详尽,交易的成熟度就越高,当事人的信赖程度也越高,违约赔偿的数额也应该越高。如此处理,既可防止当事人的不诚信行为,也可以在无法对预约合同强制执行的情况下,最大限度保护当事人的交易安全。

(五)格式条款的认定及其订入合同

民法典对采用格式条款订立合同进行了严格的规制:第四百九十六条对格式条款的认定及其进入合同的问题作了规定;第四百九十七条对格式条款的效力认定作了特别规定;第四百九十八条对格式条款的解释作了特别规定。实践中,突出存在的问题是格式条款的认定及其订入合同的条件。

1. 格式条款的认定

实践中存在当事人以未实际重复使用、双方已明确约定该条款不是格式条款或者合同系根据行政管理机关、行业协会等制定的合同示范文本订立等为由主张一方事先拟定且未与对方协商的条款不是格式条款。

我们认为,根据民法典第四百九十六条第一款的规定,"为了重复使用"仅仅是当事人拟定格式条款的目的,并非要求实际被重复使用。此外,格式条款的基本特征是"预先拟定,并在订立合同时未与对方协商",因此,即使合同依据合同示范文本制作,也不意味着不是格式合同。实践中,有的当事人为规避法律关于格式条款的规定,在合同中明确约定某些合同条款不属于格式条款。此外,根据《解释》第九条第二款的规定,法律关于格式条款的规定属于强制性规定,当事人不得排除其适用,故当事人的约定不发生法律效力。

2. 格式条款订入合同

民法典对于格式条款订入合同进行了严格规制,明确了提供格式条款的一方负有提示义务和说明义务。《合同法解释二》第六条就提示义务和说明义务的履行进行了规定,《最高人民法院关于适用〈中华人民共和国保险法〉若干问题的解释(二)》第十一条至第十三条就保险合同中提示义务和说明义务的履行进行了规定。与合同法关于提示义务或者说明义务的规定有所不同的是,民法典将提示和说明义务限制在"免除或者减轻其责任等与对方有重大利害关系的条款"。实践中,不少法院提出司法解释最好对"与对方有重大利害关系的条款"作出规定。

我们认为,合同中与对方有重大利害关系的条款可能会很多,例如,标的、数量、质量、价款或者报酬等涉及权利义务关系实质性内容的条款都可能是与对方有重大利益关系的条款,但如果都要提示,就可能导致"满页飘红",从而使提示义务的履行流于形式。因此,应将"与对方有重大利害关系的条款"限制在"异常条款"。从民法典列举"免除或者减轻其责任"作为需要提示的条款看,此类异常条款还应包括"排除或者限制对方权利"的条款,因为民法典第四百九十七条将"提供格式条款一方不合理地免除或者减轻其责任、加重对方责任、限制对方主要权利""提供格式条款一方排除对方主要权利"规定为格式条款无效的情形，因此，即使是格式条款合理地排除或者限制对方权利，也应提示对方注意，否则，就不能成为合同的内容。《解释》第十条第三款就格式条款提供一方的举证责任作了规定，并针对大量出现的电子合同，明确规定提供格式条款的一方仅以采取了设置勾选、弹窗等方式为由主张其已经履行提示义务或者说明义务的，人民法院不予支持，除非其举证符合《解释》第十条第一款、第二款规定。

三、合同的效力与合同效力瑕疵的后果

《解释》第三部分是"合同的效力"，共15条，内容包括缺乏判断能力的司法认定、行政审批对合同效力的影响、阴阳合同与合同变更、名实不符与合同效力、违反强制性规定的合同效力、违背公序良俗的合同效力、无权处分的法律后果、无权代理与越权代表的认定、印章问题与合同效力、合同效力瑕疵的法律后果等。

（一）行政审批与合同效力

民法典第五百零二条就须经批准的合同进行了规定。根据这一规定，在法律、行政法规规定的批准手续影响合同生效的情形下，批准前的合同为未生效合同。关于未生效合同的法律地位及其救济，理论界和实务界均存在认识上的分歧。

我们认为，合同未生效仅仅意味着合同不具有履行效力，即任何一方当事人都无权请求对方履行合同约定的主要义务，但不意味着合同不产生其他效力，如未生效合同应具有法律约束力，因此，合同未生效不同于合同无效。例如，在合同有效但未生效的情况下，合同所具有的法律约束力不仅可以产生任何一方当事人不得擅自变更或解除合同（民法典第一百三十六条）以及不得恶意阻止或促成条件成就的消极义务（民法典第一百五十九条），还可产生负有报批义务的一方履行报批手续等积极义务（民法典第五百零二条）。

关于当事人违反报批义务的后果，《最高人民法院关于审理外商投资企业纠纷案件若干问题的规定（一）》分两步确定报批义务人的责任：先由合同相对人请求负有报批义务的一方继续履行报批义务，在其拒不执行法院判决的情形下，再由合同相对人另行提起诉讼请求其承担违反整个合同的违约责任（类似恶意阻止生效条件成就，应视为条件成就）。《解释》第十二条将这一方案上升为一般性规定。

另外，根据《解释》第十二条第四款的规定，如果负有报批义务的当事人虽然履行了报批义务，但审批机关没有批准，此时合同将确定不发生当事人所追求的法律效力，而继续维持合同的法律约束力亦无必要，应允许当事人请求解除合同。此时，报批义务人不应承担赔偿责任。但是，如果负有报批义务的当事人对于合同没有获得批准有过错，则应根据民法典第一百五十七条的规定承担缔约过失责任。

（二）阴阳合同与合同变更

实践中，当事人之间就同一交易订立多份合同的情形屡见不鲜。对于多份合同的情形，应区分阴阳合同与合同变更。阴阳合同也被称为黑白合同、抽屉协议等，是指当事人为规避行政监管等，以虚假意思表示订立一份合同用于备案、批准或者办理财产权利的变更登记、移转登记等，再在私底下以真实意思表示订立一份合同用于实际履行。

我们认为，对于阴阳合同的效力，应严格适用民法典第一百四十六条关于虚伪表

示与隐藏行为的规定。根据这一规定,当事人以虚假意思表示订立的"阳合同"应无效,但被隐藏的"阴合同",则应"依据有关法律规定处理":如果当事人规避的是法律、行政法规的强制性规定,则应当依据民法典第一百五十三条第一款规定认定被隐藏行为的效力;如果当事人规避的是法律、行政法规关于合同须经批准的规定,则应当依据民法典第五百零二条规定认定被隐藏行为的效力。

如此一来,被隐藏的合同既可能有效,也可能无效或者不生效。在阴阳合同均被认定无效或者确定不发生效力的情形下,原则上应当以体现当事人真实意思表示的"阴合同"作为处理当事人之间权利义务关系的事实基础,以防止发生不诚信的行为,但是法律另有规定时,应依据法律的规定处理当事人之间的权利义务关系。

此外,与阴阳合同不同的是,合同变更以前以合同有效为前提,因此,在不存在虚假意思表示隐藏真实意思表示的场合,应考察当事人之间是否发生合同变更。尽管民法典对于合同变更采取变更自由原则,即当事人协商一致可以变更合同内容,但一些法律、行政法规(如招标投标法第四十六条)禁止当事人对合同作出变更。因此,即使合同发生变更,该变更也应被认定无效。

(三)名实不符与合同效力

"名实不符"是实践中的一种法律现象,大致可以分为两种情形:一种是合同名称与合同约定的内容不一致;一种是当事人主张的法律关系与合同约定的权利义务不一致。

我们认为,上述两种情形在法律属性上是不同的:前者涉及合同解释问题,即如何理解当事人在合同中的特殊约定,例如,名为联营实为借贷、名为合作开发实为借贷等,往往涉及对保底条款的认定和理解;后者涉及当事人以虚假意思隐藏真实意思表示的问题,往往存在双方虚构交易标的进行交易或者为规避监管而采取虚伪表示,例如,在名为融资租赁实为借贷中,就可能是通过虚构交易标的来实现的,而在一些融资性贸易、票据清单交易中,则可能存在当事人为规避监管而采取虚伪表示的情况。

显然,对于当事人以虚假意思隐藏真实意思表示的问题,应适用民法典第一百四十六条的规定。但与阴阳合同不同的是,在此种名实不符情况下,由于当事人之间仅仅订立的是一份合同,而非两份以上合同,因此,法官在判断是否构成虚伪意思表示时,存在较大难度。

为此,《解释》第十五条特别指出,应当结合缔约背景、交易目的、交易结构、履行行为以及当事人是否存在虚构交易标的等事实认定当事人之间的实际民事法律关系。也就是说,一旦认定当事人之间形式上订立的合同并非当事人真实意思表示,则应先认定当事人的真实意思表示,再认定真实意思表示订立合同的效力。

不过,在此过程中,也可能存在形式上的合同虽然是一方的真实意思表示,但并非另一方真实意思表示的情形。此时,则既可能涉及合同被撤销(重大误解),也可能导致合同不成立。在当事人主张合同无效或者请求撤销、解除合同,而人民法院认定合同不成立时,不宜简单驳回当事人的诉讼请求,而应依据《最高人民法院关于民事诉讼证据的若干规定》第五十三条的规定处理。

(四)民法典第一百五十三条规定的适用

1. 违反强制性规定的效力

继合同法第五十二条将影响合同效力的强制性规定严格限定为法律、行政法规的强制性规定后,《合同法解释二》第十四条又进一步将导致合同无效的强制性规定限制在效力性强制性规定。这对于确立违反法律、行政法规的强制性规定并不必然导致合同无效的观念具有重要意义。民法典第一百五十三条第一款虽然没有采用效力性强制性规定的表述,但在规定法律行为因违反法律、行政法规的强制性规定而无效的同时,明确规定,"但是,该强制性规定不导致该民事法律行为无效的除外"。在《解释》的起草过程中,考虑到效力性强制性规定的表述已被普遍接受,不少同志建议继续将效力性强制性规定作为判断合同是否因违反强制性规定而无效的标准。

经过反复研究并征求各方面的意见,《解释》没有继续采用这一表述,而是采取了直接对民法典第一百五十三条第一款规定的但书进行解释的思路,具体列举了违反强制性规定不影响合同效力的五种情形。

第一,强制性规定虽然旨在维护社会公共秩序,但是合同的实际履行对社会公共秩序造成的影响显著轻微,且认定合同无效将导致案件处理结果有失公平公正。这是比例原则在民法上的适用,也与刑法第十三条关于"情节显著轻微危害不大的,不认为是犯罪"的规定具有内在的一致性。

第二,强制性规定旨在维护政府的税收、土地出让金等国家利益或者其他民事主体的合法利益而非合同当事人的民事权益,认定合同有效不会影响该规范目的的实现。例如,开发商违反城市房地产管理法第三十九条第一款规定,未按照出让合同约定支付全部土地使用权出让金即签订转让土地使用权的协议。该规定并非为了保护当事人的民事权益,而是为了维护政府的土地出让金利益,且即使认定合同有效,通常也不会影响这一规范目的的实现。

第三,强制性规定旨在要求当事人一方加强风险控制、内部管理等,对方无能力或者无义务就合同是否违反强制性规定进行审查,认定合同无效将使其承担不利后果。例如,银行违反商业银行法第三十九条规定的资产负债比例发放贷款,因该规定旨在要求银行加强内部管理和风险控制,借款人无从获知银行是否违反该规定,自然不应仅因银行违反该规定就认定合同无效,否则借款人的交易安全将无法获得有效保障。

第四,当事人一方虽然在订立合同时违反强制性规定,但是在合同订立后已经具备补正违反强制性规定的条件却违背诚信原则不予补正。例如,开发商未取得预售许可证明即签订商品房买卖合同,但在合同订立后,其已经具备申请预售许可证明的条件,却违背诚信原则不向行政管理部门提交申请,而是因房价上涨受利益驱动主张合同无效,就不应获得支持。

第五,法律、司法解释规定的其他情形。例如,当事人订立房屋租赁合同后,未依法办理备案登记,依据民法典第七百零六条的规定,不应影响房屋租赁合同的效力。

2. 违背公序良俗的合同效力

维护公序良俗是构建法律秩序的重要目的之一。公序良俗包括公共秩序和善良风俗,我们认为,公共秩序还可进一步区分为国家安全和社会公共秩序。据此,合同影响政治安全、经济安全、军事安全等国家安全,或者存在影响社会稳定、损害社会公共利益等违背社会公共秩序的情形,或者存在违背社会公德、家庭伦理或有损个人尊严等违背善良风俗的情形,人民法院都应当依据民法典第一百五十三条第二款的规定认定无效。

此外,《解释》第十七条第二款明确规定人民法院在适用公序良俗原则时,应以社会主义核心价值观为导向，进而突出强调该原则的规范目的。实践中，为避免公序良俗原则的适用过于泛化，司法解释列举了人民法院在认定合同因违背公序良俗无效时应当考量的因素，并再次重申比例原则，即当事人为生活需要进行交易，即使损害到社会公共利益，但只要没有严重影响社会公共秩序，且不影响国家安全，也不违背善良风俗，就不应认定合同无效。

（五）赋权性规定与合同效力

在法律、行政法规的强制性规定中，有一类较为特殊的规定：虽然该规定也采用了"应当""必须"或者"不得"等表述，但其规范目的不是要求行为人实施特定行为或者禁止行为人实施特定行为，而是限制或者赋予某种民事权利，行为人违反该规定，可能会构成无权处分（物权法第一百九十一条，民法典第四百四十三条、第四百四十四条、第四百四十五条）、无权代理（民法典第一百六十六条、第一百六十八条、第一百六十九条）、越权代表（2018年修正的公司法第十六条、第一百二十一条），也可能会导致合同相对人、第三人据此获得撤销权、解除权等民事权利。

显然，对于违反此种强制性规定的法律后果，民法典均已确立了相应的规则，人民法院自应根据这些规则来认定合同效力。但是，长期以来，由于没有认识到此种赋权性或者限权性规定的特殊性，不少法院简单以合同违反强制性规定为由认定合同无效，或者以该规定不属于效力性强制性规定为由认定合同有效。公司法第十六条在实践中长期被错误适用，就是因为绝大多数人陷入该规定究竟是效力性强制性规定还是非效力性强制性规定的争论之中。

我们认为，无论将其理解为效力性强制性规定，还是将其理解为非效力性强制性规定，都是不合适的，因为此类规定属于赋权性或者限权性规定，应根据民法典的具体规定认定违反此类规定的法律后果，并据此认定合同效力，而不能通过适用民法典第一百五十三条第一款的规定认定合同效力。

1. 无权处分与合同效力

民法典删除了合同法第五十一条，并在吸收《最高人民法院关于审理买卖合同纠纷案件适用法律问题的解释》第三条的基础上，于合同编分则部分"买卖合同"一章中增设第五百九十七条，规定出卖人无权处分订立买卖合同导致不能履行合同时，出卖人应当承担违约责任。据此，买卖合同的效力自不因出卖人欠缺处分权而受影响。

在此，以下三点值得注意。

第一，《最高人民法院关于审理买卖合同纠纷案件适用法律问题的解释》第三条仅规定当事人不能以出卖人无处分权为由主张合同无效，导致实践中就真正权利人能否主张合同无效发生争议，《解释》第十九条第一款旨在明确这一点。

第二，买卖合同有效不意味着买受人在完成交付或者登记等公示方式后必然可以取得标的物的所有权，买受人能否取得标的物的所有权，仍取决于是否满足善意取得的条件（也就是说，处分权的欠缺虽然不影响合同效力，但会影响物权的变动，否则善意取得制度就会失去价值和意义）。

第三，认定买卖合同不因出卖人无处分权而无效的意义在于，当出卖人因无权处分而无法履行买卖合同时，应承担违约损害赔偿责任，但是，如果真正权利人对此予以追认或者出卖人事后取得处分权，受让人也可以主张继续履行合同。

需要说明的是，民法典第五百九十七条仅针对无权处分订立的买卖合同作了规定，未对无权处分所订其他合同作出规定,因此,有必要将无权处分所订买卖合同的规则类推适用到无权处分所订其他合同的场合,如抵押合同、质押合同等。此外,转让他人的其他财产权利或者在他人的其他财产权利上设定担保物权订立的合同,也应参照适用上述规则。

2. 职务代理的认定

民法典将职务代理作为委托代理的一种具体情形予以规定,从而将职务的授予理解为概括的授权行为。值得注意的是,此种概括授权行为极易引起交易安全问题。

我们认为,概括授权仅存在于日常交易情形,对于非日常的重大交易,执行法人或者非法人组织工作任务的人员以法人或者非法人组织的名义订立合同,仍应取得法人或者非法人组织的特别授权,否则就是超越其职权范围的行为。此外,即使是日常交易,相对人也应从工作人员的职位判断该交易是否为通常情形下其可以处理的事项。根据民法典第一百七十条第二款关于"法人或者非法人组织对执行其工作任务的人员职权范围的限制,不得对抗善意相对人"的规定,如果法人或者非法人组织对执行其工作任务的人员职权范围进行了限制,且法人、非法人组织有证据证明相对人对此知情或者应当知情的,也应认为执行法人或者非法人组织工作任务的人员以法人或者非法人组织的名义订立合同的行为构成超越职权范围。

当然,即使行为人超越代理权,也仍有适用民法典第一百七十二条关于表见代理之规定的余地。例如,执行法人或者非法人组织工作任务的人员伪造权力机构的决议或者执行机构的决定,就非日常的重大交易订立合同,如果相对人有理由相信其已取得特别授权,则应依据民法典第一百七十二条规定认定合同对法人或者非法人组织发生效力。无论是构成表见代理还是工作人员超越内部对职权范围的限制,法人或者非法人组织在承担有效代理所产生的责任后,应有权请求故意或者有重大过错的代理人对其损失承担赔偿责任。

3. 越权代表的认定

民法典第五百零四条仅规定了表见代表制度,但对越权代表的其他问题则付之阙如,《最高人民法院关于适用〈中华人民共和国民法典〉有关担保制度的解释》针对公司的越权担保作出了规定,但其仅适用于担保,因而仍有必要就越权代表问题作一般性解释。

首先,为了帮助各级法院判断何种情形构成越权代表,有必要明确法律、行政法规为限制法人的法定代表人或者非法人组织的负责人的代表权,规定合同所涉事项应当由法人、非法人组织的权力机构或者决策机构决议,或者应当由法人、非法人组织的执行机构决定,如果相对人不能证明其已尽到合理审查义务,则人民法院应当认定合同对法人、非法人组织不发生效力。此时,相对人请求法人、非法人组织承担违约责任的,人民法院不予支持。但这并不意味着法人、非法人组织不承担任何责任,其仍然要依据民法典第一百五十七条之规定承担赔偿责任。

其次,为了给法人、非法人组织实现内部控制提供适当的法律途径,有必要明确合同所涉事项虽然未超越法定代表人或者负责人的代表权限,但是超越法人、非法人组织的章程或者权力机构等对法定代表人、负责人的代表权进行的限制,如果法人、非法人组织不能证明相对人知道或者应当知道该限制,则人民法院应当认定合同对法人、非法人组织发生效力。

最后,为了维护法人、非法人组织的合法权益,有必要明确在法定代表人、负责人越权代表的情况下,如果法人、非法人组织须承担民事责任,则其在承担民事责任后,应有权向有过错的法定代表人、负责人追偿因越权代表行为造成的损失。

4. 印章问题与合同效力

司法实践中,有些公司有意刻制两套甚至多套公章,有的法定代表人或者代理人甚至私刻公章,订立合同时恶意加盖非备案的公章或者假公章,发生纠纷后法人以加盖的是假公章为由否定合同效力的情形并不鲜见。

对此,《九民会纪要》第41条规定,人民法院在审理案件时,应当主要审查签约人于盖章之时有无代表权或者代理权,从而根据代表或者代理的相关规则来确定合同的效力。法定代表人或者其授权之人在合同上加盖法人公章的行为,表明其是以法人名义签订合同,除公司法第十六条等法律对其职权有特别规定的情形外,应当由法人承担相应的法律后果。法人以法定代表人事后已无代表权、加盖的是假章、所盖之章与备案公章不一致等为由否定合同效力的,人民法院不予支持。代理人以被代理人名义签订合同,要取得合法授权。代理人取得合法授权后,以被代理人名义签订的合同,应当由被代理人承担责任。被代理人以代理人事后已无代理权、加盖的是假章、所盖之章与备案公章不一致等为由否定合同效力的,人民法院不予支持。《解释》第二十二条第一款延续了上述司法政策。

在此基础上,《解释》第二十二条第二款、第三款还针对实践中常见的"有人无章""有章无人"情形进行了规定:合同系以法人或者非法人组织的名义订立,但是仅有法定代表人、负责人或者其工作人员的签名而没有加盖印章,相对人不能证明法定代表人、负责人或者工作人员在订立合同时未超越代表权限或者职权范围的,人民法院应当认定合同对法人、非法人组织不发生效力;合同仅加盖法人或者非法人组织的印章而无人员签字,相对人不能证明合同系法定代表人、负责人或者在其职权范围内签订,也不能证明合同系法人或者非法人组织的代理人在代理权限范围内签订,该合同对法人或者非法人组织不发生效力。需要说明的是,在判断法定代表人或者负责人是否享有代表权时,不应仅审查法定代表人或者负责人是否超越权限,还应审查是否构成表见代表;在判断代理人是否享有代理权时,不应仅审查是否存在无权代理的情形,还应审查是否构成表见代理。

5. 代表人或者代理人与相对人恶意串通的处理

实践中,代表人、代理人与相对人恶意串通,损害法人或者非法人组织的事件时有发生。尽管民法典第一百五十四条规定"行为人与相对人恶意串通,损害他人合法权益的民事法律行为无效",但因法定代表人或者负责人系以法人或者非法人组织的名义订立合同,且损害的是法人或者非法人组织的利益,而非"他人"利益,导致人民法院无法依据该条认定合同无效。

此外,虽然民法典第一百六十四条第二款规定,"代理人和相对人恶意串通,损害被代理人合法权益的,代理人和相对人应当承担连带责任",但未就恶意串通的合同效力问题作出明确规定。

我们认为,法定代表人或者代理人与相对人恶意串通损害单位的合法利益,是代表权或者代理权滥用的典型表现,其订立合同的行为自应构成越权代表或者无权代理,因而应根据民法典关于越权代表或者无权代理的规定认定合同效力。因此,法人、非法人组织如果对该行为不予追认,则不发生有效代理或者代表的后果。

此外，因《最高人民法院关于适用〈中华人民共和国民事诉讼法〉的解释》第一百零九条明确将对恶意串通的证明度界定为排除合理怀疑，导致实践中常常因当事人无法完成证明责任而不得不承担败诉的风险，法律、司法解释关于恶意串通的规定也成为一纸空文。

我们认为，应严格区分客观证明责任和主观证明责任，在负有客观证明责任的当事人提出初步证据，能够使裁判者认为恶意串通的事实存在高度可能性后，即可将主观证明责任转移至对方，由法定代表人、负责人或者相对人就订立、履行合同的过程等相关事实作出陈述或者提供其持有的相关证据。其无正当理由拒绝作出陈述或者所作陈述不具有合理性又拒绝提交相关证据的，人民法院可以认定恶意串通的事实成立。

（六）合同效力瑕疵的法律后果

民法典第一百五十七条就合同无效、被撤销或确定不生效的法律后果作了规定。此外，根据《最高人民法院关于适用〈中华人民共和国民法典〉总则编若干问题的解释》第二十三条的规定，关于合同不成立的法律后果，应参照适用民法典第一百五十七条。根据民法典第一百五十七条规定，合同被认定不成立、无效、被撤销或者确定不生效，当事人首先应当返还财产或折价补偿。根据《解释》第二十四条第一款的规定，返还财产既包括标的物占有的返还，也包括不动产登记簿册的更正等；在财产不能返还或者没有必要返还时，应当以认定合同不成立、无效、被撤销或者确定不发生效力之日该财产的市场价值或者以其他合理方式计算的价值为基准判决折价补偿。

实践中，当事人在按照上述规则返还财产或者折价补偿后，可能会有损失，例如，财产发生增值收益或者贬值损失，一方当事人就可能因此遭受机会利益的损失。对此，《解释》第二十四条第二款规定，如果当事人一方在返还财产或者折价补偿后，请求对方赔偿损失，则人民法院应当结合财产返还或者折价补偿的情况，综合考虑财产增值收益和贬值损失、交易成本的支出等事实，按照双方当事人的过错程度及原因力大小，根据诚信原则和公平原则，合理确定损失赔偿额。

此外，民法典未再要求人民法院收缴违法所得，上述规定可能导致当事人通过违法行为获得不当利益的现象存在，故如果当事人的违法行为未经有关行政管理部门处理，人民法院认为有必要，自应向有关行政管理部门发出司法建议；涉嫌犯罪的，应当将犯罪线索移送刑事侦查机关。

此外，按照不当得利的一般原理，在合同被认定不成立、无效、被撤销或者确定不发生效力时，如果一方占有对方的资金，则在返还该资金时，还应支付资金占用费。

根据《解释》第二十五条第一款的规定，该资金占用费的计算标准应区分不同情况予以确定：如果占有资金一方对合同不成立、无效、被撤销或者确定不发生效力有过错，应当按照中国人民银行授权全国银行间同业拆借中心公布的一年期贷款市场报价利率（LPR）计算；如果占用资金的当事人对于合同不成立、无效、被撤销或者确定不发生效力没有过错，则应当以中国人民银行公布的同期同类存款基准利率计算。

根据《解释》第二十五条第二款的规定，在双方互负返还义务的情况下，当事人之间的返还义务构成对待履行，因此双方可以主张同时履行；占有标的物的一方对标的物存在使用或者可以使用的情形，如果对方请求将其应支付的资金占用费与应收取的标的物使用费进行抵销，人民法院应当依法予以支持，但是法律另有规定的除外。

四、合同的履行与履行障碍问题

《解释》第四部分是"合同的履行",共7条,内容包括违反从给付义务的履行与救济、以物抵债协议的性质与履行、向享有独立请求权的第三人履行、第三人代为履行、履行抗辩权的行使及其实现、情势变更制度的适用等。

(一)从给付义务的履行与救济

实践中,在当事人一方请求对方履行开具发票、提供证明文件等义务时,一些法院常以该义务为公法上的义务为由驳回其诉讼请求。

我们认为,尽管上述义务是公法上的义务,但并不影响其同时也是私法上的义务。依民法通说,合同上的义务除了主给付义务外,还有从给付义务和附随义务等。其中,主给付义务是当事人约定的、用于决定合同类型的义务。从给付义务和附随义务则通常都是根据法律规定或者依据诚信原则产生的义务:从给付义务可以单独诉请履行;附随义务则通常不可单独诉请履行,仅在当事人一方违反该义务时,对方可以请求其赔偿因此造成的损失。

据此,开具发票、提供证明文件等均属于从给付义务。考虑到主给付义务、从给付义务、附随义务等概念是学理概念,《解释》第二十六条用非主要义务来表述从给付义务这一概念。当事人一方违反该义务,对方即可请求其继续履行该义务或者请求其赔偿因此受到的损失。此外,一般认为,区分主给付义务和从给付义务的意义在于:当事人一方未就从给付义务对待履行,原则上不产生同时履行抗辩权;当事人一方违反从给付义务,对方原则上不得解除合同。当然,例外情形包括两种:一是不履行该义务致使不能实现合同目的;二是当事人另有约定。

(二)以物抵债协议的类型与履行

1. 债务履行期限届满后达成的以物抵债协议

长期以来,对于当事人于债务履行期限届满后达成的以物抵债协议的性质与效力,存在较为激烈的争议。究其原因,是因为实践中有些当事人在达成以物抵债协议后,请求人民法院出具司法确认书或者调解书,再依据民法典第二百二十九条主张债权人在法律文书生效时即取得抵债财产的所有权,其目的是排除第三人对标的物的强制执行或者在其他诉讼中主张优先保护。为防止当事人通过虚假诉讼来实现上述目的,一些法院提出应将以物抵债协议界定为实践合同,因此,只有履行了交付标的物的义务,以物抵债协议才能生效;还有一些法院则提出应限制人民法院就当事人达成的以物抵债协议出具调解书。

我们认为,出现上述问题的根源在于错误理解并适用了民法典第二百二十九条规定,因为该条仅规定如果物权变动是基于法律文书而发生,则物权变动自该文书生效时发生,但该条并未指出何种法律文书能够引起物权变动。无论是人民法院出具的司法确认书还是调解书,均是对以物抵债协议的确认,并不能直接引起物权发生变动。只要坚持这一点,当事人通过虚假诉讼谋取非法目的的计划就无法实现,虚假诉讼产生的土壤也就不复存在。

为此,《解释》第二十七条一方面明确以物抵债协议是诺成合同而非实践合同,但同时指出,即使人民法院依据以物抵债协议制作了司法确认书或者调解书,也不意味着债权人即可据此取得标的物的所有权。

此外,《解释》第二十七条还对以物抵债与原债权债务之间的关系进行了界定,认为履行期届满后达成的以物抵债协议构成"新债清偿",如果债务人或者第三人不履行以物抵债协议,经债权人催告在合理期间内仍不履行,则债权人可以选择履行原债务或者以物抵债协议。当然,采用"新债清偿"理论的前提,是当事人未就以物抵债协议的性质作出其他约定,如债的更改。

2. 债务履行期届满前达成的以物抵债协议

债务人或者第三人与债权人在债务履行期届满前达成的以物抵债协议,往往是为了担保债权债务关系而订立的,在性质上属于让与担保合同。对于此种以物抵债协议的效力,实践中也存在较大的争议,原因之一在于:在抵债财产的价值远高于债权额的情况下,可能导致不公平的结果。

我们认为,如果当事人在以物抵债协议中约定当债务人到期没有清偿债务时,债权人可以对财产拍卖、变卖、折价以实现债权,因该约定不会带来不公平的结果,故人民法院应当认定以物抵债协议有效;如果当事人约定债务人到期没有清偿债务,抵债财产即归债权人所有,因该约定可能导致不公平的结果,故人民法院应当认定该部分约定无效,但是不影响其他部分的效力,即债权人可以请求对财产拍卖、变卖、折价以实现债权。

需要指出的是,在当事人仅达成以物抵债协议但未将标的物的财产权利移转至债权人名下时,因欠缺公示方式,债权人主张优先受偿的,人民法院不应予以支持;如果当事人已经将财产权利移转至债权人名下,则已经形成让与担保,自可根据《最高人民法院关于适用〈中华人民共和国民法典〉有关担保制度的解释》第六十八条的规定主张优先受偿。另外,从实践的情况看,债务人或者第三人与债权人在债务履行期届满前达成以物抵债协议,还可能是想通过以物抵债协议来掩盖借贷关系,因此,当事人之间可能仅订立了以物抵债协议,并没有签订书面借贷合同。对此,我们的意见是,即使没有签订书面借贷合同,也只有先审查被担保的债权债务关系,才能对以物抵债协议的效力作出正确判断。

(三)向享有独立请求权的第三人履行

民法典第五百二十二条在规定向第三人履行的基础上,增设了有独立请求权的第三人。我们认为,第三人虽然取得了独立的请求权,可以请求债务人向自己履行债务,但这并不意味着第三人取代了债权人在合同中的地位,也不意味着基于合同产生的整个债权均转让至第三人。第三人取得的仅仅是基于合同产生的请求权,撤销权、解除权等决定合同地位的权利并未由第三人取得,仍应由债权人行使。

债权人行使撤销权、解除权后,如果第三人已经自债务人处取得财产,则究竟应由债权人还是第三人承担返还财产的义务,实践中存在争议。我们认为,有独立请求权的第三人仅取得权利,不应承担义务。即使合同依法被撤销或者解除,第三人也不负返还义务,而应由债权人承担返还义务。至于债权人在承担责任后是否有权向第三人请求返还,则取决于双方之间的约定。由于第三人并不承担任何义务,因此,第三人拒绝受领或者受领迟延,债务人请求债权人承担因此造成的损失的,人民法院依法予以支持。当然,如果债务人按照约定向第三人履行债务,第三人拒绝受领,则除非债务人已采取提存等方式消灭债务,债权人可以请求债务人向自己履行债务。

(四)第三人代为清偿规则的适用

民法典第五百二十四条规定了第三人代为清偿制度,并将能够代为清偿的第三人限制在"对履行债务具有合法利益的第三人"。这是因为，第三人在代为清偿后，即取得债权人的债权（法定的债权转让），如果不对第三人的范围进行限制，就有可能导致第三人借助这一制度获得不当利益或者损害债权人的利益。从比较法的角度看，"对履行债务具有合法利益的第三人"主要是指担保人或者担保财产的受让人、用益物权人、合法占有人以及担保财产上的后顺位担保权人等。考虑到实践中用益物权人、承租人也有类似利益需要保护，法人或者非法人组织的出资人或者设立人、债务人的近亲属也都有代为清偿的现实需求，故《解释》第三十条第一款将第三人的范围进行了列举式的规定，但同时规定了兜底条款，从而防止挂一漏万。

需要说明的是，虽然我们认为民法典第五百二十四条规定的第三人包括担保人，但担保人代为清偿后，其向债务人的追偿问题已由民法典第七百条所规定，而其向其他担保人的追偿问题，则应适用《最高人民法院关于适用〈中华人民共和国民法典〉有关担保制度的解释》的相关规定，而不能直接根据民法典第五百二十四条规定得出第三人可以向其他担保人追偿，否则就可能导致司法解释之间的矛盾和冲突。另外，根据民法典第七百条的规定，担保人向债务人追偿时，不能损害债权人的利益。我们认为，这同样适用于民法典第五百二十四条，例如，第三人仅代为清偿部分债务，就以所取得的债权向债务人的破产管理人申报债权，就可能损害到债权人的利益。

（五）履行抗辩权的行使与实现

履行抗辩权的行使以当事人形成对待给付为必要条件，因此，仅在当事人一方未履行主要义务时，对方才能行使履行抗辩权。如果仅仅是非主要义务没有履行，除非影响合同目的的实现，否则对方不能行使履行抗辩权。在被告主张同时履行抗辩权且抗辩权成立的情形下，一些法院简单地驳回原告的诉讼请求，我们认为，此种做法无助于纠纷的解决。

较为科学的判决方式应该是：被告未提起反诉，则应当判决被告在原告履行债务的同时履行自己的债务，并在判项中明确原告申请强制执行的，人民法院应当在原告履行自己的债务后对被告采取执行行为；被告提起反诉，则应当判决双方同时履行自己的债务，并在判项中明确任何一方申请强制执行的，人民法院应当在该当事人履行自己的债务后对对方采取执行行为。

需要说明的是，同时履行的判决与附条件的判决不同，前者并未将原告履行自己的义务作为申请执行的条件，而是作为人民法院采取执行行为的条件；后者则是将符合一定条件作为原告申请强制执行的条件。在被告主张先履行抗辩权且抗辩权成立的情形下，为体现履行的先后顺序，人民法院应驳回原告的诉讼请求，但应明确原告在履行债务后可以另行提起诉讼。

（六）情势变更原则的适用

民法典第五百三十三条规定了情势变更原则。实践中，较难处理的是如何区分情势变更与商业风险。在很多人看来，凡是价格的波动都应该认定为商业风险而不能认定为情势变更。

我们认为，正常的价格变动虽然是商业风险，但因政策变动或者供求关系的异常变动导致价格发生当事人在订立合同时难以合理预见的涨跌，按照原定价格履行合同将带来显失公平的结果，则应当认定发生了情势变更。当然，合同涉及市场属性活跃、长期以来价格波动较大的大宗商品以及股票、期货等风险投资型金融产品的除外。另外，根据民法典第五百三十三条的规定，在发生情势变更的情形下，人民法院可以根据当事人的请求变更或者解除合同。

问题是，如果当事人请求变更合同，人民法院能否解除合同？如果当事人请求解除合同，人民法院能否变更合同？根据《解释》第三十二条第二款的规定，如果当事人请求变更合同，则人民法院不得解除合同；当事人一方请求变更合同，对方请求解除合同，或者当事人一方请求解除合同，对方请求变更合同，则人民法院应当结合案件的实际情况，根据公平原则判决变更或者解除合同。

此外，因情势变更导致合同变更或者解除在性质上属于依裁判的变更或者解除，不同于当事人行使变更权或者解除权，故人民法院应在判决书中明确合同变更或者解除的具体时间。在确定具体时间时，应综合考量合同基础条件发生重大变化的时间、当事人重新协商的情况以及因合同变更或者解除给当事人造成的损失等因素。由于情势变更原则体现了国家通过司法权对合同自由进行干预，因此，当事人事先约定排除情势变更原则适用的约定应被认定无效。

五、关于债权人的代位权和撤销权

《解释》第五部分是关于合同保全的规定，共14条，内容既包括了对民法典代位权、撤销权制度进行补充、细化的实体性规则，如急于行使权利影响到期债权实现的认定、专属于债务人自身权利的认定、代位权不成立时的处理、债务人处分行为的限制、撤销权诉讼中明显不合理价格的认定、其他不合理交易行为、效力范围的认定、撤销权的效力范围、法律效果等；也包括了债权人提起代位权诉讼、撤销权诉讼的配套程序性规则，如代位权、撤销权诉讼的管辖及当事人、代位权诉讼与仲裁、与其他诉讼的关系、中止诉讼、合并审理等。《解释》延续了《合同法解释一》《合同法解释二》以来的传统，在本部分设置了相应的程序性规则，主要考虑是民法典合同编通则第五章明确规定了债权人代位权和撤销权只能通过向人民法院起诉的方式行使，故必须设置配套的程序性规则来保障代位权和撤销权在诉讼中具体实现，而放在《解释》中一并规定，既是对传统的尊重和延续，也有利于找法用法。

（一）代位权、撤销权诉讼的管辖与当事人

1. 代位权、撤销权诉讼的管辖

对于代位权诉讼管辖与专属管辖、协议管辖的关系，司法实践中认识不一。《解释》第三十五条明确了代位权诉讼应受专属管辖约束，但不受管辖协议约束。我们认为，法律特别规定专属管辖，有便利调查取证、查明案情、财产保全和裁判执行等考虑，特别是对于不动产纠纷等还涉及司法主权问题，在代位权诉讼中这些因素也同样要予以考虑。基于同理，《解释》第四十四条也明确撤销权诉讼管辖应受专属管辖限制。至于协议管辖，只能在订立协议的双方当事人之间发生法律效力。代位权是法律赋予债权人对债务人的相对人的权利，与委托代理、债权转让不同，故债权人不应受债务人与相对人之间管辖协议的约束，否则等于将他人意思强加于债权人。并且，《解释》第三十五条规定代位权诉讼由被告住所地法院管辖，已经充分考虑了相对人的管辖利益，这一规定也有利于平衡各方当事人利益。

2. 代位权、撤销权诉讼的当事人

《解释》第三十七条沿用了《合同法解释一》第十六条规定的追加债务人为代位权诉讼第三人的规则。主要考虑是追加债务人为第三人有利于查清案件基本事实；且民法典第五百三十五条第二款规定债权人行使代位权的必要费用由债务人负担，如债务人不参加诉讼，债权人需要就相关费用另行主张，增加诉累。对于撤销权诉讼的当事人，《解释》第四十四条修改了《合同法解释一》第二十四条只以债务人为被告的规定，将债务人、相对人明确为共同被告。这是因为撤销权诉讼对相对人的实体利益将产生重大影响，列为共同被告有利于充分保护其诉讼权利。实践中也已大量存在将债务人和相对人列为共同被告的做法。

（二）代位权诉讼中的重点问题

1. 代位权行使是否受仲裁协议影响

对于债务人与相对人订有仲裁协议时是否影响债权人提起代位权诉讼的问题，司法实践认识不一。一种观点认为，代位权诉讼不受仲裁协议约束。其理由是：如允许代位权诉讼受仲裁协议约束，将导致民法典代位权制度被实质架空，且债务人为诈害债权人，可以与相对人事先订立仲裁协议以排除债权人行使代位权，甚至可以事后订立仲裁协议并倒签。反对观点则认为，如债务人与相对人订有仲裁协议，则可以构成程序抗辩，相对人当然可以依据民法典第五百三十五条第三款规定向债权人主张。为统一裁判尺度，《解释》第三十六条综合各方意见后采取了折中立场，规定债务人或相对人在代位权诉讼中不得以订有仲裁协议为由提出异议，但在首次开庭前申请仲裁的，人民法院可以依法中止代位权诉讼。这样规定的目的是通过适当灵活的程序设计，既避免债务人利用仲裁协议妨害债权人行使代位权，甚至导致民法典的立法目的落空，又尽可能地维护和尊重仲裁协议的效力，平衡各方当事人的利益。

2. 代位权不成立的处理

对于代位权不成立的处理，《解释》第四十条规定将《合同法解释一》第十八条规定的裁定驳回债权人的起诉调整为判决驳回债权人的诉讼请求，主要考虑是对于债权人是否符合代位权行使的条件，需要经过实体审理才能确定，采用判决驳回诉讼请求的方式更为合理。这也有利于进一步区分诉讼成立要件和权利保护要件，与民事程序法、立案登记制更好地衔接，更加有效地解决当事人之间的实体争议，推动实质性解决纠纷。

3. 代位权诉讼中对债务人处分行为的限制

代位权作为一项法定权利，在代位权诉讼提起后，如不对债务人的处分作必要限制，可能妨碍代位权诉讼进行，导致立法目的落空，故《解释》第四十一条规定债务人在代位权人起诉后不得无正当理由减免相对人的债务或者延长债务的履行期限。这既是对诚信原则的贯彻，也有利于减轻债权人诉累，防止债务人恶意干扰代位权诉讼。

（三）债权人撤销权诉讼中的重点问题

1. 明显不合理的低价或者高价的认定

《解释》第四十二条第一款、第二款沿袭了《合同法解释二》第十九条规定的明显不合理低价或者高价的认定标准，特别是其中交易时交易地的市场交易价或者指导价70％、30％标准。但实践中，债务人与相对人利用亲属关系或者关联关系逃避债务、恶意诈害债权人的现象较为常见，其标的额往往巨大，即使未低于70％或者高于30％的比例，也可能严重影响债权人利益。为保护债权人利益，对此类情形有必要加大打击力度，故《解释》第四十二条第三款明确此种情形不受70％、30％标准的限制。

需要注意的是，《解释》第三款规定只是第二款规定的"一般可以认定"的具体例外之一,实践中当然还存在其他例外情形,需要根据具体情况把握。例如,为及时处理生鲜等不易保存的商品,有时不得不以较低价格出售,不能机械地以70%标准进行衡量。

2. 其他不合理交易行为的认定

对于可得撤销的有偿处分行为,民法典第五百三十九条列举了转让财产、受让财产和提供担保三种情形,但实践中还存在其他可能影响债权人债权实现的不合理交易行为,也应当允许债权人撤销。故《解释》第四十三条综合调研意见,在民法典第五百三十九条基础上补充列举了互易财产、以物抵债、出租或者承租财产、知识产权许可使用等情形,为司法裁判提供更为明确的指引。

3. 债权人撤销权的效力范围

实践中,被撤销行为的标的大于债权人的债权数额时如何处理是难点问题。对此,司法实践中曾提出以被撤销行为的标的是否可分为标准来判断撤销权的效力范围,[1] 学界也赞同这一观点,[2] 日本民法典等域外法例也有类似规定。《解释》第四十五条综合相关意见,以司法解释的形式予以明确。

4. 撤销权行使的法律效果

关于撤销权行使的法律效果,涉及债权人撤销权是否属于形成(诉)权的问题,学界存在形成权说、请求权说以及形成权+请求权的复合说等三种主要观点。实践中,对于撤销权行使的法律效果,有些判决撤销以及判决撤销加返还两种模式,大部分案例支持判决撤销加返还模式,最高人民法院指导案例118号也持类似观点。可见,除形成性效力外,认可债权人撤销权具有请求性效力是司法实务的共识。

《解释》第四十六条总结理论观点和实务经验,规定债权人有权在撤销行为的同时主张相对人向债务人承担行为被撤销产生的返还财产、折价补偿、履行到期债务等法律后果。我国的撤销权制度实行"入库"规则,债权人难以通过撤销权诉讼直接获得清偿。

调研中,各方普遍希望《解释》就撤销权诉讼中如何更好地保障债权人的胜诉权益作出明确指引,并提出了两种不同的解决思路。一种思路主张通过代位权加撤销权的方式来保障债权人获得清偿,另一种思路主张通过执行程序来实现。

考虑到第一种思路过于复杂,且争议较大,我们选择了第二种思路,在《解释》第四十六条规定,债权人依据其与债务人的诉讼、撤销权诉讼产生的生效法律文书申请强制执行的,人民法院可以就债务人对相对人享有的权利采取强制执行措施以实现债权人的债权。

六、关于合同的变更和合同的转让

《解释》第六部分是关于合同的变更和转让部分的规定,共5条,主要对债权债务转让纠纷中的诉讼第三人、债权转让通知、表见让与、债务人确认债权真实存在、债权多重转让、债务加入人的追偿权等问题作了规定。其中,如何保护债务人和受让人合法权益,是司法实践中关注的重点问题。

---

[1] 参见杜万华、宋晓明主编:《基层人民法院法官培训教材(实务卷民商事审判篇)》,人民法院出版社2005年版,第545页。
[2] 参见韩世远:《合同法总论》,法律出版社2004年版,第416页。

（一）关于债权转让的通知

我国债权转让采取通知主义模式，债务人应当向谁履行债务，取决于其是否收到债权转让通知。故《解释》第四十八条第一款规定债务人在接到债权转让通知前已向让与人履行的，债务相应消灭，受让人不能再请求债务人履行；债务人接到债权转让通知后仍向让与人履行的，债务人的债务并不消灭，受让人仍可请求债务人履行。对于未经通知时受让人能否直接起诉债务人要求履行债务的问题，多数意见认为，应当认可直接起诉具有通知债权转让的效力。

同时也有意见提出，在未为通知而直接起诉的情形下，债务人如果败诉，将可能承担一些额外的费用或者损失，对其不公平。例如，债权转让时债务并未到期，而债务人有履行能力也有履行意愿，如果受让人在债务到期时不经通知直接以起诉的方式请求履行，将会导致债务人额外负担诉讼费用。同时，在诉讼未决前，因不知该向谁履行而导致的迟延履行利息，如果由债务人负担，也有失公平。因此，《解释》第四十八条明确对债务人关于在认定债权数额时扣除因未通知而给其增加的费用或者造成的损失的主张予以支持。

（二）关于债权表见让与

债权转让合同是债权人和受让人之间签订的合同，无须经过债务人同意，但如果债务人按照债权转让通知向受让人履行后，允许债权人以债权转让合同不成立、无效、被撤销或者确定不发生效力为由请求债务人向其履行，则必然会使债务人处于无法预测的风险中，故有必要对债务人基于债权转让通知产生的信赖利益予以专门保护。故《解释》第四十九条第一款明确债务人接到债权转让通知后，除非该通知经受让人同意而撤销，债务人根据该通知向受让人履行的，其债务即已履行完毕，而不受债权转让协议是否不成立、无效、被撤销等的影响。

（三）关于债务人确认债权真实存在

实践中，受让人在受让债权之前也往往会向债务人调查核实债权状况，故存在受让人基于债务人作出的债权真实存在的确认而受让债权后，债务人又以债权不存在为由主张不承担债务的情形。为保护善意受让人的权益，《解释》第四十九条第二款明确债务人不得以债权系虚构等为由主张债权不存在的抗辩。

（四）关于债权的多重转让

多重转让涉及债务人与受让人、出让人与受让人、数个出让人之间等不同层面的关系，处理起来十分复杂。《解释》第五十条第一款明确了以下问题。

第一，债务人已经向最先通知的受让人履行的，其履行发生债务消灭的效果。这主要是为了保护债务人利益。

第二，债务人明知接受履行的受让人不是最先通知的受让人的，最先通知的受让人仍然有权请求债务人履行。这主要是为了鼓励受让人及时促成通知，以保护自己的利益。

第三，最先通知的受让人也可以请求出让人承担相应的违约责任。这实际上是基于出让人的瑕疵担保责任。

第四，最先通知的受让人请求接受履行的受让人返还财产的，人民法院不予支持，但接受履行的受让人在受让债权时明知存在在先受让人的除外。这是为了及时稳定交易秩序，避免善意受让人因随时可能面临他人追索而处于不安定状态。

考虑到在多重转让引起的纠纷中通知时间的先后具有重要意义，而实践中当事人可能对通知时间串通作假,故《解释》第五十条第二款专门对通知时间的认定作出规定。其基本思路是实行综合判断,不能仅凭债务人的认可或者通知的记载,同时优先考虑邮戳时间或者通信电子系统记载的时间作为认定依据。

(五)关于债务加入人的追偿权

《解释》第五十一条第一款明确债务加入人有权向债务人追偿,但第三人知道或者应当知道加入债务会损害债务人利益的除外。其主要考虑是:一是第三人与债务人约定加入债务时约定了追偿权,当然应当尊重当事人之间的约定;二是在债务人和第三人没有约定追偿权的情况下,考虑到债务加入具有增信功能,如果否定第三人的追偿权,将严重限制第三人加入债务的积极性,影响民法典第五百五十二条功能作用的发挥。基于民法典的体系化适用逻辑,此时债务人可能构成不当得利等,债务人应当向第三人承担返还义务。本款的但书旨在防止第三人为损害债务人利益恶意加入债务。为进一步保护债务人的利益,《解释》第五十一条第二款明确债务人对债权人的抗辩可以向加入债务的第三人主张。

七、关于合同权利义务的终止

《解释》第七部分是关于合同权利义务终止的规定,共7条,主要针对司法实践中较为常见的合同解除和抵销制度适用的有关问题作了规定,内容包括协商解除的法律适用、通知解除合同的审查、撤诉后再次起诉时合同解除时间的认定、抵销权行使的效力、抵销对抵充规则的参照适用、侵权之债的抵销、已过诉讼时效债权的抵销等。

(一)合同解除的认定

在当事人就解除合同协商一致,但未就合同解除后的违约责任、结算和清理等事项作出处理的情形下,合同是否解除,实践中一直有不同认识。考虑到协商解除的后果可以由当事人协商,如无约定则适用法律规定,①除非协商解除的意思表示以对解除后果形成一致意见为前提,②《解释》第五十二条第一款采取了无特别约定时合同发生解除效力的立场,并对其他未约定事项在第三款作了适用指引。

(二)异议期间的法律效力

在当事人一方通知对方解除合同时,如果对方未在合理期限内提出异议,合同是否解除?对此,实践中有观点认为对方未提出异议的,异议期满后合同即解除。我们认为,这一认识不符合民法典规定精神。通知只是当事人行使法定或者约定解除权的方式,是否产生解除的效力要以当事人是否享有解除权为前提,而与对方是否提出异议无关。故《解释》第五十三条明确,对方未提出异议的,合同并不当然解除,人民法院应当对通知解除的一方是否享有解除权进行审查。如果没有解除权的,合同并不解除。

(三)合同解除时间的确定

当事人在撤诉后再次起诉解除合同时,合同解除时间如何认定?对此实践中有不同认识:一种观点主张应当以第一次起诉的起诉状副本送达的时间为合同解除的时间;另一种观点主张应当以再次起诉的起诉状副本送达的时间为合同解除的时间。《解释》第五十四条最终采取了第二种思路。

这种思路的主要考虑是:第一,适用民法典第五百六十五条第二款规定,以起诉

---

① 参见王利明主编:《中国民法典评注——合同编》,人民法院出版社2021年版,第379页。
② 参见黄薇主编:《中华人民共和国民法典释义》,法律出版社2020年版,第1073页。

状副本送达时间为合同解除时间的前提是人民法院或者仲裁机构确认解除主张。第一次起诉后又撤诉的，该解除主张未经生效裁判确认，故不能认定第一次起诉的起诉状副本送达时合同解除。第二，当事人一方撤诉后，对方嗣后可能还有履行行为，或者两次起诉主张解除的理由不同，如规定第一次起诉的起诉状副本送达时解除，可能产生不必要的争议。第三，如按第一次起诉状副本送达时解除，势必导致受理第二次起诉的法院须对第一次起诉的材料进行审查，增加额外负担，影响诉讼效率。

（四）关于抵销权行使的效力

抵销是否具有溯及效力，在理论和实践中一直存有争议，导致裁判不统一。一种观点认为，应区分抵销的生效与债权消灭两个概念，抵销自抵销通知到达对方时生效；但抵销消灭债权的效果溯及自抵销条件成就之时而非抵销通知到达之时。另一种观点认为《国际商事合同通则》《欧洲合同法原则》《欧洲示范民法典草案》等示范法坚持抵销自通知生效时发生使债务消灭的效力，更有利于计算债权数额、查清案件事实。《解释》第五十五条采取了后一种观点，同时吸收《九民会纪要》第43条的规定精神，明确抵销通知到达对方时双方互负的主债务、利息、违约金或者损害赔偿金等债务在同等数额内消灭。其主要考虑是，承认抵销的溯及力会带来较大的弊端，例如，带来债权债务的不确定性、导致不公平受偿、不符合当事人意思自治原则、增加案件审理难度等。①

与抵销的溯及力密切相关的是已过诉讼时效的债权能否抵销的问题，实践中也存在不同认识。有观点认为，主动债权在通知抵销时虽已罹于诉讼时效，但抵销适状时诉讼时效尚未经过的，仍然发生抵销效力。这一观点的前提是承认抵销的溯及力。基于《解释》第五十五条否定抵销溯及力的整体思路，《解释》第五十八条进一步规定，当事人一方以已过诉讼时效的债权主张抵销时，对方提出诉讼时效抗辩的，人民法院应予支持。

（五）关于抵销参照适用抵充规则

抵销可以产生清偿的效果，故在主动债权数额较小，不足以消灭行使抵销权的当事人负担的数项债务，或者包括费用、利息和主债务在内的全部债务额时，就会面临与清偿类似的抵充问题。为此，《解释》第五十六条第一款规定主动债权不足以抵销抵销权人负担的数项同种类债务的，参照民法典第五百六十条的抵充顺序；《解释》第五十六条第二款规定抵销权人享有的债权不足以抵销包括费用、利息和主债务在内的全部债务额的，参照民法典第五百六十一条的抵充顺序。

八、关于违约责任的法律适用

《解释》第八部分是关于违约责任的规定，共10条，主要涉及合同终止时间的认定、违约损害赔偿的计算、违约金的司法调整、定金规则的适用等问题。

（一）合同终止时间的认定

民法典第五百八十条第二款规定了合同的司法终止。《解释》起草调研中，有意见提出，适用民法典第五百八十条第二款时如何认定合同终止的时间是个难题，希望司法解释予以明确。经研究，《解释》第五十九条规定一般以起诉状副本送达的时间作为合同权利义务终止的时间，以其他时间更加符合公平原则和诚信原则的，也可以以该

---

① 参见王利明：《罹于时效的主动债权可否抵销？》，载《现代法学》2023年第1期。

时间认定合同终止,但要充分说明理由。

这样规定主要是基于以下考虑:第一,起诉状副本送达的时间较为明确,而其他时点不仅难以确定,增加审理困难,而且易被人为干扰。第二,请求司法终止是法律赋予当事人的权利,以起诉状副本送达的时间终止合同,有利于鼓励当事人及时主张,尽快了结无效率的合同关系。第三,以起诉状副本送达的时间终止合同不等于保护违约方,因为有权申请终止的当事人既包括违约方,也包括已经丧失解除权的非违约方,而且民法典第五百八十条第二款已经为申请司法终止设置了严格的条件。第四,根据案件具体情况有其他更好的时点时,也可以按照该时点终止合同,有利于实现原则性与灵活性的统一。

(二)违约损害赔偿的计算

1. 可得利益损失的计算

解决司法实践中如何认定可得利益损失的难题,是《解释》调研起草工作的重点。经综合理论和实践成果,《解释》分以下三个层次对可得利益损失的计算作了规定。

第一层次是可得利益损失计算的通常方法。《解释》第六十条规定了利润法、替代交易法、市场价格法等可得利益损失的计算方法。其中,利润法主要适用于非违约方是商事主体(如生产者、经营者、经销商)的情形,替代交易法、市场价格法则更具有普遍意义。非违约方实施了替代交易的,可以按照替代交易差价认定可得利益损失,没有实施替代交易的,可以按照与市场价格的差额认定可得利益损失。司法实践中,需要重点把握替代交易价格和市场价格的合理性,即替代交易价格不能明显偏离替代交易发生时当地的市场价格,而市场价格应当为违约行为发生后合理期间内合同履行地的市场价格。

第二层次是可得利益损失计算的特别规则。《解释》第六十一条针对持续性定期合同中可得利益的赔偿作出专门规定,即参考合同主体、交易类型、市场价格变化、剩余履行期限等因素确定非违约方寻找替代交易的合理期限,并按照该期限对应的价款、租金等扣除非违约方应当支付的相应履约成本确定合同履行后可以获得的利益。只有在剩余履行期限少于寻找替代交易的合理期限时,才能以合同解除后剩余履行期限相应的价款、租金等扣除履约成本确定非违约方的可得利益损失。

第三层次是补充性规定。《解释》第六十二条明确根据《解释》第六十条、第六十一条不能计算出可得利益损失的情况下,可以综合考虑违约方因违约获得的利益、违约方的过错程度、其他违约情节等因素,遵循公平原则和诚信原则确定。

2. 违约损害赔偿数额的确定

第一,适用可预见性规则进行衡量。民法典第五百八十四条规定,损失赔偿数额不得超过违约一方订立合同时预见到或者应当预见到的因违约可能造成的损失。但司法实践对如何适用可预见性规则普遍感到难以把握,常以"不具有确定性或必然性""并无实际发生,且亦非必然发生"等表征确定性的理由取代可预见性规则,因此,《解释》第六十三条第一款对可预见性规则的适用作了细化。一是在民法典第五百八十四条已经明确预见的主体、预见的时间的基础上,进一步明确了预见的标准,即采用客观标准,按照与违约方处于相同或者类似情况的民事主体在订立合同时预见到或者应当预见到的损失予以确定。二是列明了判断可预见性的具体参考因素。考虑到司法实践的复杂性,可预见性规则的适用不可能采取"一刀切"的标准,故本款采取了动态系统论的思路,通过列举参考因素的方式加强指引。为进一步增强指引性,本款根据重要性的不同,将参考因素分为两个层次。第一层次是基础性的参考因素,即合同目的;第二层次是其他参考因素,包括合同主体、合同内容、交易类型、交易习惯、磋商过程等。

第二,综合运用减损规则、损益相抵规则以及过失相抵规则。司法实践中在计算违约损害赔偿数额时,应当首先确定因违约所造成的损失,然后运用可预见性规则进行衡量,最后综合运用减损规则、损益相抵规则以及过失相抵规则,才能得出最终的损害赔偿数额。故《解释》第六十三条第三款明确非违约方主张的可得利益赔偿总额中要扣除非违约方不当扩大的损失、非违约方因违约获得的利益、非违约方亦有过失所造成的损失以及必要的交易成本。

(三)关于违约金的司法调整

1. 调整违约金的举证责任

实践中,违约金"过分高于"的举证证明实际落脚于对违约损失的举证证明上,在合同的履行中,相较于违约方,守约方更清楚违约带来的损失情况,理应尽说明义务。因此,《解释》第六十四条第二款明确守约方也应当对违约金合理提供相应的证据。

2. 预先放弃调整违约金条款的效力问题

对于预先放弃调整违约金条款的效力问题,存在有效说和无效说的观点。在比较法上,法国民法典、荷兰民法典以及美国统一商法典均采无效说。我们认为,违约金的调整系法律规定,不能由当事人通过约定排除,否则可能造成实践中出现大量放弃调整违约金条款的约定,严重影响违约金损失填平功能的实现,有悖于民法典的立法目的。因此,《解释》第六十四条第三款对这一问题予以明确。

3. 过分高于造成损失的认定

关于损失的计算基础,一种意见主张沿用《合同法解释二》第二十九条,仍规定"以实际损失为基础"。另一种意见主张以民法典第五百八十四条规定的损失为基础。经研究,《解释》第六十五条第一款吸收《九民会纪要》第50条和《全国法院贯彻实施民法典工作会议纪要》第11条规定的精神,在明确"以民法典第五百八十四条规定的损失为基础"上,并通过兼顾合同主体、交易类型的方式交由法官根据案件实际情况进行个案裁量。同时,为了符合违约金以补偿性为主、惩罚性为辅的立法本意,避免实践中形成误导,对企业造成过大负担,《解释》第六十五条第二款仍沿用《合同法解释二》"造成损失的百分之三十"的表述,对酌减幅度没有作出强制性的规定,给法官保留一定裁量空间。另外,为进一步弘扬社会主义核心价值观,倡导诚信精神,打击恶意违约行为,《解释》第六十五条第三款明确恶意违约一般不支持酌减违约金。

4. 违约金的释明和改判

实践中,存在违约方不提出违约金调整的请求而以合同不成立、未生效、无效或者不构成违约等理由抗辩,被告因客观原因在第一审程序中未到庭参加诉讼而二审到庭参加诉讼并请求减少违约金的情形,《解释》第六十六条对释明和改判的情形予以列举,为司法裁判提供更为明确的指引。

(四)关于定金的法律适用

1. 定金性质的认定

根据民法典和《担保法解释》的规定,定金可以分为违约定金、立约定金、成约定金、解约定金。通常认为,我国现行法律体系中的定金概念系以违约定金为核心,以其他类型的定金为特例。因此,《解释》第六十七条第一款明确没有约定定金性质的,不构成定金合同;约定了定金性质,但没有约定定金种类或者约定不明,一方主张为违约定金的,应解释为违约定金。

2. 定金罚则的适用规则

第一,定金罚则属于惩罚性较强的一种违约责任,对其适用应当限于一方根本违约情形。当存在双方根本违约时,定金罚则没有适用空间。若一方存在根本违约,一方仅存在轻微违约的情况下,对根本违约方依然可以适用定金罚则。《解释》第六十八条第一款对上述规则予以明确。

第二,定金罚则可以按比例适用。有观点认为定金罚则的适用应当是全有或全无,我们认为,对于合同部分没有履行但又未导致合同目的完全落空的情形,以全有或全无的规则适用定金处罚会致使当事人的利益难以平衡,按比例适用无疑更符合民法的公平原则。有关立法释义也持此立场:如果当事人一方不完全履行合同的,在能够区分比例的情况下,应当按照未履行部分所占合同约定内容的比例,适用定金罚则。[1] 这一思路实际上也与民法典第六百三十二条和第六百三十三条规定的标的物可分情况下可就部分标的物解除合同的精神相吻合,故《解释》第六十八条第二款延续了《担保法解释》第一百二十条第二款的精神,规定定金罚则可以根据违约情况按比例适用。

(撰稿人:《民法典合同编通则解释》起草工作组)

【解读】

《关于适用〈中华人民共和国民法典〉合同编通则若干问题的解释》实施中重点问题解读

《最高人民法院关于适用〈中华人民共和国民法典〉合同编通则若干问题的解释》(以下简称《解释》)已于2023年12月5日开始施行。为使《解释》的规定得到正确适用,本文拟对司法解释实施中的部分重要问题进行讨论。

一、关于《解释》的适用范围与时间效力

(一)《解释》的适用范围

在《解释》的序言部分,最高人民法院明确了制定《解释》的目的是"正确审理合同纠纷案件以及非因合同产生的债权债务关系纠纷案件,依法保护当事人的合法权益"。可见,《解释》不仅适用于合同纠纷案件,也应适用于非因合同产生的债权债务关系纠纷案件。这是因为《解释》是就民法典合同编通则的法律适用问题所作的规定,而民法典第四百六十八条明确规定非合同之债在法律没有特别规定的情况下,自应适用民法典合同编通则的有关规定,除非根据该债务的性质不能适用。

值得注意的是,尽管《解释》的适用范围既包括合同之债,也包括非合同之债,

---

[1] 参见黄薇主编:《中华人民共和国民法典释义》,法律出版社2020年版,第1138页。

但对于非合同之债，《解释》的规定仅具有补充适用的余地，即只有在民法典或者其他法律对非合同之债没有特别规定的情况下，才能适用民法典合同编通则以及《解释》的相关规定。此外，如果民法典合同编通则的规定根据其性质不能适用于非合同之债，则《解释》的相关规定自然也不能适用于非合同之债。

在《解释》的起草过程中，征求意见稿曾一度就非合同之债的法律适用明确作出规定，即非合同之债应当适用民法典及其他法律关于该债权债务关系的具体规定；如果没有具体规定，则应适用民法典合同编通则有关债权债务关系的规定，但是根据其性质不能适用的除外。在讨论中，一种意见认为，民法典第四百六十八条已经对非合同之债的法律适用作出明确规定，没有必要在《解释》中再作规定；另一种意见则认为，尽管民法典第四百六十八条对非合同之债的法律适用已有规定，但未区分民法典合同编通则有关债权债务关系的规定和民法典合同编有关合同权利义务关系的规定，前者当然适用于非合同之债，但后者则只能参照适用于非合同之债（当然，无论是适用还是参照适用，都要排除根据性质不能适用的规定）。经研究，我们认为，由于民法典未设置债法总则，合同编通则确实既包括适用于所有债权债务关系的规则，也包括仅适用于合同关系的规则。就此而言，只有适用于所有债权债务关系的规则才能原则上适用于非合同之债，而仅适用于合同关系的规则，原则上不应适用于非合同之债。也就是说，除根据性质不能适用的外，凡是能够适用于非合同之债的规定，理论上应该都是债法总则的规定，而凡是不能适用于非合同之债的规定，理论上都应是合同总则的规定。可见，如果区分民法典合同编通则有关债权债务关系的规定和民法典合同编通则有关合同权利义务关系的规定，再将二者分别适用于或者参照适用于非合同之债，就可能会导致以下误解：民法典合同编通则关于合同总则的规定，也应原则上参照适用于非合同之债，除非根据其性质不能适用。基于这一考虑，《解释》未就非合同之债的法律适用进行规定。这就要求法官在适用民法典第四百六十八条时，应严格审查民法典合同编通则的哪些条文属于债法总则，因而原则上可以适用于非合同之债，哪些条文仅仅适用于合同之债，原则上不能适用于非合同之债。

（二）《解释》的时间效力

由于司法解释在本质上代表最高司法机关对被解释的法律的理解，因此，即使司法解释规定了施行日期，但应溯及至被解释的法律施行之时发生效力。就此而言，尽管《解释》自2023年12月5日施行，但是由于《解释》根据民法典制定，自应溯及民法典施行之时发生效力。据此，对于民法典施行后的法律事实引起的民事案件，《解释》第六十九条第二款区分两种情况进行了规定：一是《解释》施行后，该民事案件尚未终审，人民法院应当适用《解释》；二是人民法院对该民事案件在《解释》施行前已作出终审判决，当事人申请再审或者依据审判监督程序决定再审，不适用《解释》。当事人申请再审或者依据审判监督程序决定再审的案件之所以不适用《解释》，是因为人民法院都是在特定时空对案件作出判决，如果案件在《解释》施行前已经终审，就意味着人民法院已基于当时对民法典的理解就案涉纠纷作出了终局性的判断，自然不能因为《解释》的施行推翻此前已经作出的判断，否则，诉讼就会永无休止，出现大量已经终审的案件因认识水平的提高而被再审的情况。

值得注意的是，《解释》仅就民法典施行后的法律事实引起的民事案件是否适用《解释》作了规定，但从实践的情况看，当前仍有大量案件是民法典施行前的法律事实引起的。对于此类案件是否适用《解释》，《全国法院贯彻实施民法典工作会议纪要》第14条指出，如果根据《最高人民法院关于适用〈中华人民共和国民法典〉时间效力的若干规定》（以下简称《时间效力规定》）应当适用民法典的，则应当同时适用民法典相关司法解释，除非该司法解释另有规定。据此，依据《时间效力规定》的规定，如果民法典合同编通则的规定具有溯及既往的效力，则针对该规定的法律适用作出的解释原则上也应具有溯及力，除非司法解释另有规定。就此而言，对于民法典施行前的法律事实引起的民事案件是否适用《解释》，首先要判断待决案件是否应适用民法典合同编通则的相关规定。

需要说明的是，《时间效力规定》仅就民法典对合同法有实质性修改的条文或者新增条文是否具有溯及力进行了规定，对于没有实质性修改的条文，则无须考虑溯及力的问题，因为适用民法典还是适用合同法，在结果上并无差别。当然，从实践的情况看，对于民法典施行前的法律事实引起的民事案件，即使民法典与合同法并无实质差别，也仍有不少法院继续援引合同法作为裁判依据。我们认为，尽管《解释》是依据民法典制定，但如果民法典的规定与合同法的规定并无实质性区别，则可以将《解释》作为理解合同法的依据。也就是说，如果继续援引合同法作为裁判依据，则不能将《解释》的相关规定也作为裁判依据进行援引，因为《解释》是根据民法典制定的，而不是依据合同法制定的。但是，在裁判说理部分，可以将《解释》作为理解合同法相关规定的依据，因为民法典与合同法的规定并无实质性差别。

二、关于合同条款的解释

对合同条款进行解释，是人民法院审理合同纠纷案件时经常遇到的问题。我国民法典第一百四十二条、第四百六十六条对此作了原则性规定。为指导司法实践更加准确地适用合同解释规则，《解释》以民法典第一百四十二条、第四百六十六条规定为基础，作了细化规定。具体包括以下方面。

（一）关于合同解释的立场

合同解释的基本立场有客观主义与主观主义之分，前者侧重于当事人表示出来的意思，因而有利于相对人，后者侧重于当事人内心的真实意思，因而有利于表意人。有意见指出，我国的合同解释应当采取以客观主义为主，主观主义为辅的原则。[①] 这是因为合同解释属于有相对人的意思表示的解释，故而需要考虑相对人的信赖保护问题。亦即，不能片面追求表意人的内心真实意思，而是要更加侧重于相对人所接收到的表意人表达出来的意思。从发展趋势上看，域外立法也逐渐采取了主观主义与客观主义相结合的思路。因为如完全采取主观主义的思路，将对交易安全造成严重影响，而片面强调客观主义思路，则将背离合同自由原则的基本要求。

基于上述考虑，《解释》第一条第一款、第二款鲜明地体现了以客观主义为主、以主观主义为辅的思路。其中，第一款规定合同解释应当以"词句的通常含义为基础"，既是对民法典第一百四十二条"应当按照所使用的词句"的重申，同时也进一步细化了文义解释的标准，即按照通常理解来确定合同词句含义，使民法典第一百四十二条确立的客观主义的基本立场更加鲜明。第二款的规定则体现了以主观主义为辅的思路。在《解释》起草的过程中，有意见提出，可以对客观主义规则作出适当补充，进一步

[①] 参见崔建远：《合同解释的三原则》，载《国家检察官学院学报》2019年第3期。

体现以主观主义为辅的思路,以尊重当事人的真实意思。我们采纳了相关意见,在第二款中规定,当事人之间在订立合同时对合同条款有不同于词句通常含义的其他共同理解的,应当按照该共同理解,即按照表意人和受领人的共同意思确定条款含义。

(二)关于合同解释的方法

《解释》第一条第一款同时对合同解释的一般方法作了补充细化。一是强调文义解释的基础性地位。第一款规定的"以词句的通常含义为基础",既是对客观主义立场的强调,也是对文义解释基础性地位的申明。这与学界所秉持的在当事人就合同条款含义发生争议时,首先应当按照文义解释的方法对该条款进行解释①的思路是一致的。这里所谓的通常含义,是指一般的理性人在相同情境下对特定词句的理解。当然,这里的一般的理性人也可以结合具体情况作进一步限定。例如,如果词句是专业用语,就应当按照该专业领域的通常含义来理解。

文义解释方法居于基础性地位,同时应当结合体系解释、目的解释、习惯解释等方法确定争议条款的含义。因此,《解释》第一条第一款延续了民法典第一百四十二条的表述,强调要结合相关条款、合同的性质和目的、习惯以及诚信原则进行解释。除上述方法外,其他解释方法,尤其是历史解释方法,对于确定意思表示的含义也能发挥重要作用。但考虑到民法典第一百四十二条采取了封闭列举的方式,故《解释》第一条第一款采取列举参考因素的方式予以补充,即增加了缔约背景、磋商过程、履行行为等因素作为合同解释的参考因素。

(三)合同解释的其他特别规则

《解释》第一条第三款还结合司法实践的需要,借鉴域外经验,补充规定了两种合同解释的特别规则,该款前半句规定了合法解释(有效解释)规则,即"对合同条款有两种以上解释,可能影响该条款效力的,人民法院应当选择有利于该条款有效的解释"。意大利、智利等国家的民法典以及《国际商事合同通则》《欧洲合同法原则》等对此均有规定。其主要考虑有以下几个方面:第一,当事人约定合同条款当然是希望其发生效力,而不是不欲其发生效力。第二,当合同条款之间存在矛盾冲突时,从体系解释的角度看,应当尽可能往反映各方真意的方向上调和。第三,按照无效处理,容易导致许多交易被不合理地消灭,影响经济效率。后半句则规定了有利于债务人解释规则,即对无偿合同条款有两种以上解释的,应当选择对债务人负担较轻的解释。从轻解释债务负担,有利于减少经解释确定的合同可能对债务人的损害。同时这一规则也有利于激励作为利益的归属者的债权人尽力完善与自身权利密切相关的合同条款,从而消除或者减少将来影响权利实现的因素。《解释》第一条第三款采纳了学界意见,将有利于债务人规则限定于无偿合同情形,这是因为对有偿合同应按对双方都较为公平的含义解释。②

三、关于合同订立中的第三人责任

考虑到民法典第一百四十九条、第一百五十条仅就第三人欺诈、胁迫的合同效力问题进行了规定,未规定当事人因第三人欺诈、胁迫所遭受的损失赔偿。为此,《解释》第五条就合同订立中的第三人责任进行了规定。根据该规定,当事人因第三人欺

---

① 参见王利明主编:《中国民法典释评·合同编通则》,中国人民大学出版社2020年版,第31页。
② 参见王利明:《合同法研究》,中国人民大学出版社2015年版,第474页。

诈、胁迫所遭受的损失，应由第三人根据过错程度承担赔偿责任；如果当事人一方也有违背诚信原则的行为，也应根据过错大小承担相应的责任。当然，这只是关于当事人和第三人责任的一般规定，在法律、司法解释对当事人与第三人的责任有特别规定时，应优先适用特别规定。例如，《最高人民法院关于审理涉及会计师事务所在审计业务活动中民事侵权赔偿案件的若干规定》就注册会计师在审计业务活动中出具不实报告并给利害关系人造成损失的赔偿责任进行了规定，其中既包括会计师事务所与被审计单位承担连带赔偿责任的情形（第五条），也包括会计师事务所根据其过失大小承担赔偿责任的情形（第六条）。

由于《最高人民法院关于审理涉及会计师事务所在审计业务活动中民事侵权赔偿案件的若干规定》将会计师事务所的责任界定为侵权责任，因此，对于《解释》关于合同订立中第三人承担责任的性质，有两种观点：一种观点认为，该责任是侵权责任；另一种观点则认为，该责任是缔约过程中发生的责任，因此是缔约过失责任。我们的观点是，第三人和当事人一方承担连带赔偿责任须以共同侵权作为责任基础，因此第三人的责任在性质上为侵权责任；在第三人与当事人按照其过错大小承担赔偿责任的情况下，尽管也可以在侵权责任法上寻找责任的基础，但因该责任发生于合同订立过程中，将其作为缔约过失责任的一种情形，可能更符合民法典的体系安排。

值得注意的是，由第三人承担缔约过失责任并非仅见于第三人欺诈、胁迫导致合同被撤销的场合。从比较法的角度看，根据2001年修订后的德国民法典第三百一十一条第三项的规定，如果债之关系的发生系基于对第三人的特别信赖，则该第三人也应对因其过错引起的损失承担缔约过失责任。在《解释》的起草过程中，我们也曾试图借鉴这一规定，就第三人的缔约过失责任作出更加全面的规定。在2022年11月4日向全社会发布的《解释》征求意见稿第六条中，除规定第三人实施欺诈、胁迫导致合同当事人受到损失时，应根据其过错承担赔偿责任外，第六条第二款还明确规定"合同的订立基于对第三人的特别信赖或者依赖于第三人提供的知识、经验、信息等，第三人实施违背诚信原则的行为或者对合同不成立、无效、被撤销或者确定不发生效力有过错，受有损失的当事人请求第三人承担赔偿责任的，人民法院应予支持"。对于这一规定，尽管理论界并无不同意见，但对于是否有必要规定在《解释》中，则存在两种截然不同的观点：一种观点认为，由于第三人承担的责任在性质上属于侵权责任，因此，不应规定在《解释》中，而应规定在侵权责任编的相关司法解释中；另一种观点则强烈建议在《解释》中对此作出规定，理由是第三人承担的是缔约过失责任，且即使构成侵权，由于该责任发生在合同订立过程中，侵权责任编的相关司法解释可能也难以顾及。考虑到对这一问题的争议太大，我们删除了上述规定，仅保留了关于第三人实施欺诈、胁迫导致合同当事人遭受损失时应承担赔偿责任的规定。

从民法典侵权责任编的立法体例看，对于过错责任确实采取的是类似法国民法的"大一般条款"，因为依据民法典第一千一百六十五条第一款的规定，只要"行为人因过错侵害他人民事权益造成损害的"，就应当承担侵权责任。据此，将合同订立中的第三人责任界定为侵权责任，并没有问题。值得注意的是，尽管我国民法对于侵权责任采取的是"大一般条款"，却同时借鉴德国民法，规定了缔约过失责任。德国民法之所以承认缔约过失责任，是因为德国民法典对于侵权责任，采取的是三个"小一般条款"，即区分权益类型分别规定构成要件：对于绝对权受到侵害发生的损失，仅须行为有过失即应承担侵权责任，但对于其他民事权益受到侵害发生的损失，则须以行为人违反保护他人的法律或者行为人以恶意背俗的方式实施侵权行为作为构成侵权责任的要件。由于当事人在缔约过程中发生的损失主要是纯粹经济损失，在欠缺保护他人的法律规定或者难以证明行为人系以恶意背俗的方式实施行为时，受害人将很难基于侵权责任获得救济，因而有特别规定缔约过失责任的必要。

可见，从理论上看，如果对侵权责任采取"大一般条款"，确实无须承认缔约过失责任。我国民法既然采取的是"大一般条款"，自也无须承认缔约过失责任，当然也就无须规定第三人的缔约过失责任。但是，既然民法典在侵权责任之外，又规定了缔约过失责任，也就表达了立法者希望特别关注缔约过程中行为人的责任，而这恰恰也是耶林提出缔约过失责任理论的初衷所在，即当事人进入缔约阶段后，彼此所负的注意义务已经不同于一般情况下的注意义务。就此而言，尽管《解释》仅保留了第三人实施欺诈、胁迫时应承担赔偿责任的规定，而未对第三人的缔约过失责任作出全面规定，也应对合同订立中的第三人责任给予足够的关注。也就是说，无论是通过适用民法典第一千一百六十五条规定还是通过民法典第五百条规定保护交易安全，都应看到缔约过程中的当事人或者第三人都应负有特别的注意义务，因违反该义务造成他人损失的，就应根据其过错程度承担相应的赔偿责任。

四、关于预约合同的法律适用

预约合同是区别于本约合同而存在的一类特殊合同。从实践的情况看，预约合同广泛存在于较为复杂的交易中。尽管民法典在吸收《最高人民法院关于审理买卖合同纠纷案件适用法律问题的解释》第二条的基础上就预约合同作出了规定，但在实践中，对于预约合同的认定、违反预约合同的标准以及当事人违反预约合同应承担的违约责任，均存在难以把握之处。因此，《解释》第六条至第八条就预约合同的法律适用进行了全面规定。

（一）关于预约合同的认定

从表述看，民法典第四百九十五条规定与2012年施行的《最高人民法院关于审理买卖合同纠纷案件适用法律问题的解释》第二条规定存在一些不同，例如，后者将意向书和备忘录明确列举为预约合同的表现形式，而前者则仅列举了认购书、订购书、预订书作为预约合同的表现形式。之所以如此，是因为实践中的意向书和备忘录，有相当一部分仅仅表达的是当事人未来进行交易的意向，而非预约合同，对当事人没有法律约束力，立法者担心将意向书、备忘录明确列举为预约合同的表现形式，容易产生误解。这就带来一个问题：意向书、备忘录等文件何时构成预约，何时只是交易的意向？此外，认购书、订购书、预订书等是否一定都是预约合同？

我们认为，就预约合同和交易意向的区别而言，文件的名称并不重要，重要的是其内容是否满足预约合同的成立条件。即使当事人采用认购书、订购书、预订书等形式，但如果其内容不满足预约合同的成立条件，也不能认定为预约合同。相反，即使当事人采取的是意向书、备忘录等形式，但如果其内容已经满足预约合同的成立条件，也应认定为预约合同。问题是，预约合同成立的条件是什么呢？从理论上讲，预约合同是合同的一种，其成立也应具备一般合同成立的条件。但是，预约合同又比较特殊，因为其标的是将来一定期限内订立本约合同，而本约合同的订立仍需要当事人另行达成合意，自然不能完全依据本约合同的成立条件来认定预约合同是否成立。据此，《解释》第六条第一款将当事人为将来一定期限内订立合同而达成的合意是否具备将来所要订立合同的主体、标的等内容，作为判断该合意是否构成预约合同的标准。之所以如此，是因为当事人如果已就将来所要订立合同的主体、标的等达成一致，也就意味着"内容具体确定"，且当事人须受意思表示的约束。至于将来所要订立合同的数量、价款或者报酬等，完全可以等当事人在订立本约合同时进行磋商，没有必要将其作为预约合同的成立条件。

当然，尽管《解释》对预约合同的成立条件要求不高，但从实践的情况看，有些认购书、订购书、预订书乃至意向书、备忘录等在内容上很完整，不仅包含将来所要订立合同的主体、标的，而且包括数量、价款或者报酬等，甚至对履行期限、争议解决方式等都作了约定。从形式上看，这些文件已经具备本约合同的成立条件，有的甚至比一般的本约合同的内容还完备。在此情形下，能否认定本约合同已经成立？我们认为，无论当事人之间的约定在内容上如何完整，只要当事人约定将来一定期限还要订立本约合同，则这些文件在性质上就只能界定为预约合同而非本约合同，因为当事人对于是否将交易推进到本约阶段实际上保留了最终决策权。不过，虽然当事人订立的是预约合同，但如果一方已经根据本约合同履行了义务且对方接受，则应认为当事人通过行为已经成立本约合同。例如，《最高人民法院关于审理商品房买卖合同纠纷案件适用法律若干问题的解释》（2020年12月29日修正）第五条规定："商品房的认购、订购、预订等协议具备《商品房销售管理办法》第十六条规定的商品房买卖合同的主要内容，并且出卖人已经按照约定收受购房款的，该协议应当认定为商品房买卖合同。"之所以如此，是因为收受购房款的行为是履行本约合同而非预约合同的行为，既然预约合同在内容上已经具备本约合同的成立条件，且当事人已经依据本约合同在履行义务且对方接受，自应认定本约合同成立。《解释》第六条第三款将此提升为一般规则，即当事人虽然约定将来一定期间仍要订立本约合同，但如果当事人一方已实施履行行为且对方接受，就应当认定本约合同已经成立。

需要注意的是，如果当事人为担保将来订立合同交付了定金，则意味着当事人已经就将来一定期限内订立合同达成合意，故应根据《解释》第六条第一款认定预约合同已经成立，但由于交付的是定金而不是合同价款，因此不能认为本约合同已经成立。既然立约定金的交付意味着当事人之间存在预约合同关系，那么立约定金也可以看作是违反预约合同的违约定金。

（二）关于违反预约合同的标准

预约合同成立后，当事人即负有订立本约合同的义务。问题是，在本约合同的订立仍须当事人达成合意的情况下，究竟如何判断当事人是否违反该义务呢？是否只要没有最终订立本约合同，就构成对预约合同的违反呢？此时又如何判断究竟是哪一方构成违约呢？这些都是实践中必须回答的疑难问题。

以立约定金的法律适用为例，《最高人民法院关于适用〈中华人民共和国担保法〉若干问题的解释》第一百一十五条规定："当事人约定以交付定金作为订立主合同担保的，给付定金的一方拒绝订立主合同的，无权要求返还定金；收受定金的一方拒绝订立合同的，应当双倍返还定金。"可见，根据该条规定，只有在一方拒绝签订本约合同的情况下，该当事人才构成对预约合同的违反。但问题是，实践中常常发生的情况是当事人并未明确拒绝签订本约合同，而是在磋商订立本约合同的过程中因双方无法达成一致导致本约合同没有订立。此时是否就不存在当事人违反预约合同的问题？

为解决商品房买卖中立约定金的法律适用问题，《最高人民法院关于审理商品房买卖合同纠纷案件适用法律若干问题的解释》第四条区分"因当事人一方原因未能订立商品房买卖合同"和"因不可归责于当事人双方的事由，导致商品房买卖合同未能订立"两种情况，认为前者构成违反预约合同，应适用定金罚则；后者则不构成违反预约合同，当事人可以请求解除预约合同并返还定金。尽管这一司法解释为违反预约合同的认定提供了更加全面的规则，但从实践的情况看，对于究竟是当事人一方的原因还是不可归责双方的原因导致商品房买卖合同未能订立，还是存在难以把握的问题。

经过反复研究，我们认为，当事人违反预约合同的表现有两种：一是明确拒绝订立本约合同；二是在磋商订立本约合同的过程中违背诚信原则导致本约合同未能订立。据此，《解释》第六十七条第二款规定，如果当事人交付的是立约定金，则在一方拒绝订立合同或者其在磋商订立合同时违背诚信原则导致未能订立合同的情况下，对方可以主张适用定金罚则。

实践中，对于当事人一方拒绝订立本约合同较为容易作出判断，但对于当事人一方在磋商订立本约合同的过程中违背诚信原则导致本约合同未能订立，仍较难以作出认定。为此，《解释》第七条一方面规定了违反预约合同的两种情形（第一款），同时也就当事人违背诚信原则导致本约合同未能成立的情形进行了规定（第二款）。例如，当事人在预约合同中没有约定价款或者报酬，则意味着当事人应根据市场价格或者政府指导价磋商订立本约合同。如果当事人一方的报价明显超过市场价格或者政府指导价，并最终导致本约合同未能订立，就应认定该当事人违背诚信原则。此外，即使当事人一方的报价没有明显超过市场价格或者政府指导价，却明确表示拒绝计价还价，也应认定其违背诚信原则，因为他没有尽到合理努力进行协商，从而导致本约合同未能成立。

（三）关于违反预约合同的后果

民法典第四百九十五条第二款规定："当事人一方不履行预约合同约定的订立合同义务的，对方可以请求其承担预约合同的违约责任。"问题是，根据民法典第五百七十七条的规定，承担违约责任的方式有继续履行、采取补救措施或者赔偿损失等，这些救济方式是否均适用于预约合同？尤其是继续履行作为违约责任的承担方式，是否也可以适用于预约合同？对此，理论界和实务界均存在不同的看法。一种意见认为，预约合同为合同的一种，自应有适用民法典第五百七十七条规定之余地，故不能排除继续履行作为违反预约合同的救济方式；另一种意见认为，当事人订立本约合同的义务是一种非金钱债务，且属于民法典第五百八十条第一款第二项规定的"债务的标的不适于强制履行"的情形，故在一方违反预约合同时，对方不能请求其继续履行。我们认为，从《解释》对预约合同的体系定位看，不宜将继续履行作为承担违反预约之违约责任的方式。如前所述，预约合同的标的是将来一定期间订立本约合同，而本约合同仍需要当事人另行达成合意，如果订立预约合同就必须签订本约合同，则不仅违背当事人的真实意思，而且将导致预约合同制度的功能丧失殆尽，因为当事人之所以先签订预约合同再签订本约合同，目的是要保留将交易推进到本约的决策权。例如，一些国家或者地区采取"两步并作一步"的方式对违反预约合同进行救济，即允许守约方在同一诉讼中同时请求违约方继续履行订立本约的义务并请求违约方履行本约合同，其结果是签订预约合同就等于签订了本约合同，实则架空了预约合同。

《解释》虽然没有明确规定当事人一方违反预约合同，对方不能请求继续履行，但由于《解释》第八条第一款仅规定"预约合同生效后，当事人一方不履行订立本约合同的义务，对方请求其赔偿因此造成的损失的，人民法院依法予以支持"，因此，也就间接表达了不支持继续履行的态度。当然，如此一来，如何计算违反预约合同的损失赔偿额，就成为一个极为重要的问题，因为不少人之所以赞同对违反预约合同采取继续履行的救济措施，在一定程度上就是考虑到实践中对违反预约合同的损失赔偿往往较少，有些法院为区分预约合同和本约合同，甚至仅根据订立本约合同过程中的信赖利益对违反预约合同的损失进行赔偿。

我们认为，为区分预约合同和本约合同，确有必要限制违反预约合同的赔偿范围，不能一概按照本约合同的履行利益来计算违反预约合同的损失赔偿额，但是，如果仅根据订立本约合同过程中的信赖利益来赔偿违反预约合同造成的损失，又可能导致预约合同的价值和功能被架空，因为即使没有预约合同，当事人在订立本约合同的过程中存在不诚信的行为，也应根据民法典第五百条规定承担缔约过失责任，而缔约过失责任的赔偿范围就是信赖利益。为了实现预约合同的制度功能，同时又将预约合同和本约合同区分开来，我们认为，在当事人一方违反预约合同的情况下，人民法院应当根据预约合同所体现的交易成熟度在订立本约合同时的信赖利益和本约的履行利益之间进行酌定。问题是，预约合同所体现的交易成熟度如何认定呢？考虑到预约合同是交易阶段化的表现，预约合同的内容越完整，就意味着当事人已经达成的共识更充分，在订立本约合同时保留的决策空间越窄，交易的成熟度也就越高。相反，如果预约合同的内容很简单，就意味着当事人需要在订立本约合同时进行协商的事项很多，当事人保留的决策空间更大，交易的不确定性更高，因此交易的成熟度也更低。此外，预约合同所体现的交易成熟度还取决于订立本约合同的条件是否已经成就，如果当事人先订立预约合同是因为订立本约合同的条件尚不成就，则意味着预约合同的交易成熟度不高。反之，如果订立预约合同时已经具备订立本约合同的条件，则意味着预约合同的成熟度较高。基于此，《解释》第八条第二款就交易成熟度的判断标准进行了规定。

五、关于合同违法无效的司法认定

关于合同是否因违反强制性规定而无效，在我国经历了从宽松到限制的发展过程。尽管合同法第五十二条第五项将导致合同无效的强制性规定限制在法律、行政法规的强制性规定，但因没有设置例外规定，以致司法实践曾"一刀切"地以违反法律、行政法规的强制性规定为由认定合同无效。合同法施行后，最高人民法院在总结经验的基础上，采纳理论界关于区分效力性强制性规定与管理性强制性规定的意见，通过《最高人民法院关于适用〈中华人民共和国合同法〉若干问题的解释（二）》（以下简称《合同法解释二》）第十四条将导致合同无效的强制性规定限制在效力性强制性规定中。民法总则第一百五十三条第一款虽然没有采用效力性强制性规定的表述，但通过但书规定除外条款，同样表达了合同违反强制性规定并不必然无效的立场。

尽管合同违反强制性规定并不必然无效的观点已经成为共识，但是，何种情形下违反强制性规定不影响合同效力，仍然是困扰司法实践的疑难问题。《合同法解释二》施行后，最高人民法院就在不断探索区分效力性强制性规定与管理性强制性规定的标准,试图找到一个具有可操作性的解决方案。但是,从实践的情况看,这一努力并未取得理想的效果,相反还导致了一些望文生义或者倒果为因的问题。经研究,我们认为,某一强制性规定究竟是效力性强制性规定还是管理性强制性规定,需要人民法院基于强制性规定的规范目的进行判断,即是否必须通过否定合同效力来实现强制性的立法目的:如果仅需当事人承担行政责任或者刑事责任,就可以实现强制性规定的目的,而无须认定合同无效,则该强制性规定就是管理性强制性规定;相反,如果仅由行为人承担行政责任或者刑事责任,不足以实现强制性规定的立法目的,就应认定该强制性规定是效力性强制性规定。由于规范目的的判断存在较大的主观性,因此理论上也很难预设一个客观标准来判断某一强制性规定究竟是效力性强制性规定还是管理性强制性规定。当然,这并不意味着区分管理性强制性规定和效力性强制性规定没有意义。至少从前面谈到的规范目的看,无论是合同法第五十二条第五项还是民法典第一百五十三条第一款,都应理解为衔接公法与私法的桥梁或者管道,即只有违反的是公法上的强制性规定,才能适用合同法第五十二条第五项或者民法典第一百五十三条第一款认定合同效力,因为只有违反的是公法上的强制性规定,才存在行政责任或者刑事责任的问题。与此不同,私法上的强制性规定虽然也大量使用"不得""必须""应当"等表述,但大多并非行为意义上的强制性规定,而是权限性的规定。也就是说,当事人一方违反该规定,仅仅意味着其施行的行为构成无权处分、无权代理、越权代表等,有时则意味着对方当事人或者第三人据此获得合同撤销权、解除权等民事权利。此时,显然不能适用合同法第五十二条第五项或者民法典第一百五十三条第一款规定来认定合同效力,而应根据民法典就无权处分、无权代理、越权代表等作的规定认定合同效力,或者依据民法典关于该行为的法律后果来认定合同效力。关于这一点,《解释》第十八条已有明确规定,此处不作赘述。

需要说明的是,根据法秩序统一的要求,既然合同违反了公法上的强制性规定,且行为人须承担相应的公法责任,那么原则上也需要从民法上否定合同的效力,因为只有如此,才能形成合力,共同落实强制性规定的规范目的。当然,有原则就有例外,同样是基于法秩序统一的原理,如果否定合同效力不符合比例原则或者诚信原则,自然要限制当事人以违反强制性规定为由请求确认合同无效的主张。比例原则原是公法上的一项重要原则,现在也大量运用于民法。比例原则要求目的和手段应成比例,在行为违法的情节和后果显著轻微,由行为人承担行政责任或者刑事责任能够实现强制性规定的规范目的,且否定合同效力将导致有失公平公正时,自然不能轻易否定合同效力。另外,诚信原则是民法上的"帝王条款",如果当事人一方在订立合同时虽然违反强制性规定,但事后已经具备补正的条件,却违反诚信原则不予补正,自应限制该当事人主张合同因违反强制性规定而无效。可见,无论是比例原则还是诚信原则,都是为了实现更高层次的法秩序统一。此外,尽管区分效力性强制性规定与管理性强制性规定较为复杂,但依据强制性规定的保护范围和规制对象来考察强制性规定的目的,进而判断当事人是否能够以违反强制性规定为由主张合同无效,也是已经形成普遍共识的途径。也就是说,如果强制性规定保护的是政府的税收、土地出让金等国家利益或者其他民事主体的合法权益而不是合同当事人的民事权益,就意味着当事人不属于强制性规定的保护范围,则在认定合同有效不影响强制性规定的目的实现时,当事人主张合同因违反强制性规定而无效就不应获得支持。同理,如果强制性规定规制的是一方当事人而非双方当事人，且在一方违反强制性规定的情况下，对方无能力或者无义务知道其存在违反强制性规定的情况，认定合同因违反强制性规定而无效就可能导致一方违法的后果由对方来承担，这显然是不公平的。

总之，合同违反法律、行政法规的强制性规定，应原则上认定合同无效，仅在有上述几种例外情形时，才能认定合同有效。《解释》第十六条第一款对这些例外情形作了列举式的规定，既便于操作，也更有利于法律秩序的统一。此外，值得注意的是，合同因违法无效，仅仅适用于合同内容违反法律、行政法规的强制性规定，如果合同内容并不违反强制性规定，而是合同成立后的履行行为违反强制性规定，则原则上不能简单认定合同因违法无效。当然，如果当事人在订立合同时明知合同的履行行为将必然导致违反强制性规定，此时就应当认定合同无效。

六、关于以物抵债协议的效力与履行

民法典施行前，因以物抵债引起的纠纷即已备受关注，主要原因有两个：一是有些以物抵债涉嫌虚假诉讼；二是有些以物抵债可能与让与担保有关。实践中，当事人达成以物抵债的调解协议并请求人民法院制作调解书是较为常见的情形，但是，这也是虚假诉讼的重灾区。有的当事人通过虚假诉讼取得以物抵债调解书，据此在其他案件中主张优先保护或者请求排除人民法院对抵债物的强制执行；还有的当事人通过虚假诉讼取得以物抵债调解书，据此办理财产权利的变更登记或者移转登记，从而规避国家的税收征管。为打击虚假诉讼，有的地方法院出台了一些措施，以当事人达成的以物抵债协议是实践性合同为由，认为人民法院不应仅仅根据以物抵债协议制作调解书，在抵债物未交付债权人的情况下，也不应根据人民调解组织出具以物抵债调解协议制作司法确认书，以防止当事人通过以物抵债损害他人的合法利益或者规避国家的公共管理政策。《第八次全国法院民事商事审判工作会议（民事部分）纪要》第16条就当事人达成以房抵债并请求制作调解书的问题作出了明确规定，要求人民法院严格审查以房抵债协议是否在平等自愿的基础上达成，且如果协议存在重大误解或者显失公平，应当释明当事人是否撤销协议；如果当事人利用协议损害其他债权人利益或者规避公共管理政策，就不能制作调解书；如果构成虚假诉讼，就要根据民事诉讼法及其司法解释的规定处理；如果涉嫌犯罪，则应移送刑事侦查机关处理。此外，《全国法院民商事审判工作会议纪要》第44条对以物抵债作了规定，要求人民法院着重审查协议是否存在损害第三人合法权益的情形，并对当事人在二审程序撤回上诉进行了限制。

我们认为，上述司法政策虽然有利于防止虚假诉讼的发生，却无法从根本上解决虚假诉讼问题。从根本上看，当事人之所以选择通过虚假诉讼获得以物抵债调解书，是因为以物抵债调解书在实践中被理解为物权法第二十八条（民法典第二百二十九条，下同）规定的能够引起物权发生变动的法律文书。根据物权法第二十八条的规定，如果是因人民法院的法律文书引起的物权变动，则物权应自法律文书生效时即发生变动。据此，如果将以物抵债调解书理解为能够引起物权发生变动的法律文书，则自调解书生效时，债权人即已取得抵债物的所有权。问题是，以物抵债调解书是否属于能够引起物权变动的法律文书呢？物权法施行后，最高人民法院曾在相关的研究意见中明确指出："以物抵债调解书只是对当事人之间以物抵债协议的确认，其实质内容是债务人用以物抵债的方式来履行债务，并非对物权权属的变动。因此，不宜认定以物抵债调

解书能够直接引起物权变动。"① 在我们看来，调解书仅仅是对调解协议的确认，而调解协议仅在当事人之间产生债权债务关系，本身并不能引起物权发生变动。物权要发生变动，除了要求当事人达成以物抵债协议外，还要进行法定的物权公示。此外，即使当事人已经进行法定的物权公示，但如果抵债人对标的物欠缺处分权，债权人是否能够取得标的物的所有权，也须取决于是否满足善意取得的条件。

总之，一旦将以物抵债调解书排除在能够直接引起物权变动的法律文书之外，则当事人通过虚假诉讼取得以物抵债调解书的动因就不复存在，虚假诉讼也就从根本上得到了遏制，而无须将以物抵债协议界定为实践性合同，再据此限制人民法院就以物抵债协议制作调解书或者司法确认书。正因如此，《解释》第二十七条一方面明确规定以物抵债协议是诺成性合同而非实践性合同，同时指出人民法院基于当事人之间达成以物抵债协议而制作的调解书或者司法确认书并非能够直接引起物权发生变动的法律文书。至于以物抵债协议与原债权债务之间的关系，《解释》第二十七条采取的是新债清偿理论，即只有在债务人或者第三人履行以物抵债协议后，相应的原债务才同时消灭；如果债务人或者第三人未按照约定履行以物抵债协议，且经催告后在合理期限内仍不履行，则债权人可以选择请求履行原债务或者以物抵债协议。当然，按照新债清偿理论处理以物抵债协议与原债权债务之间的关系，须以当事人对二者的关系没有约定或者法律没有特别规定为前提，如果当事人对此已有明确约定（如债的更改），或者法律对此作了特别规定，则不能适用新债清偿理论。

需要指出的是，《解释》第二十七条之所以将以物抵债协议限制在债务履行期限届满后，是因为债务履行期届满前达成的以物抵债因涉嫌让与担保，其效力备受争议。从实践的情况看，当事人在债务履行期限届满前达成以物抵债，其目的确实往往是为债权债务关系提供担保；而且，如果抵债物的价值高于所担保的债权数额，以物抵债协议就可能涉嫌流质或者流押。问题是，即使构成流质或者流押，是否以物抵债协议就因此无效呢？答案显然是否定的，因为民法典已就流质或者流押的效力问题作了明确规定。例如，民法典第四百零一条规定："抵押权人在债务履行期限届满前，与抵押人约定债务人不履行到期债务时抵押财产归债权人所有的，只能依法就抵押财产优先受偿。"据此，《最高人民法院关于适用〈中华人民共和国民法典〉有关担保制度的解释》（以下简称《民法典担保制度解释》）第六十八条就让与担保的效力作出了明确规定。值得注意的是，债权人根据民法典第四百零一条主张就抵债物优先受偿，须以完成公示从而形成让与担保为前提，如果当事人未完成公示，就没有形成让与担保的物权关系，而仅仅是让与担保合同关系，债权人自然不能主张优先受偿。关于这一点，不仅《民法典担保制度解释》第六十八条有明文规定，《解释》第二十八条第三款亦明确规定，如果债务人或者第三人未完成法定的公示，则债权人无权主张优先受偿；如果债务人或者第三人已完成法定的公示，则应依据《民法典担保制度解释》第六十八条的规定处理。

七、关于管辖协议、仲裁协议与代位权诉讼的管辖和主管

债务人和相对人之间的债权债务关系订有管辖协议、仲裁协议时如何确定代位权

---

① 张军主编、最高人民法院研究室编：《司法研究与指导》2012年第2辑，人民法院出版社2012年版，第138～1142页。

诉讼的管辖和主管问题,是司法实践中法律适用不统一的突出问题。《解释》第三十五条第二款和第三十六条针对这一问题作了规定。

(一)代位权诉讼与管辖协议

关于代位权诉讼是否应受到债务人与相对人之间管辖协议的约束,理论和实务上有不同的认识。一种观点认为,代位权诉讼提起前,债务人与相对人之间事先签订管辖协议的,则应当由协议管辖法院予以管辖。另一种观点认为,确定债权人代位权诉讼的管辖时不应受到债务人与其相对人之间协议管辖的约束。《解释》第三十五条第二款采纳后一种观点,主要考虑了以下因素:一是合同相对性原则。债权人并非管辖协议的当事人,故不应受到该债务人与其相对人之间协议管辖条款的约束。二是当事人的过错。代位权诉讼之所以发生,系因债务人怠于行使其对相对人的权利而影响债权人到期债权的实现,而相对人又没有主动履行其对债务人负担的债务。可见债务人与相对人都有一定过错,此时应当优先保护债权人的合法权益,否则将背离诚信原则。代位权诉讼适用一般地域管辖的规则已经充分考虑了相对人的管辖利益,如果再要求债权人行使代位权要受管辖协议约束,不利于当事人之间的利益平衡,有过度保护之嫌。三是代位权的性质。代位权系债权人基于法律的直接规定,以自己的名义向相对人行使本属于债务人的权利,性质上既不同于代理权也不同于债权转让。对于债权人而言,其行使代位权只需要知道债务人怠于行使债权即可,无须了解债务人与相对人之间有无管辖协议,否则将极大增加债权人行使代位权的调查成本。

(二)代位权诉讼与仲裁协议

关于代位权诉讼是否受到债务人与相对人之间仲裁协议的影响,理论和实务中也存在认识分歧。一种观点认为,存在仲裁协议意味着债务人和相对人之间约定排除了人民法院对双方纠纷的管辖权,所以代位权诉讼应当受到仲裁协议的约束。另一种观点认为,代位权诉讼不应当受到债务人与相对人之间仲裁协议的约束,否则将导致民法典代位权制度被实质架空。《解释》第三十六条采取了相对折中的方案,以仲裁协议不能排除代位权行使为一般规则,同时为了体现仲裁协议完全不同于管辖协议,特别是对债务人的相对人通过仲裁解决纠纷方式的尊重,规定如果债务人或者其相对人在首次开庭前申请仲裁,人民法院可以中止代位权诉讼。

规定仲裁协议原则上不影响债权人提起代位权诉讼,主要是基于以下考虑:第一,确保民法典立法目的的实现。民法典第五百三十五条明确规定代位权只能通过诉讼方式行使,如果允许仲裁协议排除代位权的行使,势必会将民法典规定的代位权制度"架空"。因为当事人可以通过订立仲裁协议,甚至倒签仲裁协议来阻却债权人提起代位权诉讼。在民法典编纂过程中,曾研究过将代位权的行使方式扩及于仲裁,但有意见认为,因为债权人与相对人之间并没有仲裁协议,故即使规定了代位权仲裁,仲裁机构也无法受理。[①] 第二,维护司法政策的稳定性。代位权诉讼不受仲裁协议影响,是最高人民法院一贯坚持的立场。《最高人民法院关于适用〈中华人民共和国合同法〉若干问题的解释(一)》第十三条规定,债务人怠于行使权利是指不以诉讼或者仲裁方式主张权利,已经隐含了代位权行使不受仲裁协议约束的意思。同时,最高人民法院也

---

① 参见龙俊:《债之保全与转让规则的发展与创新》,载《中国法律评论》2023年第6期。

曾就这一问题在〔2013〕民二他字第19号中明确作出答复。第三，契合代位权的权利性质。代位权源自法律的直接规定，属于法定权利，只要符合民法典规定的代位权成立条件，债权人就可以行使该权利。代位权是债权人以自己的名义行使的权利，不同于以他人名义行使的代理权，属于债权人固有的权利。[1] 债权人行使代位权时，债务人对其相对人的权利并未丧失，因此债权人代位权不属于"债务人权利的默示让与"，[2] 故不存在仲裁协议也由债权人继受的法理基础。第四，维护意思自治。由于代位权诉讼并非合同一方当事人诉请另一方当事人偿还债务，虽然债务人与相对人之间存在仲裁协议，但在形式上债权人与债务人的相对人之间缺乏直接的合同法律关系，故债务人与相对人之间签订的合同中约定的仲裁条款对债权人并无约束力，仲裁协议不能对抗债权人代位权诉讼的法定管辖，否则等于强迫债权人接受自己未订立的协议。第五，贯彻公平原则。代位权诉讼的提起，根本原因在于债务人没有履行其对债权人负担的债务，且怠于行使对相对人享有的债权，而相对人也没有主动履行对债务人负担的债务，导致债权人债权的实现受到影响。因此，债务人、相对人对债权人遭受的债务迟延履行均有过错，应当承担相应的不利益。故在此情况下，价值导向上应该优先保护债权人的利益，允许债权人行使代位权，否则对债权人不公平。

尽管有以上理由，但无论如何，"代位权"毕竟是"代"债务人的"位"，故对债务人与其相对人之间的仲裁协议也应当尊重，这是由仲裁协议完全不同于管辖协议的特殊性决定的。这种特殊性主要体现在，一旦有仲裁协议，人民法院对案件就不能主管，而管辖协议无论如何约定，法院对案件是能主管的，只是当事人约定的管辖法院可能不同于没有约定的管辖法院，故《解释》第三十六条规定，如果债务人或者相对人申请仲裁的，代位权诉讼可以依法中止审理。我们认为，这样规定很好地平衡了债权人和债务人的相对人之间的利益，是目前能够想到的最佳方案。本条将债务人或者相对人申请仲裁的时间点限制为首次开庭前，主要参考了仲裁法第二十六条的规定。作此限制有利于促进当事人及时申请仲裁，避免程序空转，浪费司法资源，增加当事人诉累，也有利于树立正确价值导向，避免对有一定过错的债务人、相对人的过度保护。

八、关于撤销权诉讼胜诉后债权人债权的实现路径

如何在遵守入库规则的前提下，妥善解决债权人在撤销权诉讼胜诉后的债权实现问题，是实务界和理论界普遍关心关注的问题。在编纂民法典以及起草《解释》时，曾研究过撤销权诉讼与代位权诉讼合并提起的思路。后考虑到该方案争议较大，且过于复杂、不便操作，故被放弃。最终，《解释》第四十六条采取了通过执行程序实现债权人债权的思路。具体言之，当债权人获得撤销权诉讼的胜诉判决，且拥有对债务人的执行依据，就形成了相对人向债务人给付、债务人向债权人给付的连环给付关系，为确保实现债权人的胜诉利益，在执行程序中可以直接赋予债权人向债务人的相对人申请执行的权益，实现审判程序与执行程序的有效衔接。[3] 围绕债权人债权的实现，《解释》第四十六条分别规定了三个层次的内容。

---

[1] 参见韩世远：《合同法总论》，法律出版社2018年版，第436页。
[2] 参见韩世远：《合同法总论》，法律出版社2018年版，第436页。
[3] 参见刘贵祥：《关于当前民商事审判工作的几点思考》，载《中国应用法学》2023年第6期。

(一) 细化债权人撤销权的法律效果

《解释》第四十六条第一款在民法典第五百四十二条规定债务人的行为被撤销后"自始没有法律效力"的基础上，规定债权人可以在撤销权诉讼中同时请求相对人承担向债务人返还财产、折价补偿、履行到期债务等法律后果。这一规定明确了债权人撤销权诉讼可以产生两个方面的法律效果：一是撤销债务人行为的效力；二是由相对人向债务人返还财产等的效力。这一规定是在总结司法实践通行做法和吸收理论界主流观点的基础上作出的。在司法实践中，绝大多数法院都认为撤销权诉讼需要在撤销的同时处理给付或者返还问题。有关调研成果显示，同时判决撤销与返还财产的案件达到了85%。[①] 在理论界，一般也认为撤销权是形成权和请求权的复合。本款实际上明确了债权人取得撤销权诉讼的胜诉判决后债务人对相对人享有的权利，从而构成第三款中规定代位执行该权利的前提和基础。

在适用时需要注意，该款仍然秉持入库规则，具体而言：第一，债权人只能请求相对人向债务人承担因诈害行为被撤销而产生的返还财产、折价补偿、履行到期债务等相应法律后果，并不能直接请求债务人的相对人向自己履行义务。第二，即使债权人的债权未到期，债权人在请求撤销债务人的行为时，仍然可以同时请求相对人向债务人履行。因为债权人提起撤销权诉讼的目的是恢复债务人的责任财产以保全债权，主债权到期也并非债权人行使撤销权的必要条件。

(二) 明确撤销权诉讼中对债权人与债务人之间债权债务的审理问题

通过嫁接代位执行的方式来实现债权人撤销权诉讼的胜诉权益，还需要有另外一个前提，即债权人拥有对债务人的执行依据。基于有利于一次性解决纠纷的考虑，《解释》第四十六条第二款规定，债权人提起撤销权诉讼时可以同时请求同一人民法院审理其与债务人之间的债权债务关系。在实务中需要注意的是，合并审理也不意味着债权人可以以此突破有关管辖的规定，故该款规定了"属于该人民法院管辖"的限制条件。同时，该款还进一步规定，如果债权人与债务人之间的债权债务关系纠纷不属于受理代位权诉讼的人民法院管辖范围的，应当告知债权人向有管辖权的人民法院另行起诉。

(三) 通过执行程序实现债权人的债权

《解释》第四十六条第三款规定了债权人债权的实现途径。即债权人可以根据其与债务人之间的诉讼，以及撤销权诉讼产生的生效法律文书申请强制执行，此时人民法院可以针对债务人对相对人享有的权利采取强制执行措施，从而实现债权人的债权。据此，债权人可以根据上述主债权执行依据、撤销权判决的组合，在执行程序中直接实现其债权。具体言之，由于债权人对债务人拥有执行依据，就可以执行债务人的财产，包括债务人对他人享有的权利。而债权人撤销权诉讼的胜诉判决又直接认可了债务人对相对人享有要求返还财产、折价补偿、履行到期债务等权利。因此，债权人可以根据其对债务人拥有执行依据，直接执行债务人对相对人享有的权利来实现自己的债权。如此，则既解决了债权人债权的实现问题，又不违反债权人撤销权的入库规则。因为在执行时如果符合有关参与分配或者破产的相应规定的，仍然应当按照相应规定

[①] 参见赵旭：《形成对世效抑或既判力扩张：论债权人撤销权诉讼对执行程序的阻却》，载胡云腾主编：《司法体制综合配套改革与刑事审判问题研究——全国法院第30届学术讨论会获奖论文集》，人民法院出版社2019年版，第1083页。

办理。第三款还规定，债权人可以申请对相对人的财产采取保全措施，旨在通过与保全规则的衔接，进一步激发债权人行使撤销权的积极性。

九、关于债权转让中对债务人和受让人权益的保护

债权转让中涉及三方当事人，因此必然会产生第三人利益的保护问题。相对于原债权债务关系而言，受让人是第三人，其系基于对原债权债务关系的信赖而受让债权，有关权益应当依法得到保护。相对于债权转让协议而言，债务人是第三人，不能因债权转让而增加债务人的负担。《解释》第四十八条至第五十条的基本意旨，就是更好地保护债务人和受让人权益。

（一）对债务人的保护

我国债权转让制度采取通知主义模式，体现了对债务人利益的保护。具体言之，如果债权转让没有通知债务人，则该转让对债务人不发生效力，受让人请求债务人履行的，债务人有权拒绝；债务人直接向让与人履行债务的，其债务在履行范围内相应消灭。如果债权转让通知到达债务人，则债权转让对债务人发生效力，此时债务人即对受让人负有履行义务，并且有权拒绝让与人的履行请求。因此，债务人应当向谁履行债务，取决于债务人是否收到债权转让通知。实践中，受让人取得债权的时间与转让通知到达债务人的时间往往存在间隔，从保护债务人利益的角度考虑，《解释》第四十八条第一款规定，如果债务人在接到债权转让通知前已经向让与人履行的，人民法院不再支持受让人对债务人的履行请求。

在债务人收到转让通知后，由于债权转让合同是债权人和受让人之间签订的合同，债务人无法知道债权转让合同是否存在不成立、无效、可撤销等事由，如果允许该合同不成立、无效、可撤销等事由对债务人产生效力，则必然会使债务人处于无法预测的风险中，故有必要对债务人基于债权转让通知产生的信赖利益予以专门保护。此即所谓的债权表见让与规则，其亦旨在保护债务人。《解释》第四十九条第一款中对表见让与问题作出专门规定。债务人接到债权转让通知后，让与人不得以债权转让协议不成立、无效、被撤销或者确定不发生效力为由请求债务人向其履行债务，除非该通知被依法撤销。因此，对于债务人而言，债权转让通知到达债务人的，其只需要向受让人履行，而不必担心债权转让协议是否存在不成立、无效、被撤销或者确定不发生效力等情形。

对债务人的保护还体现在债权多重转让规则中。《解释》第五十条第一款规定，在多重转让中，债务人已经向最先通知的受让人履行的，可以发生债务消灭的效果。该款虽然在表述上限定于债务人已经履行的情形，但结合后文中债务人故意向非最先通知的受让人履行的，最先通知的受让人仍有权要求债务人履行的规定可推知，债务人只能也只需要向最先通知的受让人履行。因此，在债权多重转让中，债务人只需要考虑债权转让通知到达自己的时间，无须考虑数个受让人之间的关系。即使债务人收到数个债权转让通知，债务人也应当通过向最先到达的转让通知载明的受让人履行而使自己从债务中解脱出来。其基本法律依据在于，根据民法典第五百四十六条的规定，债权转让未通知债务人的，相应转让对债务人不发生效力，且债权转让通知未经受让人同意不得撤销。第一个转让通知到达债务人后，债务人就受到相应债权转让的约束，应当向通知载明的受让人履行。后面的转让通知如果与先到达的转让通知全部或者部分冲突，则意味着要撤销或者部分撤销在先到达的转让通知，但是在先通知未经相应受让人同意不得撤销,故后到达的通知在与先到达通知冲突的范围内,不可能发生撤销的法律效力。该款规定,如果债务人明知接受履行的受让人并非最先通知的受让人,则最先通知的受让人仍可请求债务人履行,理由是债务人过错甚为明显,其应承担因此产生的相应责任。但是,当债务人因过失而不知接受履行的受让人不是最先通知的受让人时,其履行仍然发生债务消灭的效果。这是因为多重转让并非因债务人引起的,对受让人错误理解的风险不宜由债务人承担。

(二)对受让人权利的保护

对受让人权利的保护,主要体现在以下情形中。

1. 受让人有权直接以诉讼方式进行债权转让通知

关于债权转让通知的适格主体的探讨,一直存在争议,主要是如何平衡促进交易便捷开展和避免债务人承担过高的审核义务之间关系。《解释》第四十八条第二款结合审判实践并综合各方意见,最终规定受让人有权以诉讼方式通知。主要考虑是债权转让通知为观念通知,是向债务人告知债权转让的信息,使债权转让对其发生效力。而诉讼通知完全可以实现这一目的,而且即便是受让人提起诉讼,由于债权转让的事实是由人民法院审理查明的,该通知方式不会增加债务人的核查负担。此外,在让与人怠于履行通知义务时,如不赋予受让人通知的权利,也不利于受让人利益的保护。

2. 债务人确认债权真实存在后的责任

在债权转让中,受让人是知道债务人的存在的,也有条件作必要的尽职调查。因此,对于已经尽了必要注意义务的受让人,也应给予相应保护。实践中,受让人为确保交易安全,在受让债权之前往往会向债务人调查核实债权状况,故受让人基于债务人对债权真实存在的确认受让债权后,债务人又以债权不存在为由主张不承担债务的,不应得到支持。当债务人对该债权的真实性予以确认时,应认为其权利外观已经产生,对据此产生信赖的债权受让人应当予以保护。基于"禁反言"的价值考量,原则上债务人不得以债权不存在为由主张不承担债务。故《解释》第四十九条第二款对此问题作了明确。

3. 债权多重转让中受让人的优先顺位

考虑到债权让与缺乏公示性,多重转让又往往是在出让人不诚信的背景下发生的,在后受让人可以和出让人串通倒签债权转让协议的时间,使得实际上的在后受让人反而成为名义上的在先受让人。这就导致依照债权出让顺序难以真正保护在先受让人的利益,而采用通知优先的模式既能够激励受让人积极督促出让人发出通知,从而保障以债权出让先后顺序确定优先顺位的规则实质实现,也完全符合民法典第五百四十六条关于通知后才对债务人发生效力,且通知非经受让人同意不可撤销的规定。因此,《解释》第五十条第一款规定,如果债务人明知其履行的对象并非最先通知的受让人,则债务人的履行不发生债务消灭的效果,最先通知的受让人仍然有权请求债务人继续履行。

十、关于抵销有无溯及力

抵销是否溯及于抵销适状时生效,理论和实务界的认识不一致,导致了裁判尺度不统一。《解释》第五十五条、第五十八条对此问题作出安排,在充分吸收学界和实务界意见,跟踪域外规则发展趋势的基础上,明确抵销不具有溯及力。

（一）抵销不具有溯及力

抵销的溯及力，是指抵销权人作出的意思表示，溯及至债权最初得为抵销之时，即抵销适状之时，产生双方互负的债权债务在对等额度内消灭的法律效力。民法典第五百六十八条第二款只规定抵销应当采用通知的方式，但未直接明确抵销是否具有溯及力。对此，我国的理论和实践认识均不尽相同。一种观点认为，应区分抵销的生效与债权消灭两个概念，抵销自抵销通知到达对方时生效；但抵销消灭债权的效果溯及自抵销条件成就之时而非抵销通知到达之时。① 也有观点认为，《国际商事合同通则》《欧洲合同法原则》《欧洲示范民法典草案》等示范法坚持抵销自通知生效时发生使债务消灭的效力，此更有利于计算债权数额、查清案件事实。《解释》第五十五条采取了后一种观点，明确抵销没有溯及力，而是在通知到达时发生效力。主要是基于以下考虑：其一，承认抵销具有溯及力不符合当事人推定的意思。即使符合法律规定的抵销条件，当事人也可能不愿意抵销。尤其在商业交易上，如果当事人没有行使抵销权，就表明当事人排斥了抵销具有溯及力。故强行赋予抵销溯及力，并不符合私法自治原则。② 其二，抵销具有溯及力不利于督促当事人及时行使权利。债的设立目的在于消灭，债法制度应当促进债的目的实现，抵销制度也不例外。③ 承认抵销具有溯及力，容易导致当事人怠于行使权利，使当事人之间的债权债务关系处于不确定状态。其三，抵销具有溯及力会导致不公平受偿和影响司法效率。由于行使抵销权可以获得类似优先受偿的效果，当被动债权人进入破产程序时，罹于时效的债权人将取得比具有完整效力的债权人更为优越的地位。一些人甚至可能基于抵销的溯及力主张抵销，从而实现恶意逃避债务的目的。同时，要求人民法院从现在的权利状态倒推到之前的权利状态，不仅增加了审理难度，而且给人民法院赋予过大的自由裁量权。④

（二）已过诉讼时效的债权的抵销

已过诉讼时效的债权能否抵销的问题，其本质是抵销有无溯及力问题的延伸。一种观点认为，由于抵销权行使的效力溯及既往于得为抵销之时发生，故在诉讼时效完成前已经抵销适状，只是当事人当时并未主张，而是在诉讼时效完成后才主张的，也应当允许抵销。但是由于《解释》第五十五条已经采取了抵销不具有溯及力的立场，故原则上，允许已过诉讼时效的债权作为主动债权抵销的基础已经不复存在。考虑到此前的司法实践中对于已过诉讼时效的债权能否抵销一直存在不同认识，为更好指导司法实践，《解释》第五十八条在第五十五条的基础上，进一步就已过诉讼时效的债权的抵销问题进行专门规定。该条规定了两种情形：一是已过诉讼时效的债权作为主动债权主张抵销时，相对人可以提出诉讼时效抗辩，此时人民法院应当予以支持，但是如果当事人不提出抗辩，则属于放弃时效利益，应当允许抵销。二是已过诉讼时效的债权作为被动债权抵销时，此时相当于自然债权的债务人放弃了时效利益，故应当允许抵销。

十一、关于可得利益损失的计算

如何计算可得利益损失，是司法实践中的难点问题。在《解释》起草过程中，我们对此问题进行了重点攻关。《解释》第六十条、第六十一条、第六十二条的规定共同

---

① 参见崔建远：《论中国民法典上的抵销》，载《国家检察官学院学报》2020年第4期。
② 参见王利明：《罹于时效的主动债权可否主张撤销？》，载《现代法学》2023年第1期。
③ 参见于飞：《合同权利义务的终止、违约责任的重要发展及释评》，载《中国法律评论》2023年第6期。
④ 参见王利明：《罹于时效的主动债权可否主张撤销？》，载《现代法学》2023年第1期。

组成了可得利益的计算方法体系。综合这三条的规定，从体系解释的角度看，可得利益损失的计算方式和顺位如下：首先，第六十条属于可得利益损失计算的一般规则。其次，第六十一条属于特别规定，专门针对持续性定期合同中可得利益损失的计算。最后，第六十二条为兜底规定，只有在根据第六十条、第六十一条难以确定非违约方在合同履行后可以获得的利益的情况下才适用。

（一）可得利益损失的计算方法

1. 一般规则

（1）利润法。《解释》第六十条第一款明确规定可以将利润作为可得利益损失的计算依据。这一规定吸收了2009年《最高人民法院关于当前形势下审理民商事合同纠纷案件若干问题的指导意见》的相关精神。该意见第九条在总结实践经验的基础上提出，根据交易的性质、合同的目的等因素，可得利益损失主要分为生产利润损失、经营利润损失和转售利润损失等类型。

（2）替代交易法。替代交易是指在特定条件下，当事人一方违约时，对方可以通过另一交易取代原合同的交易。替代交易包括替代购买（亦称补进）和替代销售，其实质相当于履行或准履行。① 当然，并非所有的替代交易都能产生适当的结果，判断替代交易是否适格最重要的因素是替代交易的价格。对此，《解释》第六十条第二款规定了适用替代交易法的限制性条件，即只要违约方有证据证明替代交易价格明显偏离替代交易发生时当地的市场价格，就可以排除替代交易法的适用，以市场价格法取而代之。

（3）市场价格法。替代交易的救济方式具有一定的局限性，不能解决所有的问题，因此，市场价格法（时价法）成为一种重要的计算可得利益损失的方法。《解释》第六十条第三款规定人民法院可以根据非违约方的主张，按照违约行为发生后合理期间内合同履行地的市场价格与合同价格的差额确定合同履行后可以获得的利益。其中，"合理期间内"确定了计算市场价格与合同价格之差额的时间点。一方面，赋予非违约方寻求相关救济措施的合理时间；另一方面，又对这一时间作出必要的限制。就替代交易法和市场价格法的关系，考虑在非违约方从事替代交易的情况下，具体计算方法更能精确、直观地反映非违约方的损失，而市场价格法是以非违约方未从事替代交易为前提的，故应采取以替代交易法为原则、以市场价格法为补充的计算模式。

2. 长期性合同中可得利益损失的计算规则

对于长期性合同可得利益损失的计算，与《解释》第六十条第二款通过替代交易法确定可得利益损失的路径不同，第六十一条采取的是"确定非违约方寻找替代交易的合理期限"，并"按照该期限对应的价款、租金等扣除非违约方应当支付的相应履约成本后确定合同履行后可以获得的利益"的思路。其原因在于，长期性合同最为关键的数额计算标准即为合同持续期限。此时如若一概按照剩余履行期限来确定可得利益损失，对违约方的惩罚力度过重且有越出可预见性规则之嫌。从另一个角度来看，对于非违约方而言，采取该种规定实际上是减损规则的司法适用，即通过限制非违约方

---

① 参见王怡聪、孙良国：《作为违约损害赔偿计算方法的替代交易研究》，载《中国人民大学学报》2021年第2期。

主张长期性合同中可得利益损失金额，进而督促非违约方积极寻找替代交易，减少违约损失的扩大。对于合理期限的确定，《解释》第六十一条结合审判实践，具体列举了合同主体、交易类型、市场价格变化、剩余履行期限等参考因素，并明确应当按照该期限对应的价款、租金等确定非违约方在合同履行后可以获得的利益。当然，在剩余履行期限少于寻找替代交易的合理期限时，应当依据剩余履行期限计算可得利益损失。

3. 兜底规则

实践中大量存在当事人的可得利益损失难以计算，而违约方可以利用违约行为获得巨额利益的情形。对此，《解释》第六十二条明确了用违约方所获利益作为计算非违约方可得利益损失的一个路径，同时考虑到经济社会生活的复杂性，并没有将违约方获得利益作为违约损害赔偿计算的基本规则，而是作为一个计算的参考因素，需要结合违约方的过错程度、违约情节等因素遵循公平原则和诚信原则来确定，旨在从统一裁判尺度和公平救济非违约方权益方面给予指引。

（二）可得利益损失的限制

在根据上述方法判决赔偿可得利益损失时，还要注意对于可得利益损失赔偿范围的限制，其中最重要的是可预见性规则。民法典第五百八十四条后段沿袭了合同法第一百一十三条规定，明确了可预见性规则。但由于该条规定较为原则，可预见性规则本身较为抽象，因此，《解释》第六十三条第一款采用了动态系统论的方法，根据相关审判实践经验规定了几个重要参考因素，给予法官较为明确、具体的指引。即根据合同目的，并综合考虑合同主体、合同内容、交易类型、交易习惯、磋商过程等因素判断可预见损失。可得利益损失的计算除了受到可预见性规则的限制之外，还应当考虑损益相抵规则、与有过失规则、防止损失扩大规则等，确定违约方最终应当承担的违约损害赔偿数额。因此，对于可得利益而言，可得利益的法定损失赔偿数额＝可得利益损失总额－不可预见的损失－扩大的损失－受害方因自己过错造成的损失－受害方因违约获得的利益－必要的成本。①

十二、关于违约金的司法调整

违约金的司法调整也是司法实践中的重点问题，《解释》在延续《合同法解释二》等相关规定的基础上作了进一步发展和完善。

（一）调整违约金的举证责任

举证责任分配与当事人利益攸关，直接涉及当事人的胜诉与败诉问题。实践中，举证证明违约金过分高于违约损失的关键在于举证证明违约损失。虽然主张违约金过高并请求调整的是违约方，但要求违约方证明非违约方的损失，在客观上也存在一定难度。在合同履行过程中，相对于违约方来说，非违约方因更了解违约造成损失的事实和相关证据而具有较强的举证能力，因此，违约方的举证责任也不能绝对化，非违约方也要提供相应的证据。故《解释》第六十四条第二款在过高违约金调整的举证责任分配上，明确了违约方承担举证责任的原则，同时规定非违约方主张约定的违约金合理的，也要提供相应的证据，实质上是要求非违约方就自己所受的损失提供证据。

（二）预先放弃调整违约金条款的效力问题

关于预先放弃调整违约金条款的效力问题，存在有效说和无效说两种观点。在比较

---

① 参见黄薇主编：《中华人民共和国民法典合同编释义》，法律出版社2020年版，第285页。

法上，法国民法典、荷兰民法典以及美国统一商法典均采无效说。《解释》第六十四条第三款采取无效说的基本立场。主要考虑是，违约金的调整是法律赋予民事主体的一项权利，其程序虽是依当事人的请求而启动，但其终归属于司法调整的范畴，不能由当事人通过约定排除，否则，将不利于维护法律确定的秩序和保护民事主体请求司法调整违约金的法定权利。对于违反公平原则的预先放弃调整违约金条款，法院不应当承认其效力。如此规定一方面有利于防止民法典规定违约金调整制度的立法目的落空。我国民法上的违约金性质以补偿性为主、惩罚性为辅，当事人请求调整违约金符合法律规定，如果允许当事人通过约定预先放弃将违背立法本意。另一方面也有利于避免司法实践中大量出现"天价违约金"的情况。如果认可预先放弃违约金调整条款的效力，导致出现畸高违约金，不仅违背民法典的基本原则，也背离人民群众对公平正义的朴素认知，影响司法的严肃性和人民法院的公信力。

（三）过分高于造成损失的认定

实务中，对于违约金过高的判断基础是以实际损失为准，还是应当包括可得利益损失，存在不同认识。《解释》第六十五条第一款吸收《全国法院民商事审判工作会议纪要》第50条精神和《全国法院贯彻实施民法典工作会议纪要》第11条精神，明确"以民法典第五百八十四条规定的损失为基础"，即包括了可得利益损失。并且相较于《合同法解释二》，还新增了合同主体、交易类型、履约背景等三个酌定因素，交由人民法院根据案件实际情况进行个案裁量。同时，为了符合违约金以补偿性为主、惩罚性为辅的立法本意，避免实践中形成误导，对企业造成过大负担，《解释》第六十五条第二款仍沿用《合同法解释二》"造成损失的百分之三十"的表述，对酌减幅度没有作出强制性的规定，给人民法院保留一定裁量空间。另外，考虑到恶意违约的当事人不值得免受过重惩罚的保护，[①]《解释》第六十五条第三款明确恶意违约一般不支持酌减违约金。

（撰稿人：《民法典合同编通则解释》起草工作组）

最高人民法院
关于审理存单纠纷案件的若干规定

（1997年11月25日最高人民法院审判委员会第946次会议通过
根据2020年12月23日最高人民法院审判委员会第1823次会议通过的
《最高人民法院关于修改〈最高人民法院关于破产企业国有划拨土地使用权
应否列入破产财产等问题的批复〉等二十九件商事类司法解释的决定》修正）

为正确审理存单纠纷案件，根据《中华人民共和国民法典》的有关规定和在总结审判经验的基础上，制定本规定。

第一条 存单纠纷案件的范围

（一）存单持有人以存单为重要证据向人民法院提起诉讼的纠纷案件；

[①] 参见王洪亮：《违约金酌减规则论》，载《法学家》2015年第3期。

（二）当事人以进账单、对账单、存款合同等凭证为主要证据向人民法院提起诉讼的纠纷案件；

（三）金融机构向人民法院起诉要求确认存单、进账单、对账单、存款合同等凭证无效的纠纷案件；

（四）以存单为表现形式的借贷纠纷案件。

第二条 存单纠纷案件的案由

人民法院可将本规定第一条所列案件，一律以存单纠纷为案由。实际审理时应以存单纠纷案件中真实法律关系为基础依法处理。

第三条 存单纠纷案件的受理与中止

存单纠纷案件当事人向人民法院提起诉讼，人民法院应当依照《中华人民共和国民事诉讼法》第一百一十九条的规定予以审查，符合规定的，均应受理。

人民法院在受理存单纠纷案件后，如发现犯罪线索，应将犯罪线索及时书面告知公安或检察机关。如案件当事人因伪造、变造、虚开存单或涉嫌诈骗，有关国家机关已立案侦查，存单纠纷案件确须待刑事案件结案后才能审理的，人民法院应当中止审理。对于追究有关当事人的刑事责任不影响对存单纠纷案件审理的，人民法院应对存单纠纷案件有关当事人是否承担民事责任以及承担民事责任的大小依法及时进行认定和处理。

第四条 存单纠纷案件的管辖

依照《中华人民共和国民事诉讼法》第二十三条的规定，存单纠纷案件由被告住所地人民法院或出具存单、进账单、对账单或与当事人签订存款合同的金融机构住所地人民法院管辖。住所地与经常居住地不一致的，由经常居住地人民法院管辖。

第五条 对一般存单纠纷案件的认定和处理

（一）认定

当事人以存单或进账单、对账单、存款合同等凭证为主要证据向人民法院提起诉讼的存单纠纷案件和金融机构向人民法院提起的确认存单或进账单、对账单、存款合同等凭证无效的存单纠纷案件，为一般存单纠纷案件。

（二）处理

人民法院在审理一般存单纠纷案件中，除应审查存单、进账单、对账单、存款合同等凭证的真实性外，还应审查持有人与金融机构间存款关系的真实性，并以存单、进账单、对账单、存款合同等凭证的真实性以及存款关系的真实性为依据，作出正确处理。

1. 持有人以上述真实凭证为证据提起诉讼的，金融机构应当对持有人与金融机构间是否存在存款关系负举证责任。如金融机构有充分证据证明持有人未向金融机构交付上述凭证所记载的款项的，人民法院应当认定持有人与金融机构间不存在存款关系，并判决驳回原告的诉讼请求。

2. 持有人以上述真实凭证为证据提起诉讼的，如金融机构不能提供证明存款关系不真实的证据，或仅以金融机构底单的记载内容与上述凭证记载内容不符为由进行抗辩的，人民法院应认定持有人与金融机构间存款关系成立，金融机构应当承担兑付款项的义务。

3. 持有人以在样式、印鉴、记载事项上有别于真实凭证，但无充分证据证明系伪造或变造的瑕疵凭证提起诉讼的，持有人应对瑕疵凭证的取得提供合理的陈述。如持有人对瑕疵凭证的取得提供了合理陈述，而金融机构否认存款关系存在的，金融机构应当对持有人与金融机构间是否存在存款关系负举证责任。如金融机构有充分证据证明持有人未向金融机构交付上述凭证所记载的款项的，人民法院应当认定持有人与金融机构间不存在存款关系，判决驳回原告的诉讼请求；如金融机构不能提供证明存款关系不真实的证据，或仅以金融机构底单的记载内容与上述凭证记载内容不符为由进行抗辩的，人民法院应认定持有人与金融机构间存款关系成立，金融机构应当承担兑付款项的义务。

4. 存单纠纷案件的审理中，如有充足证据证明存单、进账单、对账单、存款合同等凭证系伪造、变造，人民法院应在查明案件事实的基础上，依法确认上述凭证无效，并可驳回持上述凭证起诉的原告的诉讼请求或根据实际存款数额进行判决。如有本规定第三条中止审理情形的，人民法院应当中止审理。

第六条 对以存单为表现形式的借贷纠纷案件的认定和处理

（一）认定

在出资人直接将款项交与用资人使用，或通过金融机构将款项交与用资人使用，金融机构向出资人出具存单或进账单、对账单或与出资人签订存款合同，出资人从用资人或从金融机构取得或约定取得高额利差的行为中发生的存单纠纷案件，为以存单为表现形式的借贷纠纷案件。但符合本规定第七条所列委托贷款和信托贷款的除外。

（二）处理

以存单为表现形式的借贷，属于违法借贷，出资人收取的高额利差应充抵本金，出资人、金融机构与用资人因参与违法借贷均应当承担相应的民事责任。可分以下几种情况处理：

1. 出资人将款项或票据（以下统称资金）交付给金融机构，金融机构给出资人出具存单或进账单、对账单或与出资人签订存款合同，并将资金自行转给用资人的，金融机构与用资人对偿还出资人本金及利息承担连带责任；利息按人民银行同期存款利率计算至给付之日。

2. 出资人未将资金交付给金融机构，而是依照金融机构的指定将资金直接转给用资人，金融机构给出资人出具存单或进账单、对账单或与出资人签订存款合同的，首先由用资人偿还出资人本金及利息，金融机构对用资人不能偿还出资人本金及利息部分承担补充赔偿责任；利息按人民银行同期存款利率计算至给付之日。

3. 出资人将资金交付给金融机构，金融机构给出资人出具存单或进账单、对账单或与出资人签订存款合同，出资人再指定金融机构将资金转给用资人的，首先由用资人返还出资人本金和利息。利息按人民银行同期存款利率计算至给付之日。金融机构因其帮助违法借贷的过错，应当对用资人不能偿还出资人本金部分承担赔偿责任，但不超过不能偿还本金部分的百分之四十。

4. 出资人未将资金交付给金融机构，而是自行将资金直接转给用资人，金融机构给出资人出具存单或进账单、对账单或与出资人签订存款合同的，首先由用资人返还出资人本金和利息。利息按人民银行同期存款利率计算至给付之日。金融机构因其帮助违法借贷的过错，应当对用资人不能偿还出资人本金部分承担赔偿责任，但不超过不能偿还本金部分的百分之二十。

本条中所称交付，指出资人向金融机构转移现金的占有或出资人向金融机构交付注明出资人或金融机构（包括金融机构的下属部门）为收款人的票据。出资人向金融机构交付有资金数额但未注明收款人的票据的，亦属于本条中所称交付。

如以存单为表现形式的借贷行为确已发生，即使金融机构向出资人出具的存单、进账单、对账单或与出资人签订的存款合同存在虚假、瑕疵，或金融机构工作人员超越权限出具上述凭证等情形，亦不影响人民法院按以上规定对案件进行处理。

（三）当事人的确定

出资人起诉金融机构的，人民法院应通知用资人作为第三人参加诉讼；出资人起诉用资人的，人民法院应通知金融机构作为第三人参加诉讼；公款私存的，人民法院在查明款项的真实所有人基础上，应通知款项的真实所有人为权利人参加诉讼，与存单记载的个人为共同诉讼人。该个人申请退出诉讼的，人民法院可予准许。

第七条 对存单纠纷案件中存在的委托贷款关系和信托贷款关系的认定和纠纷的处理

（一）认定

存单纠纷案件中，出资人与金融机构、用资人之间按有关委托贷款的要求签订有委托贷款协议的，人民法院应认定出资人与金融机构间成立委托贷款关系。金融机构向出资人出具的存单或进账单、对账单或与出资人签订的存款合同，均不影响金融机构与出资人间委托贷款关系的成立。出资人与金融机构间签订委托贷款协议后，由金融机构自行确定用资人的，人民法院应认定出资人与金融机构间成立信托贷款关系。

委托贷款协议和信托贷款协议应当用书面形式。口头委托贷款或信托贷款，当事人无异议的，人民法院可予以认定；有其他证据能够证明金融机构与出资人之间确系委托贷款或信托贷款关系的，人民法院亦予以认定。

（二）处理

构成委托贷款的，金融机构出具的存单或进账单、对账单或与出资人签订的存款合同不作为存款关系的证明，借款方不能偿还贷款的风险应当由委托人承担。如有证据证明金融机构出具上述凭证是对委托贷款进行担保的，金融机构对偿还贷款承担连带担保责任。委托贷款中约定的利率超过人民银行规定的部分无效。构成信托贷款的，按人民银行有关信托贷款的规定处理。

第八条 对存单质押的认定和处理

存单可以质押。存单持有人以伪造、变造的虚假存单质押的，质押合同无效。接受虚假存单质押的当事人如以该存单质押为由起诉金融机构，要求兑付存款优先受偿的，人民法院应当判决驳回其诉讼请求，并告知其可另案起诉出质人。

存单持有人以金融机构开具的、未有实际存款或与实际存款不符的存单进行质押，以骗取或占用他人财产的，该质押关系无效。接受存单质押的人起诉的，该存单持有人与开具存单的金融机构为共同被告。利用存单骗取或占用他人财产的存单持有人对侵犯他人财产权承担赔偿责任，开具存单的金融机构因其过错致他人财产权受损，对所造成的损失承担连带赔偿责任。接受存单质押的人在审查存单的真实性上有重大过失的，开具存单的金融机构仅对所造成的损失承担补充赔偿责任。明知存单虚假而接受存单质押的，开具存单的金融机构不承担民事赔偿责任。

以金融机构核押的存单出质的，即便存单系伪造、变造、虚开，质押合同均为有效，金融机构应当依法向质权人兑付存单所记载的款项。

第九条 其他

在存单纠纷案件的审理中，有关当事人如有违法行为，依法应给予民事制裁的，人民法院可依法对有关当事人实施民事制裁。案件审理中发现的犯罪线索，人民法院应及时书面告知公安或检察机关，并将有关材料及时移送公安或检察机关。

最高人民法院
关于审理旅游纠纷案件适用法律若干问题的规定

(2010年9月13日最高人民法院审判委员会第1496次会议通过 根据2020年12月23日最高人民法院审判委员会第1823次会议通过的《最高人民法院关于修改〈最高人民法院关于在民事审判工作中适用〈中华人民共和国工会法〉若干问题的解释〉等二十七件民事类司法解释的决定》修正)

为正确审理旅游纠纷案件，依法保护当事人合法权益，根据《中华人民共和国民法典》《中华人民共和国消费者权益保护法》《中华人民共和国旅游法》《中华人民共和国民事诉讼法》等有关法律规定，结合民事审判实践，制定本规定。

第一条 本规定所称的旅游纠纷，是指旅游者与旅游经营者、旅游辅助服务者之间因旅游发生的合同纠纷或者侵权纠纷。

"旅游经营者"是指以自己的名义经营旅游业务，向公众提供旅游服务的人。

"旅游辅助服务者"是指与旅游经营者存在合同关系，协助旅游经营者履行旅游合同义务，实际提供交通、游览、住宿、餐饮、娱乐等旅游服务的人。

旅游者在自行旅游过程中与旅游景点经营者因旅游发生的纠纷，参照适用本规定。

第二条 以单位、家庭等集体形式与旅游经营者订立旅游合同，在履行过程中发生纠纷，除集体以合同一方当事人名义起诉外，旅游者个人提起旅游合同纠纷诉讼的，人民法院应予受理。

第三条 因旅游经营者方面的同一原因造成旅游者人身损害、财产损失，旅游者选择请求旅游经营者承担违约责任或者侵权责任的，人民法院应当根据当事人选择的案由进行审理。

第四条 因旅游辅助服务者的原因导致旅游经营者违约，旅游者仅起诉旅游经营者的，人民法院可以将旅游辅助服务者追加为第三人。

第五条 旅游经营者已投保责任险，旅游者因保险责任事故仅起诉旅游经营者的，人民法院可以应当事人的请求将保险公司列为第三人。

第六条 旅游经营者以格式条款、通知、声明、店堂告示等方式作出排除或者限制旅游者权利、减轻或者免除旅游经营者责任、加重旅游者责任等对旅游者不公平、不合理的规定，旅游者依据消费者权益保护法第二十六条的规定请求认定该内容无效的，人民法院应予支持。

第七条 旅游经营者、旅游辅助服务者未尽到安全保障义务，造成旅游者人身损害、财产损失，旅游者请求旅游经营者、旅游辅助服务者承担责任的，人民法院应予支持。

因第三人的行为造成旅游者人身损害、财产损失，由第三人承担责任；旅游经营者、旅游辅助服务者未尽安全保障义务，旅游者请求其承担相应补充责任的，人民法院应予支持。

第八条 旅游经营者、旅游辅助服务者对可能危及旅游者人身、财产安全的旅游项目未履行告知、警示义务，造成旅游者人身损害、财产损失，旅游者请求旅游经营者、旅游辅助服务者承担责任的，人民法院应予支持。

旅游者未按旅游经营者、旅游辅助服务者的要求提供与旅游活动相关的个人健康信息并履行如实告知义务，或者不听从旅游经营者、旅游辅助服务者的告知、警示，参加不适合自身条件的旅游活动，导致旅游过程中出现人身损害、财产损失，旅游者请求旅游经营者、旅游辅助服务者承担责任的，人民法院不予支持。

第九条 旅游经营者、旅游辅助服务者以非法收集、存储、使用、加工、传输、买卖、提供、公开等方式处理旅游者个人信息，旅游者请求其承担相应责任的，人民法院应予支持。

第十条 旅游经营者将旅游业务转让给其他旅游经营者，旅游者不同意转让，请求解除旅游合同、追究旅游经营者违约责任的，人民法院应予支持。

旅游经营者擅自将其旅游业务转让给其他旅游经营者，旅游者在旅游过程中遭受损害，请求与其签订旅游合同的旅游经营者和实际提供旅游服务的旅游经营者承担连带责任的，人民法院应予支持。

第十一条 除合同性质不宜转让或者合同另有约定之外，在旅游行程开始前的合理期间内，旅游者将其在旅游合同中的权利义务转让给第三人，请求确认转让合同效力的，人民法院应予支持。

因前款所述原因，旅游经营者请求旅游者、第三人给付增加的费用或者旅游者请求旅游经营者退还减少的费用的，人民法院应予支持。

第十二条 旅游行程开始前或者进行中，因旅游者单方解除合同，旅游者请求旅游经营者退还尚未实际发生的费用，或者旅游经营者请求旅游者支付合理费用的，人民法院应予支持。

第十三条 签订旅游合同的旅游经营者将其部分旅游业务委托旅游目的地的旅游经营者，因受托方未尽旅游合同义务，旅游者在旅游过程中受到损害，要求作出委托的旅游经营者承担赔偿责任的，人民法院应予支持。

旅游经营者委托除前款规定以外的人从事旅游业务，发生旅游纠纷，旅游者起诉旅游经营者的，人民法院应予受理。

第十四条 旅游经营者准许他人挂靠其名下从事旅游业务，造成旅游者人身损害、财产损失，旅游者依据民法典第一千一百六十八条的规定请求旅游经营者与挂靠人承担连带责任的，人民法院应予支持。

第十五条 旅游经营者违反合同约定，有擅自改变旅游行程、遗漏旅游景点、减少旅游服务项目、降低旅游服务标准等行为，旅游者请求旅游经营者赔偿未完成约定旅游服务项目等合理费用的，人民法院应予支持。

旅游经营者提供服务时有欺诈行为，旅游者依据消费者权益保护法第五十五条第一款规定请求旅游经营者承担惩罚性赔偿责任的，人民法院应予支持。

第十六条 因飞机、火车、班轮、城际客运班车等公共客运交通工具延误，导致合同不能按照约定履行，旅游者请求旅游经营者退还未实际发生的费用的，人民法院应予支持。合同另有约定的除外。

第十七条 旅游者在自行安排活动期间遭受人身损害、财产损失，旅游经营者未尽到必要的提示义务、救助义务，旅游者请求旅游经营者承担相应责任的，人民法院应予支持。

前款规定的自行安排活动期间，包括旅游经营者安排的在旅游行程中独立的自由活动期间、旅游者不参加旅游行程的活动期间以及旅游者经导游或者领队同意暂时离队的个人活动期间等。

第十八条 旅游者在旅游行程中未经导游或者领队许可，故意脱离团队，遭受人身损害、财产损失，请求旅游经营者赔偿损失的，人民法院不予支持。

第十九条 旅游经营者或者旅游辅助服务者为旅游者代管的行李物品损毁、灭失，旅游者请求赔偿损失的，人民法院应予支持，但下列情形除外：

（一）损失是由于旅游者未听从旅游经营者或者旅游辅助服务者的事先声明或者提示，未将现金、有价证券、贵重物品由其随身携带而造成的；

（二）损失是由于不可抗力造成的；

（三）损失是由于旅游者的过错造成的；

（四）损失是由于物品的自然属性造成的。

第二十条 旅游者要求旅游经营者返还下列费用的，人民法院应予支持：

（一）因拒绝旅游经营者安排的购物活动或者另行付费的项目被增收的费用；

（二）在同一旅游行程中，旅游经营者提供相同服务，因旅游者的年龄、职业等差异而增收的费用。

第二十一条 旅游经营者因过错致其代办的手续、证件存在瑕疵，或者未尽妥善保管义务而遗失、毁损，旅游者请求旅游经营者补办或者协助补办相关手续、证件并承担相应费用的，人民法院应予支持。

因上述行为影响旅游行程，旅游者请求旅游经营者退还尚未发生的费用、赔偿损失的，人民法院应予支持。

第二十二条 旅游经营者事先设计，并以确定的总价提供交通、住宿、游览等一项或者多项服务，不提供导游和领队服务，由旅游者自行安排游览行程的旅游过程中，旅游经营者提供的服务不符合合同约定，侵害旅游者合法权益，旅游者请求旅游经营者承担相应责任的，人民法院应予支持。

第二十三条 本规定施行前已经终审，本规定施行后当事人申请再审或者按照审判监督程序决定再审的案件，不适用本规定。

【解读】

解读《关于审理旅游纠纷案件适用法律若干问题的规定》新修改条文

一、修改情况说明

根据 2020 年 12 月 23 日最高人民法院审判委员会第 1823 次会议通过的《最高人民法院关于修改〈最高人民法院关于在民事审判工作中适用《中华人民共和国工会法》若干问题的解释〉等二十七件民事类司法解释的决定》，最高人民法院对 2010 年《最高人民法院关于审理旅游纠纷案件适用法律若干问题的规定》（以下简称原司法解释）进行了修正，修正后的司法解释简称为新司法解释。

二、修改条文的修改说明

（一）引言部分

【修改内容】

民法典颁布实施后，民法通则、合同法、侵权责任法同时废止，另外，原司法解释实施后旅游法颁布，因此在对司法解释修改时，将引言"根据《中华人民共和国民法通则》、《中华人民共和国合同法》、《中华人民共和国消费者权益保护法》、《中华人民共和国侵权责任法》和《中华人民共和国民事诉讼法》等有关法律规定"修改为"根据《中华人民共和国民法典》《中华人民共和国消费者权益保护法》《中华人民共和国旅游法》和《中华人民共和国民事诉讼法》等有关法律规定"。

（二）第三条

【修改内容】

将"因旅游经营者方面的同一原因造成旅游者人身损害、财产损失，旅游者选择要求旅游经营者承担违约责任或者侵权责任的，人民法院应当根据当事人选择的案由进行审理"修改为"因旅游经营者方面的同一原因造成旅游者人身损害、财产损失，旅游者选择请求旅游经营者承担违约责任或者侵权责任的，人民法院应当根据当事人选择的案由进行审理"。即"要求"修改为"请求"。

【修改说明】

用词与民法典第一百八十六条[①]保持一致。

（三）第六条

【修改内容】

将"旅游经营者以格式合同、通知、声明、告示等方式作出对旅游者不公平、不合理的规定，或者减轻、免除其损害旅游者合法权益的责任，旅游者请求依据消费者权益保护法第二十四条的规定认定该内容无效的，人民法院应予支持"修改为"旅游经营者以格式条款、通知、声明、店堂告示等方式作出排除或者限制旅游者权利、减

---

① 民法典第一百八十六条规定："因当事人一方的违约行为，损害对方人身权益、财产权益的，受损害方有权选择请求其承担违约责任或者侵权责任。"

轻或者免除旅游经营者责任、加重旅游者责任等对旅游者不公平、不合理的规定，旅游者依据消费者权益保护法第二十六条的规定请求认定该内容无效的，人民法院应予支持"。即将"格式合同"修改为"格式条款"，将"消费者权益保护法第二十四条"修改为"消费者权益保护法第二十六条"。表述相应调整。

【修改说明】

用词与民法典和消费者权益保护法保持一致；消费者权益保护法条文序号在原司法解释颁布后修改。

消费者权益保护法第二十六条第二款规定，经营者不得以格式条款、通知、声明、店堂告示等方式，作出排除或者限制消费者权利、减轻或者免除经营者责任、加重消费者责任等对消费者不公平、不合理的规定，不得利用格式条款并借助技术手段强制交易。第三款规定，格式条款、通知、声明、店堂告示等含有前款所列内容的，其内容无效。

（四）第九条

【修改内容】

将"旅游经营者、旅游辅助服务者泄露旅游者个人信息或者未经旅游者同意公开其个人信息，旅游者请求其承担相应责任的，人民法院应予支持"修改为"旅游经营者、旅游辅助服务者以非法收集、存储、使用、加工、传输、买卖、提供、公开等方式处理旅游者个人信息，旅游者请求其承担相应责任的，人民法院应予支持"。

【修改说明】

与民法典第一百一十一条[①]和第一千零三十五条[②]表述保持一致。

（五）第十三条

【修改内容】

删除。

【修改说明】

第一，该条第二款与旅游法第六十七条第二项规定冲突。在合同变更情况下，该条第二款规定："旅游经营者请求旅游者分担因此增加的旅游费用或者旅游者请求旅游经营者退还因此减少的旅游费用的，人民法院应予支持"；旅游法第六十七条第二项规定："合同变更的，因此增加的费用由旅游者承担，减少的费用退还旅游者"。第二，删除该条规定不影响案件审理。旅游法在原司法解释实施之后颁布，对于不可抗力导致旅游合同不能履行的情况作出了更为明确规定。案件审理适用民法典第五百九十

[①] 民法典第一百一十一条规定："自然人的个人信息受法律保护。任何组织或者个人需要获取他人个人信息的，应当依法取得并确保信息安全，不得非法收集、使用、加工、传输他人个人信息，不得非法买卖、提供或者公开他人个人信息。"

[②] 民法典第一千零三十五条规定："处理个人信息的，应当遵循合法、正当、必要原则，不得过度处理，并符合下列条件：（一）征得该自然人或其监护人同意，但是法律、行政法规另有规定的除外；（二）公开处理信息的规则；（三）明示处理信息的目的、方式和范围；（四）不违反法律、行政法规的规定和双方的约定。个人信息的处理包括个人信息的收集、存储、使用、加工、传输、提供、公开等。"

条[1]、旅游法第六十七条[2]规定即可。

（六）第十四条

【修改内容】

删除。

【修改说明】

第一，该条第二款与旅游法第七十一条规定冲突，旅游法未将"旅游经营者对旅游辅助服务者未尽谨慎选择义务"作为旅游经营者承担赔偿责任的要件。第二，删除该条规定不影响案件审理。旅游法第七十一条对"由于地接社、履行辅助人的原因造成旅游者人身损害、财产损失的"情况作了更为明确的规定，案件审理适用旅游法第七十一条[3]规定即可。

（七）第十六条

【修改内容】

将"旅游经营者准许他人挂靠其名下从事旅游业务，造成旅游者人身损害、财产损失，旅游者请求旅游经营者与挂靠人承担连带责任的，人民法院应予支持"修改为"旅游经营者准许他人挂靠其名下从事旅游业务，造成旅游者人身损害、财产损失，旅游者依据民法典第一千一百六十八条的规定请求旅游经营者与挂靠人承担连带责任的，人民法院应予支持"。即明确旅游者请求旅游经营者与挂靠人承担连带责任的法律依据是民法典第一千一百六十八条。

【修改说明】

全国人大常委会法工委建议明确挂靠人与被挂靠人承担连带责任的法律依据。连带责任的法律依据有：民法典第一千二百一十一条"以挂靠形式从事道路运输经营活动的机动车，发生交通事故造成损害，属于该机动车一方责任的，由挂靠人和被挂靠人承担连带责任"。第一千一百六十八条"二人以上共同实施侵权行为，造成他人损害的，应当承担连带责任"。旅游经营者与挂靠人承担连带责任的依据是共同侵权的法律规定，故作出上述修改。

（八）第十七条

【修改内容】

将"旅游经营者违反合同约定，有擅自改变旅游行程、遗漏旅游景点、减少旅游服务项目、降低旅游服务标准等行为，旅游者请求旅游经营者赔偿未完成约定旅游服

---

[1] 民法典第五百九十条规定："当事人一方因不可抗力不能履行合同的，根据不可抗力的影响，部分或者全部免除责任，但是法律另有规定的除外。因不可抗力不能履行合同的，应当及时通知对方，以减轻可能给对方造成的损失，并应当在合理期限内提供证明。当事人迟延履行后发生不可抗力的，不免除其违约责任。"

[2] 旅游法第六十七条规定："因不可抗力或者旅行社、履行辅助人已尽合理注意义务仍不能避免的事件，影响旅游行程的，按照下列情形处理：（一）合同不能继续履行的，旅行社和旅游者均可以解除合同。合同不能完全履行的，旅行社经向旅游者作出说明，可以在合理范围内变更合同；旅游者不同意变更的，可以解除合同。（二）合同解除的，组团社应当在扣除已向地接社或者履行辅助人支付且不可退还的费用后，将余款退还旅游者；合同变更的，因此增加的费用由旅游者承担，减少的费用退还旅游者。（三）危及旅游者人身、财产安全的，旅行社应当采取相应的安全措施，因此支出的费用，由旅行社与旅游者分担。（四）造成旅游者滞留的，旅行社应当采取相应的安置措施。因此增加的食宿费用，由旅游者承担；增加的返程费用，由旅行社与旅游者分担。"

[3] 旅游法第七十一条规定："由于地接社、履行辅助人的原因导致违约的，由组团社承担责任；组团社承担责任后可以向地接社、履行辅助人追偿。由于地接社、履行辅助人的原因造成旅游者人身损害、财产损失的，旅游者可以要求地接社、履行辅助人承担赔偿责任，也可以要求组团社承担赔偿责任；组团社承担责任后可以向地接社、履行辅助人追偿。但是，由于公共交通经营者的原因造成旅游者人身损害、财产损失的，由公共交通经营者依法承担赔偿责任，旅行社应当协助旅游者向公共交通经营者索赔。"

务项目等合理费用的，人民法院应予支持。旅游经营者提供服务时有欺诈行为，旅游者请求旅游经营者双倍赔偿其遭受的损失的，人民法院应予支持"修改为"旅游经营者违反合同约定，有擅自改变旅游行程、遗漏旅游景点、减少旅游服务项目、降低旅游服务标准等行为，旅游者请求旅游经营者赔偿未完成约定旅游服务项目等合理费用的，人民法院应予支持。旅游经营者提供服务时有欺诈行为，旅游者依据消费者权益保护法第五十五条第一款规定请求旅游经营者承担惩罚性赔偿责任的，人民法院应予支持"。

【修改说明】

该条第二款规定惩罚性赔偿的数额为"双倍赔偿旅游者遭受的损失"，与消费者权益保护法第五十五条①规定存在冲突，修改为与消费者权益保护法第五十五条第一款规定一致。

（九）第二十一条

【修改内容】

删除。

【修改说明】

该条规定旅游者提起违约之诉，不能主张精神损害赔偿，与民法典第九百九十六条规定冲突。当事人提起违约之诉，亦可以主张精神损害赔偿责任。案件审理应适用民法典第九百九十六条②规定。

（十）第二十二条

【修改内容】

将"旅游经营者或者旅游辅助服务者为旅游者代管的行李物品损毁、灭失，旅游者请求赔偿损失的，人民法院应予支持，但下列情形除外：（一）损失是由于旅游者未听从旅游经营者或者旅游辅助服务者的事先声明或者提示，未将现金、有价证券、贵重物品由其随身携带而造成的；（二）损失是由于不可抗力、意外事件造成的；（三）损失是由于旅游者的过错造成的；（四）损失是由于物品的自然属性造成的"修改为"旅游经营者或者旅游辅助服务者为旅游者代管的行李物品损毁、灭失，旅游者请求赔偿损失的，人民法院应予支持，但下列情形除外：（一）损失是由于旅游者未听从旅游经营者或者旅游辅助服务者的事先声明或者提示，未将现金、有价证券、贵重物品由其随身携带而造成的；（二）损失是由于不可抗力造成的；（三）损失是由于旅游者的过错造成的；（四）损失是由于物品的自然属性造成的"。即第二项删除"意外事件"。

【修改说明】

民法典并未将意外事件作为一种独立的免责事由进行规定。该条系根据全国人大常委会法工委的意见修改。

（十一）第二十五条

【修改内容】

将"旅游经营者事先设计，并以确定的总价提供交通、住宿、游览等一项或者多

---

① 消费者权益保护法第五十五条第一款规定："经营者提供商品或者服务有欺诈行为的，应当按照消费者的要求增加赔偿其受到的损失，增加赔偿的金额为消费者购买商品的价款或者接受服务的费用的三倍；增加赔偿的金额不足五百元的，为五百元。法律另有规定的，依照其规定。"

② 民法典第九百九十六条规定："因当事人一方的违约行为，损害对方人格权并造成严重精神损害，受损害方选择请求其承担违约责任的，不影响受损害方请求精神损害赔偿。"

项服务，不提供导游和领队服务，由旅游者自行安排游览行程的旅游过程中，旅游经营者提供的服务不符合合同约定，侵害旅游者合法权益，旅游者请求旅游经营者承担相应责任的，人民法院应予支持。旅游者在自行安排的旅游活动中合法权益受到侵害，请求旅游经营者、旅游辅助服务者承担责任的，人民法院不予支持"修改为"旅游经营者事先设计，并以确定的总价提供交通、住宿、游览等一项或者多项服务，不提供导游和领队服务，由旅游者自行安排游览行程的旅游过程中，旅游经营者提供的服务不符合合同约定，侵害旅游者合法权益，旅游者请求旅游经营者承担相应责任的，人民法院应予支持"。即删除第二款。

【修改说明】
旅游法第七十条第三款①对此已经予以规定。

（撰稿人：谢爱梅）

最高人民法院
关于国有土地开荒后用于农耕的土地使用权转让合同纠纷案件如何适用法律问题的批复

（2011年11月21日最高人民法院审判委员会第1532次会议通过 根据2020年12月23日最高人民法院审判委员会第1823次会议通过的《最高人民法院关于修改〈最高人民法院关于在民事审判工作中适用《中华人民共和国工会法》若干问题的解释〉等二十七件民事类司法解释的决定》修正）

甘肃省高级人民法院：
你院《关于对国有土地经营权转让如何适用法律的请示》（甘高法〔2010〕84号）收悉。经研究，答复如下：

开荒后用于农耕而未交由农民集体使用的国有土地，不属于《中华人民共和国农村土地承包法》第二条规定的农村土地。此类土地使用权的转让，不适用《中华人民共和国农村土地承包法》的规定，应适用《中华人民共和国民法典》和《中华人民共和国土地管理法》等相关法律规定加以规范。

对于国有土地开荒后用于农耕的土地使用权转让合同，不违反法律、行政法规的强制性规定的，当事人仅以转让方未取得土地使用权证书为由请求确认合同无效的，人民法院依法不予支持；当事人根据合同约定主张对方当事人履行办理土地使用权证书义务的，人民法院依法应予支持。

---

① 旅游法第七十条第三款规定："在旅游者自行安排活动期间，旅行社未尽到安全提示、救助义务的，应当对旅游者的人身损害、财产损失承担相应责任。"

【解读】

解读《关于国有土地开荒后用于农耕的土地使用权转让合同纠纷案件如何适用法律问题的批复》

一、问题的提出

2012年9月4日,最高人民法院公布了《关于国有土地开荒后用于农耕的土地使用权转让合同纠纷案件如何适用法律问题的批复》(以下简称《批复》),对国有土地开荒后用于农耕的土地使用权的性质及该土地使用权转让合同的效力问题作出了明确规定。为便于在审判实践中正确理解和把握《批复》的有关内容,现就《批复》作简要介绍。

二、理解与适用

(一)关于国有土地开荒后用于农耕的土地使用权是否应当适用农村土地承包法的问题

对于这一问题,在调研过程中,有关部门及专家学者一致意见认为,开发未确定使用权的国有荒地从事农业生产的,不适用农村土地承包法,而应适用土地管理法及相关行政法规的规定。我们赞成此意见。农村土地承包法(2009年修正,下同)第二条规定:"本法所称农村土地,是指农民集体所有和国家所有依法由农民集体使用的耕地、林地、草地,以及其他依法用于农业的土地。"鉴于《甘肃省高级人民法院关于对国有土地经营权转让如何适用法律的请示》(以下简称《请示》)所涉及的土地为开荒后用于农耕而未交由农民集体使用的国有土地,并不属于上述规定的农村土地,故不能适用该法调整。此类土地使用权的转让,应适用合同法①和土地管理法等相关法律规定加以规范。

(二)关于国有土地开荒后用于农耕的土地使用权转让合同的效力认定问题

这一问题是《批复》的核心内容。对此,在调研过程中有两种意见:一种意见认为,国有土地开荒后用于农耕的土地使用权转让合同的效力认定不能适用农村土地承包法,而土地管理法等法律对于国有农用地使用权流转并没有设定行政审批等限定条件,其流转无须履行审批手续,未取得相关证书或未经有关部门批准,只是土地使用缺乏合法性,并不影响合同本身效力,故国有土地开荒后用于农耕的土地使用权转让合同应当认定为有效;另一种意见认为,《最高人民法院关于审理涉及国有土地使用权合同纠纷案件适用法律问题的解释》(2005年公布)对此已有明确规定,其第九条规定:"转让方未取得出让土地使用权证书与受让方订立合同转让土地使用权,起诉前转让方已经取得出让土地使用权证书或者有批准权的人民政府同意转让的,应当认定合同有效。"国有土地开荒后用于农耕的土地使用权转让合同的效力认定问题,可以直接适用此规定,即国有土地开荒后用于农耕的土地使用权转让合同在起诉前未经有关部门批准的,应该认定为无效。我们经认真研究后认为,对于国有土地开荒后用于农耕的土地使用权转让合同的效力认定问题,应该根据案情进行具体判断,对于不违反法

---

① 现为民法典。——编者注

律、行政法规的强制性规定的，当事人仅以转让方未取得土地使用权证书为由请求确认合同无效的，人民法院应依法不予支持。

1. 关于国有土地开荒后用于农耕的土地使用权转让合同效力的判断规则

合同法第四十四条第二款规定："法律、行政法规规定应当办理批准、登记等手续生效的，依照其规定。"物权法第十五条规定："当事人之间订立有关设立、变更、转让和消灭不动产物权的合同，除法律另有规定或者合同另有约定外，自合同成立时生效；未办理物权登记的，不影响合同效力。"《最高人民法院关于适用〈中华人民共和国合同法〉若干问题的解释（一）》第四条规定："合同法实施以后，人民法院确认合同无效，应当以全国人大及其常委会制定的法律和国务院制定的行政法规为依据，不得以地方性法规、行政规章为依据。"其第九条第一款规定："依照合同法第四十四条第二款的规定，法律、行政法规规定合同应当办理批准手续，或者办理批准、登记等手续才生效，在一审法庭辩论终结前当事人仍未办理批准手续的，或者仍未办理批准、登记等手续的，人民法院应当认定该合同未生效；法律、行政法规规定合同应当办理登记手续，但未规定登记后生效的，当事人未办理登记手续不影响合同的效力，合同标的物所有权及其他物权不能转移。"虽然土地管理法（2004年修正，下同）第四十条规定："开发未确定使用权的国有荒山、荒地、荒滩从事种植业、林业、畜牧业、渔业生产的，经县级以上人民政府依法批准，可以确定给开发单位或者个人长期使用。"但是该条规定仅是对国有荒地出让或划拨的限定，并非对国有土地开荒后用于农耕的土地使用权转让的禁止性规定，"经县级以上人民政府依法批准"也不是国有土地开荒后用于农耕的土地使用权转让合同的生效要件。因此，不能以未经县级以上人民政府依法批准或者未取得土地使用权证书认定国有土地开荒后用于农耕的土地使用权转让合同无效。

2. 结合具体案情的考量

合同法第一百零七条规定："当事人一方不履行合同义务或者履行合同义务不符合约定的，应当承担继续履行、采取补救措施或者赔偿损失等违约责任。"《请示》所涉及案件的双方当事人在土地转让契约中明确约定："待徐某某将所有土地手续办齐全和土地双方验收后付第二次的40万元……徐某某要尽快办理土地使用的一切手续，待办好后交苟某某收存保管。"可见，办理土地使用权审批手续属于合同约定的徐某某应当承担的义务。徐某某未按约定履行该义务，应当承担相应的违约责任，而不能据此认定该合同无效。

3. 从法律效果与社会效果有机统一的办案目标考量

作为一种新的涉农案件类型，在不违反法律、行政法规的强制性规定的情况下，尽量维持合同效力，不以未办理相关土地使用权证书或履行批准手续为由认定合同无效，符合合同法、物权法及最高人民法院印发的《最高人民法院关于为推进农村改革发展提供司法保障和法律服务的若干意见》等法律、规范性文件的精神，有利于维持合同关系稳定，促进土地开发和利用，推动农业生产和发展。

（三）关于在国有土地开荒后用于农耕的土地使用权转让合同纠纷中贯彻物权变动与其原因行为的区分原则的问题

区分原则是物权法规定的一项重要原则，其第十五条规定："当事人之间订立有关设立、变更、转让和消灭不动产物权的合同，除法律另有规定或者合同另有约定外，自合同成立时生效；未办理物权登记的，不影响合同效力。"在物权法施行后，有关土地使用权转让的合同效力要与物权变动本身予以区分,未办理批准登记手续影响的是土地使用权是否变动本身,并不能就此认定合同无效。肯定合同效力,至少可以通过追究违约责任的方式对守约方予以救济,也符合诚信原则的要求。但是若简单地认定合同有效,在实践操作上容易与土地使用权转让本身相混淆,影响国家的土地管理秩序。从维护合同诚信、公平保护当事人合法权益及鼓励交易的理念出发,按照区分原则的要求,对国有土地开荒后用于农耕的土地使用权转让合同的效力认定问题应作以下理解。

1. 区分认定该土地使用权转让与该土地使用权转让合同的效力

转让人是否取得土地使用权证书或者其使用该土地是否经有批准权的人民政府批准直接涉及当事人对该土地是否为合法有权使用,当然也是该土地使用权合法有效转让的基础性条件。但这应该与该土地使用权转让合同相区分,该合同的效力仍应依据合同法第五十二条等规定从合同本身进行判断。对于当事人仅以转让方未取得土地使用权证书或者其使用该土地未经有批准权的人民政府依法批准为由请求确认该土地使用权转让合同无效的,人民法院应当依法不予支持。

2. 区分认定该土地使用权转让合同的不同条款的效力

合同法第五十六条后半段规定:"合同部分无效,不影响其他部分效力的,其他部分仍然有效。"如上所述,转让人是否取得土地使用权证书或者其使用该土地是否经有批准权的人民政府批准是该土地使用权合法有效转让的基础性条件。这可以影响该合同项下的土地使用权转让部分的效力,但不能影响该合同项下关于当事人履行办理土地使用权证书义务条款的效力。在此条款不违反法律、行政法规的强制性规定的前提下,有关当事人负有办理土地使用权证书的义务。而在其履行办理土地使用权证书义务并取得土地使用权证书或者经过有批准权的人民政府依法批准后,该合同项下土地使用权转让部分的条款当然也就具备了合法有效的基础。因此,对于未取得土地使用权证书或者未经有批准权的人民政府批准的,将有关土地使用权本身转让的条款理解为未生效更为科学合理。这样规定既充分尊重了当事人的意思自治,又能够有效维护守约方的合法权益,更是倡导了诚实守信、鼓励交易的合同法基本价值取向。

(撰稿人:孙佑海、陈龙业)

指导案例 64 号

刘某捷诉某通信集团江苏有限公司某分公司
电信服务合同纠纷案

(最高人民法院审判委员会讨论通过 2016 年 6 月 30 日发布)

关键词

民事 电信服务合同 告知义务 有效期限 违约

裁判要点

1. 经营者在格式合同中未明确规定对某项商品或服务的限制条件，且未能证明在订立合同时已将该限制条件明确告知消费者并获得消费者同意的，该限制条件对消费者不产生效力。

2. 电信服务企业在订立合同时未向消费者告知某项服务设定了有效期限限制，在合同履行中又以该项服务超过有效期限为由限制或停止对消费者服务的，构成违约，应当承担违约责任。

相关法条

《中华人民共和国合同法》第三十九条

基本案情

2009年11月24日，原告刘某捷在被告某通信集团江苏有限公司某分公司（以下简称某分公司）营业厅申请办理"神州行标准卡"，手机号码为1590520××××，付费方式为预付费。原告当场预付话费50元，并参与某分公司充50元送50元的活动。在业务受理单所附《某通信客户入网服务协议》中，双方对各自的权利和义务进行了约定，其中第四项特殊情况的承担中的第一条为：在下列情况下，乙方有权暂停或限制甲方的通信服务，由此给甲方造成的损失，乙方不承担责任：（1）甲方银行账户被查封、冻结或余额不足等非乙方原因造成的结算时扣划不成功的；（2）甲方预付费使用完毕而未及时补交款项（包括预付费账户余额不足以扣划下一笔预付费用）的。

2010年7月5日，原告在某通信集团官方网站网上营业厅通过银联卡网上充值50元。2010年11月7日，原告在使用该手机号码时发现该手机号码已被停机，原告到被告的营业厅查询，得知被告于2010年10月23日因话费有效期到期而暂停通信服务，此时账户余额为11.70元。原告认为被告单方终止服务构成合同违约，遂诉至法院。

裁判结果

江苏省徐州市泉山区人民法院于2011年6月16日作出（2011）泉商初字第240号民事判决：被告某分公司于本判决生效之日起十日内取消对原告刘某捷的手机号码为1590520××××的话费有效期的限制，恢复该号码的通信服务。一审宣判后，被告提出上诉，二审期间申请撤回上诉，一审判决已发生法律效力。

裁判理由

法院生效裁判认为：电信用户的知情权是电信用户在接受电信服务时的一项基本权利，用户在办理电信业务时，电信业务的经营者必须向其明确说明该电信业务的内容，包括业务功能、费用收取办法及交费时间、障碍申告等。如果用户在不知悉该电信业务的真实情况下进行消费，就会剥夺用户对电信业务的选择权，达不到真正追求的电信消费目的。

依据合同法第三十九条的规定，采用格式条款订立合同的，提供格式条款的一方应当遵循公平原则确定当事人之间的权利和义务，并采取合理的方式提请对方注意免除或者限制其责任的条款，按照对方的要求，对该条款予以说明。电信业务的经营者作为提供电信服务合同格式条款的一方，应当遵循公平原则确定与电信用户的权利义务内容，权利义务的内容必须符合维护电信用户和电信业务经营者的合法权益、促进电信业的健康发展的立法目的，并有效告知对方注意免除或者限制其责任的条款并向其释明。业务受理单、入网服务协议是电信服务合同的主要内容，确定了原告、被告双方的权利义务内容，入网服务协议第四项约定有权暂停或限制移动通信服务的情形，第五项约定有权解除协议、收回号码、终止提供服务的情形，均没有因有效期到期而中止、解除、终止合同的约定。而话费有效期限制直接影响到原告手机号码的正常使用，一旦有效期到期，将导致停机、号码被收回的后果，因此被告对此负有明确如实告知的义务，且在订立电信服务合同之前就应如实告知原告。如果在订立合同之前未告知，即使在缴费阶段告知，亦剥夺了当事人的选择权，有违公平和诚实信用原则。被告主张"通过单联发票、宣传册和短信的方式向原告告知了有效期"，但未能提供有效的证据予以证明。综上所述，本案被告既未在电信服务合同中约定有效期内容，亦未提供有效证据证实已将有效期限制明确告知原告，被告暂停服务、收回号码的行为构成违约，应当承担继续履行等违约责任，故对原告主张"取消被告对原告的话费有效期的限制，继续履行合同"的诉讼请求依法予以支持。

（生效裁判审判人员：王平、赵增尧、李丽）

【解读】

解读《刘某捷诉某通信集团江苏有限公司某分公司电信服务合同纠纷案》

2016年6月30日，最高人民法院发布了指导性案例64号《刘某捷诉某通信集团江苏有限公司某分公司电信服务合同纠纷案》。为了正确理解和准确参照适用该指导性案例，现对该指导性案例的推选经过、裁判要点、需要说明的问题等予以解释、论证和说明。

一、推选过程及其指导意义

刘某捷诉某通信集团江苏有限公司某分公司（以下简称某分公司）电信服务合同纠纷一案，江苏省徐州市泉山区人民法院于2011年6月16日作出（2011）泉商初字第240号民事判决。一审宣判后，被告不服判决提出上诉，二审期间申请撤回上诉，一审判决发生法律效力。该案例是江苏省徐州市中级人民法院建议推荐，江苏省高级人民法院审核后，向最高人民法院案例指导办公室推荐。2014年10月13日，江苏省高级人民法院审判委员会讨论认为，该案的裁判不仅对制裁电信公司违约行为，保护消费者合法权益具有积极的作用，而且对取消类似霸王条款（如流量清零等）、规范电信服务经营行为，平衡电信经营管理需要与消费者权益保护等，也具有良好的司法引导效应，符合备选指导性案例的要求，同意推荐本案例。① 最高人民法院案例指导办公室经过初审同意推荐该案例，并送研究室民事处、民一庭征求意见，均表示同意推荐。研究室民事处审查认为，本案例在电信服务合同的告知义务及合同解释方面确立了明确的规则，有利于统一法律适用标准，确保缔约时消费者的意思自由不被格式合同减损，也有利于促进电信服务商的服务标准的提高。民一庭审查认为，该案社会广泛关注，涉及消费者知情权的保护与经营者的告知义务，具有普遍的指导意义，适用法律正确，且已在《最高人民法院公报》2012年第10期刊登过，同意其作为指导性案例。2015年11月26日，最高人民法院研究室室务会经讨论，原则通过本案例，另认为本案例需要明确实践中是否存有争议，补充相关材料后，报主管院领导审核，再提交审委会审议。后经查询最高人民法院内网"中国法律知识总库"，进行了相关案例检索，搜索到两篇案例，与本案例基本案情相似，但法院给出了相反判决结论，这说明本案例所涉法律问题具有一定的争议性。② 2016年5月10日，最高人民法院审判委员会民专会第239次会议审议，鉴于该备选指导性案例涉及电信服务行业管理问题，对相关企业有一定影响，原则通过该案例，征求工信部意见后再上报。2016年6月17日，工信部政策法规司回复："经研究，该案作为指导性案例发布，我们无不同意见。"2016年6月30日，最高人民法院以法〔2016〕214号文件将该案例列在第13批指导案例予以发布。

该指导案例旨在明确电信服务企业在订立合同时未向消费者告知某项服务设定了使用期限限制，在合同履行中又以该项服务超过有效期限为由限制或停止对消费者服务的，构成违约，应当承担违约责任。该案例对于明确格式合同有关条款的法律适用规则，保护消费者合法权益，规范电信服务等行业的经营秩序具有明显的指导作用。

二、裁判要点的理解与说明

在大量生产、大量销售、大量消费的现代社会中，消费行为已经不单纯是人们基于满足欲望，而消耗财物或利用服务的行为，而是人与人之间、人与国家、社会之间的基础关系。对消费者而言，其没有组织能力，对消费物品往往是无所知悉，在财力、

---

① 本案涉及电信等公共服务领域的消费者权益保护问题。实践中，电信等公共服务企业凭借其优势地位，在向消费者提供服务过程中，设立一些不公平、不合理的交易条件即霸王条款，侵害消费者权益的现象比较普遍。本案所反映的为预付话费设定有效期就是其中一种情形。在本案中，双方在签订合同时对预付话费的有效期并没有约定，而电信服务企业在合同履行过程中，以所谓的交易惯例为预付话费单方设定了有效期，规定消费者必须在规定的期限内将预付话费消费完，否则预付的话费不能使用也不退还。为预付话费设定有效期实质上是一种强制消费行为，一方面，该条款在签约前未告知消费者，另一方面，该条款过度保护了电信服务企业的利益，导致双方权利义务不平衡，故应认定其为不公平、不合理的条款。本案的裁判不仅对制裁电信公司违约行为，保护消费者合法权益具有积极的作用，而且对取消类似霸王条款（如流量清零等）、规范电信服务经营行为，也具有良好的司法引导效应。

② 上海市第二中级人民法院（2009）沪二中民一（民）终字第2853号民事判决书认为，电信服务企业根据信息产业部有关规定，为有效利用电信网码号资源，以在报纸上刊登公告等方式说明和重申电话储值卡号码有效期的，消费者应当知晓并遵守。消费者持有电话卡超过有效期限，电信服务企业停止服务的，符合有关约定和相关电信管理规定。北京市第一中级人民法院（2012）一中民二终字第625号民事判决书认为，电信服务企业已通过宣传彩页等多种形式宣传和公示了电话卡存在有效期，消费者对此应是明知的，因此对消费者主张的恢复其手机号码的诉讼请求不予支持。另外，本案例在庭审过程中，电信企业也提交了两个案例，北京市东城区人民法院（2006）东民初字第07661号民事裁定书、北京市第二中级人民法院（2008）二中民终字第05443号民事裁定书，该两案原告要求确认充值卡有关有效期限制的条款违法的诉讼请求，最终被法院以"不属于平等主体的民事法律关系"裁定驳回起诉，借以证明是否应当设定有效期的问题不属于民事诉讼的范围，且有相关案例证实。但本案在判决时法院认为，首先这两个案例与本案不具有关联性，其次被告辩称"是否应当设定有效期的问题，不属于民事诉讼的受案范围"，而原告是作为电信服务合同的一方当事人，以电信经营者违约而提起的合同之诉，并未将是否应当设定有效期作为独立的诉讼请求提出，对被告该辩称理由法院依法不予支持。

人力及资讯能力方面相对于生产经营者而言处于弱势地位。为避免生产经营者借助其在人力、财力以及资讯能力方面有利地位给予自身过度保护，促使生产经营者特别是公共服务企业反省如何以合法、正当的经营方式经营，促进经营者的义务履行，需要对经营者进行一定的规制。

该指导案例裁判要点确认：(1) 经营者在格式合同中未明确规定对某项商品或服务的限制条件，且未能证明在订立合同时已将该限制条件明确告知消费者并获得消费者同意的，该限制条件不对消费者产生效力。(2) 电信服务企业在订立合同时未向消费者告知某项服务设定了使用期限限制，在合同履行中又以该项服务超过有效期限为由限制或停止对消费者的服务的，构成违约行为，应当承担违约责任。

根据信息产业部于2004年10月发布的《关于规范电信服务协议有关问题的通知》（信部电〔2004〕381号），"……电信服务协议，是指电信业务经营者为了重复使用而预先拟定的，规范与电信用户之间的权利义务关系的合同。"这样看，电信服务协议，符合合同法第三十九条第二款关于格式条款的界定，①电信服务协议应认定为我国合同法第三十九条项下的格式合同。但对诸如限制合同相对方权利的限制性条款，如果未在格式条款中出现，而试图以其他方式或途径嵌入到格式条款中，如通过宣传广告、店堂告示反复使用或是通过在开出的发票上单独印制等，如何进行认定以及其效力如何，法律并没有明确规定。如本案例中的"经营者在格式合同中未明确规定对某项商品或服务的限制条件，且未能证明在订立合同时已将该限制条件明确告知消费者"该如何认定。该指导案例的规则意义在于，它不但填补了合同法第三十九条的空白，并将合同法第三条规定的"平等、自愿原则"得到具体体现。

1. 限制性条款的确认

合同法第三条规定，"合同当事人的法律地位平等，一方不得将自己的意志强加给另一方。"这是合同法规定的最重要的基本原则"平等、自愿原则。"全国人民代表大会常务委员会法制工作委员会主任于1999年3月9日所作《关于〈中华人民共和国合同法（草案）〉的说明》指出，"自愿原则体现了民事活动的基本特征，是民事法律关系区别于行政法律关系、刑事法律关系特有的原则，也是发展社会主义市场经济的客观要求。"本案被告辩称，"根据电信条例及原邮电部及信息产业部的相关规定，被告依法对提供给原告使用号码的话费有效期进行限制，且充分保护了客户的权利。国家对电信资源统一规划、集中管理、合理分配，实行有偿使用制度。电信资源是指无线电频率、卫星轨道位置、电信网码号等用于实现电信功能且有限的资源，为了有效利用国家的码号资源，避免用户无限期地占用码号资源，规定了话费有效期。原、被告之间建立的电信服务合同约定的付费方式为预付费，双方应遵守国家相关部门关于预付费业务管理的相关规定。是否应当设定原告有效期的问题，不属于民事诉讼的范围。"通过这一答辩，我们看出，被告试图以行业主管者的姿态，要求消费者接受合同中并不存在的条款，是对"平等、自愿原则"最直接的侵害，因此，本指导案例的裁判要点第一句直接否定了该案被告的答辩意见，指出未经协商过程，单方设置的限制相对方权利的条款，对相对方不产生效力，这是对合同法"平等、自愿原则"的维护和直接体现。

---

① 格式条款是当事人为了重复使用而预先拟定，并在订立合同时未与对方协商的条款。

2. 将限制或免除责任的条款通过其他方式嵌入格式条款并成为其一部分必须具备的条件

合同法第三十九条第一款规定,"采用格式条款订立合同的,提供格式条款的一方应当遵循公平原则确定当事人之间的权利和义务,并采取合理的方式提请对方注意免除或者限制其责任的条款,按照对方的要求,对该条款予以说明。"该条款规制的背景是,格式合同中"出现"了免除或限制责任的条款,但合同法第三十九条并未直接规定格式合同本身未包括的限制性条款。例如,格式条款提供方试图通过其他方式,如本案例中的"单联发票、宣传册和短信"等形式或者途径,对消费者权利作出的限制,是否构成格式条款。如果说格式合同中可能存在霸王条款,而霸王条款因不符合"平等、自愿原则"而遭到合同法的诸多否定评价,那么本指导案例所规制的格式合同提供方未提示对方注意未在格式条款中出现,但以其他方式构成合同条款的限制性条款,那么对该等条款如何认定,将是比霸王条款更向格式合同提供方倾斜提出义务和要求,但合同法对此并未给出明确规则。

3. 限制性条款应当认定为格式条款的一种形式

虽然合同法第三十九条未直接规定,格式合同本身未包括限制性条款,但格式条款提供方试图通过其他方式(例如单联发票、宣传册和短信)在合同中纳入限制性条款的情况,应当如何承担法律责任?由于合同法第三十九条已经对比这种情形为轻的情况即格式合同中包含了限制性条款给予了否定评价,对本指导案例涉及的采取其他方式或者途径,将限制性条款纳入格式条款的情形,如何适用法律,将成为法律适用上的"盲点"。

一般而言,对格式合同的审查程序分三步:(1)争议条款是否已经构成当事人合同的内容;(2)已经构成合同内容的条款是否存在解释上的疑义,如有,则应作有利于相对方的解释;(3)如条款并无解释疑义,则又是否因法定事由而无效。[①] 其中,争议条款是否构成当事人合同的内容,即是否"成立",是判断其有无拘束力的先决条件。

"举重以明轻"。对于"明定明示"的,给予否定性评价,那么对于试图"绕弯"的,更应当给予否定性评价。因此我们可以设想,假如立法者考虑到了本指导案例的情况,那么他们也一定会对这种情况作出否定性评价。本指导案例裁判要点中的"如格式合同未包括对某项商品或服务的限制条件,且提供格式合同的一方未能证明,其在订立合同之前已将该限制条件明确告知合同相对方并获得合同相对方的同意,该限制条件不对消费者产生效力",完全符合合同法第三十九条的立法精神。

4. 真实、全面的告知义务是限制性条款提供方的基本义务

消费者权益保护法(2009年修正)第十九条规定,"经营者应当向消费者提供有关商品或者服务的真实信息,不得作引人误解的虚假宣传。"该条于2013年被修正为:"经营者向消费者提供有关商品或者服务的质量、性能、用途、有效期限等信息,应当真实、全面,不得作虚假或者引人误解的宣传。"上述条款确立了经营者的"告知义

[①] 综合著名学者崔建远、王利明、韩世远以及中国台湾地区王泽鉴、詹森林等教授的见解。参见崔建远:《合同法》,法律出版社2010年版,第63~69页;王利明:《合同法研究》,中国人民大学出版社2002年版,第393~405页;韩世远:《合同法总论》,法律出版社2002年版,第839~850页;王泽鉴:《债法原理》,中国政法大学出版社2001年版,第90~91页;詹森林:《民事法理与判决研究》,中国政法大学出版社2009年版,第109页。

务",即真实、全面向消费者提供有关商品或者服务的质量、性能、用途、有效期限等信息的义务。该义务派生于消费者的知情权,即获悉其购买、使用的商品或接受服务的真实情况的权利。知情权是该法规定消费者权利的基础性和前置性的权利,这也凸显了经营者告知义务的重要性。本案例的被告某分公司属于消费者权益保护法规定的经营者,本案例的原告刘某捷属于消费者权益保护法规定的消费者。被告未将"话费有效期"这一限制性条款列入格式合同《某通信客户入网服务协议》,显然违反了消费者权益保护法(2009年修正)第十九条规定的经营者的义务。对此,消费者权益保护法(2013年修正)第二十条的规定更为明确。

然而,消费者权益保护法(2009年修正)第十九条仅规定了经营者的义务,并未直接规定经营者违反此义务的法律责任。纵观消费者权益保护法(2009年修正)第七章"法律责任"部分,除了第四十八条第一款第九项兜底条款之外,也并无任何一项可以用于填补消费者权益保护法(2009年修正)第十九条留下的法律责任空白。这大概可以解释,为什么在原审判决中,法院并未援引消费者权益保护法(2009年修正)第十九条规定。

5. 限制性条款成立必须满足合同法第三条规定的"平等、自愿原则"的要求

本案例提出,对签订合同时对预付话费的有效期没有约定,而经营者在合同履行过程中,以交易惯例为预付话费单方设定了有效期,实质上是一种限制性行为,应当在"订立合同时告知"。否则,该条款过度保护了经营者的利益。因为经营者的告知义务为法定告知义务,不能由企业经营者以单方的意思或与消费者约定予以预先免除。①企业经营者也当然不能以存在内部有关规范性文件规定而免除企业经营者的告知义务,除非有上位法律规定明确免除企业经营者对消费者的告知义务。②

本案例中,被告某分公司作为经营者,提供的格式合同中均没有因有效期到期而中止、解除、终止合同的约定。而话费有效期限制直接影响原告手机号码的正常使用,一旦有效期到期,将导致停机、号码被收回的后果,因此被告对此负有明确如实告知的义务,且在订立电信服务合同之前就应如实告知原告。如果在订立合同之前未告知,即使在合同履行中的缴费阶段告知,亦剥夺了当事人的选择权,有违公平和诚实信用原则。

6. 经营企业应当在订立合同时进行告知

对消费者履行书面告知的义务,其目的只在于使消费者对商品或服务有所认识、了解,并于发现所接受的商品或服务不尽符合自己意思时,可以行使解除权。如果消费者在签约时根本不可能充分认识、了解商品或服务,或者未能有充分选择的机会,那么就应当认定为消费者对此种商品或服务没有得到明确的认识,故经营者履行告知义务应当是在合同成立之时,而非合同成立后的履行阶段。本指导案例中,被告抗辩在原告续存话费的发票上告知了原告话费存在有效期限,而未在订立合同时告知,除非消费者对使用限制情况明知和接受,被告在缴费阶段告知,亦剥夺了当事人的知情权和选择权。

---

① 《联合国消费者保护指南》第19条规定,消费者应受到保护,以免于受到单方定型化契约、排除其基本权利之契约及不公平契约条款的伤害。

② 《联合国消费者保护指南》第21条规定,各国政府应鼓励相关当事人从事于有关消费商品各种精确资讯之自由传播。

7. 经营者应当对告知义务的履行负举证责任

因为经营者的履行告知义务为其法定义务,且相对消费者而言,其具有证据上的优势,持有这种履行义务的证据,故告知义务履行的举证责任自应由经营者承担。依照《最高人民法院关于民事诉讼证据的若干规定》(2001年公布)第二条第二款的规定,没有证据或者证据不足以证明当事人的事实主张的,由负有举证责任的当事人承担不利后果,故被告没有向法院提供其在与原告签订电信服务合同时告知预存话费存在有效期限的证据,应当认定没有履行法定的告知义务,而承担违约责任。

8. 本指导案例的裁判规则有效地统一了合同法第三十九条和消费者权益保护法(2013年修正)第二十条的立法精神

虽然消费者权益保护法(2013年修正)第二十条仅规定了经营者的告知义务,而没有直接规定相应的法律责任,但绝不能认为,立法者有意使未充分履行告知义务的经营者免予承担法律责任,否则消费者权益保护法(2009年修正)第十九条将彻底沦为一纸空文。因此,该指导案例的裁判要点指出,"如格式合同未包括对某项商品或服务的限制条件,且提供格式合同的一方未能证明,其在订立合同之前已将该限制条件明确告知合同相对方并获得合同相对方的同意,该限制条件不对消费者产生效力。"格式合同提供方应当承担限制性条款不成立以及继续履行合同的民事责任。这一规定完全符合消费者权益保护法(2013年修正)第二十条的立法精神。

从全局看,本指导案例裁判要点的第一句,将消费者权益保护法(2013年修正)第二十条规定的经营者义务引入合同法领域;裁判要点第二句,将限制性条款不成立的民事责任引入经营者未履行消费者权益保护法(2013年修正)第二十条项下告知义务的规定,正是将两部法律立法精神有机统一的有益实践。

三、其他需要说明的问题

其一,值得一提的是,由于鼓励交易原则的存在,合同法关于合同的订立的一般规则并不必然适用于解决本指导案例涉及的情况。首先,从规则的层面,《最高人民法院关于适用〈中华人民共和国合同法〉若干问题的解释(二)》第一条规定,"当事人对合同是否成立存在争议,人民法院能够确定当事人名称或者姓名、标的和数量的,一般应当认定合同成立。"本条充分地体现了鼓励交易的原则。其次,在事实层面,在交易地位平等的主体之间,合同文本之外的其他载体(例如,本案提到的"单联发票、宣传册和短信")完全可能被用于证明其他条款的存在。

其二,经营者告知义务不是整个合同成立或有效的条件。通过书面形式,告知消费者有关商品或服务的具体资料,是企业经营者的法定义务。企业经营者只有确实履行了告知义务,消费者方可被期待对商品或服务有所认识。实践中,对消费者有关商品或服务进行的告知,有故意或过失上的缺漏,或故意为不实、错误、不明或足以让人误会等影响消费者行使消费者权益保护法(2013年修正)第九条第一款关于消费者享有自主选择商品或者服务的权利时,按照合同法的规定,企业经营者未告知的行为并不产生合同不成立或无效的法律后果,而仅产生违约的法律后果。故本指导案例中,被告虽未在合同订立时,向原告告知存在预存话费存在有效期限的限定,但双方当事人的电信服务合同依然成立且有效,而仅是赋予了原告向被告主张违约责任或解除合同或继续履行合同的选择权。

(撰稿人:葛文、石磊)

指导案例 68 号

上海欧某生物科技有限公司诉辽宁特某置业发展有限公司企业借贷纠纷案

(最高人民法院审判委员会讨论通过 2016 年 9 月 19 日发布)

关键词

民事诉讼 企业借贷 虚假诉讼

裁判要点

人民法院审理民事案件中发现存在虚假诉讼可能时,应当依职权调取相关证据,详细询问当事人,全面严格审查诉讼请求与相关证据之间是否存在矛盾,以及当事人诉讼中言行是否违背常理。经综合审查判断,当事人存在虚构事实、恶意串通、规避法律或国家政策以谋取非法利益,进行虚假民事诉讼情形的,应当依法予以制裁。

相关法条

《中华人民共和国民事诉讼法》第一百一十二条

基本案情

上海欧某生物科技有限公司(以下简称欧某公司)诉称:欧某公司借款给辽宁特某置业发展有限公司(以下简称特某公司)8650 万元,用于开发辽宁省东港市特某国际花园房地产项目。借期届满时,特某公司拒不偿还。故请求法院判令特某公司返还借款本金 8650 万元及利息。

特某公司辩称:对欧某公司起诉的事实予以认可,借款全部投入到特某国际花园房地产项目,房屋滞销,暂时无力偿还借款本息。

一审申诉人谢某述称:特某公司与欧某公司,通过虚构债务的方式,恶意侵害其合法权益,请求法院查明事实,依法制裁。

法院经审理查明:2007 年 7 月至 2009 年 3 月,欧某公司与特某公司先后签订 9 份《借款合同》,约定特某公司向欧某公司共借款 8650 万元,约定利息为同年贷款利率的 4 倍。约定借款用途为:只限用于特某国际花园房地产项目。借款合同签订后,欧某公司先后共汇款 10 笔,计 8650 万元,而特某公司却在收到汇款的当日或数日后立即将其中的 6 笔转出,共计转出 7050 万余元。其中 5 笔转往上海翰某实业发展有限公司(以下简称翰某公司),共计 6400 万余元。此外,欧某公司在提起一审诉讼要求特某公司还款期间,仍向特某公司转款 3 笔,计 360 万元。

欧某公司法定代表人为宗某光,该公司股东曲某丽持有 73.75% 的股权,姜某琪持有 2% 的股权,宗某光持有 2% 的股权。特某公司原法定代表人为王某新,翰某公司持有该公司 90% 股权,王某持有 10% 的股权,2010 年 8 月 16 日法定代表人变更为姜某琪。工商档案记载,该公司在变更登记时,领取执照人签字处由刘某君签字,而刘某君又是本案原一审诉讼期间欧某公司的委托代理人,身份系欧某公司的员工。翰某公司 2002 年 3 月 26 日成立,法定代表人为王某新,前身为上海特某化妆品有限公司,王某新持有该公司67%的股权，曲某丽持有33%的股权，同年10月28日，曲某丽将其持有的股权转让给王某。2004年10月10日该公司更名为翰某公司，公司登记等手续委托宗某光办理，2011年7月5日该公司注销。王某新与曲某丽系夫妻关系。

本案原一审诉讼期间，欧某公司于2010年6月22日向辽宁省高级人民法院（以下简称辽宁高院）提出财产保全申请，要求查封、扣押、冻结特某公司5850万元的财产，王某以其所有的位于辽宁省沈阳市和平区澳门路、建筑面积均为236.4平方米的两处房产为欧某公司担保。王某鹏以其所有的位于沈阳市皇姑区宁山中路的建筑面积为671.76平方米的房产为欧某公司担保，沈阳沙某化妆品有限公司（以下简称沙某公司，股东为王某义和修某芳）以其所有的位于沈阳市东陵区白塔镇小羊安村建筑面积分别为212平方米、946平方米的两处厂房及使用面积为4000平方米的一块土地为欧某公司担保。

欧某公司与特某公司的《开立单位银行结算账户申请书》记载地址均为东港市新兴路×号，委托经办人均为崔某芳。再审期间，谢某向辽宁高院提供上海市第一中级人民法院（2008）沪一中民三（商）终字第426号民事判决书一份，该案系张某珍、贾某克诉翰某公司、欧某公司特许经营合同纠纷案，判决所列翰某公司的法定代表人为王某新，欧某公司和翰某公司的委托代理人均系翰某公司员工宗某光。

二审审理中另查明：
（一）关于欧某公司和特某公司之间关系的事实

工商档案表明，沈阳特某化妆品连锁有限责任公司（以下简称沈阳特某）成立于2000年3月15日，该公司由欧某公司控股（持股96.67%），设立时的经办人为宗某光。公司登记的处所系向沈阳丹某专业护肤中心承租而来，该中心负责人为王某义。2005年12月23日，特某公司原法定代表人王某新代表欧某公司与案外人张某珍签订连锁加盟（特许）合同。2007年2月28日，霍某代表特某公司与世某建设集团有限公司（以下简称世某公司）签订关于特某国际花园项目施工的《补充协议》。2010年5月，魏某丽经特某公司授权办理银行账户的开户，2011年9月又代表欧某公司办理银行账户开户。两账户所留联系人均为魏某丽，联系电话均为同一号码，与欧某公司2010年6月10日提交辽宁高院的民事起诉状中所留特某公司联系电话相同。

2010年9月3日，欧某公司向辽宁高院出具《回复函》称：同意提供位于上海市青浦区苏虹公路332号的面积12026.91平方米、价值2亿元的房产作为保全担保。欧某公司庭审中承认，前述房产属于上海特某护肤品股份有限公司（以下简称上海特某）所有。上海特某成立于2002年12月9日，法定代表人为王某新，股东有王某新、翰某公司的股东王某、邹某，欧某公司的股东宗某光、姜某琪、王某甲等人。王某同时任上海特某董事，宗某光任副董事长兼副总经理，王某甲任副总经理，霍某任董事。

2011年4月20日，欧某公司向辽宁高院申请执行（2010）辽民二初字第15号民事判决，该院当日立案执行。同年7月12日，欧某公司向辽宁高院提交书面申请称："为尽快回笼资金，减少我公司损失，经与被执行人商定，我公司允许被执行人销售该项目的剩余房产，但必须由我公司指派财务人员收款，所销售的房款须存入我公司指定账户。"2011年9月6日，辽宁高院向东港市房地产管理处发出《协助执行通知书》，以相关查封房产已经给付申请执行人抵债为由，要求该处将前述房产直接过户登记到案外买受人名下。

欧某公司申请执行后，除谢某外，特某公司的其他债权人世某公司、江西临川某安装工程总公司、东港市前阳某安装工程总公司也先后以提交执行异议等形式，向辽宁高院反映欧某公司与特某公司虚构债权进行虚假诉讼。

翰某公司的清算组成员由王某新、王某、姜某琪担任，王某新为负责人；清算组在成立之日起十日内通知了所有债权人，并于2011年5月14日在《上海商报》上刊登了注销公告。2012年6月25日，王某新将翰某公司所持特某公司股权中的1600万元转让于王某，200万元转让于邹某，并于2012年7月9日办理了工商变更登记。

沙某公司的股东王某义和修某芳分别是王某新的父亲和母亲；欧某公司的股东王某乙系王某新的哥哥王某鹏之女；王某新与王某系兄妹关系。

（二）关于欧某公司与案涉公司之间资金往来的事实

欧某公司尾号为8115的账户（以下简称欧某公司8115账户）2006年1月4日至2011年9月29日的交易明细显示，自2006年3月8日起，欧某公司开始与特某公司互有资金往来。其中，2006年3月8日欧某公司该账户汇给特某公司尾号为4891账户（以下简称特某公司4891账户）300万元，备注用途为借款，2006年6月12日转给特某公司801万元。2007年8月16日至23日从特某公司账户转入欧某公司8115账户近70笔款项，备注用途多为货款。该账户自2006年1月4日至2011年9月29日与沙某公司、沈阳特某、翰某公司、上海特某均有大笔资金往来，用途多为货款或借款。

欧某公司在中国建设银行东港支行开立的账户（尾号0357）2010年8月31日至2011年11月9日的交易明细显示：该账户2010年9月15日、9月17日由欧某公司以现金形式分别存入168万元、100万元；2010年9月30日支付东港市安某房地产开发有限公司工程款100万元；2010年9月30日自特某公司账户（尾号0549）转入100万元，2011年8月22日、8月30日、9月9日自特某公司账户分别转入欧某公司该账户71.6985万元、51.4841万元、62.3495万元，2011年11月4日特某公司尾号为5555账户（以下简称特某公司5555账户）以法院扣款的名义转入该账户84.556787万元；2011年9月27日以"往来款"名义转入欧某公司8115账户193.5万元，2011年11月9日转入欧某公司尾号4548账户（以下简称欧某公司4548账户）157.995万元。

欧某公司设立在中国工商银行上海青浦支行的账户（尾号5617）显示，2012年7月12日该账户以"借款"名义转入特某公司50万元。

欧某公司在中国建设银行沈阳马路湾支行的4548账户2013年10月7日至2015年2月7日期间的交易明细显示，自2014年1月20日起，特某公司以"还款"名义转入该账户的资金，大部分又以"还款"名义转入王某鹏个人账户和上海特某的账户。

翰某公司建设银行上海分行尾号为4917账户（以下简称翰某公司4917账户）2006年1月5日至2009年1月14日的交易明细显示，特某公司4891账户2008年7月7日转入翰某公司该账户605万元，同日翰某公司又从该账户将同等数额的款项转入特某公司5555账户，但自翰某公司打入特某公司账户的该笔款项计入了特某公司的借款数额，自特某公司打入翰某公司的款项未计入该公司的还款数额。该账户同时间段还分别和欧某公司、沙某公司以"借款""往来款"的名义进行资金转入和转出。

特某公司5555账户2006年6月7日至2015年9月21日的交易明细显示，2009年7月2日自该账户以"转账支取"的名义汇入欧某公司的账户（尾号0801）600万元；自2011年11月4日起至2014年12月31日止，该账户转入欧某公司资金达30多笔，最多的为2012年12月20日汇入欧某公司4548账户的一笔达1800万元。此外，该账户还有多笔大额资金在2009年11月13日至2010年7月19日期间以"借款"的名义转入沙某公司账户。

沙某公司在中国光大银行沈阳和平支行的账户（尾号6312）2009年11月13日至2011年6月27日的交易明细显示，特某公司转入沙某公司的资金，有的以"往来款"或者"借款"的名义转回特某公司的其他账户。例如，2009年11月13日自特某公司5555账户以"借款"的名义转入沙某公司3800万元，2009年12月4日又以"往来款"的名义转回特某公司另外设立的尾号为8361账户（以下简称特某公司8361账户）3800万元；2010年2月3日自特某公司8361账户以"往来款"的名义转入沙某公司账户的4827万元，同月10日又以"借款"的名义转入特某公司5555账户500万元，以"汇兑"名义转入特某公司4891账户1930万元，2010年3月31日沙某公司又以"往来款"的名义转入特某公司8361账户1000万元，同年4月12日以系统内划款的名义转回特某公司8361账户1806万元。特某公司转入沙某公司账户的资金有部分流入了沈阳特某的账户。例如，2010年5月6日以"借款"的名义转入沈阳特某1000万元，同年7月29日以"转款"的名义转入沈阳特某2272万元。此外，欧某公司也以"往来款"的名义转入该账户部分资金。

欧某公司和特某公司均承认，欧某公司4548账户和在中国建设银行东港支行的账户（尾号0357）由王某新控制。

裁判结果

辽宁高院2011年3月21日作出（2010）辽民二初字第15号民事判决：特某公司于判决生效后十日内偿还欧某公司借款本金8650万元及借款实际发生之日起至判决确定给付之日止的中国人民银行同期贷款利息。该判决发生法律效力后，因案外人谢某提出申诉，辽宁高院于2012年1月4日作出（2012）辽立二民监字第8号民事裁定再审本案。辽宁高院经再审于2015年5月20日作出（2012）辽审二民再字第13号民事判决，驳回欧某公司的诉讼请求。欧某公司提起上诉，最高人民法院第二巡回法庭经审理于2015年10月27日作出（2015）民二终字第324号民事判决，认定本案属于虚假民事诉讼，驳回上诉，维持原判。同时作出罚款决定，对参与虚假诉讼的欧某公司和特某公司各罚款50万元。

裁判理由

法院生效裁判认为：人民法院保护合法的借贷关系，同时对于恶意串通进行虚假诉讼意图损害他人合法权益的行为，应当依法制裁。本案争议的焦点问题有两个，一是欧某公司与特某公司之间是否存在关联关系；二是欧某公司和特某公司就争议的8650万元是否存在真实的借款关系。

一、欧某公司与特某公司是否存在关联关系的问题

公司法第二百一十七条规定，关联关系，是指公司控股股东、实际控制人、董事、监事、高级管理人员与其直接或间接控制的企业之间的关系，以及可能导致公司利益转移的其他关系。可见，公司法所称的关联公司，既包括公司股东的相互交叉，也包括公司共同由第三人直接或者间接控制，或者股东之间、公司的实际控制人之间存在直系血亲、姻亲、共同投资等可能导致利益转移的其他关系。

本案中，曲某丽为欧某公司的控股股东，王某新是特某公司的原法定代表人，也

是案涉合同签订时特某公司的控股股东翰某公司的控股股东和法定代表人，王某新与曲某丽系夫妻关系，说明欧某公司与特某公司由夫妻二人控制。欧某公司称两人已经离婚，却未提供民政部门的离婚登记或者人民法院的生效法律文书。虽然辽宁高院受理本案诉讼后，特某公司的法定代表人由王某新变更为姜某琪，但王某新仍是特某公司的实际控制人。同时，欧某公司股东兼法定代表人宗某光、王某甲等人，与特某公司的实际控制人王某新、法定代表人姜某琪、目前的控股股东王某共同投资设立了上海特某，说明欧某公司的股东与特某公司的控股股东、实际控制人存在其他的共同利益关系。另外，沈阳特某是欧某公司控股的公司，沙某公司的股东是王某新的父亲和母亲。可见，欧某公司与特某公司之间、前述两公司与沙某公司、上海特某、沈阳特某之间均存在关联关系。

　　欧某公司与特某公司及其他关联公司之间还存在人员混同的问题。首先，高管人员之间存在混同。姜某琪既是欧某公司的股东和董事，又是特某公司的法定代表人，同时还参与翰某公司的清算。宗某光既是欧某公司的法定代表人，又是翰某公司的工作人员，虽然欧某公司称宗某光自2008年5月即从翰某公司辞职，但从上海市第一中级人民法院（2008）沪一中民三（商）终字第426号民事判决载明的事实看，该案2008年8月至12月审理期间，宗某光仍以翰某公司工作人员的身份参与诉讼。王某甲既是欧某公司的监事，又是上海特某的董事，还以该公司工作人员的身份代理相关行政诉讼。王某既是特某公司的监事，又是上海特某的董事。王某新是特某公司原法定代表人、实际控制人，还曾先后代表欧某公司、翰某公司与案外第三人签订连锁加盟（特许）合同。其次，普通员工也存在混同。霍某是欧某公司的工作人员，在本案中作为欧某公司原一审诉讼的代理人，2007年2月23日代表特某公司与世某公司签订建设施工合同，又同时兼任上海特某的董事。崔某芳是特某公司的会计，2010年1月7日代特某公司开立银行账户，2010年8月20日本案诉讼之后又代欧某公司开立银行账户。欧某公司当庭自述魏某丽系特某公司的工作人员，2010年5月魏某丽经特某公司授权办理银行账户开户，2011年9月诉讼之后又经欧某公司授权办理该公司在中国建设银行沈阳马路湾支行的开户，且该银行账户的联系人为魏某丽。刘某君是欧某公司的工作人员，在本案原一审和执行程序中作为欧某公司的代理人，2009年3月17日又代特某公司办理企业登记等相关事项。刘某以特某公司员工名义代理本案诉讼，又受王某新的指派代理上海特某的相关诉讼。

　　上述事实充分说明，欧某公司、特某公司以及其他关联公司的人员之间并未严格区分，上述人员实际上服从王某新一人的指挥，根据不同的工作任务，随时转换为不同关联公司的工作人员。欧某公司在上诉状中称，在2007年借款之初就派相关人员进驻特某公司，监督该公司对投资款的使用并协助工作，但早在欧某公司所称的向特某公司转入首笔借款之前五个月，霍某即参与该公司的合同签订业务。而且从这些所谓的"派驻人员"在特某公司所起的作用看，上述人员参与了该公司的合同签订、财务管理到诉讼代理的全面工作，而不仅是监督工作，欧某公司的辩解，不足为信。辽宁高院关于欧某公司和特某公司系由王某新、曲某丽夫妇控制之关联公司的认定，依据充分。

　　二、欧某公司和特某公司就争议的8650万元是否存在真实借款关系的问题

　　根据《最高人民法院关于适用〈中华人民共和国民事诉讼法〉的解释》第九十条

规定，当事人对自己提出的诉讼请求所依据的事实或者反驳对方诉讼请求所依据的事实，应当提供证据加以证明；当事人未能提供证据或者证据不足以证明其事实主张的，由负有举证证明责任的当事人承担不利的后果。第一百零八条规定："对负有举证证明责任的当事人提供的证据，人民法院经审查并结合相关事实，确信待证事实的存在具有高度可能性的，应当认定该事实存在。对一方当事人为反驳负有举证责任的当事人所主张的事实而提供的证据，人民法院经审查并结合相关事实，认为待证事实真伪不明的，应当认定该事实不存在。"在当事人之间存在关联关系的情况下，为防止恶意串通提起虚假诉讼，损害他人合法权益，人民法院对其是否存在真实的借款法律关系，必须严格审查。

欧某公司提起诉讼，要求特某公司偿还借款8650万元及利息，虽然提供了借款合同及转款凭证，但其自述及提交的证据和其他在案证据之间存在无法消除的矛盾，当事人在诉讼前后的诸多言行违背常理，主要表现为以下七个方面。

第一，从借款合意形成过程来看，借款合同存在虚假的可能。欧某公司和特某公司对借款法律关系的要约与承诺的细节事实陈述不清，尤其是作为债权人欧某公司的法定代表人、自称是合同经办人的宗某光，对所有借款合同的签订时间、地点、每一合同的己方及对方经办人等细节，语焉不详。案涉借款每一笔均为大额借款，当事人对所有合同的签订细节，甚至大致情形均陈述不清，于理不合。

第二，从借款的时间上看，当事人提交的证据前后矛盾。欧某公司的自述及其提交的借款合同表明，欧某公司自2007年7月开始与特某公司发生借款关系。向本院提起上诉后，其提交的自行委托形成的审计报告又载明，自2006年12月开始向特某公司借款，但从特某公司和欧某公司的银行账户交易明细看，在2006年12月之前，仅欧某公司8115账户就发生过两笔高达1100万元的转款，其中，2006年3月8日以"借款"名义转入特某公司账户300万元，同年6月12日转入801万元。

第三，从借款的数额上看，当事人的主张前后矛盾。欧某公司起诉后，先主张自2007年7月起累计借款金额为5850万元，后在诉讼中又变更为8650万元，上诉时又称借款总额1.085亿元，主张的借款数额多次变化，但只能提供8650万元的借款合同。而谢某当庭提交的银行转账凭证证明，在欧某公司所称的1.085亿元借款之外，另有4400多万元的款项以"借款"名义打入特某公司账户。对此，欧某公司自认，这些多出的款项是受王某新的请求帮忙转款，并非真实借款。该自认说明，欧某公司在相关银行凭证上填写的款项用途极其随意。从本院调取的银行账户交易明细所载金额看，欧某公司以借款名义转入特某公司账户的金额远远超出欧某公司先后主张的上述金额。此外，还有其他多笔以"借款"名义转入特某公司账户的巨额资金，没有列入欧某公司所主张的借款数额范围。

第四，从资金往来情况看，欧某公司存在单向统计账户流出资金而不统计流入资金的问题。无论是案涉借款合同载明的借款期间，还是在此之前，甚至诉讼开始以后，欧某公司和特某公司账户之间的资金往来，既有欧某公司转入特某公司账户款项的情况，又有特某公司转入欧某公司账户款项的情况，但欧某公司只计算己方账户转出的借方金额，而对特某公司转入的贷方金额只字不提。

第五，从所有关联公司之间的转款情况看，存在双方或多方账户循环转款问题。如上所述，将欧某公司、特某公司、翰某公司、沙某公司等公司之间的账户对照检查，存在特某公司将己方款项转入翰某公司账户过桥欧某公司账户后,又转回特某公司账户,造成虚增借款的现象。特某公司与其他关联公司之间的资金往来也存在此种情况。

第六,从借款的用途看,与合同约定相悖。借款合同第二条约定,借款限用于特某国际花园房地产项目,但是案涉款项转入特某公司账户后,该公司随即将大部分款项以"借款""还款"等名义分别转给翰某公司和沙某公司,最终又流向欧某公司和欧某公司控股的沈阳特某。至于欧某公司辩称,特某公司将款项打入翰某公司是偿还对翰某公司借款的辩解,由于其提供的翰某公司和特某公司之间的借款数额与两公司银行账户交易的实际数额互相矛盾,且从流向上看大部分又流回了欧某公司或者其控股的公司,其辩解不足为凭。

第七,从欧某公司和特某公司及其关联公司在诉讼和执行中的行为来看,与日常经验相悖。欧某公司提起诉讼后,仍与特某公司互相转款;特某公司不断向欧某公司账户转入巨额款项,但在诉讼和执行程序中未就还款金额对欧某公司的请求提出任何抗辩;欧某公司向辽宁高院申请财产保全,特某公司的股东王某却以其所有的房产为本应是利益对立方的欧某公司提供担保;欧某公司在原一审诉讼中另外提供担保的上海市青浦区房产的所有权,竟然属于王某新任法定代表人的上海特某;欧某公司和特某公司当庭自认,欧某公司开立在中国建设银行东港支行、中国建设银行沈阳马路湾支行的银行账户都由王某新控制。

对上述矛盾和违反常理之处,欧某公司与特某公司均未作出合理解释。由此可见,欧某公司没有提供足够的证据证明其就案涉争议款项与特某公司之间存在真实的借贷关系。且从调取的欧某公司、特某公司及其关联公司账户的交易明细发现,欧某公司、特某公司以及其他关联公司之间、同一公司的不同账户之间随意转款,款项用途随意填写。结合在案其他证据,法院确信,欧某公司诉请之债权系截取其与特某公司之间的往来款项虚构而成,其以虚构债权为基础请求特某公司返还8650万元借款及利息的请求不应支持。据此,辽宁高院再审判决驳回其诉讼请求并无不当。

至于欧某公司与特某公司提起本案诉讼是否存在恶意串通损害他人合法权益的问题。首先,无论欧某公司,还是特某公司,对特某公司与一审申诉人谢某及其他债权人的债权债务关系是明知的。从案涉判决执行的过程看,欧某公司申请执行之后,对查封的房产不同意法院拍卖,而是继续允许该公司销售,特某公司每销售一套,欧某公司即申请法院解封一套。在接受法院当庭询问时,欧某公司对特某公司销售了多少查封房产,偿还了多少债务陈述不清,表明其提起本案诉讼并非为实现债权,而是通过司法程序进行保护性查封以阻止其他债权人对特某公司财产的受偿。虚构债权,恶意串通,损害他人合法权益的目的明显。其次,从欧某公司与特某公司人员混同、银行账户同为王某新控制的事实可知,两公司同属一人,均已失去公司法人所具有的独立人格。民事诉讼法第一百一十二条规定:"当事人之间恶意串通,企图通过诉讼、调解等方式侵害他人合法权益的,人民法院应当驳回其请求,并根据情节轻重予以罚款、拘留;构成犯罪的,依法追究刑事责任。"一审申诉人谢某认为欧某公司与特某公司之间恶意串通提起虚假诉讼损害其合法权益的意见,以及对有关当事人和相关责任人进行制裁的请求,于法有据,应予支持。

(生效裁判审判人员:胡云腾、范向阳、汪国献)

【解读】

解读《上海欧某生物科技有限公司诉辽宁特某置业发展有限公司企业借贷纠纷案》

2016年9月19日,最高人民法院发布了指导案例68号《上海欧某生物科技有限公司诉辽宁特某置业发展有限公司企业借贷纠纷案》。为了正确理解和准确参照适用该指导性案例,现对其推选经过、裁判要点等有关情况予以解释、论证和说明。

一、推选经过及指导意义

本案由辽宁省高级人民法院(以下简称辽宁高院)于2011年3月21日作出(2010)辽民二初字第15号民事判决:辽宁特某置业发展有限公司(以下简称特某公司)于判决生效后十日内偿还上海欧某生物科技有限公司(以下简称欧某公司)借款本金8650万元及利息。后因案外人谢某提出申诉,辽宁高院于2012年1月4日作出(2012)辽立二民监字第8号民事裁定再审本案。辽宁高院经再审于2015年5月20日作出(2012)辽审二民再字第13号民事判决,驳回欧某公司的诉讼请求。欧某公司提起上诉,最高人民法院第二巡回法庭经审理于2015年10月27日作出(2015)民二终字第324号民事判决,认定本案属于虚假民事诉讼,驳回上诉,维持原判。同时作出罚款决定,对参与虚假诉讼的欧某公司和特某公司各罚款50万元。本案是最高人民法院认定的一起虚假民事诉讼案件,取得了良好的法律效果和社会效果。宣判后,当事人对制造虚假诉讼的行为认错悔过,并自觉履行了罚款决定。新浪网、新华网、中国新闻网、《法制日报》等数十家媒体发表评论,认为该案的公正判决和罚款决定,表明了最高人民法院维护司法公正和诉讼诚信的决心,必将成为审理和制裁虚假诉讼的标杆性案例。中央电视台今日说法栏目对本案进行了专题报道。本案也被评为"2015年十大影响性诉讼""2015年度人民法院十大民事行政案件"。

本案判决生效后,最高人民法院第二巡回法庭发现其对虚假民事诉讼的甄别判断具有指导作用,遂于2016年3月将本案例作为指导性案例推荐。最高人民法院案例指导工作办公室审查后,于4月14日经研究室室务会讨论同意作为指导性案例,并把裁判要点的范围由虚假借贷纠纷扩大到所有民事虚假诉讼案件。2016年8月23日,最高人民法院审判委员会经讨论同意将该案例确定为指导案例。9月19日,最高人民法院以法〔2016〕311号文件将该案例作为第14批指导案例予以公开发布。

该指导性案例根据民事诉讼法有关规定,结合审判实践经验,指出审查判断虚假诉讼的要求和方法,并强调要依法进行制裁。这不仅宣示了人民法院依法惩治虚假诉讼的坚定立场和决心,有利于维护正常司法秩序,而且有利于引导当事人依法诚信诉讼,弘扬了诚实信用的社会主义核心价值观。

二、裁判要点的理解与说明

指导案例46号裁判要点确认:人民法院审理民事案件中发现存在虚假诉讼可能

时，应当依职权调取相关证据，详细询问当事人，全面严格审查诉讼请求与相关证据之间是否存在矛盾，以及当事人诉讼中言行是否违背常理。经综合审查判断，当事人存在虚构事实、恶意串通、规避法律或国家政策以谋取非法利益，进行虚假民事诉讼情形的，应当依法予以制裁。下面结合有关法律和司法解释规定，围绕裁判要点中有关问题予以论证和说明。

(一) 虚假诉讼的表现特征和多发领域

虚假诉讼，通俗地说就是"打假官司"，是指民事诉讼当事人以规避法律法规或政策谋取非法利益为目的，采取恶意串通、虚构事实等方式提起民事诉讼的行为。虚假诉讼不仅损害国家、集体和他人的合法权益，而且严重违背诚实信用，破坏了正常司法秩序。为防范和打击虚假诉讼，最高人民法院于2016年6月20日印发《最高人民法院关于防范和制裁虚假诉讼的指导意见》（以下简称《防范虚假诉讼意见》），对虚假诉讼的表现特征、认定途径和方法等进行了总结。根据该指导意见，虚假诉讼一般包含以下要素：（1）以规避法律、法规或国家政策谋取非法利益为目的；（2）双方当事人存在恶意串通；（3）虚构事实；（4）借用合法的民事程序；（5）侵害国家利益、社会公共利益或者案外人的合法权益。实践中，要特别注意以下情形：（1）当事人为夫妻、朋友等亲近关系或者关联企业等共同利益关系；（2）原告诉请司法保护的标的额与其自身经济状况严重不符；（3）原告起诉所依据的事实和理由明显不符合常理；（4）当事人双方无实质性民事权益争议；（5）案件证据不足，但双方仍然主动迅速达成调解协议，并请求人民法院出具调解书。

由于虚假诉讼案件当事人往往以逃避债务、转移财产和债权、侵占他人财产等为诉讼目的，虚假诉讼多发于财产案件中，物权纠纷和合同纠纷居多。司法实践中，虚假诉讼的发生领域主要集中在民间借贷、房地产、以物抵债、公司分立或合并、企业破产、股东权益、建设工程优先权、驰名商标认定、离婚析产、继承等财产权益领域；在结案方式上，多发生在以调解方式结案的案件中；在诉讼程序上，多发于简易程序案件中，且结案时间较短；在虚假手段上隐蔽、多样，有的虚构或隐瞒事实真相，有的提前拟好恶意和解协议，有的伪造委托代理手续，有的当庭自认并无实质性对抗答辩等。

本指导案例中，当事人即为关联企业，法定代表人或控股股东有夫妻、朋友等亲近关系，存在共同利益关系，双方恶意串通，虚构了巨额借贷事实。欧某公司的控股股东为曲某丽，特某公司的原法定代表人、案涉借贷合同签订时特某公司的控股股东、翰某公司的控股股东和法定代表人均为王某新，王某新与曲某丽系夫妻关系，欧某公司与特某公司由夫妻二人控制。欧某公司称两人已离婚，却未提供离婚登记证或法院生效法律文书。虽然辽宁高院受理本案诉讼后，特某公司的法定代表人由王某新变更为姜某琪，但经最高人民法院第二巡回法庭当庭质证表明，王某新仍是特某公司的实际控制人。同时，欧某公司股东兼法定代表人宗某光、王某甲等人，与特某公司的实际控制人王某新、法定代表人姜某琪、目前的控股股东王某共同投资设立了上海特某公司，说明欧某公司的股东与特某公司的控股股东、实际控制人存在共同利益关系。因此，欧某公司与特某公司存在关联关系。

(二) 虚假诉讼的发现和甄别

对如何在立案、审判、执行阶段，甄别发现虚假诉讼，最高人民法院在《防范虚假诉讼意见》中提出一系列途径、方法和明确要求。如加大证据审查和依职权调查取证力度，询问当事人和证人；严格适用自认规则，自认不利事实且不符合常理的，要做进一步查明，慎重认定；对调解协议、公证债权文书、仲裁裁决书，要加大实质审查力度；在第三人撤销之诉、案外人执行异议之诉、案外人申请再审等案件审理中，要注意发现虚假诉讼。

本指导案例中，在当事人之间存在关联关系的情况下，为防止恶意串通进行虚假诉讼，最高人民法院第二巡回法庭对当事人之间是否存在真实的借款法律关系，依职权调查了相关证据，详细询问了相关人员，进行了严格审查。欧某公司提起诉讼，要求特某公司偿还借款8650万元及利息，虽然提供了借款合同及转款凭证，但其自述及提交的证据和其他证据之间存在无法消除的矛盾，相关人员在诉讼前后的诸多言行违背常理。主要表现在以下七个方面。

第一，从借款合意形成过程来看，借款合同存在虚假的可能。欧某公司和特某公司对借款法律关系的要约与承诺的细节事实陈述不清，尤其是作为债权人欧某公司的法定代表人、自称是合同经办人的宗某光，对所有借款合同的签订时间、地点、每一合同的己方及对方经办人等细节，语焉不详。案涉借款每一笔均为大额借款，当事人对所有合同的签订细节，甚至大致情形均陈述不清，于理不合。

第二，从借款时间上看，当事人提交的证据前后矛盾。欧某公司的自述及其提交的借款合同表明，欧某公司自2007年7月开始与特某公司发生借款关系。向最高人民法院上诉后，其提交的自行委托形成的审计报告又载明，自2006年12月开始向特某公司借款，但从特某公司和欧某公司的银行账户交易明细看，在2006年12月前，仅欧某公司8115账户就发生过两笔高达1100万元的转款，其中，2006年3月8日以"借款"名义转入特某公司账户300万元，同年6月12日转入801万元。

第三，从借款数额上看，当事人的主张前后矛盾。欧某公司起诉后，先主张自2007年7月起累计借款金额为5850万元，后在诉讼中又变更为8650万元，上诉时又称借款总额1.085亿元，主张的借款数额多次变化，但只能提供8650万元的借款合同。而谢某当庭提交的银行转账凭证证明，在欧某公司所称的1.085亿元借款之外，另有4400多万元的款项以"借款"名义打入特某公司账户。对此，欧某公司自认，这些多出的款项是受王某新的请求帮忙转款，并非真实借款。该自认说明，欧某公司在相关银行凭证上填写的款项用途极其随意。从法院调取的银行账户交易明细所载金额看，欧某公司以借款名义转入特某公司账户的金额远远超出欧某公司先后主张的上述金额。此外，还有其他多笔以"借款"名义转入特某公司账户的巨额资金，没有列入欧某公司所主张的借款数额范围。

第四，从资金往来情况看，欧某公司存在单向统计账户流出资金而不统计流入资金的问题。无论是案涉借款合同载明的借款期间，还是在此之前，甚至诉讼开始以后，欧某公司和特某公司账户之间的资金往来，既有欧某公司转入特某公司账户款项的，又有特某公司转入欧某公司账户款项的，但欧某公司只计算己方账户转出的借方金额，而对特某公司转入的贷方金额只字不提。

第五，从所有关联公司之间的转款情况看，存在双方或多方账户循环转款问题。如上所述，将欧某公司、特某公司、翰某公司、沙某公司等公司之间的账户对照检查，存在特某公司将己方款项转入翰某公司账户过桥欧某公司账户后,又转回特某公司账户,造成虚增借款的现象。特某公司与其他关联公司之间的资金往来也存在此种情况。

第六,从借款用途看,与合同约定相悖。借款合同第二条约定,借款限用于特某国际花园房地产项目,但是案涉款项转入特某公司账户后,该公司随即将大部分款项以"借款""还款"等名义分别转给翰某公司和沙某公司,最终又流向欧某公司和欧某公司控股的沈阳特某公司。至于欧某公司辩称,特某公司将款项打入翰某公司是偿还对翰某公司借款的辩解,由于其提供的翰某公司和特某公司之间的借款数额与两公司银行账户交易的实际数额互相矛盾,且从流向上看大部分又流回了欧某公司或者其控股的公司,其辩解不足为凭。

第七,从欧某公司和特某公司及其关联公司在诉讼和执行中的行为来看,与日常经验相悖。欧某公司提起诉讼后,仍与特某公司互相转款;特某公司不断向欧某公司账户转入巨额款项,但在诉讼和执行程序中却未就还款金额对欧某公司的请求提出任何抗辩;欧某公司向辽宁高院申请财产保全,特某公司的股东王某却以其所有的房产为本应是利益对立方的欧某公司提供担保;欧某公司在原一审诉讼中另外提供担保的上海市青浦区房产的所有权,竟然属于王某新任法定代表人的上海特某公司;欧某公司和特某公司当庭自认,欧某公司开立在中国建设银行东港支行、中国建设银行沈阳马路湾支行的银行账户都由王某新控制。

对上述矛盾和违反常理之处,欧某公司与特某公司均未作出合理解释。由此可见,欧某公司没有提供足够的证据证明其就案涉争议款项与特某公司之间存在真实的借贷关系。且从调取的欧某公司、特某公司及其关联公司账户的交易明细发现,欧某公司、特某公司及其他关联公司之间、同一公司的不同账户之间随意转款,款项用途随意填写。结合在案其他证据,法院认定,欧某公司诉请之债权系截取其与特某公司之间的往来款项虚构而成,其以虚构债权为基础请求特某公司返还8650万元借款及利息的请求不应支持。

关于欧某公司与特某公司提起本案诉讼是否存在恶意串通损害他人合法权益的问题。首先,无论欧某公司,还是特某公司,对特某公司与一审申诉人谢某及其他债权人的债权债务关系是明知的。从案涉判决执行的过程看,欧某公司申请执行后,对查封的房产不同意法院拍卖,而是继续允许该公司销售,特某公司每销售一套,欧某公司即申请法院解封一套。在接受法院当庭询问时,欧某公司对特某公司销售了多少查封房产,偿还了多少债务陈述不清,表明其提起本案诉讼并非为实现债权,而是通过司法程序进行保护性查封以阻止其他债权人对特某公司财产的受偿。虚构债权,恶意串通,损害他人合法权益的目的明显。其次,从欧某公司与特某公司人员混同、银行账户同为王某新控制的事实可知,两公司同属于一人,均已失去公司法人所具有的独立人格。民事诉讼法(2012年修正,下同)第一百一十二条规定:"当事人之间恶意串通,企图通过诉讼、调解等方式侵害他人合法权益的,人民法院应当驳回其请求,并根据情节轻重予以罚款、拘留;构成犯罪的,依法追究刑事责任。"据此,一审申诉人谢某认为欧某公司与特某公司恶意串通提起虚假诉讼损害其合法权益的意见,以及对有关当事人进行制裁的请求,应予支持。

(三)虚假诉讼的惩治

近年来,对虚假诉讼的惩治力度越来越大。2012年修正后的民事诉讼法针对虚假诉讼,不仅在第十三条增加诚实信用原则,要求当事人必须本着诚实信用原则处分自己的民事权利和诉讼权利,而且在第一百一十二条、第一百一十三条分别规定了当事人之间、被执行人与他人恶意串通进行虚假诉讼的行为方式和法律后果。2013年6月28日,针对房地产领域虚假诉讼频发,最高人民法院下发了《最高人民法院关于房地产调控政策下人民法院严格审查各类虚假诉讼的紧急通知》,严厉打击房地产领域的虚假诉讼行为。

为加大对虚假诉讼的打击力度,最高人民法院2016年6月20日印发《防范虚假诉讼意见》,根据刑法、侵权责任法、民事诉讼法及其司法解释,对虚假诉讼构建起了一个全方位的制裁体系。一是根据民事诉讼法及其司法解释有关规定,对虚假诉讼参与人,要适度加大罚款、拘留等妨碍民事诉讼强制措施的法律适用力度。二是根据侵权责任法有关规定,虚假诉讼侵害他人民事权益的,虚假诉讼参与人应当承担赔偿责任。对此,英美法系基于正当程序原则,要求原告起诉应当正当行使诉讼权利,滥用诉讼权利需要承担赔偿责任。① 如美国侵权行为法重述,就将"滥用法律诉讼"作为允许提起损害赔偿之诉的诉因。德国民法典第826条规定:以违反善良风俗的方式故意对他人施加损害的人,对他人负有损害赔偿义务。我们认为。在审理中应注意把握虚假诉讼参与人赔偿的范围与数额。赔偿范围应以受害人受损的范围为限,应包括财产损失与精神损害两个方面。财产上的损失主要包括:为应诉、提起上诉、申请再审而支出的交通费、住宿费、误工费、聘请律师的费用、取证费用等,即受害人从参加诉讼至生效裁判对虚假诉讼确认并驳回其诉讼请求所蒙受的直接经济损失。对受害人遭受精神损害的赔偿,可以参照《最高人民法院关于确定民事侵权精神损害赔偿责任若干问题的解释》(2001年公布)的相关规定。三是根据刑法有关规定,个人或单位虚假诉讼涉嫌虚假诉讼罪、妨害作证罪、合同诈骗罪等犯罪的,应当移送侦查机关依法追究刑事责任。有虚假诉讼行为,非法占有他人财产或逃避合法债务,又构成其他犯罪的,依照处罚较重的规定定罪从重处罚。四是建立虚假诉讼失信人名单制度,将虚假诉讼参与人列入失信人名单,依托被执行人失信系统和其他社会信用体系信息平台,对虚假诉讼参与人进行全方位的限制。《最高人民法院关于公布失信被执行人名单信息的若干规定》(2013年公布)第一条规定,被执行人未履行生效法律文书确定的义务,并以虚假诉讼、虚假仲裁或者以隐匿、转移财产等方法规避执行的,人民法院应当将其纳入失信被执行人名单,依法对其进行信用惩戒。

本指导案例中,最高人民法院第二巡回法庭经审理认为人民法院保护合法的借贷关系,同时对恶意串通进行虚假诉讼意图损害他人合法权益的行为,应当依法进行制裁。遂以判决认定本案属于虚假民事诉讼,驳回上诉,维持原判的驳回诉讼请求,并根据具体情节作出罚款决定,对参与虚假诉讼的欧某公司和特某公司各罚款50万元。

三、其他需要说明的问题

2015年8月29日通过11月1日起施行的刑法修正案(九),增设了虚假诉讼罪,加大了对虚假诉讼的惩治力度,最高可处七年以下有期徒刑。最高人民法院、最高人民检察院出台《最高人民法院、最高人民检察院关于办理虚假诉讼刑事案件适用法律若干问题的解释》,对虚假诉讼犯罪行为的界定、定罪量刑标准、共犯、竞合犯、管辖等作出具

---

① 参见胡岩:《商事侵权中恶意诉讼行为的法律规制》,载《人民司法·应用》2014年第21期。

体规定。根据该规定,虚假诉讼罪仅限于"以捏造的事实提起民事诉讼",即单独或与他人串通,以编造事实或隐瞒真相的方式虚构民事纠纷,向法院提起民事诉讼或民事反诉。这里的"捏造事实"必须是凭空捏造、无中生有,不包括"部分篡改型虚假诉讼"。

这里需要注意的是,虚假诉讼的民事强制措施适用与虚假诉讼罪在行为范围与后果上有所不同。① 在行为范围上,妨害民事诉讼强制措施针对的虚假诉讼行为仅限于当事人恶意串通,而虚假诉讼罪既包括双方当事人恶意串通的虚假诉讼,又包括一方当事人捏造事实或者隐瞒真相的虚假诉讼;在行为后果上,妨害民事诉讼强制措施的虚假诉讼行为的后果是企图侵害他人合法权益,或逃避履行法律文书确定的义务,而虚假诉讼罪是情节犯,要求达到妨害司法秩序或严重侵犯他人合法权益的后果。由此可见,今后对虚假诉讼参与者,除罚款、拘留外,危害严重构成犯罪的应追究刑事责任。

(撰稿人:吴颖超、吴光侠)

指导案例 166 号

北京隆某贸易有限公司诉北京某重工有限公司合同纠纷案

(最高人民法院审判委员会讨论通过　2021 年 11 月 9 日发布)

关键词
　　民事　合同纠纷　违约金调整　诚实信用原则

裁判要点
　　当事人双方就债务清偿达成和解协议,约定解除财产保全措施及违约责任。一方当事人依约申请人民法院解除了保全措施后,另一方当事人违反诚实信用原则不履行和解协议,并在和解协议违约金诉讼中请求减少违约金的,人民法院不予支持。

相关法条
　　《中华人民共和国合同法》第六条、第一百一十四条(注:现行有效的法律为《中华人民共和国民法典》第七条、第五百八十五条)

基本案情
　　2016 年 3 月,北京隆某贸易有限公司(以下简称隆某贸易公司)因与北京某重工有限公司(以下简称某重工公司)买卖合同纠纷向人民法院提起民事诉讼,人民法院于 2016 年 8 月作出(2016)京 0106 民初 6385 号民事判决,判决某重工公司给付隆某贸易公司货款 5284648.68 元及相应利息。某重工公司对此判决提起上诉,在上诉期间,某重工公司与隆某贸易公司签订协议书,协议书约定:(1)某重工公司承诺于 2016 年 10 月 14 日前向隆某贸易公司支付人民币 300 万元,剩余的本金 2284648.68 元、利息 462406.72 元及诉讼费 25802 元(共计 2772857.4 元)于 2016 年 12 月 31 日前支付完毕;某重工公司未按照协议约定的时间支付首期给付款 300 万元或未能在 2016 年 12 月 31 日前足额支付完毕全部款项的,应向隆某贸易公司支付违约金 80 万

---

① 参见纪长胜:《虚假诉讼罪的认定与适用》,载《人民司法·应用》2017 年第 7 期。

元;如果某重工公司未能在2016年12月31日前足额支付完毕全部款项的,隆某贸易公司可以自2017年1月1日起随时以(2016)京0106民初6385号民事判决为依据向人民法院申请强制执行,同时有权向某重工公司追索本协议确定的违约金80万元。(2)隆某贸易公司申请解除在他案中对某重工公司名下财产的保全措施。双方达成协议后某重工公司向二审法院申请撤回上诉并按约定于2016年10月14日给付隆某贸易公司首期款项300万元,隆某贸易公司按协议约定申请解除了对某重工公司财产的保全。后某重工公司未按照协议书的约定支付剩余款项,2017年1月,隆某贸易公司申请执行(2016)京0106民初6385号民事判决书所确定的债权,并于2017年6月起诉某重工公司支付违约金80万元。

一审中,某重工公司答辩称:隆某贸易公司要求给付的请求不合理,违约金数额过高。根据生效判决,某重工公司应给付隆某贸易公司的款项为5284648.68元及利息。隆某贸易公司诉请某重工公司因未完全履行和解协议承担违约金的数额为80万元,此违约金数额过高,有关请求不合理。一审宣判后,某重工公司不服一审判决,上诉称:一审判决在错误认定某重工公司恶意违约的基础上,适用惩罚性违约金,不考虑隆某贸易公司的损失情况等综合因素而全部支持其诉讼请求,显失公平,请求适当减少违约金。

裁判结果

北京市丰台区人民法院于2017年6月30日作出(2017)京0106民初15563号民事判决:某重工公司于判决生效之日起十日内支付隆某贸易公司违约金80万元。某重工公司不服一审判决,提起上诉。北京市第二中级人民法院于2017年10月31日作出(2017)京02民终8676号民事判决:驳回上诉,维持原判。

裁判理由

法院生效裁判认为:隆某贸易公司与某重工公司在诉讼期间签订了协议书,该协议书均系双方的真实意思表示,不违反法律法规强制性规定,合法有效,双方应诚信履行。本案涉及诉讼中和解协议的违约金调整问题。本案中,隆某贸易公司与某重工公司签订协议书约定某重工公司如未能于2016年10月14日前向隆某贸易公司支付人民币300万元,或未能于2016年12月31日前支付剩余的本金2284648.68元、利息462406.72元及诉讼费25802元(共计2772857.4元),则隆某贸易公司有权申请执行原一审判决并要求某重工公司承担80万元违约金。现某重工公司于2016年12月31日前未依约向隆某贸易公司支付剩余的2772857.4元,隆某贸易公司的损失主要为尚未得到清偿的2772857.4元。某重工公司在诉讼期间与隆某贸易公司达成和解协议并撤回上诉,隆某贸易公司按协议约定申请解除了对某重工公司账户的冻结。而某重工公司作为商事主体自愿给隆某贸易公司出具和解协议并承诺高额违约金,但在账户解除冻结后某重工公司并未依约履行后续给付义务,具有主观恶意,有悖诚实信用。一审法院判令某重工公司依约支付80万元违约金,并无不当。

(生效裁判审判人员:苏丽英、王国才、周维)

指导案例 169 号

徐某诉某银行股份有限公司上海延西支行银行卡纠纷案

（最高人民法院审判委员会讨论通过　2021 年 11 月 9 日发布）

关键词

民事　银行卡纠纷　网络盗刷　责任认定

裁判要点

持卡人提供证据证明他人盗用持卡人名义进行网络交易，请求发卡行承担被盗刷账户资金减少的损失赔偿责任，发卡行未提供证据证明持卡人违反信息妥善保管义务，仅以持卡人身份识别信息和交易验证信息相符为由主张不承担赔偿责任的，人民法院不予支持。

相关法条

《中华人民共和国合同法》第一百零七条（注：现行有效的法律为《中华人民共和国民法典》第五百七十七条）

基本案情

徐某系某银行股份有限公司上海延西支行（以下简称某行延西支行）储户，持有卡号为××××的借记卡一张。

2016 年 3 月 2 日，徐某上述借记卡发生三笔转账，金额分别为 50000 元、50000 元及 46200 元，共计 146200 元。转入户名均为石某，卡号：××××，转入行：中国农业银行。

2016 年 5 月 30 日，徐某父亲徐某甲至上海市公安局青浦分局经侦支队报警并取得《受案回执》。当日，上海市公安局青浦分局经侦支队向徐某发送沪公（青）立告字（2016）3923 号《立案告知书》，告知信用卡诈骗案决定立案。

2016 年 4 月 29 日，福建省福清市公安局出具融公（刑侦）捕字（2016）00066 号《逮捕证》，载明：经福清市人民检察院批准，兹由我局对涉嫌盗窃罪的谢某 1 执行逮捕，送福清市看守所羁押。

2016 年 5 月 18 日，福建省福清市公安局刑侦大队向犯罪嫌疑人谢某 1 制作《讯问笔录》，载明：……我以 9800 元人民币向我师傅购买了笔记本电脑、银行黑卡（使用别人身份办理的银行卡）、身份证、优盘等设备用来实施盗刷他人银行卡存款。我师傅卖给我的优盘里有受害人的身份信息、手机号码、银行卡号、取款密码以及银行卡内的存款情况。……用自己人的头像补一张虚假的临时身份证，办理虚假的临时身份证的目的是到手机服务商营业厅将我们要盗刷的那个受害者的手机挂失并补新的 SIM 卡，我们补新 SIM 卡的目的是掌握受害者预留给银行的手机，以便于接收转账等操作时银行发送的验证码，只有输入验证码手机银行内的钱才能被转账成功。而且将受害者的银行卡盗刷后，他手上持有的 SIM 卡接收不到任何信息，我们转他银行账户内的钱不至于被他发现。……2016 年 3 月 2 日，我师傅告诉我说这次由他负责办理受害人假的临时身份证，并补办受害者关联银行卡的新手机 SIM 卡。他给了我三个银行账号和密码（经辨认银行交易明细，……一张是卡号为××××，户名：徐某）。

2016年6月，福建省福清市公安局出具《呈请案件侦查终结报告书》，载明：……2016年3月2日，此次作案由谢某1负责转账取款，上家负责提供信息、补卡，此次谢某1盗刷了周某、徐某、汪某等人银行卡内存款共计400700元……

2016年6月22日，福建省福清市人民检察院向徐某发送《被害人诉讼权利义务告知书》，载明：犯罪嫌疑人谢某1、谢某2等三人盗窃案一案，已由福清市公安局移送审查起诉……

徐某向人民法院起诉请求某行延西支行赔偿银行卡盗刷损失及利息。

裁判结果

上海市长宁区人民法院于2017年4月25日作出（2017）沪0105民初1787号民事判决：一、某行延西支行给付徐某存款损失146200元；二、某行延西支行给付原告徐某自2016年3月3日起至判决生效之日止，以146200元为基数，按照中国人民银行同期存款利率计算的利息损失。某行延西支行不服一审判决，向上海市第一中级人民法院提起上诉。上海市第一中级人民法院2017年10月31日作出（2017）沪01民终9300号民事判决：驳回上诉，维持原判。

裁判理由

法院生效裁判认为：被上诉人在上诉人处办理了借记卡并将资金存入上诉人处，上诉人与被上诉人之间建立储蓄存款合同关系。商业银行法第六条规定："商业银行应当保障存款人的合法权益不受任何单位和个人的侵犯。"在储蓄存款合同关系中，上诉人作为商业银行对作为存款人的被上诉人，具有保障账户资金安全的法定义务以及向被上诉人本人或者其授权的人履行的合同义务。为此，上诉人作为借记卡的发卡行及相关技术、设备和操作平台的提供者，应当对交易机具、交易场所加强安全管理，对各项软硬件设施及时更新升级，以最大限度地防范资金交易安全漏洞。尤其是，随着电子银行业务的发展，商业银行作为电子交易系统的开发、设计、维护者，也是从电子交易便利中获得经济利益的一方，应当也更有能力采取更为严格的技术保障措施，以增强防范银行卡违法犯罪行为的能力。根据本案查明的事实，被上诉人涉案账户的资金损失，系因案外人谢某1非法获取被上诉人的身份信息、手机号码、取款密码等账户信息后，通过补办手机SIM卡截获上诉人发送的动态验证码，进而进行转账所致。在存在网络盗刷的情况下，上诉人仍以身份识别信息和交易验证信息通过为由主张案涉交易是持卡人本人或其授权交易，不能成立。而且，根据本案现有证据无法查明案外人谢某1如何获得交易密码等账户信息，上诉人亦未提供相应的证据证明账户信息泄露系因被上诉人没有妥善保管使用银行卡所导致，因此，就被上诉人自身具有过错，应当由上诉人承担举证不能的法律后果。上诉人另主张，手机运营商在涉案事件中存在过错。然，本案被上诉人提起诉讼的请求权基础为储蓄存款合同关系，手机运营商并非该合同以及本案的当事人，手机运营商是否存在过错以及上诉人对被上诉人承担赔偿责任后，是否有权向手机运营商追偿，并非本案审理范围。综上所述，上诉人在储蓄存款合同履行过程中，对被上诉人账户资金未尽到安全保障义务，又无证据证明被上诉人存在违约行为可以减轻责任，上诉人对被上诉人的账户资金损失应当承担全部赔偿责任。上诉人的上诉请求，理由不成立，不予支持。

（生效裁判审判人员：崔婕、周欣、桂佳）

指导案例 189 号

上海熊某文化有限公司诉李某、昆山播某信息技术有限公司合同纠纷案

（最高人民法院审判委员会讨论通过 2022 年 12 月 8 日发布）

关键词

民事 合同纠纷 违约金调整 网络主播

裁判要点

网络主播违反约定的排他性合作条款，未经直播平台同意在其他平台从事类似业务的，应当依法承担违约责任。网络主播主张合同约定的违约金明显过高请求予以减少的，在实际损失难以确定的情形下，人民法院可以根据网络直播行业特点，以网络主播从平台中获取的实际收益为参考基础，结合平台前期投入、平台流量、主播个体商业价值等因素合理酌定。

相关法条

《中华人民共和国民法典》第五百八十五条（本案适用的是自 1999 年 10 月 1 日起实施的《中华人民共和国合同法》第一百一十四条）

基本案情

被告李某原为原告上海熊某文化有限公司（以下简称熊某公司）创办的熊某直播平台游戏主播，被告昆山播某信息技术有限公司（以下简称播某公司）为李某的经纪公司。2018 年 2 月 28 日，熊某公司、播某公司及李某签订《主播独家合作协议》（以下简称《合作协议》），约定李某在熊某直播平台独家进行"绝地求生游戏"的第一视角游戏直播和游戏解说。该协议违约条款中约定，协议有效期内，播某公司或李某未经熊某公司同意，擅自终止本协议或在直播竞品平台上进行相同或类似合作，或将已在熊某直播平台上发布的直播视频授权给任何第三方使用的，构成根本性违约，播某公司应向熊某直播平台支付如下赔偿金：（1）本协议及本协议签订前李某因与熊某直播平台开展直播合作熊某公司累计支付的合作费用；（2）5000 万元人民币；（3）熊某公司为李某投入的培训费和推广资源费。主播李某对此向熊某公司承担连带责任。合同约定的合作期限为一年，从 2018 年 3 月 1 日至 2019 年 2 月 28 日。

2018 年 6 月 1 日，播某公司向熊某公司发出主播催款单，催讨欠付李某的两个月合作费用。截至 2018 年 6 月 4 日，熊某公司为李某直播累计支付 2017 年 2 月至 2018 年 3 月的合作费用 1111661 元。

2018 年 6 月 27 日，李某发布微博称其将带领所在直播团队至斗某直播平台进行直播，并公布了直播时间及房间号。2018 年 6 月 29 日，李某在斗某直播平台进行首播。播某公司也于官方微信公众号上发布李某在斗某直播平台的直播间链接。根据"腾讯游戏"微博新闻公开报道："BIU 雷哥（李某）是全国主机游戏直播节目的开创者，也是全国著名网游直播明星主播，此外也是一位优酷游戏频道的原创达人，在优酷视频拥有超过 20 万的粉丝和 5000 万的点击……"

2018年8月24日，熊某公司向人民法院提起诉讼，请求判令二被告继续履行《合作协议》、立即停止在其他平台的直播活动并支付相应违约金。一审审理中，熊某公司调整诉讼请求为判令二被告支付原告违约金300万元。播某公司不同意熊某公司请求，并提出反诉请求：1. 判令确认熊某公司、播某公司、李某三方于2018年2月28日签订的《合作协议》于2018年6月28日解除；2. 判令熊某公司向播某公司支付2018年4月至2018年6月之间的合作费用224923.32元；3. 判令熊某公司向播某公司支付律师费2万元。

裁判结果

上海市静安区人民法院于2019年9月16日作出（2018）沪0106民初31513号民事判决：一、播某公司于判决生效之日起十日内支付熊某公司违约金260万元；二、李某对播某公司上述付款义务承担连带清偿责任；三、熊某公司于判决生效之日起十日内支付播某公司2018年4月至2018年6月的合作费用186640.10元；四、驳回播某公司其他反诉请求。李某不服一审判决，提起上诉。上海市第二中级人民法院于2020年11月12日作出（2020）沪02民终562号民事判决：驳回上诉，维持原判。

裁判理由

法院生效裁判认为：

第一，根据本案查明的事实，熊某公司与播某公司、李某签订《合作协议》，自愿建立合同法律关系，而非李某主张的劳动合同关系。《合作协议》系三方真实意思表示，不违反法律法规的强制性规定，应认定为有效，各方理应依约恪守。从《合作协议》的违约责任条款来看，该协议对合作三方的权利义务都进行了详细约定，主播未经熊某公司同意在竞争平台直播构成违约，应当承担赔偿责任。

第二，熊某公司虽然存在履行瑕疵但并不足以构成根本违约，播某公司、李某并不能以此为由主张解除《合作协议》。且即便从解除的方式来看，合同解除的意思表示也应当按照法定或约定的方式明确无误地向合同相对方发出，李某在微博平台上向不特定对象发布的所谓"官宣"或直接至其他平台直播的行为，均不能认定为向熊某公司发出明确的合同解除的意思表示。因此，李某、播某公司在二审中提出因熊某公司违约而已经行使合同解除权的主张不能成立。

第三，当事人主张约定的违约金过高请求予以适当减少的，应当以实际损失为基础，兼顾合同的履行情况、当事人的过错程度以及预期利益等综合因素，根据公平原则和诚信原则予以衡量。对于公平、诚信原则的适用尺度，与因违约所受损失的准确界定，应当充分考虑网络直播这一新兴行业的特点。网络直播平台是以互联网为必要媒介、以主播为核心资源的企业，在平台运营中通常需要在带宽、主播上投入较多的前期成本，而主播违反合同在第三方平台进行直播的行为给直播平台造成损失的具体金额实际难以量化，如对网络直播平台苛求过重的举证责任，则有违公平原则。故本案违约金的调整应当考虑网络直播平台的特点以及签订合同时对熊某公司成本及收益的预见性。本案中，考虑主播李某在游戏直播行业中享有很高的人气和知名度的实际情况，结合其收益情况、合同剩余履行期间、双方违约及各自过错大小、熊某公司能够量化的损失、熊某公司已对约定违约金作出的减让、熊某公司平台的现状等情形，根据公平与诚信原则以及直播平台与主播个人的利益平衡，酌情将违约金调整为260万元。

（生效裁判审判人员：何云、张明良、邵美琳）

（二）买卖合同

最高人民法院关于审理预付式消费民事纠纷案件适用法律若干问题的解释

法释〔2025〕4号

（2024年11月18日最高人民法院审判委员会第1932次会议通过　2025年3月13日最高人民法院公告公布　自2025年5月1日起施行）

为正确审理预付式消费民事纠纷案件，保护消费者和经营者权益，根据《中华人民共和国民法典》《中华人民共和国消费者权益保护法》《中华人民共和国民事诉讼法》等法律规定，结合审判实践，制定本解释。

第一条　在零售、住宿、餐饮、健身、出行、理发、美容、培训、养老、旅游等生活消费领域，经营者收取预付款后多次或者持续向消费者兑付商品或者提供服务产生的纠纷适用本解释。

第二条　不记名预付卡的持卡人起诉请求经营者承担民事责任的，人民法院应当依法受理。记名预付卡的实际持卡人与预付卡记载的持卡人不一致，但提供其系合法持卡人的初步证据，起诉请求经营者承担民事责任的，人民法院应当依法受理。

消费者提供其与经营者存在预付式消费合同关系的其他初步证据，起诉请求经营者承担民事责任的，人民法院应当依法受理。

第三条　监护人与经营者订立预付式消费合同，约定由经营者向被监护人兑付商品或者提供服务，监护人因预付式消费合同纠纷以被监护人名义起诉，请求经营者承担民事责任的，人民法院应当向监护人释明应以其本人名义起诉。

被监护人因接受商品或者服务权益受到损害，起诉请求经营者承担责任的，人民法院应当依法受理。

第四条　经营者允许他人使用其营业执照或者以其他方式允许他人使用其名义与消费者订立预付式消费合同，消费者请求经营者承担民事责任，经营者以其并非实际经营者为由提出抗辩的，人民法院对其抗辩不予支持。

第五条　同一品牌商业特许经营体系内企业标志或者注册商标使用权的特许人与消费者订立预付式消费合同，消费者因权益受到损害请求被特许人承担民事责任，存在下列情形之一的，人民法院应予支持：

（一）被特许人事先同意承担预付式消费合同义务；

（二）被特许人事后追认预付式消费合同；

（三）特许经营合同约定消费者可以直接请求被特许人向其履行债务；

（四）被特许人的行为使消费者有理由相信其受预付式消费合同约束。

消费者与被特许人订立预付式消费合同后，因权益受到损害请求特许人承担民事责任的，参照适用前款规定。

不存在前两款规定情形，但特许人对消费者损失产生或者扩大有过错，消费者请求特许人根据其过错承担民事责任的，人民法院应予支持。

第六条 商场场地出租者未要求租赁商场场地的经营者提供经营资质证明、营业执照，致使不具有资质的经营者租赁其场地收取消费者预付款并造成消费者损失，消费者请求场地出租者根据其过错承担民事责任的，人民法院应予支持。

场地出租者承担赔偿责任后，向租赁商场场地的经营者追偿的，人民法院应予支持。

第七条 经营者收取预付款后因经营困难不能按照合同约定兑付商品或者提供服务的，应当及时依法清算。经营者依法应当清算但未及时进行清算，造成消费者损失，消费者请求经营者的清算义务人依法承担民事责任的，人民法院应予支持。

第八条 经营者未与消费者就商品或者服务的质量、价款、履行期限、履行地点和履行方式等内容订立书面合同或者虽订立书面合同但对合同内容约定不明，依照民法典第五百一十条、第五百一十一条等规定对合同内容可以作出两种以上解释，消费者主张就合同内容作出对其有利的解释的，人民法院应予支持。

第九条 消费者依照消费者权益保护法第二十六条、民法典第四百九十七条等法律规定，主张经营者提供的下列格式条款无效的，人民法院应予支持：

（一）排除消费者依法解除合同或者请求返还预付款的权利；

（二）不合理地限制消费者转让预付式消费合同债权；

（三）约定消费者遗失记名预付卡后不补办；

（四）约定经营者有权单方变更兑付商品或者提供服务的价款、种类、质量、数量等合同实质性内容；

（五）免除经营者对所兑付商品或者提供服务的瑕疵担保责任或者造成消费者损失的赔偿责任；

（六）约定的解决争议方法不合理增加消费者维权成本；

（七）存在其他排除或者限制消费者权利、减轻或者免除经营者责任、加重消费者责任等对消费者不公平、不合理情形。

第十条 无民事行为能力人与经营者订立预付式消费合同，向经营者支付预付款，法定代理人请求确认合同无效、经营者返还预付款的，人民法院应予支持。

限制民事行为能力人与经营者订立预付式消费合同，向经营者支付预付款，法定代理人请求确认合同无效、经营者返还预付款的，人民法院应予支持，但该合同经法定代理人同意、追认或者预付款金额等合同内容与限制民事行为能力人的年龄、智力相适应的除外。

经营者主张从预付款中抵扣已经兑付商品或者提供服务价款的，人民法院依法予以支持，但经营者违反法律规定向未成年人提供网络付费游戏等服务的除外。

第十一条 消费者转让预付式消费合同债权的，自债权转让通知到达经营者时对经营者发生法律效力。债权转让对经营者发生效力后，受让人请求经营者依据预付式消费合同约定兑付商品或者提供服务的，人民法院依法予以支持。受让人请求经营者提供预付卡更名、修改密码等服务的，人民法院依法予以支持。

预付式消费合同约定经营者在履行期限内向消费者提供不限次数服务，消费者违反诚实信用原则，以债权转让的名义让多名消费者行使本应由一名消费者行使的权利、损害经营者利益，经营者主张债权转让行为对其不发生效力的，人民法院应予支持。

第十二条 经营者与消费者订立预付式消费合同后，未经消费者同意，单方提高商品或者服务的价格、降低商品或者服务的质量，消费者请求经营者按合同约定履行义务并承担相应违约责任的，人民法院应予支持。

第十三条 消费者请求解除预付式消费合同，经营者存在下列情形之一的，人民法院应予支持：

（一）变更经营场所给消费者接受商品或者服务造成明显不便；

（二）未经消费者同意将预付式消费合同义务转移给第三人；

（三）承诺在合同约定期限内提供不限次数服务却不能正常提供；

（四）法律规定或者合同约定消费者享有解除合同权利的其他情形。

预付式消费合同成立后，消费者身体健康等合同的基础条件发生了当事人在订立合同时无法预见、不属于商业风险的重大变化，继续履行合同对于消费者明显不公平的，消费者可以与经营者重新协商；在合理期限内协商不成，消费者请求人民法院变更或者解除预付式消费合同的，人民法院应予支持。

第十四条 消费者自付款之日起七日内请求经营者返还预付款本金的，人民法院应予支持，但存在下列情形之一的除外：

（一）消费者订立预付式消费合同时已经从经营者处获得过相同商品或者服务；

（二）消费者订立预付式消费合同时已经从其他经营者处获得过相同商品或者服务。

当事人就消费者无理由退款作出对消费者更有利的约定的，按照约定处理。

第十五条 预付式消费合同解除、无效、被撤销或者确定不发生效力，消费者请求经营者返还剩余预付款并支付利息的，人民法院应予支持。返还预付款本金应为预付款扣减已兑付商品或者提供服务的价款后的余额。

预付式消费合同解除、无效、被撤销或者确定不发生效力，当事人依照民法典第一百五十七条、第五百六十六条等规定请求赔偿其支付的合理费用等损失的，人民法院应予支持，但当事人因不可抗力或者情势变更解除合同的除外。

经营者支付给员工等人员的预付款提成不属于前款规定的合理费用。

第十六条 当事人对返还预付款利息计付标准有约定的，按照约定处理。没有约定或者约定不明，因经营者原因返还预付款的，按照预付式消费合同成立时一年期贷款市场报价利率计算利息；因消费者原因返还预付款的，按照预付式消费合同成立时中国人民银行公布的一年定期存款基准利率计算利息。

经营者依照行政主管部门要求已将预付款转入监管账户，消费者请求按被监管资金的实际利率计算应返还的被监管部分预付款利息的，人民法院应予支持。

第十七条 预付式消费合同解除、无效、被撤销或者确定不发生效力，消费者请求返还预付款的，自合同解除、被确认无效、被撤销或者确定不发生效力时起计算利息。

当事人就返还预付款利息起算时间作出对消费者更有利的约定或者法律另有规定的，按照当事人约定或者法律规定处理。

第十八条 非因消费者原因返还预付款的，人民法院按下列方式计算已兑付商品或者提供服务的价款：

（一）经营者向消费者提供折扣商品或者服务的，按折扣价计算已兑付商品或者提供服务的价款；

（二）经营者向消费者赠送消费金额的，根据消费者实付金额与实付金额加赠送金额之比计算优惠比例，按优惠比例计算已兑付商品或者提供服务的价款。

当事人就已兑付商品或者提供服务折价作出对消费者更有利的约定的，按照约定处理。

第十九条 因消费者原因返还预付款，经营者向消费者提供折扣商品、服务或者向消费者赠送消费金额的，人民法院应当按商品或者服务打折前的价格计算已兑付商品或者提供服务的价款。

消费者主张打折前的价格明显不合理，经营者不能提供打折前价格交易记录的，人民法院可以按照订立合同时履行地同类商品或者服务的市场价格计算已兑付商品或者提供服务的价款。

当事人就已兑付商品或者提供服务折价作出对消费者更有利的约定的，按照约定处理。

第二十条 按折扣价或者优惠比例计算已兑付商品或者提供服务的价款未超出消费者预付款，但按打折前的价格计算已兑付商品或者提供服务的价款超出消费者预付款，经营者请求消费者支付按打折前的价格计算超出预付款部分价款的，人民法院不予支持。

第二十一条 经营者向消费者赠送商品或者服务，消费者在预付式消费合同解除、无效、被撤销、确定不发生效力后请求返还剩余预付款，经营者主张消费者返还或者折价补偿已经赠送的商品或者服务的，人民法院应当综合考虑已经赠送的商品或者服务的价值、预付式消费合同标的金额、合同履行情况、退款原因等因素，依照诚实信用原则对是否支持经营者主张作出认定。

第二十二条 预付式消费合同约定经营者在履行期限内向消费者提供不限次数服务，消费者请求按合同解除后的剩余履行期限与全部履行期限的比例计算应予返还的预付款的，人民法院应予支持。

经营者在预付式消费合同解除前已经停止提供商品或者服务，消费者请求按经营者停止提供商品或者服务后的剩余履行期限与全部履行期限的比例计算应予返还的预付款的，人民法院应予支持。

消费者因自身原因未在合同约定履行期限内要求经营者提供服务，请求返还预付款的，人民法院不予支持。

第二十三条 经营者收取预付款后终止营业，既不按照约定兑付商品或者提供服务又恶意逃避消费者申请退款，消费者请求经营者承担惩罚性赔偿责任的，人民法院依法予以支持。

经营者行为涉嫌刑事犯罪的，人民法院应当将犯罪线索移送公安机关。

第二十四条 消费者请求经营者对尚有资金余额的预付卡提供激活、换卡等服务的，人民法院应予支持。

消费者请求经营者对尚有资金余额的记名预付卡提供挂失和补办服务的，人民法院应予支持。

第二十五条 经营者控制合同文本或者记录消费内容、消费次数、消费金额、预付款余额等信息的证据，无正当理由拒不提交，消费者主张该证据的内容不利于经营者的，人民法院可以根据消费者的主张认定争议事实。

第二十六条 本解释所称预付卡为单用途商业预付卡，包括以磁条卡、芯片卡、纸券等为载体的实体卡和以密码、串码、图形、生物特征信息等为载体的虚拟卡。

因多用途预付卡产生的纠纷不适用本解释。

第二十七条 本解释自 2025 年 5 月 1 日起施行。

【解读】

解读《关于审理预付式消费民事纠纷案件适用法律若干问题的解释》

《最高人民法院关于审理预付式消费民事纠纷案件适用法律若干问题的解释》（以下简称《解释》）已于 2024 年 11 月 18 日由最高人民法院审判委员会第 1932 次会议审议通过，将自 2025 年 5 月 1 日起施行。本文就《解释》的制定背景、起草过程、基本思路和主要内容进行说明，以便在司法实践中准确适用。

一、《解释》的制定背景和起草过程

党的二十大报告指出，着力扩大内需，增强消费对经济发展的基础性作用和投资对优化供给结构的关键作用。党的二十届三中全会提出，完善激发社会资本投资活力和促进投资落地机制，形成市场主导的有效投资内生增长机制。完善扩大消费长效机制。2024 年中央经济工作会议将"大力提振消费，提高投资效益，全方位扩大国内需求"作为 2025 年重点工作任务。2025 年 3 月，中央发布的《提振消费专项行动方案》提出，以高质量供给创造有效需求，以优化消费环境增强消费意愿，针对性解决制约消费的突出矛盾问题。一方面，预付式消费既有利于解决经营资金困难，促进投资，也有利于降低消费成本，促进消费，已成为消费者广泛采用的消费形式。例如，某省消费者权益保护委员会调查发现，逾九成的消费者有预付式消费经历，常见于美容美发、文化娱乐、餐饮、商超零售、教育培训及体育健身等行业，94.4%的消费者预付金额在 5000 元以下。另一方面，预付式消费所具有的融资属性使消费者面临较高的违约风险。调研发现，预付式消费中"卷款跑路""霸王条款"、收款不退等问题，是消费者反映较为集中、对消费者权益损害较大、对消费信心打击较大的问题。近年来，预付式消费领域纠纷呈现快速增长趋势。由于涉案金额小，维权成本高，不少消费者在权益受到损害后都自认倒霉，吃"哑巴亏"。预付式消费中存在的问题已引起社会广泛关注。

为深入贯彻落实党中央决策部署，充分发挥预付式消费缓解经营资金困难、促进投资和降低消费成本、促进消费的作用，打通消费堵点，回应社会关切，最高人民法院在长期、深入调研的基础上，于2023年正式启动《解释》立项工作。起草过程中多次征求有关国家机关、专家学者、消费者、生产经营者等各方意见，并于2024年6月6日向社会公开征求意见。在综合各方意见的基础上，经过多次论证、修改，形成送审稿，最高人民法院审判委员会已经审议通过。

二、《解释》起草的基本原则和思路

《解释》起草过程中，坚持三个工作原则：一是贯彻落实党中央精神原则。《解释》制定过程中，始终贯彻落实中央关于着力扩大内需，增强消费对经济发展的基础性作用和投资对优化供给结构的关键作用的要求，激发有潜能的消费，扩大有效益的投资，助力形成消费和投资相互促进的良性循环。二是坚持合法性解释原则。《解释》制定过程中，立足于体现立法精神、遵循立法本意，确保《解释》符合相关法律的立法宗旨和目的。三是坚持问题导向原则。《解释》制定过程中，从审判和行政执法一线、消费者保护组织、预付卡发行企业、全国人大代表、全国政协委员、群众代表等多方面开展调研论证，立足审判实践，解决人民群众和经营者密切关注的现实问题。

《解释》起草过程中，坚持以下基本思路：一是正确处理保护消费者合法权益与促进经济健康持续发展的关系。《解释》关系广大消费者和经营者的切身利益。一方面，始终坚持将消费者权益保护放在首位，努力解决人民群众普遍关切的问题，切实增强人民群众的获得感、幸福感、安全感；另一方面，牢固树立和贯彻落实新发展理念，在加强消费者权益保护的同时，保护经营者合法权益和合理预期，充分发挥预付式消费降低融资成本、促进社会投资的功能，服务和保障预付式消费市场健康持续发展。二是正确处理合同自由与合同公平的关系。《解释》保护和鼓励交易，促进和提升市场活力。同时，积极克服预付式消费中交易信息不对称、缔约地位不平等、风险承担不对等问题，引导建立规范的市场秩序，在坚持合同自由的基础上维护合同公平。三是正确处理权利保护与促进诚信的关系。《解释》在保护消费者、经营者权利的同时，坚持诚信原则，在制度设计上提高违法成本、避免当事人通过不诚信行为获利，引导经营者诚信经营、消费者严守合同。四是正确处理民商事审判与行政监管的关系。加强与2024年施行的《消费者权益保护法实施条例》等行政法规、部门规章的协调，在法律框架下，使司法审判与行政监管形成合力，维护好消费者权益，促进经济社会高质量发展。同时，全面了解行业习惯做法，注重发挥预付式消费经营模式的优势。

三、《解释》的主要内容

《解释》共27条，就《解释》的适用范围、责任主体认定，预付式消费合同的解释、效力和解除，预付款的返还和赔偿责任，"卷款跑路"的责任，经营者提供其控制证据的责任等问题作出规定，主要内容如下。

（一）明确《解释》的适用范围

关于哪些消费形式属于《解释》规范的预付式消费的问题，《解释》第一条规定："在零售、住宿、餐饮、健身、出行、理发、美容、培训、养老、旅游等生活消费领域，经营者收取预付款后多次或者持续向消费者兑付商品或者提供服务产生的纠纷适用本解释。"第二十六条第一款规定："本解释所称预付卡为单用途商业预付卡，包括以磁条卡、芯片卡、纸券等为载体的实体卡和以密码、串码、图形、生物特征信息等为载体的虚拟卡。"在司法实践中,应注意五个方面的问题。

第一,《解释》第一条列举的零售、住宿、餐饮、健身、出行、理发、美容、培训、养老、旅游等生活消费领域属于不完全列举,家政、养生、托育等生活消费领域产生的预付式消费纠纷也适用《解释》。

第二,商品房预售、购买一次性提货券等消费者付款后一次性接受商品或者服务产生的纠纷不适用《解释》。此类交易与普通买卖合同区别较小,消费者在交易中面临的经营者违约风险相对较低,故未纳入《解释》的规范范围。

第三,《解释》所称预付卡属于消费者持有的用以证明其在预付式消费合同项下债权的权利凭证,包括以磁条卡、芯片卡、纸券等为载体的实体卡和以密码、串码、图形、生物特征信息等为载体的虚拟卡。

第四,《解释》适用于因单用途商业预付卡产生的纠纷。在向社会征求意见时,有意见认为,公共交通等公用事业中的预付卡风险小、管理上具有特殊性,建议明确《解释》仅适用于单用途商业预付卡。《解释》采纳了这一建议。商务部发布的《单用途商业预付卡管理办法(试行)》(商务部令2016年第2号)对单用途商业预付卡的管理作出专门规定。在理解单用途商业预付卡的特征时,可将该办法的相关规定作为参考,但单用途商业预付卡的范围不限于该办法所规范的消费范围,不由商务部主管的其他预付式消费领域中的单用途商业预付卡也适用《解释》的相关规定。

第五,《解释》不适用于因多用途商业预付卡产生的纠纷。发行多用途商业预付卡属于金融业务,只有持牌金融机构有权开展,受到较为严格监管,目前纠纷较少,且多用途商业预付卡与单用途商业预付卡的经营模式、经营风险差异较大,故未纳入《解释》的规范范围。单用途商业预付卡与多用途商业预付卡区分的标准是发卡人与兑付人的关系不同。单用途商业预付卡仅限于在发卡企业、该企业所属集团或同一品牌商业特许经营体系内提供商品或服务,而多用途商业预付卡可由发卡企业之外、该企业所属集团之外以及同一品牌商业特许经营体系之外的经营者提供商品或服务。

(二)明确预付式消费合同纠纷原告资格

民事诉讼法第一百二十二条规定起诉应当符合的法定条件之一是"原告是与本案有直接利害关系的公民、法人和其他组织",因此,消费者因预付式消费纠纷起诉请求经营者承担责任的,应当提交其系合法权利人的初步证据。《解释》第二条就消费者起诉应当提供哪些初步证据作出规定。首先,对于不记名预付卡,消费者持卡之事实即表明其有权提起诉讼。其次,对于记名预付卡,通常应以预付卡记载的消费者为原告,如果持卡人与预付卡记载的消费者不一致,则持卡人还需提交其系合法持卡人的初步证据。例如,消费者提交预付卡记载的消费者向其转让预付式消费合同债权的证据。最后,如果消费者不能提供预付卡,但能够提供其与经营者存在预付式消费合同关系的其他初步证据,亦可作为原告提起诉讼。例如,消费者提供了预付式消费合同、充值记录、消费记录等证据。

监护人与经营者签订预付式消费合同,约定由经营者向被监护人兑付商品或者提供服务的情况在实践中较为常见。此种情况下,应由监护人还是被监护人起诉,尤其是在以被监护人名义起诉的情况下,是应当驳回起诉还是应当直接审理作出裁判,司法实践中存在不同认识。第一种观点认为,无论是以被监护人名义起诉还是以监护人名义起诉,人民法院都应当受理并作出裁判,理由是,无论以谁的名义起诉,最终的法律后果均由监护人承担,因此,这一问题无须专门作出规定。第二种观点认为,预付式消费合同纠纷属于合同纠纷,应当坚持合同相对性原则,由作为合同当事人的监护人起诉,如果监护人错以被监护人名义提起诉讼,应当裁定驳回起诉。根据《解释》第三条的规定,一方面,作为合同相对方的监护人有权作为原告起诉,坚持合同相对性原则;另一方面,如果错将被监护人列为原告,人民法院应做好释明工作,不能简单地直接裁定驳回起诉,以加强消费者诉权保护。向社会征求意见过程中,有来信提出,如果被监护人权益因接受商品或者服务受到损害,属于侵权之诉,被监护人有权提起诉讼。《解释》第三条采纳了这一意见,增加第二款规定:"被监护人因接受商品或者服务权益受到损害,起诉请求经营者承担责任的,人民法院应当依法受理。"

(三)明确常见预付式消费交易模式下的责任主体

针对预付式消费中经营者"名实不符"的问题,《解释》第四条规定,经营者虽未与消费者订立预付式消费合同,但在两种情况下仍应向消费者承担责任。一是经营者允许他人使用其营业执照。这一规定的依据是消费者权益保护法第四十二条的规定。二是经营者以其他方式允许他人使用其名义与消费者订立预付式消费合同。有的经营者放任其他经营者使用其名义与消费者订立预付式消费合同、收取预付款,使消费者相信其受预付式消费合同约束。这种情况下,应当保护消费者的信赖利益,消费者有权请求其依法承担责任。

针对商业特许经营体系内特许人和被特许人责任的问题,除特许人或者被特许人依据预付式消费合同承担责任外,《解释》第五条从三个方面加强消费者权益保护。一是未与消费者直接订立预付式消费合同的特许人、被特许人应依据其承诺承担责任,包括事先同意承担预付式消费合同义务、事后追认预付式消费合同、特许经营合同约定消费者可以直接请求其向消费者履行债务的情形。二是未与消费者直接订立预付式消费合同的特许人、被特许人的行为使消费者有理由相信其受预付式消费合同约束的,应向消费者承担责任。例如,消费者在特许人处购卡,平时均可在被特许人处兑换商品,在长期的交易过程中,消费者产生了被特许人亦受预付式消费合同约束的信赖,有权请求被特许人承担责任。三是特许人虽未与消费者签订预付式消费合同,但对消费者损失产生或者扩大有过错的,消费者亦有权请求特许人根据其过错承担民事责任。

关于商场场地出租者责任,《解释》第六条明确了商场场地出租者对租赁场地经营者资质的形式审查义务和过错责任,解决租赁商场场地的经营者收款"跑路"后消费者应找谁担责的问题。如果商场场地出租者对租赁场地经营者的营业执照、经营资质进行了最基本的形式审查,租赁商场场地的经营者收款"跑路"后,商场场地出租者亦可提供其名称、住所地等基本信息,以便消费者维权。适用本条规定时,应当严格依法,避免不当加重商场场地出租者责任。

(四)明确对消费者有利的合同解释规则

司法实践处理预付式消费合同纠纷的一大难点是没有书面合同,难以认定当事人的权利义务关系。消费者权益保护法实施条例第二十二条第一款规定,预付式消费中经营者应当与消费者订立书面合同。《解释》第八条规定,如果经营者未与消费者订立书面合同或者合同内容约定不明,可作出两种以上解释的,应当作出对消费者有利的解释。本条司法解释有利于引导经营者与消费者订立书面合同,避免纠纷产生后无据可查。

(五) 规制"霸王条款"

"霸王条款"是预付式消费中常见的损害消费者权益的现象。《解释》第九条以民法典第四百九十七条和消费者权益保护法第二十六条规定为依据,就如何规制预付式消费中的"霸王条款"作出规定。

第一项针对的是收款不退"霸王条款"的规定。预付式消费"退卡难"已成为消费投诉的重灾区。有的经营者在其提供的格式合同中约定"一经办卡,概不退卡",试图以"霸王条款"来"卡住"消费者的合理退款申请。本条第一项规定,排除消费者依法解除合同或者请求返还预付款权利的格式条款无效。

第二项针对的是限制转卡的"霸王条款"。民法典第五百四十六条第一款规定:"债权人转让债权,未通知债务人的,该转让对债务人不发生效力。"消费者转卡行为属于消费者转让预付式消费合同项下债权的行为,只需通知经营者即对经营者发生效力。有的经营者通过"霸王条款"不合理地限制消费者转卡权利,损害消费者利益,人民法院应认定此类"霸王条款"无效。人民法院在认定哪些条款属于不合理地限制消费者转卡的"霸王条款"时,应注意经营者提供服务是否对消费者的健康等有特别要求,如果预付式消费合同对消费者的健康等条件提出要求,只要受让人满足这些要求,经营者就不应限制消费者的转卡行为。

第三项针对的是丢卡不补的"霸王条款"。有的经营者在其提供的格式合同中约定,一旦预付卡丢失,不予补办。消费者失去了记载预付式消费合同权利的凭证,无法继续请求经营者提供商品或者服务,导致其利益受损。本条第三项规定,此类"霸王条款"无效。

第四项针对的是经营者有权单方变更预付式消费合同实质性内容的"霸王条款"。经营者收取消费者预付款后,擅自降低商品或者服务的质量、提高价格、变更商品或者服务的种类,是常见的损害消费者权益的行为。有的经营者还通过格式条款将其单方变更合同实质性内容的权利予以确认。本条第四项规定,此类"霸王条款"无效。同时,《解释》第十二条还规定,经营者与消费者订立预付式消费合同后,未经消费者同意,单方提高商品或者服务的价格、降低商品或者服务的质量的行为属于违约行为,消费者有权请求经营者按合同约定继续履行义务并承担相应违约责任。

第五项针对的是免除经营者瑕疵担保责任或者造成消费者损害赔偿责任的"霸王条款"。根据民法典第一百八十六条、第五百八十四条、第六百一十二条、第六百一十七条等规定,出卖人对于其提供的商品或者服务承担瑕疵担保责任和损害赔偿责任。如果经营者通过格式条款免除这些责任,属于免除经营者责任的"霸王条款",应当认定无效。

第六项针对的是约定的解决争议方法不合理增加消费者维权成本的"霸王条款"。实践中,多数消费者预付款不超过5000元,但是,有的经营者为限制消费者获得救济的权利,其提供合同中的格式条款约定通过仲裁解决纠纷,但约定的仲裁机构的最低收费标准远高于消费者支付的预付款。此类格式条款属于妨碍消费者获得权利救济的"霸王条款",应依法认定为无效。

第七项是兜底条款,规定其他排除或者限制消费者权利、减轻或者免除经营者责任、加重消费者责任等对消费者不公平、不合理的格式条款无效。

第一部分 民商事／三、合同

（六）规定未成年人等无民事行为能力人、限制民事行为能力人与经营者订立预付式消费合同的效力

有的网络游戏等网络服务采用预付式消费方式进行经营，未成年人是此类消费的重要群体。过度沉迷游戏不仅影响未成年人健康成长，高额的服务费用也会成为家庭负担。实践中存在因未成年人大额预付费产生的纠纷。《解释》起草过程中，有关建议提出，可就未成年人订立预付式消费合同的效力及法律后果作出规定。《解释》采纳了这一建议，第十条第一款和第二款分别以民法典第十九条和第二十条为依据，对无民事行为能力人或者限制民事行为能力人订立预付式消费合同，法定代理人有权依法请求确认合同无效、经营者返还预付款作出规定。《解释》第十条第三款吸收了《最高人民法院关于为促进消费提供司法服务和保障的意见》第十四条规定，明确经营者违反法律规定向未成年人提供网络付费游戏等服务的，无权请求消费者折价补偿其已经提供的服务，目的是引导经营者依法诚信经营，保护无民事行为能力人、限制民事行为能力人及其所在家庭的合法权益。

（七）保护消费者依法转让预付卡的权利

转让预付卡是消费者常见的诉求。《解释》第九条第二项规定限制转卡的"霸王条款"无效，第十一条进一步规定了消费者转让预付卡行为的效力。首先，消费者转让预付卡只需通知经营者就对经营者发生效力，无须征得经营者同意。其次，消费者将转让预付卡的事实通知经营者后，受让人获得转让人在预付式消费合同项下的权利，包括请求经营者提供预付卡更名、修改密码等服务的权利。最后，《解释》对滥用转卡权利"薅羊毛"的行为予以规制。在向社会征求意见时，有来信建议，本条关于债权转让的规定应根据商业预付卡消费场景作必要的限制。以游乐园消费为例，如果不加限制，会存在多位游客仅需要一张游乐园当周无限次入园门票即可"排队"到游乐园游玩的情形，只需要上一位游客在游玩后将该入园门票转让给下一位游客即可，这导致游乐园只愿意出售单人单次门票，极大影响游乐园正常经营和消费选择，甚至导致"黄牛"更加盛行。《解释》采纳了这一建议，在本条增加第二款规定，明确消费者转让不限服务次数的计时卡时，不应违反诚信原则，即不得以债权转让的名义让多名消费者行使本应由一名消费者行使的权利，以规制滥用权利行为，保护经营者权益。

（八）规定当事人赔偿损失责任

在合同无效、解除或者当事人违约等情况下，预付式消费合同当事人有权依照民法典第一百五十七条、第五百六十六条、第五百七十七条等的规定请求相对人承担赔偿损失责任。依照消费者权益保护法第五十三条的规定，经营者以预收款方式提供商品或者服务，但未按照约定提供的，消费者除有权请求其履行约定或者退回预付款外，还有权请求其承担预付款的利息、消费者必须支付的合理费用。《解释》第一五条第二款在上述规定的基础上，对预付式消费合同当事人请求赔偿其支付的合理费用等损失的责任作了规定。本条第三款在第二款的基础上规定，经营者支付给员工等人员的预付款提成不属于消费者应当赔偿的合理费用，目的是遏制经营者"套路式、劝诱式"营销，规制重售卡轻服务的不诚信行为。

（九）规定消费者解除预付式消费合同的权利

关于消费者解除预付式消费合同的权利，民法典与消费者权益保护法的规定并不相同。例如，依照民法典第五百六十三条的规定，在当事人一方迟延履行主要债务的

情况下，还需具备经催告后在合理期限内仍未履行的条件或者当事人一方迟延履行债务或者有其他违约行为致使不能实现合同目的的条件，另一方才有权解除合同。但依照消费者权益保护法第五十三条的规定，在预付式消费中，只要经营者未按照约定提供商品或者服务，消费者就有权请求其返还预付款，不需要经营者经催告后在合理期限内仍未履行或者经营者违约行为致使消费者合同目的不能实现的条件。因此，在预付式消费中，只要经营者未按照约定提供商品或者服务，消费者就有权解除合同。《解释》第十三条依据上述规定，对实践中常见的消费者有权解除合同的情形作出规定。

一是在经营者变更经营场所给消费者接受商品或者服务造成明显不便的情形下，消费者有权解除预付式消费合同。经营场所远近是消费者决定是否订立预付式消费合同的重要条件。经营者收取预付款后，有可能"关店""迁店"，并通知消费者由其他连锁店铺或者新开店铺兑付商品或者提供服务。经营者变更经营场所一般会对消费者接受商品或者服务产生影响，如果这种影响较小，消费者通常会予以包容，但是，如果经营者变更经营场所致使消费者消费成本显著提高或者在途时间明显增加，消费者不仅会增加消费成本，甚至可能放弃要求兑付商品或者提供服务。这种情况下，如果不允许消费者解除合同，对消费者明显不公平，甚至导致消费者合同目的不能实现。因此，在经营者变更经营场所给消费者接受商品或者服务造成明显不便的情形下，消费者有权解除预付式消费合同。

在认定经营者变更经营场所是否会给消费者接受商品或者服务造成明显不便时，应根据案件具体情况作出认定。例如，经营者原来的经营场所紧邻消费者的住所或工作场所，但变更后的经营场所远离消费者的住所或工作场所，消费者无法达到利用闲暇时间获得商品或者服务的目的，或者消费者需要长距离驾车才能到达新的经营场所，导致获得商品或者服务的时间成本和金钱成本显著增加，消费者有权请求解除合同。再如，如果消费者年事已高或者是残疾人，在认定经营者变更经营场所是否会给消费者接受商品或者服务造成明显不便时，还应当考虑消费者行动不便的因素。

二是在经营者未经消费者同意将预付式消费合同义务转移给第三人的情形下，消费者有权解除预付式消费合同。"转让店铺"是消费者在预付式消费中常遇到的问题。消费者预交了全部价款，履行了全部合同义务，经营者则应在合同约定履行期限内提供商品或者服务。经营者作为债务人，其履约能力直接决定消费者合同目的是否能够实现。根据民法典第五百五十一条第一款的规定，债务人将债务的全部或者部分转移给第三人的，应当经债权人同意。因此，经营者将预付式消费合同义务转移给第三人的，应当经作为债权人的消费者同意，未经消费者同意，对消费者不发生效力，消费者仍有权请求原经营者兑换商品或者提供服务。经营者将预付式消费合同义务转移给第三人，意味着其不愿履行合同，故消费者有权解除合同，请求退款。

三是在经营者承诺在合同约定期限内提供不限次数服务却不能正常提供服务的情形下，消费者有权解除预付式消费合同。有的经营者以提供不限次数服务为噱头，吸引消费者支付预付款，但其招揽的消费者人数远超出其提供服务的能力，导致消费者难以预约服务或者实际上不能正常获得服务。这种情况下，消费者有权解除合同。

四是在法律规定或者合同约定消费者享有解除合同权利的其他情形下，消费者有权解除预付式消费合同。《解释》第十三条前三项列举了实践中常见的消费者有权解除合同的情形，第四项是兜底条款。《解释》征求意见稿中，本条还规定在经营者"变更服务人员等行为导致消费者对经营者提供的具有人身、专业等信赖的服务丧失信任基础"的情形下,消费者有权解除预付式消费合同。有的预付式消费合同建立在消费者对经营者提供的服务具有人身、专业等信赖的基础上,如果这种信赖构成合同订立的基础,缺乏这种信赖消费者就不可能订立预付式消费合同,则经营者变更服务人员等行为会导致双方信任基础丧失,继续履行合同将会导致消费者合同目的不能实现。这种情况下,消费者有权解除合同。在向社会征求意见时,多封来信指出,《解释》征求意见稿本条第一款第三项规定,在"变更服务人员等行为导致消费者对经营者提供的具有人身、专业等信赖的服务丧失信任基础"的情况下,消费者享有解除合同的权利,但实践中经营者变更服务人员是常态,本项规定可能会限制服务人员的正常流动,也不利于经济发展。而且,何种情形下变更服务人员导致消费者对服务丧失信任基础,主观性较大,也难以判断,可能出现滥用解除权的情况。为防止滥用解除合同的权利、保护交易安全,本条未保留该项规定。如果经营者变更服务人员等行为导致消费者对经营者提供的具有人身、专业等信赖的服务丧失信任基础,消费者请求解除合同,人民法院可依据本条第一款第四项以及民法典和消费者权益保护法的相关规定作出认定,重点应当审查经营者变更服务人员等行为是否会导致消费者合同目的不能实现。通常情况下,经营者变更服务人员不会导致消费者合同目的不能实现,但实践中也存在一些特殊情形。例如,有的经营者以某世界冠军提供培训来招揽消费者。消费者在订立培训合同时,明确要求由该世界冠军为其子女提供培训,目的是使其子女能够获得最专业的培训,有助于其子女成为专业人才。但是,消费者支付预付款后,该世界冠军离职,经营者亦不能提供其他具有同等能力的专业老师,将导致消费者合同目的不能实现,消费者仍有权依法解除合同。

(十)明确消费者七日无理由退款的权利

预付式消费中,经营者与消费者之间信息不对称问题十分突出,是导致消费者后悔购卡的重要原因之一。在《解释》征求意见过程中,有专家建议,应当借鉴消费者权益保护法第二十五条关于无理由退货制度的规定,明确消费者七日无理由退款的权利。《解释》采纳了这一观点,主要基于以下考虑:一是从法理依据看,与网络购物类似,预付式消费存在较为突出的信息不对称问题,有的经营者过度劝诱、重售卡轻服务,甚至欺诈营销、套路消费者,故可借鉴消费者权益保护法关于七日无理由退货的规定,明确七日无理由退款规则,贯彻诚信原则,保护消费者权益。二是从调研情况看,北京、江苏等地已较长时间实行消费者七日或者十五日无理由退款,效果较好。部分经营者已经采用无理由退款制度,在售卡后短期内进行无理由退款。并且,七日时间较短,只退本金,不会增加经营者财务成本或者对经营造成干扰。三是从市场导向看,七日无理由退款有利于倡导诚信,引导经营者将竞争着力点放到提高商品和服务的质量上来,也有利于改变重售卡轻服务的商业模式。四是从保护消费信心看,七日无理由退款有利于增强消费者购卡信心,促消费、扩内需。

为防范七日无理由退款中可能出现的不诚信行为,《解释》第十四条进一步规定,消费者在订立预付式消费合同时已经从经营者或者其他经营者处获得过相同商品或者服务的,则不享有七日无理由退款的权利。换言之,如果消费者系在充分了解商品或者服务的信息后支付预付款,就不再享有七日无理由退款的权利。

(十一) 规定返还预付款的计算规则

退卡是预付式消费纠纷中最常见的争议问题。退卡实际是退款,如何计算经营者应当返还的预付款,是司法实践中亟待解决的问题。《解释》第十五条至第二十条及第二十二条对返还预付款本金和利息的计算规则作出规定。整体思路是,区分消费者原因和非消费者原因导致的退款,并在退款金额计算、退款利率确定等方面分别作出对经营者和消费者有利的规定,引导双方当事人诚实守信、遵守合同。

第一,关于返还预付款本金的计算规则。《解释》第十五条第一款规定:"预付式消费合同解除、无效、被撤销或者确定不发生效力,消费者请求经营者返还剩余预付款并支付利息的,人民法院应予支持。返还预付款本金应为预付款扣减已兑付商品或者提供服务的价款后的余额。"在预付式消费合同解除、无效、被撤销或者确定不发生效力的情况下,消费者有权请求返还预付款,经营者也有权请求消费者折价补偿其已经提供的商品或者服务。消费者已经支付的预付款扣减应折价补偿的经营者已兑付商品或者提供服务价款后的余额就是经营者应当返还的预付款本金。

《解释》第十八条是关于非因消费者原因退款时已消费价款的计算方法的规定。预付式消费中,经营者一般会给予消费者折扣,赠送价款、商品或者服务,实践中的难点在于消费者在已经兑付部分商品或者服务的情况下需要退款,应按何种标准计算已经提供商品或者服务的价款。《解释》在坚持公平原则的基础上,区分了消费者原因导致的退款和非因消费者原因导致的退款,并分别作出对经营者和消费者有利的规定,目的是引导双方当事人诚实守信、遵守合同。本条规定,在非因消费者原因退款的情况下,消费者有权主张按优惠价计算已兑付商品或者提供服务的价款。这有利于保护消费者权益,因为按优惠价计算已兑付商品或者提供服务的价款意味着消费者应补偿的价款少,经营者应返还的剩余预付款本金多。实践中,计算优惠价主要有三种方式:一是按照预付式消费合同约定的折扣价计算优惠价;二是预付式消费合同约定经营者向消费者赠送消费金额的,则根据消费者实付金额与实付金额加赠送金额之比计算优惠价;三是预付式消费合同约定经营者向消费者赠送一定数量的同质商品或者服务的,则将赠送部分和消费者原本购买部分的商品或者服务的总和作为除数来计算优惠价。例如,消费者支付1000元,购买10次培训课程,同时预付式消费合同约定经营者再赠送10次培训课程,按优惠价计算,每次培训课程的价格为50元。

《解释》征求意见稿第二十一条第二款还规定:"根据前款规定,按折扣价或者优惠比例计算已兑付商品或者提供服务的价格低于成本,经营者主张按成本价计算已兑付商品或者提供服务价款的,人民法院可予支持。"向社会征求意见时,有来信建议删除第二款规定,理由是本条规定的是因经营者原因退款的情形,不应限制经营者的退款范围。《解释》采纳了这一建议,删除了征求意见稿本条第二款规定。此外,为保护消费者权益,鼓励经营者良性竞争,本条还规定当事人就已兑付商品或者提供服务折价作出对消费者更有利的约定的,按约定处理。

《解释》第十九条是关于因消费者原因退款时已消费价款的计算方法的规定。根据本条第一款规定,在因消费者原因返还预付款的情况下,在计算已兑付商品或者服务的价款时,消费者不能享受合同约定的优惠价格,而应当按打折前的价格计算,目的是促使当事人诚实守信、遵守合同。针对实践中有的经营者提出虚假打折前价格的情况,本条第二款规定,消费者主张打折前的价格明显不合理,经营者不能提供其按打折前价格进行交易的记录的,人民法院可按照订立合同时履行地同类商品或者服务的市场价格计算已兑付商品或者提供服务的价款。同时,为保护消费者利益,鼓励经营者良性竞争,本条第三款规定当事人可以就已兑付商品或者提供服务折价作出对消费者更有利的约定。

对于计时卡,《解释》第二十二条规定,应按剩余履行期限与全部履行期限的比例计算应予返还的预付款。关于剩余履行期限的起算点,应以合同解除时为准,但是,经营者在预付式消费合同解除前已经停止提供商品或者服务的,应以经营者停止提供商品或者服务时为准。消费者因自身原因未在合同约定履行期限内要求经营者提供服务的,属于自愿处分自身权利的行为,无权请求返还预付款。

第二,关于消费者支付价款责任的上限。根据《解释》第二十条规定,按折扣价或者优惠比例计算已兑付商品或者提供服务的价款未超出消费者预付款,但按打折前的价格计算已兑付商品或者提供服务的价款超出消费者预付款,经营者无权要求消费者支付按打折前的价格计算超出预付款部分的价款。本条规定意味着消费者承担的价款责任以预付款为限,这符合预付式消费的特点。

第三,关于向消费者返还预付款利息的计算规则。《解释》第十六条区分因经营者原因退款和因消费者原因退款的利息计算标准。对于前者,应当按照预付式消费合同成立时一年期贷款市场报价利率计算利息。对于后者,有意见建议,应当按照中国人民银行公布的同期同类存款基准利率而不应按照一年期贷款市场报价利率计算利息,以避免不当增加经营者负担。《解释》采纳了这一建议,第十六条借鉴了《最高人民法院关于适用〈中华人民共和国民法典〉合同编通则若干问题的解释》第二十五条第一款规定,同时为便于计算利息,并与本条关于"按照预付式消费合同成立时一年期贷款市场报价利率计算利息"的规定保持一致,本条未采用"同期同类"的表述,而是明确为"按照预付式消费合同成立时中国人民银行公布的一年定期存款基准利率计算利息"。《解释》起草过程中,有建议提出,部分行政主管部门对预付款有监管要求,经营者不能随时使用监管账户中的预付款,对于监管账户中的预付款应当按其实际利率计算利息,避免不当增加经营者负担。《解释》第十六条采纳了这一建议。

关于应返还利息的起算时间,《解释》第十七条规定:"预付式消费合同解除、无效、被撤销或者确定不发生效力,消费者请求返还预付款的,自合同解除、被确认无效、被撤销或者确定不发生效力时起计算利息。"《解释》征求意见稿曾对利息起算点作了区分:因消费者原因退款的,自预付式消费合同解除、无效、被撤销或者确定不发生效力时起计算利息;非因消费者原因退款的,自消费者交付预付款时起计算利息。在征求意见过程中,有意见指出,预付式消费中,消费者让渡资金的期限利益以获得更优惠的价格,经营者获得无偿使用资金的权利,代价是收取更低的价款。非因消费者原因退款的情况下,消费者已经享有合同约定的优惠价,不宜再自消费者交付预付款时起计算利息,而应当自合同解除、无效、被撤销或者确定不发生效力时起计算利息,以维护预付式消费降低融资成本和消费成本的功能,实现消费者和经营者利益的平衡。本条采纳了这一建议。

《解释》第十七条第二款规定,当事人就返还预付款利息起算时间作出对消费者更有利的约定或者法律另有规定的,按照当事人约定或者法律规定处理。例如,消费者权益保护法第五十三条对经营者未按约定提供商品或者服务应承担的退款付息义务作了规定,在符合该条规定的情况下,应当按法律规定处理。

有的经营者在合同解除、无效、被撤销或者确定不发生效力之前就已不能兑付商品或者提供服务,从经营者不再兑付商品或者提供服务时起至合同解除、无效、被撤销或者确定不发生效力期间,消费者非因自身原因不能获得商品或者服务,亦可计算剩余预付款的利息。消费者可依照民法典第五百六十六条或者消费者权益保护法第五十三条的规定请求支付这部分利息损失。

(十二) 明确已赠送商品和服务的返还及折价补偿规则

《解释》第二十一条对消费者请求退款情况下已赠送商品或者服务如何处理作出规定。《解释》征求意见稿对已赠送商品或者服务应如何返还的问题,区别两种情况处理:一是规定在消费者依法请求退款的情况下,经营者赠送低价值商品或者服务,无须返还。理由是,赠送低价值商品或者服务的行为类似于广告,目的是吸引消费者,既然已经吸引消费者支付预付款,经营者的目的已经实现,故不应再要求消费者返还。二是赠送商品或者服务价值较高,不返还或者折价补偿明显不公平的,消费者应当折价补偿,以防范消费者道德风险、保护经营者权益。《解释》起草过程中,有建议提出,除了赠送商品或者服务的价值大小外,还应当考虑消费者预付款金额大小、预付式消费合同履行情况及退款原因等因素,并贯彻诚信原则。本条采纳了这一意见,规定应综合考虑已经赠送的商品或服务的价值、预付式消费合同标的金额、履行情况及退款原因等因素,依照诚信原则来认定消费者是否应返还或折价补偿已赠送的商品或服务。既依法保护消费者权益,又防止个别不诚信消费者滥用权利对经营者进行"薅羊毛",保护经营者权益。

需要注意的是,本条适用的场景是,经营者所赠送的商品和服务与预付式消费合同约定消费者购买的商品和服务并不相同。如果二者相同,则依照《解释》第十五条、第十八条和第十九条关于返还预付款本金的计算规则进行处理即可。因消费者原因退款的,不按优惠价计算经营者已兑付商品或者提供服务的价款;非因消费者原因退款的,按优惠价计算经营者已兑付商品或者提供服务的价款。例如,消费者支付1000元,购买10次培训课程,同时预付式消费合同约定经营者再赠送10次培训课程。如果因消费者原因退款,消费者不享受优惠价,应按每次培训课程100元计算已兑付商品或者提供服务的价款;如果非因消费者原因退款,应按每次培训课程50元计算已兑付商品或者提供服务的价款。经营者所提供的所有课程均应折价补偿。这就避免了经营者已经提供的培训课程是属于消费者购买的课程还是属于经营者赠送课程的争议。同时,由于经营者提供的所有培训课程均已折价补偿,就无须适用本条规定。

(十三) 规制"卷款跑路"行为

"卷款跑路"是预付式消费中较为常见、对消费者权益损害较大、对消费信心打击较大的问题。如何遏制经营者"卷款跑路"、引导经营者依法诚信经营,是人民法院在司法审判中面临的难题。在经营者"卷款跑路"构成欺诈的情况下,由消费者向其主张惩罚性赔偿责任,既有利于震慑和遏制"卷款跑路"违法行为,又有利于鼓励消费者拿起法律武器保护自己权益。

在《解释》起草过程中,关于经营者"卷款跑路"是否构成欺诈的问题存在不同认识。有观点认为,经营者构成欺诈应当以其在订立预付式消费合同之时的主观状态为准。有的经营者在订立合同时并没有欺诈之故意,只是由于经营不善才"卷款跑路",这种情况不构成欺诈。还有观点认为,合同从磋商、订立、履行到终上,体现为一个动态过程。经营者即使在订立合同时没有欺诈故意,其在收取预付款后履行全部义务之前,恶意逃避消费者申请退款,形成非法占有预付款之故意而"卷款跑路"的,亦可构成欺诈。而且,经营者在订立合同时的主观状态难以证明,但其恶意逃避履行义务、"卷款跑路"之行为显而易见,该行为体现了经营者非法占有消费者预付款之主观恶意。鉴于"卷款跑路"在预付式消费中较为常见,对消费者权益损害较大,《最高人民法院关于为促进消费提供司法服务和保障的意见》第四条规定,经营者收取预付款后,终止营业却不通知消费者退款,导致消费者既无法继续获得商品或者服务也无法申请退款,构成欺诈的,对消费者请求经营者承担惩罚性赔偿责任的诉讼请求,人民法院应当依法支持。经营者的行为构成犯罪的,依法追究刑事责任。《解释》第二十三条吸收上述规定,明确在经营者收取预付款后终止营业,既不按照约定兑付商品或者提供服务又恶意逃避消费者申请退款,构成欺诈的,消费者有权请求其承担惩罚性赔偿责任。这既有利于保护消费者权益,也有利于引导经营者诚信经营,即使经营不善,也应当主动通知消费者办理退款等事宜,而不能"卷款跑路",进一步侵害消费者权益。

在认定"卷款跑路"是否构成欺诈时应注意把握以下要件:第一,在行为要件上,经营者具有收取预付款后,终止营业却不通知消费者退款的行为。第二,在主观要件上,经营者具有既不按照约定兑付商品或者提供服务又逃避消费者申请退款之恶意。经营者的恶意既可以产生于订立预付式消费合同之时,也可以产生于预付式消费合同履行过程中。第三,在结果要件上,经营者"卷款跑路"行为导致消费者既无法继续获得商品或者服务也无法申请退款,造成消费者权益损害。如果经营者"卷款跑路"涉嫌刑事犯罪,人民法院应当将犯罪线索移送公安机关,依法追究经营者刑事责任。

《解释》第七条还对清算义务人责任作出规定。经营者收取预付款、遇到经营困难后应当及时依法清算,清理资产,向消费者等债权人清偿债务。根据民法典第七十条第三款的规定,清算义务人未及时履行清算义务,造成损害的,应当承担民事责任。实践中,有的经营者收取预付款后,因经营不善而"跑路",或者与消费者玩"躲猫猫",不依法及时清算,造成消费者损失。根据《解释》第七条规定,这种情况下清算义务人应依法承担责任。

(十四)明确经营者提交其控制证据的责任

"举证难"是消费者在预付式消费纠纷中经常遇到的问题。实践中,预付式消费合同文本或者记录消费内容、次数、金额及预付款余额等信息的证据,都由经营者掌握。在纠纷发生后,经营者如果不提供相关证据,将导致案件事实无法查清,消费者权益得不到保护。对此,《解释》第二十五条规定,经营者控制合同文本或者记录消费内容、消费次数、消费金额及预付款余额等信息的证据却无正当理由拒不提交的,可以根据消费者的主张认定争议事实,着力解决消费者维权时面临的"举证难"问题。

此外,随着预付式消费的发展,出现了"职业闭店""职业背债"现象。"职业闭店人""背债人"与经营者恶意串通,帮助经营者逃避债务,损害消费者权益的现象引起社会广泛关注。此类违法"职业闭店"行为主要表现为两种形式:一是出谋划策,通过安排"背债人"、为消费者维权设置障碍等方式帮助经营者闭店逃债,并通过收取经营者支付的报酬获利;二是通过收购、参股等方式直接参与原店铺经营,利用店铺原有客户资源，以抽奖、充值返现等噱头诱骗消费者继续充值，收到预付款后闭店"跑路"。后者通常涉嫌诈骗等刑事犯罪。"背债"一般是指在经营者经营不善、面临停业风险的情况下，通过受让股权等方式承担债务、帮助原经营者逃避债务，并从中牟利的行为。"背债人"可能是"职业闭店"团伙成员、"职业闭店"团伙物色的缺乏履约能力的人员，也可能是独立的以"背债"为业的人员。《解释》起草过程中，曾专门就"职业闭店""背债"行为责任作出规定，后来考虑到这是近年来新出现的现象，相关案件较少，未作保留，而是通过发布典型案例等方式予以规范。与《解释》一并发布的典型案例王某诉薛某清算责任纠纷案和郑某顺等诈骗案明确了相关裁判规则：一是"职业闭店人""背债人"与原经营者恶意串通，损害消费者权益的，应当共同向消费者承担责任；二是"职业闭店人""背债人"的行为涉嫌诈骗等犯罪的，应当依法追究其刑事责任，对"职业闭店""背债"行为予以严肃查处，依法保护消费者合法权益。

（撰稿人：陈宜芳、吴景丽、谢勇）

最高人民法院关于审理买卖合同纠纷案件适用法律问题的解释

（2012年3月31日最高人民法院审判委员会第1545次会议通过
根据2020年12月23日最高人民法院审判委员会第1823次会议通过的
《最高人民法院关于修改〈最高人民法院关于在民事审判工作中适用
《中华人民共和国工会法》若干问题的解释〉等二十七件民事类
司法解释的决定》修正）

为正确审理买卖合同纠纷案件，根据《中华人民共和国民法典》《中华人民共和国民事诉讼法》等法律的规定，结合审判实践，制定本解释。

一、买卖合同的成立

第一条 当事人之间没有书面合同，一方以送货单、收货单、结算单、发票等主张存在买卖合同关系的，人民法院应当结合当事人之间的交易方式、交易习惯以及其他相关证据，对买卖合同是否成立作出认定。

对账确认函、债权确认书等函件、凭证没有记载债权人名称，买卖合同当事人一方以此证明存在买卖合同关系的，人民法院应予支持，但有相反证据足以推翻的除外。

二、标的物交付和所有权转移

第二条 标的物为无需以有形载体交付的电子信息产品，当事人对交付方式约定不明确，且依照民法典第五百一十条的规定仍不能确定的，买受人收到约定的电子信息产品或者权利凭证即为交付。

第三条 根据民法典第六百二十九条的规定，买受人拒绝接收多交部分标的物的，可以代为保管多交部分标的物。买受人主张出卖人负担代为保管期间的合理费用的，人民法院应予支持。

买受人主张出卖人承担代为保管期间非因买受人故意或者重大过失造成的损失的，人民法院应予支持。

第四条 民法典第五百九十九条规定的"提取标的物单证以外的有关单证和资料"，主要应当包括保险单、保修单、普通发票、增值税专用发票、产品合格证、质量保证书、质量鉴定书、品质检验证书、产品进出口检疫书、原产地证明书、使用说明书、装箱单等。

第五条 出卖人仅以增值税专用发票及税款抵扣资料证明其已履行交付标的物义务，买受人不认可的，出卖人应当提供其他证据证明交付标的物的事实。

合同约定或者当事人之间习惯以普通发票作为付款凭证，买受人以普通发票证明已经履行付款义务的，人民法院应予支持，但有相反证据足以推翻的除外。

第六条 出卖人就同一普通动产订立多重买卖合同，在买卖合同均有效的情况下，买受人均要求实际履行合同的，应当按照以下情形分别处理：

（一）先行受领交付的买受人请求确认所有权已经转移的，人民法院应予支持；

（二）均未受领交付，先行支付价款的买受人请求出卖人履行交付标的物等合同义务的，人民法院应予支持；

（三）均未受领交付，也未支付价款，依法成立在先合同的买受人请求出卖人履行交付标的物等合同义务的，人民法院应予支持。

第七条 出卖人就同一船舶、航空器、机动车等特殊动产订立多重买卖合同，在买卖合同均有效的情况下，买受人均要求实际履行合同的，应当按照以下情形分别处理：

（一）先行受领交付的买受人请求出卖人履行办理所有权转移登记手续等合同义务的，人民法院应予支持；

（二）均未受领交付，先行办理所有权转移登记手续的买受人请求出卖人履行交付标的物等合同义务的，人民法院应予支持；

（三）均未受领交付，也未办理所有权转移登记手续，依法成立在先合同的买受人请求出卖人履行交付标的物和办理所有权转移登记手续等合同义务的，人民法院应予支持；

（四）出卖人将标的物交付给买受人之一，又为其他买受人办理所有权转移登记，已受领交付的买受人请求将标的物所有权登记在自己名下的，人民法院应予支持。

三、标的物风险负担

第八条 民法典第六百零三条第二款第一项规定的"标的物需要运输的"，是指标的物由出卖人负责办理托运，承运人系独立于买卖合同当事人之外的运输业者的情形。标的物毁损、灭失的风险负担，按照民法典第六百零七条第二款的规定处理。

第九条 出卖人根据合同约定将标的物运送至买受人指定地点并交付给承运人后，标的物毁损、灭失的风险由买受人负担，但当事人另有约定的除外。

第十条 出卖人出卖交由承运人运输的在途标的物，在合同成立时知道或者应当知道标的物已经毁损、灭失却未告知买受人，买受人主张出卖人负担标的物毁损、灭失的风险的，人民法院应予支持。

第十一条 当事人对风险负担没有约定，标的物为种类物，出卖人未以装运单据、加盖标记、通知买受人等可识别的方式清楚地将标的物特定于买卖合同，买受人主张不负担标的物毁损、灭失的风险的，人民法院应予支持。

四、标的物检验

第十二条 人民法院具体认定民法典第六百二十一条第二款规定的"合理期限"时，应当综合当事人之间的交易性质、交易目的、交易方式、交易习惯、标的物的种类、数量、性质、安装和使用情况、瑕疵的性质、买受人应尽的合理注意义务、检验方法和难易程度、买受人或者检验人所处的具体环境、自身技能以及其他合理因素，依据诚实信用原则进行判断。

民法典第六百二十一条第二款规定的"二年"是最长的合理期限。该期限为不变期间，不适用诉讼时效中止、中断或者延长的规定。

第十三条 买受人在合理期限内提出异议，出卖人以买受人已经支付价款、确认欠款数额、使用标的物等为由，主张买受人放弃异议的，人民法院不予支持，但当事人另有约定的除外。

第十四条 民法典第六百二十一条规定的检验期限、合理期限、二年期限经过后，买受人主张标的物的数量或者质量不符合约定的，人民法院不予支持。

出卖人自愿承担违约责任后，又以上述期限经过为由翻悔的，人民法院不予支持。

五、违约责任

第十五条 买受人依约保留部分价款作为质量保证金，出卖人在质量保证期未及时解决质量问题而影响标的物的价值或者使用效果，出卖人主张支付该部分价款的，人民法院不予支持。

第十六条 买受人在检验期限、质量保证期、合理期限内提出质量异议，出卖人未按要求予以修理或者因情况紧急，买受人自行或者通过第三人修理标的物后，主张出卖人负担因此发生的合理费用的，人民法院应予支持。

第十七条 标的物质量不符合约定，买受人依照民法典第五百八十二条的规定要求减少价款的，人民法院应予支持。当事人主张以符合约定的标的物和实际交付的标的物按交付时的市场价值计算差价的，人民法院应予支持。

价款已经支付，买受人主张返还减价后多出部分价款的，人民法院应予支持。

第十八条 买卖合同对付款期限作出的变更，不影响当事人关于逾期付款违约金的约定，但该违约金的起算点应当随之变更。

买卖合同约定逾期付款违约金，买受人以出卖人接受价款时未主张逾期付款违约金为由拒绝支付该违约金的，人民法院不予支持。

买卖合同约定逾期付款违约金，但对账单、还款协议等未涉及逾期付款责任，出卖人根据对账单、还款协议等主张欠款时请求买受人依约支付逾期付款违约金的，人民法院应予支持，但对账单、还款协议等明确载有本金及逾期付款利息数额或者已经变更买卖合同中关于本金、利息等约定内容的除外。

买卖合同没有约定逾期付款违约金或者该违约金的计算方法，出卖人以买受人违约为由主张赔偿逾期付款损失，违约行为发生在2019年8月19日之前的，人民法院可以中国人民银行同期同类人民币贷款基准利率为基础，参照逾期罚息利率标准计算；违约行为发生在2019年8月20日之后的，人民法院可以违约行为发生时中国人民银行授权全国银行间同业拆借中心公布的一年期贷款市场报价利率（LPR）标准为基础，加计 30—50％计算逾期付款损失。

第十九条 出卖人没有履行或者不当履行从给付义务，致使买受人不能实现合同目的，买受人主张解除合同的，人民法院应当根据民法典第五百六十三条第一款第四项的规定，予以支持。

第二十条 买卖合同因违约而解除后，守约方主张继续适用违约金条款的，人民法院应予支持；但约定的违约金过分高于造成的损失的，人民法院可以参照民法典第五百八十五条第二款的规定处理。

第二十一条 买卖合同当事人一方以对方违约为由主张支付违约金，对方以合同不成立、合同未生效、合同无效或者不构成违约等为由进行免责抗辩而未主张调整过高的违约金的，人民法院应当就法院若不支持免责抗辩，当事人是否需要主张调整违约金进行释明。

一审法院认为免责抗辩成立且未予释明，二审法院认为应当判决支付违约金的，可以直接释明并改判。

第二十二条 买卖合同当事人一方违约造成对方损失，对方主张赔偿可得利益损失的，人民法院在确定违约责任范围时，应当根据当事人的主张，依据民法典第五百八十四条、第五百九十一条、第五百九十二条、本解释第二十三条等规定进行认定。

第二十三条 买卖合同当事人一方因对方违约而获有利益，违约方主张从损失赔偿额中扣除该部分利益的，人民法院应予支持。

第二十四条 买受人在缔约时知道或者应当知道标的物质量存在瑕疵，主张出卖人承担瑕疵担保责任的，人民法院不予支持，但买受人在缔约时不知道该瑕疵会导致标的物的基本效用显著降低的除外。

六、所有权保留

第二十五条 买卖合同当事人主张民法典第六百四十一条关于标的物所有权保留的规定适用于不动产的，人民法院不予支持。

第二十六条 买受人已经支付标的物总价款的百分之七十五以上，出卖人主张取回标的物的，人民法院不予支持。

在民法典第六百四十二条第一款第三项情形下，第三人依据民法典第三百一十一条的规定已经善意取得标的物所有权或者其他物权，出卖人主张取回标的物的，人民法院不予支持。

七、特种买卖

第二十七条 民法典第六百三十四条第一款规定的"分期付款"，系指买受人将应付的总价款在一定期限内至少分三次向出卖人支付。

分期付款买卖合同的约定违反民法典第六百三十四条第一款的规定，损害买受人利益，买受人主张该约定无效的，人民法院应予支持。

第二十八条 分期付款买卖合同约定出卖人在解除合同时可以扣留已受领价金，出卖人扣留的金额超标的物使用费以及标的物受损赔偿额，买受人请求返还超过部分的，人民法院应予支持。

当事人对标的物的使用费没有约定的，人民法院可以参照当地同类标的物的租金标准确定。

第二十九条 合同约定的样品质量与文字说明不一致且发生纠纷时当事人不能达

成合意，样品封存后外观和内在品质没有发生变化的，人民法院应当以样品为准；外观和内在品质发生变化，或者当事人对是否发生变化有争议而又无法查明的，人民法院应当以文字说明为准。

第三十条　买卖合同存在下列约定内容之一的，不属于试用买卖。买受人主张属于试用买卖的，人民法院不予支持：

（一）约定标的物经过试用或者检验符合一定要求时，买受人应当购买标的物；

（二）约定第三人经试验对标的物认可时，买受人应当购买标的物；

（三）约定买受人在一定期限内可以调换标的物；

（四）约定买受人在一定期限内可以退还标的物。

八、其他问题

第三十一条　出卖人履行交付义务后诉请买受人支付价款，买受人以出卖人违约在先为由提出异议的，人民法院应当按照下列情况分别处理：

（一）买受人拒绝支付违约金、拒绝赔偿损失或者主张出卖人应当采取减少价款等补救措施的，属于提出抗辩；

（二）买受人主张出卖人应支付违约金、赔偿损失或者要求解除合同的，应当提起反诉。

第三十二条　法律或者行政法规对债权转让、股权转让等权利转让合同有规定的，依照其规定；没有规定的，人民法院可以根据民法典第四百六十七条和第六百四十六条的规定，参照适用买卖合同的有关规定。

权利转让或者其他有偿合同参照适用买卖合同的有关规定的，人民法院应当首先引用民法典第六百四十六条的规定，再引用买卖合同的有关规定。

第三十三条　本解释施行前本院发布的有关购销合同、销售合同等有偿转移标的物所有权的合同的规定，与本解释抵触的，自本解释施行之日起不再适用。

本解释施行后尚未终审的买卖合同纠纷案件，适用本解释；本解释施行前已经终审，当事人申请再审或者按照审判监督程序决定再审的，不适用本解释。

最高人民法院
关于审理商品房买卖合同纠纷案件适用法律若干问题的解释

（2003年3月24日最高人民法院审判委员会第1267次会议通过
根据2020年12月23日最高人民法院审判委员会第1823次会议通过的
《最高人民法院关于修改〈最高人民法院关于在民事审判工作中适用
《中华人民共和国工会法》若干问题的解释〉等二十七件民事类
司法解释的决定》修正）

为正确、及时审理商品房买卖合同纠纷案件，根据《中华人民共和国民法典》《中华人民共和国城市房地产管理法》等相关法律，结合民事审判实践，制定本解释。

第一条 本解释所称的商品房买卖合同，是指房地产开发企业（以下统称为出卖人）将尚未建成或者已竣工的房屋向社会销售并转移房屋所有权于买受人，买受人支付价款的合同。

第二条 出卖人未取得商品房预售许可证明，与买受人订立的商品房预售合同，应当认定无效，但是在起诉前取得商品房预售许可证明的，可以认定有效。

第三条 商品房的销售广告和宣传资料为要约邀请，但是出卖人就商品房开发规划范围内的房屋及相关设施所作的说明和允诺具体确定，并对商品房买卖合同的订立以及房屋价格的确定有重大影响的，构成要约。该说明和允诺即使未载入商品房买卖合同，亦应当为合同内容，当事人违反的，应当承担违约责任。

第四条 出卖人通过认购、订购、预订等方式向买受人收受定金作为订立商品房买卖合同担保的，如果因当事人一方原因未能订立商品房买卖合同，应当按照法律关于定金的规定处理；因不可归责于当事人双方的事由，导致商品房买卖合同未能订立的，出卖人应当将定金返还买受人。

第五条 商品房的认购、订购、预订等协议具备《商品房销售管理办法》第十六条规定的商品房买卖合同的主要内容，并且出卖人已经按照约定收受购房款的，该协议应当认定为商品房买卖合同。

第六条 当事人以商品房预售合同未按照法律、行政法规规定办理登记备案手续为由，请求确认合同无效的，不予支持。

当事人约定以办理登记备案手续为商品房预售合同生效条件的，从其约定，但当事人一方已经履行主要义务，对方接受的除外。

第七条 买受人以出卖人与第三人恶意串通，另行订立商品房买卖合同并将房屋交付使用，导致其无法取得房屋为由，请求确认出卖人与第三人订立的商品房买卖合同无效的，应予支持。

第八条 对房屋的转移占有，视为房屋的交付使用，但当事人另有约定的除外。

房屋毁损、灭失的风险，在交付使用前由出卖人承担，交付使用后由买受人承担；买受人接到出卖人的书面交房通知，无正当理由拒绝接收的，房屋毁损、灭失的风险自书面交房通知确定的交付使用之日起由买受人承担，但法律另有规定或者当事人另有约定的除外。

第九条 因房屋主体结构质量不合格不能交付使用，或者房屋交付使用后，房屋主体结构质量经核验确属不合格，买受人请求解除合同和赔偿损失的，应予支持。

第十条 因房屋质量问题严重影响正常居住使用，买受人请求解除合同和赔偿损失的，应予支持。

交付使用的房屋存在质量问题，在保修期内，出卖人应当承担修复责任；出卖人拒绝修复或者在合理期限内拖延修复的，买受人可以自行或者委托他人修复。修复费用及修复期间造成的其他损失由出卖人承担。

第十一条 根据民法典第五百六十三条的规定，出卖人迟延交付房屋或者买受人迟延支付购房款，经催告后在三个月的合理期限内仍未履行，解除权人请求解除合同的，应予支持，但当事人另有约定的除外。

法律没有规定或者当事人没有约定，经对方当事人催告后，解除权行使的合理期限为三个月。对方当事人没有催告的，解除权人自知道或者应当知道解除事由之日起一年内行使。逾期不行使的,解除权消灭。

第十二条　当事人以约定的违约金过高为由请求减少的,应当以违约金超过造成的损失 30% 为标准适当减少;当事人以约定的违约金低于造成的损失为由请求增加的,应当以违约造成的损失确定违约金数额。

第十三条　商品房买卖合同没有约定违约金数额或者损失赔偿额计算方法,违约金数额或者损失赔偿额可以参照以下标准确定:

逾期付款的,按照未付购房款总额,参照中国人民银行规定的金融机构计收逾期贷款利息的标准计算。

逾期交付使用房屋的,按照逾期交付使用房屋期间有关主管部门公布或者有资格的房地产评估机构评定的同地段同类房屋租金标准确定。

第十四条　由于出卖人的原因,买受人在下列期限届满未能取得不动产权属证书的,除当事人有特殊约定外,出卖人应当承担违约责任:

(一)商品房买卖合同约定的办理不动产登记的期限;

(二)商品房买卖合同的标的物为尚未建成房屋的,自房屋交付使用之日起 90 日;

(三)商品房买卖合同的标的物为已竣工房屋的,自合同订立之日起 90 日。

合同没有约定违约金或者损失数额难以确定的,可以按照已付购房款总额,参照中国人民银行规定的金融机构计收逾期贷款利息的标准计算。

第十五条　商品房买卖合同约定或者《城市房地产开发经营管理条例》第三十二条规定的办理不动产登记的期限届满后超过一年,由于出卖人的原因,导致买受人无法办理不动产登记,买受人请求解除合同和赔偿损失的,应予支持。

第十六条　出卖人与包销人订立商品房包销合同,约定出卖人将其开发建设的房屋交由包销人以出卖人的名义销售的,包销期满未销售的房屋,由包销人按照合同约定的包销价格购买,但当事人另有约定的除外。

第十七条　出卖人自行销售已经约定由包销人包销的房屋,包销人请求出卖人赔偿损失的,应予支持,但当事人另有约定的除外。

第十八条　对于买受人因商品房买卖合同与出卖人发生的纠纷,人民法院应当通知包销人参加诉讼;出卖人、包销人和买受人对各自的权利义务有明确约定的,按照约定的内容确定各方的诉讼地位。

第十九条　商品房买卖合同约定,买受人以担保贷款方式付款、因当事人一方原因未能订立商品房担保贷款合同并导致商品房买卖合同不能继续履行的,对方当事人可以请求解除合同和赔偿损失。因不可归责于当事人双方的事由未能订立商品房担保贷款合同并导致商品房买卖合同不能继续履行的,当事人可以请求解除合同,出卖人应当将收受的购房款本金及其利息或者定金返还买受人。

第二十条　因商品房买卖合同被确认无效或者被撤销、解除,致使商品房担保贷款合同的目的无法实现,当事人请求解除商品房担保贷款合同的,应予支持。

第二十一条　以担保贷款为付款方式的商品房买卖合同的当事人一方请求确认商品房买卖合同无效或者撤销、解除合同的,如果担保权人作为有独立请求权第三人提出诉讼请求,应当与商品房担保贷款合同纠纷合并审理;未提出诉讼请求的,仅处理商品房买卖合同纠纷。担保权人就商品房担保贷款合同纠纷另行起诉的,可以与商品房买卖合同纠纷合并审理。

商品房买卖合同被确认无效或者被撤销、解除后,商品房担保贷款合同也被解除的,出卖人应当将收受的购房贷款和购房款的本金及利息分别返还担保权人和买受人。

第二十二条 买受人未按照商品房担保贷款合同的约定偿还贷款,亦未与担保权人办理不动产抵押登记手续,担保权人起诉买受人,请求处分商品房买卖合同项下买受人合同权利的,应当通知出卖人参加诉讼;担保权人同时起诉出卖人时,如果出卖人为商品房担保贷款合同提供保证的,应当列为共同被告。

第二十三条 买受人未按照商品房担保贷款合同的约定偿还贷款,但是已经取得不动产权属证书并与担保权人办理了不动产抵押登记手续,抵押权人请求买受人偿还贷款或者就抵押的房屋优先受偿的,不应当追加出卖人为当事人,但出卖人提供保证的除外。

第二十四条 本解释自2003年6月1日起施行。

《中华人民共和国城市房地产管理法》施行后订立的商品房买卖合同发生的纠纷案件,本解释公布施行后尚在一审、二审阶段的,适用本解释。

《中华人民共和国城市房地产管理法》施行后订立的商品房买卖合同发生的纠纷案件,在本解释公布施行前已经终审,当事人申请再审或者按照审判监督程序决定再审的,不适用本解释。

《中华人民共和国城市房地产管理法》施行前发生的商品房买卖行为,适用当时的法律、法规和《最高人民法院关于审理房地产管理法施行前房地产开发经营案件若干问题的解答》。

指导案例17号

张某诉北京合某汽车服务有限公司买卖合同纠纷案

(最高人民法院审判委员会讨论通过 2013年11月8日发布)

关键词

民事 买卖合同 欺诈 家用汽车

裁判要点

1. 为家庭生活消费需要购买汽车,发生欺诈纠纷的,可以按照《中华人民共和国消费者权益保护法》处理。

2. 汽车销售者承诺向消费者出售没有使用或维修过的新车,消费者购买后发现系使用或维修过的汽车,销售者不能证明已履行告知义务且得到消费者认可的,构成销售欺诈,消费者要求销售者按照消费者权益保护法赔偿损失的,人民法院应予支持。

相关法条

《中华人民共和国消费者权益保护法》第二条、第五十五条第一款(该款系2013年10月25日修改,修改前为第四十九条)

基本案情

2007年2月28日,原告张某从被告北京合某汽车服务有限公司(以下简称合某公司）购买上海通用雪佛兰景程轿车一辆，价格 138000 元，双方签有《汽车销售合同》。该合同第七条约定："……卖方保证买方所购车辆为新车，在交付之前已作了必要的检验和清洁，车辆路程表的公里数为 18 公里且符合卖方提供给买方的随车交付文件中所列的各项规格和指标……"合同签订当日，张某向合某公司交付了购车款 138000 元，同时支付了车辆购置税 12400 元、一条龙服务费 500 元、保险费 6060 元。同日，合某公司将雪佛兰景程轿车一辆交付张某，张某为该车办理了机动车登记手续。2007 年 5 月 13 日，张某在将车辆送合某公司保养时，发现该车曾于 2007 年 1 月 17 日进行过维修。

审理中，合某公司表示张某所购车辆确曾在运输途中造成划伤，于 2007 年 1 月 17 日进行过维修，维修项目包括右前叶子板喷漆、右前门喷漆、右后叶子板喷漆、右前门钣金、右后叶子板钣金、右前叶子板钣金，维修中更换底大边卡扣、油箱门及前叶子板灯总成。送修人系该公司业务员。合某公司称，对于车辆曾进行维修之事已在销售时明确告知张某，并据此予以较大幅度优惠，该车销售定价应为 151900 元，经协商后该车实际销售价格为 138000 元，还赠送了部分装饰。为证明上述事实，合某公司提供了车辆维修记录及有张某签字的日期为 2007 年 2 月 28 日的车辆交接验收单一份，在车辆交接验收单备注一栏中注有"加 1/4 油，此车右侧有钣喷修复，按约定价格销售"。合某公司表示该验收单系该公司保存，张某手中并无此单。对于合某公司提供的上述两份证据，张某表示对于车辆维修记录没有异议，车辆交接验收单中的签字确系其所签，但合某公司在销售时并未告知车辆曾有维修，其在签字时备注一栏中没有"此车右侧有钣喷修复，按约定价格销售"字样。

裁判结果

北京市朝阳区人民法院于 2007 年 10 月作出（2007）朝民初字第 18230 号民事判决：一、撤销张某与合某公司于 2007 年 2 月 28 日签订的《汽车销售合同》；二、张某于判决生效后七日内将其所购的雪佛兰景程轿车退还合某公司；三、合某公司于判决生效后七日内退还张某购车款 124200 元；四、合某公司于判决生效后七日内赔偿张某购置税 12400 元、服务费 500 元、保险费 6060 元；五、合某公司于判决生效后七日内加倍赔偿张某购车款 138000 千元；六、驳回张某其他诉讼请求。宣判后，合某公司提出上诉。北京市第二中级人民法院于 2008 年 3 月 13 日作出（2008）二中民终字第 00453 号民事判决：驳回上诉，维持原判。

裁判理由

法院生效裁判认为：原告张某购买汽车系因生活需要自用，被告合某公司没有证据证明张某购买该车用于经营或其他非生活消费，故张某购买汽车的行为属于生活消费需要，应当适用消费者权益保护法。

根据双方签订的《汽车销售合同》约定，合某公司交付张某的车辆应为无维修记录的新车，现所售车辆在交付前实际上经过维修，这是双方共同认可的事实，故本案争议的焦点为合某公司是否事先履行了告知义务。

车辆销售价格的降低或优惠以及赠送车饰是销售商常用的销售策略，也是双方当事人协商的结果，不能由此推断出合某公司在告知张某汽车存在瑕疵的基础上对其进行了降价和优惠。合某公司提交的有张某签名的车辆交接验收单，因系合某公司单方保存，且备注一栏内容由该公司不同人员书写，加之张某对此不予认可，该验收单不足以证明张某对车辆以前维修过有所了解。故对合某公司抗辩称其向张某履行了瑕疵告知义务，不予采信，应认定合某公司在售车时隐瞒了车辆存在的瑕疵，有欺诈行为，应退车还款并增加赔偿张某的损失。

【解读】

解读《张某诉北京合某汽车服务有限公司买卖合同纠纷案》

2013年11月8日，最高人民法院发布了指导案例17号《张某诉北京合某汽车服务有限公司买卖合同纠纷案》。为了正确理解和准确参照适用该指导性案例，现对其推选经过、裁判要点、需要说明问题等情况予以解释、论证和说明。

一、推选经过及其指导意义

该指导案例系北京市高级人民法院向最高人民法院案例指导工作办公室推荐。案例指导工作办公室经集体讨论，并征求了最高人民法院民一庭的意见。民一庭经审查认为，汽车属于消费品，购买者的目的是用于生活消费，应当适用消费者权益保护法的规定，同意本案例作为备选指导性案例。2013年7月23日，最高人民法院研究室室务会经讨论并报院领导同意后提请审委会审议。10月28日，最高人民法院审判委员会经讨论认为，该案例符合《最高人民法院关于案例指导工作的规定》第二条的有关规定，同意将该案例确定为指导性案例。11月8日，最高人民法院以法〔2013〕241号文件将该案例列入第五批指导性案例予以发布。

该指导案例旨在明确为家庭生活消费需要购买家用汽车的，其权益应受消费者权益保护法的保护。销售者出售汽车有欺诈行为的，消费者有权依法要求增加赔偿其受到的损失。这对于进一步保护消费者的合法权益，倡导诚信经营，加强社会诚信建设，维护公平的市场交易秩序具有显著的引领意义。

二、裁判要点的理解与说明

该指导案例的裁判要点确认：（1）因家庭生活消费需要购买汽车，发生欺诈纠纷的，可以按照消费者权益保护法处理。（2）汽车销售者承诺向消费者出售没有使用或维修过的新车，消费者购买后发现系使用或维修过的汽车，销售者不能证明已履行告知义务且得到消费者认可的，构成销售欺诈，消费者要求销售者按照消费者权益保护法赔偿损失的，人民法院应予支持。以下围绕与该裁判要点相关的问题逐一说明。

（一）消费者购买汽车是否受消费者权益保护法的保护

这是该案例首要的争议焦点，也是实务界广泛关注的热点问题。我们可以从几个类似案例中梳理这一问题。

2002年8月，消费者朱某以28.5万元的价格，从四川西某汽车销售有限公司达州分公司（以下简称西某达州分公司）购买了一辆广州本田雅阁轿车。2004年初，一位知情人告诉朱某，他所买的车是一辆事故车，该车在运送过程中曾与一辆出租车碰擦，右边车门变形。从当事出租车司机、当地交警支队以及相关保险公司那里，朱某相继找到了确凿证据。2004年4月,朱某向达县人民法院起诉,请求法院依据1993年消费者权益保护法第四十九条判令西某达州分公司退车并加倍赔偿。2004年8月,达县人民法院一审判决,认定被告有欺诈行为,支持原告朱某的诉讼请求,判定该车仍归原告使用,被告赔偿原告28.5万元。被告不服,上诉至四川省达州市中级人民法院,达州市中级人民法院判决维持一审原判。此后,被告又向四川省高级人民法院提出了申诉。2005年12月19日,四川省高级人民法院作出终审判决,维持原判。该案于2006年4月按法院判决执行完毕。

2006年6月,四川成都的消费者朱某甲发现自己购买的"新车"曾经出售给别人并使用过一段时间,当即将销售商告上法庭要求双倍赔偿,但一审和二审过后,法院认为汽车消费在我国现阶段对于全中国人而言,属于奢侈消费,不属于消费者权益保护法意义上的生活消费需要,因此驳回了朱某甲的诉讼请求。该判决作出后,在社会上引起强烈反响,汽车、住房等大宗商品消费是否应受消费者权益保护法保护,成为许多人关注的焦点。

2009年4月,王某以10.89万元购买了一辆轿车,做车内装饰时发现右前叶子板、A柱及前保险杠有喷漆的痕迹,但销售商一口咬定是新车,于是王某提起了诉讼。法院经审理查明,该车在4S店入库时曾有过碰撞,4S店对受损部分进行了维修,并当作新车出售。据此,法院认为,交付车辆存在质量瑕疵,与合同约定不符,经销商交车时未将真实情况予以告知,存在故意隐瞒事实的行为。因此,在王某要求退车的情况下,4S店返还车款10.89万元,赔偿王某10.89万元,并承担因退车造成的保险费、车辆购置税、汽车装饰费、牌证费和车辆检验费损失,合计23.38万元。

上述案件发生后,引起了四川省保护消费者权益委员会(以下简称四川省消委会)、中国消费者权益保护协会(以下简称中消协)的密切关注。四川省消委会有关负责人认为,汽车是否生活消费品不是由其商品属性决定,也不是由商品的价格高低决定的。如果成都市民朱某甲买旧车案的案例能够最终成立的话,那么是否意味着消费者购买房产、购买珠宝首饰等都不受消费者权益保护法保护呢?显然,这种观点是不能成立的。消费者权益保护法中所指的"生活消费"是相对于"生产消费"而言,只要消费者购买的汽车是用于上下班或者旅游等自身需要,都应当属于生活消费;如果用于营运则不属于生活消费。生活消费并不局限于吃、穿、住、行,还包括消费者的文化消费、精神消费,诸如唱歌、旅游,甚至购买钻石珠宝等。随着经济的发展,生活消费品的概念还逐年升级,汽车、教育、商品房等目前都已由原来的非生活消费品变为生活消费品。中消协有关负责人表示,消费者权益保护法中的生活消费是相对于生产消费而言的。就购买、使用汽车的行为而言,不论车型、款式如何,只要是用于生活需要,而非运营等生产需要,就属于消费者权益保护法的调整范围;生活消费品不等于生活必需品,不能以汽车消费是奢侈消费为由将其排除在消费者权益保护法保护之外;越来越多的消费者开始步入购车行列,切实保护汽车消费者合法权益,有助于实现扩大内需,拉动经济增长的战略目标。中消协呼吁有关部门就消费者权益保护法的有关问题作出立法解释,减少各方面认识上的偏差。

消费者权益保护法(2013年修正)第二条规定:"消费者为生活消费需要购买、使用商品或者接受服务,其权益受消费者权益保护法的保护。"根据该条的规定,消费者购买汽车可以受到消费者权益保护法的保护,应当至少符合两个要件:一是汽车可以作为生活消费品；二是消费者购买汽车是为了生活消费需要。

1. 关于汽车是否可以作为生活消费品

生活消费品是用来满足人们物质和文化生活需要的社会产品，可以用来交换的商品。汽车属于商品，可以进入市场流通，满足人们的生活消费需要。消费者权益保护法对消费者购买的商品没有价格的限制，所以汽车是否属于生活消费品与汽车价格的高低，是否属于奢侈品没有必然关系。因此，认为汽车单价过高，属于奢侈品，不是消费者权益保护法意义上的消费品的观点是没有法律依据的。同样，随着社会经济的发展，人们的生活消费需要呈现范围更广、层次更多的发展趋势，汽车、珠宝、高档手表、高档家具等商品进入越来越多的家庭。将这些商品认定为生活消费品，依法纳入消费者权益保护法的调整范围，不仅有利于充分保护消费者权益，满足人民群众日益增长的生活消费需要，而且有利于规范市场秩序，刺激消费需求，促进产业发展。

2. 关于消费者购买汽车是否属于生活消费需要

上述案例中，消费者购买汽车都是为了满足家庭生活的需要。消费者权益保护法中所指的"生活消费"是相对于"生产消费"而言的，只要消费者购买汽车是用于上下班或者旅游等自身出行需要，都应当属于生活消费；反之，企业购车用于生产经营，或者出租车公司购车用于乘客交通营运，都不属于生活消费。从消费者权益保护法的立法目的看，主要是保护消费者的合法权益，至于生产经营者生产消费权益的保护，应当通过合同法等法律予以调整。因此，消费者权益保护法的调整范围不能扩张太大，并非所有购买汽车的消费都受该法保护，一定要满足消费者购买汽车是用于生活消费这个要件。

综上所述，消费者为家庭生活消费的需要而购买汽车，与销售者发生欺诈纠纷的，可以按照消费者权益保护法处理。

(二) 消费者购买汽车遭受欺诈的赔偿

实践中，销售者隐瞒真实情况谎称"新车"，实际向消费者出售二手车或维修过的车是常见的汽车消费欺诈纠纷。本指导性案例裁判要点第二点明确，汽车销售者承诺向消费者出售没有使用或维修过的新车，消费者购买后发现系使用或维修过的汽车，销售者不能证明已履行告知义务且得到消费者认可的，构成销售欺诈，消费者要求销售者按照消费者权益保护法赔偿损失的，人民法院应予支持。

本案例一审、二审判决依据的是消费者权益保护法（2009年修正）第四十九条，该条规定："经营者提供商品或者服务有欺诈行为的，应当按照消费者的要求增加赔偿其受到的损失，增加赔偿的金额为消费者购买商品的价款或者接受服务的费用的一倍。"即销售者售车存在欺诈行为的，应当"双倍赔偿"消费者的损失。需要说明的是，本案例作为指导性案例发布前，消费者权益保护法于2013年10月25日进行了修改，自2014年3月15日起施行。消费者权益保护法（2009年修正）第四十九条修改为第五十五条第一款："经营者提供商品或者服务有欺诈行为的，应当按照消费者的要求增加赔偿其受到的损失，增加赔偿的金额为消费者购买商品的价款或者接受服务的费用的三倍；增加赔偿的金额不足五百元的，为五百元。法律另有规定的，依照其规定。"另外增加一款，作为第二款："经营者明知商品或者服务存在缺陷，仍然向消费者提供，造成消费者或者其他受害人死亡或者健康严重损害的，受害人有权要求经营者依照本法第四十九条、第五十一条等法律规定赔偿损失,并有权要求所受损失二倍以下的惩罚性赔偿。"修改后的消费者权益保护法对受到消费欺诈的消费者的保护力度更大了,更有利于约束销售者规范经营、诚信经营。

因为本案被推选为指导性案例时法律经过修改,所以本指导案例在编写"相关法条"部分作了特别标注。"相关法条"部分直接引用了修改后的消费者权益保护法相关条文,即第五十五条第一款,并紧随其后在括号内注明"该款系2013年10月25日修改,修改前为第四十九条"。

三、其他需要说明的问题

本指导案例在适用时要注意以下几个问题。

一是一般应当限制在"生活消费需要"的范围内。前文已述,生活消费需要主要是同生产消费需要相区别的。实践中,有人购买汽车主要用来进行"黑车"运营,这种情况不宜认定为"生活消费需要",因而不能主张加倍赔偿。但实践中对"生活消费需要"的范围界定也存在一定程度的突破,例如,农民购买种子、化肥等直接用于农业生产的生产资料,虽不算严格意义上的"生活消费需要",但一般认为应受消费者权益保护法的保护。这一点已经被修改后的消费者权益保护法所确认,新法附则第六十二条明确规定:"农民购买、使用直接用于农业生产的生产资料,参照本法执行。"消费者权益保护法主要起草人之一、中国消费者权益保护法学研究会会长河山认为,从发展趋势上看,为充分保护消费者的合法权益,维护公平的市场经济秩序,对"生活消费需要"的界定不宜过严,未来应根据实际情况的需要进一步放宽。①

实践中,分歧最大、争议最多的问题是"知假买假"者是否算消费者,是否受消费者权益保护法的保护。2013年10月消费者权益保护法修改没有对"知假买假"行为是否属于消费者权益保护法保护范围予以明确规定。反对的观点认为,"知假买假"存在道德问题,明知是假货还特意购买,意在以此牟利,不应受法律保护。支持的观点认为,造假者、售假者才是不道德经营行为,"以恶制恶"虽然不是最好的选择,但若不予保护此种方式打假,实际是纵容不道德商家。"知假买假"群体的存在,多少让那些制假售假的不法商人产生敬畏,在有关执法部门难以完全杜绝假货的情况下,这也不失为净化市场的一种有效手段和途径。目前单个消费者处于弱势地位,保护自身合法权益的成本很高,只有动员广大消费者一起打假,才能有效杜绝假货,维护市场秩序。这个问题在实践中争议很大,情况比较复杂,过去有人认为,对于"知假买假"纠纷的处理,以个案分析处理为宜,应当根据消费者权益保护法第二条的规定并结合具体案件的实际情况作出妥善处理。2013年12月23日,最高人民法院公布《最高人民法院关于审理食品药品纠纷案件适用法律若干问题的规定》,其明确了"知假买假"不影响主张消费者权利,惩罚性赔偿不以消费者人身权益遭受损害为前提。该规定虽然适用范围为食品药品纠纷案件,但明确了最高人民法院对"知假买假"的支持态度,这对其他领域,如汽车消费等消费者权益纠纷案件的审理同样具有参照意义。

二是是否应当对消费品的价格予以限制。随着人们物质生活水平的不断提高,各种高档消费品、奢侈品越来越多地进入消费者家庭。例如,有的高档汽车价格以百万

---

① 转引自胡维佳、姚冬琴:《新消法:回避"知假买假"和"假一赔三"成亮点》,载《中国经济周刊》2013年第42期。

元计,有的名表价格高达数十万元。如果商家在销售高档消费品时存在欺诈行为,损害了消费者权益,是否也应当适用惩罚性赔偿呢?支持价格限制的观点认为,购买高档消费品、奢侈品是否属于为了生活消费需要有一定争议,如果商家欺诈销售也适用惩罚性赔偿,可能会引发道德风险,诱使部分消费者以此牟利,而且高价格的商品必然带来的是高额的赔偿数额,可能对商家的惩罚责任太重,有失公平。因此,这种情况下法律保护的主要对象应当是消费者购买家常日用品等商品。反对价格限制的观点认为,对购买消费品的价格予以限制没有法律依据,消费者权益保护法仅从购买行为的目的进行限制,没有价格方面的限制;消费者购买商品都应受消费者权益保护法有关规定的保护,不应有商品价格的限制,否则是不公平的,执法判断的标准也无法把握;消费者属于弱势群体,应当充分保护其合法权益,遏制不法商家谋取不正当利益的不道德、不诚信行为,当前许多普通工薪阶层积攒多年积蓄购买了少量奢侈品,也是为了满足自身高端的生活消费需要,如果不予以同等保护,有损公平。综上所述,随着经济社会的发展,人们的物质生活水平进一步提高,消费观念和层次也进一步更新、丰富,法律应当跟上对消费者合法权益保护的脚步,这样才能促进形成和谐的社会环境,满足人们日益增长的生活需要。

(撰稿人:石磊)

指导案例 23 号

孙某山诉南京欧某超市有限公司江宁店买卖合同纠纷案

(最高人民法院审判委员会讨论通过 2014 年 1 月 26 日发布)

关键词
民事 买卖合同 食品安全 十倍赔偿

裁判要点
消费者购买到不符合食品安全标准的食品,要求销售者或者生产者依照食品安全法规定支付价款十倍赔偿金或者依照法律规定的其他赔偿标准赔偿的,不论其购买时是否明知食品不符合安全标准,人民法院都应予支持。

相关法条
《中华人民共和国食品安全法》第九十六条第二款

基本案情
2012 年 5 月 1 日,原告孙某山在被告南京欧某超市有限公司江宁店(以下简称欧某超市江宁店)购买"玉兔牌"香肠 15 包,其中价值 558.6 元的 14 包香肠已过保质期。孙某山到收银台结账后,即径直到服务台索赔,后因协商未果诉至法院,要求欧某超市江宁店支付 14 包香肠售价十倍的赔偿金 5586 元。

裁判结果
江苏省南京市江宁区人民法院于 2012 年 9 月 10 日作出(2012)江宁开民初字第

646号民事判决：被告欧某超市江宁店于判决发生法律效力之日起十日内赔偿原告孙某山5586元。宣判后，双方当事人均未上诉，判决已发生法律效力。

裁判理由

法院生效裁判认为：关于原告孙某山是否属于消费者的问题。消费者权益保护法第二条规定："消费者为生活消费需要购买、使用商品或者接受服务，其权益受本法保护；本法未作规定的，受其他有关法律、法规保护。"消费者是相对于销售者和生产者的概念。只要在市场交易中购买、使用商品或者接受服务是为了个人、家庭生活需要，而不是为了生产经营活动或者职业活动需要的，就应当认定为"为生活消费需要"的消费者，属于消费者权益保护法调整的范围。本案中，原告、被告双方对孙某山从欧某超市江宁店购买香肠这一事实不持异议，据此可以认定孙某山实施了购买商品的行为，且孙某山并未将所购香肠用于再次销售经营，欧某超市江宁店也未提供证据证明其购买商品是为了生产经营。孙某山因购买到超过保质期的食品而索赔，属于行使法定权利。因此，欧某超市江宁店认为孙某山"买假索赔"不是消费者的抗辩理由不能成立。

关于被告欧某超市江宁店是否属于销售明知是不符合食品安全标准食品的问题。食品安全法第三条规定："食品生产经营者应当依照法律、法规和食品安全标准从事生产经营活动，对社会和公众负责，保证食品安全，接受社会监督，承担社会责任。"该法第二十八条第八项规定，超过保质期的食品属于禁止生产经营的食品。食品销售者负有保证食品安全的法定义务，应当对不符合安全标准的食品自行及时清理。欧某超市江宁店作为食品销售者，应当按照保障食品安全的要求储存食品，及时检查待售食品，清理超过保质期的食品，但欧某超市江宁店仍然摆放并销售货架上超过保质期的"玉兔牌"香肠，未履行法定义务，可以认定为销售明知是不符合食品安全标准的食品。

关于被告欧某超市江宁店的责任承担问题。食品安全法第九十六条第一款规定："违反本法规定，造成人身、财产或者其他损害的，依法承担赔偿责任。"第二款规定："生产不符合食品安全标准的食品或者销售明知是不符合食品安全标准的食品，消费者除要求赔偿损失外，还可以向生产者或者销售者要求支付价款十倍的赔偿金。"当销售者销售明知是不符合安全标准的食品时，消费者可以同时主张赔偿损失和支付价款十倍的赔偿金，也可以只主张支付价款十倍的赔偿金。本案中，原告孙某山仅要求欧某超市江宁店支付售价十倍的赔偿金，属于当事人自行处分权利的行为，应予支持。关于被告欧某超市江宁店提出原告明知食品过期而购买，希望利用其错误谋求利益，不应予以十倍赔偿的主张，因前述法律规定消费者有权获得支付价款十倍的赔偿金，因该赔偿获得的利益属于法律应当保护的利益，且法律并未对消费者的主观购物动机作出限制性规定，故对其该项主张不予支持。

【解读】

解读《孙某山诉欧某超市有限公司江宁店买卖合同纠纷案》

2014年1月26日,最高人民法院发布了指导案例23号《孙某山诉欧某超市有限公司江宁店买卖合同纠纷案》。为了正确理解和准确参照适用该指导案例,现对其推选经过、裁判要点、需要说明问题等有关情况予以解释、论证和说明。

一、推选经过及指导意义

本案于2012年9月10日结案后,在《江苏省高级人民法院公报》(2013年第3期)刊发。最高人民法院案例指导工作办公室发现该案例具有指导意义,建议江苏省高级人民法院推荐。2013年9月9日,江苏省高级人民法院审委会讨论同意作为指导案例推荐。最高人民法院案例指导工作办公室经研究讨论后将该案例送民一庭审查和征求意见。民一庭审查认为,食品安全法(2009年公布,下同)规定的十倍赔偿并不存在购物动机这一限制条件,明知食品存在质量问题而购买的,可以适用食品安全法。11月20日,研究室室务会经审查讨论认为,该案例解决了司法实践中的争议问题,对于统一裁判标准,审理类似案件具有指导意义,同意作为指导案例,并提出向全国人大常委会法工委民法室征求意见。经征求意见后,2014年1月21日,最高人民法院审判委员会经讨论认为该案例具有指导和宣传价值,同意作为指导案例发布。1月26日,最高人民法院以法〔2014〕18号文件将该案例作为第六批指导案例予以公开发布。

指导案例23号旨在明确消费者明知食品不符合安全标准而购买的,有权主张十倍惩罚性赔偿。这一方面能够强化对消费者权益的法律保护,激发消费者的维权意识,鼓励食品消费者积极与食品违法行为作斗争,投诉、举报生产经营假冒伪劣食品行为,从而有利于社会公众监督食品安全,净化食品市场环境;另一方面能够对食品违法经营者起到威慑作用,促使生产经营者加强管理,诚信经营,把食品安全和质量永远放在第一位,确保食品安全,从而防范和减少食品纠纷的发生。

二、裁判要点的理解与说明

指导案例23号裁判要点确认:消费者购买到不符合食品安全标准的食品,要求销售者或者生产者依照食品安全法规定支付价款十倍赔偿金或者依照法律规定的其他赔偿标准赔偿的,不论其购买时是否明知食品不符合安全标准,人民法院都应予支持。该案例裁判要点,针对法律规定尚不明确、理论和司法实践存在争议的热点问题,根据消费者权益保护法(2013年修正,下同)和食品安全法的规定,明确指出不论消费者是否明知食品有质量问题,都有权得到惩罚性赔偿。下面结合有关法律和司法解释规定,围绕与裁判要点有关的问题逐一论证和说明。

(一)关于消费者范围

关于消费者权益保护法的调整范围,理论界和司法实践中有不同观点和认识分歧。理论界多数学者主张消费者不包括单位(法人或者非法人组织),仅限于社会个体成员,认为消费者是指"为自己和家庭生活消费目的而购买商品、接受服务的自然人"。有的认为,消费者权益保护法没有明确规定消费者是指个人,实质上就暗含个人和单位都属于消费者。也有的认为,生活需要原则上是指自然人个人或者家庭生活需要,但是可以包括集体生活需要,如单位集体食堂消费、单位工会统一购买后发给个人生活用的福利性商品。我们认为,从对消费者权益给予特别法保护的角度来看,消费者权益保护法中的消费者应当限于个人,不应当包括单位(法人或者非法人组织)。其主要理由如下。

第一,从立法本意和宗旨来看,消费者权益保护法的目的在于保护消费关系中处于弱势地位的自然人,其调整范围限于个人生活消费需要。1993年8月25日,时任国家工商行政管理局局长刘敏学在八届全国人民代表大会常务委员会第三次会议上对消费者权益保护法(草案)(以下简称草案)的说明中指出,关于该法的调整范围,参考国内外的一般做法,草案的调整范围限定为个人生活消费,凡是个人为生活消费需要而购买、使用商品或者接受服务,均属该法调整范围(草案第二条)。生产消费虽然也会影响到生活消费,但它对消费者来说只是一种间接影响,因而没有纳入该法的调整范围。至于农民购买、使用直接用于农业生产的生产资料,其性质也属生产消费,本不属于该法的调整范围,但考虑到,一方面,农业生产力和农民的经济能力还不高;另一方面,假农药、假化肥、假种子等农用生产资料坑害农民的情况还很严重,农民受损害后又没有适当的途径寻求保护,因此,草案规定参照该法执行。此外,单位生活消费虽然大量存在,但是单位作为消费的主体与个人毕竟不大一样,当发生争议时,可以适用合同法等有关法律、法规予以调整。因此,草案没有将单位生活消费纳入该法调整范围。

第二,从文义理解来看,消费者权益保护法第二条规定的"为生活消费需要"应仅限于自然人。因为"生活是指人为了生存和发展而进行的活动",而单位并非生物意义上的人,不能直接进行生活消费。

第三,从法律适用上来看,将单位排除在消费者之外,并不影响其权利保护。单位在购买商品或者接受服务中权益受到侵害时,可以依据合同法、产品质量法、侵权责任法等法律规定主张权利,仍有权利救济渠道。

第四,从各地司法实践来看,也将单位排除在消费者之外。例如,上海市、河南省等地方性法规曾规定:消费者,是指为生活消费需要购买、使用商品或者接受服务的个人和单位。但之后修改为:消费者在本行政区域内为生活消费需要购买、使用商品或者接受服务,其合法权益受法律法规保护。前后对比可以发现,均已排除单位为消费者。安徽省黄山市中级人民法院在金某装饰有限公司诉卓某汽车销售服务有限公司轿车买卖合同纠纷案中认为,"为生活消费需要"应仅限于自然人,法人或其他组织等单位不属于消费者权益保护法调整范围。[①]

(二)关于明知食品不符合安全标准而索赔

对于消费者明知食品不符合安全标准而购买后索赔,即所谓的"知假买假"者是否属于消费者,可否给予惩罚性赔偿,法学理论界和司法实践中一直存在争议,社会上也存在不同意见。概括地说,主要有以下三种不同观点:第一种观点即肯定说认为,

---

① 参见吴林丹:《单位购买商品或接受服务不适用消法》,载《人民法院报》2013年9月5日。

法律并未限制消费者知假买假的索赔，应当支持消费者知假买假后索赔。第二种观点即否定说认为，知假买假者的动机并非为了净化市场，而是为自身牟利，其购买商品的目的不是为了生活消费，不应当将其视为消费者。第三种观点即区别对待说认为，在处理有关知假买假纠纷的时候，要根据消费者权益保护法第二条的规定，结合具体案件的实际情况作出处理。指导案例的裁判要点采纳了第一种观点即肯定说，主要理由如下。

第一，符合立法本意。根据消费者权益保护法第二条的规定，只要是为了个人或者家庭生活需要购买商品或者接受服务，都应该属于消费者。任何人只要不是为了将商品再次投入市场交易，不是为了从事商品交易活动，即使是明知商品有问题而购买，也不能否认其为消费者。况且食品安全法并未限制消费者的购物动机，也没有限制消费者事前知道食品不符合安全标准而不得索赔。

第二，符合立法目的。民以食为天，食以安为先。食品安全法的立法目的就是保证食品安全，保障公众身体健康和生命安全。虽然知假买假者主观上存在牟取私利的目的，但是从社会效果看，其行为客观上能够有效抑制制售假冒和不安全食品，有利于维护诚实商家的利益以及公平交易和竞争秩序，有利于打击违法的无良商家，从而维护食品安全。

第三，符合有关司法解释的规定。最高人民法院2013年12月23日公布的《最高人民法院关于审理食品药品纠纷案件适用法律若干问题的规定》（以下简称《食品药品案件规定》）第三条规定："因食品、药品质量问题发生纠纷，购买者向生产者、销售者主张权利，生产者、销售者以购买者明知食品、药品存在质量问题而仍然购买为由进行抗辩的，人民法院不予支持。"这就是说，知假买假者具有消费者主体资格，其明知食品有问题，不影响以消费者身份维护权益。

第四，符合发挥社会监督作用的立法初衷。近年来，食品安全恶性事件不断出现，如三聚氰胺牛奶、地沟油、苏丹红咸鸭蛋、硫黄馒头等，让人民群众对食品安全严峻形势忧心忡忡，必须用最严格的监管、最严厉的处罚、最严肃的问责，确保人民群众"舌尖上的安全"。其实对于食品安全的社会监督，食品安全法第三条就明确规定，食品生产经营者应当依照法律、法规和食品安全标准从事生产经营活动，对社会和公众负责，保证食品安全，接受社会监督。第十条规定，任何组织或者个人有权举报食品生产经营中违反该法的行为。由此可见，依法生产经营，接受社会监督，是食品生产经营者的义务，而举报和监督是社会公众的权利，更是消费者的权利。知假买假实际上是消费者主动行使监督权利的一种方式，只是这种监督是主动监督，而非事后补救。

具体到本指导案例，原告孙某山在被告欧某超市江宁店购买了食品，食品安全法并未对消费者购物动机加以限制，被告辩称孙某山"买假索赔"不是消费者的主张不能成立，故法院判决支持原告依据食品安全法主张价款十倍赔偿金。

（三）关于不符合食品安全标准的认定

《食品药品案件规定》第六条规定："食品的生产者与销售者应当对于食品符合质量标准承担举证责任。认定食品是否合格，应当以国家标准为依据；没有国家标准的，应当以地方标准为依据；没有国家标准、地方标准的，应当以企业标准为依据。食品的生产者采用的标准高于国家标准、地方标准的，应当以企业标准为依据。没有前述标准的，应当以食品安全法的相关规定为依据。"据此，对于食品是否符合食品安全标准,应当由生产经营者承担举证责任。如果生产经营者不能证明符合食品安全标准的,就可以认定该食品不符合食品安全标准。

需要说明的是,根据《食品药品案件规定》第七条的规定,食品、药品虽在销售前取得检验合格证明,且食用或者使用时尚在保质期内,但经检验确认产品不合格,生产者或者销售者以该食品、药品具有检验合格证明为由进行抗辩的,人民法院不予支持。例如,华某诉北京某超市有限责任公司及其二十六分公司人身权益纠纷案中,原告华某因食用被告销售的山楂片中有山楂核致其槽牙崩裂,后到医院将受损的槽牙拔除。原告要求被告支付医疗费和购物价款十倍赔偿金。被告提供了山楂片的检验报告等,证明其销售的山楂片符合产品质量要求。法院经审理认为,销售的山楂片中含有硬度高的山楂核,不符合国家对蜜饯产品的安全卫生标准,存在食品质量瑕疵,遂判决被告赔偿医疗费和购物价款十倍赔偿金。①

要注意区分不安全食品与不合格食品。一般来说,不符合高于国家标准、地方标准的企业标准的食品,可以认定为不合格食品,但未必是不安全食品。不安全食品肯定是不合格食品,不合格食品不一定都是不安全食品。食品企业选择适用高于国家标准、地方标准的企业标准的,审理案件时就应当以此为据来衡量食品是否合格。如果经鉴定证明食品实际上不符合食品安全标准,消费者请求适用食品安全法惩罚性赔偿的规定的,法院应当支持;如果经鉴定证明食品达到了食品安全标准,但尚未达到其采用的高标准,可以认定其违约,要求其承担违约责任。如果经营者有欺诈行为,应当适用消费者权益保护法第五十五条惩罚性赔偿的规定,而不适用食品安全法。②

(四)关于销售者"明知"问题

依据食品安全法第九十六条第二款的规定,销售者明知是不符合食品安全标准的食品,才承担赔偿责任。那么如何认定销售者的"明知"呢?

由于"明知"是销售者的主观心理状态,司法实践中一般从销售者是否履行了以下两方面法定义务来判断:一是销售者在进货过程中是否履行进货查验义务。对此,2007年施行的《国务院关于加强食品等产品安全监督管理的特别规定》第五条第一款规定:"销售者必须建立并执行进货检查验收制度,审验供货商的经营资格,验明产品合格证明和产品标识,并建立产品进货台账,如实记录产品名称、规格、数量、供货商及其联系方式、进货时间等内容。"2009年6月1日施行的食品安全法第三十九条再次明确规定了销售者的前述进货查验义务。二是销售者在销售过程中是否履行了应尽的注意义务。对此,食品安全法第二十七条规定了食品安全的具体要求,第二十八条规定了禁止生产经营的食品,第三十二条要求食品生产经营企业配备专职或者兼职食品安全管理人员,做好对所生产经营食品的检验工作,依法从事食品生产经营活动。如果销售者不能证明其履行了前述法定义务,则可以推定其"明知"。根据前述法律规定,结合司法实践,具有下列情形之一的,可以认定为销售者"明知":销售法律法规明令禁止的食品;更改食品生产日期、批号;同一批食品经有关部门检测确定为不符合食品安全标准并被责令停止经营仍然销售;从未依法取得食品生产许可的食品生产者处进货;未按食品安全法的规定履行进货查验记录义务;未按照食品安全法的要求运输、储存食

---

① 参见《最高人民法院公布五起食品药品纠纷典型案例》,载《最高人民法院公报》2014年第8期。
② 参见张勇健等:《〈关于审理食品药品纠纷案件适用法律若干问题的规定〉的理解与适用》,载《人民司法·应用》2014年第3期。

品等。本指导案例中,被告欧某超市江宁店货架上摆放并销售的香肠已过保质期,没有履行确保食品安全的法定义务,可以认定其销售明知不符合食品安全标准的食品。

(五)关于赔偿数额基数

依据食品安全法第九十六条第二款的规定,生产不符合食品安全标准的食品或者销售明知是不符合食品安全标准的食品,消费者除要求赔偿损失外,还可以向生产者或者销售者要求支付价款十倍的赔偿金。这里的"支付价款"应当如何理解呢?

尽管食品安全法及有关司法解释没有明确规定,但是结合消费者权益保护法的有关规定,"支付价款"是指消费者购买食品的价款。如果消费者购买食品中既有符合食品安全标准的,又有不符合食品安全标准的,则根据前述食品安全法规定的赔偿条件,应当仅指不符合食品安全标准那部分食品的价款。如果所购食品是不可分割的,则指消费者购买该食品支付的全部价款。例如,本指导案例中原告购买15包香肠,其中价值558.6元的14包已过保质期,最后得到14包香肠售价十倍的赔偿金5586元。

三、其他需要说明的问题

(一)惩罚性赔偿不以造成人身等损害为前提

食品安全法第九十六条第一款规定:"违反本法规定,造成人身、财产或者其他损害的,依法承担赔偿责任。"第二款规定了食品价款十倍的惩罚性赔偿。侵权责任法第四十七条规定:"明知产品存在缺陷仍然生产、销售,造成他人死亡或者健康严重损害的,被侵权人有权请求相应的惩罚性赔偿。"对此,有的认为,侵权责任法晚于食品安全法,适用食品安全法惩罚性赔偿的规定,应当以消费者人身权益遭受损害为前提。我们认为,惩罚性赔偿的适用不以造成人身、财产或者其他损害为前提,该指导案例裁判要点对此也再次明确。其主要理由如下:

第一,符合食品安全法立法本意。食品安全法旨在保证食品安全,保障公众身体健康和生命安全。如果惩罚性赔偿以造成人身等损害后果为前提,则有悖立法初衷,不利于惩治和防范食品违法行为,净化食品安全环境。食品安全法第九十六条前后两个条款是各自独立的,第一款是损害赔偿的一般规定,第二款是惩罚性赔偿的特别规定,并未要求以消费者人身等遭受损害为前提。

第二,符合法律体系解释。消费者权益保护法第五十五条规定的惩罚性赔偿适用于违约之诉和侵权之诉,不受人身权益遭受损害的限制。况且消费者购买到不符合食品安全的食品,支付了购物款而没有得到安全合格的食品,本身就有支付价款的损失。

第三,符合特别法优于普通法适用原则。对于食品安全问题而言,食品安全法是特别法,应当优先于侵权责任法适用。

第四,符合有关司法解释规定的精神。《食品药品案件规定》第十五条明确规定:"生产不符合安全标准的食品或者销售明知是不符合安全标准的食品,消费者除要求赔偿损失外,向生产者或者销售者要求支付价款十倍赔偿金或者依照法律规定的其他赔偿标准要求赔偿的,人民法院应予支持。"也就是说,消费者只要购买了不安全食品,即可主张食品价款十倍赔偿金,不以人身权益遭受损害为前提。[1]

---

[1] 参见《"不给制售有毒有害食品和假冒伪劣药品的人以可乘之机"——最高人民法院民一庭负责人答记者问》,载《人民法院报》2014年1月10日。

（二）职业打假问题

对于职业打假者是否属于消费者，现行法律和有关司法解释尚无明确规定，在法学理论界和司法实践中一直存有争议。第一种观点认为，无论职业打假者主观意图为何，其行为客观上是为了保护消费者的权益，维护诚实商家的利益以及公平公正的市场交易秩序和竞争秩序，支持职业打假个人及其公司符合立法本意。第二种观点认为，知假买假（暗含职业打假）不是为了生活需要而消费，因此，知假买假者不是消费者。[1] 第三种观点认为，应当根据不同情况区别对待，要根据消费者权益保护法第二条的规定，结合具体案件的实际情况作出处理。为了个人或者家庭的生活需要，而不是为了生产经营活动或者职业活动的需要来购买使用商品或者接受服务的，都应该是消费者权益保护法调整的范围。也有的观点认为，职业打假人是否属于消费者，要从其购买行为是否符合一般消费习惯来考量。如果职业打假人的购买行为明显不符合消费交易习惯，则应认定其不属于消费者范畴。[2] 第四种观点认为，职业打假个人以消费者身份主张权利的也应支持，职业打假组织（包括公司、非法人组织和名义上是个人实际上是公司）不具有法定的消费者身份，不应予以支持。

我们认为，第四种观点比较可行。如前所述，《食品药品案件规定》虽然没有明确职业打假问题，但是消费者知假买假实际上暗含着职业打假人以消费者身份主张权利的情况。知假买假是消费者主动行使监督权利的一种方式，职业打假人实际上也不过是时常、主动行使监督权利的消费者。况且消费者是弱势群体，缺乏专业知识，且囿于维权成本顾虑，许多人不愿意诉讼，而职业打假人是自发的民间监督力量，客观上代表了消费者维权，具有公益诉讼的成分，有利于净化食品市场和促进食品安全，应当给予支持。随着社会诚信建设和法治建设的推进以及公平有序竞争市场的形成，假冒伪劣必将得到有效遏制，职业打假人就会自然消失，对此也不必过多顾虑。但是，职业打假组织是以营利为目的而进行有组织、职业化的活动，可能扰乱正常的市场秩序，没有真正意义上的生活消费，不符合消费者权益保护法对消费者的界定，不能得到与消费者一样的支持。职业打假者购买不合格食品后提起诉讼的，可以依照产品质量法第四章和合同法第七章、第九章的规定处理。

（撰稿人：吴光侠）

---

[1] 参见李振宇、李学迎：《知假买假行为适用惩罚性赔偿评析》，载《政法论丛》2006年第1期。
[2] 参见徐小飞：《"十倍赔偿"制度如何落地（从案说法）》，载《人民日报》2013年10月16日。

指导案例 33 号

瑞士嘉某国际公司诉福建金某制油有限公司等确认合同无效纠纷案

（最高人民法院审判委员会讨论通过 2014 年 12 月 18 日发布）

关键词

民事 确认合同无效 恶意串通 财产返还

裁判要点

债务人将主要财产以明显不合理低价转让给其关联公司，关联公司在明知债务人欠债的情况下，未实际支付对价的，可以认定债务人与其关联公司恶意串通、损害债权人利益，与此相关的财产转让合同应当认定为无效。

《中华人民共和国合同法》第五十九条规定适用于第三人为财产所有权人的情形，在债权人对债务人享有普通债权的情况下，应当根据《中华人民共和国合同法》第五十八条的规定，判令因无效合同取得的财产返还给原财产所有人，而不能根据第五十九条规定直接判令债务人的关联公司因"恶意串通，损害第三人利益"的合同而取得的债务人的财产返还给债权人。

相关法条

《中华人民共和国合同法》第五十二条第二项

《中华人民共和国合同法》第五十八条、第五十九条

基本案情

瑞士嘉某国际公司（以下简称嘉某公司）与福建金某制油有限公司（以下简称福建金某公司）以及大连金某制油有限公司、沈阳金某豆业有限公司、四川金某油粕有限公司、北京珂某粮油有限公司、宜某香港有限公司（该六公司以下统称金某集团）存在商业合作关系。嘉某公司因与金某集团买卖大豆发生争议，双方在国际油类、种子和脂类联合会仲裁过程中于 2005 年 6 月 26 日达成《和解协议》，约定金某集团将在五年内分期偿还债务，并将金某集团旗下福建金某公司的全部资产，包括土地使用权、建筑物和固着物、所有的设备及其他财产抵押给嘉某公司，作为偿还债务的担保。2005 年 10 月 10 日，国际油类、种子和脂类联合会根据该《和解协议》作出第 3929 号仲裁裁决，确认金某集团应向嘉某公司支付 1337 万美元。2006 年 5 月，因金某集团未履行该仲裁裁决，福建金某公司也未配合进行资产抵押，嘉某公司向福建省厦门市中级人民法院申请承认和执行第 3929 号仲裁裁决。2007 年 6 月 26 日，厦门市中级人民法院经审查后裁定对该仲裁裁决的法律效力予以承认和执行。该裁定生效后，嘉某公司申请强制执行。

2006 年 5 月 8 日，福建金某公司与福建田某生物蛋白科技有限公司（以下简称田某公司）签订一份《国有土地使用权及资产买卖合同》，约定福建金某公司将其国有土地使用权、厂房、办公楼和油脂生产设备等全部固定资产以 2569 万元人民币（以下未特别注明的均为人民币）的价格转让给田某公司，其中国有土地使用权作价 464 万元、

房屋及设备作价2105万元,应在合同生效后三十日内支付全部价款。王某琪和柳某分别作为福建金某公司与田某公司的法定代表人在合同上签名。福建金某公司曾于2001年12月31日以482.1万元取得本案所涉32138平方米国有土地使用权。2006年5月10日,福建金某公司与田某公司对买卖合同项下的标的物进行了交接。同年6月15日,田某公司通过在中国农业银行漳州支行的账户向福建金某公司在同一银行的账户转入2500万元。福建金某公司当日从该账户汇出1300万元、1200万元两笔款项至金某集团旗下大连金某制油有限公司账户,用途为往来款。同年6月19日,田某公司取得上述国有土地使用权证。

2008年2月21日,田某公司与漳州开发区汇某贸易有限公司(以下简称汇某公司)签订《买卖合同》,约定汇某公司购买上述土地使用权及地上建筑物、设备等,总价款为2669万元,其中土地价款603万元、房屋价款334万元、设备价款1732万元。汇某公司于2008年3月取得上述国有土地使用权证。汇某公司仅于2008年4月7日向田某公司付款569万元,此后未付其余价款。

田某公司、福建金某公司、大连金某制油有限公司及金某集团旗下其他公司的直接或间接控制人均为王某良、王某莉、王某琪、柳某。王某良与王某琪、王某莉是父女关系,柳某与王某琪是夫妻关系。2009年10月15日,中某粮油进出口有限责任公司(以下简称中某粮油公司)取得田某公司80%的股权。2010年1月15日,田某公司更名为中某粮油(福建)有限公司(以下简称中某福建公司)。

汇某公司成立于2008年2月19日,原股东为宋某权、杨某莉。2009年9月16日,中某粮油公司和宋某权、杨某莉签订《股权转让协议》,约定中某粮油公司购买汇某公司80%的股权。同日,中某粮油公司(甲方)、汇某公司(乙方)、宋某权和杨某莉(丙方)及沈阳金某食品有限公司(丁方)签订《股权质押协议》,约定:丙方将所拥有汇某公司20%的股权质押给甲方,作为乙方、丙方、丁方履行"合同义务"之担保;"合同义务"系指乙方、丙方在《股权转让协议》及《股权质押协议》项下因"红豆事件"而产生的所有责任和义务;"红豆事件"是指嘉某公司与金某集团就进口大豆中掺杂红豆原因而引发的金某集团涉及的一系列诉讼及仲裁纠纷以及与此有关的涉及汇某公司的一系列诉讼及仲裁纠纷。还约定,下述情形同时出现之日,视为乙方和丙方的"合同义务"已完全履行:1. 因"红豆事件"而引发的任何诉讼、仲裁案件的全部审理及执行程序均已终结,且乙方未遭受财产损失;2. 嘉某公司针对乙方所涉合同可能存在的撤销权因超过法律规定的最长期间(五年)而消灭。2009年11月18日,中某粮油公司取得汇某公司80%的股权。汇某公司成立后并未进行实际经营。

由于福建金某公司已无可供执行的财产,导致无法执行,嘉某公司遂向福建省高级人民法院提起诉讼,请求:一是确认福建金某公司与中某福建公司签订的《国有土地使用权及资产买卖合同》无效;二是确认中某福建公司与汇某公司签订的国有土地使用权及资产《买卖合同》无效;三是判令汇某公司、中某福建公司将其取得的合同项下财产返还给财产所有人。

裁判结果

福建省高级人民法院于2011年10月23日作出(2007)闽民初字第37号民事判决,确认福建金某公司与田某公司(后更名为中某福建公司)之间的《国有土地使用权及资产买卖合同》、田某公司与汇某公司之间的《买卖合同》无效;判令汇某公司于判决生效之日起三十日内向福建金某公司返还因上述合同而取得的国有土地使用权，中某福建公司于判决生效之日起三十日内向福建金某公司返还因上述合同而取得的房屋、设备。宣判后，福建金某公司、中某福建公司、汇某公司提出上诉。最高人民法院于2012年8月22日作出（2012）民四终字第1号民事判决，驳回上诉，维持原判。

裁判理由

最高人民法院认为：因嘉某公司注册登记地在瑞士，本案系涉外案件，各方当事人对适用中华人民共和国法律审理本案没有异议。本案源于债权人嘉某公司认为债务人福建金某公司与关联企业田某公司、田某公司与汇某公司之间关于土地使用权以及地上建筑物、设备等资产的买卖合同，因属于合同法第五十二条第二项"恶意串通，损害国家、集体或者第三人利益"的情形而应当被认定无效，并要求返还原物。本案争议的焦点问题是：福建金某公司、田某公司（后更名为中某福建公司）、汇某公司相互之间订立的合同是否构成恶意串通、损害嘉某公司利益的合同？本案所涉合同被认定无效后的法律后果如何？

第一，关于福建金某公司、田某公司、汇某公司相互之间订立的合同是否构成"恶意串通，损害第三人利益"的合同。首先，福建金某公司、田某公司在签订和履行《国有土地使用权及资产买卖合同》的过程中，其实际控制人之间系亲属关系，且柳某、王某琪夫妇分别作为两公司的法定代表人在合同上签署。因此，可以认定在签署以及履行转让福建金某公司国有土地使用权、房屋、设备的合同过程中，田某公司对福建金某公司的状况是非常清楚的，对包括福建金某公司在内的金某集团因"红豆事件"被仲裁裁决确认对嘉某公司形成1337万美元债务的事实是清楚的。

第二，《国有土地使用权及资产买卖合同》订立于2006年5月8日，其中约定田某公司购买福建金某公司资产的价款为2569万元，国有土地使用权作价464万元、房屋及设备作价2105万元，并未根据相关会计师事务所的评估报告作价。一审法院根据福建金某公司2006年5月31日资产负债表，以其中载明固定资产原价44042705.75元、扣除折旧后固定资产净值为32354833.70元，而《国有土地使用权及资产买卖合同》中对房屋及设备作价仅2105万元，认定《国有土地使用权及资产买卖合同》中约定的购买福建金某公司资产价格为不合理低价是正确的。在明知债务人福建金某公司欠债权人嘉某公司巨额债务的情况下，田某公司以明显不合理低价购买福建金某公司的主要资产，足以证明其与福建金某公司在签订《国有土地使用权及资产买卖合同》时具有主观恶意，属恶意串通，且该合同的履行足以损害债权人嘉某公司的利益。

第三，《国有土地使用权及资产买卖合同》签订后，田某公司虽然向福建金某公司在同一银行的账户转账2500万元，但该转账并未注明款项用途，且福建金某公司于当日将2500万元分两笔汇入其关联企业大连金某制油有限公司账户；又根据福建金某公司和田某公司当年的财务报表，并未体现该笔2500万元的入账或支出，而是体现出田某公司尚欠福建金某公司"其他应付款"121224155.87元。一审法院据此认定田某公司并未根据《国有土地使用权及资产买卖合同》向福建金某公司实际支付价款是合理的。

第四，从公司注册登记资料看，汇某公司成立时股东构成似与福建金某公司无关，但在汇某公司股权变化的过程中可以看出，汇某公司在与田某公司签订《买卖合同》时对转让的资产来源以及福建金某公司对嘉某公司的债务是明知的。《买卖合同》约定的价款为2669万元，与田某公司从福建金某公司购入该资产的约定价格相差不大。汇某公司除已向田某公司支付569万元外，其余款项未付。一审法院据此认定汇某公司与田某公司签订《买卖合同》时恶意串通并足以损害债权人嘉某公司的利益，并无不当。

综上所述，福建金某公司与田某公司签订的《国有土地使用权及资产买卖合同》、田某公司与汇某公司签订的《买卖合同》，属于恶意串通、损害嘉某公司利益的合同。根据合同法第五十二条第二项的规定，均应当认定无效。

二、关于本案所涉合同被认定无效后的法律后果

对于无效合同的处理，人民法院一般应当根据合同法第五十八条"合同无效或者被撤销后，因该合同取得的财产，应当予以返还；不能返还或者没有必要返还的，应当折价补偿。有过错的一方应当赔偿对方因此所受到的损失，双方都有过错的，应当各自承担相应的责任"的规定，判令取得财产的一方返还财产。本案涉及的两份合同均被认定无效，两份合同涉及的财产相同，其中国有土地使用权已经从福建金某公司经田某公司变更至汇某公司名下，在没有证据证明本案所涉房屋已经由田某公司过户至汇某公司名下、所涉设备已经由田某公司交付汇某公司的情况下，一审法院直接判令取得国有土地使用权的汇某公司、取得房屋和设备的田某公司分别将各自取得的财产返还给福建金某公司并无不妥。

合同法第五十九条规定："当事人恶意串通，损害国家、集体或者第三人利益的，因此取得的财产收归国家所有或者返还集体、第三人。"该条规定应当适用于能够确定第三人为财产所有权人的情况。本案中，嘉某公司对福建金某公司享有普通债权，本案所涉财产系福建金某公司的财产，并非嘉某公司的财产，因此只能判令将系争财产返还给福建金某公司，而不能直接判令返还给嘉某公司。

【解读】

解读《瑞士嘉某国际公司诉福建金某制油有限公司等确认合同无效纠纷案》

2014年12月18日，最高人民法院发布了指导案例33号《瑞士嘉某国际公司诉福建金某制油有限公司等确认合同无效纠纷案》。为了正确理解和准确参照适用该指导案例，现对其推选经过、裁判要点等有关情况予以解释、论证和说明。

一、推选经过及指导意义

本案由福建省高级人民法院一审，最高人民法院民四庭于2012年8月二审结案，判决已发生法律效力。2014年1月9日，最高人民法院民四庭审判长联席会讨论后，将该案例作为指导性案例推荐。最高人民法院案例指导工作办公室审查后，同意作为备选指导案例。8月4日，研究室室务会经讨论认为，案例中的有证据证明恶意串通损害债权人利益的行为以及合同被认定无效后法律后果的承担，有典型指导价值，同意将此案例作为指导案例报院领导审核后提请审委会讨论。11月28日，最高人民法院审

判委员会经讨论一致同意将该案例确定为指导案例。12月18日，最高人民法院以法〔2014〕327号文件将该案例作为第八批指导案例予以公开发布。

该指导案例旨在明确债务人与其关联公司恶意串通逃债的，债权人可以请求法院确认债务人转让财产的合同无效；同时划分了合同无效后返还财产适用合同法第五十八条与第五十九条的界限。这不仅明确了"恶意串通"的具体认定标准，解决了合同无效后如何返还财产问题，而且有利于有效惩治违背诚信、恶意逃债行为，维护债权人合法权益和公平安全的市场经济秩序。

二、裁判要点的理解与说明

指导案例33号裁判要点确认：（1）债务人将主要财产以明显不合理低价转让给其关联公司，关联公司在明知债务人欠债的情况下，未实际支付对价的，可以认定债务人与其关联公司恶意串通、损害债权人利益，与此相关的财产转让合同应当认定为无效。（2）合同法第五十九条规定适用于第三人为财产所有权人的情形，在债权人对债务人享有普通债权的情况下，应当根据合同法第五十八条的规定，判令因无效合同取得的财产返还给原财产所有人，而不能根据第五十九条规定直接判令债务人的关联公司因"恶意串通，损害第三人利益"的合同而取得的债务人的财产返还给债权人。下面结合有关法律和司法解释规定，围绕裁判要点中有关问题予以论证和说明。

（一）如何认定恶意串通、损害他人利益的无效合同

无效合同是指当事人虽然取得合意，但是因为违反法律规定而自始不具有法律约束力的合同。我国合同法第五十二条规定："有下列情形之一的，合同无效：（一）一方以欺诈、胁迫的手段订立合同，损害国家利益；（二）恶意串通，损害国家、集体或者第三人利益；（三）以合法形式掩盖非法目的；（四）损害社会公共利益；（五）违反法律、行政法规的强制性规定。"可见，当事人恶意串通、损害他人利益的合同是无效合同的一种情形。所谓恶意串通，就是当事人为了谋取私利，相互勾结，采取不正当方式，共同实施损害他人的行为。当事人恶意串通订立损害国家、集体或者第三人利益的合同，违反了订立合同应当遵守法律、尊重公德、诚实信用的基本原则，内容严重违法，因而应当被确认为合同全部无效。

本案例源于债权人瑞士嘉某国际公司（以下简称嘉某公司）认为，债务人福建金某制油有限公司（以下简称福建金某公司）与关联公司中某粮油（福建）有限公司（以下简称中某福建公司，曾用名福建田某生物蛋白科技有限公司）、中某福建公司与漳州开发区汇某贸易有限公司（以下简称汇某公司）之间，有关土地使用权以及地上建筑物、设备等资产的买卖合同因构成合同法第五十二条第二项"恶意串通，损害国家、集体或者第三人利益"的情形而应当被认定无效，并要求返还原物。下面，结合具体案情分析福建金某公司、中某福建公司、汇某公司相互之间订立的合同是否构成"恶意串通、损害第三人利益"的合同。

第一，债务人与其关联公司明知债务人欠他人债务。福建金某公司、中某福建公司在签订和履行《国有土地使用权及资产买卖合同》的过程中，其实际控制人之间系亲属关系，且柳某、王某琪夫妇分别作为两公司的法定代表人在合同上签署。因此，可以认定在签署以及履行转让福建金某公司国有土地使用权、房屋、设备的合同过程中，中某福建公司对福建金某公司的状况是非常清楚的，对包括福建金某公司在内的金某集团因"红豆事件"被仲裁裁决确认对嘉某公司形成1337万美元债务的事实是清楚的。

第二,债务人以明显不合理低价转让财产。《最高人民法院关于适用〈中华人民共和国合同法〉若干问题的解释(二)》第十九条第一款规定:"对于合同法第七十四条规定的'明显不合理的低价',人民法院应当以交易当地一般经营者的判断,并参考交易当时交易地的物价部门指导价或者市场交易价,结合其他相关因素综合考虑予以确认。"第二款规定:"转让价格达不到交易时交易地的指导价或者市场交易价百分之七十的,一般可以视为明显不合理的低价;对转让价格高于当地指导价或者市场交易价百分之三十的,一般可以视为明显不合理的高价。"该司法解释规定转让价格达不到交易时交易地的指导价或者市场交易价百分之七十的,"一般可以视为明显不合理的低价","一般"意味着排除特殊情形,如季节性产品和易腐烂变质的时令果蔬在临近换季或者保质期前回笼资金的甩卖;"可以"意味着应视具体情形而定,不作刚性约束;"视为"是立法和解释上使用的法律拟制用语,债务人、受让人可以提出相反事实和证据予以推翻。审判实务中,对"以明显不合理的低价转让财产",原则上应当按照该司法解释第十九条规定的判断基准和基本方法综合进行分析,并予以个案确认。本案例中,《国有土地使用权及资产买卖合同》订立于2006年5月8日,其中约定中某福建公司购买福建金某公司资产的价款为2569万元,国有土地使用权作价464万元、房屋及设备作价2105万元,并未根据相关会计师事务所的评估报告作价。一审法院根据福建金某公司2006年5月31日资产负债表,以其中载明固定资产原价44042705.75元、扣除折旧后固定资产净值为32354833.70元,而《国有土地使用权及资产买卖合同》中对房屋及设备作价仅2105万元,认定《国有土地使用权及资产买卖合同》中约定的购买福建金某公司资产价格为不合理低价是正确的。在明知债务人福建金某公司欠债权人嘉某公司巨额债务的情况下,中某福建公司以不合理低价购买福建金某公司的主要资产,足以证明其与福建金某公司在签订《国有土地使用权及资产买卖合同》时具有主观恶意,属恶意串通,该合同的履行足以损害债权人嘉某公司的利益。

第三,关联公司未实际支付对价。《国有土地使用权及资产买卖合同》签订后,中某福建公司虽然通过中国农业银行漳州支行向福建金某公司在同一银行的账户转账2500万元,但该转账并未注明款项用途,且福建金某公司于当日将2500万元分两笔汇入其关联企业大连金某制油有限公司账户,又根据福建金某公司和中某福建公司当年的财务报表,并未体现该笔2500万元的入账或支出,而是体现出中某福建公司尚欠福建金某公司"其他应付款"121224155.87元。一审法院据此认定中某福建公司并未根据《国有土地使用权及资产买卖合同》向福建金某公司实际支付价款是合理的。

第四,关联公司明知转让的资产来源和债务人欠债情况。从公司注册登记资料看,汇某公司成立时股东构成似与福建金某公司无关,但在汇某公司股权变化的过程中可以看出,汇某公司在与中某福建公司签订《买卖合同》时对转让的资产来源以及福建金某公司对嘉某公司的债务是明知的。《买卖合同》约定的价款为2669万元,与中某福建公司从福建金某公司购入该资产的约定价格相差不大。汇某公司除已向中某福建公司支付569万元外,其余款项未付。一审法院据此认定汇某公司与中某福建公司签订《买卖合同》时恶意串通并足以损害债权人嘉某公司的利益,并无不当。

综上所述,通过综合分析,可以认定福建金某公司与中某福建公司之间的《国有土地使用权及资产买卖合同》、中某福建公司与汇某公司之间的《买卖合同》,属于恶意串通、损害嘉某公司利益的合同。根据合同法第五十二条第二项的规定,均应当认定为无效。

（二）关于合同被认定无效后的法律后果

合同无效，意味着合同自始没有法律约束力，应将合同的财产后果恢复到合同订立以前的状态。对于无效合同的处理，根据合同法第五十八条的规定，合同无效后，因该合同取得的财产，应当予以返还；不能返还或者没有必要返还的，应当折价补偿。有过错的一方应当赔偿对方因此所受到的损失，双方都有过错的，应当各自承担相应的责任，判令取得财产的一方返还财产。

本案例涉及的两份合同均被认定无效，两份合同涉及的财产相同，其中国有土地使用权已经从福建金某公司经中某福建公司变更至汇某公司名下，在没有证据证明本案所涉房屋已经由中某福建公司过户至汇某公司名下、所涉设备已经由中某福建公司交付汇某公司的情况下，一审法院直接判令取得国有土地使用权的汇某公司、取得房屋和设备的中某福建公司分别将各自取得的财产返还给福建金某公司并无不妥。合同法第五十九条规定："当事人恶意串通，损害国家、集体或者第三人利益的，因此取得的财产收归国家所有或者返还集体、第三人。"该条应当适用于能够确定第三人为财产所有权人的情况。本案例中，嘉某公司对福建金某公司享有普通债权，案涉财产系福建金某公司的财产，并非嘉某公司的财产，因此，应当判令将系争财产返还给福建金某公司，不能直接判令返还给嘉某公司。

三、需要说明问题

（一）关于债权人保护债权方式的选择权

根据我国合同法的有关规定，在债权人认为债务人的行为危害其债权的情况下，保护债权的方式和途径有两种：一是债权人根据合同法第七十四条第一款的规定，行使债权人的撤销权，请求人民法院撤销债务人订立的相关合同；二是债权人根据合同法第五十二条第二项的规定，请求人民法院确认债务人签订的相关合同无效。虽然二者的法律后果都是达到恢复原状的目的，但是二者在适用范围、期限和证明标准等方面存在区别。一是适用范围不同。根据合同法第七十四条规定，债权人行使撤销权限于债务人放弃其到期债权或者无偿转让财产，对债权人造成损害的，或者债务人以明显不合理的低价转让财产，对债权人造成损害，并且受让人知道该情形的，债权人可以请求人民法院撤销债务人的行为。《最高人民法院关于适用〈中华人民共和国合同法〉若干问题的解释（二）》第十八条补充了债务人放弃其未到期债权、放弃担保债权和恶意延长到期债权的履行期三种情形。而主张合同无效限于前述合同法第五十二条规定的五种情形之一。二是期限不同。合同法第七十五条规定："撤销权自债权人知道或者应当知道撤销事由之日起一年内行使。自债务人的行为发生之日起五年内没有行使撤销权的，该撤销权消灭。"可见行使撤销权会有除斥期间的限制，而请求确认合同无效则无此期限限制。三是证明标准不同。从司法实践来看，在行使撤销权的情况下，债权人只需要举证证明"债务人无偿转让财产"或者"债务人以明显不合理的低价转让财产对债权人造成损害，且受让人知道该情形"，其中只要债权人能够举证证明"受让人知道债务人的转让行为是以明显不合理的低价"，就足以认定受让人知道会因此对债权人造成损害。而债权人选择以债务人与他人恶意串通、损害其利益为由，主张合同无效会在举证方面面临更高的要求，具体要求在下面说明。可见，对债权人而言，两种保护债权实现的方式各有利弊，债权人可以在权衡利弊后作出选择。本案例中，债权人嘉某公司选择的是请求确认相关转让财产的合同无效。

（二）关于恶意串通的证明标准问题

债权人在主张相关合同无效的情况下，债权人不仅要证明债务人有损害其利益的行为，而且要证明债务人与受让人"恶意串通"。恶意串通比行使撤销权的证明标准更高。恶意串通，是以损害他人利益为目的而相互通谋、相互勾结作出的意思表示。债权人要证明债务人与受让人主观上具有恶意，还要证明客观上具有串通损害其利益的行为。值得注意的是，自2015年2月4日起施行的《最高人民法院关于适用〈中华人民共和国民事诉讼法〉的解释》第一百零九条规定："当事人对于欺诈、胁迫、恶意串通事实的证明，以及对于口头遗嘱或者赠与事实的证明，人民法院确信该待证事实存在的可能性能够排除合理怀疑的，应当认定该事实存在。"该条解释对提高证明标准的特殊情形进行了明确规定，即欺诈、胁迫和恶意串通等事实，在实体法立法上使用"足以""显失公平"的表述的，均反映立法者有对此类待证事实拔高证明标准的意图，审判实践中对这些事实也应当适用高于高度盖然性的证明标准。可见，恶意串通等事实的证明标准，需要达到排除合理怀疑的程度，高于民事诉讼中的高度盖然性的一般证明标准。

（撰稿人：吴光侠、高晓力）

指导案例72号

汤某、刘某龙、马某太、王某刚诉新疆鄂尔多斯彦某房地产开发有限公司商品房买卖合同纠纷案

（最高人民法院审判委员会讨论通过　2016年12月28日发布）

关键词

民事　商品房买卖合同　借款合同　清偿债务　法律效力　审查

裁判要点

借款合同双方当事人经协商一致，终止借款合同关系，建立商品房买卖合同关系，将借款本金及利息转化为已付购房款并经对账清算的，不属于《中华人民共和国物权法》第一百八十六条规定禁止的情形，该商品房买卖合同的订立目的，亦不属于《最高人民法院关于审理民间借贷案件适用法律若干问题的规定》第二十四条规定的"作为民间借贷合同的担保"。在不存在《中华人民共和国合同法》第五十二条规定情形的情况下，该商品房买卖合同具有法律效力。但对转化为已付购房款的借款本金及利息数额，人民法院应当结合借款合同等证据予以审查，以防止当事人将超出法律规定保护限额的高额利息转化为已付购房款。

相关法条

《中华人民共和国物权法》第一百八十六条

《中华人民共和国合同法》第五十二条

基本案情

原告汤某、刘某龙、马某太、王某刚诉称：根据双方合同约定，新疆鄂尔多斯彦某房地产开发有限公司（以下简称彦某公司）应于2014年9月30日向四人交付符合合

同约定的房屋。但至今为止，彦某公司拒不履行房屋交付义务。故请求判令：一、彦某公司向汤某、刘某龙、马某太、王某刚支付违约金6000万元；二、彦某公司承担汤某、刘某龙、马某太、王某刚主张权利过程中的损失费用41.63万元；三、彦某公司承担本案的全部诉讼费用。

彦某公司辩称：汤某、刘某龙、马某太、王某刚应分案起诉。四人与彦某公司没有购买和出售房屋的意思表示，双方之间房屋买卖合同名为买卖实为借贷，该商品房买卖合同系为借贷合同提供担保，该约定因违反了担保法第四十条、物权法第一百八十六条的规定而无效。双方签订的商品房买卖合同存在显失公平、乘人之危的情况。四人要求的违约金及损失费用亦无事实依据。

法院经审理查明：汤某、刘某龙、马某太、王某刚与彦某公司于2013年先后签订多份借款合同，通过实际出借并接受他人债权转让，取得对彦某公司合计2.6亿元借款的债权。为担保该借款合同履行，四人与彦某公司分别签订多份商品房预售合同，并向当地房屋产权交易管理中心办理了备案登记。该债权陆续到期后，因彦某公司未偿还借款本息，双方经对账，确认彦某公司尚欠四人借款本息361398017.78元。双方随后重新签订商品房买卖合同，约定彦某公司将其名下房屋出售给四人，上述欠款本息转为已付购房款，剩余购房款38601982.22元，待办理完毕全部标的物产权转移登记后一次性支付给彦某公司。汤某等四人提交与彦某公司对账表显示，双方之间的借款利息系分别按照月利率3%和4%、逾期利率10%计算，并计算复利。

裁判结果

新疆维吾尔自治区高级人民法院于2015年4月27日作出（2015）新民一初字第2号民事判决，判令：一、彦某公司向汤某、马某太、刘某龙、王某刚支付违约金9275057.23元；二、彦某公司向汤某、马某太、刘某龙、王某刚支付律师费416300元；三、驳回汤某、马某太、刘某龙、王某刚的其他诉讼请求。上述款项，应于判决生效后十日内一次性付清。宣判后，彦某公司以双方之间买卖合同系借款合同的担保，并非双方真实意思表示，且欠款金额包含高利等为由，提起上诉。最高人民法院于2015年10月8日作出（2015）民一终字第180号民事判决：一、撤销新疆维吾尔自治区高级人民法院（2015）新民一初字第2号民事判决；二、驳回汤某、刘某龙、马某太、王某刚的诉讼请求。

裁判理由

法院生效裁判认为：本案争议的商品房买卖合同签订前，彦某公司与汤某等四人之间确实存在借款合同关系，且为履行借款合同，双方签订了相应的商品房预售合同，并办理了预购商品房预告登记。但双方系争商品房买卖合同是在彦某公司未偿还借款本息的情况下，经重新协商并对账，将借款合同关系转变为商品房买卖合同关系，将借款本息转为已付购房款，并对房屋交付、尾款支付、违约责任等权利义务作出了约定。民事法律关系的产生、变更、消灭，除基于法律特别规定，需要通过法律关系参与主体的意思表示一致形成。民事交易活动中，当事人意思表示发生变化并不鲜见，该意思表示的变化，除为法律特别规定所禁止外，均应予以准许。本案双方经协商一致终止借款合同关系，建立商品房买卖合同关系，并非为双方之间的借款合同履行提供担保，而是借款合同到期彦某公司难以清偿债务时，通过将彦某公司所有的商品房出售给汤某等四位债权人的方式,实现双方权利义务平衡的一种交易安排。该交易安排并未违反法律、行政法规的强制性规定,不属于物权法第一百八十六条规定禁止的情形,亦不适用《最高人民法院关于审理民间借贷案件适用法律若干问题的规定》(2015年公布)第二十四条规定。尊重当事人嗣后形成的变更法律关系性质的一致意思表示,是贯彻合同自由原则的题中应有之义。彦某公司所持本案商品房买卖合同无效的主张,不予采信。

但在确认商品房买卖合同合法有效的情况下,由于双方当事人均认可该合同项下已付购房款系由原借款本息转来,且彦某公司提出该欠款数额包含高额利息。在当事人请求司法确认和保护购房者合同权利时,人民法院对基于借款合同的实际履行而形成的借款本金及利息数额应当予以审查,以避免当事人通过签订商品房买卖合同等方式,将违法高息合法化。经审查,双方之间借款利息的计算方法,已经超出法律规定的民间借贷利率保护上限。对双方当事人包含高额利息的欠款数额,依法不能予以确认。由于法律保护的借款利率明显低于当事人对账确认的借款利率,故应当认为汤某等四人作为购房人,尚未足额支付合同约定的购房款,彦某公司未按照约定时间交付房屋,不应视为违约。汤某等四人以彦某公司逾期交付房屋构成违约为事实依据,要求彦某公司支付违约金及律师费,缺乏事实和法律依据。一审判决判令彦某公司承担支付违约金及律师费的违约责任错误,本院对此予以纠正。

(生效裁判审判人员:辛正郁、潘杰、沈丹丹)

【解读】

解读《汤某、刘某龙、马某太、王某刚诉新疆鄂尔多斯彦某房地产开发有限公司商品房买卖合同纠纷案》

2016年12月28日,最高人民法院发布了指导案例72号《汤某、刘某龙、马某太、王某刚诉新疆鄂尔多斯彦某房地产开发有限公司商品房买卖合同纠纷案》。为了正确理解和准确参照适用该指导案例,现对该指导案例的推选过程、裁判要点等有关情况予以解释、论证和说明。

一、推选过程及指导意义

该案例源自最高人民法院民一庭2015年审结的一件二审案件。该案判决生效后,经合议庭推荐,民一庭指导性案例工作小组经过审核,向最高人民法院案例指导工作办公室推荐作为备选指导性案例。2016年9月7日,经研究室室务会讨论,同意作为备选指导性案例提交最高人民法院审判委员会讨论。12月6日,最高人民法院第256次民专会原则同意该案例,提出了相应的修改意见,并要求修改后送相关业务庭征求意见。案例指导工作办公室根据反馈意见修改后,将该案例报院领导予以审核签发。12月28日,最高人民法院以法〔2016〕449号文件将该案例列入第15批指导案例予以发布。

该指导案例旨在明确借款合同双方当事人经协商一致,终止借款合同关系,建立商品房买卖合同关系,将借款本金及利息转化为已付购房款并经对账清算的,若无相关法律禁止情形，该商品房买卖合同具有法律效力，但对转化为已付购房款的借款本金及利息数额，人民法院应当依法进行审查，以防止违法高息合法化。该指导案例有利于正确区分民间借贷中不同的复杂情形，正确适用关于《最高人民法院关于审理民间借贷案件适用法律若干问题的规定》（2015年公布，下同，以下简称《民间借贷司法解释》）的有关规定，对于平衡借款合同各方当事人的利益，依法公正审理类似案件具有明显的指导价值。

二、关于本案例的相关情况

司法实践中，对于当事人就同一笔款项，同时或先后签订借款合同和商品房买卖合同时，应如何确定双方当事人之间法律关系的性质及效力，存在不同认识。这其中最为核心的问题是当事人签订商品房买卖合同的真实目的应当如何解读，而为担保借款到期得以清偿签订的商品房买卖合同，是否合法有效。为解决这一司法实践中的焦点、难点问题，《民间借贷司法解释》第二十四条对"当事人以签订买卖合同作为民间借贷合同的担保"情形作出了规定，认为就此类案件，应当按照民间借贷法律关系审理，这在一定程度上明确了当事人就同一款项签订借款合同和商品房买卖合同这类案件的裁判思路。但对该司法解释的理解和适用，仍然存在进一步解释的空间，其中最为关键的是，是否所有当事人之间既签订借款合同又签订商品房买卖合同的情形，均属于该条司法解释规定的"担保"情形，从而应当认定当事人之间的法律关系性质属于民间借贷合同关系。这也正是本案例被推荐为指导案例的价值所在，本案明确了在借款合同债务到期的情况下，当事人经对账清算后签订的商品房买卖合同，不再是为担保借款合同而签订，因而不属于上述司法解释所应当适用的范畴。

此外，本案的理论价值还在于，对债务到期后当事人签订的以物抵债协议的性质和效力作出了表态。由于本案的商品房买卖合同，实际上是由于借款到期后，债务人无力通过现金方式偿还债权人借款，经协商双方同意以债务人所有的商品房抵顶其所欠借款的协议，因而亦可视为以物抵债协议的一种具体表现。而关于以物抵债协议的效力，在理论界和实务界也存在较大争议。归纳起来主要有三种观点，即以物抵债协议系代物清偿协议、以物抵债协议系变更债权债务关系的协议以及以物抵债协议系新债清偿协议。按照第一种观点，以物抵债协议属于代物清偿，是债权人受领债务人提出的他种给付以替代原给付，并使原债消灭的契约，性质上属于实践性合同或者要物契约。[①] 按照此观点，以物抵债协议签订后，只要当事人尚未全面履行，未完成抵债物的交付受领，则该抵债协议未生效，债权人仅能以原债权债务关系向债务人提出主张。第二种观点认为，以物抵债协议属于当事人之间达成的债务更改或者更新的协议，在性质上属于诺成性合同，在不存在违法无效情形的前提下对当事人产生法律效力。该协议成立生效后，原债权债务关系即告消灭。[②] 在此情况下，债权人可以向债务人要求履行以物抵债协议，完成相应物的物权变动。第三种观点则认为，以物抵债协议属于新债清偿协议，是对债权人的额外清偿保障，新的清偿协议成立的同时，原债权债务关系并不宣告消灭，在通过履行新协议使债权得以全面实现的情况下，新旧债权债务关系得以同时消灭，而如果新的清偿协议不能得到完全履行，则债权人仍可依据原债

---

① 参见王泽鉴：《民法概要》，北京大学出版社2011年版，第237页。
② 日本民法典第513条第1项规定，当事人订立变更债务要素的契约时，其债务因更改而消灭。参见林诚二：《民法债编总论——体系化解说》，中国人民大学出版社2003年版，第541页。

权债务关系向债务人主张清偿。①从本案的认定看，采取了上述第二种观点，即认为当事人之间达成了变更原债权债务关系的新协议，并使原债权债务关系得以消灭。当然，这一认定的基本事实是当事人通过商品房买卖合同及其补充协议，表达了将原借款合同关系彻底转化为商品房买卖合同关系的合意。

三、裁判要点的理解与说明

该指导案例的裁判要点确认：借款合同双方当事人经协商一致，终止借款合同关系，建立商品房买卖合同关系，将借款本金及利息转化为已付购房款并经对账清算的，不属于物权法第一百八十六条规定禁止的情形，该商品房买卖合同的订立目的，亦不属于《民间借贷司法解释》第二十四条规定的"作为民间借贷合同的担保"。在不存在合同法第五十二条规定情形的情况下，该商品房买卖合同具有法律效力。但对转化为已付购房款的借款本金及利息数额，人民法院应当结合借款合同等证据予以审查，以防止当事人将超出法律规定保护限额的高额利息转化为已付购房款。现围绕与该裁判要点相关的问题逐一论证和说明如下。

（一）本案商品房买卖合同的缔约目的

首先，需要明确的是，本案作为二审案件，按照《最高人民法院关于认真学习贯彻适用〈最高人民法院关于审理民间借贷案件适用法律若干问题的规定〉的通知》规定，并不应当适用《民间借贷司法解释》的规定。不过，即使不考虑司法解释适用的时间维度，本案依然不应认定为应当适用该解释第二十四条规定的情形，这主要是由该合同的缔约目的决定的。按照《民间借贷司法解释》的规定和起草人作出的解释，该条规定系关于让与担保的规定。债权人和债务人签订买卖合同的真实目的，是给民间借贷合同提供担保，而非真正实现买卖合同的目标。因此，司法解释从让与担保的从属性特点出发，规定了此种情形下应按照民间借贷法律关系审理的基本原则。②

本案的商品房买卖合同是在借款到期后，当事人经协商对账后签订的，双方一致同意终止借款合同关系，建立商品房买卖合同关系，并将双方之前的借款本金及利息转为购房款，由原出借人向借款人购买标的房屋。从这一合同签订背景和缔约目的看，该商品房买卖合同并非为双方之间借款合同的履行提供担保，而是借款合同到期后，债务人难以清偿债务时，双方协商通过将债务人所有的商品房出售给债权人的方式，实现双方权利义务平衡的一种交易安排，也就是通常所说的"以物抵债"。商品房买卖合同的内容表明，原债权人具有向原债务人购买房屋的真实意愿，原债务人亦具有向原债权人出售该房屋的真实意愿。这与《民间借贷司法解释》第二十四条第一款规定的"当事人以签订买卖合同作为民间借贷合同的担保"的情形并不相同，这就使该解释规定在本案中适用的前提基础完全丧失了。

（二）本案商品房买卖合同的法律效力

民事法律关系的产生、变更、消灭，除基于法律特别规定外，需要通过法律关系参与主体的意思表示一致形成。而民事交易活动过程中，当事人的意思表示发生变化的情况并不鲜见，该意思表示的变化，除为法律特别规定所禁止外，均应予以准许。因此，在认定本案商品房买卖合同系当事人真实意思表示的前提下，还需分析当事人

---

① 参见王泽鉴：《民法概要》，北京大学出版社2011年版，第237页。
② 参见杜万华主编：《最高人民法院民间借贷司法解释理解与适用》，人民法院出版社2015年版，第409～433页。

的这种交易安排,是否存在违反法律、行政法规的强制性规定等无效情形,其中最为关键的是其是否属于物权法第一百八十六条规定的"流押禁止"情形。

根据物权法第一百八十六条的规定,"抵押权人在债务履行期届满前,不得与抵押人约定债务人不履行到期债务时抵押财产归债权人所有。"这一规定被称为"流押禁止"。与《民间借贷司法解释》第二十四条规定的情形类似,本案中并不存在抵押权的设定情形,案涉商品房买卖合同亦不属于债务履行期届满前当事人作出的约定,而且根据该合同约定,原债务人负有向原债权人履行合同约定的交付房屋、办理过户登记等债务,但并没有直接约定债务到期后房屋所有权即归属于债权人,因而该条法律规定在本案的适用前提亦不存在。而且笔者认为,物权法第一百八十六条规定的"不得"应当作该约定不发生物权变动法律效力的理解,而根据物权法第十五条规定确立的区分原则,是否因此而造成作出相应约定的合同本身无效,恐怕也是难以得出肯定答案的。当然,在这一问题的认识上,理论上和实践中仍存在一定争议。①

还需要提及的是,即使从"流押禁止"原则的出发点加以慎重考量,本案认定案涉商品房买卖合同的合法有效性亦不存在障碍。"流押禁止"之法律规定,主要是考虑到民法的公平、等价有偿原则,避免债务人因经济窘迫而将价值很高的财产担保价值较小的债权,债权人乘人之危获取暴利,损害债务人或第三人的利益,因而禁止当事人在抵押权设立至债务履行期限届满前,约定债权人未获清偿即取得抵押财产所有权。而为了平衡当事人之间的利益,理论上认为为双方当事人设定清算义务,可以较为公平地兼顾双方利益,也可以实现对当事人意思自治最低程度的干涉。不过,目前法律和司法解释对于此种情形下的清算义务的具体流程及内容等均没有作出规定。从本案的事实看,当事人在签订商品房买卖合同前,至少经过了对账的过程,虽然这与严格意义上的"清算"尚存差距,但至少避免了以事前约定确定房屋销售价格的压榨可能。从法官的自由心证上看,这一点也是具有重要价值的。

(三)已付购房款数额的审查认定

在确定双方当事人法律关系的性质为商品房买卖合同关系的情况下,本案的审理走向与通常情况下的商品房买卖合同纠纷案件相比,又存在较大不同。虽然双方当事人经对账确认了借款本息数额,并一致同意将其转变为已付购房款,但法官还应当对这一商品房买卖合同关系建立前,存在借款合同关系这一特殊背景加以注意。通常的商品房买卖合同纠纷案件中,法官会按照真实有效的合同约定内容来认定双方的权利义务。而本案中,由于双方均认可购房款系由借款本息转来,那么就需要对借款本金和利息数额再予以审查核实。本案中,经审查,双方在商品房买卖合同中确定的借款本息数额,包含了超出司法解释规定的人民法院予以保护范围的高额利息。这部分高额利息,无论是否通过另行订立商品房买卖合同或者其他合同的方式,均不应获得法律的保护,否则将会使法律、司法解释确立的高息不受司法保护的基本原则受到极大冲击,从而造成当事人通过签订商品房买卖合同等方式,将违法高息合法化的情况出

---

① 对于诸如类似的非典型担保的法律效力问题,从域外立法和司法实践发展变化看,基本上呈现从非法到合法的趋势。参见谢在全:《民法物权论》,中国政法大学出版社2011年版,第1104~1111页。此外,从日本的立法情况看,流押禁止的适用范围仅限于民事交易,而在商事交易中并不限制商人们作出此种交易安排。日本民法典第349条规定,出质人不得以设定行为或债务清偿期前的契约,使质权人取得作为清偿的质物的所有权,或使质权人不依法律所定方法处分质物。日本商法典第515条规定,日本民法典第349条的规定不适用于为担保商行为债权而设定的质权。

现。因此，本案对于经审查确认超出法定保护范畴的高额利息，不确认其能够转为购房款。原债权人在本案中依据商品房买卖合同的约定，主张其已经履行交付购房款义务，而对方没有依约履行交付房屋等合同义务构成违约，并据此请求对方支付违约金。根据合同法第六十七条的规定，"当事人互负债务，有先后履行顺序，先履行一方未履行的，后履行一方有权拒绝其履行要求。先履行一方履行债务不符合约定的，后履行一方有权拒绝其相应的履行要求。"在扣除了违法高息后，实际上原债权人作为购房者，应认为其没有依法履行支付相应购房款的义务，尚存在部分差额未支付，那么作为房屋销售方的原债务人，可以根据合同法的上述规定，行使先履行抗辩权，其拒绝继续履行合同义务的行为不应视为违约，而是合法行使抗辩权。因此，本案虽然就当事人之间法律关系的性质认定为商品房买卖合同关系，却没有支持原债权人提出的违约损失赔偿请求，因为在剔除非法高息之后，原债务人的违约事实不能被认定。

四、其他相关问题的说明

需要说明的是，在参考本案的裁判要旨审理此类案件时，还需注意防范利用以物抵债协议进行虚假诉讼的情形。从司法实践看，存在债权人和债务人恶意串通，凭虚假的以物抵债协议进行诉讼，损害其他债权人合法权益的情况。这一行为也严重扰乱了诉讼秩序，损害了司法权威。人民法院在案件审理中，要按照《最高人民法院关于防范和制裁虚假诉讼的指导意见》的要求加强甄别，严格审查原债权债务关系的真实性、合法性，对于当事人通过以物抵债协议等恶意转移财产、规避国家政策、损害他人合法权益等虚假诉讼行为，要严格按照民事诉讼法、刑法修正案（九）等相关法律规定，追究相关人员的法律责任。

（撰稿人：沈丹丹、石磊）

指导案例167号

北京大某燃料有限公司诉山东百某物流有限公司买卖合同纠纷案

（最高人民法院审判委员会讨论通过　2021年11月9日发布）

关键词

民事　买卖合同　代位权诉讼　未获清偿　另行起诉

裁判要点

代位权诉讼执行中，因相对人无可供执行的财产而被终结本次执行程序，债权人就未实际获得清偿的债权另行向债务人主张权利的，人民法院应予支持。

相关法条

《最高人民法院关于适用〈中华人民共和国合同法〉若干问题的解释（一）》第二十条（注：现行有效的法律为《中华人民共和国民法典》第五百三十七条）

基本案情

2012年1月20日至2013年5月29日，北京大某燃料有限公司（以下简称大某公司）与山东百某物流有限公司（以下简称百某公司）之间共签订采购合同41份，约定百某公司向大某公司销售镍铁、镍矿、精煤、冶金焦等货物。双方在履行合同过程中采用滚动结算的方式支付货款，但是每次付款金额与每份合同约定的货款金额并不一一对应。自2012年3月15日至2014年1月8日，大某公司共支付百某公司货款1827867179.08元，百某公司累计向大某公司开具增值税发票总额为1869151565.63元。大某公司主张百某公司累计供货货值为1715683565.63元，百某公司主张其已按照开具增值税发票数额足额供货。

2014年11月25日，大某公司作为原告，以宁波万某进出口有限公司（以下简称万某公司）为被告，百某公司为第三人，向浙江省宁波市中级人民法院提起债权人代位权诉讼。该院作出（2014）浙甬商初字第74号民事判决书，判决万某公司向大某公司支付款项36369405.32元。大某公司于2016年9月28日就（2014）浙甬商初字第74号民事案件向浙江省象山县人民法院申请强制执行。该院于2016年10月8日依法向万某公司发出执行通知书，但万某公司逾期仍未履行义务，万某公司尚应支付执行款36369405.32元及利息，承担诉讼费209684元、执行费103769.41元。经该院执行查明，万某公司名下有机动车两辆，该院已经查封但实际未控制。大某公司在限期内未能提供万某公司可供执行的财产，也未向该院提出异议。该院于2017年3月25日作出（2016）浙0225执3676号执行裁定书，终结本次执行程序。

大某公司以百某公司为被告，向山东省高级人民法院提起本案诉讼，请求判令百某公司向其返还本金及利息。

裁判结果

山东省高级人民法院于2018年8月13日作出（2018）鲁民初10号民事判决：一、百某公司向大某公司返还货款75814208.13元；二、百某公司向大某公司赔偿占用货款期间的利息损失（以75814208.13元为基数，自2014年11月25日起至百某公司实际支付之日止，按照中国人民银行同期同类贷款基准利率计算）；三、驳回大某公司其他诉讼请求。大某公司不服一审判决，提起上诉。最高人民法院于2019年6月20日作出（2019）最高法民终6号民事判决：一、撤销山东省高级人民法院（2018）鲁民初10号民事判决；二、百某公司向大某公司返还货款153468000元；三、百某公司向大某公司赔偿占用货款期间的利息损失（以153468000元为基数，自2014年11月25日起至百某公司实际支付之日止，按照中国人民银行同期同类贷款基准利率计算）；四、驳回大某公司的其他诉讼请求。

裁判理由

最高人民法院认为：关于浙江省宁波市中级人民法院（2014）浙甬商初字第74号民事判决书涉及的36369405.32元债权问题。大某公司有权就该笔款项另行向百某公司主张。

第一，《最高人民法院关于适用〈中华人民共和国合同法〉若干问题的解释（一）》（以下简称《合同法解释（一）》）第二十条规定，债权人向次债务人提起的代位权诉讼经人民法院审理后认定代位权成立的，由次债务人向债权人履行清偿义务，债权人与债务人、债务人与次债务人之间相应的债权债务关系即予消灭。根据该规定，认定债权人与债务人之间相应债权债务关系消灭的前提是次债务人已经向债权人实际履行相应清偿义务。本案所涉执行案件中，因并未执行到万某公司的财产，浙江省象山县人民法院已经作出终结本次执行的裁定，故在万某公司并未实际履行清偿义务的情况下，大某公司与百某公司之间的债权债务关系并未消灭，大某公司有权向百某公司另行主张。

第二，代位权诉讼属于债的保全制度，该制度是为防止债务人财产不当减少或者应当增加而未增加，给债权人实现债权造成障碍，而非要求债权人在债务人与次债务人之间择一选择作为履行义务的主体。如果要求债权人择一选择，无异于要求债权人在提起代位权诉讼前，需要对次债务人的偿债能力作充分调查，否则应当由其自行承担债务不得清偿的风险，这不仅加大了债权人提起代位权诉讼的经济成本，还会严重挫伤债权人提起代位权诉讼的积极性，与代位权诉讼制度的设立目的相悖。

第三，本案不违反一事不再理原则。根据《最高人民法院关于适用〈中华人民共和国民事诉讼法〉的解释》第二百四十七条的规定，判断是否构成重复起诉的主要条件是当事人、诉讼标的、诉讼请求是否相同，或者后诉的诉讼请求是否实质上否定前诉裁判结果等。代位权诉讼与对债务人的诉讼并不相同，从当事人角度看，代位权诉讼以债权人为原告、次债务人为被告，而对债务人的诉讼则以债权人为原告、债务人为被告，二者被告身份不具有同一性。从诉讼标的及诉讼请求上看，代位权诉讼虽然要求次债务人直接向债权人履行清偿义务，但针对的是债务人与次债务人之间的债权债务，而对债务人的诉讼则是要求债务人向债权人履行清偿义务，针对的是债权人与债务人之间的债权债务，二者在标的范围、法律关系等方面亦不相同。从起诉要件上看，与对债务人诉讼不同的是，代位权诉讼不仅要求具备民事诉讼法规定的起诉条件，同时还应当具备《合同法解释（一）》第十一条规定的诉讼条件。基于上述不同，代位权诉讼与对债务人的诉讼并非同一事由，二者仅具有法律上的关联性，故大某公司提起本案诉讼并不构成重复起诉。

（生效裁判审判人员：李伟、王毓莹、苏蓓）

（三）租赁合同

最高人民法院
关于审理城镇房屋租赁合同纠纷案件
具体应用法律若干问题的解释

（2009年6月22日最高人民法院审判委员会第1469次会议通过　根据2020年12月23日最高人民法院审判委员会第1823次会议通过的《最高人民法院关于修改〈最高人民法院关于在民事审判工作中适用《中华人民共和国工会法》若干问题的解释〉等二十七件民事类司法解释的决定》修正）

为正确审理城镇房屋租赁合同纠纷案件，依法保护当事人的合法权益，根据《中华人民共和国民法典》等法律规定，结合民事审判实践，制定本解释。

第一条 本解释所称城镇房屋，是指城市、镇规划区内的房屋。

乡、村庄规划区内的房屋租赁合同纠纷案件，可以参照本解释处理。但法律另有规定的，适用其规定。

当事人依照国家福利政策租赁公有住房、廉租住房、经济适用住房产生的纠纷案件，不适用本解释。

第二条 出租人就未取得建设工程规划许可证或者未按照建设工程规划许可证的规定建设的房屋，与承租人订立的租赁合同无效。但在一审法庭辩论终结前取得建设工程规划许可证或者经主管部门批准建设的，人民法院应当认定有效。

第三条 出租人就未经批准或者未按照批准内容建设的临时建筑，与承租人订立的租赁合同无效。但在一审法庭辩论终结前经主管部门批准建设的，人民法院应当认定有效。

租赁期限超过临时建筑的使用期限，超过部分无效。但在一审法庭辩论终结前经主管部门批准延长使用期限的，人民法院应当认定延长使用期限内的租赁期间有效。

第四条 房屋租赁合同无效，当事人请求参照合同约定的租金标准支付房屋占有使用费的，人民法院一般应予支持。

当事人请求赔偿因合同无效受到的损失，人民法院依照民法典第一百五十七条和本解释第七条、第十一条、第十二条的规定处理。

第五条 出租人就同一房屋订立数份租赁合同，在合同均有效的情况下，承租人均主张履行合同的，人民法院按照下列顺序确定履行合同的承租人：

（一）已经合法占有租赁房屋的；

（二）已经办理登记备案手续的；

（三）合同成立在先的。

不能取得租赁房屋的承租人请求解除合同、赔偿损失的，依照民法典的有关规定处理。

第六条 承租人擅自变动房屋建筑主体和承重结构或者扩建，在出租人要求的合理期限内仍不予恢复原状，出租人请求解除合同并要求赔偿损失的，人民法院依照民法典第七百一十一条的规定处理。

第七条 承租人经出租人同意装饰装修，租赁合同无效时，未形成附合的装饰装修物，出租人同意利用的，可折价归出租人所有；不同意利用的，可由承租人拆除。因拆除造成房屋毁损的，承租人应当恢复原状。

已形成附合的装饰装修物，出租人同意利用的，可折价归出租人所有；不同意利用的，由双方各自按照导致合同无效的过错分担现值损失。

第八条 承租人经出租人同意装饰装修，租赁期间届满或者合同解除时，除当事人另有约定外，未形成附合的装饰装修物，可由承租人拆除。因拆除造成房屋毁损的，承租人应当恢复原状。

第九条 承租人经出租人同意装饰装修，合同解除时，双方对已形成附合的装饰装修物的处理没有约定的，人民法院按照下列情形分别处理：

（一）因出租人违约导致合同解除，承租人请求出租人赔偿剩余租赁期内装饰装修残值损失的，应予支持；

（二）因承租人违约导致合同解除，承租人请求出租人赔偿剩余租赁期内装饰装修残值损失的，不予支持。但出租人同意利用的，应在利用价值范围内予以适当补偿；

（三）因双方违约导致合同解除，剩余租赁期内的装饰装修残值损失，由双方根据各自的过错承担相应的责任；

（四）因不可归责于双方的事由导致合同解除的，剩余租赁期内的装饰装修残值损失，由双方按照公平原则分担。法律另有规定的，适用其规定。

第十条 承租人经出租人同意装饰装修，租赁期间届满时，承租人请求出租人补偿附合装饰装修费用的，不予支持。但当事人另有约定的除外。

第十一条 承租人未经出租人同意装饰装修或者扩建发生的费用，由承租人负担。出租人请求承租人恢复原状或者赔偿损失的，人民法院应予支持。

第十二条 承租人经出租人同意扩建，但双方对扩建费用的处理没有约定的，人民法院按照下列情形分别处理：

（一）办理合法建设手续的，扩建造价费用由出租人负担；

（二）未办理合法建设手续的，扩建造价费用由双方按照过错分担。

第十三条 房屋租赁合同无效、履行期限届满或者解除，出租人请求负有腾房义务的次承租人支付逾期腾房占有使用费的，人民法院应予支持。

第十四条 租赁房屋在承租人按照租赁合同占有期限内发生所有权变动，承租人请求房屋受让人继续履行原租赁合同的，人民法院应予支持。但租赁房屋具有下列情形或者当事人另有约定的除外：

（一）房屋在出租前已设立抵押权，因抵押权人实现抵押权发生所有权变动的；

（二）房屋在出租前已被人民法院依法查封的。

第十五条 出租人与抵押权人协议折价、变卖租赁房屋偿还债务，应当在合理期限内通知承租人。承租人请求以同等条件优先购买房屋的，人民法院应予支持。

第十六条 本解释施行前已经终审，本解释施行后当事人申请再审或者按照审判监督程序决定再审的案件，不适用本解释。

指导案例170号

饶某礼诉某物资供应站等房屋租赁合同纠纷案

（最高人民法院审判委员会讨论通过 2021年11月9日发布）

关键词

民事 房屋租赁合同 合同效力 行政规章 公序良俗 危房

裁判要点

违反行政规章一般不影响合同效力，但违反行政规章签订租赁合同，约定将经鉴定机构鉴定存在严重结构隐患，或将造成重大安全事故的应当尽快拆除的危房出租用于经营酒店，危及不特定公众人身及财产安全，属于损害社会公共利益、违背公序良俗的行为，应当依法认定租赁合同无效，按照合同双方的过错大小确定各自应当承担的法律责任。

相关法条

《中华人民共和国民法总则》第一百五十三条、《中华人民共和国合同法》第五十二条、第五十八条（注：现行有效的法律为《中华人民共和国民法典》第一百五十三条、第一百五十七条）

基本案情

南昌市青山湖区晶某假日酒店（以下简称晶某酒店）组织形式为个人经营，经营者系饶某礼，经营范围及方式为宾馆服务。2011年7月27日，晶某酒店通过公开招标的方式中标获得租赁某物资供应站所有的南昌市某南路1号办公大楼的权利，并向某物资供应站出具《承诺书》，承诺中标以后严格按照加固设计单位和江西省建设工程安全质量监督管理局等权威部门出具的加固改造方案，对某南路1号办公大楼进行科学、安全的加固，并在取得具有法律效力的书面文件后，再使用该大楼。同年8月29日，晶某酒店与某物资供应站签订《租赁合同》，约定：某物资供应站将南昌市某南路1号（包含房产证记载的南昌市东湖区某南路1号和东湖区某南路3号）办公楼4120平方米建筑出租给晶某酒店，用于经营商务宾馆。租赁期限为十五年，自2011年9月1日起至2026年8月31日止。除约定租金和其他费用标准、支付方式、违约赔偿责任外，还在第五条特别约定：1. 租赁物经有关部门鉴定为危楼，需加固后方能使用。晶某酒店对租赁物的前述问题及瑕疵已充分了解。晶某酒店承诺对租赁物进行加固，确保租赁物达到商业房产使用标准，晶某酒店承担全部费用。2. 加固工程方案的报批、建设、验收（验收部门为江西省建设工程安全质量监督管理局或同等资质的部门）均由晶某酒店负责，某物资供应站根据需要提供协助。3. 晶某酒店如未经加固合格即擅自使用租赁物，应承担全部责任。合同签订后，某物资供应站依照约定交付了租赁某房屋。晶某酒店向某物资供应站给付20万元履约保证金，1000万元投标保证金。中标后物资供应站退还了800万元投标保证金。

2011年10月26日，晶某酒店与上海某加固技术工程有限公司签订加固改造工程《协议书》，晶某酒店将租赁的房屋以包工包料一次包干（图纸内的全部土建部分）的方式发包给上海某加固技术工程有限公司加固改造，改造范围为主要承重柱、墙、梁板结构加固新增墙体全部内粉刷，图纸内的全部内容，图纸、电梯、热泵。开工时间2011年10月26日，竣工时间2012年1月26日。2012年1月3日，在加固施工过程中，案涉建筑物大部分垮塌。

江西省建设业安全生产监督管理站于2007年6月18日出具《房屋安全鉴定意见》，鉴定结果和建议是：1. 该大楼主要结构受力构件设计与施工均不能满足现行国家设计和施工规范的要求，其强度不能满足上部结构承载力的要求，存在较严重的结构隐患。2. 该大楼未进行抗震设计，没有抗震构造措施，不符合《建筑抗震设计规范》（GB 50011—2001）的要求。遇有地震或其他意外情况发生，将造成重大安全事故。3. 根据《危险房屋鉴定标准》（GB 50292—1999），该大楼按房屋危险性等级划分，属D级危房，应予以拆除。4. 建议：（1）应立即对大楼进行减载，减少结构上的荷载。（2）对有问题的结构构件进行加固处理。（3）目前，应对大楼加强观察，并应采取措施，确保大楼安全过渡至拆除。如发现有异常现象，应立即撤出大楼的全部人员，并向有关部门报告。（4）建议尽快拆除全部结构。

饶某礼向一审法院提出诉请：一、解除其与某物资供应站于2011年8月29日签订的《租赁合同》；二、某物资供应站返还其保证金220万元；三、某物资供应站赔偿其各项经济损失共计281万元；四、本案诉讼费用由某物资供应站承担。

某物资供应站向一审法院提出反诉诉请：一、判令饶某礼承担侵权责任，赔偿其2463.5万元；二、判令饶某礼承担全部诉讼费用。

再审中，饶某礼将其上述第一项诉讼请求变更为：确认案涉《租赁合同》无效。某物资供应站亦将其诉讼请求变更为：饶某礼赔偿某物资供应站损失418.7万元。

裁判结果

江西省南昌市中级人民法院于2017年9月1日作出（2013）洪民一初字第2号民事判决：一、解除饶某礼经营的晶某酒店与某物资供应站2011年8月29日签订的《租赁合同》；二、某物资供应站应返还饶某礼投标保证金200万元；三、饶某礼赔偿某物资供应站804.3万元，抵扣本判决第二项某物资供应站返还饶某礼的200万元保证金后，饶某礼还应于本判决生效后十五日内给付某物资供应站604.3万元；四、驳回饶某礼其他诉讼请求；五、驳回某物资供应站其他诉讼请求。一审判决后，饶某礼提出上诉。江西省高级人民法院于2018年4月24日作出（2018）赣民终173号民事判决：一、维持江西省南昌市中级人民法院（2013）洪民一初字第2号民事判决第一项、第二项；二、撤销江西省南昌市中级人民法院（2013）洪民一初字第2号民事判决第三项、第四项、第五项；三、某物资供应站返还饶某礼履约保证金20万元；四、饶某礼赔偿某物资供应站经济损失182.4万元；五、本判决第一项、第三项、第四项确定的金额相互抵扣后，某物资供应站应返还饶某礼375.7万元，该款项限某物资供应站于本判决生效后十日内支付；六、驳回饶某礼的其他诉讼请求；七、驳回某物资供应站的其他诉讼请求。饶某礼、某物资供应站均不服二审判决，向最高人民法院申请再审。最高人民法院于2018年9月27日作出（2018）最高法民申4268号民事裁定，裁定提审本案。2019年12月19日，最高人民法院作出（2019）最高法民再97号民事判决：一、撤销江西省高级人民法院（2018）赣民终173号民事判决、江西省南昌市中级人民法院（2013）洪民一初字第2号民事判决；二、确认饶某礼经营的晶某酒店与某物资供应站签订的《租赁合同》无效；三、某物资供应站自本判决发生法律效力之日起十日内向饶某礼返还保证金220万元；四、驳回饶某礼的其他诉讼请求；五、驳回某物资供应站的诉讼请求。

裁判理由

最高人民法院认为：根据江西省建设业安全生产监督管理站于2007年6月18日出具的《房屋安全鉴定意见》，案涉《租赁合同》签订前，该合同项下的房屋存在以下安全隐患：一是主要结构受力构件设计与施工均不能满足现行国家设计和施工规范的要求，其强度不能满足上部结构承载力的要求，存在较严重的结构隐患；二是该房屋未进行抗震设计，没有抗震构造措施，不符合《建筑抗震设计规范》国家标准，遇有地震或其他意外情况发生，将造成重大安全事故。《房屋安全鉴定意见》同时就此前当地发生的地震对案涉房屋的结构造成了一定破坏、应引起业主及其上级部门足够重视等提出了警示。在上述认定基础上，江西省建设业安全生产监督管理站对案涉房屋的鉴定结果和建议是，案涉租赁房屋属于应尽快拆除全部结构的D级危房。据此，经有权鉴定机构鉴定，案涉房屋已被确定属于存在严重结构隐患、或将造成重大安全事故的应当尽快拆除的D级危房。根据住房和城乡建设部《危险房屋鉴定标准》（2016年12月1日实施）第6.1条规定，房屋危险性鉴定属D级危房的，系指承重结构已不能满足安全使用要求，房屋整体处于危险状态，构成整幢危房。尽管《危险房屋鉴定标准》第7.0.5条规定，对评定为局部危房或整幢危房的房屋可按下列方式进行处理：1. 观察使用；2. 处理使用；3. 停止使用；4. 整体拆除；5. 按相关规定处理。但本案中，有权鉴定机构已经明确案涉房屋应予拆除，并建议尽快拆除该危房的全部结构。因此，案涉危房并不具有可在加固后继续使用的情形。《商品房屋租赁管理办法》第六条规定，不符合安全、防灾等工程建设强制性标准的房屋不得出租。《商品房屋租赁管理办法》虽在效力等级上属部门规章，但是，该办法第六条规定体现的是对社会公共安全的保护以及对公序良俗的维护。结合本案事实，在案涉房屋已被确定属于存在严重结构隐患、或将造成重大安全事故、应当尽快拆除的D级危房的情形下，双方当事人仍签订《租赁合同》，约定将该房屋出租用于经营可能危及不特定公众人身及财产安全的商务酒店，明显损害了社会公共利益、违背了公序良俗。从维护公共安全及确立正确的社会价值导向的角度出发，对本案情形下合同效力的认定应从严把握，司法不应支持、鼓励这种为追求经济利益而忽视公共安全的有违社会公共利益和公序良俗的行为。故依照民法总则第一百五十三条第二款关于违背公序良俗的民事法律行为无效的规定，以及合同法第五十二条第四项关于损害社会公共利益的合同无效的规定，确认《租赁合同》无效。关于案涉房屋倒塌后某物资供应站支付给他人的补偿费用问题，因某物资供应站应对《租赁合同》的无效承担主要责任，根据合同法第五十八条"合同无效后，双方都有过错的，应当各自承担相应的责任"的规定，上述费用应由某物资供应站自行承担。因饶某礼对于《租赁合同》无效亦有过错，故对饶某礼的损失依照合同法第五十八条的规定，亦应由其自行承担。饶某礼向某物资供应站支付的220万元保证金，因《租赁合同》系无效合同，某物资供应站基于该合同取得的该款项依法应当退还给饶某礼。

（生效裁判审判人员：张爱珍、何君、张颖）

（四）融资租赁合同

最高人民法院
关于审理融资租赁合同纠纷案件
适用法律问题的解释

（2013年11月25日最高人民法院审判委员会第1597次会议通过　根据2020年12月23日最高人民法院审判委员会第1823次会议通过的《最高人民法院关于修改〈最高人民法院关于在民事审判工作中适用《中华人民共和国工会法》若干问题的解释〉等二十七件民事类司法解释的决定》修正）

为正确审理融资租赁合同纠纷案件，根据《中华人民共和国民法典》《中华人民共和国民事诉讼法》等法律的规定，结合审判实践，制定本解释。

一、融资租赁合同的认定

第一条 人民法院应当根据民法典第七百三十五条的规定,结合标的物的性质、价值、租金的构成以及当事人的合同权利和义务,对是否构成融资租赁法律关系作出认定。

对名为融资租赁合同,但实际不构成融资租赁法律关系的,人民法院应按照其实际构成的法律关系处理。

第二条 承租人将其自有物出卖给出租人,再通过融资租赁合同将租赁物从出租人处租回的,人民法院不应仅以承租人和出卖人系同一人为由认定不构成融资租赁法律关系。

二、合同的履行和租赁物的公示

第三条 承租人拒绝受领租赁物,未及时通知出租人,或者无正当理由拒绝受领租赁物,造成出租人损失,出租人向承租人主张损害赔偿的,人民法院应予支持。

第四条 出租人转让其在融资租赁合同项下的部分或者全部权利,受让方以此为由请求解除或者变更融资租赁合同的,人民法院不予支持。

三、合同的解除

第五条 有下列情形之一,出租人请求解除融资租赁合同的,人民法院应予支持:

(一)承租人未按照合同约定的期限和数额支付租金,符合合同约定的解除条件,经出租人催告后在合理期限内仍不支付的;

(二)合同对于欠付租金解除合同的情形没有明确约定,但承租人欠付租金达到两期以上,或者数额达到全部租金百分之十五以上,经出租人催告后在合理期限内仍不支付的;

(三)承租人违反合同约定,致使合同目的不能实现的其他情形。

第六条 因出租人的原因致使承租人无法占有、使用租赁物,承租人请求解除融资租赁合同的,人民法院应予支持。

第七条 当事人在一审诉讼中仅请求解除融资租赁合同,未对租赁物的归属及损失赔偿提出主张的,人民法院可以向当事人进行释明。

四、违约责任

第八条 租赁物不符合融资租赁合同的约定且出租人实施了下列行为之一,承租人依照民法典第七百四十四条、第七百四十七条的规定,要求出租人承担相应责任的,人民法院应予支持:

(一)出租人在承租人选择出卖人、租赁物时,对租赁物的选定起决定作用的;

(二)出租人干预或者要求承租人按照出租人意愿选择出卖人或者租赁物的;

(三)出租人擅自变更承租人已经选定的出卖人或者租赁物的。

承租人主张其系依赖出租人的技能确定租赁物或者出租人干预选择租赁物的,对上述事实承担举证责任。

第九条 承租人逾期履行支付租金义务或者迟延履行其他付款义务,出租人按照融资租赁合同的约定要求承租人支付逾期利息、相应违约金的,人民法院应予支持。

第十条 出租人既请求承租人支付合同约定的全部未付租金又请求解除融资租赁合同的,人民法院应告知其依照民法典第七百五十二条的规定作出选择。

出租人请求承租人支付合同约定的全部未付租金,人民法院判决后承租人未予履行,出租人再行起诉请求解除融资租赁合同、收回租赁物的,人民法院应予受理。

第十一条 出租人依照本解释第五条的规定请求解除融资租赁合同,同时请求收回租赁物并赔偿损失的,人民法院应予支持。

前款规定的损失赔偿范围为承租人全部未付租金及其他费用与收回租赁物价值的差额。合同约定租赁期间届满后租赁物归出租人所有的,损失赔偿范围还应包括融资租赁合同到期后租赁物的残值。

第十二条 诉讼期间承租人与出租人对租赁物的价值有争议的,人民法院可以按照融资租赁合同的约定确定租赁物价值;融资租赁合同未约定或者约定不明的,可以参照融资租赁合同约定的租赁物折旧以及合同到期后租赁物的残值确定租赁物价值。

承租人或者出租人认为依前款确定的价值严重偏离租赁物实际价值的,可以请求人民法院委托有资质的机构评估或者拍卖确定。

五、其他规定

第十三条 出卖人与买受人因买卖合同发生纠纷,或者出租人与承租人因融资租赁合同发生纠纷,当事人仅对其中一个合同关系提起诉讼,人民法院经审查后认为另一合同关系的当事人与案件处理结果有法律上的利害关系的,可以通知其作为第三人参加诉讼。

承租人与租赁物的实际使用人不一致,融资租赁合同当事人未对租赁物的实际使用人提起诉讼,人民法院经审查后认为租赁物的实际使用人与案件处理结果有法律上的利害关系的,可以通知其作为第三人参加诉讼。

承租人基于买卖合同和融资租赁合同直接向出卖人主张受领租赁物、索赔等买卖合同权利的,人民法院应通知出租人作为第三人参加诉讼。

第十四条 当事人因融资租赁合同租金欠付争议向人民法院请求保护其权利的诉讼时效期间为三年,自租赁期限届满之日起计算。

第十五条 本解释自 2014 年 3 月 1 日起施行。《最高人民法院关于审理融资租赁合同纠纷案件若干问题的规定》(法发〔1996〕19 号)同时废止。

本解释施行后尚未终审的融资租赁合同纠纷案件,适用本解释;本解释施行前已经终审,当事人申请再审或者按照审判监督程序决定再审的,不适用本解释。

（五）建设工程合同

最高人民法院关于审理建设工程施工合同纠纷案件适用法律问题的解释（一）

法释〔2020〕25号

（2020年12月25日由最高人民法院审判委员会第1825次会议通过　2020年12月29日最高人民法院公告公布　自2021年1月1日起施行）

为正确审理建设工程施工合同纠纷案件，依法保护当事人合法权益，维护建筑市场秩序，促进建筑市场健康发展，根据《中华人民共和国民法典》《中华人民共和国建筑法》《中华人民共和国招标投标法》《中华人民共和国民事诉讼法》等相关法律规定，结合审判实践，制定本解释。

第一条　建设工程施工合同具有下列情形之一的，应当依据民法典第一百五十三条第一款的规定，认定无效：

（一）承包人未取得建筑业企业资质或者超越资质等级的；

（二）没有资质的实际施工人借用有资质的建筑施工企业名义的；

（三）建设工程必须进行招标而未招标或者中标无效的。

承包人因转包、违法分包建设工程与他人签订的建设工程施工合同，应当依据民法典第一百五十三条第一款及第七百九十一条第二款、第三款的规定，认定无效。

第二条　招标人和中标人另行签订的建设工程施工合同约定的工程范围、建设工期、工程质量、工程价款等实质性内容，与中标合同不一致，一方当事人请求按照中标合同确定权利义务的，人民法院应予支持。

招标人和中标人在中标合同之外就明显高于市场价格购买承建房产、无偿建设住房配套设施、让利、向建设单位捐赠财物等另行签订合同，变相降低工程价款，一方当事人以该合同背离中标合同实质性内容为由请求确认无效的，人民法院应予支持。

第三条　当事人以发包人未取得建设工程规划许可证等规划审批手续为由，请求确认建设工程施工合同无效的，人民法院应予支持，但发包人在起诉前取得建设工程规划许可证等规划审批手续的除外。

发包人能够办理审批手续而未办理，并以未办理审批手续为由请求确认建设工程施工合同无效的，人民法院不予支持。

第四条　承包人超越资质等级许可的业务范围签订建设工程施工合同，在建设工程竣工前取得相应资质等级，当事人请求按照无效合同处理的，人民法院不予支持。

第五条　具有劳务作业法定资质的承包人与总承包人、分包人签订的劳务分包合同，当事人请求确认无效的，人民法院依法不予支持。

第六条 建设工程施工合同无效，一方当事人请求对方赔偿损失的，应当就对方过错、损失大小、过错与损失之间的因果关系承担举证责任。

损失大小无法确定，一方当事人请求参照合同约定的质量标准、建设工期、工程价款支付时间等内容确定损失大小的，人民法院可以结合双方过错程度、过错与损失之间的因果关系等因素作出裁判。

第七条 缺乏资质的单位或者个人借用有资质的建筑施工企业名义签订建设工程施工合同，发包人请求出借方与借用方对建设工程质量不合格等因出借资质造成的损失承担连带赔偿责任的，人民法院应予支持。

第八条 当事人对建设工程开工日期有争议的，人民法院应当分别按照以下情形予以认定：

（一）开工日期为发包人或者监理人发出的开工通知载明的开工日期；开工通知发出后，尚不具备开工条件的，以开工条件具备的时间为开工日期；因承包人原因导致开工时间推迟的，以开工通知载明的时间为开工日期。

（二）承包人经发包人同意已经实际进场施工的，以实际进场施工时间为开工日期。

（三）发包人或者监理人未发出开工通知，亦无相关证据证明实际开工日期的，应当综合考虑开工报告、合同、施工许可证、竣工验收报告或者竣工验收备案表等载明的时间，并结合是否具备开工条件的事实，认定开工日期。

第九条 当事人对建设工程实际竣工日期有争议的，人民法院应当分别按照以下情形予以认定：

（一）建设工程经竣工验收合格的，以竣工验收合格之日为竣工日期；

（二）承包人已经提交竣工验收报告，发包人拖延验收的，以承包人提交验收报告之日为竣工日期；

（三）建设工程未经竣工验收，发包人擅自使用的，以转移占有建设工程之日为竣工日期。

第十条 当事人约定顺延工期应当经发包人或者监理人签证等方式确认，承包人虽未取得工期顺延的确认，但能够证明在合同约定的期限内向发包人或者监理人申请过工期顺延且顺延事由符合合同约定，承包人以此为由主张工期顺延的，人民法院应予支持。

当事人约定承包人未在约定期限内提出工期顺延申请视为工期不顺延的，按照约定处理，但发包人在约定期限后同意工期顺延或者承包人提出合理抗辩的除外。

第十一条 建设工程竣工前，当事人对工程质量发生争议，工程质量经鉴定合格的，鉴定期间为顺延工期期间。

第十二条 因承包人的原因造成建设工程质量不符合约定，承包人拒绝修理、返工或者改建，发包人请求减少支付工程价款的，人民法院应予支持。

第十三条 发包人具有下列情形之一，造成建设工程质量缺陷，应当承担过错责任：

（一）提供的设计有缺陷；

（二）提供或者指定购买的建筑材料、建筑构配件、设备不符合强制性标准；

（三）直接指定分包人分包专业工程。

承包人有过错的，也应当承担相应的过错责任。

第十四条 建设工程未经竣工验收，发包人擅自使用后，又以使用部分质量不符合约定为由主张权利的，人民法院不予支持；但是承包人应当在建设工程的合理使用寿命内对地基基础工程和主体结构质量承担民事责任。

第十五条 因建设工程质量发生争议的，发包人可以以总承包人、分包人和实际施工人为共同被告提起诉讼。

第十六条 发包人在承包人提起的建设工程施工合同纠纷案件中，以建设工程质量不符合合同约定或者法律规定为由，就承包人支付违约金或者赔偿修理、返工、改建的合理费用等损失提出反诉的，人民法院可以合并审理。

第十七条 有下列情形之一，承包人请求发包人返还工程质量保证金的，人民法院应予支持：

（一）当事人约定的工程质量保证金返还期限届满；

（二）当事人未约定工程质量保证金返还期限的，自建设工程通过竣工验收之日起满二年；

（三）因发包人原因建设工程未按约定期限进行竣工验收的，自承包人提交工程竣工验收报告九十日后当事人约定的工程质量保证金返还期限届满；当事人未约定工程质量保证金返还期限的，自承包人提交工程竣工验收报告九十日后起满二年。

发包人返还工程质量保证金后，不影响承包人根据合同约定或者法律规定履行工程保修义务。

第十八条 因保修人未及时履行保修义务，导致建筑物毁损或者造成人身损害、财产损失的，保修人应当承担赔偿责任。

保修人与建筑物所有人或者发包人对建筑物毁损均有过错的，各自承担相应的责任。

第十九条 当事人对建设工程的计价标准或者计价方法有约定的，按照约定结算工程价款。

因设计变更导致建设工程的工程量或者质量标准发生变化，当事人对该部分工程价款不能协商一致的，可以参照签订建设工程施工合同时当地建设行政主管部门发布的计价方法或者计价标准结算工程价款。

建设工程施工合同有效，但建设工程经竣工验收不合格的，依照民法典第五百七十七条规定处理。

第二十条 当事人对工程量有争议的，按照施工过程中形成的签证等书面文件确认。承包人能够证明发包人同意其施工，但未能提供签证文件证明工程量发生的，可以按照当事人提供的其他证据确认实际发生的工程量。

第二十一条 当事人约定，发包人收到竣工结算文件后，在约定期限内不予答复，视为认可竣工结算文件的，按照约定处理。承包人请求按照竣工结算文件结算工程价款的，人民法院应予支持。

第二十二条 当事人签订的建设工程施工合同与招标文件、投标文件、中标通知书载明的工程范围、建设工期、工程质量、工程价款不一致，一方当事人请求将招标文件、投标文件、中标通知书作为结算工程价款的依据的，人民法院应予支持。

第二十三条 发包人将依法不属于必须招标的建设工程进行招标后，与承包人另行订立的建设工程施工合同背离中标合同的实质性内容，当事人请求以中标合同作为结算建设工程价款依据的，人民法院应予支持，但发包人与承包人因客观情况发生了在招标投标时难以预见的变化而另行订立建设工程施工合同的除外。

第二十四条 当事人就同一建设工程订立的数份建设工程施工合同均无效，但建设工程质量合格，一方当事人请求参照实际履行的合同关于工程价款的约定折价补偿承包人的，人民法院应予支持。

实际履行的合同难以确定，当事人请求参照最后签订的合同关于工程价款的约定折价补偿承包人的，人民法院应予支持。

第二十五条 当事人对垫资和垫资利息有约定，承包人请求按照约定返还垫资及其利息的，人民法院应予支持，但是约定的利息计算标准高于垫资时的同类贷款利率或者同期贷款市场报价利率的部分除外。

当事人对垫资没有约定的，按照工程欠款处理。

当事人对垫资利息没有约定，承包人请求支付利息的，人民法院不予支持。

第二十六条 当事人对欠付工程价款利息计付标准有约定的，按照约定处理。没有约定的，按照同期同类贷款利率或者同期贷款市场报价利率计息。

第二十七条 利息从应付工程价款之日开始计付。当事人对付款时间没有约定或者约定不明的，下列时间视为应付款时间：

（一）建设工程已实际交付的，为交付之日；

（二）建设工程没有交付的，为提交竣工结算文件之日；

（三）建设工程未交付，工程价款也未结算的，为当事人起诉之日。

第二十八条 当事人约定按照固定价结算工程价款，一方当事人请求对建设工程造价进行鉴定的，人民法院不予支持。

第二十九条 当事人在诉讼前已经对建设工程价款结算达成协议，诉讼中一方当事人申请对工程造价进行鉴定的，人民法院不予准许。

第三十条 当事人在诉讼前共同委托有关机构、人员对建设工程造价出具咨询意见，诉讼中一方当事人不认可该咨询意见申请鉴定的，人民法院应予准许，但双方当事人明确表示受该咨询意见约束的除外。

第三十一条 当事人对部分案件事实有争议的，仅对有争议的事实进行鉴定，但争议事实范围不能确定，或者双方当事人请求对全部事实鉴定的除外。

第三十二条 当事人对工程造价、质量、修复费用等专门性问题有争议，人民法院认为需要鉴定的，应当向负有举证责任的当事人释明。当事人经释明未申请鉴定，虽申请鉴定但未支付鉴定费用或者拒不提供相关材料的，应当承担举证不能的法律后果。

一审诉讼中负有举证责任的当事人未申请鉴定，虽申请鉴定但未支付鉴定费用或者拒不提供相关材料，二审诉讼中申请鉴定，人民法院认为确有必要的，应当依照民事诉讼法第一百七十条第一款第三项的规定处理。

第三十三条 人民法院准许当事人的鉴定申请后，应当根据当事人申请及查明案件事实的需要，确定委托鉴定的事项、范围、鉴定期限等，并组织当事人对争议的鉴定材料进行质证。

第三十四条 人民法院应当组织当事人对鉴定意见进行质证。鉴定人将当事人有争议且未经质证的材料作为鉴定依据的，人民法院应当组织当事人就该部分材料进行质证。经质证认为不能作为鉴定依据的，根据该材料作出的鉴定意见不得作为认定案件事实的依据。

第三十五条 与发包人订立建设工程施工合同的承包人，依据民法典第八百零七条的规定请求其承建工程的价款就工程折价或者拍卖的价款优先受偿的，人民法院应予支持。

第三十六条 承包人根据民法典第八百零七条规定享有的建设工程价款优先受偿权优于抵押权和其他债权。

第三十七条 装饰装修工程具备折价或者拍卖条件，装饰装修工程的承包人请求工程价款就该装饰装修工程折价或者拍卖的价款优先受偿的，人民法院应予支持。

第三十八条 建设工程质量合格，承包人请求其承建工程的价款就工程折价或者拍卖的价款优先受偿的，人民法院应予支持。

第三十九条 未竣工的建设工程质量合格，承包人请求其承建工程的价款就其承建工程部分折价或者拍卖的价款优先受偿的，人民法院应予支持。

第四十条 承包人建设工程价款优先受偿的范围依照国务院有关行政主管部门关于建设工程价款范围的规定确定。

承包人就逾期支付建设工程价款的利息、违约金、损害赔偿金等主张优先受偿的，人民法院不予支持。

第四十一条 承包人应当在合理期限内行使建设工程价款优先受偿权，但最长不得超过十八个月，自发包人应当给付建设工程价款之日起算。

第四十二条 发包人与承包人约定放弃或者限制建设工程价款优先受偿权，损害建筑工人利益，发包人根据该约定主张承包人不享有建设工程价款优先受偿权的，人民法院不予支持。

第四十三条 实际施工人以转包人、违法分包人为被告起诉的，人民法院应当依法受理。

实际施工人以发包人为被告主张权利的，人民法院应当追加转包人或者违法分包人为本案第三人，在查明发包人欠付转包人或者违法分包人建设工程价款的数额后，判决发包人在欠付建设工程价款范围内对实际施工人承担责任。

第四十四条 实际施工人依据民法典第五百三十五条规定，以转包人或者违法分包人怠于向发包人行使到期债权或者与该债权有关的从权利，影响其到期债权实现，提起代位权诉讼的，人民法院应予支持。

第四十五条 本解释自 2021 年 1 月 1 日起施行。

【解读】

解读《关于审理建设工程施工合同纠纷案件适用法律问题的解释（一）》

一、司法解释的制定和清理过程

1999 年 3 月 15 日，第九届全国人民代表大会第二次会议通过的合同法就建设工程合同专设一章即第十六章，对建设工程合同作出规范。该章规定的建设工程合同包括工程勘察、设计、施工合同。其中，司法实践中遇到最多、涉及利益主体最多、争议最多、处理难度最大的是建设工程施工合同纠纷。针对司法实践中出现的问题，为贯彻中央方针政策和正确适用法律，最高人民法院在总结司法实践经验的基础上，制定了一系列司法解释。

2002 年 6 月 11 日，最高人民法院审判委员会第 1225 次会议通过《最高人民法院关于建设工程价款优先受偿权问题的批复》（法释〔2002〕16 号，以下简称 2002 年《建设工程价款优先受偿权批复》），就建设工程价款优先受偿权的效力等级、可优先受偿的建设工程价款范围、建设工程承包人行使优先权的期限等问题作了规定。该批复虽然只有 5 条，但对司法实践产生了深远影响，尤其是关于围绕建设工程设立的各类权利的效力等次排序，对执行异议和执行异议之诉的办理影响深远。

2004 年 9 月 29 日，最高人民法院审判委员会第 1327 次会议通过《最高人民法院关于审理建设工程施工合同纠纷案件适用法律问题的解释》（法释〔2004〕14 号，以下简称 2004 年《建工解释》）。最高人民法院作出这个司法解释主要是基于以下两个方面的考虑：一是为了给国家关于清理工程拖欠款和农民工工资重大部署的实施提供司法保障。建筑市场投资不足问题造成了大量拖欠工程款和农民工工资的现象，已经严重侵害了建筑企业和进城务工人员的合法权益。该问题引起了党中央和国务院领导的高度重视，已经采取专项措施予以治理。该解释主要是从法律上提供更加明确有力的保障。二是由于有些法律规定还比较原则，人民法院在审理建设工程施工合同纠纷案件时，对某些法律问题在具体适用上认识不统一，例如，无效合同处理原则，合同解除条件，质量不合格工程、未完工程的工程价款结算问题，工程质量缺陷的责任，工程欠款利息的起算时间等。不解决这些法律适用问题，不仅影响到人民法院司法的公正性、统一性和审判的效率，而且也不利于尽快解决拖欠工程款和农民工工资问题。①2004 年《建工解释》的内容主要包括以下几方面：一是关于合同效力的规定，包括建设工程施工合同无效的情形、合同无效建设工程经验收合格和不合格的情形下如何结算工程价款、人民法院可以适用民法通则有关规定收缴当事人非法所得的情形，建设工程竣工前承包人已经取得与承接建设工程相符的资质等级不能认定合同无效，建设工程施工合同中的垫资约定有效，劳务分包不是转包应当认定有效的规定；二是关于

---

① 参见冯小光：《〈关于审理建设工程施工合同纠纷案件适用法律问题的解释〉的理解与适用》，载《建筑经济》2005 年第 1 期。

合同解除的规定，包括发包人、承包人有权行使合同解除权的情形、合同解除的后果等方面；三是关于合同履行的规定，包括对工程价款结算、工程质量、工期、欠付工程价款利息、黑白合同、工程造价鉴定等方面的规定；四是程序性规定，主要包括建设工程施工合同应以施工行为地为合同履行地，总承包人、分承包人、实际施工人就工程质量对发包人承担连带责任，在一定条件下实际施工人可以以发包人为被告提起诉讼等方面的规定；另外还包括保修责任和解释时间效力的规定。①

2018年10月29日，最高人民法院审判委员会第1751次会议通过《最高人民法院关于审理建设工程施工合同纠纷案件适用法律问题的解释（二）》（法释〔2018〕20号，以下简称2018年《建工解释》）。制定2018年《建工解释》的主要背景是自2004年《建工解释》实施以来，建筑市场发生了新变化，工程建设项目审批制度改革试点工作有序推进，工程总承包模式加快推进；司法实践出现了新问题，合同效力问题、鉴定问题、损失赔偿问题、优先权行使条件问题、实际施工人权利保护问题等缺乏统一裁判标准；建筑市场管理政策有了新突破，例如，2018年3月，国家发展和改革委员会颁布《必须招标的工程项目规定》，大幅度提高了必须招标工程的金额，2018年5月，国务院办公厅下发《关于开展工程建设项目审批制度改革试点的通知》，对民间投资的房屋建筑工程，试行由建设单位自主决定发包方式，2018年9月，建设工程施工合同备案制度取消。为让司法审判与建筑领域新的经营方式、管理政策相适应，积极应对建设工程司法审判中面临的挑战，指导全国法院加强建设工程施工合同纠纷案件审判工作，最高人民法院制定了2018年《建工解释》。②该解释就建设工程施工合同效力、建设工程价款结算、建设工程鉴定、建设工程价款优先受偿权和实际施工人权利保护等问题作了规定。

2020年5月28日，第十三届全国人民代表大会第三次会议通过民法典。民法典颁布后，最高人民法院对中华人民共和国成立以来现行有效的591件司法解释及相关规范性文件进行全面清理。凡是与民法典规定不一致的司法解释及相关规范性文件，予以废止；根据司法审判实践需要，对部分司法解释进行修改。经清理，最终决定保留与民法典规定一致的司法解释364件，对标民法典修改司法解释111件，决定废止司法解释及相关规范性文件116件。其中，对标民法典修改司法解释111件，主要是对原有司法解释进行了整合。将原司法解释中已经被民法典吸纳以及与民法典规定相冲突的条文予以删除，对部分条文进行了修改完善，也有少数增加条文。这111件修改司法解释中民事类有27件。最高人民法院按照"统一规划、分批制定，急用先行、重点推进"原则，制定了与民法典配套的第一批共7件新的司法解释，于2021年1月1日与民法典同步施行，其中就包括《最高人民法院关于审理建设工程施工合同纠纷案件适用法律问题的解释（一）》（法释〔2020〕25号，以下简称2020年《建工解释》）。与此同时，2002年《建设工程价款优先受偿权批复》、2004年《建工解释》、2018年《建工解释》一并废止。

---

① 参见冯小光：《〈关于审理建设工程施工合同纠纷案件适用法律问题的解释〉的理解与适用》，载《建筑经济》2005年第1期。
② 参见刘敏、谢勇等：《〈关于审理建设工程施工合同纠纷案件适用法律问题的解释（二）〉的理解与适用》，载《人民司法·应用》2019年第4期。

二、司法解释清理后的规则变化

2002年《建设工程价款优先受偿权批复》、2004年《建工解释》、2018年《建工解释》一共59个条文。对照民法典清理后发布的2020年《建工解释》一共有45个条文。2020年对建设工程施工合同相关司法解释的清理主要包括三个方面：一是原司法解释中已经被民法典吸纳的条文被删除；二是原司法解释与民法典规定相冲突的条文也予以删除；三是对照民法典的规定或者总结司法实践经验对部分条文进行了修改完善，包括文字表述上的修改和实质规范内容的修改。

（一）原司法解释中因被民法典吸纳而删除的条文

在清理建设工程施工合同相关司法解释过程中，被删除的条文主要包括三类：一是因被民法典吸纳而删除的条文；二是因与民法典规定相冲突而删除的条文；三是因在后的解释就同一问题作出新的规定而删除之前的解释条文。其中，因被民法典吸纳而删除的条文包括以下两方面的规定。

一是2004年《建工解释》第二条和第三条的规定。2004年《建工解释》第二条规定："建设工程施工合同无效，但建设工程经竣工验收合格，承包人请求参照合同约定支付工程价款的，应予支持。"第三条规定："建设工程施工合同无效，且建设工程经竣工验收不合格的，按照以下情形分别处理：（一）修复后的建设工程经竣工验收合格，发包人请求承包人承担修复费用的，应予支持；（二）修复后的建设工程经竣工验收不合格，承包人请求支付工程价款的，不予支持。因建设工程不合格造成的损失，发包人有过错的，也应承担相应的民事责任。"该两条解释被民法典所吸收，规定在民法典第七百九十三条中："建设工程施工合同无效，但是建设工程经验收合格的，可以参照合同关于工程价款的约定折价补偿承包人。建设工程施工合同无效，且建设工程经验收不合格的，按照以下情形处理：（一）修复后的建设工程经验收合格的，发包人可以请求承包人承担修复费用；（二）修复后的建设工程经验收不合格的，承包人无权请求参照合同关于工程价款的约定折价补偿。发包人对因建设工程不合格造成的损失有过错的，应当承担相应的责任。"需要注意的是，2004年《建工解释》颁布后，理论和实践上对该解释第二条存在误解，认为是将无效合同作有效合同处理，直到民法典通过前，这种批评的声音仍然存在。实际上，2004年《建工解释》第二条规定只是一种合理、经济、便捷且适合建设工程施工合同特点的折价补偿方法。合同法第五十八条规定："合同无效或者被撤销后，因该合同取得的财产，应当予以返还；不能返还或者没有必要返还的，应当折价补偿。有过错的一方应当赔偿对方因此所受到的损失，双方都有过错的，应当各自承担相应的责任。"显然，在合同无效的情况下，对于已经竣工验收合格的建设工程，不适用返还财产这一责任方式，发包人应当折价补偿。折价补偿的方法有两种：一是对工程价值进行鉴定；二是参照合同关于工程价款的约定。鉴定的成本非常高，会增加当事人的诉讼成本，而参照合同关于工程价款的约定来进行折价则是一种经济、便捷、合理的折价方式。民法典第七百九十三条在吸收2004年《建工解释》的基础上，进一步明确了在建设工程施工合同无效，但是建设工程经验收合格的情况下，可以参照合同关于工程价款的约定"折价补偿"承包人。这不仅将司法实践中的有益经验上升为法律，而且进一步明确了本条规定的法理基础，消弭了理论和实践上的争议。

二是2004年《建工解释》第八条至第十条规定。2004年《建工解释》第八条规定："承包人具有下列情形之一，发包人请求解除建设工程施工合同的，应予支持：（一）明确表示或者以行为表明不履行合同主要义务的；（二）合同约定的期限内没有完工，且在发包人催告的合理期限内仍未完工的；（三）已经完成的建设工程质量不合格，并拒绝修复的；（四）将承包的建设工程非法转包、违法分包的。"第九条规定："发包人具有下列情形之一，致使承包人无法施工，且在催告的合理期限内仍未履行相应义务，承包人请求解除建设工程施工合同的，应予支持：（一）未按约定支付工程价款的；（二）提供的主要建筑材料、建筑构配件和设备不符合强制性标准的；（三）不履行合同约定的协助义务的。"第十条规定："建设工程施工合同解除后，已经完成的建设工程质量合格的，发包人应当按照约定支付相应的工程价款；已经完成的建设工程质量不合格的，参照本解释第三条规定处理。因一方违约导致合同解除的，违约方应当赔偿因此而给对方造成的损失。"上述规定被民法典所吸纳，体现在民法典第八百零六条规定："承包人将建设工程转包、违法分包的，发包人可以解除合同。发包人提供的主要建筑材料、建筑构配件和设备不符合强制性标准或者不履行协助义务，致使承包人无法施工，经催告后在合理期限内仍未履行相应义务的，承包人可以解除合同。合同解除后，已经完成的建设工程质量合格的，发包人应当按照约定支付相应的工程价款；已经完成的建设工程质量不合格的，参照本法第七百九十三条的规定处理。"上述解释条文规定的部分内容属于民法典第五百六十三条规定的当事人享有法定解除权的情形，直接适用民法典该条规定即可，无须再另行作出规定。民法典第五百六十三条规定："有下列情形之一的，当事人可以解除合同：（一）因不可抗力致使不能实现合同目的；（二）在履行期限届满前，当事人一方明确表示或者以自己的行为表明不履行主要债务；（三）当事人一方迟延履行主要债务，经催告后在合理期限内仍未履行；（四）当事人一方迟延履行债务或者有其他违约行为致使不能实现合同目的；（五）法律规定的其他情形。以持续履行的债务为内容的不定期合同，当事人可以随时解除合同，但是应当在合理期限之前通知对方。"

除此之外，部分司法解释条文的规定因被之后的司法解释所取代，已无存在必要，在2020年清理司法解释的过程中，也予以删除。例如，2004年《建工解释》第二十四条规定，建设工程施工合同纠纷以施工行为地为合同履行地。《最高人民法院关于适用〈中华人民共和国民事诉讼法〉的解释》（法释〔2015〕5号）第二十八条第二款规定："农村土地承包经营合同纠纷、房屋租赁合同纠纷、建设工程施工合同纠纷、政策性房屋买卖合同纠纷，按照不动产纠纷确定管辖。"即建设工程施工合同纠纷由建设工程所在地法院管辖。另外，2002年《建设工程价款优先受偿权批复》第三条规定："建筑工程价款包括承包人为建设工程应当支付的工作人员报酬、材料款等实际支出的费用，不包括承包人因发包人违约所造成的损失。"第四条规定："建设工程承包人行使优先权的期限为六个月，自建设工程竣工之日或者建设工程合同约定的竣工之日起计算。"该两条解释已被之后的司法解释所修改，故也予以删除。

（二）原司法解释中因与民法典相冲突而删除的条文

民法典虽是编纂，但与之前的民事单行法相比，仍有不少变化。如果民法典的规定与之前的民事法律规定不一致，依据之前民事法律所作的司法解释就需要修改或者删除。另外，旧司法解释制定时的政策环境已经发生变化的，也需要对相应的条文予以删除。因这方面原因删除的旧解释条文主要包括以下几方面的规定。

第一，关于承担民事责任的方式，民法典第一百七十九条未保留民法通则第一百三十四条关于"收缴进行非法活动的财物和非法所得"的规定。民法典施行后，收缴违法所得这一责任方式不再作为民事责任的主要方式之一。对此，2020年清理司法解释时，删除了2004年《建工解释》第四条中关于"人民法院可以根据民法通则第一百三十四条规定，收缴当事人已经取得的非法所得"的规定。

第二，2004年《建工解释》第二十一条规定，当事人就同一建设工程另行订立的建设工程施工合同与经过备案的中标合同实质性内容不一致的，应当以备案的中标合同作为结算工程价款的根据。2018年5月，国务院办公厅下发《关于开展工程建设项目审批制度改革试点的通知》，试点取消建设工程施工合同备案制度，对民间投资的房屋建筑工程试行由建设单位自主决定发包方式。2018年9月，住房和城乡建设部作出《关于修改〈房屋建筑和市政基础设施工程施工招标投标管理办法〉的决定》，决定删除该办法第四十七条第一款中的"订立书面合同后7日内，中标人应当将合同送工程所在地的县级以上地方人民政府建设行政主管部门备案"的规定。建设工程施工合同备案制度已经成为历史，该条解释规定已无存在必要。而且民法典关于民事行为的规定整体上已经回归到意思表示制度。如果双方当事人的意思表示欠缺效果意思，该意思表示行为应认定为无效。对此，民法典第一百四十六条规定："行为人与相对人以虚假的意思表示实施的民事法律行为无效。以虚假的意思表示隐藏的民事法律行为的效力，依照有关法律规定处理。"实践中，当事人既签订备案合同，又签订一份反映真实意思表示的合同，备案合同往往属于"以虚假的意思表示实施的民事法律行为"，属于通谋虚伪行为，故应当认定为无效的民事法律行为。因此，删除2004年《建工解释》第二十一条规定，也是保持与民法典规定相一致的要求。

第三，2002年《建设工程价款优先受偿权批复》第二条规定，消费者交付购买商品房的全部或者大部分款项后，承包人就该商品房享有的工程价款优先受偿权不得对抗买受人。该条解释体现了对消费者居住权优先保护的价值取向，对司法实践影响非常深远。2014年12月29日，最高人民法院审判委员会第1638次会议通过《最高人民法院关于人民法院办理执行异议和复议案件若干问题的规定》。该解释第二十八条规定："金钱债权执行中，买受人对登记在被执行人名下的不动产提出异议，符合下列情形且其权利能够排除执行的，人民法院应予支持：（一）在人民法院查封之前已签订合法有效的书面买卖合同；（二）在人民法院查封之前已合法占有该不动产；（三）已支付全部价款，或者已按照合同约定支付部分价款且将剩余价款按照人民法院的要求交付执行；（四）非因买受人自身原因未办理过户登记。"第二十九条规定："金钱债权执行中，买受人对登记在被执行的房地产开发企业名下的商品房提出异议，符合下列情形且其权利能够排除执行的，人民法院应予支持：（一）在人民法院查封之前已签订合法有效的书面买卖合同；（二）所购商品房系用于居住且买受人名下无其他用于居住的房屋；（三）已支付的价款超过合同约定总价款的百分之五十。"这两条司法解释与2002年《建设工程价款优先受偿权批复》第二条规定在精神和价值取向上一脉相承，其不仅对执行异议的办理影响大，对执行异议之诉案件的办理同样有重要影响。2020年清理司法解释时，2002年《建设工程价款优先受偿权批复》第二条规定未予保留，有待在下一步制定的执行异议之诉司法解释中进一步作细化规定。

（三）对照民法典的规定或者总结司法实践经验作实质性修改的条文

2020年清理司法解释时，对照民法典的规定，对旧司法解释进行了修改。这类修改主要包括两种类型：一是进行文字表述修改；二是进行规范内容修改。本文只介绍对规范内容的修改，其主要有以下几方面。

第一，2018年《建工解释》第十八条规定："装饰装修工程的承包人，请求装饰装修工程价款就该装饰装修工程折价或者拍卖的价款优先受偿的，人民法院应予支持，但装饰装修工程的发包人不是该建筑物的所有权人的除外。"2020年清理司法解释时，对该条进行了修改，一是增加了"装饰装修工程具备折价或者拍卖条件"的要求，二是删除了"但装饰装修工程的发包人不是该建筑物的所有权人的除外"的规定。2020年《建工解释》第三十七条规定："装饰装修工程具备折价或者拍卖条件，装饰装修工程的承包人请求工程价款就该装饰装修工程折价或者拍卖的价款优先受偿的，人民法院应予支持。"在这两处修改中，"装饰装修工程具备折价或者拍卖条件"主要包括两方面的内涵：一是装饰装修工程本身具有价值，且价值能够予以评估，即装饰装修工程的价值与装饰装修之前工程的价值能够区分，且能够分别计算出其价值；二是装饰装修工程的发包人应当是该建筑物的所有权人。装饰装修工程与原来的建筑物已成为一体，原则上应当一并折价或者拍卖。如果装饰装修工程的发包人只是建筑物的承租人，对装饰装修工程进行折价或拍卖就会影响装饰装修工程所依附的建筑物所有权人的权益。这种情况下，装饰装修工程的承包人，请求装饰装修工程价款就该装饰装修工程折价或者拍卖的价款优先受偿的，人民法院就不应支持。由此可见，清理后的司法解释虽然删除了"但装饰装修工程的发包人不是该建筑物的所有权人的除外"的表述，但并没有否定该规定的内容，而是将其涵盖在"装饰装修工程具备折价或者拍卖条件"这一条件中。

第二，关于代位权诉讼制度，合同法第七十三条规定："因债务人怠于行使其到期债权，对债权人造成损害的，债权人可以向人民法院请求以自己的名义代位行使债务人的债权，但该债权专属于债务人自身的除外。代位权的行使范围以债权人的债权为限。债权人行使代位权的必要费用，由债务人负担。"民法典对合同法的规定进行了修改，民法典第五百三十五条规定："因债务人怠于行使其债权或者与该债权有关的从权利，影响债权人的到期债权实现的，债权人可以向人民法院请求以自己的名义代位行使债务人对相对人的权利，但是该权利专属于债务人自身的除外。代位权的行使范围以债权人的到期债权为限。债权人行使代位权的必要费用，由债务人负担。相对人对债务人的抗辩，可以向债权人主张。"就代位权诉讼的提起条件，民法典的修改体现在两方面：一是将债务人怠于行使其债权有关的从权利影响债权人的到期债权实现的情况，也作为债权人可提起代位权诉讼的条件；二是将合同法第七十三条规定的"对债权人造成损害"修改为"影响债权人的到期债权实现"。由于我国并未建立对债权的侵权责任制度，民法典的表述显然更为合理、妥当，但后一修改并不属于实质性修改。将债务人怠于行使其债权有关的从权利影响债权人的到期债权实现的情况也作为债权人可提起代位权诉讼的条件才是民法典对合同法的实质性修改。最高人民法院在清理司法解释时，对照民法典的修改，对2018年《建工解释》进行了修改。2018年《建工解释》第二十五条规定："实际施工人根据合同法第七十三条规定，以转包人或者违法分包人怠于向发包人行使到期债权，对其造成损害为由，提起代位权诉讼的，人民法院应予支持。"修改后的2020年《建工解释》第四十四条规定："实际施工人依据民法典第五百三十五条规定，以转包人或者违法分包人怠于向发包人行使到期债权或者与该债权有关的从权利，影响其到期债权实现，提起代位权诉讼的，人民法院应予支持。"这就涉及实际施工人是否可代位行使优先受偿权的问题。本文认为，实际施工人不能代位行使建设工程价款优先受偿权。2020年《建工解释》第三十五条规定："与发包人订立建设工程施工合同的承包人，依据民法典第八百零七条的规定请求其承建工程的价款就工程折价或者拍卖的价款优先受偿的，人民法院应予支持。"之所以规定只有与发包人订立建设工程施工合同的承包人才享有建设工程价款优先受偿权，主要是基于以下考虑：第一，建设工程价款优先受偿权是对世权，具有优先于设立在建设工程上的抵押权、普通债权的效力，对交易安全和第三人利益影响较大，为维护交易安全和平衡善意第三人利益，对其权利主体不宜过度放宽。第二，实际施工人并非严格的法律主体概念，实践中实际施工人身份的认定本身就是争议很大的问题。如果实际施工人均享有建设工程价款优先受偿权，则围绕建设工程建立的一系列法律关系均处于不稳定之中，不仅损害交易安全和其他相关方的利益，也会对建设工程的使用、转让等造成不良影响。第三，民法典第八百零七条规定："发包人未按照约定支付价款的，承包人可以催告发包人在合理期限内支付价款。发包人逾期不支付的，除根据建设工程的性质不宜折价、拍卖外，承包人可以与发包人协议将该工程折价，也可以请求人民法院将该工程依法拍卖。建设工程的价款就该工程折价或者拍卖的价款优先受偿。"从本条规定的文义理解，只有有权请求发包人支付建设工程价款的人才能行使建设工程价款优先受偿权，若实际施工人与发包人之间不具有建设工程施工合同关系，则不应当享有建设工程价款优先受偿权。第四，2020年《建工解释》第四十三条和第四十四条突破合同的相对性，对实际施工人的利益予以保护，是以不加重发包人的责任为前提。实际施工人与发包人未建立建设工程施工合同关系，发包人在与承包人签订建设工程施工合同时，往往并不知道实际施工人的存在。但是建设工程价款优先受偿权对发包人利益有重大影响，如果发包人在与承包人签订建设工程施工合同时并不知道工程会由实际施工人施工，其本意就是由承包人负责施工，结果承包人与实际施工人背地里签订了转包或者违法分包合同，已经损害了发包人权益，如果还允许实际施工人向其主张建设工程价款优先受偿权，对发包人明显不公平。①

民法典第五百三十五条规定债权人可以代位行使债务人的债权及有关的从权利。这里的从权利主要是指担保权利，包括担保物权和保证。② 这里要注意区分建设工程价款优先受偿权与担保物权的区别。依据物权公示公信原则，担保物权的设立原则上以一定的公示行为为条件，才能产生公信力，具有对世性。例如，民法典第四百零二条规定："以本法第三百九十五条第一款第一项至第三项规定的财产或者第五项规定的正在建造的建筑物抵押的，应当办理抵押登记。抵押权自登记时设立。"第四百零三条规定："以动产抵押的，抵押权自抵押合同生效时设立；未经登记，不得对抗善意第三人。"第四百零四条规定："以动产抵押的，不得对抗正常经营活动中已经支付合理价款并取得抵押财产的买受人。"第四百二十九条规定："质权自出质人交付质押财产时

---

① 参见谢勇：《建设工程施工合同案件裁判规则解析》，法制出版社2020年版，第233～234页。
② 参见黄薇主编：《中华人民共和国民法典释义》，法律出版社2020年版，第1025页。

设立。"第四百四十一条规定:"以汇票、本票、支票、债券、存款单、仓单、提单出质的,质权自权利凭证交付质权人时设立;没有权利凭证的,质权自办理出质登记时设立。法律另有规定的,依照其规定。"第四百五十七条规定:"留置权人对留置财产丧失占有或者留置权人接受债务人另行提供担保的,留置权消灭。"因此,在缺乏必要的公示方式的情况下,担保物权或不能成立,或不能对抗善意第三人。但民法典及相关司法解释并未规定建设工程价款优先受偿权需以法定公示方式为条件,却赋予了其对抗善意第三人的效力,不仅优先于一般债权,而且优先于抵押权。从比较法的角度看,其他主要国家和地区确定建设工程价款优先受偿的方式主要有三种:一是由法律明确规定;二是由当事人事先登记;三是由法院通过诉讼确认。有的国家或者地区采用其中一种方式,有的国家或者地区采用其中两种方式。其中,日本民法典第327条规定,日本民法上的不动产工事先取特权及于"该不动产上施工事所生之费用"。建设工程价款优先受偿的范围为"因承揽关系所生之债权"。同时,日本法律要求该不动产工事先取特权因于工事开始前将其费用之预算额登记而保存其效力。但依日本民法典第308条第1项之规定,"不动产工事先取特权,其实际工事费用超过其登记之预算额时,该超过部分无先取特权"。日本法上建设工程价款优先受偿的范围依登记范围而确定,法律并不对其具体组成部分作出规定。这种保护方式的优势在于建设工程价款优先受偿权的范围通过足以产生公信力的方式公示,对第三人预期和交易秩序予以较好保护。在美国,经过登记的建设工程价款优先受偿权并不当然取得执行效力。优先受偿权人要行使建设工程价款优先受偿权,需要根据法律规定在法定期限内向法院提起优先受偿权行使之诉,由法院确认建设工程价款优先受偿权的效力以及建设工程价款优先受偿的范围。美国统一建筑优先权法第403条规定:优先权申请人超出其实际债权数额主张优先权时,法庭可以宣告其优先权无效,并判令其赔偿由此对业主或者其他利害相关人造成的损失,以及更正优先受偿权登记的费用和合理的律师费用。法国民法典第2374条第4项规定:建筑施工人首先需要该不动产所在地大审法院依职权指定的鉴定专家事先作成的笔录以确认与所有人宣告拟建的工程有关的现场状况,并且工程完工后最迟六个月内由同样依职权指定的鉴定人验收,才能就法律规定范围内的债权对该不动产享有优先权。但是优先权的数额不得超过第二份笔录所确认的价值,并且以转让不动产时已经进行的工程的增加额为限。我国民法典及相关司法解释并不要求承包人享有的建设工程价款优先受偿权以登记为要件,也没有规定法定确认等前置程序,却赋予其对世性和极强的优先效力。因此,在理解和适用民法典第五百三十五条规定时,一定要注意区分建设工程价款优先受偿权与担保物权在成立条件、效力优先性、对交易安全的影响等方面的巨大差异,不宜将二者简单画等号。

第三,关于建设工程施工合同有效,工程竣工验收不合格情况下如何结算工程款的问题,2004年《建工解释》第十六条规定:"当事人对建设工程的计价标准或者计价方法有约定的,按照约定结算工程价款。因设计变更导致建设工程的工程量或者质量标准发生变化,当事人对该部分工程价款不能协商一致的,可以参照签订建设工程施工合同时当地建设行政主管部门发布的计价方法或者计价标准结算工程价款。建设工程施工合同有效,但建设工程经竣工验收不合格的,工程价款结算参照本解释第三条规定处理。"2004年《建工解释》第三条规定已经被民法典所吸收,规定在民法典第七百九十三条规定:"建设工程施工合同无效,但是建设工程经验收合格的,可以参照合同关于工程价款的约定折价补偿承包人。建设工程施工合同无效，且建设工程经验收不合格的，按照以下情形处理：（一）修复后的建设工程经验收合格的，发包人可以请求承包人承担修复费用；（二）修复后的建设工程经验收不合格的，承包人无权请求参照合同关于工程价款的约定折价补偿。发包人对因建设工程不合格造成的损失有过错的，应当承担相应的责任。"2020年《建工解释》第十九条对此作了修改。该条第三款规定："建设工程施工合同有效，但建设工程经竣工验收不合格的，工程价款结算参照民法典第五百七十七条规定处理。"民法典第五百七十七条规定："当事人一方不履行合同义务或者履行合同义务不符合约定的，应当承担继续履行、采取补救措施或者赔偿损失等违约责任。"虽然民法典第五百七十七条是关于违约责任的规定，民法典第七百九十三条是关于建设工程施工合同无效后法律后果的规定。前者以建设工程施工合同有效为前提，后者以建设工程施工合同无效为条件。这也是修改本条解释的主要理由。但实际上，修改前后在法律后果上没有根本性差异。如果建设工程施工合同无效，且建设工程经竣工验收不合格，根据民法典第七百九十三条规定，应当由承包人进行修复，如果修复后的建设工程经验收合格，发包人可以请求承包人承担修复费用，但要参照合同约定的价款进行折价补偿；如果修复后的建设工程经验收不合格，承包人无权请求参照合同关于工程价款的约定折价补偿，当事人因此遭受损失的，由有过错的当事人承担；如果建设工程施工合同有效，但建设工程经竣工验收不合格，根据民法典第五百七十七条规定，承包人应当承担采取补救措施的违约责任，即应当由承包人进行修复，如果修复后的建设工程经验收合格，发包人可以请求承包人承担修复费用，但要依照合同约定支付工程价款；如果修复后的建设工程经验收不合格，承包人无权请求发包人依照合同约定支付工程价款；如果因此对发包人造成了损失，承包人应当承担赔偿责任。

第四，关于建设工程价款优先受偿权的行使期限问题，2018年《建工解释》第二十二条规定："承包人行使建设工程价款优先受偿权的期限为六个月，自发包人应当给付建设工程价款之日起算。"2020年清理司法解释时，为充分保护承包人及建筑工人权益，延长了承包人行使建设工程价款优先受偿权的期限，从六个月延长到十八个月。2020年《建工解释》第四十一条规定："承包人应当在合理期限内行使建设工程价款优先受偿权，但最长不得超过十八个月，自发包人应当给付建设工程价款之日起算。"

三、其他重点难点问题

（一）建设工程施工合同无效的主要情形

2020年《建工解释》第一条规定："建设工程施工合同具有下列情形之一的，应当依据民法典第一百五十三条第一款的规定，认定无效：（一）承包人未取得建筑业企业资质或者超越资质等级的；（二）没有资质的实际施工人借用有资质的建筑施工企业名义的；（三）建设工程必须进行招标而未招标或者中标无效的。承包人因转包、违法分包建设工程与他人签订的建设工程施工合同，应当依据民法典第一百五十三条第一款及第七百九十一条第二款、第三款的规定，认定无效。"根据该条规定，建设工程施工合同无效包括发包行为无效、转包行为无效和分包行为无效三种类型。

第一，建设工程违法发包行为的类型。关于建设工程的违法发包，住建部《建筑工程施工发包与承包违法行为认定查处管理办法》第五条规定："本办法所称违法发包，是指建设单位将工程发包给不具有相应资质的单位、肢解发包、违反法定程序发包及其他违反法律法规规定发包的行为。"该条规定了三类违法发包的行为：一是承包人不具备资质；二是肢解发包；三是违反法定程序发包。对于承包人不具备资质，根据《建筑工程施工发包与承包违法行为认定查处管理办法》第六条的规定，又可以将其分为两小类：一是承包人为不具有相应资质条件的单位；二是承包人为个人。关于肢解发包，建筑法第二十四条规定："提倡对建筑工程实行总承包，禁止将建筑工程肢解发包……不得将应当由一个承包单位完成的建筑工程肢解成若干部分发包给几个承包单位。"《建设工程质量管理条例》第七条规定："建设单位应当将工程发包给具有相应资质等级的单位。建设单位不得将建设工程肢解发包。"第七十八条第一款规定："本条例所称肢解发包，是指建设单位将应当由一个承包单位完成的建设工程分解成若干部分发包给不同的承包单位的行为。"2020年《建工解释》第一条第一款第一项规定的"承包人未取得建筑业企业资质或者超越资质等级"签订的建设工程施工合同无效，以及第二项规定的"没有资质的实际施工人借用有资质的建筑施工企业名义"签订的建设工程施工合同无效均属于承包人缺乏资质的情形。另外，对于应当招标投标的工程以及通过招标投标方式签订建设工程施工合同的情形，如果合同当事人的行为违反招标投标法的强制性规定，也应认定合同无效。对此，2020年《建工解释》第一条第一款第三项规定，在建设工程必须进行招标而未招标或者中标无效的情况下，建设工程施工合同无效。

第二，违法分包行为的类型。建设工程分包包括合法分包和违法分包两种情况。对于违法分包，《建筑工程施工发包与承包违法行为认定查处管理办法》第十一条规定："本办法所称违法分包，是指承包单位承包工程后违反法律法规规定，把单位工程或分部分项工程分包给其他单位或个人施工的行为。"根据这一定义，违法分包的主体一方是从发包人处承包工程的承包人，另一方是分包合同的承包人。违法分包行为的违法性体现为，承包人把单位工程或分部分项工程分包给其他单位或个人施工的行为，违反法律法规规定。2020年《建工解释》第一条第二款规定，违法分包行为无效。

第三，转包行为一律无效。根据2020年《建工解释》第一条第二款规定，转包行为一律无效。关于转包，建筑法第二十八条规定："禁止承包单位将其承包的全部建筑工程转包给他人，禁止承包单位将其承包的全部建筑工程肢解以后以分包的名义分别转包给他人。"《建设工程质量管理条例》第七十八条第三款规定："本条例所称转包，是指承包单位承包建设工程后，不履行合同约定的责任和义务，将其承包的全部建设工程转给他人或者将其承包的全部建设工程肢解以后以分包的名义分别转给其他单位承包的行为。"《建筑工程施工发包与承包违法行为认定查处管理办法》第七条规定："本办法所称转包，是指施工单位承包工程后，不履行合同约定的责任和义务，将其承包的全部工程或者将其承包的全部工程肢解后以分包的名义分别转给其他单位或个人施工的行为。"《房屋建筑和市政基础设施工程施工分包管理办法》第十三条规定："禁止将承包的工程进行转包。不履行合同约定，将其承包的全部工程发包给他人，或者将其承包的全部工程肢解后以分包的名义分别发包给他人的，属于转包行为。违反本办法第十二条规定，分包工程发包人将工程分包后，未在施工现场设立项目管理机构和派驻相应人员，并未对该工程的施工活动进行组织管理的，视同转包行为。"与分包不同，转包行为无合法与违法之分，一律无效。

除了缔约行为违法会导致建设工程施工合同无效外，标的物违法也会导致建设工程施工合同无效。对此，2020年《建工解释》第三条规定："当事人以发包人未取得建设工程规划许可证等规划审批手续为由，请求确认建设工程施工合同无效的，人民法院应予支持，但发包人在起诉前取得建设工程规划许可证等规划审批手续的除外。发包人能够办理审批手续而未办理，并以未办理审批手续为由请求确认建设工程施工合同无效的，人民法院不予支持。"根据建筑法、土地管理法、城乡规划法等法律法规的规定，在我国建设工程施工需要取得"四证"，即国有土地使用权证、建设用地规划许可证、建设工程规划许可证和建设工程施工许可证。在建设工程开工之日，当事人应当将"四证"办齐。但在申领建设工程施工许可证和签订建设工程施工合同的时间关系上，应当是先签订建设工程施工合同，后申领建设工程施工许可证。在"四证"中，建设工程施工许可证的办理时间应当是建设工程施工合同签订之后、工程开工之前。因此，2020年《建工解释》第三条规定，发包人在起诉前未取得建设工程规划许可证等规划审批手续的，建设工程施工合同无效。

（二）建设工程施工合同无效的法律后果

民法典第一百五十七条规定："民事法律行为无效、被撤销或者确定不发生效力后，行为人因该行为取得的财产，应当予以返还；不能返还或者没有必要返还的，应当折价补偿。有过错的一方应当赔偿对方由此所受到的损失；各方都有过错的，应当各自承担相应的责任。法律另有规定的，依照其规定。"根据该条规定，合同无效的一般法律后果有三种：返还财产、折价补偿、赔偿损失。建设工程施工合同与其他合同相比，具有特殊性，即承包人在履行建设工程合同的过程中逐步将劳动和建筑材料等物化在建设工程中，而建设工程作为特定物，对发包人具有较大价值，但对于承包人来讲价值不高。因为承包人对建设工程施工的目的是要获得建设工程价款，而不是建设工程。同时，关于建设用地使用权以及建筑物的转让，民法典第三百五十六条规定："建设用地使用权转让、互换、出资或者赠与的，附着于该土地上的建筑物、构筑物及其附属设施一并处分。"第三百五十七条规定："建筑物、构筑物及其附属设施转让、互换、出资或者赠与的，该建筑物、构筑物及其附属设施占用范围内的建设用地使用权一并处分。"这两条法律规定体现了房地一体处分原则。在实践中，建设工程所占用土地的使用权通常归发包人所有。建设工程施工合同被确认无效后，如果要求发包人将承包人施工建设的工程返还给承包人，则会违反上述房地一体原则。因此，建设工程施工合同被确认无效后，对于已经履行的部分不能适用返还财产的处理方式。建设工程施工合同无效主要产生折价补偿和赔偿损失两个法律后果。关于折价补偿的规则主要体现在民法典第七百九十三条规定中。关于赔偿损失的规定，则主要体现在2020年《建工解释》第六条规定。

2020年《建工解释》第六条规定："建设工程施工合同无效，一方当事人请求对方赔偿损失的，应当就对方过错、损失大小、过错与损失之间的因果关系承担举证责任。损失大小无法确定，一方当事人请求参照合同约定的质量标准、建设工期、工程价款支付时间等内容确定损失大小的，人民法院可以结合双方过错程度、过错与损失之间的因果关系等因素作出裁判。"在理解与适用该条规定时，应注意把握好该规定的几个层次。首先，该条规定第一款实际体现的是"谁主张，谁举证"原则。无论是发包人还是承包人请求对方赔偿损失的，都应当就对方过错、损失大小、过错与损失之间的因果关系承担举证责任。其次，损失数额问题也应当由原告一方承担举证责任。再次，如果损失大小无法确定，原告方可以请求参照合同约定的质量标准、建设工期、工程价款支付时间等内容确定损失大小。这里主要解决的就是发包人依承包人的请求参照建设工程施工合同约定折价补偿，而承包人又未按合同约定的质量标准和施工期限完成建设工程施工的情况下，发包人赔偿请求权如何救济的问题。这种情况下，发包人也有权按照建设工程施工合同约定的质量标准、建设工期等内容来计算损失大小。该条规定并非将无效合同作为有效合同处理。根据民法典第一百五十七条规定，合同无效后，当事人在返还财产和折价补偿之后仍存在损失，或者虽无返还财产和折价补偿之必要但当事人遭受损失的，有过错的一方应当赔偿对方因此所受到的损失，双方都有过错的，应当各自承担相应的责任。建设工程施工合同所具有的特殊性导致实践中原告证明其损失数额存在困难。为保护当事人利益，2020年《建工解释》第六条规定提供了一种确定损失的计算方法。最后，在确定当事人损失赔偿责任大小时，应当充分考虑双方当事人过错。一般情况下，交付质量合格的建设工程是承包人的义务，但如果因发包人原因造成建设工程质量缺陷，则应当由发包人承担过错责任。2020年《建工解释》第十三条规定："发包人具有下列情形之一，造成建设工程质量缺陷，应当承担过错责任：（一）提供的设计有缺陷；（二）提供或者指定购买的建筑材料、建筑构配件、设备不符合强制性标准；（三）直接指定分包人分包专业工程。承包人有过错的，也应当承担相应的过错责任。"

（三）确定建设工程价款数额的依据

在建设工程施工合同有效的情况下，建设工程经验收合格后，发包人应当依照合同约定支付工程款。在建设工程施工合同无效的情况下，建设工程经验收合格后，依据民法典第七百九十三条规定，发包人应参照合同约定折价补偿。实践中，发包人与承包人之间往往签订有多份建设工程施工合同，依照哪份合同计算工程款或者参照哪份合同折价补偿通常是当事人争议的焦点问题。

在建设工程施工合同有效的情况下，原则上应当依意思表示解释规则来确定哪份合同是当事人的真实意思表示，从而确定应当依照哪份合同计算工程款。但在经过招标投标方式订立建设工程施工合同的情况下，首先应当依据招标投标法的强制性规定确定计算工程价款的依据。招标投标法第四十六条第一款规定："招标人和中标人应当自中标通知书发出之日起三十日内，按照招标文件和中标人的投标文件订立书面合同。招标人和中标人不得再行订立背离合同实质性内容的其他协议。"关于中标合同中的哪些内容不允许当事人变更的问题，2020年《建工解释》第二条规定："招标人和中标人另行签订的建设工程施工合同约定的工程范围、建设工期、工程质量、工程价款等实质性内容，与中标合同不一致，一方当事人请求按照中标合同确定权利义务的，人民法院应予支持。招标人和中标人在中标合同之外就明显高于市场价格购买承建房产、无偿建设住房配套设施、让利、向建设单位捐赠财物等另行签订合同，变相降低工程价款，一方当事人以该合同背离中标合同实质性内容为由请求确认无效的，人民法院应予支持。"该条司法解释将工程范围、建设工期、工程质量、工程价款等内容确定为实质性内容。招标人在编制招标文件、投标人在编制投标文件、评标委员会在选择中标人时，都应当围绕上述实质性内容进行。投标人对投标文件中含义不明确的内容作必要的澄清或者说明时，其澄清或者说明不得改变投标文件中关于工程范围、建设工期、工程质量、工程价款等实质性内容。此外，根据招标投标法第四十三条规定，在确定中标人前,招标人不得与投标人就工程范围、建设工期、工程质量、工程价款等实质性内容进行谈判。如果招标人和中标人背离中标合同关于工程范围、建设工期、工程质量、工程价款等实质性内容的约定,另行签订其他建设工程施工合同,就不能依据意思表示的解释规则来确定认定工程价款数额的依据,而应当以招标文件和投标文件为依据。此外,对于非必须招标的工程,如果采用招标投标方式订立建设工程施工合同,也应当遵守招标投标法的规定。对此,2020年《建工解释》第二十三条规定:"发包人将依法不属于必须招标的建设工程进行招标后,与承包人另行订立的建设工程施工合同背离中标合同的实质性内容,当事人请求以中标合同作为结算建设工程价款依据的,人民法院应予支持,但发包人与承包人因客观情况发生了在招标投标时难以预见的变化而另行订立建设工程施工合同的除外。"

对建设工程施工合同无效,应当参照哪份合同折价补偿的问题,2020年《建工解释》第二十四条规定:"当事人就同一建设工程订立的数份建设工程施工合同均无效,但建设工程质量合格,一方当事人请求参照实际履行的合同关于工程价款的约定折价补偿承包人的,人民法院应予支持。实际履行的合同难以确定,当事人请求参照最后签订的合同关于工程价款的约定折价补偿承包人的,人民法院应予支持。"根据该条规定,发包人和承包人就同一建设工程签订的多份建设工程施工合同均无效时,承包人可以请求参照当事人实际履行合同的约定折价补偿承包人;如果当事人实际履行的合同无法确定,应当参照当事人最后签订的合同关于工程价款的约定折价补偿承包人。之所以这样规定,主要是考虑到发包人和承包人实际履行的合同,符合双方当事人的真实意思,参照双方实际履行的合同对承包人施工的建设工程折价补偿既公平,也更容易为发包人和承包人接受。实践中,当双方当事人对于哪份施工合同属于实际履行的合同存有争议,而双方又均无法举证证明实际履行的合同是哪一份时,参照双方当事人最后签订的合同进行折价补偿,符合建设工程施工合同签订后至合同履行期间的实际情况。

（四）建设工程质量责任的承担

按照建设工程施工合同约定向发包人交付质量合格的建设工程是承包人的基本义务,也是承包人获得建设工程价款所必须支付的对价。如果承包人交付的建设工程质量不合格,则应当承担违约责任。由于实践中存在分包、违法分包、转包等情况,在确定建设工程质量责任主体时需要注意以下问题。

第一,在建设工程实行总承包的情况下,总承包单位应当对全部建设工程质量负责。对此,《建设工程质量管理条例》第二十六条第三款规定:"建设工程实行总承包的,总承包单位应当对全部建设工程质量负责;建设工程勘察、设计、施工、设备采购的一项或者多项实行总承包的,总承包单位应当对其承包的建设工程或者采购的设备的质量负责。"

第二,在合法分包的情况下,分包人(总承包人)和分承包人都应当对分包工程质量承担责任。建筑法第五十五条规定:"建筑工程实行总承包的,工程质量由工程总承包单位负责,总承包单位将建筑工程分包给其他单位的,应当对分包工程的质量与分包单位承担连带责任。分包单位应当接受总承包单位的质量管理。"即在分包的情况下,分包单位即分承包人作为施工人,应当对分包工程质量问题承担责任,而总承包单位即分包人对分承包人负有进行质量管理的义务,其对分包工程的质量应当与分承包人承担连带责任。

第三，在违法分包的情况下，分包人和分承包人都应当对分包工程质量承担责任。建筑法第五十五条只是规定，分包人应当对分包工程的质量与分承包人承担连带责任。从文义上看，该条规定未区分合法分包和违法分包。但无论从哪个角度看，违法分包的情况下，分包人和分承包人都应当对分包工程质量承担责任。

第四，在转包的情况下，转包人与转承包人应当对建设工程质量承担连带责任。转包人将其所承包的工程转包给第三人，不仅违反法律规定，而且会损害发包人的利益。发包人在与转包人签订建设工程施工合同时，对于其所发包的工程将由第三方施工的事实并不知情。转包人将其所承包的工程转包给第三人，既违反了法律的规定，也违反了建设工程施工合同的约定。而转包人和转承包人均知道或者应当知道其转包行为属于违法和违反约定的行为，在主观上均具有过错。

第五，在缺乏资质的单位或者个人借用资质签订建设工程施工合同的情况下，出借资质一方应当与借用资质一方对建设工程质量承担连带责任。对于该问题，2020年《建工解释》第七条规定："缺乏资质的单位或者个人借用有资质的建筑施工企业名义签订建设工程施工合同，发包人请求出借方与借用方对建设工程质量不合格等因出借资质造成的损失承担连带赔偿责任的，人民法院应予支持。"同时，对于建设工程质量纠纷的诉讼主体问题，2020年《建工解释》第十五条规定："因建设工程质量发生争议的，发包人可以以总承包人、分包人和实际施工人为共同被告提起诉讼。"

向发包人交付质量合格的建设工程是承包人最基本的合同义务，因此，如果发包人交付的建设工程质量不合格，承包人应当承担违约责任。但是，如果是系发包人原因造成建设工程质量缺陷，则应当由发包人承担责任。对此，2020年《建工解释》第十三条规定："发包人具有下列情形之一，造成建设工程质量缺陷，应当承担过错责任：（一）提供的设计有缺陷；（二）提供或者指定购买的建筑材料、建筑构配件、设备不符合强制性标准；（三）直接指定分包人分包专业工程。承包人有过错的，也应当承担相应的过错责任。"

实践中，有的发包人长期拖欠工程款，一旦承包人起诉请求发包人支付工程款时，发包人就以存在工程质量缺陷为由，主张少付、不付或者承包人返还工程款。有的发包人在已经使用工程的情况下，仍然以建设工程质量不符合合同约定或者法律规定为由拒付工程款。针对这些现象，2020年《建工解释》第十六条规定："发包人在承包人提起的建设工程施工合同纠纷案件中，以建设工程质量不符合合同约定或者法律规定为由，就承包人支付违约金或者赔偿修理、返工、改建的合理费用等损失提出反诉的，人民法院可以合并审理。"该条解释的本义是要注意区分抗辩和反诉，如果在承包人提起的建设工程施工合同纠纷案件中，发包人以建设工程质量不符合合同约定或者法律规定为由，要求承包人支付违约金或者赔偿修理、返工、改建的合理费用等损失，并据此请求少付、不付工程款的，发包人必须以反诉的方式提出，而不能以抗辩的方式提出，因为发包人上述主张中，包含有其独立的诉讼请求。此外，2020年《建工解释》第十四条还规定："建设工程未经竣工验收，发包人擅自使用后，又以使用部分质量不符合约定为由主张权利的，人民法院不予支持；但是承包人应当在建设工程的合理使用寿命内对地基基础工程和主体结构质量承担民事责任。"在适用该条规定时，应当注意以下问题：第一，建设工程未经竣工验收，发包人擅自使用了建设工程的，才不能以使用部分质量不符合约定为由主张权利。如果不存在建设工程未经竣工验收、发包人擅自使用的事实，就不能适用该条规定。第二，建设工程未经竣工验收，发包人擅自使用了建设工程后，只是对其所使用部分，不能以工程质量不符合约定为由主张权利。对于发包人未使用部分，不适用该条规定。第三，发包人擅自使用建设工程之前，并无证据证明建设工程存在质量问题。如果在发包人擅自使用建设工程之前，就已经发现建设工程质量问题，发包人要求承包人修复，承包人未予修复，发包人另行联系第三方修复后才使用建设工程的，就不能适用该条规定。在这种情况下，发包人有权请求承包人赔偿其为修复而支出的合理费用。第四，虽然发包人在建设工程未经竣工验收的情况下就擅自使用，但是如果建设工程的地基基础工程和主体结构质量在合理使用寿命内出现质量问题，发包人仍然有权请求承包人承担相应的民事责任。一方面，地基基础工程和主体结构质量影响到建设工程的安全使用，承包人对此所应承担的瑕疵担保责任应当更重；另一方面，发包人擅自使用未经验收合格的建设工程通常不会对地基基础工程和主体结构质量造成影响。这两项工程质量问题的责任比较容易划分。

（五）建设工程价款优先受偿权的保护

关于建设工程价款优先受偿权的主体，2020年《建工解释》第三十五条规定："与发包人订立建设工程施工合同的承包人，依据民法典第八百零七条的规定请求其承建工程的价款就工程折价或者拍卖的价款优先受偿的，人民法院应予支持。"之所以作此规定，主要是为了平衡好交易安全和保护建筑工人利益。民法典规定建设工程价款优先受偿权，目的是通过保护承包人的建设工程价款债权来保护农民工等建筑工人的利益。根据2020年《建工解释》第三十六条规定，建设工程价款优先受偿权不仅优先于普通债权，而且优先于在建设工程上设立的抵押权。建设工程价款优先受偿权对于承包人建设工程价款债权的实现具有重大意义，同时对于交易安全和发包人及其债权人、抵押权人等利害相关方的利益影响重大。实际施工人并非严格的立法概念，其范围在实践中不易确定，而且一个工程可能存在多个实际施工人，如果都能够行使建设工程价款优先受偿权，则围绕建设工程设立的各个法律关系均处于不稳定之中，既影响建设工程的流转和使用，也影响抵押权人等利益主体权利的实现。尤其是对于发包人而言，如果发包人在与承包人签订建设工程施工合同时并不知道工程会由实际施工人施工，其本意就是由承包人负责施工，结果承包人与实际施工人私下签订了转包或者违法分包合同，已经损害了发包人权益，如果还允许实际施工人向其主张建设工程价款优先受偿权，对发包人明显不公平。将建设工程价款优先受偿权的主体锁定为对发包人享有建设工程价款债权的承包人，既符合民法典第八百零七条规定的本意，也有利于保护交易安全。根据该条解释规定，转承包人和违法分承包人均不享有建设工程价款优先受偿权。

关于承包人行使建设工程价款优先受偿权的条件，2020年《建工解释》第三十八条规定："建设工程质量合格，承包人请求其承建工程的价款就工程折价或者拍卖的价款优先受偿的，人民法院应予支持。"该条解释仅将建设工程质量合格作为承包人行使建设工程价款优先受偿权的条件，未将建设工程施工合同有效也作为条件。之所以这样规定，是因为建工司法解释以保障建设工程质量为首要价值选择，规定承包人行使建设工程价款优先受偿权必须以建设工程质量合格为条件。同时，鉴于建设工程领域特有的资质与招标投标管理要求，实践中建设工程施工合同无效的情况较为常见。该条解释并未将建设工程施工合同有效作为承包人行使建设工程价款优先受偿权的条件，以保护农民工等建筑工人的合法利益。无论工程是否竣工，只要建设工程质量合格，承包人就有权行使建设工程价款优先受偿权。对此，2020年《建工解释》第三十九条规定："未竣工的建设工程质量合格，承包人请求其承建工程的价款就其承建工程部分折价或者拍卖的价款优先受偿的，人民法院应予支持。"

关于建设工程价款优先受偿的范围，2020年《建工解释》第四十条规定："承包人建设工程价款优先受偿的范围依照国务院有关行政主管部门关于建设工程价款范围的规定确定。承包人就逾期支付建设工程价款的利息、违约金、损害赔偿金等主张优先受偿的，人民法院不予支持。"2002年《建设工程价款优先受偿权批复》第三条规定，建筑工程价款包括承包人为建设工程应当支付的工作人员报酬、材料款等实际支出的费用，不包括承包人因发包人违约所造成的损失。该规定的目的是回归合同法第二百八十六条设立建设工程价款优先受偿权制度的本义。建设工程价款优先受偿权不仅优先于普通债权，而且优先于抵押权，具有对抗第三人的效力，对发包人的债权人、建设工程的抵押权人和交易安全影响巨大。合同法第二百八十六条设立建设工程价款优先受偿权制度的本意是保护农民工等建筑工人的合法权益，将建设工程价款优先受偿的范围限定为承包人为建设工程应当支付的工作人员报酬、材料款等实际支出的费用，有利于进一步平衡各方当事人的权益。从价值取向和法理基础而言，该条批复是适当的，但也存在不足，即缺乏可操作性，没有考虑诉讼成本。从建设工程施工合同司法实践来看，由于建设工程的项目多、周期长，工程价款计算方式较为特殊，要从建设工程价款中区分出利润未必可行，成本太高，而且根据不同计算方式和依据，结果也不相同。要从建设工程价款中计算承包人为建设工程应当支付的工作人员报酬、材料款等实际支出的费用，缺乏可操作性，即使可能，成本也太高。因此，该条批复在司法实践中适用的效果并不太理想。民法典第八百零七条对建筑工人权益的保护具有间接性。因为发包人并不是将承包人的劳务成本单独支付给承包人，承包人再将这一部分建设工程价款全部支付给建筑工人。如果对承包人应得的全部工程价款不予优先保护，就会导致承包人的资产负债状况恶化，造成承包人发不出工资，从而影响建筑工人的合法权益。因此，对承包人的利润予优先保护，符合民法典第八百零七条的立法精神。由于2020年《建工解释》第四十条已经将包括承包人利润在内的全部建设工程价款债权纳入优先受偿的范围，作为利益平衡的手段，该条解释未将工程款利息纳入优先受偿的范围。

（六）实际施工人权利的保护

实际施工人是我国建筑市场和民事司法中特有的现象和制度。根据2020年《建工解释》的规定，实际施工人包括转承包人、违法分承包人和借用资质与发包人签订建设工程施工合同的施工人。实践中，有观点认为，凡是建设工程施工合同无效的，承包人都属于实际施工人。这种观点并不准确。民法突破合同相对性原则，对实际施工人权利予以特别保护，源自2004年《建工解释》第二十六条第二款规定。这一制度既是维护社会公平的需要，也是保障经济发展的要求。2018年《建工解释》第二十三条对2004年《建工解释》第二十六条第二款规定进行了完善。一是明确规定人民法院应当追加转包人或者违法分包人为本案第三人；二是规定要在查明发包人欠付转包人或者违法分包人建设工程价款的数额后，判决发包人在欠付建设工程价款范围内对实施工人承担责任。这既有利于实际施工人权利的实现,也有利于防止发包人陷入过多的诉讼和纠纷之中。2018年《建工解释》第二十四条还规定了实际施工人有权对发包人提起代位权诉讼,以期进一步加强对农民工等建筑工人权益的保护。2020年清理司法解释时,最高人民法院依照民法典的规定对2018年《建工解释》第二十四条规定进行了修改,同时保留了2018年《建工解释》第二十三条的规定。2020年《建工解释》第四十三条规定:"实际施工人以转包人、违法分包人为被告起诉的,人民法院应当依法受理。实际施工人以发包人为被告主张权利的,人民法院应当追加转包人或者违法分包人为本案第三人,在查明发包人欠付转包人或者违法分包人建设工程价款的数额后,判决发包人在欠付建设工程价款范围内对实际施工人承担责任。"第四十四条规定:"实际施工人依据民法典第五百三十五条规定,以转包人或者违法分包人怠于向发包人行使到期债权或者与该债权有关的从权利,影响其到期债权实现,提起代位权诉讼的,人民法院应予支持。"需要注意的是,《建工解释》对合同相对性原则的突破体现为转承包人、违法分承包人有权请求发包人在欠付工程款范围内承担责任。发包人欠付转包人、违法分包人的工程款以及转包人、违法分包人欠付转承包人、违法分承包人的工程款都应依据各自的基础法律关系认定,这一点并未突破合同相对性原则。

司法实践中争议较多的一个问题是,借用资质的实际施工人是否有权请求发包人支付工程款。需要注意的是,借用资质或者挂靠仅指实际施工人和有资质的建筑企业之间的内部关系。在涉及发包人的外部关系时,要区分发包人是否善意来分析各方的法律关系。如果发包人并非善意,即知道或者应当知道是实际施工人借用建筑企业的资质与其签订建设工程施工合同,就属于借用资质的实际施工人与发包人签订建设工程施工合同。根据民法典第一百四十六条规定,实际施工人借用资质与发包人签订的建设工程施工合同属于该条规定的通谋虚伪意思表示。实际施工人、出借资质的建筑企业和发包人之间对于实际施工人借用资质签订建设工程施工合同的事实是知道的。出借资质的建筑企业即名义上的承包人与发包人签订的合同属于民法典第一百四十六条第一款规定的通谋虚伪行为。被该通谋虚伪行为隐藏的是实际施工人与发包人之间的建设工程施工合同。依民法法理以及民法典第一百四十六条规定,通谋虚伪行为欠缺效果意思,是无效行为,而被虚假的意思表示隐藏的民事法律行为具备表示行为和效果意思两个要件,并不当然无效,或者说原则上应当有效,除非不符合民法典相关规定,例如违反法律的强制性规定或者行为人属于无行为能力人。发包人同出借资质的建筑企业签订的建设工程施工合同因欠缺效果意思,系无效的民事法律行为。真正的承包人即实际施工人借名与发包人签订的建设工程施工合同是双方当事人的真实意思表示,但因违反法律的强制性规定而无效。这两个行为虽然均无效,但无效的法律后果并不相同。出借资质的企业与发包人之间不构成建设工程施工合同关系,其与发包人、实际施工人之间构成借用资质关系,故无权请求发包人支付工程款。借用资质的实际施工人与发包人之间构成建设工程施工合同关系,虽然双方签订的建设工程施工合同无效,但是在实际施工人所施工工程质量合格的情况下,实际施工人有权依据民法典第七百九十三条第一款规定请求发包人参照合同约定折价补偿。实践中需要注意的是,发包人通常直接向出借资质的建筑企业支付工程款,出借资质的企业再向实际施工人支付工程款。鉴于三方当事人通谋之事实,如无相反约定,此类支付对于实际施工人而言属于合意支付。发包人已经支付给出借资质的企业的工程款部分,不应再次向实际施工人支付。对该部分工程款，实际施工人应当向出借资质的企业主张，以避免发包人承担双重清偿责任。

（撰稿人：谢勇）

指导案例 171 号

中某建设集团有限公司诉河南恒某置业有限公司建设工程施工合同纠纷案

（最高人民法院审判委员会讨论通过　2021 年 11 月 9 日发布）

关键词

民事　建设工程施工合同　优先受偿权　除斥期间

裁判要点

执行法院依其他债权人的申请，对发包人的建设工程强制执行，承包人向执行法院主张其享有建设工程价款优先受偿权且未超过除斥期间的，视为承包人依法行使了建设工程价款优先受偿权。发包人以承包人起诉时行使建设工程价款优先受偿权超过除斥期间为由进行抗辩的，人民法院不予支持。

相关法条

《中华人民共和国合同法》第二百八十六条（注：现行有效的法律为《中华人民共和国民法典》第八百零七条）

基本案情

2012 年 9 月 17 日，河南恒某置业有限公司与中某建设集团有限公司签订一份《恒某国际商务会展中心工程建设工程施工合同》约定，由中某建设集团有限公司对案涉工程进行施工。2013 年 6 月 25 日，河南恒某置业有限公司向中某建设集团有限公司发出《中标通知书》，通知中某建设集团有限公司中标位于洛阳市洛龙区开元大道的恒某国际商务会展中心工程。2013 年 6 月 26 日，河南恒某置业有限公司和中某建设集团有限公司签订《建设工程施工合同》，合同中双方对工期、工程价款、违约责任等有关工程事项进行了约定。合同签订后，中某建设集团有限公司进场施工。施工期间，因河南恒某置业有限公司拖欠工程款，2013 年 11 月 12 日、2013 年 11 月 26 日、2014 年 12 月 23 日中某建设集团有限公司多次向河南恒某置业有限公司送达联系函，请求河南恒某置业有限公司立即支付拖欠的工程款，按合同约定支付违约金并承担相应损失。2014 年 4 月、5 月，河南恒某置业有限公司与德某工程管理（北京）有限公司签订《建设工程造价咨询合同》，委托德某工程管理（北京）有限公司对案涉工程进行结算审核。2014 年 11 月 3 日，德某工程管理（北京）有限公司出具《恒某国际商务会展中心结算审核报告》。河南恒某置业有限公司、中某建设集团有限公司和德某工程管理（北京）有限公司分别在审核报告中的审核汇总表上加盖公章并签字确认。2014 年 11 月 24 日，中某建设集团有限公司收到通知，河南省焦作市中级人民法院依据河南恒某置业有限公司其他债权人的申请将对案涉工程进行拍卖。2014年12月1日，中某建设集团有限公司第九建设公司向河南省焦作市中级人民法院提交《关于恒某国际商务会展中心在建工程拍卖联系函》中载明，中某建设集团有限公司系恒某国际商务会展中心在建工程承包方，自项目开工，中某建设集团有限公司已完成产值2.87亿元工程，中某建设集团有限公司请求依法确认优先受偿权并参与整个拍卖过程。中某建设集团有限公司和河南恒某置业有限公司均认可案涉工程于2015年2月5日停工。

2018年1月31日，河南省高级人民法院立案受理中某建设集团有限公司对河南恒某置业有限公司的起诉。中某建设集团有限公司请求解除双方签订的《建设工程施工合同》并请求确认河南恒某置业有限公司欠付中某建设集团有限公司工程价款及优先受偿权。

裁判结果

河南省高级人民法院于2018年10月30日作出（2018）豫民初3号民事判决：一、河南恒某置业有限公司与中某建设集团有限公司于2012年9月17日、2013年6月26日签订的两份《建设工程施工合同》无效；二、确认河南恒某置业有限公司欠付中某建设集团有限公司工程款288428047.89元及相应利息（以288428047.89元为基数，自2015年3月1日起至2018年4月10日止，按照中国人民银行公布的同期贷款利率计付）；三、中某建设集团有限公司在工程价款288428047.89元范围内，对其施工的恒某国际商务会展中心工程折价或者拍卖的价款享有行使优先受偿权的权利；四、驳回中某建设集团有限公司的其他诉讼请求。宣判后，河南恒某置业有限公司提起上诉，最高人民法院于2019年6月21日作出（2019）最高法民终255号民事判决：驳回上诉，维持原判。

裁判理由

最高人民法院认为：《最高人民法院关于审理建设工程施工合同纠纷案件适用法律问题的解释（二）》第二十二条规定："承包人行使建设工程价款优先受偿权的期限为六个月，自发包人应当给付建设工程价款之日起算。"根据《最高人民法院关于建设工程价款优先受偿权问题的批复》第一条规定，建设工程价款优先受偿权的效力优先于设立在建设工程上的抵押权和发包人其他债权人所享有的普通债权。人民法院依据发包人的其他债权人或抵押权人申请对建设工程采取强制执行行为，会对承包人的建设工程价款优先受偿权产生影响。此时，如承包人向执行法院主张其对建设工程享有建设工程价款优先受偿权的，属于行使建设工程价款优先受偿权的合法方式。河南恒某置业有限公司和中某建设集团有限公司共同委托的造价机构德某工程管理（北京）有限公司于2014年11月3日对案涉工程价款出具《审核报告》。2014年11月24日，中某建设集团有限公司收到通知，河南省焦作市中级人民法院依据河南恒某置业有限公司其他债权人的申请将对案涉工程进行拍卖。2014年12月1日，中某建设集团有限公司第九建设公司向河南省焦作市中级人民法院提交《关于恒某国际商务会展中心在建工程拍卖联系函》，请求依法确认对案涉建设工程的优先受偿权。2015年2月5日，中某建设集团有限公司对案涉工程停止施工。2015年8月4日，中某建设集团有限公司向河南恒某置业有限公司发送《关于主张恒某国际商务会展中心工程价款优先受偿权的工作联系单》，要求对案涉工程价款享有优先受偿权。2016年5月5日，中某建设集团有限公司第九建设公司又向河南省洛阳市中级人民法院提交《优先受偿权参与分配申请书》，请求依法确认并保障其对案涉建设工程价款享有的优先受偿权。因此，河南恒某置业有限公司关于中某建设集团有限公司未在六个月除斥期间内以诉讼方式主张优先受偿权,其优先受偿权主张不应得到支持的上诉理由不能成立。

(生效裁判审判人员:包剑平、杜军、谢勇)

(六)技术合同

最高人民法院
关于审理技术合同纠纷案件
适用法律若干问题的解释

(2004年11月30日最高人民法院审判委员会第1335次会议通过 根据2020年12月23日最高人民法院审判委员会第1823次会议通过的《最高人民法院关于修改〈最高人民法院关于审理侵犯专利权纠纷案件应用法律若干问题的解释(二)〉等十八件知识产权类司法解释的决定》修正)

为了正确审理技术合同纠纷案件,根据《中华人民共和国民法典》《中华人民共和国专利法》和《中华人民共和国民事诉讼法》等法律的有关规定,结合审判实践,现就有关问题作出以下解释。

一、一般规定

第一条 技术成果,是指利用科学技术知识、信息和经验作出的涉及产品、工艺、材料及其改进等的技术方案,包括专利、专利申请、技术秘密、计算机软件、集成电路布图设计、植物新品种等。

技术秘密,是指不为公众所知悉、具有商业价值并经权利人采取相应保密措施的技术信息。

第二条 民法典第八百四十七条第二款所称"执行法人或者非法人组织的工作任务",包括:

(一)履行法人或者非法人组织的岗位职责或者承担其交付的其他技术开发任务;

(二)离职后一年内继续从事与其原所在法人或者非法人组织的岗位职责或者交付的任务有关的技术开发工作,但法律、行政法规另有规定的除外。

法人或者非法人组织与其职工就职工在职期间或者离职以后所完成的技术成果的权益有约定的,人民法院应当依约定确认。

第三条 民法典第八百四十七条第二款所称"物质技术条件",包括资金、设备、器材、原材料、未公开的技术信息和资料等。

第四条 民法典第八百四十七条第二款所称"主要是利用法人或者非法人组织的

物质技术条件",包括职工在技术成果的研究开发过程中,全部或者大部分利用了法人或者非法人组织的资金、设备、器材或者原材料等物质条件,并且这些物质条件对形成该技术成果具有实质性的影响;还包括该技术成果实质性内容是在法人或者非法人组织尚未公开的技术成果、阶段性技术成果基础上完成的情形。但下列情况除外:

(一)对利用法人或者非法人组织提供的物质技术条件,约定返还资金或者交纳使用费的;

(二)在技术成果完成后利用法人或者非法人组织的物质技术条件对技术方案进行验证、测试的。

第五条 个人完成的技术成果,属于执行原所在法人或者非法人组织的工作任务,又主要利用了现所在法人或者非法人组织的物质技术条件的,应当按照该自然人原所在和现所在法人或者非法人组织达成的协议确认权益。不能达成协议的,根据对完成该项技术成果的贡献大小由双方合理分享。

第六条 民法典第八百四十七条所称"职务技术成果的完成人"、第八百四十八条所称"完成技术成果的个人",包括对技术成果单独或者共同作出创造性贡献的人,也即技术成果的发明人或者设计人。人民法院在对创造性贡献进行认定时,应当分解所涉及技术成果的实质性技术构成。提出实质性技术构成并由此实现技术方案的人,是作出创造性贡献的人。

提供资金、设备、材料、试验条件,进行组织管理,协助绘制图纸、整理资料、翻译文献等人员,不属于职务技术成果的完成人、完成技术成果的个人。

第七条 不具有民事主体资格的科研组织订立的技术合同,经法人或者非法人组织授权或者认可的,视为法人或者非法人组织订立的合同,由法人或者非法人组织承担责任;未经法人或者非法人组织授权或者认可的,由该科研组织成员共同承担责任,但法人或者非法人组织因该合同受益的,应当在其受益范围内承担相应责任。

前款所称不具有民事主体资格的科研组织,包括法人或者非法人组织设立的从事技术研究开发、转让等活动的课题组、工作室等。

第八条 生产产品或者提供服务依法须经有关部门审批或者取得行政许可,而未经审批或者许可的,不影响当事人订立的相关技术合同的效力。

当事人对办理前款所称审批或者许可的义务没有约定或者约定不明确的,人民法院应当判令由实施技术的一方负责办理,但法律、行政法规另有规定的除外。

第九条 当事人一方采取欺诈手段,就其现有技术成果作为研究开发标的与他人订立委托开发合同收取研究开发费用,或者就同一研究开发课题先后与两个或者两个以上的委托人分别订立委托开发合同重复收取研究开发费用,使对方在违背真实意思的情况下订立的合同,受损害方依照民法典第一百四十八条规定请求撤销合同的,人民法院应当予以支持。

第十条 下列情形,属于民法典第八百五十条所称的"非法垄断技术":

(一)限制当事人一方在合同标的技术基础上进行新的研究开发或者限制其使用所改进的技术,或者双方交换改进技术的条件不对等,包括要求一方将其自行改进的技术无偿提供给对方、非互惠性转让给对方、无偿独占或者共享该改进技术的知识产权;

(二)限制当事人一方从其他来源获得与技术提供方类似技术或者与其竞争的技术;

（三）阻碍当事人一方根据市场需求，按照合理方式充分实施合同标的技术，包括明显不合理地限制技术接受方实施合同标的技术生产产品或者提供服务的数量、品种、价格、销售渠道和出口市场；

（四）要求技术接受方接受并非实施技术必不可少的附带条件，包括购买非必需的技术、原材料、产品、设备、服务以及接收非必需的人员等；

（五）不合理地限制技术接受方购买原材料、零部件、产品或者设备等的渠道或者来源；

（六）禁止技术接受方对合同标的技术知识产权的有效性提出异议或者对提出异议附加条件。

第十一条 技术合同无效或者被撤销后，技术开发合同研究开发人、技术转让合同让与人、技术许可合同许可人、技术咨询合同和技术服务合同的受托人已经履行或者部分履行了约定的义务，并且造成合同无效或者被撤销的过错在对方的，对其已履行部分应当收取的研究开发经费、技术使用费、提供咨询服务的报酬，人民法院可以认定为因对方原因导致合同无效或者被撤销给其造成的损失。

技术合同无效或者被撤销后，因履行合同所完成新的技术成果或者在他人技术成果基础上完成后续改进技术成果的权利归属和利益分享，当事人不能重新协议确定的，人民法院可以判决由完成技术成果的一方享有。

第十二条 根据民法典第八百五十条的规定，侵害他人技术秘密的技术合同被确认无效后，除法律、行政法规另有规定的以外，善意取得该技术秘密的一方当事人可以在其取得时的范围内继续使用该技术秘密，但应当向权利人支付合理的使用费并承担保密义务。

当事人双方恶意串通或者一方知道或者应当知道另一方侵权仍与其订立或者履行合同的，属于共同侵权，人民法院应当判令侵权人承担连带赔偿责任和保密义务，因此取得技术秘密的当事人不得继续使用该技术秘密。

第十三条 依照前条第一款规定可以继续使用技术秘密的人与权利人就使用费支付发生纠纷的，当事人任何一方都可以请求人民法院予以处理。继续使用技术秘密但又拒不支付使用费的，人民法院可以根据权利人的请求判令使用人停止使用。

人民法院在确定使用费时，可以根据权利人通常对外许可该技术秘密的使用费或者使用人取得该技术秘密所支付的使用费，并考虑该技术秘密的研究开发成本、成果转化和应用程度以及使用人的使用规模、经济效益等因素合理确定。

不论使用人是否继续使用技术秘密，人民法院均应当判令其向权利人支付已使用期间的使用费。使用人已向无效合同的让与人或者许可人支付的使用费应当由让与人或者许可人负责返还。

第十四条 对技术合同的价款、报酬和使用费，当事人没有约定或者约定不明确的，人民法院可以按照以下原则处理：

（一）对于技术开发合同和技术转让合同、技术许可合同，根据有关技术成果的研究开发成本、先进性、实施转化和应用的程度，当事人享有的权益和承担的责任，以及技术成果的经济效益等合理确定；

（二）对于技术咨询合同和技术服务合同，根据有关咨询服务工作的技术含量、质量和数量，以及已经产生和预期产生的经济效益等合理确定。

技术合同价款、报酬、使用费中包含非技术性款项的，应当分项计算。

第十五条 技术合同当事人一方迟延履行主要债务，经催告后在 30 日内仍未履行，另一方依据民法典第五百六十三条第一款第（三）项的规定主张解除合同的，人民法院应当予以支持。

当事人在催告通知中附有履行期限且该期限超过 30 日的，人民法院应当认定该履行期限为民法典第五百六十三条第一款第（三）项规定的合理期限。

第十六条 当事人以技术成果向企业出资但未明确约定权属，接受出资的企业主张该技术成果归其享有的，人民法院一般应当予以支持，但是该技术成果价值与该技术成果所占出资额比例明显不合理损害出资人利益的除外。

当事人对技术成果的权属约定有比例的，视为共同所有，其权利使用和利益分配，按共有技术成果的有关规定处理，但当事人另有约定的，从其约定。

当事人对技术成果的使用权约定有比例的，人民法院可以视为当事人对实施该项技术成果所获收益的分配比例，但当事人另有约定的，从其约定。

二、技术开发合同

第十七条 民法典第八百五十一条第一款所称"新技术、新产品、新工艺、新品种或者新材料及其系统"，包括当事人在订立技术合同时尚未掌握的产品、工艺、材料及其系统等技术方案，但对技术上没有创新的现有产品的改型、工艺变更、材料配方调整以及对技术成果的验证、测试和使用除外。

第十八条 民法典第八百五十一条第四款规定的"当事人之间就具有实用价值的科技成果实施转化订立的"技术转化合同，是指当事人之间就具有实用价值但尚未实现工业化应用的科技成果包括阶段性技术成果，以实现该科技成果工业化应用为目标，约定后续试验、开发和应用等内容的合同。

第十九条 民法典第八百五十五条所称"分工参与研究开发工作"，包括当事人按照约定的计划和分工，共同或者分别承担设计、工艺、试验、试制等工作。

技术开发合同当事人一方仅提供资金、设备、材料等物质条件或者承担辅助协作事项，另一方进行研究开发工作的，属于委托开发合同。

第二十条 民法典第八百六十一条所称"当事人均有使用和转让的权利"，包括当事人均有不经对方同意而自己使用或者以普通使用许可的方式许可他人使用技术秘密，并独占由此所获利益的权利。当事人一方将技术秘密成果的转让权让与他人，或者以独占或者排他使用许可的方式许可他人使用技术秘密，未经对方当事人同意或者追认的，应当认定该让与或者许可行为无效。

第二十一条 技术开发合同当事人依照民法典的规定或者约定自行实施专利或使用技术秘密，但因其不具备独立实施专利或者使用技术秘密的条件，以一个普通许可方式许可他人实施或者使用的，可以准许。

三、技术转让合同和技术许可合同

第二十二条 就尚待研究开发的技术成果或者不涉及专利、专利申请或者技术秘密的知识、技术、经验和信息所订立的合同，不属于民法典第八百六十二条规定的技术转让合同或者技术许可合同。

技术转让合同中关于让与人向受让人提供实施技术的专用设备、原材料或者提供有关的技术咨询、技术服务的约定，属于技术转让合同的组成部分。因此发生的纠纷，按照技术转让合同处理。

当事人以技术入股方式订立联营合同，但技术入股人不参与联营体的经营管理，并且以保底条款形式约定联营体或者联营对方支付其技术价款或者使用费的，视为技术转让合同或者技术许可合同。

第二十三条 专利申请权转让合同当事人以专利申请被驳回或者被视为撤回为由请求解除合同，该事实发生在依照专利法第十条第三款的规定办理专利申请权转让登记之前的，人民法院应当予以支持；发生在转让登记之后的，不予支持，但当事人另有约定的除外。

专利申请因专利申请权转让合同成立时即存在尚未公开的同样发明创造的在先专利申请被驳回，当事人依据民法典第五百六十三条第一款第（四）项的规定请求解除合同的，人民法院应当予以支持。

第二十四条 订立专利权转让合同或者专利申请权转让合同前，让与人自己已经实施发明创造，在合同生效后，受让人要求让与人停止实施的，人民法院应当予以支持，但当事人另有约定的除外。

让与人与受让人订立的专利权、专利申请权转让合同，不影响在合同成立前让与人与他人订立的相关专利实施许可合同或者技术秘密转让合同的效力。

第二十五条 专利实施许可包括以下方式：

（一）独占实施许可，是指许可人在约定许可实施专利的范围内，将该专利仅许可一个被许可人实施，许可人依约定不得实施该专利；

（二）排他实施许可，是指许可人在约定许可实施专利的范围内，将该专利仅许可一个被许可人实施，但许可人依约定可以自行实施该专利；

（三）普通实施许可，是指许可人在约定许可实施专利的范围内许可他人实施该专利，并且可以自行实施该专利。

当事人对专利实施许可方式没有约定或者约定不明确的，认定为普通实施许可。专利实施许可合同约定被许可人可以再许可他人实施专利的，认定该再许可为普通实施许可，但当事人另有约定的除外。

技术秘密的许可使用方式，参照本条第一、二款的规定确定。

第二十六条 专利实施许可合同许可人负有在合同有效期内维持专利权有效的义务，包括依法缴纳专利年费和积极应对他人提出宣告专利权无效的请求，但当事人另有约定的除外。

第二十七条 排他实施许可合同许可人不具备独立实施其专利的条件，以一个普通许可的方式许可他人实施专利的，人民法院可以认定为许可人自己实施专利，但当事人另有约定的除外。

第二十八条 民法典第八百六十四条所称"实施专利或者使用技术秘密的范围"，包括实施专利或者使用技术秘密的期限、地域、方式以及接触技术秘密的人员等。

当事人对实施专利或者使用技术秘密的期限没有约定或者约定不明确的，受让人、被许可人实施专利或者使用技术秘密不受期限限制。

第二十九条 当事人之间就申请专利的技术成果所订立的许可使用合同，专利申请公开以前，适用技术秘密许可合同的有关规定；发明专利申请公开以后、授权以前，参照适用专利实施许可合同的有关规定；授权以后，原合同即为专利实施许可合同，适用专利实施许可合同的有关规定。

人民法院不以当事人就已经申请专利但尚未授权的技术订立专利实施许可合同为由，认定合同无效。

四、技术咨询合同和技术服务合同

第三十条　民法典第八百七十八条第一款所称"特定技术项目"，包括有关科学技术与经济社会协调发展的软科学研究项目，促进科技进步和管理现代化、提高经济效益和社会效益等运用科学知识和技术手段进行调查、分析、论证、评价、预测的专业性技术项目。

第三十一条　当事人对技术咨询合同委托人提供的技术资料和数据或者受托人提出的咨询报告和意见未约定保密义务，当事人一方引用、发表或者向第三人提供的，不认定为违约行为，但侵害对方当事人对此享有的合法权益的，应当依法承担民事责任。

第三十二条　技术咨询合同受托人发现委托人提供的资料、数据等有明显错误或者缺陷，未在合理期限内通知委托人的，视为其对委托人提供的技术资料、数据等予以认可。委托人在接到受托人的补正通知后未在合理期限内答复并予补正的，发生的损失由委托人承担。

第三十三条　民法典第八百七十八条第二款所称"特定技术问题"，包括需要运用专业技术知识、经验和信息解决的有关改进产品结构、改良工艺流程、提高产品质量、降低产品成本、节约资源能耗、保护资源环境、实现安全操作、提高经济效益和社会效益等专业技术问题。

第三十四条　当事人一方以技术转让或者技术许可的名义提供已进入公有领域的技术，或者在技术转让合同、技术许可合同履行过程中合同标的技术进入公有领域，但是技术提供方进行技术指导、传授技术知识，为对方解决特定技术问题符合约定条件的，按照技术服务合同处理，约定的技术转让费、使用费可以视为提供技术服务的报酬和费用，但是法律、行政法规另有规定的除外。

依照前款规定，技术转让费或者使用费视为提供技术服务的报酬和费用明显不合理的，人民法院可以根据当事人的请求合理确定。

第三十五条　技术服务合同受托人发现委托人提供的资料、数据、样品、材料、场地等工作条件不符合约定，未在合理期限内通知委托人的，视为其对委托人提供的工作条件予以认可。委托人在接到受托人的补正通知后未在合理期限内答复并予补正的，发生的损失由委托人承担。

第三十六条　民法典第八百八十七条规定的"技术培训合同"，是指当事人一方委托另一方对指定的学员进行特定项目的专业技术训练和技术指导所订立的合同，不包括职业培训、文化学习和按照行业、法人或者非法人组织的计划进行的职工业余教育。

第三十七条　当事人对技术培训必需的场地、设施和试验条件等工作条件的提供和管理责任没有约定或者约定不明确的，由委托人负责提供和管理。

技术培训合同委托人派出的学员不符合约定条件，影响培训质量的，由委托人按照约定支付报酬。

受托人配备的教员不符合约定条件，影响培训质量，或者受托人未按照计划和项目进行培训，导致不能实现约定培训目标的，应当减收或者免收报酬。

受托人发现学员不符合约定条件或者委托人发现教员不符合约定条件，未在合理期限内通知对方，或者接到通知的一方未在合理期限内按约定改派的，应当由负有履行义务的当事人承担相应的民事责任。

第三十八条 民法典第八百八十七条规定的"技术中介合同"，是指当事人一方以知识、技术、经验和信息为另一方与第三人订立技术合同进行联系、介绍以及对履行合同提供专门服务所订立的合同。

第三十九条 中介人从事中介活动的费用，是指中介人在委托人和第三人订立技术合同前，进行联系、介绍活动所支出的通信、交通和必要的调查研究等费用。中介人的报酬，是指中介人为委托人与第三人订立技术合同以及对履行该合同提供服务应当得到的收益。

当事人对中介人从事中介活动的费用负担没有约定或者约定不明确的，由中介人承担。当事人约定该费用由委托人承担但未约定具体数额或者计算方法的，由委托人支付中介人从事中介活动支出的必要费用。

当事人对中介人的报酬数额没有约定或者约定不明确的，应当根据中介人所进行的劳务合理确定，并由委托人承担。仅在委托人与第三人订立的技术合同中约定中介条款，但未约定给付中介人报酬或者约定不明确的，应当支付的报酬由委托人和第三人平均承担。

第四十条 中介人未促成委托人与第三人之间的技术合同成立的，其要求支付报酬的请求，人民法院不予支持；其要求委托人支付其从事中介活动必要费用的请求，应当予以支持，但当事人另有约定的除外。

中介人隐瞒与订立技术合同有关的重要事实或者提供虚假情况，侵害委托人利益的，应当根据情况免收报酬并承担赔偿责任。

第四十一条 中介人对造成委托人与第三人之间的技术合同的无效或者被撤销没有过错，并且该技术合同的无效或者被撤销不影响有关中介条款或者技术中介合同继续有效，中介人要求按照约定或者本解释的有关规定给付从事中介活动的费用和报酬的，人民法院应当予以支持。

中介人收取从事中介活动的费用和报酬不应当被视为委托人与第三人之间的技术合同纠纷中一方当事人的损失。

五、与审理技术合同纠纷有关的程序问题

第四十二条 当事人将技术合同和其他合同内容或者将不同类型的技术合同内容订立在一个合同中的，应当根据当事人争议的权利义务内容，确定案件的性质和案由。

技术合同名称与约定的权利义务关系不一致的，应当按照约定的权利义务内容，确定合同的类型和案由。

技术转让合同或者技术许可合同中约定让与人或者许可人负责包销或者回购受让人、被许可人实施合同标的技术制造的产品，仅因让与人或者许可人不履行或者不能全部履行包销或者回购义务引起纠纷，不涉及技术问题的，应当按照包销或者回购条款约定的权利义务内容确定案由。

第四十三条 技术合同纠纷案件一般由中级以上人民法院管辖。

各高级人民法院根据本辖区的实际情况并报经最高人民法院批准，可以指定若干基层人民法院管辖第一审技术合同纠纷案件。

其他司法解释对技术合同纠纷案件管辖另有规定的，从其规定。

合同中既有技术合同内容，又有其他合同内容，当事人就技术合同内容和其他合同内容均发生争议的,由具有技术合同纠纷案件管辖权的人民法院受理。

第四十四条 一方当事人以诉讼争议的技术合同侵害他人技术成果为由请求确认合同无效,或者人民法院在审理技术合同纠纷中发现可能存在该无效事由的,人民法院应当依法通知有关利害关系人,其可以作为有独立请求权的第三人参加诉讼或者依法向有管辖权的人民法院另行起诉。

利害关系人在接到通知后15日内不提起诉讼的,不影响人民法院对案件的审理。

第四十五条 第三人向受理技术合同纠纷案件的人民法院就合同标的技术提出权属或者侵权请求时,受诉人民法院对此也有管辖权的,可以将权属或者侵权纠纷与合同纠纷合并审理;受诉人民法院对此没有管辖权的,应当告知其向有管辖权的人民法院另行起诉或者将已经受理的权属或者侵权纠纷案件移送有管辖权的人民法院。权属或者侵权纠纷另案受理后,合同纠纷应当中止诉讼。

专利实施许可合同诉讼中,被许可人或者第三人向国家知识产权局请求宣告专利权无效的,人民法院可以不中止诉讼。在案件审理过程中专利权被宣告无效的,按照专利法第四十七条第二款和第三款的规定处理。

六、其他

第四十六条 计算机软件开发等合同争议,著作权法以及其他法律、行政法规另有规定的,依照其规定;没有规定的,适用民法典第三编第一分编的规定,并可以参照民法典第三编第二分编第二十章和本解释的有关规定处理。

第四十七条 本解释自2005年1月1日起施行。

(七)借款合同

最高人民法院
关于新民间借贷司法解释适用范围问题的批复

法释〔2020〕27号

(2020年11月9日最高人民法院审判委员会第1815次会议通过
2020年12月29日最高人民法院公告公布 自2021年1月1日起施行)

广东省高级人民法院:

你院《关于新民间借贷司法解释有关法律适用问题的请示》(粤高法〔2020〕108号)收悉。经研究,批复如下:

一、关于适用范围问题。经征求金融监管部门意见,由地方金融监管部门监管的小额贷款公司、融资担保公司、区域性股权市场、典当行、融资租赁公司、商业保理公司、地方资产管理公司等七类地方金融组织,属于经金融监管部门批准设立的金融机构，其因从事相关金融业务引发的纠纷，不适用新民间借贷司法解释。

二、其它两问题已在修订后的司法解释中予以明确，请遵照执行。

三、本批复自 2021 年 1 月 1 日起施行。

最高人民法院
关于审理民间借贷案件适用法律若干问题的规定

（2015 年 6 月 23 日最高人民法院审判委员会第 1655 次会议通过 根据 2020 年 8 月 18 日最高人民法院审判委员会第 1809 次会议通过的《最高人民法院关于修改〈关于审理民间借贷案件适用法律若干问题的规定〉的决定》第一次修正 根据 2020 年 12 月 23 日最高人民法院审判委员会第 1823 次会议通过的《最高人民法院关于修改〈最高人民法院关于在民事审判工作中适用《中华人民共和国工会法》若干问题的解释〉等二十七件民事类司法解释的决定》第二次修正）

为正确审理民间借贷纠纷案件，根据《中华人民共和国民法典》《中华人民共和国民事诉讼法》《中华人民共和国刑事诉讼法》等相关法律之规定，结合审判实践，制定本规定。

第一条 本规定所称的民间借贷，是指自然人、法人和非法人组织之间进行资金融通的行为。

经金融监管部门批准设立的从事贷款业务的金融机构及其分支机构，因发放贷款等相关金融业务引发的纠纷，不适用本规定。

第二条 出借人向人民法院提起民间借贷诉讼时，应当提供借据、收据、欠条等债权凭证以及其他能够证明借贷法律关系存在的证据。

当事人持有的借据、收据、欠条等债权凭证没有载明债权人，持有债权凭证的当事人提起民间借贷诉讼的，人民法院应予受理。被告对原告的债权人资格提出有事实依据的抗辩，人民法院经审查认为原告不具有债权人资格的，裁定驳回起诉。

第三条 借贷双方就合同履行地未约定或者约定不明确，事后未达成补充协议，按照合同相关条款或者交易习惯仍不能确定的，以接受货币一方所在地为合同履行地。

第四条 保证人为借款人提供连带责任保证，出借人仅起诉借款人的，人民法院可以不追加保证人为共同被告；出借人仅起诉保证人的，人民法院可以追加借款人为共同被告。

保证人为借款人提供一般保证，出借人仅起诉保证人的，人民法院应当追加借款人为共同被告；出借人仅起诉借款人的，人民法院可以不追加保证人为共同被告。

第五条 人民法院立案后，发现民间借贷行为本身涉嫌非法集资等犯罪的，应当裁定驳回起诉，并将涉嫌非法集资等犯罪的线索、材料移送公安或者检察机关。

公安或者检察机关不予立案,或者立案侦查后撤销案件,或者检察机关作出不起诉决定,或者经人民法院生效判决认定不构成非法集资等犯罪,当事人又以同一事实向人民法院提起诉讼的,人民法院应予受理。

第六条 人民法院立案后,发现与民间借贷纠纷案件虽有关联但不是同一事实的涉嫌非法集资等犯罪的线索、材料的,人民法院应当继续审理民间借贷纠纷案件,并将涉嫌非法集资等犯罪的线索、材料移送公安或者检察机关。

第七条 民间借贷纠纷的基本案件事实必须以刑事案件的审理结果为依据,而该刑事案件尚未审结的,人民法院应当裁定中止诉讼。

第八条 借款人涉嫌犯罪或者生效判决认定其有罪,出借人起诉请求担保人承担民事责任的,人民法院应予受理。

第九条 自然人之间的借款合同具有下列情形之一的,可以视为合同成立:

(一)以现金支付的,自借款人收到借款时;

(二)以银行转账、网上电子汇款等形式支付的,自资金到达借款人账户时;

(三)以票据交付的,自借款人依法取得票据权利时;

(四)出借人将特定资金账户支配权授权给借款人的,自借款人取得对该账户实际支配权时;

(五)出借人以与借款人约定的其他方式提供借款并实际履行完成时。

第十条 法人之间、非法人组织之间以及它们相互之间为生产、经营需要订立的民间借贷合同,除存在民法典第一百四十六条、第一百五十三条、第一百五十四条以及本规定第十三条规定的情形外,当事人主张民间借贷合同有效的,人民法院应予支持。

第十一条 法人或者非法人组织在本单位内部通过借款形式向职工筹集资金,用于本单位生产、经营,且不存在民法典第一百四十四条、第一百四十六条、第一百五十三条、第一百五十四条以及本规定第十三条规定的情形,当事人主张民间借贷合同有效的,人民法院应予支持。

第十二条 借款人或者出借人的借贷行为涉嫌犯罪,或者已经生效的裁判认定构成犯罪,当事人提起民事诉讼的,民间借贷合同并不当然无效。人民法院应当依据民法典第一百四十四条、第一百四十六条、第一百五十三条、第一百五十四条以及本规定第十三条之规定,认定民间借贷合同的效力。

担保人以借款人或者出借人的借贷行为涉嫌犯罪或者已经生效的裁判认定构成犯罪为由,主张不承担民事责任的,人民法院应当依据民间借贷合同与担保合同的效力、当事人的过错程度,依法确定担保人的民事责任。

第十三条 具有下列情形之一的,人民法院应当认定民间借贷合同无效:

(一)套取金融机构贷款转贷的;

(二)以向其他营利法人借贷、向本单位职工集资,或者以向公众非法吸收存款等方式取得的资金转贷的;

(三)未依法取得放贷资格的出借人,以营利为目的向社会不特定对象提供借款的;

(四)出借人事先知道或者应当知道借款人借款用于违法犯罪活动仍然提供借款的;

（五）违反法律、行政法规强制性规定的；

（六）违背公序良俗的。

第十四条 原告以借据、收据、欠条等债权凭证为依据提起民间借贷诉讼，被告依据基础法律关系提出抗辩或者反诉，并提供证据证明债权纠纷非民间借贷行为引起的，人民法院应当依据查明的案件事实，按照基础法律关系审理。

当事人通过调解、和解或者清算达成的债权债务协议，不适用前款规定。

第十五条 原告仅依据借据、收据、欠条等债权凭证提起民间借贷诉讼，被告抗辩已经偿还借款的，被告应当对其主张提供证据证明。被告提供相应证据证明其主张后，原告仍应就借贷关系的存续承担举证责任。

被告抗辩借贷行为尚未实际发生并能作出合理说明的，人民法院应当结合借贷金额、款项交付、当事人的经济能力、当地或者当事人之间的交易方式、交易习惯、当事人财产变动情况以及证人证言等事实和因素，综合判断查证借贷事实是否发生。

第十六条 原告仅依据金融机构的转账凭证提起民间借贷诉讼，被告抗辩转账系偿还双方之前借款或者其他债务的，被告应当对其主张提供证据证明。被告提供相应证据证明其主张后，原告仍应就借贷关系的成立承担举证责任。

第十七条 依据《最高人民法院关于适用〈中华人民共和国民事诉讼法〉的解释》第一百七十四条第二款之规定，负有举证责任的原告无正当理由拒不到庭，经审查现有证据无法确认借贷行为、借贷金额、支付方式等案件主要事实的，人民法院对原告主张的事实不予认定。

第十八条 人民法院审理民间借贷纠纷案件时发现有下列情形之一的，应当严格审查借贷发生的原因、时间、地点、款项来源、交付方式、款项流向以及借贷双方的关系、经济状况等事实，综合判断是否属于虚假民事诉讼：

（一）出借人明显不具备出借能力；

（二）出借人起诉所依据的事实和理由明显不符合常理；

（三）出借人不能提交债权凭证或者提交的债权凭证存在伪造的可能；

（四）当事人双方在一定期限内多次参加民间借贷诉讼；

（五）当事人无正当理由拒不到庭参加诉讼，委托代理人对借贷事实陈述不清或者陈述前后矛盾；

（六）当事人双方对借贷事实的发生没有任何争议或者诉辩明显不符合常理；

（七）借款人的配偶或者合伙人、案外人的其他债权人提出有事实依据的异议；

（八）当事人在其他纠纷中存在低价转让财产的情形；

（九）当事人不正当放弃权利；

（十）其他可能存在虚假民间借贷诉讼的情形。

第十九条 经查明属于虚假民间借贷诉讼，原告申请撤诉的，人民法院不予准许，并应当依据民事诉讼法第一百一十二条之规定，判决驳回其请求。

诉讼参与人或者其他人恶意制造、参与虚假诉讼，人民法院应当依据民事诉讼法第一百一十一条、第一百一十二条和第一百一十三条之规定，依法予以罚款、拘留；构成犯罪的，应当移送有管辖权的司法机关追究刑事责任。

单位恶意制造、参与虚假诉讼的，人民法院应当对该单位进行罚款，并可以对其主要负责人或者直接责任人员予以罚款、拘留；构成犯罪的，应当移送有管辖权的司法机关追究刑事责任。

第二十条 他人在借据、收据、欠条等债权凭证或者借款合同上签名或者盖章，但是未表明其保证人身份或者承担保证责任，或者通过其他事实不能推定其为保证人，出借人请求其承担保证责任的，人民法院不予支持。

第二十一条 借贷双方通过网络贷款平台形成借贷关系，网络贷款平台的提供者仅提供媒介服务，当事人请求其承担担保责任的，人民法院不予支持。

网络贷款平台的提供者通过网页、广告或者其他媒介明示或者有其他证据证明其为借贷提供担保，出借人请求网络贷款平台的提供者承担担保责任的，人民法院应予支持。

第二十二条 法人的法定代表人或者非法人组织的负责人以单位名义与出借人签订民间借贷合同，有证据证明所借款项系法定代表人或者负责人个人使用，出借人请求将法定代表人或者负责人列为共同被告或者第三人的，人民法院应予准许。

法人的法定代表人或者非法人组织的负责人以个人名义与出借人订立民间借贷合同，所借款项用于单位生产经营，出借人请求单位与个人共同承担责任的，人民法院应予支持。

第二十三条 当事人以订立买卖合同作为民间借贷合同的担保，借款到期后借款人不能还款，出借人请求履行买卖合同的，人民法院应当按照民间借贷法律关系审理。当事人根据法庭审理情况变更诉讼请求的，人民法院应当准许。

按照民间借贷法律关系审理作出的判决生效后，借款人不履行生效判决确定的金钱债务，出借人可以申请拍卖买卖合同标的物，以偿还债务。就拍卖所得的价款与应偿还借款本息之间的差额，借款人或者出借人有权主张返还或者补偿。

第二十四条 借贷双方没有约定利息，出借人主张支付利息的，人民法院不予支持。

自然人之间借贷对利息约定不明，出借人主张支付利息的，人民法院不予支持。除自然人之间借贷的外，借贷双方对借贷利息约定不明，出借人主张利息的，人民法院应当结合民间借贷合同的内容，并根据当地或者当事人的交易方式、交易习惯、市场报价利率等因素确定利息。

第二十五条 出借人请求借款人按照合同约定利率支付利息的，人民法院应予支持，但是双方约定的利率超过合同成立时一年期贷款市场报价利率四倍的除外。

前款所称"一年期贷款市场报价利率"，是指中国人民银行授权全国银行间同业拆借中心自2019年8月20日起每月发布的一年期贷款市场报价利率。

第二十六条 借据、收据、欠条等债权凭证载明的借款金额，一般认定为本金。预先在本金中扣除利息的，人民法院应当将实际出借的金额认定为本金。

第二十七条 借贷双方对前期借款本息结算后将利息计入后期借款本金并重新出具债权凭证，如果前期利率没有超过合同成立时一年期贷款市场报价利率四倍，重新出具的债权凭证载明的金额可认定为后期借款本金。超过部分的利息，不应认定为后期借款本金。

按前款计算，借款人在借款期间届满后应当支付的本息之和，超过以最初借款本金与以最初借款本金为基数、以合同成立时一年期贷款市场报价利率四倍计算的整个借款期间的利息之和的，人民法院不予支持。

第二十八条　借贷双方对逾期利率有约定的，从其约定，但是以不超过合同成立时一年期贷款市场报价利率四倍为限。

未约定逾期利率或者约定不明的，人民法院可以区分不同情况处理：

（一）既未约定借期内利率，也未约定逾期利率，出借人主张借款人自逾期还款之日起参照当时一年期贷款市场报价利率标准计算的利息承担逾期还款违约责任的，人民法院应予支持；

（二）约定了借期内利率但是未约定逾期利率，出借人主张借款人自逾期还款之日起按照借期内利率支付资金占用期间利息的，人民法院应予支持。

第二十九条　出借人与借款人既约定了逾期利率，又约定了违约金或者其他费用，出借人可以选择主张逾期利息、违约金或者其他费用，也可以一并主张，但是总计超过合同成立时一年期贷款市场报价利率四倍的部分，人民法院不予支持。

第三十条　借款人可以提前偿还借款，但是当事人另有约定的除外。

借款人提前偿还借款并主张按照实际借款期限计算利息的，人民法院应予支持。

第三十一条　本规定施行后，人民法院新受理的一审民间借贷纠纷案件，适用本规定。

2020年8月20日之后新受理的一审民间借贷案件，借贷合同成立于2020年8月20日之前，当事人请求适用当时的司法解释计算自合同成立到2020年8月19日的利息部分的，人民法院应予支持；对于自2020年8月20日到借款返还之日的利息部分，适用起诉时本规定的利率保护标准计算。

本规定施行后，最高人民法院以前作出的相关司法解释与本规定不一致的，以本规定为准。

【解读】

解读《关于审理民间借贷案件适用法律若干问题的规定》

基于保障促进实体经济发展和贯彻实施民法典的需要，最高人民法院于2020年8月及12月先后两次对2015年9月起施行的《最高人民法院关于审理民间借贷案件适用法律若干问题的规定》（以下简称《民间借贷司法解释》）作出修改，第二次修正后的新《民间借贷司法解释》已于2021年1月1日与民法典同步施行。本文结合《民间借贷司法解释》两次修改的背景及条文变化情况，对新《民间借贷司法解释》中的相关问题作出介绍与阐释，以供在理解和适用中参考。

一、新《民间借贷司法解释》的修改背景

民间借贷，泛指在国家金融监管体系之外自发形成的融资形式。作为社会经济发展过程中资金供需矛盾的有效解决方案，民间借贷在我国具有广泛的社会基础和深厚的历史渊源。一方面，民间借贷因具备形式灵活、手续简便、融资快捷等显而易见的优点而日趋活跃；另一方面，也因民间借贷天然具有的粗放、隐蔽、无序等特点，加上我国金融体制和法律体系不够完善，民间借贷相关问题引发大量纠纷进入法院，给

人民法院司法审判工作带来困扰。

民间借贷在我国并非一个立法层面的概念，长期以来，是最高人民法院通过制定相关司法解释以及司法政策性文件，在司法实务层面上将借贷行为区分为金融借贷和民间借贷，适用不同的裁判规则和利率保护标准。

早在20世纪50年代初施行的《最高人民法院华东分院关于黄金借贷案件处理问题的解释》，以及《最高人民法院关于城市借贷超过几分为高利贷的解答》中，最高人民法院就开始以司法解释对借贷及利息保护的问题加以规定。自1991年最高人民法院颁行《最高人民法院关于人民法院审理借贷案件的若干意见》，首次以司法解释形式对民间借贷作出明确规范后，最高人民法院又于2011年先后下发《全国民事审判工作会议纪要》《最高人民法院关于依法妥善审理民间借贷纠纷案件促进经济发展维护社会稳定的通知》等司法政策文件，重点加强了在民间借贷案件审理过程中的证据审查、利息与高利的认定、防范惩治虚假诉讼与刑事犯罪行为等方面工作的指导。2015年，为贯彻落实党的十八届三中全会关于金融体制改革的要求，在中央鼓励大众创业、万众创新，要求着力解决中小企业融资难、融资贵问题的政策背景下，在民间借贷纠纷案件数量急剧增长、审理难度不断加大的审判压力下，最高人民法院颁布施行了《民间借贷司法解释》，对于规范民间借贷行为、统一法律适用标准、解决民间借贷纠纷案件中的实体与程序问题起到积极作用，成为人民法院审理民间借贷纠纷案件的重要依据。同时，为便于全国法院认真学习贯彻适用该司法解释，最高人民法院印发《最高人民法院关于认真学习贯彻适用〈关于审理民间借贷案件适用法律若干问题的规定〉的通知》，对司法解释适用中的重要问题作出了进一步规定。

《民间借贷司法解释》自2015年9月1日正式施行以来，社会各界给予充分肯定和积极评价，但随着我国经济社会不断发展、市场与供求关系不断变化、金融体制改革不断深入，民间借贷在有效缓解中小企业融资难的同时也出现了一些新问题，民间借贷领域出现的借贷主体多元化、借贷关系复杂化、纠纷类型多样化等新情况，在客观上放大了民间借贷的风险隐患。近年来，全国人大代表、全国政协委员多人多次提出议案，重点聚焦民间借贷利率司法保护上限问题，要求对《民间借贷司法解释》进行修改完善。各级法院在审理案件的过程中，也总结民间借贷纠纷案件呈现的新特点，反映《民间借贷司法解释》在适用中存在的问题。最高人民法院高度重视，继续深入调研民间借贷相关问题。2017年，最高人民法院印发《最高人民法院关于进一步加强金融审判工作的若干意见》，对规范和引导民间融资秩序，依法否定民间借贷纠纷案件中预扣本金或者利息、变相高息等规避民间借贷利率司法保护上限的合同条款效力作出规范。2018年8月，针对社会上经常出现通过虚增债务、伪造证据、恶意制造违约、收取高额费用等方式非法侵占财物的"套路贷"犯罪行为，最高人民法院印发《最高人民法院关于依法妥善审理民间借贷案件的通知》进行专项规范。直至2019年，《全国法院民商事审判工作会议纪要》进一步明确"人民法院在审理借款合同纠纷案件过程中，要根据防范化解重大金融风险、金融服务实体经济、降低融资成本的精神，区别对待金融借贷与民间借贷，并适用不同规则与利率标准。要依法否定高利转贷行为、职业放贷行为的效力"，司法对民间借贷的规制一直延续。

2020年初，我国经济遭受新冠疫情的巨大冲击，中小企业、个体工商户面临更多融资困境。为统筹推进常态化疫情防控和经济社会良性健康发展，最高人民法院正式启动对《民间借贷司法解释》的修改工作。该次修改以规范与保护民间借贷，统筹推进常态化疫情防控和经济社会良性健康发展为目的，针对民间借贷合同效力、利率利息等重要问题作出研究。值得注意的是，2020年5月28日，我国民法典正式颁布，最高人民法院随即展开了对民法典相关司法解释和规范性文件的清理工作，故《民间借贷司法解释》的此次修改还承担了贯彻落实民法典精神实质的重要任务。在认真研究各级法院反馈问题，广泛听取代表委员、企业家代表、专家学者以及有关部门意见建议的基础上，先后形成讨论稿、送审稿、清理稿等多个文稿，三次报送审判委员会及民事行政专业委员会讨论。2020年8月18日，最高人民法院审判委员会第1809次会议通过《最高人民法院关于修改〈关于审理民间借贷案件适用法律若干问题的规定〉的决定》，修改后的《民间借贷司法解释》于2020年8月20日正式公布并施行。

《民间借贷司法解释》规定的内容，是以民法典作为实体法依据。作为民法典相关司法解释清理工作必不可少的部分，结合2020年8月20日司法解释施行后社会各界反馈的意见，最高人民法院决定再次对《民间借贷司法解释》进行修改。2020年12月，司法解释清理工作全面完成，根据2020年12月23日最高人民法院审判委员会第1823次会议通过的《最高人民法院关于修改〈最高人民法院关于在民事审判工作中适用《中华人民共和国工会法》若干问题的解释〉等二十七件民事类司法解释的决定》，第二次修正后的新《民间借贷司法解释》自2021年1月1日起与民法典同步施行。

二、新《民间借贷司法解释》的适用范围

对于民间借贷概念的界定，我国学术和实务界长期存在不同观点，但均认可民间借贷具有未获官方金融机构许可、游离于金融监管之外进行资金融通活动的本质属性。从相关文献看，国外也普遍以"非正式金融"的概念来描述我国的民间借贷，用于泛指在银行业监管机关的监管之外，由非正式金融机构参与实施的金融活动。结合民法典第二条"民法调整平等主体的自然人、法人和非法人组织之间的人身关系和财产关系"的规定，新《民间借贷司法解释》第一条明确规定："本规定所称的民间借贷，是指自然人、法人和非法人组织之间进行资金融通的行为。经金融监管部门批准设立的从事贷款业务的金融机构及其分支机构，因发放贷款等相关金融业务引发的纠纷，不适用本规定。"该规定不仅从形式上明晰了民间借贷的民间性特征，更从借贷主体的角度，将民间借贷与金融借贷进行了划分。

2017年，中共中央、国务院印发《关于服务实体经济防控金融风险深化金融改革的若干意见》。根据中央部署，地方金融监督管理局的监管范围是"7+4"，具体负责对小额贷款公司、融资担保公司、区域性股权市场、典当行、融资租赁公司、商业保理公司、地方资产管理公司等金融机构实施监管，强化对投资公司、农民专业合作社、社会众筹机构、地方各类交易所等的监管。据此，除传统意义上的金融机构外，我国出现了类金融机构的表现形式。2020年8月20日《民间借贷司法解释》施行以后，因大幅调低了司法对民间借贷利率的保护上限，有关部门和一些法院反映，应对"经金融监管部门批准设立的从事贷款业务的金融机构"的认定标准予以明确。

鉴于批准设立从事贷款业务的金融机构属于金融监管部门职权范围，最高人民法院书面征求了中国人民银行、中国银行保险监督管理委员会的意见，以《最高人民法院关于新民间借贷司法解释适用范围问题的批复》，对广东省高级人民法院作出答复。该批复第一条明确规定："关于适用范围问题。经征求金融监管部门意见，由地方金融监管部门监管的小额贷款公司、融资担保公司、区域性股权市场、典当行、融资租赁公司、商业保理公司、地方资产管理公司七类地方金融组织,属于经金融监管部门批准设立的金融机构,其因从事相关金融业务引发的纠纷,不适用新民间借贷司法解释。"

三、关于借贷合同无效的认定规则

法律规定了合同无效制度,以集中体现对行为的否定态度。新《民间借贷司法解释》对民间借贷合同无效事由作出规定,体现对借贷行为的管控和规制,为借贷主体参与民间借贷活动划定界限。相较于2015年《民间借贷司法解释》,新司法解释第十三条对借贷合同无效事由作出以下修改:

一是删除了第一项、第二项关于"借款人事先知道或者应当知道"的无效要件,进一步放宽民间借贷合同无效的认定标准;

二是将第一项规定的"信贷资金"改为"贷款",避免在适用中对贷款性质产生歧义,同时删除了"转贷"前的"高利"二字,放弃了出借人牟利目的的无效要件,即便转贷行为并不获利,也因该行为具有规避金融监管、扰乱金融秩序的性质,不应认可其效力;

三是增加"未依法取得放贷资格的出借人,以营利为目的向社会不特定对象提供借款的"作为规定的第三项,明确禁止职业放贷行为;

四是为与民法典的规定保持一致,对有关条款的具体表述作出规范。

需要注意的是,首先,2015年《民间借贷司法解释》确立的转贷无效规则,有条件地承认了企业间借贷合同的效力,取得了良好的效果。为顺应我国市场经济发展趋势,新《民间借贷司法解释》修改过程中,最高人民法院先后征求了有关主管部门、专家学者以及行业协会的意见,决定突出民间借贷以自有资金和禁止吸收他人资金转手放款的原则要求,对转贷无效规则作出严格限定。实践中,对于新《民间借贷司法解释》第十三条第一项规定存有一定争议,有观点认为,只要有证据证明出借人在出借款项的同期尚有金融机构贷款尚未偿还,出借人又不能举证证明款项的具体来源的,即可推定其实施了套取金融机构贷款的转贷行为。笔者认为,该项规定旨在加重出借人对资金来源的举证责任,但在认定是否构成套取金融机构贷款转贷的具体情形时,还应当综合出借人的贷款用途、出借人的金融贷款与用于出借的款项是否可以区分等方面加以综合考虑。

另外,该条第二项之规定中虽有"向其他营利法人借贷""向本单位职工集资"的表述,但并不影响主体的广泛性,并未将自然人主体排除在外,出借人为自然人的,只要符合行为要件,也可适用该项规定认定合同无效。

其次,我国虽一直秉持民商合一的立法体系,但仍重视民商区分的法律思维。职业放贷人以放贷为业,对金融市场规则十分熟悉,有较高能力控制风险和节约成本,已经超出了民事行为的范畴,依据银行业监督管理法、《中国银行保险监督管理委员会、公安部、国家市场监督管理总局、中国人民银行关于规范民间借贷行为维护经济金融秩序有关事项的通知》的相关规定,职业放贷行为严重危害金融秩序,应当严格禁止。2015年《民间借贷司法解释》制定过程中,考虑到职业放贷人难以认定,我国《放贷人条例》在当时已形成草案,故未将职业放贷行为纳入司法解释的规制范围。但《放贷人条例》至今仍未出台,职业放贷现象却愈演愈烈,故新《民间借贷司法解释》

第十三条第三项明确规定了职业放贷行为的合同无效事由。而关于职业放贷行为的认定标准,法律并无明确规定,相关司法解释和司法政策文件虽有涉及,但规定不一。笔者认为,除应结合条款中关于出借人是否获得有权机关的依法批准,出借行为是否具有营利目的以及是否属于向不特定对象提供借款的规定对职业放贷行为作出认定以外,还可以由各高级人民法院探索在本辖区范围内,综合考虑出借人放贷的次数、金额、主要收入来源、在法院集中诉讼的情况等对职业放贷人标准予以具体规范。

最后,该条规定根据民间借贷合同的特点,涵盖了民间借贷合同无效的主要事由。实践中,对于符合民法典规定民事法律行为无效情形的民间借贷行为,应当直接依据民法典的相关规定认定无效。例如,借贷合同的一方主体为无民事行为能力人的,应当依据民法典第一百四十四条之规定认定无效;出借人与借款人以虚假的意思表示订立民间借贷合同的,应当依据民法典第一百四十六条之规定认定无效。

四、关于民间借贷利率的司法保护上限

利率问题是民间借贷的核心问题,也是新《民间借贷司法解释》的主要内容。经济学理论认为,金融是实体经济的血脉,以促进资金在各产业和企业间流动,来实现资源的优化配置,促进实体经济发展。理想的利率标准应当由市场自发形成,但利率市场化不是利率无序化,无序的市场会降低金融配置资源的效率,导致金融与实体经济失衡,既不利于实体经济发展,也不利于融资活动规范开展,必须加以规制。从我国目前情况看,行政管理层面上,民间借贷缺乏明确的主管部门;立法层面上,民法典第六百八十条虽然规定"禁止高利放贷,借款的利率不得违反国家有关规定",但民间借贷的利率标准并没有相关法律、法规作出明确规范。与此同时,市场主体的民间借贷活动却日益活跃,人民法院受理民间借贷纠纷案件数量激增,在近年来每年均有两百余万件民间借贷纠纷案件涌入法院,人民法院不能拒绝裁判的情况下,划定民间借贷利率的司法保护上限,是人民法院公平公正处理民间借贷案件的前提条件,可以为民间借贷纠纷的解决提供具体明确的裁判标准和救济渠道。因此,无论是1991年《最高人民法院关于人民法院审理借贷案件的若干意见》,还是2015年《民间借贷司法解释》,均对民间借贷利率的司法保护上限作出规定。当然,作为借款合同的一种形式,尊重当事人的意思自治仍是处理民间借贷纠纷应当坚持的一项根本准则,只有恪守意思自治原则,才能充分发挥民间借贷在融通资金、激活市场方面的积极作用。新《民间借贷司法解释》划定民间借贷利率的保护上限,并不妨碍当事人在实施借贷行为过程中的意思自治。只要不违反法律、行政法规的强制性规定,不违背公序良俗,借贷双方有权按照自己的意思,就借款合同中的借款期限、利息计算、逾期利息、合同解除等内容作出自愿协商,并承受相应的法律后果。

关于民间借贷利率的司法保护上限标准问题,最高人民法院在调研过程中收集到社会各界的三种主要意见。

第一种意见以全国人大代表、政协委员为代表,认为应当大幅度降低民间借贷利率的司法保护上限到与实体经济的利润率基本持平的程度,着力缓解中小企业融资压力,保障促进实体经济发展;

第二种意见以立法机关为代表,认为应对民间借贷采取与金融机构借贷相同利率标准的保护上限,进一步压缩民间借贷的生存空间,体现从严、治乱的精神要求;

第三种意见以金融监管部门为代表,认为2015年《民间借贷司法解释》确定"以

24%和36%为基准的两线三区"标准符合民间借贷的特性,有利于提高民间借贷资金的可获得性,可以继续沿用。

笔者认为,为避免合同在履行过程中的风险,民间借贷利率的司法保护上限经常会成为借贷双方约定利率的重要参考,并辐射性地影响金融市场的资金定价,过高或者过低地划定保护上限的标准,均不利于民间借贷平稳健康发展,也不利于金融市场秩序稳定。鉴于2019年8月17日中国人民银行已经发布2019第15号公告,决定改革完善贷款市场报价利率(LPR)形成机制,参考近期LPR数据的运行情况,将民间借贷利率的保护标准与国家货币政策调控机制进行衔接,既能适应我国利率市场化改革的客观需要,又能有效降低民间融资的成本,为民间借贷市场发展预留空间。同时,考虑到我国司法实践中长期以来对民间借贷利率不超过银行同类贷款利率四倍的上限规定的接受程度,新《民间借贷司法解释》第二十五条明确规定:"出借人请求借款人按照合同约定利率支付利息的,人民法院应予支持,但是双方约定的利率超过合同成立时一年期贷款市场报价利率四倍的除外。前款所称'一年期贷款市场报价利率',是指中国人民银行授权全国银行间同业拆借中心自2019年8月20日起每月发布的一年期贷款市场报价利率。"

五、新《民间借贷司法解释》执行的本息保护政策

为贯彻落实民法典第六百八十条关于"禁止高利放贷"的原则精神,新《民间借贷司法解释》继续执行更加严格的本息保护政策。依据新《民间借贷司法解释》第二十五条第一款、第二十七条第二款、第二十八条以及第二十九条之规定,无论当事人采取何种方式约定利息,对于按照约定要求借款人支付的利息,超过双方合同成立时一年期贷款市场报价利率四倍计算的整个借款期间利息之和的,人民法院均不予支持。除此以外,当事人主张的逾期利息、违约金或者其他费用总计超过合同成立时一年期贷款市场报价利率四倍的部分,人民法院亦不予支持。

具体而言,该部分法律适用应当注意以下两个问题。

第一,关于2020年8月20日《民间借贷司法解释》施行后逾期还款违约责任的标准问题,新《民间借贷司法解释》第二十八条第二款第一项明确规定,"既未约定借期内利率,也未约定逾期利率,出借人主张借款人自逾期还款之日起参照当时一年期贷款市场报价利率标准计算的利息承担逾期还款违约责任的,人民法院应予支持",对借款人逾期还款违约责任的计算标准作出了完善。

第二,为防止出借人以费用名义额外计收利息,进而规避民间借贷利率的司法保护上限,应当从第二十九条规定控制借款成本的立法本意出发,将"其他费用"理解为借款人为获得借款而支付的其他成本,应与利率的性质基本相同,包括但不限于服务费、咨询费、管理费、会员费等各种除借款本金之外实际支付的费用。对于实践中争议较大的担保费问题,由于"其他费用"已经明确为出借人向借款人实际收取的费用,应视担保费是否最终由出借人实际收取作出认定。

六、新《民间借贷司法解释》的溯及力

司法解释的溯及力直接决定该司法解释是否适用于某一案件,对当事人的权利义务影响巨大。在修改2015年《民间借贷司法解释》的过程中,因民间借贷利率司法保护上限的下调,有关溯及力的规定成为利率问题之外的又一重点。因涉及社会综合治理下存量债务的清理工作,涉及新旧司法解释的衔接适用,考虑到对当事人权益的平

衡保护，以及该条规定将会对人民法院依法审理民间借贷纠纷案件产生较大影响，在2020年8月20日司法解释颁布后，最高人民法院又听取了各方面反馈意见，以民法典司法解释清理工作为契机，对该条规定作出补充完善。

由于我国立法法（2015年修正，下同）第九十三条规定："法律、行政法规、地方性法规、自治条例和单行条例、规章不溯及既往，但为了更好地保护公民、法人和其他组织的权利和利益而作的特别规定除外。"关于司法解释是否具有溯及力问题一直存有不同认识。

根据1981年第五届全国人大第十九次常委会通过的《关于加强法律解释工作的决议》的相关规定，凡是属于法院审判工作中具体应用法律、法令的问题，由最高人民法院解释。由此可见，司法解释作为司法机关为统一法律适用标准而对现行立法作出的解释，是对如何正确理解和执行法律所作出的具体规定，其内容是法律的应有之义，解释的内容一般不得超越法律本身，也就不会超越社会成员的正当预期，溯及既往也不会损害人们的信赖利益。最高人民法院大多数司法解释都规定，自司法解释施行之日起，人民法院尚未审结的一审、二审案件均应适用，这一规定方式实际上是认可了司法解释具有天然溯及力的观点。

但是，司法解释虽是对既有法律所作之解释，而我国的司法解释，在一定程度上还起到填补立法空白的作用，《民间借贷司法解释》有关利率保护标准的规定即是如此，至少在现阶段承担着填补立法空白的作用，按照"法不溯及既往"的普遍原则，民事法律行为的当事人不应被将来的、不确定的法律规范，影响其在设定民事权利义务时的合法信赖利益。

法的生命在于实施，以无溯及力为原则，有溯及力为例外。新《民间借贷司法解释》第三十一条规定："本规定施行后，人民法院新受理的一审民间借贷纠纷案件，适用本规定。2020年8月20日之后新受理的一审民间借贷案件，借贷合同成立于2020年8月20日之前，当事人请求适用当时的司法解释计算自合同成立到2020年8月19日的利息部分的，人民法院应予支持；对于自2020年8月20日到借款返还之日的利息部分，适用起诉时本规定的利率保护标准计算。本规定施行后，最高人民法院以前作出的相关司法解释与本规定不一致的，以本规定为准。"本条第一款"本规定施行后，人民法院新受理的一审民间借贷纠纷案件，适用本规定"，是指自2020年8月20日起，各级人民法院新受理的一审民间借贷纠纷案件适用新《民间借贷司法解释》，对于已经受理的一审、二审及再审案件的审理不适用新《民间借贷司法解释》，是新司法解释时间效力的原则性规定。

一是慎重考量了立法法的相关规定。基于司法解释的功能定位，新《民间借贷司法解释》关于利率保护和合同效力等主要内容，符合立法法第九十三条"为了更好地保护公民、法人和其他组织的权利和利益而作的特别规定"的例外情形，可以有利溯及适用。

二是充分参考了2014年以来最高人民法院发布的民商事类司法解释，多采用"实体从旧、程序从新"的溯及力准则，作为民间借贷行为的全面规范，新《民间借贷司法解释》以实体内容为主，适用于新受理的一审案件，也符合民事审判规律。至于"新受理案件"的标准问题，实践中存有一定争议。笔者认为，按照我国立案登记制度的相关规定，在2020年8月20日前人民法院收到当事人起诉材料且已转入诉前调解程序的,在2020年8月20日(含)后登记立案的案件,应视为是8月20日前受理的案件,依据《规定》第三十一条第一款之规定,不适用新《民间借贷司法解释》。

《规定》第三十一条第二款之规定注重保护民间借贷合同当事人的合理预期,为不减损当事人既存权利,同时体现新司法解释颁布后的规范和引导作用,明确了"跨法"行为分段适用新旧司法解释的具体规则。依据该款规定,人民法院在审理2020年8月20日后新受理的一审民间借贷案件时,对于借贷合同成立于8月20日之前,延续到新司法解释之后的借贷合同,当事人请求按照2015年《民间借贷司法解释》确定的标准计算部分利息的,以不越过8月19日为界,人民法院应予支持。

此外,根据"新法优于旧法"的法的适用原则,《规定》第三十一条第三款规定,最高人民法院以前作出的司法解释与新《民间借贷司法解释》对同一法律问题或者规则的规定存在适用冲突的,以新《民间借贷司法解释》的规定为准。

(撰稿人:刘敏、张纯、唐倩)

最高人民法院
关于债务人在约定的期限届满后未履行债务而出具没有还款日期的欠款条诉讼时效期间应从何时开始计算问题的批复

(1994年3月26日,根据2020年12月23日最高人民法院审判委员会第1823次会议通过的《最高人民法院关于修改〈最高人民法院关于在民事审判工作中适用《中华人民共和国工会法》若干问题的解释〉等二十七件民事类司法解释的决定》修正)

山东省高级人民法院:

你院鲁高法〈1992〉70号请示收悉。关于债务人在约定的期限届满后未履行债务,而出具没有还款日期的欠款条,诉讼时效期间应从何时开始计算的问题,经研究,答复如下:

据你院报告称,双方当事人原约定,供方交货后,需方立即付款。需方收货后因无款可付,经供方同意写了没有还款日期的欠款条。根据民法典第一百九十五条的规定,应认定诉讼时效中断。如果供方在诉讼时效中断后一直未主张权利,诉讼时效期间则应从供方收到需方所写欠款条之日起重新计算。

此复。

最高人民法院
关于超过诉讼时效期间借款人在催款通知单上签字或者盖章的法律效力问题的批复

法释〔1999〕7号

(1999年1月29日最高人民法院审判委员会第1042次会议通过 1999年2月11日最高人民法院公告公布 自1999年2月16日起施行)

河北省高级人民法院：

你院〔1998〕冀经一请字第38号《关于超过诉讼时效期间信用社向借款人发出的"催收到期贷款通知单"是否受法律保护的请示》收悉。经研究，答复如下：

根据《中华人民共和国民法通则》第四条、第九十条规定的精神，对于超过诉讼时效期间，信用社向借款人发出催收到期贷款通知单，债务人在该通知单上签字或者盖章的，应当视为对原债务的重新确认，该债权债务关系应受法律保护。

此复。

【解读】

解读《关于超过诉讼时效期间借款人在催款通知单上签字或者盖章的法律效力问题的批复》

一、问题的提出

最高人民法院于1999年2月11日公布了《最高人民法院关于超过诉讼时效期间借款人在催款通知单上签字或者盖章的法律效力问题的批复》(以下简称本批复)。

二、理解与适用

（一）诉讼时效期间届满的效力

根据民法通则的规定，诉讼时效是指权利人在法定期间内不向人民法院请求，就丧失了请求人民法院按照诉讼程序强制义务人履行义务的权利的法律制度。虽然民法通则第一百三十五条的表述为"向人民法院请求保护民事权利的诉讼时效期间为二年"，但根据司法解释及多数人对该条的理解，认为诉讼时效期间届满后，权利丧失了胜诉权，而不丧失起诉权。依据民法通则第一百三十八条的规定，超过诉讼时效期间，当事人自愿履行的，不受诉讼时效限制。也就是说，诉讼时效期间届满后，义务人自愿履行的，权利人仍有权受领。债务人履行义务后，不得以不知诉讼时效届满为理由要求返还。这是因为只要义务人不依法履行义务，权利人的民事实体权利就不因时效届满而消灭。

纵观世界上多数国家关于诉讼时效的立法例，对诉讼时效期间届满大体有三种立法模式：一是实体权利消灭。日本等国采取此立法模式。按此种立法模式，诉讼时效届满后，当事人的实体权利消灭，即使债务人自愿履行其义务，也构成不当得利。二是诉权消灭。也就是说，诉讼时效届满后，民事权利仍然存在，但不能请求法院强制执行，形成自然债务。如苏俄民法典第81条规定，"受理诉讼不管诉讼时效是否过期"。三是抗辩权产生。诉讼时效期间届满后，债务人取得拒绝履行抗辩权，但债务人自愿履行的，视为放弃抗辩权，履行有效。这三种立法模式各有不同的立法理由：第一种立法模式认为规定时效制度在于维护社会秩序的安定；第三种立法模式认为债权人长期怠于行使权利，就应当推定其不愿意再享有权利，因而债务人可拒绝履行债务，但不愿拒绝的也不应禁止；第二种模式实际上折中了上述两种理由。我国民法通则的规定类似上述第三种模式。

（二）债务人在债权人的催款通知单签章的效力

本批复实际上确认了诉讼时效期间届满后债务人在债权人催款通知单签章的法律效力，即认为债务人的签章行为是对原债务的重新确认。

对这种签章行为的效力有不同的意见。一种观点认为，这种签章行为不构成具有法律效力的还款协议。主要理由包括：一是认为这种签章行为不产生诉讼时效中断的效力。因为诉讼时效中断必须在诉讼时效进行过程中，超过诉讼时效后的行为不能引起诉讼时效中断的法律后果。二是认为诉讼时效制度是一种法律制度，有关诉讼时效的规定为强制性法律规范。这种规范不因当事人的协商一致而改变。订立协议本身不能改变因诉讼时效届满而致权利人丧失胜诉权这一既定事实，也不能延长诉讼时效，更不能建立新的诉讼时效。三是债务人的签章行为虽然对原来存在于当事人间的债权债务关系予以重新确认，并没有产生新的债权债务关系。四是没有真正理解民法通则对诉讼时效制度的规定。民法通则只是规定："超过诉讼时效期间，当事人自愿履行的，不受诉讼时效的限制。"民法通则的此条规定，只有当事人"自愿履行的"，即义务人有履行义务的行为而且权利人接受的，才产生不受诉讼时效的限制的法律后果。义务人只有履行义务的意思表示，而没有履行义务的行为，或者义务人有履行义务的行为但权利人不接受的，都不产生"不受诉讼时效限制"的法律后果。

另一种观点认为，债务人的签章行为具有法律效力，构成新的还款协议。这种意见的主要理由包括：第一，诚实信用原则是民事活动的帝王原则，是参与民事活动的所有当事人都应当遵守的原则。民法通则第四条规定，民事活动应当遵循自愿、公平、等价有偿、诚实信用原则。根据这一原则，借款合同的借款人应当按照约定归还借款本息，没有履行此项义务本身就违背了诚实信用原则；虽然诉讼时效期间届满，但债务人在贷款人的催款通知书中签章，表明了债务人对原债务的重新确认，如果不承担这种确认所带来的法律后果也是违背诚信原则的行为。第二，民法通则第九十条规定，合法的借贷关系受法律保护。因此，借款人履行还款义务是法定义务。第三，根据民事活动中当事人意思自治原则，借款人在催收贷款通知单上的签章行为是其真实的意思表示，因而债务人签章后，债权人与债务人对还款协议应是一项自愿达成的协议。人民法院没有理由不尊重当事人的真实意思表示。第四，本批复坚持了最高人民法院的一贯原则立场。1997年4月16日最高人民法院制定的《最高人民法院关于超过诉讼时效期间当事人达成的还款协议是否应当受法律保护问题的批复》（法复〔1997〕4号）

指出:"根据《中华人民共和国民法通则》第九十条规定的精神,对超过诉讼时效期间,当事人双方就原债务达成还款协议的,应当依法予以保护。"第五,也有人认为,我国民法通则所规定的诉讼时效期间与其他国家的法律相比,诉讼时效期间过短,不利于保护当事人的合法权益。

(撰稿人:汪治平)

四、人格权

最高人民法院
关于审理人身损害赔偿案件适用法律若干问题的解释

(2003年12月4日最高人民法院审判委员会第1299次会议通过 根据2020年12月23日最高人民法院审判委员会第1823次会议通过的《最高人民法院关于修改〈最高人民法院关于在民事审判工作中适用《中华人民共和国工会法》若干问题的解释〉等二十七件民事类司法解释的决定》修正 根据2022年2月15日最高人民法院审判委员会第1864次会议通过的《最高人民法院关于修改〈最高人民法院关于审理人身损害赔偿案件适用法律若干问题的解释〉的决定》修正)

为正确审理人身损害赔偿案件,依法保护当事人的合法权益,根据《中华人民共和国民法典》《中华人民共和国民事诉讼法》等有关法律规定,结合审判实践,制定本解释。

第一条 因生命、身体、健康遭受侵害,赔偿权利人起诉请求赔偿义务人赔偿物质损害和精神损害的,人民法院应予受理。

本条所称"赔偿权利人",是指因侵权行为或者其他致害原因直接遭受人身损害的受害人以及死亡受害人的近亲属。

本条所称"赔偿义务人",是指因自己或者他人的侵权行为以及其他致害原因依法应当承担民事责任的自然人、法人或者非法人组织。

第二条 赔偿权利人起诉部分共同侵权人的,人民法院应当追加其他共同侵权人作为共同被告。赔偿权利人在诉讼中放弃对部分共同侵权人的诉讼请求的,其他共同侵权人对被放弃诉讼请求的被告应当承担的赔偿份额不承担连带责任。责任范围难以确定的,推定各共同侵权人承担同等责任。

人民法院应当将放弃诉讼请求的法律后果告知赔偿权利人,并将放弃诉讼请求的情况在法律文书中叙明。

第三条 依法应当参加工伤保险统筹的用人单位的劳动者,因工伤事故遭受人身损害，劳动者或者其近亲属向人民法院起诉请求用人单位承担民事赔偿责任的，告知其按《工伤保险条例》的规定处理。

因用人单位以外的第三人侵权造成劳动者人身损害，赔偿权利人请求第三人承担民事赔偿责任的，人民法院应予支持。

第四条 无偿提供劳务的帮工人，在从事帮工活动中致人损害的，被帮工人应当承担赔偿责任。被帮工人承担赔偿责任后向有故意或者重大过失的帮工人追偿的，人民法院应予支持。被帮工人明确拒绝帮工的，不承担赔偿责任。

第五条 无偿提供劳务的帮工人因帮工活动遭受人身损害的，根据帮工人和被帮工人各自的过错承担相应的责任；被帮工人明确拒绝帮工的，被帮工人不承担赔偿责任，但可以在受益范围内予以适当补偿。

帮工人在帮工活动中因第三人的行为遭受人身损害的，有权请求第三人承担赔偿责任，也有权请求被帮工人予以适当补偿。被帮工人补偿后，可以向第三人追偿。

第六条 医疗费根据医疗机构出具的医药费、住院费等收款凭证，结合病历和诊断证明等相关证据确定。赔偿义务人对治疗的必要性和合理性有异议的，应当承担相应的举证责任。

医疗费的赔偿数额，按照一审法庭辩论终结前实际发生的数额确定。器官功能恢复训练所必要的康复费、适当的整容费以及其他后续治疗费，赔偿权利人可以待实际发生后另行起诉。但根据医疗证明或者鉴定结论确定必然发生的费用，可以与已经发生的医疗费一并予以赔偿。

第七条 误工费根据受害人的误工时间和收入状况确定。

误工时间根据受害人接受治疗的医疗机构出具的证明确定。受害人因伤致残持续误工的，误工时间可以计算至定残日前一天。

受害人有固定收入的，误工费按照实际减少的收入计算。受害人无固定收入的，按照其最近三年的平均收入计算；受害人不能举证证明其最近三年的平均收入状况的，可以参照受诉法院所在地相同或者相近行业上一年度职工的平均工资计算。

第八条 护理费根据护理人员的收入状况和护理人数、护理期限确定。

护理人员有收入的，参照误工费的规定计算；护理人员没有收入或者雇佣护工的，参照当地护工从事同等级别护理的劳务报酬标准计算。护理人员原则上为一人，但医疗机构或者鉴定机构有明确意见的，可以参照确定护理人员人数。

护理期限应计算至受害人恢复生活自理能力时止。受害人因残疾不能恢复生活自理能力的，可以根据其年龄、健康状况等因素确定合理的护理期限，但最长不超过二十年。

受害人定残后的护理，应当根据其护理依赖程度并结合配制残疾辅助器具的情况确定护理级别。

第九条 交通费根据受害人及其必要的陪护人员因就医或者转院治疗实际发生的费用计算。交通费应当以正式票据为凭；有关凭据应当与就医地点、时间、人数、次数相符合。

第十条 住院伙食补助费可以参照当地国家机关一般工作人员的出差伙食补助标准予以确定。

受害人确有必要到外地治疗，因客观原因不能住院，受害人本人及其陪护人员实际发生的住宿费和伙食费,其合理部分应予赔偿。

第十一条 营养费根据受害人伤残情况参照医疗机构的意见确定。

第十二条 残疾赔偿金根据受害人丧失劳动能力程度或者伤残等级,按照受诉法院所在地上一年度城镇居民人均可支配收入标准,自定残之日起按二十年计算。但六十周岁以上的,年龄每增加一岁减少一年;七十五周岁以上的,按五年计算。

受害人因伤致残但实际收入没有减少,或者伤残等级较轻但造成职业妨害严重影响其劳动就业的,可以对残疾赔偿金作相应调整。

第十三条 残疾辅助器具费按照普通适用器具的合理费用标准计算。伤情有特殊需要的,可以参照辅助器具配制机构的意见确定相应的合理费用标准。

辅助器具的更换周期和赔偿期限参照配制机构的意见确定。

第十四条 丧葬费按照受诉法院所在地上一年度职工月平均工资标准,以六个月总额计算。

第十五条 死亡赔偿金按照受诉法院所在地上一年度城镇居民人均可支配收入标准,按二十年计算。但六十周岁以上的,年龄每增加一岁减少一年;七十五周岁以上的,按五年计算。

第十六条 被扶养人生活费计入残疾赔偿金或者死亡赔偿金。

第十七条 被扶养人生活费根据扶养人丧失劳动能力程度,按照受诉法院所在地上一年度城镇居民人均消费支出标准计算。被扶养人为未成年人的,计算至十八周岁;被扶养人无劳动能力又无其他生活来源的,计算二十年。但六十周岁以上的,年龄每增加一岁减少一年;七十五周岁以上的,按五年计算。

被扶养人是指受害人依法应当承担扶养义务的未成年人或者丧失劳动能力又无其他生活来源的成年近亲属。被扶养人还有其他扶养人的,赔偿义务人只赔偿受害人依法应当负担的部分。被扶养人有数人的,年赔偿总额累计不超过上一年度城镇居民人均消费支出额。

第十八条 赔偿权利人举证证明其住所地或者经常居住地城镇居民人均可支配收入高于受诉法院所在地标准的,残疾赔偿金或者死亡赔偿金可以按照其住所地或者经常居住地的相关标准计算。

被扶养人生活费的相关计算标准,依照前款原则确定。

第十九条 超过确定的护理期限、辅助器具费给付年限或者残疾赔偿金给付年限,赔偿权利人向人民法院起诉请求继续给付护理费、辅助器具费或者残疾赔偿金的,人民法院应予受理。赔偿权利人确需继续护理、配制辅助器具,或者没有劳动能力和生活来源的,人民法院应当判令赔偿义务人继续给付相关费用五至十年。

第二十条 赔偿义务人请求以定期金方式给付残疾赔偿金、辅助器具费的,应当提供相应的担保。人民法院可以根据赔偿义务人的给付能力和提供担保的情况,确定以定期金方式给付相关费用。但是,一审法庭辩论终结前已经发生的费用、死亡赔偿金以及精神损害抚慰金,应当一次性给付。

第二十一条 人民法院应当在法律文书中明确定期金的给付时间、方式以及每期给付标准。执行期间有关统计数据发生变化的,给付金额应当适时进行相应调整。

定期金按照赔偿权利人的实际生存年限给付,不受本解释有关赔偿期限的限制。

第二十二条 本解释所称"城镇居民人均可支配收入""城镇居民人均消费支出"

"职工平均工资",按照政府统计部门公布的各省、自治区、直辖市以及经济特区和计划单列市上一年度相关统计数据确定。

"上一年度",是指一审法庭辩论终结时的上一统计年度。

第二十三条 精神损害抚慰金适用《最高人民法院关于确定民事侵权精神损害赔偿责任若干问题的解释》予以确定。

第二十四条 本解释自 2022 年 5 月 1 日起施行。施行后发生的侵权行为引起的人身损害赔偿案件适用本解释。

本院以前发布的司法解释与本解释不一致的,以本解释为准。

【解读】

人身损害赔偿司法解释的两次修改与重点解读

民法典于 2020 年 5 月 28 日公布以后,为配合民法典贯彻实施,最高人民法院依法履行进行司法解释的职能,集中开展相关的司法解释清理工作。2020 年底,《最高人民法院关于审理人身损害赔偿案件适用法律若干问题的解释》(法释〔2003〕20 号,以下简称 2003 年《人身损害赔偿解释》)完成第一次整体清理修改,其中保留 18 条[①]、删除 14 条[②]、修改 4 条[③]、增加 2 条[④],修改后的司法解释共计 24 条。

2020 年 12 月 23 日,最高人民法院审判委员会第 1823 次会议审议通过《最高人民法院关于修改〈最高人民法院关于在民事审判工作中适用《中华人民共和国工会法》若干问题的解释〉等二十七件民事类司法解释的决定》(法释〔2020〕17 号),据此修改后的《最高人民法院关于审理人身损害赔偿案件适用法律若干问题的解释》(以下简称 2020 年《人身损害赔偿解释》)于 2021 年 1 月 1 日起与民法典同步施行。

2022 年 2 月 15 日,最高人民法院审判委员会第 1864 次会议审议通过《最高人民法院关于修改〈最高人民法院关于审理人身损害赔偿案件适用法律若干问题的解释〉的决定》,据此发布《最高人民法院关于审理人身损害赔偿案件适用法律若干问题的解释》(法释〔2022〕14 号,以下简称 2022 年《人身损害赔偿解释》)。此次修改,主要

[①] 保留 2003 年《人身损害赔偿解释》第五条、第十二条、第十九条至第三十条、第三十二条、第三十四条至第三十六条。上述条文对应修改后的司法解释第二条、第三条、第六条至第十五条、第十七条至第十九条、第二十一条、第二十二条、第二十四条。

[②] 删除 2003 年《人身损害赔偿解释》第二条(过失相抵原则的适用范围与例外)、第三条(共同侵权行为的认定)、第四条(共同危险行为的认定)、第六条(安全保障义务与第三人侵权)、第七条(教育机构的过错责任)、第八条(执行职务侵权的民事责任)、第九条(雇员侵权的雇主责任)、第十条(定作人的民事责任)、第十一条(雇员工伤的雇主责任)、第十五条(受益人的补偿责任)、第十六条(物件致人损害的赔偿责任)、第十七条(人身损害赔偿的范围)、第十八条(精神损害赔偿)、第三十一条(赔偿金总额的确定)。上述条文因其内容已被民法典吸收或修改,故予删除。

[③] 修改 2003 年《人身损害赔偿解释》引言、第一条(人身损害赔偿法律关系的一般规定)、第十三条(义务帮工人致人损害)、第十四条(义务帮工人遭受人身损害)、第三十三条(定期金的适用与限制)。其中,引言部分修改了制定司法解释的法律依据和文字表述,属于适应性修改;第一条、第十三条、第十四条及第三十三条属于内容的实质性修改。

[④] 增加规定第十六条(被扶养人生活费计入残疾赔偿金或者死亡赔偿金)、第二十三条(精神损害抚慰金的指引适法),以保持司法解释逻辑体例的完整性。

聚焦死亡赔偿金、残疾赔偿金和被扶养人生活费的计算标准，涉及6个条文，自2022年5月1日起施行。

一、第一次修改涉及的实质性条款

（一）人身损害赔偿法律关系的一般规定

损害赔偿的主体和客体系人身损害赔偿之债的核心构成要素。2020年《人身损害赔偿解释》第一条对人身损害赔偿之债的主体和客体均进行了相应修改。第一款将人身损害赔偿之债的客体范围调整为"生命、身体、健康"，将赔偿内容由"财产损失和精神损害"修改为"物质损害和精神损害"。第二款缩减了赔偿权利人范围，删除了"依法由受害人承担扶养义务的被扶养人"。第三款是关于赔偿义务人的规定，将"其他组织"修改为"非法人组织"。

对人身损害赔偿客体范围的调整，不是适应性修改，而是法律关系的实质性修改。依据民法通则，"生命健康权"是公民享有的一项民事权利；侵权责任法虽然将生命权和健康权明确划分为两种单独的权利，但是未将身体权规定为一种单独权利。[①] 早在侵权责任法制定之前，2003年《人身损害赔偿解释》参照法学理论观点，将"身体"作为一项单独权利的客体，并置于"健康"之后。民法典总则编第一百一十条更进一步，将"身体权"作为一项独立的人格权，[②] 与生命权、健康权并列，并将身体权置于健康权之前。2020年《人身损害赔偿解释》据此作出相应调整。

身体权与生命权、健康权密切相关又相互区分。生命权的内容是自然人生命的延续受法律保护，身体权的内容是身体完整和行动自由受法律保护，健康权的内容则是身体健康和心理健康受法律保护。[③] 因此，仅导致自然人生理组织的完整性遭受破坏的，比如剪光他人头发、违法提取卵细胞，构成侵害身体权，而对身体机能以及精神机能造成侵害的，则构成侵害健康权。

生命权、身体权、健康权等物质性人格权[④]遭受损害，既包括造成物质损害，又包括造成精神损害。这里的物质损害首先是指生命、身体、健康等生命有机体本身遭受的损害，这是第一层次的损害。为恢复生命有机体的机能或办理丧葬事宜支出的合理费用，势必造成一定的财产损失，这种财产损失是第一层次物质损害的转化形式，因此是第二层次的损害。通过赔偿方式对生命有机体本身的损害或者精神损害予以救济，最终都体现为财产损失赔偿或者以赔偿方式予以精神抚慰。基于上述法理逻辑，本条将赔偿内容调整为"物质损害"和"精神损害"，不再使用"财产损失"的表述。

损害赔偿之主体包括赔偿权利人和赔偿义务人。民法典未规定被扶养人享有独立的赔偿请求权，2020年《人身损害赔偿解释》相应将被扶养人从赔偿权利人范围中予以删除。广义的扶养，包括平辈之间的扶养、长辈对晚辈的抚养以及晚辈对长辈的赡

[①] 在一些国家的民事立法中仅规定身体权而未规定健康权，认为导致他人肉体组织完整性遭到破坏的情形，通常也会导致他人生理机能的完善性遭到破坏，故身体权足以包括或涵摄健康权。

[②] 民法典总则编第一百一十条规定："自然人享有生命权、身体权、健康权……"

[③] 健康权能否保护心理健康，在法学理论上长期存在争议。民法典第一千零四条对健康权作出规定："自然人享有健康权。自然人的身心健康受法律保护。任何组织或者个人不得侵害他人的健康权。"该条规定将健康权的权利客体表述为身心健康，在立法上认可了心理健康属于健康权的保护范围，但立法机关同时明确，该条规定的健康权不包括一个人在社会适应方面的良好状态以及道德健康等。

[④] 生命权、身体权、健康权是自然人享有的最基本的人格权，其性质属于物质性人格权，与荣誉权、肖像权、名誉权、隐私权等精神性人格权相区分。

养。依照民法典婚姻家庭编法定扶养义务的相关规定,① 被扶养人的范围与民法典第一千零四十五条规定的近亲属②范围一致。因此,被侵权人死亡的,其近亲属作为赔偿权利人,覆盖了被扶养人的赔偿请求权。被侵权人残疾的,请求权主体虽是残疾受害人本人,但依据2020年《人身损害赔偿解释》新增的第十六条"被扶养人生活费计入残疾赔偿金和死亡赔偿金"的规定,被扶养人因被侵权人遭受侵害丧失劳动能力而产生的反射性损害③能够得到填补。被侵权人无论是死亡还是残疾,其承担法定扶养义务的被扶养人能够通过受害人近亲属或者受害人本人间接行使请求权,被扶养人的利益不因其丧失请求权主体资格而遭受减损。关于赔偿义务人,因民法典将"其他组织"修改为"非法人组织",2020年《人身损害赔偿解释》第一条据此进行了适应性调整。

(二) 无偿帮工人致人损害

民法典未规定帮工人在从事帮工活动中致人损害的侵权责任,无偿帮工的侵权责任难以纳入民法典第一千一百九十一条用人单位责任和第一千一百九十二条个人劳务侵权责任予以调整。司法实践中确实存在无偿帮工人在从事帮工活动中致人损害的案件,故有必要保留2003年《人身损害赔偿解释》第十三条关于无偿帮工人致人损害的责任规定。根据民法典的新精神,2020年《人身损害赔偿解释》第四条对无偿帮工人因帮工致人损害的责任主体和责任形态作出修改:一是将被帮工人与过错帮工人的连带责任修改为由被帮工人承担责任;二是增加被帮工人的追偿权。

被帮工人接受帮工或者未明确拒绝帮工的,帮工人因从事帮工活动致人损害的责任由被帮工人承担。作出这样的修改主要出于两方面考虑。一是因为民法典第一百七十八条第三款规定:"连带责任,由法律规定或者当事人约定",2003年《人身损害赔偿解释》第十三条关于帮工人与被帮工人承担连带责任的规定,缺乏法律依据。二是因为帮工人参加帮工活动一般是应被帮工人的请求,或者基于中华民族的善良风俗而主动为被帮工人在建房、农忙、搬家等活动中无偿提供劳务帮助。基于帮工特定关系而获益的被帮工人为帮工人的侵权行为承担民事责任,体现了风险与收益相当的原则,这与民法典第一千一百九十一条第一款用人单位责任和第一千一百九十二条第一款个人劳务关系中提供劳务一方致人损害的民事责任的立法精神一致。④ 应注意,若被帮工人明确拒绝帮工,其主观上不存在获得帮工利益的意图,则责令其为帮工人的侵权行为承担责任,缺乏正当性,故第四条保留2003年《人身损害赔偿解释》关于"被帮工

---

① 依照民法典第一千零五十九条、第一千零六十七条、第一千零七十四条、第一千零七十五条的规定,法定抚养义务具体包括:(1)夫妻有相互扶养的义务;(2)父母对未成年子女或者不能独立生活的成年子女有抚养义务;(3)成年子女对缺乏劳动能力或者生活困难的父母有赡养义务;(4)有负担能力的祖父母、外祖父母,对于父母已经死亡或者父母无力抚养的未成年孙子女、外孙子女,有抚养的义务;(5)有负担能力的孙子女、外孙子女,对于子女已经死亡或者子女无力赡养的祖父母、外祖父母,有赡养的义务;(6)有负担能力的兄、姐,对于父母已经死亡或者父母无力抚养的未成年弟、妹,有扶养的义务;(7)由兄、姐扶养长大的有负担能力的弟、妹,对于缺乏劳动能力又缺乏生活来源的兄、姐,有扶养的义务。

② 民法典第一千零四十五条第二款规定:"配偶、父母、子女、兄弟姐妹、祖父母、外祖父母、孙子女、外孙子女为近亲属。"

③ 国外对间接受害人所受损害有固有损害说与反射损害说。反射损害说对间接受害人如何行使请求权又有直接请求权说与间接请求权说。

④ 民法典第一千一百九十二条规定:"个人之间形成劳务关系,提供劳务一方因劳务造成他人损害的,由接受劳务一方承担侵权责任。接受劳务一方承担侵权责任后,可以向有故意或者重大过失的提供劳务一方追偿。提供劳务一方因劳务受到损害的,根据双方各自的过错承担相应的责任。提供劳务期间,因第三人的行为造成提供劳务一方损害的,提供劳务一方有权请求第三人承担侵权责任,也有权请求接受劳务一方给予补偿。接受劳务一方补偿后,可以向第三人追偿。"

人明确拒绝帮工的,不承担责任"的规定。

被帮工人并非终局责任主体,2020年《人身损害赔偿解释》第四条特增加规定承担赔偿责任的被帮工人享有向有故意或者重大过失的帮工人的追偿权。一是被帮工人往往经济能力有限、在帮工活动中受益有限,由因故意或者重大过失实施侵权行为的帮工人承担终局责任,体现了过错归责,有利于促使帮工人在帮工活动中尽到必要注意义务,也避免导致被帮工人承担的风险大于因帮工获得的利益,产生利益失衡。二是被帮工人对外承担替代责任后有权向有故意或者重大过失的帮工人追偿,法理逻辑与民法典有关替代责任的规定保持一致,亦与2003年《人身损害赔偿解释》第十三条连带责任的规定在内部追偿问题上保持了一致。

(三) 无偿帮工人因帮工遭受人身损害

2020年《人身损害赔偿解释》第五条修改了原第十四条帮工人在帮工活动中遭受人身损害和被第三人侵害两种情形的处理原则:一是帮工人因帮工活动遭受人身损害的,不再单独由被帮工人承担责任,改由帮工人和被帮工人根据各自过错承担相应责任;① 二是帮工人在帮工活动中遭受第三人侵害的,赋予帮工人对赔偿义务人的选择权,帮工人有权请求第三人承担赔偿责任,也有权请求被帮工人予以适当补偿;② 三是明确被帮工人承担补偿义务后可以向第三人追偿。

帮工人在帮工活动中遭受人身损害,根据帮工人和被帮工人各自的过错承担相应责任,其责任形态为过错按份责任。义务帮工不同于雇佣,帮工人享有较大自主权,被帮工人对帮工人并无管理控制力,被帮工人对帮工人的损害亦无法通过工伤保险赔付分散风险,故原第十四条规定由被帮工人承担无过错赔偿责任,责任过重,也不利于促使帮工人尽到必要注意义务。根据帮工人和被帮工人的过错来确定民事责任较为公平合理,体现了与有过失原则,亦与民法典第一千一百九十二条第一款提供劳务一方因劳务受到损害的责任规定精神一致。

帮工人因第三人的行为遭受损害,第三人应当承担侵权责任,自无疑问。被帮工人因不是侵权行为人,不应承担侵权责任,但不等于说帮工人在帮工活动中受到的损害与被帮工人无关,毕竟被帮工人因帮工而受益,被帮工人因此应当给予受害帮工人适当补偿。被帮工人的适当补偿义务,是否必然劣后于第三人的赔偿责任,对此我们持否定态度,不再规定赔偿和补偿的顺序,而是赋予受害帮工人一定的选择权。主要考虑是,不规定第三人赔偿和被帮工人补偿的顺序而赋予受害帮工人一定的选择权,便于受害帮工人选择于己有利的求偿方案,快速便捷解决争议,更有利于受害人权益的维护,这也符合民法典类似规定的精神。

基于公平原则作出补偿以后,补偿义务人能否向侵权行为人追偿,这一问题曾在学界和司法实务中产生认识分歧。参照民法典第一千一百九十二条第二款"接受劳务

---

① 2003年《人身损害赔偿解释》第十四条第一款规定:"帮工人因帮工活动遭受人身损害的,被帮工人应当承担赔偿责任。被帮工人明确拒绝帮工的,不承担赔偿责任;但可以在受益范围内予以适当补偿。"修改后的第五条第一款规定:"无偿提供劳务的帮工人因帮工活动遭受人身损害的,根据帮工人和被帮工人各自的过错承担相应的责任;被帮工人明确拒绝帮工的,被帮工人不承担赔偿责任,但可以在受益范围内予以适当补偿。"

② 2003年《人身损害赔偿解释》第十四条第二款规定:"帮工人因第三人侵权遭受人身损害的,由第三人承担赔偿责任。第三人不能确定或者没有赔偿能力的,可以由被帮工人予以适当补偿。"修改后的第五条第二款规定:"帮工人在帮工活动中因第三人的行为遭受人身损害的,有权请求第三人承担赔偿责任,也有权请求被帮工人予以适当补偿。被帮工人补偿后,可以向第三人追偿。"

一方补偿后，可以向第三人追偿"的规定，我们认为，应当允许被帮工人补偿后向第三人追偿。据此，2020年《人身损害赔偿解释》第五条增加规定，被帮工人补偿后可以向侵权第三人追偿。

（四）定期金的适用与限制

2020年《人身损害赔偿解释》第二十条关于定期金适用与限制的规定，对原第三十三条作出两处修改：一是因"被扶养人生活费"不再是单独的赔偿项目，而是作为残疾赔偿金或者死亡赔偿金的组成部分，第二十条相应删除了"被扶养人生活费"的赔偿项目；二是为与民法典以及残疾人保障法的表述一致，关于人身损害赔偿范围的规定，不再使用"残疾辅助器具费"的表述，将"残疾辅助器具费"修改为"辅助器具费"。辅助器具费是指受害人因身体功能全部或者部分丧失后需要配制补偿功能的辅助器具的费用。

二、第一次修改涉及的新增条文

（一）被扶养人生活费计入"两金"

《人身损害赔偿解释》第一次修改时增加第十六条，规定"被扶养人生活费计入残疾赔偿金或者死亡赔偿金"。《人身损害赔偿解释》第二次修改时，有观点提出应将被扶养人生活费这一赔偿项目删除，以与民法典第一千一百七十九条赔偿项目的规定保持一致。我们没有采纳此种意见。

被扶养人生活费是2003年《人身损害赔偿解释》第十七条第三款规定的赔偿项目，侵权责任法制定时未在赔偿项目的规定中列明该项费用，其背景是当时最高人民法院拟提高死亡赔偿金和残疾赔偿金的计算标准，从而覆盖被扶养人生活费。后因上述"两金"计算标准未能修改，最高人民法院下发《最高人民法院关于适用〈中华人民共和国侵权责任法〉若干问题的通知》，在第四条规定"将被扶养人生活费计入残疾赔偿金或死亡赔偿金"。民法典第一千一百七十九条关于人身损害赔偿项目的规定，基本上承继了侵权责任法的规定。民法典实施后，若不支持赔偿被扶养人生活费，被扶养人作为间接受害人遭受的反射性损害①将得不到填补，这必然导致民法典实施前后同一问题赔偿标准不统一的问题。为此，2020年《人身损害赔偿解释》专门增加规定"被扶养人生活费计入残疾赔偿金或者死亡赔偿金"。

应注意的是，赔偿权利人最终获得的死亡赔偿金包括两部分：一是按照2020年《人身损害赔偿解释》第十五条规定计算的死亡赔偿金；二是按照2020年《人身损害赔偿解释》第十七条规定计算的被扶养人生活费。残疾赔偿金的计算亦是如此。

（二）精神损害赔偿的指引适法

《人身损害赔偿解释》第一次修改时增加第二十三条，规定精神损害抚慰金适用《最高人民法院关于确定民事侵权精神损害赔偿责任若干问题的解释》予以确定。

从体系解释的角度来看，人身损害的赔偿范围应当包括民法典第一千一百八十三条规定的精神损害赔偿和第一千一百七十九条规定的人身损害赔偿。为确保《人身损害赔偿解释》内容体例完整，做好司法解释的适用衔接，《人身损害赔偿解释》2020年第一次修改时增加第二十三条，为精神损害赔偿的法律适用作出指引性规定。

---

① 国外对间接受害人所受损害有固有损害说与反射损害说。反射损害说对间接受害人如何行使请求权又有直接请求权说与间接请求权说。

三、第二次修改的核心内容

《人身损害赔偿解释》第二次修改,主要聚焦死亡赔偿金、残疾赔偿金和被扶养人生活费的计算标准。这次修改不再区分受害人户籍,统一按照城镇居民赔偿标准计算赔偿数额,实现了"两金一费"赔偿标准的城乡统一。

人身损害的赔偿项目,分为据实赔偿和定额赔偿两种类型。为治疗和康复支出的合理费用应当据实赔偿,即发生多少赔偿多少;死亡赔偿金、残疾赔偿金和被扶养人生活费则是定额赔偿。因我国存在城乡发展不平衡的基本国情,赔偿标准长期坚持城乡二元区分,由此引发所谓"同命不同价"的讨论,其根源就在于对残疾赔偿金和死亡赔偿金的性质存在误解。死亡赔偿金和残疾赔偿金并不是对死者生命价值或者身体伤残本身的赔偿,不是"命价",而是对受害人未来收入损失的赔偿。人的生命是无价的,人死亡后权利能力消灭,民事主体资格已不复存在,死者不可能以权利主体资格主张死亡赔偿。死亡赔偿金是对死者近亲属(间接受害人)因受害人死亡所遭受的财产损失而给予的赔偿,并非对死者生命价值的衡量。残疾赔偿金是对自然人健康权遭受侵害导致其全部或部分丧失劳动能力从而产生未来收入损失的赔偿,不是对自然人健康权的价值衡量。因此说,"同命不同价"是对死亡赔偿金、残疾赔偿金的一种误解。

随着我国经济发展以及城乡融合发展,中共中央、国务院于2019年4月15日印发《中共中央、国务院关于建立健全城乡融合发展体制机制和政策体系的意见》,明确提出"统筹城乡社会救助体系""改革人身损害制度,统一城乡居民赔偿标准"的意见。最高人民法院在充分调研的基础上,本着积极稳妥的原则,于2019年9月授权全国各高级人民法院在辖区内开展人身损害赔偿标准城乡统一试点工作。经过为期两年的试点,在充分总结试点经验、广泛征求社会各界意见的基础上,最高人民法院启动《人身损害赔偿解释》的第二次修改工作。本次修改后的残疾赔偿金[1]、死亡赔偿金[2]按照受诉法院所在地上一年度城镇居民人均可支配收入标准计算,被扶养人生活费[3]按照受诉法院所在地上一年度城镇居民人均消费支出标准计算。同时,第十八条对属地计算标准的选择、第二十二条对赔偿标准的统计依据作了适应性修改。

四、修改和适用中的若干争议

(一)为什么不按照民法典的法条表述将"赔偿权利人""赔偿义务人"修改为"侵权人""被侵权人"

《人身损害赔偿解释》进行修改时,有意见主张,为与民法典侵权责任编的法

---

[1] 2022年《人身损害赔偿解释》第十二条修改为:"残疾赔偿金根据受害人丧失劳动能力程度或者伤残等级,按照受诉法院所在地上一年度城镇居民人均可支配收入标准,自定残之日起按二十年计算。但六十周岁以上的,年龄每增加一岁减少一年;七十五周岁以上的,按五年计算。受害人因伤致残但实际收入没有减少,或者伤残等级较轻但造成职业妨害严重影响其劳动就业的,可以对残疾赔偿金作相应调整。"

[2] 2022年《人身损害赔偿解释》第十五条修改为:"死亡赔偿金按照受诉法院所在地上一年度城镇居民人均可支配收入标准,按二十年计算。但六十周岁以上的,年龄每增加一岁减少一年;七十五周岁以上的,按五年计算。"

[3] 2022年《人身损害赔偿解释》第十七条修改为:"被扶养人生活费根据扶养人丧失劳动能力程度,按照受诉法院所在地上一年度城镇居民人均消费支出标准计算。被扶养人为未成年人的,计算至十八周岁;被扶养人无劳动能力又无其他生活来源的,计算二十年。但六十周岁以上的,年龄每增加一岁减少一年;七十五周岁以上的,按五年计算。"被扶养人是指受害人依法应当承担扶养义务的未成年人或者丧失劳动能力又无其他生活来源的成年近亲属。被扶养人还有其他扶养人的,赔偿义务人只赔偿受害人依法应当负担的部分。被扶养人有数人的,年赔偿总额累计不超过上一年度城镇居民人均消费支出额。"

条表述一致,应当将"赔偿权利人"和"赔偿义务人"修改为"侵权人"和"被侵权人"。我们未采纳这一意见。在侵权损害赔偿之债的法律关系中,"赔偿权利人"和"赔偿义务人"不完全对应于"侵权人"和"被侵权人"。例如,"赔偿权利人"可以是作为直接受害人的被侵权人,也可以是作为间接受害人的死亡受害人的近亲属,还可以是为被侵权人支付医疗费、丧葬费等合理费用的人,①上述主体均享有独立的赔偿请求权,均可以成为赔偿权利人。同样,"赔偿义务人"也不限于侵权行为人,与行为人或者致害动物、物件等具有一定管领控制关系的人亦可成为赔偿义务人,比如无民事行为能力人和限制民事行为能力人的监护人、致害动物和物件的所有人或管理人。因此,采用"赔偿权利人"和"赔偿义务人"来表述人身损害赔偿之债的权利义务主体,符合司法审判的实际情况,也能够更好地体现人身损害赔偿的债性质。

审判实践中应注意,被扶养人虽不再具有独立的赔偿请求权,但因被扶养人生活费仍应计入残疾赔偿金和死亡赔偿金,故在确定法定被扶养人的范围时,应严格依照民法典婚姻家庭编的相关规定,一般不得基于法官自由裁量将被侵权人自愿扶养的非近亲属的旁系血亲或者姻亲纳入被扶养人范围,从而加重赔偿义务人的赔偿责任。被侵权人有法定被扶养人的情况下,其自愿扶养的非近亲属的旁系血亲或者姻亲,因被侵权人死亡或者残疾导致生活困难的,可通过其他途径获得救济。

(二)共同侵权坚持必要共同诉讼是否与债权人对连带债务人享有选择权的规定相悖

2003年《人身损害赔偿解释》第五条明确了对共同侵权人提起的损害赔偿之诉属于必要的、不可分的共同诉讼,如果赔偿权利人仅起诉部分共同侵权人,人民法院应当依职权追加其余共同侵权人为共同被告。有意见提出,上述规定限制了连带债务的债权人的选择权,与民法典第五百一十八条的规定冲突。②经研究并报经立法机关同意,2022年《人身损害赔偿解释》第二条保留了共同侵权采取必要共同诉讼形式的规定,将债权人对连带债务人的选择权后移至执行程序。主要考虑是,关于债权人对连带债务的债务人追责问题,实体法与程序法的规定并不完全一致。按照民事诉讼法(2021年修正,下同)第五十五条、第一百三十五条的规定,当事人一方或者双方为二人以上,其诉讼标的是共同的,构成必要共同诉讼。必须共同进行诉讼的当事人没有参加诉讼的,人民法院应当通知其参加诉讼。共同侵权产生的连带责任主体为二人以上,被侵权人与侵权人之间争议的并要求人民法院裁决的法律关系同一,故依程序法的逻辑,对共同侵权人提起的损害赔偿之诉应属必要共同诉讼,当事人必须一同起诉或者应诉,人民法院应当合并审理。如从诉讼处分原则的角度出发,允许债权人选择被告,人民法院为查明共同过错、因果关系等案件事实的需要,往往会将未被债权人追责的共同侵权人追加为第三人,这就面临对第三人的范围进行扩张的问题,与民事诉讼法第五十九条的规定存在冲突。考虑到将共同侵权人追加为共同被告,并不会损害债权人利益,亦符合必要共同诉讼的规定,且有利于人民法院查明事实、一次性解

---

① 民法典第一千一百八十一条第二款规定:"被侵权人死亡的,支付被侵权人医疗费、丧葬费等合理费用的人有权请求侵权人赔偿费用,但是侵权人已经支付该费用的除外。"
② 民法典第五百一十八条第一款规定,债务人为二人以上,债权人可以请求部分或者全部债务人履行全部债务的,为连带债务。

决纠纷，避免出现分开起诉侵权人导致作出的裁判相互抵触的情况，且债权人还可在执行程序中对法院裁判确认的连带债务人行使履行选择权。因此，2003年《人身损害赔偿解释》第五条的规定仍然具有法律适用价值，在协调实体法和程序法方面具有重要意义，所以继续予以保留。

（三）删除雇员工伤的雇主责任规定后，雇员因安全生产事故遭受人身损害的责任如何确定

2003年《人身损害赔偿解释》第十一条对雇员工伤的雇主责任作出规定，2020年第一次修改时对该条规定予以删除，主要因为该条规定第一款的内容已为民法典第一千一百九十一条用人单位责任的规定、第一千一百九十二条个人劳务关系中的侵权责任规定所吸收取代。该条第二款关于"雇员在从事雇佣活动中因安全生产事故遭受人身损害，发包人、分包人知道或者应当知道接受发包或者分包业务的雇主没有相应资质或者安全生产条件的，应当与雇主承担连带赔偿责任"的规定，在当时有效的安全生产法第一百条中有类似规定，《人身损害赔偿解释》无须重复规定。2021年安全生产法修正，原第一百条规定的内容保留，条文序号修改为第一百零三条。因此，2003年《人身损害赔偿解释》第十一条第二款规定删除后，相关情形可以适用2021年修正的安全生产法第一百零三条第一款的规定来确定民事责任。①

（四）删除人身损害赔偿范围的规定后，受害人亲属办理丧葬事宜支出的交通费、住宿费和误工损失等其他合理费用能否继续支持赔偿

民法典第一千一百七十九条规定的人身损害赔偿范围限于"为治疗和康复支出的合理费用"，对于"造成死亡的"赔偿范围还包括丧葬费和死亡赔偿金。从字面上来看，上述规定未涵盖2003年《人身损害赔偿解释》第十七条第三款所规定的"受害人亲属办理丧葬事宜支出的交通费、住宿费和误工损失等其他合理费用"。审判实践中，对民法典实施后是否还继续支持赔偿受害人亲属办理丧葬事宜支出的交通费、住宿费和误工损失的问题，形成两种意见。一种意见认为，民法典第一千一百七十九条规定的丧葬费涵盖了奔丧费用，《人身损害赔偿解释》对丧葬费采取定额化赔偿，丧葬费的计算标准不低，不应再支持赔偿。另一种意见认为，《人身损害赔偿解释》规定的定额化计算的丧葬费不包含奔丧费用，奔丧费用在2003年《人身损害赔偿解释》中是单独赔偿项目，丧葬费的现行计算标准与办理丧葬事宜的实际支出相比并不高，很多地方甚至买不到一块墓地。受害人近亲属奔丧费用属于因侵权行为产生的合理损失，国外立法例多数支持赔偿，故2003年《人身损害赔偿解释》第十七条第三款规定的受害人亲属办理丧葬事宜支出的交通费、住宿费和误工损失等合理费用仍应支持赔偿。

对此，笔者认为，目前立法机关对上述争议费用是否继续支持赔偿尚未有明确态度，人民法院可暂依照民法典第一千一百八十一条第二款"被侵权人死亡的，支付被侵权人医疗费、丧葬费等合理费用的人有权请求侵权人赔偿费用，但是侵权人已经支付该费用的除外"的规定，对"受害人亲属办理丧葬事宜支出的交通费、住宿费和误工损失等其他合理费用"予以支持。

---

① 2021年修正的安全生产法第一百零三条第一款规定："生产经营单位将生产经营项目、场所、设备发包或者出租给不具备安全生产条件或者相应资质的单位或者个人的……导致发生生产安全事故给他人造成损害的，与承包方、承租方承担连带赔偿责任。"

(五)《人身损害赔偿解释》时间效力条款如何理解

《人身损害赔偿解释》第一次修改未对原最后一条的时间效力作出修改。第二次修改将第二十四条时间效力条款修改为:"本解释自2022年5月1日起施行。施行后发生的侵权行为引起的人身损害赔偿案件适用本解释。本院以前发布的司法解释与本解释不一致的,以本解释为准。"

上述规定中的"施行后发生的侵权行为",包括2022年5月1日之后实施的侵权行为、2022年5月1日之前实施并持续至2022年5月1日之后的侵权行为以及2022年5月1日之前实施但损害后果发生在2022年5月1日之后的侵权行为。

(撰稿人:潘杰)

最高人民法院
关于审理使用人脸识别技术处理个人信息相关民事案件适用法律若干问题的规定

法释〔2021〕15号

(2021年6月8日最高人民法院审判委员会第1841次会议通过
2021年7月27日最高人民法院公告公布
自2021年8月1日起施行)

为正确审理使用人脸识别技术处理个人信息相关民事案件,保护当事人合法权益,促进数字经济健康发展,根据《中华人民共和国民法典》《中华人民共和国网络安全法》《中华人民共和国消费者权益保护法》《中华人民共和国电子商务法》《中华人民共和国民事诉讼法》等法律的规定,结合审判实践,制定本规定。

第一条 因信息处理者违反法律、行政法规的规定或者双方的约定使用人脸识别技术处理人脸信息、处理基于人脸识别技术生成的人脸信息所引起的民事案件,适用本规定。

人脸信息的处理包括人脸信息的收集、存储、使用、加工、传输、提供、公开等。

本规定所称人脸信息属于民法典第一千零三十四条规定的"生物识别信息"。

第二条 信息处理者处理人脸信息有下列情形之一的,人民法院应当认定属于侵害自然人人格权益的行为:

(一)在宾馆、商场、银行、车站、机场、体育场馆、娱乐场所等经营场所、公共场所违反法律、行政法规的规定使用人脸识别技术进行人脸验证、辨识或者分析;

(二)未公开处理人脸信息的规则或者未明示处理的目的、方式、范围;

(三)基于个人同意处理人脸信息的,未征得自然人或者其监护人的单独同意,或者未按照法律、行政法规的规定征得自然人或者其监护人的书面同意;

(四)违反信息处理者明示或者双方约定的处理人脸信息的目的、方式、范围等;

(五)未采取应有的技术措施或者其他必要措施确保其收集、存储的人脸信息安全，致使人脸信息泄露、篡改、丢失；

（六）违反法律、行政法规的规定或者双方的约定，向他人提供人脸信息；

（七）违背公序良俗处理人脸信息；

（八）违反合法、正当、必要原则处理人脸信息的其他情形。

第三条 人民法院认定信息处理者承担侵害自然人人格权益的民事责任，应当适用民法典第九百九十八条的规定，并结合案件具体情况综合考量受害人是否为未成年人、告知同意情况以及信息处理的必要程度等因素。

第四条 有下列情形之一，信息处理者以已征得自然人或者其监护人同意为由抗辩的，人民法院不予支持：

（一）信息处理者要求自然人同意处理其人脸信息才提供产品或者服务的，但是处理人脸信息属于提供产品或者服务所必需的除外；

（二）信息处理者以与其他授权捆绑等方式要求自然人同意处理其人脸信息的；

（三）强迫或者变相强迫自然人同意处理其人脸信息的其他情形。

第五条 有下列情形之一，信息处理者主张其不承担民事责任的，人民法院依法予以支持：

（一）为应对突发公共卫生事件，或者紧急情况下为保护自然人的生命健康和财产安全所必需而处理人脸信息的；

（二）为维护公共安全，依据国家有关规定在公共场所使用人脸识别技术的；

（三）为公共利益实施新闻报道、舆论监督等行为在合理的范围内处理人脸信息的；

（四）在自然人或者其监护人同意的范围内合理处理人脸信息的；

（五）符合法律、行政法规规定的其他情形。

第六条 当事人请求信息处理者承担民事责任的，人民法院应当依据民事诉讼法第六十四条及《最高人民法院关于适用〈中华人民共和国民事诉讼法〉的解释》第九十条、第九十一条，《最高人民法院关于民事诉讼证据的若干规定》的相关规定确定双方当事人的举证责任。

信息处理者主张其行为符合民法典第一千零三十五条第一款规定情形的，应当就此所依据的事实承担举证责任。

信息处理者主张其不承担民事责任的，应当就其行为符合本规定第五条规定的情形承担举证责任。

第七条 多个信息处理者处理人脸信息侵害自然人人格权益，该自然人主张多个信息处理者按照过错程度和造成损害结果的大小承担侵权责任的，人民法院依法予以支持；符合民法典第一千一百六十八条、第一千一百六十九条第一款、第一千一百七十条、第一千一百七十一条等规定的相应情形，该自然人主张多个信息处理者承担连带责任的，人民法院依法予以支持。

信息处理者利用网络服务处理人脸信息侵害自然人人格权益的，适用民法典第一千一百九十五条、第一千一百九十六条、第一千一百九十七条等规定。

第八条 信息处理者处理人脸信息侵害自然人人格权益造成财产损失，该自然人依据民法典第一千一百八十二条主张财产损害赔偿的，人民法院依法予以支持。

自然人为制止侵权行为所支付的合理开支，可以认定为民法典第一千一百八十二条规定的财产损失。合理开支包括该自然人或者委托代理人对侵权行为进行调查、取证的合理费用。人民法院根据当事人的请求和具体案情,可以将合理的律师费用计算在赔偿范围内。

第九条 自然人有证据证明信息处理者使用人脸识别技术正在实施或者即将实施侵害其隐私权或者其他人格权益的行为,不及时制止将使其合法权益受到难以弥补的损害,向人民法院申请采取责令信息处理者停止有关行为的措施的,人民法院可以根据案件具体情况依法作出人格权侵害禁令。

第十条 物业服务企业或者其他建筑物管理人以人脸识别作为业主或者物业使用人出入物业服务区域的唯一验证方式,不同意的业主或者物业使用人请求其提供其他合理验证方式的,人民法院依法予以支持。

物业服务企业或者其他建筑物管理人存在本规定第二条规定的情形,当事人请求物业服务企业或者其他建筑物管理人承担侵权责任的,人民法院依法予以支持。

第十一条 信息处理者采用格式条款与自然人订立合同,要求自然人授予其无期限限制、不可撤销、可任意转授权等处理人脸信息的权利,该自然人依据民法典第四百九十七条请求确认格式条款无效的,人民法院依法予以支持。

第十二条 信息处理者违反约定处理自然人的人脸信息,该自然人请求其承担违约责任的,人民法院依法予以支持。该自然人请求信息处理者承担违约责任时,请求删除人脸信息的,人民法院依法予以支持;信息处理者以双方未对人脸信息的删除作出约定为由抗辩的,人民法院不予支持。

第十三条 基于同一信息处理者处理人脸信息侵害自然人人格权益发生的纠纷,多个受害人分别向同一人民法院起诉的,经当事人同意,人民法院可以合并审理。

第十四条 信息处理者处理人脸信息的行为符合民事诉讼法第五十五条、消费者权益保护法第四十七条或者其他法律关于民事公益诉讼的相关规定,法律规定的机关和有关组织提起民事公益诉讼的,人民法院应予受理。

第十五条 自然人死亡后,信息处理者违反法律、行政法规的规定或者双方的约定处理人脸信息,死者的近亲属依据民法典第九百九十四条请求信息处理者承担民事责任的,适用本规定。

第十六条 本规定自 2021 年 8 月 1 日起施行。

信息处理者使用人脸识别技术处理人脸信息、处理基于人脸识别技术生成的人脸信息的行为发生在本规定施行前的,不适用本规定。

【解读】

解读《关于审理使用人脸识别技术处理个人信息相关民事案件适用法律若干问题的规定》

为正确审理使用人脸识别技术处理个人信息相关民事案件,保护当事人合法权益,促进数字经济健康发展,2021 年 6 月 8 日,最高人民法院审判委员会第 1841 次会议审议通过了《最高人民法院关于审理使用人脸识别技术处理个人信息相关民事案件适用法律若干问题的规定》（法释〔2021〕15号，以下简称《规定》），自2021年8月1日起施行。本文就《规定》的起草背景、起草过程及重点条文进行说明，便于广大法官准确理解和适用。

一、《规定》起草的背景

人脸识别技术是指通过对人脸信息的自动化处理，实现验证个人身份、辨识特定自然人或者预测分析个人特征等目的的一项生物识别技术。人脸识别是人工智能的重要应用。近年来，随着信息技术飞速发展，人脸识别逐步渗透到人们生活的方方面面，大到智慧城市建设，小到手机客户端的登录解锁，都能见到人脸识别的应用。在国境边防、公共交通、城市治安、疫情防控等诸多领域，人脸识别技术发挥着巨大作用。

在为社会生活带来便利的同时，人脸识别技术所带来的个人信息保护问题也日益凸显，一些经营者滥用人脸识别技术侵害自然人合法权益的事件频发，引发社会公众的普遍关注和担忧。

比如，有些知名门店使用无感式人脸识别技术，在未经同意的情况下擅自采集消费者人脸信息，分析消费者的性别、年龄、心情等，进而采取不同营销策略。

又如，有些物业服务企业强制将人脸识别作为业主出入小区或者单元门的唯一验证方式，要求业主录入人脸并绑定相关个人信息，未经识别的业主不得进入小区。

再如，部分线上平台或者应用软件强制索取用户的人脸信息，还有的卖家在社交平台和网站公开售卖人脸识别视频、买卖人脸信息等。因人脸信息等身份信息泄露导致被贷款、被诈骗，隐私权、名誉权被侵害等现象也多有发生，甚至还有一些犯罪分子利用非法获取的身份证照片等个人信息制作成动态视频，破解人脸识别验证程序，实施窃取财产、虚开增值税普通发票等犯罪行为。

上述行为严重损害自然人的人格权益，侵害其人身、财产等合法权益，破坏社会秩序，亟待规制。

人脸信息属于敏感个人信息中的生物识别信息，是生物识别信息中社交属性最强、最易采集的个人信息，具有唯一性和不可更改性，一旦泄露将对个人的人身和财产安全造成极大危害，甚至还可能威胁公共安全。

据App专项治理工作组2020年发布的《人脸识别应用公众调研报告》显示，在2万多名受访者中，94.07%的受访者用过人脸识别技术，64.39%的受访者认为人脸识别技术有被滥用的趋势，30.86%的受访者已经因为人脸信息泄露、滥用等遭受损失或者隐私被侵犯。

这段时间，人脸识别成为热门名词，社会公众对人脸识别技术滥用的担心不断增加，强化人脸信息保护的呼声日益高涨。

党中央高度重视个人信息保护工作。习近平总书记多次强调，要坚持网络安全为人民、网络安全靠人民，保障个人信息安全，维护公民在网络空间的合法权益，对加强个人信息保护工作提出明确要求。

最高人民法院深入学习贯彻习近平法治思想，立足人民群众现实需求，以问题为导向，充分发挥审判职能作用，主动回应人民关切和期待，严格依照民法典、网络安全法、消费者权益保护法、电子商务法、民事诉讼法等法律，吸收个人信息保护立法有关经验成果，在充分调研基础上制定了《规定》，对人脸信息提供司法保护。

二、《规定》的起草过程

为及时对滥用人脸识别问题作出司法统一规定,最高人民法院专门成立了起草小组,紧锣密鼓地开展涉人脸识别司法解释的调研起草工作。

2021年3月中旬,起草小组向全国各高级法院下发通知征集意见、建议,并与个人信息保护领域专家学者进行深入探讨。在认真梳理各高院意见、专家学者意见和国内外相关资料的基础上,构建了司法解释整体框架,拟定了需重点解决的问题清单。

3月底到4月初,起草小组先后在江苏高院、北京互联网法院进行调研座谈,听取全国部分高院和北京市三级法院部分审判业务专家意见,形成司法解释初稿。

4月8日,在最高人民法院机关召开专项工作小组会,起草小组各成员单位对司法解释初稿逐条进行研究论证。

4月中下旬,起草小组又分别在上海、四川召开全国部分法院座谈会,听取审判一线法官的意见建议,并委托地方法院就小区物业安装人脸识别门禁等问题开展实地调研。

为确保司法解释质量,起草小组又组织召开了专家论证会,邀请全国人大常委会法工委、中央网信办、中国人民大学、清华大学等单位的有关负责同志、专家学者以及部分审判业务专家参加论证。

起草过程中,起草小组始终与全国人大常委会法工委、中央网信办等单位保持常态化沟通,及时研究解决重点难点问题。形成征求意见稿后,广泛征求全国人大常委会法工委、中央政法委、中央网信办、公安部、最高人民检察院、司法部、工信部、市场监管总局等中央有关单位以及国内知名专家学者的意见、建议。在认真吸收各方意见、建议基础上,形成送审稿,提请审委会审议。

此后,起草小组又根据审委会决议对司法解释部分条文表述进行修改完善,并征求中央宣传部意见,再次征求全国人大常委会法工委意见。中央宣传部、全国人大常委会法工委回函均表示无不同意见。可以说,在全国人大常委会法工委的全程指导下,在中央有关部门的大力支持下,《规定》认真参考、吸收各方面意见和建议,是理论界和实务界共同智慧的结晶。

三、《规定》的基本原则

《规定》的起草,始终坚持四个原则。

一是以人民为中心,回应群众所急所盼。人脸识别技术为人民群众的生活带来了便利,而该技术的滥用不同程度侵害了人民群众的合法权益,引发了社会的普遍关注和担忧。《规定》的起草,始终坚持以习近平法治思想为指导,牢牢站稳人民立场,积极回应技术滥用这一群众所急所盼的问题,切实加强权益保护。通过对滥用人脸识别问题作出统一司法规定,充分发挥裁判引领作用,实现好、维护好最广大人民群众的根本利益。

二是坚持问题导向,聚焦重点领域。《规定》并非限制人脸识别技术的使用,而是限制人脸识别技术的滥用。《规定》坚持以问题为导向,对人脸识别技术滥用的主要场景进行梳理。比如,经营场所擅自使用远距离、无感式人脸识别技术,小区物业强制刷脸方能进入,部分应用软件强制索取用户人脸信息等,这是人脸识别技术滥用的重点领域,严重影响人民群众的"人脸安全",甚至引发集体焦虑。对于上述问题,《规定》均提出了针对性的司法解决方案。

三是严格依照法律规定,切实符合司法规律。对生物识别信息等敏感个人信息的规制,是一个系统工程。在个人信息保护法以及相关行政法规出台前,起草涉人脸识别司法解释需要注意与立法、行政执法的衔接,做到不缺位、不越位。《规定》的起草坚持用足用好民法典等现有法律规定,为规制人脸识别技术滥用提供清晰的法律适用指引;秉持审慎原则,对于应由法律或者行政法规作出规定的未予涉及,同时使用"违反法律、行政法规规定"等表述,为与有关法律、行政法规的规定有机衔接预留接口。

四是强化权益保护,注重价值平衡。《规定》将人脸信息等人格权益的保护作为重点,通过明确侵权行为样态、责任承担、举证责任、财产损失范围界定等规则,多角度遏制侵害自然人人格权益的行为。同时,《规定》也十分注重价值平衡,通过细化免责事由、引入动态系统论、明确不溯及既往等,妥善处理好个人利益和公共利益、惩戒侵权行为和促进数字经济发展之间的关系,促进个人信息合法合理使用和数字经济健康发展。

四、《规定》的主要内容

《规定》共16条,主要从适用范围、侵权责任、合同规则、诉讼程序等方面对滥用人脸识别问题作出规定。

(一)关于适用范围

《规定》第一条第一款明确了本司法解释的适用范围。正确理解该款,需注意以下几点。

首先,该款明确界定使用人脸识别技术处理个人信息相关民事案件的外延,具体是指信息处理者违反法律、行政法规的规定或者双方的约定,使用人脸识别技术处理人脸信息、处理基于人脸识别技术生成的人脸信息所引起的民事案件。

之所以将处理基于人脸识别技术生成的人脸信息也纳入调整范围,主要是因为人脸信息的处理包括人脸信息的收集、存储、使用、加工、传输、提供、公开等,处理环节较多、流程较长,实践中往往存在多个信息处理者,如将适用范围限定为使用人脸识别技术处理人脸信息,无法涵盖有些信息处理者并未使用人脸识别技术而只是在后端处理基于人脸识别技术所生成的人脸信息的情形,不利于对人脸信息的全流程保护。

其次,《规定》仅适用于平等民事主体之间因使用人脸识别技术处理人脸信息所引起的相关民事案件。对于国家机关、承担行政职能的法定机构因履行法定职责使用人脸识别技术所引起的行政案件,对于非平等民事主体之间使用人脸识别技术引发的纠纷案件,不适用本《规定》。

最后,该款并未限定侵害权益类型和民事责任类型,因此《规定》涉及的责任承担既包括侵权责任,也包括违约责任,受侵害的权益既包括个人信息权益,也包括肖像权、隐私权、名誉权等人格权以及财产权。

除此之外,《规定》第十五条还明确了自然人死亡后,信息处理者违反法律、行政法规的规定或者双方的约定处理人脸信息,死者的近亲属依据民法典第九百九十四条请求信息处理者承担民事责任的,也要适用本《规定》。

还需要说明的是,《规定》只是针对该领域重点问题进行规定,所牵涉其他问题,法律和其他司法解释已有明确规定,故未作重复规定。在审理此类纠纷时,要注意

《规定》与法律、其他司法解释之间的衔接配套。

（二）关于人脸信息的界定

"人脸信息"是《规定》中的一个重要概念。

根据民法典第一千零三十四条的规定，个人信息是以电子或者其他方式记录的能够单独或者与其他信息结合识别特定自然人的各种信息，包括自然人的姓名、出生日期、身份证件号码、生物识别信息、住址、电话号码、电子邮箱、健康信息、行踪信息等。

2020年国家标准《信息安全技术个人信息安全规范》（GB/T 35273—2020）以及即将审议通过的个人信息保护法将个人信息进行了分类，包括敏感个人信息和一般个人信息。其中，生物识别信息属于敏感个人信息范畴。个人信息保护法草案专门对敏感个人信息作了特殊规定，以强化对敏感个人信息的保护力度。《信息安全技术个人信息安全规范》对敏感个人信息中的生物识别信息进行了列举，包括个人基因、指纹、声纹、掌纹、虹膜、面部识别特征等信息。

遵循民法典规定，结合个人信息保护立法精神和国家标准，同时参考欧盟《通用数据保护条例》（GDPR）等域外规定，《规定》使用了"人脸信息"这个概念。从种属上看，《规定》中所称"人脸信息"属于民法典第一千零三十四条规定的"生物识别信息"，属于个人信息保护法草案中的"敏感个人信息"。从外延上看，人脸信息不仅包括人脸识别技术通过算法生成的人脸特征数据，还包括人脸识别技术所抓取的原始人脸图像。相较于其他概念，《规定》使用"人脸信息"的概念，不仅符合人脸识别技术所牵涉的个人信息，也更有利于全面保护人民群众的人格权益。

实践中需要注意的是，对原始人脸图像的侵害，既可能是因违反个人信息处理规则而侵害个人信息权益，也可能构成因对肖像的不当使用而侵害自然人的肖像权，要根据所侵害的权益，分别适用民法典人格权编的相关规定。

（三）关于侵害自然人人格权益的典型行为

《规定》第二条将几类典型行为明确认定为属于侵害自然人人格权益的行为。现对重点情形介绍如下。

1. 关于在经营场所、公共场所使用人脸识别技术的行为

使用远距离、无感式的人脸识别技术擅自采集人脸信息，是人脸识别技术滥用的典型样态，引发社会公众普遍质疑。

从域外经验看，美国旧金山、奥克兰、萨默维尔和华盛顿均对远距离、无感式人脸信息采集和使用持否定态度。欧盟2021年4月所公布的《人工智能条例草案》将公共场所的远程生物识别（RBI）系统列为人工智能的高风险应用类型，原则上限定为查找失踪儿童、预防犯罪或恐怖袭击、侦查犯罪等用途。

《规定》第二条第一项明确，"在宾馆、商场、银行、车站、机场、体育场馆、娱乐场所等经营场所、公共场所违反法律、行政法规的规定使用人脸识别技术进行人脸验证、辨识或者分析"属于侵害自然人人格权益的行为。

正确理解该项规定，需注意以下几点。

首先，《规定》第二条第一项采取的是场景式列举，主要针对在经营场所、公共场所采取人脸识别技术进行人脸辨识、人脸分析等现象进行规定，与本条其他项所列情形有所不同。

其次，在经营场所、公共场所处理人脸信息必须遵守现行法律、行政法规对个人信息处理的规定。民法典第一千零三十五条、第一千零三十六条规定了个人信息的处理规则和免责事由，《规定》对上述规则和事由予以细化。从告知同意层面看，除法律、行政法规另有规定外，在经营场所、公共场所使用人脸识别技术处理人脸信息，无论是人脸验证（人脸验证是指将采集的人脸识别数据与已存储的特定自然人的人脸识别数据进行1∶1比对，以确认特定自然人是否为其所声明的身份。一般而言，人脸验证主要应用于需要比对真实身份的场景，比如机场、车站的人证比对，线上支付环境中的人脸验证等，要求相对较高，管理较为规范）、人脸辨识（人脸辨识是指将采集的人脸识别数据与已存储的指定范围内的人脸识别数据进行1∶N比对，以识别特定自然人。人脸辨识的应用场景较为广泛，技术层面也容易实现，比如公园入园、居民小区门禁、商场无感式人脸识别辨识特定客户或者中介等）还是人脸分析（人脸分析是指通过分析人脸图像，预测评估个人年龄、健康、天赋、情绪、工作或者学习专注度等个人特征的活动。人脸分析可能会引发个人歧视，侵害人格尊严），均应征得自然人或者其监护人的单独同意。故线下门店等在经营场所未经自然人单独同意擅自使用人脸识别技术处理人脸信息的行为，属于侵害自然人人格权益的行为。

最后，要注意《规定》第二条第一项与《规定》第五条第二项的衔接。根据民法典第一千零三十六条的规定，为维护公共利益或者自然人合法权益，合理实施的其他行为，信息处理者不承担民事责任。《规定》第五条对民法典上述规定中的公共利益予以细化，明确"为维护公共安全，依据国家有关规定在公共场所使用人脸识别技术的"，不承担民事责任。该规定也与个人信息保护法草案第二十七条的立法精神相一致。

2. 关于违反单独同意的行为

告知同意规则，也称知情同意规则，是指任何组织或个人在处理个人信息时都应当对信息主体即其个人信息被处理的自然人进行告知，并在取得同意后从事相应的个人信息处理活动，否则处理行为即属违法，除非法律、行政法规另有规定。

无论是民法典还是网络安全法，都规定了告知同意规则。然而，实践中的人脸识别应用存在各种不规范做法，使得个人同意往往流于形式。人脸信息属于高度敏感的个人信息，也是生物识别信息中社交属性最强、最易采集的个人信息，一旦泄露，将对个人的人身和财产安全造成极大危害。因此，在告知同意上，有必要设定较高标准，以确保个人在充分知情的前提下，考虑对自身权益的后果进而作出同意，让个人充分参与到人脸信息处理的决策之中。

《规定》第二条第三项在民法典第一千零三十五条的基础上，充分吸收个人信息保护立法重要成果，进一步将第一千零三十五条的"同意"细化为"单独同意"，即信息处理者在征得个人同意时，必须就人脸信息处理活动单独取得个人的同意，不能通过一揽子告知同意等方式征得个人同意，否则处理人脸信息的行为属于侵害人格权益的行为。

需要注意的是，单独同意规则只适用于基于个人同意处理人脸信息的情形，对于法律、行政法规所规定的不需要征得个人同意的情形，不适用这一规则。

3.《规定》第二条所列其他情形

《规定》第二条所列其他情形均系对民法典规定的细化。

其中，第七项之所以对违背公序良俗处理人脸信息的行为予以规定，主要是考虑到信息处理者使用深度伪造等人脸生成技术，违背公序良俗，恶意毁损他人名誉的事件时有发生，对他人人格权益造成严重侵害。结合人脸生成技术所带来的系列问题，对使用人脸识别技术专门予以强调，也为加强人脸信息司法保护预留了空间。

第八项以"违反合法、正当、必要原则处理人脸信息的其他情形"进行兜底，与民法典第一千零三十五条的规定精神保持一致，并保证了逻辑的周延性。

（四）关于动态系统论的适用

保护人格权是尊重和保护人格尊严的要求，但是，如果对人格权的保护过于绝对和宽泛，则难免会产生与其他权利的冲突。人格权保护的价值并非在所有情形中总是一般性地、抽象地高于其他价值，而必须在个案和具体情形中对所有这些价值进行综合权衡。

民法典第九百九十八条引入动态系统论，有利于协调人格利益与其他价值的冲突，强化人格权的保护。为妥善平衡人脸信息保护和其他权利之间的关系，《规定》第三条也引入动态系统论，在民法典第九百九十八条的基础上，对侵害人脸信息责任认定的考量因素予以进一步细化，增加告知同意情况以及信息处理的必要程度等因素，充分考量信息主体以及信息处理者的实际情况，合理认定民事责任。

在此需要强调的是，伴随着人脸识别应用场景越来越广泛，未成年人的人脸信息被采集的场景也越来越多，既有线上的，也有线下的。比如，商场、小区、公园等场所安装的人脸识别系统，手机上带有人脸识别功能的App软件，互联网上需要进行人脸验证的平台等。由于未成年人身心发育尚未成熟，社会阅历有限，个人信息保护意识相对淡薄，加之对新生事物较为好奇，其人脸信息被采集的概率相对较大。未成年人的人脸信息一旦泄露，侵权影响甚至可能伴随其一生，特别是技术歧视或算法偏见所导致的不公平待遇，会直接影响未成年人的人格发展。

从比较法的角度看，欧盟《通用数据保护条例》、美国儿童网上隐私保护法等对未成年人个人信息保护也作出了特别规定。其中，法国对采集儿童人脸信息持极其慎重的态度，例如，以控制校园进出为目的而实施针对儿童的人脸识别是被明确禁止的。

结合我国当前未成年人人脸信息保护现状，《规定》明确将受害人是否为未成年人作为责任认定特殊考量因素，对于违法处理未成年人人脸信息的，在责任承担时依法予以从重从严，确保未成年人人脸信息依法得到特别保护，呵护未成年人健康成长。

（五）关于强迫同意无效规则的适用

基于个人同意处理人脸信息的，个人同意是信息处理活动的合法性基础。只要信息处理者不超出个人同意的范围，原则上该行为就不构成侵权行为。

自愿原则是民法典的基本原则之一，个人的同意必须基于自愿而作出，特别是对人脸信息的处理，不能带有任何强迫因素。调研中发现，一些App往往使用人脸识别技术将非必要的人脸信息作为提供产品或服务的前提条件，不同意就无法继续安装或使用该应用程序；还有的信息处理者以与其他授权捆绑等方式，强迫或者变相强迫自然人同意处理其人脸信息。这种通过模式设计强制索取人脸信息的行为，导致自然人无法单独对人脸信息作出自愿同意，或者被迫同意处理其本不愿提供且非必要的人脸信息。这是当前公众感受最深、反映最强烈的问题，也是维权较难的问题。

为强化人脸信息保护，防止信息处理者对人脸信息的不当采集，《规定》第四条对处理人脸信息的有效同意采取从严认定的思路。对于信息处理者采取与其他授权捆绑、不点击同意就不提供服务等方式强迫或者变相强迫自然人同意处理其人脸信息，信息处理者据此认为其已征得相应同意的，人民法院不予支持。（从比较法的角度看，欧盟《通用数据保护条例》中的"同意"也必须是"自由、具体、知情、清晰无误"作出的同意，欧盟将违反自由的同意认定为无效同意。）

在适用《规定》第四条时需要注意以下几个问题。

第一，本条适用的前提仅限于基于个人同意处理人脸信息的情形。

第二，当事人针对信息处理者通过强迫同意采集人脸信息，以信息处理者侵害其人格权益为由向人民法院提起诉讼的，人民法院依法予以受理。

第三，本条中"提供产品或者服务所必需"不仅包括事实上的必需，也包括法律、行政法规或者规章有特别规定的情形。

第四，本条规定不仅适用于线上应用，对于需要告知同意的线下场景也同样适用。

（六）关于免责条款

"保护当事人合法权益，促进数字经济健康发展"是《规定》的制定宗旨。《规定》在起草过程中紧紧围绕这一宗旨，既注重权益保护，又注重价值平衡。

《规定》第五条对民法典第九百九十九条及第一千零三十六条进行细化。其中，根据民法典第九百九十九条，第三项明确规定"为公共利益实施新闻报道、舆论监督等行为在合理的范围内处理人脸信息的"，不承担民事责任；根据民法典第一千零三十六条第一项，第四项明确规定"在自然人或者其监护人同意的范围内合理处理人脸信息的"，不承担民事责任。

考虑到人脸识别在疫情防控、寻找失踪儿童、打击违法犯罪、维护公共安全等方面发挥着巨大作用，《规定》第五条第一项、第二项将民法典第一千零三十六条第三项的"维护公共利益或者该自然人合法权益"细化为两种情形：一是为应对突发公共卫生事件，或者紧急情况下为保护自然人的生命健康和财产安全所必需而处理人脸信息的；二是为维护公共安全，依据国家有关规定在公共场所使用人脸识别技术的。符合上述两种情形的，不承担民事责任。

民法典第一千零三十六条第二项还规定了一个免责事由，即"合理处理该自然人自行公开的或者其他已经合法公开的信息，但是该自然人明确拒绝或者处理该信息侵害其重大利益的除外"。《规定》第五条之所以没有将民法典第一千零三十六条第二项细化，主要是考虑人脸信息作为敏感个人信息，在保护力度上要比一般个人信息强，对于自然人自行公开的人脸图片或者视频资料，信息处理者在未征得该自然人同意的情况下使用人脸识别技术处理这些图像，超出了合理的范畴，且对其自然人人格权益有重大影响，故不符合第一千零三十六条第二项所规定情形。当然，在个案中确实存在处理人脸信息符合民法典第一千零三十六条第二项规定情形的，可以依据《规定》第五条第五项"符合法律、行政法规规定的其他情形"，引向适用民法典的这一规定。

（七）关于举证责任分配

信息处理者使用人脸识别技术处理人脸信息侵害人格权益相关纠纷的举证责任分配，应当遵循民事诉讼法及相关司法解释的一般性规定。但由于人脸识别技术具有较强的技术性和专业性，实践中，使用人脸识别技术处理人脸信息的有关证据一般均由信息处理者掌握，加之信息主体对于信息处理者如何处理信息并不了解，让信息主体承担信息处理者信息处理行为违法的证明责任,将面临知识和信息上的障碍。有鉴于此,个人信息保护法草案采取了过错推定原则,将过错要件的举证责任倒置给信息处理者。

由于归责原则和举证责任倒置具有法定性,在个人信息保护法正式施行前,信息处理者使用人脸识别技术侵害自然人人格权益的案件,能否直接适用过错推定责任原则实行举证责任倒置值得研究。

我们认为,依据现有举证责任的法律适用规则,在用足现有规定特别是民法典第一千零三十五条、第一千零三十六条等规定的基础上,充分考虑双方当事人经济实力不对等、信息不对称等因素,在举证责任分配上课以信息处理者更多的举证责任是可行、合理的。

据此,《规定》第六条第二款规定:"信息处理者主张其行为符合民法典第一千零三十五条第一款规定情形的,应当就此所依据的事实承担举证责任。"

(八)小区物业不得将人脸识别作为出入小区的唯一验证方式

《规定》起草过程中,我们对小区物业使用人脸识别门禁系统问题进行了专门调研,发现各地小区安装人脸识别设备的原因较为复杂,且安装人脸识别设备是否属于民法典第二百七十八条第一款第九项所规定的"有关共有和共同管理权利的其他重大事项"存在一定争议,实践中做法不一,有待进一步积累司法经验。

调研中也发现,群众关心小区物业安装人脸识别设备,集中在强制刷脸的问题上。实践中,部分小区物业强制要求居民录入人脸信息,并将人脸识别作为出入小区的唯一验证方式,这种行为违反了告知同意原则,群众质疑声较大。

有鉴于此,《规定》第十条专门对小区物业强制刷脸问题予以规定。

人脸信息属于敏感个人信息,小区物业对人脸信息的采集、使用必须依法征得业主或者物业使用人的同意。只有业主或者物业使用人自愿同意使用人脸识别,对人脸信息的采集、使用才有了合法性基础。小区物业不能以智能化管理为由,侵害相关居民的人格权益。

为此,《规定》第十条第一款规定:"物业服务企业或者其他建筑物管理人以人脸识别作为业主或者物业使用人出入物业服务区域的唯一验证方式,不同意的业主或者物业使用人请求其提供其他合理验证方式的,人民法院依法予以支持。"

根据这一规定,小区物业在使用人脸识别门禁系统录入人脸信息时,应当征得业主或者物业使用人的同意。不同意的业主或者物业使用人,可以向人民法院起诉要求物业服务企业或者其他建筑物管理人提供替代性验证方式。

(九)其他内容

除上述重点条款外,《规定》还对如下内容进行明确。

1. 多个信息处理者侵权责任的承担

由于人脸信息的处理链条较长,往往涉及多个信息处理者,《规定》第七条依据民法典相关规定对多个信息处理者侵权责任进行法律适用指引。

需要注意的是,第七条第二款的前提是"信息处理者利用网络服务",而不是"信息处理者利用网络","网络服务"在这里专指"他人所提供的网络服务",不包括"信息处理者利用自身网络"的情形。

2. 合理界定财产损失范围

除适用民法典第一千一百八十二条外，考虑到侵害人脸信息可能并无具体财产损失，但被侵权人为维权支付的相关费用却较大，如果不赔偿，将会造成被侵权人维权成本过高、侵权人违法成本较小的不平衡状态。《规定》第八条明确被侵权人为制止侵权行为所支付的合理开支以及合理的律师费用可作为财产损失请求赔偿。

3. 明确特定格式条款无效

对于信息处理者通过采用格式条款与自然人订立合同，要求自然人授予其无期限限制、不可撤销、可任意转授权等处理人脸信息的权利的，此类条款应属于民法典第四百九十七条第二项所规定的"提供格式条款一方不合理地免除或者减轻其责任、加重对方责任、限制对方主要权利"的情形，《规定》第十一条对其效力予以否定性评价，以防止一些商家滥用格式条款，规范人脸信息处理活动。

4. 细化违约删除规则

《规定》第十二条在民法典第一千零三十七条基础上明确：无论对人脸信息的删除是否有约定，信息处理者违反约定处理自然人的人脸信息，该自然人请求信息处理者承担违约责任时，请求删除人脸信息的，人民法院依法予以支持。

5. 积极倡导民事公益诉讼

由于实践中受害者分散、个人维权成本高、举证能力有限等因素，个人提起诉讼维权的情况相对较少，而公益诉讼制度能够有效弥补这一不足。结合人民法院审理个人信息民事公益诉讼相关实践，《规定》第十四条对涉人脸信息民事公益诉讼予以规定。

（撰稿人：郭锋、陈龙业、贾玉慧、张音）

最高人民法院
关于确定民事侵权精神损害赔偿责任若干问题的解释

（2001年2月26日最高人民法院审判委员会第1161次会议通过 根据2020年12月23日最高人民法院审判委员会第1823次会议通过的《最高人民法院关于修改〈最高人民法院关于在民事审判工作中适用〈中华人民共和国工会法〉若干问题的解释〉等二十七件民事类司法解释的决定》修正）

为在审理民事侵权案件中正确确定精神损害赔偿责任，根据《中华人民共和国民法典》等有关法律规定，结合审判实践，制定本解释。

第一条 因人身权益或者具有人身意义的特定物受到侵害，自然人或者其近亲属向人民法院提起诉讼请求精神损害赔偿的，人民法院应当依法予以受理。

第二条 非法使被监护人脱离监护，导致亲子关系或者近亲属间的亲属关系遭受严重损害，监护人向人民法院起诉请求赔偿精神损害的，人民法院应当依法予以受理。

第三条　死者的姓名、肖像、名誉、荣誉、隐私、遗体、遗骨等受到侵害，其近亲属向人民法院提起诉讼请求精神损害赔偿的，人民法院应当依法予以支持。

第四条　法人或者非法人组织以名誉权、荣誉权、名称权遭受侵害为由，向人民法院起诉请求精神损害赔偿的，人民法院不予支持。

第五条　精神损害的赔偿数额根据以下因素确定：

（一）侵权人的过错程度，但是法律另有规定的除外；

（二）侵权行为的目的、方式、场合等具体情节；

（三）侵权行为所造成的后果；

（四）侵权人的获利情况；

（五）侵权人承担责任的经济能力；

（六）受理诉讼法院所在地的平均生活水平。

第六条　在本解释公布施行之前已经生效施行的司法解释，其内容有与本解释不一致的，以本解释为准。

【解读】

解读《关于确定民事侵权精神损害赔偿责任若干问题的解释》修改条文

一、修改情况说明

根据2020年12月23日最高人民法院审判委员会第1823次会议通过的《最高人民法院关于修改〈最高人民法院关于在民事审判工作中适用《中华人民共和国工会法》若干问题的解释〉等二十七件民事类司法解释的决定》，最高人民法院对2001年《最高人民法院关于确定民事侵权精神损害赔偿责任若干问题的解释》（以下简称原司法解释）进行了修正，修正后的司法解释简称新司法解释。

新司法解释对原司法解释共修改5条、废止6条。其中，引言涉及调整法律依据以及规范文字表述。第一条、第三条、第四条、第五条涉及实质性修改。废止的条款为：原第四条、原第六条、原第七条、原第八条、原第九条、原第十一条。

二、关于适应性修改条文的说明

引言部分：民法典颁布实施后，民法通则同时废止，因此在对司法解释修改时，将其引言中"根据《中华人民共和国民法通则》等有关法律规定"修改为"根据《中华人民共和国民法典》等有关法律规定"。同时，采取司法解释规范表述，将"结合审判实践经验，对有关问题作如下解释"修改为"结合审判实践，制定本解释"。

三、关于重点修改条文的修改说明和理解与适用

以下为新司法解释条文。

（一）第一条

【修改内容】

本条共有两处修改：一是将有权提起精神损害赔偿之诉的主体由"自然人"修改

为"自然人或者其近亲属"。二是将精神损害赔偿之诉的受案范围由列举式改为概括式，将可以提起精神损害赔偿诉讼的情形由"生命权、健康权、身体权、姓名权、肖像权、名誉权、荣誉权、人格尊严权、人身自由权等人格权利、隐私以及其他人格利益受到非法侵害"修改为侵害"人身权益或者具有人身意义的特定物受到侵害"。

【修改说明】

民法典规定了精神损害赔偿制度，为与民法典关于精神损害赔偿制度相关规定相衔接，并进一步细化规则，本规定作出修改。

【理解与适用】

本条是关于精神损害赔偿受案范围的规定。精神损害赔偿受案范围涉及两个问题：一是主体范围，即何种类型的民事主体就其民事权益受到侵害，可以请求赔偿精神损害；二是客体范围，即何种性质的民事权益受到侵害可以请求赔偿精神损害。

1. 精神损害赔偿的主体

按照大陆法系国家传统的民法理论，因侵权致人损害，其损害后果可以区分为两种形态，即"财产上损害"和"非财产上损害"。"财产上损害"是指一切有形财产和无形财产所受损失，包括现有实际财产的减少和可得利益的丧失。其基本特征是损害具有财产上的价值，可以用金钱加以计算。"非财产上损害"相对于财产上损害而言，是指没有直接的财产内容或者不具有财产上价值的损害。其损害本身不能用金钱加以计算，在此意义上，凡属"财产损害"以外的其他一切形态的损害，包括生理、心理以及超出生理、心理范围的抽象精神利益损害，都是"非财产上损害"，不以民事主体是否具有生物形态的存在和精神感受力为前提。广义上认为，无论是自然人还是法人，其民事权益遭受侵害时都会发生"非财产上损害"；而狭义的观点认为，"非财产上损害"作为具体的损害结果，首先是指精神痛苦，忧虑、绝望、怨愤、失意、悲伤、缺乏生趣等均为其表现形态；其次还包括肉体痛苦。通常认为，由于法人不具有精神感受力，无法产生精神和肉体上的痛苦，因此对法人而言不存在精神损害赔偿。我国民法典采狭义论观点，认为对法人和非法人组织不能适用精神损害赔偿。

需要注意的是，本条此次修改将有权提起精神损害赔偿的主体由"自然人"修改为"自然人或者其近亲属"，主要是考虑与民法典第一千一百八十一条、第一千一百八十三条规定的衔接。根据民法典第一千一百八十一条的规定，被侵权人死亡的，其近亲属有权请求侵权人承担侵权责任。此处的侵权责任是否包括精神损害赔偿？应当说，自侵权责任法明确规定精神损害赔偿制度以来，我国立法与司法实践对上述问题都是持肯定态度的，即认可因侵权行为而死亡的被侵权人的近亲属有权主张精神损害赔偿。民法典释义认为，民法典第一千一百八十三条第一款"侵害自然人人身权益"中的"自然人"包括了被侵权人死亡时其近亲属。然而，在民法典编纂过程中，有的观点提出，被侵权人因侵权行为死亡的，其近亲属能不能主张精神损害赔偿，不够明确，建议予以明确。① 在司法解释修正征求意见时，也有反馈意见建议，明确规定精神损害赔偿的主体是否包括被侵权人的近亲属。考虑审判实践的需要，我们在规定精神损害赔偿主体资格时采取"自然人或者其近亲属"的表述，目的是在进一步强调精神损害赔偿的主体范围排除法人及非法人组织的同时，明确被侵权人死亡时其近亲属有权提起

---

① 参见黄薇主编：《中华人民共和国民法典释义及适用指南》，中国民主法制出版社2020年版，第1803页。

精神损害赔偿，这与民法典第一千一百八十三条规定的精神并不矛盾。

2. 精神损害赔偿的客体

从立法政策的角度来看，大陆法系各国对精神损害赔偿客体的规定，一般有两种立法模式：其一是限定主义的立法，明确规定"非财产上损害"以法律规定者为限，可以请求金钱赔偿。其二是非限定主义的立法，即在立法上对财产损害和非财产损害不作区分，或虽作区分但对精神损害赔偿的范围不作特别的限制性规定，而是一般规定因过错致人损害的，应负损害赔偿责任。在第二种立法模式下，无论是人身权还是财产权受到侵害，凡能证明因为此种侵害遭受非财产上损害的，都可以请求赔偿其损害。但前已述及，由于精神损害与自然人的人身权益遭受侵害的不利益状态具有较为直接和密切的联系，有关国家和地区的民事法律一般都将精神损害的赔偿范围限定在自然人的人身权益遭受侵害的情形之中，对财产权益受到侵害发生的精神损害，原则上不得主张损害赔偿救济。民法典从维护人身权利和人格尊严的基本价值目标出发，同时考虑到一些特定的物品对于被侵权人而言具有重要的人身意义，比如结婚纪念册、特殊纪念品等，这些物品一般独一无二、难以复制，如果这些物品损毁、灭失，也会造成被侵权人严重的精神损害。因此，民法典在将精神损害赔偿的客体范围主要规定为自然人的人身权益的同时，还规定了对自然人具有人身意义的特定物，也属于精神损害赔偿的客体范围。

3. 精神损害赔偿诉讼受案范围

需要注意的是，本司法解释并非对原司法解释中关于精神损害赔偿客体范围的修改，而是基于体例协调的考虑，对精神损害赔偿诉讼受案范围采取了概括式的规定。原司法解释第一条至第四条规定了精神损害赔偿的客体是人格权益、以监护权为代表的身份权以及具有人格意义的特定物，上述规定已为民法典一千一百八十三条所吸收，并规定为自然人及其近亲属实体上可以获得支持的权利。在2001年制定本司法解释时，精神损害赔偿制度处于探索完善时期，司法实践对这类诉讼是否属于民事诉讼受案范围尚有疑义，因此，原司法解释第一条至第四条均采用"应予受理"的表述，是为了解决此类诉讼"进门"的问题。应当说，随着审判实践的发展，特别是2015年立案登记制改革，对于精神损害赔偿应作为民事诉讼案件受理且权利人能够依法得到实体法上的支持，已为立法和实践认可，现阶段再规定精神损害赔偿的受理规则已无必要。因此，本司法解释在此次修正时的总体思路是：第一，关于精神损害赔偿诉讼的受案范围，不再按照精神损害赔偿客体逐条强调受理要件，而是在吸收原司法解释第一条至第四条客体范围的基础之上，在第一条统一规定精神损害赔偿受案范围，以保持体例完整。同时，第二条为监护权的特别规定，尽管第一条已经规定了身份权是精神损害赔偿的客体，即第一条已经包括了第二条的内容。在司法解释修正征求意见过程中，大部分意见建议保留，理由是有利于强调对未成年人的保护。我们采纳了大部分意见，将第二条保留。第二，对于民法典有明确规定的，对于该类起诉应予受理毋庸赘述，其受理规则不再保留，故删除了原第四条。第三，对于近亲属是否可以主张精神损害赔偿，民法典没有明确规定，故将第三条由受理规则修改为实体判断规则，与民法典第一千一百八十三条的规定相衔接。

本司法解释对精神损害赔偿受案范围作出修改，需要注意三个问题：第一，民法典第九百九十条的规定："人格权是民事主体享有的生命权、身体权、健康权、姓名权、名称权、肖像权、名誉权、荣誉权、隐私权等权利。除前款规定的人格权外，自然人享有基于人身自由、人格尊严产生的其他人格权益。"因此，原司法解释所列举的具体人格权益已被民法典第九百九十条的规定吸收，本司法解释不再详细列举。还需要说明的是，隐私权在民法典人格权编中，已经规定为人格权利，原司法解释将隐私列入人格利益范畴已不恰当。第二，原司法解释第四条关于"具有人格象征意义的特定纪念物品，因侵权行为而永久性灭失或者毁损，物品所有人以侵权为由，向人民法院起诉请求赔偿精神损害的，人民法院应当依法予以受理"的规定，已被民法典第一千一百八十三条第二款的规定吸收。故在原司法解释第四条废止的同时，此类情形仍需指引。至于此类诉讼请求能否得到支持，应依法进行实体判断。第三，民法典第一千一百八十三条规定的精神损害赔偿客体是自然人的人身权益，新司法解释第二条监护权受到侵害可以提起精神损害赔偿的规定，即体现了身份权亦为精神损害赔偿保护客体。除了监护权之外，如果自然人因其他身份权益遭受严重精神损害，是否可以依法主张精神损害赔偿？本司法解释没有具体列举其他身份权益，而是采取一种较为开放的态度，为今后司法实践留出探索空间。

（二）第三条

【修改内容】

本条共有两处修改：一是将原司法解释列举的自然人死亡后其近亲属可以提起精神损害赔偿的三种情形精简规定为"死者的姓名、肖像、名誉、荣誉、隐私、遗体、遗骨等受到侵害"；二是将符合上述情形的自然人近亲属提起精神损害赔偿的，人民法院"应当依法予以受理"修改为"应当依法予以支持"。

【修改说明】

民法典第一千一百八十三条关于精神损害赔偿的规定，是实体判断规则。2015年实行立案登记制改革，对于符合民事诉讼法（2017年修正，下同）第一百一十九条规定的案件，人民法院应当有案必立、有诉必理。在立案登记制的背景之下，结合民法典的相关规定，本规定作出相应修改。

【理解与适用】

本条是对死者的人身权益延进行伸保护的规定。审判实践中，因死者的姓名、肖像、名誉、荣誉、隐私、遗体、遗骨等受到侮辱、贬损、丑化引起的纠纷不断出现。自然人死亡后，其姓名、肖像、名誉、荣誉等应当受到法律保护自无争议，但对法律和司法解释在这里保护的是谁的权利，是什么权利还存在不同的认识。一种观点认为，自然人死亡后的一段时间内，死者仍然可以作为人身权的主体享有权利。因此，法律保护的是民事主体人身权的延伸。另一种观点则认为，自然人的民事权利能力始于出生，终于死亡。之所以在死者姓名、肖像、名誉、荣誉受到侵害时，允许其近亲属向人民法院起诉，主要是为了保护死者近亲属的利益。

近代民事立法中一般均规定，自然人的民事权利始于出生，终于死亡。法律在保护自然人的人身权益的同时，对于其在诞生前或死亡后依法享有的利益，给予延伸保护。既然我国民法典第十三条已经明确规定，自然人从出生时起到死亡时止，具有民事权利能力，依法享有民事权利，承担民事义务。死者不具有民事权利能力，也就不享有民事权利。因此，将本条中保护的内容解释为死者的民事权利，就缺少法律依据，故不能理解为本条确定了对死者人身权的保护。同时，根据死者近亲属享有诉权就认为本条解释的目的是保护死者近亲属的民事权利的观点则明显与本司法解释的原意相悖。姓名、肖像、名誉、荣誉均属于人格权的范畴，人格权是民事主体的一种专属权利，只能由每个民事主体单独享有，不得转让、抛弃、继承。人格权的这种专属性，决定了除自然人本人以外，任何他人均不可能通过转让、继承来取得他人的人格权，所以，自然人死亡以后，其姓名、肖像、名誉、荣誉受损的事实，不能视为其近亲属民事权利受损。法律和司法解释保护的，也不是死者近亲属的民事权利。现代民法理论认为，自然人生命终止以后，继续存在某些与该自然人作为民事主体存续期间已经取得和享有的与其人身权相联系的利益，损害这些利益，将直接影响曾经作为民事主体存在的该自然人的人格尊严。通常认为，民事主体享有民事权利能力时，其享有人身权益；当民事主体还未诞生以及消灭以后，作为权利主体已经不存在，但由于其围绕人身权益而存在的先期利益和延续利益客观地存在着。民法典第九百九十四条将死者的姓名、肖像、名誉、荣誉、隐私、遗体、遗骨作为一种合法利益给予法律保护，体现了法律对民事主体权益保护的完整性，也有利于引导人们重视个人生前和身后的声誉，符合社会主义核心价值观。

理解本条规定还应该注意，既然司法解释的本意是对自然人生前享有的人身权而产生的利益给予延伸保护，死者的近亲属享有的是什么权利？应该说死者近亲属享有的是一种请求权，是为了保护死者人身权利益必备的一种请求权。之所以规定由死者近亲属行使这种请求权，是考虑到由于近亲属与死者具有在共同生活中形成的感情、亲情或特定的身份关系，最关心死者人身权利益的延伸保护问题；另外，以往最高人民法院的司法解释已经对近亲属的内涵作了明确的规定，又因为近亲属的存活年限有一般的规律存在，可以作为对死者人身权利益的保护期限。明确这一点，对于审判实践最直接的意义是，当死者的人身权利益受损的事实发生后，无论其亲属有多少人同时提起诉讼，都不影响人民法院判令侵权人支付精神损害抚慰金的数额；一个损害事实只能引起一次诉讼，死者的其他近亲属就同一侵权事实提起的请求精神损害赔偿的诉讼，人民法院不能因为提起诉讼的主体不同而全部予以支持。

（三）第四条

【修改内容】

本条共有三处修改：一是将"其他组织"修改为"非法人组织"；二是将法人或者非法人组织的"人格权利"修改为"名誉权、荣誉权、名称权"；三是将此类主体起诉请求精神损害赔偿时，人民法院"不予受理"修改为"不予支持"。

【修改说明】

民法典总则编将民事主体分为三类：自然人、法人以及非法人组织，原司法解释规定中关于"其他组织"的表述与民法典规定不符。同时，根据民法典第一百一十条第二款的规定，法人享有的人格权仅为名称权、名誉权、荣誉权，原司法解释中关于"人格权利"的表述过于宽泛。此外，民法典第一千一百八十三条规定的有权主张精神损害赔偿的主体为自然人而排除了法人以及非法人组织，此为实体判断规则。据此，为与民法典相关规定精神保持一致，本条作出修改。

【理解与适用】

本条是对自然人以外的其他民事主体能否主张精神损害赔偿的规定。

关于自然人以外的其他民事主体人格权受到侵害是否可以主张精神损害赔偿，学术界大致存在两种观点：一种为所谓的精神痛苦说。这种观点认为，精神损害在本质上是一种非财产损害，它是指自然人因侵害人格权的行为而导致的生理、心理、精神、感情上的创伤和痛苦。这种创伤和痛苦只有自然人才存在，并以悲伤、忧虑、绝望等形式表现出来。精神痛苦是精神损害赔偿的基础和前提。而法人和非法人组织作为社会组织，在名称权、名誉权、荣誉权等人格权利受到侵害时，不存在精神、心理等方面的痛苦，不存在精神损害的问题，自然没有精神损害赔偿适用的余地。在法人或者非法人组织的人格权受到侵害的情况下，损害赔偿应以财产损失为前提，即造成法人和非法人组织财产损失的，应当予以赔偿；未造成财产损失的，应采取其他民事责任形式如停止侵害、赔礼道歉、消除影响等方式来处理。故精神损害赔偿只能限定在自然人的范围。另一种观点认为，精神损害不仅指因侵权行为导致的受害人生理、心理、精神等方面的痛苦，也包括受害人因侵权行为而遭受的抽象精神利益的损害。依这种观点，精神损害可以分为三种情况：以侵害权利人生命权、健康权、身体权为主要内容的生理方面的损害；以造成受害人精神痛苦、焦虑、绝望等损害为主要内容的心理方面的损害和以侵害权利人姓名（名称）、肖像、名誉、婚姻家庭关系等为主要内容的精神利益的损害。精神利益不以权利主体的生物形态为存在的基础，凡是法律上的"人"，不论自然人还是法人均存在精神利益，都可能成为精神损害的受害者。因此，在侵权行为造成法人或者非法人组织的精神利益受损时，也应当承担精神损害赔偿责任。这种观点还认为，导致精神损害的行为也不限于侵害人身权益的行为，侵害他人财产权的行为，甚至违约行为，均可能导致他人的精神损害，并引起精神损害赔偿的发生。而精神痛苦说混淆了精神利益与精神痛苦的关系，将精神痛苦作为精神损害的唯一客体，缩小了精神损害赔偿的适用范围，特别是将法人和非法人组织排除在精神损害赔偿之外，使法人和非法人组织的精神利益无法实现，不利于保护法人和非法人组织的合法权益。其他国家和地区的学说和立法一般不采用精神损害赔偿的提法，而是使用"非财产损害赔偿"的概念。所谓非财产损害，有学者认为即指精神痛苦和生理痛苦，以此为前提，法人"仅其社会价值与自然人相同而已"，不存在精神痛苦，不应适用非财产损害赔偿；也有学者认为，"非财产损害赔偿"是无形损害，不仅仅指精神痛苦，所有的非财产损害均应包括在内，不能因为法人没有精神损害而否认其有非财产损害。各个国家和地区由于立法原则不同，立法和裁判对于法人是否可以适用非财产损害赔偿问题采取不同的立场。我国的立法和实践主流观点不支持法人和非法人组织的精神损害赔偿，民法典采纳了这一观点，将侵权责任法中有权主张精神损害赔偿的主体"他人"修改为"自然人"，明确了只有自然人才可以作为有权主张精神损害赔偿的主体。因此，为与民法典规定精神保持一致，人民法院对于法人或者非法人组织以名称权、名誉权、荣誉权遭受侵害为由，请求赔偿精神损害的，不应予以支持。需要注意的是，法人或者非法人组织以名称权、名誉权、荣誉权之外的其他人格权益遭受侵害为由请求精神损害赔偿，人民法院应如何处理？由于民法典人格权编中，名称权、名誉权、荣誉权之外的其他人格权益是自然人专属的人格权，法人或者非法人组织并不享有，因此，法人或者非法人组织以名称权、名誉权、荣誉权之外的其他人格权益遭受侵害为由主张侵权损害赔偿的，由于其不具有诉的利益，不符合民事诉讼法第一百一十九条的规定，人民法院对此类诉讼应不予受理，已经受理的，应当驳回起诉。

（四）第五条

【修改内容】

本条共有四处修改：一是在原第一款第一项增加"但是"；二是将第一款第二项"手段、场合、行为方式"修改为"目的、方式、场合"；三是将第一款第六项"受诉法院"修改为"受理诉讼法院"；四是删除原司法解释第二款。

【修改说明】

关于"但是""受理诉讼法院"的表述是民法典的规范表述，本条系根据民法典相关表述进行修改。关于第二项侵权行为的具体情节，系参照民法典第九百九十八条关于侵害人格权民事责任的参考因素的规定进行的修改。此外，关于删除残疾赔偿金、死亡赔偿金相关规定的原因是，民法典第一千一百七十九条将残疾赔偿金、死亡赔偿金作为财产损失的具体项目予以明确，民法典第一千一百八十三条关于精神损害赔偿是独立于财产损失的赔偿类目，精神损害赔偿中不涉及适用残疾赔偿金、死亡赔偿金。

【理解与适用】

本条是关于确定精神损害赔偿数额的规定。精神损害赔偿数额的确定标准是审判实践中经常遇到的问题。由于缺少法律和司法解释的依据，各地人民法院在审判实践中裁判标准存在不统一现象。因此，有必要对精神损害赔偿金数额的确定标准加以规范。

不同国家对于精神损害赔偿金采取了不同的标准，固定赔偿、标准赔偿和限额赔偿的原则在大陆法系国家中采用得较为普遍。而英美法系多由法官自由裁量。考虑到涉及精神损害赔偿的案件类型多种多样，每一个案件的具体侵权状况和引起的后果各不相同，采取列举的方式并不能穷尽所有的侵权行为，且各侵权行为发生地的经济情况和当事人的收入水平也不尽一致，很难制定出一个统一的精神损害赔偿标准。因此，本规定仍采取的是由法官根据确定的因素进行裁量的办法，但这种裁量要遵循一定的原则，尽可能降低裁量的主观性和任意性。

赔偿损失是承担民事责任的一种重要方式，精神损害赔偿本质上与财产损害赔偿的责任构成要件并无不同。本条之所以要求人民法院在确定精神损害赔偿数额时首先考虑侵权人的主观过错，是因为过错责任原则是侵权责任法的一般归责原则。精神损害赔偿作为一种民事责任，自然应遵循这一归责原则。因此，侵权人主观上具有过错，过错程度是否严重，是故意还是过失，应该成为人民法院在确定精神损害赔偿数额时所要考虑的重要因素。这是过错责任原则的基本要求。将这一原则应用到审判实践中，就是要在确定精神损害赔偿数额时做到：（1）侵权人没有过错的，只有在法律另有规定的情况下，才可以判决其承担精神损害赔偿责任；（2）在侵权后果大致相同的情况下，故意侵权致人损害的当事人较之过失侵权致人精神损害的当事人责任要重，支付的精神损害赔偿金的数额相对要多一些；（3）对于过失致人精神损害的当事人，重大过失和一般过失相比较，前者支付的精神赔偿数额要高一些。

侵权人的侵害目的、方式、场合等具体情节和侵权行为所造成的后果是人民法院在确定精神损害赔偿数额时需要结合起来考虑的问题。精神损害是一种无形损害，本质上不可用金钱计量，金钱也并不能像填补物质损害一样对受害人的精神损害起到填平损害的作用。要求侵权人承担精神损害的赔偿责任，主要是基于对侵犯他人人身权益的侵权行为的可归责性及道德上的可谴责性作出的主观评价。因此，精神损害赔偿兼具抚慰、惩罚和调整功能。精神损害的性质决定了损害后果是由多种因素综合造成的，单纯考虑某一种因素所得出的结果并不科学。例如，精神损害后果的严重与否，与受害人的主观状态，特别是其心理承受能力有密切的关系。同样的侵权行为，发生在不同的当事人身上，可引起不同的后果。因此，在确定精神损害赔偿数额时，不仅仅要看到侵权行为造成的直接后果，还要结合侵害人的侵害目的、方式、场合等具体侵权情节加以考虑。一般说来，审判实践中，结合侵权行为所造成的后果和侵权人的目的、方式、场合考虑确定精神损害赔偿数额时应注意：（1）从损害后果上看，侵权致人精神损害，造成受害人死亡、精神失常丧失劳动能力、生活自理能力的，较造成受害人一般精神痛苦的，侵权人的精神损害赔偿责任要重；（2）从侵权行为的道德可谴责性看，在公众场合，公然侮辱、诽谤他人，采取恶劣手段侮辱妇女，造成重大影响的，较一般后果、影响不大的侵权行为，侵权人的精神损害赔偿责任要重。也就是说，从侵害目的、方式、场合看，侵权行为的道德可谴责性越大，侵权人所应承担的精神损害赔偿责任也就相应地应该加重。

对于因人身权益造成的损失到底是什么，是多少，实践中往往难以认定。这时就要考虑采用其他合理的赔偿标准。在财产损失赔偿中，如果被侵权人的财产损失难以确定的，一般情况下采取侵权人所获利益标准进行赔偿。采取这种标准的原因在于，在被侵权人损失难以计算的情况下，通常对方所获得的利益就是等同于所遭受的损失。这种做法在知识产权领域早有实践，在此背景下，民法典第一千一百八十二条在总结有关经验的基础上明确了以侵权人获利为标准的赔偿方式。本条规定参照民法典第一千一百八十二条的规定，将获利标准作为精神损害赔偿数额的考虑因素，是一种务实的选择。

是否应当将侵权人承担经济责任的经济能力作为确定精神损害赔偿数额的考虑因素，是争议较大的问题。持反对意见的人认为，将侵权人的经济承担能力作为确定精神损害赔偿数额的依据，造成的直接后果是，实施同样侵权行为的人，有钱的就多赔，无钱的就少赔；对于受害者来说，受到经济能力强的行为人侵害，就可以多获赔偿，受到经济能力弱的行为人的侵害，就要少得赔偿或得不到赔偿，这种做法直接违反法律面前人人平等的原则。其实，这种观点是片面的。民法的一项基本功能就是平衡当事人之间的经济利益。精神损害赔偿有着许多不同于财产损害赔偿的特点：一是精神损害是无形的，其本身无法以金钱数额的多少进行计量，因此，不能单纯以给付数量的多少体现判决是否公平；二是从精神损害抚慰金的功能上看，受害人是否从精神上得到满足，往往也不是由精神损害抚慰金的绝对数额决定的，只要能够给侵权人以惩罚，就能够起到安抚受害人的作用。如果受害人看到侵权人因为他的侵权行为而承担的责任对于其经济状况来说已经属于一种惩罚，常常能够感到一种安慰从而接受这样的裁决。相反，如果法院判决加害人支付的精神损害抚慰金远远超过其经济能力而使受害人得不到实际的赔偿，则无法起到安抚受害人的作用。精神损害赔偿的另一个功能是调整作用，目的是平衡双方当事人之间的经济利益，如果人民法院在作出裁决时不考虑侵权人的责任承担能力，使判决的结果在当事人之间造成新的重大的利益失衡，会使判决的执行变为不可能，从而使人民法院裁决的公平性、公正性受损。

处理侵权赔偿纠纷案件一般要适用侵权行为地法，但侵权行为地又可以分为侵权行为发生地和侵权行为结果地。根据民事诉讼法的规定，受害人可以选择在侵权行为发生地或侵权行为结果地提起民事诉讼。又由于侵权人和受害人可能分属两个不同的国家或地区，所以，受诉法院常常在确定损害赔偿数额时，就参考哪一地的平均生活水平而发生分歧。由于精神损害赔偿不同于财产损害赔偿，不需要针对受害人的实际经济损失的大小作出准确的裁决，本着诉讼经济的原则，为了免去人民法院在就精神损害赔偿数额作出裁决时考察受害人或侵权人住所地平均生活水平的麻烦，新司法解释明确规定人民法院在确定精神损害抚慰金的数额时可以只将受理诉讼法院所在地的平均生活水平作为考虑因素。

四、关于废止条文的说明

（一）原司法解释第四条

根据民法典第一千一百八十三条第二款的规定，因故意或者重大过失侵害自然人具有人身意义的特定物造成严重精神损害的，被侵权人有权请求精神损害赔偿。该条从实体法角度支持了被侵权人的主张，原司法解释第四条规定为被侵权人提起此类诉讼，人民法院应予受理，是程序性规定，在民法典已经进行实体性规定的情况下，原规定已无意义，故予以废止。

（二）原司法解释第六条

《最高人民法院关于适用〈中华人民共和国民事诉讼法〉的解释》（2020年修正）第二百四十七条规定："当事人就已经提起的事项在诉讼过程中或者裁判生效后再次起诉，同时符合下列条件的，构成重复起诉：（一）后诉与前诉的当事人相同；（二）后诉与前诉的诉讼标的相同；（三）后诉与前诉的诉讼请求相同，或者后诉的诉讼请求实质上否定前诉裁判结果。当事人重复起诉的，裁定不予受理；已经受理的，裁定驳回起诉，但法律、司法解释另有规定的除外。"根据上述规定，当事人在侵权诉讼中没有提出赔偿精神损害的诉讼请求，诉讼终结后又基于同一侵权事实另行起诉请求赔偿精神损害的，当事人另诉主张的精神损害赔偿与前诉并不相同，二者不构成重复起诉。在立案登记制的背景之下，原规定不予受理没有法律依据。特别是在一些侵害人身权益的案件中，被侵权人的精神损害在其提起诉讼之时并未凸显，时隔多年才产生或者发现精神损害，这种情况下，剥夺当事人提起精神损害赔偿的诉权，于理不公。据此，当事人就此种情形提起诉讼的，应由人民法院依法判断，不宜采取"一刀切"的规定，故在本司法解释修改过程中，废止原第六条的规定。但是，需要说明的是，从"两便"原则以及提高纠纷解决效率的角度考虑，应当鼓励当事人将纠纷一次性解决。

（三）原司法解释第七条

该条规定已被民法典第九百九十四条吸收，并且与新司法解释第三条重复，不必重复规定。

（四）原司法解释第八条

该条规定已被民法典第一千一百八十三条、第九百九十五条的规定吸收，不必重复规定。

（五）原司法解释第九条

民法典第一千一百七十九条中规定的残疾赔偿金或死亡赔偿金，属于独立于精神损害抚慰金的赔偿项目。原第九条规定与民法典第一千一百七十九条、第一千一百八十三条规定的精神不一致，应予以废止。

（六）原司法解释第十一条

该条规定已被民法典第一千一百七十三条的规定所吸收，不必重复规定。

（撰稿人：张闻）

最高人民法院
关于审理铁路运输人身损害赔偿纠纷案件
适用法律若干问题的解释

（2010年1月4日最高人民法院审判委员会第1482次会议通过 根据2020年12月23日最高人民法院审判委员会第1823次会议通过的《最高人民法院关于修改〈最高人民法院关于在民事审判工作中适用《中华人民共和国工会法》若干问题的解释〉等二十七件民事类司法解释的决定》修正 根据2021年11月24日最高人民法院审判委员会第1853次会议通过的《最高人民法院关于修改〈最高人民法院关于审理铁路运输人身损害赔偿纠纷案件适用法律若干问题的解释〉的决定》修正）

为正确审理铁路运输人身损害赔偿纠纷案件，依法维护各方当事人的合法权益，根据《中华人民共和国民法典》《中华人民共和国铁路法》《中华人民共和国民事诉讼法》等法律的规定，结合审判实践，就有关适用法律问题作如下解释：

第一条 人民法院审理铁路行车事故及其他铁路运营事故造成的铁路运输人身损害赔偿纠纷案件，适用本解释。

铁路运输企业在客运合同履行过程中造成旅客人身损害的赔偿纠纷案件，不适用本解释；与铁路运输企业建立劳动合同关系或者形成劳动关系的铁路职工在执行职务中发生的人身损害，依照有关调整劳动关系的法律规定及其他相关法律规定处理。

第二条 铁路运输人身损害的受害人以及死亡受害人的近亲属为赔偿权利人，有权请求赔偿。

第三条 赔偿权利人要求对方当事人承担侵权责任的，由事故发生地、列车最先到达地或者被告住所地铁路运输法院管辖。

前款规定的地区没有铁路运输法院的，由高级人民法院指定的其他人民法院管辖。

第四条 铁路运输造成人身损害的，铁路运输企业应当承担赔偿责任；法律另有规定的，依照其规定。

第五条 铁路行车事故及其他铁路运营事故造成人身损害，有下列情形之一的，铁路运输企业不承担赔偿责任：

（一）不可抗力造成的；

（二）受害人故意以卧轨、碰撞等方式造成的；

（三）法律规定铁路运输企业不承担赔偿责任的其他情形造成的。

第六条 因受害人的过错行为造成人身损害，依照法律规定应当由铁路运输企业承担赔偿责任的，根据受害人的过错程度可以适当减轻铁路运输企业的赔偿责任，并按照以下情形分别处理：

（一）铁路运输企业未充分履行安全防护、警示等义务，铁路运输企业承担事故主要责任的，应当在全部损害的百分之九十至百分之六十之间承担赔偿责任；铁路运输企业承担事故同等责任的，应当在全部损害的百分之六十至百分之五十之间承担赔偿责任；铁路运输企业承担事故次要责任的，应当在全部损害的百分之四十至百分之十之间承担赔偿责任；

（二）铁路运输企业已充分履行安全防护、警示等义务，受害人仍施以过错行为的，铁路运输企业应当在全部损害的百分之十以内承担赔偿责任。

铁路运输企业已充分履行安全防护、警示等义务，受害人不听从值守人员劝阻强行通过铁路平交道口、人行过道，或者明知危险后果仍然无视警示规定沿铁路线路纵向行走、坐卧故意造成人身损害的，铁路运输企业不承担赔偿责任，但是有证据证明并非受害人故意造成损害的除外。

第七条 铁路运输造成无民事行为能力人人身损害的，铁路运输企业应当承担赔偿责任；监护人有过错的，按照过错程度减轻铁路运输企业的赔偿责任。

铁路运输造成限制民事行为能力人人身损害的，铁路运输企业应当承担赔偿责任；监护人或者受害人自身有过错的，按照过错程度减轻铁路运输企业的赔偿责任。

第八条 铁路机车车辆与机动车发生碰撞造成机动车驾驶人员以外的人人身损害的，由铁路运输企业与机动车一方对受害人承担连带赔偿责任。铁路运输企业与机动车一方之间的责任份额根据各自责任大小确定；难以确定责任大小的，平均承担责任。对受害人实际承担赔偿责任超出应当承担份额的一方，有权向另一方追偿。

铁路机车车辆与机动车发生碰撞造成机动车驾驶人员人身损害的，按照本解释第四条至第六条的规定处理。

第九条 在非铁路运输企业实行监护的铁路无人看守道口发生事故造成人身损害的，由铁路运输企业按照本解释的有关规定承担赔偿责任。道口管理单位有过错的，铁路运输企业对赔偿权利人承担赔偿责任后，有权向道口管理单位追偿。

第十条 对于铁路桥梁、涵洞等设施负有管理、维护等职责的单位，因未尽职责使该铁路桥梁、涵洞等设施不能正常使用，导致行人、车辆穿越铁路线路造成人身损害的，铁路运输企业按照本解释有关规定承担赔偿责任后，有权向该单位追偿。

第十一条 有权作出事故认定的组织依照《铁路交通事故应急救援和调查处理条例》等有关规定制作的事故认定书，经庭审质证，对于事故认定书所认定的事实，当事人没有相反证据和理由足以推翻的，人民法院应当作为认定事实的根据。

第十二条 在专用铁路及铁路专用线上因运输造成人身损害，依法应当由肇事工具或者设备的所有人、使用人或者管理人承担赔偿责任的，适用本解释。

第十三条 本院以前发布的司法解释与本解释不一致的，以本解释为准。

指导案例 98 号

张某福、张某凯诉朱某彪生命权纠纷案

（最高人民法院审判委员会讨论通过　2018 年 12 月 19 日发布）

关键词
民事　生命权　见义勇为

裁判要点
行为人非因法定职责、法定义务或约定义务，为保护国家、社会公共利益或者他人的人身、财产安全，实施阻止不法侵害者逃逸的行为，人民法院可以认定为见义勇为。

相关法条
《中华人民共和国侵权责任法》第六条
《中华人民共和国道路交通安全法》第七十条

基本案情
原告张某福、张某凯诉称：2017 年 1 月 9 日，被告朱某彪驾驶奥迪小轿车追赶骑摩托车的张某焕。后张某焕弃车在前面跑，被告朱某彪也下车在后面继续追赶，最终导致张某焕在迁曹线 90 公里 495 米处（滦南路段）撞上火车身亡。朱某彪在追赶过程中散布和传递了张某焕撞死人的失实信息；在张某焕用语言表示自杀并撞车实施自杀行为后，朱某彪仍然追赶，超过了必要限度；追赶过程中，朱某彪手持木凳、木棍，对张某焕的生命造成了威胁，并数次谩骂张某焕，对张某焕的死亡存在主观故意和明显过错，对张某焕死亡应承担赔偿责任。

被告朱某彪辩称：被告追赶交通肇事逃逸者张某焕的行为属于见义勇为行为，主观上无过错，客观上不具有违法性，该行为与张某焕死亡结果之间不存在因果关系，对张某焕的意外死亡不承担侵权责任。

法院经审理查明：2017 年 1 月 9 日上午 11 时许，张某焕由南向北驾驶两轮摩托车行驶至古柳线青坨鹏某水产门口，与张某来无证驾驶同方向行驶的无牌照两轮摩托车追尾相撞，张某焕跌倒，张某来倒地受伤，摩托车受损，后张某焕起身驾驶摩托车驶离现场。此事故经曹妃甸交警部门认定：张某焕负主要责任，张某来负次要责任。

事发当时，被告朱某彪驾车经过肇事现场，发现肇事逃逸行为即驾车追赶。追赶过程中，朱某彪多次向柳赞边防派出所、曹妃甸公安局 110 指挥中心等公安部门电话报警。报警内容主要是：柳赞镇一道档北两辆摩托车相撞，有人受伤，另一方骑摩托车逃逸，报警人正在跟随逃逸人，请出警。朱某彪驾车追赶张某焕过程中不时喊"这个人把人怼了逃跑呢"等内容。张某焕驾驶摩托车行至滦南县胡各庄镇西梁各庄村内时，弃车从南门进入该村村民郑某深家，并从郑某深家过道屋拿走菜刀一把，从北门走出。朱某彪见张某焕拿刀，即从郑某深家中拿起一个木凳，继续追赶。后郑某深赶上朱某彪，将木凳讨回，朱某彪则拿一木棍继续追赶。追赶过程中，有朱某彪喊"你

怼死人了往哪跑！警察马上就来了"，张某焕称"一会儿我就把自己砍了"，朱某彪说"你把刀扔了我就不追你了"之类的对话。

走出西梁各庄村后，张某焕跑上滦海公路，有向过往车辆冲撞的行为。在被李某波驾驶的面包车撞倒后，张某焕随即又站起来，在路上行走一段后，转向铁路方向的开阔地跑去。在此过程中，曹妃甸区交通局路政执法大队副大队长郑某亮等人加入，与朱某彪一起继续追赶，并警告路上车辆，小心慢行，这个人想往车上撞。

张某焕走到迁曹铁路时，翻过护栏，沿路堑而行，朱某彪亦翻过护栏继续跟随。朱某彪边追赶边劝阻张某焕说："被撞到的那个人没事儿，你也有家人，知道了会惦记你的，你自首就中了。"2017年1月9日11时56分，张某焕自行走向两铁轨中间，51618次火车机车上的视频显示，朱某彪挥动上衣，向驶来的列车示警。2017年1月9日12时02分，张某焕被由北向南行驶的51618次火车撞倒，后经检查被确认死亡。

在朱某彪跟随张某焕的整个过程中，两人始终保持一定的距离，未曾有过身体接触。朱某彪有劝张某焕投案的语言，也有责骂张某焕的言辞。

另查明，张某来在与张某焕发生交通事故受伤后，当日先后被送到曹妃甸区医院、唐山市工人医院救治，于当日回家休养，至今未进行伤情鉴定。张某焕死亡后其第一顺序法定继承人有二人，即其父张某福、其子张某凯。

2017年10月11日，大秦铁路股份有限公司大秦车务段滦南站作为甲方，与原告张某凯作为乙方，双方签订《铁路交通事故处理协议》，协议内容"2017年1月9日12时02分，51618次列车运行在曹北站至滦南站之间90公里495处，将擅自进入铁路线路的张某焕撞死，构成一般B类事故；死者张某焕负事故全部责任；铁路方在无过错情况下，赔偿原告张某凯4万元。"

裁判结果

河北省滦南县人民法院于2018年2月12日作出（2017）冀0224民初3480号民事判决：驳回原告张某福、张某凯的诉讼请求。一审宣判后，原告张某福、张某凯不服，提出上诉。审理过程中，上诉人张某福、张某凯撤回上诉。河北省唐山市中级人民法院于2018年2月28日作出（2018）冀02民终2730号民事裁定：准许上诉人张某福、张某凯撤回上诉。一审判决已发生法律效力。

裁判理由

法院生效裁判认为：张某福、张某凯在本案二审审理期间提出撤回上诉的请求，不违反法律规定，准许撤回上诉。

本案焦点问题是被告朱某彪行为是否具有违法性；被告朱某彪对张某焕的死亡是否具有过错；被告朱某彪的行为与张某焕的死亡结果之间是否具备法律上的因果关系。

首先，案涉道路交通事故发生后张某来受伤倒地昏迷，张某焕驾驶摩托车逃离现场。被告朱某彪作为现场目击人，及时向公安机关电话报警，并驱车、徒步追赶张某焕，敦促其投案，其行为本身不具有违法性。同时，根据道路交通安全法第七十条规定，交通肇事发生后，车辆驾驶人应当立即停车、保护现场、抢救伤者，张某焕肇事逃逸的行为违法。被告朱某彪作为普通公民，挺身而出，制止正在发生的违法犯罪行为，属于见义勇为，应予以支持和鼓励。

其次，从被告朱某彪的行为过程看，其并没有侵害张某焕生命权的故意和过失。根据被告朱某彪的手机视频和机车行驶影像记录，双方始终未发生身体接触。在张某焕持刀声称自杀意图阻止他人追赶的情况下,朱某彪拿起木凳、木棍属于自我保护的行为。在张某焕声称撞车自杀,意图阻止他人追赶的情况下,朱某彪和路政人员进行了劝阻并提醒来往车辆。考虑到交通事故事发突然,当时张某来处于倒地昏迷状态,在此情况下被告朱某彪未能准确判断张某来伤情,在追赶过程中有时喊话传递的信息不准确或语言不文明,但不构成民事侵权责任过错,也不影响追赶行为的性质。在张某焕为逃避追赶,跨越铁路围栏、进入火车运行区间之后,被告朱某彪及时予以高声劝阻提醒,同时挥衣向火车司机示警,仍未能阻止张某焕死亡结果的发生。故该结果与朱某彪的追赶行为之间不具有法律上的因果关系。

综上所述,原告张某福、张某凯一审中提出的诉讼请求理据不足,不予支持。

(生效裁判审判人员:李学静、刘群勇、徐万启)

【解读】

解读《张某福、张某凯诉朱某彪生命权纠纷案》

2018年12月19日,最高人民法院发布了第19批指导性案例,包括第97号至第101号共5件指导性案例,总结了审判实践中某些普遍的疑难复杂法律适用问题,有利于进一步明确裁判规则,统一司法尺度。其中,第98号指导案例为《张某福、张某凯诉朱某彪生命权纠纷案》。为了正确理解和准确参照适用该指导案例,现对该指导案例的选编过程、裁判要点、参照适用等有关情况予以解释和说明。

一、案例选编过程及指导意义

2018年6月21日,河北省高级人民法院向最高人民法院案例指导工作办公室推荐该案例作为备选指导性案例。案例指导工作办公室经过初审认为,该案例基本符合指导性案例要求,并提交研究室室务会讨论。2018年9月30日,最高人民法院研究室室务会经讨论,同意推荐该案例,并建议征求研究室民事处和民一庭意见。研究室民事处、民一庭均同意推荐该案例为指导性案例。2018年11月20日,该案例经最高人民法院民专会第302次会议讨论,同意作为指导性案例。12月19日,最高人民法院以法〔2018〕338号文件将该案例编入第19批指导性案例予以发布。

二、关于本案例的相关情况

本案的基本情况是:2017年1月9日,张某焕由南向北驾驶两轮摩托车行驶至古柳线青坨鹏某水产门口时发生交通事故,张某焕跌倒,对方倒地受伤、摩托车受损,后张某焕起身驾驶摩托车驶离现场。事发当时,被告朱某彪驾车经过肇事现场,并驾车追赶张某焕。追赶过程中,朱某彪多次向公安部门电话报警。追赶过程中,张某焕走到迁曹铁路,翻过护栏,沿路堑而行,朱某彪亦翻过护栏继续跟随,朱某彪追赶的同时亦在劝阻张某焕。后张某焕自行走向两铁轨中间,被由北向南行驶的火车撞倒,后经检查被确认死亡。其间,朱某彪挥动上衣,向驶来的列车示警。张某焕之父张某福、之子张某凯向河北省滦南县人民法院起诉请求朱某彪对张某焕的死亡承担赔偿责任。2018年2月12日，河北省滦南县人民法院一审判决认定：张某焕肇事逃逸构成违法，朱某彪的追赶行为是对张某焕逃逸行为的制止，属于见义勇为，应予支持和鼓励。驳回原告张某福、张某凯的诉讼请求。原告不服，提出上诉。审理过程中，上诉人张某福、张某凯撤回上诉。2018年2月28日，河北省唐山市中级人民法院作出民事裁定，准许上诉人张某福、张某凯撤回上诉。

本案的发生引发了社会的高度关注，继"扶不扶""劝不劝"后，又形成了"追不追"的社会话题，社会各界期待人民法院给出明确答案。法院经审理认为，因道路交通安全法（2007年修正，下同）第七十条明确规定，交通肇事发生后，车辆驾驶人应当立即停车、保护现场、抢救伤者，故张某焕肇事逃逸的行为构成违法，朱某彪作为普通公民，发现违法行为，挺身而出，予以制止，属于见义勇为。该案的审理对于传统严格适用法律解决纠纷裁判模式进行适当拓展，承担起对社会主导价值观和行为模式的引导责任，通过司法裁判的方式认定见义勇为行为，并旗帜鲜明地予以支持和鼓励，以公正裁判树立行为规则，引领社会风尚。

三、裁判要点的理解与说明

该指导案例的裁判要点确认：行为人非因法定职责、法定义务或约定义务，为保护国家、社会公共利益或者他人的人身、财产安全，实施阻止不法侵害者逃逸的行为，人民法院可以认定为见义勇为。

现围绕与该裁判要点相关的问题逐一解释和说明如下。

在此类案件的审判中我们必须面对的问题就是：一何谓见义勇为；二在民事审判中能否认定见义勇为。《论语·为证》中说："见义不为，无勇也"。看到合乎道义的事，便勇敢地去做，甚至不顾个人安危，是大义。见义勇为是中华民族的传统美德，属于传统的道德规范范畴。博登海默认为，虽然道德和法律代表着不同的规范性命令，然而它们控制的领域在部分上是重叠的。那些被视为是社会交往的基本而必要的道德正当原则，通过转化为法律规则，而在所有的社会中被赋予了具有强大力量的强制性质。在那些已成为法律一部分的道德原则与那些仍处于法律范围之外的道德原则之间有一条不易确定的分界线，且这条分界线也不是一成不变的，是受到社会发展影响的。① 在我国，绝大部分地方都制定了关于见义勇为的地方性法规和规章，体现了各地对见义勇为行为的鼓励和重视，但由于各地情况不同，对见义勇为行为的界定也不尽相同，这就可能会存在对同一行为作出不同认定的情形。因而，为避免对于同一行为产生不同认定的情形，在全国范围内进一步统一对于见义勇为行为的认定就显得十分必要了。

现代社会的复杂性对司法裁判提出了新要求和新期待，司法裁判要确保政治上的正确性，法律上的合法性以及伦理上的正当性，要弘扬社会主义核心价值观，要让司法公正得到更广泛的社会认同。司法裁判要承担起对社会主导价值观和行为模式的引导责任，势必要对传统严格适用法律解决纠纷裁判模式进行适当拓展。具体到本案，因道路交通安全法第七十条明确规定，交通肇事发生后，车辆驾驶人应当立即停车、保护现场、抢救伤者，故张某焕肇事逃逸的行为构成交通违法。朱某彪作为普通公

---

① 参见〔美〕E.博登海默：《法理学：法律哲学与法律方法》，邓正来译，中国政法大学出版社2004年版，第391~399页。

民，事发当时，驾车经过肇事现场，发现肇事逃逸行为即驾车追赶，属于为了保护他人的利益，在紧急情况下自愿实施的紧急救助行为，故应当认定朱某彪的行为属于见义勇为。

四、参照适用时应注意的问题

本案中，朱某彪目睹交通事故的发生，并看到张某焕事故后起身驾驶摩托车驶离现场。朱某彪为了保护他人的利益，及时报警，并追赶肇事逃逸者张某焕。发生交通事故，驾驶人应当立即停车、保护现场、抢救伤者，这是法定义务。遵守法律，不仅是对法律的尊重，也是对自身安全的最好保护。朱某彪的行为符合行为人非因法定职责、法定义务或约定义务，为保护国家、社会公共利益或者他人的人身、财产安全，实施阻止不法侵害者逃逸的行为，故最终法院认定朱某彪的行为构成见义勇为。

（撰稿人：王佳、马蓓蓓）

指导案例 99 号

葛某生诉洪某快名誉权、荣誉权纠纷案

（最高人民法院审判委员会讨论通过　2018年12月19日发布）

关键词

民事　名誉权　荣誉权　英雄烈士　社会公共利益

裁判要点

1. 对侵害英雄烈士名誉、荣誉等行为，英雄烈士的近亲属依法向人民法院提起诉讼的，人民法院应予受理。

2. 英雄烈士事迹和精神是中华民族的共同历史记忆和社会主义核心价值观的重要体现，英雄烈士的名誉、荣誉等受法律保护。人民法院审理侵害英雄烈士名誉、荣誉等案件，不仅要依法保护相关个人权益，还应发挥司法彰显公共价值功能，维护社会公共利益。

3. 任何组织和个人以细节考据、观点争鸣等名义对英雄烈士的事迹和精神进行污蔑和贬损，属于歪曲、丑化、亵渎、否定英雄烈士事迹和精神的行为，应当依法承担法律责任。

相关法条

《中华人民共和国侵权责任法》第二条、第十五条

基本案情

原告葛某生诉称：洪某快发表的《小学课本〈狼牙山五壮士〉有多处不实》一文以及《"狼牙山五壮士"的细节分歧》一文，以历史细节考据、学术研究为幌子，以细节否定英雄，企图达到抹黑"狼牙山五壮士"英雄形象和名誉的目的，请求判令洪某快停止侵权、公开道歉、消除影响。

被告洪某快辩称：案涉文章是学术文章，没有侮辱性的言辞，关于事实的表述有

相应的根据，不是凭空捏造或者歪曲，不构成侮辱和诽谤，不构成名誉权的侵害，不同意葛某生的全部诉讼请求。

法院经审理查明：1941年9月25日，在易县狼牙山发生了著名的狼牙山战斗。在这场战斗中，"狼牙山五壮士"英勇抗敌的基本事实和舍生取义的伟大精神，赢得了全中国人民的高度认同和广泛赞扬。中华人民共和国成立后，五壮士的事迹被编入义务教育教科书，五壮士被人民视为当代中华民族抗击外敌入侵的民族英雄。

2013年9月9日，时任《炎黄春秋》杂志社执行主编的洪某快在财经网发表《小学课本〈狼牙山五壮士〉有多处不实》一文。文中写道：据《南方都市报》2013年8月31日报道，广州越秀警于8月29日晚间将一位在新浪微博上"污蔑狼牙山五壮士"的网民抓获，以虚构信息、散布谣言为由予以行政拘留七日。所谓"污蔑狼牙山五壮士"的"谣言"原本就有。据媒体报道，该网友实际上是传播了2011年12月14日百度贴吧里一篇名为《狼牙山五壮士真相原来是这样！》的帖子的内容，该帖子说五壮士"五个人中有三个是当场被打死的，后来清理战场把尸体丢下悬崖。另两个当场被活捉，只是后来不知道什么原因又从日本人手上逃了出来。"2013年第11期《炎黄春秋》杂志刊发洪某快撰写的《"狼牙山五壮士"的细节分歧》一文，亦发表于《炎黄春秋》杂志网站。该文分为"在何处跳崖""跳崖是怎么跳的""敌我双方战斗伤亡""'五壮士'是否拔了群众的萝卜"等部分。文章通过援引不同来源、不同内容、不同时期的报刊资料等，对"狼牙山五壮士"事迹中的细节质疑。

裁判结果

北京市西城区人民法院于2016年6月27日作出（2015）西民初字第27841号民事判决：一、被告洪某快立即停止侵害葛振林名誉、荣誉的行为；二、本判决生效后三日内，被告洪某快公开发布赔礼道歉公告，向原告葛某生赔礼道歉，消除影响。该公告须连续刊登五日，公告刊登媒体及内容需经本院审核，逾期不执行，本院将在相关媒体上刊登判决书的主要内容，所需费用由被告洪某快承担。一审宣判后，洪某快向北京市第二中级人民法院提起上诉，北京市第二中级人民法院于2016年8月15日作出（2016）京02民终6272号民事判决：驳回上诉，维持原判。

裁判理由

法院生效裁判认为：1941年9月25日，在易县狼牙山发生的狼牙山战斗，是被大量事实证明的著名战斗。在这场战斗中，"狼牙山五壮士"英勇抗敌的基本事实和舍生取义的伟大精神，赢得了全国人民高度认同和广泛赞扬，是五壮士获得"狼牙山五壮士"崇高名誉和荣誉的基础。"狼牙山五壮士"这一称号在全军、全国人民中已经赢得了普遍的公众认同，既是国家及公众对他们作为中华民族的优秀儿女在反抗侵略、保家卫国中作出巨大牺牲的褒奖，也是他们应当获得的个人名誉和个人荣誉。"狼牙山五壮士"是中国共产党领导的八路军在抵抗日本帝国主义侵略伟大斗争中涌现出来的英雄群体，是中国共产党领导的全民抗战并取得最终胜利的重要事件载体。"狼牙山五壮士"的事迹经由广泛传播，已成为激励无数中华儿女反抗侵略、英勇抗敌的精神动力之一；成为人民军队誓死捍卫国家利益、保障国家安全的军魂来源之一。在和平年代，"狼牙山五壮士"的精神，仍然是我国公众树立不畏艰辛、不怕困难、为国为民奋斗终生的精神指引。这些英雄烈士及其精神，已经获得全民族的广泛认同，是中华民族共同记忆的一部分，是中华民族精神的内核之一，也是社会主义核心价值观的重要内容。而民族的共同记忆、民族精神乃至社会主义核心价值观，无论是从我国的历史看，还是从现行法上看，都已经是社会公共利益的一部分。

案涉文章对于"狼牙山五壮士"在战斗中所表现出的英勇抗敌的事迹和舍生取义的精神这一基本事实，自始至终未作出正面评价。而是以考证"在何处跳崖""跳崖是怎么跳的""敌我双方战斗伤亡"以及"'五壮士'是否拔了群众的萝卜"等细节为主要线索，通过援引不同时期的材料、相关当事者不同时期的言论，全然不考虑历史的变迁，各个材料所形成的时代背景以及各个材料的语境等因素。在无充分证据的情况下，案涉文章多处作出似是而非的推测、质疑乃至评价。因此，尽管案涉文章无明显侮辱性的语言，但通过强调与基本事实无关或者关联不大的细节，引导读者对"狼牙山五壮士"这一英雄烈士群体英勇抗敌事迹和舍生取义精神产生怀疑，从而否定基本事实的真实性，进而降低他们的英勇形象和精神价值。洪某快的行为方式符合以贬损、丑化的方式损害他人名誉和荣誉权益的特征。

案涉文章通过刊物发行和网络传播，在全国范围内产生了较大影响，不仅损害了葛振林的个人名誉和荣誉，损害了葛某生的个人感情，也在一定范围和程度上伤害了社会公众的民族和历史情感。在我国，由于"狼牙山五壮士"的精神价值已经内化为民族精神和社会公共利益的一部分，因此，也损害了社会公共利益。洪某快作为具有一定研究能力和熟练使用互联网工具的人，应当认识到案涉文章的发表及其传播将会损害"狼牙山五壮士"的名誉及荣誉，也会对其近亲属造成感情和精神上的伤害，更会损害到社会公共利益。在此情形下，洪某快有能力控制文章所可能产生的损害后果而未控制，仍以既有的状态发表，在主观上显然具有过错。

（生效裁判审判人员：王平、何江恒、赵胤晨）

【解读】

解读《葛某生诉洪某快名誉权、荣誉权纠纷案》

2018年12月19日，最高人民法院发布了第19批指导性案例，包括第97号至第101号共5件指导性案例，总结了审判实践中某些普遍的疑难复杂法律适用问题，有利于进一步明确裁判规则，统一司法尺度。其中，第99号指导案例为《葛某生诉洪某快名誉权、荣誉权纠纷案》。为了正确理解和准确参照适用该指导案例，现对该指导案例的选编过程、裁判要点、参照适用等有关情况予以解释和说明。

一、案例选编过程及指导意义

北京市高级人民法院向最高人民法院案例指导工作办公室推荐该案例作为备选指导性案例。该案是近年来保护英雄烈士人格权益的典型案例，对类似案件的审判具有指导意义，且推动了民法总则中相关内容的立法和英雄烈士保护法的出台，意义重大。最高人民法院案例指导工作办公室经过初审认为，该案例基本符合指导性案例要求，并提交研究室室务会讨论。2018年9月30日，研究室室务会经讨论，同意推荐该案例,并建议征求研究室民事处和民一庭意见。研究室民事处、民一庭均同意推荐该案例为指导性案例。2018年11月20日,该案例经最高人民法院民专会第302次会议讨论,同意作为指导性案例。12月19日,最高人民法院以法〔2018〕338号文件将该案例编入第19批指导性案例予以发布。

二、关于本案例的相关情况

近年来,社会上出现了以各种手段歪曲历史事实,侮辱、诽谤英雄人物和烈士的现象。这种现象,不仅损害了英雄、烈士的个人名誉、荣誉等人格权益,更直接或间接损害了英雄人物及其历史事件所体现的全民族的共同记忆和情感,同时也损害了这些英雄、烈士等英雄人物所代表的社会主义核心价值观。葛某生诉洪某快名誉权、荣誉权纠纷案件是这种现象的集中反映。依法审理好该系列案件,涉及英雄烈士个人名誉、荣誉等民事权益的保护问题,更涉及以法治手段、法治思维弘扬社会主义核心价值观,维护社会公共利益的重大问题。

本案的基本情况:1941年9月25日,在易县狼牙山发生了著名的狼牙山战斗。在这场战斗中,"狼牙山五壮士"英勇抗敌的基本事实和舍生取义的伟大精神,赢得了全中国人民的高度认同和广泛赞扬。中华人民共和国成立后,五壮士的事迹被编入义务教育教科书,五壮士被人民视为当代中华民族抗击外敌入侵的民族英雄。2013年9月9日,时任《炎黄春秋》杂志社执行主编的洪某快在财经网发表《小学课本〈狼牙山五壮士〉有多处不实》一文。文中写道:据《南方都市报》2013年8月31日报道,广州越秀警方于8月29日晚间将一位在新浪微博上"污蔑狼牙山五壮士"的网民抓获,以虚构信息、散布谣言为由予以行政拘留七日。所谓"污蔑狼牙山五壮士"的"谣言"原本就有。据媒体报道,该网友实际上是传播了2011年12月14日百度贴吧里一篇名为《狼牙山五壮士真相原来是这样!》的帖子的内容,该帖子说五壮士"五个人中有三个是当场被打死的,后来清理战场把尸体丢下悬崖。另两个当场被活捉,只是后来不知道什么原因又从日本人手上逃了出来。"2013年第11期《炎黄春秋》杂志刊发洪某快撰写的《"狼牙山五壮士"的细节分歧》一文,亦发表于《炎黄春秋》杂志网站。该文分为"在何处跳崖""跳崖是怎么跳的""敌我双方战斗伤亡""'五壮士'是否拔了群众的萝卜"等部分。文章通过援引不同来源、不同内容、不同时期的报刊资料等,对"狼牙山五壮士"事迹中的细节质疑。

北京市西城区人民法院于2016年6月27日判决:(1)被告洪某快立即停止侵害葛振林名誉、荣誉的行为;(2)本判决生效后三日内,被告洪某快公开发布赔礼道歉公告,向原告葛某生赔礼道歉,消除影响。该公告须连续刊登五日,公告刊登媒体及内容须经本院审核,逾期不执行,本院将在相关媒体上刊登判决书的主要内容,所需费用由被告洪某快承担。一审宣判后,洪某快向北京市第二中级人民法院提起上诉,北京市第二中级人民法院于2016年8月15日作出判决:驳回上诉,维持原判。

随着社会的不断发展,此类侵权行为的表现形态更为多样化,经常表现为学术文章、观点争论等。涉案文章无明显侮辱性的语言,但通过强调与基本事实无关或者关联不大的细节,引导读者对"狼牙山五壮士"这一英雄人物群体英勇抗敌事迹和舍生取义精神产生怀疑,对此,人民法院应依据现行法更为实质性地把握名誉权侵权行为的表现方式。该案的审理,分析了"狼牙山五壮士"获得个人名誉及荣誉的历史事实,并以这一英雄群体在我国当代史上发挥的作用为依据，将其精神归纳为民族的共同记忆、民族精神和社会主义核心价值观的一部分，因而构成了社会公共利益的一部分。该案的判决，保护了英雄烈士的名誉和荣誉，维护了社会公共利益，被最高人民法院确定为"依法保护英雄烈士名誉等人格权益，弘扬社会主义核心价值观典型案例"，被评为"2016年度十大民事行政案件"，推动了民法总则关于英雄烈士等人格权益保护及英雄烈士保护法的立法进程，为网络言论、学术研究、历史人物评价确立了是非标准，划出了法律底线。

三、裁判要点的理解与说明

该指导案例的裁判要点确认：(1) 对侵害英雄烈士名誉、荣誉等行为，英雄烈士的近亲属依法向人民法院提起诉讼的，人民法院应予受理。(2) 英雄烈士事迹和精神是中华民族的共同历史记忆和社会主义核心价值观的重要体现，英雄烈士的名誉、荣誉等受法律保护。人民法院审理侵害英雄烈士名誉、荣誉等案件，不仅要依法保护相关个人权益，还应发挥司法彰显公共价值功能，维护社会公共利益。(3) 任何组织和个人以细节考据、观点争鸣等名义对英雄烈士的事迹和精神进行污蔑和贬损，属于歪曲、丑化、亵渎、否定英雄烈士事迹和精神的行为，应当依法承担法律责任。

现围绕与该裁判要点相关的问题逐一解释和说明如下。

（一）关于第一个裁判要点的说明

民事诉讼法（2012年修正，下同）第一百一十九条第一项规定："原告是与本案有利害关系的公民、法人和其他组织。"《根据最高人民法院关于确定民事侵权精神损害赔偿责任若干问题的解释》（2001年公布）第三条规定，自然人死亡后，其近亲属因侮辱、诽谤、贬损、丑化或者违反社会公共利益、社会公德的其他方式侵害死者姓名、肖像、名誉、荣誉的，有权向人民法院提起诉讼。《最高人民法院关于适用〈中华人民共和国民事诉讼法〉的解释》（2015年公布）第六十九条规定："对侵害死者遗体、遗骨以及姓名、肖像、名誉、荣誉、隐私等行为提起诉讼的，死者的近亲属为当事人。"由此可知，死者的近亲属有权就侵害死者名誉、荣誉等行为提起民事诉讼，死者的近亲属是正当当事人。具体到本案，根据在案证据可以认定，葛振林与葛某生系父子关系，葛振林系狼牙山五壮士之一，其已去世，葛某生作为近亲属有权就侵害葛振林名誉、荣誉的行为提起民事诉讼，葛某生作为本案原告适格。2018年5月1日起施行的英雄烈士保护法对此也予以明确，该法第二十五条第一款规定："对侵害英雄烈士的姓名、肖像、名誉、荣誉的行为，英雄烈士的近亲属可以依法向人民法院提起诉讼。"

值得注意的是，从法律规定的近亲属范围以及革命英烈的亲属现状来看，很多革命英烈已经逝世多年，没有人为其提起诉讼，或者即便有，也没有能力诉至法院，这就使得革命英烈的名誉权保护可能出现真空地带。值得欣慰的是，英雄烈士保护法第二十五条第二款规定："英雄烈士没有近亲属或者近亲属不提起诉讼的，检察机关依法对侵害英雄烈士的姓名、肖像、名誉、荣誉，损害社会公共利益的行为向人民法院提起诉讼。"第三款规定："负责英雄烈士保护工作的部门和其他有关部门在履行职责过程中发现第一款规定的行为，需要检察机关提起诉讼的，应当向检察机关报告。"对英雄烈士的名誉权、荣誉权给予了周到、全面的保护。

（二）关于第二个裁判要点的说明

本案的特殊价值在于，以"狼牙山五壮士"这一英雄群体在我国当代史上发挥的作用为依据，将其精神归纳为民族的共同记忆、民族精神和社会主义核心价值观的一部分，因而构成了社会公共利益的一部分。英雄人物的人格权益成为社会公共利益的一部分，是价值判断和选择的结果。英雄烈士的人格利益作为英雄烈士依法享有的法律上利益，首先表现为英雄烈士的个人利益。但英雄烈士的人格利益及建立在其人格利益基础之上的英雄烈士的形象、事迹和精神，在战争年代，是表征中华儿女不畏强敌、不怕牺牲、英勇奋争精神的具体载体；在和平年代，是体现中华儿女不惧艰难、勇于开拓、敢于创新的形象空间。英雄烈士的人格利益及建立在其人格利益基础之上的英雄烈士的形象、事迹和精神，已经成为中华民族的共同的历史记忆，是中华儿女共同的宝贵的精神财富，已经衍生为社会公众的民族情感和历史情感，从而构成了社会公共利益的重要组成部分，因此，它具有浓厚的社会公共利益的属性色彩，对它的保护，究其实质，是对社会公共利益的保护。

民法总则、英雄烈士保护法相继作出规定。民法总则第一百八十五条规定："侵害英雄烈士等的姓名、肖像、名誉、荣誉，损害社会公共利益的，应当承担民事责任。"英雄烈士保护法第二十六条规定："以侮辱、诽谤或者其他方式侵害英雄烈士的姓名、肖像、名誉、荣誉，损害社会公共利益的，依法承担民事责任……"在案件审理中，判断英雄烈士的人格权益是否构成社会公共利益的一部分，要以事实为依据，特别要以历史事实和社会现实为依据，审查这些英雄烈士之所以被认定为英雄烈士的英雄事件、历史背景。审判实践中，如何认定英雄烈士人格利益与社会公共利益之间的关系，本案确立的裁判规则可以提供参考。

（三）关于第三个裁判要点的说明

涉案两篇文章《小学课本〈狼牙山五壮士〉有多处不实》《"狼牙山五壮士"的细节分歧》的主要内容是对我国抗日战争史中的狼牙山五壮士英雄事迹的解构。尽管两篇文章无明显侮辱性的语言，但被告采取的行为方式却是，通过强调与基本事实无关或者关联不大的细节，引导读者对"狼牙山五壮士"这一英雄人物群体英勇抗敌事迹和舍生取义精神产生怀疑，从而否定基本事实的真实性，进而降低他们的英勇形象和精神价值，必然依法应当承担法律责任。

值得注意的是，该案的审理推动了我国立法的完善。英雄烈士保护法通过"其他方式"的规定对此予以明确。该法第二十二条第二款规定："……任何组织和个人不得在公共场所、互联网或者利用广播电视、电影、出版物等，以侮辱、诽谤或者其他方式侵害英雄烈士的姓名、肖像、名誉、荣誉……"第二十六条规定："以侮辱、诽谤或者其他方式侵害英雄烈士的姓名、肖像、名誉、荣誉，损害社会公共利益的，依法承担民事责任……"

四、参照适用时应注意的问题

在无充分证据的情况下，对英雄烈士进行似是而非的推测、质疑乃至评价，通过强调与基本事实无关或者关联不大的细节，引导公众对英雄烈士英勇事迹和舍生取义精神产生怀疑，从而否定基本事实的真实性，进而降低他们的英勇形象和精神价值，贬损、丑化英雄烈士的名誉和荣誉，损害社会公共利益，这就超越了边界，应当依法承担法律责任。

（撰稿人：凌巍、何江恒、马蓓蓓）

指导案例 141 号

支某 1 等诉北京市永定河管理处生命权、
健康权、身体权纠纷案

(最高人民法院审判委员会讨论通过　2020 年 10 月 9 日发布)

关键词

民事　生命权纠纷　公共场所　安全保障义务

裁判要点

消力池属于禁止公众进入的水利工程设施，不属于侵权责任法第三十七条第一款规定的"公共场所"。消力池的管理人和所有人采取了合理的安全提示和防护措施，完全民事行为能力人擅自进入造成自身损害，请求管理人和所有人承担赔偿责任的，人民法院不予支持。

相关法条

《中华人民共和国侵权责任法》第三十七条第一款

基本案情

2017 年 1 月 16 日，北京市公安局丰台分局卢沟桥派出所接李某某 110 报警，称支某 3 外出遛狗未归，怀疑支某 3 掉在冰里了。接警后该所民警赶到现场开展查找工作，于当晚在永定河拦河闸自西向东第二闸门前消力池内发现一男子死亡，经家属确认为支某 3。发现死者时永定河拦河闸南侧消力池内池水表面结冰，冰面高度与消力池池壁边缘基本持平，消力池外河道无水。北京市公安局丰台分局于 2017 年 1 月 20 日出具关于支某 3 死亡的调查结论（丰公治亡查字〔2017〕第 021 号），主要内容为：经过（现场勘查、法医鉴定、走访群众等）工作，根据所获证据，得出如下结论：一、该人系符合溺亡死亡；二、该人死亡不属于刑事案件。支某 3 家属对死因无异议。支某 3 遗体被发现的地点为永定河拦河闸下游方向闸西侧消力池，消力池系卢沟桥分洪枢纽水利工程（拦河闸）的组成部分。永定河卢沟桥分洪枢纽工程的日常管理、维护和运行由北京市永定河管理处负责。北京市水务局称事发地点周边安装了防护栏杆，在多处醒目位置设置了多个警示标牌，标牌注明管理单位为"北京市永定河管理处"。支某 3 的父母支某 1、马某某，妻子李某某和女儿支某 2 向法院起诉，请求北京市永定河管理处承担损害赔偿责任。

裁判结果

北京市丰台区人民法院于 2019 年 1 月 28 日作出（2018）京 0106 民初 2975 号民事判决：驳回支某 1 等四人的全部诉讼请求。宣判后，支某 1 等四人提出上诉。北京市第二中级人民法院于 2019 年 4 月 23 日作出（2019）京 02 民终 4755 号民事判决：驳回上诉，维持原判。

裁判理由

本案主要争议在于支某 3 溺亡事故发生地点的查实、相应管理机关的确定，以及该管理机关是否应承担侵权责任。本案主要事实和法律争议认定如下：

一、关于支某 3 的死亡地点及管理机关的事实认定

首先,从死亡原因上看,公安机关经鉴定认定支某 3 死因系因溺水导致;从事故现场上看,支某 3 遗体发现地点为永定河拦河闸前消力池。根据受理支某 3 失踪查找的公安机关派出所出具工作记录可认定支某 3 溺亡地点为永定河拦河闸南侧的消力池内。其次,关于消力池的管理机关。现已查明北京市永定河管理处为永定河拦河闸的管理机关,北京市永定河管理处对此亦予以认可,并明确确认消力池属于其管辖范围,据此认定北京市永定河管理处系支某 3 溺亡地点的管理责任方。鉴于北京市永定河管理处系依法成立的事业单位,依法可独立承担相应民事责任,故北京市水务局、北京市丰台区水务局、北京市丰台区永定河管理所均非本案的适格被告,支某 1 等四人要求该三被告承担连带赔偿责任的主张无事实及法律依据,不予支持。

二、关于管理机关北京市永定河管理处是否应承担侵权责任的认定

首先,本案并不适用侵权责任法中安全保障义务条款。安全保障义务所保护的人与义务人之间常常存在较为紧密的关系,包括缔约磋商关系、合同法律关系等,违反安全保障义务的侵权行为是负有安全保障义务的人由于没有履行合理范围内的安全保障义务而实施的侵权行为。根据查明的事实,支某 3 溺亡地点位于永定河拦河闸侧面消力池。从性质上看,消力池系永定河拦河闸的一部分,属于水利工程设施的范畴,并非对外开放的冰场;从位置上来看,消力池位于拦河闸下方的永定河河道的中间处;从抵达路径来看,抵达消力池的正常路径,需要从永定河的沿河河堤下楼梯到达河道,再从永定河河道步行至拦河闸下方,因此无论是消力池的性质、消力池所处位置还是抵达消力池的路径而言,均难以认定消力池属于公共场所。北京市永定河管理处也不是群众性活动的组织者,故支某 1 等四人上诉主张四被上诉人未尽安全保障义务,与法相悖。其次,从侵权责任的构成上看,一方主张承担侵权责任,应就另一方存在违法行为、主观过错、损害后果且违法行为与损害后果之间具有因果关系等侵权责任构成要件承担举证责任。永定河道并非正常的活动、通行场所,依据一般常识即可知无论是进入河道或进入冰面的行为,均容易发生危及人身的危险,此类对危险后果的预见性,不需要专业知识就可知晓。支某 3 在明知进入河道、冰面行走存在风险的情况下,仍进入该区域并导致自身溺亡,其主观上符合过于自信的过失,应自行承担相应的损害后果。成年人应当是自身安危的第一责任人,不能把自己的安危寄托在国家相关机构的无时无刻地提醒之下,户外活动应趋利避害,不随意进入非群众活动场所是每一个公民应自觉遵守的行为规范。综上所述,北京市永定河管理处对支某 3 的死亡发生无过错,不应承担赔偿责任。在此需要指出,因支某 3 意外溺亡,造成支某 1、马某某老年丧子、支某 2 年幼丧父,其家庭境遇令人同情,法院对此予以理解,但是赔偿的责任方是否构成侵权则需法律上严格界定及证据上的支持,不能以情感或结果责任主义为导向将损失交由不构成侵权的他方承担。

(生效裁判审判人员:邢述华、唐季怡、陈光旭)

【解读】

解读《支某1等诉北京市永定河管理处生命权、健康权、身体权纠纷案》

2020年10月9日,最高人民法院发布了第25批指导性案例,包括第140号至第143号共4件指导性案例,主题均为弘扬社会主义核心价值观案例。民法典已于2021年1月1日开始实施,"弘扬社会主义核心价值观"明确规定为立法目的之一。这批指导性案例的发布对于加强裁判标准统一,弘扬社会主义核心价值观具有积极的意义。其中,第141号指导性案例为《支某1等诉北京市永定河管理处生命权、健康权、身体权纠纷案》。为了正确理解和准确参照适用该指导性案例,现对该指导性案例的选编过程、裁判要点、参照适用等有关情况予以解释、论证和说明。

一、案例选编过程

该案例为北京市第二中级人民法院推荐。北京市高级人民法院研究室审查后认为该案例符合《最高人民法院关于案例指导工作的规定》第二条之规定,在对案例进行编写后,报送北京市高级人民法院审判委员会委员书面审核,全部委员均同意将该案作为备选指导性案例向最高人民法院案例指导工作办公室推荐。2020年4月23日,最高人民法院研究室室务会对该案例进行了讨论。会议同意该案例作为备选指导性案例,同时提出对裁判要点进行修改后征求民一庭意见。2020年7月28日,该案例经最高人民法院民专会第355次会议讨论,同意作为指导性案例。10月9日,最高人民法院以法〔2020〕253号文件将该案例编入第25批指导性案例予以发布。

二、关于本案例的相关情况

（一）基本情况

2017年1月16日,北京市公安局丰台分局卢沟桥派出所接李某某110报警,称支某3外出遛狗未归,怀疑支某3掉在冰里了。接警后该所民警赶到现场开展查找工作,于当晚在永定河拦河闸自西向东第二闸门前消力池内发现一男子死亡,经家属确认为支某3。发现死者时永定河拦河闸南侧消力池内池水表面结冰,冰面高度与消力池池壁边缘基本持平,消力池外河道无水。北京市公安局丰台分局于2017年1月20日出具关于支某3死亡的调查结论（丰公治亡查字〔2017〕第021号）,主要内容为:经过（现场勘查、法医鉴定、走访群众等）工作,根据所获证据,得出如下结论:(1)该人系符合溺亡死亡;(2)该人死亡不属于刑事案件。支某3家属对死因无异议。支某3遗体被发现的地点为永定河拦河闸下游方向闸西侧消力池,消力池系卢沟桥分洪枢纽水利工程（拦河闸）的组成部分。永定河卢沟桥分洪枢纽工程的日常管理、维护和运行由永定河管理处负责。水务局称事发地点周边安装了防护栏杆,在多处醒目位置设置了多个警示标牌,标牌注明管理单位为"北京市永定河管理处"。支某3的父母支某1、马某某,妻子李某某和女儿支某2向法院起诉,请求北京市永定河管理处承担损害赔偿责任。

该案在作出裁判过程中,主要面临以下三个法律争议:(1)消力池是否属于公共场所?(2)涉案水利工程设施的管理人是否存在不作为的过错?(3)支某3本人的行为性质认定及其法律适用为何?2019年7月28日,北京市丰台区人民法院作出(2018)京0106民初2975号民事判决:驳回支某1等四人的全部诉讼请求。诉讼费1万元由支某1等四人共同负担。宣判后,支某1等四人提出上诉。北京市第二中级人民法院于2019年4月23日作出(2019)京02民终4755号民事判决:驳回上诉,维持原判。

(二)法律适用难点

本案法律适用难点在于能否适用侵权责任法有关安全保障义务的规定。根据侵权责任法第三十七条第一款规定:"宾馆、商场、银行、车站、娱乐场所等公共场所的管理人或者群众性活动的组织者,未尽到安全保障义务,造成他人损害的,应当承担侵权责任。"故依照侵权责任法的规定,安全保障义务发生于"公共场所"及"群众性活动"之中,因此本案在进行法律适用时,即面临对事发场所永定河拦河闸消力池是否属于负有安全保障义务的"公共场所"、永定河管理处作为永定河拦河闸管理机构应尽到何种义务以及行为人行为性质的定性等三大争议。

(三)推荐理由

本案坚持在侵权纠纷审判中严格把握过错责任原则的适用,明确了法律规范与公民情感的界限,坚持"不能以情感或结果责任主义为导向将损失交由不构成侵权的他方承担"的裁判尺度,避免"和稀泥"式裁判导向,具有示范意义。同时,本案进一步明确了成年人是自身安危的第一责任人,不能把自己的安危寄托在国家相关机构无时无刻地提醒之下。户外活动应趋利避害,不随意进入非公众活动场所,是每一个公民应自觉遵守的行为规范。具有完全民事行为能力的成年人,作为法律意义上的"理性人",在充分享受法律赋予的自由同时,也应承担自身抉择带来的风险,有效规范社会主体的个人行为。本案因其广泛的社会影响力,先后入选"2019年度人民法院十大民事行政及国家赔偿案件""第十五届中国十大影响性诉讼",并载入2020年5月最高人民法院工作报告。

三、裁判要点的理解与说明

该指导案例的裁判要点为消力池属于禁止公众进入的水利工程设施,不属于侵权责任法第三十七条第一款规定的"公共场所"。消力池的管理人和所有人采取了合理的安全提示和防护措施,完全民事行为能力人擅自进入造成自身损害,请求管理人和所有人承担赔偿责任的,人民法院不予支持。现围绕与该裁判要点相关的问题逐一解释和说明如下:

第一,消力池不属于公共场所。侵权责任法对"公共场所"的认定采取了非完全列举式立法,所列场所经营性质色彩重。随着社会发展变化,开放性逐渐成为"公共场所"的重要判断标准。张新宝教授认为:公共"场所"为场所并无争议,公共场所的本质属性在于其"公共"性。[①] 但是,这并不意味着所有开放性场所都是法律设置安

---

① 参见张新宝:《公共场所管理者的安全保障义务与侵权责任:男子冰面遛狗溺亡索赔案简评》,载微信公众号"中国法学杂志社",2020年5月15日上传。

全保障义务的公共场所。我国幅员辽阔，不乏地广人稀之处，无论近郊、远郊甚至是人迹罕见的荒野，均有大量未开发但具有开放性的户外，行政机关仍可能依法负有防火、护林、防洪、河道疏浚等全方位覆盖的管理职能，但显然不宜仅根据其开放性即认定属于设置安全保障义务的公共场所，安全保障义务制度的"公共场所"应当有其边界。目前，其他法律上尚未对公共场所有明确的界定。2019年二次修改的《公共场所卫生管理条例》列明了住宿与交际场所、文化娱乐场所、就诊与交通场所等7类28种，同样属于非完全列举式立法。① 在司法层面上，司法裁判中曾对"公共场所"定义为，供不特定人出入、通行、活动的场所。② 综上所述，我们认为，公共场所应当是人群聚集、供公众使用或服务于人民大众的活动场所，是人们生活中不可缺少的组成部分。从性质看，该场所对多数人或不特定的人共同开放并供公共使用；从用途上看，该场所具有满足公众在某方面的共同需求及供公共使用的功能；从位置上看，该场所应为正常理性人可以正常出入并会选择正常出入的地点；从管理方式上看，该地点明显对外开放，而并没有相关提示禁止进入或存在风险。实践中，对"公共场所"的认定应当结合地点的性质、开放原因、用途与功能、管理方式和公众活动方式等进行综合认定。

本案中，案发地点为永定河拦河闸下游方向闸西侧消力池，永定河拦河闸位于永定河河道底部中间，本身所处地点为自然河道，雨季泄洪、旱季蓄水，永定河沿岸并未完全封闭，冬季枯水期处于开放状态。从其性质上看，消力池位于拦河闸下方的永定河河道的中间处，并不是对不特定人开放并供使用的场所；从用途上看，消力池系永定河拦河闸的一部分，属于水利设施的范畴，并非对外开放的冰场；从位置上看，不属于正常理性人会前往的区域。因此，综合在案情况，不宜认定该拦河闸下游的消力池为公共场所。

第二，河道设施的管理人和所有人采取了合理的安全提示和防护措施。安全保障义务主要表现为管理人对所管控场所具有防范风险发生的作为义务，而行为人在场所内对自身行为又具有高度自主性，二者在此发生风险防范义务的重叠。此种情况下，对于安全保障义务人而言，通说认为，其对不同人员负有不同程度注意义务。其中，对诸如路过、借道等无交易目的的一般的被保护人所承担的仅为隐蔽性危险告知义务。其对受邀请者进入经营领域或者社会活动领域的一般保护事项，负有一般的告知义务和注意义务。③ 由此可见，即便对负有安全保障义务的管理人而言，对其一般被保护人承担的也仅是隐蔽性危险的告知义务。

本案中，永定河河道并非正常的活动、通行场所，冰面行走易发生危及人身安全的危险，是一般人均知晓的常识范畴，并非隐蔽性或需要专业知识才能知晓的风险，对此类常识性风险无须进行告知。况且，事发时，河道管理人在河道周边安装了防护栏杆，设置了多个警示标牌，应当认定其采取了合理的安全提示和防护措施，不存

---

① 《公共场所卫生管理条例》第二条规定："本条例适用于下列公共场所：（一）宾馆、饭馆、旅店、招待所、车马店、咖啡馆、酒吧、茶座；（二）公共浴室、理发店、美容店；（三）影剧院、录像厅（室）、游艺厅（室）、舞厅、音乐厅；（四）体育场（馆）、游泳场（馆）、公园；（五）展览馆、博物馆、美术馆、图书馆；（六）商场（店）、书店；（七）候诊室、候车（机、船）室、公共交通工具。"

② 参见程啸：《侵权责任法》，法律出版社2019年版，第464页，转引自《屈某渝诉某金属公司人身损害赔偿纠纷案》，载最高人民法院中国应用法学研究所编：《人民法院案例选》（总第57辑），人民法院出版社2007年版，第143页。

③ 参见杨立新：《侵权责任法》，北京大学出版社2017年版，第308页。

侵权责任要求的过错。

第三，赔偿的责任方是否构成侵权应由法律严格界定和证据予以佐证，不能以情感或结果责任主义为导向，将损失交由不构成侵权的他方承担。本案中支某3作为具有完全民事行为能力的成年人，应是其自身安危的第一责任人。其不能将自身安危寄托在国家相关机构无时无刻地提醒之下，而应当自觉遵守社会行为规范，对自己的行为负责。在侵权法领域，很多情况下无过错的受害人需要保护，但在冒险相对人尽到一定义务时，还要将受害人的一切损失转归冒险相对人承担，从某种意义上说是对冒险相对人的一种侵害。对于处于弱势地位的人给予必要的关注是法律的一种美德，也希望不幸者能引起社会的关注和必要的救助，但这不是法律的基本功能。因此，在司法中不能够矫枉过正，即使是侵权法中公平责任的适用，也需要满足受害人和行为人对损害的发生均没有过错的适用前提，脱离此项适用条件盲目适用，进而忽视损失的分担比例和随意扩大赔偿范围，会造成弱化既有规则体系的弊端。

四、参照适用时应注意的问题

对于消力池不属于公共场所的认定，实质是对于何为负有安全保障义务的"公共场所"的认定，其本质实际是对容易被广泛适用于一切场所损失救济的安全保障义务的适用边界的考量，关系安全保障义务有无的界定。因此，审判实践中，风险发生地是否属于设置了安全保障义务的"公共场所"，属于违反安全保障义务纠纷类案件应当查明的基础事实。此从近期"花椒直播极限运动第一人坠亡案"的审理争议亦可知晓。该案一审法院认为：网络服务提供者在虚拟的网络空间中亦对网络用户负有一定的安全保障义务，直播平台未尽到安全保障义务是坠亡的诱导性因素。二审则认为：网络空间作为虚拟公共空间，与现实物理公共空间存在明显差异，能否将有形物理空间的安保义务扩张到无形网络空间，尚存争议。二审因此予以改判。

（撰稿人：庄永生、阎冰清、李予霞）

指导案例142号

刘某莲、郭某丽、郭某双诉孙某、河南兰某物业管理有限公司信阳分公司生命权纠纷案

（最高人民法院审判委员会讨论通过 2020年10月9日发布）

关键词

民事 生命权 劝阻 合理限度 自身疾病

裁判要点

行为人为了维护因碰撞而受伤害一方的合法权益，劝阻另一方不要离开碰撞现场且没有超过合理限度的，属于合法行为。被劝阻人因自身疾病发生猝死，其近亲属请求行为人承担侵权责任的，人民法院不予支持。

相关法条

《中华人民共和国侵权责任法》第六条

基本案情

2019年9月23日19时40分左右，郭某骑着一辆折叠自行车从博士名城小区南门广场东侧道路出来，向博士名城南门出口骑行，在南门广场与5岁儿童罗某相撞，造成罗某右颌受伤出血，倒在地上。带自己孩子在此玩耍的孙某见此情况后，将罗某扶起，并通过微信语音通话功能与罗某母亲李某1联系，但无人接听。孙某便让身旁的邻居去通知李某1，并让郭某等待罗某家长前来处理。郭某称是罗某撞了郭某，自己还有事，需要离开。因此，郭某与孙某发生言语争执。孙某站在自行车前面阻拦郭某，不让郭某离开。

事发时的第一段视频显示：郭某往前挪动自行车，孙某站在自行车前方，左手拿手机，右手抓住自行车车把，持续时间约8秒后孙某用右手推车把两下。郭某与孙某之间争执的主要内容为：郭某对孙某说，你讲理不？孙某说，我咋不讲理，我叫你等一会儿。郭某说，你没事，我还有事呢。孙某说，我说得对不，你撞小孩。郭某说，我还有事呢。孙某说，你撞小孩，我说你半天。郭某说，是我撞小孩还是小孩撞我？第二段视频显示，孙某、郭某、博士名城小区保安李某2、吴某四人均在博士名城小区南门东侧出口从南往北数第二个石墩附近。孙某左手拿手机，右手放在郭某自行车车把上持续时间约5秒。李某2、吴某劝郭某不要骂人，郭某称要拨打110，此时郭某情绪激动并有骂人的行为。

2019年9月23日19时46分，孙某拨打了110报警电话。郭某将自行车停好，坐在博士名城小区南门东侧出口从南往北数第一个石墩上。郭某坐在石墩上不到2分钟即倒在地上。孙某提交的一段时长14秒事发状况视频显示，郭某倒在地上，试图起身；孙某在操作手机，报告位置。

2019年9月23日19时48分，孙某拨打了120急救电话。随后，孙某将自己孩子送回家，然后返回现场。医护人员赶到现场即对郭某实施抢救。郭某经抢救无效，因心脏骤停死亡。

另，郭某曾于2019年9月4日因"意识不清伴肢体抽搐1小时"为主诉入住河南省信阳市中心医院，后被诊断为"右侧脑梗死，继发性癫痫，高血压病3级（极高危），2型糖尿病，脑血管畸形，阵发性心房颤动"。信阳市中心医院就郭某该病症下达病重通知书，显示"虽经医护人员积极救治，但目前患者病情危重，并且病情有可能进一步恶化，随时会危及患者生命"。信阳市中心医院在对郭某治疗期间，在沟通记录单中记载了郭某可能出现的风险及并发症，其中包含：脑梗死进展，症状加重；脑疝形成呼吸、心搏骤停；恶心、心律失常、猝死等。郭某2019年9月16日的病程记录记载：郭某及其家属要求出院，请示上级医师后予以办理。

郭某之妻刘某莲及其女郭某丽、郭某双提起诉讼，要求孙某承担侵权的赔偿责任，河南兰某物业管理有限公司信阳分公司承担管理不善的赔偿责任。

裁判结果

河南省信阳市平桥区人民法院于2019年12月30日作出（2019）豫1503民初8878号民事判决：驳回原告刘某莲、郭某丽、郭某双的诉讼请求。宣判后，各方当事人均未提出上诉。一审判决已发生法律效力。

裁判理由

法院生效裁判认为：本案争议的焦点问题是被告孙某是否实施了侵权行为；孙某

阻拦郭某离开的行为与郭某死亡的结果之间是否有因果关系；孙某是否有过错。

第一，郭某骑自行车与年幼的罗某相撞之后，罗某右颌受伤出血并倒在地上。郭某作为事故一方，没有积极理性处理此事，执意离开。对不利于儿童健康、侵犯儿童合法权益的行为，任何组织和个人有权予以阻止或者向有关部门控告。罗某作为未成年人，自我保护能力相对较弱，需要成年人对其予以特别保护。孙某见到郭某与罗某相撞后，为保护罗某的利益，让郭某等待罗某的母亲前来处理相撞事宜，其行为符合常理。根据案发当晚博士名城业主群聊天记录中视频的发送时间及孙某拨打110、120的电话记录等证据证实，可以确认孙某阻拦郭某的时间为8分钟左右。在阻拦过程中，虽然孙某与郭某发生言语争执，但孙某的言语并不过激。孙某将手放在郭某的自行车车把上，双方没有发生肢体冲突。孙某的阻拦方式和内容均在正常限度之内。因此，孙某的劝阻行为是合法行为，且没有超过合理限度，不具有违法性，应予以肯定与支持。

第二，郭某自身患脑梗、高血压、心脏病、糖尿病、继发性癫痫等多种疾病，事发当月曾在医院就医，事发前一周应其本人及家属要求出院。孙某阻拦郭某离开，郭某坐在石墩上，倒地后因心脏骤停不幸死亡。郭某死亡，令人惋惜。刘某莲、郭某丽、郭某双作为死者郭某的近亲属，心情悲痛，提起本案诉讼，可以理解。孙某的阻拦行为本身不会造成郭某死亡的结果，郭某实际死亡原因为心脏骤停。因此，孙某的阻拦行为与郭某死亡的后果之间并不存在法律上的因果关系。

第三，虽然孙某阻拦郭某离开，诱发郭某情绪激动，但是，事发前孙某与郭某并不认识，不知道郭某身患多种危险疾病。孙某阻拦郭某的行为目的是保护儿童利益，并不存在侵害郭某的故意或过失。在郭某倒地后，孙某拨打120急救电话予以救助。由此可见，孙某对郭某的死亡无法预见，其对郭某的死亡后果发生没有过错。

（生效裁判审判人员：易松、彭洁、周成云）

【解读】

解读《刘某莲、郭某丽、郭某双诉孙某、河南兰某物业管理有限公司信阳分公司生命权纠纷案》

2020年10月9日，最高人民法院发布了第25批指导性案例，包括第140号至第143号共4件指导性案例，主题均为弘扬社会主义核心价值观案例。民法典已于2021年1月1日开始实施，"弘扬社会主义核心价值观"明确规定为立法目的之一。这批指导性案例的发布对于加强裁判标准统一，弘扬社会主义核心价值观具有积极的意义。其中，第142号指导性案例为《刘某莲、郭某丽、郭某双诉孙某、河南兰某物业管理有限公司信阳分公司生命权纠纷案》。为了正确理解和准确参照适用该指导性案例，现对该指导性案例的选编过程、裁判要点、参照适用等有关情况予以解释、论证和说明。

一、案例选编过程

该案例由河南省信阳市中级人民法院报送。经由河南省高级人民法院案例评审委员会评审后推选为备选指导性案例。最高人民法院案例指导办公室收到案例后送民一庭征求意见。2020年4月17日,研究室室务会对该案例进行了讨论,同意将该案例报送审委会进行讨论。2020年7月28日,该案例经最高人民法院民专会第355次会议讨论,同意作为指导性案例。10月9日,最高人民法院以法〔2020〕253号文件将该案例编入第25批指导性案例予以发布。

二、关于本案例的相关情况

(一)基本案情与裁判结果

2019年9月23日19时40分左右,郭某骑自行车从信阳市博士名城小区南门广场东侧道路出来,向南门出口骑行,在南门广场与5岁儿童罗某相撞,造成罗某右颌受伤出血,倒在地上。带自己孩子在此玩耍的孙某将罗某扶起,并通过微信语音通话功能与罗某母亲李某1联系,但无人接听。孙某便让身旁的邻居去通知李某1,并让郭某等待罗某家长前来处理。郭某称是罗某撞了郭某,自己还有事,需要离开。孙某站在自行车前面阻拦郭某,不让郭某离开。郭某往前挪动自行车,孙某站在自行车前方,左手拿手机,右手抓住自行车车把。持续时间约8秒后,孙某用右手推车把两下。孙某与郭某言语争执的主要内容为:郭某对孙某说,你讲理不?孙某说,我咋不讲理,我叫你等一会儿。郭某说,你没事,我还有事呢。孙某说,我说得对不,你撞小孩。郭某说,我还有事呢。孙某说,你撞小孩,我说你半天。郭某说,是我撞小孩还是小孩撞我?

孙某、郭某、博士名城小区保安李某2、吴某四人均在博士名城小区南门东侧出口从南往北数第二个石墩附近。孙某左手拿手机,右手放在郭某自行车车把上持续时间约5秒。李某2、吴某劝郭某不要骂人,郭某称要拨打110,此时郭某情绪激动并有骂人的行为。

2019年9月23日19时46分,孙某拨打了110报警电话。郭某将自行车停好,坐在博士名城小区南门东侧出口从南往北数第一个石墩上。郭某坐在石墩上不到2分钟即倒在地上。郭某倒在地上,试图起身;孙某在操作手机,报告位置。2019年9月23日19时48分,孙某拨打了120急救电话。随后,孙某将自己孩子送回家,然后返回现场。医护人员赶到现场即对郭某实施抢救。郭某经抢救无效,因心脏骤停死亡。

郭某曾于2019年9月4日因"意识不清伴肢体抽搐1小时"为主诉入住河南省信阳市中心医院,后被诊断为"右侧脑梗死,继发性癫痫,高血压病3级(极高危),2型糖尿病,脑血管畸形,阵发性心房颤动"。信阳市中心医院就郭某该病症下达病重通知书,显示"虽经医护人员积极救治,但目前患者病情危重,并且病情有可能进一步恶化,随时会危及患者生命"。信阳市中心医院在对郭某治疗期间,在沟通记录单中记载了郭某可能出现的风险及并发症,其中包含:脑梗死进展,症状加重;脑疝形成呼吸、心搏骤停;恶心、心律失常、猝死等。郭某2019年9月16日的病程记录记载:郭某及其家属要求出院,请示上级医师后予以办理。

郭某之妻刘某莲及其女郭某丽、郭某双提起诉讼,要求孙某承担侵权的赔偿责任,河南兰某物业管理有限公司信阳分公司承担管理不善的赔偿责任。

本案争议的焦点问题是孙某是否实施了侵权行为;孙某阻拦郭某离开的行为与郭

某死亡的结果之间是否有因果关系;孙某是否有过错。

河南省信阳市平桥区人民法院经审理认为,孙某的阻拦方式和内容均在正常限度之内,其行为符合常理,不具有违法性。孙某的阻拦方式适当,且孙某与郭某并不相识,不知道郭某身患多种危险疾病,在郭某倒地后,孙某及时拨打120急救电话予以救助。孙某对郭某的死亡无法预见,其对郭某的死亡后果发生没有过错。孙某的阻拦行为本身不会造成郭某死亡的后果。虽从时间上看,孙某阻拦行为与郭某死亡的后果先后发生,阻止行为可能致使郭某情绪激动,诱发心脏病突发死亡,但是二者之间没有法律上的因果关系。在郭某与孙某争执过程中,河南兰某物业管理有限公司信阳分公司保安人员前去相劝,履行了相应的管理职责。郭某因心脏骤停而死亡,与兰某物业公司对南门广场的管理职责履行情况没有法律上的因果关系。

河南省信阳市平桥区人民法院于2019年12月30日作出(2019)豫1503民初8878号民事判决:驳回原告刘某莲、郭某丽、郭某双的诉讼请求。宣判后,各方当事人均未提出上诉。一审判决已发生法律效力。

(二)主要争议问题

侵权责任法第六条第一款规定:"行为人因过错侵害他人民事权益,应当承担侵权责任。"孙某是否具有过错并导致郭某死亡的后果是本案中争议最大的问题。就侵权法理论而言,对于过错的理解和认识可谓是众说纷纭,主要有主观说、客观说、主客观相结合说三种。主观说认为过错是一种主观心理态度,具有道义及法律上可责难性,其理论基础是理性主义和意志自由;客观说与主观说相反,认为过错源自行为人的行为没有达到一定标准,违反了注意义务。主客观相结合说强调过错本身就是主客观因素相交融的概念,① 认为过错是指支配行为人从事法律上道德上应受非难行为的故意和过失(主观)状态。

从法律规定看,我国侵权责任法在一般规定中如责任构成、责任方式、责任减免和责任主体中采用过错的表述,而在具体的规定中采用故意、重大过失或者过失来表述过错。因此,我国侵权责任法中对过错的认识是从主观角度来定义的。虽然我国的法律规定上对于过错采用主观学说,但并不意味着在司法实践中不能采用客观标准来认识过错。就本案而言,孙某是否存在过错,河南省信阳市平桥区人民法院具体分析了孙某的行为性质和主观状态,认为在阻拦过程中,虽然孙某与郭某发生言语争执,但孙某的言语并不过激,双方更没有发生肢体冲突。本案中也没有其他证据证明孙某有其他不正当或超过必要限度的行为。孙某阻拦方式和内容均在正常限度之内,其行为符合常理,不具有违法性。从主观角度看,孙某对郭某的死亡无法预见,且孙某阻拦郭某的行为目的是保护儿童利益,不存在任何侵害郭某的故意,孙某主观上具有完全的正当性。法院认定孙某对郭某的死亡后果发生没有过错。

从因果关系角度分析,我国法律实践中通常以充足性来判断,从积极方面看,如果行为通常会导致发生损害的结果,那么此行为就是损害发生的充足性条件。从消极方面看,如果行为一般不会导致损害的发生,依照事件的通常进展方向是极不可能发生的,那么行为就不构成损害发生的充分条件。② 案例中,郭某死亡的原因是其自身患

---

① 参见王利明:《侵权责任法研究》,中国人民大学出版社2016年版,第335~226页。
② 参见王泽鉴:《侵权行为》,北京大学出版社2016年版,第196页。

多种严重疾病,孙某的阻拦行为可能致使郭某情绪激动,诱发心脏病突发死亡,但孙某的阻拦方式本身不会造成郭某死亡的后果,孙某的阻拦行为与郭某死亡之间没有法律上的因果关系。

（三）指导价值

现代社会中,人际交往增多,社会关系更加复杂。侵权责任法具有实现个人行为自由与民事利益保护之间的平衡功能,实现维护自由与安全两个价值的目标。案例中,罗某作为未成年人,自我保护能力相对较弱,需要成年人履行注意义务对其予以特别保护。对于不利于儿童健康、侵犯儿童合法权益的行为,每个公民都有权予以阻止或者向有关部门控告。孙某在见到罗某受伤后,采用的是不超过合理限度的正当阻拦行为,不仅不具有违法性,还具有正当性,应予以肯定与支持。郭某的死亡系自身疾病所致,并非孙某的阻拦行为造成的后果,孙某主观也没有故意或者过失。本案例中,人民法院认定孙某不承担赔偿责任,从法律上能够明确行为的是非对错,向社会公众提供行为指引。从社会效果上看,社会主义核心价值观要求人们相互之间友善共处、诚信相待,让行为者不因正当劝阻行为而担责,可以弘扬正能量,促进人们互相照应,守望互助。

三、裁判要点的理解与说明

该指导案例的裁判要点确认:行为人为了维护因碰撞而受伤害一方的合法权益,劝阻另一方不要离开碰撞现场且没有超过合理限度的,属于合法行为。被劝阻人因自身疾病发生猝死,其近亲属请求行为人承担侵权责任的,人民法院不予支持。现围绕与该裁判要点相关的问题逐一解释和说明如下。

（一）合法行为与违法行为的区分

在私法领域,法无禁止即可为,体现出对行为人行为自由的保护。违法行为是指行为人违反了法律规范所确定的义务或者社会的善良风俗。行为人违反法定义务是指违反法律、行政法规、地方性法规、部门规章、政府规章等;行为人违反社会的善良风俗是指违反法律规范范围外的义务,包括存在于社会生活的广泛领域的道德规范、行业规范、惯例等。据此分析,侵权法上的违法包括形式违法与实质违法。形式违法比较显而易见,就是行为与现行法律法规相抵触。但现实生活中民事活动纷繁复杂,侵权行为种类繁多,侵权责任法不可能对各种不法侵害他人权利的行为种类和方式做出明确的规定。因此,违法行为不应仅为形式违法,还包括实质违法。对此,学说上有各种不同的表述,有认为"违法性的实质不仅是违反法律的明文规定,而且是指违反整体法秩序的精神目的。"也有的认为"违法是对法益的侵害,不仅包括违反法规侵害权利的行为,还包括违反公序良俗侵害利益的行为。"[①] 善良风俗是社会中每个正常理性人都能够接受的最低标准。违背善良风俗即被确定为行为违法性,可以促进人们遵守被普遍认同的行为标准。德国民法典中规定:"以违反善良风俗的方式故意加害于他人,对他人负有损害赔偿义务。"

案例中,孙某之所以劝阻郭某离开现场,是因为孙某发现未成年人罗某因与郭某碰撞受伤,需要保护罗某的合法权益。孙某在见到未成年人受伤后,阻止碰撞方郭某

---

① 黄海峰:《违法性、过错与侵权责任的成立》,载梁慧星主编:《民商法论丛》（第17卷）,金桥文化出版（香港）有限公司2000年版,第8~9页。

离开现场，体现了依法合理解决问题的态度和对未成年人的保护。孙某并非无端地阻止郭某离开，其劝阻行为具有正当的原因。如果孙某毫无理由而阻止郭某离开，属于对郭某的人身自由权利的侵犯，自然构成违法行为。根据案件事实看，孙某劝阻郭某的方式是站在郭某的自行车前，抓住郭某的自行车车把，进行言语上的劝阻。孙某劝阻郭某的方式并不违反社会的善良风俗，没有超出一般正常人的正当感受。综上分析，孙某劝阻郭某的行为没有违反法律规定，也不违反社会的善良风俗，不具有违法性，属于合法行为。

（二）过错的认定

过错是侵权责任法的核心概念，其起源可以追溯到古罗马时代的阿奎利亚法。阿奎利亚法首次强调了侵权行为必须是一种具有过错的行为。过错责任取代结果责任是人类社会发展的重要成果，与结果责任相比，过错责任使得民事主体的活动空间和活动自由获得极大的保障。体现了理性精神以及惩恶扬善理念的过错责任，随着罗马法的复兴而为各国民法所肯定。[①] 近代最早将过错责任抽象化、并将之确立为一般性原则的是拿破仑民法典。拿破仑民法典第1382条规定："任何行为使他人受损害时，因自己的过错而致损害发生之人对该他人负赔偿责任。"[②] 过错责任制度的确立意味着过错是一般侵权行为的构成要件之一。在过错责任制度的框架下，没有过错就不能成立一般侵权行为，也不会发生相应的法律效果。

从主观角度认识，过错表现为一种主观心理态度，是行为人的主观方面故意和过失的心理状态，体现出滥用自由意志而具有的道德上的可谴责性。故意是指行为人明确知道特定的损害结果并且意图追求此种损害后果的发生。过失则是轻信某种结果因疏忽大意导致伤害。无认知能力的人侵害他人权利是违法行为，但其不具有过错。正是因为过错是主观的心理状态，故在认定过错时应探求行为人在行为时的心理状态。具体而言，应结合外在行为、行为人生理状况、社会身份及背景、行为时环境等予以探究。案例中，孙某与郭某在一个小区居住，但之前并不认识郭某，属于初次相遇的陌生人。郭某患有的严重疾病是脑梗、高血压、糖尿病、继发性癫痫等。这些疾病并没有什么外在的特别表现，能够让他人对其患有这些疾病予以认知，所以孙某无从知道郭某的身体状况。虽然孙某的劝阻行为可能促使郭某情绪激动，但孙某主观上并没有让郭某情绪激动的故意或者过失，以引发郭某疾病发作。或者说，孙某无法预见郭某会发作疾病甚至死亡。对于孙某来说，其劝阻郭某是为了促使郭某与儿童罗某碰撞事情的解决，是为了保护未成年人罗某的合法权益，具有正当性。基于此，孙某劝阻郭某并不存在主观的过错。

从客观角度认识，过错不仅是主观心理态度，还表现为一定行为义务的违反。日本民法典实施后的判例将过失解读为行为人行为存在一定欠缺，对行为义务之违反。法国民法中分别讨论过错的物质要素、道德要素和法律要素。过错的物质要素是指行为人的作为或不作为行为；道德要素是指行为人主观上的可非难性；法律要素则是指行为的违法性。道德要素具有主观性；物质要素和法律要素具有客观性。[③] 我国学者虽然主张过错为主观状态，但大都强调要根据客观标准、客观尺度来判断过失。案例中，

---

① 参见李开国、黄忠：《我国侵权行为立法发展评述》，载《法治研究》2008年第10期。
② 参见罗瑶：《法国法中的侵权过错概念及其对我国立法的借鉴意义》，载《比较法研究》2010年第1期。
③ 参见罗瑶：《法国法中的侵权过错概念及其对我国立法的借鉴意义》，载《比较法研究》2010年第1期。

孙某的劝阻行为表现为站在自行车前面,抓住郭某的自行车车把,语言上也没有过激之处,双方也没有肢体冲突。可见,孙某的劝阻行为在合理范围之内,没有违反法律的规定,也没有任何与善良公民行为相偏离的行为。在当时的环境中,孙某的劝阻行为并不违反社会的行为标准。因此,从客观角度看,孙某没有实施违法的行为,不具有侵权法上的过错。

需要注意的是,在郭某疾病发作倒地后,孙某和物业公司及时履行了必要的救助义务,并无疏于或延误救护的行为。从这个角度认识,孙某与物业公司对郭某的死亡结果亦不存在过错。

(三) 因果关系的判断

因果关系是侵权责任构成中不可缺少的要件。在侵权责任法领域,因果关系是指行为人的行为与损害后果间的前因后果关系。如果认为凡引起损害结果发生的现象即各种条件都为该结果发生的原因,只要无此事实,即无该结果发生,则此事实与结果之间即为有因果关系,那么,在侵权责任的因果关系的判断上对于构成损害结果的原因范围就会过于广泛。这种广泛的认定会损害人们的行为自由利益,不利于社会的进步。为了限制因果关系的泛化,有学者提出了必然因果关系说,认为当行为人的行为与损害后果间有内在的、本质的、必然的联系时,行为人的行为与损害后果间才有因果关系;如果行为人的行为与损害结果间无内在的、本质的必然联系,则行为仅为损害结果发生的条件,二者间无因果关系存在。必然因果关系说重点在于判断行为与损害后果间内在的、本质的、必然的联系。必然因果关系说在我国曾有相当的影响,但现在学界多采用相当因果关系说,而不再采必然因果关系说。依据相当因果关系说,某一事件仅于现实情形发生某种结果的,还不能断定二者有因果关系,只有在有同一条件可发生同种的结果时该条件才为该结果发生之原因,二者间有因果关系。① 根据相当因果关系说,因果关系的判断上可以细分为事实因果关系的判断与法律因果关系的判断两步。

首先是事实因果关系的判断,如果没有行为人的行为,损害结果就不会发生时,行为与损害结果之间存在事实上的因果关系。在司法实践中,具体适用时可以运用剔除法或替代法去判断,即设想损害事件发生的场合里行为人并不存在,且其他条件保持原态,若损害就因此不会发生或者以完全不同的其他方式发生,那么行为与损害结果之间就具有事实上的因果关系;如果损害结果仍会发生,则行为与损害结果之间不具有事实上的因果关系。在事实上的因果关系判断之后,需要再进一步作"相当性"的判断,英美法上称之为"法律上的因果关系"的判断,其实质是判断作为损害发生之特定条件的行为或事件在法律上是否具有可归责性。以寄放的炸药因电线走电引燃爆炸案为例,该案被告将炸药寄放在某店房内,后因店房内之电线走电引燃炸药,致使受害人被炸死。法院认为仅仅被告寄放炸药的行为按一般情形并不会发生本案之后果,因此被告行为与受害人被炸死的后果之间无相当之因果关系。该判决理由同样可以解释为,因走电所导致之爆炸事故不在被告应当合理预见的范围之内。②

具体到本案中,孙某不会知道郭某有心脏病,其劝阻行为属于正常合理的劝阻,

---

① 参见郭明瑞:《侵权责任构成中因果关系理论的反思》,载《甘肃政法学院学报》2013年第4期。
② 参见李中原:《论侵权法上因果关系与过错的竞合及其解决路径》,载《法律科学(西北政法大学学报)》2013年第6期。

在正常情况下，郭某是不会因为与孙某短时间的言语争执而突然死亡的。可见，即便被劝阻的郭某是老年人，孙某的劝阻行为也不会直接造成郭某死亡的后果。尽管郭某的死亡确实是在孙某劝阻之后发生的，但是郭某死亡的原因并不是孙某的劝阻行为造成的，其死亡是由其本身特殊体质而又放任自己情绪激动造成的。郭某在被孙某劝阻后死亡是一件概率极低的事件，仅是在非常特殊的情形下才发生的。据此分析可知，孙某的劝阻行为与郭某死亡之间没有法律上的因果关系。

（撰稿人：朱正宏、李予霞）

指导案例143号

北京兰某光电科技有限公司、黄某兰诉赵某名誉权纠纷案

（最高人民法院审判委员会讨论通过　2020年10月9日发布）

关键词

民事　名誉权　网络侵权　微信群　公共空间

裁判要点

1. 认定微信群中的言论构成侵犯他人名誉权，应当符合名誉权侵权的全部构成要件，还应当考虑信息网络传播的特点并结合侵权主体、传播范围、损害程度等具体因素进行综合判断。

2. 不特定关系人组成的微信群具有公共空间属性，公民在此类微信群中发布侮辱、诽谤、污蔑或者贬损他人的言论构成名誉权侵权，应当依法承担法律责任。

相关法条

《中华人民共和国民法通则》第一百零一条、第一百二十条

《中华人民共和国侵权责任法》第六条、第二十条、第二十二条

基本案情

原告北京兰某光电科技有限公司（以下简称兰某公司）、黄某兰诉称：黄某兰系兰某公司员工，从事机器美容美甲业务。自2017年1月17日以来，被告赵某一直对二原告进行造谣、诽谤、诬陷，多次污蔑、谩骂，称黄某兰有精神分裂，污蔑兰某公司的仪器不正规、讹诈客户，并通过微信群等方式进行散布，造成原告名誉受到严重损害，生意受损，请求人民法院判令：一、被告对二原告赔礼道歉，并以在北京市顺义区×号张贴公告、北京当地报纸刊登公告的方式为原告消除影响、恢复名誉；二、赔偿原告兰某公司损失2万元；三、赔偿二原告精神损害抚慰金各5000元。

被告赵某辩称：被告没有在小区微信群里发过损害原告名誉的信息，只与邻居、好朋友说过与二原告发生纠纷的事情，且此事对被告影响亦较大。兰某公司仪器不正规、讹诈客户非被告一人认为，其他人也有同感。原告的美容店经常不开，其损失与被告无关。故请求驳回原告的诉讼请求。

法院经审理查明：兰某公司在北京市顺义区某小区一层开有一家美容店，黄某兰系该公司股东兼任美容师。2017年1月17日16时许，赵某陪同住小区的另一业主到

该美容店做美容。黄某兰为顾客做美容，赵某询问之前其在该美容店祛斑的事情，后二人因美容服务问题发生口角。后公安部门对赵某作出行政处罚决定书，给予赵某行政拘留3日的处罚。

原告主张赵某的微信昵称为×郡主（微信号×---calm），且系小区业主微信群群主，双方发生纠纷后赵某多次在业主微信群中对二原告进行造谣、诽谤、污蔑、谩骂，并将黄某兰从业主群中移出，兰某公司因赵某的行为生意严重受损。原告提供微信聊天记录及张某某的证人证言予以证明。微信聊天记录来自两个微信群，人数分别为345人和123人，记载有昵称×郡主发送的有关黄某兰、兰某公司的言论，以及其他群成员询问情况等的回复信息；证人张某某是兰某公司顾客，也是小区业主，其到庭陈述看到的微信群内容并当庭出示手机微信，群主微信号为×---calm。

赵某对原告陈述及证据均不予认可，并表示其2016年在涉诉美容店做激光祛斑，黄某兰承诺保证全部祛除，但做过两次后，斑越发严重，多次沟通，对方不同意退钱，事发当日其再次咨询此事，黄某兰却否认赵某在此做过祛斑，双方发生口角；赵某只有一个微信号，且经常换名字，现在业主群里叫×果，自己不是群主，不清楚群主情况，没有加过黄某兰为好友，也没有在微信群里发过损害原告名誉的信息，只与邻居、朋友说过与原告的纠纷，兰某公司仪器不正规、讹诈客户，其他人也有同感，公民有言论自由。

经原告申请，法院自深圳市腾讯计算机系统有限公司调取了微信号×---calm的实名认证信息，确认为赵某，同时确认该微信号与黄某兰微信号×-HL互为好友时间为2016年3月4日13：16：18。赵某对此予以认可，但表示对于微信群中发送的有关黄某兰、兰某公司的信息其并不清楚，现已经不用该微信号了，也退出了其中一个业主群。

裁判结果

北京市顺义区人民法院于2017年9月19日作出（2017）京0113民初5491号民事判决：一、被告赵某于本判决生效之日起七日内在顺义区×房屋门口张贴致歉声明，向原告黄某兰、兰某公司赔礼道歉，张贴时间为七日，致歉内容须经本院审核；如逾期不执行上述内容，则由本院在上述地址门口全文张贴本判决书内容；二、被告赵某于本判决生效之日起七日内赔偿原告兰某公司经济损失3000元；三、被告赵某于本判决生效之日起七日内赔偿原告黄某兰精神损害抚慰金2000元；四、驳回原告黄某兰、兰某公司的其他诉讼请求。宣判后，赵某提出上诉。北京市第三中级人民法院于2018年1月31日作出（2018）京03民终725号民事判决：驳回上诉，维持原判。

裁判理由

法院生效裁判认为：名誉权是民事主体依法享有的维护自己名誉并排除他人侵害的权利。民事主体不仅包括自然人，也包括法人及其他组织。民法通则第一百零一条规定，公民、法人享有名誉权，公民的人格尊严受法律保护，禁止用侮辱、诽谤等方式损害公民、法人的名誉。

本案的争议焦点为，被告赵某在微信群中针对原告黄某兰、兰某公司的言论是否构成名誉权侵权。传统名誉权侵权有四个构成要件，即受害人确有名誉被损害的事实、行为人行为违法、违法行为与损害后果之间有因果关系、行为人主观上有过错。对于微信群中的言论是否侵犯他人名誉权的认定，要符合传统名誉权侵权的全部构成要件，还应当考虑信息网络传播的特点并结合侵权主体、传播范围、损害程度等具体因素进行综合判断。

本案中，赵某否认其微信号×---calm所发的有关涉案信息是其本人所为，但就此未提供证据证明，且与已查明事实不符，故就该抗辩意见，法院无法采纳。根据庭审查明情况，结合微信聊天记录内容、证人证言、法院自深圳市腾讯计算机系统有限公司调取的材料，可以认定赵某在与黄某兰发生纠纷后，通过微信号在双方共同居住的小区两个业主微信群发布的信息中使用了"傻×""臭傻×""精神分裂""装疯卖傻"等明显带有侮辱性的言论，并使用了黄某兰的照片作为配图，而对于兰某公司的"美容师不正规""讹诈客户""破仪器""技术和产品都不灵"等贬损性言辞，赵某未提交证据证明其所发表言论的客观真实性；退一步讲，即使有相关事实发生，其亦应通过合法途径解决。赵某将上述不当言论发至有众多该小区住户的两个微信群，其主观过错明显，从微信群的成员组成、对其他成员的询问情况以及网络信息传播的便利、广泛、快捷等特点来看，涉案言论确易引发对黄某兰、兰某公司经营的美容店的猜测和误解，损害小区公众对兰某公司的信赖，对二者产生负面认识并造成黄某兰个人及兰某公司产品或者服务的社会评价降低，赵某的损害行为与黄某兰、兰某公司名誉受损之间存在因果关系，故赵某的行为符合侵犯名誉权的要件，已构成侵权。

行为人因过错侵害他人民事权益，应当承担侵权责任。不特定关系人组成的微信群具有公共空间属性，公民在此类微信群中发布侮辱、诽谤、污蔑或者贬损他人的言论构成名誉权侵权，应当依法承担法律责任。公民、法人的名誉权受到侵害，有权要求停止侵害，恢复名誉，消除影响，赔礼道歉，并可以要求赔偿损失。现黄某兰、兰某公司要求赵某基于侵犯名誉权之行为赔礼道歉，符合法律规定，应予以支持，赔礼道歉的具体方式由法院酌情确定。关于兰某公司名誉权被侵犯产生的经济损失，兰某公司提供的证据不能证明实际经济损失数额，但兰某公司在涉诉小区经营美容店，赵某在有众多该小区住户的微信群中发表不当言论势必会给兰某公司的经营造成不良影响，故对兰某公司的该项请求，综合考虑赵某的过错程度、侵权行为内容与造成的影响、侵权持续时间、兰某公司实际营业情况等因素酌情确定。关于黄某兰主张的精神损害抚慰金，亦根据上述因素酌情确定具体数额。关于兰某公司主张的精神损害抚慰金，缺乏法律依据，故不予支持。

（生效裁判审判人员：巴晶焱、李淼、徐晨）

【解读】

解读《北京兰某光电科技有限公司、
黄某兰诉赵某名誉权纠纷案》

2020年10月9日,最高人民法院发布了第25批指导性案例,包括第140号至第143号共4件指导性案例,主题均为弘扬社会主义核心价值观案例。民法典已于2021年1月1日起开始实施,弘扬社会主义核心价值观明确规定为立法目的之一。这批指导性案例的发布对于加强裁判标准统一、弘扬社会主义核心价值观具有积极的意义。其中,第143号指导性案例为《北京兰某光电科技有限公司、黄某兰诉赵某名誉权纠纷案》。为了正确理解和准确参照适用该指导性案例,现对该指导性案例的选编过程、裁判要点、参照适用等有关情况予以解释、论证和说明。

一、案例选编过程

该案例为北京市顺义区人民法院推荐报送。北京市高级人民法院研究室审查后,认为该案例符合《最高人民法院关于案例指导工作的规定》第二条之规定,在对案例进行改编后,报送北京市高级人民法院审判委员会委员书面审核,全部委员均同意将该案作为备选指导性案例向最高人民法院案例指导工作办公室推荐。案例指导工作办公室收到该案例后经过初审、修改,送最高人民法院民一庭征求意见。民一庭同意推荐该案例作为备选指导性案例。2020年4月17日,研究室室务会对该案例进行了讨论,同意将该案例报送审委会进行讨论。2020年7月28日,该案例经最高人民法院民专会第355次会议讨论,同意作为指导性案例。10月9日,最高人民法院以法〔2020〕253号文件将该案例编入第25批指导性案例予以发布。

二、关于本案例的基本情况

(一)基本案情

北京兰某光电科技有限公司(以下简称兰某公司)在顺义区某小区一层开有一家美容店,黄某兰系该公司股东兼任美容师。2017年1月17日,赵某陪同小区的另一业主到上述美容店做美容。黄某兰为顾客做美容,赵某询问之前其在该美容店祛斑的事情,后二人因美容服务问题发生口角。原告主张双方发生纠纷后赵某多次在业主微信群中散布谣言,对二原告进行造谣、诽谤、污蔑、谩骂,并将黄某兰从业主群中移出,兰某公司因赵某的行为造成生意严重受损。为此,向法院起诉请求赵某赔礼道歉,消除影响,恢复名誉,同时要求赔偿损失及精神抚慰金共计3万元。本案的争议焦点为赵某在微信群中针对黄某兰、兰某公司的言论是否构成名誉权侵权。

法院生效裁判认为:名誉权是民事主体依法享有的维护自己名誉并排除他人侵害的权利。公民、法人享有名誉权,公民的人格尊严受法律保护,禁止用侮辱、诽谤等方式损害公民、法人的名誉。根据已查明的事实,赵某用涉诉微信号在双方共同居住的小区两个业主微信群发布信息,其中含有"傻×""精神分裂""装疯卖傻"等明显带有侮辱性的言论，并使用了黄某兰的照片作为配图，而对于兰某公司的"美容师不正规""讹诈客户""技术和产品都不灵"等贬损性言辞，赵某未提交证据证明其所发表言论的客观真实性。赵某将上述不当言论发至有众多该小区住户的两个微信群，其主观过错明显，从微信群的成员组成、其他成员的询问情况以及网络信息传播的便利、广泛、快捷等特点来看，涉案言论确易引发对黄某兰、兰某公司经营的美容店的猜测和误解，损害小区公众对兰某公司的信赖，对二者产生负面认识，并造成黄某兰个人及兰某公司产品或者服务的社会评价降低，赵某的行为与黄某兰、兰某公司名誉受损之间存在因果关系，故赵某的行为符合侵犯名誉权的要件，已构成侵权。

（二）司法实践对于涉"微信群名誉权侵权"案件的处理路径

以"名誉权纠纷"为案由，以"微信群"为关键词，以"2018年2月1日至2020年10月1日"为检索期间，在中国裁判文书网上共检索出744个二审民事判决书。根据检索的案例发现，目前司法实践中对于微信群中名誉权侵权的处理主要有以下三种路径。

一是通过查明事实，认定微信群信息发布者发布信息满足名誉权侵权的要件，应当承担赔礼道歉、消除影响的责任，但是未造成损失，不应当承担赔偿责任。赔礼道歉的方式分为书面道歉声明、通过新闻媒体道歉、在微信群或朋友圈一定期限内发布道歉声明等。

二是通过查明事实，认定微信群信息发布者发布信息满足名誉权侵权的要件，除应当赔礼道歉、消除影响，还应当赔偿损失，损失包括精神损失及经济损失，精神损失金额在1元到1万元之间不等，而经济损失则分为维权的合理支出和经营主体因名誉受损影响收益造成的损失。

三是驳回原告的诉讼请求，具体情形复杂多样。如无法证明侵权事实存在，包括侵权人主体确认不明，发布的侵权信息内容举证不足或者认定发布的信息不属于侮辱、诽谤、污蔑、贬损言论；对微信群的成员范围、社会影响力举证不足，认定微信群为封闭的语言交流环境，没有在不特定人群中传播或者在特定人群组建的微信群中的言论，不构成社会评价降低、名誉受损；没有产生损害后果，不符合侵权构成要件，而损害后果的衡量以某些具体事件为印证等。

经检索发现，目前司法实践对于微信群名誉权侵权的认定存在以下较大认识分歧：一是微信群性质的认定。如何界定微信群公共空间的边界、如何认定微信群的属性、如何确定被侵权人权益被损害的范围。将微信群界定成为特定人员的封闭空间还是公共社交空间，直接影响法官对侵权事实是否存在的认定；微信群的创建宗旨及成员范围，很大程度影响着赔偿损失责任的承担。二是责任承担方式的理解。一般而言，赔礼道歉、恢复名誉等承担责任的形式应当与侵权方式、造成影响范围相当。法官更多地考虑侵权实施的方式进而判定相应的责任承担形式。因为微信群存在成员易变动、信息更新迅速的特点，所以应考虑责任承担方式的可执行性，实践中灵活掌握线上、线下的赔礼道歉方式以更有利于达到消除影响的目的。

（三）指导案例的价值意义

本案是一起典型的因线下服务产生纠纷在不特定关系人组建的微信群中发表不当言论引发的网络名誉权侵权案件。当下即时通讯软件已经渗入人们工作生活的方方面面，通过即时通讯软件让人们的线上、线下的工作生活交织起来，微信群、朋友圈、公众号等软件应用工具的兴起，在网上营造了一个虚拟的社会公共空间，由此不可避免地带来了新的法律问题。该案审理遵循一般名誉权侵权构成四要件原理，以准确适用法律为前提，围绕利用信息网络侵害名誉权构成要件事实的认定以及法律责任范围确定应当考量的因素，对微信群中名誉权侵权的认定标准及责任承担予以细化明确，既是司法审判对互联网技术发展带来法律挑战的快速回应，又体现了司法维护和支持风清气正网络环境的价值导向，对于提升网络公共空间社交行为的自律性、促进新兴社交媒体的良性发展、推动司法审判实践在"互联网＋"形势下平衡保护言论自由与名誉权等方面具有明显的指导意义。

三、裁判要点的理解与说明

该指导案例的裁判要点确认：(1) 认定微信群中的言论构成侵犯他人名誉权，应当符合名誉权侵权的全部构成要件，还应当考虑信息网络传播的特点并结合侵权主体、传播范围、损害程度等具体因素进行综合判断。(2) 不特定关系人组成的微信群具有公共空间属性，公民在此类微信群中发布侮辱、诽谤、诬蔑或者贬损他人的言论构成名誉权侵权，应当依法承担法律责任。现围绕与该裁判要点相关的问题逐一解释和说明如下。

微信作为即时通讯软件，具有私密性，但在某些情况下，又兼具公共空间属性，作为以信息网络形式侵害名誉权的一种特殊方式，微信群名誉权侵权符合传统名誉权侵权的所有特征，即名誉权的基础内容及侵权四要件[①]没有变，但其又在主体认定、传播范围、损害程度认定等方面有着自身的特殊性。

（一）微信群名誉权侵权行为认定难点

1. 侵权人的身份、网络侵犯名誉权的行为难认定

微信群中名誉权侵权的关键证据是微信平台的电子数据信息，而该电子数据证据主要涉及两方面内容的举证：一是主体确认的证明，即要证明微信聊天记录中的相关内容的发布人就是案件中的侵权人。该侵权人身份的认定与传统名誉权侵权最大的不同即为微信群的侵权人身份确认存在较大的不确定性，亦是受害人举证证明的难点。微信内容发布人的身份确认，当前司法实践主要有以下途径：当事人自认；微信头像或微信相册照片的辨认；微信朋友圈发出的内容，聊天记录中透露的身份信息；通过其他证人作证来证明该微信号主体身份；微信号是否使用了实名认证的手机号；第三方机构即微信服务提供商腾讯公司的协助调查等。本案对于涉诉微信号主体即是通过微信服务提供商查证得以确认为被告赵某。但是如果侵权人没有进行实名认证，侵权人身份确认势必更会成为案件事实查明的难点。二是发布内容的证明，即要证明微信电子证据的真实性及关联性。微信聊天记录因清理或更换手机而容易导致信息缺失，如不注意留存，往往缺乏完整性，且信息容易被删改或通过技术手段伪造，其真实性也是证明难点。受害人需要提供原始、真实和完整的微信内容电子证据，必须保证微信内容电子证据和其他证据之间存有关联性，并形成完整的证据链条，如可以使用微信的收藏功能或者通过录像将微信聊天记录拍摄下来并保留原始客观真实的记录，也可选择公证或者电子存证的方式固定聊天记录。审理中法官通常也会现场使用双方当

---

① 名誉权是民事主体对自身名誉享有不受他人侵害的权利，民事主体不仅包括自然人，也包括法人及非法人组织。传统名誉侵权的四个基本构成要件即受害人确有名誉被损害的事实、行为人行为违法、违法行为与损害后果之间有因果关系、行为人主观上有过错。

事人的手机勘验比对微信聊天记录内容,以确认信息的完整性和真实性。本案中,在确认赵某是涉诉微信号的使用者后,赵某并未否认微信群发布信息的真实性,仅否认是其所发。因此,结合原告提交的微信聊天记录截屏以及证人证言等证据,最终确认了微信证据的真实性,进而确认其实施了侵权行为。

2. 微信群的成员情况与损害事实认定紧密相关

微信群成员关系是否特定、成员人数的多寡对认定是否构成事实损害具有重要意义。微信群所构成的社交圈可以是由特定关系人组成,如家人群、同事群、同学群等,也可以是不特定关系人组成,如小区业主群、行业群、某某课程群等,通常不特定关系人构成的微信群更具有公共空间的属性,在公共场合中发布不实言论更容易被认定为侵犯名誉权。微信群的成员及人数关系到侵权行为的传播范围及名誉受损的影响范围,在损害事实认定中是重要的考量因素,如几个人的家人群很难认定名誉权侵权,但是几十人、上百人的特定或不特定关系人组成的微信群则可认定为公共空间,与现实生活中的公共场所无异,不因微信群固定人数而有所区别,如在本案的小区业主微信群内发表辱骂言论与在小区公告栏张贴告示的行为本质上是一样的。

3. 名誉权损害程度的判定

在微信群中发表不当言论构成名誉权侵权的损害程度可以从该言论的恶劣程度、发布频次、持续时间、网络传播的便利、广泛、快捷等特点、发布信息对成员潜在的影响以及成员反馈的评价等因素综合考量。本案中,需要强调的是法人名誉权与公民名誉权相比较而言,侵权表现形式不同,侵犯公民个人名誉权常常表现为侮辱、诽谤等形式,是针对公民的人格、品德、思想等与人格相关的内容,而法人并没有性格、品德等自然人的属性,侵权表现形式多为捏造、散布虚假事实,公开发表内容不实言论或者进行有失公允的评论,损害法人的商誉、商品信誉,即侵害了法人名誉权。[①] 结合《最高人民法院关于审理名誉权案件若干问题的解答》第七条[②]、《最高人民法院关于审理利用信息网络侵害人身权益民事纠纷案件适用法律若干问题的规定》(2014年公布)第十一条[③]的规定,涉案言论确属侮辱、诽谤、贬损性言辞,微信群成员系美容店的客户或者潜在客户,综合前述考量因素,赵某之行为确易引发小区公众对黄某兰、兰某公司经营的美容店的猜测和误解,损害小区公众对兰某公司的信赖,对二者产生负面认识并造成黄某兰个人及兰某公司产品或者服务的社会评价降低。

(二)言论自由权与名誉权的冲突与平衡

侵权人通常以行使言论自由权作为抗辩理由,因此,在审理微信名誉权侵权纠纷案件时还应当厘清言论自由权与名誉权的边界。言论自由权是宪法赋予公民的一项基本权利,它是公民通过积极的言论表达自身的观点,赋予公民发表言论的权利。名誉

---

① 参见最高人民法院民事审判第一庭编著:《最高人民法院利用网络侵害人身权益司法解释理解与适用》,人民法院出版社2014年版,第157页。

② 《最高人民法院关于审理名誉权案件若干问题的解答》第七条规定:"问:侵害名誉权责任应如何认定?答:是否构成侵害名誉权的责任,应当根据受害人确有名誉被损害的事实、行为人行为违法、违法行为与损害后果之间有因果关系、行为人主观上有过错来认定。以书面或者口头形式侮辱或者诽谤他人,损害他人名誉的,应认定为侵害他人名誉权。对未经他人同意,擅自公布他人的隐私材料或者以书面、口头形式宣扬他人隐私,致他人名誉受到损害的,按照侵害他人名誉权处理。因新闻报道严重失实,致他人名誉受到损害的,应按照侵害他人名誉权处理。"

③ 《最高人民法院关于审理利用信息网络侵害人身权益民事纠纷案件适用法律若干问题的规定》第十一条规定:"网络用户或者网络服务提供者采取诽谤、诋毁等手段,损害公众对经营主体的信赖,降低其产品或者服务的社会评价,经营主体请求网络用户或者网络服务提供者承担侵权责任的,人民法院应依法予以支持。"

权是人格权的一种，是民事主体依法享有的维护自身名誉并排除他人侵害的权利，其设定的目的在于通过规范甚至是限制人们的言论自由以实现保护他人的名誉。言论自由与名誉权均为公民重要的权利或自由，二者缺一不可。网络的发展突破了地理、时空的限制使得人们表达自由的空间更为广泛，同时也更容易发生对他人名誉权的侵犯，因此如何处理二者的冲突，充分保障公民的各项基本权利成为审判中应当直面解决的问题。在网络环境下需要我们通过利益衡量原则去平衡二者之间的关系，以维护网络空间的权利秩序。利益衡量原则即是对两种相互矛盾冲突的利益进行分析和比较，找出各自存在的意义和合理性，在此基础上作出孰轻孰重、谁是谁非的价值判断。此项判断称为实质判断，在实质判断基础上，再寻找法律上的根据。① 实际上，保障网络言论自由和对网络上侵犯他人名誉权行为进行追究并不矛盾，因为在合法的前提下，自由发表言论、行使批评、评论、监督的权利，不会构成对他人合法权益的侵犯。现实生活中，如果用户们通过社交网络基于事实和法律进行公正评论，则不应当认为其构成名誉权的侵害。所谓公正的评论，是指行为人就某个事件或者行为作出评论时，如果以基本事实为依据，未侮辱、诽谤他人，即使评论中存在观点片面、语言过激等，也不应认定为侵权。② 《最高人民法院关于审理名誉权案件若干问题的解释》第九条规定，对产品和服务质量所做的批评、评论，只要内容基本属实，没有侮辱内容的，不应当认定为侵害名誉权。由此可以看出，只要行为人是善意表达自己的真实见解，而非故意贬损他人的人格，一般不认定其构成对名誉权的侵害。可见，网络言论自由权的行使，既受到法律的保护，也受到法律的约束。对于随意捏造事实对他人侮辱中伤这类语言暴力侵权，无论在现实中还是在网络上都是不可取的违法行为，这些信息的传递对受害人都可能会造成损害的后果。本案赵某在微信群中发表的不当言论缺乏依据，使用的侮辱、贬损性言辞已经侵犯了他人的正当权益，超出了法律边界，应当受到限制。

（三）确定法律责任承担方式的考量因素

1. 行为人须采取合理的措施恢复受害人名誉

恢复名誉的责任是侵害名誉权所特有的责任形式，也就是说，此种责任方式只有在侵害名誉权的情况下才能采用，对侵害其他人格权的行为一般不采用这种方式。③ 恢复名誉与消除影响的责任方式常常是联系在一起的，即将二者确定为同一种侵权责任承担方式，二者都是为了去除侵权行为已经给他人的社会声誉造成的不良影响。赔礼道歉主要是我国法律中经常采用的一种制度。④ 在我国赔礼道歉是法律明确规定的责任承担方式，且实践中也广泛用于侵害名誉权的案件中，具有可执行性。单纯的赔礼道歉虽然不会给侵害人的财产带来影响，但反映了国家、社会对侵权人的不法行为的强烈谴责的价值取向，这种责任方式的适用，也可以缓和矛盾。一般来说，人民法院判决侵权人承担赔礼道歉、消除影响或者恢复名誉等责任形式的，应当与侵权的具体方

---

① 参见梁慧星：《裁判的方法》，法律出版社2003年版，第186页。
② 参见张西明：《关于新闻侵害公民名誉权行为的研究》，载《新闻与传播研究》1995年第3期。
③ 参见王利明：《人格权法研究》，中国人民大学出版社2018年版，第516～517页。
④ 在大陆法系国家，赔礼道歉没有引起重视，例如，法国法上没有中国法意义上的赔礼道歉措施，但是也存在类似于"恢复名誉（rétablissement moral）"的措施，针对侵犯名誉或者诽谤商誉的情况，法院也会责令被告方登报说明事实。Geneviéve Viney, Patrice Jourdain, Traité de droit civil, Les effets de responsabilité, 2e éd., LG-DJ, 2001, p. 73.

式和所造成的影响范围相当。为实现侵权方式与造成影响范围相当的结果,责任的形式应当灵活掌握以便更好地达到消除影响的目的。本案之所以判决在营业场所张贴致歉声明的形式,考虑到如下因素:一是被侵权人已被强制退群,如在微信群中发布致歉声明,被侵权人对侵权人的履行情况无法知晓。且侵权人亦退出了涉诉业主群,这也导致侵权人无法在微信群里赔礼道歉。二是本案损害结果的范围所及微信群的成员为小区住户,被侵权人经营的美容店客户以小区住户为主,该名誉权侵权影响范围亦基本为小区住户,故在被侵权人经营场所张贴赔礼道歉公告,能实现"精准"消除影响的效果。关于黄某兰、兰某公司要求在报纸上刊登公告方式道歉,超出了侵权行为的影响范围,应予调整。

2. 对兰某公司财产损失赔偿的考量因素

根据《最高人民法院关于审理利用信息网络侵害人身权益民事纠纷案件适用法律若干问题的规定》第十八条的规定,被侵权人因人身权益受侵害造成的财产损失或者侵权人因此获得的利益无法确定的,人民法院可以根据具体案情在50万元以下的范围内确定赔偿数额。结合本案实际情况,在酌定赔偿数额时的考虑因素为:(1)侵权人的过错程度,不仅考虑到事发时的过错程度,亦考虑在案件审理过程中侵权人对案涉行为的认识态度情节;(2)侵权行为内容及侵权持续时间;(3)微信群的规模;(4)微信群成员对侵权事实受影响的程度;(5)被侵权人经营业务的类型、经营模式、经营状态;(6)被侵权人的经营因侵权事实受到的不利影响。本案中兰某公司提供的损失证据并不充分,本院亦因此综合上述因素酌情确定了相应的赔偿金额。

四、参照适用时应注意的问题

名誉权是一项重要的人权,有着十分积极的社会价值,在各国法律体系中都作为重要的法益予以保护。随着我国民法典的颁布实施,对于名誉权的保护也更加强化和完善。民法典第一百一十条对自然人、法人、非法人组织的名誉权作出了规定,同时第一百七十九条也对"消除影响、恢复名誉"的民事责任承担方式作出了规定,特别是人格权的独立成编,民法典人格权编第五章规定了名誉权和荣誉权,这也是我国对名誉权的首次系统性立法。我国法律已经形成了一套与两大法系不同的制度,[①] 即我国法律不仅将名誉权作为一种人格权加以规定,同时也在侵权的民事责任中对名誉权作出了规定,这就从正反两方面完善了名誉权的保护制度。在侵害名誉权的情况下,要求采用停止侵害、恢复名誉、消除影响、赔礼道歉、赔偿损失等多种方式来保护名誉权,表明我国法律对受害人提供的补救措施也更为全面和完备。

(撰稿人:棋其烙、石磊)

[①] 总体上说,英美法主要通过侵权行为制度对名誉权加以保护,并注重运用损害赔偿的方法予以保护,而大陆法则注重将名誉作为人格权的内容加以保护,在侵害名誉权的情况下,大陆法特别是德国法注重采用恢复名誉的方式对受害人予以保护。参见王利明:《人格权法研究》,中国人民大学出版社2018年版,第485~490页。

五、婚姻家庭、继承纠纷

（一）婚姻家庭

最高人民法院
关于适用《中华人民共和国民法典》
婚姻家庭编的解释（二）

法释〔2025〕1号

（2024年11月25日经最高人民法院审判委员会第1933次会议通过　2025年1月15日最高人民法院公告公布　自2025年2月1日起施行）

为正确审理婚姻家庭纠纷案件，根据《中华人民共和国民法典》《中华人民共和国民事诉讼法》等相关法律规定，结合审判实践，制定本解释。

第一条　当事人依据民法典第一千零五十一条第一项规定请求确认重婚的婚姻无效，提起诉讼时合法婚姻当事人已经离婚或者配偶已经死亡，被告以此为由抗辩后一婚姻自以上情形发生时转为有效的，人民法院不予支持。

第二条　夫妻登记离婚后，一方以双方意思表示虚假为由请求确认离婚无效的，人民法院不予支持。

第三条　夫妻一方的债权人有证据证明离婚协议中财产分割条款影响其债权实现，请求参照适用民法典第五百三十八条或者第五百三十九条规定撤销相关条款的，人民法院应当综合考虑夫妻共同财产整体分割及履行情况、子女抚养费负担、离婚过错等因素，依法予以支持。

第四条　双方均无配偶的同居关系析产纠纷案件中，对同居期间所得的财产，有约定的，按照约定处理；没有约定且协商不成的，人民法院按照以下情形分别处理：

（一）各自所得的工资、奖金、劳务报酬、知识产权收益，各自继承或者受赠的财产以及单独生产、经营、投资的收益等，归各自所有；

（二）共同出资购置的财产或者共同生产、经营、投资的收益以及其他无法区分的财产，以各自出资比例为基础，综合考虑共同生活情况、有无共同子女、对财产的贡献大小等因素进行分割。

第五条　婚前或者婚姻关系存续期间，当事人约定将一方所有的房屋转移登记至另一方或者双方名下，离婚诉讼时房屋所有权尚未转移登记，双方对房屋归属或者分割有争议且协商不成的，人民法院可以根据当事人诉讼请求，结合给予目的，综合考虑婚姻关系存续时间、共同生活及孕育共同子女情况、离婚过错、对家庭的贡献大小以及离婚时房屋市场价格等因素，判决房屋归其中一方所有，并确定是否由获得房屋一方对另一方予以补偿以及补偿的具体数额。

婚前或者婚姻关系存续期间，一方将其所有的房屋转移登记至另一方或者双方名下，离婚诉讼中，双方对房屋归属或者分割有争议且协商不成的，如果婚姻关系存续时间较短且给予方无重大过错，人民法院可以根据当事人诉讼请求，判决该房屋归给予方所有，并结合给予目的，综合考虑共同生活及孕育共同子女情况、离婚过错、对家庭的贡献大小以及离婚时房屋市场价格等因素，确定是否由获得房屋一方对另一方予以补偿以及补偿的具体数额。

给予方有证据证明另一方存在欺诈、胁迫、严重侵害给予方或者其近亲属合法权益、对给予方有扶养义务而不履行等情形，请求撤销前两款规定的民事法律行为的，人民法院依法予以支持。

第六条 夫妻一方未经另一方同意，在网络直播平台用夫妻共同财产打赏，数额明显超出其家庭一般消费水平，严重损害夫妻共同财产利益的，可以认定为民法典第一千零六十六条和第一千零九十二条规定的"挥霍"。另一方请求在婚姻关系存续期间分割夫妻共同财产，或者在离婚分割夫妻共同财产时请求对打赏一方少分或者不分的，人民法院应予支持。

第七条 夫妻一方为重婚、与他人同居以及其他违反夫妻忠实义务等目的，将夫妻共同财产赠与他人或者以明显不合理的价格处分夫妻共同财产，另一方主张该民事法律行为违背公序良俗无效的，人民法院应予支持并依照民法典第一百五十七条规定处理。

夫妻一方存在前款规定情形，另一方以该方存在转移、变卖夫妻共同财产行为，严重损害夫妻共同财产利益为由，依据民法典第一千零六十六条规定请求在婚姻关系存续期间分割夫妻共同财产，或者依据民法典第一千零九十二条规定请求在离婚分割夫妻共同财产时对该方少分或者不分的，人民法院应予支持。

第八条 婚姻关系存续期间，夫妻购置房屋由一方父母全额出资，如果赠与合同明确约定只赠与自己子女一方的，按照约定处理；没有约定或者约定不明确的，离婚分割夫妻共同财产时，人民法院可以判决该房屋归出资人子女一方所有，并综合考虑共同生活及孕育共同子女情况、离婚过错、对家庭的贡献大小以及离婚时房屋市场价格等因素，确定是否由获得房屋一方对另一方予以补偿以及补偿的具体数额。

婚姻关系存续期间，夫妻购置房屋由一方父母部分出资或者双方父母出资，如果赠与合同明确约定相应出资只赠与自己子女一方的，按照约定处理；没有约定或者约定不明确的，离婚分割夫妻共同财产时，人民法院可以根据当事人诉讼请求，以出资来源及比例为基础，综合考虑共同生活及孕育共同子女情况、离婚过错、对家庭的贡献大小以及离婚时房屋市场价格等因素，判决房屋归其中一方所有，并由获得房屋一方对另一方予以合理补偿。

第九条 夫妻一方转让用夫妻共同财产出资但登记在自己名下的有限责任公司股权，另一方以未经其同意侵害夫妻共同财产利益为由请求确认股权转让合同无效的，人民法院不予支持，但有证据证明转让人与受让人恶意串通损害另一方合法权益的除外。

第十条 夫妻以共同财产投资有限责任公司,并均登记为股东,双方对相应股权的归属没有约定或者约定不明确,离婚时,一方请求按照股东名册或者公司章程记载的各自出资额确定股权分割比例的,人民法院不予支持;对当事人分割夫妻共同财产的请求,人民法院依照民法典第一千零八十七条规定处理。

第十一条 夫妻一方以另一方可继承的财产为夫妻共同财产、放弃继承侵害夫妻共同财产利益为由主张另一方放弃继承无效的,人民法院不予支持,但有证据证明放弃继承导致放弃一方不能履行法定扶养义务的除外。

第十二条 父母一方或者其近亲属等抢夺、藏匿未成年子女,另一方向人民法院申请人身安全保护令或者参照适用民法典第九百九十七条规定申请人格权侵害禁令的,人民法院依法予以支持。

抢夺、藏匿未成年子女一方以另一方存在赌博、吸毒、家庭暴力等严重侵害未成年子女合法权益情形,主张其抢夺、藏匿行为有合理事由的,人民法院应当告知其依法通过撤销监护人资格、中止探望或者变更抚养关系等途径解决。当事人对其上述主张未提供证据证明且未在合理期限内提出相关请求的,人民法院依照前款规定处理。

第十三条 夫妻分居期间,一方或者其近亲属等抢夺、藏匿未成年子女,致使另一方无法履行监护职责,另一方请求行为人承担民事责任的,人民法院可以参照适用民法典第一千零八十四条关于离婚后子女抚养的有关规定,暂时确定未成年子女的抚养事宜,并明确暂时直接抚养未成年子女一方有协助另一方履行监护职责的义务。

第十四条 离婚诉讼中,父母均要求直接抚养已满两周岁的未成年子女,一方有下列情形之一的,人民法院应当按照最有利于未成年子女的原则,优先考虑由另一方直接抚养:

(一)实施家庭暴力或者虐待、遗弃家庭成员;

(二)有赌博、吸毒等恶习;

(三)重婚、与他人同居或者其他严重违反夫妻忠实义务情形;

(四)抢夺、藏匿未成年子女且另一方不存在本条第一项或者第二项等严重侵害未成年子女合法权益情形;

(五)其他不利于未成年子女身心健康的情形。

第十五条 父母双方以法定代理人身份处分用夫妻共同财产购买并登记在未成年子女名下的房屋后,又以违反民法典第三十五条规定损害未成年子女利益为由向相对人主张该民事法律行为无效的,人民法院不予支持。

第十六条 离婚协议中关于一方直接抚养未成年子女或者不能独立生活的成年子女、另一方不负担抚养费的约定,对双方具有法律约束力。但是,离婚后,直接抚养子女一方经济状况发生变化导致原生活水平显著降低或者子女生活、教育、医疗等必要合理费用确有显著增加,未成年子女或者不能独立生活的成年子女请求另一方支付抚养费的,人民法院依法予以支持,并综合考虑离婚协议整体约定、子女实际需要、另一方的负担能力、当地生活水平等因素,确定抚养费的数额。

前款但书规定情形下,另一方以直接抚养子女一方无抚养能力为由请求变更抚养关系的,人民法院依照民法典第一千零八十四条规定处理。

第十七条 离婚后,不直接抚养子女一方未按照离婚协议约定或者以其他方式作出的承诺给付抚养费,未成年子女或者不能独立生活的成年子女请求其支付欠付的抚养费的,人民法院应予支持。

前款规定情形下,如果子女已经成年并能够独立生活,直接抚养子女一方请求另一方支付欠付的费用的,人民法院依法予以支持。

第十八条 对民法典第一千零七十二条中继子女受继父或者继母抚养教育的事实,人民法院应当以共同生活时间长短为基础,综合考虑共同生活期间继父母是否实际进行生活照料、是否履行家庭教育职责、是否承担抚养费等因素予以认定。

第十九条 生父与继母或者生母与继父离婚后,当事人主张继父或者继母和曾受其抚养教育的继子女之间的权利义务关系不再适用民法典关于父母子女关系规定的,人民法院应予支持,但继父或者继母与继子女存在依法成立的收养关系或者继子女仍与继父或者继母共同生活的除外。

继父母子女关系解除后,缺乏劳动能力又缺乏生活来源的继父或者继母请求曾受其抚养教育的成年继子女给付生活费的,人民法院可以综合考虑抚养教育情况、成年继子女负担能力等因素,依法予以支持,但是继父或者继母曾存在虐待、遗弃继子女等情况的除外。

第二十条 离婚协议约定将部分或者全部夫妻共同财产给予子女,离婚后,一方在财产权利转移之前请求撤销该约定的,人民法院不予支持,但另一方同意的除外。

一方不履行前款离婚协议约定的义务,另一方请求其承担继续履行或者因无法履行而赔偿损失等民事责任的,人民法院依法予以支持。

双方在离婚协议中明确约定子女可以就本条第一款中的相关财产直接主张权利,一方不履行离婚协议约定的义务,子女请求参照适用民法典第五百二十二条第二款规定,由该方承担继续履行或者因无法履行而赔偿损失等民事责任的,人民法院依法予以支持。

离婚协议约定将部分或者全部夫妻共同财产给予子女,离婚后,一方有证据证明签订离婚协议时存在欺诈、胁迫等情形,请求撤销该约定的,人民法院依法予以支持;当事人同时请求分割该部分夫妻共同财产的,人民法院依照民法典第一千零八十七条规定处理。

第二十一条 离婚诉讼中,夫妻一方有证据证明在婚姻关系存续期间因抚育子女、照料老年人、协助另一方工作等负担较多义务,依据民法典第一千零八十八条规定请求另一方给予补偿的,人民法院可以综合考虑负担相应义务投入的时间、精力和对双方的影响以及给付方负担能力、当地居民人均可支配收入等因素,确定补偿数额。

第二十二条 离婚诉讼中,一方存在年老、残疾、重病等生活困难情形,依据民法典第一千零九十条规定请求有负担能力的另一方给予适当帮助的,人民法院可以根据当事人请求,结合另一方财产状况,依法予以支持。

第二十三条 本解释自2025年2月1日起施行。

【解读】

解读《关于适用〈中华人民共和国民法典〉婚姻家庭编的解释（二）》

家庭是社会的基本细胞。家庭和谐稳定是国家富强、民族复兴的基石。习近平总书记深刻指出："家庭和睦则社会安定，家庭幸福则社会祥和，家庭文明则社会文明。"① 党的二十届三中全会提出，要"完善培育和践行社会主义核心价值观制度机制""加强和改进未成年人权益保护""健全社会公德、职业道德、家庭美德、个人品德建设体制机制，健全诚信建设长效机制，教育引导全社会自觉遵守法律、遵循公序良俗，坚决反对拜金主义、享乐主义、极端个人主义和历史虚无主义"。为深入贯彻落实党的二十届三中全会精神和习近平总书记关于注重家庭家教家风建设的重要论述精神，正确实施民法典，统一法律适用，引导树立优良家风、弘扬家庭美德，维护婚姻家庭和谐稳定，最高人民法院在广泛深入调研的基础上制定了《最高人民法院关于〈中华人民共和国适用民法典〉婚姻家庭编的解释（二）》［以下简称《解释（二）》］。《解释（二）》已于2024年11月25日由最高人民法院审判委员会第1933次会议审议通过，自2025年2月1日起施行。现就其制定背景和相关重要问题介绍如下。

一、《解释（二）》制定的背景

近年来，随着我国经济社会发展，城乡家庭的结构和生活方式发生了新变化，婚姻家庭呈现新特点，家事纠纷案件数量高位运行。离婚纠纷中财产分割成为新的焦点，财产类型多样化、涉案标的额增大，矛盾冲突激烈。婚姻家庭与财产领域问题交织，案件疑难复杂，法律适用标准亟待统一。

2020年5月，习近平总书记在十九届中央政治局第二十次集体学习时指出："民法典颁布实施，并不意味着一劳永逸解决了民事法治建设的所有问题，仍然有许多问题需要在实践中检验、探索，还需要不断配套、补充、细化。"② 为贯彻落实习近平总书记重要讲话精神，最高人民法院在清理制定《最高人民法院关于适用〈中华人民共和国民法典〉婚姻家庭编的解释（一）》［以下简称《解释（一）》］后，即开展《解释（二）》的调研论证和起草工作。在《解释（二）》制定过程中，我们广泛征求了立法机关、有关部门和专家学者的意见，各方对解释内容基本形成共识。为更好回应人民群众关切，我们还就司法解释内容向社会公开征求意见。其间，共收到意见建议近1万份，我们逐一研究，充分吸纳。这些意见建议对完善司法解释内容起到了重要作用。

二、《解释（二）》制定的原则

（一）合法性原则

坚持在现有法律制度框架内，遵循法律规定本义，确定审判实践中适用法律的具体规定。比如，对争议极大的婚后父母为子女购房出资问题，基于具体案件事实在认

---

① 习近平：《在会见第一届全国文明家庭代表时的讲话》，载《人民日报》2016年12月16日。
② 习近平：《充分认识颁布实施民法典重大意义，依法更好保障人民合法权益》，载《求是》2020年第12期。

定为赠与的前提下,根据民法典第一千零六十二条和第一千零六十三条的规定,如果双方没有明确约定,则认定为是对夫妻双方的赠与。在此基础上,夫妻双方离婚时,进一步解释民法典第一千零八十七条规定的"财产的具体情况",将出资来源作为财产具体情况予以考虑,以妥善平衡各方利益,增强家庭的凝聚力和向心力。

(二)弘扬社会主义核心价值观原则

《解释(二)》贯彻落实民法典关于树立优良家风,弘扬家庭美德,重视家庭文明建设的规定,旗帜鲜明地弘扬社会主义核心价值观,明确重婚不适用效力补正、违反公序良俗的赠与无效等,引导社会尊重婚姻,强调夫妻之间应遵守忠实义务。

(三)问题导向原则

紧贴审判工作实践中的热点与难点问题,不务虚,不贪大求全,切实为审判实践提供裁判依据。《解释(二)》主要针对人民群众普遍关心的父母为子女出资购房、抢夺藏匿未成年子女、同居财产分割、夫妻间给予房产、夫妻一方违反公序良俗的赠与、离婚协议将财产给予子女等家事审判中的重点、难点问题予以规范。同时,注重与原有司法解释规定在逻辑上协调一致。

(四)"内外有别"原则

家庭虽不具有独立的民事主体资格,但作为社会的基本细胞,与外界始终处于互动之中。《解释(二)》注重民法典婚姻家庭编与物权编、合同编等其他各编以及公司法等其他法律的体系协调,既注重在外部关系上维护以公示公信为基础的市场经济规则,也强调在婚姻家庭内部保护配偶另一方合法权益,比如,超出家庭日常消费水平的直播打赏、夫妻一方转让股权等。

三、《解释(二)》中的几个主要问题

《解释(二)》以习近平新时代中国特色社会主义思想为指导,立足新的国情、社情、民情,深入贯彻落实习近平总书记关于注重家庭家教家风建设重要论述精神,积极回应人民群众新需求新期待。《解释(二)》共23条,主要包括以下几个方面。

(一)明确重婚绝对无效的基本原则

民法典第一千零四十二条第二款规定,禁止重婚。第一千零五十一条规定,重婚的婚姻无效。《解释(一)》第十条规定,当事人依据民法典第一千零五十一条规定向人民法院请求确认婚姻无效,法定的无效婚姻情形在提起诉讼时已经消失的,人民法院不予支持。

实践中,对重婚情形能否适用《解释(一)》上述规定,存在不同认识。有观点认为,如果提起诉讼时原合法婚姻当事人已经离婚或者配偶已经死亡,也属于无效婚姻情形消失的情况,应适用上述司法解释规定,自合法婚姻当事人离婚或配偶死亡的节点开始,重婚的婚姻可以自动转为有效。这样可以减少当事人再次结婚登记的行政成本。

但是,从公序良俗的角度,重婚行为与未达法定婚龄以及婚姻法规定的"患有医学上认为不应当结婚的疾病"的情况在违法程度上存在轻重之分,前者违反了婚姻的公益要件,后者违反的仅是婚姻的私益要件。

《解释(二)》从弘扬社会主义核心价值观的角度,明确重婚行为不适用效力补正。其中第一条规定:"当事人依据民法典第一千零五十一条第一项规定请求确认重婚的婚姻无效,提起诉讼时合法婚姻当事人已经离婚或者配偶已经死亡,被告以此为由抗辩后一婚姻自以上情形发生时转为有效的，人民法院不予支持。"

《解释（二）》第一条在向社会征求意见过程中，曾有但书条款，目的是保护重婚中善意的一方。但不少反馈意见认为，重婚是严重违背公序良俗的行为，甚至可能构成犯罪，不应当仅因一方的善意就使得重婚行为合法化。我们经研究认为，对于重婚中善意的一方，可以根据民法典第一千零五十四条第二款的规定，请求有过错的一方损害赔偿，该规定能够保护其合法权益，故删除了但书条款。

（二）规制通过离婚损害债权人利益行为

在夫妻以一方名义对外负债的情况下，有些夫妻意图通过离婚方式"金蝉脱壳"，损害债权人利益。为此，《解释（二）》第三条规定："夫妻一方的债权人有证据证明离婚协议中财产分割条款影响其债权实现，请求参照适用民法典第五百三十八条或者第五百三十九条规定撤销相关条款的，人民法院应当综合考虑夫妻共同财产整体分割及履行情况、子女抚养费负担、离婚过错等因素，依法予以支持。"债权人撤销权制度是针对市场交易中的债务人不当减少责任财产行为的债的保全制度，离婚协议纳入债权人撤销权制度仅为参照适用，非直接适用。对于离婚协议中的财产分割条款是"无偿"还是"不合理价格"的判断，应考虑离婚协议的特殊性。

我们认为，离婚协议中的财产分割条款具有附随性，以婚姻关系解除为前提，往往财产分割会考虑未成年子女由哪一方直接抚养、一方是否存在过错等因素，并非必须均等分割。不能简单以只要不均等分割就损害了一方的债权人利益为由撤销离婚协议。在总结审判实践经验基础上，《解释（二）》明确，在参照适用时，需要考虑夫妻共同财产整体分割及履行情况、子女抚养费负担、离婚过错等事实，严格把握撤销标准，在依法保护债权人合法权益的同时，也要避免损害夫妻另一方和未成年子女利益。

在适用《解释（二）》第三条规定时，需要注意以下三点：第一，债权人的债权应当发生在离婚之前。第二，该债务已认定为夫妻一方的个人债务。如果该债务被认定为夫妻共同债务，夫妻双方均为债务人，债权人可以同时向夫妻双方主张债权，因此若离婚协议中关于夫妻共同财产分割的约定，不存在影响债权人债权实现的情形，则无须动用债权人撤销权制度。第三，在夫妻双方通过离婚恶意逃债的情况下，也可能存在民法典第一百五十四条关于恶意串通的民事法律行为无效之规定的适用余地。从举证责任的角度看，恶意串通的举证证明标准较高，需要达到排除合理怀疑的程度，因此实践中，债权人大部分是以撤销权纠纷提起诉讼。该条规定主要是针对该类案件处理作出的规定，并非否认当事人以恶意串通损害他人合法权益的民事法律行为无效为由提起诉讼的权利。

（三）细化同居析产规则

自1994年《婚姻登记管理条例》实施以来，我国不再认可所谓的"事实婚姻"。婚姻家庭受国家保护，是宪法确定的基本原则。只有办理结婚登记，双方具有婚姻关系，才享有夫妻之间的权利义务，包括互相忠实的义务、相互扶养的义务、法定的夫妻共同财产权、相互享有继承权等。近年来，随着社会观念的更新和开放，同居逐渐为一部分人所接受或者默许，但在整个社会中仍远未达成共识。

从司法实践看，近年来，双方因同居引发的析产纠纷有增多趋势，相关纠纷成为审判实践中的疑难问题。同居当事人的财产权利也需要得到法律平等的保护。统一裁判规则和理念，能够更好地回应人民群众的新要求、新期待。基于同居不同于婚姻的基本前提,《解释(二)》根据民法典意思自治原则和民事主体的财产权利受法律平等保护的规定,明确如果同居双方事先就财产问题明确约定,则按照约定处理;在双方无约定的情况下,基于当前大部分人的心理预期和同居不同于婚姻保护的价值理念,规定在财产分割时遵循"各自所得归各自所有"的原则。鉴于共同生活的复杂性和紧密性,同居双方可能因共同出资购置、共同生产经营投资等情况导致财产无法清晰区分,为此,《解释(二)》规定,此种情况,出资比例为首要考虑因素,应以此为基础进行分割,以充分保护当事人个人财产权利。

在此基础上,在财产分割时还需要考虑如下具体因素。

一是共同生活情况,比如,同居生活时间长短、双方的付出情况等,也要考虑一方是否存在暴力行为等严重过错。根据反家庭暴力法第三十七条的规定,同居生活的人虽不属于家庭成员范围,但如果他们之间实施暴力行为,参照适用该法的有关规定。因此,一方存在暴力行为导致分手的,在同居析产时也可以作为考虑因素。

二是有无共同子女。基于最有利于未成年子女的原则,同居期间生育共同子女的,同居结束后,对于直接抚养未成年子女的一方,也要予以特别考虑。

三是双方对财产贡献大小,比如,双方共同投资,财产增值部分主要由一方经营所得,就不能完全按照出资比例分割。

总之,要根据具体案件情况,综合考量上述因素,妥善平衡双方利益。

关于是否需要对同居生活期间因抚育子女、照料老年人、协助对方工作的一方给予适当补偿的问题。《解释(二)》在向社会征求意见稿中,曾对此予以规定,但对该规定的反对意见较多。我们经反复研究认为,应坚持婚姻家庭受国家保护的基本原则,对于同居关系,不能等同于婚姻的保护。现实生活中,同居关系双方生活紧密度较高,也往往存在互相扶助的情况,较为复杂,纠纷产生的原因和背景也不尽相同,相关裁判规则需要继续探索,故删除了该规定。在个案处理中,应当综合考虑共同生活情况,基于诚信原则和权利义务相一致原则,妥善平衡双方利益。

(四)明确父母为子女婚后购房出资的财产分割原则

子女结婚时由父母出资购房,既是我国传统家庭财产代际传承的方式,也是父母对子女婚姻幸福美满的祝福和物质支持,更有父母对晚年安享天伦之乐的期盼,有着广泛的社会基础。基于父母子女间密切的人身关系和特有的中国传统家庭文化影响,父母在出资时,一般未明确或不愿明确出资性质以及具体内容。但是在子女离婚时,父母的希望落空,利益平衡被打破,纠纷也由此产生。如何审理好相关案件,实现出资父母权益与子女配偶一方权益的平衡保护,长期以来是司法实践面临的难题。从《最高人民法院关于适用〈中华人民共和国婚姻法〉若干问题的解释(二)》第二十二条到《最高人民法院关于适用〈中华人民共和国婚姻法〉若干问题的解释(三)》〔以下简称《婚姻法解释(三)》〕第七条,再到《解释(一)》第二十九条,司法政策也一直在探寻更好的解决方式。

我们认为,保护出资父母一方权益体现的是对个人财产权利的尊重;而维护子女配偶一方合法权益,有助于增强其对家庭的认同,鼓励其对家庭的投入和付出,并协助另一方更好地赡养父母,实际上蕴含着对婚姻家庭的保护,这从根本上有利于保护出资父母一方的权益。审理相关案件要以习近平总书记关于良好家庭家教家风建设论述精神为指导,实现个人财产利益与家庭团体利益的平衡保护。

根据民法典的规定，婚姻关系存续期间受赠的财产，除赠与合同确定只归一方的外，属于夫妻共同财产。因此，在赠与合同未明确约定财产只赠与自己子女的情况下，应按照民法典的规定，认定为财产是赠与夫妻双方。但是，父母给子女出资购房的特定目的应在离婚分割夫妻共同财产时作为重要考量因素。在子女离婚尤其是婚龄较短时，父母出资购房的行为基础丧失，在分割夫妻共同财产时就要考虑个案情况予以平衡。根据民法典第一千零八十七条的规定，夫妻离婚时双方对分割共同财产协议不成时，由人民法院根据财产的具体情况，按照照顾子女、女方和无过错方权益的原则判决。其中，"财产的具体情况"应当包括出资来源情况，在此基础上，还要按照照顾子女、女方和无过错方权益的原则公平合理分割。

鉴于实际生活中出资来源的复杂性，《解释（二）》区分一方父母全额出资与一方父母部分出资（包括双方父母出资）两种情况分别予以规定。

第一，在一方父母全额出资的情况下，赠与合同明确约定只赠与自己子女一方的，应当按照约定处理。没有约定或者约定不明确的，房屋不论是否登记在自己子女名下，都可以判决该房屋归出资人子女一方所有，同时要综合考虑共同生活及孕育共同子女的情况、离婚过错、对家庭的贡献大小以及离婚时房屋市场价格等因素，确定是否由获得房屋一方对另一方予以补偿以及补偿的具体数额。

第二，在一方父母仅部分出资或者双方父母对房屋均有出资的情况下，因不同案件出资来源和各方出资比例不同，无法明确房屋归哪一方所有，需要根据个案情况分别处理。因此，《解释（二）》第八条第二款规定，婚姻关系存续期间，夫妻购置房屋由一方父母部分出资或者双方父母出资，赠与合同明确约定相应出资只赠与自己子女一方的，按照约定处理；没有约定或者约定不明确的，离婚分割夫妻共同财产时，人民法院可以根据当事人诉讼请求，以出资来源及比例为基础，综合考虑共同生活及孕育共同子女情况、离婚过错、对家庭的贡献大小以及离婚时房屋市场价格等因素，判决房屋归其中一方所有，并由获得房屋一方对另一方予以合理补偿。比如，双方父母的出资比例为2∶8，如双方没有明确约定房产归属，具体分割时，一般可以判决房屋归80%出资比例的一方，但是并非一定给另一方20%的补偿，需要在考虑夫妻共同生活及孕育共同子女情况、离婚过错等事实的基础上，按照照顾子女、女方和无过错方权益的原则判决，补偿比例可能高于也可能低于20%。

总之，处理父母为子女婚后出资购房问题，应当以平衡保护个人权益和婚姻家庭团体利益为基本理念，关注婚姻家庭的伦理性、团体性特征，既要引导婚姻当事人注重对家庭的付出，也要防止借短暂婚姻不劳而获大额财物的投机行为，真正实现婚姻家庭的和谐稳定。

(五) 调整夫妻间给予房产行为

实践中，男女双方在婚前或者婚姻关系存续期间约定将一方所有的房产给予另一方或者为另一方"加名"的情况比较普遍。对此，《解释（一）》第三十二条[《婚姻法解释（三）》第六条]将该种情形引入民法典合同编赠与合同的规定，实际上承认了在赠与财产权利未转移前，赠与方享有任意撤销权。从审判实践看，有以下两种典型的情况会导致双方当事人利益失衡。

一是双方长期共同生活，虽曾约定将一方房产给予另一方或者为另一方"加名"，但因各种原因未办理不动产转移登记。如果适用赠与合同规则，认可给予方享有任意撤销权，实际上损害了另一方的信赖利益。

二是房产转移登记后，接受方短时间内即提出离婚。在不符合法定撤销权的情况下，认定房产无法返还，对给予方是不公平的。我们经反复研究认为，在一般情况下，夫妻间给予房产的目的是成立或维护婚姻关系并共同享有房产利益，这是该行为的基础，也是该行为与普通赠与合同完全无偿的特征不尽相同之处。

《解释（二）》第五条向社会征求意见后，有两种不同的反馈意见：一种意见认为应当坚持诚信原则，不允许给予方反悔；另一种意见认为，要严厉打击不劳而获的行为，不能因短暂婚姻即获得大额财产。我们认为，上述两种意见在特定案件中均有一定道理，这实际上也是《解释（二）》对此问题予以规范的原因。

为此，《解释（二）》第五条贯彻落实民法典第一千零六十五条规定，根据诚信原则，综合考虑婚姻家庭的特殊情况，区分财产尚未办理转移登记和已经办理转移登记两种情况分别予以规定。

1. 财产尚未办理转移登记的

首先，《解释（二）》第五条第一款明确，双方对房屋归属或者分割有争议且协商不成的，人民法院可以根据当事人诉讼请求，结合给予目的，综合考虑婚姻关系存续时间、共同生活及孕育共同子女情况、离婚过错、对家庭的贡献大小以及离婚时房屋市场价格等因素，判决房屋归其中一方所有，并确定是否由获得房屋一方对另一方予以补偿以及补偿的具体数额。该条规定实际上否定了给予方的任意撤销权，强调了约定对双方均具有法律约束力。对于是继续履行该协议，还是基于行为基础的丧失，变更或者解除该协议，需要综合考虑婚姻家庭关系的特殊情况。

2. 财产已经办理转移登记的

《解释（二）》第五条第二款规定，如果婚姻关系存续时间较短且给予方无重大过错，人民法院可以根据当事人诉讼请求，判决该房屋归给予方所有，并结合给予目的，综合考虑共同生活及孕育共同子女情况、离婚过错、对家庭的贡献大小以及离婚时房屋市场价格等因素，确定是否由获得房屋一方对另一方予以补偿以及补偿的具体数额。这也就意味着，婚姻关系存续时间较长或者给予方有重大过错的，可以由接受方保有该房产，以维护财产秩序的相对稳定，保护接受方合理预期，弘扬诚信价值。当然，在认定接受方保有房产的情况下，还要综合考虑共同生活及孕育共同子女情况、对家庭的贡献大小以及离婚时房屋市场价格等因素，确定获得房屋一方对另一方是否予以补偿以及补偿的具体数额。上述规定有助于实现个案中双方当事人利益的平衡。

实践中还存在一些情况，例如接受方存在欺诈、胁迫或者严重侵害给予方或其近亲属的合法权益、有扶养义务而不履行等情况，为此，《解释（二）》第五条第三款规定："给予方有证据证明另一方存在欺诈、胁迫、严重侵害给予方或者其近亲属合法权益、对给予方有扶养义务而不履行等情形，请求撤销前两款规定的民事法律行为的，人民法院依法予以支持。"根据相关法律规定，此种情形下撤销赠与后，无须给予对方补偿。但需要注意的是，撤销权应在法定期间内行使。

有的意见认为，《解释（二）》的规定赋予法院的自由裁量权过大，不利于司法裁判统一。我们研究认为，在市场交易中，大家按照一定的规则行事就能保持相对可预期的秩序，但婚姻家庭与之不同，婚姻家庭涉及伦理、情感、心理等因素，每个家庭也各有自己的相处模式。家事案件中的"个案"情况较多：有的给予方存在过错，有的接受方存在过错；有的双方已经长久共同生活，而有的则"闪离"；有的已生育共同子女，有的无子女。不同因素叠加更会出现各种不同的"组合"。如果一律适用同样的规则，看似整齐划一，但是，案件处理结果反倒可能损害一方当事人的合法权益。赋予法院一定程度自由裁量权，实现个案中的平衡保护，是实现司法裁判公平正义的要求。下一步，我们将通过发布典型案例、法答网答疑、推荐典型案例入人民法院案例库等方式，进一步细化相关因素的把握尺度，努力实现让人民群众在每一个司法案件中感受到公平正义。

（六）规范夫妻一方对外赠与行为，维护公序良俗

近年来，婚姻家庭领域一类较多的纠纷是因"婚外情"赠与财物产生的纠纷。民法典第一千零四十三条规定："家庭应当树立优良家风，弘扬家庭美德，重视家庭文明建设。夫妻应当互相忠实、互相尊重、互相关爱；……"婚姻关系存续期间，夫妻一方为重婚、与他人同居以及其他违反夫妻忠实义务等目的，私自将婚内共同财产赠与他人，不仅侵害了夫妻共同财产平等处理权，更是一种严重违背公序良俗的行为，为社会主义核心价值观所不容。审判实践中，对赠与行为性质、效力认定以及返还比例等方面，存在不同认识，需要统一裁判标准，为此，《解释（二）》第七条第一款规定："夫妻一方为重婚、与他人同居以及其他违反夫妻忠实义务等目的，将夫妻共同财产赠与他人或者以明显不合理的价格处分夫妻共同财产，另一方主张该民事法律行为违背公序良俗无效的，人民法院应予支持并依照民法典第一百五十七条规定处理。"具体说明如下。

1. 认定合同无效的路径主要是违背公序良俗

"婚外情"行为不仅违反了法律规定的夫妻忠实义务，也严重违背公序良俗。鉴于民法典修改了合同法的规定，无权处分不再影响合同效力。夫妻一方未经对方同意处分夫妻共同财产属于广义上的无权处分，在解释上亦不能因此否认合同效力。因此，在路径上应当解释为双方基于维护"婚外情"目的的赠与，该目的违背公序良俗，依据民法典第一百五十三条第二款的规定，民事法律行为应认定为无效。

2. 相应的法律后果应根据民法典第一百五十七条的规定确定

根据民法典第一百五十七条的规定，民事法律行为被认定无效后，行为人因该行为取得的财产，应当返还；不能返还的，应当折价补偿。因此，受赠人应当返还已经接受的财物。如果原物已转让他人且他人构成善意取得等不能返还，应当折价补偿。

3. 该情况不仅包括婚姻关系存续期间，还包括离婚后

有的观点认为，如果配偶起诉时双方还在婚姻关系存续期间，那么其有权要求返还全部财物；但是，如果配偶起诉时，双方已经离婚，共有基础已不存在，那么其只能要求返还其中的一半。我们经研究认为，不论配偶起诉是在离婚前还是离婚后，都不能改变当事人处分的财物为夫妻共同财产的性质。对夫妻共同财产，双方不分份额地共同享有所有权，而非每人享有一半的所有权。而且，在分割夫妻共同财产时，由于违反夫妻忠实义务一方存在过错，财产并非平均分配，违反夫妻忠实义务一方可能不分或少分财产。因此，另一方应有权要求全部返还。

有意见提出，实践中，存在夫妻合谋以另一方名义要求返还财产的情况，这对存在严重过错的违反夫妻忠实义务一方没有起到惩罚的效果。我们经研究认为，在无过错的配偶与破坏他人家庭的婚外第三者之间，法律保护的是前者，这是必须旗帜鲜明

坚持的原则。对于违反夫妻忠实义务的一方，有其他法律制度予以规制，包括可以在不解除婚姻关系的情况下，请求分割夫妻共同财产，也可以在离婚分割夫妻共同财产时要求对违反夫妻忠实义务的一方少分或不分。为此，《解释（二）》第七条也专门增加了第二款，即"夫妻一方存在前款规定情形，另一方以该方存在转移、变卖夫妻共同财产行为，严重损害夫妻共同财产利益为由，依据民法典第一千零六十六条规定请求在婚姻关系存续期间分割夫妻共同财产，或者依据民法典第一千零九十二条规定请求在离婚分割夫妻共同财产时对该方少分或者不分的，人民法院应予支持。"同时，在子女抚养方面，根据《解释（二）》第十四条的规定，离婚诉讼中，父母均要求直接抚养已满两周岁的未成年子女，一方存在重婚、与他人同居或者其他严重违反夫妻忠实义务情形的，作为对其不利因素，优先考虑由另一方直接抚养。此外，根据民法典第一千零九十一条的规定，一方存在重婚、与他人同居等严重过错的，还需要在离婚时对另一方承担离婚损害赔偿责任。

（七）明确离婚协议中约定财产给予子女的裁判规则

在离婚纠纷中，夫妻双方对于大额夫妻共同财产尤其是唯一房产的归属或分割往往难以达成一致，折中的办法常常是双方均同意将该财产给予共同子女。也有的当事人之所以同意离婚，正是因为对方同意将共同财产给予子女。但是，离婚后，基于各种原因，该财产的实际占有一方或者登记一方拒绝履行的现象也时有发生，该方甚至以享有任意撤销权为由主动提起诉讼，要求撤销该协议。对此，实践中存在不同理解。

我们经研究认为，离婚协议中关于财产给予子女的约定，实际上是夫妻双方对共同财产协议处分的具体形式，且与解除夫妻关系、子女抚养等约定构成不可分割的整体，不能单独撤销其中一部分内容。在财产权利未转移前，一方不能根据赠与合同规则单独享有任意撤销权。为此，《解释（二）》第二十条第一款规定："离婚协议约定将部分或者全部夫妻共同财产给予子女，离婚后，一方在财产权利转移之前请求撤销该约定的，人民法院不予支持，但另一方同意的除外。"

离婚协议的当事人为夫妻双方，一方不按照离婚协议约定履行义务时，原则上只能由夫妻另一方主张权利。为此，《解释（二）》第二十条第二款规定："一方不履行前款离婚协议约定的义务，另一方请求其承担继续履行或者因无法履行而赔偿损失等民事责任的，人民法院依法予以支持。"离婚协议的当事人是夫妻双方，子女不是离婚协议的当事人，因此一般情况下，应当由夫妻一方起诉，而不是子女起诉。这也有助于避免亲子关系受到进一步损害。

当然，离婚协议明确约定子女可以请求一方履行的，可以依照约定处理。为此，《解释（二）》第二十条第三款参照民法典合同编中真正利益第三人合同制度的规定，双方在离婚协议中明确约定子女可以就相关财产直接主张权利，一方不履行离婚协议约定的义务，子女参照民法典第五百二十二条第二款规定，请求其承担继续履行或者因无法履行而赔偿损失等民事责任的，人民法院依法予以支持。

此外，实践中，存在当事人将财产给予子女后，发现子女非亲生的情况，为此，《解释（二）》第二十条第四款进一步明确，离婚协议约定将部分或者全部夫妻共同财产给予子女，离婚后，一方有证据证明签订离婚协议时存在欺诈、胁迫等情形，请求撤销该约定的，人民法院依法予以支持。该条精神也与《解释（一）》第七十条规定一脉相承。根据民法典第一百五十五条的规定，无效的或者被撤销的民事法律行为自始没有法律约束力。因此，在相关约定被撤销后，该部分财产又回到了夫妻共有财产的状态，当事人在撤销的同时，请求重新分割的，基于便利当事人的原则，人民法院可以一并处理。因此，该条第四款也同时规定：当事人同时请求分割该部分夫妻共同财产的，人民法院依照民法典第一千零八十七条规定处理。

（八）规制抢夺、藏匿未成年子女行为

抢夺、藏匿未成年子女不仅侵害了父母另一方对子女依法享有的抚养、教育、保护的权利，更为重要的是，该行为会严重损害未成年子女身心健康，应当坚决预防和制止。未成年人保护法第二十四条第一款明确规定："未成年人的父母离婚时，应当妥善处理未成年子女的抚养、教育、探望、财产等事宜，听取有表达意愿能力未成年人的意见。不得以抢夺、藏匿未成年子女等方式争夺抚养权。"《解释（二）》用以下三个条文对该行为予以规制。

一是快速制止不法行为。《解释（二）》第十二条第一款规定："父母一方或者其近亲属等抢夺、藏匿未成年子女，另一方向人民法院申请人身安全保护令或者参照适用民法典第九百九十七条规定申请人格权侵害禁令的，人民法院依法予以支持。"签发人身安全保护令或者人格权侵害禁令，能够及时让未成年人子女恢复到原来的生活状态。人身安全保护令是反家庭暴力法设立的制度。反家庭暴力法第二十三条第一款规定，当事人因遭受家庭暴力或者面临家庭暴力的现实危险，向人民法院申请人身安全保护令的，人民法院应当受理。

我们经研究认为，抢夺、藏匿未成年子女行为发生在家庭成员之间，也是一种暴力行为，可以通过签发人身安全保护令的方式预防和制止。人格权侵害禁令是民法典设立的制度。民法典第九百九十七条规定："民事主体有证据证明行为人正在实施或者即将实施侵害其人格权的违法行为，不及时制止将使其合法权益受到难以弥补的损害的，有权依法向人民法院申请采取责令行为人停止有关行为的措施。"第一千零一条规定："对自然人因婚姻家庭关系等产生的身份权利的保护，适用本法第一编、第五编和其他法律的相关规定；没有规定的，可以根据其性质参照适用本编人格权保护的有关规定。"父母对未成年子女抚养、教育和保护的义务是基于身份关系，相关身份权利的保护可以参照适用关于人格权保护的有关规定。

此外，基于家庭纠纷的复杂性，一方存在赌博、吸毒、家庭暴力等严重侵害未成年子女利益的情况，另一方紧急带离的，严格来说，并不属于法律禁止的抢夺、藏匿，而是属于一种自助行为。《解释（二）》参照民法典第一千一百七十七条规定精神，在第十二条第二款规定："抢夺、藏匿未成年子女一方以另一方存在赌博、吸毒、家庭暴力等严重侵害未成年子女合法权益情形，主张其抢夺、藏匿行为有合理事由的，人民法院应当告知其依法通过撤销监护人资格、中止探望或者变更抚养关系等途径解决。当事人对其上述主张未提供证据证明且未在合理期限内提出相关请求的，人民法院依照前款规定处理。"

二是在一方提起的监护权纠纷案件中，明确可以暂时确定未成年子女抚养事宜。监护权纠纷是侵权责任纠纷的类型之一，主要是针对监护权受到侵害产生的纠纷。民法典第二十七条第一款规定："父母是未成年子女的监护人。"第三十四条第二款规定："监护人依法履行监护职责产生的权利，受法律保护。"因一方实施抢夺、藏匿未成年子女行为，导致另一方无法对未成年子女进行抚养、教育、保护的，受到侵害的一方有权提起监护权纠纷。根据民法典第一百七十九条的规定，承担民事责任的方式包括停止侵害、排除妨碍等。

但是，判项中如此表述，存在执行内容不明的问题。而且，实践中，一般当事人提起此类诉讼的主要目的是明确分居期间孩子暂由哪一方直接抚养。为此，《解释（二）》第十三条根据当事人诉请和婚姻家庭领域的实际情况，进一步具体化规定为："夫妻分居期间，一方或者其近亲属等抢夺、藏匿未成年子女，致使另一方无法履行监护职责，另一方请求行为人承担民事责任的，人民法院可以参照适用民法典第一千零八十四条第三款关于离婚后子女抚养的有关规定，暂时确定未成年子女的抚养事宜，并明确暂时直接抚养未成年子女一方有协助另一方履行监护职责的义务。"其中的暂时确定未成年子女的抚养事宜并明确其协助义务，实际上是停止侵害、排除妨碍的具体形式，有助于更准确地指导审判实践。

三是在离婚诉讼中，确定未成年子女由哪一方直接抚养时，将抢夺、藏匿未成年子女行为作为对实施一方的不利因素，优先考虑由另一方直接抚养。依据《解释（二）》第十四条的规定，离婚诉讼中，父母均要求直接抚养已满两周岁的未成年子女，一方抢夺、藏匿未成年子女且另一方不存在实施家庭暴力，虐待、遗弃家庭成员或者有赌博、吸毒恶习等严重侵害未成年子女合法权益情形的，人民法院应当按照最有利于未成年子女的原则，优先考虑由另一方直接抚养。需要特别说明的是，在确定未成年子女由哪一方直接抚养时，应当根据最有利于未成年子女原则，综合各种因素进行判断，具体考量因素包括子女的年龄、性别、与双方的情感依赖程度、双方经济状况等，而非绝对适用某一有利因素或者不利因素。

（九）需要特别说明的事项

1. 关于直播打赏款项处理问题

从司法统计数据看，近年来，涉及直播打赏的纠纷主要是未成年人和夫妻一方未经对方同意的直播打赏。为维护未成年人合法权益、保障未成年人健康成长，《解释（二）》征求意见稿明确规定，未成年人打赏的款项，应予退还。该规定精神应予以坚持。但考虑到网信部门已经出台相关规定，限制未成年人账户打赏功能，该问题已经基本得到解决。而且，从司法实践看，目前产生争议的多是未成年人用监护人的账号打赏，甚至也不排除实际上是成年人自己打赏，但恶意以未成年人名义要求返还。因此，需要解决的是如何查清实际打赏者是谁这一事实以及如何合理分配直播平台管理责任和监护人责任的问题。这需要进一步总结审判实践经验，故对该款予以删除。

对于直播内容含有淫秽、色情等低俗信息引诱用户打赏的，《解释（二）》征求意见稿明确，夫妻另一方可要求直播平台返还。该规定的精神对于净化网络空间，践行社会主义核心价值观，督促直播平台履行监管职责具有重要意义。部分反馈意见认为，应进一步细化平台与主播之间的责任划分，明确淫秽、色情的认定标准。我们经慎重研究认为，该意见有一定道理。涉直播打赏纠纷涉及对新业态中各方利益的平衡保护，目前，尚未达成共识。考虑到直播内容的即时性、观众的不特定性等，各主体之间的权利义务关系需要进一步明晰。而且，直播内容涉及淫秽、色情等违法信息的，根据治安管理处罚法的有关规定，还存在收缴等情况，严重的甚至有可能构成刑事犯罪，需要通盘考虑民事、行政、刑事责任的有机衔接，故《解释（二）》对该款予以删除。下一步，我们将继续总结审判实践经验，通过发布典型案例等方式加强监督指导。

2. 关于离婚经济帮助的具体形式

离婚经济帮助是古今中外法治文明的重要体现。1950年婚姻法就规定了离婚经济帮助制度。此后的婚姻法和民法典均延续该项制度。离婚经济帮助不是劫富济贫或均贫富，而是体现社会主义核心价值观中"友善"的必然要求。离婚经济帮助制度的适用需要满足以下四个条件。

第一，判断时点为离婚之时。一方生活困难必须是在离婚时已经存在的困难，而不是离婚后任何时间所发生的困难都可以要求帮助。因此，《解释（二）》征求意见稿明确是在"离婚纠纷中"。一方如果在离婚判决后提出经济帮助，人民法院则不会受理。这就排除了部分别有用心之人在离婚后大肆挥霍财产最终身无分文，并要求前配偶提供经济帮助之可能。

第二，受帮助的一方生活确有困难。其生活困难是指依靠分得的夫妻共同财产和个人财产仍不能维持合理生活水平。现实生活中，夫妻双方在离婚时一般会通过分割夫妻共同财产获得一定数额的财产，即使是婚姻过错方，一般也不会达到"净身出户"之程度。即使未分割到夫妻共同财产，如果其有退休金、失业保险金、社会救助金等社会保障，已达到满足基本生活之需要，对方也无须给予离婚经济帮助。因而离婚经济帮助的对象实则是不仅没有生活来源，而且同时因为年老、重病、残疾等丧失了劳动能力之群体。

第三，提供帮助的一方应有负担能力。即在满足自己的合理生活需要后仍有剩余。这就意味着，如果离婚双方均只能维持一般的生活水平，也不需要向对方提供经济帮助。对此，《解释（二）》征求意见稿也明确是"有负担能力的一方"。

第四，时间限制。离婚经济帮助，不是夫妻扶养义务的延续，而是解除婚姻关系时的一种善后措施，因此，只能是暂时的帮助，这是该制度的题中应有之义，也是审判实践的通常做法。而且，如果接受帮助的一方已经再婚或与他人同居生活等，帮助也应予以终止。考虑到实践中生活困难的重要方面是无房居住，为落实民法典该项制度，统一法律适用，《解释（二）》征求意见稿明确了具体的帮助形式。该条向社会征求意见过程中，不少意见对离婚经济帮助制度有一定程度的误读。考虑到房屋价值较大，实践中也需要考虑有负担能力一方的后续生活等，《解释（二）》对具体帮助形式不再作规定，实践中可以根据个案情况妥善处理。下一步，我们将继续总结审判实践经验，通过发布典型案例等方式加强监督指导。

（撰稿人：陈宜芳、吴景丽、王丹）

最高人民法院
关于适用《中华人民共和国民法典》婚姻家庭编的解释（一）

法释〔2020〕22号

（2020年12月25日最高人民法院审判委员会第1825次会议通过 2020年12月29日最高人民法院公告公布 自2021年1月1日起施行）

为正确审理婚姻家庭纠纷案件，根据《中华人民共和国民法典》《中华人民共和国民事诉讼法》等相关法律规定，结合审判实践，制定本解释。

一、一般规定

第一条 持续性、经常性的家庭暴力，可以认定为民法典第一千零四十二条、第一千零七十九条、第一千零九十一条所称的"虐待"。

第二条 民法典第一千零四十二条、第一千零七十九条、第一千零九十一条规定的"与他人同居"的情形，是指有配偶者与婚外异性，不以夫妻名义，持续、稳定地共同居住。

第三条 当事人提起诉讼仅请求解除同居关系的，人民法院不予受理；已经受理的，裁定驳回起诉。

当事人因同居期间财产分割或者子女抚养纠纷提起诉讼的，人民法院应当受理。

第四条 当事人仅以民法典第一千零四十三条为依据提起诉讼的，人民法院不予受理；已经受理的，裁定驳回起诉。

第五条 当事人请求返还按照习俗给付的彩礼的，如果查明属于以下情形，人民法院应当予以支持：

（一）双方未办理结婚登记手续；

（二）双方办理结婚登记手续但确未共同生活；

（三）婚前给付并导致给付人生活困难。

适用前款第二项、第三项的规定，应当以双方离婚为条件。

二、结婚

第六条 男女双方依据民法典第一千零四十九条规定补办结婚登记的，婚姻关系的效力从双方均符合民法典所规定的结婚的实质要件时起算。

第七条 未依据民法典第一千零四十九条规定办理结婚登记而以夫妻名义共同生活的男女，提起诉讼要求离婚的，应当区别对待：

（一）1994年2月1日民政部《婚姻登记管理条例》公布实施以前，男女双方已经符合结婚实质要件的，按事实婚姻处理。

（二）1994年2月1日民政部《婚姻登记管理条例》公布实施以后，男女双方符合结婚实质要件的，人民法院应当告知其补办结婚登记。未补办结婚登记的，依据本解释第三条规定处理。

第八条 未依据民法典第一千零四十九条规定办理结婚登记而以夫妻名义共同生活的男女,一方死亡,另一方以配偶身份主张享有继承权的,依据本解释第七条的原则处理。

第九条 有权依据民法典第一千零五十一条规定向人民法院就已办理结婚登记的婚姻请求确认婚姻无效的主体,包括婚姻当事人及利害关系人。其中,利害关系人包括:

(一)以重婚为由的,为当事人的近亲属及基层组织;

(二)以未到法定婚龄为由的,为未到法定婚龄者的近亲属;

(三)以有禁止结婚的亲属关系为由的,为当事人的近亲属。

第十条 当事人依据民法典第一千零五十一条规定向人民法院请求确认婚姻无效,法定的无效婚姻情形在提起诉讼时已经消失的,人民法院不予支持。

第十一条 人民法院受理请求确认婚姻无效案件后,原告申请撤诉的,不予准许。

对婚姻效力的审理不适用调解,应当依法作出判决。

涉及财产分割和子女抚养的,可以调解。调解达成协议的,另行制作调解书;未达成调解协议的,应当一并作出判决。

第十二条 人民法院受理离婚案件后,经审理确属无效婚姻的,应当将婚姻无效的情形告知当事人,并依法作出确认婚姻无效的判决。

第十三条 人民法院就同一婚姻关系分别受理了离婚和请求确认婚姻无效案件的,对于离婚案件的审理,应当待请求确认婚姻无效案件作出判决后进行。

第十四条 夫妻一方或者双方死亡后,生存一方或者利害关系人依据民法典第一千零五十一条的规定请求确认婚姻无效的,人民法院应当受理。

第十五条 利害关系人依据民法典第一千零五十一条的规定,请求人民法院确认婚姻无效的,利害关系人为原告,婚姻关系当事人双方为被告。

夫妻一方死亡的,生存一方为被告。

第十六条 人民法院审理重婚导致的无效婚姻案件时,涉及财产处理的,应当准许合法婚姻当事人作为有独立请求权的第三人参加诉讼。

第十七条 当事人以民法典第一千零五十一条规定的三种无效婚姻以外的情形请求确认婚姻无效的,人民法院应当判决驳回当事人的诉讼请求。

当事人以结婚登记程序存在瑕疵为由提起民事诉讼,主张撤销结婚登记的,告知其可以依法申请行政复议或者提起行政诉讼。

第十八条 行为人以给另一方当事人或者其近亲属的生命、身体、健康、名誉、财产等方面造成损害为要挟,迫使另一方当事人违背真实意愿结婚的,可以认定为民法典第一千零五十二条所称的"胁迫"。

因受胁迫而请求撤销婚姻的,只能是受胁迫一方的婚姻关系当事人本人。

第十九条 民法典第一千零五十二条规定的"一年",不适用诉讼时效中止、中断或者延长的规定。

受胁迫或者被非法限制人身自由的当事人请求撤销婚姻的,不适用民法典第一百五十二条第二款的规定。

第二十条 民法典第一千零五十四条所规定的"自始没有法律约束力",是指无效婚姻或者可撤销婚姻在依法被确认无效或者被撤销时,才确定该婚姻自始不受法律保护。

第二十一条　人民法院根据当事人的请求，依法确认婚姻无效或者撤销婚姻的，应当收缴双方的结婚证书并将生效的判决书寄送当地婚姻登记管理机关。

第二十二条　被确认无效或者被撤销的婚姻，当事人同居期间所得的财产，除有证据证明为当事人一方所有的以外，按共同共有处理。

三、夫妻关系

第二十三条　夫以妻擅自中止妊娠侵犯其生育权为由请求损害赔偿的，人民法院不予支持；夫妻双方因是否生育发生纠纷，致使感情确已破裂，一方请求离婚的，人民法院经调解无效，应依照民法典第一千零七十九条第三款第五项的规定处理。

第二十四条　民法典第一千零六十二条第一款第三项规定的"知识产权的收益"，是指婚姻关系存续期间，实际取得或者已经明确可以取得的财产性收益。

第二十五条　婚姻关系存续期间，下列财产属于民法典第一千零六十二条规定的"其他应当归共同所有的财产"：

（一）一方以个人财产投资取得的收益；

（二）男女双方实际取得或者应当取得的住房补贴、住房公积金；

（三）男女双方实际取得或者应当取得的基本养老金、破产安置补偿费。

第二十六条　夫妻一方个人财产在婚后产生的收益，除孳息和自然增值外，应认定为夫妻共同财产。

第二十七条　由一方婚前承租、婚后用共同财产购买的房屋，登记在一方名下的，应当认定为夫妻共同财产。

第二十八条　一方未经另一方同意出售夫妻共同所有的房屋，第三人善意购买、支付合理对价并已办理不动产登记，另一方主张追回该房屋的，人民法院不予支持。

夫妻一方擅自处分共同所有的房屋造成另一方损失，离婚时另一方请求赔偿损失的，人民法院应予支持。

第二十九条　当事人结婚前，父母为双方购置房屋出资的，该出资应当认定为对自己子女个人的赠与，但父母明确表示赠与双方的除外。

当事人结婚后，父母为双方购置房屋出资的，依照约定处理；没有约定或者约定不明确的，按照民法典第一千零六十二条第一款第四项规定的原则处理。

第三十条　军人的伤亡保险金、伤残补助金、医药生活补助费属于个人财产。

第三十一条　民法典第一千零六十三条规定为夫妻一方的个人财产，不因婚姻关系的延续而转化为夫妻共同财产。但当事人另有约定的除外。

第三十二条　婚前或者婚姻关系存续期间，当事人约定将一方所有的房产赠与另一方或者共有，赠与方在赠与房产变更登记之前撤销赠与，另一方请求判令继续履行的，人民法院可以按照民法典第六百五十八条的规定处理。

第三十三条　债权人就一方婚前所负个人债务向债务人的配偶主张权利的，人民法院不予支持。但债权人能够证明所负债务用于婚后家庭共同生活的除外。

第三十四条　夫妻一方与第三人串通，虚构债务，第三人主张该债务为夫妻共同债务的，人民法院不予支持。

夫妻一方在从事赌博、吸毒等违法犯罪活动中所负债务，第三人主张该债务为夫妻共同债务的，人民法院不予支持。

第三十五条 当事人的离婚协议或者人民法院生效判决、裁定、调解书已经对夫妻财产分割问题作出处理的,债权人仍有权就夫妻共同债务向男女双方主张权利。

一方就夫妻共同债务承担清偿责任后,主张由另一方按照离婚协议或者人民法院的法律文书承担相应债务的,人民法院应予支持。

第三十六条 夫或者妻一方死亡的,生存一方应当对婚姻关系存续期间的夫妻共同债务承担清偿责任。

第三十七条 民法典第一千零六十五条第三款所称"相对人知道该约定的",夫妻一方对此负有举证责任。

第三十八条 婚姻关系存续期间,除民法典第一千零六十六条规定情形以外,夫妻一方请求分割共同财产的,人民法院不予支持。

四、父母子女关系

第三十九条 父或者母向人民法院起诉请求否认亲子关系,并已提供必要证据予以证明,另一方没有相反证据又拒绝做亲子鉴定的,人民法院可以认定否认亲子关系一方的主张成立。

父或者母以及成年子女起诉请求确认亲子关系,并提供必要证据予以证明,另一方没有相反证据又拒绝做亲子鉴定的,人民法院可以认定确认亲子关系一方的主张成立。

第四十条 婚姻关系存续期间,夫妻双方一致同意进行人工授精,所生子女应视为婚生子女,父母子女间的权利义务关系适用民法典的有关规定。

第四十一条 尚在校接受高中及其以下学历教育,或者丧失、部分丧失劳动能力等非因主观原因而无法维持正常生活的成年子女,可以认定为民法典第一千零六十七条规定的"不能独立生活的成年子女"。

第四十二条 民法典第一千零六十七条所称"抚养费",包括子女生活费、教育费、医疗费等费用。

第四十三条 婚姻关系存续期间,父母双方或者一方拒不履行抚养子女义务,未成年子女或者不能独立生活的成年子女请求支付抚养费的,人民法院应予支持。

第四十四条 离婚案件涉及未成年子女抚养的,对不满两周岁的子女,按照民法典第一千零八十四条第三款规定的原则处理。母亲有下列情形之一,父亲请求直接抚养的,人民法院应予支持:

(一)患有久治不愈的传染性疾病或者其他严重疾病,子女不宜与其共同生活;

(二)有抚养条件不尽抚养义务,而父亲要求子女随其生活;

(三)因其他原因,子女确不宜随母亲生活。

第四十五条 父母双方协议不满两周岁子女由父亲直接抚养,并对子女健康成长无不利影响的,人民法院应予支持。

第四十六条 对已满两周岁的未成年子女,父母均要求直接抚养,一方有下列情形之一的,可予优先考虑:

(一)已做绝育手术或者因其他原因丧失生育能力;

(二)子女随其生活时间较长,改变生活环境对子女健康成长明显不利;

(三)无其他子女,而另一方有其他子女;

(四)子女随其生活,对子女成长有利,而另一方患有久治不愈的传染性疾病或者其他严重疾病，或者有其他不利于子女身心健康的情形，不宜与子女共同生活。

第四十七条 父母抚养子女的条件基本相同，双方均要求直接抚养子女，但子女单独随祖父母或者外祖父母共同生活多年，且祖父母或者外祖父母要求并且有能力帮助子女照顾孙子女或者外孙子女的，可以作为父或者母直接抚养子女的优先条件予以考虑。

第四十八条 在有利于保护子女利益的前提下，父母双方协议轮流直接抚养子女的，人民法院应予支持。

第四十九条 抚养费的数额，可以根据子女的实际需要、父母双方的负担能力和当地的实际生活水平确定。

有固定收入的，抚养费一般可以按其月总收入的百分之二十至三十的比例给付。负担两个以上子女抚养费的，比例可以适当提高，但一般不得超过月总收入的百分之五十。

无固定收入的，抚养费的数额可以依据当年总收入或者同行业平均收入，参照上述比例确定。

有特殊情况的，可以适当提高或者降低上述比例。

第五十条 抚养费应当定期给付，有条件的可以一次性给付。

第五十一条 父母一方无经济收入或者下落不明的，可以用其财物折抵抚养费。

第五十二条 父母双方可以协议由一方直接抚养子女并由直接抚养方负担子女全部抚养费。但是，直接抚养方的抚养能力明显不能保障子女所需费用，影响子女健康成长的，人民法院不予支持。

第五十三条 抚养费的给付期限，一般至子女十八周岁为止。

十六周岁以上不满十八周岁，以其劳动收入为主要生活来源，并能维持当地一般生活水平的，父母可以停止给付抚养费。

第五十四条 生父与继母离婚或者生母与继父离婚时，对曾受其抚养教育的继子女，继父或者继母不同意继续抚养的，仍应由生父或者生母抚养。

第五十五条 离婚后，父母一方要求变更子女抚养关系的，或者子女要求增加抚养费的，应当另行提起诉讼。

第五十六条 具有下列情形之一，父母一方要求变更子女抚养关系的，人民法院应予支持：

（一）与子女共同生活的一方因患严重疾病或者因伤残无力继续抚养子女；

（二）与子女共同生活的一方不尽抚养义务或有虐待子女行为，或者其与子女共同生活对子女身心健康确有不利影响；

（三）已满八周岁的子女，愿随另一方生活，该方又有抚养能力；

（四）有其他正当理由需要变更。

第五十七条 父母双方协议变更子女抚养关系的，人民法院应予支持。

第五十八条 具有下列情形之一，子女要求有负担能力的父或者母增加抚养费的，人民法院应予支持：

（一）原定抚养费数额不足以维持当地实际生活水平；

（二）因子女患病、上学，实际需要已超过原定数额；

（三）有其他正当理由应当增加。

第五十九条　父母不得因子女变更姓氏而拒付子女抚养费。父或者母擅自将子女姓氏改为继母或继父姓氏而引起纠纷的，应当责令恢复原姓氏。

第六十条　在离婚诉讼期间，双方均拒绝抚养子女的，可以先行裁定暂由一方抚养。

第六十一条　对拒不履行或者妨害他人履行生效判决、裁定、调解书中有关子女抚养义务的当事人或者其他人，人民法院可依照民事诉讼法第一百一十一条的规定采取强制措施。

五、离婚

第六十二条　无民事行为能力人的配偶有民法典第三十六条第一款规定行为，其他有监护资格的人可以要求撤销其监护资格，并依法指定新的监护人；变更后的监护人代理无民事行为能力一方提起离婚诉讼的，人民法院应予受理。

第六十三条　人民法院审理离婚案件，符合民法典第一千零七十九条第三款规定"应当准予离婚"情形的，不应当因当事人有过错而判决不准离婚。

第六十四条　民法典第一千零八十一条所称的"军人一方有重大过错"，可以依据民法典第一千零七十九条第三款前三项规定及军人有其他重大过错导致夫妻感情破裂的情形予以判断。

第六十五条　人民法院作出的生效的离婚判决中未涉及探望权，当事人就探望权问题单独提起诉讼的，人民法院应予受理。

第六十六条　当事人在履行生效判决、裁定或者调解书的过程中，一方请求中止探望的，人民法院在征询双方当事人意见后，认为需要中止探望的，依法作出裁定；中止探望的情形消失后，人民法院应当根据当事人的请求书面通知其恢复探望。

第六十七条　未成年子女、直接抚养子女的父或者母以及其他对未成年子女负担抚养、教育、保护义务的法定监护人，有权向人民法院提出中止探望的请求。

第六十八条　对于拒不协助另一方行使探望权的有关个人或者组织，可以由人民法院依法采取拘留、罚款等强制措施，但是不能对子女的人身、探望行为进行强制执行。

第六十九条　当事人达成的以协议离婚或者到人民法院调解离婚为条件的财产以及债务处理协议，如果双方离婚未成，一方在离婚诉讼中反悔的，人民法院应当认定该财产以及债务处理协议没有生效，并根据实际情况依照民法典第一千零八十七条和第一千零八十九条的规定判决。

当事人依照民法典第一千零七十六条签订的离婚协议中关于财产以及债务处理的条款，对男女双方具有法律约束力。登记离婚后当事人因履行上述协议发生纠纷提起诉讼的，人民法院应当受理。

第七十条　夫妻双方协议离婚后就财产分割问题反悔，请求撤销财产分割协议的，人民法院应当受理。

人民法院审理后，未发现订立财产分割协议时存在欺诈、胁迫等情形的，应当依法驳回当事人的诉讼请求。

第七十一条　人民法院审理离婚案件，涉及分割发放到军人名下的复员费、自主择业费等一次性费用的，以夫妻婚姻关系存续年限乘以年平均值，所得数额为夫妻共同财产。

前款所称年平均值，是指将发放到军人名下的上述费用总额按具体年限均分得出的数额。其具体年限为人均寿命七十岁与军人入伍时实际年龄的差额。

第七十二条 夫妻双方分割共同财产中的股票、债券、投资基金份额等有价证券以及未上市股份有限公司股份时，协商不成或者按市价分配有困难的，人民法院可以根据数量按比例分配。

第七十三条 人民法院审理离婚案件，涉及分割夫妻共同财产中以一方名义在有限责任公司的出资额，另一方不是该公司股东的，按以下情形分别处理：

（一）夫妻双方协商一致将出资额部分或者全部转让给该股东的配偶，其他股东过半数同意，并且其他股东均明确表示放弃优先购买权的，该股东的配偶可以成为该公司股东；

（二）夫妻双方就出资额转让份额和转让价格等事项协商一致后，其他股东半数以上不同意转让，但愿意以同等条件购买该出资额的，人民法院可以对转让出资所得财产进行分割。其他股东半数以上不同意转让，也不愿意以同等条件购买该出资额的，视为其同意转让，该股东的配偶可以成为该公司股东。

用于证明前款规定的股东同意的证据，可以是股东会议材料，也可以是当事人通过其他合法途径取得的股东的书面声明材料。

第七十四条 人民法院审理离婚案件，涉及分割夫妻共同财产中以一方名义在合伙企业中的出资，另一方不是该企业合伙人的，当夫妻双方协商一致，将其合伙企业中的财产份额全部或者部分转让给对方时，按以下情形分别处理：

（一）其他合伙人一致同意的，该配偶依法取得合伙人地位；

（二）其他合伙人不同意转让，在同等条件下行使优先购买权的，可以对转让所得的财产进行分割；

（三）其他合伙人不同意转让，也不行使优先购买权，但同意该合伙人退伙或者削减部分财产份额的，可以对结算后的财产进行分割；

（四）其他合伙人既不同意转让，也不行使优先购买权，又不同意该合伙人退伙或者削减部分财产份额的，视为全体合伙人同意转让，该配偶依法取得合伙人地位。

第七十五条 夫妻以一方名义投资设立个人独资企业的，人民法院分割夫妻在该个人独资企业中的共同财产时，应当按照以下情形分别处理：

（一）一方主张经营该企业的，对企业资产进行评估后，由取得企业资产所有权一方给予另一方相应的补偿；

（二）双方均主张经营该企业的，在双方竞价基础上，由取得企业资产所有权的一方给予另一方相应的补偿；

（三）双方均不愿意经营该企业的，按照《中华人民共和国个人独资企业法》等有关规定办理。

第七十六条 双方对夫妻共同财产中的房屋价值及归属无法达成协议时，人民法院按以下情形分别处理：

（一）双方均主张房屋所有权并且同意竞价取得的，应当准许；

（二）一方主张房屋所有权的，由评估机构按市场价格对房屋作出评估，取得房屋所有权的一方应当给予另一方相应的补偿；

（三）双方均不主张房屋所有权的，根据当事人的申请拍卖、变卖房屋，就所得价款进行分割。

第七十七条 离婚时双方对尚未取得所有权或者尚未取得完全所有权的房屋有争议且协商不成的，人民法院不宜判决房屋所有权的归属，应当根据实际情况判决由当事人使用。

当事人就前款规定的房屋取得完全所有权后，有争议的，可以另行向人民法院提起诉讼。

第七十八条 夫妻一方婚前签订不动产买卖合同，以个人财产支付首付款并在银行贷款，婚后用夫妻共同财产还贷，不动产登记于首付款支付方名下的，离婚时该不动产由双方协议处理。

依前款规定不能达成协议的，人民法院可以判决该不动产归登记一方，尚未归还的贷款为不动产登记一方的个人债务。双方婚后共同还贷支付的款项及其相对应财产增值部分，离婚时应根据民法典第一千零八十七条第一款规定的原则，由不动产登记一方对另一方进行补偿。

第七十九条 婚姻关系存续期间，双方用夫妻共同财产出资购买以一方父母名义参加房改的房屋，登记在一方父母名下，离婚时另一方主张按照夫妻共同财产对该房屋进行分割的，人民法院不予支持。购买该房屋时的出资，可以作为债权处理。

第八十条 离婚时夫妻一方尚未退休、不符合领取基本养老金条件，另一方请求按照夫妻共同财产分割基本养老金的，人民法院不予支持；婚后以夫妻共同财产缴纳基本养老保险费，离婚时一方主张将养老金账户中婚姻关系存续期间个人实际缴纳部分及利息作为夫妻共同财产分割的，人民法院应予支持。

第八十一条 婚姻关系存续期间，夫妻一方作为继承人依法可以继承的遗产，在继承人之间尚未实际分割，起诉离婚时另一方请求分割的，人民法院应当告知当事人在继承人之间实际分割遗产后另行起诉。

第八十二条 夫妻之间订立借款协议，以夫妻共同财产出借给一方从事个人经营活动或者用于其他个人事务的，应视为双方约定处分夫妻共同财产的行为，离婚时可以按照借款协议的约定处理。

第八十三条 离婚后，一方以尚有夫妻共同财产未处理为由向人民法院起诉请求分割的，经审查该财产确属离婚时未涉及的夫妻共同财产，人民法院应当依法予以分割。

第八十四条 当事人依据民法典第一千零九十二条的规定向人民法院提起诉讼，请求再次分割夫妻共同财产的诉讼时效期间为三年，从当事人发现之日起计算。

第八十五条 夫妻一方申请对配偶的个人财产或者夫妻共同财产采取保全措施的，人民法院可以在采取保全措施可能造成损失的范围内，根据实际情况，确定合理的财产担保数额。

第八十六条 民法典第一千零九十一条规定的"损害赔偿"，包括物质损害赔偿和精神损害赔偿。涉及精神损害赔偿的，适用《最高人民法院关于确定民事侵权精神损害赔偿责任若干问题的解释》的有关规定。

第八十七条 承担民法典第一千零九十一条规定的损害赔偿责任的主体，为离婚诉讼当事人中无过错方的配偶。

人民法院判决不准离婚的案件，对于当事人基于民法典第一千零九十一条提出的损害赔偿请求,不予支持。

在婚姻关系存续期间,当事人不起诉离婚而单独依据民法典第一千零九十一条提起损害赔偿请求的,人民法院不予受理。

第八十八条 人民法院受理离婚案件时,应当将民法典第一千零九十一条等规定中当事人的有关权利义务,书面告知当事人。在适用民法典第一千零九十一条时,应当区分以下不同情况:

(一)符合民法典第一千零九十一条规定的无过错方作为原告基于该条规定向人民法院提起损害赔偿请求的,必须在离婚诉讼的同时提出。

(二)符合民法典第一千零九十一条规定的无过错方作为被告的离婚诉讼案件,如果被告不同意离婚也不基于该条规定提起损害赔偿请求的,可以就此单独提起诉讼。

(三)无过错方作为被告的离婚诉讼案件,一审时被告未基于民法典第一千零九十一条规定提出损害赔偿请求,二审期间提出的,人民法院应当进行调解;调解不成的,告知当事人另行起诉。双方当事人同意由第二审人民法院一并审理的,第二审人民法院可以一并裁判。

第八十九条 当事人在婚姻登记机关办理离婚登记手续后,以民法典第一千零九十一条规定为由向人民法院提出损害赔偿请求的,人民法院应当受理。但当事人在协议离婚时已经明确表示放弃该项请求的,人民法院不予支持。

第九十条 夫妻双方均有民法典第一千零九十一条规定的过错情形,一方或者双方向对方提出离婚损害赔偿请求的,人民法院不予支持。

六、附则

第九十一条 本解释自2021年1月1日起施行。

【解读】

解读《关于适用〈中华人民共和国民法典〉婚姻家庭编的解释(一)》

为贯彻落实习近平总书记在中央政治局第二十次集体学习时的重要讲话精神,更好地贯彻实施民法典,2020年,最高人民法院除完成591件司法解释及相关规范性文件的清理工作外,还新修改制定了第一批与民法典配套的7件司法解释,其中之一即为《最高人民法院关于适用〈中华人民共和国民法典〉婚姻家庭编的解释(一)》(以下简称《解释》)。现就其制定背景和相关重要问题介绍如下。

一、《解释》修改制定的背景

婚姻家庭制度是规范夫妻关系和家庭关系的基本准则,婚姻法回归民法体系是此次民法典编纂的重要成果。民法典婚姻家庭编以婚姻法和收养法为基础,结合社会发展需要,修改完善了部分规定,并增加了新的规定。为配合民法典的实施,统一法律适用标准,最高人民法院在民法典通过后即着手婚姻家庭编司法解释的修改制定工作。涉及婚姻家庭方面的司法解释共有11个,条文共计200余条,体量庞大。经逐件逐条清理，并经反复研究论证，我们认为，其中，《最高人民法院关于审理涉及夫妻债务纠纷案件适用法律有关问题的解释》《最高人民法院关于人民法院审理离婚案件如何认定夫妻感情确已破裂的若干具体意见》《最高人民法院关于人民法院审理未办结婚登记而以夫妻名义同居生活案件的若干意见》《最高人民法院关于人民法院审理离婚案件处理财产分割问题的若干具体意见》《最高人民法院关于审理离婚案件中公房使用、承租若干问题的解答》5个司法解释或部分条文已被民法典吸收或所规范的情形已不适应当前经济社会实际需要，故可整体予以废止；对《最高人民法院关于适用〈中华人民共和国婚姻法〉若干问题的解释（一）》（以下简称《婚姻法解释一》）、《最高人民法院关于适用〈中华人民共和国婚姻法〉若干问题的解释（二）》（以下简称《婚姻法解释二》）、《最高人民法院关于适用〈中华人民共和国婚姻法〉若干问题的解释（三）》（以下简称《婚姻法解释三》）、《最高人民法院关于适用〈中华人民共和国婚姻法〉若干问题的解释（二）的补充规定》《最高人民法院关于人民法院审理离婚案件处理子女抚养问题的若干具体意见》《最高人民法院关于夫妻离婚后人工授精所生子女的法律地位如何确定的复函》6个司法解释，在废止后按照婚姻家庭编的体例进行体系化整合，并经征求全国人大常委会法工委、国务院妇儿工委、全国妇联、民政部、司法部、最高人民检察院等单位以及各高级人民法院的意见后，由最高人民法院审判委员会第1825次会议通过，于2021年1月1日起施行。

二、《解释》修改制定的原则

在婚姻家庭编司法解释修改制定过程中，主要坚持了以下几个原则。

一是坚持婚姻家庭和谐稳定原则。党的十八大以来，以习近平同志为核心的党中央高度重视家庭文明建设。习近平总书记深刻指出："家庭和睦则社会安定，家庭幸福则社会祥和，家庭文明则社会文明。"[1] 民法典婚姻家庭编中也明确规定"家庭应当树立优良家风，弘扬家庭美德，重视家庭文明建设"。最高人民法院深入学习、坚决贯彻落实党中央决策部署和习近平总书记关于家庭、家教、家风的重要论述，始终坚持将司法为民，维护妇女、儿童合法权益作为重要工作内容，立足自身职能做了大量工作。2016年以来，最高人民法院持续深入推进家事审判方式和工作机制改革，建立了包括民政部、公安部、全国妇联等15个部门共同参与的联席会议制度，抓前端、治未病，坚持将非诉讼纠纷解决机制挺在前面，不断完善家事审判多元化纠纷解决机制。此次婚姻家庭编司法解释清理中，最高人民法院也将维护婚姻家庭和谐稳定作为重要工作统领，清理过程中尤其注重保留了相关司法解释的规定，比如在反家庭暴力法已经明确规定家庭暴力的基础上，继续保留原规定中"持续性、经常性的家庭暴力，可以认定为虐待"的规定，体现了弘扬良好家庭美德，对家庭暴力坚决说"不"的鲜明价值导向。

二是坚持司法为民原则。保护妇女、未成年人、老年人和残疾人的合法权益是婚姻家庭编的基本原则，此次对婚姻家庭方面司法解释的清理尤其注重贯彻上述原则。例如，对无民事行为能力人在法定情形下变更监护人并提起离婚诉讼的细化规定；对亲子关系确认、否认之诉的条文进一步完善；贯彻最有利于未成年子女原则，在离婚诉讼中对于未成年子女的抚养纠纷，尊重八周岁以上子女的真实意愿，删除了原来十

---

[1] 习近平：《在会见第一届全国文明家庭代表时的讲话》，载《人民日报》2016年12月16日。

周岁的规定；等等。

三是坚持严格依法和分步走原则。此次修改制定的《解释》主要是在对标对表民法典基础上对原有司法解释清理修改后制定。对与民法典抵触的坚决予以废止，确保司法解释符合民法典规定，法律适用标准统一；对已经被民法典吸收的，如关于夫妻共同债务的规定、婚内特定情形分割夫妻共同财产的规定等，因司法解释内容已经上升为法律规定，适用中直接引用法律规定即可，相关规定不再纳入《解释》；对其他与民法典规定不抵触的，以保留为原则，整体思路是不作大的修改。由于原有司法解释在不同年代制定，时间跨度达三十年，其中也有针对不同问题的重复规定，有的还存在矛盾之处，此次清理中整体上按照婚姻家庭编的体例结构，进行体系化整合，保持司法解释内在统一协调；针对近年来婚姻家庭领域新出现的重大、疑难问题，鉴于司法解释的制定需要更加广泛充分的调研和论证，而且有争议的或者民法典新规定的内容仍需司法实践继续探索，故此次暂未作规定，留待以后专门立项制定新的司法解释。

三、《解释》中的主要问题

（一）删除原有司法解释"一年期间"的规定

关于"一年期间"的规定，涉及原婚姻法司法解释的条文有以下4条。

《婚姻法解释一》第三十条："人民法院受理离婚案件时，应当将婚姻法第四十六条等规定中当事人的有关权利义务，书面告知当事人。在适用婚姻法第四十六条时，应当区分以下不同情况：（一）符合婚姻法第四十六条规定的无过错方作为原告基于该条规定向人民法院提起损害赔偿请求的，必须在离婚诉讼的同时提出。（二）符合婚姻法第四十六条规定的无过错方作为被告的离婚诉讼案件，如果被告不同意离婚也不基于该条规定提起损害赔偿请求的，可以在离婚后一年内就此单独提起诉讼。（三）无过错方作为被告的离婚诉讼案件，一审时被告未基于婚姻法第四十六条规定提出损害赔偿请求，二审期间提出的，人民法院应当进行调解，调解不成的，告知当事人在离婚后一年内另行起诉。"

《婚姻法解释二》第五条："夫妻一方或者双方死亡后一年内，生存一方或者利害关系人依据婚姻法第十条的规定申请宣告婚姻无效的，人民法院应当受理。"

《婚姻法解释二》第九条："男女双方协议离婚后一年内就财产分割问题反悔，请求变更或者撤销财产分割协议的，人民法院应当受理。人民法院审理后，未发现订立财产分割协议时存在欺诈、胁迫等情形的，应当依法驳回当事人的诉讼请求。"

《婚姻法解释二》第二十七条："当事人在婚姻登记机关办理离婚登记手续后，以婚姻法第四十六条规定为由向人民法院提出损害赔偿请求的，人民法院应当受理。但当事人在协议离婚时已经明确表示放弃该项请求，或者在办理离婚登记手续一年后提出的，不予支持。"

上述4个条文中涉及的一年期间虽然在审判实践中争议不大，但考虑到期间的设定对当事人利益影响巨大，应当由法律统一作出规定。在征求意见过程中，全国人大常委会法工委也提出对该4个条文应当进一步斟酌考虑。故本着严格依法的原则，此次清理过程中，将4个条文中的"一年期间"均予以删除。我们认为，删除了1年期间的规定，并不意味着上述权利的行使不受任何限制，审判实践中，在具体适用上述条文时要根据相关请求权的性质分别适用不同的规定。具体分述如下。

1. 关于离婚损害赔偿请求权问题

《婚姻法解释一》第三十条和《婚姻法解释二》第二十七条均涉及离婚损害赔偿请求权的行使，并将离婚之日作为期间起算点。损害赔偿请求权本质上属于债权请求权范畴，因此应当受诉讼时效制度的规范。由于婚姻家庭编对离婚损害赔偿请求权没有作出特别规定，根据体系解释原则，应当适用民法典总则编有关诉讼时效的规定。根据民法典第一百八十八条的规定，该请求权的诉讼时效期间为三年，以无过错方知道或者应当知道权利受到损害之日起计算。当然，由于离婚损害赔偿请求权是以离婚为前提，故即便在婚姻关系存续期间，已经知道对方存在民法典第一千零九十一条规定的情形，亦不宜以此计算诉讼时效。为尽量维护婚姻家庭的和谐稳定，尊重当事人对婚姻家庭的选择，同时最大限度保障无过错方的权益，将离婚之日作为起算点较为合适。但实践中也存在比如离婚之后才发现对方与他人同居的事实，则不以离婚之日，而以无过错方知道其权利受损害之日起算，能更好地保护无过错方的合法权益。此外，为维护社会秩序的稳定，该权利的行使原则上也应受二十年最长时效的限制。当然，有特殊情况的，根据当事人申请，人民法院也可以决定予以延长。

2. 关于确认婚姻无效问题

《婚姻法解释二》第五条规定了夫妻一方或双方死亡后，生存一方或利害关系人的婚姻无效确认请求权。婚姻法回归民法体系后，从体系解释角度看，确认婚姻无效应当与确认民事法律行为无效的路径一致。一般认为，民事法律行为的效力是公权力对私法自治的评价，不受诉讼时效制度规制，因此该条不应适用诉讼时效的规定。

3. 关于撤销离婚财产分割协议问题

《婚姻法解释二》第九条涉及的撤销权属于形成权，在婚姻家庭编对该种情况没有特别规定的情况下，应当适用总则编关于撤销权行使除斥期间的有关规定。根据民法典第一百五十二条的规定，虽然权利行使的期间仍为一年，但起算点不同，在受欺诈的情形下，应为当事人知道或者应当知道撤销事由之日，而不是原来规定的离婚之日；在受胁迫的情形下，为胁迫行为终止之日。而且，由于离婚财产分割协议是以离婚为条件，根据民法典第一百五十二条规定的精神，自离婚之日起五年内没有行使撤销权的，撤销权即消灭。

（二）对宣告婚姻无效案件的诉讼程序进行调整

原有婚姻法相关司法解释中涉及婚姻无效案件诉讼程序的条文共有以下5条。

《婚姻法解释一》第九条："人民法院审理宣告婚姻无效案件，对婚姻效力的审理不适用调解，应当依法作出判决；有关婚姻效力的判决一经作出，即发生法律效力。涉及财产分割和子女抚养的，可以调解。调解达成协议的，另行制作调解书。对财产分割和子女抚养问题的判决不服的，当事人可以上诉。"

《婚姻法解释二》第二条："人民法院受理申请宣告婚姻无效案件后，经审查确属无效婚姻的，应当依法作出宣告婚姻无效的判决。原告申请撤诉的，不予准许。"

《婚姻法解释二》第三条："人民法院受理离婚案件后，经审查确属无效婚姻的，应当将婚姻无效的情形告知当事人，并依法作出宣告婚姻无效的判决。"

《婚姻法解释二》第四条："人民法院审理无效婚姻案件，涉及财产分割和子女抚养的，应当对婚姻效力的认定和其他纠纷的处理分别制作裁判文书。"

《婚姻法解释二》第七条："人民法院就同一婚姻关系分别受理了离婚和申请宣告

婚姻无效案件的,对于离婚案件的审理,应当待申请宣告婚姻无效案件作出判决后进行。前款所指的婚姻关系被宣告无效后,涉及财产分割和子女抚养的,应当继续审理。"

在制定《婚姻法解释一》和《婚姻法解释二》过程中,基于对婚姻无效案件为非诉案件,非诉案件比照特别程序审理的思路,对于申请宣告婚姻无效的程序用5个条文进行了设计。这次清理中,基于体系化解释和对审判实践理解的深入,我们认为,现有确认合同无效的案件均适用普通程序审理,确认婚姻无效的案件也应当与其他确认民事法律行为效力的案件在程序选择上作一体化处理。而且,审判实践中,婚姻效力问题如果是当事人双方的争议焦点,就应当以充分辩论为前提,适用特别程序一审终审可能损害当事人的程序和实体利益。同时,根据民事诉讼法(2017年修正,下同)第一百七十七条的规定,适用特别程序审理的案件只包括选民资格案件、宣告失踪和宣告死亡案件、认定公民无民事行为能力或者限制民事行为能力案件、认定财产无主案件、确认调解协议案件和实现担保物权案件,没有适用其他案件的解释空间,确认婚姻无效案件适用一审终审的特别程序已不符合民事诉讼法的规定。故此次清理将宣告婚姻无效案件从一审终审的特别程序改为普通程序。相应地,由于程序设计的变化,将原有的5个条文整合成3个条文,即《解释》的第十一条、第十二条和第十三条。

之所以这样规定,出于以下几方面考虑。

1. 将婚姻无效与财产分割、子女抚养一并处理

由于确认婚姻无效案件不再适用特别程序,故删除了《婚姻法解释一》第九条中"有关婚姻效力的判决一经作出,即发生法律效力"和"对财产分割和子女抚养问题的判决不服,当事人可以上诉"的规定,确认婚姻无效和财产分割、子女抚养的诉讼请求可以一并处理,当事人不服的,均可以上诉,不再对财产分割和子女抚养问题判决可以上诉另行作出特别规定。但是,婚姻效力问题涉及国家对婚姻的评价,不允许当事人撤诉,也不适用调解,故在《解释》第十一条整合了《婚姻法解释二》第二条的规定,明确请求确认婚姻无效案件的基本原则。考虑到虽然财产分割和子女抚养问题可以与婚姻效力问题一并审理,而不需要适用不同程序,因此删去了《婚姻法解释二》第四条关于婚姻效力和其他纠纷处理分别制作裁判文书的规定。但因为婚姻效力的问题不适用调解,只能依法作出判决,而财产分割和子女抚养完全可以由当事人调解解决,故仍保留了原来的对财产分割和子女抚养达成调解协议后,需要另行制作调解书的内容。考虑到如果在财产分割和子女抚养不能达成调解协议的情况下,两项诉讼请求均适用普通程序审理,则可以一并作出判决,而且该判决均可以上诉,因此增加规定:"未达成调解协议的,应当一并作出判决。"同时,由于改变了原来特别程序的制度设计,在文字表述上也将"申请宣告"改为"请求确认"。

2. 离婚诉讼中涉及婚姻效力问题的,应当予以审理

对此,此次清理中保留了《婚姻法解释二》第三条的内容,即如果当事人提起离婚的诉讼请求,但经审理属于无效婚姻的,应当作出宣告婚姻无效的判决。但在审理相关案件中要注意依法保障当事人的程序利益。一方起诉离婚,另一方主张婚姻无效的,应当根据《最高人民法院关于民事诉讼证据的若干规定》第五十三条的规定,将婚姻的效力问题作为焦点问题进行审理,经过当事人充分辩论后依法认定。如果当事人因此变更诉讼请求的,人民法院应当准许,并可以根据案件的具体情况重新指定举

证期限。

3. 对同一婚姻关系分别受理离婚和请求确认婚姻无效的，着重考虑当事人的程序利益

为此，对《婚姻法解释二》第七条进行了修改。考虑到离婚案件的当事人只能是夫妻双方，而申请确认婚姻无效的当事人可能是婚姻关系当事人，也可能是利害关系人，合并审理存在一定的障碍，也不利于保护相关当事人合法权益，为稳妥起见，仍保持了原来的制度设计，即在审理离婚诉讼中，如果就同一婚姻关系，另行受理了请求确认婚姻无效的案件的，应当分别审理。由于离婚须以合法有效的婚姻关系为前提，故在此情况下，离婚案件审理属于民事诉讼法第一百五十条规定的必须以另一案的审理结果为依据，而另一案尚未审结的情形，离婚案件应当中止诉讼，待请求确认婚姻无效的案件判决生效后恢复诉讼。故本次清理中保留了《婚姻法解释二》第七条第一款的规定，即人民法院就同一婚姻关系分别受理了离婚和请求确认婚姻无效案件的，对于离婚案件的审理，应当待请求确认婚姻无效案件作出判决后进行。要特别注意的是，由于请求确认婚姻无效的案件不再实行一审终审，故须待该案件二审判决生效后，离婚案件才可以恢复诉讼。《婚姻法解释二》第七条第二款还规定，婚姻关系被宣告无效后，涉及财产分割和子女抚养的，应当继续审理。此规定是考虑到如果当事人在申请宣告婚姻无效的同时，请求处理无效婚姻引起的子女抚养和财产分割争议的，因宣告婚姻无效是一审终审，而在宣告婚姻无效后，财产分割和子女抚养仍可以按照普通程序继续审理，故而作出规定。但根据《解释》第十一条的规定，婚姻无效和财产分割、子女抚养问题可以一并适用普通程序审理，因此对于财产分割和子女抚养，不是继续审理的问题，而是一并审理，故删除了该款规定。如果宣告婚姻无效的案件中没有提出财产分割和子女抚养诉请而在离婚纠纷中提出相关诉请的，在对婚姻效力的案件作出判决后，在离婚纠纷一案中，对解除婚姻关系的诉讼请求应当予以驳回，对财产分割和子女抚养诉请也需要一并审理。

4. 对相关程序处理的考虑

基于婚姻无效案件适用特别程序的制度设计，《婚姻法解释一》第十一条专门规定，人民法院审理婚姻当事人因受胁迫而请求撤销婚姻的案件，应当适用简易程序或者普通程序。上述规定即是为了区别婚姻无效案件适用特别程序而对撤销婚姻案件适用程序作出的规定。在婚姻无效案件已经统一改为普通程序审理的情况下，该条规定已无存在的意义，故删除此条规定。

（三）关于同居关系问题

民法典第一千零四十九条规定：要求结婚的男女双方应当亲自到婚姻登记机关申请结婚登记。符合本法规定的，予以登记，发给结婚证。完成结婚登记，即确立婚姻关系。未办理结婚登记的，应当补办登记。可见，法律倡导有结婚意愿的男女通过办理结婚登记的方式保护其合法权益，未办理结婚登记的，应当补办登记。虽然单身适婚男女同居是当事人的自主选择，不再被认定为违法行为，但法律对该种行为是持否定态度的，表现在未办理结婚登记的，双方不具有夫妻之间的权利义务关系，相互之间的扶养、继承等有关身份权利无法得到法律的保障。同居关系问题非常复杂，1989年最高人民法院就曾出台《最高人民法院关于人民法院审理未办结婚登记而以夫妻名义同居生活案件的若干意见》，针对当时同居引发的纠纷进行规范。该意见距今已经三

十余年，经济社会生活以及人们的思想观念发生了巨大变化，同居群体的年龄结构、心理预期、财产形式等均与三十年前有很大不同，该司法解释确立的规则大部分已经不能适应新的审判实践需要，而新规则的确立需要考量社会、文化、心理等多方面因素，更需要大量的审判实践支持，在广泛深入的调研后再出台有针对性的规则更为适宜，因此清理中整体废止了上述关于同居的司法解释。同时，对婚姻法司法解释中的其他相关条文也进行了体系化梳理和修改，具体有以下几个问题需要关注。

1. 关于补办登记是否具有溯及力的问题

民法典第一千零四十九条规定，完成结婚登记，即确立婚姻关系。结婚登记是男女缔结婚姻关系的法定必经程序，因此原则上双方应当将结婚登记作为婚姻关系确立的起点。该条同时规定，未办理结婚登记的，应当补办登记。在编纂民法典时，对该条后半部分是否予以保留有过争议，其中就包括补办登记的情况下婚姻关系自何时确立的问题，最后民法典仍保留了婚姻法的表述，但是，对于补办结婚登记的情况下婚姻关系的效力能否具有溯及力没有明确。我们认为，既然法律规定可以补办登记，那么认定补办登记具有溯及既往的效力更能保护当事人的权益，即不仅认可事实婚姻关系在补办登记后的合法婚姻效力，而且对补办登记前的事实婚姻关系也应予以认可。但对补办登记前婚姻效力的追及认可，是以没有办理结婚登记即以夫妻名义同居生活的男女双方必须具备结婚的法定实质要件为条件的，即补办登记的溯及力自男女双方均符合结婚的实质要件时起算，而不是溯及到男女双方以夫妻名义同居生活时。对于该条规定，全国人大常委会法工委在征求意见的回函中亦未提出不同意见。

2. 关于是否可以诉请解除同居关系的问题

《最高人民法院关于人民法院审理未办结婚登记而以夫妻名义同居生活案件的若干意见》和《婚姻法解释一》第五条均有解除同居关系的规定，《婚姻法解释二》第一条也在但书部分对有配偶者与他人同居的情形规定可以解除同居关系。我们经研究认为，目前法律并未明确规定同居关系，同居关系本身不具有法律上的权利义务内容，故没有必要由人民法院通过判决的方式予以解除。而且，有配偶者与他人同居亦无例外规定的必要。因此，《解释》第三条统一规定，当事人提起诉讼仅请求解除同居关系的，人民法院不予受理。同时，在《解释》第七条关于《婚姻登记管理条例》公布实施以后未补办结婚登记的情况，删除了原来"按解除同居关系处理"的规定，转引至第三条统一处理。

3. 关于婚姻被确认无效或被撤销后的财产问题

民法典第一千零五十四条规定，无效的或者被撤销的婚姻自始没有法律约束力，当事人不具有夫妻的权利和义务。同居期间所得的财产，由当事人协议处理；协议不成的，由人民法院根据照顾无过错方的原则判决。可见，婚姻被确认无效或者被撤销后，对前期同居期间所得的财产，法律并未明确规定为共同共有，而是指引当事人通过协议的方式处理。因此，在婚姻被确认无效或者被撤销后，如果当事人对同居期间所得的财产有协议，应当首先按照协议约定处理，不适用婚姻法有关夫妻法定婚后所得共同制的规定，也不存在依法分割夫妻共同财产的问题。因为无效婚姻或被撤销婚姻的双方在法律上并不是配偶关系而只是同居关系，夫妻财产制所调整的财产关系，是以合法的配偶身份关系为前提的，无效婚姻或被撤销婚姻当事人同居期间并非婚姻关系存续期间，在同居期间所得的财产，不能当然地视为双方当事人共同所有。夫妻共有财产与其他一般共有财产的最大区别在于，夫妻共有财产关系是基于配偶身份，基于彼此是夫妻的特别关系而产生的，虽然财产的形成也含有共同投资、共同劳动的内容，但法律更强调的是身份关系，并不要求双方付出同等的劳动、智力才能共同所有。而其他财产共有关系主要是基于共同投资、共同经营而形成的，如合伙共有财产、出资合购的共有房屋等都不是基于身份而产生的共有关系。无效婚姻或被撤销的婚姻中，虽没有配偶身份关系，但共同生活期间因紧密联系而共同投资、经营或者共同购置的，也可能形成共有财产。这次司法解释清理中，《解释》第二十二条对《婚姻法解释一》第十五条整体上没有改变，只是文字上作了微调，将除外条款提前，以强调这一理念，即同居期间，如果有证据证明为一方所有的，即首先认定为个人财产，以更明确地区别于合法的婚姻关系。要特别说明的是，《解释》第二十二条只适用于婚姻被确认无效或者被撤销后同居期间的财产分割问题，而不适用一般同居关系中的财产纠纷。

（四）关于体系化协调问题

《解释》第十九条第一款来源于《婚姻法解释一》第十二条，该条是对婚姻法第十一条的解释。婚姻法第十一条规定：因胁迫结婚的，受胁迫的一方可以向婚姻登记机关或人民法院请求撤销该婚姻。受胁迫的一方撤销婚姻的请求，应当自结婚登记之日起一年内提出。被非法限制人身自由的当事人请求撤销婚姻的，应当自恢复人身自由之日起一年内提出。该条规定的婚姻撤销权，其性质属于形成权，功能在于权利主体需依其单方之意思表示，干预他人之法律关系，使权利人自己与他人已成立的法律关系发生变更。因撤销权的行使将干预他人的利益，为保护相对人的利益，法律规定形成权的行使应受相应的限制，以避免置相对人和法律关系处于不确定之状态。该条规定中"一年"的性质属于对形成权行使的限制，即除斥期间。除斥期间是法定权利的存续期间，它是一种不变期间，法定权利因该期间的经过将发生实体权利消灭的法律效果。它与诉讼时效不同，除斥期间不发生中止、中断、延长的问题。故《婚姻法解释一》第十二条明确，该"一年"不适用诉讼时效中止、中断或者延长的规定。《婚姻法解释一》的规定并无不当，故此次清理中予以保留。但由于此次民法典编纂过程中在总则编中的第一百五十二条第二款增加了当事人自民事法律行为发生之日起五年内没有行使撤销权的，撤销权消灭，因此从体系解释的角度，需要回答该款是否适用婚姻家庭编中婚姻撤销权这一问题。我们经研究认为，在婚姻法回归民法体系的大前提下，原则上婚姻家庭编作为分编，应当受总则编的规制。但是根据特别法优于一般法的法律适用基本原则，亦应当作精细化解释。虽然总则编规定了撤销民事法律行为的各种情形，但是，对撤销婚姻的具体情形，在婚姻家庭编中有单独的规定，应当适用该特别规定。针对被胁迫或者非法限制人身自由的情况，民法典第一千零五十二条作出了明确规定，而在该规定中，并未如总则编第一百五十二条第二款一样对撤销权消灭的客观标准进行规定；而且，由于胁迫或非法限制人身自由可能一直处于持续状态，如果自被胁迫或者非法限制人身自由之日起五年内没有行使撤销权，撤销权即消灭，将对当事人的基本人身权益产生重大影响。从最大限度保护当事人婚姻自主权和妇女权益的角度，作此理解更为妥当。故《解释》第十九条在《婚姻法解释一》第十二条的基础上专门增加了一款，明确受胁迫或者被非法限制人身自由的当事人请求撤销婚姻的，不适用民法典第一百五十二条第二款的规定，以体现婚姻家庭编保护当事人婚姻自主权的基本价值取向。

（五）关于父母为子女出资购房问题

近年来，由于房价高企，子女购房财力有限，往往需要父母的资助，为了子女能够安居乐业，很多父母也是倾其大半生积蓄。父母为子女购房出资的性质以及归属关涉各方切身利益，往往成为社会热点。《婚姻法解释二》和《婚姻法解释三》对此问题均有规定。此次清理中对上述规定进行了体系化整合，删除了《婚姻法解释三》第七条。在理解时需要注意以下问题。

1. 严格遵守法律的规定

根据民法典第一千零六十二条第一款第四项和第一千零六十三条第三项的规定，夫妻在婚姻关系存续期间继承或受赠的财产原则上为夫妻共同所有，除非遗嘱或者赠与合同中确定财产只归一方。也即，在我国法定夫妻财产制为婚后所得共同制的前提下，夫妻一方婚后所得的财产原则上均为夫妻共同所有，除非赠与合同中确定只归夫或妻一方的财产。因此，总体上，《婚姻法解释二》第二十二条第二款是符合立法精神的。但考虑到实践中的情形非常复杂，有借款的情形，也有赠与的情形；有只赠与一方的，也有愿意赠与双方的。如果当事人愿意通过事先协议的方式明确出资性质以及房屋产权归属，则能够最大限度减少纠纷的发生。为此，我们对《婚姻法解释二》第二十二条第二款进行了重新表述：规定当事人结婚后，父母为双方购置房屋出资的，依照约定处理；对于没有约定或者约定不明的，严格按照法律规定的精神，直接转引至民法典第一千零六十二条第一款第四项的规定，即没有明确表示是赠与一方的，则按照夫妻共同财产处理。

2. 要明确法律关系的性质

实践中，对父母为子女购房出资的性质是借贷还是赠与，各方可能存在争议，在此情况下，应当将法律关系的性质作为争议焦点进行审理，根据查明的案件事实，准确认定双方的法律关系是借款还是赠与，不能仅依据《解释》第二十九条想当然地认为是赠与法律关系。要特别强调的是，在相关证据的认定和采信上，注意适用《最高人民法院关于适用〈中华人民共和国民事诉讼法〉的解释》（2020年修正）第一百零五条的规定，运用逻辑推理和日常生活经验法则，对证据有无证明力和证明力大小进行判断，从而准确认定法律关系的性质。从中国现实国情看，子女刚参加工作时缺乏经济能力，无力独自负担买房费用，而父母基于对子女的亲情，往往自愿出资为子女购置房屋。大多数父母出资的目的是解决或改善子女的居住条件，希望让子女生活更加幸福，而不是日后要回这笔出资，因此在父母一方主张为借款的情况下，应当由父母来承担证明责任，这也与一般人的日常生活经验感知一致。

3. 准确认定是赠与一方还是赠与双方

认定父母为子女出资购房为赠与的情况下，根据民法典第一千零六十二条的规定，婚姻关系存续期间受赠的财产原则上为夫妻共同财产，除非赠与合同中确定只归一方的财产。因此，《解释》没有再作出具体规定，而是转引至民法典第一千零六十二条第一款第四项。要特别注意的是第四项中的但书条款，即民法典第一千零六十三条第三项的规定，对于如何认定"赠与合同中确定只归一方"，司法实践中最具争议。如前所述，我们在《解释》中首先引导当事人事先约定，以期尽量减少纠纷的发生。但是，基于父母子女间密切的人身关系和特有的中国传统家庭文化的影响，实践中父母与子女之间一般并没有正式赠与合同的存在，或者说没有一个书面赠与合同的存在，对于是否存在口头的赠与合同以及赠与合同的内容，在夫妻离婚时往往是双方争议的焦点。在一方父母出全资并且在购买不动产后将不动产登记在自己一方子女名下的，考虑到物权法已经实施多年，普通民众对不动产登记的意义已经有较为充分的认识，在出资后将不动产登记在自己一方子女名下，认定为父母将出资确定赠与自己子女一方的意思表示，符合当事人本意，也符合法律规定的精神。

4. 删除双方父母出资情况下房产按份共有的规定

实践中，由于房价高企，一方父母可能无力单独承担购房负担，由双方父母共同出资为子女购房的情形并不鲜见，父母为子女出资购房不仅是家族财产的传递形式之一，也寄托了父母对子女婚姻幸福美满的期望，在双方没有明确约定的情况下，认定为是按份共有与家庭的伦理性特征不相符，也与法律规定有一定冲突。根据民法典第一千零六十二条的规定，在没有明确表示赠与一方的情况下，应当归夫妻共同所有。同时，民法典第三百零八条也规定，共有人对共有的不动产或者动产没有约定为按份共有或者共同共有，或者约定不明确的，除共有人具有家庭关系等外，视为按份共有。可见，在双方没有明确约定的情况下，基于家庭关系的特殊身份属性，亦不宜认定为按份共有。

（撰稿人：刘敏、王丹）

最高人民法院
关于审理涉彩礼纠纷案件适用法律若干问题的规定

法释〔2024〕1号

（2023年11月13日最高人民法院审判委员会第1905次会议通过　2024年1月17日最高人民法院公告公布　自2024年2月1日起施行）

为正确审理涉彩礼纠纷案件，根据《中华人民共和国民法典》、《中华人民共和国民事诉讼法》等法律规定，结合审判实践，制定本规定。

第一条　以婚姻为目的依据习俗给付彩礼后，因要求返还产生的纠纷，适用本规定。

第二条　禁止借婚姻索取财物。一方以彩礼为名借婚姻索取财物，另一方要求返还的，人民法院应予支持。

第三条　人民法院在审理涉彩礼纠纷案件中，可以根据一方给付财物的目的，综合考虑双方当地习俗、给付的时间和方式、财物价值、给付人及接收人等事实，认定彩礼范围。

下列情形给付的财物，不属于彩礼：

（一）一方在节日、生日等有特殊纪念意义时点给付的价值不大的礼物、礼金；

（二）一方为表达或者增进感情的日常消费性支出；

(三)其他价值不大的财物。

第四条 婚约财产纠纷中,婚约一方及其实际给付彩礼的父母可以作为共同原告;婚约另一方及其实际接收彩礼的父母可以作为共同被告。

离婚纠纷中,一方提出返还彩礼诉讼请求的,当事人仍为夫妻双方。

第五条 双方已办理结婚登记且共同生活,离婚时一方请求返还按照习俗给付的彩礼的,人民法院一般不予支持。但是,如果共同生活时间较短且彩礼数额过高的,人民法院可以根据彩礼实际使用及嫁妆情况,综合考虑彩礼数额、共同生活及孕育情况、双方过错等事实,结合当地习俗,确定是否返还以及返还的具体比例。

人民法院认定彩礼数额是否过高,应当综合考虑彩礼给付方所在地居民人均可支配收入、给付方家庭经济情况以及当地习俗等因素。

第六条 双方未办理结婚登记但已共同生活,一方请求返还按照习俗给付的彩礼的,人民法院应当根据彩礼实际使用及嫁妆情况,综合考虑共同生活及孕育情况、双方过错等事实,结合当地习俗,确定是否返还以及返还的具体比例。

第七条 本规定自2024年2月1日起施行。

本规定施行后,人民法院尚未审结的一审、二审案件适用本规定。本规定施行前已经终审、施行后当事人申请再审或者按照审判监督程序决定再审的案件,不适用本规定。

【解读】

解读《关于审理涉彩礼纠纷案件适用法律若干问题的规定》

移风易俗是社会文明进步的重要标志。党的十八大以来,以习近平同志为核心的党中央高度重视社会主义精神文明建设。习近平总书记深刻指出:"家庭是社会的基本细胞,是人生的第一所学校。"[①] 不论时代发生多大变化、不论生活格局发生多大变化,我们都要重视家庭建设,注重家庭、注重家教、注重家风。最高人民法院一直高度重视婚姻家庭领域矛盾纠纷化解,为深入贯彻落实习近平总书记关于注重家庭家教家风建设的重要论述精神,贯彻落实民法典关于"树立优良家风,弘扬家庭美德,重视家庭文明建设"和"禁止借婚姻索取财物"的规定,最高人民法院制定了《最高人民法院关于审理涉彩礼纠纷案件适用法律若干问题的规定》(以下简称《规定》)。现就其制定背景和相关重要问题介绍如下。

一、《规定》制定的背景

近年来,"高额彩礼"问题受到公众普遍关切,成为社会的一大痛点。尤其是在一些农村偏远地区,这一问题更为突出,彩礼数额持续走高,攀比之风蔓延。这不仅背

---

① 中共中央党史和文献研究院编:《习近平关于社会主义精神文明建设论述摘编》,中央文献出版社2022年版,第196页。

离了彩礼的初衷，使彩礼给付方家庭背上沉重的经济负担，也给婚姻稳定埋下隐患，不利于社会文明新风尚的弘扬。党的二十大报告提出，要提高全社会文明程度。2021年以来，"中央一号文件"连续四年对治理高额彩礼、移风易俗提出工作要求。遏制高价彩礼陋习、培育文明乡风成为社会的共同期盼。从司法实践反映的情况看，涉彩礼纠纷案件数量近年呈上升趋势，高额彩礼与婚龄偏短问题交织，使得矛盾冲突更为激烈，甚至出现因彩礼返还问题引发的恶性刑事案件。为贯彻落实党的二十大精神和"中央一号文件"的要求，回应人民关切，最高人民法院全面总结近年来司法实践经验，经过充分调研、反复论证、广泛征求意见，制定了《规定》，并征求了全国人大常委会法工委、最高人民检察院、公安部、司法部、民政部、全国妇联、国务院妇女儿童工作委员会以及各高级人民法院的意见，同时，向社会公开征求意见。《规定》已由最高人民法院审判委员会第1905次会议审议通过，自2024年2月1日起施行。

二、《规定》制定的原则

（一）合法性原则

坚持在现有法律制度框架内，遵循法律规定本意，明确审判实践中的具体裁判规则。民法典没有明确规定彩礼问题，根据其中第十条规定，法律没有规定的，可以适用习惯，但是不得违背公序良俗。《规定》即以习惯作为彩礼纠纷的法源依据。

（二）问题导向原则

《规定》旗帜鲜明地弘扬社会主义核心价值观，强调禁止借婚姻索取财物，明确以彩礼为名借婚姻索取的财物，当事人可以请求返还。针对彩礼纠纷，紧贴审判工作实践中的热点与难点问题，不务虚，不贪大求全，切实为审判实践提供裁判依据。《规定》主要针对近年来涉彩礼返还纠纷中的彩礼范围界定、返还条件和比例、双方父母是否可以作为当事人等亟须统一相关裁判标准的问题予以规范。同时，注重与原有司法解释规定在逻辑上协调一致。

（三）注重平等保护原则

《规定》一方面切实保护妇女合法权益，明确对于虽未办理结婚登记但已经共同生活的，考虑到对妇女自身的影响，返还时应酌减一定数额（对于生活时间较长的，也可以不予返还）；另一方面也注重平衡保护彩礼给付方合法权益，规定如果共同生活时间较短且彩礼数额过高的，可以综合考虑彩礼数额、共同生活及孕育情况、双方过错等事实，在双方离婚时予以适当返还。

三、《规定》中的几个主要问题

《规定》共7条，主要解决彩礼范围、彩礼与恋爱期间一般赠与区别、彩礼返还主体、彩礼返还条件等问题，与《最高人民法院关于适用〈中华人民共和国民法典〉婚姻家庭编的解释（一）》[以下简称《解释（一）》]结合，形成逻辑完整的彩礼纠纷法律适用规则。

（一）强调禁止借婚姻索取财物

民法典第一千零四十二条规定，禁止借婚姻索取财物。借婚姻索取财物违反了婚姻自由原则，应当坚决予以打击。《规定》第二条明确，以彩礼为名借婚姻索取财物，另一方要求返还的，人民法院应予支持。本条向社会征求意见过程中，有意见提出，应当以是否有结婚意愿为标准，明确规定借婚姻索取财物的具体情形。还有的意见提出，彩礼就是借婚姻索取财物，应当一律禁止。

我们经研究认为，彩礼是中国婚嫁领域的传统习俗，为广大群众普遍接受，适当数额的彩礼是双方表情达意的重要载体，蕴含着对婚姻的美好祝福，也有的将彩礼作为新家庭的启动资金，是家庭财物传承的重要途径。对于民间习俗，法律不能一律予以禁止，而且，这从实际操作上也是不现实的。

当然，习俗要受到公序良俗原则的检视，以彩礼为名借婚姻索取财物的，可以以违反公序良俗为由认定合同无效，给付方有权要求返还。但是，借婚姻索取财物更侧重主观状态，实践中，很难区分给付彩礼行为是主动自愿还是被索取。给付彩礼最终的目的是维持长期共同生活的婚姻，在当事人目的不达到时，也可能反过来影响其主观状态。

一般来讲，以彩礼为名借婚姻索取财物较多的一方，有的本身就没有结婚的意愿，有的可能有结婚的意愿，只是借机索取财物，因此，既不能以事后结果评判行为时的主观状态，也不宜以接收彩礼一方是否有意愿结婚作为区分标准。因为在有的情况下即使当事人有结婚意愿，也可能存在借机索取财物的情况，且结婚意愿作为主观因素在诉讼中亦需要客观事实证明，实践中当事人很难举证证明。

有意见提出，收受彩礼后携款潜逃或者短期内多次以缔结婚姻为名收取高额彩礼后无正当理由悔婚的，应认定为借婚姻索取财物，我们认为，该意见有一定道理，上述两种情形具有一定的典型性，如果有证据证明存在上述情形，一方根据《规定》第二条的规定，请求对方返还的，人民法院应予支持。

就借婚姻索取财物问题，最高人民法院于1993年印发的《最高人民法院关于人民法院审理离婚案件处理财产分割问题的若干具体意见》（以下简称《意见》，已失效）第19条规定："借婚姻关系索取的财物，离婚时，如结婚时间不长，或者因索要财物造成对方生活困难的，可酌情返还。对取得财物的性质是索取还是赠与难以认定的，可按赠与处理。"《意见》将结婚时间长短、给付一方的生活状况作为考量因素，《规定》第五条与上述《意见》的精神是一致的。

因此，在难以认定是否系借婚姻索取财物的情况下，可以依据《规定》第五条的规定，在综合考虑彩礼数额、共同生活及孕育情况以及是否办理结婚登记等因素的情况下，酌情确定返还比例，这样也能够依法平衡保护双方合法权益。考虑到实践情况较为复杂，需要继续探索总结经验，《规定》对此未予以明确规定。

（二）明确彩礼与恋爱期间一般赠与的区别

司法实践中，对男女双方婚恋过程中一方给予另一方的财物是彩礼还是一般赠与，存在认定难问题。

民法典未对彩礼作出明确界定。根据民法典第十条规定，处理民事纠纷，应当依照法律；法律没有规定的，可以适用习惯，但是不得违背公序良俗。彩礼是我国民间的一种习惯称呼，也称为聘礼等，来源于我国古代婚姻制度中的"六礼"。既然法律没有明确规定彩礼，对涉彩礼纠纷案件审理的主要法源是习惯，那么在确定彩礼范围时，就要以当地群众普遍认可的彩礼内容为基础。

具体来说，彩礼与恋爱期间一般赠与存在以下区别：（1）发生阶段不同。恋爱期间的赠与发生在恋爱阶段，有些尚未谈及结婚。而彩礼发生在谈婚论嫁的特殊阶段，通常已经有较为明确的婚期。（2）发生的原因不同。彩礼与恋爱期间的一般赠与相比，虽然当事人的目的和动机相似，但是彩礼的给付一般是基于当地风俗习惯，直接目的是缔结婚姻关系，有其相对特定的外延范围。而恋爱期间的赠与多是为了联络关系、增进感情，由一方自愿、无偿给予对方。

为此，《规定》明确，在认定某一项给付是否属于彩礼时，可以根据一方给付财物的目的，综合考虑双方当地习俗、给付的时间和方式、财物价值、给付人及收受人等事实认定。《规定》在起草过程中曾经将"一方给付财物的目的"与其他因素并列规定，后考虑该因素是主观因素，其他为客观因素，应予以区分，而且该因素也与《规定》第一条规定的彩礼给付目的性特征相一致，故将"根据一方给付财物的目的"提前。对于其他客观因素，要综合予以考量，比如，可以考察当地是否有给付彩礼的习俗、彩礼是否是以结婚为目的给付、彩礼给付的时间是否是在双方谈婚论嫁阶段、彩礼给付是否有双方父母参与以及给付财物价值大小等事实，在此基础上予以综合判断。

《规定》同时以反向排除的方式明确了几类不属于彩礼的财物，包括：一方在对方节日或者生日等有特殊纪念意义时点给付对方价值不大的财物、一方为表达或者增进感情的日常消费性支出等。此类财物或支出金额较小，主要是为了增进感情的需要，在婚约解除或离婚时，可以不予返还。但是，如果是大额赠与，虽然不属于按照习俗给付的彩礼范围，亦应当考虑赠与的特定目的，参照《规定》理念处理。

（三）明确涉彩礼纠纷的诉讼主体

在彩礼返还纠纷中，程序上存在的主要争议是婚约双方的父母能否作为诉讼当事人。在中国的传统习俗中，儿女的婚姻一般由父母操办，接、送彩礼也大多有双方父母参与。

《规定》充分考虑上述习俗，区分为以下两种情况。

一是婚约财产纠纷。此类案件原则上以婚约双方当事人作为诉讼主体，但考虑到实践中，彩礼的给付方和接收方并非限于婚约当事人，双方父母也可能参与其中，为尊重习俗，同时也有利于查明彩礼数额、彩礼实际使用情况等案件事实，《规定》明确，婚约财产纠纷中，婚约一方及其实际给付彩礼的父母可以作为共同原告，婚约另一方及其实际接收彩礼的父母可以作为共同被告。

二是离婚纠纷。考虑到离婚纠纷的诉讼标的主要是解除婚姻关系，不宜将婚姻之外的其他人作为当事人，故《规定》明确，在离婚纠纷中一方提起返还彩礼诉讼请求的，当事人仍为夫妻双方。

在《规定》征求意见过程中，有意见提出，实践中，有的给付彩礼和接收彩礼的主体不仅包括父母还包括其他近亲属等，应当将上述人员一并纳入诉讼主体范畴。我们经研究认为，在婚约财产纠纷案件中，适当将诉讼主体由婚约当事人扩大到其父母，符合传统习俗，但如果扩大到其他亲属，将导致过多人牵涉诉讼，严重影响诉讼效率，也容易激化矛盾。对于有的婚约当事人父母早亡，由其他亲属抚养长大并在彩礼给付接收中代行父母职责的情况，我们在《规定》起草过程中已对此予以特别关注。但是，考虑到个案千差万别，亦无明确的法律或习俗概念界定该类人员，为保证司法解释准确清晰，《规定》未作扩大表述。实践中，如出现此种特殊情况，可以基于习俗，参照适用《规定》处理。

（四）完善彩礼返还规则

近年来，返还彩礼纠纷数量逐年递增，但法院审判面临无法律依据的困境。《最高人民法院关于适用〈中华人民共和国婚姻法〉若干问题的解释（二）》[以下简称《婚姻法解释（二）》］第十条第一款规定了彩礼返还问题。《解释（一）》沿袭了《婚姻法解释（二）》第十条的规定，未作修改。该条对彩礼返还规定的条件非常严格，仅在未办理结婚登记（司法实践还要求且未共同生活）、办理结婚登记但确未共同生活或者彩礼给付导致给付人生活困难情况下才支持返还的请求。

但是，近些年来，给付了彩礼的男女双方大部分已经办理结婚登记并已共同生活，实践中对导致给付人生活困难掌握的标准又非常严格，使得大多数案件均无法适用上述司法解释规定。对于虽办理结婚登记，但同居生活时间较短，彩礼数额较大，男方无明显过错的情形下，女方提出离婚，是否能根据具体情况，按比例适当返还彩礼，无明确具体的法律依据，这成为审判实践中的难点。我们经研究认为，彩礼问题不仅是法律问题，更是社会问题，要本着实事求是的原则处理，最大限度实现法律效果、社会效果和政治效果的有机统一。此类纠纷如果处理不好，不仅会导致双方利益明显失衡，严重影响社会和谐稳定，甚至可能对乡村振兴等国家重大战略部署产生一定影响。因此，有必要明确特定情形下彩礼的返还条件和比例。

办理结婚登记和共同生活是婚姻的重要内容。结婚登记是婚姻有效成立的法定形式要件，共同生活是婚姻的本质特征，二者都具有重要意义。从逻辑上讲，婚姻的这两个重要方面通过不同形式组合，可能出现以下四种情况：未办理结婚登记且未共同生活；未办理结婚登记但已共同生活；已办理结婚登记但未共同生活；已办理结婚登记且已经共同生活。《解释（一）》第五条沿袭了《婚姻法解释（二）》第十条的规定，其第一款第一项和第二项包括了三种情况，即未办理结婚登记的两种情况和已办理结婚登记但未共同生活的情况。但是，2011年，最高人民法院曾以《全国民事审判工作会议纪要》（以下简称《纪要》）的形式对此进行明确，《婚姻法解释（二）》第十条第一款第一项中"双方未办理结婚登记手续"，并非针对双方已共同生活的情形；如果未婚男女双方确已共同生活但最终未能办理结婚登记手续，给付彩礼方请求返还彩礼，人民法院可以根据双方共同生活的时间、彩礼数额并结合当地风俗习惯等因素，确定是否返还及具体返还的数额。故此，《解释（一）》规定明确的只有两种情形，未规范已经共同生活的情形（包括未办理结婚登记和已办理结婚登记情况）。

基于此，《规定》在《解释（一）》的基础上扩展了另外两种情况：一是已经结婚并共同生活；二是未办理结婚登记但已经共同生活。《规定》基于彩礼的目的性特征，充分考虑婚姻的丰富内涵，既落实结婚登记的法定要求，同时也关注共同生活的实质内容。

关于第一种情况。一般认为，彩礼给付既然以婚姻为最终目的，那么，在双方已经结婚的情况下，目的已经实现，原则上不应再予以返还。但是，婚姻毕竟是男女双方以永久共同生活为目的，给付彩礼的目的除了办理结婚登记这一法定形式要件外，更重要的是双方长期共同生活。因此，共同生活时间长短应当作为确定彩礼是否返还以及返还比例的重要考量因素。如果婚姻生活时间较短，则永久共同生活的目的并没有全部达成，部分返还亦有其合理性。这也与《规定》第一条的表述相呼应。《规定》第一条原为"以缔结婚姻为目的"，后改为"以婚姻为目的"。主要是考虑，缔结婚姻更多地理解为一个即时行为，而彩礼的目的不仅仅是办理结婚登记，更多的是长久共同生活。实际上，这也是《规定》制定的基础，即彩礼的目的不仅是办理结婚登记一个行为，长久共同生活才是婚姻的本质特征。此外，考虑到目前我国尤其是农村社会高额彩礼引起的一系列社会问题，通过司法手段予以规制亦有其必要性。当然，在已经结婚并共同生活的情形下，司法规制的应是高额彩礼而非一般按照习俗给付的彩礼。因此，《规定》第五条明确，双方已办理结婚登记且共同生活，离婚时一方请求返还按照习俗给付的彩礼的，人民法院一般不予支持。但是，共同生活时间较短且彩礼数额过高的，人民法院可以根据彩礼实际使用及嫁妆情况，综合考虑彩礼数额、共同生活及孕育情况、双方过错等事实，结合当地习俗，确定是否返还以及返还的具体比例。该条明确了在已经结婚并共同生活的情况下，司法调整的是婚龄较短且彩礼数额过高的情况。关于如何认定彩礼数额过高，《规定》没有给出具体的数额标准，主要考虑是彩礼作为习俗，本就千差万别，中国地域辽阔，各地经济发展水平差异也较大，即使在同一地区，不同家庭经济条件也可能差别较大，因此，对高额确定一个统一的标准是不现实的，反而可能因机械司法损害当事人合法权益。对此，必须通过法官行使适当自由裁量权的方式解决，参考彩礼给付方所在地居民人均可支配收入、给付方家庭经济情况以及当地习俗等事实，由法官在个案中对是否属于高额彩礼作出具体认定。彩礼是一方以结婚为目的给付另一方的财物，因此，在已经结婚且共同生活的情况下，返还彩礼应当以离婚为条件，故本条表述为"离婚纠纷中"。

关于第二种情况。从近些年司法实践反映的情况看，部分地区存在因一方未达法定婚龄等原因，双方未办理结婚登记手续，只是按照当地习俗举办了婚礼即开始共同生活，此种情况下虽无婚姻之法定要件，但已有婚姻之实，如果按照原有司法解释规定一律判决返还彩礼，对接受彩礼一方是不公平的。《规定》在《纪要》基础上进一步完善，对此种情况进行了规范。基本逻辑思路是：该种情况与已经办理结婚登记手续的毕竟有所不同，结婚登记是婚姻有效成立的法定要件，法律目前已经不承认事实婚姻，因此，在双方未办理结婚登记的情况下，彩礼原则上应当返还。但亦不应当忽略共同生活的"夫妻之实"。该共同生活的事实不仅承载着给付彩礼一方的重要目的，也会对接受彩礼一方的女性身心健康产生一定程度的影响，尤其是女性如果有过妊娠经历或生育子女等情况。如果仅因未办理结婚登记而要求接受彩礼一方全部返还，有违公平原则，也不利于保护妇女合法权益，应当根据彩礼实际使用及嫁妆情况，综合考虑共同生活及孕育情况、双方过错等事实，予以酌减。共同生活时间较长，且已经共同孕育子女的，甚至可以不予返还。可见，虽然两种情况考量的因素大体一致，但与已经办理结婚登记原则上不应返还，特定情况下部分返还的思路是不一样的，故分两条规定。同时，这样规定也能与《解释（一）》第五条逻辑上一致。

此外，需要说明以下两点。

第一，有意见提出，能否规定明确具体的返还标准，比如，共同生活几年返还多少比例，几年以上即可以不用返还。我们经研究认为，现实生活的丰富性和复杂性决定了相关纠纷不能采用"一刀切"的规则处理，尤其是在婚姻家庭领域，所谓"不幸的家庭各有各的不幸"。《规定》通过总结审判实践经验，归纳了几个需要考量的因素，包括共同生活情况、孕育情况、双方过错等，考虑各种因素的不同组合可能产生不同的结果，故难以规定统一的返还比例。实践中，由法官根据个案事实综合判断，更符合案件实际情况。

第二，《规定》第五条和第六条在表述上均将"彩礼实际使用情况"提前单列，主要是考虑其他因素是酌情判断是否返还以及返还比例的考量因素，而"彩礼实际使用情况"是在查明事实基础上需要扣减的事项,比如,不管是已经办理结婚登记还是未办理结婚登记的情况,有证据证明彩礼已经被用于举办婚礼、置办酒席或者已在双方共同生活中消费的,可以在返还时扣减相应数额。这符合不当得利规则的法律后果,即返还剩余部分以及扣除对方受益部分。

(五)健全嫁妆处理规则

嫁妆与彩礼同为中国传统婚嫁习俗的重要组成部分,《诗经》中"以尔车来,以我贿迁"即是有关嫁妆的记载。民间习俗送嫁妆的目的一方面是展现女方家的经济实力,另一方面也是为女方争取在夫家的地位。嫁妆多少依据女方家的实力地位而定。明清以前,嫁妆一般属于女方私有财产,女方有相对独立的处分权。如果因为各种原因女方离开夫家,一般也允许其自行带走。例如,张家山汉简《二年律令·置后律》记载:"女子为户毋后而出嫁者,令夫以妻田宅盈其田宅。宅不比,弗得。其弃妻,及夫死,妻得复取以为户。弃妻,畀之其财。"可见,汉朝就规定了女方对嫁妆的私有权利。《睡虎地秦简》中也有关于嫁妆归属权的记载,当时有犯人违法犯罪需要赔款,有人询问是否可以使用其妻子的嫁妆,官方回复不可以,这说明嫁妆并不会被算入夫家财产,这让嫁妆成为女性生活的依靠。当然,明清之后,女性对嫁妆的控制权逐步减弱。中华人民共和国成立后,同彩礼一样,现行法律没有明确规定嫁妆问题,嫁妆归属仍受习俗调整。作为与彩礼相伴相生的婚嫁习俗,嫁妆仍广泛存在,但表现形式也存在差别,有的是女方收到彩礼后,将其中一部分作为嫁妆返还用于新家庭,有的地方嫁妆数额甚至高于彩礼数额。

因此,在处理彩礼返还问题时,需要考虑嫁妆情况,如果有一部分彩礼已通过嫁妆的形式返回到新的家庭中,并已经转化为夫妻共同财产,则在离婚时可在分割夫妻共同财产时一并处理。如果是女方家在彩礼外额外陪送的嫁妆,则对于尚存的部分,应当予以返还。对于已经共同消费的部分或者已经添附到男方财产上的嫁妆数额,可以在返还彩礼时予以扣减。为此,《规定》第五条和第六条均明确在彩礼返还时要考虑嫁妆情况。此外,传统上一般认为,离婚时,尚存的嫁妆应归女方,现实生活中亦对此争议不大,从审判实践情况看,仅就嫁妆返还产生的纠纷极少,故《规定》未就嫁妆返还问题再作单独规定,逻辑上可以参照《规定》处理。下一步,我们将继续总结审判实践经验,通过发布典型案例等方式加强监督指导。

(六)确立共同生活认定规则

《规定》未就具体的生活时间进行规定,实践中应当依据个案具体情况综合认定。比如,在2023年12月最高人民法院、民政部、全国妇联联合发布的四起涉彩礼纠纷典型案例之案例一中,双方共同生活一年多时间,彩礼数额较高,给付方不存在明显过错,女方存在终止妊娠情形,法院综合各种因素判决酌情返还30%的彩礼,较好地平衡了双方当事人的利益。

此外,有意见提出,将是否孕育作为彩礼返还的考量因素,对女性保护不利。最高人民法院一直高度重视对妇女权益的保护,在涉彩礼返还纠纷中亦不例外。正是考虑到了女性在妊娠、分娩、抚育子女等方面的付出,《规定》才明确应当将此作为酌情减少彩礼返还甚至不予返还的考量因素,如果不将其作为考量因素,是对女性付出的漠视,不利于保护妇女合法权益。比如,上述典型案例之案例二中,双方虽未办理结婚登记,但已按照当地习俗举办婚礼后共同生活,并生育子女,法院判决不予返还彩礼。

此外，我们根据反馈意见，对相关条文进行了文字修改，比如，将《规定》征求意见稿中第五条和第六条中的"孕育子女"修改为"孕育情况"，以涵盖终止妊娠等情形。又如，将《规定》征求意见稿中第五条和第六条中的"共同生活时间"修改为"共同生活情况"，以指引法官在考量共同生活事实时，不能简单计算时间长短，还需要综合考虑是否实际一起居住、未实际共同居住的原因等情形，这也恰恰说明简单规定共同生活时间并不符合实际情况。

（七）厘清双方过错认定思路

《规定》第五条和第六条均要求在彩礼返还时要考虑双方过错情况。从比较法的视角考察，基于婚约的赠与物返还是否需要解约人就解约的原因无过失，各国做法不一。法国、瑞士民法采否定说。美国有些州依据传统理论认为，只有在双方同意解除婚约关系或者受赠人不正当解除婚约关系时，赠与人才有权要求返还赠与物；有些州则依据现代理论认为，以结婚为条件的赠与物在解除婚约时都应当返还，而不需要考虑是否有过错。主要理由是婚约的破裂没有真正过错的一方，在婚约期间，任何一方都有权利改变主意不与对方结婚，这实际上也是为了防止不幸福的婚姻发生，缔结婚约的目的之一就是给当事人以时间考验对方感情。现代离婚亦都普遍不采取过错原则，而是采取破裂原则。

对此，我们经研究认为，这里需要考察以下两个层次的问题。

一是婚约解除本身不需要考虑过错，任何一方均有权解除婚约，不能因为一方有过错而限制其解除婚约的权利，对于离婚亦是如此，我国民法典对离婚也是采取感情破裂原则，《解释（一）》第六十三条更是明确规定，人民法院审理离婚案件，符合民法典第一千零七十九条第三款规定"应当准予离婚"情形的，不应当因当事人有过错而判决不准离婚。

二是有过错的一方解除婚约的，是否有权要求返还赠与物。对此，我们经研究认为，如果基于婚约的赠与物返还需要解约人就解约的原因无过失，可能会不当限制当事人的解约自由，因此，原则上不应因一方过错而丧失赠与物返还请求权，但是，也不能完全无视双方过错情况，这也是诚信原则的应有之义。给付彩礼一方存在家庭暴力、与他人另行订立婚约或者结婚等严重过错的，彩礼接受方可以酌情减少返还比例；接受彩礼一方存在上述严重过错的，应当加大返还比例。但是，如果只是双方感情不和等原因，不宜认定一方有过错。

此外，鉴于《规定》对于彩礼返还比例、高额彩礼认定标准以及彩礼范围等方面，均仅是规定了参考因素，需要在个案中予以具体判断，因此，在适用《规定》过程中，还要注意参考人民法院案例库中已经发布的典型案例，实现法律适用标准的统一。

（撰稿人：陈宜芳、吴景丽、王丹）

指导案例 66 号

雷某某诉宋某某离婚纠纷案

（最高人民法院审判委员会讨论通过 2016 年 9 月 19 日发布）

关键词

民事 离婚 离婚时 擅自处分共同财产

裁判要点

一方在离婚诉讼期间或离婚诉讼前，隐藏、转移、变卖、毁损夫妻共同财产，或伪造债务企图侵占另一方财产的，离婚分割夫妻共同财产时，依照《中华人民共和国婚姻法》第四十七条的规定可以少分或不分财产。

相关法条

《中华人民共和国婚姻法》第四十七条

基本案情

原告雷某某（女）和被告宋某某于 2003 年 5 月 19 日登记结婚，双方均系再婚，婚后未生育子女。双方婚后因琐事感情失和，于 2013 年上半年产生矛盾，并于 2014 年 2 月分居。雷某某曾于 2014 年 3 月起诉要求与宋某某离婚，经法院驳回后，双方感情未见好转。2015 年 1 月，雷某某再次诉至法院要求离婚，并依法分割夫妻共同财产。宋某某认为夫妻感情并未破裂、不同意离婚。

雷某某称宋某某名下在中国邮政储蓄银行的账户内有共同存款 37 万元，并提交存取款凭单、转账凭单作为证据。宋某某称该 37 万元，来源于婚前房屋拆迁补偿款及养老金，现尚剩余 20 万元左右（含养老金 14322.48 元），并提交账户记录、判决书、案款收据等证据。

宋某某称雷某某名下有共同存款 25 万元，要求依法分割。雷某某对此不予认可，一审庭审中其提交在某银行尾号为 4179 账户自 2014 年 1 月 26 日起的交易明细，显示至 2014 年 12 月 21 日该账户余额为 262.37 元。二审审理期间，应宋某某的申请，法院调取了雷某某上述某银行账号自 2012 年 11 月 26 日开户后的银行流水明细，显示雷某某于 2013 年 4 月 30 日通过 ATM 转账及卡取的方式将该账户内的 195000 元转至案外人雷某齐名下。宋某某认为该存款是其婚前房屋出租所得，应归双方共同所有，雷某某在离婚之前即将夫妻共同存款转移。雷某某提出该笔存款是其经营饭店所得收益，开始称该笔款已用于夫妻共同开销，后又称用于偿还其外甥女的借款，但雷某某对其主张均未提供相应证据证明。另，雷某某在庭审中曾同意各自名下存款归各自所有，其另行支付宋某某 10 万元存款，后雷某某反悔，不同意支付。

裁判结果

北京市朝阳区人民法院于 2015 年 4 月 16 日作出（2015）朝民初字第 04854 号民事判决：准予雷某某与宋某某离婚；雷某某名下某银行尾号为 4179 账户内的存款归雷某某所有，宋某某名下中国邮政储蓄银行账号尾号为 7101 账户、9389 账户及 1156 账户内的存款归宋某某所有，并对其他财产和债务问题进行了处理。宣判后，宋某某提出上诉,提出对夫妻共同财产雷某某名下存款分割等请求。北京市第三中级人民法院于2015年10月19日作出(2015)三中民终字第08205号民事判决:维持一审判决其他判项,撤销一审判决第三项,改判雷某某名下某银行尾号为4179账户内的存款归雷某某所有,宋某某名下中国邮政储蓄银行尾号为7101账户、9389账户及1156账户内的存款归宋某某所有,雷某某于本判决生效之日起七日内支付宋某某12万元。

裁判理由

法院生效裁判认为:婚姻关系以夫妻感情为基础。宋某某、雷某某在共同生活过程中因琐事产生矛盾,在法院判决不准离婚后,双方感情仍未好转,经法院调解不能和好,双方夫妻感情确已破裂,应当判决准予双方离婚。

本案二审期间双方争议的焦点在于雷某某是否转移夫妻共同财产和夫妻双方名下的存款应如何分割。婚姻法第十七条第二款规定:"夫妻对共同所有的财产,有平等的处理权。"第四十七条规定:"离婚时,一方隐藏、转移、变卖、毁损夫妻共同财产,或伪造债务企图侵占另一方财产的,分割夫妻共同财产时,对隐藏、转移、变卖、毁损夫妻共同财产或伪造债务的一方,可以少分或不分。离婚后,另一方发现有上述行为的,可以向人民法院提起诉讼,请求再次分割夫妻共同财产。"这就是说,一方在离婚诉讼期间或离婚诉讼前,隐藏、转移、变卖、毁损夫妻共同财产,或伪造债务企图侵占另一方财产的,侵害了夫妻对共同财产的平等处理权,离婚分割夫妻共同财产时,应当依照婚姻法第四十七条的规定少分或不分财产。

本案中,关于双方名下存款的分割,结合相关证据,宋某某婚前房屋拆迁款转化的存款,应归宋某某个人所有,宋某某婚后所得养老保险金,应属夫妻共同财产。雷某某名下某银行尾号为4179账户内的存款为夫妻关系存续期间的收入,应作为夫妻共同财产予以分割。雷某某于2013年4月30日通过ATM转账及卡取的方式,将尾号为4179账户内的195000元转至案外人名下。雷某某始称该款用于家庭开销,后又称用于偿还外债,前后陈述明显矛盾,对其主张亦未提供证据证明,对钱款的去向不能作出合理的解释和说明。结合案件事实及相关证据,认定雷某某存在转移、隐藏夫妻共同财产的情节。根据上述法律规定,对雷某某名下某银行尾号4179账户内的存款,雷某某可以少分。宋某某主张对雷某某名下存款进行分割,符合法律规定,予以支持。故判决宋某某婚后养老保险金14322.48元归宋某某所有,对于雷某某转移的19.5万元存款,由雷某某补偿宋某某12万元。

(生效裁判审判人员:李春香、赵霞、闫慧)

【解读】

解读《雷某某诉宋某某离婚纠纷案》

2016年9月19日,最高人民法院发布了指导案例66号《雷某某诉宋某某离婚纠纷案》。为了正确理解和准确参照适用该指导案例,现对其推选经过、裁判要点、需要说明问题等有关情况予以解释、论证和说明。

一、推选经过及指导意义

该案由北京市朝阳区人民法院于2015年4月16日作出一审判决，北京市第三中级人民法院于同年10月19日作出二审生效判决。最高人民法院案例指导工作办公室从2015年12月29日《人民法院报》发现该案例，建议北京市高级人民法院将该案例作为备选指导性案例进行推荐。北京市高级人民法院民一庭研究后，北京市高院研究室召开了专家论证研讨会，对该案在裁判结果的合法性、裁判理由的正当性、法律适用的准确性、指导价值的普适性、社会效果的导向性等方面进行了全面论证，一致认为该案例对于理解婚姻法第四十七条规定的"离婚时"并非限于离婚期间，还包括离婚前的非法处置财产具有重要意义。此后经北京市高级人民法院审判委员会讨论通过后作为备选指导性案例报送最高人民法院案例指导工作办公室。

最高人民法院案例指导工作办公室经审查同意后将该案例送民一庭审查和征求意见。2016年4月13日，最高人民法院民一庭审查同意本案例的推荐意见和理由，认为对"离婚时"不可以字面含义理解为离婚诉讼开始时，而应作扩大解释。本案例案情比较典型，裁判理由得当，裁判结果合理。作为指导性案例，对该条文的统一正确适用有指导作用，也有较好的社会效果。4月14日，研究室室务会讨论同意作为指导性案例，提出参照婚姻法第四十七条表述，把裁判要点表述为一条裁判规则。8月23日，最高人民法院审判委员会经讨论认为该案例具有指导价值，同意作为指导案例发布。9月19日，最高人民法院以法〔2016〕311号文件将该案例作为第14批指导案例予以公开发布。

该指导性案例从婚姻法的立法目的和立法原意出发，对婚姻法第四十七条规定的"离婚时"作出了合理扩大解释，有利于惩戒夫妻一方擅自处分夫妻共同财产，侵害共同财产的非法行为，保护夫妻双方处理共同财产的平等协商权，维护家庭成员的合法财产权益。

二、裁判要点的理解与说明

该指导案例的裁判要点确认：一方在离婚诉讼期间或离婚诉讼前，隐藏、转移、变卖、毁损夫妻共同财产，或伪造债务企图侵占另一方财产的，离婚分割夫妻共同财产时，依照婚姻法第四十七条的规定可以少分或不分财产。也就是说，婚姻法第四十七条中的"离婚时"并非对"隐藏、转移、变卖、毁损夫妻共同财产，或伪造债务企图侵占另一方财产"（以下统称非法处置财产）行为的时间点界定，而应当理解为一方在离婚诉讼期间或离婚诉讼前有非法处置共同财产行为的，离婚分割财产时都可以依照该条规定少分或者不分共同财产。现围绕与该裁判要点相关的问题逐一论证和说明如下。

（一）夫妻共同财产的认定

对于夫妻关系存续期间，何种性质的财产应当属于夫妻共同财产的范围，婚姻法及其司法解释作出了较为详细的规范。一是根据婚姻法第十七条规定，夫妻在婚姻关系存续期间所得的下列财产，归夫妻共同所有：工资、奖金；生产、经营的收益；知识产权的收益；继承或赠与所得的财产，但婚姻法第十八条第三项规定（遗嘱或赠与合同确定只归夫或妻一方的财产）的除外；其他应当归共同所有的财产。二是《最高人民法院关于适用〈中华人民共和国婚姻法〉若干问题的解释（二）》第十一条进一步明确规定:"婚姻关系存续期间,下列财产属于婚姻法第十七条规定的'其他应当归共同所有的财产':(一)一方以个人财产投资取得的收益;(二)男女双方实际取得或者应当取得的住房补贴、住房公积金;(三)男女双方实际取得或者应当取得的养老保险金、破产安置补偿费。"三是《最高人民法院关于适用〈中华人民共和国婚姻法〉若干问题的解释(三)》第五条明确规定:"夫妻一方个人财产在婚后产生的收益,除孳息和自然增值外,应认定为夫妻共同财产。"

由上述规定可见,对于夫妻共同财产的认定,涵盖了整个夫妻关系存续期间的绝大多数所得财产。也正是基于上述财产性质的"共同性",婚姻法第十七条第二款又特别强调了夫妻对共同财产具有平等的处理权。本指导案例中,根据相关证据,结合雷某某名下的19.5万元的产生时间在夫妻关系存续期间和收入性质,认定为夫妻共同财产,雷某某和宋某某具有平等的处理权。

(二)夫妻共同财产分割的法律原则

夫妻共同财产范围的明确,为离婚时的财产分割提供了基础,结合婚姻法及其司法解释的相关规定,法院在处理此类纠纷时需要把握的原则主要有以下几点。

1. 协议优先原则

民法通则第四条规定,民事活动应当遵循自愿原则。婚姻法为私法,作为私法原则之一的意思自治原则同样适用于婚姻领域,体现出国家公权力对于公民私权的尊重。因此,婚姻法不仅在第十九条规定了"夫妻可以约定婚姻关系存续期间所得的财产以及婚前财产归各自所有、共同所有或部分各自所有、部分共同所有",而且在第三十九条还明确规定了"离婚时,夫妻的共同财产由双方协议处理;协议不成时,由人民法院根据财产的具体情况,照顾子女和女方权益的原则判决"。因此,离婚时,对于夫妻共同财产的分割,如果当事人之间存在真实有效的财产处理协议,则应当尊重当事人的意思表示,处理财产的协议优先。只有在无协议或者协议无效时,才由法院依照法律规定进行判决。

2. 照顾妇女和儿童权益原则

对于夫妻而言,无论从生理、抚育子女,还是从社会适应度等方面比较分析,妇女在生产生活方面与男子存在一定差距。此外,父母的离婚也会给未成年子女的生活、学习造成不利影响。因此,我国婚姻法第二条规定了保护妇女、儿童和老人合法权益的原则。为了避免因离婚导致利益的严重失衡和秩序混乱,本着兼顾弱势群体的理念,婚姻法在第三十九条中确定了适当照顾妇女和儿童权益的财产分割原则。

3. 公平原则

民法通则第四条规定了公平原则。公平原则要求以利益均衡作为价值判断标准来调整民事主体之间的利益关系,确定其民事权利和义务。离婚诉讼中的财产分割,涉及财产和财产性利益,也会涉及债务的承担。同时,还要考虑婚姻存续期间因抚育子女、照料老人等付出较多义务一方以及患病一方的以后生活条件。因此,在离婚诉讼中,应当综合考虑婚姻家庭的特点、债权债务的分担及其他实际情况,在当事人之间公平合理地分割财产,避免财产利益过分失衡,有损公平原则。

4. 惩戒原则

民法通则第四条规定,民事活动应当遵循诚实信用的原则。这一民法领域的帝王原则同样适用于婚姻关系,夫妻之间,无论结婚抑或离婚,都应当诚实信用。婚姻法第四十七条规定的惩戒原则即是这一原则的具体体现。该条明确规定:"离婚时,一方隐藏、转移、变卖、毁损夫妻共同财产,或伪造债务企图侵占另一方财产的,分割夫妻共同财产时,对隐藏、转移、变卖、毁损夫妻共同财产或伪造债务的一方,可以少分或不分。离婚后,另一方发现有上述行为的,可以向人民法院提起诉讼,请求再次分割夫妻共同财产。人民法院对前款规定的妨害民事诉讼的行为,依照民事诉讼法的规定予以制裁。"这就是说,非法处置夫妻共同财产的,离婚时可以少分或不分财产。可见,对于有违诚信恶意多占共同财产者,婚姻法既从财产分割的角度予以惩罚,又可对该妨害民事诉讼的行为予以制裁。

(三) 法律原则框架下"离婚时"的含义

在明确了夫妻财产分割的法律原则后,先分析一下婚姻法第四十七条的立法目的。夫妻对共同财产有平等处理权,离婚时应当在诚信、透明的基础上分割,然而现实中不乏采用非法手段恶意侵害对方权益者,而对此问题的规制离不开受害者的权益救济和侵害者的法律责任两个方面,故婚姻法才于"救助措施与法律责任"一章中确立了第四十七条。可见,第四十七条的立法目的明显,即要求夫妻各方在婚姻关系存续期间彼此诚实,不得非法处置共同财产,损害对方利益,否则可以适用惩戒原则,确保公平分割共同财产。

在明确立法目的的前提下,再来分析婚姻法第四十七条规定中的"离婚时"应如何理解。对此,主要存在以下三种不同观点。第一种观点认为,严格依照字义解释,在"离婚诉讼期间",一方将夫妻共同财产非法处置的,适用该条规定。理由是,在一方起诉离婚至法院判决这段时间内,往往发生一方非法处置共同财产情况,此时当事人离婚意思表示外显,存在上述行为可推定为故意,具有过错。在此之前,如无其他证据证明,难以推定为故意非法处置财产。第二种观点认为,分居期间是隐匿共同财产的高发期,故对"离婚时"的理解应当作适度扩张解释,即以分居时起算。理由是,我国婚姻法只确立了常态下的夫妻财产制,没有建立非常态下的特别夫妻财产制,对夫妻分居情形,虽仍坚持共同财产制,但对非法处置财产的,可以少分或不分。第三种观点认为,对"离婚时"的理解应扩张解释,只要离婚时发现故意隐瞒其曾经的擅自处分行为,均推定行为人存在不法处置财产行为,对其少分或不分财产。[①] 我们认为,前两种理解都有悖于婚姻法第四十七条的立法目的,可能纵容非法处置夫妻共同财产行为,故同意第三种观点,主要理由有如下几点。

第一,将非法处置共同财产行为的时间只界定为诉讼期间或分居时,有违常理和主流价值观。离婚并非无因的瞬间行为,而是一个夫妻感情逐步破裂并酝酿解除的过程,同时因涉及财产分割和子女抚养等问题,上述过程也必然伴随着各方的利益博弈。故主动提出离婚的酝酿方或者财产的掌控方,在预期中的离婚诉讼之前,往往已完成非法处置财产行为。此时,如果仅将非法处置财产行为的认定限制为离婚诉讼期间或分居时,不仅有违常理,与社会的主流价值观不符,而且其结果必然导致规避公平分配者横行,致使该条法律规定形同虚设。

具体到本案例中,雷某某于2014年3月就曾起诉过离婚被法院驳回,后再次起诉离婚,从中可看出雷某某的离婚想法并非一朝一夕形成的,确有一个准备的过程。雷

---

① 参见王忠:《夫妻关系存续期间一方擅自处分共同财产可认定为离婚时转移财产——北京三中院判决雷某诉宋某离婚纠纷案》,载《人民法院报》2015年12月29日。

某某于 2013 年 4 月即主动提出离婚前的一年内，就擅自将其名下的存款转出，恶意转移和隐匿财产的目的明显。此时，如果机械理解婚姻法第四十七条规定中的离婚时，则会因雷某某的擅自处置财产行为并未发生在离婚诉讼期间而得不到任何规制。这样不仅有违正义，会对社会的价值导向产生恶劣的影响，而且可能造成鼓励擅自处置共同财产的后果。

第二，单方非法处置夫妻重要共同财产侵犯了夫妻对共同财产的平等处理权，系侵犯对方财产权的行为，不论行为实施的时间在离婚诉讼期间，还是离婚诉讼之前，都应受到法律的规制和惩戒。根据婚姻法的规定，夫妻共同财产的认定时限，涵盖了整个夫妻关系存续期间。在此期间，对于共同财产，夫妻各方具有平等的处理权，《最高人民法院关于适用〈中华人民共和国婚姻法〉若干问题的解释（一）》在第十七条中对此作了进一步明确："……（一）夫或妻在处理夫妻共同财产上的权利是平等的。因日常生活需要而处理夫妻共同财产的，任何一方均有权决定。（二）夫或妻非因日常生活需要对夫妻共同财产做重要处理决定，夫妻双方应当平等协商，取得一致意见……"

处分权是所有权的最高表现，如果没有平等的处分权，平等的所有权则形同虚设。所以，理解该条所谓平等的处理权时，应依照民法关于共同共有的原理，即夫妻在处分共同财产时，应当平等协商，取得一致意见，任何一方不得违背他方的意志，擅自处理。特别是对共有重要财产做处置时，如买卖、赠与等，应征得他方的同意，否则就侵犯了另一方对共有财产的所有权。擅自处置财产构成侵权当然应受到规制和惩戒，并不会因发生时间不同而产生不同的法律评价。根据《最高人民法院关于人民法院审理离婚案件处理财产分割问题的若干具体意见》第二十一条的规定"一方将夫妻共同财产非法隐藏、转移拒不交出，或非法变卖、毁损的，分割财产时，对隐藏、转移、变卖、毁损财产的一方，应予以少分或不分。"可见，法律规定的目的在于只要有上述非法处置财产行为，分割财产时行为人就应承担相应法律后果。

第三，将"离婚时"界定为法律后果的承担时间符合立法目的。综合上述分析，再结合婚姻法第四十七条的立法目的，应当明确该条中的"离婚时"，并非对一方非法处置财产行为的时间点界定，而当理解为法律后果的承担时间。即只要在"离婚时"发现，一方于离婚诉讼期间或者离婚诉讼前有上述非法处置财产的行为，都符合第四十七条中规定的情形，可以承担少分或者不分财产的法律后果。同时，从系统解释来看，唯有如此，才能与该条规定第一款的后半段形成整体性一致理解。婚姻法第四十七条第一款后半段规定："离婚后，另一方发现有上述行为的，可以向人民法院提起诉讼，请求再次分割夫妻共同财产。"离婚后发现非法处置共同财产的，尚可请求再次分割，离婚时发现离婚期间或者此前有非法处置财产的，当然均可以在分割财产时对其少分或不分。

离婚分割财产时应当在遵循法律规范和夫妻共同财产分割原则的基础上，综合考虑立法目的、伦理道德和裁判结果的价值导向，以公正裁判倡导诚实守信，抑制恶意，促进形成诚实友善的良好社会风尚。本案例中，二审法院在认定雷某某存在恶意转移财产损害另一方利益的前提下，并没有局限于对"离婚时"的机械僵硬理解，而是在离婚分割财产时判决雷某某补偿宋某某 12 万元，对其擅自处置共同财产的行为承担了少分财产的法律后果。

三、需要说明的其他问题

在适用婚姻法第四十七条的同时，尚需对擅自处分共同财产行为的不法性及其所指向的夫妻共同财产的范围予以甄别，以正确区分夫妻一方的恶意侵权与家事代理。

对于离婚时，是否曾经或正在发生针对夫妻共同财产的非法处置财产行为，我们认为应从以下三个方面进行综合判断。一是有擅自处置行为，即夫妻一方于婚姻关系存续期间，未经对方同意，擅自处分了夫妻共同财产。二是超出处置权限，即所处分的财产范围已经超越了日常的生活需要，系非因日常生活需要对夫妻共同财产所做的重要处理。三是主观上存在恶意，即一方实施处置财产行为时存在着侵占他方财产的故意。此外，还可以结合处置财产行为发生的原因、分居的时间、财产价值、行为的后果等因素综合考虑。

所谓家事代理行为，依照法学理论通说，是配偶权中的一项重要内容，即夫妻一方在因家庭日常事务而与第三人为一定的法律行为时，享有代理配偶他方的权利。具体而言，夫妻一方代表家庭所为的行为，视为夫妻共同的意思表示，夫妻他方也必须承担法律后果，夫妻双方对该行为承担共同的连带责任。该项制度的存在一则有利于夫妻日常生活的顺利进行和共同利益，二则也有助于维护交易安全，保护第三人的利益，故在我国的法律制度中也得到了体现。例如，《最高人民法院关于适用〈中华人民共和国婚姻法〉若干问题的解释（一）》第十七条规定："夫或妻在处理夫妻共同财产上的权利是平等的，因日常生活需要而处理夫妻共同财产的，任何一方均有权决定……"至于家事代理行为是否成立，则可以从夫妻的生活习惯、社会地位、经济状况、财产规模和价值等方面予以考量。只有正确区分恶意侵权与家事代理，才能不违背婚姻法第四十七条的立法本意，才能既惩戒恶意处置夫妻共同财产的行为，又不会冲击正常的家事代理，从而实现裁判的法律效果与社会效果的良好统一。

（撰稿人：吴颖超、吴光侠、王忠、李春香）

指导案例 228 号

张某诉李某、刘某监护权纠纷案

（最高人民法院审判委员会讨论通过　2024 年 5 月 30 日发布）

关键词

民事　监护权　未成年人　婚姻关系存续期间　平等监护权

裁判要点

1. 在夫妻双方分居期间，一方或者其近亲属擅自带走未成年子女，致使另一方无法与未成年子女相见的，构成对另一方因履行监护职责所产生的权利的侵害。

2. 对夫妻双方分居期间的监护权纠纷，人民法院可以参照适用民法典关于离婚后子女抚养的有关规定，暂时确定未成年子女的抚养事宜，并明确暂时直接抚养未成年子女的一方有协助对方履行监护职责的义务。

基本案情

张某（女）与李某于2019年5月登记结婚，婚后在河北省保定市某社区居住。双方于2020年11月生育一女，取名李某某。2021年4月19日起，张某与李某开始分居，后协议离婚未果。同年7月7日，李某某之父李某及祖母刘某在未经李某某之母张某允许的情况下擅自将李某某带走，回到河北省定州市某村。此时李某某尚在哺乳期内，张某多次要求探望均被李某拒绝。张某遂提起离婚诉讼，法院于2022年1月13日判决双方不准离婚。虽然双方婚姻关系依旧存续，但已实际分居，其间，李某某与李某、刘某共同生活，张某长期未能探望孩子。2022年1月5日，张某以监护权纠纷为由提起诉讼，请求判令李某、刘某将李某某送回，并由自己依法继续行使对李某某的监护权。

裁判结果

河北省定州市人民法院于2022年3月22日作出民事判决：驳回原告张某的诉讼请求。宣判后，张某不服，提起上诉，河北省保定市中级人民法院于2022年7月13日作出民事判决：一、撤销河北省定州市人民法院一审民事判决；二、李某某暂由上诉人张某直接抚养；三、被上诉人李某可探望李某某，上诉人张某对被上诉人李某探望李某某予以协助配合。

裁判理由

本案的争议焦点是：李某某之父李某、祖母刘某擅自带走李某某的行为是否构成侵权，以及如何妥善处理夫妻双方虽处于婚姻关系存续期间但已实际分居时，李某某的抚养监护问题。

第一，关于李某某之父李某、祖母刘某擅自带走李某某的行为是否对李某某之母张某构成侵权。民法典第三十四条第二款规定："监护人依法履行监护职责产生的权利，受法律保护。"第一千零五十八条规定："夫妻双方平等享有对未成年子女抚养、教育和保护的权利，共同承担对未成年子女抚养、教育和保护的义务。"父母是未成年子女的监护人，双方平等享有对未成年子女抚养、教育和保护的权利。本案中，李某、刘某擅自将尚在哺乳期的李某某带走，并拒绝将李某某送回张某身边，致使张某长期不能探望孩子，亦导致李某某被迫中断母乳、无法得到母亲的呵护。李某和刘某的行为不仅不利于未成年人身心健康，也构成对张某因履行监护职责所产生的权利的侵害。一审法院以张某没有证据证明李某未抚养保护好李某某为由，判决驳回诉讼请求，系适用法律不当。

第二，关于婚姻关系存续期间，李某某的抚养监护应当如何处理。本案中，李某某自出生起直至被父亲李某、祖母刘某带走前，一直由其母亲张某母乳喂养，至诉前未满两周岁，属于低幼龄未成年人。尽管父母对孩子均有平等的监护权，但监护权的具体行使应符合最有利于被监护人的原则。现行法律和司法解释对于婚内监护权的行使虽无明确具体规定，考虑到双方当事人正处于矛盾较易激化的分居状态，为最大限度保护未成年子女的利益，参照民法典第一千零八十四条"离婚后，不满两周岁的子女，以由母亲直接抚养为原则"的规定，李某某暂由张某直接抚养为宜。张某在直接抚养李某某期间，应当对李某探望李某某给予协助配合。

相关法条

《中华人民共和国民法典》第34条、第1058条、第1084条、第1086条

《中华人民共和国未成年人保护法》第 4 条、第 24 条

指导案例 229 号

沙某某诉袁某某探望权纠纷案

(最高人民法院审判委员会讨论通过　2024 年 5 月 30 日发布)

关键词

民事　探望权　未成年人　隔代探望　丧子老人

裁判要点

未成年人的父、母一方死亡，祖父母或者外祖父母向人民法院提起诉讼请求探望孙子女或者外孙子女的，人民法院应当坚持最有利于未成年人、有利于家庭和谐的原则，在不影响未成年人正常生活和身心健康的情况下，依法予以支持。

基本案情

沙某某系丁某某的母亲，其独生子丁某某与袁某某于 2016 年 3 月结婚，于 2018 年 1 月生育双胞胎男孩丁某甲、丁某乙。2018 年 7 月丁某某因病去世。丁某甲、丁某乙一直与袁某某共同生活。沙某某多次联系袁某某想见孩子，均被袁某某拒绝。沙某某遂起诉请求每月 1 日、20 日探望孩子，每次两小时。

裁判结果

陕西省西安市新城区人民法院于 2021 年 6 月 18 日作出民事判决：原告沙某某每月第一个星期探望丁某甲、丁某乙一次，每次不超过两小时，袁某某应予配合。宣判后，袁某某不服，提起上诉。陕西省西安市中级人民法院于 2021 年 9 月 28 日作出民事判决：驳回上诉，维持原判。

裁判理由

沙某某系丁某甲、丁某乙的祖母，对两个孩子的探望属于隔代探望。虽然我国法律并未对祖父母或者外祖父母是否享有隔代探望权作出明确规定，但探望权系与人身关系密切相关的权利，通常基于血缘关系产生；孩子的父、母一方去世的，祖父母与孙子女的近亲属关系不因父或母去世而消灭。祖父母隔代探望属于父母子女关系的延伸，符合我国传统家庭伦理观念，符合社会主义核心价值观及公序良俗。隔代探望除满足成年亲属对未成年人的情感需求外，也是未成年人获得更多亲属关爱的一种途径。特别是在本案沙某某的独生子丁某某已经去世的情况下，丁某甲、丁某乙不仅是丁某某和袁某某的孩子，亦系沙某某的孙子，沙某某通过探望孙子，获得精神慰藉，延续祖孙亲情，也会给两个孩子多一份关爱，有利于未成年人健康成长，袁某某应予配合。同时，隔代探望应当在有利于未成年人成长和身心健康，不影响未成年人及其母亲袁某某正常生活的前提下进行，探望前应当做好沟通。

相关法条

《中华人民共和国民法典》第十条、第一千零四十三条、第一千零四十五条、第一千零八十六条

（二）继 承

最高人民法院
关于适用《中华人民共和国民法典》
继承编的解释（一）

法释〔2020〕23 号

（2020 年 12 月 25 日最高人民法院审判委员会第 1825 次会议通过
2020 年 12 月 29 日最高人民法院公告公布 自 2021 年 1 月 1 日起施行）

为正确审理继承纠纷案件，根据《中华人民共和国民法典》等相关法律规定，结合审判实践，制定本解释。

一、一般规定

第一条 继承从被继承人生理死亡或者被宣告死亡时开始。

宣告死亡的，根据民法典第四十八条规定确定的死亡日期，为继承开始的时间。

第二条 承包人死亡时尚未取得承包收益的，可以将死者生前对承包所投入的资金和所付出的劳动及其增值和孳息，由发包单位或者接续承包合同的人合理折价、补偿。其价额作为遗产。

第三条 被继承人生前与他人订有遗赠扶养协议，同时又立有遗嘱的，继承开始后，如果遗赠扶养协议与遗嘱没有抵触，遗产分别按协议和遗嘱处理；如果有抵触，按协议处理，与协议抵触的遗嘱全部或者部分无效。

第四条 遗嘱继承人依遗嘱取得遗产后，仍有权依照民法典第一千一百三十条的规定取得遗嘱未处分的遗产。

第五条 在遗产继承中，继承人之间因是否丧失继承权发生纠纷，向人民法院提起诉讼的，由人民法院依据民法典第一千一百二十五条的规定，判决确认其是否丧失继承权。

第六条 继承人是否符合民法典第一千一百二十五条第一款第三项规定的"虐待被继承人情节严重"，可以从实施虐待行为的时间、手段、后果和社会影响等方面认定。

虐待被继承人情节严重的，不论是否追究刑事责任，均可确认其丧失继承权。

第七条 继承人故意杀害被继承人的，不论是既遂还是未遂，均应当确认其丧失继承权。

第八条 继承人有民法典第一千一百二十五条第一款第一项或者第二项所列之行为，而被继承人以遗嘱将遗产指定由该继承人继承的，可以确认遗嘱无效，并确认该继承人丧失继承权。

第九条 继承人伪造、篡改、隐匿或者销毁遗嘱，侵害了缺乏劳动能力又无生活来源的继承人的利益,并造成其生活困难的,应当认定为民法典第一千一百二十五条第一款第四项规定的"情节严重"。

二、法定继承

第十条 被收养人对养父母尽了赡养义务,同时又对生父母扶养较多的,除可以依照民法典第一千一百二十七条的规定继承养父母的遗产外,还可以依照民法典第一千一百三十一条的规定分得生父母适当的遗产。

第十一条 继子女继承了继父母遗产的,不影响其继承生父母的遗产。

继父母继承了继子女遗产的,不影响其继承生子女的遗产。

第十二条 养子女与生子女之间、养子女与养子女之间,系养兄弟姐妹,可以互为第二顺序继承人。

被收养人与其亲兄弟姐妹之间的权利义务关系,因收养关系的成立而消除,不能互为第二顺序继承人。

第十三条 继兄弟姐妹之间的继承权,因继兄弟姐妹之间的扶养关系而发生。没有扶养关系的,不能互为第二顺序继承人。

继兄弟姐妹之间相互继承了遗产的,不影响其继承亲兄弟姐妹的遗产。

第十四条 被继承人的孙子女、外孙子女、曾孙子女、外曾孙子女都可以代位继承,代位继承人不受辈数的限制。

第十五条 被继承人的养子女、已形成扶养关系的继子女的生子女可以代位继承;被继承人亲生子女的养子女可以代位继承;被继承人养子女的养子女可以代位继承;与被继承人已形成扶养关系的继子女的养子女也可以代位继承。

第十六条 代位继承人缺乏劳动能力又没有生活来源,或者对被继承人尽过主要赡养义务的,分配遗产时,可以多分。

第十七条 继承人丧失继承权的,其晚辈直系血亲不得代位继承。如该代位继承人缺乏劳动能力又没有生活来源,或者对被继承人尽赡养义务较多的,可以适当分给遗产。

第十八条 丧偶儿媳对公婆、丧偶女婿对岳父母,无论其是否再婚,依照民法典第一千一百二十九条规定作为第一顺序继承人时,不影响其子女代位继承。

第十九条 对被继承人生活提供了主要经济来源,或者在劳务等方面给予了主要扶助的,应当认定其尽了主要赡养义务或主要扶养义务。

第二十条 依照民法典第一千一百三十一条规定可以分给适当遗产的人,分给他们遗产时,按具体情况可以多于或者少于继承人。

第二十一条 依照民法典第一千一百三十一条规定可以分给适当遗产的人,在其依法取得被继承人遗产的权利受到侵犯时,本人有权以独立的诉讼主体资格向人民法院提起诉讼。

第二十二条 继承人有扶养能力和扶养条件,愿意尽扶养义务,但被继承人因有固定收入和劳动能力,明确表示不要求其扶养的,分配遗产时,一般不应因此而影响其继承份额。

第二十三条 有扶养能力和扶养条件的继承人虽然与被继承人共同生活,但对需要扶养的被继承人不尽扶养义务,分配遗产时,可以少分或者不分。

三、遗嘱继承和遗赠

第二十四条 继承人、受遗赠人的债权人、债务人，共同经营的合伙人，也应当视为与继承人、受遗赠人有利害关系，不能作为遗嘱的见证人。

第二十五条 遗嘱人未保留缺乏劳动能力又没有生活来源的继承人的遗产份额，遗产处理时，应当为该继承人留下必要的遗产，所剩余的部分，才可参照遗嘱确定的分配原则处理。

继承人是否缺乏劳动能力又没有生活来源，应当按遗嘱生效时该继承人的具体情况确定。

第二十六条 遗嘱人以遗嘱处分了国家、集体或者他人财产的，应当认定该部分遗嘱无效。

第二十七条 自然人在遗书中涉及死后个人财产处分的内容，确为死者的真实意思表示，有本人签名并注明了年、月、日，又无相反证据的，可以按自书遗嘱对待。

第二十八条 遗嘱人立遗嘱时必须具有完全民事行为能力。无民事行为能力人或者限制民事行为能力人所立的遗嘱，即使其本人后来具有完全民事行为能力，仍属无效遗嘱。遗嘱人立遗嘱时具有完全民事行为能力，后来成为无民事行为能力人或者限制民事行为能力人的，不影响遗嘱的效力。

第二十九条 附义务的遗嘱继承或者遗赠，如义务能够履行，而继承人、受遗赠人无正当理由不履行，经受益人或者其他继承人请求，人民法院可以取消其接受附义务部分遗产的权利，由提出请求的继承人或者受益人负责按遗嘱人的意愿履行义务，接受遗产。

四、遗产的处理

第三十条 人民法院在审理继承案件时，如果知道有继承人而无法通知的，分割遗产时，要保留其应继承的遗产，并确定该遗产的保管人或者保管单位。

第三十一条 应当为胎儿保留的遗产份额没有保留的，应从继承人所继承的遗产中扣回。

为胎儿保留的遗产份额，如胎儿出生后死亡的，由其继承人继承；如胎儿娩出时是死体的，由被继承人的继承人继承。

第三十二条 继承人因放弃继承权，致其不能履行法定义务的，放弃继承权的行为无效。

第三十三条 继承人放弃继承应当以书面形式向遗产管理人或者其他继承人表示。

第三十四条 在诉讼中，继承人向人民法院以口头方式表示放弃继承的，要制作笔录，由放弃继承的人签名。

第三十五条 继承人放弃继承的意思表示，应当在继承开始后、遗产分割前作出。遗产分割后表示放弃的不再是继承权，而是所有权。

第三十六条 遗产处理前或者在诉讼进行中，继承人对放弃继承反悔的，由人民法院根据其提出的具体理由，决定是否承认。遗产处理后，继承人对放弃继承反悔的，不予承认。

第三十七条 放弃继承的效力，追溯到继承开始的时间。

第三十八条 继承开始后，受遗赠人表示接受遗赠，并于遗产分割前死亡的，其接受遗赠的权利转移给他的继承人。

第三十九条 由国家或者集体组织供给生活费用的烈属和享受社会救济的自然人，其遗产仍应准许合法继承人继承。

第四十条 继承人以外的组织或者个人与自然人签订遗赠扶养协议后，无正当理由不履行，导致协议解除的，不能享有受遗赠的权利，其支付的供养费用一般不予补偿；遗赠人无正当理由不履行，导致协议解除的，则应当偿还继承人以外的组织或者个人已支付的供养费用。

第四十一条 遗产因无人继承又无人受遗赠归国家或者集体所有制组织所有时，按照民法典第一千一百三十一条规定可以分给适当遗产的人提出取得遗产的诉讼请求，人民法院应当视情况适当分给遗产。

第四十二条 人民法院在分割遗产中的房屋、生产资料和特定职业所需要的财产时，应当依据有利于发挥其使用效益和继承人的实际需要，兼顾各继承人的利益进行处理。

第四十三条 人民法院对故意隐匿、侵吞或者争抢遗产的继承人，可以酌情减少其应继承的遗产。

第四十四条 继承诉讼开始后，如继承人、受遗赠人中有既不愿参加诉讼，又不表示放弃实体权利的，应当追加为共同原告；继承人已书面表示放弃继承、受遗赠人在知道受遗赠后六十日内表示放弃受遗赠或者到期没有表示的，不再列为当事人。

五、附则

第四十五条 本解释自 2021 年 1 月 1 日起施行。

【解读】

解读《关于适用〈中华人民共和国民法典〉继承编的解释（一）》

为贯彻落实习近平总书记在中央政治局第二十次集体学习时的重要讲话精神，更好地贯彻实施民法典，2020 年，最高人民法院除完成 591 件司法解释及相关规范性文件的清理工作外，还新修改制定了与民法典配套的 7 件司法解释，其中之一即为《最高人民法院关于适用〈中华人民共和国民法典〉继承编的解释（一）》（以下简称《解释》）。现就其制定背景和相关重要问题介绍如下。

一、《解释》修改制定的背景

继承制度是关于自然人死亡后财富传承的基本制度。继承法制定于 1985 年，距今已有三十余年的时间。近年来，随着人民群众生活水平的不断提高，个人和家庭拥有的财富日益增多，因继承引发的纠纷也越来越多。民法典继承编以继承法为基础，根据我国社会家庭结构、继承观念等方面的发展变化，修改完善了继承制度，以满足人民群众处理遗产的现实需要。为配合民法典的实施，统一法律适用标准，最高人民法院在民法典通过后即着手继承编司法解释的修改制定工作。关于继承的司法解释主要是《最高人民法院关于贯彻执行〈中华人民共和国继承法〉若干问题的意见》（以下简称《继承法解释》），《解释》即主要以《继承法解释》为基础清理制定。其他涉及继承的司法解释还有3件,包括《最高人民法院关于保险金能否作为被保险人遗产的批复》(〔1987〕民他字第52号)、《最高人民法院关于被继承人死亡后没有法定继承人分享遗产人能否分得全部遗产的复函》(〔1992〕民他字第25号)、《最高人民法院关于如何处理农村五保对象遗产问题的批复》(法释〔2000〕23号)。该3件司法解释或已经被其他法律吸收,或已经不适应当前经济社会发展需要,此次清理均予以废止。此外,《最高人民法院对国务院宗教事务局一司关于僧人遗产处理意见的复函》涉及遗产处理问题,考虑到该复函性质上不属于司法解释,而且复函内容与民法典不冲突,故予以保留。

在结构体例上,《解释》与《继承法解释》相比,没有大的变动,主要包括一般规定、法定继承、遗嘱继承和遗赠、遗产的处理以及附则五部分。清理制定的基本原则是:与民法典抵触的坚决予以废止,确保司法解释符合民法典规定,法律适用标准统一;对已经被民法典吸收的,如相互有继承关系的几个人在同一事件中死亡如何确定死亡时间、被继承人宽恕制度、转继承制度、遗产分割顺序等,因司法解释内容已经上升为法律,适用中直接引用法律规定即可,相关内容不再纳入《解释》;对其他与民法典规定不抵触的,以保留为原则,整体思路是不作大的修改。对于近年来继承领域新出现的重大、疑难问题,鉴于司法解释的制定需要更加广泛充分的调研和论证,而且有争议的或者民法典新规定的内容仍需司法实践继续探索,故此次暂未作规定,留待以后专门立项制定新的司法解释。经征求全国人大常委会法工委、国务院妇儿工委、全国妇联、民政部、司法部、最高人民检察院等单位以及各高级人民法院的意见后,《解释》由最高人民法院审判委员会第1825次会议通过,于2021年1月1日起施行。

二、《解释》中的几个主要问题

(一)关于死亡时间的确定

民法典第一千一百二十一条第一款规定,继承从被继承人死亡时开始。继承的开始意味着继承法律关系的形成,故继承开始的时间非常重要,其决定着继承人(受遗赠人)的范围、遗产的范围、遗产所有权的转移、遗嘱的效力和继承权放弃的时间等许多重要问题。死亡从法律上而言,包括自然死亡与宣告死亡。自然死亡就是生理意义上的死亡,即自然人生命的终结。《解释》保留了《继承法解释》第1条第1款关于"继承从被继承人生理死亡或者被宣告死亡时开始"的规定。

第一,关于生理死亡时间。实践中,确定生理死亡时间应当适用民法典第十五条的规定,即自然人死亡时间,以死亡证明记载的时间为准;没有死亡证明的,以户籍登记或者其他有效身份登记记载的时间为准。当然,如果有其他证据足以推翻以上记载时间的,应当以该证据证明的时间为准。

第二,关于宣告死亡时间。《继承法解释》第1条第2款规定:"失踪人被宣告死亡的,以法院判决中确定的失踪人的死亡日期,为继承开始的时间。"其后的《最高人民法院关于贯彻执行〈中华人民共和国民法通则〉若干问题的意见(试行)》第36条规定,被宣告死亡的人,判决宣告之日为其死亡的日期。但民法总则第四十八条对此作了修改,区分一般下落不明和因意外事件下落不明分别确定了不同的死亡时间,即被宣告死亡的人,人民法院宣告死亡的判决作出之日视为其死亡的日期;因意外事件下落不明宣告死亡的,意外事件发生之日视为其死亡的日期。民法典对该条未作修改。考虑到民法典总则编对宣告死亡时间已经有明确规定,司法解释无须重复,故《解释》第一条第二款将此转引至总则编的规定,据此认定继承开始的时间。

(二) 关于继承权丧失的确认

继承权丧失是指继承人因对被继承人或者其他继承人实施了法律所禁止的行为，而依法被取消继承被继承人遗产的资格。一般认为，在出现可以导致继承权丧失的事由之后，继承人当然地丧失继承权。但是，考虑到司法实践中，当事人往往对继承权是否丧失发生争议，因此，《解释》第五条基本沿用了原来的规定，即："在遗产继承中，继承人之间因是否丧失继承权发生纠纷，向人民法院提起诉讼的，由人民法院依据民法典第一千一百二十五条的规定，判决确认其是否丧失继承权。"该诉在性质上属于确认之诉。确认之诉不同于形成之诉，不引起民事法律关系的变动或消灭，只是对某种民事法律关系的确认或否认。因此，如果人民法院经过审理，认为该继承人符合民法典第一千一百二十五条规定的某项情形而确认其丧失继承权的，则该继承人丧失继承权的时点不是判决生效之时，而是法律规定的继承开始之时。此外，民法典第一千一百二十五条增加规定了受遗赠人丧失受遗赠权的规定，与继承人丧失继承权的情形相同。继承人与受遗赠人或者受遗赠人之间因是否丧失受遗赠权发生纠纷的，亦应当作同一理解，根据本条的处理思路进行处理。

(三) 关于被继承人宽恕制度

继承法中针对继承人丧失继承权的情形，没有规定被继承人宽恕制度，但是《继承法解释》基于社会生活实践，确立了该项制度，其中第13条规定，继承人虐待被继承人情节严重的，或者遗弃被继承人的，如以后确有悔改表现，而且被虐待人、被遗弃人生前又表示宽恕，可不确认其丧失继承权。民法典第一千一百二十五条吸收了《继承法解释》的该条规定，并拓展至"伪造、篡改、隐匿或者销毁遗嘱，情节严重"以及"以欺诈、胁迫手段迫使或者妨碍被继承人设立、变更或者撤回遗嘱，情节严重"两种情形，同时，将"事后在遗嘱中将其列为继承人"也作为宽恕的一种形式，对继承权法定丧失制度予以完善，从而更好地尊重被继承人处分自己财产的自由意志，也进一步弘扬了尊老爱幼的中华传统美德。但是，从民法典第一千一百二十五条规定看，如果继承人故意杀害被继承人或者为争夺遗产而杀害其他继承人的，属于继承权的绝对丧失，不适用被继承人宽恕制度。该继承权不仅包括法定继承的情形，也应当包括遗嘱继承的情形。因此，《解释》第八条保留了《继承法解释》第12条规定精神，明确如果存在民法典第一千一百二十五条规定的第一项和第二项情形，而被继承人立遗嘱将遗产指定由该继承人继承的，可以确认遗嘱无效，并确认该继承人丧失继承权。此处被继承人立遗嘱的行为包括上述法定情形发生之前，也包括相关情形发生之后。

(四) 关于代位继承问题

代位继承是法定继承中的一项重要制度，对于保障遗产在各支系中合理分配、实现财产的传承、发挥遗产育幼功能等方面具有重大作用。代位继承也被称为"间接继承"，是相对于本位继承而言，指具有法定继承权的人因主客观原因不能继承时，由其直系晚辈血亲按照该继承人的继承地位和顺序，继承被继承人遗产的制度。关于代位继承制度，在理解中需要注意以下几点。

第一，代位继承人范围。此次民法典编纂对代位继承制度作出了重大修改，增加了兄弟姐妹的子女可以代位继承的规定。据此，代位继承人包括两类：一类是被继承人子女的直系晚辈血亲；一类是被继承人兄弟姐妹的子女。《继承法解释》第25条基于代位继承的制度目的，明确被继承人的孙子女、外孙子女、曾孙子女、外曾孙子女都可以代位继承，代位继承人不受辈数的限制。《解释》第十四条保留了原来的规定。要特别强调的是，在被继承人子女直系晚辈血亲代位继承时，需要按照辈分依次代位，不能隔辈代位。例如，在儿子去世的情况下，孙子女可以代位继承，如果孙子女在世，曾孙子女不能代位继承，但如果孙子女也先于被继承人去世，则曾孙子女可以代位。在被继承人兄弟姐妹的子女代位继承时，从法条的文义解释看，应仅限于兄弟姐妹的子女，而不包括兄弟姐妹的其他直系晚辈。因此，在兄弟姐妹子女代位继承的情况下，代位继承人是受辈数限制的。还需注意的是，因兄弟姐妹是第二顺序继承人，只能在没有第一顺序继承人继承的情况下，被继承人的兄弟姐妹才有资格继承，其子女也才可能发生代位继承。如果被继承人的配偶或者父母、子女在世且未丧失或放弃继承权，则不发生兄弟姐妹子女代位继承的问题。此外，根据民法典第一千一百二十七条规定，继承编所称子女，包括婚生子女、非婚生子女、养子女和有扶养关系的继子女。据此，从体系解释的角度，被继承人兄弟姐妹的子女应当与被继承人的子女作一体解释，即只要符合民法典第一千一百二十七条子女的范围，均可以代位继承。

第二，代位继承人的分配原则。根据民法典第一千一百二十八条第三款规定，代位继承人一般只能继承被代位继承人有权继承的遗产份额。但是，考虑到代位继承是法定继承制度的一部分，在法定继承中需要多分或少分的，应当同样适用于代位继承情况。因此，《解释》第十六条保留了《继承法解释》第27条的规定，明确代位继承人缺乏劳动能力又没有生活来源或者对被继承人尽了主要赡养义务的，分配遗产时，可以多分。

第三，代位继承的限制。关于代位继承的法律性质，存在两种学说，一种是代表权说，一种是固有权说。代表权说认为，代位继承是代位继承人代表被代位继承人参加继承，行使被代位继承人的权利。在被代位继承人丧失或者放弃继承权的情况下，不能再由他人代位继承；固有权说认为，代位继承权是法律赋予代位继承人的固有权利，并不是基于被代位继承人的继承权而继承。因此，只要被代位继承人不能继承，代位继承人就可以代位继承。根据全国人大常委会法工委的解释，民法典最终没有采纳固有权说，而是采用代表权说，主要理由是：确定代位继承发生原因时，要综合考虑被继承人的意愿、遗产应发挥的功能、公序良俗等多方面因素，允许继承人在丧失继承权时可以由其直系晚辈血亲代位继承，违背丧失继承权制度的目的，容易引发道德风险，也不符合社会公众关于公平正义的期待。据此，《解释》第十七条保留了《继承法解释》第28条的规定，即采代表权说，在继承人丧失继承权的情况下，其晚辈直系血亲不得代位继承。当然，特殊情况下，代位继承人可以通过民法典第一千一百三十一条规定的酌分遗产请求权以及被继承人立遗嘱的方式，分给其一定遗产。也就是说，如果该代位继承人依靠被继承人抚养或者对被继承人赡养较多的，可以分给适当遗产。《解释》第十七条所称的"该代位继承人缺乏劳动能力又没有生活来源"是指该代位继承人需要依靠被继承人扶养的情况。此外，虽然第十七条没有明确规定，但对于兄弟姐妹丧失继承权的情况应按照本条精神作一体理解，即兄弟姐妹如果丧失继承权的，其子女亦不得代位继承。对于继承人放弃继承的，民法典也采代表权说。立法者认为，在继承开始后，继承人放弃继承的，并不是客观上不能行使继承权，而是对自己权利的一种处分，法律应当尊重当事人的选择。如果允许代位继承，可能违背继承人的意愿，也容易产生纠纷。因此，继承人放弃继承权的，也应参照《解释》第十七条的精神处理，即不论是其子女的直系晚辈血亲，还是其兄弟姐妹的子女，都不得代位继承。

第四，代位继承人与特定法定继承人的关系。当被继承人的子女先于被继承人死亡，如果该子女已经结婚，儿媳、女婿作为姻亲，不享有法定继承权。但法律为弘扬中华民族传统家庭美德和优良家风，促进家庭内部互助友爱、团结和睦，使老年人能够老有所养，同时贯彻权利义务一致原则，保留了继承法关于对公婆或者岳父母尽了主要赡养义务的丧偶儿媳、丧偶女婿的第一顺序法定继承人身份。为此，《解释》第十八条也保留了《继承法解释》第29条的规定，即丧偶儿媳对公婆、丧偶女婿对岳父母，无论其是否再婚，依法作为第一顺序继承人时，不影响其子女代位继承。

（五）关于放弃继承权的问题

继承权是继承人依法享有的一种权利，继承人可以放弃，也可以不放弃，应当以尊重继承人的真实意愿为原则。理解此问题时需要重点关注以下几个方面。

第一，放弃继承权的具体形式。考虑到放弃继承关系到继承人的重大利益，有必要以要式法律行为作出，民法典第一千一百二十四条在继承法规定的基础上，增加规定放弃的意思表示必须以书面方式作出，以示慎重。基于法律的上述修改，相应地，《解释》第三十三条删除了《继承法解释》第47条后半段"用口头方式表示放弃继承，本人承认，或有其他充分证据证明的，也应当认定其有效"的规定，以更加符合法律修改的精神。但是，考虑到继承人的各种特殊情况，有些继承人由于身体健康等方面的原因可能无法以书面方式提出，《解释》第三十四条保留了《继承法解释》第48条的规定，即在诉讼中，继承人向人民法院以口头方式表示放弃继承的，要制作笔录，由放弃继承的人签名。该种放弃继承的意思表示虽然是继承人以口头方式作出的，但是由于在诉讼中，通过制作笔录并由放弃继承的人签名的方式，固定了证据，实质上已经转化为书面形式，能够保证放弃继承意思表示的真实性，不违背民法典第一千一百二十四条的精神。而且，可以最大限度满足人民群众的司法需求。对于实践中如何认定书面形式，我们认为，可以参考民法典合同编中的第四百六十九条的规定，能够有形地表现所载内容的形式即可以认定为书面形式。除信件、电报、电传、传真等可以作为书面形式外，以电子数据交换、电子邮件等方式能够有形地表现所载内容，并可以随时调取查用的数据电文，也应可以视为书面形式。

第二，放弃继承的对象。民法典编纂过程中，有意见提出，应当明确规定放弃继承的意思表示须向遗产管理人作出。考虑到遗产管理人在继承开始后需要一段时间才能确定，所以民法典未予明确。民法典第一千一百四十五条规定，继承开始后，遗嘱执行人为遗产管理人；没有遗嘱执行人的，继承人应当及时推选遗产管理人；继承人未推选的，由继承人共同担任遗产管理人；没有继承人或者继承人均放弃继承的，由被继承人生前住所地的民政部门或者村民委员会担任遗产管理人。从该条规定的文字表述看，确定遗产管理人应当是遗产处理的前提，因此，放弃继承的意思表示似乎只需向遗产管理人作出即可。但是，实践中大多数普通家庭结构相对简单、财产并不复杂，可能并不存在名义上的遗产管理人。而且，即便明确遗产管理人，也需要在继承开始后一段时间才能确定。因此，《解释》虽然为配套衔接民法典新增加的遗产管理人制度，在第三十三条增加规定放弃继承的可以向遗产管理人提出，但仍保留了向"其他继承人表示"的规定。此外，如果在遗产继承的诉讼中，当事人向人民法院表示放弃继承的,也应当认可该意思表示的合法性。

第三,放弃继承权的限制。继承人可以放弃继承权,这是继承人对自己权益处分意思自治的体现,应当充分予以尊重。但是,如果继承人因放弃继承权导致其不能履行法定义务的,则应当认定该放弃继承的行为无效。此处的法定义务主要是指依法负有的抚养、扶养或赡养义务。例如,继承人原本生活困难,放弃继承后,导致无法履行对妻子的扶养义务,则该放弃继承的行为应认定无效。对于放弃继承导致不能履行合同义务的,是否因此认定放弃继承权的行为无效,存在争议。我们认为,继承权系源于血缘、婚姻等身份关系产生,放弃继承权可能基于情感利益或者其他家庭因素考量,会涉及其他继承人的利益,比如其他继承人尽了主要赡养义务或者其他继承人生活有特殊困难又缺乏劳动能力等,需要在其他继承人利益与债权人利益之间作出平衡。放弃继承权虽可能导致继承人责任财产不足以清偿债务,但不宜简单认定放弃继承权的行为无效。对于该行为,可以根据民法典第五百三十八条规定的精神予以处理。民法典第五百三十八条规定,债务人以放弃其债权、放弃债权担保、无偿转让财产等方式无偿处分财产权益,或者恶意延长其到期债权的履行期限,影响债权人的债权实现的,债权人可以请求人民法院撤销债务人的行为。与合同法第七十四条相比,该条扩大了债权人撤销权的范围,能够最大限度保障债权人利益。因此,如果债权人能够证明作为继承人的债务人恶意放弃继承影响债权人债权实现的,可以通过行使撤销权保障其合法权益。

第四,放弃继承的时间要求。根据民法典第一千一百二十四条的规定,放弃继承必须在特定时间作出,即继承开始后、遗产处理前。根据民法典第一千一百二十一条的规定,继承是从被继承人死亡时开始,如果被继承人尚未死亡,继承人就作出放弃继承的意思表示,因继承还未开始,这种放弃继承自应当是无效的。如果遗产已经处理完毕,遗产的所有权已经转移给继承人,此时继承人放弃的不是继承权,而是所继承遗产的所有权。《解释》第三十五条对此作出了规定。

第五,对放弃继承反悔的理解。根据禁止反言原则,放弃继承的,一般不应允许其反悔,但如果有特殊情况,人民法院可以根据其提出的具体理由决定是否承认。遗产处理后,遗产的所有权已经转移给各继承人或受遗赠人,为了维护社会秩序的稳定,则不宜再允许对放弃继承予以反悔。此处的反悔不包括欺诈、胁迫或者继承人无民事行为能力的情况,如果存在上述情形,根据民法典总则编的规定,应属于法定的撤销或者无效情形。

（六）关于转继承的问题

转继承是指继承人在继承开始后、遗产分割前死亡,其所应继承的遗产份额转由其继承人承受的法律制度。继承法没有规定转继承制度,但《继承法解释》第52条对转继承问题作出了明确规定。民法典第一千一百五十二条对此予以吸收并完善,规定:"继承开始后,继承人于遗产分割前死亡,并没有放弃继承的,该继承人应当继承的遗产转给其继承人,但是遗嘱另有安排的除外。"该条理清了转继承的是"该继承人应当继承的遗产",而不是"其继承遗产的权利"。同时,为最大限度尊重被继承人处分遗产的自由,增加了但书条款,即"遗嘱另有安排的除外"。所谓"遗嘱另有安排",是指被继承人在其遗嘱中,特别说明所留遗产仅限于给继承人本人,不得转继承给其他人。由于转继承制度经过完善后已经上升为法律规定,故《解释》删除了《继承法解释》第 52 条的规定。

《继承法解释》第 53 条还对受遗赠权转继承问题作出了规定，但是，此次民法典编纂并未将之上升为法律。对此，我们经研究认为，《继承法解释》第 53 条关于受遗赠权转继承的规定，不违背民法典规定的精神，可予以保留，即《解释》第三十八条"继承开始后，受遗赠人表示接受遗赠，并于遗产分割前死亡的，其接受遗赠的权利转移给他的继承人"。对该条征求全国人大常委会法工委意见时，全国人大常委会法工委亦未提出异议。

在理解该条时需要注意以下两点。

第一，根据民法典第一千一百二十四条的规定，受遗赠人应当在知道受遗赠后 60 日内，作出接受或者放弃受遗赠的表示；到期没有表示的，视为放弃受遗赠。因此，该条所称的"受遗赠人表示接受遗赠"需要在法律规定的时间作出。如果受遗赠人在知道受遗赠后超过 60 日作出接受遗赠的表示，则该表示无效，应当视为其已经放弃受遗赠。如果其在遗产分割前死亡，亦不存在受遗赠的权利转移给其继承人的问题。

第二，民法典物权编第二百三十条对物权法第二十九条进行重大修改，删去了受遗赠取得物权的，自受遗赠开始时发生效力的规定。可见，受遗赠的财产所有权已经从非法律行为的物权变动中剥离出来，应当遵循物权变动的一般原则，即使受遗赠人表示接受遗赠，遗产所有权亦不当然转移至受遗赠人。因此，《解释》仍沿用了"接受遗赠的权利"的表述，而未采用"接受遗赠的遗产"之表述。

（七）关于农村五保户问题

《继承法解释》第 55 条规定，集体组织对五保户实行五保时，双方有扶养协议的，按协议处理；没有扶养协议，死者有遗嘱继承人或法定继承人要求继承的，按遗嘱继承或法定继承处理，但集体组织有权要求扣回五保费用。但是，1994 年的《农村五保供养工作条例》改变了农村五保户遗产的归属。其中，第十八条规定，五保对象的个人财产，其本人可以继续使用，但是不得自行处分；其需要代管的财产，可以由农村集体经济组织代管。第十九条规定，五保对象死亡后，其遗产归所在的农村集体经济组织所有；有五保供养协议的，按照协议处理。可见，农村五保户死亡后，在没有五保供养协议的情况下，遗产由原来的可以由遗嘱继承人或法定继承人继承，变为归所在农村集体经济组织所有。为此，《最高人民法院关于如何处理农村五保对象遗产问题的批复》（法释〔2000〕23 号）规定，农村五保对象死亡后，其遗产按照国务院《农村五保供养工作条例》第十八条、第十九条的有关规定处理。该批复基于当时生效的《农村五保供养工作条例》，改变了《继承法解释》第 55 条确立的继承规则。随后，2006 年，新的《农村五保供养工作条例》出台，又废除了 1994 年《农村五保供养工作条例》第十八条和第十九条。依据 2006 年《农村五保供养工作条例》第十一条规定，农村五保供养资金，在地方人民政府财政预算中安排。有农村集体经营等收入的地方，可以从农村集体经营等收入中安排资金，用于补助和改善农村五保供养对象的生活。可见，目前五保户的供养资金主要来源于地方政府预算。在此情况下，不仅五保对象遗产归农村集体经济组织所有失去了依据，集体组织要求扣回五保费用也失去了依据。考虑到农村五保户的相关政策发生多次变化，因此，司法解释清理中不仅废止了《最高人民法院关于如何处理农村五保对象遗产问题的批复》，而且对《继承法解释》第 55 条也同时予以废止。本条在征求意见过程中，民政部无不同意见。司法实践中，如果存在五保户的遗产纠纷，可以根据《解释》第三十九条规定的精神予以处理。

（八）关于遗嘱问题

立遗嘱是指自然人生前依照法律规定预先处分其个人财产，安排与此有关的事务，并于其死亡后发生效力的单方民事法律行为。相较于法定继承由法律直接规定继承人的范围和继承顺序、继承遗产的份额等，依照遗嘱处分财产，可以由自然人自主决定在其死后如何对其个人财产进行分配与处置，充分体现了对自然人意思自治的尊重以及私有财产权利的保障。

遗嘱部分需要注意以下问题。

第一，遗嘱能力。遗嘱能力是否适用民事行为能力的一般规则，有不同的立法例。民法典第一千一百四十三条第一款规定，无民事行为能力人或者限制民事行为能力人所立的遗嘱无效。可见，我国采取的是遗嘱能力与民事行为能力一致原则。但是，法律对于以何时为准来认定遗嘱能力未予明确，《继承法解释》确定以立遗嘱时为准。《解释》继续采纳此立场。同时，根据民法典总则编对民事行为能力的表述，予以文字修改，第二十八条明确，遗嘱人立遗嘱时必须具有完全民事行为能力，无民事行为能力人或者限制民事行为能力人所立的遗嘱，即使其本人后来具有完全民事行为能力，仍属无效遗嘱。遗嘱人立遗嘱时具有完全民事行为能力，后来成为无民事行为能力人或者限制民事行为能力人的，不影响遗嘱的效力。这样，就比较全面地对遗嘱能力进行了规定。实践中，对遗嘱人立遗嘱时是否具有完全民事行为能力发生争议的，如果有条件，可以通过司法鉴定确定；如果无法判断何时丧失或者恢复完全民事行为能力，可以结合遗嘱人的病历资料、居民委员会（村民委员会）证明或者其他证人证言以及遗嘱的合理性等，运用日常生活经验法则，综合判断遗嘱人是否具有完全民事行为能力。

第二，公证遗嘱。继承法第二十条第三款规定，自书、代书、录音、口头遗嘱，不得撤销、变更公证遗嘱。《继承法解释》第42条进一步规定为：遗嘱人以不同形式立有数份内容相抵触的遗嘱，其中有公证遗嘱的，以最后所立公证遗嘱为准；没有公证遗嘱的，以最后所立的遗嘱为准。上述规定突出强调了公证遗嘱的优先效力。从法理上而言，遗嘱以体现立遗嘱人的真实意愿为己任，遗嘱的效力本质上取决于其真实性，只要是按照法律规定的方式设立的遗嘱，均应具有法律效力。公证遗嘱与其他遗嘱相比，并不存在哪种遗嘱的效力更优先的问题。公证遗嘱与其他遗嘱的差异在于，当遗嘱的真实性发生争议时，由于公证遗嘱形式更严格、程序更严谨，更能保障遗嘱人意思表示的真实性，因而，在证据的证明力上强于其他遗嘱，但本质上与其他遗嘱并无不同，不当然具有优先效力。从近些年的司法实践看，该规则有些情况下并不利于充分保护遗嘱人的遗嘱自由。作为一种死因民事法律行为，遗嘱从设立到生效往往要经过一段较长的时间，在此期间，客观情况往往会发生一定的变化，而公证遗嘱程序相对复杂，当事人立有公证遗嘱后，紧急情况下如果不能通过其他形式遗嘱变更原遗嘱内容，则不利于保护其自由处分的意志；从世界范围的立法例看，也没有公证遗嘱优先效力的规定。此次民法典编纂取消了原来公证遗嘱的优先效力，其中第一千一百四十二条第三款规定，立有数份遗嘱，内容相抵触的，以最后的遗嘱为准，即在存有数份遗嘱的情况下，完全按照先后顺序确定立遗嘱人的最后真实意思；立遗嘱人也可以自由通过其他形式改变公证遗嘱的内容。基于此，《解释》删除了与民法典新规定不符的《继承法解释》第42条。

（九）关于继承纠纷的共同诉讼问题

《继承法解释》第60条规定：继承诉讼开始后，如继承人、受遗赠人中有既不愿参加诉讼,又不表示放弃实体权利的,应追加为共同原告;已明确表示放弃继承的,不再列为当事人。该条确定了继承纠纷作为必要共同诉讼的情形。《最高人民法院关于适用〈中华人民共和国民事诉讼法〉的解释》第七十条也规定,在继承遗产的诉讼中,部分继承人起诉的,人民法院应通知其他继承人作为共同原告参加诉讼;被通知的继承人不愿意参加诉讼又未明确表示放弃实体权利的,人民法院仍应将其列为共同原告。我们认为,将继承纠纷作为必要共同诉讼,对于查清事实,更好地保护所有继承人利益,妥善解决继承纠纷具有重要意义。因此,《解释》对原规定的精神予以保留。考虑到民法典对继承的制度设计是采当然继承主义,只要不明确表示放弃继承的,即视为接受继承;但受遗赠不同,自然人以遗嘱方式作出遗赠虽然是单方行为,但从法律的本质上而言,遗赠行为在某种程度上应当视为一种双方法律行为,遗赠人作出赠与的意思表示,受遗赠人需要接受方可,这就需要双方意思表示达成一致方能成立,如果受遗赠人在法定期限内不做任何意思表示,赠与的合意难以形成,因此,法律规定接受遗赠必须以明示的方式作出意思表示,受遗赠人如果在法定期限内不作出意思表示的,即视为放弃。故《解释》第四十四条区分继承与受遗赠两种不同的制度设计,将原规定中的"已明确表示放弃继承的,不再列为当事人",修改为"继承人已书面表示放弃继承、受遗赠人在知道受遗赠后六十日内表示放弃受遗赠或者到期没有表示的,不再列为当事人",进一步完善了相关程序设计。

(十)其他问题

此次司法解释清理还尤其注重弘扬社会主义核心价值观。例如,民法典第一千一百六十条规定了无人继承又无人受遗赠的遗产归国家所有,用于公益事业;死者生前是集体所有制组织成员的,归所在集体所有制组织所有。但是,考虑到此情况下,如果在死者生前有对其扶养较多的人,可以适用民法典第一千一百三十一条规定的酌给遗产制度,使其获得一定数额的遗产,不仅在继承中贯彻了正义、扶助的理念,也有助于发扬我国养老育幼、互助互爱的传统美德,因此,《解释》第四十一条规定,遗产因无人继承又无人受遗赠归国家或集体所有制组织所有时,按照民法典第一千一百三十一条规定可以分给适当遗产的人提出取得遗产的诉讼请求,人民法院应当视情况适当分给遗产。

此外,由于民事行为能力、法定代理以及诉讼时效制度在民法典总则编中已有明确规定,故《解释》删除了《继承法解释》第7条、第8条以及第15条至第18条规定。

指导案例 50 号

李某、郭某阳诉郭某和、童某某继承纠纷案

(最高人民法院审判委员会讨论通过 2015 年 4 月 15 日发布)

关键词

民事 继承 人工授精 婚生子女

裁判要点

1. 夫妻关系存续期间，双方一致同意利用他人的精子进行人工授精并使女方受孕后，男方反悔，而女方坚持生出该子女的，不论该子女是否在夫妻关系存续期间出生，都应视为夫妻双方的婚生子女。

2. 如果夫妻一方所订立的遗嘱中没有为胎儿保留遗产份额，因违反《中华人民共和国继承法》第十九条规定，该部分遗嘱内容无效。分割遗产时，应当依照《中华人民共和国继承法》第二十八条规定，为胎儿保留继承份额。

相关法条

《中华人民共和国民法通则》第五十七条

《中华人民共和国继承法》第十九条、第二十八条

基本案情

原告李某诉称：位于江苏省南京市某住宅小区的306室房屋，是其与被继承人郭某顺的夫妻共同财产。郭某顺因病死亡后，其儿子郭某阳出生。郭某顺的遗产，应当由妻子李某、儿子郭某阳与郭某顺的父母即被告郭某和、童某某等法定继承人共同继承。请求法院在析产继承时，考虑郭某和、童某某有自己房产和退休工资，而李某无固定收入还要抚养幼子的情况，对李某和郭某阳给予照顾。

被告郭某和、童某某辩称：儿子郭某顺生前留下遗嘱，明确将306室赠与二被告，故对该房产不适用法定继承。李某所生的孩子与郭某顺不存在血缘关系，郭某顺在遗嘱中声明他不要这个人工授精生下的孩子，他在得知自己患癌症后，已向李某表示过不要这个孩子，是李某自己坚持要生下孩子。因此，应该由李某对孩子负责，不能将孩子列为郭某顺的继承人。

法院经审理查明：1998年3月3日，原告李某与郭某顺登记结婚。2002年，郭某顺以自己的名义购买了涉案建筑面积为45.08平方米的306室房屋，并办理了房屋产权登记。2004年1月30日，李某和郭某顺共同与南京军区南京总医院生殖遗传中心签订了人工授精协议书，对李某实施了人工授精，后李某怀孕。2004年4月，郭某顺因病住院，其在得知自己患了癌症后，向李某表示不要这个孩子，但李某不同意人工流产，坚持要生下孩子。5月20日，郭某顺在医院立下自书遗嘱，在遗嘱中声明他不要这个人工授精生下的孩子，并将306室房屋赠与其父母郭某和、童某某。郭某顺于5月23日病故。李某于当年10月22日产下一子，取名郭某阳。原告李某无业，每月领取最低生活保障金，另有不固定的打工收入，并持有夫妻关系存续期间的共同存款18705.4元。被告郭某和、童某某系郭某顺的父母，居住在同一个住宅小区的305室，均有退休工资。2001年3月，郭某顺为开店，曾向童某某借款8500元。

南京大陆房地产估价师事务所有限责任公司受法院委托，于2006年3月对涉案306室房屋进行了评估，经评估房产价值为19.3万元。

裁判结果

江苏省南京市秦淮区人民法院于2006年4月20日作出一审判决：涉案的306室房屋归原告李某所有；李某于本判决生效之日起三十日内，给付原告郭某阳33442.4元，该款由郭某阳的法定代理人李某保管；李某于本判决生效之日起三十日内，给付被告郭某和33442.4元、给付被告童某某41942.4元。一审宣判后，双方当事人均未提出上诉，判决已发生法律效力。

裁判理由

法院生效裁判认为：本案争议焦点主要有两方面：一是郭某阳是否为郭某顺和李某的婚生子女？二是在郭某顺留有遗嘱的情况下，对306室房屋应如何析产继承？

关于争议焦点一。《最高人民法院关于夫妻离婚后人工授精所生子女的法律地位如何确定的复函》中指出："在夫妻关系存续期间，双方一致同意进行人工授精，所生子女应视为夫妻双方的婚生子女，父母子女之间权利义务关系适用《婚姻法》的有关规定。"郭某顺因无生育能力，签字同意医院为其妻子即原告李某施行人工授精手术，该行为表明郭某顺具有通过人工授精方法获得其与李某共同子女的意思表示。只要在夫妻关系存续期间，夫妻双方同意通过人工授精生育子女，所生子女均应视为夫妻双方的婚生子女。民法通则第五十七条规定："民事法律行为从成立时起具有法律约束力。行为人非依法律规定或者取得对方同意，不得擅自变更或者解除。"因此，郭某顺在遗嘱中否认其与李某所怀胎儿的亲子关系，是无效民事行为，应当认定郭某阳是郭某顺和李某的婚生子女。

关于争议焦点二。继承法第五条规定："继承开始后，按照法定继承办理；有遗嘱的，按照遗嘱继承或者遗赠办理；有遗赠扶养协议的，按照协议办理。"被继承人郭某顺死亡后，继承开始。鉴于郭某顺留有遗嘱，本案应当按照遗嘱继承办理。继承法第二十六条规定："夫妻在婚姻关系存续期间所得的共同所有的财产，除有约定的以外，如果分割遗产，应当先将共同所有的财产的一半分出为配偶所有，其余的为被继承人的遗产。"《最高人民法院关于贯彻执行〈中华人民共和国继承法〉若干问题的意见》第38条规定："遗嘱人以遗嘱处分了属于国家、集体或他人所有的财产，遗嘱的这部分，应认定无效。"登记在被继承人郭某顺名下的306室房屋，已查明是郭某顺与原告李某夫妻关系存续期间取得的夫妻共同财产。郭某顺死亡后，该房屋的一半应归李某所有，另一半才能作为郭某顺的遗产。郭某顺在遗嘱中，将306室全部房产处分归其父母，侵害了李某的房产权，遗嘱的这部分应属无效。此外，继承法第十九条规定："遗嘱应当对缺乏劳动能力又没有生活来源的继承人保留必要的遗产份额。"郭某顺在立遗嘱时，明知其妻子腹中的胎儿而没有在遗嘱中为胎儿保留必要的遗产份额，该部分遗嘱内容无效。继承法第二十八条规定："遗产分割时，应当保留胎儿的继承份额。"因此，在分割遗产时，应当为该胎儿保留继承份额。综上所述，在扣除应当归李某所有的财产和应当为胎儿保留的继承份额之后，郭某顺遗产的剩余部分才可以按遗嘱确定的分配原则处理。

【解读】

解读《李某、郭某阳诉郭某和、童某某继承纠纷案》

2015年4月15日，最高人民法院发布了指导性案例《李某、郭某阳诉郭某和、童某某继承纠纷案》（指导性案例50号）。为了正确理解和准确参照适用该指导性案例，先对其推选经过、裁判要点、需要说明的问题等情况予以解释、论证和说明。

一、推选过程及其意义

李某、郭某阳诉郭某和、童某某继承纠纷案,由南京市秦淮区人民法院、南京市中级人民法院作为备选指导性案例报送江苏省高级人民法院,经江苏省高级人民法院审判委员会讨论决定,将本案例向最高人民法院案例指导办公室推荐。案例指导办公室经研究讨论后将该案例送最高人民法院民一庭审查和征求意见。民一庭经审查认为,该案例适用法律正确,对审理同类案件具有指导作用,同意作为指导性案例。2015年4月15日,最高人民法院审判委员会经讨论认为,该案例符合《最高人民法院关于案例指导工作的规定》第二条的有关规定,同意将该案例确定为指导性案例。4月15日,最高人民法院以法〔2015〕85号文件将该案例作为第10批第50号指导性案例予以发布。

该案例旨在明确通过人工授精出生子女的法律地位问题。随着科学技术的发展,体外受精技术日趋成熟,人工授精子女的出现解决了许多家庭不孕不育的难题,但同时也引发了许多伦理与法理难题,诸如人工授精子女法律地位的讨论、对人工授精所生子女继承权的争议等。但是,我国目前尚未通过专门的立法予以明确人工授精所生子女的法律地位,目前关于人工授精所生子女的继承权问题,主要依据有关胎儿的立法规定来处理。民法通则第九条规定:"公民从出生时起到死亡时止,具有民事权利能力,依法享有民事权利,承担民事义务。"根据该立法规定,胎儿不具备民事权利能力。为了保护胎儿出生后的利益,继承法第二十八条规定:"遗产分割时,应当保留胎儿的继承份额。"但是对于人工授精所孕胎儿,其法律地位如何,亦无明确法律规定。关于人工授精所生子女的法律地位,目前仅有《最高人民法院关于夫妻离婚后人工授精所生子女的法律地位如何确定的复函》:"在夫妻关系存续期间,双方一致同意进行人工授精,所生子女应视为夫妻双方的婚生子女,父母子女之间的权利义务关系适用《婚姻法》的有关规定。"这是我国首次对人类辅助生殖技术所生子女的法律地位作出规定。但在新修订的婚姻法以及相关司法解释中,对这一问题并没有予以明确。该起案例明确了夫妻关系存续期间,双方一致同意利用他人的精子进行人工授精并使女方受孕后,男方反悔,而女方坚持生出该子女,该子女出生后应当认定为婚生子女,以及在夫妻一方所订立的遗嘱中没有为胎儿保留遗产份额的遗嘱效力等。该指导性案例有利于依法保护通过人工授精出生子女及妇女的合法权益,统一类似案件的裁判标准。

二、裁判要点的理解与说明

该指导案例的裁判要点确认:(1)夫妻关系存续期间,双方一致同意利用他人的精子进行人工授精并使女方受孕后,男方反悔,而女方坚持生出该子女的,不论该子女是否在夫妻关系存续期间出生,都应视为夫妻双方的婚生子女。(2)如果夫妻一方所订立的遗嘱中没有为胎儿保留遗产份额,因违反继承法第十九条规定,该部分遗嘱内容无效。分割遗产时,应当依照继承法第二十八条规定,为胎儿保留继承份额。以下围绕与该裁判要点相关的问题逐一分析说明。

(一)人工授精子女的法律地位

1. 人工授精的概念和类型

人类辅助生殖技术又称人工生殖技术,是指运用医学技术和方法对配子、合子、胚胎进行人工操作，以达到受孕目的的技术。① 根据我国《人类辅助生殖技术管理办法》的规定，人工生殖技术包括人工授精和体外授精—胚胎移植及其各种衍生技术两大类。有学者认为，当代人工生殖技术包括以下四种：人工体内授精、人工体外授精、代孕、无性生殖。这里仅对目前人工生殖技术在医学实践中已经推广应用于临床的人工体内授精所产生的法律问题进行研讨，由于现行法禁止代孕和无性生殖，所以将其排除在外。

人工授精是指"不同于人类传统基于两性性爱的自然生育过程，而是根据生物遗传工程理论，采用人工方法取出精子或卵子，然后用人工方法将精子或受精卵胚胎注入妇女子宫，使其受孕的一种新生殖技术。"② 人工授精主要有两类：（1）同质人工授精，简称AIH，即夫精人工授精，是指利用人工技术将丈夫的精子与妻子的卵子结合，形成受精卵之后在妻子的子宫内着床、发育、分娩。在同质人工授精的情形下，精子和卵子分别来自父母双方，与自然繁殖唯一的区别只是精卵结合的方式不同，利用人工技术取代了传统的性行为，在此种条件下出生的子女，完全具备和父母之间的生物学联系，其遗传父母即为法律父母，因此现实生活中，夫精人工授精技术所引起的法律问题较少，同质人工授精所生子女的法律地位较为明确，可以沿用传统的亲子认定规则，即该情况下出生的子女具备同婚生子女相同的法律地位。当然，随着人工授精技术的不断发展和成熟，精子冷冻技术的出现，应用同质人工授精所生子女的身份确定还需要进一步探讨。（2）异质人工授精，简称AID，即供精人工授精，是指通过人工技术将丈夫以外的第三人提供的精子与妻子的卵子结合形成受精卵并在妻子的子宫内发育的辅助生殖技术。在这种情况下出生的子女有两个父亲存在，一个是遗传学上的父亲即提供精子的一方；一个是其社会学父亲即生母的丈夫。由此产生两个父亲的冲突。异质人工授精是使用丈夫以外的男性的精子使女性怀孕，这种生育方式切断了婚姻与生儿育女的纽带，使以血缘为基础和纽带的传统亲子关系受到根本性的冲击，产生的最基本的法律后果就是如何确认人工授精所生子女的法律地位，人工授精所生子女是属于养子女、继子女、还是婚生子女？确定子女的法律地位直接涉及监护、抚养、赡养、继承等相关法律问题，影响家庭的稳定、和睦，社会的稳定、安全，成为当前婚姻家庭法学亟待解决的问题。世界上多数国家倾向于将此种情形下的异质人工授精子女视为婚生子女。"1973年《美国统一亲子法》指出，如果已婚妇女使用第三人精子通过人工授精怀孕，且经过其丈夫同意，由有资格的医生实施手术，该子女即视为丈夫的婚生子女，捐精者在法律上不视为该子女的自然父亲。1988年英国《家庭法改革条例》指出，如果妻子因捐精人工授精而产下婴儿，丈夫应被视为孩子的父亲，除非丈夫不同意妻子接受人工授精。"③ 此种情形也完全符合我国1991年最高法院的复函规定。

2. 人工授精子女认定为婚生子女的条件

根据上述复函，人工授精子女，无论是同质人工授精子女，还是异质人工授精子

---

① 《人类辅助生殖技术管理办法》第二十四条第一款规定："本办法所称人类辅助生殖技术是指运用医学技术和方法对配子、合子、胚胎进行人工操作，以达到受孕目的的技术，分为人工授精和体外受精—胚胎移植技术及其各种衍生技术。"
② 马原主编：《新婚姻法案例评析》，人民法院出版社2002年版，第200页。
③ 杨遂全等：《婚姻家庭法新论》，法律出版社2003年版，第176页。

女,要视为夫妻双方的婚生子女,且适用婚姻法关于父母之间权利义务的规定,应当同时具备两个前提条件:(1)该子女必须是在夫妻关系存续期间进行人工授精所生。由此必须明确一个问题,即指该子女系在夫妻关系存续期间进行人工授精即可,还是指该子女是在夫妻关系存续期间进行人工授精,并且在夫妻关系存续期间出生?根据上述最高人民法院复函,人工授精子女视为婚生子女。对于何为婚生子女,我国法律没有明确界定。对婚生子女的界定,理论上存在不同的学说,主要有受胎说、出生说和混合说三类。受胎说主张以婚姻关系存续期间母亲怀孕并分娩的事实来认定所生子女为婚生子女,法国民法典规定,婚姻期间受孕的子、女,夫为其父。出生说主张在婚姻关系存续期间出生的子女,分娩该子女的母亲的丈夫为其子女的生父,英美法系国家大多数采用此种学说。混合说主张在婚姻关系存续期间所受胎和出生的子女推定为婚生子女,目前世界上许多国家均采用此种学说。我国对婚生子女虽然没有明确的法律界定,但当前的理论研究和司法实践反映出,我国对婚生子女推定制度采用的是混合说,将婚姻关系存续期间受胎或出生的子女均推定为婚生子女加以保护。因此,根据对婚生子女的理解,只要该子女是夫妻关系存续期间进行人工授精的,则不论人工授精之后,双方夫妻关系是否因为离婚或者一方死亡而终止,该子女均应视为婚生子女。(2)必须经过夫妻双方一致同意进行人工授精。即"采用人工授精方式生育子女必须是夫妻双方协商一致的行为,如果夫妻一方未经对方同意,擅自进行人工授精而生育子女,则不能直接适用该条规定,认定为婚生子女。"[①] 由此可以推论,妻子如果在未经丈夫同意的情况下实施了异质人工授精,则此种情形下,该子女与生母的丈夫没有任何生物学上的联系,所以丈夫对此可以适用婚生否定的制度。

结合该起指导性案例争议焦点一,郭某阳是否为郭某顺和李某的婚生子女?经法院审理查明,郭某顺因无生育能力,签字同意医院为其妻子即原告李某施行人工授精手术,该行为表明郭某顺具有通过人工授精方法获得其与李某共同子女的意思表示。只要在夫妻关系存续期间,夫妻双方同意通过人工授精生育子女,所生子女无论是与夫妻双方还是与其中一方没有血缘关系,均应视为夫妻双方的婚生子女。民法通则第五十七条规定:"民事法律行为从成立时起具有法律约束力。行为人非依法律规定或者取得对方同意,不得擅自变更或者解除。"因此,郭某顺对签字同意施行人工授精手术一事表示反悔,但此时其妻李某已经受孕,郭某顺要反悔此事,依照法律规定需要征得其妻李某的同意,在未取得其妻李某的同意下,郭某顺不得以其单方意志擅自变更或解除。因此,郭某顺在遗嘱中否认其与李某所怀胎儿的亲子关系,属无效民事行为,应当认定郭某阳是郭某顺和李某的婚生子女。

(二)人工授精子女的继承权

1. 遗产分割应当保留胎儿的继承份额

首先关于胎儿享有的民事权利。我国法律关于自然人的民事权利能力采用的是出生说,民法通则第九条规定:"公民从出生时起到死亡时止,具有民事权利能力,依法享有民事权利,承担民事义务。"有关胎儿享有的民事权利,散见在相关法律规定中。继承法第二十八条规定:"遗产分割时,应当保留胎儿的继承份额。胎儿出生时是死体

[①] 江必新、何东宁、肖芳:《最高人民法院指导性案例裁判规则理解与适用·婚姻家庭卷》,中国法制出版社2013年版,第25页。

的，保留的份额按照法定继承办理。"继承法对胎儿在继承中的利益给予了特殊的保护，不仅父母死亡前出生的子女有继承权，在父亲死亡前已经受孕且在父亲死亡后活着出生的子女也有继承权。《最高人民法院关于贯彻执行〈中华人民共和国继承法〉若干问题的意见》第45条规定："应当为胎儿保留的遗产份额没有保留的，应从继承人所继承的遗产中扣回。为胎儿保留的遗产份额，如胎儿出生后死亡的，由其继承人继承；如胎儿出生时就是死体的，由被继承人的继承人继承。"劳动和社会保障部颁布的《因工死亡职工供养亲属范围规定》第二条第二款规定："本规定所称子女，包括婚生子女、非婚生子女、养子女和有抚养关系的继子女，其中，婚生子女、非婚生子女包括遗腹子女"，按照这一规定，遗腹子女可以申请供养亲属抚恤金。上述法律规定，体现了我国法律保护胎儿权利的立法精神。依照上述法律制度，在司法实践中，要对胎儿的预留权进行保护，注意以下两个方面：(1) 在遗产分割时，无论是在法定继承情形下，还是在遗嘱继承情形下，继承人均应当为胎儿保留继承份额，且在多胞胎的情形下，如果仅保留了一份继承份额，则应从继承人继承的遗产中扣除其他胎儿的继承份额。(2) 胎儿出生时为活体的，为胎儿保留的继承份额由其法定代理人代为保管；胎儿出生后死亡的，为胎儿保留的继承份额则为胎儿的遗产，由其法定继承人依照法定继承有关法律规定予以继承；胎儿出生时是死体的，为胎儿保留的继承份额仍然属于被继承人的遗产，应当由被继承人的继承人予以分割。该起案件中，郭某阳是郭某顺和李某的婚生子女，在其父郭某顺死亡前已经受孕，且在其父死亡后活着出生，是其父郭某顺的合法继承人。

2. 被继承人留有遗嘱的情形下胎儿的继承权问题

继承法第五条规定："继承开始后，按照法定继承办理；有遗嘱的，按照遗嘱继承或者遗赠办理；有遗赠扶养协议的，按照协议办理。"根据"遗嘱在先原则"，继承开始后，按照法定继承办理，有遗嘱的，按照遗嘱继承。该起案件中，郭某顺留有遗嘱，应当按照遗嘱继承办理，自被继承人郭某顺死亡后，继承开始。(1) 被继承人在遗嘱中处分夫妻共有财产的效力问题。依据继承法第二十六条规定："夫妻在婚姻关系存续期间所得的共同所有的财产，除有约定的以外，如果分割遗产，应当先将共同所有的财产的一半分出为配偶所有，其余的为被继承人的遗产。"《最高人民法院关于贯彻执行〈中华人民共和国继承法〉若干问题的意见》第38条规定："遗嘱人以遗嘱处分了属于国家、集体或他人所有的财产，遗嘱的这部分，应认定无效。"登记在被继承人郭某顺名下的306室房屋，已查明是郭某顺与原告李某夫妻关系存续期间取得的夫妻共同财产。郭某顺死亡后，该房屋的一半应归李某所有，另一半才能作为郭某顺的遗产。郭某顺在遗嘱中，将306室全部房产处分归其父母，侵害了李某的房产权，遗嘱的这部分应属无效。(2) 遗嘱中未保留胎儿继承份额的问题。依据继承法第十九条规定："遗嘱应当对缺乏劳动能力又没有生活来源的继承人保留必要的遗产份额。"郭某顺在立遗嘱时，明知妻子李某经过其同意，通过人工授精手术受孕，却在立遗嘱时以人工授精（不是本人精子）为由，表示坚决不要孩子，将自己遗留的房产全部交给父母继承。郭某顺死亡后，郭某阳出生，郭某阳是郭某顺的婚生子、合法的继承人，且出生后缺乏劳动能力又没有生活来源，而郭某顺未在遗嘱中为其保留必要的遗产份额，侵害了胎儿的预留份，不符合继承法及相关司法解释规定，该部分遗嘱内容无效。综上所述，在扣除应当归李某所有的财产和应当为胎儿保留的继承份额之后，郭某顺遗产的剩余部分才可以按遗嘱确定的分配原则处理。该起案件中,被继承人死亡时的个人遗产有涉案房产的二分之一,其中三分之一即全部的六分之一应归原告郭某阳继承,余下的三分之二即全部房产的三分之一,由二被告共同继承。考虑继承人的实际需要及所占份额,该房应归原告李某所有,李某按该房产评估价值19.3万元,折价补偿郭某阳32166.7元,补偿被告郭某和32166.7元,补偿被告童某某32166.7元。

3. 被继承人遗嘱中未涉及的遗产部分的处理

依据遗嘱继承与法定继承的处理规则,继承开始后,按照法定继承办理;有遗嘱的,按照遗嘱继承或者遗赠办理;有遗赠扶养协议的,按照协议办理。在该起案件中,关于被继承人遗嘱未涉及的遗产部分,应当依照法定继承规则办理。故本案中的夫妻共同存款在分出原告李某的一半后,另一半由享有继承权的二原告及二被告继承。对被告童某某主张的欠款,认定为夫妻共同债务,应以夫妻共同财产清偿。综上所述,郭某顺、李某夫妻共同存款为18705.4元,与夫妻共同债务欠被继承人父母的8500元相抵,属于被继承人的遗产存款为5102.7元,由享有继承权的二被告郭某和、童某某(被继承人父、母)及二原告(被继承人妻子、人工授精所生子)按法定继承分配,故每一位继承人各继承四分之一,为1275.7元。上述存款因在原告李某处,故由李某给付其他三位继承人应得的继承款,并向被告童某某偿还欠款8500元,一并执行具有给付内容的款项。

(撰稿人:丁伟利、李兵)

六、侵权责任

中华人民共和国道路交通安全法

(2003年10月28日第十届全国人民代表大会常务委员会第五次会议通过 根据2007年12月29日第十届全国人民代表大会常务委员会第三十一次会议《关于修改〈中华人民共和国道路交通安全法〉的决定》第一次修正 根据2011年4月22日第十一届全国人民代表大会常务委员会第二十次会议《关于修改〈中华人民共和国道路交通安全法〉的决定》第二次修正 根据2021年4月29日第十三届全国人民代表大会常务委员会第二十八次会议《关于修改〈中华人民共和国道路交通安全法〉等八部法律的决定》第三次修正)

目 录

第一章 总 则
第二章 车辆和驾驶人

第一节　机动车、非机动车
　　第二节　机动车驾驶人
第三章　道路通行条件
第四章　道路通行规定
　　第一节　一般规定
　　第二节　机动车通行规定
　　第三节　非机动车通行规定
　　第四节　行人和乘车人通行规定
　　第五节　高速公路的特别规定
第五章　交通事故处理
第六章　执法监督
第七章　法律责任
第八章　附　则

第一章　总　则

　　第一条　为了维护道路交通秩序，预防和减少交通事故，保护人身安全，保护公民、法人和其他组织的财产安全及其他合法权益，提高通行效率，制定本法。

　　第二条　中华人民共和国境内的车辆驾驶人、行人、乘车人以及与道路交通活动有关的单位和个人，都应当遵守本法。

　　第三条　道路交通安全工作，应当遵循依法管理、方便群众的原则，保障道路交通有序、安全、畅通。

　　第四条　各级人民政府应当保障道路交通安全管理工作与经济建设和社会发展相适应。

　　县级以上地方各级人民政府应当适应道路交通发展的需要，依据道路交通安全法律、法规和国家有关政策，制定道路交通安全管理规划，并组织实施。

　　第五条　国务院公安部门负责全国道路交通安全管理工作。县级以上地方各级人民政府公安机关交通管理部门负责本行政区域内的道路交通安全管理工作。

　　县级以上各级人民政府交通、建设管理部门依据各自职责，负责有关的道路交通工作。

　　第六条　各级人民政府应当经常进行道路交通安全教育，提高公民的道路交通安全意识。

　　公安机关交通管理部门及其交通警察执行职务时，应当加强道路交通安全法律、法规的宣传，并模范遵守道路交通安全法律、法规。

　　机关、部队、企业事业单位、社会团体以及其他组织，应当对本单位的人员进行道路交通安全教育。

　　教育行政部门、学校应当将道路交通安全教育纳入法制教育的内容。

　　新闻、出版、广播、电视等有关单位，有进行道路交通安全教育的义务。

　　第七条　对道路交通安全管理工作，应当加强科学研究，推广、使用先进的管理方法、技术、设备。

第二章　车辆和驾驶人

第一节　机动车、非机动车

第八条　国家对机动车实行登记制度。机动车经公安机关交通管理部门登记后，方可上道路行驶。尚未登记的机动车，需要临时上道路行驶的，应当取得临时通行牌证。

第九条　申请机动车登记，应当提交以下证明、凭证：
（一）机动车所有人的身份证明；
（二）机动车来历证明；
（三）机动车整车出厂合格证明或者进口机动车进口凭证；
（四）车辆购置税的完税证明或者免税凭证；
（五）法律、行政法规规定应当在机动车登记时提交的其他证明、凭证。

公安机关交通管理部门应当自受理申请之日起五个工作日内完成机动车登记审查工作，对符合前款规定条件的，应当发放机动车登记证书、号牌和行驶证；对不符合前款规定条件的，应当向申请人说明不予登记的理由。

公安机关交通管理部门以外的任何单位或者个人不得发放机动车号牌或者要求机动车悬挂其他号牌，本法另有规定的除外。

机动车登记证书、号牌、行驶证的式样由国务院公安部门规定并监制。

第十条　准予登记的机动车应当符合机动车国家安全技术标准。申请机动车登记时，应当接受对该机动车的安全技术检验。但是，经国家机动车产品主管部门依据机动车国家安全技术标准认定的企业生产的机动车型，该车型的新车在出厂时经检验符合机动车国家安全技术标准，获得检验合格证的，免予安全技术检验。

第十一条　驾驶机动车上道路行驶，应当悬挂机动车号牌，放置检验合格标志、保险标志，并随车携带机动车行驶证。

机动车号牌应当按照规定悬挂并保持清晰、完整，不得故意遮挡、污损。

任何单位和个人不得收缴、扣留机动车号牌。

第十二条　有下列情形之一的，应当办理相应的登记：
（一）机动车所有权发生转移的；
（二）机动车登记内容变更的；
（三）机动车用作抵押的；
（四）机动车报废的。

第十三条　对登记后上道路行驶的机动车，应当依照法律、行政法规的规定，根据车辆用途、载客载货数量、使用年限等不同情况，定期进行安全技术检验。对提供机动车行驶证和机动车第三者责任强制保险单的，机动车安全技术检验机构应当予以检验，任何单位不得附加其他条件。对符合机动车国家安全技术标准的，公安机关交通管理部门应当发给检验合格标志。

对机动车的安全技术检验实行社会化。具体办法由国务院规定。

机动车安全技术检验实行社会化的地方，任何单位不得要求机动车到指定的场所进行检验。

公安机关交通管理部门、机动车安全技术检验机构不得要求机动车到指定的场所进行维修、保养。

机动车安全技术检验机构对机动车检验收取费用，应当严格执行国务院价格主管部门核定的收费标准。

第十四条 国家实行机动车强制报废制度，根据机动车的安全技术状况和不同用途，规定不同的报废标准。

应当报废的机动车必须及时办理注销登记。

达到报废标准的机动车不得上道路行驶。报废的大型客、货车及其他营运车辆应当在公安机关交通管理部门的监督下解体。

第十五条 警车、消防车、救护车、工程救险车应当按照规定喷涂标志图案，安装警报器、标志灯具。其他机动车不得喷涂、安装、使用上述车辆专用的或者与其相类似的标志图案、警报器或者标志灯具。

警车、消防车、救护车、工程救险车应当严格按照规定的用途和条件使用。

公路监督检查的专用车辆，应当依照公路法的规定，设置统一的标志和示警灯。

第十六条 任何单位或者个人不得有下列行为：

（一）拼装机动车或者擅自改变机动车已登记的结构、构造或者特征；

（二）改变机动车型号、发动机号、车架号或者车辆识别代号；

（三）伪造、变造或者使用伪造、变造的机动车登记证书、号牌、行驶证、检验合格标志、保险标志；

（四）使用其他机动车的登记证书、号牌、行驶证、检验合格标志、保险标志。

第十七条 国家实行机动车第三者责任强制保险制度，设立道路交通事故社会救助基金。具体办法由国务院规定。

第十八条 依法应当登记的非机动车，经公安机关交通管理部门登记后，方可上道路行驶。

依法应当登记的非机动车的种类，由省、自治区、直辖市人民政府根据当地实际情况规定。

非机动车的外形尺寸、质量、制动器、车铃和夜间反光装置，应当符合非机动车安全技术标准。

第二节 机动车驾驶人

第十九条 驾驶机动车，应当依法取得机动车驾驶证。

申请机动车驾驶证，应当符合国务院公安部门规定的驾驶许可条件；经考试合格后，由公安机关交通管理部门发给相应类别的机动车驾驶证。

持有境外机动车驾驶证的人，符合国务院公安部门规定的驾驶许可条件，经公安机关交通管理部门考核合格的，可以发给中国的机动车驾驶证。

驾驶人应当按照驾驶证载明的准驾车型驾驶机动车；驾驶机动车时，应当随身携带机动车驾驶证。

公安机关交通管理部门以外的任何单位或者个人，不得收缴、扣留机动车驾驶证。

第二十条 机动车的驾驶培训实行社会化，由交通运输主管部门对驾驶培训学校、驾驶培训班实行备案管理，并对驾驶培训活动加强监督，其中专门的拖拉机驾驶培训学校、驾驶培训班由农业（农业机械）主管部门实行监督管理。

驾驶培训学校、驾驶培训班应当严格按照国家有关规定，对学员进行道路交通安全法律、法规、驾驶技能的培训，确保培训质量。

任何国家机关以及驾驶培训和考试主管部门不得举办或者参与举办驾驶培训学校、驾驶培训班。

第二十一条 驾驶人驾驶机动车上道路行驶前，应当对机动车的安全技术性能进行认真检查；不得驾驶安全设施不全或者机件不符合技术标准等具有安全隐患的机动车。

第二十二条 机动车驾驶人应当遵守道路交通安全法律、法规的规定，按照操作规范安全驾驶、文明驾驶。

饮酒、服用国家管制的精神药品或者麻醉药品，或者患有妨碍安全驾驶机动车的疾病，或者过度疲劳影响安全驾驶的，不得驾驶机动车。

任何人不得强迫、指使、纵容驾驶人违反道路交通安全法律、法规和机动车安全驾驶要求驾驶机动车。

第二十三条 公安机关交通管理部门依照法律、行政法规的规定，定期对机动车驾驶证实施审验。

第二十四条 公安机关交通管理部门对机动车驾驶人违反道路交通安全法律、法规的行为，除依法给予行政处罚外，实行累积记分制度。公安机关交通管理部门对累积记分达到规定分值的机动车驾驶人，扣留机动车驾驶证，对其进行道路交通安全法律、法规教育，重新考试；考试合格的，发还其机动车驾驶证。

对遵守道路交通安全法律、法规，在一年内无累积记分的机动车驾驶人，可以延长机动车驾驶证的审验期。具体办法由国务院公安部门规定。

第三章 道路通行条件

第二十五条 全国实行统一的道路交通信号。

交通信号包括交通信号灯、交通标志、交通标线和交通警察的指挥。

交通信号灯、交通标志、交通标线的设置应当符合道路交通安全、畅通的要求和国家标准，并保持清晰、醒目、准确、完好。

根据通行需要，应当及时增设、调换、更新道路交通信号。增设、调换、更新限制性的道路交通信号，应当提前向社会公告，广泛进行宣传。

第二十六条 交通信号灯由红灯、绿灯、黄灯组成。红灯表示禁止通行，绿灯表示准许通行，黄灯表示警示。

第二十七条 铁路与道路平面交叉的道口，应当设置警示灯、警示标志或者安全防护设施。无人看守的铁路道口，应当在距道口一定距离处设置警示标志。

第二十八条 任何单位和个人不得擅自设置、移动、占用、损毁交通信号灯、交通标志、交通标线。

道路两侧及隔离带上种植的树木或者其他植物，设置的广告牌、管线等，应当与交通设施保持必要的距离，不得遮挡路灯、交通信号灯、交通标志，不得妨碍安全视距，不得影响通行。

第二十九条 道路、停车场和道路配套设施的规划、设计、建设，应当符合道路交通安全、畅通的要求，并根据交通需求及时调整。

公安机关交通管理部门发现已经投入使用的道路存在交通事故频发路段，或者停车场、道路配套设施存在交通安全严重隐患的，应当及时向当地人民政府报告，并提出防范交通事故、消除隐患的建议，当地人民政府应当及时作出处理决定。

第三十条 道路出现坍塌、坑漕、水毁、隆起等损毁或者交通信号灯、交通标志、交通标线等交通设施损毁、灭失的，道路、交通设施的养护部门或者管理部门应当设置警示标志并及时修复。

公安机关交通管理部门发现前款情形，危及交通安全，尚未设置警示标志的，应当及时采取安全措施，疏导交通，并通知道路、交通设施的养护部门或者管理部门。

第三十一条 未经许可，任何单位和个人不得占用道路从事非交通活动。

第三十二条 因工程建设需要占用、挖掘道路，或者跨越、穿越道路架设、增设管线设施，应当事先征得道路主管部门的同意；影响交通安全的，还应当征得公安机关交通管理部门的同意。

施工作业单位应当在经批准的路段和时间内施工作业，并在距离施工作业地点来车方向安全距离处设置明显的安全警示标志，采取防护措施；施工作业完毕，应当迅速清除道路上的障碍物，消除安全隐患，经道路主管部门和公安机关交通管理部门验收合格，符合通行要求后，方可恢复通行。

对未中断交通的施工作业道路，公安机关交通管理部门应当加强交通安全监督检查，维护道路交通秩序。

第三十三条 新建、改建、扩建的公共建筑、商业街区、居住区、大（中）型建筑等，应当配建、增建停车场；停车泊位不足的，应当及时改建或者扩建；投入使用的停车场不得擅自停止使用或者改作他用。

在城市道路范围内，在不影响行人、车辆通行的情况下，政府有关部门可以施划停车泊位。

第三十四条 学校、幼儿园、医院、养老院门前的道路没有行人过街设施的，应当施划人行横道线，设置提示标志。

城市主要道路的人行道，应当按照规划设置盲道。盲道的设置应当符合国家标准。

第四章 道路通行规定

第一节 一般规定

第三十五条 机动车、非机动车实行右侧通行。

第三十六条 根据道路条件和通行需要，道路划分为机动车道、非机动车道和人行道的，机动车、非机动车、行人实行分道通行。没有划分机动车道、非机动车道和人行道的，机动车在道路中间通行，非机动车和行人在道路两侧通行。

第三十七条 道路划设专用车道的，在专用车道内，只准许规定的车辆通行，其他车辆不得进入专用车道内行驶。

第三十八条 车辆、行人应当按照交通信号通行；遇有交通警察现场指挥时，应当按照交通警察的指挥通行；在没有交通信号的道路上，应当在确保安全、畅通的原则下通行。

第三十九条 公安机关交通管理部门根据道路和交通流量的具体情况,可以对机动车、非机动车、行人采取疏导、限制通行、禁止通行等措施。遇有大型群众性活动、大范围施工等情况,需要采取限制交通的措施,或者作出与公众的道路交通活动直接有关的决定,应当提前向社会公告。

第四十条 遇有自然灾害、恶劣气象条件或者重大交通事故等严重影响交通安全的情形,采取其他措施难以保证交通安全时,公安机关交通管理部门可以实行交通管制。

第四十一条 有关道路通行的其他具体规定,由国务院规定。

第二节 机动车通行规定

第四十二条 机动车上道路行驶,不得超过限速标志标明的最高时速。在没有限速标志的路段,应当保持安全车速。

夜间行驶或者在容易发生危险的路段行驶,以及遇有沙尘、冰雹、雨、雪、雾、结冰等气象条件时,应当降低行驶速度。

第四十三条 同车道行驶的机动车,后车应当与前车保持足以采取紧急制动措施的安全距离。有下列情形之一的,不得超车:

(一) 前车正在左转弯、掉头、超车的;

(二) 与对面来车有会车可能的;

(三) 前车为执行紧急任务的警车、消防车、救护车、工程救险车的;

(四) 行经铁路道口、交叉路口、窄桥、弯道、陡坡、隧道、人行横道、市区交通流量大的路段等没有超车条件的。

第四十四条 机动车通过交叉路口,应当按照交通信号灯、交通标志、交通标线或者交通警察的指挥通过;通过没有交通信号灯、交通标志、交通标线或者交通警察指挥的交叉路口时,应当减速慢行,并让行人和优先通行的车辆先行。

第四十五条 机动车遇有前方车辆停车排队等候或者缓慢行驶时,不得借道超车或者占用对面车道,不得穿插等候的车辆。

在车道减少的路段、路口,或者在没有交通信号灯、交通标志、交通标线或者交通警察指挥的交叉路口遇到停车排队等候或者缓慢行驶时,机动车应当依次交替通行。

第四十六条 机动车通过铁路道口时,应当按照交通信号或者管理人员的指挥通行;没有交通信号或者管理人员的,应当减速或者停车,在确认安全后通过。

第四十七条 机动车行经人行横道时,应当减速行驶;遇行人正在通过人行横道,应当停车让行。

机动车行经没有交通信号的道路时,遇行人横过道路,应当避让。

第四十八条 机动车载物应当符合核定的载质量,严禁超载;载物的长、宽、高不得违反装载要求,不得遗洒、飘散载运物。

机动车运载超限的不可解体的物品,影响交通安全的,应当按照公安机关交通管理部门指定的时间、路线、速度行驶,悬挂明显标志。在公路上运载超限的不可解体的物品,并应当依照公路法的规定执行。

机动车载运爆炸物品、易燃易爆化学物品以及剧毒、放射性等危险物品,应当经公安机关批准后,按指定的时间、路线、速度行驶,悬挂警示标志并采取必要的安全措施。

第四十九条 机动车载人不得超过核定的人数，客运机动车不得违反规定载货。

第五十条 禁止货运机动车载客。

货运机动车需要附载作业人员的，应当设置保护作业人员的安全措施。

第五十一条 机动车行驶时，驾驶人、乘坐人员应当按规定使用安全带，摩托车驾驶人及乘坐人员应当按规定戴安全头盔。

第五十二条 机动车在道路上发生故障，需要停车排除故障时，驾驶人应当立即开启危险报警闪光灯，将机动车移至不妨碍交通的地方停放；难以移动的，应当持续开启危险报警闪光灯，并在来车方向设置警告标志等措施扩大示警距离，必要时迅速报警。

第五十三条 警车、消防车、救护车、工程救险车执行紧急任务时，可以使用警报器、标志灯具；在确保安全的前提下，不受行驶路线、行驶方向、行驶速度和信号灯的限制，其他车辆和行人应当让行。

警车、消防车、救护车、工程救险车非执行紧急任务时，不得使用警报器、标志灯具，不享有前款规定的道路优先通行权。

第五十四条 道路养护车辆、工程作业车进行作业时，在不影响过往车辆通行的前提下，其行驶路线和方向不受交通标志、标线限制，过往车辆和人员应当注意避让。

洒水车、清扫车等机动车应当按照安全作业标准作业；在不影响其他车辆通行的情况下，可以不受车辆分道行驶的限制，但是不得逆向行驶。

第五十五条 高速公路、大中城市中心城区内的道路，禁止拖拉机通行。其他禁止拖拉机通行的道路，由省、自治区、直辖市人民政府根据当地实际情况规定。

在允许拖拉机通行的道路上，拖拉机可以从事货运，但是不得用于载人。

第五十六条 机动车应当在规定地点停放。禁止在人行道上停放机动车；但是，依照本法第三十三条规定施划的停车泊位除外。

在道路上临时停车的，不得妨碍其他车辆和行人通行。

第三节　非机动车通行规定

第五十七条 驾驶非机动车在道路上行驶应当遵守有关交通安全的规定。非机动车应当在非机动车道内行驶；在没有非机动车道的道路上，应当靠车行道的右侧行驶。

第五十八条 残疾人机动轮椅车、电动自行车在非机动车道内行驶时，最高时速不得超过十五公里。

第五十九条 非机动车应当在规定地点停放。未设停放地点的，非机动车停放不得妨碍其他车辆和行人通行。

第六十条 驾驭畜力车，应当使用驯服的牲畜；驾驭畜力车横过道路时，驾驭人应当下车牵引牲畜；驾驭人离开车辆时，应当拴系牲畜。

第四节　行人和乘车人通行规定

第六十一条 行人应当在人行道内行走，没有人行道的靠路边行走。

第六十二条 行人通过路口或者横过道路，应当走人行横道或者过街设施；通过有交通信号灯的人行横道，应当按照交通信号灯指示通行；通过没有交通信号灯、人行横道的路口，或者在没有过街设施的路段横过道路，应当在确认安全后通过。

第六十三条 行人不得跨越、倚坐道路隔离设施，不得扒车、强行拦车或者实施妨碍道路交通安全的其他行为。

第六十四条 学龄前儿童以及不能辨认或者不能控制自己行为的精神疾病患者、智力障碍者在道路上通行，应当由其监护人、监护人委托的人或者对其负有管理、保护职责的人带领。

盲人在道路上通行，应当使用盲杖或者采取其他导盲手段，车辆应当避让盲人。

第六十五条 行人通过铁路道口时，应当按照交通信号或者管理人员的指挥通行；没有交通信号和管理人员的，应当在确认无火车驶临后，迅速通过。

第六十六条 乘车人不得携带易燃易爆等危险物品，不得向车外抛洒物品，不得有影响驾驶人安全驾驶的行为。

第五节 高速公路的特别规定

第六十七条 行人、非机动车、拖拉机、轮式专用机械车、铰接式客车、全挂拖斗车以及其他设计最高时速低于七十公里的机动车，不得进入高速公路。高速公路限速标志标明的最高时速不得超过一百二十公里。

第六十八条 机动车在高速公路上发生故障时，应当依照本法第五十二条的有关规定办理；但是，警告标志应当设置在故障车来车方向一百五十米以外，车上人员应当迅速转移到右侧路肩上或者应急车道内，并且迅速报警。

机动车在高速公路上发生故障或者交通事故，无法正常行驶的，应当由救援车、清障车拖曳、牵引。

第六十九条 任何单位、个人不得在高速公路上拦截检查行驶的车辆，公安机关的人民警察依法执行紧急公务除外。

第五章 交通事故处理

第七十条 在道路上发生交通事故，车辆驾驶人应当立即停车，保护现场；造成人身伤亡的，车辆驾驶人应当立即抢救受伤人员，并迅速报告执勤的交通警察或者公安机关交通管理部门。因抢救受伤人员变动现场的，应当标明位置。乘车人、过往车辆驾驶人、过往行人应当予以协助。

在道路上发生交通事故，未造成人身伤亡，当事人对事实及成因无争议的，可以即行撤离现场，恢复交通，自行协商处理损害赔偿事宜；不即行撤离现场的，应当迅速报告执勤的交通警察或者公安机关交通管理部门。

在道路上发生交通事故，仅造成轻微财产损失，并且基本事实清楚的，当事人应当先撤离现场再进行协商处理。

第七十一条 车辆发生交通事故后逃逸的，事故现场目击人员和其他知情人员应当向公安机关交通管理部门或者交通警察举报。举报属实的，公安机关交通管理部门应当给予奖励。

第七十二条 公安机关交通管理部门接到交通事故报警后，应当立即派交通警察赶赴现场，先组织抢救受伤人员，并采取措施，尽快恢复交通。

交通警察应当对交通事故现场进行勘验、检查，收集证据；因收集证据的需要，可以扣留事故车辆，但是应当妥善保管，以备核查。

对当事人的生理、精神状况等专业性较强的检验，公安机关交通管理部门应当委托专门机构进行鉴定。鉴定结论应当由鉴定人签名。

第七十三条 公安机关交通管理部门应当根据交通事故现场勘验、检查、调查情况和有关的检验、鉴定结论，及时制作交通事故认定书，作为处理交通事故的证据。交通事故认定书应当载明交通事故的基本事实、成因和当事人的责任，并送达当事人。

第七十四条 对交通事故损害赔偿的争议，当事人可以请求公安机关交通管理部门调解，也可以直接向人民法院提起民事诉讼。

经公安机关交通管理部门调解，当事人未达成协议或者调解书生效后不履行的，当事人可以向人民法院提起民事诉讼。

第七十五条 医疗机构对交通事故中的受伤人员应当及时抢救，不得因抢救费用未及时支付而拖延救治。肇事车辆参加机动车第三者责任强制保险的，由保险公司在责任限额范围内支付抢救费用；抢救费用超过责任限额的，未参加机动车第三者责任强制保险或者肇事后逃逸的，由道路交通事故社会救助基金先行垫付部分或者全部抢救费用，道路交通事故社会救助基金管理机构有权向交通事故责任人追偿。

第七十六条 机动车发生交通事故造成人身伤亡、财产损失的，由保险公司在机动车第三者责任强制保险责任限额范围内予以赔偿；不足的部分，按照下列规定承担赔偿责任：

（一）机动车之间发生交通事故的，由有过错的一方承担赔偿责任；双方都有过错的，按照各自过错的比例分担责任。

（二）机动车与非机动车驾驶人、行人之间发生交通事故，非机动车驾驶人、行人没有过错的，由机动车一方承担赔偿责任；有证据证明非机动车驾驶人、行人有过错的，根据过错程度适当减轻机动车一方的赔偿责任；机动车一方没有过错的，承担不超过百分之十的赔偿责任。

交通事故的损失是由非机动车驾驶人、行人故意碰撞机动车造成的，机动车一方不承担赔偿责任。

第七十七条 车辆在道路以外通行时发生的事故，公安机关交通管理部门接到报案的，参照本法有关规定办理。

第六章　执法监督

第七十八条 公安机关交通管理部门应当加强对交通警察的管理，提高交通警察的素质和管理道路交通的水平。

公安机关交通管理部门应当对交通警察进行法制和交通安全管理业务培训、考核。交通警察经考核不合格的，不得上岗执行职务。

第七十九条 公安机关交通管理部门及其交通警察实施道路交通安全管理，应当依据法定的职权和程序，简化办事手续，做到公正、严格、文明、高效。

第八十条 交通警察执行职务时，应当按照规定着装，佩带人民警察标志，持有人民警察证件，保持警容严整，举止端庄，指挥规范。

第八十一条 依照本法发放牌证等收取工本费，应当严格执行国务院价格主管部门核定的收费标准，并全部上缴国库。

第八十二条 公安机关交通管理部门依法实施罚款的行政处罚,应当依照有关法律、行政法规的规定,实施罚款决定与罚款收缴分离;收缴的罚款以及依法没收的违法所得,应当全部上缴国库。

第八十三条 交通警察调查处理道路交通安全违法行为和交通事故,有下列情形之一的,应当回避:

(一)是本案的当事人或者当事人的近亲属;

(二)本人或者其近亲属与本案有利害关系;

(三)与本案当事人有其他关系,可能影响案件的公正处理。

第八十四条 公安机关交通管理部门及其交通警察的行政执法活动,应当接受行政监察机关依法实施的监督。

公安机关督察部门应当对公安机关交通管理部门及其交通警察执行法律、法规和遵守纪律的情况依法进行监督。

上级公安机关交通管理部门应当对下级公安机关交通管理部门的执法活动进行监督。

第八十五条 公安机关交通管理部门及其交通警察执行职务,应当自觉接受社会和公民的监督。

任何单位和个人都有权对公安机关交通管理部门及其交通警察不严格执法以及违法违纪行为进行检举、控告。收到检举、控告的机关,应当依据职责及时查处。

第八十六条 任何单位不得给公安机关交通管理部门下达或者变相下达罚款指标;公安机关交通管理部门不得以罚款数额作为考核交通警察的标准。

公安机关交通管理部门及其交通警察对超越法律、法规规定的指令,有权拒绝执行,并同时向上级机关报告。

第七章 法律责任

第八十七条 公安机关交通管理部门及其交通警察对道路交通安全违法行为,应当及时纠正。

公安机关交通管理部门及其交通警察应当依据事实和本法的有关规定对道路交通安全违法行为予以处罚。对于情节轻微,未影响道路通行的,指出违法行为,给予口头警告后放行。

第八十八条 对道路交通安全违法行为的处罚种类包括:警告、罚款、暂扣或者吊销机动车驾驶证、拘留。

第八十九条 行人、乘车人、非机动车驾驶人违反道路交通安全法律、法规关于道路通行规定的,处警告或者五元以上五十元以下罚款;非机动车驾驶人拒绝接受罚款处罚的,可以扣留其非机动车。

第九十条 机动车驾驶人违反道路交通安全法律、法规关于道路通行规定的,处警告或者二十元以上二百元以下罚款。本法另有规定的,依照规定处罚。

第九十一条 饮酒后驾驶机动车的,处暂扣六个月机动车驾驶证,并处一千元以上二千元以下罚款。因饮酒后驾驶机动车被处罚,再次饮酒后驾驶机动车的,处十日以下拘留,并处一千元以上二千元以下罚款,吊销机动车驾驶证。

醉酒驾驶机动车的,由公安机关交通管理部门约束至酒醒,吊销机动车驾驶证,依法追究刑事责任；五年内不得重新取得机动车驾驶证。

饮酒后驾驶营运机动车的，处十五日拘留，并处五千元罚款，吊销机动车驾驶证，五年内不得重新取得机动车驾驶证。

醉酒驾驶营运机动车的，由公安机关交通管理部门约束至酒醒，吊销机动车驾驶证，依法追究刑事责任；十年内不得重新取得机动车驾驶证，重新取得机动车驾驶证后，不得驾驶营运机动车。

饮酒后或者醉酒驾驶机动车发生重大交通事故，构成犯罪的，依法追究刑事责任，并由公安机关交通管理部门吊销机动车驾驶证，终生不得重新取得机动车驾驶证。

第九十二条 公路客运车辆载客超过额定乘员的，处二百元以上五百元以下罚款；超过额定乘员百分之二十或者违反规定载货的，处五百元以上二千元以下罚款。

货运机动车超过核定载质量的，处二百元以上五百元以下罚款；超过核定载质量百分之三十或者违反规定载客的，处五百元以上二千元以下罚款。

有前两款行为的，由公安机关交通管理部门扣留机动车至违法状态消除。

运输单位的车辆有本条第一款、第二款规定的情形，经处罚不改的，对直接负责的主管人员处二千元以上五千元以下罚款。

第九十三条 对违反道路交通安全法律、法规关于机动车停放、临时停车规定的，可以指出违法行为，并予以口头警告，令其立即驶离。

机动车驾驶人不在现场或者虽在现场但拒绝立即驶离，妨碍其他车辆、行人通行的，处二十元以上二百元以下罚款，并可以将该机动车拖移至不妨碍交通的地点或者公安机关交通管理部门指定的地点停放。公安机关交通管理部门拖车不得向当事人收取费用，并应当及时告知当事人停放地点。

因采取不正确的方法拖车造成机动车损坏的，应当依法承担补偿责任。

第九十四条 机动车安全技术检验机构实施机动车安全技术检验超过国务院价格主管部门核定的收费标准收取费用的，退还多收取的费用，并由价格主管部门依照《中华人民共和国价格法》的有关规定给予处罚。

机动车安全技术检验机构不按照机动车国家安全技术标准进行检验，出具虚假检验结果的，由公安机关交通管理部门处所收检验费用五倍以上十倍以下罚款，并依法撤销其检验资格；构成犯罪的，依法追究刑事责任。

第九十五条 上道路行驶的机动车未悬挂机动车号牌，未放置检验合格标志、保险标志，或者未随车携带行驶证、驾驶证的，公安机关交通管理部门应当扣留机动车，通知当事人提供相应的牌证、标志或者补办相应手续，并可以依照本法第九十条的规定予以处罚。当事人提供相应的牌证、标志或者补办相应手续的，应当及时退还机动车。

故意遮挡、污损或者不按规定安装机动车号牌的，依照本法第九十条的规定予以处罚。

第九十六条 伪造、变造或者使用伪造、变造的机动车登记证书、号牌、行驶证、驾驶证的，由公安机关交通管理部门予以收缴，扣留该机动车，处十五日以下拘留，并处二千元以上五千元以下罚款；构成犯罪的，依法追究刑事责任。

伪造、变造或者使用伪造、变造的检验合格标志、保险标志的，由公安机关交通管理部门予以收缴，扣留该机动车，处十日以下拘留，并处一千元以上三千元以下罚款；构成犯罪的，依法追究刑事责任。

使用其他车辆的机动车登记证书、号牌、行驶证、检验合格标志、保险标志的，由公安机关交通管理部门予以收缴，扣留该机动车，处二千元以上五千元以下罚款。

当事人提供相应的合法证明或者补办相应手续的，应当及时退还机动车。

第九十七条 非法安装警报器、标志灯具的，由公安机关交通管理部门强制拆除，予以收缴，并处二百元以上二千元以下罚款。

第九十八条 机动车所有人、管理人未按照国家规定投保机动车第三者责任强制保险的，由公安机关交通管理部门扣留车辆至依照规定投保后，并处依照规定投保最低责任限额应缴纳的保险费的二倍罚款。

依照前款缴纳的罚款全部纳入道路交通事故社会救助基金。具体办法由国务院规定。

第九十九条 有下列行为之一的，由公安机关交通管理部门处二百元以上二千元以下罚款：

（一）未取得机动车驾驶证、机动车驾驶证被吊销或者机动车驾驶证被暂扣期间驾驶机动车的；

（二）将机动车交由未取得机动车驾驶证或者机动车驾驶证被吊销、暂扣的人驾驶的；

（三）造成交通事故后逃逸，尚不构成犯罪的；

（四）机动车行驶超过规定时速百分之五十的；

（五）强迫机动车驾驶人违反道路交通安全法律、法规和机动车安全驾驶要求驾驶机动车，造成交通事故，尚不构成犯罪的；

（六）违反交通管制的规定强行通行，不听劝阻的；

（七）故意损毁、移动、涂改交通设施，造成危害后果，尚不构成犯罪的；

（八）非法拦截、扣留机动车辆，不听劝阻，造成交通严重阻塞或者较大财产损失的。

行为人有前款第二项、第四项情形之一的，可以并处吊销机动车驾驶证；有第一项、第三项、第五项至第八项情形之一的，可以并处十五日以下拘留。

第一百条 驾驶拼装的机动车或者已达到报废标准的机动车上道路行驶的，公安机关交通管理部门应当予以收缴，强制报废。

对驾驶前款所列机动车上道路行驶的驾驶人，处二百元以上二千元以下罚款，并吊销机动车驾驶证。

出售已达到报废标准的机动车的，没收违法所得，处销售金额等额的罚款，对该机动车依照本条第一款的规定处理。

第一百零一条 违反道路交通安全法律、法规的规定，发生重大交通事故，构成犯罪的，依法追究刑事责任，并由公安机关交通管理部门吊销机动车驾驶证。

造成交通事故后逃逸的，由公安机关交通管理部门吊销机动车驾驶证，且终生不得重新取得机动车驾驶证。

第一百零二条 对六个月内发生二次以上特大交通事故负有主要责任或者全部责任的专业运输单位，由公安机关交通管理部门责令消除安全隐患，未消除安全隐患的机动车，禁止上道路行驶。

第一百零三条 国家机动车产品主管部门未按照机动车国家安全技术标准严格审查，许可不合格机动车型投入生产的，对负有责任的主管人员和其他直接责任人员给予降级或者撤职的行政处分。

机动车生产企业经国家机动车产品主管部门许可生产的机动车型，不执行机动车国家安全技术标准或者不严格进行机动车成品质量检验，致使质量不合格的机动车出厂销售的，由质量技术监督部门依照《中华人民共和国产品质量法》的有关规定给予处罚。

擅自生产、销售未经国家机动车产品主管部门许可生产的机动车型的，没收非法生产、销售的机动车成品及配件，可以并处非法产品价值三倍以上五倍以下罚款；有营业执照的，由工商行政管理部门吊销营业执照，没有营业执照的，予以查封。

生产、销售拼装的机动车或者生产、销售擅自改装的机动车的，依照本条第三款的规定处罚。

有本条第二款、第三款、第四款所列违法行为，生产或者销售不符合机动车国家安全技术标准的机动车，构成犯罪的，依法追究刑事责任。

第一百零四条 未经批准，擅自挖掘道路、占用道路施工或者从事其他影响道路交通安全活动的，由道路主管部门责令停止违法行为，并恢复原状，可以依法给予罚款；致使通行的人员、车辆及其他财产遭受损失的，依法承担赔偿责任。

有前款行为，影响道路交通安全活动的，公安机关交通管理部门可以责令停止违法行为，迅速恢复交通。

第一百零五条 道路施工作业或者道路出现损毁，未及时设置警示标志、未采取防护措施，或者应当设置交通信号灯、交通标志、交通标线而没有设置或者应当及时变更交通信号灯、交通标志、交通标线而没有及时变更，致使通行的人员、车辆及其他财产遭受损失的，负有相关职责的单位应当依法承担赔偿责任。

第一百零六条 在道路两侧及隔离带上种植树木、其他植物或者设置广告牌、管线等，遮挡路灯、交通信号灯、交通标志，妨碍安全视距的，由公安机关交通管理部门责令行为人排除妨碍；拒不执行的，处二百元以上二千元以下罚款，并强制排除妨碍，所需费用由行为人负担。

第一百零七条 对道路交通违法行为人予以警告、二百元以下罚款，交通警察可以当场作出行政处罚决定，并出具行政处罚决定书。

行政处罚决定书应当载明当事人的违法事实、行政处罚的依据、处罚内容、时间、地点以及处罚机关名称，并由执法人员签名或者盖章。

第一百零八条 当事人应当自收到罚款的行政处罚决定书之日起十五日内，到指定的银行缴纳罚款。

对行人、乘车人和非机动车驾驶人的罚款，当事人无异议的，可以当场予以收缴罚款。

罚款应当开具省、自治区、直辖市财政部门统一制发的罚款收据；不出具财政部门统一制发的罚款收据的，当事人有权拒绝缴纳罚款。

第一百零九条 当事人逾期不履行行政处罚决定的，作出行政处罚决定的行政机关可以采取下列措施：

（一）到期不缴纳罚款的，每日按罚款数额的百分之三加处罚款；

（二）申请人民法院强制执行。

第一百一十条 执行职务的交通警察认为应当对道路交通违法行为人给予暂扣或者吊销机动车驾驶证处罚的,可以先予扣留机动车驾驶证,并在二十四小时内将案件移交公安机关交通管理部门处理。

道路交通违法行为人应当在十五日内到公安机关交通管理部门接受处理。无正当理由逾期未接受处理的,吊销机动车驾驶证。

公安机关交通管理部门暂扣或者吊销机动车驾驶证的,应当出具行政处罚决定书。

第一百一十一条 对违反本法规定予以拘留的行政处罚,由县、市公安局、公安分局或者相当于县一级的公安机关裁决。

第一百一十二条 公安机关交通管理部门扣留机动车、非机动车,应当当场出具凭证,并告知当事人在规定期限内到公安机关交通管理部门接受处理。

公安机关交通管理部门对被扣留的车辆应当妥善保管,不得使用。

逾期不来接受处理,并且经公告三个月仍不来接受处理的,对扣留的车辆依法处理。

第一百一十三条 暂扣机动车驾驶证的期限从处罚决定生效之日起计算;处罚决定生效前先予扣留机动车驾驶证的,扣留一日折抵暂扣期限一日。

吊销机动车驾驶证后重新申请领取机动车驾驶证的期限,按照机动车驾驶证管理规定办理。

第一百一十四条 公安机关交通管理部门根据交通技术监控记录资料,可以对违法的机动车所有人或者管理人依法予以处罚。对能够确定驾驶人的,可以依照本法的规定依法予以处罚。

第一百一十五条 交通警察有下列行为之一的,依法给予行政处分:

(一)为不符合法定条件的机动车发放机动车登记证书、号牌、行驶证、检验合格标志的;

(二)批准不符合法定条件的机动车安装、使用警车、消防车、救护车、工程救险车的警报器、标志灯具,喷涂标志图案的;

(三)为不符合驾驶许可条件、未经考试或者考试不合格人员发放机动车驾驶证的;

(四)不执行罚款决定与罚款收缴分离制度或者不按规定将依法收取的费用、收缴的罚款及没收的违法所得全部上缴国库的;

(五)举办或者参与举办驾驶学校或者驾驶培训班、机动车修理厂或者收费停车场等经营活动的;

(六)利用职务上的便利收受他人财物或者谋取其他利益的;

(七)违法扣留车辆、机动车行驶证、驾驶证、车辆号牌的;

(八)使用依法扣留的车辆的;

(九)当场收取罚款不开具罚款收据或者不如实填写罚款额的;

(十)徇私舞弊,不公正处理交通事故的;

(十一)故意刁难,拖延办理机动车牌证的;

(十二)非执行紧急任务时使用警报器、标志灯具的;

(十三)违反规定拦截、检查正常行驶的车辆的;

(十四)非执行紧急公务时拦截搭乘机动车的;

（十五）不履行法定职责的。

公安机关交通管理部门有前款所列行为之一的，对直接负责的主管人员和其他直接责任人员给予相应的行政处分。

第一百一十六条　依照本法第一百一十五条的规定，给予交通警察行政处分的，在作出行政处分决定前，可以停止其执行职务；必要时，可以予以禁闭。

依照本法第一百一十五条的规定，交通警察受到降级或者撤职行政处分的，可以予以辞退。

交通警察受到开除处分或者被辞退的，应当取消警衔；受到撤职以下行政处分的交通警察，应当降低警衔。

第一百一十七条　交通警察利用职权非法占有公共财物，索取、收受贿赂，或者滥用职权、玩忽职守，构成犯罪的，依法追究刑事责任。

第一百一十八条　公安机关交通管理部门及其交通警察有本法第一百一十五条所列行为之一，给当事人造成损失的，应当依法承担赔偿责任。

第八章　附　则

第一百一十九条　本法中下列用语的含义：

（一）"道路"，是指公路、城市道路和虽在单位管辖范围但允许社会机动车通行的地方，包括广场、公共停车场等用于公众通行的场所。

（二）"车辆"，是指机动车和非机动车。

（三）"机动车"，是指以动力装置驱动或者牵引，上道路行驶的供人员乘用或者用于运送物品以及进行工程专项作业的轮式车辆。

（四）"非机动车"，是指以人力或者畜力驱动，上道路行驶的交通工具，以及虽有动力装置驱动但设计最高时速、空车质量、外形尺寸符合有关国家标准的残疾人机动轮椅车、电动自行车等交通工具。

（五）"交通事故"，是指车辆在道路上因过错或者意外造成的人身伤亡或者财产损失的事件。

第一百二十条　中国人民解放军和中国人民武装警察部队在编机动车牌证、在编机动车检验以及机动车驾驶人考核工作，由中国人民解放军、中国人民武装警察部队有关部门负责。

第一百二十一条　对上道路行驶的拖拉机，由农业（农业机械）主管部门行使本法第八条、第九条、第十三条、第十九条、第二十三条规定的公安机关交通管理部门的管理职权。

农业（农业机械）主管部门依照前款规定行使职权，应当遵守本法有关规定，并接受公安机关交通管理部门的监督；对违反规定的，依照本法有关规定追究法律责任。

本法施行前由农业（农业机械）主管部门发放的机动车牌证，在本法施行后继续有效。

第一百二十二条　国家对入境的境外机动车的道路交通安全实施统一管理。

第一百二十三条　省、自治区、直辖市人民代表大会常务委员会可以根据本地区的实际情况，在本法规定的罚款幅度内，规定具体的执行标准。

第一百二十四条　本法自2004年5月1日起施行。

中华人民共和国产品质量法

(1993年2月22日第七届全国人民代表大会常务委员会第三十次会议通过 根据2000年7月8日第九届全国人民代表大会常务委员会第十六次会议《关于修改〈中华人民共和国产品质量法〉的决定》第一次修正 根据2009年8月27日第十一届全国人民代表大会常务委员会第十次会议《关于修改部分法律的决定》第二次修正 根据2018年12月29日第十三届全国人民代表大会常务委员会第七次会议《关于修改〈中华人民共和国产品质量法〉等五部法律的决定》第三次修正)

目 录

第一章 总 则
第二章 产品质量的监督
第三章 生产者、销售者的产品质量责任和义务
　第一节 生产者的产品质量责任和义务
　第二节 销售者的产品质量责任和义务
第四章 损害赔偿
第五章 罚 则
第六章 附 则

第一章 总 则

第一条 为了加强对产品质量的监督管理,提高产品质量水平,明确产品质量责任,保护消费者的合法权益,维护社会经济秩序,制定本法。

第二条 在中华人民共和国境内从事产品生产、销售活动,必须遵守本法。

本法所称产品是指经过加工、制作,用于销售的产品。

建设工程不适用本法规定;但是,建设工程使用的建筑材料、建筑构配件和设备,属于前款规定的产品范围的,适用本法规定。

第三条 生产者、销售者应当建立健全内部产品质量管理制度,严格实施岗位质量规范、质量责任以及相应的考核办法。

第四条 生产者、销售者依照本法规定承担产品质量责任。

第五条 禁止伪造或者冒用认证标志等质量标志;禁止伪造产品的产地,伪造或者冒用他人的厂名、厂址;禁止在生产、销售的产品中掺杂、掺假,以假充真,以次充好。

第六条 国家鼓励推行科学的质量管理方法,采用先进的科学技术,鼓励企业产品质量达到并且超过行业标准、国家标准和国际标准。

对产品质量管理先进和产品质量达到国际先进水平、成绩显著的单位和个人，给予奖励。

第七条 各级人民政府应当把提高产品质量纳入国民经济和社会发展规划，加强对产品质量工作的统筹规划和组织领导，引导、督促生产者、销售者加强产品质量管理，提高产品质量，组织各有关部门依法采取措施，制止产品生产、销售中违反本法规定的行为，保障本法的施行。

第八条 国务院市场监督管理部门主管全国产品质量监督工作。国务院有关部门在各自的职责范围内负责产品质量监督工作。

县级以上地方市场监督管理部门主管本行政区域内的产品质量监督工作。县级以上地方人民政府有关部门在各自的职责范围内负责产品质量监督工作。

法律对产品质量的监督部门另有规定的，依照有关法律的规定执行。

第九条 各级人民政府工作人员和其他国家机关工作人员不得滥用职权、玩忽职守或者徇私舞弊，包庇、放纵本地区、本系统发生的产品生产、销售中违反本法规定的行为，或者阻挠、干预依法对产品生产、销售中违反本法规定的行为进行查处。

各级地方人民政府和其他国家机关有包庇、放纵产品生产、销售中违反本法规定的行为的，依法追究其主要负责人的法律责任。

第十条 任何单位和个人有权对违反本法规定的行为，向市场监督管理部门或者其他有关部门检举。

市场监督管理部门和有关部门应当为检举人保密，并按照省、自治区、直辖市人民政府的规定给予奖励。

第十一条 任何单位和个人不得排斥非本地区或者非本系统企业生产的质量合格产品进入本地区、本系统。

第二章 产品质量的监督

第十二条 产品质量应当检验合格，不得以不合格产品冒充合格产品。

第十三条 可能危及人体健康和人身、财产安全的工业产品，必须符合保障人体健康和人身、财产安全的国家标准、行业标准；未制定国家标准、行业标准的，必须符合保障人体健康和人身、财产安全的要求。

禁止生产、销售不符合保障人体健康和人身、财产安全的标准和要求的工业产品。具体管理办法由国务院规定。

第十四条 国家根据国际通用的质量管理标准，推行企业质量体系认证制度。企业根据自愿原则可以向国务院市场监督管理部门认可的或者国务院市场监督管理部门授权的部门认可的认证机构申请企业质量体系认证。经认证合格的，由认证机构颁发企业质量体系认证证书。

国家参照国际先进的产品标准和技术要求，推行产品质量认证制度。企业根据自愿原则可以向国务院市场监督管理部门认可的或者国务院市场监督管理部门授权的部门认可的认证机构申请产品质量认证。经认证合格的，由认证机构颁发产品质量认证证书，准许企业在产品或者其包装上使用产品质量认证标志。

第十五条 国家对产品质量实行以抽查为主要方式的监督检查制度，对可能危及人体健康和人身、财产安全的产品，影响国计民生的重要工业产品以及消费者、有关组织反映有质量问题的产品进行抽查。抽查的样品应当在市场上或者企业成品仓库内的待销产品中随机抽取。监督抽查工作由国务院市场监督管理部门规划和组织。县级以上地方市场监督管理部门在本行政区域内也可以组织监督抽查。法律对产品质量的监督检查另有规定的，依照有关法律的规定执行。

国家监督抽查的产品，地方不得另行重复抽查；上级监督抽查的产品，下级不得另行重复抽查。

根据监督抽查的需要，可以对产品进行检验。检验抽取样品的数量不得超过检验的合理需要，并不得向被检查人收取检验费用。监督抽查所需检验费用按照国务院规定列支。

生产者、销售者对抽查检验的结果有异议的，可以自收到检验结果之日起十五日内向实施监督抽查的市场监督管理部门或者其上级市场监督管理部门申请复检，由受理复检的市场监督管理部门作出复检结论。

第十六条 对依法进行的产品质量监督检查，生产者、销售者不得拒绝。

第十七条 依照本法规定进行监督抽查的产品质量不合格的，由实施监督抽查的市场监督管理部门责令其生产者、销售者限期改正。逾期不改正的，由省级以上人民政府市场监督管理部门予以公告；公告后经复查仍不合格的，责令停业，限期整顿；整顿期满后经复查产品质量仍不合格的，吊销营业执照。

监督抽查的产品有严重质量问题的，依照本法第五章的有关规定处罚。

第十八条 县级以上市场监督管理部门根据已经取得的违法嫌疑证据或者举报，对涉嫌违反本法规定的行为进行查处时，可以行使下列职权：

（一）对当事人涉嫌从事违反本法的生产、销售活动的场所实施现场检查；

（二）向当事人的法定代表人、主要负责人和其他有关人员调查、了解与涉嫌从事违反本法的生产、销售活动有关的情况；

（三）查阅、复制当事人有关的合同、发票、帐簿以及其他有关资料；

（四）对有根据认为不符合保障人体健康和人身、财产安全的国家标准、行业标准的产品或者有其他严重质量问题的产品，以及直接用于生产、销售该项产品的原辅材料、包装物、生产工具，予以查封或者扣押。

第十九条 产品质量检验机构必须具备相应的检测条件和能力，经省级以上人民政府市场监督管理部门或者其授权的部门考核合格后，方可承担产品质量检验工作。法律、行政法规对产品质量检验机构另有规定的，依照有关法律、行政法规的规定执行。

第二十条 从事产品质量检验、认证的社会中介机构必须依法设立，不得与行政机关和其他国家机关存在隶属关系或者其他利益关系。

第二十一条 产品质量检验机构、认证机构必须依法按照有关标准，客观、公正地出具检验结果或者认证证明。

产品质量认证机构应当依照国家规定对准许使用认证标志的产品进行认证后的跟踪检查；对不符合认证标准而使用认证标志的，要求其改正；情节严重的，取消其使用认证标志的资格。

第二十二条 消费者有权就产品质量问题，向产品的生产者、销售者查询；向市场监督管理部门及有关部门申诉，接受申诉的部门应当负责处理。

第二十三条 保护消费者权益的社会组织可以就消费者反映的产品质量问题建议有关部门负责处理,支持消费者对因产品质量造成的损害向人民法院起诉。

第二十四条 国务院和省、自治区、直辖市人民政府的市场监督管理部门应当定期发布其监督抽查的产品的质量状况公告。

第二十五条 市场监督管理部门或者其他国家机关以及产品质量检验机构不得向社会推荐生产者的产品;不得以对产品进行监制、监销等方式参与产品经营活动。

第三章 生产者、销售者的产品质量责任和义务

第一节 生产者的产品质量责任和义务

第二十六条 生产者应当对其生产的产品质量负责。

产品质量应当符合下列要求:

(一)不存在危及人身、财产安全的不合理的危险,有保障人体健康和人身、财产安全的国家标准、行业标准的,应当符合该标准;

(二)具备产品应当具备的使用性能,但是,对产品存在使用性能的瑕疵作出说明的除外;

(三)符合在产品或者其包装上注明采用的产品标准,符合以产品说明、实物样品等方式表明的质量状况。

第二十七条 产品或者其包装上的标识必须真实,并符合下列要求:

(一)有产品质量检验合格证明;

(二)有中文标明的产品名称、生产厂厂名和厂址;

(三)根据产品的特点和使用要求,需要标明产品规格、等级、所含主要成份的名称和含量的,用中文相应予以标明;需要事先让消费者知晓的,应当在外包装上标明,或者预先向消费者提供有关资料;

(四)限期使用的产品,应当在显著位置清晰地标明生产日期和安全使用期或者失效日期;

(五)使用不当,容易造成产品本身损坏或者可能危及人身、财产安全的产品,应当有警示标志或者中文警示说明。

裸装的食品和其他根据产品的特点难以附加标识的裸装产品,可以不附加产品标识。

第二十八条 易碎、易燃、易爆、有毒、有腐蚀性、有放射性等危险物品以及储运中不能倒置和其他有特殊要求的产品,其包装质量必须符合相应要求,依照国家有关规定作出警示标志或者中文警示说明,标明储运注意事项。

第二十九条 生产者不得生产国家明令淘汰的产品。

第三十条 生产者不得伪造产地,不得伪造或者冒用他人的厂名、厂址。

第三十一条 生产者不得伪造或者冒用认证标志等质量标志。

第三十二条 生产者生产产品,不得掺杂、掺假,不得以假充真、以次充好,不得以不合格产品冒充合格产品。

第二节 销售者的产品质量责任和义务

第三十三条 销售者应当建立并执行进货检查验收制度，验明产品合格证明和其他标识。

第三十四条 销售者应当采取措施，保持销售产品的质量。

第三十五条 销售者不得销售国家明令淘汰并停止销售的产品和失效、变质的产品。

第三十六条 销售者销售的产品的标识应当符合本法第二十七条的规定。

第三十七条 销售者不得伪造产地，不得伪造或者冒用他人的厂名、厂址。

第三十八条 销售者不得伪造或者冒用认证标志等质量标志。

第三十九条 销售者销售产品，不得掺杂、掺假，不得以假充真、以次充好，不得以不合格产品冒充合格产品。

第四章 损害赔偿

第四十条 售出的产品有下列情形之一的，销售者应当负责修理、更换、退货；给购买产品的消费者造成损失的，销售者应当赔偿损失：

（一）不具备产品应当具备的使用性能而事先未作说明的；

（二）不符合在产品或者其包装上注明采用的产品标准的；

（三）不符合以产品说明、实物样品等方式表明的质量状况的。

销售者依照前款规定负责修理、更换、退货、赔偿损失后，属于生产者的责任或者属于向销售者提供产品的其他销售者（以下简称供货者）的责任的，销售者有权向生产者、供货者追偿。

销售者未按照第一款规定给予修理、更换、退货或者赔偿损失的，由市场监督管理部门责令改正。

生产者之间，销售者之间，生产者与销售者之间订立的买卖合同、承揽合同有不同约定的，合同当事人按照合同约定执行。

第四十一条 因产品存在缺陷造成人身、缺陷产品以外的其他财产（以下简称他人财产）损害的，生产者应当承担赔偿责任。

生产者能够证明有下列情形之一的，不承担赔偿责任：

（一）未将产品投入流通的；

（二）产品投入流通时，引起损害的缺陷尚不存在的；

（三）将产品投入流通时的科学技术水平尚不能发现缺陷的存在的。

第四十二条 由于销售者的过错使产品存在缺陷，造成人身、他人财产损害的，销售者应当承担赔偿责任。

销售者不能指明缺陷产品的生产者也不能指明缺陷产品的供货者的，销售者应当承担赔偿责任。

第四十三条 因产品存在缺陷造成人身、他人财产损害的，受害人可以向产品的生产者要求赔偿，也可以向产品的销售者要求赔偿。属于产品的生产者的责任，产品的销售者赔偿的，产品的销售者有权向产品的生产者追偿。属于产品的销售者的责任，产品的生产者赔偿的，产品的生产者有权向产品的销售者追偿。

第四十四条 因产品存在缺陷造成受害人人身伤害的,侵害人应当赔偿医疗费、治疗期间的护理费、因误工减少的收入等费用;造成残疾的,还应当支付残疾者生活自助具费、生活补助费、残疾赔偿金以及由其扶养的人所必需的生活费等费用;造成受害人死亡的,并应当支付丧葬费、死亡赔偿金以及由死者生前扶养的人所必需的生活费等费用。

因产品存在缺陷造成受害人财产损失的,侵害人应当恢复原状或者折价赔偿。受害人因此遭受其他重大损失的,侵害人应当赔偿损失。

第四十五条 因产品存在缺陷造成损害要求赔偿的诉讼时效期间为二年,自当事人知道或者应当知道其权益受到损害时起计算。

因产品存在缺陷造成损害要求赔偿的请求权,在造成损害的缺陷产品交付最初消费者满十年丧失;但是,尚未超过明示的安全使用期的除外。

第四十六条 本法所称缺陷,是指产品存在危及人身、他人财产安全的不合理的危险;产品有保障人体健康和人身、财产安全的国家标准、行业标准的,是指不符合该标准。

第四十七条 因产品质量发生民事纠纷时,当事人可以通过协商或者调解解决。当事人不愿通过协商、调解解决或者协商、调解不成的,可以根据当事人各方的协议向仲裁机构申请仲裁;当事人各方没有达成仲裁协议或者仲裁协议无效的,可以直接向人民法院起诉。

第四十八条 仲裁机构或者人民法院可以委托本法第十九条规定的产品质量检验机构,对有关产品质量进行检验。

第五章 罚 则

第四十九条 生产、销售不符合保障人体健康和人身、财产安全的国家标准、行业标准的产品的,责令停止生产、销售,没收违法生产、销售的产品,并处违法生产、销售产品(包括已售出和未售出的产品,下同)货值金额等值以上三倍以下的罚款;有违法所得的,并处没收违法所得;情节严重的,吊销营业执照;构成犯罪的,依法追究刑事责任。

第五十条 在产品中掺杂、掺假,以假充真,以次充好,或者以不合格产品冒充合格产品的,责令停止生产、销售,没收违法生产、销售的产品,并处违法生产、销售产品货值金额百分之五十以上三倍以下的罚款;有违法所得的,并处没收违法所得;情节严重的,吊销营业执照;构成犯罪的,依法追究刑事责任。

第五十一条 生产国家明令淘汰的产品的,销售国家明令淘汰并停止销售的产品的,责令停止生产、销售,没收违法生产、销售的产品,并处违法生产、销售产品货值金额等值以下的罚款;有违法所得的,并处没收违法所得;情节严重的,吊销营业执照。

第五十二条 销售失效、变质的产品的,责令停止销售,没收违法销售的产品,并处违法销售产品货值金额二倍以下的罚款;有违法所得的,并处没收违法所得;情节严重的,吊销营业执照;构成犯罪的,依法追究刑事责任。

第五十三条 伪造产品产地的,伪造或者冒用他人厂名、厂址的,伪造或者冒用认证标志等质量标志的,责令改正,没收违法生产、销售的产品,并处违法生产、销售产品货值金额等值以下的罚款；有违法所得的，并处没收违法所得；情节严重的，吊销营业执照。

第五十四条 产品标识不符合本法第二十七条规定的，责令改正；有包装的产品标识不符合本法第二十七条第（四）项、第（五）项规定，情节严重的，责令停止生产、销售，并处违法生产、销售产品货值金额百分之三十以下的罚款；有违法所得的，并处没收违法所得。

第五十五条 销售者销售本法第四十九条至第五十三条规定禁止销售的产品，有充分证据证明其不知道该产品为禁止销售的产品并如实说明其进货来源的，可以从轻或者减轻处罚。

第五十六条 拒绝接受依法进行的产品质量监督检查的，给予警告，责令改正；拒不改正的，责令停业整顿；情节特别严重的，吊销营业执照。

第五十七条 产品质量检验机构、认证机构伪造检验结果或者出具虚假证明的，责令改正，对单位处五万元以上十万元以下的罚款，对直接负责的主管人员和其他直接责任人员处一万元以上五万元以下的罚款；有违法所得的，并处没收违法所得；情节严重的，取消其检验资格、认证资格；构成犯罪的，依法追究刑事责任。

产品质量检验机构、认证机构出具的检验结果或者证明不实，造成损失的，应当承担相应的赔偿责任；造成重大损失的，撤销其检验资格、认证资格。

产品质量认证机构违反本法第二十一条第二款的规定，对不符合认证标准而使用认证标志的产品，未依法要求其改正或者取消其使用认证标志资格的，对因产品不符合认证标准给消费者造成的损失，与产品的生产者、销售者承担连带责任；情节严重的，撤销其认证资格。

第五十八条 社会团体、社会中介机构对产品质量作出承诺、保证，而该产品又不符合其承诺、保证的质量要求，给消费者造成损失的，与产品的生产者、销售者承担连带责任。

第五十九条 在广告中对产品质量作虚假宣传，欺骗和误导消费者的，依照《中华人民共和国广告法》的规定追究法律责任。

第六十条 对生产者专门用于生产本法第四十九条、第五十一条所列的产品或者以假充真的产品的原辅材料、包装物、生产工具，应当予以没收。

第六十一条 知道或者应当知道属于本法规定禁止生产、销售的产品而为其提供运输、保管、仓储等便利条件的，或者为以假充真的产品提供制假生产技术的，没收全部运输、保管、仓储或者提供制假生产技术的收入，并处违法收入百分之五十以上三倍以下的罚款；构成犯罪的，依法追究刑事责任。

第六十二条 服务业的经营者将本法第四十九条至第五十二条规定禁止销售的产品用于经营性服务的，责令停止使用；对知道或者应当知道所使用的产品属于本法规定禁止销售的产品的，按照违法使用的产品（包括已使用和尚未使用的产品）的货值金额，依照本法对销售者的处罚规定处罚。

第六十三条 隐匿、转移、变卖、损毁被市场监督管理部门查封、扣押的物品的，处被隐匿、转移、变卖、损毁物品货值金额等值以上三倍以下的罚款；有违法所得的，并处没收违法所得。

第六十四条 违反本法规定，应当承担民事赔偿责任和缴纳罚款、罚金，其财产不足以同时支付时，先承担民事赔偿责任。

第六十五条 各级人民政府工作人员和其他国家机关工作人员有下列情形之一的，依法给予行政处分；构成犯罪的，依法追究刑事责任：

（一）包庇、放纵产品生产、销售中违反本法规定行为的；

（二）向从事违反本法规定的生产、销售活动的当事人通风报信，帮助其逃避查处的；

（三）阻挠、干预市场监督管理部门依法对产品生产、销售中违反本法规定的行为进行查处，造成严重后果的。

第六十六条 市场监督管理部门在产品质量监督抽查中超过规定的数量索取样品或者向被检查人收取检验费用的，由上级市场监督管理部门或者监察机关责令退还；情节严重的，对直接负责的主管人员和其他直接责任人员依法给予行政处分。

第六十七条 市场监督管理部门或者其他国家机关违反本法第二十五条的规定，向社会推荐生产者的产品或者以监制、监销等方式参与产品经营活动的，由其上级机关或者监察机关责令改正，消除影响，有违法收入的予以没收；情节严重的，对直接负责的主管人员和其他直接责任人员依法给予行政处分。

产品质量检验机构有前款所列违法行为的，由市场监督管理部门责令改正，消除影响，有违法收入的予以没收，可以并处违法收入一倍以下的罚款；情节严重的，撤销其质量检验资格。

第六十八条 市场监督管理部门的工作人员滥用职权、玩忽职守、徇私舞弊，构成犯罪的，依法追究刑事责任；尚不构成犯罪的，依法给予行政处分。

第六十九条 以暴力、威胁方法阻碍市场监督管理部门的工作人员依法执行职务的，依法追究刑事责任；拒绝、阻碍未使用暴力、威胁方法的，由公安机关依照治安管理处罚法的规定处罚。

第七十条 本法第四十九条至第五十七条、第六十条至第六十三条规定的行政处罚由市场监督管理部门决定。法律、行政法规对行使行政处罚权的机关另有规定的，依照有关法律、行政法规的规定执行。

第七十一条 对依照本法规定没收的产品，依照国家有关规定进行销毁或者采取其他方式处理。

第七十二条 本法第四十九条至第五十四条、第六十二条、第六十三条所规定的货值金额以违法生产、销售产品的标价计算；没有标价的，按照同类产品的市场价格计算。

第六章 附 则

第七十三条 军工产品质量监督管理办法，由国务院、中央军事委员会另行制定。

因核设施、核产品造成损害的赔偿责任，法律、行政法规另有规定的，依照其规定。

第七十四条 本法自1993年9月1日起施行。

中华人民共和国消费者权益保护法

(1993年10月31日第八届全国人民代表大会常务委员会第四次会议通过 根据2009年8月27日第十一届全国人民代表大会常务委员会第十次会议《关于修改部分法律的决定》第一次修正 根据2013年10月25日第十二届全国人民代表大会常务委员会第五次会议《关于修改〈中华人民共和国消费者权益保护法〉的决定》第二次修正)

目　录

第一章　总　则
第二章　消费者的权利
第三章　经营者的义务
第四章　国家对消费者合法权益的保护
第五章　消费者组织
第六章　争议的解决
第七章　法律责任
第八章　附　则

第一章　总　则

第一条　为保护消费者的合法权益，维护社会经济秩序，促进社会主义市场经济健康发展，制定本法。

第二条　消费者为生活消费需要购买、使用商品或者接受服务，其权益受本法保护；本法未作规定的，受其他有关法律、法规保护。

第三条　经营者为消费者提供其生产、销售的商品或者提供服务，应当遵守本法；本法未作规定的，应当遵守其他有关法律、法规。

第四条　经营者与消费者进行交易，应当遵循自愿、平等、公平、诚实信用的原则。

第五条　国家保护消费者的合法权益不受侵害。

国家采取措施，保障消费者依法行使权利，维护消费者的合法权益。

国家倡导文明、健康、节约资源和保护环境的消费方式，反对浪费。

第六条　保护消费者的合法权益是全社会的共同责任。

国家鼓励、支持一切组织和个人对损害消费者合法权益的行为进行社会监督。

大众传播媒介应当做好维护消费者合法权益的宣传，对损害消费者合法权益的行为进行舆论监督。

第二章 消费者的权利

第七条 消费者在购买、使用商品和接受服务时享有人身、财产安全不受损害的权利。

消费者有权要求经营者提供的商品和服务，符合保障人身、财产安全的要求。

第八条 消费者享有知悉其购买、使用的商品或者接受的服务的真实情况的权利。

消费者有权根据商品或者服务的不同情况，要求经营者提供商品的价格、产地、生产者、用途、性能、规格、等级、主要成份、生产日期、有效期限、检验合格证明、使用方法说明书、售后服务，或者服务的内容、规格、费用等有关情况。

第九条 消费者享有自主选择商品或者服务的权利。

消费者有权自主选择提供商品或者服务的经营者，自主选择商品品种或者服务方式，自主决定购买或者不购买任何一种商品、接受或者不接受任何一项服务。

消费者在自主选择商品或者服务时，有权进行比较、鉴别和挑选。

第十条 消费者享有公平交易的权利。

消费者在购买商品或者接受服务时，有权获得质量保障、价格合理、计量正确等公平交易条件，有权拒绝经营者的强制交易行为。

第十一条 消费者因购买、使用商品或者接受服务受到人身、财产损害的，享有依法获得赔偿的权利。

第十二条 消费者享有依法成立维护自身合法权益的社会组织的权利。

第十三条 消费者享有获得有关消费和消费者权益保护方面的知识的权利。

消费者应当努力掌握所需商品或者服务的知识和使用技能，正确使用商品，提高自我保护意识。

第十四条 消费者在购买、使用商品和接受服务时，享有人格尊严、民族风俗习惯得到尊重的权利，享有个人信息依法得到保护的权利。

第十五条 消费者享有对商品和服务以及保护消费者权益工作进行监督的权利。

消费者有权检举、控告侵害消费者权益的行为和国家机关及其工作人员在保护消费者权益工作中的违法失职行为，有权对保护消费者权益工作提出批评、建议。

第三章 经营者的义务

第十六条 经营者向消费者提供商品或者服务，应当依照本法和其他有关法律、法规的规定履行义务。

经营者和消费者有约定的，应当按照约定履行义务，但双方的约定不得违背法律、法规的规定。

经营者向消费者提供商品或者服务，应当恪守社会公德，诚信经营，保障消费者的合法权益；不得设定不公平、不合理的交易条件，不得强制交易。

第十七条 经营者应当听取消费者对其提供的商品或者服务的意见，接受消费者的监督。

第十八条 经营者应当保证其提供的商品或者服务符合保障人身、财产安全的要求。对可能危及人身、财产安全的商品和服务，应当向消费者作出真实的说明和明确的警示，并说明和标明正确使用商品或者接受服务的方法以及防止危害发生的方法。

宾馆、商场、餐馆、银行、机场、车站、港口、影剧院等经营场所的经营者，应当对消费者尽到安全保障义务。

第十九条 经营者发现其提供的商品或者服务存在缺陷，有危及人身、财产安全危险的，应当立即向有关行政部门报告和告知消费者，并采取停止销售、警示、召回、无害化处理、销毁、停止生产或者服务等措施。采取召回措施的，经营者应当承担消费者因商品被召回支出的必要费用。

第二十条 经营者向消费者提供有关商品或者服务的质量、性能、用途、有效期限等信息，应当真实、全面，不得作虚假或者引人误解的宣传。

经营者对消费者就其提供的商品或者服务的质量和使用方法等问题提出的询问，应当作出真实、明确的答复。

经营者提供商品或者服务应当明码标价。

第二十一条 经营者应当标明其真实名称和标记。

租赁他人柜台或者场地的经营者，应当标明其真实名称和标记。

第二十二条 经营者提供商品或者服务，应当按照国家有关规定或者商业惯例向消费者出具发票等购货凭证或者服务单据；消费者索要发票等购货凭证或者服务单据的，经营者必须出具。

第二十三条 经营者应当保证在正常使用商品或者接受服务的情况下其提供的商品或者服务应当具有的质量、性能、用途和有效期限；但消费者在购买该商品或者接受该服务前已经知道其存在瑕疵，且存在该瑕疵不违反法律强制性规定的除外。

经营者以广告、产品说明、实物样品或者其他方式表明商品或者服务的质量状况的，应当保证其提供的商品或者服务的实际质量与表明的质量状况相符。

经营者提供的机动车、计算机、电视机、电冰箱、空调器、洗衣机等耐用商品或者装饰装修等服务，消费者自接受商品或者服务之日起六个月内发现瑕疵，发生争议的，由经营者承担有关瑕疵的举证责任。

第二十四条 经营者提供的商品或者服务不符合质量要求的，消费者可以依照国家规定、当事人约定退货，或者要求经营者履行更换、修理等义务。没有国家规定和当事人约定的，消费者可以自收到商品之日起七日内退货；七日后符合法定解除合同条件的，消费者可以及时退货，不符合法定解除合同条件的，可以要求经营者履行更换、修理等义务。

依照前款规定进行退货、更换、修理的，经营者应当承担运输等必要费用。

第二十五条 经营者采用网络、电视、电话、邮购等方式销售商品，消费者有权自收到商品之日起七日内退货，且无需说明理由，但下列商品除外：

（一）消费者定作的；

（二）鲜活易腐的；

（三）在线下载或者消费者拆封的音像制品、计算机软件等数字化商品；

（四）交付的报纸、期刊。

除前款所列商品外，其他根据商品性质并经消费者在购买时确认不宜退货的商品，不适用无理由退货。

消费者退货的商品应当完好。经营者应当自收到退回商品之日起七日内返还消费者支付的商品价款。退回商品的运费由消费者承担；经营者和消费者另有约定的，按照约定。

第二十六条 经营者在经营活动中使用格式条款的，应当以显著方式提请消费者注意商品或者服务的数量和质量、价款或者费用、履行期限和方式、安全注意事项和风险警示、售后服务、民事责任等与消费者有重大利害关系的内容，并按照消费者的要求予以说明。

经营者不得以格式条款、通知、声明、店堂告示等方式，作出排除或者限制消费者权利、减轻或者免除经营者责任、加重消费者责任等对消费者不公平、不合理的规定，不得利用格式条款并借助技术手段强制交易。

格式条款、通知、声明、店堂告示等含有前款所列内容的，其内容无效。

第二十七条 经营者不得对消费者进行侮辱、诽谤，不得搜查消费者的身体及其携带的物品，不得侵犯消费者的人身自由。

第二十八条 采用网络、电视、电话、邮购等方式提供商品或者服务的经营者，以及提供证券、保险、银行等金融服务的经营者，应当向消费者提供经营地址、联系方式、商品或者服务的数量和质量、价款或者费用、履行期限和方式、安全注意事项和风险警示、售后服务、民事责任等信息。

第二十九条 经营者收集、使用消费者个人信息，应当遵循合法、正当、必要的原则，明示收集、使用信息的目的、方式和范围，并经消费者同意。经营者收集、使用消费者个人信息，应当公开其收集、使用规则，不得违反法律、法规的规定和双方的约定收集、使用信息。

经营者及其工作人员对收集的消费者个人信息必须严格保密，不得泄露、出售或者非法向他人提供。经营者应当采取技术措施和其他必要措施，确保信息安全，防止消费者个人信息泄露、丢失。在发生或者可能发生信息泄露、丢失的情况时，应当立即采取补救措施。

经营者未经消费者同意或者请求，或者消费者明确表示拒绝的，不得向其发送商业性信息。

第四章 国家对消费者合法权益的保护

第三十条 国家制定有关消费者权益的法律、法规、规章和强制性标准，应当听取消费者和消费者协会等组织的意见。

第三十一条 各级人民政府应当加强领导，组织、协调、督促有关行政部门做好保护消费者合法权益的工作，落实保护消费者合法权益的职责。

各级人民政府应当加强监督，预防危害消费者人身、财产安全行为的发生，及时制止危害消费者人身、财产安全的行为。

第三十二条 各级人民政府工商行政管理部门和其他有关行政部门应当依照法律、法规的规定，在各自的职责范围内，采取措施，保护消费者的合法权益。

有关行政部门应当听取消费者和消费者协会等组织对经营者交易行为、商品和服务质量问题的意见，及时调查处理。

第三十三条 有关行政部门在各自的职责范围内，应当定期或者不定期对经营者提供的商品和服务进行抽查检验，并及时向社会公布抽查检验结果。

有关行政部门发现并认定经营者提供的商品或者服务存在缺陷，有危及人身、财产安全危险的，应当立即责令经营者采取停止销售、警示、召回、无害化处理、销毁、停止生产或者服务等措施。

第三十四条 有关国家机关应当依照法律、法规的规定，惩处经营者在提供商品和服务中侵害消费者合法权益的违法犯罪行为。

第三十五条 人民法院应当采取措施，方便消费者提起诉讼。对符合《中华人民共和国民事诉讼法》起诉条件的消费者权益争议，必须受理，及时审理。

第五章 消费者组织

第三十六条 消费者协会和其他消费者组织是依法成立的对商品和服务进行社会监督的保护消费者合法权益的社会组织。

第三十七条 消费者协会履行下列公益性职责：

（一）向消费者提供消费信息和咨询服务，提高消费者维护自身合法权益的能力，引导文明、健康、节约资源和保护环境的消费方式；

（二）参与制定有关消费者权益的法律、法规、规章和强制性标准；

（三）参与有关行政部门对商品和服务的监督、检查；

（四）就有关消费者合法权益的问题，向有关部门反映、查询，提出建议；

（五）受理消费者的投诉，并对投诉事项进行调查、调解；

（六）投诉事项涉及商品和服务质量问题的，可以委托具备资格的鉴定人鉴定，鉴定人应当告知鉴定意见；

（七）就损害消费者合法权益的行为，支持受损害的消费者提起诉讼或者依照本法提起诉讼；

（八）对损害消费者合法权益的行为，通过大众传播媒介予以揭露、批评。

各级人民政府对消费者协会履行职责应当予以必要的经费等支持。

消费者协会应当认真履行保护消费者合法权益的职责，听取消费者的意见和建议，接受社会监督。

依法成立的其他消费者组织依照法律、法规及其章程的规定，开展保护消费者合法权益的活动。

第三十八条 消费者组织不得从事商品经营和营利性服务，不得以收取费用或者其他牟取利益的方式向消费者推荐商品和服务。

第六章 争议的解决

第三十九条 消费者和经营者发生消费者权益争议的，可以通过下列途径解决：

（一）与经营者协商和解；

（二）请求消费者协会或者依法成立的其他调解组织调解；

（三）向有关行政部门投诉；

（四）根据与经营者达成的仲裁协议提请仲裁机构仲裁；

（五）向人民法院提起诉讼。

第四十条 消费者在购买、使用商品时，其合法权益受到损害的，可以向销售者要求赔偿。销售者赔偿后，属于生产者的责任或者属于向销售者提供商品的其他销售者的责任的，销售者有权向生产者或者其他销售者追偿。

消费者或者其他受害人因商品缺陷造成人身、财产损害的，可以向销售者要求赔偿，也可以向生产者要求赔偿。属于生产者责任的，销售者赔偿后，有权向生产者追偿。属于销售者责任的，生产者赔偿后，有权向销售者追偿。

消费者在接受服务时，其合法权益受到损害的，可以向服务者要求赔偿。

第四十一条 消费者在购买、使用商品或者接受服务时，其合法权益受到损害，因原企业分立、合并的，可以向变更后承受其权利义务的企业要求赔偿。

第四十二条 使用他人营业执照的违法经营者提供商品或者服务，损害消费者合法权益的，消费者可以向其要求赔偿，也可以向营业执照的持有人要求赔偿。

第四十三条 消费者在展销会、租赁柜台购买商品或者接受服务，其合法权益受到损害的，可以向销售者或者服务者要求赔偿。展销会结束或者柜台租赁期满后，也可以向展销会的举办者、柜台的出租者要求赔偿。展销会的举办者、柜台的出租者赔偿后，有权向销售者或者服务者追偿。

第四十四条 消费者通过网络交易平台购买商品或者接受服务，其合法权益受到损害的，可以向销售者或者服务者要求赔偿。网络交易平台提供者不能提供销售者或者服务者的真实名称、地址和有效联系方式的，消费者也可以向网络交易平台提供者要求赔偿；网络交易平台提供者作出更有利于消费者的承诺的，应当履行承诺。网络交易平台提供者赔偿后，有权向销售者或者服务者追偿。

网络交易平台提供者明知或者应知销售者或者服务者利用其平台侵害消费者合法权益，未采取必要措施的，依法与该销售者或者服务者承担连带责任。

第四十五条 消费者因经营者利用虚假广告或者其他虚假宣传方式提供商品或者服务，其合法权益受到损害的，可以向经营者要求赔偿。广告经营者、发布者发布虚假广告的，消费者可以请求行政主管部门予以惩处。广告经营者、发布者不能提供经营者的真实名称、地址和有效联系方式的，应当承担赔偿责任。

广告经营者、发布者设计、制作、发布关系消费者生命健康商品或者服务的虚假广告，造成消费者损害的，应当与提供该商品或者服务的经营者承担连带责任。

社会团体或者其他组织、个人在关系消费者生命健康商品或者服务的虚假广告或者其他虚假宣传中向消费者推荐商品或者服务，造成消费者损害的，应当与提供该商品或者服务的经营者承担连带责任。

第四十六条 消费者向有关行政部门投诉的，该部门应当自收到投诉之日起七个工作日内，予以处理并告知消费者。

第四十七条 对侵害众多消费者合法权益的行为，中国消费者协会以及在省、自治区、直辖市设立的消费者协会，可以向人民法院提起诉讼。

第七章 法律责任

第四十八条 经营者提供商品或者服务有下列情形之一的，除本法另有规定外，应当依照其他有关法律、法规的规定，承担民事责任：

（一）商品或者服务存在缺陷的；

（二）不具备商品应当具备的使用性能而出售时未作说明的；

（三）不符合在商品或者其包装上注明采用的商品标准的；

（四）不符合商品说明、实物样品等方式表明的质量状况的；

（五）生产国家明令淘汰的商品或者销售失效、变质的商品的；

（六）销售的商品数量不足的；

（七）服务的内容和费用违反约定的；

（八）对消费者提出的修理、重作、更换、退货、补足商品数量、退还货款和服务费用或者赔偿损失的要求，故意拖延或者无理拒绝的；

（九）法律、法规规定的其他损害消费者权益的情形。

经营者对消费者未尽到安全保障义务，造成消费者损害的，应当承担侵权责任。

第四十九条 经营者提供商品或者服务，造成消费者或者其他受害人人身伤害的，应当赔偿医疗费、护理费、交通费等为治疗和康复支出的合理费用，以及因误工减少的收入。造成残疾的，还应当赔偿残疾生活辅助具费和残疾赔偿金。造成死亡的，还应当赔偿丧葬费和死亡赔偿金。

第五十条 经营者侵害消费者的人格尊严、侵犯消费者人身自由或者侵害消费者个人信息依法得到保护的权利的，应当停止侵害、恢复名誉、消除影响、赔礼道歉，并赔偿损失。

第五十一条 经营者有侮辱诽谤、搜查身体、侵犯人身自由等侵害消费者或者其他受害人人身权益的行为，造成严重精神损害的，受害人可以要求精神损害赔偿。

第五十二条 经营者提供商品或者服务，造成消费者财产损害的，应当依照法律规定或者当事人约定承担修理、重作、更换、退货、补足商品数量、退还货款和服务费用或者赔偿损失等民事责任。

第五十三条 经营者以预收款方式提供商品或者服务的，应当按照约定提供。未按照约定提供的，应当按照消费者的要求履行约定或者退回预付款；并应当承担预付款的利息、消费者必须支付的合理费用。

第五十四条 依法经有关行政部门认定为不合格的商品，消费者要求退货的，经营者应当负责退货。

第五十五条 经营者提供商品或者服务有欺诈行为的，应当按照消费者的要求增加赔偿其受到的损失，增加赔偿的金额为消费者购买商品的价款或者接受服务的费用的三倍；增加赔偿的金额不足五百元的，为五百元。法律另有规定的，依照其规定。

经营者明知商品或者服务存在缺陷，仍然向消费者提供，造成消费者或者其他受害人死亡或者健康严重损害的，受害人有权要求经营者依照本法第四十九条、第五十一条等法律规定赔偿损失，并有权要求所受损失二倍以下的惩罚性赔偿。

第五十六条 经营者有下列情形之一，除承担相应的民事责任外，其他有关法律、法规对处罚机关和处罚方式有规定的，依照法律、法规的规定执行；法律、法规未作规定的，由工商行政管理部门或者其他有关行政部门责令改正，可以根据情节单处或者并处警告、没收违法所得、处以违法所得一倍以上十倍以下的罚款，没有违法所得的，处以五十万元以下的罚款；情节严重的，责令停业整顿、吊销营业执照：

（一）提供的商品或者服务不符合保障人身、财产安全要求的；

（二）在商品中掺杂、掺假，以假充真，以次充好，或者以不合格商品冒充合格商品的；

（三）生产国家明令淘汰的商品或者销售失效、变质的商品的；

（四）伪造商品的产地，伪造或者冒用他人的厂名、厂址，篡改生产日期，伪造或者冒用认证标志等质量标志的；

（五）销售的商品应当检验、检疫而未检验、检疫或者伪造检验、检疫结果的；

（六）对商品或者服务作虚假或者引人误解的宣传的；

（七）拒绝或者拖延有关行政部门责令对缺陷商品或者服务采取停止销售、警示、召回、无害化处理、销毁、停止生产或者服务等措施的；

（八）对消费者提出的修理、重作、更换、退货、补足商品数量、退还货款和服务费用或者赔偿损失的要求，故意拖延或者无理拒绝的；

（九）侵害消费者人格尊严、侵犯消费者人身自由或者侵害消费者个人信息依法得到保护的权利的；

（十）法律、法规规定的对损害消费者权益应当予以处罚的其他情形。

经营者有前款规定情形的，除依照法律、法规规定予以处罚外，处罚机关应当记入信用档案，向社会公布。

第五十七条 经营者违反本法规定提供商品或者服务，侵害消费者合法权益，构成犯罪的，依法追究刑事责任。

第五十八条 经营者违反本法规定，应当承担民事赔偿责任和缴纳罚款、罚金，其财产不足以同时支付的，先承担民事赔偿责任。

第五十九条 经营者对行政处罚决定不服的，可以依法申请行政复议或者提起行政诉讼。

第六十条 以暴力、威胁等方法阻碍有关行政部门工作人员依法执行职务的，依法追究刑事责任；拒绝、阻碍有关行政部门工作人员依法执行职务，未使用暴力、威胁方法的，由公安机关依照《中华人民共和国治安管理处罚法》的规定处罚。

第六十一条 国家机关工作人员玩忽职守或者包庇经营者侵害消费者合法权益的行为的，由其所在单位或者上级机关给予行政处分；情节严重，构成犯罪的，依法追究刑事责任。

第八章 附 则

第六十二条 农民购买、使用直接用于农业生产的生产资料，参照本法执行。

第六十三条 本法自1994年1月1日起施行。

最高人民法院
关于适用《中华人民共和国民法典》侵权责任编的解释（一）

法释〔2024〕12号

（2023年12月18日最高人民法院审判委员会第1909次会议通过 2024年9月25日最高人民法院公布 自2024年9月27日起施行）

为正确审理侵权责任纠纷案件，根据《中华人民共和国民法典》、《中华人民共和国民事诉讼法》等法律规定，结合审判实践，制定本解释。

第一条 非法使被监护人脱离监护，监护人请求赔偿为恢复监护状态而支出的合理费用等财产损失的，人民法院应予支持。

第二条 非法使被监护人脱离监护，导致父母子女关系或者其他近亲属关系受到严重损害的，应当认定为民法典第一千一百八十三条第一款规定的严重精神损害。

第三条 非法使被监护人脱离监护，被监护人在脱离监护期间死亡，作为近亲属的监护人既请求赔偿人身损害，又请求赔偿监护关系受侵害产生的损失的，人民法院依法予以支持。

第四条 无民事行为能力人、限制民事行为能力人造成他人损害，被侵权人请求监护人承担侵权责任，或者合并请求监护人和受托履行监护职责的人承担侵权责任的，人民法院应当将无民事行为能力人、限制民事行为能力人列为共同被告。

第五条 无民事行为能力人、限制民事行为能力人造成他人损害，被侵权人请求监护人承担侵权人应承担的全部责任的，人民法院应予支持，并在判决中明确，赔偿费用可以先从被监护人财产中支付，不足部分由监护人支付。

监护人抗辩主张承担补充责任，或者被侵权人、监护人主张人民法院判令有财产的无民事行为能力人、限制民事行为能力人承担赔偿责任的，人民法院不予支持。

从被监护人财产中支付赔偿费用的，应当保留被监护人所必需的生活费和完成义务教育所必需的费用。

第六条 行为人在侵权行为发生时不满十八周岁，被诉时已满十八周岁的，被侵权人请求原监护人承担侵权人应承担的全部责任的，人民法院应予支持，并在判决中明确，赔偿费用可以先从被监护人财产中支付，不足部分由监护人支付。

前款规定情形，被侵权人仅起诉行为人的，人民法院应当向原告释明申请追加原监护人为共同被告。

第七条 未成年子女造成他人损害，被侵权人请求父母共同承担侵权责任的，人民法院依照民法典第二十七条第一款、第一千零六十八条以及第一千一百八十八条的规定予以支持。

第八条 夫妻离婚后，未成年子女造成他人损害，被侵权人请求离异夫妻共同承担侵权责任的，人民法院依照民法典第一千零六十八条、第一千零八十四条以及第一千一百八十八条的规定予以支持。一方以未与该子女共同生活为由主张不承担或者少承担责任的，人民法院不予支持。

离异夫妻之间的责任份额，可以由双方协议确定；协议不成的，人民法院可以根据双方履行监护职责的约定和实际履行情况等确定。实际承担责任超过自己责任份额的一方向另一方追偿的，人民法院应予支持。

第九条 未成年子女造成他人损害的，依照民法典第一千零七十二条第二款的规定，未与该子女形成抚养教育关系的继父或者继母不承担监护人的侵权责任，由该子女的生父母依照本解释第八条的规定承担侵权责任。

第十条 无民事行为能力人、限制民事行为能力人造成他人损害，被侵权人合并请求监护人和受托履行监护职责的人承担侵权责任的，依照民法典第一千一百八十九条的规定，监护人承担侵权人应承担的全部责任；受托人在过错范围内与监护人共同承担责任，但责任主体实际支付的赔偿费用总和不应超出被侵权人应受偿的损失数额。

监护人承担责任后向受托人追偿的，人民法院可以参照民法典第九百二十九条的规定处理。

仅有一般过失的无偿受托人承担责任后向监护人追偿的，人民法院应予支持。

第十一条 教唆、帮助无民事行为能力人、限制民事行为能力人实施侵权行为，教唆人、帮助人以其不知道且不应当知道行为人为无民事行为能力人、限制民事行为能力人为由，主张不承担侵权责任或者与行为人的监护人承担连带责任的，人民法院不予支持。

第十二条 教唆、帮助无民事行为能力人、限制民事行为能力人实施侵权行为，被侵权人合并请求教唆人、帮助人以及监护人承担侵权责任的，依照民法典第一千一百六十九条第二款的规定，教唆人、帮助人承担侵权人应承担的全部责任；监护人在未尽到监护职责的范围内与教唆人、帮助人共同承担责任，但责任主体实际支付的赔偿费用总和不应超出被侵权人应受偿的损失数额。

监护人先行支付赔偿费用后，就超过自己相应责任的部分向教唆人、帮助人追偿的，人民法院应予支持。

第十三条 教唆、帮助无民事行为能力人、限制民事行为能力人实施侵权行为，被侵权人合并请求教唆人、帮助人与监护人以及受托履行监护职责的人承担侵权责任的，依照本解释第十条、第十二条的规定认定民事责任。

第十四条 无民事行为能力人或者限制民事行为能力人在幼儿园、学校或者其他教育机构学习、生活期间，受到教育机构以外的第三人人身损害，第三人、教育机构作为共同被告且依法应承担侵权责任的，人民法院应当在判决中明确，教育机构在人民法院就第三人的财产依法强制执行后仍不能履行的范围内，承担与其过错相应的补充责任。

被侵权人仅起诉教育机构的，人民法院应当向原告释明申请追加实施侵权行为的第三人为共同被告。

第三人不确定的，未尽到管理职责的教育机构先行承担与其过错相应的责任；教育机构承担责任后向已经确定的第三人追偿的，人民法院依照民法典第一千二百零一条的规定予以支持。

第十五条 与用人单位形成劳动关系的工作人员、执行用人单位工作任务的其他人员，因执行工作任务造成他人损害，被侵权人依照民法典第一千一百九十一条第一款的规定，请求用人单位承担侵权责任的，人民法院应予支持。

个体工商户的从业人员因执行工作任务造成他人损害的，适用民法典第一千一百九十一条第一款的规定认定民事责任。

第十六条 劳务派遣期间，被派遣的工作人员因执行工作任务造成他人损害，被侵权人合并请求劳务派遣单位与接受劳务派遣的用工单位承担侵权责任的，依照民法典第一千一百九十一条第二款的规定，接受劳务派遣的用工单位承担侵权人应承担的全部责任；劳务派遣单位在不当选派工作人员、未依法履行培训义务等过错范围内，与接受劳务派遣的用工单位共同承担责任，但责任主体实际支付的赔偿费用总和不应超出被侵权人应受偿的损失数额。

劳务派遣单位先行支付赔偿费用后，就超过自己相应责任的部分向接受劳务派遣的用工单位追偿的，人民法院应予支持，但双方另有约定的除外。

第十七条 工作人员在执行工作任务中实施的违法行为造成他人损害，构成自然人犯罪的,工作人员承担刑事责任不影响用人单位依法承担民事责任。依照民法典第一千一百九十一条规定用人单位应当承担侵权责任的,在刑事案件中已完成的追缴、退赔可以在民事判决书中明确并扣减,也可以在执行程序中予以扣减。

第十八条 承揽人在完成工作过程中造成第三人损害的,人民法院依照民法典第一千一百六十五条的规定认定承揽人的民事责任。

被侵权人合并请求定作人和承揽人承担侵权责任的,依照民法典第一千一百六十五条、第一千一百九十三条的规定,造成损害的承揽人承担侵权人应承担的全部责任;定作人在定作、指示或者选任过错范围内与承揽人共同承担责任,但责任主体实际支付的赔偿费用总和不应超出被侵权人应受偿的损失数额。

定作人先行支付赔偿费用后,就超过自己相应责任的部分向承揽人追偿的,人民法院应予支持,但双方另有约定的除外。

第十九条 因产品存在缺陷造成买受人财产损害,买受人请求产品的生产者或者销售者赔偿缺陷产品本身损害以及其他财产损害的,人民法院依照民法典第一千二百零二条、第一千二百零三条的规定予以支持。

第二十条 以买卖或者其他方式转让拼装或者已经达到报废标准的机动车,发生交通事故造成损害,转让人、受让人以其不知道且不应当知道该机动车系拼装或者已经达到报废标准为由,主张不承担侵权责任的,人民法院不予支持。

第二十一条 未依法投保强制保险的机动车发生交通事故造成损害,投保义务人和交通事故责任人不是同一人,被侵权人合并请求投保义务人和交通事故责任人承担侵权责任的,交通事故责任人承担侵权人应承担的全部责任;投保义务人在机动车强制保险责任限额范围内与交通事故责任人共同承担责任,但责任主体实际支付的赔偿费用总和不应超出被侵权人应受偿的损失数额。

投保义务人先行支付赔偿费用后,就超出机动车强制保险责任限额范围部分向交通事故责任人追偿的,人民法院应予支持。

第二十二条 机动车驾驶人离开本车后,因未采取制动措施等自身过错受到本车碰撞、碾压造成损害,机动车驾驶人请求承保本车机动车强制保险的保险人在强制保险责任限额范围内,以及承保本车机动车商业第三者责任保险的保险人按照保险合同的约定赔偿的,人民法院不予支持,但可以依据机动车车上人员责任保险的有关约定支持相应的赔偿请求。

第二十三条 禁止饲养的烈性犬等危险动物造成他人损害,动物饲养人或者管理人主张不承担责任或者减轻责任的,人民法院不予支持。

第二十四条 物业服务企业等建筑物管理人未采取必要的安全保障措施防止从建筑物中抛掷物品或者从建筑物上坠落的物品造成他人损害,具体侵权人、物业服务企业等建筑物管理人作为共同被告的,人民法院应当依照民法典第一千一百九十八条第二款、第一千二百五十四条的规定,在判决中明确,未采取必要安全保障措施的物业服务企业等建筑物管理人在人民法院就具体侵权人的财产依法强制执行后仍不能履行的范围内,承担与其过错相应的补充责任。

第二十五条 物业服务企业等建筑物管理人未采取必要的安全保障措施防止从建筑物中抛掷物品或者从建筑物上坠落的物品造成他人损害,经公安等机关调查,在民事案件一审法庭辩论终结前仍难以确定具体侵权人的,未采取必要安全保障措施的物业服务企业等建筑物管理人承担与其过错相应的责任。被侵权人其余部分的损害，由可能加害的建筑物使用人给予适当补偿。

具体侵权人确定后，已经承担责任的物业服务企业等建筑物管理人、可能加害的建筑物使用人向具体侵权人追偿的，人民法院依照民法典第一千一百九十八条第二款、第一千二百五十四条第一款的规定予以支持。

第二十六条 本解释自2024年9月27日起施行。

本解释施行后，人民法院尚未审结的一审、二审案件适用本解释。本解释施行前已经终审，当事人申请再审或者按照审判监督程序决定再审的，适用当时的法律、司法解释规定。

【解读】

解读《关于适用〈中华人民共和国民法典〉侵权责任编的解释（一）》

《最高人民法院关于适用〈中华人民共和国民法典〉侵权责任编的解释（一）》（法释〔2024〕12号，以下简称《解释》）于2023年12月18日由最高人民法院审判委员会第1909次会议讨论通过，并自2024年9月27日起施行。本文就《解释》制定情况及相关内容的理解进行说明，以便于在司法实践中准确适用。

一、《解释》的制定背景与指导思想

习近平总书记强调，要充分认识颁布实施民法典的重要意义，依法更好保障人民合法权益。[①] 侵权责任是侵权行为人侵害他人民事权益应当承担的法律后果，侵权责任也是制裁违法、救济权益、保障人权的重要手段。民法典施行后，侵权责任法同时废止，侵权责任在民法典中独立成编作出规定，进一步彰显了强化人权保护、维护社会和谐安全的立法宗旨。民法典侵权责任编具有鲜明的中国特色、实践特色和时代特色。

为贯彻落实党的二十大精神和习近平总书记关于加强人权司法保障、推动民法典全面贯彻实施的指示，最高人民法院依据民法典规定及时清理修订了有关审理人身损害赔偿案件、道路交通事故损害赔偿案件、医疗损害责任纠纷案件等在内的多部侵权类司法解释。民法典施行以来，民事审判实践中遇到了一些新情况新问题，亟待明确和统一法律适用标准。

近年来，社会各界围绕"严惩侵害农村留守儿童、拐卖拐骗妇女儿童违法犯罪行为""惩治校园欺凌、平衡学校与学生的关系""加强未成年人司法保护""切实实现好、维护好、发展好劳动者合法权益""维护人民群众道路交通安全和头顶上的安全"等问题，提出了不少意见建议。坚持系统思维、法治思维、底线思维制定司法解释，按照民法典规定妥善解决实践中的困难和问题，是回应社会关切和实践需求、提高司

[①] 参见习近平：《充分认识颁布实施民法典重大意义，依法更好保障人民合法权益》，载《求是》2020年第12期。

法服务保障水平的重要举措。

《解释》以习近平新时代中国特色社会主义思想为指导，坚持习近平法治思想，在社会重大关切中坚持以人民为中心，切实维护群众合法权益，保障和促进社会公平正义。具体体现为：一是坚持问题导向。坚持多种形式广泛深入调研，掌握真情况真问题，解决民法典施行后社会广泛关注、审判实践中亟须解决的重大争议。条文成熟一个规定一个，力求务实管用，及时回应实践需求。二是坚持依法解释。尊重立法精神，严格贯彻执行民法典规定。坚持法律规则的体系化适用，注重新旧法律制度的适用衔接，依据法律新规定调整不符合立法精神的既往裁判标准。三是坚持社会主义核心价值观。《解释》体现的价值理念和价值导向始终与社会主义核心价值观相贯通，确保符合人民群众的价值认同和情感认同。

二、《解释》的主要内容与司法理念

《解释》共计26条，除了第二十六条是关于施行时间及司法解释效力的规定外，其余25个条文都是针对具体问题作出的规定。

一是明确非法使被监护人脱离监护的侵权责任。将监护作为纳入侵权责任调整的民事权益予以保护，加强对拐卖、拐骗儿童行为和其他非法使被监护人脱离监护的侵权行为的民事制裁，与刑事制裁共同构成制裁违法、救济权益的一体两翼，切实保障公民基本权益，维系亲情。

二是明确监护人责任，教唆、帮助侵权责任和教育机构责任的实体和程序规则。依法认定监护人和受托履行监护职责的人，教唆、帮助侵权人，教育机构以及教育机构以外侵权人的民事责任，强化监护职责的履行，坚决制裁教唆、帮助侵权，支持合理诉求，助力家校和谐，保障未成年人合法权益，护航未成年人身心健康成长。

三是明确用人单位责任的适用范围和劳务派遣关系中的侵权责任形态。明确工作人员在执行工作任务中实施违法行为构成犯罪承担刑事责任不影响用人单位承担民事责任，并协调刑事追缴、退赔与民事赔偿的关系。分别规定了在执行用人单位工作任务中实施违法行为造成他人损害、承揽人根据定作或指示完成工作过程中造成他人损害的不同侵权责任，确保法律规定正确适用，依法维护劳动群众合法权益，保障被侵权人的损害得到填补。

四是明确机动车交通事故责任的相关适用规则。就机动车强制保险投保义务人与交通事故责任人不是同一人的责任承担，机动车商业第三者责任险中第三者的认定，因转让拼装车、报废车造成损害时责任承担的主观要件问题，贯彻严的基调，强化法定义务的履行和违法制裁，更好地保护群众出行安全，保障被侵权人充分受偿。

五是明确缺陷产品造成的产品自身损害（产品自损）属于产品责任赔偿范围。正确阐释立法精神，切实维护消费者合法权益，保障消费者高效便捷维权。

六是明确规定禁止饲养的烈性犬等危险动物致人损害不适用免责事由。准确阐明民法典"最严格的无过错责任"立法精神，强化动物饲养人、管理人责任意识，维护动物饲养管理秩序，保障群众生命财产安全。

七是明确高空抛掷物、坠落物致害责任的实体和程序规则。在总结实践经验基础上，依法合理确定具体侵权人、可能加害的建筑物使用人、物业服务企业等建筑物管理人的责任顺位和责任范围，依法支持被侵权人合理诉求，维护人民群众"头顶上的安全"，解决"悬在城市上空的痛"。

三、非法使被监护人脱离监护的侵权责任

保护妇女儿童人身权益不受侵犯,是人民法院服务保障人权发展大局、维护社会和谐稳定、维护国家安全、展现负责任大国形象的重要内容。审判实践中非法使被监护人脱离监护的情形,既有拐卖、拐骗儿童等刑事犯罪行为,也有亲子错换等民事行为,还有未达到刑事追诉年龄的未成年人实施的非法使被监护人脱离监护的行为。《最高人民法院关于确定民事侵权精神损害赔偿责任若干问题的解释》第二条规定:"非法使被监护人脱离监护,导致亲子关系或者近亲属间的亲属关系遭受严重损害,监护人向人民法院起诉请求赔偿精神损害的,人民法院应当依法予以受理。"为进一步明确裁判标准,《解释》第一条至第三条作出相应规定。

(一)明确支持赔偿监护人寻亲的合理费用

监护的主要内容为抚养(赡养)、教育(扶助)和保护,既是权利,又是义务。监护权益遭受侵害给监护人造成物质和精神损害的,应对其进行救济,并依法惩戒侵权行为人,故有必要通过司法解释细化民法典关于侵权责任调整对象的规定,为监护权益遭受侵害的民事案件提供规则指引。

非法使被监护人脱离监护,监护人为寻亲往往花费较长时间和一定数额的金钱,产生财产损失。财产损失属于物质损失、直接损失,按照填补损害的基本原则,无论非法使被监护人脱离监护的行为是否构成犯罪,监护人为寻亲花费的合理费用均应获赔偿,但赔偿范围如何确定存在一定争议。《解释》第一条以"恢复原状""禁止得利"为法理基础,协调了拐卖获利刑事追缴与民事赔偿的关系,规定"非法使被监护人脱离监护,监护人请求赔偿为恢复监护状态而支出的合理费用等财产损失的,人民法院应予支持"。为增强财产损失范围认定弹性,又避免不当扩大损失范围,对"财产损失"作出"合理费用"的限定,同时,使用了"等"之表述,给予人民法院一定的裁量权。

(二)明确严重精神损害的认定标准

精神损害赔偿是被侵权人因人格利益或身份利益受到侵害而遭受精神痛苦,通过金钱赔偿的方式对其给予精神抚慰。非法使被监护人脱离监护侵害了监护关系这种身份利益,若造成了严重精神损害,依照民法典第一千一百八十三条第一款关于"侵害自然人人身权益造成严重精神损害的,被侵权人有权请求精神损害赔偿"的规定,人民法院应当支持监护人和被监护人提出的精神损害赔偿请求;但非法使被监护人脱离监护构成刑事犯罪的,应当依照《最高人民法院关于适用〈中华人民共和国刑事诉讼法〉的解释》的有关规定处理。

对于如何认定非法使被监护人脱离监护造成严重精神损害,理论与实践中存在不同观点。有意见认为,非法使被监护人脱离监护即构成严重精神损害。我们认为,这种意见对精神损害的认定标准失之过宽。民法典第一千一百八十三条关于精神损害赔偿的规定,体现了防止精神损害赔偿被滥用的立法精神。为严格确立非法使被监护人脱离监护造成严重精神损害的认定标准,《解释》第二条规定:"非法使被监护人脱离监护,导致父母子女关系或者其他近亲属关系受到严重损害的,应当认定为民法典第一千一百八十三条第一款规定的严重精神损害。"审判实践中,可综合脱离监护的时间、使近亲属出现精神疾患等因素作出认定。此条规定中的父母子女关系,不仅包括亲子关系,还包括形成抚养教育关系的继父母子女关系和养父母子女关系。

(三)明确依法支持权利人合并请求赔偿人身损害与寻亲费用

非法使被监护人脱离监护可能同时造成被监护人死亡。作为近亲属的监护人在人身损害赔偿案件中合并主张赔偿人身损害和寻亲费用的,人民法院应否一并支持,审判实践中存在争议。《解释》第三条本着快捷解决纠纷、保障权利人及时受偿的考虑,明确规定依法支持赔偿权利人合并请求赔偿人身损害和寻亲费用。

四、监护人、教唆帮助侵权人与教育机构责任

未成年人是祖国的未来、民族的希望,党和国家历来高度重视未成年人保护事业。习近平总书记深刻指出,"十年树木,百年树人。祖国的未来属于下一代。做好关心下一代工作,关系中华民族伟大复兴"[①]。明确要求"对损害少年儿童权益、破坏少年儿童身心健康的言行,要坚决防止和依法打击"[②]。"校园欺凌""校闹"问题,农村留守儿童、异地流动儿童和离异重组家庭未成年子女权益维护和健康成长问题,受到社会广泛关注。

针对民法典中监护人责任,教唆、帮助侵权责任和教育机构责任适用中的争议,《解释》明确了四个问题。

第一,明确被监护人侵权,监护人承担全部责任而非补充责任,不以被监护人本人有财产认定被监护人担责。

针对学理与实务中关于民法典第一千一百八十八条规定的监护人责任是补充责任还是全部赔偿责任的争议,《解释》明确规定,被监护人侵权,由监护人承担侵权人应承担的全部赔偿责任。被监护人无论是无民事行为能力人,还是限制民事行为能力人,均不因其本人有财产而承担侵权责任。这一规定彰显了保障未成年人合法权益和让未成年人轻装前行的司法理念。

在非近亲属担任监护人且被监护人本人有财产的情况下,完全由监护人担责可能导致非近亲属不愿担任监护人,这不利于未成年人的成长。为解决上述问题,从公平角度考量,依照民法典第一千一百八十八条第二款"有财产的无民事行为能力人、限制民事行为能力人造成他人损害的,从本人财产中支付赔偿费用;不足部分,由监护人赔偿"的规定,《解释》第五条规定,人民法院在判令监护人担责的同时,应当在判决中明确"赔偿费用可以先从被监护人财产中支付,不足部分由监护人支付"。

同时,为保证被监护人健康成长,对从被监护人的财产中支付赔偿费用作出限定,规定"应当保留被监护人所必需的生活费和完成义务教育所必需的费用"。

针对行为人在侵权行为发生时不满十八周岁,被诉时已满十八周岁的情况,《解释》第六条调整了既往裁判标准,明确仍由原监护人承担侵权责任,并协调规定了赔偿费用支付问题。征求意见过程中,有意见建议,依照民法典第十八条第二款的规定,明确行为人在侵权行为发生时已满十六周岁未满十八周岁,但以自己的劳动收入为主要生活来源的,由行为人承担侵权责任。但经广泛征求意见,普遍认为,民法典第十八条第二款有关十六周岁视为完全民事行为能力人的规定,是为了保护以自己的劳动收入为主要生活来源的未成年人,使他们参与的正常民事法律关系处于稳定状态,该规定一般适用于民事法律行为领域,不适用于侵权责任领域。如果规定这部分未成年

[①] 习近平:《坚持服务青少年的正确方向 推动关心下一代事业更好发展》,载《人民日报》2015年8月26日。

[②] 习近平:《让孩子们成长得更好》,载《人民日报》2013年5月31日。

人还要承担侵权责任，与立法保护未成年人的精神不符。据此，《解释》作出目前规定。

第二，明确未成年子女侵权，由父母共同承担责任，未与未成年人形成抚养教育关系的继父母不承担监护人的侵权责任，由该子女的生父母承担责任。

我们根据民法典的精神对既往裁判规则作出相应调整和补充。

关于未成年子女侵权的父母责任。依照民法典第二十六条、第二十七条以及第一千零六十八条的规定，父母是未成年子女的监护人，未成年子女造成他人损害的，父母应当依法承担民事责任。民法典有关监护人责任的规定并未明确父与母之间的责任形态，《解释》参照夫妻共同债务的立法精神，在第七条明确规定："未成年子女造成他人损害，被侵权人请求父母共同承担侵权责任的，人民法院依照民法典第二十七条第一款、第一千零六十八条以及第一千一百八十八条的规定予以支持。"

关于未成年子女侵权的离异夫妻责任。审判实践中，未成年子女侵权的，离异夫妻一方往往以未与未成年子女共同生活为由主张自己不承担责任或者少承担责任。以前，司法实践依照"与子女共同生活"标准来判定离异夫妻的责任，会导致不与子女共同生活的一方疏于履行监护职责。依照民法典第一千零八十四条第二款的规定，离婚后，父母对子女仍有抚养、教育、保护的权利和义务。据此，《解释》第八条第一款明确，夫妻离婚后，未成年子女造成他人损害，被侵权人请求离异夫妻共同承担侵权责任的，人民法院依法予以支持。一方以未与该子女共同生活为由主张不承担或者少承担责任的，人民法院不予支持。

考虑到夫妻离异后对财产进行了分割，双方对抚养子女一般会作出约定，《解释》第八条第二款规定了离异夫妻对外承担责任后的内部求偿规则，"离异夫妻之间的责任份额，可以由双方协议确定；协议不成的，人民法院可以根据双方履行监护职责的约定和实际履行情况等确定。实际承担责任超过自己责任份额的一方向另一方追偿的，人民法院应予支持"。

关于未成年子女侵权的继父母责任。夫妻离异后再婚，再婚相对方与未成年人形成继父母子女关系。继父母子女关系有条件地适用民法典关于父母子女关系的规定。继父母和受其抚养教育的继子女之间，属于法律上的拟制血亲关系，依照民法典第一千零七十二条第二款的规定，适用民法典关于父母子女关系的规定；而未形成抚养关系的继父母与继子女之间则不发生父母子女的权利义务关系。未成年人受继父母抚养教育成立了监护关系的，并不因此免除生父母的监护职责，对于未成年人侵权应如何协调生父母责任与继父母责任，实务中争议较大，处理纠纷时应进行"个案考量"和"利益平衡"，不宜"一刀切"。因此，《解释》第九条仅针对未成年子女与继父母未形成抚养教育关系的情形作出规定，明确未与该子女形成抚养教育关系的继父或者继母不承担监护人的侵权责任，由该子女的生父母承担侵权责任。

第三，明确被监护人侵权，受托履行监护职责的人在过错范围内与承担全部责任的监护人共同承担责任，产生责任重合；教唆、帮助未成年人侵权的，监护人在过错范围内与承担全部责任的教唆人、帮助人共同承担责任，产生责任重合。但是，责任主体实际支付的赔偿费用总和不应超出被侵权人应受偿的损失数额。

民法典第一千一百八十九条规定了委托监护关系中的侵权责任，第一千一百六十九条第二款规定了教唆、帮助无民事行为能力人、限制民事行为能力人侵权的民事责任。法律适用中的主要争议为，委托监护关系中受托履行监护职责的人承担的与过错相应的责任，教唆、帮助侵权中监护人承担的与过错相应的责任，实务中如何具体把握。《解释》第十条、第十二条对此予以明确。

关于受托人承担责任应否限于有偿受托的问题。有观点认为，无偿看管孙辈的祖辈不应对被监护人的侵权行为承担责任。鉴于排除无偿受托人担责缩限了民法典第一千一百八十九条规定的适用范围，不利于保障被侵权人充分受偿，也不符合强化监护职责履行的立法精神，《解释》未采纳该观点。实践中，可综合过错情况，合理界定情谊行为与无偿受托等，妥善认定无偿受托人的责任。

关于受托人的过错认定问题。审判实践中应具体分析，综合被侵权人的人身财产权益，被监护人的年龄、性格和过往表现等自身特点，健康自由发展空间，教育义务履行情况，受托人的履行成本等因素，对受托人的过错作出认定。

此外，《解释》对教唆、帮助未成年人侵权的行为持严格否定立场，明确教唆人、帮助人承担责任不以明知被教唆、帮助人为无民事行为能力人、限制民事行为能力人为前提。

第四，明确学生在校内遭受校外人员人身损害的，实施侵权行为的第三人为第一责任主体，未尽到管理职责的教育机构承担顺位在后的补充责任；第三人不确定的，未尽到管理职责的教育机构先行承担责任，并有权向第三人追偿。

民法典第一千二百零一条规定了学生在校内遭受校外人员人身损害的责任承担。针对审判实践中反映的实体与程序问题，《解释》第十四条作出规定。

一是被侵权人可一并起诉实施侵权行为的第三人和教育机构。无须被侵权人先行起诉、强制执行第三人财产后再就赔偿不能部分起诉请求教育机构承担责任。目的是减轻当事人诉累，保障被侵权人及时获得救济。

二是如果诉讼时实施侵权行为的第三人能够确定，一般不单独列教育机构为被告。人民法院应当向原告释明申请追加实施侵权行为的第三人为共同被告。第三人和教育机构作为共同被告的，人民法院在判决中应体现教育机构承担补充责任的在后执行顺位，即明确"教育机构在人民法院就第三人的财产依法强制执行后仍不能履行的范围内，承担与其过错相应的补充责任"。

三是诉讼时无法确定第三人的，未尽到管理职责的教育机构可以先行承担与其过错相应的责任。教育机构承担责任后向已经确定的第三人追偿的，人民法院依照民法典第一千二百零一条的规定予以支持。

五、用人单位责任

用人单位责任与监护人责任均属于侵权法上的特殊主体责任，体现为责任主体与行为主体相分离，由用人单位对其工作人员因执行工作任务造成的损害承担侵权责任。针对民法典第一千一百九十一条用人单位责任适用中的争议，《解释》明确了用人单位责任的适用范围、劳务派遣关系中的侵权责任形态以及职务侵权构成犯罪的用人单位民事责任，彰显了保障受害人充分受偿、保护劳动者合法权益的司法理念，促使用人单位谨慎合理选人用人，加强内部管理。

（一）明确用人单位责任的适用范围

针对民法典第一千一百九十一条规定的用人单位责任是否仅适用于工作人员与用人单位形成劳动关系的争议，《解释》第十五条明确，用人单位责任不仅适用于与用人单位形成劳动关系的工作人员，也适用于执行用人单位工作任务的其他人员；个体工商户的从业人员因执行工作任务造成他人损害的，适用民法典第一千一百九十一条用人单位责任的规定认定民事责任。"执行用人单位工作任务的其他人员"包括提供劳务人员、临时用工人员、公务员及参照公务员进行管理的其他工作人员等。《解释》过程稿曾对此作出列举规定，公开征求意见后，根据有关行政主管部门的修改意见，用"执行用人单位工作任务的其他人员"来指代非劳动关系的其他工作人员。个体工商户属于民法典总则编中规定的自然人，但在市场监督管理中被作为个体经济组织进行管理，民法典第一千一百九十一条规定的用人单位包括个体经济组织。《解释》第十五条第二款据此规定，个体工商户的从业人员因执行工作任务造成他人损害的，适用民法典第一千一百九十一条第一款的规定认定民事责任，从而促推个体工商户为其从业人员购买社会保险，分散用人单位风险，保障劳动者合法权益。

对于实务中提出的工作人员因执行工作任务自身遭受损害的责任缺乏法律规则指引的问题，因涉及人身损害赔偿与工伤保险赔偿的衔接问题，情况较为复杂，尚未形成统一观点，《解释》对此未作出规范，待调研成熟后以适当方式予以明确。

《解释》制定过程中，有意见提出，第十五条第一款应增加但书规定，将承揽人排除在执行用人单位工作任务的其他人员之外。考虑到承揽人按照定作人的指示完成工作，有别于执行用人单位工作任务，现行表述在适用范围上一般不会引发歧义，故《解释》第十五条未采纳该意见。

但是，为解决民法典第一千一百九十三条承揽关系中的侵权责任在适用中的普遍争议，进一步周延法律适用，《解释》第十八条区分规定了承揽人执行定作人指示完成工作任务造成他人损害的责任：一是明确承揽人承担侵权责任的法律依据为民法典第一千一百六十五条有关过错责任和过错推定责任的规定，避免法官依照民法典第一千一百九十三条关于"承揽人在完成工作过程中造成第三人损害或者自己损害的，定作人不承担侵权责任。但是，定作人对定作、指示或者选任有过错的，应当承担相应的责任"的规定，反向推导承揽人当然承担严格责任。二是明确实施侵权行为的承揽人与对定作、指示或者选任有过错的定作人作为共同被告的，承揽人承担侵权人应承担的全部责任，定作人在过错范围内与承揽人共同承担责任，产生责任重合，但责任主体实际支付的赔偿费用总和不应超出被侵权人应受偿的损失数额。这里的共同承担责任是比例范围内的责任重合，不是按份责任。若诉讼中承揽人主张与定作人承担按份责任，实际是减轻了侵权行为实施人即承揽人的责任，人民法院不予支持。同时，按照过错终局的内部求偿规则，承揽人或者定作人各自承担责任后，相互之间进行追偿的，人民法院不予支持，但双方另有约定的除外。考虑到损害发生后不排除定作人愿意先行垫付赔偿费用的情况，为保障受害人及时获利救济和充分受偿，鼓励定作人先行支付赔偿费用，《解释》第十八条第三款规定，定作人先行支付赔偿费用后，就超过自己相应责任的部分向承揽人追偿的，人民法院应予支持，但双方另有约定的除外。亦即支持定作人就超出自己相应责任部分的垫付费用进行追偿，对自己应承担的相应责任部分不支持追偿。

（二）明确劳务派遣关系中的侵权责任形态

劳务派遣的特点是用工关系与用人关系分离。依照民法典第一千一百九十一条第二款的规定，劳务派遣期间，被派遣的工作人员因执行工作任务造成他人损害的，由接受劳务派遣的用工单位承担侵权责任；劳务派遣单位有过错的，承担相应的责任。针对有关"相应的责任"的适用争议，《解释》第十六条作出了与前述《解释》第十八条类似的制度设计，进一步明确规定，劳务派遣期间，被派遣的工作人员因执行工作任务造成他人损害，被侵权人合并请求劳务派遣单位与接受劳务派遣的用工单位承担侵权责任的，依照民法典第一千一百九十一条第二款的规定，接受劳务派遣的用工单位承担侵权人应承担的全部责任；劳务派遣单位在不当选派工作人员、未依法履行培训义务等过错范围内，与接受劳务派遣的用工单位共同承担责任，但责任主体实际支付的赔偿费用总和不应超出被侵权人应受偿的损失数额。这里的共同承担责任是比例范围内的责任重合，不是按份责任。接受劳务派遣的用工单位与劳务派遣单位承担责任后的内部追偿规则，与《解释》第十八条第三款相同。

（三）明确工作人员职务侵权构成自然人犯罪的用人单位责任

工作人员在执行工作任务中实施违法犯罪行为，造成公私财产损失的情况时有发生。刑事案件认定工作人员构成自然人犯罪后，因财产损失较大，存在被害人难以通过刑事追缴、退赔获得足额赔偿的情况。为弥补损失，刑事案件的被害人往往以工作人员所在用人单位为被告提起民事诉讼，请求用人单位依照民法典第一千一百九十一条用人单位责任的规定，承担赔偿责任。

《解释》第十七条就工作人员职务侵权构成自然人犯罪的用人单位民事责任作出规定。

一是明确工作人员在执行工作任务中实施的违法行为造成他人损害，构成自然人犯罪的，工作人员承担刑事责任不影响用人单位依法承担民事责任。这是因为刑事法律关系中的责任主体是工作人员个人，民事法律关系中的责任主体是用人单位，两个法律关系的责任主体不同，不属于同一法律事实，可以区分认定责任。当然，如果工作人员的违法行为构成非法集资类犯罪，则应依照民间借贷等相关司法解释的特殊规定，依法确定是否受理对用人单位提起的民事诉讼。

二是明确只有当工作人员的犯罪行为是在执行工作任务中实施的，构成职务侵权，人民法院才能依照民法典第一千一百九十一条的规定认定用人单位承担无过错替代责任。关于职务侵权的认定，可以根据行为的内容、时间、地点、场合、行为之名义、行为的受益人以及是否与用人单位的意志有关等因素，予以综合判断。审判实践中应注意的是，工作人员的犯罪行为不构成职务侵权，但用人单位对损害的发生有过错的，人民法院应根据用人单位的过错及其对损害发生的原因力大小，依照民法典第一千一百六十五条第一款关于过错责任的规定认定用人单位的民事责任，要避免不区分情形动辄判令用人单位承担无过错替代责任。

三是明确用人单位承担责任的范围与刑事案件中追缴、退赔的关系。实务中对此问题存在不同意见。有意见认为，民事判决的赔偿范围应扣除刑事追缴、退赔被害人损失部分。而论证过程中相对集中的意见为，刑事责任的承担不妨碍民事责任的认定，而且责任的认定与实际执行应予以区分。刑法第六十四条是关于对犯罪所得财物如何处理的规定，而并非就刑事责任与民事责任关系的规定。因此，刑事判决追缴、退赔被害人损失不妨碍民事判决对于赔偿范围的认定。如果犯罪所得已在刑事案件中返还了被害人，可以在实际执行时予以扣减。据此，《解释》第十七条明确，用人单位依法应当承担侵权责任的，在刑事案件中已完成的追缴、退赔可以在民事判决书中明确并扣减,也可以在执行程序中予以扣减。

六、机动车交通事故责任

据统计,机动车交通事故责任纠纷是人民法院受案数量最多的侵权责任纠纷类型之一。最高人民法院曾专门制定了《最高人民法院关于审理道路交通事故损害赔偿案件适用法律若干问题的解释》(以下简称《道交解释》),对类案审理发挥了积极指导作用。民法典侵权责任编有关机动车交通事故责任的规定,吸收了多条司法解释的规则。民法典施行后,《道交解释》根据民法典的规定进行了修正,对一些裁判规则作出了调整。随着审判工作的发展,实践中产生了新的争议和法律适用问题。

(一)进一步明确未依法投保机动车强制保险的机动车发生交通事故,投保义务人和交通事故责任人不是同一人时的责任承担规则

依照修正前的《道交解释》第十九条第二款的规定,未依法投保交强险的机动车发生交通事故造成损害,投保义务人和交通事故责任人不是同一人的,投保义务人和交通事故责任人在交强险责任限额范围内承担连带责任。在清理修正《道交解释》时,基于连带责任法定的立法立场,将原第十九条第二款关于连带责任的规定修改为"相应责任"。

为进一步明确《道交解释》第十九条第二款规定中"相应责任"的裁判规则,统一法律适用,《解释》第二十一条就投保义务人和交通事故责任人的外部责任形态作出解释:一是明确被侵权人可以请求投保义务人在机动车强制保险责任限额范围内予以赔偿,也可以请求交通事故责任人承担侵权人应承担的全部责任。二是明确投保义务人和交通事故责任人为共同被告的,投保义务人在机动车强制保险责任限额范围内与交通事故责任人共同承担责任。这里的共同承担责任也是比例范围内的责任重合,不是按份共同承担责任。实际履行中仍应坚持损害填补原则,责任主体实际支付的赔偿费用总和不应超出被侵权人应受偿的损失数额。三是明确投保义务人和交通事故责任人的内部求偿规则。机动车强制保险具有一定的公共政策性质,投保机动车强制保险是法定义务。依照民法典第一千二百一十三条的规定,机动车交通事故实行"保险前置、侵权人托底"的赔偿顺序。违反法定投保义务的投保人在机动车强制保险责任限额范围内承担终局责任,有利于强化投保义务的履行,切实发挥机动车强制保险的保障功能。考虑到肇事车辆未投保机动车强制保险、交通事故责任人亦未及时履行赔偿义务时,不排除作为车辆所有人或者管理人的投保义务人基于道义先行支付超出机动车强制保险责任限额范围的赔偿费用。为保障受害人及时充分受偿,鼓励投保义务人积极履行救助义务,《解释》第二十一条第二款规定,投保义务人先行支付赔偿费用后,就超出机动车强制保险责任限额范围部分向交通事故责任人追偿的,人民法院应予支持。

(二)明确机动车驾驶人脱离本车后能否转化成机动车商业第三者责任保险中的第三者

机动车强制保险和机动车商业第三者责任保险均属于第三者责任险,主要赔偿被保险机动车发生意外事故对第三人造成的人身和财产损害,被保险人不包括被保险机动车本车上人员、投保人和保险人。

机动车驾驶人一般情况下属于车上人员,其因本车发生碰撞等原因脱离本车后,能否转化成机动车商业第三者责任保险中的第三者,实务中主要形成三种观点:第一

种观点认为，机动车辆保险合同中涉及的第三者和车上人员均为在特定时空条件下的临时性身份，事故发生时在车上即为车上人员，在车下即为第三者，应当以此判断机动车商业第三者责任保险是否予以理赔。第二种观点认为，当被保险车辆发生交通事故时，如车上人员脱离了被保险车辆，仍不能视其为机动车商业第三者责任保险中的第三者，不能依照第三者责任保险予以理赔，但可以依照机动车车上人员责任保险进行赔付。第三种观点认为，原则上车上人员不可以转化为机动车商业第三者责任保险中的第三者，但乘客因下车休息或下车帮助指引车辆行驶而被驾驶人的过失驾驶行为致伤，乘客可以转化为第三者。

考虑到驾驶人脱离本车遭受侵害的情形比较复杂，针对实务中亟待解决的普遍性问题，《解释》第二十二条聚焦机动车驾驶人因未制动车辆等过错导致其在车外被车辆碰撞、碾压的情形作出规定："机动车驾驶人离开本车后，因未采取制动措施等自身过错受到本车碰撞、碾压造成损害，机动车驾驶人请求承保本车机动车强制保险的保险人在强制保险责任限额范围内，以及承保本车机动车商业第三者责任保险的保险人按照保险合同的约定赔偿的，人民法院不予支持，但可以依据机动车车上人员责任保险的有关约定支持相应的赔偿请求。"这是因为，驾驶人对机动车有实际控制力，根据危险控制理论和不可"自己对自己侵权"原则，前述情形下驾驶人不属于机动车商业第三者责任保险中的第三者，不应依照机动车强制保险和机动车商业第三者责任保险获得理赔。如果肇事机动车投保了机动车车上人员责任保险，驾驶人属于该种保险的被保险人，人民法院可以依据保险合同的有关约定支持相应的赔偿请求。

（三）明确拼装车、报废车的转让人和受让人担责不以明知转让车辆系拼装或者已达到报废标准为前提

为准确阐明民法典关于预防并严厉制裁转让、驾驶拼装车或者报废车的行为，更好地保护人民群众的生命财产安全，《解释》第二十条进一步明确，拼装车、报废车的转让人、受让人承担侵权责任，不以明知转让车辆为拼装车、报废车为要件。

七、产品责任

产品责任是因产品存在缺陷造成他人损害时相关责任主体应承担的侵权责任。缺陷产品造成他人损害的事实，包括人身损害和财产损害。对于产品责任中财产损害的范围，普遍认同包括缺陷产品以外的其他财产的损失，但对是否包括产品自损，立法过程中和司法实务中都存在一定争议。

一种意见认为，多数国家产品责任中的财产损害仅指缺陷产品以外的其他财产损害，不包括产品自损。我国产品质量法第四十一条第一款关于"因产品存在缺陷造成人身、缺陷产品以外的其他财产（以下简称他人财产）损害的，生产者应当承担赔偿责任"的规定，也采取了同样的立法例。缺陷产品造成产品自损的，属于合同责任问题，应当通过合同解决，缺陷产品以外的其他财产损害，才是产品责任中所称的财产损害。另一种意见认为，财产损害应当包括产品自损。

《解释》第十九条采纳了上述第二种意见，规定"因产品存在缺陷造成买受人财产损害，买受人请求产品的生产者或者销售者赔偿缺陷产品本身损害以及其他财产损害的，人民法院依照民法典第一千二百零二条、第一千二百零三条的规定予以支持"。

作出上述规定的主要考虑：一是贯彻立法精神。民法典第一千二百零二条"因产品存在缺陷造成他人损害的，生产者应当承担侵权责任"的规定中的"他人损害"，应

理解为包括了产品自损。相对于产品质量法，民法典是新法，《解释》第十九条的规定是对民法典立法精神的具体阐释。二是立足国情。对缺陷产品财产损害事实的认定，应当立足于我国国情从保护消费者角度作出解释，以符合人民群众对缺陷产品造成财产损害的一般认识。对于消费者而言，购买的产品本身存在缺陷造成了产品自损，从合同责任角度，产品的销售者要承担瑕疵担保责任；从侵权责任角度，产品自损系因产品缺陷引起，给消费者造成了财产损失，将其认定为缺陷产品造成的财产损害，消费者可以通过提起一个侵权责任纠纷诉讼，一并主张赔偿产品自损以及缺陷产品以外的其他财产损害，有利于及时、便捷地保护消费者合法权益。若将产品自损排除在产品侵权损害事实之外，则消费者的损害仅通过侵权责任纠纷诉讼无法完全填补，这不符合减少当事人诉累、及时便捷化解矛盾纠纷的司法理念。

最高人民法院在指导地方法院处理道路交通事故损害赔偿纠纷时也曾提出指导意见，认为机动车自身缺陷导致交通事故的财产损害，包括机动车自损。《解释》第十九条的精神也体现了对既往裁判规则的承继，维持了规则稳定。

八、饲养动物损害责任

随着饲养宠物人群的不断增多，社会上无序养宠物、违规养宠物的情况较为突出，动物伤人的事件数量逐年呈上升趋势。

在法律制度层面，民法典侵权责任编专章7个条文规定了饲养动物致人损害的民事责任。自民法典施行以来，为回应人民群众加大制裁违规养犬、从重认定法律责任的共同心声，确保群众人身安全，最高人民法院开展了饲养动物致人损害责任纠纷的相关调研。经调研，审判实践中适用动物致害责任规定产生的争议，集中在民法典第一千二百四十七条，主要问题是禁止饲养的烈性犬等危险动物致人损害，是否不能适用免责事由。如果损害是因被侵权人故意挑逗烈性犬引起的，绝对不免除动物饲养人或者管理人的责任，是否会产生不公平。

民法典第一千二百四十七条系承继侵权责任法第八十条的规定，内容为"禁止饲养的烈性犬等危险动物造成他人损害的，动物饲养人或者管理人应当承担侵权责任"。在民法典编纂过程中，对此条规定的归责原则、能否适用过失相抵等免责事由、禁止饲养的烈性犬的范围如何认定等问题，就有深入的探讨。

民法典第一千二百四十七条最终坚持的立场是禁止饲养的烈性犬等危险动物造成他人损害的，动物饲养人或者管理人承担"最严格的无过错责任"，只要违反管理规定饲养了烈性犬等危险动物，并造成他人损害的，动物饲养人或者管理人就应当承担侵权责任，"没有任何的免责事由可以援引"。

《解释》第二十三条进一步明确："禁止饲养的烈性犬等危险动物造成他人损害，动物饲养人或者管理人主张不承担责任或者减轻责任的，人民法院不予支持。"通过司法解释条文进一步阐明立法精神，既是为了统一裁判标准，解决法律适用争议，更重要的是向社会传递严厉制裁的信号，提供行为规范指引，引导危险动物饲养人、管理人意识到自己的社会责任和法律责任，自觉遵守动物管理秩序。

对于禁止饲养的烈性犬的范围，应由相关行政主管部门作出规定，不属于司法解释的规制范围，最高人民法院将加强与有关部门的沟通协调，推动完善相关法律法规。

九、高空抛坠物责任

现代城市高楼林立，建筑物上的抛掷物、坠落物致人损害的事件时有发生，对人民群众"头顶上的安全"构成重大威胁,被称为"悬在城市上空的痛"。

民法典在全面总结侵权责任法实践经验的基础上,第一千二百五十四条从五个方面对高空抛掷物、坠落物致害责任作出规范。实践中,对相关条款的协调适用存在一些争议。较为突出的是物业服务企业等建筑物管理人和可能加害的建筑物使用人的责任顺位、追偿问题。

在总结"重庆烟灰缸案""济南菜板案"等审判经验的基础上,《解释》第二十四条、第二十五条作出相关规定,着力使民法典的规定在司法实务中落地落实。

第一,明确高空抛掷物、坠落物造成他人损害的,具体侵权人是第一责任主体,未采取必要安全保障措施的物业服务企业承担顺位在后的补充责任。

依照民法典第一千二百五十四条第一款的规定,从建筑物中抛掷物品或者从建筑物上坠落的物品造成他人损害的,由侵权人依法承担侵权责任。同时,该条第二款规定,物业服务企业等建筑物管理人应当采取必要的安全保障措施防止高空抛掷物、坠落物造成他人损害,违反该项义务的,应依法承担侵权责任。在具体侵权人和违反安全保障义务的物业服务企业等建筑物管理人作为共同被告时,应如何界定和划分两个责任主体间的民事责任,民法典第一千二百五十四条并未明确。《解释》第二十四条对此予以明确,即具体侵权人是第一责任主体,未采取必要安全保障措施的物业服务企业等建筑物管理人在人民法院就具体侵权人的财产依法强制执行后仍不能履行的范围内,承担与其过错相应的补充责任。这是因为,高空抛掷物、坠落物造成他人损害的行为由第三人实施,物业服务企业等建筑物管理人违反安全保障义务的,依照民法典第一千一百九十八条第二款的规定,应当由安全保障义务人承担与其过错相应的补充责任。

第二,明确无法确定高空抛掷物、坠落物致害的具体侵权人的,未采取必要安全保障措施的物业服务企业等建筑物管理人先行承担与其过错相应的责任。被侵权人其余部分的损害,由可能加害的建筑物使用人给予适当补偿。上述责任主体承担责任后有权向将来确定的具体侵权人追偿。

民法典第一千二百五十四条第一款还规定,经调查难以确定具体侵权人的,除能够证明自己不是侵权人的外,由可能加害的建筑物使用人给予补偿。审判实践中,高空抛掷物、坠落物致害的具体侵权人有时确实难以确定。此种情形下,可能加害的建筑物使用人与违反安全保障义务的物业服务企业等建筑物管理人之间如何划分责任,民法典第一千二百五十四条亦未明确。《解释》第二十五条规定:一是诉讼中无须等待具体侵权人查明。二是未采取必要安全保障措施的物业服务企业等建筑物管理人先于可能加害的建筑物使用人承担责任。承担责任的范围应与其过错程度相适应。三是物业服务企业等建筑物管理人承担责任后,被侵权人仍有损害未得到填补的,被侵权人其余部分的损害,由可能加害的建筑物使用人给予适当补偿。对于民法典第一千二百五十四条第一款规定的可能加害的建筑物使用人的补偿范围,审判实践中存在争议。我们结合既往判决和执行情况,目前采纳了"适当补偿"的意见,以兼顾权益救济和保障公平。四是明确了物业服务企业等建筑物管理人、可能加害的建筑物使用人承担责任后有权向具体侵权人追偿。依照民法典第一千一百九十八条第二款规定,安全保障义务人承担补充责任后享有向实施侵权行为的第三人追偿的权利。民法典第一千二百五十四条第一款也规定,可能加害的建筑物使用人补偿后,有权向侵权人追偿。《解释》第二十五条第二款据此明确，具体侵权人确定后，已经承担责任的物业服务企业等建筑物管理人、可能加害的建筑物使用人向具体侵权人追偿的，人民法院应予支持。对于上述两个责任主体的追偿顺位问题，征求意见过程中赞同由可能加害的建筑物使用人优先行使追偿权的意见虽稍多，但考虑到此问题尚未达成普遍共识，《解释》对此未予明确。五是明确"具体侵权人难以确定"的时间标准。实践中，为解决高空抛掷物、坠落物致害的具体侵权人难以查明的问题，民法典第一千二百五十四条第三款规定，公安等机关应当依法及时调查，查清责任人。本着确保被侵权人及时填补损害的宗旨，《解释》第二十五条明确，经公安等机关调查，在民事案件一审法庭辩论终结前仍难以确定具体侵权人的，人民法院可以依法审理相关案件并确定相关责任主体的民事责任。

（撰稿人：陈宜芳、杜军、潘杰）

最高人民法院关于审理食品药品惩罚性赔偿纠纷案件适用法律若干问题的解释

法释〔2024〕9号

（2024年3月18日最高人民法院审判委员会第1918次会议通过 2024年8月21日最高人民法院公告公布 自2024年8月22日起施行）

为正确审理食品药品惩罚性赔偿纠纷案件，依法保护食品药品安全和消费者合法权益，根据《中华人民共和国民法典》、《中华人民共和国消费者权益保护法》、《中华人民共和国食品安全法》、《中华人民共和国药品管理法》等法律规定，结合审判实践，制定本解释。

第一条 购买者因个人或者家庭生活消费需要购买的食品不符合食品安全标准，购买后依照食品安全法第一百四十八条第二款规定请求生产者或者经营者支付惩罚性赔偿金的，人民法院依法予以支持。

没有证据证明购买者明知所购买食品不符合食品安全标准仍然购买的，人民法院应当根据购买者请求以其实际支付价款为基数计算价款十倍的惩罚性赔偿金。

第二条 购买者明知所购买食品不符合食品安全标准或者所购买药品是假药、劣药，购买后请求经营者返还价款的，人民法院应予支持。

经营者请求购买者返还食品、药品，如果食品标签、标志或者说明书不符合食品安全标准，食品生产者在采取补救措施且能保证食品安全的情况下可以继续销售的，人民法院应予支持；应当对食品、药品采取无害化处理、销毁等措施的，依照食品安全法、药品管理法的相关规定处理。

第三条 受托人明知购买者委托购买的是不符合食品安全标准的食品或者假药、劣药仍然代购，购买者依照食品安全法第一百四十八条第二款或者药品管理法第一百四十四条第三款规定请求受托人承担惩罚性赔偿责任的，人民法院应予支持，但受托人不以代购为业的除外。

以代购为业的受托人明知是不符合食品安全标准的食品或者假药、劣药仍然代购，向购买者承担惩罚性赔偿责任后向生产者追偿的，人民法院不予支持。受托人不知道是不符合食品安全标准的食品或者假药、劣药而代购，向购买者承担赔偿责任后向生产者追偿的，人民法院依法予以支持。

第四条 食品生产加工小作坊和食品摊贩等生产经营的食品不符合食品安全标准，购买者请求生产者或者经营者依照食品安全法第一百四十八条第二款规定承担惩罚性赔偿责任的，人民法院应予支持。

食品生产加工小作坊和食品摊贩等生产经营的食品不符合省、自治区、直辖市制定的具体管理办法等规定，但符合食品安全标准，购买者请求生产者或者经营者依照食品安全法第一百四十八条第二款规定承担惩罚性赔偿责任的，人民法院不予支持。

第五条 食品不符合食品中危害人体健康物质的限量规定，食品添加剂的品种、使用范围、用量要求，特定人群的主辅食品的营养成分要求，与卫生、营养等食品安全要求有关的标签、标志、说明书要求以及与食品安全有关的质量要求等方面的食品安全标准，购买者依照食品安全法第一百四十八条第二款规定请求生产者或者经营者承担惩罚性赔偿责任的，人民法院应予支持。

第六条 购买者以食品的标签、说明书不符合食品安全标准为由请求生产者或者经营者支付惩罚性赔偿金，生产者或者经营者以食品的标签、说明书瑕疵不影响食品安全且不会对消费者造成误导为由进行抗辩，存在下列情形之一的，人民法院对生产者或者经营者的抗辩不予支持：

（一）未标明食品安全标准要求必须标明的事项，但属于本解释第八条规定情形的除外；

（二）故意错标食品安全标准要求必须标明的事项；

（三）未正确标明食品安全标准要求必须标明的事项，足以导致消费者对食品安全产生误解。

第七条 购买者以食品的标签、说明书不符合食品安全标准为由请求生产者或者经营者支付惩罚性赔偿金，生产者或者经营者以食品的标签、说明书虽不符合食品安全标准但不影响食品安全为由进行抗辩的，人民法院对其抗辩不予支持，但食品的标签、说明书瑕疵同时符合下列情形的除外：

（一）根据食品安全法第一百五十条关于食品安全的规定，足以认定标签、说明书瑕疵不影响食品安全；

（二）根据购买者在购买食品时是否明知瑕疵存在、瑕疵是否会导致普通消费者对食品安全产生误解等事实，足以认定标签、说明书瑕疵不会对消费者造成误导。

第八条 购买者以食品的标签、说明书不符合食品安全标准为由请求生产者或者经营者支付惩罚性赔偿金，食品的标签、说明书虽存在瑕疵但属于下列情形之一的，人民法院不予支持：

（一）文字、符号、数字的字号、字体、字高不规范，或者外文字号、字高大于中文；

（二）出现错别字、多字、漏字、繁体字或者外文翻译不准确，但不会导致消费者对食品安全产生误解；

（三）净含量、规格的标示方式和格式不规范，食品、食品添加剂以及配料使用的俗称或者简称等不规范，营养成分表、配料表顺序、数值、单位标示不规范，或者营养成分表数值修约间隔、"0"界限值、标示单位不规范，但不会导致消费者对食品安全产生误解；

（四）对没有特殊贮存条件要求的食品，未按照规定标示贮存条件；

（五）食品的标签、说明书存在其他瑕疵，但不影响食品安全且不会对消费者造成误导。

第九条 经营明知是不符合食品安全标准的食品或者明知是假药、劣药仍然销售、使用的行为构成欺诈，购买者选择依照食品安全法第一百四十八条第二款、药品管理法第一百四十四条第三款或者消费者权益保护法第五十五条第一款规定起诉请求经营者承担惩罚性赔偿责任的，人民法院应予支持。

购买者依照食品安全法第一百四十八条第二款或者药品管理法第一百四十四条第三款规定起诉请求经营者承担惩罚性赔偿责任，人民法院经审理认为购买者请求不成立但经营者行为构成欺诈，购买者变更为依照消费者权益保护法第五十五条第一款规定请求经营者承担惩罚性赔偿责任的，人民法院应当准许。

第十条 购买者因个人或者家庭生活消费需要购买的药品是假药、劣药，依照药品管理法第一百四十四条第三款规定请求生产者或者经营者支付惩罚性赔偿金的，人民法院依法予以支持。

第十一条 购买者依照药品管理法第一百四十四条第三款规定请求生产者或者经营者支付惩罚性赔偿金，生产者或者经营者抗辩不应适用药品管理法第一百四十四条第三款规定，存在下列情形之一的，人民法院对其抗辩应予支持：

（一）不以营利为目的实施带有自救、互助性质的生产、销售少量药品行为，且未造成他人伤害后果；

（二）根据民间传统配方制售药品，数量不大，且未造成他人伤害后果；

（三）不以营利为目的实施带有自救、互助性质的进口少量境外合法上市药品行为。

对于是否属于民间传统配方难以确定的，可以根据地市级以上药品监督管理部门或者有关部门出具的意见，结合其他证据作出认定。

行政机关作出的处罚决定或者行政机关、药品检验机构提供的检验结论、认定意见等证据足以证明生产、销售或者使用的药品属于假药、劣药的，不适用本条第一款规定。

第十二条 购买者明知所购买食品不符合食品安全标准，依照食品安全法第一百四十八条第二款规定请求生产者或者经营者支付价款十倍的惩罚性赔偿金的，人民法院应当在合理生活消费需要范围内依法支持购买者诉讼请求。

人民法院可以综合保质期、普通消费者通常消费习惯等因素认定购买者合理生活消费需要的食品数量。

生产者或者经营者主张购买者明知所购买食品不符合食品安全标准仍然购买索赔的，应当提供证据证明其主张。

第十三条 购买者明知食品不符合食品安全标准，在短时间内多次购买，并依照食品安全法第一百四十八条第二款规定起诉请求同一生产者或者经营者按每次购买金额分别计算惩罚性赔偿金的，人民法院应当根据购买者多次购买相同食品的总数，在合理生活消费需要范围内依法支持其诉讼请求。

第十四条 购买者明知所购买食品不符合食品安全标准，在短时间内多次购买，并多次依照食品安全法第一百四十八条第二款规定就同一不符合食品安全标准的食品起诉请求同一生产者或者经营者支付惩罚性赔偿金的，人民法院应当在合理生活消费需要范围内依法支持其诉讼请求。

人民法院可以综合保质期、普通消费者通常消费习惯、购买者的购买频次等因素认定购买者每次起诉的食品数量是否超出合理生活消费需要。

第十五条 人民法院在审理食品药品纠纷案件过程中，发现购买者恶意制造生产者或者经营者违法生产经营食品、药品的假象，以投诉、起诉等方式相要挟，向生产者或者经营者索取赔偿金，涉嫌敲诈勒索的，应当及时将有关违法犯罪线索、材料移送公安机关。

第十六条 购买者恶意制造生产者或者经营者违法生产经营食品、药品的假象，起诉请求生产者或者经营者承担赔偿责任的，人民法院应当驳回购买者诉讼请求；构成虚假诉讼的，人民法院应当依照民事诉讼法相关规定，根据情节轻重对其予以罚款、拘留。

购买者行为侵害生产者或者经营者的名誉权等权利，生产者或者经营者请求购买者承担损害赔偿等民事责任的，人民法院应予支持。

第十七条 人民法院在审理食品药品纠纷案件过程中，发现当事人的行为涉嫌生产、销售有毒、有害食品及假药、劣药，虚假诉讼等违法犯罪的，应当及时将有关违法犯罪线索、材料移送有关行政机关和公安机关。

第十八条 人民法院在审理食品药品纠纷案件过程中，发现违法生产、销售、使用食品、药品行为的，可以向有关行政机关、生产者或者经营者发出司法建议。

第十九条 本解释自 2024 年 8 月 22 日起施行。

本解释施行后尚未终审的民事案件，适用本解释；本解释施行前已经终审，当事人申请再审或者按照审判监督程序决定再审的民事案件，不适用本解释。

【解读】

解读《关于审理食品药品惩罚性赔偿纠纷案件适用法律若干问题的解释》

《最高人民法院关于审理食品药品惩罚性赔偿纠纷案件适用法律若干问题的解释》（以下简称《解释》）已于 2024 年 3 月 18 日由最高人民法院审判委员会第 1918 次会议审议通过，自 2024 年 8 月 22 日起施行。为便于司法实践中正确理解和适用，现就《解释》的制定背景、起草过程、基本思路和主要内容介绍如下。

一、《解释》的制定背景和起草过程

消费案虽"小",却牵系大民生。食品药品安全是人民群众最关心、最直接、最现实的利益问题。为贯彻落实习近平总书记提出的"四个最严"要求,积极回应新时代人民群众对食品药品安全的新期待,服务保障经济社会高质量发展,最高人民法院先后制定《最高人民法院关于审理食品安全民事纠纷案件适用法律若干问题的解释(一)》《最高人民法院关于为促进消费提供司法服务和保障的意见》,发布食品安全惩罚性赔偿指导性案例和典型案例,对规范市场秩序、改善法治环境、保护食品药品安全、维护消费者合法权益发挥了重要作用。

随着经济社会发展、人民群众对食品药品安全期望提高和食品药品生产经营环境变化,实践中出现了新的食品药品安全纠纷法律适用问题,食品药品安全纠纷案件裁判尺度有待统一。例如,食品的标签、说明书不符合食品安全标准,是否影响食品安全,生产者或经营者是否应当承担惩罚性赔偿责任;哪些情形属于食品安全法第一百四十八条第二款规定的标签、说明书瑕疵,生产者或者经营者不需要承担惩罚性赔偿责任;代购人、小作坊、食品摊贩等主体是否应当承担惩罚性赔偿责任;"知假买假"者通过大额购买、连续购买、反复索赔牟取高额赔偿金,是否应当支持其惩罚性赔偿请求;购买者违法维权应当承担什么法律责任;等等。

为进一步深入贯彻习近平总书记提出的"四个最严"要求,贯彻落实党的二十届三中全会关于完善食品药品安全责任体系和惩罚性赔偿制度要求,积极回应新时代人民群众对食品药品安全的新期待,服务保障经济社会高质量发展,针对实践中争议的食品标签及说明书瑕疵认定、代购人责任、小作坊责任、"知假买假"索赔等问题,最高人民法院于2023年启动《解释》立项工作。起草过程中,多次征求立法机关、行政机关、消费者权益保护组织、下级法院、全国人大代表、全国政协委员、专家学者、消费者、生产经营者等各方面意见,并于2023年11月30日向社会公开征求意见。在综合各方意见的基础上,经过多次论证、修改,形成送审稿,提请最高人民法院审判委员会审议后通过。

二、《解释》起草的基本思路

《解释》起草过程中,最高人民法院正确处理以下四个关系,依法保护食品药品安全,促进生产经营者守法诚信经营,引导消费者依法理性维权。

一是正确处理保护消费者合法权益与促进经济社会持续健康发展的关系。《解释》起草过程中,一方面,坚持将消费者权益保护放在首位,努力解决人民群众普遍关心的食品药品安全问题,切实增强人民群众的获得感、幸福感、安全感;另一方面,在加强消费者权益保护的同时,贯彻"过罚相当"原则,规制高额索赔行为,避免生产者或者经营者小过担大责,维护正常生产经营秩序,服务和保障经济社会高质量发展。

二是正确处理保护维权行为和惩治违法索赔的关系。《解释》始终坚持保护消费者维权行为,充分肯定在保护食品药品安全方面发挥人民群众主体作用和监督作用。同时,依法打击敲诈勒索、虚假诉讼等违法索赔行为,保障正常生产经营秩序免受违法索赔干扰。

三是正确处理统一规则与依法裁量的关系。《解释》坚持以生活消费需要为支持购买者惩罚性赔偿请求的条件,统一裁判尺度。同时,允许各地法院根据具体情况判断合理生活消费需要范围,依法作出裁判,实现司法公正。

四是正确处理民事审判与行政监管和刑事打击的关系。《解释》起草过程中，坚持加强与行政机关沟通协调，确保执法理念和尺度相统一，并专门就线索移送、司法建议等民事审判与行政监管、刑事打击的衔接机制作出规定。为配合《解释》的实施，最高人民法院正与行政主管部门就加强民事审判与行政执法工作衔接进行协商，完善合作机制，形成法治合力。

三、《解释》的主要内容

《解释》共19条，对保护普通消费者维权、退款和返还食品药品、代购人责任、小作坊责任、标签和说明书瑕疵认定、惩罚性赔偿责任竞合、生产经营假药劣药责任、惩罚性赔偿金基数认定、规制反复索赔、惩治违法索赔等作出规定，主要内容包括以下几个方面。

（一）对普通消费者原则上应以实际支付价款作为计算惩罚性赔偿金的基数

2023年11月，最高人民法院发布四则典型案例，明确在合理生活消费需要范围内支持惩罚性赔偿请求，以解决实践中有的购买者超出合理生活消费需要大额购买、高额索赔，扰乱市场秩序，损害生产经营者合法权益的问题。关于这一规则是只适用于"知假买假"者还是适用于包括普通消费者在内的全部购买者的问题，实践中存在不同认识。食品安全法第一百四十八条第二款和药品管理法第一百四十四条第三款规定的惩罚性赔偿制度是为了保护消费者利益。更准确地说，上述规定保护的对象是消费行为。同一主体在不同情境下行为性质不同。例如，某自然人经营一家餐馆，同时从经营者处购买5桶食用油，1桶用于家庭消费，4桶用于餐馆经营。该自然人发现食用油不符合食品安全标准后，起诉请求经营者对5桶食用油均承担惩罚性赔偿责任。该自然人购买1桶食用油的行为属于消费行为，应就该桶食用油支持其提出的价款十倍的惩罚性赔偿请求。《解释》坚持以在生活消费需要范围内作为适用食品药品惩罚性赔偿制度的条件，统一了裁判尺度。普通消费者因个人或者家庭生活消费需要购买食品药品，数量通常不大，原则上应当以实际支付价款为计算惩罚性赔偿金的基数，充分保护普通消费者维权行为，避免因规范"知假买假"而增加普通消费者维权成本。

（二）确立退款和返还食品、药品规则

食品、药品"退一赔十"赔偿责任中，"退一"和"赔十"是不同性质的责任。前者是补偿性赔偿责任，主要以填补损失为目的；后者是惩罚性赔偿责任，主要以打击和遏制违法行为为目的。《解释》第二条对"退一"赔偿责任作出规定。依照民法典第一百五十七条规定，合同无效的情况下，应当返还财产或者折价补偿。故《解释》第二条第一款规定："购买者明知所购买食品不符合食品安全标准或者所购买药品是假药、劣药，购买后请求经营者返还价款的，人民法院应予支持。"

依照民法典第一百五十七条规定，在经营者向购买者返还价款的情况下，购买者亦应当向经营者返还食品、药品，如果不能返还，则应当折价补偿。但是，如果问题食品、药品退还经营者后再次进入市场，会对消费者权益造成损害。对此，《解释》（征求意见稿）第一条第二款规定："经营者请求购买者返还食品、药品的，人民法院应当依法支持。返还食品、药品依法不能再次销售的，人民法院可以在裁判文书中说明。"在向社会征求意见过程中，对本款规定的意见主要是要求人民法院或者行政主管部门对问题食品、药品采取无害化处理、销毁等措施，避免问题食品、药品再次流入市场。经研究，我们采纳了这一建议，对本款规定作出修改：一是规定食品标签、标

志或者说明书不符合食品安全标准,食品生产者在采取补救措施且能保证食品安全的情况下依法可以继续销售的,经营者有权请求购买者返还食品、药品;二是规定应当对食品、药品采取无害化处理、销毁等措施的,则应当依照食品安全法、药品管理法的相关规定处理。

(三)规定职业代购人应当依法承担惩罚性赔偿责任

随着互联网经济发展,代购已经成为消费者重要的购物方式。关于代购人责任在实践中存在不同认识,《解释》对这一问题作出规定。在《解释》起草过程中,关于代购人责任形成两种观点:一是代购人与消费者之间形成委托代理关系,代理行为的法律后果由作为被代理人的消费者承担,而且所购买食品、药品的种类、数量都由消费者决定,因此,代购人不应当承担惩罚性赔偿责任;二是代购人作为经营者,应当承担经营者责任。代购人明知是不符合食品安全标准的食品或者假药、劣药仍然代购的,应当承担惩罚性赔偿责任。

《解释》第三条综合考虑各方意见,对不同性质的代购行为规定了不同责任。一是人民群众之间偶发、互助性质的代购不适用惩罚性赔偿责任。此类代购行为不属于经营行为,代购人不应当承担本应由经营者承担的惩罚性赔偿责任。二是以代购为业的代购人属于经营者,应当依法承担惩罚性赔偿责任。以代购为业的代购人明知购买者委托购买的是不符合食品安全标准的食品或者假药、劣药,仍然代购的,应当依法承担惩罚性赔偿责任。

《解释》第三条第二款对代购人的追偿权作出规定。一是规定代购人承担惩罚性赔偿责任后无权向生产者追偿。惩罚性赔偿责任以打击和遏制违法行为为目标。代购人系对自身过错行为承担惩罚性赔偿责任,如果允许其向生产者追偿,不利于打击和遏制违法代购行为。二是规定受托人不知道是不符合食品安全标准的食品或者假药、劣药而代购,向购买者承担赔偿责任后有权依法向生产者追偿。经营性代购行为与其他经营行为性质相同,本款关于代购人追偿权的规定也适用于其他经营者。

(四)规定小作坊等承担惩罚性赔偿责任的条件

关于食品生产加工小作坊和食品摊贩等生产经营不符合食品安全标准的食品,是否适用食品安全法第一百四十八条第二款关于惩罚性赔偿责任规定的问题,实践中存在不同认识。第一种观点认为不应当适用。理由是:食品安全法第三十六条第三款规定:"食品生产加工小作坊和食品摊贩等的具体管理办法由省、自治区、直辖市制定。"第一百二十七条规定:"对食品生产加工小作坊、食品摊贩等的违法行为的处罚,依照省、自治区、直辖市制定的具体管理办法执行。"依照上述规定,食品生产加工小作坊和食品摊贩等由省、自治区、直辖市管理,不适用食品安全法关于惩罚性赔偿责任的规定。第二种观点认为应当适用。理由是:人民法院应当贯彻落实"四个最严"要求。食品生产加工小作坊和食品摊贩等适用食品安全法关于惩罚性赔偿责任的规定,有利于打击"黑作坊",保护食品安全。而且,食品安全法第一百四十八条未规定不适用于食品生产加工小作坊和食品摊贩等主体。鉴于食品生产加工小作坊和食品摊贩等数量众多,与人民群众身体健康关系密切,《解释》第四条第一款规定,食品生产加工小作坊和食品摊贩等生产经营的食品不符合食品安全标准,购买者有权请求生产者或者经营者依照食品安全法第一百四十八条第二款规定承担惩罚性赔偿责任。

根据食品安全法第一百二十七条的规定,对食品生产加工小作坊、食品摊贩等的违法行为的处罚，依照省、自治区、直辖市制定的具体管理办法执行。实践中，存在直接以食品是否符合省、自治区、直辖市制定的具体管理办法等规定，而非以是否符合食品安全标准作为认定食品生产加工小作坊和食品摊贩等主体是否承担惩罚性赔偿责任依据的情况。这与食品安全法第一百四十八条第二款规定不符。针对这一问题，《解释》第四条第二款规定，食品生产加工小作坊和食品摊贩等主体承担惩罚性赔偿责任不应当以食品是否符合省、自治区、直辖市制定的具体管理办法等规定为依据，而应当以食品是否符合食品安全标准为依据，避免不当加重食品生产加工小作坊和食品摊贩等主体的责任。

在适用食品安全惩罚性赔偿规则时，应当坚持体系解释的原则。食品安全法关于食品生产加工小作坊和食品摊贩等主体义务的规定主要是第三十六条第一款："食品生产加工小作坊和食品摊贩等从事食品生产经营活动，应当符合本法规定的与其生产经营规模、条件相适应的食品安全要求，保证所生产经营的食品卫生、无毒、无害，食品安全监督管理部门应当对其加强监督管理。"人民法院在处理涉及食品生产加工小作坊和食品摊贩等主体的惩罚性赔偿纠纷案件时，应当聚焦于其生产经营的食品是否符合卫生、无毒、无害这一实质性食品安全要求，既要严格贯彻落实"四个最严"要求、依法保护食品安全，又要充分考虑食品生产加工小作坊和食品摊贩等主体的实际情况；既要依法保护广大合法诚信的食品生产加工小作坊和食品摊贩等主体的权益和正常生产经营秩序，又要严厉打击制售假冒伪劣食品的"黑作坊"。2024年8月，最高人民法院发布的食品安全惩罚性赔偿典型案例陆某诉某酱菜坊产品责任纠纷案，亦明确了小作坊制售安全无害但未标明生产日期和保质期的散装食品不承担惩罚性赔偿责任的裁判规则。

（五）进一步明确食品安全标准与惩罚性赔偿责任的关系

实践中有观点认为，根据食品安全法第一百五十条的规定，食品安全是指食品无毒、无害，符合应当有的营养要求，对人体健康不造成任何急性、亚急性或者慢性危害。食品安全标准的范围非常广泛，有的食品虽然不符合食品安全标准，尤其是关于生产经营过程的食品安全标准，但本身是安全的。这种情况下不宜追究生产者或者经营者的惩罚性赔偿责任。由于不安全食品对消费者身体健康的损害具有长期性、潜伏性，消费者很难证明不符合食品安全标准的食品是否会对身体健康造成实质危害，为保护食品安全和消费者权益，《解释》未采纳这一观点。

《解释》第五条对生产经营不符合哪些食品安全标准的食品应当依法承担惩罚性赔偿责任作出规定。需要注意的是，本条规定未列举"食品生产经营过程的卫生要求"，但在其他各项要求后加了一个"等"字。这个"等"字是指"等外"。根据本条解释的规定，人民法院不能排除过程性食品安全标准的适用，应当对食品不符合过程性食品安全标准是否影响食品安全作出认定。有的生产者生产环境恶劣、生熟食不分、有害物质与食品混放；有的经营者在包装、运输、储存食品过程中违规操作导致食品污染，违反过程性食品安全标准，危害食品安全，应当依法承担惩罚性赔偿责任。

（六）规定标签、说明书瑕疵认定规则

食品标签、说明书不符合食品安全标准，生产者或者经营者是否应当承担惩罚性赔偿责任是社会广泛关注的问题。最高人民法院高度重视食品标签、说明书对于食品安全的重要意义，明确向"食品标签、说明书不重要、不影响食品安全"这一错误观点说"不"。《最高人民法院关于审理食品安全民事纠纷案件适用法律若干问题的解释（一）》第十一条规定："生产经营未标明生产者名称、地址、成分或者配料表，或者未清晰标明生产日期、保质期的预包装食品，消费者主张生产者或者经营者依据食品安全法第一百四十八条第二款规定承担惩罚性赔偿责任的，人民法院应予支持，但法律、行政法规、食品安全国家标准对标签标注事项另有规定的除外。"在此基础上，《解释》第七条规定，购买者以食品的标签、说明书不符合食品安全标准为由请求生产者或者经营者支付惩罚性赔偿金，生产者或者经营者以食品的标签、说明书虽不符合食品安全标准但不影响食品安全为由进行抗辩的，人民法院对其抗辩不予支持。

食品安全法规定，标签、说明书存在不影响食品安全且不会对消费者造成误导的瑕疵，生产者或者经营者不承担惩罚性赔偿责任。如何认定标签、说明书瑕疵是社会广泛关注的问题，《解释》专门对这一问题作出规定，包括三方面内容。

一是规定不属于食品标签、说明书瑕疵的情形。《解释》第六条规定应标未标、故意错标和重大错标均不属于食品标签、说明书瑕疵。应标未标，是指未标明食品安全标准要求必须标明的事项，但是属于《解释》第八条规定可以不标示的情形除外。故意错标，是指对于食品安全标准要求必须标明的事项，故意错误标示相关信息，如故意涂改保质期、生产日期。关于故意错标的规定主要针对生产经营假冒伪劣食品的行为，如标示虚假的生产者名称、生产地址。《解释》起草过程中，有人建议对于故意错标也应当区分轻微错标和重大错标，只有故意重大错标才应当承担惩罚性赔偿责任。这一建议未获采纳，主要理由是：其一，在食品标签、说明书上故意错标食品安全标准要求标示的内容，主观过错大，应予追责；其二，在食品标签、说明书上故意错标的内容通常都是对消费者身体健康或者维权具有重大影响的信息，如生产者名称、地址、成分或者配料表、生产日期、保质期等，目的是误导消费者。因此，只要生产者或者经营者故意错标食品安全标准要求标示的内容，就应当依法承担惩罚性赔偿责任。重大错标，是指未正确标明食品安全标准要求必须标明的事项，足以导致消费者对食品安全产生误解的情形。是否属于重大错标，可结合《解释》第七条规定作出认定。

二是规定标签、说明书瑕疵的认定标准。《解释》第七条规定，标签、说明书瑕疵应当同时具备两个条件：其一，不影响食品安全。是否影响食品安全应当依照食品安全法第一百五十条关于食品安全的规定作实质性判断。其二，不会对消费者造成误导。《解释》采取主客观相结合的原则认定标签、说明书瑕疵是否会对消费者造成误导。如果购买者在购买食品时明知存在瑕疵，则不构成误导；如果购买者不明知，则根据瑕疵是否会导致普通消费者对食品安全产生误解等事实进行判断。

三是规定食品标签、说明书瑕疵的表现形式。《解释》第八条根据食品安全法第一百四十八条第二款的规定，在借鉴市场监管总局《食品生产经营监督检查管理办法》第三十七条规定的基础上，明确以下情形属于标签、说明书瑕疵：（1）文字、符号、数字的字号、字体、字高不规范，或者外文字号、字高大于中文；（2）出现错别字、多字、漏字、繁体字或者外文翻译不准确，但不会导致消费者对食品安全产生误解；（3）净含量、规格的标示方式和格式不规范，食品、食品添加剂以及配料使用的俗称或者简称等不规范，营养成分表、配料表顺序、数值、单位标示不规范，或者营养成分表数值修约间隔、"0"界限值、标示单位不规范，但不会导致消费者对食品安全产生误解；（4）对没有特殊贮存条件要求的食品，未按照规定标注贮存条件；（5）食品的标签、说明书存在其他瑕疵，但不影响食品安全且不会对消费者造成误导。

《解释》起草过程中，对于"对有证据证明未实际添加的成分，标注了'未添加'，但未按照规定标示具体含量的"情形是否属于标签、说明书瑕疵，存在不同认识。例如，我国消费者盐（钠）摄入量较高，盐的含量对消费者身体健康尤其是特定人群身体健康有重要影响。《食品安全国家标准 预包装食品营养标签通则》第2.4条规定："营养标签中的核心营养素包括蛋白质、脂肪、碳水化合物和钠。"第4.1条规定："所有预包装食品营养标签强制标示的内容包括能量、核心营养素的含量值及其占营养素参考值（NRV）的百分比。当标示其他成分时，应采取适当形式使能量和核心营养素的标示更加醒目。"如果食品标签、说明书虽然标注"未添加"盐（钠）等成分，但食材本身含有这些成分，又不按照食品安全标准要求标示该成分的具体含量，仅标注"未添加"盐（钠）等成分，会让消费者误认为食品不含有盐（钠）等成分，导致消费者对食品安全产生误解。因此，上述情形一般不宜认定为标签、说明书瑕疵。

（七）细化和完善药品惩罚性赔偿规则

药品安全与人民群众身体健康权利保护具有紧密联系。《解释》第十条规定："购买者因个人或者家庭生活消费需要购买的药品是假药、劣药，依照药品管理法第一百四十四条第三款规定请求生产者或者经营者支付惩罚性赔偿金的，人民法院依法予以支持。"2019年修订药品管理法时，删除了2015年药品管理法第四十八条关于"按假药论处"和第四十九条关于"按劣药论处"的规定。生产、销售国务院药品监督管理部门规定禁止使用的药品、依照药品管理法必须批准而未经批准生产、进口药品或者依照药品管理法必须检验而未经检验即销售的药品等行为是否应当承担惩罚性赔偿责任，在实践中存在不同认识。《解释》起草过程中，充分考虑了2019年修订的药品管理法精神、人民群众需求的多样性以及我国中医发展传统和习惯。《解释》第十一条规定以下三类行为不应当承担惩罚性赔偿责任。

一是不以营利为目的实施带有自救、互助性质的生产、销售少量药品且未造成他人伤害后果的行为。这类行为是人民群众之间具有自救性、互助性的行为，不以营利为目的，不属于经营行为，故无须承担惩罚性赔偿责任。

二是根据民间传统配方制售药品，数量不大，且未造成他人伤害后果的行为。中医建立在长年经验积累和累世传承的基础之上。有人根据民间传统配方制售药品，解决周边群众求医问药困难，甚至在部分群众中具有较高威信。《解释》充分考虑我国部分地区群众就医需求和民间传统医药发展需要，规定只要这种行为未造成他人伤害后果，就无须承担惩罚性赔偿责任。

三是不以营利为目的实施带有自救、互助性质的进口少量境外合法上市药品的行为。这类行为也是人民群众之间具有自救性、互助性的行为，不以营利为目的，不属于经营行为，故不应承担惩罚性赔偿责任。本规定适用需具备两个条件：其一，进口少量药品；其二，进口境外合法上市药品。

如果已经有证据证明诉争行为系生产、销售或者使用假药、劣药，例如，行政机关出具的处罚决定或者行政机关、药品检验机构提供的检验结论、认定意见等证据已经对诉争行为性质作出认定，人民法院就应当依据已有证据对诉争行为是否属于生产、销售或者使用假药、劣药的行为作出认定。

(八) 规定不同惩罚性赔偿责任的适用规则

《解释》第九条规定消费者有权选择"退一赔三"或者"退一赔十",以加强消费者权益保护。这解决了在生产者或者经营者行为同时符合"退一赔三"和"退一赔十"两个惩罚性赔偿责任构成要件,消费者请求"退一赔十",但只支持"退一赔三"的问题。"退一赔三"是指消费者受到欺诈后,除请求返还价款外,还有权依据消费者权益保护法第五十五条第一款规定,请求经营者按照消费者购买商品的价款或者接受服务的费用的三倍支付惩罚性赔偿金。"退一赔十"是指消费者购买到不符合食品安全标准的食品或者假药、劣药后,除请求返还价款外,还有权依照食品安全法第一百四十八条第二款或者药品管理法第一百四十四条第三款的规定请求生产者或者经营者支付价款十倍的惩罚性赔偿金。消费者也有权依照上述规定请求生产者或者经营者支付损失三倍的惩罚性赔偿金,但实践中,消费者多主张"退一赔十"。本条第二款还规定,消费者如果错误起诉"退一赔十",诉讼中有权依法变更为"退一赔三"。因变更后的主张未超出原诉讼请求范围,人民法院可依法作出裁判,不要求消费者必须以变更诉讼请求的方式变更主张,避免增加消费者维权成本、造成程序空转。

(九) 规制恶意高额索赔

食品药品惩罚性赔偿制度对于打击和遏制违法生产经营食品药品行为、保护食品药品安全和消费者合法权益发挥了积极作用。有的购买者为牟取不当利益,利用食品安全法、药品管理法和《最高人民法院关于审理食品药品纠纷案件适用法律若干问题的规定》第三条规定,远超出生活消费需要大量购买食品药品,通过增加支付价款的方式,达到高额索赔目的;有的购买者在知道食品或者药品存在问题的情况下,短时间内对同一生产者或者经营者生产经营的同一食品或者药品连续购买、反复索赔,试图增加索赔金额。这些行为导致部分生产者或者经营者"小过担大责",背离食品安全法、药品管理法和《最高人民法院关于审理食品药品纠纷案件适用法律若干问题的规定》等法律和司法解释规定精神,也引发了是否应当支持"知假买假"的争议。

"知假买假"并不是法律概念。人民群众通俗地把购买者知道食品不符合食品安全标准或者药品是假药、劣药仍然购买并维权索赔的行为称为"知假买假"。长期以来,社会各界对于是否应当支持"知假买假"的问题存在争议。对此,《最高人民法院关于审理食品药品纠纷案件适用法律若干问题的规定》第三条规定:"因食品、药品质量问题发生纠纷,购买者向生产者、销售者主张权利,生产者、销售者以购买者明知食品、药品存在质量问题而仍然购买为由进行抗辩的,人民法院不予支持。"针对实践中有的"知假买假"者超出合理生活消费需要大额购买、高额索赔带来的问题,最高人民法院于2023年11月发布四则典型案例,明确在合理生活消费需要范围内支持购买者惩罚性赔偿请求。《解释》在之前裁判规则的基础上,从四方面进一步细化和完善了规制"知假买假"者恶意高额索赔的规则。

其一,《解释》对所有购买者均在生活消费需要范围内支持惩罚性赔偿请求。对于普通消费者,《解释》第一条规定,购买者因个人或者家庭生活消费需要购买食品,没有证据证明其明知所购买食品不符合食品安全标准仍然购买的,应当以购买者实际支付价款为基数计算价款十倍的惩罚性赔偿金。对于"知假买假"者,《解释》规定应当综合考虑保质期、普通消费者通常消费习惯、购买频次等因素,在合理生活消费需要范围内支持其惩罚性赔偿请求。《解释》将支持食品药品惩罚性赔偿请求的条件统一到

"生活消费需要范围"这一标准之下。但在判定是否超出"生活消费需要范围"时，要根据案件具体情况作出认定，既打击和遏制违法制售食品药品的行为，规制"知假买假"者恶意高额索赔行为，又避免增加普通消费者的维权成本。

其二，规定生产者或者经营者对购买者"知假买假"承担举证责任。根据"谁主张，谁举证"原则，《解释》第十二条第三款规定，生产者或者经营者主张购买者明知所购买食品不符合食品安全标准仍然购买索赔的，应当提供证据证明其主张。如果生产者或者经营者不能证明购买者属于"知假买假"，仍应当以购买者实际支付价款金额为基数计算价款十倍的惩罚性赔偿金。

其三，规定连续购买并索赔的惩罚性赔偿金计算规则。《解释》第十三条规定，在购买者对同一经营者的同一不符合食品安全标准的食品短时间内多次购买后索赔的，按多次购买相同食品的总数，在合理生活消费需要范围内支持"知假买假"者惩罚性赔偿请求。例如，最高人民法院于2023年11月发布的典型案例张某诉上海某生鲜食品有限公司买卖合同纠纷案中，购买者在知道咸鸭蛋刚过保质期的情况下，两天分两次购买46枚咸鸭蛋，每枚咸鸭蛋分别付款，制造连续购买46次、每次购买1枚咸鸭蛋的交易记录，并利用食品安全法第一百四十八条第二款关于惩罚性赔偿金最低为1000元的规定，请求对每次购买的1枚咸鸭蛋赔偿1000元，共计赔偿46000元。这种两天连续46次购买、每次购买1枚咸鸭蛋的行为与通常的消费习惯明显不同，但购买者购买的咸鸭蛋总数并未超出合理生活消费需要。审理法院以46枚咸鸭蛋的总价款为基数，计算价款十倍的惩罚性赔偿金，既打击和遏制违法销售过保质期咸鸭蛋的行为，又对恶意高额索赔行为依法予以规制。《解释》起草过程中，有人建议，购买者如果已经向某一经营者索赔，就不应当支持其向其他经营者就相同食品提出的索赔请求。《解释》未采纳这一观点。违法经营者不应因其他经营者承担了惩罚性赔偿责任而免责。

其四，规定连续购买后反复索赔的惩罚性赔偿金计算规则。《解释》第十四条规定，购买者对同一经营者的同一问题食品短时间内多次购买并反复索赔的，对"知假买假"者只在合理生活消费需要范围内支持惩罚性赔偿请求。《解释》第十三条针对的是短时间内多次购买、一次起诉索赔的情形。第十四条针对的是短时间内多次购买、分次反复起诉索赔的情形。实践中，有的购买者为获得高额惩罚性赔偿金，会对每次购买食品分别起诉。以上述案例为例，如果购买者对46次购买行为分别起诉，人民法院应对每次起诉的咸鸭蛋是否超出合理生活消费需要进行审查。在认定合理生活消费需要时，应当综合考虑保质期、普通消费者通常消费习惯、购买频次等因素。考虑"购买频次"就意味着对于购买者后提起的诉讼，在认定所诉食品是否超出合理生活消费需要时，既要考虑前案已经支持赔偿请求的部分，也要考虑前后购买间隔时间的长短。"知假买假"者依据本条规定所能获得的惩罚性赔偿金原则上与《解释》第十三条相同，其并不能因诉讼策略不同而获得更大利益。但是，经营者被判决承担惩罚性赔偿责任后，仍然继续销售过保质期的咸鸭蛋，购买者再次购买维权的，仍应当在合理生活消费需要范围内支持其惩罚性赔偿请求，直到经营者停止该违法行为为止。惩罚性赔偿制度中的"罚"只是手段，而非目的，目的是通过承担惩罚性赔偿责任达到对违法生产者或者经营者提醒、警示作用，遏制同类违法行为再次发生。"打假"的尽头是"无假可打"。

（十）依法打击违法索赔

人民法院既依法保护消费者合法权益，也依法保护生产经营者合法权益；既依法保护维权行为，又严厉打击违法索赔行为；既促进经营者守法经营，又倡导购买者诚信维权。实践中，有的购买者为牟取非法利益，夹带过期食品进商店，购买后向经营者索赔；有的相互串通，一人私藏过期食品，另一人购买后向经营者索赔；有的篡改食品药品生产日期，向生产者或者经营者索赔。这类恶意制造生产者或者经营者违法生产经营食品药品的假象、违法索赔的行为，损害生产者和经营者利益、扰乱生产经营秩序、耗费司法和行政资源，人民法院将依法予以惩治。

《解释》第十五条规定，购买者恶意制造生产者或者经营者违法生产经营食品、药品的假象，以投诉、起诉等方式相要挟，向生产者或者经营者索取赔偿金，涉嫌敲诈勒索的，人民法院应当及时将有关违法犯罪线索、材料移送公安机关。对于购买者行为是否构成敲诈勒索犯罪的问题，应当依据刑法等法律规定作出认定。

《解释》第十六条对购买者恶意制造生产者或者经营者违法生产经营食品、药品的假象并起诉索赔的处理作出规定：一是应当驳回购买者诉讼请求；二是对虚假诉讼行为人根据情节轻重予以罚款、拘留；三是依法支持生产者或者经营者请求购买者承担损害赔偿等民事责任的主张。通过提高违法成本遏制违法索赔行为。

《解释》第十七条还规定，购买者行为涉嫌虚假诉讼罪的，人民法院应当及时将有关违法犯罪线索、材料移送有关行政机关和公安机关，以惩治违法索赔行为，保护生产经营者合法权益，维护正常市场秩序。

（撰稿人：陈宜芳、吴景丽、谢勇、王永明）

最高人民法院
关于审理生态环境侵权责任纠纷案件
适用法律若干问题的解释

法释〔2023〕5号

（2023年6月5日最高人民法院审判委员会第1890次会议通过
2023年8月14日最高人民法院公告公布　自2023年9月1日起施行）

为正确审理生态环境侵权责任纠纷案件，依法保护当事人合法权益，根据《中华人民共和国民法典》《中华人民共和国民事诉讼法》《中华人民共和国环境保护法》等法律的规定，结合审判实践，制定本解释。

第一条　侵权人因实施下列污染环境、破坏生态行为造成他人人身、财产损害，被侵权人请求侵权人承担生态环境侵权责任的，人民法院应予支持：

（一）排放废气、废水、废渣、医疗废物、粉尘、恶臭气体、放射性物质等污染环境的；

（二）排放噪声、振动、光辐射、电磁辐射等污染环境的；

（三）不合理开发利用自然资源的；
（四）违反国家规定，未经批准，擅自引进、释放、丢弃外来物种的；
（五）其他污染环境、破坏生态的行为。

第二条 因下列污染环境、破坏生态引发的民事纠纷，不作为生态环境侵权案件处理：
（一）未经由大气、水、土壤等生态环境介质，直接造成损害的；
（二）在室内、车内等封闭空间内造成损害的；
（三）不动产权利人在日常生活中造成相邻不动产权利人损害的；
（四）劳动者在职业活动中受到损害的。
前款规定的情形，依照相关法律规定确定民事责任。

第三条 不动产权利人因经营活动污染环境、破坏生态造成相邻不动产权利人损害，被侵权人请求其承担生态环境侵权责任的，人民法院应予支持。

第四条 污染环境、破坏生态造成他人损害，行为人不论有无过错，都应当承担侵权责任。
行为人以外的其他责任人对损害发生有过错的，应当承担侵权责任。

第五条 两个以上侵权人分别污染环境、破坏生态造成同一损害，每一个侵权人的行为都足以造成全部损害，被侵权人根据民法典第一千一百七十一条的规定请求侵权人承担连带责任的，人民法院应予支持。

第六条 两个以上侵权人分别污染环境、破坏生态，每一个侵权人的行为都不足以造成全部损害，被侵权人根据民法典第一千一百七十二条的规定请求侵权人承担责任的，人民法院应予支持。
侵权人主张其污染环境、破坏生态行为不足以造成全部损害的，应当承担相应举证责任。

第七条 两个以上侵权人分别污染环境、破坏生态，部分侵权人的行为足以造成全部损害，部分侵权人的行为只造成部分损害，被侵权人请求足以造成全部损害的侵权人对全部损害承担责任，并与其他侵权人就共同造成的损害部分承担连带责任的，人民法院应予支持。
被侵权人依照前款规定请求足以造成全部损害的侵权人与其他侵权人承担责任的，受偿范围应以侵权行为造成的全部损害为限。

第八条 两个以上侵权人分别污染环境、破坏生态，部分侵权人能够证明其他侵权人的侵权行为已先行造成全部或者部分损害，并请求在相应范围内不承担责任或者减轻责任的，人民法院应予支持。

第九条 两个以上侵权人分别排放的物质相互作用产生污染物造成他人损害，被侵权人请求侵权人承担连带责任的，人民法院应予支持。

第十条 为侵权人污染环境、破坏生态提供场地或者储存、运输等帮助，被侵权人根据民法典第一千一百六十九条的规定请求行为人与侵权人承担连带责任的，人民法院应予支持。

第十一条 过失为侵权人污染环境、破坏生态提供场地或者储存、运输等便利条件，被侵权人请求行为人承担与过错相适应责任的，人民法院应予支持。
前款规定的行为人存在重大过失的，依照本解释第十条的规定处理。

第十二条　排污单位将所属的环保设施委托第三方治理机构运营，第三方治理机构在合同履行过程中污染环境造成他人损害，被侵权人请求排污单位承担侵权责任的，人民法院应予支持。

排污单位依照前款规定承担责任后向有过错的第三方治理机构追偿的，人民法院应予支持。

第十三条　排污单位将污染物交由第三方治理机构集中处置，第三方治理机构在合同履行过程中污染环境造成他人损害，被侵权人请求第三方治理机构承担侵权责任的，人民法院应予支持。

排污单位在选任、指示第三方治理机构中有过错，被侵权人请求排污单位承担相应责任的，人民法院应予支持。

第十四条　存在下列情形之一的，排污单位与第三方治理机构应当根据民法典第一千一百六十八条的规定承担连带责任：

（一）第三方治理机构按照排污单位的指示，违反污染防治相关规定排放污染物的；

（二）排污单位将明显存在缺陷的环保设施交由第三方治理机构运营，第三方治理机构利用该设施违反污染防治相关规定排放污染物的；

（三）排污单位以明显不合理的价格将污染物交由第三方治理机构处置，第三方治理机构违反污染防治相关规定排放污染物的；

（四）其他应当承担连带责任的情形。

第十五条　公司污染环境、破坏生态，被侵权人请求股东承担责任，符合公司法第二十条规定情形的，人民法院应予支持。

第十六条　侵权人污染环境、破坏生态造成他人损害，被侵权人请求未尽到安全保障义务的经营场所、公共场所的经营者、管理者或者群众性活动的组织者承担相应补充责任的，人民法院应予支持。

第十七条　依照法律规定应当履行生态环境风险管控和修复义务的民事主体，未履行法定义务造成他人损害，被侵权人请求其承担相应责任的，人民法院应予支持。

第十八条　因第三人的过错污染环境、破坏生态造成他人损害，被侵权人请求侵权人或者第三人承担责任的，人民法院应予支持。

侵权人以损害是由第三人过错造成的为由，主张不承担责任或者减轻责任的，人民法院不予支持。

第十九条　因第三人的过错污染环境、破坏生态造成他人损害，被侵权人同时起诉侵权人和第三人承担责任，侵权人对损害的发生没有过错的，人民法院应当判令侵权人、第三人就全部损害承担责任。侵权人承担责任后有权向第三人追偿。

侵权人对损害的发生有过错的，人民法院应当判令侵权人就全部损害承担责任，第三人承担与其过错相适应的责任。侵权人承担责任后有权就第三人应当承担的责任份额向其追偿。

第二十条　被侵权人起诉第三人承担责任的，人民法院应当向被侵权人释明是否同时起诉侵权人。被侵权人不起诉侵权人的，人民法院应当根据民事诉讼法第五十九的规定通知侵权人参加诉讼。

被侵权人仅请求第三人承担责任，侵权人对损害的发生也有过错的，人民法院应当判令第三人承担与其过错相适应的责任。

第二十一条 环境影响评价机构、环境监测机构以及从事环境监测设备和防治污染设施维护、运营的机构存在下列情形之一，被侵权人请求其与造成环境污染、生态破坏的其他责任人根据环境保护法第六十五条的规定承担连带责任的，人民法院应予支持：

（一）故意出具失实评价文件的；

（二）隐瞒委托人超过污染物排放标准或者超过重点污染物排放总量控制指标的事实的；

（三）故意不运行或者不正常运行环境监测设备或者防治污染设施的；

（四）其他根据法律规定应当承担连带责任的情形。

第二十二条 被侵权人请求侵权人赔偿因污染环境、破坏生态造成的人身、财产损害，以及为防止损害发生和扩大而采取必要措施所支出的合理费用的，人民法院应予支持。

被侵权人同时请求侵权人根据民法典第一千二百三十五条的规定承担生态环境损害赔偿责任的，人民法院不予支持。

第二十三条 因污染环境、破坏生态影响他人取水、捕捞、狩猎、采集等日常生活并造成经济损失，同时符合下列情形，请求人主张行为人承担责任的，人民法院应予支持：

（一）请求人的活动位于或者接近生态环境受损区域；

（二）请求人的活动依赖受损害生态环境；

（三）请求人的活动不具有可替代性或者替代成本过高；

（四）请求人的活动具有稳定性和公开性。

根据国家规定须经相关行政主管部门许可的活动，请求人在污染环境、破坏生态发生时未取得许可的，人民法院对其请求不予支持。

第二十四条 两个以上侵权人就污染环境、破坏生态造成的损害承担连带责任，实际承担责任超过自己责任份额的侵权人根据民法典第一百七十八条的规定向其他侵权人追偿的，人民法院应予支持。侵权人就惩罚性赔偿责任向其他侵权人追偿的，人民法院不予支持。

第二十五条 两个以上侵权人污染环境、破坏生态造成他人损害，人民法院应当根据行为有无许可，污染物的种类、浓度、排放量、危害性，破坏生态的方式、范围、程度，以及行为对损害后果所起的作用等因素确定各侵权人的责任份额。

两个以上侵权人污染环境、破坏生态承担连带责任，实际承担责任的侵权人向其他侵权人追偿的，依照前款规定处理。

第二十六条 被侵权人对同一污染环境、破坏生态行为造成损害的发生或者扩大有重大过失，侵权人请求减轻责任的，人民法院可以予以支持。

第二十七条 被侵权人请求侵权人承担生态环境侵权责任的诉讼时效期间，以被侵权人知道或者应当知道权利受到损害以及侵权人、其他责任人之日起计算。

被侵权人知道或者应当知道权利受到损害以及侵权人、其他责任人之日，侵权行为仍持续的，诉讼时效期间自行为结束之日起计算。

第二十八条 被侵权人以向负有环境资源监管职能的行政机关请求处理因污染环

境、破坏生态造成的损害为由，主张诉讼时效中断的，人民法院应予支持。

第二十九条 本解释自 2023 年 9 月 1 日起施行。

本解释公布施行后，《最高人民法院关于审理环境侵权责任纠纷案件适用法律若干问题的解释》（法释〔2015〕12 号）同时废止。

【解读】

解读《关于审理生态环境侵权责任纠纷案件适用法律若干问题的解释》

《最高人民法院关于审理生态环境侵权责任纠纷案件适用法律若干问题的解释》（以下简称《解释》）已于 2023 年 6 月 5 日由最高人民法院审判委员会第 1890 次会议通过，自 2023 年 9 月 1 日起施行。《解释》的施行，对于深入贯彻民法典绿色原则和绿色条款，依法妥善审理生态环境侵权案件，切实保护人民群众环境权益，具有重要意义。为便于司法实践中正确理解和使用，现就《解释》制定的背景和意义、基本原则和主要内容介绍如下。

一、制定的背景和意义

制定《解释》，是人民法院贯彻落实党中央生态文明建设新部署的重要举措。《解释》深入贯彻落实党的二十大报告和全国生态环境保护大会精神，牢固树立绿水青山就是金山银山理念，落实用最严格制度最严密法治保护生态环境要求，努力把党中央关于生态文明建设的重大决策部署转化为司法护航美丽中国建设的生动实践。

制定《解释》，是人民法院积极回应人民群众优美生态环境新期盼的有力抓手。《解释》坚持以人民为中心的发展思想，将实现和保护好人民群众生态环境权益作为生态环境审判工作的出发点和落脚点，通过对生态环境侵权法律适用问题的系统规定，切实回应人民群众的生态环境司法需求，依法及时有效维护被侵权人合法权益。

制定《解释》，是人民法院正确适用民法典生态环境保护新规定的必然要求。《解释》贯彻落实民法典绿色原则，深刻领会增加生态破坏责任的重大意义，准确把握民法典侵权责任编一般规定与环境污染和生态破坏责任章特殊规定的关系，进一步完善生态环境侵权实体裁判规则，确保民法典相关制度安排在审判实践中得到正确实施。

二、制定的基本原则

《解释》坚持以习近平生态文明思想和习近平法治思想为指导，在制定的过程中坚持以下原则。

一是恪守司法解释功能定位。以准确适用民法典生态环境侵权责任制度为根本价值追求，严格遵循立法原意，在民法典、民事诉讼法、环境保护法等法律制度框架下系统思考和解决生态环境侵权的法律适用问题，确保《解释》内容符合法律规定和立法精神。

二是突出生态保护价值导向。坚持生态优先、绿色发展、系统保护司法理念，在平衡权利救济和行为自由基础上，突出生态环境保护的价值导向，充分发挥侵权责任制度的损失填补、损害预防等功能,推动人与自然和谐共生理念在审判工作中落地生根。

三是遵循生态环境审判规律。准确把握生态环境侵权在归责原则、因果关系、第三人责任等方面的特殊性,深入研究能量污染损害事实成立标准、环境修复和管控义务主体责任、第三方治理机构在合同履行中的侵权责任等审判实践中的新情况和新问题,完善数人侵权、公司人格否认、过失相抵、诉讼时效等制度在生态环境侵权案件中的具体适用规则,及时取代《最高人民法院关于审理环境侵权责任纠纷案件适用法律若干问题的解释》(法释〔2015〕12号,2020年修正,以下简称原解释),以更好适应生态环境法治发展和审判实践需要。

三、《解释》的主要内容

《解释》共29条,主要规定生态环境侵权案件范围、归责原则、数人侵权、责任主体、责任承担、诉讼时效等内容。现就其中涉及的重点问题说明如下。

(一)关于生态环境侵权的范围

民法典在侵权责任法环境污染责任的基础上,增加了生态破坏责任。从行为方式来看,环境污染体现为对自然界排放有害物质或者能量,而破坏生态则体现为对自然资源的过度开发和利用。按照这一区分标准,《解释》第一条对生态环境侵权的范围作出了"列举+兜底"式规定。其中,第一项规定的"排放废气、废水、废渣、医疗废物、粉尘、恶臭气体、放射性物质"是指排放有害物质的情形,即物质型污染;第二项规定的"排放噪声、振动、光辐射、电磁辐射等污染环境的"是指排放有害能量的情形,即能量型污染;第三项规定的"不合理开发利用资源"是指一般意义上的破坏生态;第四项则是根据生物安全法的规定,对"违反国家规定,未经批准,擅自引进、释放、丢弃外来物种的"特殊形态破坏生态情形的规定。

民法典的另一处重要变化是首次规定了公益性生态环境损害责任。区别于传统侵权对人身和财产的损害,生态环境损害属于"对生态环境本身的损害"。生态环境损害侵害的是国家利益和社会公共利益,这种利益在性质上是难以归属于个体利益的反射利益,并不属于民事权益的范畴。相反,这种公共利益反倒是通过对民事权益的限制来实现的。① 因而,生态环境损害在归责原则、责任构成要件、责任承担方式上都不能适用生态环境侵权的一般规则。针对生态环境损害案件的法律适用,相继出台了《最高人民法院关于审理环境民事公益诉讼案件适用法律若干问题的解释》(以下简称《环境民事公益诉讼解释》)、《最高人民法院、最高人民检察院关于检察公益诉讼案件适用法律若干问题的解释》(以下简称《检察公益诉讼解释》)、《最高人民法院关于审理生态环境损害赔偿案件的若干规定(试行)》(以下简称《生态环境损害赔偿规定》)等相关司法解释予以明确。《解释》第一条特别强调了生态环境侵权"造成他人人身、财产损害"。这表明,除了数人侵权等共通规则外,生态环境损害责任不适用《解释》的规定。

侵害行为以环境为媒介对他人造成损害,由此产生了复杂性、滞后性、不特定性的致害机理,立法以此为正当性基础发展出了一系列特殊规则。为在司法实践中区分生态环境侵权与一般侵权,避免生态环境侵权特殊规则的滥用,《解释》第二条就不属

---

① 参见张宝:《环境法典编纂中民事责任的定位与构造》,载《环球法律评论》2022年第6期。

于生态环境侵权的案件作出了反向排除。

一是未经由生态环境介质直接造成人身财产损害的。此类情形中，人身财产损害是由行为直接造成的，生态环境在其中并未发挥媒介的作用。例如，行为人因喷洒农药浓度过高灼伤相邻土地上的农作物；又如，行为人因失火焚毁林木，造成了林业承包人的经济损失。这类侵权行为不具有生态环境侵权的特殊性，应当按照一般侵权案件处理。

二是在室内、车内等封闭空间内发生的损害。近年来，关于因室内装饰装修、家具质量不合格产生的空气污染是否构成生态环境侵权，理论界和实务界存在不同的观点。我们认为，封闭空间内污染虽然在形式上符合"人—环境—人"的特征，但由于封闭空间自身环境要素的单一性以及与外界环境不具有交互性，使得这种损害仍然是一种直接性损害，受害人仅限定于室内的特定人群，不宜纳入生态环境侵权案件范围。

三是相邻不动产权利人在日常生活中造成相邻不动产权利人的损害。民法典第二百八十八条规定，不动产相邻权利人应当按照有利生产、方便生活、团结互助、公平合理的原则，正确处理相邻关系。民法典第二百九十四条规定，不动产权利人不得违反国家规定弃置固体废物，排放有害物质。这些规定，体现了容忍义务在相邻关系中的适用，与生态环境侵权倾斜保护被侵权人的理念并不相符。需要特别指出，上述条文中的"相邻关系"，调整的是因生产生活发生的相邻关系。对于相邻不动产之间因生产经营造成环境污染的，仍然构成生态环境侵权。例如，工厂因排放废气造成附近居民果树减产，就是典型的生态环境侵权。对此，《解释》在第三条作出了规定。

四是劳动者在职业活动中受到的损害。劳动者职业活动的损害不属于生态环境侵权调整的范畴，同样是由于这种损害是一种直接损害。噪声污染防治法第三条规定，因从事本职生产经营工作受到噪声危害的防治，适用劳动保护等其他有关法律的规定，不适用噪声污染防治法的规定。

(二) 关于数人侵权责任

《解释》根据民法典侵权责任编关于数人侵权的一般规定，结合生态环境侵权责任归责原则和案件特点，通过第五条至第九条就数人侵权责任作出规定。相较于原解释，《解释》就以下几个问题作出了创新性规定。

第一，关于数人侵权人中每一个侵权行为是否足以造成损害的举证责任。民法典第一千一百七十一条、第一千一百七十二条区分数人侵权中每一个侵权人的行为是否足以造成全部损害的不同情形，分别规定了各侵权人的连带责任和按份责任。

实践中，出于充分受偿的考虑，被侵权人在提起诉讼时一般会按照第一千一百七十一条请求各侵权人承担连带责任，而侵权人则会以其行为不足以造成全部损害为由抗辩。此时，关于侵权行为是否足以造成全部损害的举证责任如何分配，对当事人双方影响巨大。

一种观点认为，因法律对此没有作出规定，故根据"谁主张，谁举证"的原则，应由被侵权人承担责任。另一种观点则认为，为更充分保护被侵权人的权益，应由侵权人自证其行为不足以造成全部损害。为此，《解释》第六条第二款规定，侵权人主张其污染环境、破坏生态行为不足以造成全部损害的，应当承担相应举证责任，从而将相关举证责任分配给了侵权人。其正当性在于，民法典第一千二百三十三条规定了生态环境侵权因果关系推定制度。按照民法理论，因果关系包含责任成立的因果关系和责任范围的因果关系。侵害行为是否足以造成全部损害，属于责任范围的因果关系，应当由侵权人承担举证责任。

第二，关于数人侵权中在后造成损害侵权人的责任免除。民法典第一千一百七十五条规定，损害是因第三人造成的，第三人应当承担侵权责任。在数人侵权中，数行为同时造成损害的情形极为少见，存在先后顺序则是常态。例如，甲、乙同时排放足以造成全部损害的污染物，但在乙排放的污染物到达污染场地时，甲排放的污染物已经到达污染场地并造成全部损害。此时，乙的排污行为与损害之间仅存在"假设因果关系"。也就是说，虽然单个侵权行为都足以造成全部损害，但并不意味着每个侵权行为都实际造成了损害，在真实原因可以确定的情况下，假设原因与损害结果之间已无事实上的因果关系，或者说立法上关于因果关系的推定在假设原因方面已被推翻，因此假设原因不应当承担责任。①

这表明，民法典第一千一百七十一条、第一千一百七十二条关于数人侵权中每一个侵权人的行为都足以或不足以造成全部损害的规定，隐含着如下推定，即数行为造成的损害为同时发生。如能够证明损害存在先后顺序，则在后造成损害的侵权人应当在相应范围内免除责任。关于该项事实的举证责任，应当由侵权人承担。为此，《解释》第八条规定，两个以上侵权人分别污染环境、破坏生态，部分侵权人能够证明其他侵权人的侵权行为已先行造成全部或部分损害，并请求在相应范围内不承担责任或者减轻责任的，人民法院应予支持。

第三，关于数个侵权人排放物质相互作用产生污染物造成损害的责任承担。在最高人民法院发布的典型案例——被告人董某桥等19人污染环境案中，董某桥等挖设隐蔽排污管道，将废碱液排放至城市下水管网，娄某等利用同一管道排放废盐酸，废碱液与废盐酸结合会产生硫化氢，并以气体形式逸出，造成李某死亡的特别严重后果。该案即为典型的污染物相互作用产生次生污染物的情形。

在《解释》起草过程中，关于此时各侵权人应当承担的责任形态，形成了两种不同的观点。第一种观点认为，此种情形符合民法典第一千一百七十二条规定的每一个侵权人都不足以造成全部损害的情形，应由各侵权人承担相应责任。第二种观点则认为，此种情形下各侵权人的行为在产生损害结果的认定上具有不可分性、致害结果具有同一性，因此应当承担连带责任。《解释》采用了第二种观点，并在第九条予以明确。理由在于，区别于民法典第一千一百七十二条规定的情形，在数个侵权人排放的物质相互作用产生污染物造成的损害中，每一个侵权人的行为应视为一个不可分割的整体，共同构成了全部损害发生的全部原因。

（三）关于第三方治理中的损害赔偿

2015年9月中共中央、国务院印发的《生态文明体制改革总体方案》中提出要培育环境治理市场主体，吸引社会资本参与环境治理和生态保护事务建设和运营，通过政府购买服务等方式，加大对环境污染第三方治理的支持力度。环境保护部（已撤销）在2016年发布了《环境保护部关于积极发挥环境保护作用促进供给侧结构性改革的指导意见》，对环境污染第三方治理从四个方面提出要求，即鼓励工业污染源治理第三方运营，鼓励有条件的工业园区聘请第三方专业环保服务公司作为环保管家，开展环境

---

① 参见黄文煌：《论侵权法上的假设因果关系》，载《中外法学》2011年第3期。

监测服务社会化试点,在多个领域鼓励发展集投资融资、系统设计、设备成套、工业施工、调试运行、维护管理等一体化的环保服务总承包和环境治理特许经营模式。这些举措有效地促进了环境污染第三方治理在实践中的应用和第三方治理产业的发展,使第三方治理在实践中逐步成为比较普遍的环境污染治理模式。

从法律关系角度观察,由于环境污染第三方治理是排污者通过缴纳或按合同约定支付费用、委托环境服务公司进行污染治理的新模式,与传统模式相比,第三方治理使排污者将直接治理污染的义务通过合同方式从自身分离,交由专业的第三方治污企业承担,从而将其直接治理责任转化为间接的经济责任。这种排污与治污相分离的模式,在发生生态环境侵权事件时,无疑增加了侵权责任判断中的复杂性。特别是对于排污企业和第三方治理机构之间是否存在责任划分、如何分担责任等问题,理论界和审判实践中存在一定分歧。概括起来主要有如下几种观点:其一,主要由排污企业承担责任;其二,主要由第三方治理机构承担责任;其三,按照合同约定承担责任;其四,根据环境污染第三方治理的不同运营模式确定责任的承担。另有将环境污染第三方治理模式划分为独立型和嵌入型的观点,主张根据在不同模式下排污企业与第三方治理机构的过错程度确定双方的责任。

《解释》区分第三方治理中的委托运营和建设运营模式,通过第十二条至第十四条就第三方治理中的损害赔偿作出规定。

其中,第十二条规定的是委托运营模式的责任。典型形态是排污企业将自有的污染治理设施通过服务合同的方式,委托专业的环保企业运营,由专业机构利用其专业经验、技能和技术对污染进行治理。由于排污企业既是污染物的初始来源,也是环保设施、治污设备的所有人;同时作为服务合同的相对方,排污企业对于第三方治理机构履行合同的行为也能够通过选择适当的合同相对方、约定特定的合同内容等方式进行有效监督和约束。第三方治理机构的治理污染行为实质上是排污企业生产经营行为的组成部分。在发生环境污染的情况下,由于排污企业对于污染物、环保设施和第三方治理机构的行为均能够进行有效的控制,由排污企业作为责任主体承担生态环境侵权责任符合民法典第一千二百二十九条的规定。在排污企业承担生态环境侵权责任后,其与第三方治理机构之间的责任划分,则根据双方之间的合同约定进行判断,第三方治理机构在履行合同过程中有过错的,应当承担与其过错程度相适应的责任。排污企业可以就第三方治理机构应当承担的责任部分向其追偿。

第十三条规定的是建设运营模式的责任。所谓建设运营模式,是指第三方治理企业负责建设并运营与产污企业主营业务相配套的污染防治设施项目,在合同期内第三方治理机构取得污染防治设施的所有权,合同期满后,污染防治设施移交给产污企业或由治污企业拆除。相较于委托运营模式,排污单位对污染设施和污染物处理的控制极度弱化。一是排污单位对治污设施的选择权极度弱化。建设运营模式中治污设施的所有权一般归于第三方机构,特别是集中治理的排污企业对于治污设施基本没有选择权。二是排污单位对处理方案的选择权极度弱化。建设运营模式下排污单位一般仅能从第三方治理机构提供的有限治污方案中选择。三是建设运营模式下排污单位虽然享有监督、检查环保设施的建设、运营、维护和管理的权利,但是限于督促第三方机构全面履行义务并完成污染物控制任务的目的,对于具体的技术方案、人员选任、日常工作等治污过程缺乏有效管理。

因此，在合同履行过程中造成污染的，应当由第三方治理机构承担侵权责任。排污单位在选任、指示第三方治理机构中有过错的，应当承担相应责任。在认定排污单位是否违反选任、指示义务时，应当采用较为严格的标准。这是因为，虽然在建设运营模式中排污单位不属于污染者，但对污染治理的过程亦具有一定程序性的介入性，而非完全失去控制力。因此，采用严格标准认定选任、指示义务，有利于督促排污单位更加审慎地选任第三方治理机构，强化日常监督检查，最大限度防范损害后果的发生，更好实现权益救济。

实践中，对于排污单位选任、指示第三方治理机构的过错，主要存在以下几种情形：第一，选任不具有相应能力的第三方治理机构；第二，排污单位没有履行预处理义务；第三，排污单位向第三方治理机构提供的数据、信息错误，缺乏日常检查监督等。

需要指出的是，《解释》第十二条、第十三条是针对第三方治理模式中委托运营类型的典型情形所作的规定，实践中可能存在第三方治理机构与排污企业通过合同约定其他合作方式的情形，如第三方治理机构自行投资建设环保设施作为排污企业的组成部分，并负责运营环保设施，即所谓嵌入式的建设运营模式。对于这些非典型的介于委托运营和独立运营之间的第三方治理模式，应当根据各方主体对环境污染危险的控制程度进行判断。

《解释》第十四条规定了排污企业与第三方治理机构承担连带责任的规定。在本条规定的三类情形中，排污企业与第三方治理机构对损害后果的发生具有共同的故意，应当按照共同侵权承担连带责任。

（四）关于法人人格否认制度的适用

实践中，排污企业滥用公司法人独立地位和股东有限责任，在实施污染环境、破坏生态行为后逃避责任的情形时有发生。为解决这一问题，《解释》第十五条规定了法人人格否认制度在生态环境侵权中的适用。公司法（2018年修正，下同）第二十条规定，公司股东滥用公司法人独立地位和股东有限责任，逃避债务，严重损害公司债权人利益的，应当对公司债务承担连带责任。

实践中，公司法人人格否认多适用于自愿交易的合同行为。相较于自愿交易中合同相对人基于意思自治决定是否与公司发生交易，在非自愿交易的侵权行为中，被侵权人处于被动状态，不能像合同相对人那样基于对公司状况的了解决定是否与公司进行交易，也无法事先预防或者协商平衡风险，这一点在肆意污染环境以使股东获得不当利益的情况中尤为明显，且此时受害者往往人数众多，相对公司的强大力量而言属于社会弱势群体，对这类非自愿债权人更应当加强保护。[①]

因此，在排污人滥用公司法人独立地位和股东有限责任，逃避污染环境、破坏生态责任的情形发生时，适用法人人格否认制度，既符合公司法第二十条的规定，也有利于被侵权人合法权益和生态环境的保护。

需要指出的是，在生态环境侵权责任中适用法人人格否认制度应当严格审慎，严格按照公司法第二十条的规定精神和理论共识，即只有在股东实施了滥用公司法人独立地位及股东有限责任的行为，包括人格混同、过度支配与控制、资本显著不足等，

---

① 参见张新宝、庄超：《扩张与强化：环境侵权责任的综合适用》，载《中国社会科学》2014年第3期。

且该行为严重损害了公司债权人利益的情况下，才能予以适用。

还要注意的是，公司人格否认不是全面、彻底、永久地否定公司的法人资格，而只是在具体案件中依据特定的法律事实、法律关系，突破股东对公司债务不承担责任的一般规则，例外地判令其承担连带责任。人民法院在个案中否认公司人格的判决的既判力仅仅约束该诉讼的各方当事人，不当然适用于涉及该公司的其他诉讼，不影响公司独立法人资格的存续。

（五）关于第三人侵权责任

民法典第一千二百三十三条规定，因第三人的过错污染环境、破坏生态的，被侵权人可以向侵权人请求赔偿，也可以向第三人请求赔偿。侵权人赔偿后有权向第三人追偿。针对实践中适用第三人侵权责任理论和实践中的争议，《解释》通过第十八条至第二十条予以明确。

第一，责任的主体问题。第三人的过错属于自己责任的范畴。被侵权人所受损害是由第三人造成的，根据自己责任原则，应由第三人承担责任。一般侵权中，当第三人无力承担侵权责任或者无法找到第三人时，被侵权人只能自行承受损失。而在生态环境侵权中，基于无过错责任的归责原则和对被侵权人特殊保护的价值取向，法律规定侵权人亦应对损害承担责任。按照因果关系理论，因果关系可以区分为事实上的因果关系和法律上的因果关系，或是条件因果关系和相当因果关系。第三人作为危险物、设施的保有者和控制者，对于损害的发生虽无法律上的因果关系或相当因果关系，但有事实上的因果关系，由其承担责任并不会导致侵权责任因果关系要件的缺失。例如，甲在驾驶车辆运输危险化学品路程中被乙驾驶的车辆追尾造成化学品泄漏致人损害，如果没有甲车的运输行为，则损害后果不会发生，故二者之间具有事实上的因果关系。然而，损害的发生乃是乙车的过错引起，甲的行为与损害结果之间不具有法律上的因果关系。此时，甲、乙应当按照民法典第一千二百三十三条的规定承担责任。相反，如果第三人与损害结果的发生连事实上的因果关系都不具备，则不能适用民法典第一千二百三十三条的规定，而应当适用民法典第一千一百七十五条的规定判令第三人承担责任。例如，丙向人民法院起诉，请求甲、乙二人分别就其排污行为造成的损害承担赔偿责任。甲经举证证明其排放污染物不会造成丙的损害后果，丙的损害系由乙排放的污染物所致，此时，甲对损害的发生应当承担侵权责任。

第二，第三人责任既适用于第三人的过错是损害发生的全部原因，也适用于第三人的过错是损害发生的部分原因。当侵权人和第三人的过错结合共同造成了损害后果时，是否适用民法典第一千二百三十三条的规定，理论界存在否定说与肯定说。否定说认为，依照民法典第一千二百三十三条的规定，被侵权人向法院起诉第三人，根本不存在第三人的过错程度问题，而是全部损失都是第三人过错造成的，第三人应当承担全部责任。如果第三人抗辩，主张自己的过错不是造成生态环境损害的全部原因，侵权人也有部分原因力时，就应根据民法典第一千一百七十二条的规定，由侵权人和第三人按照过错程度和原因力比例承担按份责任。① 肯定说认为，不论是第三人过错、侵权人无过错还是第三人过错、侵权人过错均属于第三人直接侵权和侵权人间接侵

---

① 参见杨立新：《第三人过错造成环境污染损害的责任承担——环境侵权司法解释第5条规定存在的不足及改进》，载《法治研究》2015年6期。

相结合，侵权人对损害具有直接原因力，而第三人对损害具有间接原因力，因此这两种情形均应当纳入民法典第一千二百三十三条的规定中。① 但是在内部责任分担上，有过错的侵权人只有在超出自己赔偿份额后才能向第三人追偿。②

《解释》第十九条采纳了肯定说的观点，理由有以下三点：首先，按照文义解释，民法典第一千二百三十三条规定的"因第三人的过错"，既可以理解为因第三人的全部过错，也可以理解为因第三人的部分过错。其次，按照目的解释，侵权人之所以要对第三人引起的损害承担中间责任，是因为侵权人控制了危险设施、开启了危险，并因此获得了利益。侵权人承担此种责任的正当性基础，与其自身有无过错并无关联。最后，从法律效果来看，当侵权人对损害的发生没有过错时，尚且要对第三人的过错承担中间责任，且这种中间责任在实践中极有可能因第三人无力赔偿而成为事实上的终局责任。如果采用"否定说"的立场，则当侵权人对损害的发生也有过错时，却无须为第三人的过错承担中间责任，无疑存在重大矛盾。

而在内部责任上，由于侵权人的过错也是损害发生的原因，故应当适用民法典第一千一百七十二条的规定确定侵权人和第三人的责任份额，并限制侵权人的追偿权，即侵权人仅应当就超出责任份额的部分向第三人追偿。

第三，被侵权人仅起诉第三人时，人民法院应当追加侵权人参加诉讼。根据《解释》第二十条的规定，当被侵权人仅起诉第三人时，为充分保障被侵权人的合法权益、节约诉讼资源，人民法院应当释明是否同时起诉侵权人。被侵权人不请求侵权人承担责任的，人民法院应当尊重被侵权人的此项诉讼权利。但是，侵权人与损害的发生存在事实上的因果关系，如果侵权人不参加案件审理，很可能导致案件事实无法查清，难以做到案结事了。为此，《解释》第二十条规定，此时人民法院应当依照民事诉讼法（2021年修正）第五十九条的规定，追加侵权人作为诉讼法中的无独立请求权第三人参加诉讼。

（六）关于自然资源使用权益的特殊保护

资源和环境是一枚硬币的两面。如森林和矿产，既属于生态环境的要素，同时还具有资源属性。当生态环境受到损害时，极有可能造成资源利用权益的损失。例如，污染河流影响周边居民的取水和捕捞；乱砍滥伐影响当地居民捡拾松子、蘑菇等。这些权益统称为自然资源使用权益。这些权益是否应当保护、应当如何保护，首先应当确定其性质。如果这些权益归属于绝对权，则当然属于侵权责任法所保护的范围。相反，如果这些权益不属于绝对权，则构成侵权法上的纯粹经济损失，应当严格限制赔偿范围，以平衡权益救济和行为自由。

民法典第三百二十九条规定："依法取得的探矿权、采矿权、取水权和使用水域、滩涂从事养殖、捕捞的权利受法律保护。"在这些自然使用权益中，矿业权可以纳入现行物权体系已基本成为理论共识。捕捞、狩猎、采集等权益则与传统物权存在较大差异。这种差异体现在，首先，权益的客体不具有物的特定性。野外所生长的野果蘑菇数量、类型均不清楚，野生动物更是可以在大范围内迁移。水处于持续流动状态，一定水域中的鱼群数量处于变化当中，无法作为特定物存在。其次，此类权益不符合物

---

① 参见李中原：《多数人侵权责任分担机制研究》，北京大学出版社2014年版，第281页。
② 参见王利明：《侵权责任法研究》，中国人民大学出版社2010年版，第579页。

权"一物一权"的基本原则。例如，一定区域的森林可以允许不特定的多数人采集、狩猎，一条河流可以允许不特定的多数人取水，任何人的利益都不具有排他性。因此，采集、捕捞、狩猎等自然资源使用权益属于不具有特定性的纯粹经济损失，如果这些损失都由行为人赔偿，将造成侵权人承担过重的责任。

根据《解释》第二十三条的规定，只有当自然资源使用权益符合以下条件时，才能予以适当保护，即位于或者接近生态环境受损区域；依赖受损生态环境；不具有可替代性或替代成本过高；具有稳定性和公开性；依照法律规定需要取得许可的，还应当取得许可。在符合上述条件时，自然资源使用权益才具有了物权的特征并得以特定化，可以按照绝对权予以保护。对于利用自然资源从事的其他生产经营活动，如经营民宿、游乐设施等因环境污染、生态破坏而权益受损的，则属于典型的纯粹经济损失，原则上不予保护。

（七）关于过错相抵规则的适用

民法典第一千一百七十三条规定了过错相抵的一般规则。在此基础上，民法典还针对特殊侵权规定了例外情形。如根据民法典第一千二百三十九条、第一千二百四十条的规定，占有、使用高度危险物或从事高度危险活动造成他人损害，被侵权人对损害的发生有重大过失，可以减轻侵权人的责任，从而排除了被侵权人一般过失对过错相抵的适用。

但是，民法典关于环境污染和生态破坏责任的条文中并无类似规定。故有观点按照体系解释，认为生态环境侵权中过错相抵原则的适用仍应当按照民法典第一千一百七十三条的一般规定，被侵权人有一般过失的，也可以减轻侵权人的责任。另一种观点则认为，根据生态环境侵权无过错责任的归责原则和相关环境保护单行法的规定，应当限制过错相抵原则的适用。对于被侵权人仅有一般过失的，不能减轻侵权人的责任。

《解释》第二十六条明确了生态环境侵权中过错相抵原则的适用仅限于被侵权人存在故意或者重大过失的情形。理由在于，无过错责任承担责任的基础在于对风险的分担，而非侵权人的过错。如果受害人一般过失就可以适用过错相抵原则，不利于无过错责任风险分担功能的发挥，保障受害人的权利。水污染防治法第九十六条第三款规定，水污染损害是由受害人重大过失造成的，可以减轻排污方的赔偿责任。基于水污染与其他介质污染、生态破坏的共通性，宜就该条作扩大解释，即该规定可以适用于水污染之外的其他生态环境侵权案件。

也有观点认为，在实践中，应当根据环境污染、生态破坏行为的危险性作类型化划分。如符合高度危险特征，可以参照高度危险责任的规定，排除一般过失在过错相抵中的适用。属于一般危险的，则应当适用过错相抵的一般规则。我们认为，过错相抵的适用与侵权责任诸多构成要件共同发挥着归责和价值衡量的功能。对于司法实践中种类繁多的生态环境侵权案件，可以根据实际案情，通过妥当把握重大过失的标准，实现当事人双方利益的平衡。

（八）关于诉讼时效制度

关于生态环境侵权的诉讼时效制度，《解释》第二十七条、第二十八条分别重点就持续性生态环境侵权诉讼时效的起算点、生态环境侵权诉讼中止的法定事由作出规定。

实践中，生态环境侵权多数体现为持续性侵权，如污染企业长期排放废气、废水等。

关于持续性侵权的诉讼时效起算点，理论和实践至少包括以下四种观点：一是自侵权行为开始之日起算；二是自侵权行为终了之日起算；三是自权利人向法院起诉之日起向前倒推起算；① 四是采取分段计算法确定持续性侵权之债权请求权的诉讼时效。

根据《解释》第二十七条的规定，生态环境侵权处于持续状态的，诉讼时效期间自行为结束之日起计算。主要理由在于：首先，生态环境侵权致害过程和机理具有间接性、潜伏性、长期性和复杂性等特点，如何判断被侵权人何时应当知道权利受到损害以及侵权人、其他责任人极易产生争议。其次，从立法沿革来看，生态环境侵权诉讼时效期间较普通侵权对被侵权人更为有利。在民法通则规定一般诉讼时效为二年的情况下，环境保护法规定了三年的诉讼时效，体现了法律对生态环境侵权受害人的特殊保护。虽然在民法总则出台后，生态环境侵权的诉讼时效已经不再具有特殊性，但根据立法精神，对于生态环境侵权诉讼时效仍应予宽松把握。最后，持续性侵权中的侵权行为是持续发生的，是一个整体，侵权行为持续之时，一直是侵权行为发生之时，终了之日才是整个侵权行为完成之时。从此时开始计算诉讼时效，有利于保护权利人的权利。

根据《解释》第二十八条的规定，被侵权人向负有环境资源监管职能的行政机关请求处理因污染环境、破坏生态造成的损害的，构成诉讼时效中断的正当事由。在立法层面，土壤污染防治法、水污染防治法都有关于鼓励支持被侵权人向相关环境主管部门申请调处的条款。在政策层面，2020年《中共中央办公厅、国务院办公厅关于构建现代环境治理体系的指导意见》提出要构建党委领导，政府主导，企业主体、社会组织和公众共同参与的现代化环境治理体系。为依法支持政府主管部门发挥职能作用，促进纠纷及时有效化解，维护被侵权人合法权益，对于被侵权人向负有环境资源监管职能的行政机关请求调处的，属于《最高人民法院关于审理民事案件适用诉讼时效制度若干问题的规定》第十一条第八项规定的"其他与提起诉讼具有同等诉讼时效中断效力的事项"的情形，构成诉讼时效的中断。

（九）《解释》与原解释的关系

原解释是最高人民法院出台的首部关于环境民事责任的综合性司法解释，在适用范围上包括公益诉讼案件和私益诉讼案件，在内容上包括实体规则与程序规则。近年来，随着生态环境法治体系的完善和环境司法走向深入，原解释的规定已经不能完全适应审判实践的要求。为此，最高人民法院坚持问题导向，总结环境司法实践形成的共识，对原解释的相关条文涉及私益侵权的内容予以扩充完善，形成了《解释》。

《解释》公布施行后，原解释所包含的实体规则和程序规则分别为《解释》和《最高人民法院关于生态环境侵权民事诉讼证据的若干规定》所修改和完善，而涉及公益诉讼裁判规则在《环境民事公益诉讼解释》《检察公益诉讼解释》《生态环境损害赔偿规定》等相关司法解释中已有规定。针对民法典施行后环境公益诉讼领域的新情况、新问题，最高人民法院目前正在起草生态环境公益侵权相关司法解释。为避免司法解释适用出现混乱，《解释》第二十九条规定，《解释》公布施行后原解释废止。

（撰稿人：杨临萍、刘竹梅、宋春雨、叶阳）

---

① 参见《最高人民法院关于审理专利纠纷案件适用法律问题的若干规定》第二十三条的规定。

最高人民法院关于审理森林资源民事纠纷案件适用法律若干问题的解释

法释〔2022〕16号

(2022年4月25日最高人民法院审判委员会第1869次会议通过
2022年6月13日最高人民法院公告公布
自2022年6月15日起施行)

为妥善审理森林资源民事纠纷案件，依法保护生态环境和当事人合法权益，根据《中华人民共和国民法典》《中华人民共和国环境保护法》《中华人民共和国森林法》《中华人民共和国农村土地承包法》《中华人民共和国民事诉讼法》等法律规定，结合审判实践，制定本解释。

第一条 人民法院审理涉及森林、林木、林地等森林资源的民事纠纷案件，应当贯彻民法典绿色原则，尊重自然、尊重历史、尊重习惯，依法推动森林资源保护和利用的生态效益、经济效益、社会效益相统一，促进人与自然和谐共生。

第二条 当事人因下列行为，对林地、林木的物权归属、内容产生争议，依据民法典第二百三十四条的规定提起民事诉讼，请求确认权利的，人民法院应当依法受理：

（一）林地承包；

（二）林地承包经营权互换、转让；

（三）林地经营权流转；

（四）林木流转；

（五）林地、林木担保；

（六）林地、林木继承；

（七）其他引起林地、林木物权变动的行为。

当事人因对行政机关作出的林地、林木确权、登记行为产生争议，提起民事诉讼的，人民法院告知其依法通过行政复议、行政诉讼程序解决。

第三条 当事人以未办理批准、登记、备案、审查、审核等手续为由，主张林地承包、林地承包经营权互换或者转让、林地经营权流转、林木流转、森林资源担保等合同无效的，人民法院不予支持。

因前款原因，不能取得相关权利的当事人请求解除合同、由违约方承担违约责任的，人民法院依法予以支持。

第四条 当事人一方未依法经林权证等权利证书载明的共有人同意，擅自处分林地、林木，另一方主张取得相关权利的，人民法院不予支持。但符合民法典第三百一十一条关于善意取得规定的除外。

第五条 当事人以违反法律规定的民主议定程序为由，主张集体林地承包合同无效的，人民法院应予支持。但下列情形除外：

（一）合同订立时，法律、行政法规没有关于民主议定程序的强制性规定的；

（二）合同订立未经民主议定程序讨论决定，或者民主议定程序存在瑕疵，一审法庭辩论终结前已经依法补正的；

（三）承包方对村民会议或者村民代表会议决议进行了合理审查，不知道且不应当知道决议系伪造、变造，并已经对林地大量投入的。

第六条 家庭承包林地的承包方转让林地承包经营权未经发包方同意，或者受让方不是本集体经济组织成员，受让方主张取得林地承包经营权的，人民法院不予支持。但发包方无法定理由不同意或者拖延表态的除外。

第七条 当事人就同一集体林地订立多个经营权流转合同，在合同有效的情况下，受让方均主张取得林地经营权的，由具有下列情形的受让方取得：

（一）林地经营权已经依法登记的；

（二）林地经营权均未依法登记，争议发生前已经合法占有使用林地并大量投入的；

（三）无前两项规定情形，合同生效在先的。

未取得林地经营权的一方请求解除合同、由违约方承担违约责任的，人民法院依法予以支持。

第八条 家庭承包林地的承包方以林地经营权人擅自再流转林地经营权为由，请求解除林地经营权流转合同、收回林地的，人民法院应予支持。但林地经营权人能够证明林地经营权再流转已经承包方书面同意的除外。

第九条 本集体经济组织成员以其在同等条件下享有的优先权受到侵害为由，主张家庭承包林地经营权流转合同无效的，人民法院不予支持；其请求赔偿损失的，依法予以支持。

第十条 林地承包期内，因林地承包经营权互换、转让、继承等原因，承包方发生变动，林地经营权人请求新的承包方继续履行原林地经营权流转合同的，人民法院应予支持。但当事人另有约定的除外。

第十一条 林地经营权流转合同约定的流转期限超过承包期的剩余期限，或者林地经营权再流转合同约定的流转期限超过原林地经营权流转合同的剩余期限，林地经营权流转、再流转合同当事人主张超过部分无效的，人民法院不予支持。

第十二条 林地经营权流转合同约定的流转期限超过承包期的剩余期限，发包方主张超过部分的约定对其不具有法律约束力的，人民法院应予支持。但发包方对此知道或者应当知道的除外。

林地经营权再流转合同约定的流转期限超过原林地经营权流转合同的剩余期限，承包方主张超过部分的约定对其不具有法律约束力的，人民法院应予支持。但承包方对此知道或者应当知道的除外。

因前两款原因，致使林地经营权流转合同、再流转合同不能履行，当事人请求解除合同、由违约方承担违约责任的，人民法院依法予以支持。

第十三条 林地经营权流转合同终止时，对于林地经营权人种植的地上林木，按照下列情形处理：

（一）合同有约定的，按照约定处理，但该约定依据民法典第一百五十三条的规定应当认定无效的除外；

（二）合同没有约定或者约定不明，当事人协商一致延长合同期限至轮伐期或者其他合理期限届满，承包方请求由林地经营权人承担林地使用费的，对其合理部分予以支持；

（三）合同没有约定或者约定不明，当事人未能就延长合同期限协商一致，林地经营权人请求对林木价值进行补偿的，对其合理部分予以支持。

林地承包合同终止时，承包方种植的地上林木的处理，参照适用前款规定。

第十四条 人民法院对于当事人为利用公益林林地资源和森林景观资源开展林下经济、森林旅游、森林康养等经营活动订立的合同，应当综合考虑公益林生态区位保护要求、公益林生态功能及是否经科学论证的合理利用等因素，依法认定合同效力。

当事人仅以涉公益林为由主张经营合同无效的，人民法院不予支持。

第十五条 以林地经营权、林木所有权等法律、行政法规未禁止抵押的森林资源资产设定抵押，债务人不履行到期债务或者发生当事人约定的实现抵押权的情形，抵押权人与抵押人协议以抵押的森林资源资产折价，并据此请求接管经营抵押财产的，人民法院依法予以支持。

抵押权人与抵押人未就森林资源资产抵押权的实现方式达成协议，抵押权人依据民事诉讼法第二百零三条、第二百零四条的规定申请实现抵押权的，人民法院依法裁定拍卖、变卖抵押财产。

第十六条 以森林生态效益补偿收益、林业碳汇等提供担保，债务人不履行到期债务或者发生当事人约定的实现担保物权的情形，担保物权人请求就担保财产优先受偿的，人民法院依法予以支持。

第十七条 违反国家规定造成森林生态环境损害，生态环境能够修复的，国家规定的机关或者法律规定的组织依据民法典第一千二百三十四条的规定，请求侵权人在合理期限内以补种树木、恢复植被、恢复林地土壤性状、投放相应生物种群等方式承担修复责任的，人民法院依法予以支持。

人民法院判决侵权人承担修复责任的，可以同时确定其在期限内不履行修复义务时应承担的森林生态环境修复费用。

第十八条 人民法院判决侵权人承担森林生态环境修复责任的，可以根据鉴定意见，或者参考林业主管部门、林业调查规划设计单位、相关科研机构和人员出具的专业意见，合理确定森林生态环境修复方案，明确侵权人履行修复义务的具体要求。

第十九条 人民法院依据民法典第一千二百三十五条的规定确定侵权人承担的森林生态环境损害赔偿金额，应当综合考虑受损森林资源在调节气候、固碳增汇、保护生物多样性、涵养水源、保持水土、防风固沙等方面的生态环境服务功能，予以合理认定。

第二十条 当事人请求以认购经核证的林业碳汇方式替代履行森林生态环境损害赔偿责任的，人民法院可以综合考虑各方当事人意见、不同责任方式的合理性等因素，依法予以准许。

第二十一条 当事人请求以森林管护、野生动植物保护、社区服务等劳务方式替代履行森林生态环境损害赔偿责任的，人民法院可以综合考虑侵权人的代偿意愿、经济能力、劳动能力、赔偿金额、当地相应工资标准等因素，决定是否予以准许，并合理确定劳务代偿方案。

第二十二条 侵权人自愿交纳保证金作为履行森林生态环境修复义务担保的,在其不履行修复义务时,人民法院可以将保证金用于支付森林生态环境修复费用。

第二十三条 本解释自 2022 年 6 月 15 日起施行。施行前本院公布的司法解释与本解释不一致的,以本解释为准。

【解读】

解读《关于审理森林资源民事纠纷案件适用法律若干问题的解释》

《最高人民法院关于审理森林资源民事纠纷案件适用法律若干问题的解释》(以下简称《解释》)已于 2022 年 4 月 25 日由最高人民法院审判委员会第 1869 次会议通过,自 2022 年 6 月 15 日起施行。《解释》对于深入贯彻习近平生态文明思想和习近平法治思想,完整准确全面贯彻新发展理念,落实民法典绿色原则,依法保护和可持续利用森林资源,具有重要的现实意义。现对《解释》的制定背景、指导思想和原则、主要内容解读如下。

一、《解释》的制定背景

党的十八大以来,以习近平同志为核心的党中央把生态文明建设作为关系中华民族永续发展的根本大计,坚持绿水青山就是金山银山的理念,开展了一系列根本性、开创性、长远性的工作,美丽中国建设迈出重要步伐,推动我国生态环境保护发生历史性、转折性、全局性变化。人民法院认真践行习近平生态文明思想和习近平法治思想,充分发挥审判职能作用,不断满足人民群众优美生态环境需要,努力把总书记的殷殷嘱托转化为司法护航美丽中国建设的生动实践。

习近平总书记深刻指出,森林和草原对国家生态安全具有基础性、战略性作用,林草兴则生态兴。[①] 森林作为与湿地、海洋并列的地球三大生态系统之一,在应对气候变化、保护生物多样性、水土保持、防风固沙等方面具有重要生态功能。森林、林木、林地以及依托其生存的野生动植物和微生物,是地球表面最重要的自然资源之一,也是维护国家生态安全的基本屏障。中共中央、国务院印发的《生态文明体制改革总体方案》明确,坚持节约资源和保护环境基本国策,以建设美丽中国为目标,以正确处理人与自然关系为核心,以解决生态环境领域突出问题为导向,保障国家生态安全,改善环境质量,提高资源利用效率。党的十九届六中全会要求,统筹推进"五位一体"总体布局,协调推进"四个全面"战略布局,协同推进人民富裕、国家强盛、中国美丽,为推动形成人与自然和谐共生的现代化建设新格局提供了根本遵循。

近年来,我国生态文明领域立法进程不断加快。民法典构建了绿色原则和绿色条款的规范体系,农村土地承包法明确了农村集体土地所有权、承包权、经营权三权分

[①] 参见中共中央宣传部、中华人民共和国生态环境部:《习近平生态文明思想学习纲要》,学习出版社、人民出版社 2022 年版,第 90 页。

置的制度规则，森林法确立了生态优先、保护优先、保育结合、可持续发展的原则。随着集体林权制度改革深化、自然资源资产产权制度改革推进，林地、林木交易日益增多，诉讼纠纷亦相应增加。除私益诉讼外，破坏森林资源引发的公益诉讼在生态环境保护案件中占相当比重。2019年以来，全国各级法院审结涉及森林资源的一审案件403989件，其中民事案件268180件。如何服务保障生态文明体制改革措施依法有序推进，充分发挥市场机制在森林资源利用中的重要作用，有效解决森林资源保护中修复方案不够科学、损害赔偿不够全面等问题，成为各级人民法院面临的重要课题。

最高人民法院针对森林资源保护和利用的特点，积极回应环境资源审判实践中对丰富完善相关法律适用规则和保护修复措施的关切，在认真总结各地法院实践经验的基础上，经过反复调研论证和广泛征求意见，制定出台《解释》，指导人民法院树立正确审判理念，统一裁判规则，依法妥善审理森林资源民事纠纷案件。

二、《解释》制定的指导思想和原则

《解释》起草制定过程中，坚持以习近平新时代中国特色社会主义思想为指导，深入贯彻习近平生态文明思想和习近平法治思想，紧紧围绕党和国家工作大局，着力完善生态环境法律适用规则体系，依法推动森林资源的科学保护和合理利用。

（一）完整准确全面贯彻新发展理念，坚持保护和可持续利用森林资源

习近平总书记强调，要保持战略定力，站在人与自然和谐共生的高度来谋划经济社会发展。① 森林资源的开发利用不仅能带来经济效益，维护林区社会稳定，还有巨大的生态效益。现代林业的基本特征之一是可持续林业，目标是建立不仅能永续生产木材和其他林产品，而且能持久保护生物多样性和改善生态状况的多种效益林业。20世纪90年代以来，"森林可持续经营"理论和多维经营目标成为美国、英国、德国、日本等大多数国家森林立法的基础，并为1992年联合国环境与发展大会通过的《关于森林问题的原则声明》所肯定。我国森林法也经历了木材管理、资源管理、生态保护三个阶段的立法目的转变。司法审判应当找准统筹生态环境保护、经济社会发展和保障民生的平衡点，服务保障经济社会发展全面绿色转型。《解释》第一条明确，人民法院应当依法推动森林资源保护和利用的生态效益、经济效益、社会效益相统一。在不同效益发生冲突时，坚持生态效益优先。

（二）用最严格制度、最严密法治保护森林生态环境，切实维护国家利益、社会公共利益和人民群众环境权益

坚持人民至上，落实良好生态环境是最普惠民生福祉原则，加大对群众反映强烈的环境问题治理力度，依法保障人民群众在健康、舒适、优美生态环境中生存发展的权利。坚持生态优先，积极适用预防性、恢复性司法措施，灵活运用多种责任承担方式，促进受损生态环境及时有效恢复，推动将经济发展、人类活动控制在生态环境和自然资源可承载限度范围内。坚持系统观念，注重提升生态系统质量和稳定性，以生态功能区、自然保护地、重点流域等为单位，统筹山水林田湖草沙系统治理目标，建立生态环境治理协调联动机制。坚持最严密法治，准确适用刑事、民事、行政等法律责任，综合运用环境公益诉讼、生态环境损害赔偿、环境保护禁止令、环境侵权惩罚性赔偿等制度措施，加大对破坏森林资源违法行为的惩治追责力度，统筹推进生态环

---

① 参见习近平：《推进生态文明建设需要处理好几个重大关系》，载《人民日报》2023年11月16日。

境国内法治和涉外法治。

（三）落实民法典绿色原则，促进资源节约与生态环境保护

民法典第九条规定"民事主体从事民事活动，应当有利于节约资源、保护生态环境"，将绿色原则作为开展民事活动的基本准则。绿色原则被写入民法典，开世界民事立法之先河，为世界生态文明建设提供了中国方案，具有鲜明的中国特色、实践特色、时代特色。坚持以绿色原则为引领，准确理解与适用民法典绿色条款，是环境资源审判的特色。森林资源作为一种公共产品，具有经济价值和生态价值。权利人享有权利的同时，应当遵循民法典绿色原则和绿色条款，遵守环境保护法、森林法等法律法规关于生态环境保护的规定。森林法以规范促进森林资源可持续利用和发展，维护森林生态安全，推动生态文明建设和现代林业发展为立法目的。司法审判应当充分考量森林资源的生态功能价值，避免简单将其作为普通财产处理，切实维护环境正义和代际公平。

（四）尊重自然、尊重历史、尊重习惯，推动森林资源科学合理利用

森林法第一条立法目的关于"实现人与自然和谐共生"和第三条基本原则关于"保护、培育、利用森林资源应当尊重自然、顺应自然"等规定，均充分肯定了尊重自然理念。涉森林资源纠纷案件的处理，在专业事实认定、责任承担方式、修复方案执行等方面，均应符合森林生长发育的自然规律。同时，我国山林权属政策经历了多次变革调整，不同阶段形成的土地证、登记册、林权执照、林权证、新林权证、不动产权证书等山林权属书证，其法律效力、证明作用须结合当时的社会政治、法律、政策背景全面审查和认定。司法审判应当尊重历史、照顾现实，妥善解决相关权益纠纷。此外，森林资源是重要的生产资料和生活资料，在林农看来，某些习惯传统文化意蕴浓厚，经过历史的考验和经验的积累，更切合地方实际并易于接受。人民法院应当依据民法典第十条规定，在不违背法律和公序良俗的前提下，尊重森林资源保护和利用方面的乡规民约、地方习惯，合理适用习惯弥补成文法不足。

三、《解释》的主要内容

《解释》共23个条文，分为一般规定、林地承包经营、新类型案件、森林生态环境保护等四个部分法律适用问题，主要内容解析如下。

（一）强化市场规则统一，明确林地林木交易及纠纷受理规则

《中共中央、国务院关于加快建设全国统一大市场的意见》提出，加快建设高效规范、公平竞争、充分开放的全国统一大市场，营造稳定公平透明可预期的营商环境。由于历史原因，林业政策及实践较为偏重行政管理，许多纠纷长期依赖行政调处，森林资源纠纷往往存在民事、行政法律关系相互交织的情形。《解释》针对实践中的多发性问题予以了明确。

1. 关于民事、行政案件的受理问题

依据民法典第二百三十四条的规定，利害关系人对物权的归属、内容享有物权确认请求权。而依据森林法第二十二条的规定，林木、林地所有权和使用权争议由人民政府依法处理，当事人对人民政府处理决定不服的可以向人民法院起诉。司法实践中，因不能正确认识该两条之间的关系，要求当事人向行政机关反复确权的情形时有发生。依据《最高人民法院关于适用〈中华人民共和国民法典〉物权编的解释（一）》第一条及《国土资源部办公厅关于土地登记发证后提出的争议能否按权属争议处理问题的复

函》(国土资厅函〔2007〕60号)等的规定,应当区分林地、林木物权归属或登记基础关系与行政确权、登记行为。行政机关已经对林地、林木所有权或者使用权所作出了确权决定,或者森林资源已经登记发证,当事人在取得权利后的交易过程中产生的林地、林木归属和内容争议,属于发生在平等主体之间的民事纠纷。《解释》第二条以两款从正反两方面分别规定,当事人因作为物权变动原因的民事行为,对林地林木的物权归属、内容产生争议,行使物权确认请求权的,人民法院应当作为民事案件依法受理;当事人因对行政机关作出的林地林木确权、登记行为产生争议,提起民事诉讼的,人民法院要告知其依法通过行政复议、行政诉讼程序解决。此处对受理强调了"依法"的要求,依法不应由人民法院直接受理的案件,或者不应当作为民事案件受理的案件,应告知当事人另寻其他途径解决。

2. 关于未办理相关手续的合同效力问题

林业经营相关手续既包括农村土地承包法规定的批准、登记、备案、审核、审查等,也包括森林法规定的林木采伐许可等。实践中,动辄以森林资源流转违反相关管理性规定为由否定合同效力,将造成社会资源的极大浪费,不利于流转秩序的规范和交易安全的维护。依据民法典第五百零二条及相关司法解释规定,《解释》第三条明确,当事人以未办理批准、登记、备案、审查、审核等手续为由,主张林地承包、林地承包经营权互换或者转让、林地经营权流转、林木流转、森林资源担保等合同无效的,人民法院不予支持;因此未能取得相关权利的当事人,可通过合同责任方式予以救济。

(二)保障农村土地三权分置改革,细化林地承包经营规则

《中共中央办公厅、国务院办公厅关于引导农村土地经营权有序流转发展农业适度规模经营的意见》要求,坚持农村土地集体所有权,稳定农户承包权,放活土地经营权。林业生产周期长、投资见效慢、资源可再生。《解释》在民法典、农村土地承包法相关规定基础上,根据林业生产经营特点进行了细化。

1. 关于违反民主议定程序的处理问题

民主议定原则系农村土地承包法规定的土地承包基本原则。该法第十九条、第二十条规定了家庭承包的原则和程序,第五十二条第一款规定了其他方式承包的特殊程序,违反前述强制性规定的合同,应依法认定无效。林地承包期长,可能跨越1988年施行的村民委员会组织法(试行)、1998年施行的村民委员会组织法、2003年施行的农村土地承包法等多个政策、法律变迁时期。不同历史时期签订的承包合同效力如何认定,各地均感棘手。《解释》第五条从鼓励交易角度出发,规定三种情形下可认定承包合同有效。

一是合同订立时,法律、行政法规并无有关民主议定程序的强制性规定的。随着我国法律的不断完善,对民主议定程序的要求渐次严格。合同效力的判定取决于缔约当时的法律、行政法规是否有关于民主议定程序的强制性规定。

二是合同订立未经民主议定程序讨论决定,或者民主议定程序存在瑕疵,但一审法庭辩论终结前已经依法补正的。发包系由村民委员会讨论通过并签字认可,或者虽然召开了村民会议但决议存在代签名、未签名情形等,在农村较为普遍。前述程序瑕疵如能及时补正,应尽可能维护合同效力。

三是承包方对村民会议或者村民代表会议决议进行了合理审查,不知道且不应当

知道决议系伪造、变造,并已经对林地大量投入的。依据民法典第五百零四条规定,表见代表行为对善意相对人有效。实践中,存在村委会或相关负责人伪造、变造村民会议或者村民代表会议决议等情形,如果善意承包方已经对决议进行了合理审查,应认为其已尽审慎注意义务。农村为熟人社会,在善意承包方长期大量投入和使用林地而无人异议的情况下,应当对善意相对人的合法权益予以保护。

2. 关于重复处分林地经营权的确权顺位问题

当事人就同一集体林地订立多重经营权流转合同,在合同均为有效的情况下,需要根据物权冲突的处理规则判定林地经营权的归属,而未能取得物权的一方则通过违约责任方式进行救济。《解释》第七条规定了确定林地经营权归属的三种情形。

一是一方已经依法登记情形下,根据物权登记的公示公信原则及农村土地承包法第四十一条关于未经登记的林地经营权不得对抗善意第三人的规定,此时由已经登记的一方取得林地经营权。

二是均未依法登记的,将占有使用作为确权的第二顺位考虑因素。该占有应系在争议发生前的合法占有,且已经实际做了大量投入,争议发生后强行先占林地的不得作为确权依据。理由在于:第一,在一方已经合法占有使用林地的情形下,鉴于该方交易有一定公示外观,由实际履行的一方继续履行林地流转合同可以避免资源浪费,符合民法典绿色原则。第二,林业经营具有其特殊性,林木成材时间往往较长,为避免善意交易相对人长期大量投入后,承包方与他人串通倒签合同争夺相关利益,需要一定公示外观对善意交易人予以保护。"大量投入"的认定应以能否形成交易外观为标准,根据个案情况予以评判。第三,依据民法典第三百一十一条规定,转让的不动产依照法律规定不需要登记的,已经交付且符合其他善意取得要件的受让人可主张善意取得。可见,对林地经营权这类不要求强制登记的权利,法律更为强调交付要件。

三是均未登记或交付的,因林地经营权流转采意思主义,依据农村土地承包法第四十一条、第五十三条规定,由合同生效在先的一方取得林地经营权。

3. 关于合同终止时地上林木的处理问题

根据森林法第二十条确立的"谁造谁有"规则,植树造林为林木所有权的原始取得方式之一。但林木附着于土地之上,林地承包合同、林地经营权流转合同终止时,地上林木如何处理,实践中争议较大。林木生产周期长,承包期、经营期届满或合同解除时,林木未到主伐期或者未办理采伐许可证的,不允许砍伐。此时承包方、经营方通常不能将林地恢复到经营之前的状态,其应得收益还附着于林地上,无法彻底清走。借鉴《最高人民法院关于审理涉及农村土地承包纠纷案件适用法律问题的解释》第十六条第一款的规定,并参考相关域外立法,《解释》第十三条规定合同终止时地上林木按以下规则处理。

一是依照当事人的约定处理,此为首选方式。但该约定违反公益林保护等法律、行政法规的强制性规定,依据民法典第一百五十三条的规定应当认定无效的除外。

二是没有约定或者约定不明,发包方、承包方、经营方事后协商一致延长合同期限至轮伐期或者其他合理期限届满的,可以请求在延长的合同期限内,由继续使用林地的承包方、经营方承担合理林地使用费。

三是没有约定或者约定不明,且各方未能协商一致,发包方、承包方不同意延长合同期限的,承包方、经营方有权请求对其种植的地上林木价值进行合理补偿。

(三)落实生态区位保护要求,明确公益林经营利用规则

森林法第四十七条根据生态保护需要,将林地和林地上的森林划分为公益林和商品林。该法2019年修订前,各地对公益林能否开发利用及相关经营合同的效力等问题争议较大,实践中操作不一。《中共中央、国务院关于全面推进集体林权制度改革的意见》明确,对商品林,农民可依法自主决定经营方向和经营模式,生产的木材自主销售;对公益林,在不破坏生态功能的前提下,可依法合理利用林地资源,开发林下种养业,利用森林景观发展森林旅游业等。水土保持法及《森林法实施条例》《自然保护区条例》《风景名胜区条例》《国家级公益林管理办法》等就公益林利用设定了诸多限制。2019年修订后的森林法第四十九条第三款对合理利用公益林林地资源和森林景观资源,适度开展林下经济、森林旅游等予以肯定,但设定了科学论证、合理利用等前提条件,同时要求严格遵守国家有关规定。《解释》第十四条据此明确,对于当事人订立的公益林经营合同,人民法院应当进行特别审查,确保符合公益林生态区位保护要求和不影响公益林生态功能,当事人仅以涉公益林为由主张经营合同无效的,人民法院不予支持。鼓励在经科学论证及严格遵守国家有关规定前提下,合理利用公益林林地资源和森林景观资源。

(四)服务碳达峰、碳中和目标实现,规范林业碳汇交易规则

《中共中央办公厅、国务院办公厅关于建立健全生态产品价值实现机制的意见》要求,健全碳排放权交易机制,探索碳汇权益交易试点。森林是陆地生态系统中最大的碳库,我国已将林业碳汇作为国家核证自愿减排量项目纳入碳排放权交易体系。规范林业碳汇交易规则,鼓励各行各业和社会公众采取多种方式参与温室气体自愿减排交易,对于促进林业生态产品市场化,巩固提升森林生态系统碳汇能力,将"绿水青山"转变成"金山银山",具有积极意义。

1. 关于林业碳汇担保问题

林业碳汇,根据《联合国气候变化框架公约》及《京都议定书》的界定,是指利用森林的储碳功能,通过实施造林、再造林和加强森林经营管理、减少毁林、保护和恢复森林植被等活动,吸收和固定大气中的二氧化碳,并按照相关规则与碳汇交易相结合的过程、活动或机制。林业碳汇是一种以森林为载体的自然资源,是森林资源提供的生态服务产品,客观上附着于森林资源并与整个大气环境容量融为一体。林业碳汇权益是一种新型的森林资源财产权益,通说认为其性质为准物权,主体具多重性,客体为碳减排量,通过"碳信用"进行交易。

林业碳汇担保属于银行发展绿色信贷和碳金融趋势要求下的金融创新,实践中有收益权质押(以项目未来售碳收入作为质押担保)、应收账款质押(将其视为未来应收账款设立质押)、动产抵押(碳资产抵押)等不同做法。《解释》第十六条对以林业碳汇为客体的担保物权保护进行了原则性规定,鼓励实践探索,明确人民法院在坚持物权法定原则基础上,依法保护担保物权人的优先受偿权。

2. 关于认购林业碳汇的替代责任方式

《国务院办公厅关于完善集体林权制度的意见》明确,鼓励林业碳汇项目产生的减排量参与温室气体自愿减排交易,促进碳汇进入碳交易市场。司法实践中,多地均已出现侵权人通过自愿认购林业碳汇方式替代履行森林生态环境损害赔偿责任的案例,但存在交易机构非统一、公开市场,所购碳汇未经核证,交易完成后有再次对外转让

变现风险等问题。《解释》第二十条依据国家发展改革委《温室气体自愿减排交易管理暂行办法》及生态环境部《碳排放权交易管理办法（试行）》等相关规定，在征求七个碳排放权交易试点地区高级人民法院及碳排放权交易机构意见的基础上，对通过认购林业碳汇方式替代履行生态环境损害责任进行了原则性规定，明确了三项规则。

一是当事人请求认购林业碳汇的，应当认购经核证的林业碳汇，确保交易的自愿减排项目及减排量经过了授权机构的核证，是统一市场中的规范碳汇。

二是人民法院适用该替代履行方式时，应当综合考虑各方当事人意见、各种责任方式的合理性等因素，包括当事人购买意愿、受损环境要素、侵权行为类型、损害后果及修复情况等具体案情。

三是强调"依法"要求，林业碳汇等新型权益的交易相关规则尚在构建当中，人民法院适用认购林业碳汇的替代责任方式时，应当依法妥善处理。

（五）总结审判实践经验，丰富森林生态环境损害责任规则

《中共中央办公厅、国务院办公厅关于统筹推进自然资源资产产权制度改革的指导意见》要求，落实和完善生态环境损害赔偿制度，由责任人承担修复或赔偿责任。近年来，人民法院依法审理环境资源案件，不断完善审判体制机制，着力提升环境司法能力，探索积累了具有中国特色的生态环境司法保护经验。习近平总书记在2021年5月致世界环境司法大会的贺信中，充分肯定中国环境司法改革创新的有益经验。《解释》在充分总结吸收实践经验基础上，结合森林资源保护修复特点，将部分审判执行创新通过司法解释的形式予以固定。

1. 关于森林生态环境损害的修复问题

（1）修复方式和修复费用。生态环境和资源保护诉讼以恢复生态环境功能为核心目标。民法典第一千二百三十四条规定，违反国家规定造成生态环境损害，生态环境能够修复的，侵权人应当承担生态环境修复责任。森林法第七十四条、第七十六条、第八十一条亦规定了补种树木及其代履行方式。各地法院在审判、执行中，对补植复绿责任方式进行了积极探索。此外，还可以采取恢复林地土壤性状、投放相应生物种群等合理方式，恢复森林生态环境。《解释》第十七条第一款明确，人民法院可以判令侵权人在合理期限内，以补种树木、恢复植被、恢复林地土壤性状、投放相应生物种群等方式承担修复责任。该条第二款依据《最高人民法院关于审理环境侵权责任纠纷案件适用法律若干问题的解释》（2020年修正）第十四条等相关司法解释规定，明确人民法院可以同时确定侵权人不履行修复义务时应承担的生态环境修复费用。该费用由执行法院用于委托他人代履行。

（2）修复义务的具体要求。林木生长遵循自然规律。森林法第四十六条明确，应当采取以自然恢复为主、自然恢复和人工修复相结合的措施，科学保护修复森林生态系统。实践中，存在因生效裁判确定的森林生态环境修复义务不科学、不明确，造成履行、执行困难等问题。如盲目要求侵权人在非宜林地区、非宜林时节、种植不适宜当地的树种等，不仅难以达到生态修复效果，更易造成资源浪费。在司法鉴定费用较高，并非每个案件均能够进行鉴定的情况下，《解释》第十八条规定，确定修复方案时可以参考林业主管部门、林业调查规划设计单位、相关科研机构和人员出具的专业意见，确保修复方案的科学性和可操作性。经科学论证，人民法院可以在判项中明确履行修复义务的树种、树龄、地点、数量、存活率及完成时间等具体要求，并可附详细修复方案。同时，修复方案的确定绝不仅仅是简单地补植树木，而是森林生态功能的恢复，对于修复效果应当组织有关部门验收，验收不合格的应当继续修复。对于补植的树种，可以根据当地实际情况予以选择，兼顾经济效益和社会效益。

（3）修复保证金。毁林开荒、非法占用林地、非法猎捕或杀害野生动物等破坏森林生态环境的行为，往往涉及民事责任、行政责任甚至刑事责任。许多侵权人愿意交纳一定数量的保证金作为履行森林生态环境修复义务的担保。这种保证金实质为一种保全措施，有利于确保补植复绿等修复责任得到落实，保障生态环境及时有效恢复。人民法院通过统筹刑事责任、民事责任和行政责任，将侵权人对承担森林生态修复责任的态度和交纳保证金等行为作为其具有悔过表现的认定依据，在处罚、量刑时予以考虑，引导侵权人从生态环境的"破坏者"转变为"修复者"，充分发挥环境资源审判的惩罚教育和示范引领功能。《解释》第二十二条明确，侵权人不履行修复义务时，人民法院可以将其交纳的保证金用于支付森林生态环境修复费用。

2. 关于森林生态环境损害的赔偿问题

（1）赔偿金额的确定。中共中央办公厅、国务院办公厅印发的《生态环境损害赔偿制度改革方案》明确，生态环境损害是指因污染环境、破坏生态造成大气、地表水、地下水、土壤、森林等环境要素和植物、动物、微生物等生物要素的不利改变，以及上述要素构成的生态系统功能退化。中共中央办公厅、国务院办公厅印发的《关于统筹推进自然资源资产产权制度改革的指导意见》提出，要强化自然资源资产损害赔偿责任，全面落实公益诉讼和生态环境损害赔偿诉讼等法律制度，构建自然资源资产产权民事、行政、刑事案件协同审判机制。

森林资源除经济价值之外，还具有重要的生态功能和价值，对这些功能的损害通常具有不可逆转的特点。由于审判理念未能及时更新以及生态价值鉴定难、鉴定贵等原因，一些法院在认定森林生态环境损害时，仅关注其经济价值，忽略了生态价值。而只有全面赔偿对自然资源造成的损害，才能真正落实环境保护法确立的损害担责原则，切实提高破坏森林资源的侵权行为成本。

依据民法典第一千二百三十五条规定，生态环境侵权行为造成的森林资源生态价值损失包括期间服务功能丧失导致的损失、永久性功能损害造成的损失等。《解释》第十九条明确，人民法院确定侵权人承担的森林生态环境损害赔偿金额，应当综合考虑受损森林资源在调节气候、固碳增汇、保护生物多样性、涵养水源、保持水土、防风固沙等方面的生态环境服务功能，予以合理认定。人民法院在司法鉴定、评估中，应当注意引导鉴定机构、专家充分考虑森林的生态价值和功能，依法查明生态环境损害结果。

（2）劳务代偿。环境资源案件中，因许多侵权人不具备经济赔偿能力，或者生态环境损害赔偿、惩罚性赔偿金额较高，各地法院探索出巡山、护林、护鸟等劳务代偿的创新裁判、执行方式。劳务代偿免除了侵权人过重的经济赔偿负担，通过身体力行、现身说法的方式，使侵权人改过自新，也使当地居民、环境受益。《解释》第二十一条对此予以肯定。人民法院在案件审理中，经综合考虑侵权人的代偿意愿、经济能力、劳动能力、赔偿金额、当地相应工资标准等因素，决定采用劳务代偿方式的，可以在判决中合理确定劳务代偿方案。如审理中不能确定的，也可以在执行中根据案件具体情况予以适用。

习近平总书记在参加2022年首都义务植树活动时指出，森林是水库、钱库、粮库、碳库。① 人民法院将认真贯彻落实习近平生态文明思想、习近平法治思想，以《解释》的出台为契机，完整准确全面贯彻新发展理念，不断强化守护绿水青山的职责使命，统筹推进森林、草原、河湖、湿地等自然生态协同保护治理，巩固增强生态系统碳汇能力，为努力建设人与自然和谐共生的美丽中国、共建清洁美丽世界作出更大贡献，以实际行动迎接党的二十大胜利召开！

（撰稿人：杨临萍、刘竹梅、刘小飞、朱婧）

最高人民法院
关于审理网络消费纠纷案件适用法律若干问题的规定（一）

法释〔2022〕8号

（2022年2月15日最高人民法院审判委员会第1864次会议通过 2022年3月1日最高人民法院公告公布 自2022年3月15日起施行）

为正确审理网络消费纠纷案件，依法保护消费者合法权益，促进网络经济健康持续发展，根据《中华人民共和国民法典》《中华人民共和国消费者权益保护法》《中华人民共和国电子商务法》《中华人民共和国民事诉讼法》等法律规定，结合审判实践，制定本规定。

第一条 电子商务经营者提供的格式条款有以下内容的，人民法院应当依法认定无效：

（一）收货人签收商品即视为认可商品质量符合约定；

（二）电子商务平台经营者依法应承担的责任一概由平台内经营者承担；

（三）电子商务经营者享有单方解释权或者最终解释权；

（四）排除或者限制消费者依法投诉、举报、请求调解、申请仲裁、提起诉讼的权利；

（五）其他排除或者限制消费者权利、减轻或者免除电子商务经营者责任、加重消费者责任等对消费者不公平、不合理的内容。

第二条 电子商务经营者就消费者权益保护法第二十五条第一款规定的四项除外商品做出七日内无理由退货承诺，消费者主张电子商务经营者应当遵守其承诺的，人民法院应予支持。

第三条 消费者因检查商品的必要对商品进行拆封查验且不影响商品完好，电子商务经营者以商品已拆封为由主张不适用消费者权益保护法第二十五条规定的无理由

---

① 《习近平在参加首都义务植树活动时强调 全社会都做生态文明建设的实践者推动者 让祖国天更蓝山更绿水更清生态环境更美好》，载《人民日报》2022年3月31日。

退货制度的,人民法院不予支持,但法律另有规定的除外。

第四条 电子商务平台经营者以标记自营业务方式或者虽未标记自营但实际开展自营业务所销售的商品或者提供的服务损害消费者合法权益,消费者主张电子商务平台经营者承担商品销售者或者服务提供者责任的,人民法院应予支持。

电子商务平台经营者虽非实际开展自营业务,但其所作标识等足以误导消费者使消费者相信系电子商务平台经营者自营,消费者主张电子商务平台经营者承担商品销售者或者服务提供者责任的,人民法院应予支持。

第五条 平台内经营者出售商品或者提供服务过程中,其工作人员引导消费者通过交易平台提供的支付方式以外的方式进行支付,消费者主张平台内经营者承担商品销售者或者服务提供者责任,平台内经营者以未经过交易平台支付为由抗辩的,人民法院不予支持。

第六条 注册网络经营账号开设网络店铺的平台内经营者,通过协议等方式将网络账号及店铺转让给其他经营者,但未依法进行相关经营主体信息变更公示,实际经营者的经营活动给消费者造成损害,消费者主张注册经营者、实际经营者承担赔偿责任的,人民法院应予支持。

第七条 消费者在二手商品网络交易平台购买商品受到损害,人民法院综合销售者出售商品的性质、来源、数量、价格、频率、是否有其他销售渠道、收入等情况,能够认定销售者系从事商业经营活动,消费者主张销售者依据消费者权益保护法承担经营者责任的,人民法院应予支持。

第八条 电子商务经营者在促销活动中提供的奖品、赠品或者消费者换购的商品给消费者造成损害,消费者主张电子商务经营者承担赔偿责任,电子商务经营者以奖品、赠品属于免费提供或者商品属于换购为由主张免责的,人民法院不予支持。

第九条 电子商务经营者与他人签订的以虚构交易、虚构点击量、编造用户评价等方式进行虚假宣传的合同,人民法院应当依法认定无效。

第十条 平台内经营者销售商品或者提供服务损害消费者合法权益,其向消费者承诺的赔偿标准高于相关法定赔偿标准,消费者主张平台内经营者按照承诺赔偿的,人民法院应依法予以支持。

第十一条 平台内经营者开设网络直播间销售商品,其工作人员在网络直播中因虚假宣传等给消费者造成损害,消费者主张平台内经营者承担赔偿责任的,人民法院应予支持。

第十二条 消费者因在网络直播间点击购买商品合法权益受到损害,直播间运营者不能证明已经以足以使消费者辨别的方式标明其并非销售者并标明实际销售者的,消费者主张直播间运营者承担商品销售者责任的,人民法院应予支持。

直播间运营者能够证明已经尽到前款所列标明义务的,人民法院应当综合交易外观、直播间运营者与经营者的约定、与经营者的合作模式、交易过程以及消费者认知等因素予以认定。

第十三条 网络直播营销平台经营者通过网络直播方式开展自营业务销售商品,消费者主张其承担商品销售者责任的,人民法院应予支持。

第十四条 网络直播间销售商品损害消费者合法权益,网络直播营销平台经营者不能提供直播间运营者的真实姓名、名称、地址和有效联系方式的,消费者依据消费者权益保护法第四十四条规定向网络直播营销平台经营者请求赔偿的,人民法院应予支持。网络直播营销平台经营者承担责任后,向直播间运营者追偿的,人民法院应予支持。

第十五条 网络直播营销平台经营者对依法需取得食品经营许可的网络直播间的食品经营资质未尽到法定审核义务,使消费者的合法权益受到损害,消费者依据食品安全法第一百三十一条等规定主张网络直播营销平台经营者与直播间运营者承担连带责任的,人民法院应予支持。

第十六条 网络直播营销平台经营者知道或者应当知道网络直播间销售的商品不符合保障人身、财产安全的要求,或者有其他侵害消费者合法权益行为,未采取必要措施,消费者依据电子商务法第三十八条等规定主张网络直播营销平台经营者与直播间运营者承担连带责任的,人民法院应予支持。

第十七条 直播间运营者知道或者应当知道经营者提供的商品不符合保障人身、财产安全的要求,或者有其他侵害消费者合法权益行为,仍为其推广,给消费者造成损害,消费者依据民法典第一千一百六十八条等规定主张直播间运营者与提供该商品的经营者承担连带责任的,人民法院应予支持。

第十八条 网络餐饮服务平台经营者违反食品安全法第六十二条和第一百三十一条规定,未对入网餐饮服务提供者进行实名登记、审查许可证,或者未履行报告、停止提供网络交易平台服务等义务,使消费者的合法权益受到损害,消费者主张网络餐饮服务平台经营者与入网餐饮服务提供者承担连带责任的,人民法院应予支持。

第十九条 入网餐饮服务提供者所经营食品损害消费者合法权益,消费者主张入网餐饮服务提供者承担经营者责任,入网餐饮服务提供者以订单系委托他人加工制作为由抗辩的,人民法院不予支持。

第二十条 本规定自2022年3月15日起施行。

【解读】

解读《关于审理网络消费纠纷案件适用法律若干问题的规定(一)》

为正确审理网络消费纠纷案件,依法保护消费者合法权益,促进网络经济健康持续发展,2022年2月15日,最高人民法院审判委员会第1864次会议通过了《最高人民法院关于审理网络消费纠纷案件适用法律若干问题的规定(一)》(以下简称《规定》),并已于2022年3月15日起施行。本文就《规定》的起草背景、基本原则及主要问题进行说明,便于实践中准确理解与适用。

一、《规定》制定的背景

党的十八大以来,以习近平同志为核心的党中央高度重视发展数字经济,并将其上升为国家战略。党的十八届五中全会提出,实施网络强国战略和国家大数据战略。党的十九届五中全会提出,发展数字经济,推进数字产业化和产业数字化,推动数字经济和实体经济深度融合。习近平总书记多次就网络治理、平台经济作出重要指示。

2020年11月16日，习近平总书记在中央全面依法治国工作会议上指出，数字经济、互联网金融、人工智能、大数据、云计算等新技术新应用快速发展，催生一系列新业态新模式，但相关法律制度还存在时间差、空白区。2021年3月15日，习近平总书记在中央财经委员会第九次会议上指出，要健全完善规则制度，加快健全平台经济法律法规，及时弥补规则空白和漏洞，推动平台经济规范健康持续发展。

近年来，随着我国数字经济的蓬勃发展，网络消费当前已经成为社会大众的基本消费方式。据统计，自2013年起，我国已连续多年成为全球最大的网络零售市场。截至2021年12月，我国网络购物用户规模达8.42亿，占网民整体的81.6%。2021年网上零售额达13.1万亿元，同比增长了14.1%。伴随网络经济的快速发展，网络消费纠纷案件呈现出快速增长的特点，司法实践中也出现了一些新情况和新问题。

正是在这一背景下，最高人民法院经过深入调研，多次召开专家学者、消费者代表、政府部门、企业以及法院系统座谈会，并向全社会公开征求意见，在反复研究论证的基础上，制定《规定》。

二、《规定》坚持的原则

我们在司法解释制定过程中，坚持以下理念和原则。

第一，坚持以人民为中心，加大对消费者合法权益保护力度。网络消费问题关系千家万户，关系人民群众的切身利益。《规定》制定过程中，始终坚持将人民群众的利益放在首位，努力解决人民群众普遍关切的问题，努力使互联网发展成果惠及最广大人民群众，切实增强人民群众的安全感、获得感和幸福感。

第二，贯彻落实新发展理念，促进网络经济健康持续发展。当前，数字经济已经成为我国经济高质量发展的重要支撑。推动网络消费经济健康持续发展，对于巩固脱贫攻坚成果，推进乡村振兴战略，构建以国内大循环为主体、国内国际双循环相互促进的新发展格局、不断实现人民群众对美好生活的向往均具有重要意义。《规定》制定过程中，注意平衡保护，妥善处理好消费者、电商平台、平台内经营者等各方利益关系，为网络经济健康持续发展提供有力司法服务和保障。

第三，遵循网络消费特点，科学合理制定规则。网络消费具有参与交易主体多样化、交易环境虚拟化、交易空间跨地域性、合同格式化等特点，《规定》制定过程中，注重把握规律，制定符合网络消费特点的司法规则。

第四，立足现状，预留未来创新空间。《规定》坚持问题导向，对于实践中迫切需要解决的问题及时予以明确，以统一裁判尺度，回应审判实践需要。同时，我们也认识到，网络经济领域的发展日新月异，新模式新样态不断衍生。《规定》既注重立足现状，解决现实问题，也注意为市场未来创新留出空间。

三、关于网络消费合同格式条款问题

由于网络消费是在虚拟环境中完成，交易合同一般采用格式条款方式订立，消费者一般不具有与电子商务经营者协商合同条款的机会和能力。消费者在合同订立方面处于弱势地位，通常要么接受格式条款，要么放弃交易。实践中，存在电子商务经营者利用其优势地位，制定不公平不合理的格式条款，侵害消费者合法权益的情况。因此，依法规制网络消费格式条款，在尊重合同自由原则的同时进行合法性审查，对于维护消费者权益则显得格外重要。

关于格式条款问题，民法典和消费者权益保护法等法律都作了规定。为了进一步明确相关问题，更好地维护消费者合法权益，《规定》对实践中较为常见的依法应当认定无效的格式条款进行了列举，并作了兜底性规定。《规定》第一条明确，电子商务经营者提供的格式条款有以下内容的，人民法院应当依法认定无效：（1）收货人签收商品即视为认可商品质量符合约定；（2）电子商务平台经营者依法应承担的责任一概由平台内经营者承担；（3）电子商务经营者享有单方解释权或者最终解释权；（4）排除或者限制消费者依法投诉、举报、请求调解、申请仲裁、提起诉讼的权利；（5）其他排除或者限制消费者权利、减轻或者免除电子商务经营者责任、加重消费者责任等对消费者不公平、不合理的内容。

实践中，消费者签收商品时一般不会拆开商品详细查看，更没有时间试用。但有些网络消费合同格式条款单方规定，消费者签收商品后，就不得提出质量问题，这种格式条款显然是不合理的。征求意见过程中，有意见提出，有些生鲜商品，收货人签收商品应当视为认可商品质量符合约定。我们认为，即使消费者签收了生鲜商品，并不意味着认可了商品质量合格，如果有证据证明商品质量不符合约定，消费者有权要求商家承担相应责任。

另外，关于兜底条款的写法问题。根据民法典第四百九十七条的规定，提供格式条款一方不合理地免除或者减轻其责任、加重对方责任、限制对方主要权利或者提供格式条款一方排除对方主要权利的格式条款无效。根据消费者权益保护法第二十六条第二款的规定，经营者不得以格式条款、通知、声明、店堂告示等方式，作出排除或者限制消费者权利、减轻或者免除经营者责任、加重消费者责任等对消费者不公平、不合理的规定，不得利用格式条款并借助技术手段强制交易。关于兜底条款是采用民法典关于格式条款的写法还是消费者权益保护法的写法问题，考虑到就格式条款来说，民法典合同编的规定与消费者权益保护法的规定是一般法与特别法的关系，消费者权益保护法有特别规定的，要适用消费者权益保护法的规定。消费者权益保护法对格式条款的无效情形作了特别规定，应适用该规定，故《规定》第一条兜底条款采用了消费者权益保护法的表述。

四、关于七日无理由退货问题

消费者权益保护法第二十五条第一款规定，经营者采用网络、电视、电话、邮购等方式销售商品，消费者有权自收到商品之日起七日内退货，且无须说明理由，但下列商品除外：（1）消费者定作的；（2）鲜活易腐的；（3）在线下载或者消费者拆封的音像制品、计算机软件等数字化商品；（4）交付的报纸、期刊。无理由退货制度，实质是赋予消费者在合同缔结之后适当期间内单方解除合同的权利。赋予消费者单方解除合同的权利，与消费者在特定交易中信息不对称而导致的意思表示不真实有关。消费者权益保护法第二十五条第一款规定无理由退货制度适用的四项例外情形，主要是基于平衡经营者正当利益的需要，是法律对消费者权益保护的一般标准，法律并不禁止经营者作出对消费者更高保护的承诺。实践中，存在电子商务经营者作出更优承诺的情况，比如就消费者定作的商品承诺无理由退货。如果电子商务经营者就该四项除外商品作出无理由退货承诺，则应当遵守其承诺。《规定》第二条对此进行了明确。

消费者权益保护法确立消费者无理由退货制度的目的，是使网购消费者享有与在实体商场购物同等的检查、试用商品的机会从而自主决定是否进行交易。根据消费者权益保护法第二十五条第三款的规定，消费者退货的商品应当完好。消费者购买商品后需要拆开包装后对商品进行查验，如果要求消费者退回的商品必须未拆封，那么规定无理由退货制度从某种程度上就失去了意义。但实践中，存在电子商务经营者以商品已拆封为由拒绝消费者行使无理由退货权的情况。我们认为，消费者因检查商品的必要对商品进行拆封查验，只要不影响商品完好，就依法享有无理由退货权。国外立法例对相关问题也有类似规定，比如，韩国电子交易消费者保护法（2002年）第17条第2款规定，消费者过失而导致商品受损或者损毁的，撤销权消灭；但消费者拆开包装和封套以查验商品的除外。《规定》第三条明确，消费者因检查商品的必要对商品进行拆封查验且不影响商品完好，电子商务经营者以商品已拆封为由主张不适用消费者权益保护法第二十五条规定的无理由退货制度的，人民法院不予支持，但法律另有规定的除外。

值得注意的是，考虑到行政规章等对于超出查验需要而使用商品，导致商品不完好的判断标准作了较为明确的规定，我们规定了但书条款，此处"法律另有规定的除外"中的"法律"作广义理解，包括法律、行政法规、部门规章等。

五、关于网络经营账号及店铺转让问题

现实中常有经营者注册网络经营账号开设网络店铺后，将网络经营账号及店铺转让给其他经营者，但未进行经营主体信息变更，消费者在该网络店铺进行交易产生纠纷后，公示经营主体与实际经营者互相推诿的问题。

电子商务法第十五条规定，电子商务经营者应当在其首页显著位置，持续公示营业执照信息、与其经营业务有关的行政许可信息、属于依照该法第十条规定的不需要办理市场主体登记情形等信息，或者上述信息的链接标识；并规定上述信息发生变更的，电子商务经营者应当及时更新公示信息。

我们认为，网络经营者的主体信息依法应当进行公示，消费者对公示交易主体信息的信赖应当受到法律保护，不论账号后台实际经营者是否系公示主体，消费者均有权主张由公示经营主体承担责任。同时，给消费者造成损害的是实际经营者的经营活动，实际经营者也负有及时更新公示信息的义务，从有利于保护消费者的角度出发，实际经营者也应当为自己的经营行为承担责任。《规定》第六条明确，平台内经营者将网络账号及店铺转让给其他经营者，但未依法进行相关经营主体信息变更公示，实际经营者的经营活动给消费者造成损害，消费者有权主张注册经营者、实际经营者承担赔偿责任，最大限度保护消费者合法权益。

司法实践中应当注意的是，关于出借网络账号及店铺给他人经营的，如果经营行为给消费者造成损害，由谁承担责任的问题，法律和司法解释均未明确规定。根据相关法律及行政管理规定，已经办理市场主体登记的网络交易经营者应当如实公示相关信息，相关信息发生变更的，电子商务经营者应当及时更新公示信息。平台内经营者出借网络账号及店铺给他人经营，但未依法及时对相关主体信息进行公示的，侵犯了消费者的知情权以及建立在充分知情基础上的消费选择权。我们初步倾向认为，从有利于保护消费者的角度出发，注册经营者、实际经营者原则上均应承担责任。当然，实践中情况比较复杂，仍应结合具体情况予以认定。

另外，实践中还存在平台内经营者将店铺交由他人打理的情况，此种情况下，经营利益等仍为平台内经营者享有，消费者交易对象为平台内经营者，帮助打理店铺的人实际上类似平台内经营者的工作人员，承担销售者责任的通常应为平台内经营者。

六、关于平台外支付问题

实践中,存在平台内经营者的客服等工作人员引导消费者通过交易平台提供的支付方式以外的方式进行支付,比如通过客服个人微信支付的情况。当商品出现质量等问题双方产生纠纷后,平台内经营者又以未经过交易平台支付为由主张其不承担责任。我们认为,平台内经营者出售商品或者提供服务过程中,平台内经营者的客服等工作人员引导支付的行为属于职务行为,消费者交易对象仍是平台内经营者,平台内经营者应当承担销售者或者服务提供者责任。《规定》第五条明确,平台内经营者出售商品或者提供服务过程中,其工作人员引导消费者通过交易平台提供的支付方式以外的方式进行支付,消费者主张平台内经营者承担商品销售者或者服务提供者责任,平台内经营者以未经过交易平台支付为由抗辩的,人民法院不予支持。

适用中应当注意的是,如果是消费者明知交易对象并非平台内经营者,比如客服明确告知消费者其提供的商品另有渠道,并非平台内经营者提供,此时消费者明知交易对象并非平台内经营者而是另有他人,此种情形类似实践中所称"飞单"情形,与《规定》第五条规定的消费者交易对象为平台内经营者的情形不同,责任主体及责任承担应当结合案件情况予以认定。

七、关于二手商品责任问题

闲置物品交易模式是网络经济中的一种典型模式。随着"互联网+"时代的到来,闲置物品交易平台也应运而生。闲置物品交易平台的出现有利于闲置物品的盘活、再利用,避免浪费,节约资源,但由于相关法律规制并不明确,司法实践中对如何认定责任存在不同认识。消费者权益保护法第三条规定,经营者为消费者提供其生产、销售的商品或者提供服务,应当遵守该法;该法未作规定的,应当遵守其他有关法律、法规。交易双方是否为经营者与消费者关系是消费者权益保护法适用与否的依据。经营者生产、销售商品或者提供服务应具有持续性,偶尔、零星地售出商品或者提供服务的,不宜认定为经营者。比如,某人在网上偶尔出售自己的二手自行车,某家庭主妇偶尔在网上出售自己的物品等,这些不应当认定为经营者。但在现实中,有些人在二手交易平台以交易闲置物品的名义进行经营行为,以达到规避监管和相关法律规制的目的。我们认为,销售者以该平台作为商品经营活动的平台,对同一类产品进行连续的、多次的、重复的销售行为,实质上已经构成经营行为,应适用消费者权益保护法进行调整,以切实保护消费者合法权益。《规定》第七条明确,消费者在二手商品网络交易平台购买商品受到损害,人民法院综合销售者出售商品的性质、来源、数量、价格、频率、是否有其他销售渠道、收入等情况,能够认定销售者系从事商业经营活动,消费者主张销售者依据消费者权益保护法承担经营者责任的,人民法院应予支持。

八、关于奖品、赠品造成损害问题

随着网络购物快速发展,电子商务经营者之间的竞争也日益激烈,打折、提供奖品、赠品、返券、赠积分、换购等促销手段渐趋常态化。这些促销活动活跃了市场,刺激了消费。但是,也出现了线下服务和线上促销承诺不一致、奖品或赠品给消费者造成损害等问题。在促销活动中提供的奖品、赠品,虽然消费者在形式上未支付对价,但经营者实际上已经将奖品、赠品的费用摊入经营成本中,转嫁给消费者。另外,实践中,消费者有时可以用积分或者是较低价格换购商品,这也是商家一种促销手段。消费者支付的价格虽然较低,但通常是在购买其他商品的情况下进行换购,经营者已经将差价计入成本。奖品、赠品、换购商品给消费者造成损害的,电子商务经营者也应当承担赔偿责任,不得以奖品、赠品属于免费提供或者商品属于换购为由主张免责。

也有观点认为,考虑到消费者毕竟在形式上属于无偿获得,应作一定限制。因此,征求意见稿也曾表述为:"电子商务经营者在促销活动中提供的奖品、赠品因存在质量安全问题给消费者造成损害,消费者主张电子商务经营者承担赔偿责任,电子商务经营者以奖品、赠品属于免费提供为由主张免责的,人民法院不予支持。"经征求意见,立法机关认为,促销奖品、赠品等虽然对消费者来说是无偿获得的,但与消费者的消费行为密切相关,如给消费者造成损害,电子商务经营者应依法予以赔偿。故《规定》第八条明确,电子商务经营者在促销活动中提供的奖品、赠品或者消费者换购的商品给消费者造成损害,消费者主张电子商务经营者承担赔偿责任,电子商务经营者以奖品、赠品属于免费提供或者商品属于换购为由主张免责的,人民法院不予支持。

九、关于网络直播间运营者民事责任问题

网络直播电商作为一种数字经济新模式,近年来得到迅速发展。根据有关统计数据,截至2021年12月,我国网络直播用户规模达7.03亿,占网民整体的68.2%。其中,电商直播用户规模为4.64亿,占网民整体的44.9%。如何引导新业态健康发展,保护好消费者合法权益,是司法实践面临的新课题。调研过程中我们对网络直播问题予以了充分关注,《规定》对此作了比较详尽的规定。需要说明的是,《规定》规制的网络直播营销是指商业直播营销,公益性的直播营销不属于《规定》调整的范围。

其一,《规定》第十一条对平台内经营者开设网络直播间销售商品的情况作出规定。经营者在自己开设的直播间中以网络直播的方式售卖商品,实务中通常称为品牌自播。此种情况下,只是经营者展示和销售商品的方式发生了变化,其责任承担与普通经营者无本质区别,平台内经营者直接承担销售者责任,并无争议。经营者的工作人员在直播中对商品进行展示介绍,相当于商家的导购介绍自家的商品,其在直播中的推介行为属于职务行为,因虚假宣传等给消费者造成损害,消费者主张平台内经营者承担赔偿责任的,人民法院应予支持。《规定》第十一条对此予以明确。

其二,除品牌自播情形以外,实践中更为常见的是商家以外的主体开设直播间专门从事直播营销业务。这种情况下,直播间运营者,可能是直播营销服务机构(MCN机构),也可能是自然人主播、其他机构等。根据我们调研的情况,在实务中,此种直播营销又分为自播和代播两种情况。具体操作中,自播与代播情形下,消费者点击商品链接后均是跳转至商品详情页:自播情况下,一般是跳转到直播间运营者自己开设的平台内店铺完成交易;代播情况下,是跳转到他人店铺完成交易。自播情况下,因直播间运营者与店铺经营者主体相同,责任承担并无争议,即直播间运营者承担销售者责任。在代播的情况下,责任承担则存在较大争议。直播间运营者应当承担何种责任,存在不同观点。

一种观点认为,直播间运营者应当承担销售者责任。该观点认为,实务中,消费者通过直播间下单,通常会认为交易对象为直播间运营者,消费者很难辨别实际销售者;消费者通常基于对直播间与主播的好感和信任,才去购买直播间所推荐的商品,通常会认为交易对象为直播间运营者;直播间运营者通常从中分成、提取佣金、收取费用,应当认定直播间以其知名度、影响力等与经营者构成共同经营,直播间运营者应当承担销售者责任。

另一种观点认为,在代播的情况下,直播间运营者仅提供商品推广服务,不能等同于商品销售者,应当属于广告法调整的范围。商品销售者与消费者建立商品买卖关系,应当对其交付给消费者的商品承担进货检查验收、保持商品质量等义务,并应承担修理、更换、退货、损害赔偿等责任。而在代播情形下,商品付款、发货、退换货等均发生在消费者与销售者之间。直播间运营者仅提供推广服务,并不连接商品生产者、上游销售者,也不负责进货发货,如果"一刀切"地让直播间运营者承担销售者责任,则直播间运营者为避免将来承担责任,要么需要对每一批每一件货物进行进货查验,在实质上成为销售者,要么不提供购买链接,只做宣传,可能会导致代播模式逐渐消失,仅留下自播或"种草"推荐模式,对电商新业态的发展会造成比较大的影响。

基于以上争议,《规定》征求意见稿列了两种方案。经征求市场监管部门等社会各方面意见,并经过反复论证,采纳目前方案。针对实践中网络直播带货操作不规范,导致消费者对实际销售主体辨识不清的情况,《规定》第十二条第一款规定,直播间运营者不能证明已经以足以使消费者辨别的方式标明其并非销售者并标明实际销售者的,消费者主张直播间运营者承担商品销售者责任的,人民法院应予支持。《网络交易监督管理办法》(国家市场监督管理总局令第37号公布)第二十条第一款规定,通过网络社交、网络直播等网络服务开展网络交易活动的网络交易经营者,应当以显著方式展示商品或者服务及其实际经营主体、售后服务等信息,或者上述信息的链接标识。直播间运营者本身为实际销售者的,承担销售者责任,并无争议。直播间运营者并非实际销售者,而是为实际销售者进行推广宣传,但未尽到法定标明义务,消费者有理由相信其交易对象为网络直播间的,直播间运营者应当承担商品销售者责任。

对于直播间运营者已经尽到标明义务的,并非一概不承担销售者责任。在法律后果认定上存在多种可能性:(1)直播间运营者仍有可能承担销售者责任。比如,虽然标明并非销售者,但是属于为了逃避责任虚假标明;虽然标明并非销售者,但直播间运营者与经营者签订的是经销协议或者合作经营协议,或者与经营者存在较为紧密的合作关系,根据事实能够认定是销售者或者共同经营者;在直播过程中,直播间承诺承担销售者责任;等等。(2)直播间运营者承担广告责任,构成商业广告的,发布虚假广告需承担广告经营者、发布者责任。(3)还有可能构成委托等其他法律关系。《规定》第十二条第二款规定,直播间运营者能够证明已经尽到第一款所列标明义务的,人民法院应当综合交易外观、直播间运营者与经营者的约定、与经营者的合作模式、交易过程以及消费者认知等因素予以认定。

直播样态不断发展,法律关系及责任形式可能会更加丰富,目前《规定》所选择的方案在维护消费者知情权和选择权的同时,旨在引导新业态健康规范发展,不作"一刀切"规定,通过较为弹性的规定为将来发展和司法个案裁量预留出空间。

十、关于网络直播营销平台民事责任问题

网络直播营销平台对于整个直播营销市场的作用应当说是举足轻重的。实践中,有时会发生消费者因无法找到直播间运营者,难以求偿的情况。根据电子商务法第九条第二款的规定,该法所称电子商务平台经营者,是指在电子商务中为交易双方或者多方提供网络经营场所、交易撮合、信息发布等服务,供交易双方或者多方独立开展交易活动的法人或者非法人组织。网络直播营销平台也属于为交易双方或者多方提供网络经营场所、交易撮合、信息发布等服务,应当承担电子商务法关于电子商务平台经营者的责任。消费者权益保护法第四十四条第一款规定,消费者通过网络交易平台购买商品或者接受服务,其合法权益受到损害的,可以向销售者或者服务者要求赔偿。网络交易平台提供者不能提供销售者或者服务者的真实名称、地址和有效联系方式的,消费者也可以向网络交易平台提供者要求赔偿。根据《网络直播营销管理办法》第八条的规定,直播营销平台负有对直播间运营者、直播营销人员进行基于身份证件信息、统一社会信用代码等真实身份信息认证的义务。为使消费者得到更为充分的保护,《规定》第十四条规定,网络直播间销售商品损害消费者合法权益,网络直播营销平台经营者不能提供直播间运营者的真实姓名、名称、地址和有效联系方式的,消费者依据消费者权益保护法第四十四条规定向网络直播营销平台经营者请求赔偿的,人民法院应予支持。网络直播营销平台经营者承担责任后,有权向直播间运营者追偿。

《规定》特别关注了网络直播售卖食品情况。实践中,网络直播间销售推广食品的情况很普遍,包括预包装食品和散装食品,还有家庭作坊制作的食品。根据食品安全法的规定,入网食品经营者依法应当取得许可证的,平台提供者应当审查其许可证。如果直播营销平台经营者不能对食品经营者的资质把好关,消费者面临食品安全隐患的风险则会大大增加。《规定》第十五条明确,网络直播营销平台经营者对依法需取得食品经营许可的网络直播间的食品经营资质未尽到法定审核义务,使消费者的合法权益受到损害,消费者依据食品安全法第一百三十一条等规定主张网络直播营销平台经营者与直播间运营者承担连带责任的,人民法院应予支持。

应当注意的是,根据 2021 年 4 月 29 日修正的食品安全法第三十五条第一款的规定,销售食用农产品和仅销售预包装食品的,不需要取得许可。仅销售预包装食品的,应当报所在地县级以上地方人民政府食品安全监督管理部门备案。

另外,根据电子商务法第三十八条第一款的规定,电子商务平台经营者知道或者应当知道平台内经营者销售的商品或者提供的服务不符合保障人身、财产安全的要求,或者有其他侵害消费者合法权益行为,未采取必要措施的,依法与该平台内经营者承担连带责任。网络直播营销平台经营者作为平台经营者也应依法承担相应责任。《规定》第十六条对此予以明确。

十一、关于外卖餐饮民事责任问题

近年来,网络外卖订餐的便捷性、高效性和低成本性赢得了消费者的青睐,截至 2021 年 12 月,我国网上外卖用户规模达 5.44 亿。然而,由于这些网络食品交易虚拟性、隐蔽性、跨地域性的特点,消费者在交易过程中,也面临着食品安全的隐患。有的入网餐饮服务提供者没有任何餐饮卫生资质甚至经营许可证,却利用外卖平台的审核漏洞违法经营。

食品安全法第六十二条和第一百三十一条规定了网络食品交易第三方平台提供者负有对入网食品经营者进行实名登记、审查许可证,以及对违法行为履行报告、停止提供网络交易平台服务的义务,食品安全法第一百三十一条规定,违反上述义务,使消费者的合法权益受到损害的,应当与食品经营者承担连带责任。司法实践中,很多人对于在餐饮服务纠纷案件中是否适用以及如何适用食品安全法并不清楚。根据食品安全法第二条的规定,餐饮服务属于食品经营,也应当遵守食品安全法的规定。《规定》第十八条明确,网络餐饮服务平台经营者违反食品安全法第六十二条和第一百三十一条规定，未对入网餐饮服务提供者进行实名登记、审查许可证，或者未履行报告、停止提供网络交易平台服务等义务，使消费者的合法权益受到损害，消费者主张网络餐饮服务平台经营者与入网餐饮服务提供者承担连带责任的，人民法院应予支持。该条规定旨在压实外卖餐饮平台责任，让外卖餐饮平台为消费者把好食品安全关，确保人民群众"舌尖上的安全"。

另外，《规定》明确了入网餐饮服务提供者委托他人加工制作食品时的责任主体。为更好地保障网络餐饮食品安全，《网络餐饮服务食品安全监督管理办法》第十八条规定，入网餐饮服务提供者应当在自己的加工操作区内加工食品，不得将订单委托其他食品经营者加工制作。实践中，仍然有经营者违规操作的情况，将订单委托他人加工制作，出现纠纷后，入网餐饮服务提供者又以系他人加工为由进行抗辩。我们认为，与消费者之间建立餐饮服务合同关系的是入网餐饮服务提供者，入网餐饮服务提供者负有保证食品质量安全的法定义务和合同义务。并且，入网餐饮服务提供者将订单委托其他食品经营者加工制作，违反行政管理规定，具有可归责性。无论从合同角度还是侵权角度，消费者均有权主张入网餐饮服务提供者承担经营者责任。

（撰稿人：刘敏、高燕竹）

最高人民法院关于审理生态环境侵权纠纷案件适用惩罚性赔偿的解释

法释〔2022〕1号

（2021年12月27日最高人民法院审判委员会第1858次会议通过 2022年1月12日最高人民法院公告公布 自2022年1月20日起施行）

为妥善审理生态环境侵权纠纷案件，全面加强生态环境保护，正确适用惩罚性赔偿，根据《中华人民共和国民法典》《中华人民共和国环境保护法》《中华人民共和国民事诉讼法》等相关法律规定，结合审判实践，制定本解释。

第一条 人民法院审理生态环境侵权纠纷案件适用惩罚性赔偿，应当严格审慎，注重公平公正，依法保护民事主体合法权益，统筹生态环境保护和经济社会发展。

第二条 因环境污染、生态破坏受到损害的自然人、法人或者非法人组织，依据民法典第一千二百三十二条的规定，请求判令侵权人承担惩罚性赔偿责任的，适用本解释。

第三条 被侵权人在生态环境侵权纠纷案件中请求惩罚性赔偿的，应当在起诉时明确赔偿数额以及所依据的事实和理由。

被侵权人在生态环境侵权纠纷案件中没有提出惩罚性赔偿的诉讼请求，诉讼终结后又基于同一污染环境、破坏生态事实另行起诉请求惩罚性赔偿的，人民法院不予受理。

第四条 被侵权人主张侵权人承担惩罚性赔偿责任的,应当提供证据证明以下事实:
(一)侵权人污染环境、破坏生态的行为违反法律规定;
(二)侵权人具有污染环境、破坏生态的故意;
(三)侵权人污染环境、破坏生态的行为造成严重后果。

第五条 人民法院认定侵权人污染环境、破坏生态的行为是否违反法律规定,应当以法律、法规为依据,可以参照规章的规定。

第六条 人民法院认定侵权人是否具有污染环境、破坏生态的故意,应当根据侵权人的职业经历、专业背景或者经营范围,因同一或者同类行为受到行政处罚或者刑事追究的情况,以及污染物的种类,污染环境、破坏生态行为的方式等因素综合判断。

第七条 具有下列情形之一的,人民法院应当认定侵权人具有污染环境、破坏生态的故意:
(一)因同一污染环境、破坏生态行为,已被人民法院认定构成破坏环境资源保护犯罪的;
(二)建设项目未依法进行环境影响评价,或者提供虚假材料导致环境影响评价文件严重失实,被行政主管部门责令停止建设后拒不执行的;
(三)未取得排污许可证排放污染物,被行政主管部门责令停止排污后拒不执行,或者超过污染物排放标准或者重点污染物排放总量控制指标排放污染物,经行政主管机关责令限制生产、停产整治或者给予其他行政处罚后仍不改正的;
(四)生产、使用国家明令禁止生产、使用的农药,被行政主管部门责令改正后拒不改正的;
(五)无危险废物经营许可证而从事收集、贮存、利用、处置危险废物经营活动,或者知道或者应当知道他人无许可证而将危险废物提供或者委托给其从事收集、贮存、利用、处置等活动的;
(六)将未经处理的废水、废气、废渣直接排放或者倾倒的;
(七)通过暗管、渗井、渗坑、灌注、篡改、伪造监测数据,或者以不正常运行防治污染设施等逃避监管的方式,违法排放污染物的;
(八)在相关自然保护区域、禁猎(渔)区、禁猎(渔)期使用禁止使用的猎捕工具、方法猎捕、杀害国家重点保护野生动物、破坏野生动物栖息地的;
(九)未取得勘查许可证、采矿许可证,或者采取破坏性方法勘查开采矿产资源的;
(十)其他故意情形。

第八条 人民法院认定侵权人污染环境、破坏生态行为是否造成严重后果,应当根据污染环境、破坏生态行为的持续时间、地域范围,造成环境污染、生态破坏的范围和程度,以及造成的社会影响等因素综合判断。

侵权人污染环境、破坏生态行为造成他人死亡、健康严重损害,重大财产损失,生态环境严重损害或者重大不良社会影响的,人民法院应当认定为造成严重后果。

第九条 人民法院确定惩罚性赔偿金数额,应当以环境污染、生态破坏造成的人身损害赔偿金、财产损失数额作为计算基数。

前款所称人身损害赔偿金、财产损失数额,依照民法典第一千一百七十九条、第一千一百八十四条规定予以确定。法律另有规定的,依照其规定。

第十条 人民法院确定惩罚性赔偿金数额,应当综合考虑侵权人的恶意程度、侵权后果的严重程度、侵权人因污染环境、破坏生态行为所获得的利益或者侵权人所采取的修复措施及其效果等因素,但一般不超过人身损害赔偿金、财产损失数额的二倍。

因同一污染环境、破坏生态行为已经被行政机关给予罚款或者被人民法院判处罚金,侵权人主张免除惩罚性赔偿责任的,人民法院不予支持,但在确定惩罚性赔偿金数额时可以综合考虑。

第十一条 侵权人因同一污染环境、破坏生态行为,应当承担包括惩罚性赔偿在内的民事责任、行政责任和刑事责任,其财产不足以支付的,应当优先用于承担民事责任。

侵权人因同一污染环境、破坏生态行为,应当承担包括惩罚性赔偿在内的民事责任,其财产不足以支付的,应当优先用于承担惩罚性赔偿以外的其他责任。

第十二条 国家规定的机关或者法律规定的组织作为被侵权人代表,请求判令侵权人承担惩罚性赔偿责任的,人民法院可以参照前述规定予以处理。但惩罚性赔偿金数额的确定,应当以生态环境受到损害至修复完成期间服务功能丧失导致的损失、生态环境功能永久性损害造成的损失数额作为计算基数。

第十三条 侵权行为实施地、损害结果发生地在中华人民共和国管辖海域内的海洋生态环境侵权纠纷案件惩罚性赔偿问题,另行规定。

第十四条 本规定自 2022 年 1 月 20 日起施行。

【解读】

解读《关于审理生态环境侵权纠纷案件适用惩罚性赔偿的解释》

为妥善审理生态环境侵权纠纷案件,全面加强生态环境保护,正确适用惩罚性赔偿,根据民法典、环境保护法、民事诉讼法等相关法律规定,结合审判实践,最高人民法院制定了《最高人民法院关于审理生态环境侵权纠纷案件适用惩罚性赔偿的解释》(以下简称《解释》)。

一、《解释》起草的背景和意义

生态文明建设是关乎中华民族永续发展的根本大计,良好的生态环境是最普惠的民生福祉。党的十八大以来,以习近平同志为核心的党中央以前所未有的力度抓生态文明建设。党的十八届三中全会提出,"对造成生态环境损害的责任者严格实行赔偿制度"。党的十九大报告要求,"加大生态系统保护力度""实行最严格的生态环境保护制度"。党的十九届四中全会报告明确,要"加大对严重违法行为处罚力度,实行惩罚性赔偿制度"。2021 年 1 月 1 日起施行的民法典,除在总则编将绿色原则确立为基本原则,在第一百七十九条继续沿用民法总则关于惩罚性赔偿的原则性规定之外,还专门在第一千二百三十二条增加规定了生态环境惩罚性赔偿制度,有力回应了社会发展所提出的环境问题,具有鲜明的中国特色、实践特色、时代特色。

惩罚性赔偿，作为损害赔偿填平原则的突破，通过让恶意的不法行为人承担超出实际损害数额的赔偿，达到充分救济受害人、制裁恶意侵权人的效果，具有惩罚、震慑、预防等多重功能。民法典新增生态环境惩罚性赔偿制度，为惩治生态环境侵权行为，推动生态文明建设，满足人民日益增长的对优美生态环境新期待，进一步提供了制度保障，对以法治方式推进环境治理体系和治理能力现代化，具有重要意义。

最高人民法院把贯彻实施好民法典生态环境惩罚性赔偿制度，作为践行习近平生态文明思想、习近平法治思想的生动实践，指导各级法院积极开展工作探索。在认真总结各地法院司法经验的基础上，经过反复调研论证和广泛征求意见，就生态环境侵权纠纷案件适用惩罚性赔偿的范围、认定要件、计算基数和倍数等具体问题予以规范，制定出台《解释》。

二、《解释》起草的指导思想

习近平总书记指出："生态环境没有替代品，用之不觉，失之难存。"① "必须像保护眼睛一样保护生态环境，像对待生命一样对待生态环境。"② 《解释》的起草，始终坚持以习近平生态文明思想、习近平法治思想为指导，贯彻落实用最严格制度最严密法治保护生态环境，找准环境司法审判统筹生态环境保护、经济社会发展和保障民生的平衡点。起草的主要思路包括以下三点。

一是准确适用民法典生态环境惩罚性赔偿制度。民法典第一千二百三十二条规定："侵权人违反法律规定故意污染环境、破坏生态造成严重后果的，被侵权人有权请求相应的惩罚性赔偿。"《解释》的起草，明确了人民法院审理生态环境侵权纠纷案件适用惩罚性赔偿的原则，进一步细化了当事人主张惩罚性赔偿的时点和具体请求，惩罚性赔偿的适用条件、履行顺位等问题，确保民法典生态环境惩罚性制度在审判实践中落实落细，见行见效。

二是立足破解环境违法成本低这一突出问题。生态环境损害具有累积性、潜伏性、缓发性、公害性等特点，生态环境领域违法成本低问题突出。《解释》的起草，立足解决上述问题，同时围绕审判实践中亟待统一的惩罚性赔偿的适用范围、责任构成以及惩罚性赔偿金数额的确定等问题进行规范，充分发挥惩罚性赔偿的制度功能，依法提高环境违法成本，严惩突出环境违法行为，让恶意侵权人付出应有代价。

三是坚持统筹环境保护和经济发展。生态环境保护和经济发展辩证统一，保护生态环境就是保护生产力，改善生态环境就是发展生产力。《解释》的起草，坚持统筹保护和发展，合理设置惩罚性赔偿金数额、惩罚倍数，综合考量同一环境污染、破坏生态行为已被处以行政罚款、刑事罚金的情形，在维护国家利益、环境公共利益和人民群众环境权益的同时，引导全社会加快形成绿色生产生活方式，推动经济发展和环境保护协同共进。

三、《解释》的主要内容

《解释》共14条，主要包括生态环境惩罚性赔偿的适用原则、适用范围、请求的时间和内容、要件认定、基数倍数、公益诉讼的参照适用等相关内容。

---

① 中共中央文献研究室编：《习近平关于全面建成小康社会论述摘编》，中央文献出版社2016年版，第193页。
② 中共中央文献研究室编：《习近平关于社会主义生态文明建设论述摘编》，中央文献出版社2017年版，第8页。

（一）审理生态环境侵权纠纷案件适用惩罚性赔偿应遵循的原则

环境污染和生态破坏，是现代社会工业化快速发展带来的重大社会风险之一。当前，我国资源环境约束趋紧、生态系统退化等问题突出，各类环境污染、生态破坏仍呈高发态势，也给社会公众人身和财产权利造成巨大损失。生态环境侵权纠纷案件具有专业性强、举证难、鉴定贵、评估周期长等特点，传统侵权法中的补偿性损害赔偿，不足以弥补受害人的实际损失，也难以遏制、震慑和预防污染环境、破坏生态行为，故民法典在总则编规定绿色原则的同时，又在生态环境侵权领域引入惩罚性赔偿制度。值得注意的是，生态环境侵权不同于一般的民事侵权，企业生产经营活动在污染环境、破坏生态的同时，也在为社会创造财富、提供就业。在《解释》起草调研中，多数意见亦提出，惩罚性赔偿作为对传统侵权法填平原则的突破，具有私人执法属性，针对同一环境污染、生态破坏行为同时适用惩罚性赔偿、行政罚款和刑事罚金有可能造成过度、重复惩罚。

鉴于此，《解释》第一条明确了审理生态环境侵权案件适用惩罚性赔偿制度应遵循的原则，以更好地实现惩罚性赔偿的制度功能和民法典新增此项制度的目的。一是严格审慎适用惩罚性赔偿，统筹适用惩罚性赔偿制度的法律效果和社会效果，防止被滥诉滥用。二是注重公平公正，在依法保护被侵权人合法权益的同时，兼顾侵权人尤其是生产经营企业的生存发展需要。三是正确处理保护和发展的辩证关系，统筹生态环境保护和经济社会发展。

（二）生态环境惩罚性赔偿的适用范围

实践中，关于民法典第一千二百三十二条规定的生态环境惩罚性赔偿的适用范围问题，主要存在两种不同认识：一种认为生态环境惩罚性赔偿仅适用于环境私益诉讼，另一种认为应同时适用于环境私益诉讼和环境民事公益诉讼、生态环境损害赔偿诉讼。主张惩罚性赔偿不应适用于公益诉讼的理由主要有：一是民法典第一千二百三十二条使用了"被侵权人"的表述，该表述的文义解释表明，受害人应是特定的主体；二是该条文规定在民法典第一千二百三十四条、第一千二百三十五条有关公益诉讼的规定之前，体系解释表明，其主要针对私益损害的情形；三是由国家规定的机关或者法律规定的组织取得该部分赔偿金缺乏正当性。

我们经研究认为，惩罚性赔偿主要针对因侵权人的邪恶动机或其他莽撞地无视他人的权利而具有恶劣性质的行为而作出，其适用与否不应过多地受被侵权人影响。单纯就"被侵权人"的文义解释而言，难以得出受害人是特定主体的唯一结论。且从体系解释的角度看，民法典第一千二百三十四条、第一千二百三十五条位列侵权责任编第七章最后两条，可谓全章的特殊规定，位列前五条的第一千二百二十九条至第一千二百三十三条，则系全章的一般规定。至于惩罚性赔偿金的支付问题，根据《最高人民法院关于审理生态环境损害赔偿案件的若干规定（试行）》第十五条规定，生态环境损失赔偿资金，并非向提起诉讼的国家规定的机关或者法律规定的组织直接支付，而是应当依照法律、法规、规章予以缴纳、管理和使用。《生态环境损害赔偿资金管理办法（试行）》第六条第二款、第十五条对生态环境损害赔偿资金的支付进一步作了明确。按照上述规定，生态环境惩罚性赔偿金，并非由提起诉讼的国家规定的机关或者法律规定的组织取得。

此外，按照全国人大常委会王晨副委员长在第十三届全国人民代表大会第三次会议所作的关于民法典草案的说明，惩罚性赔偿制度恰是为了解决生态环境损害问题而引入民法典。民法典施行之后出台的多个中央文件中，亦对探索适用民事公益诉讼惩罚性赔偿制度作出了部署要求。如 2021 年 1 月，中共中央《法治中国建设规划（2020—2025 年）》第五部分第十七条中明确要求，要"拓展公益诉讼案件范围，完善公益诉讼法律制度，探索建立民事公益诉讼惩罚性赔偿制度"。2021 年 6 月，"十四五"规划和 2035 年远景目标纲要规定，探索建立食品安全民事公益诉讼惩罚性赔偿制度。2021 年 9 月，国务院新闻办公室发布的《国家人权行动计划》第二部分第八条中规定："完善公益诉讼法律制度。拓展公益诉讼案件范围，探索建立生态环境、食品药品安全领域民事公益诉讼惩罚性赔偿制度。"《解释》征求意见中，最高人民检察院、司法部、自然资源部、生态环境部等部门认为，惩罚性赔偿既适用于环境私益诉讼，也适用于环境民事公益诉讼和生态环境损害赔偿诉讼。最高人民检察院于 2021 年 7 月公布施行的《人民检察院公益诉讼办案规则》中明确规定，人民检察院在办理破坏生态环境和资源保护领域案件时，可以提出惩罚性赔偿的诉讼请求。就审判实践而言，案例检索显示，民法典实施后适用惩罚性赔偿的生态环境侵权纠纷案件中，环境民事公益诉讼、生态环境损害赔偿诉讼的案件占绝大多数。

《解释》起草过程中，我们专门就惩罚性赔偿的适用范围问题赴全国人大常委会法工委民法室进行沟通。其称，民法典制定过程中关于惩罚性赔偿是否适用于环境民事公益诉讼、生态环境损害赔偿诉讼，采取的是有争议但未封死的态度。《解释》征求意见中，全国人大常委会法工委的书面反馈意见认为，根据民法典第一千二百三十二条规定，惩罚性赔偿主要适用于由被侵权人提起的私益诉讼。在公益诉讼中，如果国家规定的机关或者法律规定的组织能够被法院认定为被侵权人代表的，可以适用该条的规定。关于如何理解"作为被侵权人代表"的问题，全国人大常委会法工委民法室明确，此"代表"并非私益诉讼中的代表人诉讼，并以海洋环境保护法第八十九条第二款关于"行使海洋环境监督管理权的部门代表国家对责任者提出损害赔偿要求"的规定佐证说明。

综合上述意见和审判实践需要，《解释》在遵照立法目的、原则和原意的基础上，第二条规定："因环境污染、生态破坏受到损害的自然人、法人或者非法人组织，依据民法典第一千二百三十二条的规定，请求判令侵权人承担惩罚性赔偿责任的，适用本解释。"第十二条规定："国家规定的机关和法律规定的组织作为被侵权人代表，请求判令侵权人承担惩罚性赔偿责任的，人民法院可以参照前述规定予以处理……"

（三）生态环境惩罚性赔偿的适用要件

根据民法典第一千二百二十九条规定，生态环境侵权责任适用无过错责任归责原则，即在侵权人的污染、破坏行为与他人损害有因果关系的情形下，不考虑侵权人是否存在过错、排污是否符合规定的标准，均应承担侵权责任。但惩罚性赔偿作为一种主要针对具有不法性和道德上应受谴责性的行为而适用的责任方式，其赔偿数额更高，具有一般生态环境侵权责任不具备的惩罚功能，在构成要件上更为严格。《解释》第四条至第八条，用五个条文规定了生态环境惩罚性赔偿的特别构成要件及其认定的考量因素和典型情形。

根据民法典第一千二百三十二条规定，生态环境侵权惩罚性赔偿责任的特别构成要件有三个。

1. 侵权人实施了不法行为，即侵权人的污染环境、破坏生态行为违反了法律规定

企业的正常生产经营活动不仅是社会正常发展所必需，也应为法律所保护和鼓励，故对企业的排污行为施以惩罚，必须以企业违反法律规定为前提，否则不具有正当性。《解释》起草过程中，关于认定污染环境、破坏生态行为是否违反法律规定应以何者为依据的问题，有两种意见：一种意见认为，应仅限于全国人大及其常委会制定的法律；另一种意见认为，应包括法律、法规在内，并可参照规章。我们经研究认为，将民法典第一千二百三十二条中的"法律"作狭义解读，固然有严格限定惩罚性赔偿构成要件的合理性，但某一污染环境、破坏生态行为是否具有违法性，应充分关注政府在环境治理体系中所处的主导地位。且根据环境保护法规定，关于环境质量标准的项目、污染物排放标准的项目等问题，可以在无国家标准时制定地方性标准，或者在有国家标准时制定高于国家标准的地方性标准，故行政法规、地方性法规以及民族自治地方的自治条例和单行条例亦应包括在内。同时，基于生态环境保护需要，避免因法律、法规的天然滞后性和制定修改的程序复杂性，来不及就新污染物出现做出反应的考虑，必要时亦可参照规章。故《解释》第五条规定："人民法院认定侵权人污染环境、破坏生态的行为是否违反法律规定，应当以法律、法规为依据，可以参照规章的规定。"

2. 侵权人主观上具有故意

惩罚性赔偿责任的主要目的，就是制裁不法的恶意侵权人，故侵权人是否具有主观故意，是惩罚性赔偿责任能否成立的特别要件之一。民法典对新增加规定的生态环境惩罚性赔偿制度保持了谦抑性，将侵权人的主观状态限定为故意，而未包括重大过失。《解释》结合审判实践中的典型案例，对认定侵权人是否具有主观故意的考量因素进行了总结提炼。根据《解释》第六条规定，人民法院认定侵权人是否具有污染环境、破坏生态的故意，综合判断的因素如下：一是侵权人的职业经历、专业背景或者经营范围。例如，广东卫某垃圾处理厂污染环境案，系垃圾处理厂违法倾倒垃圾；江苏胜科公司污染环境案中，江苏胜某公司本身即化学工业园区污水处理企业。二是侵权人因同一或者同类污染环境、破坏生态行为受到行政处罚或者刑事追究的情况。例如，因同一或者同类污染环境、破坏生态行为受到行政处罚后仍拒不改正，或者累犯、多次结伙实施污染环境、破坏生态违法犯罪行为等。三是污染物的种类，污染环境、破坏生态行为的方式等。例如，将未经处理的废水、废气、废渣直接予以倾倒，或者在禁渔期、禁渔区使用"电""炸""毒""绝户网"等禁止使用的工具非法捕捞水产品的，可以作为人民法院认定侵权人具有污染环境、破坏生态的主观故意的酌定因素。

此外，故意作为一种主观状态，难以直接证明，司法实践中往往通过侵权人的外在行为来认定。《解释》第七条在第六条概括规定认定故意考量因素的基础上，根据刑法、环境保护法、野生动物保护法、矿产资源法等相关法律的禁止性规定，列举了九种足以从侵权人的外在行为认定其具有污染环境、破坏生态主观故意的情形，为审判实践提供明确、具体的裁判指引。同时，为防止挂一漏万，设置了兜底条款。根据《解释》规定，九种故意情形包括：因同一污染环境、破坏生态行为，已被人民法院认定构成破坏环境资源保护犯罪的；建设项目未依法进行环境影响评价，或者提供虚假材料导致环境影响评价文件严重失实，被行政主管部门责令停止建设后拒不执行的；未取得排污许可证排放污染物，被行政主管部门责令停止排污后拒不执行，或者超过污染物排放标准或者重点污染物排放总量控制指标排放污染物，经行政主管机关责令

限制生产、停产整治或者给予其他行政处罚后仍不改正的；生产、使用国家明令禁止生产、使用的农药，被行政主管部门责令改正后拒不改正的；无危险废物经营许可证而从事收集、贮存、利用、处置危险废物经营活动的，或者知道或者应当知道他人无许可证而将危险废物提供或者委托给其从事收集、贮存、利用、处置等活动的；将未经处理的废水、废气、废渣直接排放或者倾倒的；通过暗管、渗井、渗坑、灌注，篡改、伪造监测数据，或者以不正常运行防治污染设施等逃避监管的方式，违法排放污染物的；在相关自然保护区域、禁猎（渔）区、禁猎（渔）期使用禁止使用的猎捕工具、方法猎捕、杀害国家重点保护野生动物、破坏野生动物栖息地的；未取得勘查许可证、采矿许可证，或者采取破坏性方法勘查开采矿产资源的。

3. 侵权人的行为造成严重后果

惩罚性赔偿应保持其适用上的谦抑性，应聚焦于损害后果严重的生态环境侵权行为，避免侵权人动辄得咎。且此种严重后果，必须是已经实际发生的、现实存在的人身损害、财产损失或者生态环境损害，不能仅是一种风险。环境损害指因污染环境或破坏生态行为导致人体健康、财产价值或生态环境及其生态系统服务的可观察的或可测量的不利改变。此种"不利改变"是否严重，涉及环境损害程度的确定甚至后果的量化，具有较高的专业技术性。《解释》第八条第一款结合审判实践，根据固体废物污染环境防治法、《自然保护区条例》等法律、法规的规定，参考《最高人民法院、最高人民检察院关于办理环境污染刑事案件适用法律若干问题的解释》（以下简称《环境刑事解释》）关于严重污染环境的界定，以及《环境损害鉴定评估推荐方法》（第Ⅱ版）关于量化量度损害程度参数的规定，明确了认定是否造成严重后果的酌定因素，包括污染环境、破坏生态行为的持续时间，如某涉案地块上数十年进行化工生产，损害的累积性明显；污染环境、破坏生态行为的地域范围，如法律、法规特别保护的生态保护红线区域、自然保护区核心区、饮用水水源地、永久基本农田保护区等；环境污染、生态破坏的范围和程度，如某特定类型栖息地的范围，某种资源的单位或数量，植被密度、覆盖度或生物量等；社会影响，如曾被媒体披露的湖南儿童血铅事件等。《解释》第八条第二款是对足以认定为造成严重后果情形的规定。《解释》起草过程中，有意见认为应参考《环境刑事解释》的相关规定，明确具体标准，如财产损失达30万元。但调研中，绝大多数意见认为，惩罚性赔偿作为民事责任，其认定标准应与刑事责任有所区别，且我国幅员广阔，各地生态环境特点不一，如从生态价值和修复难度看，"西北一棵树相当于东北一片林"，过于确定的标准反而不利于司法实践基于实际灵活掌握，故未以具体数额设置认定标准。此外，因环境私益侵权的损害是以生态环境受到损害为前提的，即侵权人污染环境、破坏生态的行为，首先损害的是生态环境，如污染空气、水、土壤，破坏植物或动物种群等，以这些被污染的空气、水、土壤或者被破坏的生态系统为媒介，侵害个体权益，故《解释》第八条对损害后果的衡量，除人身损害、财产损失外，并不排除生态环境损害。此点与被侵权人在环境私益诉讼中亦有权提出停止侵害，排除妨碍，或者修复与其人身、财产密切相关的受损生态环境等诉讼请求的司法实践亦相契合。

需要说明的是，《解释》第四条同时规定，应由被侵权人对是否满足生态环境惩罚性赔偿的特别构成要件负举证证明责任。这一举证责任分配符合民事诉讼法上"谁主张，谁举证"的原则，仅针对生态环境惩罚性赔偿的特别构成要件，即侵权人实施的污染环境、破坏生态行为违反了法律规定、具有主观故意和造成的后果严重，并不因此改变民法典第一千二百三十条"因污染环境、破坏生态发生纠纷，行为人应当就法律规定的不承担责任或者减轻责任的情形及其行为与损害之间不存在因果关系承担举证责任"有关环境侵权中举证责任倒置的特别规定。

（四）生态环境惩罚性赔偿金的计算基数

惩罚性赔偿，是指行为人恶意实施某种行为时，以对行为人实施惩罚和追求一般抑制效果为目的，法院在判令行为人支付通常赔偿金的同时，还可以判令行为人支付受害人高于实际损失的赔偿金。民法典第一千二百三十二条规定，被侵权人有权请求相应的惩罚性赔偿，但未明确具体的赔偿幅度以及惩罚性赔偿金数额的计算方法。《解释》第九条、第十二条规定了生态环境惩罚性赔偿金的计算基数。

惩罚性赔偿作为传统侵权责任填平原则的例外，应以补偿性损害赔偿为前提。相应地，同为民法典第一百七十九条规定的承担民事责任的方式，惩罚性赔偿应以赔偿损失这一责任方式为基础，其数额的确定应以被侵权人因环境污染、生态破坏受到的实际损失作为计算基数。对此，消费者权益保护法第五十五条第二款规定，经营者提供有缺陷的商品或者服务时，以所受损失为基数确定惩罚性赔偿金；食品安全法第一百四十八条第二款规定，生产或者经营不符合食品安全标准食品的，以支付价款或者所受损失为基数确定惩罚性赔偿金；商标法第六十三条第一款、著作权法第五十四条规定，侵犯商标专用权或者著作权的，以权利人因被侵权所受到的实际损失为基数确定惩罚性赔偿金；等等，均采同理。甚至有观点认为，消费者权益保护法第五十五条第二款正是彻底摆脱以商品价款或服务费用为基础确定惩罚性赔偿金的窠臼，首次将消费者所受损失规定为惩罚性赔偿数额的确定基础。

具体到环境私益诉讼，被侵权人的实际损失，是指因环境污染、生态破坏受到的人身损害和财产损失。故《解释》第九条第一款规定，环境私益诉讼中的惩罚性赔偿金数额，应当以环境污染、生态破坏造成的人身损害赔偿金、财产损失数额作为计算基数。至于人身损害赔偿金、财产损失数额本身的确定问题，因生态环境侵权具有复杂性，在法律适用上除民法典外，还可能涉及诸多生态环境单行法、特别法，故《解释》第九条第二款规定："前款所称人身损害赔偿金、财产损失数额，依照民法典第一千一百七十九条、第一千一百八十四条规定予以确定。法律另有规定的，依照其规定。"

值得注意的是，环境公益诉讼中惩罚性赔偿金的计算基数不同于环境私益诉讼。根据民法典第一千二百三十四条规定，生态环境损害适用修复优先原则。且民法典第一千二百三十五条关于生态环境损害赔偿范围的规定对损失和费用作了区分，其中第三项鉴定评估费用、第五项止损费用不能反映和衡量侵权人的主观恶意以及法益受到侵害的程度，不应成为惩罚性赔偿的计算基数。第四项生态环境修复费用，根据《最高人民法院关于审理环境民事公益诉讼案件适用法律若干问题的解释》第二十三条的规定，其确定的考量因素中已包括了侵权人的过错程度，如再以生态环境修复费用作为生态环境损害惩罚性赔偿的计算基数，有重复考量侵权人过错之嫌。且实践中生态环境修复费用往往金额较大，将其纳入惩罚性赔偿计算基数难免会使企业陷入困境，不利于统筹保护与发展、保障企业正常生产经营。综上考虑，《解释》第十二条规定，生态环境损害惩罚性赔偿金，应以生态环境受到损害至修复完成期间服务功能丧失导致的损失、生态环境功能永久性损害造成的损失数额,即民法典第一千二百三十五条第一项、第二项规定的赔偿范围作为计算基数。根据《环境损害鉴定评估推荐方法》(第Ⅱ版),期间损害"指生态环境损害发生至生态环境恢复到基线状态期间,生态环境因其物理、化学或生物特性改变而导致向公众或者其他生态系统提供服务的丧失或减少,即受损生态环境从损害发生到恢复至基线状态期间提供生态系统服务的损失量"。永久性损害"指受损生态环境及其服务难以恢复,其向公众或其他生态系统提供服务能力的完全丧失"。

(五)生态环境惩罚性赔偿金的量定因素和倍数

惩罚性赔偿,旨在针对恶意的、在道德上具有可非难性的行为而实施特殊救济,具有制裁、震慑和预防等功能。作为损害补偿原则的例外,其数额不应是无限的,而应是"相应"的。人民法院判令侵权人赔偿超出实际损失数额的额度,应与侵权人的主观恶意、损害后果以及对侵权人的震慑等大致相当。在有惩罚性赔偿制度传统的普通法国家或者地区,惩罚性赔偿金数额的量定因素,包括被告不法行为的非难程度与其获利可能性、原告受害的性质与程度、被告的财务状况以及被告遭受其他处罚的可能性等,其中以被告不法行为的非难性为最重要的考量标准。我国台湾地区"消费者保护法"适用中的审酌因素包括被告行为的道德恶性、"断臂非中彩"的法理、取得不法利益的大小、有无受刑事制裁、原告受损害的程度、被告事发后的处理态度等。基于上述考察,结合审判实际,《解释》第十条第一款规定:"人民法院确定惩罚性赔偿金数额,应当综合考虑侵权人的恶意程度、侵权后果的严重程度、侵权人因污染环境、破坏生态行为所获得的利益或者侵权人所采取的修复措施及其效果等因素,但一般不超过人身损害赔偿金、财产损失数额的二倍。"其中,"侵权人的恶意程度、侵权后果的严重程度"回应了生态环境惩罚性赔偿责任的制度目的和特别构成要件,"侵权人因污染环境、破坏生态行为所获得的利益",符合任何人不得因非法行为获利的法理,"侵权人所采取的修复措施及其效果",则体现了侵权人在环境污染、生态破坏事发后的态度,如能积极主动履行修复义务并取得修复效果,亦可表明其主观恶意和损害后果的程度。

现行法律、司法解释中关于惩罚性赔偿的倍数限定,存在三种模式。第一种是固定倍数,如价款十倍或者损失三倍;第二种是弹性倍数,如一倍以上五倍以下;第三种是不设定倍数限制。民法典编纂过程中,关于惩罚性赔偿的赔偿幅度问题存有较大争议,但最终未就具体标准作出规定。《解释》起草中,经过充分调研论证,为兼顾可操作性和灵活性,采取了弹性倍数的模式。同时,考虑到生态环境惩罚性赔偿以造成严重后果为要件,其损害基数往往较大,将其倍数规定为一般不超过损失数额的二倍,在遵循谦抑原则的同时,亦备特别情势之需。需要说明的是,二倍以内的倍数规定,并不要求必须是整倍数,根据个案的具体情况,可以确定为小数。

此外,关于惩罚性赔偿与行政罚款、刑事罚金是否构成重复惩罚、能否相互抵扣的问题。根据行政处罚法第三十五条第二款的规定,行政罚款和刑事罚金可以相互折抵。惩罚性赔偿,尽管有观点认为其具有私人执法的公法属性,但其作为民法典规定的民事责任承担方式之一,在缺乏上位法依据的情况下,不宜直接折抵行政罚款、刑事罚金。故《解释》第十条第二款规定:"因同一污染环境、破坏生态行为已经被行政机关给予罚款或者被人民法院判处罚金,侵权人主张免除惩罚性赔偿责任的,人民法院不予支持,但在确定惩罚性赔偿金数额时可以综合考虑。"

(六)生态环境惩罚性赔偿请求的一并提起、一并解决

生态环境侵权纠纷案件涉及多种生态环境要素,点多面广,具有高度的复合性、专业技术性,侵权行为和损害结果等事实的认定具有举证难、鉴定贵、评估周期长等特点。为提高人民法院审理生态环境侵权纠纷案件的水平和效率,《解释》第三条第一款规定"被侵权人在生态环境侵权纠纷案件中请求惩罚性赔偿的,应当在起诉时明确赔偿数额以及所依据的事实和理由",对当事人及时、全面主张权利、提出诉讼请求予以明确指引。

此外,惩罚性赔偿是补偿性损害赔偿之上的附加性责任,须以补偿性损害赔偿责任的成立和确定为前提。根据民事诉讼"一事不再理"理论和民事诉讼法的相关规定,《解释》第三条第二款规定:"被侵权人在生态环境侵权纠纷案件中没有提出惩罚性赔偿的诉讼请求,诉讼终结后又基于同一污染环境、破坏生态事实另行起诉请求惩罚性赔偿的,人民法院不予受理。"即生态环境惩罚性赔偿的诉讼请求,应由当事人在生态环境侵权诉讼中一并提起,由人民法院一并解决。其目的有三个:一是督促当事人及时、正当地行使自己的权利,以提供公平、高效、充分的救济。二是遵循"两便"原则,当事人赔偿损失的请求和惩罚性赔偿的请求都是基于同一污染环境、破坏生态行为产生的,应当在一个诉讼中进行审理和作出判决,既便于法院审理,也便于当事人诉讼。同时,也防止诉讼资源的浪费。三是防止人民法院对同一事实作出相互矛盾的判决。

(撰稿人:刘竹梅、刘牧晗)

最高人民法院
关于生态环境侵权案件适用禁止令保全措施的若干规定

法释〔2021〕22号

(2021年11月29日最高人民法院审判委员会第1854次会议通过 2021年12月27日最高人民法院公告公布 自2022年1月1日起施行)

为妥善审理生态环境侵权案件,及时有效保护生态环境,维护民事主体合法权益,落实保护优先、预防为主原则,根据《中华人民共和国民法典》《中华人民共和国环境保护法》《中华人民共和国民事诉讼法》等有关法律规定,结合审判实践,制定本规定。

第一条 申请人以被申请人正在实施或者即将实施污染环境、破坏生态行为,不及时制止将使申请人合法权益或者生态环境受到难以弥补的损害为由,依照民事诉讼法第一百条、第一百零一条规定,向人民法院申请采取禁止令保全措施,责令被申请人立即停止一定行为的,人民法院应予受理。

第二条 因污染环境、破坏生态行为受到损害的自然人、法人或者非法人组织，以及民法典第一千二百三十四条、第一千二百三十五条规定的"国家规定的机关或者法律规定的组织"，可以向人民法院申请作出禁止令。

第三条 申请人提起生态环境侵权诉讼时或者诉讼过程中，向人民法院申请作出禁止令的，人民法院应当在接受申请后五日内裁定是否准予。情况紧急的，人民法院应当在接受申请后四十八小时内作出。

因情况紧急，申请人可在提起诉讼前向污染环境、破坏生态行为实施地、损害结果发生地或者被申请人住所地等对案件有管辖权的人民法院申请作出禁止令，人民法院应当在接受申请后四十八小时内裁定是否准予。

第四条 申请人向人民法院申请作出禁止令的，应当提交申请书和相应的证明材料。

申请书应当载明下列事项：

（一）申请人与被申请人的身份、送达地址、联系方式等基本情况；

（二）申请禁止的内容、范围；

（三）被申请人正在实施或者即将实施污染环境、破坏生态行为，以及如不及时制止将使申请人合法权益或者生态环境受到难以弥补损害的情形；

（四）提供担保的财产信息，或者不需要提供担保的理由。

第五条 被申请人污染环境、破坏生态行为具有现实而紧迫的重大风险，如不及时制止将对申请人合法权益或者生态环境造成难以弥补损害的，人民法院应当综合考量以下因素决定是否作出禁止令：

（一）被申请人污染环境、破坏生态行为被行政主管机关依法处理后仍继续实施；

（二）被申请人污染环境、破坏生态行为对申请人合法权益或者生态环境造成的损害超过禁止被申请人一定行为对其合法权益造成的损害；

（三）禁止被申请人一定行为对国家利益、社会公共利益或者他人合法权益产生的不利影响；

（四）其他应当考量的因素。

第六条 人民法院审查申请人禁止令申请，应当听取被申请人的意见。必要时，可进行现场勘查。

情况紧急无法询问或者现场勘查的，人民法院应当在裁定准予申请人禁止令申请后四十八小时内听取被申请人的意见。被申请人意见成立的，人民法院应当裁定解除禁止令。

第七条 申请人在提起诉讼时或者诉讼过程中申请禁止令的，人民法院可以责令申请人提供担保，不提供担保的，裁定驳回申请。

申请人提起诉讼前申请禁止令的，人民法院应当责令申请人提供担保，不提供担保的，裁定驳回申请。

第八条 人民法院裁定准予申请人禁止令申请的，应当根据申请人的请求和案件具体情况确定禁止令的效力期间。

第九条 人民法院准予或者不准予申请人禁止令申请的，应当制作民事裁定书，并送达当事人，裁定书自送达之日起生效。

人民法院裁定准予申请人禁止令申请的，可以根据裁定内容制作禁止令张贴在被申请人住所地，污染环境、破坏生态行为实施地、损害结果发生地等相关场所，并可通过新闻媒体等方式向社会公开。

第十条 当事人、利害关系人对人民法院裁定准予或者不准予申请人禁止令申请不服的，可在收到裁定书之日起五日内向作出裁定的人民法院申请复议一次。人民法院应当在收到复议申请后十日内审查并作出裁定。复议期间不停止裁定的执行。

第十一条 申请人在人民法院作出诉前禁止令后三十日内不依法提起诉讼的，人民法院应当在三十日届满后五日内裁定解除禁止令。

禁止令效力期间内，申请人、被申请人或者利害关系人以据以作出裁定的事由发生变化为由，申请解除禁止令的，人民法院应当在收到申请后五日内裁定是否解除。

第十二条 被申请人不履行禁止令的，人民法院可依照民事诉讼法第一百一十一条的规定追究其相应法律责任。

第十三条 侵权行为实施地、损害结果发生地在中华人民共和国管辖海域内的海洋生态环境侵权案件中，申请人向人民法院申请责令被申请人立即停止一定行为的，适用海洋环境保护法、海事诉讼特别程序法等法律和司法解释的相关规定。

第十四条 本规定自2022年1月1日起施行。

附件：1.民事裁定书（诉中禁止令用）样式
　　　2.民事裁定书（诉前禁止令用）样式
　　　3.民事裁定书（解除禁止令用）样式
　　　4.禁止令（张贴公示用）样式

附件1：民事裁定书（诉中禁止令用）样式

××××人民法院

民事裁定书

（××××）……民初……号

申请人：×××，……（写明姓名或名称、住所地等基本情况）。
……
被申请人：×××，……（写明姓名或名称、住所地等基本情况）。

申请人×××因与被申请人×××……（写明案由）纠纷一案，向本院申请作出禁止令，责令被申请人×××……（写明申请作出禁止令的具体请求事项）。

本院认为：……（写明是否符合作出禁止令的条件，以及相应的事实理由）。依照《中华人民共和国民事诉讼法》第一百条，《最高人民法院关于生态环境侵权案件适用禁止令保全措施的若干规定》第三条第一款、第八条、第九条第一款的规定，裁定如下：

一、……被申请人×××自本裁定生效之日……（写明效力期间及要求被申请人立即停止实施的具体行为的内容）。

二、……（若禁止实施的具体行为不止一项，依次写明）。

（不准予申请人禁止令申请的，写明"驳回申请人×××的禁止令申请。"）

如不服本裁定，可在裁定书送达之日起五日内，向本院申请复议一次。复议期间，不停止裁定的执行。

本裁定送达后即发生法律效力。

审　判　长　×××
审　判　员　×××
审　判　员　×××

××××年××月××日
（院印）

法官助理　×××
书　记　员　×××

【说明】

1. 本样式根据《中华人民共和国民事诉讼法》第一百条、《最高人民法院关于生态环境侵权案件适用禁止令保全措施的若干规定》第三条第一款、第八条、第九条第一款制定，供人民法院在受理、审理案件过程中，依当事人申请作出禁止令时用。

2. 当事人申请诉中禁止令的，案号与正在进行的民事诉讼案号相同，为（××××）……民初……号；若特殊情况下当事人在二审中申请诉中禁止令的，案号则为二审案号。

3. 禁止令的效力期间原则上自裁定生效之日起至案件终审裁判文书生效或者人民法院裁定解除之日止；人民法院若根据个案实际情况确定了具体的效力期间，亦应在裁定书中予以明确。期间届满，禁止令自动终止。

附件2：民事裁定书（诉前禁止令用）样式

××××人民法院
民事裁定书

（××××）……行保……号

申请人：×××，……（写明姓名或名称、住所地等基本情况）。

被申请人：×××，……（写明姓名或名称、住所地等基本情况）。

因被申请人×××……（写明具体的生态环境侵权行为），申请人×××向本院申请禁止令，责令被申请人×××……（写明申请作出禁止令的具体请求事项）。

本院认为：……（写明是否符合作出禁止令的条件，以及相应的事实理由）。依照《中华人民共和国民事诉讼法》第一百零一条，《最高人民法院关于生态环境侵权案件适用禁止令保全措施的若干规定》第三条第二款、第八条、第九条第一款的规定，裁定如下：

一、……被申请人×××自本裁定生效之日……（写明效力期间及要求被申请人立即停止实施的具体行为的内容）。

二、……（若禁止实施的具体行为不止一项，依次写明）。

（不准予申请人禁止令申请的，写明"驳回申请人×××的禁止令申请。"）

如不服本裁定，可在裁定书送达之日起五日内，向本院申请复议一次。复议期间，不停止裁定的执行。

本裁定送达后即发生法律效力。

审　判　长　×××
审　判　员　×××
审　判　员　×××

××××年××月××日
（院印）

法官助理　×××
书　记　员　×××

【说明】

1. 本样式根据《中华人民共和国民事诉讼法》第一百零一条、《最高人民法院关于生态环境侵权案件适用禁止令保全措施的若干规定》第三条第二款、第八条、第九条第一款制定，供人民法院在受理案件前，依当事人申请作出禁止令时用。

2. 当事人申请诉前禁止令时，尚未进入诉讼程序，故编立案号（××××）……行保……号。

3. 禁止令的效力期间原则上自裁定生效之日起至案件终审裁判文书生效或者人民法院裁定解除之日止；人民法院若根据个案实际情况确定了具体的效力期间，亦应在裁定书中予以明确。期间届满，禁止令自动终止。

附件 3：民事裁定书（解除禁止令用）样式

××××人民法院
民事裁定书

（××××）……民初……号

申请人：×××，……（写明姓名或名称、住所地等基本情况）。

被申请人：×××，……（写明姓名或名称、住所地等基本情况）。

本院于××××年××月××日作出……（写明案号）民事裁定，准予×××的禁止令申请。××××年××月××日，申请人/被申请人/利害关系人×××基于据以作出禁止令的事由发生变化为由，请求解除禁止令。

本院经审查认为，……（写明是否符合解除禁止令的条件，以及相应的事实理由）。依照《最高人民法院关于生态环境侵权案件适用禁止令保全措施的若干规定》第十一条第二款的规定，裁定如下：

一、解除××××（被申请人的姓名或者名称）……（写明需要解除的禁止实施的具体行为）。

二、……（若需解除的禁止实施的具体行为不止一项，依次写明）。

（如不符合解除禁止令条件的，写明："驳回申请人/被申请人/利害关系人×××的解除禁止令申请。"）

如不服本裁定，可在裁定书送达之日起五日内，向本院申请复议一次。复议期间，不停止裁定的执行。

本裁定送达后即发生法律效力。

审　判　长　×××
审　判　员　×××
审　判　员　×××
××××年××月××日
（院印）

法官助理　×××
书　记　员　×××

【说明】

1. 本样式根据《最高人民法院关于生态环境侵权案件适用禁止令保全措施的若干规定》第十一条第二款制定，供人民法院在禁止令效力期间内，因据以作出禁止令的事由发生变化，依申请人、被申请人或者利害关系人申请提前解除禁止令用。

2. 根据《最高人民法院关于生态环境侵权案件适用禁止令保全措施的若干规定》第六条第二款因被申请人抗辩理由成立而解除已作出的禁止令、第十一条第一款因申请人未在法定三十日内提起诉讼而解除禁止令的，可参照本样式调整相应表述后使用。

3. 若一审中裁定解除禁止令的，则采用一审案号（或之……）；若二审中裁定解除禁止令的，则采用二审案号；若系针对申请人在诉前禁止令作出后三十日内未起诉而解除或者提前解除的，则采用原禁止令案号之一。

4. 解除裁定生效后，依据原裁定制作的禁止令自动终止。

附件4：禁止令（张贴公示用）样式

××××人民法院

禁止令

（××××）……民初……号／（××××）……行保……号

×××（写明被申请人姓名或名称）：

申请人×××以你（你单位）……（申请理由）为由，于××××年××月××日向本院申请作出禁止令。本院经审查，于××××年××月××日作出××号民事裁定，准予申请人×××的禁止令申请。现责令：
……（裁定书主文内容）。
此令。

××××人民法院
××××年××月××日
（院印）

【说明】

1. 本样式根据《最高人民法院关于生态环境侵权案件适用禁止令保全措施的若干规定》第九条第二款制定，供人民法院在被申请人住所地、污染环境、破坏生态行为实施地、损害结果发生地等相关场所张贴以及通过新闻媒体等方式向社会公开时用。

2. 如系诉中禁止令，案号与正在审理案件案号相同，如系诉前禁止令则案号为（××××）……行保……号。

【解读】

解读《关于生态环境侵权案件适用禁止令保全措施的若干规定》

《最高人民法院关于生态环境侵权案件适用禁止令保全措施的若干规定》（以下简称《规定》）于2021年11月29日由最高人民法院审判委员会第1854次会议讨论通过，自2022年1月1日起施行。《规定》对于贯彻落实习近平生态文明思想、习近平法治思想，落实保护优先、预防为主原则，及时有效保护生态环境，维护民事主体合法权益，具有重要的现实意义。现对《规定》的制定背景、指导思想和原则、主要内容作如下解读。

一、《规定》的制定背景

生态环境与每个人息息相关，人民群众对美好生活的向往包含了对良好生态环境的期待。良好生态环境是最公平的公共产品、最普惠的民生福祉，是中华民族永续发展的可靠保证，只有尊重自然、顺应自然，才能实现人与自然的和谐共生。党的十八大以来，习近平总书记高度重视生态环境保护，开展了一系列根本性、开创性、长远性工作，美丽中国建设迈出重大步伐，生态环境保护发生历史性、转折性、全局性变化。党的十九届六中全会、中央经济工作会议对生态环境保护提出了新要求，协同推进经济高质量发展与生态环境高水平保护需求更加迫切。

司法作为生态环境治理体系的重要组成部分，担负化解生态环境矛盾纠纷，保护生态环境国家利益和社会公共利益，保障人民群众环境权益的重要职责。环境污染、生态破坏具有突发性、瞬时性、不可逆转性，危害后果具有滞后性、长久性、难以修复性等特征，决定了预防性救济在生态环境保护领域的极端重要性，当侵害正在进行中或者损害尚未最终发生时，即应给予及时有效的救济，以维护个人、公众的环境权益及民事主体的其他合法权益，保护生态环境。

从世界范围看，欧美国家在长期的司法实践中已经形成较为成熟完善的禁令救济制度，并在环境保护领域发挥了重要的作用。"美国环境司法实践中，环境诉讼禁令既是一种临时保全措施，又是一种救济手段。"[1] 就我国而言，刑法修正案（八）[2] 以及相关司法解释已经明确规定了刑事司法领域的禁止令制度，但此类禁止令系在刑事判决的同时颁发的禁止令，在性质上属于终局救济的范畴，与生态环境保护领域作为预防性、临时性救济措施的禁止令并不相同。我国民法典规定了人格权禁令制度，但在生态环境领域尚未有明确法律规定。环境司法理论界认为，"环境保护禁止令的适用，具有及时阻却环境损害发生或扩大的客观效果。在此意义上，环境保护禁止令的适用，作为对民事行为保全基本制度的沿袭，对应了环境保护实践的内在要求，具有合理性。"[3] 但司法理论的研究成果并未被立法所吸纳，民事法律中并未有"生态环境保护禁止令"的具体规定。

实践中，贵州、云南、重庆、江苏、浙江、福建、山东、河南等地法院针对环境污染、生态破坏案件的特点，为及时制止生态环境侵权行为，预防环境损害的发生或者扩大，有效维护当事人的合法利益和公众的环境权益，结合审判实践需求，在生态环境司法实践中不断探索适用禁止令措施，并制定了相应的规范性文件，取得了良好的法律效果。但是各地法院采取禁止令措施的法理基础并不完全相同，适用范围不尽相同，亟待统一和规范。全国人大代表、政协委员近几年也针对生态环境保护的实践需求提交了关于建立完善禁止令制度的相关建议或者提案。

最高人民法院高度重视环境司法对生态环境保护、生态文明建设的服务和保障作用，2014年6月设立专门的环境资源审判庭，统一指导全国的环境资源审判工作。为了进一步丰富和完善预防性救济措施在生态环境领域的适用，在根植于我国环境司法理论发展土壤，吸收、借鉴域外经验的基础上，针对环境司法实践对禁止令措施的特殊需求，最高人民法院以民事诉讼法行为保全制度为基本依据，将探索适用生态环境保护禁止令作为一项重要工作部署，先后在《最高人民法院关于认真学习贯彻党的十九届四中全会精神的通知》（法〔2019〕244号）、《最高人民法院关于为黄河流域生态保护和高质量发展提供司法服务与保障的意见》（法发〔2020〕19号）、《最高人民法院关于支持和保障深圳建设中国特色社会主义先行示范区的意见》（法发〔2020〕39号）等司法政策性文件中明确提出"探索环境保护禁止令"和"探索建立环境保护禁止令制度"等工作要求，指导各地法院积极开展工作实践；并在认真总结各地法院司法实践的基础上，经反复调研论证和广泛征求意见，就生态环境禁止令保全措施的法律依据、申请主体、审查需考量的因素、效力期间、文书形式、提前解除、不履行的法律责任等问题进行规范，制定出台本《规定》，以实现对生态环境的预防性、及时性保护和对侵权行为的震慑作用，统一法律的适用。

---

[1] 杨凯：《民行一体化：环境司法诉讼禁令制度的重构与完善》，载《武汉大学学报（哲学社会科学版）》2019年第4期。

[2] 刑法修正案（八）第二条在刑法第三十八条中增加一款作为第二款："判处管制，可以根据犯罪情况，同时禁止犯罪分子在执行期间从事特定活动，进入特定区域、场所，接触特定的人。"原第二款作为第三款，修改为："对判处管制的犯罪分子，依法实行社区矫正。"增加一款作为第四款："违反第二款规定的禁止令的，由公安机关依照《中华人民共和国治安管理处罚法》的规定处罚。"

[3] 王晶：《环境保护禁止令之适用审视》，载《甘肃政法学院学报》2019年第2期。

二、《规定》制定的指导思想和原则

习近平总书记指出:"只有实行最严格的制度、最严密的法治,才能为生态文明建设提供可靠保障。"①《规定》的起草制定始终以习近平生态文明思想、习近平法治思想为指导,深入贯彻落实党的十九大以及十九届历次全会精神,找准环境司法审判与保护人民群众切身利益和服务经济社会高质量发展的最佳结合点,丰富完善生态环境司法保护制度体系。《规定》的制定主要遵循了以下原则。

一是坚持以人民为中心。在《规定》制定过程中,坚持以人民群众对严厉惩治环境污染、生态破坏行为的迫切需求为出发点,明确为防止申请人合法权益或者生态环境受到难以弥补的损害,可以采取禁止令保全措施给予救济,及时制止生态环境损害的发生或继续扩大。《规定》明确将民事裁定的内容以禁止令的形式张贴在被申请人住所地、污染环境、破坏生态行为实施地、损害结果发生地等相关场所,加大禁止令保全措施的公示力度,既对被申请人形成有力震慑,督促其及时停止生态环境侵权行为,又强化公众参与和社会监督,保障禁止令保全措施的执行和落实。

二是坚持"保护优先、预防为主"。《规定》针对生态环境具有一旦受到损害则难以恢复,甚至完全丧失生态服务功能的特点,将"保护优先、预防为主"作为起草制定的重要原则之一。《规定》明确申请人在提起诉讼前和诉讼过程中均可以申请人民法院采取禁止令保全措施,并对"情况紧急"予以缩短采取禁止令保全措施的时间,以强化禁止令保全措施的预防性权利救济功能,及时制止生态环境侵权行为,有效避免或者减少生态环境损害的影响。

三是坚持服务国家社会发展需要。申请人申请人民法院采取禁止令保全措施时,案件往往尚未进入审理阶段,甚至尚未受理,禁止被申请人一定行为可能会对其合法权益以及社会经济发展带来一定影响。《规定》明确在确定禁止令保全措施的适用范围、考量因素、审查期限时,要把握时、度、效,既要考虑禁止令保全措施对申请人合法权益和生态环境的保护,也要考量对国家社会发展及被申请人合法权益产生的影响,以合理平衡各方利益关系,避免利益保护过度失衡,影响国家社会发展大局。

三、《规定》的主要内容

《规定》共14条,对禁止令保全措施的法律依据、申请主体、类型、考量因素、文书形式、权利保障等相关内容进行了规定。现结合《规定》的具体条文,对其主要内容阐释如下。

(一)禁止令保全措施的法律依据、基本内涵

1.《规定》第一条明确了禁止令保全措施的法律依据

最高人民法院对民事诉讼法框架下的行为保全制度在生态环境领域的适用进行解释,将民事诉讼法(2017年修正,下同)第一百条、第一百零一条关于民事诉讼保全的规定作为《规定》起草制定的直接法律依据。在起草《规定》过程中,因尚无民事法律对"禁止令"予以明确规定,故从"禁止令"的本质系采取禁止一定行为的措施,达到制止或者预防某种生态环境损害的发生和扩大目的角度进行制度设计。民事行为保全制度与《规定》的起草目的相一致,故依据民事诉讼法行为保全制度为框架进行

---

① 中共中央宣传部、中华人民共和国生态环境部:《习近平生态文明思想学习纲要》,人民出版社、学习出版社2022年版,第98页。

《规定》条文起草和制度设计具有上位法依据。

2.《规定》第二条明确了禁止令保全措施的基本内涵

禁止令保全措施的基本内涵,即禁止令保全措施是为及时制止被申请人正在实施或者即将实施的污染环境、破坏生态行为,避免对申请人合法权益或者生态环境受到难以弥补的损害,向人民法院申请作出的临时性救济措施。其核心内容是责令被申请人立即停止一定行为,不得继续实施相关行为。就此而言,禁止令保全措施可以理解为民事诉讼保全制度在生态环境领域中的延伸适用,且是一种禁止类的行为保全措施。禁止令保全措施在生态环境侵权案件中的适用既体现了民事诉讼行为保全制度的一般特征,又满足了生态环境保护、建设生态文明的特殊需要。《规定》在起草过程中,对如何界定禁止令的内涵,是否把责令被申请人实施一定行为,即强制被申请人为一定行为亦归入禁止令的范畴,存在不同的认识。经初步考察,禁止令最早起源于罗马法,是指由地方行政官发给某一特定人的命令或禁令。① 之后,禁止令沿着两条不同的路径发展:在英美法系演变为非常复杂的禁止令或禁令(injunction)制度,在大陆法系则以"假处分"的行为保全方式将禁止令内容包含其中。按一般理解,禁止令的原始含义是停止侵权,也称禁令、强制令,是指在诉讼过程中,在侵权行为明显成立的情况下,法院要求侵权当事人实施某种行为,或禁止其为一定行为的命令;目的是在实质争议解决前,防止侵权行为的重复或预期发生,保护当事人的合法权益。在英美法系中,中间性禁令是指在诉讼终结之前,为了维持现状或变更现状所采取的暂时性救济方式,包括临时禁令和初步禁令。② 应该说,大陆法系中的"假处分"制度中"制止侵权行为的继续"等内容作为诉讼中的行为保全,与英美法系禁止令制度中的中间禁令(临时禁令和初步禁令)基本对应。"无论是中间禁令制度还是'假处分'制度,都是相对终极救济而言的暂时性救济手段。"③ 由此,尽管两大法系法的传统不同,但在及时制止侵权行为、防止难以弥补损害方面殊途同归。

基于上述分析,尽管欧美国家关于禁止令或者禁令的制度多将责令停止一定行为和命令实施一定行为均包含在其中,但就我国而言,考虑到禁止令系针对生态环境侵权行为的一种临时性救济措施,并非终局救济,其目的是及时制止侵害,以避免造成难以弥补的环境损害,而此时案件尚未受理或者受理但尚未正式审理、裁判,一旦采取禁止令保全措施可能会对被申请人以及国家社会发展造成一定影响,甚至较大影响,故在禁止令保全措施实施初期适当控制适用范围有利于平衡各方利益,确保该措施的适用效果和目的得以顺利实现;且"禁止令"的中文字面含义仅包含"不得为",不包含"必须为"的内容,若将"必须为"亦包含在禁止令内涵中则显得名实不符。为此,《规定》将禁止令保全措施的内涵限缩为"立即停止一定行为",即禁止或者不得为一定行为,未包含强制被申请人为一定行为。实际上,民法典第九百九十七条关于人格权保护禁令也仅规定了"责令行为人停止有关行为",禁止令保全措施与人格权保护禁令的表述方式基本一致。

---

① 参见〔英〕戴维·M.沃克:《牛津法律大辞典》,北京社会与科技发展研究所组织翻译,光明日报出版社1988年版,第453页。
② 参见叶明、吴太轩:《论环境侵权救济中的排除侵害制度——兼谈利益衡平原则的适用》,载《广西政法管理干部学院学报》2002年第1期。
③ 龚海南:《环境保护禁止令制度的构建》,载《人民司法·应用》2005年第1期。

当然，若司法实践中基于具体个案，确实需要行为人作出某种积极行为才能实现制止环境侵害的目的，可以通过转换禁止令的表述方式而实现：将需要行为人实施的某种积极行为作为禁止令的前提条件置于禁止令之中。比如，若需要行为人建设并运行污水处理设施，则禁止令可表述为：责令（生态环境侵权行为人）在污水处理设施竣工验收合格并投入使用前停止或者不得排放污水。

（二）禁止令保全措施的申请主体、申请材料

1. 申请主体

"基于司法的中立性、被动性的特征，生态行为司法禁令依当事人申请而开启，这也是民事诉讼'诉权处分'原则的要求。"① 生态环境侵权诉讼，既涉及生态环境私益侵权案件，也涉及生态环境公益侵权案件；既涉及法律规定的机关、社会组织和人民检察院提起的环境民事公益诉讼案件，也涉及省级、市地级政府及其指定的部门或机构提起的生态环境损害赔偿诉讼案件。理论上，依法有权提起这些诉讼的主体均有权向人民法院申请采取禁止令保全措施，《规定》第二条基于前述不同诉讼程序明确了相关申请主体。

就生态环境私益侵权诉讼而言，受到环境污染、生态破坏行为损害或损害之虞的民事主体（自然人、法人或者非法人组织）有权提起诉讼，并基于具体实际情况在诉讼前或者诉讼过程中依法申请人民法院采取禁止令保全措施。

就生态环境公益侵权诉讼而言，根据现有法律和司法解释规定，有权提起诉讼的主体包括四类：一是民事诉讼法第五十八条第一款所列"法律规定的机关"，比如，海洋环境保护法第八十九条第二款规定的"依照本法规定行使海洋环境监督管理权的部门"，森林法第六十八条规定的"县级以上人民政府自然资源主管部门、林业主管部门"，固体废物污染环境防治法第一百二十二条第一款规定的"设区的市级以上地方人民政府或者其指定的部门、机构"；二是民事诉讼法第五十八条第一款所列"有关组织"，比如，环境保护法第五十八条规定的，依法在设区的市级以上人民政府民政部门登记、专门从事环境保护公益活动连续五年以上且无违法记录的社会组织；三是民事诉讼法第五十八条第二款所规定的人民检察院；四是根据中共中央办公厅、国务院办公厅《生态环境损害赔偿制度改革方案》的规定，国务院授权的省级、市地级人民政府及其指定的部门、机构，以及受国务院委托代行全民所有自然资源资产所有权的部门，系生态环境损害赔偿权利人。② 民法典作为民事实体法律，在第一千二百三十四条、第一千二百三十五条中概括规定了上述各类主体的生态环境公益请求权，将生态环境公益请求权主体明确为"国家规定的机关"和"法律规定的组织"两大类型。故《规定》第二条采用民法典的概括表述，包括了前述可以提起生态环境公益侵权诉讼的各类主体。

2. 申请材料

《规定》第四条明确了申请人申请人民法院作出禁止令需要提交的材料以及相关要求，主要包括三层含义。

一是符合条件的申请人申请禁止令时应提交书面申请书。法院是否作出禁止令原

---

① 赖声利、郭娜：《生态环境损害行为司法禁令制度探究》，载《上饶师范学院学报》2015年第5期。
② 参见最高人民法院民法典贯彻实施工作领导小组主编：《中华人民共和国民法典侵权责任编理解与适用》，人民法院出版社2020年版，第556～557页。

则上应由当事人申请启动，法院不宜直接以职权采取禁止令措施；申请书作为申请人的正式意思表示，被提交给法院后，法院才可以依法审查并作出相应的处理。考虑到禁止令保全措施可能会对被申请人利益以及国家社会发展产生一定影响，甚至较大影响，当事人不能口头申请禁止令。

二是申请书应当具备必要的内容。当事人申请禁止令，首先需将双方的基本情况，尤其被申请人的信息清楚载明，如被申请人不明确、地址不详或者无法联络，则禁止令就难以对被申请人产生效力。其次要明确申请作出禁止令的具体内容，即请求法院责令被申请人停止的具体行为，是一项还是数项行为；以及请求禁止实施的具体行为范围，是部分停止还是全部停止等。再次要表明被申请人正在实施或者即将实施生态环境侵权行为，若不及时制止将使申请人合法权益或者生态环境受到难以弥补损害的具体情形。最后要明确基于申请禁止令所拟提供担保的财产信息，并提供相应的证照手续供法院核查，若存在无须提供担保的法定事由，也需予以明确说明，事前已经人民法院同意不提供担保的除外。司法实践中，若受理禁止令申请的人民法院根据不同案件的具体情况，尚需了解的相关事项，申请人亦应按法院的要求予以载明或另行说明。

三是应向法院提交相应的证明材料。除法律法规或者司法解释特别规定的除外，"谁主张，谁举证"系民事诉讼的一般举证规则。申请人向法院申请禁止令应遵循基本的举证规则，除需要提供被申请人基本信息的相关证明材料以及其他程序性材料外，最主要的是要提供被申请人正在实施或者即将实施生态环境侵权行为，以及若不及时制止将使申请人或者公众的合法权益受到难以弥补损害的初步证明材料。当然，由于此时案件尚未实质审理，甚至尚未受理，申请人提供的证明材料不一定要达到确证的程度，只要能初步证明存在前述情形或者具有较大可能性即可。若申请人提交的申请不符合前述规定要求，或者不能提供初步证明材料的，经人民法院要求限期补交，逾期不补交的，人民法院对其申请不予受理。

（三）禁止令保全措施的类型、管辖

1. 禁止令保全措施的类型

民事诉讼法第一百条、第一百零一条分别规定了诉中和诉前两种行为保全类型，与此相对应，《规定》第三条亦明确禁止令保全措施包括诉中禁止令和诉前禁止令，不包括终局禁止令，即人民法院经过审理最终判令生态环境侵权人停止侵害的情形不包含其中。诉中禁止令是申请人在提起诉讼时、诉讼过程中申请人民法院作出的禁止令；诉前禁止令是因紧急情况来不及起诉的，申请人在提起诉讼前申请的禁止令。关于人民法院受理申请后作出禁止令的期限，根据禁止令类型的不同而有所不同。参照民事诉讼法及相关解释关于保全的规定，《规定》明确人民法院在接受当事人的诉中禁止令申请后五日内裁定是否作出禁止令，紧急情况下应在接受申请后四十八小时内作出是否准予的裁定；诉前接受禁止令申请的，因情况紧急，亦要在接受申请四十八小时内作出是否准予的裁定。

2. 禁止令保全措施的管辖

当事人申请禁止令应向有管辖权的人民法院申请，就诉中禁止令而言，鉴于当事人的诉讼已经被人民法院受理，案件已经进入诉讼程序，则自然要向审理该案的人民法院提出申请，由该法院审查判断是否作出禁止令，此为诉中禁止令的应有之义。就诉前禁止令而言,由于情况紧急来不及向人民法院提起诉讼,但又亟须采取及时措施,制止生态环境侵权行为,故允许当事人遵循就近便利原则,选择一家与污染环境、破坏生态行为密切关联的侵权行为实施地、损害结果发生地或者侵权行为人所在地等对案件有管辖权的法院提出申请,由该法院审查决定是否作出禁止令。该规定一方面考虑到禁止令作出后实际执行的效果,需要由与生态环境侵权行为密切关联的法院受理诉前禁止令申请;另一方面也考虑到由对案件有管辖权的法院受理诉前禁止令申请,会尽可能避免诉前禁止令的作出法院与审理案件的法院不一致,可能导致后续工作衔接不畅的问题。实际上,该条规定也是回应多地法院所提的反馈意见,即不少地方环境资源案件实施跨行政区划集中管辖,应由这些地方实行集中管辖的法院审查处理更为妥当。

当然,若基于具体个案,受理诉前禁止令申请并作出禁止令的法院并非之后受理并审理案件的法院,则作出禁止令的法院应将相关材料及时移交给审理案件的法院,鉴于此种操作属于法院内部工作协调的范围,囿于条文篇幅,《规定》对此没有具体规定。

(四)采取禁止令保全措施的基本条件、考量因素

《规定》第五条明确了人民法院作出禁止令的基本条件、考量因素。该条规定基于生态环境损害的特殊性以及我国生态环境保护现状和现阶段基本国情,借鉴参考了英美国家法院通过判例逐步形成的中间禁令四要素,即不可弥补的损害、损失衡量、对公共利益的影响和胜诉可能性[1],和作出预防性禁令的三要件,即损害发生的重大性、损害发生的高度盖然性、损害发生的紧迫性[2],以及我国知识产权行为保全司法解释的相关规定[3],并采纳吸收了各方意见建议;其核心目的在于既要通过禁止令保全措施及时制止生态环境侵权行为或者重大生态环境风险,有效避免申请人合法权益、公众环境权益受到难以弥补的损害,同时也要考虑被申请人的合法权益、国家社会发展的大局,坚持稳中求进,防止出现保护不足和过度保护两种倾向。具体而言:

1. 采取禁止令保全措施的基本条件

人民法院采取禁止令保全措施,禁止被申请人实施一定行为,可能会对被申请人及国家社会发展造成一定影响,甚至还存在恶意申请禁止令、借此打击竞争对手的情形,故人民法院审查判断作出禁止令时,应审慎为之。《规定》制定过程中,曾试图确定具体的审查判断标准,但由于生态环境侵权案件类型众多、案情各异,在征求意见过程争议很大,难以统一。后经综合各方意见,以高度概括的方式确定了作出禁止令须具备的基本条件,即污染环境、破坏生态行为具有现实而紧迫的重大风险,不及时制止会造成难以弥补的损害。该基本条件是人民法院审查决定作出禁止令的基础或者前提,若禁止令申请不符合这一基本条件,人民法院应不予准许。基于文义理解,环

---

[1] 参见薛淼:《我国环境司法对美国环境法禁令制度之借鉴》,载《人民司法·应用》2017年第31期;杨凯:《民行一体化:环境司法诉讼禁令制度的重构与完善》,载《武汉大学学报(哲学社会科学版)》2019年第4期。

[2] 参见杜颖:《英美法律的禁令制度》,载《广东行政学院学报》2003年第3期。

[3] 《最高人民法院关于审查知识产权纠纷行为保全案件适用法律若干问题的规定》第七条规定:"人民法院审查行为保全申请,应当综合考量下列因素:(一)申请人的请求是否具有事实基础和法律依据,包括请求保护的知识产权效力是否稳定;(二)不采取行为保全措施是否会使申请人的合法权益受到难以弥补的损害或者造成案件裁决难以执行等损害;(三)不采取行为保全措施对申请人造成的损害是否超过采取行为保全措施对被申请人造成的损害;(四)采取行为保全措施是否损害社会公共利益;(五)其他应当考量的因素。"

境损害必须是真实、现实存在的,不是虚构、想象的,具有时空上的迫切性,所产生的风险具有重大性,不及时制止将很可能导致申请人合法权益或者生态环境受到难以弥补的损害。"现实而紧迫的重大风险"的具体判断,可从以下几个层面予以考虑:一是被申请人是否违反了环境保护法、森林法、长江保护法等环境资源法律法规,实施了污染环境、破坏生态行为;二是被申请人实施的污染环境、破坏生态行为是否已经被相关环境资源法律法规明确规定在应承担法律责任的范围内;三是被申请人因污染环境、破坏生态行为应当被行政主管机关予以行政处理但尚未处理,或者已被行政处理但环境污染、生态破坏尚未得到有效控制。满足上述三方面的要求,即可认定"现实而紧迫的重大风险"的基础已基本具备;在此基础上是否最终作出禁止令,受理法院尚需综合考虑《规定》第五条所涉四项因素,并结合具体个案实际情况进行审查判断。

2. 采取禁止令保全措施的考量因素

在污染环境、破坏生态行为具有"现实而紧迫的重大风险",不及时制止将受到难以弥补损害的基本条件下,人民法院作出禁止令尚需综合考量的因素主要涉及以下几个方面。

一是被申请人污染环境、破坏生态行为是否被行政机关依法处理而仍继续实施。被申请人因生态环境违法行为已经被行政主管机关予以责令改正、责令停止或采取限制生产、停产整治、限期拆除等行政处理,而环境污染、生态破坏并未得到有效控制,其中主要原因在于被申请人阳奉阴违,被行政处理后仍继续实施生态环境违法行为,既包括根本没有履行或者没有完全履行行政处理决定或者相关措施,也包括先履行后又恢复实施违法行为等情形。该因素的有无有利于人民法院强化是否应作出禁止令的内心判断。当然,若行政主管机关对被申请人的生态环境违法行为尚未作出行政处理,则该项因素可不予考量。

二是被申请人污染环境、破坏生态行为对申请人合法权益或者生态环境造成的损害是否会超过禁止被申请人一定行为对其造成的损害。"衡平法是在天平上舞动的法律,即便在考虑如何实现正义的时候,也不会忘记对于实现正义成本的计算。……虽然经济成本并不必然是我们考虑法律措施的要素之一,但如果以不经济的方式实现正义,法律的运行成本将明显增加,最后所造成的是对社会利益的损害。"《规定》始终坚持平等保护各方当事人的合法权益,注重考虑申请人合法权益、公众环境权益与被申请人合法权益的关系,注意各方利益和损失的衡量。具体而言:(1)考量具体的环境损害类型,区分不同的生态环境损害予以救济。生态环境损害千差万别,尤其是环境污染与生态破坏类型不同,造成损害的行为方式差异较大,在具体个案中需要法官发挥司法智慧,对当事人的申请和被申请人的抗辩予以认真审查判断,审慎适用禁止令保全措施。(2)适当控制适用范围,发挥禁止令保全措施"调节器"功能。人民法院在审查判断是否作出禁止令时,要审查比较被申请人污染环境、破坏生态行为对申请人合法权益或者生态环境在裁判前可能遭受的损害,与禁止被申请人一定行为可能会对被申请人造成的损害,以衡量双方合法权益,避免出现利益失衡。特别说明的是,对"损害"的认定不需要精确认定双方损失的具体金额,而是应当在现有证据材料基础上对双方损失范围、大小、程度进行综合比较判断。(3)辅之以程序保障。为平衡申请人、被申请人以及利害关系人之间可能产生的利益冲突,防止权利滥用,《规定》明确了询问、勘查,申请复议,提前解除禁止令保全措施等程序,保障被申请人和其他利害关系人的合法权益。

三是禁止被申请人一定行为对国家利益、社会公共利益或者他人合法权益产生的不利影响。鉴于生态环境侵权领域采取禁止令保全措施，不仅会影响当事人双方之间的利益，而且具有较强的影响外溢性，可能会对涉及社会经济发展的国家利益、社会公共利益以及其他民事主体的合法利益产生一定影响。尤其在生态环境侵权公益诉讼中，诉讼本身就关涉生态环境国家利益和公共利益，人民法院无论是否作出禁止令，都可能会对国家利益、社会公共利益产生影响。因此，人民法院在决定是否采取禁止令保全措施时，"应当考虑当事人所争议的私益和社会公共利益之间的平衡，在一些案件中，更应当考虑代表社会不同层面的公共利益之间的平衡";[①] 审慎统筹各种利益保护，认真审查禁止令保全措施对相关国家利益、社会公共利益或者他人合法权益是否造成不利影响，综合考量相关因素作出应有的判断。

四是其他应当考量的因素。在其他应考量因素中，申请人的诉求应有基本的依据是重点。鉴于禁止令保全措施是对被申请人利益的一种剥夺或限制，即便是临时的，可能也会造成被申请人的损失，甚至重大损失；如果最终申请人败诉，则可能导致被申请人的索赔问题。为此，人民法院在作出禁止令前要对案件初步证据材料进行认真审查，依法进行询问、现场勘查等，以尽可能全面客观地了解案情。只有经初步审查认定申请人的诉讼请求有基本的事实和法律依据，具有较大胜诉可能性时，受理法院才存在作出禁止令的问题。若申请人的诉讼请求明显不能成立或者现有证据难以确定，缺乏基本的事实和法律依据，则人民法院不宜作出禁止令或者应更为慎重处理。当然，在不能作出禁止令的情况下，对于所涉生态环境风险，人民法院可循一定途径通报相关行政主管机关。

（五）禁止令保全措施的文书形式

对于禁止令保全措施的文书形式，在《规定》起草制定过程中存在两种观点。一种观点认为，禁止令从作用和功能上看，既属于民事诉讼行为保全措施，同时也是一种实体权益救济措施，且最新的民事案由已将人格权保护禁令案件作为一项独立案由，故可制作单独的禁止令，其效力等同于民事裁定。另一种观点认为，民事诉讼法明确采取行为保全措施要制作民事裁定书，禁止令作为行为保全制度在环境司法领域的延伸适用，亦应遵循该规定，故作出禁止令亦应制作民事裁定书。考虑到环境司法实践的需要，依据民事诉讼法第一百条、第一百零一条关于诉讼保全的规定，受理禁止令申请的人民法院依法应出具民事裁定书，同时参照海事强制令的方式，制作禁止令在生态环境保护领域延伸适用。故，《规定》最终采取了第二种观点，明确了禁止令行为保全措施的具体形式。民事裁定加禁止令的形式，是民事诉讼行为保全制度在生态环境诉讼领域的创新适用，丰富了民事诉讼行为保全制度，推动了民事诉讼保全制度体系化进程。

《规定》第九条第一款明确无论人民法院是否准予申请人禁止令申请，均应制作民事裁定书，并送达当事人，以保障当事人的诉讼权利。此外，诉前禁止令作出后三十日内申请人不依法提起诉讼、禁止令据以作出的事由发生变化、申请人申请提前解除、禁止令作出后被申请人的抗辩成立，以及当事人申请复议后的处理等情况下，人民法院均应出具相应的民事裁定书。该条第二款进一步明确人民法院裁定准予申请人禁止

---

① 薛淼：《我国环境司法对美国环境法禁令制度之借鉴》，载《人民司法·应用》2017年第31期。

令申请后,可以根据民事裁定制作单独的禁止令予以公示。特别说明的是,此处制作的禁止令是基于环境司法实践需要根据民事裁定的内容而制作,并非强制要求制作,可以由受理禁止令申请的人民法院选择适用。该单独制作的禁止令相当于民事裁定书的附件,可理解为简化版的裁定书。参照海事强制令等其他"令"的文书样式,基于民事裁定制作的禁止令应写明根据裁定的内容,责令当事人立即停止实施的具体行为。鉴于生态环境侵权案件的公众参与多、社会影响大等特点,对禁止令张贴的地点进行了列举,可以在被申请人的住所地,或者污染环境、破坏生态行为的实施地、损害结果发生地等相关场所,通过张贴公示、新闻媒体报道等方式,让公众知晓相关情况,威慑潜在污染环境、破坏生态行为人,扩大公众参与程度,依法接受社会监督。

为确保禁止令保全措施的适用效果,《规定》同时附录了三份民事裁定书、一份禁止令文书样式,并附有相应说明,供受理禁止令申请的人民法院参考选用。

(六)当事人及利害关系人的权利保障

《规定》总结环境司法实践经验,对禁止令保全措施实施过程中当事人及利益相关方的权利保障予以明确,作出了多项具体的规范。一是第六条、第十条规定了询问、勘查、复议程序,保障当事人陈述、申辩等诉讼权利以及利害关系人的合法权益。二是第七条规定了申请人的担保责任,防止恶意申请禁止令和权利滥用,平衡双方合法利益的保护。三是第十一条规定了禁止令保全措施的提前解除,在禁止令据以作出的事由发生变化情况下,申请人、被申请人或者利害关系人均可以申请提前解除禁止令,人民法院应在规定期限内审查是否予以解除,以避免当事人或者利害关系人受到不必要的损害。四是第十二条明确了不履行禁止令保全措施须依法承担相应法律责任,以保障禁止令保全措施的履行效果。

四、其他需要特别说明的问题

关于禁止令保全措施的执行,在《规定》起草过程中,一直有相关讨论。《规定》第九条明确"裁定书自送达之日起生效",而作为"发生法律效力"的民事裁定,在被申请人拒不履行的情况下,自然亦存在强制执行的问题。但经调研发现,目前各地法院的环境资源审判体制机制尚在不断完善发展中,既有单独民事、行政分立,也有民事、行政"二合一",民事、行政、刑事"三合一",民事、行政、刑事、执行"四合一",甚至再加上立案"五合一"的归口审理模式。有的法院尽管没有明确将执行纳入环境资源审判庭职能范围,但部分法院环境资源审判部门也会延伸审判职能,积极参与环境公益诉讼案件的执行活动。当然,也有不少法院根据内部职能分工,涉及执行事宜均由执行局负责执行。考虑到生态环境侵权案件的执行往往具有较强的专业性,且各地法院的做法不一,为避免一刀切,《规定》未对禁止令的执行进行规定,各地法院可根据法律法规及相关司法解释的相关规定,遵循各地已有行之有效的执行方式对禁止令保全措施予以落实。

(撰稿人:刘竹梅、贾清林、刘慧慧)

最高人民法院
关于审理食品药品纠纷案件适用法律若干问题的规定

(2013年12月9日最高人民法院审判委员会第1599次会议通过 根据2020年12月23日最高人民法院审判委员会第1823次会议通过的《最高人民法院关于修改〈最高人民法院关于在民事审判工作中适用《中华人民共和国工会法》若干问题的解释〉等二十七件民事类司法解释的决定》和2021年11月15日最高人民法院审判委员会第1850次会议通过的《最高人民法院关于修改〈最高人民法院关于审理食品药品纠纷案件适用法律若干问题的规定〉的决定》修正)

为正确审理食品药品纠纷案件,根据《中华人民共和国民法典》《中华人民共和国消费者权益保护法》《中华人民共和国食品安全法》《中华人民共和国药品管理法》《中华人民共和国民事诉讼法》等法律的规定,结合审判实践,制定本规定。

第一条 消费者因食品、药品纠纷提起民事诉讼,符合民事诉讼法规定受理条件的,人民法院应予受理。

第二条 因食品、药品存在质量问题造成消费者损害,消费者可以分别起诉或者同时起诉销售者和生产者。

消费者仅起诉销售者或者生产者的,必要时人民法院可以追加相关当事人参加诉讼。

第三条 因食品、药品质量问题发生纠纷,购买者向生产者、销售者主张权利,生产者、销售者以购买者明知食品、药品存在质量问题而仍然购买为由进行抗辩的,人民法院不予支持。

第四条 食品、药品生产者、销售者提供给消费者的食品或者药品的赠品发生质量安全问题,造成消费者损害,消费者主张权利,生产者、销售者以消费者未对赠品支付对价为由进行免责抗辩的,人民法院不予支持。

第五条 消费者举证证明所购买食品、药品的事实以及所购食品、药品不符合合同的约定,主张食品、药品的生产者、销售者承担违约责任的,人民法院应予支持。

消费者举证证明因食用食品或者使用药品受到损害,初步证明损害与食用食品或者使用药品存在因果关系,并请求食品、药品的生产者、销售者承担侵权责任的,人民法院应予支持,但食品、药品的生产者、销售者能证明损害不是因产品不符合质量标准造成的除外。

第六条 食品的生产者与销售者应当对于食品符合质量标准承担举证责任。认定食品是否安全,应当以国家标准为依据;对地方特色食品,没有国家标准的,应当以地方标准为依据。没有前述标准的,应当以食品安全法的相关规定为依据。

第七条 食品、药品虽在销售前取得检验合格证明,且食用或者使用时尚在保质期内,但经检验确认产品不合格,生产者或者销售者以该食品、药品具有检验合格证明为由进行抗辩的,人民法院不予支持。

第八条 集中交易市场的开办者、柜台出租者、展销会举办者未履行食品安全法规定的审查、检查、报告等义务,使消费者的合法权益受到损害的,消费者请求集中交易市场的开办者、柜台出租者、展销会举办者承担连带责任的,人民法院应予支持。

第九条 消费者通过网络交易第三方平台购买食品、药品遭受损害,网络交易第三方平台提供者不能提供食品、药品的生产者或者销售者的真实名称、地址与有效联系方式,消费者请求网络交易第三方平台提供者承担责任的,人民法院应予支持。

网络交易第三方平台提供者承担赔偿责任后,向生产者或者销售者行使追偿权的,人民法院应予支持。

网络交易第三方平台提供者知道或者应当知道食品、药品的生产者、销售者利用其平台侵害消费者合法权益,未采取必要措施,给消费者造成损害,消费者要求其与生产者、销售者承担连带责任的,人民法院应予支持。

第十条 未取得食品生产资质与销售资质的民事主体,挂靠具有相应资质的生产者与销售者,生产、销售食品,造成消费者损害,消费者请求挂靠者与被挂靠者承担连带责任的,人民法院应予支持。

消费者仅起诉挂靠者或者被挂靠者的,必要时人民法院可以追加相关当事人参加诉讼。

第十一条 消费者因虚假广告推荐的食品、药品存在质量问题遭受损害,依据消费者权益保护法等法律相关规定请求广告经营者、广告发布者承担连带责任的,人民法院应予支持。

其他民事主体在虚假广告中向消费者推荐食品、药品,使消费者遭受损害,消费者依据消费者权益保护法等法律相关规定请求其与食品、药品的生产者、销售者承担连带责任的,人民法院应予支持。

第十二条 食品检验机构故意出具虚假检验报告,造成消费者损害,消费者请求其承担连带责任的,人民法院应予支持。

食品检验机构因过失出具不实检验报告,造成消费者损害,消费者请求其承担相应责任的,人民法院应予支持。

第十三条 食品认证机构故意出具虚假认证,造成消费者损害,消费者请求其承担连带责任的,人民法院应予支持。

食品认证机构因过失出具不实认证,造成消费者损害,消费者请求其承担相应责任的,人民法院应予支持。

第十四条 生产、销售的食品、药品存在质量问题,生产者与销售者需同时承担民事责任、行政责任和刑事责任,其财产不足以支付,当事人依照民法典等有关法律规定,请求食品、药品的生产者、销售者首先承担民事责任的,人民法院应予支持。

第十五条 生产不符合安全标准的食品或者销售明知是不符合安全标准的食品,消费者除要求赔偿损失外,依据食品安全法等法律规定向生产者、销售者主张赔偿金的,人民法院应予支持。

生产假药、劣药或者明知是假药、劣药仍然销售、使用的,受害人或者其近亲属除请求赔偿损失外,依据药品管理法等法律规定向生产者、销售者主张赔偿金的,人民法院应予支持。

第十六条 食品、药品的生产者与销售者以格式合同、通知、声明、告示等方式作出排除或者限制消费者权利、减轻或者免除经营者责任、加重消费者责任等对消费者不公平、不合理的规定，消费者依法请求认定该内容无效的，人民法院应予支持。

第十七条 消费者与化妆品、保健食品等产品的生产者、销售者、广告经营者、广告发布者、推荐者、检验机构等主体之间的纠纷，参照适用本规定。

法律规定的机关和有关组织依法提起公益诉讼的，参照适用本规定。

第十八条 本规定所称的"药品的生产者"包括药品上市许可持有人和药品生产企业，"药品的销售者"包括药品经营企业和医疗机构。

第十九条 本规定施行后人民法院正在审理的一审、二审案件适用本规定。

本规定施行前已经终审，本规定施行后当事人申请再审或者按照审判监督程序决定再审的案件，不适用本规定。

最高人民法院
关于审理生态环境损害赔偿案件的若干规定（试行）

（2019年5月20日最高人民法院审判委员会第1769次会议通过
根据2020年12月23日最高人民法院审判委员会第1823次会议通过的
《最高人民法院关于修改〈最高人民法院关于在民事审判工作中适用
《中华人民共和国工会法》若干问题的解释〉等二十七件民事类
司法解释的决定》修正）

为正确审理生态环境损害赔偿案件，严格保护生态环境，依法追究损害生态环境责任者的赔偿责任，依据《中华人民共和国民法典》《中华人民共和国环境保护法》《中华人民共和国民事诉讼法》等法律的规定，结合审判工作实际，制定本规定。

第一条 具有下列情形之一，省级、市地级人民政府及其指定的相关部门、机构，或者受国务院委托行使全民所有自然资源资产所有权的部门，因与造成生态环境损害的自然人、法人或者其他组织经磋商未达成一致或者无法进行磋商的，可以作为原告提起生态环境损害赔偿诉讼：

（一）发生较大、重大、特别重大突发环境事件的；

（二）在国家和省级主体功能区规划中划定的重点生态功能区、禁止开发区发生环境污染、生态破坏事件的；

（三）发生其他严重影响生态环境后果的。

前款规定的市地级人民政府包括设区的市、自治州、盟、地区，不设区的地级市、直辖市的区、县人民政府。

第二条 下列情形不适用本规定：

（一）因污染环境、破坏生态造成人身损害、个人和集体财产损失要求赔偿的；

（二）因海洋生态环境损害要求赔偿的。

第三条 第一审生态环境损害赔偿诉讼案件由生态环境损害行为实施地、损害结果发生地或者被告住所地的中级以上人民法院管辖。

经最高人民法院批准，高级人民法院可以在辖区内确定部分中级人民法院集中管辖第一审生态环境损害赔偿诉讼案件。

中级人民法院认为确有必要的，可以在报请高级人民法院批准后，裁定将本院管辖的第一审生态环境损害赔偿诉讼案件交由具备审理条件的基层人民法院审理。

生态环境损害赔偿诉讼案件由人民法院环境资源审判庭或者指定的专门法庭审理。

第四条 人民法院审理第一审生态环境损害赔偿诉讼案件，应当由法官和人民陪审员组成合议庭进行。

第五条 原告提起生态环境损害赔偿诉讼，符合民事诉讼法和本规定并提交下列材料的，人民法院应当登记立案：

（一）证明具备提起生态环境损害赔偿诉讼原告资格的材料；

（二）符合本规定第一条规定情形之一的证明材料；

（三）与被告进行磋商但未达成一致或者因客观原因无法与被告进行磋商的说明；

（四）符合法律规定的起诉状，并按照被告人数提出副本。

第六条 原告主张被告承担生态环境损害赔偿责任的，应当就以下事实承担举证责任：

（一）被告实施了污染环境、破坏生态的行为或者具有其他应当依法承担责任的情形；

（二）生态环境受到损害，以及所需修复费用、损害赔偿等具体数额；

（三）被告污染环境、破坏生态的行为与生态环境损害之间具有关联性。

第七条 被告反驳原告主张的，应当提供证据加以证明。被告主张具有法律规定的不承担责任或者减轻责任情形的，应当承担举证责任。

第八条 已为发生法律效力的刑事裁判所确认的事实，当事人在生态环境损害赔偿诉讼案件中无须举证证明，但有相反证据足以推翻的除外。

对刑事裁判未予确认的事实，当事人提供的证据达到民事诉讼证明标准的，人民法院应当予以认定。

第九条 负有相关环境资源保护监督管理职责的部门或者其委托的机构在行政执法过程中形成的事件调查报告、检验报告、检测报告、评估报告、监测数据等，经当事人质证并符合证据标准的，可以作为认定案件事实的根据。

第十条 当事人在诉前委托具备环境司法鉴定资质的鉴定机构出具的鉴定意见，以及委托国务院环境资源保护监督管理相关主管部门推荐的机构出具的检验报告、检测报告、评估报告、监测数据等，经当事人质证并符合证据标准的，可以作为认定案件事实的根据。

第十一条 被告违反国家规定造成生态环境损害的，人民法院应当根据原告的诉讼请求以及具体案情，合理判决被告承担修复生态环境、赔偿损失、停止侵害、排除妨碍、消除危险、赔礼道歉等民事责任。

第十二条 受损生态环境能够修复的，人民法院应当依法判决被告承担修复责任，并同时确定被告不履行修复义务时应承担的生态环境修复费用。

生态环境修复费用包括制定、实施修复方案的费用，修复期间的监测、监管费用，以及修复完成后的验收费用、修复效果后评估费用等。

原告请求被告赔偿生态环境受到损害至修复完成期间服务功能损失的，人民法院根据具体案情予以判决。

第十三条 受损生态环境无法修复或者无法完全修复，原告请求被告赔偿生态环境功能永久性损害造成的损失的，人民法院根据具体案情予以判决。

第十四条 原告请求被告承担下列费用的，人民法院根据具体案情予以判决：

（一）实施应急方案、清除污染以及为防止损害的发生和扩大所支出的合理费用；

（二）为生态环境损害赔偿磋商和诉讼支出的调查、检验、鉴定、评估等费用；

（三）合理的律师费以及其他为诉讼支出的合理费用。

第十五条 人民法院判决被告承担的生态环境服务功能损失赔偿资金、生态环境功能永久性损害造成的损失赔偿资金，以及被告不履行生态环境修复义务时所应承担的修复费用，应当依照法律、法规、规章予以缴纳、管理和使用。

第十六条 在生态环境损害赔偿诉讼案件审理过程中，同一损害生态环境行为又被提起民事公益诉讼，符合起诉条件的，应当由受理生态环境损害赔偿诉讼案件的人民法院受理并由同一审判组织审理。

第十七条 人民法院受理因同一损害生态环境行为提起的生态环境损害赔偿诉讼案件和民事公益诉讼案件，应先中止民事公益诉讼案件的审理，待生态环境损害赔偿诉讼案件审理完毕后，就民事公益诉讼案件未被涵盖的诉讼请求依法作出裁判。

第十八条 生态环境损害赔偿诉讼案件的裁判生效后，有权提起民事公益诉讼的国家规定的机关或者法律规定的组织就同一损害生态环境行为有证据证明存在前案审理时未发现的损害，并提起民事公益诉讼的，人民法院应予受理。

民事公益诉讼案件的裁判生效后，有权提起生态环境损害赔偿诉讼的主体就同一损害生态环境行为有证据证明存在前案审理时未发现的损害，并提起生态环境损害赔偿诉讼的，人民法院应予受理。

第十九条 实际支出应急处置费用的机关提起诉讼主张该费用的，人民法院应予受理，但人民法院已经受理就同一损害生态环境行为提起的生态环境损害赔偿诉讼案件且该案原告已经主张应急处置费用的除外。

生态环境损害赔偿诉讼案件原告未主张应急处置费用，因同一损害生态环境行为实际支出应急处置费用的机关提起诉讼主张该费用的，由受理生态环境损害赔偿诉讼案件的人民法院受理并由同一审判组织审理。

第二十条 经磋商达成生态环境损害赔偿协议的，当事人可以向人民法院申请司法确认。

人民法院受理申请后，应当公告协议内容，公告期间不少于三十日。公告期满后，人民法院经审查认为协议的内容不违反法律法规强制性规定且不损害国家利益、社会公共利益的，裁定确认协议有效。裁定书应当写明案件的基本事实和协议内容，并向社会公开。

第二十一条 一方当事人在期限内未履行或者未全部履行发生法律效力的生态环境损害赔偿诉讼案件裁判或者经司法确认的生态环境损害赔偿协议的，对方当事人可以向人民法院申请强制执行。需要修复生态环境的，依法由省级、市地级人民政府及其指定的相关部门、机构组织实施。

第二十二条 人民法院审理生态环境损害赔偿案件，本规定没有规定的，参照适用《最高人民法院关于审理环境民事公益诉讼案件适用法律若干问题的解释》《最高人民法院关于审理环境侵权责任纠纷案件适用法律若干问题的解释》等相关司法解释的规定。

第二十三条 本规定自2019年6月5日起施行。

【解读】

解读《关于审理生态环境损害赔偿案件的若干规定（试行）》

最高人民法院审判委员会第1769次会议通过的《最高人民法院关于审理生态环境损害赔偿案件的若干规定（试行）》（以下简称《若干规定》），已于2019年6月5日起正式施行。现就《若干规定》的起草背景、主要内容及其理解与适用作如下介绍和解读。

一、《若干规定》的制定背景

习近平总书记指出："只有实行最严格的制度、最严密的法治，才能为生态文明建设提供可靠保障。"[①] 生态环境损害赔偿制度是生态文明制度体系的重要组成部分。党中央、国务院高度重视生态环境损害赔偿工作。2013年，党的十八届三中全会明确提出，对造成生态环境损害的责任者严格实行赔偿制度。2015年3月，中共中央政治局会议审议通过《关于加快推进生态文明建设的意见》，将损害赔偿作为生态文明重大制度纳入生态文明制度体系，并提出要"加快形成生态损害者赔偿、受益者付费、保护者得到合理补偿的运行机制"。2015年9月，中共中央审议通过《生态文明体制改革总体方案》，作为生态文明体制改革的顶层设计，再次明确提出要严格实行生态环境损害赔偿制度，强化生产者环境保护的法律责任，大幅度提高违法成本，对违反环境保护法律法规的，依法严惩重罚；对造成生态环境损害的，以损害程度等因素依法确定赔偿额度。

2015年12月，中共中央办公厅、国务院办公厅发布《生态环境损害赔偿制度改革试点方案》，以探索建立生态环境损害的修复和赔偿制度为目标，在吉林等7个省市部署开展改革试点。2017年12月，中共中央办公厅、国务院办公厅印发《生态环境损害赔偿制度改革方案》（以下简称《改革方案》），明确自2018年1月1日起，在全国全面试行生态环境损害赔偿制度。到2020年，力争在全国范围内初步构建责任明确、途径畅通、技术规范、保障有力、赔偿到位、修复有效的生态环境损害赔偿制度。

《改革方案》要求最高人民法院负责指导有关生态环境损害赔偿的审判工作，并对人民法院探索完善生态环境损害赔偿诉讼规则提出具体要求。最高人民法院高度重视《改革方案》任务分工的贯彻落实，指导各级人民法院紧紧围绕党中央决策部署，积极开展生态环境损害赔偿审判工作，创新赔偿协议司法确认程序，依法受理生态环境损

[①] 中共中央宣传部、中华人民共和国生态环境部：《习近平生态文明思想学习纲要》，人民出版社、学习出版社2022年版，第98页。

害赔偿各类案件，探索完善审判执行规则，为生态环境损害赔偿制度改革提供了有力的司法服务和保障。各级人民法院坚持环境有价、损害担责工作原则，由环境资源审判庭或者专门法庭受理、审理生态环境损害赔偿案件，严肃追究损害生态环境责任者的修复和赔偿责任，确保受损生态环境得到及时有效修复。各地还认真总结审判经验，山东、贵州、云南、江苏等11个省市出台了审理生态环境损害赔偿案件的司法规则，为健全完善生态环境损害赔偿审判规则积累了有益经验。截至目前，各级人民法院共受理省级、市地级人民政府提起的生态环境损害赔偿案件53件，其中受理生态环境损害赔偿诉讼案件20件，审结14件；受理生态环境损害赔偿协议司法确认案件33件，审结21件，为生态环境损害赔偿制度的全面试行提供了有力司法保障和实践支持。

根据《改革方案》部署，最高人民法院将研究制定生态环境损害赔偿司法解释纳入重要工作日程，在认真总结各地法院尤其是试点法院实践经验的基础上，经过反复调研、论证和广泛征求立法机关、行政主管部门、专家学者、全国人大代表、全国政协委员意见，起草制定《若干规定》，从司法解释层面确保党中央关于建立生态环境损害赔偿制度的决策部署落地生根、见效。

二、《若干规定》的法律依据

生态环境损害赔偿制度是生态文明体制改革过程中的新生事物，目前尚无专门的立法规定[民法典侵权责任编（草案）在生态环境损害责任一章专门规定了生态环境损害赔偿责任]。关于生态环境损害赔偿的法律依据，从改革试点之初即存在争议。司法解释起草过程中，有的观点认为，生态环境损害赔偿制度的理论基础在于"利用民法原理思考自然资源所有权的制度建设问题"，应将国家所有权界定为私法所有权的一种专门类型根据物权法的规定，国家是矿藏、水流、城市土地、国家所有的森林、山岭、草原、荒地、滩涂等自然资源所有人，但在自然资源受到损害后，却没有权利主体来主张赔偿，生态环境损害赔偿制度的出现弥补了这一空白，因此，物权法应作为主要法律渊源。有的观点认为，民法总则的绿色原则是环境资源保护领域的帝王条款，在无上位法明确规定情况下，可以作为生态环境损害赔偿诉讼的法律依据之一。有的观点认为，侵权责任法作为自然资源和生态环境受到损害的权利主张依据，应当作为生态环境损害赔偿诉讼的法律依据。有的观点认为，环境保护法明确规定了县级以上人民政府的生态环境保护职责，因此，应当作为省级、市地级人民政府提起生态环境损害赔偿诉讼的直接法律依据。有的观点认为，实践中，生态环境损害赔偿案件的审理实质上更多借用或者参考民事诉讼制度，《改革方案》也明确赔偿权利人应及时提起生态环境损害赔偿民事诉讼，因此，民事诉讼法应作为该类诉讼的程序法依据。还有观点认为，省级、市地级人民政府及相关部门、机构是具有行政管理职责的行政机关，其开展生态环境损害赔偿磋商和诉讼活动，兼具行使行政管理权的性质，该类诉讼并非单纯的民事诉讼，不宜将民事诉讼法、物权法、侵权责任法等民事程序和实体法律作为其依据。

经过认真研究，为求同存异、凝聚共识，《若干规定》仅列举环境保护法、民事诉讼法作为生态环境损害赔偿诉讼的法律渊源，同时以"等"字涵盖其他相关法律依据。主要考虑有以下两点：一是环境保护法第五条规定"环境保护坚持保护优先、预防为主、综合治理、公众参与、损害担责的原则"；第六条规定"一切单位和个人都有保护环境的义务。地方各级人民政府应当对本行政区域的环境质量负责"；第六十四条规定

"因污染环境和破坏生态造成损害的，应当依照《中华人民共和国侵权责任法》的有关规定承担侵权责任"。鉴于环境保护法对于地方各级人民政府的环境保护职责以及损害担责的原则作出明确规定，有必要将之作为审理生态环境损害赔偿案件的基本依据。二是《改革方案》规定，"对经磋商达成的赔偿协议，可以依照民事诉讼法向人民法院申请司法确认"，"经司法确认的赔偿协议，赔偿义务人不履行或不完全履行的，赔偿权利人及其指定的部门或机构可向人民法院申请强制执行"，"磋商未达成一致的，赔偿权利人及其指定的部门或者机构应当及时提起生态环境损害赔偿民事诉讼"。各级人民法院的审判实践也充分表明民事诉讼法亦是生态环境损害赔偿诉讼的程序法依据。审判实践中需要注意的是，虽然《若干规定》仅列明两部法律作为审理生态环境损害赔偿案件的法律依据，但"等"字表明还有其他的相关法律，比如，虽然侵权责任法保护的民事权益限于人身、财产权益，但侵权责任法确定的法律责任聚合与民事责任优先原则、归责原则、责任大小的分配原则、因果关系的推定规则、承担责任的方式等，在多数情况下都可以适用于生态环境损害赔偿诉讼。

三、生态环境损害赔偿诉讼的起诉条件

《若干规定》第一条规定了生态环境损害赔偿诉讼案件的起诉条件，"具有下列情形之一，省级、市地级人民政府及其指定的相关部门、机构，或者受国务院委托行使全民所有自然资源资产所有权的部门，因与造成生态环境损害的自然人、法人或者其他组织经磋商未达成一致或者无法进行磋商的，可以作为原告提起生态环境损害赔偿诉讼：（一）发生较大、重大、特别重大突发环境事件的；（二）在国家和省级主体功能区规划中划定的重点生态功能区、禁止开发区发生环境污染、生态破坏事件的；（三）发生其他严重影响生态环境后果的。前款规定的市地级人民政府包括设区的市、自治州、盟、地区，不设区的地级市，直辖市的区、县人民政府。"该规定主要包含三个方面的内容。

一是明确了有权提起生态环境损害赔偿诉讼的原告范围。依据《改革方案》关于赔偿权利人的规定，《若干规定》明确可以提起生态环境损害赔偿诉讼的原告包括省级、市地级人民政府及其指定的相关部门、机构，或者受国务院委托行使全民所有自然资源资产所有权的部门。同时，明确了市地级人民政府包括设区的市，自治州、盟、地区，不设区的地级市，直辖市的区、县人民政府。需要注意的是，在健全国家自然资源资产管理体制试点区，受委托的省级人民政府可指定统一行使全民所有自然资源资产所有者职责的部门负责生态环境损害赔偿具体工作。但该试点工作于2018年底结束，已不存在此种情形。

二是明确了可以提起生态环境损害赔偿诉讼的具体情形。《若干规定》依据《改革方案》规定的追究生态环境损害赔偿责任的适用范围，规定了可以提起诉讼的三种主要情形。(1) 发生较大、重大、特别重大突发环境事件的；(2) 在国家和省级主体功能区规划中划定的重点生态功能区、禁止开发区发生环境污染、生态破坏事件的；(3) 发生其他严重影响生态环境后果的。需要注意的是，《若干规定》并未另行明确第三种情形具体包含的内容，主要考虑是，根据《改革方案》要求，各省、自治区、直辖市人民政府均应制定适用于本辖区的具体实施方案。因此，在省级人民政府制定的本行政区域生态环境损害赔偿制度改革实施方案中对"发生其他严重影响生态环境后果的"的情形作出具体规定的情况下，原告根据相关规定提起诉讼的，人民法院应依

法予以受理。鉴于各地的具体实施方案所确定的情形具有本地特点，司法解释对该条款不再作进一步的细化说明。

三是明确了磋商是提起生态环境损害赔偿诉讼的前置程序。《若干规定》第一条规定："省级、市地级人民政府及其指定的相关部门、机构，或者受国务院委托行使全民所有自然资源资产所有权的部门，因与造成生态环境损害的自然人、法人或者其他组织经磋商未达成一致或者无法进行磋商的，可以作为原告提起生态环境损害赔偿诉讼。"作为前置程序，原则上只有在经磋商无法达成一致的情况下，赔偿权利人方可提起生态环境损害赔偿诉讼。但实践中，时有污染者或者生态破坏者在造成生态环境损害后下落不明或者故意躲避导致无法进行磋商的情况发生，因此，除了经磋商无法达成一致之外，客观上缺少开展磋商的条件的情况下，赔偿权利人亦应及时提起生态环境损害赔偿诉讼。对于人民法院而言，在立案阶段，只需要审查原告是否提交了与被告进行磋商但未达成一致或者因客观原因无法与被告进行磋商的说明即可。诉讼过程中，如果被告提交证据证明原告的说明是虚构的，明明具备磋商的条件而原告未主动开展磋商的话，则可认定原告尚不具备提起生态环境损害赔偿诉讼的条件。

四、举证责任分配

（一）关于原告的举证责任

依据侵权责任法和相关司法解释规定，结合生态环境损害赔偿诉讼原告掌握行政执法阶段证据，举证能力较强的特点，《若干规定》第六条明确规定："原告主张被告承担生态环境损害赔偿责任的，应当就以下事实承担举证责任：（一）被告实施了污染环境、破坏生态的行为或者具有其他应当依法承担责任的情形；（二）生态环境受到损害，以及所需修复费用、损害赔偿等具体数额；（三）被告污染环境、破坏生态的行为与生态环境损害之间具有关联性。"

关于"其他应当依法承担责任的情形"，主要是指虽未直接实施污染环境破坏生态行为，但依据法律规定应当承担责任的情形。例如，根据环境保护法第六十五条规定，环境影响评价机构、环境监测机构以及从事环境监测设备和防治污染设施维护、运营的机构在有关环境服务活动中弄虚作假，对造成的环境污染和生态破坏负有责任的；根据土壤污染防治法第九十六条规定，土地使用权人因未履行污染防控义务和修复义务承担侵权责任的等。此外，违反法律法规，向他人提供、出售、委托处置、委托运输危险废物或其他污染物的公民、法人和其他组织；违反法律法规，明知他人行为具有污染环境、破坏生态的后果，仍实施向他人出租（借）经营场所、提供经营资质、签订虚假合同等帮助行为的公民、法人和其他组织，也应当属于此种情形。

关于原告所负举证责任的具体内容。《最高人民法院关于审理环境侵权责任纠纷案件适用法律若干问题的解释》（以下简称《环境侵权司法解释》）规定，原告需提交生态环境受到损害的证据材料。《若干规定》原条文沿用上述司法解释的规定，但在征求意见的过程中，部分专家提出，仅仅表述为"损害"不够明确，同时具有行政主体资格的原告在诉前往往已经针对损害进行了鉴定评估，其具备提出损害具体数额的能力。《若干规定》吸收了相关意见，将"生态环境受到损害"进一步修改为"生态环境受到损害，以及所需修复费用、损害赔偿等具体数额"，即原告不仅需要提交生态环境受到损害的证据材料，还需要提交所需修复费用、损害赔偿数额等具体的证明材料。这样从举证责任角度规定原告的义务，有利于负有环境资源监督管理职责的原告积极履行职责，收集证据材料，为进一步查清事实、分清责任打好基础。

关于关联性的问题。司法解释起草过程中，有观点认为，省级、市地级人民政府及其指定的相关部门、机构一般掌握行政执法阶段的证据，其举证能力高于普通原告，不仅应当对被告实施了相应的行为或者具有依法应当承担责任的情形、生态环境遭到损害、损害的具体程度负有举证责任，还应当提交相关证据材料证明被告的行为和生态环境损害之间具有因果关系。考虑到生态环境损害赔偿诉讼原告的特殊性，由原告举证证明被告行为与生态环境损害之间具有因果关系，具有一定合理性。但鉴于侵权责任法明确规定由被告负责证明其行为与损害之间不存在因果关系，如将该因果关系的举证责任确定由原告承担，将与侵权责任法的现有规定不一致。《环境侵权司法解释》关于由原告证明污染环境或者破坏生态行为与损害结果之间具有关联性的规定，可以继续适用。

（二）关于被告的举证责任

《若干规定》第七条规定了对被告举证的要求，"被告反驳原告主张的，应当提供证据加以证明。被告主张具有法律规定的不承担责任或者减轻责任情形的，应当承担举证责任。"该条规定，一是明确了被告反驳原告主张的，应当举证证明。这里的"原告主张"即《若干规定》第六条规定的"被告实施了污染环境、破坏生态的行为或者具有其他应当依法承担责任的情形；生态环境受到损害，以及所需修复费用、损害赔偿等具体数额；被告污染环境、破坏生态的行为与生态环境损害之间具有关联性"三种情形。二是延续了侵权责任法对被告减轻免除责任情形的举证责任规定，即"被告主张具有法律规定的不承担责任或减轻责任情形的，应当承担举证责任"。

（三）关于被告行为违法性要件举证责任分配的问题

《改革方案》规定，违反法律法规，造成生态环境损害的单位或个人，应当承担生态环境损害赔偿责任，做到应赔尽赔。《若干规定》第十一条也规定，被告违反法律法规污染环境、破坏生态的，人民法院应当根据原告的诉讼请求以及具体案情，合理判决被告承担相应民事责任。因此，生态环境损害赔偿责任需要以被告行为具有违法性为前提，该规定与一般环境侵权诉讼或者民事公益诉讼均有不同，是生态环境损害赔偿诉讼的特殊规定。司法解释起草过程中，对于应当由哪方当事人举证证明被告行为违反法律法规存在不同观点。一种意见认为，根据方案的规定，被告行为违反法律法规是原告主张赔偿的条件之一，应当由原告承担举证责任。另一种意见则认为，鉴于该类案件的特殊性，虽然原告相对于一般侵权案件原告举证能力较强，但环境案件的复杂性决定了仍应合理减轻原告的举证责任，尽可能将之移转至加害人。原告只要能够证明损失后果及该后果极有可能系由被告的行为所造成，其举证责任即已完成，该损害后果非由被告的行为造成以及行为不具有违法性，即存在依法不承担赔偿责任的法定事由，应由被告承担举证责任。如其不能提供充分相反证据，原告的主张即应成立。还有一种观点认为，原告掌握行政执法阶段的证据，应由其举证证明被告行为违反法律法规，不能要求被告对其不违反法律法规这一消极事实承担举证责任，被告可以举证反驳原告该项主张。我们认为，可以根据案件的具体情况，由原告举证证明被告行为违反法律法规规定，同时被告也可以反驳原告主张，举证证明其行为符合法律法规的规定。

五、证据的审查判断

《若干规定》根据生态环境损害赔偿诉讼案件中各类证据的特点，分别就生效刑事裁判涉及的相关事实、行政执法过程中形成的事故调查报告、当事人诉前委托作出的鉴定评估报告等证据的审查判断规则作出明确规定，为准确查明生态环境损害相关事实提供了规范依据。

（一）关于生效刑事裁判涉及的相关事实

《最高人民法院关于适用〈中华人民共和国民事诉讼法〉的解释》（2015年修正，以下简称《民诉法解释》）第九十三条规定："下列事实，当事人无须举证证明：（一）自然规律以及定理、定律；（二）众所周知的事实；（三）根据法律规定推定的事实；（四）根据已知的事实和日常生活经验法则推定出的另一事实；（五）已为人民法院发生法律效力的裁判所确认的事实；（六）已为仲裁机构生效裁决所确认的事实；（七）已为有效公证文书所证明的事实。前款第二项至第四项规定的事实，当事人有相反证据足以反驳的除外；第五项至第七项规定的事实，当事人有相反证据足以推翻的除外。"《若干规定》第八条第一款重申：刑事裁判确认的事实在生态环境损害赔偿案件中当事人无须举证证明。刑事诉讼对证据的审查标准最为严格，依据刑事诉讼法的相关规定，只有经过法定程序查证属实的证据证明定罪量刑的事实达到足以排除合理怀疑的程度，方可认定为证据确实、充分。生态环境损害赔偿诉讼案件属于民事案件范畴，应适用民事诉讼高度盖然性的证明标准。即如果一方当事人提出的证据能够证明争议事实的发生具有高度可能性的，法院即可予以确认。因此，对于已为发生法律效力的刑事裁判所确认的事实，除非对方提出了相反证据足以推翻该事实，当事人在生态环境损害赔偿诉讼中是无须举证证明的。《若干规定》第八条第二款规定，对刑事裁判未予确认的事实，当事人提供的证据达到民事诉讼证明标准的，人民法院应当予以认定。该规定也是基于刑事诉讼和民事诉讼不同的证明标准，对于一些在刑事诉讼中已经主张，但因尚未达到刑事诉讼证明标准而未予确认的事实，如果在生态环境损害赔偿诉讼中，原告提供的证据符合民事诉讼证明标准的，人民法院可以予以确认，并作为承担生态环境损害赔偿责任的事实根据。司法解释起草过程中，有意见认为，应当区分刑事裁判中的有罪事实和无罪事实，分别规定在生态环境损害赔偿诉讼中的认定规则。对此，我们考虑到以下因素，在该条中未作区分：（1）关于在先刑事案件裁判认定事实对在后民事诉讼的证据效力问题，学界有不同的观点，实践中情形较为复杂，尚未形成统一认识，在条文表述时也难以做到严谨和周延。（2）依据《民诉法解释》的规定，生效裁判所确认的事实具有免证效力，未区分有罪事实还是无罪事实。（3）刑事案件与民事案件证明标准不同，相关事实只要符合民事诉讼证明标准，即使刑事裁判未予认定，仍然在民事诉讼中可以认定并据以追究民事责任。该条的目的是明确法院审理民事案件时，在生效刑事裁判认定事实基础上，可以依照民事诉讼证明标准认定相关事实。（4）《若干规定》主要解决生态环境损害赔偿案件的受理和审理问题，与在先刑事裁判认定事实的协调并非本司法解释解决的重点问题，可在其他专门司法解释中予以研究明确。

（二）关于行政执法过程中形成的事故调查报告等证据

实践中，负有相关环境资源保护监督管理职责的部门在行政执法过程中可能会形成事故调查报告、检验报告、检测报告、评估报告、监测数据等，是上述机关在其职责范围内依据规范程序就相关专业性问题制作的材料,是行政执法过程中的第一手资料,具有专业性和及时性。《民诉法解释》第一百一十四条规定:"国家机关或者其他依法具有社会管理职能的组织,在其职权范围内制作的文书所记载的事项推定为真实,但有相反证据足以推翻的除外。必要时,人民法院可以要求制作文书的机关或者组织对文书的真实性予以说明。"《环境侵权司法解释》第十条规定:"负有环境保护监督管理职责的部门或者其委托的机构出具的环境污染事件调查报告、检验报告、检测报告、评估报告或者监测数据等,经当事人质证,可以作为认定案件事实的根据。"可见,负有环境资源保护监督管理职责的部门依照法定程序和方式作出的环境污染事件调查报告、检验报告、检测报告、评估报告或者监测数据等,属于公文书证的范围,适用公文书证的证据规则。而负有环境资源保护监督管理职责的部门委托的机构出具的上述报告、数据等,其制定主体虽不属于上述具有社会公信力或者公共信用的公共管理机关的范畴,但其出具的报告、数据等在环境污染行政执法中也被作为重要的证据使用,与环境资源保护监督管理职责的部门出具的报告、数据等并无本质不同,故也可以认为属于公文书证的范畴。因此,《若干规定》第九条明确了"负有相关环境资源保护监督管理职责的部门或者其委托的机构在行政执法过程中形成的事件调查报告、检验报告、检测报告、评估报告、监测数据等,经当事人质证并符合证据标准的,可以作为认定案件事实的根据。"

审判实践中需要注意:第一,上述证据限于环境资源保护监督管理职责的部门或者委托的机构在其职权范围之内依照法定程序所作出的证据。第二,本条明确规定上述证据需经当事人质证并符合证据标准的,可以作为认定案件事实的根据。换言之,质证程序是认定上述调查报告等最终具有证据效力的必经程序,在上述证据符合证据资格的前提下,经庭审质证,证据符合真实性、合法性、关联性要求的,人民法院应当认定其具有证明力,才可以作为认定案件事实的根据。

(三)关于当事人诉前委托作出的鉴定评估报告等证据

原告与被告在诉前进行磋商是提起生态环境损害赔偿诉讼的前置程序,在此期间往往需要委托具备环境司法鉴定资质的鉴定机构出具鉴定意见。《若干规定》第十条规定:"当事人在诉前委托具备环境司法鉴定资质的鉴定机构出具的鉴定意见,以及委托国务院环境资源保护监督管理相关主管部门推荐的机构出具的检验报告、检测报告、评估报告、监测数据等,经当事人质证并符合证据标准的,可以作为认定案件事实的根据。"诉前磋商作为生态环境损害赔偿诉讼的前置程序,在实践中发挥了积极作用,增强了行政机关积极履行环境资源保护监督管理职责的积极性,推动赔偿义务人尽快修复受损生态环境。司法解释起草过程中,有观点认为,当事人应当在诉前磋商阶段共同委托鉴定,减少诉讼过程中对鉴定意见的争议。但我们考虑到,如果被告不同意原告在诉前磋商阶段共同委托,就无法达成磋商协议,会阻碍双方当事人尽快达成协议、尽快修复生态环境的根本目的,影响磋商效果。而且双方在诉讼阶段仍然可以申请人民法院委托鉴定,不影响双方的权利。因此,《若干规定》未规定诉前当事人必须共同委托鉴定。此外,本条规定了两类机构:一是具备环境司法鉴定资质的鉴定机构。司法部正在开展环境司法鉴定机构的资质审核,目前全国已经备案111家环境司法鉴定机构供当事人选择。二是国务院环境资源保护监督管理相关主管部门推荐的机构。司法部对于环境司法鉴定机构的资质审核工作尚未完成,实践中还有原环境保护部推荐的机构接受当事人或者法院的委托出具检验报告、检测报告、评估报告等。在环境司法鉴定机构资质审核工作尚未完成之前，国务院环境资源主管部门推荐的机构出具的上述报告经过质证并符合证据标准的，可以作为认定案件事实的根据。

六、赔偿责任体系

《若干规定》基于生态环境损害赔偿此种特殊性损害救济的需要，解释性表述生态环境损害赔偿责任体系。第十一条规定："被告违反法律法规污染环境、破坏生态的，人民法院应当根据原告的诉讼请求以及具体案情，合理判决被告承担修复生态环境、赔偿损失、停止侵害、排除妨碍、消除危险、赔礼道歉等民事责任。"

第一，将恢复原状责任方式解释并表述为"修复生态环境"。这种新型表述着重强调生态环境损害的重点，不仅仅是恢复原状，更要从修复生态环境的角度考虑如何恢复原状。我们作这种表述性解释是基于公共利益救济的特殊需要，对民法总则、侵权责任法中"恢复原状"这一责任的字面含义进行的具体化阐释。之所以在语境中对恢复原状进行解释，主要考虑到在民法、侵权法领域，对恢复原状的内涵、外延与在环境法领域对其内涵、外延的理解是各有侧重点与区别的。为了更好地在生态环境损害赔偿领域适用恢复原状责任方式，从修复角度解释恢复原状为"修复生态环境"，突出了修复生态环境的诉讼目的。司法解释起草过程中，有观点认为，可以沿用恢复原状责任承担方式。我们认为，虽然"恢复原状"和"修复生态环境"二者本质相同，但侧重点略有不同。一是生态环境损害赔偿制度以修复生态环境为制度价值和追求。生态修复是出发点和落脚点，将"恢复原状"责任中的"恢复"解释为"修复"，内涵更为丰富，除了包含自然恢复，还包括人工修复；除了包括原地原样恢复，还包括异地恢复。二是生态环境损害赔偿案件核心是对生态环境的修复，将"恢复原状"责任中的"原状"表述为"生态环境"，突出了恢复对象是生态环境，对生态环境的修复要考虑生态系统的价值和服务功能，目标是将生态环境恢复到原有的功能或者状态。充分运用文义解释的方法，确定在生态环境损害赔偿领域恢复原状的具体理解，有利于在专业领域对恢复原状责任的运用。

第二，强调了修复生态环境责任形式的使用，突出修复生态环境和赔偿生态环境的服务功能损失在责任体系中的重要地位。司法解释起草过程中，有观点提出，一般而言，对损失应当以赔偿为主要的责任方式。我们认为，就生态环境损害赔偿的主要目的而言，应当以修复生态环境作为首选责任承担方式，在无法修复的情况下，可以采取赔偿损失的方式予以弥补。而这两种方式作为生态环境损害赔偿案件最主要的责任形式应当予以强调。因此，我们将责任承担方式的顺序进行了调整，将修复生态环境、赔偿损失调整到其他责任方式之前，突出这两种主要责任方式。

第三，以生态环境是否得到修复为标准完善赔偿责任的内容。《若干规定》根据生态环境是否能够修复这一标准对损害赔偿责任内容进行分类规定：一是生态环境可以修复的情况。《若干规定》第十二条规定："受损生态环境能够修复的，人民法院应当依法判决被告承担修复责任，并同时确定被告不履行修复义务时应承担的生态环境修复费用。生态环境修复费用包括制定、实施修复方案的费用，修复期间的监测、监管费用，以及修复完成后的验收费用、修复效果后评估费用等。原告请求被告赔偿生态环境受到损害至修复完成期间服务功能损失的，人民法院根据具体案情予以判决。"二是生态环境无法修复或者无法完全修复的情况。《若干规定》第十三条规定："受损生态环境无法修复或者无法完全修复，原告请求被告赔偿生态环境功能永久性损害造成的损失的，人民法院根据具体案情予以判决。"三是综合以上两条可以得知，在受损生态环境无法完全修复的情况下，即受损生态环境部分可以修复、部分不能修复，赔偿义务人需要同时承担可修复部分的修复义务以及支付可修复部分在修复期间的生态环境服务功能损失；不可修复部分，则需支付永久性损害造成的损失赔偿资金。此外，我们根据生态环境部和专家意见，首次将修复效果后评估费用纳入修复费用范围。

第四，明确赔偿资金的管理使用依据。《若干规定》第十五条与土壤污染防治法关于建立土壤污染防治基金等规定相衔接，规定赔偿资金应当按照法律、法规、规章予以缴纳、管理和使用。土壤污染防治法第七十一条第一款规定："国家加大土壤污染防治资金投入力度，建立土壤污染防治基金制度。设立中央土壤污染防治专项资金和省级土壤污染防治基金，主要用于农用地土壤污染防治和土壤污染责任人或者土地使用权人无法认定的土壤污染风险管控和修复以及政府规定的其他事项。"符合土壤污染防治法规定的情形且该省设立有土壤污染防治基金的，赔偿资金可以直接交纳至相关基金。在其他情况下，则按照法律、法规、规章予以缴纳、管理和使用。

无论是社会组织、人民检察院提起的公益诉讼还是省级、市地级人民政府提起的生态环境损害赔偿诉讼，都会涉及环境损害赔偿资金的管理和使用问题。各地法院要依据自身情况，在现有法律以及国家政策框架范围内，研究各类诉讼中生态修复资金的管理机制，总结司法实践中的有益经验，探索设立生态环境修复专项基金或专项资金账户，接收生效判决判令被告承担的生态环境修复费用以及生态环境修复期间服务功能损失赔偿金等款项；探索生态损害赔偿诉讼中生态损害无法修复、赔偿资金上缴国库后的替代性修复资金使用问题，配合有关部门监督赔偿资金的使用。在地方政府和财政部门推动下，云南省昆明市，贵州省贵阳市，江苏省无锡市、徐州市、泰州市等进行了有益的探索，其先后依托财政部门建立了环境公益诉讼专项资金账户，受领生效判决判令被告承担的生态环境修复费用以及服务功能损失赔偿金等款项，推动及时修复受损生态环境的诉讼目的实现，有效保护了生态环境公共利益。山东省也探索设立了统一财政账号管理生态环境损害赔偿和修复资金。总体而言，只要是与生态环境损害赔偿制度、环境公益诉讼制度的设立目的不相违背，适合当地情况且有利于执行的资金使用管理制度，都在允许探索的范围内。如果本地区有生态环境损害赔偿诉讼或者环境公益诉讼专项资金账户，可以将上述资金或者费用交纳至该账户，专项用于案涉生态环境修复工作。

七、生态环境损害赔偿诉讼与环境民事公益诉讼的衔接和协调

（一）明确两类案件分别立案后由同一审判组织审理

在生态环境损害赔偿诉讼试点期间，部分试点法院受理了针对同一生态环境损害行为提起的生态环境损害赔偿诉讼和环境民事公益诉讼，两种诉讼应如何进行衔接和协调，在实践中产生了不同的认识。有的观点认为，两类诉讼针对的侵害行为或者事件是相同的，可以合并审理。有的观点认为，两类诉讼请求和具体内容有一定重合也有一定区别，不宜合并审理。我们认为，鉴于生态环境损害赔偿诉讼尚处于试点期间，为了更好地探索程序规则，厘清两类案件在归责原则、举证责任、事实认定、裁判内容等法律适用上的异同与协调，同时也是为了避免关联案件在认定事实和裁判意见上的冲突，应当将两类案件分别立案，并由受理生态环境损害赔偿诉讼法院的同一审判组织一并审理。

（二）明确两类案件的审理顺序

从环境治理体系角度看，地方各级人民政府是宪法规定的地方国家权力机关的执行机关，依照法律规定的权限，管理本行政区域内的经济、教育、科学、文化、卫生、体育事业、城乡建设事业和财政、民政、公安、民族事务、司法行政、计划生育等行政工作。省级、市地级政府作为对本行政区域的环境质量负责的责任主体，应当对本行政区域环境保护工作实施统一监督管理。政府主导、行政优先是生态环境损害赔偿制度的特点。

《若干规定》规定省级、市地级政府及其指定的相关部门、机构可以作为生态环境损害赔偿诉讼案件的原告，是落实两级政府环境资源保护行政管理职责的需要。同时，省级、市地级政府负责环境资源保护监督管理的部门具有较强专业性和组织修复生态环境的能力。为促进受损生态环境的及时有效修复，《若干规定》第十七条明确："人民法院受理因同一损害生态环境行为提起的生态环境损害赔偿诉讼案件和民事公益诉讼案件，应先中止民事公益诉讼案件的审理，待生态环境损害赔偿诉讼案件审理完毕后，就民事公益诉讼案件未被涵盖的诉讼请求依法作出裁判。"

司法解释起草过程中，对于前诉的诉讼请求可以涵盖后诉请求的情况下，后诉应当裁定终结诉讼还是裁定驳回起诉的问题存在争议。一种观点认为，终结诉讼是基于诉讼请求已被前案涵盖，丧失诉的利益的情况下，无继续审理必要而采取的结案方式，考虑到如果单独审理环境民事公益诉讼案件，诉讼请求是可能得到支持的，裁定终结诉讼可以保护环境民事公益诉讼原告的积极性，避免否定性评价。另一种观点认为，在生态环境损害赔偿诉讼审结后，如果环境民事公益诉讼的诉讼请求已被涵盖，则可以裁定驳回起诉。事实上，由于环境民事公益诉讼原告的诉讼请求中往往包括该原告为该案件支出的检验、鉴定费用，合理的律师费以及为诉讼支出的其他合理费用等，这些费用以及被告应当在环境民事公益诉讼中负担的诉讼费用是不能为前诉所涵盖的，以上假设的前诉请求涵盖后诉请求的情况常常不会存在。鉴于协调两类诉讼关系的案例和经验尚不丰富，实践中还有没有其他具体情况有待观察，《若干规定》对此暂未涉及，为实践探索留下空间。

审判实践中需要注意的是：第一，要厘清诉讼请求涵盖的内容。当前对不能被涵盖的诉讼请求具体指什么，认识不一，实践中的情况也比较复杂：一是诉讼请求是不同的种类；二是诉讼请求数额不同；三是发现新的证据并据此提出的诉讼请求；四是诉讼请求系基于超出前案审理范围的事实；五是发生新的损害事实并据此提出的诉讼请求。我们认为，上述五种均属于不能被涵盖的诉讼请求，均应当继续审理，根据当事人提交的证据认定事实，适用法律，作出裁判。第二，要合理引导三类主体起诉，促进生态环境保护形成合力。从督促政府积极提起生态环境损害赔偿诉讼的角度考虑，结合《改革方案》中关于"鼓励法定的机关和符合条件的社会组织依法开展生态环境损害赔偿诉讼"的要求，在法律规定的机关、社会组织或者人民检察院已经提起环境民事公益诉讼的情况下，鼓励政府通过支持起诉方式参加诉讼，无须再提起生态环境损害赔偿诉讼。

（三）明确裁判生效后两类案件的衔接规则

为了平等保护各类主体的诉权，避免相关民事主体因同一损害生态环境行为被重复追责,《若干规定》第十八条明确,"生态环境损害赔偿诉讼案件的裁判生效后,有权提起民事公益诉讼的机关或者社会组织就同一损害生态环境行为有证据证明存在前案审理时未发现的损害,并提起民事公益诉讼的,人民法院应予受理。民事公益诉讼案件的裁判生效后,有权提起生态环境损害赔偿诉讼的主体就同一损害生态环境行为有证据证明存在前案审理时未发现的损害,并提起生态环境损害赔偿诉讼的,人民法院应予受理。"

(四)明确实际支出应急处置费用的机关提起的追偿诉讼和生态环境损害赔偿诉讼的关系

《若干规定》第十九条明确,"实际支出应急处置费用的机关提起诉讼主张该费用的,人民法院应予受理,但人民法院已经受理就同一损害生态环境行为提起的生态环境损害赔偿诉讼案件且该案原告已经主张应急处置费用的除外。生态环境损害赔偿诉讼案件原告未主张应急处置费用,因同一损害生态环境行为实际支出应急处置费用的机关提起诉讼主张该费用的,由受理生态环境损害赔偿诉讼案件的人民法院受理并由同一审判组织审理。"该条有三层含义:一是明确实际支出应急处置费用机关的追偿权利,明确实际支出应急处置费用的机关起诉的,人民法院应当受理;二是为避免重复主张,规定如生态环境损害赔偿诉讼原告已经主张这部分费用的,则不予受理实际支出费用的机关的起诉;三是为协调两类诉讼的审理,明确如生态环境损害赔偿诉讼原告未主张这部分费用而实际支出的机关起诉主张的,由受理损害赔偿诉讼的人民法院一并受理,并由同一审判组织审理。

八、磋商协议的司法确认程序

《若干规定》第二十条明确规定,经磋商达成生态环境损害赔偿协议的,当事人可以向人民法院申请司法确认。同时,该条还规定了赔偿协议的公告、审查以及裁定内容和公开要求,为生态环境损害赔偿协议的司法确认提供了规范依据。磋商是生态环境损害赔偿诉讼的前置程序,在实践中,不少生态环境损害问题通过磋商达成了赔偿协议,赔偿义务人及时对生态环境进行修复,产生了良好的社会效果。《若干规定》及时回应审判实践需要,规定了磋商达成赔偿协议的司法确认程序:一是明确赔偿协议司法确认的公告制度。全国首例由省级人民政府提出申请的生态环境损害赔偿协议司法确认案件中,清镇市人民法院受理司法确认申请后,在贵州省法院门户网站将各方达成的《生态环境损害赔偿协议》、修复方案等内容进行了为期十五日的公告,有效地保障了公众的知情权、参与权和监督权。这一司法实践探索被《改革方案》及《若干规定》所肯定和采纳。二是明确了法院的审查义务。法院在受理生态环境损害赔偿协议司法确认案件后,依法就协议的内容是否违反法律法规强制性规定,是否损害国家利益、社会公共利益进行司法审查并依法作出裁定。此外,为了加大生态环境案件的公众参与,监督生态环境损害赔偿磋商协议的落实情况,明确了确认生态环境损害赔偿协议效力的裁定书应当载明案件基本事实和协议内容等,进一步规范裁定书的体例和制作要求。三是规范生态环境损害赔偿协议司法确认的效力和规则。人民法院通过对生态环境损害赔偿协议的司法确认,赋予赔偿协议强制执行效力,对拒绝履行、未全部履行经司法确认的生态环境损害赔偿协议的,当事人可以向人民法院申请强制执行,促进赔偿协议的有效履行和生态环境修复工作的切实开展。

审判实践中需要注意的是,《改革方案》明确磋商协议的司法确认要依据民事诉讼法的规定进行,但现行法律并无关于磋商协议司法确认的相关规定。而民事诉讼法(2017年修正)第一百九十四条规定了基层人民调解组织参与达成的调解协议的司法确认程序。我们认为,不能简单适用该规定,可以参照适用该规定的相关内容,进一步研究磋商协议司法确认程序。主要理由是基层人民调解组织参与达成的调解协议与磋商达成赔偿协议不同:一是参与主体双方地位不同,生态损害赔偿协议是省级、市地级人民政府及其指定的相关部门、机构为了履行职责,与赔偿义务人之间因生态环境损害赔偿而达成的损害赔偿协议,省级、市地级人民政府代表国家自然资源和生态环境保护者,具有一定行政管理职权属性;人民调解协议是经人民调解委员会调解平等主体之间达成的调解协议。二是参与机构不同。《改革方案》规定了诉前磋商程序,该种磋商在赔偿权利人和赔偿义务人之间进行,也可以委托与生态环境保护或者赔偿修复有关联的部门作为中间人参与磋商;人民调解是指在人民调解委员会主持下,通过说服、疏导等方法,促使当事人在平等协商基础上自愿达成调解协议,解决民间纠纷的活动。实践中,人民法院可以对生态环境损害赔偿协议司法确认的具体程序进一步探索,包括级别管辖、审判组织、审查内容等,条件成熟时可就此提出立法建议,明确相关程序。

(撰稿人:王旭光、魏文超、刘小飞、刘慧慧)

最高人民法院
关于审理道路交通事故损害赔偿案件适用法律若干问题的解释

(2012年9月17日最高人民法院审判委员会第1556次会议通过 根据2020年12月23日最高人民法院审判委员会第1823次会议通过的《最高人民法院关于修改〈最高人民法院关于在民事审判工作中适用《中华人民共和国工会法》若干问题的解释〉等二十七件民事类司法解释的决定》修正)

为正确审理道路交通事故损害赔偿案件,根据《中华人民共和国民法典》《中华人民共和国道路交通安全法》《中华人民共和国保险法》《中华人民共和国民事诉讼法》等法律的规定,结合审判实践,制定本解释。

一、关于主体责任的认定

第一条 机动车发生交通事故造成损害,机动车所有人或者管理人有下列情形之一,人民法院应当认定其对损害的发生有过错,并适用民法典第一千二百零九条的规定确定其相应的赔偿责任:

(一)知道或者应当知道机动车存在缺陷,且该缺陷是交通事故发生原因之一的;

(二)知道或者应当知道驾驶人无驾驶资格或者未取得相应驾驶资格的;

(三)知道或者应当知道驾驶人因饮酒、服用国家管制的精神药品或者麻醉药品,或者患有妨碍安全驾驶机动车的疾病等依法不能驾驶机动车的；

（四）其他应当认定机动车所有人或者管理人有过错的。

第二条 被多次转让但是未办理登记的机动车发生交通事故造成损害，属于该机动车一方责任，当事人请求由最后一次转让并交付的受让人承担赔偿责任的，人民法院应予支持。

第三条 套牌机动车发生交通事故造成损害，属于该机动车一方责任，当事人请求由套牌机动车的所有人或者管理人承担赔偿责任的，人民法院应予支持；被套牌机动车所有人或者管理人同意套牌的，应当与套牌机动车的所有人或者管理人承担连带责任。

第四条 拼装车、已达到报废标准的机动车或者依法禁止行驶的其他机动车被多次转让，并发生交通事故造成损害，当事人请求由所有的转让人和受让人承担连带责任的，人民法院应予支持。

第五条 接受机动车驾驶培训的人员，在培训活动中驾驶机动车发生交通事故造成损害，属于该机动车一方责任，当事人请求驾驶培训单位承担赔偿责任的，人民法院应予支持。

第六条 机动车试乘过程中发生交通事故造成试乘人损害，当事人请求提供试乘服务者承担赔偿责任的，人民法院应予支持。试乘人有过错的，应当减轻提供试乘服务者的赔偿责任。

第七条 因道路管理维护缺陷导致机动车发生交通事故造成损害，当事人请求道路管理者承担相应赔偿责任的，人民法院应予支持。但道路管理者能够证明已经依照法律、法规、规章的规定，或者按照国家标准、行业标准、地方标准的要求尽到安全防护、警示等管理维护义务的除外。

依法不得进入高速公路的车辆、行人，进入高速公路发生交通事故造成自身损害，当事人请求高速公路管理者承担赔偿责任的，适用民法典第一千二百四十三条的规定。

第八条 未按照法律、法规、规章或者国家标准、行业标准、地方标准的强制性规定设计、施工，致使道路存在缺陷并造成交通事故，当事人请求建设单位与施工单位承担相应赔偿责任的，人民法院应予支持。

第九条 机动车存在产品缺陷导致交通事故造成损害，当事人请求生产者或者销售者依照民法典第七编第四章的规定承担赔偿责任的，人民法院应予支持。

第十条 多辆机动车发生交通事故造成第三人损害，当事人请求多个侵权人承担赔偿责任的，人民法院应当区分不同情况，依照民法典第一千一百七十条、第一千一百七十一条、第一千一百七十二条的规定，确定侵权人承担连带责任或者按份责任。

二、关于赔偿范围的认定

第十一条 道路交通安全法第七十六条规定的"人身伤亡"，是指机动车发生交通事故侵害被侵权人的生命权、身体权、健康权等人身权益所造成的损害，包括民法典第一千一百七十九条和第一千一百八十三条规定的各项损害。

道路交通安全法第七十六条规定的"财产损失"，是指因机动车发生交通事故侵害被侵权人的财产权益所造成的损失。

第十二条 因道路交通事故造成下列财产损失，当事人请求侵权人赔偿的，人民法院应予支持：

（一）维修被损坏车辆所支出的费用、车辆所载物品的损失、车辆施救费用；

（二）因车辆灭失或者无法修复，为购买交通事故发生时与被损坏车辆价值相当的车辆重置费用；

（三）依法从事货物运输、旅客运输等经营性活动的车辆，因无法从事相应经营活动所产生的合理停运损失；

（四）非经营性车辆因无法继续使用，所产生的通常替代性交通工具的合理费用。

三、关于责任承担的认定

第十三条 同时投保机动车第三者责任强制保险（以下简称交强险）和第三者责任商业保险（以下简称商业三者险）的机动车发生交通事故造成损害，当事人同时起诉侵权人和保险公司的，人民法院应当依照民法典第一千二百一十三条的规定，确定赔偿责任。

被侵权人或者其近亲属请求承保交强险的保险公司优先赔偿精神损害的，人民法院应予支持。

第十四条 投保人允许的驾驶人驾驶机动车致使投保人遭受损害，当事人请求承保交强险的保险公司在责任限额范围内予以赔偿的，人民法院应予支持，但投保人为本车上人员的除外。

第十五条 有下列情形之一导致第三人人身损害，当事人请求保险公司在交强险责任限额范围内予以赔偿，人民法院应予支持：

（一）驾驶人未取得驾驶资格或者未取得相应驾驶资格的；

（二）醉酒、服用国家管制的精神药品或者麻醉药品后驾驶机动车发生交通事故的；

（三）驾驶人故意制造交通事故的。

保险公司在赔偿范围内向侵权人主张追偿权的，人民法院应予支持。追偿权的诉讼时效期间自保险公司实际赔偿之日起计算。

第十六条 未依法投保交强险的机动车发生交通事故造成损害，当事人请求投保义务人在交强险责任限额范围内予以赔偿的，人民法院应予支持。

投保义务人和侵权人不是同一人，当事人请求投保义务人和侵权人在交强险责任限额范围内承担相应责任的，人民法院应予支持。

第十七条 具有从事交强险业务资格的保险公司违法拒绝承保、拖延承保或者违法解除交强险合同，投保义务人在向第三人承担赔偿责任后，请求该保险公司在交强险责任限额范围内承担相应赔偿责任的，人民法院应予支持。

第十八条 多辆机动车发生交通事故造成第三人损害，损失超出各机动车交强险责任限额之和的，由各保险公司在各自责任限额范围内承担赔偿责任；损失未超出各机动车交强险责任限额之和，当事人请求由各保险公司按照其责任限额与责任限额之和的比例承担赔偿责任的，人民法院应予支持。

依法分别投保交强险的牵引车和挂车连接使用时发生交通事故造成第三人损害，当事人请求由各保险公司在各自的责任限额范围内平均赔偿的，人民法院应予支持。

多辆机动车发生交通事故造成第三人损害，其中部分机动车未投保交强险，当事人请求先由已承保交强险的保险公司在责任限额范围内予以赔偿的，人民法院应予支持。保险公司就超出其应承担的部分向未投保交强险的投保义务人或者侵权人行使追偿权的，人民法院应予支持。

第十九条 同一交通事故的多个被侵权人同时起诉的，人民法院应当按照各被侵权人的损失比例确定交强险的赔偿数额。

第二十条 机动车所有权在交强险合同有效期内发生变动，保险公司在交通事故发生后，以该机动车未办理交强险合同变更手续为由主张免除赔偿责任的，人民法院不予支持。

机动车在交强险合同有效期内发生改装、使用性质改变等导致危险程度增加的情形，发生交通事故后，当事人请求保险公司在责任限额范围内予以赔偿的，人民法院应予支持。

前款情形下，保险公司另行起诉请求投保义务人按照重新核定后的保险费标准补足当期保险费的，人民法院应予支持。

第二十一条 当事人主张交强险人身伤亡保险金请求权转让或者设定担保的行为无效的，人民法院应予支持。

四、关于诉讼程序的规定

第二十二条 人民法院审理道路交通事故损害赔偿案件，应当将承保交强险的保险公司列为共同被告。但该保险公司已经在交强险责任限额范围内予以赔偿且当事人无异议的除外。

人民法院审理道路交通事故损害赔偿案件，当事人请求将承保商业三者险的保险公司列为共同被告的，人民法院应予准许。

第二十三条 被侵权人因道路交通事故死亡，无近亲属或者近亲属不明，未经法律授权的机关或者有关组织向人民法院起诉主张死亡赔偿金的，人民法院不予受理。

侵权人以已向未经法律授权的机关或者有关组织支付死亡赔偿金为理由，请求保险公司在交强险责任限额范围内予以赔偿的，人民法院不予支持。

被侵权人因道路交通事故死亡，无近亲属或者近亲属不明，支付被侵权人医疗费、丧葬费等合理费用的单位或者个人，请求保险公司在交强险责任限额范围内予以赔偿的，人民法院应予支持。

第二十四条 公安机关交通管理部门制作的交通事故认定书，人民法院应依法审查并确认其相应的证明力，但有相反证据推翻的除外。

五、关于适用范围的规定

第二十五条 机动车在道路以外的地方通行时引发的损害赔偿案件，可以参照适用本解释的规定。

第二十六条 本解释施行后尚未终审的案件，适用本解释；本解释施行前已经终审，当事人申请再审或者按照审判监督程序决定再审的案件，不适用本解释。

最高人民法院关于审理食品安全民事纠纷案件适用法律若干问题的解释（一）

法释〔2020〕14号

（2020年10月19日最高人民法院审判委员会第1813次会议通过
2020年12月8日最高人民法院公告公布
自2021年1月1日起施行）

为正确审理食品安全民事纠纷案件，保障公众身体健康和生命安全，根据《中华人民共和国民法典》《中华人民共和国食品安全法》《中华人民共和国消费者权益保护法》《中华人民共和国民事诉讼法》等法律的规定，结合民事审判实践，制定本解释。

第一条 消费者因不符合食品安全标准的食品受到损害，依据食品安全法第一百四十八条第一款规定诉请食品生产者或者经营者赔偿损失，被诉的生产者或者经营者以赔偿责任应由生产经营者中的另一方承担为由主张免责的，人民法院不予支持。属于生产者责任的，经营者赔偿后有权向生产者追偿；属于经营者责任的，生产者赔偿后有权向经营者追偿。

第二条 电子商务平台经营者以标记自营业务方式所销售的食品或者虽未标记自营但实际开展自营业务所销售的食品不符合食品安全标准，消费者依据食品安全法第一百四十八条规定主张电子商务平台经营者承担作为食品经营者的赔偿责任的，人民法院应予支持。

电子商务平台经营者虽非实际开展自营业务，但其所作标识等足以误导消费者让消费者相信系电子商务平台经营者自营，消费者依据食品安全法第一百四十八条规定主张电子商务平台经营者承担作为食品经营者的赔偿责任的，人民法院应予支持。

第三条 电子商务平台经营者违反食品安全法第六十二条和第一百三十一条规定，未对平台内食品经营者进行实名登记、审查许可证，或者未履行报告、停止提供网络交易平台服务等义务，使消费者的合法权益受到损害，消费者主张电子商务平台经营者与平台内食品经营者承担连带责任的，人民法院应予支持。

第四条 公共交通运输的承运人向旅客提供的食品不符合食品安全标准，旅客主张承运人依据食品安全法第一百四十八条规定承担作为食品生产者或者经营者的赔偿责任的，人民法院应予支持；承运人以其不是食品的生产经营者或者食品是免费提供为由进行免责抗辩的，人民法院不予支持。

第五条 有关单位或者个人明知食品生产经营者从事食品安全法第一百二十三条第一款规定的违法行为而仍为其提供设备、技术、原料、销售渠道、运输、储存或者其他便利条件，消费者主张该单位或者个人依据食品安全法第一百二十三条第二款的规定与食品生产经营者承担连带责任的，人民法院应予支持。

第六条 食品经营者具有下列情形之一，消费者主张构成食品安全法第一百四十

八条规定的"明知"的,人民法院应予支持:

(一)已过食品标明的保质期但仍然销售的;
(二)未能提供所售食品的合法进货来源的;
(三)以明显不合理的低价进货且无合理原因的;
(四)未依法履行进货查验义务的;
(五)虚假标注、更改食品生产日期、批号的;
(六)转移、隐匿、非法销毁食品进销货记录或者故意提供虚假信息的;
(七)其他能够认定为明知的情形。

第七条 消费者认为生产经营者生产经营不符合食品安全标准的食品同时构成欺诈的,有权选择依据食品安全法第一百四十八条第二款或者消费者权益保护法第五十五条第一款规定主张食品生产者或者经营者承担惩罚性赔偿责任。

第八条 经营者经营明知是不符合食品安全标准的食品,但向消费者承诺的赔偿标准高于食品安全法第一百四十八条规定的赔偿标准,消费者主张经营者按照承诺赔偿的,人民法院应当依法予以支持。

第九条 食品符合食品安全标准但未达到生产经营者承诺的质量标准,消费者依照民法典、消费者权益保护法等法律规定主张生产经营者承担责任的,人民法院应予支持,但消费者主张生产经营者依据食品安全法第一百四十八条规定承担赔偿责任的,人民法院不予支持。

第十条 食品不符合食品安全标准,消费者主张生产者或者经营者依据食品安全法第一百四十八条第二款规定承担惩罚性赔偿责任,生产者或者经营者以未造成消费者人身损害为由抗辩的,人民法院不予支持。

第十一条 生产经营未标明生产者名称、地址、成分或者配料表,或者未清晰标明生产日期、保质期的预包装食品,消费者主张生产者或者经营者依据食品安全法第一百四十八条第二款规定承担惩罚性赔偿责任的,人民法院应予支持,但法律、行政法规、食品安全国家标准对标签标注事项另有规定的除外。

第十二条 进口的食品不符合我国食品安全国家标准或者国务院卫生行政部门决定暂予适用的标准,消费者主张销售者、进口商等经营者依据食品安全法第一百四十八条规定承担赔偿责任,销售者、进口商等经营者仅以进口的食品符合出口地食品安全标准或者已经过我国出入境检验检疫机构检验检疫为由进行免责抗辩的,人民法院不予支持。

第十三条 生产经营不符合食品安全标准的食品,侵害众多消费者合法权益,损害社会公共利益,民事诉讼法、消费者权益保护法等法律规定的机关和有关组织依法提起公益诉讼的,人民法院应予受理。

第十四条 本解释自2021年1月1日起施行。

本解释施行后人民法院正在审理的一审、二审案件适用本解释。

本解释施行前已经终审,本解释施行后当事人申请再审或者按照审判监督程序决定再审的案件,不适用本解释。

最高人民法院以前发布的司法解释与本解释不一致的,以本解释为准。

【解读】

解读《关于审理食品安全民事纠纷案件适用法律若干问题的解释（一）》

为正确审理食品安全民事纠纷案件，保障公众身体健康和生命安全，2020年10月19日，最高人民法院审判委员会第1813次会议讨论通过了《最高人民法院关于审理食品安全民事纠纷案件适用法律若干问题的解释（一）》（以下简称《解释》），并已于2021年1月1日起施行。现就《解释》涉及的主要问题谈谈我们的认识。

一、《解释》制定的背景

"民以食为天，食以安为先。"食品安全关系人民群众身体健康和生命安全，关系中华民族的未来。党中央、国务院高度重视食品安全工作。党的十九大报告明确提出实施食品安全战略，让人民吃得放心。习近平总书记多次作出重要指示，强调要把食品安全作为一项重大的政治任务来抓，要求用最严谨的标准、最严格的监管、最严厉的处罚、最严肃的问责，确保人民群众"舌尖上的安全"。① 党的十九届五中全会通过了《中共中央关于制定国民经济和社会发展第十四个五年规划和二〇三五年远景目标的建议》，强调坚持人民至上、生命至上，把保护人民生命安全摆在首位，要求提高食品药品等关系人民健康产品和服务的安全保障水平。

同时，随着经济社会与科学技术的快速发展，人们在享受日益丰富的食品时，也面临着食品安全问题带来的各种风险。食品安全事件时有发生，食品安全违法行为仍屡禁不止，这些问题的存在，既影响了消费者的食品安全信心，也影响了食品行业的健康发展。2019年5月中共中央、国务院发布的《关于深化改革加强食品安全工作的意见》指出，我国食品安全工作仍面临不少困难和挑战，形势依然复杂严峻；违法成本低，维权成本高，法制不够健全。这些问题成为全面建成小康社会、全面建设社会主义现代化国家的明显短板。

最高人民法院高度重视食品安全民事审判和研究工作。2014年出台了《最高人民法院关于审理食品药品纠纷案件适用法律若干问题的规定》，对统一食品、药品领域的民事司法尺度发挥了积极的作用。2015年，食品安全法经过重大修订，按照建立最严格的食品安全监管制度的总体要求，在强化预防和防范、建立最严格的全过程监管制度的同时，强调要综合运用民事、行政、刑事等手段，建立最严格的法律责任制度，实行和推进社会共治格局。随着法律的修订和实践的发展，有些新情况、新问题需要进一步明确和解释。正是在这一背景下，最高人民法院经过深入调研，多次召开专家学者、政府部门、企业、消费者代表以及法院系统座谈会，并向全社会公开征求意见，在反复研究论证的基础上，制定了《解释》。

二、《解释》坚持的原则

《解释》坚持以下基本原则。

---

① 参见中共中央文献研究室编：《习近平关于全面建成小康社会论述摘编》，中共中央文献出版社2016年版，第161页。

第一,坚持以人民为中心,为人民群众身体健康和生命安全提供有力司法保障。把保障人民群众食品安全放在首位,坚守安全底线,是中央的基本精神,在制定司法解释时我们始终秉持和贯彻这一精神。《解释》从解决人民群众普遍关心的突出问题入手,以维护和保障人民群众身体健康和生命安全为目标,充分发挥人民法院审判职能作用,守护人民群众"舌尖上的安全",切实增强广大人民群众的安全感、获得感和幸福感。

第二,尊重立法精神,坚持合法性解释原则。司法解释是立法在审判工作中的具体化,我们在制定《解释》时立足于体现立法精神,遵循立法本意。在现有法律规定范围内,确保《解释》符合立法宗旨和目的,遵守司法解释基本要求。

第三,立足审判实践,统一裁判尺度。司法解释工作坚持问题导向,努力解决审判实践中存在的突出问题以及社会大众密切关注的问题,统一裁判尺度。

第四,明确责任承担,引导市场主体规范经营。实践中,一些生产经营者主体责任意识不强,制假售假等问题时有发生。《解释》进一步明确民事责任主体和责任承担要件,依法惩戒恶意违法者,保护诚信经营者,促进食品生产经营行业健康发展。

第五,坚持社会共治,遵循各司其职各尽其责的原则。食品安全问题,需要立法、行政监管、民事刑事行政司法共同发挥作用。制定《解释》过程中,注意民事审判与行政监管之间的职能区分,使民事审判在自己的职能范围内发挥应有的作用,促进形成各方各尽其责、齐抓共管、合力共治的工作格局。

三、关于首负责任制的适用问题

食品安全法第一百四十八条第一款规定了首负责任制,具体内容为:"消费者因不符合食品安全标准的食品受到损害的,可以向经营者要求赔偿损失,也可以向生产者要求赔偿损失。接到消费者赔偿要求的生产经营者,应当实行首负责任制,先行赔付,不得推诿;属于生产者责任的,经营者赔偿后有权向生产者追偿;属于经营者责任的,生产者赔偿后有权向经营者追偿。"

第二款规定了惩罚性赔偿,具体内容为:"生产不符合食品安全标准的食品或者经营明知是不符合食品安全标准的食品,消费者除要求赔偿损失外,还可以向生产者或者经营者要求支付价款十倍或者损失三倍的赔偿金;增加赔偿的金额不足一千元的,为一千元……"实践中,消费者因不符合食品安全标准的食品受到损害的,可以向经营者要求赔偿损失,也可以向生产者要求赔偿损失。接到消费者赔偿请求的生产者或者经营者应当先行赔付消费者损失,不得以自身无过错,赔偿责任应由生产经营者中的另一方承担为由主张免责抗辩,这是食品安全法规定首负责任制的应有之义。至于生产者或经营者之间谁来承担最终的责任,属于内部互相追偿的问题,不应以此对抗消费者。

另外,关于首负责任制的适用范围问题。首负责任制适用于消费者请求赔偿损失的情况,这一点并无争议,但是否适用于惩罚性赔偿,实践中存在不同做法和观点。一种观点认为,首负责任制不适用于惩罚性赔偿,即生产经营者仅对消费者的损失承担首负责任,消费者主张经营者承担惩罚性赔偿,仍需证明符合经营者明知等法定要件。另一种观点认为,首负责任制的适用范围包括惩罚性赔偿,即消费者因不符合食品安全标准的食品受到损害,其既可以向经营者要求赔偿损失并承担惩罚性赔偿责任,也可以向生产者要求赔偿损失并承担惩罚性赔偿责任。生产者或者经营者承担责任后,可再向真正的责任人追偿。

因该问题具有普遍性,影响较大,在征求意见过程中,我们列了两种方案。除目前《解释》第一条规定的方案外,另一方案为:"消费者因不符合食品安全标准的食品受到损害,依据食品安全法第一百四十八条规定诉请生产者或者经营者赔偿损失,或者承担惩罚性赔偿责任,被诉的生产者或者经营者以赔偿责任应由生产经营者中的另一方承担为由主张免责的,人民法院不予支持。属于生产者责任的,经营者赔偿后有权向生产者追偿;属于经营者责任的,生产者赔偿后有权向经营者追偿。"由于此问题主要是要厘清食品安全法第一百四十八条第一款和第二款规定的适用关系问题,要适用好该制度,需要准确把握立法目的和原意。故此,我们两次征求立法机关等相关部门意见。立法机关认为,食品安全法中惩罚性赔偿虽然与首负责任制规定在同一条,但从立法原意来看,惩罚性赔偿不宜理解为适用首负责任制,倾向同意《解释》第一条目前所采纳的立场。在起草论证过程中,我们也向社会各界公开征求了意见。

在反复研究论证的基础上,我们采纳了目前立场,规定消费者因不符合食品安全标准的食品受到损害,依据食品安全法第一百四十八条第一款规定诉请食品生产者或者经营者赔偿损失的,适用首负责任制,首负责任制适用范围不包括第一百四十八条第二款规定的惩罚性赔偿责任。消费者主张经营者承担惩罚性赔偿责任,仍需证明符合经营者明知等法定要件。该规定主要基于以下考虑:

首先,从立法文义上看,食品安全法第一百四十八条两款之间并非包含关系。从立法将首负责任制和惩罚性赔偿分别规定在两款中以及措辞看,首负责任制并不当然适用于惩罚性赔偿责任。

其次,从惩罚性赔偿制度的功能定位看,其主要功能在于惩罚并遏制有主观恶意的侵权行为,法律规定食品经营者承担惩罚性赔偿责任的前提是明知。虽然经营者在承担中间性责任后可以追偿,但其仍然要承担追偿不到的风险,要付出时间成本和经济成本。如果食品经营者在不具备明知条件的情况下,也要承担惩罚性赔偿的首负责任,则不能真正实现惩罚性赔偿的制度目的,也不符合保护诚信经营者、惩治恶意经营者的司法价值导向。

最后,从利益平衡的角度讲,如果不论经营者主观状态如何,均令其就惩罚性赔偿承担首负责任,会极大地增加经营者的经营成本,经营者反过来又会通过提高价格等方式将成本转嫁到消费者的身上,反而不利于整个消费者群体。

因此,《解释》第一条规定:"消费者因不符合食品安全标准的食品受到损害,依据食品安全法第一百四十八条第一款规定诉请食品生产者或者经营者赔偿损失,被诉的生产者或者经营者以赔偿责任应由生产经营者中的另一方承担为由主张免责的,人民法院不予支持。属于生产者责任的,经营者赔偿后有权向生产者追偿;属于经营者责任的,生产者赔偿后有权向经营者追偿。"一方面,明确了消费者因不符合食品安全标准的食品受到损害的,可以向经营者要求赔偿损失,也可以向生产者要求赔偿损失。接到消费者赔偿请求的生产者或者经营者应当先行赔付消费者损失,不得以自身无过错,赔偿责任应由生产经营者中的另一方承担为由主张免责抗辩。另一方面,明确了食品安全法规定的首负责任制的适用范围为赔偿损失,不包括惩罚性赔偿责任,消费者主张经营者承担惩罚性赔偿责任,仍需证明符合经营者明知等法定要件。

适用中应当注意的是关于生产经营者之间的追偿权问题。食品安全法第一百四十八条第一款除规定首负责任以外，还规定了生产经营者之间的追偿权，即在接到消费者赔偿要求的生产经营者承担首负责任后，可向终局责任人追偿。如果说第一百四十八条第一款规定的首负责任制并不适用于惩罚性赔偿，那么生产者或者经营者承担惩罚性赔偿责任后，是否就不存在相互追偿的问题呢？我们认为并非如此，除首负责任制下的追偿权以外，法律还规定了连带责任等其他责任制度下的追偿权，生产者和经营者之间是否有权相互追偿要视具体情况确定。

四、关于网购食品安全责任问题

近年来，随着电子商务的迅猛发展，网络购物现在已经成为一种很普遍的消费方式，通过网络平台进行食品交易的规模也越来越大。《解释》制定过程中，对于网购食品安全问题予以高度关注。

一方面，对电子商务平台自营及自营误导问题作出规定。实践中，电子商务平台主要通过两种方式进行经营，一种是为第三方交易提供平台服务，另一种是自己直接作为当事人一方进行交易，即为自营模式。两种交易模式存在根本的差别，因此法律上设置的权利义务也存在差别。在自营模式下，电子商务平台本身为食品经营者，应当承担作为食品经营者的法律责任。根据电子商务法第三十七条第二款规定，电子商务平台经营者对其标记为自营的业务依法承担商品销售者或者服务提供者的民事责任。但实践中仍存在电商平台开展自营业务，应当依法标记自营而未标记的情况。《解释》第二条第一款规定：电子商务平台经营者以标记自营业务方式所销售的食品或者虽未标记自营但实际开展自营业务所销售的食品不符合食品安全标准，消费者依据食品安全法第一百四十八条规定主张电子商务平台经营者承担作为食品经营者的赔偿责任的，人民法院应予支持。

《解释》第二条第二款对自营误导的情形作出规定。电子商务法第三十七条第一款明确规定，电子商务平台经营者在其平台上开展自营业务的，应当以显著方式区分标记自营业务和平台内经营者开展的业务，不得误导消费者。根据消费者权益保护法第八条、第九条等规定，消费者享有知悉其购买、使用的商品或者接受的服务的真实情况的权利，享有自主选择商品或者服务的权利。电子商务平台经营者虽非实际开展自营业务，但其所作标识等足以给消费者造成误导，让消费者相信系电子商务平台经营者自营的，该自营误导应视为电子商务平台经营者对消费者作出承担经营者责任的承诺，消费者也有权要求电子商务平台经营者承担食品经营者的责任，以更好地保护消费者合法权益。《解释》第二条第二款规定：电子商务平台经营者虽非实际开展自营业务，但其所作标识等足以误导消费者让消费者相信系电子商务平台经营者自营，消费者依据食品安全法第一百四十八条规定主张电子商务平台经营者承担作为食品经营者的赔偿责任的，人民法院应予支持。

另一方面，《解释》对电子商务平台经营者未尽实名登记等义务的法律后果作了进一步明确。

食品安全法第六十二条规定了网络食品交易第三方平台负有对入网食品经营者进行实名登记、审查许可证，以及对违法行为履行报告、停止提供网络交易平台服务的义务；第一百三十一条第一款规定，网络食品交易第三方平台提供者违反上述义务，使消费者的合法权益受到损害的，应当与食品经营者承担连带责任。

电子商务法第三十八条第二款规定：对关系消费者生命健康的商品或者服务，电子商务平台经营者对平台内经营者的资质资格未尽到审核义务，或者对消费者未尽到安全保障义务，造成消费者损害的，依法承担相应的责任。

关于食品安全法第一百三十一条与电子商务法第三十八条的适用关系问题，在实务中存在争议。我们认为，食品安全关涉消费者生命健康，应当予以特别保护。为了方便食品消费者行使求偿权，更好地保护其合法权益，《解释》第三条规定：电子商务平台经营者违反食品安全法第六十二条和第一百三十一条规定，未对平台内食品经营者进行实名登记、审查许可证，或者未履行报告、停止提供网络交易平台服务等义务，使消费者的合法权益受到损害，消费者主张电子商务平台经营者与平台内食品经营者承担连带责任的，人民法院应予支持。这一规定有利于督促电子商务平台经营者加强对平台内食品经营者相关资质、资格的审核，并依法采取相应救济措施，以更好地保护网购消费者权益。

五、关于经营者明知的认定问题

根据食品安全法第一百四十八条的规定，经营者只有在经营明知是不符合食品安全标准的食品时才承担惩罚性赔偿责任，因此，"明知"的判断至关重要。因"明知"是主观状态，审判实践中较难把握。调研中，地方法院希望对于经营者明知规定一个可操作性的认定标准。《解释》第六条对较为常见的能够认定为经营者明知的情形进行列举，同时作出兜底性规定。第六条规定："食品经营者具有下列情形之一，消费者主张构成食品安全法第一百四十八条规定的'明知'的，人民法院应予支持：（一）已过食品标明的保质期但仍然销售的；（二）未能提供所售食品的合法进货来源的；（三）以明显不合理的低价进货且无合理原因的；（四）未依法履行进货查验义务的；（五）虚假标注、更改食品生产日期、批号的；（六）转移、隐匿、非法销毁食品进销货记录或者故意提供虚假信息的；（七）其他能够认定为明知的情形。"

其中，关于经营者未依法履行进货查验义务的情形是否应当认定为构成经营者明知的问题，在《解释》起草过程中存在不同观点。一种观点认为，进货查验义务是食品安全法明确规定的经营者义务，《解释》应当严格按照"四个最严"的要求，明确将未尽查验义务认定为经营者明知，由经营者承担惩罚性赔偿责任，最大限度保证食品安全，也为法院司法提供指引。另一种观点则认为，食品安全法规定经营者承担惩罚性赔偿责任的前提是"明知"，未尽进货查验义务与故意违法不同，考虑到我国食品经营市场的发展现状，规定将未尽查验义务推定为经营者明知，会对市场产生较大影响。我们认为，进货查验义务是食品安全法明确规定的经营者义务，对于保证食品安全至关重要，消费者基于对经营者的信任采购食品，经营者不履行进货查验义务显然是极不负责任的。经过征求各方面意见并研究讨论，《解释》明确将未依法履行进货查验义务作为经营者明知的一种情形予以规定，引导经营者规范经营，最大限度保证食品安全，督促经营者依法履行法定义务，保护消费者合法权益。

对于进货查验义务的内涵，实践中存在不同的理解。根据2020年9月国家市场监管总局印发的《食品销售者食品安全主体责任指南（试行）》（以下简称《责任指南》）第10.1项的规定，食品进货查验主要包括三个方面内容：（1）查验供货者许可证和食品合格证明文件；（2）查验食品感官性状等质量安全情况；（3）建立进货查验记录制度，并按规定保存记录和凭证。

对于这三方面义务，我们初步认为：

其一，关于查验供货者许可证和食品合格证明文件的义务。根据食品安全法第五十三条第一款的规定，食品经营者采购食品，应当查验供货者的许可证和食品出厂检验合格证或者其他合格证明。该规定的目的是要从源头保障食品的安全可靠，每个食品经营者都应当意识到查验供货者的许可证和食品合格证明文件是必须履行的法定义务。如果未查验供货者许可证和食品合格证明文件，应当认定为构成经营者明知。

其二，关于食品感官性状的查验。食品安全法第五十三条进货查验记录制度虽然并未对此作出规定，但是食品安全法第三十四条明确禁止经营感官性状异常的食品，《责任指南》也将查验食品感官性状等质量安全情况纳入进货查验的范畴。讨论过程中，普遍认为，经营者购进感官性状异常的食品并销售，属于未尽到进货查验义务，违反该项义务也应当认定为构成经营者明知。

其三，关于进货查验记录与民事责任之间的关系，存在较大争议。一种观点认为查验记录义务是进货查验义务的重要内容，可追溯制度的建立对于保障食品安全至关重要，未建立进货查验记录应当推定为经营者明知；另一种观点认为，进货查验记录制度的目的是可追溯，未建立进货查验记录与经营者是否明知经营不符合安全标准的食品之间在逻辑上不具有必然联系，并且法律规定记录的事项包括名称、规格、数量、生产日期或者生产批号、保质期、进货日期以及供货者名称、地址、联系方式等内容，如果一概认定为经营者明知进而承担惩罚性赔偿责任，对于经营者来说负担过重。我们初步认为，进货查验记录制度的主要目的是产品可追溯、责任可追究，在司法实践中，未建立进货查验记录是否认定为经营者明知，还要结合经营者主体类型、经营者是否已尽到查验证照的义务以及是否因之导致构成《解释》第六条第二项无法提供合法进货来源等具体案件情况予以认定，相关问题还需结合实践情况进一步调研论证。

司法实践中，应当注意以下问题。

第一，关于农产品的进货查验义务。食品安全法第六十五条规定：食用农产品销售者应当建立食用农产品进货查验记录制度，如实记录食用农产品的名称、数量、进货日期以及供货者名称、地址、联系方式等内容，并保存相关凭证。记录和凭证保存期限不得少于六个月。与食品安全法第五十三条相比，法律并未要求经营者对食用农产品查验许可证和产品合格证明文件。在制定食品安全法过程中，立法机关认为，从我国目前食用农产品销售的情况看，农民和小散的个体经营者的经营对象主要是蔬菜瓜果等鲜活农产品，通过许可进行管理，不现实。

第二，要注意义务主体的区分。食品安全法第五十三条第一款规定，查验食品合格证明文件的义务主体为食品经营者，而第二款规定的进货查验记录制度的义务主体为食品经营企业。食品经营者既包括食品经营企业，也包括个体工商户等主体。因此，从立法目的和文义看，食品安全法区分不同主体施加不同的义务，对于经济实力更强的食品经营企业施加的义务则更重。另外，食品安全法第五十三条第三款和第四款对分别实行统一配送经营方式的食品经营企业和从事食品批发业务的经营企业的进货查验作出了规定。

第三，在司法实践中，要特别注意行政责任与民事责任的区分，不能将二者等同。根据食品安全法第一百二十六条第一款第三项的规定，食品、食品添加剂生产经营者进货时未查验许可证和相关证明文件，或者未按规定建立并遵守进货查验记录、出厂检验记录和销售记录制度，由县级以上人民政府食品药品监督管理部门责令改正，给予警告；拒不改正的，处5000元以上5万元以下罚款；情节严重的，责令停产停业，直至吊销许可证。第一百四十八条第二款规定："生产不符合食品安全标准的食品或者经营明知是不符合食品安全标准的食品，消费者除要求赔偿损失外，还可以向生产者或者经营者要求支付价款十倍或者损失三倍的赔偿金；增加赔偿的金额不足一千元的，为一千元。但是，食品的标签、说明书存在不影响食品安全且不会对消费者造成误导的瑕疵的除外。"二者相较，行政责任除罚款外，可通过警告、吊销执照等其他方式分梯次对责任主体进行处罚，而民事责任则侧重于对消费者的经济补偿，并通过惩罚性赔偿对经营者进行惩戒。行政责任与民事责任的规制角度、目的以及惩罚手段和力度等都有所不同。区分行政责任和民事责任，是在整个《解释》的适用中都要注意的问题。

六、关于法律适用的梯次及衔接问题

实践中，食品企业为了满足消费者需求，提高市场竞争力，承诺的质量标准可能会高于国家食品安全标准。如果食品符合国家食品安全标准，但未达到承诺的质量标准，应如何处理？

《解释》第九条对此予以明确。食品符合安全标准，但不符合承诺的质量标准，涉及多种情形，相应地，也涉及食品安全法、消费者权益保护法、民法典等多部法律的适用。

有的经营者存在故意，构成欺诈，属于以次充好的情况，但并未跨越食品安全界限；有的经营者并不构成欺诈，但构成违约。无论是构成欺诈还是存在其他问题，只有不符合食品安全标准的，才适用食品安全法第一百四十八条规定的价款十倍或损失三倍的惩罚性赔偿制度。

虽然符合食品安全标准，但构成欺诈的，消费者可以依据消费者权益保护法第五十五条规定主张惩罚性赔偿；构成违约的，消费者可依据民法典第五百七十七条、第五百八十二条以及第五百八十三条等规定主张经营者承担责任；构成侵权的，消费者可以依据民法典侵权责任编相关规定寻求救济。

另外，消费者权益保护法还规定了消费者的公平交易权、知情权等内容，在符合这些规定的情形下，还可以通过相关的具体法律规定进行救济。《解释》第九条规定，食品符合食品安全标准但未达到生产经营者承诺的质量标准，消费者依照民法典、消费者权益保护法等法律规定主张生产经营者承担责任的，人民法院应予支持，但消费者主张生产经营者依据食品安全法第一百四十八条规定承担赔偿责任的，人民法院不予支持。该条规定就是为了明确法律适用上的梯次和界限。

另外，食品安全法第一百四十八条第二款与消费者权益保护法第五十五条第一款对食品安全惩罚性赔偿责任与消费欺诈惩罚性赔偿责任规定了不同的构成要件，但在司法实践中，食品生产经营者的行为可能同时满足上述两个法律规范的构成要件，比如食品经营者以虚假宣传的方式销售其明知不符合食品安全标准的食品。由于不同消费者在利益诉求、举证能力等方面均可能存在差异，如何诉讼，消费者有权选择。这两种责任都是以惩罚性赔偿为内容，具有惩罚和吓阻加害人的制度功能，此种情形下消费者可择一主张。《解释》第七条规定：消费者认为生产经营者生产经营不符合食品安全标准的食品同时构成欺诈的，有权选择依据食品安全法第一百四十八条第二款或者消费者权益保护法第五十五条第一款规定主张食品生产者或者经营者承担惩罚性赔

偿责任。

七、关于惩罚性赔偿责任是否以造成人身损害为要件的问题

关于食品安全法第一百四十八条惩罚性赔偿责任的承担是否应以给消费者造成人身损害为前提条件的问题,实践中存在不同的观点。一种观点认为,惩罚性赔偿责任的承担应以造成人身损害为前提,现实生活中存在大量消费者购买不符合食品安全标准的食品但未食用,却诉至法院请求十倍赔偿的情形,如均获支持,则将偏离立法原意。另一种观点认为,食品安全法上惩罚性赔偿制度不应当以损害后果为前提条件,即使消费者未食用,只要食品不符合安全标准,消费者也有权主张惩罚性赔偿。这种观点是基于严格监管食品安全的立法意图而提出的。鉴于实践中存在不同的观点和做法,有必要对此予以统一。我们认为,食品安全法第一百四十八条第二款规定的惩罚性赔偿,不以给消费者造成人身损害为前提条件。《解释》第十条规定:食品不符合食品安全标准,消费者主张生产者或者经营者依据食品安全法第一百四十八条第二款规定承担惩罚性赔偿责任,生产者或者经营者以未造成消费者人身损害为由抗辩的,人民法院不予支持。采纳这一立场,主要基于以下方面考虑。

首先,从立法文义看,食品安全法第一百四十八条第二款规定:"生产不符合食品安全标准的食品或者经营明知是不符合食品安全标准的食品,消费者除要求赔偿损失外,还可以要求支付价款十倍或者损失三倍的赔偿金。"该款并未要求以消费者遭受人身损害为前提。该款规定的惩罚性赔偿,不一定是在造成消费者人身损害的情况下才可以主张,消费者购买了不符合食品安全标准的食品,即使尚未食用,仍可要求生产经营者支付价款十倍的赔偿金。民法典第一千二百零七条规定:明知产品存在缺陷仍然生产、销售,或者没有依据前条规定采取有效补救措施,造成他人死亡或者健康严重损害的,被侵权人有权请求相应的惩罚性赔偿。但是,食品安全法旨在保证食品安全,保障公众身体健康和生命安全。相较于民法一般规定而言,食品安全法第一百四十八条属于对于食品安全领域所作的特别规定,应当优先适用。

其次,从现实情况看,如果食品安全法第一百四十八条规定的价款十倍的惩罚性赔偿责任必须以造成人身损害为要件,对于消费者来说,要完成举证有相当难度。食品价额一般不高,有的三五元、十几元,如果消费者购买了不符合安全标准的食品,必须能够证明有人身损害才能获得惩罚性赔偿,也就意味着在不能够证明因所购食品造成人身损害的情况下,通常只能获得食品价款的赔偿,而多数情况下这个赔偿显然不能弥补消费者维权成本,更无法很好地激励消费者维权并发挥监督作用。

关于在这个问题上是否要区分侵权责任纠纷和合同纠纷而作不同处理,有观点认为,损害后果是侵权责任构成要件,原告提起产品责任纠纷诉讼,应当以不安全食品造成消费者人身损害后果为要件。当消费者购买到不符合安全标准的食品时,若该食品尚未对消费者造成损害,则属买卖合同中标的物的质量不合格,根据合同相对性原理,消费者只能追究销售者的违约责任,向销售者请求赔偿。我们倾向认为,在食品安全民事纠纷案件中,无论当事人提起产品责任之诉还是买卖合同之诉,食品安全法第一百四十八条规定的价款十倍的赔偿均不以食品造成消费者人身损害为前提。

首先,食品安全法第一百四十八条第二款规定并未区分产品责任纠纷还是买卖合同纠纷而设置不同的构成要件。该款规定相对于民法典关于惩罚性赔偿的规定来说,属于特别规范,应当优先适用。其次,在侵权法上,购买不安全食品本身也属于损失。

立法机关认为民法典侵权责任编第四章的财产损害，既包括缺陷产品以外的其他财产的损害，也包括缺陷产品本身，这样，有利于及时、便捷地保护用户、消费者的合法权益。因此，消费者购买的食品不符合安全标准不能食用，本身就是损失。最后，从实际处理效果讲，由于我国民事纠纷案由中并未列食品安全民事纠纷这一案由，当事人通常以买卖合同、产品责任纠纷等案由提起诉讼。无论是产品责任之诉还是买卖合同之诉，在符合法定条件的情况下，当事人援引食品安全法第一百四十八条第二款规定主张生产经营者承担十倍价款的赔偿责任，均有法律依据。人民法院以未造成人身损害为由驳回起诉，让当事人另行以合同纠纷为由提起诉讼，实无必要。

八、关于生产经营未标明基本信息的预包装食品的赔偿责任问题

《解释》第十一条就预包装食品的生产经营者漏标基本信息或者标示基本信息不清晰应承担惩罚性赔偿责任作了规定。预包装食品包装标签问题，是人民群众最为关心的问题之一，也是近年来司法实践中经常遇到、争议较大的问题。预包装食品是指预先定量包装或者制作在包装材料和容器中的食品，包括预先定量包装以及预先定量制作在包装材料和容器中并且在一定限量范围内具有统一的质量或体积标示的食品。

关于预包装食品包装标签的争议主要集中在两个方面：一是预包装食品包装标签缺乏哪些基本标示内容会影响食品安全，只要生产经营的预包装食品缺乏这些标示信息，生产经营者就必须承担惩罚性赔偿责任。二是预包装食品包装标签不符合食品安全法等法律和国家标准规定，是否属于食品安全法第一百四十八条第二款规定的不影响食品安全且不会对消费者造成误导的标签瑕疵。这实际是一个问题的两个方面。

针对上述问题，《解释》第十一条规定，生产经营漏标生产者信息即生产者名称、地址，食品成分信息即成分或者配料表，保质期信息即生产日期、保质期的预包装食品的，消费者有权请求生产者或者经营者依据食品安全法第一百四十八条第二款规定承担惩罚性赔偿责任。

其中，漏标生产者信息即生产者名称、地址的预包装食品主要是指人民群众深恶痛绝的"黑作坊"食品。《解释》第十一条着力于打掉"黑作坊"食品的生产经营链条。实践中，"黑作坊"地难找、人易跑，具有隐蔽性。由于预包装食品包装标签上漏标了生产者名称和地址，消费者购买此类食品权利受到侵害的，往往不知道找谁承担责任。本条规定，生产经营未标明生产者名称、地址的预包装食品，不仅生产者要承担惩罚性赔偿责任，经营者也要承担惩罚性赔偿责任，让经营者不愿、不敢经营"黑作坊"食品。这就打掉了"黑作坊"食品的市场，切断了"黑作坊"食品的经营链条。

成分或者配料表属于预包装食品包装标签强制标识信息，对于食品安全有实质性影响，对于消费者了解食品安全信息具有重要意义。

生产日期与保质期是广大消费者在购买预包装食品时最关注的食品安全信息，《解释》深入贯彻习近平总书记提出的"四个最严"要求，强化预包装食品生产经营者清晰标明生产日期和保质期的责任。根据《解释》第十一条规定，生产经营的预包装食品的包装标签未标明生产日期、保质期，或者标明的生产日期、保质期不清晰的，生产经营者都将承担惩罚性赔偿责任，以充分保护消费者的知情权、生命权和健康权。

司法实践中，在适用《解释》第十一条规定时，应注意以下五个问题。

第一，准确理解《解释》第十一条但书部分规定，即法律、行政法规、食品安全国家标准对标签标注事项另有规定的除外。此处所称的除外，是指《预包装食品标签通则》(GB 7718—2011)(以下简称《标签通则》)关于标示内容豁免的两种情形:一是酒精度大于等于10%的饮料酒、食醋、食用盐、固态食糖类、味精可以免除标示保质期。二是当预包装食品包装物或包装容器的最大表面面积小于10平方厘米时〔包装物或包装容器最大表面面积计算方法是:长方体形包装物或长方体形包装容器计算方法是长方体形包装物或长方体形包装容器的最大一个侧面的高度(cm)乘以宽度(cm);圆柱形包装物、圆柱形包装容器或近似圆柱形包装物、近似圆柱形包装容器计算方法是包装物或包装容器的高度(cm)乘以圆周长(cm)的40%;其他形状的包装物或包装容器计算方法是包装物或包装容器的总表面积的40%。如果包装物或包装容器有明显的主要展示版面,应以主要展示版面的面积为最大表面面积。包装袋等计算表面面积时应除去封边所占尺寸。瓶形或罐形包装计算表面面积时不包括肩部、颈部、顶部和底部的凸缘〕,可以只标示产品名称、净含量、生产者(或经销商)的名称和地址。

第二,要正确处理《解释》第十一条规定与标签瑕疵的关系。食品安全法第一百四十八条第二款规定食品生产经营者的惩罚性赔偿责任时作了例外规定,即食品的标签、说明书存在不影响食品安全且不会对消费者造成误导的瑕疵的,生产者或者经营者无须承担惩罚性赔偿责任。在被起诉承担惩罚性赔偿责任时,食品生产经营者通常会以食品的标签、说明书的问题属于瑕疵,不影响食品安全且不会对消费者造成误导为由进行抗辩。需要注意的是,食品安全法第一百四十八条第二款的但书规定适用条件非常严格,必须同时符合三个要件:一是食品的标签、说明书不符合食品安全标准仅属于瑕疵;二是该瑕疵不影响食品安全;三是该瑕疵不会对消费者造成误导。《解释》第十一条所规定情形不属于食品安全法第一百四十八条第二款规定的标签瑕疵。

第三,注意生产者与经营者惩罚性赔偿责任构成要件的关系。根据食品安全法第一百四十八条第二款规定,生产者生产不符合食品安全标准的食品的,应当承担惩罚性赔偿责任。在适用《解释》第十一条时,需要注意经营者对于预包装食品标签应当标示的基本信息应当予以审查。预包装食品标示是否未标明生产者名称、地址、成分或者配料表以及是否清晰标明生产日期、保质期是明显可查的,因此,如果经营者经营的预包装食品未标明生产者名称、地址、成分或者配料表,未清晰标明生产日期、保质期,经营者就应当承担惩罚性赔偿责任,不能以不知道其所经营的预包装食品违反食品安全标准为由进行免责抗辩。

第四,生产经营者不能以食品标签未标明基本信息实质上不影响预包装食品安全进行抗辩。预包装食品标示是否会对食品安全造成影响,应当由立法机关和食品安全标准制定部门作出判断。人民法院在食品安全纠纷民事诉讼中,需要判断的是生产经营者生产经营的食品是否符合食品安全法以及食品安全标准的要求。而且,预包装食品标签上应当标明的生产者名称、地址、生产日期、保质期、成分或者配料表等信息属于强制标示的信息,也属于影响消费者知情权和食品安全的基本信息,故生产经营未标明上述信息以及未清晰标明生产日期和保质期信息的,生产经营者应当承担惩罚性赔偿责任。

第五,要准确把握预包装食品漏标其他标签信息时生产经营者的责任。《解释》第十一条只是对实践中问题较为突出的漏标基本信息或者基本信息标示不清晰的情况作了规定,如果预包装食品标签漏标了其他应当标示的信息,仍应当依据食品安全法和

《标签通则》等相关规定认定生产经营者是否应当依据食品安全法第一百四十八条第二款规定承担惩罚性赔偿责任。

九、关于经营进口食品的赔偿责任问题

《解释》第十二条就不符合我国食品安全国家标准或者国务院卫生行政部门决定暂予适用标准的进口食品经营者民事责任作了规定。

对于进口食品，需要处理好我国食品安全国家标准与国外食品安全标准的关系，以及进口食品是否经过我国出入境检验检疫机构检验检疫与进口食品是否符合我国食品安全国家标准的关系。

关于第一个关系，根据食品安全法第二条、第九十二条第二款等规定，无论食品经营者销售的是进口食品还是我国境内生产的食品，都应当遵守食品安全法的规定，其所销售食品均应当符合我国食品安全标准，不能以食品出口国的食品安全标准代替我国食品安全标准。实践中，存在部分进口食品在国内缺乏相应的食品安全标准的情况，根据食品安全法第九十三条规定，应由境外出口商、境外生产企业或者其委托的进口商向国务院卫生行政部门提交所执行的相关国家（地区）标准或者国际标准。国务院卫生行政部门对相关标准进行审查，认为符合食品安全要求的，决定暂予适用，并及时制定相应的食品安全国家标准。

关于第二个关系，实践中曾有不同认识，但根据食品安全法第九十二条规定，进口的食品、食品添加剂符合我国食品安全国家标准，与进口的食品、食品添加剂经过出入境检验检疫机构依照进出口商品检验相关法律、行政法规的规定检验检疫并非一回事。进口食品和食品添加剂既要符合我国食品安全国家标准，也应当经出入境检验检疫机构依照进出口商品检验相关法律、行政法规的规定进行检验检疫，不能用经过了出入境检验检疫机构检验检疫取代食品安全国家标准，将其作为判断进口食品是否安全的依据。

实践中，有的进口商以其并非进口食品的经营者为由进行抗辩，主张其不应对进口食品不符合我国食品安全标准承担责任。这一主张不能成立。不同进口商的经营模式不同，有的进口商进口食品后先转售给零售商，再由零售商销售给消费者；有的进口商则直接将进口食品销售给消费者。在前一种情况下，进口商与批发商的地位并无二致；在第二种情况下，进口商与普通销售者的角色相同。无论在哪种情况下，进口商都属于进口商品的经营者，都应当承担经营者的责任。

（撰稿人：刘敏、高燕竹、谢勇）

最高人民法院关于审理医疗损害责任纠纷案件适用法律若干问题的解释

(2017年3月27日最高人民法院审判委员会第1713次会议通过 根据2020年12月23日最高人民法院审判委员会第1823次会议通过的《最高人民法院关于修改〈最高人民法院关于在民事审判工作中适用《中华人民共和国工会法》若干问题的解释〉等二十七件民事类司法解释的决定》修正)

为正确审理医疗损害责任纠纷案件,依法维护当事人的合法权益,推动构建和谐医患关系,促进卫生健康事业发展,根据《中华人民共和国民法典》《中华人民共和国民事诉讼法》等法律规定,结合审判实践,制定本解释。

第一条 患者以在诊疗活动中受到人身或者财产损害为由请求医疗机构、医疗产品的生产者、销售者、药品上市许可持有人或者血液提供机构承担侵权责任的案件,适用本解释。

患者以在美容医疗机构或者开设医疗美容科室的医疗机构实施的医疗美容活动中受到人身或者财产损害为由提起的侵权纠纷案件,适用本解释。

当事人提起的医疗服务合同纠纷案件,不适用本解释。

第二条 患者因同一伤病在多个医疗机构接受诊疗受到损害,起诉部分或者全部就诊的医疗机构的,应予受理。

患者起诉部分就诊的医疗机构后,当事人依法申请追加其他就诊的医疗机构为共同被告或者第三人的,应予准许。必要时,人民法院可以依法追加相关当事人参加诉讼。

第三条 患者因缺陷医疗产品受到损害,起诉部分或者全部医疗产品的生产者、销售者、药品上市许可持有人和医疗机构的,应予受理。

患者仅起诉医疗产品的生产者、销售者、药品上市许可持有人、医疗机构中部分主体,当事人依法申请追加其他主体为共同被告或者第三人的,应予准许。必要时,人民法院可以依法追加相关当事人参加诉讼。

患者因输入不合格的血液受到损害提起侵权诉讼的,参照适用前两款规定。

第四条 患者依据民法典第一千二百一十八条规定主张医疗机构承担赔偿责任的,应当提交到该医疗机构就诊、受到损害的证据。

患者无法提交医疗机构或者其医务人员有过错、诊疗行为与损害之间具有因果关系的证据,依法提出医疗损害鉴定申请的,人民法院应予准许。

医疗机构主张不承担责任的,应当就民法典第一千二百二十四条第一款规定情形等抗辩事由承担举证证明责任。

第五条 患者依据民法典第一千二百一十九条规定主张医疗机构承担赔偿责任的,

应当按照前条第一款规定提交证据。

实施手术、特殊检查、特殊治疗的,医疗机构应当承担说明义务并取得患者或者患者近亲属明确同意,但属于民法典第一千二百二十条规定情形的除外。医疗机构提交患者或者患者近亲属明确同意证据的,人民法院可以认定医疗机构尽到说明义务,但患者有相反证据足以反驳的除外。

第六条 民法典第一千二百二十二条规定的病历资料包括医疗机构保管的门诊病历、住院志、体温单、医嘱单、检验报告、医学影像检查资料、特殊检查(治疗)同意书、手术同意书、手术及麻醉记录、病理资料、护理记录、出院记录以及国务院卫生行政主管部门规定的其他病历资料。

患者依法向人民法院申请医疗机构提交由其保管的与纠纷有关的病历资料等,医疗机构未在人民法院指定期限内提交的,人民法院可以依照民法典第一千二百二十二条第二项规定推定医疗机构有过错,但是因不可抗力等客观原因无法提交的除外。

第七条 患者依据民法典第一千二百二十三条规定请求赔偿的,应当提交使用医疗产品或者输入血液、受到损害的证据。

患者无法提交使用医疗产品或者输入血液与损害之间具有因果关系的证据,依法申请鉴定的,人民法院应予准许。

医疗机构,医疗产品的生产者、销售者、药品上市许可持有人或者血液提供机构主张不承担责任的,应当对医疗产品不存在缺陷或者血液合格等抗辩事由承担举证证明责任。

第八条 当事人依法申请对医疗损害责任纠纷中的专门性问题进行鉴定的,人民法院应予准许。

当事人未申请鉴定,人民法院对前款规定的专门性问题认为需要鉴定的,应当依职权委托鉴定。

第九条 当事人申请医疗损害鉴定的,由双方当事人协商确定鉴定人。

当事人就鉴定人无法达成一致意见,人民法院提出确定鉴定人的方法,当事人同意的,按照该方法确定;当事人不同意的,由人民法院指定。

鉴定人应当从具备相应鉴定能力、符合鉴定要求的专家中确定。

第十条 委托医疗损害鉴定的,当事人应当按照要求提交真实、完整、充分的鉴定材料。提交的鉴定材料不符合要求的,人民法院应当通知当事人更换或者补充相应材料。

在委托鉴定前,人民法院应当组织当事人对鉴定材料进行质证。

第十一条 委托鉴定书,应当有明确的鉴定事项和鉴定要求。鉴定人应当按照委托鉴定的事项和要求进行鉴定。

下列专门性问题可以作为申请医疗损害鉴定的事项:

(一)实施诊疗行为有无过错;

(二)诊疗行为与损害后果之间是否存在因果关系以及原因力大小;

(三)医疗机构是否尽到了说明义务、取得患者或者患者近亲属明确同意的义务;

(四)医疗产品是否有缺陷、该缺陷与损害后果之间是否存在因果关系以及原因力的大小;

(五)患者损伤残疾程度;

(六)患者的护理期、休息期、营养期;

（七）其他专门性问题。

鉴定要求包括鉴定人的资质、鉴定人的组成、鉴定程序、鉴定意见、鉴定期限等。

第十二条 鉴定意见可以按照导致患者损害的全部原因、主要原因、同等原因、次要原因、轻微原因或者与患者损害无因果关系，表述诊疗行为或者医疗产品等造成患者损害的原因力大小。

第十三条 鉴定意见应当经当事人质证。

当事人申请鉴定人出庭作证，经人民法院审查同意，或者人民法院认为鉴定人有必要出庭的，应当通知鉴定人出庭作证。双方当事人同意鉴定人通过书面说明、视听传输技术或者视听资料等方式作证的，可以准许。

鉴定人因健康原因、自然灾害等不可抗力或者其他正当理由不能按期出庭的，可以延期开庭；经人民法院许可，也可以通过书面说明、视听传输技术或者视听资料等方式作证。

无前款规定理由，鉴定人拒绝出庭作证，当事人对鉴定意见又不认可的，对该鉴定意见不予采信。

第十四条 当事人申请通知一至二名具有医学专门知识的人出庭，对鉴定意见或者案件的其他专门性事实问题提出意见，人民法院准许的，应当通知具有医学专门知识的人出庭。

前款规定的具有医学专门知识的人提出的意见，视为当事人的陈述，经质证可以作为认定案件事实的根据。

第十五条 当事人自行委托鉴定人作出的医疗损害鉴定意见，其他当事人认可的，可予采信。

当事人共同委托鉴定人作出的医疗损害鉴定意见，一方当事人不认可的，应当提出明确的异议内容和理由。经审查，有证据足以证明异议成立的，对鉴定意见不予采信；异议不成立的，应予采信。

第十六条 对医疗机构或者其医务人员的过错，应当依据法律、行政法规、规章以及其他有关诊疗规范进行认定，可以综合考虑患者病情的紧急程度、患者个体差异、当地的医疗水平、医疗机构与医务人员资质等因素。

第十七条 医务人员违反民法典第一千二百一十九条第一款规定义务，但未造成患者人身损害，患者请求医疗机构承担损害赔偿责任的，不予支持。

第十八条 因抢救生命垂危的患者等紧急情况且不能取得患者意见时，下列情形可以认定为民法典第一千二百二十条规定的不能取得患者近亲属意见：

（一）近亲属不明的；

（二）不能及时联系到近亲属的；

（三）近亲属拒绝发表意见的；

（四）近亲属达不成一致意见的；

（五）法律、法规规定的其他情形。

前款情形，医务人员经医疗机构负责人或者授权的负责人批准立即实施相应医疗措施，患者因此请求医疗机构承担赔偿责任的，不予支持；医疗机构及其医务人员怠于实施相应医疗措施造成损害，患者请求医疗机构承担赔偿责任的，应予支持。

第十九条 两个以上医疗机构的诊疗行为造成患者同一损害，患者请求医疗机构承担赔偿责任的,应当区分不同情况,依照民法典第一千一百六十八条、第一千一百七十一条或者第一千一百七十二条的规定,确定各医疗机构承担的赔偿责任。

第二十条 医疗机构邀请本单位以外的医务人员对患者进行诊疗,因受邀医务人员的过错造成患者损害的,由邀请医疗机构承担赔偿责任。

第二十一条 因医疗产品的缺陷或者输入不合格血液受到损害,患者请求医疗机构、缺陷医疗产品的生产者、销售者、药品上市许可持有人或者血液提供机构承担赔偿责任的,应予支持。

医疗机构承担赔偿责任后,向缺陷医疗产品的生产者、销售者、药品上市许可持有人或者血液提供机构追偿的,应予支持。

因医疗机构的过错使医疗产品存在缺陷或者血液不合格,医疗产品的生产者、销售者、药品上市许可持有人或者血液提供机构承担赔偿责任后,向医疗机构追偿的,应予支持。

第二十二条 缺陷医疗产品与医疗机构的过错诊疗行为共同造成患者同一损害,患者请求医疗机构与医疗产品的生产者、销售者、药品上市许可持有人承担连带责任的,应予支持。

医疗机构或者医疗产品的生产者、销售者、药品上市许可持有人承担赔偿责任后,向其他责任主体追偿的,应当根据诊疗行为与缺陷医疗产品造成患者损害的原因力大小确定相应的数额。

输入不合格血液与医疗机构的过错诊疗行为共同造成患者同一损害的,参照适用前两款规定。

第二十三条 医疗产品的生产者、销售者、药品上市许可持有人明知医疗产品存在缺陷仍然生产、销售,造成患者死亡或者健康严重损害,被侵权人请求生产者、销售者、药品上市许可持有人赔偿损失及二倍以下惩罚性赔偿的,人民法院应予支持。

第二十四条 被侵权人同时起诉两个以上医疗机构承担赔偿责任,人民法院经审理,受诉法院所在地的医疗机构依法不承担赔偿责任,其他医疗机构承担赔偿责任的,残疾赔偿金、死亡赔偿金的计算,按下列情形分别处理:

(一)一个医疗机构承担责任的,按照该医疗机构所在地的赔偿标准执行;

(二)两个以上医疗机构均承担责任的,可以按照其中赔偿标准较高的医疗机构所在地标准执行。

第二十五条 患者死亡后,其近亲属请求医疗损害赔偿的,适用本解释;支付患者医疗费、丧葬费等合理费用的人请求赔偿该费用的,适用本解释。

本解释所称的"医疗产品"包括药品、消毒产品、医疗器械等。

第二十六条 本院以前发布的司法解释与本解释不一致的,以本解释为准。

本解释施行后尚未终审的案件,适用本解释;本解释施行前已经终审,当事人申请再审或者按照审判监督程序决定再审的案件,不适用本解释。

最高人民法院
关于审理利用信息网络侵害人身权益民事纠纷案件适用法律若干问题的规定

(2014年6月23日最高人民法院审判委员会第1621次会议通过 根据2020年12月23日最高人民法院审判委员会第1823次会议通过的《最高人民法院关于修改〈最高人民法院关于在民事审判工作中适用〈中华人民共和国工会法〉若干问题的解释〉等二十七件民事类司法解释的决定》修正)

为正确审理利用信息网络侵害人身权益民事纠纷案件,根据《中华人民共和国民法典》《全国人民代表大会常务委员会关于加强网络信息保护的决定》《中华人民共和国民事诉讼法》等法律的规定,结合审判实践,制定本规定。

第一条 本规定所称的利用信息网络侵害人身权益民事纠纷案件,是指利用信息网络侵害他人姓名权、名称权、名誉权、荣誉权、肖像权、隐私权等人身权益引起的纠纷案件。

第二条 原告依据民法典第一千一百九十五条、第一千一百九十七条的规定起诉网络用户或者网络服务提供者的,人民法院应予受理。

原告仅起诉网络用户,网络用户请求追加涉嫌侵权的网络服务提供者为共同被告或者第三人的,人民法院应予准许。

原告仅起诉网络服务提供者,网络服务提供者请求追加可以确定的网络用户为共同被告或者第三人的,人民法院应予准许。

第三条 原告起诉网络服务提供者,网络服务提供者以涉嫌侵权的信息系网络用户发布为由抗辩的,人民法院可以根据原告的请求及案件的具体情况,责令网络服务提供者向人民法院提供能够确定涉嫌侵权的网络用户的姓名(名称)、联系方式、网络地址等信息。

网络服务提供者无正当理由拒不提供的,人民法院可以依据民事诉讼法第一百一十四条的规定对网络服务提供者采取处罚等措施。

原告根据网络服务提供者提供的信息请求追加网络用户为被告的,人民法院应予准许。

第四条 人民法院适用民法典第一千一百九十五条第二款的规定,认定网络服务提供者采取的删除、屏蔽、断开链接等必要措施是否及时,应当根据网络服务的类型和性质、有效通知的形式和准确程度、网络信息侵害权益的类型和程度等因素综合判断。

第五条 其发布的信息被采取删除、屏蔽、断开链接等措施的网络用户,主张网络服务提供者承担违约责任或者侵权责任,网络服务提供者以收到民法典第一千一百九十五条第一款规定的有效通知为由抗辩的,人民法院应予支持。

第六条 人民法院依据民法典第一千一百九十七条认定网络服务提供者是否"知

道或者应当知道",应当综合考虑下列因素:

(一) 网络服务提供者是否以人工或者自动方式对侵权网络信息以推荐、排名、选择、编辑、整理、修改等方式作出处理;

(二) 网络服务提供者应当具备的管理信息的能力,以及所提供服务的性质、方式及其引发侵权的可能性大小;

(三) 该网络信息侵害人身权益的类型及明显程度;

(四) 该网络信息的社会影响程度或者一定时间内的浏览量;

(五) 网络服务提供者采取预防侵权措施的技术可能性及其是否采取了相应的合理措施;

(六) 网络服务提供者是否针对同一网络用户的重复侵权行为或者同一侵权信息采取了相应的合理措施;

(七) 与本案相关的其他因素。

第七条 人民法院认定网络用户或者网络服务提供者转载网络信息行为的过错及其程度,应当综合以下因素:

(一) 转载主体所承担的与其性质、影响范围相适应的注意义务;

(二) 所转载信息侵害他人人身权益的明显程度;

(三) 对所转载信息是否作出实质性修改,是否添加或者修改文章标题,导致其与内容严重不符以及误导公众的可能性。

第八条 网络用户或者网络服务提供者采取诽谤、诋毁等手段,损害公众对经营主体的信赖,降低其产品或者服务的社会评价,经营主体请求网络用户或者网络服务提供者承担侵权责任的,人民法院应依法予以支持。

第九条 网络用户或者网络服务提供者,根据国家机关依职权制作的文书和公开实施的职权行为等信息来源所发布的信息,有下列情形之一,侵害他人人身权益,被侵权人请求侵权人承担侵权责任的,人民法院应予支持:

(一) 网络用户或者网络服务提供者发布的信息与前述信息来源内容不符;

(二) 网络用户或者网络服务提供者以添加侮辱性内容、诽谤性信息、不当标题或者通过增删信息、调整结构、改变顺序等方式致人误解;

(三) 前述信息来源已被公开更正,但网络用户拒绝更正或者网络服务提供者不予更正;

(四) 前述信息来源已被公开更正,网络用户或者网络服务提供者仍然发布更正之前的信息。

第十条 被侵权人与构成侵权的网络用户或者网络服务提供者达成一方支付报酬,另一方提供删除、屏蔽、断开链接等服务的协议,人民法院应认定为无效。

擅自篡改、删除、屏蔽特定网络信息或者以断开链接的方式阻止他人获取网络信息,发布该信息的网络用户或者网络服务提供者请求侵权人承担侵权责任的,人民法院应予支持。接受他人委托实施该行为的,委托人与受托人承担连带责任。

第十一条 网络用户或者网络服务提供者侵害他人人身权益,造成财产损失或者严重精神损害,被侵权人依据民法典第一千一百八十二条和第一千一百八十三条的规定,请求其承担赔偿责任的,人民法院应予支持。

第十二条 被侵权人为制止侵权行为所支付的合理开支,可以认定为民法典第一千一百八十二条规定的财产损失。合理开支包括被侵权人或者委托代理人对侵权行为进行调查、取证的合理费用。人民法院根据当事人的请求和具体案情，可以将符合国家有关部门规定的律师费用计算在赔偿范围内。

被侵权人因人身权益受侵害造成的财产损失以及侵权人因此获得的利益难以确定的，人民法院可以根据具体案情在 50 万元以下的范围内确定赔偿数额。

第十三条 本规定施行后人民法院正在审理的一审、二审案件适用本规定。

本规定施行前已经终审，本规定施行后当事人申请再审或者按照审判监督程序决定再审的案件，不适用本规定。

【解读】

解读《关于审理利用信息网络侵害人身权益民事纠纷案件适用法律若干问题的规定》新修改条文

一、修改情况说明

根据 2020 年 12 月 23 日最高人民法院审判委员会第 1823 次会议通过的《最高人民法院关于修改〈最高人民法院关于在民事审判工作中适用《中华人民共和国工会法》若干问题的解释〉等二十七件民事类司法解释的决定》，最高人民法院对 2014 年《最高人民法院关于审理利用信息网络侵害人身权益民事纠纷案件适用法律若干问题的规定》（以下简称原司法解释）进行了修正，修正后的司法解释简称新司法解释。

新司法解释对原司法解释共修改 7 条、废止 6 条。其中，引言、第二条、第四条、第十一条涉及调整法律依据以及规范文字表述。第五条、第六条、第十二条涉及实质性修改。废止的条款为：原第二条、原第五条、原第八条、原第十二条、原第十五条、原第十六条废止。

二、关于适应性修改条文的说明

引言部分：民法典颁布实施后，民法通则、侵权责任法同时废止，因此在对司法解释修改时，将其引言中"根据《中华人民共和国民法通则》《中华人民共和国侵权责任法》《全国人民代表大会常务委员会关于加强网络信息保护的决定》《中华人民共和国民事诉讼法》等法律的规定"修改为"根据《中华人民共和国民法典》《全国人民代表大会常务委员会关于加强网络信息保护的决定》《中华人民共和国民事诉讼法》等法律的规定"。

第二条：对照民法典，将"侵权责任法第三十六条第二款、第三款"修改为"民法典第一千一百九十五条、第一千一百九十七条"。

第四条：将"侵权责任法三十六条第二款"修改为"民法典第一千一百九十五条第二款"。同时，为与民法典的上述规定相衔接，新司法解释将网络服务提供者采取的删除、屏蔽、断开链接等必要措施是否及时的认定依据进行相应修改，将"根据网络服务的性质"修改为"根据网络服务的类型和性质"。

第十一条：将"侵权责任法第二十条和第二十二条"修改为"民法典第一千一百

八十二条和第一千一百八十三条"。

三、关于重点修改条文的修改说明和理解与适用

（一）第五条

【修改内容】

本条规定共有两处修改：一网络用户实施侵权行为后，网络服务提供者根据权利人的通知采取相应措施，网络用户就此请求网络服务提供者承担违约责任或者侵权责任时，明确网络服务提供者进行抗辩的事由是民法典第一千一百九十五条第一款规定的有效通知；二是删除原司法解释第五条第二款规定。

【修改说明】

本条规定是关于网络服务提供者接到权利人通知后及时采取措施的法律后果的规定，原司法解释是对侵权责任法第三十六条的解释。民法典第一千一百九十五条在侵权责任法第三十六条的基础上完善了相关规则。为与民法典的规定相衔接，本条规定进行修改。

【理解与适用】

1. 网络言论自由与他人合法权益的平衡保护

互联网是继报纸、广播、电视之后的第四媒体，但影响远远超过了前几种媒体，它提供了一个开放性的、去中心化的、交互性的、自由性的信息平台，更为重要的是，它为公民和其他社会主体提供了一个交流思想、表达见解、反映诉求、声张权利的私有或公共空间，为人类意志的自由表达提供了一个前所未有的通畅渠道。网络为言论自由释放了一个比以往任何媒介都更广阔的、更民主的空间，借助网络不仅能及时全面地接触社会信息，还能方便表达意愿，从而形成观点的交流、思想的碰撞，有利于形成重叠共识，深化和推动公民自治和社会协商民主。正是基于此，各国均虽感到互联网对传统社会治理带来较大的冲突和压力，但在互联网规制上均较为慎重。

毋庸讳言，网络为言论自由表达提供了很好的话语平台，给言论自由的释放提供了比以往媒介更广阔的、更民主的空间。然而，也不能忽视其潜在的负面效应。由于其自由开放，具有隐匿性和虚拟性，缺少现实法律和道德的束缚力量，现实的压力和不良情绪都可能在网上得到无限制的释放，形成网络暴力、侮辱、诽谤、猥亵、挑衅等言行，大量充斥于网络空间。这些符号化、虚拟化的网络用户潜隐在网络空间自由和恣意宣泄自己的思想、观点和情绪时，可能已经触碰到他人自由的边界，侵害到其他主体的合法权益。

无论在理论上还是实践中，自由表达其实均有其公认的边界。网络的普及，让私人信息大批量地介入公共领域，其表现出的只是一个松散、开放和具有弹性的交往平台。但即便如此，言论自由也不能成为道德失控的借口，不能成为侵犯他人基本权利的依据。因此，合理界定网络言论自由的边界，平衡保护网络言论自由与他人合法权益是网络侵权责任法律规则的重要任务。

2. 避风港原则

网络服务提供者是一个概括性表述，既包括提供接入、缓存、信息存储空间、搜索以及链接等服务类型的技术服务提供者，也包括主动向网络用户提供内容的内容服务提供者，还包括在电子商务中为交易双方或者多方提供网络经营场所、交易撮合、

信息发布等服务,供交易双方或者多方独立开展交易活动的电子商务平台经营者。① 在传统的规制中,政府主导的规制面对的只有直接的侵权主体,而网络空间的观制却构成了一个三元的规制框架,即网络用户—网络服务提供者—政府。② 对网络用户侵权的规制与传统规制相比,除技术的差别外并无太大差异,但对网络服务提供者的规制却面临着两难处境:一方面,它是网络空间的服务者,维持着网络运行,推动着网络技术进步,代表着信息技术发展的方向,承载着知识经济发展的重任,保证其权利是社会公共利益的选择,若使其承担过重的法律责任,可能阻碍互联网的发展;另一方面,它又可能因为责任限制的缺失而疏于自己的注意义务,造成民事主体权益受到侵害,从而成为间接侵权人或直接侵权人,成为不当利益贪婪的获取人。"就网络用户的行为而言,如果不与网络服务提供者的不作为相结合,网络侵权的行为是很难发生或扩大的。"③ 即使如此,由于网络传播极为迅速的特点,要求网络服务提供者完全防止侵权信息在网络上出现也是极为困难的。因此,法律上无法为其确立特别的注意义务,其只能负有一般性的审查义务。同时,作为平台或载体的网络服务提供者,其也必然面临上文叙及的权利抉择处境:一方面,对于根据明示或默示合同进入网络空间、享有表达自由权的网络用户,网络服务提供者享有的规制权利极其有限,否则其可能构成侵权或违约;另一方面,一旦网络用户的自由行为触及他人自由权益的底线,网络服务提供者即使不属于直接侵权,也可能成为间接侵权人而被追究责任。

正是政府规制的两难选择和网络服务提供者面临的权利抉择困境,促生了关于网络服务提供者中介责任的限制理论。其实,网络服务提供者的注意义务有一个由严格日益走向宽松的过程。20世纪90年代,随着知识产权尤其是著作权客体的数字化,网络上的盗版现象十分猖獗。为此,作为受害人的版权人利益集团开展了强大的游说和起诉工作,希望通过法律途径将新技术给传统商业模式带来的冲击和损害降到最低,当时的法院和立法者也一定程度上采纳了他们的意见,认为网络服务提供者应当如图书馆或图书销售商一样,需对网络平台上的内容承担合法性审查义务,并在侵权责任认定方面,适用了与一般侵犯版权相同的严格责任归责原则。但随着人们对网络媒体自身特性及严格的司法责任认定对互联网发展所起制约作用的认识,法律对网络服务提供者的责任认定标准发生了相应的变化。在1995年年底发生的一起针对BBS经营者所提起的版权侵权之诉中,美国法院认为,如果网络服务提供商在侵权中的作用不过是建立和运行一种维持网络正常运输所必需的系统,那么让无数这样的当事人陷入责任之中即是不明智的,因为让整个因特网为侵权行为负责并不能有效地制裁和预防侵权行为。④ 1998年,美国通过千禧年数字版权法案,该部法律对规制网络服务提供者提供了全新的责任认定标准,其首创的避风港制度影响极为深远,其中又以"通知—删除"机制影响最大,一度成为避风港制度的代称。⑤ 避风港制度实质上就是网络服务提供者责任限制的一种待遇,表现在诉讼上是一种法定的抗辩事由。网络服务提供者要想享受责任限制的待遇,必须满足两个基本条件:一是网络服务提供者必须拒绝为

---

① 参见黄薇主编:《中华人民共和国民法典释义及适用指南》,中国民主法制出版社2020年版,第1823页。
② 参见陈道英:《我国网络空间中的言论自由》,载《河北法学》2012年第10期。
③ 王利明:《侵权责任法研究》,中国人民大学出版社2011年版,第118页。
④ 参见梅夏英、刘明:《网络侵权归责的现实制约及价值考量——以〈侵权责任法〉第36条为切入点》,载《法律科学(西北政法大学学报)》2013年第2期。
⑤ 参见薛虹:《网络服务提供者中介责任"避风港"的比较研究》,载《中国版权》2011年第4期。

反复实施侵权的用户提供服务；二是网络服务提供者不得干预版权人采取的标识或保护其版权作品的技术措施。根据该法创设的"通知—删除"规定，一旦接收到权利人所发送的符合法定标准的通知，网络服务提供者就必须采取措施删除侵权性信息或者断开该信息的链接，如果做到了这一点，即应视为其尽到了合理注意义务，可以免除其责任。[①] 作为免责性质的条款，避风港制度的适用一般针对两种法律责任：一是版权责任，包括直接或间接侵权责任；二是有关网络用户的法律责任。如果网络服务提供者根据侵权通知，或明显的侵权事实，善意移除嫌疑用户的网络内容，任何人都不能针对网络服务提供者提起诉讼，即使该用户事后被证实并不构成侵权。换句话说，避风港条款并不是对网络服务提供者版权责任的最终确定，而仅是为其提供了新的抗辩理由，告诉网络服务提供者怎样可以避免版权责任。如果网络服务提供者无法满足避风港的要求，也不一定意味着一定会承担责任，其仍可能通过传统的合理使用、时效、非实质性侵权使用等抗辩理由以逃脱版权责任。德国多媒体法将网络服务提供者分成接入服务提供者及主机服务提供者两类。对前者，该法规定其原则上不为第三方的侵权行为承担任何责任，但其如果得知侵权内容存在，仍有依照一般法律义务阻止侵权内容继续使用的职责；而对后者，该法规定需要具备两个条件才可使其承担侵权责任，即该服务提供者知道非法内容存在于服务器上，并且在技术上可能、在情理上应当阻止非法内容被继续使用，却没有阻止的情况下，才承担责任。随后，欧盟《电子商务指令》也规定了类似通知制度，即网络服务提供者在被告知或自己得知非法行为的存在时，必须立即清除有关信息，或阻止对该信息的获取。清除有关信息或阻止获取有关信息的时候必须尊重表达自由的原则，并且遵守各国对此规定的必要程序。[②]

我国法律、法规对避风港规则的借鉴经过了一个由模糊到明确的过程。2000年最高人民法院公布的《最高人民法院关于审理涉及计算机网络著作权纠纷案件适用法律若干问题的解释》（法释〔2000〕48号）第五条规定："提供内容服务的网络服务提供者，明知网络用户通过网络实施侵犯他人著作权的行为，或者经著作权人提出确有证据的警告，但仍不采取移除侵权内容等措施以消除侵权后果的，人民法院应当根据民法通则第一百三十条的规定，追究其与该网络用户的共同侵权责任。"该条规定并没有明确规定网络服务提供者在某种情况下不承担责任，但从反面规定了其在何种情况下承担责任，学者一般认为该条款暗含着避风港规则，为法院适用该规则留下了空间。2005年《互联网著作权行政保护办法》第十二条规定："没有证据表明互联网信息服务提供者明知侵权事实存在的，或者互联网信息服务提供者接到著作权人通知后，采取措施移除相关内容的，不承担行政法律责任。"该规定明确了在符合某些条件的情况下可以排除网络服务提供者的行政责任。2006年国务院公布实施的《信息网络传播权保护条例》第二十条、第二十一条、第二十二条、第二十三条具体规定了网络服务提供者在提供自动接入服务、自动传输服务、自动存储、提供信息存储空间、提供搜索与链接服务等方面不承担赔偿责任的情形，显然已对所借鉴的避风港规则作出了细化处理，这是我国避风港规则正式确立的标志。需要说明的是，该条例于2013年作出修

[①] 参见高圣平主编：《〈中华人民共和国侵权责任法〉立法争点、立法例及经典案例》，北京大学出版社2020年版，第36页。
[②] 参见高圣平主编：《〈中华人民共和国侵权责任法〉立法争点、立法例及经典案例》，北京大学出版社2020年版，第36页。

订,但上述规则并未改变。2010年颁布实施的侵权责任法作为侵权责任领域的基本法,对网络服务提供者的责任虽只是原则规定,并没有特别具体的规定,但从规定内容看,仍然是在未采取必要措施的情况下才承担民事责任,体现了"通知—删除"模式,这被认为是避风港原则引入一般网络侵权领域的体现。民法典第一千一百九十五条承继了侵权责任法第三十六条规定的基本精神,对避风港规则进行了完善和细化,主要体现在:一是将被侵权人修改为权利人;二是在"通知—取下"程序中增加规定权利人通知所包含的必要信息;三是增加规定网络服务提供者接到通知后的及时转送义务;四是增加规定权利人错误通知的侵权责任。[1]

3. 网络服务提供者的抗辩事由和义务

根据民法典,本规定也作出相应的修改。第一处修改是将"网络服务提供者以收到通知为由抗辩的,人民法院应予支持"修改为"网络服务提供者以收到民法典第一千一百九十五条第一款规定的有效通知为由抗辩的,人民法院应予支持"。此处修改的关键问题是何为有效通知。根据民法典第一千一百九十五条的规定,权利人的通知应当包括构成侵权的初步证据以及权利人的真实身份信息,民法典作出上述规定是为了减少或者避免恶意通知损害网络用户合法权益的情况。如果缺少上述内容的通知,并不能构成有效通知。网络服务提供者以收到有效通知主张免责的,才能得到人民法院的支持,反之则不能得到支持。第二处修改是删除原第二款规定。这涉及对网络服务提供者义务的理解。根据民法典第一千一百九十五条规定,网络服务提供者的义务包括两方面:第一,要及时将权利人通知转送相关网络用户。这是因为,权利人发出通知是其单方的行为,无法确定相关信息是否对其构成侵权,网络服务提供者将通知转送相关网络用户之后,便于网络用户依法维护自身权益。第二,根据构成侵权的初步证据和服务类型采取必要措施,以达到在技术能够做到的范围内避免相关信息进一步传播。由于民法典第一千一百九十五条新增了网络服务提供者的通知转送义务,这就意味着即使没有网络用户的请求,网络服务提供者也应当主动履行这一义务,民法典上述新增规定与本条原第二款关于"被采取删除、屏蔽、断开链接等措施的网络用户,请求网络服务提供者提供通知内容的,人民法院应予支持"的规定相比,这种义务更为严格。原司法解释在2014年制定时,之所以没有将网络服务提供者的通知转送义务规定为一般性通知转送义务,主要原因在于,在社交媒体高度发达、海量信息即时产生、网络匿名性仍然普遍存在的背景下,这种通知义务会造成网络服务提供者的过重负担。同时,赋予被采取措施的网络用户要求网络服务提供者、通知人披露通知的请求权,并不会对其维护自身权利形成障碍。[2] 应当看到,近些年来,随着国家对互联网生态治理力度不断加大,一些领域已经进行实名认证,而互联网技术也在不断进步,在当前的条件下要求网络服务提供者进行一般性的通知转送的基础条件与2014年相比已经发生了变化,与此同时,错误通知、恶意通知的事件也高发频发,反向侵害网络用户合法权益。民法典的上述规定,更有利于平衡保护各方主体合法权益。本条原第二款删除之后,网络用户可以依据民法典第一千一百九十五条第二款规定主张权利。

---

[1] 参见最高人民法院民法典贯彻实施工作领导小组主编:《中华人民共和国民法典侵权责任编理解与适用》,人民法院出版社2020年版,第266页。
[2] 最高人民法院民事审判第一庭编著:《最高人民法院利用网络侵害人身权益司法解释理解与适用》,人民法院出版社2014年版,第125页。

(二）第六条

【修改内容】

本条规定共有两处修改：一是将认定网络服务提供者与网络用户承担连带责任的法律依据由侵权责任法第三十六条修改为民法典第一千一百九十七条；二是将认定网络服务提供者与网络用户承担连带责任的主观构成要件由"知道"网络用户利用网络服务侵害他人民事权益修改为"知道或者应当知道"网络用户利用网络服务侵害他人民事权益。

【修改说明】

本条规定是关于网络服务提供者与网络用户承担连带责任时其过错标准认定的指引性规则。原司法解释出台时，侵权责任法第三十六条是本条规定的法律依据，民法典第一千一百九十七条将侵权责任法第三十六条中的网络服务提供者与网络用户承担连带责任的主观构成要件由"知道"修改为"知道或者应当知道"。为与民法典第一千一百九十七条规定的表述一致，本条规定作出修改。

【理解与适用】

民法典第一千一百九十七条对侵权责任法第三十六条关于网络服务提供者与网络用户承担连带责任的主观构成要件的修改，并非实质性修改。立法机关认为，侵权责任法第三十六条中使用的是"知道"，从解释上，包括"明知"和"应知"两种主观状态，多年来，法院在审判实践中也是这样操作的。在编纂民法典过程中，有的意见建议将"知道"修改为"知道或者应当知道"，表述更清楚。经研究采纳了这个建议，这样修改内涵没有变化，但更清楚明了，也保持了不同法律之间用语的统一。① 需要注意的是，尽管本条规定修改前采用的是"知道"的表述，但并不意味着本条规定列举的具体情形仅为"明知"的情形。实际上，本条规定的关于网络服务提供者主观构成要件的标准，包括"明知"和"应知"两种类型，其中，第一项是"明知"标准的规定，第二项至第六项是"应知"的判断标准，第七项属于兜底条款。

准确理解和适用本条规定的关键在于"知道"和"应当知道"的判断标准。由于网络具有开放性的特征，网络信息十分庞杂，对于网络服务提供者来说，一般不要求其进行普遍性的审查。对于网络服务提供者的注意义务，国际社会通行的标准是"红旗规则"，即只有当侵权事实在网络空间中像红旗一样明显时，方可根据侵权事实发生的具体环境推定网络服务提供者对侵权事实知道并要求其采取必要措施制止侵权行为，这也就是"知道"或者"应当知道"的含义。本条规定结合立法起草和司法实践的情况，对"知道"和"应当知道"的判断标准作出指引性规定。

第一，网络服务提供者是否以人工或者自动方式对侵权网络信息以推荐、排名、选择、编辑、整理、修改等方式作出处理。一般而言，权利人向网络服务提供者发送符合规定的通知即可认定网络服务提供者明知网络用户侵权。此种情形下，因有"通知"这一外在表征而较易判断网络服务提供者的主观状态。而在被侵权人未通知或通知之前，要判断网络服务提供者知道侵权是比较困难的，如果网络服务提供者已经对侵权信息采取一定手段进行处理，无论此种处理是自动方式还是人工方式，都应当认定为网络服务提供者已经明确知道。

---

① 参见黄薇主编：《中华人民共和国民法典释义及适用指南》，中国民主法制出版社2020年版，第1829页。

第二，网络服务提供者应当具备的管理信息的能力、所提供服务的性质、方式及其引发侵权的可能性大小。这属于网络服务提供者的自身因素。网络服务提供者不同的服务类型、经营模式和管理能力会影响过错的判定。相比提供其他技术服务的网络服务提供者，提供接入、缓存服务的网络服务提供者"知道"的标准应当更加严格。接入服务连接着网站和网络用户，所有网络信息包括侵权信息都需要通过接入服务才能得以传输，但这种传输是即时的，信息量十分庞大，该类型网络服务提供者无法一一核实，如果认定标准过于宽泛，可能会使得接入服务提供者承担过重的责任，影响普遍接入服务。对于搜索引擎、信息存储空间、P2P文件传输服务提供者提供的信息收集、整理、分类服务，如果是纯客观的分类，不能推定网站知道或者应当知道侵权内容；如果按照主观分类，可以推定网站知道或者应当知道，容易判断其是否有过错。如果上传的侵权内容显示在提供存储空间服务网站的首页，则任何网络服务提供者的管理能力均足以达到发现侵权信息的程度，法院可以认定其有过错。对于电子商务交易平台如淘宝网上有几千万商家，其中一个商家在其自家网页广告宣传中侮辱、诋毁其他同类商家的商品，法院不能推定淘宝网知道或者应当知道。

第三，网络信息侵害民事权益的类型及明显程度、该网络信息的社会影响程度或者一定时间内的浏览量。涉嫌诋毁他人名誉、不当使用他人肖像、违法公布他人个人信息等行为，不经法院审理，有时难以准确判断是否是侵权行为，网络服务提供者不是司法机关，不应要求其具有专业法律素养，更不能要求其对用户发布的信息一一核实。但是，对于家庭地址等信息被公布，这种侵害隐私权的判断就比较容易。

第四，网络信息的社会影响程度或者一定时间内的浏览量。网络信息的社会影响程度与其一定时间内的浏览量相匹配，浏览量大，证明社会影响大，网络服务提供者知道侵权事实的可能性就大。

第五，网络服务提供者采取预防侵权措施的技术可能性及其是否采取了相应的合理措施。目前，自动抓取等技术已经普及，如果网络服务提供者采用预防措施的成本较低，则其"知道"义务的范围就越广。当然，与著作权等权利不同的是，由于侵害人格权的类型多种多样，目前网络服务提供者在预防侵犯人格权信息方面的措施和技术仍然较少，但本条规定具有一定的前瞻性，即随着技术的发展，采取预防措施的能力可能会大大提高、预防措施的成本会大大降低，在此情形下，该判断因素即具有适用性。

第六，网络服务提供者是否针对同一网络用户的重复侵权行为或者同一侵权信息采取了相应的合理措施。虽然侵权人多次发布侵权信息多数并不能单独作为判断网络服务提供者知道的判断标准，但是作为一个综合考虑因素，仍有在个案中发挥作用的空间。

第七，就其他相关因素而言，需要结合个案加以判断。在根据本条规定认定网络服务提供者是否应知其网络用户侵害人格权益时，司法解释中规定的考虑因素并不需要机械地一一进行考虑。特别是对于"应当知道"标准的把握，人民法院应当根据个案的具体情况，综合考虑平衡保护互联网行业健康发展与权利人合法权益的价值取向，选择合理的判断标准。

（三）第十二条

【修改内容】

本条共有三处修改：第一，将为制止侵权行为所支付的合理开支的法律依据，即"侵权责任法第二十条"修改为"民法典第一千一百八十二条"；第二，根据民法典第一千一百八十二条规定规范相关表述，将"被侵权人因人身权益受侵害造成的财产损失或者侵权人因此获得的利益无法确定的，人民法院可以根据具体案情在50万元以下的范围内确定赔偿数额"修改为"被侵权人因人身权益受侵害造成的财产损失以及侵权人因此获得的利益难以确定的，人民法院可以根据具体案情在50万元以下的范围内确定赔偿数额"；第三，删除第三款的规定。

【修改说明】

本条是关于利用网络侵害人身权益应赔偿的财产损失范围的规定。民法典第一千一百八十二条是关于侵害他人人身权益造成财产损失后赔偿数额应如何认定的规定。本条根据民法典的上述规定对相关文字表述进行修改。此外，依据民法典第一千一百八十三条的规定，精神损害赔偿是独立于财产损害赔偿的项目，本规定仅适用于财产损害赔偿，而不适用于精神损害赔偿，故删除原第三款规定。

【理解与适用】

侵害人身权益的财产损害赔偿，是指侵权人因侵害民事主体人格权、身份权等权利而造成的财产损害赔偿。民法典第一千一百八十二条规定："侵害他人人身权益造成财产损失的，按照被侵权人因此受到的损失或者侵权人因此获得的利益赔偿；被侵权人因此受到的损失以及侵权人因此获得的利益难以确定，被侵权人和侵权人就赔偿数额协商不一致，向人民法院提起诉讼的，由人民法院根据实际情况确定赔偿数额。"可以说，该条对侵害人身权益的财产损害赔偿作出了概括性的规定，确定了侵害人身权益的财产损害赔偿的规则。本条规定进一步细化规定了通过信息网络侵害他人人身权益导致的财产损失的范围，将被侵权人为制止侵权行为所支付的合理费用及特定情况下的律师费纳入财产损失范围内，符合侵权责任法上的完全赔偿原则，即只要与侵权行为有因果关系的损害，都应当予以赔偿，以使受害人恢复到如同损害没有发生时的状态。

1. 为制止侵权行为所支付的合理费用

利用信息网络侵害人身权益的案件中，由于人身权益的保护对象是抽象、无形的，因此，其受侵害时并没有像有形财产权那样直接表现为财产的毁损或灭失。但并不能片面地认为侵犯人身权益的行为没有导致财产损失，此时的财产损失主要表现为因侵权行为使被侵权人多支出的费用。如被侵权人为制止侵权行为支出的调查、取证的合理费用，这部分费用是因为侵权行为而增加的，是为恢复权利的必要支出，应列入财产损失的范围，由侵权行为人承担赔偿责任，这同时也体现了全部赔偿原则的要求。

2. 律师费

律师费是诉讼当事人为聘请律师为自己提供法律服务所支付的费用，一般包括按固定收费标准收取的费用和其他费用，如差旅费等。随着民事诉讼的专业化程度越来越高，律师费越来越成为民事诉讼的一项必要支出。关于民事诉讼中律师费的负担，在世界范围内主要有三种模式：第一种是以法国、德国等一些大陆法系国家以及英国等国家为代表的败诉方负担模式；第二种是以美国为代表的律师费各自负担为主，根据申请单独判决为辅的模式;第三种是以日本为代表的,以各自负担为主,但有明确例外规定的模式。并且,已有案例作出了新的突破。比如,日本有判决认为,侵权行为的被害者,为了保护自己的权利不得已提起诉讼时的律师费用,是与侵权行为有相当因果关系的损失,可以向当事人请求赔偿。

律师费应当由谁来承担,在我国律师法及律师收费制度中都没有明确规定,也没有其他法律法规作出具有普遍约束力的规定。但是近几年最高人民法院出台的司法解释,在个别领域对民事诉讼律师费由败诉方承担有明确规定。比如,在知识产权领域,2010年修改后的著作权法第四十九条规定"赔偿数额还应当包括权利人为制止侵权行为而支出的合理开支"。商标法、专利法也均作出相应的规定。其后,相应的司法解释明确了"支出的合理开支"的具体范畴。例如,《最高人民法院关于审理著作权民事纠纷案件适用法律若干问题的解释》第二十六条第一款规定:"著作权法第四十九条第一款规定的制止侵权行为所支付的合理开支,包括权利人或委托代理人对侵权行为进行调查、取证的合理费用。"第二款规定:"人民法院根据当事人的诉讼请求和具体案情,可以将符合国家有关部门规定的律师费用计算在赔偿范围内。"《最高人民法院关于审理商标民事纠纷案件适用法律若干问题的解释》第十七条也作出了相应的规定。知识产权领域的这一规定,是在我国加入世界贸易组织的大背景下,根据《与贸易有关的知识产权协议》(以下简称 TRIPs 协议)的精神作出的调整。这个规定一方面坚持了我国诉讼制度和最高人民法院的一贯做法,谨慎地对待这个问题,在整体诉讼制度上有所协调;另一方面又符合 TRIPs 协议规定的精神,根据诉讼请求和具体案情可以将律师费计算在赔偿数额内,履行了我国在加入世贸组织谈判中的庄严承诺。而在律师费前用了"符合国家有关部门规定"的表述,使规定更加稳妥,以避免在经验不足的情况下法官不好掌握或者自由裁量失之过宽的情形。可以说,知识产权领域"将合理诉讼费纳入损害赔偿范围"的实践取得了良好的法律效果和社会效果。本条规定充分借鉴了知识产权领域的做法和经验,规定"人民法院根据当事人的请求和具体案情,可以将符合国家有关部门规定的律师费用计算在赔偿范围内"。遵循侵权责任的完全赔偿原则,对民事主体的权益施以更加完备的保护,同时也顺应了立法和司法的发展需要。

3. 限额赔偿

限额赔偿是指在权利人损失以及侵权人获利均难以确定或者在权利人直接请求适用的情况下,依据与侵权行为相关的一些因素在一定幅度内酌情确定条件的赔偿方法。这是在司法实践中发展起来的一种赔偿损失的新思路,其原则是强调"合理的赔偿"。民法典第一千一百八十二条规定,侵害人身权益的财产损失按照所受损失或者侵权人所得利益两种方法计算,如果两种方法都难以确定的,且被侵权人和侵权人不能协商一致的,由人民法院根据具体情况确定。在利用网络侵害人身权益的案件中,不少情况下被侵权人确实有财产损失但无相关证据支持。因此,有必要规定一个赔偿上限,以便于人民法院作出裁判。本条规定50万元的上限,主要考虑为:一是在侵害企业法人商誉权、名称权的案件中,此类案件与侵害商标权、著作权、专利权造成的损失相比,有时更大。因此,参考知识产权法的相关规定,确定50万元的赔偿上限并不过分高。二是在侵害自然人名誉权、隐私权等案件中,其财产损失虽然不一定明显,但其后果较为严重,规定50万元的上限有利于人民法院根据具体情况酌情判断。在确定最高限额的情况下,具体的赔偿数额应充分考虑侵权行为人的过错程度、具体侵权行为和方式、造成的损害或影响等因素综合考量确定。

四、关于废止条文的说明

（一）原司法解释第二条

2017年修正的民事诉讼法第二十八条规定："因侵权行为提起的诉讼，由侵权行为地或者被告住所地人民法院管辖。"2015年《最高人民法院关于适用〈中华人民共和国民事诉讼法〉的解释》（以下简称《民事诉讼法解释》）制定时，对信息网络侵权行为实施地进行了专门规定。根据《民事诉讼法解释》第二十五条规定："信息网络侵权行为实施地包括实施被诉侵权行为的计算机等信息设备所在地，侵权结果发生地包括被侵权人住所地。"因此，原司法解释第二条已被2017年修正民事诉讼法第二十八条以及《民事诉讼法解释》第二十五条吸收，为避免重复规定，在对原司法解释修正时将该规定废止。

（二）原司法解释第五条

本条规定是关于权利人对网络服务提供者通知内容的规定。关于何为有效通知，侵权责任法当时没有明确规定。民法典第一千一百九十五条第一款对此作了规定，即通知包括构成侵权的初步证据和权利人的真实身份信息。本条规定与民法典第一千一百九十五条第一款规定不一致，故予以废止。

（三）原司法解释第八条

本条规定第一款是关于通知错误情形下权利人应承担责任的规定，已被民法典第一千一百九十五条第三款吸收，已无必要保留。第二款是有关网络用户有权请求恢复的规定，与民法典第一千一百九十六条规定不一致，予以废止。

（四）原司法解释第十二条

本条规定是关于利用网络侵害个人隐私和个人信息应承担侵权责任的规定。民法典第一千零三十二条至第一千零三十九条新增隐私权和个人信息保护的规定，本条规定内容已经不能完全对应民法典的相关规定，故予以废止。

（五）原司法解释第十五条

本条规定是关于雇佣、组织、教唆或者帮助他人发布、转发网络信息侵害他人权益承担连带责任的规定。民法典第一千一百六十九条已经规定了教唆、帮助情形下承担连带责任的规定，已无必要重复规定，至于雇佣他人侵权的情形，依据民法典第一千一百九十一条、第一千一百九十二条的规定，应由雇主承担侵权责任，故规定行为人承担连带责任没有法律依据。综上所述，本条规定整体应予废止。

（六）原司法解释第十六条

本条规定是关于网络侵权中判处侵权人承担赔礼道歉、消除影响、恢复名誉责任的处理，已被民法典第一千条吸收，无必要继续保留。

（撰稿人：张闻）

最高人民法院
关于审理海洋自然资源与生态环境损害赔偿纠纷案件若干问题的规定

法释〔2017〕23号

(2017年11月20日最高人民法院审判委员会第1727次会议通过 2017年12月29日最高人民法院公告公布 自2018年1月15日起施行)

为正确审理海洋自然资源与生态环境损害赔偿纠纷案件，根据《中华人民共和国海洋环境保护法》《中华人民共和国民事诉讼法》《中华人民共和国海事诉讼特别程序法》等法律的规定，结合审判实践，制定本规定。

第一条 人民法院审理为请求赔偿海洋环境保护法第八十九条第二款规定的海洋自然资源与生态环境损害而提起的诉讼，适用本规定。

第二条 在海上或者沿海陆域内从事活动，对中华人民共和国管辖海域内海洋自然资源与生态环境造成损害，由此提起的海洋自然资源与生态环境损害赔偿诉讼，由损害行为发生地、损害结果地或者采取预防措施地海事法院管辖。

第三条 海洋环境保护法第五条规定的行使海洋环境监督管理权的机关，根据其职能分工提起海洋自然资源与生态环境损害赔偿诉讼，人民法院应予受理。

第四条 人民法院受理海洋自然资源与生态环境损害赔偿诉讼，应当在立案之日起五日内公告案件受理情况。

人民法院在审理中发现可能存在下列情形之一的，可以书面告知其他依法行使海洋环境监督管理权的机关：

（一）同一损害涉及不同区域或者不同部门；

（二）不同损害应由其他依法行使海洋环境监督管理权的机关索赔。

本规定所称不同损害，包括海洋自然资源与生态环境损害中不同种类和同种类但可以明确区分属不同机关索赔范围的损害。

第五条 在人民法院依照本规定第四条的规定发布公告之日起三十日内，或者书面告知之日起七日内，对同一损害有权提起诉讼的其他机关申请参加诉讼，经审查符合法定条件的，人民法院应当将其列为共同原告；逾期申请的，人民法院不予准许。裁判生效后另行起诉的，人民法院参照《最高人民法院关于审理环境民事公益诉讼案件适用法律若干问题的解释》第二十八条的规定处理。

对于不同损害，可以由各依法行使海洋环境监督管理权的机关分别提起诉讼；索赔人共同起诉或者在规定期限内申请参加诉讼的，人民法院依照民事诉讼法第五十二条第一款的规定决定是否按共同诉讼进行审理。

第六条 依法行使海洋环境监督管理权的机关请求造成海洋自然资源与生态环境损害的责任者承担停止侵害、排除妨碍、消除危险、恢复原状、赔礼道歉、赔偿损失等民事责任的,人民法院应当根据诉讼请求以及具体案情,合理判定责任者承担民事责任。

第七条 海洋自然资源与生态环境损失赔偿范围包括:

(一)预防措施费用,即为减轻或者防止海洋环境污染、生态恶化、自然资源减少所采取合理应急处置措施而发生的费用;

(二)恢复费用,即采取或者将要采取措施恢复或者部分恢复受损害海洋自然资源与生态环境功能所需费用;

(三)恢复期间损失,即受损害的海洋自然资源与生态环境功能部分或者完全恢复前的海洋自然资源损失、生态环境服务功能损失;

(四)调查评估费用,即调查、勘查、监测污染区域和评估污染等损害风险与实际损害所发生的费用。

第八条 恢复费用,限于现实修复实际发生和未来修复必然发生的合理费用,包括制定和实施修复方案和监测、监管产生的费用。

未来修复必然发生的合理费用和恢复期间损失,可以根据有资格的鉴定评估机构依据法律法规、国家主管部门颁布的鉴定评估技术规范作出的鉴定意见予以确定,但当事人有相反证据足以反驳的除外。

预防措施费用和调查评估费用,以实际发生和未来必然发生的合理费用计算。

责任者已经采取合理预防、恢复措施,其主张相应减少损失赔偿数额的,人民法院应予支持。

第九条 依照本规定第八条的规定难以确定恢复费用和恢复期间损失的,人民法院可以根据责任者因损害行为所获得的收益或者所减少支付的污染防治费用,合理确定损失赔偿数额。

前款规定的收益或者费用无法认定的,可以参照政府部门相关统计资料或者其他证据所证明的同区域同类生产经营者同期平均收入、同期平均污染防治费用,合理酌定。

第十条 人民法院判决责任者赔偿海洋自然资源与生态环境损失的,可以一并写明依法行使海洋环境监督管理权的机关受领赔款后向国库账户交纳。

发生法律效力的裁判需要采取强制执行措施的,应当移送执行。

第十一条 海洋自然资源与生态环境损害赔偿诉讼当事人达成调解协议或者自行达成和解协议的,人民法院依照《最高人民法院关于审理环境民事公益诉讼案件适用法律若干问题的解释》第二十五条的规定处理。

第十二条 人民法院审理海洋自然资源与生态环境损害赔偿纠纷案件,本规定没有规定的,适用《最高人民法院关于审理环境侵权责任纠纷案件适用法律若干问题的解释》《最高人民法院关于审理环境民事公益诉讼案件适用法律若干问题的解释》等相关司法解释的规定。

在海上或者沿海陆域内从事活动,对中华人民共和国管辖海域内海洋自然资源与生态环境形成损害威胁,人民法院审理由此引起的赔偿纠纷案件,参照适用本规定。

人民法院审理因船舶引起的海洋自然资源与生态环境损害赔偿纠纷案件,法律、行政法规、司法解释另有特别规定的,依照其规定。

第十三条 本规定自2018年1月15日起施行,人民法院尚未审结的一审、二审案件适用本规定；本规定施行前已经作出生效裁判的案件，本规定施行后依法再审的，不适用本规定。

本规定施行后，最高人民法院以前颁布的司法解释与本规定不一致的，以本规定为准。

【解读】

解读《关于审理海洋自然资源与生态环境损害赔偿纠纷案件若干问题的规定》

最高人民法院审判委员会第1727次会议通过的法释〔2017〕23号《最高人民法院关于审理海洋自然资源与生态环境损害赔偿纠纷案件若干问题的规定》（以下简称《规定》），已于2017年12月29日公布，自2018年1月15日起施行。现就《规定》的理解与适用作如下说明。

一、制定《规定》的背景依据

依法审理各类海洋自然资源与生态环境损害赔偿纠纷案件，是海事审判工作的一项重要职能，而制度建设是前提。研究制定该项司法解释主要是基于服务保障党和国家工作大局与规范司法裁判两个层面的客观需要。

一是积极贯彻落实党和国家关于探索建立生态环境损害赔偿制度、深化生态文明体制改革任务的需要。2015年4月，中共中央政治局会议通过《中共中央、国务院关于加快推进生态文明建设的意见》，将损害赔偿制度作为生态文明重大制度纳入生态文明制度体系，并提出要加快形成生态损害者赔偿、受益者付费、保护者得到合理补偿的运行机制。2015年9月，中共中央审议通过《生态文明体制改革总体方案》，作为生态文明体制改革的顶层设计，再次明确提出严格实行生态环境损害赔偿制度。党的十九大报告进一步提出加快生态文明体制改革、建设美丽中国的部署要求。建立和完善生态环境损害赔偿制度已经成为深化生态文明体制改革的重要任务之一。我国是海洋大国，海洋是我国经济社会可持续发展的重要资源和战略空间，但在海洋经济快速发展的同时，陆源污染和海洋资源的开发活动不断影响我国海洋生态环境质量，海洋生态环境压力依然较大。国家海洋局过去十多年的监测表明，我国海洋环境状况总体维持稳定，但近岸仍有局部海域水质污染严重。制定审理海洋自然资源与生态环境损害赔偿纠纷案件的司法解释，是整个生态环境损害赔偿制度建设的重要组成部分，是人民法院发挥职能促进生态文明建设的必要制度保障。

二是规范统一裁判尺度、全面加强海洋环境司法保护的需要。海洋环境污染的源头非常复杂，除了船舶排污外，还有陆源污染以及海洋石油勘探开发、海洋工程等各类开发利用活动排污。我国在船舶油污损害赔偿方面有较为健全的制度，[①]而其他海洋

[①] 我国加入了《1992年国际油污损害民事责任公约》《2001年国际燃油污染损害民事责任公约》，并于2011年专门颁布了《最高人民法院关于审理船舶油污损害赔偿纠纷案件若干问题的规定》。

环境污染方面则缺乏具体规定，我国海洋环境保护法（2017年修正，下同）仅第八十九条第二款对海洋自然资源与生态损害赔偿作出原则性规定，亟待加强规范。我国依法行使海洋环境监督管理权的机关提起海洋自然资源与生态环境损害赔偿诉讼已有30多年的历程，全国海事法院自1985年至今受理行政机关针对重大船舶油污事故提起海洋自然资源与生态环境损害索赔诉讼达百余件。全国海事审判系统经过长期审判实践，在海洋自然资源与生态环境损害赔偿诉讼的索赔主体、公约与国内法的适用、归责原则、举证责任、评估鉴定、损失认定、赔偿范围、油污损害赔偿基金的设立、国家资源损失的救济方式等各方面均积累了一套较为成熟的做法，需要总结提炼为正式的裁判规范。总结经验，完善制度，对于保障人民法院依法审理各类海洋自然资源与生态环境损害赔偿纠纷案件、服务保障海洋生态文明建设十分必要。

二、《规定》的架构与重点

《规定》共13条，分别规定适用范围、诉讼管辖、索赔主体、公告与通知、诉讼形式、责任方式、损失赔偿范围、损失认定的一般规则与替代方法、损害赔偿金（给付）的裁判与执行、诉讼调解、其他实体与程序问题的法律适用、时间效力。

《规定》的重点在两个方面：一是明确海洋自然资源与生态环境损害索赔诉讼的性质与索赔主体。其他内容主要是由该两个基本问题所决定的。根据我国物权法的规定，海域属于国家所有。对我国管辖海域内自然资源与生态环境造成污染损害和破坏，会直接给国家造成损失，理应由国家索赔。依法行使海洋环境监督管理权的部门代表国家就海洋环境保护法第八十九条第二款规定的海洋自然资源与生态环境损害提起索赔诉讼，具有公益性。根据现阶段相关立法意图，① 该类诉讼属于民事公益诉讼范畴。海洋环境保护法是环境领域的特别法，该法第八十九条第二款规定由依法行使海洋环境监督管理权的部门提出损害赔偿要求，明确将海洋自然资源与生态环境损害索赔的权利专门赋予依法行使海洋环境监督管理权的部门。二是明确海洋自然资源与生态环境损害索赔诉讼的特别规则。《规定》主要是围绕如何实施海洋环境保护法第八十九条第二款的原则性规定作出具体规范。海洋自然资源与生态环境损害赔偿诉讼作为一种环境侵权诉讼与环境民事公益诉讼，总体上也属于《最高人民法院关于审理环境民事公益诉讼案件适用法律若干问题的解释》（2015年公布，下同）、《最高人民法院关于审理环境侵权责任纠纷案件适用法律若干问题的解释》（2015年公布，下同）的适用范围。但海洋自然资源与生态环境损害赔偿诉讼有其自身特殊实际和规律，《规定》主要明确其特别的实体与程序规则，包括诉讼管辖、索赔主体、可以书面告知其他依法行使海洋环境监督管理权的机关的情形、诉讼形式、损失赔偿范围、损失认定的一般规则与替代方法、损害赔偿金的归口缴纳、污染损害威胁的处理、船舶污染损害赔偿的法律适用等。

三、《规定》的具体内容

（一）关于适用范围

海洋环境保护法第八十九条第二款规定："对破坏海洋生态、海洋水产资源、海洋

---

① 2012年4月24日，《全国人民代表大会法律委员会关于〈中华人民共和国民事诉讼法修正案（草案）〉修改情况的汇报》对公益诉讼制度问题作了说明："目前，有的环境保护领域的法律已规定了提出这类诉讼的机关。比如，海洋环境保护法规定，海洋环境监督管理部门代表国家对破坏海洋环境给国家造成重大损失的责任者提出损害赔偿要求。"

保护区，给国家造成重大损失的，由依照本法规定行使海洋环境监督管理权的部门代表国家对责任者提出损害赔偿要求。"《规定》主要是围绕如何实施海洋环境保护法第八十九条第二款的规定作出具体规范，其适用范围也根据该法条的规定确定。明确《规定》适用范围关键在于准确界定本规定所称"海洋自然资源与生态环境损害"的内涵，其重点是损害属于国家损失，以区别于自然人、法人和非法人组织的损害。尽管"自然资源""生态""环境"这三个概念在内涵与外延方面存在重叠交叉，但海洋环境保护法第八十九条在规定海洋环境污染损害责任承担的同时，根据海洋水产资源与其他海洋生态环境（除海洋水产资源之外的生态环境要素）分别属于农业部、国家海洋局等不同部门监管的实际，分别表述为"海洋生态、海洋水产资源、海洋保护区"，《规定》在术语上尽可能与其保持一致，采用较为普遍和规范的用语"海洋自然资源"与"生态环境"。虽然依法行使海洋环境监督管理权的机关提起的海洋自然资源与生态环境损害赔偿诉讼，在性质上可以明确为民事公益诉讼，但为了与海洋环境保护法第八十九条的表述一致，《规定》的标题及具体条款均没有采用"海洋环境民事公益诉讼"之类的表述。

（二）关于诉讼管辖

《规定》根据海事诉讼特别程序法第七条第二项的规定，明确陆源污染物和海上污染物对海洋自然资源与生态环境造成损害所引起的索赔诉讼，由损害发生地、损害结果地或者采取预防措施地海事法院管辖。其中，管辖连接点并不包括被告住所地，即排除被告住所地法院管辖。

但是，必须进一步指出的是，对于相同原告或者不同原告就同一损害行为向两个以上有管辖权的法院起诉的情形，《最高人民法院关于适用〈中华人民共和国民事诉讼法〉的解释》（2015年公布）第二百八十五条第三款、《最高人民法院关于审理环境民事公益诉讼案件适用法律若干问题的解释》第六条第三款均已经作出由最先立案的人民法院管辖的一般性规定，《规定》没有再作类似规定，但海事法院或者其上诉审高级人民法院在受理海洋自然资源与生态环境损害赔偿诉讼时仍应当遵循上述一般性规定。《规定》第二条确定损害行为发生地、损害结果地、采取预防措施地三个管辖连接因素，目的是尽可能将所有实际影响或者潜在影响我国管辖海域行为的相关纠纷均纳入我国海事司法管辖范围。我们同时强调因同一损害行为引起的不同诉讼由最先立案的海事法院或者其上诉审高级人民法院集中受理的原则，目的是便于统一裁判尺度、公正高效审结相关案件。两者共同体现积极行使海事司法管辖权与集中统一裁判的辩证统一关系。

（三）关于索赔主体

如上所述，《规定》第三条根据海洋环境保护法作为环保特别法的性质与该法第八十九条第二款规定的文义，明确人民法院应予受理的海洋自然资源与生态环境损害赔偿诉讼为海洋环境保护法第五条规定的行使海洋环境监督管理权的机关根据其职能分工提起的诉讼。海洋环境保护法第八十九条第二款关于"对破坏海洋生态、海洋水产资源、海洋保护区，给国家造成重大损失的，由依照本法规定行使海洋环境监督管理权的部门代表国家对责任者提出损害赔偿要求"的规定，是赋权性规定，也是限制性规定。该法第五条将海洋环境监督管理权分别赋予国务院环境保护行政主管部门、国家海洋行政主管部门、国家海事行政主管部门、国家渔业行政主管部门、军队环境保护部门、沿海县级以上地方人民政府行使海洋环境监督管理权的部门。实践中,海洋环境污染事故发生后,根据职能分工,有关索赔权限主要涉及三大部门:中国海事局或者其下属机构采取清污等应急处置措施的,可以索赔清污费;农业部渔业渔政局或者由其管理指导的下级机构(含沿海县级以上人民政府的渔业渔政主管机关)索赔天然渔业资源损失;国家海洋局或者由其管理指导的下级机构(含沿海县级以上人民政府的海洋行政主管机关)索赔除天然渔业资源损失之外的其他海洋自然资源与生态环境损失。

(四)关于公告与通知

对于一般的环境民事公益诉讼,《最高人民法院关于审理环境民事公益诉讼案件适用法律若干问题的解释》(2015年公布,下同)除规定公告案件受理情况接受社会监督外,还在第十二条规定:"人民法院受理环境民事公益诉讼后,应当在十日内告知对被告行为负有环境保护监督管理职责的部门。"但海洋自然资源与生态环境损害赔偿诉讼有其特殊性:该类诉讼均由负有环境保护监督管理职责的机关提起,故人民法院受理海洋自然资源与生态环境损害赔偿诉讼后,原则上没有必要再另行告知对被告行为负有环境保护监督管理职责的部门。

鉴于我国海洋环境由不同部门分区域监管,实践中存在同一损害涉及不同区域或者不同部门以及不同损害应当由不同机关索赔的情况,《规定》第四条第二款规定,人民法院在审理中发现可能存在该两类情形的,可以书面告知其他依法行使海洋环境监督管理权的机关。同时《规定》第四条第三款专门述明不同损害的内涵,包括海洋自然资源与生态环境损害中不同种类和同种类但可以明确区分属不同机关索赔范围的损害。例如,渤海发生某起石油钻井平台溢油事故,污染损害范围波及河北、辽宁两省部分沿海区县海域,如果河北、辽宁两省有关县级以上人民政府渔业渔政主管部门、海洋行政主管部门分别就各自监管的天然渔业资源、其他海洋生态资源所遭受的污染主张索赔,则其各自索赔的损害即属于《规定》所称不同损害。当然,如果农业部渔业渔政部门、国家海洋局或者其北海分局直接统一对天然渔业资源、其他海洋生态资源所遭受的污染进行索赔,则其中不同损害的范围仅缩小为天然渔业资源损害与其他海洋生态资源损害。

(五)关于诉讼形式

鉴于重大海洋环境污染存在跨不同部门监管的利益范围与区域范围,可能引起不同机关申请参加诉讼或者分别起诉的问题,对此,《规定》第五条针对同一损害与不同损害两类情形,分两款规定人民法院处理相关诉讼形式(合并审理还是单独审理)的程序规则。

对于同一损害,如果存在数个依法行使海洋环境监督管理权的机关可以作为适格原告的,从保持裁判尺度统一、节约司法资源的目标出发,原则上应当让他们作为共同原告参加诉讼。同一损害相关的数个适格原告(机关)共同参加诉讼存在两种情况:一是作为共同原告起诉;二是部分相关机关先行起诉,其他相关机关申请作为共同原告参加诉讼。对于后一种情况,其他相关机关申请作为共同原告参加诉讼的时间节点(时限)应当予以合理控制,《规定》第五条第一款规定为人民法院依照本《规定》第四条发布公告之日起三十日内或者书面告知之日起七日内。逾期申请的,人民法院不予准许。对于逾期后其他相关机关是否可以另行起诉的问题,原则上应予否定,理由是对于同一损害已经由适格原告行使法定诉权寻求法律救济,没有必要针对同一损害再行诉讼。但是,实行上述原则,也有三种例外情形:前案原告的起诉被裁定驳回;前案原告在其诉讼请求未实现情况下申请撤诉被裁定准许;前案裁判生效后,有证据证明存在前案审理时未发现的损害。《最高人民法院关于审理环境民事公益诉讼案件适用法律若干问题的解释》第二十八条对上述可以另行起诉的三种例外情形作出了具体规定,《规定》第五条第一款规定人民法院处理海洋自然资源与生态环境损害赔偿诉讼时予以参照适用。

对于不同损害,原则上应当由各依法行使海洋环境监督管理权的机关分别起诉。如果不同机关共同起诉或者申请作为共同原告参加诉讼的,涉及诉的主体与客体合并问题,应当依照民事诉讼法第五十二条第一款关于"人民法院认为可以合并审理并经当事人同意的,为共同诉讼"的规定处理,《规定》第五条第二款对此作出指引性规定。如上所述,对跨行政监管海域的海洋污染事故,司法实践中为简化诉讼程序,人民法院可以释明由共同的上级监管机关(如农业部渔业渔政部门、国家海洋局)以原告身份索赔。

(六)关于责任方式

海洋环境保护法第八十九条第一款规定,造成海洋环境污染损害的责任者,应当承担排除危害,并赔偿损失。第二款规定,由依照本法规定行使海洋环境监督管理权的部门代表国家对责任者提出损害赔偿要求。从立法论上看,海洋环境保护法第八十九条第一款对造成海洋环境污染损害的责任承担方式作出规定,该条第二款规定的损害赔偿要求应当适用第一款的规定,即包括第一款中的排除危害、赔偿损失、承担赔偿责任,其中排除危害包括停止侵害、排除妨碍、消除危险等方式。《规定》第六条除规定上述法律明确规定的四种责任形式(停止侵害、排除妨碍、消除危险、赔偿损失)之外,还列明恢复原状和赔礼道歉两种,主要考虑有以下两点。

一是海洋环境保护法第八十九条本身并没有排除其他侵权责任方式的适用。海洋环境保护法于1982年制定颁布和1999年修订时,因我国缺乏环境恢复产业和技术,加上污染责任追究的实践经验不足,同时受到国际上船舶油污原则上进行金钱赔偿的普遍做法的影响,对于发生海洋污染损害或者损害威胁等不同情形,主要适用赔偿损失与排除危害的责任承担方式。海洋环境保护法第八十九条关于责任承担方式的规定符合立法当时的实际,并非旨在特别限缩责任承担方式以排除其他一般侵权责任承担方式的适用。恢复原状作为当事人承担民事责任的主要形式,显然是不能排除的。当海洋环境保护法的特别规定不足以解决问题时,侵权责任法关于责任承担方式的一般规定应予适用。

二是海洋自然资源与生态环境损害赔偿中也存在需要适用恢复原状和赔礼道歉这两种责任承担方式的情形。随着我国环境修复产业和技术的兴起与发展,造成海洋自然资源与生态环境损害的责任者采取或者委托第三方采取生态环境恢复措施,逐步成为可能和可行的责任承担方案;而且,根据民事责任承担的法律原则,能够恢复原状的应当恢复原状,不能恢复原状的则赔偿损失。在责任者故意污染环境、破坏生态造成重大损失,并产生严重不良社会影响时,人民法院除判令责任者承担恢复原状、赔偿损失等责任外,还可能责令其赔礼道歉,强化对其道义上的谴责,以平息社会反应。对此,《最高人民法院关于审理环境民事公益诉讼案件适用法律若干问题的解释》第十八条也规定,原告可以请求被告承担停止侵害、排除妨碍、消除危险、恢复原状、赔偿损失、赔礼道歉等民事责任。

(七)关于损失赔偿范围

在《规定》第六条规定的各种责任方式中,赔偿损失是最主要、最常见的责任方式。第七条具体规定海洋自然资源与生态环境损害赔偿范围为预防措施费用、恢复费用、恢复期间损失、调查评估费用共四类。该规定的主要依据是环保理论、技术规范(标准)、司法实践三个方面的成果。

在环保理论上,自然资源与生态环境损失首先在逻辑体系上划分为恢复费用与恢复期间损失两大类;实践中由于污染事故发生后第一时间的应急处置(如清污)可以最大限度地减少损害,这类预防措施倍受重视,预防措施费用被单列为一项;由于环境要素作为社会公共品不直接参与市场交换,没有市场价格,其中的自然资源价值和环境服务功能等损失需要技术评估,相应产生调查评估费用,作为环境损害中的一项合理费用而单列。这四项损失分类基本上涵盖相关全部损害。在具体内涵上,预防措施费用包含消除处置措施进一步产生污染损害的费用,恢复费用包含替代性恢复的费用,恢复期间损失中的生态环境服务功能损失包含环境容量损失。

在技术规范上,环境保护部环境规划院于2014年10月发布的《环境损害鉴定评估推荐方法(第Ⅱ版)》列明环境修复与生态恢复、期间损害、应急处置费用、事务性费用等损失类型,并规定相应的评估方法,其中应急处置费用、事务性费用分别相当于预防措施费用与调查评估费用。国家海洋局于2007年4月9日发布《海洋溢油生态损害评估技术导则》(中华人民共和国海洋行业标准HY/T 095:—2007),规定生态损害评估费分为四部分:海洋生态直接损失(含生态服务功能损失和海洋环境容量损失)、生境修复费、生物种群恢复费和调查评估费。国家海洋局于2013年8月发布的《海洋生态损害评估技术指南(试行)》第8.2条规定海洋生态损害价值计算内容为:清除污染和减轻损害等预防措施费用;海洋生物资源和海洋环境容量等恢复期的损失费用;海洋生态修复费用;检测、试验、评估等其他合理费用。该条标准是《规定》第七条的直接技术依据。

在司法实践中,海事审判系统三十多年支持海洋自然资源和生态环境害失赔偿的经验,最先源于船舶油污损害赔偿纠纷案件的审理,有关国际条约出于有效维持国际赔偿机制与适度保护航运业发展的目的,将有关海洋环境损害的赔偿限定于三项:预防措施费用、恢复费用、调查评估费用,明确排除对恢复期间损失的赔偿。船舶油污损害赔偿司法实践直接支持三类费用的赔偿,实际上间接接受四类费用损失的分类(仅是不支持其中恢复期间损失的索赔而已)。

《规定》第七条规定四类费用损失的主要意义有三点:一是总结海事司法实践经验,为规范统一裁判尺度提供依据,同时为人民法院以后进一步发展细化相关赔偿标准提供一个基本纲目;二是与环境保护部、国家海洋局等相关部门的损害评估技术标准充分匹配,共同完善国家生态损害赔偿制度并切实贯彻落实;三是为以后修改完善海商法、其他涉海法律法规、海洋生态环境损害评估标准提供规范性参考。

(八)关于损失认定的一般规则

《规定》第八条规定海洋自然资源与生态环境损失认定的一般原则,其主要依据是民事诉讼法及其司法解释关于证据的规定、有关船舶油污损害赔偿和民事公益诉讼司法解释、国家行政主管部门颁布的评估技术规范（标准）以及海事审判实践经验总结。

《规定》第八条第一款关于认定恢复费用的规定，主要是参照《最高人民法院关于审理船舶油污损害赔偿纠纷案件若干问题的规定》第十七条关于恢复措施费用认定的规定，和国家海洋局《海洋生态损害评估技术指南（试行）》第8.5.3条关于修复费用计算的规定，采用了基本相同的认定标准。

《规定》第八条第二款规定未来修复必然发生的合理费用和修复期间损矢的认定。鉴于该两项损失的确定涉及专门技术，需要鉴定评估。目前，环境保护部、农业部、国家海洋局均颁布了相关鉴定评估技术规范（内部规范性文件、方法、导则），人民法院应当在尊重专业判断的前提下进行司法审查——根据有资格的鉴定评估机构按照法律法规、国家主管部门颁布的评估技术规范作出的鉴定意见（科学量化的损失数额）予以认定。有关鉴定评估意见具有推定成立的效力，但允许当事人提供相反证据予以反驳。

《规定》第八条第三款关于预防措施费用和调查评估费用的认定，原则上应以实际发生的合理费用计算，但实践中因国家机关的费用支出需要财政预算和审批，会存在相关费用虽未实际支付但有证据证明确实存在或者将来必然支付的情况，且国家海洋局《海洋生态损害评估技术指南（试行）》第8.6条规定，评估等合理费用"根据国家和地方有关监测、评估服务收费标准或实际发生的费用进行计算"，人民法院在实践中可以根据具体案情认定未来必然发生的合理费用。

《规定》第八条第四款针对责任者采取预防、恢复措施可以主张相应减少损失赔偿数额的规定，旨在鼓励责任者及时主动采取预防恢复措施以尽可能减少环境损害。

（九）关于损失认定的替代方法

由于海洋环境污染成因复杂、评估鉴定机制不健全等种种因素，有时存在原告没有根据法律及司法解释规定的一般证明原则进行举证，或者其提供的鉴定评估报告被认定存在严重瑕疵而不能采信等情况，事后因海洋环境已发生较大变化而难以补充鉴定评估，如果法院一味恪守一般法律原则和单一的认定方法，势必陷于难以追究责任者损害赔偿责任的窘境。根据侵权责任法第二十条的规定，被侵权人损失难以确定的，按照侵权人获得的利益赔偿；侵权人利益难以确定的，由人民法院根据实际情况确定。人民法院在实践中非常有必要根据法律精神，积极探索认定损失的替代方法，适当克服环境污染举证难的问题，尽可能让责任者作出赔偿，让环境污染损害赔偿制度真正落地兑现。为此，《规定》第九条在总结海事审判经验的基础上，分两款规定认定恢复费用和恢复期间损失的两个替代方法：一是责任者收支标准。根据责任者直接受益或者节省的污染防治费用合理酌定损失赔偿数额，以切实克服环境保护守法成本高、违法成本低的反常现象，这种方法也称为底线规则。二是社会平均收支标准。在无法适用责任者收益标准时，根据政府部门统计资料所证明的同区域同类生产经营者同期平均收入、同期平均污染防治费用合理酌定。

（十）关于损害赔偿金（给付）的裁判与执行

由于海洋自然资源与生态环境损害赔偿诉讼系有关机关代表国家提出的请求，有关机关受领赔款后应当向国库账户交纳。在海洋环境保护法1999年修订后，因责任者与社会不断质疑有关机关受领赔款后是上交国库还是擅自挪用的问题，广州海事法院于1999年至2000年在审理"闽燃供2"轮与"东海209"轮珠江口油污损害赔偿纠纷一案中,开始判决油污责任者向广东省海洋与水产厅赔偿渔业资源损失1060万元及其利息,同时注明:广东省海洋与水产厅受偿后上交国库。在执行中,海事法院直接将赔款划拨至原告提供的财政国库账户。该案判决首次明确了海洋环境公益诉讼赔偿款向国库交纳的履行方式。自国家机关实行收支两条线管理后,上述判决原告受领后向国库账户交纳的做法被继续沿袭。鉴于上述做法与海洋环境保护法第八十九条第二款关于由依法行使海洋环境监督管理权的部门代表国家提出赔偿要求的规定精神相符,《规定》第十条第一款照此作出指引性规定。我们也注意到,中共中央办公厅、国务院办公厅于2015年12月3日印发《生态环境损害赔偿制度改革试点方案》,对建立生态环境损害赔偿制度作出总体部署,其中有关于"赔偿义务人造成的生态环境损害无法修复的,其赔偿资金作为政府非税收入,全额上缴地方国库,纳入地方预算管理"的规定。但该试点方案同时明确规定该试点方案不适用于海洋生态环境损害赔偿;而且该试点方案仅明确特定情形下须上缴国库,而并非限缩生态环境损害赔偿金上缴国库的条件。故《规定》第十条第一款规定海洋自然资源与生态环境损害赔偿款向国库交纳,实际上就是将法律关于有关机关代表国家索赔的规定直接贯彻到底。

《规定》第十条第二款关于法院主动移送执行的规定,与《最高人民法院关于审理环境民事公益诉讼案件适用法律若干问题的解释》第三十二条关于"发生法律效力的环境民事公益诉讼案件的裁判,需要采取强制执行措施的,应当移送执行"的规定一致。

(十一)关于其他实体与程序问题的法律适用

《规定》第十二条兜底性规定其他实体与程序问题的法律适用,共涉及相关司法解释的适用规则、损害威胁相关纠纷的处理、船舶损害赔偿特别法律规范的适用等内容。

《规定》第十二条第一款规定相关司法解释适用的规则。海洋自然资源与生态环境损害赔偿问题,属于环境侵权责任纠纷和环境民事公益诉讼的范畴。《规定》是专门就海洋自然资源与生态环境损害赔偿纠纷案件的审理作出的特别规定。相比而言,《最高人民法院关于审理环境侵权责任纠纷案件适用法律若干问题的解释》和《最高人民法院关于审理环境民事公益诉讼案件适用法律若干问题的解释》两个司法解释,属于一般规定。根据特别规定优先于一般规定适用的原则,人民法院审理海洋自然资源与生态环境损害赔偿纠纷诉讼,应当优先适用《规定》;在《规定》没有规定时,适用《最高人民法院关于审理环境侵权责任纠纷案件适用法律若干问题的解释》和《最高人民法院关于审理环境民事公益诉讼案件适用法律若干问题的解释》。

《规定》第十二条第二款规定损害威胁相关纠纷的处理。根据环境损害预防的法律规定、政策指引与实践经验,某些涉海活动虽然尚未实际造成污染等损害,但已经形成损害威胁,依法行使海洋环境监督管理权的部门确有必要及早采取预防措施,有关国际条约已明确将这类预防措施的费用和损失规定为生态环境损害,人民法院也相应判决由责任者承担赔偿责任。鉴于海洋环境保护法等国内法对损害威胁及其预防费用没有明确规定,《规定》特此作出规范指引。

《规定》第十二条第三款规定因船舶引起的海洋自然资源与生态环境损害赔偿纠纷案件的法律适用问题。因船舶引起的海洋自然资源与生态环境损害,大致可分为特定船舶油污损害与其他非(特定)油污损害。对于船舶油污损害赔偿纠纷的处理,海商法、海事诉讼特别程序法、《防治船舶污染海洋环境管理条例》以及我国加入的《1992

年国际油污损害民事责任公约》、《2001 年国际燃油污染损害民事责任公约》和《最高人民法院关于审理船舶油污损害赔偿纠纷案件若干问题的规定》均有所规定,共同形成较为完整的规范体系,其特殊性体现在损害赔偿范围、责任限制、强制保险(担保)、赔偿责任限制基金等方面。对于船舶引起的其他非(特定)油污损害(如船舶作业、倾倒等活动引起的海洋自然资源与生态环境损害)赔偿纠纷的处理,可能会适用海商法第二章第三节关于船舶优先权、第十一章关于海事赔偿责任限制及其司法解释的规定以及海事诉讼特别程序法及其司法解释的规定。《规定》第十二条第三款规定,审理因船舶引起的海洋自然资源与生态环境损害赔偿纠纷案件,应当首先适用上述特别规定。

(撰稿人:王淑梅、余晓汉)

最高人民法院
关于审理涉及会计师事务所在审计业务活动中民事侵权赔偿案件的若干规定

法释〔2007〕12 号

(2007 年 6 月 4 日最高人民法院审判委员会第 1428 次会议通过 2007 年 6 月 11 日最高人民法院公告公布 自 2007 年 6 月 15 日起施行)

为正确审理涉及会计师事务所在审计业务活动中民事侵权赔偿案件,维护社会公共利益和相关当事人的合法权益,根据《中华人民共和国民法通则》、《中华人民共和国注册会计师法》、《中华人民共和国公司法》、《中华人民共和国证券法》等法律,结合审判实践,制定本规定。

第一条 利害关系人以会计师事务所在从事注册会计师法第十四条规定的审计业务活动中出具不实报告并致其遭受损失为由,向人民法院提起民事侵权赔偿诉讼的,人民法院应当依法受理。

第二条 因合理信赖或者使用会计师事务所出具的不实报告,与被审计单位进行交易或者从事与被审计单位的股票、债券等有关的交易活动而遭受损失的自然人、法人或者其他组织,应认定为注册会计师法规定的利害关系人。

会计师事务所违反法律法规、中国注册会计师协会依法拟定并经国务院财政部门批准后施行的执业准则和规则以及诚信公允的原则,出具的具有虚假记载、误导性陈述或者重大遗漏的审计业务报告,应认定为不实报告。

第三条 利害关系人未对被审计单位提起诉讼而直接对会计师事务所提起诉讼的,人民法院应当告知其对会计师事务所和被审计单位一并提起诉讼;利害关系人拒不起诉被审计单位的,人民法院应当通知被审计单位作为共同被告参加诉讼。

利害关系人对会计师事务所的分支机构提起诉讼的,人民法院可以将该会计师事务所列为共同被告参加诉讼。

利害关系人提出被审计单位的出资人虚假出资或者出资不实、抽逃出资，且事后未补足的，人民法院可以将该出资人列为第三人参加诉讼。

第四条 会计师事务所因在审计业务活动中对外出具不实报告给利害关系人造成损失的，应当承担侵权赔偿责任，但其能够证明自己没有过错的除外。

会计师事务所在证明自己没有过错时，可以向人民法院提交与该案件相关的执业准则、规则以及审计工作底稿等。

第五条 注册会计师在审计业务活动中存在下列情形之一，出具不实报告并给利害关系人造成损失的，应当认定会计师事务所与被审计单位承担连带赔偿责任：

（一）与被审计单位恶意串通；

（二）明知被审计单位对重要事项的财务会计处理与国家有关规定相抵触，而不予指明；

（三）明知被审计单位的财务会计处理会直接损害利害关系人的利益，而予以隐瞒或者作不实报告；

（四）明知被审计单位的财务会计处理会导致利害关系人产生重大误解，而不予指明；

（五）明知被审计单位的会计报表的重要事项有不实的内容，而不予指明；

（六）被审计单位示意其作不实报告，而不予拒绝。

对被审计单位有前款第（二）至（五）项所列行为，注册会计师按照执业准则、规则应当知道的，人民法院应认定其明知。

第六条 会计师事务所在审计业务活动中因过失出具不实报告，并给利害关系人造成损失的，人民法院应当根据其过失大小确定其赔偿责任。

注册会计师在审计过程中未保持必要的职业谨慎，存在下列情形之一，并导致报告不实的，人民法院应当认定会计师事务所存在过失：

（一）违反注册会计师法第二十条第（二）、（三）项的规定；

（二）负责审计的注册会计师以低于行业一般成员应具备的专业水准执业；

（三）制定的审计计划存在明显疏漏；

（四）未依据执业准则、规则执行必要的审计程序；

（五）在发现可能存在错误和舞弊的迹象时，未能追加必要的审计程序予以证实或者排除；

（六）未能合理地运用执业准则和规则所要求的重要性原则；

（七）未根据审计的要求采用必要的调查方法获取充分的审计证据；

（八）明知对总体结论有重大影响的特定审计对象缺少判断能力，未能寻求专家意见而直接形成审计结论；

（九）错误判断和评价审计证据；

（十）其他违反执业准则、规则确定的工作程序的行为。

第七条 会计师事务所能够证明存在以下情形之一的，不承担民事赔偿责任：

（一）已经遵守执业准则、规则确定的工作程序并保持必要的职业谨慎，但仍未能发现被审计的会计资料错误；

（二）审计业务所必须依赖的金融机构等单位提供虚假或者不实的证明文件，会计师事务所在保持必要的职业谨慎下仍未能发现其虚假或者不实；

（三）已对被审计单位的舞弊迹象提出警告并在审计业务报告中予以指明；

（四）已经遵照验资程序进行审核并出具报告，但被验资单位在注册登记后抽逃资金；

（五）为登记时未出资或者未足额出资的出资人出具不实报告，但出资人在登记后已补足出资。

第八条 利害关系人明知会计师事务所出具的报告为不实报告而仍然使用的，人民法院应当酌情减轻会计师事务所的赔偿责任。

第九条 会计师事务所在报告中注明"本报告仅供年检使用"、"本报告仅供工商登记使用"等类似内容的，不能作为其免责的事由。

第十条 人民法院根据本规定第六条确定会计师事务所承担与其过失程度相应的赔偿责任时，应按照下列情形处理：

（一）应先由被审计单位赔偿利害关系人的损失。被审计单位的出资人虚假出资、不实出资或者抽逃出资，事后未补足，且依法强制执行被审计单位财产后仍不足以赔偿损失的，出资人应在虚假出资、不实出资或者抽逃出资数额范围内向利害关系人承担补充赔偿责任。

（二）对被审计单位、出资人的财产依法强制执行后仍不足以赔偿损失的，由会计师事务所在其不实审计金额范围内承担相应的赔偿责任。

（三）会计师事务所对一个或者多个利害关系人承担的赔偿责任应以不实审计金额为限。

第十一条 会计师事务所与其分支机构作为共同被告的，会计师事务所对其分支机构的责任部分承担连带赔偿责任。

第十二条 本规定所涉会计师事务所侵权赔偿纠纷未经审判，人民法院不得将会计师事务所追加为被执行人。

第十三条 本规定自公布之日起施行。本院过去发布的有关会计师事务所民事责任的相关规定，与本规定相抵触的，不再适用。

在本规定公布施行前已经终审，当事人申请再审或者按照审判监督程序决定再审的会计师事务所民事侵权赔偿案件，不适用本规定。

在本规定公布施行后尚在一审或者二审阶段的会计师事务所民事侵权赔偿案件，适用本规定。

【解读】

解读《关于审理涉及会计师事务所在审计业务活动中民事侵权赔偿案件的若干规定》

一、问题的提出

为正确审理涉及会计师事务所在审计业务活动中的民事侵权赔偿案件，维护社会公共利益和相关当事人的合法权益，2007年6月4日，最高人民法院审判委员会第1428次会议通过了《最高人民法院关于审理涉及会计师事务所在审计业务活动中民事侵权赔偿案件的若干规定》（法释〔2007〕12号，以下简称本规定），并于2007年6月15日施行。

二、理解与适用

（一）路径探寻与价值衡量

事务所的侵权责任问题既是一个法律问题，也是一个公共政策问题，归根结底是侵权法律逻辑与公共政策选择之间的协调问题，是一个资本市场风险的公平与合理分配的问题。将会计师的法律责任置于公司治理结构的框架下，依侵权行为基本法理，秉承民法公平原则，在被审计单位、事务所、利害关系人三方之间实现一种利益平衡，可谓解决会计师民事责任边界争议的必由之路。据此，应当具体考量三个重要因素：其一，利害关系人受损的真正原因；其二，会计师的执业过错；其三，利害关系人的过错。应当看到，利害关系人受损的直接动因可能是其信赖或使用不实审计报告而进行了经济交易或商业决策，但损失的真正原因却是被审计单位内部存在的欺诈或经营失败，而事务所的过错仅在于未能及时发现或披露这些错弊。鉴于审计侵权责任案件通常都涉及被审计单位的经营失败和事务所的审计失败两个方面，从而在被审计单位、会计师事务所与利害关系人之间形成了一个三角法律关系。因此，本规定最后采用的责任框架和路径是：以公司治理结构为背景，依侵权行为法逻辑，秉承民法的公平原则，在被审计单位（财务信息提供者）—事务所（财务信息审核人）—利害关系人（财务信息使用人）之间公平分配因被审计单位经营失败或欺诈作弊、事务所审计失败而导致的利害关系人的损失。据此形成一种相对公平的责任分配：事务所应当对一切合理依赖或使用其出具的不实审计报告而受到损失的利害关系人承担赔偿责任；与利害关系人发生交易的被审计单位应当承担第一位责任；事务所仅应对其过错及其过错程度承担相应的赔偿责任；在利害关系人存在过错时，应当减轻事务所的民事责任。

（二）会计责任和审计责任

本规定对事务所侵权责任的定位在审计责任，而非会计责任。在审理事务所侵权民事纠纷案件的实践中，人民法院应当注意正确区分被审计单位的会计责任和事务所的审计责任，避免出现混淆两种责任的现象，应在明确各自会计责任和审计责任的基础上，公平判定各方当事人所应承担的民事责任。

（三）执业准则之法律地位

1996年4月4日，针对四川德某事务所的验资案件，最高人民法院发布《最高人民法院关于会计师事务所为企业出具虚假验资证明应如何处理的问题的答复》（法函〔1996〕56号）。当时的司法实践显示，在各种事务所作为被告的民事案件中，当事务所以严格遵守了独立审计准则作出不承担责任的抗辩时，一些法官认为独立审计准则只不过是一个民间社团组织制定的执业手册而已，既不能作为事务所抗辩的依据，也不能作为审判案件的依据。由此引发会计界和法律界关于审计报告真实性之争和执业准则法律地位问题的分歧。

1. 审计报告真实性之争：程序真实还是结论真实

会计界主流观点认为，所谓审计报告的真实性意味着对执业准则的遵循，事务所对于被审验的会计报表只承担合理的保证责任，并不绝对地担保经过审计的财务报表没有任何错误。其理论基础是容许性危险与违法阻却理论。依据该理论，容许性危险是指为完成某种有益于社会的行为过程中，该行为在性质上含有某种侵害法律权益的抽象危险；若该危险与其有益目的相比被认为是正当的，则该危险就属于容许性危险，其行为本身并不欠缺合法性，不能将之归为违法。① 审计的本质是为了能维护股东或者潜在的股东及公众投资者的利益。由于审计的局限性，会计师并不能保证已审计的会计报表不存在任何的错漏。审计因其以谋求公众利益为目的而具有审计失败的正当性，应属容许性危险之一种，事务所可以已尽应有的职业关注为由主张免责。

法律界早期观点认为，事务所作为审核有关财经信息的专业中介机构，与审计报告使用人的利益高度相关。因此，法律应首先考虑信息本身是否真实，而不是传递信息的程序是否被遵循，所谓的真实性应强调内容的真实、结果的真实，而不仅仅是程序的真实。所以，只要审计结论与实际不符，且利害关系人因信赖或者使用虚假报告而受损，事务所就应承担民事责任。其理论基础是保险论。该理论认为，审计费用的发生纯粹是贯彻了风险分担的原则。审计职业是一种类似于保险公司那样的"风险—责任"运营行业，审计行为应被视为一种保险行为，审计费用等同于保险费用。只要审计失败，事务所即应承担无过错责任。②

2. 本规定之立场：将执业准则纳入法律程序范畴

我们认为，上述观点及理论基础各有千秋，但比较而言，容许性危险与违法阻却论更有道理。虽然保险论具有民事责任容易界定以及便于社会公众索赔等长处，但事务所毕竟不是保险公司，其承担风险的能力是有限的，何况事务所并未依照保险公司的制度进行运作，相反其是以受托业务收费形式而存在，自身也要向保险公司投保审计责任险。因此，解决上述争论的关键在于如何正确认识独立审计准则的作用和地位。

首先，就法律规定而言，注册会计师法（1993年公布，下同）第三十五条规定："中国注册会计师协会依法拟订注册会计师执业准则、规则，报国务院财政部门批准后施行。"据此可将独立审计准则界定为行政规章。同时，从注册会计师法第二十一条第一款关于"注册会计师执行审计业务，必须按照执业准则、规则确定的工作程序出具报告"，第二款关于"注册会计师执行审计业务出具报告时，不得有下列行为……"，第三款关于"对委托人有前款所列行为，注册会计师按照执业准则、规则应当知道的，适用前款规定"，以及第四十二条的"会计师事务所违反本法规定，给委托人、其他利害关系人造成损失的，应当依法承担赔偿责任"等规定中可以清晰地看出：如果注册会计师由于"明知委托人……而不予指明"，则属于民法上的故意，应承担注册会计师法第四十二条规定的责任；如果注册会计师"按照执业准则、规则应当知道的，适用前款规定"，则属于民法上的过失，亦应承担该法第四十二条规定的责任。由此可见，该法已对注册会计师及事务所在什么情况下承担法律责任作出了明确界定，其判定事务所过错的依据就是独立审计准则。

其次，就执业准则的产生原因而言，之所以会产生合理的保证责任以及执业准则和规则，是因为审计成本与效益的存在。根据审计成本效益理论，在委托代理关系中，由委托人支付，最终由社会公众承担的合理的审计费，是降低委托代理风险的最经济

---

① 参见梁慧星主编：《民商法论丛》（第9卷），法律出版社1998年版，第698页。
② 参见谢荣：《中国注册会计师职业发展战略》，中信出版社2002年版，第10页。

的控制机制。被审计单位的股东（审计合同的委托人）需要平衡其支付的审计成本与取得的审计收益（事务所发现财务报表中的错弊而为股东挽回的损失）之间的关系。通常而言，审计工作越细，审计程序越严密，发现错弊的概率越大，委托人（被审计单位股东）所要支付的审计费用即审计成本越高。但是，审计作为现代公司制度的产物，本来就是用来降低代理成本的，如果审计不但不能降低代理成本，反而提升代理成本，则审计变得得不偿失。如果事务所能够在既定的审计成本下发现重大错弊，对于股东而言无疑是利益最大化的选择，这就是事务所只承担合理的保证责任的制度基础。① 考虑到审计成本效益的原则，委托人基于利益最大化的考虑，不要求会计师查出所有的错弊。所以，允许会计师存在一定的审计失败，审计风险有其存在的合理性。将保证事务所能够以最合理的成本将所有的重要错弊都审查出来而形成的一些特定程序和规则，就成为独立审计准则。执业准则和规则既是会计界和审计界的职业准则或行业规则，也是股东委托人或其他公众委托人的利益要求。因此，执业准则和规则既是注册会计师职业的生命线，也是会计界和审计界防范职业法律风险的重要手段。

再次，就事务所审计侵权责任理论而言，与容许性危险与违法阻却理论和审计成本效益理论相比，保险论关于审计费用等同于保险费用，只要审计失败，就要承担责任的观点，则显得不合时宜。尽管保险论既便于界定责任，又有利于利害关系人向事务所索赔，但事务所毕竟不是保险公司，其承担风险的能力是有限的，并没有按保险公司的制度进行运作。相反，它是以委托业务收费的形式存在的，它本身也要向保险公司投保执业责任险。因此，事务所的侵权责任是一种合理的保证责任，而非一种绝对保证责任。事务所只要保持必要的职业注意义务，即使出具了不实审计报告，也不应承担责任。合理的保证是审计文化经过长期对比、淘汰、沉淀的产物，是会计师行业存在与发展的基础。执业准则就是衡量这种合理的保证责任的标尺。

最后，由于审计风险在一定意义上无法避免，这就决定了会计师出具的审计报告的真实性只能是相对的，而不是绝对的。审计报告的相对真实性取决于：其一，被审计单位的财务会计报表真实的相对性。独立审计的目的就是要对被审计单位的财务会计报表的合法性、公平性和会计处理方法的一贯性发表审计意见。因此，财务报表自身的真实性、完整性程度直接影响着审计报告的真实性、完整性程度。但从会计学的理论属性和经济属性看，它本质上不是一门精算科学，财务会计报表反映的信息真实性的标准是相对的、动态的。其二，现代审计理论和方法的固有局限性决定了审计报告的真实性只能是相对的。现代审计以会计抽样技术为基础，并在概率原理的支持下，对被审计单位的财务会计报告发表意见，它只能保证最大概率的正确性（统计抽样允许合理误差），只能揭示影响公允反映被审计单位财务状况、经营效果及资金变动情况的重大事项，而不能保证将会计报告中所有的错误都揭露出来。只要这种误差对财务会计报表整体上的可靠性不产生实质性的影响，且在报表使用者容忍的范围内，该误差就被认为是允许的，不会影响审计报告的真实性。② 就此意义而言，独立审计准则就是以合理的审计成本来尽量地降低审计风险及其可能的损失最为合理的程序和规则。

基于上述对执业准则的认识，我们认为，在审计报告真实性的问题方面，其并非

---

① 参见郑朝晖：《试论审计诉讼中违约及侵权责任的归责原则及证明责任的分配规则》，载《中国注册会计师》2000年第3期。
② 参见蒋尧明、张凤英：《论审计报告的"虚假"与"真实"》，载《审计研究》2003年第2期。

客观事实上的真实性而是法律事实上的真实性。就此意义而言，审计界所主张的真实性与法律界所主张的真实性在程序界面上是统一的，是一种需要程序和证据支持的相对的真实性而非客观的绝对真实性。所以，不宜将执业准则仅仅狭隘地理解为行业标准，而应尊重独立审计准则的权威性。有鉴于此，在解决审计报告真实性的问题上，有关部门经过数次研讨和论证后达成了如下共识，即本规定所采取的司法态度——将执业准则纳入法律程序范畴，并主要体现在本规定第二条第二款、第四条第二款、第六条和第七条等条款中。

（四）诉讼当事人列置问题

在本规定起草过程中，关于被审计单位是否参加诉讼，以及被审计单位应当如何参加诉讼的问题，存在较大争论。

1. 被审计单位与侵权诉讼：可以参加还是必须参加

在利害关系人因事务所出具不实报告而遭受损失并对事务所提起侵权赔偿诉讼时，关于被审计单位是否参加诉讼的问题。一种观点认为，在利害关系人仅对事务所提起诉讼的场合，被审计单位自行决定是否参加该诉讼，人民法院应当尊重当事人的诉讼自主权，不宜依职权追加被审计单位。我们认为，本规定采取在"被审计单位—事务所—利害关系人"的三角关系中公平分配损失的框架，采取过错推定原则并根据当事人的过错程度来确定责任，尤其是此类侵权诉讼涉及非常专业的证据鉴定和过错认定等问题，为便于查明事实，一次性解决纠纷，被审计单位必须参加诉讼。

2. 被审计单位的诉讼地位：共同被告还是第三人

在被审计单位必须参加诉讼的情形下，关于其应以何种身份参加诉讼的问题，亦存在较大分歧。一种意见认为，应将被审计单位列为第三人，而不宜列为共同被告，理由在于：虽然被审计单位应参加诉讼，但人民法院通过依职权追加被审计单位为第三人的方式，同样可以实现共同参加诉讼的目的。而若将其列为共同被告，则缺少民事诉讼法上的依据。我们认为，被审计单位应被列为共同被告，不能作为第三人参加诉讼。理由在于：其一，被审计单位承担的是会计责任，事务所承担的是审计责任，若被审计单位作为第三人参加诉讼，则难以确定其是有独立请求权第三人还是无独立请求权第三人。其二，在本规定所采取的被审计单位、事务所和利害关系人三者之间按照过失大小分配责任的模式中，被审计单位的责任是第一位责任，若将其作为第三人，则会出现第三人先承担责任而被告却后承担责任的尴尬局面。其三，根据民事诉讼法理论，共同诉讼人分为普通的共同诉讼人和必要的共同诉讼人。若必要的共同诉讼人没有参加诉讼，则人民法院可以依职权或者依当事人的申请将其追加为当事人。因被审计单位是利害关系人受损的第一位责任人，故被审计单位属于必要的共同诉讼人，自应作为被告参诉。其四，最高人民法院发布的《最高人民法院关于审理证券市场因虚假陈述引发的民事赔偿案件的若干规定》（法释〔2003〕2号）第十条的规定也是将发行人或上市公司与虚假陈述行为人（包括虚假陈述的事务所）列为共同被告的，为保证相关司法解释之间的协调，亦应将被审计单位列为共同被告。

最高人民法院审判委员会最终采纳了该观点，并规定在本规定第三条第一款中。

（五）归责原则和举证分配

归责原则系民事责任制度的核心，举证责任分配是证明制度的重心。在事务所审计侵权责任方面，归责原则决定着审计责任的构成配置，举证责任关涉各方利益之得失。确定合理的归责原则和举证责任分配模式,可谓构建事务所审计侵权民事责任制度的基石。

1. 归责原则之争:过错责任原则抑或无过错责任原则

关于事务所审计侵权责任的归责原则问题,在司法解释论证过程中主要存在三种观点:第一种观点认为,应采用过错责任原则。理由在于:其一,我国民法上关于侵权行为法的归责原则只有过错责任原则和无过错责任原则,没有过错推定原则。其二,《最高人民法院关于金融机构为企业出具不实或者虚假验资报告资金证明如何承担民事责任问题的通知》(法〔2002〕21号)通知第二条明确采用过错原则。第二种观点认为,应采用过错推定原则。理由有以下三点:其一,我国公司法(2005年修订,下同)第二百零八条和证券法(2005年修订,下同)第一百七十三条但书中均规定,"但能够证明自己没有过错的除外",显然采用过错推定原则。其二,《最高人民法院关于审理证券市场因虚假陈述引发的民事赔偿案件的若干规定》第二十四条亦明确规定采用过错推定原则。第三种观点认为,事务所侵权责任与产品责任具有相似之法理,审计报告作为一种法定服务产品在审计市场中具有公信力。无论是大陆法系抑或英美法系,在产品责任的归责原则方面均采用严格责任,我国产品质量法也是如此。此外,《最高人民法院关于会计师事务所为企业出具虚假验资证明应如何处理的问题的答复》(法释〔1996〕56号)复函实际采用的就是无过错责任原则,故事务所审计侵权责任亦应采严格责任制。

2. 举证模式之争:"谁主张,谁举证"还是举证责任倒置

关于事务所审计侵权责任的举证分配问题,存在两种分歧意见:第一种观点认为,事务所侵权责任应严格遵循民事诉讼法规定的"谁主张,谁举证"的原则,肯定者承担证明责任,否定者不承担证明责任。利害关系人主张事务所存在审计过失,自应负担举证责任。第二种观点认为,根据"谁主张,谁举证"的原则,利害关系人要负担事务所存在审计过失以及其受损事实与事务所出具审计报告行为之间存在因果关系的证明责任,这无疑增加了利害关系人的举证负担,现实中是几乎不可能举证证明的。因此,导入举证责任倒置的证明责任分配模式是一种必然选择。

3. 本规定之立场:统一适用过错推定原则和举证责任倒置模式

在归责原则方面,我们认为,过错责任原则包括一般的过错责任原则和过错推定原则两种形式。二者之区别主要在于认定过错的方式和举证责任分配不同:在一般过错原则下,奉行"谁主张,谁举证"的原则;在过错推定原则下,采取举证责任倒置的模式。本规定坚持以过错责任归责原则为基础,统一采用过错推定原则,并在本规定第四条第一款作出明确规定。具体理由和考虑如下。

第一,避免激进主义,否定无过错责任原则。虽然产品责任法蓬勃发展,尤其是社会公众长期以来对会计师专业审计意见信奉一种绝对保证的信念,造就了强化会计师责任的发展态势,并刺激一些侵权法改革派提出运用产品责任理论和无过错责任框定会计师民事责任的激进主张,但应看到,无过错责任过于严苛。英美法系会计师责任发展历程表明:让会计师承担过于苛刻的侵权责任,不仅不能发挥所预期的预防和遏制的效果,反而会刺激会计师为防范诉讼风险而采取防御性的审计策略,剔除高风险的客户,采取很多不必要的审计程序。这不仅增加审计成本和浪费社会资源,而且导致新兴行业和关键行业无法得到必要的审计服务。

第二，梳理既有解释，统一采用过错推定原则。虽然最高人民法院以往发布的五个相关规定皆遵循过错责任原则，但《最高人民法院关于审理证券市场因虚假陈述引发的民事赔偿案件的若干规定》（法释〔2003〕2号）采用过错推定原则，而其他解释则采用一般的过错责任原则，由此引发法律公平适用方面的争论：既然验资业务和证券业务都是注册会计师法第十四条所规定的法定审计业务，为何采取不同的归责原则？本规定不区分验资业务和证券业务，而统一采用过错推定原则的详细理由在于：其一，执业准则产生的基础是审计成本效益理论和社会公共政策选择，审计风险具有合理性和客观性。因此，执业准则既是会计界和审计界的职业准则和生命线，也是股东委托人或其他公众委托人的利益最大化要求。目前，会计界、审计界与民法学界已经达成共识：独立审计准则应纳入法律程序范畴，只要事务所严格遵循独立审计准则并尽到必要的职业谨慎，仍未能揭示被审计事项中的个别错弊，即属于审计活动的固有风险，事务所不应承担民事责任。因此，无论是验资业务还是证券业务，其审计责任理论基础是相同的。其二，既然事务所的验资业务和证券业务都是注册会计师法第十四条所规定的法定审计业务，而且执业准则和规则是注册会计师执业审计业务、出具审计报告时必须遵守的法定要求，那么，结论自然是：只要注册会计师执行注册会计师法第十四条所规定的审计业务，无论是验资业务还是证券业务，认定事务所是否存在过错，皆应以其是否严格遵循执业准则并保持必要的职业谨慎为衡量标准。其三，无论是验资业务还是证券业务，独立审计都是一项技术性较强的工作，而且审计工作底稿所有权属于事务所。能证明事务所是否尽到应有的职业关注的证据就是审计工作底稿，而事务所又对工作底稿实行保密原则，利害关系人要主张事务所有过失，将面临两个难题：一是审计工作底稿无法取得；二是即使取得审计工作底稿，基于专业的限制，也无法证明被告主观是否有过失。因此，如单纯适用一般过错责任原则，将会使利害关系人在提起诉讼后遇到举证上的困难，既不利于保护中小投资人的利益，也不利于维护资本市场秩序。所以，美国、日本均采用过错推定原则。其四，采取过错推定原则有利于维护会计师行业的健康发展。注册会计师的职务侵权责任从本质上说是一种信息担保责任，而信息公开的义务人是被审计单位而非事务所。因此，事务所对审计对象合法性和公允性的确信，要受制于被审计单位事前或事后的其他行为。如果法律一方面强制事务所对利害关系人承担责任，另一方面在归责于事务所时，又不考虑事务所执行审计时主观上是否有过错，这无异于让事务所对利害关系人承担无过错责任。其五，无论是公司法第二百零八条还是证券法第一百七十三条，都规定有"能够证明自己没有过错的除外"的但书条款，尤其是公司法第二百零八条并未明确将事务所等承担资产评估、验资或者验证的机构之执业行为界定在证券市场中，因此更没有理由不统一采取过错推定原则。

第三，不仅推定过错，而且推定因果关系。依据一般侵权行为法则，过错推定原则的适用要以因果关系的存在为前提，利害关系人必须证明其损害事实与被告事务所的不实报告之间存在因果关系。然而，在现实的审计业务活动中，由于验资市场尤其是证券市场的复杂性，事务所侵权行为中因果关系的认定无论在理论上还是在技术上历来都是一个难题，利害关系人难以证明因果关系的存在。《最高人民法院关于审理证券市场因虚假陈述引发的民事赔偿案件的若干规定》（法释〔2003〕2号）借鉴发达国家的欺诈市场理论和信赖推定原则，也明确采取推定因果关系规则。同样，在事务所审计侵权责任案件中，本规定也采取推定因果关系规则。虽然推定因果关系加重了事务所的举证责任，但并不排斥事务所有提出反证的权利。如果事务所确属无辜，则完全可以提出证据证明利害关系人所遭受的损失是由其他独立因素所造成，从而排除事实上的因果关系，不承担侵权损害赔偿责任。因此，根据本规定的精神，在确定事务所的侵权责任时，除非被告事务所能证明原告利害关系人的损失是由于其他独立因素所引起，否则就推定因果关系存在。

第四，基于公共政策，公平分配风险损失。应当看到，尽管因果关系推定规则可以简化案件审理程序，解决利害关系人的举证困难，但就利害关系人与事务所之间的利益平衡而言，的确存在利益失衡问题。即过错推定和因果关系推定规则的采用，大大提高了利害关系人的胜诉率。尽管本规定第七条规定了事务所不承担责任的抗辩事由，但客观地说，欲证明利害关系人的主观恶意也是比较困难的。因此，在理论上就存在一个问题：实行因果关系推定规则的理论基础在哪里？在推定因果关系方面，《最高人民法院关于审理证券市场因虚假陈述引发的民事赔偿案件的若干规定》（法释〔2003〕2号）并未明确区分事实因果关系与法律因果关系的判断标准，本规定亦未对此作出区分。之所以如此，不仅是因为我国采用的是大陆法系的因果关系分析规则，无须特别考虑英美法系的双层因果关系结构，更是因为本规定在解决侵权责任问题时，考虑独立审计活动的社会公共属性，跳出了"执业过失＝法律责任"的思维定式，运用民法公平原则，在更广阔的被审计单位—事务所—利害关系人三角关系视野中进行损益平衡。这种责任分析和损失分配框架，为过错推定尤其是因果关系推定原则的采纳提供了正当性和合理性的基础。

在举证责任分配方面，我们认为，过错推定原则与举证责任倒置模式相辅相成，互为表里。在事务所侵权纠纷案件中，虽然利害关系人具有取证能力，但在审计这种需要运用较强的技术性手段方能取证的情形下，利害关系人通常因为缺乏相应技术手段而难以举证。若严格遵循"谁主张，谁举证"的原则，明显有违法律的公平理念。同时，由于能够证明事务所是否存在过错的证据主要是审计工作底稿，而事务所又对工作底稿具有所有权并实行保密原则，利害关系人在举证方面将面临无法取得审计工作底稿或者即使取得也将出于专业的困难而无法证明被告是否有过失。此外，事务所与利害关系人之间存在严重的信息不对称问题，事务所对被审计单位和财会资料比较了解，在信息审核和披露方面处于优势地位。相形之下，利害关系人只是被动地了解、接纳信息，缺乏必要的专门知识和手段来识别和分析审计报告的真伪。加之，利害关系人通常远离事务所，在收集证据时往往得不到事务所的配合，甚至事务所不仅不配合，反而可能隐藏或隐瞒证据。有鉴于此，在过错和因果关系是否存在的证明方面，应当采取举证责任倒置的分配模式。即在会计师事务所出具的审计报告为不实的前提下，除非事务所能够证明其利害关系人的主张不成立，即严格尊重执业准则并尽到必要的职业谨慎，以及出具的不实报告与利害关系人所受损害之间没有因果关系，否则就推定事务所存在过错和存在因果关系。同时，在本规定第四条第二款明确规定："会计师事务所在证明自己没有过错时，应当向人民法院提交与该案件相关的执业准则、规则以及审计工作底稿。"

人民法院在审判实践中，应当注意一个与举证责任密切相关的重要问题：审计技术和过错鉴定制度问题。在本规定起草过程中，就是否规定事务所审计技术和过错鉴定机制问题，存在较大的争论。肯定观点认为：在过错推定原则和举证责任倒置模式下，由于审计业务具有较强的专业性，利害关系人和法官都是外行，事务所难以直接在法庭上证明自己无过错，亟须一个权威的鉴定结论支持其主张，因此有必要成立一个专门的注册会计师执业技术和过错鉴定委员会，人民法院应当以专家鉴定的结论作为认定事务所过错和民事责任的基础。反对观点认为：成立专门的注册会计师执业责任鉴定委员会，会涉及很多制度配套方面的问题，诸如人员的选择、是否设立过错鉴定的程序、如何设定鉴定人的责任，如果当事人不服鉴定委员会的结论时将采取什么救济措施等，非常复杂，单纯这个机制就足以制定一个单独的规定或者办法，故不宜成立专门的会计师责任鉴定委员会。

我们认为，成立专门的注册会计师执业责任鉴定委员会的实质，是建立过错鉴定机制。尽管该机制有利于人民法院正确、及时地审理案件，但目前还不宜采取这种方式，理由在于：其一，鉴定委员会制度涉及专家鉴定人的选任、鉴定人名册制度、鉴定的标准、鉴定的程序、鉴定的主管部门、鉴定结论的复议及相应的鉴定责任等一系列问题，这不是一个司法解释所能决定和完成的，而且容易形成类似医疗事故鉴定制度中所出现的问题，操作起来困难较大。其二，目前难以纠正鉴定机制的弊端。以目前的司法鉴定机制为例，我国具有鉴定权的机构包括公安机关、国家安全机关、检察院和法院设立的鉴定机构，经司法行政机关批准设置在科研机构和政法院校的鉴定机构，非司法机关设立的鉴定机构，如医疗卫生委员会下设的医疗事故鉴定委员会、劳动局下设的工伤事故鉴定委员会，以及政法部门指定的医院等。其弊端在于容易产生多次鉴定，增加诉讼成本，浪费鉴定资源；不同的鉴定结论的证明效力难以确定，鉴定程序、鉴定标准模糊不一，经常出现同一案件、同一问题出现多份差别很大甚至相互矛盾的鉴定结论。而如何解决这个问题，目前尚无较好的办法。其三，一旦实行事务所执业责任鉴定委员会制度，则可能在实际操作中出现鉴定委员责任制度缺位问题。无论是医疗鉴定还是司法鉴定抑或会计师责任鉴定，都是由鉴定人来进行专业鉴定。但实践证明，司法鉴定的鉴定过程缺乏必要的监督，因而容易出现道德风险和权力滥用的问题，导致鉴定意见效力下降。其四，事务所执业过错认定中的疑难，源于审计业务的高度专业性，因此可以通过专家辅助人制度予以解决。《最高人民法院关于民事诉讼证据的若干规定》（2001年公布，下同）第六十一条创设了专家辅助人制度，即"当事人可以向人民法院申请由一至二名具有专门知识的人员出庭就案件的专门性问题进行说明。人民法院准许其申请的。有关费用由提出申请的当事人负担。审判人员和当事人可以对出庭的具有专门知识的人员进行询问。经人民法院准许，可以由当事人各自申请的具有专门知识的人员就案件中的问题进行对质。具有专门知识的人员可以对鉴定人进行询问。"该制度完全可以解决事务所执业过错的鉴定问题。因此，在审理事务所审计侵权民事赔偿案件中，案件所涉及的审计技术和审计方法等事项需要质证的，人民法院可以根据《最高人民法院关于民事诉讼证据的若干规定》第六十一条的规定进行。

（六）连带责任和补充责任

1. 责任类型之争：连带责任还是补充责任

事务所在审计业务活动中，因其出具不实报告给利害关系人造成损失，应当承担何种性质的法律责任？对此，现行法并未区分故意或过失，只是针对不同的审计业务，在公司法和证券法中分别规定了补充赔偿责任和连带责任。而学说立场则存在较大差别。事务所的责任类型不仅是一个极富争议的话题，而且成为本规定起草过程中需要慎重考量的重要问题。主要存在三种分歧意见。

其一，统一适用连带责任的主张。该观点认为，只要会计师出具了虚假的财务会计报告，不管是故意还是过失，都应认定与客户构成共同侵权，对第三人承担连带赔偿责任。其二，区分故意、重大过失和一般过失分别适用连带责任和按份责任（比例责任）的主张。该观点认为，当会计师存在故意或重大过失时，适用连带责任规则；当会计师仅有执业过失时，适用按份责任（比例责任），会计师仅就自己的过错承担责任。其三，区分故意和过失分别适用连带责任和补充责任。该观点认为，对中介机构的民事责任而言，应当区分是否有故意或重大过失，如果其出于故意，且与上市公司构成共同侵权，则应当承担连带赔偿责任。如果没有形成恶意通谋，应当承担补充责任。如果是轻微的过失，不应当承担责任。

2. 本规定之立场：依过错状态区分责任类型

在法律适用的技术上，如果就同一问题存在着不同的法律规定，则后法优于前法、特别法优于普通法等法律适用方法往往是首先考虑的规则。由于两部法律系同步修订，故不存在后法优于前法的适用余地。在二者关系上，通说是将证券法作为公司法的特别法，以特别法优于普通法的法律适用规则协调二者之间的不同规定，似乎也是一个较为合理的选择。但是，在考察了公司法和证券法中法定审计制度的目的、价值及审计业务性质之后，我们否定了这种做法。

首先，从立法目的上看，公司法和证券法中规定法定审计制度的目的均是为了完善公司治理结构，维护公司股东、投资者及债权人的利益。公司法之所以规定了全面强制审计制度，主要是借助独立的、有专业知识的注册会计师对公司的财务报告进行审计，监督公司管理层履行受托责任，保护公司股东及其公众投资人的利益，从而为完善公司的治理结构确立适用于上市公司和非上市公司的一般规则。在证券法中，强制信息披露制度的价值系为通过信息公开的方式，阻遏并监督发行公司管理层的不法行为，以保护公司股东及利害关系人的利益。据此，法定审计制度的存在目的，均系为完善公司的治理结构、强化外部审计监督，从而保护公司利益相关人如股东、债权人等的合法权益。其次，从制度价值上看，公司法中的法定审计制度和证券法中的强制信息披露制度，均系以法律强制维系交易领域的信任关系。公司法确立全面强制审计制度，标志着加强政府管制的立法思路得以延续。证券法确立完全信息披露制度的立法理念在于，将提供真实信息的义务加在发行人身上，使该制度成为诚信发行证券和建立公众对证券市场信心的动力。[①] 因此，全面强制法定审计制度与全面强制信息披露制度在价值层面可谓一脉相承。最后，从审计业务的性质来看，会计师执行审计业务所依据之法律、法规和准则都是相同的，并不因上市公司和非上市公司的区分而有所差异。因此，如果仅以会计师审计对象为上市公司或非上市公司这一区别，就使其在责任承担方面存在着连带责任或补充责任的重大差异，显然有违"相类似之事件，应为相同之处理"的公平法理。所以，公司法和证券法分别就事务所法定审计这一相同事项规定了不同的法律责任类型，构成体系违反，应属法律漏洞，需通过法律解释进行漏洞补充。

法律解释离不开对待决问题法律要点的归纳。我们认为，事务所侵权赔偿责任案

[①] 参见齐斌：《证券市场信息披露法律监管》，法律出版社2000年版，第28页。

件中的法律要点,可归纳为如下四点:其一,责任主体的复数性。在事务所侵权责任场合,责任主体既包括事务所,也包括被审计单位及其负有直接责任的高级管理人员。因此,事务所出具不实报告的法律责任的性质应归结为与被审计单位的共同责任范畴。这一共同责任的起因,源于被审计单位的财务欺诈和经营失败以及事务所的审计欺诈或失败。立足于公司治理的框架,报表使用人、事务所、被审计单位是关于财务信息的提供、审核和使用的不可或缺的三方当事人,因此,必须在三者之间公平分担损失。其二,主观方面的差别性。对于不实报告产生的原因,审计责任理论上存在着审计舞弊与审计失败的划分。舞弊系指事务所的故意,失败系指事务所的过失。在会计责任层面,被审计单位的财务欺诈均系出于故意。在审计报告不实场合,既包括事务所与被审计单位共同故意的情况,也包括被审计单位故意而事务所仅有过失甚或无过失的情况。基于过错与责任相适应及"不相类似之事件,应为不同之处理"的基本法理,应对故意和过失的责任加以区分,过失责任不能等同于故意责任。其三,损失性质的特殊性。报表使用人因信赖不实报告所受的损失性质,属于纯经济损失。因纯经济损失具有范围、形式不确定的特点,在司法政策层面应当有所限制地予以保护。其四,请求权基础的复合性。从报表使用人的请求权基础来看,其对于被审计单位的请求权基础与对于事务所的请求权基础存在差别。这种差别决定于不同责任承担的场合,责任承担的构成要件、因果关系、责任范围等方面必然有所不同。于此场合,侵权法理论上通常以不真正连带责任加以调整。

斟酌以上诸点,为协调公司法和证券法规定的差异,在解释论上,本规定不区分上市公司和非上市公司的审计业务,通过故意和过失的区分,以侵权法上的多数人侵权责任理论为基本依托,对公司法和证券法的规定进行目的性限缩,分别科以事务所不同的责任类型,以实现被审计单位、事务所和利害关系人之间损失的公平分配。其背后的公共政策衡量,系基于商业侵权与人身侵权的不同特点,妥当平衡受害人充分保护与公平科以加害人责任这两个价值追求。具体而言,在被审计单位与事务所进行审计合谋,共同故意导致报告不实的场合,应依民法通则第一百三十条关于共同侵权行为的法律规定,对公司法第二百零八条的规定进行目的性限缩,使其仅适用于注册会计师因过失出具不实报告的场合,使事务所与被审计单位共同承担连带责任。对于注册会计师因未保持应有的职业谨慎,过失出具不实报告的,这种多数人侵权责任的形态因其主观上系故意与过失的结合,学界一般认为其不构成共同侵权行为,甚至视其为共同过错中的"异类",故采用不真正连带责任的学理,[①]对证券法第一百七十三条的规定进行目的性限缩,使其仅适用于会计师故意的场合,将事务所的责任确定为与其过失相适应的补充赔偿责任。

3. 应当知道:重大过失还是推定故意

根据注册会计师法第二十一条第三款的规定,会计师在执行审计业务时,若按照执业准则和规则,应知道委托人在重要事项的财务会计处理上存在与国家有关规定相

---

① 关于共同侵权行为的法律构成,学说上存在着主观说、客观说、折中说等观点分歧,在故意与过失结合的情况下,采用不同的学说,对会计师过失情况下与被审计单位能否成立共同侵权行为的认定存在直接的影响。事实上,按照不真正连带责任的原理来处理会计师的过失侵权责任,与按照关联共同说将其确定为共同侵权行为的方案相比,借助于过失和原因力的比较,在实际的责任承担方面,二者并没有实质性的差别。为避免陷入学术论争,我们选择以不真正连带责任为分析工具,试图淡化主观说上的无意思联络的数人侵权与关联共同侵权的理论分歧。

抵触、直接损害报告使用人或其他利害关系人的利益、导致报告使用人和其他利害关系人重大误解以及存在其他不实记载等情况的，是按明知同等对待的。而在传统的侵权法理论上，主观方面的应当知道一直是被作为疏忽大意的过失来对待的。因此，在起草本规定的过程中，就事务所侵权责任这一特别法域，如何在体系上处理应当知道和故意的责任类型，曾形成两种方案：第一种方案是遵从现有侵权法理论格局，将该法规定的应当知道确定为重大过失，按照重大过失等同于故意的法理。该方案的优点是能够与现行法的规定相衔接，在学理上亦与民法理论相契合，但其缺点也是明显的。因为与故意和过失的区分相比，过失程度的区分充满了弹性和不确定性。若将重大过失等同于故意，容易在实践中引发事务所责任认定的混乱，同一事务所作出的同一的虚假陈述事件，在不同的法院可能会作出不同的判决结果。第二种方案是维持本规定中关于故意和过失不同责任的区分，分别确定事务所应当承担的连带责任和补充赔偿责任，将注册会计师法规定的应当知道的责任作为推定故意的特殊情况对待，并在解释上限定其适用范围。该方案的优点是能够较好地实现本规定关于公平分配损失以及过错与责任相适应的指导思想，缺点是对推定故意的界定，无论是在学理上还是在实务中，都非常困难。

最高人民法院审判委员会在推敲注册会计师法立法本意的基础上，吸收和借鉴了审计理论上推定欺诈的概念，采纳了第二种方案。本规定第六条第二款规定，对被审计单位有第一款所列的对重要事项的财务会计处理存在与国家有关规定相抵触、直接损害报告使用人或其他利害关系人的利益、导致报告使用人和其他利害关系人重大误解以及存在其他不实记载等情况，注册会计师按照执业准则、规则应当知道的，人民法院应认定其明知。在具体案件的审理中，对于故意的推定，应当在全面考察注册会计师的执业行为、审计报告未能揭示舞弊的性质及严重程度、注册会计师本身的专业能力等因素的基础上，慎重加以判断。当前，可以从如下三个方面加以把握：首先，推定故意不是实际故意，本质上属于过失；其次，推定故意在主观上的过失非常严重，不可原谅；最后，推定故意状态的行为表现主要是指注册会计师没有执行大部分最基本的审计程序。在今后的工作中，各级人民法院应当注意就这一问题进一步深入研究，不断总结审判经验。

（七）过失责任和过失指引

对于侵权责任的法律构成要件，民法学界一般采纳四要件说，即行为的违法性、过错、损害事实、因果关系。具体到事务所过失侵权责任领域，则可以明确为：存在不实报告、注册会计师的过失、利害关系人遭受了损失、事务所的过失与损害事实之间存在因果关系。在审判工作中，对于事务所过失责任，应着重从如下四个方面加以把握。

1. 因果关系：责任是否成立的基本要件

因果关系的认定及其证明是侵权法中的重要问题。在会计师侵权民事责任领域，不实报告与利害关系人的损失之间的因果关系是借助于利害关系人对不实报告的信赖这一中间环节而形成的。由于推定因果关系的制度设计，原告的信赖是否存在、这一信赖是否合理、是否为相关交易得以完成的原因的举证责任由事务所承担。在事务所就上述事项进行抗辩时，原告应当负有证明对不实报告的信赖是相关交易得以完成的主要原因的证明责任。在现实的经济生活中，影响当事人进行买卖、贷款、投资、收购等交易活动的决策因素是多元的，除了不实报告之外，还有利害关系人的经营发展策略、市场的波动、个人的风险偏好、其他信息披露义务主体的虚假陈述行为、证券市场的系统风险等多种因素。设若当事人在进行决策之前，根本不知道有不实报告的存在，只是在实际遭受损失之后才知晓不实报告的存在，要求事务所为此承担过失责任，无异于要求事务所充当其投资的保险人的角色。因此，作为因果关系的前提，在会计师过失责任的场合，应审查利害关系人是否使用了经审计的财务报告，并由此产生合理信赖的相关证据。在审判工作中，对于因果关系的判断，除本规定第七条第四项、第五项的规定外，利害关系人的对不实报告的信赖是否存在、信赖是否合理、不实报告对于利害关系人的交易决策是否具有实质性的影响等事实问题，也是人民法院在审查、认定案件事实过程中需要重点关注的问题。

其一，信赖是否存在。信赖是否存在环节要重点审查的是，在相关的交易决策作出之前，原告是否得到了不实报告或知悉了不实报告的内容。其中，对于直接与被审计单位进行交易的情形，应当提交在相关交易的决策作出之前得到了不实报告的证据；对于使用被审计单位的股票、债券、股票期权等金融工具进行交易的情形，应当提供其交易决策作出之前至少是知悉了不实报告的内容的相关证据。值得注意的是，在验资诉讼案件的审理过程中，如果原告以其在与被审计单位交易之前，已经审查了其营业执照并基于对营业执照上记载的注册资金的信赖而与其交易。在这种情况下，如何审查认定信赖是否存在？在过去的司法实践中，对于信赖是否存在的审查，并没有引起人民法院的足够重视。我们认为，在经济交往中，作为一个理性的谨慎商人，对于交易相对人资信的审查，不应局限于审查营业执照本身。如果其在决定交易之前进行了相应的资信调查，并对不实报告产生了信赖，至少也应当调阅被审计单位的工商登记档案并获得和阅读验资报告。在未进行资信调查的情况下，仅凭营业执照本身记载的注册资金数额，尚不能得出原告的信赖存在的结论。其二，信赖是否合理。在信赖是否合理的审查认定方面，主要涉及不实报告的时效性问题。财务信息具有时效性。注册会计师出具的审计报告、验资报告等审验报告，对被审计单位财务状况的反映是具有时点性的。在公司的经营活动中，其资产的构成、数量和金额随时发生变动，以公司净资产为代表的所有者权益实际上也处于变动状态。因此，在一个特定时点编制的审验报告，只是反映了在该特定时点被审验单位的资产规模和资本构成，可以作为这一时点下公司资产信用的证明。在审判实践中，把握这一点尤为重要。仍以验资诉讼为例，在既往的司法实践中，验资报告被作为判断企业资产信用的依据，审判实务中对于验资报告所具有的时效性重视不够，不管验资报告作出的时点距离交易的时间有多遥远，只要报告不实，验资单位就难辞其责，以至于不适当地扩大了事务所的责任。这种观点的立论基础实际上是公司以资本为信的公司资本信用命题。公司资本信用命题的基本观念是："公司的资本越雄厚，其信用就越好，否则，就难以赢得他人的信任。"但事实上，决定公司信用的并不只是公司的资本，公司资产对此起着更重要的作用。因此，审判实践应当注意审查两个时点：一是验资报告出具的时点；二是交易发生的时点。以这两个时点的时间距离作为衡量信赖是否合理的主要标准，时间距离越长，其合理信赖程度越弱。一般来说，如果时间距离超过了一个年度检验的时间，因为企业在工商年度检验时提供了新的年度审计报表，可认为对验资报告的信赖是不合理的。其三，不实报告对原告的交易决策是否存在实质性影响。在会计师侵权责任这一特别侵权法域，作为不实报告直接影响的结果，只是利害关系人的决策，而不是利害关系人的损失,利害关系人的损失实际上是由利害关系人的决策直接导致的。对这种情况下的因果关系检验,适用的是重要因素法则,以补充若无法则的不足。重要因素法则是指当某一行为系某一结果发生的重要因素或实质性因素时,该行为与结果之间存在因果关系。认定某一行为是否为重要因素或者实质性因素时,不仅应着眼于事实本身的逻辑关系,更应立足于法律的公平正义的价值观念。①

此外,当存在其他介入力如系统风险、不可抗力等中断合理信赖与损失之间的因果关系时,也应当认定合理信赖并非导致损失发生的实质性因素。

2. 过失程度:确定责任范围的第一重限制

对于注册会计师的过失程度划分,学界有一般过失和重大过失的二分法,也有轻微过失、普通过失、重大过失的三分法。② 我们认为,二分法的过失程度分类主要受英美法系国家的学说和判例的影响,相比之下,三分法的过失程度分类能够更好地与我国现有民法理论格局相契合,也符合司法实践中的一贯做法。因此,我们对于会计师在执业活动中的过失,依其程度不同,分为轻微过失、普通过失和重大过失三种类型。重大过失,是指注册会计师在执业活动中缺乏最起码的关注,没有遵守审计准则的最低要求。这种过失所违反的义务相当于民法学说上的普通人的注意义务。审判实践中,对重大过失的认定,是从注册会计师的行为表现来判断其主观状态的思维过程,如果注册会计师在审计过程中连最根本的审计准则都未遵守,则可视为重大过失。至于其过失行为造成的损害后果是否重大,并非判断注册会计师过失程度的参考因素。普通过失是指注册会计师在执业过程中未能保持应有的职业关注,未能严格按照审计准则的要求从事审计工作。这种过失所违反的义务对应于民法理论上的善良管理人的注意义务。在普通过失中,注册会计师在主观上尽管存在着对其行为结果负责及避免损害他人利益的注意,但由于这种注意并未达到审计准则所要求的程度,或者尽管没有审计准则的明确规定,但对于一般注册会计师根据职业判断都应注意的事项未能注意,或者注册会计师在执业活动中未能保持应有的职业谨慎,由此而导致报告不实并致利害关系人损失。轻微过失,是指注册会计师在执业活动中基本保持了应有的职业谨慎,基本遵守了审计准则所规定的程序,但由于审计抽样、审计成本等审计技术局限,导致报告不实并致利害关系人损失。当然,重大过失、普通过失、轻微过失的划分,更多的只是一种理论上的抽象,很难给出三者之间明确的区分界限。审判实践中,对注册会计师过失程度的判断,有赖于法院基于个案进行公正考量。

3. 原因力大小:确定责任范围的第二重限制

在事务所侵权责任中,导致原告损失的原因,除了不实报告之外,被审计单位的违约、欺诈也是重要原因。这种现象,即为因果关系中的多因一果,多种原因对于损害结果的发生为共同原因。共同原因中的各个原因对于损害事实的发生发挥不同的作用,因而有原因力大小的问题。所谓原因力,就是在构成损害结果的共同原因中,各个原因对于损害结果的发生或扩大所发挥的作用力。通常认为,原因力的大小取决于各个原因的性质、原因事实与损害结果的距离以及原因事实的强度。③ 按照直接原因与间接原因的划分,在会计师过失侵权民事责任领域,对于报表使用人的损害结果而言,

---

① 参见吕彦:《美国侵权行为法判断因果关系的规则与实践》,载《现代法学》1998年第6期。
② 参见宋常、吕兆德:《关于独立审计中民事责任的思考》,载《审计与经济研究》1999年第6期。
③ 参见张新宝、明俊:《侵权法上的原因力理论研究》,载《中国法学》2005年第2期。

被审计单位的违约或欺诈是直接原因，会计师的不实报告只是间接原因。不实报告只是在与违约或欺诈等行为结合时，才共同导致了损害结果的发生。按照主要原因和次要原因的划分，在会计师过失侵权民事责任领域，导致报表使用人损失的主要原因是被审计单位的违约或欺诈，会计师的不实报告只是次要原因。

据此，无论是从直接原因与间接原因的角度，还是从主要原因和次要原因的角度，在会计师过失的情况下，其对损害结果的原因力均不及被审计单位的违约或欺诈行为的原因力。而原因力的大小在一定程度上也决定了共同侵权行为人的责任承担。"在共同侵权行为中，原因行为的原因力大，行为人应当承担较多的责任；原因行为的原因力小，行为人应承担较少的责任。"① 因此，在会计师过失的情况下，在衡量判断会计师的赔偿责任范围时，除了应当注意其责任应与过失大小相适应之外，还应注意使其责任与原因力大小相一致。

4. 过失认定标准指引：基于审计实践的总结

为便于具体认定和把握会计师的过失行为，指导人民法院的审判工作，在总结审计实践中注册会计师常见的过失行为的基础上，本规定第六条第二款设立了十项过失认定标准指引：（1）违反注册会计师法第二十条第二项、第三项的规定出具相关报告。在执行审计业务中，若遇有委托人故意不提供有关会计资料和文件的，或者因委托人有其他不合理要求，致使注册会计师出具的报告不能对财务报表的重要事项作出正确表述的，依注册会计师法第二十条第二项、第三项的规定，注册会计师应当拒绝出具有关报告。应予注意的是，拒绝出具有关报告不能简单地理解为拒绝出具审计报告，而应理解为拒绝按照被审计单位的要求出具与实际情况不符的审计报告。（2）负责审计的注册会计师以低于行业一般成员应具备的专业水准执业。（3）制定的审计计划存在严重疏漏。（4）未依据执业准则、规则执行必要的审计程序。（5）在发现可能存在错误和舞弊的迹象时，未能追加必要的审计程序予以证实或排除。（6）未能合理地运用执业准则和规则所要求的重要性原则。（7）未根据审计的要求采用必要的调查方法获取充分的审计证据。（8）明知对总体结论有重大影响的特定审计对象缺少判断能力，未能寻求专家意见而直接形成审计结论。（9）错误判断和评价审计证据。（10）其他违反执业准则、规则确定的工作程序的行为。前述过失认定标准指引，系基于审计实践的总结。可以预见，随着审计实践的发展，注册会计师的过失行为必将呈现更为多元的形态。

（八）免责事由与减责事由

一定的抗辩事由总是以一定的归责原则和责任构成要件为前提的。抗辩事由是由归责原则和责任构成要件所派生出来的。本规定在会计师事务所侵权责任认定方面采取过错推定归责原则和举证责任倒置证明责任分配模式，意味着事务所并非在任何时候都承担责任。根据本规定，在事务所可以提出抗辩、能够证明其抗辩事由成立的情形下，可以不承担或者减轻民事赔偿责任。

1. 免责事由：事务所的重要法律救济

本规定第七条主要从是否存在过错和是否存在因果关系两个方面来规定了五种不承担责任的抗辩事由。抗辩事由依次分别是：第一项是基于审计自身的固有局限，第

---

① 杨立新：《侵权法论》，人民法院出版社2005年版，第193页。

二项是审计业务所必须依据的外部证据存在瑕疵,第三项是事务所已经对被审计单位的舞弊行为予以披露,第四项是被审计单位抽逃资金,第五项是出资人嗣后补足资金。其中,前三项事由属于因没有过错而不承担责任的情形;后两项事由属于因没有因果关系而不承担责任的情形。

事由之一:审计自身固有的局限。由于审计自身的特性、审计成本效益的存在以及现代审计技术的局限,审计本身具有自身的局限性。这种审计固有的局限性可以成为事务所抗辩的理由。事务所在执行审计时,如果已经保持了必要的职业谨慎,严格遵守了执业准则并执行了应当执行的审计程序,说明其主客观上皆没有过错。此时,虽然没有审计出错弊,但因没有过错,则自然不应承担民事赔偿责任。

事由之二:外部证据存在瑕疵。事务所的审计范围主要以被审计单位的内部财务资料为准,其审计范围通常局限在被审计单位内部财务资料的编制是否合理、是否公允等方面。本规定规定事务所对其所出具的审计报告仅承担合理的保证责任,而非绝对的保证责任。独立审计的重要基础就是:技术永远是技术,任何技术都有其局限性。事务所在审计中必然要假定一部分事实和资料是不需要事务所去识别的,即独立审计对于外部证据存在依赖性和局限性。诸如,被审计单位的银行债权,只要事务所实施了恰当的审计程序,对该银行债权进行了函证,银行对账单在得到债权银行确认为真实后,就没有必要再去怀疑银行函证和对账单的真实性。否则,审计成本将无限提高,违反正常的审计理论。因此,在事务所以虚假或不实的外部证据为基础而出具不实审计报告情形下,只要保持了必要的职业谨慎,仍然不能审查出外部证据瑕疵的,应当认定事务所没有过错,不应承担侵权责任。

事由之三:错误舞弊已予披露。根据《中国注册会计师审计准则第1141号——财务报表审计中对舞弊的考虑》(2006年修订)的规定,错误是非故意的错误或漏报,而舞弊则是故意的误述或忽略。根据会计和审计实践,被审计单位的会计舞弊手段通常表现为:多计存货价值、多计应收账款、多计固定资产、费用任意递延、漏列负债、隐瞒重要事项的揭露等。根据注册会计师法和执业准则的规定,事务所在执行审计中发现被审计单位的会计报表等存在错误和舞弊时,应当提出警告或者披露或指明;如果予以指明或披露,则事务所因已经依法或依执业准则尽到职业谨慎之义务,因没有过错而不应承担赔偿责任。

事由之四:被审计单位抽逃资本。验资是注册会计师对被审验单位注册资金(或实收资本)真实性及合法性的审查和验证,验资业务对于确认企业法人资格及企业民事责任能力、保护债权人利益至关重要。在审计实践中,在事务所为被审计单位出具验资报告后,被审计单位依据该验资报告进行公司注册登记,而后被审计单位将所缴出资暗中撤回,导致验资报告与被审计单位的资产和债务实际状况不符。在上述情形中,由于事务所是依据执业准则的要求对被审计单位进行审核并出具验资报告,该验资报告是真实的。但由于被审计单位在事务所出具真实的验资报告后抽逃资本,从而导致验资报告与被审计单位的资产、负债实际状况不符的结果。鉴于这种情形下的验资报告与被审计单位实际资产状况不符,并非事务所过错所致,而是因为被审计单位抽逃资本造成的,因此属于没有因果关系的情形,事务所自不应承担赔偿责任。

事由之五:出资人嗣后补足资金。最高人民法院发布《最高人民法院关于金融机构为企业出具不实或者虚假验资报告资金证明如何承担民事责任问题的通知》(法

〔2002〕21号）第四条明确规定事务所免责情形之一即是在企业登记时出资人未足额出资但后来补足的。本规定沿袭了该通知所规定的上述免责事由的理由在于：尽管事务所在企业登记时出具了不实验资报告，但由于出资人在注册登记后又补足出资，利害关系人并未因出资不实而受到损害；即便在出资未补足之前受到损害，但该损害亦因补足出资而获得弥补，因此利害关系人之损失与事务所不实审计报告之间不存在因果关系，所以事务所据此可以不承担赔偿责任。

应当指出，抗辩事由并不局限于本条所规定的几种情形。因本规定将事务所对利害关系人的民事责任定位在侵权责任，故事务所可以通过主张欠缺侵权责任构成要件等其他抗辩事由来主张不承担责任。诸如，在主观要件上，注册会计师可以抗辩自己无过错等；客观要件方面，可以抗辩审计并未失败，没有损害事实，或者客观损害与审计失败无因果关系等。还可以提出其他事实或法律规定可以抗辩的事由，如侵权损害赔偿请求权已经超过诉讼时效期限。

此外，事务所在审计报告中约定适用范围的情形能否作为免除事务所民事责任的事由，在本规定起草过程中也存在着争议。一种观点认为，法定审计和约定审计的主体和审计目的不同，本规定并未区分实务中的法定审计和约定审计两种情况，并不妥当。另一种观点则认为，根据注册会计师法第一条的规定，注册会计师职业的性质是通过经济鉴证与服务维护社会公共利益和投资者的合法利益。注册会计师审计在经济生活中的特殊作用（相对政府审计和内部审计）是提高财务信息的可靠性、可信性，从而使投资者据此作出正确的决策，促进资金市场的正常运转；银行等金融机构据此了解债务人的财务状况和经营成果，降低信贷决策的风险；各级政府据此掌握应税收益方面的资料，保障国家税收等。因此，会计报表年审等与特殊目的审计不一样，其用途已为法规所规定，事务所无权限制年审报告的用途。正如验资不是纯粹为了工商登记，验资的根本目的是保障交易安全与保护债权人的利益。国家设立工商登记、年检制度的根本目的是保护投资者、债权人及其他社会公众的利益；会计报表年审也不是纯粹为了年检，注册会计师的本职是保护投资者、债权人与其他社会公众的利益，而不是应付政府主管部门的年检。因此，事务所在审计报告中注明"本报告仅供年检使用""本报告仅供工商登记使用"等类似内容的，属于不公平、不合理的免责条款，在法律上不应当具备不承担责任的抗辩事由。

最高人民法院审判委员会采纳了第二种意见，事务所在审计报告中约定适用范围的情形，不能作为免责事由。

2. 减责事由：一种折中的方案

对于利害关系人明知不实报告而仍使用场合下的事务所是否应当承担责任问题，存在肯定和否定两种观点。肯定意见认为：虽然利害关系人在使用报告之前已经明知审计报告不实，但毕竟该审计报告是事务所出具的不实报告。由于事务所存在过错，因此事务所应当承担赔偿责任。否定意见认为：在出具不实报告的情形下，事务所的确存在过错，但根据侵权行为法规则，事务所承担侵权损害赔偿责任时，除其自身具有过错，还应当符合其过错与损害结果之间存在因果关系的要件。在利害关系人事前明知报告不实而仍然使用报告并受到损失的场合，其遭受的损失与不实报告之间不存在因果关系，因此会计师事务所不应当承担赔偿责任。

最高人民法院审判委员会讨论后认为，尽管在利害关系人明知报告不实而仍然使用报告并受到损失的场合，其遭受的损失与不实报告之间不存在直接的因果关系，但毕竟会计师事务所出具了不实报告，因此事务所存在过错。根据本规定公平分配损失之框架，无论是让事务所承担全部责任，还是使事务所完全不承担责任，皆失之偏颇，应当酌情适当减轻其责任。故本规定第八条最后采取折中立场规定，利害关系人明知事务所出具的报告为不实报告而仍然使用的，人民法院应当酌情减轻事务所的赔偿责任。

（九）责任顺位和最高限额

在因不实报告而以事务所为被告的案件中，可能涉及的责任主体包括被审计单位、被审计单位的股东、实际控制人、董事、监事、高级管理人员和其他直接责任人员以及被审计单位的保荐人、承销的证券公司、担保人等多种责任主体。如果债权人将这些责任主体均列为被告，那么，如何确定各被告之间的责任顺序及责任范围，是审判实践必须解决的问题。由于除补充性的连带责任之外，连带责任的承担无所谓顺位之分，故本规定第十条第一项、第二项着重就事务所与被审计单位及其瑕疵出资的股东之间的责任顺位进行了明确。

1. 事务所与被审计单位之间的责任顺位

就报表使用人基于对不实报告的信赖而从事相关交易导致损失的原因来看，不外乎以下三种情况：一是报表使用人与被审计单位之间发生买卖、借贷合同等交易关系，因被审计单位违约而导致合同债权未能实现的损失；二是报表使用人在证券发行市场，认购了被审计单位发行的证券，导致损失；三是报表使用人在证券交易市场，使用了被审计单位的股票、债券、股票期权等金融工具进行交易，导致损失。在上述三种情况下，从因果关系的角度，被审计单位的违约或欺诈行为是导致报表使用人损失的直接原因，不实报告只是间接原因。基于这种直接原因与间接原因的区分，对于报表使用人的损失，应当由被审计单位承担第一顺位的责任，事务所承担在后顺位的责任。这一责任顺位也是最高人民法院相关司法解释一贯坚持的立场。如在验资诉讼领域，无论是《最高人民法院关于会计师事务所为企业出具虚假验资证明应如何处理的问题答复》《最高人民法院关于验资单位对多个案件债权人损失应如何承担责任的批复》，还是《最高人民法院关于会计师事务所为企业出具虚假验资证明应如何承担责任问题的批复》，都强调了在验资机构出具不实验资报告时，应当先由被审验单位承担赔偿责任，在被审验单位财产不足清偿或资不抵债时，才由验资机构承担补充赔偿责任。只不过在上述批复中，未明确区分故意和过失，导致审判实践中，这种由事务所承担后位责任的顺位规定没有得到很好的贯彻。本规定基于故意和过失的区分，分别规定了事务所的连带责任和补充责任。因此，审判实践中应当注意，本规定第十条第一项所作出的责任顺位的规定，仅适用于因事务所过失出具不实报告的情形，如果事务所出于故意而出具不实报告，应按本规定第五条的规定，由事务所承担连带责任。

2. 被审计单位与其瑕疵出资股东之间的责任顺位

被审计单位的瑕疵出资股东因其未尽出资义务，应当在瑕疵出资数额范围内向公司债权人承担补充赔偿责任。故本规定第十条第一项规定，被审计单位的出资人虚假出资、不实出资或者抽逃出资，事后未补足，且依法强制执行被审计单位财产后仍不足以赔偿损失的，出资人应在虚假出资、不实出资或者抽逃出资数额范围内向利害关系人承担补充赔偿责任。

3. 事务所与被审计单位瑕疵出资股东之间的责任顺位

就被审计单位的瑕疵出资股东对债权人的责任，最高人民法院相关的司法解释中多次明确，企业出资人未出资或出资不实，应当对企业的债权人承担相应的民事责任。但对于事务所与被审计单位的瑕疵出资股东之间的责任顺位，未作出明确的规定。司法实践中，出于被告清偿能力考虑，大多数债权人和部分法院往往将事务所作为"深口袋"被告，判令事务所与被审计单位的出资人承担连带责任。为此，本规定强调，如果存在被审计单位的股东瑕疵出资且事后未补足的情况，应先由该股东在瑕疵出资数额范围内向利害关系人承担补充赔偿责任；事务所的责任顺位应当排在被审计单位的瑕疵出资股东之后，即对被审计单位、出资人的财产依法强制执行后仍不足以赔偿损失的，由事务所在其不实审计金额范围内承担相应的赔偿责任。

对于事务所因不实报告对利害关系人所承担的责任范围，本规定第十条第二项、第三项作出了规定，依照该规定，不实审计金额既是对事务所的责任范围限制，也是事务所承担责任的最高限额。

1. 事务所对单个债权人的责任范围限于不实审计金额

不实审计金额，是指事务所审计报告中的不实部分，而不是其审计报告审验的全部金额。对于事务所因过失出具不实报告而需要承担的责任范围，向来的司法政策都是持限制态度。例如，在验资领域，《最高人民法院关于会计师事务所为企业出具虚假验资证明应如何处理的问题答复》《最高人民法院关于验资单位对多个案件债权人损失应如何承担责任的批复》《最高人民法院关于会计师事务所为企业出具虚假验资证明应如何承担责任问题的批复》都将事务所因不实验资的赔偿责任限定在"虚假资金证明金额以内"或"验资报告的不实部分"。在立法上，公司法第二百零八条第三款也将验资、验证机构的责任限定为不实部分。在理论上，审计报告的作用主要在于证明被审计单位财务报表的合法性和公允性，会计师的责任正是源于相关利害关系人对审计报告的信赖。从利害关系人的信赖利益角度，其所信赖的内容为审计报告的内容真实、恰当。如果注册会计师因过失出具不实报告，应当由事务所负填补责任，使利害关系人的信赖维持在其期待的真实报告的水平。因此，不实的审计金额部分，即为利害关系人的最大信赖损失，事务所审计失败的民事责任，最高的赔偿额不应超过该最大信赖损失。基于上述考虑，本规定将事务所基于不实报告对单个债权人的责任限定为其不实审计金额范围内。

2. 事务所审计失败的最高责任限额

为防止因利害关系人数量过多而导致的损失数额与事务所的过失之间严重失衡，有必要将事务所的责任限定在一个合理的范围之内。在本规定的起草过程中，由于缺乏经验的数据来证实会计职业界的可承受的压力范围，如何合理限定事务所审计失败的赔偿责任，一直是一个颇费斟酌的问题。考虑到《最高人民法院关于会计师事务所为企业出具虚假验资证明应如何承担责任问题的批复》已有关于"验资单位对一个或多个债权人在验资不实部分之内承担的责任累计已经达到其应当承担责任部分限额的，对于公司其他债权人则不再承担赔偿责任"的规定，根据最高人民法院审委会的建议，本规定第十条第三项作出事务所责任最高限额的原则性规定，即事务所对一个或者多个利害关系人承担的赔偿责任应以不实审计金额为限。

（撰稿人：王闯、周伦军）

最高人民法院
关于购买人使用分期付款购买的车辆从事运输因交通事故造成他人财产损失保留车辆所有权的出卖方不应承担民事责任的批复

法释〔2000〕38号

（2000年11月21日最高人民法院审判委员会第1143次会议通过 2000年12月1日最高人民法院公告公布 自2000年12月8日起施行）

四川省高级人民法院：

你院川高法〔1999〕2号《关于在实行分期付款、保留所有权的车辆买卖合同履行过程中购买方使用该车辆进行货物运输给他人造成损失的，出卖方是否应当承担民事责任的请示》收悉。经研究，答复如下：

采取分期付款方式购车，出卖方在购买方付清全部车款前保留车辆所有权的，购买方以自己名义与他人订立货物运输合同并使用该车运输时，因交通事故造成他人财产损失的，出卖方不承担民事责任。

此复。

【解读】

解读《关于购买人使用分期付款购买的车辆从事运输因交通事故造成他人财产损失保留车辆所有权的出卖方不应承担民事责任的批复》

一、问题的提出

最高人民法院2000年12月1日公布了《最高人民法院关于购买人使用分期付款购买的车辆从事运输因交通事故造成他人财产损失保留车辆所有权的出卖方不应承担民事责任的批复》（法释〔2000〕38号，以下简称本批复），自12月8日起施行。

本批复是最高人民法院针对四川省高级人民法院的请示所作出的批复。四川省高级人民法院的请示涉及交通事故的一种特殊情况：在分期付款买卖车辆中，出卖方在购买方付清全部车款前保留车辆所有权。在分期付款过程中，车辆虽由购买方直接控制和使用，但公安机关登记的车主以及行驶证、营运证上所记载的车主都是出卖方。购买方在使用该车营运时，以自己的名义与他人订立货物运输合同，在运输过程中，因交通事故等造成货物损失。对这种损失，出卖方是否承担民事责任，形成了不同意见。

二、理解

（一）出卖人对购买人造成的交通事故没有过错，其保留所有权的行为与交通事故之间也没有因果关系

道路交通事故中，因机动车造成他人损害，机动车的所有人是否承担责任以及在何种情况下承担责任，无论在实践中还是理论上，都有争议。这种争议来源于现行法律和行政法规对此问题规定的差异。其实，机动车造成他人损害属于侵权行为的一种。依民法原理，侵权人承担责任必须具备一定的条件。侵权责任最基本构成要件包括：损害后果、损害后果与行为之间的因果关系，一般侵权责任的构成要件还包括行为人的过错；无过错责任的构成要件，不考虑行为人的过错，但必须严格遵守法律的规定。民法通则的规定也是如此，强调行为与损害后果之间的因果关系及行为人的过错。民法通则规定，公民、法人由于过错侵害国家的、集体的财产，侵害他人财产、人身的，应当承担民事责任；没有过错，但法律规定应当承担民事责任的，应当承担民事责任。所谓法律另有规定，是指从事对周围环境有高度危险的作业造成他人损害的，应当依法承担民事责任。只有在这种情况下，不考虑行为人，即作业人是否存在过错，但强调行为人的行为与损害后果之间的因果关系。但是，1991年9月22日国务院发布的《道路交通事故处理办法》第三十一条规定："交通事故责任者对交通事故造成的损失，应当承担赔偿责任。承担赔偿责任的机动车驾驶员暂时无力赔偿的，由驾驶员所在单位或者机动车的所有人负责垫付。但是，机动车驾驶员在执行职务中发生交通事故，负有交通事故责任的，由驾驶员所在单位或者机动车的所有人承担赔偿责任；驾驶员的所在单位或者机动车的所有人在赔偿损失后，可以向驾驶员追偿部分或者全部费用。"按照这一规定，只要因机动车造成他人损害，机动车的所有人即车主，实际上都可能承担赔偿责任。虽然车主"垫付"后，有权向驾驶员（真正的侵权人）追偿，但实际生活中，相当多的情况是，车主只要"垫付"后，由于驾驶员没有履行能力等原因，根本无追偿的可能。这种机械的规定虽然似乎有利于保护受害人，但对车主极不公平，也不符合民法通则的规定。

分期付款买卖中，出卖方虽然保留车辆的所有权，但对购买方使用所购买的车辆进行营运发生的交通事故没有过错，其保留所有权的行为与该交通事故之间也没有任何因果关系。即使车辆为高速运输工具，发生交通事故时，承担责任的前提之一必须是责任人的行为与事故之间有因果关系。购买人以自己的名义与他人订立运输合同，购买人为履行该合同义务，使用购买的车辆时，发生了交通事故，完全是购买人的事情，与出卖人保留车辆所有权这一行为无关。

考查交通事故责任主体的依据不应是车辆所有权的归属，而应是能够支配车辆运行并从车辆运行中获取利益的人。尽管现行车辆管理体制要求车辆的行驶证和营运证只能以车辆所有人名义办理，但如果车辆的行驶和营运是在购买人的控制之下，出卖人既不能支配车辆的行驶和营运，也不能从车辆营运中获得任何利益，仅依据出卖方是名义上的所有权人就令其承担民事责任，有失公允。

（二）分期付款买卖中的出卖方保留所有权的实质是作为债的担保方式

分期付款买卖是将价金分期支付的买卖。分期付款买卖使购买人未支付全部价金即取得买卖标的物，出卖人未得到全部价金即需移转买卖标的，出卖人存在不能取得全部价金的风险。为避免这一风险，出卖人通常在买卖合同中设立所有权保留条款，约定买卖标的物虽交付买受人,但出卖人保留所有权,购买人全部支付价金后,买卖标的物的所有权移转买受人。所有权保留是一种担保方式,如果买受人不支付价金,出卖人有权取回买卖标的物。除分期付款买卖外,融资租赁合同中的出卖人也将保留所有权作为合同履行的担保方式。出卖人保留所有权不是目的,其目的是收取价金。虽然民法通则规定,财产所有权是指所有人依法对自己的财产享有占有、使用、收益和处分的权利,但分期付款买卖中出卖人所保留的所有权是名义上所有权,占有、使用和收益人都是购买人。出卖人行使保留的所有权也是有限制的,不能随意行使,只能在购买方到期未付清价金时才能要回标的物。

(三)公安机关有关机动车登记的意义

按照《道路交通管理条例》第三章的规定,公安机关办理的机动车登记,是准予或者不准予机动车上道路行驶的登记,不是机动车所有权登记。现行的车辆登记只是一种行政管理手段。虽然《机动车管理办法》规定机动车登记包括所有人,但是,按该办法第十五条的规定,公安机关的登记的前提必须明确车辆的所有人,即"应由所有人或车辆所属单位及时向当地车辆管理机关办理登记"。到制定本批复时为止,没有法律或者行政法规规定,公安机关的车辆登记是车辆所有权的登记。

(四)本批复与最高人民法院其他道路交通事故中机动车所有人承担责任解释相一致

《最高人民法院关于被盗机动车辆肇事后由谁承担损害赔偿责任问题的批复》(法释〔1999〕13号)中指出:"使用盗窃的机动车辆肇事,造成被害人物质损失的,肇事人应当依法承担损害赔偿责任,被盗机动车辆的所有人不承担损害赔偿责任。"最高人民法院在个案答复中,认为车辆登记人与实际出资人不一致时,应以实际出资作为确定车辆所有权的依据,不以公安机关的车辆登记作为所有权转移的标志。

三、适用

本批复对机动车的所有人不承担民事责任作出了非常严格的限制条件。不过,根据该批复的原则,该批复除了适用于四川省高级人民法院请示的特定情形外,还可适用于以下情形:分期付款买卖中,出卖方在购买方付清全部车款前保留车辆所有权,购买人使用该车致他人人身、财产损害的,出卖人均不承担民事责任。当然,如果购买人为出卖人利益而使用该车并致人损害,则另当别论。

(撰稿人:汪治平)

最高人民法院
关于依法妥善审理高空抛物、坠物案件的意见

2019年10月21日　　　　　　　　法发〔2019〕25号

近年来,高空抛物、坠物事件不断发生,严重危害公共安全,侵害人民群众合法权益,影响社会和谐稳定。为充分发挥司法审判的惩罚、规范和预防功能,依法妥善

审理高空抛物、坠物案件,切实维护人民群众"头顶上的安全",保障人民安居乐业,维护社会公平正义,依据《中华人民共和国刑法》《中华人民共和国侵权责任法》等相关法律,提出如下意见。

一、加强源头治理,监督支持依法行政,有效预防和惩治高空抛物、坠物行为

1. 树立预防和惩治高空抛物、坠物行为的基本理念。人民法院要切实贯彻以人民为中心的发展理念,将预防和惩治高空抛物、坠物行为作为当前和今后一段时期的重要任务,充分发挥司法职能作用,保护人民群众生命财产安全。要积极推动预防和惩治高空抛物、坠物行为的综合治理、协同治理工作,及时排查整治安全隐患,确保人民群众"头顶上的安全",不断增强人民群众的幸福感、安全感。要努力实现依法制裁、救济损害与维护公共安全、保障人民群众安居乐业的有机统一,促进社会和谐稳定。

2. 积极推动将高空抛物、坠物行为的预防与惩治纳入诉源治理机制建设。切实发挥人民法院在诉源治理中的参与、推动、规范和保障作用,加强与公安、基层组织等的联动,积极推动和助力有关部门完善防范高空抛物、坠物的工作举措,形成有效合力。注重发挥司法建议作用,对在审理高空抛物、坠物案件中发现行政机关、基层组织、物业服务企业等有关单位存在的工作疏漏、隐患风险等问题,及时提出司法建议,督促整改。

3. 充分发挥行政审判促进依法行政的职能作用。注重发挥行政审判对预防和惩治高空抛物、坠物行为的积极作用,切实保护受害人依法申请行政机关履行保护其人身权、财产权等合法权益法定职责的权利,监督行政机关依法行使行政职权、履行相应职责。受害人等行政相对方对行政机关在履职过程中违法行使职权或者不作为提起行政诉讼的,人民法院应当依法及时受理。

二、依法惩处构成犯罪的高空抛物、坠物行为,切实维护人民群众生命财产安全

4. 充分认识高空抛物、坠物行为的社会危害性。高空抛物、坠物行为损害人民群众人身、财产安全,极易造成人身伤亡和财产损失,引发社会矛盾纠纷。人民法院要高度重视高空抛物、坠物行为的现实危害,深刻认识运用刑罚手段惩治情节和后果严重的高空抛物、坠物行为的必要性和重要性,依法惩治此类犯罪行为,有效防范、坚决遏制此类行为发生。

5. 准确认定高空抛物犯罪。对于高空抛物行为,应当根据行为人的动机、抛物场所、抛掷物的情况以及造成的后果等因素,全面考量行为的社会危害程度,准确判断行为性质,正确适用罪名,准确裁量刑罚。

故意从高空抛弃物品,尚未造成严重后果,但足以危害公共安全的,依照刑法第一百一十四条规定的以危险方法危害公共安全罪定罪处罚;致人重伤、死亡或者使公私财产遭受重大损失的,依照刑法第一百一十五条第一款的规定处罚。为伤害、杀害特定人员实施上述行为的,依照故意伤害罪、故意杀人罪定罪处罚。

6. 依法从重惩治高空抛物犯罪。具有下列情形之一的,应当从重处罚,一般不得适用缓刑:(1)多次实施的;(2)经劝阻仍继续实施的;(3)受过刑事处罚或者行政处罚后又实施的;(4)在人员密集场所实施的;(5)其他情节严重的情形。

7. 准确认定高空坠物犯罪。过失导致物品从高空坠落,致人死亡、重伤,符合刑法第二百三十三条、第二百三十五条规定的,依照过失致人死亡罪、过失致人重伤罪定罪处罚。在生产、作业中违反有关安全管理规定，从高空坠落物品，发生重大伤亡事故或者造成其他严重后果的，依照刑法第一百三十四条第一款的规定，以重大责任事故罪定罪处罚。

三、坚持司法为民、公正司法，依法妥善审理高空抛物、坠物民事案件

8. 加强高空抛物、坠物民事案件的审判工作。人民法院在处理高空抛物、坠物民事案件时，要充分认识此类案件中侵权行为给人民群众生命、健康、财产造成的严重损害，把维护人民群众合法权益放在首位。针对此类案件直接侵权人查找难、影响面广、处理难度大等特点，要创新审判方式，坚持多措并举，依法严惩高空抛物行为人，充分保护受害人。

9. 做好诉讼服务与立案释明工作。人民法院对高空抛物、坠物案件，要坚持有案必立、有诉必理，为受害人线上线下立案提供方便。在受理从建筑物中抛掷物品、坠落物品造成他人损害的纠纷案件时，要向当事人释明尽量提供具体明确的侵权人，尽量限缩"可能加害的建筑物使用人"范围，减轻当事人诉累。对侵权人不明又不能依法追加其他责任人的，引导当事人通过多元化纠纷解决机制化解矛盾、补偿损失。

10. 综合运用民事诉讼证据规则。人民法院在适用侵权责任法第八十七条裁判案件时，对能够证明自己不是侵权人的"可能加害的建筑物使用人"，依法予以免责。要加大依职权调查取证力度，积极主动向物业服务企业、周边群众、技术专家等询问查证，加强与公安部门、基层组织等沟通协调，充分运用日常生活经验法则，最大限度查找确定直接侵权人并依法判决其承担侵权责任。

11. 区分坠落物、抛掷物的不同法律适用规则。建筑物及其搁置物、悬挂物发生脱落、坠落造成他人损害的，所有人、管理人或者使用人不能证明自己没有过错的，人民法院应当适用侵权责任法第八十五条的规定，依法判决其承担侵权责任；有其他责任人的，所有人、管理人或者使用人赔偿后向其他责任人主张追偿权的，人民法院应予支持。从建筑物中抛掷物品造成他人损害的，应当尽量查明直接侵权人，并依法判决其承担侵权责任。

12. 依法确定物业服务企业的责任。物业服务企业不履行或者不完全履行物业服务合同约定或者法律法规规定、相关行业规范确定的维修、养护、管理和维护义务，造成建筑物及其搁置物、悬挂物发生脱落、坠落致使他人损害的，人民法院依法判决其承担侵权责任。有其他责任人的，物业服务企业承担责任后，向其他责任人行使追偿权的，人民法院应予支持。物业服务企业隐匿、销毁、篡改或者拒不向人民法院提供相应证据，导致案件事实难以认定的，应当承担相应的不利后果。

13. 完善相关的审判程序机制。人民法院在审理疑难复杂或社会影响较大的高空抛物、坠物民事案件时，要充分运用人民陪审员、合议庭、主审法官会议等机制，充分发挥院、庭长的监督职责。涉及侵权责任法第八十七条适用的，可以提交院审判委员会讨论决定。

四、注重多元化解，坚持多措并举，不断完善预防和调处高空抛物、坠物纠纷的工作机制

14. 充分发挥多元解纷机制的作用。人民法院应当将高空抛物、坠物民事案件的处理纳入到建设一站式多元解纷机制的整体工作中，加强诉前、诉中调解工作，有效化解矛盾纠纷，努力实现法律效果与社会效果相统一。要根据每一个高空抛物、坠物案件的具体特点，带着对受害人的真挚感情，为当事人解难题、办实事，尽力做好调解工作，力促案结事了人和。

15. 推动完善社会救助工作。要充分运用诉讼费缓减免和司法救助制度，依法及时对经济上确有困难的高空抛物、坠物案件受害人给予救济。通过案件裁判、规则指引积极引导当事人参加社会保险转移风险、分担损失。支持各级政府有关部门探索建立高空抛物事故社会救助基金或者进行试点工作，对受害人损害进行合理分担。

16. 积极完善工作举措。要通过多种形式特别是人民群众喜闻乐见的方式加强法治宣传，持续强化以案释法工作，充分发挥司法裁判规范、指导、评价、引领社会价值的重要作用，大力弘扬社会主义核心价值观，形成良好社会风尚。要深入调研高空抛物、坠物案件的司法适用疑难问题，认真总结审判经验。对审理高空抛物、坠物案件中发现的新情况、新问题，及时层报最高人民法院。

【解读】

解读《关于依法妥善审理高空抛物、坠物案件的意见》

最高人民法院发布的《最高人民法院关于依法妥善审理高空抛物、坠物案件的意见》（以下简称《意见》），针对近年来不断发生的高空抛物、坠物事件，回应人民群众呼声，明确要求各级人民法院切实贯彻以人民为中心的发展理念，把维护人民群众的合法权益放在首位，充分认识高空抛物、坠物行为的社会危害性，将预防和惩治相结合，加强源头治理，依法惩治犯罪，妥善审理民事纠纷，完善相关工作机制，全面保护人民群众的人身和财产安全，保障人民群众安居乐业，促进社会和谐稳定。

一、《意见》起草的背景和过程

党的十八大以来，以习近平同志为核心的党中央坚持以人民为中心，从党和国家事业发展全局、实现中华民族伟大复兴中国梦的战略高度，把保障人民安居乐业放在"五位一体"总体布局和"四个全面"战略布局中统筹谋划部署，在体制机制、法律法规、监督管理等方面采取了一系列重大举措。党的十九大报告提出"提高保障和改善民生水平，加强和创新社会治理"，党的十九届四中全会强调"确保人民安居乐业、社会安定有序，建设更高水平的平安中国"。保障和改善民生要抓住人民最关心最直接最现实的利益、安全问题，要不断满足人民日益增长的美好生活需要，不断促进社会公平正义，形成有效的社会治理、良好的社会秩序，使人民获得感、幸福感、安全感更加充实、更有保障、更可持续。

近年来，全国各地陆续发生了一些高空抛物、坠物的情况，严重影响了人民群众生命财产安全。为贯彻落实习近平总书记和党中央决策部署，切实维护人民群众"头顶上的安全"，促进社会公平正义，最高人民法院高度重视，召开专题会议进行研究部署，成立专项工作小组，做好具体贯彻落实工作。其中，最重要的措施就是紧密结合人民法院职责，起草指导全国法院依法预防和惩治高空抛物、坠物行为的意见。最高人民法院研究室在深入学习有关政策文件、法律法规，认真梳理研究现有资料、典型案例的基础上，起草了《意见（稿）》，经征求意见和按程序审议通过，于2019年10

月21日印发并施行。

二、《意见》起草遵循的基本原则

一是坚持问题导向。《意见》的起草紧紧围绕高空抛物、坠物给人民群众生命财产安全带来极大危害的一系列现实问题,比如针对抛物行为人查找难、打击弱,受害人救济不及时不充分,承担补偿责任的无辜居民范围过广等问题,提出了具体措施和要求。特别是,《意见》坚持把维护当事人合法权益放在首位,既要求人民法院充分发挥自身职能作用,切实有效保护人民群众生命财产安全,又明确提出人民法院要积极推动预防和惩治高空抛物、坠物行为的综合治理、协同治理、源头治理工作,坚持预防为先,切实有效排查整治安全隐患,尽可能防范此类行为发生,真正消除人民群众"头顶上的威胁",不断提高和改善人民群众安全感、幸福感,不断推动国家治理体系和治理能力现代化。

二是注重总结审判经验。在起草《意见》的过程中,高度重视对各级人民法院审判经验的总结,充分运用人民法院信息化成果,借助大数据分析,从三年多来的涉高空抛物、坠物的1000多件案件中筛选出较为典型的案例进行客观化、类型化分析研判,确保《意见》有关条文更加符合实际情况,更具可操作性。

三是坚持依法规范。《意见》的内容既涉及高空抛物、坠物入刑的问题,也涉及民事责任承担的内容。在《意见》起草过程中,严格依照刑法、侵权责任法的相关规定,对高空抛物、坠物定罪量刑、民事责任承担的内容予以具体细化。在符合法律规定精神的前提下,充分运用文义解释、体系解释等方法,使得有关责任承担的规定更加公平合理,更具可操作性。

三、《意见》的主要内容

《意见》分为4个部分,共16条,要求全国法院充分发挥职能作用,既要加强源头治理,监督支持依法行政,有效预防和惩治高空抛物、坠物行为,又要注重多元化解和诉源治理,不断完善调处和预防高空抛物、坠物纠纷的工作机制;既要依法惩处构成犯罪的高空抛物、坠物行为,切实维护人民群众生命财产安全,又要坚持司法为民、公正司法,依法妥善审理高空抛物、坠物民事案件,旨在打出预防和惩治的组合拳,切实维护人民群众"头顶上的安全",不断提高和改善民生水平,不断满足人民日益增长的美好生活需要。概括起来,《意见》的主要内容包括以下几个方面。

(一)加强对高空抛物、坠物行为的综合治理和诉源治理

高空抛物、坠物事件的发生,有多方面的原因。从根本上规制和预防此类行为的发生,需要有关部门的积极配合,联动解决,特别是要在预防方面下更大气力,要在诉源治理上下更大气力。结合人民法院职责,《最高人民法院关于建设一站式多元解纷机制一站式诉讼服务中心的意见》明确提出:主动融入党委和政府领导的诉源治理机制建设。切实发挥人民法院在诉源治理中的参与、推动、规范和保障作用,推动工作向纠纷源头防控延伸。主动做好与党委政府创建"无讼"乡村社区、一体化矛盾纠纷解决中心、行政争议调解中心工作对接,支持将诉源治理纳入地方平安建设考评体系。加强对非诉讼方式解决纠纷的支持、指导和规范。预防和惩治高空抛物、坠物行为需要多措并举、多部门联动,做好协同治理、诉源治理。

实际上,对于高空抛物的规制和预防,不少地方已经做了有益探索,比如早在2006年广东省深圳市安全生产监督管理局就出台了《关于对楼宇高空抛物危害公众安

全行为依法加强监管的通知》。为加强高速铁路沿线安全管理，确保铁路运行安全和人身财产安全，贵州省贵阳市于2014年出台了《高速铁路沿线禁止高空抛物等行为管理办法》，针对向高速铁路线路及其安全保护区和邻近区域、列车等抛掷物品，以及随意倾倒、抛撒垃圾，或者因违反规定导致高速铁路线路安全保护区及邻近区域的建（构）筑物及其他设施上堆放、悬挂的物品坠落、脱落、飘落等影响高速铁路安全的行为作出了系统全面的管理规定。此外，重庆市有关部门在2016年出台了《关于印发重庆市深入开展"车窗抛物"专项治理行动实施方案的通知》，对于多部门合力规制和预防高空抛物行为也作出了明确规定。

在总结有关地方实践经验的基础上，《意见》以从根本上解决问题为导向，在第一部分明确提出，人民法院要坚决贯彻以人民为中心的发展理念，将预防和惩治高空抛物、坠物行为作为当前和今后一段时期的重要任务，充分发挥自身职能作用，切实有效保护人民群众生命财产安全。要积极推动预防和惩治高空抛物、坠物行为的综合治理、协同治理工作，及时排查整治安全隐患，切实维护人民群众"头顶上的安全"。同时，要积极推动将高空抛物、坠物案件的预防与惩治工作纳入诉源治理机制建设当中，充分发挥人民法院在诉源治理中的参与、推动、规范和保障作用。要加强与公安、基层组织等的联动，积极推动和助力有关部门完善防范高空抛物、坠物的工作举措，形成有效合力。在具体适用《意见》本部分内容时，可以参考上述地方的实践做法，以更有效地增强相关规制和预防措施的针对性和可操作性。

同时，规制和预防高空抛物行为，要注重发挥司法建议的作用。司法建议是法律赋予人民法院的重要职责，是人民法院工作的重要组成部分，也是充分发挥审判职能作用的重要方式。实践证明，做好司法建议工作，对于促进有关单位科学决策、完善管理、消除隐患、改进工作、规范行为，不断提高科学管理水平，预防和减少社会矛盾纠纷具有十分重要的作用。有鉴于此，《意见》明确要求，在审理高空抛物、坠物案件中发现行政机关、基层组织、物业服务企业等存在工作疏漏、隐患风险等问题，要及时提出司法建议。要充分发挥行政审判促进依法行政的职能作用，切实保护受害人依法申请行政机关履行保护其人身权、财产权等合法权益法定职责的权利，监督行政机关依法行使行政职权、履行相应职责。

（二）法律适用上要明确区分抛物和坠物的不同规则

高空抛物和坠物行为在主观恶性、社会危害性方面有很大不同，不可一概而论，但目前法律对此规定得并不十分清晰，有必要予以厘清。这一点在刑事制裁方面尤为突出。通常而言，高空抛物行为的社会危害性更为严重，行为人主观方面通常是故意；而高空坠物的行为人主观方面通常为过失，通常以造成相应结果作为入罪要件。因此，要区分两种情形，妥当选择适用罪名。比如，《意见》明确，对于故意从高空抛弃物品，尚未造成严重后果，但足以危害公共安全的，依照刑法（2017年修正，下同）第一百一十四条规定的以危险方法危害公共安全罪定罪处罚；为伤害、杀害特定人员实施上述行为的，依照故意伤害罪、故意杀人罪定罪处罚。但对于高空坠物行为，《意见》则明确，过失导致物品从高空坠落，致人死亡、重伤，符合刑法第二百三十三条、第二百三十五条规定的，依照过失致人死亡罪、过失致人重伤罪定罪处罚。

另一方面，在民事审判中，有必要准确适用侵权责任法第八十五条和第八十七条，合理界定不同侵权行为的民事责任。侵权责任法第八十五条规定："建筑物、构筑物或者其他设施及其搁置物、悬挂物发生脱落、坠落造成他人损害，所有人、管理人或者使用人不能证明自己没有过错的，应当承担侵权责任。所有人、管理人或者使用人赔偿后，有其他责任人的，有权向其他责任人追偿。"我们认为，关于建筑物、构筑物或者其他设施及其搁置物、悬挂物发生脱落、坠落造成他人损害的责任承担，在侵权责任法第八十五条对于坠落物致人损害的责任承担有明确规定的情况下，从实体法上应直接适用这一规定，从而尽量限缩侵权责任法第八十七条规定的适用，缓解该条不当扩大责任承担主体的问题。同时，依据侵权责任法第八十五条的规定，如果在此类案件中存在其他责任人的，比如该建筑物存在设计缺陷或者建筑质量不合格等情况，则允许该建筑物的所有人、管理人或者使用人赔偿后依法行使追偿权。简言之，建筑物及其搁置物、悬挂物发生脱落、坠落造成他人损害，所有人、管理人或者使用人不能证明自己没有过错的，人民法院应当适用侵权责任法第八十五条的规定，依法判决其承担侵权责任；有其他责任人的，所有人、管理人或者使用人赔偿后向其他责任人主张追偿权的，人民法院应予支持。从建筑物中抛掷物品造成他人损害的，应当尽量查明直接侵权人，并依法判决其承担侵权责任。

侵权责任法第八十七条规定："从建筑物中抛掷物品或者从建筑物上坠落的物品造成他人损害，难以确定具体侵权人的，除能够证明自己不是侵权人的外，由可能加害的建筑物使用人给予补偿。"对于本条的适用，相较于侵权责任法第八十五条，必须作两方面的限定。

一方面，造成损害的物品必须是从建筑物而非构筑物或其他设施中抛掷或者坠落的物品。这是因为，建筑物如住宅楼、办公楼往往层数较多且存在多个所有人（如建筑物区分所有权）或使用人，难以确定具体的侵权人，而构筑物或者其他设施的权利人多为单个的民事主体。

另一方面，责任主体是可能加害的建筑物使用人而非建筑物的所有人。比如，在叶某英诉余某琴、余某安物件脱落、坠落损害责任纠纷案中，法院就严格区分了侵权责任法第八十五条和第八十七条的适用条件，综合全案证据推定造成受害人伤害的坠落物由被告家中坠落的可能性较大，判决二被告承担20%的补偿责任，更为公平地保障了相关当事人的权益。

（三）充分发挥刑罚的威慑、教育功能，有效预防和惩治高空抛物、坠物行为

高空抛物、坠物行为具有高度危险性，极易引发重大事故，造成人身伤亡、财产损失。鉴此，《意见》明确要求人民法院要高度重视高空抛物、坠物行为的社会危害，用足用好刑法现有规定，恪守罪刑法定原则，准确认定行为性质，对于构成犯罪的要依法追究刑事责任，以充分发挥刑罚的威慑、教育功能，有效维护人民群众生命财产安全，预防、减少该类不法行为的发生。具体而言，需要注意以下几点。

其一，基本思路。对于高空抛物行为，应当根据行为人的动机、抛物场所、抛掷物的情况以及造成的后果等因素，全面考量行为的社会危害程度，准确判断行为性质，正确适用罪名，准确裁量刑罚。

其二，关于高空抛物行为的刑事责任认定。故意从高空抛弃物品，尚未造成严重后果，但足以危害公共安全的，依照刑法第一百一十四条规定的以危险方法危害公共安全罪定罪处罚；致人重伤、死亡或者使公私财产遭受重大损失的，依照刑法第一百一十五条第一款的规定处罚。为伤害、杀害特定人员实施上述行为的，依照故意伤害

罪、故意杀人罪定罪处罚。

其三，依法从重惩治高空抛物犯罪的情形。具有下列情形之一的，应当从重处罚，一般不得适用缓刑：(1)多次实施的；(2)经劝阻仍继续实施的；(3)受过刑事处罚或者行政处罚后又实施的；(4)在人员密集场所实施的；(5)其他情节严重的情形。

其四，准确认定高空坠物犯罪。过失导致物品从高空坠落，致人死亡、重伤，符合刑法第二百三十三条、第二百三十五条规定的，依照过失致人死亡罪、过失致人重伤罪定罪处罚。在生产、作业中违反有关安全管理规定，从高空坠落物品，发生重大伤亡事故或者造成其他严重后果的，依照刑法第一百三十四条第一款的规定，以重大责任事故罪定罪处罚。

(四)准确适用法律，做好高空抛物、坠物民事案件的审判工作

《意见》明确要求，人民法院在处理高空抛物、坠物民事案件时，要充分认识此类案件中侵权行为给人民群众生命、健康、财产造成的严重损害，把维护人民群众合法权益放在首位。针对此类案件直接侵权人查找难、影响面广、处理难度大等特点，要创新审判方式，坚持多措并举，依法严惩高空抛物行为人，充分保护受害人。这既需要完善相应的工作机制，更需要准确适用现行法律规定；既要明确实体责任认定，又要科学运用民事诉讼程序规则。具体而言，应当注意以下两个问题。

1. 侵权责任法第八十七条的适用问题

从法律适用角度讲，这首先就涉及侵权责任法第八十七条规定的"由可能加害的建筑物使用人给予补偿"的基本考虑在于，在具体加害人无法确定的情况下，受害人相对于众多可能成为加害人的建筑物使用人而言，处于弱势地位。如果非要其明确具体加害人，其损害方能获得救济，对受害人而言无疑雪上加霜。因此，对无辜的受害人予以保护，由可能成为加害人的民事主体对损害进行合理分配，是一种特殊情形下相对合理的分摊风险的手段和方法，属于对弱者的特殊保护。这一规定的初衷是好的，但是实践中普遍存在此类案件直接侵权人难以查找，判决无侵权责任构成的居民范围过广又有失公平等问题。对此，我们调研后认为，对于本条的适用，有必要做好相应的利益平衡保护，既要依法保护受害人的合法权益，又要注重维护建筑物使用人特别是建筑物居民的合法权益，尽量查明直接侵权人，尽量限缩可能加害的建筑物使用人的范围，实现救济损害与保障安居乐业的有机统一，促进社会和谐稳定。

基于这样的思路，《意见》第9条明确要求人民法院对高空抛物、坠物案件，要坚持有案必立、有诉必理，为受害人线上线下立案提供方便，以充分保障当事人的诉权。对侵权人不明又不能依法追加其他责任人的，引导当事人通过多元化纠纷解决机制化解矛盾、补偿损失。同时，为最大限度查找确定直接侵权人并判决其承担责任，一方面，《意见》第9条提出，人民法院在受理从建筑物中抛掷物品、坠落物品造成他人损害的纠纷案件时，要向当事人释明尽量提供具体明确的侵权人，尽量限缩可能加害的建筑物使用人范围，引导和鼓励受害人一方积极查找直接侵权人；另一方面，《意见》第10条又强化了人民法院依职权调查取证的问题，要积极主动向物业服务企业、周边群众、技术专家等询问查证，加强与公安部门、基层组织等沟通协调，充分运用日常生活经验法则，最大限度查找确定直接侵权人，并依法判决其承担侵权责任。

此外，从工作程序的角度，对于疑难复杂或社会影响较大的高空抛物、坠物民事案件，特别是涉及侵权责任法第八十七条适用的，《意见》明确提出，人民法院可以根

据案件的具体情况提交院审判委员会讨论决定,以最大限度发挥现有程序机制功能,确保高空抛物、坠物案件处理结果的法律效果与社会效果有机统一。

2. 依法强化物业服务企业的责任

在当今社会,高层建筑林立,楼宇遍及各地,物业服务企业在维护写字楼、住宅区、酒店式公寓等各类楼盘的正常秩序,在履职范围内保护广大人民群众人身财产安全方面具有不可替代的作用。同样,物业服务企业在预防和规制高空抛物、坠物行为方面也能够发挥重要作用,也属于其加强管理、做好修缮等职责范围内的重要事项。正因如此,《意见》第12条在总结当前审判经验的基础上,依据侵权责任法有关规定,明确了物业服务企业在未尽到法定或者约定义务的情况下,依法承担相应的侵权责任。本条规定依法赋予了物业服务企业一定的责任,其目的在于引导和规范物业服务企业更加注意采取相应的安全保障和防范、监控措施,从而更有利于发现直接侵权人,也更有利于预防高空抛物事件的发生。

依据本条规定,物业服务企业承担侵权责任的前提是其不履行或者不完全履行物业服务合同约定或者法律法规规定、相关行业规范确定的维修、养护、管理和维护义务,而此义务的违反与造成建筑物及其搁置物、悬挂物发生脱落、坠落并最终致使他人损害具有因果关系。从责任形态上讲,物业服务企业承担的通常是作为直接侵权人依照其过错大小承担的按份责任,归责原则上应当适用侵权责任法第八十五条规定的过错推定责任。

但也可能存在有其他直接侵权人的情形,物业服务企业违反了相应的作为义务,从解释论上讲,这时应有适用侵权责任法第三十七条关于安全保障义务规定的空间,即由物业服务企业承担相应的补充责任,物业服务企业在承担责任后可以向直接侵权人依法主张追偿权。当然,在有其他侵权人的情形下,依据侵权责任法第八十五条的规定,物业服务企业作为建筑物管理人(有时也可能是使用人)承担赔偿责任后,可以向其他责任人追偿。比如在姜某诉凤某物业服务有限公司、刘某琼等物件损害责任纠纷案中,因坠落致害物的冰柱系自然原因所致,法院依法排除了对此坠落物没有管理维护义务的相关业主的责任,同时根据坠落物形成的天气原因、物业费的交纳数额、其履行管理责任的客观情况及其未设明显警示标志的过错程度,判定物业公司承担部分赔偿责任。

从证据法角度,依据《最高人民法院关于适用〈中华人民共和国民事诉讼法〉的解释》(2015年公布)第一百一十二条规定:"书证在对方当事人控制之下的,承担举证证明责任的当事人可以在举证期限届满前书面申请人民法院责令对方当事人提交。申请理由成立的,人民法院应当责令对方当事人提交,因提交书证所产生的费用,由申请人负担。对方当事人无正当理由拒不提交的,人民法院可以认定申请人所主张的书证内容为真实。"物业服务企业隐匿、销毁、篡改或者拒不向人民法院提供相应证据,导致案件事实难以认定的,应当承担相应的不利后果。在此需要注意的是,物业服务企业承担相应的不利后果,必须是其作为案件当事人,存在隐匿、销毁、篡改或者拒不向人民法院提供相应证据的情形。至于是否存在这一情形,应当贯彻"谁主张,谁举证"的一般规则。同时,还必须因为存在上述情形,导致案件事实不能认定。虽然存在上述情形,但是案件事实能够认定,则物业服务企业不必承担相应的不利后果。

此外,《意见》对强化多元解纷、加强社会救助、完善工作举措等也作了相应的规定。比如，关于社会救助的问题，为了加强对受害人的救济或者救助，《意见》明确要求，要充分运用诉讼费缓减免和司法救助制度，依法及时对经济上确有困难的高空抛物、坠物案件受害人给予救济。同时我们还倡导鼓励当事人积极参加社会保险来转移风险、分担损失。关于司法救助的具体内容，应当依据《最高人民法院关于加强和规范人民法院国家司法救助工作的意见》的相关规定处理。

各级人民法院要深入调研高空抛物、坠物案件的司法适用疑难问题，认真总结审判经验，切实抓好《意见》的贯彻落实工作，在维护人民群众"头顶上的安全"、保障人民安居乐业方面多出实招细招，为推进国家治理体系和治理能力现代化提供有力司法服务和保障。

（撰稿人：姜启波、郭锋、陈龙业）

指导案例19号

赵某明等诉烟台市福山区某运输公司、卫某平等机动车交通事故责任纠纷案

（最高人民法院审判委员会讨论通过　2013年11月8日发布）

关键词
民事　机动车交通事故　责任　套牌　连带责任

裁判要点
机动车所有人或者管理人将机动车号牌出借他人套牌使用，或者明知他人套牌使用其机动车号牌不予制止，套牌机动车发生交通事故造成他人损害的，机动车所有人或者管理人应当与套牌机动车所有人或者管理人承担连带责任。

相关法条
《中华人民共和国侵权责任法》第八条
《中华人民共和国道路交通安全法》第十六条

基本案情
2008年11月25日5时30分许，被告林某东驾驶套牌的鲁F×××××货车在同三高速公路某段行驶时，与同向行驶的被告周某平驾驶的客车相撞，两车冲下路基，客车翻滚致车内乘客冯某菊当场死亡。经交警部门认定，货车司机林某东负主要责任，客车司机周某平负次要责任，冯某菊不负事故责任。原告赵某明、赵某某、冯某某、侯某某分别系死者冯某菊的丈夫、儿子、父亲和母亲。

鲁F×××××号牌在车辆管理部门登记的货车并非肇事货车，该号牌登记货车的所有人系被告烟台市福山区某运输公司（以下简称福某公司），实际所有人系被告卫某平，该货车在被告永某财产保险股份有限公司烟台中心支公司（以下简称永某保险公司）投保机动车第三者责任强制保险。

套牌使用鲁F×××××号牌的货车（肇事货车）实际所有人为被告卫某辉，林某

东系卫某辉雇佣的司机。据车辆管理部门登记信息反映,鲁F×××××号牌登记货车自2004年4月26日至2008年7月2日,先后15次被以损坏或灭失为由申请补领号牌和行驶证。2007年8月23日卫某辉申请补领行驶证的申请表上有福某公司的签章。事发后,福某公司曾派人到交警部门处理相关事宜。审理中,卫某辉表示,卫某平对套牌事宜知情并收取套牌费,事发后卫某辉还向卫某平借用鲁F×××××号牌登记货车的保单去处理事故,保单仍在卫某辉处。

发生事故的客车的登记所有人系被告朱某明,但该车辆几经转手,现实际所有人系周某平,朱某明对该客车既不支配也未从该车运营中获益。被告上海腾某建设工程有限公司(以下简称腾某公司)系周某平的雇主,但事发时周某平并非履行职务。该客车在中国某保险股份有限公司上海市分公司(以下简称某保险公司)投保了机动车第三者责任强制保险。

裁判结果

上海市宝山区人民法院于2010年5月18日作出(2009)宝民一(民)初字第1128号民事判决:一、被告卫某辉、林某东赔偿四原告丧葬费、精神损害抚慰金、死亡赔偿金、交通费、误工费、住宿费、被扶养人生活费和律师费共计396863元;二、被告周某平赔偿四原告丧葬费、精神损害抚慰金、死亡赔偿金、交通费、误工费、住宿费、被扶养人生活费和律师费共计170084元;三、被告福某公司、卫某平对上述判决主文第一项的赔偿义务承担连带责任;被告卫某辉、林某东、周某平对上述判决主文第一项、第二项的赔偿义务互负连带责任;四、驳回四原告的其余诉讼请求。宣判后,卫某平提起上诉。上海市第二中级人民法院于2010年8月5日作出(2010)沪二中民一(民)终字第1353号民事判决:驳回上诉,维持原判。

裁判理由

法院生效裁判认为:根据本案交通事故责任认定,肇事货车司机林某东负事故主要责任,而卫某辉是肇事货车的实际所有人,也是林某东的雇主,故卫某辉和林某东应就本案事故损失连带承担主要赔偿责任。永某保险公司承保的鲁F×××××货车并非实际肇事货车,其也不知道鲁F×××××机动车号牌被肇事货车套牌,故永某保险公司对本案事故不承担赔偿责任。根据交通事故责任认定,本案客车司机周某平对事故负次要责任,周某平也是该客车的实际所有人,故周某平应对本案事故损失承担次要赔偿责任。朱某明虽系该客车的登记所有人,但该客车已几经转手,朱某明既不支配该车,也未从该车运营中获益,故其对本案事故不承担责任。周某平虽受雇于腾某公司,但本案事发时周某平并非在为腾某公司履行职务,故腾某公司对本案亦不承担责任。至于承保该客车的某保险公司,因死者冯某菊系车内人员,依法不适用机动车交通事故责任强制保险,故某保险公司对本案不承担责任。另外,卫某辉和林某东一方、周某平一方虽各自应承担的责任比例有所不同,但车祸的发生系双方的共同侵权行为所致,故卫某辉、林某东对于周某平的应负责任份额、周某平对于卫某辉、林某东的应负责任份额,均应互负连带责任。

鲁F×××××货车的登记所有人福某公司和实际所有人卫某平,明知卫某辉等人套用自己的机动车号牌而不予阻止,且提供方便,纵容套牌货车在公路上行驶,福某公司与卫某平的行为已属于出借机动车号牌给他人使用的情形,该行为违反了道路交通安全法等有关机动车管理的法律规定。将机动车号牌出借他人套牌使用,将会纵容不符合安全技术标准的机动车通过套牌在道路上行驶,增加道路交通的危险性,危及公共安全。套牌机动车发生交通事故造成损害,号牌出借人同样存在过错,对于肇事的套牌车一方应负的赔偿责任,号牌出借人应当承担连带责任。故福某公司和卫某平应对卫某辉与林某东一方的赔偿责任份额承担连带责任。

【解读】

解读《赵某明等诉烟台市福山区某运输公司、卫某平等机动车交通事故责任纠纷案》

2013年11月8日,最高人民法院发布了指导案例19号《赵某明等诉烟台市福山区某运输公司、卫某平等机动车交通事故责任纠纷案》。为了正确理解和准确参照适用该指导性案例,现对其推选经过、裁判要点、需要说明问题等情况予以解释、论证和说明。

一、推选经过及其指导意义

2013年1月15日,上海市高级人民法院向最高人民法院案例指导工作办公室推荐该案例。案例指导工作办公室经集体讨论,并征求了最高人民法院民一庭的意见。民一庭经审查认为,本案例处理结果和理由,符合最高人民法院交通事故损害责任相关司法解释的规定。套牌车社会危险性极大,必须用司法裁判的手段促进实现公法上的管理功能,即应确立这样的规则,套牌车发生事故造成损害,同意套牌的机动车所有人应当承担连带责任。最高人民法院研究室室务会经讨论并报院领导同意提交审委会审议。2013年2月18日,最高人民法院审判委员会经讨论认为,该案例符合《最高人民法院关于案例指导工作的规定》第二条的有关规定,同意将该案例确定为指导性案例。11月8日,最高人民法院以法〔2013〕241号文件将该案例列在第五批指导性案例予以发布。

该指导案例旨在明确出借机动车号牌给他人套牌使用的法律责任。该案例裁判要点明确机动车所有人或者管理人将机动车号牌出借他人套牌使用,或者明知他人套牌使用其机动车号牌不予制止,套牌机动车发生交通事故造成他人损害的,机动车所有人或者管理人应当与套牌机动车所有人或者管理人承担连带责任。该案例进一步细化了交通事故责任纠纷有关法律和司法解释的规定,其价值导向是通过增加机动车号牌出借人的违法成本,遏制机动车套牌的违法行为,切实维护被害人的合法权益和机动车管理秩序,促进道路交通安全。

二、裁判要点的理解与说明

该指导案例的裁判要点确认:机动车所有人或者管理人将机动车号牌出借他人套牌使用,或者明知他人套牌使用其机动车号牌不予制止,套牌机动车发生交通事故造成他人损害的,机动车所有人或者管理人应当与套牌机动车所有人或者管理人承担连带责任。以下围绕与该裁判要点相关的问题逐一说明。

(一) 套牌车概述

套牌车，即指导案例 19 号所涉的套牌机动车，俗称克隆车，是指通过伪造或者非法套取其他车辆号牌及行驶证等手续上路行驶的车辆。一般认为使用伪造、变造的机动车号牌、使用其他车辆的机动车号牌、使用欺骗、贿赂手段取得机动车号牌的机动车均可以称为套牌车。由于现在机动车及其号牌管理尚存在某些漏洞，套牌行为花样百出，从套用民用号牌发展到套用专用号牌、军牌、警牌，从改装、拼装车套牌发展到报废车、盗抢车套牌，再到用欺骗、贿赂手段重新取得机动车号牌均有发生。

套牌车产生的原因主要有：有的车辆来路不明，没有合法手续，例如非法走私车、盗抢车、报废车等，这些车辆根本不可能申领到合法号牌，为上路行驶而违法套用号牌。有的车主为行车"方便"，逃避电子警察的监控，套用别车号牌，甚至军牌、警牌，随意违法行驶，即使被电子警察抓拍到，也不会被查到而逍遥法外。有的车主受经济利益的驱使，购买车辆后不办理注册登记，直接套用别的车辆号牌上路行驶，逃避应该缴纳的税费，而且逃避参加车辆年检。由于交通监控技术难以全面覆盖，对于套牌车的处罚力度不够严厉，违法成本低，导致套牌车现象愈演愈烈，屡禁不止。以大货车为例，使用假牌套牌，一辆车每年可逃避的费用就高达数万元，但是被查获后的处罚数额偏低，违法成本低于守法成本，助长了某些违法车主的侥幸心理。

套牌车的危害：一是扰乱公安机关对公共安全的管控，制造社会不稳定因素。套牌车不仅严重干扰了良好的道路交通秩序，还增加了交通事故发生的概率，而且由于套牌车没有合法手续和保险，一旦发生交通事故，驾驶人极易逃逸，大大增加了案件的侦破难度。即使破获案件，高昂的医疗费用、车辆损害赔偿使得车主、驾驶人难以负担，严重危害社会治安稳定和人民群众生命财产安全。更重要的是，套牌车还为犯罪活动提供作案工具。近年来高发的"两抢"案件尤其是高速公路上的盗窃、抢劫案件，其作案工具多是套牌车辆，严重危害社会和谐和群众的生命、财产安全。

二是扰乱运输市场经营秩序。因为套牌车逃避各种税费，其运行成本比合法车辆要低得多，因而也降低了货物运输的费用，直接加剧了运输市场的恶性竞争，造成运输环境恶性循环，使有序的运输秩序变得杂乱无章。

三是扰乱国家的经济秩序。首先，由于套牌车多是非法营运，不会主动缴纳国家各种税费，管理部门又根本无从征收各种税费，从而造成了国家税费的大量流失。其次保险公司在机动车投保、索赔等环节上对套牌车缺少有效管理和监督，套牌车发生事故后，经常出现骗保等欺诈行为，严重损害了保险业务的经营秩序和利益。

四是损害真实车主的合法权益。合法车辆在被别的车辆套牌后，在车辆交通违法、事故处理等方面，真实车主往往要充当"冤大头"，给真实车主带来麻烦和经济损失，严重损害了守法车主的合法权益。

(二) 我国关于套牌车的法律规定

我国关于套牌车的法律规定主要在道路交通安全法（2011 年修正，下同）、公安部相关规章，以及最高人民法院发布的相关道路交通事故司法解释中。

道路交通安全法第十六条第四项规定，禁止使用其他机动车的登记证书、号牌、行驶证、检验合格标志、保险标志。第九十六条第三款规定，使用其他车辆的机动车登记证书、号牌、行驶证、检验合格标志、保险标志的，由公安机关交通管理部门予以收缴，扣留该机动车，处 2000 元以上 5000 元以下罚款。2013 年公安部公布《机动车驾驶证申领和使用规定》加大了套牌车的处罚力度,其中规定:使用伪造、变造的机动车号牌、行驶证、驾驶证、校车标牌或者使用其他机动车号牌、行驶证的,一次记12分。另外,公安部还明确规定,确定为被套牌的车辆,可撤销使用套牌期间发生的交通违法信息,车主还可以申请换发新的号牌(使用新的车牌号)和行驶证。上述规定都是对套牌车进行行政管理和处罚方面的法律规定。

2012年12月21日起施行的《最高人民法院关于审理道路交通事故损害赔偿案件适用法律若干问题的解释》(法释〔2012〕19号,以下简称《道路交通事故赔偿解释》)第五条对套牌机动车的民事责任作出了规定。该条规定:"套牌机动车发生交通事故造成损害,属于该机动车一方责任,当事人请求由套牌机动车的所有人或者管理人承担赔偿责任的,人民法院应予支持;被套牌机动车所有人或者管理人同意套牌的,应当与套牌机动车的所有人或者管理人承担连带责任。"该条最引人注目的规定即为机动车所有人或者管理人同意套牌的连带责任,指导案例19号的裁判要点正与这一规定相契合。

(三)套牌车交通事故责任相关案例

套牌车交通事故引发的纠纷时有发生,以前已有不少这方面的典型案例,下文择其中两个案例予以简评。

案例1:2003年4月15日,原车主王某将粤BC×××号小轿车出售给陈某并办理了车辆登记转移手续,自己的行驶证随之作废。2003年5月26日,崔某以4万元低价购买了日产小轿车,并套用了粤BC×××号的车牌号。2004年2月10日,崔某以6.5万元的价格将该套牌车出售给赵某。赵某购买该车后,仍然延续套用粤BC×××小轿车的车牌号,并且由崔某帮助赵某在原王某作废的粤BC×××号机动车行驶证上加盖"检验合格"标志,致使该车一直未经国家车辆管理部门登记、未进行技术检测,亦未投保第三者责任险。2005年12月11日晚9时许,赵某驾驶该套牌车与张某驾驶的正三轮摩托车和冯某停放在行车道上的挂车相撞,致使张某死亡,正三轮摩托车和套牌小轿车不同程度损伤。赵某承担该事故的25%责任。法院经审理认为,崔某以明显的低价购买车辆,明知自2004年5月1日道路交通安全法实施起,国家实行机动车投保第三者责任强制险,在未经技术检测、未投保第三者责任强制险情况下,套用他人的粤BC×××号机动车车牌号,并将该套牌车出售给他人,且长期帮助购买人在他人作废的行驶证上加盖虚假的"检验合格"标志,致使安全性能无法保障的套牌车由赵某驾驶长期上路行驶,成为安全隐患和"马路杀手",并造成事故的发生。崔某应与赵某承担道路交通事故的连带责任。

案例2:2007年7月10日10时,林某驾驶车牌号为闽D8××××的重型货车行驶在厦门市集美区杏滨路,欲左转进入新阳大桥时,不慎与驾驶两轮摩托车的徐某发生了碰撞,造成徐某重伤、摩托车损坏的后果。2007年8月13日,厦门市公安局交警支队集美大队作出交通事故认定书,认定林某应负事故全部责任。由于林某受雇于陈某,故作为雇主的陈某被追加为被告。陈某则称,肇事车为套牌车,系他套用柯某的闽D8××××车牌,故柯某也被追加为被告。柯某辩称,肇事车辆的真实车牌号是闽D5××××,车主为陈某,事故发生时是陈某套用其所有的闽D8××××车牌,他不是本案适格被告,更不应对徐某承担人身损害赔偿责任。另外,柯某还向法院申请对闽D8××××车辆进行鉴定,但是由于时隔久远而且两辆车都在营运中,这两辆车的现状与事发时的车辆现状已发生改变，丧失了鉴定条件。一审法院认为，陈某应赔偿徐某医疗费、误工费等共计约22万元。此外，林某也应承担连带赔偿责任。而柯某作为闽D8××××的车主，在事故发生后知道套牌事实，却未及时向交警部门反映或采取其他措施，导致是否"套牌"的事实无法查清，其提供的证据不能证明事故发生时肇事车辆为闽D5××××，应承担举证不能的法律后果，鉴于柯某对事故的发生存在管理上的过失，应当对徐某的损失承担连带赔偿责任。二审维持了一审判决。

上述两案最终判决结果都是套牌车发生交通事故所涉车主承担连带赔偿责任。有所不同的是，第一个案例中崔某将套牌车出售给赵某，属于明知自己的行为可能发生危害社会的结果，因此与肇事车车主赵某承担连带责任；第二个案例中，柯某在事故发生后知道自己的车被套牌事实，却未及时向相关部门反映，导致是否"套牌"事实无法查清，应承担不利的后果，即应与套牌车车主承担连带责任。

（四）指导案例19号的具体说明

本指导案例中，鲁F×××××货车的登记所有人福某公司和实际所有人卫某平系明知卫某辉等人套用自己的车牌而不予阻止，且提供方便，纵容套牌货车在公路上行驶，卫某平与福某公司的行为实质上等同于出借机动车号牌给他人使用，该行为违反了道路交通安全法等有关机动车管理的法律规定。套牌机动车肇事造成损害的，号牌出借人同样存在过错，二者构成共同侵权。侵权责任法第八条规定："二人以上共同实施侵权行为，造成他人损害的，应当承担连带责任。"因此，对于肇事的套牌车一方应负的赔偿责任，号牌出借人应当承担连带责任。故本案福某公司和卫某平应对卫某辉与林某东一方的赔偿责任份额承担连带责任。

前文已述，最高人民法院发布的《道路交通事故赔偿解释》第五条规定被套牌机动车所有人或者管理人同意套牌的，应当与套牌机动车的所有人或者管理人承担连带责任。本指导案例进一步明确，明知他人套牌使用而不予制止的，也应当与套牌机动车所有人或者管理人承担连带责任。本指导案例裁判要点述及的套牌行为有两种情形：一种是积极地出借机动车号牌给他人使用，另一种是知道他人套牌使用自己的机动车号牌而消极地不予制止。两种情形下行为人对于损害的发生都具有过错。前文评析的两个相关案例正好契合了本指导案例所述的两种套牌情形，这样本案例的指导价值更为全面、准确，有利于指导相关案件的审判。

发放机动车号牌是对机动车管理的重要手段，只有经定期检验符合国家安全技术标准的机动车才可核发和使用号牌。当前，机动车套牌行驶的违法现象十分突出，这一行为严重违反道路交通安全法的规定，并且使大量不符合安全技术标准的机动车在道路上行驶，增加道路交通的危险性。对于这类违法行为，相关行政机关加大执法力度固然有必要，而本指导案例通过依法合理延伸交通事故民事赔偿责任主体的范围，增加机动车号牌出借人的违法风险和成本，来遏制机动车套牌的违法行为，维护道路交通安全和正常的机动车管理秩序，也将具有很好的法律效果和社会效果。

三、其他需要说明的问题

本指导案例在适用时要注意以下几个问题。

1. 关于相关法律依据问题

需要说明的是，本指导案例原型案件发生于侵权责任法施行之前，认定共同侵权的依据主要是民法通则和相关司法解释的规定。民法通则第一百三十条规定："二人以上共同侵权造成他人损害的，应当承担连带责任。"最高人民法院于 2003 年颁布的《最高人民法院关于审理人身损害赔偿案件适用法律若干问题的解释》对共同侵权进行了细化，其中第三条第一款规定："二人以上共同故意或者共同过失致人损害，或者虽无共同故意、共同过失，但其侵害行为直接结合发生同一损害后果的，构成共同侵权，应当依照民法通则第一百三十条规定承担连带责任。"侵权责任法自 2010 年 7 月 1 日起施行以后，机动车套牌构成共同侵权适用的法律依据应当是侵权责任法第八条及其他相关法律规定。

2. 关于所有人、管理人责任问题

本指导案例裁判要点将机动车所有人和管理人都纳入承担连带责任的主体，合理地规定了责任主体的范围，有利于加强被侵权人请求权的保护，提高被侵权人获得赔偿的可能性。责任主体涵盖所有人和管理人，不仅包括机动车号牌出借方的机动车所有人、管理人，也包括套牌机动车的所有人、管理人。

（撰稿人：石磊）

指导案例 24 号

荣某英诉王某、永某财产保险股份有限公司江阴支公司机动车交通事故责任纠纷案

（最高人民法院审判委员会讨论通过　2014 年 1 月 26 日发布）

关键词

民事　交通事故　过错责任

裁判要点

交通事故的受害人没有过错，其体质状况对损害后果的影响不属于可以减轻侵权人责任的法定情形。

相关法条

《中华人民共和国侵权责任法》第二十六条

《中华人民共和国道路交通安全法》第七十六条第一款第二项

基本案情

原告荣某英诉称：被告王某驾驶轿车与其发生刮擦，致其受伤。该事故经江苏省无锡市公安局交通巡逻警察支队滨湖大队（以下简称滨湖交警大队）认定：王某负事故的全部责任，荣某英无责。原告要求下述二被告赔偿医疗费用 30006 元、住院伙食补助费 414 元、营养费 1620 元、残疾赔偿金 27658.05 元、护理费 6000 元、交通费 800 元、精神损害抚慰金 10500 元，并承担本案诉讼费用及鉴定费用。

被告永某财产保险股份有限公司江阴支公司（以下简称永某保险公司）辩称：对于事故经过及责任认定没有异议，其愿意在交强险限额范围内予以赔偿；对于医疗费用 30006 元、住院伙食补助费 414 元没有异议；因鉴定意见结论中载明"损伤参与度评定为 75%，其个人体质的因素占 25%"，故确定残疾赔偿金应当乘以损伤参与度系

数 0.75，认可 20743.54 元；对于营养费认可 1350 元，护理费认可 3300 元，交通费认可 400 元，鉴定费用不予承担。

被告王某辩称：对于事故经过及责任认定没有异议，原告的损失应当由永某保险公司在交强险限额范围内优先予以赔偿；鉴定费用请求法院依法判决，其余各项费用同意保险公司意见；其已向原告赔偿2万元。

法院经审理查明：2012年2月10日14时45分许，王某驾驶号牌为苏MT××××的轿车，沿江苏省无锡市滨湖区蠡湖大道由北往南行驶至蠡湖大道大通路口人行横道线时，碰擦行人荣某英致其受伤。2月11日，滨湖交警大队作出《道路交通事故认定书》，认定王某负事故的全部责任，荣某英无责。事故发生当天，荣某英即被送往医院治疗，发生医疗费用30006元，王某垫付2万元。荣某英治疗恢复期间，以每月2200元聘请一名家政服务人员。号牌为苏MT××××轿车在永某保险公司投保了机动车交通事故责任强制保险，保险期间为2011年8月17日0时起至2012年8月16日24时止。原、被告一致确认荣某英的医疗费用为30006元、住院伙食补助费为414元、精神损害抚慰金为10500元。

荣某英申请并经无锡市中西医结合医院司法鉴定所鉴定，结论为：1. 荣某英左桡骨远端骨折的伤残等级评定为十级；左下肢损伤的伤残等级评定为九级。损伤参与度评定为75%，其个人体质的因素占25%。2. 荣某英的误工期评定为150日，护理期评定为60日，营养期评定为90日。一审法院据此确认残疾赔偿金27658.05元扣减25%为20743.54元。

裁判结果

江苏省无锡市滨湖区人民法院于2013年2月8日作出（2012）锡滨民初字第1138号判决：一、被告永某保险公司于本判决生效后十日内赔偿荣某英医疗费用、住院伙食补助费、营养费、残疾赔偿金、护理费、交通费、精神损害抚慰金共计45343.54元。二、被告王某于本判决生效后十日内赔偿荣某英医疗费用、住院伙食补助费、营养费、鉴定费共计4040元。三、驳回原告荣某英的其他诉讼请求。宣判后，荣某英向江苏省无锡市中级人民法院提出上诉。无锡市中级人民法院经审理于2013年6月21日以原审适用法律错误为由作出（2013）锡民终字第497号民事判决：一、撤销无锡市滨湖区人民法院（2012）锡滨民初字第1138号民事判决。二、被告永某保险公司于本判决生效后十日内赔偿荣某英52258.05元。三、被告王某于本判决生效后十日内赔偿荣某英4040元。四、驳回原告荣某英的其他诉讼请求。

裁判理由

法院生效裁判认为：侵权责任法第二十六条规定："被侵权人对损害的发生也有过错的，可以减轻侵权人的责任。"道路交通安全法第七十六条第一款第二项规定，机动车与非机动车驾驶人、行人之间发生交通事故，非机动车驾驶人、行人没有过错的，由机动车一方承担赔偿责任；有证据证明非机动车驾驶人、行人有过错的，根据过错程度适当减轻机动车一方的赔偿责任。因此，交通事故中在计算残疾赔偿金是否应当扣减时应当根据受害人对损失的发生或扩大是否存在过错进行分析。本案中，虽然原告荣某英的个人体质状况对损害后果的发生具有一定的影响，但这不是侵权责任法等法律规定的过错，荣某英不应因个人体质状况对交通事故导致的伤残存在一定影响而自负相应责任，原审判决以伤残等级鉴定结论中将荣某英个人体质状况"损伤参与度评定为75%"为由，在计算残疾赔偿金时作相应扣减属适用法律错误，应予纠正。

从交通事故受害人发生损伤及造成损害后果的因果关系看，本起交通事故的引发系肇事者王某驾驶机动车穿越人行横道线时，未尽到安全注意义务碰擦行人荣某英所致；本起交通事故造成的损害后果系受害人荣某英被机动车碰撞、跌倒发生骨折所致，事故责任认定荣某英对本起事故不负责任，其对事故的发生及损害后果的造成均无过错。虽然荣某英年事已高，但其年老骨质疏松仅是事故造成后果的客观因素，并无法律上的因果关系。因此，受害人荣某英对于损害的发生或者扩大没有过错，不存在减轻或者免除加害人赔偿责任的法定情形。同时，机动车应当遵守文明行车、礼让行人的一般交通规则和社会公德。本案所涉事故发生在人行横道线上，正常行走的荣某英对将被机动车碰撞这一事件无法预见，而王某驾驶机动车在路经人行横道线时未依法减速慢行、避让行人，导致事故发生。因此，依法应当由机动车一方承担事故引发的全部赔偿责任。

根据我国道路交通安全法的相关规定，机动车发生交通事故造成人身伤亡、财产损失的，由保险公司在机动车第三者责任强制保险责任限额范围内予以赔偿。而我国交强险立法并未规定在确定交强险责任时应依据受害人体质状况对损害后果的影响作相应扣减，保险公司的免责事由也仅限于受害人故意造成交通事故的情形，即便是投保机动车无责，保险公司也应在交强险无责限额内予以赔偿。因此，对于受害人符合法律规定的赔偿项目和标准的损失，均属交强险的赔偿范围，参照"损伤参与度"确定损害赔偿责任和交强险责任均没有法律依据。

【解读】

解读《荣某英诉王某、永某财产保险股份有限公司江阴支公司机动车交通事故责任纠纷案》

2014年1月26日，最高人民法院发布了指导案例24号《荣某英诉王某、永某财产保险股份有限公司江阴支公司机动车交通事故责任纠纷案》。为了正确理解和准确参照适用该指导案例，现对该指导案例的推选经过、裁判要点等有关情况予以解释、论证和说明。

一、推选过程及指导意义

该案例系由无锡市中级人民法院推荐，经江苏省高级人民法院审核后向最高人民法院案例指导工作办公室推荐。2013年9月9日，江苏省高级人民法院审判委员会讨论认为，本案例符合《最高人民法院关于案例指导工作的规定》要求，在指导类似案件的审判以及保护被侵权人合法权益等方面有一定意义，同意推荐本案例。9月13日，案例指导工作办公室经集体讨论后征求了最高人民法院民一庭的意见。最高人民法院民一庭审查认为，本案例说理清晰，结论正确，有利于澄清实践中的不当认识，具有一定示范意义。具体理由如下：一是从道路交通安全法（2011年修正，下同）第七十六条的规定来看，受害人个人体质原因不能认定为受害人的过错；二是从行为的违法性看，本案加害人的鲁莽驾驶行为具有违法性，承担全部责任具有伦理基础；三是从因果关系看，受害人的损害后果与加害人的行为之间符合相当因果关系判断标准；四是从规范目的来看，此种情形下加害人承担全部责任符合道路交通安全法的原则精神；五是从比较法上看，受害人的特殊体质对损害不具有因果关系，此亦为通说。11月20日，研究室室务会讨论通过本案例，同意报主管院领导审核后提交审委会审议。2014年1月21日，最高人民法院审判委员会经过讨论，同意本案例作为指导案例。1月26日，最高人民法院以法〔2014〕18号文件将该案例入在第六批指导案例予以发布。

该指导案例旨在明确交通事故受害人体质状况对损害后果的发生，即使存在一定程度的影响，也不属于可以减轻侵权人责任的法定情形。受害人没有过错的，侵权人应当承担全部损害赔偿责任。目前，在交通事故责任纠纷案件处理中存在一定的模糊认识，有的主张被侵权人体质特殊的，可以减轻侵权人承担的损害赔偿责任，这种认识是对侵权责任纠纷案件中过错责任原则的错误理解，不符合法律对于侵权责任的有关规定。本指导案例对于澄清认识，正确区分民事赔偿与刑事处罚的法律适用规则，指导交通事故责任纠纷案件的审理，依法保护被侵权人的合法权益，具有重要的作用和意义。

二、裁判要点的理解与说明

该指导案例的裁判要点确认：交通事故的受害人没有过错，其体质状况对损害后果的影响不属于可以减轻侵权人责任的法定情形。现围绕与该裁判要点相关的问题逐一论证和说明。

（一）受害人体质特殊是否属于侵权责任法中的"过错"

侵权责任法第六条第一款规定："行为人因过错侵害他人民事权益，应当承担侵权责任。"该款是对过错责任的规定。所谓过错责任，是指造成损害是否承担赔偿责任，必须看行为人是否有过错，有过错有责任，无过错无责任。该款继承了民法通则第一百零六条第二款的规定，重申过错责任原则是侵权责任法的基本归责原则。在过错责任原则中，过错是确定行为人是否承担侵权责任的核心要件，也是人民法院审理侵权案件的主要考虑因素。过错分为故意和过失。过错是行为人行为时的一种应受谴责的心理状态。正是由于这种应受谴责的心理状态，法律要对行为人所实施的行为作否定性评价，让其承担侵权责任。

本案例中，被告王某驾驶轿车穿越人行横道时，未尽到安全注意义务，将行人即本案原告荣某英撞伤。交警作出的交通事故认定书认定王某负全部责任，荣某英无责。司法鉴定结论认定荣某英所受损伤交通事故因素参与度为75%，其个人体质骨质疏松等因素占25%。受害人体质特殊，如骨质疏松、体质虚弱等是否属于侵权责任法中的"过错"？答案是否定的。如前所述，侵权责任法中的"过错"是指行为人的一种主观心理状态，分为故意和过失两种情形。本案中，受害人的体质特殊是其身体的一种客观情况，与其主观心理状态无关。显然，不能将受害人体质虚弱认定为一种应受谴责的主观心理状态。司法鉴定结论是民事诉讼证据的一种，人民法院在审理案件时，同样应当进行审查认证。交通事故认定书认定受害人无责，即认定其没有过错。将受害人的特殊体质状况认定为"过错"，缺乏法律和事实依据。

（二）受害人特殊体质是否可以作为扣减残疾赔偿金的依据

本案例生效判决认为，计算残疾赔偿金时是否应当扣减，应当根据受害人对损失扩大是否存在过错进行分析。本案例中，受害人不应对特殊体质在伤残中存有参与度而负担相应责任。主要理由如下。

1. 不构成过错相抵

侵权责任法第二十六条规定:"被侵权人对损害的发生也有过错的,可以减轻侵权人的责任。"侵权责任法第四十八条规定:"机动车发生交通事故造成损害的,依照道路交通安全法的有关规定承担赔偿责任。"道路交通安全法第七十六条规定:"机动车发生交通事故造成人身伤亡、财产损失的,由保险公司在机动车第三者责任强制保险责任限额范围内予以赔偿;不足的部分,按照下列规定承担赔偿责任:(一)机动车之间发生交通事故的,由有过错的一方承担赔偿责任;双方都有过错的,按照各自过错的比例分担责任。(二)机动车与非机动车驾驶人、行人之间发生交通事故,非机动车驾驶人、行人没有过错的,由机动车一方承担赔偿责任;有证据证明非机动车驾驶人、行人有过错的,根据过错程度适当减轻机动车一方的赔偿责任;机动车一方没有过错的,承担不超过百分之十的赔偿责任。交通事故的损失是由非机动车驾驶人、行人故意碰撞机动车造成的,机动车一方不承担赔偿责任。"

本案例中,案涉交通事故造成的损害后果系受害人荣某英在机动车碰撞后倒地并引发骨折所致,虽然荣某英年事已高、骨质疏松,但事故责任认定荣某英对本起事故不负责任,其对事故的发生及损害后果的造成均无主观过错,其年老骨质疏松仅是与事故造成后果存在客观上的介入因素,并无法律上的因果关系。而在交通事故中,加害人的行为与损害后果之间符合"无此行为,必不生此损害;有此行为,通常即生此种损害"的相当因果关系判断标准。也就是说,加害人的行为是损害后果的直接原因,二者之间具有相当的因果关系,这也是损害赔偿责任的重要构成要件之一。而受害人自身的体质因素,按法理上之通说,对损害后果的发生并不具有相当的因果关系。

根据侵权责任法第二十六条的规定,受害人对损害发生有过错,可以减轻侵权人的责任。受害人没有过错的,自然不构成过错相抵,不应承担责任。因此,受害人荣某英对于损害的发生或者扩大没有过错,不存在减轻或者免除侵权人赔偿责任的法定情形。道路交通安全法第七十六条规定机动车与行人之间发生交通事故,行人没有过错的,由机动车一方承担赔偿责任。道路交通安全法并未规定行人自身体质状况对侵权损害后果有介入影响时,机动车方可以减免相应责任,故按照老年人体质状况对伤残结果的参与度比例扣减相应残疾赔偿金属于适用法律错误。因此,交通事故受害人没有过错,以其体质特殊对构成伤残的参与度作为减轻侵权人责任的依据不符合侵权责任法、道路交通安全法的规定。

2. 不符合法律的立法目的和原则

我国侵权责任法的立法目的为"保护民事主体的合法权益,明确侵权责任、预防并制裁侵权行为,促进社会和谐稳定"。本案所涉受害人荣某英的特殊体质系因年老而导致骨质疏松,但骨质随着年龄增长而疏松是一般生理规律,而非当事人个人特例。荣某英根据交通法规在人行横道上行走,没有违反法律规定,属于其基本的生活权利和自由,理应受到法律的保护。另外,老年人、儿童、残疾人等群体,由于自我保护能力较弱,属于社会生活中的弱势群体,法律对其参与社会活动中的合法权益更应加大保障力度。本案例所涉事故发生在人行横道线上,正常行走的荣某英本身没有过错,行为不具有违法性,其对将被机动车撞击这一事件无法预见,要求老年人具备与年轻人相同的风险避让能力、抗击打能力及伤后自愈能力亦与常理相悖。而王某驾驶机动车在路经人行横道线时未依法减速慢行、避让行人，对损害结果的发生具有过失，其行为具有违法性，理应由机动车方承担事故引发的全部赔偿责任。而行人作为弱势群体，如果没有过错，却因自身体质状况分担一部分赔偿责任，显然有失公平。因此，将老年人遭受侵害后的残疾赔偿金按照特殊体质对伤残的参与度作相应扣减，违背侵权责任法的立法目的，不利于老年人等弱势群体权益的保护，缺乏社会伦理基础。

机动车较非机动车、行人而言，具有更大的交通危险性，在发生事故时其自身也具有更高的安全性，因此，机动车在获得自身更为快速的交通便利的同时，应当恪守文明行车、礼让行人的一般交通规则和社会公德。我国道路交通安全法等相关法律规定了机动车驾驶人员更高的注意义务和更严格的法律责任，从而平衡不同通行主体的权益，保护相对弱势的行人的通行权利。例如，道路交通安全法第四十七条规定："机动车行经人行横道时，应当减速行驶；遇行人正在通过人行横道，应当停车让行。机动车行经没有交通信号的道路时，遇行人横过道路，应当避让。"道路交通安全法第七十六条规定，机动车发生交通事故造成人身伤亡、财产损失的，即使机动车一方没有过错，仍然要承担不超过10%的赔偿责任。上述法律规定，充分体现了法律对行人通行权利倾斜性保护的原则和精神。因此，道路交通安全法等相关法律规定的原则与侵权责任法是一致的，都没有将受害人特殊体质作为侵权人减轻责任的考虑因素和依据。

3. 不符合侵权责任理论通说

将受害人体质特殊对构成伤残的参与度作为扣减残疾赔偿金的依据，也不符合侵权责任理论上关于人身损害赔偿的通说。本案例所作结论也是"蛋壳脑袋理论"在交通事故责任纠纷案件中的具体适用，具有法理基础，有一定普遍性。所谓"蛋壳脑袋理论"，是英美侵权法中关于人身损害赔偿责任的一项著名规则。该规则指出，一个对他人犯有过失的人，不应计较受害人的个人特质，尽管受害人的这种个人特质增加了他遭受损害的可能性和程度；对于一个因受害人的头骨破裂而引起的损害赔偿请求，受害人的头骨异常易于破裂不能成为抗辩的理由，即侵权人不能以此作为减少应承担的损害赔偿金的理由。"蛋壳脑袋理论"的适用充分体现在法律对加强弱势群体权益的保护上。在交通事故中，无论受害人体质状况如何，机动车驾驶人是否能够预见，都应当具有同样的高度注意义务，对其行为直接引起的全部损害承担法律责任。

4. 混淆了刑事责任与侵权民事责任的区别

刑事责任与侵权民事责任同属法律责任，在构成要件上具有一定相似性，如都必须有违法行为的存在，一般要考虑行为人主观上的过错，都重视对因果关系的考察等。但二者之间区别也是非常明显的。就制裁目的而言，刑事责任设立目的旨在通过惩罚犯罪分子以达到教育、预防的社会作用，不是被告人行为造成的直接后果，就不能让其承担全部的刑事责任，故刑事责任应当考虑各种因素对损害后果参与度问题。而侵权民事责任是一种事后补救性质的责任，更多的是考虑保护被侵权人的合法权益，一般遵循填平原则，对于侵权行为造成的全部损害后果，侵权人都应当承担赔偿责任。在交通事故责任纠纷中，以被害人体质参与度作为减轻侵权人责任的依据，属于对刑事处罚和民事赔偿的混淆和误用。

三、其他相关问题的说明

本案例还涉及保险金赔付是否应当依据损伤参与度问题。本案例中，被告王某驾驶的机动车在被告永某财产保险股份有限公司江阴支公司（以下简称永某保险公司）投保了机动车交通事故责任强制保险。原告荣某英将永某保险公司一同告上法庭。被告永某保险公司的一项抗辩理由即认为应当按照伤残鉴定意见结论确定的损伤参与度对应赔偿的保险金作相应扣减。法院认为保险公司的主张没有法律依据，故不采纳其抗辩理由。

实践中，类似的保险金赔付争议并不鲜见。在原告宿迁市立某塑业有限公司（以下简称立某公司）诉被告中国某财产保险股份有限公司宿迁中心支公司（以下简称某保险公司）、第三人杨某生保险合同纠纷案中，即面临相似的法律问题。2009年1月11日，立某公司职员驾驶该公司机动车与电动自行车驾驶人杨某生相撞，致杨某生受伤，两车损坏。经交警鉴定双方分别承担同等责任。事后，立某公司赔偿了杨某生部分相关损失。立某公司的事故车辆在某保险公司投保了第三者责任商业保险，限额为50万元，并附加不计免赔率特约条款。但立某公司在向某保险公司理赔时，某保险公司拒绝赔付。立某公司将某保险公司诉至法院。某保险公司主张其支付保险金的具体数额应当限定于交通事故对杨某生造成伤残的参与度比例范围内。司法鉴定意见认为，交通事故作为杨某生病情的诱发因素参与度为25%左右。此案一审判决认为，因交通事故造成第三者损害的，尽管损害后果与其自身疾病恶化可能引发的临床症状相似，但疾病非属过错，不应因此而减轻侵权人的民事赔偿责任。机动车第三者责任险是投保人缴纳保险费而由保险公司替代责任者进行赔偿的一种保险合同，基于保险的基本功能和对价公平的考虑，保险公司的理赔责任亦不应因此而减轻。某保险公司以医学鉴定部门认定的事故造成损害后果的参与度比例为限承担赔付责任的抗辩没有法律依据，不予支持。法院应严格区分受害人身体所受伤害在病理上的因果关系与侵权法、保险法领域的责任因果关系，如受害人损害后果是由交通事故引发和造成的，应据此确定某保险公司的保险赔偿责任。二审法院在查明案件事实基础上，认可了一审法院判决。但鉴于杨某生为了及时实现损害赔偿，同意放弃部分赔偿款，二审法院组织三方当事人进行调解，该案以调解方式结案。

保险公司关于依损伤参与度扣减保险赔偿金的抗辩，与交强险或商业保险的设置目的及赔付规则是不相符的。以交强险为例，我国道路交通安全法第七十六条规定："机动车发生交通事故造成人身伤亡、财产损失的，由保险公司在机动车第三者责任强制保险责任限额范围内予以赔偿……"《机动车交通事故责任强制保险条例》（2012年修订）第二十一条规定："被保险机动车发生道路交通事故造成本车人员、被保险人以外的受害人人身伤亡、财产损失的，由保险公司依法在机动车交通事故责任强制保险责任限额范围内予以赔偿。道路交通事故的损失是由受害人故意造成的，保险公司不予赔偿。"该条例第二十三条规定了责任限额分为死亡伤残赔偿限额、医疗费用赔偿限额、财产损失赔偿限额以及被保险人在道路交通事故中无责任的赔偿限额。上述规定，明确了机动车发生交通事故，保险公司在机动车第三者责任强制保险责任限额范围内的赔付责任。可见，在确定交强险赔付责任时，我国相关立法并没有因受害人体质状况对损伤存有参与度须作相应扣减的规定，保险公司的免责事由仅限于受害人故意造成交通事故的情形，即便是投保机动车无责，保险公司也应在交强险无责限额内予以赔偿。因此，对于交通事故受害人符合法律规定的赔偿项目和标准的损失，均属交强险的赔付范围，参照损伤参与度而对交强险赔付责任进行扣减是没有法律依据的。

立某公司案与指导案例24号荣某英案在法律争议方面具有一定相似性，这说明侵权责任领域中，尤其是交通事故责任案件中对于损害参与度问题有一定模糊或不当的认识。在交通事故责任案件中，有人主张被侵权人体质特殊的，应当减轻侵权人承担的损害赔偿责任，即按个人特殊体质对侵权损害后果的介入程度，即参与度减轻侵权人的责任；也有人主张以医学鉴定部门认定的事故造成伤害后果的参与度比例为限承担交强险或机动车第三者责任险的赔付责任。通过上述两案的分析，我们认为这些认识是对侵权责任法过错责任原则的误用，不符合侵权责任法、道路交通安全法和保险法的有关规定，不符合保护被侵权人的合法权益，制裁违法行为，分散交通安全风险的立法目的。由于立某公司案二审调解结案，不宜推荐为指导案例，最终荣某英案经过审查程序讨论通过，作为指导案例发布。指导案例24号荣某英案的发布，对于澄清认识，统一裁判尺度，实现法律效果和社会效果的良好统一，指导此类案件的审判具有指导意义。

（撰稿人：石磊）

指导案例75号

中国生物多样性保护与绿色发展基金会诉宁夏瑞某科技股份有限公司环境污染公益诉讼案

（最高人民法院审判委员会讨论通过　2016年12月28日发布）

关键词

民事　环境污染公益诉讼　专门从事环境保护公益活动的社会组织

裁判要点

1. 社会组织的章程虽未载明维护环境公共利益，但工作内容属于保护环境要素及生态系统的，应认定符合《最高人民法院关于审理环境民事公益诉讼案件适用法律若干问题的解释》（以下简称《解释》）第四条关于"社会组织章程确定的宗旨和主要业务范围是维护社会公共利益"的规定。

2. 《解释》第四条规定的"环境保护公益活动"，既包括直接改善生态环境的行为，也包括与环境保护相关的有利于完善环境治理体系、提高环境治理能力、促进全社会形成环境保护广泛共识的活动。

3. 社会组织起诉的事项与其宗旨和业务范围具有对应关系，或者与其所保护的环境要素及生态系统具有一定联系的，应认定符合《解释》第四条关于"与其宗旨和业务范围具有关联性"的规定。

相关法条

《中华人民共和国环境保护法》第五十八条

基本案情

2015年8月13日，中国环境保护与绿色发展基金会（以下简称绿发会）向宁夏回族自治区中卫市中级人民法院提起诉讼称：宁夏瑞某科技股份有限公司（以下简称瑞某公司）在生产过程中违规将超标废水直接排入蒸发池，造成腾格里沙漠严重污染，截至起诉时仍然没有整改完毕。请求判令瑞某公司：（一）停止非法污染环境行为；（二）对造成环境污染的危险予以消除；（三）恢复生态环境或者成立沙漠环境修复专项基金并委托具有资质的第三方进行修复；（四）针对第二项和第三项诉讼请求，由法院组织原告、技术专家、法律专家、人大代表、政协委员共同验收；（五）赔偿环境修复前生态功能损失；（六）在全国性媒体上公开赔礼道歉等。

绿发会向法院提交了基金会法人登记证书，显示绿发会是在中华人民共和国民政部登记的基金会法人。绿发会提交的 2010 年至 2014 年度检查证明材料，显示其在提起本案公益诉讼前五年年检合格。绿发会亦提交了五年内未因从事业务活动违反法律、法规的规定而受到行政、刑事处罚的无违法记录声明。此外，绿发会章程规定，其宗旨为"广泛动员全社会关心和支持生物多样性保护和绿色发展事业，保护国家战略资源，促进生态文明建设和人与自然和谐，构建人类美好家园"。在案件的一审、二审及再审期间，绿发会向法院提交了其自 1985 年成立至今，一直实际从事包括举办环境保护研讨会、组织生态考察、开展环境保护宣传教育、提起环境民事公益诉讼等活动的相关证据材料。

裁判结果

宁夏回族自治区中卫市中级人民法院于 2015 年 8 月 19 日作出（2015）卫民公立字第 6 号民事裁定，以绿发会不能认定为环境保护法第五十八条规定的"专门从事环境保护公益活动"的社会组织为由，裁定对绿发会的起诉不予受理。绿发会不服，向宁夏回族自治区高级人民法院提起上诉。该院于 2015 年 11 月 6 日作出（2015）宁民公立终字第 6 号民事裁定，驳回上诉，维持原裁定。绿发会又向最高人民法院申请再审。最高人民法院于 2016 年 1 月 22 日作出（2015）民申字第 3377 号民事裁定，裁定提审本案；并于 2016 年 1 月 28 日作出（2016）最高法民再 47 号民事裁定，裁定本案由宁夏回族自治区中卫市中级人民法院立案受理。

裁判理由

法院生效裁判认为：本案系社会组织提起的环境污染公益诉讼。本案的争议焦点是绿发会应否认定为专门从事环境保护公益活动的社会组织。

民事诉讼法第五十五条规定了环境民事公益诉讼制度，明确法律规定的机关和有关组织可以提起环境公益诉讼。环境保护法第五十八条规定："对污染环境、破坏生态，损害社会公共利益的行为，符合下列条件的社会组织可以向人民法院提起诉讼：（一）依法在设区的市级以上人民政府民政部门登记；（二）专门从事环境保护公益活动连续五年以上且无违法记录。符合前款规定的社会组织向人民法院提起诉讼，人民法院应当依法受理。"《解释》第四条进一步明确了对于社会组织"专门从事环境保护公益活动"的判断标准，即"社会组织章程确定的宗旨和主要业务范围是维护社会公共利益，且从事环境保护公益活动的，可以认定为环境保护法第五十八条规定的'专门从事环境保护公益活动'。社会组织提起的诉讼所涉及的社会公共利益，应与其宗旨和业务范围具有关联性"。有关本案绿发会是否可以作为"专门从事环境保护公益活动"的社会组织提起本案诉讼，应重点从其宗旨和业务范围是否包含维护环境公共利益，是否实际从事环境保护公益活动，以及所维护的环境公共利益是否与其宗旨和业务范围具有关联性等三个方面进行审查。

一、关于绿发会章程规定的宗旨和业务范围是否包含维护环境公共利益的问题。社会公众所享有的在健康、舒适、优美环境中生存和发展的共同利益,表现形式多样。对于社会组织宗旨和业务范围是否包含维护环境公共利益,应根据其内涵而非简单依据文字表述作出判断。社会组织章程即使未写明维护环境公共利益,但若其工作内容属于保护各种影响人类生存和发展的天然的和经过人工改造的自然因素的范畴,包括对大气、水、海洋、土地、矿藏、森林、草原、湿地、野生生物、自然遗迹、人文遗迹、自然保护区、风景名胜区、城市和乡村等环境要素及其生态系统的保护,均可以认定为宗旨和业务范围包含维护环境公共利益。

我国1992年签署的联合国《生物多样性公约》指出,生物多样性是指陆地、海洋和其他水生生态系统及其所构成的生态综合体,包括物种内部、物种之间和生态系统的多样性。环境保护法第三十条规定,"开发利用自然资源,应当合理开发,保护生物多样性,保障生态安全,依法制定有关生态保护和恢复治理方案并予以实施。引进外来物种以及研究、开发和利用生物技术,应当采取措施,防止对生物多样性的破坏。"可见,生物多样性保护是环境保护的重要内容,亦是维护环境公共利益的重要组成部分。

绿发会章程中明确规定,其宗旨为"广泛动员全社会关心和支持生物多样性保护和绿色发展事业,保护国家战略资源,促进生态文明建设和人与自然和谐,构建人类美好家园",符合联合国《生物多样性公约》和环境保护法保护生物多样性的要求。同时,"促进生态文明建设""人与自然和谐""构建人类美好家园"等内容契合绿色发展理念,亦与环境保护密切相关,属于维护环境公共利益的范畴。故应认定绿发会的宗旨和业务范围包含维护环境公共利益内容。

二、关于绿发会是否实际从事环境保护公益活动的问题。环境保护公益活动,不仅包括植树造林、濒危物种保护、节能减排、环境修复等直接改善生态环境的行为,还包括与环境保护有关的宣传教育、研究培训、学术交流、法律援助、公益诉讼等有利于完善环境治理体系,提高环境治理能力,促进全社会形成环境保护广泛共识的活动。绿发会在本案一审、二审及再审期间提交的历史沿革、公益活动照片、环境公益诉讼立案受理通知书等相关证据材料,虽未经质证,但在立案审查阶段,足以显示绿发会自1985年成立以来长期实际从事包括举办环境保护研讨会、组织生态考察、开展环境保护宣传教育、提起环境民事公益诉讼等环境保护活动,符合环境保护法和《解释》的规定。同时,上述证据亦证明绿发会从事环境保护公益活动的时间已满五年,符合环境保护法第五十八条关于社会组织从事环境保护公益活动应连续五年以上的规定。

三、关于本案所涉及的社会公共利益与绿发会宗旨和业务范围是否具有关联性的问题。依据《解释》第四条的规定,社会组织提起的公益诉讼涉及的环境公共利益,应与社会组织的宗旨和业务范围具有一定关联。此项规定旨在促使社会组织所起诉的环境公共利益保护事项与其宗旨和业务范围具有对应或者关联关系,以保证社会组织具有相应的诉讼能力。因此,即使社会组织起诉事项与其宗旨和业务范围不具有对应关系,但若与其所保护的环境要素或者生态系统具有一定的联系,亦应基于关联性标准确认其主体资格。本案环境公益诉讼系针对腾格里沙漠污染提起。沙漠生物群落及其环境相互作用所形成的复杂而脆弱的沙漠生态系统,更加需要人类的珍惜利用和悉心呵护。绿发会起诉认为瑞某公司将超标废水排入蒸发池,严重破坏了腾格里沙漠本已脆弱的生态系统,所涉及的环境公共利益之维护属于绿发会宗旨和业务范围。

此外,绿发会提交的基金会法人登记证书显示,绿发会是在中华人民共和国民政部登记的基金会法人。绿发会提交的2010年至2014年度检查证明材料,显示其在提起本案公益诉讼前五年年检合格。绿发会还按照《解释》第五条的规定提交了其五年内未因从事业务活动违反法律、法规的规定而受到行政、刑事处罚的无违法记录声明。据此,绿发会亦符合环境保护法第五十八条,《解释》第二条、第三条、第五条对提起环境公益诉讼社会组织的其他要求,具备提起环境民事公益诉讼的主体资格。

(生效裁判审判人员:刘小飞、吴凯敏、叶阳)

【解读】

解读《中国生物多样性保护与绿色发展基金会诉宁夏瑞某科技股份有限公司环境污染公益诉讼案》

2016年12月28日,最高人民法院发布了指导案例75号《中国生物多样性保护与绿色发展基金会诉宁夏瑞某科技股份有限公司环境污染公益诉讼案》。为了正确理解和准确参照适用该指导案例,现对该指导案例的推选经过、裁判要点等有关情况予以解释、论证和说明。

一、推选过程及指导意义

民事诉讼法、环境保护法和《最高人民法院关于审理环境民事公益诉讼案件适用法律若干问题的解释》(2015年公布,下同,以下简称《解释》)对环境民事公益诉讼制度作出规定,明确提起环境民事公益诉讼的主体为符合法定条件的社会组织。但对于如何判断社会组织是否具备环境民事公益诉讼原告主体资格,司法实践中仍然存在一些模糊认识。包括《中国生物多样性保护与绿色发展基金会诉宁夏瑞某科技股份有限公司环境污染公益诉讼案》在内的8起腾格里沙漠环境污染系列公益诉讼案件是最高人民法院审理的首批环境民事公益诉讼案件。2016年12月6日,最高人民法院审委会经讨论认为,该案例符合《最高人民法院关于案例指导工作的规定》第二条的有关规定,同意将该案例确定为指导性案例。2016年12月28日,最高人民法院以法〔2016〕449号文件将该案例作为第15批指导性案例予以发布。

该案例是中国生物多样性保护与绿色发展基金会(以下简称绿发会)就腾格里沙漠污染提起的环境民事公益诉讼。该案再审裁定针对新环境保护法实施以来各地环境公益诉讼案件审理中出现的与原告主体资格有关的突出问题,就环境保护法第五十八条以及《解释》第四条规定的环境公益诉讼原告主体资格相关法律适用问题,确立、细化了裁判规则和裁判标准,具有重要的指引和示范作用。该案再审裁定确认了绿发会提起环境民事公益诉讼的主体资格,裁定撤销原裁定,指令本案由宁夏回族自治区中卫市中级人民法院立案受理,取得了较好的法律效果与社会效果。

二、裁判要点的理解与说明

该指导案例的裁判要点为：(1) 社会组织的章程虽未载明维护环境公共利益，但工作内容属于保护环境要素及生态系统的，应认定符合《解释》第四条关于"社会组织章程确定的宗旨和主要业务范围是维护社会公共利益"的规定。(2)《解释》第四条规定的"环境保护公益活动"，既包括直接改善生态环境的行为，也包括与环境保护相关的有利于完善环境治理体系、提高环境治理能力、促进全社会形成环境保护广泛共识的活动。(3) 社会组织起诉的事项与其宗旨和业务范围具有对应关系或者与其所保护的环境要素及生态系统具有一定联系的，应认定符合《解释》第四条关于"与其宗旨和业务范围具有关联性"的规定。以下围绕与该裁判要点相关的问题逐一说明。

(一) 关于社会组织"专门从事环境保护公益活动"的判断要件

为保障公众有序参与环境治理、确立和救济公众环境权益、依法追究侵权行为人法律责任，民事诉讼法（2012年修正）第五十五条规定了环境民事公益诉讼制度，明确法律规定的机关和有关组织可以提起环境公益诉讼。因环境公共利益具有普惠性和共享性，没有特定的法律上直接利害关系人，有必要鼓励、引导和规范社会组织依法提起环境公益诉讼，以充分发挥环境公益诉讼功能。环境保护法第五十八条规定，"对污染环境、破坏生态，损害社会公共利益的行为，符合下列条件的社会组织可以向人民法院提起诉讼：（一）依法在设区的市级以上人民政府民政部门登记；（二）专门从事环境保护公益活动连续五年以上且无违法记录。符合前款规定的社会组织向人民法院提起诉讼，人民法院应当依法受理。"《解释》第四条进一步明确了对于社会组织"专门从事环境保护公益活动"的判断标准，规定"社会组织章程确定的宗旨和主要业务范围是维护社会公共利益，且从事环境保护公益活动的，可以认定为环境保护法第五十八条规定的'专门从事环境保护公益活动'。社会组织提起的诉讼所涉及的社会公共利益，应与其宗旨和业务范围具有关联性"。故，对于社会组织是否符合"专门从事环境保护公益活动"条件，应重点从其宗旨和业务范围是否包含维护环境公共利益，是否实际从事环境保护公益活动，以及所维护的环境公共利益是否与其宗旨和业务范围具有关联性等三个方面进行审查。其中，"宗旨和业务范围包含维护环境公共利益"为形式要件，"从事环境保护公益活动"为实质要件，"环境公共利益与其宗旨和业务范围具有关联性"为关联性要件。本案裁定进一步明确了上述三个要件的判断标准。

(二) 关于"宗旨和业务范围包含维护环境公共利益"的理解

社会组织的宗旨和主要业务范围应包括从事环境保护公益活动，维护环境公共利益的事项，这是其提起环境民事公益诉讼的形式要件。本案裁定明确《解释》第四条规定的"社会组织章程确定的宗旨和业务范围为维护社会公共利益"，既包括章程载明维护环境公共利益，也包括其工作内容属于保护环境要素及生态系统，从而明确和拓展了该要件的判断标准和范围。

准确判断社会组织是否具备环境公益诉讼主体资格，关键是看该组织是否把维护环境公共利益作为其成立宗旨和开展相关活动的目标。社会组织章程是社会组织开展活动的依据。根据我国《社会团体登记管理条例》《民办非企业单位登记管理暂行条例》《基金会管理条例》的相关规定，三类社会组织的章程均应当包括名称、宗旨和业务范围等事项，且须经登记管理机关核准后才能生效。因此，社会组织的章程是判断其是否符合环境保护法第五十八条规定的专门从事环境保护公益活动的主要依据。从实践情况看，社会组织章程所规定的宗旨和业务范围往往涵盖面较广，如果要求社会组织只能从事维护环境公共利益的活动，标准过于严苛，不利于充分发挥环境公益诉讼的制度功能。[①] 因此，《解释》第四条在司法解释权限范围内适度放宽了对社会组织的要求，即不要求其唯一的宗旨和业务范围是维护环境公共利益，只要其中的一项或者几项为维护环境公共利益即可。

社会公众所享有的在健康、舒适、优美环境中生存和发展的共同利益，表现形式多样，因此，对于社会组织章程确定的宗旨和业务范围是否包含维护环境公共利益，应根据其内涵而非简单依据文字表述，既要从字面意义上判断，也要从具体内容判断。如果社会组织章程直接载明"维护社会公共利益"或者类似表述，则当然符合这一条件。如果社会组织章程虽未载明维护环境公共利益，但其工作内容属于保护环境要素及生态系统的，亦应认定符合《解释》第四条规定的这一条件。本案原审裁定系从字面意义判断绿发会的章程是否载明维护环境公共利益，并未从其工作内容是否涵盖保护环境公共利益的层面进行判断，是对《解释》第四条的机械理解，构成适用法律错误。

关于何为"工作内容属于保护环境要素及生态系统"，涉及对环境的理解。环境是指影响人类生存和发展的各种天然的和经过人工改造的自然因素的总体，包括天然环境和人工环境。[②] 环境保护法第二条具体列举了环境要素，包括大气、水、海洋、土地、矿藏、森林、草原、湿地、野生动物、自然遗迹、人文遗迹、自然保护区、风景名胜区、城市和乡村等。因此，只要社会组织章程规定的宗旨和业务范围包含保护上述具体的环境要素中的一项或多项，或者其保护对象虽不属于上述明确列举的环境要素，但属于"影响人类生存和发展的各种天然的和经过人工改造的自然因素的总体"范畴的，均应视为保护环境公共利益。

关于生物多样性保护和环境保护的关系。我国1992年签署的联合国《生物多样性公约》指出，生物多样性是指陆地、海洋和其他水生生态系统及其所构成的生态综合体，包括物种内部、物种之间和生态系统的多样性。环境保护法第三十条规定，"开发利用自然资源，应当合理开发，保护生物多样性，保障生态安全，依法制定有关生态保护和恢复治理方案并予以实施。引进外来物种以及研究、开发和利用生物技术，应当采取措施，防止对生物多样性的破坏。"可见，生物多样性保护是环境保护的重要内容，亦属于维护环境公共利益的重要组成部分。本案中，绿发会章程中明确规定，其宗旨为"广泛动员全社会关心和支持生物多样性保护和绿色发展事业，保护国家战略资源，促进生态文明建设和人与自然和谐，构建人类美好家园"，符合联合国《生物多样性公约》和环境保护法保护生物多样性的要求，契合绿色发展理念，亦与环境保护密切相关，属于维护环境公共利益的范畴。故本案裁定认定绿发会的宗旨和业务范围包含维护环境公共利益内容，符合《解释》第四条规定的"社会组织章程确定的宗旨和主要业务范围是维护社会公共利益"这一条件。

[①] 以中华环保联合会为例，其宗旨为"实施可持续发展战略，实现国家环境保护目标，维护公众环境权益，发挥政府与社会之间的桥梁和纽带作用，推动资源节约型、环境友好型社会建设，推动中国及全人类环境事业的进步和发展"，但其业务范围除了"组织开展环境论坛、法律援助、宣传教育"外，还包括"国际国内交流合作开发、咨询业务、展览展示"等。

[②] 参见信春鹰主编：《中华人民共和国环境保护法释义》，法律出版社2014年版，第7页。

（三）关于"实际从事环境保护公益活动"的理解

社会组织实际从事环境保护公益活动，是判断其是否专门从事环境保护公益活动的实质要件。本案裁定明确《解释》第四条规定的"环境保护公益活动"，既包括直接改善生态环境的行为，也包括与环境保护相关的有利于完善环境治理体系、提高环境治理能力、促进全社会形成环境保护广泛共识的活动，明确和拓展环境保护公益活动的内涵和范围。

依据环境保护法第五十八条的规定，专门从事环境保护公益活动的社会组织才能提起公益诉讼。该规定的目的在于确保提起环境民事公益诉讼的社会组织具备一定的专业技能和丰富的实践经验，以提高通过环境民事公益诉讼维护环境公共利益的效果。据此，《解释》第四条除要求社会组织的宗旨和主要业务范围是维护社会公共利益外，还要求社会组织"从事环境保护公益活动"。鉴于环境公益诉讼仍属于新生诉讼形式，并考虑到不论是直接还是间接保护环境的活动，都是社会组织具备专业能力的体现，故对于法律和司法解释规定的"环境保护公益活动"应当作广义理解。即不仅包括植树造林、濒危物种保护、节能减排、环境修复等直接改善生态环境的行为，还应包括与环境保护有关的宣传教育、研究培训、学术交流、法律援助、公益诉讼等有利于完善环境治理体系，提高环境治理能力，促进全社会形成环境保护广泛共识的活动。

本案中，绿发会在一审、二审及再审期间提交的历史沿革、公益活动照片、其他环境公益诉讼案件受理通知书等相关证据材料，虽尚未经过质证，但在立案审查阶段，足以显示其自成立以来长期实际从事包括举办环境保护研讨会、组织生态考察、开展环境保护宣传教育、提起环境民事公益诉讼等环境保护公益活动，符合《解释》的规定。

（四）关于"环境公共利益与其宗旨和业务范围具有关联性"的理解

为促使社会组织更好地利用其经验和专业技能推动环境民事公益诉讼有序、有效开展，《解释》第四条第二款规定："社会组织提起的诉讼所涉及的社会公共利益，应与其宗旨和业务范围具有关联性。"此为审查社会组织是否具备环境民事公益诉讼原告资格的关联性要件。本案裁定明确这一关联性要件既包括社会组织起诉的事项与其宗旨和业务范围具有对应关系，也包括该事项与社会组织所保护的环境要素及生态系统具有一定联系。

关于司法实践中如何把握关联性要件，我们认为只需要具备一定的联系性即可。理由在于，关联性主要是为了保障原告具有足够的专业能力。应当说，社会组织在其专门从事的环境保护领域范围内无疑具有较强的专业能力。从理论推导上看，如果以该领域为基准比对案件所涉领域，二者相差愈远，则关联性程度愈低，社会组织在案件所涉领域的专业性就愈弱。如果关联性趋近于无，就可以推定社会组织不具备案件领域的专业能力。在这种情况下，该社会组织即不应具备诉讼主体资格。但从实践来看，当前我国的社会组织尚不具备如此理想化的专业领域分工，一些领域没有专门从事相关保护活动的社会组织，所谓的专业能力在很多时候只是相对于普通民众而言。因此，如果对关联性要件作过于严格的要求，可能导致一些案件没有适格的诉讼主体，反而不利于公益诉讼的开展。此外，在实践中，即便从章程内容看不具备关联性，社会组织也可以通过变更其章程来实现与案件的关联。因此，现阶段对于关联性应当理解为包括较低程度的关联。例如，候鸟迁徙时需要在途经的森林、河流、湖泊、湿地甚至人类居住的城镇休息、觅食、繁衍，在这一过程中，还需要有充足的食物来源，如鱼类、昆虫、植物果实等，这些环境要素都应当视为与候鸟保护具有关联性，若有宗旨和业务范围是保护湿地的社会组织提起与保护候鸟有关的环境民事公益诉讼，人民法院即应认定二者之间具有关联性。

本案系针对腾格里沙漠污染提起。沙漠生物群落及其环境相互作用所形成的复杂而脆弱的沙漠生态系统，更加需要人类的珍惜利用和悉心呵护。绿发会起诉认为瑞某公司将超标废水排入蒸发池，严重破坏了腾格里沙漠本已脆弱的生态系统，案件所涉的环境公共利益是沙漠生物群落及其相互作用形成的生态系统，与绿发会宗旨和业务范围中的"绿色发展""人与自然和谐""构建人类美好家园"存在密切关联，符合《解释》关于社会组织关联性要件的要求。

三、需要说明的问题

法律和司法解释对环境民事公益诉讼主体制度作出相关规定，是将适格主体应当具备的公益性和专业性这一抽象特征转化为具体规则的过程。这一过程必然受到社会发展现实的影响。如法律法规对社会组织的规范性要求、社会组织在我国的发展现状等，都是制定规则所必须考虑的因素。此外，由于文字表达的局限性，相关规则制度难免产生疏漏或是出现模糊地带。这就需要人民法院准确把握立法目的进行裁判。在我国已将生态文明建设上升为国家战略，环境保护事业高速发展的情况下，应当结合社会发展状况和环境公共利益保护需求对法律和司法解释作出妥当解读，以最大限度保证环境民事公益诉讼制度发挥其应有的功能。

（撰稿人：王旭光、刘小飞、叶阳、吴凯敏、李兵）

指导案例140号

李某月等诉广州市花都区梯面镇红山村村民委员会违反安全保障义务责任纠纷案

（最高人民法院审判委员会讨论通过　2020年10月9日发布）

关键词　民事　安全保障义务　公共场所　损害赔偿

裁判要点

公共场所经营管理者的安全保障义务，应限于合理限度范围内，与其管理和控制能力相适应。完全民事行为能力人因私自攀爬景区内果树采摘果实而不慎跌落致其自身损害，主张经营管理者承担赔偿责任的，人民法院不予支持。

相关法条

《中华人民共和国侵权责任法》第三十七条第一款

基本案情

红山村景区为国家AAA级旅游景区，不设门票。广东省广州市花都区梯面镇红山村村民委员会（以下简称红山村村民委员会）系景区内情人堤河道旁杨梅树的所有人，其未向村民或游客提供免费采摘杨梅的活动。2017年5月19日下午，吴某私自上树采摘杨梅时不慎从树上跌落受伤。随后，有村民将吴某送红山村医务室，但当时医务室没有人员。有村民拨打120电话，但120救护车迟迟未到。后红山村村民李某1自行开车送吴某到广州市花都区梯面镇医院治疗。吴某于当天转至广州市中西医结合医院治疗，后因抢救无效于当天死亡。

红山村曾于2014年1月26日召开会议表决通过《红山村村规民约》，该村规民约第二条规定：每位村民要自觉维护村集体的各项财产利益，每个村民要督促自己的子女自觉维护村内的各项公共设施和绿化树木，如有村民故意破坏或损坏公共设施，要负责赔偿一切费用。

吴某系红山村村民，于1957年出生。李某坤系吴某的配偶，李某月、李某如、李某托系吴某的子女。李某月、李某如、李某托、李某坤向法院起诉，主张红山村村民委员会未尽到安全保障义务，在本案事故发生后，被告未采取及时和必要的救助措施，应对吴某的死亡承担责任。请求判令被告承担70%的人身损害赔偿责任631346.31元。

裁判结果

广东省广州市花都区人民法院于2017年12月22日作出（2017）粤0114民初6921号民事判决：一、被告红山村村民委员会向原告李某月、李某如、李某托、李某坤赔偿45096.17元，于本判决发生法律效力之日起十日内付清；二、驳回原告李某月、李某如、李某托、李某坤的其他诉讼请求。宣判后，李某月、李某如、李某托、李某坤与红山村村民委员会均提出上诉。广东省广州市中级人民法院于2018年4月16日作出（2018）粤01民终4942号民事判决：驳回上诉，维持原判。二审判决生效后，广东省广州市中级人民法院于2019年11月14日作出（2019）粤01民监4号民事裁定，再审本案。广东省广州市中级人民法院于2020年1月20日作出（2019）粤01民再273号民事判决：一、撤销本院（2018）粤01民终4942号民事判决及广东省广州市花都区人民法院（2017）粤0114民初6921号民事判决；二、驳回李某月、李某如、李某托、李某坤的诉讼请求。

裁判理由

法院生效裁判认为：本案的争议焦点是红山村村民委员会是否应对吴某的损害后果承担赔偿责任。

首先，红山村村民委员会没有违反安全保障义务。红山村村民委员会作为红山村景区的管理人，虽负有保障游客免遭损害的安全保障义务，但安全保障义务内容的确定应限于景区管理人的管理和控制能力的合理范围之内。红山村景区属于开放式景区，未向村民或游客提供采摘杨梅的活动，杨梅树本身并无安全隐患，若要求红山村村民委员会对景区内的所有树木加以围蔽、设置警示标志或采取其他防护措施，显然超过善良管理人的注意标准。从爱护公物、文明出行的角度而言，村民或游客均不应私自爬树采摘杨梅。吴某作为具有完全民事行为能力的成年人，应当充分预见攀爬杨梅树采摘杨梅的危险性，并自觉规避此类危险行为。故李某月、李某如、李某托、李某坤主张红山村村民委员会未尽安全保障义务，缺乏事实依据。

其次，吴某的坠亡系其私自爬树采摘杨梅所致，与红山村村民委员会不具有法律上的因果关系。《红山村村规民约》规定：村民要自觉维护村集体的各项财产利益，包括公共设施和绿化树木等。该村规民约是红山村村民的行为准则和道德规范，形成红山村的公序良俗。吴某作为红山村村民，私自爬树采摘杨梅，违反了村规民约和公序良俗，导致了损害后果的发生，该损害后果与红山村村民委员会不具有法律上的因果关系。

最后，红山村村民委员会对吴某私自爬树坠亡的后果不存在过错。吴某坠亡系其自身过失行为所致，红山村村民委员会难以预见和防止吴某私自爬树可能产生的后果。吴某跌落受伤后，红山村村民委员会主任李某2及时拨打120电话求救，在救护车到达前，另有村民驾车将吴某送往医院救治。因此，红山村村民委员会对吴某损害后果的发生不存在过错。

综上所述，吴某因私自爬树采摘杨梅不慎坠亡，后果令人痛惜。虽然红山村为事件的发生地，杨梅树为红山村村民委员会集体所有，但吴某的私自采摘行为有违村规民约，与公序良俗相悖，且红山村村民委员会并未违反安全保障义务，不应承担赔偿责任。

（生效裁判审判人员：龚连娣、张一扬、兰永军）

【解读】

解读《李某月等诉广州市花都区梯面镇红山村村民委员会违反安全保障义务责任纠纷案》

2020年10月9日，最高人民法院发布了第25批指导性案例，包括第140号至第143号共4件指导性案例，主题均为弘扬社会主义核心价值观案例。民法典已于2021年1月1日开始实施，"弘扬社会主义核心价值观"明确规定为立法目的之一。这批指导性案例的发布对于加强裁判标准统一，弘扬社会主义核心价值观具有积极的意义，同时总结了审判实践中某些普遍的疑难复杂法律适用问题，有利于进一步明确裁判规则，统一司法尺度。其中，第140号指导案例为《李某月等诉广州市花都区梯面镇红山村村民委员会违反安全保障义务责任纠纷案》。为了正确理解和准确参照适用该指导案例，现对该指导案例的选编过程、裁判要点、参照适用等有关情况予以解释和说明。

一、案例选编过程

广东省高级人民法院向最高人民法院案例指导工作办公室推荐该案例作为备选指导性案例。该案例备受社会关注，《人民日报》、新华网、中国新闻网、法制网、《人民法院报》等知名媒体均有报道。最高人民法院微信公众号推出的"小案大道理"栏目开栏，将本案作为首案宣传。案例指导工作办公室收到该案例后经过初审、修改，送最高人民法院民一庭征求意见。民一庭同意推荐该案例作为备选指导性案例。2020年4月17日，研究室室务会对该案例进行了讨论，同意将该案例报送审委会进行讨论。2020年7月28日，该案例经最高人民法院民专会第355次会议讨论，同意作为指导性案例。10月9日，最高人民法院以法〔2020〕253号文件将该案例编入第25批指导性案例予以发布。

二、关于本案例的相关情况

（一）相关案情及裁判结果

红山村景区为国家AAA级旅游景区，不设门票。广东省广州市花都区梯面镇红山村村民委员会(以下简称红山村村民委员会)系景区内情人堤河道旁杨梅树的所有人,其未向村民或游客提供免费采摘杨梅的活动。2017年5月19日下午,吴某私自上树采摘杨梅不慎从树上跌落受伤。随后,有村民将吴某送红山村医务室,但当时医务室没有人员。有村民拨打120电话,但120救护车迟迟未到。后红山村村民李某1自行开车送吴某到广州市花都区梯面镇医院治疗。吴某于当天转至广州市中西医结合医院治疗,后因抢救无效于当天死亡。

红山村曾于2014年开会表决通过《红山村村规民约》第二条规定:"每位村民要自觉维护村集体的各项财产利益,每个村民要督促自己的子女自觉维护村内的各项公共设施和绿化树木,如有村民故意破坏或损坏公共设施,要负责赔偿一切费用。"

吴某系红山村村民,于1957年出生。李某坤系吴某的配偶,李某月、李某如、李某托系吴某的子女。李某月、李某如、李某托、李某坤向法院起诉,主张红山村村民委员会未尽到安全保障义务,在本案事故发生后,被告未采取及时和必要的救助措施,应对吴某的死亡承担责任。请求判令被告承担70%的人身损害赔偿责任631346.31元。

广州市中级人民法院再审认为,吴某因私自爬树采摘杨梅不慎坠亡,后果令人痛惜。虽然红山村为事件的发生地,杨梅树为红山村民委员会集体所有,但吴某的私自采摘行为有违村规民约,与公序良俗相悖,且红山村民委员会并未违反安全保障义务,不应承担赔偿责任。再审改判驳回李某月等人的诉讼请求。

(二)公共场所的安全保障义务的相关理论及法理基础

现代法中的安全保障义务的雏形产生于罗马法,如倒泼和投掷的责任和堆置或悬挂物件的责任,[①] 设立目的是维护公共安全。德国法的一般安全注意义务被认为是大陆法系现代法意义上安全保障义务的来源,司法审判者根据诚实信用原则并结合分配正义的需要,通过判例确立。一般安全注意义务从最早的应用于维持交通安全方面经过法官的解释类推后拓展为普遍的社会注意义务,强调每个人都有应采取必要和适当的措施保护他人的合法权利,并且有这样的义务,不管这个人为危险状态的制造者还是危险的维持者。[②] 大陆法系的其他主要国家也都通过司法实践创设有类似的制度,如法国法中的安全义务,设置之初是为了及时处理工伤事故为受害人提供保护,之后,仅应用于契约法中的该义务被逐渐适用于侵权法领域;日本通过判例创设了安全关照义务,存在于具有契约关系的当事人之间基于诚实信用原则对彼此所负的附随义务,经广泛适用后进而形成一项制度。在英美法系中,公共场所的安全保障义务来自过失侵权中的注意义务,最早出现在英国,在Donoghue v. Stevenson一案中,Lord Atkin法官确立了一条规则:"你必须采取合理的注意来避免你所能合理预见的可能会给你的邻居造成伤害的行为或者疏忽。"这意味着,如果一个行为人能够合理预见到其行为可能对其他人造成人身上的伤害或财产上的损害,其应对此负有注意义务进行防制与防止。

我国未对公共场所的安全保障义务进行概念性的定义,2003年的《最高人民法院关于审理人身损害赔偿案件适用法律若干问题的解释》(以下简称《人身损害赔偿司法

[①] 参见周枏:《罗马法原论》,商务印书馆1994年版,第866~868页,转引自陈丽:《论公共场所的安全保障义务》,华东政法大学2008年硕士学位论文。
[②] 刘恺:《论公共场所安全保障义务制度之完善》,西南政法大学2016年硕士学位论文。

解释》）首次提出了安全保障义务，① 标志着安全保障义务在我国法律中的明确。在侵权责任法第三十七条外②，安全保障义务的规定分散在铁路法、民用航空法、消防法、公路法、产品质量法、未成年人保护法、消费者权益保护法、《物业管理条例》《互联网上网服务营业场所管理条例》等部门法及行政规章中，保护范围也不仅限于人身权，权利人的财产权也受保护。包括民法典③在内，现行法律对于安全保障义务的范围都以肯定式的列举方式规定，明确受规范的法律对象。安全保障义务在域内域外的创设发展沿革，显示安全保障义务是人类社会应对安全风险的产物，是在诚信原则之下基于分配正义理论发展而来，在缺乏明确请求权基础的时代由法官通过案例的形式设定产生，在我国，该义务是以法定义务的形式被设定，义务人为避免承担责任应当积极作为。

公共场所的安全保障义务自创设后被不断拓宽援引领域，有深厚的理论依据。通说观点有：获利报偿理论，该观点认为根据收益与风险一致的原则，经营者或组织者获取了收益，理当负有制止危险发生的义务；危险责任理论，该观点认为应由能控制及减少危险的人承担责任；合理信赖理论，该观点认为，行为人在基于特殊信赖进入某一个公共场所，其合法权益不受侵犯；节约社会成本理论，该观点从经济学角度出发，认为应该由避免损失付出成本最低的一方来承担责任，以节约社会总成本。上述理论，各有合理性，不同的个案情形都能对应上述一致的理论基础。如指导案例的生效判决的理论基础是节约社会成本，不论是基于信任完全民事行为能力人的风险预判能力与风险规避能力的考虑，还是基于合理期待行为人在公共场所将文明规范言行的考量，行为人皆无须直接投入经济成本就能规避风险。而对于公共场所管理人而言，若要对所有树木加以围蔽、设置防止攀爬的安全防护措施或警示标志，显然是加重了管理成本，如此无限度地扩大管理人的保障义务，不符合经济规律，长远来看，不利于社会进步。④

（三）案例的指导意义

因公共场所安全保障义务的行为而滋生纠纷成讼的案件广泛存在于诸多领域，法官裁判的立足点不尽相同，裁判结论的最终目标都是为了维护社会的公平正义。行为人在公共场所因种种原因遭受损害的事件时有发生，公共场所的安全保障义务的限度应当如何界定，往往引起一定争议，对于受损一方是否必然要进行补偿，判决是否必须达到令受损方接受的满意程度？答复是否定的。指导案例明确了公共场所管理人的安全保障义务应当有一定限度，行为人对其违背公序良俗的行为后果应自担责任，创新性地适用公序良俗这一民法基本原则作为认定损害后果与管理人是否具有法律上因果关系的依据，对类案具有指导意义。指导案例传达了破坏社会公共利益、违背公序良俗的行为不符合公民的价值观，在司法领域亦不受到支持与鼓励的理念，旗帜鲜明

---

① 2003年《人身损害赔偿司法解释》第六条第一款规定："从事住宿、餐饮、娱乐等经营活动或者其他社会活动的自然人、法人、其他组织，未尽合理限度范围内的安全保障义务致使他人遭受人身损害，赔偿权利人请求其承担相应赔偿责任的，人民法院应予支持。"

② 侵权责任法因民法典的实施已被废止，民法典第一千一百九十八条对侵权责任法第三十七条作了修改。

③ 民法典第一千一百九十八条第一款规定："宾馆、商场、银行、车站、机场、体育场馆、娱乐场所等经营场所、公共场所的经营者、管理者或者群众性活动的组织者，未尽到安全保障义务，造成他人损害的，应当承担侵权责任。"

④ 参见龚珏、张一扬：《公共场所管理人对行为人违背公序良俗的行为不承担责任》，载《法庭》2020年第6期。

地表明司法拒绝"和稀泥",充分体现了法律和司法维护社会道德、守护社会底线的立场,彰显了人民法院以公正裁判树立行为规则、引领社会风尚的积极作用,由此传达的公序良俗的社会价值极具标志意义,在规范人们行为方面具有典型性,对弘扬社会主义核心价值观、引导人们遵守公序良俗、规范人们道德意识、引领人们向善向上具有激励督促效用。

三、裁判要点的理解与说明

指导案例的裁判要点确认:公共场所经营管理者的安全保障义务,应限于合理限度范围内,与其管理和控制能力相适应。完全民事行为能力人因私自攀爬景区内果树采摘果实而不慎跌落致其自身损害,主张经营管理者承担赔偿责任的,人民法院不予支持。现围绕与该裁判要点相关的问题逐一解释和说明如下。

(一)安全保障义务的主体

承担安全保障义务的主体是对公共场所的具有实际支配控制能力或是负有法定安全保障义务的主体,涵盖自然人、法人或者其他组织,涉及公共场所的管理者或经营者。在无特指的情况下,可称为安全保障义务人。

"公共场所"是对公众开放,允许不特定对象进入,用于参与公共事务或进行公共活动的场所,在生活中的表现形式多样。国务院发布的《公共场所卫生管理条例》对"公共场所"作出了列举规定,①突出了"公共场所"具有提供公共服务或是公共娱乐的性质。但有关侵权责任的法律条款对"公共场所"的列举都略为局限,②致"公共场所"的在法学领域中的界定颇有争议,司法实践中对法律规定的"公共场所"采取一定程度的扩张理解,具备公共服务及公益性的实体场所都纳入公共场所的范围。信息科技的高速发展下,技术开发商通过网络向受众提供全新的公共平台进行社交生活与娱乐,网络平台在近年也进入法律规制范畴。

立法对于"公共场所"是否应具有营利性质没有明确规定。侵权责任法第三十七条特指的酒店、银行等"公共场所"都是营利场所,民法典第一千一百九十八条中特指的"公共场所"增加了具有非营利性质的体育场馆。是否具有经营营利性,不宜作为影响公共场所主体承担安全保障义务的因素,基于管理人对公共场所的了解与支配控制力,其应当更具能力防止公共场所内出现潜在的可能危及他人人身、财产的危险。案例中的事故发生地在不设门票的红山村景区,对不特定人群开放,具有公益性,景区的管理人红山村民委员会基于对景区的管理控制力自然成为安全保障义务人。

(二)安全保障义务的对象

安全保障义务的对象是被允许准入该公共场所的不特定人。此处的不特定人受行为人目的的限制。对于营利性质场所而言,与其建立合同关系的消费者及未与其建立合同关系的潜在消费者都是提供安全保障义务的对象;对于非营利性质的公共场所,行为人进入公共场所的目的与公共场所开放的目的应当有趋同性,才属于被安全保障的对象。如免费开放的博物馆对前来观展的人有义务提供安全保障,对心存异念的伺

---

① 《公共场所卫生管理条例》第二条:"本条例适用于下列公共场所:(一)宾馆、饭馆、旅店、招待所、车马店、咖啡馆、酒吧、茶座;(二)公共浴室、理发店、美容店;(三)影剧院、录像厅(室)、游艺厅(室)、舞厅、音乐厅;(四)体育场(馆)、游泳场(馆)、公园;(五)展览馆、博物馆、美术馆、图书馆;(六)商场(店)、书店;(七)候诊室、候车(机、船)室、公共交通工具。"

② 侵权责任法第三十七条列举的公共场所为宾馆、商场、银行、车站、娱乐场所等,民法典第一千一百九十八条第一款对上述第三十七条作了修改,列举式的规定中另外包括"机场、体育场馆"。

机行窃者则无义务负担安全保障义务。本案被告红山村景区的管理人未提供采摘杨梅的活动，杨梅树供景区游人观赏，吴某上树采摘杨梅，与景区的目的不具有趋同性。

基于作为民事主体的自然人的行为能力与认知能力有不同，安全保障义务人应对安全保障义务对象当作特殊区分。众所周知，儿童的认知能力弱，对事物是否具备危险性及危险性大小缺乏明确认知，儿童也不具备预防与消除危险的行为能力。对儿童需进行特殊保护是社会的一致共识，联合国《儿童权利公约》也明确规定了"儿童最大利益原则"。在任一公共场所中，管理者对儿童都承担有更高标准的安全保障义务。案例中的吴某是完全民事行为能力人，吴某的年龄说明其已积累了丰富的生活经验，对攀爬树木有跌坠危险的常识应当有所认知，理应具备基本的自我保护意识与风险防范意识，避免自陷危险，不属于景区管理人应当特殊保护的对象。

（三）安全保障义务的内容

依据安全保障义务的类型，安全保障义务的内容可分为人的安全保障义务与物的安全保障义务。

人的安全保障义务，指安全保障义务人在合理预见的范围内，对属于其范畴的主体及第三人的侵权行为，应采取措施进行防止。通常，安全保障义务人会根据可能的危险性质及危险频率配备专业的安保机构、设置监控设施保障进入公共场所的行为人的人身与财产安全。案例中不存在人的安全性隐患。

物的安全保障义务，指安全保障义务人应采取措施保证场所内各物件的安全性，对公共活动场所内的建筑物、设施设备等定期检修确保性能正常、对林木植物等进行修剪维护，避免产生安全隐患，安全保障义务人对可能预见的有一定发生频率的危险要设置警示告知。警示告知义务的危险具有权利人难以及时了解或极容易忽视的客观状态，比如，常见的"地板未干、小心地滑"之类的警示牌。就案例事故而言，杨梅树是景区内的观赏树木，自身不具备风险性，在杨梅树正常生长的情况下，管理人无须对其进行围蔽、设置警示标识或采取其他防护措施。

（四）安全保障义务的限度

安全保障义务产生的前提是危险具有预测性与可控性，绝对的安全保障不可能实现，大陆法系中的合理限制与英美法中的理性人标准都表明安全保障义务应当有限度。合理性是司法实践中判断安全保障义务人是否尽到安全保障义务的重要因素，合理性可从以下几个方面综合判断：合理期间、合理预见、合理措施、权利人合理的行为方式。

合理期间指承担安全保障义务的时间限制，在公共场所正常开放的时间段内或是公共活动开展期间，安全保障义务人对进入活动场所的公众负有安全保障的义务，在上述时间段之外，被安全保障义务人允许进入的人，也属于安全保障义务的对象。

合理预见，指安全保障义务人对于危险的防范必须在可合理预见的范围之内。根据可预见性理论，作为一个理性人，在其行为应当预见其他人将受到其行为的损害，或是预见到受害者将受到第三人的侵害时，应承担对他人的合理注意义务。[①] 对于难以预见的低概率危险事件，不应苛责义务人提供安全保障。案例事故中，攀爬杨梅树有跌坠受伤的危险可以预知，但攀爬树木有跌坠的危险性也是一般生活常识，不属于仅

---

① 参见苏艳英：《侵权法上的作为义务研究》，人民出版社2013年版，第76页。

为管理人知晓的专业知识,有一定认知能力的行为人都应谨慎,避免攀爬树木引发危险。景区管理人红山村民委员会无理由合理预测完全民事行为能力人在不采取安全措施的情况下攀爬杨梅树进行采摘,由此造成的损害后果不在红山村民委员会的可控范围之内,不属于红山村民委员会的合理预见范围。

合理措施,指安全保障义务人为预防避免产生危险及消除危险采取的合理措施,包括为预防危险对公共场所设备物的定期检修维护、对可能发生危险的警示告知、建立专业的安保系统等,在危险发生时及时采取应急措施消除危险、防止扩大损害结果。措施的合理与否,可以从法定标准、行业标准、合同标准、善良管理人的标准、对特殊人群的特别保护标准几个角度进行判断。案例事故发生前,吴某与红山村民委员会之间未有合同约定的特别义务,作为完全民事行为能力的吴某亦不存在需特殊照顾之处,在事故发生后,红山村民委员会未怠于救治,积极联系救援已尽到善良管理人的应有义务。若为避免发生此类危险事故,对景区内的大量杨梅树采取围蔽或其他警示措施,无疑加重了管理成本,超出旅游行业中对景区安保义务的要求,超过了合理的限度。

权利人合理的行为方式,指进入公共场所的行为人的行为性质应当合理。民事法律明文规定,民事主体从事民事活动,不得违反法律,不得违背公序良俗。[①] 民事法律保护民事主体的合法权益,不合法的行为造成的权益损失不受法律支持。行为方式的合法合理是判断安全保障义务人承担责任的依据,无视公共场所的安全提示、不遵守公共场所的行为规范的不合理行为造成的损失不应当由安全保障义务人承担。红山村以村规民约的形式制定了红山村村民的行为准则,形成了红山村的公序良俗。村规民约中明确规定了村民要自觉维护村集体的各项财产利益,包括公共设施和绿化树木等。吴某是红山村村民,其私自爬树采摘杨梅的行为违反了村规民约,有违公序良俗,既有违公众对社会公德的要求,也违反了法律规定,其在公共场所因行为方式不当自陷危险,应自担责任后果,管理人对该事故的后果不具有主观过错,亦不具有法律上的因果关系。

四、参照适用时应注意的问题

案例的基本法理是安全保障义务,引入适用公序良俗这一民法基本原则,是为了更好理解适用安全保障义务,在司法实践中,应严格限制适用民法基本原则,防止滥用民法基本原则直接处理案件。

(撰稿人:龚珏、马蓓蓓)

[①] 民法总则与已实施的民法典第八条都规定了公序良俗原则。

七、劳动争议、人事争议

中华人民共和国劳动法

（1994年7月5日第八届全国人民代表大会常务委员会第八次会议通过 根据2009年8月27日第十一届全国人民代表大会常务委员会第十次会议《关于修改部分法律的决定》第一次修正 根据2018年12月29日第十三届全国人民代表大会常务委员会第七次会议《关于修改〈中华人民共和国劳动法〉等七部法律的决定》第二次修正）

目 录

第一章 总 则
第二章 促进就业
第三章 劳动合同和集体合同
第四章 工作时间和休息休假
第五章 工 资
第六章 劳动安全卫生
第七章 女职工和未成年工特殊保护
第八章 职业培训
第九章 社会保险和福利
第十章 劳动争议
第十一章 监督检查
第十二章 法律责任
第十三章 附 则

第一章 总 则

第一条 为了保护劳动者的合法权益，调整劳动关系，建立和维护适应社会主义市场经济的劳动制度，促进经济发展和社会进步，根据宪法，制定本法。

第二条 在中华人民共和国境内的企业、个体经济组织（以下统称用人单位）和与之形成劳动关系的劳动者，适用本法。

国家机关、事业组织、社会团体和与之建立劳动合同关系的劳动者，依照本法执行。

第三条 劳动者享有平等就业和选择职业的权利、取得劳动报酬的权利、休息休假的权利、获得劳动安全卫生保护的权利、接受职业技能培训的权利、享受社会保险和福利的权利、提请劳动争议处理的权利以及法律规定的其他劳动权利。

劳动者应当完成劳动任务，提高职业技能，执行劳动安全卫生规程，遵守劳动纪律和职业道德。

第四条 用人单位应当依法建立和完善规章制度，保障劳动者享有劳动权利和履行劳动义务。

第五条 国家采取各种措施，促进劳动就业，发展职业教育，制定劳动标准，调节社会收入，完善社会保险，协调劳动关系，逐步提高劳动者的生活水平。

第六条 国家提倡劳动者参加社会义务劳动，开展劳动竞赛和合理化建议活动，鼓励和保护劳动者进行科学研究、技术革新和发明创造，表彰和奖励劳动模范和先进工作者。

第七条 劳动者有权依法参加和组织工会。

工会代表和维护劳动者的合法权益，依法独立自主地开展活动。

第八条 劳动者依照法律规定，通过职工大会、职工代表大会或者其他形式，参与民主管理或者就保护劳动者合法权益与用人单位进行平等协商。

第九条 国务院劳动行政部门主管全国劳动工作。

县级以上地方人民政府劳动行政部门主管本行政区域内的劳动工作。

第二章 促进就业

第十条 国家通过促进经济和社会发展，创造就业条件，扩大就业机会。

国家鼓励企业、事业组织、社会团体在法律、行政法规规定的范围内兴办产业或者拓展经营，增加就业。

国家支持劳动者自愿组织起来就业和从事个体经营实现就业。

第十一条 地方各级人民政府应当采取措施，发展多种类型的职业介绍机构，提供就业服务。

第十二条 劳动者就业，不因民族、种族、性别、宗教信仰不同而受歧视。

第十三条 妇女享有与男子平等的就业权利。在录用职工时，除国家规定的不适合妇女的工种或者岗位外，不得以性别为由拒绝录用妇女或者提高对妇女的录用标准。

第十四条 残疾人、少数民族人员、退出现役的军人的就业，法律、法规有特别规定的，从其规定。

第十五条 禁止用人单位招用未满十六周岁的未成年人。

文艺、体育和特种工艺单位招用未满十六周岁的未成年人，必须遵守国家有关规定，并保障其接受义务教育的权利。

第三章 劳动合同和集体合同

第十六条 劳动合同是劳动者与用人单位确立劳动关系、明确双方权利和义务的协议。

建立劳动关系应当订立劳动合同。

第十七条 订立和变更劳动合同，应当遵循平等自愿、协商一致的原则，不得违反法律、行政法规的规定。

劳动合同依法订立即具有法律约束力,当事人必须履行劳动合同规定的义务。

第十八条 下列劳动合同无效:

(一)违反法律、行政法规的劳动合同;

(二)采取欺诈、威胁等手段订立的劳动合同。

无效的劳动合同,从订立的时候起,就没有法律约束力。确认劳动合同部分无效的,如果不影响其余部分的效力,其余部分仍然有效。

劳动合同的无效,由劳动争议仲裁委员会或者人民法院确认。

第十九条 劳动合同应当以书面形式订立,并具备以下条款:

(一)劳动合同期限;

(二)工作内容;

(三)劳动保护和劳动条件;

(四)劳动报酬;

(五)劳动纪律;

(六)劳动合同终止的条件;

(七)违反劳动合同的责任。

劳动合同除前款规定的必备条款外,当事人可以协商约定其他内容。

第二十条 劳动合同的期限分为有固定期限、无固定期限和以完成一定的工作为期限。

劳动者在同一用人单位连续工作满十年以上,当事人双方同意续延劳动合同的,如果劳动者提出订立无固定期限的劳动合同,应当订立无固定期限的劳动合同。

第二十一条 劳动合同可以约定试用期。试用期最长不得超过六个月。

第二十二条 劳动合同当事人可以在劳动合同中约定保守用人单位商业秘密的有关事项。

第二十三条 劳动合同期满或者当事人约定的劳动合同终止条件出现,劳动合同即行终止。

第二十四条 经劳动合同当事人协商一致,劳动合同可以解除。

第二十五条 劳动者有下列情形之一的,用人单位可以解除劳动合同:

(一)在试用期间被证明不符合录用条件的;

(二)严重违反劳动纪律或者用人单位规章制度的;

(三)严重失职,营私舞弊,对用人单位利益造成重大损害的;

(四)被依法追究刑事责任的。

第二十六条 有下列情形之一的,用人单位可以解除劳动合同,但是应当提前三十日以书面形式通知劳动者本人:

(一)劳动者患病或者非因工负伤,医疗期满后,不能从事原工作也不能从事由用人单位另行安排的工作的;

(二)劳动者不能胜任工作,经过培训或者调整工作岗位,仍不能胜任工作的;

(三)劳动合同订立时所依据的客观情况发生重大变化,致使原劳动合同无法履行,经当事人协商不能就变更劳动合同达成协议的。

第二十七条 用人单位濒临破产进行法定整顿期间或者生产经营状况发生严重困难,确需裁减人员的,应当提前三十日向工会或者全体职工说明情况,听取工会或者职工的意见，经向劳动行政部门报告后，可以裁减人员。

用人单位依据本条规定裁减人员，在六个月内录用人员的，应当优先录用被裁减的人员。

第二十八条 用人单位依据本法第二十四条、第二十六条、第二十七条的规定解除劳动合同的，应当依照国家有关规定给予经济补偿。

第二十九条 劳动者有下列情形之一的，用人单位不得依据本法第二十六条、第二十七条的规定解除劳动合同：

（一）患职业病或者因工负伤并被确认丧失或者部分丧失劳动能力的；

（二）患病或者负伤，在规定的医疗期内的；

（三）女职工在孕期、产期、哺乳期内的；

（四）法律、行政法规规定的其他情形。

第三十条 用人单位解除劳动合同，工会认为不适当的，有权提出意见。如果用人单位违反法律、法规或者劳动合同，工会有权要求重新处理；劳动者申请仲裁或者提起诉讼的，工会应当依法给予支持和帮助。

第三十一条 劳动者解除劳动合同，应当提前三十日以书面形式通知用人单位。

第三十二条 有下列情形之一的，劳动者可以随时通知用人单位解除劳动合同：

（一）在试用期内的；

（二）用人单位以暴力、威胁或者非法限制人身自由的手段强迫劳动的；

（三）用人单位未按照劳动合同约定支付劳动报酬或者提供劳动条件的。

第三十三条 企业职工一方与企业可以就劳动报酬、工作时间、休息休假、劳动安全卫生、保险福利等事项，签订集体合同。集体合同草案应当提交职工代表大会或者全体职工讨论通过。

集体合同由工会代表职工与企业签订；没有建立工会的企业，由职工推举的代表与企业签订。

第三十四条 集体合同签订后应当报送劳动行政部门；劳动行政部门自收到集体合同文本之日起十五日内未提出异议的，集体合同即行生效。

第三十五条 依法签订的集体合同对企业和企业全体职工具有约束力。职工个人与企业订立的劳动合同中劳动条件和劳动报酬等标准不得低于集体合同的规定。

第四章 工作时间和休息休假

第三十六条 国家实行劳动者每日工作时间不超过八小时、平均每周工作时间不超过四十四小时的工时制度。

第三十七条 对实行计件工作的劳动者，用人单位应当根据本法第三十六条规定的工时制度合理确定其劳动定额和计件报酬标准。

第三十八条 用人单位应当保证劳动者每周至少休息一日。

第三十九条 企业因生产特点不能实行本法第三十六条、第三十八条规定的，经劳动行政部门批准，可以实行其他工作和休息办法。

第四十条 用人单位在下列节日期间应当依法安排劳动者休假：

（一）元旦；

（二）春节；

（三）国际劳动节；
（四）国庆节；
（五）法律、法规规定的其他休假节日。

第四十一条 用人单位由于生产经营需要，经与工会和劳动者协商后可以延长工作时间，一般每日不得超过一小时；因特殊原因需要延长工作时间的，在保障劳动者身体健康的条件下延长工作时间每日不得超过三小时，但是每月不得超过三十六小时。

第四十二条 有下列情形之一的，延长工作时间不受本法第四十一条规定的限制：
（一）发生自然灾害、事故或者因其他原因，威胁劳动者生命健康和财产安全，需要紧急处理的；
（二）生产设备、交通运输线路、公共设施发生故障，影响生产和公众利益，必须及时抢修的；
（三）法律、行政法规规定的其他情形。

第四十三条 用人单位不得违反本法规定延长劳动者的工作时间。

第四十四条 有下列情形之一的，用人单位应当按照下列标准支付高于劳动者正常工作时间工资的工资报酬：
（一）安排劳动者延长工作时间的，支付不低于工资的百分之一百五十的工资报酬；
（二）休息日安排劳动者工作又不能安排补休的，支付不低于工资的百分之二百的工资报酬；
（三）法定休假日安排劳动者工作的，支付不低于工资的百分之三百的工资报酬。

第四十五条 国家实行带薪年休假制度。
劳动者连续工作一年以上的，享受带薪年休假。具体办法由国务院规定。

第五章 工 资

第四十六条 工资分配应当遵循按劳分配原则，实行同工同酬。
工资水平在经济发展的基础上逐步提高。国家对工资总量实行宏观调控。

第四十七条 用人单位根据本单位的生产经营特点和经济效益，依法自主确定本单位的工资分配方式和工资水平。

第四十八条 国家实行最低工资保障制度。最低工资的具体标准由省、自治区、直辖市人民政府规定，报国务院备案。
用人单位支付劳动者的工资不得低于当地最低工资标准。

第四十九条 确定和调整最低工资标准应当综合参考下列因素：
（一）劳动者本人及平均赡养人口的最低生活费用；
（二）社会平均工资水平；
（三）劳动生产率；
（四）就业状况；
（五）地区之间经济发展水平的差异。

第五十条 工资应当以货币形式按月支付给劳动者本人。不得克扣或者无故拖欠劳动者的工资。

第五十一条 劳动者在法定休假日和婚丧假期间以及依法参加社会活动期间，用人单位应当依法支付工资。

第六章　劳动安全卫生

第五十二条　用人单位必须建立、健全劳动安全卫生制度，严格执行国家劳动安全卫生规程和标准，对劳动者进行劳动安全卫生教育，防止劳动过程中的事故，减少职业危害。

第五十三条　劳动安全卫生设施必须符合国家规定的标准。

新建、改建、扩建工程的劳动安全卫生设施必须与主体工程同时设计、同时施工、同时投入生产和使用。

第五十四条　用人单位必须为劳动者提供符合国家规定的劳动安全卫生条件和必要的劳动防护用品，对从事有职业危害作业的劳动者应当定期进行健康检查。

第五十五条　从事特种作业的劳动者必须经过专门培训并取得特种作业资格。

第五十六条　劳动者在劳动过程中必须严格遵守安全操作规程。

劳动者对用人单位管理人员违章指挥、强令冒险作业，有权拒绝执行；对危害生命安全和身体健康的行为，有权提出批评、检举和控告。

第五十七条　国家建立伤亡事故和职业病统计报告和处理制度。县级以上各级人民政府劳动行政部门、有关部门和用人单位应当依法对劳动者在劳动过程中发生的伤亡事故和劳动者的职业病状况，进行统计、报告和处理。

第七章　女职工和未成年工特殊保护

第五十八条　国家对女职工和未成年工实行特殊劳动保护。

未成年工是指年满十六周岁未满十八周岁的劳动者。

第五十九条　禁止安排女职工从事矿山井下、国家规定的第四级体力劳动强度的劳动和其他禁忌从事的劳动。

第六十条　不得安排女职工在经期从事高处、低温、冷水作业和国家规定的第三级体力劳动强度的劳动。

第六十一条　不得安排女职工在怀孕期间从事国家规定的第三级体力劳动强度的劳动和孕期禁忌从事的劳动。对怀孕七个月以上的女职工，不得安排其延长工作时间和夜班劳动。

第六十二条　女职工生育享受不少于九十天的产假。

第六十三条　不得安排女职工在哺乳未满一周岁的婴儿期间从事国家规定的第三级体力劳动强度的劳动和哺乳期禁忌从事的其他劳动，不得安排其延长工作时间和夜班劳动。

第六十四条　不得安排未成年工从事矿山井下、有毒有害、国家规定的第四级体力劳动强度的劳动和其他禁忌从事的劳动。

第六十五条　用人单位应当对未成年工定期进行健康检查。

第八章　职业培训

第六十六条　国家通过各种途径，采取各种措施，发展职业培训事业，开发劳动者的职业技能，提高劳动者素质，增强劳动者的就业能力和工作能力。

第六十七条 各级人民政府应当把发展职业培训纳入社会经济发展的规划，鼓励和支持有条件的企业、事业组织、社会团体和个人进行各种形式的职业培训。

第六十八条 用人单位应当建立职业培训制度，按照国家规定提取和使用职业培训经费，根据本单位实际，有计划地对劳动者进行职业培训。

从事技术工种的劳动者，上岗前必须经过培训。

第六十九条 国家确定职业分类，对规定的职业制定职业技能标准，实行职业资格证书制度，由经备案的考核鉴定机构负责对劳动者实施职业技能考核鉴定。

第九章 社会保险和福利

第七十条 国家发展社会保险事业，建立社会保险制度，设立社会保险基金，使劳动者在年老、患病、工伤、失业、生育等情况下获得帮助和补偿。

第七十一条 社会保险水平应当与社会经济发展水平和社会承受能力相适应。

第七十二条 社会保险基金按照保险类型确定资金来源，逐步实行社会统筹。用人单位和劳动者必须依法参加社会保险，缴纳社会保险费。

第七十三条 劳动者在下列情形下，依法享受社会保险待遇：

（一）退休；

（二）患病、负伤；

（三）因工伤残或者患职业病；

（四）失业；

（五）生育。

劳动者死亡后，其遗属依法享受遗属津贴。

劳动者享受社会保险待遇的条件和标准由法律、法规规定。

劳动者享受的社会保险金必须按时足额支付。

第七十四条 社会保险基金经办机构依照法律规定收支、管理和运营社会保险基金，并负有使社会保险基金保值增值的责任。

社会保险基金监督机构依照法律规定，对社会保险基金的收支、管理和运营实施监督。

社会保险基金经办机构和社会保险基金监督机构的设立和职能由法律规定。

任何组织和个人不得挪用社会保险基金。

第七十五条 国家鼓励用人单位根据本单位实际情况为劳动者建立补充保险。

国家提倡劳动者个人进行储蓄性保险。

第七十六条 国家发展社会福利事业，兴建公共福利设施，为劳动者休息、休养和疗养提供条件。

用人单位应当创造条件，改善集体福利，提高劳动者的福利待遇。

第十章 劳动争议

第七十七条 用人单位与劳动者发生劳动争议，当事人可以依法申请调解、仲裁、提起诉讼，也可以协商解决。

调解原则适用于仲裁和诉讼程序。

第七十八条 解决劳动争议，应当根据合法、公正、及时处理的原则，依法维护劳动争议当事人的合法权益。

第七十九条 劳动争议发生后，当事人可以向本单位劳动争议调解委员会申请调解；调解不成，当事人一方要求仲裁的，可以向劳动争议仲裁委员会申请仲裁。当事人一方也可以直接向劳动争议仲裁委员会申请仲裁。对仲裁裁决不服的，可以向人民法院提起诉讼。

第八十条 在用人单位内，可以设立劳动争议调解委员会。劳动争议调解委员会由职工代表、用人单位代表和工会代表组成。劳动争议调解委员会主任由工会代表担任。

劳动争议经调解达成协议的，当事人应当履行。

第八十一条 劳动争议仲裁委员会由劳动行政部门代表、同级工会代表、用人单位方面的代表组成。劳动争议仲裁委员会主任由劳动行政部门代表担任。

第八十二条 提出仲裁要求的一方应当自劳动争议发生之日起六十日内向劳动争议仲裁委员会提出书面申请。仲裁裁决一般应在收到仲裁申请的六十日内作出。对仲裁裁决无异议的，当事人必须履行。

第八十三条 劳动争议当事人对仲裁裁决不服的，可以自收到仲裁裁决书之日起十五日内向人民法院提起诉讼。一方当事人在法定期限内不起诉又不履行仲裁裁决的，另一方当事人可以申请人民法院强制执行。

第八十四条 因签订集体合同发生争议，当事人协商解决不成的，当地人民政府劳动行政部门可以组织有关各方协调处理。

因履行集体合同发生争议，当事人协商解决不成的，可以向劳动争议仲裁委员会申请仲裁；对仲裁裁决不服的，可以自收到仲裁裁决书之日起十五日内向人民法院提起诉讼。

第十一章 监督检查

第八十五条 县级以上各级人民政府劳动行政部门依法对用人单位遵守劳动法律、法规的情况进行监督检查，对违反劳动法律、法规的行为有权制止，并责令改正。

第八十六条 县级以上各级人民政府劳动行政部门监督检查人员执行公务，有权进入用人单位了解执行劳动法律、法规的情况，查阅必要的资料，并对劳动场所进行检查。

县级以上各级人民政府劳动行政部门监督检查人员执行公务，必须出示证件，秉公执法并遵守有关规定。

第八十七条 县级以上各级人民政府有关部门在各自职责范围内，对用人单位遵守劳动法律、法规的情况进行监督。

第八十八条 各级工会依法维护劳动者的合法权益，对用人单位遵守劳动法律、法规的情况进行监督。

任何组织和个人对于违反劳动法律、法规的行为有权检举和控告。

第十二章 法律责任

第八十九条 用人单位制定的劳动规章制度违反法律、法规规定的，由劳动行政部门给予警告，责令改正；对劳动者造成损害的，应当承担赔偿责任。

第九十条 用人单位违反本法规定,延长劳动者工作时间的,由劳动行政部门给予警告,责令改正,并可以处以罚款。

第九十一条 用人单位有下列侵害劳动者合法权益情形之一的,由劳动行政部门责令支付劳动者的工资报酬、经济补偿,并可以责令支付赔偿金:

(一)克扣或者无故拖欠劳动者工资的;

(二)拒不支付劳动者延长工作时间工资报酬的;

(三)低于当地最低工资标准支付劳动者工资的;

(四)解除劳动合同后,未依照本法规定给予劳动者经济补偿的。

第九十二条 用人单位的劳动安全设施和劳动卫生条件不符合国家规定或者未向劳动者提供必要的劳动防护用品和劳动保护设施的,由劳动行政部门或者有关部门责令改正,可以处以罚款;情节严重的,提请县级以上人民政府决定责令停产整顿;对事故隐患不采取措施,致使发生重大事故,造成劳动者生命和财产损失的,对责任人员依照刑法有关规定追究刑事责任。

第九十三条 用人单位强令劳动者违章冒险作业,发生重大伤亡事故,造成严重后果的,对责任人员依法追究刑事责任。

第九十四条 用人单位非法招用未满十六周岁的未成年人的,由劳动行政部门责令改正,处以罚款;情节严重的,由市场监督管理部门吊销营业执照。

第九十五条 用人单位违反本法对女职工和未成年工的保护规定,侵害其合法权益的,由劳动行政部门责令改正,处以罚款;对女职工或者未成年工造成损害的,应当承担赔偿责任。

第九十六条 用人单位有下列行为之一,由公安机关对责任人员处以十五日以下拘留、罚款或者警告;构成犯罪的,对责任人员依法追究刑事责任:

(一)以暴力、威胁或者非法限制人身自由的手段强迫劳动的;

(二)侮辱、体罚、殴打、非法搜查和拘禁劳动者的。

第九十七条 由于用人单位的原因订立的无效合同,对劳动者造成损害的,应当承担赔偿责任。

第九十八条 用人单位违反本法规定的条件解除劳动合同或者故意拖延不订立劳动合同的,由劳动行政部门责令改正;对劳动者造成损害的,应当承担赔偿责任。

第九十九条 用人单位招用尚未解除劳动合同的劳动者,对原用人单位造成经济损失的,该用人单位应当依法承担连带赔偿责任。

第一百条 用人单位无故不缴纳社会保险费的,由劳动行政部门责令其限期缴纳;逾期不缴的,可以加收滞纳金。

第一百零一条 用人单位无理阻挠劳动行政部门、有关部门及其工作人员行使监督检查权,打击报复举报人员的,由劳动行政部门或者有关部门处以罚款;构成犯罪的,对责任人员依法追究刑事责任。

第一百零二条 劳动者违反本法规定的条件解除劳动合同或者违反劳动合同中约定的保密事项,对用人单位造成经济损失的,应当依法承担赔偿责任。

第一百零三条 劳动行政部门或者有关部门的工作人员滥用职权、玩忽职守、徇私舞弊,构成犯罪的,依法追究刑事责任;不构成犯罪的,给予行政处分。

第一百零四条 国家工作人员和社会保险基金经办机构的工作人员挪用社会保险

基金，构成犯罪的，依法追究刑事责任。

第一百零五条 违反本法规定侵害劳动者合法权益，其他法律、行政法规已规定处罚的，依照该法律、行政法规的规定处罚。

第十三章 附 则

第一百零六条 省、自治区、直辖市人民政府根据本法和本地区的实际情况，规定劳动合同制度的实施步骤，报国务院备案。

第一百零七条 本法自1995年1月1日起施行。

中华人民共和国劳动合同法

(2007年6月29日第十届全国人民代表大会常务委员会第二十八次会议通过 根据2012年12月28日第十一届全国人民代表大会常务委员会第三十次会议《关于修改〈中华人民共和国劳动合同法〉的决定》修正)

目 录

第一章 总 则
第二章 劳动合同的订立
第三章 劳动合同的履行和变更
第四章 劳动合同的解除和终止
第五章 特别规定
　第一节 集体合同
　第二节 劳务派遣
　第三节 非全日制用工
第六章 监督检查
第七章 法律责任
第八章 附 则

第一章 总 则

第一条 为了完善劳动合同制度，明确劳动合同双方当事人的权利和义务，保护劳动者的合法权益，构建和发展和谐稳定的劳动关系，制定本法。

第二条 中华人民共和国境内的企业、个体经济组织、民办非企业单位等组织（以下称用人单位）与劳动者建立劳动关系，订立、履行、变更、解除或者终止劳动合同，适用本法。

国家机关、事业单位、社会团体和与其建立劳动关系的劳动者，订立、履行、变更、解除或者终止劳动合同，依照本法执行。

第三条 订立劳动合同,应当遵循合法、公平、平等自愿、协商一致、诚实信用的原则。

依法订立的劳动合同具有约束力,用人单位与劳动者应当履行劳动合同约定的义务。

第四条 用人单位应当依法建立和完善劳动规章制度,保障劳动者享有劳动权利、履行劳动义务。

用人单位在制定、修改或者决定有关劳动报酬、工作时间、休息休假、劳动安全卫生、保险福利、职工培训、劳动纪律以及劳动定额管理等直接涉及劳动者切身利益的规章制度或者重大事项时,应当经职工代表大会或者全体职工讨论,提出方案和意见,与工会或者职工代表平等协商确定。

在规章制度和重大事项决定实施过程中,工会或者职工认为不适当的,有权向用人单位提出,通过协商予以修改完善。

用人单位应当将直接涉及劳动者切身利益的规章制度和重大事项决定公示,或者告知劳动者。

第五条 县级以上人民政府劳动行政部门会同工会和企业方面代表,建立健全协调劳动关系三方机制,共同研究解决有关劳动关系的重大问题。

第六条 工会应当帮助、指导劳动者与用人单位依法订立和履行劳动合同,并与用人单位建立集体协商机制,维护劳动者的合法权益。

第二章 劳动合同的订立

第七条 用人单位自用工之日起即与劳动者建立劳动关系。用人单位应当建立职工名册备查。

第八条 用人单位招用劳动者时,应当如实告知劳动者工作内容、工作条件、工作地点、职业危害、安全生产状况、劳动报酬,以及劳动者要求了解的其他情况;用人单位有权了解劳动者与劳动合同直接相关的基本情况,劳动者应当如实说明。

第九条 用人单位招用劳动者,不得扣押劳动者的居民身份证和其他证件,不得要求劳动者提供担保或者以其他名义向劳动者收取财物。

第十条 建立劳动关系,应当订立书面劳动合同。

已建立劳动关系,未同时订立书面劳动合同的,应当自用工之日起一个月内订立书面劳动合同。

用人单位与劳动者在用工前订立劳动合同的,劳动关系自用工之日起建立。

第十一条 用人单位未在用工的同时订立书面劳动合同,与劳动者约定的劳动报酬不明确的,新招用的劳动者的劳动报酬按照集体合同规定的标准执行;没有集体合同或者集体合同未规定的,实行同工同酬。

第十二条 劳动合同分为固定期限劳动合同、无固定期限劳动合同和以完成一定工作任务为期限的劳动合同。

第十三条 固定期限劳动合同,是指用人单位与劳动者约定合同终止时间的劳动合同。

用人单位与劳动者协商一致,可以订立固定期限劳动合同。

第十四条 无固定期限劳动合同,是指用人单位与劳动者约定无确定终止时间的劳动合同。

用人单位与劳动者协商一致，可以订立无固定期限劳动合同。有下列情形之一，劳动者提出或者同意续订、订立劳动合同的，除劳动者提出订立固定期限劳动合同外，应当订立无固定期限劳动合同：

（一）劳动者在该用人单位连续工作满十年的；

（二）用人单位初次实行劳动合同制度或者国有企业改制重新订立劳动合同时，劳动者在该用人单位连续工作满十年且距法定退休年龄不足十年的；

（三）连续订立二次固定期限劳动合同，且劳动者没有本法第三十九条和第四十条第一项、第二项规定的情形，续订劳动合同的。

用人单位自用工之日起满一年不与劳动者订立书面劳动合同的，视为用人单位与劳动者已订立无固定期限劳动合同。

第十五条 以完成一定工作任务为期限的劳动合同，是指用人单位与劳动者约定以某项工作的完成为合同期限的劳动合同。

用人单位与劳动者协商一致，可以订立以完成一定工作任务为期限的劳动合同。

第十六条 劳动合同由用人单位与劳动者协商一致，并经用人单位与劳动者在劳动合同文本上签字或者盖章生效。

劳动合同文本由用人单位和劳动者各执一份。

第十七条 劳动合同应当具备以下条款：

（一）用人单位的名称、住所和法定代表人或者主要负责人；

（二）劳动者的姓名、住址和居民身份证或者其他有效身份证件号码；

（三）劳动合同期限；

（四）工作内容和工作地点；

（五）工作时间和休息休假；

（六）劳动报酬；

（七）社会保险；

（八）劳动保护、劳动条件和职业危害防护；

（九）法律、法规规定应当纳入劳动合同的其他事项。

劳动合同除前款规定的必备条款外，用人单位与劳动者可以约定试用期、培训、保守秘密、补充保险和福利待遇等其他事项。

第十八条 劳动合同对劳动报酬和劳动条件等标准约定不明确，引发争议的，用人单位与劳动者可以重新协商；协商不成的，适用集体合同规定；没有集体合同或者集体合同未规定劳动报酬的，实行同工同酬；没有集体合同或者集体合同未规定劳动条件等标准的，适用国家有关规定。

第十九条 劳动合同期限三个月以上不满一年的，试用期不得超过一个月；劳动合同期限一年以上不满三年的，试用期不得超过二个月；三年以上固定期限和无固定期限的劳动合同，试用期不得超过六个月。

同一用人单位与同一劳动者只能约定一次试用期。

以完成一定工作任务为期限的劳动合同或者劳动合同期限不满三个月的，不得约定试用期。

试用期包含在劳动合同期限内。劳动合同仅约定试用期的，试用期不成立，该期限为劳动合同期限。

第二十条 劳动者在试用期的工资不得低于本单位相同岗位最低档工资或者劳动合同约定工资的百分之八十,并不得低于用人单位所在地的最低工资标准。

第二十一条 在试用期中,除劳动者有本法第三十九条和第四十条第一项、第二项规定的情形外,用人单位不得解除劳动合同。用人单位在试用期解除劳动合同的,应当向劳动者说明理由。

第二十二条 用人单位为劳动者提供专项培训费用,对其进行专业技术培训的,可以与该劳动者订立协议,约定服务期。

劳动者违反服务期约定的,应当按照约定向用人单位支付违约金。违约金的数额不得超过用人单位提供的培训费用。用人单位要求劳动者支付的违约金不得超过服务期尚未履行部分所应分摊的培训费用。

用人单位与劳动者约定服务期的,不影响按照正常的工资调整机制提高劳动者在服务期期间的劳动报酬。

第二十三条 用人单位与劳动者可以在劳动合同中约定保守用人单位的商业秘密和与知识产权相关的保密事项。

对负有保密义务的劳动者,用人单位可以在劳动合同或者保密协议中与劳动者约定竞业限制条款,并约定在解除或者终止劳动合同后,在竞业限制期限内按月给予劳动者经济补偿。劳动者违反竞业限制约定的,应当按照约定向用人单位支付违约金。

第二十四条 竞业限制的人员限于用人单位的高级管理人员、高级技术人员和其他负有保密义务的人员。竞业限制的范围、地域、期限由用人单位与劳动者约定,竞业限制的约定不得违反法律、法规的规定。

在解除或者终止劳动合同后,前款规定的人员到与本单位生产或者经营同类产品、从事同类业务的有竞争关系的其他用人单位,或者自己开业生产或者经营同类产品、从事同类业务的竞业限制期限,不得超过二年。

第二十五条 除本法第二十二条和第二十三条规定的情形外,用人单位不得与劳动者约定由劳动者承担违约金。

第二十六条 下列劳动合同无效或者部分无效:

(一)以欺诈、胁迫的手段或者乘人之危,使对方在违背真实意思的情况下订立或者变更劳动合同的;

(二)用人单位免除自己的法定责任、排除劳动者权利的;

(三)违反法律、行政法规强制性规定的。

对劳动合同的无效或者部分无效有争议的,由劳动争议仲裁机构或者人民法院确认。

第二十七条 劳动合同部分无效,不影响其他部分效力的,其他部分仍然有效。

第二十八条 劳动合同被确认无效,劳动者已付出劳动的,用人单位应当向劳动者支付劳动报酬。劳动报酬的数额,参照本单位相同或者相近岗位劳动者的劳动报酬确定。

第三章 劳动合同的履行和变更

第二十九条 用人单位与劳动者应当按照劳动合同的约定,全面履行各自的义务。

第三十条 用人单位应当按照劳动合同约定和国家规定，向劳动者及时足额支付劳动报酬。

用人单位拖欠或者未足额支付劳动报酬的，劳动者可以依法向当地人民法院申请支付令，人民法院应当依法发出支付令。

第三十一条 用人单位应当严格执行劳动定额标准，不得强迫或者变相强迫劳动者加班。用人单位安排加班的，应当按照国家有关规定向劳动者支付加班费。

第三十二条 劳动者拒绝用人单位管理人员违章指挥、强令冒险作业的，不视为违反劳动合同。

劳动者对危害生命安全和身体健康的劳动条件，有权对用人单位提出批评、检举和控告。

第三十三条 用人单位变更名称、法定代表人、主要负责人或者投资人等事项，不影响劳动合同的履行。

第三十四条 用人单位发生合并或者分立等情况，原劳动合同继续有效，劳动合同由承继其权利和义务的用人单位继续履行。

第三十五条 用人单位与劳动者协商一致，可以变更劳动合同约定的内容。变更劳动合同，应当采用书面形式。

变更后的劳动合同文本由用人单位和劳动者各执一份。

第四章 劳动合同的解除和终止

第三十六条 用人单位与劳动者协商一致，可以解除劳动合同。

第三十七条 劳动者提前三十日以书面形式通知用人单位，可以解除劳动合同。劳动者在试用期内提前三日通知用人单位，可以解除劳动合同。

第三十八条 用人单位有下列情形之一的，劳动者可以解除劳动合同：

（一）未按照劳动合同约定提供劳动保护或者劳动条件的；

（二）未及时足额支付劳动报酬的；

（三）未依法为劳动者缴纳社会保险费的；

（四）用人单位的规章制度违反法律、法规的规定，损害劳动者权益的；

（五）因本法第二十六条第一款规定的情形致使劳动合同无效的；

（六）法律、行政法规规定劳动者可以解除劳动合同的其他情形。

用人单位以暴力、威胁或者非法限制人身自由的手段强迫劳动者劳动的，或者用人单位违章指挥、强令冒险作业危及劳动者人身安全的，劳动者可以立即解除劳动合同，不需事先告知用人单位。

第三十九条 劳动者有下列情形之一的，用人单位可以解除劳动合同：

（一）在试用期间被证明不符合录用条件的；

（二）严重违反用人单位的规章制度的；

（三）严重失职，营私舞弊，给用人单位造成重大损害的；

（四）劳动者同时与其他用人单位建立劳动关系，对完成本单位的工作任务造成严重影响，或者经用人单位提出，拒不改正的；

（五）因本法第二十六条第一款第一项规定的情形致使劳动合同无效的；

（六）被依法追究刑事责任的。

第四十条 有下列情形之一的,用人单位提前三十日以书面形式通知劳动者本人或者额外支付劳动者一个月工资后,可以解除劳动合同:

(一) 劳动者患病或者非因工负伤,在规定的医疗期满后不能从事原工作,也不能从事由用人单位另行安排的工作的;

(二) 劳动者不能胜任工作,经过培训或者调整工作岗位,仍不能胜任工作的;

(三) 劳动合同订立时所依据的客观情况发生重大变化,致使劳动合同无法履行,经用人单位与劳动者协商,未能就变更劳动合同内容达成协议的。

第四十一条 有下列情形之一,需要裁减人员二十人以上或者裁减不足二十人但占企业职工总数百分之十以上的,用人单位提前三十日向工会或者全体职工说明情况,听取工会或者职工的意见后,裁减人员方案经向劳动行政部门报告,可以裁减人员:

(一) 依照企业破产法规定进行重整的;

(二) 生产经营发生严重困难的;

(三) 企业转产、重大技术革新或者经营方式调整,经变更劳动合同后,仍需裁减人员的;

(四) 其他因劳动合同订立时所依据的客观经济情况发生重大变化,致使劳动合同无法履行的。

裁减人员时,应当优先留用下列人员:

(一) 与本单位订立较长期限的固定期限劳动合同的;

(二) 与本单位订立无固定期限劳动合同的;

(三) 家庭无其他就业人员,有需要扶养的老人或者未成年人的。

用人单位依照本条第一款规定裁减人员,在六个月内重新招用人员的,应当通知被裁减的人员,并在同等条件下优先招用被裁减的人员。

第四十二条 劳动者有下列情形之一的,用人单位不得依照本法第四十条、第四十一条的规定解除劳动合同:

(一) 从事接触职业病危害作业的劳动者未进行离岗前职业健康检查,或者疑似职业病病人在诊断或者医学观察期间的;

(二) 在本单位患职业病或者因工负伤并被确认丧失或者部分丧失劳动能力的;

(三) 患病或者非因工负伤,在规定的医疗期内的;

(四) 女职工在孕期、产期、哺乳期的;

(五) 在本单位连续工作满十五年,且距法定退休年龄不足五年的;

(六) 法律、行政法规规定的其他情形。

第四十三条 用人单位单方解除劳动合同,应当事先将理由通知工会。用人单位违反法律、行政法规规定或者劳动合同约定的,工会有权要求用人单位纠正。用人单位应当研究工会的意见,并将处理结果书面通知工会。

第四十四条 有下列情形之一的,劳动合同终止:

(一) 劳动合同期满的;

(二) 劳动者开始依法享受基本养老保险待遇的;

(三) 劳动者死亡,或者被人民法院宣告死亡或者宣告失踪的;

(四) 用人单位被依法宣告破产的;

(五) 用人单位被吊销营业执照、责令关闭、撤销或者用人单位决定提前解散的;

（六）法律、行政法规规定的其他情形。

第四十五条 劳动合同期满，有本法第四十二条规定情形之一的，劳动合同应当续延至相应的情形消失时终止。但是，本法第四十二条第二项规定丧失或者部分丧失劳动能力劳动者的劳动合同的终止，按照国家有关工伤保险的规定执行。

第四十六条 有下列情形之一的，用人单位应当向劳动者支付经济补偿：

（一）劳动者依照本法第三十八条规定解除劳动合同的；

（二）用人单位依照本法第三十六条规定向劳动者提出解除劳动合同并与劳动者协商一致解除劳动合同的；

（三）用人单位依照本法第四十条规定解除劳动合同的；

（四）用人单位依照本法第四十一条第一款规定解除劳动合同的；

（五）除用人单位维持或者提高劳动合同约定条件续订劳动合同，劳动者不同意续订的情形外，依照本法第四十四条第一项规定终止固定期限劳动合同的；

（六）依照本法第四十四条第四项、第五项规定终止劳动合同的；

（七）法律、行政法规规定的其他情形。

第四十七条 经济补偿按劳动者在本单位工作的年限，每满一年支付一个月工资的标准向劳动者支付。六个月以上不满一年的，按一年计算；不满六个月的，向劳动者支付半个月工资的经济补偿。

劳动者月工资高于用人单位所在直辖市、设区的市级人民政府公布的本地区上年度职工月平均工资三倍的，向其支付经济补偿的标准按职工月平均工资三倍的数额支付，向其支付经济补偿的年限最高不超过十二年。

本条所称月工资是指劳动者在劳动合同解除或者终止前十二个月的平均工资。

第四十八条 用人单位违反本法规定解除或者终止劳动合同，劳动者要求继续履行劳动合同的，用人单位应当继续履行；劳动者不要求继续履行劳动合同或者劳动合同已经不能继续履行的，用人单位应当依照本法第八十七条规定支付赔偿金。

第四十九条 国家采取措施，建立健全劳动者社会保险关系跨地区转移接续制度。

第五十条 用人单位应当在解除或者终止劳动合同时出具解除或者终止劳动合同的证明，并在十五日内为劳动者办理档案和社会保险关系转移手续。

劳动者应当按照双方约定，办理工作交接。用人单位依照本法有关规定应当向劳动者支付经济补偿的，在办结工作交接时支付。

用人单位对已经解除或者终止的劳动合同的文本，至少保存二年备查。

第五章 特别规定

第一节 集体合同

第五十一条 企业职工一方与用人单位通过平等协商，可以就劳动报酬、工作时间、休息休假、劳动安全卫生、保险福利等事项订立集体合同。集体合同草案应当提交职工代表大会或者全体职工讨论通过。

集体合同由工会代表企业职工一方与用人单位订立；尚未建立工会的用人单位，由上级工会指导劳动者推举的代表与用人单位订立。

第五十二条 企业职工一方与用人单位可以订立劳动安全卫生、女职工权益保护、工资调整机制等专项集体合同。

第五十三条 在县级以下区域内，建筑业、采矿业、餐饮服务业等行业可以由工会与企业方面代表订立行业性集体合同，或者订立区域性集体合同。

第五十四条 集体合同订立后，应当报送劳动行政部门；劳动行政部门自收到集体合同文本之日起十五日内未提出异议的，集体合同即行生效。

依法订立的集体合同对用人单位和劳动者具有约束力。行业性、区域性集体合同对当地本行业、本区域的用人单位和劳动者具有约束力。

第五十五条 集体合同中劳动报酬和劳动条件等标准不得低于当地人民政府规定的最低标准；用人单位与劳动者订立的劳动合同中劳动报酬和劳动条件等标准不得低于集体合同规定的标准。

第五十六条 用人单位违反集体合同，侵犯职工劳动权益的，工会可以依法要求用人单位承担责任；因履行集体合同发生争议，经协商解决不成的，工会可以依法申请仲裁、提起诉讼。

第二节 劳务派遣

第五十七条 经营劳务派遣业务应当具备下列条件：

（一）注册资本不得少于人民币二百万元；

（二）有与开展业务相适应的固定的经营场所和设施；

（三）有符合法律、行政法规规定的劳务派遣管理制度；

（四）法律、行政法规规定的其他条件。

经营劳务派遣业务，应当向劳动行政部门依法申请行政许可；经许可的，依法办理相应的公司登记。未经许可，任何单位和个人不得经营劳务派遣业务。

第五十八条 劳务派遣单位是本法所称用人单位，应当履行用人单位对劳动者的义务。劳务派遣单位与被派遣劳动者订立的劳动合同，除应当载明本法第十七条规定的事项外，还应当载明被派遣劳动者的用工单位以及派遣期限、工作岗位等情况。

劳务派遣单位应当与被派遣劳动者订立二年以上的固定期限劳动合同，按月支付劳动报酬；被派遣劳动者在无工作期间，劳务派遣单位应当按照所在地人民政府规定的最低工资标准，向其按月支付报酬。

第五十九条 劳务派遣单位派遣劳动者应当与接受以劳务派遣形式用工的单位（以下称用工单位）订立劳务派遣协议。劳务派遣协议应当约定派遣岗位和人员数量、派遣期限、劳动报酬和社会保险费的数额与支付方式以及违反协议的责任。

用工单位应当根据工作岗位的实际需要与劳务派遣单位确定派遣期限，不得将连续用工期限分割订立数个短期劳务派遣协议。

第六十条 劳务派遣单位应当将劳务派遣协议的内容告知被派遣劳动者。

劳务派遣单位不得克扣用工单位按照劳务派遣协议支付给被派遣劳动者的劳动报酬。

劳务派遣单位和用工单位不得向被派遣劳动者收取费用。

第六十一条 劳务派遣单位跨地区派遣劳动者的，被派遣劳动者享有的劳动报酬和劳动条件，按照用工单位所在地的标准执行。

第六十二条 用工单位应当履行下列义务：

（一）执行国家劳动标准，提供相应的劳动条件和劳动保护；
（二）告知被派遣劳动者的工作要求和劳动报酬；
（三）支付加班费、绩效奖金，提供与工作岗位相关的福利待遇；
（四）对在岗被派遣劳动者进行工作岗位所必需的培训；
（五）连续用工的，实行正常的工资调整机制。

用工单位不得将被派遣劳动者再派遣到其他用人单位。

第六十三条 被派遣劳动者享有与用工单位的劳动者同工同酬的权利。用工单位应当按照同工同酬原则，对被派遣劳动者与本单位同类岗位的劳动者实行相同的劳动报酬分配办法。用工单位无同类岗位劳动者的，参照用工单位所在地相同或者相近岗位劳动者的劳动报酬确定。

劳务派遣单位与被派遣劳动者订立的劳动合同和与用工单位订立的劳务派遣协议，载明或者约定的向被派遣劳动者支付的劳动报酬应当符合前款规定。

第六十四条 被派遣劳动者有权在劳务派遣单位或者用工单位依法参加或者组织工会，维护自身的合法权益。

第六十五条 被派遣劳动者可以依照本法第三十六条、第三十八条的规定与劳务派遣单位解除劳动合同。

被派遣劳动者有本法第三十九条和第四十条第一项、第二项规定情形的，用工单位可以将劳动者退回劳务派遣单位，劳务派遣单位依照本法有关规定，可以与劳动者解除劳动合同。

第六十六条 劳动合同用工是我国的企业基本用工形式。劳务派遣用工是补充形式，只能在临时性、辅助性或者替代性的工作岗位上实施。

前款规定的临时性工作岗位是指存续时间不超过六个月的岗位；辅助性工作岗位是指为主营业务岗位提供服务的非主营业务岗位；替代性工作岗位是指用工单位的劳动者因脱产学习、休假等原因无法工作的一定期间内，可以由其他劳动者替代工作的岗位。

用工单位应当严格控制劳务派遣用工数量，不得超过其用工总量的一定比例，具体比例由国务院劳动行政部门规定。

第六十七条 用人单位不得设立劳务派遣单位向本单位或者所属单位派遣劳动者。

第三节 非全日制用工

第六十八条 非全日制用工，是指以小时计酬为主，劳动者在同一用人单位一般平均每日工作时间不超过四小时，每周工作时间累计不超过二十四小时的用工形式。

第六十九条 非全日制用工双方当事人可以订立口头协议。

从事非全日制用工的劳动者可以与一个或者一个以上用人单位订立劳动合同；但是，后订立的劳动合同不得影响先订立的劳动合同的履行。

第七十条 非全日制用工双方当事人不得约定试用期。

第七十一条 非全日制用工双方当事人任何一方都可以随时通知对方终止用工。终止用工，用人单位不向劳动者支付经济补偿。

第七十二条 非全日制用工小时计酬标准不得低于用人单位所在地人民政府规定的最低小时工资标准。

非全日制用工劳动报酬结算支付周期最长不得超过十五日。

第六章　监督检查

第七十三条　国务院劳动行政部门负责全国劳动合同制度实施的监督管理。

县级以上地方人民政府劳动行政部门负责本行政区域内劳动合同制度实施的监督管理。

县级以上各级人民政府劳动行政部门在劳动合同制度实施的监督管理工作中，应当听取工会、企业方面代表以及有关行业主管部门的意见。

第七十四条　县级以上地方人民政府劳动行政部门依法对下列实施劳动合同制度的情况进行监督检查：

（一）用人单位制定直接涉及劳动者切身利益的规章制度及其执行的情况；

（二）用人单位与劳动者订立和解除劳动合同的情况；

（三）劳务派遣单位和用工单位遵守劳务派遣有关规定的情况；

（四）用人单位遵守国家关于劳动者工作时间和休息休假规定的情况；

（五）用人单位支付劳动合同约定的劳动报酬和执行最低工资标准的情况；

（六）用人单位参加各项社会保险和缴纳社会保险费的情况；

（七）法律、法规规定的其他劳动监察事项。

第七十五条　县级以上地方人民政府劳动行政部门实施监督检查时，有权查阅与劳动合同、集体合同有关的材料，有权对劳动场所进行实地检查，用人单位和劳动者都应当如实提供有关情况和材料。

劳动行政部门的工作人员进行监督检查，应当出示证件，依法行使职权，文明执法。

第七十六条　县级以上人民政府建设、卫生、安全生产监督管理等有关主管部门在各自职责范围内，对用人单位执行劳动合同制度的情况进行监督管理。

第七十七条　劳动者合法权益受到侵害的，有权要求有关部门依法处理，或者依法申请仲裁、提起诉讼。

第七十八条　工会依法维护劳动者的合法权益，对用人单位履行劳动合同、集体合同的情况进行监督。用人单位违反劳动法律、法规和劳动合同、集体合同的，工会有权提出意见或者要求纠正；劳动者申请仲裁、提起诉讼的，工会依法给予支持和帮助。

第七十九条　任何组织或者个人对违反本法的行为都有权举报，县级以上人民政府劳动行政部门应当及时核实、处理，并对举报有功人员给予奖励。

第七章　法律责任

第八十条　用人单位直接涉及劳动者切身利益的规章制度违反法律、法规规定的，由劳动行政部门责令改正，给予警告；给劳动者造成损害的，应当承担赔偿责任。

第八十一条　用人单位提供的劳动合同文本未载明本法规定的劳动合同必备条款或者用人单位未将劳动合同文本交付劳动者的，由劳动行政部门责令改正；给劳动者造成损害的，应当承担赔偿责任。

第八十二条　用人单位自用工之日起超过一个月不满一年未与劳动者订立书面劳

动合同的，应当向劳动者每月支付二倍的工资。

用人单位违反本法规定不与劳动者订立无固定期限劳动合同的，自应当订立无固定期限劳动合同之日起向劳动者每月支付二倍的工资。

第八十三条 用人单位违反本法规定与劳动者约定试用期的，由劳动行政部门责令改正；违法约定的试用期已经履行的，由用人单位以劳动者试用期满月工资为标准，按已经履行的超过法定试用期的期间向劳动者支付赔偿金。

第八十四条 用人单位违反本法规定，扣押劳动者居民身份证等证件的，由劳动行政部门责令限期退还劳动者本人，并依照有关法律规定给予处罚。

用人单位违反本法规定，以担保或者其他名义向劳动者收取财物的，由劳动行政部门责令限期退还劳动者本人，并以每人五百元以上二千元以下的标准处以罚款；给劳动者造成损害的，应当承担赔偿责任。

劳动者依法解除或者终止劳动合同，用人单位扣押劳动者档案或者其他物品的，依照前款规定处罚。

第八十五条 用人单位有下列情形之一的，由劳动行政部门责令限期支付劳动报酬、加班费或者经济补偿；劳动报酬低于当地最低工资标准的，应当支付其差额部分；逾期不支付的，责令用人单位按应付金额百分之五十以上百分之一百以下的标准向劳动者加付赔偿金：

（一）未按照劳动合同的约定或者国家规定及时足额支付劳动者劳动报酬的；

（二）低于当地最低工资标准支付劳动者工资的；

（三）安排加班不支付加班费的；

（四）解除或者终止劳动合同，未依照本法规定向劳动者支付经济补偿的。

第八十六条 劳动合同依照本法第二十六条规定被确认无效，给对方造成损害的，有过错的一方应当承担赔偿责任。

第八十七条 用人单位违反本法规定解除或者终止劳动合同的，应当依照本法第四十七条规定的经济补偿标准的二倍向劳动者支付赔偿金。

第八十八条 用人单位有下列情形之一的，依法给予行政处罚；构成犯罪的，依法追究刑事责任；给劳动者造成损害的，应当承担赔偿责任：

（一）以暴力、威胁或者非法限制人身自由的手段强迫劳动的；

（二）违章指挥或者强令冒险作业危及劳动者人身安全的；

（三）侮辱、体罚、殴打、非法搜查或者拘禁劳动者的；

（四）劳动条件恶劣、环境污染严重，给劳动者身心健康造成严重损害的。

第八十九条 用人单位违反本法规定未向劳动者出具解除或者终止劳动合同的书面证明，由劳动行政部门责令改正；给劳动者造成损害的，应当承担赔偿责任。

第九十条 劳动者违反本法规定解除劳动合同，或者违反劳动合同中约定的保密义务或者竞业限制，给用人单位造成损失的，应当承担赔偿责任。

第九十一条 用人单位招用与其他用人单位尚未解除或者终止劳动合同的劳动者，给其他用人单位造成损失的，应当承担连带赔偿责任。

第九十二条 违反本法规定，未经许可，擅自经营劳务派遣业务的，由劳动行政部门责令停止违法行为，没收违法所得，并处违法所得一倍以上五倍以下的罚款；没有违法所得的，可以处五万元以下的罚款。

劳务派遣单位、用工单位违反本法有关劳务派遣规定的，由劳动行政部门责令限期改正；逾期不改正的，以每人五千元以上一万元以下的标准处以罚款，对劳务派遣单位，吊销其劳务派遣业务经营许可证。用工单位给被派遣劳动者造成损害的，劳务派遣单位与用工单位承担连带赔偿责任。

第九十三条　对不具备合法经营资格的用人单位的违法犯罪行为，依法追究法律责任；劳动者已经付出劳动的，该单位或者其出资人应当依照本法有关规定向劳动者支付劳动报酬、经济补偿、赔偿金；给劳动者造成损害的，应当承担赔偿责任。

第九十四条　个人承包经营违反本法规定招用劳动者，给劳动者造成损害的，发包的组织与个人承包经营者承担连带赔偿责任。

第九十五条　劳动行政部门和其他有关主管部门及其工作人员玩忽职守、不履行法定职责，或者违法行使职权，给劳动者或者用人单位造成损害的，应当承担赔偿责任；对直接负责的主管人员和其他直接责任人员，依法给予行政处分；构成犯罪的，依法追究刑事责任。

第八章　附　则

第九十六条　事业单位与实行聘用制的工作人员订立、履行、变更、解除或者终止劳动合同，法律、行政法规或者国务院另有规定的，依照其规定；未作规定的，依照本法有关规定执行。

第九十七条　本法施行前已依法订立且在本法施行之日存续的劳动合同，继续履行；本法第十四条第二款第三项规定连续订立固定期限劳动合同的次数，自本法施行后续订固定期限劳动合同时开始计算。

本法施行前已建立劳动关系，尚未订立书面劳动合同的，应当自本法施行之日起一个月内订立。

本法施行之日存续的劳动合同在本法施行后解除或者终止，依照本法第四十六条规定应当支付经济补偿的，经济补偿年限自本法施行之日起计算；本法施行前按照当时有关规定，用人单位应当向劳动者支付经济补偿的，按照当时有关规定执行。

第九十八条　本法自 2008 年 1 月 1 日起施行。

中华人民共和国劳动争议调解仲裁法

(2007 年 12 月 29 日第十届全国人民代表大会常务委员会第三十一次会议通过　2007 年 12 月 29 日中华人民共和国主席令第 80 号公布　自 2008 年 5 月 1 日起施行)

目　录

第一章　总　则
第二章　调　解

第三章　仲　裁
　第一节　一般规定
　第二节　申请和受理
　第三节　开庭和裁决
第四章　附　则

第一章　总　则

第一条　为了公正及时解决劳动争议，保护当事人合法权益，促进劳动关系和谐稳定，制定本法。

第二条　中华人民共和国境内的用人单位与劳动者发生的下列劳动争议，适用本法：

（一）因确认劳动关系发生的争议；

（二）因订立、履行、变更、解除和终止劳动合同发生的争议；

（三）因除名、辞退和辞职、离职发生的争议；

（四）因工作时间、休息休假、社会保险、福利、培训以及劳动保护发生的争议；

（五）因劳动报酬、工伤医疗费、经济补偿或者赔偿金等发生的争议；

（六）法律、法规规定的其他劳动争议。

第三条　解决劳动争议，应当根据事实，遵循合法、公正、及时、着重调解的原则，依法保护当事人的合法权益。

第四条　发生劳动争议，劳动者可以与用人单位协商，也可以请工会或者第三方共同与用人单位协商，达成和解协议。

第五条　发生劳动争议，当事人不愿协商、协商不成或者达成和解协议后不履行的，可以向调解组织申请调解；不愿调解、调解不成或者达成调解协议后不履行的，可以向劳动争议仲裁委员会申请仲裁；对仲裁裁决不服的，除本法另有规定的外，可以向人民法院提起诉讼。

第六条　发生劳动争议，当事人对自己提出的主张，有责任提供证据。与争议事项有关的证据属于用人单位掌握管理的，用人单位应当提供；用人单位不提供的，应当承担不利后果。

第七条　发生劳动争议的劳动者一方在十人以上，并有共同请求的，可以推举代表参加调解、仲裁或者诉讼活动。

第八条　县级以上人民政府劳动行政部门会同工会和企业方面代表建立协调劳动关系三方机制，共同研究解决劳动争议的重大问题。

第九条　用人单位违反国家规定，拖欠或者未足额支付劳动报酬，或者拖欠工伤医疗费、经济补偿或者赔偿金的，劳动者可以向劳动行政部门投诉，劳动行政部门应当依法处理。

第二章　调　解

第十条　发生劳动争议，当事人可以到下列调解组织申请调解：

（一）企业劳动争议调解委员会；

（二）依法设立的基层人民调解组织；

（三）在乡镇、街道设立的具有劳动争议调解职能的组织。

企业劳动争议调解委员会由职工代表和企业代表组成。职工代表由工会成员担任或者由全体职工推举产生，企业代表由企业负责人指定。企业劳动争议调解委员会主任由工会成员或者双方推举的人员担任。

第十一条 劳动争议调解组织的调解员应当由公道正派、联系群众、热心调解工作，并具有一定法律知识、政策水平和文化水平的成年公民担任。

第十二条 当事人申请劳动争议调解可以书面申请，也可以口头申请。口头申请的，调解组织应当当场记录申请人基本情况、申请调解的争议事项、理由和时间。

第十三条 调解劳动争议，应当充分听取双方当事人对事实和理由的陈述，耐心疏导，帮助其达成协议。

第十四条 经调解达成协议的，应当制作调解协议书。

调解协议书由双方当事人签名或者盖章，经调解员签名并加盖调解组织印章后生效，对双方当事人具有约束力，当事人应当履行。

自劳动争议调解组织收到调解申请之日起十五日内未达成调解协议的，当事人可以依法申请仲裁。

第十五条 达成调解协议后，一方当事人在协议约定期限内不履行调解协议的，另一方当事人可以依法申请仲裁。

第十六条 因支付拖欠劳动报酬、工伤医疗费、经济补偿或者赔偿金事项达成调解协议，用人单位在协议约定期限内不履行的，劳动者可以持调解协议书依法向人民法院申请支付令。人民法院应当依法发出支付令。

第三章 仲 裁

第一节 一般规定

第十七条 劳动争议仲裁委员会按照统筹规划、合理布局和适应实际需要的原则设立。省、自治区人民政府可以决定在市、县设立；直辖市人民政府可以决定在区、县设立。直辖市、设区的市也可以设立一个或者若干个劳动争议仲裁委员会。劳动争议仲裁委员会不按行政区划层层设立。

第十八条 国务院劳动行政部门依照本法有关规定制定仲裁规则。省、自治区、直辖市人民政府劳动行政部门对本行政区域的劳动争议仲裁工作进行指导。

第十九条 劳动争议仲裁委员会由劳动行政部门代表、工会代表和企业方面代表组成。劳动争议仲裁委员会组成人员应当是单数。

劳动争议仲裁委员会依法履行下列职责：

（一）聘任、解聘专职或者兼职仲裁员；

（二）受理劳动争议案件；

（三）讨论重大或者疑难的劳动争议案件；

（四）对仲裁活动进行监督。

劳动争议仲裁委员会下设办事机构，负责办理劳动争议仲裁委员会的日常工作。

第二十条 劳动争议仲裁委员会应当设仲裁员名册。

仲裁员应当公道正派并符合下列条件之一：

（一）曾任审判员的；
（二）从事法律研究、教学工作并具有中级以上职称的；
（三）具有法律知识、从事人力资源管理或者工会等专业工作满五年的；
（四）律师执业满三年的。

第二十一条 劳动争议仲裁委员会负责管辖本区域内发生的劳动争议。

劳动争议由劳动合同履行地或者用人单位所在地的劳动争议仲裁委员会管辖。双方当事人分别向劳动合同履行地和用人单位所在地的劳动争议仲裁委员会申请仲裁的，由劳动合同履行地的劳动争议仲裁委员会管辖。

第二十二条 发生劳动争议的劳动者和用人单位为劳动争议仲裁案件的双方当事人。

劳务派遣单位或者用工单位与劳动者发生劳动争议的，劳务派遣单位和用工单位为共同当事人。

第二十三条 与劳动争议案件的处理结果有利害关系的第三人，可以申请参加仲裁活动或者由劳动争议仲裁委员会通知其参加仲裁活动。

第二十四条 当事人可以委托代理人参加仲裁活动。委托他人参加仲裁活动，应当向劳动争议仲裁委员会提交有委托人签名或者盖章的委托书，委托书应当载明委托事项和权限。

第二十五条 丧失或者部分丧失民事行为能力的劳动者，由其法定代理人代为参加仲裁活动；无法定代理人的，由劳动争议仲裁委员会为其指定代理人。劳动者死亡的，由其近亲属或者代理人参加仲裁活动。

第二十六条 劳动争议仲裁公开进行，但当事人协议不公开进行或者涉及国家秘密、商业秘密和个人隐私的除外。

第二节 申请和受理

第二十七条 劳动争议申请仲裁的时效期间为一年。仲裁时效期间从当事人知道或者应当知道其权利被侵害之日起计算。

前款规定的仲裁时效，因当事人一方向对方当事人主张权利，或者向有关部门请求权利救济，或者对方当事人同意履行义务而中断。从中断时起，仲裁时效期间重新计算。

因不可抗力或者有其他正当理由，当事人不能在本条第一款规定的仲裁时效期间申请仲裁的，仲裁时效中止。从中止时效的原因消除之日起，仲裁时效期间继续计算。

劳动关系存续期间因拖欠劳动报酬发生争议的，劳动者申请仲裁不受本条第一款规定的仲裁时效期间的限制；但是，劳动关系终止的，应当自劳动关系终止之日起一年内提出。

第二十八条 申请人申请仲裁应当提交书面仲裁申请，并按照被申请人人数提交副本。

仲裁申请书应当载明下列事项：

（一）劳动者的姓名、性别、年龄、职业、工作单位和住所，用人单位的名称、住所和法定代表人或者主要负责人的姓名、职务；
（二）仲裁请求和所根据的事实、理由；

(三)证据和证据来源、证人姓名和住所。

书写仲裁申请确有困难的,可以口头申请,由劳动争议仲裁委员会记入笔录,并告知对方当事人。

第二十九条 劳动争议仲裁委员会收到仲裁申请之日起五日内,认为符合受理条件的,应当受理,并通知申请人;认为不符合受理条件的,应当书面通知申请人不予受理,并说明理由。对劳动争议仲裁委员会不予受理或者逾期未作出决定的,申请人可以就该劳动争议事项向人民法院提起诉讼。

第三十条 劳动争议仲裁委员会受理仲裁申请后,应当在五日内将仲裁申请书副本送达被申请人。

被申请人收到仲裁申请书副本后,应当在十日内向劳动争议仲裁委员会提交答辩书。劳动争议仲裁委员会收到答辩书后,应当在五日内将答辩书副本送达申请人。被申请人未提交答辩书的,不影响仲裁程序的进行。

第三节 开庭和裁决

第三十一条 劳动争议仲裁委员会裁决劳动争议案件实行仲裁庭制。仲裁庭由三名仲裁员组成,设首席仲裁员。简单劳动争议案件可以由一名仲裁员独任仲裁。

第三十二条 劳动争议仲裁委员会应当在受理仲裁申请之日起五日内将仲裁庭的组成情况书面通知当事人。

第三十三条 仲裁员有下列情形之一,应当回避,当事人也有权以口头或者书面方式提出回避申请:

(一)是本案当事人或者当事人、代理人的近亲属的;
(二)与本案有利害关系的;
(三)与本案当事人、代理人有其他关系,可能影响公正裁决的;
(四)私自会见当事人、代理人,或者接受当事人、代理人的请客送礼的。

劳动争议仲裁委员会对回避申请应当及时作出决定,并以口头或者书面方式通知当事人。

第三十四条 仲裁员有本法第三十三条第四项规定情形,或者有索贿受贿、徇私舞弊、枉法裁决行为的,应当依法承担法律责任。劳动争议仲裁委员会应当将其解聘。

第三十五条 仲裁庭应当在开庭五日前,将开庭日期、地点书面通知双方当事人。当事人有正当理由的,可以在开庭三日前请求延期开庭。是否延期,由劳动争议仲裁委员会决定。

第三十六条 申请人收到书面通知,无正当理由拒不到庭或者未经仲裁庭同意中途退庭的,可以视为撤回仲裁申请。

被申请人收到书面通知,无正当理由拒不到庭或者未经仲裁庭同意中途退庭的,可以缺席裁决。

第三十七条 仲裁庭对专门性问题认为需要鉴定的,可以交由当事人约定的鉴定机构鉴定;当事人没有约定或者无法达成约定的,由仲裁庭指定的鉴定机构鉴定。

根据当事人的请求或者仲裁庭的要求,鉴定机构应当派鉴定人参加开庭。当事人经仲裁庭许可,可以向鉴定人提问。

第三十八条 当事人在仲裁过程中有权进行质证和辩论。质证和辩论终结时,首席仲裁员或者独任仲裁员应当征询当事人的最后意见。

第三十九条 当事人提供的证据经查证属实的,仲裁庭应当将其作为认定事实的根据。

劳动者无法提供由用人单位掌握管理的与仲裁请求有关的证据,仲裁庭可以要求用人单位在指定期限内提供。用人单位在指定期限内不提供的,应当承担不利后果。

第四十条 仲裁庭应当将开庭情况记入笔录。当事人和其他仲裁参加人认为对自己陈述的记录有遗漏或者差错的,有权申请补正。如果不予补正,应当记录该申请。

笔录由仲裁员、记录人员、当事人和其他仲裁参加人签名或者盖章。

第四十一条 当事人申请劳动争议仲裁后,可以自行和解。达成和解协议的,可以撤回仲裁申请。

第四十二条 仲裁庭在作出裁决前,应当先行调解。

调解达成协议的,仲裁庭应当制作调解书。

调解书应当写明仲裁请求和当事人协议的结果。调解书由仲裁员签名,加盖劳动争议仲裁委员会印章,送达双方当事人。调解书经双方当事人签收后,发生法律效力。

调解不成或者调解书送达前,一方当事人反悔的,仲裁庭应当及时作出裁决。

第四十三条 仲裁庭裁决劳动争议案件,应当自劳动争议仲裁委员会受理仲裁申请之日起四十五日内结束。案情复杂需要延期的,经劳动争议仲裁委员会主任批准,可以延期并书面通知当事人,但是延长期限不得超过十五日。逾期未作出仲裁裁决的,当事人可以就该劳动争议事项向人民法院提起诉讼。

仲裁庭裁决劳动争议案件时,其中一部分事实已经清楚,可以就该部分先行裁决。

第四十四条 仲裁庭对追索劳动报酬、工伤医疗费、经济补偿或者赔偿金的案件,根据当事人的申请,可以裁决先予执行,移送人民法院执行。

仲裁庭裁决先予执行的,应当符合下列条件:

(一)当事人之间权利义务关系明确;

(二)不先予执行将严重影响申请人的生活。

劳动者申请先予执行的,可以不提供担保。

第四十五条 裁决应当按照多数仲裁员的意见作出,少数仲裁员的不同意见应当记入笔录。仲裁庭不能形成多数意见时,裁决应当按照首席仲裁员的意见作出。

第四十六条 裁决书应当载明仲裁请求、争议事实、裁决理由、裁决结果和裁决日期。裁决书由仲裁员签名,加盖劳动争议仲裁委员会印章。对裁决持不同意见的仲裁员,可以签名,也可以不签名。

第四十七条 下列劳动争议,除本法另有规定的外,仲裁裁决为终局裁决,裁决书自作出之日起发生法律效力:

(一)追索劳动报酬、工伤医疗费、经济补偿或者赔偿金,不超过当地月最低工资标准十二个月金额的争议;

(二)因执行国家的劳动标准在工作时间、休息休假、社会保险等方面发生的争议。

第四十八条 劳动者对本法第四十七条规定的仲裁裁决不服的,可以自收到仲裁裁决书之日起十五日内向人民法院提起诉讼。

第四十九条 用人单位有证据证明本法第四十七条规定的仲裁裁决有下列情形之

一，可以自收到仲裁裁决书之日起三十日内向劳动争议仲裁委员会所在地的中级人民法院申请撤销裁决：

（一）适用法律、法规确有错误的；

（二）劳动争议仲裁委员会无管辖权的；

（三）违反法定程序的；

（四）裁决所根据的证据是伪造的；

（五）对方当事人隐瞒了足以影响公正裁决的证据的；

（六）仲裁员在仲裁该案时有索贿受贿、徇私舞弊、枉法裁决行为的。

人民法院经组成合议庭审查核实裁决有前款规定情形之一的，应当裁定撤销。

仲裁裁决被人民法院裁定撤销的，当事人可以自收到裁定书之日起十五日内就该劳动争议事项向人民法院提起诉讼。

第五十条 当事人对本法第四十七条规定以外的其他劳动争议案件的仲裁裁决不服的，可以自收到仲裁裁决书之日起十五日内向人民法院提起诉讼；期满不起诉的，裁决书发生法律效力。

第五十一条 当事人对发生法律效力的调解书、裁决书，应当依照规定的期限履行。一方当事人逾期不履行的，另一方当事人可以依照民事诉讼法的有关规定向人民法院申请执行。受理申请的人民法院应当依法执行。

第四章 附 则

第五十二条 事业单位实行聘用制的工作人员与本单位发生劳动争议的，依照本法执行；法律、行政法规或者国务院另有规定的，依照其规定。

第五十三条 劳动争议仲裁不收费。劳动争议仲裁委员会的经费由财政予以保障。

第五十四条 本法自 2008 年 5 月 1 日起施行。

最高人民法院
关于审理劳动争议案件适用法律问题的解释（一）

法释〔2020〕26 号

（2020 年 12 月 25 日最高人民法院审判委员会第 1825 次会议通过 2020 年 12 月 29 日最高人民法院公告公布 自 2021 年 1 月 1 日起施行）

为正确审理劳动争议案件，根据《中华人民共和国民法典》《中华人民共和国劳动法》《中华人民共和国劳动合同法》《中华人民共和国劳动争议调解仲裁法》《中华人民共和国民事诉讼法》等相关法律规定，结合审判实践，制定本解释。

第一条 劳动者与用人单位之间发生的下列纠纷，属于劳动争议，当事人不服劳动争议仲裁机构作出的裁决，依法提起诉讼的，人民法院应予受理：

（一）劳动者与用人单位在履行劳动合同过程中发生的纠纷；

（二）劳动者与用人单位之间没有订立书面劳动合同，但已形成劳动关系后发生的纠纷；

（三）劳动者与用人单位因劳动关系是否已经解除或者终止，以及应否支付解除或者终止劳动关系经济补偿金发生的纠纷；

（四）劳动者与用人单位解除或者终止劳动关系后，请求用人单位返还其收取的劳动合同定金、保证金、抵押金、抵押物发生的纠纷，或者办理劳动者的人事档案、社会保险关系等移转手续发生的纠纷；

（五）劳动者以用人单位未为其办理社会保险手续，且社会保险经办机构不能补办导致其无法享受社会保险待遇为由，要求用人单位赔偿损失发生的纠纷；

（六）劳动者退休后，与尚未参加社会保险统筹的原用人单位因追索养老金、医疗费、工伤保险待遇和其他社会保险待遇而发生的纠纷；

（七）劳动者因为工伤、职业病，请求用人单位依法给予工伤保险待遇发生的纠纷；

（八）劳动者依据劳动合同法第八十五条规定，要求用人单位支付加付赔偿金发生的纠纷；

（九）因企业自主进行改制发生的纠纷。

第二条 下列纠纷不属于劳动争议：

（一）劳动者请求社会保险经办机构发放社会保险金的纠纷；

（二）劳动者与用人单位因住房制度改革产生的公有住房转让纠纷；

（三）劳动者对劳动能力鉴定委员会的伤残等级鉴定结论或者对职业病诊断鉴定委员会的职业病诊断鉴定结论的异议纠纷；

（四）家庭或者个人与家政服务人员之间的纠纷；

（五）个体工匠与帮工、学徒之间的纠纷；

（六）农村承包经营户与受雇人之间的纠纷。

第三条 劳动争议案件由用人单位所在地或者劳动合同履行地的基层人民法院管辖。

劳动合同履行地不明确的，由用人单位所在地的基层人民法院管辖。

法律另有规定的，依照其规定。

第四条 劳动者与用人单位均不服劳动争议仲裁机构的同一裁决，向同一人民法院起诉的，人民法院应当并案审理，双方当事人互为原告和被告，对双方的诉讼请求，人民法院应当一并作出裁决。在诉讼过程中，一方当事人撤诉的，人民法院应当根据另一方当事人的诉讼请求继续审理。双方当事人就同一仲裁裁决分别向有管辖权的人民法院起诉的，后受理的人民法院应当将案件移送给先受理的人民法院。

第五条 劳动争议仲裁机构以无管辖权为由对劳动争议案件不予受理，当事人提起诉讼的，人民法院按照以下情形分别处理：

（一）经审查认为该劳动争议仲裁机构对案件确无管辖权的，应当告知当事人向有管辖权的劳动争议仲裁机构申请仲裁；

（二）经审查认为该劳动争议仲裁机构有管辖权的，应当告知当事人申请仲裁，并将审查意见书面通知该劳动争议仲裁机构；劳动争议仲裁机构仍不受理，当事人就该劳动争议事项提起诉讼的，人民法院应予受理。

第六条 劳动争议仲裁机构以当事人申请仲裁的事项不属于劳动争议为由，作出不予受理的书面裁决、决定或者通知，当事人不服依法提起诉讼的，人民法院应当分别情况予以处理：

（一）属于劳动争议案件的，应当受理；

（二）虽不属于劳动争议案件，但属于人民法院主管的其他案件，应当依法受理。

第七条 劳动争议仲裁机构以申请仲裁的主体不适格为由，作出不予受理的书面裁决、决定或者通知，当事人不服依法提起诉讼，经审查确属主体不适格的，人民法院不予受理；已经受理的，裁定驳回起诉。

第八条 劳动争议仲裁机构为纠正原仲裁裁决错误重新作出裁决，当事人不服依法提起诉讼的，人民法院应当受理。

第九条 劳动争议仲裁机构仲裁的事项不属于人民法院受理的案件范围，当事人不服依法提起诉讼的，人民法院不予受理；已经受理的，裁定驳回起诉。

第十条 当事人不服劳动争议仲裁机构作出的预先支付劳动者劳动报酬、工伤医疗费、经济补偿或者赔偿金的裁决，依法提起诉讼的，人民法院不予受理。

用人单位不履行上述裁决中的给付义务，劳动者依法申请强制执行的，人民法院应予受理。

第十一条 劳动争议仲裁机构作出的调解书已经发生法律效力，一方当事人反悔提起诉讼的，人民法院不予受理；已经受理的，裁定驳回起诉。

第十二条 劳动争议仲裁机构逾期未作出受理决定或仲裁裁决，当事人直接提起诉讼的，人民法院应予受理，但申请仲裁的案件存在下列事由的除外：

（一）移送管辖的；

（二）正在送达或者送达延误的；

（三）等待另案诉讼结果、评残结论的；

（四）正在等待劳动争议仲裁机构开庭的；

（五）启动鉴定程序或者委托其他部门调查取证的；

（六）其他正当事由。

当事人以劳动争议仲裁机构逾期未作出仲裁裁决为由提起诉讼的，应当提交该仲裁机构出具的受理通知书或者其他已接受仲裁申请的凭证、证明。

第十三条 劳动者依据劳动合同法第三十条第二款和调解仲裁法第十六条规定向人民法院申请支付令，符合民事诉讼法第十七章督促程序规定的，人民法院应予受理。

依据劳动合同法第三十条第二款规定申请支付令被人民法院裁定终结督促程序后，劳动者就劳动争议事项直接提起诉讼的，人民法院应当告知其先向劳动争议仲裁机构申请仲裁。

依据调解仲裁法第十六条规定申请支付令被人民法院裁定终结督促程序后，劳动者依据调解协议直接提起诉讼的，人民法院应予受理。

第十四条 人民法院受理劳动争议案件后，当事人增加诉讼请求的，如该诉讼请求与讼争的劳动争议具有不可分性，应当合并审理；如属独立的劳动争议，应当告知当事人向劳动争议仲裁机构申请仲裁。

第十五条 劳动者以用人单位的工资欠条为证据直接提起诉讼，诉讼请求不涉及劳动关系其他争议的，视为拖欠劳动报酬争议，人民法院按照普通民事纠纷受理。

第十六条 劳动争议仲裁机构作出仲裁裁决后，当事人对裁决中的部分事项不服，依法提起诉讼的，劳动争议仲裁裁决不发生法律效力。

第十七条 劳动争议仲裁机构对多个劳动者的劳动争议作出仲裁裁决后，部分劳动者对仲裁裁决不服，依法提起诉讼的，仲裁裁决对提起诉讼的劳动者不发生法律效力；对未提起诉讼的部分劳动者，发生法律效力，如其申请执行的，人民法院应当受理。

第十八条 仲裁裁决的类型以仲裁裁决书确定为准。仲裁裁决书未载明该裁决为终局裁决或者非终局裁决，用人单位不服该仲裁裁决向基层人民法院提起诉讼的，应当按照以下情形分别处理：

（一）经审查认为该仲裁裁决为非终局裁决的，基层人民法院应予受理；

（二）经审查认为该仲裁裁决为终局裁决的，基层人民法院不予受理，但应告知用人单位可以自收到不予受理裁定书之日起三十日内向劳动争议仲裁机构所在地的中级人民法院申请撤销该仲裁裁决；已经受理的，裁定驳回起诉。

第十九条 仲裁裁决书未载明该裁决为终局裁决或者非终局裁决，劳动者依据调解仲裁法第四十七条第一项规定，追索劳动报酬、工伤医疗费、经济补偿或者赔偿金，如果仲裁裁决涉及数项，每项确定的数额均不超过当地月最低工资标准十二个月金额的，应当按照终局裁决处理。

第二十条 劳动争议仲裁机构作出的同一仲裁裁决同时包含终局裁决事项和非终局裁决事项，当事人不服该仲裁裁决向人民法院提起诉讼的，应当按照非终局裁决处理。

第二十一条 劳动者依据调解仲裁法第四十八条规定向基层人民法院提起诉讼，用人单位依据调解仲裁法第四十九条规定向劳动争议仲裁机构所在地的中级人民法院申请撤销仲裁裁决的，中级人民法院应当不予受理；已经受理的，应当裁定驳回申请。

被人民法院驳回起诉或者劳动者撤诉的，用人单位可以自收到裁定书之日起三十日内，向劳动争议仲裁机构所在地的中级人民法院申请撤销仲裁裁决。

第二十二条 用人单位依据调解仲裁法第四十九条规定向中级人民法院申请撤销仲裁裁决，中级人民法院作出的驳回申请或者撤销仲裁裁决的裁定为终审裁定。

第二十三条 中级人民法院审理用人单位申请撤销终局裁决的案件，应当组成合议庭开庭审理。经过阅卷、调查和询问当事人，对没有新的事实、证据或者理由，合议庭认为不需要开庭审理的，可以不开庭审理。

中级人民法院可以组织双方当事人调解。达成调解协议的，可以制作调解书。一方当事人逾期不履行调解协议的，另一方可以申请人民法院强制执行。

第二十四条 当事人申请人民法院执行劳动争议仲裁机构作出的发生法律效力的裁决书、调解书，被申请人提出证据证明劳动争议仲裁裁决书、调解书有下列情形之一，并经审查核实的，人民法院可以根据民事诉讼法第二百三十七条规定，裁定不予执行：

（一）裁决的事项不属于劳动争议仲裁范围，或者劳动争议仲裁机构无权仲裁的；

（二）适用法律、法规确有错误的；

（三）违反法定程序的；

（四）裁决所根据的证据是伪造的；

（五）对方当事人隐瞒了足以影响公正裁决的证据的；

（六）仲裁员在仲裁该案时有索贿受贿、徇私舞弊、枉法裁决行为的；

（七）人民法院认定执行该劳动争议仲裁裁决违背社会公共利益的。

人民法院在不予执行的裁定书中，应当告知当事人在收到裁定书之次日起三十日内，可以就该劳动争议事项向人民法院提起诉讼。

第二十五条 劳动争议仲裁机构作出终局裁决，劳动者向人民法院申请执行，用人单位向劳动争议仲裁机构所在地的中级人民法院申请撤销的，人民法院应当裁定中止执行。

用人单位撤回撤销终局裁决申请或者其申请被驳回的，人民法院应当裁定恢复执行。仲裁裁决被撤销的，人民法院应当裁定终结执行。

用人单位向人民法院申请撤销仲裁裁决被驳回后，又在执行程序中以相同理由提出不予执行抗辩的，人民法院不予支持。

第二十六条 用人单位与其他单位合并的，合并前发生的劳动争议，由合并后的单位为当事人；用人单位分立为若干单位的，其分立前发生的劳动争议，由分立后的实际用人单位为当事人。

用人单位分立为若干单位后，具体承受劳动权利义务的单位不明确的，分立后的单位均为当事人。

第二十七条 用人单位招用尚未解除劳动合同的劳动者，原用人单位与劳动者发生的劳动争议，可以列新的用人单位为第三人。

原用人单位以新的用人单位侵权为由提起诉讼的，可以列劳动者为第三人。

原用人单位以新的用人单位和劳动者共同侵权为由提起诉讼的，新的用人单位和劳动者列为共同被告。

第二十八条 劳动者在用人单位与其他平等主体之间的承包经营期间，与发包方和承包方双方或者一方发生劳动争议，依法提起诉讼的，应当将承包方和发包方作为当事人。

第二十九条 劳动者与未办理营业执照、营业执照被吊销或者营业期限届满仍继续经营的用人单位发生争议的，应当将用人单位或者其出资人列为当事人。

第三十条 未办理营业执照、营业执照被吊销或者营业期限届满仍继续经营的用人单位，以挂靠等方式借用他人营业执照经营的，应当将用人单位和营业执照出借方列为当事人。

第三十一条 当事人不服劳动争议仲裁机构作出的仲裁裁决，依法提起诉讼，人民法院审查认为仲裁裁决遗漏了必须共同参加仲裁的当事人的，应当依法追加遗漏的人为诉讼当事人。

被追加的当事人应当承担责任的，人民法院应当一并处理。

第三十二条 用人单位与其招用的已经依法享受养老保险待遇或者领取退休金的人员发生用工争议而提起诉讼的，人民法院应当按劳务关系处理。

企业停薪留职人员、未达到法定退休年龄的内退人员、下岗待岗人员以及企业经营性停产放长假人员，因与新的用人单位发生用工争议而提起诉讼的，人民法院应当按劳动关系处理。

第三十三条 外国人、无国籍人未依法取得就业证件即与中华人民共和国境内的用人单位签订劳动合同，当事人请求确认与用人单位存在劳动关系的，人民法院不予支持。

持有《外国专家证》并取得《外国人来华工作许可证》的外国人，与中华人民共和国境内的用人单位建立用工关系的，可以认定为劳动关系。

第三十四条 劳动合同期满后,劳动者仍在原用人单位工作,原用人单位未表示异议的,视为双方同意以原条件继续履行劳动合同。一方提出终止劳动关系的,人民法院应予支持。

根据劳动合同法第十四条规定,用人单位应当与劳动者签订无固定期限劳动合同而未签订的,人民法院可以视为双方之间存在无固定期限劳动合同关系,并以原劳动合同确定双方的权利义务关系。

第三十五条 劳动者与用人单位就解除或者终止劳动合同办理相关手续、支付工资报酬、加班费、经济补偿或者赔偿金等达成的协议,不违反法律、行政法规的强制性规定,且不存在欺诈、胁迫或者乘人之危情形的,应当认定有效。

前款协议存在重大误解或者显失公平情形,当事人请求撤销的,人民法院应予支持。

第三十六条 当事人在劳动合同或者保密协议中约定了竞业限制,但未约定解除或者终止劳动合同后给予劳动者经济补偿,劳动者履行了竞业限制义务,要求用人单位按照劳动者在劳动合同解除或者终止前十二个月平均工资的30%按月支付经济补偿的,人民法院应予支持。

前款规定的月平均工资的30%低于劳动合同履行地最低工资标准的,按照劳动合同履行地最低工资标准支付。

第三十七条 当事人在劳动合同或者保密协议中约定了竞业限制和经济补偿,当事人解除劳动合同时,除另有约定外,用人单位要求劳动者履行竞业限制义务,或者劳动者履行了竞业限制义务后要求用人单位支付经济补偿的,人民法院应予支持。

第三十八条 当事人在劳动合同或者保密协议中约定了竞业限制和经济补偿,劳动合同解除或者终止后,因用人单位的原因导致三个月未支付经济补偿,劳动者请求解除竞业限制约定的,人民法院应予支持。

第三十九条 在竞业限制期限内,用人单位请求解除竞业限制协议的,人民法院应予支持。

在解除竞业限制协议时,劳动者请求用人单位额外支付劳动者三个月的竞业限制经济补偿的,人民法院应予支持。

第四十条 劳动者违反竞业限制约定,向用人单位支付违约金后,用人单位要求劳动者按照约定继续履行竞业限制义务的,人民法院应予支持。

第四十一条 劳动合同被确认为无效,劳动者已付出劳动的,用人单位应当按照劳动合同法第二十八条、第四十六条、第四十七条的规定向劳动者支付劳动报酬和经济补偿。

由于用人单位原因订立无效劳动合同,给劳动者造成损害的,用人单位应当赔偿劳动者因合同无效所造成的经济损失。

第四十二条 劳动者主张加班费的,应当就加班事实的存在承担举证责任。但劳动者有证据证明用人单位掌握加班事实存在的证据,用人单位不提供的,由用人单位承担不利后果。

第四十三条 用人单位与劳动者协商一致变更劳动合同,虽未采用书面形式,但已经实际履行了口头变更的劳动合同超过一个月,变更后的劳动合同内容不违反法律、行政法规且不违背公序良俗,当事人以未采用书面形式为由主张劳动合同变更无效的,人民法院不予支持。

第四十四条 因用人单位作出的开除、除名、辞退、解除劳动合同、减少劳动报酬、计算劳动者工作年限等决定而发生的劳动争议，用人单位负举证责任。

第四十五条 用人单位有下列情形之一，迫使劳动者提出解除劳动合同的，用人单位应当支付劳动者的劳动报酬和经济补偿，并可支付赔偿金：

（一）以暴力、威胁或者非法限制人身自由的手段强迫劳动的；

（二）未按照劳动合同约定支付劳动报酬或者提供劳动条件的；

（三）克扣或者无故拖欠劳动者工资的；

（四）拒不支付劳动者延长工作时间工资报酬的；

（五）低于当地最低工资标准支付劳动者工资的。

第四十六条 劳动者非因本人原因从原用人单位被安排到新用人单位工作，原用人单位未支付经济补偿，劳动者依据劳动合同法第三十八条规定与新用人单位解除劳动合同，或者新用人单位向劳动者提出解除、终止劳动合同，在计算支付经济补偿或赔偿金的工作年限时，劳动者请求把在原用人单位的工作年限合并计算为新用人单位工作年限的，人民法院应予支持。

用人单位符合下列情形之一的，应当认定属于"劳动者非因本人原因从原用人单位被安排到新用人单位工作"：

（一）劳动者仍在原工作场所、工作岗位工作，劳动合同主体由原用人单位变更为新用人单位；

（二）用人单位以组织委派或任命形式对劳动者进行工作调动；

（三）因用人单位合并、分立等原因导致劳动者工作调动；

（四）用人单位及其关联企业与劳动者轮流订立劳动合同；

（五）其他合理情形。

第四十七条 建立了工会组织的用人单位解除劳动合同符合劳动合同法第三十九条、第四十条规定，但未按照劳动合同法第四十三条规定事先通知工会，劳动者以用人单位违法解除劳动合同为由请求用人单位支付赔偿金的，人民法院应予支持，但起诉前用人单位已经补正有关程序的除外。

第四十八条 劳动合同法施行后，因用人单位经营期限届满不再继续经营导致劳动合同不能继续履行，劳动者请求用人单位支付经济补偿的，人民法院应予支持。

第四十九条 在诉讼过程中，劳动者向人民法院申请采取财产保全措施，人民法院经审查认为申请人经济确有困难，或者有证据证明用人单位存在欠薪逃匿可能的，应当减轻或者免除劳动者提供担保的义务，及时采取保全措施。

人民法院作出的财产保全裁定中，应当告知当事人在劳动争议仲裁机构的裁决书或者在人民法院的裁判文书生效后三个月内申请强制执行。逾期不申请的，人民法院应当裁定解除保全措施。

第五十条 用人单位根据劳动合同法第四条规定，通过民主程序制定的规章制度，不违反国家法律、行政法规及政策规定，并已向劳动者公示的，可以作为确定双方权利义务的依据。

用人单位制定的内部规章制度与集体合同或者劳动合同约定的内容不一致，劳动者请求优先适用合同约定的，人民法院应予支持。

第五十一条 当事人在调解仲裁法第十条规定的调解组织主持下达成的具有劳动权利义务内容的调解协议,具有劳动合同的约束力,可以作为人民法院裁判的根据。

当事人在调解仲裁法第十条规定的调解组织主持下仅就劳动报酬争议达成调解协议,用人单位不履行调解协议确定的给付义务,劳动者直接提起诉讼的,人民法院可以按照普通民事纠纷受理。

第五十二条 当事人在人民调解委员会主持下仅就给付义务达成的调解协议,双方认为有必要的,可以共同向人民调解委员会所在地的基层人民法院申请司法确认。

第五十三条 用人单位对劳动者作出的开除、除名、辞退等处理,或者因其他原因解除劳动合同确有错误的,人民法院可以依法判决予以撤销。

对于追索劳动报酬、养老金、医疗费以及工伤保险待遇、经济补偿金、培训费及其他相关费用等案件,给付数额不当的,人民法院可以予以变更。

第五十四条 本解释自2021年1月1日起施行。

【解读】

解读《关于审理劳动争议案件适用法律问题的解释(一)》

为贯彻落实习近平总书记在中央政治局第二十次集体学习时的重要讲话精神,以清理涉及民法典相关司法解释为契机,在最高人民法院颁布施行的原有四个劳动争议司法解释基础上,根据民法典、劳动法、劳动合同法、民事诉讼法、劳动争议调解仲裁法(以下简称调解仲裁法)及《劳动合同法实施条例》等法律法规,对涉及劳动争议的司法解释作清理整合。通过听取专家学者、社会有关方面建议,征求全国人大常委会法工委、科技部、人力资源和社会保障部等单位,以及各高级人民法院意见建议,经反复研究论证,《最高人民法院关于审理劳动争议案件适用法律问题的解释(一)》(以下简称《劳动争议司法解释一》)由最高人民法院审判委员会第1825次会议审议通过,自2021年1月1日起施行。

一、《劳动争议司法解释一》出台的背景、意义

关于劳动争议的司法解释向来是社会关注度高、司法审判急需的重要解释。之所以采取废止原有多个司法解释,重新修改制定新解释的清理模式,主要考虑:一是增强司法解释的体系性、完整性,通过重新修订整合,既统一了解释形式,也方便法官、劳动者、用人单位等查找条文。二是保持新旧司法解释内容的连续性、稳定性,对与劳动合同法、调解仲裁法等法律法规相冲突的予以删除,对已经被前述法律吸收的条文内容不再重复,对前述法律新规定的内容予以适当补充,整体未作大规模修改。三是保持适度的前瞻性、开放性,对于有争议仍待司法实践探索或者法律作出新规定但适用中分歧较大的问题暂不作规定,因为民法典颁布施行后,相关法律和司法解释将作对应调整,《劳动争议司法解释一》在这些法律、司法解释颁布施行后,还将进一步补充、细化、完善。四是相关单位和社会有关方面认为目前劳动争议相关的司法解释纷繁复杂,建议清理修改,重新整合。这次重新修改制定《劳动争议司法解释一》,有以下重要意义。

第一，有利于人民法院正确统一实施劳动法律和民法典。从劳动法到劳动合同法、调解仲裁法，劳动法律不断发展、完善，为应对劳动争议案件审理中出现的新问题、难问题，最高人民法院曾先后颁布施行四个审理劳动争议案件的司法解释，内容丰富、体系庞大，跨越所谓劳动法时代和劳动合同法时代，因此也出现了《最高人民法院关于审理劳动争议案件适用法律若干问题的解释》（以下简称《原解释一》）、《最高人民法院关于审理劳动争议案件适用法律若干问题的解释（二）》（以下简称《原解释二》）相关内容与后颁布的劳动合同法、调解仲裁法内容不协调、不一致的情况。《劳动争议司法解释一》严格依照劳动法、劳动合同法、调解仲裁法以及民法典等法律制定。需要指出：一是劳动法律与民法关系问题。劳动法律属于社会法范畴，有其特有理念和规则，民法则属于私法范畴，民法与劳动法律对同一问题有不同规定时，应当适用劳动法律有关规定。例如，民法典对欺诈行为效力的规定与劳动合同法规定不同，本次解释相关条文并未依照民法典规定作修改，而是与劳动合同法保持一致。但是劳动法律没有规定时，民法典仍有适用余地，劳动法律中的部分概念、规则。例如，主体资格、民事行为能力等，仍然要以民法典规定为基础；劳动关系相关规定或者约定不得违背民法典强制性规定；等等。二是劳动法与劳动合同法、调解仲裁法关系问题。可以说，劳动法是劳动法律领域的基本法，劳动合同法是劳动合同领域的特别法，调解仲裁法是劳动争议程序领域的特别法，劳动法与劳动合同法、调解仲裁法对同一问题规定不一致时，应当以特别法为准。例如，劳动法第八十二条与调解仲裁法第二十七条对仲裁时效的起算、中断、中止等规定不一致，本次解释制定时就将《原解释一》《原解释二》中有关仲裁时效条文予以废止，相关案件审理可以直接援引调解仲裁法第二十七条的规定。

第二，有利于构建、发展和谐稳定的劳动关系。劳动关系是现代社会最重要、最基本的社会经济关系之一，健康和谐的劳动关系是社会稳定、经济发展的基石；维护劳动者合法权益，合理平衡劳动者与用人单位双方利益，有效促进企业生产经营，构建科学、和谐的劳动关系，是人民法院劳动争议审判工作的职责和使命。据统计，近三年来，全国劳动争议纠纷案件一审收案数量每年超过40万件，且呈逐年递增态势。这些案件的处理，既涉及劳动者权益保护和用人单位发展，又涉及我国劳动用工、社会保障制度改革成果的落实。正因为如此，本次解释制定中，根据劳动合同法关于劳动者权益保护的制度发展，例如经济补偿、赔偿金制度等，以及新形势下对劳动者和用人单位双方利益的平衡，对原解释特别是《原解释一》《原解释二》有关条文作相应修改，修改后的条文应当结合这一背景来理解。

第三，有利于广大劳动者、用人单位准确理解法律。按照诉讼程序进程和劳动关系演变规律，将原解释中的相关内容整合归纳。《劳动争议司法解释一》原则上分为劳动争议案件受理范围、管辖、裁审衔接、当事人、劳动合同的订立、履行和变更、解除和终止、其他事项八个部分。通过归纳整合，更加有利于广大劳动者、用人单位完整、系统地理解劳动法、劳动合同法、调解仲裁法等有关法律内容，依法维权。以裁审衔接部分为例，处理劳动争议主要依赖于调解、仲裁和诉讼三大程序，理顺诉裁衔接程序是解决劳资纠纷、畅通劳资关系的主要途径；通过对原有四个解释中涉及裁审衔接的条文归纳整合，例如依照调解仲裁法相关规定，对先予执行仲裁裁决的情形作了完善,进一步规范劳动争议纠纷案件处理程序,促进裁审衔接。

二、关于案件管辖制度

本次司法解释清理,对原有几个解释中涉及劳动争议案件管辖的规定作了整合,在第三条、第四条、第五条中重新作出规定,涉及地域管辖、管辖权确定等方面。

第一,关于劳动争议案件管辖的一般规定。一是关于用人单位所在地法院管辖。依据民事诉讼法关于地域管辖的基本原则,即原告就被告,劳动争议案件应由一方当事人住所地人民法院管辖。用人单位住所地相对固定,且用人单位相关管理规章往往依据所在地地方性法规、规章等文件制定,因此相对于劳动者住所地,由用人单位所在地法院管辖更为适当。二是关于合同履行地法院管辖。在用人单位所在地与合同履行地不一致的情况下,例如,用人单位所在地在上海市黄浦区,合同履行地在北京市通州区,当事人赴用人单位所在地起诉极为不便,因此《劳动争议司法解释一》第三条规定可以由合同履行地基层人民法院管辖。三是关于法律另有规定的,依照其规定。例如,根据调解仲裁法第四十九条的规定,用人单位申请撤销终局仲裁裁决的,应当向劳动争议仲裁委员会所在地的中级人民法院提出。

第二,关于双方当事人同时起诉的法院管辖。征求意见时有建议认为,可以结合调解仲裁法第二十一条,规定双方当事人对同一仲裁裁决不服同时提起诉讼的,由该劳动争议仲裁机构所在地人民法院管辖。这一建议具有一定合理性,有利于管辖权恒定,减少裁判尺度不一引发法律适用不一致的现象。但是考虑到,一方面,以劳动争议仲裁机构所在地作为人民法院地域管辖根据,不符合原告就被告的基本规则,目前也无其他程序法就此作出明确规定;另一方面,劳动争议仲裁机构层级设置与法院不完全相同,有的一个劳动争议仲裁机构管辖范围内可能有多个基层人民法院,在此情况下反而增加了管辖权确定的难度。因此,《劳动争议司法解释一》仍然规定"后受理的人民法院应当将案件移送给先受理的人民法院"。征求意见过程中,有人认为可以参考调解仲裁法第二十一条关于双方当事人分别向有管辖权的劳动争议仲裁机构申请仲裁的处理,规定双方当事人同时向有管辖权的人民法院起诉的,直接明确由合同履行地基层人民法院管辖。我们认为,交由合同履行地基层人民法院管辖是否更符合实际,或者是否有更加合适的解决办法,可以留待立法、司法实践继续作探索优化。

第三,关于劳动者和用人单位同时起诉的诉讼地位。劳动者和用人单位均不服同一仲裁裁决提起诉讼的,《原解释一》《原解释二》有关规定存在冲突。《原解释一》第九条规定,先起诉的为原告,后起诉的为被告,但是对被告诉讼请求一并审理;《原解释二》第十一条规定,人民法院应当并案审理,双方当事人互为原告和被告。司法实践中,一是因为当事人均不服同一仲裁裁决提起诉讼的,由于起诉时间不同,负责立案审查人员可能不同,法院先后立了两案;二是由于当事人可以向用人单位所在地或者劳动合同履行地的人民法院起诉,双方当事人分别选择其一的,也会产生不同法院分别立案的情况。因此,《原解释二》第十一条规定,依据民事诉讼法对前述情况实行并案审理,既能体现"两便"原则,减轻当事人讼累,防止出现"同案不同判",也能解决劳动争议案件是否存在反诉机制的理论困惑。并案审理后,双方互为原告和被告。若一方提出撤诉申请并经人民法院裁定准许后,表明其作为原告提起的诉讼消除,其不再以原告身份参加诉讼,但是其在对方当事人为原告所提诉讼中的被告身份没有因撤诉而改变,因此,即使一方当事人撤诉,人民法院仍应当根据另一方当事人的诉讼请求对案件继续审理。因此,本解释制定时,将《原解释一》第九条和《原解释二》第十一条合并,废止前者部分内容,保留后者。

三、关于达到法定退休年龄人员的用工认定

关于达到法定退休年龄人员的用工认定问题,司法实践中仍有争议,《劳动争议司法解释一》第三十二条对此作了规定。准确理解这一条,应当注意以下两个方面。

第一,关于与依法享受养老保险待遇或者领取退休金人员建立的用工关系的性质认定。依法享受养老保险待遇或者领取退休金人员再就业情况非常普遍,对于这类人员的用工关系如何定性,目前司法实践争议不大。依照劳动合同法第四十四条第二项的规定,劳动者开始依法享受基本养老保险待遇,是劳动者与用人单位劳动合同终止的法定原因。劳动者只要已经依法享受基本养老保险待遇,劳动合同即终止,不宜再建立劳动关系。所以用人单位与这类人员建立的用工关系,不应当认定为劳动关系,否则违背劳动合同法规定,也违背基本养老保险待遇制度初衷。因此,《劳动争议司法解释一》第三十二条第一款规定,用人单位与已经依法享受养老保险待遇或者领取退休金人员发生用工争议提起诉讼的,人民法院应当按劳务关系处理。

第二,关于与达到法定退休年龄但不能享受养老保险待遇人员建立的用工关系的性质认定。一般情况下,享受养老保险待遇的人员已经达到法定退休年龄,但是达到法定退休年龄不一定能够享受养老保险待遇。对于用人单位与已达到法定退休年龄但是不能享受养老保险待遇人员的用工关系定性,实践中存在争议。一种意见认为,用人单位应当继续履行劳动合同,为劳动者缴纳社会保险,当符合可以享受基本养老保险待遇的条件时,用人单位可以终止劳动合同。另一种意见认为,劳动者已经达到法定退休年龄而不能依法享受养老保险待遇的情况非常复杂,可能用人单位为劳动者缴纳了社会保险费,但是由于该劳动者累计缴费年限不满十五年,因此不能享受按月支付的基本养老保险待遇;还有的地方没有把农民工等人员纳入基本养老保险覆盖范围,这些劳动者可能根本没有参加基本养老保险。如果在这些情况下,一律禁止用人单位终止劳动合同,对其不公。《劳动合同法实施条例》第二十一条规定,劳动者达到法定退休年龄的,劳动合同终止。我们认为,可以将该条规定视为劳动合同法第四十四条第六项规定的"法律、行政法规规定的其他情形"。但是这并不意味着劳动关系必然自动终止。人民法院应当对该条规定适用情形作实质审查,对于达到法定退休年龄,但是非因用人单位原因不能享受基本养老保险待遇的,例如前述另一种意见中出现的情况,可以终止劳动关系;对于达到法定退休年龄,但是由于用人单位原因不能享受基本养老保险待遇的,不能随意终止劳动关系。

四、关于涉港澳台劳动关系认定

关于涉港澳台劳动关系认定问题,《最高人民法院关于审理劳动争议案件适用法律若干问题的解释(四)》(以下简称《原解释四》)第十四条作了规定,《劳动争议司法解释一》制定过程中,根据国务院行政法规变化作了修订。

第一,涉港澳台劳动关系建立不再需要台港澳人员就业证。依照《原解释四》第十四条的规定,港澳台居民未依法取得就业证件即与内地用人单位签订劳动合同的,不认定为劳动关系。2018年7月28日,国务院印发《关于取消一批行政许可等事项的决定》(国发〔2018〕28号,以下简称《决定》),取消台港澳人员在内地的就业许可;之后,人力资源和社会保障部印发《关于香港澳门台湾居民在内地(大陆)就业有关

事项的通知》，规定自2018年7月28日起，港澳台人员在内地（大陆）就业不再需要办理《台港澳人员就业证》。据此，本解释制定中，对《原解释四》第十四条作出修改，删除前述涉及港澳台居民内地用工相关内容，即通过司法解释予以明确，港澳台居民与内地（大陆）用人单位建立劳动关系，不再需要办理《台港澳人员就业证》。

第二，国务院《决定》对涉港澳台劳动关系认定的影响。本解释制定过程中，出现了溯及论和分段论两种意见。所谓溯及论，是指无论港澳台居民与用人单位签订劳动合同的时间在《决定》出台前还是出台后，只要一方起诉时间在《决定》出台后，均不适用《原解释四》第十四条关于港澳台居民就业须办理就业证的规定。这种意见有其合理性，但是从人力资源和社会保障部门及人民法院实践出发，综合考虑劳动者和用人单位权益平衡保护、同一时段劳动者权益的平等保护、相关问题属于特殊阶段司法实践问题等因素，我们认为分段论更符合实践情况，更具操作性和稳妥性，也更符合司法解释时效规定的总体逻辑。劳动者未办理《台港澳人员就业证》的，以《决定》施行日期（2018年7月28日）为时间节点分段，对于《决定》施行以前建立的用工关系，不宜认定为劳动关系，可以认定为劳务关系；对于《决定》施行以后（含当日）建立的用工关系，应当认定为劳动关系，受劳动法律保护。

五、关于劳动合同期满后权利义务的确定

关于劳动合同期满后权利义务的确定问题，虽然《劳动争议司法解释一》第三十四条对《原解释一》第十六条未作修改，但是应当结合劳动合同法、《劳动合同法实施条例》等相关规定作出准确理解。

第一，关于对"视为双方同意以原条件继续履行劳动合同"中"原条件"的理解。劳动合同期满，用人单位未与劳动者续订劳动合同，但是劳动者继续在用人单位工作的，视为双方同意以原条件继续履行劳动合同。实践中，对原条件如何把握，是否包括原劳动合同约定的履行期限，存在争议。我们认为，本条规定的原条件，是指原劳动合同中除劳动合同期限以外的其他权利义务内容，包括劳动时间、工资报酬、奖金、福利待遇等，"以原条件继续履行"是指上述问题参照原劳动合同的约定执行。关于劳动合同履行期限的约定，属于双方对劳动合同持续时间的合意，这种合意很难通过默示行为来推定，与可以通过工资报酬的支付、接受行为来推定双方对工资报酬的合意不同，因此，不宜以劳资双方的履行默示来认定原劳动合同约定的期限就是双方合意，而需要根据当事人明示意思表示来确定。如果双方就继续履行的期限未协商或者协商不成，则应当根据劳动合同法等法律法规来认定。

第二，视为双方同意以原条件继续履行劳动合同的，不能免除用人单位应当与劳动者签订书面劳动合同的法定责任。一般情况下，为使劳动者对原劳动合同到期后是否续订有合理预期，以便提前准备再就业等，用人单位应当基于诚信原则在原合同到期前的合理期间内通知劳动者，协商办理终止或者续订劳动合同事宜。如果用人单位按时履行相关附随义务，就不会出现视为双方同意以原条件继续履行劳动合同的情况。用人单位未履行上述附随义务，用工关系继续的，用人单位对原劳动合同期满和继续用工的法律后果均有预期，原劳动合同期满之日，即是用人单位应当续订劳动合同之日和承担未续订法律后果之日。依照劳动合同法第十条、第十四条第三款、第八十二条和《劳动合同法实施条例》第六条的规定，劳动合同期满后，用人单位未与劳动者续订书面劳动合同的，应当按规定向劳动者每月支付二倍工资，并补订书面劳动合同；

如果经用人单位书面通知，劳动者不与用人单位续订劳动合同的，用人单位应当书面通知劳动者终止劳动关系，依照有关规定支付经济补偿。用人单位自劳动合同期满之日起满一年不与劳动者续订书面劳动合同，视为用人单位与劳动者已订立无固定期限劳动合同。

第三，关于对"一方提出终止劳动关系的，人民法院应予支持"的理解。本条款内容并非赋予用人单位任意终止权。劳动合同期满一年内，为平衡劳动者和用人单位的利益，用人单位不愿与劳动者续订书面劳动合同，提出终止劳动关系的，视为符合劳动合同法第四十四条第一项规定的劳动合同终止情形，应当依照劳动合同法第四十六条第五项的规定支付经济补偿，不以违法终止劳动关系论。

第四，关于对第二款的理解。符合劳动合同法第十四条规定的订立无固定期限劳动合同情形，用人单位不与劳动者订立的，视为双方已经依照原劳动合同确定的权利义务建立无固定期限劳动合同关系，并且依照劳动合同法第八十二条第二款等规定支付二倍工资。符合劳动合同法第十四条第二款规定情形的，劳动者有权选择续订、订立固定期限劳动合同或者终止劳动合同，用人单位无权作此选择，否则应当承担违法终止等相关责任。

六、关于劳动合同无效的处理

《劳动争议司法解释一》第四十一条对劳动合同被确认无效后，用人单位如何承担责任作了系统规定，准确理解应注意三个方面。

第一，关于劳动报酬。劳动合同被确认无效后，劳动者已经付出劳动的，用人单位应当支付劳动报酬；劳动报酬支付标准依照劳动合同法第二十八条确定。劳动合同明确约定了劳动报酬数额，且不违反法律、法规和国家规定的，虽然劳动合同被确认全部无效或者部分无效，用人单位仍可以参照劳动合同约定支付劳动报酬；劳动合同没有约定劳动报酬，但是用人单位支付了劳动报酬，且符合法律、法规和国家规定的，该劳动报酬数额有效；用人单位没有支付劳动报酬或者实际支付报酬不符合法律、法规和国家规定的，报酬数额可以参照本单位相同或者相近岗位劳动者的劳动报酬确定。相同岗位，即劳动者从事工种相同，提供劳动性质相同；相似岗位，指劳动者从事工种不同，提供劳动性质不同，但是在本单位所处位置、发挥作用相同。

第二，关于经济补偿。劳动合同法第二十六条第一款规定了劳动合同无效的三种情形；依照劳动合同法第三十八条第一款第五项的规定，由于用人单位存在前述三种情形致使劳动合同无效的，劳动者获得单方解除权；在上述情形下，依照劳动合同法第四十六条第一项的规定，用人单位应当依照第四十七条规定的计算标准向劳动者支付经济补偿。因此，本条第一款规定，劳动合同被确认无效，用人单位应当按照劳动合同法第四十六条、第四十七条规定支付经济补偿。

第三，关于经济损失赔偿。依照劳动法第九十七条、劳动合同法第八十六条的规定，由于用人单位原因订立无效劳动合同，给劳动者造成损害的，用人单位应当赔偿劳动者因合同无效所造成的经济损失，本条第二款对此作了明确规定。该款规定的损害赔偿责任系过错责任，赔偿损失应当以实际损失为限，不同于惩罚性赔偿。

七、关于口头变更劳动合同的效力规则

司法实践中，如何理解口头变更劳动合同的效力规则存在争议，《劳动争议司法解释一》第四十三条对此作了进一步明确。

第一,关于对"应当采用书面形式"的理解。劳动合同法第三十五条规定,变更劳动合同应当采用书面形式。此条规定既是签订书面劳动合同原则的延伸,也是为了预防因对变更事项理解不明而发生争议。对于是否应当承认口头或者事实变更劳动合同的法律效力,目前已有共识。劳动合同法第三十五条规定的"应当",应理解为管理性规范,而非效力性规范,当事人未采取书面变更形式的,不能认为其违反了强制性规范,只要变更后的合同内容不违法且经过一定期间劳动者未提异议的,就应当肯定这种变更行为的效力。这主要是考虑到劳动合同变更采取口头形式符合我国用人单位生产经营管理现状,在签订了书面劳动合同的情况下,对于通过口头变更后履行了较长时间的劳动合同,应当确认其效力,防止一直处于悬而未决的事实状态。

第二,关于对"用人单位与劳动者协商一致"的理解。依照劳动合同法第三十五条的规定,用人单位与劳动者协商一致,可以变更劳动合同约定的内容。口头变更劳动合同,应当建立在劳资双方合意前提下,这种合意可以是明示的,也可以是默示的,即通过当事人连续的实际履行行为表现出来。需要注意的是,不能把沉默当成默示,依照民法典第一百四十条的规定,沉默只有在有法律规定、当事人约定或者符合当事人之间的交易习惯时,才可以视为意思表示。《原解释四》第十一条未强调变更需协商一致这个前提,导致司法实践中形成一种误解,认为只要实际履行变更的劳动合同超过一个月,就认定变更有效,而不论变更是否经过双方协商一致。例如,用人单位在没有明确告知劳动者的情况下单方降薪,并按照降薪后的标准发放超过一个月的工资,劳动者以不知情或者不同意为由请求用人单位补足工资差额,此时用人单位抗辩称劳动者对降薪未提异议,工资标准已经通过实际履行的方式作变更。这种观点忽略了本条的适用前提是双方就变更劳动合同已经协商一致,如果仅是劳动者对降薪未持异议,实际上劳动者是对降薪保持消极沉默,用人单位没有证据证明其与劳动者就降薪进行协商,这种沉默并不构成民法典第一百四十条规定的意思表示,不能视为双方就变更劳动合同已经协商一致。

第三,准确把握《劳动争议司法解释一》第四十三条规定的内容。为与劳动合同法第二十六条和民法典第一百五十三条的规定保持一致,《劳动争议司法解释一》第四十三条除增加"用人单位与劳动者协商一致"条件外,还将《原解释四》第十一条中的"不违反法律、行政法规、国家政策以及公序良俗"修改为"不违反法律、行政法规且不违背公序良俗"。因此,应当从四个方面理解本条内容:一是用人单位与劳动者协商一致变更劳动合同;二是协商一致可以是明示,也可以是默示;三是默示判断标准是变更的劳动合同已经实际履行超过一个月;四是变更后的劳动合同内容合法不违反法律、行政法规且不违背公序良俗。

八、关于加付赔偿金的理解

《劳动争议司法解释一》第四十五条就加付赔偿金问题作了规定。如何理解这一规定?其与劳动合同法第八十七条规定的二倍赔偿金适用有何不同?

第一,将加付赔偿金案件纳入劳动争议案件受案范围的考量。对于加付赔偿金案件是否纳入劳动争议处理程序,《劳动争议司法解释一》制定过程中有不同意见,司法实践中也有争议。一种意见认为,依照劳动合同法第八十五条规定,用人单位存在该条规定情形的,应当由劳动行政部门责令用人单位限期支付劳动报酬、加班费或者经济补偿,逾期不支付的,责令用人单位按一定比例加付赔偿金。因此,责令加付赔偿金是劳动行政部门的职责,不属于人民法院主管范围,建议删除《原解释一》第十五条有关规定。另一种意见认为,劳动者往往在劳动关系中处于弱势,用人单位存在劳动合同法第八十五条或者第三十八条规定的情形时,表面上是劳动者可以获得单方解除权,实质上可能是劳动者迫于前述情形提出解除合同,用人单位借此规避由其解除合同的相关责任。这种情况下,仅通过劳动者向劳动行政部门检举等,由劳动行政部门责令用人单位承担相应支付责任,保障力度不够,应当赋予劳动者请求司法保护并获得强制执行的权利。《劳动争议司法解释一》原则上采纳了第二种意见,保留《原解释一》第十五条有关规定,并在第一条中明确赋予劳动者就加付赔偿金案件依法提起诉讼的权利。至于是否要求劳动者提供经劳动行政部门先行处理的证据,将劳动争议处理程序作为一种补充救济手段,从贯彻落实劳动合同法第八十五条规定的立法原意来看,司法实践中还可以继续探索优化。

第二,关于对《劳动争议司法解释一》第四十五条规定的理解。本条解释与劳动者单方解除劳动合同的权利密切相关。依照劳动合同法第三十八条的规定,用人单位具有该条所列五种情形时,劳动者可以获得单方解除权;在该五种情形下,劳动者被迫提出解除劳动合同的可能性大,此时用人单位应当依法支付劳动报酬和经济补偿,如果未按时支付,参照劳动合同法第八十五条的规定按应付金额50%以上100%以下标准向劳动者加付赔偿金。具体案件中确定具体标准时,要因时制宜,不能追求惩罚过度,否则对用人单位不公平。应当着重考虑以下因素:一是用人单位违法行为严重性及过错程度;二是劳动者因用人单位违法行为所受损害大小;三是用人单位因违法行为获利情况;四是用人单位接受其他处罚情况。

第三,关于《劳动争议司法解释一》第四十五条规定的加付赔偿金规定与劳动合同法第八十七条规定的二倍赔偿金规定的区别。如前所述,前者是劳动者被迫提出解除劳动合同,符合有关条件时,用人单位应当加付的赔偿金;如果用人单位按时支付劳动报酬和经济补偿,就不再加付赔偿金;另外,在《劳动争议司法解释一》第四十五条规定的五种情形下,劳动者解除劳动合同符合劳动合同法第三十八条的规定,属于合法解除,作为解除方的劳动者不承担责任。对于后者,依据劳动合同法第八十七条的规定,用人单位违反劳动合同法等法律规定,解除或者终止劳动合同的,应当依照劳动合同法第四十七条的规定经济补偿标准的2倍支付赔偿金;根据《劳动合同法实施条例》第二十五条的规定,用人单位依照劳动合同法第八十七条的规定支付了赔偿金的,不再支付经济补偿;相对于前者,后者是用人单位违法解除或者终止劳动合同,作为解除方的用人单位需要承担责任。因此,二者区别明显,不能混同。

(撰稿人:刘敏、于蒙、危浪平)

最高人民法院
关于人事争议申请仲裁的时效期间如何计算的批复

法释〔2013〕23号

(2013年9月9日由最高人民法院审判委员会第1590次会议通过 2013年9月12日最高人民法院公告公布 自2013年9月22日起施行)

四川省高级人民法院：

你院《关于事业单位人事争议仲裁时效如何计算的请示》(川高法〔2012〕430号)收悉。经研究，批复如下：

依据《中华人民共和国劳动争议调解仲裁法》第二十七条第一款、第五十二条的规定，当事人自知道或者应当知道其权利被侵害之日起一年内申请仲裁，仲裁机构予以受理的，人民法院应予认可。

【解读】

解读《关于人事争议申请仲裁的时效期间如何计算的批复》

一、问题的提出

《最高人民法院关于人事争议申请仲裁的时效期间如何计算的批复》(法释〔2013〕23号，以下简称《批复》)已于2013年9月9日由最高人民法院审判委员会第1590次会议通过，自9月22日起施行。《批复》对事业单位人事争议申请仲裁的时效期间如何适用法律的问题作出了明确规定。

二、理解与适用

(一)人事争议的仲裁时效期间应确定为一年

在《批复》起草过程中，对人事争议的仲裁时效期间如何计算问题，也形成了两种意见：第一种意见认为，人事争议仲裁时效应当适用《人事争议处理规定》相关规定，确定为六十日。理由在于，事业单位人事争议仲裁具有一定的行政色彩，显然区别于平等主体之间的劳动争议仲裁，且事业单位人事争议仲裁时效是一个实体问题，在《人事争议处理规定》第十六条明确规定事业单位人事争议仲裁时效为六十日的前提下，应当优先适用该规定，不能适用劳动争议调解仲裁法关于仲裁时效为一年的规定。第二种意见认为，人事争议的仲裁时效期间应适用劳动争议调解仲裁法的规定，确定为一年。理由在于，劳动争议调解仲裁法第二十七条规定了劳动争议申请仲裁的时效期间为一年，第五十二条又规定："事业单位实行聘用制的工作人员与本单位发生劳动争议的，依照本法执行；法律、行政法规或者国务院另有规定的，依照其规定。"鉴于《人事争议处理规定》不属于法律、行政法规或者国务院的规定，对于除聘任制公务员与所在单位之间因履行聘任合同发生争议的人事争议仲裁时效为六十日外，包括事业单位与其工作人员、社团组织与其工作人员、军队聘用单位与其文职人员之间发生的争议，均应参照劳动争议调解仲裁法的规定，将仲裁时效期间确定为一年。经审慎研究，《批复》最终采纳了第二种意见，明确事业单位人事争议仲裁的时效期间，适用劳动争议调解仲裁法第二十七条第一款、第五十二条的规定，确定为一年。主要理由如下。

其一，从现行法律规定的角度看。虽然《人事争议处理规定》第十六条规定："当事人从知道或应当知道其权利受到侵害之日起六十日内，以书面形式向有管辖权的人事争议仲裁委员会申请仲裁。当事人因不可抗力或者有其他正当理由超过申请仲裁时效，经人事争议仲裁委员会调查确认的，人事争议仲裁委员会应当受理。"第二条又将"事业单位与工作人员之间因解除人事关系、履行聘用合同发生的争议"纳入了《人事争议处理规定》的调整范围。但是，劳动争议调解仲裁法第五十二条明确规定了事业单位实行聘用制的工作人员与本单位发生劳动争议的，应当依照劳动争议调解仲裁法执行。虽然该条又规定了"法律、行政法规或者国务院另有规定的，依照其规定"，但依据立法法（2000年公布，下同）第七条第二款、第三款的规定："全国人民代表大会制定和修改刑事、民事、国家机构的和其他的基本法律。全国人民代表大会常务委员会制定和修改除应当由全国人民代表大会制定的法律以外的其他法律；在全国人民代表大会闭会期间，对全国人民代表大会制定的法律进行部分补充和修改，但是不得同该法律的基本原则相抵触。"第五十六条第一款又规定："国务院根据宪法和法律，制定行政法规。"对于"国务院的其他规定"，虽然立法法对此并无规定，但依照文义解释，该"规定"的制定主体也应只能是"国务院"。而《人事争议处理规定》是由中共中央组织部、人力资源和社会保障部、总政治部联合制定，显然不是法律、行政法规或者国务院的其他规定。故根据"上位法优于下位法"的一般规则，对于人事争议仲裁时效的法律适用问题，在作为上位法的劳动争议调解仲裁法有明确规定的情况下，不应再适用《人事争议处理规定》第十六条的规定，应根据劳动争议调解仲裁法第二十七条第一款的规定，确定为一年。

其二，从依法维护事业单位工作人员合法权益的角度看。一方面，劳动争议调解仲裁法规定的"事业单位实行聘用制的工作人员与本单位发生劳动争议时，依照本法执行"的规定，系出于保护事业单位相关工作人员合法权益的需要。应该说事业单位人事制度较为复杂，其形成也有特殊历史原因，但从法律适用的角度看，公务员法将事业单位工作人员排除在该法的适用范围之外，导致事业单位工作人员合法权益的维护缺乏相应的法律依据。我们认为，聘用合同与劳动合同并无本质区别，将事业单位聘用制工作人员与本单位发生的劳动争议纳入劳动法的调整，不仅能够有效解决事业单位工作人员实体权利保护无法可依的局面，更能够依法充分保护事业单位工作人员的合法权益，乃至促进我国事业单位改革不断向纵深发展。正因如此，劳动合同法第九十六条也规定："事业单位与实行聘用制的工作人员订立、履行、变更、解除或者终止劳动合同，法律、行政法规或者国务院另有规定的，依照其规定；未作规定的，依照本法有关规定执行。"这与劳动争议调解仲裁法的规定如出一辙。另一方面，《人事争议处理规定》第十六条第一款所规定的"六十日"的期间过短,确有不利于对事业单位有关工作人员合法权益的维护之嫌。虽然该条第二款规定了"当事人因不可抗力或者有其他正当理由超过申请仲裁时效,经人事争议仲裁委员会调查确认的,人事争议仲裁委员会应当受理",但这属于人事争议仲裁委员会依照职权调查确认的事项,且"正当理由"相对概括,不足以改变"六十日"期间相对较短的现实。对于人事争议仲裁时效期间,适用劳动争议调解仲裁法第二十七条关于一年的规定,无疑在权利行使期间的设计上更为科学,给处于相对弱势地位的事业单位工作人员更加充分的保护,使他们更有充分的时间搜集证据,选择合理的救济程序,做好必要的准备等。

其三,关于人事争议仲裁时效问题的定性问题。我们认为,在当前实体法与程序法结合越来越密切,实体权利救济与纠纷解决的程序设计密不可分的情况下,对某一事项有时难以准确界定为程序事项,抑或实体内容。人事争议仲裁时效与诉讼时效在本质上有共通之处,作为权利行使尤其是救济权行使期间的一种,都与当事人的实体权利密切相关,但又都与当事人通过相应的程序救济其权益密不可分,故不可简单地将此界定为实体问题,参照《最高人民法院关于事业单位人事争议案件适用法律等问题的答复》的内容,"对事业单位人事争议案件的实体处理应当适用人事方面的法律规定",尤其是在劳动争议调解仲裁法对有关仲裁时效已有明确规定的情况下,更不能再行适用《人事争议处理规定》的规定。

(二)关于"一年"人事争议仲裁时效期间如何适用的问题

依据劳动争议调解仲裁法第二十七条、第五十二条的规定,人事争议仲裁时效期间为一年,从当事人知道或者应当知道其权利被侵害之日起计算。

同诉讼时效一样,人事争议仲裁时效也适用时效中断、中止的规定。其一,关于时效的中断。因当事人一方向对方当事人主张权利,或者向有关部门请求权利救济,或者对方当事人同意履行义务而中断。从中断时起,仲裁时效期间重新计算。其二,关于时效的中止。因不可抗力或者有其他正当理由,当事人不能在上述仲裁时效期间内申请仲裁的,仲裁时效中止。从中止时效的原因消除之日起,仲裁时效期间继续计算。

在此应当注意的是,劳动争议调解仲裁法第五十二条仅是规定,事业单位实行聘用制的工作人员与本单位发生劳动争议的,适用该法规定。故上述"一年"的人事争议仲裁时效期间应仅限于实行聘用制的工作人员与事业单位之间的劳动争议案件。

鉴于仲裁时效问题主要涉及的是当事人向仲裁机构申请仲裁的问题。而有关仲裁程序与诉讼程序的衔接,劳动争议调解仲裁法第五条规定:"发生劳动争议,当事人不愿协商、协商不成或者达成和解协议后不履行的,可以向调解组织申请调解;不愿调解、调解不成或者达成调解协议后不履行的,可以向劳动争议仲裁委员会申请仲裁;对仲裁裁决不服的,除本法另有规定的外,可以向人民法院提起诉讼。"对于人事争议仲裁委员会不予受理当事人仲裁申请的情形,第二十九条又规定:"劳动争议仲裁委员会收到仲裁申请之日起五日内,认为符合受理条件的,应当受理,并通知申请人;认为不符合受理条件的,应当书面通知申请人不予受理,并说明理由。对劳动争议仲裁委员会不予受理或者逾期未作出决定的,申请人可以就该劳动争议事项向人民法院提起诉讼。"这些规定确立了人事争议须首先通过仲裁程序解决,当事人对仲裁裁决以及仲裁机构不予受理或者逾期未作出决定的人事争议,才可以向人民法院寻求司法救济。

在人民法院审理的已经过仲裁的人事争议案件中,如果涉及仲裁时效期间计算的问题,有关法律适用的规则是,人民法院经审查,当事人系自知道或者应当知道其权利被侵害之日起一年内申请仲裁,人事争议仲裁委员会予以受理的,应当予以认可。此外,依据劳动争议调解仲裁法第二十九条的规定,对人事争议仲裁委员会不予受理或者逾期未作出决定的,当事人可以就该人事争议事项向人民法院提起诉讼。

(撰稿人:陈龙业)

最高人民法院
关于人民法院审理事业单位人事争议案件若干问题的规定

法释〔2003〕13号

(2003年6月17日最高人民法院审判委员会第1278次会议通过 2003年8月27日最高人民法院公告公布 自2003年9月5日起施行)

为了正确审理事业单位与其工作人员之间的人事争议案件,根据《中华人民共和国劳动法》的规定,现对有关问题规定如下:

第一条 事业单位与其工作人员之间因辞职、辞退及履行聘用合同所发生的争议,适用《中华人民共和国劳动法》的规定处理。

第二条 当事人对依照国家有关规定设立的人事争议仲裁机构所作的人事争议仲裁裁决不服,自收到仲裁裁决之日起十五日内向人民法院提起诉讼的,人民法院应当依法受理。一方当事人在法定期间内不起诉又不履行仲裁裁决,另一方当事人向人民法院申请执行的,人民法院应当依法执行。

第三条 本规定所称人事争议是指事业单位与其工作人员之间因辞职、辞退及履行聘用合同所发生的争议。

【解读】

解读《关于人民法院审理事业单位人事争议案件若干问题的规定》

一、问题的提出

最高人民法院于2003年8月27日公布的《关于人民法院审理事业单位人事争议案件若干问题的规定》(以下简称本规定),自2003年9月5日起施行。

二、理解
(一) 事业单位及事业单位的人事管理制度

根据民法通则的规定,事业单位法人是与机关、企业、社会团体法人并列的四种法人之一。然而民法通则并未规定事业单位的性质、构成要件等。根据国务院《事业单位登记管理暂行条例》(1998年公布,下同)第二条的规定,事业单位仅指国家为了社会公益目的,由国家机关举办或者其他组织利用国有资产举办的,从事教育、科技、文化、卫生等活动的社会服务组织。这里强调了事业单位为"利用国有资产"举办的社会服务组织。实际上,事业单位为我国用人单位中的一个重要类型,是指为党政机关和国民经济、社会生活各个领域服务,为国家创造或者改善生产条件服务,为增进社会福利,满足人民群众的科学、教育、文化、卫生等需要,而不以为国家积累资金为直接目的的独立核算单位。根据行业划分,事业单位主要包括:从事科学研究、教育、文化、卫生、体育、新闻出版、广播电影电视事业的单位,从事农、林、牧、植、水利、气象事业的单位,从事勘察设计、建筑设计、地质普查和勘探及交通运输事业的单位,从事社会福利、环境保护、房地产管理和公用事业单位,从事综合技术服务、信息咨询事业的单位等。①因而事业单位不仅包括"利用国有资产"举办的社会服务组织,也应当包括"利用非国有资产"举办的社会服务组织。例如,全国人大常委会于2002年12月28日通过的民办教育促进法规定,民办教育机构是指国家机构以外的社会组织或者个人,"利用非国家财政性经费",面向社会举办的学校及其他教育机构,"民办教育事业属于公益性事业,是社会主义教育事业的组成部分"。

事业单位的工作人员包括专业技术人员、管理人员、后勤人员,其中专业技术人员和管理人员为事业单位的主体。

目前,除少数行使国家行政职能的事业单位②依照公务员制度管理外,大多数事业单位实行的管理制度,既不同于公务员制度,也不同于企业人事管理制度。现行适用于事业单位的人事管理制度(指管理事业单位主体工作人员即专业技术人员和管理人员的人事管理制度,以下所称事业单位工作人员即指这两类人员,不包括单位的后勤人员)主要内容包括聘用合同制度、工资制度、职称制度、继续教育制度、考核制度和辞职辞退制度等六大方面。以下简要介绍聘用合同及辞职辞退两项制度的主要内容。

聘用合同制度的基本内容是指事业单位通过聘用合同招录专业人员和管理人员,将单位与职工的权利义务订于合同之中。根据《国务院办公厅转发关于在事业单位试行人员聘用制度意见》(国办发〔2002〕35号)等有关文件的规定,聘用合同由聘用单位的法定代表人或者其委托的人与受聘人员以书面形式订立。聘用合同必须具备下列条款:(1) 聘用合同期限;(2) 岗位及其职责要求;(3) 岗位纪律;(4) 岗位工作条件;(5) 工资待遇;(6) 聘用合同变更和终止的条件;(7) 违反聘用合同的责任。经双方当事人协商一致,可以在聘用合同中约定试用期、培训和继续教育、知识产权保护、解聘提前通知时限等条款。聘用合同分为短期、中长期和以完成一定工作为期限的合同。对流动性强、技术含量低的岗位一般签订三年以下的短期合同;岗位或者职业需要、期限相对较长的合同为中长期合同;以完成一定工作为期限的合同,根据工

---

① 参见人事部人才流动开发司编著:《人事争议仲裁指南》,中国人事出版社2001年版,第128~129页。
② 根据《国务院关于机构设置的通知》(国发〔1998〕5号)的决定,中国气象局、中国证券监督管理委员会等即为此类事业单位。

作任务确定合同期限。合同期限最长不得超过应聘人员达到国家规定的退休年龄的年限。聘用单位与受聘人员经协商一致，可以订立上述任何一种期限的合同。对在本单位工作已满二十五年或者在本单位连续工作已满十年且年龄距国家规定的退休年龄已不足十年的人员，提出订立聘用至退休的合同的，聘用单位应当与其订立聘用至退休的合同。聘用单位与受聘人员签订聘用合同，可以约定试用期。试用期一般不超过三个月；情况特殊的，可以延长，但最长不得超过六个月。被聘人员为大中专应届毕业生的，试用期可以延长至十二个月。试用期包括在聘用合同期限内。聘用单位与受聘人员订立聘用合同时，不得收取任何形式的抵押金、抵押物或者其他财物。事业单位实行聘用合同制度，有利于引入竞争机制，将事业单位人事管理由身份管理转变为岗位管理，实现用人单位的公开、公平、公正，促进单位自主用人，保障职工自主择业，维护单位和职工双方的合法权益。建立以聘用制为基础的用人制度是事业单位用人制度改革的基础和方向。

辞职辞退制度包括辞职和辞退两方面。根据人事部制定的《全民所有制事业单位专业技术人员和管理人员辞职暂行规定》（人调发〔1990〕19号）的有关规定，辞职是指事业单位的专业技术人员和管理人员享有的辞去其工作从而与其单位脱离关系的一项权利。辞职必须按照人事管理权限，向所在单位或者主管部门提出申请。按现行法律政策规定，具有下列情形之一的，辞职必须经所在单位批准：国家和省、市（地区）重点科研项目的主要负责人和业务骨干辞职后对工作可能造成损失的；在边远地区、少数民族地区工作的；从事特殊行为、特殊工种的；从事国家机密工作或者曾从事国家机密工作在规定的保密期内的；经国家机关决定或者批准正在接受审查尚未结案的；法律规定的其他需要批准辞职的情况。根据人事部《全民所有制事业单位辞退专业技术人员和管理人员暂行规定》（人调发〔1990〕18号）的有关规定，辞退是事业单位因法定事由经法定程序主动解除其与专业技术人员或者管理人员之间关系的行为，辞退是单位享有的一项权利。但具有下列情形之一的，单位不得辞退其专业技术人员或管理人员：因公负伤、致残而丧失劳动能力的；妇女在孕期、产期及哺乳期内的；享受休假待遇的人员在休假期间内的；患绝症、精神病及本专业职业病的；符合国家规定的其他条件的。与所在单位订有聘用合同的人员，其辞职辞退应按聘用合同的约定办理。事业单位人事制度中的聘用合同制度和辞职辞退制度是事业单位人事制度的核心内容。工资、职称、继续教育、考核等方面的内容都可以体现在聘用合同之中。辞职辞退制度是处理事业单位与其工作人员关系是否存续的制度。当事业单位与其工作人员之间不存在聘用合同关系时，辞职辞退制度为正确处理事业单位与其工作人员应否维持存续关系提供了依据。

事业单位是我国各类人才的主要集中领域，是增强我国综合国力的主要智力来源，是实施科教兴国战略的重要阵地。依法保护事业单位人员特别是科技人员的合法权益，对于推动经济发展和社会全面进步，实现我国改革开放和现代化建设的宏伟目标，具有十分重要的意义。

（二）事业单位人事争议仲裁的性质及与人民法院审判的关系

1995年人事部提出建立人事争议仲裁制度。1997年8月8日人事部发布了《人事争议处理暂行规定》（人发〔1997〕71号）。从这个时候起，因人事问题发生争议又多了一种解决方式。但有关人事争议仲裁的法律性质的争议同时产生了。《中共中央办公厅关于印发〈深化干部人事制度改革纲要〉的通知》（中办发〔2000〕15号）提出要"制定"《事业单位聘用制条例》，保障单位用人权和职工择业权的落实。根据这一要求，2001年8月国务院开始审查《事业单位聘用制度暂行条例（草案）》。国务院法制办将该条例草案送最高人民法院征求意见。该草案中争议最大的问题就是人事争议仲裁问题。同年11月8日，在讨论该条例草案时，最高人民法院有关领导第一次提出应当将人事争议仲裁与劳动争议仲裁同样对待，并指示待国务院的文件下发后，最高人民法院相应下发一个文件，规范相关案件的审理和执行。2002年7月6日国办发〔2002〕35号通知的发布表明国务院暂时不再出台《事业单位聘用制度暂行条例》。由于国办发〔2002〕35号通知不是行政法规，更不是权力机关的立法，尽管该文规定了要建立人事争议仲裁制度，但仅根据此文设立人事仲裁制度不符合立法法的要求。因此，也就不可避免地要提出人事争议仲裁制度的合法性问题。

探讨人事争议仲裁的合法性问题首先应当探讨事业单位人事争议的性质，特别是应将其与企业劳动争议予以比较，以探讨二者的异同。

通常所称人事，指干部人事。根据现行人事管理体制及中办发〔2000〕15号文，人事工作涉及机关人事（包括党的机关、人大、政协机关、民主党派机关、法院、检察院、工青妇等社会团体机关和政府行政机关）、事业单位人事和国有企业人事工作。人事争议应包括这三方面人事工作中出现的争议。本规定仅涉及事业单位人事争议，而且仅指事业单位与其工作人员之间因辞职、辞退及履行聘用合同所产生的争议。

如果将这种事业单位的人事争议与劳动争议相比较，就会发现二者之间的本质共性：其一，主体都是用人单位和劳动者。人事争议的主体是事业单位与其工作人员，劳动争议的主体是企业与职工。事业单位也好，企业单位也好，都是用人单位；企业职工是劳动者，事业单位工作人员同样是劳动者。其二，合同主体之间的关系相同。订立合同时，合同主体处于平等地位，但履行合同时，聘用单位或企业单位与受聘人员或职工皆为管理与被管理的关系。其三，争议内容的一致性。人事争议与劳动争议的内容都是指因工作期限、工作内容及条件、报酬等问题产生的争议。其四，受聘人员与职工的权利相同。事业单位的受聘人员和企业职工的权利都包括劳动法（1994年公布，下同）规定的各项权利，如平等就业和选择职业的权利、取得劳动报酬的权利、休息休假的权利、提请争议处理的权利。总之，事业单位与其工作人员就劳动关系双方的基本权利和义务同企业与职工的劳动关系无本质区别。

上述结论还可以从劳动法的立法说明中得到证明。1994年6月28日全国人大法律委员会原副主任委员蔡诚同志在八届人大常委会第八次会议上所作的《全国人大法律委员会关于〈中华人民共和国劳动法（草案）〉审议结果的报告》中指出："劳动法主要是企业和职工之间的劳动关系，有些虽然适用事业组织、社会团体，但是在劳动合同、工时和工资、社会保险以及劳动争议处理等基本制度的规定上，对事业组织、社会团体难以适用，调整范围如果包括事业组织、社会团体，在一些重要方面，都应针对他们的特点作出相应的规定，现在难以做到。"但该报告同时认为："事业单位、社会团体与其工作人员就劳动关系双方的基本权利和义务同企业与职工的劳动关系无本质区别。""这样，实行企业化管理的事业组织，可以适用本法。"

尽管如此，根据现行管理体制，① 劳动行政主管部门不承担事业单位的人事管理工作。因而，各级劳动行政主管部门依照劳动法的规定建立的劳动争议仲裁委员会，只是负责企业劳动争议的仲裁工作，不受理事业单位的人事争议。

基于以上分析，我们认为，根据事业单位人事争议性质及全国人大法律委员会对劳动法草案的说明，劳动法有关处理劳动争议的规定同样可以适用于事业单位及其职工之间的人事争议。这样，人事争议仲裁机构行使的对事业单位人事争议的仲裁权，实际上来源于劳动法而不是来源于人事部的行政规章或者国务院办公厅的文件。因而，对于不服事业单位人事争议仲裁提起诉讼的，人民法院应当按照审理劳动争议案件的程序审理。

对于这一结论，国家有关部门也持赞同意见。在起草本规定的过程中，最高人民法院研究室作为承办单位，分别征求了院内外有关单位的意见。全国人大常委会法工委民法室同意人民法院按照处理劳动争议仲裁案件的方式，处理事业单位人事争议仲裁案件的意见。国务院法制办秘书行政司也对人民法院受理和执行人事争议仲裁案件的内容不持异议。

2005年4月27日全国人大常委会通过的公务员法第一百条规定，国家建立人事争议仲裁制度，第一次从立法层次上肯定了人事争议仲裁制度的法律地位。从该条对人事争议仲裁机构的组成等规定看，人事争议仲裁机构与劳动争议仲裁机构性质类似。

三、适用

（一）关于审理人事争议仲裁案件适用的法律

在本规定讨论过程中，有人认为事业单位与其工作人员，因聘用合同发生的争议，类似于劳动争议，理应得到司法救济。但人民法院受理人事争议仲裁案件，从程序到实体，均缺乏法律依据。这种意见只说明了人事争议的本质特性。

如何理解审理事业单位人事争议案件适用法律的问题，在实践中存在两种不同的意见：一种意见认为，审理人事争议案件，仅能适用劳动法的规定，不能适用有关人事政策的规定。因为本规定第一条已经表明了这一含义，而且适用劳动法既包括劳动法中规定的程序内容，也包括劳动法中规定的实体内容。另一种意见认为，本规定第一条有关法律适用的规定仅是指人民法院审理人事争议案件可以按照劳动法有关人民法院审理劳动合同纠纷的规定适用"一裁两审"，至于实体法律仍应适用有关人事法规政策的规定。因为劳动法调整是用人单位和劳动者之间的劳动关系，不包括事业单位与其工作人员之间的关系。

本规定将部分事业单位的人事争议纳入司法救济渠道，有利于保护事业单位与其工作人员双方的合法权益。但本规定第一条的文字表述容易引起误解，有必要予以明确。因此，最高人民法院在其后发布的《最高人民法院关于事业单位人事争议案件适用法律等问题的答复》（法函〔2004〕30号）第一条明确指出，本规定第一条中"'适用《中华人民共和国劳动法》的规定处理'是指人民法院审理事业单位人事争议案件的程序运用《中华人民共和国劳动法》的相关规定。人民法院对事业单位人事争议案

---

① 当然，这种管理体制为中国所独有，符合现阶段的中国国情。据人事部编写的《人事争议仲裁指南》一书的介绍，美国、法国、德国、日本、加拿大等国家的人事争议及其解决办法均只适用于国家公务员人事争议，不存在所谓的事业单位人事争议。即便如此，这些国家均规定了人事争议的司法救济程序。参见人事部人才流动开发司编著：《人事争议仲裁指南》，中国人事出版社2001年版，第259～279页。

件的实体处理应当适用人事方面的法律规定，但涉及事业单位工作人员劳动权利的内容在人事法律中没有规定的，适用《中华人民共和国劳动法》的有关规定。"

《最高人民法院关于事业单位人事争议案件适用法律等问题的答复》完善了本规定的内容，确立了人民法院在处理人事争议时优先适用人事方面的法律规定的原则。这一原则的确立是立足于中国国情特别是目前的行政管理体制。目前我国所有单位分为四类：机关单位、企业单位、事业单位和社会团体单位。在行政管理体制上，这四类单位分别由不同的部门管理，其中对企业单位的管理由劳动和社会保障部门负责，而对事业单位的管理由人事部门负责。这种分工，既是基于现行立法，又是基于国家政策。尽管从终极意义而言，人类创造物质或精神财富的活动都可称之劳动，但是现代劳动法，无论是中国的还是外国的，通常只涉及现代企业中工人的劳动，既不涉及国家公务员的工作，也不涉及农民的耕作。劳动法第二条明确规定，劳动法只适用于企业等用人单位和与之形成劳动关系的劳动者。就个人而言，目前在中国四类单位中的工作人员，各有不同的"身份"：行政编制类、事业编制类、职工编制类。这三类"身份"的人，按照传统，又可统分为两类：干部类和职工类。目前国家法律和政策上对这两类人的管理是不同的，而且分属不同部门管理。四种性质单位中，事业单位最为复杂。这种复杂性表现在以下方面：其一，既有利用国有资产举办的，也有利用非国有资产举办的。《事业单位登记管理暂行条例》规定，事业单位"是指国家为了社会公益目的，由国家机关举办或者其他组织利用国有资产举办的，从事教育、科技、文化、卫生等活动的社会服务组织"。对于以非国有资产举办的提供公共社会服务类单位，不叫事业单位而叫所谓的"民办非企"单位，如民办学校。其二，有些事业单位行使国家机关管理职能，与国家机关性质类似。从国务院所属机构看，存在不少看似国家机关但属事业单位范畴的单位，如按照全国人大批准的国务院机构改革方案，中国银行业监督管理委员会、中国证券业监督管理委员会、中国保险业监督管理委员会和中国电力监督管理委员会等，都属于直属国务院的事业单位。银监会和保监会都是从中国人民银行分离部分职能而组建的机构，其职权及行使方式皆与中国人民银行并无本质上的区别。其三，事业单位的工作人员多样化，包括公务员类、科教人员类、工人类等；既有享有"干部"待遇类，也包括工人类，如后勤人员；既有按照聘用合同管理类，也存在不按合同管理类。由于事业单位及其人员的复杂性，因而涉及事业单位及其工作人员的法律法规是比较复杂的，例如，《国家公务员暂行条例》适用于事业单位中的公务员类人员、劳动法适用于职工类人员、教师法适用于教师类人员、职业医师法适用于医生类人员等；各种专业技术职务的评定等又只有人事部的部门规章。这些法律政策与劳动法的相关内容比较，可能存在差异。这种差异是国家基于事业单位的特殊性而作的特别规定。因此，人民法院在审理事业单位人事争议时应当优先适用国家有关人事法律法规。

由于涉及事业单位的法律规范不完善，职工类劳动者享有的劳动权利，在人事法律政策中可能没有规定。根据宪法规定的平等原则，事业单位工作人员劳动权利如在人事法律规定中未涉及的，应适用劳动法的规定处理。劳动法第三条第一款规定的内容同样适用于事业单位的工作人员，也就是说，事业单位工作人员也是应当享有平等就业和选择职业的权利、取得劳动报酬的权利、休息休假的权利、获得劳动安全卫生保护的权利、接受职业技能培训的权利、享受社会保险和福利的权利、提请劳动争议处理的权利及法律规定的其他基本权利。

1. 关于事业单位人事争议案件的管辖问题

人事争议仲裁机构的设置与劳动争议仲裁机构的设置有所差异。按照人事部的有关规定，人事争议仲裁机构设三级：人事部、省级人事部门、地市级人事部门都设有人事争议仲裁机构。这是由于各种事业单位分属不同级别的人事部门管理。但是，事业单位人事争议案件的管辖问题，在目前的司法解释中没有明确规定。因而，对于不同级别的人事争议仲裁委员会所仲裁的案件是否由相应级别的人民法院管辖应予明确。《最高人民法院关于事业单位人事争议案件适用法律等问题的答复》第二条规定："事业单位人事争议案件由用人单位或者聘用合同履行地的基层人民法院管辖。"这一规定参照了《最高人民法院关于审理劳动争议案件适用法律若干问题的解释》（法释〔2001〕14号）的规定。该解释第八条规定："劳动争议案件由用人单位所在地或者劳动合同履行地的基层人民法院管辖。劳动合同履行地不明确的，由用人单位所在地基层人民法院管辖。"

2. 关于人事争议案件的案由问题

人事争议案件属于民事案件，但在最高人民法院制定的《民事案件案由规定（试行）》中没有相应的案由可以适用。为了便于司法统计，《最高人民法院关于事业单位人事争议案件适用法律等问题的答复》第三条规定："人民法院审理事业单位人事争议案件的案由为'人事争议'。"这一案由既能准确反映此类案件的性质，又能与其他案件相区别。

（二）本规定的适用范围

人发〔1997〕71号文第二条规定，人事争议仲裁的范围包括以下四种：(1) 国家行政机关与工作人员之间因录用、调动、履行聘任合同发生的争议；(2) 事业单位与工作人员之间因辞职、辞退以及履行聘任或聘用合同发生的争议；(3) 企业单位与管理人员和专业技术人员之间因履行聘任合同或聘用合同发生的争议；(4) 依照法律、法规、规章规定可以仲裁的人才流动争议和其他人事争议。但是，本规定第三条规定："本规定所称人事争议是指事业单位与其工作人员之间因辞职、辞退及履行聘用合同所发生的争议。"所以，本规定所涉及的人事争议仅仅是人事争议仲裁机构可以受理的人事争议中的一小部分。[①]

本规定仅涉及事业单位的人事争议。这里的事业单位不包括所有的事业单位。首先，凡是按照公务员管理的事业单位的工作人员的人事争议不适用本规定。这类人事争议宜适用公务员法处理；其次，实行企业化管理的事业单位与其工作人员之间的争议应当按照劳动争议处理；最后，未按照《事业单位登记管理暂行条例》登记的事业单位或者不是依照法律规定设立的事业单位所产生的人事争议不适用本规定。

本规定不适用于事业单位与其工作人员因聘任问题产生的纠纷。聘任制度是职称制度的重要内容之一。根据《国务院关于实行专业技术职务聘任制度的规定》（国发〔1986〕27号）和人事部《企事业单位评聘专业技术职务若干问题暂行规定》（人职发〔1990〕4号）的规定，事业单位的专业技术职务，在设置的专业技术职务岗位内和取

[①] 根据人事部有关人士的介绍，随着本规定的施行，人事部将对相关规章进行修订，使之与劳动法的精神一致。

得任职资格的专业技术人员中聘任。对聘任的专业技术人员要进行任期考核。对在聘期内经考核不能履行岗位职责，不能完成岗位任期目标的人员，应解除聘约，按本人条件和工作需要另外聘任适当职务，享受新任职务的工资待遇。对解聘、低聘的人员可按其晋升专业技术职务所增加的工资至少降低一级的办法处理。对聘任期满，符合晋升条件、考核优秀的可在职务限额内晋升职务，称职的可以续聘原职，基本称职的要限期改进工作，达不到相应职务要求的水平和能力或不能履行相应职责或有其他严重问题的，予以解聘、低聘或另外安排工作。可见，聘任争议不涉及事业单位与其工作人员关系的解除，只涉及内部工作安排。因而聘任争议不属于本规定的适用对象。应当注意的是，公务员法规定实行聘任制公务员与所在机关之间因履行聘任合同发生争议的，可以申请人事争议仲裁机构仲裁，对仲裁裁决不服的，可以向人民法院提起诉讼。从公务员法规定看，该法所称聘任是指公务员与所在机关建立一种工作关系，而不是仅指单位内部岗位的聘任或者职务的聘任。实际上，公务员法中所称聘任比本规定中的聘用含义更广泛，既包括一种职务的聘任，更指建立一种工作关系。

理解本规定中"履行聘用合同所发生的争议"时应当注意两点：一是这种争议并不仅仅包括解除合同或者订立合同的争议，还包括履行聘用合同中其他争议，如合同期限，工资、福利、保险待遇，违约责任这类争议。二是履行聘用合同的争议应当具有可诉性。前已述及，聘用合同的内容比较广泛，但只有那些具有可诉性的内容发生争议时，当事人才能申请仲裁，从而向人民法院提起诉讼。对那些仅涉及单位内部管理以及其他无法裁决的事项的争议，不应当诉讼到法院，如年度考核等级。当然具体争议的范围只能通过审判实践积累经验后才能准确判断。

本规定中所指"工作人员"，前所述及并不包括事业单位所有的工作人员。我们倾向于认为，本规定中所指"工作人员"是指具有事业编制的人员。当然如何确定哪些人具有事业编制、哪些人没有事业编制是一个既实际又复杂的问题。为了保障所有的公民享有司法救济权利，法院在审判中可不必就此问题过多考虑。

在适用本规定时还有一点需要注意，凡是未经人事争议仲裁裁决或者仲裁机构未作出处理决定的，当事人直接向人民法院提起诉讼的，人民法院依法不予受理。

（三）本规定的时效问题

由于过去的司法解释对人事争议的诉讼问题未有涉及，因而正确理解本规定时间效力具有重要意义。尽管本规定自2003年9月5日开始施行，但是这个施行日期的具体含义是什么？可能有三种理解：其一，参照《最高人民法院关于贯彻执行〈中华人民共和国民法通则〉若干问题的意见（试行）》第一百六十五条有关诉讼时效期间的规定，凡是在2003年9月5日前对人事争议仲裁机构所作的裁决不服，都给予十五日的起诉期限。其二，人事争议当事人自收到仲裁裁决书之日起到2003年9月5日时尚不满十五日的，可以向人民法院起诉。例如，当事人于2003年8月21日收到仲裁裁决书，则可于9月5日向人民法院提起诉讼；但如果当事人是于2003年8月20日收到仲裁裁决书，由于到9月4日已满十五日，故不可以于9月5日向人民法院起诉。其三，只有对2003年9月5日以后人事争议仲裁机构所作的仲裁裁决不服的，才可以向人民法院提起诉讼。我们认为第二种理解比较合理。第一种理解不可取有两点理由：一是赋予当事人起诉权则意味着人事争议仲裁机构在2003年9月5日所作的所有裁决都处于不生效状态；二是意味着当事人可以向人民法院申请自1997年人事争议仲裁开展以来的所有人事争议仲裁裁决;三是意味着本规定具有溯及既往的效力,这与法理不合。第三种理解又过于机构,也与本规定第二条中有关对"人事争议仲裁裁决不服,自收到仲裁裁决之日起十五日内向人民法院提起诉讼的,人民法院应当依法受理"的规定不符。

(四)人事争议仲裁案件不应当按照行政诉讼案件处理

有人认为,人事争议仲裁应当纳入行政诉讼范围。其主要理由是:其一,人事争议仲裁与劳动争议仲裁的法律性质不同。根据人发〔1997〕71号文,实施人事争议仲裁行为的主体是拥有行政管理职权的机构,具有行政管理性质。其二,人事争议仲裁与劳动争议仲裁所适用的法律不同。劳动争议仲裁适用劳动法及相关法律规定,人事争议仲裁适用人发〔1997〕71号文。其三,人发〔1997〕71号文规定的属于人事争议仲裁的四项内容均直接涉及当事人的人身权和财产权,因而在法律没有作出排除性规定的情况下,人事争议仲裁行为属于行政诉讼法(1989年公布)第十一条规定的行政诉讼受案范围。其四,人事争议仲裁未经法律设定,其可诉性未予排除。根据立法法(2000年公布)第八条第九项的规定,仲裁行为属于全国人大的立法范围,只能由法律规定,法规和规章在没有法律授权的前提下,无权对仲裁问题设定规范,无权创设仲裁权。其五,将人事争议仲裁纳入行政诉讼范围,对于推动依法行政进程具有实际意义。有的行政机关为了规避行政诉讼,通过规章设定仲裁权,将行政裁决行为赋予仲裁行为表现形式,使其行政行为免受司法审查,而且法规、规章规定的仲裁程序大都没有达到法律规定仲裁程序的严密程度,其仲裁过程与法律的要求还存在一定距离。将人事争议仲裁行为纳入司法审理范围,有利于促进依法行政和此类"仲裁"制度的完善。

我们认为上述看法有一定道理,特别是通过行政诉讼推进依法行政进程的良好初衷更值得肯定。但是,本规定更为可取。基本理由是以下五项。

其一,事业单位与其工作人员就辞职、辞退及履行聘用合同所发生的争议就其本质而言属于劳动争议。这是最基本的理由。

其二,正如我们不能认为劳动争议仲裁行为具有行政管理性质一样,我们也不能认为人事争议仲裁行为具有行政管理性质。因为人事争议仲裁委员会的组成及仲裁员的选聘与劳动争议仲裁委员会的组成及仲裁员的选聘具有相似性。这一结论只要简单对比相关规定即可得出:(1)劳动法第八十一条规定:"劳动争议仲裁委员会由劳动行政部门代表、同级工会代表、用人单位方面的代表组成。劳动争议仲裁委员会主任由劳动行政部门代表担任。"《企业劳动争议处理条例》规定,劳动行政主管部门的劳动争议处理机构为劳动争议仲裁委员会的办事机构。该条例还规定:"仲裁委员会可以聘任劳动行政主管部门或者政府其他有关部门的人员、工会工作者、专家学者和律师为专职的或者兼职的仲裁员。"(2)人发〔1997〕71号文规定,人事争议仲裁委员会主任由同级人民政府分管人事工作的负责人或者政府人事行政部门的主要负责人担任,人事争议仲裁委员会办事机构设在同级人民政府人事行政部门。《人事争议仲裁员管理办法》第四条第一款规定:"仲裁员实行聘任制。专职仲裁员由仲裁委员会从其办事机构工作人员中聘任。兼职仲裁员由仲裁委员会从政府有关部门的人员、专家学者、律师以及从事过人事工作的退休干部中聘任……"

其三,人事争议仲裁权并非来源于人事部的行政规章,而是与劳动争议仲裁权一样来源于劳动法或者由劳动法设定。只是由于现行国家有关企业与事业人事管理制度存在差异，特别是由于两个行政主管部门的存在，才造成必须存在两种仲裁机构的局面。

其四，本规定有利于规范人事争议仲裁活动，促进人事争议仲裁制度的完善。本规定出台前，人事争议仲裁不受司法监督，有不少不规范之处。本规定施行后，人事争议仲裁活动只有完全按照劳动法规定的仲裁程序进行，才能得到人民法院的支持。这必然促使人事争议仲裁走上法治之路。

其五，将人事争议仲裁纳入行政诉讼范围既不便审理，也不能处理事业单位与其工作人员之间的法律争议。依据现行行政诉讼法的规定，人民法院如果将人事争议仲裁案件作为行政案件审理，如果判决维持人事争议仲裁裁决或者判决重新裁决，还是判决人事争议仲裁机构"履行法定职责"，等于承认了人事仲裁的合法性；如果一律判决撤销，又不能解决事业单位与其工作人员之间的法律争议。另外，《最高人民法院关于执行〈中华人民共和国行政诉讼法〉若干问题的解释》（法释〔2000〕8号）第一条第二款规定，公民、法人或者其他组织对法律规定的仲裁行为不服提起诉讼的，不属于人民法院行政诉讼的受案范围。

（撰稿人：汪治平、邵文虹）

【链接】

最高人民法院
关于事业单位人事争议案件适用法律等问题的答复

2004年4月30日　　　　　　　　　　　　　　　法函〔2004〕30号

北京市高级人民法院：

你院《关于审理事业单位人事争议案件如何适用法律及管辖的请示》（京高法〔2003〕353号）收悉。经研究，答复如下：

一、《最高人民法院关于人民法院审理事业单位人事争议案件若干问题的规定》（法释〔2003〕13号）第一条规定："事业单位与其工作人员之间因辞职、辞退及履行聘用合同所发生的争议，适用《中华人民共和国劳动法》的规定处理。"这里"适用《中华人民共和国劳动法》的规定处理"是指人民法院审理事业单位人事争议案件的程序运用《中华人民共和国劳动法》的相关规定。人民法院对事业单位人事争议案件的实体处理应当适用人事方面的法律规定，但涉及事业单位工作人员劳动权利的内容在人事法律中没有规定的，适用《中华人民共和国劳动法》的有关规定。

二、事业单位人事争议案件由用人单位或者聘用合同履行地的基层人民法院管辖。

三、人民法院审理事业单位人事争议案件的案由为"人事争议"。

最高人民法院
关于人民法院对经劳动争议仲裁裁决的纠纷准予撤诉或驳回起诉后劳动争议仲裁裁决从何时起生效的解释

法释〔2000〕18号

(2000年4月4日最高人民法院审判委员会第1108次会议通过 2000年7月10日最高人民法院公告公布 自2000年7月19日起施行)

为正确适用法律审理劳动争议案件,对人民法院裁定准予撤诉或驳回起诉后,劳动争议仲裁裁决从何时起生效的问题解释如下:

第一条 当事人不服劳动争议仲裁裁决向人民法院起诉后又申请撤诉,经人民法院审查准予撤诉的,原仲裁裁决自人民法院裁定送达当事人之日起发生法律效力。

第二条 当事人因超过起诉期间而被人民法院裁定驳回起诉的,原仲裁裁决自起诉期间届满之次日起恢复法律效力。

第三条 因仲裁裁决确定的主体资格错误或仲裁裁决事项不属于劳动争议,被人民法院驳回起诉的,原仲裁裁决不发生法律效力。

【解读】

解读《关于人民法院对经劳动争议仲裁裁决的纠纷准予撤诉或驳回起诉后劳动争议仲裁裁决从何时起生效的解释》

一、问题的提出

劳动法(1994年公布,下同)第八十三条对作为前置程序的劳动争议仲裁如何与劳动争议诉讼相互衔接作出了初步规定,但却遗漏了两个重要情形,即当事人起诉后又申请撤诉,经人民法院审查准予撤诉以及人民法院裁定驳回当事人起诉的情形。由此引起法律适用上的两个问题:其一,在上述情形下,应当如何确定劳动争议仲裁裁决的法律效力?其二,在上述情形下,当事人可否依据仲裁裁决向人民法院申请强制执行?

立法的疏漏最终影响劳动争议仲裁机关的执法和人民法院的司法,尤其是在上述情形下应当如何适用法律出现了理解的分歧,也给人民法院依法执行造成了困难,还影响当事人合法权益的顺利实现。为此,劳动和社会保障部劳动工资司以劳社劳资函

〔1999〕40号《关于人民法院准予撤诉或驳回起诉后劳动仲裁裁决书应恢复法律效力的商函》向最高人民法院民事审判庭提出了解决上述问题的意见。函称：在当事人对劳动仲裁裁决书不服向人民法院起诉，而后又申请撤诉，法院裁定准予撤诉和法院根据案情驳回当事人的起诉两种情况下，原仲裁裁决书是否应恢复法律效力，法无明文，致使当事人双方无所遵循；在上述两种情形下，原仲裁裁决书应当恢复法律效力，双方当事人必须执行，否则，权利方当事人可向法院申请强制执行。理由是：当事人申请撤诉或法院驳回起诉，说明当事人对原裁决书有服从的意愿或者当事人的起诉不符合法律规定，因此原仲裁裁决书应当恢复法律效力。

鉴于该问题对劳动争议纠纷的解决具有普遍意义，最高人民法院审判委员会决定就此作出司法解释。

二、理解与适用

上述两种情形，从法律效力确认的角度来看，实际上包括三种类型：（1）当事人不服劳动争议仲裁裁决起诉到人民法院后又申请撤诉，经人民法院审查准予撤诉的；（2）当事人不服劳动争议仲裁裁决起诉到人民法院，经人民法院审查发现起诉已超过法定的十五日起诉期限，且无正当理由，裁定驳回起诉的；（3）仲裁裁决确定的主体资格错误或仲裁裁决事项不属于劳动争议，被人民法院裁定驳回起诉的。对其法律效力的确认主要形成了两种意见：一种意见已如前述，主张在人民法院裁定准予撤诉和驳回起诉后，应当"恢复"原仲裁裁决的法律效力；另一种意见则认为，应区别三种类型，相应确定仲裁裁决的法律效力。以下分别说明。

第一，当事人不服劳动争议仲裁委员会的仲裁裁决，起诉到人民法院后又申请撤诉，经人民法院审查准予撤诉的，原仲裁裁决应自人民法院裁定送达当事人之日起发生法律效力。理由是：按现行有关法律规定，劳动争议仲裁是诉讼的前置程序。劳动争议当事人对仲裁裁决不服可以自收到裁决书之日起十五日内向人民法院起诉。人民法院受理后，当事人又申请撤诉的，表明当事人愿意服从仲裁裁决。经人民法院审查，撤诉系出自愿，且不违反法律规定，人民法院裁定予以准许。在此情况下，仲裁裁决书当然自人民法院裁定送达当事人之日起发生法律效力。

第二，当事人起诉已超过法定的十五日起诉期限，且无正当理由，法院裁定驳回起诉。在此情况下，原仲裁裁决自起诉期间届满之次日起依法已经发生法律效力，虽因起诉而致其法律效力在事实上暂时被中止，经人民法院审查确认起诉已超过起诉期限从而裁定驳回起诉后，原仲裁裁决自应恢复其法律效力。

第三，因仲裁裁决确定的主体资格错误或仲裁裁决事项不属于劳动争议，被人民法院裁定驳回起诉的，原仲裁裁决不发生法律效力。例如，毕某德与青海某轧钢厂劳动争议纠纷案，即属此种类型。该案用人单位对劳动者作出行政记大过一次、下浮一级工资一年及罚款140元的处理。劳动者申请仲裁，仲裁机关根据《劳动部办公厅对"关于职工对企业做出的行政处分不服能否通过劳动监察途径解决等问题的请示"的复函》关于"关于职工对用人单位作出的行政处分决定不服的解决途径问题。劳动争议当事人职工一方，可以向当地劳动争议仲裁委员会申请仲裁"的规定，作出仲裁裁决。当事人起诉到法院后，人民法院根据国务院颁发的《企业劳动争议处理条例》确认，行政处分中只有开除才属于劳动争议案件的受理范围，故毕某德一案性质上不属于应由人民法院受理的劳动争议案件。人民法院据此裁定驳回起诉。又如，某外资企业对劳动者作出下岗分流的决定，并参照国有企业对下岗职工的待遇规定发给待业救济金。劳动者以其在生病期间不应解除劳动合同关系为由申请仲裁，用人单位则以下岗不属解除劳动合同作为抗辩。仲裁裁决后，当事人不服起诉到人民法院，人民法院确认此种情形不属人民法院应当受理的劳动争议案件范围，而裁定驳回起诉。法院驳回起诉后，如仲裁裁决即发生或"恢复"法律效力，有违劳动争议仲裁作为诉讼前置程序的立法本意，也使当事人难以获得适当途径的司法救济和其他救济手段；同时，这还与人民法院生效裁判的既判力的本质相违背。

1989年8月10日，《最高人民法院对劳动部〈关于人民法院审理劳动争议案件几个问题的函〉的答复》第二条规定："劳动争议当事人对仲裁决定不服，向人民法院起诉的，人民法院仍应以争议的双方为诉讼当事人，不应将劳动争议仲裁委员会列为被告或第三人。在判决书、裁定书、调解书中也不应含有撤销或者维持仲裁决定的内容。"据此，有意见认为，当事人不服仲裁裁决起诉到人民法院后又申请撤诉，经人民法院裁定准予撤诉，或者因超过起诉期间被裁定驳回起诉的，原仲裁裁决宜统一规定为"恢复"其法律效力。理由是：劳动争议仲裁虽为诉讼的前置程序，与诉讼程序在性质上仍有本质的区别，不宜由司法裁判确定仲裁裁决的效力，因此，在文字表述上亦不宜采取"发生"法律效力的提法。基于同样的理由，该意见还认为，因仲裁裁决确定的主体资格错误或仲裁裁决不属于劳动争议被人民法院驳回起诉的，原仲裁裁决的效力应由仲裁机关自行确定。但多数人认为，此种意见似是而非，在理论上、逻辑上实有不妥，理由如下。

第一，当事人不服人民法院仲裁裁决在起诉期间向人民法院起诉，原仲裁裁决即不发生法律效力。当事人申请撤诉，人民法院准予撤诉的，原仲裁裁决应自裁定送达双方当事人之日起发生法律效力。原仲裁裁决因起诉而不生效，自然不存在"恢复法律效力"的问题。人民法院准予撤诉后原仲裁裁决理应生效，需要解决的是仲裁裁决的效力应从何时起算的问题。采取"恢复法律效力"的表述，一是表述上存在逻辑矛盾，即"恢复"尚未发生的法律效力；二是对当事人明显不公。因"恢复法律效力"意味着仲裁裁决生效时间应从起诉期间届满之次日起算，而当事人申请执行的时效期间也是从裁决生效之日起算，导致当事人因诉讼期间的存在而丧失其应有的申请执行的期限利益。如确定从裁定送达当事人之日起算，则非"恢复法律效力"的本意。采取"发生法律效力"的表述，客观反映了仲裁裁决的实际生效时间，并为当事人申请执行划定了一个较为公平合理的时间起算点，其本意并非由人民法院以裁定确定仲裁裁决的效力。

第二，当事人因超过起诉期间而被人民法院裁定驳回起诉的，原仲裁裁决依法已经在起诉期间届满之次日起发生法律效力，故在逻辑上应为"恢复"法律效力。因一方滥用诉权造成申请执行一方期限利益的丧失，可以援引时效中止的抗辩事由以资救济。

第三，仲裁裁决确定的主体资格错误，或仲裁裁决事项在性质上不属于劳动争议，人民法院驳回起诉的，应当确定原仲裁裁决不发生法律效力。原因在于，人民法院的生效判决和裁定具有既判力；被生效判决和裁定确认的事实认定具有确定性，与该生效裁判相反的事实认定不能作为任何具有可强制执行效力的法律文书进行裁决的前提和基础。因此，建立在与生效裁判相反的事实认定基础上的仲裁裁决当然不具有法律效力。即在此情形下的仲裁裁决不生效,并非由于人民法院裁定的直接认定,而是由于生效裁判的既判力间接发生拘束的必然结果。

(撰稿人:陈现杰)

指导案例 18 号

中某通讯(杭州)有限责任公司诉
王某劳动合同纠纷案

(最高人民法院审判委员会讨论通过 2013 年 11 月 8 日发布)

关键词
民事 劳动合同 单方解除

裁判要点
劳动者在用人单位等级考核中居于末位等次,不等同于"不能胜任工作",不符合单方解除劳动合同的法定条件,用人单位不能据此单方解除劳动合同。

相关法条
《中华人民共和国劳动合同法》第三十九条、第四十条

基本案情
2005 年 7 月,被告王某进入原告中某通讯(杭州)有限责任公司(以下简称中某通讯)工作,劳动合同约定王某从事销售工作,基本工资每月 3840 元。该公司的《员工绩效管理办法》规定:员工半年、年度绩效考核分别为 S、A、C1、C2 四个等级,分别代表优秀、良好、价值观不符、业绩待改进;S、A、C(C1、C2)等级的比例分别为 20%、70%、10%;不胜任工作原则上考核为 C2。王某原在该公司分销科从事销售工作,2009 年 1 月后因分销科解散等原因,转岗至华东区从事销售工作。2008 年下半年、2009 年上半年及 2010 年下半年,王某的考核结果均为 C2。中某通讯认为,王某不能胜任工作,经转岗后,仍不能胜任工作,故在支付了部分经济补偿金的情况下解除了劳动合同。

2011 年 7 月 27 日,王某提起劳动仲裁。同年 10 月 8 日,仲裁委作出裁决:中某通讯支付王某违法解除劳动合同的赔偿金余额为 36596.28 元。中某通讯认为其不存在违法解除劳动合同的行为,故于同年 11 月 1 日诉至法院,请求判令不予支付解除劳动合同赔偿金余额。

裁判结果
浙江省杭州市滨江区人民法院于 2011 年 12 月 6 日作出(2011)杭滨民初字第 885 号民事判决:原告中某通讯于本判决生效之日起十五日内一次性支付被告王某违法解除劳动合同的赔偿金余额 36596.28 元。宣判后,双方均未上诉,判决已发生法律效力。

裁判理由

法院生效裁判认为：为了保护劳动者的合法权益，构建和发展和谐稳定的劳动关系，劳动法、劳动合同法对用人单位单方解除劳动合同的条件进行了明确限定。原告中某通讯以被告王某不胜任工作，经转岗后仍不胜任工作为由，解除劳动合同，对此应负举证责任。根据《员工绩效管理办法》的规定，"C（C1、C2）考核等级的比例为10%"，虽然王某曾经考核结果为C2，但是C2等级并不完全等同于"不能胜任工作"，中某通讯仅凭该限定考核等级比例的考核结果，不能证明劳动者不能胜任工作，不符合据此单方解除劳动合同的法定条件。虽然2009年1月王某从分销科转岗，但是转岗前后均从事销售工作，并存在分销科解散导致王某转岗这一根本原因，故不能证明王某系因不能胜任工作而转岗。因此，中某通讯主张王某不胜任工作，经转岗后仍然不胜任工作的依据不足，存在违法解除劳动合同的情形，应当依法向王某支付经济补偿标准二倍的赔偿金。

【解读】

解读《中某通讯（杭州）有限责任公司诉王某劳动合同纠纷案》

2013年11月8日，最高人民法院发布了指导案例18号《中某通讯（杭州）有限责任公司诉王某劳动合同纠纷案》。为了正确理解和准确参照适用该指导性案例，现对其推选经过、裁判要点、需要说明问题等有关情况予以解释、论证和说明。

一、推选经过及其指导意义

本案于2011年12月经浙江省杭州市滨江区人民法院一审后，双方当事人未上诉，判决发生法律效力。2013年浙江省高级人民法院经审判委员会讨论将该案例作为备选指导性案例向最高人民法院推荐。2013年6月22日，最高人民法院民一庭审查认为，"末位淘汰制"在有关劳动争议司法解释起草过程中曾有涉及，但最终没有规定。通过指导性案例规制，有助于劳资双方对这一问题清晰理解，达到较好社会效果。9月3日，研究室室务会讨论了该案例，认为其解决了司法实践中的争议问题，一致同意作为指导性案例。10月28日，最高人民法院审判委员会经讨论一致同意将该案例确定为指导性案例。11月8日，最高人民法院以法〔2013〕241号文件将该案例作为第五批指导案例予以公开发布。

本案例系因"末位淘汰制"引发的劳动合同解除典型案例，具有一定的典型性。该指导案例旨在明确用人单位不能仅因劳动者在考核中居于末位等次而单方解除劳动合同。该案例裁判要点贯彻了劳动法（2009年修正，下同）和劳动合同法（2007年公布，下同）的有关规定，强调了单方解除劳动合同必须符合法定条件，对于严格把握用人单位单方解除劳动合同的条件，保护劳动者合法权益具有普遍指导意义。发布该指导性案例，一方面有利于依法促进就业，保护劳动者合法权益；另一方面也能够促使用人单位在遵守劳动法、劳动合同法的前提下，制定合法合理的绩效考核体系和内部管理规章制度，从而维护和谐稳定的劳动关系，防范和减少劳动纠纷的发生，促进经济协调健康发展。

二、裁判要点的理解与说明

指导案例18号裁判要点确认：劳动者在用人单位等级考核中居于末位等次，不等同于"不能胜任工作"，不符合单方解除劳动合同的法定条件，用人单位不能据此单方解除劳动合同。该裁判要点针对法律和司法解释没有规定的"末位淘汰制"热点问题，以劳动法、劳动合同法为依据，根据劳动合同法第四十七条、第四十八条、第八十七条等规定，重点分析了"末位淘汰制"不符合劳动合同法规定的"劳动者不能胜任工作，经过培训或者调整工作岗位，仍不能胜任工作的"情形，用人单位不能以此单方解除劳动合同。下面结合有关法律和司法解释等规定，围绕与裁判要点有关的问题逐一论证和说明。

（一）"末位淘汰制"是否属于用人单位规章制度

"末位淘汰制"作为绩效考核的一种管理制度，是指工作单位根据本单位的工作目标，结合各个岗位的实际情况，制定具体的考核指标体系对员工进行考核，并依据考核结果对得分靠后的员工予以淘汰的管理制度。这一制度源于美国通用电气公司杰克·韦尔奇创建的活力曲线，也叫10%淘汰率法则，每年对员工工作绩效严格评估，有10%的员工被评为C类落后员工，表现最差的员工通常会被淘汰。这是一种强势的管理制度，员工竞争激励机制，一方面有积极作用，从客观上推动了员工工作积极性，有利于提高企业竞争力；另一方面也有消极作用，如可能存在违法内容、给员工压力过大等。近年来，我国一些企业将"末位淘汰制"写入企业规章制度或者劳动合同中，作为绩效考核的重要内容，定期将业绩居于末位的劳动者降薪、调岗或解除劳动合同，由此引发的劳动争议纠纷逐渐增多。本案例中，中某通讯（杭州）有限责任公司（以下简称中某通讯）将其《员工绩效管理办法》在网上予以公示，使其成为一项单位内部规章制度。

我国劳动合同法第四条对用人单位制定规章制度的总体要求进行了规定，《最高人民法院关于审理劳动争议案件适用法律若干问题的解释》第十九条对此也有涉及。据此，用人单位的规章制度要合法有效，在劳动争议案件审理中可以作为依据之一，须同时具备以下条件：其一，规章制度的制定程序合法。用人单位在制定、修改或者决定有关劳动报酬、工作时间、休息休假、劳动安全卫生、保险福利、职工培训、劳动纪律以及劳动定额管理等直接涉及劳动者切身利益的规章制度或者重大事项时，应当经职工代表大会或者全体职工讨论，提出草案，听取意见，与工会或者职工代表平等协商后确定。其二，履行告知义务。用人单位应当将直接涉及劳动者切身利益的规章制度和重大事项决定予以公示，或者直接告知劳动者。其三，不违反国家法律、行政法规及政策规定。根据劳动合同法第八十条规定，用人单位直接涉及劳动者切身利益的规章制度违反法律、法规规定的，由劳动行政部门责令改正，给予警告；给劳动者造成损害的，应当承担赔偿责任。

本案例中，中某通讯的《员工绩效管理办法》，内容属于涉及劳动者切身利益的重大事项，将其制定为单位的规章制度，要履行前述的协商制定程序和公示义务，制定包括实行末位淘汰的岗位、对象、程序、淘汰形式等内容的书面方案，充分征求员工意见，经过职工代表大会讨论后，向员工公示，并不得违反法律、法规的规定。

(二)"末位淘汰制"可否作为单方解除劳动合同条件

"末位淘汰制"作为用人单位的规章制度,并不意味着用人单位对业绩居于末位等次的劳动者可以单方面解除劳动合同。劳动合同法第三十九条、第四十条和《劳动合同法实施条例》第十九条规定了用人单位可以单方面解除劳动合同的法定情形。实践中劳动者与用人单位因为考核而解除劳动合同容易发生争议的情形主要有两种:一是"劳动者严重违反用人单位的规章制度";二是"劳动者不能胜任工作,经过培训或者调整工作岗位,仍不能胜任工作"。下面对这两种情形逐一分析。

第一,劳动者考核等次居于末位,是否构成"严重违反用人单位的规章制度"。严重违反用人单位的规章制度,是指劳动者明知或应知规章制度的要求,却基于故意或重大过失的心态,实施了严重违反规章制度的行为。考核居于末位是一种客观状态,不是员工的主观行为。有考核就有先进与落后之分,从客观上讲任何规章制度都不可能禁止劳动者的工作业绩在单位考核中居于末位。因此,劳动者考核中居于末位,并不意味着严重违反用人单位的规章制度,用人单位不能以此为由单方面解除劳动合同。

第二,劳动者考核等次居于末位,是否属于"劳动者不能胜任工作"。劳动者考核居于末位等次,可能是其不胜任现职工作,也可能是其能够胜任现职工作,但因各种因素在某次考核中居于末位等次。因为末位等次总是客观存在的,每次考核中总会有人居于末位等次,考核的末位等次不能直接等同于不胜任现职工作;以同一标准在相同行业考核,本单位考核的末位可能是其他单位考核的中位甚至首位,即"末位不末",以此来认定劳动者不胜任工作也并不科学合理。即使考核居于末位等次的劳动者确实不能胜任现职工作,用人单位也不能直接与之解除劳动合同,而应当对劳动者先进行培训或调整工作岗位。只有在劳动者经培训或者调整工作岗位后仍不能胜任工作的情况下,才能提前三十日以书面形式通知劳动者本人或者额外支付劳动者一个月工资后解除劳动合同。因此,用人单位不能仅因劳动者居于末位等次,就以其不能胜任工作为由而解除合同。

本案例中,中某通讯的《员工绩效管理办法》规定,员工半年、年度绩效考核等级分别为S、A、C1、C2四个等级,其中C(C1、C2)等级的比例为10%,不胜任工作原则上考核为C2。可以看出,中某通讯是以单位规章制度的形式规定了"末位淘汰制"。因王某三次考核为C2,中某通讯以其"不能胜任工作,经转岗后仍不胜任工作"为由,解除劳动合同。由此有两个问题需要研究:考核为C2是否意味着不能胜任工作?王某是否因不能胜任工作而进行转岗?

首先,考核为C2并不意味着不胜任工作。中某通讯在单位规章制度中限定了考核为C的比例为10%,即每次考核中,不管员工的业绩如何,总会有人被考核为C。如前所述,考核的末位等次不能直接等同于不胜任现职工作,中某通讯认为王某不胜任工作,应举证证明有合法的考核标准和王某不能胜任工作的具体事实,不能仅凭王某考核为C就认定其不胜任工作。

其次,王某没有因不能胜任工作而进行转岗。即使王某不能胜任工作,中某通讯也应该对其进行培训或调整工作岗位,只有仍不能胜任工作的,才可以提前三十日以书面形式通知其本人或者额外支付一个月工资后解除劳动合同。虽然2009年1月,王某从该公司分销科转岗至华东区另一岗位工作,存在调整工作岗位的事实,但转岗的根本原因是王某原工作岗位解散,而且王某原工作岗位的其他员工均进行了转岗,由此并不能证明王某转岗是因其不能胜任工作。因此,中某通讯主张王某不胜任工作,经转岗后仍然不胜任工作的依据不足，存在违法解除劳动合同的情形。

（三）"末位淘汰制"可否调整岗位或工资待遇

所谓"淘汰"，本意指去掉不合适的，留下合适的。淘汰制度，并非仅指解除劳动合同，而是可以泛指降级、降职、免职、调整工作岗位、待岗培训、解除劳动合同等多种形式。

劳动者在用人单位的工作岗位、工资待遇等，应由双方协商确定。根据劳动合同法第三十五条规定，用人单位与劳动者协商一致，采用书面形式，可以变更劳动合同约定的内容。调整工作岗位或者工资待遇等涉及劳动者切身利益，只要符合劳动法、劳动合同法等法律规定，经过了前述的民主协商程序，可以视为双方事前协商约定了单方变更劳动合同的内容，就合法有效，对双方具有约束力。因此，如果将"淘汰"限定为降级、降职、免职、调整工作岗位、待岗培训等其他形式，用人单位就可以在不解除劳动合同的前提下，对考核居于末位的劳动者作出调整工作岗位等处理。但是，用人单位单方解除劳动合同的条件是法定的，即使用人单位以法定程序制定了以"末位淘汰制"为内容的规章制度，且经过公示，也不能将其作为单方解除劳动合同的依据。需要注意的是，用人单位将考核与劳动报酬、奖金等工资待遇相挂钩，不得违反法律法规的相关规定。例如，试用期的工资不得低于本单位相同岗位最低档工资或者劳动合同约定工资的80%，并不得低于用人单位所在地的最低工资标准。

三、其他需要说明的问题

（一）参照该指导案例需要注意的问题

审理"末位淘汰"类具体案件时，要分别从考核制度制定的合法性，解除劳动合同条件的法定性，"不能胜任工作"的举证，以及对末位劳动者采取的不同处理形式等多方面，进行具体分析。在劳动合同法第四十二条的法定情形下，用人单位不得依照本法第四十条、第四十一条的规定解除劳动合同。在不解除劳动合同的前提下，用人单位可以依据合法的规章制度或者劳动合同，对考核居于末位的劳动者予以待岗培训、调整工作岗位等处理。故在参照适用该指导性案例时应注意区别案件的不同情况，依法作出正确妥当的裁判。

（二）如何进行科学合理的考核

考核中"末位"总是存在的，用人单位必须将不能胜任工作而处于末位和能胜任工作而处于末位区分开来。如果劳动者能胜任工作而处于末位，则用人单位根据规章制度或者劳动合同，可以对劳动者进行待岗培训、调整工作岗位等处理，而不能单方解除劳动合同。如果劳动者不能胜任工作而处于末位，那么用人单位须先对其进行培训或调整工作岗位，只有仍不能胜任工作的，才可以依法解除劳动合同。

要区分上述两种情形下的末位，就需要制定科学合理的考核指标，以判断劳动者能否胜任工作。首先，用人单位要有明确的目标管理制度和清晰的岗位职责，制定科学合理的考核标准和程序，将劳动者的工作职责、岗位要求细化、量化，明确不能胜任工作的具体标准和指标。其次，用人单位应当根据单位工作实际情况，在与劳动者或其代表民主协商的基础上，在单位规章制度或者劳动合同中对考核指标予以明确并公示告知，并注意不得违反法律法规的规定。

（撰稿人：吴光侠）

指导案例 179 号

聂某兰诉北京林某文化有限公司确认劳动关系案

（最高人民法院审判委员会讨论通过　2022 年 7 月 4 日发布）

关键词

民事　确认劳动关系　合作经营　书面劳动合同

裁判要点

1. 劳动关系适格主体以"合作经营"等为名订立协议，但协议约定的双方权利义务内容、实际履行情况等符合劳动关系认定标准，劳动者主张与用人单位存在劳动关系的，人民法院应予支持。

2. 用人单位与劳动者签订的书面协议中包含工作内容、劳动报酬、劳动合同期限等符合劳动合同法第十七条规定的劳动合同条款，劳动者以用人单位未订立书面劳动合同为由要求支付第二倍工资的，人民法院不予支持。

相关法条

《中华人民共和国劳动合同法》第十条、第十七条、第八十七条

基本案情

2016 年 4 月 8 日，聂某兰与北京林某文化有限公司（以下简称林某公司）签订了《合作设立茶叶经营项目的协议》，内容为："第一条：双方约定，甲方出资进行茶叶项目投资，聘任乙方为茶叶经营项目经理，乙方负责公司的管理与经营。第二条：待项目启动后，双方相机共同设立公司，乙方可享有管理股份。第三条：利益分配：在公司设立之前，乙方按基本工资加业绩方式取酬。公司设立之后，按双方的持股比例进行分配。乙方负责管理和经营，取酬方式：基本工资＋业绩、奖励＋股份分红。第四条：双方在运营过程中，未尽事宜由双方友好协商解决。第五条：本合同正本一式两份，公司股东各执一份。"

协议签订后，聂某兰到该项目上工作，工作内容为负责《中国书画》艺术茶社的经营管理，主要负责接待、茶叶销售等工作。林某公司的法定代表人林某汤按照每月基本工资 1 万元的标准，每月 15 日通过银行转账向聂某兰发放上一自然月工资。聂某兰请假需经林某汤批准，且实际出勤天数会影响工资的实发数额。2017 年 5 月 6 日林某公司通知聂某兰终止合作协议。聂某兰实际工作至 2017 年 5 月 8 日。

聂某兰申请劳动仲裁，认为双方系劳动关系并要求林某公司支付未签订书面劳动合同二倍工资差额，林某公司主张双方系合作关系。北京市海淀区劳动人事争议仲裁委员会作出京海劳人仲字（2017）第 9691 号裁决：驳回聂某兰的全部仲裁请求。聂某兰不服仲裁裁决，于法定期限内向北京市海淀区人民法院提起诉讼。

裁判结果

北京市海淀区人民法院于 2018 年 4 月 17 日作出（2017）京 0108 民初 45496 号民事判决：一、确认林某公司与聂某兰于 2016 年 4 月 8 日至 2017 年 5 月 8 日期间存在劳动关系；二、林某公司于判决生效后七日内支付聂某兰 2017 年 3 月 1 日至 2017 年 5 月 8 日期间工资 22758.62 元；三、林某公司于判决生效后七日内支付聂某兰 2016 年 5 月 8 日至

2017年4月7日期间未签订劳动合同二倍工资差额103144.9元;四、林某公司于判决生效后七日内支付聂某兰违法解除劳动关系赔偿金27711.51元;五、驳回聂某兰的其他诉讼请求。林某公司不服一审判决,提出上诉。北京市第一中级人民法院于2018年9月26日作出(2018)京01民终5911号民事判决:一、维持北京市海淀区人民法院(2017)京0108民初45496号民事判决第一项、第二项、第四项;二、撤销北京市海淀区人民法院(2017)京0108民初45496号民事判决第三项、第五项;三、驳回聂某兰的其他诉讼请求。林某公司不服二审判决,向北京市高级人民法院申请再审。北京市高级人民法院于2019年4月30日作出(2019)京民申986号民事裁定:驳回林某公司的再审申请。

裁判理由

法院生效裁判认为:申请人林某公司与被申请人聂某兰签订的《合作设立茶叶经营项目的协议》系自愿签订的,不违反强制性法律、法规规定,属有效合同。对于合同性质的认定,应当根据合同内容所涉及的法律关系,即合同双方所设立的权利义务来进行认定。双方签订的协议第一条明确约定聘任聂某兰为茶叶经营项目经理,"聘任"一词一般表明当事人有雇用劳动者为其提供劳动之意;协议第三条约定了聂某兰的取酬方式,无论在双方设定的目标公司成立之前还是之后,聂某兰均可获得"基本工资""业绩"等报酬,与合作经营中的收益分配明显不符。合作经营合同的典型特征是共同出资,共担风险,本案合同中既未约定聂某兰出资比例,也未约定共担风险,与合作经营合同不符。从本案相关证据上看,聂某兰接受林某公司的管理,按月汇报员工的考勤、款项分配、开支、销售、工作计划、备用金的申请等情况,且所发工资与出勤天数密切相关。双方在履行合同过程中形成的关系,符合劳动合同中人格从属性和经济从属性的双重特征。故原判认定申请人与被申请人之间存在劳动关系并无不当。双方签订的合作协议还可视为书面劳动合同,虽缺少一些必备条款,但并不影响已约定的条款及效力,仍可起到固定双方劳动关系、权利义务的作用,二审法院据此依法改判是正确的。林某公司于2017年5月6日向聂某兰出具了《终止合作协议通知》,告知聂某兰终止双方的合作,具有解除双方之间劳动关系的意思表示,根据《最高人民法院关于民事诉讼证据的若干规定》第六条,在劳动争议纠纷案件中,因用人单位作出的开除、除名、辞退、解除劳动合同等决定而发生的劳动争议,由用人单位负举证责任,林某公司未能提供解除劳动关系原因的相关证据,应当承担不利后果。二审法院根据本案具体情况和相关证据所作的判决,并无不当。

(生效裁判审判人员:陈伟红、符忠良、彭红运)

指导案例180号

孙某锋诉淮安某人力资源开发有限公司劳动合同纠纷案

(最高人民法院审判委员会讨论通过 2022年7月4日发布)

关键词

民事 劳动合同 解除劳动合同 合法性判断

裁判要点

人民法院在判断用人单位单方解除劳动合同行为的合法性时,应当以用人单位向劳动者发出的解除通知的内容为认定依据。在案件审理过程中,用人单位超出解除劳动合同通知中载明的依据及事由,另行提出劳动者在履行劳动合同期间存在其他严重违反用人单位规章制度的情形,并据此主张符合解除劳动合同条件的,人民法院不予支持。

相关法条

《中华人民共和国劳动合同法》第三十九条

基本案情

2016年7月1日,孙某锋(乙方)与淮安某人力资源开发有限公司(以下简称某公司)(甲方)签订劳动合同,约定:劳动合同期限为自2016年7月1日起至2019年6月30日止;乙方工作地点为连云港,从事邮件收派与司机岗位工作;乙方严重违反甲方的劳动纪律、规章制度的,甲方可以立即解除本合同且不承担任何经济补偿;甲方违约解除或者终止劳动合同的,应当按照法律规定和本合同约定向乙方支付经济补偿金或赔偿金;甲方依法制定并通过公示的各项规章制度,如《员工手册》《奖励与处罚管理规定》《员工考勤管理规定》等文件作为本合同的附件,与本合同具有同等效力。之后,孙某锋根据某公司安排,负责江苏省灌南县堆沟港镇区域的某快递收派邮件工作。某公司自2016年8月25日起每月向孙某锋银行账户结算工资,截至2017年9月25日,孙某锋前12个月的平均工资为6329.82元。2017年9月12日、10月3日、10月16日,孙某锋先后存在工作时间未穿工作服、代他人刷考勤卡、在单位公共平台留言辱骂公司主管等违纪行为。事后,某公司依据《奖励与处罚管理规定》,由用人部门负责人、建议部门负责人、工会负责人、人力资源部负责人共同签署确认,对孙某锋上述违纪行为分别给予扣2分、扣10分、扣10分处罚,但具体扣分处罚时间难以认定。

2017年10月17日,孙某锋被所在单位用人部门以未及时上交履职期间的营业款项为由安排停工。次日,孙某锋至所在单位刷卡考勤,显示刷卡信息无法录入。10月25日,某公司出具离职证明,载明孙某锋自2017年10月21日从某公司正式离职,已办理完毕手续,即日起与某公司无任何劳动关系。10月30日,某公司又出具解除劳动合同通知书,载明孙某锋在未履行请假手续也未经任何领导批准情况下,自2017年10月20日起无故旷工3天以上,依据国家的相关法律法规及单位规章制度,经单位研究决定自2017年10月20日起与孙某锋解除劳动关系,限于2017年11月15日前办理相关手续,逾期未办理,后果自负。之后,孙某锋向江苏省灌南县劳动人事争议仲裁委员会申请仲裁,仲裁裁决后孙某锋不服,遂诉至法院,要求某公司支付违法解除劳动合同赔偿金共计68500元。

某公司在案件审理过程中提出,孙某锋在职期间存在未按规定穿着工作服、代人打卡、谩骂主管以及未按照公司规章制度及时上交营业款项等违纪行为,严重违反用人单位规章制度;自2017年10月20日起,孙某锋在未履行请假手续且未经批准的情况下无故旷工多日,依法自2017年10月20日起与孙某锋解除劳动关系,符合法律规定。

裁判结果

江苏省灌南县人民法院于2018年11月15日作出（2018）苏0724民初2732号民事判决：一、被告某公司于本判决发生法律效力之日起十日内支付原告孙某锋经济赔偿金18989.46元。二、驳回原告孙某锋的其他诉讼请求。某公司不服，提起上诉。江苏省连云港市中级人民法院于2019年4月22日作出（2019）苏07民终658号民事判决：驳回上诉，维持原判。

裁判理由

法院生效裁判认为：用人单位单方解除劳动合同是根据劳动者存在违法违纪、违反劳动合同的行为，对其合法性的评价也应以作出解除劳动合同决定时的事实、证据和相关法律规定为依据。用人单位向劳动者送达的解除劳动合同通知书，是用人单位向劳动者作出解除劳动合同的意思表示，对用人单位具有法律约束力。解除劳动合同通知书明确载明解除劳动合同的依据及事由，人民法院审理解除劳动合同纠纷案件时应以该决定作出时的事实、证据和法律为标准进行审查，不宜超出解除劳动合同通知书所载明的内容和范围。否则，将偏离劳资双方所争议的解除劳动合同行为的合法性审查内容，导致法院裁判与当事人诉讼请求以及争议焦点不一致；同时，也违背民事主体从事民事活动所应当秉持的诚实信用这一基本原则，造成劳资双方权益保障的失衡。

本案中，孙某锋与某公司签订的劳动合同系双方真实意思表示，合法有效。劳动合同附件《奖励与处罚管理规定》作为用人单位的管理规章制度，不违反法律、行政法规的强制性规定，合法有效，对双方当事人均具有约束力。根据《奖励与处罚管理规定》，员工连续旷工3天（含）以上的，公司有权对其处以第五类处罚责任，即解除合同、永不录用。某公司向孙某锋送达的解除劳动合同通知书明确载明解除劳动合同的事由为孙某锋无故旷工达3天以上，孙某锋诉请法院审查的内容也是某公司以其无故旷工达3天以上而解除劳动合同行为的合法性，故法院对某公司解除劳动合同的合法性审查也应以解除劳动合同通知书载明的内容为限，而不能超越该诉争范围。虽然某公司在庭审中另提出孙某锋在工作期间存在不及时上交营业款、未穿工服、代他人刷考勤卡、在单位公共平台留言辱骂公司主管等其他违纪行为，也是严重违反用人单位规章制度，公司仍有权解除劳动合同，但是根据在案证据及某公司的陈述，某公司在已知孙某锋存在上述行为的情况下，没有提出解除劳动合同，而是主动提出重新安排孙某锋从事其他工作，在向孙某锋出具解除劳动合同通知书时也没有将上述行为作为解除劳动合同的理由。对于某公司在诉讼期间提出的上述主张，法院不予支持。

某公司以孙某锋无故旷工达3天以上为由解除劳动合同，应对孙某锋无故旷工达3天以上的事实承担举证证明责任。但某公司仅提供了本单位出具的员工考勤表为证，该考勤表未经孙某锋签字确认，孙某锋对此亦不予认可，认为是单位领导安排停工并提供刷卡失败视频为证。因孙某锋在工作期间被安排停工，某公司之后是否通知孙某锋到公司报到、如何通知、通知时间等事实，某公司均没有提供证据加以证明，故孙某锋无故旷工3天以上的事实不清，某公司应对此承担举证不能的不利后果，其以孙某锋旷工违反公司规章制度为由解除劳动合同，缺少事实依据，属于违法解除劳动合同。

（生效裁判审判人员：王小姣、李季、戴立国）

指导案例 181 号

郑某诉霍某自动化控制（中国）有限公司劳动合同纠纷案

（最高人民法院审判委员会讨论通过　2022 年 7 月 4 日发布）

关键词
民事　劳动合同　解除劳动合同　性骚扰　规章制度

裁判要点
用人单位的管理人员对被性骚扰员工的投诉，应采取合理措施进行处置，管理人员未采取合理措施或者存在纵容性骚扰行为、干扰对性骚扰行为调查等情形，用人单位以管理人员未尽岗位职责，严重违反规章制度为由解除劳动合同，管理人员主张解除劳动合同违法的，人民法院不予支持。

相关法条
《中华人民共和国劳动合同法》第三十九条

基本案情
郑某于 2012 年 7 月入职霍某自动化控制（中国）有限公司（以下简称霍某公司），担任渠道销售经理。霍某公司建立有工作场所性骚扰防范培训机制，郑某接受过相关培训。霍某公司《商业行为准则》规定经理和主管"应确保下属能畅所欲言且无须担心遭到报复，所有担忧或问题都能专业并及时地得以解决"，不允许任何报复行为。2017 年版《员工手册》规定：对他人实施性骚扰、违反公司《商业行为准则》、在公司内部调查中作虚假陈述的行为均属于会导致立即辞退的违纪行为。上述规章制度在实施前经过该公司工会沟通会议讨论。

郑某与霍某公司签订的劳动合同约定郑某确认并同意公司现有的《员工手册》及《商业行为准则》等规章制度作为本合同的组成部分。《员工手册》修改后，郑某再次签署确认书，表示已阅读、明白并愿接受 2017 年版《员工手册》内容，愿恪守公司政策作为在霍某公司工作的前提条件。

2018 年 8 月 30 日，郑某因认为下属女职工任某与郑某上级邓某（已婚）之间的关系有点僵，为"疏解"二人关系而找任某谈话。郑某提到昨天观察到邓某跟任某说了一句话，而任某没有回答，其还专门跑到任某处帮忙打圆场。任某提及其在刚入职时曾向郑某出示过间接上级邓某发送的性骚扰微信记录截屏，郑某当时对此答复"我就是不想掺和这个事""我往后不想再回答你后面的事情""我是觉得有点怪，我也不敢问"。谈话中，任某强调邓某是在对其进行性骚扰，邓某要求与其发展男女关系，并在其拒绝后继续不停骚扰，郑某不应责怪其不搭理邓某，也不要替邓某来对其进行敲打。郑某则表示"你如果这样干工作的话，让我很难过""你越端着，他越觉得我要把你怎么样""他这么直接，要是我的话，先靠近你，摸摸看，然后聊聊天。"

后至 2018 年 11 月，郑某以任某不合群等为由向霍某公司人事部提出与任某解除劳动合同，但未能说明解除任某劳动合同的合理依据。人事部为此找任某了解情况。任某告知人事部其被间接上级邓某骚扰，郑某有意无意撮合其和邓某，其因拒绝骚扰行为而受到打击报复。霍某公司为此展开调查。

2019年1月15日,霍某公司对郑某进行调查,并制作了调查笔录。郑某未在调查笔录上签字,但对笔录记载的其对公司询问所做答复作了诸多修改。对于调查笔录中有无女员工向郑某反映邓某跟其说过一些不合适的话、对其进行性骚扰的提问所记录的"没有"的答复,郑某未作修改。

2019年1月31日,霍某公司出具《单方面解除函》,以郑某未尽经理职责,在下属反映遭受间接上级骚扰后没有采取任何措施帮助下属不再继续遭受骚扰,反而对下属进行打击报复,在调查过程中就上述事实作虚假陈述为由,与郑某解除劳动合同。

2019年7月22日,郑某向上海市劳动争议仲裁委员会申请仲裁,要求霍某公司支付违法解除劳动合同赔偿金368130元。该请求未得到仲裁裁决支持。郑某不服,以相同请求诉至上海市浦东新区人民法院。

裁判结果

上海市浦东新区人民法院于2020年11月30日作出(2020)沪0115民初10454号民事判决:驳回郑某的诉讼请求。郑某不服一审判决,提起上诉。上海市第一中级人民法院于2021年4月22日作出(2021)沪01民终2032号民事判决:驳回上诉,维持原判。

裁判理由

法院生效裁判认为,本案争议焦点在于:一、霍某公司据以解除郑某劳动合同的《员工手册》和《商业行为准则》对郑某有无约束力;二、郑某是否存在足以解除劳动合同的严重违纪行为。

关于争议焦点一,霍某公司据以解除郑某劳动合同的《员工手册》和《商业行为准则》对郑某有无约束力。在案证据显示,郑某持有异议的霍某公司2017年版《员工手册》《商业行为准则》分别于2017年9月、2014年12月经霍某公司工会沟通会议进行讨论。郑某与霍某公司签订的劳动合同明确约定《员工手册》《商业行为准则》属于劳动合同的组成部分,郑某已阅读并理解和接受上述制度。在《员工手册》修订后,郑某亦再次签署确认书,确认已阅读、明白并愿接受2017年版《员工手册》,愿恪守公司政策作为在霍某公司工作的前提条件。在此情况下,霍某公司的《员工手册》《商业行为准则》应对郑某具有约束力。

关于争议焦点二,郑某是否存在足以解除劳动合同的严重违纪行为。一则,在案证据显示霍某公司建立有工作场所性骚扰防范培训机制,郑某亦接受过相关培训。霍某公司《商业行为准则》要求经理、主管等管理人员在下属提出担忧或问题时能够专业并及时帮助解决,不能进行打击报复。霍某公司2017年版《员工手册》还将违反公司《商业行为准则》的行为列为会导致立即辞退的严重违纪行为范围。现郑某虽称相关女职工未提供受到骚扰的切实证据,其无法判断骚扰行为的真伪、对错,但从郑某在2018年8月30日谈话录音中对相关女职工初入职时向其出示的微信截屏所作的"我是觉得有点怪,我也不敢问""我就是不想掺和这个事"的评述看,郑某本人亦不认为相关微信内容系同事间的正常交流,且郑某在相关女职工反复强调间接上级一直对她进行骚扰时,未见郑某积极应对帮助解决,反而说"他这么直接,要是我的话,先靠近你,摸摸看,然后聊聊天"。所为皆为积极促成自己的下级与上级发展不正当关系。郑某的行为显然有悖其作为霍某公司部门主管应尽之职责,其相关答复内容亦有违公序良俗。此外，依据郑某自述，其在2018年8月30日谈话后应已明确知晓相关女职工与间接上级关系不好的原因，但郑某不仅未采取积极措施，反而认为相关女职工处理不当。在任某明确表示对邓某性骚扰的抗拒后，郑某于2018年11月中旬向人事经理提出任某性格不合群，希望公司能解除与任某的劳动合同，据此霍某公司主张郑某对相关女职工进行打击报复，亦属合理推断。二则，霍某公司2017年版《员工手册》明确规定在公司内部调查中作虚假陈述的行为属于会导致立即辞退的严重违纪行为。霍某公司提供的2019年1月15日调查笔录显示郑某在调查过程中存在虚假陈述情况。郑某虽称该调查笔录没有按照其所述内容记录，其不被允许修改很多内容，但此主张与郑某对该调查笔录中诸多问题的答复都进行过修改的事实相矛盾，法院对此不予采信。该调查笔录可以作为认定郑某存在虚假陈述的判断依据。

综上所述，郑某提出的各项上诉理由难以成为其上诉主张成立的依据。霍某公司主张郑某存在严重违纪行为，依据充分，不构成违法解除劳动合同。对郑某要求霍某公司支付违法解除劳动合同赔偿金368130元的上诉请求，不予支持。

（生效裁判审判人员：孙少君、韩东红、徐焰）

指导案例182号

彭某翔诉南京市某（集团）有限责任公司追索劳动报酬纠纷案

（最高人民法院审判委员会讨论通过 2022年7月4日发布）

关键词

民事　追索劳动报酬　奖金　审批义务

裁判要点

用人单位规定劳动者在完成一定绩效后可以获得奖金，其无正当理由拒绝履行审批义务，符合奖励条件的劳动者主张获奖条件成就，用人单位应当按照规定发放奖金的，人民法院应予支持。

相关法条

《中华人民共和国劳动法》第四条、《中华人民共和国劳动合同法》第三条

基本案情

南京市某（集团）有限责任公司（以下简称某公司）于2016年8月制定《南京某集团关于引进投资项目的奖励暂行办法》（以下简称《奖励办法》），规定成功引进商品房项目的，某公司将综合考虑项目规模、年化平均利润值合并表等综合因素，以项目审定的预期利润或收益为奖励基数，按照0.1%－0.5%确定奖励总额。该奖励由投资开发部拟定各部门或其他人员的具体奖励构成后提出申请，经集团领导审议、审批后发放。2017年2月，彭某翔入职某公司担任投资开发部经理。2017年6月，投资开发部形成《会议纪要》，确定部门内部的奖励分配方案为总经理占部门奖金的75%、其余项目参与人员占部门奖金的25%。

彭某翔履职期间，其所主导的投资开发部成功引进无锡红梅新天地、扬州GZ051

地块、如皋约克小镇、徐州焦庄、高邮鸿基万和城、徐州彭城机械六项目，后针对上述六项目投资开发部先后向某公司提交了六份奖励申请。

直至彭某翔自某公司离职，某公司未发放上述奖励。彭某翔经劳动仲裁程序后，于法定期限内诉至法院，要求某公司支付奖励1689083元。

案件审理过程中，某公司认可案涉六项目初步符合《奖励办法》规定的受奖条件，但以无锡等三项目的奖励总额虽经审批但具体的奖金分配明细未经审批，及徐州等三项目的奖励申请未经审批为由，主张彭某翔要求其支付奖金的请求不能成立。对于法院"如彭某翔现阶段就上述项目继续提出奖励申请，某公司是否启动审核程序"的询问，某公司明确表示拒绝，并表示此后也不会再启动六项目的审批程序。此外，某公司还主张，彭某翔在无锡红梅新天地项目、如皋约克小镇项目中存在严重失职行为，二项目存在严重亏损，某公司已就拿地业绩突出向彭某翔发放过奖励，但均未提交充分的证据予以证明。

裁判结果

南京市秦淮区人民法院于2018年9月11日作出（2018）苏0104民初6032号民事判决：驳回彭某翔的诉讼请求。彭某翔不服，提起上诉。江苏省南京市中级人民法院于2020年1月3日作出（2018）苏01民终10066号民事判决：一、撤销南京市秦淮区人民法院（2018）苏0104民初6032号民事判决；二、某公司于本判决生效之日起十五日内支付彭某翔奖励1259564.4元。

裁判理由

法院生效裁判认为：本案争议焦点为某公司应否依据《奖励办法》向彭某翔所在的投资开发部发放无锡红梅新天地等六项目奖励。

首先，从《奖励办法》设置的奖励对象来看，投资开发部以引进项目为主要职责，且在某公司引进各类项目中起主导作用，故其系该文适格的被奖主体；从《奖励办法》设置的奖励条件来看，投资开发部已成功为某公司引进符合某公司战略发展目标的无锡红梅新天地、扬州GZ051地块、如皋约克小镇、徐州焦庄、高邮鸿基万和城、徐州彭城机械六项目，符合该文规定的受奖条件。故就案涉六项目而言，彭某翔所在的投资开发部形式上已满足用人单位规定的奖励申领条件。某公司不同意发放相应的奖励，应当说明理由并对此举证证明。但本案中某公司无法证明无锡红梅新天地项目、如皋约克小镇项目存在亏损，也不能证明彭某翔在二项目中确实存在失职行为，其关于彭某翔不应重复获奖的主张亦因欠缺相应依据而无法成立。故而，某公司主张彭某翔所在的投资开发部实质不符合依据《奖励办法》获得奖励的理由法院不予采纳。

其次，案涉六项目奖励申请未经审核或审批程序尚未完成，不能成为某公司拒绝支付彭某翔项目奖金的理由。某公司作为奖金的设立者，有权设定相应的考核标准、考核或审批流程。其中，考核标准系员工能否获奖的实质性评价因素，考核流程则属于某公司为实现其考核权所设置的程序性流程。在无特殊规定的前提下，因流程本身并不涉及奖励评判标准，故而是否经过审批流程不能成为员工能否获得奖金的实质评价要素。某公司也不应以六项目的审批流程未启动或未完成为由，试图阻却彭某翔获取奖金的实体权利的实现。此外，对劳动者的奖励申请进行实体审批，不仅是用人单位的权利，也是用人单位的义务。本案中，《奖励办法》所设立的奖励系某公司为鼓励员工进行创造性劳动所承诺给员工的超额劳动报酬，其性质上属于《国家统计局关于工资总额组成的规定》第七条规定中的"其他奖金",此时《奖励办法》不仅应视为某公司基于用工自主权而对员工行使的单方激励行为,还应视为某公司与包括彭某翔在内的不特定员工就该项奖励的获取形成的约定。现彭某翔通过努力达到《奖励办法》所设奖励的获取条件,其向某公司提出申请要求兑现该超额劳动报酬,无论是基于诚实信用原则,还是基于按劳取酬原则,某公司皆有义务启动审核程序对该奖励申请进行核查,以确定彭某翔关于奖金的权利能否实现。如某公司拒绝审核,应说明合理理由。本案中,某公司关于彭某翔存在失职行为及案涉项目存在亏损的主张因欠缺事实依据不能成立,该公司也不能对不予审核的行为作出合理解释,其拒绝履行审批义务的行为已损害彭某翔的合法权益,对此应承担相应的不利后果。

综上所述,法院认定案涉六项目奖励的条件成就,某公司应当依据《奖励办法》向彭某翔所在的投资开发部发放奖励。

(生效裁判审判人员:冯驰、吴晓静、陆红霞)

指导案例 183 号

房某诉某人寿保险有限公司劳动合同纠纷案

(最高人民法院审判委员会讨论通过 2022 年 7 月 4 日发布)

关键词

民事 劳动合同 离职 年终奖

裁判要点

年终奖发放前离职的劳动者主张用人单位支付年终奖的,人民法院应当结合劳动者的离职原因、离职时间、工作表现以及对单位的贡献程度等因素进行综合考量。用人单位的规章制度规定年终奖发放前离职的劳动者不能享有年终奖,但劳动合同的解除非因劳动者单方过失或主动辞职所导致,且劳动者已经完成年度工作任务,用人单位不能证明劳动者的工作业绩及表现不符合年终奖发放标准,年终奖发放前离职的劳动者主张用人单位支付年终奖的,人民法院应予支持。

相关法条

《中华人民共和国劳动合同法》第四十条

基本案情

房某于 2011 年 1 月至中美联泰大都会人寿保险有限公司(以下简称某公司)工作,双方之间签订的最后一份劳动合同履行日期为 2015 年 7 月 1 日至 2017 年 6 月 30 日,约定房某担任战略部高级经理一职。2017 年 10 月,某公司对其组织架构进行调整,决定撤销战略部,房某所任职的岗位因此被取消。双方就变更劳动合同等事宜展开了两个月的协商,未果。12 月 29 日,某公司以客观情况发生重大变化、双方未能就变更劳动合同协商达成一致,向房某发出《解除劳动合同通知书》。房某对解除决定不服,经劳动仲裁程序后起诉要求恢复与某公司之间的劳动关系并诉求 2017 年 8 月至 12 月未签劳动合同二倍工资差额、2017 年度奖金等。某公司《员工手册》规定:年终奖金根据公司政策,按公司业绩、员工表现计发,前提是该员工在当年度10月1日前已入职,若员工在奖金发放月或之前离职,则不能享有。据查,某公司每年度年终奖会在次年3月左右发放。

裁判结果

上海市黄浦区人民法院于2018年10月29日作出(2018)沪0101民初10726号民事判决:一、某公司于判决生效之日起七日内向原告房某支付2017年8月至12月期间未签订劳动合同双倍工资差额人民币192500元;二、房某的其他诉讼请求均不予支持。房某不服,上诉至上海市第二中级人民法院。上海市第二中级人民法院于2019年3月4日作出(2018)沪02民终11292号民事判决:一、维持上海市黄浦区人民法院(2018)沪0101民初10726号民事判决第一项;二、撤销上海市黄浦区人民法院(2018)沪0101民初10726号民事判决第二项;三、某公司于判决生效之日起七日内支付上诉人房某2017年度年终奖税前人民币138600元;四、房某的其他请求不予支持。

裁判理由

法院生效裁判认为:本案的争议焦点系用人单位以客观情况发生重大变化为依据解除劳动合同,导致劳动者不符合《员工手册》规定的年终奖发放条件时,劳动者是否可以获得相应的年终奖。对此,一审法院认为,某公司的《员工手册》明确规定了奖金发放情形,房某在某公司发放2017年度奖金之前已经离职,不符合奖金发放情形,故对房某要求2017年度奖金之请求不予支持。二审法院经过审理认为,现行法律法规并没有强制规定年终奖应如何发放,用人单位有权根据本单位的经营状况、员工的业绩表现等,自主确定奖金发放与否、发放条件及发放标准,但是用人单位制定的发放规则仍应遵循公平合理原则,对于在年终奖发放之前已经离职的劳动者可否获得年终奖,应当结合劳动者离职的原因、时间、工作表现和对单位的贡献程度等多方面因素综合考量。本案中,某公司对其组织架构进行调整,双方未能就劳动合同的变更达成一致,导致劳动合同被解除。房某在某公司工作至2017年12月29日,此后2日系双休日,表明房某在2017年度已在某公司工作满一年;在某公司未举证房某的2017年度工作业绩、表现等方面不符合规定的情况下,可以认定房某在该年度为某公司付出了一整年的劳动且正常履行了职责,为某公司作出了应有的贡献。基于上述理由,某公司关于房某在年终奖发放月之前已离职而不能享有该笔奖金的主张缺乏合理性。故对房某诉求某公司支付2017年度年终奖,应予支持。

(生效裁判审判人员:郭征海、谢亚琳、易苏苏)

指导案例184号

马某楠诉北京搜某信息技术有限公司竞业限制纠纷案

(最高人民法院审判委员会讨论通过 2022年7月4日发布)

关键词

民事 竞业限制 期限 约定无效

裁判要点

用人单位与劳动者在竞业限制条款中约定，因履行竞业限制条款发生争议申请仲裁和提起诉讼的期间不计入竞业限制期限的，属于劳动合同法第二十六条第一款第二项规定的"用人单位免除自己的法定责任、排除劳动者权利"的情形，应当认定为无效。

相关法条

《中华人民共和国劳动合同法》第二十三条第二款、第二十四条、第二十六条第一款

基本案情

马某楠于2005年9月28日入职北京搜某信息技术有限公司（以下简称搜某公司），双方最后一份劳动合同期限自2014年2月1日起至2017年2月28日止，马某楠担任高级总监。2014年2月1日，搜某公司（甲方）与马某楠（乙方）签订《不竞争协议》，其中第3.3款约定："……竞业限制期限从乙方离职之日开始计算，最长不超过十二个月，具体的月数根据甲方向乙方实际支付的竞业限制补偿费计算得出。但如因履行本协议发生争议而提起仲裁或诉讼时，则上述竞业限制期限应将仲裁和诉讼的审理期限扣除；即乙方应履行竞业限制义务的期限，在扣除仲裁和诉讼审理的期限后，不应短于上述约定的竞业限制月数。"2017年2月28日劳动合同到期，双方劳动关系终止。2017年3月24日，搜某公司向马某楠发出《关于要求履行竞业限制义务和领取竞业限制经济补偿费的告知函》，要求其遵守《不竞争协议》，全面并适当履行竞业限制义务。马某楠自搜某公司离职后，于2017年3月中旬与优某公司开展合作关系，后于2017年4月底离开优某公司，违反了《不竞争协议》。搜某公司以要求确认马某楠违反竞业限制义务并双倍返还竞业限制补偿金、继续履行竞业限制义务、赔偿损失并支付律师费为由向北京市劳动人事争议仲裁委员会申请仲裁，仲裁委员会作出京劳人仲字〔2017〕第339号裁决：一、马某楠一次性双倍返还搜某公司2017年3月、4月竞业限制补偿金共计177900元；二、马某楠继续履行对搜某公司的竞业限制义务；三、驳回搜某公司的其他仲裁请求。马某楠不服，于法定期限内向北京市海淀区人民法院提起诉讼。

裁判结果

北京市海淀区人民法院于2018年3月15日作出（2017）京0108民初45728号民事判决：一、马某楠于判决生效之日起七日内向搜某公司双倍返还2017年3月、4月竞业限制补偿金共计177892元；二、确认马某楠无须继续履行对搜某公司的竞业限制义务。搜某公司不服一审判决，提起上诉。北京市第一中级人民法院于2018年8月22日作出（2018）京01民终5826号民事判决：驳回上诉，维持原判。

裁判理由

法院生效裁判认为：本案争议焦点为《不竞争协议》第3.3款约定的竞业限制期限的法律适用问题。搜某公司上诉主张该协议第3.3款约定有效，马某楠的竞业限制期限为本案仲裁和诉讼的实际审理期限加上十二个月，以实际发生时间为准且不超过二年，但本院对其该项主张不予采信。

一、竞业限制协议的审查

法律虽然允许用人单位可以与劳动者约定竞业限制义务，但同时对双方约定竞业限制义务的内容作出了强制性规定，即以效力性规范的方式对竞业限制义务所适用的人员范围、竞业领域、限制期限均作出明确限制，且要求竞业限制约定不得违反法律、

二、"扣除仲裁和诉讼审理期限"约定的效力

本案中,搜某公司在《不竞争协议》第 3.3 款约定马某楠的竞业限制期限应扣除仲裁和诉讼的审理期限,该约定实际上要求马某楠履行竞业限制义务的期限为:仲裁和诉讼程序的审理期限+实际支付竞业限制补偿金的月数(最长不超过十二个月)。从劳动者择业自由权角度来看,虽然法律对于仲裁及诉讼程序的审理期限均有法定限制,但就具体案件而言该期限并非具体确定的期间,将该期间作为竞业限制期限的约定内容,不符合竞业限制条款应具体明确的立法目的。加之劳动争议案件的特殊性,相当数量的案件需要经过"一裁两审"程序,上述约定使得劳动者一旦与用人单位发生争议,则其竞业限制期限将被延长至不可预期且相当长的一段期间,乃至达到二年。这实质上造成了劳动者的择业自由权在一定期间内处于待定状态。另一方面,从劳动者司法救济权角度来看,对于劳动者一方,如果其因履行《不竞争协议》与搜某公司发生争议并提起仲裁和诉讼,依照该协议第 3.3 款约定,仲裁及诉讼审理期间劳动者仍需履行竞业限制义务,即出现其竞业限制期限被延长的结果。如此便使劳动者陷入"寻求司法救济则其竞业限制期限被延长""不寻求司法救济则其权益受损害"的两难境地,在一定程度上限制了劳动者的司法救济权利;而对于用人单位一方,该协议第 3.3 款使得搜某公司无须与劳动者进行协商,即可通过提起仲裁和诉讼的方式单方地、变相地延长劳动者的竞业限制期限,一定程度上免除了其法定责任。综上所述,法院认为,《不竞争协议》第 3.3 款中关于竞业限制期限应将仲裁和诉讼的审理期限扣除的约定,即"但如因履行本协议发生争议而提起仲裁或诉讼时……乙方应履行竞业限制义务的期限,在扣除仲裁和诉讼审理的期限后,不应短于上述约定的竞业限制月数"的部分,属于劳动合同法第二十六条第一款第二项规定的"用人单位免除自己的法定责任、排除劳动者权利"的情形,应属无效。而根据该法第二十七条规定,劳动合同部分无效,不影响其他部分效力的,其他部分仍然有效。

三、本案竞业限制期限的确定

据此,依据《不竞争协议》第 3.3 款仍有效部分的约定,马某楠的竞业限制期限应依据搜某公司向其支付竞业限制补偿金的月数确定且最长不超过十二个月。鉴于搜某公司已向马某楠支付 2017 年 3 月至 2018 年 2 月期间共计十二个月的竞业限制补偿金,马某楠的竞业限制期限已经届满,其无须继续履行对搜某公司的竞业限制义务。

(生效裁判审判人员:赵悦、王丽蕊、何锐)

指导案例 185 号

闫某琳诉浙江喜某度假村有限公司平等就业权纠纷案

(最高人民法院审判委员会讨论通过 2022 年 7 月 4 日发布)

关键词

民事 平等就业权 就业歧视 地域歧视

裁判要点

用人单位在招用人员时，基于地域、性别等与"工作内在要求"无必然联系的因素，对劳动者进行无正当理由的差别对待的，构成就业歧视，劳动者以平等就业权受到侵害，请求用人单位承担相应法律责任的，人民法院应予支持。

相关法条

《中华人民共和国就业促进法》第三条、第二十六条

基本案情

2019年7月，浙江喜某度假村有限公司（以下简称喜某公司）通过智联招聘平台向社会发布了一批公司人员招聘信息，其中包含有"法务专员""董事长助理"两个岗位。2019年7月3日，闫某琳通过智联招聘手机App软件针对喜某公司发布的前述两个岗位分别投递了求职简历。闫某琳投递的求职简历中，包含有姓名、性别、出生年月、户口所在地、现居住城市等个人基本信息，其中户口所在地填写为"河南南阳"，现居住城市填写为"浙江杭州西湖区"。据杭州市杭州互联网公证处出具的公证书记载，公证人员使用闫某琳的账户、密码登录智联招聘App客户端，显示闫某琳投递的前述"董事长助理"岗位在2019年7月4日14时28分被查看，28分时给出岗位不合适的结论，"不合适原因：河南人"；"法务专员"岗位在同日14时28分被查看，29分时给出岗位不合适的结论，"不合适原因：河南人"。闫某琳因案涉公证事宜，支出公证费用1000元。闫某琳向杭州互联网法院提起诉讼，请求判令喜某公司赔礼道歉、支付精神抚慰金以及承担诉讼相关费用。

裁判结果

杭州互联网法院于2019年11月26日作出（2019）浙0192民初6405号民事判决：一、被告喜某公司于本判决生效之日起十日内赔偿原告闫某琳精神抚慰金及合理维权费用损失共计1万元。二、被告喜某公司于本判决生效之日起十日内，向原告闫某琳进行口头道歉并在《法制日报》公开登报赔礼道歉（道歉声明的内容须经本院审核）；逾期不履行，本院将在国家级媒体刊登判决书主要内容，所需费用由被告喜某公司承担。三、驳回原告闫某琳其他诉讼请求。宣判后，闫某琳、喜某公司均提起上诉。杭州市中级人民法院于2020年5月15日作出（2020）浙01民终736号民事判决：驳回上诉，维持原判。

裁判理由

法院生效裁判认为：平等就业权是劳动者依法享有的一项基本权利，既具有社会权利的属性，亦具有民法上的私权属性，劳动者享有平等就业权是其人格独立和意志自由的表现，侵害平等就业权在民法领域侵害的是一般人格权的核心内容——人格尊严，人格尊严重要的方面就是要求平等对待，就业歧视往往会使人产生一种严重的受侮辱感，对人的精神健康甚至身体健康造成损害。据此，劳动者可以在其平等就业权受到侵害时向人民法院提起民事诉讼，寻求民事侵权救济。

闫某琳向喜某公司两次投递求职简历，均被喜某公司以"河南人"不合适为由予以拒绝，显然在针对闫某琳的案涉招聘过程中，喜某公司使用了主体来源的地域空间这一标准对人群进行归类，并根据这一归类标准而给予闫某琳低于正常情况下应当给予其他人的待遇，即拒绝录用，可以认定喜某公司因"河南人"这一地域事由要素对闫某琳进行了差别对待。

就业促进法第三条在明确规定民族、种族、性别、宗教信仰四种法定禁止区分事由时使用"等"字结尾，表明该条款是一个不完全列举的开放性条款，即法律除认为前述四种事由构成不合理差别对待的禁止性事由外，还存在与前述事由性质一致的其他不合理事由，亦为法律所禁止。何种事由属于前述条款中"等"的范畴，一个重要的判断标准是，用人单位是根据劳动者的专业、学历、工作经验、工作技能以及职业资格等与"工作内在要求"密切相关的"自获因素"进行选择，还是基于劳动者的性别、户籍、身份、地域、年龄、外貌、民族、种族、宗教等与"工作内在要求"没有必然联系的"先赋因素"进行选择，后者构成为法律禁止的不合理就业歧视。劳动者的"先赋因素"，是指人们出生伊始所具有的人力难以选择和控制的因素，法律作为一种社会评价和调节机制，不应该基于人力难以选择和控制的因素给劳动者设置不平等条件；反之，应消除这些因素给劳动者带来的现实上的不平等，将与"工作内在要求"没有任何关联性的"先赋因素"作为就业区别对待的标准，根本违背了公平正义的一般原则，不具有正当性。

本案中，喜某公司以地域事由要素对闫某琳的求职申请进行区别对待，而地域事由属于闫某琳乃至任何人都无法自主选择、控制的与生俱来的"先赋因素"，在喜某公司无法提供客观有效的证据证明，地域要素与闫某琳申请的工作岗位之间存在必然的内在关联或存在其他的合法目的的情况下，喜某公司的区分标准不具有合理性，构成法定禁止事由。故喜某公司在案涉招聘活动中提出与职业没有必然联系的地域事由对闫某琳进行区别对待，构成对闫某琳的就业歧视，损害了闫某琳平等地获得就业机会和就业待遇的权益，主观上具有过错，构成对闫某琳平等就业权的侵害，依法应承担公开赔礼道歉并赔偿精神抚慰金及合理维权费用的民事责任。

（生效裁判审判人员：石清荣、俞建明、孔文超）

【解读】

解读《闫某琳诉浙江喜某度假村有限公司平等就业权纠纷案》

为了正确理解和准确参照适用第185号指导性案例，现对该指导性案例的基本案情、裁判要点、参照适用等有关情况予以解释、论证和说明。

一、本案例的基本情况

（一）基本案情及裁判结果

2019年7月，浙江喜某度假村有限公司（以下简称喜某公司）通过智联招聘平台向社会发布了一则公司人员招聘信息，其中包含有法务专员、董事长助理两个岗位。2019年7月3日，闫某琳通过智联招聘手机App软件就喜某公司发布的前述两个岗位分别投递了求职简历。闫某琳投递的求职简历中，包含有姓名、性别、出生年月、户口所在地、现居住城市等个人基本信息，其中户口所在地填写为"河南南阳"，现居住城市填写为"浙江杭州西湖区"。据浙江省杭州市杭州互联网公证处出具的公证书记载，公证人员使用闫某琳的账户、密码登录智联招聘App客户端，显示闫某琳投递的前述董事长助理岗位在 2019 年 7 月 4 日 14 时 28 分被查看,28 分给出岗位不合适的结论:"不合适原因:河南人。"法务专员岗位在同日 14 时 28 分被查看,29 分给出岗位不合适的结论:"不合适原因:河南人。"闫某琳因案涉公证事宜,支出公证费用 1000 元。闫某琳认为喜某公司在劳动者求职招聘过程中存在地域歧视,侵害了其平等就业的合法权利,向杭州互联网法院提起诉讼,请求判令:(1) 喜某公司向闫某琳口头道歉;(2) 喜某公司自判决生效之日起连续十五日在《人民日报》《河南日报》《浙江日报》上向闫某琳登报道歉;(3) 喜某公司向闫某琳支付精神抚慰金 6 万元;(4) 由喜某公司负担本案诉讼费、公证费等一切与诉讼相关费用。喜某公司答辩称,该公司不存在侵害闫某琳平等就业权的行为,该公司没有给予闫某琳面试机会,是因为闫某琳的简历不符合公司的基本招聘要求,没有工作经验;该公司工作人员在回复时简单使用了"河南人"三个字,这只是公司工作人员自己的备注,公司人事人员没有操作过智联平台,当时事务比较多,就简单备注了一下,以备自己和公司查看使用。这个备注只是对于原告籍贯的备注,虽是公司员工个人的无心之过,但不等同于就是歧视,闫某琳的起诉没有事实和法律依据,依法应当驳回其诉讼请求。

杭州互联网法院于 2019 年 11 月 26 日作出(2019)浙 0192 民初 6405 号民事判决:一、被告喜某公司于本判决生效之日起十日内赔偿原告闫某琳精神抚慰金及合理维权费用损失共计 1 万元。二、被告喜某公司于本判决生效之日起十日内,向原告闫某琳进行口头道歉并在《法制日报》公开登报赔礼道歉(道歉声明的内容须经法院审核);逾期不履行,法院将在国家级媒体刊登判决书主要内容,所需费用由被告喜某公司承担。三、驳回原告闫某琳其他诉讼请求。

一审宣判后,闫某琳、喜某公司均提起上诉。杭州市中级人民法院于 2020 年 5 月 15 日作出(2020)浙 01 民终 736 号民事判决:驳回上诉,维持原判。

(二)法律争议问题及指导价值

2019 年年初,《最高人民法院关于增加民事案件案由的通知》(法〔2018〕344 号)新增"平等就业权纠纷"案由,本案系全国首例涉地域歧视的平等就业权纠纷案件。长期以来,就业歧视现象在社会上时有发生,对劳动者平等就业权的司法保护更加凸显其现实的重要性。我国虽然已有法律对就业平等作出了规定,但法律对何为就业歧视、如何判断是否构成就业歧视、歧视行为的合理例外以及就业歧视的救济等问题没有作出详细规定,规定过于原则。长期以来,各地法院审理涉就业歧视民事纠纷的裁判标准不统一,不利于对劳动者平等就业权的司法保护。针对人员招录过程中存在的就业歧视行为,本案提出了较为合理、明确的认定标准,对于各地人民法院正确认定平等就业权纠纷中是否构成就业歧视、准确把握企业用工自主权和劳动者平等就业权的关系,具有一定的指导意义。同时,本案裁判要点明确了劳动者享有平等就业权是其人格独立和意志自由的表现,对平等就业权的侵害是对一般人格权的核心——人格尊严的侵害,受害人有权依照民事法律规定,请求行为人承担民事责任。

本案判决提炼的规则有助于规范用人单位招聘行为、维护劳动者就业权益,创造公平就业环境,同时对于人民法院审理此类案件要精准把握企业用工自主权和劳动者平等就业权的关系,正确认定平等就业权纠纷中是否构成就业歧视具有直接的指导意义。本案曾被写入 2020 年最高人民法院工作报告,还被评为最高人民法院第二批人民法院大力弘扬社会主义核心价值观典型民事案例,具有很好的法律效果和社会效果。

二、裁判要点的理解与说明

该指导性案例的裁判要点确认：用人单位在招用人员时，基于地域、性别等与工作内在要求无必然联系的因素，对劳动者进行无正当理由的差别对待的，构成就业歧视；劳动者以平等就业权受到侵害，请求用人单位承担相应法律责任的，人民法院应予支持。

现围绕与该裁判要点相关的问题解释和说明如下。

（一）关于就业歧视的判定标准

就业，是民生安邦之本，是公民体面生活的基本保障，成为基本权利实现的根本途径。就业促进法（2015年修正，下同）第三条规定，劳动者依法享有平等就业和自主择业的权利。平等就业权是指具有劳动能力、达到法定年龄的劳动者能够在劳动力市场上选择用人单位从而平等地获得参加社会劳动的机会，不因民族、种族、性别、宗教信仰等不同而遭受歧视的权利。就业促进法第二十六条规定，用人单位招用人员、职业中介机构从事职业中介活动，应当向劳动者提供平等的就业机会和公平的就业条件，不得实施就业歧视。所谓就业歧视，是指用人单位在没有正当理由的情况下，不是根据劳动者的专业、学历、工作经验、工作技能等与工作内在要求密切相关的自获因素，而是基于劳动者的性别、户籍、身份、地域、年龄、外貌、民族、种族、宗教等与工作内在要求没有必然联系的先赋因素，采取的任何区别、排斥、限制或者优惠，其目的和结果在于取消或损害劳动者的平等就业权。[①] 就业歧视的本质特征是没有正当理由的差别对待，其包含两个方面的基本要素：第一，存在差别对待的行为；第二，这种差别对待缺乏合理性基础，为法律所禁止。对于是否存在差别对待现象，初步的举证责任在于求职者，即求职者应举证证明用人单位存在将原本无序混杂的人群按照某一标准重新分割排列，触发归类效果，并对其产生不利后果。求职者完成前述证明责任后，应由用人单位举证证明差别对待具有合理依据，不违反法律禁止性规定，若不能提供有效的证据证明待遇的差别是合理需要，则可判定歧视成立。

对于具体案件中何种情形构成不合理的区别对待，应着重考量以下两方面的因素：工作内在要求和劳动者本身。工作内在要求，是指某种职业、工种或岗位由于其本身的属性、实现条件和完成效果等因素决定的内在要求，是工作自然属性的外化。工作内在要求由于是工作自然属性的外化，无法独立担当限制平等就业权与界定就业歧视的正义标准，必须与劳动者本身紧密结合。就业促进法第三条在明确规定民族、种族、性别、宗教信仰四种法定禁止区分事由时使用"等"字结尾，表明该条款是一个不完全列举的开放性条款，即法律除认为前述四种事由构成不合理差别对待的禁止性事由外，还存在与前述事由性质一致的其他不合理事由，亦为法律所禁止。何种事由属于前述条款中"等"的范畴，应按劳动者的先赋因素和自获因素为标准进行区别对待的不同，建立不同就业歧视判断规则。用人单位是根据劳动者的专业、学历、工作经验、工作技能以及职业资格等与工作内在要求密切相关的自获因素进行选择，还是基于劳动者的性别、户籍、身份、地域、年龄、外貌、民族、种族、宗教等与工作内在要求没有必然联系的先赋因素进行选择，后者通常构成为法律禁止的不合理就业歧视，除非用人单位的区别对待是基于某些职业特殊的工作内在要求而采取，或基于保护特殊群体的就业需要等。比如，基于保护妇女而采取的就业保护措施；国家实施的积极措

[①] 参见李雄：《平等就业权法律保障制度研究》，法律出版社2016年版，第283页。

施,即国家采取措施使参与率较低的某些群体能够更容易地获得工作,或防止或赔偿其在职业生涯中的损失。劳动者的先赋因素,是指人们出生伊始所具有的人力难以选择和控制的因素,法律作为一种社会评价和调节机制,不应该基于人力难以选择和控制的因素给劳动者设置不平等;反之,应消除这些因素给劳动者带来的现实上的不平等,将与工作内在要求没有任何关联性的先赋因素作为就业区别对待的标准,根本上违背了公平正义的一般原则,不具有正当性。同时,在一般情况下,用人单位根据劳动者的自获因素所采取的区别对待是正当的。因为,自获因素主要体现了劳动者通过自身努力而获得的、具有不同就业能力的个体差异,这种个体差异也是劳动力生产成本的差异。必须承认劳动力的生产成本差异及其通过竞争获得相应回报的差异,这是市场经济的一条基本规则,是效率的根本要求。但是,并非用人单位在任何情况下基于劳动者自获因素所采取的差别对待都是合法的,还要符合具有合法目的、实现该目的的手段是必要的和适当的等要求。

总而言之,司法在判断纷繁复杂的具体个案是否构成就业歧视时,应遵循三个基本原则:第一,平衡原则,即在劳动者平等就业权与用人单位用工自主权之间进行平衡。用人单位合理、合法的自主用人权应当受到尊重,市场在配置劳动力资源过程中的决定性、基础性作用不容否定,但用人单位的自主权应受到法律的规制。就业意味着职业作为一种资源或财富的分配,有分配就会产生竞争,进而不可避免地会产生差别,竞争促进发展,并非所有的差别对待都构成歧视,但对资源的分配应符合正义标准——相同者予以相同处理,不同者予以区别对待,歧视的本质不是差别,而是不正当的差别对待,故用人单位的用工自主权不应突破法律禁止的红线,有必要通过司法的评价和确认来厘清权利的边界,引导建立兼具公平、效率的用工秩序和市场环境。第二,关联原则,即对劳动者就业所采取的一切区别对待必须确实是基于职业、工种或岗位本身特殊性的内在要求,或者说,该种区别应与相对应的工作具有内在的需要,确属从事该工作所必需、合理之区别,故该原则也称为内在需要原则或必要性与合理性原则。[①] 第三,有利于劳动者原则,即在出现隐性歧视等场景中,用人单位以极为隐蔽的方式并借工作内在要求为名对劳动者的平等就业权进行限制,应在充分分析具体案情的情况下作出对劳动者倾斜保护的有利解释。

(二)就业歧视侵害的法益

平等就业权是劳动者依法享有的一项基本权利,其既具有社会权利的属性,亦具有民法上的私权属性。劳动者享有平等就业权是其人格独立和意志自由的表现,侵害平等就业权在民法领域侵害的是一般人格权的核心内容——人格尊严,人格尊严重要的方面就是要求平等对待,就业歧视往往会使人产生一种严重的受侮辱感,对人的精神健康甚至身体健康造成损害。据此,劳动者可以在其平等就业权受到平等主体侵害时向人民法院提起民事诉讼,寻求民事侵权救济。用人单位实施就业歧视行为,直接剥夺了劳动者平等参与和被平等对待的就业机会,对其人格尊严和意志自由构成侵害。对劳动者平等就业权的侵害,不仅会使劳动者在就业竞争中处于劣势,不能公平参与社会资源分配,难以通过提供劳动获取基本生活来源,更会阻碍劳动者的人格发展,

---

[①] 参见许建宇:《社会法视野中的劳动权——作为社会权的劳动权之基本范畴解析》,载《劳动法评论》(第一卷),中国人民大学出版社2005年版,第113页。

使劳动者在就业活动中受到排斥、归为异类，会感到自己的人格、自尊被无端地伤害，产生一种严重的受侮辱感，对人的精神健康甚至身体健康造成损害。据此，劳动者可以在其平等就业权受到平等主体侵害时向人民法院提起民事诉讼，寻求民事侵权救济。

三、参照适用时应注意的问题

用人单位基于先赋因素对劳动者的平等就业权实施不合理的限制，通常情形下构成就业歧视。但就业歧视的本质特征是没有正当理由的差别对待，法律并不反对合理的、相关的和必要的差别。因此，在特定情形下，用人单位针对先赋因素所采取的区别对待又可以正当化。但特定情形都必须由法律明确规定，而不能被任意扩大解释。对不合理差别对待的判断标准是，用人单位是根据劳动者的专业、学历、工作经验、工作技能以及职业资格等与工作内在要求密切相关的自获因素进行选择，还是基于劳动者的地域、外貌、民族、种族等与工作内在要求没有必然联系的先赋因素进行选择，后者通常构成法律禁止的不合理就业歧视。此外，还需要特别注意的是形式较为隐蔽的间接歧视。间接歧视是与直接歧视相对应的一个概念，指某个行为虽然表面上对不同群体适用同样的规则或标准，却会对某个群体不利，隐含着歧视的目的或导致歧视的后果。无论是直接歧视，还是间接歧视，都违背了就业平等的基本原则，只不过间接歧视更为隐蔽，此时，司法应合理分配举证责任，当存在差别对待时，将差别对待具备正当理由的举证责任分配至用人单位一方。如果其无法提出令人信服的正当理由，则应承担差别待遇构成歧视的责任。

（撰稿人：肖芃、马剑）

指导案例 190 号

王某诉万某信息技术股份有限公司竞业限制纠纷案

（最高人民法院审判委员会讨论通过　2022 年 12 月 8 日发布）

关键词

民事　竞业限制　审查标准　营业范围

裁判要点

人民法院在审理竞业限制纠纷案件时，审查劳动者自营或者新入职单位与原用人单位是否形成竞争关系，不应仅从依法登记的经营范围是否重合进行认定，还应当结合实际经营内容、服务对象或者产品受众、对应市场等方面是否重合进行综合判断。劳动者提供证据证明自营或者新入职单位与原用人单位的实际经营内容、服务对象或者产品受众、对应市场等不相同，主张不存在竞争关系的，人民法院应予支持。

相关法条

《中华人民共和国劳动合同法》第二十三条、第二十四条

基本案情

王某于 2018 年 7 月 2 日进入万某信息技术股份有限公司（以下简称万某公司）工作，双方签订了期限为 2018 年 7 月 2 日至 2021 年 8 月 31 日的劳动合同，约定王某就

职智能数据分析工作岗位，月基本工资4500元、岗位津贴15500元，合计2万元。

2019年7月23日，王某、万某公司又签订《竞业限制协议》，对竞业行为、竞业限制期限、竞业限制补偿金等内容进行了约定。2020年7月27日，王某填写《辞职申请表》，以个人原因为由解除与万某公司的劳动合同。

2020年8月5日，万某公司向王某发出《关于竞业限制的提醒函》，载明"……您（王某）从离职之日2020年7月27日起须承担竞业限制义务，不得到竞业企业范围内工作或任职。从本月起我们将向您支付竞业限制补偿金，请您在收到竞业限制补偿金的十日内，提供新单位签订的劳动合同及社保记录，若为无业状态的请由所在街道办事处等国家机关出具您的从业情况证明。若您违反竞业限制义务或其他义务，请于十日内予以改正，继续违反竞业协议约定的，则公司有权再次要求您按《竞业限制协议》约定承担违约金，违约金标准为20万元以上，并应将公司在离职后支付的竞业限制补偿金全部返还……"

2020年10月12日，万某公司向王某发出《法务函》，再次要求王某履行竞业限制义务。

另查明，万某公司的经营范围包括：计算机软硬件的开发、销售，计算机专业技术领域及产品的技术开发、技术转让、技术咨询、技术服务。

王某于2020年8月6日加入上海某科技有限公司（以下简称某公司），按照营业执照记载，该公司经营范围包括：信息科技、计算机软硬件、网络科技领域内的技术开发、技术转让、技术咨询、技术服务等。

王某、万某公司一致确认：王某竞业限制期限为2020年7月28日至2022年7月27日；万某公司已支付王某2020年7月28日至2020年9月27日竞业限制补偿金6796.92元。

2020年11月13日，万某公司向上海市浦东新区劳动人事争议仲裁委员会申请仲裁，要求王某：1.按双方签订的《竞业限制协议》履行竞业限制义务；2.返还2020年8月、9月支付的竞业限制补偿金6796元；3.支付竞业限制违约金200万元。2021年2月25日，仲裁委员会作出裁决：王某按双方签订的《竞业限制协议》继续履行竞业限制义务，王某返还万某公司2020年8月、9月支付的竞业限制补偿金6796元，王某支付万某公司竞业限制违约金200万元。王某不服仲裁裁决，诉至法院。

裁判结果

上海市浦东新区人民法院于2021年6月29日作出（2021）沪0115民初35993号民事判决：一、王某与万某公司继续履行竞业限制义务；二、王某于本判决生效之日起十日内返还万某公司2020年7月28日至2020年9月27日竞业限制补偿金6796元；三、王某于本判决生效之日起十日内支付万某公司违反竞业限制违约金24万元。王某不服一审判决，提起上诉。上海市第一中级人民法院于2022年1月26日作出（2021）沪01民终12282号民事判决：一、维持上海市浦东新区人民法院（2021）沪0115民初35993号民事判决第一项；二、撤销上海市浦东新区人民法院（2021）沪0115民初35993号民事判决第二项、第三项；三、上诉人王某无须向被上诉人万某公司返还2020年7月28日至2020年9月27日竞业限制补偿金6796元；四、上诉人王某无须向被上诉人万某公司支付违反竞业限制违约金200万元。

裁判理由

法院生效裁判认为：关于王某是否违反了竞业限制协议的问题。所谓竞业限制是指对原用人单位负有保密义务的劳动者,于离职后在约定的期限内,不得生产、自营或为他人生产、经营与原用人单位有竞争关系的同类产品及业务,不得在与原用人单位具有竞争关系的用人单位任职。竞业限制制度的设置是为了防止劳动者利用其所掌握的原用人单位的商业秘密为自己或为他人谋利,从而抢占了原用人单位的市场份额,给原用人单位造成损失。所以考量劳动者是否违反竞业限制协议,最为核心的是应评判原用人单位与劳动者自营或者入职的单位之间是否形成竞争关系。

需要说明的是,正是因为竞业限制制度在保护用人单位权益的同时对劳动者的就业权利有一定的限制,所以在审查劳动者是否违反了竞业限制义务时,应当全面客观地审查劳动者自营或入职公司与原用人单位之间是否形成竞争关系。一方面考虑到实践中往往存在企业登记经营事项和实际经营事项不相一致的情形,另一方面考虑到经营范围登记类别是工商部门划分的大类,所以这种竞争关系的审查,不应拘泥于营业执照登记的营业范围,否则对劳动者抑或对用人单位都可能造成不公平。故在具体案件中,还可以从两家企业实际经营的内容是否重合、服务对象或者所生产产品的受众是否重合、所对应的市场是否重合等多角度进行审查,以还原事实之真相,从而能兼顾用人单位和劳动者的利益,以达到最终的平衡。

本案中,万某公司的经营范围为计算机软硬件的开发、销售、计算机专业技术领域及产品的技术开发、技术转让、技术咨询、技术服务。而某公司的经营范围包括从事信息科技、计算机软硬件、网络科技领域内的技术开发、技术转让、技术咨询、技术服务等。对比两家公司的经营范围,确实存在一定的重合。但互联网企业往往在注册登记时,经营范围都包含了软硬件开发、技术咨询、技术转让、技术服务。若仅以此为据,显然会对互联网就业人员尤其是软件工程师再就业造成极大障碍,对社会人力资源造成极大的浪费,也有悖于竞业限制制度的立法本意。故在判断是否构成竞争关系时,还应当结合公司实际经营内容及受众等因素加以综合评判。

本案中,王某举证证明万某公司在其金融手机终端上宣称其金融终端是数十万金融专业人士的选择、最佳的中国金融业生产工具和平台。而万某公司的官网亦介绍,"万某公司是中国大陆领先的金融数据、信息和软件服务企业,在国内金融信息服务行业处于领先地位,是众多证券公司、基金管理公司、保险公司、银行、投资公司、媒体等机构不可或缺的重要合作伙伴,在国际市场中,万某公司同样受到了众多中国证监会批准的合格境外机构投资者的青睐。此外,知名的金融学术研究机构和权威的监管机构同样是万某公司的客户;权威的中英文媒体、研究报告、学术论文也经常引用万某公司提供的数据……"由此可见,万某公司目前的经营模式主要是提供金融信息服务,其主要的受众为相关的金融机构或者金融学术研究机构。而反观某公司,众所周知其主营业务是文化社区和视频平台,即提供网络空间供用户上传视频、进行交流。其受众更广,尤其年轻人对其青睐有加。二者对比,不论是经营模式、对应市场还是受众,都存在显著差别。即使普通百姓,也能轻易判断二者之差异。虽然某公司还涉猎游戏、音乐、影视等领域,但尚无证据显示其与万某公司经营的金融信息服务存在重合之处。在此前提下,万某公司仅以双方所登记的经营范围存在重合即主张两家企业形成竞争关系,尚未完成其举证义务。且万某公司在竞业限制协议中所附录的重点限制企业均为金融信息行业,足以表明万某公司自己也认为其主要的竞争对手应为金融信息服务企业。故一审法院仅以万某公司与某公司的经营范围存在重合,即认定王某入职某公司违反了竞业限制协议的约定，继而判决王某返还竞业限制补偿金并支付违反竞业限制违约金，有欠妥当。

关于王某是否应当继续履行竞业限制协议的问题。王某与万某公司签订的竞业限制协议不存在违反法律法规强制性规定的内容，故该协议合法有效，对双方均有约束力。因协议中约定双方竞业限制期限为2020年7月28日至2022年7月27日，目前尚在竞业限制期限内。故一审法院判决双方继续履行竞业限制协议，并无不当。王某主张无须继续履行竞业限制协议，没有法律依据。需要强调的是，根据双方的竞业限制协议，王某应当按时向万某公司报备工作情况，以供万某公司判断其是否违反了竞业限制协议。本案即是因为王某不履行报备义务导致万某公司产生合理怀疑，进而产生了纠纷。王某在今后履行竞业限制协议时，应恪守约定义务，诚信履行协议。

（生效裁判审判人员：王茜、周寅、郑东和）

指导案例237号

郎溪某服务外包有限公司诉徐某申确认劳动关系纠纷案

（最高人民法院审判委员会讨论通过　2024年12月20日发布）

关键词

民事　确认劳动关系　新业态用工　承揽、合作协议　实际履行情况　劳动管理

裁判要点

平台企业或者平台用工合作企业与劳动者订立承揽、合作协议，劳动者主张与该企业存在劳动关系的，人民法院应当根据用工事实，综合考虑劳动者对工作时间及工作量的自主决定程度、劳动过程受管理控制程度、劳动者是否需要遵守有关工作规则、算法规则、劳动纪律和奖惩办法、劳动者工作的持续性、劳动者能否决定或者改变交易价格等因素，依法作出相应认定。对于存在用工事实，构成支配性劳动管理的，应当依法认定存在劳动关系。

基本案情

郎溪某服务外包有限公司（以下简称郎溪某服务公司）与某咚买菜平台的运营者上海某网络科技有限公司（以下简称上海某网络公司）于2019年4月1日订立《服务承揽合同》。该合同约定：郎溪某服务公司为上海某网络公司完成商品分拣、配送等工作；双方每月定期对郎溪某服务公司前一个月的承揽费用进行核对后由上海某网络公司支付；郎溪某服务公司自行管理所涉提供服务的人员，并独立承担相应薪酬、商业保险费、福利待遇，以及法律法规规定的雇主责任或者其他责任。

2019年7月，郎溪某服务公司安排徐某申到某咚买菜平台九亭站从事配送工作。郎溪某服务公司与徐某申订立《自由职业者合作协议》《新业态自由职业者任务承揽协议》。两份协议均约定：徐某申与郎溪某服务公司建立合作关系，二者的合作关系不适用劳动合同法。其中，《新业态自由职业者任务承揽协议》约定：郎溪某服务公司根据合作公司确认的项目服务人员服务标准及费用标准向徐某申支付服务费用：无底薪、

无保底服务费，实行多劳多得、不劳不得制。但郎溪某服务公司并未按照以上协议约定的服务费计算方式支付费用，实际向徐某申支付的报酬包含基本报酬、按单计酬、奖励等项目。2019年8月12日，郎溪某服务公司向徐某申转账人民币9042.74元（币种下同）。2019年8月13日，徐某申在站点听从指示做木架，因切割木板意外导致右脚受伤，住院接受治疗，自此未继续在该站点工作。2019年9月3日，郎溪某服务公司以"服务费"名义向徐某申支付15000元。徐某申在站点工作期间，出勤时间相对固定，接受站点管理，按照排班表打卡上班，根据系统派单完成配送任务，没有配送任务时便在站内做杂活。

徐某申因就工伤认定问题与郎溪某服务公司发生争议，申请劳动仲裁。上海市松江区劳动人事争议仲裁委员会裁决：徐某申与郎溪某服务公司在2019年7月5日至2019年8月13日期间存在劳动关系。郎溪某服务公司不服，向上海市松江区人民法院提起诉讼。

裁判结果

上海市松江区人民法院于2021年7月5日作出（2021）沪0117民初600号民事判决：确认徐某申与郎溪某服务外包有限公司在2019年7月5日至2019年8月13日期间存在劳动关系。宣判后，郎溪某服务外包有限公司不服，提起上诉。上海市第一中级人民法院于2022年3月7日作出（2021）沪01民终11591号民事判决：驳回上诉，维持原判。

裁判理由

本案的争议焦点为：在郎溪某服务公司与徐某申订立承揽、合作协议的情况下，能否以及如何认定双方之间存在劳动关系。

是否存在劳动关系，对劳动者的权益有重大影响。存在劳动关系的，劳动者依法享有取得劳动报酬、享受社会保险和福利、获得经济补偿和赔偿金等一系列权利，同时也承担接受用人单位管理等义务。根据劳动法、劳动合同法的规定："用人单位自用工之日起即与劳动者建立劳动关系"，"建立劳动关系应当订立劳动合同"。但实践中存在企业与劳动者签订承揽、合作等合同，以规避与劳动者建立劳动关系的情况。对此，人民法院应当根据用工事实，综合考虑人格从属性、经济从属性、组织从属性等因素，准确认定企业与劳动者是否存在劳动关系，依法处理劳动权益保障案件。《劳动和社会保障部关于确立劳动关系有关事项的通知》（劳社部发〔2005〕12号）第一条规定："用人单位招用劳动者未订立书面劳动合同，但同时具备下列情形的，劳动关系成立。（一）用人单位和劳动者符合法律、法规规定的主体资格；（二）用人单位依法制定的各项劳动规章制度适用于劳动者，劳动者受用人单位的劳动管理，从事用人单位安排的有报酬的劳动；（三）劳动者提供的劳动是用人单位业务的组成部分。"可见，劳动关系的本质特征是支配性劳动管理。在新就业形态下，平台企业生产经营方式发生较大变化，劳动管理的具体形式也随之具有许多新的特点，但对劳动关系的认定仍应综合考量人格从属性、经济从属性、组织从属性的有无及强弱。具体而言，应当综合考虑劳动者对工作时间及工作量的自主决定程度、劳动过程受管理控制程度、劳动者是否需要遵守有关工作规则、算法规则、劳动纪律和奖惩办法、劳动者工作的持续性、劳动者能否决定或者改变交易价格等因素，依法作出相应认定。

本案中，虽然郎溪某服务公司与徐某申订立的是承揽、合作协议，但根据相关法律规定，结合法庭查明的事实，应当认定徐某申与郎溪某服务公司之间存在劳动关系。具体而言：其一，徐某申在站点从事配送工作，接受站点管理，按照站点排班表打卡上班，并根据派单按时完成配送任务，在配送时间、配送任务等方面不能自主选择，即使没有配送任务时也要留在站内做杂活。其二，徐某申的报酬组成包含基本报酬、按单计酬及奖励等项目，表明郎溪某服务公司对徐某申的工作情况存在相应的考核与管理，并据此支付报酬。其三，郎溪某服务公司从上海某网络公司承揽商品分拣、配送等业务，徐某申所从事的配送工作属于郎溪某服务公司承揽业务的重要组成部分。综上，徐某申与郎溪某服务公司之间存在用工事实，构成支配性劳动管理，符合劳动关系的本质特征，应当认定存在劳动关系。

相关法条

《中华人民共和国劳动法》第十六条

《中华人民共和国劳动合同法》第七条、第十条

指导案例 238 号

圣某欢诉江苏某网络科技有限公司
确认劳动关系纠纷案

（最高人民法院审判委员会讨论通过　2024 年 12 月 20 日发布）

关键词

民事　确认劳动关系　新业态用工　个体工商户　承揽、合作协议　实际履行情况　劳动管理

裁判要点

1. 平台企业或者平台用工合作企业要求劳动者注册为个体工商户后再签订承揽、合作协议，劳动者主张根据实际履行情况认定劳动关系的，人民法院应当在查明事实的基础上，依据相关法律，准确作出认定。对于存在用工事实，构成支配性劳动管理的，依法认定存在劳动关系。

2. 对于主营业务存在转包情形的，人民法院应当根据用工事实和劳动管理程度，结合实际用工管理主体、劳动报酬来源等因素，依法认定劳动者与其关系最密切的企业建立劳动关系。

基本案情

江苏某网络科技有限公司（以下简称江苏某网络公司）承包某外卖平台在江苏省苏州市虎丘区浒墅关片区的外卖配送服务。2019 年 4 月 25 日，圣某欢通过特定 App 注册成为该外卖平台浒墅关片区专送骑手。专送骑手的具体运行模式为：在注册方式上，专送骑手必须通过站点授权才能下载注册该 App；在派单方式上，平台根据定位向专送骑手派单，骑手不可拒绝，因特殊情况不能接单需申请订单调配；在骑手管理上，专送骑手受其专属站点管理，站长决定订单调配、骑手排班，骑手需按照排班上线接单；在薪资构成及结算上，专送骑手薪资包括订单提成、骑手补贴及其他补贴等。

在注册过程中，圣某欢进行人脸识别并根据提示讲出"我要成为个体工商户"。自此，圣某欢通过上述App接单，接单后使用自有车辆配送。江苏某网络公司对圣某欢有明确的上班时间及考勤要求，请假会扣除相应奖励。

2019年5月30日，江苏某网络公司与江苏某企业管理有限公司（以下简称江苏某管理公司）签订服务协议，约定委托江苏某管理公司提供市场推广服务；江苏某管理公司承接项目订单后可以另行转包；接活方在执行任务期间受到或对任何第三方造成人身伤害、财产损害，江苏某网络公司应当自行承担后果，不得要求江苏某管理公司承担侵权等赔偿责任；每月双方对上个月接活方名单、佣金费用、服务费用等进行核对，由江苏某网络公司将相应款项存入其设在第三方平台的账户，由第三方平台将相应费用划至接活方账户。同年6月10日，圣某欢委托江苏某管理公司为其注册"个体工商户"，并以"个体工商户"名义与江苏某管理公司签订《项目转包协议》，约定：双方系独立的民事承包关系，不属于劳动关系；个体工商户独立承包配送服务业务，承担承揽过程中所可能产生的一切风险和责任；江苏某管理公司按月将服务费结算给个体工商户。同年6月13日，圣某欢注册成为"个体工商户"，经营范围为市场营销策划、市场推广服务、展览展示服务。2019年6月至8月，圣某欢分别收到薪资人民币5035.5元、6270.5元、5807.7元（币种下同）。圣某欢在上述App中的薪资账单页面显示，薪资规则说明为江苏某网络公司制定，薪资构成包括底薪、提成、补贴奖励等，其中底薪0元。

2019年8月24日晚10时许，圣某欢在外卖配送过程中因交通事故受伤。因工伤认定问题与江苏某网络公司发生争议，圣某欢申请仲裁，请求确认其与江苏某网络公司在2019年4月26日至8月24日期间存在劳动关系。江苏省苏州市虎丘区劳动争议仲裁委员会裁决：驳回圣某欢的仲裁请求。圣某欢不服，向江苏省苏州市虎丘区人民法院提起诉讼。诉讼过程中，江苏省苏州市虎丘区人民法院依职权追加江苏某管理公司作为第三人参加诉讼。

裁判结果

江苏省苏州市虎丘区人民法院于2021年8月2日作出（2020）苏0505民初5582号民事判决：圣某欢与江苏某网络公司在2019年4月25日至2019年8月24日期间存在劳动关系。宣判后，双方当事人均未提起上诉，判决已发生法律效力。

裁判理由

本案的争议焦点为：外卖骑手圣某欢与江苏某网络公司之间是否存在劳动关系。

劳动关系是劳动者个人与用人单位之间基于用工建立的关系。但实践中存在企业要求劳动者登记为"个体工商户"后再签订承揽、合作等合同，以规避与劳动者建立劳动关系的情况。发生纠纷后，劳动者主张与该企业存在劳动关系的，人民法院不能仅凭双方签订的承揽、合作协议作出认定，而应当根据用工事实，综合考虑人格从属性、经济从属性、组织从属性等因素，准确认定企业与劳动者是否存在劳动关系。劳动者被要求注册为"个体工商户"，并不妨碍劳动者与用人单位建立劳动关系。对于存在用工事实，构成支配性劳动管理的，应当依法认定存在劳动关系。

本案中，江苏某网络公司要求外卖骑手圣某欢登记为"个体工商户"后再与其签订承揽、合作协议，意在规避用人单位应当承担的法律责任，双方实际存在较强的人格从属性、经济从属性、组织从属性，构成支配性劳动管理。具体而言：其一，圣某欢成为专送骑手需通过站点授权才能完成 App 注册，而后圣某欢通过 App 接单，根据劳动表现获取薪酬，不得拒绝平台派发订单，特殊情况不能接单时需向江苏某网络公司申请订单调配；而且，江苏某网络公司制定考勤规则，对圣某欢的日常工作进行管理。其二，根据 App 薪资账单中的薪资规则说明、平台服务协议可以看出，圣某欢薪资来源、薪资规则制定方为江苏某网络公司，发放金额由江苏某网络公司确定，双方实际结算薪资。其三，圣某欢注册成为专送骑手，隶属于江苏某网络公司承包的某外卖平台浒墅关片区站点，其从事外卖配送服务属于该公司主营业务。综上，江苏某网络公司要求、引导圣某欢注册成为"个体工商户"，以建立所谓平等主体之间合作关系的形式规避用人单位责任，但实际存在用工事实，对圣某欢进行支配性劳动管理，符合劳动关系的本质特征，应当认定双方之间存在劳动关系。

关于圣某欢是与江苏某网络公司还是与江苏某管理公司存在劳动关系的问题。经查，江苏某网络公司虽然通过签订平台服务协议将配送业务转包给江苏某管理公司，但实际圣某欢依然通过此前注册的 App 进行接单和配送，江苏某网络公司也通过该 App 派单并进行工资结算。圣某欢系由江苏某网络公司直接安排工作、直接管理、结算薪资等，其与江苏某网络公司之间联系的密切程度明显超过与江苏某管理公司的联系。故对江苏某网络公司仅以其与江苏某管理公司存在内部分包关系为由，提出其与圣某欢之间不存在劳动关系的抗辩，依法不予支持。

相关法条

《中华人民共和国劳动法》第十六条

《中华人民共和国劳动合同法》第七条、第十条

指导案例 239 号

王某诉北京某文化传媒有限公司劳动争议案

（最高人民法院审判委员会讨论通过　2024 年 12 月 20 日发布）

关键词

民事　劳动争议　确认劳动关系　新业态用工　网络主播　经纪合同　不存在劳动关系

裁判要点

经纪公司对从业人员的工作时间、工作内容、工作过程控制程度不强，从业人员无须严格遵守公司劳动管理制度，且对利益分配等事项具有较强议价权的，应当认定双方之间不存在支配性劳动管理，不存在劳动关系。

基本案情

王某系网络主播，其在网络平台创建并运营自媒体账号。2020 年 3 月，王某与北京某文化传媒有限公司（以下简称北京某传媒公司）签订《独家经纪合同》。该合同约定：王某授权北京某传媒公司独家为其提供自媒体平台图文、音频视频事务有关的经纪服务和商务运作；王某主要收入为按照月交易金额获取收益，王某的保底费用和提成根据月

交易金额确定，北京某传媒公司将收入扣除相关必要费用后由双方按比例分成，王某有权对收入分配结算提出异议；王某应当按照北京某传媒公司的安排，准时抵达工作场所，按约定完成工作事项；该合同为合作服务合同，并非劳动合同，双方并不因签订本合同而建立劳动关系。在签订合同过程中，王某着重对收益分配部分作了对其有利的修改。

在合同实际履行过程中，王某按照双方约定参与运营自媒体账号，其每月收入并不固定，收入多少取决于双方合作经营的平台广告收入。合同签订后，王某的自媒体账号由其与北京某传媒公司共同运营管理，粉丝量由签订合同前的近百万逐步涨至400万。此外，王某在北京某传媒公司推荐下参与广告制作和发布、综艺演出等活动。

后双方发生争议，王某申请劳动仲裁，请求确认其与北京某传媒公司在2020年3月1日至2021年4月13日期间存在劳动关系，北京某传媒公司向其支付2021年2月1日至2021年4月13日奖金人民币255217.5元（币种下同），以及2020年3月1日至2021年2月28日未订立书面劳动合同的二倍工资差额11万元。北京市朝阳区劳动人事争议仲裁委员会裁决：驳回王某的仲裁请求。王某不服，向北京市朝阳区人民法院提起诉讼。

裁判结果

北京市朝阳区人民法院于2022年11月25日作出（2022）京0105民初9090号民事判决：驳回王某的诉讼请求。宣判后，王某不服，提起上诉。北京市第三中级人民法院于2023年9月5日作出（2023）京03民终7051号民事判决：驳回上诉，维持原判。

裁判理由

本案的争议焦点为：北京某传媒公司与其旗下网络主播王某之间是否存在劳动关系。

劳动关系的本质特征是支配性劳动管理，即劳动者与用人单位之间存在较强的人格从属性、经济从属性、组织从属性。在新就业形态下，对于有关企业与网络主播之间的法律关系，要立足具体案件具体分析，重点审查企业与网络主播之间的权利义务内容及确定方式，准确区分因经纪关系所产生的履约要求与劳动管理，判定平台企业是否对网络主播存在支配性劳动管理，两者之间是否存在劳动关系。

本案中，从双方订立的合同及实际履行情况看，北京某传媒公司未对网络主播王某进行支配性劳动管理。具体而言：第一，根据北京某传媒公司与王某订立的经纪合同，王某应当按照北京某传媒公司的安排，准时抵达工作场所，按约定完成工作事项。但王某无须遵守北京某传媒公司的有关工作规则、劳动纪律和奖惩办法。因此，虽然北京某传媒公司可以根据经纪合同约定对王某的演艺行为等进行必要的约束，但这并不属于劳动法律意义上的劳动管理，而是王某按照约定应当履行的合同义务。第二，王某对收益分配方式等内容具有较强的协商权和议价权。王某在与北京某传媒公司订立协议的过程中，着重对收益的分配比例等核心内容进行谈判议价，双方之间的法律关系体现出平等协商的特点，而且约定分成的收益分配方式明显有别于劳动关系。第三，从合同目的和内容看，双方合作本意是通过北京某传媒公司的孵化，进一步提升王某在自媒体平台的艺术、表演、广告、平面形象影响力和知名度，继而通过王某独立参与商业活动获取相应广告收入，并按合同约定进行分配。合同内容主要包括有关经纪事项、报酬及收益分配、违约责任等权利义务约定，不具有劳动合同的要素内容。

综上所述，北京某传媒公司与旗下网络主播王某之间的权利义务不符合劳动管理所要求的劳动者与用人单位之间存在人格从属性、经济从属性、组织从属性的特征，依法不应认定存在劳动关系。

相关法条

《中华人民共和国劳动合同法》第七条

《最高人民法院关于适用〈中华人民共和国民事诉讼法〉的解释》（法释〔2022〕11号）第九十条

指导案例 240 号

秦某丹诉北京某汽车技术开发服务有限公司劳动争议案

（最高人民法院审判委员会讨论通过　2024年12月20日发布）

关键词

民事　劳动争议　确认劳动关系　新业态用工　代驾司机　必要运营　管理　不存在劳动关系

裁判要点

平台企业或者平台用工合作企业为维护平台正常运营、提供优质服务等进行必要运营管理，但未形成支配性劳动管理的，对于劳动者提出的与该企业之间存在劳动关系的主张，人民法院依法不予支持。

基本案情

秦某丹于2020年12月31日注册某代驾平台司机端App，申请成为代驾司机。该平台运营者为北京某汽车技术开发服务有限公司（以下简称北京某汽车公司）。平台中的《信息服务协议》约定：北京某汽车公司为代驾司机提供代驾信息有偿服务，代驾司机通过北京某汽车公司平台接单，与代驾服务使用方达成并履行《代驾服务协议》，由平台记录代驾服务过程中的各项信息数据；代驾司机以平台数据为依据，向代驾服务使用方收取代驾服务费，向北京某汽车公司支付信息服务费；北京某汽车公司不实际提供代驾服务，也不代理平台任何一方用户，仅充当代驾司机与代驾服务使用方之间的中间人，促成用户达成《代驾服务协议》；北京某汽车公司与代驾司机不存在任何劳动、劳务、雇佣等关系，但有权根据平台规则，对代驾司机的代驾服务活动及收费情况进行监督，有权根据平台用户的反馈，对代驾司机的代驾服务活动进行评价，以及进行相应调查、处理。

在协议实际履行过程中，北京某汽车公司未对秦某丹按照员工进行管理，亦未要求其遵守公司劳动规章制度。代驾服务使用方发出代驾服务需求信息后，平台统一为符合条件的司机派单，秦某丹自行决定是否接单、抢单。秦某丹仅需购买工服、接受软件使用培训、进行路考、接受抽查仪容等，其在工作时间、工作量上具有较高的自主决定权，可以自行决定是否注册使用平台、何时使用平台从事代驾服务等。秦某丹从事代驾服务所取得的报酬系代驾服务费，由代驾服务使用方直接支付。

此外，平台根据代驾司机接单率对其进行赠送或者扣减金币等奖罚措施。平台奖励金币可用于代驾司机购买平台道具以提高后续抢单成功率，与其收入不直接关联。平台统计代驾司机的成单量、有责取消率等数据，并对接单状况存在明显异常的代驾司机账号实行封禁账号等相关风控措施。

后双方发生劳动争议，秦某丹申请劳动仲裁，请求北京某汽车公司支付 2021 年 1 月 31 日至 2022 年 1 月 31 日未订立书面劳动合同的二倍工资差额人民币 8074.38 元。北京市石景山区劳动人事争议仲裁委员会裁决：驳回秦某丹的仲裁请求。秦某丹不服，向北京市石景山区人民法院提起诉讼。

裁判结果

北京市石景山区人民法院于 2023 年 3 月 31 日作出（2023）京 0107 民初 2196 号民事判决：驳回秦某丹的诉讼请求。宣判后，秦某丹不服，提起上诉。北京市第一中级人民法院于 2023 年 9 月 15 日作出（2023）京 01 民终 6036 号民事判决：驳回上诉，维持原判。

裁判理由

本案的争议焦点为：平台运营者北京某汽车公司与代驾司机秦某丹之间是否存在劳动关系。

劳动关系的本质特征是支配性劳动管理，即劳动者与用人单位之间存在较强的人格从属性、经济从属性、组织从属性。在新就业形态下，认定是否存在劳动管理，仍然应当着重考察、准确判断企业对劳动者是否存在支配性劳动管理，劳动者提供的劳动是否具有从属性特征。

本案中，虽然北京某汽车公司根据约定对代驾司机秦某丹进行一定程度的运营管理，但该管理不属于支配性劳动管理；秦某丹有权自主决定是否注册使用平台，何时使用平台，是否接单、抢单，其对北京某汽车公司并无较强的从属性。具体而言：其一，从相关协议内容来看，北京某汽车公司为代驾司机提供代驾信息有偿服务，代驾司机通过北京某汽车公司平台接单，与代驾服务使用方达成交易；代驾司机依约向代驾服务使用方收取代驾服务费，向北京某汽车公司支付信息服务费；北京某汽车公司不实际提供代驾服务，也不代理平台任何一方用户，仅充当代驾司机与代驾服务使用方之间的中间人；代驾司机可以自由决定是否使用平台接受信息服务。其二，从协议实际履行情况来看，秦某丹有权自行决定工作时间、地点，而非根据北京某汽车公司的工作安排接受订单，且北京某汽车公司未对秦某丹在上下班时间、考勤等方面进行员工管理，故双方之间不存在管理与被管理的从属关系。秦某丹的收入系从平台账号中提现，提现款项来源于代驾服务使用方，由代驾服务使用方直接支付到秦某丹在平台的账户，再由秦某丹向平台申请提现，提现时间由秦某丹自主决定，并非由北京某汽车公司支付劳动报酬。其三，尽管北京某汽车公司让秦某丹购买工服、接受软件使用培训、进行路考、接受抽查仪容等，以及根据秦某丹接单率对其进行赠送或者扣减金币，但属于维护平台正常运营、提供优质服务等进行的必要运营管理；北京某汽车公司根据秦某丹的成单量、有责取消率等数据，以及接单状况异常情况实行封禁账号等措施，亦系基于合理风控采取的必要运营措施。

综上所述，北京某汽车公司对代驾司机秦某丹提出的有关工作要求，是基于维护平台正常运营、提供优质服务等而采取的必要运营管理措施，不属于支配性劳动管理，故依法不应认定双方之间存在劳动关系。

相关法条

《中华人民共和国劳动合同法》第七条

《最高人民法院关于适用〈中华人民共和国民事诉讼法〉的解释》（法释〔2022〕11 号）第九十条

法官必备法律司法解释解读丛书
（第四版）

民事法官必备
法律司法解释解读

——| 下 册 |——

人民法院出版社／编

人民法院出版社

总 目 录

（上册）

第一部分 民商事

一、总类 ……………………………………………………………（1）
二、物权 ……………………………………………………………（207）
　（一）所有权 ……………………………………………………（207）
　（二）用益物权 …………………………………………………（265）
　（三）担保物权 …………………………………………………（291）
三、合同 ……………………………………………………………（352）
　（一）综合 ………………………………………………………（352）
　（二）买卖合同 …………………………………………………（456）
　（三）租赁合同 …………………………………………………（508）
　（四）融资租赁合同 ……………………………………………（513）
　（五）建设工程合同 ……………………………………………（516）
　（六）技术合同 …………………………………………………（540）
　（七）借款合同 …………………………………………………（547）
四、人格权 …………………………………………………………（562）
五、婚姻家庭、继承纠纷 …………………………………………（628）
　（一）婚姻家庭 …………………………………………………（628）
　（二）继承 ………………………………………………………（678）
六、侵权责任 ………………………………………………………（696）
七、劳动争议、人事争议 …………………………………………（935）

（下册）

- 八、公司、企业 …………………………………………………………（1025）
- 九、票据 ……………………………………………………………………（1127）
- 十、破产 ……………………………………………………………………（1144）
- 十一、证券、期货 …………………………………………………………（1272）
- 十二、信用证、独立保函 …………………………………………………（1353）
- 十三、保险 …………………………………………………………………（1380）
- 十四、涉港澳台民事关系的法律适用 ……………………………………（1451）

第二部分　民事诉讼

- 一、综合 ……………………………………………………………………（1453）
- 二、起诉和受理 ……………………………………………………………（1636）
- 三、管辖 ……………………………………………………………………（1648）
- 四、诉讼参加人 ……………………………………………………………（1698）
- 五、证据 ……………………………………………………………………（1735）
- 六、期间、送达 ……………………………………………………………（1773）
- 七、一审、二审程序 ………………………………………………………（1783）
- 八、审判监督程序 …………………………………………………………（1789）
- 九、特别程序和督促程序 …………………………………………………（1825）
- 十、涉港澳台民事诉讼程序的规定 ………………………………………（1848）

目　录

（下册）

八、公司、企业

中华人民共和国公司法
　　（2023年12月29日修订）……………………………………………（1025）
最高人民法院
　　关于《中华人民共和国公司法》第八十八条第一款不溯及适用的批复
　　（2024年12月24日）……………………………………………（1057）
最高人民法院
　　关于适用《中华人民共和国公司法》时间效力的若干规定
　　（2024年6月29日）………………………………………………（1057）
　　【解读】　解读《关于适用〈中华人民共和国公司法〉时间
　　　　效力的若干规定》………………………………………………（1059）
最高人民法院
　　关于适用《中华人民共和国公司法》若干问题的规定（五）
　　（2020年12月29日修正）…………………………………………（1072）
最高人民法院
　　关于适用《中华人民共和国公司法》若干问题的规定（四）
　　（2020年12月29日修正）…………………………………………（1073）
最高人民法院
　　关于适用《中华人民共和国公司法》若干问题的规定（三）
　　（2020年12月29日修正）…………………………………………（1077）
最高人民法院
　　关于适用《中华人民共和国公司法》若干问题的规定（二）
　　（2020年12月29日修正）…………………………………………（1081）

最高人民法院
关于适用《中华人民共和国公司法》若干问题的规定（一）
（2014年2月20日修正） ·· (1085)

最高人民法院
关于审理外商投资企业纠纷案件若干问题的规定（一）
（2020年12月29日修正） ·· (1085)

最高人民法院
关于审理与企业改制相关的民事纠纷案件若干问题的规定
（2020年12月29日修正） ·· (1089)

最高人民法院
关于审理军队、武警部队、政法机关移交、撤销企业和与党政机关脱钩
企业相关纠纷案件若干问题的规定
（2020年12月29日修正） ·· (1092)

指导案例8号
林某清诉常熟市凯某实业有限公司、戴某明公司解散纠纷案
（2012年4月9日） ·· (1093)
【解读】 解读《林某清诉常熟市凯某实业有限公司、戴某明公司
解散纠纷案》 ·· (1095)

指导案例10号
李某军诉上海佳某环保科技有限公司公司决议撤销纠纷案
（2012年9月18日） ··· (1099)
【解读】 解读《李某军诉上海佳某环保科技有限公司公司
决议撤销纠纷案》 ··· (1100)

指导案例15号
徐某集团工程机械股份有限公司诉成都川某工贸有限责任
公司等买卖合同纠纷案
（2013年1月31日） ··· (1104)
【解读】 解读《徐某集团工程机械股份有限公司诉成都川
某工贸有限责任公司等买卖合同纠纷案》 ············· (1106)

指导案例67号
汤某龙诉周某海股权转让纠纷案
（2016年9月19日） ··· (1111)
【解读】 解读《汤某龙诉周某海股权转让纠纷案》 ············ (1113)

指导案例96号
宋某军诉西安市大某餐饮有限公司股东资格确认纠纷案
（2018年6月20日） ··· (1116)
【解读】 解读《宋某军诉西安市大某餐饮有限公司股东资格
确认纠纷案》 ·· (1118)

九、票　据

中华人民共和国票据法
　　（2004年8月28日修正） ········· (1127)
最高人民法院
　　关于审理票据纠纷案件若干问题的规定
　　（2020年12月29日修正） ········· (1137)

十、破　产

中华人民共和国企业破产法
　　（2006年8月27日） ··········· (1144)
最高人民法院
　　关于适用《中华人民共和国企业破产法》若干问题的规定（三）
　　（2020年12月29日修正） ········· (1160)
最高人民法院
　　关于适用《中华人民共和国企业破产法》若干问题的规定（二）
　　（2020年12月29日修正） ········· (1163)
　　【解读】解读《关于适用〈中华人民共和国企业破产法〉
　　　　若干问题的规定（二）》 ········· (1170)
最高人民法院
　　关于适用《中华人民共和国企业破产法》若干问题的规定（一）
　　（2011年9月9日） ············ (1176)
　　【解读】解读《关于适用〈中华人民共和国企业破产法〉若干问题的
　　　　规定（一）》 ············· (1177)
最高人民法院
　　关于破产企业国有划拨土地使用权应否列入破产财产等问题的批复
　　（2020年12月29日修正） ········· (1182)
最高人民法院
　　关于对因资不抵债无法继续办学被终止的民办学校如何组织清算问题的批复
　　（2020年12月29日修正） ········· (1183)
　　【解读】解读《关于对因资不抵债无法继续办学被终止的民办学校如何
　　　　组织清算问题的批复》 ········· (1183)
最高人民法院
　　关于个人独资企业清算是否可以参照适用企业破产法规定的破产清算程序的批复
　　（2012年12月11日） ··········· (1187)
　　【解读】解读《关于个人独资企业清算是否可以参照适用企业破产法规定的
　　　　破产清算程序的批复》 ········· (1187)

· 3 ·

最高人民法院
关于税务机关就破产企业欠缴税款产生的滞纳金提起的债权确认之诉应否
受理问题的批复
（2012年6月26日） ································· (1189)
【解读】 解读《关于税务机关就破产企业欠缴税款产生的滞纳金提起的
债权确认之诉应否受理问题的批复》 ···················· (1190)

最高人民法院
关于债权人对人员下落不明或者财产状况不清的债务人申请破产清算案件
如何处理的批复
（2008年8月7日） ·································· (1194)
【解读】 解读《关于债权人对人员下落不明或者财产状况不清的债务人
申请破产清算案件如何处理的批复》 ···················· (1194)

最高人民法院
关于《中华人民共和国企业破产法》施行时尚未审结的企业破产案件适用
法律若干问题的规定
（2007年4月25日） ································· (1198)
【解读】 解读《关于〈中华人民共和国企业破产法〉施行时尚未审结的
企业破产案件适用法律若干问题的规定》 ················ (1200)

最高人民法院
关于审理企业破产案件指定管理人的规定
（2007年4月12日） ································· (1206)
【解读】 解读《关于审理企业破产案件指定管理人的规定》 ············ (1211)

最高人民法院
关于审理企业破产案件确定管理人报酬的规定
（2007年4月12日） ································· (1219)
【解读】 解读《关于审理企业破产案件确定管理人报酬的规定》 ········ (1221)

最高人民法院
关于审理企业破产案件若干问题的规定
（2002年7月30日） ································· (1224)
【解读】 解读《关于审理企业破产案件若干问题的规定》 ·············· (1236)
【链接】 最高人民法院
关于对《最高人民法院关于审理企业破产案件若干问题的规定》
第五十六条理解的答复 ································· (1241)

最高人民法院
关于实行社会保险的企业破产后各种社会保险统筹费用应缴纳至何时问题的批复
（1996年11月22日） ································ (1242)

最高人民法院
印发《全国法院破产审判工作会议纪要》的通知
（2018年3月4日） ·································· (1242)

最高人民法院
　印发《关于审理公司强制清算案件工作座谈会纪要》的通知
　　（2009年11月4日）………………………………………………（1250）
指导案例73号
　通州建某集团有限公司诉安徽天某化工有限公司别除权纠纷案
　　（2016年12月28日）………………………………………………（1256）
　　【解读】　解读《通州建某集团有限公司诉安徽天某化工有限公司
　　　　　　　别除权纠纷案》………………………………………（1257）
指导案例163号
　某省纺织工业（集团）进出口有限公司及其五家子公司实质合并
　破产重整案
　　（2021年9月18日）…………………………………………………（1263）
指导案例164号
　江苏苏某酒业有限公司及关联公司实质合并破产重整案
　　（2021年9月18日）…………………………………………………（1267）
指导案例165号
　重庆金某印染有限公司、重庆川某针纺有限公司破产管理人申请
　实质合并破产清算案
　　（2021年9月18日）…………………………………………………（1270）

十一、证券、期货

中华人民共和国证券法
　　（2019年12月28日修订）……………………………………………（1272）
最高人民法院
　关于审理证券市场虚假陈述侵权民事赔偿案件的若干规定
　　（2022年1月21日）…………………………………………………（1303）
　　【解读】　解读《关于审理证券市场虚假陈述侵权民事赔偿
　　　　　　　案件的若干规定》……………………………………（1310）
最高人民法院
　关于审理期货纠纷案件若干问题的规定（二）
　　（2020年12月29日修正）……………………………………………（1322）
　　【解读】　解读《关于审理期货纠纷案件若干问题的规定（二）》………（1323）
最高人民法院
　关于审理期货纠纷案件若干问题的规定
　　（2020年12月29日修正）……………………………………………（1329）
　　【解读】　解读《关于审理期货纠纷案件若干问题的规定》………（1335）

十二、信用证、独立保函

最高人民法院
关于审理信用证纠纷案件若干问题的规定
　　（2020年12月29日修正） ········· (1353)
　　【解读】 解读《关于审理信用证纠纷案件若干问题的规定》 ········· (1355)
最高人民法院
关于审理独立保函纠纷案件若干问题的规定
　　（2020年12月29日修正） ········· (1360)
　　【解读】 解读《关于审理独立保函纠纷案件若干问题的规定》 ········· (1364)
指导案例111号
某银行股份有限公司广州荔湾支行诉广东蓝某能源发展有限公司等信用证开证纠纷案
　　（2019年2月25日） ········· (1373)
　　【解读】 解读《某银行股份有限公司广州荔湾支行诉广东蓝某能源发展有限公司等信用证开证纠纷案》 ········· (1375)

十三、保　　险

中华人民共和国保险法
　　（2015年4月24日修正） ········· (1380)
最高人民法院
关于适用《中华人民共和国保险法》若干问题的解释（四）
　　（2020年12月29日修正） ········· (1401)
　　【解读】 解读《关于适用〈中华人民共和国保险法〉若干问题的解释（四）》 ········· (1404)
最高人民法院
关于适用《中华人民共和国保险法》若干问题的解释（三）
　　（2020年12月29日修正） ········· (1406)
　　【解读】 解读《关于适用〈中华人民共和国保险法〉若干问题的解释（三）》 ········· (1409)
最高人民法院
关于适用《中华人民共和国保险法》若干问题的解释（二）
　　（2020年12月29日修正） ········· (1421)
　　【解读】 解读《关于适用〈中华人民共和国保险法〉若干问题的解释（二）》 ········· (1424)
最高人民法院
关于适用《中华人民共和国保险法》若干问题的解释（一）
　　（2009年9月21日） ········· (1430)

【解读】 解读《关于适用〈中华人民共和国保险法〉若干问题的
解释（一）》 .... (1431)

最高人民法院
关于审理出口信用保险合同纠纷案件适用相关法律问题的批复
（2013年5月2日） .... (1440)

指导案例25号
华某财产保险有限公司北京分公司诉李某贵、天某财产保险股份
有限公司河北省分公司张家口支公司保险人代位求偿权纠纷案
（2014年1月26日） .... (1440)
【解读】 解读《华某财产保险有限公司北京分公司诉李某贵、天某财产
保险股份有限公司河北省分公司张家口支公司保险人代位
求偿权纠纷案》 .... (1442)

指导案例74号
某财产保险股份有限公司江苏分公司诉江苏镇江安某集团有限公司
保险人代位求偿权纠纷案
（2016年12月28日） .... (1444)
【解读】 解读《某财产保险股份有限公司江苏分公司诉江苏镇江安某
集团有限公司保险人代位求偿权纠纷案》 .... (1448)

十四、涉港澳台民事关系的法律适用

最高人民法院
关于审理涉台民商事案件法律适用问题的规定
（2020年12月29日修正） .... (1451)

第二部分　民事诉讼

一、综　合

中华人民共和国民事诉讼法
（2023年9月1日修正） .... (1453)
最高人民法院
关于适用《中华人民共和国民事诉讼法》的解释
（2022年4月1日修正） .... (1488)
【解读】 解读《关于适用〈中华人民共和国民事诉讼法〉的解释》
修改内容 .... (1543)
人民法院在线诉讼规则
（2021年6月16日） .... (1551)
【解读】 解读《人民法院在线诉讼规则》 .... (1558)

最高人民法院
　关于人民法院民事调解工作若干问题的规定
　　（2020年12月29日修正） ……………………………………………（1567）

最高人民法院
　关于互联网法院审理案件若干问题的规定
　　（2018年9月6日） ………………………………………………（1569）
　　【解读】解读《关于互联网法院审理案件若干问题的规定》 ………（1572）

最高人民法院
　关于人民法院通过互联网公开审判流程信息的规定
　　（2018年3月4日） ………………………………………………（1579）

最高人民法院
　关于人民法院庭审录音录像的若干规定
　　（2017年2月22日） ………………………………………………（1581）

最高人民法院
　关于人民法院特邀调解的规定
　　（2016年6月28日） ………………………………………………（1583）

中华人民共和国人民法院法庭规则
　　（2016年4月13日修正） …………………………………………（1586）

最高人民法院
　关于修改后的民事诉讼法施行时未结案件适用法律若干问题的规定
　　（2012年12月28日） ……………………………………………（1589）
　　【解读】解读《关于修改后的民事诉讼法施行时未结案件适用法律
　　若干问题的规定》 …………………………………………………（1590）

最高人民法院
　关于审判人员在诉讼活动中执行回避制度若干问题的规定
　　（2011年6月10日） ………………………………………………（1596）

最高人民法院
　关于裁判文书引用法律、法规等规范性法律文件的规定
　　（2009年10月26日） ……………………………………………（1598）

最高人民法院
　关于印发修改后的《民事案件案由规定》的通知
　　（2020年12月29日） ……………………………………………（1599）
　　【解读】解读修改后《民事案件案由规定》 ………………………（1628）

二、起诉和受理

最高人民法院
　关于当事人申请承认澳大利亚法院出具的离婚证明书人民法院应否受理
　　问题的批复
　　（2020年12月23日修正） …………………………………………（1636）

【解读】 解读《关于当事人申请承认澳大利亚法院出具的离婚证明书人民法院应否受理问题的批复》 ……………………………………………(1636)

最高人民法院
关于人民法院登记立案若干问题的规定
（2015年4月15日）…………………………………………………………(1639)

最高人民法院
关于税务机关就破产企业欠缴税款产生的滞纳金提起的债权确认之诉应否受理问题的批复
（2012年6月26日）…………………………………………………………(1641)
【解读】 解读《关于税务机关就破产企业欠缴税款产生的滞纳金提起的债权确认之诉应否受理问题的批复》 ………………………………(1642)

最高人民法院
关于银行储蓄卡密码被泄露导致存款被他人骗取引起的储蓄合同纠纷应否作为民事案件受理问题的批复
（2005年7月25日）…………………………………………………………(1646)
【解读】 解读《关于银行储蓄卡密码被泄露导致存款被他人骗取引起的储蓄合同纠纷应否作为民事案件受理问题的批复》 ………………(1646)

三、管　辖

最高人民法院
关于军事法院管辖民事案件若干问题的规定
（2025年4月25日）…………………………………………………………(1648)
【解读】 解读《关于军事法院管辖民事案件若干问题的规定》 …………(1649)

最高人民法院
关于成渝金融法院案件管辖的规定
（2022年12月20日）………………………………………………………(1656)
【链接】 最高人民法院民二庭负责人就《关于成渝金融法院案件管辖的规定》答记者问 ……………………………………………(1657)

最高人民法院
关于涉外民商事案件管辖若干问题的规定
（2022年11月14日）………………………………………………………(1660)
【解读】 解读《关于涉外民商事案件管辖若干问题的规定》 ……………(1661)

最高人民法院
关于第一审知识产权民事、行政案件管辖的若干规定
（2022年4月20日）…………………………………………………………(1667)
【解读】 解读《关于第一审知识产权民事、行政案件管辖的若干规定》 ……………………………………………………………………(1668)

最高人民法院
关于上海金融法院案件管辖的规定
（2021年4月21日修正）……………………………………………………(1675)

・9・

最高人民法院
　　关于审理民事级别管辖异议案件若干问题的规定
　　　　（2020年12月29日修正） ·· (1676)
　　　　【解读】 解读《关于审理民事级别管辖异议案件若干问题的规定》········· (1677)
最高人民法院
　　关于对与证券交易所监管职能相关的诉讼案件管辖与受理问题的规定
　　　　（2020年12月29日修正） ·· (1682)
　　　　【解读】 解读《关于对与证券交易所监管职能相关的诉讼案件管辖与
　　　　　　　　受理问题的规定》·· (1683)
最高人民法院
　　关于北京、上海、广州知识产权法院案件管辖的规定
　　　　（2020年12月29日修正） ·· (1685)
最高人民法院
　　关于铁路运输法院案件管辖范围的若干规定
　　　　（2012年7月17日） ·· (1687)
　　　　【解读】 解读《关于铁路运输法院案件管辖范围的若干规定》············· (1688)
最高人民法院
　　关于新疆生产建设兵团人民法院案件管辖权问题的若干规定
　　　　（2005年5月24日） ·· (1692)
指导案例56号
　　韩某彬诉内蒙古某药业有限责任公司等产品责任纠纷
　　管辖权异议案
　　　　（2015年11月19日） ··· (1693)
　　　　【解读】 解读《韩某彬诉内蒙古某药业有限责任公司等产品
　　　　　　　　责任纠纷管辖权异议案》·· (1694)

四、诉讼参加人

最高人民法院　最高人民检察院
　　关于办理海洋自然资源与生态环境公益诉讼案件若干问题的规定
　　　　（2022年5月10日） ·· (1698)
　　　　【解读】 解读《关于办理海洋自然资源与生态环境公益诉讼案件
　　　　　　　　若干问题的规定》·· (1699)
最高人民法院　最高人民检察院
　　关于检察公益诉讼案件适用法律若干问题的解释
　　　　（2020年12月29日修正） ·· (1706)
最高人民法院
　　关于审理环境民事公益诉讼案件适用法律若干问题的解释
　　　　（2020年12月29日修正） ·· (1709)

最高人民法院
　关于审理消费民事公益诉讼案件适用法律若干问题的解释
　　（2020年12月29日修正） ……………………………………………（1713）
最高人民法院
　关于证券纠纷代表人诉讼若干问题的规定
　　（2020年7月30日） ………………………………………………（1715）
　　【解读】 解读《关于证券纠纷代表人诉讼若干问题的规定》 ………（1720）
最高人民法院
　关于诉讼代理人查阅民事案件材料的规定
　　（2020年12月29日修正） ……………………………………………（1729）
　　【解读】 解读《关于诉讼代理人查阅民事案件材料的规定》 ………（1730）
最高人民法院
　关于民事诉讼委托代理人在执行程序中的代理权限问题的批复
　　（1997年1月23日） ………………………………………………（1734）
最高人民法院
　关于审理劳动争议案件诉讼当事人问题的批复
　　（1988年10月19日） ………………………………………………（1734）

五、证　据

全国人民代表大会常务委员会
　关于司法鉴定管理问题的决定
　　（2015年4月24日修正） ……………………………………………（1735）
最高人民法院
　关于生态环境侵权民事诉讼证据的若干规定
　　（2023年8月14日） ………………………………………………（1737）
　　【解读】 解读《关于生态环境侵权民事诉讼证据的若干规定》 ………（1741）
最高人民法院
　关于民事诉讼证据的若干规定
　　（2019年10月14日修正） ……………………………………………（1751）
　　【解读】 解读《关于民事诉讼证据的若干规定》 ……………………（1763）
最高人民法院
　人民法院对外委托司法鉴定管理规定
　　（2002年3月27日） ………………………………………………（1771）

六、期间、送达

最高人民法院
　关于严格规范民商事案件延长审限和延期开庭问题的规定
　　（2019年3月27日修正） ……………………………………………（1773）

最高人民法院
　关于依据原告起诉时提供的被告住址无法送达应如何处理问题的批复
　　（2004年11月25日）·· (1774)
　　【解读】 解读《关于依据原告起诉时提供的被告住址无法送达应如何处理
　　　　　　问题的批复》·· (1775)
最高人民法院
　关于以法院专递方式邮寄送达民事诉讼文书的若干规定
　　（2004年9月17日）·· (1778)
　　【解读】 解读《关于以法院专递方式邮寄送达民事诉讼文书的
　　　　　　若干规定》··· (1779)

七、一审、二审程序

最高人民法院
　关于适用简易程序审理民事案件的若干规定
　　（2020年12月29日修正）··· (1783)
最高人民法院
　关于第二审人民法院在审理过程中可否对当事人的违法行为径行制裁等
　　问题的批复
　　（1990年7月25日）··· (1787)
最高人民法院
　关于第二审人民法院因追加、更换当事人发回重审的民事裁定书上，应如何
　　列当事人问题的批复
　　（1990年4月14日）··· (1788)
最高人民法院
　关于第二审人民法院发现原审人民法院已生效的民事制裁决定确有错误应
　　如何纠正问题的复函
　　（1994年11月21日）·· (1788)

八、审判监督程序

最高人民法院
　关于适用《中华人民共和国民事诉讼法》审判监督程序若干问题的解释
　　（2020年12月29日修正）··· (1789)
最高人民法院
　关于民事审判监督程序严格依法适用指令再审和发回重审若干问题的规定
　　（2015年2月16日）··· (1792)
　　【解读】 解读《关于民事审判监督程序严格依法适用指令再审和发回重审
　　　　　　若干问题的规定》·· (1793)

最高人民法院
关于判决生效后当事人将判决确认的债权转让债权受让人对该判决不服提出
再审申请人民法院是否受理问题的批复
（2011年1月7日） ………………………………………………………………… (1802)
【解读】 解读《关于判决生效后当事人将判决确认的债权转让债权受让人
对该判决不服提出再审申请人民法院是否受理问题的批复》 …… (1802)

最高人民法院
关于人民法院不予受理人民检察院单独就诉讼费负担裁定提出抗诉问题的批复
（1998年8月31日） ……………………………………………………………… (1803)
【解读】 解读《关于人民法院不予受理人民检察院单独就诉讼费负担裁定
提出抗诉问题的批复》 ……………………………………………… (1804)

最高人民法院
关于人民法院发现本院作出的诉前保全裁定和在执行程序中作出的裁定确
有错误以及人民检察院对人民法院作出的诉前保全裁定提出抗诉人民法院
应当如何处理的批复
（1998年7月30日） ……………………………………………………………… (1805)

最高人民法院
关于人民检察院提出抗诉按照审判监督程序再审维持原裁判的民事、经济、
行政案件，人民检察院再次提出抗诉应否受理问题的批复
（1995年10月6日） ……………………………………………………………… (1806)

最高人民法院
关于对执行程序中的裁定的抗诉不予受理的批复
（1995年8月10日） ……………………………………………………………… (1806)

最高人民法院 最高人民检察院
印发《关于规范办理民事再审检察建议案件若干问题的意见》的通知
（2023年11月24日） …………………………………………………………… (1807)
【解读】 解读《关于规范办理民事再审检察建议案件若干
问题的意见》 ………………………………………………………… (1809)

最高人民法院
关于印发《第一次全国民事再审审查工作会议纪要》的通知
（2011年4月21日） ……………………………………………………………… (1814)

指导案例7号
牡丹江市宏某建筑安装有限责任公司诉牡丹江市华某房地产
开发有限责任公司、张某增建设工程施工合同纠纷案
（2012年4月9日） ……………………………………………………………… (1819)
【解读】 解读《牡丹江市宏某建筑安装有限责任公司诉牡丹江市华某房
地产开发有限责任公司、张某增建设工程施工合同纠纷案》 …… (1820)

九、特别程序和督促程序

最高人民法院
关于办理人身安全保护令案件适用法律若干问题的规定
（2022 年 7 月 14 日） ……………………………………………… (1825)
　【解读】 解读《关于办理人身安全保护令案件适用法律若干问题的规定》…… (1827)
最高人民法院
关于人身安全保护令案件相关程序问题的批复
（2016 年 7 月 11 日） ……………………………………………… (1835)
　【解读】 解读《关于人身安全保护令案件相关程序问题的批复》………… (1835)
最高人民法院
关于人民调解协议司法确认程序的若干规定
（2011 年 3 月 23 日） ……………………………………………… (1839)
　【解读】 解读《关于人民调解协议司法确认程序的若干规定》…………… (1841)

十、涉港澳台民事诉讼程序的规定

最高人民法院
关于认可和执行台湾地区法院民事判决的规定
（2024 年 12 月 17 日修正） ……………………………………… (1848)
最高人民法院
关于内地与香港特别行政区法院相互认可和执行民商事案件判决的安排
（2024 年 1 月 25 日） ……………………………………………… (1852)
　【解读】 解读《关于内地与香港特别行政区法院相互认可和执行民商事
　　　　　 案件判决的安排》 ……………………………………………… (1856)
最高人民法院
关于内地与澳门特别行政区就仲裁程序相互协助保全的安排
（2022 年 2 月 24 日） ……………………………………………… (1863)
　【解读】 解读《关于内地与澳门特别行政区就仲裁程序相互协助保全的安排》… (1865)
最高人民法院
关于内地与香港特别行政区法院相互认可和执行婚姻家庭民事案件判决的安排
（2022 年 2 月 14 日） ……………………………………………… (1871)
　【解读】 解读《关于内地与香港特别行政区法院相互认可和
　　　　　 执行婚姻家庭民事案件判决的安排》 ………………………… (1875)
最高人民法院
关于内地与香港特别行政区相互执行仲裁裁决的补充安排
（2021 年 5 月 18 日） ……………………………………………… (1885)
最高人民法院
关于内地与澳门特别行政区法院就民商事案件相互委托送达司法文书和调取
　证据的安排
（2020 年 1 月 14 日修正） ……………………………………… (1886)

最高人民法院
 关于内地与香港特别行政区法院就仲裁程序相互协助保全的安排
  （2019年9月26日） ⋯⋯⋯⋯⋯⋯⋯⋯⋯⋯⋯⋯⋯⋯⋯⋯⋯⋯⋯⋯（1889）
  【解读】 解读《关于内地与香港特别行政区法院就仲裁
    程序相互协助保全的安排》 ⋯⋯⋯⋯⋯⋯⋯⋯⋯⋯⋯⋯⋯⋯（1891）
最高人民法院
 关于内地与香港特别行政区法院就民商事案件相互委托提取证据的安排
  （2017年2月27日） ⋯⋯⋯⋯⋯⋯⋯⋯⋯⋯⋯⋯⋯⋯⋯⋯⋯⋯⋯⋯（1896）
最高人民法院
 关于认可和执行台湾地区仲裁裁决的规定
  （2015年6月29日） ⋯⋯⋯⋯⋯⋯⋯⋯⋯⋯⋯⋯⋯⋯⋯⋯⋯⋯⋯⋯（1898）
  【解读】 解读《关于认可和执行台湾地区仲裁裁决的规定》 ⋯⋯⋯⋯⋯（1901）
最高人民法院
 关于人民法院办理海峡两岸送达文书和调查取证司法互助案件的规定
  （2011年6月14日） ⋯⋯⋯⋯⋯⋯⋯⋯⋯⋯⋯⋯⋯⋯⋯⋯⋯⋯⋯⋯（1907）
最高人民法院
 关于涉港澳民商事案件司法文书送达问题若干规定
  （2009年3月9日） ⋯⋯⋯⋯⋯⋯⋯⋯⋯⋯⋯⋯⋯⋯⋯⋯⋯⋯⋯⋯⋯（1912）
  【解读】 解读《关于涉港澳民商事案件司法文书送达问题
    若干规定》 ⋯⋯⋯⋯⋯⋯⋯⋯⋯⋯⋯⋯⋯⋯⋯⋯⋯⋯⋯⋯⋯（1914）
最高人民法院
 关于涉台民事诉讼文书送达的若干规定
  （2008年4月17日） ⋯⋯⋯⋯⋯⋯⋯⋯⋯⋯⋯⋯⋯⋯⋯⋯⋯⋯⋯⋯（1919）
  【解读】 解读《关于涉台民事诉讼文书送达的若干规定》 ⋯⋯⋯⋯⋯⋯（1920）
最高人民法院
 关于内地与澳门特别行政区相互认可和执行仲裁裁决的安排
  （2007年12月12日） ⋯⋯⋯⋯⋯⋯⋯⋯⋯⋯⋯⋯⋯⋯⋯⋯⋯⋯⋯（1922）
最高人民法院
 关于内地与澳门特别行政区相互认可和执行民商事判决的安排
  （2006年3月21日） ⋯⋯⋯⋯⋯⋯⋯⋯⋯⋯⋯⋯⋯⋯⋯⋯⋯⋯⋯⋯（1924）
最高人民法院
 关于内地与香港特别行政区相互执行仲裁裁决的安排
  （2000年1月24日） ⋯⋯⋯⋯⋯⋯⋯⋯⋯⋯⋯⋯⋯⋯⋯⋯⋯⋯⋯⋯（1927）
最高人民法院
 关于内地与香港特别行政区法院相互委托送达民商事司法文书的安排
  （1999年3月29日） ⋯⋯⋯⋯⋯⋯⋯⋯⋯⋯⋯⋯⋯⋯⋯⋯⋯⋯⋯⋯（1931）
  【解读】 解读《关于内地与香港特别行政区法院相互委托送达民商事
    司法文书的安排》 ⋯⋯⋯⋯⋯⋯⋯⋯⋯⋯⋯⋯⋯⋯⋯⋯⋯⋯（1932）

八、公司、企业

中华人民共和国公司法

（1993年12月29日第八届全国人民代表大会常务委员会第五次会议通过　根据1999年12月25日第九届全国人民代表大会常务委员会第十三次会议《关于修改〈中华人民共和国公司法〉的决定》第一次修正　根据2004年8月28日第十届全国人民代表大会常务委员会第十一次会议《关于修改〈中华人民共和国公司法〉的决定》第二次修正　2005年10月27日第十届全国人民代表大会常务委员会第十八次会议第一次修订　根据2013年12月28日第十二届全国人民代表大会常务委员会第六次会议《关于修改〈中华人民共和国海洋环境保护法〉等七部法律的决定》第三次修正　根据2018年10月26日第十三届全国人民代表大会常务委员会第六次会议《关于修改〈中华人民共和国公司法〉的决定》第四次修正　2023年12月29日第十四届全国人民代表大会常务委员会第七次会议第二次修订）

目　录

第一章　总　则
第二章　公司登记
第三章　有限责任公司的设立和组织机构
　第一节　设　立
　第二节　组织机构
第四章　有限责任公司的股权转让
第五章　股份有限公司的设立和组织机构
　第一节　设　立
　第二节　股东会
　第三节　董事会、经理
　第四节　监事会
　第五节　上市公司组织机构的特别规定
第六章　股份有限公司的股份发行和转让
　第一节　股份发行
　第二节　股份转让
第七章　国家出资公司组织机构的特别规定

第八章　公司董事、监事、高级管理人员的资格和义务
第九章　公司债券
第十章　公司财务、会计
第十一章　公司合并、分立、增资、减资
第十二章　公司解散和清算
第十三章　外国公司的分支机构
第十四章　法律责任
第十五章　附　则

第一章　总　则

第一条　为了规范公司的组织和行为，保护公司、股东、职工和债权人的合法权益，完善中国特色现代企业制度，弘扬企业家精神，维护社会经济秩序，促进社会主义市场经济的发展，根据宪法，制定本法。

第二条　本法所称公司，是指依照本法在中华人民共和国境内设立的有限责任公司和股份有限公司。

第三条　公司是企业法人，有独立的法人财产，享有法人财产权。公司以其全部财产对公司的债务承担责任。

公司的合法权益受法律保护，不受侵犯。

第四条　有限责任公司的股东以其认缴的出资额为限对公司承担责任；股份有限公司的股东以其认购的股份为限对公司承担责任。

公司股东对公司依法享有资产收益、参与重大决策和选择管理者等权利。

第五条　设立公司应当依法制定公司章程。公司章程对公司、股东、董事、监事、高级管理人员具有约束力。

第六条　公司应当有自己的名称。公司名称应当符合国家有关规定。

公司的名称权受法律保护。

第七条　依照本法设立的有限责任公司，应当在公司名称中标明有限责任公司或者有限公司字样。

依照本法设立的股份有限公司，应当在公司名称中标明股份有限公司或者股份公司字样。

第八条　公司以其主要办事机构所在地为住所。

第九条　公司的经营范围由公司章程规定。公司可以修改公司章程，变更经营范围。

公司的经营范围中属于法律、行政法规规定须经批准的项目，应当依法经过批准。

第十条　公司的法定代表人按照公司章程的规定，由代表公司执行公司事务的董事或者经理担任。

担任法定代表人的董事或者经理辞任的，视为同时辞去法定代表人。

法定代表人辞任的，公司应当在法定代表人辞任之日起三十日内确定新的法定代表人。

第十一条　法定代表人以公司名义从事的民事活动，其法律后果由公司承受。

公司章程或者股东会对法定代表人职权的限制，不得对抗善意相对人。

法定代表人因执行职务造成他人损害的,由公司承担民事责任。公司承担民事责任后,依照法律或者公司章程的规定,可以向有过错的法定代表人追偿。

第十二条 有限责任公司变更为股份有限公司,应当符合本法规定的股份有限公司的条件。股份有限公司变更为有限责任公司,应当符合本法规定的有限责任公司的条件。

有限责任公司变更为股份有限公司的,或者股份有限公司变更为有限责任公司的,公司变更前的债权、债务由变更后的公司承继。

第十三条 公司可以设立子公司。子公司具有法人资格,依法独立承担民事责任。

公司可以设立分公司。分公司不具有法人资格,其民事责任由公司承担。

第十四条 公司可以向其他企业投资。

法律规定公司不得成为对所投资企业的债务承担连带责任的出资人的,从其规定。

第十五条 公司向其他企业投资或者为他人提供担保,按照公司章程的规定,由董事会或者股东会决议;公司章程对投资或者担保的总额及单项投资或者担保的数额有限额规定的,不得超过规定的限额。

公司为公司股东或者实际控制人提供担保的,应当经股东会决议。

前款规定的股东或者受前款规定的实际控制人支配的股东,不得参加前款规定事项的表决。该项表决由出席会议的其他股东所持表决权的过半数通过。

第十六条 公司应当保护职工的合法权益,依法与职工签订劳动合同,参加社会保险,加强劳动保护,实现安全生产。

公司应当采用多种形式,加强公司职工的职业教育和岗位培训,提高职工素质。

第十七条 公司职工依照《中华人民共和国工会法》组织工会,开展工会活动,维护职工合法权益。公司应当为本公司工会提供必要的活动条件。公司工会代表职工就职工的劳动报酬、工作时间、休息休假、劳动安全卫生和保险福利等事项依法与公司签订集体合同。

公司依照宪法和有关法律的规定,建立健全以职工代表大会为基本形式的民主管理制度,通过职工代表大会或者其他形式,实行民主管理。

公司研究决定改制、解散、申请破产以及经营方面的重大问题、制定重要的规章制度时,应当听取公司工会的意见,并通过职工代表大会或者其他形式听取职工的意见和建议。

第十八条 在公司中,根据中国共产党章程的规定,设立中国共产党的组织,开展党的活动。公司应当为党组织的活动提供必要条件。

第十九条 公司从事经营活动,应当遵守法律法规,遵守社会公德、商业道德,诚实守信,接受政府和社会公众的监督。

第二十条 公司从事经营活动,应当充分考虑公司职工、消费者等利益相关者的利益以及生态环境保护等社会公共利益,承担社会责任。

国家鼓励公司参与社会公益活动,公布社会责任报告。

第二十一条 公司股东应当遵守法律、行政法规和公司章程,依法行使股东权利,不得滥用股东权利损害公司或者其他股东的利益。

公司股东滥用股东权利给公司或者其他股东造成损失的,应当承担赔偿责任。

第二十二条 公司的控股股东、实际控制人、董事、监事、高级管理人员不得利用关联关系损害公司利益。

违反前款规定，给公司造成损失的，应当承担赔偿责任。

第二十三条 公司股东滥用公司法人独立地位和股东有限责任，逃避债务，严重损害公司债权人利益的，应当对公司债务承担连带责任。

股东利用其控制的两个以上公司实施前款规定行为的，各公司应当对任一公司的债务承担连带责任。

只有一个股东的公司，股东不能证明公司财产独立于股东自己的财产的，应当对公司债务承担连带责任。

第二十四条 公司股东会、董事会、监事会召开会议和表决可以采用电子通信方式，公司章程另有规定的除外。

第二十五条 公司股东会、董事会的决议内容违反法律、行政法规的无效。

第二十六条 公司股东会、董事会的会议召集程序、表决方式违反法律、行政法规或者公司章程，或者决议内容违反公司章程的，股东自决议作出之日起六十日内，可以请求人民法院撤销。但是，股东会、董事会的会议召集程序或者表决方式仅有轻微瑕疵，对决议未产生实质影响的除外。

未被通知参加股东会会议的股东自知道或者应当知道股东会决议作出之日起六十日内，可以请求人民法院撤销；自决议作出之日起一年内没有行使撤销权的，撤销权消灭。

第二十七条 有下列情形之一的，公司股东会、董事会的决议不成立：

（一）未召开股东会、董事会会议作出决议；

（二）股东会、董事会会议未对决议事项进行表决；

（三）出席会议的人数或者所持表决权数未达到本法或者公司章程规定的人数或者所持表决权数；

（四）同意决议事项的人数或者所持表决权数未达到本法或者公司章程规定的人数或者所持表决权数。

第二十八条 公司股东会、董事会决议被人民法院宣告无效、撤销或者确认不成立的，公司应当向公司登记机关申请撤销根据该决议已办理的登记。

股东会、董事会决议被人民法院宣告无效、撤销或者确认不成立的，公司根据该决议与善意相对人形成的民事法律关系不受影响。

第二章 公司登记

第二十九条 设立公司，应当依法向公司登记机关申请设立登记。

法律、行政法规规定设立公司必须报经批准的，应当在公司登记前依法办理批准手续。

第三十条 申请设立公司，应当提交设立登记申请书、公司章程等文件，提交的相关材料应当真实、合法和有效。

申请材料不齐全或者不符合法定形式的，公司登记机关应当一次性告知需要补正的材料。

第三十一条 申请设立公司，符合本法规定的设立条件的，由公司登记机关分别登记为有限责任公司或者股份有限公司；不符合本法规定的设立条件的，不得登记为有限责任公司或者股份有限公司。

第三十二条 公司登记事项包括：

（一）名称；

（二）住所；

（三）注册资本；

（四）经营范围；

（五）法定代表人的姓名；

（六）有限责任公司股东、股份有限公司发起人的姓名或者名称。

公司登记机关应当将前款规定的公司登记事项通过国家企业信用信息公示系统向社会公示。

第三十三条 依法设立的公司，由公司登记机关发给公司营业执照。公司营业执照签发日期为公司成立日期。

公司营业执照应当载明公司的名称、住所、注册资本、经营范围、法定代表人姓名等事项。

公司登记机关可以发给电子营业执照。电子营业执照与纸质营业执照具有同等法律效力。

第三十四条 公司登记事项发生变更的，应当依法办理变更登记。

公司登记事项未经登记或者未经变更登记，不得对抗善意相对人。

第三十五条 公司申请变更登记，应当向公司登记机关提交公司法定代表人签署的变更登记申请书、依法作出的变更决议或者决定等文件。

公司变更登记事项涉及修改公司章程的，应当提交修改后的公司章程。

公司变更法定代表人的，变更登记申请书由变更后的法定代表人签署。

第三十六条 公司营业执照记载的事项发生变更的，公司办理变更登记后，由公司登记机关换发营业执照。

第三十七条 公司因解散、被宣告破产或者其他法定事由需要终止的，应当依法向公司登记机关申请注销登记，由公司登记机关公告公司终止。

第三十八条 公司设立分公司，应当向公司登记机关申请登记，领取营业执照。

第三十九条 虚报注册资本、提交虚假材料或者采取其他欺诈手段隐瞒重要事实取得公司设立登记的，公司登记机关应当依照法律、行政法规的规定予以撤销。

第四十条 公司应当按照规定通过国家企业信用信息公示系统公示下列事项：

（一）有限责任公司股东认缴和实缴的出资额、出资方式和出资日期，股份有限公司发起人认购的股份数；

（二）有限责任公司股东、股份有限公司发起人的股权、股份变更信息；

（三）行政许可取得、变更、注销等信息；

（四）法律、行政法规规定的其他信息。

公司应当确保前款公示信息真实、准确、完整。

第四十一条 公司登记机关应当优化公司登记办理流程，提高公司登记效率，加强信息化建设，推行网上办理等便捷方式，提升公司登记便利化水平。

国务院市场监督管理部门根据本法和有关法律、行政法规的规定，制定公司登记注册的具体办法。

第三章 有限责任公司的设立和组织机构

第一节 设 立

第四十二条 有限责任公司由一个以上五十个以下股东出资设立。

第四十三条 有限责任公司设立时的股东可以签订设立协议，明确各自在公司设立过程中的权利和义务。

第四十四条 有限责任公司设立时的股东为设立公司从事的民事活动，其法律后果由公司承受。

公司未成立的，其法律后果由公司设立时的股东承受；设立时的股东为二人以上的，享有连带债权，承担连带债务。

设立时的股东为设立公司以自己的名义从事民事活动产生的民事责任，第三人有权选择请求公司或者公司设立时的股东承担。

设立时的股东因履行公司设立职责造成他人损害的，公司或者无过错的股东承担赔偿责任后，可以向有过错的股东追偿。

第四十五条 设立有限责任公司，应当由股东共同制定公司章程。

第四十六条 有限责任公司章程应当载明下列事项：

（一）公司名称和住所；

（二）公司经营范围；

（三）公司注册资本；

（四）股东的姓名或者名称；

（五）股东的出资额、出资方式和出资日期；

（六）公司的机构及其产生办法、职权、议事规则；

（七）公司法定代表人的产生、变更办法；

（八）股东会认为需要规定的其他事项。

股东应当在公司章程上签名或者盖章。

第四十七条 有限责任公司的注册资本为在公司登记机关登记的全体股东认缴的出资额。全体股东认缴的出资额由股东按照公司章程的规定自公司成立之日起五年内缴足。

法律、行政法规以及国务院决定对有限责任公司注册资本实缴、注册资本最低限额、股东出资期限另有规定的，从其规定。

第四十八条 股东可以用货币出资，也可以用实物、知识产权、土地使用权、股权、债权等可以用货币估价并可以依法转让的非货币财产作价出资；但是，法律、行政法规规定不得作为出资的财产除外。

对作为出资的非货币财产应当评估作价，核实财产，不得高估或者低估作价。法律、行政法规对评估作价有规定的，从其规定。

第四十九条 股东应当按期足额缴纳公司章程规定的各自所认缴的出资额。

股东以货币出资的，应当将货币出资足额存入有限责任公司在银行开设的账户；以非货币财产出资的，应当依法办理其财产权的转移手续。

股东未按期足额缴纳出资的，除应当向公司足额缴纳外，还应当对给公司造成的损失承担赔偿责任。

第五十条 有限责任公司设立时，股东未按照公司章程规定实际缴纳出资，或者实际出资的非货币财产的实际价额显著低于所认缴的出资额的，设立时的其他股东与该股东在出资不足的范围内承担连带责任。

第五十一条 有限责任公司成立后，董事会应当对股东的出资情况进行核查，发现股东未按期足额缴纳公司章程规定的出资的，应当由公司向该股东发出书面催缴书，催缴出资。

未及时履行前款规定的义务，给公司造成损失的，负有责任的董事应当承担赔偿责任。

第五十二条 股东未按照公司章程规定的出资日期缴纳出资，公司依照前条第一款规定发出书面催缴书催缴出资的，可以载明缴纳出资的宽限期；宽限期自公司发出催缴书之日起，不得少于六十日。宽限期届满，股东仍未履行出资义务的，公司经董事会决议可以向该股东发出失权通知，通知应当以书面形式发出。自通知发出之日起，该股东丧失其未缴纳出资的股权。

依照前款规定丧失的股权应当依法转让，或者相应减少注册资本并注销该股权；六个月内未转让或者注销的，由公司其他股东按照其出资比例足额缴纳相应出资。

股东对失权有异议的，应当自接到失权通知之日起三十日内，向人民法院提起诉讼。

第五十三条 公司成立后，股东不得抽逃出资。

违反前款规定的，股东应当返还抽逃的出资；给公司造成损失的，负有责任的董事、监事、高级管理人员应当与该股东承担连带赔偿责任。

第五十四条 公司不能清偿到期债务的，公司或者已到期债权的债权人有权要求已认缴出资但未届出资期限的股东提前缴纳出资。

第五十五条 有限责任公司成立后，应当向股东签发出资证明书，记载下列事项：

（一）公司名称；
（二）公司成立日期；
（三）公司注册资本；
（四）股东的姓名或者名称、认缴和实缴的出资额、出资方式和出资日期；
（五）出资证明书的编号和核发日期。

出资证明书由法定代表人签名，并由公司盖章。

第五十六条 有限责任公司应当置备股东名册，记载下列事项：

（一）股东的姓名或者名称及住所；
（二）股东认缴和实缴的出资额、出资方式和出资日期；
（三）出资证明书编号；
（四）取得和丧失股东资格的日期。

记载于股东名册的股东，可以依股东名册主张行使股东权利。

第五十七条 股东有权查阅、复制公司章程、股东名册、股东会会议记录、董事会会议决议、监事会会议决议和财务会计报告。

股东可以要求查阅公司会计账簿、会计凭证。股东要求查阅公司会计账簿、会计凭证的，应当向公司提出书面请求，说明目的。公司有合理根据认为股东查阅会计账簿、会计凭证有不正当目的,可能损害公司合法利益的,可以拒绝提供查阅,并应当自股东提出书面请求之日起十五日内书面答复股东并说明理由。公司拒绝提供查阅的,股东可以向人民法院提起诉讼。

股东查阅前款规定的材料,可以委托会计师事务所、律师事务所等中介机构进行。

股东及其委托的会计师事务所、律师事务所等中介机构查阅、复制有关材料,应当遵守有关保护国家秘密、商业秘密、个人隐私、个人信息等法律、行政法规的规定。

股东要求查阅、复制公司全资子公司相关材料的,适用前四款的规定。

第二节 组织机构

第五十八条 有限责任公司股东会由全体股东组成。股东会是公司的权力机构,依照本法行使职权。

第五十九条 股东会行使下列职权:
(一)选举和更换董事、监事,决定有关董事、监事的报酬事项;
(二)审议批准董事会的报告;
(三)审议批准监事会的报告;
(四)审议批准公司的利润分配方案和弥补亏损方案;
(五)对公司增加或者减少注册资本作出决议;
(六)对发行公司债券作出决议;
(七)对公司合并、分立、解散、清算或者变更公司形式作出决议;
(八)修改公司章程;
(九)公司章程规定的其他职权。

股东会可以授权董事会对发行公司债券作出决议。

对本条第一款所列事项股东以书面形式一致表示同意的,可以不召开股东会会议,直接作出决定,并由全体股东在决定文件上签名或者盖章。

第六十条 只有一个股东的有限责任公司不设股东会。股东作出前条第一款所列事项的决定时,应当采用书面形式,并由股东签名或者盖章后置备于公司。

第六十一条 首次股东会会议由出资最多的股东召集和主持,依照本法规定行使职权。

第六十二条 股东会会议分为定期会议和临时会议。

定期会议应当按照公司章程的规定按时召开。代表十分之一以上表决权的股东、三分之一以上的董事或者监事会提议召开临时会议的,应当召开临时会议。

第六十三条 股东会会议由董事会召集,董事长主持;董事长不能履行职务或者不履行职务的,由副董事长主持;副董事长不能履行职务或者不履行职务的,由过半数的董事共同推举一名董事主持。

董事会不能履行或者不履行召集股东会会议职责的,由监事会召集和主持;监事会不召集和主持的,代表十分之一以上表决权的股东可以自行召集和主持。

第六十四条 召开股东会会议,应当于会议召开十五日前通知全体股东;但是,公司章程另有规定或者全体股东另有约定的除外。

股东会应当对所议事项的决定作成会议记录,出席会议的股东应当在会议记录上签名或者盖章。

第六十五条 股东会会议由股东按照出资比例行使表决权；但是，公司章程另有规定的除外。

第六十六条 股东会的议事方式和表决程序，除本法有规定的外，由公司章程规定。

股东会作出决议，应当经代表过半数表决权的股东通过。

股东会作出修改公司章程、增加或者减少注册资本的决议，以及公司合并、分立、解散或者变更公司形式的决议，应当经代表三分之二以上表决权的股东通过。

第六十七条 有限责任公司设董事会，本法第七十五条另有规定的除外。

董事会行使下列职权：

（一）召集股东会会议，并向股东会报告工作；

（二）执行股东会的决议；

（三）决定公司的经营计划和投资方案；

（四）制订公司的利润分配方案和弥补亏损方案；

（五）制订公司增加或者减少注册资本以及发行公司债券的方案；

（六）制订公司合并、分立、解散或者变更公司形式的方案；

（七）决定公司内部管理机构的设置；

（八）决定聘任或者解聘公司经理及其报酬事项，并根据经理的提名决定聘任或者解聘公司副经理、财务负责人及其报酬事项；

（九）制定公司的基本管理制度；

（十）公司章程规定或者股东会授予的其他职权。

公司章程对董事会职权的限制不得对抗善意相对人。

第六十八条 有限责任公司董事会成员为三人以上，其成员中可以有公司职工代表。职工人数三百人以上的有限责任公司，除依法设监事会并有公司职工代表的外，其董事会成员中应当有公司职工代表。董事会中的职工代表由公司职工通过职工代表大会、职工大会或者其他形式民主选举产生。

董事会设董事长一人，可以设副董事长。董事长、副董事长的产生办法由公司章程规定。

第六十九条 有限责任公司可以按照公司章程的规定在董事会中设置由董事组成的审计委员会，行使本法规定的监事会的职权，不设监事会或者监事。公司董事会成员中的职工代表可以成为审计委员会成员。

第七十条 董事任期由公司章程规定，但每届任期不得超过三年。董事任期届满，连选可以连任。

董事任期届满未及时改选，或者董事在任期内辞任导致董事会成员低于法定人数的，在改选出的董事就任前，原董事仍应当依照法律、行政法规和公司章程的规定，履行董事职务。

董事辞任的，应当以书面形式通知公司，公司收到通知之日辞任生效，但存在前款规定情形的，董事应当继续履行职务。

第七十一条 股东会可以决议解任董事，决议作出之日解任生效。

无正当理由，在任期届满前解任董事的，该董事可以要求公司予以赔偿。

第七十二条 董事会会议由董事长召集和主持；董事长不能履行职务或者不履行

职务的,由副董事长召集和主持;副董事长不能履行职务或者不履行职务的,由过半数的董事共同推举一名董事召集和主持。

第七十三条 董事会的议事方式和表决程序,除本法有规定的外,由公司章程规定。

董事会会议应当有过半数的董事出席方可举行。董事会作出决议,应当经全体董事的过半数通过。

董事会决议的表决,应当一人一票。

董事会应当对所议事项的决定作成会议记录,出席会议的董事应当在会议记录上签名。

第七十四条 有限责任公司可以设经理,由董事会决定聘任或者解聘。

经理对董事会负责,根据公司章程的规定或者董事会的授权行使职权。经理列席董事会会议。

第七十五条 规模较小或者股东人数较少的有限责任公司,可以不设董事会,设一名董事,行使本法规定的董事会的职权。该董事可以兼任公司经理。

第七十六条 有限责任公司设监事会,本法第六十九条、第八十三条另有规定的除外。

监事会成员为三人以上。监事会成员应当包括股东代表和适当比例的公司职工代表,其中职工代表的比例不得低于三分之一,具体比例由公司章程规定。监事会中的职工代表由公司职工通过职工代表大会、职工大会或者其他形式民主选举产生。

监事会设主席一人,由全体监事过半数选举产生。监事会主席召集和主持监事会会议;监事会主席不能履行职务或者不履行职务的,由过半数的监事共同推举一名监事召集和主持监事会会议。

董事、高级管理人员不得兼任监事。

第七十七条 监事的任期每届为三年。监事任期届满,连选可以连任。

监事任期届满未及时改选,或者监事在任期内辞任导致监事会成员低于法定人数的,在改选出的监事就任前,原监事仍应当依照法律、行政法规和公司章程的规定,履行监事职务。

第七十八条 监事会行使下列职权:

(一)检查公司财务;

(二)对董事、高级管理人员执行职务的行为进行监督,对违反法律、行政法规、公司章程或者股东会决议的董事、高级管理人员提出解任的建议;

(三)当董事、高级管理人员的行为损害公司的利益时,要求董事、高级管理人员予以纠正;

(四)提议召开临时股东会会议,在董事会不履行本法规定的召集和主持股东会会议职责时召集和主持股东会会议;

(五)向股东会会议提出提案;

(六)依照本法第一百八十九条的规定,对董事、高级管理人员提起诉讼;

(七)公司章程规定的其他职权。

第七十九条 监事可以列席董事会会议,并对董事会决议事项提出质询或者建议。

监事会发现公司经营情况异常,可以进行调查;必要时,可以聘请会计师事务所等协助其工作,费用由公司承担。

第八十条 监事会可以要求董事、高级管理人员提交执行职务的报告。

董事、高级管理人员应当如实向监事会提供有关情况和资料,不得妨碍监事会或者监事行使职权。

第八十一条 监事会每年度至少召开一次会议,监事可以提议召开临时监事会会议。

监事会的议事方式和表决程序,除本法有规定的外,由公司章程规定。

监事会决议应当经全体监事的过半数通过。

监事会决议的表决,应当一人一票。

监事会应当对所议事项的决定作成会议记录,出席会议的监事应当在会议记录上签名。

第八十二条 监事会行使职权所必需的费用,由公司承担。

第八十三条 规模较小或者股东人数较少的有限责任公司,可以不设监事会,设一名监事,行使本法规定的监事会的职权;经全体股东一致同意,也可以不设监事。

第四章 有限责任公司的股权转让

第八十四条 有限责任公司的股东之间可以相互转让其全部或者部分股权。

股东向股东以外的人转让股权的,应当将股权转让的数量、价格、支付方式和期限等事项书面通知其他股东,其他股东在同等条件下有优先购买权。股东自接到书面通知之日起三十日内未答复的,视为放弃优先购买权。两个以上股东行使优先购买权的,协商确定各自的购买比例;协商不成的,按照转让时各自的出资比例行使优先购买权。

公司章程对股权转让另有规定的,从其规定。

第八十五条 人民法院依照法律规定的强制执行程序转让股东的股权时,应当通知公司及全体股东,其他股东在同等条件下有优先购买权。其他股东自人民法院通知之日起满二十日不行使优先购买权的,视为放弃优先购买权。

第八十六条 股东转让股权的,应当书面通知公司,请求变更股东名册;需要办理变更登记的,并请求公司向公司登记机关办理变更登记。公司拒绝或者在合理期限内不予答复的,转让人、受让人可以依法向人民法院提起诉讼。

股权转让的,受让人自记载于股东名册时起可以向公司主张行使股东权利。

第八十七条 依照本法转让股权后,公司应当及时注销原股东的出资证明书,向新股东签发出资证明书,并相应修改公司章程和股东名册中有关股东及其出资额的记载。对公司章程的该项修改不需再由股东会表决。

第八十八条 股东转让已认缴出资但未届出资期限的股权的,由受让人承担缴纳该出资的义务;受让人未按期足额缴纳出资的,转让人对受让人未按期缴纳的出资承担补充责任。

未按照公司章程规定的出资日期缴纳出资或者作为出资的非货币财产的实际价额显著低于所认缴的出资额的股东转让股权的,转让人与受让人在出资不足的范围内承担连带责任;受让人不知道且不应当知道存在上述情形的,由转让人承担责任。

第八十九条 有下列情形之一的,对股东会该项决议投反对票的股东可以请求公司按照合理的价格收购其股权：

（一）公司连续五年不向股东分配利润，而公司该五年连续盈利，并且符合本法规定的分配利润条件；

（二）公司合并、分立、转让主要财产；

（三）公司章程规定的营业期限届满或者章程规定的其他解散事由出现，股东会通过决议修改章程使公司存续。

自股东会决议作出之日起六十日内，股东与公司不能达成股权收购协议的，股东可以自股东会决议作出之日起九十日内向人民法院提起诉讼。

公司的控股股东滥用股东权利，严重损害公司或者其他股东利益的，其他股东有权请求公司按照合理的价格收购其股权。

公司因本条第一款、第三款规定的情形收购的本公司股权，应当在六个月内依法转让或者注销。

第九十条 自然人股东死亡后，其合法继承人可以继承股东资格；但是，公司章程另有规定的除外。

第五章 股份有限公司的设立和组织机构

第一节 设 立

第九十一条 设立股份有限公司，可以采取发起设立或者募集设立的方式。

发起设立，是指由发起人认购设立公司时应发行的全部股份而设立公司。

募集设立，是指由发起人认购设立公司时应发行股份的一部分，其余股份向特定对象募集或者向社会公开募集而设立公司。

第九十二条 设立股份有限公司，应当有一人以上二百人以下为发起人，其中应当有半数以上的发起人在中华人民共和国境内有住所。

第九十三条 股份有限公司发起人承担公司筹办事务。

发起人应当签订发起人协议，明确各自在公司设立过程中的权利和义务。

第九十四条 设立股份有限公司，应当由发起人共同制订公司章程。

第九十五条 股份有限公司章程应当载明下列事项：

（一）公司名称和住所；

（二）公司经营范围；

（三）公司设立方式；

（四）公司注册资本、已发行的股份数和设立时发行的股份数，面额股的每股金额；

（五）发行类别股的，每一类别股的股份数及其权利和义务；

（六）发起人的姓名或者名称、认购的股份数、出资方式；

（七）董事会的组成、职权和议事规则；

（八）公司法定代表人的产生、变更办法；

（九）监事会的组成、职权和议事规则；

（十）公司利润分配办法；

（十一）公司的解散事由与清算办法；

(十二）公司的通知和公告办法；

(十三）股东会认为需要规定的其他事项。

第九十六条 股份有限公司的注册资本为在公司登记机关登记的已发行股份的股本总额。在发起人认购的股份缴足前，不得向他人募集股份。

法律、行政法规以及国务院决定对股份有限公司注册资本最低限额另有规定的，从其规定。

第九十七条 以发起设立方式设立股份有限公司的，发起人应当认足公司章程规定的公司设立时应发行的股份。

以募集设立方式设立股份有限公司的，发起人认购的股份不得少于公司章程规定的公司设立时应发行股份总数的百分之三十五；但是，法律、行政法规另有规定的，从其规定。

第九十八条 发起人应当在公司成立前按照其认购的股份全额缴纳股款。

发起人的出资，适用本法第四十八条、第四十九条第二款关于有限责任公司股东出资的规定。

第九十九条 发起人不按照其认购的股份缴纳股款，或者作为出资的非货币财产的实际价额显著低于所认购的股份的，其他发起人与该发起人在出资不足的范围内承担连带责任。

第一百条 发起人向社会公开募集股份，应当公告招股说明书，并制作认股书。认股书应当载明本法第一百五十四条第二款、第三款所列事项，由认股人填写认购的股份数、金额、住所，并签名或者盖章。认股人应当按照所认购股份足额缴纳股款。

第一百零一条 向社会公开募集股份的股款缴足后，应当经依法设立的验资机构验资并出具证明。

第一百零二条 股份有限公司应当制作股东名册并置备于公司。股东名册应当记载下列事项：

（一）股东的姓名或者名称及住所；

（二）各股东所认购的股份种类及股份数；

（三）发行纸面形式的股票的，股票的编号；

（四）各股东取得股份的日期。

第一百零三条 募集设立股份有限公司的发起人应当自公司设立时应发行股份的股款缴足之日起三十日内召开公司成立大会。发起人应当在成立大会召开十五日前将会议日期通知各认股人或者予以公告。成立大会应当有持有表决权过半数的认股人出席，方可举行。

以发起设立方式设立股份有限公司成立大会的召开和表决程序由公司章程或者发起人协议规定。

第一百零四条 公司成立大会行使下列职权：

（一）审议发起人关于公司筹办情况的报告；

（二）通过公司章程；

（三）选举董事、监事；

（四）对公司的设立费用进行审核；

（五）对发起人非货币财产出资的作价进行审核；

（六）发生不可抗力或者经营条件发生重大变化直接影响公司设立的，可以作出不设立公司的决议。

成立大会对前款所列事项作出决议，应当经出席会议的认股人所持表决权过半数通过。

第一百零五条 公司设立时应发行的股份未募足，或者发行股份的股款缴足后，发起人在三十日内未召开成立大会的，认股人可以按照所缴股款并加算银行同期存款利息，要求发起人返还。

发起人、认股人缴纳股款或者交付非货币财产出资后，除未按期募足股份、发起人未按期召开成立大会或者成立大会决议不设立公司的情形外，不得抽回其股本。

第一百零六条 董事会应当授权代表，于公司成立大会结束后三十日内向公司登记机关申请设立登记。

第一百零七条 本法第四十四条、第四十九条第三款、第五十一条、第五十二条、第五十三条的规定，适用于股份有限公司。

第一百零八条 有限责任公司变更为股份有限公司时，折合的实收股本总额不得高于公司净资产额。有限责任公司变更为股份有限公司，为增加注册资本公开发行股份时，应当依法办理。

第一百零九条 股份有限公司应当将公司章程、股东名册、股东会会议记录、董事会会议记录、监事会会议记录、财务会计报告、债券持有人名册置备于本公司。

第一百一十条 股东有权查阅、复制公司章程、股东名册、股东会会议记录、董事会会议决议、监事会会议决议、财务会计报告，对公司的经营提出建议或者质询。

连续一百八十日以上单独或者合计持有公司百分之三以上股份的股东要求查阅公司的会计账簿、会计凭证的，适用本法第五十七条第二款、第三款、第四款的规定。公司章程对持股比例有较低规定的，从其规定。

股东要求查阅、复制公司全资子公司相关材料的，适用前两款的规定。

上市公司股东查阅、复制相关材料的，应当遵守《中华人民共和国证券法》等法律、行政法规的规定。

第二节 股东会

第一百一十一条 股份有限公司股东会由全体股东组成。股东会是公司的权力机构，依照本法行使职权。

第一百一十二条 本法第五十九条第一款、第二款关于有限责任公司股东会职权的规定，适用于股份有限公司股东会。

本法第六十条关于只有一个股东的有限责任公司不设股东会的规定，适用于只有一个股东的股份有限公司。

第一百一十三条 股东会应当每年召开一次年会。有下列情形之一的，应当在两个月内召开临时股东会会议：

（一）董事人数不足本法规定人数或者公司章程所定人数的三分之二时；

（二）公司未弥补的亏损达股本总额三分之一时；

（三）单独或者合计持有公司百分之十以上股份的股东请求时；

（四）董事会认为必要时；

（五）监事会提议召开时；
（六）公司章程规定的其他情形。

第一百一十四条 股东会会议由董事会召集，董事长主持；董事长不能履行职务或者不履行职务的，由副董事长主持；副董事长不能履行职务或者不履行职务的，由过半数的董事共同推举一名董事主持。

董事会不能履行或者不履行召集股东会会议职责的，监事会应当及时召集和主持；监事会不召集和主持的，连续九十日以上单独或者合计持有公司百分之十以上股份的股东可以自行召集和主持。

单独或者合计持有公司百分之十以上股份的股东请求召开临时股东会会议的，董事会、监事会应当在收到请求之日起十日内作出是否召开临时股东会会议的决定，并书面答复股东。

第一百一十五条 召开股东会会议，应当将会议召开的时间、地点和审议的事项于会议召开二十日前通知各股东；临时股东会会议应当于会议召开十五日前通知各股东。

单独或者合计持有公司百分之一以上股份的股东，可以在股东会会议召开十日前提出临时提案并书面提交董事会。临时提案应当有明确议题和具体决议事项。董事会应当在收到提案后二日内通知其他股东，并将该临时提案提交股东会审议；但临时提案违反法律、行政法规或者公司章程的规定，或者不属于股东会职权范围的除外。公司不得提高提出临时提案股东的持股比例。

公开发行股份的公司，应当以公告方式作出前两款规定的通知。

股东会不得对通知中未列明的事项作出决议。

第一百一十六条 股东出席股东会会议，所持每一股份有一表决权，类别股股东除外。公司持有的本公司股份没有表决权。

股东会作出决议，应当经出席会议的股东所持表决权过半数通过。

股东会作出修改公司章程、增加或者减少注册资本的决议，以及公司合并、分立、解散或者变更公司形式的决议，应当经出席会议的股东所持表决权的三分之二以上通过。

第一百一十七条 股东会选举董事、监事，可以按照公司章程的规定或者股东会的决议，实行累积投票制。

本法所称累积投票制，是指股东会选举董事或者监事时，每一股份拥有与应选董事或者监事人数相同的表决权，股东拥有的表决权可以集中使用。

第一百一十八条 股东委托代理人出席股东会会议的，应当明确代理人代理的事项、权限和期限；代理人应当向公司提交股东授权委托书，并在授权范围内行使表决权。

第一百一十九条 股东会应当对所议事项的决定作成会议记录，主持人、出席会议的董事应当在会议记录上签名。会议记录应当与出席股东的签名册及代理出席的委托书一并保存。

第三节 董事会、经理

第一百二十条 股份有限公司设董事会，本法第一百二十八条另有规定的除外。

本法第六十七条、第六十八条第一款、第七十条、第七十一条的规定，适用于股份有限公司。

第一百二十一条 股份有限公司可以按照公司章程的规定在董事会中设置由董事组成的审计委员会，行使本法规定的监事会的职权，不设监事会或者监事。

审计委员会成员为三名以上，过半数成员不得在公司担任除董事以外的其他职务，且不得与公司存在任何可能影响其独立客观判断的关系。公司董事会成员中的职工代表可以成为审计委员会成员。

审计委员会作出决议，应当经审计委员会成员的过半数通过。

审计委员会决议的表决，应当一人一票。

审计委员会的议事方式和表决程序，除本法有规定的外，由公司章程规定。

公司可以按照公司章程的规定在董事会中设置其他委员会。

第一百二十二条 董事会设董事长一人，可以设副董事长。董事长和副董事长由董事会以全体董事的过半数选举产生。

董事长召集和主持董事会会议，检查董事会决议的实施情况。副董事长协助董事长工作，董事长不能履行职务或者不履行职务的，由副董事长履行职务；副董事长不能履行职务或者不履行职务的，由过半数的董事共同推举一名董事履行职务。

第一百二十三条 董事会每年度至少召开两次会议，每次会议应当于会议召开十日前通知全体董事和监事。

代表十分之一以上表决权的股东、三分之一以上董事或者监事会，可以提议召开临时董事会会议。董事长应当自接到提议后十日内，召集和主持董事会会议。

董事会召开临时会议，可以另定召集董事会的通知方式和通知时限。

第一百二十四条 董事会会议应当有过半数的董事出席方可举行。董事会作出决议，应当经全体董事的过半数通过。

董事会决议的表决，应当一人一票。

董事会应当对所议事项的决定作成会议记录，出席会议的董事应当在会议记录上签名。

第一百二十五条 董事会会议，应当由董事本人出席；董事因故不能出席，可以书面委托其他董事代为出席，委托书应当载明授权范围。

董事应当对董事会的决议承担责任。董事会的决议违反法律、行政法规或者公司章程、股东会决议，给公司造成严重损失的，参与决议的董事对公司负赔偿责任；经证明在表决时曾表明异议并记载于会议记录的，该董事可以免除责任。

第一百二十六条 股份有限公司设经理，由董事会决定聘任或者解聘。

经理对董事会负责，根据公司章程的规定或者董事会的授权行使职权。经理列席董事会会议。

第一百二十七条 公司董事会可以决定由董事会成员兼任经理。

第一百二十八条 规模较小或者股东人数较少的股份有限公司，可以不设董事会，设一名董事，行使本法规定的董事会的职权。该董事可以兼任公司经理。

第一百二十九条 公司应当定期向股东披露董事、监事、高级管理人员从公司获得报酬的情况。

第四节 监事会

第一百三十条 股份有限公司设监事会，本法第一百二十一条第一款、第一百三十三条另有规定的除外。

监事会成员为三人以上。监事会成员应当包括股东代表和适当比例的公司职工代表，其中职工代表的比例不得低于三分之一，具体比例由公司章程规定。监事会中的职工代表由公司职工通过职工代表大会、职工大会或者其他形式民主选举产生。

监事会设主席一人，可以设副主席。监事会主席和副主席由全体监事过半数选举产生。监事会主席召集和主持监事会会议；监事会主席不能履行职务或者不履行职务的，由监事会副主席召集和主持监事会会议；监事会副主席不能履行职务或者不履行职务的，由过半数的监事共同推举一名监事召集和主持监事会会议。

董事、高级管理人员不得兼任监事。

本法第七十七条关于有限责任公司监事任期的规定，适用于股份有限公司监事。

第一百三十一条 本法第七十八条至第八十条的规定，适用于股份有限公司监事会。

监事会行使职权所必需的费用，由公司承担。

第一百三十二条 监事会每六个月至少召开一次会议。监事可以提议召开临时监事会会议。

监事会的议事方式和表决程序，除本法有规定的外，由公司章程规定。

监事会决议应当经全体监事的过半数通过。

监事会决议的表决，应当一人一票。

监事会应当对所议事项的决定作成会议记录，出席会议的监事应当在会议记录上签名。

第一百三十三条 规模较小或者股东人数较少的股份有限公司，可以不设监事会，设一名监事，行使本法规定的监事会的职权。

第五节 上市公司组织机构的特别规定

第一百三十四条 本法所称上市公司，是指其股票在证券交易所上市交易的股份有限公司。

第一百三十五条 上市公司在一年内购买、出售重大资产或者向他人提供担保的金额超过公司资产总额百分之三十的，应当由股东会作出决议，并经出席会议的股东所持表决权的三分之二以上通过。

第一百三十六条 上市公司设独立董事，具体管理办法由国务院证券监督管理机构规定。

上市公司的公司章程除载明本法第九十五条规定的事项外，还应当依照法律、行政法规的规定载明董事会专门委员会的组成、职权以及董事、监事、高级管理人员薪酬考核机制等事项。

第一百三十七条 上市公司在董事会中设置审计委员会的，董事会对下列事项作出决议前应当经审计委员会全体成员过半数通过：

（一）聘用、解聘承办公司审计业务的会计师事务所；

（二）聘任、解聘财务负责人；

（三）披露财务会计报告；

（四）国务院证券监督管理机构规定的其他事项。

第一百三十八条 上市公司设董事会秘书，负责公司股东会和董事会会议的筹备、文件保管以及公司股东资料的管理，办理信息披露事务等事宜。

第一百三十九条 上市公司董事与董事会会议决议事项所涉及的企业或者个人有关联关系的，该董事应当及时向董事会书面报告。有关联关系的董事不得对该项决议行使表决权，也不得代理其他董事行使表决权。该董事会会议由过半数的无关联关系董事出席即可举行，董事会会议所作决议须经无关联关系董事过半数通过。出席董事会会议的无关联关系董事人数不足三人的，应当将该事项提交上市公司股东会审议。

第一百四十条 上市公司应当依法披露股东、实际控制人的信息，相关信息应当真实、准确、完整。

禁止违反法律、行政法规的规定代持上市公司股票。

第一百四十一条 上市公司控股子公司不得取得该上市公司的股份。

上市公司控股子公司因公司合并、质权行使等原因持有上市公司股份的，不得行使所持股份对应的表决权，并应当及时处分相关上市公司股份。

第六章　股份有限公司的股份发行和转让

第一节　股份发行

第一百四十二条 公司的资本划分为股份。公司的全部股份，根据公司章程的规定择一采用面额股或者无面额股。采用面额股的，每一股的金额相等。

公司可以根据公司章程的规定将已发行的面额股全部转换为无面额股或者将无面额股全部转换为面额股。

采用无面额股的，应当将发行股份所得股款的二分之一以上计入注册资本。

第一百四十三条 股份的发行，实行公平、公正的原则，同类别的每一股份应当具有同等权利。

同次发行的同类别股份，每股的发行条件和价格应当相同；认购人所认购的股份，每股应当支付相同价额。

第一百四十四条 公司可以按照公司章程的规定发行下列与普通股权利不同的类别股：

（一）优先或者劣后分配利润或者剩余财产的股份；

（二）每一股的表决权数多于或者少于普通股的股份；

（三）转让须经公司同意等转让受限的股份；

（四）国务院规定的其他类别股。

公开发行股份的公司不得发行前款第二项、第三项规定的类别股；公开发行前已发行的除外。

公司发行本条第一款第二项规定的类别股的，对于监事或者审计委员会成员的选举和更换，类别股与普通股每一股的表决权数相同。

第一百四十五条 发行类别股的公司，应当在公司章程中载明以下事项：

（一）类别股分配利润或者剩余财产的顺序；
（二）类别股的表决权数；
（三）类别股的转让限制；
（四）保护中小股东权益的措施；
（五）股东会认为需要规定的其他事项。

第一百四十六条 发行类别股的公司，有本法第一百一十六条第三款规定的事项等可能影响类别股股东权利的，除应当依照第一百一十六条第三款的规定经股东会决议外，还应当经出席类别股股东会议的股东所持表决权的三分之二以上通过。

公司章程可以对需经类别股股东会议决议的其他事项作出规定。

第一百四十七条 公司的股份采取股票的形式。股票是公司签发的证明股东所持股份的凭证。

公司发行的股票，应当为记名股票。

第一百四十八条 面额股股票的发行价格可以按票面金额，也可以超过票面金额，但不得低于票面金额。

第一百四十九条 股票采用纸面形式或者国务院证券监督管理机构规定的其他形式。

股票采用纸面形式的，应当载明下列主要事项：
（一）公司名称；
（二）公司成立日期或者股票发行的时间；
（三）股票种类、票面金额及代表的股份数，发行无面额股的，股票代表的股份数。

股票采用纸面形式的，还应当载明股票的编号，由法定代表人签名，公司盖章。

发起人股票采用纸面形式的，应当标明发起人股票字样。

第一百五十条 股份有限公司成立后，即向股东正式交付股票。公司成立前不得向股东交付股票。

第一百五十一条 公司发行新股，股东会应当对下列事项作出决议：
（一）新股种类及数额；
（二）新股发行价格；
（三）新股发行的起止日期；
（四）向原有股东发行新股的种类及数额；
（五）发行无面额股的，新股发行所得股款计入注册资本的金额。

公司发行新股，可以根据公司经营情况和财务状况，确定其作价方案。

第一百五十二条 公司章程或者股东会可以授权董事会在三年内决定发行不超过已发行股份百分之五十的股份。但以非货币财产作价出资的应当经股东会决议。

董事会依照前款规定决定发行股份导致公司注册资本、已发行股份数发生变化的，对公司章程该项记载事项的修改不需再由股东会表决。

第一百五十三条 公司章程或者股东会授权董事会决定发行新股的，董事会决议应当经全体董事三分之二以上通过。

第一百五十四条 公司向社会公开募集股份，应当经国务院证券监督管理机构注册，公告招股说明书。

招股说明书应当附有公司章程,并载明下列事项:

(一)发行的股份总数;

(二)面额股的票面金额和发行价格或者无面额股的发行价格;

(三)募集资金的用途;

(四)认股人的权利和义务;

(五)股份种类及其权利和义务;

(六)本次募股的起止日期及逾期未募足时认股人可以撤回所认股份的说明。

公司设立时发行股份的,还应当载明发起人认购的股份数。

第一百五十五条 公司向社会公开募集股份,应当由依法设立的证券公司承销,签订承销协议。

第一百五十六条 公司向社会公开募集股份,应当同银行签订代收股款协议。

代收股款的银行应当按照协议代收和保存股款,向缴纳股款的认股人出具收款单据,并负有向有关部门出具收款证明的义务。

公司发行股份募足股款后,应予公告。

第二节 股份转让

第一百五十七条 股份有限公司的股东持有的股份可以向其他股东转让,也可以向股东以外的人转让;公司章程对股份转让有限制的,其转让按照公司章程的规定进行。

第一百五十八条 股东转让其股份,应当在依法设立的证券交易场所进行或者按照国务院规定的其他方式进行。

第一百五十九条 股票的转让,由股东以背书方式或者法律、行政法规规定的其他方式进行;转让后由公司将受让人的姓名或者名称及住所记载于股东名册。

股东会会议召开前二十日内或者公司决定分配股利的基准日前五日内,不得变更股东名册。法律、行政法规或者国务院证券监督管理机构对上市公司股东名册变更另有规定的,从其规定。

第一百六十条 公司公开发行股份前已发行的股份,自公司股票在证券交易所上市交易之日起一年内不得转让。法律、行政法规或者国务院证券监督管理机构对上市公司的股东、实际控制人转让其所持有的本公司股份另有规定的,从其规定。

公司董事、监事、高级管理人员应当向公司申报所持有的本公司的股份及其变动情况,在就任时确定的任职期间每年转让的股份不得超过其所持有本公司股份总数的百分之二十五;所持本公司股份自公司股票上市交易之日起一年内不得转让。上述人员离职后半年内,不得转让其所持有的本公司股份。公司章程可以对公司董事、监事、高级管理人员转让其所持有的本公司股份作出其他限制性规定。

股份在法律、行政法规规定的限制转让期限内出质的,质权人不得在限制转让期限内行使质权。

第一百六十一条 有下列情形之一的,对股东会该项决议投反对票的股东可以请求公司按照合理的价格收购其股份,公开发行股份的公司除外:

(一)公司连续五年不向股东分配利润,而公司该五年连续盈利,并且符合本法规定的分配利润条件;

（二）公司转让主要财产；

（三）公司章程规定的营业期限届满或者章程规定的其他解散事由出现，股东会通过决议修改章程使公司存续。

自股东会决议作出之日起六十日内，股东与公司不能达成股份收购协议的，股东可以自股东会决议作出之日起九十日内向人民法院提起诉讼。

公司因本条第一款规定的情形收购的本公司股份，应当在六个月内依法转让或者注销。

第一百六十二条 公司不得收购本公司股份。但是，有下列情形之一的除外：

（一）减少公司注册资本；

（二）与持有本公司股份的其他公司合并；

（三）将股份用于员工持股计划或者股权激励；

（四）股东因对股东会作出的公司合并、分立决议持异议，要求公司收购其股份；

（五）将股份用于转换公司发行的可转换为股票的公司债券；

（六）上市公司为维护公司价值及股东权益所必需。

公司因前款第一项、第二项规定的情形收购本公司股份的，应当经股东会决议；公司因前款第三项、第五项、第六项规定的情形收购本公司股份的，可以按照公司章程或者股东会的授权，经三分之二以上董事出席的董事会会议决议。

公司依照本条第一款规定收购本公司股份后，属于第一项情形的，应当自收购之日起十日内注销；属于第二项、第四项情形的，应当在六个月内转让或者注销；属于第三项、第五项、第六项情形的，公司合计持有的本公司股份数不得超过本公司已发行股份总数的百分之十，并应当在三年内转让或者注销。

上市公司收购本公司股份的，应当依照《中华人民共和国证券法》的规定履行信息披露义务。上市公司因本条第一款第三项、第五项、第六项规定的情形收购本公司股份的，应当通过公开的集中交易方式进行。

公司不得接受本公司的股份作为质权的标的。

第一百六十三条 公司不得为他人取得本公司或者其母公司的股份提供赠与、借款、担保以及其他财务资助，公司实施员工持股计划的除外。

为公司利益，经股东会决议，或者董事会按照公司章程或者股东会的授权作出决议，公司可以为他人取得本公司或者其母公司的股份提供财务资助，但财务资助的累计总额不得超过已发行股本总额的百分之十。董事会作出决议应当经全体董事的三分之二以上通过。

违反前两款规定，给公司造成损失的，负有责任的董事、监事、高级管理人员应当承担赔偿责任。

第一百六十四条 股票被盗、遗失或者灭失，股东可以依照《中华人民共和国民事诉讼法》规定的公示催告程序，请求人民法院宣告该股票失效。人民法院宣告该股票失效后，股东可以向公司申请补发股票。

第一百六十五条 上市公司的股票，依照有关法律、行政法规及证券交易所交易规则上市交易。

第一百六十六条 上市公司应当依照法律、行政法规的规定披露相关信息。

第一百六十七条 自然人股东死亡后，其合法继承人可以继承股东资格；但是，股份转让受限的股份有限公司的章程另有规定的除外。

第七章 国家出资公司组织机构的特别规定

第一百六十八条 国家出资公司的组织机构，适用本章规定；本章没有规定的，适用本法其他规定。

本法所称国家出资公司，是指国家出资的国有独资公司、国有资本控股公司，包括国家出资的有限责任公司、股份有限公司。

第一百六十九条 国家出资公司，由国务院或者地方人民政府分别代表国家依法履行出资人职责，享有出资人权益。国务院或者地方人民政府可以授权国有资产监督管理机构或者其他部门、机构代表本级人民政府对国家出资公司履行出资人职责。

代表本级人民政府履行出资人职责的机构、部门，以下统称为履行出资人职责的机构。

第一百七十条 国家出资公司中中国共产党的组织，按照中国共产党章程的规定发挥领导作用，研究讨论公司重大经营管理事项，支持公司的组织机构依法行使职权。

第一百七十一条 国有独资公司章程由履行出资人职责的机构制定。

第一百七十二条 国有独资公司不设股东会，由履行出资人职责的机构行使股东会职权。履行出资人职责的机构可以授权公司董事会行使股东会的部分职权，但公司章程的制定和修改，公司的合并、分立、解散、申请破产，增加或者减少注册资本，分配利润，应当由履行出资人职责的机构决定。

第一百七十三条 国有独资公司的董事会依照本法规定行使职权。

国有独资公司的董事会成员中，应当过半数为外部董事，并应当有公司职工代表。

董事会成员由履行出资人职责的机构委派；但是，董事会成员中的职工代表由公司职工代表大会选举产生。

董事会设董事长一人，可以设副董事长。董事长、副董事长由履行出资人职责的机构从董事会成员中指定。

第一百七十四条 国有独资公司的经理由董事会聘任或者解聘。

经履行出资人职责的机构同意，董事会成员可以兼任经理。

第一百七十五条 国有独资公司的董事、高级管理人员，未经履行出资人职责的机构同意，不得在其他有限责任公司、股份有限公司或者其他经济组织兼职。

第一百七十六条 国有独资公司在董事会中设置由董事组成的审计委员会行使本法规定的监事会职权的，不设监事会或者监事。

第一百七十七条 国家出资公司应当依法建立健全内部监督管理和风险控制制度，加强内部合规管理。

第八章 公司董事、监事、高级管理人员的资格和义务

第一百七十八条 有下列情形之一的，不得担任公司的董事、监事、高级管理人员：

（一）无民事行为能力或者限制民事行为能力；

（二）因贪污、贿赂、侵占财产、挪用财产或者破坏社会主义市场经济秩序，被判处刑罚，或者因犯罪被剥夺政治权利，执行期满未逾五年，被宣告缓刑的，自缓刑考

验期满之日起未逾二年；

（三）担任破产清算的公司、企业的董事或者厂长、经理，对该公司、企业的破产负有个人责任的，自该公司、企业破产清算完结之日起未逾三年；

（四）担任因违法被吊销营业执照、责令关闭的公司、企业的法定代表人，并负有个人责任的，自该公司、企业被吊销营业执照、责令关闭之日起未逾三年；

（五）个人因所负数额较大债务到期未清偿被人民法院列为失信被执行人。

违反前款规定选举、委派董事、监事或者聘任高级管理人员的，该选举、委派或者聘任无效。

董事、监事、高级管理人员在任职期间出现本条第一款所列情形的，公司应当解除其职务。

第一百七十九条 董事、监事、高级管理人员应当遵守法律、行政法规和公司章程。

第一百八十条 董事、监事、高级管理人员对公司负有忠实义务，应当采取措施避免自身利益与公司利益冲突，不得利用职权牟取不正当利益。

董事、监事、高级管理人员对公司负有勤勉义务，执行职务应当为公司的最大利益尽到管理者通常应有的合理注意。

公司的控股股东、实际控制人不担任公司董事但实际执行公司事务的，适用前两款规定。

第一百八十一条 董事、监事、高级管理人员不得有下列行为：

（一）侵占公司财产、挪用公司资金；

（二）将公司资金以其个人名义或者以其他个人名义开立账户存储；

（三）利用职权贿赂或者收受其他非法收入；

（四）接受他人与公司交易的佣金归为己有；

（五）擅自披露公司秘密；

（六）违反对公司忠实义务的其他行为。

第一百八十二条 董事、监事、高级管理人员，直接或者间接与本公司订立合同或者进行交易，应当就与订立合同或者进行交易有关的事项向董事会或者股东会报告，并按照公司章程的规定经董事会或者股东会决议通过。

董事、监事、高级管理人员的近亲属，董事、监事、高级管理人员或者其近亲属直接或者间接控制的企业，以及与董事、监事、高级管理人员有其他关联关系的关联人，与公司订立合同或者进行交易，适用前款规定。

第一百八十三条 董事、监事、高级管理人员，不得利用职务便利为自己或者他人谋取属于公司的商业机会。但是，有下列情形之一的除外：

（一）向董事会或者股东会报告，并按照公司章程的规定经董事会或者股东会决议通过；

（二）根据法律、行政法规或者公司章程的规定，公司不能利用该商业机会。

第一百八十四条 董事、监事、高级管理人员未向董事会或者股东会报告，并按照公司章程的规定经董事会或者股东会决议通过，不得自营或者为他人经营与其任职公司同类的业务。

第一百八十五条 董事会对本法第一百八十二条至第一百八十四条规定的事项决

议时，关联董事不得参与表决，其表决权不计入表决权总数。出席董事会会议的无关联关系董事人数不足三人的，应当将该事项提交股东会审议。

第一百八十六条 董事、监事、高级管理人员违反本法第一百八十一条至第一百八十四条规定所得的收入应当归公司所有。

第一百八十七条 股东会要求董事、监事、高级管理人员列席会议的，董事、监事、高级管理人员应当列席并接受股东的质询。

第一百八十八条 董事、监事、高级管理人员执行职务违反法律、行政法规或者公司章程的规定，给公司造成损失的，应当承担赔偿责任。

第一百八十九条 董事、高级管理人员有前条规定的情形的，有限责任公司的股东、股份有限公司连续一百八十日以上单独或者合计持有公司百分之一以上股份的股东，可以书面请求监事会向人民法院提起诉讼；监事有前条规定的情形的，前述股东可以书面请求董事会向人民法院提起诉讼。

监事会或者董事会收到前款规定的股东书面请求后拒绝提起诉讼，或者自收到请求之日起三十日内未提起诉讼，或者情况紧急、不立即提起诉讼将会使公司利益受到难以弥补的损害的，前款规定的股东有权为公司利益以自己的名义直接向人民法院提起诉讼。

他人侵犯公司合法权益，给公司造成损失的，本条第一款规定的股东可以依照前两款的规定向人民法院提起诉讼。

公司全资子公司的董事、监事、高级管理人员有前条规定情形，或者他人侵犯公司全资子公司合法权益造成损失的，有限责任公司的股东、股份有限公司连续一百八十日以上单独或者合计持有公司百分之一以上股份的股东，可以依照前三款规定书面请求全资子公司的监事会、董事会向人民法院提起诉讼或者以自己的名义直接向人民法院提起诉讼。

第一百九十条 董事、高级管理人员违反法律、行政法规或者公司章程的规定，损害股东利益的，股东可以向人民法院提起诉讼。

第一百九十一条 董事、高级管理人员执行职务，给他人造成损害的，公司应当承担赔偿责任；董事、高级管理人员存在故意或者重大过失的，也应当承担赔偿责任。

第一百九十二条 公司的控股股东、实际控制人指示董事、高级管理人员从事损害公司或者股东利益的行为的，与该董事、高级管理人员承担连带责任。

第一百九十三条 公司可以在董事任职期间为董事因执行公司职务承担的赔偿责任投保责任保险。

公司为董事投保责任保险或者续保后，董事会应当向股东会报告责任保险的投保金额、承保范围及保险费率等内容。

第九章 公司债券

第一百九十四条 本法所称公司债券，是指公司发行的约定按期还本付息的有价证券。

公司债券可以公开发行，也可以非公开发行。

公司债券的发行和交易应当符合《中华人民共和国证券法》等法律、行政法规的规定。

第一百九十五条 公开发行公司债券，应当经国务院证券监督管理机构注册，公告公司债券募集办法。

公司债券募集办法应当载明下列主要事项：

（一）公司名称；

（二）债券募集资金的用途；

（三）债券总额和债券的票面金额；

（四）债券利率的确定方式；

（五）还本付息的期限和方式；

（六）债券担保情况；

（七）债券的发行价格、发行的起止日期；

（八）公司净资产额；

（九）已发行的尚未到期的公司债券总额；

（十）公司债券的承销机构。

第一百九十六条 公司以纸面形式发行公司债券的，应当在债券上载明公司名称、债券票面金额、利率、偿还期限等事项，并由法定代表人签名，公司盖章。

第一百九十七条 公司债券应当为记名债券。

第一百九十八条 公司发行公司债券应当置备公司债券持有人名册。

发行公司债券的，应当在公司债券持有人名册上载明下列事项：

（一）债券持有人的姓名或者名称及住所；

（二）债券持有人取得债券的日期及债券的编号；

（三）债券总额，债券的票面金额、利率、还本付息的期限和方式；

（四）债券的发行日期。

第一百九十九条 公司债券的登记结算机构应当建立债券登记、存管、付息、兑付等相关制度。

第二百条 公司债券可以转让，转让价格由转让人与受让人约定。

公司债券的转让应当符合法律、行政法规的规定。

第二百零一条 公司债券由债券持有人以背书方式或者法律、行政法规规定的其他方式转让；转让后由公司将受让人的姓名或者名称及住所记载于公司债券持有人名册。

第二百零二条 股份有限公司经股东会决议，或者经公司章程、股东会授权由董事会决议，可以发行可转换为股票的公司债券，并规定具体的转换办法。上市公司发行可转换为股票的公司债券，应当经国务院证券监督管理机构注册。

发行可转换为股票的公司债券，应当在债券上标明可转换公司债券字样，并在公司债券持有人名册上载明可转换公司债券的数额。

第二百零三条 发行可转换为股票的公司债券的，公司应当按照其转换办法向债券持有人换发股票，但债券持有人对转换股票或者不转换股票有选择权。法律、行政法规另有规定的除外。

第二百零四条 公开发行公司债券的，应当为同期债券持有人设立债券持有人会议，并在债券募集办法中对债券持有人会议的召集程序、会议规则和其他重要事项作出规定。债券持有人会议可以对与债券持有人有利害关系的事项作出决议。

除公司债券募集办法另有约定外,债券持有人会议决议对同期全体债券持有人发生效力。

第二百零五条 公开发行公司债券的,发行人应当为债券持有人聘请债券受托管理人,由其为债券持有人办理受领清偿、债权保全、与债券相关的诉讼以及参与债务人破产程序等事项。

第二百零六条 债券受托管理人应当勤勉尽责,公正履行受托管理职责,不得损害债券持有人利益。

受托管理人与债券持有人存在利益冲突可能损害债券持有人利益的,债券持有人会议可以决议变更债券受托管理人。

债券受托管理人违反法律、行政法规或者债券持有人会议决议,损害债券持有人利益的,应当承担赔偿责任。

第十章 公司财务、会计

第二百零七条 公司应当依照法律、行政法规和国务院财政部门的规定建立本公司的财务、会计制度。

第二百零八条 公司应当在每一会计年度终了时编制财务会计报告,并依法经会计师事务所审计。

财务会计报告应当依照法律、行政法规和国务院财政部门的规定制作。

第二百零九条 有限责任公司应当按照公司章程规定的期限将财务会计报告送交各股东。

股份有限公司的财务会计报告应当在召开股东会年会的二十日前置备于本公司,供股东查阅;公开发行股份的股份有限公司应当公告其财务会计报告。

第二百一十条 公司分配当年税后利润时,应当提取利润的百分之十列入公司法定公积金。公司法定公积金累计额为公司注册资本的百分之五十以上的,可以不再提取。

公司的法定公积金不足以弥补以前年度亏损的,在依照前款规定提取法定公积金之前,应当先用当年利润弥补亏损。

公司从税后利润中提取法定公积金后,经股东会决议,还可以从税后利润中提取任意公积金。

公司弥补亏损和提取公积金后所余税后利润,有限责任公司按照股东实缴的出资比例分配利润,全体股东约定不按照出资比例分配利润的除外;股份有限公司按照股东所持有的股份比例分配利润,公司章程另有规定的除外。

公司持有的本公司股份不得分配利润。

第二百一十一条 公司违反本法规定向股东分配利润的,股东应当将违反规定分配的利润退还公司;给公司造成损失的,股东及负有责任的董事、监事、高级管理人员应当承担赔偿责任。

第二百一十二条 股东会作出分配利润的决议的,董事会应当在股东会决议作出之日起六个月内进行分配。

第二百一十三条 公司以超过股票票面金额的发行价格发行股份所得的溢价款、发行无面额股所得股款未计入注册资本的金额以及国务院财政部门规定列入资本公积金的其他项目，应当列为公司资本公积金。

第二百一十四条 公司的公积金用于弥补公司的亏损、扩大公司生产经营或者转为增加公司注册资本。

公积金弥补公司亏损，应当先使用任意公积金和法定公积金；仍不能弥补的，可以按照规定使用资本公积金。

法定公积金转为增加注册资本时，所留存的该项公积金不得少于转增前公司注册资本的百分之二十五。

第二百一十五条 公司聘用、解聘承办公司审计业务的会计师事务所，按照公司章程的规定，由股东会、董事会或者监事会决定。

公司股东会、董事会或者监事会就解聘会计师事务所进行表决时，应当允许会计师事务所陈述意见。

第二百一十六条 公司应当向聘用的会计师事务所提供真实、完整的会计凭证、会计账簿、财务会计报告及其他会计资料，不得拒绝、隐匿、谎报。

第二百一十七条 公司除法定的会计账簿外，不得另立会计账簿。

对公司资金，不得以任何个人名义开立账户存储。

第十一章 公司合并、分立、增资、减资

第二百一十八条 公司合并可以采取吸收合并或者新设合并。

一个公司吸收其他公司为吸收合并，被吸收的公司解散。两个以上公司合并设立一个新的公司为新设合并，合并各方解散。

第二百一十九条 公司与其持股百分之九十以上的公司合并，被合并的公司不需经股东会决议，但应当通知其他股东，其他股东有权请求公司按照合理的价格收购其股权或者股份。

公司合并支付的价款不超过本公司净资产百分之十的，可以不经股东会决议；但是，公司章程另有规定的除外。

公司依照前两款规定合并不经股东会决议的，应当经董事会决议。

第二百二十条 公司合并，应当由合并各方签订合并协议，并编制资产负债表及财产清单。公司应当自作出合并决议之日起十日内通知债权人，并于三十日内在报纸上或者国家企业信用信息公示系统公告。债权人自接到通知之日起三十日内，未接到通知的自公告之日起四十五日内，可以要求公司清偿债务或者提供相应的担保。

第二百二十一条 公司合并时，合并各方的债权、债务，应当由合并后存续的公司或者新设的公司承继。

第二百二十二条 公司分立，其财产作相应的分割。

公司分立，应当编制资产负债表及财产清单。公司应当自作出分立决议之日起十日内通知债权人，并于三十日内在报纸上或者国家企业信用信息公示系统公告。

第二百二十三条 公司分立前的债务由分立后的公司承担连带责任。但是，公司在分立前与债权人就债务清偿达成的书面协议另有约定的除外。

第二百二十四条 公司减少注册资本，应当编制资产负债表及财产清单。

公司应当自股东会作出减少注册资本决议之日起十日内通知债权人，并于三十日内在报纸上或者国家企业信用信息公示系统公告。债权人自接到通知之日起三十日内，

未接到通知的自公告之日起四十五日内，有权要求公司清偿债务或者提供相应的担保。

公司减少注册资本，应当按照股东出资或者持有股份的比例相应减少出资额或者股份，法律另有规定、有限责任公司全体股东另有约定或者股份有限公司章程另有规定的除外。

第二百二十五条 公司依照本法第二百一十四条第二款的规定弥补亏损后，仍有亏损的，可以减少注册资本弥补亏损。减少注册资本弥补亏损的，公司不得向股东分配，也不得免除股东缴纳出资或者股款的义务。

依照前款规定减少注册资本的，不适用前条第二款的规定，但应当自股东会作出减少注册资本决议之日起三十日内在报纸上或者国家企业信用信息公示系统公告。

公司依照前两款的规定减少注册资本后，在法定公积金和任意公积金累计额达到公司注册资本百分之五十前，不得分配利润。

第二百二十六条 违反本法规定减少注册资本的，股东应当退还其收到的资金，减免股东出资的应当恢复原状；给公司造成损失的，股东及负有责任的董事、监事、高级管理人员应当承担赔偿责任。

第二百二十七条 有限责任公司增加注册资本时，股东在同等条件下有权优先按照实缴的出资比例认缴出资。但是，全体股东约定不按照出资比例优先认缴出资的除外。

股份有限公司为增加注册资本发行新股时，股东不享有优先认购权，公司章程另有规定或者股东会决议决定股东享有优先认购权的除外。

第二百二十八条 有限责任公司增加注册资本时，股东认缴新增资本的出资，依照本法设立有限责任公司缴纳出资的有关规定执行。

股份有限公司为增加注册资本发行新股时，股东认购新股，依照本法设立股份有限公司缴纳股款的有关规定执行。

第十二章 公司解散和清算

第二百二十九条 公司因下列原因解散：

（一）公司章程规定的营业期限届满或者公司章程规定的其他解散事由出现；

（二）股东会决议解散；

（三）因公司合并或者分立需要解散；

（四）依法被吊销营业执照、责令关闭或者被撤销；

（五）人民法院依照本法第二百三十一条的规定予以解散。

公司出现前款规定的解散事由，应当在十日内将解散事由通过国家企业信用信息公示系统予以公示。

第二百三十条 公司有前条第一款第一项、第二项情形，且尚未向股东分配财产的，可以通过修改公司章程或者经股东会决议而存续。

依照前款规定修改公司章程或者经股东会决议，有限责任公司须经持有三分之二以上表决权的股东通过，股份有限公司须经出席股东会会议的股东所持表决权的三分之二以上通过。

第二百三十一条 公司经营管理发生严重困难，继续存续会使股东利益受到重大损失，通过其他途径不能解决的，持有公司百分之十以上表决权的股东，可以请求人民法院解散公司。

第二百三十二条 公司因本法第二百二十九条第一款第一项、第二项、第四项、第五项规定而解散的，应当清算。董事为公司清算义务人，应当在解散事由出现之日起十五日内组成清算组进行清算。

清算组由董事组成，但是公司章程另有规定或者股东会决议另选他人的除外。

清算义务人未及时履行清算义务，给公司或者债权人造成损失的，应当承担赔偿责任。

第二百三十三条 公司依照前条第一款的规定应当清算，逾期不成立清算组进行清算或者成立清算组后不清算的，利害关系人可以申请人民法院指定有关人员组成清算组进行清算。人民法院应当受理该申请，并及时组织清算组进行清算。

公司因本法第二百二十九条第一款第四项的规定而解散的，作出吊销营业执照、责令关闭或者撤销决定的部门或者公司登记机关，可以申请人民法院指定有关人员组成清算组进行清算。

第二百三十四条 清算组在清算期间行使下列职权：

（一）清理公司财产，分别编制资产负债表和财产清单；

（二）通知、公告债权人；

（三）处理与清算有关的公司未了结的业务；

（四）清缴所欠税款以及清算过程中产生的税款；

（五）清理债权、债务；

（六）分配公司清偿债务后的剩余财产；

（七）代表公司参与民事诉讼活动。

第二百三十五条 清算组应当自成立之日起十日内通知债权人，并于六十日内在报纸上或者国家企业信用信息公示系统公告。债权人应当自接到通知之日起三十日内，未接到通知的自公告之日起四十五日内，向清算组申报其债权。

债权人申报债权，应当说明债权的有关事项，并提供证明材料。清算组应当对债权进行登记。

在申报债权期间，清算组不得对债权人进行清偿。

第二百三十六条 清算组在清理公司财产、编制资产负债表和财产清单后，应当制订清算方案，并报股东会或者人民法院确认。

公司财产在分别支付清算费用、职工的工资、社会保险费用和法定补偿金，缴纳所欠税款，清偿公司债务后的剩余财产，有限责任公司按照股东的出资比例分配，股份有限公司按照股东持有的股份比例分配。

清算期间，公司存续，但不得开展与清算无关的经营活动。公司财产在未依照前款规定清偿前，不得分配给股东。

第二百三十七条 清算组在清理公司财产、编制资产负债表和财产清单后，发现公司财产不足清偿债务的，应当依法向人民法院申请破产清算。

人民法院受理破产申请后，清算组应当将清算事务移交给人民法院指定的破产管理人。

第二百三十八条 清算组成员履行清算职责，负有忠实义务和勤勉义务。

清算组成员怠于履行清算职责，给公司造成损失的，应当承担赔偿责任；因故意或者重大过失给债权人造成损失的,应当承担赔偿责任。

第二百三十九条 公司清算结束后,清算组应当制作清算报告,报股东会或者人民法院确认,并报送公司登记机关,申请注销公司登记。

第二百四十条 公司在存续期间未产生债务,或者已清偿全部债务的,经全体股东承诺,可以按照规定通过简易程序注销公司登记。

通过简易程序注销公司登记,应当通过国家企业信用信息公示系统予以公告,公告期限不少于二十日。公告期限届满后,未有异议的,公司可以在二十日内向公司登记机关申请注销公司登记。

公司通过简易程序注销公司登记,股东对本条第一款规定的内容承诺不实的,应当对注销登记前的债务承担连带责任。

第二百四十一条 公司被吊销营业执照、责令关闭或者被撤销,满三年未向公司登记机关申请注销公司登记的,公司登记机关可以通过国家企业信用信息公示系统予以公告,公告期限不少于六十日。公告期限届满后,未有异议的,公司登记机关可以注销公司登记。

依照前款规定注销公司登记的,原公司股东、清算义务人的责任不受影响。

第二百四十二条 公司被依法宣告破产的,依照有关企业破产的法律实施破产清算。

第十三章 外国公司的分支机构

第二百四十三条 本法所称外国公司,是指依照外国法律在中华人民共和国境外设立的公司。

第二百四十四条 外国公司在中华人民共和国境内设立分支机构,应当向中国主管机关提出申请,并提交其公司章程、所属国的公司登记证书等有关文件,经批准后,向公司登记机关依法办理登记,领取营业执照。

外国公司分支机构的审批办法由国务院另行规定。

第二百四十五条 外国公司在中华人民共和国境内设立分支机构,应当在中华人民共和国境内指定负责该分支机构的代表人或者代理人,并向该分支机构拨付与其所从事的经营活动相适应的资金。

对外国公司分支机构的经营资金需要规定最低限额的,由国务院另行规定。

第二百四十六条 外国公司的分支机构应当在其名称中标明该外国公司的国籍及责任形式。

外国公司的分支机构应当在本机构中置备该外国公司章程。

第二百四十七条 外国公司在中华人民共和国境内设立的分支机构不具有中国法人资格。

外国公司对其分支机构在中华人民共和国境内进行经营活动承担民事责任。

第二百四十八条 经批准设立的外国公司分支机构,在中华人民共和国境内从事业务活动,应当遵守中国的法律,不得损害中国的社会公共利益,其合法权益受中国法律保护。

第二百四十九条 外国公司撤销其在中华人民共和国境内的分支机构时,应当依法清偿债务,依照本法有关公司清算程序的规定进行清算。未清偿债务之前,不得将其分支机构的财产转移至中华人民共和国境外。

第十四章 法律责任

第二百五十条 违反本法规定，虚报注册资本、提交虚假材料或者采取其他欺诈手段隐瞒重要事实取得公司登记的，由公司登记机关责令改正，对虚报注册资本的公司，处以虚报注册资本金额百分之五以上百分之十五以下的罚款；对提交虚假材料或者采取其他欺诈手段隐瞒重要事实的公司，处以五万元以上二百万元以下的罚款；情节严重的，吊销营业执照；对直接负责的主管人员和其他直接责任人员处以三万元以上三十万元以下的罚款。

第二百五十一条 公司未依照本法第四十条规定公示有关信息或者不如实公示有关信息的，由公司登记机关责令改正，可以处以一万元以上五万元以下的罚款。情节严重的，处以五万元以上二十万元以下的罚款；对直接负责的主管人员和其他直接责任人员处以一万元以上十万元以下的罚款。

第二百五十二条 公司的发起人、股东虚假出资，未交付或者未按期交付作为出资的货币或者非货币财产的，由公司登记机关责令改正，可以处以五万元以上二十万元以下的罚款；情节严重的，处以虚假出资或者未出资金额百分之五以上百分之十五以下的罚款；对直接负责的主管人员和其他直接责任人员处以一万元以上十万元以下的罚款。

第二百五十三条 公司的发起人、股东在公司成立后，抽逃其出资的，由公司登记机关责令改正，处以所抽逃出资金额百分之五以上百分之十五以下的罚款；对直接负责的主管人员和其他直接责任人员处以三万元以上三十万元以下的罚款。

第二百五十四条 有下列行为之一的，由县级以上人民政府财政部门依照《中华人民共和国会计法》等法律、行政法规的规定处罚：

（一）在法定的会计账簿以外另立会计账簿；

（二）提供存在虚假记载或者隐瞒重要事实的财务会计报告。

第二百五十五条 公司在合并、分立、减少注册资本或者进行清算时，不依照本法规定通知或者公告债权人的，由公司登记机关责令改正，对公司处以一万元以上十万元以下的罚款。

第二百五十六条 公司在进行清算时，隐匿财产，对资产负债表或者财产清单作虚假记载，或者在未清偿债务前分配公司财产的，由公司登记机关责令改正，对公司处以隐匿财产或者未清偿债务前分配公司财产金额百分之五以上百分之十以下的罚款；对直接负责的主管人员和其他直接责任人员处以一万元以上十万元以下的罚款。

第二百五十七条 承担资产评估、验资或者验证的机构提供虚假材料或者提供有重大遗漏的报告的，由有关部门依照《中华人民共和国资产评估法》、《中华人民共和国注册会计师法》等法律、行政法规的规定处罚。

承担资产评估、验资或者验证的机构因其出具的评估结果、验资或者验证证明不实，给公司债权人造成损失的，除能够证明自己没有过错的外，在其评估或者证明不实的金额范围内承担赔偿责任。

第二百五十八条 公司登记机关违反法律、行政法规规定未履行职责或者履行职责不当的，对负有责任的领导人员和直接责任人员依法给予政务处分。

第二百五十九条 未依法登记为有限责任公司或者股份有限公司，而冒用有限责任公司或者股份有限公司名义的，或者未依法登记为有限责任公司或者股份有限公司的分公司，而冒用有限责任公司或者股份有限公司的分公司名义的，由公司登记机关责令改正或者予以取缔，可以并处十万元以下的罚款。

第二百六十条 公司成立后无正当理由超过六个月未开业的，或者开业后自行停业连续六个月以上的，公司登记机关可以吊销营业执照，但公司依法办理歇业的除外。

公司登记事项发生变更时，未依照本法规定办理有关变更登记的，由公司登记机关责令限期登记；逾期不登记的，处以一万元以上十万元以下的罚款。

第二百六十一条 外国公司违反本法规定，擅自在中华人民共和国境内设立分支机构的，由公司登记机关责令改正或者关闭，可以并处五万元以上二十万元以下的罚款。

第二百六十二条 利用公司名义从事危害国家安全、社会公共利益的严重违法行为的，吊销营业执照。

第二百六十三条 公司违反本法规定，应当承担民事赔偿责任和缴纳罚款、罚金的，其财产不足以支付时，先承担民事赔偿责任。

第二百六十四条 违反本法规定，构成犯罪的，依法追究刑事责任。

第十五章 附 则

第二百六十五条 本法下列用语的含义：

（一）高级管理人员，是指公司的经理、副经理、财务负责人，上市公司董事会秘书和公司章程规定的其他人员。

（二）控股股东，是指其出资额占有限责任公司资本总额超过百分之五十或者其持有的股份占股份有限公司股本总额超过百分之五十的股东；出资额或者持有股份的比例虽然低于百分之五十，但依其出资额或者持有的股份所享有的表决权已足以对股东会的决议产生重大影响的股东。

（三）实际控制人，是指通过投资关系、协议或者其他安排，能够实际支配公司行为的人。

（四）关联关系，是指公司控股股东、实际控制人、董事、监事、高级管理人员与其直接或者间接控制的企业之间的关系，以及可能导致公司利益转移的其他关系。但是，国家控股的企业之间不仅因为同受国家控股而具有关联关系。

第二百六十六条 本法自2024年7月1日起施行。

本法施行前已登记设立的公司，出资期限超过本法规定的期限的，除法律、行政法规或者国务院另有规定外，应当逐步调整至本法规定的期限以内；对于出资期限、出资额明显异常的，公司登记机关可以依法要求其及时调整。具体实施办法由国务院规定。

最高人民法院
关于《中华人民共和国公司法》第八十八条
第一款不溯及适用的批复

法释〔2024〕15号

（2024年12月24日最高人民法院审判委员会第1939次会议通过
2024年12月24日最高人民法院公告公布　自2024年12月24日起施行）

河南省高级人民法院：

你院《关于公司法第八十八条第一款是否溯及适用的请示》收悉。经研究，批复如下：

2024年7月1日起施行的《中华人民共和国公司法》第八十八条第一款仅适用于2024年7月1日之后发生的未届出资期限的股权转让行为。对于2024年7月1日之前股东未届出资期限转让股权引发的出资责任纠纷，人民法院应当根据原公司法等有关法律的规定精神公平公正处理。

本批复公布施行后，最高人民法院以前发布的司法解释与本批复规定不一致的，不再适用。

最高人民法院
关于适用《中华人民共和国公司法》
时间效力的若干规定

法释〔2024〕7号

（2024年6月27日最高人民法院审判委员会第1922次会议通过
2024年6月29日最高人民法院公告公布　自2024年7月1日起施行）

为正确适用2023年12月29日第十四届全国人民代表大会常务委员会第七次会议第二次修订的《中华人民共和国公司法》，根据《中华人民共和国立法法》《中华人民共和国民法典》等法律规定，就人民法院在审理与公司有关的民事纠纷案件中，涉及公司法时间效力的有关问题作出如下规定。

第一条　公司法施行后的法律事实引起的民事纠纷案件，适用公司法的规定。

公司法施行前的法律事实引起的民事纠纷案件，当时的法律、司法解释有规定的，适用当时的法律、司法解释的规定，但是适用公司法更有利于实现其立法目的的，适用公司法的规定：

（一）公司法施行前，公司的股东会召集程序不当，未被通知参加会议的股东自决议作出之日起一年内请求人民法院撤销的，适用公司法第二十六条第二款的规定；

（二）公司法施行前的股东会决议、董事会决议被人民法院依法确认不成立，对公司根据该决议与善意相对人形成的法律关系效力发生争议的，适用公司法第二十八条第二款的规定；

（三）公司法施行前，股东以债权出资，因出资方式发生争议的，适用公司法第四十八条第一款的规定；

（四）公司法施行前，有限责任公司股东向股东以外的人转让股权，因股权转让发生争议的，适用公司法第八十四条第二款的规定；

（五）公司法施行前，公司违反法律规定向股东分配利润、减少注册资本造成公司损失，因损害赔偿责任发生争议的，分别适用公司法第二百一十一条、第二百二十六条的规定；

（六）公司法施行前作出利润分配决议，因利润分配时限发生争议的，适用公司法第二百一十二条的规定；

（七）公司法施行前，公司减少注册资本，股东对相应减少出资额或者股份数量发生争议的，适用公司法第二百二十四条第三款的规定。

第二条 公司法施行前与公司有关的民事法律行为，依据当时的法律、司法解释认定无效而依据公司法认定有效，因民事法律行为效力发生争议的下列情形，适用公司法的规定：

（一）约定公司对所投资企业债务承担连带责任，对该约定效力发生争议的，适用公司法第十四条第二款的规定；

（二）公司作出使用资本公积金弥补亏损的公司决议，对该决议效力发生争议的，适用公司法第二百一十四条的规定；

（三）公司与其持股百分之九十以上的公司合并，对合并决议效力发生争议的，适用公司法第二百一十九条的规定。

第三条 公司法施行前订立的与公司有关的合同，合同的履行持续至公司法施行后，因公司法施行前的履行行为发生争议的，适用当时的法律、司法解释的规定；因公司法施行后的履行行为发生争议的下列情形，适用公司法的规定：

（一）代持上市公司股票合同，适用公司法第一百四十条第二款的规定；

（二）上市公司控股子公司取得该上市公司股份合同，适用公司法第一百四十一条的规定；

（三）股份有限公司为他人取得本公司或者母公司的股份提供赠与、借款、担保以及其他财务资助合同，适用公司法第一百六十三条的规定。

第四条 公司法施行前的法律事实引起的民事纠纷案件，当时的法律、司法解释没有规定而公司法作出规定的下列情形，适用公司法的规定：

（一）股东转让未届出资期限的股权，受让人未按期足额缴纳出资的，关于转让人、受让人出资责任的认定，适用公司法第八十八条第一款的规定；

（二）有限责任公司的控股股东滥用股东权利，严重损害公司或者其他股东利益，其他股东请求公司按照合理价格收购其股权的，适用公司法第八十九条第三款、第四款的规定；

（三）对股份有限公司股东会决议投反对票的股东请求公司按照合理价格收购其股

份的，适用公司法第一百六十一条的规定；

（四）不担任公司董事的控股股东、实际控制人执行公司事务的民事责任认定，适用公司法第一百八十条的规定；

（五）公司的控股股东、实际控制人指示董事、高级管理人员从事活动损害公司或者股东利益的民事责任认定，适用公司法第一百九十二条的规定；

（六）不明显背离相关当事人合理预期的其他情形。

第五条　公司法施行前的法律事实引起的民事纠纷案件，当时的法律、司法解释已有原则性规定，公司法作出具体规定的下列情形，适用公司法的规定：

（一）股份有限公司章程对股份转让作了限制规定，因该规定发生争议的，适用公司法第一百五十七条的规定；

（二）对公司监事实施挪用公司资金等禁止性行为、违法关联交易、不当谋取公司商业机会、经营限制的同类业务的赔偿责任认定，分别适用公司法第一百八十一条、第一百八十二条第一款、第一百八十三条、第一百八十四条的规定；

（三）对公司董事、高级管理人员不当谋取公司商业机会、经营限制的同类业务的赔偿责任认定，分别适用公司法第一百八十三条、第一百八十四条的规定；

（四）对关联关系主体范围以及关联交易性质的认定，适用公司法第一百八十二条、第二百六十五条第四项的规定。

第六条　应当进行清算的法律事实发生在公司法施行前，因清算责任发生争议的，适用当时的法律、司法解释的规定。

应当清算的法律事实发生在公司法施行前，但至公司法施行日未满十五日的，适用公司法第二百三十二条的规定，清算义务人履行清算义务的期限自公司法施行日重新起算。

第七条　公司法施行前已经终审的民事纠纷案件，当事人申请再审或者人民法院按照审判监督程序决定再审的，适用当时的法律、司法解释的规定。

第八条　本规定自2024年7月1日起施行。

【解读】

解读《关于适用〈中华人民共和国公司法〉时间效力的若干规定》

为确保公司法统一正确适用，妥善解决公司法施行后新旧法律衔接适用问题，2024年6月27日，最高人民法院审判委员会第1922次全体会议审议通过了《最高人民法院关于适用〈中华人民共和国公司法〉时间效力的若干规定》（以下简称《规定》），自2024年7月1日起施行。本文就《规定》的起草背景、基本原则及重点条文进行说明，便于司法实践中更加全面理解和准确适用。

一、《规定》的起草背景

2023年12月29日，第十四届全国人大常委会第七次会议修订通过公司法（以下简称新公司法),自2024年7月1日起施行。新公司法坚持以习近平新时代中国特色社会主义思想为指导,全面贯彻落实党中央重大决策部署,立足中国国情,深入总结实践经验,平衡不同利益主体的诉求,对于深化国有企业改革、完善中国特色现代企业制度、完善产权保护制度、持续优化营商环境、激发市场创新活力、推动高质量发展,具有深远的历史意义和重大的现实意义。

为确保新公司法施行后在全国法院统一正确适用,《规定》以习近平法治思想为指导,就当前人民法院在审判工作中如何做好新旧法律衔接适用作出具体规定。《规定》的出台,有利于确保新公司法的平稳施行。从我国以往的司法实践看,新的法律出台后,为统一裁判尺度、确保新公司法施行初期在司法适用上的平稳过渡,一般会以司法解释的形式明确新公司法的时间效力。比如,民法典施行后,最高人民法院制定了《最高人民法院关于适用〈中华人民共和国民法典〉时间效力的若干规定》(以下简称《民法典时间效力规定》),保障民法典贯彻实施。《规定》的出台有利于彰显新公司法的立法价值,确保新旧公司法衔接过程中司法职能的正确发挥。更有意义的是,此次新公司法坚持问题导向,增加了49个条款,解决了审判实践中诸多长期存在争议的问题。《规定》明确列举赋予溯及力新增条款,不仅是统一裁判尺度的需要,而且在一定程度上体现了对新公司法新增条款的司法态度和评价。

二、《规定》的起草过程

《规定》是专门就新公司法溯及力进行规定的司法解释,理论性强、起草难度大。为做好《规定》的起草、论证工作,最高人民法院专门成立起草小组,进行多轮问题收集和调研。2024年4月,起草小组多次召开内部论证会和专题调研论证。其中,专题调研论证特别邀请全国人大常委会法制工作委员会的公司法执笔人林一英同志、北京大学蒋大兴同志等公司法领域专家学者,部分高级人民法院审判一线的骨干力量参加,充分征求专家学者的意见建议。5月,起草小组多次召开内部论证会对《规定》讨论稿进行完善,经充分讨论,形成讨论稿第八稿并在此基础上形成了征求意见稿。随后,向全国人大常委会法制工作委员会、司法部、国家市场监管总局、财政部、证监会等五家单位征求意见,向立案庭等院内九部门征求意见,向各地高级人民法院征求意见。6月,研究全国人大常委会法制工作委员会等外部征求意见单位、院内相关庭室、各地方高级人民法院的反馈意见,充分吸收相关建议,对征求意见稿进行修改,并邀请立案庭等院内九部门对征求意见稿展开专题研讨。会后,起草小组认真研究上述部门修改建议,对征求意见稿进一步完善。在充分吸收各方意见建议的基础上,形成《规定》送审稿,提交最高人民法院审判委员会讨论,6月27日由最高人民法院审判委员会第1922次会议通过。

三、制定《规定》的基本原则

《规定》的起草始终恪守司法解释的功能定位,就如何具体做好新旧公司法衔接适用问题作出规定。

第一,坚持法不溯及既往。首先,《规定》秉持法不溯及既往的基本原则,对于法律事实发生在新公司法施行前的,原则上适用当时的法律、司法解释规定。只有符合立法法第一百零四条"为了更好地保护公民、法人和其他组织的权利和利益而作的特别规定"即有利溯及规则,适用新公司法更能够体现立法目的的情形下,才赋予相关条文溯及适用的效力。其次,《规定》严格将溯及适用的条文限定在实质性修改、新增规定、具体细化规定中。《规定》对于不符合有利溯及规则的实质性修改、背离相关当事人合理预期的新增规定，不赋予溯及力。最后，在具体适用中，最高人民法院下发专门通知，要求对溯及适用的例外情形务必持审慎态度，对是否溯及适用存在争议的，要及时通过法答网、报送上级法院管辖等方式统一尺度。各高级人民法院要加强对本辖区人民法院的业务指导，尽快培育典型案例推送人民法院案例库。

第二，坚持问题导向。《规定》不仅重申了时间效力的一般原则，还针对公司法的特性分类型规定了溯及适用的具体情形。例如，针对合同、公司决议等民事法律行为的效力问题，《规定》具体列举了约定公司对所投资企业债务承担连带责任、公司作出使用资本公积金弥补亏损的公司决议等情形；针对合同履行问题，《规定》具体列举了代持上市公司股票合同、上市公司控股子公司取得该上市公司股份合同等情形。《规定》的此种体例安排有利于提高法律适用的准确性。

第三，彰显新公司法价值。在新公司法的266个条文中，只有36个条文是从2018年修正的公司法（以下简称旧公司法）中平移过来的，此外的230个条文都有不同程度的修改甚至不少还是新增规定，新增和修改的条文约占全部条文的86%。就新公司法代替旧公司法而言，表面上是法律规范的更替、完善，实质上反映了社会经济关系的发展变化，反映了需要通过新的立法巩固社会转型成果，实现更高层次的社会正义。制定《规定》，不仅解决新旧法律选择适用问题，更重要的是关系公司法的价值实现。在《规定》制定过程中，我们系统、全面地梳理了新公司法修订、增加的条款，根据不同类别分为实质性修改规定、新增规定、细化规定并确定了不同的溯及规则，始终保持对公司法修改重点、亮点的呼应，以更好地实现公司法价值。

四、《规定》的主要内容

《规定》共8条，分别为时间效力的一般规定及有利溯及规则、民事法律行为效力的有利溯及规则、合同履行的有利溯及规则、新增规定的空白溯及规则、细化规定的溯及适用规则、清算责任的法律适用、既判力优于溯及力规则及司法解释生效时间。重点内容如下。

（一）法不溯及既往规则及其有限例外

法不溯及既往是法的效力的一般原则，其法理基础在于对信赖利益的保护。一般而言，"昨天的行为不能适用今天的法律"，如果人们按照昨天的法律去行为，由此形成的各种法律关系却被今天的法律所否定，不利于信赖利益保护，不利于社会关系稳定，不利于维护法律权威。因此，法律原则上只对其生效后的行为起规范作用，不能要求人们遵守还没有制定出来的法律。《规定》第一条是最基础和最重要的规定，统领整部司法解释，重申了法不溯及既往的基本原则，对于法律事实发生在新公司法施行前的，原则上适用当时的法律、司法解释规定。当然，法不溯及既往也有例外情形。只有符合立法法第一百零四条"为了更好地保护公民、法人和其他组织的权利和利益而作的特别规定"的规定即有利溯及规则，适用新公司法更能够体现立法目的之特殊情形下，对新公司法中个别条文可以赋予溯及适用的效力。

1. 严格《规定》溯及适用条文范围

新公司法有49个新增条文、181个条文有不同程度的修改和整合，《规定》仅遴选出27个具有典型性的条文，未予明确列举其他条文主要考虑以下几点。

第一，在新公司法施行前，民法典、相关司法解释以及司法政策性文件、指导性案例等有规定或者已经形成统一、明确裁判思路的，原则上应当适用当时的法律、司法解释等规定，故新公司法吸收了相关司法解释、司法政策性文件等精神的，不再赋予相关条文溯及力。

第二，新公司法中实质性修改条文、新增条文和细化条文总数超过了《规定》列举的条文数量，但综合考虑溯及适用条文不仅应符合新公司法立法目的，而且也应当满足不打破相关利益主体的利益平衡、不背离合理预期的遴选标准，故新公司法规定有可能增加某一方当事人责任、突破了其在旧公司法下的预期的，原则上不赋予溯及力。

第三，新公司法中部分新增规定，由于认识上尚不统一，目前尚未积累相应的裁判经验，故《规定》暂时不予规定，留待司法实践中进一步研究。比如，《规定》第四条对新公司法第一百八十条（事实董事的民事责任）、第一百九十二条（影子董事的民事责任）的溯及力问题作出规定，但对新公司法第一百九十一条（董事、高级管理人员的民事责任）则未作规定。新公司法第一百八十条、第一百九十二条规定了事实董事、影子董事制度，公司控制股东、实际控制人利用其控股、控制地位操纵董事或取代董事行使职权损害公司利益是滥用权利的一种方式，造成公司治理的法定主体与实际主体的严重脱节。

实践中出现的重大风险，无不有控股股东、实际控制人操纵公司的现象，《规定》第四条列举新公司法第一百八十条、第一百九十二条规定，明确控股股东、实际控制人不担任公司董事但实际执行公司事务或者指示董事执行公司事务的，对公司负有忠实、勤勉义务，适用新公司法规定不背离当事人合理预期的评价标准，符合空白溯及的原则。而新公司法第一百九十一条是董事对第三人责任的规定。有观点认为，董事对第三人责任来源于董事对公司的责任，而旧公司法规定了董事对公司的责任，可以认为新公司法第一百九十一条只是改变了向董事主张权利的主体，并未加重董事责任。相反的观点认为，董事直接向第三人承担责任，事实上是加重了董事责任，打破了其合理预期。司法实践中，新公司法第一百九十一条与新公司法其他董事责任条款，与新公司法第十一条、民法典第六十一条的关系，以及董事对第三人承担连带责任还是一般赔偿责任等问题，认识尚不统一，故《规定》暂时不予规定，留待司法实践中进一步研究。

2. 明确《规定》的适用场景

《规定》第一条规定参考《民法典时间效力规定》，明确以法律事实发生时间作为判断是否适用公司法的基准点。《规定》第一条所谓的"法律事实"，是指依法能够引起法律关系产生、变更、消灭的客观事实，包括行为和事件，前者又包括法律行为和事实行为。一般来说，就法律行为如合同来说，主要是指订立合同的事实，有时也包括合同履行的事实。

新公司法溯及适用的基本场景是，某一法律事实发生在新公司法施行前，但人民法院在新公司法施行后受理因该法律事实产生的民事纠纷案件，此时是适用新公司法还是当时的法律、司法解释？如适用新公司法的某一规定，则该规定就具有溯及力；反之，则新公司法的相关规定不具有溯及力。需要说明的是，在新公司法施行后人民法院受理的民事纠纷案件，包括了正在一审程序、二审程序中审理的案件，但为维护生效裁判的权威性，不包括当事人申请再审或按照审判监督程序决定再审的案件。也就是说，新公司法施行前已经终审的民事纠纷案件，当事人申请再审或按照审判监督程序决定再审的案件，不适用新公司法的规定，此即所谓的既判力优于溯及力规则。

3.准确界定"当时的法律、司法解释"的范围

"当时的法律"包括法律事实发生时的法律和行政法规；"当时的司法解释"包括法律事实发生时尚未废止的《最高人民法院关于适用〈中华人民共和国公司法〉若干问题的规定（一）》（2014年修正）、《最高人民法院关于适用〈中华人民共和国公司法〉若干问题的规定（二）》（2020年修正）、《最高人民法院关于适用〈中华人民共和国公司法〉若干问题的规定（三）》（2020年修正）、《最高人民法院关于适用〈中华人民共和国公司法〉若干问题的规定（四）》（2020年修正）、《最高人民法院关于适用〈中华人民共和国公司法〉若干问题的规定（五）》（2020年修正）（以下简称五部旧公司法司法解释），也包括其他司法解释中涉及与公司有关的内容，例如，《最高人民法院关于民事执行中变更、追加当事人若干问题的规定》《最高人民法院关于审理外商投资企业纠纷案件若干问题的规定（一）》等。

需要说明的是，相关司法政策性文件虽然不是司法解释，但这些司法政策性文件是在旧公司法框架下，根据旧公司法及其他有关法律的基本原理、原则总结形成的统一裁判思路、理念和尺度，例如，《全国法院民商事审判工作会议纪要》（以下简称《九民会纪要》）、《全国法院破产审判工作会议纪要》等以及指导性案例，当事人对纠纷案件的裁判规则已有合理预期，在此情形下新公司法不应溯及适用。此外，最高人民法院公报案例、典型案例等不属于"当时的法律、司法解释"的范畴，但根据最高人民法院公报案例、典型案例等形成的裁判规则，有助于判断旧公司法的相关条文是作了进一步具体规定还是新增规定，系区分细化规定与新增规定溯及力类型的重要参考。同理，部门规章、监管规范一般也不属于"当时的法律、司法解释"的范畴，但有助于判断旧公司法相关条文是作了进一步具体规定还是实质性修改，系区分细化规定与实质性修改溯及力类型的考量因素。

（二）有利溯及适用规则

《规定》第一条第二款主要规定了新公司法有利溯及适用规则。立法法第一百零四条"为了更好地保护公民、法人和其他组织的权利和利益而作的特别规定"的规定作为法不溯及既往的例外情形，该例外情形也被称为有利溯及。有利溯及在公法领域的适用规则比较明确，例如，刑法上的从旧兼从轻原则，但是，民事法律通常涉及双方乃至多方当事人的权益，有的还与公序良俗和社会公共利益直接相关，如何确定有利溯及的具体标准十分复杂。《民法典时间效力规定》以"更有利于保护民事主体合法权益，更有利于维护社会和经济秩序，更有利于弘扬社会主义核心价值观"为有利溯及的判断标准，"更有利于保护民事主体合法权益"符合立法法第一百零四条规定的精神，"更有利于维护社会和经济秩序，更有利于弘扬社会主义核心价值观"均符合民法典的立法目的，实际上体现了对立法精神、立法目的以及公序良俗的考量。新公司法的有利溯及判断，也应如此。

《规定》为体现新公司法的特性，以更有利于实现公司法立法目的为有利溯及的判断标准，即更有利于"规范公司的组织和行为，保护公司、股东、职工和债权人的合法权益，完善中国特色现代企业制度，弘扬企业家精神，维护社会经济秩序，促进社会主义

市场经济的发展"。①

《规定》在梳理新公司法条文后，根据修订情况，将条文区分为实质性修改、新增规定和具体细化规定，以上规定是否溯及适用均需以有利溯及为判断标准。

实质性修改包括两种情况：一是新公司法对旧公司法及其司法解释的假定条件、法律后果等实质内容均进行了修改；二是旧公司法虽无规定，但旧公司法司法解释作了漏洞填补性规定，新公司法作了实质不同的规定。此两种情况均可归类为对旧公司法的实质修改。新公司法溯及适用要极为慎重，一般情况下必须满足有利溯及规则的要求。道理在于，一方面，旧公司法的具体规定，形成社会对旧公司法秩序的合理预期，新公司法的溯及适用往往会打破合理预期，使法律稳定预期的功能大打折扣。另一方面，就民商事法律关系当事人而言，一旦成诉，必然存在此消彼长的利益冲突，适用新公司法往往对一方有利，对另一方不利。因此，在新公司法对旧公司法实质性修改的情况下，依据有利溯及规则，新公司法溯及适用一般应当对各方当事人均更加有利，或者在至少对一方更加有利的同时，不减损另一方在旧公司法秩序下的应有权益，不破坏另一方在旧公司法秩序下的合理预期。

《规定》充分关注到新公司法的特性，与公司有关的民事纠纷多与合同、公司决议的效力和履行有关，故《规定》将实质性修改区分为有关民事法律行为效力的实质性修改、有关合同履行的实质性修改以及其他实质性修改，并分别规定溯及适用。《规定》第一条至第三条分别为时间效力的一般规定及有利溯及规则、民事法律行为效力的有利溯及规则、合同履行的有利溯及规则。

《规定》第一条第二款确定了新公司法有利溯及的一般规则，并在此款中具体列举了其他实质性修改情形。具体适用情形为以下七种情况。

第一，关于股东撤销权的除斥期间。旧公司法规定了股东提起撤销之诉，但没有对未接收通知的股东作出专门规定，因决议撤销的计算时点是作出之日，而未被通知的股东并不知道决议召开情况，新公司法增加规定了未被通知参加股东会会议的股东自知道或者应当知道股东会决议作出之日起六十日内，可以请求人民法院撤销，进一步弥补了法律的漏洞，但是明确了这种情况下撤销权可行使的最长期限为决议作出之日起一年内，新公司法可溯及适用。本条规定体现了对少数股东权益的尊重和保护，以及对公平和效率平衡的追求。

第二，关于决议被否定的外部效力。《最高人民法院关于适用〈中华人民共和国公司法〉若干问题的规定（四）》（2020年修正）第六条仅规定了公司决议无效、被撤销情况下，公司根据该决议与善意相对人形成的法律关系不受影响，但并未规定在公司决议不成立情况下，公司与善意相对人形成的法律关系是否受影响的问题。新公司法第二十八条第二款的规定基于保护善意第三人的考量，同样情况同样处理，可溯及适用。

第三，关于债权出资。旧公司法第二十七条规定未列举规定债权、股权出资形式，但在但书部分规定了法律、行政法规规定不得作为出资的财产除外。新公司法施行前，《市场主体登记管理条例》第十三条规定所列举的禁止出资形式中并未包括以股权、债权出资方式，配套实施的《市场主体登记管理条例实施细则》第十三条规定认可了股

---

① 参见新公司法第一条规定。

权、债权出资方式。债权出资是否可以溯及适用新公司法，需要从两个方面进行考虑：一方面，从当事人合理预期角度而言，旧公司法、相关行政法规未禁止债权出资方式，相关部门规章对债权出资予以认可，故关于债权出资方式的规定溯及适用，未破坏市场主体的合理预期；另一方面，从判断债权出资情形是否属于当时的法律、司法解释已有规定角度，"当时的法律、司法解释"是指法律、行政法规、司法解释，作为法律可溯及适用的依据，并不包括部门规章。《市场主体登记管理条例实施细则》系部门规章，不属于当时的法律、司法解释已有规定的情形，故债权出资属于实质性修改情形，可以溯及适用。至于股权出资，《最高人民法院关于适用〈中华人民共和国公司法〉若干问题的规定（三）》（2020年修正）第十一条规定："出资人以其他公司股权出资，符合下列条件的，人民法院应当认定出资人已履行出资义务：……"根据法律修订精神，当时的法律、司法解释有规定，适用当时的法律、司法解释的规定，因此《规定》第一条第二款仅规定债权出资。

第四，关于有限责任公司股东对外转让股权。新公司法第八十四条删除了旧公司法第七十一条关于公司股东向股东之外的人转让股权需经其他股东半数同意的规定。如果在公司法实施之前发生的股权转让行为，新公司法第八十四条应溯及适用。

第五，关于违法分配和违法减资的法律责任。新公司法第二百一十一条、第二百二十六条增加规定了违法分配利润的法律后果和违法减资的法律后果，旧公司法没有规定违法分配利润、违法减资人员的赔偿损失责任，新公司法进一步完善了公司违规分配利润、违法减资下的责任承担制度，有利于保护公司及债权人的利益，契合了本次公司法修订加强董事、监事、高级管理人员维护资本充实义务的整体立法趋势，可溯及适用。

第六，关于公司利润分配决议的实施期限。旧公司法并未对股东会作出分配利润决议后的分配期限作出限制，《最高人民法院关于适用〈中华人民共和国公司法〉若干问题的规定（五）》（2020年修正）将分配期限限制为"决议作出之日起一年内"，新公司法将法定分配时间设置为六个月。此举旨在解决当前实践中存在的股东会决议分配利润但公司拒不执行的问题，从而也为盈余分配等纠纷提供便利，新公司法可溯及适用。

第七，新公司法第二百二十四条规定了公司减资应实行同比例减资，旧公司法并未规定同比例减资，新公司法的规定有利于保护中小股东合法权益，实现股东平等。同时该条还规定了同比例减资的除外情况，即法律、有限责任公司章程可以对非同比例减资规定或约定除外情形，以尊重公司意思自治，灵活平衡不同主体的利益诉求，适应商业实践需要，新公司法可溯及适用。

《规定》第二条规定为民事法律行为效力的有利溯及规则，针对与公司有关的民事纠纷中常见的合同、公司决议效力问题作出规定。遵循从旧兼从轻基本法理，旧公司法作禁止性或限制性规定，而新公司法进行实质性修改，删除该规定或转化为任意性规定，对公司决议、合同效力的认定，原则上适用公司法。《规定》明确指出，对于新公司法施行前与公司相关的民事法律行为，若依据旧公司法及司法解释认定无效、但依据新公司法有效的三种特定情形，新公司法溯及适用。

这就意味着明确了在这三种情形下发生法律适用冲突时，新公司法中认为有效的法律行为应优于旧公司法中的无效认定，将民事法律中尽量维护行为效力、减少无效认定的价值取向引入公司法，确保公司运营的法律环境与时俱进，更加契合现代商业实践的需求。具体适用情形如下。

第一，关于公司对外投资。旧公司法第十五条规定了公司转投资限制，原则上不允许公司成为其所投资企业债务的连带责任出资人；而新公司法原则上允许公司成为其所投资企业债务的连带责任出资人，除非法律另有规定。这一转变体现了新公司法对公司自治和独立经营的支持。在我国，特定类型公司如国有独资公司、国有企业等被限制成为合伙企业普通合伙人，以避免因对外承担责任而造成国有资产或社会公共利益的损失。但同时在现代公司法理论中，公司对外投资是商业决策，与签订合同等经营行为无本质区别，因此，对于国有企业等少数公司的投资限制仍然存在，但总体上新公司法鼓励公司自主决策，减少不必要的限制。这种转变有助于公司理顺经营理念，更好地利用资本，促进经济发展，符合有利溯及规则，新公司法可溯及适用。

第二，关于公司资本公积金的使用规则。新公司法第二百一十四条删除了旧公司法不得使用资本公积金弥补公司亏损的规定，规定公积金弥补公司亏损应当先使用任意公积金和法定公积金，仍不能弥补的，可以按照新公司法规定使用资本公积金。此变动契合了企业经营的实际需要，一方面，有助于财政困境中的公司迅速恢复盈利能力，避免因资金短缺而陷入经营困境，维护公司市场价值，吸引新的投资；另一方面，提升了资金利用效率，允许公司根据具体情况灵活调整资本结构，实现资本的最大化利用，符合有利溯及规则，新公司法可溯及适用。

第三，关于母子公司的简易合并。新公司法第二百一十九条是关于公司简易合并的规定。旧公司法并未规定简易合并情形，对于公司合并事项要经代表三分之二以上表决权的股东通过；而新公司法规定的简易合并无须经股东会决议。对于简易合并涉及股东会决议效力的判断，新公司法可溯及适用。

《规定》第三条规定是合同履行的有利溯及规则，针对与公司有关纠纷中的合同履行行为作出规定。本条规范性质属于衔接适用规定。所谓衔接适用问题，是指法律事实跨越新旧法律的效力期间时应当适用新公司法还是旧公司法的问题。当一个法律事实的不同部分，或者多个密切相关的法律事实分别落入了两部法律的有效施行期间，这时既不能说法律事实的全部发生时间在旧公司法有效施行期间，也不能说法律事实全部发生在新公司法有效施行期间，如何确定适用新公司法还是旧公司法就成为一个很复杂和有争议的问题，这也是新旧法律衔接适用中的难题。

关于合同履行持续的规定不是《规定》的首创，而是来源于1999年12月颁布的《最高人民法院关于适用〈中华人民共和国合同法〉若干问题的解释（一）》（以下简称《合同法解释一》），该解释第二条规定："合同成立于合同法实施之前，但合同约定的履行期限跨越合同法实施之日或者履行期限在合同法实施之后，因履行合同发生的纠纷，适用合同法第四章的有关规定。"此后，《民法典时间效力规定》第二十条也进行了规定："民法典施行前成立的合同，依照法律规定或者当事人约定该合同的履行持续至民法典施行后，因民法典施行前履行合同发生争议的，适用当时的法律、司法解释的规定；因民法典施行后履行合同发生争议的，适用民法典第三编第四章和第五章的相关规定。"

因此，《规定》第三条参照《民法典时间效力规定》的规定，对持续性法律事实的法律适用之溯及力进行规定。新公司法施行前订立的合同，履行行为跨越新旧公司法，因新公司法施行前履行行为发生争议的，适用当时的法律、司法解释的规定。合同履行行为发生在公司法施行之后，由于旧公司法未否定相关合同的效力，而新公司法作了禁止性或者限制性规定，当事人有权主张解除合同，其主张承担违约责任的，人民法院不予支持。但是因一方当事人迟延履行导致履行行为发生在新公司法施行后的，应根据过错认定当事人各自承担相应的民事责任。

《规定》列举了因新公司法施行后的履行行为发生争议适用新公司法的三种情形。具体适用情形如下。

第一，关于禁止非法代持上市公司股票：新公司法施行前，法律、行政法规没有直接规定禁止代持上市公司股票或股份，新公司法第一百四十条规定，禁止违反法律、行政法规的规定代持上市公司股票。此修订目的在于保护投资者的权益、维护市场的公平性及稳定性，符合新公司法立法目的，故可溯及适用。

第二，关于禁止上市公司交叉持股。新公司法第一百四十一条第一款规定，上市公司控股子公司不得取得该上市公司的股份。新公司法施行前，法律、行政法规并未规定。此规定修订的目的在于确保上市公司及其控股子公司的独立性，防止出现不当控制，从而维护资本市场的健康运作和公平性，新公司法可溯及适用。

第三，关于禁止股份公司对外提供财务资助。新公司法第一百六十三条第一款的规定包括了公司为他人取得公司股份进行担保，此类交易中并不适用公司担保规则，并不能因为该交易进行了股东会或者董事会决议等法定程序后发生担保的效力。旧公司法、证券法并未明确规定禁止上述行为。如果允许股份公司为股东取得公司股份提供担保，本质上是侵蚀了公司资本，导致公司资本无偿流向股东，新公司法可溯及适用。

（三）新增规定溯及适用规则

《规定》第四条规定了新增规定的空白溯及规则。

新增规定是指不仅旧公司法无规定，民法典、司法解释等也均无规定，缺乏统一的裁判尺度。新增规定的溯及适用是在长期审判实践和一系列司法解释基础上发展而来的溯及适用类型。例如，《合同法解释一》第一条规定，合同法实施以前成立的合同发生纠纷起诉到人民法院，除该解释另有规定的以外，适用当时的法律规定，当时没有法律规定的，可以适用合同法的有关规定。这一规定经过了多年司法实践的检验，已经为社会公众和广大法官接受和认同。在民法典编纂过程中，在总结以往审判实践经验的基础上新增加了一些规定。对于民法典施行前发生的法律事实引起的民事纠纷案件，在当时法律、司法解释没有规定的情况下，适用民法典的新增规定，可以为相应案件的司法裁判提供明确法律依据，可以规范自由裁量权的行使，切实维护裁判尺度统一。

相较于新公司法对旧公司法的实质修改，新增规定对旧公司法秩序下的合理预期一般无影响，或影响不大。并且新增规定大多属于填补旧公司法之空白，新公司法实施前所处理的公司纠纷，即使旧公司法无相关规定，人民法院也要依据习惯、旧公司法、民法典等其他法律的基本原则、立法精神进行个案处理中的法律漏洞填补。因此，对空白溯及，更侧重于考量新公司法溯及适用是否与旧公司法无规定情况下填补法律漏洞具有同样的正当性，或同样没有减损民事主体预期利益。申言之，新增规定的溯及适用不像实质修改那么苛刻，但也不应简单地当然溯及适用，不能脱离有利溯及规则而得出一律可参考适用的结论。

对新增规定是适用还是参照适用，此前的司法解释和规范性文件存在不同的做法，例如，《最高人民法院关于贯彻执行〈中华人民共和国民法通则〉若干问题的意见（试行）》第一百九十六条使用了"可以比照……处理"的表述，《合同法解释一》第一条使用了"可以适用"的表述，《最高人民法院关于适用〈中华人民共和国公司法〉若干问题的规定（一）》（2014年修正）第二条使用了"可参照适用"的表述，《最高人民法院关于适用〈中华人民共和国保险法〉若干问题的解释（一）》使用了"参照适用"的表述，《九民会纪要》使用了"可以……作为裁判依据"的表述。

《规定》第四条使用了"适用"的表述，理由如下：第一，根据《立法技术规范（试行）（一）》（法工委发〔2009〕62号）第18.3条的规定，参照一般用于没有直接纳入法律调整范围，但是又属于该范围逻辑内涵自然延伸的事项。民法典有26处"参照适用"，2处"可以参照适用"，针对的都是在没有规定情况下的类似事项的适用。第二，在法学方法论视角下，参照是两个性质相同的不同事项之间的准用，不同时空下的同一事项不能用参照。因此，对同一事项的法律适用，不存在参照和准用的问题，对标民法典关于参照的用法，使用"适用"更为准确。本条适用的具体情形为以下四种。

第一，关于未届期股权转让后的出资责任。新公司法第八十八条第一款规定了实缴情形和认缴情形下未届出资期限股东转让股权的出资责任承担问题。《最高人民法院关于适用〈中华人民共和国公司法〉若干问题的规定（三）》（2020年修正）第十八条仅规定了实缴情形下股东转让股权的出资责任承担问题，对认缴情形下未届出资期限股东转让股权的出资责任承担问题未作出规定。以往的司法实践中裁判尺度不一，当事人无合理预期可言，故新公司法可溯及适用。[①]

第二，关于股东压迫情形下中小股东主张回购救济。新公司法第八十九条第三款规定了控股股东滥用股东权利，严重损害公司或其他股东利益，其他股东有权请求公司按合理的价格收购其股权。旧公司法未规定控股股东滥用股东权下的股东回购请求权，新公司法的规定有利于禁止控股股东权利滥用、保护中小股东合法权益，也无破坏相关利益者合理预期之虞，故新公司法可溯及适用。

第三，关于股份公司异议股东股份回购请求权。旧公司法第七十四条仅规定了有限责任公司异议股东回购请求权，新公司法第一百六十一条增加了关于非公开发行股份的股份有限公司异议股东回购请求权的规定。由于公开发行股份的公司股份具有较强的流动性，对于异议股东而言，其可以直接转让股份，无须通过公司回购退出，因此，公开发行股份的公司不适用该条规定。考虑到大量的非上市股份公司与有限责任公司并无实质区别，非上市股份公司中的部分中小股东也面临控股股东压迫的问题，也需要法律提供对应的救济路径，公司法的修订有利于保护中小股东权益，故新公司法可溯及适用。

第四，关于事实董事、影子董事。新公司法第一百八十条第三款、第一百九十二条增加了关于事实董事、影子董事责任的规定，公司控制股东、实际控制人利用其控股、控制地位操纵董事或取代董事行使职权损害公司利益是滥用权利的一种方式，即

[①] 根据《最高人民法院关于〈中华人民共和国公司法〉第八十八条第一款不溯及适用的批复》（法释〔2024〕15号）的规定，该项不再适用。

便在旧公司法秩序下也是非正当的。实践中出现的重大风险处置事件，无不有控股股东、实际控制人操纵公司的现象，控股股东、实际控制人的违法行为亦无合理预期可言。《规定》列举其作为溯及适用条文，并无是否打破其合理预期的顾虑。

《规定》第四条兜底条款为"不明显背离相关当事人合理预期的其他情形"，需要准确理解其内涵。是否背离相关当事人的合理预期，要辩证而不是机械地看待，要结合新旧法的共同立法目的、价值取向、基本原则、公序良俗等因素综合考虑，而不能仅囿于某一具体条款文义简单判断。比如，旧公司法某条款与旧公司法的立法目的、基本原则不协调、不一致，缺乏合理性，而新公司法旨在矫正旧公司法规定下的原本失衡的利益关系，适用新公司法不背离新旧公司法所共同追求的公平公正目标，可考虑例外适用新公司法，属于"不明显背离相关当事人合理预期"的情形。

（四）细化规定的适用规则

《规定》第五条为细化规定的溯及适用规则。旧公司法有规定，但规定比较抽象、原则或因含糊不清，存在理解争议，新公司法作出更清晰、具体的解释性规定，原则上适用旧公司法规定，但是为了增强司法裁判的说理和统一裁判标准，可直接适用新公司法。本条适用的具体情形为以下四种。

第一，关于股份有限公司章程限制股份转让。旧公司法未规定股份有限公司章程可以限制股份转让，而新公司法允许股份有限公司章程对股份转让予以限制，给予股份有限公司更大的自治空间，体现了公司自治原则，新公司法可溯及适用。

第二，关于监事忠实义务。旧公司法对公司监事负有忠实义务进行了原则性规定，第一百四十七条第一款规定"董事、监事、高级管理人员应当遵守法律、行政法规和公司章程，对公司负有忠实义务和勤勉义务。"但旧公司法第一百四十八条关于违反忠实义务具体行为的规制主体仅包括公司董事、高级管理人员，并不包括监事。对此，新公司法设置第一百八十一条、第一百八十二条第一款、第一百八十三条、第一百八十四条共4个条款进一步细化规定违反忠实义务的具体行为，明确将监事纳入忠实义务体系。旧公司法规定监事的忠实义务可以推导出监事不得实施挪用公司资金等禁止性行为、违法关联交易、不当谋取公司商业机会、经营限制的同类业务，因此，新公司法上述条款的溯及适用并未背离监事的合理预期。

第三，关于董事、高级管理人员不当谋取商业机会、经营限制的同类业务的赔偿责任。针对"利用职务便利为自己或者他人谋取属于公司的商业机会"的行为，旧公司法规定应当经过股东（大）会同意，新公司法规定"向董事会或股东会报告，并按照公司章程的规定经董事会或者股东会议决议通过"，或者即使未得到公司有权机关决议通过的，如果公司本身不能够利用该商业机会，董事、高级管理人员仍可以自行利用该机会，并不构成对忠实义务的违反。新公司法的规定属于对该行为条件的放宽，并未背离相关主体的合理预期，故新公司法可溯及适用。针对"经营限制的同类业务"的行为，旧公司法规定应当经过股东（大）会同意，新公司法亦将条件放宽至"向董事会或者股东会报告，并按照公司章程的规定经董事会或者股东会议决议通过"，不背离相关主体的合理预期，新公司法可溯及适用。

第四，关于关联关系交易主体范围以及关联交易性质的认定。旧公司法第一百四十八条对关联交易仅作简单规定，即"违反公司章程的规定或者未经股东会、股东大会同意，与本公司订立合同或者进行交易"。新公司法作出更详细的规定：其一，公司法允许公司章程规定董事会或股东会作为关联交易的批准机关，不强制规定应由股东会决定。其二，扩大了"关联关系"的主体范围，将董事、监事、高级管理人员的近亲属，董事、监事、高级管理人员或者其近亲属直接或者间接控制的企业，以及与董事、监事、高级管理人员有其他关联关系的关联人也纳入关联方范围。新公司法对关联交易主体范围、披露及表决程序进行了明确规定，完善了关联交易表决的程序，新公司法可溯及适用。

（五）清算义务人责任的法律适用

《规定》第六条涉及新公司法第二百三十二条有关公司清算义务人规定的溯及力问题。《规定》第六条第一款明确公司法第二百三十二条原则上不具有溯及力，《规定》第六条第二款赋予新公司法第二百三十二条一定条件下的"有限"溯及力。新公司法第二百三十二条规定的清算义务人不同于清算组，清算义务人是在公司解散事由出现后负责在法定期限内组成清算组的主体，清算组则是由清算义务人组成的负责实施具体清算事务的公司机构。旧公司法没有规定清算义务人，《最高人民法院关于适用〈中华人民共和国公司法〉若干问题的规定（二）》（2020年修正）规定了有限责任公司股东、股份有限公司控股股东、董事负有清算义务，而新公司法未区分有限责任公司、股份有限公司，改变了公司清算义务主体，规定董事是清算义务人，其义务是在公司解散等事由发生之日起十五日内组成清算组。新公司法对于清算义务人的规定作出了实质性修改，因此，原则上新公司法第二百三十二条不具有溯及力。

但是在距离新公司法施行前未满十五日，即组成清算组的十五日期限届满之日跨越了新公司法施行之日的，则应当按照新公司法规定，由董事担任公司清算义务人，负责组成清算组。由于处于新旧法交替过程中，董事也被授予一定的期限利益，其法定履职期限可以延后至新公司法施行之日重新起算，而不是在解散等事由发生时起算。

五、其他需要说明的问题

（一）与《民法典时间效力规定》的关系

《民法典时间效力规定》是为确保民法典统一正确适用、妥善解决民法典施行后新旧法律衔接适用问题而出台的一部司法解释。其中"一般规定"揭示的是法律适用的一般原理，也是《规定》的主要借鉴对象。

但《规定》并未完全沿袭《民法典时间效力规定》。例如，细化规定类型下，《民法典时间效力规定》第四条指引的是应当适用当时的法律、司法解释，但可以依据民法典具体规定进行裁判说理。而《规定》考虑到此时依据新公司法进行裁判说理并不违反相关当事人的合理预期，故进一步明确规定直接适用新公司法。再如，《民法典时间效力规定》区分实质性修改规定和新增规定。前者适用有利溯及规则，即只有在符合立法目的的情况下才能溯及适用；后者适用合理预期规则，即排除违背当事人合理预期的情形。《规定》并没有完全沿袭此种区分，在判断新公司法实质性修改、新增规定、具体细化规定是否溯及适用上，均以有利溯及为标准，作为判断是否溯及适用的一般原则。

此外，《规定》针对新公司法的特性规定了溯及适用的具体情形，这些规定显然并未涵盖新公司法的全部新增或实质性修改条文。因而，在认定某一新增或实质性修改的新公司法条文能否溯及适用时，《规定》没有具体规定的，可以参照适用《民法典时间效力规定》的"一般规定"。例如，与公司有关的纠纷中，持续性事实如何溯及适用新公司法的规定，可以参照《民法典时间效力规定》第一条第三款的规定。

（二）有利溯及规则的统辖地位

在判断公司法实质性修改、新增规定、具体细化规定是否溯及适用上，均应以有利溯及为标准。而判断有利溯及最基本的要求，是要考虑是否背离相关当事人的合理预期，即不背离相关当事人的合理预期是有利溯及规则的底线。有利溯及和不背离合理预期是寻找新公司法溯及适用例外情形的突破口，这一突破口应当严格限定，这契合了法不溯及既往的基本原则。

《规定》在有利溯及标准的把握上，对标立法法、公司法、《民法典时间效力规定》，结合新公司法第一条立法宗旨，以更有利于实现新公司法立法目的作为标准，即更有利于规范公司的组织和行为，保护公司、股东、职工和债权人的合法权益，完善中国特色现代企业制度，弘扬企业家精神，维护社会经济秩序，促进社会主义市场经济的发展。对于"合理预期"的判断，需要以诚信、公序良俗和日常生活经验法则为判断基准，既有效彰显公司法的制度价值，又不背离当事人基于原有法律所形成的合理预期，有利于保持公司法的稳定性与适应性相统一。需要说明的是以下两点。

第一，私法和公法溯及适用存在一定区别。例如，刑事法律关系的一方主体为公权力主体，故刑法溯及适用评价标准为是否能够减轻当事人的刑事责任；而对于私权利主体而言，无法准确区分对哪一方当事人有利或者不利，因此，在溯及适用时不仅要审查是否背离相关当事人的合理预期，也要考察是否符合立法目的。

第二，适用新公司法对一方有利，可能对另一方则是不利的，反之亦然。但是在是否平等对待上实质是公平的，都应当建立在有利于实现立法目的基础上。因此，人民法院在具体裁判中，不能简单地审查是否对某一方当事人是有利的，或者仅考察某一种司法价值，而应当严格依据《规定》中明确溯及适用的规定进行审查认定。

（三）做好新公司法与相关司法解释的衔接工作

新公司法施行后，五部旧公司法司法解释尚未被废除，存在法律适用的空档期，有必要对公司法与相关司法解释的衔接适用问题作出以下说明。

第一，五部旧公司法司法解释条文与新公司法规定原理一致、不存在冲突时，五部旧公司法司法解释可以继续适用。例如，新公司法第九十九条规定了其他发起人的连带责任，内容吸收了《最高人民法院关于适用〈中华人民共和国公司法〉若干问题的规定（三）》（2020年修正）第十三条第三款关于股东未履行、未全面履行出资义务时其他发起人承担连带责任的规定，故《最高人民法院关于适用〈中华人民共和国公司法〉若干问题的规定（三）》（2020年修正）第十三条第三款规定仍可以适用。

第二，五部旧公司法司法解释条文与新公司法规定内容不一致、存在冲突时，应当适用新公司法。

三是五部旧公司法司法解释条文表述中援引的旧公司法条文序号应当修改为公司法的条文序号，例如，《最高人民法院关于适用〈中华人民共和国公司法〉若干问题的规定（一）》（2020年修正）第四条规定"公司法第一百五十一条规定的180日以上连续持股期间"的内涵进行解释，由于旧公司法第一百五十一条条文序号修改为公司法第一百八十九条，因此在适用《最高人民法院关于适用〈中华人民共和国公司法〉若干问题的规定（一）》（2014年修正）第四条规定时，应当将"公司法第一百五十一条"

修改为"公司法第一百八十九条"。

上述说明同样适用于其他尚未修改或者废止的涉及与公司有关内容的司法解释。

（撰稿人：高晓力、麻锦亮、丁俊峰）

最高人民法院
关于适用《中华人民共和国公司法》若干问题的规定（五）

（2019年4月22日最高人民法院审判委员会第1766次会议审议通过
根据2020年12月23日最高人民法院审判委员会第1823次会议通过的
《最高人民法院关于修改〈最高人民法院关于破产企业国有划拨土地使用权应否列入破产财产等问题的批复〉等二十九件商事类司法解释的决定》修正）

为正确适用《中华人民共和国公司法》，结合人民法院审判实践，就股东权益保护等纠纷案件适用法律问题作出如下规定。

第一条 关联交易损害公司利益，原告公司依据民法典第八十四条、公司法第二十一条规定请求控股股东、实际控制人、董事、监事、高级管理人员赔偿所造成的损失，被告仅以该交易已经履行了信息披露、经股东会或者股东大会同意等法律、行政法规或者公司章程规定的程序为由抗辩的，人民法院不予支持。

公司没有提起诉讼的，符合公司法第一百五十一条第一款规定条件的股东，可以依据公司法第一百五十一条第二款、第三款规定向人民法院提起诉讼。

第二条 关联交易合同存在无效、可撤销或者对公司不发生效力的情形，公司没有起诉合同相对方的，符合公司法第一百五十一条第一款规定条件的股东，可以依据公司法第一百五十一条第二款、第三款规定向人民法院提起诉讼。

第三条 董事任期届满前被股东会或者股东大会有效决议解除职务，其主张解除不发生法律效力的，人民法院不予支持。

董事职务被解除后，因补偿与公司发生纠纷提起诉讼的，人民法院应当依据法律、行政法规、公司章程的规定或者合同的约定，综合考虑解除的原因、剩余任期、董事薪酬等因素，确定是否补偿以及补偿的合理数额。

第四条 分配利润的股东会或者股东大会决议作出后，公司应当在决议载明的时间内完成利润分配。决议没有载明时间的，以公司章程规定的为准。决议、章程中均未规定时间或者时间超过一年的，公司应当自决议作出之日起一年内完成利润分配。

决议中载明的利润分配完成时间超过公司章程规定时间的，股东可以依据民法典第八十五条、公司法第二十二条第二款规定请求人民法院撤销决议中关于该时间的规定。

第五条 人民法院审理涉及有限责任公司股东重大分歧案件时，应当注重调解。当事人协商一致以下列方式解决分歧，且不违反法律、行政法规的强制性规定的，人民法院应予支持：
　　（一）公司回购部分股东股份；
　　（二）其他股东受让部分股东股份；
　　（三）他人受让部分股东股份；
　　（四）公司减资；
　　（五）公司分立；
　　（六）其他能够解决分歧，恢复公司正常经营，避免公司解散的方式。
　　第六条　本规定自 2019 年 4 月 29 日起施行。
　　本规定施行后尚未终审的案件，适用本规定；本规定施行前已经终审的案件，或者适用审判监督程序再审的案件，不适用本规定。
　　本院以前发布的司法解释与本规定不一致的，以本规定为准。

最高人民法院
关于适用《中华人民共和国公司法》
若干问题的规定（四）

（2016 年 12 月 5 日最高人民法院审判委员会第 1702 次会议通过 根据 2020 年 12 月 23 日最高人民法院审判委员会第 1823 次会议通过的《最高人民法院关于修改〈最高人民法院关于破产企业国有划拨土地使用权应否列入破产财产等问题的批复〉等二十九件商事类司法解释的决定》修正）

　　为正确适用《中华人民共和国公司法》，结合人民法院审判实践，现就公司决议效力、股东知情权、利润分配权、优先购买权和股东代表诉讼等案件适用法律问题作出如下规定。
　　第一条　公司股东、董事、监事等请求确认股东会或者股东大会、董事会决议无效或者不成立的，人民法院应当依法予以受理。
　　第二条　依据民法典第八十五条、公司法第二十二条第二款请求撤销股东会或者股东大会、董事会决议的原告，应当在起诉时具有公司股东资格。
　　第三条　原告请求确认股东会或者股东大会、董事会决议不成立、无效或者撤销决议的案件，应当列公司为被告。对决议涉及的其他利害关系人，可以依法列为第三人。
　　一审法庭辩论终结前，其他有原告资格的人以相同的诉讼请求申请参加前款规定诉讼的，可以列为共同原告。
　　第四条　股东请求撤销股东会或者股东大会、董事会决议，符合民法典第八十五条、公司法第二十二条第二款规定的，人民法院应当予以支持，但会议召集程序或者表决方式仅有轻微瑕疵，且对决议未产生实质影响的，人民法院不予支持。
　　第五条　股东会或者股东大会、董事会决议存在下列情形之一，当事人主张决议不成立的，人民法院应当予以支持：

（一）公司未召开会议的，但依据公司法第三十七条第二款或者公司章程规定可以不召开股东会或者股东大会而直接作出决定，并由全体股东在决定文件上签名、盖章的除外；

（二）会议未对决议事项进行表决的；

（三）出席会议的人数或者股东所持表决权不符合公司法或者公司章程规定的；

（四）会议的表决结果未达到公司法或者公司章程规定的通过比例的；

（五）导致决议不成立的其他情形。

第六条 股东会或者股东大会、董事会决议被人民法院判决确认无效或者撤销的，公司依据该决议与善意相对人形成的民事法律关系不受影响。

第七条 股东依据公司法第三十三条、第九十七条或者公司章程的规定，起诉请求查阅或者复制公司特定文件材料的，人民法院应当依法予以受理。

公司有证据证明前款规定的原告在起诉时不具有公司股东资格的，人民法院应当驳回起诉，但原告有初步证据证明在持股期间其合法权益受到损害，请求依法查阅或者复制其持股期间的公司特定文件材料的除外。

第八条 有限责任公司有证据证明股东存在下列情形之一的，人民法院应当认定股东有公司法第三十三条第二款规定的"不正当目的"：

（一）股东自营或者为他人经营与公司主营业务有实质性竞争关系业务的，但公司章程另有规定或者全体股东另有约定的除外；

（二）股东为了向他人通报有关信息查阅公司会计账簿，可能损害公司合法利益的；

（三）股东在向公司提出查阅请求之日前的三年内，曾通过查阅公司会计账簿，向他人通报有关信息损害公司合法利益的；

（四）股东有不正当目的的其他情形。

第九条 公司章程、股东之间的协议等实质性剥夺股东依据公司法第三十三条、第九十七条规定查阅或者复制公司文件材料的权利，公司以此为由拒绝股东查阅或者复制的，人民法院不予支持。

第十条 人民法院审理股东请求查阅或者复制公司特定文件材料的案件，对原告诉讼请求予以支持的，应当在判决中明确查阅或者复制公司特定文件材料的时间、地点和特定文件材料的名录。

股东依据人民法院生效判决查阅公司文件材料的，在该股东在场的情况下，可以由会计师、律师等依法或者依据执业行为规范负有保密义务的中介机构执业人员辅助进行。

第十一条 股东行使知情权后泄露公司商业秘密导致公司合法利益受到损害，公司请求该股东赔偿相关损失的，人民法院应当予以支持。

根据本规定第十条辅助股东查阅公司文件材料的会计师、律师等泄露公司商业秘密导致公司合法利益受到损害，公司请求其赔偿相关损失的，人民法院应当予以支持。

第十二条 公司董事、高级管理人员等未依法履行职责，导致公司未依法制作或者保存公司法第三十三条、第九十七条规定的公司文件材料，给股东造成损失，股东依法请求负有相应责任的公司董事、高级管理人员承担民事赔偿责任的，人民法院应当予以支持。

第十三条 股东请求公司分配利润案件，应当列公司为被告。

一审法庭辩论终结前，其他股东基于同一分配方案请求分配利润并申请参加诉讼的，应当列为共同原告。

第十四条 股东提交载明具体分配方案的股东会或者股东大会的有效决议，请求公司分配利润，公司拒绝分配利润且其关于无法执行决议的抗辩理由不成立的，人民法院应当判决公司按照决议载明的具体分配方案向股东分配利润。

第十五条 股东未提交载明具体分配方案的股东会或者股东大会决议，请求公司分配利润的，人民法院应当驳回其诉讼请求，但违反法律规定滥用股东权利导致公司不分配利润，给其他股东造成损失的除外。

第十六条 有限责任公司的自然人股东因继承发生变化时，其他股东主张依据公司法第七十一条第三款规定行使优先购买权的，人民法院不予支持，但公司章程另有规定或者全体股东另有约定的除外。

第十七条 有限责任公司的股东向股东以外的人转让股权，应就其股权转让事项以书面或者其他能够确认收悉的合理方式通知其他股东征求同意。其他股东半数以上不同意转让，不同意的股东不购买的，人民法院应当认定视为同意转让。

经股东同意转让的股权，其他股东主张转让股东应当向其以书面或者其他能够确认收悉的合理方式通知转让股权的同等条件的，人民法院应当予以支持。

经股东同意转让的股权，在同等条件下，转让股东以外的其他股东主张优先购买的，人民法院应当予以支持，但转让股东依据本规定第二十条放弃转让的除外。

第十八条 人民法院在判断是否符合公司法第七十一条第三款及本规定所称的"同等条件"时，应当考虑转让股权的数量、价格、支付方式及期限等因素。

第十九条 有限责任公司的股东主张优先购买转让股权的，应当在收到通知后，在公司章程规定的行使期间内提出购买请求。公司章程没有规定行使期间或者规定不明确的，以通知确定的期间为准，通知确定的期间短于三十日或者未明确行使期间的，行使期间为三十日。

第二十条 有限责任公司的转让股东，在其他股东主张优先购买后又不同意转让股权的，对其他股东优先购买的主张，人民法院不予支持，但公司章程另有规定或者全体股东另有约定的除外。其他股东主张转让股东赔偿其损失合理的，人民法院应当予以支持。

第二十一条 有限责任公司的股东向股东以外的人转让股权，未就其股权转让事项征求其他股东意见，或者以欺诈、恶意串通等手段，损害其他股东优先购买权，其他股东主张按照同等条件购买该转让股权的，人民法院应当予以支持，但其他股东自知道或者应当知道行使优先购买权的同等条件之日起三十日内没有主张，或者自股权变更登记之日起超过一年的除外。

前款规定的其他股东仅提出确认股权转让合同及股权变动效力等请求，未同时主张按照同等条件购买转让股权的，人民法院不予支持，但其他股东非因自身原因导致无法行使优先购买权，请求损害赔偿的除外。

股东以外的股权受让人，因股东行使优先购买权而不能实现合同目的的，可以依法请求转让股东承担相应民事责任。

第二十二条 通过拍卖向股东以外的人转让有限责任公司股权的，适用公司法第七十一条第二款、第三款或者第七十二条规定的"书面通知""通知""同等条件"时，根据相关法律、司法解释确定。

在依法设立的产权交易场所转让有限责任公司国有股权的，适用公司法第七十一条第二款、第三款或者第七十二条规定的"书面通知""通知""同等条件"时，可以参照产权交易场所的交易规则。

第二十三条 监事会或者不设监事会的有限责任公司的监事依据公司法第一百五十一条第一款规定对董事、高级管理人员提起诉讼的，应当列公司为原告，依法由监事会主席或者不设监事会的有限责任公司的监事代表公司进行诉讼。

董事会或者不设董事会的有限责任公司的执行董事依据公司法第一百五十一条第一款规定对监事提起诉讼的，或者依据公司法第一百五十一条第三款规定对他人提起诉讼的，应当列公司为原告，依法由董事长或者执行董事代表公司进行诉讼。

第二十四条 符合公司法第一百五十一条第一款规定条件的股东，依据公司法第一百五十一条第二款、第三款规定，直接对董事、监事、高级管理人员或者他人提起诉讼的，应当列公司为第三人参加诉讼。

一审法庭辩论终结前，符合公司法第一百五十一条第一款规定条件的其他股东，以相同的诉讼请求申请参加诉讼的，应当列为共同原告。

第二十五条 股东依据公司法第一百五十一条第二款、第三款规定直接提起诉讼的案件，胜诉利益归属于公司。股东请求被告直接向其承担民事责任的，人民法院不予支持。

第二十六条 股东依据公司法第一百五十一条第二款、第三款规定直接提起诉讼的案件，其诉讼请求部分或者全部得到人民法院支持的，公司应当承担股东因参加诉讼支付的合理费用。

第二十七条 本规定自 2017 年 9 月 1 日起施行。

本规定施行后尚未终审的案件，适用本规定；本规定施行前已经终审的案件，或者适用审判监督程序再审的案件，不适用本规定。

最高人民法院
关于适用《中华人民共和国公司法》若干问题的规定（三）

（2010年12月6日最高人民法院审判委员会第1504次会议通过 根据2014年2月17日最高人民法院审判委员会第1607次会议通过的《最高人民法院关于修改〈关于适用《中华人民共和国公司法》若干问题的规定〉的决定》第一次修正 根据2020年12月23日最高人民法院审判委员会第1823次会议通过的《最高人民法院关于修改〈最高人民法院关于破产企业国有划拨土地使用权应否列入破产财产等问题的批复〉等二十九件商事类司法解释的决定》第二次修正）

为正确适用《中华人民共和国公司法》，结合审判实践，就人民法院审理公司设立、出资、股权确认等纠纷案件适用法律问题作出如下规定。

第一条 为设立公司而签署公司章程、向公司认购出资或者股份并履行公司设立职责的人，应当认定为公司的发起人，包括有限责任公司设立时的股东。

第二条 发起人为设立公司以自己名义对外签订合同，合同相对人请求该发起人承担合同责任的，人民法院应予支持；公司成立后合同相对人请求公司承担合同责任的，人民法院应予支持。

第三条 发起人以设立中公司名义对外签订合同，公司成立后合同相对人请求公司承担合同责任的，人民法院应予支持。

公司成立后有证据证明发起人利用设立中公司的名义为自己的利益与相对人签订合同，公司以此为由主张不承担合同责任的，人民法院应予支持，但相对人为善意的除外。

第四条 公司因故未成立，债权人请求全体或者部分发起人对设立公司行为所产生的费用和债务承担连带清偿责任的，人民法院应予支持。

部分发起人依照前款规定承担责任后，请求其他发起人分担的，人民法院应当判令其他发起人按照约定的责任承担比例分担责任；没有约定责任承担比例的，按照约定的出资比例分担责任；没有约定出资比例的，按照均等份额分担责任。

因部分发起人的过错导致公司未成立，其他发起人主张其承担设立行为所产生的费用和债务的，人民法院应当根据过错情况，确定过错一方的责任范围。

第五条 发起人因履行公司设立职责造成他人损害，公司成立后受害人请求公司承担侵权赔偿责任的，人民法院应予支持；公司未成立，受害人请求全体发起人承担连带赔偿责任的，人民法院应予支持。

公司或者无过错的发起人承担赔偿责任后，可以向有过错的发起人追偿。

第六条 股份有限公司的认股人未按期缴纳所认股份的股款，经公司发起人催缴后在合理期间内仍未缴纳，公司发起人对该股份另行募集的，人民法院应当认定该募集行为有效。认股人延期缴纳股款给公司造成损失，公司请求该认股人承担赔偿责任的，人民法院应予支持。

第七条 出资人以不享有处分权的财产出资，当事人之间对于出资行为效力产生争议的，人民法院可以参照民法典第三百一十一条的规定予以认定。

以贪污、受贿、侵占、挪用等违法犯罪所得的货币出资后取得股权的，对违法犯罪行为予以追究、处罚时，应当采取拍卖或者变卖的方式处置其股权。

第八条 出资人以划拨土地使用权出资，或者以设定权利负担的土地使用权出资，公司、其他股东或者公司债权人主张认定出资人未履行出资义务的，人民法院应当责令当事人在指定的合理期间内办理土地变更手续或者解除权利负担；逾期未办理或者未解除的，人民法院应当认定出资人未依法全面履行出资义务。

第九条 出资人以非货币财产出资，未依法评估作价，公司、其他股东或者公司债权人请求认定出资人未履行出资义务的，人民法院应当委托具有合法资格的评估机构对该财产评估作价。评估确定的价额显著低于公司章程所定价额的，人民法院应当认定出资人未依法全面履行出资义务。

第十条 出资人以房屋、土地使用权或者需要办理权属登记的知识产权等财产出资，已经交付公司使用但未办理权属变更手续，公司、其他股东或者公司债权人主张认定出资人未履行出资义务的，人民法院应当责令当事人在指定的合理期间内办理权属变更手续；在前述期间内办理了权属变更手续的，人民法院应当认定其已经履行了出资义务；出资人主张自其实际交付财产给公司使用时享有相应股东权利的，人民法院应予支持。

出资人以前款规定的财产出资，已经办理权属变更手续但未交付给公司使用，公司或者其他股东主张其向公司交付、并在实际交付之前不享有相应股东权利的，人民法院应予支持。

第十一条 出资人以其他公司股权出资，符合下列条件的，人民法院应当认定出资人已履行出资义务：

（一）出资的股权由出资人合法持有并依法可以转让；

（二）出资的股权无权利瑕疵或者权利负担；

（三）出资人已履行关于股权转让的法定手续；

（四）出资的股权已依法进行了价值评估。

股权出资不符合前款第（一）、（二）、（三）项的规定，公司、其他股东或者公司债权人请求认定出资人未履行出资义务的，人民法院应当责令该出资人在指定的合理期间内采取补正措施，以符合上述条件；逾期未补正的，人民法院应当认定其未依法全面履行出资义务。

股权出资不符合本条第一款第（四）项的规定，公司、其他股东或者公司债权人请求认定出资人未履行出资义务的，人民法院应当按照本规定第九条的规定处理。

第十二条 公司成立后，公司、股东或者公司债权人以相关股东的行为符合下列情形之一且损害公司权益为由，请求认定该股东抽逃出资的，人民法院应予支持：

（一）制作虚假财务会计报表虚增利润进行分配；

（二）通过虚构债权债务关系将其出资转出；

（三）利用关联交易将出资转出；

(四)其他未经法定程序将出资抽回的行为。

第十三条 股东未履行或者未全面履行出资义务,公司或者其他股东请求其向公司依法全面履行出资义务的,人民法院应予支持。

公司债权人请求未履行或者未全面履行出资义务的股东在未出资本息范围内对公司债务不能清偿的部分承担补充赔偿责任的,人民法院应予支持;未履行或者未全面履行出资义务的股东已经承担上述责任,其他债权人提出相同请求的,人民法院不予支持。

股东在公司设立时未履行或者未全面履行出资义务,依照本条第一款或者第二款提起诉讼的原告,请求公司的发起人与被告股东承担连带责任的,人民法院应予支持;公司的发起人承担责任后,可以向被告股东追偿。

股东在公司增资时未履行或者未全面履行出资义务,依照本条第一款或者第二款提起诉讼的原告,请求未尽公司法第一百四十七条第一款规定的义务而使出资未缴足的董事、高级管理人员承担相应责任的,人民法院应予支持;董事、高级管理人员承担责任后,可以向被告股东追偿。

第十四条 股东抽逃出资,公司或者其他股东请求其向公司返还出资本息、协助抽逃出资的其他股东、董事、高级管理人员或者实际控制人对此承担连带责任的,人民法院应予支持。

公司债权人请求抽逃出资的股东在抽逃出资本息范围内对公司债务不能清偿的部分承担补充赔偿责任、协助抽逃出资的其他股东、董事、高级管理人员或者实际控制人对此承担连带责任的,人民法院应予支持;抽逃出资的股东已经承担上述责任,其他债权人提出相同请求的,人民法院不予支持。

第十五条 出资人以符合法定条件的非货币财产出资后,因市场变化或者其他客观因素导致出资财产贬值,公司、其他股东或者公司债权人请求该出资人承担补足出资责任的,人民法院不予支持。但是,当事人另有约定的除外。

第十六条 股东未履行或者未全面履行出资义务或者抽逃出资,公司根据公司章程或者股东会决议对其利润分配请求权、新股优先认购权、剩余财产分配请求权等股东权利作出相应的合理限制,该股东请求认定该限制无效的,人民法院不予支持。

第十七条 有限责任公司的股东未履行出资义务或者抽逃全部出资,经公司催告缴纳或者返还,其在合理期间内仍未缴纳或者返还出资,公司以股东会决议解除该股东的股东资格,该股东请求确认该解除行为无效的,人民法院不予支持。

在前款规定的情形下,人民法院在判决时应当释明,公司应当及时办理法定减资程序或者由其他股东或者第三人缴纳相应的出资。在办理法定减资程序或者其他股东或者第三人缴纳相应的出资之前,公司债权人依照本规定第十三条或者第十四条请求相关当事人承担相应责任的,人民法院应予支持。

第十八条 有限责任公司的股东未履行或者未全面履行出资义务即转让股权,受让人对此知道或者应当知道,公司请求该股东履行出资义务、受让人对此承担连带责任的,人民法院应予支持;公司债权人依照本规定第十三条第二款向该股东提起诉讼,同时请求前述受让人对此承担连带责任的,人民法院应予支持。

受让人根据前款规定承担责任后,向该未履行或者未全面履行出资义务的股东追偿的,人民法院应予支持。但是,当事人另有约定的除外。

第十九条 公司股东未履行或者未全面履行出资义务或者抽逃出资，公司或者其他股东请求其向公司全面履行出资义务或者返还出资，被告股东以诉讼时效为由进行抗辩的，人民法院不予支持。

公司债权人的债权未过诉讼时效期间，其依照本规定第十三条第二款、第十四条第二款的规定请求未履行或者未全面履行出资义务或者抽逃出资的股东承担赔偿责任，被告股东以出资义务或者返还出资义务超过诉讼时效期间为由进行抗辩的，人民法院不予支持。

第二十条 当事人之间对是否已履行出资义务发生争议，原告提供对股东履行出资义务产生合理怀疑证据的，被告股东应当就其已履行出资义务承担举证责任。

第二十一条 当事人向人民法院起诉请求确认其股东资格的，应当以公司为被告，与案件争议股权有利害关系的人作为第三人参加诉讼。

第二十二条 当事人之间对股权归属发生争议，一方请求人民法院确认其享有股权的，应当证明以下事实之一：

（一）已经依法向公司出资或者认缴出资，且不违反法律法规强制性规定；

（二）已经受让或者以其他形式继受公司股权，且不违反法律法规强制性规定。

第二十三条 当事人依法履行出资义务或者依法继受取得股权后，公司未根据公司法第三十一条、第三十二条的规定签发出资证明书、记载于股东名册并办理公司登记机关登记，当事人请求公司履行上述义务的，人民法院应予支持。

第二十四条 有限责任公司的实际出资人与名义出资人订立合同，约定由实际出资人出资并享有投资权益，以名义出资人为名义股东，实际出资人与名义股东对该合同效力发生争议的，如无法律规定的无效情形，人民法院应当认定该合同有效。

前款规定的实际出资人与名义股东因投资权益的归属发生争议，实际出资人以其实际履行了出资义务为由向名义股东主张权利的，人民法院应予支持。名义股东以公司股东名册记载、公司登记机关登记为由否认实际出资人权利的，人民法院不予支持。

实际出资人未经公司其他股东半数以上同意，请求公司变更股东、签发出资证明书、记载于股东名册、记载于公司章程并办理公司登记机关登记的，人民法院不予支持。

第二十五条 名义股东将登记于其名下的股权转让、质押或者以其他方式处分，实际出资人以其对于股权享有实际权利为由，请求认定处分股权行为无效的，人民法院可以参照民法典第三百一十一条的规定处理。

名义股东处分股权造成实际出资人损失，实际出资人请求名义股东承担赔偿责任的，人民法院应予支持。

第二十六条 公司债权人以登记于公司登记机关的股东未履行出资义务为由，请求其对公司债务不能清偿的部分在未出资本息范围内承担补充赔偿责任，股东以其仅为名义股东而非实际出资人为由进行抗辩的，人民法院不予支持。

名义股东根据前款规定承担赔偿责任后，向实际出资人追偿的，人民法院应予支持。

第二十七条 股权转让后尚未向公司登记机关办理变更登记，原股东将仍登记于其名下的股权转让、质押或者以其他方式处分，受让股东以其对于股权享有实际权利为由，请求认定处分股权行为无效的，人民法院可以参照民法典第三百一十一条的规定处理。

原股东处分股权造成受让股东损失，受让股东请求原股东承担赔偿责任、对于未及时办理变更登记有过错的董事、高级管理人员或者实际控制人承担相应责任的，人民法院应予支持；受让股东对于未及时办理变更登记也有过错的，可以适当减轻上述董事、高级管理人员或者实际控制人的责任。

第二十八条 冒用他人名义出资并将该他人作为股东在公司登记机关登记的，冒名登记行为人应当承担相应责任；公司、其他股东或者公司债权人以未履行出资义务为由，请求被冒名登记为股东的承担补足出资责任或者对公司债务不能清偿部分的赔偿责任的，人民法院不予支持。

最高人民法院
关于适用《中华人民共和国公司法》若干问题的规定（二）

（2008年5月5日最高人民法院审判委员会第1447次会议通过 根据2014年2月17日最高人民法院审判委员会第1607次会议通过的《最高人民法院关于修改〈关于适用《中华人民共和国公司法》若干问题的规定〉的决定》第一次修正 根据2020年12月23日最高人民法院审判委员会第1823次会议通过的《最高人民法院关于修改〈最高人民法院关于破产企业国有划拨土地使用权应否列入破产财产等问题的批复〉等二十九件商事类司法解释的决定》第二次修正）

为正确适用《中华人民共和国公司法》，结合审判实践，就人民法院审理公司解散和清算案件适用法律问题作出如下规定。

第一条 单独或者合计持有公司全部股东表决权百分之十以上的股东，以下列事由之一提起解散公司诉讼，并符合公司法第一百八十二条规定的，人民法院应予受理：

（一）公司持续两年以上无法召开股东会或者股东大会，公司经营管理发生严重困难的；

（二）股东表决时无法达到法定或者公司章程规定的比例，持续两年以上不能做出有效的股东会或者股东大会决议，公司经营管理发生严重困难的；

（三）公司董事长期冲突，且无法通过股东会或者股东大会解决，公司经营管理发生严重困难的；

（四）经营管理发生其他严重困难，公司继续存续会使股东利益受到重大损失的情形。

股东以知情权、利润分配请求权等权益受到损害，或者公司亏损、财产不足以偿还全部债务，以及公司被吊销企业法人营业执照未进行清算等为由，提起解散公司诉讼的，人民法院不予受理。

第二条 股东提起解散公司诉讼，同时又申请人民法院对公司进行清算的，人民法院对其提出的清算申请不予受理。人民法院可以告知原告,在人民法院判决解散公司后,依据民法典第七十条、公司法第一百八十三条和本规定第七条的规定,自行组织清算或者另行申请人民法院对公司进行清算。

第三条　股东提起解散公司诉讼时,向人民法院申请财产保全或者证据保全的,在股东提供担保且不影响公司正常经营的情形下,人民法院可予以保全。

第四条　股东提起解散公司诉讼应当以公司为被告。

原告以其他股东为被告一并提起诉讼的,人民法院应当告知原告将其他股东变更为第三人;原告坚持不予变更的,人民法院应当驳回原告对其他股东的起诉。

原告提起解散公司诉讼应当告知其他股东,或者由人民法院通知其参加诉讼。其他股东或者有关利害关系人申请以共同原告或者第三人身份参加诉讼的,人民法院应予准许。

第五条　人民法院审理解散公司诉讼案件,应当注重调解。当事人协商同意由公司或者股东收购股份,或者以减资等方式使公司存续,且不违反法律、行政法规强制性规定的,人民法院应予支持。当事人不能协商一致使公司存续的,人民法院应当及时判决。

经人民法院调解公司收购原告股份的,公司应当自调解书生效之日起六个月内将股份转让或者注销。股份转让或者注销之前,原告不得以公司收购其股份为由对抗公司债权人。

第六条　人民法院关于解散公司诉讼作出的判决,对公司全体股东具有法律约束力。

人民法院判决驳回解散公司诉讼请求后,提起该诉讼的股东或者其他股东又以同一事实和理由提起解散公司诉讼的,人民法院不予受理。

第七条　公司应当依照民法典第七十条、公司法第一百八十三条的规定,在解散事由出现之日起十五日内成立清算组,开始自行清算。

有下列情形之一,债权人、公司股东、董事或其他利害关系人申请人民法院指定清算组进行清算的,人民法院应予受理:

(一)公司解散逾期不成立清算组进行清算的;

(二)虽然成立清算组但故意拖延清算的;

(三)违法清算可能严重损害债权人或者股东利益的。

第八条　人民法院受理公司清算案件,应当及时指定有关人员组成清算组。

清算组成员可以从下列人员或者机构中产生:

(一)公司股东、董事、监事、高级管理人员;

(二)依法设立的律师事务所、会计师事务所、破产清算事务所等社会中介机构;

(三)依法设立的律师事务所、会计师事务所、破产清算事务所等社会中介机构中具备相关专业知识并取得执业资格的人员。

第九条　人民法院指定的清算组成员有下列情形之一的,人民法院可以根据债权人、公司股东、董事或其他利害关系人的申请,或者依职权更换清算组成员:

(一)有违反法律或者行政法规的行为;

(二)丧失执业能力或者民事行为能力;

(三)有严重损害公司或者债权人利益的行为。

第十条 公司依法清算结束并办理注销登记前，有关公司的民事诉讼，应当以公司的名义进行。

公司成立清算组的，由清算组负责人代表公司参加诉讼；尚未成立清算组的，由原法定代表人代表公司参加诉讼。

第十一条 公司清算时，清算组应当按照公司法第一百八十五条的规定，将公司解散清算事宜书面通知全体已知债权人，并根据公司规模和营业地域范围在全国或者公司注册登记地省级有影响的报纸上进行公告。

清算组未按照前款规定履行通知和公告义务，导致债权人未及时申报债权而未获清偿，债权人主张清算组成员对因此造成的损失承担赔偿责任的，人民法院应依法予以支持。

第十二条 公司清算时，债权人对清算组核定的债权有异议的，可以要求清算组重新核定。清算组不予重新核定，或者债权人对重新核定的债权仍有异议，债权人以公司为被告向人民法院提起诉讼请求确认的，人民法院应予受理。

第十三条 债权人在规定的期限内未申报债权，在公司清算程序终结前补充申报的，清算组应予登记。

公司清算程序终结，是指清算报告经股东会、股东大会或者人民法院确认完毕。

第十四条 债权人补充申报的债权，可以在公司尚未分配财产中依法清偿。公司尚未分配财产不能全额清偿，债权人主张股东以其在剩余财产分配中已经取得的财产予以清偿的，人民法院应予支持；但债权人因重大过错未在规定期限内申报债权的除外。

债权人或者清算组，以公司尚未分配财产和股东在剩余财产分配中已经取得的财产，不能全额清偿补充申报的债权为由，向人民法院提出破产清算申请的，人民法院不予受理。

第十五条 公司自行清算的，清算方案应当报股东会或者股东大会决议确认；人民法院组织清算的，清算方案应当报人民法院确认。未经确认的清算方案，清算组不得执行。

执行未经确认的清算方案给公司或者债权人造成损失，公司、股东、董事、公司其他利害关系人或者债权人主张清算组成员承担赔偿责任的，人民法院应依法予以支持。

第十六条 人民法院组织清算的，清算组应当自成立之日起六个月内清算完毕。

因特殊情况无法在六个月内完成清算的，清算组应当向人民法院申请延长。

第十七条 人民法院指定的清算组在清理公司财产、编制资产负债表和财产清单时，发现公司财产不足清偿债务的，可以与债权人协商制作有关债务清偿方案。

债务清偿方案经全体债权人确认且不损害其他利害关系人利益的，人民法院可依清算组的申请裁定予以认可。清算组依据该清偿方案清偿债务后，应当向人民法院申请裁定终结清算程序。

债权人对债务清偿方案不予确认或者人民法院不予认可的，清算组应当依法向人民法院申请宣告破产。

第十八条 有限责任公司的股东、股份有限公司的董事和控股股东未在法定期限内成立清算组开始清算，导致公司财产贬值、流失、毁损或者灭失，债权人主张其在造成损失范围内对公司债务承担赔偿责任的，人民法院应依法予以支持。

有限责任公司的股东、股份有限公司的董事和控股股东因怠于履行义务，导致公司主要财产、账册、重要文件等灭失，无法进行清算，债权人主张其对公司债务承担连带清偿责任的，人民法院应依法予以支持。

上述情形系实际控制人原因造成，债权人主张实际控制人对公司债务承担相应民事责任的，人民法院应依法予以支持。

第十九条 有限责任公司的股东、股份有限公司的董事和控股股东，以及公司的实际控制人在公司解散后，恶意处置公司财产给债权人造成损失，或者未经依法清算，以虚假的清算报告骗取公司登记机关办理法人注销登记，债权人主张其对公司债务承担相应赔偿责任的，人民法院应依法予以支持。

第二十条 公司解散应当在依法清算完毕后，申请办理注销登记。公司未经清算即办理注销登记，导致公司无法进行清算，债权人主张有限责任公司的股东、股份有限公司的董事和控股股东，以及公司的实际控制人对公司债务承担清偿责任的，人民法院应依法予以支持。

公司未经依法清算即办理注销登记，股东或者第三人在公司登记机关办理注销登记时承诺对公司债务承担责任，债权人主张其对公司债务承担相应民事责任的，人民法院应依法予以支持。

第二十一条 按照本规定第十八条和第二十条第一款的规定应当承担责任的有限责任公司的股东、股份有限公司的董事和控股股东，以及公司的实际控制人为二人以上的，其中一人或者数人依法承担民事责任后，主张其他人员按照过错大小分担责任的，人民法院应依法予以支持。

第二十二条 公司解散时，股东尚未缴纳的出资均应作为清算财产。股东尚未缴纳的出资，包括到期应缴未缴的出资，以及依照公司法第二十六条和第八十条的规定分期缴纳尚未届满缴纳期限的出资。

公司财产不足以清偿债务时，债权人主张未缴出资股东，以及公司设立时的其他股东或者发起人在未缴出资范围内对公司债务承担连带清偿责任的，人民法院应依法予以支持。

第二十三条 清算组成员从事清算事务时，违反法律、行政法规或者公司章程给公司或者债权人造成损失，公司或者债权人主张其承担赔偿责任的，人民法院应依法予以支持。

有限责任公司的股东、股份有限公司连续一百八十日以上单独或者合计持有公司百分之一以上股份的股东，依据公司法第一百五十一条第三款的规定，以清算组成员有前款所述行为为由向人民法院提起诉讼的，人民法院应予受理。

公司已经清算完毕注销，上述股东参照公司法第一百五十一条第三款的规定，直接以清算组成员为被告、其他股东为第三人向人民法院提起诉讼的，人民法院应予受理。

第二十四条 解散公司诉讼案件和公司清算案件由公司住所地人民法院管辖。公司住所地是指公司主要办事机构所在地。公司办事机构所在地不明确的，由其注册地人民法院管辖。

基层人民法院管辖县、县级市或者区的公司登记机关核准登记公司的解散诉讼案件和公司清算案件；中级人民法院管辖地区、地级市以上的公司登记机关核准登记公司的解散诉讼案件和公司清算案件。

最高人民法院
关于适用《中华人民共和国公司法》
若干问题的规定（一）

（2006年3月27日最高人民法院审判委员会
第1382次会议通过 根据2014年2月17日最高
人民法院审判委员会第1607次会议《关于修改关于适用
〈中华人民共和国公司法〉若干问题的规定的决定》修正）

为正确适用2005年10月27日十届全国人大常委会第十八次会议修订的《中华人民共和国公司法》，对人民法院在审理相关的民事纠纷案件中，具体适用公司法的有关问题规定如下：

第一条 公司法实施后，人民法院尚未审结的和新受理的民事案件，其民事行为或事件发生在公司法实施以前的，适用当时的法律法规和司法解释。

第二条 因公司法实施前有关民事行为或者事件发生纠纷起诉到人民法院的，如当时的法律法规和司法解释没有明确规定时，可参照适用公司法的有关规定。

第三条 原告以公司法第二十二条第二款、第七十四条第二款规定事由，向人民法院提起诉讼时，超过公司法规定期限的，人民法院不予受理。

第四条 公司法第一百五十一条规定的180日以上连续持股期间，应为股东向人民法院提起诉讼时，已期满的持股时间；规定的合计持有公司百分之一以上股份，是指两个以上股东持股份额的合计。

第五条 人民法院对公司法实施前已经终审的案件依法进行再审时，不适用公司法的规定。

第六条 本规定自公布之日起实施。

最高人民法院
关于审理外商投资企业纠纷案件
若干问题的规定（一）

（2010年5月17日最高人民法院审判委员会第1487次会议通过
根据2020年12月23日最高人民法院审判委员会第1823次会议通过的
《最高人民法院关于修改〈最高人民法院关于破产企业国有划拨土地使用权
应否列入破产财产等问题的批复〉等二十九件商事类司法解释的决定》修正）

为正确审理外商投资企业在设立、变更等过程中产生的纠纷案件，保护当事人的合法权益，根据《中华人民共和国民法典》《中华人民共和国外商投资法》《中华人民共和国公司法》等法律法规的规定，结合审判实践，制定本规定。

第一条 当事人在外商投资企业设立、变更等过程中订立的合同，依法律、行政法规的规定应当经外商投资企业审批机关批准后才生效的，自批准之日起生效；未经批准的，人民法院应当认定该合同未生效。当事人请求确认该合同无效的，人民法院不予支持。

前款所述合同因未经批准而被认定未生效的，不影响合同中当事人履行报批义务条款及因该报批义务而设定的相关条款的效力。

第二条 当事人就外商投资企业相关事项达成的补充协议对已获批准的合同不构成重大或实质性变更的，人民法院不应以未经外商投资企业审批机关批准为由认定该补充协议未生效。

前款规定的重大或实质性变更包括注册资本、公司类型、经营范围、营业期限、股东认缴的出资额、出资方式的变更以及公司合并、公司分立、股权转让等。

第三条 人民法院在审理案件中，发现经外商投资企业审批机关批准的外商投资企业合同具有法律、行政法规规定的无效情形的，应当认定合同无效；该合同具有法律、行政法规规定的可撤销情形，当事人请求撤销的，人民法院应予支持。

第四条 外商投资企业合同约定一方当事人以需要办理权属变更登记的标的物出资或者提供合作条件，标的物已交付外商投资企业实际使用，且负有办理权属变更登记义务的一方当事人在人民法院指定的合理期限内完成了登记的，人民法院应当认定该方当事人履行了出资或者提供合作条件的义务。外商投资企业或其股东以该方当事人未履行出资义务为由主张该方当事人不享有股东权益的，人民法院不予支持。

外商投资企业或其股东举证证明该方当事人因迟延办理权属变更登记给外商投资企业造成损失并请求赔偿的，人民法院应予支持。

第五条 外商投资企业股权转让合同成立后，转让方和外商投资企业不履行报批义务，经受让方催告后在合理的期限内仍未履行，受让方请求解除合同并由转让方返还其已支付的转让款、赔偿因未履行报批义务而造成的实际损失的，人民法院应予支持。

第六条 外商投资企业股权转让合同成立后，转让方和外商投资企业不履行报批义务，受让方以转让方为被告、以外商投资企业为第三人提起诉讼，请求转让方与外商投资企业在一定期限内共同履行报批义务的，人民法院应予支持。受让方同时请求在转让方和外商投资企业于生效判决确定的期限内不履行报批义务时自行报批的，人民法院应予支持。

转让方和外商投资企业拒不根据人民法院生效判决确定的期限履行报批义务，受让方另行起诉，请求解除合同并赔偿损失的，人民法院应予支持。赔偿损失的范围可以包括股权的差价损失、股权收益及其他合理损失。

第七条 转让方、外商投资企业或者受让方根据本规定第六条第一款的规定就外商投资企业股权转让合同报批，未获外商投资企业审批机关批准，受让方另行起诉，请求转让方返还其已支付的转让款的，人民法院应予支持。受让方请求转让方赔偿因此造成的损失的，人民法院应根据转让方是否存在过错以及过错大小认定其是否承担赔偿责任及具体赔偿数额。

第八条 外商投资企业股权转让合同约定受让方支付转让款后转让方才办理报批

手续，受让方未支付股权转让款，经转让方催告后在合理的期限内仍未履行，转让方请求解除合同并赔偿因迟延履行而造成的实际损失的，人民法院应予支持。

第九条 外商投资企业股权转让合同成立后，受让方未支付股权转让款，转让方和外商投资企业亦未履行报批义务，转让方请求受让方支付股权转让款的，人民法院应当中止审理，指令转让方在一定期限内办理报批手续。该股权转让合同获得外商投资企业审批机关批准的，对转让方关于支付转让款的诉讼请求，人民法院应予支持。

第十条 外商投资企业股权转让合同成立后，受让方已实际参与外商投资企业的经营管理并获取收益，但合同未获外商投资企业审批机关批准，转让方请求受让方退出外商投资企业的经营管理并将受让方因实际参与经营管理而获得的收益在扣除相关成本费用后支付给转让方的，人民法院应予支持。

第十一条 外商投资企业一方股东将股权全部或部分转让给股东之外的第三人，应当经其他股东一致同意，其他股东以未征得其同意为由请求撤销股权转让合同的，人民法院应予支持。具有以下情形之一的除外：

（一）有证据证明其他股东已经同意；

（二）转让方已就股权转让事项书面通知，其他股东自接到书面通知之日满三十日未予答复；

（三）其他股东不同意转让，又不购买该转让的股权。

第十二条 外商投资企业一方股东将股权全部或部分转让给股东之外的第三人，其他股东以该股权转让侵害了其优先购买权为由请求撤销股权转让合同的，人民法院应予支持。其他股东在知道或者应当知道股权转让合同签订之日起一年内未主张优先购买权的除外。

前款规定的转让方、受让方以侵害其他股东优先购买权为由请求认定股权转让合同无效的，人民法院不予支持。

第十三条 外商投资企业股东与债权人订立的股权质押合同，除法律、行政法规另有规定或者合同另有约定外，自成立时生效。未办理质权登记的，不影响股权质押合同的效力。

当事人仅以股权质押合同未经外商投资企业审批机关批准为由主张合同无效或未生效的，人民法院不予支持。

股权质押合同依照民法典的相关规定办理了出质登记的，股权质权自登记时设立。

第十四条 当事人之间约定一方实际投资、另一方作为外商投资企业名义股东，实际投资者请求确认其在外商投资企业中的股东身份或者请求变更外商投资企业股东的，人民法院不予支持。同时具备以下条件的除外：

（一）实际投资者已经实际投资；

（二）名义股东以外的其他股东认可实际投资者的股东身份；

（三）人民法院或当事人在诉讼期间就将实际投资者变更为股东征得了外商投资企业审批机关的同意。

第十五条 合同约定一方实际投资、另一方作为外商投资企业名义股东，不具有法律、行政法规规定的无效情形的，人民法院应认定该合同有效。一方当事人仅以未经外商投资企业审批机关批准为由主张该合同无效或者未生效的，人民法院不予支持。

实际投资者请求外商投资企业名义股东依据双方约定履行相应义务的，人民法院应予支持。

双方未约定利益分配，实际投资者请求外商投资企业名义股东向其交付从外商投资企业获得的收益的，人民法院应予支持。外商投资企业名义股东向实际投资者请求支付必要报酬的，人民法院应酌情予以支持。

第十六条 外商投资企业名义股东不履行与实际投资者之间的合同，致使实际投资者不能实现合同目的，实际投资者请求解除合同并由外商投资企业名义股东承担违约责任的，人民法院应予支持。

第十七条 实际投资者根据其与外商投资企业名义股东的约定，直接向外商投资企业请求分配利润或者行使其他股东权利的，人民法院不予支持。

第十八条 实际投资者与外商投资企业名义股东之间的合同被认定无效，名义股东持有的股权价值高于实际投资额，实际投资者请求名义股东向其返还投资款并根据其实际投资情况以及名义股东参与外商投资企业经营管理的情况对股权收益在双方之间进行合理分配的，人民法院应予支持。

外商投资企业名义股东明确表示放弃股权或者拒绝继续持有股权的，人民法院可以判令以拍卖、变卖名义股东持有的外商投资企业股权所得向实际投资者返还投资款，其余款项根据实际投资者的实际投资情况、名义股东参与外商投资企业经营管理的情况在双方之间进行合理分配。

第十九条 实际投资者与外商投资企业名义股东之间的合同被认定无效，名义股东持有的股权价值低于实际投资额，实际投资者请求名义股东向其返还现有股权的等值价款的，人民法院应予支持；外商投资企业名义股东明确表示放弃股权或者拒绝继续持有股权的，人民法院可以判令以拍卖、变卖名义股东持有的外商投资企业股权所得向实际投资者返还投资款。

实际投资者请求名义股东赔偿损失的，人民法院应当根据名义股东对合同无效是否存在过错及过错大小认定其是否承担赔偿责任及具体赔偿数额。

第二十条 实际投资者与外商投资企业名义股东之间的合同因恶意串通，损害国家、集体或者第三人利益，被认定无效的，人民法院应当将因此取得的财产收归国家所有或者返还集体、第三人。

第二十一条 外商投资企业一方股东或者外商投资企业以提供虚假材料等欺诈或者其他不正当手段向外商投资企业审批机关申请变更外商投资企业批准证书所载股东，导致外商投资企业他方股东丧失股东身份或原有股权份额，他方股东请求确认股东身份或原有股权份额的，人民法院应予支持。第三人已经善意取得该股权的除外。

他方股东请求侵权股东或者外商投资企业赔偿损失的，人民法院应予支持。

第二十二条 人民法院审理香港特别行政区、澳门特别行政区、台湾地区的投资者、定居在国外的中国公民在内地投资设立企业产生的相关纠纷案件，参照适用本规定。

第二十三条 本规定施行后，案件尚在一审或者二审阶段的，适用本规定；本规定施行前已经终审的案件，人民法院进行再审时，不适用本规定。

第二十四条 本规定施行前本院作出的有关司法解释与本规定相抵触的，以本规定为准。

最高人民法院
关于审理与企业改制相关的民事纠纷案件若干问题的规定

(2002年12月3日最高人民法院审判委员会第1259次会议通过 根据2020年12月23日最高人民法院审判委员会第1823次会议通过的《最高人民法院关于修改〈最高人民法院关于破产企业国有划拨土地使用权应否列入破产财产等问题的批复〉等二十九件商事类司法解释的决定》修正)

为了正确审理与企业改制相关的民事纠纷案件,根据《中华人民共和国民法典》《中华人民共和国公司法》《中华人民共和国全民所有制工业企业法》《中华人民共和国民事诉讼法》等法律、法规的规定,结合审判实践,制定本规定。

一、案件受理

第一条 人民法院受理以下平等民事主体间在企业产权制度改造中发生的民事纠纷案件:

(一) 企业公司制改造中发生的民事纠纷;

(二) 企业股份合作制改造中发生的民事纠纷;

(三) 企业分立中发生的民事纠纷;

(四) 企业债权转股权纠纷;

(五) 企业出售合同纠纷;

(六) 企业兼并合同纠纷;

(七) 与企业改制相关的其他民事纠纷。

第二条 当事人起诉符合本规定第一条所列情形,并符合民事诉讼法第一百一十九条规定的起诉条件的,人民法院应当予以受理。

第三条 政府主管部门在对企业国有资产进行行政性调整、划转过程中发生的纠纷,当事人向人民法院提起民事诉讼的,人民法院不予受理。

二、企业公司制改造

第四条 国有企业依公司法整体改造为国有独资有限责任公司的,原企业的债务,由改造后的有限责任公司承担。

第五条 企业通过增资扩股或者转让部分产权,实现他人对企业的参股,将企业整体改造为有限责任公司或者股份有限公司的,原企业债务由改造后的新设公司承担。

第六条 企业以其部分财产和相应债务与他人组建新公司,对所转移的债务债权人认可的,由新组建的公司承担民事责任;对所转移的债务未通知债权人或者虽通知债权人,而债权人不予认可的,由原企业承担民事责任。原企业无力偿还债务,债权人就此向新设公司主张债权的,新设公司在所接收的财产范围内与原企业承担连带民事责任。

第七条 企业以其优质财产与他人组建新公司,而将债务留在原企业,债权人以新设公司和原企业作为共同被告提起诉讼主张债权的，新设公司应当在所接收的财产范围内与原企业共同承担连带责任。

三、企业股份合作制改造

第八条 由企业职工买断企业产权，将原企业改造为股份合作制的，原企业的债务，由改造后的股份合作制企业承担。

第九条 企业向其职工转让部分产权，由企业与职工共同组建股份合作制企业的，原企业的债务由改造后的股份合作制企业承担。

第十条 企业通过其职工投资增资扩股，将原企业改造为股份合作制企业的，原企业的债务由改造后的股份合作制企业承担。

第十一条 企业在进行股份合作制改造时，参照公司法的有关规定，公告通知了债权人。企业股份合作制改造后，债权人就原企业资产管理人（出资人）隐瞒或者遗漏的债务起诉股份合作制企业的，如债权人在公告期内申报过该债权，股份合作制企业在承担民事责任后，可再向原企业资产管理人（出资人）追偿。如债权人在公告期内未申报过该债权，则股份合作制企业不承担民事责任，人民法院可告知债权人另行起诉原企业资产管理人（出资人）。

四、企业分立

第十二条 债权人向分立后的企业主张债权，企业分立时对原企业的债务承担有约定，并经债权人认可的，按照当事人的约定处理；企业分立时对原企业债务承担没有约定或者约定不明，或者虽然有约定但债权人不予认可的，分立后的企业应当承担连带责任。

第十三条 分立的企业在承担连带责任后，各分立的企业间对原企业债务承担有约定的，按照约定处理；没有约定或者约定不明的，根据企业分立时的资产比例分担。

五、企业债权转股权

第十四条 债权人与债务人自愿达成债权转股权协议，且不违反法律和行政法规强制性规定的，人民法院在审理相关的民事纠纷案件中，应当确认债权转股权协议有效。

政策性债权转股权，按照国务院有关部门的规定处理。

第十五条 债务人以隐瞒企业资产或者虚列企业资产为手段，骗取债权人与其签订债权转股权协议，债权人在法定期间内行使撤销权的，人民法院应当予以支持。

债权转股权协议被撤销后，债权人有权要求债务人清偿债务。

第十六条 部分债权人进行债权转股权的行为，不影响其他债权人向债务人主张债权。

六、国有小型企业出售

第十七条 以协议转让形式出售企业，企业出售合同未经有审批权的地方人民政府或其授权的职能部门审批的，人民法院在审理相关的民事纠纷案件时，应当确认该企业出售合同不生效。

第十八条 企业出售中，当事人双方恶意串通，损害国家利益的，人民法院在审理相关的民事纠纷案件时，应当确认该企业出售行为无效。

第十九条 企业出售中，出卖人实施的行为具有法律规定的撤销情形，买受人在法定期限内行使撤销权的，人民法院应当予以支持。

第二十条 企业出售合同约定的履行期限届满,一方当事人拒不履行合同,或者未完全履行合同义务,致使合同目的不能实现,对方当事人要求解除合同并要求赔偿损失的,人民法院应当予以支持。

第二十一条 企业出售合同约定的履行期限届满,一方当事人未完全履行合同义务,对方当事人要求继续履行合同并要求赔偿损失的,人民法院应当予以支持。双方当事人均未完全履行合同义务的,应当根据当事人的过错,确定各自应当承担的民事责任。

第二十二条 企业出售时,出卖人对所售企业的资产负债状况、损益状况等重大事项未履行如实告知义务,影响企业出售价格,买受人就此向人民法院起诉主张补偿的,人民法院应当予以支持。

第二十三条 企业出售合同被确认无效或者被撤销的,企业售出后买受人经营企业期间发生的经营盈亏,由买受人享有或者承担。

第二十四条 企业售出后,买受人将所购企业资产纳入本企业或者将所购企业变更为所属分支机构的,所购企业的债务,由买受人承担。但买卖双方另有约定,并经债权人认可的除外。

第二十五条 企业售出后,买受人将所购企业资产作价入股与他人重新组建新公司,所购企业法人予以注销的,对所购企业出售前的债务,买受人应当以其所有财产,包括在新组建公司中的股权承担民事责任。

第二十六条 企业售出后,买受人将所购企业重新注册为新的企业法人,所购企业法人被注销的,所购企业出售前的债务,应当由新注册的企业法人承担。但买卖双方另有约定,并经债权人认可的除外。

第二十七条 企业售出后,应当办理而未办理企业法人注销登记,债权人起诉该企业的,人民法院应当根据企业资产转让后的具体情况,告知债权人追加责任主体,并判令责任主体承担民事责任。

第二十八条 出售企业时,参照公司法的有关规定,出卖人公告通知了债权人。企业售出后,债权人就出卖人隐瞒或者遗漏的原企业债务起诉买受人的,如债权人在公告期内申报过该债权,买受人在承担民事责任后,可再行向出卖人追偿。如债权人在公告期内未申报过该债权,则买受人不承担民事责任。人民法院可告知债权人另行起诉出卖人。

第二十九条 出售企业的行为具有民法典第五百三十八条、第五百三十九条规定的情形,债权人在法定期限内行使撤销权的,人民法院应当予以支持。

七、企业兼并

第三十条 企业兼并协议自当事人签字盖章之日起生效。需经政府主管部门批准的,兼并协议自批准之日起生效;未经批准的,企业兼并协议不生效。但当事人在一审法庭辩论终结前补办报批手续的,人民法院应当确认该兼并协议有效。

第三十一条 企业吸收合并后,被兼并企业的债务应当由兼并方承担。

第三十二条 企业新设合并后,被兼并企业的债务由新设合并后的企业法人承担。

第三十三条 企业吸收合并或新设合并后,被兼并企业应当办理而未办理工商注销登记,债权人起诉被兼并企业的,人民法院应当根据企业兼并后的具体情况,告知债权人追加责任主体,并判令责任主体承担民事责任。

第三十四条 以收购方式实现对企业控股的，被控股企业的债务，仍由其自行承担。但因控股企业抽逃资金、逃避债务，致被控股企业无力偿还债务的，被控股企业的债务则由控股企业承担。

八、附则

第三十五条 本规定自二〇〇三年二月一日起施行。在本规定施行前，本院制定的有关企业改制方面的司法解释与本规定相抵触的，不再适用。

最高人民法院
关于审理军队、武警部队、政法机关移交、撤销企业和与党政机关脱钩企业相关纠纷案件若干问题的规定

（2001年2月6日最高人民法院审判委员会第1158次会议通过 根据2020年12月23日最高人民法院审判委员会第1823次会议通过的《最高人民法院关于修改〈最高人民法院关于破产企业国有划拨土地使用权应否列入破产财产等问题的批复〉等二十九件商事类司法解释的决定》修正）

为依法准确审理军队、武警部队、政法机关移交、撤销企业和与党政机关脱钩的企业所发生的债务纠纷案件和破产案件，根据《中华人民共和国民法典》《中华人民共和国公司法》《中华人民共和国民事诉讼法》《中华人民共和国企业破产法》的有关规定，作如下规定：

一、移交、撤销、脱钩企业债务纠纷的处理

第一条 军队、武警部队、政法机关和党政机关开办的企业（以下简称被开办企业）具备法人条件并领取了企业法人营业执照的，根据民法典第六十条的规定，应当以其全部财产独立承担民事责任。

第二条 被开办企业领取了企业法人营业执照，虽然实际投入的资金与注册资金不符，但已达到了《中华人民共和国企业法人登记管理条例施行细则》第十二条第七项规定数额的，应当认定其具备法人资格，开办单位应当在该企业实际投入资金与注册资金的差额范围内承担民事责任。

第三条 被开办企业虽然领取了企业法人营业执照，但投入的资金未达到《中华人民共和国企业法人登记管理条例施行细则》第十二条第七项规定数额的，或者不具备企业法人其他条件的，应当认定其不具备法人资格，其民事责任由开办单位承担。

第四条 开办单位抽逃、转移资金或者隐匿财产以逃避被开办企业债务的，应当将所抽逃、转移的资金或者隐匿的财产退回，用以清偿被开办企业的债务。

第五条 开办单位或其主管部门在被开办企业撤销时，向工商行政管理机关出具证明文件，自愿对被开办企业的债务承担责任的，应当按照承诺对被开办企业的债务承担民事责任。

第六条 开办单位已经在被开办企业注册资金不实的范围内承担了民事责任的，

应视为开办单位的注册资金已经足额到位，不再继续承担注册资金不实的责任。

二、移交、撤销、脱钩企业破产案件的处理

第七条 被开办企业或者债权人向人民法院申请破产的，不论开办单位的注册资金是否足额到位，人民法院均应当受理。

第八条 被开办企业被宣告破产的，开办单位对其没有投足的注册资金、收取的资金和实物、转移的资金或者隐匿的财产，都应当由清算组负责收回。

第九条 被开办企业向社会或者向企业内部职工集资未清偿的，在破产财产分配时，应当按照《中华人民共和国企业破产法》第一百一十三条第一款第一项的规定予以清偿。

三、财产保全和执行

第十条 人民法院在审理有关移交、撤销、脱钩的企业的案件时，认定开办单位应当承担民事责任的，不得对开办单位的国库款、军费、财政经费账户、办公用房、车辆等其他办公必需品采取查封、扣押、冻结、拍卖等保全和执行措施。

四、适用范围

第十一条 本规定仅适用于审理此次军队、武警部队、政法机关移交、撤销企业和与党政机关脱钩的企业所发生的债务纠纷案件和破产案件。

指导案例 8 号

林某清诉常熟市凯某实业有限公司、戴某明公司解散纠纷案

（最高人民法院审判委员会讨论通过　2012 年 4 月 9 日发布）

关键词

民事　公司解散　经营管理严重困难　公司僵局

裁判要点

公司法第一百八十三条将"公司经营管理发生严重困难"作为股东提起解散公司之诉的条件之一。判断"公司经营管理是否发生严重困难"，应从公司组织机构的运行状态进行综合分析。公司虽处于盈利状态，但其股东会机制长期失灵，内部管理有严重障碍，已陷入僵局状态，可以认定为公司经营管理发生严重困难。对于符合公司法及相关司法解释规定的其他条件的，人民法院可以依法判决公司解散。

相关法条

《中华人民共和国公司法》第一百八十三条

基本案情

原告林某清诉称：常熟市凯某实业有限公司（以下简称凯某公司）经营管理发生严重困难，陷入公司僵局且无法通过其他方法解决，其权益遭受重大损害，请求解散凯某公司。

被告凯某公司及戴某明辩称：凯某公司及其下属分公司运营状态良好，不符合公

司解散的条件，戴某明与林某清的矛盾有其他解决途径，不应通过司法程序强制解散公司。

法院经审理查明：凯某公司成立于2002年1月，林某清与戴某明系该公司股东，各占50%的股份，戴某明任公司法定代表人及执行董事，林某清任公司总经理兼公司监事。凯某公司章程明确规定：股东会的决议须经代表1/2以上表决权的股东通过，但对公司增加或减少注册资本、合并、解散、变更公司形式、修改公司章程作出决议时，必须经代表2/3以上表决权的股东通过。股东会会议由股东按照出资比例行使表决权。2006年起，林某清与戴某明两人之间的矛盾逐渐显现。2006年5月9日，林某清提议并通知召开股东会，由于戴某明认为林某清没有召集会议的权利，会议未能召开。同年6月6日、8月8日、9月16日、10月10日、10月17日，林某清委托律师向凯某公司和戴某明发函称，因股东权益受到严重侵害，林某清作为享有公司股东会1/2表决权的股东，已按公司章程规定的程序表决并通过了解散凯某公司的决议，要求戴某明提供凯某公司的财务账册等资料，并对凯某公司进行清算。同年6月17日、9月7日、10月13日，戴某明回函称，林某清作出的股东会决议没有合法依据，戴某明不同意解散公司，并要求林某清交出公司财务资料。同年11月15日、25日，林某清再次向凯某公司和戴某明发函，要求凯某公司和戴某明提供公司财务账册等供其查阅、分配公司收入、解散公司。

江苏常熟服装城管理委员会（以下简称服装城管委会）证明凯某公司目前经营尚正常，且愿意组织林某清和戴某明进行调解。

另查明，凯某公司章程载明监事行使下列权利：（1）检查公司财务；（2）对执行董事、经理执行公司职务时违反法律、法规或者公司章程的行为进行监督；（3）当董事和经理的行为损害公司的利益时，要求董事和经理予以纠正；（4）提议召开临时股东会。从2006年6月1日至今，凯某公司未召开过股东会。服装城管委会调解委员会于2009年12月15日、16日两次组织双方进行调解，但均未成功。

裁判结果

江苏省苏州市中级人民法院于2009年12月8日以（2006）苏中民二初字第0277号民事判决，驳回林某清的诉讼请求。宣判后，林某清提起上诉。江苏省高级人民法院于2010年10月19日以（2010）苏商终字第0043号民事判决，撤销一审判决，依法改判解散凯某公司。

裁判理由

法院生效裁判认为：首先，凯某公司的经营管理已发生严重困难。根据公司法第一百八十三条和《最高人民法院关于适用〈中华人民共和国公司法〉若干问题的规定（二）》[以下简称《公司法解释（二）》]第一条的规定，判断公司的经营管理是否出现严重困难，应当从公司的股东会、董事会或执行董事及监事会或监事的运行现状进行综合分析。"公司经营管理发生严重困难"的侧重点在于公司管理方面存有严重内部障碍，如股东会机制失灵、无法就公司的经营管理进行决策等，不应片面理解为公司资金缺乏、严重亏损等经营性困难。本案中，凯某公司仅有戴某明与林某清两名股东，两人各占50%的股份，凯某公司章程规定"股东会的决议须经代表二分之一以上表决权的股东通过"，且各方当事人一致认可该"二分之一以上"不包括本数。因此，只要两名股东的意见存有分歧、互不配合，就无法形成有效表决，显然会影响公司的运营。

凯某公司已持续四年未召开股东会，无法形成有效股东会决议，也就无法通过股东会决议的方式管理公司，股东会机制已经失灵。执行董事戴某明作为互有矛盾的两名股东之一，其管理公司的行为，已无法贯彻股东会的决议。林某清作为公司监事不能正常行使监事职权，无法发挥监督作用。由于凯某公司的内部机制已无法正常运行、无法对公司的经营作出决策，即使尚未处于亏损状况，也不能改变该公司的经营管理已发生严重困难的事实。

其次，由于凯某公司的内部运营机制早已失灵，林某清的股东权、监事权长期处于无法行使的状态，其投资凯某公司的目的无法实现，利益受到重大损失，且凯某公司的僵局通过其他途径长期无法解决。《公司法解释（二）》第五条明确规定了"当事人不能协商一致使公司存续的，人民法院应当及时判决"。本案中，林某清在提起公司解散诉讼之前，已通过其他途径试图化解与戴某明之间的矛盾，服装城管委会也曾组织双方当事人调解，但双方仍不能达成一致意见。两审法院也基于慎用司法手段强制解散公司的考虑，积极进行调解，但均未成功。

此外，林某清持有凯某公司50%的股份，也符合公司法关于提起公司解散诉讼的股东须持有公司10%以上股份的条件。

综上所述，凯某公司已符合公司法及《公司法解释（二）》所规定的股东提起解散公司之诉的条件。二审法院从充分保护股东合法权益，合理规范公司治理结构，促进市场经济健康有序发展的角度出发，依法作出了上述判决。

【解读】

解读《林某清诉常熟市凯某实业有限公司、戴某明公司解散纠纷案》

2012年4月9日，最高人民法院发布了指导性案例《林某清诉常熟市凯某实业有限公司、戴某明公司解散纠纷案》（指导案例8号）。为了正确理解和准确参照适用该指导性案例，现对该指导性案例的推选经过、裁判要点等有关情况说明如下。

一、推选经过及其意义

2011年1月，江苏省高级人民法院将该案例作为备选指导性案例向最高人民法院推荐。同年2月，最高人民法院案例指导工作办公室经研究讨论后将该案例送最高人民法院民二庭征求意见。民二庭认为，该案例在法律适用上属于法律规定比较原则的情形，本案适用法律正确，同意作为备选指导性案例。最高人民法院审判委员会讨论认为，该案例符合《最高人民法院关于案例指导工作的规定》第二条的有关规定，在指导类似案件的审判以及依法保护股东权利、规范公司治理结构等方面具有积极意义。2012年4月9日，最高人民法院以指导案例8号，将该案例作为第二批指导性案例予以发布。

该指导性案例根据公司法（2005年修订，下同）第一百八十三条及《最高人民法院关于适用〈中华人民共和国公司法〉若干问题的规定（二）》[法释〔2008〕6号，以下简称《公司法解释（二）》]第一条等规定的精神，对涉案公司的经营状态、是否符合公司僵局的特征等作出了正确认定，明确了依法判断公司经营管理是否发生严重困难及股东请求解散公司的条件。该指导性案例的发布，对于依法妥善处理公司僵局的有关问题，充分保护股东合法权益，规范公司治理结构，促进市场经济健康发展具有积极的指导意义。

二、裁判要点的理解与说明

该指导性案例的裁判要点确认：公司法第一百八十三条将"公司经营管理发生严重困难"作为股东提起解散公司之诉的条件之一。判断"公司经营管理是否发生严重困难"，应从公司组织机构的运行状态进行综合分析。公司虽处于盈利状态，但其股东会机制长期失灵，内部管理有严重障碍，已陷入僵局状态，可以认定为公司经营管理发生严重困难。对于符合公司法及相关司法解释规定的其他条件的，人民法院可以依法判决公司解散。

该指导性案例主要解决的是如何判断公司法第一百八十三条规定的"公司经营管理发生严重困难"及依法妥善处理公司僵局状态的问题。"公司经营管理发生严重困难"是认定公司是否处于僵局状态的重要因素，但对于如何进行具体判断，司法实务中尚存在认识上的不统一。该指导性案例的裁判要点结合公司法及有关司法解释的规定，对此作了明确，能够对类似案件的处理提供指导和参考。现结合有关案情对"公司经营管理发生严重困难"如何认定及公司僵局案件处理的问题分析说明如下。

（一）公司法及相关司法解释的规定

通常而言，公司僵局是指公司在存续过程中，由于股东之间、董事之间或者股东与董事之间矛盾激化而处于僵持状况，导致股东会、董事会等公司机关不能按照法定程序作出决策，从而使公司陷入无法正常运转甚至瘫痪的状态。公司僵局问题是当前我国公司法司法实践中的难点问题之一。在我国近年来的司法实践中，与公司僵局有关的案件也不鲜见。对此，公司法第一百八十三条专门规定了股东申请人民法院解散公司的内容。该条规定："公司经营管理发生严重困难，继续存续会使股东利益受到重大损失，通过其他途径不能解决的，持有公司全部股东表决权百分之十以上的股东，可以请求人民法院解散公司。"但该条规定较为原则，"公司经营管理发生严重困难""继续存续会使股东利益受到重大损失"等表述在司法实践中不好把握。为适应审判实践的需要，《公司法解释（二）》第一条第一款对于股东申请人民法院解散公司的问题作了细化。依据该款规定，单独或者合计持有公司全部股东表决权10%以上的股东在符合公司法第一百八十三条规定的前提下，可以申请人民法院解散公司的情形为：其一，公司持续两年以上无法召开股东会或者股东大会，公司经营管理发生严重困难的；其二，股东表决时无法达到法定或者公司章程规定的比例，持续两年以上不能作出有效的股东会或者股东大会决议，公司经营管理发生严重困难的；其三，公司董事长期冲突，且无法通过股东会或者股东大会解决，公司经营管理发生严重困难的；其四，经营管理发生其他严重困难，公司继续存续会使股东利益受到重大损失的情形。《公司法解释（二）》通过上述规定，对公司僵局状态的认定作出了具体标准，对于指导各地法院妥善处理此类案件，具有重要意义。但是，由于上述规定对于"公司经营管理发生严重困难"的界定仍不够明确，司法实践中，各地法院对此在认识上仍存在分歧，需要进一步厘清。该指导性案例从具体案件事实出发，科学地诠释了公司经营管理发生严重困难的具体判断标准,对于统一类似案件的法律适用,具有积极的指导意义。

(二)对"公司经营管理发生严重困难"的认定

通常而言,公司经营管理发生严重困难,可以分为公司外部的经营困难和公司内部的管理困难。经营困难,即公司的生产经营状况发生严重亏损的情形;管理困难,则是指公司的股东会、董事会等公司机关处于僵持状态,有关经营决策无法作出,公司日常运作陷入停顿与瘫痪状态。如上所述,公司法第一百八十三条并未规定"公司经营管理发生严重困难"的认定标准,《公司法解释(二)》第一条虽列举了四种"公司经营管理发生严重困难"的情形,但是司法实践中对如何具体认定"公司经营管理发生严重困难"仍存在不同认识。一种意见认为,公司持续两年以上无法召开股东会或者股东大会、公司董事长期冲突且无法通过股东会或者股东大会解决等情形本身就是公司经营管理发生严重困难的表现形式,公司存在这些情形,就可以认定公司经营管理发生严重困难。另一种意见认为,上述公司持续两年以上无法召开股东会或者股东大会等情形仅是公司经营管理发生严重困难的原因,认定公司经营管理发生严重困难还需要从公司经营状况本身进行判断。

该指导性案例的裁判要点确认了判断公司的经营管理是否出现严重困难,应当从公司的股东会、董事会或执行董事及监事会或监事的运行现状进行综合分析的规则。公司是否处于盈利状况并非判断公司经营管理发生严重困难的必要条件。"公司经营管理发生严重困难"的侧重点在于公司管理方面存有严重内部障碍,如股东会机制失灵、无法就公司的经营管理进行决策等,不应片面理解为公司资金缺乏、严重亏损等经营性困难。

在该指导性案例中,林某清与戴某明系常熟市凯某实业有限公司(以下简称凯某公司)的股东,各占50%的股份,戴某明任公司法定代表人及执行董事,林某清任公司总经理兼公司监事。凯某公司章程明确规定:股东会的决议须经代表二分之一以上表决权的股东通过,但对公司增加或减少注册资本、合并、解散、变更公司形式、修改公司章程作出决议时,必须经代表三分之二以上表决权的股东通过。股东会会议由股东按照出资比例行使表决权。2006年起,林某清与戴某明两人之间的矛盾逐渐显现。同年5月9日,林某清提议并通知召开股东会,由于戴某明认为林某清没有召集会议的权利,会议未能召开。此后,林某清多次委托律师向凯某公司和戴某明发函称,因股东权益受到严重侵害,林某清作为享有公司股东会二分之一表决权的股东,已按公司章程规定的程序表决并通过了解散凯某公司的决议,要求戴某明提供凯某公司的财务账册等资料,并对凯某公司进行清算。戴某明也多次回函称,林某清作出的股东会决议没有合法依据,戴某明不同意解散公司,并要求林某清交出公司财务资料。由于林某清与戴某明之间的矛盾不可调和,从2006年6月1日至诉讼时,凯某公司未召开过股东会。从法理上讲,由于凯某公司仅有戴某明与林某清两名股东,两人各占50%的股份,凯某公司章程规定"股东会的决议须经代表二分之一以上表决权的股东通过",且各方当事人一致认可该"二分之一以上"不包括本数。因此,只要两名股东的意见存有分歧、互不配合,就无法形成有效表决,显然会影响公司的运营。凯某公司已持续四年未召开股东会,无法形成有效股东会决议,也就无法通过股东会决议的方式管理公司,股东会机制已经失灵。执行董事戴某明作为互有矛盾的两名股东之一,其管理公司的行为,已无法贯彻股东会的决议。林某清作为公司监事不能正常行使监事职权,无法发挥监督作用。由于凯某公司的内部机制已无法正常运行、无法对公司的经营作出决策，即使尚未处于亏损状况，也不能改变该公司的经营管理已发生严重困难的事实。

（三）对股东申请人民法院解散公司其他要件的认定

依照公司法第一百八十三条及《公司法解释（二）》第一条第一款的规定，股东申请人民法院解散公司，除了要满足"公司经营管理发生严重困难"的要求外，还应同时符合以下条件。

1. 公司僵局状态的继续存续会使股东利益遭受重大损失

在该指导性案例中，由于凯某公司的内部运营机制早已失灵，林某清的股东权、监事权长期处于无法行使的状态，其投资凯某公司的目的也无法实现，可以认定凯某公司的僵局状态已经使得林某清的利益受到重大损失，若这种状态持续下去，必然会使其遭受更大损失。

2. 公司处于僵局状态无法通过其他途径解决

从立法目的的角度考虑，公司法第一百八十三条规定的"通过其他途径不能解决"，其目的是防止中小股东滥用司法解散制度，鼓励当事人通过其他非诉讼途径解决僵局，同时也是为了使法院审慎适用强制解散公司的手段。但这并非要求对于公司僵局的处理必须以穷尽其他救济途径为前提。正因如此，《公司法解释（二）》第五条明确规定了"当事人不能协商一致使公司存续的，人民法院应当及时判决"。在该指导性案例中，林某清在提起公司解散诉讼之前，已通过其他途径试图化解与戴某明之间的矛盾，江苏常熟服装城管理委员会调解委员会两次组织双方进行调解，但双方仍不能达成一致意见。审理该案件的苏州市中级人民法院、江苏省高级人民法院也基于慎用司法手段强制解散公司的考虑，积极进行调解，但均未成功。由此可以认定，凯某公司的僵局状态已经无法通过其他途径解决。

3. 申请解散公司的股东持有股权比例达到法定要求

在该指导性案例中，林某清持有凯某公司50%的股份，符合公司法第一百八十三条关于提起公司解散诉讼的股东须持有公司10%以上股份的条件。

三、其他需要说明的问题

在此需要强调的是，通过股东申请人民法院解散公司的做法来处理有关公司僵局案件，必须慎重。解散公司必然要面临公司财产的清算、债权债务的清理以及职工妥善安置等问题，案件处理稍有不慎，可能会有负面影响甚至连锁反应。因此，人民法院在处理公司僵局案件时，不宜简单机械地采取解散公司的做法。在参照该指导性案例处理类似案件时，必须准确把握公司法及有关司法解释规定的原则和精神，切实把握"为大局服务，为人民司法"工作主题，按照能动司法的要求，充分发挥审判职能作用，以真正实现法律效果与社会效果的有机统一为目标，做到对案件的妥善处理。当然，对于确属必须通过解散公司的方式来处理公司僵局状态的案件，人民法院可以依据公司法及《公司法解释（二）》的有关规定，参照该指导性案例裁判要点所确认的规则进行裁判，以切实保护股东合法权益，合理规范公司治理结构，维护社会和谐稳定，促进经济健康发展。

（撰稿人：陈龙业）

指导案例 10 号

李某军诉上海佳某环保科技有限公司
公司决议撤销纠纷案

(最高人民法院审判委员会讨论通过 2012 年 9 月 18 日发布)

关键词
民事 公司决议撤销 司法审查范围

裁判要点
人民法院在审理公司决议撤销纠纷案件中应当审查：会议召集程序、表决方式是否违反法律、行政法规或者公司章程，以及决议内容是否违反公司章程。在未违反上述规定的前提下，解聘总经理职务的决议所依据的事实是否属实，理由是否成立，不属于司法审查范围。

相关法条
《中华人民共和国公司法》第二十二条第二款

基本案情
原告李某军诉称：被告上海佳某环保科技有限公司（以下简称佳某公司）免除其总经理职务的决议所依据的事实和理由不成立，且董事会的召集程序、表决方式及决议内容均违反了公司法的规定，请求法院依法撤销该董事会决议。

被告佳某公司辩称：董事会的召集程序、表决方式及决议内容均符合法律和章程的规定，故董事会决议有效。

法院经审理查明：原告李某军系被告佳某公司的股东，并担任总经理。佳某公司股权结构为：葛某乐持股 40%，李某军持股 46%，王某胜持股 14%。三位股东共同组成董事会，由葛某乐担任董事长，另两人为董事。公司章程规定：董事会行使包括聘任或者解聘公司经理等职权；董事会须由 2/3 以上的董事出席方才有效；董事会对所议事项作出的决定应由占全体股东 2/3 以上的董事表决通过方才有效。2009 年 7 月 18 日，佳某公司董事长葛某乐召集并主持董事会，三位董事均出席，会议形成了"鉴于总经理李某军不经董事会同意私自动用公司资金在二级市场炒股，造成巨大损失，现免去其总经理职务，即日生效"等内容的决议。该决议由葛某乐、王某胜及监事签名，李某军未在该决议上签名。

裁判结果
上海市黄浦区人民法院于 2010 年 2 月 5 日作出（2009）黄民二（商）初字第 4569 号民事判决：撤销被告佳某公司于 2009 年 7 月 18 日形成的董事会决议。宣判后，佳某公司提出上诉。上海市第二中级人民法院于 2010 年 6 月 4 日作出（2010）沪二中民四（商）终字第 436 号民事判决：一、撤销上海市黄浦区人民法院（2009）黄民二（商）初字第 4569 号民事判决；二、驳回李某军的诉讼请求。

裁判理由
法院生效裁判认为：根据公司法第二十二条第二款的规定，董事会决议可撤销的事由包括：一、召集程序违反法律、行政法规或公司章程；二、表决方式违反法律、行政法规或公司章程；三、决议内容违反公司章程。从召集程序看，佳某公司于2009年7月18日召开的董事会由董事长葛某乐召集，三位董事均出席董事会，该次董事会的召集程序未违反法律、行政法规或公司章程的规定。从表决方式看，根据佳某公司章程规定，对所议事项作出的决定应由占全体股东2/3以上的董事表决通过方才有效，上述董事会决议由三位股东（兼董事）中的两名表决通过，故在表决方式上未违反法律、行政法规或公司章程的规定。从决议内容看，佳某公司章程规定董事会有权解聘公司经理，董事会决议内容中"总经理李某军不经董事会同意私自动用公司资金在二级市场炒股，造成巨大损失"的陈述，仅是董事会解聘李某军总经理职务的原因，而解聘李某军总经理职务的决议内容本身并不违反公司章程。

董事会决议解聘李某军总经理职务的原因如果不存在，并不导致董事会决议撤销。首先，公司法尊重公司自治，公司内部法律关系原则上由公司自治机制调整，司法机关原则上不介入公司内部事务；其次，佳某公司的章程中未对董事会解聘公司经理的职权作出限制，并未规定董事会解聘公司经理必须有一定原因，该章程内容未违反公司法的强制性规定，应认定有效，因此佳某公司董事会可以行使公司章程赋予的权力作出解聘公司经理的决定。故法院应当尊重公司自治，无须审查佳某公司董事会解聘公司经理的原因是否存在，即无须审查决议所依据的事实是否属实，理由是否成立。综上所述，原告李某军请求撤销董事会决议的诉讼请求不成立，依法予以驳回。

【解读】

解读《李某军诉上海佳某环保科技有限公司公司决议撤销纠纷案》

2012年9月18日，最高人民法院发布了指导案例《李某军诉上海佳某环保科技有限公司公司决议撤销纠纷案》。为了正确理解和准确参照适用该指导案例，现对其推选经过、裁判要点等有关情况说明如下。

一、推选过程及其意义

2012年4月19日，上海市高级人民法院审判委员会经讨论决定向最高人民法院推荐该备选指导性案例。最高人民法院案例指导工作办公室经研究讨论后将该案例送民二庭审查和征求意见。最高人民法院民二庭认为，该案例处理正确，明确了法院对可撤销的公司决议进行司法审查的界限，具有较强的指导意义。2012年7月23日，最高人民法院审判委员会经讨论研究认为，该案例符合《最高人民法院关于案例指导工作的规定》第二条的有关规定，具有指导意义，同意将该案例确定为指导性案例。2012年9月18日，最高人民法院以法〔2012〕227号文件将该案例作为第三批指导性案例予以发布。

该案例涉及法院对解聘总经理职务的董事会决议如何进行审查的问题，旨在为明确公司决议撤销之诉的司法审查范围提供指导。该案例有利于强化法官的商事审判思维，鼓励公司在市场经济条件下依法自治和健康发展。

二、裁判要点的理解与说明

该指导案例的裁判要点确认：人民法院在审理公司决议撤销纠纷案件中应当审查：会议召集程序、表决方式是否违反法律、行政法规或者公司章程，以及决议内容是否违反公司章程。在未违反上述规定的前提下，解聘总经理职务的决议所依据的事实是否属实，理由是否成立，不属于司法审查范围。现围绕与该裁判要点相关的问题逐一说明如下。

（一）公司决议撤销之诉的相关规定

我国1993年公司法对公司决议撤销之诉并无十分明确的规定。该法第一百一十一条规定："股东大会、董事会的决议违反法律、行政法规，侵犯股东合法权益的，股东有权向人民法院提起要求停止该违法行为和侵害行为的诉讼。"该条款对违反法律和行政法规的公司决议作了规定，但并未明确规定如何进行起诉，且对违反公司章程的公司决议未作规定，没有相应的救济途径。因此司法实践中的诉讼处理方式不一，有的不予立案，有的驳回起诉或驳回诉讼请求，有的判决公司决议无效，有的判决撤销公司决议。2000年10月30日，最高人民法院颁发《民事案件案由规定（试行）》（法发〔2000〕26号），将此类纠纷纳入"公司决议侵害股东权纠纷"的案由中，进一步明确了法院应当受理此类案件。但毕竟原有的法律规定过于原则，股东的权利仍无法得到充分保障。2005年公司法第二十二条对公司决议的不同瑕疵进行了区分，分为公司决议无效和可撤销两类。第一款规定公司决议内容违反法律、行政法规的无效；第二款规定了公司决议可撤销的情形。公司法第二十二条第二款规定："股东会或者股东大会、董事会的会议召集程序、表决方式违反法律、行政法规或者公司章程，或者决议内容违反公司章程的，股东可以自决议作出之日起六十日内，请求人民法院撤销。"相应地，《最高人民法院关于印发〈民事案件案由规定〉的通知》（法发〔2008〕11号）第249种案由规定为"股东会或者股东大会、董事会决议效力纠纷"，又细分为：（1）股东会或者股东大会、董事会决议效力确认纠纷；（2）股东会或者股东大会、董事会决议撤销纠纷。2011年2月18日，最高人民法院印发《最高人民法院关于修改〈民事案件案由规定〉的决定》的通知（法〔2011〕41号），对上述案由进行了修订，修改为第250种案由"公司决议纠纷"，又细分为：（1）公司决议效力确认纠纷；（2）公司决议撤销纠纷。

（二）法院对可撤销的公司决议进行司法审查的范围

公司决议，包括股东（大）会决议和董事会决议，是公司的意思决定。现代公司法强调公司自治，对公司决议原则上不进行司法干预，因为对于公司事务的判断，公司本身最有发言权，法院不能替代公司作出商业判断。但当公司决议存在瑕疵时，根据公司法第二十二条的规定，股东可以提起公司决议无效或撤销之诉。从该规定看，公司决议可撤销的原因包括：（1）召集程序违反法律、行政法规或公司章程；（2）表决方式违反法律、行政法规或公司章程；（3）决议内容违反公司章程。因此，法院在公司决议撤销纠纷案件中的司法审查范围原则上限于对上述三个可撤销原因的审查。具体包括以下三点。

第一，召集程序方面的瑕疵。常见的召集程序瑕疵，如召集人不适格、未按照规定期限发送召集通知、未采用规定的方式发送召集通知等。

第二，表决方式的瑕疵。常见的表决方式瑕疵，如未达到法定的表决比例、参与表决的主体不具备表决资格、表决权行使受到不当干扰等。

第三，决议内容是否符合章程。我国公司法将违反章程列为公司决议可撤销的原因，而非无效的原因。在公司决议撤销纠纷案件中，对决议内容的审查是看决议的内容是否符合章程的规定，而不是审查其内容是否合法。如果决议的内容违反了法律或行政法规的强制性规定，其结果是决议无效，而不是可撤销。我国台湾地区"公司法"第一百九十一条规定"股东会决议之内容，违反法令或章程者无效"，将违反章程作为公司决议无效的原因。日本商法典1981年修改前也将决议内容违反公司章程作为决议无效的原因，现行法则将其作为决议可撤销的原因。我国公司法将决议内容违反章程作为可撤销的原因，更有利于稳定公司法律关系，促进公司自治。

（三）公司决议解聘经理的事由是否属于司法审查范围

公司法第二十二条第二款对可撤销公司决议的司法审查内容已有规定，但实践中仍然存在一些困惑。本案例中的主要争议在于，董事会决议中所表述的罢免理由及相关事实对董事会决议的效力是否产生影响，法院是否需对相关事实和理由进行审查。一审法院认为，该节事实是否存在是解决案件争议的关键，从而对相关事实进行了审查，并认为董事会决议所依据的理由存在重大偏差，在该事实基础上形成的董事会决议是失当的；董事会决议撤销诉讼旨在恢复董事会意思形成的公正性及合法性，故判决撤销该董事会决议。二审法院认为法院对该节事实是否存在不应当进行审查与认定，并作出改判，驳回原告李某军请求撤销董事会决议的诉讼请求。我们认为，二审法院的判决是正确的，理由主要基于以下三点。

第一，强调公司自治原则。公司自治是现代公司法的灵魂，也是私法自治和市场经济的要求。公司自治精神的核心是尊重公司的商业判断，尊重公司、股东、董事依法作出的自主选择。只有当公司自治机制被滥用或失灵时，司法程序才能启动。从公司法的规定来看，对公司行为的规制着重体现在程序上，原则上不介入公司内部事务，以最大限度赋予公司内部自治的权利。总经理的聘任和解聘关涉公司日常经营决策的核心和关键，公司董事会基于公司发展需要而调整公司高级管理人员，应有其自主权。

第二，尊重公司章程的规定。公司章程是公司的自治规章，对公司及其股东、董事、监事和其他高级管理人员均具有约束力。如果公司章程对经理的聘任和解聘有特殊规定，只要没有违反法律和行政法规的强制性规定，就应当按照章程规定处理。公司法中规定聘任和解聘经理是董事会的职权，未作其他特殊规定。本案中的公司章程也仅规定董事会有权解聘经理，未对董事会解聘公司经理的职权作出限制，也未规定董事会解聘公司经理必须说明一定原因，该章程内容未违反法律和行政法规的强制性规定，应认定有效。因此佳某公司董事会可以行使公司章程赋予的权利作出解聘公司经理的决定。至于解聘经理是出于什么原因、基于什么理由，以及解聘的理由是否真实存在、是否合理，均属公司自治范畴，法院不予审查。

第三，符合董事会与经理之间委托代理关系的法律性质。现代公司运营的专业化、技术性和市场化，需要具有专业技能和管理能力的专门人才从事公司的日常经营工作。因此，董事会需要聘任经理人专门从事公司的经营管理。关于董事会与经理之间的关系，法学界一般认为是委托代理关系。经理之所以能够参与公司的经营管理，能够对外进行交易行为，源于董事会的聘任，董事会聘任合同的法律性质即为委托合同，基于该委托而让经理人拥有经理的身份，授权其行使各种职权。委托合同是以当事人之间的信任关系为基础的，而信任关系属于主观信念的范畴，具有主观任意性，没有确定的标准和限制。如果当事人在信任问题上产生疑问或者动摇，即使强行维持双方之间的委托关系，也势必会影响委托合同订立目的的实现，故委托合同中当事人具有任意解除权。合同法第四百一十条规定，委托人或者受托人可以随时解除委托合同。根据委托代理关系的法律性质，董事会可以随时解聘经理，法院也无须审查其解聘事由。

此外，公司法对于解除董事职务的规定，对于我们思考董事会解聘经理的问题具有参照作用。尽管学界对董事与股东之间的法律关系是信托关系还是代理关系尚有争议，但董事与股东之间的关系是以信任关系为基础的，这与董事会和经理之间的委托代理关系是基于信任关系具有共通性。我国公司法曾对解除董事职务有所限制，1993年公司法第一百一十五条第二款规定："董事在任职届满前，股东大会不得无故解除其职务。"公司法在2005年修订时，删除了不得无故解除董事职务的规定，这说明我国公司制度放弃了对股东罢免董事的强制约束。从国外相关立法看，多数国家和地区的公司法对于董事的解除是否需要理由，采取了公司在章程中自行选择的办法。如美国示范公司法第8.08（a）条规定：股东可以免除一个或多个董事的职务，可以说明原因，也可以不说明原因，除非在公司组织章程中规定董事的被免除一定要有原因。日本公司法典第339条也规定，公司负责人及会计监察人，可随时依股东大会的决议而解任。依前款规定而被解任者，除对其解任有正当理由的情形外，可向股份公司请求因解任所生损害的赔偿。上述关于股东会解除董事职务的规定，对董事会解聘经理具有参照意义，董事会解聘经理是否需要理由，也应由公司在章程中自主选择规定。如果章程中没有规定，法院不必审查解聘事由。

本案例中，董事会由上海佳某环保科技有限公司（以下简称佳某公司）董事长召集，三位董事均出席董事会，两位董事表决通过，在召集程序和表决方式上未违反法律、行政法规以及公司章程的规定。从决议内容看，公司章程规定董事会有权解聘公司经理，董事会决议内容中"总经理李某军不经董事会同意私自动用公司资金在二级市场炒股，造成巨大损失"的陈述，仅是董事会解聘李某军总经理职务的原因，而解聘李某军总经理职务的决议内容本身并不违反公司章程。综上所述，本案不存在公司决议可撤销的原因。如果司法机关深入审查解聘理由所涉事实是否属实，则司法对公司的内部治理就会干预过度，影响公司正常运作。

三、其他需要说明的问题

第一，因解聘给对方造成损失的，除不可归责于公司的事由以外，公司应当赔偿损失。合同法第四百一十条规定："委托人或者受托人可以随时解除委托合同。因解除合同给对方造成损失的，除不可归责于该当事人的事由以外，应当赔偿损失。"董事会无正当理由在聘任期限未届满之时解聘经理，并给经理造成损失的，被解聘的经理可以向公司请求赔偿损失。因为董事会决议是公司的意思表示，其法律后果应由公司承担。但该请求与公司决议撤销之诉是不同的法律关系，被解聘的经理可以另行主张。

第二，提起公司决议撤销之诉的期限为六十日。公司决议撤销之诉属于形成之诉。形成之诉，是依据判决使法律关系发生变动之类型的诉讼，也称为变更之诉。股东请求法院撤销公司决议的权利，即撤销权，是形成权的一种。因公司决议的撤销，对公司正常经营影响较大，为使法律关系早日确定，必须明确撤销权的行使或存续期间，此期间为除斥期间，也是不变期间，不得展期。我国公司法规定了六十天的除斥期间，股东自决议作出之日起六十日内，可以向法院起诉，请求法院予以撤销。

（撰稿人：刘净）

指导案例 15 号

徐某集团工程机械股份有限公司诉成都川某工贸有限责任公司等买卖合同纠纷案

（最高人民法院审判委员会讨论通过 2013年1月31日发布）

关键词

民事 关联公司 人格混同 连带责任

裁判要点

1. 关联公司的人员、业务、财务等方面交叉或混同，导致各自财产无法区分，丧失独立人格的，构成人格混同。

2. 关联公司人格混同，严重损害债权人利益的，关联公司相互之间对外部债务承担连带责任。

相关法条

《中华人民共和国民法通则》第四条

《中华人民共和国公司法》第三条第一款、第二十条第三款

基本案情

原告徐某集团工程机械股份有限公司（以下简称徐某机械公司）诉称：成都川某工贸有限责任公司（以下简称川某工贸公司）拖欠其货款未付，而成都川某工程机械有限责任公司（以下简称川某机械公司）、四川瑞某建设工程有限公司（以下简称瑞某公司）与川某工贸公司人格混同，三个公司实际控制人王某礼以及川某工贸公司股东等人的个人资产与公司资产混同，均应承担连带清偿责任。请求判令：川某工贸公司支付所欠货款10916405.71元及利息；川某机械公司、瑞某公司及王某礼等个人对上述债务承担连带清偿责任。

被告川某工贸公司、川某机械公司、瑞某公司辩称：三个公司虽有关联，但并不混同，川某机械公司、瑞某公司不应对川某工贸公司的债务承担清偿责任。

王某礼等人辩称：王某礼等人的个人财产与川某工贸公司的财产并不混同，不应为川某工贸公司的债务承担清偿责任。

法院经审理查明：川某机械公司成立于1999年，股东为四川省某工程总公司二公司、王某礼、倪某、杨某刚等。2001年，股东变更为王某礼、李某、倪某。2008年，股东再次变更为王某礼、倪某。瑞某公司成立于2004年，股东为王某礼、李某、倪某。2007年，股东变更为王某礼、倪某。川某工贸公司成立于2005年，股东为吴某、张某蓉、凌某、过某利、汤某明、武某、郭某，何某庆2007年入股。2008年，股东变更为张某蓉（占90%股份）、吴某（占10%股份），其中张某蓉系王某礼之妻。在公司

人员方面，三个公司经理均为王某礼，财务负责人均为凌某，出纳会计均为卢某，工商手续经办人均为张某；三个公司的管理人员存在交叉任职的情形，例如，过某利兼任川某工贸公司副总经理和川某机械公司销售部经理的职务，且免去过某利川某工贸公司副总经理职务的决定系由川某机械公司作出；吴某既是川某工贸公司的法定代表人，又是川某机械公司的综合部行政经理。在公司业务方面，三个公司在工商行政管理部门登记的经营范围均涉及工程机械且部分重合，其中川某工贸公司的经营范围被川某机械公司的经营范围完全覆盖；川某机械公司系徐某机械公司在四川地区（攀枝花除外）的唯一经销商，但三个公司均从事相关业务，且相互之间存在共用统一格式的《销售部业务手册》《二级经销协议》、结算账户的情形；三个公司在对外宣传中区分不明，2008年12月4日重庆市公证处出具的《公证书》记载：通过网络查询，川某工贸公司、瑞某公司在相关网站上共同招聘员工，所留电话号码、传真号码等联系方式相同；川某工贸公司、瑞某公司的招聘信息，包括大量关于川某机械公司的发展历程、主营业务、企业精神的宣传内容；部分川某工贸公司的招聘信息中，公司简介全部为对瑞某公司的介绍。在公司财务方面，三个公司共用结算账户，凌某、卢某、汤某明、过某利的银行卡中曾发生高达亿元的往来，资金的来源包括三个公司的款项，对外支付的依据仅为王某礼的签字；在川某工贸公司向其客户开具的收据中，有的加盖其财务专用章，有的则加盖瑞某公司财务专用章；在与徐某机械公司均签订合同、均有业务往来的情况下，三个公司于2005年8月共同向徐某机械公司出具《说明》，称因川某机械公司业务扩张而注册了另两个公司，要求所有债权债务、销售量均计算在川某工贸公司名下，并表示今后尽量以川某工贸公司名义进行业务往来；2006年12月，川某工贸公司、瑞某公司共同向徐某机械公司出具《申请》，以统一核算为由要求将2006年度的业绩、账务均计算至川某工贸公司名下。

另查明，2009年5月26日，卢某在徐州市公安局经侦支队对其进行询问时陈述：川某工贸公司目前已经垮了，但未注销。又查明徐某机械公司未得到清偿的货款实为10511710.71元。

裁判结果

江苏省徐州市中级人民法院于2011年4月10日作出（2009）徐民二初字第0065号民事判决：一、川某工贸公司于判决生效后十日内向徐某机械公司支付货款10511710.71元及逾期付款利息；二、川某机械公司、瑞某公司对川某工贸公司的上述债务承担连带清偿责任；三、驳回徐某机械公司对王某礼、吴某、张某蓉、凌某、过某利、汤某明、郭某、何某庆、卢某的诉讼请求。宣判后，川某机械公司、瑞某公司提起上诉，认为一审判决认定三个公司人格混同，属认定事实不清；认定川某机械公司、瑞某公司对川某工贸公司的债务承担连带责任，缺乏法律依据。徐某机械公司答辩请求维持一审判决。江苏省高级人民法院于2011年10月19日作出（2011）苏商终字第0107号民事判决：驳回上诉，维持原判。

裁判理由

法院生效裁判认为：针对上诉范围，二审争议焦点为川某机械公司、瑞某公司与川某工贸公司是否人格混同，应否对川某工贸公司的债务承担连带清偿责任。

川某工贸公司与川某机械公司、瑞某公司人格混同。一是三个公司人员混同。三个公司的经理、财务负责人、出纳会计、工商手续经办人均相同，其他管理人员亦存在交叉任职的情形,川某工贸公司的人事任免存在由川某机械公司决定的情形。二是三个公司业务混同。三个公司实际经营中均涉及工程机械相关业务,经销过程中存在共用销售手册、经销协议的情形;对外进行宣传时信息混同。三是三个公司财务混同。三个公司使用共同账户,以王某礼的签字作为具体用款依据,对其中的资金及支配无法证明已作区分;三个公司与徐某机械公司之间的债权债务、业绩、账务及返利均计算在川某工贸公司名下。因此,三个公司之间表征人格的因素(人员、业务、财务等)高度混同,导致各自财产无法区分,已丧失独立人格,构成人格混同。

川某机械公司、瑞某公司应当对川某工贸公司的债务承担连带清偿责任。公司人格独立是其作为法人独立承担责任的前提。公司法第三条第一款规定:"公司是企业法人,有独立的法人财产,享有法人财产权。公司以其全部财产对公司的债务承担责任。"公司的独立财产是公司独立承担责任的物质保证,公司的独立人格也突出地表现在财产的独立上。当关联公司的财产无法区分,丧失独立人格时,就丧失了独立承担责任的基础。公司法第二十条第三款规定:"公司股东滥用公司法人独立地位和股东有限责任,逃避债务,严重损害公司债权人利益的,应当对公司债务承担连带责任。"本案中,三个公司虽在工商登记部门登记为彼此独立的企业法人,但实际上相互之间界限模糊、人格混同,其中川某工贸公司承担所有关联公司的债务却无力清偿,又使其他关联公司逃避巨额债务,严重损害了债权人的利益。上述行为违背了法人制度设立的宗旨,违背了诚实信用原则,其行为本质和危害结果与公司法第二十条第三款规定的情形相当,故参照公司法第二十条第三款的规定,川某机械公司、瑞某公司对川某工贸公司的债务应当承担连带清偿责任。

【解读】

解读《徐某集团工程机械股份有限公司诉成都川某工贸有限责任公司等买卖合同纠纷案》

2013年1月31日,最高人民法院发布了指导案例《徐某集团工程机械股份有限公司诉成都川某工贸有限责任公司等买卖合同纠纷案》。为了正确理解和准确参照适用该指导案例,现对其推选经过、裁判要点、需要说明的问题等有关情况予以解释、论证和说明。

一、推选过程及其意义

2012年10月,江苏省高级人民法院向最高人民法院推荐该备选指导性案例。最高人民法院案例指导工作办公室经研究讨论后将该案例送最高人民法院民二庭审查和征求意见。最高人民法院民二庭认为,本案是对公司法(2005年修订,下同)第二十条的灵活运用,具有较强的指导意义。2013年1月21日,最高人民法院审判委员会经讨论认为,该案例符合《最高人民法院关于案例指导工作的规定》第二条的有关规定,具有指导意义,同意将该案例确定为指导性案例。1月31日,最高人民法院以法〔2013〕24号文件将该案例作为第四批指导性案例予以发布。

该案例涉及关联公司人格混同的认定及法律责任承担问题,进一步完善了我国公司法人格否认制度，有利于防止关联公司滥用公司法人独立地位和股东有限责任，恶意逃避债务，损害公司债权人利益；有利于规范关联公司的经营行为，促进企业依法生产经营和健康发展。

二、裁判要点的理解与说明

该指导案例的裁判要点确认：（1）关联公司的人员、业务、财务等方面交叉或混同，导致各自财产无法区分，丧失独立人格的，构成人格混同。（2）关联公司人格混同，严重损害债权人利益的，关联公司相互之间对外部债务承担连带责任。现围绕与该裁判要点相关的问题逐一说明如下。

（一）如何认定"关联公司"

我国公司法是以单一公司为原型设计的，对关联公司的概念未作规定，但随着规模经济的发展，公司之间出现多种形式的联合，涉及关联公司的法律问题越来越多，需要对相关问题进行法律规制。本案例涉及关联公司人格混同问题，首先需要了解什么是关联公司。

从国外立法情况看，国际组织和各国对关联公司的界定不尽相同。《联合国关于发达国家与发展中国家间避免双重征税的协定范本》和《经济合作与发展组织关于避免双重征税的协定范本》中都规定了构成国际关联企业的两种情况：（1）缔约国一方企业直接或间接参与缔约国另一方企业的管理、控制或资本；（2）同一人直接或间接参与缔约国一方企业和缔约国另一方企业的管理、控制或资本。可见，上述范本把参与管理、控制或资本作为认定关联企业的依据。从美国立法看，1935年的公共事业控股法中第一次明确提出母子公司概念，规定任何公司对已发行的有表决权的股票中，如果有10%或更多的数量为另一公司所掌握时，该公司即为另一公司的子公司；1940年投资公司法将直接或间接持有25%其他公司股权作为控制公司的界定标准。但至今在成文法中并未明确关联公司的概念，而是通过判例对关联公司予以规范。德国1965年公布的股份公司法采用列举的方式归纳出关联企业的表现形式，第15条规定："关联企业是指法律上独立的企业，这些企业在相互关系上属于拥有多数资产的企业和占有多数股份的企业、从属企业和支配企业、康采恩企业、相互参股企业或互为一个企业合同的签约方。"日本的公司法中也未明确关联公司的概念，但在《财务诸表规则》第8条第4款规定：一方公司实质上拥有另一公司20%以上50%以下的表决权，并通过人事、资金、技术和交易等手段严重影响该公司的财务与经营方针者为关联公司。

我国公司法虽未明确何为关联公司，但《企业所得税法实施条例》（2008年公布，下同）第一百零九条规定："企业所得税法第四十一条所称关联方，是指与企业有下列关联关系之一的企业、其他组织或者个人：（一）在资金、经营、购销等方面存在直接或者间接的控制关系；（二）直接或者间接地同为第三者控制；（三）在利益上具有相关联的其他关系。"《税收征收管理法实施细则》（2012年修订）第五十一条也作出了类似规定，并且国家税务总局发布的《特别纳税调整实施办法（试行）》（国税发〔2009〕2号）作了进一步明确列举，其中第九条列举了8种构成关联关系的情形，对《企业所得税法实施条例》中规定的三个方面关联关系作了细化规定，更具有可操作性。我们认为，在我国公司法尚未对关联公司作出明确法律界定时，可以参考上述规定来认定关联公司。

（二）如何认定"人格混同"

公司的独立人格和股东的有限责任是现代公司法人制度的两大基石，但是公司法人制度在发挥其推动投资增长和迅速积累资本的同时，也可能被股东用作逃避契约或法律义务、牟取非法利益的工具。20世纪初，美国法院首次通过判例否认了公司法人格，大陆法系的德国和日本也是通过判例来否认公司法人格。我国2005年修订公司法时，引入了公司法人格否认制度，在世界各国普遍以判例来解决公司法人格否认的情况下，我国把这一制度写入成文法本身就是一大创举，是我国公司法对世界公司法的一大贡献。① 然而，由于公司法人格否认制度本身内涵丰富，情形多变，成文法难以将适用公司法人格否认的场合一一列举。本案例中涉及的关联公司之间人格混同的情形，即属于我国公司法中未明确具体规定的内容。如何认定关联公司之间构成"人格混同"，从本案例中可以获得一些启示。

本案例裁判要点第一点中载明："关联公司的人员、业务、财务等方面交叉或混同，导致各自财产无法区分，丧失独立人格的，构成人格混同。"该裁判要点表明，在上述情况下，可以认定关联公司构成人格混同，但准确地说，该裁判要点并非关联公司人格混同的定义或概念。要严谨准确地表达"人格混同"的概念，是一个比较困难的课题。虽然一般认为，关联公司人格混同，是指关联公司之间界限模糊，如资产不分、人员交叉、业务混同，甚至注册地、营业地、银行账户、电话号码等完全相同，令外界无法分清交易的对象，但由于人格混同的表现形式多样，混同的手段不断翻新，一旦确定某一表现形式构成人格混同的表征，则某些公司必然尽力回避这些表征，同时依然保有实质混同，使债权人掌握证据和法院认定判断是否构成人格混同的难度大大增加。我们认为，认定关联公司人格混同，一般可以从以下方面进行分析判断。

1. 关联公司人格混同的表征因素

（1）人员混同。这是指关联公司之间在组织机构和人员上存在严重的交叉、重叠。如公司之间董事相互兼任，公司高级管理人员交叉任职，甚至雇员也相同，最典型的情形是"一套人马，多块牌子"。

（2）业务混同。这是指关联公司之间从事相同的业务活动，在经营过程中彼此不分。如同一业务有时以这家公司名义进行，有时又以另一公司名义进行，以至于与之交易的对方当事人无法分清在与哪家公司进行交易活动。

（3）财务混同。这是指关联公司之间账簿、账户混同，或者两者之间不当冲账。需要注意的是，关联公司依法合并财务报表，以及在分开记账、支取自由前提下的集中现金管理，不应被视为财务混同。

上述三种情形，是关联公司人格混同的典型表面特征，是人格混同的常见表现形式。实践中，人格混同的情形也不限于上述三个方面的表征因素，还有诸如电话号码一致、宣传内容一致等。在认定人格混同时，还需要注意的是，在集团公司、母子公司结构之下，控制公司对其下属公司的人员、业务、财务进行统一管理是一种经常性的状态。比如，在人员方面，集团公司会向下属公司派遣管理人员；在业务方面，集团公司会对下属公司制定统一的业务规范，下达统一的生产经营计划，进行统一考核；在财务方面，集团公司会建立统一的财务管理制度；等等。我们认为，这种统一的管理，只要是在合法的范围内，在控制公司没有滥用权利、侵犯下属公司独立人格的前提下，不属于人格混同。

---

① 参见刘俊海：《现代公司法》，法律出版社2011年版，第545页。

2. 关联公司人格混同的实质因素

财产混同，指关联公司之间的财产归属不明，难以区分各自的财产。如关联公司的住所地、营业场所相同，共同使用同一办公设施、机器设备，公司之间的资金混同，各自的收益不加区分，公司之间的财产随意调用等。这是关联公司人格混同的实质因素，因为财产混同违背了公司财产与股东财产相分离、公司资本维持和公司资本不变等基本原则，潜藏着公司财产被隐匿、非法转移或被私吞、挪用的重大隐患，严重影响公司对外清偿债务的能力。公司法第三条第一款规定："公司是企业法人，有独立的法人财产，享有法人财产权。公司以其全部财产对公司的债务承担责任。"可见，公司的独立财产是公司独立承担责任的物质保证，公司的独立人格也突出地表现在财产的独立上。

3. 关联公司人格混同的结果因素

关联公司人格混同的结果因素，是指人格混同的程度必须达到"严重损害债权人利益"的后果时，法院才否认关联公司的法人格，让关联公司之间承担连带责任。该结果因素实际上包含了两方面的内容：其一，债权人的权益因为关联公司人格混同而受到了严重的侵害；其二，如果不适用法人格否认，将无从保障债权人的利益。本案例裁判要点第二点载明"关联公司人格混同，严重损害债权人利益的，关联公司相互之间对外部债务承担连带责任"，明确地表达了这一内涵。也就是说，即使具有关联公司人格混同的情形，但实际上未给他人造成损失，也不能否认公司法人格。这是因为法人制度中的人格独立、股东有限责任以及公司法人格否认的宗旨，都是将利益和风险在公司的出资人和公司的债权人之间公平地分配，实现一种利益平衡关系。当公司独立人格被滥用，导致债权人的利益受损时，必然使利益失衡，从而需要否定公司独立人格，对债权人的损失进行弥补，实现一种利益补偿。若债权人利益没有受损，则不需要否认公司独立人格去矫正并未失衡的利益体系。至于如何认定"严重损害债权人利益"，我们认为，衡量的标准是公司的偿债能力，即公司能否偿还债权人的到期债权。如果公司能够偿还债务，债权人就不能主张否认公司独立人格。

（三）关于本案例的法律适用

1. 关于公司法第二十条的法律适用

公司法人格否认适用中最为传统、最为典型的情形是股东滥用公司的独立人格和股东有限责任，此时的法律责任是从公司指向股东，由股东来承担公司的责任。随着社会经济生活的发展，法人格被滥用的花样不断翻新，例如，母公司将自己的利益转移给子公司，将母公司空壳化，以使母公司逃避债务，又如，姐妹公司之间人格混同，资产不当转移等。法人格否认理论也随之进一步发展，时至今日，法人格否认已经突破了传统的适用范围，出现了某些扩张适用情形，主要包括法人格否认的反向适用和姐妹公司之间的法人格否认。反向适用指否认公司独立人格后，由公司替股东承担责任，或母子公司场合下由子公司替母公司承担责任。姐妹公司之间的法人格否认又称为"揭开姐妹公司的面纱"或"三角刺破"。在"三角刺破"中，责任以一种类似于三角形的路线流动，首先从被控制的公司流向控股股东，接着从该控股股东流向其他受制于该股东的具有关联性的企业。其实，这样一种"三角刺破"的提法只不过是一种形象的说法而已，表明责任的承担不是直线流动的，而是通过一定的媒介发生了转向，最终由同一股东控制下的其他公司承担了责任。①

我国公司法第二十条第一款规定:"公司股东应当遵守法律、行政法规和公司章程,依法行使股东权利,不得滥用股东权利损害公司或者其他股东的利益;不得滥用公司法人独立地位和股东有限责任损害公司债权人的利益。"第三款规定:"公司股东滥用公司法人独立地位和股东有限责任,逃避债务,严重损害公司债权人利益的,应当对公司债务承担连带责任。"本案例中关联公司人格混同的行为,能否适用公司法第二十条规定予以解决,存在不同观点。有的认为,本条款是对公司股东行为的规制,责任承担主体是实施滥用公司法人独立地位和股东有限责任行为的股东,责任承担形式是上述股东与公司共同对债权人承担连带责任。无论采取何种解释方式,都不能得出第二十条可以适用于人格混同等情形下作为判令相关关联企业承担民事责任的法律依据的结论。② 也有的认为,公司法第二十条第一款是针对公司法人格否认法理的总括性规定,只要是股东滥用法人格和股东有限责任的情形,无论是传统情形,还是扩张情形,均在本款的规制范围之内。③

我们认为,司法实践中,法官不可避免地需要对法律进行解释,在解释中应当遵循解释的基本原则,如忠实于法律文本的原则、忠实于立法目的和立法意图原则等。扩张解释作为一种解释方法,虽然对法律用语作比通常含义更广的解释,但不能超出法律用语可能具有的含义,只能在法律文义的"射程"范围内进行解释。从公司法第二十条的文义来看,其规制的对象是股东,行为主体和责任主体都是股东,将股东扩张解释至关联公司,则显然超出了扩张解释的范畴。但是,关联公司人格混同的原因多是股东滥用了公司法人独立地位和股东有限责任,否认关联公司各自的独立人格,将关联公司视为一体,对其中特定公司的债权人的请求承担连带责任,实质就是将滥用关联公司人格的股东责任延伸至完全由其控制的关联公司上,由此来救济利益受损的债权人。因此,本案例比照最相类似的条款,按照类似情况类似处理的原则,参照适用了公司法第二十条第三款,判决关联公司之间承担连带责任。

2. 关于民法通则第四条和公司法第三条的适用

民法通则第四条规定:"民事活动应当遵循自愿、公平、等价有偿、诚实信用的原则。"诚实信用,是市场经济活动中形成的道德规则,要求人们在市场经济活动中讲究信用、恪守诺言、诚实不欺,在不损害他人利益和社会公共利益的前提下追求自己的利益。诚实信用原则是民法基本原则,而关联公司人格混同、逃避债务的行为正是违反了诚实信用原则,因此,该条可以作为否认公司法人格的法律依据。

公司法第三条第一款的规定是关于法人财产独立的法律条文,前已有述,公司的独立财产是公司独立承担责任的物质保证,公司的独立人格也突出地表现在财产的独立上。只有在财产分离的情况下,公司才能以自己的财产独立地对其债务负责。当关联公司的财产无法区分,丧失独立人格时,就丧失了独立承担责任的基础。因此,该条款作为否认公司法人格的适用条款,也是适当的。

三、其他需要说明的问题

第一,应当审慎适用。公司人格独立、股东承担有限责任是基本原则,而公司法

---

① 参见朱慈蕴:《公司法人格否认制度理论与实践》,人民法院出版社2009年版,第47~55页。
② 参见刘建功:《〈公司法〉第20条的适用空间》,载《法律适用》2008年第1期、第2期。
③ 参见朱慈蕴:《公司法人格否认制度理论与实践》,人民法院出版社2009年版,第211页。

人格否认原则是一种例外适用原则。维护公司法人独立地位是公司法的主要价值取向，只有在公司独立人格和股东有限责任原则被滥用，严重损害债权人利益时，才能为保护债权人利益而例外地适用。因此，在否认公司独立人格时，应当采取谨慎的态度，只有具有明确的人格混同的事实，并且严重损害债权人利益，无法通过其他途径救济时，才能否认公司独立人格。

第二，关于判决的效力范围。法人格否认理论只对特定个案中公司的独立人格予以否认，而不是对该公司法人格全面、彻底、永久地否认。也就是说，否认公司法人格的判决效力不涉及该公司的其他法律关系，并且不影响该公司作为一个公司独立实体合法地继续存在。这与公司因解散、破产而注销，从而在制度上绝对、彻底丧失法人资格的情形完全不同，只是"一时一事"地否认公司法人格，具有相对性和特定性，而不具有绝对性和对世性。

（撰稿人：刘净）

指导案例 67 号

汤某龙诉周某海股权转让纠纷案

（最高人民法院审判委员会讨论通过　2016 年 9 月 19 日发布）

关键词
民事　股权转让　分期付款　合同解除

裁判要点
有限责任公司的股权分期支付转让款中发生股权受让人延迟或者拒付等违约情形，股权转让人要求解除双方签订的股权转让合同的，不适用合同法第一百六十七条关于分期付款买卖中出卖人在买受人未支付到期价款的金额达到合同全部价款的五分之一时即可解除合同的规定。

相关法条
《中华人民共和国合同法》第九十四条、第一百六十七条

基本案情
原告汤某龙与被告周某海于 2013 年 4 月 3 日签订《股权转让协议》及《股权转让资金分期付款协议》。双方约定：周某海将其持有的青岛某集团成都双某电器有限公司 6.35% 股权转让给汤某龙。股权合计 710 万元，分四期付清，即 2013 年 4 月 3 日付 150 万元；2013 年 8 月 2 日付 150 万元；2013 年 12 月 2 日付 200 万元；2014 年 4 月 2 日付 210 万元。此协议双方签字生效，永不反悔。协议签订后，汤某龙于 2013 年 4 月 3 日依约向周某海支付第一期股权转让款 150 万元。因汤某龙逾期未支付约定的第二期股权转让款，周某海于同年 10 月 11 日，以公证方式向汤某龙送达了《关于解除协议的通知》，以汤某龙根本违约为由，提出解除双方签订的《股权转让资金分期付款协议》。次日，汤某龙即向周某海转账支付了第二期 150 万元股权转让款，并按照约定的时间和数额履行了后续第三期、第四期股权转让款的支付义务。周某海以其已经解除

合同为由，如数退回汤某龙支付的4笔股权转让款。汤某龙遂向人民法院提起诉讼，要求确认周某海发出的解除协议通知无效，并责令其继续履行合同。

另查明，2013年11月7日，青岛某集团成都所致双某电器有限公司的变更（备案）登记中，周某海所持有的6.35%股权已经变更登记至汤某龙名下。

裁判结果

四川省成都市中级人民法院于2014年4月15日作出（2013）成民初字第1815号民事判决：驳回原告汤某龙的诉讼请求。汤某龙不服，提起上诉。四川省高级人民法院于2014年12月19日作出（2014）川民终字第432号民事判决：一、撤销原审判决；二、确认周某海要求解除双方签订的《股权转让资金分期付款协议》行为无效；三、汤某龙于本判决生效后十日内向周某海支付股权转让款710万元。周某海不服四川省高级人民法院的判决，以二审法院适用法律错误为由，向最高人民法院申请再审。最高人民法院于2015年10月26日作出（2015）民申字第2532号民事裁定，驳回周某海的再审申请。

裁判理由

法院生效判决认为：本案争议的焦点问题是周某海是否享有合同法第一百六十七条规定的合同解除权。

第一，合同法第一百六十七条第一款规定，"分期付款的买受人未支付到期价款的金额达到全部价款的五分之一的，出卖人可以要求买受人支付全部价款或解除合同"。第二款规定，"出卖人解除合同的，可以向买受人要求支付该标的物的使用费。"《最高人民法院关于审理买卖合同纠纷案件适用法律问题的解释》第三十八条规定，"合同法第一百六十七条第一款规定的'分期付款'，系指买受人将应付的总价款在一定期间内至少分三次向出卖人支付。分期付款买卖合同的约定违反合同法第一百六十七条第一款的规定，损害买受人利益，买受人主张该约定无效的，人民法院应予支持"。依据上述法律和司法解释的规定，分期付款买卖的主要特征为：一是买受人向出卖人支付总价款分三次以上，出卖人交付标的物之后买受人分两次以上向出卖人支付价款；二是多发、常见在经营者和消费者之间，一般是买受人作为消费者为满足生活消费而发生的交易；三是出卖人向买受人授予了一定信用，而作为授信人的出卖人在价款回收上存在一定风险，为保障出卖人剩余价款的回收，出卖人在一定条件下可以行使解除合同的权利。

本案系有限责任公司股东将股权转让给公司股东之外的其他人。尽管案涉股权的转让形式也是分期付款，但由于本案买卖的标的物是股权，因此具有与以消费为目的的一般买卖不同的特点：一是汤某龙受让股权是为参与公司经营管理并获取经济利益，并非满足生活消费；二是周某海作为有限责任公司的股权出让人，基于其所持股权一直存在于目标公司中的特点，其因分期回收股权转让款而承担的风险，与一般以消费为目的分期付款买卖中出卖人收回价款的风险并不等同；三是双方解除股权转让合同，也不存在向受让人要求支付标的物使用费的情况。综上，股权转让分期付款合同与一般以消费为目的分期付款买卖合同有较大区别。对案涉《股权转让资金分期付款协议》不宜简单适用合同法第一百六十七条规定的合同解除权。

第二，本案中，双方订立《股权转让资金分期付款协议》的合同目的能够实现。汤某龙和周某海订立《股权转让资金分期付款协议》的目的是转让周某海所持青岛某集团成都双某电器有限公司6.35%股权给汤某龙。根据汤某龙履行股权转让款的情况，除第二笔股权转让款150万元逾期支付两个月，其余3笔股权转让款均按约支付，周某海认为汤某龙逾期付款构成违约要求解除合同，并退回了汤某龙所付710万元，不影响汤某龙按约支付剩余3笔股权转让款的事实的成立，且本案一审、二审审理过程中，汤某龙明确表示愿意履行付款义务。因此，周某海签订案涉《股权转让资金分期付款协议》的合同目的能够得以实现。另查明，2013年11月7日，青岛某集团成都双某电器有限公司的变更（备案）登记中，周某海所持有的6.35%股权已经变更登记至汤某龙名下。

第三，从诚实信用的角度，合同法第六十条规定，"当事人应当按照约定全面履行自己的义务。当事人应当遵循诚实信用原则，根据合同的性质、目的和交易习惯履行通知、协助、保密等义务"。鉴于双方在股权转让合同上明确约定"此协议一式两份，双方签字生效，永不反悔"，因此周某海即使依据合同法第一百六十七条的规定，也应当首先选择要求汤某龙支付全部价款，而不是解除合同。

第四，从维护交易安全的角度，一项有限责任公司的股权交易，关涉诸多方面，如其他股东对受让人汤某龙的接受和信任（过半数同意股权转让），记载到股东名册和在工商部门登记股权，社会成本和影响已经倾注其中。本案中，汤某龙受让股权后已实际参与公司经营管理、股权也已过户登记到其名下，如果不是汤某龙有根本违约行为，动辄撤销合同可能对公司经营管理的稳定产生不利影响。

综上所述，本案中，汤某龙主张的周某海依据合同法第一百六十七条之规定要求解除合同依据不足的理由，于法有据，应当予以支持。

（生效裁判审判人员：梁红亚、王玥、李莉）

【解读】

解读《汤某龙诉周某海股权转让纠纷案》

2016年9月19日，最高人民法院发布了指导案例67号《汤某龙诉周某海股权转让纠纷案》。为了正确理解和准确参照适用该指导案例，现对其推选经过、裁判要点、需要说明的问题等情况予以解释、论证和说明。

一、推选过程及意义

汤某龙诉周某海股权转让纠纷案由四川省高级人民法院民二庭作为备选指导性案例报送四川省高级人民法院研究室，经四川省高级人民法院审判委员会讨论决定，将本案例向最高人民法院案例指导工作办公室推荐。案例指导工作办公室将该案例送最高人民法院研究室民事处和民一庭、民二庭以及最高人民法院案例指导工作专家委员会合同法、公司法研究领域的部分专家委员征求了意见，并向立法机关了解对所涉法律条文具体规定立法本意的理解和观点。2016年8月23日最高人民法院审判委员会讨论了该案例，认为案例符合《最高人民法院关于案例指导工作的规定》第二条的有关规定，同意将案例确定为指导性案例。2016年9月19日，最高人民法院以法〔2016〕311号文件将该案例作为第14批指导性案例予以发布。

案例旨在明确有限责任公司股权转让合同约定分期付款内容并发生付款迟延违约情形的，是否适用合同法一百六十七条关于分期付款法定解除权的问题。合同法第一百六十七条规定出卖人可以行使合同解除权的条件为"买受人未支付到期价款的金额达到全部价款的五分之一"，即满足此条件，出卖人无须履行催告程序就可以径行解除合同。有关有限责任公司股权转让是否可以依照合同法第一百六十七条的规定，赋予股权转让方不经催告即可解除股权分期付款转让合同的问题，司法实践中一直存在较大争议，裁判标准也不统一。案例秉持审慎解除合同、维护交易稳定与安全的理念，着重考量分期付款买卖合同设立出卖人单方合同解除权的立法目的，确立了有限责任公司的股权转让不适用合同法第一百六十七条关于分期付款买卖法定解除权的裁判规则。对于统一相关案件的裁判尺度，保护有限责任公司股东利益，维护公司诚信经营，保障市场交易的安全等方面，都具有较强的指导意义。

二、裁判要点的理解与说明

该指导性案例的裁判要点确认：有限责任公司的股权分期支付转让款中发生股权受让人延迟或者拒付等违约情形，股权转让人要求解除双方签订的股权转让合同的，不适用合同法第一百六十七条关于分期付款买卖中出卖人在买受人未支付到期价款的金额达到合同全部价款的1/5即可解除合同的规定。以下围绕与该裁判要点的有关问题予以说明。

（一）分期付款买卖的特点及合同法第一百六十七条规定的立法目的

《最高人民法院关于审理买卖合同纠纷案件适用法律问题的解释》（2012年公布）第三十八条规定："合同法第一百六十七条第一款规定的'分期付款'，是指买受人将应付的总价款在一定期间内至少分三次向出卖人支付。分期付款买卖合同的约定违反合同法第一百六十七条第一款的规定，损害买受人利益，买受人主张该约定无效的，人民法院应予支持。"依据上述规定，分期付款买卖的主要特征：一是买受人向出卖人支付总价款分三次以上；二是标的物先行交付后，出卖人尚有剩余价款需通过分期予以收回，其收回价款存在一定风险；三是分期付款买卖比较多发生在经营者和消费者之间，是买受人作为消费者为满足生活消费而发生的交易。

分期付款买卖是一种特殊的买卖形式，本质上是一种信用消费。从其交易模式的起源来看，最先适用于买受人一次性支付全额总价款存在困难时的买卖。在现代消费领域，分期付款买卖占比越来越高，特别是购房、购车或其他高档耐用消费品买卖中使用普遍，已成为消费者购买、商家促销的常用有效手段。从消费者角度，消费者仅需支付较少金额的首付款，就可以从卖方获取首付款数倍价值的商品来使用，这大大强化了消费者购买能力，也极大地刺激了消费者的购买欲望。从出卖方角度，消费者购买力的提高可实现商品销售量的增长，进而商家也可以获得更多利益。依据合同法有关规定，分期付款买卖标的物的所有权转移，一般适用"交付主义"原则，即出卖方预先将商品交付消费者占有使用，而价款则在一段期限内分期收回。由此特点所决定，出卖人在分期付款买卖中需承担一定的剩余价款无法收回的风险。合同法第一百六十七条的规定即是为了对出卖人所承担的上述风险给予保护，即消费者如果未按期履行付款义务达一定程度，出卖人可径行请求消费者加速支付未到期价款直至可以单方解除合同。该条规定的立法目的是借此保护手段，以期在这种特殊交易模式下能够实现消费者与出卖人之间利益上的平衡。出卖人依据合同法第一百六十七条行使合同解除权无须满足合同法第九十四条第四项规定的"致使不能实现合同目的"的条件，其实质上降低了出卖人可以解除合同的门槛。

（二）有限责任公司股权的分期付款转让合同不适用分期付款交易的特殊规定

合同法及相关司法解释对合同法第一百六十七条规定适用于哪些类型分期付款买卖，没有作出明确限定。实践中，一些以分期付款为交易方式的买卖合同，能否一律适用合同法第一百六十七条规定的问题，对交易双方而言都将产生重大影响。司法实践中的认识上也存在重大分歧。本案例就属于发生在出卖人和消费者之间典型的分期付款买卖之外的分期付款情形。案例中，双方当事人汤某龙与周某海签订了《股权转让协议》及《股权转让资金分期付款协议》，约定受让人汤某龙分四期支付股权转让价款给周某海。该分期付款协议在履行过程中，汤某龙除逾期两个月支付第二笔股权转让款外，并无其他违约行为；而转让人周某海以汤某龙逾期支付第二笔股权转让款，且经催告后在合理期限内仍未履行付款义务，构成根本违约为由，向汤某龙发出《关于解除协议的通知》，要求解除案涉系列合同。对于案涉分期付款合同能否适用合同法第一百六十七条的规定，讨论中有三种意见：第一种意见认为，合同法第一百六十七条规定的合同解除权应当适用于各种类型的分期付款买卖合同，包括本案的股权转让分期付款合同，不应当因为合同标的物的不同而选择性适用第一百六十七条的规定。理由是合同法第一百六十七条第一款，相对于合同法第九十四条而言是特别法，是针对所有分期付款买卖合同适用的特别规则；而合同法第一百七十四条同时明确规定，法律对其他有偿合同有规定的，依照其规定；没有规定的，参照买卖合同的有关规定。通过分期支付股权转让款的方式转让股权，事实上与分期付款买卖其他物品没有本质区别，都属于分期付款买卖，仅仅是标的物不同而已；并且分期支付股权转让款非常类似那些需要到登记机关变更登记的动产、不动产买卖，与上述买卖合同并无太多区别。因此对股权转让分期付款合同并不存在不适用合同法第一百六十七条规定的特殊理由。

第二种观点认为，分期支付股权转让款系服务于生产经营目的，不同于以生活消费为目的的分期付款。在分期支付股权转让款中发生股权受让人延迟或者拒付等违约情形，股权转让人要求解除双方签订的股权转让合同的，应当适用合同法第九十四条，而不应适用合同法第一百六十七条的规定，确定股权转让人是否取得合同解除权。理由主要有以下两点。

一是我国合同法采取民商合一的立法体例，但由于立法技术上的原因，除了个别条款（如第一百一十三条第二款）外，合同法并未明确哪些规则仅适用于商事合同，哪些规则仅适用于狭义的民事合同，哪些规则一并适用于商事合同和狭义的民事合同。第一百六十七条规定仅适用于狭义民事合同的法律规则。从该条规定本身的语义解释和体系解释两个角度分析，第一百六十七条第二款承接第一款的内容，规定出卖人解除合同的，可以向买受人要求支付该"标的物的使用费"，因此，按照法律解释规则进行分析，第一百六十七条仅适用于普通物品买卖，而不应适用于股权转让。

二是合同法第一百六十七条之所以赋予分期付款买卖合同的出卖人可以行使合同解除权，主要是因为以生活消费为目的的分期付款买卖中，买受人仅支付少量价款即可占有、使用商品，而出卖人则需要承担收不回剩余价款的风险；立法者为平衡分期付款买卖合同双方的权利义务，规定了出卖人在买受人违约付款行为达至某种状况时，即可行使合同解除权。这是该条立法本意和初衷。而有限责任公司分期支付转让款的股权转让合同，其标的物是股权，只要目标公司没有在股东名册上登记受让人的股权，在工商部门变更登记之前，受让人并未获得出让人转让的股权，受让人收回股权转让款的风险在这种情况下几乎不存在。即便目标公司已经为受让人办理了股权过户变更登记手续，股权的价值也仍然存在于目标公司。出让人不存在价款收回的风险。

综上两点理由认为，对于股权转让分期付款合同不应适用合同法第一百六十七条的规定，对于当事人行使合同解除权的，应当依照合同法第九十四条的规定予以审查。

第三种观点认为，对于股权转让合同能否适用合同法第一百六十七条规定的问题，不能一概而论。本案例涉及的是有限责任公司的股权交易。考虑到一项有限责任公司的股权交易，关涉诸多方面，如其他股东对受让人汤某龙的接受和信任（过半数同意股权转让），记载到股东名册和在工商部门登记股权，社会成本和影响已经倾注其中，如果不是汤某龙有根本违约行为，动辄撤销合同的做法就是不严肃和适用法律过于机械教条的，因此对于这类有限责任公司股权转让分期付款合同，不适用合同法第一百六十七条关于合同解除权规定是正确的。

经过各方充分讨论，并征求立法部门意见，最终形成了本案例的裁判要点，即明确限定在有限责任公司的股权分期支付转让款中发生股权受让人延迟或者拒付等违约情形，股权转让人要求解除双方签订的股权转让合同的，不适用合同法第一百六十七条关于分期付款买卖中出卖人在买受人未支付到期价款的金额达到合同全部价款的五分之一时即可解除合同的规定。

（撰稿人：豆晓红、李莉、李兵）

指导案例 96 号

宋某军诉西安市大某餐饮有限公司
股东资格确认纠纷案

（最高人民法院审判委员会讨论通过　2018 年 6 月 20 日发布）

关键词

民事　股东资格确认　初始章程　股权转让限制　回购

裁判要点

国有企业改制为有限责任公司，其初始章程对股权转让进行限制，明确约定公司回购条款，只要不违反公司法等法律强制性规定，可认定为有效。有限责任公司按照初始章程约定，支付合理对价回购股东股权，且通过转让给其他股东等方式进行合理处置的，人民法院应予支持。

相关法条

《中华人民共和国公司法》第十一条、第二十五条第二款、第三十五条、第七十

四条

基本案情

西安市大某餐饮有限责任公司（以下简称大某公司）成立于1990年4月5日。2004年5月，大某公司由国有企业改制为有限责任公司，宋某军系大某公司员工，出资2万元成为大某公司的自然人股东。大某公司章程第三章"注册资本和股份"第十四条规定"公司股权不向公司以外的任何团体和个人出售、转让。公司改制一年后，经董事会批准后可在公司内部赠予、转让和继承。持股人死亡或退休经董事会批准后方可继承、转让或由企业收购，持股人若辞职、调离或被辞退、解除劳动合同的，人走股留，所持股份由企业收购……"，第十三章"股东认为需要规定的其他事项"下第六十六条规定"本章程由全体股东共同认可，自公司设立之日起生效"。该公司章程经大某公司全体股东签名通过。2006年6月3日，宋某军向公司提出解除劳动合同，并申请退出其所持有的公司的2万元股款。2006年8月28日，经大某公司法定代表人赵某锁同意，宋某军领到退出股金款2万元整。2007年1月8日，大某公司召开2006年度股东大会，大会应到股东107人，实到股东104人，代表股权占公司股份总数的93%，会议审议通过了宋某军、王某青、杭某国三位股东退股的申请并决议"其股金暂由公司收购保管，不得参与红利分配"。后宋某军以大某公司的回购行为违反法律规定，未履行法定程序且公司法规定股东不得抽逃出资等，请求依法确认其具有大某公司的股东资格。

裁判结果

西安市碑林区人民法院于2014年6月10日作出（2014）碑民初字第01339号民事判决，判令：驳回原告宋某军要求确认其具有被告大某公司股东资格之诉讼请求。一审宣判后，宋某军提出上诉。西安市中级人民法院于2014年10月10日作出了（2014）西中民四终字第00277号民事判决书，驳回上诉，维持原判。终审宣判后，宋某军仍不服，向陕西省高级人民法院申请再审。陕西省高级人民法院于2015年3月25日作出（2014）陕民二申字第00215号民事裁定，驳回宋某军的再审申请。

裁判理由

法院生效裁判认为：通过听取再审申请人宋某军的再审申请理由及被申请人大某公司的答辩意见，本案的焦点问题如下：1. 大某公司的公司章程中关于"人走股留"的规定，是否违反了公司法的禁止性规定，该章程是否有效；2. 大某公司回购宋某军股权是否违反公司法的相关规定，大某公司是否构成抽逃出资。

针对第一个焦点问题，首先，大某公司章程第十四条规定，"公司股权不向公司以外的任何团体和个人出售、转让。公司改制一年后，经董事会批准后可以公司内部赠与、转让和继承。持股人死亡或退休经董事会批准后方可继承、转让或由企业收购，持股人若辞职、调离或被辞退、解除劳动合同的，人走股留，所持股份由企业收购"。依照公司法第二十五条第二款"股东应当在公司章程上签名、盖章"的规定，有限公司章程系公司设立时全体股东一致同意并对公司及全体股东产生约束力的规则性文件，宋某军在公司章程上签名的行为，应视为其对前述规定的认可和同意，该章程对大某公司及宋某军均产生约束力。其次，基于有限责任公司封闭性和人合性的特点，由公司章程对公司股东转让股权作出某些限制性规定，系公司自治的体现。在本案中，大某公司进行企业改制时，宋某军之所以成为大某公司的股东，其原因在于宋某军与大某公司具有劳动合同关系，如果宋某军与大某公司没有建立劳动关系，宋某军则没有成为大某公司股东的可能性。同理，大某公司章程将是否与公司具有劳动合同关系作为取得股东身份的依据继而作出"人走股留"的规定，符合有限责任公司封闭性和人合性的特点，亦系公司自治原则的体现，不违反公司法的禁止性规定。最后，大某公司章程第十四条关于股权转让的规定，属于对股东转让股权的限制性规定而非禁止性规定，宋某军依法转让股权的权利没有被公司章程所禁止，大某公司章程不存在侵害宋某军股权转让权利的情形。综上所述，本案一审、二审法院均认定大某公司章程不违反公司法的禁止性规定，应为有效的结论正确，宋某军的这一再审申请理由不能成立。

针对第二个焦点问题，公司法第七十四条所规定的异议股东回购请求权具有法定的行使条件，即只有在"公司连续五年不向股东分配利润，而公司该五年连续盈利，并且符合本法规定的分配利润条件的；公司合并、分立、转让主要财产的；公司章程规定的营业期限届满或者章程规定的其他解散事由出现，股东会会议通过决议修改章程使公司存续的"三种情形下，异议股东有权要求公司回购其股权，对应的问题是公司是否应当履行回购异议股东股权的法定义务。而本案争议属于大某公司是否有权基于公司章程的约定及与宋某军的合意而回购宋某军股权，对应的是大某公司是否具有回购宋某军股权的权利，二者性质不同，公司法第七十四条不能适用于本案。在本案中，宋某军于2006年6月3日向大某公司提出解除劳动合同申请并于同日手书《退股申请》，提出"本人要求全额退股，年终盈利与亏损与我无关"，该《退股申请》应视为其真实意思表示。大某公司于2006年8月28日退还其全额股金款2万元，并于2007年1月8日召开股东大会审议通过了宋某军等三位股东的退股申请，大某公司基于宋某军的退股申请，依照公司章程的规定回购宋某军的股权，程序并无不当。另外，公司法所规定的抽逃出资专指公司股东抽逃其对于公司出资的行为，公司不能构成抽逃出资的主体，宋某军的这一再审申请理由不能成立。综上所述，裁定驳回再审申请人宋某军的再审申请。

（生效裁判审判人员：吴强、逄东、张洁）

【解读】

解读《宋某军诉西安市大某餐饮有限公司股东资格确认纠纷案》

2018年6月20日，最高人民法院发布了第18批指导性案例，包括第93号至第96号共4件指导性案例，总结了审判实践中某些普遍的疑难复杂法律适用问题，有利于进一步明确裁判规则，统一司法尺度。其中，第96号指导案例为《宋某军诉西安市大某餐饮有限公司股东资格确认纠纷案》。为了正确理解和准确参照适用该指导案例，现对该指导案例的选编过程、裁判要点、参照适用等有关情况予以解释和说明。

一、选编过程及指导意义

该案例由陕西省高级人民法院民二庭报送,经陕西省高级人民法院研究室初审并修改整理,报陕西省高级人民法院审判委员会讨论通过,同意作为备选指导性案例向最高人民法院推荐。2017年6月28日,最高人民法院案例指导工作办公室收到该案例,经初审,认为基本符合指导性案例的要求,建议提交室务会讨论。10月12日,室务会经讨论同意推荐该案例,并要求送最高人民法院民二庭征求意见。12月8日,民二庭回复同意。承办人对该案例进行修改后,建议报最高人民法院审判委员会讨论。2018年6月12日,最高人民法院民专会第288次会议讨论通过该案例。6月20日,最高人民法院以法〔2018〕164号文件将该案例列在第18批指导性案例予以发布。

该案例涉及国有企业改制为有限责任公司时初始章程约定"人走股留、公司回购"条款的效力问题,有限责任公司章程约定对股东股权转让进行限制,以及公司回购股权条款在企业改制中较为常见,但对于此类条款的效力,我国现行法律及司法解释中并无明确规定。该指导案例确认的裁判规则符合法律规定和公司治理的基本原则精神,具有一定普遍性,对于类案审理具有一定指导价值。

二、关于本案例的相关情况

在公司法发展的早期,有限责任公司股权回购曾被严格限制甚至禁止,但随着公司治理的不断完善,公司股权回购在各国也渐趋允许和开放。我国公司法在2005年修订前,对于股权回购基本持禁止态度,2005年公司法修订后,借鉴国外立法例,认可了异议股东股权回购请求权,但仅规定了四种情形下异议股东的回购请求权问题,对于实践中股权回购的复杂样态尤其是公司与股东合意确定的股权回购能否支持,未予明确,在公司法律制度上留下了空缺。但实践中此类纠纷层出不穷,基于法院不得拒绝裁判的原则,法院仍需基于法律体系与法律原则的系统解释对于此类问题作出裁判,从而形成了实践中关于合意股权回购的裁判思路难题。

本案相关纠纷的形成具有我国独特的社会背景,反映了我国在国有企业改制过程中协调企业职工等各方利益的特殊政策要求,依托于有限责任公司的闭锁性特征,在改制后的初始章程中明确约定了"人走股留、公司回购"的职工持股维持模式。但蕴含于这一约定中的法律关系牵涉广泛而复杂,其公司回购股权的约定触碰了我国公司股权回购的法律许可性问题,而在公司章程中对此作出约定又关乎于我国公司章程的约定范围问题,尤其是公司章程对于股东的股权行使能否约束和限制及其限度问题。

首先,就股权回购问题而言,股权是否属于私权或者民法意义上的财产权,能否由权利人自由处分,股权回购的协议能否单纯适用合同法相关原理进行评判,易启疑窦。从民法总则第一百二十五条的规定来看,股权应属于民事权利之一种,其主张行使及其得丧变更应遵循民法意思自治之原理,由权利人依法处分。股权回购之协议,也属于合同之一种类型,也无不予适用合同原理的理由。但是,由于股权既具有财产权又具有成员权、既具有自益权又具有共益权等属性,尤其是公司法对于股东抽逃出资的明令禁止使得公司回购股权能否允许又需接受公司法之评判。但公司法对于这一制度的"沉默",使得在公司法的意义上如何评判合意股权回购困难重重。其中,公司根据与股东的合意回购股权后,该股权能否参与股利分配、是否需要在一定时限内转让或者注销、支付回购股权的资金来源等均因缺乏依据而难以确定。其二,鉴于在公司法上能否允许股东与公司合意回购股权尚存疑义,公司章程对此作出约定是否违反公司法禁止抽逃出资的强制性规定,是否属于章程自治范围,存在争议。

本案裁判区分了合意股权回购与法定股权回购,认为合意股权回购不必限制于公司法规定的四种法定股权回购情形之内,而以当事人意思自治为基础,认为公司章程对于股权回购进行约定属于公司自治范畴,股权回购约定对于股权转让进行限制但并非禁止,股东对于股权回购章程约定签字同意,具有效力。同时,本案裁判区分合意股权回购与抽逃出资的行为,认为合意股权回购是公司与股东的意思表示一致的行为,抽逃出资是股东行为而非公司行为,因此二者有其界限。该裁判在公司法第七十四条规定的异议股东回购请求权外,承认了股东与公司之间合意回购股权可由章程予以约定而不必适用公司法第七十四条进行限制的规则,对于有限责任公司股权回购制度进行了重要的司法补充,且该裁判区分了合意股权回购与抽逃出资行为,在坚持禁止抽逃出资规则的同时尊重了公司与股东通过意思自治回购股权的行为,维护了诚实信用原则,对于公司法妥善协调资本维持原则与公司治理灵活性的关系具有重要意义。

该案确立为指导性案例,有利于廓清司法实践中关于此类问题的认识,统一裁判尺度,便于在公司法尚未作出合意股权回购规定的背景下,平衡公司治理需要与股东权利保护,其裁判要点阐明的"通过转让给其他股东等方式进行了合理处置"这一要求,也在立法空缺的情形下提供了对合意股权回购进行合理限制的标准,对于我国相关问题的司法发展和立法完善均具有启示意义。

三、裁判要点的理解与说明

该指导案例的裁判要点确认:国有企业改制为有限责任公司,其初始章程对股权转让进行限制,明确约定公司回购条款,只要不违反公司法等法律强制性规定,可认定为有效。有限责任公司按照初始章程约定,支付合理对价回购股东股权,且通过转让给其他股东等方式进行合理处置的,人民法院应予支持。现围绕与该裁判要点相关的问题逐一解释和说明如下。

(一)准予股权合意回购的反对观点

关于股权合意回购之允否,存在较大的学术争议。主要包括以下方面:(1)公司因回购股权而持有自身股份,存在逻辑矛盾;(2)公司回购股权支付自身资金,可能造成变相返还股东投资,有违公司资本不得抽回原则,事实上减少公司资本,有损债权人利益;(3)诱发不公平交易的担忧。其一,公司可以借助于股份回购操作自己公司股份价格或者进行内部交易;其二,对不同股东进行区别对待,例如,在进行回购时,仅针对部分股东而排除其他股东或者对不同的股东实行不同的条件和价格;其三,公司董事回购股份并借此操纵公司,巩固自己的地位。[①] 由于公司设定的基础即是其独立财产,而其前提则为公司财产与股东个人财产的分离,从这个意义而言,股东投入公司的财产即为公司的财产,股东不能再度回收享有,为此我国公司法第三十五条明确规定:"公司成立后,股东不得抽逃出资。"而股权回购则可能使公司支付购买股权的资金,其价值可能等于甚至大于股东投入公司的资金,实际上形成股东抽回出资的效果。因此,如无特殊的理由,公司回购股权确实可能有悖于公司有限责任的基本制

[①] 参见李建伟:《公司法学》,中国人民大学出版社2014年版,第247~248页;类似理由可参见施天涛:《公司法论》,法律出版社2014年版,第284页;最高人民法院数位法官的公司法著作也持反对见解,可参见王东敏:《公司法审判实务与疑难问题案例解析》,人民法院出版社2017年版,第189页以下,转引自朱海蛟:《96号指导性案例展开:关于股权回购问题的初步思考》,载微信公众号"审判研究",2018年7月19日上传。

度设定。且正如上述反对观点所述，公司实际控制人或其经理人可以凭借影响力和优势迫使部分股东退股，从而实现独占公司盈利或对于公司强化控制的目的。实践中来看，对于公司回购自身股权也不无疑义。在公司法发展的早期，多数国家均禁止公司回购自身股权，即使是在当代公司法的规定中，也存在不同的立法例。以自由主义为特征的英美法系国家多对此持准许态度，但大陆法系的德国与法国均在不同程度上对此严格限制。例如，德国股份法第71条第1款规定，原则上禁止企业获得其股份，而仅规定了八类例外情形。[1] 对于有限责任公司，法国商法典第223－34条第5款规定，禁止公司购买自己的股份。[2] 但也设定了一定的例外情形。[3] 我国实务中长期以来也存在不同看法。在2005年公司法修订前，我国部分规章对于股权回购进行了明令禁止。例如，1992年国家体改委颁布的《股份有限责任公司规范意见》第四十二条规定："在公司办理工商登记手续后，股东不得退股。"1996年《建设部关于房地产企业建立现代企业制度试点指导意见》也规定："出资者不能抽资，企业不能退股"。1997年中国证券监督管理委员会颁布的《上市公司章程指引》第三十八条规定："除法律、法规规定的情形外，不得退股。"公司法于2005年修订后，增订了第七十四条规定异议股东回购请求权，但仅限于四类情形，且该法第三十五条的上述规定也在实践中使得部分情形下易将公司回购自身股权与抽逃出资相混同，对于公司合意回购股权的合法性产生怀疑。在此背景下，亟待厘定公司合意回购股权的合法性问题。

（二）现行法背景下认定股权合意回购合法性的基本理由

1. 允许股权合意回购是股东行使股权处分权的法律效果体现

股权合意回购建立在股东与公司双方合意的基础之上，股东在章程约定上签字或者提出退股申请是其处分自身股权的行为，由其处分股权的行为引起股权变更或消灭之效果属于其处分行为的应然法律效果。股东享有处分自身股权的自由，恰恰是股权的权利属性的体现，也是民法意思自治的反映，不能因为股东事后反悔而否定其此前处分股权的效力，否则，即有违诚实信用原则。当然，公司不能单方面强制性收回股权，而应当事前或者事中取得股东退出或出售股权之同意，方能产生合意之效果。否则，股东未表示退出或出售股权之意愿，仅公司一方作出决议，则不属于股权合意回购，不能适用本指导性案例之裁判规则。

2. 允许股权合意回购符合合同法的契约原理

股权合意回购，首先是在股东方面已然作出退出或出售股权之意思表示，而公司则对此予以认可。但就公司如何认可的问题，从比较法上来看，有的国家例如英国等规定由股东会议特别决议或普通决议通过或预先授权通过，[4] 有的国家则规定董事会也可在股东会议预先授权的范围内或依法表示认可。[5] 我国公司法由于对股权合意回购尚未作出明确规定，因此应从公司法规定的公司意思表示方式来认定。股东会是公司的意思表示机构，当然具有对股东退股申请或股权出售表示认可的能力，至于其应由股东一致表示同意还是以特别多数决议抑或仅为普通多数决议认可，则在公司法尚无特

---

[1] 参见［德］托马斯·莱塞尔、吕迪格·法伊尔：《德国资合公司法》，高旭军等译，法律出版社2005年版，第309~312页。
[2] 参见罗结珍译：《法国商法典》，北京大学出版社2015年版，第225页。
[3] 参见罗结珍译：《法国商法典》，北京大学出版社2015年版，第218页。
[4] 参见［英］丹尼斯·吉南：《公司法》，朱羿锟等译，法律出版社2005年版，第131页。
[5] 参见《日本公司法典》，崔延花译，中国政法大学出版社2006年版，第69页。

别规定的情况下，应首先尊重章程之约定。在章程明确规定由股东一致同意或者以2/3或3/4多数作出决议的，应尊重公司章程的内部规范效力，以此确定其是否同意股权回购。值得注意的是，在英国等国家均规定请求退出股权的股东本身不应参与此类表决，否则该股东的表决不能计入比例，不产生效力。① 我国也应从诚实信用以及避免自我交易的民法原理角度，对其自身参与自身交易之表决的效力持否定态度，不予计入表决。至于对公司通过过半数股权份额表决通过的，只要符合章程约定，也应从公司意思自治的角度，认可其效力。倘若章程对此未作出约定，也可参照我国公司法第七十一条关于股权向外部转让之规定，由股东过半数决议表示同意。就董事会而言，由于我国关于股权转让或股权注销，并未规定由董事会经授权作出决议，因此就有限责任公司而言，不能认为我国董事会能够通过授权取得同意股权回购的权利，而应由股东会决议作出。以股东会决议形式作出，也可以避免董事通过操纵股权回购取得优势地位的风险，保证公司治理顺利进行。综上所述，股东提出退股或出售股权的申请后，公司以股东会决议表示同意，只要是双方的真实意思表示，完全符合合同法合同成立生效的有关规定，在未违反相关强制性规定的前提下，自然产生合同的约束力。

3. 我国公司法及相关法理并不禁止有限责任公司回购自身股权

我国公司法第七十四条虽然仅规定了异议股东回购请求权，而没有对其他情形下的股权回购作出规定，但也未对此明确禁止。公司法第一百四十二条对于股份有限公司明确规定："公司不得收购本公司股份。"但规定在四类情形下例外。相对照而言，对于有限责任公司则未作此规定。就此而论，依其反面解释，则公司法对于有限责任公司回购本公司股份并不禁止。《最高人民法院关于适用〈中华人民共和国公司法〉若干问题的规定（二）》（2014年修正，下同）第五条针对公司解散情形下股权回购问题明确规定："当事人协商同意由公司或者股东收购股份，或者以减资等方式使公司存续，且不违反法律、行政法规强制性规定的，人民法院应予支持。经人民法院调解公司收购原告股份的，公司应当自调解书生效之日起六个月内将股份转让或者注销。股份转让或注销之前，原告不得以公司收购其股份为由对抗公司债权人。"对于有限责任公司回购股东股份予以了明确承认。实务中，司法裁判往往也对此认可，例如，在舜某公司与叶某文股权转让纠纷再审裁定中，最高人民法院认为，公司法并不禁止股东在公司成立之后以合法方式退出公司，包括以公司回购股权的形式退出公司。可见，就我国公司法相关规定及其司法解释而言，并不禁止公司回购自身股权，也不禁止股东与公司合意达成股权回购协议。实际上，从域外立法例来看，也普遍对股权回购予以准许，尤其是英美法系国家多对股权回购持自由主义立法模式。例如，1984年美国模范商业公司法第6.31（a）条明确规定，一家公司可以获取自己的股票，所获取的上述股票成为认可发行但还未发行的股票。② 英国公司法允许在具备特定保障措施情形下购买自己的股份，所有公司均可用利润或新发行股本购买（或赎回）股份。其还规定，公司可以将来发生的特定事件作为合同的生效要件，比如，基于雇员死亡或退出而购买其股份的合同。③ 2005年日本公司法受到英美法系的影响，其第二编第二章第四节规定"由股份公司取得自己的股份"，其第二段规定了"通过与股东的合意取得"。上述规

---

① 参见[英]丹尼斯·吉南：《公司法》，朱羿锟等译，法律出版社2005年版，第129～133页。
② 参见赵旭东主编：《新公司法制度设计》，法律出版社2006年版，第299～300页。
③ 参见[英]丹尼斯·吉南：《公司法》，朱羿锟等译，法律出版社2005年版，第129～133页。

定均对公司取得自己的股份表示认可。而从大陆法系来看，法德两国虽然都对股权回购作了禁止规定，但又设置了例外条款，且在实务中已经创设了股东退出权与除名权等做法，①对于股权回购予以准许。有限责任公司具有人合性与闭锁性，其公司章程如对公司回购自身的股权作出规定，往往都是以维持公司内部的特定股权结构为目的，例如，本案中，其公司章程规定由公司回购股权，其是为了保持职工内部持股的股权结构，这一股权结构是确保有限责任公司内部股东之间信赖关系的重要保障，属于有限责任公司内部自治的重要范畴。对于有限责任公司内部具有正当理由的股权回购一律禁止，对其章程约定全盘否定，将破坏公司内部自治之基础，损害公司的持续运转，不符合公司法维护市场经济秩序的立法目的。我国公司法在并无特殊规定的前提下，从商事交易便捷与安全的角度而言，也应作出与上述域外规定类似的解释，对于股权合意回购不予禁止。

（三）股权合意回购的程序约束与必要限制

民法意思自治并非漫无边界，而应受强制性法律规范、公序良俗以及法律原则之合理限制。公司股权回购之所以需要法律作出特殊规定，主要在于公司资本维持原则、公司资本不变原则的要求，需要在股权合意回购与抽逃出资的恶意行为之间划定界限，避免恶意股东通过所谓的股权合意回购对于其他股东制造不公平的交易优势或者在公司资信不足的情况抽逃出资，造成外部债权人履约保证的重大损害。股权合意回购恶意与善意、合法与非法的界限，其判断标准也就主要在于能否妥善协调出让股权股东、其他股东、公司以及公司外部债权人的合法权益保障，从而形成各利益相关方之间的均衡关系，保障公司合规正常运转。就此，我国关于股份有限公司股权回购的相关规定具有参照意义。2018年修正的我国公司法第一百四十二条第三款规定："公司依照本条第一款规定收购本公司股份后，属于第（一）项情形的，应当自收购之日起十日内注销；属于第（二）项、第（四）项情形的，应当在六个月内转让或者注销；属于第（三）项、第（五）项、第（六）项情形的，公司合计持有的本公司股份数不得超过本公司已发行股份总额的百分之十，并应当在三年内转让或者注销。"对于公司收购自身股份后的股份数限制、股份处置期限以及处置方式进行了规定，从而确保公司不致长期拥有自身股份，损害公司与股东之间人格分离的基本法律基础。有限责任公司对外独立承担有限责任与股份有限公司并无差别，相关法理在同类情形下也应适用。从域外规定来看，对于公司回购自身股权也无不作出相应的程序规定或限制。例如，英国公司法规定，公司通过场外交易购买自己的股份，应依据公司特别决议（或书面决议）的预先授权，通过特定合同在场外交易，购买股份的公司须在购买后28日内向注册官提交报告。② 2005年日本公司法第156条第1款规定，"股份公司依照与股东的合意，有偿取得该股份公司的股份时，须预先经股东大会决议决定下列事项。但第三项的期间不得超过一年。一、取得股份的数额；二、与取得股份兑换交付的金钱等的内容及其总额；三、可取得股份期间。"③ 对于我国股权合意回购，在法律适用上予以认可的同时，应就其合理处置与限制问题进行考量，保证股权合意回购发挥促进公司顺畅运转的积极作用，避免其可能损害公司独立财产以及外部债权人的消极作用。就其具体内容来看，有以下几个方面值得重视。

---

① 参见赵旭东主编：《新公司法制度设计》，法律出版社2006年版，第303页。
② 参见[英]丹尼斯·吉南：《公司法》，朱羿锟等译，法律出版社2005年版，第129～133页。
③ 《日本公司法典》，崔延花译，中国政法大学出版社2006年版，第68～69页。

1. 股权合意回购之价格确定

对于已经完成股权回购合意的双方，一般也就已经对股权合意回购的价格进行了约定。否则，双方对于股权出售价格未达成一致的，则应视公司章程是否存在约定，公司章程有约定且并无显失公平情形的，可以公司章程约定之内容补全双方股权合意回购的内容，从而认可其效力。但在公司章程对此亦无约定的情形下，如果双方始终未能就股权出售价格达成一致的，鉴于我国公司法并未就此作出特殊规定，应参照合同法关于合同成立之规定以及民法总则关于意思表示之规定，其意思表示不确定，可认为其合意未成立。但在双方已然对于价格作出明确约定的情形下，公司未能履行该约定的，股东应可提起诉讼请求履行该约定。股东会决议中对于股权出让之价格提出异议的股东，如认为股权出让之价格明显过高，显失公平，严重损害公司权益的，可在符合公司法第五十一条规定的前提下，提起派生股东诉讼。公司股权出让之价格是否合理可以股权所占的公司财产份额的价值为衡量基础，综合考虑公司资本、盈利等情况作出判断。

2. 股权合意回购的资金来源

《最高人民法院关于适用〈中华人民共和国公司法〉若干问题的规定（二）》第五条在规定公司解散纠纷处理中的股权回购问题时，并未明确就股权回购的资金来源作出规定，但这并不否定公司合意回购的资金来源应有所限制。公司法第三十五条明确规定股东不得抽逃出资，因此，对于公司维持注册资本的资金一般不得抽回用于支付回购股权的对价，除非公司办理减资程序，避免对公司外部债权人的合理信赖产生损害。域外公司法从保证公司资本维持原则出发，对于股权回购的资金来源多规定为公司盈利。例如，德国股份法规定，不能动用公司资本和法定储备金购买本公司股份。① 法国商法典第L225－210条规定，取得本公司股份不得超过全部股份或者特定股份种类的10％以上，不得产生使公司自有资金降低到低于其注册资本加上未分派的公积金总额的结果。② 英国公司法准许以公司盈利和新股股本回购股份，但对于公司固有的股本，其1985年公司法仅授权私人有限公司使用部分（而非全部）股本购买或赎回股份，其条件是有关公司没有足够的可分配利润，也不能通过发行新股筹集到所有资金。③ 就我国公司法而言，对于以固有股本回购公司本身股权导致公司股本不足的，可因其违反公司法第三十五条之规定，否定其效力，从而严格划定股权合意回购与抽逃出资的法律界限，保护外部债权人利益。

3. 合意回购的股权份额及公司持有股权的期限限制问题

从避免公司与股东人格混同的角度而言，应当避免公司长期持有自身股份。我国公司法第一百四十二条对于股份有限公司收购自身股份的股权持有期间以及股权份额比例均作出明确限制，对避免公司法律逻辑混乱、保证公司独立运营、维护运转秩序具有重要意义。从比较法上来看，德国股份法也规定，企业持有自己股份的总面值不得超过其基本资本的10％。④ 就我国有限责任公司而言，也应有所限制。本指导性案例

---

① 参见[德]托马斯·莱塞尔、吕迪格·法伊尔：《德国资合公司法》，高旭军等译，法律出版社2005年版，第309～312页。
② 参见罗结珍译：《法国商法典》，北京大学出版社2015年版，第325～330页。
③ [英]丹尼斯·吉南：《公司法》，朱羿锟等译，法律出版社2005年版，第129～133页。
④ 参见[德]托马斯·莱塞尔、吕迪格·法伊尔：《德国资合公司法》，高旭军等译，法律出版社2005年版，第309～312页。

提出对回购股权进行合理处置,即反映了这一要求。由于我国公司法并未就有限责任公司股权合意回购作出明确规定,对此应结合公司状况等认定其合理处置的可能性。如其所回购的股权无法通过股权转让、公司减资等程序进行合法处置的,则将导致股权长期由公司本身持有,这既不符合公司设立的目的,也不符合公司与股东人格分离的基本规范,应属无效。对于公司回购的股权占据公司股权比例过高,又不能通过公司减资程序或股权转让等进行合理处置的,也应作出同等判断。

4. 公司回购股权的权利限制问题

本案中,股东会决议明确提出:"其股金暂由公司收购保管,不得参与红利分配。"由于公司回购自身股权,只是暂时性地持有股权,公司本身不能作为股东行使权利,否则即与公司和股东人格分离的基本规范不符,因此,公司回购股权的权利行使当然受到其自然属性的限制。比较法上,对此也多有规定,例如,德国股份法规定,公司不享有其自己股份的表决权和分红请求权。① 法国商法典也明确规定,由公司持有的股票既不产生分派股息的权利,也不享有表决权。② 公司回购自身的股权,如其具有表决权与分红请求权,则将使公司管理人员获得实际控制权,与公司由股东所有的基本法律属性不符。上述比较法上的规定,可资借鉴。

(四) 章程约定股东退出公司由公司回购股权的效力问题

本指导性案例涉及"人走股留,公司回购"条款的效力问题。在公司章程中对股权转让作出限制,这是公司章程条款中并不少见的现象,我国对此并不禁止。公司法第七十一条第四款对于股权转让作出规定:"公司章程对股权转让另有规定的,从其规定。"赋予了公司章程对股权转让作出特别约定的权利,以此尊重有限责任公司的内部自治。但是,对于由公司章程对股权转让进行限制,其程序与限度何在存在争议。有的观点认为,"以章程方式限制股权的流通,并非完全无效。如果章程完全剥夺了股权的流通性,则会导致章程限制的无效。"③ 这一观点有其合理性,在市场经济环境下,财产权利的本质之一就是流通性,如其完全丧失流通性,则与股权作为民事基本权利的本质相悖,且提前剥夺股东流转股权之权利,也构成对股东权利的不当限制,与公序良俗不符,应认定无效。这一观点实际上区分了股权转让的限制与禁止,按照公司法第七十一条的上述规定,股权转让自然可由章程合理限制,但不可超出一定限度,达到等同禁止之程度。本案中,公司章程约定由公司回购仅是限制了股权转让的受让人范围,并未完全禁止股权转让,不致因此无效。

对于公司法第七十一条第四款规定的另一争议则为:作为公司行为的公司章程何以能对股东的股权作出限制,这是否符合权利由权利人处分的一般规则。有学者认为,对于公司法第七十一条应作限缩解释,就公司的初始章程也即章程的制定而言,由于属于全体股东或者发起人一致同意的结果,可以适用合同机制,对于股权转让的限制可视为个人意思自治的结果,不必干预,应认可其效力。但就章程修正案而言,适用多数决原则,属于公司单方的意思表示,在股东本人未作同意的情况下,不应以单方

---

① 参见〔德〕托马斯·莱塞尔、吕迪格·法伊尔:《德国资合公司法》,高旭军等译,法律出版社2005年版,第309~312页。
② 参见罗结珍译:《法国商法典》,北京大学出版社2015年版,第325~330页。
③ 胡田野:《公司法律裁判》,法律出版社2012年版,第283页。

意志限制股东权利。① 这一观点明确了对于股权的处分应征得股东的同意。此外，从股东权利的权能来看，其分红请求权、股权转让权等应属于个人性权利，须由股东个人处分，而涉及股东表决权等公司性权利，由于涉及公司内部治理，公司章程应可对其适当限制。即使是股东转让权，正如上文所述，公司章程不得对其禁止，但对其转让的程序设置一定的要求，以符合股东间维系信赖关系的需要，也应属于公司法第七十一条第四款的规范意旨范围。公司章程约定职工退出公司时，必须退出股权，由公司回购，属于对股权转让权作出的限制，但却并非仅为程序限制，也涉及实体性利益的处分。其原因在于，股东本可向外部自由转让股权，但由于该章程的约定，其丧失了向外部转让股权的利益，其变现价值可能受到影响，难以实现完全的市场价值。就此而论，依据股权应由股东本人处分的原则，该章程的约定应取得出让股权的股东的同意。倘若股东本人对此并未在事前或者事后表示同意或追认，则不能认为公司章程约定对其直接发生效力。本指导性案例的裁判要点明确指出了初始章程约定股权转让限制的，只要不违反法律法规禁止性规定，即为有效，正是充分考量了这一原则。初始章程作为公司成立时制定的章程，由全体发起人签名确认，即使其后有新股东加入，也是在章程约定已经完成之后，应视为对公司章程约定的接受，因此初始章程约定了股权转让限制的，事实上已经取得了出让股权的股东的同意，符合股权由股东处分的原则。上述学者观点将初始章程与章程修正案予以区分，有其依据，在章程修正案对于"人走股留、公司回购"作出约定的情况下，则应审查股东本人是否对于章程修正案的有关条款表示认可，或者事后对于该条款的规定予以认可，如股东本人对此始终并未表示认可，则不应发生剥夺股东实体性权利之结果。否则，即有违股权保护的原则。实务中，有的案例体现这一观点，例如，在北京华某电工设备有限公司诉袁某飞股权转让纠纷案中，法院认为：公司章程的制定和修改系民事法律行为，应依据民事法律行为效力的认定标准认定章程效力。公司章程经持有2/3以上表决权的股东通过后修改，修改后的内容包括离职股东转让其股权。因离职股东未在修改后的章程上签字，可认定修改后的章程并非离职股东的真实意思表示。同时，公司章程中涉及处分离职股东股权的内容违反法律规定，应认定为无效。② 本案中，不仅作出规定的章程为初始章程，且宋某军本人也提出了以全额退股为内容的退股申请，明显对于上述条款进行了认可，经公司股东会特别多数决议认可后，应当发生法律效力，不致产生无权处分之问题。

自1998年开始至2005年左右，以建立现代企业制度为目标，我国政府在全国范围内对国有企业、集体所有制企业进行了大幅度的制度改革。资产处置、股权设置、人员安置三大问题，成为国企改制的核心和关键。在国企改制过程中，有的企业采用了内部人收购模式，由企业管理层以及员工收购改制企业股份，以保持企业生产经营和人员稳定，其约定"人走股留，公司回购"条款具有特殊背景，应予支持。

（撰稿人：袁辉根、石磊）

---

① 参见钱玉林：《公司法实施问题研究》，法律出版社2014年版，第159~163页。
② 该案例被《中国法院2012年度案例：公司纠纷》收录，转引自王元庆主编：《股权转让纠纷裁判规则与适用标准》，法律出版社2015年版，第207~208页。

九、票　据

中华人民共和国票据法

(1995 年 5 月 10 日第八届全国人民代表大会常务委员会第十三次会议通过　根据 2004 年 8 月 28 日第十届全国人民代表大会常务委员会第十一次会议《关于修改〈中华人民共和国票据法〉的决定》修正)

目　录

第一章　总　则
第二章　汇　票
　第一节　出　票
　第二节　背　书
　第三节　承　兑
　第四节　保　证
　第五节　付　款
　第六节　追索权
第三章　本　票
第四章　支　票
第五章　涉外票据的法律适用
第六章　法律责任
第七章　附　则

第一章　总　则

第一条　为了规范票据行为，保障票据活动中当事人的合法权益，维护社会经济秩序，促进社会主义市场经济的发展，制定本法。

第二条　在中华人民共和国境内的票据活动，适用本法。

本法所称票据，是指汇票、本票和支票。

第三条　票据活动应当遵守法律、行政法规，不得损害社会公共利益。

第四条　票据出票人制作票据，应当按照法定条件在票据上签章，并按照所记载的事项承担票据责任。

持票人行使票据权利，应当按照法定程序在票据上签章，并出示票据。

其他票据债务人在票据上签章的,按照票据所记载的事项承担票据责任。

本法所称票据权利,是指持票人向票据债务人请求支付票据金额的权利,包括付款请求权和追索权。

本法所称票据责任,是指票据债务人向持票人支付票据金额的义务。

第五条 票据当事人可以委托其代理人在票据上签章,并应当在票据上表明其代理关系。

没有代理权而以代理人名义在票据上签章的,应当由签章人承担票据责任;代理人超越代理权限的,应当就其超越权限的部分承担票据责任。

第六条 无民事行为能力人或者限制民事行为能力人在票据上签章的,其签章无效,但是不影响其他签章的效力。

第七条 票据上的签章,为签名、盖章或者签名加盖章。

法人和其他使用票据的单位在票据上的签章,为该法人或者该单位的盖章加其法定代表人或者其授权的代理人的签章。

在票据上的签名,应当为该当事人的本名。

第八条 票据金额以中文大写和数码同时记载,二者必须一致,二者不一致的,票据无效。

第九条 票据上的记载事项必须符合本法的规定。

票据金额、日期、收款人名称不得更改,更改的票据无效。

对票据上的其他记载事项,原记载人可以更改,更改时应当由原记载人签章证明。

第十条 票据的签发、取得和转让,应当遵循诚实信用的原则,具有真实的交易关系和债权债务关系。

票据的取得,必须给付对价,即应当给付票据双方当事人认可的相对应的代价。

第十一条 因税收、继承、赠与可以依法无偿取得票据的,不受给付对价的限制。但是,所享有的票据权利不得优于其前手的权利。

前手是指在票据签章人或者持票人之前签章的其他票据债务人。

第十二条 以欺诈、偷盗或者胁迫等手段取得票据的,或者明知有前列情形,出于恶意取得票据的,不得享有票据权利。

持票人因重大过失取得不符合本法规定的票据的,也不得享有票据权利。

第十三条 票据债务人不得以自己与出票人或者与持票人的前手之间的抗辩事由,对抗持票人。但是,持票人明知存在抗辩事由而取得票据的除外。

票据债务人可以对不履行约定义务的与自己有直接债权债务关系的持票人,进行抗辩。

本法所称抗辩,是指票据债务人根据本法规定对票据债权人拒绝履行义务的行为。

第十四条 票据上的记载事项应当真实,不得伪造、变造。伪造、变造票据上的签章和其他记载事项的,应当承担法律责任。

票据上有伪造、变造的签章的,不影响票据上其他真实签章的效力。

票据上其他记载事项被变造的,在变造之前签章的人,对原记载事项负责;在变造之后签章的人,对变造之后的记载事项负责;不能辨别是在票据被变造之前或者之后签章的,视同在变造之前签章。

第十五条 票据丧失,失票人可以及时通知票据的付款人挂失止付,但是,未记载付款人或者无法确定付款人及其代理付款人的票据除外。

收到挂失止付通知的付款人,应当暂停支付。

失票人应当在通知挂失止付后三日内,也可以在票据丧失后,依法向人民法院申请公示催告,或者向人民法院提起诉讼。

第十六条 持票人对票据债务人行使票据权利,或者保全票据权利,应当在票据当事人的营业场所和营业时间内进行,票据当事人无营业场所的,应当在其住所进行。

第十七条 票据权利在下列期限内不行使而消灭:

(一)持票人对票据的出票人和承兑人的权利,自票据到期日起二年。见票即付的汇票、本票,自出票日起二年;

(二)持票人对支票出票人的权利,自出票日起六个月;

(三)持票人对前手的追索权,自被拒绝承兑或者被拒绝付款之日起六个月;

(四)持票人对前手的再追索权,自清偿日或者被提起诉讼之日起三个月。

票据的出票日、到期日由票据当事人依法确定。

第十八条 持票人因超过票据权利时效或者因票据记载事项欠缺而丧失票据权利的,仍享有民事权利,可以请求出票人或者承兑人返还其与未支付的票据金额相当的利益。

第二章 汇 票

第一节 出 票

第十九条 汇票是出票人签发的,委托付款人在见票时或者在指定日期无条件支付确定的金额给收款人或者持票人的票据。

汇票分为银行汇票和商业汇票。

第二十条 出票是指出票人签发票据并将其交付给收款人的票据行为。

第二十一条 汇票的出票人必须与付款人具有真实的委托付款关系,并且具有支付汇票金额的可靠资金来源。

不得签发无对价的汇票用以骗取银行或者其他票据当事人的资金。

第二十二条 汇票必须记载下列事项:

(一)表明"汇票"的字样;

(二)无条件支付的委托;

(三)确定的金额;

(四)付款人名称;

(五)收款人名称;

(六)出票日期;

(七)出票人签章。

汇票上未记载前款规定事项之一的,汇票无效。

第二十三条 汇票上记载付款日期、付款地、出票地等事项的,应当清楚、明确。

汇票上未记载付款日期的,为见票即付。

汇票上未记载付款地的,付款人的营业场所、住所或者经常居住地为付款地。

汇票上未记载出票地的,出票人的营业场所、住所或者经常居住地为出票地。

第二十四条 汇票上可以记载本法规定事项以外的其他出票事项,但是该记载事项不具有汇票上的效力。

第二十五条 付款日期可以按照下列形式之一记载：

（一）见票即付；

（二）定日付款；

（三）出票后定期付款；

（四）见票后定期付款。

前款规定的付款日期为汇票到期日。

第二十六条 出票人签发汇票后，即承担保证该汇票承兑和付款的责任。出票人在汇票得不到承兑或者付款时，应当向持票人清偿本法第七十条、第七十一条规定的金额和费用。

第二节 背 书

第二十七条 持票人可以将汇票权利转让给他人或者将一定的汇票权利授予他人行使。出票人在汇票上记载"不得转让"字样的，汇票不得转让。

持票人行使第一款规定的权利时，应当背书并交付汇票。

背书是指在票据背面或者粘单上记载有关事项并签章的票据行为。

第二十八条 票据凭证不能满足背书人记载事项的需要，可以加附粘单，粘附于票据凭证上。

粘单上的第一记载人，应当在汇票和粘单的粘接处签章。

第二十九条 背书由背书人签章并记载背书日期。

背书未记载日期的，视为在汇票到期日前背书。

第三十条 汇票以背书转让或者以背书将一定的汇票权利授予他人行使时，必须记载被背书人名称。

第三十一条 以背书转让的汇票，背书应当连续。持票人以背书的连续，证明其汇票权利；非经背书转让，而以其他合法方式取得汇票的，依法举证，证明其汇票权利。

前款所称背书连续，是指在票据转让中，转让汇票的背书人与受让汇票的被背书人在汇票上的签章依次前后衔接。

第三十二条 以背书转让的汇票，后手应当对其直接前手背书的真实性负责。

后手是指在票据签章人之后签章的其他票据债务人。

第三十三条 背书不得附有条件。背书时附有条件的，所附条件不具有汇票上的效力。

将汇票金额的一部分转让的背书或者将汇票金额分别转让给二人以上的背书无效。

第三十四条 背书人在汇票上记载"不得转让"字样，其后手再背书转让的，原背书人对后手的被背书人不承担保证责任。

第三十五条 背书记载"委托收款"字样的，被背书人有权代背书人行使被委托的汇票权利。但是，被背书人不得再以背书转让汇票权利。

汇票可以设定质押；质押时应当以背书记载"质押"字样。被背书人依法实现其质权时，可以行使汇票权利。

第三十六条 汇票被拒绝承兑、被拒绝付款或者超过付款提示期限的，不得背书转让；背书转让的，背书人应当承担汇票责任。

第三十七条 背书人以背书转让汇票后，即承担保证其后手所持汇票承兑和付款的责任。背书人在汇票得不到承兑或者付款时，应当向持票人清偿本法第七十条、第七十一条规定的金额和费用。

第三节 承 兑

第三十八条 承兑是指汇票付款人承诺在汇票到期日支付汇票金额的票据行为。

第三十九条 定日付款或者出票后定期付款的汇票，持票人应当在汇票到期日前向付款人提示承兑。

提示承兑是指持票人向付款人出示汇票，并要求付款人承诺付款的行为。

第四十条 见票后定期付款的汇票，持票人应当自出票日起一个月内向付款人提示承兑。

汇票未按照规定期限提示承兑的，持票人丧失对其前手的追索权。

见票即付的汇票无需提示承兑。

第四十一条 付款人对向其提示承兑的汇票，应当自收到提示承兑的汇票之日起三日内承兑或者拒绝承兑。

付款人收到持票人提示承兑的汇票时，应当向持票人签发收到汇票的回单。回单上应当记明汇票提示承兑日期并签章。

第四十二条 付款人承兑汇票的，应当在汇票正面记载"承兑"字样和承兑日期并签章；见票后定期付款的汇票，应当在承兑时记载付款日期。

汇票上未记载承兑日期的，以前条第一款规定期限的最后一日为承兑日期。

第四十三条 付款人承兑汇票，不得附有条件；承兑附有条件的，视为拒绝承兑。

第四十四条 付款人承兑汇票后，应当承担到期付款的责任。

第四节 保 证

第四十五条 汇票的债务可以由保证人承担保证责任。

保证人由汇票债务人以外的他人担当。

第四十六条 保证人必须在汇票或者粘单上记载下列事项：

（一）表明"保证"的字样；

（二）保证人名称和住所；

（三）被保证人的名称；

（四）保证日期；

（五）保证人签章。

第四十七条 保证人在汇票或者粘单上未记载前条第（三）项的，已承兑的汇票，承兑人为被保证人；未承兑的汇票，出票人为被保证人。

保证人在汇票或者粘单上未记载前条第（四）项的，出票日期为保证日期。

第四十八条 保证不得附有条件；附有条件的，不影响对汇票的保证责任。

第四十九条 保证人对合法取得汇票的持票人所享有的汇票权利，承担保证责任。但是，被保证人的债务因汇票记载事项欠缺而无效的除外。

第五十条 被保证的汇票，保证人应当与被保证人对持票人承担连带责任。汇票到期后得不到付款的，持票人有权向保证人请求付款，保证人应当足额付款。

　　第五十一条　保证人为二人以上的，保证人之间承担连带责任。

　　第五十二条　保证人清偿汇票债务后，可以行使持票人对被保证人及其前手的追索权。

第五节　付　款

　　第五十三条　持票人应当按照下列期限提示付款：

　　（一）见票即付的汇票，自出票日起一个月内向付款人提示付款；

　　（二）定日付款、出票后定期付款或者见票后定期付款的汇票，自到期日起十日内向承兑人提示付款。

　　持票人未按照前款规定期限提示付款的，在作出说明后，承兑人或者付款人仍应当继续对持票人承担付款责任。

　　通过委托收款银行或者通过票据交换系统向付款人提示付款的，视同持票人提示付款。

　　第五十四条　持票人依照前条规定提示付款的，付款人必须在当日足额付款。

　　第五十五条　持票人获得付款的，应当在汇票上签收，并将汇票交给付款人。持票人委托银行收款的，受委托的银行将代收的汇票金额转账收入持票人账户，视同签收。

　　第五十六条　持票人委托的收款银行的责任，限于按照汇票上记载事项将汇票金额转入持票人账户。

　　付款人委托的付款银行的责任，限于按照汇票上记载事项从付款人账户支付汇票金额。

　　第五十七条　付款人及其代理付款人付款时，应当审查汇票背书的连续，并审查提示付款人的合法身份证明或者有效证件。

　　付款人及其代理付款人以恶意或者有重大过失付款的，应当自行承担责任。

　　第五十八条　对定日付款、出票后定期付款或者见票后定期付款的汇票，付款人在到期日前付款的，由付款人自行承担所产生的责任。

　　第五十九条　汇票金额为外币的，按照付款日的市场汇价，以人民币支付。

　　汇票当事人对汇票支付的货币种类另有约定的，从其约定。

　　第六十条　付款人依法足额付款后，全体汇票债务人的责任解除。

第六节　追索权

　　第六十一条　汇票到期被拒绝付款的，持票人可以对背书人、出票人以及汇票的其他债务人行使追索权。

　　汇票到期日前，有下列情形之一的，持票人也可以行使追索权：

　　（一）汇票被拒绝承兑的；

　　（二）承兑人或者付款人死亡、逃匿的；

　　（三）承兑人或者付款人被依法宣告破产的或者因违法被责令终止业务活动的。

　　第六十二条　持票人行使追索权时，应当提供被拒绝承兑或者被拒绝付款的有关证明。

持票人提示承兑或者提示付款被拒绝的,承兑人或者付款人必须出具拒绝证明,或者出具退票理由书。未出具拒绝证明或者退票理由书的,应当承担由此产生的民事责任。

第六十三条 持票人因承兑人或者付款人死亡、逃匿或者其他原因,不能取得拒绝证明的,可以依法取得其他有关证明。

第六十四条 承兑人或者付款人被人民法院依法宣告破产的,人民法院的有关司法文书具有拒绝证明的效力。

承兑人或者付款人因违法被责令终止业务活动的,有关行政主管部门的处罚决定具有拒绝证明的效力。

第六十五条 持票人不能出示拒绝证明、退票理由书或者未按照规定期限提供其他合法证明的,丧失对其前手的追索权。但是,承兑人或者付款人仍应当对持票人承担责任。

第六十六条 持票人应当自收到被拒绝承兑或者被拒绝付款的有关证明之日起三日内,将被拒绝事由书面通知其前手;其前手应当自收到通知之日起三日内书面通知其再前手。持票人也可以同时向各汇票债务人发出书面通知。

未按照前款规定期限通知的,持票人仍可以行使追索权。因延期通知给其前手或者出票人造成损失的,由没有按照规定期限通知的汇票当事人,承担对该损失的赔偿责任,但是所赔偿的金额以汇票金额为限。

在规定期限内将通知按照法定地址或者约定的地址邮寄的,视为已经发出通知。

第六十七条 依照前条第一款所作的书面通知,应当记明汇票的主要记载事项,并说明该汇票已被退票。

第六十八条 汇票的出票人、背书人、承兑人和保证人对持票人承担连带责任。

持票人可以不按照汇票债务人的先后顺序,对其中任何一人、数人或者全体行使追索权。

持票人对汇票债务人中的一人或者数人已经进行追索的,对其他汇票债务人仍可以行使追索权。被追索人清偿债务后,与持票人享有同一权利。

第六十九条 持票人为出票人的,对其前手无追索权。持票人为背书人的,对其后手无追索权。

第七十条 持票人行使追索权,可以请求被追索人支付下列金额和费用:

(一)被拒绝付款的汇票金额;

(二)汇票金额自到期日或者提示付款日起至清偿日止,按照中国人民银行规定的利率计算的利息;

(三)取得有关拒绝证明和发出通知书的费用。

被追索人清偿债务时,持票人应当交出汇票和有关拒绝证明,并出具所收到利息和费用的收据。

第七十一条 被追索人依照前条规定清偿后,可以向其他汇票债务人行使再追索权,请求其他汇票债务人支付下列金额和费用:

(一)已清偿的全部金额;

(二)前项金额自清偿日起至再追索清偿日止,按照中国人民银行规定的利率计算的利息;

(三)发出通知书的费用。

行使再追索权的被追索人获得清偿时，应当交出汇票和有关拒绝证明，并出具所收到利息和费用的收据。

第七十二条 被追索人依照前二条规定清偿债务后，其责任解除。

第三章 本 票

第七十三条 本票是出票人签发的，承诺自己在见票时无条件支付确定的金额给收款人或者持票人的票据。

本法所称本票，是指银行本票。

第七十四条 本票的出票人必须具有支付本票金额的可靠资金来源，并保证支付。

第七十五条 本票必须记载下列事项：

（一）表明"本票"的字样；
（二）无条件支付的承诺；
（三）确定的金额；
（四）收款人名称；
（五）出票日期；
（六）出票人签章。

本票上未记载前款规定事项之一的，本票无效。

第七十六条 本票上记载付款地、出票地等事项的，应当清楚、明确。

本票上未记载付款地的，出票人的营业场所为付款地。

本票上未记载出票地的，出票人的营业场所为出票地。

第七十七条 本票的出票人在持票人提示见票时，必须承担付款的责任。

第七十八条 本票自出票日起，付款期限最长不得超过二个月。

第七十九条 本票的持票人未按照规定期限提示见票的，丧失对出票人以外的前手的追索权。

第八十条 本票的背书、保证、付款行为和追索权的行使，除本章规定外，适用本法第二章有关汇票的规定。

本票的出票行为，除本章规定外，适用本法第二十四条关于汇票的规定。

第四章 支 票

第八十一条 支票是出票人签发的，委托办理支票存款业务的银行或者其他金融机构在见票时无条件支付确定的金额给收款人或者持票人的票据。

第八十二条 开立支票存款账户，申请人必须使用其本名，并提交证明其身份的合法证件。

开立支票存款账户和领用支票，应当有可靠的资信，并存入一定的资金。

开立支票存款账户，申请人应当预留其本名的签名式样和印鉴。

第八十三条 支票可以支取现金，也可以转账，用于转账时，应当在支票正面注明。

支票中专门用于支取现金的，可以另行制作现金支票，现金支票只能用于支取现金。

支票中专门用于转账的，可以另行制作转账支票，转账支票只能用于转账，不得支取现金。

第八十四条 支票必须记载下列事项：

（一）表明"支票"的字样；

（二）无条件支付的委托；

（三）确定的金额；

（四）付款人名称；

（五）出票日期；

（六）出票人签章。

支票上未记载前款规定事项之一的，支票无效。

第八十五条 支票上的金额可以由出票人授权补记，未补记前的支票，不得使用。

第八十六条 支票上未记载收款人名称的，经出票人授权，可以补记。

支票上未记载付款地的，付款人的营业场所为付款地。

支票上未记载出票地的，出票人的营业场所、住所或者经常居住地为出票地。

出票人可以在支票上记载自己为收款人。

第八十七条 支票的出票人所签发的支票金额不得超过其付款时在付款人处实有的存款金额。

出票人签发的支票金额超过其付款时在付款人处实有的存款金额的，为空头支票。禁止签发空头支票。

第八十八条 支票的出票人不得签发与其预留本名的签名式样或者印鉴不符的支票。

第八十九条 出票人必须按照签发的支票金额承担保证向该持票人付款的责任。

出票人在付款人处的存足以支付支票金额时，付款人应当在当日足额付款。

第九十条 支票限于见票即付，不得另行记载付款日期。另行记载付款日期的，该记载无效。

第九十一条 支票的持票人应当自出票日起十日内提示付款；异地使用的支票，其提示付款的期限由中国人民银行另行规定。

超过提示付款期限的，付款人可以不予付款；付款人不予付款的，出票人仍应当对持票人承担票据责任。

第九十二条 付款人依法支付支票金额的，对出票人不再承担受委托付款的责任，对持票人不再承担付款的责任。但是，付款人以恶意或者有重大过失付款的除外。

第九十三条 支票的背书、付款行为和追索权的行使，除本章规定外，适用本法第二章有关汇票的规定。

支票的出票行为，除本章规定外，适用本法第二十四条、第二十六条关于汇票的规定。

第五章　涉外票据的法律适用

第九十四条 涉外票据的法律适用，依照本章的规定确定。

前款所称涉外票据，是指出票、背书、承兑、保证、付款等行为中，既有发生在中华人民共和国境内又有发生在中华人民共和国境外的票据。

第九十五条 中华人民共和国缔结或者参加的国际条约同本法有不同规定的，适用国际条约的规定。但是，中华人民共和国声明保留的条款除外。

本法和中华人民共和国缔结或者参加的国际条约没有规定的，可以适用国际惯例。

第九十六条 票据债务人的民事行为能力，适用其本国法律。

票据债务人的民事行为能力，依照其本国法律为无民事行为能力或者为限制民事行为能力而依照行为地法律为完全民事行为能力的，适用行为地法律。

第九十七条 汇票、本票出票时的记载事项，适用出票地法律。

支票出票时的记载事项，适用出票地法律，经当事人协议，也可以适用付款地法律。

第九十八条 票据的背书、承兑、付款和保证行为，适用行为地法律。

第九十九条 票据追索权的行使期限，适用出票地法律。

第一百条 票据的提示期限、有关拒绝证明的方式、出具拒绝证明的期限，适用付款地法律。

第一百零一条 票据丧失时，失票人请求保全票据权利的程序，适用付款地法律。

第六章 法律责任

第一百零二条 有下列票据欺诈行为之一的，依法追究刑事责任：

（一）伪造、变造票据的；

（二）故意使用伪造、变造的票据的；

（三）签发空头支票或者故意签发与其预留的本名签名式样或者印鉴不符的支票，骗取财物的；

（四）签发无可靠资金来源的汇票、本票，骗取资金的；

（五）汇票、本票的出票人在出票时作虚假记载，骗取财物的；

（六）冒用他人的票据，或者故意使用过期或者作废的票据，骗取财物的；

（七）付款人同出票人、持票人恶意串通，实施前六项所列行为之一的。

第一百零三条 有前条所列行为之一，情节轻微，不构成犯罪的，依照国家有关规定给予行政处罚。

第一百零四条 金融机构工作人员在票据业务中玩忽职守，对违反本法规定的票据予以承兑、付款或者保证的，给予处分；造成重大损失，构成犯罪的，依法追究刑事责任。

由于金融机构工作人员因前款行为给当事人造成损失的，由该金融机构和直接责任人员依法承担赔偿责任。

第一百零五条 票据的付款人对见票即付或者到期的票据，故意压票，拖延支付的，由金融行政管理部门处以罚款，对直接责任人员给予处分。

票据的付款人故意压票，拖延支付，给持票人造成损失的，依法承担赔偿责任。

第一百零六条 依照本法规定承担赔偿责任以外的其他违反本法规定的行为，给他人造成损失的，应当依法承担民事责任。

第七章 附 则

第一百零七条 本法规定的各项期限的计算，适用民法通则关于计算期间的规定。

按月计算期限的，按到期月的对日计算；无对日的，月末日为到期日。

第一百零八条 汇票、本票、支票的格式应当统一。

票据凭证的格式和印制管理办法，由中国人民银行规定。

第一百零九条 票据管理的具体实施办法，由中国人民银行依照本法制定，报国务院批准后施行。

第一百一十条 本法自1996年1月1日起施行。

最高人民法院
关于审理票据纠纷案件若干问题的规定

（2000年2月24日最高人民法院审判委员会第1102次会议通过
根据2020年12月23日最高人民法院审判委员会第1823次会议通过的
《最高人民法院关于修改〈最高人民法院关于破产企业国有划拨土地使用权
应否列入破产财产等问题的批复〉等二十九件商事类司法解释的决定》修正）

为了正确适用《中华人民共和国票据法》（以下简称票据法），公正、及时审理票据纠纷案件，保护票据当事人的合法权益，维护金融秩序和金融安全，根据票据法及其他有关法律的规定，结合审判实践，现对人民法院审理票据纠纷案件的若干问题规定如下：

一、受理和管辖

第一条 因行使票据权利或者票据法上的非票据权利而引起的纠纷，人民法院应当依法受理。

第二条 依照票据法第十条的规定，票据债务人（即出票人）以在票据未转让时的基础关系违法、双方不具有真实的交易关系和债权债务关系、持票人应付对价而未付对价为由，要求返还票据而提起诉讼的，人民法院应当依法受理。

第三条 依照票据法第三十六条的规定，票据被拒绝承兑、被拒绝付款或者汇票、支票超过提示付款期限后，票据持有人背书转让的，被背书人以背书人为被告行使追索权而提起诉讼的，人民法院应当依法受理。

第四条 持票人不先行使付款请求权而先行使追索权遭拒绝提起诉讼的，人民法院不予受理。除有票据法第六十一条第二款和本规定第三条所列情形外，持票人只能在首先向付款人行使付款请求权而得不到付款时，才可以行使追索权。

第五条 付款请求权是持票人享有的第一顺序权利，追索权是持票人享有的第二顺序权利，即汇票到期被拒绝付款或者具有票据法第六十一条第二款所列情形的，持票人请求背书人、出票人以及汇票的其他债务人支付票据法第七十条第一款所列金额和费用的权利。

第六条 因票据纠纷提起的诉讼，依法由票据支付地或者被告住所地人民法院管辖。

票据支付地是指票据上载明的付款地，票据上未载明付款地的，汇票付款人或者代理付款人的营业场所、住所或者经常居住地，本票出票人的营业场所，支票付款人或者代理付款人的营业场所所在地为票据付款地。代理付款人即付款人的委托代理人，是指根据付款人的委托代为支付票据金额的银行、信用合作社等金融机构。

二、票据保全

第七条 人民法院在审理、执行票据纠纷案件时，对具有下列情形之一的票据，经当事人申请并提供担保，可以依法采取保全措施或者执行措施：

（一）不履行约定义务，与票据债务人有直接债权债务关系的票据当事人所持有的票据；

（二）持票人恶意取得的票据；

（三）应付对价而未付对价的持票人持有的票据；

（四）记载有"不得转让"字样而用于贴现的票据；

（五）记载有"不得转让"字样而用于质押的票据；

（六）法律或者司法解释规定有其他情形的票据。

三、举证责任

第八条 票据诉讼的举证责任由提出主张的一方当事人承担。

依照票据法第四条第二款、第十条、第十二条、第二十一条的规定，向人民法院提起诉讼的持票人有责任提供诉争票据。该票据的出票、承兑、交付、背书转让涉嫌欺诈、偷盗、胁迫、恐吓、暴力等非法行为的，持票人对持票的合法性应当负责举证。

第九条 票据债务人依照票据法第十三条的规定，对与其有直接债权债务关系的持票人提出抗辩，人民法院合并审理票据关系和基础关系的，持票人应当提供相应的证据证明已经履行了约定义务。

第十条 付款人或者承兑人被人民法院依法宣告破产的，持票人因行使追索权而向人民法院提起诉讼时，应当向受理法院提供人民法院依法作出的宣告破产裁定书或者能够证明付款人或者承兑人破产的其他证据。

第十一条 在票据诉讼中，负有举证责任的票据当事人应当在一审人民法院法庭辩论结束以前提供证据。因客观原因不能在上述举证期限以内提供的，应当在举证期限届满以前向人民法院申请延期。延长的期限由人民法院根据案件的具体情况决定。

票据当事人在一审人民法院审理期间隐匿票据、故意有证不举，应当承担相应的诉讼后果。

四、票据权利及抗辩

第十二条 票据法第十七条第一款第（一）、（二）项规定的持票人对票据的出票人和承兑人的权利，包括付款请求权和追索权。

第十三条 票据债务人以票据法第十条、第二十一条的规定为由，对业经背书转让票据的持票人进行抗辩的，人民法院不予支持。

第十四条 票据债务人依照票据法第十二条、第十三条的规定，对持票人提出下列抗辩的，人民法院应予支持：

（一）与票据债务人有直接债权债务关系并且不履行约定义务的；

（二）以欺诈、偷盗或者胁迫等非法手段取得票据，或者明知有前列情形，出于恶意取得票据的；

（三）明知票据债务人与出票人或者与持票人的前手之间存在抗辩事由而取得票据的；

（四）因重大过失取得票据的；

（五）其他依法不得享有票据权利的。

第十五条 票据债务人依照票据法第九条、第十七条、第十八条、第二十二条和第三十一条的规定，对持票人提出下列抗辩的，人民法院应予支持：

（一）欠缺法定必要记载事项或者不符合法定格式的；

（二）超过票据权利时效的；

（三）人民法院作出的除权判决已经发生法律效力的；

（四）以背书方式取得但背书不连续的；

（五）其他依法不得享有票据权利的。

第十六条 票据出票人或者背书人被宣告破产的，而付款人或者承兑人不知其事实而付款或者承兑，因此所产生的追索权可以登记为破产债权，付款人或者承兑人为债权人。

第十七条 票据法第十七条第一款第（三）、（四）项规定的持票人对前手的追索权，不包括对票据出票人的追索权。

第十八条 票据法第四十条第二款和第六十五条规定的持票人丧失对其前手的追索权，不包括对票据出票人的追索权。

第十九条 票据法第十七条规定的票据权利时效发生中断的，只对发生时效中断事由的当事人有效。

第二十条 票据法第六十六条第一款规定的书面通知是否逾期，以持票人或者其前手发出书面通知之日为准；以信函通知的，以信函投寄邮戳记载之日为准。

第二十一条 票据法第七十条、第七十一条所称中国人民银行规定的利率，是指中国人民银行规定的企业同期流动资金贷款利率。

第二十二条 代理付款人在人民法院公示催告公告发布以前按照规定程序善意付款后，承兑人或者付款人以已经公示催告为由拒付代理付款人已经垫付的款项的，人民法院不予支持。

五、失票救济

第二十三条 票据丧失后，失票人直接向人民法院申请公示催告或者提起诉讼的，人民法院应当依法受理。

第二十四条 出票人已经签章的授权补记的支票丧失后，失票人依法向人民法院申请公示催告的，人民法院应当依法受理。

第二十五条 票据法第十五条第三款规定的可以申请公示催告的失票人，是指按照规定可以背书转让的票据在丧失票据占有以前的最后合法持票人。

第二十六条 出票人已经签章但未记载代理付款人的银行汇票丧失后，失票人依法向付款人即出票银行所在地人民法院申请公示催告的，人民法院应当依法受理。

第二十七条 超过付款提示期限的票据丧失以后，失票人申请公示催告的，人民法院应当依法受理。

第二十八条 失票人通知票据付款人挂失止付后三日内向人民法院申请公示催告的，公示催告申请书应当载明下列内容：

（一）票面金额；

（二）出票人、持票人、背书人；

（三）申请的理由、事实；

（四）通知票据付款人或者代理付款人挂失止付的时间；
（五）付款人或者代理付款人的名称、通信地址、电话号码等。

第二十九条 人民法院决定受理公示催告申请，应当同时通知付款人及代理付款人停止支付，并自立案之日起三日内发出公告。

第三十条 付款人或者代理付款人收到人民法院发出的止付通知，应当立即停止支付，直至公示催告程序终结。非经发出止付通知的人民法院许可擅自解付的，不得免除票据责任。

第三十一条 公告应当在全国性报纸或者其他媒体上刊登，并于同日公布于人民法院公告栏内。人民法院所在地有证券交易所的，还应当同日在该交易所公布。

第三十二条 依照《中华人民共和国民事诉讼法》（以下简称民事诉讼法）第二百一十九条的规定，公告期间不得少于六十日，且公示催告期间届满日不得早于票据付款日后十五日。

第三十三条 依照民事诉讼法第二百二十条第二款的规定，在公示催告期间，以公示催告的票据质押、贴现，因质押、贴现而接受该票据的持票人主张票据权利的，人民法院不予支持，但公示催告期间届满以后人民法院作出除权判决以前取得该票据的除外。

第三十四条 票据丧失后，失票人在票据权利时效届满以前请求出票人补发票据，或者请求债务人付款，在提供相应担保的情况下因债务人拒绝付款或者出票人拒绝补发票据提起诉讼的，由被告住所地或者票据支付地人民法院管辖。

第三十五条 失票人因请求出票人补发票据或者请求债务人付款遭到拒绝而向人民法院提起诉讼的，被告为与失票人具有票据债权债务关系的出票人、拒绝付款的票据付款人或者承兑人。

第三十六条 失票人为行使票据所有权，向非法持有票据人请求返还票据的，人民法院应当依法受理。

第三十七条 失票人向人民法院提起诉讼的，应向人民法院说明曾经持有票据及丧失票据的情形，人民法院应当根据案件的具体情况，决定当事人是否应当提供担保以及担保的数额。

第三十八条 对于伪报票据丧失的当事人，人民法院在查明事实，裁定终结公示催告或者诉讼程序后，可以参照民事诉讼法第一百一十一条的规定，追究伪报人的法律责任。

六、票据效力

第三十九条 依照票据法第一百零八条以及经国务院批准的《票据管理实施办法》的规定，票据当事人使用的不是中国人民银行规定的统一格式票据的，按照《票据管理实施办法》的规定认定，但在中国境外签发的票据除外。

第四十条 票据出票人在票据上的签章上不符合票据法以及下述规定的，该签章不具有票据法上的效力：
（一）商业汇票上的出票人的签章，为该法人或者该单位的财务专用章或者公章加其法定代表人、单位负责人或者其授权的代理人的签名或者盖章；
（二）银行汇票上的出票人的签章和银行承兑汇票的承兑人的签章，为该银行汇票专用章加其法定代表人或者其授权的代理人的签名或者盖章；

（三）银行本票上的出票人的签章，为该银行的本票专用章加其法定代表人或者其授权的代理人的签名或者盖章；

（四）支票上的出票人的签章，出票人为单位的，为与该单位在银行预留签章一致的财务专用章或者公章加其法定代表人或者其授权的代理人的签名或者盖章；出票人为个人的，为与该个人在银行预留签章一致的签名或者盖章。

第四十一条 银行汇票、银行本票的出票人以及银行承兑汇票的承兑人在票据上未加盖规定的专用章而加盖该银行的公章，支票的出票人在票据上未加盖与该单位在银行预留签章一致的财务专用章而加盖该出票人公章的，签章人应当承担票据责任。

第四十二条 依照票据法第九条以及《票据管理实施办法》的规定，票据金额的中文大写与数码不一致，或者票据载明的金额、出票日期或者签发日期、收款人名称更改，或者违反规定加盖银行部门印章代替专用章，付款人或者代理付款人对此类票据付款的，应当承担责任。

第四十三条 因更改银行汇票的实际结算金额引起纠纷而提起诉讼，当事人请求认定汇票效力的，人民法院应当认定该银行汇票无效。

第四十四条 空白授权票据的持票人行使票据权利时未对票据必须记载事项补充完全，因付款人或者代理付款人拒绝接收该票据而提起诉讼的，人民法院不予支持。

第四十五条 票据的背书人、承兑人、保证人在票据上的签章不符合票据法以及《票据管理实施办法》规定的，或者无民事行为能力人、限制民事行为能力人在票据上签章的，其签章无效，但不影响人民法院对票据上其他签章效力的认定。

七、票据背书

第四十六条 因票据质权人以质押票据再行背书质押或者背书转让引起纠纷而提起诉讼的，人民法院应当认定背书行为无效。

第四十七条 依照票据法第二十七条的规定，票据的出票人在票据上记载"不得转让"字样，票据持有人背书转让的，背书行为无效。背书转让后的受让人不得享有票据权利，票据的出票人、承兑人对受让人不承担票据责任。

第四十八条 依照票据法第二十七条和第三十条的规定，背书人未记载被背书人名称即将票据交付他人的，持票人在票据被背书人栏内记载自己的名称与背书人记载具有同等法律效力。

第四十九条 依照票据法第三十一条的规定，连续背书的第一背书人应当是在票据上记载的收款人，最后的票据持有人应当是最后一次背书的被背书人。

第五十条 依照票据法第三十四条和第三十五条的规定，背书人在票据上记载"不得转让""委托收款""质押"字样，其后手再背书转让、委托收款或者质押的，原背书人对后手的被背书人不承担票据责任，但不影响出票人、承兑人以及原背书人之前手的票据责任。

第五十一条 依照票据法第五十七条第二款的规定，贷款人恶意或者有重大过失从事票据质押贷款的，人民法院应当认定质押行为无效。

第五十二条 依照票据法第二十七条的规定，出票人在票据上记载"不得转让"字样，其后手以此票据进行贴现、质押的，通过贴现、质押取得票据的持票人主张票据权利的，人民法院不予支持。

第五十三条 依照票据法第三十四条和第三十五条的规定，背书人在票据上记载

"不得转让"字样，其后手以此票据进行贴现、质押的，原背书人对后手的被背书人不承担票据责任。

第五十四条 依照票据法第三十五条第二款的规定，以汇票设定质押时，出质人在汇票上只记载了"质押"字样未在票据上签章的，或者出质人未在汇票、粘单上记载"质押"字样而另行签订质押合同、质押条款的，不构成票据质押。

第五十五条 商业汇票的持票人向其非开户银行申请贴现，与向自己开立存款账户的银行申请贴现具有同等法律效力。但是，持票人有恶意或者与贴现银行恶意串通的除外。

第五十六条 违反规定区域出票，背书转让银行汇票，或者违反票据管理规定跨越票据交换区域出票、背书转让银行本票、支票的，不影响出票人、背书人依法应当承担的票据责任。

第五十七条 依照票据法第三十六条的规定，票据被拒绝承兑、被拒绝付款或者超过提示付款期限，票据持有人背书转让的，背书人应当承担票据责任。

第五十八条 承兑人或者付款人依照票据法第五十三条第二款的规定对逾期提示付款的持票人付款与按照规定的期限付款具有同等法律效力。

八、票据保证

第五十九条 国家机关、以公益为目的的事业单位、社会团体作为票据保证人的，票据保证无效，但经国务院批准为使用外国政府或者国际经济组织贷款进行转贷，国家机关提供票据保证的除外。

第六十条 票据保证无效的，票据的保证人应当承担与其过错相应的民事责任。

第六十一条 保证人未在票据或者粘单上记载"保证"字样而另行签订保证合同或者保证条款的，不属于票据保证，人民法院应当适用《中华人民共和国民法典》的有关规定。

九、法律适用

第六十二条 人民法院审理票据纠纷案件，适用票据法的规定；票据法没有规定的，适用《中华人民共和国民法典》等法律以及国务院制定的行政法规。

中国人民银行制定并公布施行的有关行政规章与法律、行政法规不抵触的，可以参照适用。

第六十三条 票据当事人因对金融行政管理部门的具体行政行为不服提起诉讼的，适用《中华人民共和国行政处罚法》、票据法以及《票据管理实施办法》等有关票据管理的规定。

中国人民银行制定并公布施行的有关行政规章与法律、行政法规不抵触的，可以参照适用。

第六十四条 人民法院对票据法施行以前已经作出终审裁决的票据纠纷案件进行再审，不适用票据法。

十、法律责任

第六十五条 具有下列情形之一的票据，未经背书转让的，票据债务人不承担票据责任；已经背书转让的，票据无效不影响其他真实签章的效力：

（一）出票人签章不真实的；

（二）出票人为无民事行为能力人的；

（三）出票人为限制民事行为能力人的。

第六十六条 依照票据法第十四条、第一百零二条、第一百零三条的规定，伪造、变造票据者除应当依法承担刑事、行政责任外，给他人造成损失的，还应当承担民事赔偿责任。被伪造签章者不承担票据责任。

第六十七条 对票据未记载事项或者未完全记载事项作补充记载，补充事项超出授权范围的，出票人对补充后的票据应当承担票据责任。给他人造成损失的，出票人还应当承担相应的民事责任。

第六十八条 付款人或者代理付款人未能识别出伪造、变造的票据或者身份证件而错误付款，属于票据法第五十七条规定的"重大过失"，给持票人造成损失的，应当依法承担民事责任。付款人或者代理付款人承担责任后有权向伪造者、变造者依法追偿。

持票人有过错的，也应当承担相应的民事责任。

第六十九条 付款人及其代理付款人有下列情形之一的，应当自行承担责任：

（一）未依照票据法第五十七条的规定对提示付款人的合法身份证明或者有效证件以及汇票背书的连续性履行审查义务而错误付款的；

（二）公示催告期间对公示催告的票据付款的；

（三）收到人民法院的止付通知后付款的；

（四）其他以恶意或者重大过失付款的。

第七十条 票据法第六十三条所称"其他有关证明"是指：

（一）人民法院出具的宣告承兑人、付款人失踪或者死亡的证明、法律文书；

（二）公安机关出具的承兑人、付款人逃匿或者下落不明的证明；

（三）医院或者有关单位出具的承兑人、付款人死亡的证明；

（四）公证机构出具的具有拒绝证明效力的文书。

承兑人自己作出并发布的表明其没有支付票款能力的公告，可以认定为拒绝证明。

第七十一条 当事人因申请票据保全错误而给他人造成损失的，应当依法承担民事责任。

第七十二条 因出票人签发空头支票、与其预留本名的签名式样或者印鉴不符的支票给他人造成损失的，支票的出票人和背书人应当依法承担民事责任。

第七十三条 人民法院在审理票据纠纷案件时，发现与本案有牵连但不属同一法律关系的票据欺诈犯罪嫌疑线索的，应当及时将犯罪嫌疑线索提供给有关公安机关，但票据纠纷案件不应因此而中止审理。

第七十四条 依照票据法第一百零四条的规定，由于金融机构工作人员在票据业务中玩忽职守，对违反票据法规定的票据予以承兑、付款、贴现或者保证，给当事人造成损失的，由该金融机构与直接责任人员依法承担连带责任。

第七十五条 依照票据法第一百零六条的规定，由于出票人制作票据，或者其他票据债务人未按照法定条件在票据上签章，给他人造成损失的，除应当按照所记载事项承担票据责任外，还应当承担相应的民事责任。

持票人明知或者应当知道前款情形而接受的，可以适当减轻出票人或者票据债务人的责任。

十、破　产

中华人民共和国企业破产法

（2006年8月27日第十届全国人民代表大会常务委员会第二十三次会议通过　2006年8月27日中华人民共和国主席令第54号公布　自2007年6月1日起施行）

目　录

第一章　总　则
第二章　申请和受理
　第一节　申　请
　第二节　受　理
第三章　管理人
第四章　债务人财产
第五章　破产费用和共益债务
第六章　债权申报
第七章　债权人会议
　第一节　一般规定
　第二节　债权人委员会
第八章　重　整
　第一节　重整申请和重整期间
　第二节　重整计划的制定和批准
　第三节　重整计划的执行
第九章　和　解
第十章　破产清算
　第一节　破产宣告
　第二节　变价和分配
　第三节　破产程序的终结
第十一章　法律责任
第十二章　附　则

第一章 总 则

第一条 为规范企业破产程序，公平清理债权债务，保护债权人和债务人的合法权益，维护社会主义市场经济秩序，制定本法。

第二条 企业法人不能清偿到期债务，并且资产不足以清偿全部债务或者明显缺乏清偿能力的，依照本法规定清理债务。

企业法人有前款规定情形，或者有明显丧失清偿能力可能的，可以依照本法规定进行重整。

第三条 破产案件由债务人住所地人民法院管辖。

第四条 破产案件审理程序，本法没有规定的，适用民事诉讼法的有关规定。

第五条 依照本法开始的破产程序，对债务人在中华人民共和国领域外的财产发生效力。

对外国法院作出的发生法律效力的破产案件的判决、裁定，涉及债务人在中华人民共和国领域内的财产，申请或者请求人民法院承认和执行的，人民法院依照中华人民共和国缔结或者参加的国际条约，或者按照互惠原则进行审查，认为不违反中华人民共和国法律的基本原则，不损害国家主权、安全和社会公共利益，不损害中华人民共和国领域内债权人的合法权益的，裁定承认和执行。

第六条 人民法院审理破产案件，应当依法保障企业职工的合法权益，依法追究破产企业经营管理人员的法律责任。

第二章 申请和受理

第一节 申 请

第七条 债务人有本法第二条规定的情形，可以向人民法院提出重整、和解或者破产清算申请。

债务人不能清偿到期债务，债权人可以向人民法院提出对债务人进行重整或者破产清算的申请。

企业法人已解散但未清算或者未清算完毕，资产不足以清偿债务的，依法负有清算责任的人应当向人民法院申请破产清算。

第八条 向人民法院提出破产申请，应当提交破产申请书和有关证据。

破产申请书应当载明下列事项：

（一）申请人、被申请人的基本情况；

（二）申请目的；

（三）申请的事实和理由；

（四）人民法院认为应当载明的其他事项。

债务人提出申请的，还应当向人民法院提交财产状况说明、债务清册、债权清册、有关财务会计报告、职工安置预案以及职工工资的支付和社会保险费用的缴纳情况。

第九条 人民法院受理破产申请前，申请人可以请求撤回申请。

第二节 受 理

第十条 债权人提出破产申请的,人民法院应当自收到申请之日起五日内通知债务人。债务人对申请有异议的,应当自收到人民法院的通知之日起七日内向人民法院提出。人民法院应当自异议期满之日起十日内裁定是否受理。

除前款规定的情形外,人民法院应当自收到破产申请之日起十五日内裁定是否受理。

有特殊情况需要延长前两款规定的裁定受理期限的,经上一级人民法院批准,可以延长十五日。

第十一条 人民法院受理破产申请的,应当自裁定作出之日起五日内送达申请人。

债权人提出申请的,人民法院应当自裁定作出之日起五日内送达债务人。债务人应当自裁定送达之日起十五日内,向人民法院提交财产状况说明、债务清册、债权清册、有关财务会计报告以及职工工资的支付和社会保险费用的缴纳情况。

第十二条 人民法院裁定不受理破产申请的,应当自裁定作出之日起五日内送达申请人并说明理由。申请人对裁定不服的,可以自裁定送达之日起十日内向上一级人民法院提起上诉。

人民法院受理破产申请后至破产宣告前,经审查发现债务人不符合本法第二条规定情形的,可以裁定驳回申请。申请人对裁定不服的,可以自裁定送达之日起十日内向上一级人民法院提起上诉。

第十三条 人民法院裁定受理破产申请的,应当同时指定管理人。

第十四条 人民法院应当自裁定受理破产申请之日起二十五日内通知已知债权人,并予以公告。

通知和公告应当载明下列事项:

(一)申请人、被申请人的名称或者姓名;

(二)人民法院受理破产申请的时间;

(三)申报债权的期限、地点和注意事项;

(四)管理人的名称或者姓名及其处理事务的地址;

(五)债务人的债务人或者财产持有人应当向管理人清偿债务或者交付财产的要求;

(六)第一次债权人会议召开的时间和地点;

(七)人民法院认为应当通知和公告的其他事项。

第十五条 自人民法院受理破产申请的裁定送达债务人之日起至破产程序终结之日,债务人的有关人员承担下列义务:

(一)妥善保管其占有和管理的财产、印章和账簿、文书等资料;

(二)根据人民法院、管理人的要求进行工作,并如实回答询问;

(三)列席债权人会议并如实回答债权人的询问;

(四)未经人民法院许可,不得离开住所地;

(五)不得新任其他企业的董事、监事、高级管理人员。

前款所称有关人员,是指企业的法定代表人;经人民法院决定,可以包括企业的财务管理人员和其他经营管理人员。

第十六条 人民法院受理破产申请后,债务人对个别债权人的债务清偿无效。

第十七条 人民法院受理破产申请后,债务人的债务人或者财产持有人应当向管理人清偿债务或者交付财产。

债务人的债务人或者财产持有人故意违反前款规定向债务人清偿债务或者交付财产,使债权人受到损失的,不免除其清偿债务或者交付财产的义务。

第十八条 人民法院受理破产申请后,管理人对破产申请受理前成立而债务人和对方当事人均未履行完毕的合同有权决定解除或者继续履行,并通知对方当事人。管理人自破产申请受理之日起二个月内未通知对方当事人,或者自收到对方当事人催告之日起三十日内未答复的,视为解除合同。

管理人决定继续履行合同的,对方当事人应当履行;但是,对方当事人有权要求管理人提供担保。管理人不提供担保的,视为解除合同。

第十九条 人民法院受理破产申请后,有关债务人财产的保全措施应当解除,执行程序应当中止。

第二十条 人民法院受理破产申请后,已经开始而尚未终结的有关债务人的民事诉讼或者仲裁应当中止;在管理人接管债务人的财产后,该诉讼或者仲裁继续进行。

第二十一条 人民法院受理破产申请后,有关债务人的民事诉讼,只能向受理破产申请的人民法院提起。

第三章 管 理 人

第二十二条 管理人由人民法院指定。

债权人会议认为管理人不能依法、公正执行职务或者有其他不能胜任职务情形的,可以申请人民法院予以更换。

指定管理人和确定管理人报酬的办法,由最高人民法院规定。

第二十三条 管理人依照本法规定执行职务,向人民法院报告工作,并接受债权人会议和债权人委员会的监督。

管理人应当列席债权人会议,向债权人会议报告职务执行情况,并回答询问。

第二十四条 管理人可以由有关部门、机构的人员组成的清算组或者依法设立的律师事务所、会计师事务所、破产清算事务所等社会中介机构担任。

人民法院根据债务人的实际情况,可以在征询有关社会中介机构的意见后,指定该机构具备相关专业知识并取得执业资格的人员担任管理人。

有下列情形之一的,不得担任管理人:

(一)因故意犯罪受过刑事处罚;

(二)曾被吊销相关专业执业证书;

(三)与本案有利害关系;

(四)人民法院认为不宜担任管理人的其他情形。

个人担任管理人的,应当参加执业责任保险。

第二十五条 管理人履行下列职责:

(一)接管债务人的财产、印章和账簿、文书等资料;

(二)调查债务人财产状况,制作财产状况报告;

(三)决定债务人的内部管理事务;

（四）决定债务人的日常开支和其他必要开支；
（五）在第一次债权人会议召开之前，决定继续或者停止债务人的营业；
（六）管理和处分债务人的财产；
（七）代表债务人参加诉讼、仲裁或者其他法律程序；
（八）提议召开债权人会议；
（九）人民法院认为管理人应当履行的其他职责。

本法对管理人的职责另有规定的，适用其规定。

第二十六条 在第一次债权人会议召开之前，管理人决定继续或者停止债务人的营业或者有本法第六十九条规定行为之一的，应当经人民法院许可。

第二十七条 管理人应当勤勉尽责，忠实执行职务。

第二十八条 管理人经人民法院许可，可以聘用必要的工作人员。

管理人的报酬由人民法院确定。债权人会议对管理人的报酬有异议的，有权向人民法院提出。

第二十九条 管理人没有正当理由不得辞去职务。管理人辞去职务应当经人民法院许可。

第四章 债务人财产

第三十条 破产申请受理时属于债务人的全部财产，以及破产申请受理后至破产程序终结前债务人取得的财产，为债务人财产。

第三十一条 人民法院受理破产申请前一年内，涉及债务人财产的下列行为，管理人有权请求人民法院予以撤销：

（一）无偿转让财产的；
（二）以明显不合理的价格进行交易的；
（三）对没有财产担保的债务提供财产担保的；
（四）对未到期的债务提前清偿的；
（五）放弃债权的。

第三十二条 人民法院受理破产申请前六个月内，债务人有本法第二条第一款规定的情形，仍对个别债权人进行清偿的，管理人有权请求人民法院予以撤销。但是，个别清偿使债务人财产受益的除外。

第三十三条 涉及债务人财产的下列行为无效：

（一）为逃避债务而隐匿、转移财产的；
（二）虚构债务或者承认不真实的债务的。

第三十四条 因本法第三十一条、第三十二条或者第三十三条规定的行为而取得的债务人的财产，管理人有权追回。

第三十五条 人民法院受理破产申请后，债务人的出资人尚未完全履行出资义务的，管理人应当要求该出资人缴纳所认缴的出资，而不受出资期限的限制。

第三十六条 债务人的董事、监事和高级管理人员利用职权从企业获取的非正常收入和侵占的企业财产，管理人应当追回。

第三十七条 人民法院受理破产申请后，管理人可以通过清偿债务或者提供为债权人接受的担保，取回质物、留置物。

前款规定的债务清偿或者替代担保，在质物或者留置物的价值低于被担保的债权额时，以该质物或者留置物当时的市场价值为限。

第三十八条 人民法院受理破产申请后，债务人占有的不属于债务人的财产，该财产的权利人可以通过管理人取回。但是，本法另有规定的除外。

第三十九条 人民法院受理破产申请时，出卖人已将买卖标的物向作为买受人的债务人发运，债务人尚未收到且未付清全部价款的，出卖人可以取回在运途中的标的物。但是，管理人可以支付全部价款，请求出卖人交付标的物。

第四十条 债权人在破产申请受理前对债务人负有债务的，可以向管理人主张抵销。但是，有下列情形之一的，不得抵销：

（一）债务人的债务人在破产申请受理后取得他人对债务人的债权的；

（二）债权人已知债务人有不能清偿到期债务或者破产申请的事实，对债务人负担债务的；但是，债权人因为法律规定或者有破产申请一年前所发生的原因而负担债务的除外；

（三）债务人的债务人已知债务人有不能清偿到期债务或者破产申请的事实，对债务人取得债权的；但是，债务人的债务人因为法律规定或者有破产申请一年前所发生的原因而取得债权的除外。

第五章 破产费用和共益债务

第四十一条 人民法院受理破产申请后发生的下列费用，为破产费用：

（一）破产案件的诉讼费用；

（二）管理、变价和分配债务人财产的费用；

（三）管理人执行职务的费用、报酬和聘用工作人员的费用。

第四十二条 人民法院受理破产申请后发生的下列债务，为共益债务：

（一）因管理人或者债务人请求对方当事人履行双方均未履行完毕的合同所产生的债务；

（二）债务人财产受无因管理所产生的债务；

（三）因债务人不当得利所产生的债务；

（四）为债务人继续营业而应支付的劳动报酬和社会保险费用以及由此产生的其他债务；

（五）管理人或者相关人员执行职务致人损害所产生的债务；

（六）债务人财产致人损害所产生的债务。

第四十三条 破产费用和共益债务由债务人财产随时清偿。

债务人财产不足以清偿所有破产费用和共益债务的，先行清偿破产费用。

债务人财产不足以清偿所有破产费用或者共益债务的，按照比例清偿。

债务人财产不足以清偿破产费用的，管理人应当提请人民法院终结破产程序。人民法院应当自收到请求之日起十五日内裁定终结破产程序，并予以公告。

第六章 债权申报

第四十四条 人民法院受理破产申请时对债务人享有债权的债权人，依照本法规定的程序行使权利。

第四十五条 人民法院受理破产申请后,应当确定债权人申报债权的期限。债权申报期限自人民法院发布受理破产申请公告之日起计算,最短不得少于三十日,最长不得超过三个月。

第四十六条 未到期的债权,在破产申请受理时视为到期。

附利息的债权自破产申请受理时起停止计息。

第四十七条 附条件、附期限的债权和诉讼、仲裁未决的债权,债权人可以申报。

第四十八条 债权人应当在人民法院确定的债权申报期限内向管理人申报债权。

债务人所欠职工的工资和医疗、伤残补助、抚恤费用,所欠的应当划入职工个人账户的基本养老保险、基本医疗保险费用,以及法律、行政法规规定应当支付给职工的补偿金,不必申报,由管理人调查后列出清单并予以公示。职工对清单记载有异议的,可以要求管理人更正;管理人不予更正的,职工可以向人民法院提起诉讼。

第四十九条 债权人申报债权时,应当书面说明债权的数额和有无财产担保,并提交有关证据。申报的债权是连带债权的,应当说明。

第五十条 连带债权人可以由其中一人代表全体连带债权人申报债权,也可以共同申报债权。

第五十一条 债务人的保证人或者其他连带债务人已经代替债务人清偿债务的,以其对债务人的求偿权申报债权。

债务人的保证人或者其他连带债务人尚未代替债务人清偿债务的,以其对债务人的将来求偿权申报债权。但是,债权人已经向管理人申报全部债权的除外。

第五十二条 连带债务人数人被裁定适用本法规定的程序的,其债权人有权就全部债权分别在各破产案件中申报债权。

第五十三条 管理人或者债务人依照本法规定解除合同的,对方当事人以因合同解除所产生的损害赔偿请求权申报债权。

第五十四条 债务人是委托合同的委托人,被裁定适用本法规定的程序,受托人不知该事实,继续处理委托事务的,受托人以由此产生的请求权申报债权。

第五十五条 债务人是票据的出票人,被裁定适用本法规定的程序,该票据的付款人继续付款或者承兑的,付款人以由此产生的请求权申报债权。

第五十六条 在人民法院确定的债权申报期限内,债权人未申报债权的,可以在破产财产最后分配前补充申报;但是,此前已进行的分配,不再对其补充分配。为审查和确认补充申报债权的费用,由补充申报人承担。

债权人未依照本法规定申报债权的,不得依照本法规定的程序行使权利。

第五十七条 管理人收到债权申报材料后,应当登记造册,对申报的债权进行审查,并编制债权表。

债权表和债权申报材料由管理人保存,供利害关系人查阅。

第五十八条 依照本法第五十七条规定编制的债权表,应当提交第一次债权人会议核查。

债务人、债权人对债权表记载的债权无异议的,由人民法院裁定确认。

债务人、债权人对债权表记载的债权有异议的,可以向受理破产申请的人民法院提起诉讼。

第七章 债权人会议

第一节 一般规定

第五十九条 依法申报债权的债权人为债权人会议的成员，有权参加债权人会议，享有表决权。

债权尚未确定的债权人，除人民法院能够为其行使表决权而临时确定债权额的外，不得行使表决权。

对债务人的特定财产享有担保权的债权人，未放弃优先受偿权利的，对于本法第六十一条第一款第七项、第十项规定的事项不享有表决权。

债权人可以委托代理人出席债权人会议，行使表决权。代理人出席债权人会议，应当向人民法院或者债权人会议主席提交债权人的授权委托书。

债权人会议应当有债务人的职工和工会的代表参加，对有关事项发表意见。

第六十条 债权人会议设主席一人，由人民法院从有表决权的债权人中指定。

债权人会议主席主持债权人会议。

第六十一条 债权人会议行使下列职权：

（一）核查债权；

（二）申请人民法院更换管理人，审查管理人的费用和报酬；

（三）监督管理人；

（四）选任和更换债权人委员会成员；

（五）决定继续或者停止债务人的营业；

（六）通过重整计划；

（七）通过和解协议；

（八）通过债务人财产的管理方案；

（九）通过破产财产的变价方案；

（十）通过破产财产的分配方案；

（十一）人民法院认为应当由债权人会议行使的其他职权。

债权人会议应当对所议事项的决议作成会议记录。

第六十二条 第一次债权人会议由人民法院召集，自债权申报期限届满之日起十五日内召开。

以后的债权人会议，在人民法院认为必要时，或者管理人、债权人委员会、占债权总额四分之一以上的债权人向债权人会议主席提议时召开。

第六十三条 召开债权人会议，管理人应当提前十五日通知已知的债权人。

第六十四条 债权人会议的决议，由出席会议的有表决权的债权人过半数通过，并且其所代表的债权额占无财产担保债权总额的二分之一以上。但是，本法另有规定的除外。

债权人认为债权人会议的决议违反法律规定，损害其利益的，可以自债权人会议作出决议之日起十五日内，请求人民法院裁定撤销该决议，责令债权人会议依法重新作出决议。

债权人会议的决议，对于全体债权人均有约束力。

第六十五条 本法第六十一条第一款第八项、第九项所列事项，经债权人会议表决未通过的，由人民法院裁定。

本法第六十一条第一款第十项所列事项，经债权人会议二次表决仍未通过的，由人民法院裁定。

对前两款规定的裁定，人民法院可以在债权人会议上宣布或者另行通知债权人。

第六十六条 债权人对人民法院依照本法第六十五条第一款作出的裁定不服的，债权额占无财产担保债权总额二分之一以上的债权人对人民法院依照本法第六十五条第二款作出的裁定不服的，可以自裁定宣布之日或者收到通知之日起十五日内向该人民法院申请复议。复议期间不停止裁定的执行。

第二节 债权人委员会

第六十七条 债权人会议可以决定设立债权人委员会。债权人委员会由债权人会议选任的债权人代表和一名债务人的职工代表或者工会代表组成。债权人委员会成员不得超过九人。

债权人委员会成员应当经人民法院书面决定认可。

第六十八条 债权人委员会行使下列职权：

（一）监督债务人财产的管理和处分；

（二）监督破产财产分配；

（三）提议召开债权人会议；

（四）债权人会议委托的其他职权。

债权人委员会执行职务时，有权要求管理人、债务人的有关人员对其职权范围内的事务作出说明或者提供有关文件。

管理人、债务人的有关人员违反本法规定拒绝接受监督的，债权人委员会有权就监督事项请求人民法院作出决定；人民法院应当在五日内作出决定。

第六十九条 管理人实施下列行为，应当及时报告债权人委员会：

（一）涉及土地、房屋等不动产权益的转让；

（二）探矿权、采矿权、知识产权等财产权的转让；

（三）全部库存或者营业的转让；

（四）借款；

（五）设定财产担保；

（六）债权和有价证券的转让；

（七）履行债务人和对方当事人均未履行完毕的合同；

（八）放弃权利；

（九）担保物的取回；

（十）对债权人利益有重大影响的其他财产处分行为。

未设立债权人委员会的，管理人实施前款规定的行为应当及时报告人民法院。

第八章 重 整

第一节 重整申请和重整期间

第七十条 债务人或者债权人可以依照本法规定，直接向人民法院申请对债务人进行重整。

债权人申请对债务人进行破产清算的，在人民法院受理破产申请后、宣告债务人破产前，债务人或者出资额占债务人注册资本十分之一以上的出资人，可以向人民法院申请重整。

第七十一条 人民法院经审查认为重整申请符合本法规定的，应当裁定债务人重整，并予以公告。

第七十二条 自人民法院裁定债务人重整之日起至重整程序终止，为重整期间。

第七十三条 在重整期间，经债务人申请，人民法院批准，债务人可以在管理人的监督下自行管理财产和营业事务。

有前款规定情形的，依照本法规定已接管债务人财产和营业事务的管理人应当向债务人移交财产和营业事务，本法规定的管理人的职权由债务人行使。

第七十四条 管理人负责管理财产和营业事务的，可以聘任债务人的经营管理人员负责营业事务。

第七十五条 在重整期间，对债务人的特定财产享有的担保权暂停行使。但是，担保物有损坏或者价值明显减少的可能，足以危害担保权人权利的，担保权人可以向人民法院请求恢复行使担保权。

在重整期间，债务人或者管理人为继续营业而借款的，可以为该借款设定担保。

第七十六条 债务人合法占有的他人财产，该财产的权利人在重整期间要求取回的，应当符合事先约定的条件。

第七十七条 在重整期间，债务人的出资人不得请求投资收益分配。

在重整期间，债务人的董事、监事、高级管理人员不得向第三人转让其持有的债务人的股权。但是，经人民法院同意的除外。

第七十八条 在重整期间，有下列情形之一的，经管理人或者利害关系人请求，人民法院应当裁定终止重整程序，并宣告债务人破产：

（一）债务人的经营状况和财产状况继续恶化，缺乏挽救的可能性；

（二）债务人有欺诈、恶意减少债务人财产或者其他显著不利于债权人的行为；

（三）由于债务人的行为致使管理人无法执行职务。

第二节 重整计划的制定和批准

第七十九条 债务人或者管理人应当自人民法院裁定债务人重整之日起六个月内，同时向人民法院和债权人会议提交重整计划草案。

前款规定的期限届满，经债务人或者管理人请求，有正当理由的，人民法院可以裁定延期三个月。

债务人或者管理人未按期提出重整计划草案的，人民法院应当裁定终止重整程序，并宣告债务人破产。

第八十条　债务人自行管理财产和营业事务的，由债务人制作重整计划草案。

管理人负责管理财产和营业事务的，由管理人制作重整计划草案。

第八十一条　重整计划草案应当包括下列内容：

（一）债务人的经营方案；

（二）债权分类；

（三）债权调整方案；

（四）债权受偿方案；

（五）重整计划的执行期限；

（六）重整计划执行的监督期限；

（七）有利于债务人重整的其他方案。

第八十二条　下列各类债权的债权人参加讨论重整计划草案的债权人会议，依照下列债权分类，分组对重整计划草案进行表决：

（一）对债务人的特定财产享有担保权的债权；

（二）债务人所欠职工的工资和医疗、伤残补助、抚恤费用，所欠的应当划入职工个人账户的基本养老保险、基本医疗保险费用，以及法律、行政法规规定应当支付给职工的补偿金；

（三）债务人所欠税款；

（四）普通债权。

人民法院在必要时可以决定在普通债权组中设小额债权组对重整计划草案进行表决。

第八十三条　重整计划不得规定减免债务人欠缴的本法第八十二条第一款第二项规定以外的社会保险费用；该项费用的债权人不参加重整计划草案的表决。

第八十四条　人民法院应当自收到重整计划草案之日起三十日内召开债权人会议，对重整计划草案进行表决。

出席会议的同一表决组的债权人过半数同意重整计划草案，并且其所代表的债权额占该组债权总额的三分之二以上的，即为该组通过重整计划草案。

债务人或者管理人应当向债权人会议就重整计划草案作出说明，并回答询问。

第八十五条　债务人的出资人代表可以列席讨论重整计划草案的债权人会议。

重整计划草案涉及出资人权益调整事项的，应当设出资人组，对该事项进行表决。

第八十六条　各表决组均通过重整计划草案时，重整计划即为通过。

自重整计划通过之日起十日内，债务人或者管理人应当向人民法院提出批准重整计划的申请。人民法院经审查认为符合本法规定的，应当自收到申请之日起三十日内裁定批准，终止重整程序，并予以公告。

第八十七条　部分表决组未通过重整计划草案的，债务人或者管理人可以同未通过重整计划草案的表决组协商。该表决组可以在协商后再表决一次。双方协商的结果不得损害其他表决组的利益。

未通过重整计划草案的表决组拒绝再次表决或者再次表决仍未通过重整计划草案，但重整计划草案符合下列条件的，债务人或者管理人可以申请人民法院批准重整计划草案：

（一）按照重整计划草案，本法第八十二条第一款第一项所列债权就该特定财产将

获得全额清偿,其因延期清偿所受的损失将得到公平补偿,并且其担保权未受到实质性损害,或者该表决组已经通过重整计划草案;

(二)按照重整计划草案,本法第八十二条第一款第二项、第三项所列债权将获得全额清偿,或者相应表决组已经通过重整计划草案;

(三)按照重整计划草案,普通债权所获得的清偿比例,不低于其在重整计划草案被提请批准时依照破产清算程序所能获得的清偿比例,或者该表决组已经通过重整计划草案;

(四)重整计划草案对出资人权益的调整公平、公正,或者出资人组已经通过重整计划草案;

(五)重整计划草案公平对待同一表决组的成员,并且所规定的债权清偿顺序不违反本法第一百一十三条的规定;

(六)债务人的经营方案具有可行性。

人民法院经审查认为重整计划草案符合前款规定的,应当自收到申请之日起三十日内裁定批准,终止重整程序,并予以公告。

第八十八条 重整计划草案未获得通过且未依照本法第八十七条的规定获得批准,或者已通过的重整计划未获得批准的,人民法院应当裁定终止重整程序,并宣告债务人破产。

第三节 重整计划的执行

第八十九条 重整计划由债务人负责执行。

人民法院裁定批准重整计划后,已接管财产和营业事务的管理人应当向债务人移交财产和营业事务。

第九十条 自人民法院裁定批准重整计划之日起,在重整计划规定的监督期内,由管理人监督重整计划的执行。

在监督期内,债务人应当向管理人报告重整计划执行情况和债务人财务状况。

第九十一条 监督期届满时,管理人应当向人民法院提交监督报告。自监督报告提交之日起,管理人的监督职责终止。

管理人向人民法院提交的监督报告,重整计划的利害关系人有权查阅。

经管理人申请,人民法院可以裁定延长重整计划执行的监督期限。

第九十二条 经人民法院裁定批准的重整计划,对债务人和全体债权人均有约束力。

债权人未依照本法规定申报债权的,在重整计划执行期间不得行使权利;在重整计划执行完毕后,可以按照重整计划规定的同类债权的清偿条件行使权利。

债权人对债务人的保证人和其他连带债务人所享有的权利,不受重整计划的影响。

第九十三条 债务人不能执行或者不执行重整计划的,人民法院经管理人或者利害关系人请求,应当裁定终止重整计划的执行,并宣告债务人破产。

人民法院裁定终止重整计划执行的,债权人在重整计划中作出的债权调整的承诺失去效力。债权人因执行重整计划所受的清偿仍然有效,债权未受清偿的部分作为破产债权。

前款规定的债权人,只有在其他同顺位债权人同自己所受的清偿达到同一比例时,才能继续接受分配。

有本条第一款规定情形的,为重整计划的执行提供的担保继续有效。

第九十四条 按照重整计划减免的债务,自重整计划执行完毕时起,债务人不再承担清偿责任。

第九章 和 解

第九十五条 债务人可以依照本法规定,直接向人民法院申请和解;也可以在人民法院受理破产申请后、宣告债务人破产前,向人民法院申请和解。

债务人申请和解,应当提出和解协议草案。

第九十六条 人民法院经审查认为和解申请符合本法规定的,应当裁定和解,予以公告,并召集债权人会议讨论和解协议草案。

对债务人的特定财产享有担保权的权利人,自人民法院裁定和解之日起可以行使权利。

第九十七条 债权人会议通过和解协议的决议,由出席会议的有表决权的债权人过半数同意,并且其所代表的债权额占无财产担保债权总额的三分之二以上。

第九十八条 债权人会议通过和解协议的,由人民法院裁定认可,终止和解程序,并予以公告。管理人应当向债务人移交财产和营业事务,并向人民法院提交执行职务的报告。

第九十九条 和解协议草案经债权人会议表决未获得通过,或者已经债权人会议通过的和解协议未获得人民法院认可的,人民法院应当裁定终止和解程序,并宣告债务人破产。

第一百条 经人民法院裁定认可的和解协议,对债务人和全体和解债权人均有约束力。

和解债权人是指人民法院受理破产申请时对债务人享有无财产担保债权的人。

和解债权人未依照本法规定申报债权的,在和解协议执行期间不得行使权利;在和解协议执行完毕后,可以按照和解协议规定的清偿条件行使权利。

第一百零一条 和解债权人对债务人的保证人和其他连带债务人所享有的权利,不受和解协议的影响。

第一百零二条 债务人应当按照和解协议规定的条件清偿债务。

第一百零三条 因债务人的欺诈或者其他违法行为而成立的和解协议,人民法院应当裁定无效,并宣告债务人破产。

有前款规定情形的,和解债权人因执行和解协议所受的清偿,在其他债权人所受清偿同等比例的范围内,不予返还。

第一百零四条 债务人不能执行或者不执行和解协议的,人民法院经和解债权人请求,应当裁定终止和解协议的执行,并宣告债务人破产。

人民法院裁定终止和解协议执行的,和解债权人在和解协议中作出的债权调整的承诺失去效力。和解债权人因执行和解协议所受的清偿仍然有效,和解债权未受清偿的部分作为破产债权。

前款规定的债权人,只有在其他债权人同自己所受的清偿达到同一比例时,才能继续接受分配。

有本条第一款规定情形的，为和解协议的执行提供的担保继续有效。

第一百零五条 人民法院受理破产申请后，债务人与全体债权人就债权债务的处理自行达成协议的，可以请求人民法院裁定认可，并终结破产程序。

第一百零六条 按照和解协议减免的债务，自和解协议执行完毕时起，债务人不再承担清偿责任。

第十章 破产清算

第一节 破产宣告

第一百零七条 人民法院依照本法规定宣告债务人破产的，应当自裁定作出之日起五日内送达债务人和管理人，自裁定作出之日起十日内通知已知债权人，并予以公告。

债务人被宣告破产后，债务人称为破产人，债务人财产称为破产财产，人民法院受理破产申请时对债务人享有的债权称为破产债权。

第一百零八条 破产宣告前，有下列情形之一的，人民法院应当裁定终结破产程序，并予以公告：

（一）第三人为债务人提供足额担保或者为债务人清偿全部到期债务的；

（二）债务人已清偿全部到期债务的。

第一百零九条 对破产人的特定财产享有担保权的权利人，对该特定财产享有优先受偿的权利。

第一百一十条 享有本法第一百零九条规定权利的债权人行使优先受偿权利未能完全受偿的，其未受偿的债权作为普通债权；放弃优先受偿权利的，其债权作为普通债权。

第二节 变价和分配

第一百一十一条 管理人应当及时拟订破产财产变价方案，提交债权人会议讨论。

管理人应当按照债权人会议通过的或者人民法院依照本法第六十五条第一款规定裁定的破产财产变价方案，适时变价出售破产财产。

第一百一十二条 变价出售破产财产应当通过拍卖进行。但是，债权人会议另有决议的除外。

破产企业可以全部或者部分变价出售。企业变价出售时，可以将其中的无形资产和其他财产单独变价出售。

按照国家规定不能拍卖或者限制转让的财产，应当按照国家规定的方式处理。

第一百一十三条 破产财产在优先清偿破产费用和共益债务后，依照下列顺序清偿：

（一）破产人所欠职工的工资和医疗、伤残补助、抚恤费用，所欠的应当划入职工个人账户的基本养老保险、基本医疗保险费用，以及法律、行政法规规定应当支付给职工的补偿金；

（二）破产人欠缴的除前项规定以外的社会保险费用和破产人所欠税款；

（三）普通破产债权。

破产财产不足以清偿同一顺序的清偿要求的,按照比例分配。

破产企业的董事、监事和高级管理人员的工资按照该企业职工的平均工资计算。

第一百一十四条 破产财产的分配应当以货币分配方式进行。但是,债权人会议另有决议的除外。

第一百一十五条 管理人应当及时拟订破产财产分配方案,提交债权人会议讨论。

破产财产分配方案应当载明下列事项:

(一)参加破产财产分配的债权人名称或者姓名、住所;

(二)参加破产财产分配的债权额;

(三)可供分配的破产财产数额;

(四)破产财产分配的顺序、比例及数额;

(五)实施破产财产分配的方法。

债权人会议通过破产财产分配方案后,由管理人将该方案提请人民法院裁定认可。

第一百一十六条 破产财产分配方案经人民法院裁定认可后,由管理人执行。

管理人按照破产财产分配方案实施多次分配的,应当公告本次分配的财产额和债权额。管理人实施最后分配的,应当在公告中指明,并载明本法第一百一十七条第二款规定的事项。

第一百一十七条 对于附生效条件或者解除条件的债权,管理人应当将其分配额提存。

管理人依照前款规定提存的分配额,在最后分配公告日,生效条件未成就或者解除条件成就的,应当分配给其他债权人;在最后分配公告日,生效条件成就或者解除条件未成就的,应当交付给债权人。

第一百一十八条 债权人未受领的破产财产分配额,管理人应当提存。债权人自最后分配公告之日起满二个月仍不领取的,视为放弃受领分配的权利,管理人或者人民法院应当将提存的分配额分配给其他债权人。

第一百一十九条 破产财产分配时,对于诉讼或者仲裁未决的债权,管理人应当将其分配额提存。自破产程序终结之日起满二年仍不能受领分配的,人民法院应当将提存的分配额分配给其他债权人。

第三节 破产程序的终结

第一百二十条 破产人无财产可供分配的,管理人应当请求人民法院裁定终结破产程序。

管理人在最后分配完结后,应当及时向人民法院提交破产财产分配报告,并提请人民法院裁定终结破产程序。

人民法院应当自收到管理人终结破产程序的请求之日起十五日内作出是否终结破产程序的裁定。裁定终结的,应当予以公告。

第一百二十一条 管理人应当自破产程序终结之日起十日内,持人民法院终结破产程序的裁定,向破产人的原登记机关办理注销登记。

第一百二十二条 管理人于办理注销登记完毕的次日终止执行职务。但是,存在诉讼或者仲裁未决情况的除外。

第一百二十三条 自破产程序依照本法第四十三条第四款或者第一百二十条的规

定终结之日起二年内,有下列情形之一的,债权人可以请求人民法院按照破产财产分配方案进行追加分配:

(一)发现有依照本法第三十一条、第三十二条、第三十三条、第三十六条规定应当追回的财产的;

(二)发现破产人有应当供分配的其他财产的。

有前款规定情形,但财产数量不足以支付分配费用的,不再进行追加分配,由人民法院将其上交国库。

第一百二十四条 破产人的保证人和其他连带债务人,在破产程序终结后,对债权人依照破产清算程序未受清偿的债权,依法继续承担清偿责任。

第十一章 法律责任

第一百二十五条 企业董事、监事或者高级管理人员违反忠实义务、勤勉义务,致使所在企业破产的,依法承担民事责任。

有前款规定情形的人员,自破产程序终结之日起三年内不得担任任何企业的董事、监事、高级管理人员。

第一百二十六条 有义务列席债权人会议的债务人的有关人员,经人民法院传唤,无正当理由拒不列席债权人会议的,人民法院可以拘传,并依法处以罚款。债务人的有关人员违反本法规定,拒不陈述、回答,或者作虚假陈述、回答的,人民法院可以依法处以罚款。

第一百二十七条 债务人违反本法规定,拒不向人民法院提交或者提交不真实的财产状况说明、债务清册、债权清册、有关财务会计报告以及职工工资的支付情况和社会保险费用的缴纳情况的,人民法院可以对直接责任人员依法处以罚款。

债务人违反本法规定,拒不向管理人移交财产、印章和账簿、文书等资料的,或者伪造、销毁有关财产证据材料而使财产状况不明的,人民法院可以对直接责任人员依法处以罚款。

第一百二十八条 债务人有本法第三十一条、第三十二条、第三十三条规定的行为,损害债权人利益的,债务人的法定代表人和其他直接责任人员依法承担赔偿责任。

第一百二十九条 债务人的有关人员违反本法规定,擅自离开住所地的,人民法院可以予以训诫、拘留,可以依法并处罚款。

第一百三十条 管理人未依照本法规定勤勉尽责,忠实执行职务的,人民法院可以依法处以罚款;给债权人、债务人或者第三人造成损失的,依法承担赔偿责任。

第一百三十一条 违反本法规定,构成犯罪的,依法追究刑事责任。

第十二章 附 则

第一百三十二条 本法施行后,破产人在本法公布之日前所欠职工的工资和医疗、伤残补助、抚恤费用,所欠的应当划入职工个人账户的基本养老保险、基本医疗保险费用,以及法律、行政法规规定应当支付给职工的补偿金,依照本法第一百一十三条的规定清偿后不足以清偿的部分,以本法第一百零九条规定的特定财产优先于对该特定财产享有担保权的权利人受偿。

第一百三十三条 在本法施行前国务院规定的期限和范围内的国有企业实施破产

的特殊事宜，按照国务院有关规定办理。

第一百三十四条 商业银行、证券公司、保险公司等金融机构有本法第二条规定情形的，国务院金融监督管理机构可以向人民法院提出对该金融机构进行重整或者破产清算的申请。国务院金融监督管理机构依法对出现重大经营风险的金融机构采取接管、托管等措施的，可以向人民法院申请中止以该金融机构为被告或者被执行人的民事诉讼程序或者执行程序。

金融机构实施破产的，国务院可以依据本法和其他有关法律的规定制定实施办法。

第一百三十五条 其他法律规定企业法人以外的组织的清算，属于破产清算的，参照适用本法规定的程序。

第一百三十六条 本法自2007年6月1日起施行，《中华人民共和国企业破产法（试行）》同时废止。

最高人民法院
关于适用《中华人民共和国企业破产法》若干问题的规定（三）

（2019年2月25日最高人民法院审判委员会第1762次会议通过
根据2020年12月23日最高人民法院审判委员会第1823次会议通过的
《最高人民法院关于修改〈最高人民法院关于破产企业国有划拨土地使用权应否列入破产财产等问题的批复〉等二十九件商事类司法解释的决定》修正）

为正确适用《中华人民共和国企业破产法》，结合审判实践，就人民法院审理企业破产案件中有关债权人权利行使等相关法律适用问题，制定本规定。

第一条 人民法院裁定受理破产申请的，此前债务人尚未支付的公司强制清算费用、未终结的执行程序中产生的评估费、公告费、保管费等执行费用，可以参照企业破产法关于破产费用的规定，由债务人财产随时清偿。

此前债务人尚未支付的案件受理费、执行申请费，可以作为破产债权清偿。

第二条 破产申请受理后，经债权人会议决议通过，或者第一次债权人会议召开前经人民法院许可，管理人或者自行管理的债务人可以为债务人继续营业而借款。提供借款的债权人主张参照企业破产法第四十二条第四项的规定优先于普通破产债权清偿的，人民法院应予支持，但其主张优先于此前已就债务人特定财产享有担保的债权清偿的，人民法院不予支持。

管理人或者自行管理的债务人可以为前述借款设定抵押担保，抵押物在破产申请受理前已为其他债权人设定抵押的，债权人主张按照民法典第四百一十四条规定的顺序清偿，人民法院应予支持。

第三条 破产申请受理后，债务人欠缴款项产生的滞纳金，包括债务人未履行生效法律文书应当加倍支付的迟延利息和劳动保险金的滞纳金，债权人作为破产债权申报的，人民法院不予确认。

第四条 保证人被裁定进入破产程序的，债权人有权申报其对保证人的保证债权。

主债务未到期的，保证债权在保证人破产申请受理时视为到期。一般保证的保证人主张行使先诉抗辩权的，人民法院不予支持，但债权人在一般保证人破产程序中的分配额应予提存，待一般保证人应承担的保证责任确定后再按照破产清偿比例予以分配。

保证人被确定应当承担保证责任的，保证人的管理人可以就保证人实际承担的清偿额向主债务人或其他债务人行使求偿权。

第五条 债务人、保证人均被裁定进入破产程序的，债权人有权向债务人、保证人分别申报债权。

债权人向债务人、保证人均申报全部债权的，从一方破产程序中获得清偿后，其对另一方的债权额不作调整，但债权人的受偿额不得超出其债权总额。保证人履行保证责任后不再享有求偿权。

第六条 管理人应当依照企业破产法第五十七条的规定对所申报的债权进行登记造册，详尽记载申报人的姓名、单位、代理人、申报债权额、担保情况、证据、联系方式等事项，形成债权申报登记册。

管理人应当依照企业破产法第五十七条的规定对债权的性质、数额、担保财产、是否超过诉讼时效期间、是否超过强制执行期间等情况进行审查、编制债权表并提交债权人会议核查。

债权表、债权申报登记册及债权申报材料在破产期间由管理人保管，债权人、债务人、债务人职工及其他利害关系人有权查阅。

第七条 已经生效法律文书确定的债权，管理人应当予以确认。

管理人认为债权人据以申报债权的生效法律文书确定的债权错误，或者有证据证明债权人与债务人恶意通过诉讼、仲裁或者公证机关赋予强制执行力公证文书的形式虚构债权债务的，应当依法通过审判监督程序向作出该判决、裁定、调解书的人民法院或者上一级人民法院申请撤销生效法律文书，或者向受理破产申请的人民法院申请撤销或者不予执行仲裁裁决、不予执行公证债权文书后，重新确定债权。

第八条 债务人、债权人对债权表记载的债权有异议的，应当说明理由和法律依据。经管理人解释或调整后，异议人仍然不服的，或者管理人不予解释或调整的，异议人应当在债权人会议核查结束后十五日内向人民法院提起债权确认的诉讼。当事人之间在破产申请受理前订立有仲裁条款或仲裁协议的，应当向选定的仲裁机构申请确认债权债务关系。

第九条 债务人对债权表记载的债权有异议向人民法院提起诉讼的，应将被异议债权人列为被告。债权人对债权表记载的他人债权有异议的，应将被异议债权人列为被告；债权人对债权表记载的本人债权有异议的，应将债务人列为被告。

对同一笔债权存在多个异议人，其他异议人申请参加诉讼的，应当列为共同原告。

第十条 单个债权人有权查阅债务人财产状况报告、债权人会议决议、债权人委员会决议、管理人监督报告等参与破产程序所必需的债务人财务和经营信息资料。管理人无正当理由不予提供的，债权人可以请求人民法院作出决定；人民法院应当在五日内作出决定。

上述信息资料涉及商业秘密的，债权人应当依法承担保密义务或者签署保密协议；

涉及国家秘密的应当依照相关法律规定处理。

第十一条 债权人会议的决议除现场表决外，可以由管理人事先将相关决议事项告知债权人，采取通信、网络投票等非现场方式进行表决。采取非现场方式进行表决的，管理人应当在债权人会议召开后的三日内，以信函、电子邮件、公告等方式将表决结果告知参与表决的债权人。

根据企业破产法第八十二条规定，对重整计划草案进行分组表决时，权益因重整计划草案受到调整或者影响的债权人或者股东，有权参加表决；权益未受到调整或者影响的债权人或者股东，参照企业破产法第八十三条的规定，不参加重整计划草案的表决。

第十二条 债权人会议的决议具有以下情形之一，损害债权人利益，债权人申请撤销的，人民法院应予支持：

（一）债权人会议的召开违反法定程序；

（二）债权人会议的表决违反法定程序；

（三）债权人会议的决议内容违法；

（四）债权人会议的决议超出债权人会议的职权范围。

人民法院可以裁定撤销全部或者部分事项决议，责令债权人会议依法重新作出决议。

债权人申请撤销债权人会议决议的，应当提出书面申请。债权人会议采取通信、网络投票等非现场方式进行表决的，债权人申请撤销的期限自债权人收到通知之日起算。

第十三条 债权人会议可以依照企业破产法第六十八条第一款第四项的规定，委托债权人委员会行使企业破产法第六十一条第一款第二、三、五项规定的债权人会议职权。债权人会议不得作出概括性授权，委托其行使债权人会议所有职权。

第十四条 债权人委员会决定所议事项应获得全体成员过半数通过，并作成议事记录。债权人委员会成员对所议事项的决议有不同意见的，应当在记录中载明。

债权人委员会行使职权应当接受债权人会议的监督，以适当的方式向债权人会议及时汇报工作，并接受人民法院的指导。

第十五条 管理人处分企业破产法第六十九条规定的债务人重大财产的，应当事先制作财产管理或者变价方案并提交债权人会议进行表决，债权人会议表决未通过的，管理人不得处分。

管理人实施处分前，应当根据企业破产法第六十九条的规定，提前十日书面报告债权人委员会或者人民法院。债权人委员会可以依照企业破产法第六十八条第二款的规定，要求管理人对处分行为作出相应说明或者提供有关文件依据。

债权人委员会认为管理人实施的处分行为不符合债权人会议通过的财产管理或变价方案的，有权要求管理人纠正。管理人拒绝纠正的，债权人委员会可以请求人民法院作出决定。

人民法院认为管理人实施的处分行为不符合债权人会议通过的财产管理或变价方案的，应当责令管理人停止处分行为。管理人应当予以纠正，或者提交债权人会议重新表决通过后实施。

第十六条 本规定自2019年3月28日起实施。

实施前本院发布的有关企业破产的司法解释，与本规定相抵触的，自本规定实施之日起不再适用。

最高人民法院
关于适用《中华人民共和国企业破产法》若干问题的规定（二）

(2013年7月29日最高人民法院审判委员会第1586次会议通过 根据2020年12月23日最高人民法院审判委员会第1823次会议通过的《最高人民法院关于修改〈最高人民法院关于破产企业国有划拨土地使用权应否列入破产财产等问题的批复〉等二十九件商事类司法解释的决定》修正)

根据《中华人民共和国民法典》《中华人民共和国企业破产法》等相关法律，结合审判实践，就人民法院审理企业破产案件中认定债务人财产相关的法律适用问题，制定本规定。

第一条 除债务人所有的货币、实物外，债务人依法享有的可以用货币估价并可以依法转让的债权、股权、知识产权、用益物权等财产和财产权益，人民法院均应认定为债务人财产。

第二条 下列财产不应认定为债务人财产：

（一）债务人基于仓储、保管、承揽、代销、借用、寄存、租赁等合同或者其他法律关系占有、使用的他人财产；

（二）债务人在所有权保留买卖中尚未取得所有权的财产；

（三）所有权专属于国家且不得转让的财产；

（四）其他依照法律、行政法规不属于债务人的财产。

第三条 债务人已依法设定担保物权的特定财产，人民法院应当认定为债务人财产。

对债务人的特定财产在担保物权消灭或者实现担保物权后的剩余部分，在破产程序中可用以清偿破产费用、共益债务和其他破产债权。

第四条 债务人对按份享有所有权的共有财产的相关份额，或者共同享有所有权的共有财产的相应财产权利，以及依法分割共有财产所得部分，人民法院均应认定为债务人财产。

人民法院宣告债务人破产清算，属于共有财产分割的法定事由。人民法院裁定债务人重整或者和解的，共有财产的分割应当依据民法典第三百零三条的规定进行；基于重整或者和解的需要必须分割共有财产，管理人请求分割的，人民法院应予准许。

因分割共有财产导致其他共有人损害产生的债务，其他共有人请求作为共益债务清偿的，人民法院应予支持。

第五条 破产申请受理后，有关债务人财产的执行程序未依照企业破产法第十九条的规定中止的，采取执行措施的相关单位应当依法予以纠正。依法执行回转的财产，人民法院应当认定为债务人财产。

第六条 破产申请受理后，对于可能因有关利益相关人的行为或者其他原因，影响破产程序依法进行的，受理破产申请的人民法院可以根据管理人的申请或者依职权，对债务人的全部或者部分财产采取保全措施。

第七条 对债务人财产已采取保全措施的相关单位，在知悉人民法院已裁定受理有关债务人的破产申请后，应当依照企业破产法第十九条的规定及时解除对债务人财产的保全措施。

第八条 人民法院受理破产申请后至破产宣告前裁定驳回破产申请，或者依据企业破产法第一百零八条的规定裁定终结破产程序的，应当及时通知原已采取保全措施并已依法解除保全措施的单位按照原保全顺位恢复相关保全措施。

在已依法解除保全的单位恢复保全措施或者表示不再恢复之前，受理破产申请的人民法院不得解除对债务人财产的保全措施。

第九条 管理人依据企业破产法第三十一条和第三十二条的规定提起诉讼，请求撤销涉及债务人财产的相关行为并由相对人返还债务人财产的，人民法院应予支持。

管理人因过错未依法行使撤销权导致债务人财产不当减损，债权人提起诉讼主张管理人对其损失承担相应赔偿责任的，人民法院应予支持。

第十条 债务人经过行政清理程序转入破产程序的，企业破产法第三十一条和第三十二条规定的可撤销行为的起算点，为行政监管机构作出撤销决定之日。

债务人经过强制清算程序转入破产程序的，企业破产法第三十一条和第三十二条规定的可撤销行为的起算点，为人民法院裁定受理强制清算申请之日。

第十一条 人民法院根据管理人的请求撤销涉及债务人财产的以明显不合理价格进行的交易的，买卖双方应当依法返还从对方获取的财产或者价款。

因撤销该交易，对于债务人应返还受让人已支付价款所产生的债务，受让人请求作为共益债务清偿的，人民法院应予支持。

第十二条 破产申请受理前一年内债务人提前清偿的未到期债务，在破产申请受理前已经到期，管理人请求撤销该清偿行为的，人民法院不予支持。但是，该清偿行为发生在破产申请受理前六个月内且债务人有企业破产法第二条第一款规定情形的除外。

第十三条 破产申请受理后，管理人未依据企业破产法第三十一条的规定请求撤销债务人无偿转让财产、以明显不合理价格交易、放弃债权行为的，债权人依据民法典第五百三十八条、第五百三十九条等规定提起诉讼，请求撤销债务人上述行为并将因此追回的财产归入债务人财产的，人民法院应予受理。

相对人以债权人行使撤销权的范围超出债权人的债权抗辩的，人民法院不予支持。

第十四条 债务人对以自有财产设定担保物权的债权进行的个别清偿，管理人依据企业破产法第三十二条的规定请求撤销的，人民法院不予支持。但是，债务清偿时担保财产的价值低于债权额的除外。

第十五条 债务人经诉讼、仲裁、执行程序对债权人进行的个别清偿，管理人依据企业破产法第三十二条的规定请求撤销的，人民法院不予支持。但是，债务人与债权人恶意串通损害其他债权人利益的除外。

第十六条 债务人对债权人进行的以下个别清偿，管理人依据企业破产法第三十二条的规定请求撤销的，人民法院不予支持：

（一）债务人为维系基本生产需要而支付水费、电费等的；

（二）债务人支付劳动报酬、人身损害赔偿金的；

（三）使债务人财产受益的其他个别清偿。

第十七条 管理人依据企业破产法第三十三条的规定提起诉讼，主张被隐匿、转移财产的实际占有人返还债务人财产，或者主张债务人虚构债务或者承认不真实债务的行为无效并返还债务人财产的，人民法院应予支持。

第十八条 管理人代表债务人依据企业破产法第一百二十八条的规定，以债务人的法定代表人和其他直接责任人员对所涉债务人财产的相关行为存在故意或者重大过失，造成债务人财产损失为由提起诉讼，主张上述责任人员承担相应赔偿责任的，人民法院应予支持。

第十九条 债务人对外享有债权的诉讼时效，自人民法院受理破产申请之日起中断。

债务人无正当理由未对其到期债权及时行使权利，导致其对外债权在破产申请受理前一年内超过诉讼时效期间的，人民法院受理破产申请之日起重新计算上述债权的诉讼时效期间。

第二十条 管理人代表债务人提起诉讼，主张出资人向债务人依法缴付未履行的出资或者返还抽逃的出资本息，出资人以认缴出资尚未届至公司章程规定的缴纳期限或者违反出资义务已经超过诉讼时效为由抗辩的，人民法院不予支持。

管理人依据公司法的相关规定代表债务人提起诉讼，主张公司的发起人和负有监督股东履行出资义务的董事、高级管理人员，或者协助抽逃出资的其他股东、董事、高级管理人员、实际控制人等，对股东违反出资义务或者抽逃出资承担相应责任，并将财产归入债务人财产的，人民法院应予支持。

第二十一条 破产申请受理前，债权人就债务人财产提起下列诉讼，破产申请受理时案件尚未审结的，人民法院应当中止审理：

（一）主张次债务人代替债务人直接向其偿还债务的；

（二）主张债务人的出资人、发起人和负有监督股东履行出资义务的董事、高级管理人员，或者协助抽逃出资的其他股东、董事、高级管理人员、实际控制人等直接向其承担出资不实或者抽逃出资责任的；

（三）以债务人的股东与债务人法人人格严重混同为由，主张债务人的股东直接向其偿还债务人对其所负债务的；

（四）其他就债务人财产提起的个别清偿诉讼。

债务人破产宣告后，人民法院应当依照企业破产法第四十四条的规定判决驳回债权人的诉讼请求。但是，债权人一审中变更其诉讼请求为追收的相关财产归入债务人财产的除外。

债务人破产宣告前，人民法院依据企业破产法第十二条或者第一百零八条的规定裁定驳回破产申请或者终结破产程序的，上述中止审理的案件应当依法恢复审理。

第二十二条 破产申请受理前，债权人就债务人财产向人民法院提起本规定第二十一条第一款所列诉讼，人民法院已经作出生效民事判决书或者调解书但尚未执行完毕的，破产申请受理后，相关执行行为应当依据企业破产法第十九条的规定中止，债权人应当依法向管理人申报相关债权。

第二十三条 破产申请受理后,债权人就债务人财产向人民法院提起本规定第二十一条第一款所列诉讼的,人民法院不予受理。

债权人通过债权人会议或者债权人委员会,要求管理人依法向次债务人、债务人的出资人等追收债务人财产,管理人无正当理由拒绝追收,债权人会议依据企业破产法第二十二条的规定,申请人民法院更换管理人的,人民法院应予支持。

管理人不予追收,个别债权人代表全体债权人提起相关诉讼,主张次债务人或者债务人的出资人等向债务人清偿或者返还债务人财产,或者依法申请合并破产的,人民法院应予受理。

第二十四条 债务人有企业破产法第二条第一款规定的情形时,债务人的董事、监事和高级管理人员利用职权获取的以下收入,人民法院应当认定为企业破产法第三十六条规定的非正常收入:

(一)绩效奖金;

(二)普遍拖欠职工工资情况下获取的工资性收入;

(三)其他非正常收入。

债务人的董事、监事和高级管理人员拒不向管理人返还上述债务人财产,管理人主张上述人员予以返还的,人民法院应予支持。

债务人的董事、监事和高级管理人员因返还第一款第(一)项、第(三)项非正常收入形成的债权,可以作为普通破产债权清偿。因返还第一款第(二)项非正常收入形成的债权,依据企业破产法第一百一十三条第三款的规定,按照该企业职工平均工资计算的部分作为拖欠职工工资清偿;高出该企业职工平均工资计算的部分,可以作为普通破产债权清偿。

第二十五条 管理人拟通过清偿债务或者提供担保取回质物、留置物,或者与质权人、留置权人协议以质物、留置物折价清偿债务等方式,进行对债权人利益有重大影响的财产处分行为的,应当及时报告债权人委员会。未设立债权人委员会的,管理人应当及时报告人民法院。

第二十六条 权利人依据企业破产法第三十八条的规定行使取回权,应当在破产财产变价方案或者和解协议、重整计划草案提交债权人会议表决前向管理人提出。权利人在上述期限后主张取回相关财产的,应当承担延迟行使取回权增加的相关费用。

第二十七条 权利人依据企业破产法第三十八条的规定向管理人主张取回相关财产,管理人不予认可,权利人以债务人为被告向人民法院提起诉讼请求行使取回权的,人民法院应予受理。

权利人依据人民法院或者仲裁机关的相关生效法律文书向管理人主张取回所涉争议财产,管理人以生效法律文书错误为由拒绝其行使取回权的,人民法院不予支持。

第二十八条 权利人行使取回权时未依法向管理人支付相关的加工费、保管费、托运费、委托费、代销费等费用,管理人拒绝其取回相关财产的,人民法院应予支持。

第二十九条 对债务人占有的权属不清的鲜活易腐等不易保管的财产或者不及时变现价值将严重贬损的财产,管理人及时变价并提存变价款后,有关权利人就该变价款行使取回权的,人民法院应予支持。

第三十条 债务人占有的他人财产被违法转让给第三人,依据民法典第三百一十一条的规定第三人已善意取得财产所有权，原权利人无法取回该财产的，人民法院应当按照以下规定处理：

（一）转让行为发生在破产申请受理前的，原权利人因财产损失形成的债权，作为普通破产债权清偿；

（二）转让行为发生在破产申请受理后的，因管理人或者相关人员执行职务导致原权利人损害产生的债务，作为共益债务清偿。

第三十一条 债务人占有的他人财产被违法转让给第三人，第三人已向债务人支付了转让价款，但依据民法典第三百一十一条的规定未取得财产所有权，原权利人依法追回转让财产的，对因第三人已支付对价而产生的债务，人民法院应当按照以下规定处理：

（一）转让行为发生在破产申请受理前的，作为普通破产债权清偿；

（二）转让行为发生在破产申请受理后的，作为共益债务清偿。

第三十二条 债务人占有的他人财产毁损、灭失，因此获得的保险金、赔偿金、代偿物尚未交付给债务人，或者代偿物虽已交付给债务人但能与债务人财产予以区分的，权利人主张取回就此获得的保险金、赔偿金、代偿物的，人民法院应予支持。

保险金、赔偿金已经交付给债务人，或者代偿物已经交付给债务人且不能与债务人财产予以区分的，人民法院应当按照以下规定处理：

（一）财产毁损、灭失发生在破产申请受理前的，权利人因财产损失形成的债权，作为普通破产债权清偿；

（二）财产毁损、灭失发生在破产申请受理后的，因管理人或者相关人员执行职务导致权利人损害产生的债务，作为共益债务清偿。

债务人占有的他人财产毁损、灭失，没有获得相应的保险金、赔偿金、代偿物，或者保险金、赔偿物、代偿物不足以弥补其损失的部分，人民法院应当按照本条第二款的规定处理。

第三十三条 管理人或者相关人员在执行职务过程中，因故意或者重大过失不当转让他人财产或者造成他人财产毁损、灭失，导致他人损害产生的债务作为共益债务，由债务人财产随时清偿不足弥补损失，权利人向管理人或者相关人员主张承担补充赔偿责任的，人民法院应予支持。

上述债务作为共益债务由债务人财产随时清偿后，债权人以管理人或者相关人员执行职务不当导致债务人财产减少给其造成损失为由提起诉讼，主张管理人或者相关人员承担相应赔偿责任的，人民法院应予支持。

第三十四条 买卖合同双方当事人在合同中约定标的物所有权保留，在标的物所有权未依法转移给买受人前，一方当事人破产的，该买卖合同属于双方均未履行完毕的合同，管理人有权依据企业破产法第十八条的规定决定解除或者继续履行合同。

第三十五条 出卖人破产，其管理人决定继续履行所有权保留买卖合同的，买受人应当按照原买卖合同的约定支付价款或者履行其他义务。

买受人未依约支付价款或者履行完毕其他义务，或者将标的物出卖、出质或者作出其他不当处分，给出卖人造成损害，出卖人管理人依法主张取回标的物的，人民法院应予支持。但是，买受人已经支付标的物总价款百分之七十五以上或者第三人善意取得标的物所有权或者其他物权的除外。

因本条第二款规定未能取回标的物，出卖人管理人依法主张买受人继续支付价款、履行完毕其他义务，以及承担相应赔偿责任的，人民法院应予支持。

第三十六条 出卖人破产，其管理人决定解除所有权保留买卖合同，并依据企业破产法第十七条的规定要求买受人向其交付买卖标的物的，人民法院应予支持。

买受人以其不存在未依约支付价款或者履行完毕其他义务，或者将标的物出卖、出质或者作出其他不当处分情形抗辩的，人民法院不予支持。

买受人依法履行合同义务并依据本条第一款将买卖标的物交付出卖人管理人后，买受人已支付价款损失形成的债权作为共益债务清偿。但是，买受人违反合同约定，出卖人管理人主张上述债权作为普通破产债权清偿的，人民法院应予支持。

第三十七条 买受人破产，其管理人决定继续履行所有权保留买卖合同的，原买卖合同中约定的买受人支付价款或者履行其他义务的期限在破产申请受理时视为到期，买受人管理人应当及时向出卖人支付价款或者履行其他义务。

买受人管理人无正当理由未及时支付价款或者履行完毕其他义务，或者将标的物出卖、出质或者作出其他不当处分，给出卖人造成损害，出卖人依据民法典第六百四十一条等规定主张取回标的物的，人民法院应予支持。但是，买受人已支付标的物总价款百分之七十五以上或者第三人善意取得标的物所有权或者其他物权的除外。

因本条第二款规定未能取回标的物，出卖人依法主张买受人继续支付价款、履行完毕其他义务，以及承担相应赔偿责任的，人民法院应予支持。对因买受人未支付价款或者未履行完毕其他义务，以及买受人管理人将标的物出卖、出质或者作出其他不当处分导致出卖人损害产生的债务，出卖人主张作为共益债务清偿的，人民法院应予支持。

第三十八条 买受人破产，其管理人决定解除所有权保留买卖合同，出卖人依据企业破产法第三十八条的规定主张取回买卖标的物的，人民法院应予支持。

出卖人取回买卖标的物，买受人管理人主张出卖人返还已支付价款的，人民法院应予支持。取回的标的物价值明显减少给出卖人造成损失的，出卖人可从买受人已支付价款中优先予以抵扣后，将剩余部分返还给买受人；对买受人已支付价款不足以弥补出卖人标的物价值减损损失形成的债权，出卖人主张作为共益债务清偿的，人民法院应予支持。

第三十九条 出卖人依据企业破产法第三十九条的规定，通过通知承运人或者实际占有人中止运输、返还货物、变更到达地，或者将货物交给其他收货人等方式，对在运途中标的物主张了取回权但未能实现，或者在货物未达管理人前已向管理人主张取回在运途中标的物，在买卖标的物到达管理人后，出卖人向管理人主张取回的，管理人应予准许。

出卖人对在运途中标的物未及时行使取回权，在买卖标的物到达管理人后向管理人行使在运途中标的物取回权的，管理人不应准许。

第四十条 债务人重整期间，权利人要求取回债务人合法占有的权利人的财产，不符合双方事先约定条件的，人民法院不予支持。但是，因管理人或者自行管理的债务人违反约定，可能导致取回物被转让、毁损、灭失或者价值明显减少的除外。

第四十一条 债权人依据企业破产法第四十条的规定行使抵销权，应当向管理人提出抵销主张。

管理人不得主动抵销债务人与债权人的互负债务，但抵销使债务人财产受益的除外。

第四十二条 管理人收到债权人提出的主张债务抵销的通知后，经审查无异议的，抵销自管理人收到通知之日起生效。

管理人对抵销主张有异议的，应当在约定的异议期限内或者自收到主张债务抵销的通知之日起三个月内向人民法院提起诉讼。无正当理由逾期提起的，人民法院不予支持。

人民法院判决驳回管理人提起的抵销无效诉讼请求的，该抵销自管理人收到主张债务抵销的通知之日起生效。

第四十三条 债权人主张抵销，管理人以下列理由提出异议的，人民法院不予支持：

（一）破产申请受理时，债务人对债权人负有的债务尚未到期；

（二）破产申请受理时，债权人对债务人负有的债务尚未到期；

（三）双方互负债务标的物种类、品质不同。

第四十四条 破产申请受理前六个月内，债务人有企业破产法第二条第一款规定的情形，债务人与个别债权人以抵销方式对个别债权人清偿，其抵销的债权债务属于企业破产法第四十条第（二）、（三）项规定的情形之一，管理人在破产申请受理之日起三个月内向人民法院提起诉讼，主张该抵销无效的，人民法院应予支持。

第四十五条 企业破产法第四十条所列不得抵销情形的债权人，主张以其对债务人特定财产享有优先受偿权的债权，与债务人对其不享有优先受偿权的债权抵销，债务人管理人以抵销存在企业破产法第四十条规定的情形提出异议的，人民法院不予支持。但是，用以抵销的债权大于债权人享有优先受偿权财产价值的除外。

第四十六条 债务人的股东主张以下列债务与债务人对其负有的债务抵销，债务人管理人提出异议的，人民法院应予支持：

（一）债务人股东因欠缴债务人的出资或者抽逃出资对债务人所负的债务；

（二）债务人股东滥用股东权利或者关联关系损害公司利益对债务人所负的债务。

第四十七条 人民法院受理破产申请后，当事人提起的有关债务人的民事诉讼案件，应当依据企业破产法第二十一条的规定，由受理破产申请的人民法院管辖。

受理破产申请的人民法院管辖的有关债务人的第一审民事案件，可以依据民事诉讼法第三十八条的规定，由上级人民法院提审，或者报请上级人民法院批准后交下级人民法院审理。

受理破产申请的人民法院，如对有关债务人的海事纠纷、专利纠纷、证券市场因虚假陈述引发的民事赔偿纠纷等案件不能行使管辖权的，可以依据民事诉讼法第三十七条的规定，由上级人民法院指定管辖。

第四十八条 本规定施行前本院发布的有关企业破产的司法解释，与本规定相抵触的，自本规定施行之日起不再适用。

【解读】

解读《关于适用〈中华人民共和国企业破产法〉若干问题的规定（二）》

一、问题的提出

2013年9月5日，最高人民法院公布了《最高人民法院关于适用〈中华人民共和国企业破产法〉若干问题的规定（二）》（以下简称《规定》），《规定》共48条，分别从债务人财产的界定、撤销权、取回权、抵销权、债务人财产的保全解除和执行中止等多个角度，对涉及债务人财产的相关问题作出了规定，对于准确把握债务人财产范畴，积极有效追收债务人财产，实现债务人财产最大化和债权人利益保护最大化，具有重要的指导意义。

企业破产法施行以来，在保障债权公平有序受偿、完善优胜劣汰竞争机制、优化社会资源配置、调整社会产业结构、拯救危困企业等方面发挥了积极作用。破产程序作为法人退出机制中的一项重要制度，关涉一个企业的生死和众多利害关系人的利益，甚至会影响到一个地区的社会稳定和经济的持续健康发展。因此，依法审理企业破产案件，依法公正合理地保护破产企业相关利害关系人的利益，保障企业稳妥退出市场或得到有效挽救，意义重大。但是，由于企业破产法律程序烦琐，涉及大量程序性、实体性权利行使，尤其是债务人财产这部分，因涉及与合同法、物权法、公司法、侵权责任法、证券法、民事诉讼法等多部法律的衔接，更为复杂，而我国目前的相关法律制度尚不完善，各地法院在审理破产案件时对债务人财产的认定掌握的执法尺度不一，影响了债权人权利的依法保护，为此，我们围绕债务人财产认定中所涉的法律适用问题制定了该《规定》。

二、债务人财产、破产财产以及债务人财产在破产程序中的关联和作用

企业破产法理论中债务人财产又称为破产财团或者财团财产。我国企业破产法对债务人财产这个概念在破产宣告前后的不同阶段，分别用了债务人财产和破产财产两个不同称谓，但其本质均为法人财产，二者范围是一致的。债务人财产是债务人对其债权人承担债务的责任财产，在破产程序中是债权人得以公平、有序受偿的重要物质保障。债务人财产在破产程序中具有非常重要的意义。在债务人财产的构成范围上有固定主义与膨胀主义两种立法模式。固定主义模式下，债务人财产在破产申请受理或者破产宣告时即已确定，是指破产申请受理时或破产宣告时债务人所有的财产。膨胀主义模式下，债务人财产在破产宣告后仍有所扩大膨胀，即不仅包括破产申请或者被宣告破产时债务人所有的财产，而且包括其在破产程序终结前所新取得的财产。我国企业破产法在破产财产范围上采用的是膨胀主义立法模式。根据我国企业破产法的规定，债务人财产包括破产申请受理时属于债务人的全部财产，也包括破产申请受理后至破产程序终结前债务人取得的财产，甚至包括破产程序终结后又发现的应当供分配

的其他债务人财产。即，债务人财产既包括债务人破产时占有的静态财产和债务人破产时没有占有但基于相关权利依法应当追回的属于债务人的动态财产，也包括债务人继续营业时新取得的财产。破产程序中的各项实体性权利，包括撤销权、取回权、抵销权、债务人财产保全的自动解除和执行中止，以及有关债务人财产的衍生诉讼等都是紧紧围绕着债务人财产的确定、增加、减少而展开的。债务人财产的准确把握和有效追收，直接决定着破产程序能否顺利进行，以及债权人能否得到最大化的权利保护和公平受偿。《规定》分别从债务人财产的界定、撤销权、取回权、抵销权、债务人财产的保全和执行，以及有关债务人财产的衍生诉讼审理等多个角度对债务人财产作出了规定。

三、《规定》对破产撤销权的考虑

破产撤销权是破产法为防止债务人在丧失清偿能力的情况下，通过无偿转让、非正常交易或者偏袒性清偿债务等方法损害全体或者多数债权人利益，破坏公平清偿原则而设立的特殊制度。通常情况下，只有债务人在破产程序启动时所拥有的财产才受破产法的约束，即属于债务人财产。而破产程序启动前债务人已经转让的财产原则上不属于债务人财产。但是，由于一些债务人出于种种利益动机，往往会在破产程序启动前竭力转移财产、逃避债务，或对个别债权人进行偏袒性清偿，一些债权人也利用各种不正当手段争夺财产，从而造成经济秩序的混乱，以致破产法公平清偿的立法目的无法实现。撤销权制度的设置是以维护债权人整体利益、保护公平清偿为基础的，其在一定程度上舍弃了对债务人与行为相对人交易自由的保护。通过对债务人相关行为的撤销，保全了债务人责任财产，维护了债权人相互之间的实质平等，实现了破产财产在全体债权人之间的公平分配。撤销权行使的法律后果，是使债务人在破产申请受理前法定期间内实施的损害债权人利益的行为因被撤销而丧失效力。我国企业破产法对撤销权作出了规定。鉴于司法实践中破产撤销权行使的复杂性特点，《规定》对一些特殊问题，如经行政清理程序或公司强制清算程序转入破产清算程序中所涉可撤销行为的起算点问题、危机期内债务人对未到期债务提前清偿和债务人个别清偿行为撤销的例外情形等作出了明确规定。

四、债权人撤销权和管理人撤销权在债务人破产后的衔接适用

合同法下债权人撤销权和企业破产法下管理人撤销权，均将债务人无偿转让财产、放弃债权、以明显不合理的价格转让财产这三类行为，规定为可撤销的行为。一般情况下，债务人进入破产程序后，对上述行为的撤销应由管理人依据企业破产法的规定予以撤销。但是我们考虑到，一方面，由于合同法撤销权和破产法撤销权行使权利的方式和期限有所不同，有的情况下管理人依据破产法不能撤销的行为，债权人依据合同法却可以撤销；另一方面，上述两个撤销权事由竞合的场合，如管理人不作为导致破产撤销权落空时，债权人也可通过行使合同法撤销权追回相关债务人财产。因此，从实现债务人财产最大化角度，《规定》规定，在管理人未依据企业破产法撤销债务人上述行为的，债权人可以依据合同法的规定提起撤销权诉讼，但这里要特别强调的是，债权人提起的该类诉讼性质上当属代表诉讼，由此追回的财产应当归入债务人财产，而不得用以清偿个别债权人，如果债权人起诉主张追回的财产应当清偿其个别债权的，人民法院对此诉讼应不予受理。

五、《规定》对债务人对外享有债权的诉讼时效作出了进一步规定

根据企业破产法的规定，法院受理破产申请后，由管理人接管债务人的财产、印章、账簿和文书等资料，调查债务人财产状况，代表债务人参加诉讼、仲裁或者其他法律程序，替代债务人原管理层进行有关债务人财产的管理、处置、变价、分配等工作。但是，由于管理人并未参与企业原经营管理活动，其在接管后客观上需要一定的时间清理财产、查看账簿文书等，以便追收债务人财产。而且，根据企业破产法第十七条的规定，破产申请受理后债务人的债务人应当向管理人清偿债务，因此，提出清偿要求是破产程序依法启动的题中应有之义。因此，为避免管理人接管过程中因诉讼时效超过导致债务人财产不当减损，据此，《规定》规定，债务人对外享有的债权，其诉讼时效自破产申请受理之日起中断。另外，对于债务人无正当理由未对其到期债权及时行使权利，导致其对外债权超过诉讼时效期间的不作为行为，我们认为其实质是债务人恶意放弃其到期债权的行为。债务人放弃债权的行为包括积极的放弃行为和消极的放弃行为。对于债务人积极的放弃债权行为，管理人可通过行使破产撤销权实现有效债权的复归。但对于债务人不及时主张对外债权的消极的放弃债权行为，客观上并无可以撤销的行为，因而无法撤销。因此，为实现对债务人恶意减少其财产的消极放弃债权行为产生类似于撤销其积极放弃债权行为的法律效果，《规定》从重新计算诉讼时效的角度作出了制度安排。

六、关于破产程序启动后，对于债权人基于债务人财产提起的有关诉讼的相关规定

债务人对外享有的债权、出资人应缴而未缴的出资，以及债务人股东与债务人财产严重混同时的股东财产等，在法律属性上都属于债务人财产。破产程序启动前，债权人就债务人财产获得清偿，贯彻的是先来先得原则，在债权人提起代位权诉讼或者起诉主张瑕疵出资股东或抽逃出资股东或严重混同股东承担相应民事责任的，人民法院应予以支持。但是破产程序启动后，所有债务人财产均应纳入破产程序中一并清偿全体债权人，管理人应依法向债务人的债务人追收债务，以及向债务人的出资人追收欠缴出资、抽逃出资、混同财产等，以实现债务人财产的完整性，保障全体债权人利益最大化。因此，破产申请受理后，所有基于债务人财产的清偿均应通过破产程序解决，而不得通过个案诉讼、仲裁或者执行等方式获得个别清偿。对此，《规定》作出了明确规定，即破产申请受理前，债权人基于债务人财产提起的代位权等诉讼，在破产申请受理时案件尚未审结的，法院应当中止审理，并在破产宣告后驳回债权人的诉讼请求；破产申请受理前已经就相关案件作出了生效法律文书但尚未执行完毕的，破产申请受理后，应当中止执行，债权人应当依法向管理人申报债权；破产申请受理后，债权人就债务人财产新提起的直接清偿所欠其债务的诉讼，人民法院应不予受理，债权人应当依据企业破产法规定的程序行使权利。

七、取回权制度的行使问题

破产程序中涉及的取回权包括非债务人财产取回权、代偿性取回权、出卖人在途标的物取回权、出卖人取回权，这里面有破产法下的取回权，也有其他法律中规定的取回权在破产程序中的具体适用。非债务人财产取回权，是指在破产程序中对于不属于债务人的财产，其所有权人或者其他权利人通过管理人将该财产予以取回的权利，其权利行使的基础为民法上的所有权和其他财产权利。代偿性取回权，是指当非债务

人财产取回权行使的标的财产毁损、灭失时，该财产的权利人依法对取回权标的物的代偿财产行使取回的权利，是对非债务人财产取回权制度的必要补充。出卖人在途标的物取回权，是企业破产法中规定的一项特殊的取回权，是指尚未收到全部价款的动产出卖人，将买卖标的物发送后，如果买受人在尚未收到标的物前破产的，出卖人可以请求取回标的物的权利，其目的在于担保已经脱离了对标的物控制权的出卖人获得买卖价款的权利。出卖人取回权，是合同法上的权利在破产程序中的行使，是指当事人在买卖合同中约定所有权保留，在标的物所有权转移前，买受人未按约定支付价款或完成特定条件，或将标的物出卖、出质或者作出其他不当处分，对出卖人造成损害的，出卖人有权主张取回买卖标的物，该权利行使时涉及与企业破产法下管理人选择履行权的衔接。《规定》对上述取回权的行使分别作出了规范。

八、对于债务人占有的他人财产被违法转让给第三人的，相关当事人之间权利的行使

一般情况下，破产程序启动后，对于债务人占有的他人财产，财产权利人有权通过行使取回权取回其财产。但是，如果其财产被违法转让给第三人的，因涉及第三人的善意取得问题，原财产权利人的权利行使会受到一定的影响。根据物权法第一百零六条的规定，第三人受让被违法转让的财产符合善意取得条件的，该财产的所有权归第三人所有，原财产权利人不能对该财产行使取回权。原财产权利人有权向无处分权的债务人请求赔偿。对于该赔偿，应当根据无权处分行为发生的时间和行使的主体予以区分。如果无权处分行为发生在破产申请受理前的，因系债务人自身无权处分行为，该赔偿属于一般侵权之债的赔偿，在破产程序中应当作为普通破产债权予以清偿；如果无权处分行为发生在破产申请受理后的，因系管理人所为，根据企业破产法的规定，管理人或者相关人员执行职务致人损害产生的债务，应当作为共益债务予以清偿。第三人受让财产不符合善意取得条件的，第三人未取得被转让财产的所有权，原财产权利人均有权依据交付情况分别向债务人或者第三人主张取回该财产。如果第三人已经向债务人支付了转让价款，而所涉财产又被原财产权利人追回后，第三人就已支付价款损失有权向债务人主张返还。对于该损失赔偿债权，也应根据转让行为发生的时间和行使主体进行区分，按照普通破产债权或共益债务进行清偿。

九、对代偿性取回权的规定

债务人占有的他人财产毁损、灭失，有相应的保险金、赔偿金、代偿物的，原财产权利人是否可以就其行使代偿性取回权问题，争议还是比较大的，主要涉及原财产权利人与全体债权人的利益平衡问题。我们在制定《规定》时，一方面，通过确立代偿性取回权制度加大对原财产权利人权利的保护力度，另一方面，通过对代偿性取回权行使范围进行必要限制的方式适度保护了其他债权人利益。即以能否将财产毁损、灭失获得的保险金、赔偿金或者代偿物与债务人财产予以区分，作为权利人能否行使代偿性取回权的前提。如果能够予以区分，权利人可以取回就此获得的保险金、赔偿金或者代偿物；如果不能与债务人财产予以区分，权利人则不能行使代偿性取回权，而只能根据财产毁损、灭失发生的时间分别按照普通破产债权或者共益债务在破产程序中获得清偿。

十、买卖合同约定所有权保留，在标的物所有权尚未转移给买受人前，一方当事人破产的，对于这类合同的处理及与企业破产法的衔接

这里面问题比较复杂，涉及了买卖合同出卖人取回权行使和破产法下管理人挑拣履行权的行使。买卖合同一方当事人进入破产程序的，一方面是买受人未按照约定支付完毕价款或者履行其他约定条件，另一方面，基于双方合同约定，买卖标的物所有权尚未转移给买受人所有，因此该买卖合同应属双方均未履行完毕的合同。根据企业破产法的规定，管理人有权基于债务人利益最大化的目的，自行决定继续履行或者解除该合同。因此，该合同是否继续履行，其选择权在于破产管理人。在出卖人破产还是买受人破产的不同情形下，破产管理人是选择继续履行合同还是解除合同，对相关权利人能否行使合同法出卖人取回权有很大差别。出卖人破产，管理人决定继续履行合同的，不存在债权加速到期的事由，双方应当按照原买卖合同的约定继续履行合同，如果买受人未按照双方合同约定期限支付价款或者完成特定条件，或者将标的物出卖、出质或者作出其他不当处分，对出卖人造成损害的，出卖人有权行使买卖合同出卖人的取回权；出卖人破产，管理人决定解除合同的，原买卖合同不再履行，出卖人基于标的物所有权尚未转移至买受人所有的事实，有权依据企业破产法的规定，将属于出卖人的财产追回后作为债务人财产，此时出卖人行使的并非合同法下出卖人的取回权，因此不以买受人违约为权利行使的前提条件；买受人破产，管理人决定继续履行合同的，根据企业破产法第四十六条的规定，买受人支付有关款项或者履行其他义务的期限自破产申请受理之日加速到期，管理人应当及时向出卖人支付尚未支付的全部价款或者履行完毕其他义务，如果管理人无正当理由未及时履行义务的，构成对买受人的违约，出卖人可以行使买卖合同出卖人取回权；买受人破产，管理人决定解除合同的，根据合同约定，出卖人对买卖标的物享有所有权，出卖人有权依据企业破产法第三十八条的规定取回该标的物。

十一、出卖人对在运途中标的物的取回权的行使

出卖人在途标的物取回权源于英美货物买卖法的中途停运权。我国合同法第三百零八条对此也有相应规定。出卖人在途标的物取回权行使的条件，一是法院受理破产申请时买卖标的物处于在运途中；二是出卖人尚未收到全部买卖价款。出卖人在途标的物取回权行使不以出卖人对买卖标的物享有所有权为前提。出卖人行使该取回权时，可以通过承运人或者实际占有人行使权利。原则上，承运人或者实际占有人应当按照出卖人的要求保障其取回权的实现。如果承运人或者实际占有人没有按照要求保障出卖人的取回权实现，导致买卖标的物最终交付到管理人的，因出卖人主张行使取回权时符合企业破产法第三十九条规定的条件，即使买卖标的物事后到达管理人的，出卖人仍然有权向管理人主张取回。管理人不得以标的物已经不符合在运途中的要件为由，拒绝其取回权行使。另外，如果出卖人在标的物在运途中，由于特殊原因无法通过承运人等行使取回权的，也可以直接向管理人主张取回。待货物到达管理人后，管理人应当将标的物返回出卖人。出卖人对在途标的物取回权行使的一个重要前提是买卖标的物处于在运途中。如果出卖人未在买卖标的物到达管理人前及时主张行使在途标的物取回权的，其即丧失了行使该项取回权的权利。在买卖标的物到达管理人后，出卖人无权依据企业破产法第三十九条的规定向管理人主张取回买卖标的物。

十二、破产抵销权与民法抵销权的区别

破产抵销权是民法抵销权制度在破产程序中的特别运用，二者在维护当事人权益等方面有很大差别。民法抵销权适用的主要目的是节省当事人双方的结算时间和费用，避免交叉诉讼。而破产抵销权，是为了使债权人的破产债权在抵销范围内得以从破产财产中得到全额、优先的清偿，避免和其他债权人一样接受破产财产的按比例清偿，使其在破产程序中拥有不同于其他债权人的优先地位。破产抵销权和民法抵销权在具体行使时还是有很大差别的。第一，民法抵销权作为债的消灭方式，互负债权债务的交叉债权人基于消灭双方互负债务的目的均可主动提出抵销主张。但破产法抵销权，因其立法目的在于担保债权人的债权优先实现，因此，该权利只能由破产债权的债权人行使，而管理人不得在破产债权人未提出抵销主张的情况下主动提出抵销。第二，抵销双方债的标的种类相同和抵销双方的债务均已届至清偿期这两个条件是民法抵销权行使的必备条件。但在破产抵销权行使时，并不受民法抵销权上述两个条件的限制，即使是种类不同的债务或者尚未到期的债务也可行使破产抵销权。理由：一是破产程序是一种概括执行程序，破产财产分配以货币分配为主，在破产程序中所有的债权债务关系都通过债权申报转化为可以用金钱代表的债权债务，因此，破产抵销权的行使，并不要求双方互负债务的标的种类相同，不同种类的债务也可以进行抵销；二是根据企业破产法的规定，债权人对债务人享有的未到期债权，在破产申请受理时视为到期，即债务人对债权人负有的债务虽然尚未届至合同约定的履行期限，但由于债务人进入破产程序，其对债权人的清偿义务加速到期；三是债权人对债务人负有的债务虽然没有届至履行期限，如果债权人不主张抵销的，则债权人仍可按照原约定期限履行债务，但如果作为主动债权的债权人自行选择以其尚未届至履行期限的债务向对方已经届至履行期限的债务抵销，则可视为其放弃其期限利益，因此该抵销应为有效。

十三、有关债务人的民事诉讼管辖

有关债务人的破产衍生诉讼从案件受理时间上区分包括两类案件。一类案件是破产申请受理前法院已经受理但在破产申请受理时尚未审结的有关债务人的民事诉讼，另一类案件是破产申请受理后当事人新提起的有关债务人的民事诉讼。对于第一类案件的管辖，适用民事诉讼案件管辖的一般规定确定管辖法院，并且在法院受理破产申请后，不再移送管辖，仍由原受理法院继续审理。对于第二类案件，根据企业破产法第二十一条的规定，在法院受理破产申请后，所有新提起的有关债务人的民事诉讼，均由受理破产申请的法院管辖。企业破产法关于破产衍生诉讼的集中管辖规定，目的在于保障破产事务的协调处理。相对于民事诉讼法，企业破产法属于特别法，在法律适用上，应当优先适用企业破产法的规定。即对于所有新提起的有关债务人的民事诉讼，受理破产申请的法院当然享有管辖权，当事人不得以民事诉讼法的有关规定否定受理破产案件法院的管辖权。如果确有特殊原因，依法享有管辖权的受理破产案件的法院不便审理的，可以依据民事诉讼法的规定，报请其上级法院指定管辖，或者在上下级法院间转移管辖权。

最高人民法院
关于适用《中华人民共和国企业破产法》若干问题的规定（一）

法释〔2011〕22号

（2011年8月29日最高人民法院审判委员会第1527次会议通过 2011年9月9日最高人民法院公告公布 自2011年9月26日起施行）

为正确适用《中华人民共和国企业破产法》，结合审判实践，就人民法院依法受理企业破产案件适用法律问题作出如下规定。

第一条 债务人不能清偿到期债务并且具有下列情形之一的，人民法院应当认定其具备破产原因：

（一）资产不足以清偿全部债务；

（二）明显缺乏清偿能力。

相关当事人以对债务人的债务负有连带责任的人未丧失清偿能力为由，主张债务人不具备破产原因的，人民法院应不予支持。

第二条 下列情形同时存在的，人民法院应当认定债务人不能清偿到期债务：

（一）债权债务关系依法成立；

（二）债务履行期限已经届满；

（三）债务人未完全清偿债务。

第三条 债务人的资产负债表，或者审计报告、资产评估报告等显示其全部资产不足以偿付全部负债的，人民法院应当认定债务人资产不足以清偿全部债务，但有相反证据足以证明债务人资产能够偿付全部负债的除外。

第四条 债务人账面资产虽大于负债，但存在下列情形之一的，人民法院应当认定其明显缺乏清偿能力：

（一）因资金严重不足或者财产不能变现等原因，无法清偿债务；

（二）法定代表人下落不明且无其他人员负责管理财产，无法清偿债务；

（三）经人民法院强制执行，无法清偿债务；

（四）长期亏损且经营扭亏困难，无法清偿债务；

（五）导致债务人丧失清偿能力的其他情形。

第五条 企业法人已解散但未清算或者未在合理期限内清算完毕，债权人申请债务人破产清算的，除债务人在法定异议期限内举证证明其未出现破产原因外，人民法院应当受理。

第六条 债权人申请债务人破产的，应当提交债务人不能清偿到期债务的有关证据。债务人对债权人的申请未在法定期限内向人民法院提出异议，或者异议不成立的，人民法院应当依法裁定受理破产申请。

受理破产申请后，人民法院应当责令债务人依法提交其财产状况说明、债务清册、债权清册、财务会计报告等有关材料，债务人拒不提交的，人民法院可以对债务人的直接责任人员采取罚款等强制措施。

第七条 人民法院收到破产申请时，应当向申请人出具收到申请及所附证据的书面凭证。

人民法院收到破产申请后应当及时对申请人的主体资格、债务人的主体资格和破产原因，以及有关材料和证据等进行审查，并依据企业破产法第十条的规定作出是否受理的裁定。

人民法院认为申请人应当补充、补正相关材料的，应当自收到破产申请之日起五日内告知申请人。当事人补充、补正相关材料的期间不计入企业破产法第十条规定的期限。

第八条 破产案件的诉讼费用，应根据企业破产法第四十三条的规定，从债务人财产中拨付。相关当事人以申请人未预先交纳诉讼费用为由，对破产申请提出异议的，人民法院不予支持。

第九条 申请人向人民法院提出破产申请，人民法院未接收其申请，或者未按本规定第七条执行的，申请人可以向上一级人民法院提出破产申请。

上一级人民法院接到破产申请后，应当责令下级法院依法审查并及时作出是否受理的裁定；下级法院仍不作出是否受理裁定的，上一级人民法院可以径行作出裁定。

上一级人民法院裁定受理破产申请的，可以同时指令下级人民法院审理该案件。

【解读】

解读《关于适用〈中华人民共和国企业破产法〉若干问题的规定（一）》

一、问题的提出

《最高人民法院关于适用〈中华人民共和国企业破产法〉若干问题的规定（一）》（法释〔2011〕22号，以下简称本规定）经2011年8月29日最高人民法院审判委员会第1527次会议通过，已于2011年9月9日公布，自2011年9月26日起施行。

二、理解与适用

（一）债务人破产原因的认定和适用问题

企业破产法采取概括主义立法模式对破产原因作出了规定，但由于法律条文的表述以及我国立法所采标准的特殊性，实践中对于破产原因的认定标准，存在不同理解和认识，因此有必要予以明确。根据企业破产法第二条第一款关于"企业法人不能清偿到期债务，并且资产不足以清偿全部债务或者明显缺乏清偿能力"的规定，判断债务人是否存在破产原因有两个并列的标准：一是债务人不能清偿到期债务并且资产不足以清偿全部债务；二是债务人不能清偿到期债务并且明显缺乏清偿能力。即人民法院必须在债务人具备"不能清偿到期债务并且资产不足以清偿全部债务"，或者"不能清偿到期债务并且明显缺乏清偿能力"的破产原因之一时，方能裁定受理债务人的破产清算申请。本规定中通过几个条文分别对破产原因中"不能清偿到期债务""资产不足以清偿全部债务"和"明显缺乏清偿能力"几个关键概念作出了解释。

在认定债务人是否具备破产原因时，一定要注意区分破产原因与申请人提出债务人破产申请的条件这两个不同的概念。企业破产法第二条和第七条分别就上述两个概念作出了规定。破产原因是人民法院在判断破产申请是否应予受理时审查的内容，而提出债务人破产申请的条件是申请人向人民法院提出债务人破产申请时应当具备的要件。对于债务人自行提出破产申请的，债务人的破产原因和其提出破产申请的条件是一致的，但对债权人而言，则差别很大。根据企业破产法第七条第二款的规定，债务人不能清偿到期债务是债权人提出债务人破产申请的条件，债权人向人民法院提出申请时，只要证明债务人不能清偿其到期债务即可。至于债务人系基于什么原因不能清偿其到期债务，以及债务人是否出现了"不能清偿到期债务并且资产不足以清偿全部债务"，或者"不能清偿到期债务并且明显缺乏清偿能力"的破产原因，无须债权人在提出债务人破产申请时举证证明，因此，只要债权人提出申请时证明债务人不能清偿其到期债务，且债务人未能依据企业破产法第十条第一款的规定，及时举证证明其既非资产不足以清偿全部债务，也没有明显缺乏清偿能力的，人民法院即可当然推定债务人出现了上述两个破产原因之一。因此，在债权人申请债务人破产清算的情形下，不能清偿到期债务既是债权人提出破产申请的条件，也是债务人存在破产原因的推定依据。

另外，在认定债务人是否具备破产原因时还要特别强调，由于民事主体具有独立的资格和地位，对每一个单独民事主体的清偿能力需分别审查，不同民事主体之间不存在清偿能力或破产原因认定上的连带关系，其他主体对债务人所负债务负有的连带责任是对债权人的责任，而不能视为债务人本人清偿能力的延伸或再生，因此，对债务人丧失清偿能力的认定，不应以其他对该债务负有清偿义务的人如连带责任人、保证人也不能代为清偿为条件。

（二）破产原因中不能清偿到期债务要件的认定和适用

根据企业破产法第二条第一款和第七条第二款的规定，不能清偿到期债务是两个破产原因的共同前提。不能清偿到期债务是指债务人以明示或默示的形式表示其不能支付到期债务，其强调的是债务人不能清偿债务的外部客观行为，而不是债务人的财产客观状况。认定不能清偿到期债务应当同时具备三个方面的要件：第一，债权债务关系依法成立。如债务人不否认或者无正当理由否认债权债务关系，或者债务已经生效法律文书确定。原则上，当事人对债权债务关系存在争议，应当通过诉讼程序予以解决，但如果债务人提出的异议，经人民法院形式审查后，发现没有任何证据支持或者明显与事实不符的，不应对人民法院受理破产案件构成影响。这样规定主要是为了防止债务人以毫无理由和证据的异议为由拖延破产程序启动。此外，如果已经过生效法律文书确认的，由于已经取得执行名义，应当视为债权债务关系已经确定。第二，债务人不能清偿的是已到偿还期限的债务。如债权人在债务到期前认为债务人到期后将无法偿还，不能视为不能清偿。破产程序本质上属于概括执行程序，债务尚未到期的，债务人不负有立即履行的义务，故不应受执行程序的约束。第三，债务人未清偿债务的状态客观存在。不论债务人的客观经济状况如何，只要其没有完全清偿到期债务的，均构成不能清偿到期债务。将不能清偿到期债务作为破产原因中的主要依据，尤其是作为债权人申请债务人破产清算时破产原因的推定依据，易于为债权人发现和举证证明，能够使债权人尽早启动破产程序，从而保护债权人的合法权益。

（三）破产原因中资产不足以清偿全部债务要件的认定和适用

资产不足以清偿全部债务是指债务人的实有资产不足以清偿全部债务，即通常所说的"资不抵债"或"债务超过"。资不抵债的着眼点是资债比例关系，考察债务人的偿还能力仅以实有财产为限，不考虑信用、能力等可能影响债务人清偿能力的因素，计算债务数额时，不考虑是否到期，均纳入债务总额之内。通常用来判断债务人是否资不抵债的标准为资产负债表，其反映了企业资产、负债、所有者权益的总体规模和结构，以此判断债务人的资产状况具有明确性和客观性。但是考虑到资产负债表反映的企业资产价值具有期限性和不确定性，在其由企业自行制定的情况下甚至可能存在严重的虚假情况，因此，本规定第三条同时规定审计报告或者资产评估报告等也可作为判断债务人资产总额是否资不抵债的依据。资产不足以清偿全部债务是对债务人客观偿债能力的判断，因此应当以债务人的真实财产数额为基础。如果当事人认为债务人的资产负债表，或者审计报告、资产评估报告等记载的资产状况与实际状况不符的，应当允许当事人提交相应证据予以证明，从而推翻资产负债表、审计报告或者资产评估报告的结论。

（四）破产原因中明显缺乏清偿能力要件的认定和适用

明显缺乏清偿能力是指债务人因丧失清偿能力而无法偿还到期债务的客观财产状况，即不能以财产、信用或者能力等任何方式清偿债务。债务人不能清偿到期债务时通常都已资不抵债，但有的情况下，在债务人账面资产尚超过负债时，也可能因资产结构不合理，发生对到期债务缺乏现实支付能力，如现金严重不足、资产长期无法变现等而无法支付的情况。明显缺乏清偿能力的着眼点在于债务关系能否正常了结，与资不抵债的着眼点在于资债比例关系不同。企业破产法将"债务人不能清偿到期债务并且明显缺乏清偿能力"作为破产原因之一，目的在于涵盖"债务人不能清偿到期债务并且资产不足以清偿全部债务"之外的其他情形，以适度缓和破产程序适用标准，弱化破产原因中关于资不抵债的要求。由于企业破产法的规定较为抽象，导致实践中的认定困难，大大影响了该项标准的适用效果，故本规定列举了明显缺乏清偿能力的几种主要情形，包括债务人因资金严重不足或财产不能变现等原因无法清偿债务、法定代表人下落不明且无其他人员负责管理财产无法清偿债务、经人民法院强制执行无法清偿债务，以及长期亏损且经营扭亏困难无法清偿债务等情形，从而减轻破产原因认定上的困难，推进破产程序的有效运行。

（五）企业法人解散时破产程序的启动及破产原因的认定

企业破产法采取破产申请主义。根据企业破产法第七条第三款的规定，企业法人已解散但未清算或者未清算完毕，资产不足以清偿全部债务的，依法负有清算责任的人应当向人民法院申请破产清算。这里依法负有清算责任的人包括未清算完毕情形下已经成立的清算组，以及应清算未清算情形下依法负有启动清算程序的清算义务人。企业破产法此款规定的目的在于，规定依法负有清算责任的人有申请债务人破产清算的法定义务，以保障破产清算程序的及时启动。但规定此种情况下负有清算责任的人的法定义务并不意味着排除其他申请权人，尤其是债权人享有向人民法院申请债务人破产的权利。只要债权人申请破产原因成就，债权人就可以依据企业破产法第七条第二款的规定，提出对债务人的破产清算申请。因此，在债务人已解散但未清算或者未在合理期限内清算完毕，且未清偿债务的情形下，由于债务人对所有债权均负有清偿义务，故债权人以债务人未能清偿债务为由向人民法院提出破产清算申请的，人民法院不应以债权人在此情形下无申请权为由不予受理。对于债权人的申请，债务人可以依据企业破产法第十条的规定提出异议，如果债务人能举证证明其未出现不能清偿到期债务并且资产不足以清偿全部债务，或者不能清偿到期债务并且明显缺乏清偿能力的破产原因的，人民法院应当对债权人的破产清算申请不予受理，并告知债权人通过启动强制清算程序获得清偿。

（六）债权人申请债务人破产时的举证责任分配

债权人申请债务人破产的原因是债务人不能清偿到期债务。因此，对债权人而言，其在提出破产申请时，除需提交自身债权依法存在的证据以及破产申请书之外，还应当举证证明债务人存在未清偿到期债务的有关事实。由于企业破产法未以债务人资产不足以清偿全部债务或者明显缺乏清偿能力，作为债权人提出申请的原因或条件，因此未要求债权人申请时提交债务人的有关财务凭证等材料，事实上债权人也没有能力提交此类证据材料。人民法院应当严格按照企业破产法规定的上述条件，审查债权人提出的破产申请，而不应对债权人的证明责任提出不切实际的要求，变相提高债权人提出破产申请的门槛。根据企业破产法第十一条第二款的规定，人民法院裁定受理债权人提出的破产申请后，债务人应当在法定期限内向人民法院提交相关财务凭证等材料。这表明：其一，债权人提出破产申请的，提交有关财务凭证材料的义务人为债务人，人民法院不应将此举证义务分配给债权人；其二，即便债务人不提交上述材料，只要债权人对债务人提出的破产申请符合企业破产法规定的上述条件，人民法院也应予以受理，不应以此为由裁定不予受理或者驳回破产申请；其三，人民法院裁定受理破产申请后，债务人不提交有关财务凭证等材料的，人民法院可以对债务人的直接责任人员依法采取罚款等强制措施。这里要注意，因为企业破产法第七条规定的债务人自行申请破产的条件和依法负有清算责任的人申请债务人破产的条件与债权人不同，因此，在债务人或者依法负有清算责任的人申请债务人破产时的举证责任是不同的，应当严格依据法律规定由上述主体依法举证。

（七）出具书面凭证和及时审查问题

企业破产法规定的法定审查期限自人民法院收到申请之日起算，考虑到实践中有的法院消极对待当事人的破产申请，不接收申请人的申请材料，或在接收申请人的申请材料后不出具收到申请及所附证据的书面凭证，导致审查期间迟迟无法开始计算，损害了当事人的合法权益。为确保人民法院依法对破产申请进行审查，方便申请人督促人民法院依法接收申请人的申请材料并在法定期限内作出是否受理破产申请的裁定，本规定规定，人民法院收到申请人的申请后，负有及时向申请人出具收到申请及所附证据的书面凭证的义务，以此作为判断人民法院受理行为合法性的依据，并以此日期开始计算相关受理破产申请的法定期限。

考虑到司法实践中，各级法院在审查当事人提出的破产申请是否符合法律规定时，掌握的执法尺度确有不同，为规范和统一人民法院对破产申请的审查行为，本规定对人民法院收到破产申请后的审查内容进行了明确。根据企业破产法第二条、第七条和

第八条的规定，人民法院对于破产申请应从实质要件和形式要件两个方面进行形式上的审查。实质要件的审查是对申请是否符合破产程序开始条件的判断，主要包括申请人主体资格、债务人主体资格以及债务人是否具有破产原因这三项内容。形式要件的审查是对申请人依法所应提交的书面材料进行的审查。考虑到人民法院在审查中可能会要求申请人对申请材料进行必要的补充、补正，本规定规定，此种情况下，人民法院应当及时告知申请人所需补充或补正的事项，以避免以此为由拖延实际审查时间，损害当事人合法权益。由于人民法院对破产申请的审查需以当事人提供的材料为基础和依据，因此，当事人补充、补正材料的期间不计入法定的审查期内。

（八）破产案件诉讼费用的收取问题

关于企业破产案件诉讼费用问题，企业破产法第四十一条、第四十三条和第一百一十三条，以及《诉讼费用交纳办法》第十条、第十四条、第二十条和第四十二条等明确规定，破产案件诉讼费用作为破产费用，应在案件受理后根据破产财产情况确定数额，并从债务人财产中随时拨付，申请人不负有预交破产案件诉讼费用的义务。但在目前司法实践中，有的法院要求申请人预交破产案件诉讼费用，并在申请人未预先交纳案件诉讼费用时，以此为由裁定不予受理破产申请或者驳回破产申请，这种做法明显不符合法律规定。对此，本规定进一步重申，申请人依法向人民法院申请破产的诉讼费用，从债务人财产中拨付，相关当事人以申请人未预先交纳诉讼费用为由，对破产申请提出异议的，人民法院应不予支持。

（九）对未依法裁定是否受理的审判监督程序

为加强上级法院对下级法院的监督，督促人民法院对于当事人提出的破产申请依法作出是否受理的裁定，本规定特别规定了上一级人民法院对下级法院不依法裁定是否受理破产申请的审判监督程序。根据企业破产法的规定，申请人提出破产申请后，人民法院应当及时审查并依法作出裁定。对于人民法院作出的不予受理裁定，申请人可依据企业破产法第十二条的规定，向上一级法院提起上诉，以充分保障当事人的诉讼权利。但司法实践中，有的法院消极对待当事人的破产申请，在接收破产申请后对申请不予审查，或者审查后既不及时作出受理裁定亦不作出不予受理裁定，甚至不接收当事人提出的申请，使得企业破产法规定的申请人对于不予受理裁定的上诉权形同虚设，严重损害了申请人的有关权利。因此，为加强对法院不依法裁定时的监督，本规定特别规定在人民法院未接收申请人提出的破产申请、未向申请人出具收到申请及所附证据的书面凭证，或者未在法定期限内作出是否受理的裁定这三种情形下，申请人可直接向上一级法院提出破产申请。上一级法院收到破产申请后，应当责令下级法院依法审查并及时作出是否受理的裁定；下级法院应当及时作出裁定。下级法院仍不作出裁定的，上一级法院可以径行作出裁定，并可同时指令下级法院审理该案件。

（撰稿人：宋晓明、张勇健、刘敏）

最高人民法院
关于破产企业国有划拨土地使用权
应否列入破产财产等问题的批复

(2002年10月11日最高人民法院审判委员会第1245次会议通过
根据2020年12月23日最高人民法院审判委员会第1823次会议通过的
《最高人民法院关于修改〈最高人民法院关于破产企业国有划拨土地使用权
应否列入破产财产等问题的批复〉等二十九件商事类司法解释的决定》修正)

湖北省高级人民法院：

你院鄂高法〔2002〕158号《关于破产企业国有划拨土地使用权应否列入破产财产以及有关抵押效力认定等问题的请示》收悉。经研究，答复如下：

一、根据《中华人民共和国土地管理法》第五十八条第一款第（三）项及《城镇国有土地使用权出让和转让暂行条例》第四十七条的规定，破产企业以划拨方式取得的国有土地使用权不属于破产财产，在企业破产时，有关人民政府可以予以收回，并依法处置。纳入国家兼并破产计划的国有企业，其依法取得的国有土地使用权，应依据国务院有关文件规定办理。

二、企业对其以划拨方式取得的国有土地使用权无处分权，以该土地使用权设定抵押，未经有审批权限的人民政府或土地行政管理部门批准的，不影响抵押合同效力；履行了法定的审批手续，并依法办理抵押登记的，抵押权自登记时设立。根据《中华人民共和国城市房地产管理法》第五十一条的规定，抵押权人只有在以抵押标的物折价或拍卖、变卖所得价款缴纳相当于土地使用权出让金的款项后，对剩余部分方可享有优先受偿权。但纳入国家兼并破产计划的国有企业，其用以划拨方式取得的国有土地使用权设定抵押的，应依据国务院有关文件规定办理。

三、国有企业以关键设备、成套设备、建筑物设定抵押的，如无其他法定的无效情形，不应当仅以未经政府主管部门批准为由认定抵押合同无效。

本批复自公布之日起施行，正在审理或者尚未审理的案件，适用本批复，但对提起再审的判决、裁定已经发生法律效力的案件除外。

最高人民法院
关于对因资不抵债无法继续办学被终止的民办学校如何组织清算问题的批复

(2010年12月16日最高人民法院审判委员会第1506次会议通过 根据2020年12月23日最高人民法院审判委员会第1823次会议通过的《最高人民法院关于修改〈最高人民法院关于破产企业国有划拨土地使用权应否列入破产财产等问题的批复〉等二十九件商事类司法解释的决定》修正)

贵州省高级人民法院:

你院《关于遵义县中山中学被终止后人民法院如何受理"组织清算"的请示》〔(2010)黔高研请字第1号〕收悉。经研究,答复如下:

依照《中华人民共和国民办教育促进法》第十条批准设立的民办学校因资不抵债无法继续办学被终止,当事人依照《中华人民共和国民办教育促进法》第五十八条第二款规定向人民法院申请清算的,人民法院应当依法受理。人民法院组织民办学校破产清算,参照适用《中华人民共和国企业破产法》规定的程序,并依照《中华人民共和国民办教育促进法》第五十九条规定的顺序清偿。

【解读】

解读《关于对因资不抵债无法继续办学被终止的民办学校如何组织清算问题的批复》

一、问题的提出

《最高人民法院关于对因资不抵债无法继续办学被终止的民办学校如何组织清算问题的批复》(以下简称本批复),于2010年12月16日由最高人民法院审判委员会第1506次会议通过,2010年12月29日公布,自2010年12月31日起施行。

近年来,法院受理民办学校相关案件数量呈现增长趋势,其中因资不抵债无法继续办学的清算纠纷占有较大比重。民法上的清算程序有两种方式:一是普通清算,适用于非因破产的企业法人解散,由企业自行或主管机关组织清算;二是特别清算,是指企业法人被宣告破产后,由人民法院组织的清算,以及在普通清算过程中,发现可能出现资不抵债情形时,由人民法院组织的清算。

坚持依法清算,是民办学校有序退出市场的程序保障,也是民办教育事业可持续性发展的重要前提。民办教育促进法(2002年公布,下同)第五十八条规定:"民办学校终止时，应当依法进行财务清算。民办学校自己要求终止的，由民办学校组织清算；被审批机关依法撤销的，由审批机关组织清算；因资不抵债无法继续办学而被终止的，由人民法院组织清算。"该法规定的第一种情形、第二种情形属于普通清算，由民办学校或审批机关进行清算；第三种情形属于特别清算，即破产清算，由人民法院组织清算，但对于破产清算的申请主体以及清算程序等问题未作进一步的明确。

2003年安徽省人大常委会向全国人大常委会法工委请示：一是民办学校因资不抵债无法继续办学的由哪个机关作出终止决定，是由法院决定还是由审批机关或政府决定；二是法院组织清算的操作程序依据什么规定来进行。全国人大常委会法工委答复，从法律角度说，中学的终止及清算问题涉及对该校性质的认定，如果该中学是个人独资企业，可适用个人独资企业法关于个人独资企业的解散和清算的规定。

2005年8月广东省高级人民法院向最高人民法院就深圳市宝安区教育局申请华某学校、建某职院终止清算案请示，最高人民法院答复，人民法院根据民办教育促进法第五十八条的规定对因资不抵债无法继续办学而被终止的民办学校组织清算时，如果该民办学校不属于企业法人，则可以参照民事诉讼法中的破产还债程序进行清算。其债务清偿顺序应当适用民办教育促进法第五十九条规定。

上述两个答复适用范围不尽相同。全国人大常委会法工委的答复适用于未取得法人资格的民办独资学校，最高人民法院的答复适用于不属于企业法人的民办学校。2007年民事诉讼法修正，删除破产还债程序的相关内容，民办学校破产清算的法律适用再次出现困难。2010年5月，贵州省高级人民法院提交《关于遵义县中山中学被终止后人民法院如何受理组织清算的请示》，对民办学校因资不抵债无法继续办学被终止的，人民法院如何受理、组织清算问题，向最高人民法院请示。最高人民法院研究室邀请全国人大常委会法工委、教育部、民政部等相关部门召开了座谈会，就相关问题进行讨论研究。鉴于贵州高院所请示的问题具有一定普遍性，尤其在企业破产法实施后，情况发生变化，有必要制定司法解释予以规范。经报最高人民法院领导审批正式立项后，研究室开展了广泛调研，征求本院相关庭室意见，并与全国人大常委会法工委等部门多次沟通，起草了本批复，经最高人民法院审判委员会审议通过，公布施行。

二、理解与适用

（一）民办学校破产清算的适用范围

1. 民办学校的性质

民办学校的性质，决定了民办学校的清算主体和清算程序。其是指民办学校是否具备法人资格的民事主体地位。由于法律规定不明确，一直颇具争议。根据民办教育促进法第九条的规定，民办学校应当具备法人条件。民办教育促进法第三十五条规定，民办学校对举办者投入民办学校的资产、国有资产、受赠的财产以及办学积累，享有法人财产权。实践中，民办学校大多依照《民办非企业单位登记管理暂行条例》的规定，登记为"民办非企业单位"，对于其法律属性未进行明确。

民法通则以法人设立的宗旨和所从事的活动性质为标准，将法人区分为企业法人和非企业法人。企业法人是指依法设立的具有法人资格、营利性的经济组织。民办学校不得以"营利"为目的，因此，民办学校不应成为企业法人。非企业法人是指企业法人以外、具有法人资格的组织。非企业法人又分为机关法人、事业单位法人和社会团体法人。民办教育事业属于公益性事业，民办学校具有公益性。教育法（2009年修正)第三十一条规定,具备法人条件的学校,自批准设立或者登记注册之日起取得法人资格,学校在民事活动中依法享有民事权利,承担民事责任。由此可见,民办学校从其依法设立时起,就具备了法人资格,是事业单位法人,其法律性质属于非企业法人。因此,本批复规定民办学校破产清算的主体范围是"依照《中华人民共和国民办教育促进法》第九条批准设立的民办学校"。

2. 民办学校的破产能力

企业法人破产能力,是指企业法人得以申请破产程序,被人民法院宣告破产的资格。没有破产能力的企业法人,不能申请或被申请破产程序。这种资格来源于破产法或者其他法律的特别规定。1986年制定的企业破产法(试行)(已失效)只赋予全民所有制企业破产能力,1991年制定的民事诉讼法第十九章"企业破产还债程序"规定具有法人资格的非全民所有制企业具有破产能力。

民办学校作为非企业法人,企业破产法(试行)、1991年民事诉讼法均未赋予其破产清算资格,不具有破产能力。民办教育促进法第五十八条第二款虽然规定了民办学校资不抵债而被终止的由人民法院组织清算,但对于如何清算没有具体的程序性规定。2007年6月1日起施行的企业破产法,在立法理念和制度设计上有了很大的创新与突破,其中之一是扩大了破产法的适用范围。该法第一百三十五条规定:"其他法律规定企业法人以外的组织的清算,属于破产清算的,参照适用本法规定的程序。"该规定成为企业法人以外的组织具备破产能力,可以适用破产清算程序的法律依据。据此,本批复明确民办学校"参照适用《中华人民共和国企业破产法》规定的程序",享有破产清算的资格,具备破产能力。

3. 民办学校破产清算的适用条件

破产原因是破产程序开始的前提,其存在与否是判断破产申请能否成立、法院能否受理申请的法定依据。破产原因一般表现为债务人的债务状况和财产状况。企业破产法第二条第一款规定:"企业法人不能清偿到期债务,并且资产不足以清偿全部债务或者明显缺乏清偿能力的,依照本法规定清理债务。"根据该条,破产原因由"不能清偿""资不抵债""明显缺乏清偿能力"等要件构成。

民办教育促进法第五十六条第一款第三项规定,民办学校资不抵债无法继续办学的,应当终止。"资不抵债",是指债务人全部资产总额不足以偿付其所负全部债务总额。该债务不以已届清偿期为限,还包括未到期的债务。虽然企业破产法与民办教育促进法对破产原因的规定不同,但根据立法法(2000年公布)第八十三条的规定,特别法优于一般法,民办教育促进法是特别法,应当优先企业破产法适用于民办学校的破产清算。因此,本批复明确民办学校出现"资不抵债"无法继续办学被终止的,即可申请破产清算。

(二)民办学校破产清算的程序

1. 申请

破产申请是破产程序启动的前提。在破产程序的启动上,各国立法规定有申请主义和职权主义两种。申请主义,是指法院必须依据债权人、债务人等当事人的申请启动破产程序,无权自行依职权启动破产程序。职权主义,是指只要债务人发生破产原因,出现法律规定的特定情形,法院就可以依职权启动破产程序。我国破产立法采申请主义而排除了职权主义,破产程序只能依债务人或债权人等申请而开始,法院不得依职权主动启动破产清算程序。

关于破产清算申请主体的一般规定。企业破产法第七条规定了三种破产申请主体：一是债务人可以提出破产申请；二是债权人对于债务人不能清偿到期债务的，可以提出破产申请；三是清算责任人，企业法人已解散但未清算或者未清算完毕，资产不足以清偿债务的，依法负有清算责任的应当向人民法院申请破产清算。因而，债务人、债权人和特定情况下对企业负有清算责任的人都可以成为破产清算申请主体。

民办学校破产清算申请主体。根据民办教育促进法第五十八条的规定，民办学校的清算方式有三种：一是民办学校自行要求终止的，由民办学校自行组织清算；二是民办学校被审批机关依法撤销的，由该审批机关组织清算；三是因资不抵债无法继续办学而被终止的，由人民法院组织清算。该条没有直接规定民办学校在资不抵债无法继续办学而被终止时，申请破产清算的主体。为了解决这个问题，本批复规定："人民法院组织民办学校破产清算，参照适用《中华人民共和国企业破产法》规定的程序。"参照该法第七条的规定，民办学校、民办学校债权人以及民办学校清算责任人均可以成为破产清算的申请主体，向人民法院提出申请。

2. 终止

实践中，对民办学校资不抵债无法继续办学，由哪个机关作出终止决定存有疑问。民办教育促进法第五十六条规定了民办学校应当终止的三种情形：一是按照学校章程规定要求终止的，必须经审批机关批准。这是由于民办学校的终止不同于企业法人的终止，只需向登记机关办理注销登记并公告即可。民办教育是社会公益事业，民办学校的活动涉及社会公共利益和学生权益。民办教育促进法第五十三条、第五十四条、第五十五条明确规定，民办学校的设立、分立、合并和变更等须报审批机关批准。因此，民办学校的终止不仅需要开办单位的意见，也必须报经审批机关批准，以防止出现恶意终止办学、抽逃资金或者挪用办学经费等不良情形出现。二是被审批机关吊销办学许可证的。这是指民办学校因违反法律法规而被终止的情况，如出现民办教育促进法第六十二条规定的八种情形，擅自分立、合并民办学校等，审批机关可以吊销其办学许可证，作出终止决定。三是因资不抵债无法继续办学的。对于民办学校出现资产不足以偿付其所负债务的情形时，审批机关可以作出终止办学决定。综上所述，民办学校的终止必须经审批机关批准，审批机关的终止决定是民办学校申请破产清算的前置程序。

（三）民办学校破产财产的清偿顺序

债权清偿顺序，体现了法律对于不同债权的保护力度。企业破产法第一百一十三条规定，破产财产在优先清偿破产费用和共益债务后，依照下列顺序清偿：（1）破产人所欠职工的工资和医疗、伤残补助、抚恤费用，所欠的应当划入职工个人账户的基本养老保险、基本医疗保险费用，以及法律、行政法规规定应当支付给职工的补偿金；（2）破产人欠缴的除前项规定以外的社会保险费用和破产人所欠税款；（3）普通破产债权。民办教育促进法第五十九条规定，对民办学校的财产按照下列顺序清偿：（1）应退受教育者学费、杂费和其他费用；（2）应发教职工的工资及应缴纳的社会保险费用；（3）偿还其他债务。

对于企业破产法和民办教育促进法之间存在的差异，应当根据两法之间的关系来理解和适用。民办教育促进法属于规范民办学校的特别法，在确定清偿顺序时应当首先考虑民办教育促进法第五十九条的规定，在第五十九条没有规定或者规定不明确的情形下，可以参考企业破产法规定的清偿顺序。按照上述原则，民办学校破产财产清偿顺序为：(1)应退受教育者的学费、杂费和其他费用；(2)应发教职工的工资及所欠的应当划入教职工个人账户的基本养老保险、基本医疗保险费用；(3)教职工的医疗、伤残补助、抚恤费用，以及法律、行政法规规定应当支付给职工的补偿金；(4)民办学校所欠的除前项规定以外的社会保险费用和所欠税款；(5)普通破产债权。

（撰稿人：孙佑海、吴兆祥、孙茜）

最高人民法院
关于个人独资企业清算是否可以参照适用企业破产法规定的破产清算程序的批复

法释〔2012〕16号

（2012年12月10日最高人民法院审判委员会第1563次会议通过 2012年12月11日最高人民法院公告公布 自2012年12月18日起施行）

贵州省高级人民法院：

你院《关于个人独资企业清算是否可以参照适用破产清算程序的请示》（〔2012〕黔高研请字第2号）收悉。经研究，批复如下：

根据《中华人民共和国企业破产法》第一百三十五条的规定，在个人独资企业不能清偿到期债务，并且资产不足以清偿全部债务或者明显缺乏清偿能力的情况下，可以参照适用企业破产法规定的破产清算程序进行清算。

根据《中华人民共和国个人独资企业法》第三十一条的规定，人民法院参照适用破产清算程序裁定终结个人独资企业的清算程序后，个人独资企业的债权人仍然可以就其未获清偿的部分向投资人主张权利。

【解读】

解读《关于个人独资企业清算是否可以参照适用企业破产法规定的破产清算程序的批复》

《最高人民法院关于个人独资企业清算是否可以参照适用企业破产法规定的破产清算程序的批复》已于2012年12月10日由最高人民法院审判委员会第1563次会议通过，并自2012年12月18日起施行。现将该批复的起草情况和涉及的有关问题作一说明。

一、司法解释制定的起因

贵州省高级人民法院以〔2012〕黔高研请字2号《关于个人独资企业清算是否可以参照适用破产清算程序的请示》就个人独资企业不能清偿到期债务并且资产不足以清偿全部债务或者明显缺乏清偿能力的情况下,是否可以参照适用企业破产法规定的破产清算程序进行清算问题向最高人民法院请示。鉴于其请示的问题具有普遍性,其他法院也多次就此问题向最高人民法院请示,因此,最高人民法院决定以批复形式对上述问题予以答复。

二、对主要问题的说明

(一)个人独资企业是否具有破产能力以及是否可以参照适用企业破产法规定的破产清算程序问题

破产能力是指债务人能够适用破产程序解决债务问题的资格,这种资格来源于破产法的特别规定。关于破产能力有两种立法例:一般破产主义和商人破产主义。一般破产主义是指破产法适用于不能清偿债务的所有债务人,债务人的破产能力不因其为商人或非商人而有所差别。它承认所有民事主体的破产能力,不能清偿债务的自然人、法人及至遗产,均可由债务人自己或者债权人向法院申请破产。一般破产立法模式现已推广到许多国家,成为现代破产立法的趋势。商人破产主义是指破产法仅适用于商人而不适用于非商人。商人破产主义随着时间的推移越来越不适应时代发展的需要,原先采用商人破产主义的国家,也逐渐通过修订破产法改而采用一般破产主义。

在企业破产法修改时,学界普遍认为应当确立一般破产主义,扩大企业破产法的适用范围。但是,在多大程度上扩大企业破产法的适用范围,在认识上尚存在分歧。一种观点认为,企业破产法应当适用于所有企业,即企业破产法不仅适用于企业法人,还应当扩大适用于非企业法人,如合伙企业、个人独资企业等;另一种观点认为,企业破产法应当适用于所有民事主体,即除适用于企业法人、合伙企业、个人独资企业等商主体外,还应当适用于自然人。对上述争论问题,我国企业破产法修订最终采取了折中的处理方式,即虽然原则上规定企业破产法还是仅适用于企业法人,但是,对于企业法人以外的组织,在出现破产原因的情况下,可以参照适用企业破产法规定的程序进行债务清理。即企业破产法第一百三十五条规定:"其他法律规定企业法人以外的组织的清算,属于破产清算的,参照适用本法规定的程序。"这种折中规定,应该说是我国企业破产法的一大进步,为将来企业破产法律制度的进一步发展和完善作了有益的尝试和铺垫。因此,虽然目前我国企业破产法尚未将企业法人以外的其他主体作为破产法适用的对象,但对于企业法人以外的其他经济组织,是可以参照适用破产清算程序进行清算的。鉴于目前施行的个人独资企业法制定于1999年,其在企业破产法2007年施行后尚未通过修订与企业破产法的上述规定进行衔接,但类似主体即合伙企业的破产清算问题,在与企业破产法同时修订的合伙企业法中专门作出了衔接性的规定,即合伙企业法(2006年修订)第九十二条规定:"合伙企业不能清偿到期债务的,债权人可以依法向人民法院提出破产清算申请,也可以要求普通合伙人清偿。合伙企业依法被宣告破产的,普通合伙人对合伙企业债务仍应承担无限连带责任。"因此,个人独资企业应当符合企业破产法第一百三十五条的准用性规定。

(二)个人独资企业参照适用破产清算程序的必要性问题

个人独资企业法虽然规定了企业解散必须进行清算,但对如何清算,尤其是对企业不能清偿到期债务并且资产不足以清偿全部债务或者明显缺乏清偿能力的情况下如何进行清算并未作出明确的规定,由此导致个人独资企业在清算中实施企业资产的清理处置、债权的审查确认、分配方案的制订执行等清算事务时,因清算程序和争议解决机制欠缺极易发生清算僵局或者清算混乱。因此,参照适用企业破产法规定的破产清算程序对个人独资企业进行清算,既可以保障清算程序的有序进行和债务的公平受偿(尤其是职工利益的优先保障),也可以确保企业平稳退出市场,维护社会经济秩序的稳定,具有现实的必要性。

(三)个人独资企业参照适用破产清算程序终结清算程序后其债务清偿问题

如上所述,因目前我国企业破产法尚未赋予企业法人以外的其他经济组织适用破产程序解决债务问题的能力,虽然在处置现有资产和解决清算争端中可以参照适用企业破产法规定的破产清算程序进行清算,但并不因此产生对未能清偿债务当然免责的法律后果,因此,在个人独资企业参照适用破产清算程序终结清算程序后其尚未清偿的债务,仍应当根据个人独资企业法第三十一条的规定由投资人以其个人的其他财产予以清偿。

(撰稿人:刘敏)

最高人民法院
关于税务机关就破产企业欠缴税款产生的滞纳金提起的债权确认之诉应否受理问题的批复

法释〔2012〕9号

(2012年6月4日最高人民法院审判委员会第1548次会议通过 2012年6月26日最高人民法院公告公布 自2012年7月12日起施行)

青海省高级人民法院:

你院《关于税务机关就税款滞纳金提起债权确认之诉应否受理问题的请示》(青民他字〔2011〕1号)收悉。经研究,答复如下:

税务机关就破产企业欠缴税款产生的滞纳金提起的债权确认之诉,人民法院应依法受理。依照企业破产法、税收征收管理法的有关规定,破产企业在破产案件受理前因欠缴税款产生的滞纳金属于普通破产债权。对于破产案件受理后因欠缴税款产生的滞纳金,人民法院应当依照《最高人民法院关于审理企业破产案件若干问题的规定》第六十一条规定处理。

此复。

【解读】

解读《关于税务机关就破产企业欠缴税款产生的滞纳金提起的债权确认之诉应否受理问题的批复》

2012年6月26日,最高人民法院公布了《关于税务机关就破产企业欠缴税款产生的滞纳金提起的债权确认之诉应否受理问题的批复》(以下简称《批复》),对破产企业欠缴税款的债权性质及人民法院是否应当受理此债权确认之诉问题提出了明确意见。为便于审判实践中正确理解和把握《批复》的有关内容,现就《批复》的起草背景及主要内容作介绍和说明。

一、《批复》的起草背景和主要过程

对欠缴税款的纳税主体加收滞纳金,有利于促进纳税主体依法及时纳税和缴清欠税,这对于维护税收法律、法规的权威性、严肃性和国家的整体利益具有重要意义。但是,税款滞纳金制度在实践中也存在一些问题,其中之一就是我国现行法律对于欠缴税款产生的滞纳金的法律属性没有明确规定,导致法律适用方面的困难。尤其是在企业破产法实施后,关于破产程序中欠缴税款产生的滞纳金是否可以与税款本身一起享受破产优先权的问题,一直在理论和实践中存有争议,致使裁判尺度不一。企业破产法及税收征收管理法等法律法规都将税款作为第一顺位的债权予以优先受偿。对于税款滞纳金,税收征收管理法(2001年修订,下同)第三十二条规定:"纳税人未按照规定期限缴纳税款的,扣缴义务人未按照规定期限解缴税款的,税务机关除责令限期缴纳外,从滞纳税款之日起,按日加收滞纳税款万分之五的滞纳金。"但是对于因欠缴税款产生的滞纳金是否属于破产债权,该滞纳金是否要与税款作为同一顺位一并予以优先受偿,以及人民法院对于税务机关就该滞纳金提起的债权确认之诉应否受理等问题则并无明确规定,导致司法实践中对此理解和适用不一致。

2011年,青海省高级人民法院青民他字〔2011〕1号《关于税务机关就税款滞纳金提起债权确认之诉应否受理问题的请示》(以下简称《请示》),针对税务机关就破产重整企业欠缴税款产生的滞纳金提起的债权确认之诉应否受理的问题向最高人民法院请示。《请示》中有两种意见。第一种意见认为,欠缴税款产生的滞纳金可以视为公债权,依照企业破产法第五十八条第三款的规定,税务机关对此滞纳金所提起的债权确认之诉,人民法院应当受理。此为倾向性意见。第二种意见认为,人民法院对此债权确认之诉不应受理,主要理由是:其一,税务机关收取滞纳金是基于公法原因,对未依法纳税者给予经济上的处罚,在企业宣告破产后,仍然执行滞纳金,无异于是将对破产企业的处罚转嫁由破产企业的债权人承担。其二,我国法律中尚无公债权概念,通过民事诉讼程序主张公债权并无法律依据。

最高人民法院经研究后认为,在破产程序中,有关欠缴税款滞纳金的案件人民法院应否受理的问题,不只发生在重整程序中,在破产和解程序及破产清算程序中都有可能产生这一问题,而上述问题也不应因该程序是重整程序还是清算、和解程序而有所区别。因此，应当将上述问题置于破产程序的整体框架下考虑。而对于税务机关就破产企业欠缴税款产生的滞纳金提起的债权确认之诉应否受理、税款滞纳金的债权性质以及是否应与税款一起优先受偿等问题，现行法律、司法解释并无具体规定，有待进一步明确。鉴于《请示》所涉及问题在司法实践中具有一定的普遍性，在破产案件中，往往会涉及众多债权人，滞纳金是否可以作为破产债权参与破产财产的分配、以哪种顺序参与分配，势必与其他债权人的利益攸关，有必要制定司法解释予以规范，以统一裁判标准。经报最高人民法院院领导审批正式立项后，研究室开展了深入调研，先后征求了全国人大常委会法工委、部分专家学者及最高人民法院有关部门的意见，并多次与国家税务总局沟通协调后，起草了《批复》，经最高人民法院审判委员会审议通过，予以公布施行。

二、《批复》的主要内容

（一）关于破产企业在破产案件受理前欠缴税款产生的滞纳金是否属于破产债权的问题

税款滞纳金是否可以作为破产程序中的破产债权，涉及对税款滞纳金的性质认定及功能定位问题。在调研过程中，对于这一问题，主要有两种意见：一种意见认为，企业破产法第一百一十三条及税收征收管理法第三十二条、第四十五条均未明确规定欠缴税款产生的滞纳金属于破产债权。《最高人民法院关于审理企业破产案件若干问题的规定》（法释〔2002〕23号）第六十一条第一款规定，人民法院受理破产案件后债务人未支付应付款项的滞纳金不属于破产债权。而关于人民法院受理破产案件前债务人未支付应付款项的滞纳金是否属于破产债权，该司法解释未予明确。而且滞纳金本身属于基于公权力而产生的强制征收的款项，在本质上应属于行政罚款，应当通过有权机关行使相应的行政权力来实现，不应将其列入破产债权，甚至纳入民事诉讼案件的受案范围。另一种意见认为，该滞纳金是税收征收管理法规定的对未按期缴纳税款的纳税人征收的款项，其性质是对因欠缴税款给国家利益造成损失的利息补偿。滞纳金不是处罚，而是纳税人或者扣缴义务人因占用国家税金而应缴纳的一种补偿，应当列入破产债权。我们经研究后认为，应当将税款滞纳金作为破产债权，理由主要有以下三点。

第一，从税款滞纳金的性质看，破产税款滞纳金作为纳税主体未按照税收法律法规规定的期限缴纳税款，征税机关依法对该占用国家资金、影响国家财政收入的行为所附加征收一定数量的金钱给付，虽然也具有督促、强制、制裁甚至惩罚的功能，但其在本质上不同于罚款，应属对因欠缴税款给国家利益造成损失的一种补偿，与税款本身密切相连，属于国家税收利益的重要组成部分，纳税主体应当承担相应的清偿义务。

第二，从企业破产法对于破产程序的定位看，虽然学理上通常都认为税收是一种公法之债、法定之债，与私法上的债权存在明确区别，但是由于企业破产案件常常表现出法律关系多维化、利益指向广泛化、矛盾纠纷复杂化、法律适用与企业管理复合化等特点，这就决定了破产程序不仅是一个认定事实和适用法律的单一过程，而且是一项需要统筹兼顾、综合考量的系统工程。从程序设计目的上看，破产程序需要最终清理破产企业的所有财产及负债，实现纠纷的"一揽子"解决，因此，破产程序中对于债权债务范围的界定要比普通债权债务的范围要宽泛。2007年6月1日起实施的企业破产法第一百一十三条即明确将有关社会保险费用及税款请求权作为一种破产债权来进行规范。因此，在税款请求权已被作为破产债权的前提下，对于与税款本身密切相连的滞纳金也应被列入破产债权。

第三，从现行司法解释的规定看，上述《最高人民法院关于审理企业破产案件若干问题的规定》仅是将人民法院受理破产案件后债务人未支付应付款项的滞纳金排除在破产债权之外，对于在破产案件受理之前已经发生的欠缴税款的滞纳金作为破产企业对外负有的债务，应与其他债务同等对待，依法列入破产债权。

（二）关于税务机关就该企业欠缴税款产生的滞纳金提起的债权确认之诉应否受理的问题

在将税款滞纳金定性为破产债权的前提下，依据《最高人民法院关于〈中华人民共和国企业破产法〉施行时尚未审结的企业破产案件适用法律若干问题的规定》（法释〔2007〕10号）第九条前段规定："债权人对债权表记载债权有异议，向受理破产申请的人民法院提起诉讼的，人民法院应当依据企业破产法第二十一条和第五十八条的规定予以受理。"依据企业破产法第二十一条的规定："人民法院受理破产申请后，有关债务人的民事诉讼，只能向受理破产申请的人民法院提起。"同时企业破产法第五十八条第三款规定："债务人、债权人对债权表记载的债权有异议的，可以向受理破产申请的人民法院提起诉讼。"因此，对于税务机关就破产企业欠缴税款产生的滞纳金应否纳入破产债权的争议依法向受理该破产案件的人民法院提起诉讼的，人民法院应当依法受理。

（三）关于破产企业在破产案件受理前欠缴税款产生的滞纳金作为破产债权的清偿顺序问题

税款滞纳金在破产债权中的清偿顺序问题，涉及企业职工利益、普通债权人利益以及企业自身利益与国家税收利益的平衡问题，对此主要有三种意见：第一种意见认为，税款滞纳金是国家税款利益不可分割的重要组成部分，应当与税款本身一起优先受偿。第二种意见认为，税款滞纳金毕竟不同于税款本身，为避免国家公权力与普通债权人争利，使得该滞纳金最终转嫁到普通债权人身上，应当将税款滞纳金置于劣后于普通债权而优先于股权的顺序，在破产财产清偿了其他债权后仍有剩余时再予以清偿。第三种意见认为，税款滞纳金应当作为普通债权清偿。我们同意第三种意见，即应当将税款滞纳金作为普通债权接受清偿，不宜将税款滞纳金作为劣后于普通债权的债权进行清偿。对于税款滞纳金作为劣后于普通债权的债权予以清偿，虽然对保护破产企业的普通债权人的利益具有积极意义，但是这种做法在现行法框架下缺乏法律依据，而且这也涉及与国家税收利益乃至整个国家财政收入之间的平衡问题。如果将税款滞纳金作为劣后债权，其可能获得清偿或者部分清偿的概率大大降低，这必然会使该滞纳金对国家税收征缴的保障功能及对国家税收损失的补偿功能大打折扣，进而影响国家整体上的税收利益。

另外，也不应将税款滞纳金与税款本身一起优先受偿，主要理由有以下三点。

第一，对该滞纳金予以优先受偿并无法律依据。作为突破债权平等性的优先权，其存在会对其他债权的实现造成较大的障碍，以至于会影响甚至牺牲其他债权人的利益。因此，为防止对其他债权人造成不测妨害，维护交易安全和秩序，任何优先权的创设都应以有明确的法律依据为限。企业破产法第一百一十三条第一款规定："破产财产在优先清偿破产费用和共益债务后,依照下列顺序清偿:(一)破产人所欠职工的工资和医疗、伤残补助、抚恤费用,所欠的应当划入职工个人账户的基本养老保险、基本医疗保险费用,以及法律、行政法规规定应当支付给职工的补偿金;(二)破产人欠缴的除前项规定以外的社会保险费用和破产人所欠税款;(三)普通破产债权。"税收征收管理法第四十五条也规定:"税务机关征收税款,税收优先于无担保债权,法律另有规定的除外;纳税人欠缴的税款发生在纳税人以其财产设定抵押、质押或者纳税人的财产被留置之前的,税收应当先于抵押权、质权、留置权执行。"可见,上述法律规定仅是明确规定了税款本身的优先受偿权,并未涉及税款滞纳金部分。因此,虽然税款滞纳金与税款本身密切相连,但是在现行法律框架下,在破产案件中税款滞纳金并不能同税款一样优先受偿。

第二,税款滞纳金的性质与功能并不同于税款本身。如上所述,税款滞纳金作为税收征收管理法规定的对未按期缴纳税款的纳税人征收的款项,不仅具有惩罚功能,也是对因欠缴税款给国家利益造成损失的一种补偿。征缴滞纳金和税款的目的也存在很大差异,税款直接涉及国家的财政收入乃至国家机器的正常运转,而滞纳金仅是对因欠缴税款给国家利益造成损失的补偿,是税收征缴的重要保障,这与税款本身有明显区别,不可与之等量齐观。而且,税款滞纳金作为一种类似于利息性质的补偿债权,与其他金钱债权的利息也不宜有本质区别,应当与其他普通金钱债权一样,作为破产程序中的普通债权予以清偿。

第三,为有力推动破产企业摆脱困境及合理保护债权人利益所需要。妥善适用重整、和解程序,挽救符合国家产业结构政策且具有挽救价值和希望的债务人企业,实现各方互利共赢,是人民法院充分发挥审判职能的重要举措。在当前受国际国内因素影响,我国经济体制中的深层次矛盾和经济发展引发的新矛盾相互交织,经济社会中的不确定性因素较多,人民法院维护社会和谐稳定的任务日益繁重的背景下,通过对符合再生条件的债务人企业充分运用破产和解及重整程序,以实现企业再生,就显得尤为重要。如果把破产企业在破产案件受理前欠缴税款产生的滞纳金作为税收债权的组成部分予以优先受偿,就会导致滞纳金数额过高,不仅会使本可以通过和解程序或者重整程序生存下去的企业破产倒闭,也会使得许多普通债权得不到实现,既无法取得良好的法律效果,更会造成不好的社会效果,影响社会和谐稳定。

(四)关于破产案件受理后因欠缴税款产生的滞纳金,人民法院应如何处理的问题

《最高人民法院关于审理企业破产案件若干问题的规定》第六十一条规定:"下列债权不属于破产债权:……(二)人民法院受理破产案件后债务人未支付应付款项的滞纳金,包括债务人未执行生效法律文书应当加倍支付的迟延利息和劳动保险金的滞纳金……上述不属于破产债权的权利,人民法院或者清算组也应当对当事人的申报进行登记。"因此,人民法院受理破产案件后欠缴税款产生的滞纳金应当属于该条规定的人民法院受理破产案件后债务人未支付应付款项的滞纳金的范畴,人民法院对此滞纳金应当按照该条的规定处理,对当事人的申报进行登记,但不应列入破产债权。

(撰稿人:孙佑海、吴兆祥、陈龙业)

最高人民法院
关于债权人对人员下落不明或者财产状况不清的债务人申请破产清算案件如何处理的批复

法释〔2008〕10号

(2008年8月4日最高人民法院审判委员会第1450次会议通过 2008年8月7日最高人民法院公告公布 自2008年8月18日起施行)

贵州省高级人民法院：

你院《关于企业法人被吊销营业执照后，依法负有清算责任的人未向法院申请破产，债权人是否可以申请被吊销营业执照的企业破产的请示》(〔2007〕黔高民二破请终字1号)收悉。经研究，批复如下：

债权人对人员下落不明或者财产状况不清的债务人申请破产清算，符合企业破产法规定的，人民法院应依法予以受理。债务人能否依据企业破产法第十一条第二款的规定向人民法院提交财产状况说明、债权债务清册等相关材料，并不影响对债权人申请的受理。

人民法院受理上述破产案件后，应当依据企业破产法的有关规定指定管理人追收债务人财产；经依法清算，债务人确无财产可供分配的，应当宣告债务人破产并终结破产程序；破产程序终结后二年内发现有依法应当追回的财产或者有应当供分配的其他财产的，债权人可以请求人民法院追加分配。

债务人的有关人员不履行法定义务，人民法院可依据有关法律规定追究其相应法律责任；其行为导致无法清算或者造成损失，有关权利人起诉请求其承担相应民事责任的，人民法院应依法予以支持。

此复。

【解读】

解读《关于债权人对人员下落不明或者财产状况不清的债务人申请破产清算案件如何处理的批复》

一、问题的提出

最高人民法院法释〔2008〕10号《关于债权人对人员下落不明或者财产状况不清的债务人申请破产清算案件如何处理的批复》经2008年8月4日最高人民法院审判委员会第1450次会议通过，已于2008年8月7日公布，自2008年8月18日起施行。

二、理解与适用

（一）在企业法人已解散但未清算或者未清算完毕，资产不足以清偿债务的情形下，依法负有清算责任的人未向人民法院申请破产清算，债权人是否有权申请债务人破产清算问题

企业破产法采破产申请主义。在这种立法例下，首先要明确的就是破产申请权人。企业破产法第七条对一般债务人破产的申请权人作出了明确的规定，即债务人有破产法规定的破产原因时，可以向人民法院提出重整、和解或者破产清算的申请；债务人不能清偿到期债务，债权人可以向人民法院提出对债务人进行重整或者破产清算的申请；企业法人已解散但未清算或者未清算完毕，资产不足以清偿债务的，依法负有清算责任的人应当向人民法院申请破产清算。也就是说，对于一般债务人而言，其破产申请权人为债务人、债权人和依法负有清算责任的人。

企业破产法之所以规定在企业法人已解散但未清算或者未清算完毕，资产不足以清偿债务的情形下，依法负有清算责任的人应当向人民法院申请破产清算，目的在于明确对企业法人负有清算责任的人在企业法人出现解散事由应当清算而未清算，或者虽然开始清算但未清算完毕时，如果发现企业法人出现破产原因时，有义务依法向人民法院申请破产清算，以便通过及时启动破产清算程序保障债权人利益得到公平实现，促进社会经济秩序良性运转。该规定并未排除债权人在债务人不能清偿到期债务时向人民法院申请债务人破产的权利。债权人、债务人以及依法负有清算责任的人的破产申请权，并不互相排斥。因此，当企业法人已解散但未清算或者未清算完毕，资产不足以清偿债务的情形下，依法负有清算责任的人未向人民法院申请破产清算时，债权人当然有权根据企业破产法第七条第二款的规定，向人民法院提出对债务人进行破产清算的申请。人民法院不能以此情况下债权人无申请权为由，不受理债权人提出的破产申请。

（二）债权人对人员下落不明或者财产状况不清的债务人申请破产清算，未向人民法院提交财产状况说明、债务清册、债权清册、有关财务会计报告等，是否影响案件受理问题

对于申请权人提出的破产申请，人民法院在审查是否予以受理时，应当从实质要件和程序要件两个方面进行审查。实质要件的审查包括破产能力要件（破产主体资格）和原因要件（破产界限）的审查。程序要件的审查包括对申请人资格、申请书和有关证据等的审查。也就是说，只有经人民法院审查申请人提出的破产申请不符合上述实质要件或者形式要件时，人民法院才能作出不予受理的裁定。对于上述原因要件和程序要件，按照企业破产法的规定，应当区分不同情况进行审查。

关于实质要件的审查。其一，破产能力要件。企业破产法第二条和第一百三十五条明确规定：原则上仅赋予企业法人破产资格，自然人不具有破产能力；其他法律规定企业法人以外的组织（如合伙企业、农村专业合作社、民办学校等组织）的清算，属于破产清算的，参照适用企业破产法的规定。其二，破产原因要件。根据企业破产法第二条和第七条的规定，对于不同的申请权人申请破产的，其所要求具备的破产原因要件是不同的。债务人申请破产的，对于债务人资不抵债现象明显、易于判断的案件，要审查其是否不能清偿到期债务并且资产不足以清偿全部债务；对于债务人资不抵债现象不易判断，难以根据形式证据如资产负债表迅速查明的案件，要审查其是否

不能清偿到期债务并且明显缺乏清偿能力。债权人申请破产的，要审查的破产原因仅仅为不能清偿到期债务，而未要求对不能清偿到期债务的原因进行审查。

关于程序要件的审查。其一，申请人资格要件。对于申请人资格问题，在前述第一个问题中已经进行了详细的介绍，在此不再赘述。但是，对债权人申请人资格而言，我国企业破产法没有对债权人的资格作出进一步的明确规定，如债权人申请人数以及债权人代表的债权额是否限制；未到期债权人、外国债权人、对债务人特定财产享有担保物权的债权人、税收债权以及其他公法上的债权（如罚款、罚金等债权）之债权人、存在争议债权之债权人、职工债权人、超过诉讼时效债权之债权人，以及不具有财产给付内容请求的权利人有无破产申请权等问题，均有待进一步明确。其二，申请书及有关证据材料要件。这个要件的确定应该说是与前述实质要件紧密结合的，即通过申请权人提交的申请及有关证据材料证明其申请符合企业破产法规定的实质要件。根据企业破产法第八条对申请人向人民法院提出破产申请应当提交材料的规定，对债权人申请破产和债务人申请破产审查的内容是不一样的。对债权人而言，仅要求其提交破产申请书和有关材料，所提交材料一方面是要证明其自身债权依法存在，其符合申请人资格；另一方面要证明债务人存在不能清偿到期债务的有关事实。债权人客观上无法举证证明债务人是否资不抵债。因此，一是在债权人申请债务人破产时，企业破产法未以资产不足以清偿全部债务作为其申请的破产原因；二是在要求债权人提交材料中也未要求债权人提交有关债务人资产负债情况的有关证据。企业破产法第八条第三款关于向人民法院提出破产申请时，应当提交财产状况说明、债务清册、债权清册、有关财务会计报告、职工安置预案以及职工工资的支付和社会保险费用的缴纳情况的规定，是针对债务人申请破产时的要求，而非对债权人的要求。债权人对债务人提出破产申请，只需提交破产申请书和有关证明债务人不能清偿到期债务的证据，并未要求债权人提交有关财务凭证等，事实上债权人也没有提交上述财务凭证的能力（包括债权人没有能力证明债务人是否资产不足以清偿全部债务或者明显缺乏清偿能力）。因此，人民法院以无法取得债务人财产状况说明、债权债务清册等相关资料，破产程序不能依法进行为由，裁定不予受理债权人的申请，缺乏法律依据。只要债权人对债务人提出的破产申请符合企业破产法规定的上述条件的，人民法院即应依法予以受理。

综上所述，人民法院应当严格按照企业破产法规定的受理条件决定破产案件的受理问题，而不能在企业破产法之外另设门槛，阻却已经符合企业破产法规定的受理条件的案件进入司法程序。人民法院作为企业法人退市中的"清道夫"，应当肩负起规范法人退出的历史使命，对于实践中普遍存在的"植物人公司"（亦称为"僵尸公司"），可以也有必要通过司法程序终止其法人资格，彻底清理法人市场中的"垃圾"。人民法院不能因为这类案件的审理存在一定难度而将其拒之门外。只有这样，才能充分发挥企业破产法在净化市场、促进社会经济秩序良性发展方面的作用。

（三）关于债权人对人员下落不明或者财产状况不清的债务人的破产申请受理后如何审理问题

实践中之所以就债权人对人员下落不明或者财产状况不清的债务人提出的破产申请应否受理存在争议，很大程度是由于困惑于这类案件受理后如何审理问题。我们认为，依据企业破产法的现有规定，应该说在一定程度上还是能够解决这类案件的审理问题的。例如，第一，企业破产法明确规定债务人的有关人员（包括企业的法定代表人以及企业的财务管理人员和其他经营管理人员）负有义务妥善保管其占有和管理的财产、印章和账簿、文书等资料；根据人民法院、管理人的要求进行工作，并如实回答询问；列席债权人会议并如实回答债权人的询问；以及未经人民法院许可，不得离开住所地等。如有义务列席债权人会议的债务人的有关人员，经人民法院传唤，无正当理由拒不列席债权人会议的，人民法院可以拘传，并依法处以罚款。债务人的有关人员违反企业破产法规定，拒不陈述、回答，或者作虚假陈述、回答的，人民法院可以依法处以罚款；债务人违反企业破产法的规定，拒不向人民法院提交或者提交不真实的财产状况说明、债务清册、债权清册、有关财务会计报告以及职工工资的支付情况和社会保险费用的缴纳情况的，人民法院可以对直接责任人员依法处以罚款；债务人违反企业破产法的规定，拒不向管理人移交财产、印章和账簿、文书等资料的，或者伪造、销毁有关财产证据材料而使财产状况不明的，人民法院可以对直接责任人员依法处以罚款；债务人的有关人员违反企业破产法的规定，擅自离开住所地的，人民法院可以予以训诫、拘留，可以依法并处罚款。人民法院可以充分利用企业破产法的上述规定，通过对债务人有关人员责任的追究，责令其依法向人民法院提交有关材料，以保障整个清算程序的顺利进行。第二，充分发挥管理人作用。管理人制度是企业破产法确立的一项新的制度，是我国企业破产法走向规范化、市场化、国际化的一项重大制度革新。人民法院在审理破产案件中一定要充分调动管理人的积极性，发挥其应有的作用。管理人应当尽可能穷尽所有手段，发现、追收债务人财产。如债务人存在无偿转让财产、以明显不合理的价格进行交易、对没有财产担保的债务提供财产担保、对未到期债务提前清偿、放弃到期债权、对个别债权人违法清偿的，以及为逃避债务而隐匿、转移财产、虚构债务或者承认不真实的债务等行为的，应当通过对上述行为予以撤销或者认定无效等方式，由管理人将行为相对人因此而取得的债务人的财产依法予以追回；债务人的出资人尚未完全履行出资义务的，管理人应当要求该出资人缴纳所认缴的出资；债务人的董事、监事和高级管理人员利用职权从企业获取的非正常收入和侵占的企业财产，管理人应当追回。第三，如经依法清算，债务人确实无财产可供分配的（包括债务人财产不足以清偿破产费用的），管理人应当根据企业破产法的有关规定请求人民法院裁定终结破产程序；破产程序终结之日起二年内发现有依法应当追回的财产或者有应当供分配的其他财产的，债权人可以请求人民法院追加分配。第四，管理人未依照企业破产法的规定勤勉尽责，忠实执行职务的，人民法院可以根据企业破产法第一百三十条的规定对其予以处罚；给债权人、债务人或者第三人造成损失的，有关权利人亦可要求其承担相应的赔偿责任。第五，债务人有无效行为或者可撤销行为，损害债权人利益的，可依法追究债务人的法定代表人和其他直接责任人员的赔偿责任。

（四）因无法获得债务人的有关材料导致破产清算程序客观上无法进行时如何处理问题

企业破产法中的依法清算，是指在全面掌握债务人财产和负债情况基础上，对所有既有法律关系的彻底、概括地清理。对于债务人人员下落不明或者财产状况不清的破产案件，在穷尽上述既有手段后，如债务人仍不能或拒不向人民法院提交有关材料的，人民法院可以以此为由裁定终结破产清算程序。但这里一定要注意，依照企业破产法的规定依法清算，债务人确无财产可供分配导致的终结破产清算程序，和因无法清算导致的终结破产清算程序，其法律后果是截然不同的。因依法清算，债务人确无财产可供分配时终结破产清算程序的结果，对债务人而言是免责的结果，债务人仅以其破产财产为限承担责任，债务人破产清算程序终结后，除破产程序终结之日起二年内发现有依法应当追回的财产或者债务人有应当供分配的其他财产的，可以追加分配外，对于债务人未能依破产程序清偿的债务，原则上不再予以清偿。而因债务人的清算义务人怠于履行义务，导致债务人主要财产、账册、重要文件等灭失无法清算而终结的，虽然债务人的法人资格因清算程序终结而终止，但其既有的民事责任并不当然消灭，而是应当由其清算义务人承担偿还责任。

上述原则的确立，对于督促债务人的有关人员向人民法院提交财产状况说明、债权债务清册等有关材料，配合破产程序依法进行会发挥较大作用。人民法院在受理有关案件后，可以通过释明权的行使，明确告知债务人，其违反法律规定，拒不向法院提交有关财产状况说明等材料的，除债务人的有关直接责任人员要承担相应的法律责任外，对债务人的清算义务人而言，将可能面临直接承担债务人全部债务的法律后果。我们相信，在此情况下，大多数债务人将会自觉回归到依法清算、依法了结既有法律关系、依法破产的正途中来。那么，目前法院审理这类案件中困惑的问题将迎刃而解，这也是制定这个司法解释的根本目的。

（撰稿人：宋晓明、张勇健、刘敏）

最高人民法院
关于《中华人民共和国企业破产法》施行时尚未审结的企业破产案件适用法律若干问题的规定

法释〔2007〕10号

（2007年4月23日最高人民法院审判委员会第1425次会议通过 2007年4月25日最高人民法院公告公布 自2007年6月1日起施行）

为正确适用《中华人民共和国企业破产法》，对人民法院审理企业破产法施行前受理的、施行时尚未审结的企业破产案件具体适用法律问题，规定如下：

第一条 债权人、债务人或者出资人向人民法院提出重整或者和解申请，符合下列条件之一的，人民法院应予受理：

（一）债权人申请破产清算的案件，债务人或者出资人于债务人被宣告破产前提出重整申请，且符合企业破产法第七十条第二款的规定；

（二）债权人申请破产清算的案件，债权人于债务人被宣告破产前提出重整申请，且符合企业破产法关于债权人直接向人民法院申请重整的规定；

（三）债务人申请破产清算的案件，债务人于被宣告破产前提出重整申请，且符合企业破产法关于债务人直接向人民法院申请重整的规定；

（四）债务人依据企业破产法第九十五条的规定申请和解。

第二条 清算组在企业破产法施行前未通知或者答复未履行完毕合同的对方当事人解除或者继续履行合同的，从企业破产法施行之日起计算，在该法第十八条第一款规定的期限内未通知或者答复的，视为解除合同。

第三条 已经成立清算组的，企业破产法施行后，人民法院可以指定该清算组为管理人。

尚未成立清算组的，人民法院应当依照企业破产法和《最高人民法院关于审理企业破产案件指定管理人的规定》及时指定管理人。

第四条 债权人主张对债权债务抵销的，应当符合企业破产法第四十条规定的情形；但企业破产法施行前，已经依据有关法律规定抵销的除外。

第五条 对于尚未清偿的破产费用，应当按企业破产法第四十一条和第四十二条的规定区分破产费用和共益债务，并依据企业破产法第四十三条的规定清偿。

第六条 人民法院尚未宣告债务人破产的，应当适用企业破产法第四十六条的规定确认债权利息；已经宣告破产的，依据企业破产法施行前的法律规定确认债权利息。

第七条 债权人已经向人民法院申报债权的，由人民法院将相关申报材料移交给管理人；尚未申报的，债权人应当直接向管理人申报。

第八条 债权人未在人民法院确定的债权申报期内向人民法院申报债权的，可以依据企业破产法第五十六条的规定补充申报。

第九条 债权人对债权表记载债权有异议，向受理破产申请的人民法院提起诉讼的，人民法院应当依据企业破产法第二十一条和第五十八条的规定予以受理。但人民法院对异议债权已经作出裁决的除外。

债权人就争议债权起诉债务人，要求其承担偿还责任的，人民法院应当告知该债权人变更其诉讼请求为确认债权。

第十条 债务人的职工就清单记载有异议，向受理破产申请的人民法院提起诉讼的，人民法院应当依据企业破产法第二十一条和第四十八条的规定予以受理。但人民法院对异议债权已经作出裁决的除外。

第十一条 有财产担保的债权人未放弃优先受偿权利的，对于企业破产法第六十一条第一款第七项、第十项规定以外的事项享有表决权。但该债权人对于企业破产法施行前已经表决的事项主张行使表决权，或者以其未行使表决权为由请求撤销债权人会议决议的，人民法院不予支持。

第十二条 债权人认为债权人会议的决议违反法律规定，损害其利益，向人民法院请求撤销该决议，裁定尚未作出的，人民法院应当依据企业破产法第六十四条的规定作出裁定。

第十三条 债权人对于财产分配方案的裁定不服，已经申诉的，由上一级人民法院依据申诉程序继续审理；企业破产法施行后提起申诉的，人民法院应当告知其依据企业破产法第六十六条的规定申请复议。

债权人对于人民法院作出的债务人财产管理方案的裁定或者破产财产变价方案的裁定不服，向受理破产申请的人民法院申请复议的，人民法院应当依据企业破产法第六十六条的规定予以受理。

债权人或者债务人对破产宣告裁定有异议，已经申诉的，由上一级人民法院依据申诉程序继续审理；企业破产法施行后提起申诉的，人民法院不予受理。

第十四条 企业破产法施行后，破产人的职工依据企业破产法第一百三十二条的规定主张权利的，人民法院应予支持。

第十五条 破产人所欠董事、监事和高级管理人员的工资，应当依据企业破产法第一百一十三条第三款的规定予以调整。

第十六条 本规定施行前本院作出的有关司法解释与本规定相抵触的，人民法院审理尚未审结的企业破产案件不再适用。

【解读】

解读《关于〈中华人民共和国企业破产法〉施行时尚未审结的企业破产案件适用法律若干问题的规定》

一、问题的提出

最高人民法院法释〔2007〕10号《关于〈中华人民共和国企业破产法〉施行时尚未审结的企业破产案件适用法律若干问题的规定》（以下简称本规定）经2007年4月23日最高人民法院审判委员会第1425次会议通过，已于2007年4月25日公布。

本规定的适用范围仅限于人民法院在2007年6月1日企业破产法施行前受理的、施行时尚未审结的企业破产案件。企业破产案件不同于一般的民商事案件，其案情复杂、审理周期长，一般企业破产案件的审理周期都需经二年至三年时间，个别案件甚至更长。因此，在企业破产法施行后相当长的一段时间内，各级人民法院在审理企业破产案件时均将面临新旧破产法律规范的衔接适用问题。为了确保各级人民法院审理尚未审结的企业破产案件正确适用法律，最高人民法院在对比新旧破产法律规范差异的基础上，通过对重大差异逐条明确的方式，制定了本规定。

二、理解与适用

（一）有关债务人的民事诉讼问题

关于债务人的民事诉讼与债务人的破产程序如何协调处理问题。我国企业破产法改变了原有的立法模式，采取了分别审判主义的处理方法从中外破产立法例和司法实践看，主要有以下两种处理方法：一是吸收合并审判主义，即破产程序启动后，由破产程序吸收债务人的民事诉讼，债务人的民事诉讼在破产程序中一并予以处理。这以我国旧的破产法律规范和司法实践为代表。吸收合并主义，具有缩短债务人财产纠纷的审理周期、减少诉讼成本，以及方便受理破产案件的人民法院统一协调处理纠纷的优点。但是，这种模式存在对于当事人实体民事权利有失正当程序救济的缺点，无法充分保证权利人的合法权益。二是分别审判主义。企业破产法第四条、第二十条、第二十一条、第四十八条和第五十八条分别规定：破产案件审理程序，企业破产法没有规定的，适用民事诉讼法的有关规定；人民法院受理破产申请后，已经开始而尚未终结的有关债务人的民事诉讼或者仲裁应当中止，在管理人接管债务人的财产后，该诉讼或者仲裁继续进行；人民法院受理破产申请后，有关债务人的民事诉讼，只能向受理破产申请的人民法院提起；破产企业的职工或者债权人对清单或者债权表记载的债权有异议的，可以向受理破产申请的人民法院提起诉讼。

对于尚未审结的案件中有关债务人的民事诉讼，应当区分以下两种情况分别予以考虑。

1. 关于人民法院受理破产申请时，已经开始而尚未审结的有关破产企业的民事诉讼案件，在破产申请受理后如何处理问题

对此问题，企业破产法（试行）没有作出规定，2002年《最高人民法院关于审理企业破产案件若干问题的规定》（以下简称2002年司法解释）和企业破产法规定差别很大。2002年司法解释第十九条和第二十条就破产企业在民事诉讼案件中的不同诉讼地位分别作出了规定。对于以债务人为原告的其他民事纠纷案件原则上规定应当继续审理，只是就企业破产案件受理时民事纠纷案件所处的不同程序区分了不同的审理法院。即破产申请受理时，以债务人为原告的其他民事纠纷案件尚在一审程序的，受诉人民法院应当将案件移送受理破产案件的人民法院；案件已进行到二审程序的，受诉人民法院应当继续审理。以债务人为被告的其他债务纠纷案件，对于原告与债务人之间的法律关系原则上规定应当中止诉讼，由债权人向受理破产案件的人民法院申报债权，人民法院在债权审查中以裁定方式对争议债权作出认定，而不再针对债权人与破产企业之间的法律关系进行普通程序审理。对于上述案件中除债务人外，尚有其他被告或无独立请求权的第三人的，在破产程序终结后，再就原告和其他被告或无独立请求权的第三人之间的法律关系恢复审理；没有其他被告或无独立请求权的第三人的，则在破产程序终结后，终结民事诉讼案件。而企业破产法第二十条规定，人民法院受理破产申请后，已经开始而尚未终结的有关债务人的民事诉讼或者仲裁应当中止；在管理人接管债务人的财产后，该诉讼或者仲裁继续进行。即所有有关债务人的已经开始而尚未终结的民事纠纷案件都要继续按照审判程序审理或者按照仲裁程序仲裁，以此确定双方争议的法律关系。企业破产法更注重对有关当事人实体权益和程序权益的保障，即强调必须按照审判程序继续审理或者按照仲裁程序继续仲裁，以确定当事人双方的权利义务。而原有旧的破产法律规范则更强调破产案件审理的效率问题。

对于尚未审结的破产案件中已经开始而尚未终结的有关债务人的民事诉讼案件，本规定中虽然因其系法院内部职能分工问题而未作出明确规定，但我们认为，应当掌握以下原则：第一，以债务人为原告的一审案件，已经按照2002年司法解释移交给受理破产案件的人民法院的，应当按照2002年司法解释规定由受理破产案件的人民法院继续审理；尚未移交的，依据企业破产法的规定，不再移交，由原受理法院继续审理。第二，以破产企业为被告的案件，以受理破产案件的人民法院是否已经按照2002年司法解释的规定就相关争议作出裁定为分界线：已经中止诉讼，且人民法院对相关争议已经作出裁定的，不适用企业破产法的规定继续审理；尚未作出裁定的，则应当适用企业破产法的规定，由原受理法院继续审理。

2. 关于人民法院受理破产申请后有关债务人的其他实体权益之争如何解决问题

企业破产法第四十八条和第五十八条分别规定了职工对清单中记载的有关债务人所欠其工资和医疗、伤残补助、抚恤费用，所欠的应当划入职工个人账户的基本养老保险、基本医疗保险费用，以及法律、行政法规规定应当支付给职工的补偿金存在异

议的，或者债务人、债权人对债权表记载的债权有异议的，均可向受理破产申请的人民法院提起诉讼，由人民法院按照民事诉讼的审判程序进行审理，改变了旧的破产法律体制下，对破产程序开始后所有有关债务人的权益之争均吸收到破产案件审理中、由受理破产案件的人民法院审查确定的模式。企业破产法的立法目的在于充分保障有关利益主体的诉讼权利和实体权利。由于企业破产法的设置更加有利于权利人从程序上到实体上的充分保障，因此本规定将企业破产法的上述规定亦适用于尚未审结的案件中，即尚未审结的案件中债务人的职工对清单有异议，或者债权人对债权表记载的债权有异议，向受理破产申请的人民法院提起诉讼的，人民法院应当依据企业破产法第二十一条、第四十八条和第五十八条的规定予以受理。但如果企业破产法施行前，受理破产案件的人民法院已经经过审查对异议债权作出裁决的，不再按照审判程序进行审理。

这里应当注意以下几个问题：第一，债权人或者职工对债权表或者清单中记载的债权存在异议，包括两种情形：一种情形是债权人或者职工对债权表或者清单中记载的本人的债权存在异议，这种情况下提起的诉讼案件，原告应为异议债权人或者职工、被告应为债务人；另一种情形是债权人或者职工对债权人或者清单中记载的本人的债权没有异议，而是对债权表或者清单中记载的其他债权人或者其他职工的债权有异议，因其他债权的存在与否或者数额多少，直接影响异议债权人实现最终权利的大小，因此在此情形下，应当允许异议债权人对债权表或者清单中记载的他人债权提起诉讼，这种情况下提起的诉讼案件，原告应为异议债权人或者职工，被告应为其他债权人或者其他职工，以及债务人。第二，企业破产法第五十八条虽然规定债务人对债权表记载的债权有异议的，也可向受理破产申请的人民法院提起诉讼。我们认为，债权表系管理人在审查债权人的申报材料、核对企业账册等基础上编制的，管理人此时的身份应当是作为债务人的代表，其行为应当代表了债务人的意思表示。原则上该债权表记载的内容应当视为是债务人的真实意思表示。如果管理人在代表债务人进行核对申报债权时，疏于履行职责，因故意或者重大过失造成债务人财产损失的（此时体现为登记了不真实的债权，或者登记的债权数额高于真实数额），公司的股东有权依据公司法的规定，向管理人提起股东代表诉讼，以追究管理人的民事责任。但是，由于此时企业已经出现了破产原因，企业财产是否受到损失已经对公司的股东没有任何实际意义，股东也不可能基于自身利益的维护再去提起股东代表诉讼，而此时企业财产的多少恰恰只与企业其他债权人的利益息息相关。同时，债务人破产申请受理后，其原执行机关已经丧失其职能，而由管理人代行其执行职能，因此，债务人难以因对债权表记载债权存在异议提起诉讼。第三，基于破产程序开始后有关债务人诉讼案件统一归口审理的需要，按照企业破产法第二十一条的规定，人民法院受理破产申请后，有关债务人的民事诉讼，只能向受理破产申请的人民法院提起。即破产申请受理后，所有新提起的有关债务人的诉讼案件均由受理破产案件的人民法院集中管辖。这里"有关债务人的民事诉讼"既包括债务人为原告的民事诉讼案件，又包括债务人为被告的民事诉讼案件。第四，在审判组织上，上述有关债务人财产的民事诉讼案件应当由受理破产案件的人民法院根据案件性质和人民法院内部职能分工，并依据民事诉讼法的有关规定由相关业务庭以独任审判或者组成合议庭的方式进行审理。第五，虽然企业破产法基于依法保障权利的考虑，确立了对有关债务人财产的纠纷均按照审判程序进行审理的制度，但考虑到破产案件审理的效率，在人民法院审理有关债务人的民事纠纷时应当尽可能地加快审理这类案件，以保障破产案件的顺利、高效进行，从而充分保障全体债权人的利益。第六，由于对债务人破产案件与有关债务人财产纠纷案件分别进行审理，二者审判程序往往不能同步进行。如有关债务人财产纠纷案件先行审理完成，已经审判确认的债权当然参加破产财产分配。但是，如果债务人破产清算提前完成，至破产财产分配时，相关债务纠纷案件仍未审结，此时对于诉讼或者仲裁未决的债权，管理人应当预留其分配额，并依据企业破产法第一百一十九条规定将其提存，自破产程序终结之日起满二年仍不能受领分配的，人民法院应当将提存的分配额分配给其他债权人。

除上述权益纠纷外，根据企业破产法的立法精神，其他诸多有关债务人财产的争议，如债务人合同履行诉讼、追收债务人对外债权诉讼、撤销债务人处分财产行为诉讼、确认债务人处分财产行为无效诉讼、取回权诉讼、别除权诉讼和抵消权诉讼等，亦均需通过诉讼程序予以解决。因此，在企业破产法施行后，尚未审结的企业破产案件中有关债务人的财产纠纷，均应适用企业破产法的有关规定，按照审判程序予以审理。当然，如果当事人在合同中明确有仲裁条款规定的，究竟是按照原仲裁条款仲裁解决，还是一并按照审判程序予以审理，尚存在很大争议，我们倾向于仍按照仲裁程序确定双方的权利义务关系。

（二）有关债务人职工的特殊保护问题

企业破产法对破产企业职工的权益给予了特别的制度保障，将在企业破产法公布之前仅仅是针对国有企业的政策性破产中对职工的保护扩大到所有的企业破产。企业破产法第一百三十二条明确规定，企业破产法施行后，破产人在该法公布之日前所欠职工的工资和医疗、伤残补助、抚恤费用，所欠的应当划入职工个人账户的基本养老保险、基本医疗保险费用，以及法律、行政法规规定应当支付给职工的补偿金，依照企业破产法第一百一十三条的规定清偿后不足以清偿的部分，以企业破产法第一百零九条规定的特定财产优先于对该特定财产享有担保权的权利人受偿。该规定系从解决历史遗留问题、做好职工安置工作、维护社会稳定的角度出发，对职工权益在按照正常破产清偿顺序无法得到实现时做出的特殊制度设置。各地人民法院在审理破产案件时应当从稳定大局、解决社会矛盾的高度认真贯彻执行。

在适用企业破产法第一百三十二条时应当特别注意以下几个问题：第一，享受这一特殊政策保护的范畴仅仅局限于企业破产法公布之日前，即2006年8月27日前所欠的职工权益，而形成于企业破产法公布之日后所欠的职工权益不属本条适用的范畴，这部分职工权益只能从破产企业已经设定担保物权之外的其他财产中受偿，企业其他财产不足以清偿的，法律不再保护。第二，需要强调的是，即使是2006年8月27日前形成的职工权益，也必须是在按照正常清偿顺序无法得到清偿时才可从设定担保的财产中受偿，而不能在破产企业尚有其他财产可以清偿时先行从担保财产中清偿，这里体现的是对担保物权人优先受偿权的保护。第三，即使2006年8月27日前所欠职工的权益依据企业破产法第一百三十二条的规定以设定担保的财产进行清偿的情况下，对于企业破产案件中因按照正常清偿顺序无法实现的破产费用、共益债务以及职工的其他权益（尽管上述权益在清偿顺序中排位优先于或者等同于企业破产法公布之日前所欠的职工权益）不得亦要求优先于担保物权人受偿。第四，在具体操作中，可以将企业破产法公布之日前所欠的全部职工权益数额从变现的担保物价值中予以提存，提存之外的其余部分可由担保物权人先行受偿。提存部分视企业破产法公布之日前所欠的职工权益按照正常顺序清偿的具体情形，再行确定担保物权人行使优先受偿权的范围。

对于尚未审结的案件，既然国家在企业破产法制定中对职工保护问题下了这么大的决心，从全局的角度考虑，应当将该特殊保护政策适用于尚未审结的案件中，以尽可能加大对职工利益的保护。因此，本规定中明确规定，企业破产法施行后，破产人的职工依据企业破产法第一百三十二条的规定主张权利的，人民法院应予支持。

(三) 关于破产预防制度

企业破产法在原有破产法律规范的基础上，增加了重整这一新的制度安排，同时对原有和解整顿程序作出了进一步的完善，即在企业出现破产原因时，企业破产法除了注重对债权人的公平保护以外，还强调对债务人的挽救。最高人民法院在制定规定时通过对破产清算程序向重整或者和解程序转化的规定，充分贯彻了企业破产法挽救企业的立法思想。

破产清算制度旨在利用法律规定的方法，强制将债务人的全部财产依一定程序变价及公平分配，以一次性了结债务人的全部债务。其功能重在合理分配债务人的破产财产，是为了实现对全体债权人的公平保护。但是破产清算在发挥其上述积极职能的同时，也不可避免地暴露出其固有的缺点，诸如因破产程序费时、费力，费用高昂等原因，导致债权人通过破产清算程序能够获得的实际利益并不大；由于企业间存在着错综复杂的债权债务关系、相互持股关系、互保关系以及其他关系，一个企业的破产清算往往引起相关企业的连锁反应，对社会经济交易秩序的正常流转造成重大的影响；此外，企业倒闭，还将导致大量劳动者下岗，影响社会的稳定等。因此，随着破产法律制度的不断发展，传统破产法仅注重债权人利益保护的法律价值观受到了极大的冲击。在此背景下，产生了以挽救债务人为目的的破产预防制度。该制度的产生从根本上动摇了破产法的传统框架，促成了破产法律价值观的历史性变化，使之在不损害债权人利益的前提下，朝着挽救债务人和维护社会经济秩序的方向转化。这种转化应该说更符合现代社会的内在要求。尤其是重整制度，其制度设置的根本目的即在于拯救债务人，其把债权人权利的实现建立在债务人再生的基础上，力图在企业营运价值保留的前提下，使债权人能够得到比在破产清算的情况下更为有利的清偿结果；同时，通过债务人企业产权、资本结构、经营战略和内部管理等多方面的调整，消除破产原因，摆脱经济困境，获得重生。重整相比于和解而言，虽然二者均为破产预防制度，但因法律对于重整设置了很多区别于和解的程序和制度，调动了包括债务人、债权人、出资人以及战略投资者等众多利害关系人在内的主体参与到债务人的挽救中来，再加上司法强制力的干预，使得重整程序对于挽救企业而言，力度更大、效果更好。正因为如此，我国企业破产法才将该制度明确地规定到法律中来，力图使尚有挽救机会的企业通过重整程序的进行得以重生，在使债权人权利得到高于破产清算下的清偿比例的同时，实现对债务人的挽救。

鉴于和解和重整制度对于整个社会的积极作用，本规定对于尚未审结的案件，即按照旧的破产法律规范规定，已经进入破产清算程序的企业破产案件，在一定条件下，允许自破产清算程序向重整或者和解程序的转化。这里体现了本规定制定时侧重对债务人拯救的价值取向，这与企业破产法的立法本意也是一致的。由于旧的破产法律规范系狭义的破产概念，仅包括破产清算程序，其所规定的和解整顿程序是包含在破产清算程序中的,且无重整程序的规定。而企业破产法系广义的破产概念,其包括破产清算程序及以和解和重整为内容的破产预防程序。企业破产法将破产清算、和解和重整设置为三个相对独立的程序。在企业法人不能清偿到期债务,并且资产不足以清偿全部债务或明显缺乏清偿能力的,或者有明显丧失清偿能力可能的,债务人可以直接提出重整、和解或者破产清算的申请,债权人可以直接提出重整或者破产清算的申请。由于尚未审结案件的申请人,在启动破产清算程序时系基于旧的破产法律规范的规定,因制度的原因仅能提起破产清算程序,因此,在企业破产法施行后,只要尚未宣告债务人破产的,应当尽可能赋予有关主体申请转入和解或者重整的机会。这里应当包括两种情形。

一是符合企业破产法规定情形下破产清算程序向和解或者重整程序的转化。即债权人申请破产清算的案件,债务人或者出资人于债务人被宣告破产前提出重整申请,且符合依据企业破产法第七十条第二款的规定;或者债务人依据企业破产法第九十五条的规定申请和解的,人民法院经审查认为重整或者和解申请符合企业破产法的规定的,应当裁定债务人重整或者和解。

二是考虑到旧的破产法律规范没有重整程序的规定,而企业破产法规定了重整程序,且从现代企业破产法的发展方向看,企业的挽救受到更多的关注,企业破产法规定债权人或者债务人可以直接向人民法院申请重整等因素,对于企业破产法施行前债权人申请破产清算的案件,企业破产法施行后,债权人于宣告债务人破产前提出重整申请;或者企业破产法施行前债务人申请破产清算的案件,企业破产法施行后,债务人于宣告其破产前提出重整申请的,虽然并不符合企业破产法第七十条第二款关于破产清算向重整程序转化的规定,但是只要符合企业破产法关于债权人或者债务人直接向人民法院申请重整的规定,人民法院亦应予以受理。

(四)关于尚未审结案件中程序性问题的法律适用

破产法大多属于程序性规范,鉴于其琐碎和繁杂性特点,最高人民法院在制定本规定时,不可能将所有与旧的破产法律规范存在差异的部分一一列举,故基于对本规定通篇掌握的基本原则,我们认为,人民法院审理尚未审结的企业破产案件,对于尚未进行的程序,本规定未作出规定的,均应适用企业破产法的有关规定。如特殊债权分配额的提存、债务人有关人员的义务以及保全措施的解除和执行程序的中止等。

(五)关于最高人民法院司法解释继续适用的问题

考虑到最高人民法院此前所作的司法解释,尤其是2002年司法解释,对破产清算中的很多问题,均有比较细致、合理的规定,是目前破产案件审理中的主要依据,现并未明令废止,很多规定还有继续适用的必要性。故对于此前所作司法解释中与企业破产法和本规定不相抵触的部分,在尚未审结案件中可以继续适用;而相抵触的部分,不再继续适用。同时,最高人民法院也在考虑对以前所作司法解释进行系统的归纳和整理,拟将能够继续适用的部分重新制定统一的司法解释,而废止此前的司法解释。因该项工作的完成还有一段时间,基于尚未审结案件工作的需要,本规定中通过作出"本规定施行前本院作出的有关司法解释与本规定相抵触的,人民法院审理尚未审结的企业破产案件不再适用"的规定,来解决最高人民法院此前所作出的相关司法解释的继续适用问题。

(撰稿人:宋晓明、张勇健、刘敏)

最高人民法院
关于审理企业破产案件指定管理人的规定

法释〔2007〕8号

(2007年4月4日最高人民法院审判委员会第1422次会议通过 2007年4月12日最高人民法院公告公布 自2007年6月1日起施行)

为公平、公正审理企业破产案件,保证破产审判工作依法顺利进行,促进管理人制度的完善和发展,根据《中华人民共和国企业破产法》的规定,制定本规定。

一、管理人名册的编制

第一条 人民法院审理企业破产案件应当指定管理人。除企业破产法和本规定另有规定外,管理人应当从管理人名册中指定。

第二条 高级人民法院应当根据本辖区律师事务所、会计师事务所、破产清算事务所等社会中介机构及专职从业人员数量和企业破产案件数量,确定由本院或者所辖中级人民法院编制管理人名册。

人民法院应当分别编制社会中介机构管理人名册和个人管理人名册。由直辖市以外的高级人民法院编制的管理人名册中,应当注明社会中介机构和个人所属中级人民法院辖区。

第三条 符合企业破产法规定条件的社会中介机构及其具备相关专业知识并取得执业资格的人员,均可申请编入管理人名册。已被编入机构管理人名册的社会中介机构中,具备相关专业知识并取得执业资格的人员,可以申请编入个人管理人名册。

第四条 社会中介机构及个人申请编入管理人名册的,应当向所在地区编制管理人名册的人民法院提出,由该人民法院予以审定。

人民法院不受理异地申请,但异地社会中介机构在本辖区内设立的分支机构提出申请的除外。

第五条 人民法院应当通过本辖区有影响的媒体就编制管理人名册的有关事项进行公告。公告应当包括以下内容:

(一)管理人申报条件;
(二)应当提交的材料;
(三)评定标准、程序;
(四)管理人的职责以及相应的法律责任;
(五)提交申报材料的截止时间;
(六)人民法院认为应当公告的其他事项。

第六条 律师事务所、会计师事务所申请编入管理人名册的,应当提供下列材料:

(一)执业证书、依法批准设立文件或者营业执照;
(二)章程;
(三)本单位专职从业人员名单及其执业资格证书复印件;

（四）业务和业绩材料；

（五）行业自律组织对所提供材料真实性以及有无被行政处罚或者纪律处分情况的证明；

（六）人民法院要求的其他材料。

第七条 破产清算事务所申请编入管理人名册的，应当提供以下材料：

（一）营业执照或者依法批准设立的文件；

（二）本单位专职从业人员的法律或者注册会计师资格证书，或者经营管理经历的证明材料；

（三）业务和业绩材料；

（四）能够独立承担民事责任的证明材料；

（五）行业自律组织对所提供材料真实性以及有无被行政处罚或者纪律处分情况的证明，或者申请人就上述情况所作的真实性声明；

（六）人民法院要求的其他材料。

第八条 个人申请编入管理人名册的，应当提供下列材料：

（一）律师或者注册会计师执业证书复印件以及执业年限证明；

（二）所在社会中介机构同意其担任管理人的函件；

（三）业务专长及相关业绩材料；

（四）执业责任保险证明；

（五）行业自律组织对所提供材料真实性以及有无被行政处罚或者纪律处分情况的证明；

（六）人民法院要求的其他材料。

第九条 社会中介机构及个人具有下列情形之一的，人民法院可以适用企业破产法第二十四条第三款第四项的规定：

（一）因执业、经营中故意或者重大过失行为，受到行政机关、监管机构或者行业自律组织行政处罚或者纪律处分之日起未逾三年；

（二）因涉嫌违法行为正被相关部门调查；

（三）因不适当履行职务或者拒绝接受人民法院指定等原因，被人民法院从管理人名册除名之日起未逾三年；

（四）缺乏担任管理人所应具备的专业能力；

（五）缺乏承担民事责任的能力；

（六）人民法院认为可能影响履行管理人职责的其他情形。

第十条 编制管理人名册的人民法院应当组成专门的评审委员会，决定编入管理人名册的社会中介机构和个人名单。评审委员会成员应不少于七人。

人民法院应当根据本辖区社会中介机构以及社会中介机构中个人的实际情况，结合其执业业绩、能力、专业水准、社会中介机构的规模、办理企业破产案件的经验等因素制定管理人评定标准，由评审委员会根据申报人的具体情况评定其综合分数。

人民法院根据评审委员会评审结果，确定管理人初审名册。

第十一条 人民法院应当将管理人初审名册通过本辖区有影响的媒体进行公示，公示期为十日。

对于针对编入初审名册的社会中介机构和个人提出的异议，人民法院应当进行审查。异议成立、申请人确不宜担任管理人的，人民法院应将该社会中介机构或者个人从管理人初审名册中删除。

第十二条　公示期满后，人民法院应审定管理人名册，并通过全国有影响的媒体公布，同时逐级报最高人民法院备案。

第十三条　人民法院可以根据本辖区的实际情况，分批确定编入管理人名册的社会中介机构及个人。

编制管理人名册的全部资料应当建立档案备查。

第十四条　人民法院可以根据企业破产案件受理情况、管理人履行职务以及管理人资格变化等因素，对管理人名册适时进行调整。新编入管理人名册的社会中介机构和个人应当按照本规定的程序办理。

人民法院发现社会中介机构或者个人有企业破产法第二十四条第三款规定情形的，应当将其从管理人名册中除名。

二、管理人的指定

第十五条　受理企业破产案件的人民法院指定管理人，一般应从本地管理人名册中指定。

对于商业银行、证券公司、保险公司等金融机构以及在全国范围内有重大影响、法律关系复杂、债务人财产分散的企业破产案件，人民法院可以从所在地区高级人民法院编制的管理人名册列明的其他地区管理人或者异地人民法院编制的管理人名册中指定管理人。

第十六条　受理企业破产案件的人民法院，一般应指定管理人名册中的社会中介机构担任管理人。

第十七条　对于事实清楚、债权债务关系简单、债务人财产相对集中的企业破产案件，人民法院可以指定管理人名册中的个人为管理人。

第十八条　企业破产案件有下列情形之一的，人民法院可以指定清算组为管理人：

（一）破产申请受理前，根据有关规定已经成立清算组，人民法院认为符合本规定第十九条的规定；

（二）审理企业破产法第一百三十三条规定的案件；

（三）有关法律规定企业破产时成立清算组；

（四）人民法院认为可以指定清算组为管理人的其他情形。

第十九条　清算组为管理人的，人民法院可以从政府有关部门、编入管理人名册的社会中介机构、金融资产管理公司中指定清算组成员，人民银行及金融监督管理机构可以按照有关法律和行政法规的规定派人参加清算组。

第二十条　人民法院一般应当按照管理人名册所列名单采取轮候、抽签、摇号等随机方式公开指定管理人。

第二十一条　对于商业银行、证券公司、保险公司等金融机构或者在全国范围有重大影响、法律关系复杂、债务人财产分散的企业破产案件，人民法院可以采取公告的方式，邀请编入各地人民法院管理人名册中的社会中介机构参与竞争，从参与竞争的社会中介机构中指定管理人。参与竞争的社会中介机构不得少于三家。

采取竞争方式指定管理人的，人民法院应当组成专门的评审委员会。

评审委员会应当结合案件的特点，综合考量社会中介机构的专业水准、经验、机构规模、初步报价等因素，从参与竞争的社会中介机构中择优指定管理人。被指定为管理人的社会中介机构应经评审委员会成员二分之一以上通过。

采取竞争方式指定管理人的，人民法院应当确定一至两名备选社会中介机构，作为需要更换管理人时的接替人选。

第二十二条 对于经过行政清理、清算的商业银行、证券公司、保险公司等金融机构的破产案件，人民法院除可以按照本规定第十八条第一项的规定指定管理人外，也可以在金融监督管理机构推荐的已编入管理人名册的社会中介机构中指定管理人。

第二十三条 社会中介机构、清算组成员有下列情形之一，可能影响其忠实履行管理人职责的，人民法院可以认定为企业破产法第二十四条第三款第三项规定的利害关系：

（一）与债务人、债权人有未了结的债权债务关系；

（二）在人民法院受理破产申请前三年内，曾为债务人提供相对固定的中介服务；

（三）现在是或者在人民法院受理破产申请前三年内曾经是债务人、债权人的控股股东或者实际控制人；

（四）现在担任或者在人民法院受理破产申请前三年内曾经担任债务人、债权人的财务顾问、法律顾问；

（五）人民法院认为可能影响其忠实履行管理人职责的其他情形。

第二十四条 清算组成员的派出人员、社会中介机构的派出人员、个人管理人有下列情形之一，可能影响其忠实履行管理人职责的，可以认定为企业破产法第二十四条第三款第三项规定的利害关系：

（一）具有本规定第二十三条规定情形；

（二）现在担任或者在人民法院受理破产申请前三年内曾经担任债务人、债权人的董事、监事、高级管理人员；

（三）与债权人或者债务人的控股股东、董事、监事、高级管理人员存在夫妻、直系血亲、三代以内旁系血亲或者近姻亲关系；

（四）人民法院认为可能影响其公正履行管理人职责的其他情形。

第二十五条 在进入指定管理人程序后，社会中介机构或者个人发现与本案有利害关系的，应主动申请回避并向人民法院书面说明情况。人民法院认为社会中介机构或者个人与本案有利害关系的，不应指定该社会中介机构或者个人为本案管理人。

第二十六条 社会中介机构或者个人有重大债务纠纷或者因涉嫌违法行为正被相关部门调查的，人民法院不应指定该社会中介机构或者个人为本案管理人。

第二十七条 人民法院指定管理人应当制作决定书，并向被指定为管理人的社会中介机构或者个人、破产申请人、债务人、债务人的企业登记机关送达。决定书应与受理破产申请的民事裁定书一并公告。

第二十八条 管理人无正当理由，不得拒绝人民法院的指定。

管理人一经指定，不得以任何形式将管理人应当履行的职责全部或者部分转给其他社会中介机构或者个人。

第二十九条 管理人凭指定管理人决定书按照国家有关规定刻制管理人印章，并交人民法院封样备案后启用。

管理人印章只能用于所涉破产事务。管理人根据企业破产法第一百二十二条规定终止执行职务后，应当将管理人印章交公安机关销毁，并将销毁的证明送交人民法院。

第三十条 受理企业破产案件的人民法院应当将指定管理人过程中形成的材料存入企业破产案件卷宗，债权人会议或者债权人委员会有权查阅。

三、管理人的更换

第三十一条 债权人会议根据企业破产法第二十二条第二款的规定申请更换管理人的，应由债权人会议作出决议并向人民法院提出书面申请。

人民法院在收到债权人会议的申请后，应当通知管理人在两日内作出书面说明。

第三十二条 人民法院认为申请理由不成立的，应当自收到管理人书面说明之日起十日内作出驳回申请的决定。

人民法院认为申请更换管理人的理由成立的，应当自收到管理人书面说明之日起十日内作出更换管理人的决定。

第三十三条 社会中介机构管理人有下列情形之一的，人民法院可以根据债权人会议的申请或者依职权径行决定更换管理人：

（一）执业许可证或者营业执照被吊销或者注销；

（二）出现解散、破产事由或者丧失承担执业责任风险的能力；

（三）与本案有利害关系；

（四）履行职务时，因故意或者重大过失导致债权人利益受到损害；

（五）有本规定第二十六条规定的情形。

清算组成员参照适用前款规定。

第三十四条 个人管理人有下列情形之一的，人民法院可以根据债权人会议的申请或者依职权径行决定更换管理人：

（一）执业资格被取消、吊销；

（二）与本案有利害关系；

（三）履行职务时，因故意或者重大过失导致债权人利益受到损害；

（四）失踪、死亡或者丧失民事行为能力；

（五）因健康原因无法履行职务；

（六）执业责任保险失效；

（七）有本规定第二十六条规定的情形。

清算组成员的派出人员、社会中介机构的派出人员参照适用前款规定。

第三十五条 管理人无正当理由申请辞去职务的，人民法院不予许可。正当理由的认定，可参照适用本规定第三十三条、第三十四条规定的情形。

第三十六条 人民法院对管理人申请辞去职务未予许可，管理人仍坚持辞去职务并不再履行管理人职责的，人民法院应当决定更换管理人。

第三十七条 人民法院决定更换管理人的，原管理人应当自收到决定书之次日起，在人民法院监督下向新任管理人移交全部资料、财产、营业事务及管理人印章，并及时向新任管理人书面说明工作进展情况。原管理人不能履行上述职责的，新任管理人可以直接接管相关事务。

在破产程序终结前，原管理人应当随时接受新任管理人、债权人会议、人民法院关于其履行管理人职责情况的询问。

第三十八条 人民法院决定更换管理人的，应将决定书送达原管理人、新任管理人、破产申请人、债务人以及债务人的企业登记机关,并予公告。

第三十九条 管理人申请辞去职务未获人民法院许可,但仍坚持辞职并不再履行管理人职责,或者人民法院决定更换管理人后,原管理人拒不向新任管理人移交相关事务,人民法院可以根据企业破产法第一百三十条的规定和具体情况,决定对管理人罚款。对社会中介机构为管理人的罚款5万元至20万元人民币,对个人为管理人的罚款1万元至5万元人民币。

管理人有前款规定行为或者无正当理由拒绝人民法院指定的,编制管理人名册的人民法院可以决定停止其担任管理人一年至三年,或者将其从管理人名册中除名。

第四十条 管理人不服罚款决定的,可以向上一级人民法院申请复议,上级人民法院应在收到复议申请后五日内作出决定,并将复议结果通知下级人民法院和当事人。

【解读】

解读《关于审理企业破产案件指定管理人的规定》

一、问题的提出

企业破产法第二十二条第三款规定:"指定管理人和确定管理人报酬的办法,由最高人民法院规定。"2007年4月12日,最高人民法院公布了由最高人民法院审判委员会第1422次会议通过的《最高人民法院关于审理企业破产案件指定管理人的规定》(以下简称本规定),该规定于2007年6月1日起施行。

二、理解

规定本着以下指导思想制定。

(一)培育管理人市场,逐步形成一支专业化的管理人队伍

破产程序中的管理人制度在我国是一项全新的制度,企业破产法(试行)规定的清算组虽然在一定程度上也发挥了管理人的作用,但是由于存在清算组成立时间晚、独立性差、缺乏承担民事责任能力的缺点,不能满足高效、公正破产程序的需求。因此,借鉴国外有益立法经验,引进管理人制度成为立法的当然之选。在起草本规定时,我们审慎确定进入管理人名册的资格和条件,既考虑到现实情况,保证办理企业破产案件的质量,又照顾到管理人专业队伍的培育,为进一步完善管理人制度打下一定基础。

(二)兼顾地区差异,便于人民法院指定管理人

我国幅员辽阔、地区差异大、经济发展不平衡,导致各地人民法院受理破产案件数量差异较大。最高人民法院在起草本规定时,既要保证这一规定在全国范围内适用,同时又要考虑地区间的不平衡。除上述情况外,本规定还要解决以下问题:一是受理破产案件的法院如何在众多的社会中介机构以及中介机构中的个人指定管理人;二是指定管理人时基本原则应如何掌握;三是如何能够公正、高效地在受理破产申请的同时即指定管理人。为此,本规定制定了管理人名册制度,确定了指定管理人的基本原则以及针对不同类型案件指定管理人的方法。

（三）建立管理人指定的监督制约机制，保证指定管理人的公正性

虽然法律赋予了律师事务所、会计师事务所、破产清算事务所等社会中介机构成为管理人的能力，但破产清算事务同现有的中介机构数量相比，仍然较少，不可能所有社会中介机构都能成为人民法院审理企业破产案件指定管理人的人选，这就必然形成法院在编制管理人名册、指定管理人时相对人的竞争。为保证这种竞争的公平性，避免这一过程中发生有损人民法院形象的行为，本规定采取分散权力、随机确定、权力制约、加强监督等方式，确保相关人民法院在编制管理人名册、指定管理人时，公正行使权力，从而促进管理人市场的良性竞争。

（四）便于人民法院和债权人会议的监督

管理人能否胜任职务，依法、公正、忠实执行职务，勤勉尽责，是保证破产程序顺利进行的决定性因素。因此，对其实施必要的监督就显得尤为重要。法律赋予债权人会议和债权人委员会对管理人的监督权，就是要从机制上对管理人执行职务的行为和能力加以监督，监督的结果之一就是债权人会议可以申请人民法院更换管理人。管理人的更换直接涉及人民法院指定管理人程序的审查和重新启动，因此有必要对债权人会议申请更换管理人的理由细化，使法律规定的这一权利和程序有操作性。

此外，企业破产法规定管理人由人民法院指定，其执行职务向人民法院报告工作。债权人会议并不是经常召开，一旦出现管理人应当更换的事由，而债权人会议又不能及时申请更换，必然影响破产程序的进行。法律又没有规定债权人或其他利害关系人可以申请更换管理人，因此，本规定规定，当管理人出现应予更换的事由，而债权人会议又难以提出申请的情况下，人民法院可以依职权予以更换，从而保证对管理人监督的有效实施。

三、适用

（一）关于管理人积极条件的设定

企业破产法没有对管理人设置专门的执业资格，更没有设置管理人资格考试制度，希望利用现有的律师、会计师执业资格的资源解决这个问题，规定凡依法设立的律师事务所、会计师事务所、破产清算事务所，具有律师、注册会计师等专业资格的执业人员均可以担任管理人，其立法本意是避免造成新的市场准入障碍。但客观事实是，破产管理事务是一项十分复杂、实践性很强的综合性业务，融社会、经济、法律问题于一体，不仅大量的法律事务与非法律事务交织在一起，而且可能面临破产清算、重整、和解多重任务，对管理人素质、能力的要求应该说要高于一般的律师、会计师。采取何种方式解决管理人能力与破产管理人事务的复杂程度相适应的问题，成为指定管理人的难题。

本规定对相关问题通过以下方式解决：一是规定管理人的消极条件，强调在编制管理人名册时，审查申请人的专业能力和承担民事责任的能力；二是编制管理人名册时，应当根据本地区破产案件数量和社会中介机构及其从业人员的数量分批择优确定名单。

（二）编制管理人名册的必要性

实行管理人名册制度是基于人民法院指定管理人的便利性、有效性、公正性的考虑。编制一个经过资质审核的、公开的管理人名册，可以消除法院管理人指定工作的盲目性和随意性。由于企业破产法将破产清算事务所作为破产管理人的一种形式，且

短期内在律师、会计师、破产清算事务所中建立统一的破产管理人协会、开展资格考试还不具备条件。由于没有一支专门的管理人队伍，所以，其他国家和地区那种直接将律师协会会员名单、会计师协会会员名单、破产管理人协会会员名单作为编制破产管理人名册的做法尚不可行。本规定借鉴其他国家和地区的经验，针对我国实际情况，规定了由人民法院制定管理人名册。

（三）管理人名册的编制法院

由哪一级法院建立管理人名册是比较有争议的问题，存在几种观点。

（1）除直辖市由高级人民法院建立管理人名册外，其他地区由各中级人民法院建立本辖区管理人名册，逐级报最高人民法院备案。理由是：除直辖市外，省、自治区地域广，地区差异大，很难找到一个符合全省各地区中介机构发展现状且满足全省各地区破产案件审理需求的入围标准，故由高级人民法院统一标准不切实际，很可能会出现各地区入册备选的管理人数量与破产案件的审理需要不相匹配的问题。鉴于破产案件由债务人所在地的基层人民法院或中级人民法院管辖，管理人宜从受理破产案件法院地产生，故由各中级人民法院建立本辖区管理人名册更符合实际，亦便于操作。

（2）由各高级人民法院建立本辖区管理人名册，报最高人民法院备案。理由是：第一，律师事务所、会计师事务所的注册和年审一般在省一级行政管理机构，由高级人民法院建立名册便于对申报入册的中介机构进行评审。第二，由高级人民法院建立名册便于统一省内管理人准入标准，规范操作，有利于统一管理管理人队伍和市场，同时也有利于高级人民法院对下级法院的指导与监督。我国管理人制度刚刚建立，统一标准、统一管理有利于我国管理人市场的健康发展，如果从市场建立初期就不严格规范的话，准入标准混乱将导致管理人市场不是一个统一的市场，管理人队伍的执业水平不会很快提高。况且我们的终极目标应该是建立全国的统一市场，由高级人民法院建册不过是折中之法，也仅仅是一个过渡。第三，高级人民法院审判任务相对较轻，由其建立并管理管理人名册在时间、精力上有保证。第四，高级人民法院可以根据中介机构资质的高低将名册分两个等级建立，并按各中院辖区编列名册，以便于受理案件的法院从当地指定与案件适配的管理人。

（3）由中级人民法院、高级人民法院、最高人民法院分别建立地区级、省级、全国级管理人名单，采取逐级上报的方式产生名单，高级人民法院根据中级人民法院上报的管理人名单确定省级管理人名单，然后再行上报最高人民法院，由最高人民法院确定全国级管理人名单。规定各级别管理人所管理的案件规模，各级别管理人在相应级别的区域内执业。此种方式的好处是可以根据案件的需要有针对性地指定与案件相匹配的管理人，但这种建立名册的程序比较复杂，且对名册进行持续管理更是一件难度很大的事情。

上述关于编制管理人名册的思路各有利弊。在法律适用准备期较短，全国地区差异大，管理人制度在实践中几乎为空白的情况下，如何建立管理人名册就面临一个地区之间、现实与理想之间的平衡问题。本规定采取了由高级人民法院决定由本院编制管理人名册还是由中级人民法院编制管理人名册的方案。高级人民法院在作出此项决定时，应当考虑的因素是本地区破产案件数量和社会中介机构及从业人员的数量。如西藏、宁夏、海南等省区以及直辖市，一般应由高级人民法院编制管理人名册，而广东、山东、江苏等较为发达的省区则宜由中级人民法院编制管理人名册。

（四）关于管理人名册的编制机制

编制机制是决定管理人名册编制工作能否公正、公平的重要方面，指定管理人的规定采取"申报公告—提交申报材料—编制初审名册—初审名册公告—管理人名册的审定"的程序进行。需要明确的有以下四个问题。

第一个问题是关于公告的内容。关于管理人的申报条件应当限于企业破产法和本规定中所涉及的积极条件和消极条件，不宜增设其他条件，尤其是不能根据申请人的条件划分管理人的级别，分级管理；关于评定的标准，应当根据本规定第十条第二款列出的参考因素制定，该标准应当对相关因素确定评分办法，体现对管理人能力的要求；关于管理人的职责以及相应的法律责任要依照企业破产法和本规定的相关规定列明，包括编入管理人名册的社会中介机构和个人没有正当理由不得拒绝人民法院的指定或辞去管理人职务的情形。不能因上述几个方面的内容致使符合企业破产法规定的社会中介机构丧失申请人资格。当然，这样有可能增加法院的工作量，这就要求编制管理人名册的人民法院提高工作效率，加快推进编制名册的进程。

第二个问题是关于申请管理人应当提交的材料。本规定区分三种情形规定了申请人提出申请所应提交的材料：一是律师事务所和会计师事务所。这两种社会中介机构的设立有相应的法律规定，需要具备资质条件，并且有行业自律组织实行自我规范，一般具备担任管理人的专业能力，其承担民事责任由相应的法律和机构内的章程规定，在编入管理人名册时，更多需要关注的是其从事清算事务的实践经验和专业水准。二是破产清算事务所。破产清算事务所虽然也被企业破产法列为可以担任管理人的社会中介机构之一，但与律师事务所、会计师事务所不同的是，破产清算事务所的设立并没有相应的法律规定和严格的资质条件，也没有行业自律组织。其组织形式也多种多样，如有事业单位、国有独资企业、公司、合伙等。其设立按照咨询公司办理登记，新公司法施行前，最低注册资本为10万元，2005年修订的公司法施行后，有限责任公司最低注册资本为3万元，由于有限责任公司股东在注册资本范围内承担有限责任，上述注册资本与管理人可能承担的民事责任相比，显然相去甚远。破产清算事务所的人员构成也较为复杂，有具备资格证书的律师、会计师，还有的曾经是企业和国家机关的工作人员。因此，在将破产管理人编入管理人名册时，更需要关注的是其专业能力、承担民事责任的能力和以前从事破产清算事务的业绩。三是个人。从企业破产法第二十四条第二款的规定看，个人担任管理人首先是其所在社会中介机构被编入管理人名册；其次，该个人需具备相关专业知识并取得执业资格，从而将个人管理人限定为律师、会计师，而律师、会计师执业资格只能通过在律师事务所、会计师事务所执业取得，这就排除了破产清算事务所中的个人担任管理人的可能。企业破产法为保证个人担任管理人承担民事责任的能力，规定了个人担任管理人应当参加执业责任保险。因此，在个人编入管理人名册时，需要关注的是其执业资格、承担民事责任所需要的保险、从事破产清算事务的业绩情况等。

第三个问题是关于管理人名册的评审机制。为保证管理人名册编制工作的公平、公正，防止权力集中可能给人民法院带来的负面影响，编制管理人名册的人民法院需要组成一个临时机构完成此项工作。具体说主要是两个方面的内容：首先是临时机构的组成，评审委员会应当由四个方面的人员组成：一是审理企业破产案件审判庭的人员，这部分人员对企业破产法及破产案件的审理比较熟悉，有利于对管理人专业水准和执业能力的审查；二是法院内部司法技术辅助工作部门的人员，这部分人员在人民法院对外聘请社会中介机构进行审计、评估、拍卖等工作中具有较为丰富的经验，有利于对社会中介机构的综合评价；三是有关审判委员会委员，这部分人员有丰富的审判经验，具有较强的决策能力，有利于管理人名册编制的高效与公正；四是法院内部监察部门人员，这部分人员的介入有利于对此项工作的监督。根据《最高人民法院关于地方各级人民法院设立司法技术辅助工作机构的通知》的规定："高级人民法院与中级人民法院应根据实际工作需要设立独立建制的司法技术辅助工作机构，为审判工作和执行工作提供技术保障服务。有条件的基层人民法院，可以根据工作需要设立相应的机构。"司法技术辅助工作部门作为具体工作部门，负责申请材料的整理工作。其次是审定机制，对于社会中介机构和个人编入管理人名册需要考察的因素较多，以单一的投票表决难以体现申请人各自的综合条件。本规定设计了评分机制，由评审委员会根据申请人的情况和事先确定的评定标准打分，确定申请人的综合分数，从而体现择优编制名册的原则。这一机制既有参加人员及人数上的最低要求，又有评分机制的设计，可以将编制管理人名册权力适当分散，审定结果相对客观，有利于防止不良行为。

第四个问题是关于分批确定名单。本规定第十三条规定："人民法院可以根据本辖区的实际情况，分批确定编入管理人名册的社会中介机构及个人。"规定管理人名册可以择优分批编制，是基于以下几点理由：一是企业破产法施行准备期较短，需要人民法院尽快确定一批有经验的社会中介机构和个人编入管理人名册，以适应企业破产法施行时指定管理人的需要；二是表明人民法院编制的管理人名册是一个开放式的名册，未被编入名册的社会中介机构和个人并不是否认其担任管理人的资格，只是反映人民法院审理企业破产案件对管理人数量的客观需求；三是人民法院在完成第一批名册的编制工作后，可根据破产案件审理的实际需要编制后一批名单。

（五）关于三种类型管理人适用的案件

企业破产法规定了三种形式的管理人，即社会中介机构、社会中介机构中的个人和清算组，但对三者之间的关系，并未给予清晰的界定。从立法原意看，社会中介机构为管理人的主要形式，这与国外管理人绝大多数由个人担任的立法例有所不同，反映了立法机关对于在我国由个人担任管理人的责任能力心存疑虑，因此，根据立法本意，本规定将社会中介机构担任管理人作为首选方式，而将个人担任管理人和清算组担任管理人作为例外加以规定。关于个人为管理人适用的案件，本规定对企业破产法规定的"债务人的实际情况"从三个方面进行了界定，即"事实清楚、债权债务关系简单、债务人财产相对集中"，而没有规定是否为小额破产案件，主要是考虑标的额的大小固然是判断一个案件是否为简易案件的标准，但有时虽然标的额较大，但符合上述三个界定因素，亦未增加破产清算工作的复杂性，因此，未将标的额作为指定个人管理人的考虑因素。关于清算组适用的案件，由清算组担任管理人存在诸多弊端，如政府部门派出人员担任清算组成员只是兼职，清算效率没有保障；清算组作为临时性组织，没有责任财产，成员系无偿工作，对清算组违法失职行为难以追究法律责任。基于以上原因，对由清算组担任管理人应有所限制。本规定就清算组担任管理人案件的几种情形作出了规定：第一种案件是人民法院受理破产申请前已经进行清算并已组成清算组的。包括依公司法规定的公司强制清算、金融机构行政清理、清算程序中的清算组（或清理组）。破产前清算程序中的清算组在清算转入破产程序时并不能当然地被指定为管理人，人民法院应根据本规定第十九条规定的条件重新审查清算组成员的适格性。第二种案件是纳入国家计划的国有企业政策性破产案件可指定清算组担任管理人。企业破产法保留清算组这种管理人形式，主要是基于新旧法衔接和对国有企业政策性破产的考虑。尽管由政府有关机关人员组成清算组进行破产清算存在诸多弊端，但清算组在国有企业破产清算中也有积极作用的一面：政府有关部门参加清算，可以对破产清算中企业职工分流安置、退休人员移交社会化管理、非经营性资产的移交、长期投资的清理等工作提供行政上的支持与配合。第三种案件是其他法律规定企业破产时成立清算组的，其中"其他法律"主要是指商业银行法和保险法。商业银行法（2003年修正）第七十一条规定："商业银行被宣告破产的，由人民法院组织国务院银行业监督管理机构等有关部门和有关人员成立清算组，进行清算。"保险法（2002年修正）第八十七条规定："保险公司被宣告破产的，由人民法院组织保险监督管理机构等有关部门和有关人员成立清算组，进行清算。"虽然这两条规定都是在企业破产法公布之前法律的规定，不可能考虑到与管理人制度的衔接，但是，这两条毕竟还都是有效的法律规定，如果相关行政部门和监管部门提出参加破产清算，则只能通过清算组的形式进行。

（六）关于指定管理人的方式

关于管理人的指定方式，本规定依据不同情形规定了随机方式、竞争方式、接受推荐三种方式。随机产生是指定管理人的主要方式，之所以如此规定，主要是为避免在指定管理人的环节中过多的人为干预。有些同志认为破产案件的管理人工作情况复杂，对采取随机方式指定的管理人能否与破产案件难易程度相适应产生疑虑。我们认为，首先，随机指定方式针对的是一般破产案件，对于重大疑难或专业性强的金融机构破产案件本规定规定了其他的指定方式；其次，随机指定方式指定的范围限于管理人名册，人民法院在编制管理人名册时，即对社会中介机构和个人进行了筛选，编入名册的管理人应能具备一般破产案件的管理工作能力；再次，随机指定社会中介机构已经为破产案件审判实践所使用，在其他审判、执行案件中，也采取此种办法聘用社会中介机构，效果良好；最后，其他国家及地区为公平对待管理人也有采取轮候的随机方式指定管理人的做法。以随机方式指定管理人的工作宜由司法技术辅助工作部门完成。存在的问题是，根据《最高人民法院关于地方各级人民法院设立司法技术辅助工作机构的通知》的规定，中级以上人民法院应当设立司法技术辅助工作机构，基层人民法院只是在有条件的情况下设立相应机构。如果审理企业破产案件的基层人民法院没有设立相应机构，此项工作应由其内部的司法行政部门指派专人负责。

由于实践中出现的诸如证券公司、信托投资公司等金融机构破产，以及跨地区大型企业的破产，都不是一般社会中介机构能完成管理人工作的，因此，需要对此类企业破产案件指定管理人在随机方式以外另行加以规定。重大、疑难且报酬较高的案件，必然成为利益相关人竞逐的目标，如果没有较为严格的程序规定，容易出现问题，指定管理人的规定参考招投标的方式，设计了竞争指定管理人的方式。为保证竞争的公正性，规定采取了公告邀请的方式，且参与竞争的社会中介机构不限于本地的机构。因竞争方式费时、费力，如果出现以竞争方式指定的管理人不能履行管理人职责需要更换时，将使管理工作存在较长时间的空白，因此，规定在指定的同时应当确定一至两名后备人选。

金融机构破产具有特殊性，资产量大、涉及的债权人和债务人较多、政策性强、社会关注度高，其他国家一般都是通过特别程序进行清算，如美国就是以投资者保护法案规定的清算程序进行。基于其特殊性，对管理人的要求也要高于普通企业破产的管理人。企业破产法授权国务院对金融机构破产的事项制定办法。目前，国务院有关部门起草的相关规定中，已经考虑就此问题作出相应规定，因此，为衔接好行政清理、清算程序与破产程序，本规定规定，人民法院可以根据金融监管部门的推荐指定管理人。金融监管部门推荐的管理人一般都参加了金融机构的行政处置工作，对企业情况熟悉，由他们担任破产程序中的管理人，可以大大节省破产费用。这里应当注意的是，金融监管部门向法院推荐管理人的范围应限于编入管理人名册的社会中介机构，以保证所推荐的人选符合本规定所规定的管理人的基本条件。

（七）指定管理人的其他问题

一是管理人能否拒绝人民法院的指定。本规定第二十八条规定："管理人无正当理由，不得拒绝人民法院的指定。"首先，在法院指定管理人这种管理人选任模式下，管理人拒绝应选应当予以限制，因为，此种选任模式与债权人会议选任的模式不同，后者因为管理人与债权人会议是平等的当事人之间的委托或代理关系，该关系的成立与否取决于双方意思自治，但在法院指定管理人的模式下，具有公权力介入的因素。所以管理人拒绝人民法院的指定必须有正当理由，比如，与债务人有重大利害关系而在法院指定后主动披露，不接受指定。无正当理由拒绝的，则应受到处罚。其次，管理人名册的编制采取的是自愿申报、法院核准的方式，因此，社会中介机构或个人通过申请进入管理人名册，表明其承诺愿意承担管理人的职务，故没有正当理由，是不能拒绝人民法院指定的。最后，目前破产案件可供清偿的财产区别很大，相当一部分案件无产可破，或者清偿率很低，这部分案件管理人报酬相对较少，甚至没有。如果允许管理人因为此种考虑拒绝担任管理人，则会使法院指定管理人陷入困境。

二是关于"利害关系"。企业破产法第二十四条第三款第三项规定，与破产案件有利害关系的，不得担任管理人，本规定第二十六条、第二十七条分别从机构管理人和个人管理人的角度，对"利害关系"进行了细化，主要从业务关系、身份关系、亲属关系三个方面作出规定。管理人是否存在需要回避的事由，在很多情况下只有管理人自己最清楚，基于管理人负有谨慎、公正、忠实处理破产事务的基本义务，利害关系自查和披露义务是基本义务中的题中应有之义，在法院指定管理人的程序完成之前，管理人应主动回避并书面向法院说明情况。在法院指定管理人程序完成后，管理人应按辞职程序办理。如果管理人应当回避而没有回避，其行为则构成不能履行的情形。

三是关于指定管理人的法律文书。因不涉及裁判事项，人民法院应以决定书的形式指定管理人。管理人在被指定后对债务人进行接管，债务人的代表机关、意思表示机关均由管理人代之，管理人对外代表债务人，必须向债务人和债务人注册登记的工商行政管理机关送达管理人指定决定书，并向社会公告。此外，我国未建立公司解散登记制度，向债务人注册登记的工商行政管理机关送达管理人指定决定书可以在一定程度上弥补这一欠缺。根据企业破产法第十三条的规定，法院应当在裁定受理破产申请的同时，指定管理人；第十四条第二款第四项规定，人民法院裁定受理破产申请后应予以公告，公告应载明管理人的名称或者姓名及其处理事务的地址，因此，指定管理人的决定书应与受理破产申请的裁定一并公告。

(八)关于管理人的更换

对管理人不能胜任职责,债权人会议提出异议,管理人有正当理由请求辞去职务,人民法院发现管理人不能履行职责,以上情形都会导致管理人的更换。本规定对更换管理人的情形和程序进行了规定。

一是债权人的异议权和人民法院的职权。企业破产法第二十二条赋予债权人会议申请更换管理人的权利,这是破产程序中债权人意思自治与人民法院主导相结合的规定,是债权人对管理人行使监督权的具体落实。债权人会议可以申请人民法院更换管理人,人民法院亦可依职权径行更换管理人,这源于企业破产法赋予债权人会议和人民法院对管理人的监督权。由于管理人的更换直接涉及人民法院指定管理人程序的审查和重新启动,因此有必要对债权人会议申请更换管理人的理由以及法院解任管理人的理由进行细化,从而使法律规定的这一权利和程序具有操作性。但管理人是在法院受理破产案件的同时即被指定管理破产财产的,在债权人会议召开之前,管理人已经进行了大量工作,许多工作已经不可逆,此时随意撤换管理人,会对破产财产保全及破产程序的顺利进行造成不利影响。故债权人会议不能随意行使异议权,必须经过债权人会议的合法表决,且应当提出具体的更换理由。在人民法院作出更换或不更换的决定后,是否赋予管理人或债权人会议复议权,在起草规定的过程中有过反复,最终没有赋予管理人和债权人会议复议权。理由是:在管理人与法院、债权人会议的关系问题上,企业破产法明确规定管理人由法院指定,这意味着管理人是否胜任职责的最终决定权在法院,虽然债权人会议有监督和申请更换的权利,如果在此问题上设计的程序过于复杂,必然会影响破产程序的效率。

二是管理人辞去职务。管理人无正当理由不得辞职,这也是许多国家破产法的一致规定。之所以限制管理人辞职,是因为管理人处理破产事务的统一性和稳定性是破产程序顺利进行的保证,一旦更换管理人,会延误破产程序的进行,增加破产费用,导致债权人利益受损。另外,管理人一旦被指定,就负有尽心尽力、尽职尽责处理破产事务的义务,没有正当理由是不得辞职的。本规定第三十三条、第三十四条分别规定了机构和个人不宜继续担任管理人的情形,管理人有相关情形时,以此为理由构成正当理由,人民法院应当许可管理人辞去职务。管理人辞职或被解除职务后的工作移交、工作进度交代,应视为管理人的延伸职责;并且在该破产案件终结前,原管理人有义务就其原履行职务的情况接受询问。如果原管理人拒绝或客观上不能履行其延伸职责,新管理人有权直接接管。为保证破产程序不因原管理人的辞职受到影响,尤其是对原管理人前期工作的监督和继续,需要原管理人承担相应的报告义务。

(九)关于指定管理人的规定施行时间

最高人民法院公告确定的本规定施行时间为2007年6月1日,这是由于本规定是企业破产法授权最高人民法院制定的,在企业破产法未施行的情况下,本规定先于企业破产法施行没有法律依据。但是,为保证管理人制度在企业破产法施行时即能够得到适用,从本规定公布之日起,相关人民法院即应参照其中有关管理人名册的规定,编制本辖区的管理人名册。

(撰稿人:高民尚)

最高人民法院
关于审理企业破产案件确定管理人报酬的规定

法释〔2007〕9号

（2007年4月4日最高人民法院审判委员会第1422次会议通过 2007年4月12日最高人民法院公告公布 自2007年6月1日起施行）

为公正、高效审理企业破产案件，规范人民法院确定管理人报酬工作，根据《中华人民共和国企业破产法》的规定，制定本规定。

第一条 管理人履行企业破产法第二十五条规定的职责，有权获得相应报酬。

管理人报酬由审理企业破产案件的人民法院依据本规定确定。

第二条 人民法院应根据债务人最终清偿的财产价值总额，在以下比例限制范围内分段确定管理人报酬：

（一）不超过一百万元（含本数，下同）的，在12%以下确定；

（二）超过一百万元至五百万元的部分，在10%以下确定；

（三）超过五百万元至一千万元的部分，在8%以下确定；

（四）超过一千万元至五千万元的部分，在6%以下确定；

（五）超过五千万元至一亿元的部分，在3%以下确定；

（六）超过一亿元至五亿元的部分，在1%以下确定；

（七）超过五亿元的部分，在0.5%以下确定。

担保权人优先受偿的担保物价值，不计入前款规定的财产价值总额。

高级人民法院认为有必要的，可以参照上述比例在30%的浮动范围内制定符合当地实际情况的管理人报酬比例限制范围，并通过当地有影响的媒体公告，同时报最高人民法院备案。

第三条 人民法院可以根据破产案件的实际情况，确定管理人分期或者最后一次性收取报酬。

第四条 人民法院受理企业破产申请后，应当对债务人可供清偿的财产价值和管理人的工作量作出预测，初步确定管理人报酬方案。管理人报酬方案应当包括管理人报酬比例和收取时间。

第五条 人民法院采取公开竞争方式指定管理人的，可以根据社会中介机构提出的报价确定管理人报酬方案，但报酬比例不得超出本规定第二条规定的限制范围。

上述报酬方案一般不予调整，但债权人会议异议成立的除外。

第六条 人民法院应当自确定管理人报酬方案之日起三日内，书面通知管理人。

管理人应当在第一次债权人会议上报告管理人报酬方案内容。

第七条 管理人、债权人会议对管理人报酬方案有意见的，可以进行协商。双方就调整管理人报酬方案内容协商一致的，管理人应向人民法院书面提出具体的请求和理由，并附相应的债权人会议决议。

人民法院经审查认为上述请求和理由不违反法律和行政法规强制性规定，且不损害他人合法权益的，应当按照双方协商的结果调整管理人报酬方案。

第八条 人民法院确定管理人报酬方案后，可以根据破产案件和管理人履行职责的实际情况进行调整。

人民法院应当自调整管理人报酬方案之日起三日内，书面通知管理人。管理人应当自收到上述通知之日起三日内，向债权人委员会或者债权人会议主席报告管理人报酬方案调整内容。

第九条 人民法院确定或者调整管理人报酬方案时，应当考虑以下因素：

（一）破产案件的复杂性；
（二）管理人的勤勉程度；
（三）管理人为重整、和解工作做出的实际贡献；
（四）管理人承担的风险和责任；
（五）债务人住所地居民可支配收入及物价水平；
（六）其他影响管理人报酬的情况。

第十条 最终确定的管理人报酬及收取情况，应列入破产财产分配方案。在和解、重整程序中，管理人报酬方案内容应列入和解协议草案或重整计划草案。

第十一条 管理人收取报酬，应当向人民法院提出书面申请。申请书应当包括以下内容：

（一）可供支付报酬的债务人财产情况；
（二）申请收取报酬的时间和数额；
（三）管理人履行职责的情况。

人民法院应当自收到上述申请书之日起十日内，确定支付管理人的报酬数额。

第十二条 管理人报酬从债务人财产中优先支付。

债务人财产不足以支付管理人报酬和管理人执行职务费用的，管理人应当提请人民法院终结破产程序。但债权人、管理人、债务人的出资人或者其他利害关系人愿意垫付上述报酬和费用的，破产程序可以继续进行。

上述垫付款项作为破产费用从债务人财产中向垫付人随时清偿。

第十三条 管理人对担保物的维护、变现、交付等管理工作付出合理劳动的，有权向担保权人收取适当的报酬。管理人与担保权人就上述报酬数额不能协商一致的，人民法院应当参照本规定第二条规定的方法确定，但报酬比例不得超出该条规定限制范围的10%。

第十四条 律师事务所、会计师事务所通过聘请本专业的其他社会中介机构或者人员协助履行管理人职责的，所需费用从其报酬中支付。

破产清算事务所通过聘请其他社会中介机构或者人员协助履行管理人职责的，所需费用从其报酬中支付。

第十五条 清算组中有关政府部门派出的工作人员参与工作的不收取报酬。其他机构或人员的报酬根据其履行职责的情况确定。

第十六条 管理人发生更换的，人民法院应当分别确定更换前后的管理人报酬。其报酬比例总和不得超出本规定第二条规定的限制范围。

第十七条 债权人会议对管理人报酬有异议的，应当向人民法院书面提出具体的请求和理由。异议书应当附有相应的债权人会议决议。

第十八条 人民法院应当自收到债权人会议异议书之日起三日内通知管理人。管理人应当自收到通知之日起三日内作出书面说明。

人民法院认为有必要的，可以举行听证会，听取当事人意见。

人民法院应当自收到债权人会议异议书之日起十日内，就是否调整管理人报酬问题书面通知管理人、债权人委员会或者债权人会议主席。

【解读】

解读《关于审理企业破产案件确定管理人报酬的规定》

一、问题的提出

根据企业破产法第二十二条第三款的规定，指定管理人和确定管理人报酬的办法，由最高人民法院规定。2007年4月12日，最高人民法院公布了由本院审判委员会第1422次会议通过的《最高人民法院关于审理企业破产案件确定管理人报酬的规定》（以下简称本规定），该规定于2007年6月1日起施行。

二、理解与适用

（一）关于人民法院与债权人会议在确定管理人报酬问题上的作用

（1）在破产案件之初，管理人需要立即开展大量工作，此时需要同时确定报酬方案，这比较符合专业服务工作的特点。但此时债权人会议尚无法召开，无法在前期有效地介入，故实践中难以实现债权人会议参与管理人报酬方案的确定。（2）由于债权人与管理人存在利益冲突，如管理人报酬完全由债权人会议决定，管理人利益难以得到有效保护。债权人会议也有可能形成决议恶意损害管理人权益，令管理人难以正常开展工作。（3）在确定管理人报酬过程中，重视债权人会议作用的同时，也要注意到召开债权人会议程序上的复杂性。破产程序中，只有抽象的债权人整体利益，还不能具体地指认某一位具体的债权人利益，不同的债权人可能产生利益冲突。因此，债权人会议作为一个存在矛盾冲突的临时机构，不是一个利益完全一致的主体，有可能难以产生一致的决议，导致管理人报酬问题久拖不决。（4）企业破产法第二十八条第二款规定了债权人会议对管理人的报酬有异议的，有权向人民法院提出。可见，从立法的角度看，债权人在管理人报酬问题上的权利是异议权而非决定权。因此，本规定确定人民法院拥有管理人报酬的决定权，债权人会议拥有知情权、协商权和异议权。

（二）关于确定管理人报酬的方法

（1）目前全面推广按时间计酬法尚不成熟，配套体制欠缺，道德风险高，社会认知度差；（2）按标的额计酬法简单易行，社会公众易于接受；（3）按标的额计酬法特有的激励机制鼓励管理人多收回财产，有利于保护债权人利益；（4）国际上多数国家和地区采取按标的额计酬法确定管理人报酬。因此，本规定采取按标的额计酬的方法确定管理人报酬。

(三) 关于管理人报酬的确定程序

管理人的报酬与其工作业绩有关,而破产案件一般历时较长,管理人既不可能在案件初期得到所有报酬,也不可能在较长工作时间里对报酬问题不管不问,故多数国家或地区都采取事先确定方案、事中观察调整、事后实际支付的做法,类似于财政支出中预算、决算程序。

本规定采取了同样的确定程序,即人民法院在受理破产案件后,应当对管理人的工作量作出初步预测并决定管理人报酬方案,确定管理人报酬计算标准和收取时间;人民法院决定管理人报酬方案后,可以根据破产案件和管理人执行职务的实际情况对原方案进行调整;管理人最终按照管理人报酬方案确定的内容收取报酬。

(四) 关于管理人报酬比例限制范围

管理人报酬应当有个基本的上限。如果管理人报酬没有上限,一方面,债务人财产中大部分甚至全部被管理人收取,债权人公平受偿的目的无法实现,管理人职能本末倒置;另一方面,债权人无法预期未来实际的债权清偿情况,可能对申请债务人破产望而却步。所以,对于管理人最高报酬作出合理限制是必要的。

参考国外的相关立法例并结合我国的实际情况,本规定以债务人最终清偿的财产价值作为计酬标的,分段规定了管理人报酬的上限比例。据此,债务人最终清偿的财产价值(注:按照平均清偿率为10%计算,债务人的债务规模一般是该标的额的十倍左右)为100万元、500万元、1000万元、5000万元、1亿元、5亿元、10亿元的,管理人报酬的上限分别为12万元、52万元、92万元、332万元、482万元、882万元、1132万元。

本规定确定的管理人报酬比例上限,具有以下特点:(1) 与其他国家或地区相比,本规定内容具体、标准适中、符合实际、易于掌握。本规定在起草过程中,既注意吸收借鉴国际成熟经验,也注意结合我国实际,是综合考量的结果。(2) 与国内其他行业报酬相比,本规定确定的管理人报酬比例价格适当。从事管理人职业的多为律师、会计师等,管理人报酬水平与上述专业人员在同等时间内从事本专业的平均报酬水平基本一致,同时也照顾到管理人工作专业强、任务重、时间长、责任大等特点。(3) 本规定特别注意不同地区差异问题。就管理人报酬的上限标准,广泛征求了东部经济发达地区以及中西部经济欠发达地区的意见,进行了反复修改,反映了地区差异实际。(4) 管理人报酬与管理人素质息息相关,过低的报酬将无法吸引高素质的专业人员从事管理人事业。本规定具有一定的前瞻性。

我国地区经济发展水平差异较大,管理人报酬比例限制范围应当重视不同地区的差异性,留出二次调整的机会,保证管理人报酬比例上限在不同地区的合理性。为此,本规定授权各高级人民法院可以根据当地实际的经济发展水平,在本规定确定标准的一定幅度内上下调整上限比例,制定符合本地实际情况的管理人报酬比例限制范围。

(五) 关于债务人财产不足以支付管理人报酬问题

破产程序的一个重要功能是检验债务人是否存在欺诈,并通过撤销等手段追索债务人隐匿转移的财产。如果将表面上"无产可破"的债务人一律拒之破产程序之外,可能纵容债务人的逃债行为。因为债务人将财产转移得越干净,支付管理人报酬的可能性越低,而通过破产程序发现追回债务人逃债财产的可能性也越低。这样将形成债务人逃债越彻底,债务人越安全的法律漏洞。因此各个国家和地区设计出很多办法,在债务人表面上无产可破但可能存在隐蔽财产时将破产程序进行下去:包括:(1)交叉补贴;(2)政府拨款;(3)特殊税收;(4)法院收取额外费用;(5)利害关系人垫款。

上述办法各有利弊。第一种办法与管理人指定办法相关,目前条件下尚无法采取所有破产案件一律由人民法院直接指定管理人的办法,故交叉补贴的办法无法采用。第二种、第三种办法现实中矛盾最小,法理上最为公平,但由于涉及国家财政税收问题,目前无法实施。第四种办法与第二种、第三种办法相类似,同样涉及法院额外收取附加费的问题,目前条件尚不成熟。相比而言,第五种方法较为切实可行。因为债务人转移财产的行为必然会影响到一定的利害关系人,这些利害关系人具有通过破产程序挽回损失的利益驱动,其垫付一部分款项使破产程序继续下去,符合包括垫付人在内的各方当事人利益。本规定采用了这种办法。

(六)关于在和解重整程序中如何确定管理人报酬问题

和解重整程序具有挽救企业的功能,管理人应当为促成和解重整做出努力。但按标的额计酬的方法缺乏对管理人促成和解重整的激励机制,是否可以针对和解重整程序规定管理人报酬特殊办法呢?

现实中和解重整案件情况复杂多样,与破产清算相比,给管理人的工作带来的变化并不确定。和解重整成功有的依赖于管理人的努力,有的并不需要:管理人负责经营债务人业务的,增加了管理人工作量;债务人自行经营业务的,相反减少了管理人工作量;认识不一致的债权人谈判会增加管理人工作量,而认识一致的债权人谈判将使管理人迅速解脱;和解重整程序可能因顺利执行而终结,也可能因执行失败重新转为清算。可见,和解重整程序对管理人报酬的影响具有很大的不确定性,制定出针对和解重整程序的管理人报酬特殊办法是非常困难的。

和解重整程序中,仍然有财产清偿的问题,故一般情况下仍然可以依照按标的额计酬的方法确定报酬。为调动管理人的积极性,本规定在衡量因素中增加了"管理人为促成和解、重整所作的实际贡献"的规定。确有贡献的管理人可以据此获得提高报酬比例的机会。管理人在重整程序中负责经营债务人业务或在较长时间内需要履行重整监督职责的,人民法院也可以根据衡量因素中有关"破产案件复杂性"的规定上调管理人报酬比例。

(七)关于担保物管理报酬问题

管理人对担保物的维护、变现、交付等管理工作付出合理劳动的,如何收取相应报酬问题具有很强的现实意义。在普通案件中,上述工作是债务人的合同义务,履行该义务发生的成本亦应由债务人承担。但在破产案件中简单由债务人财产中支付必然会影响无担保普通债务人利益,使得无担保的普通债权人为管理人的这部分劳动支付报酬,而管理人的这部分劳动并不会给普通债权人带来利益。普通债权人很难接受自己为他人利益买单的现实。本规定采取了折中方案,规定管理人对担保物的维护、变现、交付等管理工作付出合理劳动的,由担保权人在优先受偿的担保物价值一定比例范围内给予管理人适当的报酬。

管理人报酬应与破产案件和管理人履行职责的实际情况相称,管理人服务价格应在管理人付出的成本和获得的收益之间达到平衡，以便吸引合适的专业人员担当此任，又不损害债权人、债务人的合法利益。本规定力求实现上述目的。

（撰稿人：杨征宇）

最高人民法院
关于审理企业破产案件若干问题的规定

法释〔2002〕23号

（2002年7月18日最高人民法院审判委员会第1232次会议通过
2002年7月30日最高人民法院公告公布 自2002年9月1日起施行）

为正确适用《中华人民共和国企业破产法（试行）》（以下简称企业破产法）、《中华人民共和国民事诉讼法》（以下简称民事诉讼法），规范对企业破产案件的审理，结合人民法院审理企业破产案件的实际情况，特制定以下规定。

一、关于企业破产案件管辖

第一条 企业破产案件由债务人住所地人民法院管辖。债务人住所地指债务人的主要办事机构所在地。债务人无办事机构的，由其注册地人民法院管辖。

第二条 基层人民法院一般管辖县、县级市或者区的工商行政管理机关核准登记企业的破产案件；

中级人民法院一般管辖地区、地级市（含本级）以上的工商行政管理机关核准登记企业的破产案件；

纳入国家计划调整的企业破产案件，由中级人民法院管辖。

第三条 上级人民法院审理下级人民法院管辖的企业破产案件，或者将本院管辖的企业破产案件移交下级人民法院审理，以及下级人民法院需要将自己管辖的企业破产案件交由上级人民法院审理的，依照民事诉讼法第三十九条的规定办理；省、自治区、直辖市范围内因特殊情况需对个别企业破产案件的地域管辖作调整的，须经共同上级人民法院批准。

二、关于破产申请与受理

第四条 申请（被申请）破产的债务人应当具备法人资格，不具备法人资格的企业、个体工商户、合伙组织、农村承包经营户不具备破产主体资格。

第五条 国有企业向人民法院申请破产时，应当提交其上级主管部门同意其破产的文件；其他企业应当提供其开办人或者股东会议决定企业破产的文件。

第六条 债务人申请破产，应当向人民法院提交下列材料：

（一）书面破产申请；

（二）企业主体资格证明；

（三）企业法定代表人与主要负责人名单；

（四）企业职工情况和安置预案；

（五）企业亏损情况的书面说明，并附审计报告；

（六）企业至破产申请日的资产状况明细表，包括有形资产、无形资产和企业投资情况等；

（七）企业在金融机构开设账户的详细情况，包括开户审批材料、账号、资金等；

（八）企业债权情况表，列明企业的债务人名称、住所、债务数额、发生时间和催讨偿还情况；

（九）企业债务情况表，列明企业的债权人名称、住所、债权数额、发生时间等；

（十）企业涉及的担保情况；

（十一）企业已发生的诉讼情况；

（十二）人民法院认为应当提交的其他材料。

第七条 债权人申请债务人破产，应当向人民法院提交下列材料：

（一）债权发生的事实与证据；

（二）债权性质、数额、有无担保，并附证据；

（三）债务人不能清偿到期债务的证据。

第八条 债权人申请债务人破产，人民法院可以通知债务人核对以下情况：

（一）债权的真实性；

（二）债权在债务人不能偿还的到期债务中所占的比例；

（三）债务人是否存在不能清偿到期债务的情况。

第九条 债权人申请债务人破产，债务人对债权人的债权提出异议，人民法院认为异议成立的，应当告知债权人先行提起民事诉讼。破产申请不予受理。

第十条 人民法院收到破产申请后，应当在七日内决定是否立案；破产申请人提交的材料需要更正、补充的，人民法院可以责令申请人限期更正、补充。按期更正、补充材料的，人民法院自收到更正补充材料之日起七日内决定是否立案；未按期更正、补充的，视为撤回申请。

人民法院决定受理企业破产案件的，应当制作案件受理通知书，并送达申请人和债务人。通知书作出时间为破产案件受理时间。

第十一条 在人民法院决定受理企业破产案件前，破产申请人可以请求撤回破产申请。

人民法院准许申请人撤回破产申请的，在撤回破产申请之前已经支出的费用由破产申请人承担。

第十二条 人民法院经审查发现有下列情况的，破产申请不予受理：

（一）债务人有隐匿、转移财产等行为，为了逃避债务而申请破产的；

（二）债权人借破产申请毁损债务人商业信誉，意图损害公平竞争的。

第十三条 人民法院对破产申请不予受理的，应当作出裁定。

破产申请人对不予受理破产申请的裁定不服的，可以在裁定送达之日起十日内向上一级人民法院提起上诉。

第十四条 人民法院受理企业破产案件后，发现不符合法律规定的受理条件或者有本规定第十二条所列情形的，应当裁定驳回破产申请。

人民法院受理债务人的破产申请后，发现债务人巨额财产下落不明且不能合理解释财产去向的，应当裁定驳回破产申请。

破产申请人对驳回破产申请的裁定不服的,可以在裁定送达之日起十日内向上一级人民法院提起上诉。

第十五条 人民法院决定受理企业破产案件后,应当组成合议庭,并在十日内完成下列工作:

(一)将合议庭组成人员情况书面通知破产申请人和被申请人,并在法院公告栏张贴企业破产受理公告。公告内容应当写明:破产申请受理时间、债务人名称,申报债权的期限、地点和逾期未申报债权的法律后果、第一次债权人会议召开的日期、地点;

(二)在债务人企业发布公告,要求保护好企业财产,不得擅自处理企业的账册、文书、资料、印章,不得隐匿、私分、转让、出售企业财产;

(三)通知债务人立即停止清偿债务,非经人民法院许可不得支付任何费用;

(四)通知债务人的开户银行停止债务人的结算活动,并不得扣划债务人款项抵扣债务。但经人民法院依法许可的除外。

第十六条 人民法院受理债权人提出的企业破产案件后,应当通知债务人在十五日内向人民法院提交有关会计报表、债权债务清册、企业资产清册以及人民法院认为应当提交的资料。

第十七条 人民法院受理企业破产案件后,除应当按照企业破产法第九条的规定通知已知的债权人外,还应当于三十日内在国家、地方有影响的报纸上刊登公告,公告内容同第十五条第(一)项的规定。

第十八条 人民法院受理企业破产案件后,除可以随即进行破产宣告成立清算组的外,在企业原管理组织不能正常履行管理职责的情况下,可以成立企业监管组。企业监管组成员从企业上级主管部门或者股东会议代表、企业原管理人员、主要债权人中产生,也可以聘请会计师、律师等中介机构参加。企业监管组主要负责处理以下事务:

(一)清点、保管企业财产;

(二)核查企业债权;

(三)为企业利益而进行的必要的经营活动;

(四)支付人民法院许可的必要支出;

(五)人民法院许可的其他工作。

企业监管组向人民法院负责,接受人民法院的指导、监督。

第十九条 人民法院受理企业破产案件后,以债务人为原告的其他民事纠纷案件尚在一审程序的,受诉人民法院应当将案件移送受理破产案件的人民法院;案件已进行到二审程序的,受诉人民法院应当继续审理。

第二十条 人民法院受理企业破产案件后,对债务人财产的其他民事执行程序应当中止。

以债务人为被告的其他债务纠纷案件,根据下列不同情况分别处理:

(一)已经审结但未执行完毕的,应当中止执行,由债权人凭生效的法律文书向受理破产案件的人民法院申报债权。

(二)尚未审结且无其他被告和无独立请求权的第三人的,应当中止诉讼,由债权人向受理破产案件的人民法院申报债权。在企业被宣告破产后,终结诉讼。

(三)尚未审结并有其他被告或者无独立请求权的第三人的,应当中止诉讼,由债权人向受理破产案件的人民法院申报债权。待破产程序终结后，恢复审理。

（四）债务人系从债务人的债务纠纷案件继续审理。

三、关于债权申报

第二十一条 债权人申报债权应当提交债权证明和合法有效的身份证明；代理申报人应当提交委托人的有效身份证明、授权委托书和债权证明。

申报的债权有财产担保的，应当提交证明财产担保的证据。

第二十二条 人民法院在登记申报的债权时，应当记明债权人名称、住所、开户银行、申报债权数额、申报债权的证据、财产担保情况、申报时间、联系方式以及其他必要的情况。

已经成立清算组的，由清算组进行上述债权登记工作。

第二十三条 连带债务人之一或者数人破产的，债权人可就全部债权向该债务人或者各债务人行使权利，申报债权。债权人未申报债权的，其他连带债务人可就将来可能承担的债务申报债权。

第二十四条 债权人虽未在法定期间申报债权，但有民事诉讼法第七十六条规定情形的，在破产财产分配前可向清算组申报债权。清算组负责审查其申报的债权，并由人民法院审查确定。债权人会议对人民法院同意该债权人参加破产财产分配有异议的，可以向人民法院申请复议。

四、关于破产和解与破产企业整顿

第二十五条 人民法院受理企业破产案件后，在破产程序终结前，债务人可以向人民法院申请和解。人民法院在破产案件审理过程中，可以根据债权人、债务人具体情况向双方提出和解建议。

人民法院作出破产宣告裁定前，债权人会议与债务人达成和解协议并经人民法院裁定认可的，由人民法院发布公告，中止破产程序。

人民法院作出破产宣告裁定后，债权人会议与债务人达成和解协议并经人民法院裁定认可，由人民法院裁定中止执行破产宣告裁定，并公告中止破产程序。

第二十六条 债务人不按和解协议规定的内容清偿全部债务的，相关债权人可以申请人民法院强制执行。

第二十七条 债务人不履行或者不能履行和解协议的，经债权人申请，人民法院应当裁定恢复破产程序。和解协议系在破产宣告前达成的，人民法院应当在裁定恢复破产程序的同时裁定宣告债务人破产。

第二十八条 企业由债权人申请破产的，如被申请破产的企业系国有企业，依照企业破产法第四章的规定，其上级主管部门可以申请对该企业进行整顿。整顿申请应当在债务人被宣告破产前提出。

企业无上级主管部门的，企业股东会议可以通过决议并以股东会议名义申请对企业进行整顿。整顿工作由股东会议指定人员负责。

第二十九条 企业整顿期间，企业的上级主管部门或者负责实施整顿方案的人员应当定期向债权人会议和人民法院报告整顿情况、和解协议执行情况。

第三十条 企业整顿期间，对于债务人财产的执行仍适用企业破产法第十一条的规定。

五、关于破产宣告

第三十一条 企业破产法第三条第一款规定的"不能清偿到期债务"是指：

（一）债务的履行期限已届满；

（二）债务人明显缺乏清偿债务的能力。

债务人停止清偿到期债务并呈连续状态，如无相反证据，可推定为"不能清偿到期债务"。

第三十二条 人民法院受理债务人破产案件后，有下列情形之一的，应当裁定宣告债务人破产：

（一）债务人不能清偿债务且与债权人不能达成和解协议的；

（二）债务人不履行或者不能履行和解协议的；

（三）债务人在整顿期间有企业破产法第二十一条规定情形的；

（四）债务人在整顿期满后有企业破产法第二十二条第二款规定情形的。

宣告债务人破产应当公开进行。由债权人提出破产申请的，破产宣告时应当通知债务人到庭。

第三十三条 债务人自破产宣告之日起停止生产经营活动。为债权人利益确有必要继续生产经营的，须经人民法院许可。

第三十四条 人民法院宣告债务人破产后，应当通知债务人的开户银行，限定其银行账户只能由清算组使用。人民法院通知开户银行时应当附破产宣告裁定书。

第三十五条 人民法院裁定宣告债务人破产后应当发布公告，公告内容包括债务人亏损情况、资产负债状况、破产宣告时间、破产宣告理由和法律依据以及对债务人的财产、账册、文书、资料和印章的保护等内容。

第三十六条 破产宣告后，破产企业的财产在其他民事诉讼程序中被查封、扣押、冻结的，受理破产案件的人民法院应当立即通知采取查封、扣押、冻结措施的人民法院予以解除，并向受理破产案件的人民法院办理移交手续。

第三十七条 企业被宣告破产后，人民法院应当指定必要的留守人员。破产企业的法定代表人、财会、财产保管人员必须留守。

第三十八条 破产宣告后，债权人或者债务人对破产宣告有异议的，可以在人民法院宣告企业破产之日起十日内，向上一级人民法院申诉。上一级人民法院应当组成合议庭进行审理，并在三十日内作出裁定。

六、关于债权人会议

第三十九条 债权人会议由申报债权的债权人组成。

债权人会议主席由人民法院在有表决权的债权人中指定。必要时，人民法院可以指定多名债权人会议主席，成立债权人会议主席委员会。

少数债权人拒绝参加债权人会议，不影响会议的召开。但债权人会议不得作出剥夺其对破产财产受偿的机会或者不利于其受偿的决议。

第四十条 第一次债权人会议应当在人民法院受理破产案件公告三个月期满后召开。除债务人的财产不足以支付破产费用，破产程序提前终结外，不得以一般债权的清偿率为零为理由取消债权人会议。

第四十一条 第一次债权人会议由人民法院召集并主持。人民法院除完成本规定第十七条确定的工作外，还应当做好以下准备工作：

（一）拟订第一次债权人会议议程；
（二）向债务人的法定代表人或者负责人发出通知，要求其必须到会；
（三）向债务人的上级主管部门、开办人或者股东会议代表发出通知，要求其派员列席会议；
（四）通知破产清算组成员列席会议；
（五）通知审计、评估人员参加会议；
（六）需要提前准备的其他工作。

第四十二条 债权人会议一般包括以下内容：
（一）宣布债权人会议职权和其他有关事项；
（二）宣布债权人资格审查结果；
（三）指定并宣布债权人会议主席；
（四）安排债务人法定代表人或者负责人接受债权人询问；
（五）由清算组通报债务人的生产经营、财产、债务情况并作清算工作报告和提出财产处理方案及分配方案；
（六）讨论并审查债权的证明材料、债权的财产担保情况及数额、讨论通过和解协议、审阅清算组的清算报告、讨论通过破产财产的处理方案与分配方案等。讨论内容应当记明笔录。债权人对人民法院或者清算组登记的债权提出异议的，人民法院应当及时审查并作出裁定；
（七）根据讨论情况，依照企业破产法第十六条的规定进行表决。

以上第（五）至（七）项议程内的工作在本次债权人会议上无法完成的，交由下次债权人会议继续进行。

第四十三条 债权人认为债权人会议决议违反法律规定或者侵害其合法权益的，可以在债权人会议作出决议后七日内向人民法院提出，由人民法院依法裁定。

第四十四条 清算组财产分配方案经债权人会议两次讨论未获通过的，由人民法院依法裁定。

对前款裁定，占无财产担保债权总额半数以上债权的债权人有异议的，可以在人民法院作出裁定之日起十日内向上一级人民法院申诉。上一级人民法院应当组成合议庭进行审理，并在三十日内作出裁定。

第四十五条 债权人可以委托代理人出席债权人会议，并可以授权代理人行使表决权。代理人应当向人民法院或者债权人会议主席提交授权委托书。

第四十六条 第一次债权人会议后又召开债权人会议的，债权人会议主席应当在发出会议通知前三日报告人民法院，并由会议召集人在开会前十五日将会议时间、地点、内容、目的等事项通知债权人。

七、关于清算组

第四十七条 人民法院应当自裁定宣告企业破产之日起十五日内成立清算组。

第四十八条 清算组成员可以从破产企业上级主管部门、清算中介机构以及会计、律师中产生，也可以从政府财政、工商管理、计委、经委、审计、税务、物价、劳动、社会保险、土地管理、国有资产管理、人事等部门中指定。人民银行分（支）行可以按照有关规定派人参加清算组。

第四十九条 清算组经人民法院同意可以聘请破产清算机构、律师事务所、会计事务所等中介机构承担一定的破产清算工作。中介机构就清算工作向清算组负责。

第五十条 清算组的主要职责是：

（一）接管破产企业。向破产企业原法定代表人及留守人员接收原登记造册的资产明细表、有形资产清册，接管所有财产、账册、文书档案、印章、证照和有关资料。破产宣告前成立企业监管组的，由企业监管组和企业原法定代表人向清算组进行移交；

（二）清理破产企业财产，编制财产明细表和资产负债表，编制债权债务清册，组织破产财产的评估、拍卖、变现；

（三）回收破产企业的财产，向破产企业的债务人、财产持有人依法行使财产权利；

（四）管理、处分破产财产，决定是否履行合同和在清算范围内进行经营活动。确认别除权、抵销权、取回权；

（五）进行破产财产的委托评估、拍卖及其他变现工作；

（六）依法提出并执行破产财产处理和分配方案；

（七）提交清算报告；

（八）代表破产企业参加诉讼和仲裁活动；

（九）办理企业注销登记等破产终结事宜；

（十）完成人民法院依法指定的其他事项。

第五十一条 清算组对人民法院负责并且报告工作，接受人民法院的监督。人民法院应当及时指导清算组的工作，明确清算组的职权与责任，帮助清算组拟订工作计划，听取清算组汇报工作。

清算组有损害债权人利益的行为或者其他违法行为的，人民法院可以根据债权人的申请或者依职权予以纠正。

人民法院可以根据债权人的申请或者依职权更换不称职的清算组成员。

第五十二条 清算组应当列席债权人会议，接受债权人会议的询问。债权人有权查阅有关资料、询问有关事项；清算组的决定违背债权人利益的，债权人可以申请人民法院裁定撤销该决定。

第五十三条 清算组对破产财产应当及时登记、清理、审计、评估、变价。必要时，可以请求人民法院对破产企业财产进行保全。

第五十四条 清算组应当采取有效措施保护破产企业的财产。债务人的财产权利如不依法登记或者及时行使将丧失权利的，应当及时予以登记或者行使；对易损、易腐、跌价或者保管费用较高的财产应当及时变卖。

八、关于破产债权

第五十五条 下列债权属于破产债权：

（一）破产宣告前发生的无财产担保的债权；

（二）破产宣告前发生的虽有财产担保但是债权人放弃优先受偿的债权；

（三）破产宣告前发生的虽有财产担保但是债权数额超过担保物价值部分的债权；

（四）票据出票人被宣告破产，付款人或者承兑人不知其事实而向持票人付款或者承兑所产生的债权；

（五）清算组解除合同，对方当事人依法或者依照合同约定产生的对债务人可以用货币计算的债权；

（六）债务人的受托人在债务人破产后，为债务人的利益处理委托事务所发生的债权；

（七）债务人发行债券形成的债权；

（八）债务人的保证人代替债务人清偿债务后依法可以向债务人追偿的债权；

（九）债务人的保证人按照《中华人民共和国担保法》第三十二条的规定预先行使追偿权而申报的债权；

（十）债务人为保证人的，在破产宣告前已经被生效的法律文书确定承担的保证责任；

（十一）债务人在破产宣告前因侵权、违约给他人造成财产损失而产生的赔偿责任；

（十二）人民法院认可的其他债权。

以上第（五）项债权以实际损失为计算原则。违约金不作为破产债权，定金不再适用定金罚则。

第五十六条 因企业破产解除劳动合同，劳动者依法或者依据劳动合同对企业享有的补偿金请求权，参照企业破产法第三十七条第二款第（一）项规定的顺序清偿。

第五十七条 债务人所欠非正式职工（含短期劳动工）的劳动报酬，参照企业破产法第三十七条第二款第（一）项规定的顺序清偿。

第五十八条 债务人所欠企业职工集资款，参照企业破产法第三十七条第二款第（一）项规定的顺序清偿。但对违反法律规定的高额利息部分不予保护。

职工向企业的投资，不属于破产债权。

第五十九条 债务人退出联营应当对该联营企业的债务承担责任的，联营企业的债权人对该债务人享有的债权属于破产债权。

第六十条 与债务人互负债权债务的债权人可以向清算组请求行使抵销权，抵销权的行使应当具备以下条件：

（一）债权人的债权已经得到确认；

（二）主张抵销的债权债务均发生在破产宣告之前。

经确认的破产债权可以转让。受让人以受让的债权抵销其所欠债务人债务的，人民法院不予支持。

第六十一条 下列债权不属于破产债权：

（一）行政、司法机关对破产企业的罚款、罚金以及其他有关费用；

（二）人民法院受理破产案件后债务人未支付应付款项的滞纳金，包括债务人未执行生效法律文书应当加倍支付的迟延利息和劳动保险金的滞纳金；

（三）破产宣告后的债务利息；

（四）债权人参加破产程序所支出的费用；

（五）破产企业的股权、股票持有人在股权、股票上的权利；

（六）破产财产分配开始后向清算组申报的债权；

（七）超过诉讼时效的债权；

（八）债务人开办单位对债务人未收取的管理费、承包费。

上述不属于破产债权的权利，人民法院或者清算组也应当对当事人的申报进行登记。

第六十二条　政府无偿拨付给债务人的资金不属于破产债权。但财政、扶贫、科技管理等行政部门通过签订合同，按有偿使用、定期归还原则发放的款项，可以作为破产债权。

第六十三条　债权人对清算组确认或者否认的债权有异议的，可以向清算组提出。债权人对清算组的处理仍有异议的，可以向人民法院提出。人民法院应当在查明事实的基础上依法作出裁决。

九、关于破产财产

第六十四条　破产财产由下列财产构成：

（一）债务人在破产宣告时所有的或者经营管理的全部财产；

（二）债务人在破产宣告后至破产程序终结前取得的财产；

（三）应当由债务人行使的其他财产权利。

第六十五条　债务人与他人共有的物、债权、知识产权等财产或者财产权，应当在破产清算中予以分割，债务人分割所得属于破产财产；不能分割的，应当就其应得部分转让，转让所得属于破产财产。

第六十六条　债务人的开办人注册资金投入不足的，应当由该开办人予以补足，补足部分属于破产财产。

第六十七条　企业破产前受让他人财产并依法取得所有权或者土地使用权的，即便未支付或者未完全支付对价，该财产仍属于破产财产。

第六十八条　债务人的财产被采取民事诉讼执行措施的，在受理破产案件后尚未执行的或者未执行完毕的剩余部分，在该企业被宣告破产后列入破产财产。因错误执行应当执行回转的财产，在执行回转后列入破产财产。

第六十九条　债务人依照法律规定取得代位求偿权的，依该代位求偿权享有的债权属于破产财产。

第七十条　债务人在被宣告破产时未到期的债权视为已到期，属于破产财产，但应当减去未到期的利息。

第七十一条　下列财产不属于破产财产：

（一）债务人基于仓储、保管、加工承揽、委托交易、代销、借用、寄存、租赁等法律关系占有、使用的他人财产；

（二）抵押物、留置物、出质物，但权利人放弃优先受偿权的或者优先偿付被担保债权剩余的部分除外；

（三）担保物灭失后产生的保险金、补偿金、赔偿金等代位物；

（四）依照法律规定存在优先权的财产，但权利人放弃优先受偿权或者优先偿付特定债权剩余的部分除外；

（五）特定物买卖中，尚未转移占有但相对人已完全支付对价的特定物；

（六）尚未办理产权证或者产权过户手续但已向买方交付的财产；

（七）债务人在所有权保留买卖中尚未取得所有权的财产；

（八）所有权专属于国家且不得转让的财产；

（九）破产企业工会所有的财产。

第七十二条　本规定第七十一条第（一）项所列的财产，财产权利人有权取回。

前款财产在破产宣告前已经毁损灭失的，财产权利人仅能以直接损失额为限申报债权；在破产宣告后因清算组的责任毁损灭失的，财产权利人有权获得等值赔偿。

债务人转让上述财产获利的，财产权利人有权要求债务人等值赔偿。

十、关于破产财产的收回、处理和变现

第七十三条 清算组应当向破产企业的债务人和财产持有人发出书面通知，要求债务人和财产持有人于限定的时间向清算组清偿债务或者交付财产。

破产企业的债务人和财产持有人有异议的，应当在收到通知后的七日内提出，由人民法院作出裁定。

破产企业的债务人和财产持有人在收到通知后既不向清算组清偿债务或者交付财产，又没有正当理由不在规定的异议期内提出异议的，由清算组向人民法院提出申请，经人民法院裁定后强制执行；

破产企业在境外的财产，由清算组予以收回。

第七十四条 债务人享有的债权，其诉讼时效自人民法院受理债务人的破产申请之日起，适用《中华人民共和国民法通则》第一百四十条关于诉讼时效中断的规定。债务人与债权人达成和解协议，中止破产程序的，诉讼时效自人民法院中止破产程序裁定之日起重新计算。

第七十五条 经人民法院同意，清算组可以聘用律师或者其他中介机构的人员追收债权。

第七十六条 债务人设立的分支机构和没有法人资格的全资机构的财产，应当一并纳入破产程序进行清理。

第七十七条 债务人在其开办的全资企业中的投资权益应当予以追收。

全资企业资不抵债的，清算组停止追收。

第七十八条 债务人对外投资形成的股权及其收益应当予以追收。对该股权可以出售或者转让，出售、转让所得列入破产财产进行分配。

股权价值为负值的，清算组停止追收。

第七十九条 债务人开办的全资企业，以及由其参股、控股的企业不能清偿到期债务，需要进行破产还债的，应当另行提出破产申请。

第八十条 清算组处理集体所有土地使用权时，应当遵守相关法律规定。未办理土地征用手续的集体所有土地使用权，应当在该集体范围内转让。

第八十一条 破产企业的职工住房，已经签订合同、交付房款，进行房改给个人的，不属于破产财产。未进行房改的，可由清算组向有关部门申请办理房改事项，向职工出售。按照国家规定不具备房改条件，或者职工在房改中不购买住房的，由清算组根据实际情况处理。

第八十二条 债务人的幼儿园、学校、医院等公益福利性设施，按国家有关规定处理，不作为破产财产分配。

第八十三条 处理破产财产前，可以确定有相应评估资质的评估机构对破产财产进行评估，债权人会议、清算组对破产财产的评估结论、评估费用有异议的，参照最高人民法院《关于民事诉讼证据的若干规定》第二十七条的规定处理。

第八十四条 债权人会议对破产财产的市场价格无异议的，经人民法院同意后，可以不进行评估。但是国有资产除外。

第八十五条 破产财产的变现应当以拍卖方式进行。由清算组负责委托有拍卖资格的拍卖机构进行拍卖。

依法不得拍卖或者拍卖所得不足以支付拍卖所需费用的，不进行拍卖。

前款不进行拍卖或者拍卖不成的破产财产，可以在破产分配时进行实物分配或者作价变卖。债权人对清算组在实物分配或者作价变卖中对破产财产的估价有异议的，可以请求人民法院进行审查。

第八十六条 破产财产中的成套设备，一般应当整体出售。

第八十七条 依法属于限制流通的破产财产，应当由国家指定的部门收购或者按照有关法律规定处理。

十一、关于破产费用

第八十八条 破产费用包括：

（一）破产财产的管理、变卖、分配所需要的费用；

（二）破产案件的受理费；

（三）债权人会议费用；

（四）催收债务所需费用；

（五）为债权人的共同利益而在破产程序中支付的其他费用。

第八十九条 人民法院受理企业破产案件可以按照《人民法院诉讼收费办法补充规定》预收案件受理费。

破产宣告前发生的经人民法院认可的必要支出，从债务人财产中拨付。债务人财产不足以支付的，如系债权人申请破产的，由债权人支付。

第九十条 清算期间职工生活费、医疗费可以从破产财产中优先拨付。

第九十一条 破产费用可随时支付，破产财产不足以支付破产费用的，人民法院根据清算组的申请裁定终结破产程序。

十二、关于破产财产的分配

第九十二条 破产财产分配方案经债权人会议通过后，由清算组负责执行。财产分配可以一次分配，也可以多次分配。

第九十三条 破产财产分配方案应当包括以下内容：

（一）可供破产分配的财产种类、总值，已经变现的财产和未变现的财产；

（二）债权清偿顺序、各顺序的种类与数额，包括破产企业所欠职工工资、劳动保险费用和破产企业所欠税款的数额和计算依据，纳入国家计划调整的企业破产，还应当说明职工安置费的数额和计算依据；

（三）破产债权总额和清偿比例；

（四）破产分配的方式、时间；

（五）对将来能够追回的财产拟进行追加分配的说明。

第九十四条 列入破产财产的债权，可以进行债权分配。债权分配以便于债权人实现债权为原则。

将人民法院已经确认的债权分配给债权人的，由清算组向债权人出具债权分配书，债权人可以凭债权分配书向债务人要求履行。债务人拒不履行的，债权人可以申请人民法院强制执行。

第九十五条 债权人未在指定期限内领取分配的财产的，对该财产可以进行提存或者变卖后提存价款，并由清算组向债权人发出催领通知书。债权人在收到催领通知书一个月后或者在清算组发出催领通知书两个月后，债权人仍未领取的，清算组应当对该部分财产进行追加分配。

十三、关于破产终结

第九十六条 破产财产分配完毕，由清算组向人民法院报告分配情况，并申请人民法院终结破产程序。

人民法院在收到清算组的报告和终结破产程序申请后，认为符合破产程序终结规定的，应当在七日内裁定终结破产程序。

第九十七条 破产程序终结后，由清算组向破产企业原登记机关办理企业注销登记。

破产程序终结后仍有可以追收的破产财产、追加分配等善后事宜需要处理的，经人民法院同意，可以保留清算组或者保留部分清算组成员。

第九十八条 破产程序终结后出现可供分配的财产的，应当追加分配。追加分配的财产，除企业破产法第四十条规定的由人民法院追回的财产外，还包括破产程序中因纠正错误支出收回的款项，因权利被承认追回的财产，债权人放弃的财产和破产程序终结后实现的财产权利等。

第九十九条 破产程序终结后，破产企业的账册、文书等卷宗材料由清算组移交破产企业上级主管机关保存；无上级主管机关的，由破产企业的开办人或者股东保存。

十四、其他

第一百条 人民法院在审理企业破产案件中，发现破产企业的原法定代表人或者直接责任人员有企业破产法第三十五条所列行为的，应当向有关部门建议，对该法定代表人或者直接责任人员给予行政处分；涉嫌犯罪的，应当将有关材料移送相关国家机关处理。

第一百零一条 破产企业有企业破产法第三十五条所列行为，致使企业财产无法收回，造成实际损失的，清算组可以对破产企业的原法定代表人、直接责任人员提起民事诉讼，要求其承担民事赔偿责任。

第一百零二条 人民法院受理企业破产案件后，发现企业有巨额财产下落不明的，应当将有关涉嫌犯罪的情况和材料，移送相关国家机关处理。

第一百零三条 人民法院可以建议有关部门对破产企业的主要责任人员限制其再行开办企业，在法定期限内禁止其担任公司的董事、监事、经理。

第一百零四条 最高人民法院发现各级人民法院，或者上级人民法院发现下级人民法院在破产程序中作出的裁定确有错误的，应当通知其纠正；不予纠正的，可以裁定指令下级人民法院重新作出裁定。

第一百零五条 纳入国家计划调整的企业破产案件，除适用本规定外，还应当适用国家有关企业破产的相关规定。

第一百零六条 本规定自二〇〇二年九月一日起施行。在本规定发布前制定的有关审理企业破产案件的司法解释，与本规定相抵触的，不再适用。

【解读】

解读《关于审理企业破产案件若干问题的规定》

一、问题的提出

《最高人民法院关于审理企业破产案件若干问题的规定》（以下简称本规定），已于2002年7月18日由最高人民法院审判委员会第1232次会议通过，并于2002年9月1日正式施行。这是最高人民法院继1991年对企业破产法（试行）第一次司法解释后对该法进行的第二次司法解释，进一步规范了人民法院对企业破产案件的审理，对破产法律制度在我国的完善与发展意义深远。

二、理解

（一）破产案件受理的要点

破产案件的慎重受理在本规定中有具体体现，因为破产案件受理不当会影响到企业和社会的各方面。对于不具有法人资格的企业一概不受理其破产申请。受理中存在的主要问题是，企业虽然领取了企业法人营业执照，但未投入注册资金或投入的注册资金未达到法定最低数额，被人民法院依法认定为不具备法人资格的，能否作为破产申请人？本规定在内容上并没有将这类企业排除在破产清算之外，是从以法律手段推广破产清算的基本思路出发的。破产清算是目前唯一有法律保障的清算程序，企业虽被认定为不具有法人资格，但通过破产清算清理债权债务，其结果是合法的，也是负责任和可靠的。比较企业不经清理债权债务就关门走人的做法，更加有利于对债权人合法权益的保护。这一思路也体现在：本规定对被吊销营业执照的企业法人，也允许其通过破产程序退出市场，以引导社会正确对待企业退出市场应当清理债权债务这一兼具法律和道德的问题。从这个思路出发，对于那些被吊销了营业执照的法人，如果清算中发现资不抵债或者不能清偿债务的，也允许通过向人民法院申请破产来进行清算。对于金融机构、上市公司、内外贸企业、供销社等企业和特殊主体的破产，人民法院在受理上要特别慎重，法院应当熟悉国家的各项相关政策的规定，避免受理不当造成社会不稳定。

（二）防止恶意破产制度

借破产逃债的现象在破产案件审理中较常见，因为没有法律规定，该现象长期困扰着审理案件的人民法院。为从制度角度制止这种现象，保护债权人的合法权益，本规定第十四条第二款特别规定："人民法院受理债务人的破产申请，发现债务人巨额财产下落不明且不能合理解释财产去向的，应当裁定驳回破产申请"。这样规定是阻止债务人借破产程序免除剩余债务，从而达到逃避债务的目的，避免破产程序成为逃债的工具。并且本规定第一百零二条还规定了配套程序，即"人民法院受理企业破产案件后，发现企业有巨额财产下落不明的，应当将有关涉嫌犯罪的情况和材料，移送相关国家机关处理"，以进一步达到制止当事人通过破产进行逃债的目的。

国际上通认的恶意破产包括两种情况：一是债务人以恶意申请破产方式逃避债务；

二是债权人以毁损债务人商誉为目的恶意提出破产申请。我国目前实践中也存在这两种恶意破产情形,第一种情形尤甚。比如,债务人先剥离有效资产,留下空壳企业申请破产;先转移、隐匿巨额财产或压价处分有效资产后申请破产等。本规定第十二条和第十五条从人民法院严把破产案件受理关出发,规定了从程序上制止恶意破产的内容。表明司法对恶意破产的态度,具有积极的社会意义。

（三）国家计划破产

试点城市试点范围内纳入《全国企业兼并破产和职工再就业工作计划》的国有工业企业申请破产,必须纳入全国破产计划。纳入计划破产的企业,可以适用国务院特殊政策。特殊政策主要表现为可以用破产企业的财产安置职工,破产债权和别除权都不能优先于职工安置费。这与企业破产法（试行）的规定是不一致的。本规定要不要反映政策的内容？这是需要注意的一个问题。我们认为,本规定是对法律的解释,解释的内容应当以法律为依据,不应包括政策。另外政策具有时效性,可能在短时间内就会调整,并且存在变通的地方,与破产法律和国际惯例有较大出入。而法律和司法解释必须在相对较长的时间内适用,具有稳定性和普遍性。因此,本规定对国家计划破产未作专门规定,仅在第一百零五条规定"纳入国家计划调整的企业破产案件,除适用本规定外,还应当适用国家有关企业破产的相关规定"。这样做一个交代,也是对人民法院在审理计划破产案件时如何适用政策的要求。

（四）破产案件审理中的审判监督

最高人民法院通过对企业破产法（试行）的司法解释,初步建立了对全国法院审理企业破产案件进行审判监督的法律程序,基本上可以归纳为三个方面的审判监督程序：一是上诉审,针对人民法院作出的不予受理和驳回破产申请的裁定,申请人可以向上一级人民法院提出上诉；二是申诉审,针对人民法院作出的破产宣告裁定和依职权由人民法院裁定通过的破产财产分配方案,相关当事人可以向上一级人民法院进行申诉；三是审判监督的一般性条款,规定在本规定第一百零四条,具体内容是："最高人民法院发现各级人民法院,或者上级人民法院发现下级人民法院在破产程序中作出的裁定确有错误的,应当通知其纠正；不予纠正的,可以裁定指令下级人民法院重新作出裁定。"这个条款在内容上针对法院的所有裁定,所以称为审判监督的一般性条款。在企业破产法（试行）司法解释施行后,由于审判监督是一个新程序,司法实践中会遇到一些新的问题,比如,破产案件审判监督由审判监督庭受理还是由民二庭受理的问题,按照申诉程序提起审判监督的裁定是否不停止裁定的执行问题,上级法院能否直接改变下级法院的裁定内容问题等。破产案件审判监督的受理庭室问题,最近通过最高人民法院相关业务庭室的协调,已经初步决定在受理破产案件的业务庭室对口受理,最高人民法院准备给各地发通知来加以统一。其他问题有待于全国法院在司法实践中通过审判调研,共同完善破产案件审判监督程序来解决。

（五）监管组与善后管理人制度

由于我国没有建立破产管理人制度,从破产案件受理后到清算组成立之间,以及破产程序终结后,破产企业的财产管理、诉讼活动等事宜均无专门组织负责,带来破产案件审理中的不便。从破产案件的审判实践来看,在人民法院受理企业破产案件后,除可以随即进行破产宣告成立清算组的外,可以及时组织成立企业监管组。监管组由企业上级主管部门或股东会议代表、企业原管理人员、主要债权银行、会计师组成,主要负责企业财产清点、保管、回收工作，企业职工安抚工作和企业保卫工作，企业债权清理工作等。本规定第十八条规定："人民法院受理企业破产案件后，除可以随即进行破产宣告成立清算组的外，在企业原管理组织不能正常履行管理职责的情况下，可以成立企业监管组……"

在破产终结后，人民法院可以保留或部分保留清算组成员，由他们负责破产程序终结后破产企业的其他未了事宜。尤其是为破产企业追回在破产程序中未能收回的债权，以作二次分配。本规定第九十七条第二款规定："破产程序终结后仍有可以追收的破产财产、追加分配等善后事宜需要处理的，经人民法院同意，可以保留清算组或者保留部分清算组成员。"

对监管组织和破产善后管理人的规定都是对破产法制度上薄弱之处的补充，符合国际惯例。

（六）破产中的担保问题

为其他企业提供保证的企业破产后，被保证的债权人能否以保证债权为由向破产清算组申报债权，是破产实体法上的一个重大问题。在企业会计科目中保证属于或有负债，不是真实负债，企业破产后，还要不要承担保证责任？如果承担保证责任的话，被保证人能否申报债权？本规定采取承认的态度，第五十五条第一款第十项规定"债务人为保证人的，在破产宣告前已经被生效的法律文书确定承担的保证责任"，属于破产债权，允许向人民法院申报，但规定的条件比较苛刻，规定以"生效法律文书"为条件。实践中就会出现债权人在破产宣告前虽然已经起诉主债务人，但可能在保证人破产宣告时案件没有终审，拿不到"生效法律文书"，参加保证人财产分配的机会就可能为零。对于这个问题，我们有必要合理地设想，虽然本规定在文字上表述为"在破产宣告前已经被生效的法律文书确定承担的保证责任"，但不能得出当然的结论，即除此之外一切保证债权都被免除。从司法实践出发，我们应当允许在司法解释确定的原则基础上规定一些例外，比如债权人对主债务人的诉讼已经在进行中的情况，或者保证人对债权人也享有保证债权的情况（实践中所说的"互保"）。

三、适用

（一）正确区分企业清算与破产清算的关系

我国民法通则、公司法等法律规定法人终止应当进行清算，无论是国有企业、集体企业，还是各类公司均负有在终止后清算债权债务的义务。然而遗憾的是，我国很多企业在终止后根本不进行清算，甚至拒绝清算。企业的开办人、股东不仅不承担清算义务，而且还抽逃企业财产。法人终止后的清算是对债权人权利的保护，也是对法人及其开办人、投资人信用、信誉的最后交代。因此，企业清算的规范程度成为一个人（开办企业的法人或者个人）、一个社会信用等级程度的标志。而规范企业清算法律的完善程度成为一个国家信用法制层次的标志，标志着市场经济的发育程度。由此，通过完善法律，严格执法，培养社会形成在法人清算方面的法律意识，是我们的当务之急。对此，立法机关、司法机关、工商行政管理机关应当负起责任来。

企业清算包括具有法人资格的企业清算和不具备法人资格的个体企业、私营企业、独资企业、合伙企业的清算。由于后者开办人不享有有限责任制度的保护，开办人对企业债务承担无限连带责任，所以我们更加关心的是前者具有法人资格的企业的清算。

企业清算分为自愿清算和强制清算，前者指债务人自己进行或提出的清算，包括向法院提出的破产清算；后者指债权人提出以及被行政主管部门强行采取的清算。在这些清算中最重要的是破产清算，无论是债权人提出还是债务人提出，破产清算是受法院管制下的清算，具有免除债务的功能，对债务人来说可以摆脱债务压力，对债权人来说可以获得最为公平的清偿。但值得注意的是，企业在经营不理想时自愿进行的清算可以不通过法院，企业的股东（以下将企业开办人、投资人、股东等负有清算义务的主体统称为股东）自行清理企业财产和债权债务，清偿所有欠债后解散企业。然而这种自愿清算不具有免责功能，意味着股东必须清偿完毕所有的欠债（或与每个债权人和解，如通过债权打折进行和解）才能认为是清算结束。如果允许股东自行清算后不再清偿剩余债务，等于当事人自办破产，没有法律依据，也没有公平公正可言。因此，这种清算也被称为"自动偿债式清算"。如果企业自愿清算后不能偿债，则要转为破产清算，由企业作为债务人向法院申请破产还债。被行政主管部门强行采取的清算也属于"偿债式清算"，比如被政府关闭的企业或者被人民银行关闭的金融机构所开展的清算，企业股东必须偿还所有欠债（或与每个债权人和解）才能视为清算完毕，区别仅在于这种清算属于强制清算。自愿清算中债务人与所有债权人达成还债安排，比如，通过债权打折的方法，清偿所有欠债的，也可以实现免除债务的实际结果，但这属于当事人意思自治，不属于法定免债范畴。

通过以上分析，企业清算可以是多种多样的，但要在企业财产不足以清偿欠债时免除剩余债务，只有破产清算能够做到。这也是破产清算程序成为当今各国立法予以调整的重要清算程序的原因。企业的清算程序还可参照公司法的有关规定进行。

（二）企业破产法的重要地位与对专业破产法官的要求

企业破产法兼具程序法和实体法的双重性，以程序法为主。从程序法角度看，企业破产法属于民事诉讼法的特别法，从实体法角度看，企业破产法属于民法，尤其是民法中债法的特别法，在现代各国的法律制度体系中，企业破产法均占据着重要的法律地位。现代企业破产法的重要地位是由企业破产法的功能和企业破产法在信用制度体系中所扮演的角色决定的。现代企业破产法的功能简单归纳可以表述为双重保护功能。第一是保护债权人，通过在司法控制下的破产清算，集中清理债务人的财产，集中清理对债务人的欠债，真正实现债权的平等受偿；第二是保护债务人，通过破产冻结程序使债务人暂时免于追索，以利于有希望的债务人重整；通过破产分配程序和破产豁免制度使债务人免除剩余债务，以利于债务人开始新的生活，甚至"东山再起"。企业破产法在一个国家信用制度体系中扮演的角色可以简单表述为"信用的最后守护人"。现代社会中，自然人也好，法人也好，在从事商业活动时都应当遵守法律和道德要求的诚实信用原则，在结束商业活动时也是如此。如果自然人、法人在从事商业活动时不遵守诚实信用的要求，那么在他们进入清算阶段就需要一部好的清算法律防止已经存在的欺诈行为逃脱法律制裁，防止已经发生的违背信用的交易实现债务豁免。企业破产法所调整的破产清算是清算程序中最为重要和完善的清算程序，企业破产法等同于一道信用的闸门，可以将一切不符合信用的行为拦在法律的堤坝内，尽可能减少不符合信用的行为对债权人所造成的损失。如果企业破产法不能起到这个作用，甚至债务人可以通过企业破产法的免责制度逃债的话，不仅会损害债权人的利益，也会损害社会的信用制度体系，致使社会信用程度降低。如果在国际上，一个国家没有一部好的企业破产法，则会被认为这个国家的信用法律制度不完善，影响到对这个国家的信用评级，影响到这个国家对外融资和引进外资，不利于社会经济的发展。也是从这个角度出发，联合国贸易法委员会不遗余力地在各国推广统一的现代企业破产法律制度，制定了跨国破产示范法和统一破产法指南。

一部好的企业破产法还需要好的法律适用者，这就对审理破产案件的法官提出了专业化的要求。国外有审理破产案件的破产法院，我们不一定要效仿，但我们应当有专业化的破产案件审理法官来处理破产案件，这是由企业破产法的重要性决定的，也是由破产案件审理的特点和对法官的特别要求决定的。从程序上来说，破产案件审理程序持续的时间长，涉及对债务人所有债权债务的清理，涉及破产财产的变现和分配，权利义务的冲突均需要法院裁决；在法院审理工作之外，清算组和债权人会议的工作也具有同等重要的地位，按照法律规定，清算组和债权人会议的工作也在法院和法律的监督和引导下，法官要负起监督和引导责任。破产程序归纳起来就是时间长，程序复杂，协调多。而从实体处理上来说，破产案件中的破产债权、破产财产的确认，别除权、取回权、抵消权、优先权的确认，债务人合同的解除，利息的计算，到期债权、附条件债权、或然债权的计算等各方面均属于比较复杂的实体问题，对法官的企业破产法理论知识尤其是民法理论知识提出很高的要求，审理一般民事诉讼案件的法官不一定能够胜任破产案件的审理工作。另外，破产案件的审理还涉及法律之外的诸如职工安置等工作，政策性强，不是所有的法官都能够了解和需要了解相关政策，这在一定程度上对法官提出了额外的、更高的要求。

目前，有的地方人民法院已经设立了专门审理破产案件的法庭，从已有的法官队伍中产生了专业的破产案件审理法官，这是适应时代变化和司法发展之要求的表现。在破产案件比较集中的地方设立破产法庭是一项积极的措施，虽然不能要求所有的地方都设立破产法庭，但人民法院对审理破产案件的法官还是应当做到专业化，将破产案件与一般民事诉讼案件分开，在法院内部应当做到固定专人审理，由于破产案件的复杂性，在法院内部统计上也应当有所区别。

（三）人民法院行使裁判权与清算组履行清算职责之间的关系

人民法院受理企业破产案件时间不长，一些法院对破产案件中哪些是需要自己处理的事项，哪些是需要清算组处理的事项存在模糊认识。最高人民法院通过对企业破产法的司法解释进一步明确了清算组的职责，对人民法院如何行使裁判权也作出了细化。具体而言，企业破产后，清算组就是破产企业的代表，属于清产核资范围内的一切事项都需要清算组来处理，比如，确认破产债权和破产财产、委托评估、拍卖、制定财产处理方案和分配方案等。人民法院行使裁判权主要是维护破产程序的正当性和解决权利的纷争。破产程序从当事人申请到破产程序的终结始终是处于法院的控制之下，人民法院要维护程序的正当性，不能通过剥夺当事人的程序权利进而剥夺当事人的实体权利。解决权利纷争主要针对清算组与相对人的纷争，清算组作为债务人代表确认破产债权、破产财产，承认别除权、取回权，委托评估拍卖，可能与债权人、第三人发生权利纷争，对此人民法院要通过审判活动进行处理，解决纷争。比如，清算组否认相对人申报的债权，相对人有异议的，人民法院要行使裁判权进行裁决。人民法院行使裁判权处理权利纷争必须采取开庭审理的方式。人民法院不能代替清算组委托评估、拍卖，直接确认破产债权和破产财产，否则既违反企业破产法，也不利于实现破产程序的公开、公平、公正。

（四）人民法院行使裁判权与其他部门履行社会职责之间的关系

破产案件审理工作社会性强，面临安置职工、组成清算组甚至呆账、坏账核销、外国政府贷款偿还任务的落实等问题。法院在审理破产案件中要注意区分什么属于法院行使裁判权的事项，什么属于其他部门应当处理的事项，不能越俎代庖。人民法院审理破产案件主要是确保破产程序的正当性，处理当事人之间的权利纷争，监督清算组依法行使清算职能，而安置职工等社会性问题按照企业破产法的规定由政府负责。法院要审查职工安置方案的合法性和可行性，以避免出现社会不稳定因素，但不能代替政府制定安置方案。债权人呆坏账的核销需要法院作出裁定，这只是核销的手续问题，不能因为相关部门对呆坏账核销需要特别的手续，法院就出具手续而违反破产程序的正当性。比如，为了呆账、坏账核销的需要而加快破产程序的进程，在破产财产还没清查完毕就终结破产程序等。

（撰稿人：曹士兵）

【链接】

最高人民法院
关于对《最高人民法院关于审理企业破产案件若干问题的规定》第五十六条理解的答复

2003年9月9日　　　　　　　　　　　　　　法函〔2003〕46号

劳动和社会保障部：

你部2002年12月15日对我院《关于审理企业破产案件若干问题的规定》（以下简称《规定》）第五十六条执行中的有关问题征求意见的函收悉，经研究，答复如下：

一、《规定》第五十六条不适用于纳入国家计划调整的企业破产案件，该类企业破产案件适用国务院国发〔1994〕59号《关于在若干城市试行国有企业破产有关问题的通知》和国发〔1997〕10号《关于在若干城市试行国有企业兼并破产和职工再就业有关问题的补充通知》的有关规定。在根据相关规定向破产企业职工发放安置费、经济补偿金后，不再就解除劳动合同补偿金予以补偿。

二、《规定》第五十六条中"依法或者依据劳动合同"的含义是：第一，补偿金的数额应当依据劳动合同的约定，劳动合同中没有约定的，则应依照法律、法规、参照部门规章的相关规定予以补偿。第二，如果劳动合同约定的补偿金或者根据有关规定确定的补偿金额过低或者过高，清算组可以根据有关规定进行调整。调整的标准，应当以破产企业正常生产经营状况下职工十二个月的月平均工资为基数计算补偿金额。第三，清算组调整后，企业的工会、职工个人认为补偿金仍然过低的，可以向受理破产案件的人民法院提出变更申请；债权人会议对清算组确定的职工补偿金有异议的，按《规定》第四十四条规定的程序进行。

此复。

最高人民法院
关于实行社会保险的企业破产后各种社会保险统筹费用应缴纳至何时问题的批复

1996 年 11 月 22 日   法复〔1996〕17 号

四川省高级人民法院：

你院川高法〔1995〕167 号《关于实行社会保险的企业破产后，各种社会保险统筹费用应缴纳至何时的请示》已收悉。经研究，现答复如下：

参加社会保险的企业破产的，欠缴的社会保险统筹费用应当缴纳至人民法院裁定宣告破产之日。

此复。

最高人民法院
印发《全国法院破产审判工作会议纪要》的通知

2018 年 3 月 4 日   法〔2018〕53 号

各省、自治区、直辖市高级人民法院，解放军军事法院，新疆维吾尔自治区高级人民法院生产建设兵团分院：

现将《全国法院破产审判工作会议纪要》印发给你们，请认真遵照执行。

全国法院破产审判工作会议纪要

为落实党的十九大报告提出的贯彻新发展理念、建设现代化经济体系的要求，紧紧围绕高质量发展这条主线，服务和保障供给侧结构性改革，充分发挥人民法院破产审判工作在完善社会主义市场经济主体拯救和退出机制中的积极作用，为决胜全面建成小康社会提供更加有力的司法保障，2017 年 12 月 25 日，最高人民法院在广东省深圳市召开了全国法院破产审判工作会议。各省、自治区、直辖市高级人民法院、设立破产审判庭的市中级人民法院的代表参加了会议。与会代表经认真讨论，对人民法院破产审判涉及的主要问题达成共识。现纪要如下：

一、破产审判的总体要求

会议认为，人民法院要坚持以习近平新时代中国特色社会主义经济思想为指导，深刻认识破产法治对决胜全面建成小康社会的重要意义，以更加有力的举措开展破产审判工作，为经济社会持续健康发展提供更加有力的司法保障。当前和今后一个时期，破产审判工作总的要求是：

一要发挥破产审判功能，助推建设现代化经济体系。人民法院要通过破产工作实现资源重新配置，用好企业破产中权益、经营管理、资产、技术等重大调整的有利契机，对不同企业分类处置，把科技、资本、劳动力和人力资源等生产要素调动好、配置好、协同好，促进实体经济和产业体系优质高效。

二要着力服务构建新的经济体制，完善市场主体救治和退出机制。要充分运用重整、和解法律手段实现市场主体的有效救治，帮助企业提质增效；运用清算手段促使丧失经营价值的企业和产能及时退出市场，实现优胜劣汰，从而完善社会主义市场主体的救治和退出机制。

三要健全破产审判工作机制，最大限度释放破产审判的价值。要进一步完善破产重整企业识别、政府与法院协调、案件信息沟通、合法有序的利益衡平四项破产审判工作机制，推动破产审判工作良性运行，彰显破产审判工作的制度价值和社会责任。

四要完善执行与破产工作的有序衔接，推动解决"执行难"。要将破产审判作为与立案、审判、执行既相互衔接、又相对独立的一个重要环节，充分发挥破产审判对化解执行积案的促进功能，消除执行转破产的障碍，从司法工作机制上探索解决"执行难"的有效途径。

二、破产审判的专业化建设

审判专业化是破产审判工作取得实质性进展的关键环节。各级法院要大力加强破产审判专业化建设，努力实现审判机构专业化、审判队伍专业化、审判程序规范化、裁判规则标准化、绩效考评科学化。

1. 推进破产审判机构专业化建设。省会城市、副省级城市所在地中级人民法院要根据最高人民法院《关于在中级人民法院设立清算与破产审判庭的工作方案》（法〔2016〕209号），抓紧设立清算与破产审判庭。其他各级法院可根据本地工作实际需求决定设立清算与破产审判庭或专门的合议庭，培养熟悉清算与破产审判的专业法官，以适应破产审判工作的需求。

2. 合理配置审判任务。要根据破产案件数量、案件难易程度、审判力量等情况，合理分配各级法院的审判任务。对于债权债务关系复杂、审理难度大的破产案件，高级人民法院可以探索实行中级人民法院集中管辖为原则、基层人民法院管辖为例外的管辖制度；对于债权债务关系简单、审理难度不大的破产案件，可以主要由基层人民法院管辖，通过快速审理程序高效审结。

3. 建立科学的绩效考评体系。要尽快完善清算与破产审判工作绩效考评体系，在充分尊重司法规律的基础上确定绩效考评标准，避免将办理清算破产案件与普通案件简单对比、等量齐观、同等考核。

三、管理人制度的完善

管理人是破产程序的主要推动者和破产事务的具体执行者。管理人的能力和素质不仅影响破产审判工作的质量，还关系到破产企业的命运与未来发展。要加快完善管理人制度，大力提升管理人职业素养和执业能力，强化对管理人的履职保障和有效监督，为改善企业经营、优化产业结构提供有力制度保障。

4. 完善管理人队伍结构。人民法院要指导编入管理人名册的中介机构采取适当方式吸收具有专业技术知识、企业经营能力的人员充实到管理人队伍中来，促进管理人队伍内在结构更加合理，充分发挥和提升管理人在企业病因诊断、资源整合等方面的重要作用。

5. 探索管理人跨区域执业。除从本地名册选择管理人外，各地法院还可以探索从外省、市管理人名册中选任管理人，确保重大破产案件能够遴选出最佳管理人。两家以上具备资质的中介机构请求联合担任同一破产案件管理人的，人民法院经审查符合自愿协商、优势互补、权责一致要求且确有必要的，可以准许。

6. 实行管理人分级管理。高级人民法院或者自行编制管理人名册的中级人民法院可以综合考虑管理人的专业水准、工作经验、执业操守、工作绩效、勤勉程度等因素，合理确定管理人等级，对管理人实行分级管理、定期考评。对债务人财产数量不多、债权债务关系简单的破产案件，可以在相应等级的管理人中采取轮候、抽签、摇号等随机方式指定管理人。

7. 建立竞争选定管理人工作机制。破产案件中可以引入竞争机制选任管理人，提升破产管理质量。上市公司破产案件、在本地有重大影响的破产案件或者债权债务关系复杂，涉及债权人、职工以及利害关系人人数较多的破产案件，在指定管理人时，一般应当通过竞争方式依法选定。

8. 合理划分法院和管理人的职能范围。人民法院应当支持和保障管理人依法履行职责，不得代替管理人作出本应由管理人自己作出的决定。管理人应当依法管理和处分债务人财产，审慎决定债务人内部管理事务，不得将自己的职责全部或者部分转让给他人。

9. 进一步落实管理人职责。在债务人自行管理的重整程序中，人民法院要督促管理人制订监督债务人的具体制度。在重整计划规定的监督期内，管理人应当代表债务人参加监督期开始前已经启动而尚未终结的诉讼、仲裁活动。重整程序、和解程序转入破产清算程序后，管理人应当按照破产清算程序继续履行管理人职责。

10. 发挥管理人报酬的激励和约束作用。人民法院可以根据破产案件的不同情况确定管理人报酬的支付方式，发挥管理人报酬在激励、约束管理人勤勉履职方面的积极作用。管理人报酬原则上应当根据破产案件审理进度和管理人履职情况分期支付。案情简单、耗时较短的破产案件，可以在破产程序终结后一次性向管理人支付报酬。

11. 管理人聘用其他人员费用负担的规制。管理人经人民法院许可聘用企业经营管理人员，或者管理人确有必要聘请其他社会中介机构或人员处理重大诉讼、仲裁、执行或审计等专业性较强工作，如所需费用需要列入破产费用的，应当经债权人会议同意。

12. 推动建立破产费用的综合保障制度。各地法院要积极争取财政部门支持，或采取从其他破产案件管理人报酬中提取一定比例等方式，推动设立破产费用保障资金，建立破产费用保障长效机制，解决因债务人财产不足以支付破产费用而影响破产程序启动的问题。

13. 支持和引导成立管理人协会。人民法院应当支持、引导、推动本辖区范围内管理人名册中的社会中介机构、个人成立管理人协会，加强对管理人的管理和约束，维护管理人的合法权益，逐步形成规范、稳定和自律的行业组织，确保管理人队伍既充满活力又规范有序发展。

四、破产重整

会议认为，重整制度集中体现了破产法的拯救功能，代表了现代破产法的发展趋势，全国各级法院要高度重视重整工作，妥善审理企业重整案件，通过市场化、法治化途径挽救困境企业，不断完善社会主义市场主体救治机制。

14. 重整企业的识别审查。破产重整的对象应当是具有挽救价值和可能的困境企业；对于僵尸企业，应通过破产清算，果断实现市场出清。人民法院在审查重整申请时，根据债务人的资产状况、技术工艺、生产销售、行业前景等因素，能够认定债务人明显不具备重整价值以及拯救可能性的，应裁定不予受理。

15. 重整案件的听证程序。对于债权债务关系复杂、债务规模较大，或者涉及上市公司重整的案件，人民法院在审查重整申请时，可以组织申请人、被申请人听证。债权人、出资人、重整投资人等利害关系人经人民法院准许，也可以参加听证。听证期间不计入重整申请审查期限。

16. 重整计划的制定及沟通协调。人民法院要加强与管理人或债务人的沟通，引导其分析债务人陷于困境的原因，有针对性地制定重整计划草案，促使企业重新获得盈利能力，提高重整成功率。人民法院要与政府建立沟通协调机制，帮助管理人或债务人解决重整计划草案制定中的困难和问题。

17. 重整计划的审查与批准。重整不限于债务减免和财务调整，重整的重点是维持企业的营运价值。人民法院在审查重整计划时，除合法性审查外，还应审查其中的经营方案是否具有可行性。重整计划中关于企业重新获得盈利能力的经营方案具有可行性、表决程序合法、内容不损害各表决组中反对者的清偿利益的，人民法院应当自收到申请之日起三十日内裁定批准重整计划。

18. 重整计划草案强制批准的条件。人民法院应当审慎适用企业破产法第八十七条第二款，不得滥用强制批准权。确需强制批准重整计划草案的，重整计划草案除应当符合企业破产法第八十七条第二款规定外，如债权人分多组的，还应当至少有一组已经通过重整计划草案，且各表决组中反对者能够获得的清偿利益不低于依照破产清算程序所能获得的利益。

19. 重整计划执行中的变更条件和程序。债务人应严格执行重整计划，但因出现国家政策调整、法律修改变化等特殊情况，导致原重整计划无法执行的，债务人或管理人可以申请变更重整计划一次。债权人会议决议同意变更重整计划的，应自决议通过之日起十日内提请人民法院批准。债权人会议决议不同意或者人民法院不批准变更申请的，人民法院经管理人或者利害关系人请求，应当裁定终止重整计划的执行，并宣告债务人破产。

20. 重整计划变更后的重新表决与裁定批准。人民法院裁定同意变更重整计划的，债务人或者管理人应当在六个月内提出新的重整计划。变更后的重整计划应提交给因重整计划变更而遭受不利影响的债权人组和出资人组进行表决。表决、申请人民法院批准以及人民法院裁定是否批准的程序与原重整计划的相同。

21. 重整后企业正常生产经营的保障。企业重整后，投资主体、股权结构、公司治理模式、经营方式等与原企业相比，往往发生了根本变化，人民法院要通过加强与政府的沟通协调，帮助重整企业修复信用记录，依法获取税收优惠，以利于重整企业恢复正常生产经营。

22. 探索推行庭外重组与庭内重整制度的衔接。在企业进入重整程序之前，可以先由债权人与债务人、出资人等利害关系人通过庭外商业谈判，拟定重组方案。重整程序启动后，可以重组方案为依据拟定重整计划草案提交人民法院依法审查批准。

五、破产清算

会议认为，破产清算作为破产制度的重要组成部分，具有淘汰落后产能、优化市场资源配置的直接作用。对于缺乏拯救价值和可能性的债务人，要及时通过破产清算程序对债权债务关系进行全面清理，重新配置社会资源，提升社会有效供给的质量和水平，增强企业破产法对市场经济发展的引领作用。

23. 破产宣告的条件。人民法院受理破产清算申请后，第一次债权人会议上无人提出重整或和解申请的，管理人应当在债权审核确认和必要的审计、资产评估后，及时向人民法院提出宣告破产的申请。人民法院受理破产和解或重整申请后，债务人出现应当宣告破产的法定原因时，人民法院应当依法宣告债务人破产。

24. 破产宣告的程序及转换限制。相关主体向人民法院提出宣告破产申请的，人民法院应当自收到申请之日起七日内作出破产宣告裁定并进行公告。债务人被宣告破产后，不得再转入重整程序或和解程序。

25. 担保权人权利的行使与限制。在破产清算和破产和解程序中，对债务人特定财产享有担保权的债权人可以随时向管理人主张就该特定财产变价处置行使优先受偿权，管理人应及时变价处置，不得以须经债权人会议决议等为由拒绝。但因单独处置担保财产会降低其他破产财产的价值而应整体处置的除外。

26. 破产财产的处置。破产财产处置应当以价值最大化为原则，兼顾处置效率。人民法院要积极探索更为有效的破产财产处置方式和渠道，最大限度提升破产财产变价率。采用拍卖方式进行处置的，拍卖所得预计不足以支付评估拍卖费用，或者拍卖不成的，经债权人会议决议，可以采取作价变卖或实物分配方式。变卖或实物分配的方案经债权人会议两次表决仍未通过的，由人民法院裁定处理。

27. 企业破产与职工权益保护。破产程序中要依法妥善处理劳动关系，推动完善职工欠薪保障机制，依法保护职工生存权。由第三方垫付的职工债权，原则上按照垫付的职工债权性质进行清偿；由欠薪保障基金垫付的，应按照企业破产法第一百一十三条第一款第二项的顺序清偿。债务人欠缴的住房公积金，按照债务人拖欠的职工工资性质清偿。

28. 破产债权的清偿原则和顺序。对于法律没有明确规定清偿顺序的债权，人民法院可以按照人身损害赔偿债权优先于财产性债权、私法债权优先于公法债权、补偿性债权优先于惩罚性债权的原则合理确定清偿顺序。因债务人侵权行为造成的人身损害赔偿，可以参照企业破产法第一百一十三条第一款第一项规定的顺序清偿，但其中涉及的惩罚性赔偿除外。破产财产依照企业破产法第一百一十三条规定的顺序清偿后仍有剩余的，可依次用于清偿破产受理前产生的民事惩罚性赔偿金、行政罚款、刑事罚金等惩罚性债权。

29. 建立破产案件审理的繁简分流机制。人民法院审理破产案件应当提升审判效率,在确保利害关系人程序和实体权利不受损害的前提下,建立破产案件审理的繁简分流机制。对于债权债务关系明确、债务人财产状况清楚的破产案件,可以通过缩短程序时间、简化流程等方式加快案件审理进程,但不得突破法律规定的最低期限。

30. 破产清算程序的终结。人民法院终结破产清算程序应当以查明债务人财产状况、明确债务人财产的分配方案、确保破产债权获得依法清偿为基础。破产申请受理后,经管理人调查,债务人财产不足以清偿破产费用且无人代为清偿或垫付的,人民法院应当依管理人申请宣告破产并裁定终结破产清算程序。

31. 保证人的清偿责任和求偿权的限制。破产程序终结前,已向债权人承担了保证责任的保证人,可以要求债务人向其转付已申报债权的债权人在破产程序中应得清偿部分。破产程序终结后,债权人就破产程序中未受清偿部分要求保证人承担保证责任的,应在破产程序终结后六个月内提出。保证人承担保证责任后,不得再向和解或重整后的债务人行使求偿权。

六、关联企业破产

会议认为,人民法院审理关联企业破产案件时,要立足于破产关联企业之间的具体关系模式,采取不同方式予以处理。既要通过实质合并审理方式处理法人人格高度混同的关联关系,确保全体债权人公平清偿,也要避免不当采用实质合并审理方式损害相关利益主体的合法权益。

32. 关联企业实质合并破产的审慎适用。人民法院在审理企业破产案件时,应当尊重企业法人人格的独立性,以对关联企业成员的破产原因进行单独判断并适用单个破产程序为基本原则。当关联企业成员之间存在法人人格高度混同、区分各关联企业成员财产的成本过高、严重损害债权人公平清偿利益时,可例外适用关联企业实质合并破产方式进行审理。

33. 实质合并申请的审查。人民法院收到实质合并申请后,应当及时通知相关利害关系人并组织听证,听证时间不计入审查时间。人民法院在审查实质合并申请过程中,可以综合考虑关联企业之间资产的混同程序及其持续时间、各企业之间的利益关系、债权人整体清偿利益、增加企业重整的可能性等因素,在收到申请之日起三十日内作出是否实质合并审理的裁定。

34. 裁定实质合并时利害关系人的权利救济。相关利害关系人对受理法院作出的实质合并审理裁定不服的,可以自裁定书送达之日起十五日内向受理法院的上一级人民法院申请复议。

35. 实质合并审理的管辖原则与冲突解决。采用实质合并方式审理关联企业破产案件的,应由关联企业中的核心控制企业住所地人民法院管辖。核心控制企业不明确的,由关联企业主要财产所在地人民法院管辖。多个法院之间对管辖权发生争议的,应当报请共同的上级人民法院指定管辖。

36. 实质合并审理的法律后果。人民法院裁定采用实质合并方式审理破产案件的,各关联企业成员之间的债权债务归于消灭,各成员的财产作为合并后统一的破产财产,由各成员的债权人在同一程序中按照法定顺序公平受偿。采用实质合并方式进行重整的,重整计划草案中应当制定统一的债权分类、债权调整和债权受偿方案。

37. 实质合并审理后的企业成员存续。适用实质合并规则进行破产清算的,破产程序终结后各关联企业成员均应予以注销。适用实质合并规则进行和解或重整的,各关联企业原则上应当合并为一个企业。根据和解协议或重整计划,确有需要保持个别企业独立的,应当依照企业分立的有关规则单独处理。

38. 关联企业破产案件的协调审理与管辖原则。多个关联企业成员均存在破产原因但不符合实质合并条件的,人民法院可根据相关主体的申请对多个破产程序进行协调审理,并可根据程序协调的需要,综合考虑破产案件审理的效率、破产申请的先后顺序、成员负债规模大小、核心控制企业住所地等因素,由共同的上级法院确定一家法院集中管辖。

39. 协调审理的法律后果。协调审理不消灭关联企业成员之间的债权债务关系,不对关联企业成员的财产进行合并,各关联企业成员的债权人仍以该企业成员财产为限依法获得清偿。但关联企业成员之间不当利用关联关系形成的债权,应当劣后于其他普通债权顺序清偿,且该劣后债权人不得就其他关联企业成员提供的特定财产优先受偿。

七、执行程序与破产程序的衔接

执行程序与破产程序的有效衔接是全面推进破产审判工作的有力抓手,也是破解"执行难"的重要举措。全国各级法院要深刻认识执行转破产工作的重要意义,大力推动符合破产条件的执行案件,包括执行不能案件进入破产程序,充分发挥破产程序的制度价值。

40. 执行法院的审查告知、释明义务和移送职责。执行部门要高度重视执行与破产的衔接工作,推动符合条件的执行案件向破产程序移转。执行法院发现作为被执行人的企业法人符合企业破产法第二条规定的,应当及时询问当事人是否同意将案件移送破产审查并释明法律后果。执行法院作出移送决定后,应当书面通知所有已知执行法院,执行法院均应中止对被执行人的执行程序。

41. 执行转破产案件的移送和接收。执行法院与受移送法院应加强移送环节的协调配合,提升工作实效。执行法院移送案件时,应当确保材料完备,内容、形式符合规定。受移送法院应当认真审核并及时反馈意见,不得无故不予接收或暂缓立案。

42. 破产案件受理后查封措施的解除或查封财产的移送。执行法院收到破产受理裁定后,应当解除对债务人财产的查封、扣押、冻结措施;或者根据破产受理法院的要求,出具函件将查封、扣押、冻结财产的处置权交破产受理法院。破产受理法院可以持执行法院的移送处置函件进行续行查封、扣押、冻结,解除查封、扣押、冻结,或者予以处置。

执行法院收到破产受理裁定拒不解除查封、扣押、冻结措施的,破产受理法院可以请求执行法院的上级法院依法予以纠正。

43. 破产审判部门与执行部门的信息共享。破产受理法院可以利用执行查控系统查控债务人财产,提高破产审判工作效率,执行部门应予以配合。

各地法院要树立线上线下法律程序同步化的观念,逐步实现符合移送条件的执行案件网上移送,提升移送工作的透明度,提高案件移送、通知、送达、沟通协调等相关工作的效率。

44. 强化执行转破产工作的考核与管理。各级法院要结合工作实际建立执行转破产工作考核机制,科学设置考核指标,推动执行转破产工作开展。对应当征询当事人意见不征询、应当提交移送审查不提交、受移送法院违反相关规定拒不接收执行转破产材料或者拒绝立案的，除应当纳入绩效考核和业绩考评体系外，还应当公开通报和严肃追究相关人员的责任。

八、破产信息化建设

会议认为，全国法院要进一步加强破产审判的信息化建设，提升破产案件审理的透明度和公信力，增进破产案件审理质效，促进企业重整再生。

45. 充分发挥破产重整案件信息平台对破产审判工作的推动作用。各级法院要按照最高人民法院相关规定，通过破产重整案件信息平台规范破产案件审理，全程公开、步步留痕。要进一步强化信息网的数据统计、数据检索等功能，分析研判企业破产案件情况，及时发现新情况，解决新问题，提升破产案件审判水平。

46. 不断加大破产重整案件的信息公开力度。要增加对债务人企业信息的公开内容，吸引潜在投资者，促进资本、技术、管理能力等要素自由流动和有效配置，帮助企业重整再生。要确保债权人等利害关系人及时、充分了解案件进程和债务人相关财务、重整计划草案、重整计划执行等情况，维护债权人等利害关系人的知情权、程序参与权。

47. 运用信息化手段提高破产案件处理的质量与效率。要适应信息化发展趋势，积极引导以网络拍卖方式处置破产财产，提升破产财产处置效益。鼓励和规范通过网络方式召开债权人会议，提高效率，降低破产费用，确保债权人等主体参与破产程序的权利。

48. 进一步发挥人民法院破产重整案件信息网的枢纽作用。要不断完善和推广使用破产重整案件信息网，在确保增量数据及时录入信息网的同时，加快填充有关存量数据，确立信息网在企业破产大数据方面的枢纽地位，发挥信息网的宣传、交流功能，扩大各方运用信息网的积极性。

九、跨境破产

49. 对跨境破产与互惠原则。人民法院在处理跨境破产案件时，要妥善解决跨境破产中的法律冲突与矛盾，合理确定跨境破产案件中的管辖权。在坚持同类债权平等保护的原则下，协调好外国债权人利益与我国债权人利益的平衡，合理保护我国境内职工债权、税收债权等优先权的清偿利益。积极参与、推动跨境破产国际条约的协商与签订，探索互惠原则适用的新方式，加强我国法院和管理人在跨境破产领域的合作，推进国际投资健康有序发展。

50. 跨境破产案件中的权利保护与利益平衡。依照企业破产法第五条的规定，开展跨境破产协作。人民法院认可外国法院作出的破产案件的判决、裁定后，债务人在中华人民共和国境内的财产在全额清偿境内的担保权人、职工债权和社会保险费用、所欠税款等优先权后，剩余财产可以按照该外国法院的规定进行分配。

最高人民法院
印发《关于审理公司强制清算案件工作座谈会纪要》的通知

2009年11月4日　　　　　　　　　　　　　　法发〔2009〕52号

各省、自治区、直辖市高级人民法院，解放军军事法院，新疆维吾尔自治区高级人民法院生产建设兵团分院：

现将最高人民法院《关于审理公司强制清算案件工作座谈会纪要》印发给你们，请结合审判工作实际，遵照执行。

关于审理公司强制清算案件工作座谈会纪要

当前，因受国际金融危机和世界经济衰退影响，公司经营困难引发的公司强制清算案件大幅度增加。《中华人民共和国公司法》和《最高人民法院关于适用〈中华人民共和国公司法〉若干问题的规定（二）》（以下简称公司法司法解释二）对于公司强制清算案件审理中的有关问题已作出规定，但鉴于该类案件非讼程序的特点和目前清算程序规范的不完善，有必要进一步明确该类案件审理原则，细化有关程序和实体规定，更好地规范公司退出市场行为，维护市场运行秩序，依法妥善审理公司强制清算案件，维护和促进经济社会和谐稳定。为此，最高人民法院在广泛调研的基础上，于2009年9月15日至16日在浙江省绍兴市召开了全国部分法院审理公司强制清算案件工作座谈会。与会同志通过认真讨论，就有关审理公司强制清算案件中涉及的主要问题达成了共识。现纪要如下：

一、关于审理公司强制清算案件应当遵循的原则

1. 会议认为，公司作为现代企业的主要类型，在参与市场竞争时，不仅要严格遵循市场准入规则，也要严格遵循市场退出规则。公司强制清算作为公司退出市场机制的重要途径之一，是公司法律制度的重要组成部分。人民法院在审理此类案件时，应坚持以下原则：

第一，坚持清算程序公正原则。公司强制清算的目的在于有序结束公司存续期间的各种商事关系，合理调整众多法律主体的利益，维护正常的经济秩序。人民法院审理公司强制清算案件，应当严格依照法定程序进行，坚持在程序正义的基础上实现清算结果的公正。

第二，坚持清算效率原则。提高社会经济的整体效率，是公司强制清算制度追求的目标之一，要严格而不失快捷地使已经出现解散事由的公司退出市场，将其可能给各方利益主体造成的损失降至最低。人民法院审理强制清算案件，要严格按照法律规定及时有效地完成清算，保障债权人、股东等利害关系人的利益及时得到实现，避免因长期拖延清算给相关利害关系人造成不必要的损失,保障社会资源的有效利用。

第三,坚持利益均衡保护原则。公司强制清算中应当以维护公司各方主体利益平衡为原则,实现公司退出环节中的公平公正。人民法院在审理公司强制清算案件时,既要充分保护债权人利益,又要兼顾职工利益、股东利益和社会利益,妥善处理各方利益冲突,实现法律效果和社会效果的有机统一。

二、关于强制清算案件的管辖

2. 对于公司强制清算案件的管辖应当分别从地域管辖和级别管辖两个角度确定。地域管辖法院应为公司住所地的人民法院,即公司主要办事机构所在地法院;公司主要办事机构所在地不明确、存在争议的,由公司注册登记地人民法院管辖。级别管辖应当按照公司登记机关的级别予以确定,即基层人民法院管辖县、县级市或者区的公司登记机关核准登记公司的公司强制清算案件;中级人民法院管辖地区、地级市以上的公司登记机关核准登记公司的公司强制清算案件。存在特殊原因的,也可参照适用《中华人民共和国企业破产法》第四条、《中华人民共和国民事诉讼法》第三十七条和第三十九条的规定,确定公司强制清算案件的审理法院。

三、关于强制清算案件的案号管理

3. 人民法院立案庭收到申请人提交的对公司进行强制清算的申请后,应当及时以"(××××)××法×清(预)字第×号"立案。立案庭立案后,应当将申请人提交的申请等有关材料移交审理强制清算案件的审判庭审查,并由审判庭依法作出是否受理强制清算申请的裁定。

4. 审判庭裁定不予受理强制清算申请的,裁定生效后,公司强制清算案件应当以"(××××)××法×清(预)字第×号"结案。审判庭裁定受理强制清算申请的,立案庭应当以"(××××)××法×清(算)字第×号"立案。

5. 审判庭裁定受理强制清算申请后,在审理强制清算案件中制作的民事裁定书、决定书等,应当在"(××××)××法×清(算)字第×号"后依次编号,如"(××××)××法×清(算)字第×-1号民事裁定书"、"(××××)××法×清(算)字第×-2号民事裁定书"等,或者"(××××)××法×清(算)字第×-1号决定书"、"(××××)××法×清(算)字第×-2号决定书"等。

四、关于强制清算案件的审判组织

6. 因公司强制清算案件在案件性质上类似于企业破产案件,因此强制清算案件应当由负责审理企业破产案件的审判庭审理。有条件的人民法院,可由专门的审判庭或者指定专门的合议庭审理公司强制清算案件和企业破产案件。公司强制清算案件应当组成合议庭进行审理。

五、关于强制清算的申请

7. 公司债权人或者股东向人民法院申请强制清算应当提交清算申请书。申请书应当载明申请人、被申请人的基本情况和申请的事实和理由。同时,申请人应当向人民法院提交被申请人已经发生解散事由以及申请人对被申请人享有债权或者股权的有关证据。公司解散后已经自行成立清算组进行清算,但债权人或者股东以其故意拖延清算,或者存在其他违法清算可能严重损害债权人或者股东利益为由,申请人民法院强制清算的,申请人还应当向人民法院提交公司故意拖延清算,或者存在其他违法清算行为可能严重损害其利益的相应证据材料。

8. 申请人提交的材料需要更正、补充的，人民法院应当责令申请人于七日内予以更正、补充。申请人由于客观原因无法按时更正、补充的，应当向人民法院予以书面说明并提出延期申请，由人民法院决定是否延长期限。

六、关于对强制清算申请的审查

9. 审理强制清算案件的审判庭审查决定是否受理强制清算申请时，一般应当召开听证会。对于事实清楚、法律关系明确、证据确实充分的案件，经书面通知被申请人，其对书面审查方式无异议的，也可决定不召开听证会，而采用书面方式进行审查。

10. 人民法院决定召开听证会的，应当于听证会召开五日前通知申请人、被申请人，并送达相关申请材料。公司股东、实际控制人等利害关系人申请参加听证的，人民法院应予准许。听证会中，人民法院应当组织有关利害关系人对申请人是否具备申请资格、被申请人是否已经发生解散事由、强制清算申请是否符合法律规定等内容进行听证。因补充证据等原因需要再次召开听证会的，应在补充期限届满后十日内进行。

11. 人民法院决定不召开听证会的，应当及时通知申请人和被申请人，并向被申请人送达有关申请材料，同时告知被申请人若对申请人的申请有异议，应当自收到人民法院通知之日起七日内向人民法院书面提出。

七、关于对强制清算申请的受理

12. 人民法院应当在听证会召开之日或者自异议期满之日起十日内，依法作出是否受理强制清算申请的裁定。

13. 被申请人就申请人对其是否享有债权或者股权，或者对被申请人是否发生解散事由提出异议的，人民法院对申请人提出的强制清算申请应不予受理。申请人可就有关争议单独提起诉讼或者仲裁予以确认后，另行向人民法院提起强制清算申请。但对上述异议事项已有生效法律文书予以确认，以及发生被吊销企业法人营业执照、责令关闭或者被撤销等解散事由有明确、充分证据的除外。

14. 申请人提供被申请人自行清算中故意拖延清算，或者存在其他违法清算可能严重损害债权人或者股东利益的相应证据材料后，被申请人未能举出相反证据的，人民法院对申请人提出的强制清算申请应予受理。债权人申请强制清算，被申请人的主要财产、账册、重要文件等灭失，或者被申请人人员下落不明，导致无法清算的，人民法院不得以此为由不予受理。

15. 人民法院受理强制清算申请后，经审查发现强制清算申请不符合法律规定的，可以裁定驳回强制清算申请。

16. 人民法院裁定不予受理或者驳回受理申请，申请人不服的，可以向上一级人民法院提起上诉。

八、关于强制清算申请的撤回

17. 人民法院裁定受理公司强制清算申请前，申请人请求撤回其申请的，人民法院应予准许。

18. 公司因公司章程规定的营业期限届满或者公司章程规定的其他解散事由出现，或者股东会、股东大会决议自愿解散的，人民法院受理强制清算申请后，清算组对股东进行剩余财产分配前，申请人以公司修改章程，或者股东会、股东大会决议公司继续存续为由，请求撤回强制清算申请的，人民法院应予准许。

19. 公司因依法被吊销营业执照、责令关闭或者被撤销，或者被人民法院判决强制解散的，人民法院受理强制清算申请后，清算组对股东进行剩余财产分配前，申请人向人民法院申请撤回强制清算申请的，人民法院应不予准许。但申请人有证据证明相关行政决定被撤销，或者人民法院作出解散公司判决后当事人又达成公司存续和解协议的除外。

九、关于强制清算案件的申请费

20. 参照《诉讼费用交纳办法》第十条、第十四条、第二十条和第四十二条关于企业破产案件申请费的有关规定，公司强制清算案件的申请费以强制清算财产总额为基数，按照财产案件受理费标准减半计算，人民法院受理强制清算申请后从被申请人财产中优先拨付。因财产不足以清偿全部债务，强制清算程序依法转入破产清算程序的，不再另行计收破产案件申请费；按照上述标准计收的强制清算案件申请费超过30万元的，超过部分不再收取，已经收取的，应予退还。

21. 人民法院裁定受理强制清算申请前，申请人请求撤回申请，人民法院准许的，强制清算案件的申请费不再从被申请人财产中予以拨付；人民法院受理强制清算申请后，申请人请求撤回申请，人民法院准许的，已经从被申请人财产中优先拨付的强制清算案件申请费不予退回。

十、关于强制清算清算组的指定

22. 人民法院受理强制清算案件后，应当及时指定清算组成员。公司股东、董事、监事、高级管理人员能够而且愿意参加清算的，人民法院可优先考虑指定上述人员组成清算组；上述人员不能、不愿进行清算，或者由其负责清算不利于清算依法进行的，人民法院可以指定《人民法院中介机构管理人名册》和《人民法院个人管理人名册》中的中介机构或者个人组成清算组；人民法院也可根据实际需要，指定公司股东、董事、监事、高级管理人员，与管理人名册中的中介机构或者个人共同组成清算组。人民法院指定管理人名册中的中介机构或者个人组成清算组，或者担任清算组成员的，应当参照适用最高人民法院《关于审理企业破产案件指定管理人的规定》。

23. 强制清算清算组成员的人数应当为单数。人民法院指定清算组成员的同时，应当根据清算组成员的推选，或者依职权，指定清算组负责人。清算组负责人代行清算中公司诉讼代表人职权。清算组成员未依法履行职责的，人民法院应当依据利害关系人的申请，或者依职权及时予以更换。

十一、关于强制清算清算组成员的报酬

24. 公司股东、实际控制人或者股份有限公司的董事担任清算组成员的，不计付报酬。上述人员以外的有限责任公司的董事、监事、高级管理人员，股份有限公司的监事、高级管理人员担任清算组成员的，可以按照其上一年度的平均工资标准计付报酬。

25. 中介机构或者个人担任清算组成员的，其报酬由中介机构或者个人与公司协商确定；协商不成的，由人民法院参照最高人民法院《关于审理企业破产案件确定管理人报酬的规定》确定。

十二、关于强制清算清算组的议事机制

26. 公司强制清算中的清算组因清算事务发生争议的，应当参照公司法第一百一十二条的规定，经全体清算组成员过半数决议通过。与争议事项有直接利害关系的清算组成员可以发表意见，但不得参与投票；因利害关系人回避表决无法形成多数意见的，清算组可以请求人民法院作出决定。与争议事项有直接利害关系的清算组成员未回避表决形成决定的，债权人或者清算组其他成员可以参照公司法第二十二条的规定，自决定作出之日起六十日内，请求人民法院予以撤销。

十三、关于强制清算中的财产保全

27. 人民法院受理强制清算申请后，公司财产存在被隐匿、转移、毁损等可能影响依法清算情形的，人民法院可依清算组或者申请人的申请，对公司财产采取相应的保全措施。

十四、关于无法清算案件的审理

28. 对于被申请人主要财产、账册、重要文件等灭失，或者被申请人人员下落不明的强制清算案件，经向被申请人的股东、董事等直接责任人员释明或采取罚款等民事制裁措施后，仍然无法清算或者无法全面清算，对于尚有部分财产，且依据现有账册、重要文件等，可以进行部分清偿的，应当参照企业破产法的规定，对现有财产进行公平清偿后，以无法全面清算为由终结强制清算程序；对于没有任何财产、账册、重要文件，被申请人人员下落不明的，应当以无法清算为由终结强制清算程序。

29. 债权人申请强制清算，人民法院以无法清算或者无法全面清算为由裁定终结强制清算程序的，应当在终结裁定中载明，债权人可以另行依据公司法司法解释二第十八条的规定，要求被申请人的股东、董事、实际控制人等清算义务人对其债务承担偿还责任。股东申请强制清算，人民法院以无法清算或者无法全面清算为由作出终结强制清算程序的，应当在终结裁定中载明，股东可以向控股股东等实际控制公司的主体主张有关权利。

十五、关于强制清算案件衍生诉讼的审理

30. 人民法院受理强制清算申请前已经开始，人民法院受理强制清算申请时尚未审结的有关被强制清算公司的民事诉讼，由原受理法院继续审理，但应依法将原法定代表人变更为清算组负责人。

31. 人民法院受理强制清算申请后，就强制清算公司的权利义务产生争议的，应当向受理强制清算申请的人民法院提起诉讼，并由清算组负责人代表清算中公司参加诉讼活动。受理强制清算申请的人民法院对此类案件，可以适用民事诉讼法第三十七条和第三十九条的规定确定审理法院。

上述案件在受理法院内部各审判庭之间按照业务分工进行审理。人民法院受理强制清算申请后，就强制清算公司的权利义务产生争议，当事人双方就产生争议约定有明确有效的仲裁条款的，应当按照约定通过仲裁方式解决。

十六、关于强制清算和破产清算的衔接

32. 公司强制清算中，清算组在清理公司财产、编制资产负债表和财产清单时，发现公司财产不足清偿债务的，除依据公司法司法解释二第十七条的规定，通过与债权人协商制作有关债务清偿方案并清偿债务的外，应依据公司法第一百八十八条和企业破产法第七条第三款的规定向人民法院申请宣告破产。

33. 公司强制清算中，有关权利人依据企业破产法第二条和第七条的规定向人民法院另行提起破产申请的，人民法院应当依法进行审查。权利人的破产申请符合企业破产法规定的，人民法院应当依法裁定予以受理。人民法院裁定受理破产申请后，应当裁定终结强制清算程序。

34. 公司强制清算转入破产清算后，原强制清算中的清算组由《人民法院中介机构管理人名册》和《人民法院个人管理人名册》中的中介机构或者个人组成或者参加的，除该中介机构或者个人存在与本案有利害关系等不宜担任管理人或者管理人成员的情形外，人民法院可根据企业破产法及其司法解释的规定，指定该中介机构或者个人作为破产案件的管理人，或者吸收该中介机构作为新成立的清算组管理人的成员。上述中介机构或者个人在公司强制清算和破产清算中取得的报酬总额，不应超过按照企业破产计付的管理人或者管理人成员的报酬。

35. 上述中介机构或者个人不宜担任破产清算中的管理人或者管理人的成员的，人民法院应当根据企业破产法和有关司法解释的规定，及时指定管理人。原强制清算中的清算组应当及时将清算事务及有关材料等移交给管理人。公司强制清算中已经完成的清算事项，如无违反企业破产法或者有关司法解释的情形的，在破产清算程序中应承认其效力。

十七、关于强制清算程序的终结

36. 公司依法清算结束，清算组制作清算报告并报人民法院确认后，人民法院应当裁定终结清算程序。公司登记机关依清算组的申请注销公司登记后，公司终止。

37. 公司因公司章程规定的营业期限届满或者公司章程规定的其他解散事由出现，或者股东会、股东大会决议自愿解散的，人民法院受理债权人提出的强制清算申请后，对股东进行剩余财产分配前，公司修改章程、或者股东会、股东大会决议公司继续存续，申请人在其个人债权及他人债权均得到全额清偿后，未撤回申请的，人民法院可以根据被申请人的请求裁定终结强制清算程序，强制清算程序终结后，公司可以继续存续。

十八、关于强制清算案件中的法律文书

38. 审理强制清算的审判庭审理该类案件时，对于受理、不受理强制清算申请、驳回申请人的申请、允许或者驳回申请人撤回申请、采取保全措施、确认清算方案、确认清算终结报告、终结强制清算程序的，应当制作民事裁定书。对于指定或者变更清算组成员、确定清算组成员报酬、延长清算期限、制裁妨碍清算行为的，应当制作决定书。

对于其他所涉有关法律文书的制作，可参照企业破产清算中人民法院的法律文书样式。

十九、关于强制清算程序中对破产清算程序的准用

39. 鉴于公司强制清算与破产清算在具体程序操作上的相似性，就公司法、公司法司法解释二，以及本会议纪要未予涉及的情形，如清算中公司的有关人员未依法妥善保管其占有和管理的财产、印章和账簿、文书资料，清算组未及时接管清算中公司的财产、印章和账簿、文书，清算中公司拒不向人民法院提交或者提交不真实的财产状况说明、债务清册、债权清册、有关财务会计报告以及职工工资的支付情况和社会保险费用的缴纳情况，清算中公司拒不向清算组移交财产、印章和账簿、文书等资料，或者伪造、销毁有关财产证据材料而使财产状况不明，股东未缴足出资、抽逃出资，以及公司董事、监事、高级管理人员非法侵占公司财产等，可参照企业破产法及其司法解释的有关规定处理。

二十、关于审理公司强制清算案件中应当注意的问题

40. 鉴于此类案件属于新类型案件，且涉及的法律关系复杂、利益主体众多，人民法院在审理难度大、涉及面广、牵涉社会稳定的重大疑难清算案件时，要在严格依法的前提下，紧紧依靠党委领导和政府支持，充分发挥地方政府建立的各项机制，有效做好维护社会稳定的工作。同时，对于审判实践中发现的新情况、新问题，要及时逐级上报。上级人民法院要加强对此类案件的监督指导，注重深入调查研究，及时总结审判经验，确保依法妥善审理好此类案件。

指导案例 73 号

通州建某集团有限公司诉安徽天某
化工有限公司别除权纠纷案

（最高人民法院审判委员会讨论通过　2016 年 12 月 28 日发布）

关键词

民事　别除权　优先受偿权　行使期限　起算点

裁判要点

符合企业破产法第十八条规定的情形，建设工程施工合同视为解除的，承包人行使优先受偿权的期限应自合同解除之日起计算。

相关法条

《中华人民共和国合同法》第二百八十六条

《中华人民共和国企业破产法》第十八条

基本案情

2006 年 3 月，安徽天某化工有限公司（以下简称安徽天某公司）与通州建某集团有限公司（以下简称通州建某公司）签订了一份《建设工程施工合同》，安徽天某公司将其厂区一期工程生产厂区的土建、安装工程发包给通州建某公司承建，合同约定，开工日期：暂定 2006 年 4 月 28 日（以实际开工报告为准），竣工日期：2007 年 3 月 1 日，合同工期总日历天数 300 天。发包方不按合同约定支付工程款，双方未达成延期付款协议，承包人可停止施工，由发包人承担违约责任。后双方又签订一份《合同补充协议》，对支付工程款又作了新的约定，并约定厂区工期为 113 天，生活区工期为 266 天。2006 年 5 月 23 日，监理公司下达开工令，通州建某公司遂组织施工，2007 年安徽天某公司厂区的厂房等主体工程完工。后因安徽天某公司未按合同约定支付工程款，致使工程停工，该工程至今未竣工。2011 年 7 月 30 日，双方在仲裁期间达成和解协议，约定如处置安徽天某公司土地及建筑物偿债时，通州建某公司的工程款可优先受偿。后安徽天某公司因不能清偿到期债务，江苏宏某建设集团有限公司向安徽省滁州市中级人民法院申请安徽天某公司破产还债。安徽省滁州市中级人民法院于 2011 年 8 月 26 日作出（2011）滁民二破字第 00001 号民事裁定，裁定受理破产申请。2011 年 10 月 10 日，通州建某公司向安徽天某公司破产管理人申报债权并主张对该工程享有优先受偿权。2013 年 7 月 19 日，安徽省滁州市中级人民法院作出（2011）滁民二破字第 00001－2 号民事裁定，宣告安徽天某公司破产。通州建某公司于 2013 年 8 月 27 日提起诉讼，请求确认其债权享有优先受偿权。

裁判结果

安徽省滁州市中级人民法院于 2014 年 2 月 28 日作出（2013）滁民一初字第 00122

号民事判决：确认原告通州建某公司对申报的债权就其施工的被告安徽天某公司生产厂区土建、安装工程享有优先受偿权。宣判后，安徽天某公司提出上诉。安徽省高级人民法院于2014年7月14日作出（2014）皖民一终字第00054号民事判决，驳回上诉，维持原判。

裁判理由

法院生效裁判认为：本案双方当事人签订的建设工程施工合同虽约定了工程竣工时间，但涉案工程因安徽天某公司未能按合同约定支付工程款导致停工。现没有证据证明在工程停工后至法院受理破产申请前，双方签订的建设施工合同已经解除或终止履行，也没有证据证明在法院受理破产申请后，破产管理人决定继续履行合同。根据企业破产法第十八条"人民法院受理破产申请后，管理人对破产申请受理前成立而债务人和对方当事人均未履行完毕的合同有权决定解除或继续履行，并通知对方当事人。管理人自破产申请受理之日起二个月未通知对方当事人，或者自收到对方当事人催告之日起三十日内未答复的，视为解除合同"之规定，涉案建设工程施工合同在法院受理破产申请后已实际解除，本案建设工程无法正常竣工。按照最高人民法院《全国民事审判工作会议纪要》精神，因发包人的原因，合同解除或终止履行时已经超出合同约定的竣工日期的，承包人行使优先受偿权的期限自合同解除之日起计算，安徽天某公司要求按合同约定的竣工日期起算优先受偿权行使时间的主张，缺乏依据，不予采信。2011年8月26日，法院裁定受理对安徽天某公司的破产申请，2011年10月10日通州建某公司向安徽天某公司的破产管理人申报债权并主张工程款优先受偿权，因此，通州建某公司主张优先受偿权的时间是2011年10月10日。安徽天某公司认为通州建某公司行使优先受偿权的时间超过了破产管理之日六个月，与事实不符，不予支持。

（生效裁判审判人员：洪平、胡小恒、台旺）

【解读】

解读《通州建某集团有限公司诉安徽天某化工有限公司别除权纠纷案》

2016年12月28日，最高人民法院发布了指导案例73号《通州建某集团有限公司诉安徽天某化工有限公司别除权纠纷案》。为了正确理解和准确参照适用该指导案例，现对该指导案例的推选过程、裁判要点等有关情况予以解释、论证和说明。

一、推选过程及指导意义

该案例由安徽省滁州市中级人民法院推荐，曾被安徽省高级人民法院评为2014年十大精品案件。最高人民法院研究室在安徽省滁州市中级人民法院进行案例指导工作调研座谈时研讨了该案例，座谈会由滁州市中级人民法院及基层法院分管研究室工作的院领导、研究室主任及相关案例撰写人参加，并邀请了在滁全国人大代表。与会代表普遍认为该案例具有一定典型性和指导性，能弥补法律、司法解释的不足，有利于统一法律适用标准，具有良好的法律效果和社会效果。后该案例经滁州市中级人民法院审判委员会和安徽省高级人民法院审判委员会讨论决定予以推荐。最高人民法院案例指导工作办公室收到该案例后，经过初审，送研究室民事处、最高人民法院民一庭征求意见，并根据反馈意见进行了修改。2016年9月7日，研究室室务会经讨论同意推荐该案例。12月6日，最高人民法院第256次民专会经过讨论，原则同意该案例作为指导性案例，并提出两点修改意见：一是认为原裁判要点述及的"合同解除之日已经超出合同约定的竣工日期"没必要写，可以删去；二是认为裁判要点需要再挖掘，本案中是作为发包人的企业破产了，加速了债权到期，根据我国企业破产法第十八条的规定合同视为解除，所以要从视为合同解除之日作为起算点行使优先受偿权，这一点要加上。案例指导工作办公室根据民专会提出的修改意见对案例进行了修改，再送最高人民法院民一庭、民二庭征求意见，修改完成后报院领导审核后予以签发。12月28日，最高人民法院以法〔2016〕449号文件将该案例列在第15批指导案例予以发布。

该指导案例旨在明确符合我国企业破产法第十八条规定的情形，建设工程施工合同视为解除的，承包人行使优先受偿权的期限应自合同解除之日起计算。按照《全国民事审判工作会议纪要》精神，因发包人的原因，合同解除或终止履行时已经超出合同约定的竣工日期的，承包人行使优先受偿权的期限自合同解除之日起计算，该指导案例再次重申了这一裁判规则，对处理企业破产案件中工程款优先受偿问题，具有较强的借鉴和指导意义。

二、关于本案例的相关情况

在阐释解读本指导案例裁判要点之前，需要梳理一下建设工程价款优先受偿权的法律性质，以及与别除权的关系，具体说明如下。

（一）建设工程价款优先受偿权的性质

我国合同法第二百八十六条确立了承包人的建设工程价款优先受偿权制度。2002年《最高人民法院关于建设工程价款优先受偿权问题的批复》又进一步明确了建设工程价款优先受偿权优于抵押权和其他债权，但对于建设工程价款优先受偿权的性质，理论上一直存在着三种不同观点，即留置权说、法定抵押权说和法定优先权说。

笔者认为，该优先受偿权的性质上应属于法定优先权。

首先，根据我国物权法规定，留置权的标的物仅限于动产，且要求留置权人实际占有该动产，一旦丧失占有，留置权也随之消灭。而建设工程价款优先受偿权的客体是建设工程，属于不动产，实践中，建设工程的承包人往往并不实际占有该工程，在完成施工后，则按照合同约定将建设工程交付给发包人，承包人随即丧失对建设工程的占有。因此，建设工程款优先受偿权的性质不应认定为留置权。

其次，对于法定抵押权说，从立法背景和立法过程看，立法者在起草合同法时将建设工程价款优先受偿权作为法定抵押权对待；[①] 从域外立法看德国民法典第648条第

---

① 参见梁慧星：《合同法第二百八十六条的权利性质及其适用》，载《山西大学学报（哲学社会科学版）》2001年第3期。

1款①也将建设工程价款优先受偿权归为抵押权，但须以登记为必要的成立生效要件，但我国合同法所确定的建设工程价款优先受偿权，并不以登记作为必要的成立要件，在我国，不动产抵押须登记才生效，而建设工程价款优先受偿权并不满足此要件。因此，建设工程价款优先受偿权在性质上类似于法定抵押权，但并非法定抵押权。

最后，建设工程价款优先受偿权是法律直接规定的，无须双方合意，也无须承包人对建设工程进行实际占有，亦无须对不动产进行抵押登记，这种权利源自法定。因此，建设工程价款优先受偿权的性质应属法定优先权。最高人民法院（2007）执他字第11号《最高人民法院关于对人民法院调解中未写明建设工程优先受偿应如何使用法律问题的请示的复函》明确建设工程款优先受偿权是一种法定优先权。

最高人民法院于2016年10月31日作出的（2016）最高法民终532号民事判决，就大连安某建设有限公司与大连中裕某房地产开发有限公司建设工程施工合同纠纷二审案认定建设工程价款优先受偿权是法律赋予建设工程施工人的法定权利，属于具有担保性质的民事财产权利。

（二）别除权概念及其案由、特征

别除权制度源自大陆法系国家，是现代破产制度的一项重要组成部分。"它是由破产人特定财产上已存在的担保物权或法定优先权之排他性优先效力沿袭而来，并非破产法所设。别除权的名称是针对这种权利在破产程序中行使的特点而命名的。"② 德国、日本等均规定了别除权制度。

我国于2007年6月1日起施行的企业破产法虽未采用别除权的概念，但第一百零九条规定："对破产人的特定财产享有担保权的权利人，对该特定财产享有优先受偿的权利。"该条规定的权利在破产法理论上即称之为别除权。

最高人民法院于2008年2月4日发布的法发〔2008〕11号《民事案件案由规定》，在与破产有关的纠纷案由中首次确定别除权纠纷案由，该案由可以清晰反映审理企业破产案件中优先受偿问题所涉及的民事法律关系的性质，而且通俗易懂。

别除权的概念是指在破产程序开始之前，就债务人的特定财产上设定了担保物权或者存在其他特别优先权的，于债务人宣告破产后，权利人享有就该特定财产不依照破产清算程序个别优先受偿的权利。③ 别除权相比有财产担保的债权更为确切和科学。

别除权纠纷是指债权人与管理人之间因别除权的行使而引发的纠纷。

别除权具有三个特征：第一，别除权是针对破产人的特定财产行使的权利；第二，别除权是担保物权和对特定财产享有法定优先权在破产法上的转化形式；第三，别除权的行使与破产程序密切相关，别除权的行使只是表现为可不依破产财产清偿顺序优先受偿，亦即别除权人可在债权人的集体清偿程序之外个别地和排他地接受清偿，而不是在破产程序之外自由受偿。

（三）建设工程价款优先受偿权与别除权关系

我国企业破产法第一百零九条规定，对破产人的特定财产享有担保权的权利人，

---

① 德国民法典第648条第1款规定：建筑工作物或建筑工作物的各部分的承揽人，可以就其基于合同而发生的债权，请求给予定作人建筑地上的保全抵押权。工作尚未完成的，承揽人可以就与所提供的劳动相当的部分报酬，以及就不包含在报酬中的垫款，请求给予保全抵押权。陈卫佐译注：《德国民法典》，法律出版社2006年版，第218页。
② 王欣新：《破产法学》，中国人民大学出版社2004年版，第285页。
③ 参见景汉朝：《民事案件案由新释新解与适用指南》，人民法院出版社2013年版，第551页。

对该特定财产享有优先受偿的权利。该条虽未明确建设工程价款享有优先受偿权,但建设工程价款优先受偿权系我国合同法第二百八十六条所直接规定的由承包人享有的权利,且2002年《最高人民法院关于建设工程价款优先受偿权问题的批复》明确了建设工程优先受偿权优于抵押权。因此,如果发包人破产,则在破产程序中承包人所行使的建设工程价款优先受偿权即为别除权。

企业破产法上的别除权,实际上是民法上担保物权或对特定财产享有法定优先权在破产程序上的折射。从性质上说,别除权是企业破产法对民法担保物权或对特定财产享有法定优先权的承认,而非为破产法新创设的权利。故在破产程序开始之后才涉及企业破产法上的别除权的问题,别除权与破产程序开始后破产人财产的分配密不可分。别除权的行使只有在破产程序之中才能成为现实的可能。

我国合同法确立建设工程价款优先受偿权是为了解决我国社会中日益严重的拖欠工程款问题,保护农民工这一弱势群体所作出的一种价值取舍,即弱势利益优先保护。尤其在处置"烂尾楼"以及发包人破产的情况下,只有法律赋予承包人建设工程价款优先受偿权,在破产程序中该权利体现为别除权,方能彰显社会公平。

本案例在发包人进入破产程序后,就如何解决建设工程价款优先受偿权问题给出了明确的答案,具有一定的典型性。

三、裁判要点的理解与说明

该指导案例的裁判要点确认:符合我国企业破产法第十八条规定的情形,建设工程施工合同视为解除的,承包人行使优先受偿权的期限应自合同解除之日起计算。现围绕与该裁判要点相关的问题逐一论证和说明如下。

(一)承包人行使优先受偿权的期限

我国合同法第二百八十六条规定承包人对建设工程价款享有优先受偿权。当债务人即发包方破产时,建设工程价款优先权即构成别除权,但这一制度对于其他债权人,特别是一般抵押权的利益产生了重要影响。

承包人的优先受偿权为法定权利,虽具有担保物权的性质,但源于债权,与担保物权和债权一样,行使均受到一定时间的限制。而我国合同法并未明确承包人行使优先权的期限。我国海商法和民用航空法对行使优先权规定的期限分别为一年和三个月。因期限的长短涉及承包人、发包人以及与建设工程有关的其他债权人的利益,故合理期限应当对这三方当事人的利益起到平衡的保护作用,期限过长虽有利于承包人,但不利于发包人和其他债权人;期限过短虽有利于发包人和其他债权人,但失去了规定此项权利的意义。2002年《最高人民法院关于建设工程价款优先受偿权问题的批复》综合考虑这三方当事人权益的保护以及承包人优先受偿权的行使期限,将建设工程优先受偿权行使期限从建设工程竣工之日或者建设工程合同约定的竣工之日起计算,将期限确定为六个月是合理、适当的。

(二)承包人行使优先受偿权期限的起点

2002年《最高人民法院关于建设工程价款优先受偿权问题的批复》对建设工程承包人行使优先权的期限作出明确规定,建设工程承包人行使优先权的期限为六个月,自建设工程竣工之日或者建设工程合同约定的竣工之日起计算。该期限的性质属除斥期间,不适用时效有关中止、中断或延长的规定。

但对于建设工程施工合同履行过程中,因发包人的原因导致承包人被迫停工,对于未完工的工程、在建工程以及中途停建的"烂尾"工程，承包人主张工程价款优先受偿权的，起算点如何确定，法律及相关司法解释并无明确规定。根据2011年《全国民事审判工作会议纪要》精神，对因发包人的原因，合同解除或终止履行时已经超出合同约定的竣工日期的，承包人行使优先受偿权的期限自合同解除之日起计算。但该会议纪要并非正式的法律渊源，不能作为裁判文书引用的裁判依据。综上，如何保护承包人的合法利益，尤其是保护建筑业市场的农民工权益，就成为司法实务中迫切需要解决的问题。本指导案例更生动、直观地说明问题，可以在审理类似案件时予以参照。

建设工程施工合同解除的法律后果是使合同关系消灭，双方基于合同发生的权利义务关系终止。根据我国合同法第九十七条规定，合同解除后，尚未履行的，终止履行；已经履行的，根据履行情况和合同性质，当事人可以要求恢复原状、采取其他补救措施，并有权要求赔偿损失。建设工程施工合同由其性质决定无法恢复原状，当事人可以要求采取其他措施给予赔偿。建设工程施工合同解除后，对承包人已完成工程量所对应的工程价款应进行决算，最终确定工程价款，此时承包人行使优先受偿权的实质条件已具备，即承包人行使优先受偿权的期限自合同解除之日起计算。合同解除之日是一个确定的日期，以此作为行使优先权期限的起算点不会产生争议。确定承包人行使优先受偿权的期限自合同解除之日起计算，一方面，可以促使承包人在法定期限内积极行使权利，防止其怠于行使权利导致市场交易秩序的混乱和不安定；另一方面，也有利于平衡发包人与承包人及其他利害关系人的利益。

（三）发包人破产承包人行使优先受偿权期限的起点

我国企业破产法第十八条规定，人民法院受理破产申请后，管理人对破产申请受理前成立而债务人和对方当事人均未履行完毕的合同有权决定解除或者继续履行，并通知对方当事人。管理人自破产申请受理之日起两个月内未通知对方当事人，或者自收到对方当事人催告之日起三十日内未答复的，视为解除合同。管理人决定继续履行合同的，对方当事人应当履行；但是，对方当事人有权要求管理人提供担保。管理人不提供担保的，视为解除合同。依据上述法律规定，管理人逾期通知、不答复或者不提供担保的，在法律上被认定为解除合同，发生合同解除的法律效力。

发包人即使进入破产程序，承包人对建设工程价款享有优先受偿权仍应受法律保护，对于行使优先受偿权期限的起点，根据2011年《全国民事审判工作会议纪要》精神，对因发包人的原因，导致合同解除或终止履行时已经超出合同约定的竣工日期的，承包人行使优先受偿权的期限自合同解除之日起计算。根据上述规定，符合我国企业破产法第十八条规定的情形，建设工程施工合同视为解除的，承包人行使优先受偿权的期限应自合同解除之日起计算。本指导案例与2011年《全国民事审判工作会议纪要》精神相一致。

本案中"在建工程"在破产中确定别除权尚属首次，具有一定的代表性和典型性，对处理企业破产案件中工程款别除权问题，切实保护农民工合法权益，具有一定借鉴和指导意义。

四、其他相关问题的说明

在参照适用本指导案例时应注意如下几个问题。

(一) 建设工程价款别除权行使的客体

别除权行使的客体是破产人的特定财产。别除权的行使，仅以别除权标的为限，只以别除权标的物的价值为限。建设工程价款在债务人破产时如何行使别除权，即建设工程价款别除权的客体如何界定？因建设工程属于"房地一体"，承包人行使别除权不应包括建设用地使用权价值部分。因建设工程价款包括承包人为建设工程应当支付的工作人员报酬、材料款等实际支出的费用，而建设工程所占用的建设用地使用权属发包人所享有，承包人对该建设用地使用权部分并无增值贡献。因此，建设用地使用权价值部分不能成为建设工程优先权的客体。①

在将建筑物价值变现时，根据"房地一体处分"原则要将建筑物和建设用地使用权一并进行处分，但在处分时应区分建设工程本身及建设用地使用权，即建筑物价值和建设用地使用权的价值，建设工程价款优先权仅对建筑物的价值部分有优先受偿权，对建设用地使用权部分并不享有优先受偿权。

别除权的标的物一旦灭失，别除权即告消灭，则债权人应视为一般债权人参加破产清算，按破产债权的清偿顺序参加破产分配，不再享有别除权。对于建设工程系商品房，消费者交付购买商品房的全部或者大部分款项的，根据2002年《最高人民法院关于建设工程价款优先受偿权问题的批复》第二条规定，消费者交付购买商品房的全部或者大部分款项后，承包人就该商品房享有的工程价款优先受偿权不得对抗买受人。此时承包人就该商品房不再享有工程价款的别除权。

(二) 别除权行使的程序及限制

由于别除权的行使能使债权人获得优先清偿，所以其行使应受到严格的限制，实践中，应遵循以下程序。

1. 申报

我国企业破产法第四十八条第一款规定："债权人应当在人民法院确定的债权申报期限内向管理人申报债权。"第四十九条规定："债权人申报债权时，应当书面说明债权的数额和有无财产担保，并提交有关证据……"第五十六条第二款规定："债权人未依照本法规定申报债权的，不得依照本法规定的程序行使权利。"从上述规定可以看出，别除权人亦应和其他债权人一样进行债权申报，如其未进行债权申报（包括补充申报），则其不能行使其债权，包括优先受偿权。任何债权都应经申报才可能受偿，作为优先受偿权的别除权亦应申报，否则视为放弃债权，承担弃权的法律后果。②

2. 向管理人提出别除权请求

别除权人行使别除权，应向管理人提出。因在破产宣告后，债务人的民事权利能力和民事行为能力即丧失，管理人接管破产企业，是其法定管理机构，债权人向破产企业提出别除请求，不能产生别除的法律后果。

3. 债权人会议确认或提起诉讼

债权人会议依据债权人的申报，根据法律规定别除权所应具备的条件，进行审查确认。如债权人会议对别除权不予确认，则别除权人可向受理破产申请的人民法院提起诉讼请求人民法院依法确认。

---

① 参见杨心忠、柳适思、赵蕾等：《建设工程合同纠纷裁判思路》，法律出版社2014年版，第270~272页。
② 参见李国光主编：《新企业破产法疑难释解》，人民法院出版社2006年版，第307页。

4. 别除权行使的限制

企业破产法第七十五条第一款规定："在重整期间，对债务人的特定财产享有的担保权暂停行使。但是，担保物有损坏或者价值明显减少的可能，足以危害担保权人权利的，担保权人可以向人民法院请求恢复行使担保权。"按照上述规定，在重整期间，对别除权的行使进行限制，也是各国重整立法中的普遍规定，因为企业面临破产危险时，其主要财产上一般都设有担保权，如允许担保权人行使权利，则债务人营业所必需的财产无法继续使用，企业的生产经营就可能难以正常进行，这样重整将失去意义，债权人的整体利益也将受到损害。依据企业破产法第九十五条、第九十六条的规定，在债务人向人民法院提出和解申请和人民法院裁定和解之前，别除权人应暂停别除权的行使；自人民法院裁定和解之日起"对债务人的特定财产享有担保权的权利人"可以行使权利。因和解比破产清算对债权人更为有利，对债权人可以起到减少损失，对债务人可以起到预防破产发生的积极作用，在此情况下债务人可以获得一个恢复、休整的机会。

（撰稿人：赵晓利、杨达、石磊）

指导案例163号

某省纺织工业（集团）进出口有限公司及其五家子公司实质合并破产重整案

（最高人民法院审判委员会讨论通过 2021年9月18日发布）

关键词

民事 破产重整 实质合并破产 关联企业 债转股 预表决

裁判要点

1. 当事人申请对关联企业合并破产的，人民法院应当对合并破产的必要性、正当性进行审查。关联企业成员的破产应当以适用单个破产程序为原则，在关联企业成员之间出现法人人格高度混同、区分各关联企业成员财产成本过高、严重损害债权人公平清偿利益的情况下，可以依申请例外适用关联企业实质合并破产方式进行审理。

2. 采用实质合并破产方式的，各关联企业成员之间的债权债务归于消灭，各成员的财产作为合并后统一的破产财产，由各成员的债权人作为一个整体在同一程序中按照法定清偿顺位公平受偿。合并重整后，各关联企业原则上应当合并为一个企业，但债权人会议表决各关联企业继续存续，人民法院审查认为确有需要的，可以准许。

3. 合并重整中，重整计划草案的制定应当综合考虑进入合并的关联企业的资产及经营优势、合并后债权人的清偿比例、出资人权益调整等因素，保障各方合法权益；同时，可以灵活设计"现金＋债转股"等清偿方案、通过"预表决"方式事先征求债权人意见并以此为基础完善重整方案，推动重整的顺利进行。

相关法条

《中华人民共和国企业破产法》第一条、第二条

基本案情

申请人：某省纺织工业（集团）进出口有限公司（以下简称省纺织进出口公司）、某省纺织工业（集团）轻纺进出口有限公司（以下简称省轻纺公司）、某省纺织工业（集团）针织进出口有限公司（以下简称省针织公司）、某省纺织工业（集团）机电进出口有限公司（以下简称省机电公司）、无锡新某国际贸易有限公司（以下简称无锡新某公司）、某省纺织工业（集团）服装进出口有限公司（以下简称省服装公司）共同的管理人。

被申请人：省纺织进出口公司、省轻纺公司、省针织公司、省机电公司、无锡新某公司、省服装公司。

2017年1月24日，南京市中级人民法院（以下简称南京中院）根据镇江福某纺织科技有限公司的申请，裁定受理省纺织进出口公司破产重整案，并于同日指定江苏东某律师事务所担任管理人。2017年6月14日，南京中院裁定受理省纺织进出口公司对省轻纺公司、省针织公司、省机电公司、无锡新某公司的重整申请及省轻纺公司对省服装公司的重整申请（其中，省纺织进出口公司对无锡新某公司的重整申请经请示江苏省高级人民法院，指定由南京中院管辖）。同日，南京中院指定江苏东某律师事务所担任管理人，在程序上对六家公司进行协调审理。2017年8月11日，管理人以省纺织进出口公司、省轻纺公司、省针织公司、省机电公司、无锡新某公司、省服装公司等六家公司人格高度混同为由，向南京中院申请对上述六家公司进行实质合并重整。

法院经审理查明：

一、案涉六家公司股权情况

省纺织进出口公司注册资本5500万元，其中某省纺织（集团）总公司（以下简称省纺织集团）出资占60.71%，公司工会出资占39.29%。省轻纺公司、省针织公司、省机电公司、无锡新某公司、省服装公司（以下简称五家子公司）注册资本分别为1000万元、500万元、637万元、1000万元、1000万元，省纺织进出口公司在五家子公司均出资占51%，五家子公司的其余股份均由职工持有。

二、案涉五家公司经营管理情况

1. 除无锡新某公司外，其余案涉公司均登记在同一地址，法定代表人存在互相交叉任职的情况，且五家子公司的法定代表人均为省纺织进出口公司的高管人员，财务人员及行政人员亦存在共用情形，其中五家子公司与省纺织进出口公司共用财务人员进行会计核算，付款及报销最终审批人员相同。

2. 省纺织进出口公司和五家子公司间存在业务交叉混同情形，五家子公司的业务由省纺织进出口公司具体安排，且省纺织进出口公司与五家子公司之间存在大量关联债务及担保。

为防止随意对关联企业进行合并，损害公司的独立人格，损害部分债权人等利益相关者的合法权益，在收到合并重整申请后，南京中院对申请人提出的申请事项和事实理由进行了审查，同时，组织债权人代表、债务人代表、职工代表、管理人、审计机构等进行全面的听证，听取各方关于公司是否存在混同事实的陈述，同时对管理人清理的债权债务情况、审计报告，以及各方提交的证据进行全面的审核，并听取了各方对于合并破产重整的意见。

裁判结果

依照企业破产法第一条、第二条的规定，南京中院于2017年9月29日作出（2017）苏01破1、6、7、8、9、10号民事裁定：省轻纺公司、省针织公司、省机电公司、无锡新某公司、省服装公司与省纺织进出口公司合并重整。

依照企业破产法第八十六条第二款之规定，南京中院于2017年12月8日作出（2017）苏01破1、6、7、8、9、10号之二民事裁定：一、批准省纺织进出口公司、省轻纺公司、省针织公司、省机电公司、无锡新某公司、省服装公司合并重整计划；二、终止省纺织进出口公司、省轻纺公司、省针织公司、省机电公司、无锡新某公司、省服装公司合并重整程序。

裁判理由

法院生效裁判认为：公司人格独立是公司制度的基石，关联企业成员的破产亦应以适用单个破产程序为原则。但当关联企业成员之间存在法人人格高度混同、区分各关联企业成员财产成本过高、严重损害债权人公平清偿利益时，可以适用关联企业实质合并破产方式进行审理，从而保障全体债权人能够公平受偿。

本案中，案涉五家公司存在人格高度混同情形，主要表现在：人员任职高度交叉，未形成完整独立的组织架构；共用财务及审批人员，缺乏独立的财务核算体系；业务高度交叉混同，形成高度混同的经营体，客观上导致五家公司收益难以正当区分；五家公司之间存在大量关联债务及担保，导致各公司的资产不能完全相互独立，债权债务清理极为困难。在此情形下，法院认为，及时对各关联企业进行实质性的合并，符合破产法关于公平清理债权债务、公平保护债权人、债务人合法权益的原则要求。企业破产法的立法宗旨在于规范破产程序，公平清理债权债务，公平保护全体债权人和债务人的合法权益，从而维护社会主义市场经济秩序。在关联企业存在人格高度混同及不当利益输送的情形下，不仅严重影响各关联企业的债权人公平受偿，同时也严重影响了社会主义市场经济的公平竞争原则，从根本上违反了企业破产法的实质精神。在此情形下，对人格高度混同的关联企业进行合并重整，纠正关联企业之间不当利益输送、相互控制等违法违规行为，保障各关联企业的债权人公平实现债权，符合法律规定。具体到债权人而言，在分别重整的情形下，各关联企业中的利益实质输入企业的普通债权人将获得额外清偿，而利益实质输出企业的普通债权人将可能遭受损失。因此，在关联企业法人人格高度混同的情况下，单独重整将可能导致普通债权人公平受偿的权利受到损害。进行合并后的整体重整，部分账面资产占优势的关联企业债权人的债权清偿率，虽然可能较分别重整有所降低，使其利益表面上受损，但此种差异的根源在于各关联企业之间先前的不当关联关系，合并重整进行债务清偿正是企业破产法公平清理债权债务的体现。

依照企业破产法第一条、第二条规定，南京中院于2017年9月29日作出（2017）苏01破1、6、7、8、9、10号民事裁定：省轻纺公司、省针织公司、省机电公司、无锡新某公司、省服装公司与省纺织进出口公司合并重整。

合并重整程序启动后，管理人对单个企业的债权进行合并处理，同一债权人对五家公司同时存在债权债务的，经合并进行抵销后对债权余额予以确认，五家关联企业相互之间的债权债务在合并中作抵销处理，并将合并后的全体债权人合为一个整体进行分组。根据企业破产法规定，债权人分为有财产担保债权组、职工债权组、税款债权组、普通债权组,本案因全体职工的劳动关系继续保留,不涉及职工债权清偿问题,且税款已按期缴纳,故仅将债权人分为有财产担保债权组和普通债权组。同时设出资人组对出资人权益调整方案进行表决。

鉴于省纺织进出口公司作为省内具有较高影响力的纺织外贸企业,具有优质的经营资质及资源,同时五家子公司系外贸企业的重要平台,故重整计划以省纺织进出口公司等六家公司作为整体,引入投资人,综合考虑进入合并的公司的资产及经营优势、合并后债权人的清偿、出资人权益的调整等,予以综合设计编制。其中重点内容包括:

一、引入优质资产进行重组,盘活企业经营。进入重整程序前,案涉五家公司已陷入严重的经营危机,重整能否成功的关键在于是否能够真正盘活企业经营。基于此,本案引入苏某控股、省纺织集团等公司作为重整投资方,以所持上市公司股权等优质资产对省纺织进出口公司进行增资近12亿元。通过优质资产的及时注入对企业进行重组,形成新的经济增长因子,盘活关联企业的整体资源,提高债务清偿能力,恢复企业的经营能力,为重塑企业核心竞争力和顺利推进重整方案执行奠定了坚实基础。同时,作为外贸企业,员工的保留是企业能够获得重生的重要保障。重整计划制订中,根据外贸企业特点,保留全部职工,并通过职工股权注入的方式,形成企业经营的合力和保障,从而保障重整成功后的企业能够真正获得重生。

二、调整出资人权益,以"现金+债转股"的方式统一清偿债务,并引入"预表决"机制。案涉六家公司均系外贸公司,自有资产较少,在债务清偿方式上,通过先行对部分企业资产进行处置,提供偿债资金来源。在清偿方式上,对有财产担保、无财产担保债权人进行统一的区分。对有财产担保的债权人,根据重整程序中已处置的担保财产价值及未处置的担保财产的评估价值,确定有财产担保的债权人优先受偿的金额,对有财产担保债权人进行全额现金清偿。对无财产担保的普通债权人,采用部分现金清偿、部分以股权置换债权(债转股)的方式清偿的复合型清偿方式,保障企业的造血、重生能力,最大化保障债权人的利益。其中,将增资入股股东的部分股权与债权人的债权进行置换(债转股部分),具体而言,即重整投资方省纺织集团以所持(将其所持的)省纺织进出口公司的部分股份,交由管理人按比例置换债权人所持有的债权的方式进行清偿,省纺织集团免除省纺织进出口公司及五家子公司对其负有的因置换而产生的债务。清偿完毕后,债权人放弃对省纺织进出口公司及五家子公司的全部剩余债权。由于采用了"现金+债转股"的复合型清偿方式,债权人是否愿意以此种方式进行受偿,是能否重整成功的关键。因此,本案引入了"预表决"机制,在重整计划草案的制定中,由管理人就债转股的必要性、可行性及清偿的具体方法进行了预先的说明,并由债权人对此预先书面发表意见,在此基础上制定完善重整计划草案,并提交债权人会议审议表决。从效果看,通过"债转股"方式清偿债务,在重整计划制定过程中进行预表决,较好地保障了债权人的知情权和选择权,自主发表意见,从而使"债转股"清偿方式得以顺利进行。

2017年11月22日,案涉五家公司合并重整后召开第一次债权人会议。管理人向债权人会议提交了合并重整计划草案,各关联企业继续存续。经表决,有财产担保债权组100%同意,普通债权组亦93.6%表决通过计划草案,出资人组会议也100%表决通过出资人权益调整方案。法院经审查认为,合并重整计划制订、表决程序合法,内容符合法律规定,公平对待债权人,对出资人权益调整公平、公正,经营方案具有可行性。依照《中华人民共和国企业破产法》第八十六条第二款之规定，南京中院于2017年12月8日作出（2017）苏01破1、6、7、8、9、10号之二民事裁定：一、批准省纺织进出口公司、省轻纺公司、省针织公司、省机电公司、无锡新某公司、省服装公司合并重整计划；二、终止省纺织进出口公司、省轻纺公司、省针织公司、省机电公司、无锡新某公司、省服装公司合并重整程序。

（生效裁判审判人员：姚志坚、荣艳、蒋伟）

指导案例 164 号

江苏苏某酒业有限公司及关联公司
实质合并破产重整案

（最高人民法院审判委员会讨论通过　2021 年 9 月 18 日发布）

关键词

民事　破产重整　实质合并破产　投资人试生产　利益衡平　监督

裁判要点

在破产重整过程中，破产企业面临生产许可证等核心优质资产灭失、机器设备闲置贬损等风险，投资人亦希望通过试生产全面了解企业经营实力的，管理人可以向人民法院申请由投资人先行投入部分资金进行试生产。破产企业核心资产的存续直接影响到破产重整目的实现，管理人的申请有利于恢复破产企业持续经营能力，有利于保障各方当事人的利益，该试生产申请符合破产保护理念，人民法院经审查，可以准许。同时，投资人试生产在获得准许后，应接受人民法院、管理人及债权人的监督，以公平保护各方的合法权益。

相关法条

《中华人民共和国企业破产法》第一条、第二条、第二十六条、第八十六条

基本案情

江苏苏某酒业有限公司（以下简称苏某公司）是江苏省睢宁县唯一一家拥有酒精生产许可证的企业，对于地方经济发展具有重要影响。2013年以来，由于企业盲目扩张，经营管理混乱，造成资金链断裂，并引发多起诉讼。徐州得某生物科技有限公司、徐州瑞某食品科技有限公司系苏某公司关联企业，三家公司均是从事农产品深加工的生物科技公司。截至破产重整受理前，三家公司资产总额1.25亿元，负债总额4.57亿元，资产负债率达365.57%。2017年12月29日，三家公司以引进投资人、重振企业为由，分别向江苏省睢宁县人民法院（以下简称睢宁法院）申请破产重整。睢宁法院经审查认为，三家公司基础和发展前景较好，酒精生产资质属于稀缺资源，具有重整价值，遂于2018年1月12日分别裁定受理三家公司的破产重整申请。因三家公司在经营、财务、人员、管理等方面出现高度混同，且区分各关联企业成员财产的成本过高，遂依照《全国法院破产审判工作会议纪要》第32条规定，依据管理人的申请，于2018年6月25日裁定三家公司实质合并破产重整。

重整期间，投资人徐州常某生物科技有限公司在对苏某公司的现状进场调查后提出：苏某公司已经停产停业多年，其核心资产酒精生产许可证已经脱审，面临灭失风险，还存在职工流失、机器设备闲置贬损以及消防、环保等安全隐患等影响重整的情况。同时，企业原管理层早已陷于瘫痪状态，无能力继续进行相关工作，公司账面无可用资金供管理人化解危机。在此情况下，管理人提出由重整投资人先行投入部分资金恢复企业部分产能的方案。

裁判结果

2018年6月25日，江苏省睢宁县人民法院作出（2018）苏0324破1号民事裁定书，裁定苏某公司、徐州得某生物科技有限公司、徐州瑞某食品科技有限公司实质合并破产重整。2019年7月5日，江苏省睢宁县人民法院作出（2018）苏0324破1号之四决定书，准许投资人徐州常某生物科技有限公司进行试生产。2019年11月30日、12月1日，苏某公司第二次债权人会议召开，各代表债权组均表决通过了苏某公司破产管理人提交的重整计划草案。苏某公司破产管理人向江苏省睢宁县人民法院提请批准苏某公司重整计划草案。江苏省睢宁县人民法院依照企业破产法第八十六条之规定，于2019年12月2日作出（2018）苏0324破1号之一裁定：一、批准苏某公司重整计划；二、终止苏某公司重整程序。同时，依法预留两个月监督期。

裁判理由

法院生效裁判认为，破产管理人所提出的债务人面临的相关问题真实存在，如企业赖以生存的酒精生产许可证灭失，则该企业的核心资产将不复存在，重整亦将失去意义。因债务人目前没有足够的资金供管理人使用，由投资人先行投入资金进行试生产可以解决重整过程中企业所面临的困境，亦能使企业资产保值、增值，充分保障债务人及债权人的利益，维护社会稳定，更有利于重整后企业的发展。破产管理人的申请，符合破产保护理念，亦不违反法律法规的相关规定，应予以准许。

关于是否允许投资人试生产的问题，法院在作出决定前，主要考虑了以下因素。

一、试生产的必要性

首先，破产企业面临着严峻的形势：一是苏某公司面临停产停业后酒精生产许可证脱审、生产资格将被取消风险，且该资质灭失后难以再行获得，重整也将失去意义；二是该企业还面临环保、消防验收、机器设备长时间闲置受损等外部压力；三是原企业内部技术人员流失严重，职工因企业停产生活困难，极易产生群体事件；四是企业管理层陷于瘫痪状态，无能力继续进行相关工作，公司账面无可用资金供管理人化解危机。

其次，投资人参与重整程序最大的风险在于投出的资金及资产的安全性，投资人希望通过试生产全面了解企业实际状况及生产活力与动能，为重整后恢复经营提供保障。

最后，苏某公司作为当地生物科技领域的原龙头企业，对区域产业链的优化、转型及发展起到举足轻重的作用，在经济高质量发展的需求下，当地党委、政府亟须企业恢复产能，带动上下游产业发展，解决就业问题，维护社会稳定。

综上所述，如不准许投资人进行试生产，则会给企业造成不可挽回的巨大损失，一旦失去酒精生产许可证，该企业的核心资产就不复存在，即便最后重整成功，企业也失去了核心竞争力。因此，允许投资人试生产是必要而迫切的。

二、试生产的利益衡平

成熟的破产重整制度应具有以下良性效果：通过重整拯救处于困境但又有存在价值的企业，使其恢复盈利能力，继续经营，使企业职工就业生存权得到保障，债权人的债权得到合理的清偿，投资人的收益得到实现，各方的利益得到公平保护，从而实现社会安定、经济的稳定和发展。因此，在进行利益衡平时，一些核心的价值理念是公司重整时必须充分考虑的，这些理念就是公平与效率，灵活性与可预见性。允许企业试生产可以均衡各方利益，一是在投资人试生产前，债务人现有资产已经审计、评估后予以确认，根据管理人与投资人达成的投资协议，重整企业的偿债资金数额、来源也已确定，投资人进场试生产与重整企业清偿债务之间并不产生冲突；二是投资人投入部分资金进行试生产，有利于投资人充分了解企业情况及运营能力，为重整后企业发展打下基础；三是试生产能够恢复重整企业部分产能，使企业优质资产保值、增值；四是可以保障债权人的债权不受贬损，提高受偿比例；五是重整企业恢复一定规模的生产亦能解决破产企业因停产而面临的环保、消防安全、职工稳定等迫切问题，对企业重整有利无害。

三、试生产的法律及理论依据

首先，虽然企业破产法及相关司法解释对于投资人能否在接管企业前，提前进场进行试生产，没有具体法律规定，但为了实现企业破产法的拯救功能，在特定情况下，准许投资人进场试生产，通过市场化、法治化途径挽救困境企业，是符合我国破产审判需要的。

其次，虽然投资人试生产可以解决投资人接管企业前，企业面临的上述问题，但为了避免投资人采取不合理的生产方式，损害破产重整中其他权利主体的利益，其试生产仍应以取得法院或债权人的批准或同意为宜，并接受法院、管理人以及债权人的监督。

最后，由于我国现行破产法律规定尚不完善，在破产审判工作中，人民法院应强化服务大局意识，自觉增强工作的预见性和创造性，用创新思维解决破产重整过程中遇到的新困难、新问题，探索为企业破产重整提供长效保障机制。

综上所述，为了维护各方主体的利益，确保重整后的企业能够迅速复工复产，实现企业重整的社会价值和经济价值，睢宁法院在获得各方利益主体同意的前提下，遂允许投资人提前进场试生产。

四、试生产的社会价值

一是法院批准企业在重整期间进行试生产，通过破产程序与企业试生产同步进行，可以保证重整与复工复产无缝衔接、平稳过渡，全力保障尚具潜质企业涅槃重生。二是在疫情防控背景下，试生产为企业复工生产排忧解难，使消毒防疫物资迅速驰援一线，体现了人民法院的司法担当，为辖区民营企业，特别是中小微企业的发展营造了优质高效的营商环境，用精准的司法服务为企业复工复产提供了高质量的司法保障。三是该企业系区域生物科技领域的潜质企业，对经济产业结构优化、转型、升级具有显著推动作用，适应经济高质量发展的大局要求。

（生效裁判审判人员：叶利成、张志瑶、张园园）

指导案例 165 号

重庆金某印染有限公司、重庆川某针纺有限公司
破产管理人申请实质合并破产清算案

(最高人民法院审判委员会讨论通过　2021 年 9 月 18 日发布)

关键词
民事　破产清算　实质合并破产　关联企业　听证

裁判要点

1. 人民法院审理关联企业破产清算案件，应当尊重关联企业法人人格的独立性，对各企业法人是否具备破产原因进行单独审查并适用单个破产程序为原则。当关联企业之间存在法人人格高度混同、区分各关联企业财产的成本过高、严重损害债权人公平清偿利益时，破产管理人可以申请对已进入破产程序的关联企业进行实质合并破产清算。

2. 人民法院收到实质合并破产清算申请后，应当及时组织申请人、被申请人、债权人代表等利害关系人进行听证，并综合考虑关联企业之间资产的混同程度及其持续时间、各企业之间的利益关系、债权人整体清偿利益、增加企业重整的可能性等因素，依法作出裁定。

相关法条

《中华人民共和国企业破产法》第一条、第二条

基本案情

2015 年 7 月 16 日，重庆市江津区人民法院裁定受理重庆金某印染有限公司（以下简称金某公司）破产清算申请，并于 2015 年 9 月 14 日依法指定重庆丽某律师事务所担任金某公司管理人。2016 年 6 月 1 日，重庆市江津区人民法院裁定受理重庆川某针纺有限公司（以下简称川某公司）破产清算申请，于 2016 年 6 月 12 日依法指定重庆丽某律师事务所担任川某公司管理人。

金某公司与川某公司存在以下关联关系：1. 实际控制人均为冯某乾。川某公司的控股股东为冯某乾，金某公司的控股股东为川某公司，冯某乾同时也是金某公司的股东，且两公司的法定代表人均为冯某乾。冯某乾实际上是两公司的实际控制人。2. 生产经营场所混同。金某公司生产经营场地主要在江津区广兴镇工业园区，川某公司自 2012 年转为贸易公司后，没有生产厂房，经营中所需的库房也是与金某公司共用，其购买的原材料均直接进入金某公司的库房。3. 人员混同。川某公司与金某公司的管理人员存在交叉，且公司发展后期所有职工的劳动关系均在金某公司，但部分职工处理的仍是川某公司的事务，在人员工作安排及管理上两公司并未完全独立。4. 主营业务混同。金某公司的主营业务收入主要来源于印染加工及成品布销售、针纺加工及产品销售，川某公司的主营业务收入来源于针纺毛线和布的原材料及成品销售。金某公司的原材料大部分是通过川某公司购买而来，所加工的产品也主要通过川某公司转售第三方，川某公司从中赚取一定的差价。5. 资产及负债混同。两公司对经营性财产如流动资金的安排使用上混同度较高，且均与冯某乾的个人账户往来较频繁，无法严格区分。在营业

成本的分担和经营利润的分配等方面也无明确约定，往往根据实际利润及税务处理需求进行调整。两公司对外借款也存在相互担保的情况。

2016年4月21日、11月14日重庆市江津区人民法院分别宣告金某公司、川某公司破产。两案审理过程中，金某公司、川某公司管理人以两公司法人人格高度混同，且严重损害债权人利益为由，书面申请对两公司进行实质合并破产清算。2016年11月9日，重庆市江津区人民法院召开听证会，对管理人的申请进行听证。金某公司、川某公司共同委托代理人、金某公司债权人会议主席、债权人委员会成员、川某公司债权人会议主席等参加了听证会。

另查明，2016年8月5日川某公司第一次债权人会议、2016年11月18日金某公司第二次债权人会议均表决通过了管理人提交的金某公司、川某公司进行实质合并破产清算的报告。

裁判结果

重庆市江津区人民法院于2016年11月18日作出（2015）津法民破字第00001号之四民事裁定：对金某公司、川某公司进行实质合并破产清算。重庆市江津区人民法院于2016年11月21日作出（2015）津法民破字第00001号之五民事裁定：认可《金某公司、川某公司合并清算破产财产分配方案》。重庆市江津区人民法院于2017年1月10日作出（2015）津法民破字第00001号之六民事裁定：终结金某公司、川某公司破产程序。

裁判理由

法院生效裁判认为，公司作为企业法人，依法享有独立的法人人格及独立的法人财产。人民法院在审理企业破产案件时，应当尊重企业法人人格的独立性。根据企业破产法第二条规定，企业法人破产应当具备资不抵债，不足以清偿全部债务或者明显缺乏清偿能力等破产原因。因此，申请关联企业破产清算一般应单独审查是否具备破产原因后，决定是否分别受理。但受理企业破产后，发现关联企业法人人格高度混同、关联企业间债权债务难以分离、严重损害债权人公平清偿利益时，可以对关联企业进行实质合并破产清算。本案中，因金某公司不能清偿到期债务，并且资产不足以清偿全部债务，法院于2015年7月16日裁定受理金某公司破产清算申请。因川某公司不能清偿到期债务且明显缺乏清偿能力，法院于2016年6月1日裁定受理川某公司破产清算申请。在审理过程中，发现金某公司与川某公司自1994年、2002年成立以来，两公司的人员、经营业务、资产均由冯某乾个人实际控制，在经营管理、主营业务、资产及负债方面存在高度混同，金某公司与川某公司已经丧失法人财产独立性和法人意志独立性，并显著、广泛、持续到2016年破产清算期间，两公司法人人格高度混同。另外，金某公司与川某公司在管理成本、债权债务等方面无法完全区分，真实性亦无法确认。同时，川某公司将85252480.23元经营负债转入金某公司、将21263615.90元对外集资负债结算给金某公司等行为，已经损害了金某公司及其债权人的利益。根据金某公司和川某公司管理人实质合并破产清算申请，法院组织申请人、被申请人、债权人委员会成员等利害关系人进行听证，查明两公司法人人格高度混同、相互经营中两公司债权债务无从分离且分别清算将严重损害债权人公平清偿利益，故管理人申请金某公司、川某公司合并破产清算符合实质合并的条件。

（生效裁判审判人员：陈唤忠、程松、张迁）

十一、证券、期货

中华人民共和国证券法

（1998年12月29日第九届全国人民代表大会常务委员会第六次会议通过 根据2004年8月28日第十届全国人民代表大会常务委员会第十一次会议《关于修改〈中华人民共和国证券法〉的决定》第一次修正 2005年10月27日第十届全国人民代表大会常务委员会第十八次会议第一次修订 根据2013年6月29日第十二届全国人民代表大会常务委员会第三次会议《关于修改〈中华人民共和国文物保护法〉等十二部法律的决定》第二次修正 根据2014年8月31日第十二届全国人民代表大会常务委员会第十次会议《关于修改〈中华人民共和国保险法〉等五部法律的决定》第三次修正 2019年12月28日第十三届全国人民代表大会常务委员会第十五次会议第二次修订）

目 录

第一章 总 则
第二章 证券发行
第三章 证券交易
　第一节 一般规定
　第二节 证券上市
　第三节 禁止的交易行为
第四章 上市公司的收购
第五章 信息披露
第六章 投资者保护
第七章 证券交易场所
第八章 证券公司
第九章 证券登记结算机构
第十章 证券服务机构
第十一章 证券业协会
第十二章 证券监督管理机构
第十三章 法律责任
第十四章 附 则

第一章 总 则

第一条 为了规范证券发行和交易行为，保护投资者的合法权益，维护社会经济秩序和社会公共利益，促进社会主义市场经济的发展，制定本法。

第二条 在中华人民共和国境内，股票、公司债券、存托凭证和国务院依法认定的其他证券的发行和交易，适用本法；本法未规定的，适用《中华人民共和国公司法》和其他法律、行政法规的规定。

政府债券、证券投资基金份额的上市交易，适用本法；其他法律、行政法规另有规定的，适用其规定。

资产支持证券、资产管理产品发行、交易的管理办法，由国务院依照本法的原则规定。

在中华人民共和国境外的证券发行和交易活动，扰乱中华人民共和国境内市场秩序，损害境内投资者合法权益的，依照本法有关规定处理并追究法律责任。

第三条 证券的发行、交易活动，必须遵循公开、公平、公正的原则。

第四条 证券发行、交易活动的当事人具有平等的法律地位，应当遵守自愿、有偿、诚实信用的原则。

第五条 证券的发行、交易活动，必须遵守法律、行政法规；禁止欺诈、内幕交易和操纵证券市场的行为。

第六条 证券业和银行业、信托业、保险业实行分业经营、分业管理，证券公司与银行、信托、保险业务机构分别设立。国家另有规定的除外。

第七条 国务院证券监督管理机构依法对全国证券市场实行集中统一监督管理。

国务院证券监督管理机构根据需要可以设立派出机构，按照授权履行监督管理职责。

第八条 国家审计机关依法对证券交易场所、证券公司、证券登记结算机构、证券监督管理机构进行审计监督。

第二章 证券发行

第九条 公开发行证券，必须符合法律、行政法规规定的条件，并依法报经国务院证券监督管理机构或者国务院授权的部门注册。未经依法注册，任何单位和个人不得公开发行证券。证券发行注册制的具体范围、实施步骤，由国务院规定。

有下列情形之一的，为公开发行：

（一）向不特定对象发行证券；

（二）向特定对象发行证券累计超过二百人，但依法实施员工持股计划的员工人数不计算在内；

（三）法律、行政法规规定的其他发行行为。

非公开发行证券，不得采用广告、公开劝诱和变相公开方式。

第十条 发行人申请公开发行股票、可转换为股票的公司债券，依法采取承销方式的，或者公开发行法律、行政法规规定实行保荐制度的其他证券的，应当聘请证券公司担任保荐人。

保荐人应当遵守业务规则和行业规范，诚实守信，勤勉尽责，对发行人的申请文件和信息披露资料进行审慎核查,督导发行人规范运作。

保荐人的管理办法由国务院证券监督管理机构规定。

第十一条 设立股份有限公司公开发行股票,应当符合《中华人民共和国公司法》规定的条件和经国务院批准的国务院证券监督管理机构规定的其他条件,向国务院证券监督管理机构报送募股申请和下列文件:

(一)公司章程;

(二)发起人协议;

(三)发起人姓名或者名称,发起人认购的股份数、出资种类及验资证明;

(四)招股说明书;

(五)代收股款银行的名称及地址;

(六)承销机构名称及有关的协议。

依照本法规定聘请保荐人的,还应当报送保荐人出具的发行保荐书。

法律、行政法规规定设立公司必须报经批准的,还应当提交相应的批准文件。

第十二条 公司首次公开发行新股,应当符合下列条件:

(一)具备健全且运行良好的组织机构;

(二)具有持续经营能力;

(三)最近三年财务会计报告被出具无保留意见审计报告;

(四)发行人及其控股股东、实际控制人最近三年不存在贪污、贿赂、侵占财产、挪用财产或者破坏社会主义市场经济秩序的刑事犯罪;

(五)经国务院批准的国务院证券监督管理机构规定的其他条件。

上市公司发行新股,应当符合经国务院批准的国务院证券监督管理机构规定的条件,具体管理办法由国务院证券监督管理机构规定。

公开发行存托凭证的,应当符合首次公开发行新股的条件以及国务院证券监督管理机构规定的其他条件。

第十三条 公司公开发行新股,应当报送募股申请和下列文件:

(一)公司营业执照;

(二)公司章程;

(三)股东大会决议;

(四)招股说明书或者其他公开发行募集文件;

(五)财务会计报告;

(六)代收股款银行的名称及地址。

依照本法规定聘请保荐人的,还应当报送保荐人出具的发行保荐书。依照本法规定实行承销的,还应当报送承销机构名称及有关的协议。

第十四条 公司对公开发行股票所募集资金,必须按照招股说明书或者其他公开发行募集文件所列资金用途使用;改变资金用途,必须经股东大会作出决议。擅自改变用途,未作纠正的,或者未经股东大会认可的,不得公开发行新股。

第十五条 公开发行公司债券,应当符合下列条件:

(一)具备健全且运行良好的组织机构;

(二)最近三年平均可分配利润足以支付公司债券一年的利息;

(三)国务院规定的其他条件。

公开发行公司债券筹集的资金，必须按照公司债券募集办法所列资金用途使用；改变资金用途，必须经债券持有人会议作出决议。公开发行公司债券筹集的资金，不得用于弥补亏损和非生产性支出。

上市公司发行可转换为股票的公司债券，除应当符合第一款规定的条件外，还应当遵守本法第十二条第二款的规定。但是，按照公司债券募集办法，上市公司通过收购本公司股份的方式进行公司债券转换的除外。

第十六条 申请公开发行公司债券，应当向国务院授权的部门或者国务院证券监督管理机构报送下列文件：

（一）公司营业执照；

（二）公司章程；

（三）公司债券募集办法；

（四）国务院授权的部门或者国务院证券监督管理机构规定的其他文件。

依照本法规定聘请保荐人的，还应当报送保荐人出具的发行保荐书。

第十七条 有下列情形之一的，不得再次公开发行公司债券：

（一）对已公开发行的公司债券或者其他债务有违约或者延迟支付本息的事实，仍处于继续状态；

（二）违反本法规定，改变公开发行公司债券所募资金的用途。

第十八条 发行人依法申请公开发行证券所报送的申请文件的格式、报送方式，由依法负责注册的机构或者部门规定。

第十九条 发行人报送的证券发行申请文件，应当充分披露投资者作出价值判断和投资决策所必需的信息，内容应当真实、准确、完整。

为证券发行出具有关文件的证券服务机构和人员，必须严格履行法定职责，保证所出具文件的真实性、准确性和完整性。

第二十条 发行人申请首次公开发行股票的，在提交申请文件后，应当按照国务院证券监督管理机构的规定预先披露有关申请文件。

第二十一条 国务院证券监督管理机构或者国务院授权的部门依照法定条件负责证券发行申请的注册。证券公开发行注册的具体办法由国务院规定。

按照国务院的规定，证券交易所等可以审核公开发行证券申请，判断发行人是否符合发行条件、信息披露要求，督促发行人完善信息披露内容。

依照前两款规定参与证券发行申请注册的人员，不得与发行申请人有利害关系，不得直接或者间接接受发行申请人的馈赠，不得持有所注册的发行申请的证券，不得私下与发行申请人进行接触。

第二十二条 国务院证券监督管理机构或者国务院授权的部门应当自受理证券发行申请文件之日起三个月内，依照法定条件和法定程序作出予以注册或者不予注册的决定，发行人根据要求补充、修改发行申请文件的时间不计算在内。不予注册的，应当说明理由。

第二十三条 证券发行申请经注册后，发行人应当依照法律、行政法规的规定，在证券公开发行前公告公开发行募集文件，并将该文件置备于指定场所供公众查阅。

发行证券的信息依法公开前，任何知情人不得公开或者泄露该信息。

发行人不得在公告公开发行募集文件前发行证券。

第二十四条 国务院证券监督管理机构或者国务院授权的部门对已作出的证券发行注册的决定，发现不符合法定条件或者法定程序，尚未发行证券的，应当予以撤销，停止发行。已经发行尚未上市的，撤销发行注册决定，发行人应当按照发行价并加算银行同期存款利息返还证券持有人；发行人的控股股东、实际控制人以及保荐人，应当与发行人承担连带责任，但是能够证明自己没有过错的除外。

股票的发行人在招股说明书等证券发行文件中隐瞒重要事实或者编造重大虚假内容，已经发行并上市的，国务院证券监督管理机构可以责令发行人回购证券，或者责令负有责任的控股股东、实际控制人买回证券。

第二十五条 股票依法发行后，发行人经营与收益的变化，由发行人自行负责；由此变化引致的投资风险，由投资者自行负责。

第二十六条 发行人向不特定对象发行的证券，法律、行政法规规定应当由证券公司承销的，发行人应当同证券公司签订承销协议。证券承销业务采取代销或者包销方式。

证券代销是指证券公司代发行人发售证券，在承销期结束时，将未售出的证券全部退还给发行人的承销方式。

证券包销是指证券公司将发行人的证券按照协议全部购入或者在承销期结束时将售后剩余证券全部自行购入的承销方式。

第二十七条 公开发行证券的发行人有权依法自主选择承销的证券公司。

第二十八条 证券公司承销证券，应当同发行人签订代销或者包销协议，载明下列事项：

（一）当事人的名称、住所及法定代表人姓名；
（二）代销、包销证券的种类、数量、金额及发行价格；
（三）代销、包销的期限及起止日期；
（四）代销、包销的付款方式及日期；
（五）代销、包销的费用和结算办法；
（六）违约责任；
（七）国务院证券监督管理机构规定的其他事项。

第二十九条 证券公司承销证券，应当对公开发行募集文件的真实性、准确性、完整性进行核查。发现有虚假记载、误导性陈述或者重大遗漏的，不得进行销售活动；已经销售的，必须立即停止销售活动，并采取纠正措施。

证券公司承销证券，不得有下列行为：

（一）进行虚假的或者误导投资者的广告宣传或者其他宣传推介活动；
（二）以不正当竞争手段招揽承销业务；
（三）其他违反证券承销业务规定的行为。

证券公司有前款所列行为，给其他证券承销机构或者投资者造成损失的，应当依法承担赔偿责任。

第三十条 向不特定对象发行证券聘请承销团承销的，承销团应当由主承销和参与承销的证券公司组成。

第三十一条 证券的代销、包销期限最长不得超过九十日。

证券公司在代销、包销期内，对所代销、包销的证券应当保证先行出售给认购人，证券公司不得为本公司预留所代销的证券和预先购入并留存所包销的证券。

第三十二条 股票发行采取溢价发行的，其发行价格由发行人与承销的证券公司协商确定。

第三十三条 股票发行采用代销方式，代销期限届满，向投资者出售的股票数量未达到拟公开发行股票数量百分之七十的，为发行失败。发行人应当按照发行价并加算银行同期存款利息返还股票认购人。

第三十四条 公开发行股票，代销、包销期限届满，发行人应当在规定的期限内将股票发行情况报国务院证券监督管理机构备案。

第三章　证券交易

第一节　一般规定

第三十五条 证券交易当事人依法买卖的证券，必须是依法发行并交付的证券。

非依法发行的证券，不得买卖。

第三十六条 依法发行的证券，《中华人民共和国公司法》和其他法律对其转让期限有限制性规定的，在限定的期限内不得转让。

上市公司持有百分之五以上股份的股东、实际控制人、董事、监事、高级管理人员，以及其他持有发行人首次公开发行前发行的股份或者上市公司向特定对象发行的股份的股东，转让其持有的本公司股份的，不得违反法律、行政法规和国务院证券监督管理机构关于持有期限、卖出时间、卖出数量、卖出方式、信息披露等规定，并应当遵守证券交易所的业务规则。

第三十七条 公开发行的证券，应当在依法设立的证券交易所上市交易或者在国务院批准的其他全国性证券交易场所交易。

非公开发行的证券，可以在证券交易所、国务院批准的其他全国性证券交易场所、按照国务院规定设立的区域性股权市场转让。

第三十八条 证券在证券交易所上市交易，应当采用公开的集中交易方式或者国务院证券监督管理机构批准的其他方式。

第三十九条 证券交易当事人买卖的证券可以采用纸面形式或者国务院证券监督管理机构规定的其他形式。

第四十条 证券交易场所、证券公司和证券登记结算机构的从业人员，证券监督管理机构的工作人员以及法律、行政法规规定禁止参与股票交易的其他人员，在任期或者法定限期内，不得直接或者以化名、借他人名义持有、买卖股票或者其他具有股权性质的证券，也不得收受他人赠送的股票或者其他具有股权性质的证券。

任何人在成为前款所列人员时，其原已持有的股票或者其他具有股权性质的证券，必须依法转让。

实施股权激励计划或者员工持股计划的证券公司的从业人员，可以按照国务院证券监督管理机构的规定持有、卖出本公司股票或者其他具有股权性质的证券。

第四十一条 证券交易场所、证券公司、证券登记结算机构、证券服务机构及其工作人员应当依法为投资者的信息保密，不得非法买卖、提供或者公开投资者的信息。

证券交易场所、证券公司、证券登记结算机构、证券服务机构及其工作人员不得泄露所知悉的商业秘密。

第四十二条 为证券发行出具审计报告或者法律意见书等文件的证券服务机构和人员，在该证券承销期内和期满后六个月内，不得买卖该证券。

除前款规定外，为发行人及其控股股东、实际控制人，或者收购人、重大资产交易方出具审计报告或者法律意见书等文件的证券服务机构和人员，自接受委托之日起至上述文件公开后五日内，不得买卖该证券。实际开展上述有关工作之日早于接受委托之日的，自实际开展上述有关工作之日起至上述文件公开后五日内，不得买卖该证券。

第四十三条 证券交易的收费必须合理，并公开收费项目、收费标准和管理办法。

第四十四条 上市公司、股票在国务院批准的其他全国性证券交易场所交易的公司持有百分之五以上股份的股东、董事、监事、高级管理人员，将其持有的该公司的股票或者其他具有股权性质的证券在买入后六个月内卖出，或者在卖出后六个月内又买入，由此所得收益归该公司所有，公司董事会应当收回其所得收益。但是，证券公司因购入包销售后剩余股票而持有百分之五以上股份，以及有国务院证券监督管理机构规定的其他情形的除外。

前款所称董事、监事、高级管理人员、自然人股东持有的股票或者其他具有股权性质的证券，包括其配偶、父母、子女持有的及利用他人账户持有的股票或者其他具有股权性质的证券。

公司董事会不按照第一款规定执行的，股东有权要求董事会在三十日内执行。公司董事会未在上述期限内执行的，股东有权为了公司的利益以自己的名义直接向人民法院提起诉讼。

公司董事会不按照第一款的规定执行的，负有责任的董事依法承担连带责任。

第四十五条 通过计算机程序自动生成或者下达交易指令进行程序化交易的，应当符合国务院证券监督管理机构的规定，并向证券交易所报告，不得影响证券交易所系统安全或者正常交易秩序。

第二节　证券上市

第四十六条 申请证券上市交易，应当向证券交易所提出申请，由证券交易所依法审核同意，并由双方签订上市协议。

证券交易所根据国务院授权的部门的决定安排政府债券上市交易。

第四十七条 申请证券上市交易，应当符合证券交易所上市规则规定的上市条件。

证券交易所上市规则规定的上市条件，应当对发行人的经营年限、财务状况、最低公开发行比例和公司治理、诚信记录等提出要求。

第四十八条 上市交易的证券，有证券交易所规定的终止上市情形的，由证券交易所按照业务规则终止其上市交易。

证券交易所决定终止证券上市交易的，应当及时公告，并报国务院证券监督管理机构备案。

第四十九条 对证券交易所作出的不予上市交易、终止上市交易决定不服的，可以向证券交易所设立的复核机构申请复核。

第三节 禁止的交易行为

第五十条 禁止证券交易内幕信息的知情人和非法获取内幕信息的人利用内幕信息从事证券交易活动。

第五十一条 证券交易内幕信息的知情人包括：

（一）发行人及其董事、监事、高级管理人员；

（二）持有公司百分之五以上股份的股东及其董事、监事、高级管理人员，公司的实际控制人及其董事、监事、高级管理人员；

（三）发行人控股或者实际控制的公司及其董事、监事、高级管理人员；

（四）由于所任公司职务或者因与公司业务往来可以获取公司有关内幕信息的人员；

（五）上市公司收购人或者重大资产交易方及其控股股东、实际控制人、董事、监事和高级管理人员；

（六）因职务、工作可以获取内幕信息的证券交易场所、证券公司、证券登记结算机构、证券服务机构的有关人员；

（七）因职责、工作可以获取内幕信息的证券监督管理机构工作人员；

（八）因法定职责对证券的发行、交易或者对上市公司及其收购、重大资产交易进行管理可以获取内幕信息的有关主管部门、监管机构的工作人员；

（九）国务院证券监督管理机构规定的可以获取内幕信息的其他人员。

第五十二条 证券交易活动中，涉及发行人的经营、财务或者对该发行人证券的市场价格有重大影响的尚未公开的信息，为内幕信息。

本法第八十条第二款、第八十一条第二款所列重大事件属于内幕信息。

第五十三条 证券交易内幕信息的知情人和非法获取内幕信息的人，在内幕信息公开前，不得买卖该公司的证券，或者泄露该信息，或者建议他人买卖该证券。

持有或者通过协议、其他安排与他人共同持有公司百分之五以上股份的自然人、法人、非法人组织收购上市公司的股份，本法另有规定的，适用其规定。

内幕交易行为给投资者造成损失的，应当依法承担赔偿责任。

第五十四条 禁止证券交易场所、证券公司、证券登记结算机构、证券服务机构和其他金融机构的从业人员、有关监管部门或者行业协会的工作人员，利用因职务便利获取的内幕信息以外的其他未公开的信息，违反规定，从事与该信息相关的证券交易活动，或者明示、暗示他人从事相关交易活动。

利用未公开信息进行交易给投资者造成损失的，应当依法承担赔偿责任。

第五十五条 禁止任何人以下列手段操纵证券市场，影响或者意图影响证券交易价格或者证券交易量：

（一）单独或者通过合谋，集中资金优势、持股优势或者利用信息优势联合或者连续买卖；

（二）与他人串通，以事先约定的时间、价格和方式相互进行证券交易；

（三）在自己实际控制的账户之间进行证券交易；

（四）不以成交为目的，频繁或者大量申报并撤销申报；

（五）利用虚假或者不确定的重大信息，诱导投资者进行证券交易；

（六）对证券、发行人公开作出评价、预测或者投资建议，并进行反向证券交易；

（七）利用在其他相关市场的活动操纵证券市场；

（八）操纵证券市场的其他手段。

操纵证券市场行为给投资者造成损失的，应当依法承担赔偿责任。

第五十六条 禁止任何单位和个人编造、传播虚假信息或者误导性信息，扰乱证券市场。

禁止证券交易场所、证券公司、证券登记结算机构、证券服务机构及其从业人员，证券业协会、证券监督管理机构及其工作人员，在证券交易活动中作出虚假陈述或者信息误导。

各种传播媒介传播证券市场信息必须真实、客观，禁止误导。传播媒介及其从事证券市场信息报道的工作人员不得从事与其工作职责发生利益冲突的证券买卖。

编造、传播虚假信息或者误导性信息，扰乱证券市场，给投资者造成损失的，应当依法承担赔偿责任。

第五十七条 禁止证券公司及其从业人员从事下列损害客户利益的行为：

（一）违背客户的委托为其买卖证券；

（二）不在规定时间内向客户提供交易的确认文件；

（三）未经客户的委托，擅自为客户买卖证券，或者假借客户的名义买卖证券；

（四）为牟取佣金收入，诱使客户进行不必要的证券买卖；

（五）其他违背客户真实意思表示，损害客户利益的行为。

违反前款规定给客户造成损失的，应当依法承担赔偿责任。

第五十八条 任何单位和个人不得违反规定，出借自己的证券账户或者借用他人的证券账户从事证券交易。

第五十九条 依法拓宽资金入市渠道，禁止资金违规流入股市。

禁止投资者违规利用财政资金、银行信贷资金买卖证券。

第六十条 国有独资企业、国有独资公司、国有资本控股公司买卖上市交易的股票，必须遵守国家有关规定。

第六十一条 证券交易场所、证券公司、证券登记结算机构、证券服务机构及其从业人员对证券交易中发现的禁止的交易行为，应当及时向证券监督管理机构报告。

第四章 上市公司的收购

第六十二条 投资者可以采取要约收购、协议收购及其他合法方式收购上市公司。

第六十三条 通过证券交易所的证券交易，投资者持有或者通过协议、其他安排与他人共同持有一个上市公司已发行的有表决权股份达到百分之五时，应当在该事实发生之日起三日内，向国务院证券监督管理机构、证券交易所作出书面报告，通知该上市公司，并予公告，在上述期限内不得再行买卖该上市公司的股票，但国务院证券监督管理机构规定的情形除外。

投资者持有或者通过协议、其他安排与他人共同持有一个上市公司已发行的有表决权股份达到百分之五后，其所持该上市公司已发行的有表决权股份比例每增加或者减少百分之五，应当依照前款规定进行报告和公告，在该事实发生之日起至公告后三日内，不得再行买卖该上市公司的股票，但国务院证券监督管理机构规定的情形除外。

投资者持有或者通过协议、其他安排与他人共同持有一个上市公司已发行的有表决权股份达到百分之五后,其所持该上市公司已发行的有表决权股份比例每增加或者减少百分之一,应当在该事实发生的次日通知该上市公司,并予公告。

违反第一款、第二款规定买入上市公司有表决权的股份的,在买入后的三十六个月内,对该超过规定比例部分的股份不得行使表决权。

第六十四条　依照前条规定所作的公告,应当包括下列内容:

(一)持股人的名称、住所;
(二)持有的股票的名称、数额;
(三)持股达到法定比例或者持股增减变化达到法定比例的日期、增持股份的资金来源;
(四)在上市公司中拥有有表决权的股份变动的时间及方式。

第六十五条　通过证券交易所的证券交易,投资者持有或者通过协议、其他安排与他人共同持有一个上市公司已发行的有表决权股份达到百分之三十时,继续进行收购的,应当依法向该上市公司所有股东发出收购上市公司全部或者部分股份的要约。

收购上市公司部分股份的要约应当约定,被收购公司股东承诺出售的股份数额超过预定收购的股份数额的,收购人按比例进行收购。

第六十六条　依照前条规定发出收购要约,收购人必须公告上市公司收购报告书,并载明下列事项:

(一)收购人的名称、住所;
(二)收购人关于收购的决定;
(三)被收购的上市公司名称;
(四)收购目的;
(五)收购股份的详细名称和预定收购的股份数额;
(六)收购期限、收购价格;
(七)收购所需资金额及资金保证;
(八)公告上市公司收购报告书时持有被收购公司股份数占该公司已发行的股份总数的比例。

第六十七条　收购要约约定的收购期限不得少于三十日,并不得超过六十日。

第六十八条　在收购要约确定的承诺期限内,收购人不得撤销其收购要约。收购人需要变更收购要约的,应当及时公告,载明具体变更事项,且不得存在下列情形:

(一)降低收购价格;
(二)减少预定收购股份数额;
(三)缩短收购期限;
(四)国务院证券监督管理机构规定的其他情形。

第六十九条　收购要约提出的各项收购条件,适用于被收购公司的所有股东。

上市公司发行不同种类股份的,收购人可以针对不同种类股份提出不同的收购条件。

第七十条　采取要约收购方式的,收购人在收购期限内,不得卖出被收购公司的股票,也不得采取要约规定以外的形式和超出要约的条件买入被收购公司的股票。

第七十一条　采取协议收购方式的,收购人可以依照法律、行政法规的规定同被收购公司的股东以协议方式进行股份转让。

以协议方式收购上市公司时，达成协议后，收购人必须在三日内将该收购协议向国务院证券监督管理机构及证券交易所作出书面报告，并予公告。

在公告前不得履行收购协议。

第七十二条 采取协议收购方式的，协议双方可以临时委托证券登记结算机构保管协议转让的股票，并将资金存放于指定的银行。

第七十三条 采取协议收购方式的，收购人收购或者通过协议、其他安排与他人共同收购一个上市公司已发行的有表决权股份达到百分之三十时，继续进行收购的，应当依法向该上市公司所有股东发出收购上市公司全部或者部分股份的要约。但是，按照国务院证券监督管理机构的规定免除发出要约的除外。

收购人依照前款规定以要约方式收购上市公司股份，应当遵守本法第六十五条第二款、第六十六条至第七十条的规定。

第七十四条 收购期限届满，被收购公司股权分布不符合证券交易所规定的上市交易要求的，该上市公司的股票应当由证券交易所依法终止上市交易；其余仍持有被收购公司股票的股东，有权向收购人以收购要约的同等条件出售其股票，收购人应当收购。

收购行为完成后，被收购公司不再具备股份有限公司条件的，应当依法变更企业形式。

第七十五条 在上市公司收购中，收购人持有的被收购的上市公司的股票，在收购行为完成后的十八个月内不得转让。

第七十六条 收购行为完成后，收购人与被收购公司合并，并将该公司解散的，被解散公司的原有股票由收购人依法更换。

收购行为完成后，收购人应当在十五日内将收购情况报告国务院证券监督管理机构和证券交易所，并予公告。

第七十七条 国务院证券监督管理机构依照本法制定上市公司收购的具体办法。

上市公司分立或者被其他公司合并，应当向国务院证券监督管理机构报告，并予公告。

第五章　信息披露

第七十八条 发行人及法律、行政法规和国务院证券监督管理机构规定的其他信息披露义务人，应当及时依法履行信息披露义务。

信息披露义务人披露的信息，应当真实、准确、完整，简明清晰，通俗易懂，不得有虚假记载、误导性陈述或者重大遗漏。

证券同时在境内境外公开发行、交易的，其信息披露义务人在境外披露的信息，应当在境内同时披露。

第七十九条 上市公司、公司债券上市交易的公司、股票在国务院批准的其他全国性证券交易场所交易的公司，应当按照国务院证券监督管理机构和证券交易场所规定的内容和格式编制定期报告，并按照以下规定报送和公告：

（一）在每一会计年度结束之日起四个月内，报送并公告年度报告，其中的年度财务会计报告应当经符合本法规定的会计师事务所审计；

（二）在每一会计年度的上半年结束之日起二个月内，报送并公告中期报告。

第八十条 发生可能对上市公司、股票在国务院批准的其他全国性证券交易场所交易的公司的股票交易价格产生较大影响的重大事件，投资者尚未得知时，公司应当立即将有关该重大事件的情况向国务院证券监督管理机构和证券交易场所报送临时报告，并予公告，说明事件的起因、目前的状态和可能产生的法律后果。

前款所称重大事件包括：

（一）公司的经营方针和经营范围的重大变化；

（二）公司的重大投资行为，公司在一年内购买、出售重大资产超过公司资产总额百分之三十，或者公司营业用主要资产的抵押、质押、出售或者报废一次超过该资产的百分之三十；

（三）公司订立重要合同、提供重大担保或者从事关联交易，可能对公司的资产、负债、权益和经营成果产生重要影响；

（四）公司发生重大债务和未能清偿到期重大债务的违约情况；

（五）公司发生重大亏损或者重大损失；

（六）公司生产经营的外部条件发生的重大变化；

（七）公司的董事、三分之一以上监事或者经理发生变动，董事长或者经理无法履行职责；

（八）持有公司百分之五以上股份的股东或者实际控制人持有股份或者控制公司的情况发生较大变化，公司的实际控制人及其控制的其他企业从事与公司相同或者相似业务的情况发生较大变化；

（九）公司分配股利、增资的计划，公司股权结构的重要变化，公司减资、合并、分立、解散及申请破产的决定，或者依法进入破产程序、被责令关闭；

（十）涉及公司的重大诉讼、仲裁，股东大会、董事会决议被依法撤销或者宣告无效；

（十一）公司涉嫌犯罪被依法立案调查，公司的控股股东、实际控制人、董事、监事、高级管理人员涉嫌犯罪被依法采取强制措施；

（十二）国务院证券监督管理机构规定的其他事项。

公司的控股股东或者实际控制人对重大事件的发生、进展产生较大影响的，应当及时将其知悉的有关情况书面告知公司，并配合公司履行信息披露义务。

第八十一条 发生可能对上市交易公司债券的交易价格产生较大影响的重大事件，投资者尚未得知时，公司应当立即将有关该重大事件的情况向国务院证券监督管理机构和证券交易场所报送临时报告，并予公告，说明事件的起因、目前的状态和可能产生的法律后果。

前款所称重大事件包括：

（一）公司股权结构或者生产经营状况发生重大变化；

（二）公司债券信用评级发生变化；

（三）公司重大资产抵押、质押、出售、转让、报废；

（四）公司发生未能清偿到期债务的情况；

（五）公司新增借款或者对外提供担保超过上年末净资产的百分之二十；

（六）公司放弃债权或者财产超过上年末净资产的百分之十；

（七）公司发生超过上年末净资产百分之十的重大损失；

（八）公司分配股利，作出减资、合并、分立、解散及申请破产的决定，或者依法进入破产程序、被责令关闭；

（九）涉及公司的重大诉讼、仲裁；

（十）公司涉嫌犯罪被依法立案调查，公司的控股股东、实际控制人、董事、监事、高级管理人员涉嫌犯罪被依法采取强制措施；

（十一）国务院证券监督管理机构规定的其他事项。

第八十二条 发行人的董事、高级管理人员应当对证券发行文件和定期报告签署书面确认意见。

发行人的监事会应当对董事会编制的证券发行文件和定期报告进行审核并提出书面审核意见。监事应当签署书面确认意见。

发行人的董事、监事和高级管理人员应当保证发行人及时、公平地披露信息，所披露的信息真实、准确、完整。

董事、监事和高级管理人员无法保证证券发行文件和定期报告内容的真实性、准确性、完整性或者有异议的，应当在书面确认意见中发表意见并陈述理由，发行人应当披露。发行人不予披露的，董事、监事和高级管理人员可以直接申请披露。

第八十三条 信息披露义务人披露的信息应当同时向所有投资者披露，不得提前向任何单位和个人泄露。但是，法律、行政法规另有规定的除外。

任何单位和个人不得非法要求信息披露义务人提供依法需要披露但尚未披露的信息。任何单位和个人提前获知的前述信息，在依法披露前应当保密。

第八十四条 除依法需要披露的信息之外，信息披露义务人可以自愿披露与投资者作出价值判断和投资决策有关的信息，但不得与依法披露的信息相冲突，不得误导投资者。

发行人及其控股股东、实际控制人、董事、监事、高级管理人员等作出公开承诺的，应当披露。不履行承诺给投资者造成损失的，应当依法承担赔偿责任。

第八十五条 信息披露义务人未按照规定披露信息，或者公告的证券发行文件、定期报告、临时报告及其他信息披露资料存在虚假记载、误导性陈述或者重大遗漏，致使投资者在证券交易中遭受损失的，信息披露义务人应当承担赔偿责任；发行人的控股股东、实际控制人、董事、监事、高级管理人员和其他直接责任人员以及保荐人、承销的证券公司及其直接责任人员，应当与发行人承担连带赔偿责任，但是能够证明自己没有过错的除外。

第八十六条 依法披露的信息，应当在证券交易场所的网站和符合国务院证券监督管理机构规定条件的媒体发布，同时将其置备于公司住所、证券交易场所，供社会公众查阅。

第八十七条 国务院证券监督管理机构对信息披露义务人的信息披露行为进行监督管理。

证券交易场所应当对其组织交易的证券的信息披露义务人的信息披露行为进行监督，督促其依法及时、准确地披露信息。

第六章 投资者保护

第八十八条 证券公司向投资者销售证券、提供服务时，应当按照规定充分了解投资者的基本情况、财产状况、金融资产状况、投资知识和经验、专业能力等相关信息；如实说明证券、服务的重要内容，充分揭示投资风险；销售、提供与投资者上述状况相匹配的证券、服务。

投资者在购买证券或者接受服务时，应当按照证券公司明示的要求提供前款所列真实信息。拒绝提供或者未按照要求提供信息的，证券公司应当告知其后果，并按照规定拒绝向其销售证券、提供服务。

证券公司违反第一款规定导致投资者损失的，应当承担相应的赔偿责任。

第八十九条 根据财产状况、金融资产状况、投资知识和经验、专业能力等因素，投资者可以分为普通投资者和专业投资者。专业投资者的标准由国务院证券监督管理机构规定。

普通投资者与证券公司发生纠纷的，证券公司应当证明其行为符合法律、行政法规以及国务院证券监督管理机构的规定，不存在误导、欺诈等情形。证券公司不能证明的，应当承担相应的赔偿责任。

第九十条 上市公司董事会、独立董事、持有百分之一以上有表决权股份的股东或者依照法律、行政法规或者国务院证券监督管理机构的规定设立的投资者保护机构（以下简称投资者保护机构），可以作为征集人，自行或者委托证券公司、证券服务机构，公开请求上市公司股东委托其代为出席股东大会，并代为行使提案权、表决权等股东权利。

依照前款规定征集股东权利的，征集人应当披露征集文件，上市公司应当予以配合。

禁止以有偿或者变相有偿的方式公开征集股东权利。

公开征集股东权利违反法律、行政法规或者国务院证券监督管理机构有关规定，导致上市公司或者其股东遭受损失的，应当依法承担赔偿责任。

第九十一条 上市公司应当在章程中明确分配现金股利的具体安排和决策程序，依法保障股东的资产收益权。

上市公司当年税后利润，在弥补亏损及提取法定公积金后有盈余的，应当按照公司章程的规定分配现金股利。

第九十二条 公开发行公司债券的，应当设立债券持有人会议，并应当在募集说明书中说明债券持有人会议的召集程序、会议规则和其他重要事项。

公开发行公司债券的，发行人应当为债券持有人聘请债券受托管理人，并订立债券受托管理协议。受托管理人应当由本次发行的承销机构或者其他经国务院证券监督管理机构认可的机构担任，债券持有人会议可以决议变更债券受托管理人。债券受托管理人应当勤勉尽责，公正履行受托管理职责，不得损害债券持有人利益。

债券发行人未能按期兑付债券本息的，债券受托管理人可以接受全部或者部分债券持有人的委托，以自己名义代表债券持有人提起、参加民事诉讼或者清算程序。

第九十三条 发行人因欺诈发行、虚假陈述或者其他重大违法行为给投资者造成损失的，发行人的控股股东、实际控制人、相关的证券公司可以委托投资者保护机构，就赔偿事宜与受到损失的投资者达成协议,予以先行赔付。先行赔付后,可以依法向发行人以及其他连带责任人追偿。

第九十四条 投资者与发行人、证券公司等发生纠纷的,双方可以向投资者保护机构申请调解。普通投资者与证券公司发生证券业务纠纷,普通投资者提出调解请求的,证券公司不得拒绝。

投资者保护机构对损害投资者利益的行为,可以依法支持投资者向人民法院提起诉讼。

发行人的董事、监事、高级管理人员执行公司职务时违反法律、行政法规或者公司章程的规定给公司造成损失,发行人的控股股东、实际控制人等侵犯公司合法权益给公司造成损失,投资者保护机构持有该公司股份的,可以为公司的利益以自己的名义向人民法院提起诉讼,持股比例和持股期限不受《中华人民共和国公司法》规定的限制。

第九十五条 投资者提起虚假陈述等证券民事赔偿诉讼时,诉讼标的是同一种类,且当事人一方人数众多的,可以依法推选代表人进行诉讼。

对按照前款规定提起的诉讼,可能存在有相同诉讼请求的其他众多投资者的,人民法院可以发出公告,说明该诉讼请求的案件情况,通知投资者在一定期间向人民法院登记。人民法院作出的判决、裁定,对参加登记的投资者发生效力。

投资者保护机构受五十名以上投资者委托,可以作为代表人参加诉讼,并为经证券登记结算机构确认的权利人依照前款规定向人民法院登记,但投资者明确表示不愿意参加该诉讼的除外。

第七章 证券交易场所

第九十六条 证券交易所、国务院批准的其他全国性证券交易场所为证券集中交易提供场所和设施,组织和监督证券交易,实行自律管理,依法登记,取得法人资格。

证券交易所、国务院批准的其他全国性证券交易场所的设立、变更和解散由国务院决定。

国务院批准的其他全国性证券交易场所的组织机构、管理办法等,由国务院规定。

第九十七条 证券交易所、国务院批准的其他全国性证券交易场所可以根据证券品种、行业特点、公司规模等因素设立不同的市场层次。

第九十八条 按照国务院规定设立的区域性股权市场为非公开发行证券的发行、转让提供场所和设施,具体管理办法由国务院规定。

第九十九条 证券交易所履行自律管理职能,应当遵守社会公共利益优先原则,维护市场的公平、有序、透明。

设立证券交易所必须制定章程。证券交易所章程的制定和修改,必须经国务院证券监督管理机构批准。

第一百条 证券交易所必须在其名称中标明证券交易所字样。其他任何单位或者个人不得使用证券交易所或者近似的名称。

第一百零一条 证券交易所可以自行支配的各项费用收入,应当首先用于保证其证券交易场所和设施的正常运行并逐步改善。

实行会员制的证券交易所的财产积累归会员所有,其权益由会员共同享有,在其存续期间，不得将其财产积累分配给会员。

第一百零二条 实行会员制的证券交易所设理事会、监事会。

证券交易所设总经理一人，由国务院证券监督管理机构任免。

第一百零三条 有《中华人民共和国公司法》第一百四十六条规定的情形或者下列情形之一的，不得担任证券交易所的负责人：

（一）因违法行为或者违纪行为被解除职务的证券交易场所、证券登记结算机构的负责人或者证券公司的董事、监事、高级管理人员，自被解除职务之日起未逾五年；

（二）因违法行为或者违纪行为被吊销执业证书或者被取消资格的律师、注册会计师或者其他证券服务机构的专业人员，自被吊销执业证书或者被取消资格之日起未逾五年。

第一百零四条 因违法行为或者违纪行为被开除的证券交易场所、证券公司、证券登记结算机构、证券服务机构的从业人员和被开除的国家机关工作人员，不得招聘为证券交易所的从业人员。

第一百零五条 进入实行会员制的证券交易所参与集中交易的，必须是证券交易所的会员。证券交易所不得允许非会员直接参与股票的集中交易。

第一百零六条 投资者应当与证券公司签订证券交易委托协议，并在证券公司实名开立账户，以书面、电话、自助终端、网络等方式，委托该证券公司代其买卖证券。

第一百零七条 证券公司为投资者开立账户，应当按照规定对投资者提供的身份信息进行核对。

证券公司不得将投资者的账户提供给他人使用。

投资者应当使用实名开立的账户进行交易。

第一百零八条 证券公司根据投资者的委托，按照证券交易规则提出交易申报，参与证券交易所场内的集中交易，并根据成交结果承担相应的清算交收责任。证券登记结算机构根据成交结果，按照清算交收规则，与证券公司进行证券和资金的清算交收，并为证券公司客户办理证券的登记过户手续。

第一百零九条 证券交易所应当为组织公平的集中交易提供保障，实时公布证券交易即时行情，并按交易日制作证券市场行情表，予以公布。

证券交易即时行情的权益由证券交易所依法享有。未经证券交易所许可，任何单位和个人不得发布证券交易即时行情。

第一百一十条 上市公司可以向证券交易所申请其上市交易股票的停牌或者复牌，但不得滥用停牌或者复牌损害投资者的合法权益。

证券交易所可以按照业务规则的规定，决定上市交易股票的停牌或者复牌。

第一百一十一条 因不可抗力、意外事件、重大技术故障、重大人为差错等突发性事件而影响证券交易正常进行时，为维护证券交易正常秩序和市场公平，证券交易所可以按照业务规则采取技术性停牌、临时停市等处置措施，并应当及时向国务院证券监督管理机构报告。

因前款规定的突发性事件导致证券交易结果出现重大异常，按交易结果进行交收将对证券交易正常秩序和市场公平造成重大影响的，证券交易所按照业务规则可以采取取消交易、通知证券登记结算机构暂缓交收等措施，并应当及时向国务院证券监督管理机构报告并公告。

证券交易所对其依照本条规定采取措施造成的损失，不承担民事赔偿责任，但存在重大过错的除外。

第一百一十二条 证券交易所对证券交易实行实时监控，并按照国务院证券监督管理机构的要求，对异常的交易情况提出报告。

证券交易所根据需要，可以按照业务规则对出现重大异常交易情况的证券账户的投资者限制交易，并及时报告国务院证券监督管理机构。

第一百一十三条 证券交易所应当加强对证券交易的风险监测，出现重大异常波动的，证券交易所可以按照业务规则采取限制交易、强制停牌等处置措施，并向国务院证券监督管理机构报告；严重影响证券市场稳定的，证券交易所可以按照业务规则采取临时停市等处置措施并公告。

证券交易所对其依照本条规定采取措施造成的损失，不承担民事赔偿责任，但存在重大过错的除外。

第一百一十四条 证券交易所应当从其收取的交易费用和会员费、席位费中提取一定比例的金额设立风险基金。风险基金由证券交易所理事会管理。

风险基金提取的具体比例和使用办法，由国务院证券监督管理机构会同国务院财政部门规定。

证券交易所应当将收存的风险基金存入开户银行专门账户，不得擅自使用。

第一百一十五条 证券交易所依照法律、行政法规和国务院证券监督管理机构的规定，制定上市规则、交易规则、会员管理规则和其他有关业务规则，并报国务院证券监督管理机构批准。

在证券交易所从事证券交易，应当遵守证券交易所依法制定的业务规则。违反业务规则的，由证券交易所给予纪律处分或者采取其他自律管理措施。

第一百一十六条 证券交易所的负责人和其他从业人员执行与证券交易有关的职务时，与其本人或者其亲属有利害关系的，应当回避。

第一百一十七条 按照依法制定的交易规则进行的交易，不得改变其交易结果，但本法第一百一十一条第二款规定的除外。对交易中违规交易者应负的民事责任不得免除；在违规交易中所获利益，依照有关规定处理。

第八章 证券公司

第一百一十八条 设立证券公司，应当具备下列条件，并经国务院证券监督管理机构批准：

（一）有符合法律、行政法规规定的公司章程；

（二）主要股东及公司的实际控制人具有良好的财务状况和诚信记录，最近三年无重大违法违规记录；

（三）有符合本法规定的公司注册资本；

（四）董事、监事、高级管理人员、从业人员符合本法规定的条件；

（五）有完善的风险管理与内部控制制度；

（六）有合格的经营场所、业务设施和信息技术系统；

（七）法律、行政法规和经国务院批准的国务院证券监督管理机构规定的其他条件。

未经国务院证券监督管理机构批准,任何单位和个人不得以证券公司名义开展证券业务活动。

第一百一十九条 国务院证券监督管理机构应当自受理证券公司设立申请之日起六个月内,依照法定条件和法定程序并根据审慎监管原则进行审查,作出批准或者不予批准的决定,并通知申请人;不予批准的,应当说明理由。

证券公司设立申请获得批准的,申请人应当在规定的期限内向公司登记机关申请设立登记,领取营业执照。

证券公司应当自领取营业执照之日起十五日内,向国务院证券监督管理机构申请经营证券业务许可证。未取得经营证券业务许可证,证券公司不得经营证券业务。

第一百二十条 经国务院证券监督管理机构核准,取得经营证券业务许可证,证券公司可以经营下列部分或者全部证券业务:

(一)证券经纪;
(二)证券投资咨询;
(三)与证券交易、证券投资活动有关的财务顾问;
(四)证券承销与保荐;
(五)证券融资融券;
(六)证券做市交易;
(七)证券自营;
(八)其他证券业务。

国务院证券监督管理机构应当自受理前款规定事项申请之日起三个月内,依照法定条件和程序进行审查,作出核准或者不予核准的决定,并通知申请人;不予核准的,应当说明理由。

证券公司经营证券资产管理业务的,应当符合《中华人民共和国证券投资基金法》等法律、行政法规的规定。

除证券公司外,任何单位和个人不得从事证券承销、证券保荐、证券经纪和证券融资融券业务。

证券公司从事证券融资融券业务,应当采取措施,严格防范和控制风险,不得违反规定向客户出借资金或者证券。

第一百二十一条 证券公司经营本法第一百二十条第一款第(一)项至第(三)项业务的,注册资本最低限额为人民币五千万元;经营第(四)项至第(八)项业务之一的,注册资本最低限额为人民币一亿元;经营第(四)项至第(八)项业务中两项以上的,注册资本最低限额为人民币五亿元。证券公司的注册资本应当是实缴资本。

国务院证券监督管理机构根据审慎监管原则和各项业务的风险程度,可以调整注册资本最低限额,但不得少于前款规定的限额。

第一百二十二条 证券公司变更证券业务范围,变更主要股东或者公司的实际控制人,合并、分立、停业、解散、破产,应当经国务院证券监督管理机构核准。

第一百二十三条 国务院证券监督管理机构应当对证券公司净资本和其他风险控制指标作出规定。

证券公司除依照规定为其客户提供融资融券外,不得为其股东或者股东的关联人提供融资或者担保。

第一百二十四条 证券公司的董事、监事、高级管理人员，应当正直诚实、品行良好，熟悉证券法律、行政法规，具有履行职责所需的经营管理能力。证券公司任免董事、监事、高级管理人员，应当报国务院证券监督管理机构备案。

有《中华人民共和国公司法》第一百四十六条规定的情形或者下列情形之一的，不得担任证券公司的董事、监事、高级管理人员：

（一）因违法行为或者违纪行为被解除职务的证券交易场所、证券登记结算机构的负责人或者证券公司的董事、监事、高级管理人员，自被解除职务之日起未逾五年；

（二）因违法行为或者违纪行为被吊销执业证书或者被取消资格的律师、注册会计师或者其他证券服务机构的专业人员，自被吊销执业证书或者被取消资格之日起未逾五年。

第一百二十五条 证券公司从事证券业务的人员应当品行良好，具备从事证券业务所需的专业能力。

因违法行为或者违纪行为被开除的证券交易场所、证券公司、证券登记结算机构、证券服务机构的从业人员和被开除的国家机关工作人员，不得招聘为证券公司的从业人员。

国家机关工作人员和法律、行政法规规定的禁止在公司中兼职的其他人员，不得在证券公司中兼任职务。

第一百二十六条 国家设立证券投资者保护基金。证券投资者保护基金由证券公司缴纳的资金及其他依法筹集的资金组成，其规模以及筹集、管理和使用的具体办法由国务院规定。

第一百二十七条 证券公司从每年的业务收入中提取交易风险准备金，用于弥补证券经营的损失，其提取的具体比例由国务院证券监督管理机构会同国务院财政部门规定。

第一百二十八条 证券公司应当建立健全内部控制制度，采取有效隔离措施，防范公司与客户之间、不同客户之间的利益冲突。

证券公司必须将其证券经纪业务、证券承销业务、证券自营业务、证券做市业务和证券资产管理业务分开办理，不得混合操作。

第一百二十九条 证券公司的自营业务必须以自己的名义进行，不得假借他人名义或者以个人名义进行。

证券公司的自营业务必须使用自有资金和依法筹集的资金。

证券公司不得将其自营账户借给他人使用。

第一百三十条 证券公司应当依法审慎经营，勤勉尽责，诚实守信。

证券公司的业务活动，应当与其治理结构、内部控制、合规管理、风险管理以及风险控制指标、从业人员构成等情况相适应，符合审慎监管和保护投资者合法权益的要求。

证券公司依法享有自主经营的权利，其合法经营不受干涉。

第一百三十一条 证券公司客户的交易结算资金应当存放在商业银行，以每个客户的名义单独立户管理。

证券公司不得将客户的交易结算资金和证券归入其自有财产。禁止任何单位或者个人以任何形式挪用客户的交易结算资金和证券。证券公司破产或者清算时，客户的交易结算资金和证券不属于其破产财产或者清算财产。非因客户本身的债务或者法律规定的其他情形，不得查封、冻结、扣划或者强制执行客户的交易结算资金和证券。

第一百三十二条 证券公司办理经纪业务，应当置备统一制定的证券买卖委托书，供委托人使用。采取其他委托方式的，必须作出委托记录。

客户的证券买卖委托，不论是否成交，其委托记录应当按照规定的期限，保存于证券公司。

第一百三十三条 证券公司接受证券买卖的委托，应当根据委托书载明的证券名称、买卖数量、出价方式、价格幅度等，按照交易规则代理买卖证券，如实进行交易记录；买卖成交后，应当按照规定制作买卖成交报告单交付客户。

证券交易中确认交易行为及其交易结果的对账单必须真实，保证账面证券余额与实际持有的证券相一致。

第一百三十四条 证券公司办理经纪业务，不得接受客户的全权委托而决定证券买卖、选择证券种类、决定买卖数量或者买卖价格。

证券公司不得允许他人以证券公司的名义直接参与证券的集中交易。

第一百三十五条 证券公司不得对客户证券买卖的收益或者赔偿证券买卖的损失作出承诺。

第一百三十六条 证券公司的从业人员在证券交易活动中，执行所属的证券公司的指令或者利用职务违反交易规则的，由所属的证券公司承担全部责任。

证券公司的从业人员不得私下接受客户委托买卖证券。

第一百三十七条 证券公司应当建立客户信息查询制度，确保客户能够查询其账户信息、委托记录、交易记录以及其他与接受服务或者购买产品有关的重要信息。

证券公司应当妥善保存客户开户资料、委托记录、交易记录和与内部管理、业务经营有关的各项信息，任何人不得隐匿、伪造、篡改或者毁损。上述信息的保存期限不得少于二十年。

第一百三十八条 证券公司应当按照规定向国务院证券监督管理机构报送业务、财务等经营管理信息和资料。国务院证券监督管理机构有权要求证券公司及其主要股东、实际控制人在指定的期限内提供有关信息、资料。

证券公司及其主要股东、实际控制人向国务院证券监督管理机构报送或者提供的信息、资料，必须真实、准确、完整。

第一百三十九条 国务院证券监督管理机构认为有必要时，可以委托会计师事务所、资产评估机构对证券公司的财务状况、内部控制状况、资产价值进行审计或者评估。具体办法由国务院证券监督管理机构会同有关主管部门制定。

第一百四十条 证券公司的治理结构、合规管理、风险控制指标不符合规定的，国务院证券监督管理机构应当责令其限期改正；逾期未改正，或者其行为严重危及该证券公司的稳健运行、损害客户合法权益的，国务院证券监督管理机构可以区别情形，对其采取下列措施：

（一）限制业务活动，责令暂停部分业务，停止核准新业务；

（二）限制分配红利，限制向董事、监事、高级管理人员支付报酬、提供福利；

（三）限制转让财产或者在财产上设定其他权利；

（四）责令更换董事、监事、高级管理人员或者限制其权利；

（五）撤销有关业务许可；
（六）认定负有责任的董事、监事、高级管理人员为不适当人选；
（七）责令负有责任的股东转让股权，限制负有责任的股东行使股东权利。

证券公司整改后，应当向国务院证券监督管理机构提交报告。国务院证券监督管理机构经验收，治理结构、合规管理、风险控制指标符合规定的，应当自验收完毕之日起三日内解除对其采取的前款规定的有关限制措施。

第一百四十一条 证券公司的股东有虚假出资、抽逃出资行为的，国务院证券监督管理机构应当责令其限期改正，并可责令其转让所持证券公司的股权。

在前款规定的股东按照要求改正违法行为、转让所持证券公司的股权前，国务院证券监督管理机构可以限制其股东权利。

第一百四十二条 证券公司的董事、监事、高级管理人员未能勤勉尽责，致使证券公司存在重大违法违规行为或者重大风险的，国务院证券监督管理机构可以责令证券公司予以更换。

第一百四十三条 证券公司违法经营或者出现重大风险，严重危害证券市场秩序、损害投资者利益的，国务院证券监督管理机构可以对该证券公司采取责令停业整顿、指定其他机构托管、接管或者撤销等监管措施。

第一百四十四条 在证券公司被责令停业整顿、被依法指定托管、接管或者清算期间，或者出现重大风险时，经国务院证券监督管理机构批准，可以对该证券公司直接负责的董事、监事、高级管理人员和其他直接责任人员采取以下措施：
（一）通知出境入境管理机关依法阻止其出境；
（二）申请司法机关禁止其转移、转让或者以其他方式处分财产，或者在财产上设定其他权利。

第九章　证券登记结算机构

第一百四十五条 证券登记结算机构为证券交易提供集中登记、存管与结算服务，不以营利为目的，依法登记，取得法人资格。

设立证券登记结算机构必须经国务院证券监督管理机构批准。

第一百四十六条 设立证券登记结算机构，应当具备下列条件：
（一）自有资金不少于人民币二亿元；
（二）具有证券登记、存管和结算服务所必须的场所和设施；
（三）国务院证券监督管理机构规定的其他条件。

证券登记结算机构的名称中应当标明证券登记结算字样。

第一百四十七条 证券登记结算机构履行下列职能：
（一）证券账户、结算账户的设立；
（二）证券的存管和过户；
（三）证券持有人名册登记；
（四）证券交易的清算和交收；
（五）受发行人的委托派发证券权益；
（六）办理与上述业务有关的查询、信息服务；
（七）国务院证券监督管理机构批准的其他业务。

第一百四十八条 在证券交易所和国务院批准的其他全国性证券交易场所交易的证券的登记结算,应当采取全国集中统一的运营方式。

前款规定以外的证券,其登记、结算可以委托证券登记结算机构或者其他依法从事证券登记、结算业务的机构办理。

第一百四十九条 证券登记结算机构应当依法制定章程和业务规则,并经国务院证券监督管理机构批准。证券登记结算业务参与人应当遵守证券登记结算机构制定的业务规则。

第一百五十条 在证券交易所或者国务院批准的其他全国性证券交易场所交易的证券,应当全部存管在证券登记结算机构。

证券登记结算机构不得挪用客户的证券。

第一百五十一条 证券登记结算机构应当向证券发行人提供证券持有人名册及有关资料。

证券登记结算机构应当根据证券登记结算的结果,确认证券持有人持有证券的事实,提供证券持有人登记资料。

证券登记结算机构应当保证证券持有人名册和登记过户记录真实、准确、完整,不得隐匿、伪造、篡改或者毁损。

第一百五十二条 证券登记结算机构应当采取下列措施保证业务的正常进行:

(一)具有必备的服务设备和完善的数据安全保护措施;
(二)建立完善的业务、财务和安全防范等管理制度;
(三)建立完善的风险管理系统。

第一百五十三条 证券登记结算机构应当妥善保存登记、存管和结算的原始凭证及有关文件和资料。其保存期限不得少于二十年。

第一百五十四条 证券登记结算机构应当设立证券结算风险基金,用于垫付或者弥补因违约交收、技术故障、操作失误、不可抗力造成的证券登记结算机构的损失。

证券结算风险基金从证券登记结算机构的业务收入和收益中提取,并可以由结算参与人按照证券交易业务量的一定比例缴纳。

证券结算风险基金的筹集、管理办法,由国务院证券监督管理机构会同国务院财政部门规定。

第一百五十五条 证券结算风险基金应当存入指定银行的专门账户,实行专项管理。

证券登记结算机构以证券结算风险基金赔偿后,应当向有关责任人追偿。

第一百五十六条 证券登记结算机构申请解散,应当经国务院证券监督管理机构批准。

第一百五十七条 投资者委托证券公司进行证券交易,应当通过证券公司申请在证券登记结算机构开立证券账户。证券登记结算机构应当按照规定为投资者开立证券账户。

投资者申请开立账户,应当持有证明中华人民共和国公民、法人、合伙企业身份的合法证件。国家另有规定的除外。

第一百五十八条 证券登记结算机构作为中央对手方提供证券结算服务的,是结算参与人共同的清算交收对手,进行净额结算,为证券交易提供集中履约保障。

证券登记结算机构为证券交易提供净额结算服务时，应当要求结算参与人按照货银对付的原则，足额交付证券和资金，并提供交收担保。

在交收完成之前，任何人不得动用用于交收的证券、资金和担保物。

结算参与人未按时履行交收义务的，证券登记结算机构有权按照业务规则处理前款所述财产。

第一百五十九条 证券登记结算机构按照业务规则收取的各类结算资金和证券，必须存放于专门的清算交收账户，只能按业务规则用于已成交的证券交易的清算交收，不得被强制执行。

第十章 证券服务机构

第一百六十条 会计师事务所、律师事务所以及从事证券投资咨询、资产评估、资信评级、财务顾问、信息技术系统服务的证券服务机构，应当勤勉尽责、恪尽职守，按照相关业务规则为证券的交易及相关活动提供服务。

从事证券投资咨询服务业务，应当经国务院证券监督管理机构核准；未经核准，不得为证券的交易及相关活动提供服务。从事其他证券服务业务，应当报国务院证券监督管理机构和国务院有关主管部门备案。

第一百六十一条 证券投资咨询机构及其从业人员从事证券服务业务不得有下列行为：

（一）代理委托人从事证券投资；

（二）与委托人约定分享证券投资收益或者分担证券投资损失；

（三）买卖本证券投资咨询机构提供服务的证券；

（四）法律、行政法规禁止的其他行为。

有前款所列行为之一，给投资者造成损失的，应当依法承担赔偿责任。

第一百六十二条 证券服务机构应当妥善保存客户委托文件、核查和验证资料、工作底稿以及与质量控制、内部管理、业务经营有关的信息和资料，任何人不得泄露、隐匿、伪造、篡改或者毁损。上述信息和资料的保存期限不得少于十年，自业务委托结束之日起算。

第一百六十三条 证券服务机构为证券的发行、上市、交易等证券业务活动制作、出具审计报告及其他鉴证报告、资产评估报告、财务顾问报告、资信评级报告或者法律意见书等文件，应当勤勉尽责，对所依据的文件资料内容的真实性、准确性、完整性进行核查和验证。其制作、出具的文件有虚假记载、误导性陈述或者重大遗漏，给他人造成损失的，应当与委托人承担连带赔偿责任，但是能够证明自己没有过错的除外。

第十一章 证券业协会

第一百六十四条 证券业协会是证券业的自律性组织，是社会团体法人。

证券公司应当加入证券业协会。

证券业协会的权力机构为全体会员组成的会员大会。

第一百六十五条 证券业协会章程由会员大会制定，并报国务院证券监督管理机构备案。

第一百六十六条 证券业协会履行下列职责：

（一）教育和组织会员及其从业人员遵守证券法律、行政法规，组织开展证券行业诚信建设，督促证券行业履行社会责任；

（二）依法维护会员的合法权益，向证券监督管理机构反映会员的建议和要求；

（三）督促会员开展投资者教育和保护活动，维护投资者合法权益；

（四）制定和实施证券行业自律规则，监督、检查会员及其从业人员行为，对违反法律、行政法规、自律规则或者协会章程的，按照规定给予纪律处分或者实施其他自律管理措施；

（五）制定证券行业业务规范，组织从业人员的业务培训；

（六）组织会员就证券行业的发展、运作及有关内容进行研究，收集整理、发布证券相关信息，提供会员服务，组织行业交流，引导行业创新发展；

（七）对会员之间、会员与客户之间发生的证券业务纠纷进行调解；

（八）证券业协会章程规定的其他职责。

第一百六十七条 证券业协会设理事会。理事会成员依章程的规定由选举产生。

第十二章 证券监督管理机构

第一百六十八条 国务院证券监督管理机构依法对证券市场实行监督管理，维护证券市场公开、公平、公正，防范系统性风险，维护投资者合法权益，促进证券市场健康发展。

第一百六十九条 国务院证券监督管理机构在对证券市场实施监督管理中履行下列职责：

（一）依法制定有关证券市场监督管理的规章、规则，并依法进行审批、核准、注册，办理备案；

（二）依法对证券的发行、上市、交易、登记、存管、结算等行为，进行监督管理；

（三）依法对证券发行人、证券公司、证券服务机构、证券交易场所、证券登记结算机构的证券业务活动，进行监督管理；

（四）依法制定从事证券业务人员的行为准则，并监督实施；

（五）依法监督检查证券发行、上市、交易的信息披露；

（六）依法对证券业协会的自律管理活动进行指导和监督；

（七）依法监测并防范、处置证券市场风险；

（八）依法开展投资者教育；

（九）依法对证券违法行为进行查处；

（十）法律、行政法规规定的其他职责。

第一百七十条 国务院证券监督管理机构依法履行职责，有权采取下列措施：

（一）对证券发行人、证券公司、证券服务机构、证券交易场所、证券登记结算机构进行现场检查；

（二）进入涉嫌违法行为发生场所调查取证；

（三）询问当事人和与被调查事件有关的单位和个人，要求其对与被调查事件有关的事项作出说明；或者要求其按照指定的方式报送与被调查事件有关的文件和资料；

（四）查阅、复制与被调查事件有关的财产权登记、通讯记录等文件和资料；

（五）查阅、复制当事人和与被调查事件有关的单位和个人的证券交易记录、登记过户记录、财务会计资料及其他相关文件和资料；对可能被转移、隐匿或者毁损的文件和资料，可以予以封存、扣押；

（六）查询当事人和与被调查事件有关的单位和个人的资金账户、证券账户、银行账户以及其他具有支付、托管、结算等功能的账户信息，可以对有关文件和资料进行复制；对有证据证明已经或者可能转移或者隐匿违法资金、证券等涉案财产或者隐匿、伪造、毁损重要证据的，经国务院证券监督管理机构主要负责人或者其授权的其他负责人批准，可以冻结或者查封，期限为六个月；因特殊原因需要延长的，每次延长期限不得超过三个月，冻结、查封期限最长不得超过二年；

（七）在调查操纵证券市场、内幕交易等重大证券违法行为时，经国务院证券监督管理机构主要负责人或者其授权的其他负责人批准，可以限制被调查的当事人的证券买卖，但限制的期限不得超过三个月；案情复杂的，可以延长三个月；

（八）通知出境入境管理机关依法阻止涉嫌违法人员、涉嫌违法单位的主管人员和其他直接责任人员出境。

为防范证券市场风险，维护市场秩序，国务院证券监督管理机构可以采取责令改正、监管谈话、出具警示函等措施。

第一百七十一条 国务院证券监督管理机构对涉嫌证券违法的单位或者个人进行调查期间，被调查的当事人书面申请，承诺在国务院证券监督管理机构认可的期限内纠正涉嫌违法行为，赔偿有关投资者损失，消除损害或者不良影响的，国务院证券监督管理机构可以决定中止调查。被调查的当事人履行承诺的，国务院证券监督管理机构可以决定终止调查；被调查的当事人未履行承诺或者有国务院规定的其他情形的，应当恢复调查。具体办法由国务院规定。

国务院证券监督管理机构决定中止或者终止调查的，应当按照规定公开相关信息。

第一百七十二条 国务院证券监督管理机构依法履行职责，进行监督检查或者调查，其监督检查、调查的人员不得少于二人，并应当出示合法证件和监督检查、调查通知书或者其他执法文书。监督检查、调查的人员少于二人或者未出示合法证件和监督检查、调查通知书或者其他执法文书的，被检查、调查的单位和个人有权拒绝。

第一百七十三条 国务院证券监督管理机构依法履行职责，被检查、调查的单位和个人应当配合，如实提供有关文件和资料，不得拒绝、阻碍和隐瞒。

第一百七十四条 国务院证券监督管理机构制定的规章、规则和监督管理工作制度应当依法公开。

国务院证券监督管理机构依据调查结果，对证券违法行为作出的处罚决定，应当公开。

第一百七十五条 国务院证券监督管理机构应当与国务院其他金融监督管理机构建立监督管理信息共享机制。

国务院证券监督管理机构依法履行职责，进行监督检查或者调查时，有关部门应当予以配合。

第一百七十六条 对涉嫌证券违法、违规行为，任何单位和个人有权向国务院证券监督管理机构举报。

对涉嫌重大违法、违规行为的实名举报线索经查证属实的，国务院证券监督管理机构按照规定给予举报人奖励。

国务院证券监督管理机构应当对举报人的身份信息保密。

第一百七十七条 国务院证券监督管理机构可以和其他国家或者地区的证券监督管理机构建立监督管理合作机制，实施跨境监督管理。

境外证券监督管理机构不得在中华人民共和国境内直接进行调查取证等活动。未经国务院证券监督管理机构和国务院有关主管部门同意，任何单位和个人不得擅自向境外提供与证券业务活动有关的文件和资料。

第一百七十八条 国务院证券监督管理机构依法履行职责，发现证券违法行为涉嫌犯罪的，应当依法将案件移送司法机关处理；发现公职人员涉嫌职务违法或者职务犯罪的，应当依法移送监察机关处理。

第一百七十九条 国务院证券监督管理机构工作人员必须忠于职守、依法办事、公正廉洁，不得利用职务便利牟取不正当利益，不得泄露所知悉的有关单位和个人的商业秘密。

国务院证券监督管理机构工作人员在任职期间，或者离职后在《中华人民共和国公务员法》规定的期限内，不得到与原工作业务直接相关的企业或者其他营利性组织任职，不得从事与原工作业务直接相关的营利性活动。

第十三章　法律责任

第一百八十条 违反本法第九条的规定，擅自公开或者变相公开发行证券的，责令停止发行，退还所募资金并加算银行同期存款利息，处以非法所募资金金额百分之五以上百分之五十以下的罚款；对擅自公开或者变相公开发行证券设立的公司，由依法履行监督管理职责的机构或者部门会同县级以上地方人民政府予以取缔。对直接负责的主管人员和其他直接责任人员给予警告，并处以五十万元以上五百万元以下的罚款。

第一百八十一条 发行人在其公告的证券发行文件中隐瞒重要事实或者编造重大虚假内容，尚未发行证券的，处以二百万元以上二千万元以下的罚款；已经发行证券的，处以非法所募资金金额百分之十以上一倍以下的罚款。对直接负责的主管人员和其他直接责任人员，处以一百万元以上一千万元以下的罚款。

发行人的控股股东、实际控制人组织、指使从事前款违法行为的，没收违法所得，并处以违法所得百分之十以上一倍以下的罚款；没有违法所得或者违法所得不足二千万元的，处以二百万元以上二千万元以下的罚款。对直接负责的主管人员和其他直接责任人员，处以一百万元以上一千万元以下的罚款。

第一百八十二条 保荐人出具有虚假记载、误导性陈述或者重大遗漏的保荐书，或者不履行其他法定职责的，责令改正，给予警告，没收业务收入，并处以业务收入一倍以上十倍以下的罚款；没有业务收入或者业务收入不足一百万元的，处以一百万元以上一千万元以下的罚款；情节严重的，并处暂停或者撤销保荐业务许可。对直接负责的主管人员和其他直接责任人员给予警告，并处以五十万元以上五百万元以下的罚款。

第一百八十三条 证券公司承销或者销售擅自公开发行或者变相公开发行的证券

的，责令停止承销或者销售，没收违法所得，并处以违法所得一倍以上十倍以下的罚款；没有违法所得或者违法所得不足一百万元的，处以一百万元以上一千万元以下的罚款；情节严重的，并处暂停或者撤销相关业务许可。给投资者造成损失的，应当与发行人承担连带赔偿责任。对直接负责的主管人员和其他直接责任人员给予警告，并处以五十万元以上五百万元以下的罚款。

第一百八十四条 证券公司承销证券违反本法第二十九条规定的，责令改正，给予警告，没收违法所得，可以并处五十万元以上五百万元以下的罚款；情节严重的，暂停或者撤销相关业务许可。对直接负责的主管人员和其他直接责任人员给予警告，可以并处二十万元以上二百万元以下的罚款；情节严重的，并处以五十万元以上五百万元以下的罚款。

第一百八十五条 发行人违反本法第十四条、第十五条的规定擅自改变公开发行证券所募集资金的用途的，责令改正，处以五十万元以上五百万元以下的罚款；对直接负责的主管人员和其他直接责任人员给予警告，并处以十万元以上一百万元以下的罚款。

发行人的控股股东、实际控制人从事或者组织、指使从事前款违法行为的，给予警告，并处以五十万元以上五百万元以下的罚款；对直接负责的主管人员和其他直接责任人员，处以十万元以上一百万元以下的罚款。

第一百八十六条 违反本法第三十六条的规定，在限制转让期内转让证券，或者转让股票不符合法律、行政法规和国务院证券监督管理机构规定的，责令改正，给予警告，没收违法所得，并处以买卖证券等值以下的罚款。

第一百八十七条 法律、行政法规规定禁止参与股票交易的人员，违反本法第四十条的规定，直接或者以化名、借他人名义持有、买卖股票或者其他具有股权性质的证券的，责令依法处理非法持有的股票、其他具有股权性质的证券，没收违法所得，并处以买卖证券等值以下的罚款；属于国家工作人员的，还应当依法给予处分。

第一百八十八条 证券服务机构及其从业人员，违反本法第四十二条的规定买卖证券的，责令依法处理非法持有的证券，没收违法所得，并处以买卖证券等值以下的罚款。

第一百八十九条 上市公司、股票在国务院批准的其他全国性证券交易场所交易的公司的董事、监事、高级管理人员、持有该公司百分之五以上股份的股东，违反本法第四十四条的规定，买卖该公司股票或者其他具有股权性质的证券的，给予警告，并处以十万元以上一百万元以下的罚款。

第一百九十条 违反本法第四十五条的规定，采取程序化交易影响证券交易所系统安全或者正常交易秩序的，责令改正，处以五十万元以上五百万元以下的罚款。对直接负责的主管人员和其他直接责任人员给予警告，并处以十万元以上一百万元以下的罚款。

第一百九十一条 证券交易内幕信息的知情人或者非法获取内幕信息的人违反本法第五十三条的规定从事内幕交易的，责令依法处理非法持有的证券，没收违法所得，并处以违法所得一倍以上十倍以下的罚款；没有违法所得或者违法所得不足五十万元的，处以五十万元以上五百万元以下的罚款。单位从事内幕交易的，还应当对直接负责的主管人员和其他直接责任人员给予警告，并处以二十万元以上二百万元以下的罚款。国务院证券监督管理机构工作人员从事内幕交易的,从重处罚。

违反本法第五十四条的规定,利用未公开信息进行交易的,依照前款的规定处罚。

第一百九十二条 违反本法第五十五条的规定,操纵证券市场的,责令依法处理其非法持有的证券,没收违法所得,并处以违法所得一倍以上十倍以下的罚款;没有违法所得或者违法所得不足一百万元的,处以一百万元以上一千万元以下的罚款。单位操纵证券市场的,还应当对直接负责的主管人员和其他直接责任人员给予警告,并处以五十万元以上五百万元以下的罚款。

第一百九十三条 违反本法第五十六条第一款、第三款的规定,编造、传播虚假信息或者误导性信息,扰乱证券市场的,没收违法所得,并处以违法所得一倍以上十倍以下的罚款;没有违法所得或者违法所得不足二十万元的,处以二十万元以上二百万元以下的罚款。

违反本法第五十六条第二款的规定,在证券交易活动中作出虚假陈述或者信息误导的,责令改正,处以二十万元以上二百万元以下的罚款;属于国家工作人员的,还应当依法给予处分。

传播媒介及其从事证券市场信息报道的工作人员违反本法第五十六条第三款的规定,从事与其工作职责发生利益冲突的证券买卖的,没收违法所得,并处以买卖证券等值以下的罚款。

第一百九十四条 证券公司及其从业人员违反本法第五十七条的规定,有损害客户利益的行为的,给予警告,没收违法所得,并处以违法所得一倍以上十倍以下的罚款;没有违法所得或者违法所得不足十万元的,处以十万元以上一百万元以下的罚款;情节严重的,暂停或者撤销相关业务许可。

第一百九十五条 违反本法第五十八条的规定,出借自己的证券账户或者借用他人的证券账户从事证券交易的,责令改正,给予警告,可以处五十万元以下的罚款。

第一百九十六条 收购人未按照本法规定履行上市公司收购的公告、发出收购要约义务的,责令改正,给予警告,并处以五十万元以上五百万元以下的罚款。对直接负责的主管人员和其他直接责任人员给予警告,并处以二十万元以上二百万元以下的罚款。

收购人及其控股股东、实际控制人利用上市公司收购,给被收购公司及其股东造成损失的,应当依法承担赔偿责任。

第一百九十七条 信息披露义务人未按照本法规定报送有关报告或者履行信息披露义务的,责令改正,给予警告,并处以五十万元以上五百万元以下的罚款;对直接负责的主管人员和其他直接责任人员给予警告,并处以二十万元以上二百万元以下的罚款。发行人的控股股东、实际控制人组织、指使从事上述违法行为,或者隐瞒相关事项导致发生上述情形的,处以五十万元以上五百万元以下的罚款;对直接负责的主管人员和其他直接责任人员,处以二十万元以上二百万元以下的罚款。

信息披露义务人报送的报告或者披露的信息有虚假记载、误导性陈述或者重大遗漏的,责令改正,给予警告,并处以一百万元以上一千万元以下的罚款;对直接负责的主管人员和其他直接责任人员给予警告,并处以五十万元以上五百万元以下的罚款。发行人的控股股东、实际控制人组织、指使从事上述违法行为,或者隐瞒相关事项导致发生上述情形的,处以一百万元以上一千万元以下的罚款;对直接负责的主管人员和其他直接责任人员，处以五十万元以上五百万元以下的罚款。

第一百九十八条 证券公司违反本法第八十八条的规定未履行或者未按照规定履行投资者适当性管理义务的，责令改正，给予警告，并处以十万元以上一百万元以下的罚款。对直接负责的主管人员和其他直接责任人员给予警告，并处以二十万元以下的罚款。

第一百九十九条 违反本法第九十条的规定征集股东权利的，责令改正，给予警告，可以处五十万元以下的罚款。

第二百条 非法开设证券交易场所的，由县级以上人民政府予以取缔，没收违法所得，并处以违法所得一倍以上十倍以下的罚款；没有违法所得或者违法所得不足一百万元的，处以一百万元以上一千万元以下的罚款。对直接负责的主管人员和其他直接责任人员给予警告，并处以二十万元以上二百万元以下的罚款。

证券交易所违反本法第一百零五条的规定，允许非会员直接参与股票的集中交易的，责令改正，可以并处五十万元以下的罚款。

第二百零一条 证券公司违反本法第一百零七条第一款的规定，未对投资者开立账户提供的身份信息进行核对的，责令改正，给予警告，并处以五万元以上五十万元以下的罚款。对直接负责的主管人员和其他直接责任人员给予警告，并处以十万元以下的罚款。

证券公司违反本法第一百零七条第二款的规定，将投资者的账户提供给他人使用的，责令改正，给予警告，并处以十万元以上一百万元以下的罚款。对直接负责的主管人员和其他直接责任人员给予警告，并处以二十万元以下的罚款。

第二百零二条 违反本法第一百一十八条、第一百二十条第一款、第四款的规定，擅自设立证券公司、非法经营证券业务或者未经批准以证券公司名义开展证券业务活动的，责令改正，没收违法所得，并处以违法所得一倍以上十倍以下的罚款；没有违法所得或者违法所得不足一百万元的，处以一百万元以上一千万元以下的罚款。对直接负责的主管人员和其他直接责任人员给予警告，并处以二十万元以上二百万元以下的罚款。对擅自设立的证券公司，由国务院证券监督管理机构予以取缔。

证券公司违反本法第一百二十条第五款规定提供证券融资融券服务的，没收违法所得，并处以融资融券等值以下的罚款；情节严重的，禁止其在一定期限内从事证券融资融券业务。对直接负责的主管人员和其他直接责任人员给予警告，并处以二十万元以上二百万元以下的罚款。

第二百零三条 提交虚假证明文件或者采取其他欺诈手段骗取证券公司设立许可、业务许可或者重大事项变更核准的，撤销相关许可，并处以一百万元以上一千万元以下的罚款。对直接负责的主管人员和其他直接责任人员给予警告，并处以二十万元以上二百万元以下的罚款。

第二百零四条 证券公司违反本法第一百二十二条的规定，未经核准变更证券业务范围，变更主要股东或者公司的实际控制人，合并、分立、停业、解散、破产的，责令改正，给予警告，没收违法所得，并处以违法所得一倍以上十倍以下的罚款；没有违法所得或者违法所得不足五十万元的，处以五十万元以上五百万元以下的罚款；情节严重的，并处撤销相关业务许可。对直接负责的主管人员和其他直接责任人员给予警告，并处以二十万元以上二百万元以下的罚款。

第二百零五条 证券公司违反本法第一百二十三条第二款的规定,为其股东或者股东的关联人提供融资或者担保的,责令改正,给予警告,并处以五十万元以上五百万元以下的罚款。对直接负责的主管人员和其他直接责任人员给予警告,并处以十万元以上一百万元以下的罚款。股东有过错的,在按照要求改正前,国务院证券监督管理机构可以限制其股东权利;拒不改正的,可以责令其转让所持证券公司股权。

第二百零六条 证券公司违反本法第一百二十八条的规定,未采取有效隔离措施防范利益冲突,或者未分开办理相关业务、混合操作的,责令改正,给予警告,没收违法所得,并处以违法所得一倍以上十倍以下的罚款;没有违法所得或者违法所得不足五十万元的,处以五十万元以上五百万元以下的罚款;情节严重的,并处撤销相关业务许可。对直接负责的主管人员和其他直接责任人员给予警告,并处以二十万元以上二百万元以下的罚款。

第二百零七条 证券公司违反本法第一百二十九条的规定从事证券自营业务的,责令改正,给予警告,没收违法所得,并处以违法所得一倍以上十倍以下的罚款;没有违法所得或者违法所得不足五十万元的,处以五十万元以上五百万元以下的罚款;情节严重的,并处撤销相关业务许可或者责令关闭。对直接负责的主管人员和其他直接责任人员给予警告,并处以二十万元以上二百万元以下的罚款。

第二百零八条 违反本法第一百三十一条的规定,将客户的资金和证券归入自有财产,或者挪用客户的资金和证券的,责令改正,给予警告,没收违法所得,并处以违法所得一倍以上十倍以下的罚款;没有违法所得或者违法所得不足一百万元的,处以一百万元以上一千万元以下的罚款;情节严重的,并处撤销相关业务许可或者责令关闭。对直接负责的主管人员和其他直接责任人员给予警告,并处以五十万元以上五百万元以下的罚款。

第二百零九条 证券公司违反本法第一百三十四条第一款的规定接受客户的全权委托买卖证券的,或者违反本法第一百三十五条的规定对客户的收益或者赔偿客户的损失作出承诺的,责令改正,给予警告,没收违法所得,并处以违法所得一倍以上十倍以下的罚款;没有违法所得或者违法所得不足五十万元的,处以五十万元以上五百万元以下的罚款;情节严重的,并处撤销相关业务许可。对直接负责的主管人员和其他直接责任人员给予警告,并处以二十万元以上二百万元以下的罚款。

证券公司违反本法第一百三十四条第二款的规定,允许他人以证券公司的名义直接参与证券的集中交易的,责令改正,可以并处五十万元以下的罚款。

第二百一十条 证券公司的从业人员违反本法第一百三十六条的规定,私下接受客户委托买卖证券的,责令改正,给予警告,没收违法所得,并处以违法所得一倍以上十倍以下的罚款;没有违法所得的,处以五十万元以下的罚款。

第二百一十一条 证券公司及其主要股东、实际控制人违反本法第一百三十八条的规定,未报送、提供信息和资料,或者报送、提供的信息和资料有虚假记载、误导性陈述或者重大遗漏的,责令改正,给予警告,并处以一百万元以下的罚款;情节严重的,并处撤销相关业务许可。对直接负责的主管人员和其他直接责任人员,给予警告,并处以五十万元以下的罚款。

第二百一十二条 违反本法第一百四十五条的规定,擅自设立证券登记结算机构的,由国务院证券监督管理机构予以取缔,没收违法所得,并处以违法所得一倍以上十倍以下的罚款;没有违法所得或者违法所得不足五十万元的,处以五十万元以上五百万元以下的罚款。对直接负责的主管人员和其他直接责任人员给予警告,并处以二十万元以上二百万元以下的罚款。

第二百一十三条 证券投资咨询机构违反本法第一百六十条第二款的规定擅自从事证券服务业务,或者从事证券服务业务有本法第一百六十一条规定行为的,责令改正,没收违法所得,并处以违法所得一倍以上十倍以下的罚款;没有违法所得或者违法所得不足五十万元的,处以五十万元以上五百万元以下的罚款。对直接负责的主管人员和其他直接责任人员,给予警告,并处以二十万元以上二百万元以下的罚款。

会计师事务所、律师事务所以及从事资产评估、资信评级、财务顾问、信息技术系统服务的机构违反本法第一百六十条第二款的规定,从事证券服务业务未报备案的,责令改正,可以处二十万元以下的罚款。

证券服务机构违反本法第一百六十三条的规定,未勤勉尽责,所制作、出具的文件有虚假记载、误导性陈述或者重大遗漏的,责令改正,没收业务收入,并处以业务收入一倍以上十倍以下的罚款,没有业务收入或者业务收入不足五十万元的,处以五十万元以上五百万元以下的罚款;情节严重的,并处暂停或者禁止从事证券服务业务。对直接负责的主管人员和其他直接责任人员给予警告,并处以二十万元以上二百万元以下的罚款。

第二百一十四条 发行人、证券登记结算机构、证券公司、证券服务机构未按照规定保存有关文件和资料的,责令改正,给予警告,并处以十万元以上一百万元以下的罚款;泄露、隐匿、伪造、篡改或者毁损有关文件和资料的,给予警告,并处以二十万元以上二百万元以下的罚款;情节严重的,处以五十万元以上五百万元以下的罚款,并处暂停、撤销相关业务许可或者禁止从事相关业务。对直接负责的主管人员和其他直接责任人员给予警告,并处以十万元以上一百万元以下的罚款。

第二百一十五条 国务院证券监督管理机构依法将有关市场主体遵守本法的情况纳入证券市场诚信档案。

第二百一十六条 国务院证券监督管理机构或者国务院授权的部门有下列情形之一的,对直接负责的主管人员和其他直接责任人员,依法给予处分:

(一)对不符合本法规定的发行证券、设立证券公司等申请予以核准、注册、批准的;

(二)违反本法规定采取现场检查、调查取证、查询、冻结或者查封等措施的;

(三)违反本法规定对有关机构和人员采取监督管理措施的;

(四)违反本法规定对有关机构和人员实施行政处罚的;

(五)其他不依法履行职责的行为。

第二百一十七条 国务院证券监督管理机构或者国务院授权的部门的工作人员,不履行本法规定的职责,滥用职权、玩忽职守,利用职务便利牟取不正当利益,或者泄露所知悉的有关单位和个人的商业秘密的,依法追究法律责任。

第二百一十八条 拒绝、阻碍证券监督管理机构及其工作人员依法行使监督检查、调查职权,由证券监督管理机构责令改正,处以十万元以上一百万元以下的罚款,并由公安机关依法给予治安管理处罚。

第二百一十九条 违反本法规定,构成犯罪的,依法追究刑事责任。

第二百二十条 违反本法规定,应当承担民事赔偿责任和缴纳罚款、罚金、违法所得,违法行为人的财产不足以支付的,优先用于承担民事赔偿责任。

第二百二十一条 违反法律、行政法规或者国务院证券监督管理机构的有关规定,情节严重的,国务院证券监督管理机构可以对有关责任人员采取证券市场禁入的措施。

前款所称证券市场禁入,是指在一定期限内直至终身不得从事证券业务、证券服务业务,不得担任证券发行人的董事、监事、高级管理人员,或者一定期限内不得在证券交易所、国务院批准的其他全国性证券交易场所交易证券的制度。

第二百二十二条 依照本法收缴的罚款和没收的违法所得,全部上缴国库。

第二百二十三条 当事人对证券监督管理机构或者国务院授权的部门的处罚决定不服的,可以依法申请行政复议,或者依法直接向人民法院提起诉讼。

第十四章 附 则

第二百二十四条 境内企业直接或者间接到境外发行证券或者将其证券在境外上市交易,应当符合国务院的有关规定。

第二百二十五条 境内公司股票以外币认购和交易的,具体办法由国务院另行规定。

第二百二十六条 本法自 2020 年 3 月 1 日起施行。

最高人民法院
关于审理证券市场虚假陈述侵权
民事赔偿案件的若干规定

法释〔2022〕2 号

(2021 年 12 月 30 日由最高人民法院审判委员会第 1860 次会议通过 2022 年 1 月 21 日最高人民法院公告公布 自 2022 年 1 月 22 日起施行)

为正确审理证券市场虚假陈述侵权民事赔偿案件,规范证券发行和交易行为,保护投资者合法权益,维护公开、公平、公正的证券市场秩序,根据《中华人民共和国民法典》《中华人民共和国证券法》《中华人民共和国公司法》《中华人民共和国民事诉讼法》等法律规定,结合审判实践,制定本规定。

一、一般规定

第一条 信息披露义务人在证券交易场所发行、交易证券过程中实施虚假陈述引发的侵权民事赔偿案件,适用本规定。

按照国务院规定设立的区域性股权市场中发生的虚假陈述侵权民事赔偿案件,可以参照适用本规定。

第二条 原告提起证券虚假陈述侵权民事赔偿诉讼,符合民事诉讼法第一百二十二条规定,并提交以下证据或者证明材料的,人民法院应当受理:

(一)证明原告身份的相关文件;

(二)信息披露义务人实施虚假陈述的相关证据;

（三）原告因虚假陈述进行交易的凭证及投资损失等相关证据。

人民法院不得仅以虚假陈述未经监管部门行政处罚或者人民法院生效刑事判决的认定为由裁定不予受理。

第三条 证券虚假陈述侵权民事赔偿案件，由发行人住所地的省、自治区、直辖市人民政府所在的市、计划单列市和经济特区中级人民法院或者专门人民法院管辖。《最高人民法院关于证券纠纷代表人诉讼若干问题的规定》等对管辖另有规定的，从其规定。

省、自治区、直辖市高级人民法院可以根据本辖区的实际情况，确定管辖第一审证券虚假陈述侵权民事赔偿案件的其他中级人民法院，报最高人民法院备案。

二、虚假陈述的认定

第四条 信息披露义务人违反法律、行政法规、监管部门制定的规章和规范性文件关于信息披露的规定，在披露的信息中存在虚假记载、误导性陈述或者重大遗漏的，人民法院应当认定为虚假陈述。

虚假记载，是指信息披露义务人披露的信息中对相关财务数据进行重大不实记载，或者对其他重要信息作出与真实情况不符的描述。

误导性陈述，是指信息披露义务人披露的信息隐瞒了与之相关的部分重要事实，或者未及时披露相关更正、确认信息，致使已经披露的信息因不完整、不准确而具有误导性。

重大遗漏，是指信息披露义务人违反关于信息披露的规定，对重大事件或者重要事项等应当披露的信息未予披露。

第五条 证券法第八十五条规定的"未按照规定披露信息"，是指信息披露义务人未按照规定的期限、方式等要求及时、公平披露信息。

信息披露义务人"未按照规定披露信息"构成虚假陈述的，依照本规定承担民事责任；构成内幕交易的，依照证券法第五十三条的规定承担民事责任；构成公司法第一百五十二条规定的损害股东利益行为的，依照该法承担民事责任。

第六条 原告以信息披露文件中的盈利预测、发展规划等预测性信息与实际经营情况存在重大差异为由主张发行人实施虚假陈述的，人民法院不予支持，但有下列情形之一的除外：

（一）信息披露文件未对影响该预测实现的重要因素进行充分风险提示的；
（二）预测性信息所依据的基本假设、选用的会计政策等编制基础明显不合理的；
（三）预测性信息所依据的前提发生重大变化时，未及时履行更正义务的。

前款所称的重大差异，可以参照监管部门和证券交易场所的有关规定认定。

第七条 虚假陈述实施日，是指信息披露义务人作出虚假陈述或者发生虚假陈述之日。

信息披露义务人在证券交易场所的网站或者符合监管部门规定条件的媒体上公告发布具有虚假陈述内容的信息披露文件，以披露日为实施日；通过召开业绩说明会、接受新闻媒体采访等方式实施虚假陈述的，以该虚假陈述的内容在具有全国性影响的媒体上首次公布之日为实施日。信息披露文件或者相关报导内容在交易日收市后发布的，以其后的第一个交易日为实施日。

因未及时披露相关更正、确认信息构成误导性陈述，或者未及时披露重大事件或者重要事项等构成重大遗漏的,以应当披露相关信息期限届满后的第一个交易日为实施日。

第八条 虚假陈述揭露日,是指虚假陈述在具有全国性影响的报刊、电台、电视台或监管部门网站、交易场所网站、主要门户网站、行业知名的自媒体等媒体上,首次被公开揭露并为证券市场知悉之日。

人民法院应当根据公开交易市场对相关信息的反应等证据,判断投资者是否知悉了虚假陈述。

除当事人有相反证据足以反驳外,下列日期应当认定为揭露日:

(一)监管部门以涉嫌信息披露违法为由对信息披露义务人立案调查的信息公开之日;

(二)证券交易场所等自律管理组织因虚假陈述对信息披露义务人等责任主体采取自律管理措施的信息公布之日。

信息披露义务人实施的虚假陈述呈连续状态的,以首次被公开揭露并为证券市场知悉之日为揭露日。信息披露义务人实施多个相互独立的虚假陈述的,人民法院应当分别认定其揭露日。

第九条 虚假陈述更正日,是指信息披露义务人在证券交易场所网站或者符合监管部门规定条件的媒体上,自行更正虚假陈述之日。

三、重大性及交易因果关系

第十条 有下列情形之一的,人民法院应当认定虚假陈述的内容具有重大性:

(一)虚假陈述的内容属于证券法第八十条第二款、第八十一条第二款规定的重大事件;

(二)虚假陈述的内容属于监管部门制定的规章和规范性文件中要求披露的重大事件或者重要事项;

(三)虚假陈述的实施、揭露或者更正导致相关证券的交易价格或者交易量产生明显的变化。

前款第一项、第二项所列情形,被告提交证据足以证明虚假陈述并未导致相关证券交易价格或者交易量明显变化的,人民法院应当认定虚假陈述的内容不具有重大性。被告能够证明虚假陈述不具有重大性,并以此抗辩不应当承担民事责任的,人民法院应当予以支持。

第十一条 原告能够证明下列情形的,人民法院应当认定原告的投资决定与虚假陈述之间的交易因果关系成立:

(一)信息披露义务人实施了虚假陈述;

(二)原告交易的是与虚假陈述直接关联的证券;

(三)原告在虚假陈述实施日之后、揭露日或更正日之前实施了相应的交易行为,即在诱多型虚假陈述中买入了相关证券,或者在诱空型虚假陈述中卖出了相关证券。

第十二条 被告能够证明下列情形之一的,人民法院应当认定交易因果关系不成立:

(一)原告的交易行为发生在虚假陈述实施前,或者是在揭露或更正之后;

(二)原告在交易时知道或者应当知道存在虚假陈述,或者虚假陈述已经被证券市场广泛知悉;

（三）原告的交易行为是受到虚假陈述实施后发生的上市公司的收购、重大资产重组等其他重大事件的影响；

（四）原告的交易行为构成内幕交易、操纵证券市场等证券违法行为的；

（五）原告的交易行为与虚假陈述不具有交易因果关系的其他情形。

四、过错认定

第十三条 证券法第八十五条、第一百六十三条所称的过错，包括以下两种情形：

（一）行为人故意制作、出具存在虚假陈述的信息披露文件，或者明知信息披露文件存在虚假陈述而不予指明、予以发布；

（二）行为人严重违反注意义务，对信息披露文件中虚假陈述的形成或者发布存在过失。

第十四条 发行人的董事、监事、高级管理人员和其他直接责任人员主张对虚假陈述没有过错的，人民法院应当根据其工作岗位和职责、在信息披露资料的形成和发布等活动中所起的作用、取得和了解相关信息的渠道、为核验相关信息所采取的措施等实际情况进行审查认定。

前款所列人员不能提供勤勉尽责的相应证据，仅以其不从事日常经营管理、无相关职业背景和专业知识、相信发行人或者管理层提供的资料、相信证券服务机构出具的专业意见等理由主张其没有过错的，人民法院不予支持。

第十五条 发行人的董事、监事、高级管理人员依照证券法第八十二条第四款的规定，以书面方式发表附具体理由的意见并依法披露的，人民法院可以认定其主观上没有过错，但在审议、审核信息披露文件时投赞成票的除外。

第十六条 独立董事能够证明下列情形之一的，人民法院应当认定其没有过错：

（一）在签署相关信息披露文件之前，对不属于自身专业领域的相关具体问题，借助会计、法律等专门职业的帮助仍然未能发现问题的；

（二）在揭露日或更正日之前，发现虚假陈述后及时向发行人提出异议并监督整改或者向证券交易场所、监管部门书面报告的；

（三）在独立意见中对虚假陈述事项发表保留意见、反对意见或者无法表示意见并说明具体理由的，但在审议、审核相关文件时投赞成票的除外；

（四）因发行人拒绝、阻碍其履行职责，导致无法对相关信息披露文件是否存在虚假陈述作出判断，并及时向证券交易场所、监管部门书面报告的；

（五）能够证明勤勉尽责的其他情形。

独立董事提交证据证明其在履职期间能够按照法律、监管部门制定的规章和规范性文件以及公司章程的要求履行职责的，或者在虚假陈述被揭露后及时督促发行人整改且效果较为明显的，人民法院可以结合案件事实综合判断其过错情况。

外部监事和职工监事，参照适用前两款规定。

第十七条 保荐机构、承销机构等机构及其直接责任人员提交的尽职调查工作底稿、尽职调查报告、内部审核意见等证据能够证明下列情形的，人民法院应当认定其没有过错：

（一）已经按照法律、行政法规、监管部门制定的规章和规范性文件、相关行业执业规范的要求，对信息披露文件中的相关内容进行了审慎尽职调查；

（二）对信息披露文件中没有证券服务机构专业意见支持的重要内容，经过审慎尽职调查和独立判断，有合理理由相信该部分内容与真实情况相符；

（三）对信息披露文件中证券服务机构出具专业意见的重要内容，经过审慎核查和必要的调查、复核，有合理理由排除了职业怀疑并形成合理信赖。

在全国中小企业股份转让系统从事挂牌和定向发行推荐业务的证券公司，适用前款规定。

第十八条 会计师事务所、律师事务所、资信评级机构、资产评估机构、财务顾问等证券服务机构制作、出具的文件存在虚假陈述的，人民法院应当按照法律、行政法规、监管部门制定的规章和规范性文件，参考行业执业规范规定的工作范围和程序要求等内容，结合其核查、验证工作底稿等相关证据，认定其是否存在过错。

证券服务机构的责任限于其工作范围和专业领域。证券服务机构依赖保荐机构或者其他证券服务机构的基础工作或者专业意见致使其出具的专业意见存在虚假陈述，能够证明其对所依赖的基础工作或者专业意见经过审慎核查和必要的调查、复核，排除了职业怀疑并形成合理信赖的，人民法院应当认定其没有过错。

第十九条 会计师事务所能够证明下列情形之一的，人民法院应当认定其没有过错：

（一）按照执业准则、规则确定的工作程序和核查手段并保持必要的职业谨慎，仍未发现被审计的会计资料存在错误的；

（二）审计业务必须依赖的金融机构、发行人的供应商、客户等相关单位提供不实证明文件，会计师事务所保持了必要的职业谨慎仍未发现的；

（三）已对发行人的舞弊迹象提出警告并在审计业务报告中发表了审慎审计意见的；

（四）能够证明没有过错的其他情形。

五、责任主体

第二十条 发行人的控股股东、实际控制人组织、指使发行人实施虚假陈述，致使原告在证券交易中遭受损失的，原告起诉请求直接判令该控股股东、实际控制人依照本规定赔偿损失的，人民法院应当予以支持。

控股股东、实际控制人组织、指使发行人实施虚假陈述，发行人在承担赔偿责任后要求该控股股东、实际控制人赔偿实际支付的赔偿款、合理的律师费、诉讼费用等损失的，人民法院应当予以支持。

第二十一条 公司重大资产重组的交易对方所提供的信息不符合真实、准确、完整的要求，导致公司披露的相关信息存在虚假陈述，原告起诉请求判令该交易对方与发行人等责任主体赔偿由此导致的损失的，人民法院应当予以支持。

第二十二条 有证据证明发行人的供应商、客户，以及为发行人提供服务的金融机构等明知发行人实施财务造假活动，仍然为其提供相关交易合同、发票、存款证明等予以配合，或者故意隐瞒重要事实致使发行人的信息披露文件存在虚假陈述，原告起诉请求判令其与发行人等责任主体赔偿由此导致的损失的，人民法院应当予以支持。

第二十三条 承担连带责任的当事人之间的责任分担与追偿，按照民法典第一百七十八条的规定处理，但本规定第二十条第二款规定的情形除外。

保荐机构、承销机构等责任主体以存在约定为由，请求发行人或者其控股股东、实际控制人补偿其因虚假陈述所承担的赔偿责任的，人民法院不予支持。

六、损失认定

第二十四条 发行人在证券发行市场虚假陈述,导致原告损失的,原告有权请求按照本规定第二十五条的规定赔偿损失。

第二十五条 信息披露义务人在证券交易市场承担民事赔偿责任的范围,以原告因虚假陈述而实际发生的损失为限。原告实际损失包括投资差额损失、投资差额损失部分的佣金和印花税。

第二十六条 投资差额损失计算的基准日,是指在虚假陈述揭露或更正后,为将原告应获赔偿限定在虚假陈述所造成的损失范围内,确定损失计算的合理期间而规定的截止日期。

在采用集中竞价的交易市场中,自揭露日或更正日起,被虚假陈述影响的证券集中交易累计成交量达到可流通部分100%之日为基准日。

自揭露日或更正日起,集中交易累计换手率在10个交易日内达到可流通部分100%的,以第10个交易日为基准日;在30个交易日内未达到可流通部分100%的,以第30个交易日为基准日。

虚假陈述揭露日或更正日起至基准日期间每个交易日收盘价的平均价格,为损失计算的基准价格。

无法依前款规定确定基准价格的,人民法院可以根据有专门知识的人的专业意见,参考对相关行业进行投资时的通常估值方法,确定基准价格。

第二十七条 在采用集中竞价的交易市场中,原告因虚假陈述买入相关股票所造成的投资差额损失,按照下列方法计算:

(一)原告在实施日之后、揭露日或更正日之前买入,在揭露日或更正日之后、基准日之前卖出的股票,按买入股票的平均价格与卖出股票的平均价格之间的差额,乘以已卖出的股票数量;

(二)原告在实施日之后、揭露日或更正日之前买入,基准日之前未卖出的股票,按买入股票的平均价格与基准价格之间的差额,乘以未卖出的股票数量。

第二十八条 在采用集中竞价的交易市场中,原告因虚假陈述卖出相关股票所造成的投资差额损失,按照下列方法计算:

(一)原告在实施日之后、揭露日或更正日之前卖出,在揭露日或更正日之后、基准日之前买回的股票,按买回股票的平均价格与卖出股票的平均价格之间的差额,乘以买回的股票数量;

(二)原告在实施日之后、揭露日或更正日之前卖出,基准日之前未买回的股票,按基准价格与卖出股票的平均价格之间的差额,乘以未买回的股票数量。

第二十九条 计算投资差额损失时,已经除权的证券,证券价格和证券数量应当复权计算。

第三十条 证券公司、基金管理公司、保险公司、信托公司、商业银行等市场参与主体依法设立的证券投资产品,在确定因虚假陈述导致的损失时,每个产品应当单独计算。

投资者及依法设立的证券投资产品开立多个证券账户进行投资的,应当将各证券账户合并,所有交易按照成交时间排序,以确定其实际交易及损失情况。

第三十一条 人民法院应当查明虚假陈述与原告损失之间的因果关系,以及导致原告损失的其他原因等案件基本事实，确定赔偿责任范围。

被告能够举证证明原告的损失部分或者全部是由他人操纵市场、证券市场的风险、证券市场对特定事件的过度反应、上市公司内外部经营环境等其他因素所导致的，对其关于相应减轻或者免除责任的抗辩，人民法院应当予以支持。

七、诉讼时效

第三十二条 当事人主张以揭露日或更正日起算诉讼时效的，人民法院应当予以支持。揭露日与更正日不一致的，以在先的为准。

对于虚假陈述责任人中的一人发生诉讼时效中断效力的事由，应当认定对其他连带责任人也发生诉讼时效中断的效力。

第三十三条 在诉讼时效期间内，部分投资者向人民法院提起人数不确定的普通代表人诉讼的，人民法院应当认定该起诉行为对所有具有同类诉讼请求的权利人发生时效中断的效果。

在普通代表人诉讼中，未向人民法院登记权利的投资者，其诉讼时效自权利登记期间届满后重新开始计算。向人民法院登记权利后申请撤回权利登记的投资者，其诉讼时效自撤回权利登记之次日重新开始计算。

投资者保护机构依照证券法第九十五条第三款的规定作为代表人参加诉讼后，投资者声明退出诉讼的，其诉讼时效自声明退出之次日起重新开始计算。

八、附则

第三十四条 本规定所称证券交易场所，是指证券交易所、国务院批准的其他全国性证券交易场所。

本规定所称监管部门，是指国务院证券监督管理机构、国务院授权的部门及有关主管部门。

本规定所称发行人，包括证券的发行人、上市公司或者挂牌公司。

本规定所称实施日之后、揭露日或更正日之后、基准日之前，包括该日；所称揭露日或更正日之前，不包括该日。

第三十五条 本规定自 2022 年 1 月 22 日起施行。《最高人民法院关于受理证券市场因虚假陈述引发的民事侵权纠纷案件有关问题的通知》《最高人民法院关于审理证券市场因虚假陈述引发的民事赔偿案件的若干规定》同时废止。《最高人民法院关于审理涉及会计师事务所在审计业务活动中民事侵权赔偿案件的若干规定》与本规定不一致的，以本规定为准。

本规定施行后尚未终审的案件，适用本规定。本规定施行前已经终审，当事人申请再审或者按照审判监督程序决定再审的案件，不适用本规定。

【解读】

解读《关于审理证券市场虚假陈述侵权民事赔偿案件的若干规定》

为正确审理证券市场虚假陈述侵权民事赔偿案件，规范证券发行和交易行为，保护投资者合法权益，维护公开、公平、公正的证券市场秩序，2021年12月30日，最高人民法院审判委员会第1860次会议审议通过了《最高人民法院关于审理证券市场虚假陈述侵权民事赔偿案件的若干规定》（法释〔2022〕2号，以下简称《规定》），对《最高人民法院关于审理证券市场因虚假陈述引发的民事赔偿案件的若干规定》（法释〔2003〕2号，以下简称原解释）进行了修订，自2022年1月22日起施行。

这是最高人民法院贯彻落实中央对资本市场财务造假"零容忍"要求，依法提高违法违规成本、震慑违法违规行为的重要举措。《规定》的修订发布，充实和完善了证券市场民事责任制度，进一步强化了资本市场制度供给，畅通了投资者的权利救济渠道，夯实了市场参与各方归位尽责的规则基础，健全了中国特色证券司法体制，为资本市场的规范发展提供了更加有力的司法保障。为便于审判工作中正确理解和适用，本文就《规定》修订的背景及主要内容作一介绍。

一、关于《规定》的修改背景

习近平总书记指出，发展资本市场是中国的改革方向，要建设一个规范、透明、开放、有活力、有韧性的资本市场，完善资本市场基础性制度。① 在资本市场中，证券行政监管与证券司法审判是保障证券市场健康发展、维护投资者合法权益的两大主要力量。

在我国三十多年的资本市场法治化进程中，人民法院切实履行证券商事审判工作职责，积极发挥审判职能，在保护投资者合法权益、防控金融风险、打击欺诈发行和财务造假等资本市场痼疾、促进资本市场改革发展方面做了一系列工作。

证券虚假陈述是资本市场违法行为的典型形式，也是严重损害投资者合法权益的易发多发行为，依法追究证券虚假陈述相关责任主体的民事责任，是投资者权利救济的主要途径。

2003年2月1日，最高人民法院发布原解释之后，人民法院开始受理并审理了大庆联谊、银广夏等证券虚假陈述侵权民事赔偿案件，为投资者维护自身权利提供了法律武器，取得了较好的实施效果。

随着我国证券市场的飞速发展，证券种类、市场层次、交易方式都发生了翻天覆地的变化，资本市场的法治建设也日益完善，有必要对原解释进行修改完善，以应对新形势新挑战。

2021年7月6日，中共中央办公厅、国务院办公厅印发《关于依法从严打击证券违法活动的意见》，要求修改因虚假陈述引发民事赔偿的有关司法解释。

---

① 参见郑庆东主编：《习近平经济思想研究文集（2022）》，人民出版社2023年版，第453页。

为此,最高人民法院会同中国证监会等有关监管部门,详细梳理了原解释实施以来市场发展、立法演变和审判工作中面临的疑难问题,形成了修订稿。

修订稿完成后,通过走访发行人、中介机构进行实地调查研究、召开座谈会、书面征求意见等方式,广泛征求并充分吸收了全国人大常委会法工委、中国人民银行、中国证监会、中国银保监会、司法部、发改委、财政部等国家部委、相关行业协会、专家学者以及地方法院的意见建议,对原解释中的相关制度根据形势变化进行了增删,经最高人民法院审委会讨论通过后正式出台。

二、关于《规定》的主要内容

《规定》在整合原解释相关内容的基础上,新增了15条重要内容。全文共计35条,分为一般规定、虚假陈述的认定、重大性及交易因果关系、过错认定、责任主体、损失认定、诉讼时效、附则等八个部分。与原解释相比,《规定》扩大了原解释的适用范围,废除了案件受理的前置程序,进一步明确了虚假陈述的内涵和外延,细化了过错认定、重大性、交易因果关系、损失因果关系等民事责任的构成要件,增加了财务造假的"首恶"和"帮凶"等责任主体。在审判工作中,应当注意重点把握如下几个方面。

(一)关于《规定》的适用范围

原解释实施以来,证券法经过了两次大的修改,证券的范围、证券发行和交易方式以及证券市场层次等都发生了巨大变化。原解释将证券类型限定为股票、将大宗交易和协议转让排除在适用范围之外的做法,难以满足审判实践的需要。

《规定》第一条对适用范围进行了明确,规定信息披露义务人在证券交易场所(包括证券交易所、国务院批准的其他全国性证券交易场所)发行、交易证券过程中实施虚假陈述引发的侵权民事赔偿案件,都适用《规定》。之所以作出这种调整,主要的考虑包括三个方面。

首先,信息披露义务人在证券交易场所实施虚假陈述,可以分为证券发行市场和证券交易市场两种类型。

在证券发行市场,发行人实施虚假陈述行为致使投资者认购证券的,因发行人与投资者之间存在合同关系,无论相关证券的发行是公开发行还是私募,都构成合同一方当事人(发行人)对相对人实施了欺诈行为;在证券交易市场,信息披露义务人实施的虚假陈述致使投资者因此交易证券并遭受损失的,因交易关系发生在投资者之间,信息披露义务人并非投资者交易活动的相对人,无论交易方式是集中竞价交易还是协议转让,都构成合同当事人之外的第三方实施欺诈行为。

民法典第一百四十八条规定了合同一方当事人欺诈时对方当事人的撤销权,第一百四十九条规定了第三人实施欺诈时被欺诈一方当事人的撤销权,但这两种救济方式在证券市场无法适用。为维护证券市场的结算交收秩序,证券法第一百一十七条规定,除因不可抗力、意外事件、重大技术故障、重大人为差错等突发性事件导致证券交易结果出现重大异常外,按照依法制定的交易规则进行的交易,不得改变其交易结果,即全国性证券交易场所中的交易原则上不可撤销。

据此,为维护正常的交易结算秩序,在发行人欺诈发行时,虽然投资者与发行人之间存在合同关系,也不能按照民法典第一百四十八条的规定行使撤销权;在投资者之间因信息披露义务人实施虚假陈述遭受损失时,被欺诈一方也无法根据民法典第一百四十九条的规定行使撤销权。

也就是说，投资者难以通过撤销合同的方式获得救济。为保护受到虚假陈述误导的投资者的合法权益，证券法第八十五条和第一百六十三条规定了虚假陈述的民事责任，其法源依据应当溯源至民法典第一千一百六十五条关于"行为人因过错侵害他人民事权益造成损害的，应当承担侵权责任。依照法律规定推定行为人有过错，其不能证明自己没有过错的，应当承担侵权责任"的规定，是侵权责任。

基于上述考虑，《规定》将欺诈发行和虚假陈述引发的民事赔偿案件统一称之为证券市场虚假陈述侵权民事赔偿案件，一体化进行规范。

其次，在证券的类型方面，证券法第二条规定的证券，包括股票、债券、存托凭证、证券投资基金份额、资产支持证券、资产管理产品等多种类型。

在这些证券的发行和交易活动中，发行人等信息披露义务人均应当充分披露投资者作出价值判断和投资决策所必需的信息，并负有保证信息披露内容真实、准确、完整的法定义务。

也就是说，投资者免受欺诈的法定权利不因证券种类而有所不同，只要信息披露义务人实施了虚假陈述行为，就应当赔偿投资者因此造成的损失。按照《规定》第一条的规定，无论是哪种类型的证券，只要信息披露义务人在证券发行、交易过程中实施了虚假陈述，人民法院在确定其民事责任时，都应当适用《规定》。

最后，在市场层次方面，随着多层次资本市场体系的发展，我国已经形成了全国性交易市场和区域性股权市场并存的市场层次。

区域性股权市场中的发行和交易方式与全国性证券交易场所相比，主要是私募和协议转让，但其纠纷本质均为当事人一方或第三方实施的欺诈行为，并无本质不同。

故《规定》第一条第二款明确，对于按照国务院规定设立的区域性股权市场中因虚假陈述引发的证券发行、转让等民事纠纷，当事人除了可以根据民法典第一百四十八条、第一百四十九条、第一千一百六十五条所规定的撤销交易、恢复原状、赔偿损失等合同法的方式来救济外，还可以参照《规定》，从侵权法的角度获得救济。

（二）关于废除前置程序

证券市场的侵权民事赔偿案件具有当事人众多、证据取得困难、专业知识复杂等特点。

在我国证券市场发展的早期阶段，为减轻投资者的举证负担，根据当时的立法和司法实践情况，原解释第六条规定了前置程序，即人民法院受理虚假陈述纠纷案件，以该虚假陈述行为已经行政处罚或刑事裁判文书认定为前提。

从实践效果看，前置程序在减轻原告举证责任、防范滥诉、统一行政处罚与司法裁判标准等方面发挥了重要作用，但与此同时，前置程序也存在投资者诉权保障不足、权利实现周期过长等问题，需要在制度层面进行改进，《中共中央办公厅、国务院办公厅关于依法从严打击证券违法活动的意见》也对取消民事赔偿诉讼前置程序提出了明确的要求。

按照我国现行证券法的规定，投资者提起虚假陈述侵权赔偿案件需要负担的举证责任主要包括两个方面：一是证明被告实施了虚假陈述行为；二是提供初步证据证明自己因此受到误导并遭受了损失。

在此基础上，被告需要承担证明自己没有过错、虚假陈述行为不具有重大性、原告没有受到虚假陈述的误导、损失并非虚假陈述所导致等举证责任。

在前置程序取消后，为避免无序维权给上市公司的正常经营带来负面影响，给资本市场秩序带来不适当的冲击，有必要针对潜在滥诉风险作出针对性的制度安排。

在充分研究各方意见的基础上，《规定》第二条从正反两个方面对起诉条件予以明确：首先，原告提起证券虚假陈述侵权民事赔偿诉讼，只要符合民事诉讼法（2021年修正）第一百二十二条规定并提交相应证据，人民法院就应当予以受理；其次，人民法院在案件受理后，不得仅以虚假陈述未经监管部门行政处罚或者人民法院生效刑事判决认定为由裁定不予受理。

在审判工作中应当注意，按照《规定》第二条的要求，原告提起诉讼时，必须提交信息披露义务人实施虚假陈述的相关证据，以及原告因虚假陈述进行交易的凭证及投资损失等相关证据，才符合法定的起诉条件。

为切实降低投资者举证难度、畅通投资者诉讼救济途径，在司法解释制定过程中，最高人民法院和中国证监会就人民法院案件审理和证监会的专业支持工作机制进行了认真研究，与司法解释同步发布《最高人民法院、中国证券监督管理委员会关于适用〈最高人民法院关于审理证券市场虚假陈述侵权民事赔偿案件的若干规定〉有关问题的通知》（法〔2022〕23号），建立案件通报机制，为了查明事实，人民法院可以依法向中国证监会有关部门或者派出机构调查收集有关证据，中国证监会有关部门或者派出机构依法依规予以协助配合。

在案件审理过程中，人民法院可以就相关专业问题征求中国证监会及其相关派出机构、相关会管单位的意见。

同时，为更好地提升案件审理的专业化水平，鼓励各地法院积极开展专家咨询和专业人士担任人民陪审员的探索，中国证监会派出机构和有关部门做好相关专家、专业人士担任人民陪审员的推荐等配合工作。

我们相信，通过上述衔接性的安排，证券案件审理体制机制将会不断完善，在司法审判和行政监管的合力之下，我国投资者保护水平将持续和稳步提高。

（三）关于案件的管辖

原解释对管辖作了较为细致的规定，但从实践效果来看，通过案件移送的安排，大多还是最终由发行人或上市公司住所地的省会城市中级人民法院管辖。

实践中，由于管辖地的多元化，不仅会发生法院之间"抢管辖""推管辖"等管辖权争议，也使得当事人利用管辖权异议拖延诉讼的现象时有发生，不利于纠纷的及时化解。

《规定》第四条进一步强化了集中管辖的基本思路，以发行人、上市或挂牌公司住所地的省、自治区、直辖市人民政府所在地的市、计划单列市和经济特区中级人民法院或者专门人民法院管辖为基本原则。《最高人民法院关于证券纠纷代表人诉讼若干问题的规定》等司法解释对特别代表人诉讼等案件管辖另有规定的，从其规定。

在研究的过程中，上海、广东、江苏、四川等案件较多的地方法院提出，由于人案矛盾突出，集中在省会城市中级人民法院审理将会使得省会城市中级人民法院不堪重负。

经研究，增设第二款：省、自治区、直辖市高级人民法院可以根据本辖区的实际情况，确定管辖第一审证券虚假陈述侵权民事赔偿案件的其他中级人民法院，报最高人民法院备案。

（四）关于虚假陈述侵权民事责任的构成要件

传统民法理论认为，侵权责任的构成要件包括侵权行为、过错、损失、因果关系四个要件。针对证券市场虚假陈述侵权责任，证券法理论发展出了重大性和交易因果关系两个独立的构成要件，《规定》对此进行了明确。

1. 虚假陈述行为的内涵和外延

按照证券法第八十五条的规定，虚假陈述包括未按照规定披露信息、虚假记载、误导性陈述、重大遗漏四种类型。

在司法解释修订过程中，经与中国证监会共同研究，将虚假陈述的定义和分类进行修改完善。

《规定》第四条第一款规定，信息披露义务人违反法律、行政法规、监管部门制定的规章和规范性文件关于信息披露的规定，在披露的信息中存在虚假记载、误导性陈述或者重大遗漏的，人民法院应当认定为虚假陈述。

结合《规定》第十一条和第十二条关于交易因果关系的规定，这一定义方式体现了虚假陈述主观欺诈性、内容重大性、效果误导性等特点，并在第四条第二款、第三款和第四款分别完善了虚假记载、误导性陈述和重大遗漏的定义：

虚假记载，是指信息披露义务人披露的信息中对相关财务数据进行重大不实记载，或者对其他重要信息作出与真实情况不符的描述。

误导性陈述，是指信息披露义务人披露的信息隐瞒了与之相关的部分重要事实，或者未及时披露相关更正、确认信息，致使已经披露的信息因不完整、不准确而具有误导性。

重大遗漏，是指信息披露义务人违反关于信息披露的规定，对重大事件或者重要事项等应当披露的信息未予披露。

未按照规定披露信息，是指信息披露义务人未按照规定的期限、方式等要求及时、公平披露信息，不能完全等同于虚假陈述。

《规定》根据未按照规定披露信息的行为类型，对其民事责任作了类型化的指引：信息披露义务人未按照规定的期限披露信息构成误导性陈述、重大遗漏等虚假陈述的，依照《规定》承担民事责任；未按照规定的方式公平披露信息构成内幕交易的，依照证券法第五十三条的规定承担民事责任；构成公司法（2018年修正）第一百五十二条规定的损害股东利益行为的，依照该法承担民事责任。

与此同时，为因应鼓励发行人自愿披露信息的监管导向，防止民事责任的寒蝉效应，《规定》第六条根据近年来对软信息披露的监管实践，为预测性信息规定了"安全港"。

根据近年来审判实践的发展，《规定》第七条、第八条、第九条在原解释规定的基础上，对虚假陈述的实施日、揭露日及更正日的认定作了更为细致的指引。

虚假陈述实施日，是指信息披露义务人作出虚假陈述或者发生虚假陈述之日。信息披露义务人作出虚假陈述之日，是指以积极作为的方式实施虚假陈述，原则上应当以虚假陈述的内容首次公开披露或在媒体上公布之日为实施日，但对交易日收市后发布虚假陈述的，则应以其后的第一个交易日为实施日。

发生虚假陈述之日，是指信息披露义务人以消极不作为的方式实施虚假陈述，即因未及时披露相关更正、确认信息构成误导性陈述，或者未及时披露重大事件或者重要事项等构成重大遗漏的，以应当披露相关信息期限届满后的第一个交易日为实施日。

虚假陈述揭露日，是指虚假陈述在具有全国性影响的报刊、电台、电视台或监管部门网站、交易场所网站、主要门户网站、行业知名的自媒体等媒体上，首次被公开揭露并为证券市场知悉之日。

在审判工作中，判断证券市场是否知悉虚假陈述，还应当根据公开交易市场对相关信息的反应等证据加以认定。

在案件审理中，监管部门以涉嫌信息披露违法为由对信息披露义务人立案调查的信息公开之日，或者证券交易场所等自律管理组织因虚假陈述对信息披露义务人等责任主体采取自律管理措施的信息公布之日，原则上可以推定为揭露日，但当事人有相反证据足以反驳的除外。

由于虚假陈述所涉及的都是发行人内部的信息，其揭露过程往往呈现出不断接近真相的状态，对于这种情况下虚假陈述揭露日的判断标准，实践中存在不同认识。

《全国法院民商事审判工作会议纪要》（法〔2019〕254号）第84条明确，虚假陈述的揭露和更正，是指虚假陈述被市场所知悉、了解，其精确程度并不以"镜像规则"为必要，不要求达到全面、完整、准确的程度。

在此基础上，《规定》第八条第四款规定，信息披露义务人实施的虚假陈述呈连续状态的，以首次被公开揭露并为证券市场知悉之日为揭露日。

信息披露义务人实施多个相互独立的虚假陈述的，人民法院应当分别认定其揭露日。

虚假陈述更正日，是指信息披露义务人在证券交易场所网站或者符合监管部门规定条件的媒体上，自行更正虚假陈述之日。

实施日、揭露日和更正日，与损失认定的基准日和基准价紧密相连，审判实践中一般将其简称为"三日一价"。

在基准日和基准价的认定方面，《规定》第二十六条规定，在采用集中竞价的交易市场中，自揭露日或更正日起，被虚假陈述影响的证券集中交易累计成交量达到可流通部分100%之日为基准日。

如果自揭露日或更正日起，集中交易累计换手率在十个交易日内达到可流通部分100%的，以第十个交易日为基准日；在三十个交易日内未达到可流通部分100%的，以第三十个交易日为基准日。

与之相应，虚假陈述揭露日或更正日起至基准日期间每个交易日收盘价的平均价格，为损失计算的基准价格。

对于不能根据基准日后的价格变化确定基准价格的情形，人民法院可以根据有专门知识的人的专业意见，参考对相关行业进行投资时的通常估值方法，确定基准价格。

2. 关于过错的定义及审查认定

证券法第八十五条对发行人的责任规定为无过错责任，对发行人的控股股东、实际控制人、董事、监事、高级管理人员等内部人规定了过错推定责任；第一百六十三条对证券服务机构规定了过错推定责任。

对于上述条文中的过错应当如何理解，国内学界分为两种观点：一种观点认为，证券法中的过错与民法中的过错同其含义，包括故意、重大过失和轻微过失。另一种观点认为，证券法中的过错与民法上的过错含义不同，二级市场上的虚假陈述，发行人与交易的投资者之间没有合同关系，不能完全以合同义务来确定责任。对中介机构而言，应当区分是否有故意或重大过失，如果是轻微的过失，不应当承担责任。

《规定》采纳了第二种观点，第十三条将过错限定为故意和重大过失，主要是基于三个方面的理由：一是法律体系解释；二是比较法解释；三是司法实践中的传统做法。

首先，从体系解释的角度，证券法第八十五条规定，信息披露义务人实施虚假陈述致使投资者在证券交易中遭受损失的，信息披露义务人应当承担赔偿责任；发行人的控股股东、实际控制人、董事、监事、高级管理人员和其他直接责任人员以及保荐人、承销的证券公司及其直接责任人员应当与发行人承担连带赔偿责任，但是能够证明自己没有过错的除外。

这一立法规定，突破了传统民法关于职务行为免予对外承担个人责任的原则，其规范意旨在于以连带责任的方式为受害人提供更为充分的保护。

但在民法典中，发行人及承销保荐机构的工作人员因职务行为承担个人责任的前提，是其具有故意或重大过失。例如，民法典第一千一百九十一条规定，用人单位的工作人员因执行工作任务造成他人损害的，由用人单位承担侵权责任。用人单位承担侵权责任后，可以向有故意或者重大过失的工作人员追偿。

此外，从体系解释的角度，将证券法第八十五条的过错，限定为故意和重大过失，是保持法律体系内在自洽的需要。证券法第一百六十三条规定，证券服务机构制作、出具的文件有虚假记载、误导性陈述或者重大遗漏，给他人造成损失的，应当与委托人承担连带赔偿责任，但是能够证明自己没有过错的除外。

对于本条规定的过错的理解，由于证券服务机构属于对信息披露文件进行审核、验证的看门人，属于发行人的外部人，在发行人董事、监事、高级管理人等内部人仅因故意和重大过失才承担民事责任的情况下，按照举重以明轻的解释方法，外部监督者的责任当然不能重于内部人，因此，将证券法第一百六十三条的过错限定为故意和重大过失，亦有其必要。

其次，从比较法的角度，从立法例看，美国证券法所称的过错（scienter）概念包括欺诈的故意（intent to deceive, manipulate, or defraud）和重大过失（recklessness），只有故意欺诈、明知虚假陈述具有误导投资者的危险仍然放任，以及罔顾事实的重大过失行为，才能构成证券法上的过错，程度较轻的过失不能产生巨额的民事赔偿责任，以免产生信息披露的寒蝉效应，以及对企业招揽和保持管理人才队伍产生不利影响。

这一立场，为德国、日本所采纳。

最后，从一贯的司法传统看，在审判工作中，将二级市场虚假陈述侵权的过错理解为故意和重大过失两种形式，在司法解释和司法政策中均有体现。

例如，《最高人民法院关于审理涉及会计师事务所在审计业务活动中民事侵权赔偿案件的若干规定》第七条规定："会计师事务所能够证明存在以下情形之一的，不承担民事赔偿责任：（一）已经遵守执业准则、规则确定的工作程序并保持必要的职业谨慎，但仍未能发现被审计的会计资料错误；（二）审计业务所必须依赖的金融机构等单位提供虚假或者不实的证明文件，会计师事务所在保持必要的职业谨慎下仍未能发现其虚假或者不实；……"

《全国法院审理债券纠纷案件座谈会纪要》第29条明确，债券承销机构严重违反规范性文件、执业规范和自律监管规则中关于尽职调查的要求，导致信息披露文件中关于发行人偿付能力的重要内容存在虚假陈述的，人民法院应当认定其存在过错。第30条明确，债券承销机构能够证明其尽职调查工作虽然存在瑕疵，但即使完整履行了相关程序也难以发现信息披露文件存在虚假陈述的，人民法院应当认定其没有过错。

上述理解都只是从单一中介机构的角度对过错进行界定，导致审判实践中对于其他处于相似地位的市场主体是否应该适用同样的标准存在不同认识。

为进一步统一裁判尺度，《规定》第十三条将证券法第八十五条、第一百六十三条所称的过错，界定为包括故意和重大过失两种情形。

信息披露文件的制作涉及会计、审计、企业经营管理等其他学科等专门知识，导致审判工作中，如何审查并认定信息披露义务人的过错及其程度，存在一定的困难。

《规定》第十四条至第十九条分别对董事、监事、高级管理人员等内部人，独立董事，履行承销保荐职责的机构，证券服务机构的过错审查及免责抗辩理由进行了规定。

关于内部人过错的审查认定方法，第十四条第一款规定，信息披露义务人的董事、监事、高级管理人员或者履行同等职责的人员和其他直接责任人员主张对虚假陈述没有过错的抗辩理由，人民法院应当根据其在发行人中的实际地位、信息披露资料的形成和发布等活动中所起的作用、取得和了解相关信息的渠道、为核验相关信息所采取的措施等实际情况进行审查认定。第二款规定，前款所列人员不能提供其勤勉尽责的相应证据，仅以其不从事日常经营管理、无相关职业背景和专业知识、相信发行人或管理层提供的资料、相信证券服务机构出具的专业意见等理由主张其没有过错的，人民法院不予支持。

为保障异议董事、监事、高级管理人员的合法权利，《规定》第十五条规定了异议董事的免责抗辩事由：发行人的董事、监事、高级管理人员依照证券法第八十二条第四款的规定，以书面方式发表附具体理由的意见并依法披露的，人民法院可以认定其主观上没有过错，但在审议、审核信息披露文件时投赞成票的除外。

在康某药业集团诉讼一案判决后，独立董事的责任成为社会关注的热点问题。为更好地回应社会关切，经与中国证监会法律部、上市部反复磋商，《规定》第十六条规定了独立董事的免责和减责抗辩事由。与此同时，本着相类似之事件应为相同之处理原则，第十六条第三款规定，外部监事和职工监事，适用前款规定。

实践中，履行承销保荐职责的机构主要包括证券公司和商业银行以及资产管理产品的管理人，承销保荐机构依法负有全面核查的义务。为配合注册制下压实中介机构责任、归位尽责的监管要求，第十七条规定了保荐机构、承销机构的免责抗辩事由。

第十八条对会计师事务所、律师事务所、资信评级机构、资产评估机构、财务顾问等证券服务机构的过错审查作了明确规定。

针对近年来会计师事务所责任案件审理中的实际情况，《规定》在《最高人民法院关于审理涉及会计师事务所在审计业务活动中民事侵权赔偿案件的若干规定》第七条规定的基础上，吸收财政部、证监会等监管部门的意见，在第十九条规定了会计师事务所的免责抗辩事由，以保障依法执业的会计师事务所免于讼累。

3. 关于虚假陈述的重大性及证明方法

在前置程序的背景下，虚假陈述的重大性问题大多在前置程序中已经解决，故原解释对此未予过多涉及。

在取消前置程序后，法院在审理相关案件时须就相关信息的重大性作出认定，需要进一步明确虚假陈述重大性的认定标准。

2015年的第八次全国法院民事审判工作会议上，最高人民法院民二庭在《最高人民法院关于当前商事审判工作中的若干具体问题》中，曾就虚假陈述重大性的司法判断原则进行了明确，要求以虚假陈述对投资者决策的影响程度为基本原则，对于证券市场的影响为客观标准，综合判断某一虚假陈述内容是否构成重大事件。

从我国的监管实践来看，虚假陈述重大性的认定标准主要有两点：一是理性投资者标准，信息的披露将会实质性地影响投资者的交易决策，那么该信息具有重大性；二是价格敏感性标准，信息的披露将会对相关股票价格产生实质性的影响，那么该信息具有重大性。

经研究，《规定》在结合境内外司法审判及行政处罚实践的基础上，第十条明确了主客观相结合的重大性认定标准：一是属于证券法规定的重大事件的信息；二是未按国务院证券监督管理机构规定的信息披露内容；三是虚假陈述实施或揭露后对相关证券的交易价格和交易量产生了明显影响。

但对前述第一项、第二项所列情形，被告提交证据足以证明虚假陈述并未导致相关证券交易价格或者交易量明显变化的，人民法院应当认定虚假陈述的内容不具有重大性。

由于重大性属于民事责任的构成要件之一，因此，被告能够证明虚假陈述不具有重大性，并以此抗辩不应当承担民事责任的，人民法院应当予以支持。

4. 关于交易因果关系

交易因果关系是传统民法中一方实施欺诈行为与对方因此作出错误意思表示要件在证券法中的表达。

《最高人民法院关于贯彻执行〈中华人民共和国民法通则〉若干问题的意见（试行）》第68条关于"一方当事人故意告知对方虚假情况，或者故意隐瞒真实情况，诱使对方当事人作出错误意思表示的，可以认定为欺诈行为"的规定，明确了欺诈行为与表意错误之间的因果关系。这一因果关系延伸到证券法领域，要求虚假陈述与投资者决定之间必须具有因果关系。这一构成要件，有人称之为信赖要件，亦有人称之为交易因果关系要件。

由于投资者人数众多，情况各异，特别是二级市场的交易中，信息交流主要通过招股说明书、定期报告等信息披露文件进行，并无传统商业生活中的面对面谈判，投资者往往难以提供证据证明自己信赖了信息披露文件这一事实。

为避免这一证明窘境和负担，证券法在经济学有效市场假说的基础上发展出欺诈市场理论，确立了一个可反驳的推定：市场受到了欺诈即推定投资者受到了欺诈，但实际情况证明投资者并未受到欺诈的除外。此即为推定信赖与实际信赖。推定信赖主要是根据信息披露时点和交易时点等客观证据判断；实际信赖则以个体投资者的实际知情程度为准，由被告提出反证。

原解释第十八条并未对交易因果关系和损失因果关系进行明确区分，但随着审判实践的发展，各地法院开始使用交易因果关系的分析框架，审查虚假陈述行为是否诱发了相关交易行为。

最早是贵州省高级人民法院在朱某强与国某能源案〔（2012）黔高民商终字第3

号］中对交易因果关系进行了明确，认为因果关系包括虚假陈述与交易决定之间的交易因果关系和虚假陈述与投资者损失之间的损失因果关系，二者缺一不可。

随着时间的推移，"交易因果关系"概念被一线法官广为接受。如在游某游戏案中［（2018）沪74民初1185号］，上海金融法院认为，如果所涉信息不会对投资者的投资决策、股票价格产生实质影响致使投资者遭受损失，那么虚假陈述行为与投资者的损失之间即缺乏因果关系。

重庆市第一中级人民法院在北某医药案［（2018）渝01民初259号］中、浙江省宁波市中级人民法院在圣某案［（2018）浙02民初967号］中，都对实施日后投资者的买入决策是否系受到案涉虚假陈述行为的诱导进行了分析，并对被告关于不存在交易因果关系的主张予以支持。

在最高人民法院层面，第三巡回法庭在顺某股份再审案［（2018）最高法民再339号］中，认定原审判决未全面考量顺某股份实施的两项虚假陈述行为与投资者交易决定之间的因果关系，属于认定基本事实不清，裁定撤销原判，发回重审。

由此可见，将交易因果关系作为一个构成要件加以考量，已经成为近年来各地法院在案件审理中较为常见的做法。

基于此，《规定》第十一条对原解释第十八条予以适当拆分，单独规定交易因果关系的认定。

第十二条系在对既往我国司法实践中的案例进行总结的基础上，结合原先的条文表述进行了充实，强调未受欺诈的投资者不享有索赔的权利，避免民事责任制度异化为保险制度。

5. 关于损失计算

《规定》第二十四条至第三十条的内容，是在原解释规定的基础上，增补了诱空型虚假陈述的损失赔偿计算方法。

其内在逻辑与原解释相同，都是以揭露日之后的价格变化作为确定投资者实际损失的依据。

第二十八条规定，在采用集中竞价的交易市场中，原告因虚假陈述卖出相关股票所造成的投资差额损失，按照下列方法计算：

（1）原告在实施日之后、揭露日或更正日之前卖出，在揭露日或更正日之后、基准日之前买回的股票，按买回股票的平均价格与卖出股票的平均价格之间的差额，乘以买回的股票数量；

（2）原告在实施日之后、揭露日或更正日之前卖出，基准日之前未买回的股票，按基准价格与卖出股票的平均价格之间的差额，乘以未买回的股票数量。

6. 损失因果关系认定

《规定》第三十一条是关于损失因果关系认定的规定。

原解释第十九条第四项规定，被告举证证明损失或者部分损失是由证券市场系统风险等其他因素所导致的，人民法院应当认定虚假陈述与损害结果之间不存在因果关系。

对"系统风险"的表述，审判实践存在不同认识，如有的法院曾将系统风险理解为金融体系危机，这种认识可以通过概念澄清得到解决。

为防望文生义引发的歧义，本次修订将"系统风险"的表述改为"证券市场的风险"。

从审判实践看,系统风险和非系统风险因素已经得到越来越多的重视和承认,如上海金融法院与中证中小投资服务中心、上海高级金融学院合作开发的系统中,均将系统风险和非系统风险扣除作为考量因素。

根据审判实践的发展情况,《规定》第三十一条规定,人民法院在确定赔偿责任范围时,应当在查明虚假陈述与投资者损失之间的因果关系,以及虚假陈述与导致投资者损失的其他原因等案件基本事实的基础上,综合判断。

被告能够举证证明原告的损失部分或全部是由他人操纵市场、证券市场的风险、证券市场对特定事件的过度反应、上市公司内外部经营环境等其他因素所导致的,对其关于应当相应减轻或者免除责任的抗辩理由,人民法院应当予以支持。

(五)关于民事责任主体

对虚假陈述侵权民事赔偿责任,除了证券法第八十五条、第一百六十三条所列明的民事责任主体外,《规定》根据民法典的规定,明确了"首恶"和"帮凶"的责任,以依法震慑财务造假活动。

"追首恶",本意是指追究违法违规犯罪活动中的主谋和首要分子。

在财务造假活动中,"首恶"首先是指发行人的董事、经理、财务负责人等核心高管团队,证券法第八十五条已经对其责任进行了明确。

此外,实践中,不少影响恶劣的上市公司财务造假案件是由控股股东、实际控制人组织、指使上市公司所为,对这类"首恶",《规定》第二十条第一款规定,在原告起诉请求直接判令相关控股股东、实际控制人依照《规定》赔偿损失的,人民法院应当予以支持,免却嗣后追偿诉讼的诉累。同时,为进一步明确"首恶"的责任,第二款明确上市公司承担责任后,有权向负有责任的控股股东、实际控制人追偿上市公司实际承担的赔偿责任和诉讼成本,以进一步压实组织、指使造假的控股股东和实际控制人责任。

在上市公司重大资产重组中,交易对方掌握与标的公司有关的真实信息,如果发生财务造假,交易对方应当是始作俑者,也属于"首恶"的范畴,因此,《规定》第二十一条规定,公司重大资产重组的交易对方所提供的信息不符合真实、准确、完整的要求,导致公司披露的相关信息存在虚假陈述,原告起诉请求判令该交易对方与发行人等责任主体赔偿由此导致的损失的,人民法院应当予以支持。

实践中,有的金融机构和上市公司串通,出具虚假的银行询证函回函、虚假银行回单、虚假银行对账单,欺骗注册会计师;一些上市公司的供应商和销售客户为上市公司财务造假提供虚假的交易合同、货物流转及应收应付款凭证,成为财务造假的帮手。

为明确上述帮助造假者的法律责任,《规定》第二十二条规定,有证据证明发行人的供应商、客户,以及为发行人提供服务的金融机构等明知发行人实施财务造假活动,仍然为其提供相关交易合同、发票、存款证明等予以配合,或者故意隐瞒重要事实致使发行人的信息披露文件存在虚假陈述,原告起诉请求判令其与发行人等责任主体赔偿由此导致的损失的,人民法院应当予以支持。

(六)关于诉讼时效

原解释在规定前置程序的同时,将行政处罚决定或生效刑事判决作出之日作为诉讼时效的起算点。

但是，根据民法典第一百八十八条的规定，诉讼时效期间自权利人知道或者应当知道权利受到损害以及义务人之日起计算。具体到证券市场上，投资者知道或者应当知道虚假陈述之日，是其知道或者应当知道权利受到损害以及义务人之日。

在废除前置程序的情况下，从行政处罚决定或生效刑事判决作出之日起算诉讼时效的做法，已经不符合民法典等民事法律的规定。

据此，《规定》第三十二条规定，当事人主张以揭露日或更正日起算诉讼时效的，人民法院应当予以支持。

由于新旧司法解释在诉讼时效方面的规定发生了明显变化，为避免出现投资者因未及时主张权利而无法得到救济的情况发生，充分保护投资者的诉讼权利和合法民事权利，在《规定》施行后，最高人民法院及时下发《最高人民法院关于证券市场虚假陈述侵权民事赔偿案件诉讼时效衔接适用相关问题的通知》（法〔2022〕36号），明确了以下两点。

（1）在《规定》施行前国务院证券监督管理机构、国务院授权的部门及有关主管部门已经作出行政处罚决定的证券市场虚假陈述侵权民事赔偿案件，诉讼时效仍按照原解释第五条的规定计算。

（2）在《规定》施行前国务院证券监督管理机构、国务院授权的部门及有关主管部门已经对虚假陈述进行立案调查，但尚未作出处罚决定的证券市场虚假陈述侵权民事赔偿案件，自立案调查日至《规定》施行之日已经超过三年，或者按照揭露日或更正日起算至《规定》施行之日诉讼时效期间已经届满或者不足六个月的，从《规定》施行之日起诉讼时效继续计算六个月。

我们注意到，在《规定》颁布后，有投资者和代理律师担心，因为多元化解工作机制、法院示范判决、专项风险化解等工作安排原因没有在法院立案的案件，法院会不会对其民事权利不予保护。

这种担心是没有必要的。

一方面，根据民法典、《最高人民法院关于审理民事案件适用诉讼时效制度若干问题的规定》等法律和司法解释的规定，在诉讼时效期间内，只要投资者以书面或者口头方式向人民法院起诉，或者向有关调解组织、国家机关、事业单位、社会团体等社会组织提出过保护相应民事权利的请求，或者向公安机关、人民检察院、人民法院报案或者控告，请求保护其民事权利的，都构成诉讼时效的中断。

另一方面，为更进一步保护投资者的权利，《规定》第三十三条还规定了代表人诉讼情况下投资者的时效保护问题。根据这一规定，只要有部分投资者向人民法院提起了普通代表人诉讼，这一起诉行为对所有具有同类诉讼请求的投资者都产生诉讼时效中断的法律效果，对代表人诉讼采取一人维权、惠及他人的司法政策，对投资者保护作出了更为有利的安排。

（撰稿人：林文学、付金联、周伦军）

最高人民法院
关于审理期货纠纷案件若干问题的规定（二）

(2010年12月27日最高人民法院审判委员会第1507次会议通过 根据2020年12月23日最高人民法院审判委员会第1823次会议通过的《最高人民法院关于修改〈最高人民法院关于破产企业国有划拨土地使用权应否列入破产财产等问题的批复〉等二十九件商事类司法解释的决定》修正)

为解决相关期货纠纷案件的管辖、保全与执行等法律适用问题，根据《中华人民共和国民事诉讼法》等有关法律、行政法规的规定以及审判实践的需要，制定本规定。

第一条 以期货交易所为被告或者第三人的因期货交易所履行职责引起的商事案件，由期货交易所所在地的中级人民法院管辖。

第二条 期货交易所履行职责引起的商事案件是指：

（一）期货交易所会员及其相关人员、保证金存管银行及其相关人员、客户、其他期货市场参与者，以期货交易所违反法律法规以及国务院期货监督管理机构的规定，履行监督管理职责不当，造成其损害为由提起的商事诉讼案件；

（二）期货交易所会员及其相关人员、保证金存管银行及其相关人员、客户、其他期货市场参与者，以期货交易所违反其章程、交易规则、实施细则的规定以及业务协议的约定，履行监督管理职责不当，造成其损害为由提起的商事诉讼案件；

（三）期货交易所因履行职责引起的其他商事诉讼案件。

第三条 期货交易所为债务人，债权人请求冻结、划拨以下账户中资金或者有价证券的，人民法院不予支持：

（一）期货交易所会员在期货交易所保证金账户中的资金；

（二）期货交易所会员向期货交易所提交的用于充抵保证金的有价证券。

第四条 期货公司为债务人，债权人请求冻结、划拨以下账户中资金或者有价证券的，人民法院不予支持：

（一）客户在期货公司保证金账户中的资金；

（二）客户向期货公司提交的用于充抵保证金的有价证券。

第五条 实行会员分级结算制度的期货交易所的结算会员为债务人，债权人请求冻结、划拨结算会员以下资金或者有价证券的，人民法院不予支持：

（一）非结算会员在结算会员保证金账户中的资金；

（二）非结算会员向结算会员提交的用于充抵保证金的有价证券。

第六条 有证据证明保证金账户中有超过上述第三条、第四条、第五条规定的资金或者有价证券部分权益的，期货交易所、期货公司或者期货交易所结算会员在人民法院指定的合理期限内不能提出相反证据的，人民法院可以依法冻结、划拨超出部分的资金或者有价证券。

有证据证明期货交易所、期货公司、期货交易所结算会员自有资金与保证金发生混同，期货交易所、期货公司或者期货交易所结算会员在人民法院指定的合理期限内不能提出相反证据的，人民法院可以依法冻结、划拨相关账户内的资金或者有价证券。

第七条　实行会员分级结算制度的期货交易所或者其结算会员为债务人，债权人请求冻结、划拨期货交易所向其结算会员依法收取的结算担保金的，人民法院不予支持。

有证据证明结算会员在结算担保金专用账户中有超过交易所要求的结算担保金数额部分的，结算会员在人民法院指定的合理期限内不能提出相反证据的，人民法院可以依法冻结、划拨超出部分的资金。

第八条　人民法院在办理案件过程中，依法需要通过期货交易所、期货公司查询、冻结、划拨资金或者有价证券的，期货交易所、期货公司应当予以协助。应当协助而拒不协助的，按照《中华人民共和国民事诉讼法》第一百一十四条之规定办理。

第九条　本规定施行前已经受理的上述案件不再移送。

第十条　本规定施行前本院作出的有关司法解释与本规定不一致的，以本规定为准。

【解读】

解读《关于审理期货纠纷案件若干问题的规定（二）》

一、问题的提出

2010年12月31日，最高人民法院发布了《最高人民法院关于审理期货纠纷案件若干问题的规定（二）》（以下简称《规定二》），对2003年6月18日发布的法释〔2003〕10号《最高人民法院关于审理期货纠纷案件若干问题的规定》（以下简称《规定一》）进行了补充修订。《规定二》主要解决两类程序性的问题：一是涉及期货交易所的指定管辖问题；二是用于充抵保证金的有价证券以及结算担保金的保全、执行问题。

二、理解与适用

（一）关于对期货交易所因履行职责引发的商事案件实施指定管辖规定的解读

《规定二》第一条、第二条是对期货交易所因履行职责引发的商事案件实施指定管辖范围的规定。

2003年发布的《规定一》对期货纠纷案件的地域管辖和级别管辖作了一般性规定。最高人民法院在2005年和2007年相继就证券交易所和中国证券登记结算有限责任公司及其分公司因履行职能有关的诉讼案件的指定管辖发布了专门的司法解释，确定了指定管辖的具体原则，并收到了良好效果。考虑到期货交易所的地位、性质、职能与证券交易所、证券登记结算公司基本相同，故借鉴证券市场相关司法解释确定的原则和有益经验，指定期货交易所所在地中级人民法院管辖此类案件，以保证法律适用的统一性和准确性。需要特别指出的是，此次指定期货交易所所在地中级人民法院管辖的案件主体仅限于期货交易所，其诉讼地位仅限于被告或者第三人的情形。案件类型仅限于期货交易所履行职责引发的商事诉讼。现有的期货交易所按其组织机构分为两类，一类是会员制期货交易所，即上海期货交易所、大连商品交易所、郑州商品交易所；另一类是公司制期货交易所，目前仅有中国金融期货交易所一家。指定管辖明确后，上海、大连、郑州三地的中级人民法院将对涉及期货交易所履行职责的相关案件行使管辖权。

《规定二》第一条将指定管辖的案件规定为"期货交易所履行职责引起的商事案件"。期货交易所日常从事的行为很多，有履行职责的行为，还有普通的民事行为，这些行为都可能引发诉讼。如何在《规定二》中界定哪些属于履行职责的行为，并实行指定管辖呢？《规定二》第二条对期货交易所履行职责引起的商事案件的范围作出规定。明确了原告、被告的主体范围，原告为市场各参与主体，具体规定了哪些行为属于期货交易所履行职责引起的商事案件的行为。根据期货交易所履行职责行为的法律渊源将所有的行为概括为两类，又在每一类中进行细化，第一类是以期货交易所违反法律法规以及国务院期货监督管理机构的规定，履行监督管理职责不当，造成其损害为由提起的商事诉讼案件；第二类是以期货交易所违反其章程、交易规则及其实施细则等规定及业务协议的约定，履行监督管理职责不当，造成其损害为由提起的商事诉讼案件；除列举以上两大类外，《规定二》还作出了一款兜底性的概括规定，即期货交易所在履行职责过程中引发的其他的商事诉讼。如此规定，将各种类型的涉及期货交易所履行职责的纠纷案件按照法律层级的不同梳理得清晰明了，既便于理解，也便于适用和操作。

（二）保证金以及用于充抵保证金的有价证券的保全与执行

《规定二》第三条至第六条是对保证金以及用于充抵保证金的有价证券的保全与执行规定。

1. 期货保证金的概念和相关制度

保证金是指期货交易者按照规定标准交纳的资金，用于结算和保证履约。从缴纳主体的角度，可以分为会员向期货交易所缴纳的保证金和客户向期货公司缴纳的保证金两种；从表现形式的角度，可以分为货币资金和有价证券两种类型。根据2007年公布的《期货交易管理条例》第三十二条的规定，期货交易所会员、客户可以使用标准仓单、国债等价值稳定、流动性强的有价证券充抵保证金进行期货交易。从是否实际使用的角度，保证金分为结算准备金和交易保证金。2007年修改的《期货交易所管理办法》第六十九条规定，结算准备金是指未被合约占用的保证金。交易保证金是指已被合约占用的保证金。

保证金实行封闭账户管理制度。期货交易所向会员、期货公司向客户收取的保证金，应当与自有资金分开，专户存放。期货交易所向会员收取的保证金，属于会员所有，除用于会员的交易结算外，严禁挪作他用。期货公司向客户收取的保证金，属于客户所有，除依据客户的要求支付可用资金、为客户交存保证金，以及支付手续费、税款及证监会规定的其他情形外，不得划转，严禁挪用。该制度包括：(1) 客户保证金账户。客户应当向期货公司登记以本人名义开立的用于存取保证金的期货结算账户。客户的保证金应当与期货公司的自有资产相互独立、分别管理。(2) 期货公司保证金专用账户。期货公司应当在依法批准的期货保证金存管银行开立期货保证金账户。期货保证金账户是指期货公司及其分支机构在期货保证金存管银行开立的用于存放和管理客户保证金的专用存款账户，包括两种类型：期货公司在期货交易所所在地开设的专用资金账户，指期货公司在期货交易所当地结算银行开设的、用于向期货交易所账户划入交易保证金或结算准备金的过渡账户。期货公司在交易所的资金账户，指期货公司在期货交易所内存放结算准备金和交易保证金、由期货交易所指定的结算账户，分为结算准备金账户和交易保证金账户。（3）期货交易所保证金账户。期货交易所应当在期货保证金存管银行开立专用结算账户，专户存储保证金，不得挪用。（4）保证金账户封闭圈管理制度。期货公司必须将保证金存放于保证金专用账户。根据需要，保证金可以在期货公司保证金专用账户、期货公司在期货交易所所在地开设的专用资金账户、期货公司在交易所的资金账户之间划转。上述账户共同构成保证金封闭圈。保证金只能在封闭圈内划转，封闭运行（《期货经纪公司客户保证金封闭管理暂行办法》第十条）。

实践中，动用各类清算交收、风险管理资金的顺序是：交易保证金，结算准备金，结算准备金最低余额，期货公司自有资金，结算担保金，风险准备金，期货交易所自有资金。

2. 既有的规定

《规定一》第五十九条规定，期货交易所、期货公司为债务人的，人民法院不得冻结、划拨期货公司在期货交易所或者客户在期货公司保证金账户中的资金。有证据证明该保证金账户中有超出期货公司、客户权益资金的部分，期货交易所、期货公司在人民法院指定的合理期限内不能提出相反证据的，人民法院可以依法冻结、划拨该账户中属于期货交易所、期货公司的自有资金。

《期货交易管理条例》规定了会员分级结算制度、有价证券充抵保证金制度，期货市场相关主体之间的法律关系更加复杂，保证金的财产形态也从现金拓展到有价证券。为此，客观上需要对《规定一》第五十九条进行补充修订。

3. 补充修订的内容

《规定一》第五十九条将两种债务主体即期货交易所和期货公司放在同一条款进行表述。因《期货交易管理条例》将期货交易所分为两类，实施全员结算的期货交易所和实施会员分级结算的期货交易所。前者涉及两个层次的结算关系，即期货交易所为期货公司会员结算，期货公司为其客户结算；而后者涉及三个层次的结算关系，即期货交易所为其结算会员结算，结算会员为其非结算会员结算，期货公司为其客户结算。因此，关于期货保证金以及充抵保证金的有价证券的保全与执行，也应当根据结算关系区分不同的主体和不同的账户性质分别进行规定，以便于理解和操作。《期货交易管理条例》第六十五条规定："实行会员分级结算制度的期货交易所会员由结算会员和非结算会员组成"，即结算会员和非结算会员统称为期货交易所会员。为此，我们将《规定一》第五十九条拆分成三个条文，在《规定二》第三条、第四条、第五条分别针对期货交易所、期货公司（含非结算会员与其客户）、实行会员分级结算制度的期货交易所的结算会员为债务人的情况下，依据其各自的结算关系，即期货交易所和会员、期货公司和客户、结算会员和非结算会员分别作出规定，表述更加清晰，为人民法院的司法执行提供了更明确的依据。

《期货交易管理条例》规定，期货交易所会员、客户可以使用标准仓单、国债等有价证券充抵保证金进行期货交易，即期货交易保证金的表现形态不再仅限于现金。为此，在《规定二》中增加了有关充抵保证金的有价证券的保全与执行规定，规定充抵保证金的有价证券的法律地位等同于现金形态的期货交易保证金，对其进行司法保全与执行适用同一原则。

另外，为了保障债权人的合法权益，避免债务人滥用司法保护规避债务履行，对于债务人自有资金与保证金出现混同情况的，《规定二》第六条还规定了可以冻结、划拨的情形：如果有证据证明该保证金账户中有超过期货交易所会员、非结算会员、客户权益的部分，期货交易所、结算会员、期货公司在人民法院指定的合理期限内不能提出相反证据的，人民法院可以依法冻结、划拨该账户中属于债务人的自有资金或者有价证券。

（三）结算担保金的保全与执行

《规定二》第七条是对结算担保金的保全与执行的规定。

1. 期货结算担保金的概念及相关制度

（1）期货市场的分级结算体制。期货交易实行分级结算制度。其结算层级的多少，视期货交易所实行全员结算制度和分级结算制度而有所不同。①全员结算制度下的二级结算体制。期货交易结算分为两个层级：一是期货交易所对会员的结算；二是会员对客户的结算。实行全员结算制度的期货交易所会员由期货公司会员和非期货公司会员组成，会员均具有与期货交易所进行结算的资格。②会员分级结算制度下的多级结算体制。期货交易所的会员分为结算会员和非结算会员。结算会员具有与期货交易所进行结算的资格，非结算会员不具有与期货交易所进行结算的资格。期货交易所对结算会员结算，结算会员对非结算会员结算，非结算会员对其受托的客户结算。

（2）结算担保金的相关规定。《期货交易管理条例》第十一条、第四十一条，《期货交易所管理办法》第七十七条和《中国金融期货交易所结算细则》第七十四条对结算担保金作出了相关规定。

从结算担保金的账户管理来看。结算担保金由结算会员以自有资金向期货交易所缴纳。从结算担保金制度的设计来看，结算担保金的目的在于应对结算会员的违约风险，属于结算会员间共同担保资金；结算担保金用于担保结算会员自身履约，担保其他结算会员履约；结算担保金属于结算资金，结算会员在缴纳结算担保金后，该资金独立于结算会员财产的属性，结算会员不能动用，交易所实行专户管理，并按照规则动用；交易所代违约结算会员履约后，对违约结算会员进行追偿。期货交易所在银行开立结算担保金专用账户，对结算会员缴纳的结算担保金进行专户管理。结算会员在交易所指定的银行开立结算担保金专用账户，用于交易所结算担保金专用账户之间进行结算担保金缴纳、调整的资金划转。结算会员违约时，交易所有权按照交易所规则予以动用。

2. 结算担保金的性质

结算担保金制度是《期货交易管理条例》确立的期货市场新制度。一方面，为市场履约提供了强大的资金支持，且处置方便，有利于市场风险的及时化解；另一方面，能够联合全体结算会员共同防御市场风险，增强了会员承担违约责任的能力，是我国期货市场交易结算和风险控制制度的重要创新。结算担保金制度建立在期货交易所会员分级结算制度的基础上。从动用的顺序上来看，结算担保金首要的目的在于保证结算会员履约，功能类似于全员结算下会员所缴纳的结算准备金，随时会进行结算程序。其次，结算担保金的功能在于担保其他结算会员的履约，是一种结算互保金。其担保的不仅是特定的结算会员的债权，还用于不特定的期货交易中或然发生的交收违约风险，对于防范结算风险具有重要作用，不同于民事法律关系中一般意义上的担保。因此，一旦结算担保金被司法强制执行，无疑会影响交易所抵御系统性结算风险的能力，降低交易所化解风险的效率和机动性。

2005年的证券法第一百六十七条和第一百六十八条对证券和证券交易结算资金的执行作出了原则性的规定，确立了清算履约的财产豁免执行的制度，即证券交易达成后，已进入清算交收程序的证券资产不得强制执行。为了解决人民法院在财产保全和执行生效判决、裁定中冻结、划拨证券或期货交易所、证券公司、期货公司清算账户资金方面存在的问题，最高人民法院先后下发了《最高人民法院关于冻结、划拨证券或期货交易所、证券登记清算机构、证券经营或期货经纪机构清算账户资金等问题的通知》（法发〔1997〕27号）、《最高人民法院关于贯彻最高人民法院法发〔1997〕27号通知应注意的几个问题的紧急通知》（法明传〔1998〕213号）。2008年，最高人民法院与最高人民检察院、公安部、中国证监会共同发布了《最高人民法院、最高人民检察院、公安部、中国证券监督管理委员会关于查询、冻结、扣划证券和证券交易结算资金有关问题的通知》（法发〔2008〕4号），对于证券结算机构收取的证券结算风险基金、结算互保金、证券结算备付金及证券公司自营结算备付金最低限额等特殊目的证券清算交收财产，规定不得冻结、扣划，体现出了对金融市场因清算交收、风险防范而设立的特殊类型财产予以司法保护的政策。中国登记结算公司的结算互保金的性质等同于金融期货交易所分级结算中的结算担保金。期货交易所与证券结算机构都是交易所市场的中央履约担保方，其担保履约的核心是特殊目的结算财产的安全。因此，保证结算担保金等特殊目的结算财产的安全，有利于确保期货市场的平稳和健康运行，同时体现了最高人民法院维护金融市场稳定的司法政策的统一性。

3. 补充规定的内容

《规定二》第七条是对结算担保金的保全与执行规定，根据《期货交易管理条例》第四十一条新设的会员分级结算制度下的结算担保金制度而补充规定，属于新增加的条款。

为了保障实行会员分级结算制度的期货交易所的结算顺利进行，确保结算担保金制度为期货交易所提供可便捷处置的担保资金，防范市场系统性风险的基本功能得以实现，《规定二》第七条第一款比照保证金以及用于充抵保证金的有价证券的冻结、划拨规定，对结算担保金作出豁免冻结、划拨的规定。第二款规定了结算担保金可以冻结、划拨的情况。亦是为了保障债权人的合法权益，避免债务人滥用司法保护措施规避债务履行，对于结算会员在结算担保金专用账户中有超过交易所要求的结算担保金数额部分的，规定了可以冻结、划拨超出部分的情形。另外，对于期货交易所结算会员已经退出结算会员资格的，人民法院可以对交易所向该结算会员退还的转入其自有资金账户的结算担保金予以冻结、划拨，此为实践中应当注意的问题。

（四）关于协助执行义务的规定

《规定二》第八条是关于期货市场相关主体协助执行义务的规定。

《规定一》对于相关主体的协助执行义务没有作出明确规定。为了确保《规定二》所确立的对期货结算财产实施的特殊司法保护不被滥用，明确期货市场相关主体的协助执行义务，《规定二》明确规定：人民法院在办理案件过程中，依法需要通过期货交易所、期货公司查询、冻结、划拨资金或有价证券的，期货交易所、期货公司应当予以协助。

对于应当协助而拒不协助的，《规定二》规定了按照民事诉讼法（2007年修正）第一百零三条之规定办理，即对相关单位的主要负责人予以罚款、拘留或提出纪律处分的司法建议。

（五）关于法律衔接的规定

《规定二》第九条是关于法律衔接的规定。

《规定二》自2011年1月17日起施行，适用于施行之后受理的以期货交易所为被告或第三人的因期货交易所履行职责引起的商事案件的管辖问题，以及有关保证金、用于充抵保证金的有价证券和结算担保金的保全与执行问题。凡是已经审结的案件，不得以《规定二》为依据提出再审申请，人民法院也不得以《规定二》为依据对已经生效的案件重新作出再审判决。

对于《规定二》未予规定的、涉及其他主体之间发生的期货纠纷案件的管辖问题，以及会员资格费、交易席位等其他可执行财产的保全与执行问题，仍然适用《规定一》第四条至第七条，第五十八条，第六十条，第六十一条的规定。

（六）其他需要注意的问题

在《规定二》起草过程中，唯一引发争议的是期货风险准备金的豁免冻结、划拨问题。

《期货交易管理条例》第三十四条规定，期货交易所、期货公司、非期货公司结算会员应当按照国务院期货监督管理机构、财政部门的规定提取、管理和使用风险准备金，不得挪用。根据财政部1997年施行的《商品期货交易财务管理暂行规定》，期货交易所从手续费中按照一定比例（约20%）提取风险准备金，达到期货交易所注册资金10倍时不再提取，实行单独核算，专户存储。期货公司按照代理手续费收入减去应付期货交易所手续费后的净收入的5%提取交易损失准备金（风险准备金）。按照中国证监会的规定，期货交易所的特别结算会员也应当按照手续费收入的一定比例提取风险准备金。风险准备金是《期货交易管理条例》第十一条规定的期货交易所风险管理制度之一，用于弥补期货公司或客户违约时出现的损失，具有履约担保以及风险控制的功能。

第一种观点认为，在市场出现系统性风险，期货公司大面积亏损、穿仓，结算担保金无法抵挡的情况下才能动用风险准备金。即使期货交易所成为债务人，也不得动用，风险准备金应当受到司法保护。其次，《最高人民法院关于查询、冻结、扣划证券和证券交易结算资金有关问题的通知》第六条规定了对结算风险基金不得冻结、扣划。证券结算风险基金与期货风险准备金的功能、使用程序是一致的，应当适用同一原则。故该观点认为，当期货交易所为债务人时，期货交易所收取的风险准备金亦应纳入《规定二》不得冻结、划拨资金的范围。

第二种观点认为，从期货交易所成为债务人的可能性进行分析，只有两种情况：一是基于履行职责产生的债务，二是基于非履行职责产生的债务。如果是基于履行职责产生的债务，根据《期货交易管理条例》第十条的规定，期货交易所的职责为：（1）提供交易的场所、设施和服务；（2）设计合约，安排合约上市；（3）组织并监督交易、结算和交割；（4）保证合约的履行；（5）按照章程和交易规则对会员进行监督管理；（6）国务院期货监督管理机构规定的其他职责。如果期货交易所在履行上述职责过程中因其自身过错分别给会员、客户和非结算会员造成损失,以及其他期货交易和结算中的意外损失,该损失的后果与风险准备金的功能是一致的,均涉及市场的稳定,所以,应当可以动用风险准备金予以清偿。

经研究,我们采纳了第二种观点,未将风险准备金纳入司法保护的范围。但是需要注意的是,在动用顺序上,期货交易所基于依法履行风险管理职责动用风险准备金时,应当按照法定顺序,即先使用风险准备金,后使用交易所自有资金。而期货交易所因过错履行职责产生债务时,应当先以自有资金对外清偿,其自有资金不足时,才可以动用风险准备金予以清偿。此为实践中应当注意的问题。

(撰稿人:宋晓明、周帆、沙玲)

最高人民法院
关于审理期货纠纷案件若干问题的规定

(2003年5月16日最高人民法院审判委员会第1270次会议通过 根据2020年12月23日最高人民法院审判委员会第1823次会议通过的《最高人民法院关于修改〈最高人民法院关于破产企业国有划拨土地使用权应否列入破产财产等问题的批复〉等二十九件商事类司法解释的决定》修正)

为了正确审理期货纠纷案件,根据《中华人民共和国民法典》《中华人民共和国民事诉讼法》等有关法律、行政法规的规定,结合审判实践经验,对审理期货纠纷案件的若干问题制定本规定。

一、一般规定

第一条 人民法院审理期货纠纷案件,应当依法保护当事人的合法权益,正确确定其应承担的风险责任,并维护期货市场秩序。

第二条 人民法院审理期货合同纠纷案件,应当严格按照当事人在合同中的约定确定违约方承担的责任,当事人的约定违反法律、行政法规强制性规定的除外。

第三条 人民法院审理期货侵权纠纷和无效的期货交易合同纠纷案件,应当根据各方当事人是否有过错,以及过错的性质、大小,过错和损失之间的因果关系,确定过错方承担的民事责任。

二、管辖

第四条 人民法院应当依据民事诉讼法第二十三条、第二十八条和第三十四条的规定确定期货纠纷案件的管辖。

第五条 在期货公司的分公司、营业部等分支机构进行期货交易的,该分支机构住所地为合同履行地。

因实物交割发生纠纷的,期货交易所住所地为合同履行地。

第六条 侵权与违约竞合的期货纠纷案件,依当事人选择的诉由确定管辖。当事人既以违约又以侵权起诉的,以当事人起诉状中在先的诉讼请求确定管辖。

第七条 期货纠纷案件由中级人民法院管辖。

高级人民法院根据需要可以确定部分基层人民法院受理期货纠纷案件。

三、承担责任的主体

第八条 期货公司的从业人员在本公司经营范围内从事期货交易行为产生的民事责任，由其所在的期货公司承担。

第九条 期货公司授权非本公司人员以本公司的名义从事期货交易行为的，期货公司应当承担由此产生的民事责任；非期货公司人员以期货公司名义从事期货交易行为，具备民法典第一百七十二条所规定的表见代理条件的，期货公司应当承担由此产生的民事责任。

第十条 公民、法人受期货公司或者客户的委托，作为居间人为其提供订约的机会或者订立期货经纪合同的中介服务的，期货公司或者客户应当按照约定向居间人支付报酬。居间人应当独立承担基于居间经纪关系所产生的民事责任。

第十一条 不以真实身份从事期货交易的单位或者个人，交易行为符合期货交易所交易规则的，交易结果由其自行承担。

第十二条 期货公司设立的取得营业执照和经营许可证的分公司、营业部等分支机构超出经营范围开展经营活动所产生的民事责任，该分支机构不能承担的，由期货公司承担。

客户有过错的，应当承担相应的民事责任。

四、无效合同责任

第十三条 有下列情形之一的，应当认定期货经纪合同无效：

（一）没有从事期货经纪业务的主体资格而从事期货经纪业务的；

（二）不具备从事期货交易主体资格的客户从事期货交易的；

（三）违反法律、行政法规的强制性规定的。

第十四条 因期货经纪合同无效给客户造成经济损失的，应当根据无效行为与损失之间的因果关系确定责任的承担。一方的损失系对方行为所致，应当由对方赔偿损失；双方有过错的，根据过错大小各自承担相应的民事责任。

第十五条 不具有主体资格的经营机构因从事期货经纪业务而导致期货经纪合同无效，该机构按客户的交易指令入市交易的，收取的佣金应当返还给客户，交易结果由客户承担。

该机构未按客户的交易指令入市交易，客户没有过错的，该机构应当返还客户的保证金并赔偿客户的损失。赔偿损失的范围包括交易手续费、税金及利息。

五、交易行为责任

第十六条 期货公司在与客户订立期货经纪合同时，未提示客户注意《期货交易风险说明书》内容，并由客户签字或者盖章，对于客户在交易中的损失，应当依据民法典第五百条第三项的规定承担相应的赔偿责任。但是，根据以往交易结果记载，证明客户已有交易经历的，应当免除期货公司的责任。

第十七条 期货公司接受客户全权委托进行期货交易的，对交易产生的损失，承担主要赔偿责任，赔偿额不超过损失的百分之八十，法律、行政法规另有规定的除外。

第十八条 期货公司与客户签订的期货经纪合同对下达交易指令的方式未作约定或者约定不明确的，期货公司不能证明其所进行的交易是依据客户交易指令进行的，对该交易造成客户的损失，期货公司应当承担赔偿责任，客户予以追认的除外。

第十九条 期货公司执行非受托人的交易指令造成客户损失，应当由期货公司承担赔偿责任，非受托人承担连带责任，客户予以追认的除外。

第二十条 客户下达的交易指令没有品种、数量、买卖方向的，期货公司未予拒绝而进行交易造成客户的损失，由期货公司承担赔偿责任，客户予以追认的除外。

第二十一条 客户下达的交易指令数量和买卖方向明确，没有有效期限的，应当视为当日有效；没有成交价格的，应当视为按市价交易；没有开平仓方向的，应当视为开仓交易。

第二十二条 期货公司错误执行客户交易指令，除客户认可的以外，交易的后果由期货公司承担，并按下列方式分别处理：

（一）交易数量发生错误的，多于指令数量的部分由期货公司承担，少于指令数量的部分，由期货公司补足或者赔偿直接损失；

（二）交易价格超出客户指令价位范围的，交易差价损失或者交易结果由期货公司承担。

第二十三条 期货公司不当延误执行客户交易指令给客户造成损失的，应当承担赔偿责任，但由于市场原因致客户交易指令未能全部或者部分成交的，期货公司不承担责任。

第二十四条 期货公司超出客户指令价位的范围，将高于客户指令价格卖出或者低于客户指令价格买入后的差价利益占为己有的，客户要求期货公司返还的，人民法院应予支持，期货公司与客户另有约定的除外。

第二十五条 期货交易所未按交易规则规定的期限、方式，将交易或者持仓头寸的结算结果通知期货公司，造成期货公司损失的，由期货交易所承担赔偿责任。

期货公司未按期货经纪合同约定的期限、方式，将交易或者持仓头寸的结算结果通知客户，造成客户损失的，由期货公司承担赔偿责任。

第二十六条 期货公司与客户对交易结算结果的通知方式未作约定或者约定不明确，期货公司未能提供证据证明已经发出上述通知的，对客户因继续持仓而造成扩大的损失，应当承担主要赔偿责任，赔偿额不超过损失的百分之八十。

第二十七条 客户对当日交易结算结果的确认，应当视为对该日之前所有持仓和交易结算结果的确认，所产生的交易后果由客户自行承担。

第二十八条 期货公司对交易结算结果提出异议，期货交易所未及时采取措施导致损失扩大的，对造成期货公司扩大的损失应当承担赔偿责任。

客户对交易结算结果提出异议，期货公司未及时采取措施导致损失扩大的，期货公司对造成客户扩大的损失应当承担赔偿责任。

第二十九条 期货公司对期货交易所或者客户对期货公司的交易结算结果有异议，而未在期货交易所交易规则规定或者期货经纪合同约定的时间内提出的，视为期货公司或者客户对交易结算结果已予以确认。

第三十条 期货公司进行混码交易的，客户不承担责任，但期货公司能够举证证明其已按照客户交易指令入市交易的，客户应当承担相应的交易结果。

六、透支交易责任

第三十一条 期货交易所在期货公司没有保证金或者保证金不足的情况下，允许期货公司开仓交易或者继续持仓,应当认定为透支交易。

期货公司在客户没有保证金或者保证金不足的情况下,允许客户开仓交易或者继续持仓,应当认定为透支交易。

审查期货公司或者客户是否透支交易,应当以期货交易所规定的保证金比例为标准。

第三十二条 期货公司的交易保证金不足,期货交易所未按规定通知期货公司追加保证金的,由于行情向持仓不利的方向变化导致期货公司透支发生的扩大损失,期货交易所应当承担主要赔偿责任,赔偿额不超过损失的百分之六十。

客户的交易保证金不足,期货公司未按约定通知客户追加保证金的,由于行情向持仓不利的方向变化导致客户透支发生的扩大损失,期货公司应当承担主要赔偿责任,赔偿额不超过损失的百分之八十。

第三十三条 期货公司的交易保证金不足,期货交易所履行了通知义务,而期货公司未及时追加保证金,期货公司要求保留持仓并经书面协商一致的,对保留持仓期间造成的损失,由期货公司承担;穿仓造成的损失,由期货交易所承担。

客户的交易保证金不足,期货公司履行了通知义务而客户未及时追加保证金,客户要求保留持仓并经书面协商一致的,对保留持仓期间造成的损失,由客户承担;穿仓造成的损失,由期货公司承担。

第三十四条 期货交易所允许期货公司开仓透支交易的,对透支交易造成的损失,由期货交易所承担主要赔偿责任,赔偿额不超过损失的百分之六十。

期货公司允许客户开仓透支交易的,对透支交易造成的损失,由期货公司承担主要赔偿责任,赔偿额不超过损失的百分之八十。

第三十五条 期货交易所允许期货公司透支交易,并与其约定分享利益,共担风险的,对透支交易造成的损失,期货交易所承担相应的赔偿责任。

期货公司允许客户透支交易,并与其约定分享利益,共担风险的,对透支交易造成的损失,期货公司承担相应的赔偿责任。

七、强行平仓责任

第三十六条 期货公司的交易保证金不足,又未能按期货交易所规定的时间追加保证金的,按交易规则的规定处理;规定不明确的,期货交易所有权就其未平仓的期货合约强行平仓,强行平仓所造成的损失,由期货公司承担。

客户的交易保证金不足,又未能按期货经纪合同约定的时间追加保证金的,按期货经纪合同的约定处理;约定不明确的,期货公司有权就其未平仓的期货合约强行平仓,强行平仓造成的损失,由客户承担。

第三十七条 期货交易所因期货公司违规超仓或者其他违规行为而必须强行平仓的,强行平仓所造成的损失,由期货公司承担。

期货公司因客户违规超仓或者其他违规行为而必须强行平仓的,强行平仓所造成的损失,由客户承担。

第三十八条 期货公司或者客户交易保证金不足,符合强行平仓条件后,应当自行平仓而未平仓造成的扩大损失,由期货公司或者客户自行承担。法律、行政法规另有规定或者当事人另有约定的除外。

第三十九条 期货交易所或者期货公司强行平仓数额应当与期货公司或者客户需

追加的保证金数额基本相当。因超量平仓引起的损失，由强行平仓者承担。

第四十条　期货交易所对期货公司、期货公司对客户未按期货交易所交易规则规定或者期货经纪合同约定的强行平仓条件、时间、方式进行强行平仓，造成期货公司或者客户损失的，期货交易所或者期货公司应当承担赔偿责任。

第四十一条　期货交易所依法或依交易规则强行平仓发生的费用，由被平仓的期货公司承担；期货公司承担责任后有权向有过错的客户追偿。

期货公司依法或依约定强行平仓所发生的费用，由客户承担。

八、实物交割责任

第四十二条　交割仓库未履行货物验收职责或者因保管不善给仓单持有人造成损失的，应当承担赔偿责任。

第四十三条　期货公司没有代客户履行申请交割义务的，应当承担违约责任；造成客户损失的，应当承担赔偿责任。

第四十四条　在交割日，卖方期货公司未向期货交易所交付标准仓单，或者买方期货公司未向期货交易所账户交付足额货款，构成交割违约。

构成交割违约的，违约方应当承担违约责任；具有民法典第五百六十三条第一款第四项规定情形的，对方有权要求终止交割或者要求违约方继续交割。

征购或者竞卖失败的，应当由违约方按照交易所有关赔偿办法的规定承担赔偿责任。

第四十五条　在期货合约交割期内，买方或者卖方客户违约的，期货交易所应当代期货公司、期货公司应当代客户向对方承担违约责任。

第四十六条　买方客户未在期货交易所交易规则规定的期限内对货物的质量、数量提出异议的，应视为其对货物的数量、质量无异议。

第四十七条　交割仓库不能在期货交易所交易规则规定的期限内，向标准仓单持有人交付符合期货合约要求的货物，造成标准仓单持有人损失的，交割仓库应当承担责任，期货交易所承担连带责任。

期货交易所承担责任后，有权向交割仓库追偿。

九、保证合约履行责任

第四十八条　期货公司未按照每日无负债结算制度的要求，履行相应的金钱给付义务，期货交易所亦未代期货公司履行，造成交易对方损失的，期货交易所应当承担赔偿责任。

期货交易所代期货公司履行义务或者承担赔偿责任后，有权向不履行义务的一方追偿。

第四十九条　期货交易所未代期货公司履行期货合约，期货公司应当根据客户请求向期货交易所主张权利。

期货公司拒绝代客户向期货交易所主张权利的，客户可直接起诉期货交易所，期货公司可作为第三人参加诉讼。

第五十条　因期货交易所的过错导致信息发布、交易指令处理错误，造成期货公司或者客户直接经济损失的，期货交易所应当承担赔偿责任，但其能够证明系不可抗力的除外。

第五十一条　期货交易所依据有关规定对期货市场出现的异常情况采取合理的紧急措施造成客户损失的，期货交易所不承担赔偿责任。

期货公司执行期货交易所的合理的紧急措施造成客户损失的，期货公司不承担赔偿责任。

十、侵权行为责任

第五十二条 期货交易所、期货公司故意提供虚假信息误导客户下单的，由此造成客户的经济损失由期货交易所、期货公司承担。

第五十三条 期货公司私下对冲、与客户对赌等不将客户指令入市交易的行为，应当认定为无效，期货公司应当赔偿由此给客户造成的经济损失；期货公司与客户均有过错的，应当根据过错大小，分别承担相应的赔偿责任。

第五十四条 期货公司擅自以客户的名义进行交易，客户对交易结果不予追认的，所造成的损失由期货公司承担。

第五十五条 期货公司挪用客户保证金，或者违反有关规定划转客户保证金造成客户损失的，应当承担赔偿责任。

十一、举证责任

第五十六条 期货公司应当对客户的交易指令是否入市交易承担举证责任。

确认期货公司是否将客户下达的交易指令入市交易，应当以期货交易所的交易记录、期货公司通知的交易结算结果与客户交易指令记录中的品种、买卖方向是否一致，价格、交易时间是否相符为标准，指令交易数量可以作为参考。但客户有相反证据证明其交易指令未入市交易的除外。

第五十七条 期货交易所通知期货公司追加保证金，期货公司否认收到上述通知的，由期货交易所承担举证责任。

期货公司向客户发出追加保证金的通知，客户否认收到上述通知的，由期货公司承担举证责任。

十二、保全和执行

第五十八条 人民法院保全与会员资格相应的会员资格费或者交易席位，应当依法裁定不得转让该会员资格，但不得停止该会员交易席位的使用。人民法院在执行过程中，有权依法采取强制措施转让该交易席位。

第五十九条 期货交易所、期货公司为债务人的，人民法院不得冻结、划拨期货公司在期货交易所或者客户在期货公司保证金账户中的资金。

有证据证明该保证金账户中有超出期货公司、客户权益资金的部分，期货交易所、期货公司在人民法院指定的合理期限内不能提出相反证据的，人民法院可以依法冻结、划拨该账户中属于期货交易所、期货公司的自有资金。

第六十条 期货公司为债务人的，人民法院不得冻结、划拨专用结算账户中未被期货合约占用的用于担保期货合约履行的最低限额的结算准备金；期货公司已经结清所有持仓并清偿客户资金的，人民法院可以对结算准备金依法予以冻结、划拨。

期货公司有其他财产的，人民法院应当依法先行冻结、查封、执行期货公司的其他财产。

第六十一条 客户、自营会员为债务人的，人民法院可以对其保证金、持仓依法采取保全和执行措施。

十三、其他

第六十二条 本规定所称期货公司是指经依法批准代理投资者从事期货交易业务

的经营机构及其分公司、营业部等分支机构。客户是指委托期货公司从事期货交易的投资者。

第六十三条 本规定自 2003 年 7 月 1 日起施行。

2003 年 7 月 1 日前发生的期货交易行为或者侵权行为，适用当时的有关规定；当时规定不明确的，参照本规定处理。

【解读】

解读《关于审理期货纠纷案件若干问题的规定》

一、问题的提出

《最高人民法院关于审理期货纠纷案件若干问题的规定》（以下简称《规定》）已于 2003 年 5 月 16 日最高人民法院审判委员会第 1270 次会议通过，2003 年 6 月 18 日最高人民法院公告公布，自 2003 年 7 月 1 日起施行。

1995 年 10 月 27 日，最高人民法院下发了《最高人民法院关于审理期货纠纷案件座谈会纪要》（法〔1995〕140 号，以下简称《纪要》），在有关期货交易的法律、法规不完备的情况下，该《纪要》对指导期货纠纷案件的审理起到了一定的积极作用。在国家进行金融秩序的整顿后，特别是以 1999 年 9 月 1 日《期货交易管理暂行条例》（以下简称《条例》）的实施为标志，我国期货市场出现了规范运行、稳步发展的新局面。从人民法院审理期货纠纷案件的情况看，尚有许多新情况和新问题需要解决。同时，随着期货市场的规范发展和我国加入世界贸易组织，我国市场经济会得到全面发展，金融期货市场也必将建立健全和发展，因而也不可避免地会发生一些新类型期货纠纷案件。因此，为规范这方面的审判工作，有必要对审理期货纠纷案件作较全面的司法解释，并使之具有一定的前瞻性。

二、理解与适用

（一）期货司法解释对认定期货交易民事责任制度的创新

1. 规定居间人的地位与法律责任

《规定》第十条明确规定了期货居间人的主体资格和法律责任，使经纪人制度的相关问题在司法解释层面上有了法律依据，并明确了居间人应当独立承担基于居间经纪关系所产生的民事责任。长期以来对于居间人的地位与作用认识是有争议的，为保护客户利益的需要，一般将居间人认定为期货公司从业人员，并判期货公司承担民事责任。现在《规定》依照合同法相关规定以及考虑到期货市场发展、创新的局面，规定居间人基于居间介绍法律关系独立承担民事责任是必要的，从法律上进一步明确了市场参与主体的地位和分工。

2. 规定有交易经历的，即使未提示风险揭示说明书，期货公司亦不承担责任，同时不允许搞全权委托

现行法律、法规、规章及交易所规则等均规定交易所、期货公司负有风险揭示义务，在与期货公司、客户签署委托合约时，必须提示风险揭示说明，否则就要对交

者的交易损失承担赔偿责任。《规定》规定,只要有证据证明客户曾经参与过期货交易,或为期货市场从业人员的,期货公司可以免责。

对于全权委托,原先我们确定期货公司的主要责任是60%,但有的地方亦出现交易所的责任,大家认为交易所的民事责任相对期货公司要轻一些,期货公司的责任重一些,应将交易所的责任设定为60%,期货公司的责任设定为80%,这样似能加以区别。

3. 规定客户对当日交易结果的确认,视为对以前所有持仓、交易的确认

确认不只是确认当日的交易,而是全部交易,就是为了避免客户赚了钱就承认交易结果,赔了钱就翻脸的行为。《规定》明确规定客户对结算结果有异议,要在规定或者约定的时间内,以规定、约定的方式提出,而不能无休止地纠缠,只要超出时间、方式后再提出异议,交易所、期货公司则不再予以理会,人民法院也不予支持。因为期货交易实行的是当日无负债结算制度,每日收市后期货公司均会将交易的结算结果按照事先约定的方式通知客户,由客户进行审核、确认。所以,异议应当在合约、交易规则约定或者规定的时间内提出,而不应无限制地宽容、忍让,必须按照事先约定的原则办理。

4. 交割期过后买方未在异议期内提出异议,视为自认,交易所、期货公司免责

我们不赞成对货物质量、数量的无限期的异议,法律规定也不会允许。司法实践中往往存在不同看法,有的法院甚至将期货交易中的货物异议按现货交易纠纷进行处理,结果就与期货交易的规则、特点大相径庭。实际上,一般货物异议期为交割后的七日,难以发现瑕疵或者需要进行质量检验的,则应当适度延长异议期限,或者留出足够的检验期限。但也不能出现异议期限随意延长或者根本没有界限,例如,延长到交割后半年、一年、二年之后的情形,就不适合了。

5. 交割仓库违约应承担责任,交易所承担连带责任,交易所享有追偿权

在期货交易中,通常情况下,期货公司承担的是代为申请交割义务,如果怠于申请,给客户造成履约困难,则应承担违约责任(《规定》第四十三条)。一般情况下的违约,交易相对方不一定马上确定,应由交易所、期货公司代为承担赔偿责任(《规定》第四十五条)。还有一个关键的环节是,交割仓库对货物的数量、质量均负有责任,因为仓单是由交割仓库开出,由交易所注册,仓库对虚假仓单、货物的瑕疵难逃其责。同时,交割仓库还应尽到货物保管人的责任,以免引起实物交割中的纠纷;如仓储人对货物保管提出诉讼,应由被告所在地法院管辖,不涉及交割对方的,不是期货交易纠纷,不按《规定》管辖和处理;但如涉及交易对方或者交易所的保证责任,则应按《规定》的规定处理,即按期货案件予以判处(《规定》第四十二条)。在期货交易中,交易所具有保证期货合约履行的义务和责任,在实物交割环节由代违约方承担违约责任,代交割仓库对货物质量问题、数量短缺问题等承担连带责任,交易所承担连带责任后即享有追偿权。交易所据以承担责任的资金后盾是交易所风险准备金、风险基金,以及交易所自有资金等。

6. 期货公司拒绝代客户主张权利,客户可直接起诉交易所,期货公司为第三人

由于期货交易实行的是每日无负债制度,只要发生亏损,交易所、期货公司肯定要代垫资金,以待次日追加保证金。如果未追加或者未及时追加保证金,交易所、期货公司即享有追偿权。当期货公司、客户违约后,交易所、期货公司亦应代为承担违

约责任，同时取得追偿权。当期货公司拒绝代客户主张权利，客户即有权提起诉讼，交易所为被告，期货公司则为第三人。原征求意见稿中将期货公司规定为被告，交易所为第三人，既涉及管辖又涉及案由，容易引起争议；现在所作修改就是顾全了几个方面可能产生的麻烦，将诉权直接授予客户，交易所处于当事人的第一线，案由为侵权之诉，管辖则为交易所住所地法院，这样可以更好地保护客户利益，避免期货公司不起诉所导致的诉讼障碍。

7. 交易所对不可抗力等原因造成投资者的损失不承担责任；采取紧急措施的，交易所、期货公司免责

期货市场要不断创新，鼓励技术创新。经期货公司、客户认可的新技术，如发生现有的技术无法预防的、技术性的原因，在发生市场风险时，所产生的损失曰自营会员或客户承担，不是交易所、期货公司故意违法、违约的行为，其与交易结果无必然因果关系，故不应承担民事责任。《规定》第五十条、第五十一条在司法解释层面上确立了期货交易所对市场异常情况的处理权，采取合理的紧急措施造成客户损失的，期货交易所不承担赔偿责任；期货公司在执行交易所的合理的紧急措施造成客户损失的，期货公司也不承担赔偿责任。

8. 明确了交易所、期货公司的四种侵权行为责任

在期货市场管理不规范的1994年至1997年间，交易所、期货公司有关人员故意制造、散布、提供虚假信息误导客户的情况比比皆是，有的交易所为了做活市场，参与坐庄，鼓励多头与空头展开恶性竞争；有的期货公司为赚取佣金，赚取差价，不惜搞私下对冲、与客户对赌，不将客户指令入市交易，直接瓜分了客户的交易保证金；也有的期货公司甚至利用客户的保证金，违反核定的营业范围，利用客户编码，以客户名义进行交易；还有的期货公司将客户资金挪给其他客户使用，或者自己使用，上述种种不当行为都直接侵害了客户利益，给客户造成不应有的损失。交易所、期货公司均应依法律、法规、规章、规则的规定承担赔偿责任。《规定》将该四种侵权行为进一步明确化，有利于对交易所、期货公司的监督、监管，也更加有利于期货市场的透明化。

（二）明确规定对交易指令的识别与处理方式

1. 交易指令方式必须明确、具体

期货公司往往出具的是格式合约，虽然中国证监会为期货合约发布了指导性的意见，颁布了规范性的样本，但具体合约文本的内容却是需要期货公司与客户具体约定的，不能完全依赖于规范样本。很可能不同的期货公司与客户所作出的约定是不同的，尤其是关键环节的内容。就交易指令方式来说，就要求既为双方容易理解、掌握，又要对保护客户利益是有利的，不能仅从期货公司利益的角度考虑问题。如果发现有的关键问题（在这里主要指的是交易指令方式）未作约定或者约定得不明确，即可推定就是期货公司的过错所致，而不能认为是客户的过错。除非合约注明，所作某项、某内容约定系客户坚持所为，期货公司方可免责，否则，期货公司就应当承担缔约过失责任，推定期货公司对客户的交易结果负有过错，并应承担民事赔偿责任。

2. 期货公司应当严格接受客户交易指令从事交易，不应当接受其他人的交易指令

在期货交易中，常常是客户没有时间盯盘，而是委托自己的亲朋好友作指令下达人，也就是《规定》中所讲的受托人，期货公司应当在审核清楚客户出具的委托书后，

接受指令下达人的操作指令，否则亦应认定期货公司负有过错。司法实践中常出现的问题和案件是，期货公司接受了非指令下达人的操作指令怎么办？严格讲，过错就在于期货公司。但事实应当调查清楚。有时是指令下达人又委托他人代为下达交易指令，这种情况的交易不会是仅仅一次。常见的情况是当交易结果是盈利时，客户予以认可，不会提出任何异议；当交易结果出现亏损时，客户则会提出异议，表示不予认可。这就说明一个问题，客户对非指令下达人的交易是知道的，然而，期货公司却无法以书面授权或者合约补充约定来予以抗辩，当案件提起诉讼后，法院就只能作出对客户有利的裁判结果，不会去考虑指令交易中的具体情节。为此，期货公司吃了不少苦头，如果不通过书面约定来确定改变下单指令的事实，就避免不了吃亏的局面。因此，只有正确确定指令下达人，正确对待合约约定，才可能避免酿成纠纷。

3. 当客户下单指令不明确时，期货公司有义务予以核实，不得将错就错随意作出理解和解释，必须得到客户明确无误的指令时方可即时下单

期货公司对于交易指令不论理解错误，还是有意错误下单，不考虑其主观意图为何，不管是为了客户利益，还是其他用意，只要是行情向客户持仓不利的方向发展，导致客户持仓损失的，客户均有权提出索赔，即对其保证金亏损部分、佣金、利息等提出赔偿要求，期货公司无权以任何理由抗辩。而当错误执行客户交易指令后，客户发现行情非常有利于其持仓时，或者交易后并没有发生亏损时，客户有权认可该交易结果。这里特别要强调的是交易结果没有损害客户利益，并不是客户必须认可交易结果，其只是可以、有权而已，主动权在于客户，其不是必须认可该交易结果。

4. 交易指令有瑕疵的处理结果

通常情况下，有瑕疵的交易指令如果能够弥补的应当进行弥补，不能够进行弥补的，原则上不能进行操作。所说的弥补有两层含义：一层是经纪人能够识别客户或者指令下达人的真实意思表示的，按照该意思表示下达交易指令；另一层是经纪人应当及时向客户进行核实，以免出现交易的错误。还应注意的是，在交易指令的瑕疵没有办法及时修正，或者经纪人的疏忽而未能修正时，如何理解该有瑕疵的交易指令。首先，按照期货交易的规则，交易指令只能当日有效，不可能连续数天有效，如果这样，就构成全权委托，为法规、规章、规则所禁止，我们通常也不会作这样的理解。所以，任何交易指令只能在当日的交易时间内有效，过期作废，这对于期货公司、客户来说，都是十分清楚的，没有什么可争议的内容。其次，期货交易必须有交易价格，交易指令应当明确买入或者卖出具体价位，不能任意由期货公司炒作。为保护客户利益不被损害，应当明确凡是没有下达交易价位的，应当理解为当时的市场交易价位，不能过高或者过低，当然买入价位越低越好，卖出价位越高越好，也不可一概而论。最后，期货交易应当明确交易方向。期货交易不像股票交易，股票交易因为我国没有开办股票指数期货，所以，对于股票来说就只有同方向的做多交易，而做空交易只是相对的和短时期内的，不能成为主流。期货交易则完全不同，既然有做多的交易方向，就有做空的交易方向。例如，普通投资者进行交易时，肯定是要博取交易差价，通常手中没有现货，也不可能经营现货，如大豆、小麦、铜、橡胶，有区区几吨货物根本成不了气候，也不会被期货市场所接受。故一般客户就是做多者，先买后卖。而生产商、现货商则不同，他们往往手中存有大量现货，例如，橡胶种植园，每年生产若干吨橡胶，铜、铝生产企业，每年生产大量产成品，他们的货物规模足以让他们成为期

货交易中的空头。空头往往是在高价位将手中货物卖出，或者认为卖出货物有利可图，不会亏本，就可以毫不犹豫地将货物卖出；但如果货物的价值被严重低估，他们亦可反手做多，在低价位买入，等待价位升高后再卖出。当行情进展到一定程度时，特别是接受交割期时，买卖应当十分慎重。因为此时可能价位变化很大、很快，容易将中小散户套进去，影响交易收益。故而，对于交易指令应当明确其买卖方向，如果没有加以明确，我们就将其认定为买入持仓，不会将其理解为卖出或者买入平仓，当然，如果发现某个交易品种已经进入高位或者陷入低位，震荡剧烈，客户已经持仓且有盈利。此时的交易指令理解为卖出平仓或者买入平仓更妥当一些，总比将客户的赢利毁于一旦要好得多。

5. 错误执行客户交易指令的处理方式

根据法规、规章、规则等规定，期货公司应当严格按照客户交易指令进行交易，如有违反，就应当承担因其过错给客户造成的经济损失。客户认可的除外，且在具体认定及处理方式上，《规定》作出了明确的规定。一是关于交易数量发生错误的如何处理。不外乎两种情况：一种情况是给客户买多了、卖少了，没有按照指令的数量买入、卖出，这时，期货公司应当按照指令的数量予以弥补，即多的部分归期货公司，亦可予以平仓，少的部分予以补足；另一种情况是没有办法从数量上弥补，或者没有必要从数量上弥补，就应由期货公司从金钱上予以弥补。例如买得少了，再花费较高的价钱去买回实属不合算，还不如按照当日收盘价格或者较高价位予以补足即可。另一种情况是当期货公司以高于客户指令价位买入时，必然产生一个差价损失，如果当日或者未来几日内价位升高，弥补了客户的差价损失，客户也不会提出异议。恰恰是有的客户是在高位买入，在低位卖出，这样恰巧是行情即将发生反转时进行的交易，翻盘的可能性极小，极有可能使得客户失去获利的机会。一旦交易差价亏损实际发生，客户肯定会进行交涉。对待此类纠纷，应当掌握的标准是，超出客户指令价位的损失应当由期货公司负担。如果客户不愿意再继续持仓，则应由期货公司予以平仓，或者将仓位交由期货公司处理，与客户无关。换句话说，该交易结果就算在期货公司身上，不需客户承担交易结果。

6. 不当延误执行客户交易指令的处理

由于期货市场交易行情波动剧烈，经常会发生交易不成的情况。例如，价位很快被封于涨停板，或者很快被打到跌停板，导致买不进来，或者卖不出去的局面。有时可能是因为期货公司延误执行客户交易指令造成的，期货公司就应承担赔偿责任，赔偿客户可能获得的价位利润、赢利；而对于预料不到的情况发生，即使期货公司及时执行客户交易指令，也同样会导致无法实现交易结果，那么，期货公司就是没有过错的，根据过错与损害结果之间因果关系的理论，既然不是原因，就不应当承担责任，客户的损失只能由其自行负责。

7. 差价利益的处理

由于期货交易实行保证金制度，市场时刻存在博取差价的机会。根据合同法行纪合同一章的规定，受托人买卖委托人的物品，对于买入时节省的部分，或者卖出时超出指令的部分差价，受托人可以据为己有。而期货交易则与此相反，期货公司是不能占有该差价的，这主要是因为客户参与期货交易的目的就是为了博取差价，这里没有存在一个固定的价位，或者任意一种合约能够让客户获取固定利益，为了最大限度保护客户利益，这个差价就不能让期货公司占有，应由期货公司支付给客户。当然，是否占有该差价，还应审查期货公司的诚信程度，如果期货公司篡改客户成交回报单，客户又没有进行审查、查阅，就会被期货公司占有，所以《规定》规定客户要求返还成交的回报单，期货公司应当予以返还。同时，也允许客户与期货公司以合约的形式约定该差价的处理方式，毕竟这是私法范畴，应当允许客户放弃自己的合法权益，法律、法规、司法解释均无权予以强加干涉。客户明示放弃差价利益的，人民法院应予认可；客户明示要求期货公司支付差价利益的，人民法院应予支持。

（三）透支交易的风险与法律责任

1994年《国务院办公厅转发国务院证券委员会关于暂停粳米、菜籽油期货交易和进一步加强期货市场管理请示的通知》明确规定，期货公司不得为客户透支进行期货交易。1995年《中国证券监督管理委员会关于要求各国债期货交易场所进一步加强风险管理的通知》更进一步明确，交易场所不得允许其会员、会员不得允许其客户进行任何形式的透支交易。《条例》则对于交易所或期货公司允许客户在保证金不足的情况下进行期货交易（透支交易）的，给予相当严厉的行政处罚。行政管理手段对杜绝透支交易现象的发生虽然起到了良好作用，但期货实践中透支交易行为仍时有发生，从民事法律责任角度来研究透支交易现象仍是有必要的。

1. 透支交易现象的种类及其异同

由于期货交易保证金有初始保证金和追加保证金之分，透支交易也由此而形成不同的形态。按照一般的交易规则，当保证金账面余额低于相应的比例时，客户必须在规定的时间内补充应追加的保证金。否则，交易所或期货公司可以在下一交易日将其持仓头寸予以强制平仓，以避免因保证金的不足而造成资金负债现象。但是，如果客户既不追加保证金，也不主动对持仓头寸自行平仓，而交易所或期货公司又没有及时实施强制平仓，那么透支就必然发生了。

这种透支并不是交易所或期货公司的主动行为造成的，而是客户因市场行情判断的失误，导致价格向不利于客户持仓部位的方向发展，形成客户所缴纳保证金金额低于规定的标准。如果交易所或期货公司不及时予以强制平仓，或因行情的极端变化而强制平仓不能，则这种透支将可能一直处于持续状态，这种透支称为被动透支，也有人把它叫作默认透支。因为这种透支尽管是客户的交易行为以及市场行情的变化所致，但交易所或期货公司可实施强制平仓而不实施，默认客户在保证金不足的情况下仍持有该合约。这虽然有一定的道理，但因为有时尽管交易所或期货公司对保证金不足的持仓合约实施了强制平仓动作，但是由于行情的极端变化而无法实现强制平仓的目的。此时即使不愿默认其透支，透支现象也不能完全被杜绝。因此，默认透支说不能涵盖被动透支的全部情形。

一般来讲，当客户没有初始保证金或初始保证金不足的情况下，交易所或期货公司不会允许其开仓交易。如果交易所或期货公司允许客户在初始保证金不足的情况下开仓交易，则这种透支属于主动透支。这种透支由交易所或期货公司向客户虚开头寸，主动垫付开仓交易资金，实际上是一种不合法的融资行为。由于这种透支不是市场行情变化所致，而是交易所或期货公司的主动融资行为造成的，不管双方事前是否约定共享利益、共担风险，它破坏了正常交易秩序，人为加大了市场风险，因此必然为我国法律、法规所不允许。

尽管主动透支和被动透支都为相关期货法规所不允许，都可能导致相同的行政制裁，但从民事法律后果和民事法律责任的角度讲，区分主动透支和被动透支是十分重要的。

2. 透支及透支交易的法律后果与责任

期货交易是一种风险交易，期货市场具有投机性强、风险大的特点，而透支交易极大地增加了期货交易风险，所以我国目前关于期货交易的规定都禁止进行期货透支交易。如《国债期货交易管理暂行办法》第二十二条规定："国债期货交易场所不得以任何方式允许会员透支进行期货交易。"《中国证券监督管理委员会关于进一步加强对期货经纪机构监管工作的通知》中也包括"期货经纪机构不得为客户融资，不得允许客户蓄意透支交易……"最高人民法院在《纪要》中规定："会员公司或者客户透支的，应当返还占用交易所或经纪公司的款项；交易所允许会员透支所造成的损失，应由交易所承担；经纪公司允许客户透支，并和其约定分享利益、承担风险的，对客户用透支款项交易造成的亏损，应当按照约定承担责任，未作约定的，由经纪公司承担。"《条例》也规定，不允许会员或客户在保证金不足的情况下进行期货交易。

关于透支交易的法律性质，一般采纳"侵权行为说"，即认为是客户非法占用经纪公司的款项，属于民事侵权行为。但是，一概认为是客户侵权的观点是不妥的。关于透支交易的法律性质，也存在另一种学说，即"无效行为说"。这种学说认为，透支交易不仅仅是违规行为，实际上它也是一种非法借贷、扰乱金融秩序的行为，如果期货公司允许客户透支交易，就是将期货公司自己的或管理的资金借给客户使用，在期货公司与客户之间形成了资金的借贷关系，违反了我国有关金融管理的规定，因此，透支交易应认定为无效的民事行为，不受法律保护。但是最高人民法院在《纪要》中关于"经纪公司允许客户透支，并和其约定分享利益、承担风险的，对客户用透支款项交易造成的亏损，应当按照约定承担责任"的规定，显然是对双方透支交易约定的认可。一种无效的民事行为怎么能得到法律的保护呢？说明最高人民法院《纪要》中的这条规定有欠妥之处。既然透支交易是一种无效的民事行为，基于这种行为所取得的利益应属于非法所得，应依据民法通则的规定，将客户用透支款项获得的盈利视为非法收入，予以收缴。对于透支交易造成的亏损应根据不同情况予以处理。因价格波动较大而期货公司强行平仓不能造成透支交易损失的，由客户承担民事责任；对于期货公司允许客户透支交易，或未行使强行平仓，造成透支交易损失的，由期货公司承担民事责任。对于透支交易中的赢利予以收缴的观点我们也是同意的，但是，如果透支交易赢利还会发生纠纷吗？显然，我们所处理的案件都是因为发生亏损而出现的，最主要的是要处理当事人之间的亏损分担。合同或者行为无效，不等于该法律后果我们就不予以处理了，照样应当根据现有法律、法规、司法解释的规定予以处理。

根据期货交易的实践，透支必然占用交易所或期货公司的资金，使风险发生不应有的转移。期货公司、客户透支后交易所或期货公司仍允许其进行交易，违反了相关法律、法规的规定，必然产生一定的法律后果。具体讲，透支交易的法律后果无外乎行政法律后果和民事法律后果。

（1）行政法律后果。就行政法律后果而言，《条例》第五十八条、第五十九条作出了规定。在行政法律责任问题上，无论是哪种形式的透支交易都构成承担行政法律后果的事由。即如果交易所或期货公司不向客户收取保证金就允许其进行期货交易的，或者收取的保证金低于规定标准的，或者保证金账户出现亏损需要追加保证金时不通知追加而继续允许其持有相关期货合约的，都可按《条例》第五十八条和第五十九条的规定处罚。

（2）民事法律后果。从民事法律后果的角度而言，区分主动透支和被动透支具有重要意义。在主动透支的情况下，客户用透支款项进行交易，既可能因市场行情向有利于其持仓部位的方向发展而产生赢利，也可能因市场行情向不利于其持仓部位的方向发展而造成亏损。但是，由于其持仓是透支行为造成的，如果没有透支这种违法行为的支持，该持仓根本就不会存在。因此，以非法交易行为所产生的赢利，不应受到法律保护。按照现行有关的法律规定，会员公司或客户透支的，应当返还占用交易所或期货公司的款项。用透支款项交易产生的赢利，应当予以收缴；用透支款项交易造成的亏损，应当由允许其透支交易的交易所或期货公司承担主要责任。最高人民法院《纪要》中明确："交易所允许会员透支所造成的损失，应由交易所承担；经纪公司允许客户透支，并和其约定分享利益、承担风险的，对客户用透支款项交易造成的亏损，应当按照约定承担责任，未作约定的，由经纪公司承担。"这虽然在一段时期以来处理期货交易纠纷尤其是相关透支交易纠纷中起到了良好的指导作用，但它仍有不尽完善之处。具体体现在两个方面：其一，《纪要》只提到了用透支款项交易造成的损失如何处理，而没有涉及用透支款项交易产生的盈利如何处理的问题。如果用透支款项交易产生的盈利可以归客户所享有，而用透支款项交易所造成的亏损由交易所或期货公司承担的话，则不符合风险和利益相一致的原则。如果透支交易的盈利或亏损都由交易所或期货公司享有或承担，则不符合合法原则。其二，《纪要》在处理期货公司允许客户透支交易的问题上，强调如果期货公司与客户约定分享利益、承担风险的，对客户用透支款项交易造成的亏损，应当按照约定承担责任，未作约定的由期货公司承担。这似乎体现了尊重当事人约定的原则，但是，允许透支交易的约定，事实上是非法的约定，这种约定自始就不具备法律的约束力。而尊重当事人约定，是指合法的约定，并不包括不合法的约定。所以，在主动透支的情况下，为了制裁这种违法行为，挽回其对期货市场的不利影响，用透支款项交易产生的赢利予以收缴（没收），用透支款项交易造成的亏损，由交易所或期货公司和客户共同承担，这既符合法律原则又有利于制止非法透支行为的发生。《规定》就是贯彻了这样的思想，分两条对透支交易的后果进行了界定，规定了主要责任和相应责任的情况，实际是对《纪要》的进一步明确，因为自从《纪要》颁布之后，大家一直对这两条有意见，这一次就是在反复研究的基础上，重新根据过错原则对两种情况下的透支交易后果，进行了明确的认定和划分，应当符合过错原则以及风险与利益相一致的原则，也不会引起不必要的误解或者歧义。

在被动透支的情况下，其透支的产生不是基于交易所或期货公司的主动融资行为，而是客户因判断的失误导致市场行情向不利于其持仓部位的方向发展，致使客户持仓保证金不足，从而占用了交易所或期货公司的资金。因此，被动透支只可能形成亏损而不可能带来赢利，只存在损失如何承担而不存在赢利如何处理的问题。从透支占用交易所或期货公司的资金来看，客户的交易行为因市场行情发生变化而出现初始保证金不足以支持其持仓的情形，在该持仓追加保证金或平仓之前，实际上对交易所或期货公司处于一种侵权状态。为了结束这种侵权，客户应及时追加保证金或对其亏损头寸主动予以自行平仓。否则，交易所或期货公司为了不使交易风险转嫁到自己身上，当然可以采取措施对客户保证金不足的头寸予以强行平仓。至于客户的损失，归根结底是由于客户的正常交易行为造成的，只要交易所或期货公司在客户持仓保证金不足的情况下不再允许其开新仓交易，持仓损失当然应由客户自行承担。即使交易所或期货公司对保证金不足的头寸实施强行平仓，其费用和平仓损失也应由客户承担。因为被动透支与主动透支不同，不存在用透支款项开仓的情形，所以不存在用透支款项交易造成损失的问题。客户的保证金即使已经处于透支状态，其持仓或平仓损失也仍属于正常交易损失，自应由客户承担。但是，有一种情形必须说明，有时价格行情波动甚大，客户的保证金已不足以维持其持仓，交易所或期货公司为了避免交易风险转嫁到自己身上，在通知其追加保证金未果的情形下，应将保证金不足的持仓予以强平，以防止损失的进一步扩大。

如果该强平能够强平却不强平，任由客户持仓损失进一步扩大，直至发生穿仓而使损失大于客户的保证金总额，则对这部分超出保证金总额的穿仓损失应由交易所或期货公司承担。因为即使在被侵权的情况下，权利人也有责任采取措施防止侵权行为造成损失的扩大，否则将失去对扩大的损失部分的追偿权，这是符合民法一般原则的。但有一个例外，如果交易所或期货公司及时实施了强平而因行情的剧烈变化致使平仓不能，则超出客户保证金总额的部分穿仓损失，交易所或期货公司仍享有追偿权。

这里还应当强调两个方面的问题：一种情况是交易所、期货公司未能尽到通知义务，这个通知义务是交易的每个环节都要强调的，即交易所、期货公司的过错，导致客户未能及时追加保证金，显然会扩大持仓损失。在此，就要区分双方的过错的大小，从表面上看似乎过错在于交易所、期货公司一方，期货公司、客户是没有过错的，实际上，期货公司、客户亦有义务关心自己的持仓，也有一定的过错，因此，根据《规定》的规定，交易所、期货公司应承担主要责任，期货公司、客户应承担次要责任。另一种情况是当持仓透支发生后，交易所、期货公司也履行了通知义务，客户并没有及时追加保证金，而是提出要求交易所、期货公司暂缓平仓，因为其正在筹集资金，或者资金正在流动，或者暂缓等待行情反转、反弹等。为了充分保护期货公司、客户的利益，是可以与其签署补充协议的，约定暂缓平仓，在此期间发生的扩大损失由期货公司、客户自行承担；仓位本来就是客户的，正常情况下的盈亏由客户自行承担，根据交易规则与合约的规定、约定，到了风险警戒线，客户应当追加保证金，或者对是否继续持仓作出相应的抉择，应当主要强调责任自负的基本原则，其他则为次要的、辅助性的，但继续持仓以不发生穿仓为限，因继续持仓导致的穿仓损失，则应由作出同意客户持仓的一方承担该亏损。因行情导致的平仓不能而发生的亏损例外，最常见的是所谓的单边市，期货交易中发生连续的涨跌停板，导致期货公司平仓不能，客户继续持仓，但并未追加保证金。对于此类情况的发生，显然过错不在期货公司，是因市场行情变化所引起，故承担责任的主体仍应是客户自己。

3. 透支交易与强制平仓的关联

强制平仓总是与透支交易相关联的。透支交易是在客户没有保证金或保证金不足的情况下进行期货交易，透支包括主动透支和被动透支。主动透支的情况下，是交易所或期货公司与客户共同实施的一种不合法的融资行为。客户连初始保证金都没有就被允许进行交易了，因此自然也谈不上追加保证金。这种情况下，交易所或期货公司与客户往往约定分担风险、分享利益，但由于主动透支自始就是一种违法的无效行为，不受法律保护。客户除应立即返还占用交易所或期货公司的透支资金外，交易风险应由提供透支款项的交易所或期货公司主要承担；被动透支的情况下，透支的发生不是交易所或期货公司的行为所致，而是客户正常交易行为与市场行情发生冲突，造成市场价格不利于客户的持仓部位，从而导致持仓保证金的不足。而由于交易所或期货公司对客户的持仓合约有履约担保责任，客户保证金不足，必然占用交易所或期货公司的资金，这对交易所或期货公司是一种侵权。如果这种状况持续下去，就会扩大客户资金负债，使交易风险转移到交易所或期货公司身上。为了结束这种局面，杜绝客户的资金负债，避免交易风险发生不应有的转移，交易所或期货公司应通知客户及时补充追加保证金。如果客户未能或拒绝按要求追加保证金，则交易所或期货公司对其保证金不足的头寸有权予以强制平仓，迫使客户用自己的保证金来承担交易亏损。可见，强制平仓与透支尤其是被动透支联系紧密。客户透支是交易所或期货公司采取强制平仓措施的原因，强制平仓的目的是阻止透支的继续和扩大，使客户能够在保证金范围之内承担交易风险，从而维护正常的交易秩序。

（四）期货交易中强行平仓的法律责任问题

强行平仓是期货交易中的一个非常重要的问题，也是当前期货市场中非常难以界定的问题，更是制定司法解释中讨论的热点、难点问题。其概念是当期货公司或者一般客户在期货交易中，因保证金不足以维持其持仓头寸，或者是指其持仓合约需要的保证金不足时，在当日交易结算单上已经明确记载为亏损，需要追加交易保证金，而次日开市时期货公司或者客户未能及时向交易所或者期货公司指定账户支付保证金，且市场行情仍然是朝着其持仓不利的方向发展，交易所或者期货公司为了保护相对客户的利益免受增加的损失，避免损失的扩大，而采取平掉客户一部分或者全部持仓的行为。

在目前的期货市场中，争议最大的问题是：强行平仓到底是交易所、期货公司的权利还是义务？强行平仓到底应当具备什么条件？在制定司法解释的过程中，这些问题一直是争论的焦点。

1. 强行平仓的属性

关于强行平仓到底属于期货公司的权利还是义务，是我们首先要探讨的问题。

在我国期货市场产生发展的十余年以来，法律界、期货界主要存在以下几种不同的观点和认识。

（1）权利说。在对期货公司的认识上，绝大多数人认为强行平仓是期货公司的权利，而不是他们的义务。

（2）义务说。在期货市场上，也有部分学者以及绝大多数客户认为，强行平仓是期货公司的义务。

（3）权利转义务说。这种观点主要认为，既没有纯粹的权利也没有纯粹的义务。就强行平仓的各个环节来说，首先体现的是期货公司的一种权利，即期货公司处于主动地位。当客户的交易保证金达到风险控制线时，期货公司只要通知了客户，就随时可以在客户不追加保证金或者不予表态的情况下，实施强行平仓的行为，而不受客户的追索。

（4）权利与义务并存说。这种观点与"权利转义务说"类似，只不过强调权利与义务的共存性。认为没有绝对的权利，也没有绝对的义务，二者是同时存在的。

对于上述四种学说与观点,在法律界与期货界历来争论就非常大。不过本次制定《规定》的过程中,大家较为一致的看法是将期货公司强行平仓的行为规定为权利,这样可以让期货公司的地位提升一些。从司法部门的意见来看,主要是为了强调权利与义务的一致性,也可以使期货公司能够更好地履行自己的职权,更好地为客户服务,而不是要引起期货公司与客户的争论。因为《规定》在一般规定部分的第二条明确规定,期货合约约定是审理期货案件的基本依据,既然我们尊重当事人的意思自治,就表明对于强行平仓的问题是允许期货公司与客户进行约定的。而《规定》本身就是为了规定期货市场中需要进一步明确的法律责任问题,是对法律、行政法规填补空白,绝不是要撇开法律规定另搞一套。司法部门的意见是非常清楚的,只要对于规范市场有利的举措,是可以实行和遵守的,没有必要强加于人。实践证明,只要发生违背市场规律的事情,期货市场就会遭到挫折,就要进行必要的修复,以期恢复正常的运转。

2. 实施强行平仓的基本条件

从上面的介绍已经了解到,强行平仓不是任意的时间和方法能够进行的,必然有着一定的条件制约。从实践中所掌握的情况看,主要应当包括以下几个条件。

(1) 期货合约约定。为了保护客户利益,也为了保护期货公司自身的利益,有必要规定一个风险控制底线。一般情况下,期货交易所规定保证金的比例是5%,如果期货公司与客户约定的低于5%,说明期货公司在为客户垫资,也就是在允许客户进行透支交易,这是不允许的;通常可以约定的保证金比例高一点,不宜过高,如果超过10%,就明显高了,约定7%~8%似乎是可以接受的,这样留出一定的余地,使得期货公司与客户都有回旋的余地,也有利于期货公司掌握客户的持仓,帮助客户分析持仓和方向行情的发展,一旦到了风险控制线,期货公司通知客户,客户也不一定急着去考虑平仓,或者立即追加保证金,有更充裕的时间考虑自己仓位的处置,是增仓还是减仓。在这里要强调的是,控制风险是第一位的,如果在这个环节能够控制住,强行平仓的情况就会很少发生。当然是否亏损要以交易所规定的保证金水平为准,而不应当以期货公司规定或者约定的比例为准。

(2) 履行了通知义务。这主要是针对期货公司来说的,因为每日进行无负债结算,闭市之后,期货公司有义务履行通知交易结果作为,即使客户没有亏损或者盈利,均必须进行通知。通知的责任重大,而这也是让期货公司取得可能发生的强行平仓行为权利的前提,是最基本的前提。通知中要包括仓位的盈亏情况,需要追加保证金的数额、追加的具体时间和方式等。

(3) 追加保证金的时间要合理。这是交易所、期货公司、客户三方都非常关心的问题。应当注意,第一,在通知追加保证金的时间和方式上都应当保持一定的灵活性,不应当仅由客户按照一种模式追加保证金,应当考虑到客户的反应时间,即能在多长时间内将款项划至期货公司指定的账户;还会发生这样的情况,即客户是以银行汇票的方式划转,能否保证在次日开市之前到达,是指款项解付,这是非常关键的问题。第二,当客户需要追加的保证金数额较大时,款项又不能立即追加,但客户要求保留持仓的,就应当给予客户一定的宽限期,由其尽快将保证金追加到位。值得注意的是,要与客户签订书面协议,并且约定的时间要具体、明确,不要留下争议的内容,宽限的时间也不能太长,特别是当行情变化很快,客户损失较大的时候,要尽可能地避免当损失进一步扩大时,客户弃仓而逃,根本就不再考虑自己的仓位和损失,必然导致期货公司将客户的损失承担下来，这对期货公司是不公平的，期货公司也应当注意防止这种情况的出现。当然，对于客户正当的要求，期货公司应当尽量予以满足。也可以在客户提供相应抵押的情况下，办理上述的宽限协议，但也应当以控制风险为主，宽限为辅。

（4）追加保证金的数额应相当。这里主要是指要求客户追加的保证金数额不能出现忽高忽低的情况，是为了发挥资金的最大效用，亏损多少，就及时弥补多少，不应发生亏损1万元，而要求客户追加3万元的情况，不能为了今后一段时期不再发生亏损，而要求客户毫无限制地追加保证金。客户的保证金应当说绝大多数已经投入到期货市场，已经放在期货公司指定的保证金账户，一旦发生较大亏损，其再投入较大金额予以弥补的可能性就很小了，因此，当出现较小亏损时，客户当然以追加保证金为主，而一旦无力支撑持仓时，很难说就有追加的必要。保存实力是十分必要的。因而，在追加保证金的数额时，必须考虑到客户的亏损情况，以及客户的承受能力，不能一味地要求客户大量追加保证金。

（5）客户未能履行自己追加保证金的义务。实施强行平仓的条件关键之处在于，当期货公司履行了自己的义务之后，主要是指适当履行通知义务之后，此时就要考察客户的义务履行情况了，客户是否履行自己追加保证金的义务，是期货公司是否取得强行平仓权利的关键。如果客户既不追加保证金，也不与期货公司进行必要的协商，放任其持仓损失的进一步扩大，侥幸认为自己持仓能够反弹或者反转，就等于将强行平仓的权利已经必然转移给期货公司行使。期货公司为了保护客户的利益不再进一步遭受损失，也为控制期货市场的交易风险，当然也为了自己利益免受客户的牵累，果断、立即将客户已经亏损的仓位予以平仓，是其首选行为，此时肯定体现为期货公司的权利而不是义务。当强行平仓为法律、规则甚至合约明确的条件成就时，又会体现为期货公司履行法定义务，履行合约义务，期货公司当然无条件为之。

3. 强行平仓权利的行使

根据上述论证，当达到风险控制线时，期货公司就应当享有强行平仓的权利，如何行使该权利，期货行政法规是有规定的。例如，《条例》第四十一条规定："期货交易所会员的保证金不足时，该会员必须追加保证金。会员未在期货交易所统一规定的时间内追加保证金的，期货交易所应当将该会员的期货合约强行平仓，强行平仓的有关费用和发生的损失由该会员承担。期货经纪公司在客户保证金不足而客户又未能在期货经纪公司统一规定的时间内及时追加时，应当将该客户的期货合约强行平仓，强行平仓的有关费用和发生的损失由该客户承担。"《期货经纪公司管理办法》第二十六条规定："期货经纪公司可以在期货经纪合同中约定交易风险控制条件及处置措施。"《期货经纪合同指引》第三节第九条至第十一条明确规定期货公司应当与客户约定风险控制，并对平仓后果作出规定。

（1）按照规定或约定平仓。当符合平仓条件后，交易所、期货公司即取得强行平仓的权利，并不是天经地义的交易所、期货公司就享有强行平仓的权利。如果客户的信誉很好，不会发生保证金亏损的情形，也就意味着交易所对期货公司、期货公司对客户不会享有强行平仓的权利，不是没有机会行使，而是在这样的合约中，条件不具备，期货公司就不会享有这样的权利。因此，在法规、规则规定的条件具备后，或者在期货合约约定的条件具备后，交易所、期货公司就可以进行强行平仓。对此，交易所、期货公司必然享有强行平仓的权利，而不是义务。当然，这样的条件是一个比较综合性的条件，而不是特指的某种类型的条件。在制定《规定》的过程中比较一致的观点是将这样的内容规定下来以后，就可与其他法规、规章的规定相吻合，而不是彼此相左，这与法律的连贯性是一致的，也能够被市场所接受。约定不明确的，就视为期货公司的权利，期货公司可以进行平仓。

(2) 维护市场正常交易秩序。交易所、期货公司均有维护期货市场正常秩序的责任，20世纪90年代对市场监管、风险控制的疏忽，导致期货市场大乱，也使得政府下决心对市场进行了长达七年的治理整顿，教训是惨痛的，我们国家为此付出的经济代价也是惨重的。这些教训为我国的期货市场培育、发展奠定了扎实的基础，在监管、调控风险的环节是一个非常好的契机。买空、卖空是期货交易的特点之一，但如果任由其发展，就会导致风险的无限扩大，市场可能重新紊乱，为了避免这样的情形出现，控制大户持仓制度、会员持仓报告制度、公开制度，都是监管部门控制风险的常用手段，也是国际上通行的、行之有效的措施。当会员、客户有意无意持仓超过限制时，就是违反了交易所的规则，按照规则规定，必须予以平仓，以控制风险的扩大，对于这样的情况，就不是客户保证金不足时的强行平仓的情况，而是监管者控制风险的措施。《规定》的相关规定，也是与法规吻合的，其中并没有明确还要通知客户，从道理上说，通知客户由其自行平仓属于上策，但是，为了监控市场的需要，只要客户出现违规持仓的情形，交易所可以对期货公司、期货公司可以对客户进行即时平仓，无须尽到通知义务。这样做对市场有利，对客户也是有利的，也可避免一旦亏损给客户带来不必要的损失扩大。

(3) 紧急情况下的平仓措施。当期货市场出现较大风险时，期货交易所会出台控制风险的临时性措施，常见的措施有限仓制度、相反方向的平仓。此情况不属于司法解释要解决的问题，故《规定》没有加以规定，但是这种措施的实施是能够见到的，也是客观存在的，不容忽视。当期货市场交易出现连续的同方向涨跌停板时，交易所为了控制风险，有可能发出临时限仓或者平仓指令、通知，由各个期货公司执行，从大到小、从亏损多的到亏损少的，陆续进行平仓，使得交易价位维持相对的平衡，也同时化解了风险。在某个交易品种出现存在不必要时，例如，小品种，交易违反法规、政策的品种，交易所经中国证监会等主管部门批准后，可以予以取消，以避免导致市场秩序的混乱。对于这类交易合约的强行平仓，只有按照法规、政策的规定办理，是不需客户作出是否平仓的表态的。此时也表现为交易所、期货公司的权利。

(4) 客户保证金不足时的强行平仓。在较为完备的期货市场上，最为常见的是客户交易保证金不足，持仓发生亏损时，必然发生追加保证金的问题。只要期货公司尽到了自己的义务，按照相关法规、规则的规定进行办理，其就享有了对客户持仓部位亏损的部分进行强行平仓的权利。对于该权利的行使，客户可以提出自己的要求。例如，客户在多家交易所从事交易，有亏有盈，二者相抵时，可能会赢利，也可能不亏不盈，基本持平。对此类情况，期货公司可以不予平仓，但是，客户在交易所持仓赢利部分的现实利润，不能允许客户提取，要保证其他持仓的平衡；只有客户对所有持仓进行了结算，或者自己做了平仓处理后，头寸所占有的资金得到释放，客户才有权将保证金及其赢利取回。为保护客户利益，只要次日开市时客户未能追加保证金的，期货公司即应进行适度平仓；对于客户要求期货公司暂时保留持仓的，应当签署协议，最好由客户提供相应担保，但应约定保留持仓的时间、价位，一旦达到新的风险警戒线，期货公司仍然应对客户持仓进行平仓。只要客户未能提出保留持仓的意见的，期货公司不能放任客户仓位亏损的加大。如果市场行情瞬息变化使得期货公司无法执行平仓措施的，客户也不能以此推断是期货公司怠于执行强行平仓措施。

4. 强行平仓的法律后果

强行平仓措施实施后必然产生相应的法律后果。原来客户的亏损是浮亏，由于强行平仓的实施，客户的亏损就变成了现实。往往由于平仓措施的实施会产生期货纠纷，这就反映出平仓后果到底应当如何承担的问题。如果平仓法律后果不能正确加以界定，势必引发更大面积的期货交易纠纷。因此，强行平仓的法律后果，是《规定》要重点解决的法律问题之一。

（1）期货公司、客户承担强行平仓后果。一般情况下，客户的仓位对冲平仓后，其交易结果自然由客户自己承担，赢利归客户，亏损由客户负担。而在强行平仓环节，由于涉及期货公司等权利义务的问题，就不是那么简单地认定完全由客户承担平仓后果。只要期货公司没有过错，完全是按照交易规则、合约约定进行的强行平仓，对客户利益保护已经尽到了自己的责任，说明期货公司是没有过错的，不应承担强行平仓的法律后果。对于强行平仓所造成的亏损，应当由客户自行承担。只要能够说明、能够举证证明期货公司在第一时间、以最快捷的方式、以最优惠的价位将客户合约的强行平仓手段传达到交易所场内，就可认定期货公司完成了自己的义务和责任，其权利行使也是充分、合法、符合合约约定的，期货公司没有理由承担平仓后果，或部分承担平仓后果。

（2）期货公司、客户承担不主动平仓的法律后果。《规定》第三十八条规定："期货公司或者客户交易保证金不足，符合强行平仓条件后，应当自行平仓而未平仓造成的扩大损失，由期货公司或者客户自行承担。法律、行政法规另有规定或者当事人另有约定的除外。"这即意味着期货公司、客户应当关心自己的仓位，当保证金不足发生亏损时，期货公司、客户均有义务自行平仓，而不应一味地等待行情反弹或者反转，如果在犹豫之际又导致其仓位的损失扩大，则这部分扩大的损失，仍应由期货公司或者客户自行承担。不能以此认为是期货公司耽误了自己的平仓，不能把责任推到期货公司身上。也允许与客户进行约定，例如，暂时保留仓位，或者数个交易所的持仓统一结算盈亏等。

（3）超量平仓损失后果的承担。我们一再强调强行平仓要适量，不要随意平掉客户的持仓，当交易所或者期货公司在平仓过程中有不慎行为时，说明交易所、期货公司没有尽到谨慎义务，他们对客户的持仓不够负责任，对此，他们是有过错的。按照《规定》确定的过错责任原则，有过错的一方要承担因此引起的损失，这个损失就是对客户超量平仓造成客户损失的扩大，例如客户只是发生轻微亏损，只要少平掉一部分客户持仓，就可以化解风险，如果平掉客户相当数量的仓位，显然交易所、期货公司是有过错的，应当承担该部分损失。因此，《规定》中规定，因超量平仓引起的损失，由强行平仓者承担，即是贯彻过错责任原则。

（4）未按规定或约定平仓造成后果的承担。在这里强调的是执行强行平仓要严格按照交易规则的要求，或者严格按照合约约定的要求，按照一定的条件、时间、方式等执行平仓措施，其后果由期货公司或者客户承担。而如果交易所、期货公司未能按照上述要求进行强行平仓,并且直接导致了期货公司、客户的损失扩大的,由于交易所、期货公司的过错,对该部分损失要由交易所、期货公司承担。在这里同样强调的是过错责任原则,只要能够认定交易所、期货公司有过错,其便应承担相应的过错责任。当交易规则、合约约定的平仓条件成就后,特别是规定、约定由交易所、期货公司平仓时,而未采取或及时采取强行平仓,由此造成的损失,则应由交易所、期货公司承担;穿仓造成的损失,亦应由交易所、期货公司承担(《规定》第四十条)。关于平仓费用若有实际发生,则应由期货公司、客户承担,如手续费、税金、佣金等,这一规定符合期货市场的基本特点和现实情况(《规定》第四十一条)。

5. 强行平仓的法律依据研究

在探讨强行平仓的权利义务关系时,必然要涉及如下两个根本性的问题:第一,为什么要赋予交易所、期货公司强行平仓的权利?第二,对于期货公司来说,交易所、期货公司如何行使平仓权利,以及能否放弃该种权利?在期货交易中,当期货公司、客户的保证金余额低于期货公司与客户约定的保证金维持水平时,如果客户未按通知要求追加保证金,也未能对自己的持仓进行适量平仓,期货公司亦未能对客户的持仓进行适量或者全部进行平仓,必然会造成一定的亏损后果,那么该部分损失由谁承担?按照当前占主流的观点和《规定》的规定,强行平仓是期货公司的一种权利,不是义务,既可以进行平仓,也可以不予平仓,亏损应由客户自行承担。有的意见认为,该亏损应由期货公司承担,因为平仓不仅是一种权利,也是其义务,此种义务就是防止向客户进行透支,保持自身财务的健全和安全。因此,如果期货公司不采取强行平仓措施,若市场行情继续出现对客户不利的变化时,就很可能或者已经造成期货公司向客户透支的事实。既然客户损失是因为期货公司没有履行其义务而造成的,所以让其承担责任也符合民法上的责任自负原则。实际上,只要期货公司依法履行其义务,将客户的头寸予以部分或者全部及时强行平仓,也不会导致客户损失扩大。不准向客户透支,主要出于以下几个方面考虑。

(1) 防止损失扩大。本来已经亏损,多多少少已经有了透支,如果还允许客户透支,将来客户的损失可能会更大。为保护客户不再遭受更大损失,有必要明确期货公司要承担的责任和义务。首先,由期货公司与客户约定相应的风险控制线,并约定维持保证金水平。既然实际操作中,客户已经出现一定数额的亏损,说明客户也很可能已经占用期货公司的资金或者其他客户的保证金(在不能做到每个客户一个保证金账户的情况下),也说明期货公司已经向交易所缴纳了亏损的保证金额度。在这时,客户没有追加保证金,也没有对其持仓作出自行平仓行动,将面临的是客户持仓亏损会继续加大。特别是市场行情不利于客户的情形会继续,这种可能性就会非常大。防止客户损失增大的有效手段则是期货公司不得允许客户透支。也就是说,当客户保证金不足时,客户既未追加保证金,亦未自行平仓,期货公司这时就有责任对客户亏损部分的持仓予以强行平仓,直至保证金能够维持现有的持仓,杜绝损失的进一步加大。对于客户所拖欠的保证金,期货公司有义务及时将该金额向期货交易所缴纳。

(2) 公司应保持自身的交易安全。在客户交易出现风险时,期货公司有责任予以防范或者减少该风险,如果期货公司有经济实力能够化解该交易风险,当然更好。但是,期货公司救客户也是为了救自己,如果客户都破产了,或者客户连累了期货公司,不但客户救不活,恐怕最后连期货公司也一起被拖累。因此,必须确立一个风险防范界限,一旦达到该界限,就必须进行风险的化解,不得允许风险的任意性的扩张,甚至影响到期货公司的自身利益,也就是说,不能使得期货公司代替客户承担交易的风险。只有保存了自己的实力,才可能求得自身发展,也才能帮助客户渡过难关。

(3)防范透支是控制期货交易中风险的重要环节。为了防范风险的发生,明确控制可能因行情变化引起透支,即客户保证金的亏损,占用期货公司的资金,增加期货公司的不必要的负担,期货公司有必要坚持这样的原则,不得允许客户透支,在此环节上严格把关,只能由客户使用自己的资金进行期货交易,当保证金不足时,由客户自己追加保证金,亦可自行将自己的持仓平掉一部分,以保证持仓与保证金相匹配,不至于因为保证金的问题,影响了期货公司对所有客户的风险控制。所以,必须从根本、从一开始即作出详细的控制风险的原则和方法,彻底、全面地落实到期货市场交易之中。

(五)规定入市交易的举证责任

最高人民法院全面总结十年来人民法院审理期货纠纷案件的经验,听取中国证监会等期货行业主管部门的观点以及广泛征求期货市场各方参与主体的意见,并参照了国际期货市场的惯例,制定了《规定》,直接明确了期货公司举证入市的标准(《规定》第五十六条)。按照我国"一户一码"的期货交易制度,期货客户给期货公司的交易指令中开平仓方向与期货公司给交易所的指令应该一致,但实践中期货公司由于各种原因,大量存在着混码交易情况。而现阶段关于入市问题的期货纠纷也几乎都与混码交易相伴随,在混码交易情况下再来看"开平仓方向"能否完全一致情况则有所不同。

我国某些期货公司出于"节省"保证金目的,混码交易,参照"净头寸"结算模式将不同客户买卖方向相反的建仓头寸在交易所中对冲;还有的期货公司在市场行情火爆时,为争取客户指令尽快成交,混码集中敲单,并利用交易所规则中"平仓优先"的规定,将客户指令一律敲入"平仓",日后再作出调整。上面两种情况都会造成客户成交记录与期货公司在交易所的成交记录中记载的开、平仓方向不一致。

期货公司的上述违规行为,直接后果是期货公司在交易所的持仓少于客户在期货公司的持仓,期货公司"节省"了保证金,但在我国期货交易实行"行纪代理"制度(《条例》第二十四条),以及交易所对期货公司结算、期货公司对客户结算的分级结算制度(《条例》第四十条)前提下,期货公司的这种违规行为本身并不会造成交易、结算的紊乱。以上海期货交易所为例,其交易制度中规定:"每日交易结束后,交易所按当日结算价结算所有合约的盈亏、交易保证金及手续费、税金等费用,对应收应付的款项实行净额一次划转,相应增加或减少会员的结算准备金"(《上海期货交易所结算细则》第三十六条)。因此,只要期货公司将客户的每一笔指令真实入场成交,不论"开、平仓方向"与交易所中记录是否一致,除期货公司在交易所中占用保证金与客户在期货公司占用保证金不一致外,对交易所的其他结算数据(会员盈亏、手续费、税金等)都没有影响,期货公司对每一个单独客户结算的盈亏、交易所费用、税金等之和与交易所对期货公司的结算数据能够完全对应。同时,在这种违规情况下,由于期货公司实际将客户的每一笔买、卖指令都如实报到场内,与其他交易对手真实成交,尽管客户"开、平仓方向"与场内记录有所不同,但不会影响客户真实的交易盈亏。这一点实际上与期货交易国际惯例是相通的。

上述情况与欺诈客户、未入市交易的"私下对冲"行为有本质不同。"私下对冲",

是指期货公司将不同客户的买卖方向相反的交易指令不入场成交,在场外直接对冲。"私下对冲"是一种虚拟交易,客户并未产生真实盈亏。区分二者其实很简单,"私下对冲"就是不入市交易,期货公司就必然无法按照要求举证出与客户记录相对应的交易所的成交记录。而上述期货公司出于节省保证金目的,采用规则所不允许的"净头寸"结算方式,将客户不同方向的持仓在交易所场内对冲的情况,期货公司仍然将客户的指令入场成交,完全可以按照《规定》要求举证出要素一致的相对应的入场交易。

可见,期货公司上述混码交易、"净头寸"结算方式,尽管是入场交易,但却会造成期货公司给客户结算记录与交易所对期货公司结算记录中"开、平仓方向不一致",故"开、平仓方向一致"不应作为判断入市的必要条件。反之,如果把"开、平仓方向一致"作为期货公司举证入市的必需标准,仅因"开、平仓方向不一致"就认定期货公司虚拟交易,欺诈客户,则无法覆盖上述按"净头寸"结算、期货公司已经入场成交的模式,在确认责任上明显对期货公司不公。同时采用"净头寸"结算方式时,"开、平仓方向不一致"情况可能涉及期货公司的众多客户,判决不慎就可能引发期货公司连锁诉讼,造成严重的市场危机。

同时规定,混码交易行为,期货公司负有举证责任。《规定》第三十条虽然规定期货公司进行混码交易的,客户不承担责任,这是在期货公司存有过错时,不能准确举证证明客户的对应交易部位,客户有足够理由予以否认。该条同时还规定,期货公司能够举证证明其已按照客户交易指令入市交易的,客户应当承担相应的交易结果。这实际规定真实的交易,客户仍应当自行承担交易结果,只不过加重了期货公司的举证责任,只要期货公司举出相关证据,客户即应自行承担交易后果。而司法实践中,只要客户提出交易混码,且交易不真实,期货公司就应承担举证责任。规定在期货合约无效的情况下,如交易真实,对于交易结果应由客户自行承担;在混码交易的情况下,经确认交易真实,应当认定交易结果由客户自行承担。

(六)保全和执行措施更加具体明确

在执行阶段中的问题,是人民法院审理、执行期货纠纷案件中暴露比较突出的问题,社会上反映强烈,主要表现在有的法院对期货交易知识不了解。因此,鉴于1995年的《纪要》规定得十分笼统,后来的通知、电传又带有行政命令色彩,实践中操作起来缺乏可行性,有必要进行比较细致、具体、明确的规定,将执行中容易发生的有关问题加以澄清。

1. 人民法院有权对交易席位采取强制措施

与交易席位有关的包括会员资格费与交易席位两个方面。司法实践中,能否对其采取强制措施是有不同认识的。一种意见认为可以对会员资格费采取措施,无须考虑其他问题;另一种意见则认为会员资格费实际涉及会员交易席位的处置问题,二者无法分开,要采取措施必须同时进行,否则达不到预期效果。《规定》草案的研究过程中,大家根据期货市场的实际,既考虑要达到法院保全和执行的效果,又要考虑尽量不要对期货市场产生直接负面影响,故规定:"裁定不得该转让会员资格,但不得停止该会员交易席位的使用。人民法院在执行过程中,有权依法采取强制措施转让该交易席位。"

2. 在清偿客户资金的情况下,人民法院有权对结算准备金采取措施

规定交易所、期货公司为债务人的,不得冻结、划拨期货公司或者客户在交易所

或者期货公司保证金账户中的资金。这是基于期货交易的特殊性来讲的。保证金属于客户交易的期货公司或者客户，应当将资金的属性予以划分开来，不能混同。同时，如果保证金账户中的资金有证据证明存在超出保证金范围的资金，则不在限制之列。当期货公司为债务人时，其专用账户未被期货合约占用的专门用于担保期货合约履行的结算准备金，人民法院不得冻结、划拨，这也是对期货交易法规、规章特殊性规定理解的贯彻执行，并不是对期货公司的特殊保护，恰恰是对客户风险的最大控制。我们不能为了保护某一两个债权人的利益，有意、无意地损害了更多合法民事主体的权益，特别是期货交易充满风险的市场环境，必须有强大的保障后盾，否则，期货交易的安全性、公开性特点难以体现和保持，也会有悖于国际惯例。

3. 人民法院有权对客户、自营会员的保证金、持仓采取强制措施

客户、自营会员的保证金属于客户、自营会员自己，当其成为债务人时，人民法院当然有权对其资金进行依法处置。现在有不同认识的是客户、会员的持仓，人民法院是否有权进行处置，也就是能否予以强行平仓。第一种意见认为，强行平仓是法规、规章、交易规则赋予交易所、期货公司的权利，《规定》在有关章节也规定强行平仓是交易所、期货公司的权利，司法解释不能将该权利也赋予人民法院；第二种意见则认为，持仓也意味着客户、自营会员的资金的另一种方式体现，持仓即为资金使用，平仓则为财产的变现，持有会员实际就是持有另一种形式的财产。法院对于当事人的财产无法采取强制措施，与法律规定是相矛盾的，不利于案件的依法审理、执行；同时，平仓也不是一定由法院操作，而是通过交易所、期货公司的协助来实现，完全不必考虑措施的是否合法问题；再者，采取平仓措施本身并不涉及其他市场参与主体的利益，不会损害交易所、期货公司、其他客户的利益，故而是于法有据的，完全不必为程序的法律依据而担心。《规定》在具体文字的表述上，也避免了法院采取平仓措施的歧义，将其直接规定为"可以采取保全和执行措施"，不再出现"强平"的字眼。值得说明的是，《规定》征求意见稿中曾经有一条规定："人民法院可以对期货公司及案件所涉分公司、营业部等分支机构的财产、自有资金账户采取查封、冻结措施，但不得影响其经营活动。"这一内容无疑是正确的，对保全财产的范围规定得十分清楚、准确，后来为什么将其删去呢？主要是在讨论中，大家认为保全财产依法有据，我们制定规定，是补充法律、法规的空白，而无必要对法律、法规、司法解释已经有了类似规定的内容再作一次重复性的规定、规范，比如，查封分公司、营业部财产，不得影响其经营活动，落脚点在于后一句的内容，这也是大家所关心的。既然该条内容没有新意，就完全可以不再予以纳入《规定》中。

（撰稿人：吴庆宝）

十二、信用证、独立保函

最高人民法院
关于审理信用证纠纷案件若干问题的规定

(2005年10月24日最高人民法院审判委员会第1368次会议通过 根据2020年12月23日最高人民法院审判委员会第1823次会议通过的《最高人民法院关于修改〈最高人民法院关于破产企业国有划拨土地使用权应否列入破产财产等问题的批复〉等二十九件商事类司法解释的决定》修正)

根据《中华人民共和国民法典》《中华人民共和国涉外民事关系法律适用法》《中华人民共和国民事诉讼法》等法律,参照国际商会《跟单信用证统一惯例》等相关国际惯例,结合审判实践,就审理信用证纠纷案件的有关问题,制定本规定。

第一条 本规定所指的信用证纠纷案件,是指在信用证开立、通知、修改、撤销、保兑、议付、偿付等环节产生的纠纷。

第二条 人民法院审理信用证纠纷案件时,当事人约定适用相关国际惯例或者其他规定的,从其约定;当事人没有约定的,适用国际商会《跟单信用证统一惯例》或者其他相关国际惯例。

第三条 开证申请人与开证行之间因申请开立信用证而产生的欠款纠纷、委托人和受托人之间因委托开立信用证产生的纠纷、担保人为申请开立信用证或者委托开立信用证提供担保而产生的纠纷以及信用证项下融资产生的纠纷,适用本规定。

第四条 因申请开立信用证而产生的欠款纠纷、委托开立信用证纠纷和因此产生的担保纠纷以及信用证项下融资产生的纠纷应当适用中华人民共和国相关法律。涉外合同当事人对法律适用另有约定的除外。

第五条 开证行在作出付款、承兑或者履行信用证项下其他义务的承诺后,只要单据与信用证条款、单据与单据之间在表面上相符,开证行应当履行在信用证规定的期限内付款的义务。当事人以开证申请人与受益人之间的基础交易提出抗辩的,人民法院不予支持。具有本规定第八条的情形除外。

第六条 人民法院在审理信用证纠纷案件中涉及单证审查的,应当根据当事人约定适用的相关国际惯例或者其他规定进行;当事人没有约定的,应当按照国际商会《跟单信用证统一惯例》以及国际商会确定的相关标准,认定单据与信用证条款、单据与单据之间是否在表面上相符。

信用证项下单据与信用证条款之间、单据与单据之间在表面上不完全一致,但并不导致相互之间产生歧义的,不应认定为不符点。

第七条　开证行有独立审查单据的权利和义务，有权自行作出单据与信用证条款、单据与单据之间是否在表面上相符的决定，并自行决定接受或者拒绝接受单据与信用证条款、单据与单据之间的不符点。

开证行发现信用证项下存在不符点后，可以自行决定是否联系开证申请人接受不符点。开证申请人决定是否接受不符点，并不影响开证行最终决定是否接受不符点。开证行和开证申请人另有约定的除外。

开证行向受益人明确表示接受不符点的，应当承担付款责任。

开证行拒绝接受不符点时，受益人以开证申请人已接受不符点为由要求开证行承担信用证项下付款责任的，人民法院不予支持。

第八条　凡有下列情形之一的，应当认定存在信用证欺诈：

（一）受益人伪造单据或者提交记载内容虚假的单据；

（二）受益人恶意不交付货物或者交付的货物无价值；

（三）受益人和开证申请人或者其他第三方串通提交假单据，而没有真实的基础交易；

（四）其他进行信用证欺诈的情形。

第九条　开证申请人、开证行或者其他利害关系人发现有本规定第八条的情形，并认为将会给其造成难以弥补的损害时，可以向有管辖权的人民法院申请中止支付信用证项下的款项。

第十条　人民法院认定存在信用证欺诈的，应当裁定中止支付或者判决终止支付信用证项下款项，但有下列情形之一的除外：

（一）开证行的指定人、授权人已按照开证行的指令善意地进行了付款；

（二）开证行或者其指定人、授权人已对信用证项下票据善意地作出了承兑；

（三）保兑行善意地履行了付款义务；

（四）议付行善意地进行了议付。

第十一条　当事人在起诉前申请中止支付信用证项下款项符合下列条件的，人民法院应予受理：

（一）受理申请的人民法院对该信用证纠纷案件享有管辖权；

（二）申请人提供的证据材料证明存在本规定第八条的情形；

（三）如不采取中止支付信用证项下款项的措施，将会使申请人的合法权益受到难以弥补的损害；

（四）申请人提供了可靠、充分的担保；

（五）不存在本规定第十条的情形。

当事人在诉讼中申请中止支付信用证项下款项的，应当符合前款第（二）、（三）、（四）、（五）项规定的条件。

第十二条　人民法院接受中止支付信用证项下款项申请后，必须在四十八小时内作出裁定；裁定中止支付的，应当立即开始执行。

人民法院作出中止支付信用证项下款项的裁定，应当列明申请人、被申请人和第三人。

第十三条　当事人对人民法院作出中止支付信用证项下款项的裁定有异议的，可以在裁定书送达之日起十日内向上一级人民法院申请复议。上一级人民法院应当自收到复议申请之日起十日内作出裁定。

复议期间，不停止原裁定的执行。

第十四条 人民法院在审理信用证欺诈案件过程中，必要时可以将信用证纠纷与基础交易纠纷一并审理。

当事人以基础交易欺诈为由起诉的，可以将与案件有关的开证行、议付行或者其他信用证法律关系的利害关系人列为第三人；第三人可以申请参加诉讼，人民法院也可以通知第三人参加诉讼。

第十五条 人民法院通过实体审理，认定构成信用证欺诈并且不存在本规定第十条的情形的，应当判决终止支付信用证项下的款项。

第十六条 保证人以开证行或者开证申请人接受不符点未征得其同意为由请求免除保证责任的，人民法院不予支持。保证合同另有约定的除外。

第十七条 开证申请人与开证行对信用证进行修改未征得保证人同意的，保证人只在原保证合同约定的或者法律规定的期间和范围内承担保证责任。保证合同另有约定的除外。

第十八条 本规定自2006年1月1日起施行。

【解读】

解读《关于审理信用证纠纷案件若干问题的规定》

一、问题的提出

2005年10月24日，最高人民法院审判委员会第1368次会议通过了《最高人民法院关于审理信用证纠纷案件若干问题的规定》（以下简称本规定），本规定于2006年1月1日起施行。本规定对规范信用证纠纷案件的审理，将起到重要作用。

信用证纠纷涉及的是一个比较特殊的领域，世界上绝大多数国家均没有关于信用证的专门立法，各国之间也没有缔结与此有关的国际条约。对于信用证纠纷的处理原则和依据，主要是通过各国金融界和工商界长期的实践，形成了国际上共同遵守的行业性的《跟单信用证统一惯例》以及其他有关的惯例来调整，这种惯例的适用同时得到各国法律界的认同。

我国同样没有关于信用证的专门成文法规定。当事人在信用证业务中，基本上都会约定适用《跟单信用证统一惯例》，我国人民法院在处理信用证纠纷案件时，尊重了当事人的选择。同时，我国的民法通则、合同法、担保法、民事诉讼法（1991年公布，下同）等民商事法律，同样是调整信用证纠纷案件的基本法律，因此，本规定制定过程中，不仅以我国现行的民商事实体法律和民事诉讼程序法作为主要依据，同时鉴于我国金融界和工商界目前在实践中主要约定适用《跟单信用证统一惯例》的实际情况，也参照和吸收了《跟单信用证统一惯例》的原则和内容。

二、理解与适用

（一）本规定的适用范围和相关法律适用

1. 适用范围

由于信用证从申请人申请开立到开证行最终完成付款的履行过程中，要经过诸多环节或者可能产生各种情形，通常会涉及信用证的开立、通知、修改、撤销、保兑、议付、偿付等，这些环节或者情形下产生的纠纷，均属于信用证纠纷，属于本规定调整的范围。此外，与信用证相关的纠纷，如开证申请人与开证行之间因申请开立信用证而产生的欠款纠纷、委托人和受托人之间因委托开立信用证产生的纠纷、担保人为申请开立信用证或者委托开立信用证提供担保而产生的纠纷以及信用证项下融资等产生的纠纷，也一并纳入本规定调整的范围。可见，本规定调整的范围除了信用证纠纷外，还包括了与信用证纠纷相关的纠纷。这是因为案件在审理过程中，在认定事实和适用法律上难以将信用证纠纷及与此相关的纠纷截然分开，为审判实践需要，由本规定统一规范。

2. 相关法律适用问题

鉴于本规定调整的范围包括信用证纠纷和与此相关的纠纷，因此在审理案件时，必须注意到具体适用法律的不同之处。对于信用证在开立、通知、修改、撤销、保兑、议付、偿付等履行过程中产生的纠纷，信用证当事人一般都会在开立的信用证上明确约定适用《跟单信用证统一惯例》。就目前法院审理的信用证纠纷案件来看，信用证纠纷一般都具有涉外因素，通常都是信用证的开证申请人因进出口贸易的需要向国内银行申请对外开立信用证，或者是受益人接受国外银行开出的信用证，或者是国内银行作为议付行接受国外银行开出的信用证等，信用证开出后一般涉及两个甚至更多不同国家的当事人之间的关系。根据民法通则第一百四十二条第二款、第三款规定的涉外民事关系的法律适用原则："中华人民共和国缔结或者参加的国际条约同中华人民共和国的民事法律有不同规定的，适用国际条约的规定，但中华人民共和国声明保留的条款除外。中华人民共和国法律和中华人民共和国缔结或者参加的国际条约没有规定的，可以适用国际惯例。"由于各国就信用证关系并没有缔结国际条约，《跟单信用证统一惯例》已经被普遍接受。因此，如果当事人明确约定适用《跟单信用证统一惯例》的，人民法院充分尊重当事人的选择。如果当事人之间没有约定的，只要涉及信用证在履行中的问题，目前人民法院也会参照适用《跟单信用证统一惯例》。需要注意的是，目前《跟单信用证统一惯例》为1993年修订本（国际商会第500号出版物），由于该国际惯例一直在不断地修订和完善过程中，以后将有可能被国际商会新的修订本所取代，届时，新的修订本将会被各国金融界、工商界和法律界所接受，与此同时也将为我国人民法院在审判实践中所适用。

还需要注意的是，各国目前除了普遍接受《跟单信用证统一惯例》外，有相当一部分国家接受了《国际备用证惯例ISP98》，该惯例统一了各国银行界与工商界对备用信用证的操作，它在适用于备用信用证的同时也适用于商业信用证；适用于国际信用证时也适用于国内信用证，应用范围相当广阔。而我国银行界和工商界目前对备用信用证的使用并不广泛，对《国际备用证惯例ISP98》也只在熟悉和研究阶段，审判实践中也鲜有案件产生，尚无经验可供总结，因此，本规定在制定过程中未具体参照该惯例。但是，在今后的审判实践中，如果当事人在开立备用信用证时约定适用《国际备用证惯例ISP98》，只要不违背我国法律适用基本原则的，人民法院也将尊重当事人的选择。

对于信用证从开立到完成付款整个履行过程以外的纠纷，即本规定第三条和第四条所指的与信用证相关的纠纷，在法律适用时，不适用《跟单信用证统一惯例》，而应当根据不同的法律关系，分别适用民法通则、合同法、担保法等其他有关的民商事法律。比如，开证申请人与开证行之间因申请开立信用证而产生的欠款纠纷和与其相关的担保纠纷，当事人之间除非有特殊的约定，否则当事人不能引用《跟单信用证统一惯例》进行抗辩。

（二）信用证的独立性原则和单证审查标准

信用证的独立抽象性原则和单证审查标准方面的严格相符原则是信用证制度的两大基石，是信用证得以在各国之间顺利流通的根本保证，因此，各国金融界、工商界和法律界都会小心谨慎地维护这两项原则。《跟单信用证统一惯例》以及国际商会制定的其他国际惯例对此都作出了规定，但是并不具体和详细。我国在信用证的实践方面起步比较晚，对于实践中如何适用国际惯例正在熟悉过程中。至于在审判实践中适用国际惯例的问题，民法通则第一百四十二条第三款只作出了原则性的规定，人民法院在具体案件审理过程中，遇到对国际惯例的理解、与国内法的关系等问题时，各地法院掌握得并不统一。本规定第五条、第六条、第七条明确了信用证法律关系独立于基础交易关系的原则和信用证项下单证审查的基本标准。

1. 信用证的独立性原则

就信用证的独立性原则而言，意味着信用证一经开出，开证行作出了付款、承兑并支付汇票、议付或履行信用证项下其他义务的承诺后，只要单据与信用证条款、单据与单据之间在表面上相符，开证行即必须承担付款的义务。在此，信用证与有关的货物买卖合同、开证申请合同、委托开立信用证合同、为开证申请提供的担保合同等其他合同，是相互独立的交易。即使信用证中对有关合同的内容有所引述，银行也与该合同没有任何关系，并且不受其约束。受益人在任何情况下，不得利用银行之间或者开证申请人与开证行之间的合同关系主张权利。只有在出现信用证欺诈的情况下，才作为一个例外来对待。

2. 单证审查标准

在单证审查的标准方面，本规定采纳的是严格相符原则，即只要单据与信用证条款、单据与单据之间在表面上相符，开证行应当履行在信用证规定的期限内付款的义务，而没有采纳灵活性较强的实质相符原则。采纳严格相符原则充分考虑了我国金融界与工商界目前的信用证业务实践、我国金融市场的现状，参考了国际标准银行实务以及其他国家司法实践经验等具体情况，也起到了规范和保护我国起步较晚的信用证业务市场的作用。

对于单证审查标准的把握是比较困难的，关键在于对单据与信用证、单据与单据之间"不符点"的理解与认定。如果对于"不符点"的把握过于严格，将会导致被拒绝付款的信用证增加，从而影响我国银行开出的信用证在国际上的信誉。相反，如果对于"不符点"的把握过于宽松，又可能违背信用证的基本原则，影响金融和贸易秩序。基于不同方面的考虑，本规定在采纳严格相符原则的前提下，作出了一定程度的变通，即第六条第二款表述的"信用证项下单据与信用证条款之间、单据与单据之间在表面上不完全一致，但并不导致相互之间产生歧义的，不应认定为不符点"。当然，实践中对于"表面上的不一致"是否产生歧义，不太容易把握，比如，在金额的表述上差一位数或者缺少一个小数点，可能产生信用证与单据、单据与单据之间金额上极大的差距，这就必然构成"不符点"。可是，如果在信用证某些文字的描述上增加或者缺少一个英文字母，则不一定会对信用证和单据产生理解上的歧义，显然对此就不应该认定为"不符点"。由于金融和贸易活动的多样性，出现在信用证方面的"不符点"也会各不相同，很难作出统一认定，因此在审判实践中应当就具体案件作具体分析，可以参考国际商会关于审核跟单信用证项下单据的国际标准银行实务、国际商会银行委员会关于《跟单信用证统一惯例》质疑的意见等，也可以听取有关银行专家的意见。

3. 开证行在单证审查过程中的责任和义务

在单证审查中银行的责任和义务问题，《跟单信用证统一惯例》有明确的规定。本规定第七条进一步强调了开证行审查单据的独立性。在确定是否存在"不符点"以及决定是否接受"不符点"的环节上，开证行不受开证申请人、受益人以及其他任何人的影响。只是当开证行与开证申请人或者受益人对接受"不符点"存在约定的情况下，开证行则应当按约定履行义务。

(三) 关于信用证欺诈的构成

对于信用证欺诈问题，《跟单信用证统一惯例》并未作出规定。这是一个法律问题，是留待各国国内法解决的问题。具体而言，就是在存在信用证欺诈的情形下，可以越过《跟单信用证统一惯例》确定的信用证独立性原则，这就是为各国金融界、工商界和法律界共同认可的信用证欺诈例外原则。本规定参照了该原则，同时根据我国民法通则中确立的民事欺诈构成的法律原则，并参考其他国家相关的法律规定和判例中对构成信用证欺诈的条件的描述，在第八条中作出了四项规定。

第一项规定指的是受益人单方通过伪造单据实施的欺诈，包括伪造部分甚至全部单据，或者提交的单据虽然是真实的，但是单据记载的内容是虚假的等情形。在这种情形下，显然受益人在主观上具有恶意，目的是骗取信用证项下的款项。在审判实践中有时会出现运输船舶实际装货或者卸货的时间与信用证约定不一致的情况，相关当事人为了满足信用证的规定而在提单上倒签装货或者卸货时间，对此不应一概认定为受益人伪造单据实施欺诈，应当根据具体案情，查清受益人是否在主观上存在骗取信用证项下款项的恶意并实施或者授意实施了倒签提单的行为。

第二项规定指的是受益人为了骗取信用证项下的款项，利用基础合同进行欺诈。在此情况下，信用证上的受益人同时作为货物买卖合同的卖方根本不交付合同约定应当交付的货物，或者交付的货物为垃圾而不具有实际价值。对于此类信用证欺诈案件的认定，如果卖方交付的是垃圾，认定欺诈很容易。而实践中比较困难的是卖方交付的货物并不是垃圾而具有一定价值，但与合同约定价值差距很大，对于如何界定"无价值"确实比较困难，难以划出一个百分比，而是要根据具体案情作出认定。此类案件在认定时，尤其要严格把握与因买卖合同而产生的质量纠纷案件的区别。

第三项规定指的是受益人与开证申请人或者其他第三方恶意合谋，串通一气，共同欺骗银行，获取信用证项下款项的情形。此种情形下，可能出现信用证项下的单据是虚假的，基础交易依据的买卖合同也是虚构的等情况，是最为典型的信用证欺诈案件。

第四项是一个概括性、兜底式的规定，主要考虑到信用证欺诈在手段上的多样性以及信用证欺诈案件的复杂性等情况。前三项规定可能难以列举穷尽所有情况，人民法院在审理具体案件时可以根据此项规定，同时根据我国民商事法律中关于民事欺诈的规定作出判决。

（四）中止支付信用证项下款项的条件和程序

当事人一旦发现存在信用证欺诈，可以向人民法院寻求司法救济。有的国家根据法律规定，当事人可以申请法院签发禁令或者止付令等，达到中止或者终止支付信用证项下款项的目的。由于我国民商事法律制度中没有禁令或止付令的规定，因此对于当事人申请中止支付信用证项下款项的请求，人民法院应当根据民事诉讼法第九章关于财产保全的规定，采取保全措施。当事人可以在起诉前或者诉讼过程中，向人民法院提出申请，由人民法院通过裁定中止支付信用证项下的款项。但是这种申请应当符合一定条件，本规定第九条和第十一条就是对当事人向人民法院申请中止支付信用证项下款项有关条件的规定。这些条件的设置主要根据民事诉讼法中财产保全的规定和信用证案件的特点，增加了一些条件，比如要求申请人提供证据材料证明存在信用证欺诈的情形；申请人提供的担保是可靠和充分的；虽然存在信用证欺诈同时没有善意第三人主张权利的情形等。这样规定的目的，是防止司法的不当干预阻碍信用证制度在我国的健康发展。

人民法院根据当事人的申请在具体采取保全措施的过程中，必须严格按照民事诉讼法规定的程序进行。考虑到信用证案件中法律关系的特点，本规定第十二条和第十三条增加了特殊规定：第一，人民法院在作出中止支付信用证项下款项的裁定上，除了列明申请人和被申请人外，还应当列明第三人。这是基于人民法院在审理信用证案件时可能涉及的相关当事人而规定的。比如，开证申请人认为受益人利用信用证进行欺诈，因此提出申请中止支付信用证项下的款项，此时虽然被申请人是受益人，但是在事实上负有付款义务的则是开证行，如果不将开证行列为第三人，当案件进入实体审理时，整个案件的事实可能难以完全查清，特别是开证行在信用证履行过程中的权利将失去保障，因此将开证行列为第三人是完全必要的。第二，当事人对于人民法院作出中止支付信用证项下款项的裁定有异议的，可以向上一级人民法院申请复议。按照民事诉讼法的规定，采取保全措施的裁定不能上诉，但是为了防止各地法院在审理信用证案件中司法的不当干预，增加了当事人可以向上一级人民法院申请复议的环节，这样在程序上更有保障。

（五）信用证欺诈案件的例外情形

信用证欺诈案件的例外情形，指的是即使存在信用证欺诈，但由于开证行或者其指定人、授权人已经对外付款或者基于票据上的法律关系将来必须对外付款。在这种情形下，不能再遵循信用证欺诈例外的原则，即不能再通过司法手段干预信用证项下的付款行为。此种情形被各国金融界、工商界和法律界称为信用证欺诈例外的例外原则。本规定第十条参照该原则，同时根据我国民法理论中关于善意第三人不承担民事责任的原则，具体规定了四种情形。一方当事人向人民法院提出因信用证欺诈而要求中止支付信用证项下款项的申请后，另有当事人作为善意第三人向人民法院提出异议的，人民法院经审查，如果发现有本规定第十条所规定的情形之一的，不能裁定中止支付信用证项下的款项，如果已经作出裁定的，应当立即撤销该裁定。

（六）信用证欺诈案件的实体审理

人民法院在审理的信用证欺诈案件中，经常出现信用证法律关系与基础交易即买卖合同联系在一起的情况，按照信用证欺诈例外原则，可以将信用证纠纷与基础交易纠纷一并审理。比如，合同买方（又是信用证的开证申请人）以买卖合同欺诈为由提起诉讼并请求终止支付信用证项下的款项,就买卖合同的法律关系只涉及买卖双方当事人,但是由于买方的诉讼请求最终是要终止信用证付款,在此信用证的付款人是开证行,而且信用证一经开出,还会出现议付行或者信用证的其他受让人等,至于信用证项下的款项能否终止支付,特别是是否存在善意第三人,必须将信用证法律关系与买卖合同纠纷一并审理才能全面查清事实。本规定第十四条对此作出了明确规定,即在此情形下,有关的利害关系人可以列为第三人。

必须强调的是,由于我国法律体系中没有禁令或止付令的规定,中止支付信用证项下款项的裁定只是程序上的保全措施,因此,人民法院对于当事人提起的信用证欺诈案件,只有经过实体审理认定欺诈确实构成并作出判决的,才能最终终止支付信用证项下的款项。本规定第十五条专门对此作出了规定。

(七)与信用证付款有关的保证责任的承担

涉及信用证付款担保产生的纠纷案件在审判实践中为数不少,但主要集中在保证人为信用证项下款项提供保证的情况下产生的纠纷。因此,本规定仅对保证这一担保方式作出规定,并紧紧围绕审判实践中常见的保证人提出的免除保证责任的几种抗辩理由作出规定。

本规定第十六条规定的情形,在审判实践中比较常见的是保证人为开证申请人开立信用证提供保证,开证行开出信用证并对外付款后,开证申请人未能还款,因此开证行起诉开证申请人和保证人要求其承担责任,此时保证人以开证行或者开证申请人接受不符点未征得其同意为由提出抗辩,按第十六条的规定保证人不能以此免除保证责任。这样规定主要是根据《跟单信用证统一惯例》的规定,是否接受"不符点"是开证行的权利,其他任何人都不享有此项权利。

本规定第十七条规定的情形,针对开证申请人与开证行对信用证进行修改的情况下未征得保证人的同意,保证人如何承担保证责任。该条采用了《最高人民法院关于适用〈中华人民共和国担保法〉若干问题的解释》第三十条的规定,明确上述情况下"保证人只在原保证合同约定的或者法律规定的期间和范围内承担保证责任"。

(撰稿人:王玧)

最高人民法院
关于审理独立保函纠纷案件若干问题的规定

(2016年7月11日最高人民法院审判委员会第1688次会议通过 根据2020年12月23日最高人民法院审判委员会第1823次会议通过的《最高人民法院关于修改〈最高人民法院关于破产企业国有划拨土地使用权应否列入破产财产等问题的批复〉等二十九件商事类司法解释的决定》修正)

为正确审理独立保函纠纷案件,切实维护当事人的合法权益,服务和保障"一带一路"建设,促进对外开放,根据《中华人民共和国民法典》《中华人民共和国涉外民事关系法律适用法》《中华人民共和国民事诉讼法》等法律，结合审判实际，制定本规定。

第一条 本规定所称的独立保函，是指银行或非银行金融机构作为开立人，以书面形式向受益人出具的，同意在受益人请求付款并提交符合保函要求的单据时，向其支付特定款项或在保函最高金额内付款的承诺。

前款所称的单据，是指独立保函载明的受益人应提交的付款请求书、违约声明、第三方签发的文件、法院判决、仲裁裁决、汇票、发票等表明发生付款到期事件的书面文件。

独立保函可以依保函申请人的申请而开立，也可以依另一金融机构的指示而开立。开立人依指示开立独立保函的，可以要求指示人向其开立用以保障追偿权的独立保函。

第二条 本规定所称的独立保函纠纷，是指在独立保函的开立、撤销、修改、转让、付款、追偿等环节产生的纠纷。

第三条 保函具有下列情形之一，当事人主张保函性质为独立保函的，人民法院应予支持，但保函未载明据以付款的单据和最高金额的除外：

（一）保函载明见索即付；

（二）保函载明适用国际商会《见索即付保函统一规则》等独立保函交易示范规则；

（三）根据保函文本内容，开立人的付款义务独立于基础交易关系及保函申请法律关系，其仅承担相符交单的付款责任。

当事人以独立保函记载了对应的基础交易为由，主张该保函性质为一般保证或连带保证的，人民法院不予支持。

当事人主张独立保函适用民法典关于一般保证或连带保证规定的，人民法院不予支持。

第四条 独立保函的开立时间为开立人发出独立保函的时间。

独立保函一经开立即生效，但独立保函载明生效日期或事件的除外。

独立保函未载明可撤销，当事人主张独立保函开立后不可撤销的，人民法院应予支持。

第五条 独立保函载明适用《见索即付保函统一规则》等独立保函交易示范规则，或开立人和受益人在一审法庭辩论终结前一致援引的，人民法院应当认定交易示范规则的内容构成独立保函条款的组成部分。

不具有前款情形，当事人主张独立保函适用相关交易示范规则的，人民法院不予支持。

第六条 受益人提交的单据与独立保函条款之间、单据与单据之间表面相符，受益人请求开立人依据独立保函承担付款责任的，人民法院应予支持。

开立人以基础交易关系或独立保函申请关系对付款义务提出抗辩的，人民法院不予支持，但有本规定第十二条情形的除外。

第七条 人民法院在认定是否构成表面相符时，应当根据独立保函载明的审单标准进行审查；独立保函未载明的，可以参照适用国际商会确定的相关审单标准。

单据与独立保函条款之间、单据与单据之间表面上不完全一致，但并不导致相互之间产生歧义的，人民法院应当认定构成表面相符。

第八条 开立人有独立审查单据的权利与义务，有权自行决定单据与独立保函条款之间、单据与单据之间是否表面相符，并自行决定接受或拒绝接受不符点。

开立人已向受益人明确表示接受不符点，受益人请求开立人承担付款责任的，人民法院应予支持。

开立人拒绝接受不符点，受益人以保函申请人已接受不符点为由请求开立人承担付款责任的，人民法院不予支持。

第九条 开立人依据独立保函付款后向保函申请人追偿的，人民法院应予支持，但受益人提交的单据存在不符点的除外。

第十条 独立保函未同时载明可转让和据以确定新受益人的单据，开立人主张受益人付款请求权的转让对其不发生效力的，人民法院应予支持。独立保函对受益人付款请求权的转让有特别约定的，从其约定。

第十一条 独立保函具有下列情形之一，当事人主张独立保函权利义务终止的，人民法院应予支持：

（一）独立保函载明的到期日或到期事件届至，受益人未提交符合独立保函要求的单据；

（二）独立保函项下的应付款项已经全部支付；

（三）独立保函的金额已减额至零；

（四）开立人收到受益人出具的免除独立保函项下付款义务的文件；

（五）法律规定或者当事人约定终止的其他情形。

独立保函具有前款权利义务终止的情形，受益人以其持有独立保函文本为由主张享有付款请求权的，人民法院不予支持。

第十二条 具有下列情形之一的，人民法院应当认定构成独立保函欺诈：

（一）受益人与保函申请人或其他人串通，虚构基础交易的；

（二）受益人提交的第三方单据系伪造或内容虚假的；

（三）法院判决或仲裁裁决认定基础交易债务人没有付款或赔偿责任的；

（四）受益人确认基础交易债务已得到完全履行或者确认独立保函载明的付款到期事件并未发生的；

（五）受益人明知其没有付款请求权仍滥用该权利的其他情形。

第十三条 独立保函的申请人、开立人或指示人发现有本规定第十二条情形的，可以在提起诉讼或申请仲裁前，向开立人住所地或其他对独立保函欺诈纠纷案件具有管辖权的人民法院申请中止支付独立保函项下的款项，也可以在诉讼或仲裁过程中提出申请。

第十四条 人民法院裁定中止支付独立保函项下的款项，必须同时具备下列条件：

（一）止付申请人提交的证据材料证明本规定第十二条情形的存在具有高度可能性；

（二）情况紧急，不立即采取止付措施，将给止付申请人的合法权益造成难以弥补的损害；

（三）止付申请人提供了足以弥补被申请人因止付可能遭受损失的担保。

止付申请人以受益人在基础交易中违约为由请求止付的，人民法院不予支持。

开立人在依指示开立的独立保函项下已经善意付款的，对保障该开立人追偿权的独立保函，人民法院不得裁定止付。

第十五条 因止付申请错误造成损失，当事人请求止付申请人赔偿的，人民法院应予支持。

第十六条 人民法院受理止付申请后，应当在四十八小时内作出书面裁定。裁定应当列明申请人、被申请人和第三人，并包括初步查明的事实和是否准许止付申请的理由。

裁定中止支付的，应当立即执行。

止付申请人在止付裁定作出后三十日内未依法提起独立保函欺诈纠纷诉讼或申请仲裁的，人民法院应当解除止付裁定。

第十七条 当事人对人民法院就止付申请作出的裁定有异议的，可以在裁定书送达之日起十日内向作出裁定的人民法院申请复议。复议期间不停止裁定的执行。

人民法院应当在收到复议申请后十日内审查，并询问当事人。

第十八条 人民法院审理独立保函欺诈纠纷案件或处理止付申请，可以就当事人主张的本规定第十二条的具体情形，审查认定基础交易的相关事实。

第十九条 保函申请人在独立保函欺诈诉讼中仅起诉受益人的，独立保函的开立人、指示人可以作为第三人申请参加，或由人民法院通知其参加。

第二十条 人民法院经审理独立保函欺诈纠纷案件，能够排除合理怀疑地认定构成独立保函欺诈，并且不存在本规定第十四条第三款情形的，应当判决开立人终止支付独立保函项下被请求的款项。

第二十一条 受益人和开立人之间因独立保函而产生的纠纷案件，由开立人住所地或被告住所地人民法院管辖，独立保函载明由其他法院管辖或提交仲裁的除外。当事人主张根据基础交易合同争议解决条款确定管辖法院或提交仲裁的，人民法院不予支持。

独立保函欺诈纠纷案件由被请求止付的独立保函的开立人住所地或被告住所地人民法院管辖，当事人书面协议由其他法院管辖或提交仲裁的除外。当事人主张根据基础交易合同或独立保函的争议解决条款确定管辖法院或提交仲裁的，人民法院不予支持。

第二十二条 涉外独立保函未载明适用法律，开立人和受益人在一审法庭辩论终结前亦未就适用法律达成一致的，开立人和受益人之间因涉外独立保函而产生的纠纷适用开立人经常居所地法律；独立保函由金融机构依法登记设立的分支机构开立的，适用分支机构登记地法律。

涉外独立保函欺诈纠纷，当事人就适用法律不能达成一致的，适用被请求止付的独立保函的开立人经常居所地法律；独立保函由金融机构依法登记设立的分支机构开立的，适用分支机构登记地法律；当事人有共同经常居所地的，适用共同经常居所地法律。

涉外独立保函止付保全程序，适用中华人民共和国法律。

第二十三条 当事人约定在国内交易中适用独立保函，一方当事人以独立保函不具有涉外因素为由，主张保函独立性的约定无效的，人民法院不予支持。

第二十四条 对于按照特户管理并移交开立人占有的独立保函开立保证金，人民法院可以采取冻结措施，但不得扣划。保证金账户内的款项丧失开立保证金的功能时，人民法院可以依法采取扣划措施。

开立人已履行对外支付义务的,根据该开立人的申请,人民法院应当解除对开立保证金相应部分的冻结措施。

第二十五条 本规定施行后尚未终审的案件,适用本规定;本规定施行前已经终审的案件,当事人申请再审或者人民法院按照审判监督程序再审的,不适用本规定。

第二十六条 本规定自2016年12月1日起施行。

【解读】

解读《关于审理独立保函纠纷案件若干问题的规定》

《最高人民法院关于审理独立保函纠纷案件若干问题的规定》(以下简称《规定》)已经最高人民法院审判委员会第1688次会议审议通过,于2016年12月1日起施行。为方便人民法院及社会各界正确理解和适用《规定》,现将《规定》制定的背景和主要内容介绍如下。

一、《规定》制定的背景及意义

独立保函纠纷是我国对外开放新格局下出现的新类型纠纷。近年来,随着"一带一路"建设以及企业"走出去"等国家战略的持续深入推进,我国与各国之间的贸易、金融交往日益增多,国际投资及基础设施建设规模不断扩大,银行等金融机构对外开具独立保函的数量快速递增,其体量和规模已超过商业跟单信用证。与独立保函商业实践高速发展的趋势相对应的是,近年来诉至法院的独立保函纠纷案件逐年增多,从独立保函的开立、修改、转让、付款到追偿等各个环节的纠纷都在司法实践中有所体现。较为集中的有三种类型的纠纷:第一类是受益人起诉开立人的付款纠纷,该类案件主要涉及独立保函的效力、有效期、付款请求是否符合独立保函的约定等问题;第二类是开立人付款后向保函申请人的追偿纠纷,该类案件主要涉及开立人是否尽到谨慎审查义务、不符点的认定等问题;第三类是保函申请人等起诉要求法院中止或终止开立人支付独立保函项下款项的纠纷,主要涉及止付令的性质、对独立保函独立性原则及例外情形的认定、欺诈的认定标准等问题。独立保函纠纷涉案金额高、涉及国别多,反映出来的法律问题错综复杂,并直接影响我国金融机构的海外信用状况,因此引起国内乃至国际社会的较大关注。然而,我国未加入独立保函相关国际公约,我国现行法律也没有专门关于独立保函权利义务的规定,造成人民法院处理独立保函纠纷时在确定管辖、适用法律和划分责任上的不统一。随着"一带一路"市场重要性的增强,各方市场主体对出台独立保函纠纷裁判规则的需求日益迫切。如何妥善从法理上界定独立保函的性质并就主要争议问题制定相应的裁判规则,成为司法实践中的难题。

为正确审理独立保函纠纷案件,统一裁判尺度,最高人民法院着手制定《规定》。在制定过程中,我们坚持积极服务党和国家工作大局、尊重市场主体意思自治、充分与国际规则接轨、民主科学制定司法解释等原则。在广泛调研、总结审判经验、收集研究相关国际条约和各国立法及判例的基础上形成了初稿,又通过专家论证、走访金融机构、召开座谈会等多种方式深入征求各级人民法院、相关行政机关、行业组织、专家学者、企业、律师的意见，前后经过六次修订，形成了征求意见稿。正式书面征求了全国人大常委会法工委、国务院法制办、中国人民银行、中国银行业监督管理委员会、银行业协会、国家外汇管理局、中国对外承包工程商会、国际商会中国国家委员会、最高人民法院内部各相关审判庭、各高级法院等部门的意见，并通过互联网公布的方式，向专家学者和社会各界广泛征求意见。因国际社会高度关注《规定》的制定情况，我国银行业将征求意见稿全文翻译成英文，由国际商会银行委员会在全球专业会议上讨论并提出相应建议。在整理收集100多份实质性书面反馈意见的基础上，我们修改形成了送审稿，报最高人民法院审判委员会讨论决定并获得通过。

《规定》具有以下三个方面的重要意义。一是为我国法院审理独立保函纠纷案件实践中存在的重大、疑难问题提供了统一的裁判尺度，对平等保护中外当事人的合法权益，营造法治化、便利化、国际化的营商环境产生重大作用。二是统一国际国内独立保函的交易规则，加强对债权的保护力度，对于增强我国银企在"一带一路"建设和"走出去"中的法治竞争力，推动我国开放型经济新体制的持续健康发展意义重大。三是依法确认独立保函的新型信用担保模式，支持金融创新促进实体经济发展，推动信用制度在市场中发挥基础性作用，对于规范金融市场秩序、促进商业及金融信用市场的发展，具有重要而深远的意义。

二、《规定》的调整范围

《规定》调整在独立保函开立、撤销、修改、转让、付款、追偿等环节产生的纠纷。在此，需要特别说明以下三点。

一是独立保函纠纷为新类型案件，最高人民法院《民事案件案由规定》尚没有单独规定该类案由。实践中，因国际商会制定了《见索即付保函统一规则》，故银行业较多使用"见索即付保函"的概念。但考虑到见索即付保函这一概念，没有突出独立保函的独立性特征，并可能产生开立人收到付款请求就须无条件付款的混淆认识，而"独立保函"这一名称已为理论和实务界广泛接受，亦为国际公约所吸收，因此《规定》使用了独立保函这一概念。

二是目前审判实践中的纠纷涉及的均为银行等金融机构开立的独立保函，故《规定》仅调整银行和非银行金融机构开立的独立保函。非金融企业、其他组织以及个人出具的保函类型复杂，既有以营利为目的的商事担保，也有无偿的民事担保，其开立具有独立保函性质的担保是否可以参照《规定》处理，还是按照从属性保证处理，有待今后审判实践出现相关案例后再予考虑。

三是备用信用证的法律适用问题，《规定》亦未涉及。主要原因是尽管《联合国独立保证和备用信用证公约》已将独立保函和备用信用证二者统一进行规定，但目前人民法院受理的备用信用证纠纷案件极为少量，审判经验不足，司法解释予以系统性调整的条件尚不成熟，应留待司法实践逐步加以解决。

三、《规定》的主要内容

《规定》共26条，主要包括十一个方面的内容。

（一）明确规定了独立保函的概念

《规定》第一条第一款规定，本规定所称的独立保函是银行或非银行金融机构作为开立人，以书面形式向受益人出具的，同意在受益人请求付款并提交符合保函要求的单据时，向其支付特定款项或在保函最高金额内付款的承诺。此概念体现了独立保函如下几项法律特征。

一是独立保函的书面性。书面形式具有警示当事人承担特定义务及放弃特定权利的后果、提供协议成立的清楚证据的功能。无论从各国法律的规定，还是商业实践以及独立保函交易示范规则的规定来看，均要求独立保函必须以书面形式制成。因此，本《规定》明确独立保函的要式性，必须以书面形式出具。

二是开立人付款义务的单务性、独立性和单据性。独立保函是开立人同意在一定条件下向受益人承担付款责任的单方允诺，受益人对开立人没有对待给付义务，因此开立人的付款义务具有单务性。开立人的付款义务是附条件的，所附条件是受益人请求付款并提交符合保函要求的单据，即相符交单。只有在相符交单的条件成就时，才产生开立人的付款义务，因此单据是决定开立人能否付款的唯一依据。开立人付款义务的单据性决定了独立保函的独立性。独立保函独立于基础交易法律关系和其他法律关系，开立人仅处理单据，不受基础交易法律关系和独立保函申请法律关系的有效性、修改、转让、履行等情况的影响。

三是开立人抗辩权的单一性。开立人既不享有先诉抗辩权，也不享有基础交易债务人的抗辩权。除法定情形外，开立人只能以受益人提交单据与独立保函文本的规定不符为由提出抗辩，而不能依据独立保函文本以外的基础交易关系或独立保函申请关系进行抗辩。

四是付款金额的确定性。开立人的义务表现为支付确定金额的金钱付款义务。独立保函须载明最高付款金额或可确定的金额，例如，某一付款金额加开立人营业记录范围内能够确定的某项指数（如利率、汇率等）。开立人付款金额通过独立保函文本和单据加以确定，无须参考基础交易的情况，因此开立人的付款金额既可能高于也可能低于基础交易债务人违约所造成的损失。

综上所述，独立保函的基本运作原理是受益人凭形式化的单据从开立人处获得付款，其后由受益人和债务人另行就基础债权债务关系再作清结，故这种债权保障机制又被称为"先付款、后争议"机制。

（二）明确规定了独立保函的性质

独立保函是在商业实践中逐步发展起来的产物，仅有少数国家专门作出立法规定，主要有两种模式：一种是认定为信用证，放入信用证章节进行调整，例如美国的统一商法典，未实行专门立法的普通法系国家判例亦采取该观点；另一种是认定为一类特殊的担保即独立担保，纳入担保法进行调整，例如，法国担保法、非洲统一商业法律协会担保统一法等。

由于我国对独立保函缺乏相应的立法规定，长期以来司法实践中对于独立保函的性质形成两种意见，分歧较大。一种意见认为，独立保函的性质为独立担保。担保法第五条第一款关于"担保合同是主合同的从合同，主合同无效，担保合同无效。担保合同另有约定的，按照约定"的规定，为独立担保预留了空间。因此，独立保函应当适用我国担保法的规定。另一种意见认为，独立保函属于非典型担保，与担保法规定的保证有本质区别，其性质是以相符交单为条件的付款承诺，与信用证性质相同，应当将独立保函纳入信用证体系加以规定。

《规定》采纳了第二种意见。首先，我国担保法规定的保证是在债务人不履行债务时,保证人按照约定履行债务或者承担责任的行为。保证的目的在于担保主债务的履行,为贯彻此目的,担保法规定保证的成立、保证范围及强度、保证移转、消灭均从属于主债务,故从属性是保证的基本特性。而独立保函的性质是付款承诺,于立人的义务在于依条件付款,而非在债务人不履行债务时代付履行责任。开立人付款义务的独立性和单据性特点,使得独立保函在效力、履行、付款金额、有效期、转让等方面均排除了对基础交易的从属性,具有依文本自足自治的特点。因此,独立保函虽然客观上具有担保债权实现的功能,但与担保法规定的保证有本质区别,而与信用证性质相同。其次,尽管我国担保法第五条有关于当事人可约定担保合同效力不受主合同效力约束的规定,但并没有确立担保人付款义务独立于主合同的法定担保方式。司法解释必须以现行有效的法律、行政法规为制定依据,在担保法未确定独立担保为法定担保方式之前,司法解释不能自行创设独立担保。最后,我国担保法规定的保证分为连带责任保证和一般保证,两种保证义务都以主债务人不履行债务为前提。即使在连带责任保证情形下,债权人仍需要证明债务人违约,才能请求保证人履行保证义务。而独立保函的受益人只需提交形式化单据,无须证明债务人未履行到期债务。因此,担保法关于保证的规定亦无法适用于独立保函。

综上所述,《规定》将独立保函定性为一类特殊的信用证,参照《最高人民法院关于审理信用证纠纷案件若干问题的规定》的基本思路进行制定,并通过第一条第二款对单据种类的描述,使独立保函区别于《最高人民法院关于审理信用证纠纷案件若干问题的规定》(2005年公布)所规定的商业跟单信用证。

(三)明确规定了独立保函与保证的区分标准

从审判实践看,金融机构开立的独立保函经常出现条款意思表示前后相互冲突的情形。例如,有的保函既约定适用《见索即付保函统一规则》,又约定责任性质为连带责任保证,给司法实践中如何对其定性带来较大难题。我们认为,区分一份保函的性质是独立保函还是担保法规定的保证,关键在于考察保函文本是否为开立人设定了相符交单情形下的独立付款义务,而不在于其使用的关于保证责任的个别措辞。保函开立人作为专业金融机构,其理应以条款清晰地表明保函的性质,故因保函条款理解而产生争议时,应做有利于受益人的解释。

《规定》第三条第一款规定了三类能够认定开立人具有提供独立保函意思表示的情形,分别为:载明见索即付;约定适用国际商会《见索即付保函统一规则》等独立保函交易示范规则;根据文本内容能够确定开立人付款义务的独立性和跟单性。此外,独立保函必须记载两项要素:一是据以付款的单据;二是最高金额。上述两项要素的缺失意味着开立人要在单据之外确定基础交易的履行情况,独立保函的独立性和跟单性则无从谈起,此时应当认定保函性质为从属性保证。《规定》第三条第二款进一步规定了独立保函记载对应的基础交易这一事实本身,并不足以改变开立人付款义务的独立性和跟单性,故不影响独立保函性质的判定。为避免实践中产生法律适用误区,第三条第三款规定一旦保函的性质被认定为独立保函,则在法律适用方面应当适用独立保函的裁判规则,而不适用担保法关于保证的规定。

(四)明确规定了独立保函交易示范规则的性质

为满足独立保函交易当事人的需要,均衡各方利益,国际商会执行理事会于1991年12月批准了《见索即付保函统一规则》(国际商会第458号出版物),2010年7月1

日又实施了修订后的《见索即付保函统一规则》(国际商会第758号出版物)。对《见索即付保函统一规则》的法律效力,存在两种不同的看法。一种意见认为,《见索即付保函统一规则》是对国际交易中有关独立保函习惯做法的编撰,属于行业普遍适用的国际惯例。《规定》应当参照《最高人民法院关于审理信用证纠纷案件若干问题的规定》将《跟单信用证统一惯例》上升为法源的做法,在当事人没有约定适用时,法院可以作为国际惯例主动予以适用。另一种意见则认为,《见索即付保函统一规则》是国际商会为了统一独立保函交易而制定的合同示范条款,其效力来自当事人的选择适用,在当事人没有同意适用的情况下,没有强制执行的效力。

《规定》采纳第二种观点,于第五条作出了规定,对独立保函交易示范规则采契约条款说,认定其性质为国际民间性商事组织制定的定型化交易规则,因当事人的约定适用而对当事人产生法律拘束力。当事人不仅可以在国际独立保函中约定适用,也可以在国内独立保函中约定适用;既可以约定全部适用,也可以约定部分适用,还可以通过独立保函条款修改规则的相关条款。鉴于目前在独立保函领域并未形成经反复适用而得到普遍认可的统一国际惯例,《见索即付保函统一规则》《国际备用信用证惯例》《跟单信用证统一惯例》均有一定市场,故《见索即付保函统一规则》尚不具有国际惯例的法律渊源地位,在独立保函中没有载明适用何种交易示范规则,开立人和受益人在一审法庭程序辩论终结前也没有达成一致援引的意思表示时,法院不应主动适用。而何谓一致援引,应包括诉讼程序中开立人和受益人达成的书面协议、口头协议或是在诉讼文件中均援引同一交易示范规则的行为所体现的一致意思表示。

(五)明确规定当事人可以在国内交易中约定适用独立保函

独立保函项下请求付款的单据简单,付款责任十分严厉,因此,司法实践中一直对国内交易中独立保函的效力问题缺乏定论。有肯定说和否定说两种不同的观点。前者认为独立保函的商业安排是当事人意思自治的结果,不违反我国法律法规的强制性规定,在国内交易中否定独立保函的效力并没有法律依据。后者认为独立保函的付款责任异常严厉,存在欺诈和滥用权利的风险,不宜在国内交易中放开,应认定国内交易中的独立保函无效,其性质转换为担保法规定的连带责任保证。

《规定》采第一种观点,于第二十三条规定"当事人约定在国内交易中适用独立保函,一方当事人以独立保函不具有涉外因素为由,主张保函独立性的约定无效的,人民法院不予支持",首次明确统一了国际和国内独立保函的效力认定规则。理由有以下三点。第一,认可金融机构开立的国内独立保函的效力,是顺应我国经济发展、完善信用保障制度的现实需要。我院在制定担保法司法解释时,曾讨论过独立保函问题,但最后未作规定,这种谨慎的态度与我国当时的经济发展状况是相适应的。但近年来独立保函业务发展迅速,国内和国际独立保函的业务量已逐渐呈持平状态。如司法解释对国内独立保函不作规定,将造成法律与实践脱节,不利于维护经济秩序和法律秩序。第二,商事司法实践遵循当事人意思自治和市场主体平等保护原则。国内独立保函不违反我国法律法规的强制性规定,现行司法解释也没有否定国内独立保函效力的相关规定,以独立保函不具有涉外因素为由主张保函无效,缺乏法律依据。并且,国际和国内交易的界限模糊,实践中同一基础交易同时涉及国内独立保函和涉外独立保函的情况大量存在,如实行效力双轨制,会产生当事人权利义务失衡的现象。第三,独立保函制度存在的欺诈及滥用付款请求权风险,应通过提高市场主体的风险认知与防范能力来加以回避。《规定》一方面将开立人的范围限于对独立保函风险有成熟认知的金融机构,另一方面通过抗辩权制度和止付程序遏制欺诈风险,为独立保函在国内的运行提供了较为完善的法律框架。

(六)明确规定了独立保函的独立抽象原则以及独立保函当事人的权利义务

在独立保函法律机理中,独立抽象性原则是基本的法律属性,目的在于保护受益人及时获得付款并避免开立人卷入基础交易纠纷。所谓独立性原则是指独立保函虽然为保障基础交易的履行而开立,但一经开立,即与基础交易以及申请合同关系相分离,成为完全独立的交易,独立保函的效力和履行依照文本内容自治确定。抽象性原则又称单据性或跟单性原则,指独立保函具有单据化的抽象属性,开立人处理的是单据,其只负责审查单据的表面真实性和相符性,而不论基础交易项下的债务是否未得到履行。独立性和抽象性实质是一个问题的两个方面,是互为条件、相辅相成的。

《规定》第六条规定了独立性原则。只要受益人提交的单据与独立保函条款、单据与单据之间在表面上相符,开立人就必须独立承担付款义务,开立人不得利用基础交易或开立申请关系对受益人行使抗辩。需要特别指出的是,根据独立保函所规定的单据付款机制不同,独立保函与基础交易的实质关联以及对受益人的制约程度是有强弱之分的。其中单据条件仅为请求书的独立保函,与基础交易关联性最低,对受益人制约最少,故被业界称为"请即付保函"或"自杀性保函";单据条件为违约声明、第三方单据例如建筑师或工程师出具的证书、竣工验收证明等的独立保函,与基础交易关联性居中,构成对受益人一定程度的制约;单据条件为法院判决或仲裁裁决的独立保函,与基础交易关联性最强,对受益人制约最大。因此,谈判各方应当根据自身利益和风险衡量,设定不同的付款单据机制。《规定》第七条和第八条围绕独立保函的单据性原则,分别规定了表面相符的认定标准、开立人独立审查单据的权利和义务。在单据审查标准方面,采用严格相符原则,但对不足以产生单据及单函之间歧义理解的微小不符点,规定仍构成表面相符。独立保函的独立抽象性原则,切实保障了独立保函项下付款的确定性、快捷性和安全性,为独立保函这项金融创新机制在我国的长远发展夯实了法律基础。

(七)明确规定了独立保函独立性原则的欺诈例外情形及证明标准

独立性原则在简化受益人获得付款环节的同时,也为受益人提供了欺诈索付的机会。依相符交单付款固然是独立保函交易各方当事人自愿接受的风险分配安排,但是受益人欺诈的风险并不是当事人预期承担的风险。因此,较多英美法系国家依据"欺诈使一切归于无效"的法理,确立了独立性原则的例外情形,认定具有实质性欺诈行为的受益人不受独立性原则的保护,即开立人有权拒绝付款,保函申请人亦有权请求法院禁止开立人付款。大陆法系国家如法国、德国等根据权利不得滥用原则,认为受益人知悉其无权付款仍依据独立保函请求付款,属于明显滥用权利,从而认定受益人不受独立性原则的保护。还有部分国家如新加坡等发展出独立性原则的"显失公平例外"情形。然而,各国对于如何界定欺诈、权利滥用、显失公平并没有形成统一的标准。如何确定独立性原则的例外,平衡独立保函交易各方当事人利益,是《规定》制定的难点。一方面,要切实尊重独立保函作为现金保证替代品的信用流通功能,维护当事人"先付款、后争议"的合同安排;另一方面,又要防范和抑制受益人欺诈和滥用权利的情形。

《规定》以诚实信用和权利不得滥用原则为理论基础,在参考国际条约、国外立法以及司法实践案例经验的基础上,于第十二条审慎确定了受益人欺诈构成独立性原则的唯一例外情形,于第六条规定受益人欺诈时开立人有权拒绝付款,并于第十四条就临时止付令,于第二十条就终局止付判决做了规定,要求法院裁定开立人中止付款、判决开立人终止付款所依据的欺诈情形分别要达到高度可能性和排除合理怀疑的证明标准。《规定》第十二条将欺诈类型化为无真实交易、单据欺诈和明显滥用付款请求权三类情形。其中,第十二条第三项、第四项、第五项为受益人明显滥用付款请求权的情形,即受益人明知其没有付款请求权,却故意隐瞒事实,仍出具并提交表面与保函条款相符的单据如付款请求书和违约声明,诱使开立人错误付款,故该种滥用付款请求权的行为亦构成欺诈。第十二条第三项、第四项分别规定以法院判决、仲裁裁决、受益人自身确认基础交易债务已得到完全履行,或者确认独立保函载明的付款到期事件并未发生如受益人信函、受益人与债务人之间达成的和解协议等证明受益人没有付款请求权的证据来加以认定。考虑到独立保函欺诈在实践中的复杂多样性,第十二条第五项对受益人明显滥用付款请求权的其他情形规定了概括性的兜底条款。在转开独立保函的情形下,存在独立保函和保障追偿权的独立保函即反担保函两份独立保函,此时必须符合"双重权利滥用"才能构成两份独立保函独立性原则的例外情形。因此,止付申请人除需证明受益人欺诈外,还必须证明开立人付款并非善意,即开立人明知受益人欺诈仍向受益人付款并转而依据反担保函向指示人请求付款。为此,《规定》第十四条和第二十条对转开独立保函的欺诈止付标准作出了相应的规定。上述规定均彰显了人民法院审慎干预独立保函独立性、维护独立保函金融信用流通功能的价值取向。

(八)明确系统地规定了独立保函的临时止付程序

在发生受益人利用独立保函欺诈时,当事人可以向法院申请临时性的司法救济,裁定中止开立人付款义务的履行,使受益人暂时不能得到独立保函项下的付款,预防侵权行为产生损害后果。这种止付措施在英美法系被称为临时禁令,在大陆法系则通常称为假处分。由于我国民事诉讼法规定的行为保全制度较为简略,尚未发展起成熟系统的止付令制度,司法实践中随意止付独立保函的情况较为严重,已给我国金融机构开立的独立保函在各国之间的流通造成了影响。因此,严格规范独立保函的临时止付程序,是《规定》的重中之重。

首先,《规定》第十三条和第十六条明确止付裁定的性质为行为保全,但相较于我国民事诉讼法规定的一般行为保全,又有自身的特殊性,兼具程序审查和实体审查的特点。除了要符合民事诉讼法关于采取保全措施的条件外,人民法院必须初步审查实体上是否存在止付事由,因此,第十六条规定人民法院出具止付裁定必须包括初步查明的事实和是否准许止付申请的理由。

其次,《规定》第十四条从程序上对止付裁定设置了极为严格的条件。第十四条第一款规定裁定止付必须同时具备三项条件。一是止付申请人提交的证据材料证明《规定》第十二条规定的欺诈情形的存在具有高度可能性。这包含三层含义:(1)人民法院止付独立保函仅限于第十二条规定的欺诈情形,即存在无真实交易、单据欺诈或明显滥用付款请求权的情形;(2)受益人提交单据被推定为是善意无欺诈的,因此证明欺诈的责任在于止付申请人;(3)止付申请人的举证标准必须达到高度盖然性的程度。二是止付申请人须证明情况紧急,如不立即止付将给止付申请人的合法权益造成难以弥补的损害。三是止付申请人提供了足以弥补被申请人因止付可能遭受损失的担保。第十四条第二款规定，止付申请人以受益人在基础交易中违约为由请求止付的，人民法院不予支持，防止止付程序转变为对基础交易违约事实的审理。

再次，《规定》第十四条第三款反向规定了不得裁定止付的情形，即转开独立保函情形下开立人已经善意付款的，对于保障开立人追偿权的独立保函，人民法院不得裁定止付。

最后，《规定》于第十五条和第十七条对错误止付规定了相应的救济措施。当事人对人民法院就止付申请作出的裁定有异议的，可以向同级人民法院申请复议。因止付申请错误造成的损失，当事人可以请求止付申请人赔偿。

综上所述，司法解释对止付程序和条件的严格规范，既遏制受益人滥用权利，又避免止付程序被滥用，有力保障了独立保函交易安全、保护当事人合法权益和正当预期，维护了程序公正和实体公正的统一。

（九）明确规定了独立保函纠纷的管辖权问题

《规定》第十三条和第二十一条对管辖权问题作出了规定。第十三条是关于独立保函止付保全案件的管辖规定。该条规定止付申请人可以在提起诉讼或申请仲裁前，向开立人住所地或其他对独立保函欺诈纠纷案件具有管辖权的人民法院提出止付申请，也可以在诉讼或仲裁过程中提出申请。因此，独立保函止付保全可以是一类诉讼保全措施，也可以是一类独立案件，较好地协调了诉讼与仲裁的关系。

第二十一条对常见的两类独立保函纠纷的管辖权问题作出了相关规定。

第一类是受益人和开立人之间因独立保函而产生的纠纷案件，性质为合同纠纷，当事人在独立保函载明法院管辖权条款或仲裁条款的，从其约定。在独立保函没有约定争议解决条款时，根据民事诉讼法（2012年修正，下同）第二十三条的规定，由被告住所地或合同履行地人民法院管辖。《规定》第二十一条第一款参考《联合国独立保证和备用信用证公约》以及《见索即付保函统一规则》的规定，认定开立人住所地为独立保函合同的特征履行地，而不适用民事诉讼法司法解释第十八条关于合同履行地的一般规定，这是审判实践中需要注意的。针对实践中当事人提出的独立保函未约定争议解决条款时应适用主合同的争议解决条款的主张，第二十一条第一款坚持独立保函的独立性原则，规定受益人和开立人之间的独立保函纠纷的管辖问题应独立判断，不受基础交易合同中争议解决条款的约束。

第二类是独立保函欺诈纠纷案件的管辖。该类案件是按合同纠纷还是侵权纠纷确定管辖，实践中有两种不同的观点。一种观点认为，独立保函欺诈纠纷是独立保函合同履行纠纷的特殊形态，实质是在开立人不愿行使抗辩权的情形下由止付申请人代位行使开立人的权利，故应按合同纠纷确定管辖并且受独立保函争议解决条款的约束。另一种观点认为，独立保函欺诈纠纷案件是在履行独立保函合同过程中发生的侵权纠纷，应按侵权纠纷确定管辖。我们持第二种观点，独立保函的当事人为开立人和受益人，保函申请人、指示人等止付申请人不是独立保函的合同当事人，但受益人在独立保函项下的欺诈行为会侵害止付申请人在保函申请关系、指示关系项下的权利，故构成侵害债权的情形，止付申请人有主张侵权救济的权利。《规定》第二十一条第二款规定，独立保函欺诈纠纷的当事人可以书面协议选择争议解决条款，在不能达成协议的情况下，则由被请求止付的独立保函开立人住所地或被告住所地人民法院管辖。当事人主张根据基础交易合同或独立保函的争议解决条款确定管辖法院或提交仲裁的,人民法院不予支持。

上述条款有力保障了独立保函纠纷管辖权判断标准的统一性和可预见性,反映出人民法院充分尊重当事人对争议解决条款的意思自治,并有效协调管辖权冲突、减少平行程序发生的务实态度。

(十)明确规定了涉外独立保函纠纷的准据法问题

《规定》第二十二条规定了实践中最为常见的三类涉外独立保函纠纷的准据法问题。一是开立人和受益人之间因涉外独立保函而产生的纠纷。独立保函经受益人接受,构成开立人和受益人之间的合同。涉外民事关系法律适用法第四十一条规定:"当事人可以协议选择合同适用的法律。当事人没有选择的,适用履行义务最能体现该合同特征的一方当事人经常居所地法律或者其他与该合同有最密切联系的法律。"《规定》第二十二条第一款借鉴《见索即付保函统一规则》的规定,认定开立人经常居所地为合同特征履行地,故规定该类纠纷中涉外独立保函未载明适用法律,开立人和受益人在一审法庭辩论终结前亦未就适用法律达成一致的,应当适用开立人经常居所地法律。由于实践中金融机构跨境分支机构开立独立保函的情况比较普遍,故该款规定独立保函由金融机构依法登记设立的分支机构开立的,适用分支机构登记地法律。

二是涉外独立保函欺诈纠纷。涉外民事关系法律适用法第四十四条规定:"侵权责任,适用侵权行为地法律,但当事人有共同经常居所地的,适用共同经常居所地法律。侵权行为发生后,当事人协议选择适用法律的,按照其协议。"据此,《规定》第二十二条第二款规定,当事人可以就涉外独立保函欺诈纠纷约定准据法,当事人就适用法律不能达成一致的,适用被请求止付保函的开立人经常居所地法律。独立保函由金融机构依法登记设立的分支机构开立的,适用分支机构登记地法律。当事人有共同经常居所地的,适用共同经常居所地法律。

三是涉外独立保函的止付保全案件。该类案件由于兼具程序和实体审查的特点,因此各国法院对涉外止付保全的法律适用问题存在不同的观点。为避免司法实践中产生混淆认识,《规定》于第二十二条第三款作了相应规定。我们认为,止付保全程序不是一个逻辑自足的制度体系,其以确保判决的终局执行为目的,并依赖主诉或仲裁的存在。因此,即使人民法院在处理止付保全申请过程中对实体问题进行初步审查,也不能终局地解决实体争议,故并不改变止付保全作为一类司法程序的性质。我国民事诉讼法第四条规定:凡在中华人民共和国领域内进行民事诉讼,必须遵守本法。根据程序问题适用法院地法的原则,人民法院应当适用我国法律处理涉外止付保全申请。

(十一)明确规定了独立保函开立保证金的性质

关于独立保函的开立保证金是否具有金钱质权的性质,司法实践中一直缺乏定论。《最高人民法院关于人民法院能否对信用证开证保证金采取冻结和扣划措施问题的规定》规定,信用证开证保证金属于有进出口经营权的企业向银行申请对国外(境外)方开立信用证而备付的具有担保支付性质的资金。人民法院在审理或执行案件时,依法可以对信用证开证保证金采取冻结措施,但不得扣划。如果银行因信用证无效、过期,或者因单证不符而拒付信用证款项并且免除了对外支付义务以及在正常付出了信用证款项并从信用证开证保证金中扣除相应款额后尚有剩余,即在信用证开证保证金账户存款已丧失保证金功能的情况下,人民法院可以依法采取扣划措施。但是,对于独立保函开立保证金缺乏相应的规定。

我们认为，保函申请人为申请开立独立保函而缴纳的保证金，以专用账户的形式特定化以区别于普通账户，并移交开立人占有的，即符合金钱特定化、以转移占有方式公示这两项条件的，构成金钱质权。人民法院在审理或执行案件时，依法可以采取冻结措施，但不得扣划。但如果开立保证金被混同于一般资金或存在其他丧失开立保证金功能的情形时，人民法院则可以依法采取扣划措施。因此，《规定》第二一四条吸收《最高人民法院关于人民法院能否对信用证开证保证金采取冻结和扣划措施问题的规定》的精神，根据《最高人民法院关于适用〈中华人民共和国担保法〉若干问题的解释》第八十五条对独立保函开立保证金作出了相应规定。

此外，《规定》还对独立保函的生效、权利义务终止、转让、开立人追偿权等问题作出了规定，具有较强的实践意义。由于涉港澳台独立保函参照适用涉外独立保函的规定，通过适用涉外民事关系法律适用法司法解释、民事诉讼法司法解释即可得出相应结论，故《规定》未以专门条文加以规定。

综上所述，《规定》的出台，为我国法院处理独立保函纠纷提供了重要的裁判依据，为独立保函交易当事人的行为提供了完善、可预期的法律指引，也为各国独立保函司法实践提供了极具参考价值的裁判规则。相信《规定》的实施，必将对促进我国独立保函业务的规范有序发展、服务和保障"一带一路"建设，起到积极有效的作用。

（撰稿人：张勇健、沈红雨）

指导案例 111 号

某银行股份有限公司广州荔湾支行诉
广东蓝某能源发展有限公司等信用证开证纠纷案

（最高人民法院审判委员会讨论通过　2019 年 2 月 25 日发布）

关键词

民事　信用证开证　提单　真实意思表示　权利质押　优先受偿权

裁判要点

1. 提单持有人是否因受领提单的交付而取得物权以及取得何种类型的物权，取决于合同的约定。开证行根据其与开证申请人之间的合同约定持有提单时，人民法院应结合信用证交易的特点，对案涉合同进行合理解释，确定开证行持有提单的真实意思表示。

2. 开证行对信用证项下单据中的提单以及提单项下的货物享有质权的，开证行行使提单质权的方式与行使提单项下货物动产质权的方式相同，即对提单项下货物折价、变卖、拍卖后所得价款享有优先受偿权。

相关法条

《中华人民共和国海商法》第七十一条

《中华人民共和国物权法》第二百二十四条

《中华人民共和国合同法》第八十条第一款

基本案情

某银行股份有限公司广州荔湾支行（以下简称某行广州荔湾支行）与广东蓝某能源发展有限公司（以下简称蓝某能源公司）于2011年12月签订了《贸易融资额度合同》及《关于开立信用证的特别约定》等相关附件，约定该行向蓝某能源公司提供不超过5.5亿元的贸易融资额度，包括开立等值额度的远期信用证。惠来粤某电力燃料有限公司（以下简称粤某电力）等担保人签订了保证合同等。2012年11月，蓝某能源公司向某行广州荔湾支行申请开立8592万元的远期信用证。为开立信用证，蓝某能源公司向某行广州荔湾支行出具了《信托收据》，并签订了《保证金质押合同》。《信托收据》确认自收据出具之日起，某行广州荔湾支行即取得上述信用证项下所涉单据和货物的所有权，某行广州荔湾支行为委托人和受益人，蓝某能源公司为信托货物的受托人。信用证开立后，蓝某能源公司进口了164998吨煤炭。某行广州荔湾支行承兑了信用证，并向蓝某能源公司放款84867952.27元，用于蓝某能源公司偿还建某首尔分行的信用证垫款。某行广州荔湾支行履行开证和付款义务后，取得了包括本案所涉提单在内的全套单据。蓝某能源公司因经营状况恶化而未能付款赎单，故某行广州荔湾支行在本案审理过程中仍持有提单及相关单据。提单项下的煤炭因其他纠纷被广西防城港市港口区人民法院查封。某行广州荔湾支行提起诉讼，请求判令蓝某能源公司向某行广州荔湾支行清偿信用证垫款本金84867952.27元及利息；确认某行广州荔湾支行对信用证项下164998吨煤炭享有所有权，并对处置该财产所得款项优先清偿上述信用证项下债务；粤某电力等担保人承担担保责任。

裁判结果

广东省广州市中级人民法院于2014年4月21日作出（2013）穗中法金民初字第158号民事判决，支持某行广州荔湾支行关于蓝某能源公司还本付息以及担保人承担相应担保责任的诉请，但以信托收据及提单交付不能对抗第三人为由，驳回某行广州荔湾支行关于请求确认煤炭所有权以及优先受偿权的诉请。某行广州荔湾支行不服一审判决，提起上诉。广东省高级人民法院于2014年9月19日作出（2014）粤高法民二终字第45号民事判决，驳回上诉，维持原判。某行广州荔湾支行不服二审判决，向最高人民法院申请再审。最高人民法院于2015年10月19日作出（2015）民提字第126号民事判决，支持某行广州荔湾支行对案涉信用证项下提单对应货物处置所得价款享有优先受偿权，驳回其对案涉提单项下货物享有所有权的诉讼请求。

裁判理由

最高人民法院认为，提单具有债权凭证和所有权凭证的双重属性，但并不意味着谁持有提单谁就当然对提单项下货物享有所有权。对于提单持有人而言，其能否取得物权以及取得何种类型的物权，取决于当事人之间的合同约定。某行广州荔湾支行履行了开证及付款义务并取得信用证项下的提单，但是由于当事人之间没有移转货物所有权的意思表示，故不能认为某行广州荔湾支行取得提单即取得提单项下货物的所有权。虽然《信托收据》约定某行广州荔湾支行取得货物的所有权，并委托蓝某能源公司处置提单项下的货物，但根据物权法定原则，该约定因构成让与担保而不能发生物权效力。然而，让与担保的约定虽不能发生物权效力，但该约定仍具有合同效力，且《关于开立信用证的特别约定》约定蓝某能源公司违约时，某行广州荔湾支行有权处分信用证项下单据及货物，因此根据合同整体解释以及信用证交易的特点，表明当事人真实意思表示是通过提单的流转而设立提单质押。本案符合权利质押设立所需具备的书面质押合同和物权公示两项要件，某行广州荔湾支行作为提单持有人，享有提单权利质权。某行广州荔湾支行的提单权利质权如果与其他债权人对提单项下货物所可能享有的留置权、动产质权等权利产生冲突的，可在执行分配程序中依法予以解决。

（生效裁判审判人员：刘贵祥、刘敏、高晓力）

【解读】

解读《某银行股份有限公司广州荔湾支行诉广东蓝某能源发展有限公司等信用证开证纠纷案》

2019年2月25日，最高人民法院发布了第21批指导性案例，包括第107号至第112号共6件指导性案例。这批案例为涉"一带一路"建设专题指导性案例，总结了审判实践中某些普遍的疑难复杂法律适用问题，有利于进一步明确裁判规则，统一司法尺度。其中，第111号指导案例为《某银行股份有限公司广州荔湾支行诉广东蓝某能源发展有限公司等信用证开证纠纷案》。为了正确理解和准确参照适用该指导案例，现对该指导案例的选编过程、裁判要点、参照适用等有关情况予以解释和说明。

一、案例选编过程

本案为最高人民法院审理的申请再审案件，由最高人民法院审判委员会专职委员刘贵祥大法官担任审判长。经提审审结后，该案例曾被评选为"一带一路"十大典型海事案例，具有十分重要的指导价值。经最高人民法院民四庭法官会议讨论，根据庭领导指示，作为备选指导性案例推荐。最高人民法院案例指导工作办公室收到该案例后，经初审认为基本符合要求，并提交研究室室务会讨论。2018年9月30日，研究室室务会经讨论，认为该案例具有一定指导价值，但涉及一些法律适用问题，建议征求相关专家意见后再报审委会讨论。承办人征求了本案合议庭成员高晓力法官及大连海事大学韩立新教授、中国政法大学张丽英教授意见，均回复表示同意推荐，并对案例文本提出了一些修改意见。案例经过修改提交最高人民法院民专会予以讨论。11月20日，最高人民法院民专会第302次会议讨论通过该案例。2019年2月25日，最高人民法院以法〔2019〕3号文件将该案例编入第21批指导性案例予以发布。

二、关于本案例的相关情况

（一）基本案情

某银行股份有限公司广州荔湾支行（以下简称某行广州荔湾支行）与广东蓝某能源发展有限公司（以下简称蓝某能源公司）于2011年12月签订了《贸易融资额度合同》及《关于开立信用证的特别约定》等相关附件，约定该行向蓝某能源公司提供不超过5.5亿元的贸易融资额度，包括开立等值额度的远期信用证。惠来粤某电力燃料有限公司（以下简称粤某电力）等担保人签订了保证合同等。2012年11月，蓝某能源公司向某行广州荔湾支行申请开立8592万元的远期信用证。为开立信用证，蓝某能源公司向某行广州荔湾支行出具了《信托收据》，并签订了《保证金质押合同》。《信托收据》确认自收据出具之日起，某行广州荔湾支行即取得上述信用证项下所涉单据和货物的所有权，某行广州荔湾支行为委托人和受益人，蓝某能源公司为信托货物的受托人。信用证开立后，蓝某能源公司进口了164998吨煤炭。某行广州荔湾支行承兑了信用证，并向蓝某能源公司放款84867952.27元，用于蓝某能源公司偿还建某首尔分行的信用证垫款。某行荔湾支行履行开证和付款义务后，取得了包括本案所涉提单在内的全套单据。蓝某能源因经营状况恶化而未能付款赎单，故某行荔湾支行在本案审理过程中仍持有提单及相关单据。提单项下的煤炭因其他纠纷被广西防城港市港口区人民法院查封。某行广州荔湾支行提起诉讼，请求判令蓝某能源公司向某行荔湾支行清偿信用证垫款本金84867952.27元及利息；确认某行广州荔湾支行对信用证项下164998吨煤炭享有所有权，并对处置该财产所得款项优先清偿上述信用证项下债务；粤某电力等担保人承担担保责任等。

某行荔湾支行向广东省广州市中级人民法院起诉，请求判令：（1）蓝某能源向某行荔湾支行清偿信用证垫付款本金人民币84867952.27元（以下币种如未特别注明的，均为人民币元）及至全部清偿日止的利息（含罚息和复利，按每日万分之五计息，自2013年3月8日起计算，暂计至2013年3月21日为551641.70元）；（2）确认上述信用证项下164998吨煤属于某行荔湾支行的财产，并以处置该财产所得款项优先清偿上述信用证项下债务；（3）粤某电力、广东蓝某海运有限公司（以下简称蓝某海运）蓝某彬对蓝某能源应承担的上述债务承担连带清偿责任；（4）粤某电力、蓝某海运自2013年3月6日起按其向某行荔湾支行承担保证责任应支付的金额依每日万分之五的标准支付违约金直至付清所有款项之日止；（5）确认某行荔湾支行对蓝某彬持有的蓝某能源6%的股权享有优先受偿权；（6）蓝某能源、粤某电力、蓝某海运、蓝某彬承担本案全部诉讼费用以及某行荔湾支行为实现上述债权所产生的必要费用。

（二）裁判结果

广州市中级人民法院一审支持某行广州荔湾支行关于蓝某能源公司还本付息以及担保人承担相应担保责任的诉请，但以信托收据及提单交付不能对抗第三人为由，驳回某行广州荔湾支行关于请求确认煤炭所有权以及优先受偿权的诉请。某行广州荔湾支行不服一审判决驳回所有权及优先受偿权诉请的判项，提起上诉。广东省高级人民法院二审予以维持。某行广州荔湾支行不服二审判决，向最高人民法院申请再审。最高人民法院再审改判支持某行广州荔湾支行对案涉信用证项下提单对应货物处置所得价款享有优先受偿权，但不支持其所有权主张。

（三）理论及实务界的争议

本案属于开证申请人与开证行之间因申请开立信用证而产生的欠款纠纷，涉及的主要法律问题是，因对外付款而合法持有提单的开证行对提单项下货物享有何种权利？一些学者认为，信用证交易是单据交易，开证行因付款"买单"而合法持有提单，既然提单是所有权凭证，其当然对提单项下货物享有所有权。也有一些学者认为，在银行持有提单的情况下，不论是从法律关系的角度看，还是从交易惯例及法律规定的情况看，都不宜认定银行是提单项下货物的所有权人。那么，提单是否为所有权凭证？

持有提单是否一定对提单项下货物享有所有权？如果银行不享有所有权，则其享有的是什么权利？这是当前亟待解决的一个法律问题。

本案涉及的另一个重要法律问题是如何认定《信托收据》的性质与效力。开证申请人在不能备款赎单的情况下，可以向银行申请叙做进口押汇，基本做法是：开证申请人向银行提交叙做进口押汇申请书，申请叙做进口押汇业务，同时进口商还要向银行出具一份由银行事先制定的作为格式合同的《信托收据》，承诺信用证项下的货权或货物的所有权归属于银行，其系代银行占有和处理货物，所得款项用来清偿银行的融资款，然后银行才将进口货物的全套单据交给进口商。在叙做进口押汇情况下，信托收据究竟是一个单方允诺还是要约？它设立的是信托关系、质押关系还是让与担保关系？如果说其属于非典型担保中的让与担保，是否具有物权效力？开立信用证时设立的担保能否继续适用于进口押汇业务？银行能否既主张享有权利质权又主张让与担保？与通常情况不同，本案中，当事人在信用证开证申请阶段就向银行出具信托收据，而不是在不能备款赎单从而申请叙做进口押汇情况下才出具信托收据；且银行在收到信托收据后还持有提单，这就使得本案的情形在银行实务中并不具有典型性。但要想对本案所涉信托收据作出准确认定，必须全面了解进口押汇的实务操作以及信托收据在通常情况下的性质与效力，就此而言，本文对进口押汇、信托收据等问题所作的分析，对准确界定信托收据的性质及效力、明确银行与开证申请人之间的权利义务关系等都具有一定程度的指导意义。

（四）指导价值

首先，本案再审判决的指导意义体现在对裁判规则的统一上。本案所涉法律问题众说纷纭。此前，单就提单的物权凭证属性的问题，理论及实务界便存在至少三种争议的声音，一种为否定说，一种为物权凭证说，一种为所有权凭证说。关于持有提单的信用证开证行享有何种权利，更是观点各异，有同时履行抗辩权说、所有权说、担保权说，担保权说中又有动产质权、权利质权、留置权、让与担保等认识之别。本案再审判决作为最高人民法院的终审判决，明确了提单可为所有权凭证，但提单持有人并不当然是提单项下货物的所有权人，并明确了持有提单的信用证开证行在何种情况下享有提单质权，统一了该疑难法律问题的裁判规则，避免了规则的缺位给国际贸易及司法实践造成的困扰。此外，本案判决还澄清了审判实践中的诸多误解，就与本案有关的一些争议问题确立了裁判规则。例如，针对二审判决将通知实际占有人作为指示交付的生效要件进而认为某行荔湾支行未取得提单项下货物的所有权是因为没有证据证明当事人已将提单交付的事实通知承运人，再审判决虽然维持其结论，但纠正了其理由，认为根据物权法第二十六条规定，指示交付并不以通知实际占有动产的第三人作为完成交付的必要条件，并参照合同法第八十条第一款规定，认为提单交付之时，即完成了提单项下货物的指示交付，未经通知，只是对实际占有人不能发生对抗效力而已，不能由此得出"不构成提单项下货物交付"的结论。

其次，本案再审判决的指导意义还表现在多种法律解释方法的运用上。纵观本案判决，法官综合运用了文义解释、体系解释、目的解释、历史解释等多种法律解释方法，辨法析理透彻、充分。以体系解释为例，针对某行荔湾支行关于其持有提单就是货物的所有权人的主张，判决书以动产交付作为类比，"动产占有人受领动产的交付，究竟是享有所有权、动产质权，还是基于合同关系的占有，均取决于当事人之间的合同如何约定",形象地揭示了"提单持有人是否就因受领提单的交付而取得物权以及取得何种类型的物权,均取决于其所依据的合同如何约定"之理论依据。再如,判决书以基于委托保管提单的法律关系为例,"如果仅仅是基于委托保管提单的法律关系,提单持有人固然可凭单要求承运人交付货物,但如其主张对货物享有所有权或他物权,则显然不具有合法性和正当性",较好地反证了提单持有人并非必然对提单项下的货物享有所有权。总之,再审判决书通过大量援引海商法、物权法、合同法及相关司法解释进行论证说理,使每一项论述均以具体的法律条文为基础,尽显法解释学的魅力。

最后,本案再审判决凸显对当事人意思自治的尊重和合同解释的重要性。与法律解释旨在探求立法原意不同,合同解释旨在探求当事人的真实意思。在本案中,最高人民法院认为,"在合同条款有两种以上的解释时,不应当采纳使部分合同条款成为赘文的解释,而应当采纳使各个合同条款都具备一定意义的解释"。在此基础上,法官将涉案《贸易融资额度合同》、《关于开立信用证的特别约定》及《信托收据》等作为一个整体,在体系中探究当事人的真意,依据合同解释原则及跟单信用证的基本机制和惯例,得出蓝某能源与某行荔湾支行签订的《关于开立信用证的特别约定》中约定某行荔湾支行有权"行使担保权利",该担保权利即为提单权利质权。当事人既然有设立提单权利质押的合意,且某行荔湾支行又持有提单,从而满足了权利质押物权公示的要件,依据物权法第二百二十四条规定,即可认定某行荔湾支行对持有的提单享有的是提单质权。

综上所述,该指导案例确认的裁判规则对提单的物权凭证属性,以及提单持有人享有何种权利等疑难法律问题作出了明确判断,具有重要的指导价值,对于统一该领域的法律适用标准具有标杆意义。

三、裁判要点的理解与说明

该指导案例的裁判要点确认:(1)提单持有人是否因受领提单的交付而取得物权以及取得何种类型的物权,取决于合同的约定。开证行根据其与开证申请人之间的合同约定持有提单时,人民法院应结合信用证交易的特点,对案涉合同进行合理解释,确定开证行持有提单的真实意思表示。(2)开证行对信用证项下单据中的提单以及提单项下的货物享有质权的,开证行行使提单质权的方式与行使提单项下货物动产质权的方式相同,即对提单项下货物折价、变卖、拍卖后所得价款享有优先受偿权。现围绕与该裁判要点相关的问题逐一解释和说明如下。

(一)关于提单的属性问题

关于提单的属性问题,历来众说纷纭、莫衷一是,有债权凭证说、占有权说、所有权凭证说、综合权利凭证说等诸种学说。就本案来说,某行荔湾支行认为提单是所有权凭证,其是提单的合法持有人,故对案涉货物享有所有权。二审法院则仅将提单视为债权凭证,否认其物权凭证的属性,认为提单的交付仅意味着提货请求权的转移,不意味着物权的移转,并以某行荔湾支行未提供证据证明已经将货物转让的事实通知实际占有货物的承运人从而完成交付为由,既驳回了其有关确认对涉案货物享有所有权的诉讼请求,又驳回了其享有权利质权的诉讼请求。可见,提单的属性问题不仅仅是一个理论问题,更是一个涉及当事人切身利益的重大实务问题,有必要予以厘清。合议庭在综合分析各种学说基础上,结合相关法律规定、司法案例以及法律原理,认为:提单兼具债权凭证与物权凭证的双重属性,是物权凭证中的所有权凭证。提单表征的是基于所有权的原物返还请求权。在海上货物运输合同中，货物所有权人将货物交付给承运人并由其实际占有后，并未丧失所有权。既然货物所有权人对货物仍然享有所有权，而提单是据以向承运人提取货物的唯一凭证，其当然可以基于对货物的所有权请求承运人返还货物，此为基于所有权产生的原物返还请求权，属于物权请求权的范畴。还要看到，提单不仅是提取货物的唯一凭证，而且本身就代表货物，持有提单就相当于占有货物，交付提单就相当于交付货物，提单代表货物的功能凸显了提单的所有权凭证属性。提单为什么能够代表货物？从前述提单发展的历史看，本质上源于为解决在途货物买卖难以实际交付货物的情况下，何时移转所有权这一问题。商人们在长期的实践中创设出了提单代表货物、交付提单就意味着交付货物的规则，从而使提单具有了所有权凭证的属性。从这一意义上说，提单的所有权凭证属性本质上并非源于逻辑的推演，而是源于国际货物贸易的实践，是实践的产物。

（二）关于持有提单的开证行享有何种权利

开证行某行荔湾支行在主张权利时，体现出了一定的层次性：其先是以持有提单为由主张享有提单项下货物的所有权；退而又以享有权利质权为由对提单项下货物处置后所得价款享有优先受偿权。分析持有提单的开证行究竟享有何种权利，有必要考察其享有的是所有权还是担保物权，如果是担保物权则属于哪一种类型。我们认为，开证行不享有提单项下货物的所有权，其享有的仅是权利质权。本案中，某行荔湾支行持有提单，提单可以设立权利质权，有关合同既有设定担保的一般约定，又有以自己的意思处分提单的明确约定，依据合同法第一百二十五条有关合同解释的规定以及物权法第二百二十四条关于权利质押的规定，应当认定某行荔湾支行享有提单权利质权。

（三）关于信托收据及相关问题

本案中，双方当事人都将信托收据作为论证自己主张的重要证据，蓝某能源据此认为某行荔湾支行怠于履行交单义务，应向其承担违约责任；而某行荔湾支行则认为，其主张对提单项下货物享有所有权的最终目的在于以货物的处置价款优先偿还信用证项下款项，实际上是根据信托收据主张享有让与担保权利，同时又认为信托收据具有质押合同的性质。同一份信托收据，为什么双方当事人会作出完全相反的解读，甚至同一个当事人都据以主张两种不同的担保权利？这就涉及信托收据的性质与效力问题。

本案信托收据尽管名为"信托收据"，性质上则属于让与担保合同，是信用证开证申请合同的从合同，是一种非典型担保形态。开证申请合同已经针对信用证项下的单据及货物约定了质权条款，在此情况下又通过出具信托收据设定让与担保，导致在同一个物上设定了权利性质相互冲突的两种担保行使：让与担保与权利质权，某行荔湾支行只能择其一而行使。但某行荔湾支行既主张质权又主张让与担保，考虑到让与担保并非法定的物权类型且亦无对抗效力、某行荔湾支行并未实际交单等因素，并结合当事人真实的意思表示以及交易习惯，合议庭最终认定双方仅设立了权利质权，而驳回了某行荔湾支行有关其享有提单项下货物所有权并以货物处置后的价值优先清偿信用证项下款项的该项诉讼请求。

关于本案信托收据的效力。一方面，信托收据是开证申请人向银行发出的要约，根据合同法第二十二条的规定，某行荔湾支行接受信托收据意味着银行以自己的积极行为对要约进行了承诺，合同有效成立。合同一经成立就生效，某行荔湾支行依约负有放单义务,并只有在放单后才享有信托收据所约定的权利。某行荔湾支行未交付提单或提单项下货物,不产生以让与货物所有权形式担保某行荔湾支行债权的相应效果。另一方面,蓝某能源在信用证项下的付款责任并未因出具信托收据而免除,蓝某能源受能源市场因素影响,经营状况明显恶化,可能丧失履约能力,且其他债权人对蓝某能源包括提单项下货物在内的财产已经采取保全措施,某行荔湾支行一旦将提单交付给蓝某能源,将可能丧失对提单或提单项下货物享有的担保物权。在此情况下,某行荔湾支行基于不安抗辩权拒绝放单,不构成违约,当然亦不能作为免除或减轻蓝某能源信用证项下的付款责任的理由,故蓝某能源认为某行荔湾支行违约在先的主张不能成立。

双方都不否认信托收据的真实性,且都将其作为论证自己主张的重要证据,因此,信托收据在本案中具有重要的证据作用。其证据作用表现在,信托证据也从另一个侧面证明银行在设立"信托"之前对信用证项下提单及货物不享有所有权。

(撰稿人:赵珂、石磊)

十三、保 险

中华人民共和国保险法

(1995年6月30日第八届全国人民代表大会常务委员会第十四次会议通过 根据2002年10月28日第九届全国人民代表大会常务委员会第三十次会议《关于修改〈中华人民共和国保险法〉的决定》第一次修正 2009年2月28日第十一届全国人民代表大会常务委员会第七次会议修订 根据2014年8月31日第十二届全国人民代表大会常务委员会第十次会议《关于修改〈中华人民共和国保险法〉等五部法律的决定》第二次修正 根据2015年4月24日第十二届全国人民代表大会常务委员会第十四次会议《关于修改〈中华人民共和国计量法〉等五部法律的决定》第三次修正)

目 录

第一章 总 则
第二章 保险合同
　第一节 一般规定
　第二节 人身保险合同
　第三节 财产保险合同

第三章　保险公司
第四章　保险经营规则
第五章　保险代理人和保险经纪人
第六章　保险业监督管理
第七章　法律责任
第八章　附　则

第一章　总　则

第一条　为了规范保险活动，保护保险活动当事人的合法权益，加强对保险业的监督管理，维护社会经济秩序和社会公共利益，促进保险事业的健康发展，制定本法。

第二条　本法所称保险，是指投保人根据合同约定，向保险人支付保险费，保险人对于合同约定的可能发生的事故因其发生所造成的财产损失承担赔偿保险金责任，或者当被保险人死亡、伤残、疾病或者达到合同约定的年龄、期限等条件时承担给付保险金责任的商业保险行为。

第三条　在中华人民共和国境内从事保险活动，适用本法。

第四条　从事保险活动必须遵守法律、行政法规，尊重社会公德，不得损害社会公共利益。

第五条　保险活动当事人行使权利、履行义务应当遵循诚实信用原则。

第六条　保险业务由依照本法设立的保险公司以及法律、行政法规规定的其他保险组织经营，其他单位和个人不得经营保险业务。

第七条　在中华人民共和国境内的法人和其他组织需要办理境内保险的，应当向中华人民共和国境内的保险公司投保。

第八条　保险业和银行业、证券业、信托业实行分业经营、分业管理，保险公司与银行、证券、信托业务机构分别设立。国家另有规定的除外。

第九条　国务院保险监督管理机构依法对保险业实施监督管理。

国务院保险监督管理机构根据履行职责的需要设立派出机构。派出机构按照国务院保险监督管理机构的授权履行监督管理职责。

第二章　保险合同

第一节　一般规定

第十条　保险合同是投保人与保险人约定保险权利义务关系的协议。

投保人是指与保险人订立保险合同，并按照合同约定负有支付保险费义务的人。

保险人是指与投保人订立保险合同，并按照合同约定承担赔偿或者给付保险金责任的保险公司。

第十一条　订立保险合同，应当协商一致，遵循公平原则确定各方的权利和义务。

除法律、行政法规规定必须保险的外，保险合同自愿订立。

第十二条　人身保险的投保人在保险合同订立时，对被保险人应当具有保险利益。

财产保险的被保险人在保险事故发生时，对保险标的应当具有保险利益。

人身保险是以人的寿命和身体为保险标的的保险。

财产保险是以财产及其有关利益为保险标的的保险。

被保险人是指其财产或者人身受保险合同保障，享有保险金请求权的人。投保人可以为被保险人。

保险利益是指投保人或者被保险人对保险标的具有的法律上承认的利益。

第十三条 投保人提出保险要求，经保险人同意承保，保险合同成立。保险人应当及时向投保人签发保险单或者其他保险凭证。

保险单或者其他保险凭证应当载明当事人双方约定的合同内容。当事人也可以约定采用其他书面形式载明合同内容。

依法成立的保险合同，自成立时生效。投保人和保险人可以对合同的效力约定附条件或者附期限。

第十四条 保险合同成立后，投保人按照约定交付保险费，保险人按照约定的时间开始承担保险责任。

第十五条 除本法另有规定或者保险合同另有约定外，保险合同成立后，投保人可以解除合同，保险人不得解除合同。

第十六条 订立保险合同，保险人就保险标的或者被保险人的有关情况提出询问的，投保人应当如实告知。

投保人故意或者因重大过失未履行前款规定的如实告知义务，足以影响保险人决定是否同意承保或者提高保险费率的，保险人有权解除合同。

前款规定的合同解除权，自保险人知道有解除事由之日起，超过三十日不行使而消灭。自合同成立之日起超过二年的，保险人不得解除合同；发生保险事故的，保险人应当承担赔偿或者给付保险金的责任。

投保人故意不履行如实告知义务的，保险人对于合同解除前发生的保险事故，不承担赔偿或者给付保险金的责任，并不退还保险费。

投保人因重大过失未履行如实告知义务，对保险事故的发生有严重影响的，保险人对于合同解除前发生的保险事故，不承担赔偿或者给付保险金的责任，但应当退还保险费。

保险人在合同订立时已经知道投保人未如实告知的情况的，保险人不得解除合同；发生保险事故的，保险人应当承担赔偿或者给付保险金的责任。

保险事故是指保险合同约定的保险责任范围内的事故。

第十七条 订立保险合同，采用保险人提供的格式条款的，保险人向投保人提供的投保单应当附格式条款，保险人应当向投保人说明合同的内容。

对保险合同中免除保险人责任的条款，保险人在订立合同时应当在投保单、保险单或者其他保险凭证上作出足以引起投保人注意的提示，并对该条款的内容以书面或者口头形式向投保人作出明确说明；未作提示或者明确说明的，该条款不产生效力。

第十八条 保险合同应当包括下列事项：

（一）保险人的名称和住所；

（二）投保人、被保险人的姓名或者名称、住所，以及人身保险的受益人的姓名或者名称、住所；

（三）保险标的；

（四）保险责任和责任免除；
（五）保险期间和保险责任开始时间；
（六）保险金额；
（七）保险费以及支付办法；
（八）保险金赔偿或者给付办法；
（九）违约责任和争议处理；
（十）订立合同的年、月、日。

投保人和保险人可以约定与保险有关的其他事项。

受益人是指人身保险合同中由被保险人或者投保人指定的享有保险金请求权的人。投保人、被保险人可以为受益人。

保险金额是指保险人承担赔偿或者给付保险金责任的最高限额。

第十九条 采用保险人提供的格式条款订立的保险合同中的下列条款无效：
（一）免除保险人依法应承担的义务或者加重投保人、被保险人责任的；
（二）排除投保人、被保险人或者受益人依法享有的权利的。

第二十条 投保人和保险人可以协商变更合同内容。

变更保险合同的，应当由保险人在保险单或者其他保险凭证上批注或者附贴批单，或者由投保人和保险人订立变更的书面协议。

第二十一条 投保人、被保险人或者受益人知道保险事故发生后，应当及时通知保险人。故意或者因重大过失未及时通知，致使保险事故的性质、原因、损失程度等难以确定的，保险人对无法确定的部分，不承担赔偿或者给付保险金的责任，但保险人通过其他途径已经及时知道或者应当及时知道保险事故发生的除外。

第二十二条 保险事故发生后，按照保险合同请求保险人赔偿或者给付保险金时，投保人、被保险人或者受益人应当向保险人提供其所能提供的与确认保险事故的性质、原因、损失程度等有关的证明和资料。

保险人按照合同的约定，认为有关的证明和资料不完整的，应当及时一次性通知投保人、被保险人或者受益人补充提供。

第二十三条 保险人收到被保险人或者受益人的赔偿或者给付保险金的请求后，应当及时作出核定；情形复杂的，应当在三十日内作出核定，但合同另有约定的除外。保险人应当将核定结果通知被保险人或者受益人；对属于保险责任的，在与被保险人或者受益人达成赔偿或者给付保险金的协议后十日内，履行赔偿或者给付保险金义务。保险合同对赔偿或者给付保险金的期限有约定的，保险人应当按照约定履行赔偿或者给付保险金义务。

保险人未及时履行前款规定义务的，除支付保险金外，应当赔偿被保险人或者受益人因此受到的损失。

任何单位和个人不得非法干预保险人履行赔偿或者给付保险金的义务，也不得限制被保险人或者受益人取得保险金的权利。

第二十四条 保险人依照本法第二十三条的规定作出核定后，对不属于保险责任的，应当自作出核定之日起三日内向被保险人或者受益人发出拒绝赔偿或者拒绝给付保险金通知书，并说明理由。

第二十五条 保险人自收到赔偿或者给付保险金的请求和有关证明、资料之日起六十日内,对其赔偿或者给付保险金的数额不能确定的,应当根据已有证明和资料可以确定的数额先予支付;保险人最终确定赔偿或者给付保险金的数额后,应当支付相应的差额。

第二十六条 人寿保险以外的其他保险的被保险人或者受益人,向保险人请求赔偿或者给付保险金的诉讼时效期间为二年,自其知道或者应当知道保险事故发生之日起计算。

人寿保险的被保险人或者受益人向保险人请求给付保险金的诉讼时效期间为五年,自其知道或者应当知道保险事故发生之日起计算。

第二十七条 未发生保险事故,被保险人或者受益人谎称发生了保险事故,向保险人提出赔偿或者给付保险金请求的,保险人有权解除合同,并不退还保险费。

投保人、被保险人故意制造保险事故的,保险人有权解除合同,不承担赔偿或者给付保险金的责任;除本法第四十三条规定外,不退还保险费。

保险事故发生后,投保人、被保险人或者受益人以伪造、变造的有关证明、资料或者其他证据,编造虚假的事故原因或者夸大损失程度的,保险人对其虚报的部分不承担赔偿或者给付保险金的责任。

投保人、被保险人或者受益人有前三款规定行为之一,致使保险人支付保险金或者支出费用的,应当退回或者赔偿。

第二十八条 保险人将其承担的保险业务,以分保形式部分转移给其他保险人的,为再保险。

应再保险接受人的要求,再保险分出人应当将其自负责任及原保险的有关情况书面告知再保险接受人。

第二十九条 再保险接受人不得向原保险的投保人要求支付保险费。

原保险的被保险人或者受益人不得向再保险接受人提出赔偿或者给付保险金的请求。

再保险分出人不得以再保险接受人未履行再保险责任为由,拒绝履行或者迟延履行其原保险责任。

第三十条 采用保险人提供的格式条款订立的保险合同,保险人与投保人、被保险人或者受益人对合同条款有争议的,应当按照通常理解予以解释。对合同条款有两种以上解释的,人民法院或者仲裁机构应当作出有利于被保险人和受益人的解释。

第二节 人身保险合同

第三十一条 投保人对下列人员具有保险利益:

(一)本人;

(二)配偶、子女、父母;

(三)前项以外与投保人有抚养、赡养或者扶养关系的家庭其他成员、近亲属;

(四)与投保人有劳动关系的劳动者。

除前款规定外,被保险人同意投保人为其订立合同的,视为投保人对被保险人具有保险利益。

订立合同时,投保人对被保险人不具有保险利益的,合同无效。

第三十二条 投保人申报的被保险人年龄不真实,并且其真实年龄不符合合同约定的年龄限制的，保险人可以解除合同，并按照合同约定退还保险单的现金价值。保险人行使合同解除权，适用本法第十六条第三款、第六款的规定。

投保人申报的被保险人年龄不真实，致使投保人支付的保险费少于应付保险费的，保险人有权更正并要求投保人补交保险费，或者在给付保险金时按照实付保险费与应付保险费的比例支付。

投保人申报的被保险人年龄不真实，致使投保人支付的保险费多于应付保险费的，保险人应当将多收的保险费退还投保人。

第三十三条 投保人不得为无民事行为能力人投保以死亡为给付保险金条件的人身保险，保险人也不得承保。

父母为其未成年子女投保的人身保险，不受前款规定限制。但是，因被保险人死亡给付的保险金总和不得超过国务院保险监督管理机构规定的限额。

第三十四条 以死亡为给付保险金条件的合同，未经被保险人同意并认可保险金额的，合同无效。

按照以死亡为给付保险金条件的合同所签发的保险单，未经被保险人书面同意，不得转让或者质押。

父母为其未成年子女投保的人身保险，不受本条第一款规定限制。

第三十五条 投保人可以按照合同约定向保险人一次支付全部保险费或者分期支付保险费。

第三十六条 合同约定分期支付保险费，投保人支付首期保险费后，除合同另有约定外，投保人自保险人催告之日起超过三十日未支付当期保险费，或者超过约定的期限六十日未支付当期保险费的，合同效力中止，或者由保险人按照合同约定的条件减少保险金额。

被保险人在前款规定期限内发生保险事故的，保险人应当按照合同约定给付保险金，但可以扣减欠交的保险费。

第三十七条 合同效力依照本法第三十六条规定中止的，经保险人与投保人协商并达成协议，在投保人补交保险费后，合同效力恢复。但是，自合同效力中止之日起满二年双方未达成协议的，保险人有权解除合同。

保险人依照前款规定解除合同的，应当按照合同约定退还保险单的现金价值。

第三十八条 保险人对人寿保险的保险费，不得用诉讼方式要求投保人支付。

第三十九条 人身保险的受益人由被保险人或者投保人指定。

投保人指定受益人时须经被保险人同意。投保人为与其有劳动关系的劳动者投保人身保险，不得指定被保险人及其近亲属以外的人为受益人。

被保险人为无民事行为能力人或者限制民事行为能力人的，可以由其监护人指定受益人。

第四十条 被保险人或者投保人可以指定一人或者数人为受益人。

受益人为数人的，被保险人或者投保人可以确定受益顺序和受益份额；未确定受益份额的，受益人按照相等份额享有受益权。

第四十一条 被保险人或者投保人可以变更受益人并书面通知保险人。保险人收到变更受益人的书面通知后，应当在保险单或者其他保险凭证上批注或者附贴批单。

投保人变更受益人时须经被保险人同意。

第四十二条 被保险人死亡后,有下列情形之一的,保险金作为被保险人的遗产,由保险人依照《中华人民共和国继承法》的规定履行给付保险金的义务:

(一)没有指定受益人,或者受益人指定不明无法确定的;

(二)受益人先于被保险人死亡,没有其他受益人的;

(三)受益人依法丧失受益权或者放弃受益权,没有其他受益人的。

受益人与被保险人在同一事件中死亡,且不能确定死亡先后顺序的,推定受益人死亡在先。

第四十三条 投保人故意造成被保险人死亡、伤残或者疾病的,保险人不承担给付保险金的责任。投保人已交足二年以上保险费的,保险人应当按照合同约定向其他权利人退还保险单的现金价值。

受益人故意造成被保险人死亡、伤残、疾病的,或者故意杀害被保险人未遂的,该受益人丧失受益权。

第四十四条 以被保险人死亡为给付保险金条件的合同,自合同成立或者合同效力恢复之日起二年内,被保险人自杀的,保险人不承担给付保险金的责任,但被保险人自杀时为无民事行为能力人的除外。

保险人依照前款规定不承担给付保险金责任的,应当按照合同约定退还保险单的现金价值。

第四十五条 因被保险人故意犯罪或者抗拒依法采取的刑事强制措施导致其伤残或者死亡的,保险人不承担给付保险金的责任。投保人已交足二年以上保险费的,保险人应当按照合同约定退还保险单的现金价值。

第四十六条 被保险人因第三者的行为而发生死亡、伤残或者疾病等保险事故的,保险人向被保险人或者受益人给付保险金后,不享有向第三者追偿的权利,但被保险人或者受益人仍有权向第三者请求赔偿。

第四十七条 投保人解除合同的,保险人应当自收到解除合同通知之日起三十日内,按照合同约定退还保险单的现金价值。

第三节 财产保险合同

第四十八条 保险事故发生时,被保险人对保险标的不具有保险利益的,不得向保险人请求赔偿保险金。

第四十九条 保险标的转让的,保险标的的受让人承继被保险人的权利和义务。

保险标的转让的,被保险人或者受让人应当及时通知保险人,但货物运输保险合同和另有约定的合同除外。

因保险标的转让导致危险程度显著增加的,保险人自收到前款规定的通知之日起三十日内,可以按照合同约定增加保险费或者解除合同。保险人解除合同的,应当将已收取的保险费,按照合同约定扣除自保险责任开始之日起至合同解除之日止应收的部分后,退还投保人。

被保险人、受让人未履行本条第二款规定的通知义务的,因转让导致保险标的的危险程度显著增加而发生的保险事故,保险人不承担赔偿保险金的责任。

第五十条 货物运输保险合同和运输工具航程保险合同,保险责任开始后,合同当事人不得解除合同。

第五十一条 被保险人应当遵守国家有关消防、安全、生产操作、劳动保护等方面的规定，维护保险标的的安全。

保险人可以按照合同约定对保险标的的安全状况进行检查，及时向投保人、被保险人提出消除不安全因素和隐患的书面建议。

投保人、被保险人未按照约定履行其对保险标的的安全应尽责任的，保险人有权要求增加保险费或者解除合同。

保险人为维护保险标的的安全，经被保险人同意，可以采取安全预防措施。

第五十二条 在合同有效期内，保险标的的危险程度显著增加的，被保险人应当按照合同约定及时通知保险人，保险人可以按照合同约定增加保险费或者解除合同。保险人解除合同的，应当将已收取的保险费，按照合同约定扣除自保险责任开始之日起至合同解除之日止应收的部分后，退还投保人。

被保险人未履行前款规定的通知义务的，因保险标的的危险程度显著增加而发生的保险事故，保险人不承担赔偿保险金的责任。

第五十三条 有下列情形之一的，除合同另有约定外，保险人应当降低保险费，并按日计算退还相应的保险费：

（一）据以确定保险费率的有关情况发生变化，保险标的的危险程度明显减少的；

（二）保险标的的保险价值明显减少的。

第五十四条 保险责任开始前，投保人要求解除合同的，应当按照合同约定向保险人支付手续费，保险人应当退还保险费。保险责任开始后，投保人要求解除合同的，保险人应当将已收取的保险费，按照合同约定扣除自保险责任开始之日起至合同解除之日止应收的部分后，退还投保人。

第五十五条 投保人和保险人约定保险标的的保险价值并在合同中载明的，保险标的发生损失时，以约定的保险价值为赔偿计算标准。

投保人和保险人未约定保险标的的保险价值的，保险标的发生损失时，以保险事故发生时保险标的的实际价值为赔偿计算标准。

保险金额不得超过保险价值。超过保险价值的，超过部分无效，保险人应当退还相应的保险费。

保险金额低于保险价值的，除合同另有约定外，保险人按照保险金额与保险价值的比例承担赔偿保险金的责任。

第五十六条 重复保险的投保人应当将重复保险的有关情况通知各保险人。

重复保险的各保险人赔偿保险金的总和不得超过保险价值。除合同另有约定外，各保险人按照其保险金额与保险金额总和的比例承担赔偿保险金的责任。

重复保险的投保人可以就保险金额总和超过保险价值的部分，请求各保险人按比例返还保险费。

重复保险是指投保人对同一保险标的、同一保险利益、同一保险事故分别与两个以上保险人订立保险合同，且保险金额总和超过保险价值的保险。

第五十七条 保险事故发生时，被保险人应当尽力采取必要的措施，防止或者减少损失。

保险事故发生后，被保险人为防止或者减少保险标的的损失所支付的必要的、合理的费用，由保险人承担；保险人所承担的费用数额在保险标的损失赔偿金额以外另行计算，最高不超过保险金额的数额。

第五十八条 保险标的发生部分损失的，自保险人赔偿之日起三十日内，投保人可以解除合同；除合同另有约定外，保险人也可以解除合同，但应当提前十五日通知投保人。

合同解除的，保险人应当将保险标的未受损失部分的保险费，按照合同约定扣除自保险责任开始之日起至合同解除之日止应收的部分后，退还投保人。

第五十九条 保险事故发生后，保险人已支付了全部保险金额，并且保险金额等于保险价值的，受损保险标的的全部权利归于保险人；保险金额低于保险价值的，保险人按照保险金额与保险价值的比例取得受损保险标的的部分权利。

第六十条 因第三者对保险标的的损害而造成保险事故的，保险人自向被保险人赔偿保险金之日起，在赔偿金额范围内代位行使被保险人对第三者请求赔偿的权利。

前款规定的保险事故发生后，被保险人已经从第三者取得损害赔偿的，保险人赔偿保险金时，可以相应扣减被保险人从第三者已取得的赔偿金额。

保险人依照本条第一款规定行使代位请求赔偿的权利，不影响被保险人就未取得赔偿的部分向第三者请求赔偿的权利。

第六十一条 保险事故发生后，保险人未赔偿保险金之前，被保险人放弃对第三者请求赔偿的权利的，保险人不承担赔偿保险金的责任。

保险人向被保险人赔偿保险金后，被保险人未经保险人同意放弃对第三者请求赔偿的权利的，该行为无效。

被保险人故意或者因重大过失致使保险人不能行使代位请求赔偿的权利的，保险人可以扣减或者要求返还相应的保险金。

第六十二条 除被保险人的家庭成员或者其组成人员故意造成本法第六十条第一款规定的保险事故外，保险人不得对被保险人的家庭成员或者其组成人员行使代位请求赔偿的权利。

第六十三条 保险人向第三者行使代位请求赔偿的权利时，被保险人应当向保险人提供必要的文件和所知道的有关情况。

第六十四条 保险人、被保险人为查明和确定保险事故的性质、原因和保险标的的损失程度所支付的必要的、合理的费用，由保险人承担。

第六十五条 保险人对责任保险的被保险人给第三者造成的损害，可以依照法律的规定或者合同的约定，直接向该第三者赔偿保险金。

责任保险的被保险人给第三者造成损害，被保险人对第三者应负的赔偿责任确定的，根据被保险人的请求，保险人应当直接向该第三者赔偿保险金。被保险人怠于请求的，第三者有权就其应获赔偿部分直接向保险人请求赔偿保险金。

责任保险的被保险人给第三者造成损害，被保险人未向该第三者赔偿的，保险人不得向被保险人赔偿保险金。

责任保险是指以被保险人对第三者依法应负的赔偿责任为保险标的的保险。

第六十六条 责任保险的被保险人因给第三者造成损害的保险事故而被提起仲裁或者诉讼的，被保险人支付的仲裁或者诉讼费用以及其他必要的、合理的费用，除合同另有约定外，由保险人承担。

第三章 保险公司

第六十七条 设立保险公司应当经国务院保险监督管理机构批准。

国务院保险监督管理机构审查保险公司的设立申请时，应当考虑保险业的发展和公平竞争的需要。

第六十八条 设立保险公司应当具备下列条件：

（一）主要股东具有持续盈利能力，信誉良好，最近三年内无重大违法违规记录，净资产不低于人民币二亿元；

（二）有符合本法和《中华人民共和国公司法》规定的章程；

（三）有符合本法规定的注册资本；

（四）有具备任职专业知识和业务工作经验的董事、监事和高级管理人员；

（五）有健全的组织机构和管理制度；

（六）有符合要求的营业场所和与经营业务有关的其他设施；

（七）法律、行政法规和国务院保险监督管理机构规定的其他条件。

第六十九条 设立保险公司，其注册资本的最低限额为人民币二亿元。

国务院保险监督管理机构根据保险公司的业务范围、经营规模，可以调整其注册资本的最低限额，但不得低于本条第一款规定的限额。

保险公司的注册资本必须为实缴货币资本。

第七十条 申请设立保险公司，应当向国务院保险监督管理机构提出书面申请，并提交下列材料：

（一）设立申请书，申请书应当载明拟设立的保险公司的名称、注册资本、业务范围等；

（二）可行性研究报告；

（三）筹建方案；

（四）投资人的营业执照或者其他背景资料，经会计师事务所审计的上一年度财务会计报告；

（五）投资人认可的筹备组负责人和拟任董事长、经理名单及本人认可证明；

（六）国务院保险监督管理机构规定的其他材料。

第七十一条 国务院保险监督管理机构应当对设立保险公司的申请进行审查，自受理之日起六个月内作出批准或者不批准筹建的决定，并书面通知申请人。决定不批准，应当书面说明理由。

第七十二条 申请人应当自收到批准筹建通知之日起一年内完成筹建工作；筹建期间不得从事保险经营活动。

第七十三条 筹建工作完成后，申请人具备本法第六十八条规定的设立条件的，可以向国务院保险监督管理机构提出开业申请。

国务院保险监督管理机构应当自受理开业申请之日起六十日内，作出批准或者不批准开业的决定。决定批准的，颁发经营保险业务许可证；决定不批准的，应当书面通知申请人并说明理由。

第七十四条 保险公司在中华人民共和国境内设立分支机构，应当经保险监督管理机构批准。

保险公司分支机构不具有法人资格，其民事责任由保险公司承担。

第七十五条 保险公司申请设立分支机构，应当向保险监督管理机构提出书面申请，并提交下列材料：

（一）设立申请书；

（二）拟设机构三年业务发展规划和市场分析材料；

（三）拟任高级管理人员的简历及相关证明材料；

（四）国务院保险监督管理机构规定的其他材料。

第七十六条 保险监督管理机构应当对保险公司设立分支机构的申请进行审查，自受理之日起六十日内作出批准或者不批准的决定。决定批准的，颁发分支机构经营保险业务许可证；决定不批准的，应当书面通知申请人并说明理由。

第七十七条 经批准设立的保险公司及其分支机构，凭经营保险业务许可证向工商行政管理机关办理登记，领取营业执照。

第七十八条 保险公司及其分支机构自取得经营保险业务许可证之日起六个月内，无正当理由未向工商行政管理机关办理登记的，其经营保险业务许可证失效。

第七十九条 保险公司在中华人民共和国境外设立子公司、分支机构，应当经国务院保险监督管理机构批准。

第八十条 外国保险机构在中华人民共和国境内设立代表机构，应当经国务院保险监督管理机构批准。代表机构不得从事保险经营活动。

第八十一条 保险公司的董事、监事和高级管理人员，应当品行良好，熟悉与保险相关的法律、行政法规，具有履行职责所需的经营管理能力，并在任职前取得保险监督管理机构核准的任职资格。

保险公司高级管理人员的范围由国务院保险监督管理机构规定。

第八十二条 有《中华人民共和国公司法》第一百四十六条规定的情形或者下列情形之一的，不得担任保险公司的董事、监事、高级管理人员：

（一）因违法行为或者违纪行为被金融监督管理机构取消任职资格的金融机构的董事、监事、高级管理人员，自被取消任职资格之日起未逾五年的；

（二）因违法行为或者违纪行为被吊销执业资格的律师、注册会计师或者资产评估机构、验证机构等机构的专业人员，自被吊销执业资格之日起未逾五年的。

第八十三条 保险公司的董事、监事、高级管理人员执行公司职务时违反法律、行政法规或者公司章程的规定，给公司造成损失的，应当承担赔偿责任。

第八十四条 保险公司有下列情形之一的，应当经保险监督管理机构批准：

（一）变更名称；

（二）变更注册资本；

（三）变更公司或者分支机构的营业场所；

（四）撤销分支机构；

（五）公司分立或者合并；

（六）修改公司章程；

（七）变更出资额占有限责任公司资本总额百分之五以上的股东，或者变更持有股份有限公司股份百分之五以上的股东；

（八）国务院保险监督管理机构规定的其他情形。

第八十五条　保险公司应当聘用专业人员，建立精算报告制度和合规报告制度。

第八十六条　保险公司应当按照保险监督管理机构的规定，报送有关报告、报表、文件和资料。

保险公司的偿付能力报告、财务会计报告、精算报告、合规报告及其他有关报告、报表、文件和资料必须如实记录保险业务事项，不得有虚假记载、误导性陈述和重大遗漏。

第八十七条　保险公司应当按照国务院保险监督管理机构的规定妥善保管业务经营活动的完整账簿、原始凭证和有关资料。

前款规定的账簿、原始凭证和有关资料的保管期限，自保险合同终止之日起计算，保险期间在一年以下的不得少于五年，保险期间超过一年的不得少于十年。

第八十八条　保险公司聘请或者解聘会计师事务所、资产评估机构、资信评级机构等中介服务机构，应当向保险监督管理机构报告；解聘会计师事务所、资产评估机构、资信评级机构等中介服务机构，应当说明理由。

第八十九条　保险公司因分立、合并需要解散，或者股东会、股东大会决议解散，或者公司章程规定的解散事由出现，经国务院保险监督管理机构批准后解散。

经营有人寿保险业务的保险公司，除因分立、合并或者被依法撤销外，不得解散。

保险公司解散，应当依法成立清算组进行清算。

第九十条　保险公司有《中华人民共和国企业破产法》第二条规定情形的，经国务院保险监督管理机构同意，保险公司或者其债权人可以依法向人民法院申请重整、和解或者破产清算；国务院保险监督管理机构也可以依法向人民法院申请对该保险公司进行重整或者破产清算。

第九十一条　破产财产在优先清偿破产费用和共益债务后，按照下列顺序清偿：

（一）所欠职工工资和医疗、伤残补助、抚恤费用，所欠应当划入职工个人账户的基本养老保险、基本医疗保险费用，以及法律、行政法规规定应当支付给职工的补偿金；

（二）赔偿或者给付保险金；

（三）保险公司欠缴的除第（一）项规定以外的社会保险费用和所欠税款；

（四）普通破产债权。

破产财产不足以清偿同一顺序的清偿要求的，按照比例分配。

破产保险公司的董事、监事和高级管理人员的工资，按照该公司职工的平均工资计算。

第九十二条　经营有人寿保险业务的保险公司被依法撤销或者被依法宣告破产的，其持有的人寿保险合同及责任准备金，必须转让给其他经营有人寿保险业务的保险公司；不能同其他保险公司达成转让协议的，由国务院保险监督管理机构指定经营有人寿保险业务的保险公司接受转让。

转让或者由国务院保险监督管理机构指定接受转让前款规定的人寿保险合同及责任准备金的，应当维护被保险人、受益人的合法权益。

第九十三条　保险公司依法终止其业务活动，应当注销其经营保险业务许可证。

第九十四条　保险公司，除本法另有规定外，适用《中华人民共和国公司法》的规定。

第四章　保险经营规则

第九十五条　保险公司的业务范围：

（一）人身保险业务，包括人寿保险、健康保险、意外伤害保险等保险业务；

（二）财产保险业务，包括财产损失保险、责任保险、信用保险、保证保险等保险业务；

（三）国务院保险监督管理机构批准的与保险有关的其他业务。

保险人不得兼营人身保险业务和财产保险业务。但是，经营财产保险业务的保险公司经国务院保险监督管理机构批准，可以经营短期健康保险业务和意外伤害保险业务。

保险公司应当在国务院保险监督管理机构依法批准的业务范围内从事保险经营活动。

第九十六条　经国务院保险监督管理机构批准，保险公司可以经营本法第九十五条规定的保险业务的下列再保险业务：

（一）分出保险；

（二）分入保险。

第九十七条　保险公司应当按照其注册资本总额的百分之二十提取保证金，存入国务院保险监督管理机构指定的银行，除公司清算时用于清偿债务外，不得动用。

第九十八条　保险公司应当根据保障被保险人利益、保证偿付能力的原则，提取各项责任准备金。

保险公司提取和结转责任准备金的具体办法，由国务院保险监督管理机构制定。

第九十九条　保险公司应当依法提取公积金。

第一百条　保险公司应当缴纳保险保障基金。

保险保障基金应当集中管理，并在下列情形下统筹使用：

（一）在保险公司被撤销或者被宣告破产时，向投保人、被保险人或者受益人提供救济；

（二）在保险公司被撤销或者被宣告破产时，向依法接受其人寿保险合同的保险公司提供救济；

（三）国务院规定的其他情形。

保险保障基金筹集、管理和使用的具体办法，由国务院制定。

第一百零一条　保险公司应当具有与其业务规模和风险程度相适应的最低偿付能力。保险公司的认可资产减去认可负债的差额不得低于国务院保险监督管理机构规定的数额；低于规定数额的，应当按照国务院保险监督管理机构的要求采取相应措施达到规定的数额。

第一百零二条　经营财产保险业务的保险公司当年自留保险费，不得超过其实有资本金加公积金总和的四倍。

第一百零三条　保险公司对每一危险单位，即对一次保险事故可能造成的最大损失范围所承担的责任，不得超过其实有资本金加公积金总和的百分之十；超过的部分应当办理再保险。

保险公司对危险单位的划分应当符合国务院保险监督管理机构的规定。

第一百零四条 保险公司对危险单位的划分方法和巨灾风险安排方案，应当报国务院保险监督管理机构备案。

第一百零五条 保险公司应当按照国务院保险监督管理机构的规定办理再保险，并审慎选择再保险接受人。

第一百零六条 保险公司的资金运用必须稳健，遵循安全性原则。

保险公司的资金运用限于下列形式：

（一）银行存款；

（二）买卖债券、股票、证券投资基金份额等有价证券；

（三）投资不动产；

（四）国务院规定的其他资金运用形式。

保险公司资金运用的具体管理办法，由国务院保险监督管理机构依照前两款的规定制定。

第一百零七条 经国务院保险监督管理机构会同国务院证券监督管理机构批准，保险公司可以设立保险资产管理公司。

保险资产管理公司从事证券投资活动，应当遵守《中华人民共和国证券法》等法律、行政法规的规定。

保险资产管理公司的管理办法，由国务院保险监督管理机构会同国务院有关部门制定。

第一百零八条 保险公司应当按照国务院保险监督管理机构的规定，建立对关联交易的管理和信息披露制度。

第一百零九条 保险公司的控股股东、实际控制人、董事、监事、高级管理人员不得利用关联交易损害公司的利益。

第一百一十条 保险公司应当按照国务院保险监督管理机构的规定，真实、准确、完整地披露财务会计报告、风险管理状况、保险产品经营情况等重大事项。

第一百一十一条 保险公司从事保险销售的人员应当品行良好，具有保险销售所需的专业能力。保险销售人员的行为规范和管理办法，由国务院保险监督管理机构规定。

第一百一十二条 保险公司应当建立保险代理人登记管理制度，加强对保险代理人的培训和管理，不得唆使、诱导保险代理人进行违背诚信义务的活动。

第一百一十三条 保险公司及其分支机构应当依法使用经营保险业务许可证，不得转让、出租、出借经营保险业务许可证。

第一百一十四条 保险公司应当按照国务院保险监督管理机构的规定，公平、合理拟订保险条款和保险费率，不得损害投保人、被保险人和受益人的合法权益。

保险公司应当按照合同约定和本法规定，及时履行赔偿或者给付保险金义务。

第一百一十五条 保险公司开展业务，应当遵循公平竞争的原则，不得从事不正当竞争。

第一百一十六条 保险公司及其工作人员在保险业务活动中不得有下列行为：

（一）欺骗投保人、被保险人或者受益人；

（二）对投保人隐瞒与保险合同有关的重要情况；

（三）阻碍投保人履行本法规定的如实告知义务，或者诱导其不履行本法规定的如实告知义务；

（四）给予或者承诺给予投保人、被保险人、受益人保险合同约定以外的保险费回扣或者其他利益；

（五）拒不依法履行保险合同约定的赔偿或者给付保险金义务；

（六）故意编造未曾发生的保险事故、虚构保险合同或者故意夸大已经发生的保险事故的损失程度进行虚假理赔，骗取保险金或者牟取其他不正当利益；

（七）挪用、截留、侵占保险费；

（八）委托未取得合法资格的机构从事保险销售活动；

（九）利用开展保险业务为其他机构或者个人牟取不正当利益；

（十）利用保险代理人、保险经纪人或者保险评估机构，从事以虚构保险中介业务或者编造退保等方式套取费用等违法活动；

（十一）以捏造、散布虚假事实等方式损害竞争对手的商业信誉，或者以其他不正当竞争行为扰乱保险市场秩序；

（十二）泄露在业务活动中知悉的投保人、被保险人的商业秘密；

（十三）违反法律、行政法规和国务院保险监督管理机构规定的其他行为。

第五章　保险代理人和保险经纪人

第一百一十七条　保险代理人是根据保险人的委托，向保险人收取佣金，并在保险人授权的范围内代为办理保险业务的机构或者个人。

保险代理机构包括专门从事保险代理业务的保险专业代理机构和兼营保险代理业务的保险兼业代理机构。

第一百一十八条　保险经纪人是基于投保人的利益，为投保人与保险人订立保险合同提供中介服务，并依法收取佣金的机构。

第一百一十九条　保险代理机构、保险经纪人应当具备国务院保险监督管理机构规定的条件，取得保险监督管理机构颁发的经营保险代理业务许可证、保险经纪业务许可证。

第一百二十条　以公司形式设立保险专业代理机构、保险经纪人，其注册资本最低限额适用《中华人民共和国公司法》的规定。

国务院保险监督管理机构根据保险专业代理机构、保险经纪人的业务范围和经营规模，可以调整其注册资本的最低限额，但不得低于《中华人民共和国公司法》规定的限额。

保险专业代理机构、保险经纪人的注册资本或者出资额必须为实缴货币资本。

第一百二十一条　保险专业代理机构、保险经纪人的高级管理人员，应当品行良好，熟悉保险法律、行政法规，具有履行职责所需的经营管理能力，并在任职前取得保险监督管理机构核准的任职资格。

第一百二十二条　个人保险代理人、保险代理机构的代理从业人员、保险经纪人的经纪从业人员，应当品行良好，具有从事保险代理业务或者保险经纪业务所需的专业能力。

第一百二十三条　保险代理机构、保险经纪人应当有自己的经营场所，设立专门账簿记载保险代理业务、经纪业务的收支情况。

第一百二十四条 保险代理机构、保险经纪人应当按照国务院保险监督管理机构的规定缴存保证金或者投保职业责任保险。

第一百二十五条 个人保险代理人在代为办理人寿保险业务时，不得同时接受两个以上保险人的委托。

第一百二十六条 保险人委托保险代理人代为办理保险业务，应当与保险代理人签订委托代理协议，依法约定双方的权利和义务。

第一百二十七条 保险代理人根据保险人的授权代为办理保险业务的行为，由保险人承担责任。

保险代理人没有代理权、超越代理权或者代理权终止后以保险人名义订立合同，使投保人有理由相信其有代理权的，该代理行为有效。保险人可以依法追究越权的保险代理人的责任。

第一百二十八条 保险经纪人因过错给投保人、被保险人造成损失的，依法承担赔偿责任。

第一百二十九条 保险活动当事人可以委托保险公估机构等依法设立的独立评估机构或者具有相关专业知识的人员，对保险事故进行评估和鉴定。

接受委托对保险事故进行评估和鉴定的机构和人员，应当依法、独立、客观、公正地进行评估和鉴定，任何单位和个人不得干涉。

前款规定的机构和人员，因故意或者过失给保险人或者被保险人造成损失的，依法承担赔偿责任。

第一百三十条 保险佣金只限于向保险代理人、保险经纪人支付，不得向其他人支付。

第一百三十一条 保险代理人、保险经纪人及其从业人员在办理保险业务活动中不得有下列行为：

（一）欺骗保险人、投保人、被保险人或者受益人；

（二）隐瞒与保险合同有关的重要情况；

（三）阻碍投保人履行本法规定的如实告知义务，或者诱导其不履行本法规定的如实告知义务；

（四）给予或者承诺给予投保人、被保险人或者受益人保险合同约定以外的利益；

（五）利用行政权力、职务或者职业便利以及其他不正当手段强迫、引诱或者限制投保人订立保险合同；

（六）伪造、擅自变更保险合同，或者为保险合同当事人提供虚假证明材料；

（七）挪用、截留、侵占保险费或者保险金；

（八）利用业务便利为其他机构或者个人牟取不正当利益；

（九）串通投保人、被保险人或者受益人，骗取保险金；

（十）泄露在业务活动中知悉的保险人、投保人、被保险人的商业秘密。

第一百三十二条 本法第八十六条第一款、第一百一十三条的规定，适用于保险代理机构和保险经纪人。

第六章 保险业监督管理

第一百三十三条 保险监督管理机构依照本法和国务院规定的职责，遵循依法、公开、公正的原则,对保险业实施监督管理,维护保险市场秩序,保护投保人、被保险人和受益人的合法权益。

第一百三十四条 国务院保险监督管理机构依照法律、行政法规制定并发布有关保险业监督管理的规章。

第一百三十五条 关系社会公众利益的保险险种、依法实行强制保险的险种和新开发的人寿保险险种等的保险条款和保险费率,应当报国务院保险监督管理机构批准。国务院保险监督管理机构审批时,应当遵循保护社会公众利益和防止不正当竞争的原则。其他保险险种的保险条款和保险费率,应当报保险监督管理机构备案。

保险条款和保险费率审批、备案的具体办法,由国务院保险监督管理机构依照前款规定制定。

第一百三十六条 保险公司使用的保险条款和保险费率违反法律、行政法规或者国务院保险监督管理机构的有关规定的,由保险监督管理机构责令停止使用,限期修改;情节严重的,可以在一定期限内禁止申报新的保险条款和保险费率。

第一百三十七条 国务院保险监督管理机构应当建立健全保险公司偿付能力监管体系,对保险公司的偿付能力实施监控。

第一百三十八条 对偿付能力不足的保险公司,国务院保险监督管理机构应当将其列为重点监管对象,并可以根据具体情况采取下列措施:

(一)责令增加资本金、办理再保险;
(二)限制业务范围;
(三)限制向股东分红;
(四)限制固定资产购置或者经营费用规模;
(五)限制资金运用的形式、比例;
(六)限制增设分支机构;
(七)责令拍卖不良资产、转让保险业务;
(八)限制董事、监事、高级管理人员的薪酬水平;
(九)限制商业性广告;
(十)责令停止接受新业务。

第一百三十九条 保险公司未依照本法规定提取或者结转各项责任准备金,或者未依照本法规定办理再保险,或者严重违反本法关于资金运用的规定的,由保险监督管理机构责令限期改正,并可以责令调整负责人及有关管理人员。

第一百四十条 保险监督管理机构依照本法第一百四十条的规定作出限期改正的决定后,保险公司逾期未改正的,国务院保险监督管理机构可以决定选派保险专业人员和指定该保险公司的有关人员组成整顿组,对公司进行整顿。

整顿决定应当载明被整顿公司的名称、整顿理由、整顿组成员和整顿期限,并予以公告。

第一百四十一条 整顿组有权监督被整顿保险公司的日常业务。被整顿公司的负责人及有关管理人员应当在整顿组的监督下行使职权。

第一百四十二条 整顿过程中,被整顿保险公司的原有业务继续进行。但是,国务院保险监督管理机构可以责令被整顿公司停止部分原有业务、停止接受新业务,调整资金运用。

第一百四十三条 被整顿保险公司经整顿已纠正其违反本法规定的行为，恢复正常经营状况的，由整顿组提出报告，经国务院保险监督管理机构批准，结束整顿，并由国务院保险监督管理机构予以公告。

第一百四十四条 保险公司有下列情形之一的，国务院保险监督管理机构可以对其实行接管：

（一）公司的偿付能力严重不足的；

（二）违反本法规定，损害社会公共利益，可能严重危及或者已经严重危及公司的偿付能力的。

被接管的保险公司的债权债务关系不因接管而变化。

第一百四十五条 接管组的组成和接管的实施办法，由国务院保险监督管理机构决定，并予以公告。

第一百四十六条 接管期限届满，国务院保险监督管理机构可以决定延长接管期限，但接管期限最长不得超过二年。

第一百四十七条 接管期限届满，被接管的保险公司已恢复正常经营能力的，由国务院保险监督管理机构决定终止接管，并予以公告。

第一百四十八条 被整顿、被接管的保险公司有《中华人民共和国企业破产法》第二条规定情形的，国务院保险监督管理机构可以依法向人民法院申请对该保险公司进行重整或者破产清算。

第一百四十九条 保险公司因违法经营被依法吊销经营保险业务许可证的，或者偿付能力低于国务院保险监督管理机构规定标准，不予撤销将严重危害保险市场秩序、损害公共利益的，由国务院保险监督管理机构予以撤销并公告，依法及时组织清算组进行清算。

第一百五十条 国务院保险监督管理机构有权要求保险公司股东、实际控制人在指定的期限内提供有关信息和资料。

第一百五十一条 保险公司的股东利用关联交易严重损害公司利益，危及公司偿付能力的，由国务院保险监督管理机构责令改正。在按照要求改正前，国务院保险监督管理机构可以限制其股东权利；拒不改正的，可以责令其转让所持的保险公司股权。

第一百五十二条 保险监督管理机构根据履行监督管理职责的需要，可以与保险公司董事、监事和高级管理人员进行监督管理谈话，要求其就公司的业务活动和风险管理的重大事项作出说明。

第一百五十三条 保险公司在整顿、接管、撤销清算期间，或者出现重大风险时，国务院保险监督管理机构可以对该公司直接负责的董事、监事、高级管理人员和其他直接责任人员采取以下措施：

（一）通知出境管理机关依法阻止其出境；

（二）申请司法机关禁止其转移、转让或者以其他方式处分财产，或者在财产上设定其他权利。

第一百五十四条 保险监督管理机构依法履行职责，可以采取下列措施：

（一）对保险公司、保险代理人、保险经纪人、保险资产管理公司、外国保险机构的代表机构进行现场检查；

（二）进入涉嫌违法行为发生场所调查取证；

（三）询问当事人及与被调查事件有关的单位和个人，要求其对与被调查事件有关的事项作出说明；

（四）查阅、复制与被调查事件有关的财产权登记等资料；

（五）查阅、复制保险公司、保险代理人、保险经纪人、保险资产管理公司、外国保险机构的代表机构以及与被调查事件有关的单位和个人的财务会计资料及其他相关文件和资料；对可能被转移、隐匿或者毁损的文件和资料予以封存；

（六）查询涉嫌违法经营的保险公司、保险代理人、保险经纪人、保险资产管理公司、外国保险机构的代表机构以及与涉嫌违法事项有关的单位和个人的银行账户；

（七）对有证据证明已经或者可能转移、隐匿违法资金等涉案财产或者隐匿、伪造、毁损重要证据的，经保险监督管理机构主要负责人批准，申请人民法院予以冻结或者查封。

保险监督管理机构采取前款第（一）项、第（二）项、第（五）项措施的，应当经保险监督管理机构负责人批准；采取第（六）项措施的，应当经国务院保险监督管理机构负责人批准。

保险监督管理机构依法进行监督检查或者调查，其监督检查、调查的人员不得少于二人，并应当出示合法证件和监督检查、调查通知书；监督检查、调查的人员少于二人或者未出示合法证件和监督检查、调查通知书的，被检查、调查的单位和个人有权拒绝。

第一百五十五条 保险监督管理机构依法履行职责，被检查、调查的单位和个人应当配合。

第一百五十六条 保险监督管理机构工作人员应当忠于职守，依法办事，公正廉洁，不得利用职务便利牟取不正当利益，不得泄露所知悉的有关单位和个人的商业秘密。

第一百五十七条 国务院保险监督管理机构应当与中国人民银行、国务院其他金融监督管理机构建立监督管理信息共享机制。

保险监督管理机构依法履行职责，进行监督检查、调查时，有关部门应当予以配合。

第七章 法律责任

第一百五十八条 违反本法规定，擅自设立保险公司、保险资产管理公司或者非法经营商业保险业务的，由保险监督管理机构予以取缔，没收违法所得，并处违法所得一倍以上五倍以下的罚款；没有违法所得或者违法所得不足二十万元的，处二十万元以上一百万元以下的罚款。

第一百五十九条 违反本法规定，擅自设立保险专业代理机构、保险经纪人，或者未取得经营保险代理业务许可证、保险经纪业务许可证从事保险代理业务、保险经纪业务的，由保险监督管理机构予以取缔，没收违法所得，并处违法所得一倍以上五倍以下的罚款；没有违法所得或者违法所得不足五万元的，处五万元以上三十万元以下的罚款。

第一百六十条 保险公司违反本法规定，超出批准的业务范围经营的，由保险监督管理机构责令限期改正，没收违法所得，并处违法所得一倍以上五倍以下的罚款；

没有违法所得或者违法所得不足十万元的，处十万元以上五十万元以下的罚款。逾期不改正或者造成严重后果的，责令停业整顿或者吊销业务许可证。

第一百六十一条 保险公司有本法第一百一十六条规定行为之一的，由保险监督管理机构责令改正，处五万元以上三十万元以下的罚款；情节严重的，限制其业务范围、责令停止接受新业务或者吊销业务许可证。

第一百六十二条 保险公司违反本法第八十四条规定的，由保险监督管理机构责令改正，处一万元以上十万元以下的罚款。

第一百六十三条 保险公司违反本法规定，有下列行为之一的，由保险监督管理机构责令改正，处五万元以上三十万元以下的罚款：

（一）超额承保，情节严重的；

（二）为无民事行为能力人承保以死亡为给付保险金条件的保险的。

第一百六十四条 违反本法规定，有下列行为之一的，由保险监督管理机构责令改正，处五万元以上三十万元以下的罚款；情节严重的，可以限制其业务范围、责令停止接受新业务或者吊销业务许可证：

（一）未按照规定提存保证金或者违反规定动用保证金的；

（二）未按照规定提取或者结转各项责任准备金的；

（三）未按照规定缴纳保险保障基金或者提取公积金的；

（四）未按照规定办理再保险的；

（五）未按照规定运用保险公司资金的；

（六）未经批准设立分支机构的；

（七）未按照规定申请批准保险条款、保险费率的。

第一百六十五条 保险代理机构、保险经纪人有本法第一百三十一条规定行为之一的，由保险监督管理机构责令改正，处五万元以上三十万元以下的罚款；情节严重的，吊销业务许可证。

第一百六十六条 保险代理机构、保险经纪人违反本法规定，有下列行为之一的，由保险监督管理机构责令改正，处二万元以上十万元以下的罚款；情节严重的，责令停业整顿或者吊销业务许可证：

（一）未按照规定缴存保证金或者投保职业责任保险的；

（二）未按照规定设立专门账簿记载业务收支情况的。

第一百六十七条 违反本法规定，聘任不具有任职资格的人员的，由保险监督管理机构责令改正，处二万元以上十万元以下的罚款。

第一百六十八条 违反本法规定，转让、出租、出借业务许可证的，由保险监督管理机构处一万元以上十万元以下的罚款；情节严重的，责令停业整顿或者吊销业务许可证。

第一百六十九条 违反本法规定，有下列行为之一的，由保险监督管理机构责令限期改正；逾期不改正的，处一万元以上十万元以下的罚款：

（一）未按照规定报送或者保管报告、报表、文件、资料的，或者未按照规定提供有关信息、资料的；

（二）未按照规定报送保险条款、保险费率备案的；

（三）未按照规定披露信息的。

第一百七十条 违反本法规定,有下列行为之一的,由保险监督管理机构责令改正,处十万元以上五十万元以下的罚款;情节严重的,可以限制其业务范围、责令停止接受新业务或者吊销业务许可证:

(一)编制或者提供虚假的报告、报表、文件、资料的;

(二)拒绝或者妨碍依法监督检查的;

(三)未按照规定使用经批准或者备案的保险条款、保险费率的。

第一百七十一条 保险公司、保险资产管理公司、保险专业代理机构、保险经纪人违反本法规定的,保险监督管理机构除分别依照本法第一百六十条至第一百七十条的规定对该单位给予处罚外,对其直接负责的主管人员和其他直接责任人员给予警告,并处一万元以上十万元以下的罚款;情节严重的,撤销任职资格。

第一百七十二条 个人保险代理人违反本法规定的,由保险监督管理机构给予警告,可以并处二万元以下的罚款;情节严重的,处二万元以上十万元以下的罚款。

第一百七十三条 外国保险机构未经国务院保险监督管理机构批准,擅自在中华人民共和国境内设立代表机构的,由国务院保险监督管理机构予以取缔,处五万元以上三十万元以下的罚款。

外国保险机构在中华人民共和国境内设立的代表机构从事保险经营活动的,由保险监督管理机构责令改正,没收违法所得,并处违法所得一倍以上五倍以下的罚款;没有违法所得或者违法所得不足二十万元的,处二十万元以上一百万元以下的罚款;对其首席代表可以责令撤换;情节严重的,撤销其代表机构。

第一百七十四条 投保人、被保险人或者受益人有下列行为之一,进行保险诈骗活动,尚不构成犯罪的,依法给予行政处罚:

(一)投保人故意虚构保险标的,骗取保险金的;

(二)编造未曾发生的保险事故,或者编造虚假的事故原因或者夸大损失程度,骗取保险金的;

(三)故意造成保险事故,骗取保险金的。

保险事故的鉴定人、评估人、证明人故意提供虚假的证明文件,为投保人、被保险人或者受益人进行保险诈骗提供条件的,依照前款规定给予处罚。

第一百七十五条 违反本法规定,给他人造成损害的,依法承担民事责任。

第一百七十六条 拒绝、阻碍保险监督管理机构及其工作人员依法行使监督检查、调查职权,未使用暴力、威胁方法的,依法给予治安管理处罚。

第一百七十七条 违反法律、行政法规的规定,情节严重的,国务院保险监督管理机构可以禁止有关责任人员一定期限直至终身进入保险业。

第一百七十八条 保险监督管理机构从事监督管理工作的人员有下列情形之一的,依法给予处分:

(一)违反规定批准机构的设立的;

(二)违反规定进行保险条款、保险费率审批的;

(三)违反规定进行现场检查的;

(四)违反规定查询账户或者冻结资金的;

(五)泄露其知悉的有关单位和个人的商业秘密的;

(六)违反规定实施行政处罚的;

（七）滥用职权、玩忽职守的其他行为。

第一百七十九条 违反本法规定，构成犯罪的，依法追究刑事责任。

第八章 附 则

第一百八十条 保险公司应当加入保险行业协会。保险代理人、保险经纪人、保险公估机构可以加入保险行业协会。

保险行业协会是保险业的自律性组织，是社会团体法人。

第一百八十一条 保险公司以外的其他依法设立的保险组织经营的商业保险业务，适用本法。

第一百八十二条 海上保险适用《中华人民共和国海商法》的有关规定；《中华人民共和国海商法》未规定的，适用本法的有关规定。

第一百八十三条 中外合资保险公司、外资独资保险公司、外国保险公司分公司适用本法规定；法律、行政法规另有规定的，适用其规定。

第一百八十四条 国家支持发展为农业生产服务的保险事业。农业保险由法律、行政法规另行规定。

强制保险，法律、行政法规另有规定的，适用其规定。

第一百八十五条 本法自2009年10月1日起施行。

最高人民法院
关于适用《中华人民共和国保险法》
若干问题的解释（四）

（2018年5月14日最高人民法院审判委员会第1738次会议通过
根据2020年12月23日最高人民法院审判委员会第1823次会议通过的
《最高人民法院关于修改〈最高人民法院关于破产企业国有划拨土地使用权应否列入破产财产等问题的批复〉等二十九件商事类司法解释的决定》修正）

为正确审理保险合同纠纷案件，切实维护当事人的合法权益，根据《中华人民共和国民法典》《中华人民共和国保险法》《中华人民共和国民事诉讼法》等法律规定，结合审判实践，就保险法中财产保险合同部分有关法律适用问题解释如下：

第一条 保险标的已交付受让人，但尚未依法办理所有权变更登记，承担保险标的毁损灭失风险的受让人，依照保险法第四十八条、第四十九条的规定主张行使被保险人权利的，人民法院应予支持。

第二条 保险人已向投保人履行了保险法规定的提示和明确说明义务，保险标的受让人以保险标的转让后保险人未向其提示或者明确说明为由，主张免除保险人责任的条款不成为合同内容的，人民法院不予支持。

第三条 被保险人死亡，继承保险标的的当事人主张承继被保险人的权利和义务的，人民法院应予支持。

第四条 人民法院认定保险标的是否构成保险法第四十九条、第五十二条规定的"危险程度显著增加"时,应当综合考虑以下因素:
(一)保险标的的用途的改变;
(二)保险标的的使用范围的改变;
(三)保险标的的所处环境的变化;
(四)保险标的因改装等原因引起的变化;
(五)保险标的的使用人或者管理人的改变;
(六)危险程度增加持续的时间;
(七)其他可能导致危险程度显著增加的因素。

保险标的的危险程度虽然增加,但增加的危险属于保险合同订立时保险人预见或者应当预见的保险合同承保范围的,不构成危险程度显著增加。

第五条 被保险人、受让人依法及时向保险人发出保险标的的转让通知后,保险人作出答复前,发生保险事故,被保险人或者受让人主张保险人按照保险合同承担赔偿保险金的责任的,人民法院应予支持。

第六条 保险事故发生后,被保险人依照保险法第五十七条的规定,请求保险人承担为防止或者减少保险标的的损失所支付的必要、合理费用,保险人以被保险人采取的措施未产生实际效果为由抗辩的,人民法院不予支持。

第七条 保险人依照保险法第六十条的规定,主张代位行使被保险人因第三者侵权或者违约等享有的请求赔偿的权利的,人民法院应予支持。

第八条 投保人和被保险人为不同主体,因投保人对保险标的的损害而造成保险事故,保险人依法主张代位行使被保险人对投保人请求赔偿的权利的,人民法院应予支持,但法律另有规定或者保险合同另有约定的除外。

第九条 在保险人以第三者为被告提起的代位求偿权之诉中,第三者以被保险人在保险合同订立前已放弃对其请求赔偿的权利为由进行抗辩,人民法院认定上述放弃行为合法有效,保险人就相应部分主张行使代位求偿权的,人民法院不予支持。

保险合同订立时,保险人就是否存在上述放弃情形提出询问,投保人未如实告知,导致保险人不能代位行使请求赔偿的权利,保险人请求返还相应保险金的,人民法院应予支持,但保险人知道或者应当知道上述情形仍同意承保的除外。

第十条 因第三者对保险标的的损害而造成保险事故,保险人获得代位请求赔偿的权利的情况未通知第三者或者通知到达第三者前,第三者在被保险人已经从保险人处获赔的范围内又向被保险人作出赔偿,保险人主张代位行使被保险人对第三者请求赔偿的权利的,人民法院不予支持。保险人就相应保险金主张被保险人返还的,人民法院应予支持。

保险人获得代位请求赔偿的权利的情况已经通知到第三者,第三者又向被保险人作出赔偿,保险人主张代位行使请求赔偿的权利,第三者以其已经向被保险人赔偿为由抗辩的,人民法院不予支持。

第十一条 被保险人因故意或者重大过失未履行保险法第六十三条规定的义务,致使保险人未能行使或者未能全部行使代位请求赔偿的权利,保险人主张在其损失范围内扣减或者返还相应保险金的,人民法院应予支持。

第十二条 保险人以造成保险事故的第三者为被告提起代位求偿权之诉的,以被保险人与第三者之间的法律关系确定管辖法院。

第十三条 保险人提起代位求偿权之诉时，被保险人已经向第三者提起诉讼的，人民法院可以依法合并审理。

保险人行使代位求偿权时，被保险人已经向第三者提起诉讼，保险人向受理该案的人民法院申请变更当事人，代位行使被保险人对第三者请求赔偿的权利，被保险人同意的，人民法院应予准许；被保险人不同意的，保险人可以作为共同原告参加诉讼。

第十四条 具有下列情形之一的，被保险人可以依照保险法第六十五条第二款的规定请求保险人直接向第三者赔偿保险金：

（一）被保险人对第三者所负的赔偿责任经人民法院生效裁判、仲裁裁决确认；

（二）被保险人对第三者所负的赔偿责任经被保险人与第三者协商一致；

（三）被保险人对第三者应负的赔偿责任能够确定的其他情形。

前款规定的情形下，保险人主张按照保险合同确定保险赔偿责任的，人民法院应予支持。

第十五条 被保险人对第三者应负的赔偿责任确定后，被保险人不履行赔偿责任，且第三者以保险人为被告或者以保险人与被保险人为共同被告提起诉讼时，被保险人尚未向保险人提出直接向第三者赔偿保险金的请求的，可以认定为属于保险法第六十五条第二款规定的"被保险人怠于请求"的情形。

第十六条 责任保险的被保险人因共同侵权依法承担连带责任，保险人以该连带责任超出被保险人应承担的责任份额为由，拒绝赔付保险金的，人民法院不予支持。保险人承担保险责任后，主张就超出被保险人责任份额的部分向其他连带责任人追偿的，人民法院应予支持。

第十七条 责任保险的被保险人对第三者所负的赔偿责任已经生效判决确认并已进入执行程序，但未获得清偿或者未获得全部清偿，第三者依法请求保险人赔偿保险金，保险人以前述生效判决已进入执行程序为由抗辩的，人民法院不予支持。

第十八条 商业责任险的被保险人向保险人请求赔偿保险金的诉讼时效期间，自被保险人对第三者应负的赔偿责任确定之日起计算。

第十九条 责任保险的被保险人与第三者就被保险人的赔偿责任达成和解协议且经保险人认可，被保险人主张保险人在保险合同范围内依据和解协议承担保险责任的，人民法院应予支持。

被保险人与第三者就被保险人的赔偿责任达成和解协议，未经保险人认可，保险人主张对保险责任范围以及赔偿数额重新予以核定的，人民法院应予支持。

第二十条 责任保险的保险人在被保险人向第三者赔偿之前向被保险人赔偿保险金，第三者依照保险法第六十五条第二款的规定行使保险金请求权时，保险人以其已向被保险人赔偿为由拒绝赔偿保险金的，人民法院不予支持。保险人向第三者赔偿后，请求被保险人返还相应保险金的，人民法院应予支持。

第二十一条 本解释自2018年9月1日起施行。

本解释施行后人民法院正在审理的一审、二审案件，适用本解释；本解释施行前已经终审，当事人申请再审或者按照审判监督程序决定再审的案件，不适用本解释。

【解读】

解读《关于适用〈中华人民共和国保险法〉若干问题的解释（四）》

为正确审理保险合同纠纷案件，2018年5月14日，最高人民法院审判委员会第1738次会议讨论通过了《最高人民法院关于适用〈中华人民共和国保险法〉若干问题的解释（四）》（以下简称《解释》），并将于2018年9月1日起施行。

一、《解释》的制定背景

近年来，我国保险业发展迅速，保险市场日趋繁荣，在经济社会发展中发挥着越来越重要的作用。随着保险市场的快速发展，保险纠纷案件也逐年增多。2013年，全国各级人民法院新收一审保险合同纠纷案件82564件，2017年达127611件，呈连续增长态势。此外，大量侵权纠纷案件中也涉及保险合同纠纷，如道路交通事故人身损害赔偿纠纷案件中多数涉及保险合同问题。保险法自1995年颁布实施以来，先后经历三次修订，其中2009年对保险法中的保险合同章作了较大改动，推动了保险合同法律制度的完善，为保险业的健康发展奠定了坚实的法治基础。同时我们也应当承认，保险法涉及合同部分的条文不多，有的规定较为原则，尚不能完全满足保险市场发展和审判实践的需要。鉴于此，最高人民法院自2009年起启动保险法系列司法解释的起草工作。

2009年10月最高人民法院出台了《最高人民法院关于适用〈中华人民共和国保险法〉若干问题的解释（一）》，解决新旧保险法衔接适用问题。2013年6月，出台了《最高人民法院关于适用〈中华人民共和国保险法〉若干问题的解释（二）》，解决保险法中的保险合同章一般规定部分的法律适用问题。2015年11月，出台了《最高人民法院关于适用〈中华人民共和国保险法〉若干问题的解释（三）》，解决人身保险合同部分的法律适用问题。现在发布的《解释》，着重解决财产保险合同部分有关法律适用问题，以期进一步统一裁判标准，保护保险消费者合法权益，促进保险行业健康发展。

二、《解释》遵循的原则

《解释》制定过程主要坚持了以下原则。

一是坚持以人为本，注重保护保险消费者合法权益。加强对保险消费者合法权益的保护，既是我国保险立法坚持的价值取向，也是我们坚持以人民为中心思想的必然要求。我们在司法解释中始终秉持了这一精神，正确处理了契约自由与契约正义之间的关系，始终将保护投保人、被保险人的合法权益作为贯穿司法解释的一条主线。

二是坚持平衡保护，促进保险业健康发展。保险审判是商事审判工作的重要组成部分，妥善化解保险纠纷，为保险业健康有序发展提供司法保障也是人民法院的法定职责。司法解释在保护投保人、被保险人利益的同时，注重寻找与保险业健康发展的平衡点，充分观照我国保险业发展的客观实际，完善和细化了保险代位求偿权、责任保险等制度，促进保险业健康发展，为提升我国保险业的国际竞争力提供更加有力的司法保障。

三是尊重保险司法规律,恪守保险的一般原理。保险是当事人之间就分担意外事故损失达成的一种合意,具有其自身独有的规律和特点。我们在制定司法解释时,注意尊重保险特性,坚持损失补偿原则等财产保险基本原则。遵照保险利益原则,合理认定保险标的转让时的权利行使主体。结合责任保险的特点,科学确定诉讼时效起算时点等。

四是立足保险业发展现状,预留未来创新空间。司法解释立足行业现状,规范市场行为,解决具体问题,同时考虑保险行业未来发展的需要,对一些正在探索、尚不成熟的做法未作出统一的裁量标准,留待实践进一步检验,为市场创新留出空间,推动我国保险业持续健康发展。

三、《解释》的主要内容

《解释》共21个条文,主要包括以下四方面内容。

(一)明确保险标的转让的相关问题

现实生活中,财产流转频繁,保险标的因买卖、赠与、继承等导致所有权转移的情况很常见。保险法第四十九条对保险标的转让作了规定,但仍较为概括。《解释》对有关争议问题予以明确。第一条根据保险利益原则,对保险标的已交付未登记时的权利行使主体予以明确。第二条针对司法实践中的争议问题,规定保险人已向投保人履行了保险法规定的提示和明确说明义务,保险标的受让人以保险标的转让后保险人未向其提示或者明确说明为由,主张免除保险人责任的条款不生效的,不予支持。第三条作出补充性规定,明确被保险人死亡,继承保险标的的当事人承继被保险人的权利和义务。第五条明确了保险标的转让空档期的保险责任承担问题。

(二)明确保险合同主体的权利义务

保险法第四十九条和第五十二条,均涉及对危险程度显著增加的认定。实务中,由于险种多样,情况复杂,对危险程度显著增加的认定,成为审判实践中的难点问题。《解释》第三条第一款列举与危险增加相关的常见因素,为法官提供裁判指引,由法官根据案件具体情况,综合判断是否构成危险程度显著增加。同时第二款规定,增加的危险属于保险合同订立时保险人预见或者应当预见的保险合同承保范围的,不构成危险程度显著增加。此外,保险法第五十七条规定了保险事故发生时,被保险人应当采取措施防止或者减少损失的义务,但司法实践中,保险人往往以施救措施未产生实际效果为由予以抗辩。针对这一问题,《解释》第六条规定,保险人以该措施未产生实际效果为由抗辩的,不予支持,旨在引导、鼓励被保险人在保险事故发生后及时采取施救、减损措施,最大限度减少损失的扩大,以实现彼此利益的最大化。

(三)明确保险代位求偿权的相关问题

《解释》第七条规定,保险人有权代位行使被保险人因第三者侵权或者违约等享有的赔偿请求权,明确了保险代位求偿权的行使基础。第八条明确了在投保人和被保险人为不同主体时,保险人可以对投保人行使保险代位求偿权。第十条对保险人赔偿后,第三者仍向被保险人作出重复赔偿的情况下,保险人的权利如何救济作出明确指引。此外,《解释》还对保险代位求偿权的诉讼程序问题作出了明确规定。

(四)明确责任保险的相关问题

责任保险在现代社会中的重要性日益凸显,《解释》对责任保险问题作出了专门规定。第十五条对"被保险人怠于请求"的情形作出规定,以解决司法实践中亟待规范的裁量标准问题。第十六条对责任保险的被保险人因共同侵权依法承担连带责任的问题作出了回应。第十七条明确了被保险人对第三者所负的赔偿责任已经生效判决确认并已进入执行程序后，保险人的保险责任问题。《解释》还对责任保险的保险人和解参与权、诉讼时效起算等问题作出规定。

随着我国经济社会的发展和公众保险意识的增强，保险业将迎来新的机遇和挑战。《解释》的出台，对各级人民法院正确审理保险合同纠纷案件，维护当事人合法权益，促进保险行业健康发展具有重要意义。下一步，人民法院将进一步发挥审判职能作用，为防范化解金融风险和促进经济社会持续健康发展提供有力司法保障。

（撰稿人：贺小荣）

最高人民法院
关于适用《中华人民共和国保险法》若干问题的解释（三）

（2015年9月21日最高人民法院审判委员会第1661次会议通过 根据2020年12月23日最高人民法院审判委员会第1823次会议通过的《最高人民法院关于修改〈最高人民法院关于破产企业国有划拨土地使用权应否列入破产财产等问题的批复〉等二十九件商事类司法解释的决定》修正）

为正确审理保险合同纠纷案件，切实维护当事人的合法权益，根据《中华人民共和国民法典》《中华人民共和国保险法》《中华人民共和国民事诉讼法》等法律规定，结合审判实践，就保险法中关于保险合同章人身保险部分有关法律适用问题解释如下：

第一条 当事人订立以死亡为给付保险金条件的合同，根据保险法第三十四条的规定，"被保险人同意并认可保险金额"可以采取书面形式、口头形式或者其他形式；可以在合同订立时作出，也可以在合同订立后追认。

有下列情形之一的，应认定为被保险人同意投保人为其订立保险合同并认可保险金额：

（一）被保险人明知他人代其签名同意而未表示异议的；

（二）被保险人同意投保人指定的受益人的；

（三）有证据足以认定被保险人同意投保人为其投保的其他情形。

第二条 被保险人以书面形式通知保险人和投保人撤销其依据保险法第三十四条第一款规定所作出的同意意思表示的，可认定为保险合同解除。

第三条 人民法院审理人身保险合同纠纷案件时，应主动审查投保人订立保险合同时是否具有保险利益，以及以死亡为给付保险金条件的合同是否经过被保险人同意并认可保险金额。

第四条 保险合同订立后，因投保人丧失对被保险人的保险利益，当事人主张保险合同无效的，人民法院不予支持。

第五条 保险合同订立时，被保险人根据保险人的要求在指定医疗服务机构进行体检，当事人主张投保人如实告知义务免除的，人民法院不予支持。

保险人知道被保险人的体检结果，仍以投保人未就相关情况履行如实告知义务为由要求解除合同的，人民法院不予支持。

第六条 未成年人父母之外的其他履行监护职责的人为未成年人订立以死亡为给付保险金条件的合同，当事人主张参照保险法第三十三条第二款、第三十四条第三款的规定认定该合同有效的，人民法院不予支持，但经未成年人父母同意的除外。

第七条 当事人以被保险人、受益人或者他人已经代为支付保险费为由，主张投保人对应的交费义务已经履行的，人民法院应予支持。

第八条 保险合同效力依照保险法第三十六条规定中止，投保人提出恢复效力申请并同意补交保险费，除被保险人的危险程度在中止期间显著增加外，保险人拒绝恢复效力的，人民法院不予支持。

保险人在收到恢复效力申请后，三十日内未明确拒绝的，应认定为同意恢复效力。

保险合同自投保人补交保险费之日恢复效力。保险人要求投保人补交相应利息的，人民法院应予支持。

第九条 投保人指定受益人未经被保险人同意的，人民法院应认定指定行为无效。

当事人对保险合同约定的受益人存在争议，除投保人、被保险人在保险合同之外另有约定外，按以下情形分别处理：

（一）受益人约定为"法定"或者"法定继承人"的，以民法典规定的法定继承人为受益人；

（二）受益人仅约定为身份关系，投保人与被保险人为同一主体的，根据保险事故发生时与被保险人的身份关系确定受益人；投保人与被保险人为不同主体的，根据保险合同成立时与被保险人的身份关系确定受益人；

（三）约定的受益人包括姓名和身份关系，保险事故发生时身份关系发生变化的，认定为未指定受益人。

第十条 投保人或者被保险人变更受益人，当事人主张变更行为自变更意思表示发出时生效的，人民法院应予支持。

投保人或者被保险人变更受益人未通知保险人，保险人主张变更对其不发生效力的，人民法院应予支持。

投保人变更受益人未经被保险人同意的，人民法院应认定变更行为无效。

第十一条 投保人或者被保险人在保险事故发生后变更受益人，变更后的受益人请求保险人给付保险金的，人民法院不予支持。

第十二条 投保人或者被保险人指定数人为受益人，部分受益人在保险事故发生前死亡、放弃受益权或者依法丧失受益权的，该受益人应得的受益份额按照保险合同的约定处理；保险合同没有约定或者约定不明的，该受益人应得的受益份额按照以下情形分别处理：

（一）未约定受益顺序和受益份额的，由其他受益人平均享有；

（二）未约定受益顺序但约定受益份额的，由其他受益人按照相应比例享有；

（三）约定受益顺序但未约定受益份额的，由同顺序的其他受益人平均享有；同一

顺序没有其他受益人的,由后一顺序的受益人平均享有;

(四)约定受益顺序和受益份额的,由同顺序的其他受益人按照相应比例享有;同一顺序没有其他受益人的,由后一顺序的受益人按照相应比例享有。

第十三条 保险事故发生后,受益人将与本次保险事故相对应的全部或者部分保险金请求权转让给第三人,当事人主张该转让行为有效的,人民法院应予支持,但根据合同性质、当事人约定或者法律规定不得转让的除外。

第十四条 保险金根据保险法第四十二条规定作为被保险人的遗产,被保险人的继承人要求保险人给付保险金,保险人以其已向持有保险单的被保险人的其他继承人给付保险金为由抗辩的,人民法院应予支持。

第十五条 受益人与被保险人存在继承关系,在同一事件中死亡且不能确定死亡先后顺序的,人民法院应根据保险法第四十二条第二款的规定推定受益人死亡在先,并按照保险法及本解释的相关规定确定保险金归属。

第十六条 保险合同解除时,投保人与被保险人、受益人为不同主体,被保险人或者受益人要求退还保险单的现金价值的,人民法院不予支持,但保险合同另有约定的除外。

投保人故意造成被保险人死亡、伤残或者疾病,保险人依照保险法第四十三条规定退还保险单的现金价值的,其他权利人按照被保险人、被保险人继承人的顺序确定。

第十七条 投保人解除保险合同,当事人以其解除合同未经被保险人或者受益人同意为由主张解除行为无效的,人民法院不予支持,但被保险人或者受益人已向投保人支付相当于保险单现金价值的款项并通知保险人的除外。

第十八条 保险人给付费用补偿型的医疗费用保险金时,主张扣减被保险人从公费医疗或者社会医疗保险取得的赔偿金额的,应当证明该保险产品在厘定医疗费用保险费率时已经将公费医疗或者社会医疗保险部分相应扣除,并按照扣减后的标准收取保险费。

第十九条 保险合同约定按照基本医疗保险的标准核定医疗费用,保险人以被保险人的医疗支出超出基本医疗保险范围为由拒绝给付保险金的,人民法院不予支持;保险人有证据证明被保险人支出的费用超过基本医疗保险同类医疗费用标准,要求对超出部分拒绝给付保险金的,人民法院应予支持。

第二十条 保险人以被保险人未在保险合同约定的医疗服务机构接受治疗为由拒绝给付保险金的,人民法院应予支持,但被保险人因情况紧急必须立即就医的除外。

第二十一条 保险人以被保险人自杀为由拒绝给付保险金的,由保险人承担举证责任。

受益人或者被保险人的继承人以被保险人自杀时无民事行为能力为由抗辩的,由其承担举证责任。

第二十二条 保险法第四十五条规定的"被保险人故意犯罪"的认定,应当以刑事侦查机关、检察机关和审判机关的生效法律文书或者其他结论性意见为依据。

第二十三条 保险人主张根据保险法第四十五条的规定不承担给付保险金责任的,应当证明被保险人的死亡、伤残结果与其实施的故意犯罪或者抗拒依法采取的刑事强制措施的行为之间存在因果关系。

被保险人在羁押、服刑期间因意外或者疾病造成伤残或者死亡,保险人主张根据保险法第四十五条的规定不承担给付保险金责任的,人民法院不予支持。

第二十四条 投保人为被保险人订立以死亡为给付保险金条件的保险合同,被保险人被宣告死亡后,当事人要求保险人按照保险合同约定给付保险金的,人民法院应予支持。

被保险人被宣告死亡之日在保险责任期间之外,但有证据证明下落不明之日在保险责任期间之内,当事人要求保险人按照保险合同约定给付保险金的,人民法院应予支持。

第二十五条 被保险人的损失系由承保事故或者非承保事故、免责事由造成难以确定,当事人请求保险人给付保险金的,人民法院可以按照相应比例予以支持。

第二十六条 本解释自2015年12月1日起施行。本解释施行后尚未终审的保险合同纠纷案件,适用本解释;本解释施行前已经终审,当事人申请再审或者按照审判监督程序决定再审的案件,不适用本解释。

【解读】

解读《关于适用〈中华人民共和国保险法〉若干问题的解释(三)》

一、问题的提出

《最高人民法院关于适用〈中华人民共和国保险法〉若干问题的解释(三)》(以下简称《解释三》)已于2015年11月25日公布,并于2015年12月1日起施行。《解释三》是对保险法保险合同章人身保险部分有关法律适用问题的解释,共26条。为正确理解和适用该司法解释,现对其制定背景和主要内容予以说明。

(一)起草背景和经过

保险是现代经济的重要产业和风险管理的基本手段。改革开放以来,我国保险业快速发展,服务领域不断拓宽。2014年,我国保险业保费收入突破2万亿元,保费规模跃居全球第三,保险业总资产突破10万亿元,为全社会提供风险保障1114万亿元,保险业赔款与给付7216.2亿元,为促进经济社会发展和保障人民群众生产生活作出了重要贡献。2014年8月,国务院出台了《国务院关于加快发展现代保险服务业的若干意见》,要求加快发展现代保险服务业,保险行业发展迎来良好机遇。

社会主义市场经济是法治经济,实现保险行业的又好又快发展,离不开良好的法治环境。1995年,我国第一部保险法实施,采用保险合同法与保险业法统一规范的立法模式,确立了保险合同法和保险监管法的基本框架,为保险市场健康发展起到重要作用。2002年以后,保险法经历多次修订,其中,在2009年对保险法保险合同章作了较大改动,推动了保险合同法律制度的完善。受制于各方面原因,保险法保险合同章所占的比重轻,条文少,相关规定较为原则,未能满足保险市场发展的需要。保险合同纠纷不断发生,人民法院受理的保险合同纠纷案件逐年上升。据统计,2009年全国保险合同纠纷一审案41752件,2010年59767件,2011年73206件,2013年76430

件，2014年94957件，2015年前10个月为91555件。

为更好地指导各级人民法院审理保险合同纠纷案件，最高人民法院民二庭积极开展保险审判调研，抓紧司法解释的起草制定工作。2009年10月，为了解决修订前后的保险法适用衔接的问题，最高人民法院适时出台了《最高人民法院关于适用〈中华人民共和国保险法〉若干问题的解释（一）》，与修订后的保险法同步施行，取得了较好的效果。2013年6月，为解决保险法保险合同章一般规定部分适用中存在的问题，最高人民法院出台了《最高人民法院关于适用〈中华人民共和国保险法〉若干问题的解释（二）》（以下简称《解释二》），为各级人民法院正确审理保险合同纠纷案件起到积极作用。《解释二》出台实施后，最高人民法院又及时启动了《解释三》的起草工作，以解决保险法保险合同章人身保险部分在适用中存在的争议。

为确保司法解释更符合保险审判实践的需要，更好地服务保险市场发展，最高人民法院民二庭进行了深入调研和充分论证。在起草过程中，我们广泛征求了各级人民法院、全国人大常委会法工委、国务院法制办、保监会以及保险行业协会的意见，听取了保险以及保险法专家、学者的意见。为了更好地听取社会各界的意见，我们还通过最高人民法院网站向社会公开征求意见。毫无疑问，这些意见使得这部司法解释更加具有针对性、科学性和合理性。2015年9月21日，最高人民法院审判委员会第1661次会议讨论通过了《解释三》。《解释三》全文26条，适用于人身保险合同纠纷案件的审理。

（二）制定解释的指导思想

人身保险合同的投保人通常是个人，存在保险合同存续期间较长、法律关系较为复杂等特征，保险市场创新活跃，道德风险防范、保险消费者保护、鼓励保险创新、明晰法律关系等需求更为突出。因此，我们在司法解释起草中，坚持以下指导原则。

一是注重防范道德风险。人身保险以人的寿命和身体为保险标的，道德风险的发生意味着被保险人的生命健康受到侵害。人身保险不适用损害填补原则，保险金额不受限制，相关利益主体更可能存在实施道德风险骗取保险金的意图。因此，防范道德风险在人身保险合同中的责任更加重大。

二是注重保护保险消费者。保险合同的一方主体为专门经营风险的保险公司，另一方是普通投保人，双方的经济实力和专业知识存在明显不对等，因此，加强保险消费者保护，是各国保险合同立法的基本原则，我国保险法也不例外。保险消费者保护一直是历次保险法修订的基本理念，也是近年来保险监管部门监管工作的重要内容。《解释三》也延续这一原则。

三是支持保险创新。随着保险市场的发展，人身保险产品不再局限于传统的人寿保险、医疗保险、意外伤害保险，而是发展出具有投资功能的万能险、分红险、投资连接险等保险产品。这些保险产品兼具保障与投资功能，且投资性内容所占比例逐步增大，市场上围绕这些保险产品发展出了新的交易模式。对于这些新类型保险产品及其交易模式，因相关法律规则不明确，实践中存在不少争议，亟须规范。《解释三》一方面确立规则，为新型保险产品的发展创造条件，另一方面适当留白，为新型保险产品的不断创新留下空间。

四是厘清保险合同法律关系。人身保险合同的主体，除保险人与投保人外，还有被保险人和受益人，理论界与实务界对被保险人与受益人的法律地位存在不同认识。

尽管保险法明确投保人是保险合同当事人，但仍有观点认为，被保险人也是保险合同当事人。《解释三》遵循合同相对性基本原理，以投保人作为保险合同当事人来构建保险合同法律关系，同时注重维护被保险人的合法权益。

二、理解与适用

（一）关于《解释三》的适用范围

保险合同根据保障对象的不同可分为人身保险合同与财产保险合同，不同的保险合同基于各自的特点适用不同的法律规则。我国保险法保险合同章分为一般规定、人身保险合同、财产保险合同三个部分，一般规定部分的内容同时适用于人身保险合同与财产保险合同，人身保险合同部分与财产保险合同部分的内容则分别适用于人身保险合同与财产保险合同。《解释三》是对人身保险合同部分的解释，相关条文仅适用于人身保险合同，不能简单将《解释三》的条文直接适用于财产保险合同中。例如，医保标准条款不仅存在于人身保险的医疗保险合同中，也可能存在于财产保险的第三者责任险，《解释三》第十九条关于医保标准条款的规则仅适用于人身保险的医疗保险，能否适用于财产保险的第三者责任险还有待研究。

（二）关于以死亡为给付保险金条件的保险合同

以死亡为给付保险金条件的保险合同，关系被保险人的生命安全，防范道德风险的责任重大。为防止他人为谋取保险金杀害被保险人，保险法第三十四条规定，以死亡为给付保险金条件的合同，未经被保险人同意并认可保险金额的，合同无效。该规定要求投保人为他人订立死亡险时，必须经过被保险人同意并认可保险金额，这是对投保人和保险人的共同要求。实践中，该要求并没有得到很好落实，很多附带死亡险的保险产品并没有得到被保险人的同意并认可保险金额，保险合同效力认定存在隐患，给投保人和保险人的逆向选择留下空间，投保人以及保险人均可根据保险事故是否发生作出对自己有利的选择。尤其是有些保险人为展业需要，在订立死亡险合同时不主动审查死亡险合同是否经过被保险人同意并认可保险金额，甚至明知死亡险合同未经被保险人同意并认可保险金额仍然承保，收取保险费，但在保险事故发生后，却以死亡险合同未经被保险人同意为由主张合同无效，拒绝给付保险金。针对该问题，《解释三》第一条规定："当事人订立以死亡为给付保险金条件的合同，根据保险法第三十四条的规定，'被保险人同意并认可保险金额'可以采取书面形式、口头形式或者其他形式；可以在合同订立时作出，也可以在合同订立后追认。有下列情形之一的，应认定为被保险人同意投保人为其订立保险合同并认可保险金额：（一）被保险人明知他人代其签名同意而未表示异议的；（二）被保险人同意投保人指定的受益人的；（三）有证据足以认定被保险人同意投保人为其投保的其他情形。"

对该规定的适用，应注意以下几个问题：第一，以死亡为给付保险金条件的合同，需要经过被保险人同意并认可保险金额，适用于投保人与被保险人为不同主体的情形。投保人为自己订立死亡险，不需要通过被保险人同意并认可保险金额来判断合同效力。第二，以死亡为给付保险金条件的合同，被保险人的同意包括两个层次：一是同意投保人以其为被保险人订立死亡险；二是同意保险合同约定的保险金额。第三，被保险人的同意可以采取书面形式、口头形式和其他形式。被保险人的同意在实践中主要以书面形式作出，最为常见的是被保险人在投保单上对死亡险保险合同的订立签名同意。当然，这种签名如果是他人代签的，则不能认为被保险人已经表示同意，除非有证据证明被保险人明知他人代其签名同意而未表示异议的。口头形式证据难以保存，但如确有证据证明被保险人以口头方式表示同意的，也应予认可。例如，保险人对被保险人本人进行电话回访，被保险人在电话回访中对保险合同表示同意。其他形式主要是指网销中，被保险人通过网络平台同意的情形。第四，被保险人同意可以在保险合同订立时作出，也可以在保险合同订立后追认。此处的保险合同订立后，包括保险事故发生后。有观点认为，允许被保险人在保险事故发生后进行追认，会给保险人的逆向选择留下空间，被保险人可以根据保险事故是否发生决定追认与否。我们认为，死亡险以被保险人死亡为保险事故，保险事故的发生意味着被保险人死亡，故实际上不存在保险事故发生后追认的问题。当然，死亡险可能同时附带其他险种，如医疗险，医疗险保险事故发生的，被保险人如仍然生存，允许其进行追认不存在道德风险的问题，没有必要进行限制。同时，允许被保险人事后追认其实也是对保险人的一种督促，可以促使保险人在核保死亡险时，切实按照保险法的要求，征求被保险人的意见。

以死亡为给付保险金条件的合同，需要经过被保险人同意并认可保险金额，立法目的在于防范道德风险，同时也体现对被保险人自主决定权的尊重。人身保险合同存续期间长，被保险人虽在订立保险合同时同意投保人为其订立死亡险，但合同存续期间，二者之间的关系可能发生变化甚至恶化，被保险人不愿意投保人继续为其投保死亡险的，此时应允许被保险人撤销之前作出同意的意思表示，尊重被保险人的意愿，故《解释三》第二条规定："被保险人以书面形式通知保险人和投保人撤销其依据保险法第三十四条第一款规定所作出的同意意思表示的，可认定为保险合同解除。"对于该规定的适用，应注意以下几个方面：第一，被保险人撤销同意仅适用于以死亡为给付保险条件中的被保险人同意，不适用于人身保险利益中的被保险人同意。第二，被保险人撤销同意，应采用书面形式作出，并且需要同时通知保险人和投保人。第三，被保险人撤销同意的法律后果，视为投保人解除保险合同，保险人应向投保人返回保险单现金价值。第四，被保险人同意的撤销属于被保险人的自主决定权，被保险人可以选择放弃该权利，故应允许投保人、保险人与被保险人通过约定的方式对被保险人撤销的权利进行限制，只是这种限制不能违反公序良俗。

无民事行为能力人自我保护能力低，容易受到伤害，故应对以无民事行为能力人为被保险人订立死亡险给予限制。保险法（2015年修正，下同）第三十三条规定："投保人不得为无民事行为能力人投保以死亡为给付保险金条件的人身保险，保险人也不得承保。父母为其未成年子女投保的人身保险，不受前款规定限制……"这种仅允许未成年人父母为未成年人投保死亡险的做法，虽能很好地保护未成年人免于被他人作为骗保的对象，但也带来了新的问题。实践中，未成年人父母之外的其他人也可能为未成年人子女投保死亡险，一律不承认这类保险合同的效力并不尽合理。例如，有些未成年人所在的幼儿园、学校可能为未成年人投保附带死亡险的保险；有些未成年人外出旅游期间，负责看护未成年人的人员也可能为未成年人投保附带死亡险的意外险；还有的未成年人并不与父母一起生活，而是与祖父母、外祖父母等亲属生活在一起，这些人也可能为未成年人投保死亡险。对于以上这些保险合同，保险人通常都同意承保，收取保费并签发保险单，但当保险事故发生后可能以父母之外的其他人不得为未成年人投保死亡险为由主张合同无效，并拒绝给付保险金，引起纠纷。诉讼中，如果一律认定这类保险合同无效，纵容了保险人的不诚信行为，不利于保护未成年人家属的合理期待。

有鉴于此,《解释三》第六条规定:"未成年人父母之外的其他履行监护职责的人为未成年人订立以死亡为给付保险金条件的合同,当事人主张参照保险法第三十三条第二款、第三十四条第三款的规定认定该合同有效的,人民法院不予支持,但经未成年人父母同意的除外。"该规定的适用,应注意以下几个方面:第一,原则上父母之外的任何人不得为未成年人订立死亡险,经父母同意的其他履行监护职责的人除外。此处的父母应是有监护能力的父母,其他经父母同意可以为未成年人订立死亡险的人也仅限于其他履行监护职责的人。第二,未成年人父母的同意可以在保险合同订立时作出,也可以在保险合同订立后追认。是否允许父母在保险事故发生后追认,还应根据审判实践进行探索。父母的同意可以是明示的方式,也可能是通过可推断的行为进行判断,实践中应结合具体案件进行判断,一方面防止增加未成年人可能遭受的风险,另一方面防止保险人不诚信拒赔。第三,未成年人父母死亡的,父母之外的其他法定监护人或者其他履行监护职责的人不得为未成年人订立死亡险。

(三) 关于人身保险的保险利益

根据保险法第三十一条的规定,保险合同订立时,投保人需要对被保险人具有保险利益,否则保险合同无效。人身保险合同期限较长,投保人与被保险人的关系可能在合同存续期间发生变化,从而使在保险合同订立时对被保险人有保险利益的投保人丧失了保险利益,此时保险合同效力是否受到影响,存在不同认识。例如,夫妻一方在婚姻存续期间为另一方投保人身险,后双方离婚,此时保险合同效力是否受到影响,存在有效与无效两种观点。鉴于此,《解释三》依据立法原意,明确保险合同的效力不因投保人在合同存续期间丧失保险利益受到影响。实践中,投保人丧失被保险人的保险利益,可能是基于投保人与被保险人之间的身份关系发生变化,也可能是因保单转让或者继承导致投保人与被保险人身份关系发生变化。不管何种原因导致投保人丧失对被保险人的保险利益,保险合同效力均不应受到影响。

人身保险利益以及死亡险中被保险人同意并认可保险金额,目的在于防止被保险人因他人为其投保而遭受伤害,关系社会公共利益,故直接影响合同效力。根据民事诉讼的基本原理,此类影响合同效力、关系社会公共利益的事项,法院在审理案件时应主动审查,但这在实践中并没有得到贯彻执行,有的法院囿于可能增加的负担不愿主动审查,导致一些通过伤害被保险人骗取保险金的行为得逞。鉴于此,《解释三》明确规定,人民法院审理人身保险合同纠纷案件时,应主动审查投保人订立保险合同时是否具有保险利益,以及以死亡为给付保险金条件的合同是否经过被保险人同意并认可保险金额。

具体的审查方式可以采取以下几个步骤:第一,确定人身保险合同是否属于以死亡为给付保险金条件的合同。不属于上述情形的人身保险,法院仅需要审查保险利益有无即可。反之,法院则需要就保险利益有无和被保险人是否同意进行双重审查。第二,就投保人有无保险利益,区分投保人与被保险人有无特定身份关系。对符合保险法第三十一条第一款所列情形的,查明投保时相关的身份证明资料;对不具有上述身份关系的,调查被保险人于投保时是否作出了同意。第三,在被保险人也是案件当事人的情形下,询问其是否于投保时同意他人投保,签名是否属实,对以死亡为给付条件的保险是否同意并认可其金额。第四,在被保险人不是案件当事人或已死亡时,应当要求案件当事人提交被保险人同意的相关证据。主张合同无效的当事人也可以提交证据证明签名虚假、形成时间虚假。法院对上述证据进行审查，如发现疑点的，可以依据职权启动笔迹鉴定、走访调查被保险人等方式进行查证。第五，被保险人可以作为证人对上述事实问题进行证明，也可以作为无独立请求权的第三人介入诉讼。第六，在综合各方证据和调查取证后，法院审查认为证据可以证明保险利益、被保险人的同意具有高度可能性的，法院可以认定合同有效。

（四）关于体检与如实告知义务的关系

保险合同是最大诚信合同。为协助保险人准确评估风险，保险法第十六条规定，投保人在订立保险合同时应根据保险人的询问承担如实告知义务；投保人故意或者因重大过失未履行如实告知义务，足以影响保险人决定是否同意承保或者提高保险费率的，保险人有权解除合同。实践中，人身保险公司在承保特定险种时会安排被保险人进行体检，以更好地控制风险。被保险人根据保险公司的安排进行体检后，投保人是否仍需要如实告知，审判实践中存在不同观点。针对该问题，《解释三》第五条明确，被保险人在保险合同订立时根据保险人要求到指定医疗服务机构进行体检，投保人如实告知义务不能免除，鼓励最大诚信；保险人知道被保险人的体检结果仍同意订立保险合同，构成弃权，不得再以投保人未就相关情况履行如实告知义务为由要求解除合同。

对该规定的理解，应注意以下两个方面：第一，保险人知道被保险人的体检结果，应当包括保险人自身知道被保险人的体检结果以及医疗机构知道被保险人的体检结果这两种情形。医疗机构接受保险人的委托对被保险人进行体检，从而在医疗机构与保险人之间形成委托代理关系。医疗机构作为保险人的代理人，在保险人的授权范围内，即对被保险人进行体检，对外与投保人、被保险人发生法律关系，医疗机构所实施法律行为的后果由被代理人保险人承受。因此，医疗机构知道体检结果的，即视为保险人知道体检结果。因医疗机构的过错而产生的不利后果不应归属于投保人，保险人不能以其客观上确实不知体检结果为由行使保险合同解除权。第二，弃权的适用条件并不限于保险人明知投保人未如实告知的情形，还应包括其应当知道投保人未如实告知的情形。对于"应当知道"标准的把握，应以理性保险人因重大过失应知而不知作为判断标准。理性保险人标准是指，若一个理性的保险人在同等事实状态下能够知道投保人未如实告知的，即应认为应当知道。

（五）关于第三人代交保险费

保险合同的交费义务主体是投保人。人身保险合同中，投保人与被保险人、受益人经常为不同主体，作为交费义务主体的投保人可能因交费能力不足或者与被保险人、受益人关系恶化而没有继续交纳保险费，此时被保险人、受益人可能基于自身的利益代为交付保险费。这种行为从合同法角度来看属于第三人代为履行，应予准许。实践中，有些保险公司收取了他人代交的保险费，但却在保险事故发生时以投保人未交付保险费为由主张保险合同效力中止，甚至要求解除保险合同，并拒绝承担给付保险金的责任。针对这种不诚信行为，《解释三》第七条规定："当事人以被保险人、受益人或者他人已经代为支付保险费为由，主张投保人对应的交费义务已经履行的，人民法院应予支持。"

对于第三人代为支付保险费的理解，应注意以下几个方面：第一，保险人不得随意拒绝第三人代为支付保险费。被保险人、受益人代为支付保险费的，投保人与保险人原则上不得拒绝。无利害关系人以自己名义代交保险费，且投保人拒绝代交的，保险人可以拒绝收取。第二，保险人收取第三人代为支付的保险费后，投保人交费义务因清偿而消灭，保险人不能再以投保人交费义务未履行主张保险合同效力中止或者解除保险合同。第三，第三人代为支付保险费后，可否向投保人进行追偿，要区分不同情况区别对待。在没有保险单现金价值的保险产品中，被保险人、受益人交付的保险费是保险人承保风险的对价，而保险事故发生时取得保险金的是受益人或者被保险人的继承人，投保人并未因被保险人、受益人交付保险费获得利益，故不应允许被保险人或者受益人向投保人进行追偿，防止强制投保人投保。存在保险单现金价值的保险产品中，被保险人、受益人交付的保险费如转化为投保人的保险单现金价值的，投保人因被保险人、受益人交付保险费的行为获得利益，应该允许被保险人、受益人向投保人进行追偿。保险事故发生前，投保人解除保险合同的，被保险人、受益人可向投保人进行追偿。投保人未解除保险合同的，被保险人、受益人如何追偿有待进一步研究。保险事故发生后，保险单现金价值转化为保险金，而受益人是保险金的真正受益人，此时不得再向投保人进行追偿。

（六）关于保险合同的复效

人身保险合同存续期间较长，为防止保险人仅因投保人未及时支付某期保险费而解除保险合同，保险法确立了复效制度，允许投保人在逾期支付保险费之后的一定期限内补交保险费，恢复合同效力。保险法第三十七条规定，保险合同效力中止的，经保险人与投保人协商并达成协议，在投保人补交保险费后，合同效力恢复。该规定中的"保险人与投保人协商并达成协议"，实际上剥夺了投保人申请复效的权利，使保险合同复效制度丧失了应有的功能。鉴于此，《解释三》第八条第一款规定，投保人提出恢复效力申请并同意补交保险费的，除被保险人的危险程度在中止期间显著增加外，保险人应予恢复效力。

对于该规定，应正确认识"危险程度在中止期间显著增加"。第一，危险程度显著增加，应以危险变化达到影响保险人决定是否同意承保或提高保险费率为标准。第二，危险程度显著增加的客观判断因素大致有两大类：一类是被保险人自身危险增加的情形，如被保险人的职业变更为危险职业、健康状况恶化、到国外旅行等；另一类是可能产生道德危险的情形，如财务状况欠佳却投保巨额保险者。第三，危险程度显著增加的判断，应采取理性保险人标准，即在同一事实状态下，处于同一地位的一般保险人对投保人提出可保证明的判断。如果一般保险人认为投保人提交的可保证明符合复效的标准，则保险合同可以复效，反之则不能复效。第四，判断被保险人的危险程度是否显著增加，应当限定在效力中止期间。如果被保险人的危险程度在合同效力中止之前即已显著增加，则其申请复效不会增加逆选择的风险，保险人拒绝恢复效力缺乏正当性。

关于保险合同复效的时点，《解释三》第八条第三款规定，保险合同自投保人补交保险费之日恢复效力。据此，投保人补交保险费后保险合同应即时生效，而不是次日生效。这也就意味着，保险人同意投保人的复效申请且投保人已经补交了保险费后，合同随即生效，不存在空档期，发生保险事故的，保险人应承担保险责任。

（七）关于受益人的指定与变更

受益人是人身保险合同中特有的一类主体，是基于投保人或者被保险人的指享有保险金请求权的人。实践中，受益人的指定一般都是由保险格式条款提前拟定，由投保人或者被保险人进行选择。由于保险格式条款不够明确以及被保险人身份关系的变化，受益人如何确定在实务中存在争议。针对实践中存在争议突出的情形，《解释三》第九条规定，当事人对保险合同约定的受益人存在争议，除投保人、被保险人在保险合同之外另有约定外，按照以下情形分别处理：受益人约定为法定或者法定继承人的，以继承法规定的法定继承人为受益人；受益人仅约定为身份关系，投保人与被保险人为同一主体的，根据保险事故发生时与被保险人的身份关系确定受益人，投保人与被保险人为不同主体的，根据保险合同成立时与被保险人的身份关系确定受益人；受益人的约定包括姓名和身份关系，保险事故发生时身份关系发生变化的，认定为未指定受益人。

对于该规定的适用。应注意以下几个方面的问题：第一，以继承法规定的法定继承人为受益人，不仅要考虑继承法规定的法定继承人范围，还应考虑继承法规定的法定继承人顺序，按照继承法规定的法定继承人顺序和范围确定受益人。有第一顺序继承人的，由第一顺序继承人作为受益人；没有第一顺序继承人的，才可由后顺序的继承人作为受益人。第二，受益人约定为身份关系的，应以被保险人的身份关系为依据来确定受益人，而不是以投保人的身份关系为依据确定受益人。第三，保险合同所约定受益人虽存在争议，但投保人或者被保险人在保险合同之外存在其他约定，而根据其他约定能够消除争议、准确确定受益人的，则不适用该规定。例如，投保人与被保险人在离婚协议书中对受益人有明确约定的，则应根据离婚协议的约定确定受益人。

保险法第四十一条第一款规定，被保险人或者投保人可以变更受益人并书面通知保险人。保险人收到变更受益人的书面通知后，应当在保险单或者其他保险凭证上批注或者附贴批单。有观点认为，根据该规定，投保人或者被保险人变更受益人应当征得保险人同意，并且在保险人办理批准后才产生效力。这种观点不符合变更是单方法律行为的特征，不利于投保人或被保险人变更受益人，甚至将导致投保人和被保险人无法通过遗嘱变更受益人。鉴于此，《解释三》第十条规定："投保人或者被保险人变更受益人，当事人主张变更行为自变更意思表示发出时生效的，人民法院应予支持。投保人或者被保险人变更受益人未通知保险人，保险人主张变更对其不发生效力的，人民法院应予支持。投保人变更受益人未经被保险人同意的，人民法院应认定变更行为无效。"

对于该规定的适用，应注意以下几个方面：第一，变更受益人的意思表示无须保险人与原受益人同意，为无须受领的意思表示，故只要被保险人或投保人完成变更受益人的表示行为，变更行为即产生效力，无须到达保险人。第二，受益人的变更，原则上应以明示的方式，被保险人或投保人可以口头方式发出变更的意思表示，也可以书面形式发出变更的意思表示。以书面形式变更受益人的，因有书面证据材料，实践中争议较少。以口头形式变更受益人的，实践中容易产生争议，诉讼中以认定口头方式变更受益人，应有充分的证据予以支撑。变更受益人原则上应以明示方式，但并不排除在特殊情况下，可以从被保险人或投保人的行为中间接推知其有变更受益人的意思表示。对于以默示方式进行的变更，实践中的认定应更为慎重，需要全面审查证据材料，结合相关案件事实综合进行判断。第三，投保人或被保险人可以遗嘱方式变更受益人。受益人指定和变更属于投保人和被保险人单方自主行为，投保人、被保险人可以选择指定或者变更的方式，可以在订立保险合同时变更，也可以在保险合同订立后变更；可以在生前进行指定或者变更并通知保险人，也可以通过遗嘱的方式进行指定或者变更，待遗嘱生效后由遗嘱继承人通知保险人。当然，以遗嘱方式变更受益人，需要遵循遗嘱生效规则，只有在遗嘱产生效力时受益人的指定和变更才发生效力。根据保险法第四十一条的规定，投保人指定和变更受益人，需要经过被保险人同意。投保人遗嘱指定、变更如未得到被保险人同意，则指定和变更行为不产生效力。第四，投保人或被保险人变更受益人，虽然不需要保险人的同意，但需要通知保险人才能对抗保险人。对于通知的主体，只有有权变更受益人的主体作出的通知才是有效的。投保人变更受益人需要经过被保险人的同意，故投保人与被保险人作出的变更受益人的通知均有效，变更受益人的通知无效。投保人单方通知保险人变更受益人，保险人应当审查该变更是否取得被保险人同意。第五，受益人享有的受益权根据保险事故是否发生而具有不同性质。保险事故发生前，受益权是从属于保险合同的期待利益，投保人或被保险人可以变更受益人；保险事故发生后，受益权则从期待权变为确定性的权利，投保人与被保险人均不得变更受益人。需要注意的是，保险事故发生后，不得变更的是该次已发生的保险事故所生保险金请求权对应之受益权。如果存在数份保险合同，投保人或被保险人仍可以变更尚未发生保险事故的保险合同受益人。如果保险合同约定的保险事故发生后，保险合同并不终止的，保险人则仍可以就将来发生的事故变更受益人，只是此次事故对应的保险金仍归原受益人。

受益人与被保险人在同一事件中死亡且不能确定死亡先后顺序的，保险法第四十二条第二款规定，应推定受益人先死亡。相互有继承关系的几个人在同一事件中死亡且不能确定死亡先后时间的，《最高人民法院关于贯彻执行〈中华人民共和国继承法〉若干问题的意见》（以下简称《意见》）第2条规定，应推定没有继承人的人先死亡；死亡人各自都有继承人的，如几个死亡人辈分不同，推定长辈先死亡。人身保险中的受益人与被保险人通常都是近亲属，存在继承关系，如二人在同一事件中死亡，且不能确定死亡先后顺序的，根据保险法的规定与《意见》可能出现不同的结论。鉴于此，《解释三》明确，保险法第四十二条是为了解决被保险人与受益人均死亡时保险金归属的问题，《意见》第2条则是为了解决继承人与被继承人均死亡的情况下，被继承人的遗产如何分配的问题，二者各有适用范围和不同的立法宗旨。在确定保险金归属时应根据保险法第四十二条第二款推定受益人先死亡，并根据《解释三》第十二条规定来确定其受益份额归谁所有；如果没有其他受益人的，则保险金作为被保险人的遗产；在保险金作为被保险人遗产进行分配时，则需根据《意见》第2条的规定进行推定。

（八）关于保险单的现金价值

关于保险单现金价值的归属，理论界有观点认为，人身保险合同的被保险人虽不是保险合同的当事人，但却是保险合同的保障对象，是保险事故的承载主体，故投保人与被保险人、受益人为不同主体时，保单现金价值应属于被保险人，而不属于投保人。这种观点在实务界也有一些支持者。我们认为，这种观点不符合保险精算原理与实务，也不符合保险合同的基本原理，应予纠正。故《解释三》第十六条第一款规定，保险合同解除时，投保人与被保险人、受益人为不同主体，被保险人或者受益人要求退还保险单的现金价值的，人民法院不予支持，但保险合同另有约定的除外。

该条规定的理由如下：第一，根据保险原理，保险单的现金价值来源于保险人在保险期间前期超收的保险费，具有储蓄性质，是投保人的财产，保险合同提前终止的，应当返还给投保人。第二，根据合同法原理，投保人是保险合同当事人，享有基于保险合同的现金价值请求权。保险合同的设立，依投保人与保险人的意志、意愿而定，投保人与保险人是合同的当事人，具有保险合同设立与否的决定权。保险合同解除时，无论退还的是保险费还是由保险费所形成的现金价值，均应归属于作为合同当事人的投保人。第三，投保人承担交纳保险费的义务，享有基于保险费产生的保险单现金价值。人身保险合同中，投保人是交费义务的主体。被保险人、受益人不是缴纳保险费的义务主体，即使在某些情况下，保险费因故转由被保险人或受益人实际缴纳，但此时的被保险人或受益人只是以投保人的名义履行交纳保险费义务。依据权利与义务对等的民法原则，理应由承担给付保险费义务的投保人享有对保险单现金价值的所有权。第四，域外相关立法和实践，均是将保险单现金价值支付给投保人。德国、日本、韩国保险合同立法，均明确规定保险单的现金价值归属于投保人，而不是被保险人和受益人。至于英美法系，一般认为保险单现金价值归属于保单持有人，但该保单持有人并不是被保险人，而更多是指投保人，除非被保险人实际持有保单。第五，从审判实践看，大部分法院在实践中判决保险单现金价值归属于投保人。

审判实践中，应当注意区分保险单现金价值与保险费。保险单现金价值虽然来源于保险费，但并不等同于保险费。根据保险精算原理，保险单的现金价值是投保人所交保险费，在扣除保险人各种经营费用后所剩余额，按照预定利率计算出的现值。保险单现金价值的计算，除了要考虑投保人交了多少保险费，还应考虑得到的保障成本、保险公司建立和处理保单中发生的费用等因素。从合同法角度来看，保险合同无效时，保险人返还的保险费，不是保险单现金价值；保险合同解除或者保险人依法不承担给付保险金责任时，保险人返还的是保险单现金价值，而不是退还保险费。保险合同纠纷案件审理中，一定要注意区分保险合同无效与保险合同解除，准确认定保险人应当返还的是保险费还是保险单现金价值。

审判实践中，还应注意区分保险单现金价值与保险金。现金价值是保险期间内保险合同提前终止或者保险人依法不承担给付保险责任时需要向投保人返回的责任准备金。保险金是保险事故发生时保险人根据保险合同应当向受益人支付的金额。现金价值与保险金均是保险人根据保险合同应当支付的款项，但其产生基础、给付条件、给付对象以及计算方法均不一致：现金价值源于投保人在保险期间早期多交付的保险费的积累，保险金是保险人基于保险合同产生的主给付义务，是其收取保险费的对价；现金价值以保险合同提前终止或者保险人依法不承担给付保险责任为给付条件，保险金则以保险事故发生为给付条件；现金价值归属于投保人，保险金则应支付给投保人或者被保险人指定的受益人；现金价值是为了保障保险人未来支付保险金的准备金，保险金的数额通常高于现金价值。一般而言，保险事故发生前，投保人有权解除保险合同取得现金价值，受益人无权取得保险金，但在保险事故发生后，投保人不得再解除合同取得现金价值，而受益人可以基于保险合同约定要求保险人给付保险金。实践中，有投保人与受益人的利益不完全一致，在明知保险事故发生的情况下，未向保险人告知保险事故发生的事实，仍要求保险人解除保险合同并返回现金价值。此时如保险人可能因未审查到保险事故已经发生的事实,为投保人办理退保手续并返回现金价值,受益人如依据保险合同要求保险人给付保险金的,保险人仍需给付保险金,不能以保险合同已经解除为由作为抗辩。保险人因不当解除保险合同支出的现金价值,只能通过不当得利向投保人主张返还。在这类案件审理中,投保人解除保险合同的时点判断尤为重要。如解除保险合同是在保险事故发生前,投保人可取得现金价值,保险人不承担给付保险金责任;如解除保险合同是在保险事故发生后,保险合同因保险事故发生已经终止,投保人解除保险合同行为无效,不能取得现金价值,保险人承担给付保险金责任。

保险法第四十三条规定,投保人故意造成被保险人死亡、伤残或者疾病的,保险人不承担给付保险金的责任,应当按照合同约定向其他权利人(而不是投保人)退还保险单的现金价值。此处的"其他权利人"如何确定,存在被保险人与受益人两种观点。我们认为,在投保人指定受益人的情况下,受益人的指定体现了投保人的意志,如认为保险单现金价值仍由受益人享有,不能体现对投保人的惩罚,故由被保险人或者其继承人享有更为妥当。鉴于此,《解释三》第十六条第二款规定,投保人故意造成被保险人死亡、伤残或者疾病,保险人依照保险法第四十三条规定退还保险单的现金价值的,其他权利人按照被保险人、被保险人继承人的顺序确定。

(九)关于投保人的任意解除权

人身保险合同除了作为当事人的保险人与投保人外,还有作为保障对象的被保险人、享有保险金请求权的受益人。投保人与被保险人、受益人为不同主体时,投保人解除保险合同是否需要经过被保险人和受益人同意,理论界与实务界存在截然相反的观点。鉴于此,《解释三》第十七条规定:"投保人解除保险合同,当事人以其解除合同未经被保险人或者受益人同意为由主张解除行为无效的,人民法院不予支持,但被保险人或者受益人已向投保人支付相当于保险单现金价值的款项并通知保险人的除外。"理由在于:一是从保险立法来看,保险法第十五条确立了投保人的任意解除权,并没有对其行使进行限制,如要求投保人解除合同需征得被保险人或受益人同意,不符合立法精神。二是从合同原理来看,保险合同的当事人是投保人与保险人,被保险人与受益人是保险合同的保障对象和保险金请求权的主体,不承担交费义务,从合同法角度来看属于受益第三人,其权利依附于投保人与保险人之间的合同,不享有影响保险合同存续的权利。三是从保险行业发展来看,保险单转让与质押是人身保险未来发展的方向之一,这些业务的开展是以投保人能够随时解除保险合同并取得保险单现金价值为条件的,如要求投保人解除合同需要经过被保险人和受益人同意,可能限制保险单转让与质押业务的开展。四是虽然投保人解除保险合同无须经过被保险人与受益人的同意,但是保险合同的存续确实对被保险人与受益人的利益有较大影响,故如果被保险人、受益人同意向投保人支付相当于保单现金价值的款项,可以承受投保人的合同地位,保险合同无须解除。这样做,一方面保护投保人对保险单现金价值的权利,另一方面也照顾被保险人、受益人的合理期待。

需要注意的是,投保人的任意解除权无须征得被保险人、受益人的同意,但不能因此认为,投保人行使解除权后一概无须对被保险人或者受益人进行补偿或赔偿。实务中,如被保险人、受益人以解除导致损失为由提起诉讼的,法院应当予以受理,并根据投保人与被保险人、受益人之间的基础关系确定案由和请求权基础,审查投保人解除有无违反约定或法律规定,判决投保人是否应当承担赔偿责任。比如,单位为企业高管投保人身保险,将保险费支付作为高管的福利待遇,而后又擅自退保的,就应当依据他们之间的劳动合同关系加以审查处理。

(十) 关于医疗费用保险的相关条款

医疗保险是人身保险的重要类型。实践中,对医疗保险格式条款中关于商业医疗保险与社会医疗保险关系条款、按医保标准核定医疗费用条款、定点医院条款等内容的效力认定存在较大争议。鉴于此,《解释三》根据保险人承保风险与投保人支付保险费应当保持平衡的基本原理进行规定。

为协调商业医疗保险与公费医疗、社会医疗保险的关系,银保监会《健康保险管理办法》要求,保险公司开发医疗保险应区分费用补偿型医疗保险与定额给付型医疗保险,前者不能在公费医疗、社会医疗保险之外重复给付,后者可以在公费医疗、社会医疗保险之外重复给付;银保监会还要求,保险公司开发医疗费用补偿性医疗保险时,应区分被保险人是否存在公费医疗、社会医疗保险,有公费医疗或者社会医疗保险的被保险人因仅在公费医疗、社会医疗保险范围之外赔偿,保险费较低,没有公费医疗或者社会医疗保险的被保险人可以获得全部赔偿,保险费较高。保险公司如严格依据银保监会的规则开发并销售医疗保险产品,不会产生争议,但有一些保险公司出于收取高额保险费的目的,明知被保险人有公费医疗或者社会医疗保险,仍然将其作为没有公费医疗和社会医疗保险的被保险人,并收取高额保费,但在保险事故发生时,却要求仅在公费医疗或者社会医疗保险范围之外给付保险金。为纠正这种不诚信行为,《解释三》第十八条规定:"保险人给付费用补偿型的医疗费用保险金时,主张扣减被保险人从公费医疗或者社会医疗保险取得的赔偿金额的,应当证明该保险产品在厘定医疗费用保险费率时已经将公费医疗或者社会医疗保险部分相应扣除,并按照扣减后的标准收取保险费。"保险人如能证明其厘定医疗费用保险费率时已将公费医疗或者社会医疗保险部分相应扣除,并按照扣减后的标准收取保险费,给付保险金时可以扣减被保险人从公费医疗或者社会医疗保险取得的赔偿金额;未能举证证明的,其要求扣减被保险人从公费医疗或者社会医疗保险取得的赔偿金额的主张不能得到支持。

为了控制经营风险,保险人开发的商业医疗保险产品往往会引入医保标准条款,即保险公司对被保险人支出的医疗费用,按照当地基本医疗保险的标准核定医疗费用。对于该类条款的效力,实践中曾存在两种截然相反的观点:一种观点认为,医保标准条款是保险公司厘定费率、控制风险的基础,应认可其效力,故同意保险公司拒赔;另一种观点则认为,保险公司拒赔不符合被保险人的合理期待,不应认可该条款的效力,保险公司应按照实际支出的费用进行赔付。经过多次论证,《解释三》第十九条规定:"保险合同约定按照基本医疗保险的标准核定医疗费用,保险人以被保险人的医疗支出超出基本医疗保险范围为由拒绝给付保险金的,人民法院不予支持;保险人有证据证明被保险人支出的费用超过基本医疗保险同类医疗费用标准,要求对超出部分拒绝给付保险金的,人民法院应予支持。"

对于该规定的理解,应注意以下几个方面:第一,保险人需对医保标准条款进行提示和明确说明。医保标准条款虽非无效条款,但符合免责条款的特征。医保标准条款虽设置于保险合同的"理赔处理"章节,并没有放置于"除外或免责条款"章节中,但从其文义及作用来看,对保险公司在赔偿限额内的责任又进行了限定,即保险公司对国家基本医疗保险标准以外的医疗费用不予赔付,该条款应当属于限制保险公司赔偿责任的责任免除条款。既然属于责任免除条款,则根据保险法第十七条第二款的规定,保险人未对医保标准条款履行提示和明确说明义务的,该条款不产生法律效力。第二,正确理解超过基本医疗保险同类医疗费用标准。司法解释条文使用的表述是"医疗费用标准",而非"医疗费用范围",因此,不能将超过基本医疗保险同类医疗费用标准理解为超过基本医疗保险用药范围。对于基本医疗保险范围外的医疗项目支出,保险人应当按照基本医疗保险范围内的同类医疗费用标准赔付。比如,使用了医保范围外的药品,而医保范围中有同种类或者同功能可使用的药品,则应按医保范围内同种类或者同功能药品的标准予以赔付。第三,正确理解"保险人有证据证明"。本规定将举证责任分配给了保险人,诉讼中,保险人主张被保险人支出的费用超过基本医疗保险同类医疗费用标准,但不能提供相关证据证明的,由保险人承担不利的法律后果。

医疗保险中,保险公司为控制风险,通常在格式条款中约定,被保险人必须到定点医院就医,否则不予赔付。对于该条款是否应予认可,实践中存在肯定说与否定说两种相反观点。《解释三》采折中观点,其第二十条规定:"保险人以被保险人未在保险合同约定的医疗服务机构接受治疗为由拒绝给付保险金的,人民法院应予支持,但被保险人因情况紧急必须立即就医的除外。"理由在于:一是防范保险欺诈。被保险人与医院工作人员串通骗取保险金的情况在实践中时有发生,定点医院条款有助于保险公司控制风险,减少保险欺诈行为;二是保护被保险人的医疗需求。保险公司指定的定点医院涵盖大部分三级以上医院,基本上能够满足被保险人就医的需要,但考虑到被保险人在一些紧急情况下可能无法到指定医院就医,故增加例外条款,如被保险人因情况紧急必须立即就医的,则即使在定点医院之外就医,保险公司仍需赔付。

(撰稿人:杨临萍、刘竹梅、林海权)

最高人民法院
关于适用《中华人民共和国保险法》若干问题的解释(二)

(2013年5月6日最高人民法院审判委员会第1577次会议通过 根据2020年12月23日最高人民法院审判委员会第1823次会议通过的《最高人民法院关于修改〈最高人民法院关于破产企业国有划拨土地使用权应否列入破产财产等问题的批复〉等二十九件商事类司法解释的决定》修正)

为正确审理保险合同纠纷案件,切实维护当事人的合法权益,根据《中华人民共和国民法典》《中华人民共和国保险法》《中华人民共和国民事诉讼法》等法律规定,结合审判实践,就保险法中关于保险合同一般规定部分有关法律适用问题解释如下:

第一条 财产保险中,不同投保人就同一保险标的分别投保,保险事故发生后,被保险人在其保险利益范围内依据保险合同主张保险赔偿的,人民法院应予支持。

第二条 人身保险中，因投保人对被保险人不具有保险利益导致保险合同无效，投保人主张保险人退还扣减相应手续费后的保险费的，人民法院应予支持。

第三条 投保人或者投保人的代理人订立保险合同时没有亲自签字或者盖章，而由保险人或者保险人的代理人代为签字或者盖章的，对投保人不生效。但投保人已经交纳保险费的，视为其对代签字或者盖章行为的追认。

保险人或者保险人的代理人代为填写保险单证后经投保人签字或者盖章确认的，代为填写的内容视为投保人的真实意思表示。但有证据证明保险人或者保险人的代理人存在保险法第一百一十六条、第一百三十一条相关规定情形的除外。

第四条 保险人接受了投保人提交的投保单并收取了保险费，尚未作出是否承保的意思表示，发生保险事故，被保险人或者受益人请求保险人按照保险合同承担赔偿或者给付保险金责任，符合承保条件的，人民法院应予支持；不符合承保条件的，保险人不承担保险责任，但应当退还已经收取的保险费。

保险人主张不符合承保条件的，应承担举证责任。

第五条 保险合同订立时，投保人明知的与保险标的或者被保险人有关的情况，属于保险法第十六条第一款规定的投保人"应当如实告知"的内容。

第六条 投保人的告知义务限于保险人询问的范围和内容。当事人对询问范围及内容有争议的，保险人负举证责任。

保险人以投保人违反了对投保单询问表中所列概括性条款的如实告知义务为由请求解除合同的，人民法院不予支持。但该概括性条款有具体内容的除外。

第七条 保险人在保险合同成立后知道或者应当知道投保人未履行如实告知义务，仍然收取保险费，又依照保险法第十六条第二款的规定主张解除合同的，人民法院不予支持。

第八条 保险人未行使合同解除权，直接以存在保险法第十六条第四款、第五款规定的情形为由拒绝赔偿的，人民法院不予支持。但当事人就拒绝赔偿事宜及保险合同存续另行达成一致的情况除外。

第九条 保险人提供的格式合同文本中的责任免除条款、免赔额、免赔率、比例赔付或者给付等免除或者减轻保险人责任的条款，可以认定为保险法第十七条第二款规定的"免除保险人责任的条款"。

保险人因投保人、被保险人违反法定或者约定义务，享有解除合同权利的条款，不属于保险法第十七条第二款规定的"免除保险人责任的条款"。

第十条 保险人将法律、行政法规中的禁止性规定情形作为保险合同免责条款的免责事由，保险人对该条款作出提示后，投保人、被保险人或者受益人以保险人未履行明确说明义务为由主张该条款不成为合同内容的，人民法院不予支持。

第十一条 保险合同订立时，保险人在投保单或者保险单等其他保险凭证上，对保险合同中免除保险人责任的条款，以足以引起投保人注意的文字、字体、符号或者其他明显标志作出提示的，人民法院应当认定其履行了保险法第十七条第二款规定的提示义务。

保险人对保险合同中有关免除保险人责任条款的概念、内容及其法律后果以书面或者口头形式向投保人作出常人能够理解的解释说明的，人民法院应当认定保险人履行了保险法第十七条第二款规定的明确说明义务。

第十二条 通过网络、电话等方式订立的保险合同，保险人以网页、音频、视频等形式对免除保险人责任条款予以提示和明确说明的,人民法院可以认定其履行了提示和明确说明义务。

第十三条 保险人对其履行了明确说明义务负举证责任。

投保人对保险人履行了符合本解释第十一条第二款要求的明确说明义务在相关文书上签字、盖章或者以其他形式予以确认的,应当认定保险人履行了该项义务。但另有证据证明保险人未履行明确说明义务的除外。

第十四条 保险合同中记载的内容不一致的,按照下列规则认定:

(一)投保单与保险单或者其他保险凭证不一致的,以投保单为准。但不一致的情形系经保险人说明并经投保人同意的,以投保人签收的保险单或者其他保险凭证载明的内容为准;

(二)非格式条款与格式条款不一致的,以非格式条款为准;

(三)保险凭证记载的时间不同的,以形成时间在后的为准;

(四)保险凭证存在手写和打印两种方式的,以双方签字、盖章的手写部分的内容为准。

第十五条 保险法第二十三条规定的三十日核定期间,应自保险人初次收到索赔请求及投保人、被保险人或者受益人提供的有关证明和资料之日起算。

保险人主张扣除投保人、被保险人或者受益人补充提供有关证明和资料期间的,人民法院应予支持。扣除期间自保险人根据保险法第二十二条规定作出的通知到达投保人、被保险人或者受益人之日起,至投保人、被保险人或者受益人按照通知要求补充提供的有关证明和资料到达保险人之日止。

第十六条 保险人应以自己的名义行使保险代位求偿权。

根据保险法第六十条第一款的规定,保险人代位求偿权的诉讼时效期间应自其取得代位求偿权之日起算。

第十七条 保险人在其提供的保险合同格式条款中对非保险术语所作的解释符合专业意义,或者虽不符合专业意义,但有利于投保人、被保险人或者受益人的,人民法院应予认可。

第十八条 行政管理部门依据法律规定制作的交通事故认定书、火灾事故认定书等,人民法院应当依法审查并确认其相应的证明力,但有相反证据能够推翻的除外。

第十九条 保险事故发生后,被保险人或者受益人起诉保险人,保险人以被保险人或者受益人未要求第三者承担责任为由抗辩不承担保险责任的,人民法院不予支持。

财产保险事故发生后,被保险人就其所受损失从第三者取得赔偿后的不足部分提起诉讼,请求保险人赔偿的,人民法院应予依法受理。

第二十条 保险公司依法设立并取得营业执照的分支机构属于《中华人民共和国民事诉讼法》第四十八条规定的其他组织,可以作为保险合同纠纷案件的当事人参加诉讼。

第二十一条 本解释施行后尚未终审的保险合同纠纷案件,适用本解释;本解释施行前已经终审,当事人申请再审或者按照审判监督程序决定再审的案件,不适用本解释。

【解读】

解读《关于适用〈中华人民共和国保险法〉若干问题的解释（二）》

《最高人民法院关于适用保险法若干问题的解释（二）》（以下简称本解释）已于2013年6月8日起施行。本解释是专门针对保险法中关于保险合同一般规定部分有关法律适用问题作出的规定，共21条。为正确理解和适用该司法解释，现对其制定背景和主要内容予以说明。

一、问题的提出

保险法自1995年颁布实施以来，虽经2002年第一次修改，但因受历史条件所限，实践中很多问题尚未得到彻底解决。2009年，全国人大常委会对保险法进行第二次修改，对保险业法及保险合同法部分均作出较大改动，保险合同章部分涉及修改条款达48处之多。然而实施几年来的实践表明，由于保险业内部结构和外部环境都发生了较大变化，实务中出现了许多新情况、新问题，2009年修订的保险法仍不能完全适应当前保险业改革发展的需要，在某些方面甚至成为制约保险业快速发展的羁绊。保险立法相对滞后的情况，既不利于我国保险业产品的创新，也不利于保险纠纷的解决。近年来，保险纠纷案件增长速度迅猛，执法标准不统一的问题亟待解决。通过完善保险合同制度，填补法律空白，妥善解决各方当事人的纠纷，有效防范和化解金融风险，促进保险业健康稳定发展成为必然。保险法司法解释工作正是在这样的背景下启动的。

在保险法第二次修改的同时，最高人民法院民二庭完成了《最高人民法院关于适用〈中华人民共和国保险法〉若干问题的解释（一）》的起草工作，就新旧法衔接的有关问题予以规定。本解释的调研工作在2009年底即正式启动。在广泛征求各方面意见的基础上，形成了保险法保险合同章司法解释征求意见稿。该稿包括三个方面的内容，即保险合同一般规定、财产保险合同、人身保险合同三部分。考虑到保险法司法解释内容较多，对保险法司法解释采取了分步草拟实施的方案。本解释只是对保险合同一般规定部分的解释，对于人身保险合同、财产保险合同部分的解释，将于今后逐步推出。

二、理解与适用

（一）关于保险利益

保险利益是保险合同法特有的制度，投保人或被保险人是否具有保险利益涉及保险合同的效力及保险人保险责任的承担。2009年的保险法将保险利益界定为"投保人或者被保险人对保险标的具有的法律上承认的利益"，该界定较为原则，实务界有观点建议司法解释对保险利益的内涵和外延作出较为一般性的界定，以提高保险利益原则的可操作性。考虑到保险利益的内涵伴随保险行业的发展不断变化，并非一成不变，且理论界与实务界对保险利益的分类尚未达成共识，本解释没有采纳该建议，仅对实践中争议较大的问题进行了规定，以解决人民法院对此类问题的执法依据问题。

在财产保险中，财产的使用人、租赁人、承运人虽不是财产所有权人，但也有转移风险的需求，可能向保险公司投保，实践中对这些主体是否具有保险利益存在较大争议。为此，本解释第一条规定，不同投保人可以就同一保险标的分别投保，承认财产的使用人、租赁人、承运人等主体对保险标的也具有保险利益，防止保险人滥用保险利益原则拒绝承担保险责任。财产保险必须遵循损害填补原则，任何被保险人能够获得的保险赔偿应以保险利益为限。因此，虽然同一保险标的可能涉及不同被保险人的利益而存在多份保险合同，但任何被保险人都只能在各自保险利益的范围内主张赔偿。例如，货物所有权人及货物承运人可分别就承运货物投保财产损失险和责任险，由于货物承运人对承运货物享有责任保险利益，而不是所有权保险利益，故发生保险事故后只能在责任保险利益范围内获得赔偿。实践中，有保险公司明知货物承运人不得投保财产损失险仍然同意承保，有些货物承运人甚至是在保险展业人员的诱导下投保财产损失险，货物承运人因对承运货物不享有所有权保险利益，在保险事故发生后，无法依据财产损失保险合同获得赔偿。在上述情况中，由于保险人对货物承运人投保损失险存在过错，人民法院可根据其过错程度判令被保险人承担一定的赔偿责任。

2009年保险法第三十一条第三款规定："订立合同时，投保人对被保险人不具有保险利益的，合同无效。"实践中，对于人身保险合同无效后保险人是否应当返还全部保险费、是否可以扣除手续费存在不同认识。合同法第五十八条规定，合同无效后，因该合同取得的财产，应当予以返还；不能返还或者没有必要返还的，应当折价补偿。有过错的一方应当赔偿对方因此所受到的损失，双方都有过错的，应当各自承担相应的责任。根据该规定，人身保险合同被确认无效后，保险人应当将已经收取的保险费全部退还投保人，保险人支出的手续费应由投保人与保险人根据过错程度进行分担，因此本解释第二条规定，在人身保险中，因投保人对被保险人不具有保险利益导致保险合同无效，投保人主张保险人退还扣减相应手续费后的保险费的，人民法院应予支持。

（二）关于代签名和代为填写保险单证

在规范的保险市场中，投保人订立保险合同时应亲自填写相关保险单证，并签字、盖章，以确保保险单证所填写的内容及保险合同的订立是其真实意思表示。但在我国目前的保险市场上，由于种种原因，保险人及其代理人代投保人签字、盖章或者代填保险单证的行为屡见不鲜。对于这些代签名或代填保险单证的行为，如果一律否认其效力，将导致大量合同失去效力，不仅不利于维护正常的保险市场秩序，也不利于保护投保人的利益，对此本解释第三条规定："投保人或者投保人的代理人订立保险合同时没有亲自签字或者盖章，而由保险人或者保险人的代理人代为签字或者盖章的，对投保人不生效。但投保人已经交纳保险费的，视为其对代签字或者盖章行为的追认。保险人或者保险人的代理人代为填写保险单证后经投保人签字或者盖章确认的，代为填写的内容视为投保人的真实意思表示。但有证据证明保险人或者保险人的代理人存在保险法第一百一十六条、第一百三十一条相关规定情形的除外。"对于本条规定，应从以下几个方面进行理解。

第一，保险人及其代理人代投保人签字、盖章的合同，经投保人追认对投保人产生效力。保险人及其代理人代投保人签章的行为，如果事先没有得到投保人的授权，本质上属无权代理问题，经投保人追认后对投保人产生效力。交纳保险费是投保人应承担的主要合同义务，投保人主动交纳保险费应当视为其对保险合同的追认。第二，保险人及其代理人代为填写保险单证的，经投保人签字或者盖章确认的，代为填写的内容视为投保人的真实意思表示。投保人在订立合同时应根据保险人的询问履行如实告知义务，填写风险询问表是投保人履行如实告知义务的主要方式。风险询问表的相关内容如由保险展业人员代为填写，该内容需经投保人签章确认后才能视为投保人的真实意思表示。实践中，有的保险展业人员先让投保人签章，后代为补充填写风险询问表的相关内容，因投保人的签章形成于保险展业人员代为填写的相关内容之前，投保人签章时并未看到代为填写的相关内容，不应认为保险人已经进行了询问，相关内容也不应视为投保人的真实意思表示。第三，有证据证明保险人或者保险人的代理人存在保险法第一百一十六条、第一百三十一条相关规定情形的，投保人的签章不能视为对保险人及其代理人代填写内容的确认。保险法第一百一十六条、第一百三十一条规定的情形主要指的是保险人或其代理人存在阻碍投保人履行保险法规定的如实告知义务，或者诱导其不履行保险法规定的如实告知义务的情形。

（三）关于见费出单

所谓见费出单，是指保险公司先收保险费后签发保单，这是保险业界的行规。由于很多保险公司将签发保单作为保险合同成立的条件，故保险公司对签发保单前发生的保险事故通常不承担保险责任。这种行规不符合权利对等原则，也不利于督促保险公司尽快承保。为此，本解释第四条规定："保险人接受了投保人提交的投保单并收取了保险费，尚未作出是否承保的意思表示，发生保险事故，被保险人或者受益人请求保险人按照保险合同承担赔偿或者给付保险金责任，符合承保条件的，人民法院应予支持；不符合承保条件的，保险人不承担保险责任，但应当退还已经收取的保险费。保险人主张不符合承保条件的，应承担举证责任。"对该条规定的适用应注意以下两个方面：一是该规定仅适用于保险人已经收取保险费的情形。根据权利义务对等原则，保险人享有的权利与承担的义务应当对等，收取了保险费，就应承担相应的责任；如未收取保险费，要求其承担相应的责任缺乏依据。二是保险人对作出是否同意承保意思表示前发生的保险事故承担保险责任，应以保险标的或被保险人符合承保条件为前提。保险人认为其不应承担保险责任的，应对保险标的或被保险人不符合承保条件承担举证责任。

（四）关于投保人的如实告知义务

1995年保险法第十六条确立了投保人的如实告知义务制度，2009年保险法第十六条对该制度予以完善，但仍存在一些争议及不足，故本解释第五条至第八条对保险法第十六条的规定进行了细化和补充。对于该规定的理解与适用，应注意以下几个方面。

第一，投保人仅对其明知的内容承担告知义务。为防止保险人无限扩大投保人如实告知的范围，本解释第五条规定，投保人仅对其明知的与保险标的或者被保险人有关的情况承担告知义务，保险人不得要求投保人告知其不知道的事实。需要注意的是，投保人明知相关事实而未如实告知的，并不当然构成故意，也可能是重大过失。投保人明知相关事实，且知道该事实是重要事实而有意不如实告知的，才能认定为投保人存在故意。投保人明知相关事实，但因重大过失不知道该事实为重要事实，或者虽知该事实为重要事实，但因重大过失未告知的，则应认为投保人仅存在重大过失。

第二，投保人仅在保险人询问的范围和内容内承担如实告知义务。投保人只有在保险人询问时才承担如实告知义务，告知范围以保险人询问的范围和内容为限；保险人采用概括性条款进行询问的，视为未询问，除非该概括性条款有具体内容；当事人对询问范围及内容有争议的，保险人应对其询问承担举证责任。

第三，正确适用弃权制度。为体现诚实信用原则，本解释第七条借鉴域外经验，引入了弃权制度。该条规定，保险人在保险合同成立后知道或者应当知道投保人未履行如实告知义务，仍然收取保险费的，不得解除保险合同。本条规定仅适用于保险人在保险合同成立后知道或者应当知道投保人未履行如实告知义务的情形。保险人在保险合同订立时知道投保人未如实告知义务的情况，仍与投保人订立保险合同的，应适用保险法第十六条第六款关于禁止反言的规定。

第四，正确认定保险合同解除与拒绝赔偿。关于投保人违反如实告知义务的法律后果，保险法第十六条第二款和第四款、第五款分别赋予保险人解除合同和拒绝赔偿两种权利。实践中，对保险人在投保人违反如实告知义务的情况下能否不解除保险合同直接拒赔存在较大争议，对此本解释第八条规定，保险人未行使合同解除权，直接以存在保险法第十六条第四款、第五款规定的情形为由拒绝赔偿的，人民法院不予支持；但当事人就拒绝赔偿事宜及保险合同存续另行达成一致的情况除外。对于本条规定的适用，应注意以下三点。

一是保险人没有合同解除权或者丧失合同解除权的，不得依据保险法第十六条第四款、第五款的规定拒绝赔偿。保险人不承担保险责任是保险人解除保险合同的法律后果，保险人不具有合同解除权，当然不得以投保人违反如实告知义务为由拒赔。具体来说，投保人虽因故意或重大过失未履行如实告知义务，但如不具备保险法第十六条第二款规定的"足以影响保险人决定是否同意承保或者提高保险费率"的情形，或者合同解除权超过保险法第十六条第三款规定的行使期间，或者存在保险法第十六条第六款规定的禁止反言情形或本解释第七条规定的弃权情形的，保险人均不得解除保险合同，也不得拒绝赔偿。二是保险人虽享有合同解除权，但未行使该权利的，也不得直接依据保险法第十六条第四款、第五款的规定拒绝赔偿。保险人享有的拒绝赔偿的权利以保险合同的解除为条件，故保险人即使享有合同解除权，也不能不主张解除合同而直接拒赔。也就是说，保险人只有实际行使合同解除权，解除保险合同后，才可以拒绝赔偿。三是当事人可以就拒绝赔偿事宜及保险合同的存续另行约定。因合同解除不一定符合当事人的利益，故本解释允许当事人可以在保险事故发生后就赔偿事宜另行协商，以维持保险合同的效力。值得注意的是，这种协商只能发生于保险事故发生之后，当事人不能事先作出相关约定。保险格式条款中存在的保险人可以不解除保险合同直接拒绝赔偿的内容，根据保险法第十九条的规定应认定无效。

（五）关于保险人的提示和明确说明义务

自1995年保险法确立保险人的明确说明义务以来，对保险人明确说明义务的争议始终存在。2009年保险法在原有保险人明确说明义务的基础上增加了保险人的提示义务。对于实践中如何把握提示和明确说明义务，本解释第九条至第十三条作了规定。对该规定，应从以下几个方面进行理解。

第一，从宽理解保险法第十七条第二款规定的免除保险人责任的条款。关于保险法第十七条第二款规定的免除保险人责任的条款如何理解，实践中存在较大争议。为此，本解释第九条第一款规定，保险人提供的格式合同文本中的责任免除条款、免赔额、免赔率、比例赔付或者给付等免除或者减轻保险人责任的条款，可以认定为免除保险人责任的条款。该条规定所列举的免除保险人责任的条款并不是封闭的，除了以上所列举的几种情况外，仍可能存在其他免除保险人责任的情形。根据本解释第九条第二款的规定，保险人因投保人、被保险人违反法定或者约定义务，享有解除合同权利的条款，虽也可能导致保险人不承担保险责任，但这是保险人解除保险合同的法律后果，而不是直接免除保险人的保险责任，故不属于免除保险人责任的条款。值得注意的是，保险合同中关于保险合同解除的条款应当符合保险法的规定，否则可根据保险法第十九条的规定认定无效。

第二，正确认识保险人的提示义务。保险人对免除保险人责任条款的提示义务是2009年保险法新增的内容，该义务具有独立性，是明确说明的前置义务。如保险人未能举证证明其已履行了提示义务，使投保人知悉免除保险人责任条款的存在，则相关条款不产生效力，无须进一步审查保险人对这些条款是否进行了明确说明。实践中，保险人可以采用文字、字体、符号或者其他明显标志等形式进行提示，且提示必须足以引起投保人的注意，使投保人知道免除保险人责任条款的存在。

对于通过网络、电话等方式订立的保险合同，本解释第十二条允许保险人以网页、音频、视频等形式对免除保险人责任条款进行提示和明确说明，但其提示和明确说明必须达到第十一条规定的标准，否则相关的免除保险人责任条款不生效。实践中，有些保险公司设计的网络投保程序并没有主动出示格式条款，或者虽出示格式条款，但该格式条款并没有对免除保险人责任的内容采取特别标识，不能认为其履行了提示义务。

第三，正确认定保险人明确说明义务的履行。为防止明确说明义务流于形式，本解释第十一条第二款规定，保险人对保险合同中有关免除保险人责任条款的概念、内容及其法律后果的说明，必须达到常人能够理解的程度，即需使通常的投保人理解免除保险人责任条款的含义。

对于以法律、行政法规中的禁止性规定情形作为免责事由的免责条款，有观点认为，禁止性规定为法律的强制性规定，即便保险人对该免除条款未尽提示或明确说明义务，被保险人也不能以此作为抗辩主张该条款未生效。我们认为，该观点忽视了禁止性规定与法定免责条款的区别。法定免责条款是法律、行政法规明确规定的不承担责任的情形，在法定免责条款中，行为人违反法律规定的法律后果是保险人不承担保险责任。禁止性规定是禁止当事人为一定行为的法律规定，行为人违反禁止性规定，应根据该规定的立法目的受到相应的行政处罚或者刑事处罚。如保险合同未将禁止性规定作为免责事由，并不会直接产生保险人免除保险责任的法律效果。因此，保险人如将禁止性规定作为免责条款的免责事由的，仍应向投保人进行提示和说明。当然，禁止性规定属于法律强制性规范，投保人对禁止性规定的概念和内容推定是知道的，只是不知道被保险人违反禁止性规定将导致保险人免责的后果，故如果保险人就上述后果通过充分的提示使得投保人知道违反禁止性规定与保险人免责之间的直接关联性，则保险人的上述行为就已经符合本解释第十一条的要求，保险法第十七条第二款的立法目的即可实现，此时投保人、被保险人或者受益人不得再以保险人对该条款的概念、内容等未进行明确说明为由主张该条款不生效。

第四，保险人对其履行了明确说明义务负举证责任。保险人履行明确说明义务须符合本解释第十一条第二款的要求。根据本解释第十三条的规定，保险人对其履行了明确说明义务负有举证责任；投保人对保险人履行了明确说明义务在相关文书上签字、盖章或者以其他形式予以确认的，应当认定保险人履行了该项义务。当然，投保人可以提供相反证据推翻该认定。

（六）关于保险核定期间

本解释第十五条对保险核定期间的起算点、期间的确定和计算问题作出了规定。2009年保险法明确了一些理赔的时限，保险法第二十三条第一款规定，保险人应当及时核定，情形复杂的，应当在三十日内作出核定，但保险法并未明确该三十日的起算点。保险人收到索赔请求后，才能开始核定，但如果被保险人和受益人仅提出索赔请求，不提交保险法第二十二条规定的有关证明和资料，保险人也无法核定。所以，该三十日的起算点应自保险人初次收到被保险人或者受益人索赔请求及有关证明或者资料之日时开始起算。另外，如果按照保险合同的约定，被保险人或者受益人初次提交的有关证明和资料不完整，依据保险法第二十二条第二款的规定，保险人应当及时一次性通知投保人、被保险人或者受益人补充提供。在补充提供的有关证明和资料到达保险人之前，保险人仍无法完成核定，因此该补充提交有关证明和资料的期间应予扣除。适用本解释第十五条的规定应注意两点：第一，保险人初次收到索赔请求及有关证明和资料之日，即为三十日的起算之日；第二，扣除期间的始点和终点均采用到达主义。

（七）关于保险代位求偿权的行使

本解释第十六条对保险代位求偿权的行使条件及诉讼时效期间的起算问题作出了规定。保险代位求偿权不属于保险合同一般规定部分的内容，但是，鉴于保险审判工作中保险代位求偿权的问题较为突出，为满足审判工作的实际需要，本解释对此作了规定。在这里特别需要注意的是，关于保险代位求偿权的诉讼时效期间问题，本解释与最高人民法院以前的规定不完全一致。2001年1月3日，最高人民法院作出《最高人民法院关于中国上海抽纱进出口公司与中国太平洋保险公司上海分公司海上货物运输保险合同纠纷请示的复函》（〔2000〕交他字第8号）。该复函明确指出，"保险人取得的代位求偿权是被保险人移转的债权，保险人取代被保险人的法律地位后，对承运人享有的权利范围不得超过被保险人；凡承运人得以对抗被保险人而享有的抗辩权同样可以对抗保险人，该抗辩权包括因诉讼时效超过而拒绝赔付的抗辩权。保险人只能在被保险人有权享有的时效期间提起诉讼。"根据该复函的规定，保险人承继被保险人对第三人的请求权，包括请求权的时效期间，即保险人保险代位求偿权与被保险人对第三人请求权的诉讼时效期间起算点应是一致的。根据保险法第六十条第一款的规定，本解释规定保险代位求偿权的诉讼时效期间应自保险人取得保险代位求偿权之日起算。本条的规定并未改变〔2000〕交他字第8号复函关于保险代位求偿权是被保险人移转的债权的基本观点，只是改变了保险代位求偿权诉讼时效期间的起算点。除该起算点外，保险代位求偿权仍然应在被保险人对第三人的权利范围内行使。

（八）关于被保险人、受益人的选择权

第三人导致的保险事故发生后，被保险人、受益人对第三人、对保险人的请求权

应如何行使？本解释第十九条作了规定。在保险合同纠纷案件中，有保险人以保险事故系第三人的原因导致，被保险人或者受益人应先向第三人请求赔偿后再向保险人请求赔偿为由拒绝承担保险责任。无论从保险合同的目的还是从两个请求权的关系角度考察，保险人的该抗辩均不应得到支持。主要理由在于，第一，投保人投保的目的就是分散风险，保险人如此抗辩违反了分散风险的合同目的。第二，保险人与投保人签订的保险合同生效后，保险人与投保人之间形成有效的保险合同法律关系。保险事故发生后，保险人应当承担保险责任，如果保险事故是第三人导致的，被保险人亦有权请求该第三人承担违约或者侵权责任。即被保险人或者受益人同时享有向保险人的请求权和向第三人的请求权两种不同性质的请求权，其有权选择行使，保险人无权要求其先行向第三人请求赔偿。本解释第十九条第一款适用于人身保险和财产保险，是关于实体权利的规定，第二款适用于财产保险，是关于诉讼权利的规定。在财产保险中，被保险人先向第三人请求赔偿的，获取的赔偿可能不足以弥补其损失，其就不足部分可依据保险合同向保险人请求赔偿。但被保险人能否获取赔偿及能获取多少，应通过审理确定，其起诉并不是当然能够全部得到支持。故条文仅写明被保险人享有诉权，法院应予受理，而不是支持被保险人的诉讼请求。根据保险法第四十六条的规定，人身保险的被保险人、受益人对保险人的请求权与其对第三人的请求权互不影响，故本条第二款不适用于人身保险合同纠纷。

（撰稿人：最高人民法院保险法司法解释起草小组）

最高人民法院关于适用《中华人民共和国保险法》若干问题的解释（一）

法释〔2009〕12号

（2009年9月14日最高人民法院审判委员会第1473次会议通过 2009年9月21日最高人民法院公告公布 自2009年10月1日起施行）

为正确审理保险合同纠纷案件，切实维护当事人的合法权益，现就人民法院适用2009年2月28日第十一届全国人大常委会第七次会议修订的《中华人民共和国保险法》（以下简称保险法）的有关问题规定如下：

第一条 保险法施行后成立的保险合同发生的纠纷，适用保险法的规定。保险法施行前成立的保险合同发生的纠纷，除本解释另有规定外，适用当时的法律规定；当时的法律没有规定的，参照适用保险法的有关规定。

认定保险合同是否成立，适用合同订立时的法律。

第二条 对于保险法施行前成立的保险合同，适用当时的法律认定无效而适用保险法认定有效的，适用保险法的规定。

第三条 保险合同成立于保险法施行前而保险标的转让、保险事故、理赔、代位求偿等行为或事件，发生于保险法施行后的，适用保险法的规定。

第四条 保险合同成立于保险法施行前，保险法施行后，保险人以投保人未履行如实告知义务或者申报被保险人年龄不真实为由，主张解除合同的，适用保险法的规定。

第五条 保险法施行前成立的保险合同，下列情形下的期间自2009年10月1日起计算：

（一）保险法施行前，保险人收到赔偿或者给付保险金的请求，保险法施行后，适用保险法第二十三条规定的三十日的；

（二）保险法施行前，保险人知道解除事由，保险法施行后，按照保险法第十六条、第三十二条的规定行使解除权，适用保险法第十六条规定的三十日的；

（三）保险法施行后，保险人按照保险法第十六条第二款的规定请求解除合同，适用保险法第十六条规定的二年的；

（四）保险法施行前，保险人收到保险标的转让通知，保险法施行后，以保险标的转让导致危险程度显著增加为由请求按照合同约定增加保险费或者解除合同，适用保险法第四十九条规定的三十日的。

第六条 保险法施行前已经终审的案件，当事人申请再审或者按照审判监督程序提起再审的案件，不适用保险法的规定。

【解读】

解读《关于适用〈中华人民共和国保险法〉若干问题的解释（一）》

一、问题的提出

《最高人民法院关于适用〈中华人民共和国保险法〉若干问题的解释（一）》（以下简称本解释）已于2009年9月21日公布，自2009年10月1日起施行。本解释专门针对2009年2月28日修订前后的保险法的适用衔接问题作出了规定。

2009年修订后的保险法（以下简称新法）施行后，人民法院在审理保险案件时适用新法还是2009年修订前的保险法（以下简称旧法），会对当事人的权利义务产生较大的影响，因此，对于人民法院而言，首先遇到的是在审判实务中如何适用法律的问题。按照法律适用的原则，新法施行前已经履行完毕的保险合同，适用当时的法律规定；新法施行后成立的保险合同，适用新法，这是没有争议的。但是对新法施行前成立、新法施行后尚未履行完毕的保险合同产生的纠纷，该如何适用法律，由于对法律原则性的规定和法学原理的理解不一致，司法实务中存在争议。

在保险纠纷的审判实务中，绝大部分案件是保险合同纠纷案件，急需解决新、旧法适用衔接的也是这类问题，特别是履行期限较长的人身保险合同产生的纠纷。保险法的此次修订进一步加强了对投保人和被保险人权益的保护，社会公众也非常关心在新法施行前签订的合同能否适用新法。而人民法院关于保险业管理方面的案件较少，新旧法适用衔接的问题并不突出，且通过公司法等法律的相关规定可以解决。所以本解释仅对保险合同纠纷案件的法律适用作出规定。

二、理解与适用

（一）关于新旧法衔接的基本原则

本解释第一条确定的是新旧法适用的基本原则。关于新旧法的适用，首先要确定一个区分时点，这个时点是本解释的基础。既往的新法、旧法适用司法解释或者文件中，有的是以合同成立时，有的是以行为或事件发生时，有的是以案件受理时作为区分。考虑到遵循《最高人民法院关于适用〈中华人民共和国合同法〉若干问题的解释（一）》[以下简称《合同法解释（一）》]的原则及保险法的特点，我们认为，应将合同成立作为保险法新旧法适用的原则区分时点。《合同法解释（一）》第一条规定："合同法实施以后成立的合同发生纠纷起诉到人民法院的，适用合同法的规定；合同法实施以前成立的合同发生纠纷起诉到人民法院的，除本解释另有规定的以外，适用当时的法律规定，当时没有法律规定的，可以适用合同法的有关规定。"可见，合同法的新旧法律适用是以合同成立时为原则区分时点的，保险合同作为合同的一种，理应受此原则的规范。在起草过程中，有观点认为应以合同订立作为基础的区别时点。我们认为，如果以合同订立作为衔接点，有很大的不确定性，因为合同的订立是一个动态的过程，合同订立的时间点难以确定，当事人亦难以举证。而合同成立是合同订立的结果，且当事人各方的权利义务能够确定。

从保险法的角度看，对于新法施行前成立的保险合同，是否适用新法，即新法对此有无溯及既往的效力，是保险法适用中的一个重要问题。此次保险法的修订，对于保险合同订立和保险合同成立的部分作了较大修改，加大了对投保人及被保险人的权利保护，强化了保险人的义务，如果对于保险法施行前当事人依据旧法订立合同的行为一律适用新法，对于保险人而言是不公平的，也有违法不溯及既往的基本原则。

立法法（2000年公布）第八十四条规定："法律、行政法规、地方性法规、自治条例和单行条例、规章不溯及既往，但为了更好地保护公民、法人和其他组织的权利和利益而作的特别规定除外。"新法一般不具有溯及力，因此本解释规定新法施行前成立的保险合同原则上适用旧法，同时根据保险合同的特殊性，本解释第二条至第五条规定了可以适用新法的情形，这些规定多数属于不溯及既往的情形。溯及既往的两种情形包括：第二条关于合同效力的规定；第四条关于因投保人未履行如实告知义务或申报被保险人年龄不真实为由主张解除合同适用新法的规定，具体理由将在后面说明。

新法施行前成立的保险合同虽然是依旧法成立，但是保险合同法律关系在新法施行后尚未终止，依然处于延续状态，应该受到新法的规范。对新法施行前保险合同法律关系已经发生的法律上的效果，新法不予改变，而对新法生效后处于延续中的事实或者法律关系向将来发生效力并影响其法律上的效果，这在法理学上被称为不真正溯及既往。不真正溯及既往是对将来的法律关系进行评价，所以不真正溯及既往并不违反法不溯及既往的原则。① 本解释第三条规定的新法施行后发生的行为和事件适用新法就属于不真正溯及既往的情况。

"当时没有法律规定的，可以参照适用新法的有关规定"，属于补白性溯及。此规

---

① 参见孙晓红：《法的溯及力问题研究》，中国法制出版社2008年版，第10~12页；冯健鹏：《法律向前看，不向后看》，载《人民法院报》2006年2月20日。

定沿用了最高人民法院关于公司法、合同法、票据法、担保法、海商法、收养法等法律新旧衔接规定的一贯做法，也符合法学理论界比较一致的观点。补白性溯及的作用在于消除法律原来规定的不明确及存在漏洞的状态。如保险法第二十一条关于投保人、被保险人或者受益人知道保险事故发生后，未及时通知保险人的法律后果，第三十六条关于在合同效力中止前的期限内发生保险事故的，保险人的责任承担，第四十二条关于受益人和被保险人在同一事件中死亡，且不能确定死亡先后顺序的，推定受益人死亡在先的规定，在旧法中都是没有相应规定的，人民法院在审判实务中遇到此类问题，会处于旧法无相应规定可依的情况，因此，有必要设立此种情形下的法律适用规则，即参照适用新法的有关规定，这在理论上也被称为空白追溯。此外，经我们检索和比较，旧法中没有相应规定，新法中有规定的，还包括第十九条、第五十五条、第五十六条、第六十五条等条款的相关内容。

需要特别加以说明的是，保险法第十七条第二款规定的保险人的提示义务，是否属于旧法没有规定的。旧法第十八条规定："保险合同中规定有关于保险人责任免除条款的，保险人在订立保险合同时应当向投保人明确说明，未明确说明的，该条款不产生效力。"新法第十七条第二款规定："对保险合同中免除保险人责任的条款，保险人在订立合同时应当在投保单、保险单或者其他保险凭证上作出足以引起投保人注意的提示，并对该条款的内容以书面或者口头形式向投保人作出明确说明；未作提示或者明确说明的，该条款不产生效力。"通过对这两条规定的比较可以发现，新旧法都是关于保险人义务的规定，只是新法第十七条第二款增加了保险人的提示义务，并且明确规定未尽提示义务的条款不产生效力。所以我们认为，这不属于当时的法律没有规定的情况，而是属于与当时的法律规定不一致的情形。所以，新法施行前成立的保险合同，如果保险合同纠纷当事人依据新法的规定，以保险人在订立合同时未尽到新法第十七条规定的提示义务而主张保险合同条款不产生效力的，人民法院不应支持。在这种情形下，仍应当适用旧法第十八条的规定。

本解释第一条第二款的目的在于提供一个判断合同成立适用法律的指引。因为合同成立是区别适用新旧法的一个时点，而合同本身是否成立，需要有一个适用法律的规则。具体关于合同是否成立的判断，是个非常复杂的问题，有待于以后的司法解释加以规定。

（二）关于合同效力的认定

解释第二条是认定合同效力的法律适用原则。对合同效力的认定，是人民法院审理合同纠纷案件的前提。因此，首先要对保险合同的效力认定设立法律适用的规则。这里的合同效力应作广义理解，既包括整个合同的效力，也包括合同某一条款的效力。

本条规定遵循了为促进交易尽量促成合同有效的合同法的一般原则，也有利于贯彻加强对投保人和被保险人利益保护的立法精神。按照本解释第二条的规定，依据旧法认定无效而依据新法认定有效的条文主要是第三十一条和第三十四条。相比于旧法第五十三条，新法第三十一条增加了投保人对与投保人有劳动关系的劳动者具有保险利益的规定，同时第三款规定："订立合同时，投保人对被保险人不具有保险利益的，合同无效。"对于新法施行前订立的保险合同，如果合同订立时投保人对与其有劳动关系的劳动者具有保险利益，依据新法将该合同认定为有效，将有力地保护劳动者的利益。旧法第五十六条规定："以死亡为给付保险金条件的合同，未经被保险人书面同意并认可保险金额的，合同无效。"而新法第三十四条第一款把被保险人的书面同意改为同意，加强了对被保险人、受益人的利益保护。所以，新法施行前以死亡为给付保险金条件的合同，被保险人口头同意并认可保险合同金额的，按照新法第三十四条的规定，应认定为有效。

关于保险合同和合同条款的效力规定，新旧法的变化还体现在以下三个方面，在适用本解释第二条时应当加以注意以下三点。

一是旧法第十二条对人身保险和财产保险未加区别，笼统规定投保人对保险标的不具有保险利益的合同无效，新法则区别人身保险和财产保险，对合同的效力加以规定。新法第十二条规定："人身保险的投保人在保险合同订立时，对被保险人应当具有保险利益。财产保险的被保险人在保险事故发生时，对保险标的应当具有保险利益。"并在新法第三十一条第三款规定："订立合同时，投保人对被保险人不具有保险利益的，合同无效。"但是新法并未明确规定财产保险的被保险人在保险事故发生时，对保险标的不具有保险利益的合同无效，而是在第四十八条规定："保险事故发生时，被保险人对保险标的不具有保险利益的，不得向保险人请求赔偿保险金。"这样的变化，会对保险合同当事人和关系人的权利义务带来哪些影响，在解释起草过程中有不同的认识。一种观点认为，这种变化对投保人是不利的，因为按照旧法被保险人对保险标的不具有保险利益保险合同无效的规定，如果发生了保险事故，被保险人无法得到赔偿金，但是因为合同无效，保险人应该返还投保人所交的保险费。而按照新法第四十八条的规定，可以推导出合同有效，投保人不能要求返还保险费，被保险人又不得向保险人请求赔偿保险金。故建议在本条中增加一款，排除新法第四十八条的适用。另一种观点认为，这种变化对被保险人实际上是有利的。就投保人订立合同的目的而言，是为了使保险标的获得保险保障，而不是退还保险费。而且，投保人也可以通过转让保险标的使被保险人对保险标的具有保险利益，避免对被保险人不利的后果出现，所以没有必要做出特别规定。我们认为后一种观点更有利于保护投保人和被保险人的根本利益，故采纳了第二种观点。

二是新法第十七条第二款规定："对保险合同中免除保险人责任的条款，保险人在订立合同时应当在投保单、保险单或者其他保险凭证上作出足以引起投保人注意的提示，并对该条款的内容以书面或者口头形式向投保人作出明确说明；未作提示或者明确说明的，该条款不产生效力。"按照旧法第十八条"保险合同中规定有关于保险人责任免除条款的，保险人在订立保险合同时应当向投保人明确说明，未明确说明的，该条款不产生效力"的规定，免责条款未经提示依然产生效力，而按照新法则是相反的后果，即免责条款不产生效力。这与第二条规定的适用旧法认定无效而适用新法认定有效的，应适用新法的规定是不同的。所以根据本解释第二条的规定，新法第十七条第二款同样不能适用于新法施行前成立的保险合同。

三是新法第十九条是新增的条款。该条规定："采用保险人提供的格式条款订立的保险合同中的下列条款无效：（一）免除保险人依法应承担的义务或者加重投保人、被保险人责任的；（二）排除投保人、被保险人或者受益人依法享有的权利的。"虽然该条也是效力性条款，但不属于本解释第二条规定的情形。这是因为：其一，本解释所解决的法律适用问题，仅指新、旧保险法的适用；其二，第十九条的规定内容，旧法中并没有相应的规定，如新法施行前成立的保险合同发生第十九条规定的情形，属于当时没有法律规定的情形，应当按照本解释第一条的规定，参照适用第十九条的规定。需要说明的是，1999年10月1日起施行的合同法第四十条规定："格式条款具有本法第五十二条和第五十三条规定情形的，或者提供格式条款一方免除其责任、加重对方责任、排除对方主要权利的，该条款无效。"新法第十九条是合同法第四十条在保险法中的具体体现。因此，对于1999年10月1日至2009年9月30日期间成立的保险合同，当发生保险人提供的格式合同中有免除其责任、加重对方责任、排除对方主要权利的条款时，虽然旧法没有相应规定，但保险合同作为合同的一种，应当依据合同法第四十条的规定，认定该合同条款的效力。人民法院在审理具体案件时，应当同时引用合同法第四十条和新法第十九条的规定；而对于1999年10月1日前订立的保险合同，则按照本解释第一条的规定，只适用新法即可。

（三）关于适用新法的行为和事件

第三条是本解释的核心条款，遵循的基本原则是保险合同法律关系持续过程中发生的行为和事件，应适用发生时的法律。换言之，新法施行前成立的合同，新法施行后仍在履行的，此时发生的行为和事件应当受到新法的规范。对此原则，在征求意见过程中，各方面均没有不同意见，但在解释制定过程中具体的文字表述上争议较多。经过反复斟酌，起初的文稿中表述为："保险合同成立于保险法施行前，但因保险法施行后的行为或事件导致的纠纷，适用保险法的规定。"部分地方法院和保险公司提出对行为或事件的内涵和外延的理解问题，希望能够进一步明确。我们采取了列举的方式加以表述，本解释第三条规定："保险合同成立于保险法施行前而保险标的转让、保险事故、理赔、代位求偿等行为或事件，发生于保险法施行后的，适用保险法的规定。"在审判实践中，保险合同纠纷绝大多数涉及这些方面，而且此次修订，相应条款的内容变动较大，新法的规定更好地体现了对投保人和被保险人的利益保护，对保险法施行前成立的保险合同，保险法施行后发生的这些行为或事件适用新法的规定，既遵循了法律的时效性原则，也体现了保险法修订的宗旨。

关于保险标的转让。新法第四十九条对保险标的转让作了重大修订，将旧法第三十四条规定的"保险标的的转让应当通知保险人，经保险人同意继续承保后，依法变更合同"，修改为"保险标的转让的，保险标的的受让人承继被保险人的权利和义务"。此内容的修订，将因保险标的的转让而发生的保险合同变更由通知变更即保险标的转让的，投保人或者被保险人应当通知保险人，经保险人同意继续承保后，变更保险合同，① 修改为自动变更，有助于实现保险保障的自动延续，从而避免因保险标的的转让与保险人同意承保之间产生保险合同的空白期，减少争议。同时，为防止转让导致危险程度增加，加大保险事故发生的可能性，该条还相应增加了被保险人与保险人之间的权利义务关系的内容，并作了相应的平衡，规定保险标的转让的，被保险人或者受让人应当及时通知保险人，但货物运输保险合同和另有约定的合同除外；因保险标的转让导致危险程度显著增加的，保险人自收到前款规定的通知之日起三十日内，可以按照合同约定增加保险费或者解除合同；保险人解除合同的，应当将已收取的保险费，按照合同约定扣除自保险责任开始之日起至合同解除之日止应收的部分后，退还投保

---

① 参见孙晓红：《法的溯及力问题研究》，中国法制出版社2008年版，第10~12页；冯健鹏：《法律向前看，不向后看》，载《人民法院报》2006年2月20日。

人；被保险人、受让人未履行新法第四十九条第二款规定的通知义务的，因转让导致保险标的危险程度显著增加而发生的保险事故，保险人不承担赔偿保险金的责任。这样的修订既有利于保险标的受让人的权益保护，又有助于社会财产关系的稳定。

关于保险事故。保险事故发生后，保险人应该如何承担责任，直接影响着保险合同的履行和当事人的权利义务。新法除个别条款外，加强了对投保人和被保险人的利益保护，因此，在保险法施行后发生的保险事故，适用新法，有利于对投保人和被保险人利益的保护。但比较新、旧法中保险合同的规定，也有个别情况下适用新法可能对被保险人不利。如新法第四十五条把旧法第六十七条规定的被保险人故意犯罪导致其自身伤残或者死亡的，保险人不承担给付保险金的责任，扩大为因被保险人故意犯罪或者抗拒依法采取的刑事强制措施导致其伤残或者死亡的，保险人不承担给付保险金的责任。还有前面讨论过的新法第四十八条的规定，在相应情况下适用可能会对被保险人不利。在征求意见的过程中，部分同志认为，对保险法施行前成立的保险合同，凡是新法对投保人和被保险人有利的规定，就应当适用，反之就不适用。但多数同志还是认为，对合同双方当事人应当平等保护，对一方当事人的绝对保护有违合同法的基本原则，而且从总体而言，新法对投保人和被保险人的利益保护已经给予了加强。

有观点认为，在新法施行后发生的保险事故，不能一律适用新法，要根据保险事故发生的原因决定如何适用。如果因新法施行前的原因导致新法施行后发生保险事故的，不能适用新法。我们认为，保险合同是典型的射幸合同，保险事故是一种具有不确定性的事件，是否发生、何时发生、发生后受损失程度如何，均具有偶然性。即便在新法施行前发生了可能导致保险事故发生的事由，也并不必然就会发生保险事故。而且，确定保险事故的发生原因有时是非常复杂的，到底是哪一个行为或者事件导致了保险事故的发生，在审判实务中的认定相当困难，所以如果将保险事故的发生原因作为法律适用的依据，难以把握。对保险事故的处理适用保险事故发生时的法律，既符合保险法修订的立法本意，也有利于纠纷的解决。例如，1999年，王某以自己为被保险人投保人寿险一份，指定其妻子和儿子为受益人，后因夫妻矛盾，其妻子自2009年8月起向王某食物中投入微量的毒物，王某最终因慢性中毒死亡。如果王某的死亡时间为2009年9月28日，就应适用旧法第二十八条和第六十五条的规定，保险人有权解除保险合同，不承担给付保险金的责任。如果王某的死亡时间为2009年10月1日，就应适用新法第二十七条和第四十三条的规定，保险人不能解除合同，要承担给付保险金的责任，王某的妻子丧失受益权，但王某的儿子仍然享有受益权。

关于理赔。旧法施行期间，保险理赔程序烦琐，客户需要多次往返才能将理赔资料提交齐全，保险公司理赔速度慢，无正当理由拖延核定和赔付，被保险人迟迟领不到赔款的情况时有发生，引起了投保人、被保险人以及社会公众的普遍不满。保险法此次修订，对保险公司理赔时的义务给予了明确规定，如新法第二十二条、第二十三条、第二十四条对保险人的理赔行为提出了及时一次性通知，情形复杂的，应当在三十日内核定等要求。这对于解决理赔难是非常有效的。本解释第三条的规定体现了法律修订的精神。按照该条的规定，保险事故发生在新法施行前，但至保险法施行时尚未理赔完毕，或者保险法施行后开始理赔的，当事人的理赔行为要受到新法的规范。需要强调的是，按照本解释规定的保险法施行后的理赔适用新法，是指理赔的行为和时限受新法的约束，而不是所有在理赔阶段暴露出的纠纷无条件地适用新法。如在上文提到的案例中,王某死亡的时间为 2009 年 9 月 28 日,王某的儿子 10 月 2 日请求保险公司给付保险金,保险公司查明王某之死是由于其妻子故意造成的后拒赔,由此发生纠纷。这一纠纷虽然是在理赔阶段发生的,但当事人所争议的是保险公司是否承担给付保险金的责任,不是因为理赔行为本身,应该适用保险事故发生时的法律判断。但如果王某之死并不是其妻子所致,而是因为正常的交通事故在 2009 年 9 月 28 日死亡,王某的儿子在当日即请求保险公司给付保险金,在 2009 年 10 月 1 日后,保险公司的理赔行为就应当符合新法第二十二条、第二十三条、第二十四条及时一次性通知,情形复杂的,应当在三十日内核定的规定,否则除支付保险金外,还应当赔偿受益人的损失。

关于代位求偿。旧法第四十六条第三款规定:"由于被保险人的过错致使保险人不能行使代位请求赔偿的权利的,保险人可以相应扣减保险赔偿金。"新法第六十一条第三款将其修订为:"被保险人故意或者因重大过失致使保险人不能行使代位请求赔偿的权利的,保险人可以扣减或者要求返还相应的保险金。"被保险人处分其对第三者的赔偿请求权,固然应注意保护保险人之代位求偿利益,但基于被保险人的认知能力有限,该注意义务不应过重。在此意义上,被保险人仅就其故意或重大过失所致保险人代位求偿权行使不能承担不利后果,对于一般过失行为不承担责任,事实上更为公平。①

在保险合同纠纷中,解除合同也是经常遇到的问题,但解释中对解除合同的法律适用没有单独规定,其原因是:第一,在保险合同正常履行的情况下,保险公司出于经营的需要,一般是不会解除合同的,只有在保险标的转让导致危险程度增加,或者保险事故发生后,保险人才行使合同解除权。由于保险人(包括投保人)行使合同解除权大多与保险标的转让、保险事故的发生等行为或者事件相关联,故我们认为通过本解释第三条的适用可以解决解除合同的多数法律适用问题。第二,在本解释制定的过程中,对保险法施行后保险人合同解除权的行使应该受到新法的限制,各方意见一致,但对于合同解除事由是否成立是适用新法还是旧法判断存在不同意见。有观点认为,按照适用行为和事件发生时的法律的原则,对解除合同的事由和解除合同的行为应分别确定适用的法律。如对于保险合同成立于新法施行前,但在保险法施行后,保险人以保险法施行后保险标的危险程度增加为由主张解除合同的,对解除合同事由是否成立的认定,应该适用新法。以保险法施行前保险标的危险程度增加为由主张解除合同的,应该适用旧法的规定。但也有观点认为,对于解除合同应该统一适用解除合同行为即行使合同解除权时的法律,不再区别解除事由和解除行为分别适用。由于各方意见没有达成一致,加之对新法的适用也没有审判实践经验的总结,对于解除合同可能涉及的问题,还需要进一步调研。

另外,按照本解释第三条所确定的法律适用规则,在审判实务中或许可能出现一个案件中有几个行为和事件,分别适用新、旧法的情形,从而产生案件处理结果上冲突的情形。例如,如果保险标的在新法施行前转让,保险法施行后,发生了保险事故,按本解释第三条规定,保险人是否会依据旧法第三十四条的规定要求解除合同?而被保险人或者受让人是否会依据新法第四十九条的规定要求保险人承担赔偿责任?对此,考虑到新法施行后,是否可能产生法律适用上的冲突、具体会产生什么冲突尚不能准确把握,该问题还有待于在审判实践中进一步调查和研究,所以在本解释中没有对此问题作

---

① 参见吴定富主编:《中华人民共和国保险法释义》,中国财政经济出版社 2009 年版,第 152 页。

出规定,各级人民法院在审判工作中遇到此类问题,可及时逐级上报最高人民法院。

(四)关于保险人以投保人未履行如实告知义务或者申报被保险人年龄不真实为由主张解除合同的法律适用

本解释第四条的规定赋予新法第十六条和第三十二条以溯及力。该规定体现了保险法的基本原则,也有利于投保人和被保险人的利益保护,有利于交易秩序的稳定。

旧法第十七条第四款规定:"投保人因过失未履行如实告知义务,对保险事故的发生有严重影响的,保险人对于保险合同解除前发生的保险事故,不承担赔偿或者给付保险金的责任,但可以退还保险费。"按照旧法的规定,保险人可以因为投保人的一般过失未如实告知而解除合同并可以拒赔。而新法第十六条第一款、第二款规定:"订立保险合同,保险人就保险标的或者被保险人的有关情况提出询问的,投保人应当如实告知。投保人故意或者因重大过失未履行前款规定的如实告知义务,足以影响保险人决定是否同意承保或者提高保险费率的,保险人有权解除合同。"相对于旧法,新法的这两款规定对保险人解除合同的事由进行了限制。

而新法第十六条第三款和第六款以及第三十二条第一款则对保险人的解除行为加以限制。第三款规定:"前款规定的合同解除权,自保险人知道有解除事由之日起,超过三十日不行使而消灭。自合同成立之日起超过二年的,保险人不得解除合同;发生保险事故的,保险人应当承担赔偿或者给付保险金的责任。"第六款规定:"保险人在合同订立时已经知道投保人未如实告知的情况的,保险人不得解除合同;发生保险事故的,保险人应当承担赔偿或者给付保险金的责任。"另外,旧法第五十四条规定:"投保人申报的被保险人年龄不真实,并且其真实年龄不符合合同约定的年龄限制的,保险人可以解除合同,并在扣除手续费后,向投保人退还保险费,但是自合同成立之日起逾二年的除外。"而新法第三十二条第一款规定:"投保人申报的被保险人年龄不真实,并且其真实年龄不符合合同约定的年龄限制的,保险人可以解除合同,并按照合同约定退还保险单的现金价值。保险人行使合同解除权,适用本法第十六条第三款、第六款的规定。"即新法第三十二条第一款在延续了旧法第五十四条规定的二年不可抗辩期间外,还增加了知道解除事由的,要在三十天内行使解除权的限制。按照新法的规定,以新法第十六条第二款和第三十二条第一款规定的解除事由主张解除合同的,其解除行为要受到第十六条第三款和第六款的限制。

在征求意见的过程中,各方均认为,对新法施行前成立的保险合同,在新法施行后,保险人以投保人未履行如实告知义务或者申报被保险人年龄不真实为由主张解除合同的,要受到新法第十六条第三款和第六款的限制。这符合适用行为时法律的原则,而且,新法第十六条第六款规定的弃权和禁反言原则也是保险法最大诚信原则的具体体现。

在审判实务中,保险事故发生后,保险人往往以订立合同时投保人未如实告知为由,主张解除合同或者拒赔,投保人是否履行了如实告知义务也常常会成为保险合同纠纷案件的争议焦点。①对于新法施行前成立的合同而言,新法第十六条第二款规定的不如实告知只能发生在合同的订立阶段,也就是新法施行前。由于旧法对投保人如实

---

① 参见江苏省高级人民法院课题组:《均衡保护当事人权益促进保险业健康发展——江苏法院近5年来保险合同纠纷案件审理情况调研报告》,载《人民法院报》2009年5月21日。

告知设定的条件很严格,导致保险人解除合同的条件较低,很容易成为保险人滥用解除权的一个事由,不利于公平保护投保人、被保险人的利益。新法第十六条改变了旧法对投保人在如实告知上过于苛求的规定,将保险人的解除权限定为投保人故意或者因重大过失未如实告知,剔除了因投保人一般过失导致保险人解除合同的情形,包括保险业界人士在内的多数人认为这是立法的进步,从长远来讲,也有利于保险业的健康发展。如果不赋予新法第十六条溯及力,新法施行前成立的合同将存在着被轻易解除的风险,从而使大量的成立于新法施行前的合同处于不稳定状态,并危及投保人和被保险人的利益。

按照新法第十六条第三款的规定,保险人行使前款规定的合同解除权,要受到三十日和二年的限制,而第十六条第二款规定的是因投保人故意或重大过失两种主观状态下未履行如实告知义务,保险人有权解除合同,如果在新法施行后,保险人行使解除权的事由不受新法的约束,保险人完全可以投保人未如实告知是因为存在一般过失为由主张解除合同,从而就规避了新法对解除权行使期限的限制,也使第五条第二项、第三项的有关规定失去了意义。而保监会和保险公司坚持新法第十六条第三款规定的三十日和二年的期间应该从新法施行之日起算。鉴于此,我们认为,必须有本条的规定内容。我们与保监会就本条的规定进行了充分的沟通,并最终达成一致。

第五条对投保人未履行如实告知义务和申报被保险人年龄不真实采取了并列的写法,是因为对于投保人申报被保险人年龄不真实是否属于不如实告知的情形之一,保险界和学界的认识不一致。考虑到新法分别规定在两个条款中,也为了避免理解上的分歧,我们一并列出。

(五)关于适用新法时一些期间的起算

本解释第五条是对新法施行前成立的保险合同适用新法时,一些期间起算的特别规定。新法第十六条、第三十二条、第四十九条规定了保险人行使解除权的期间,这可以督促保险人及时行使自己的权利,也能够防止有些保险人在知道解除事由后,采取静观其变的态度,即如果发生了保险事故,就采取解除合同的方式保护自己的利益,如果不发生保险事故就获得了收取保险费的利益。[①] 新法第二十三条对保险人核定保险责任的期间作出了规定,保险人在新法施行后行使解除权或者核定保险责任应当受其约束。对于上述期间的起算点应该如何确定,有两种意见。第一种意见认为,从加大对被保险人的利益保护角度出发,计算起始点应该严格按照条文的规定起算。第二种意见认为,尽管新法已经公布,但毕竟尚未生效,有关行为和事件发生在新法施行前,如果按照条文规定的起算点起算,就会出现保险人实际可行使权利的期间短于法律规定,甚至新法施行之日,其权利已经无法行使的状况。在此问题上,新法不能溯及既往,因此从新法施行之日起再给予三十日或二年的期间比较公平。我们采纳了第二种意见。此类规定在最高人民法院以往的司法解释中亦多有先例。例如,《最高人民法院对在审判工作中有关适用民法通则时效的几个问题的批复》(法(研)复〔1987〕18号)规定,民法通则施行前民事权利被侵害尚未处理的,无论被侵害人是否知道,向人民法院请求保护民事权利的诉讼时效期间,分别为民法通则第一百三十五条规定的二年或第一百三十六条规定的一年。诉讼时效期间自民法通则施行之日起计算。

---

① 参见安建主编:《中华人民共和国保险法(修订)释义》,法律出版社2009年版,第45页。

对本解释第五条的第二项、第三项还需要特别说明。由于旧法第五十四条对投保人以申报被保险人年龄不真实为由解除合同的权利已经作出了二年不可抗辩期间的限制,所以,这个二年的除斥期间自合同成立之日起算不会影响保险人的权利。本解释第五条第三项规定的自 2009 年 10 月 1 日起算,仅适用于保险人以第十六条第二款规定的以投保人故意或者重大过失为由未履行如实告知义务而行使解除权的情况。这与本解释第五条第二项的规定是不同的,需要注意这两项之间的区别。

(撰稿人:宋晓明、刘竹梅、刘崇理)

最高人民法院
关于审理出口信用保险合同纠纷案件适用
相关法律问题的批复

法释〔2013〕13 号

(2013 年 4 月 15 日最高人民法院审判委员会第 1575 次会议通过
2013 年 5 月 2 日最高人民法院公告公布 自 2013 年 5 月 8 日起施行)

广东省高级人民法院:

你院《关于出口信用保险合同法律适用问题的请示》(粤高法〔2012〕442 号)收悉。经研究,批复如下:

对出口信用保险合同的法律适用问题,保险法没有作出明确规定。鉴于出口信用保险的特殊性,人民法院审理出口信用保险合同纠纷案件,可以参照适用保险法的相关规定;出口信用保险合同另有约定的,从其约定。

指导案例 25 号

华某财产保险有限公司北京分公司诉李某贵、天某财产
保险股份有限公司河北省分公司张家口支公司
保险人代位求偿权纠纷案

(最高人民法院审判委员会讨论通过 2014 年 1 月 26 日发布)

关键词
民事诉讼 保险人代位求偿 管辖

裁判要点
因第三者对保险标的的损害造成保险事故,保险人向被保险人赔偿保险金后,代位行使被保险人对第三者请求赔偿的权利而提起诉讼的,应当根据保险人所代位的被

保险人与第三者之间的法律关系，而不应当根据保险合同法律关系确定管辖法院。第三者侵害被保险人合法权益的，由侵权行为地或者被告住所地法院管辖。

相关法条

《中华人民共和国民事诉讼法》第二十八条

《中华人民共和国保险法》第六十条第一款

基本案情

2011年6月1日，华某财产保险有限公司北京分公司（以下简称华某保险公司）与北京亚某餐饮管理有限公司（以下简称亚某餐饮公司）签订机动车辆保险合同，被保险车辆的车牌号为京A823××，保险期间自2011年6月5日0时起至2012年6月4日24时止。2011年11月18日，陈某某驾驶被保险车辆行驶至北京市朝阳区机场高速公路上时，与李某贵驾驶的车牌号为冀GA91××的车辆发生交通事故，造成被保险车辆受损。经交管部门认定，李某贵负事故全部责任。事故发生后，华某保险公司依照保险合同的约定，向被保险人亚某餐饮公司赔偿保险金83878元，并依法取得代位求偿权。基于肇事车辆系在天某财产保险股份有限公司河北省分公司张家口支公司（以下简称天某保险公司）投保了机动车交通事故责任强制保险，华某保险公司于2012年10月诉至北京市东城区人民法院，请求判令被告肇事司机李某贵和天某保险公司赔偿83878元，并承担诉讼费用。

被告李某贵的住所地为河北省张家口市怀来县沙城镇，被告天某保险公司的住所地为张家口市怀来县沙城镇燕京路东××××号，保险事故发生地为北京市朝阳区机场高速公路上，被保险车辆行驶证记载所有人的住址为北京市东城区工体北路新中西街×号。

裁判结果

北京市东城区人民法院于2012年12月17日作出（2012）东民初字第13663号民事裁定：对华某保险公司的起诉不予受理。宣判后，当事人未上诉，裁定已发生法律效力。

裁判理由

法院生效裁判认为：根据保险法第六十条的规定，保险人的代位求偿权是指保险人依法享有的，代位行使被保险人向造成保险标的损害负有赔偿责任的第三者请求赔偿的权利。保险人代位求偿权源于法律的直接规定，属于保险人的法定权利，并非基于保险合同而产生的约定权利。因第三者对保险标的的损害造成保险事故，保险人向被保险人赔偿保险金后，代位行使被保险人对第三者请求赔偿的权利而提起诉讼的，应根据保险人所代位的被保险人与第三者之间的法律关系确定管辖法院。第三者侵害被保险人合法权益，因侵权行为提起的诉讼，依据民事诉讼法第二十八条的规定，由侵权行为地或者被告住所地法院管辖，而不适用财产保险合同纠纷管辖的规定，不应以保险标的物所在地作为管辖依据。本案中，第三者实施了道路交通侵权行为，造成保险事故，被保险人对第三者有侵权损害赔偿请求权；保险人行使代位权起诉第三者的，应当由侵权行为地或者被告住所地法院管辖。现二被告的住所地及侵权行为地均不在北京市东城区，故北京市东城区人民法院对该起诉没有管辖权，应裁定不予受理。

【解读】

解读《华某财产保险有限公司北京分公司诉李某贵、天某财产保险股份有限公司河北省分公司张家口支公司保险人代位求偿权纠纷案》

2014年1月26日，最高人民法院发布了指导案例25号《华某财产保险有限公司北京分公司诉李某贵、天某财产保险股份有限公司河北省分公司张家口支公司保险人代位求偿权纠纷案》。为了正确理解和准确参照适用该指导案例，现对其推选经过、裁判要点等有关情况予以解释、论证和说明。

一、推选经过及指导意义

本案例由北京市高级人民法院于2013年10月向最高人民法院案例指导工作办公室推荐。最高人民法院案例指导工作办公室集体讨论后，送最高人民法院立案一庭审查。最高人民法院立案一庭经审查认为，该案例明确了保险代位求偿这一类案件性质是属于保险合同纠纷类案件，还是属于侵权等案件的问题，澄清了模糊认识，对立案工作具有指导意义。11月20日，最高人民法院研究室室务会讨论了该案例，同意将此案例作为备选指导案例报院领导审核后提请审委会讨论。2014年1月21日，最高人民法院审判委员会经讨论一致同意将该案例确定为指导案例。1月26日，最高人民法院以法〔2014〕18号文件将该案例作为第六批指导案例予以公开发布。

本指导案例旨在明确，对保险代位求偿这类案件应按被保险人与第三者之间法律关系的性质确定案件的管辖。当前，在这类案件诉讼过程中存在模糊认识，有的认为，对这类案件应当根据保险合同法律关系的性质确定管辖法院。该指导案例统一了案件管辖标准，对于澄清模糊认识，及时受理保险代位求偿权纠纷，保护保险活动当事人合法权益，具有指导意义。

二、裁判要点的理解与说明

指导案例25号裁判要点确认：因第三者对保险标的的损害而造成保险事故，保险人向被保险人赔偿保险金后，代位行使被保险人对第三者请求赔偿的权利而提起诉讼的，应当根据保险人所代位的被保险人与第三者之间的法律关系，而不应当根据保险合同法律关系确定管辖法院。第三者侵害被保险人合法权益的，由侵权行为地或者被告住所地法院管辖。该裁判要点针对法律和司法解释没有明确规定的保险代位求偿案件管辖问题，依据保险法（2009年修订，下同）第六十条第一款、民事诉讼法（2012年修正，下同）第二十八条的规定，明确了保险代位求偿案件的管辖。下面结合有关法律规定，围绕裁判要点中保险代位求偿案件的管辖问题予以论证和说明。

保险人依据保险法第六十条的规定，代位行使被保险人对第三者请求赔偿的权利而提起诉讼的案件如何确定管辖法院，法律、司法解释均没有明确规定，审判实践中也存在不同认识。有的认为，应按保险合同纠纷案件来确定其管辖，由被告住所地或者保险标的物所在地的法院管辖；多数意见认为，应按保险人所代位求偿的请求权性质确定管辖法院。本指导案例裁判要点采纳了多数意见。

保险人代位求偿权又称保险代位权，是指财产保险的保险人依照法律规定所享有的，代位行使被保险人向造成保险标的损害负有赔偿责任的第三方请求赔偿的权利。保险人代位求偿权来源于法律的直接规定，属于法定权利，并非基于保险人与被保险人依合同约定而产生。保险法第六十条规定中的第三者，在保险事故发生前为不特定主体，保险人与第三者也没有签订保险合同。因此，保险人以保险合同之外的第三者为被告提起的代位求偿诉讼，不应以保险合同纠纷的管辖原则确定管辖法院，而应按所代位的请求权性质确定案件管辖。

本指导案例中，原告是已经赔偿保险金的保险人，被告是保险合同之外的第三者，即道路交通事故的肇事司机及其所投机动车交通事故责任强制险的保险公司。原告与被告之间原本无法律关系，只是因第三者对保险车辆的损害而造成保险事故，保险人向被保险人赔偿保险金后，在赔偿金额范围内代位行使被保险人对第三者请求赔偿的权利，而保险人所代位的被保险人与第三者之间的法律关系不是保险合同关系而是侵权关系。因此，应按民事诉讼法第二十八条规定的侵权行为管辖原则，确定案件的管辖，而不应当根据保险合同法律关系以保险标的物所在地确定管辖。二被告的住所地和侵权行为地均不在受诉法院辖区，故受诉法院没有管辖权并作出不予受理裁定。

三、其他需要说明的问题

（一）保险代位求偿权的成立要件

根据保险法第六十条第一款的规定，保险代位求偿权的成立应当具备两个要件：一是第三者对保险事故的发生负有民事赔偿责任。第三者对保险标的的损害赔偿责任包括违约责任和侵权责任。二是保险人已赔付保险金。保险代位求偿权实际上是法定的债务转移，保险人只有在依据保险合同向被保险人赔付保险金后，才能成为新的债权人，才能行使对第三者的代位求偿权。另外，需要注意的是，2013年5月6日最高人民法院审判委员会通过的《最高人民法院关于适用〈中华人民共和国保险法〉若干问题的解释（二）》（法释〔2013〕14号，以下简称《保险法解释二》）第十六条第二款规定："根据保险法第六十条第一款的规定，保险人代位求偿权的诉讼时效期间应自其取得代位求偿权之日起算。"

（二）以谁的名义行使保险代位求偿权

对于保险代位求偿权是以保险人的名义，还是以被保险人的名义行使，我国保险法没有明确规定。在理论上，主要有以下三种观点：第一种观点认为，保险人应当以自己的名义行使代位求偿权。保险人的代位求偿权是一种法定的权利，保险人可以自己的名义来行使。我国台湾地区学者多持这一见解。第二种观点认为，保险人应当以被保险人的名义行使代位求偿权。这是英国法上的规定。因为被保险人了解案情，掌握案件证据材料，有利于保险代位求偿权的实现。第三种观点认为，保险人根据具体情况，可以选择以自己名义或者被保险人的名义行使代位求偿权。美国一般采取这种方式，并且在保险实务中将保险代位求偿权分为法定代位求偿权和约定代位求偿权。[①]

我们认为，第一种观点是妥当可行的。根据我国保险法第六十条的规定，保险代

[①] 参见周金升：《论保险代位求偿权的行使及对被保险人与保险人的要求》，载《江西金融职工大学学报》2008年第1期。

位求偿权是一种法定的权利,保险人与第三者之间形成的是一种新的法律关系,保险人有权直接以自己的名义向负有责任的第三人请求赔偿。这样也有利于简化诉讼关系和保险人利益的实现。正是基于这些考虑,《保险法解释二》第十六条第一款规定:"保险人应以自己的名义行使保险代位求偿权。"本指导案例中,原告保险人华某财产保险有限公司北京分公司即以自己名义直接起诉负有赔偿责任的第三者。

(三)裁判要点表述的说明

审判实践中,保险法第六十条规定的第三者造成保险标的损害的情形,除了因为侵权造成保险事故外,还有第三者因合同违约等而造成保险标的损害的情形。例如,中某保险有限公司深圳分公司诉山东省枣庄明某配载有限责任公司、河南省周口芙某大件物流有限公司、张某保险代位求偿权纠纷案中,山东省枣庄市中级人民法院经审理认为,保险代位求偿权的基础并不限于因侵权行为而产生的损害赔偿请求权,也应该包括因合同关系、第三者的其他行为等而产生的损害赔偿请求权。原告有权取代被保险人向明某配载公司主张运输合同违约赔偿请求权,向芙某大件物流公司和张某主张侵权损害赔偿请求权。① 理论界也有观点认为,被保险人对第三者享有不当得利返还请求权、所有物返还请求权、占有物返还请求权等情况下,均得适用保险代位制度。因此,本指导案例裁判要点中将相应内容表述为"应当根据保险人所代位的被保险人与第三者之间的法律关系"确定管辖,而没有仅限于侵权的情形。

(撰稿人:吴光侠)

指导案例 74 号

某财产保险股份有限公司江苏分公司诉江苏镇江安某集团有限公司保险人代位求偿权纠纷案

(最高人民法院审判委员会讨论通过 2016年12月28日发布)

关键词

民事 保险代位求偿权 财产保险合同 第三者对保险标的的损害 违约行为

裁判要点

因第三者的违约行为给被保险人的保险标的造成损害的,可以认定为属于保险法第六十条第一款规定的"第三者对保险标的的损害"的情形。保险人由此依法向第三者行使代位求偿权的,人民法院应予支持。

相关法条

《中华人民共和国保险法》第六十条第一款

基本案情

2008年10月28日,被保险人华某联合制罐有限公司(以下简称华某制罐公司)、

---

① 参见徐枫、杨丽娜:《保险代位求偿权的基础不限于侵权产生的赔偿请求权》,载《人民司法·案例》2014年第4期。

华某联合制罐第二有限公司(以下简称华某制罐第二公司)与被告江苏镇江某集团有限公司(以下简称镇江安某公司)签订《建设工程施工合同》,约定由镇江安某公司负责被保险人整厂机器设备迁建安装等工作。《建设工程施工合同》第二部分"通用条款"第38条约定:"承包人按专用条款的约定分包所承包的部分工程,并与分包单位签订分包合同,未经发包人同意,承包人不得将承包工程的任何部分分包";"工程分包不能解除承包人任何责任与义务。承包人应在分包场地派驻相应管理人员,保证本合同的履行。分包单位的任何违约行为或疏忽导致工程损害或给发包人造成其他损失,承包人承担连带责任"。《建设工程施工合同》第三部分"专用条款"第14条第1项约定"承包人不得将本工程进行分包施工"。"通用条款"第40条约定:"工程开工前,发包人为建设工程和施工场地内的自有人员及第三人人员生命财产办理保险,支付保险费用";"运至施工场地内用于工程的材料和待安装设备,由发包人办理保险,并支付保险费用";"发包人可以将有关保险事项委托承包人办理,费用由发包人承担";"承包人必须为从事危险作业的职工办理意外伤害保险,并为施工场地内自有人员生命财产和施工机械设备办理保险,支付保险费用"。

2008年11月16日,镇江安某公司与镇江亚某大件起重有限公司(以下简称亚某运输公司)公司签订《工程分包合同》,将前述合同中的设备吊装、运输分包给亚某运输公司。2008年11月20日,就上述整厂迁建设备安装工程,华某制罐公司、华某制罐第二公司向某财产保险股份有限公司江苏分公司(以下简称某财险公司)投保了安装工程一切险。投保单中记载被保险人为华某制罐公司及华某制罐第二公司,并明确记载承包人镇江安某公司不是被保险人。投保单"物质损失投保项目和投保金额"栏载明"安装项目投保金额为177465335.56元"。附加险中,还投保有"内陆运输扩展条款A",约定每次事故财产损失赔偿限额为200万元。投保期限从2008年11月20日起至2009年7月31日止。投保单附有被安装机器设备的清单,其中包括:SEQUA彩印机2台,合计原值为29894340.88元。投保单所附保险条款中,对"内陆运输扩展条款A"作如下说明:经双方同意,鉴于被保险人已按约定交付了附加的保险费,保险公司负责赔偿被保险人的保险财产在中华人民共和国境内从供货地点到保险单中列明的工地,除水运和空运以外的内陆运输途中因自然灾害或意外事故引起的损失,但被保险财产在运输时必须有合格的包装及装载。

2008年12月19日10时30分许,亚某运输公司驾驶员姜某才驾驶苏L060××、苏L0××挂重型半挂车,从旧厂区承运彩印机至新厂区的途中,在转弯时车上钢丝绳断裂,造成彩印机侧翻滑落地面损坏。某财险公司接险后,对受损标的确定了清单。经镇江市公安局交通巡逻警察支队现场查勘,认定姜某才负事故全部责任。后华某制罐公司、华某制罐第二公司、某财险公司、镇江安某公司及亚某运输公司共同委托泛某保险公估有限公司(以下简称泛某公估公司)对出险事故损失进行公估,并均同意认可泛某公估公司的最终理算结果。2010年3月9日,泛某公估公司出具了公估报告,结论:出险原因系设备运输途中翻落(意外事故);保单责任成立;定损金额总损1518431.32元、净损1498431.32元;理算金额1498431.32元。泛某公估公司收取了某财险公司支付的47900元公估费用。

2009年12月2日,华某制罐公司及华某制罐第二公司向镇江安某公司发出《索赔函》,称"该事故导致的全部损失应由贵司与亚某运输公司共同承担。我方已经向投保的某财险公司报险。一旦损失金额确定,投保公司核实并先行赔付后,对赔付限额内的权益,将由我方让渡给投保公司行使。对赔付不足部分,我方将另行向贵司与亚某运输公司主张"。

2010 年 5 月 12 日,华某制罐公司、华某制罐第二公司向某财险公司出具赔款收据及权益转让书,载明:已收到某财险公司赔付的 1498431.32 元。同意将上述赔款部分保险标的的一切权益转让给某财险公司,同意某财险公司以某财险公司的名义向责任方追偿。后某财险公司诉至法院,请求判令镇江安某公司支付赔偿款和公估费。

裁判结果

江苏省镇江市京口区人民法院于 2011 年 2 月 16 日作出(2010)京商初字第 1822 号民事判决:一、镇江安某公司于判决生效后十日内给付某财险公司 1498431.32 元;二、驳回某财险公司关于给付 47900 元公估费的诉讼请求。一审宣判后,镇江安某公司向江苏省镇江市中级人民法院提起上诉。江苏省镇江市中级人民法院于 2011 年 4 月 12 日作出(2011)镇商终字第 0133 号民事判决:一、撤销镇江市京口区人民法院(2010)京商初字第 1822 号民事判决;二、驳回某财险公司对镇江安某公司的诉讼请求。二审宣判后,某财险公司向江苏省高级人民法院申请再审。江苏省高级人民法院于 2014 年 5 月 30 日作出(2012)苏商再提字第 0035 号民事判决:一、撤销江苏省镇江市中级人民法院(2011)镇商终字第 0133 号民事判决;二、维持江苏省镇江市京口区人民法院(2010)京商初字第 1822 号民事判决。

裁判理由

法院生效裁判认为,本案的焦点问题是:1. 保险代位求偿权的适用范围是否限于侵权损害赔偿请求权;2. 镇江安某公司能否以华某制罐公司、华某制罐第二公司已购买相关财产损失险为由,拒绝保险人对其行使保险代位求偿权。

关于第一个争议焦点。保险法第六十条第一款规定:"因第三者对保险标的的损害而造成保险事故的,保险人自向被保险人赔偿保险金之日起,在赔偿金额范围内代位行使被保险人对第三者请求赔偿的权利。"该款使用的是"因第三者对保险标的的损害而造成保险事故"的表述,并未限制规定为"因第三者对保险标的的侵权损害而造成保险事故"。将保险代位求偿权的权利范围理解为限于侵权损害赔偿请求权,没有法律依据。从立法目的看,规定保险代位求偿权制度,在于避免财产保险的被保险人因保险事故的发生,分别从保险人及第三者获得赔偿,取得超出实际损失的不当利益,并因此增加道德风险。将保险法第六十条第一款中的"损害"理解为仅指"侵权损害",不符合保险代位求偿权制度设立的目的。故保险人行使代位求偿权,应以被保险人对第三者享有损害赔偿请求权为前提,这里的赔偿请求权既可因第三者对保险标的实施的侵权行为而产生,亦可基于第三者的违约行为等产生,不应仅限于侵权赔偿请求权。本案某财险公司是基于镇江安某公司的违约行为而非侵权行为行使代位求偿权,镇江安某公司对保险事故的发生是否有过错,对案件的处理并无影响。并且,《建设工程施工合同》约定"承包人不得将本工程进行分包施工"。因此,镇江安某公司关于其对保险事故的发生没有过错因而不应承担责任的答辩意见,不能成立。某财险公司向镇江安某公司主张权利,主体适格,并无不当。

关于第二个争议焦点。镇江安某公司提出,在发包人与其签订的《建设工程施工合同》"通用条款"第 40 条中约定,待安装设备由发包人办理保险,并支付保险费用。从该约定可以看出，就工厂搬迁及设备的拆解安装事项，发包人与镇江安某公司共同商定办理保险，虽然保险费用由发包人承担，但该约定在双方的合同条款中体现，即该费用系双方承担，或者说，镇江安某公司在总承包费用中已经就保险费用作出了让步。由发包人向某财险公司投保的业务，承包人也应当是被保险人。关于镇江安某公司的上述抗辩意见，保险法第十二条第二款、第六款分别规定："财产保险的被保险人在保险事故发生时，对保险标的应当具有保险利益"；"保险利益是指投保人或者被保险人对保险标的具有的法律上承认的利益"。据此，不同主体对于同一保险标的可以具有不同的保险利益，可就同一保险标的投保与其保险利益相对应的保险险种，成立不同的保险合同，并在各自的保险利益范围内获得保险保障，从而实现利用保险制度分散各自风险的目的。因发包人和承包人对保险标的具有不同的保险利益，只有分别投保与其保险利益相对应的财产保险类别，才能获得相应的保险保障，二者不能相互替代。

发包人华某制罐公司和华某制罐第二公司作为保险标的的所有权人，其投保的安装工程一切险是基于对保险标的享有的所有权保险利益而投保的险种，旨在分散保险标的的损坏或灭失风险，性质上属于财产损失保险；附加险中投保的"内陆运输扩展条款A"约定"保险公司负责赔偿被保险人的保险财产在中华人民共和国境内供货地点到保险单中列明的工地，除水运和空运以外的内陆运输途中因自然灾害或意外事故引起的损失"，该项附加险在性质上亦属财产损失保险。首先，镇江安某公司并非案涉保险标的所有权人，不享有所有权保险利益，其作为承包人对案涉保险标的享有责任保险利益，欲将施工过程中可能产生的损害赔偿责任转由保险人承担，应当投保相关责任保险，而不能借由发包人投保的财产损失保险免除自己应负的赔偿责任。其次，发包人不认可承包人的被保险人地位，案涉《安装工程一切险投保单》中记载的被保险人为华某制罐公司及华某制罐第二公司，并明确记载承包人镇江安某公司不是被保险人。因此，镇江安某公司关于"由发包人向某财险公司投保的业务，承包人也应当是被保险人"的答辩意见，不能成立。《建设工程施工合同》明确约定"运至施工场地内用于工程的材料和待安装设备，由发包人办理保险，并支付保险费用"及"工程分包不能解除承包人任何责任与义务，分包单位的任何违约行为或疏忽导致工程损害或给发包人造成其他损失，承包人承担连带责任"。由此可见，发包人从未作出在保险赔偿范围内免除承包人赔偿责任的意思表示，双方并未约定在保险赔偿范围内免除承包人的赔偿责任。最后，在保险事故发生后，被保险人积极向承包人索赔并向某财险公司出具了权益转让书。根据以上情况，镇江安某公司以其对保险标的也具有保险利益，且保险标的所有权人华某制罐公司和华某制罐第二公司已投保财产损失保险为由，主张免除其依建设工程施工合同应对两家制罐公司承担的违约损害赔偿责任，并进而拒绝某财险公司行使代位求偿权，没有法律依据，不予支持。

综上理由作出如上判决。

（生效裁判审判人员：刘振、曹霞、马倩）

【解读】

解读《某财产保险股份有限公司江苏分公司诉江苏镇江安某集团有限公司保险人代位求偿权纠纷案》

2016年12月28日,最高人民法院发布了指导案例74号《某财产保险股份有限公司江苏分公司诉江苏镇江某集团有限公司保险人代位求偿权纠纷案》。为了正确理解和准确参照适用该指导案例,现对该指导案例的推选经过、裁判要点等有关情况予以解释、论证和说明。

一、推选过程及指导意义

某财产保险股份有限公司江苏分公司(以下简称某财险公司)诉江苏镇江安某集团有限公司(以下简称镇江安某公司)保险人代位求偿权纠纷一案,江苏省镇江市京口区人民法院于2011年2月16日作出(2010)京商初字第1822号民事判决。一审宣判后,镇江安某公司向江苏省镇江市中级人民法院提起上诉。江苏省镇江市中级人民法院于2011年4月12日作出(2011)镇商终字第0133号民事判决,撤销江苏省镇江市京口区人民法院(2010)京商初字第1822号民事判决,驳回某财险公司对镇江安某公司的诉讼请求。二审宣判后,某财险公司向江苏省高级人民法院申请再审。江苏省高级人民法院于2014年5月30日作出(2012)苏商再提字第0035号民事判决,撤销江苏省镇江市中级人民法院(2011)镇商终字第0133号民事判决,维持镇江市京口区人民法院(2010)京商初字第1822号民事判决。2015年11月10日江苏省高级人民法院审判委员会经讨论决定,将本案例作为备选指导性案例向最高人民法院案例指导工作办公室推荐。最高人民法院案例指导工作办公室研究后,将案例送研究室民事处和民二庭征求了意见。2016年12月6日,该案例提交最高人民法院审判委员会讨论并获通过。2016年12月28日,最高人民法院以法〔2016〕449号文件将该案例作为第15批指导性案例予以发布。

该指导案例旨在明确因第三者的违约行为给被保险人的保险标的造成损害的,可以认定为属于保险法(2009年修订,下同)第六十条第一款规定的"第三者对保险标的的损害"的情形;保险人由此依法向第三者行使代位求偿权的,人民法院应予支持。因保险法对保险代位权制度规定得较为原则,关于保险代位求偿权的适用范围是否仅限于侵权损害赔偿等问题,存在较大争议。本案二审与再审判决所依据的事实基本相同,但判决结果完全相反,某种程度上正是保险代位权制度法律适用方面存在争议的反映。该指导性案例的发布,解决了司法实践中的认识分歧,统一了此类案件的裁判标准,有利于促进整个社会树立正确的保险意识,更好地发挥保险的价值功能,具有良好的法律效果和社会效果。

二、裁判要点的理解与说明

该指导性案例的裁判要点确认:因第三者的违约行为给被保险人的保险标的造成

损害的，可以认定为属于保险法第六十条第一款规定的"第三者对保险标的的损害"的情形；保险人由此依法向第三者行使代位求偿权的，人民法院应予支持。现围绕与该裁判要点相关的问题进行论证和说明如下。

本案中，原告某财险公司以被告镇江安某公司在运输过程中操作失误致使被保险人华某联合制罐有限公司、华某联合制罐第二有限公司的彩印机设备侧翻滑落地面造成严重损坏为由，某财险公司作为保险人在出险后已依据保险合同向被保险人支付了保险赔偿款，因而有权向镇江安某公司行使代位求偿权为由，请求判令镇江安某公司支付赔偿款。镇江安某公司认为，本案中，保险标的毁损系镇江亚某大件起重运输有限公司（以下简称亚某运输公司）所致，镇江安某公司对此无任何过错。依照保险法第六十条第一款的规定，某财险公司只能向造成保险事故的侵权行为人亚某运输公司行使保险代位求偿权，而不能向非侵权行为人镇江安某公司行使保险代位求偿权。

保险法第六十条第一款规定："因第三者对保险标的的损害而造成保险事故的，保险人自向被保险人赔偿保险金之日起，在赔偿金额范围内代位行使被保险人对第三者请求赔偿的权利。"由于该款使用了"损害"一词，司法实践中有观点认为，依据侵权法法理，"损害"是侵权责任必备的构成要件，因此，这里的"第三者对保险标的的损害"，专指第三者对保险标的以侵权方式造成的损害。据此，被保险人对第三者享有的请求权，专指因第三者侵权行为而引起的赔偿损失请求权。本案二审法院即持该种意见。

本案例裁判要点明确了因第三者的违约行为给被保险人的保险标的造成损害的，可以认定为属于保险法第六十条第一款规定的"第三者对保险标的的损害"的情形；保险人由此依法向第三者行使代位求偿权的，人民法院应予支持。也就是说，保险代位求偿权的适用范围不应仅限于因侵权而发生的损害赔偿请求权。

首先，从法条的文义分析，将保险代位求偿权的适用范围限于侵权损害赔偿，没有法律依据。保险法第六十条第一款使用的是"因第三者对保险标的的损害而造成保险事故"的表述，并未限制规定为"因第三者对保险标的的侵权损害而造成保险事故"。法条所规定的"损害"，应指因一定的行为或事件使民事主体遭受了损失，这种损失，不仅可以因侵权法律事实造成，也可以因违反合同的法律事实等造成，其既可以基于过错行为造成，也可以基于非过错行为造成，并不局限于因过错侵权行为造成。

其次，从保险代位求偿权制度设置目的的角度分析。一方面，如果将保险代位求偿权的适用范围仅限于侵权损害，则对于第三者因违约等对保险标的造成损害的情形，被保险人在获得保险赔偿金后，仍可向第三者即违约方等主张违约损害赔偿等，此时，被保险人获得的补偿数额将超出财产的实际损失，有违财产保险损失补偿的基本原则，容易引发被保险人故意制造保险事故等道德风险。另一方面，保险制度旨在保护被保险人，并非免除造成损失的第三者的责任，否则无异于变相鼓励该第三者借由他人的保险合同而逃避自己应负之法律责任；而且，第三者的责任如果因他人是否投保而有不同，也不符合法律适用的逻辑；再者，保险给付的实际数额是保险公司核定保费的主要因素，如果限制保险人行使代位权的范围，则将导致保险给付的实际数额增加，进而导致保险人提高保险费率，最终加重并无过错的全体保险消费者的负担。

最后，保险代位求偿权制度域外立法例的参考。从域外立法例来看，日本、德国等均未将代位求偿权的范围限定为基于第三者的侵权行为产生的损害赔偿请求权。例如，日本保险法第25条第1款规定："保险人于支付保险给付后，以下列金额中最小的金额为限，当然代位取得被保险人因保险事故造成的损害而取得的债权（填补因债务不履行等其他理由形成的相关债权的损害保险契约的情形下，包括该债权。以下本条中称之为'被保险人债权'）。一、该保险人支付的保险给付的金额；二、被保险人债权的金额（前项所列金额未满填补损害额时，从被保险人债权的金额中扣除该不足金额之剩余额）。"德国保险合同法第86条规定："（1）如果投保人对第三人享有损害赔偿请求权，则在保险人向投保人赔付保险金后，上述请求权应转移给保险人。但上述请求权之转移不得不利于投保人。（2）投保人应妥善保护其损害赔偿请求权或该权之担保权并为保险人行使上述权利提供必要之协助。如果投保人故意违反上述义务，则保险人于投保人可对第三人行使损害赔偿请求权之范围内免除赔偿义务。在投保人基于重大过失违反上述义务的情形下，保险人应根据投保人之过错程度减少保险金之赔偿数额；投保人应对其无重大过失承担举证责任。"因此，将保险代位求偿权制度中的"第三者对保险标的的损害"，理解为导致被保险人享有向第三者请求赔偿的法律事实，已为各国所普遍采纳，而至于该法律事实的产生是基于合同法律关系，还是侵权法律关系，则不应进行限定，只要被保险人对第三者享有赔偿请求权即可。

本案中，镇江安某公司违反其与两家制罐公司的《建设工程施工合同》造成设备损失，应当承担相应的违约损害赔偿责任。相对于投保人两家制罐公司以及保险人某财险公司而言，镇江安某公司系造成保险标损害的"第三者"，某财险公司在承担保险赔偿责任后，有权向镇江安某公司代位请求赔偿。虽然亚某运输公司作为实际的设备运输人也属于造成保险标的损害的"第三者"，但保险法第六十条第一款中并未对"第三者"的范围作出特别限定，某财险公司有权依据便利原则根据具体情况进行选择，确定其所主张应当承担赔偿责任的"第三者"。且镇江安某公司与两家制罐公司签订的合同中也有不得转包的约定，因此，某财险公司选择与投保人签订《建设工程施工合同》的镇江安某公司作为追偿的第三者，并无不当。镇江安某公司与亚某运输公司签订的部分工程转包合同，系另一法律关系，镇江安某公司在向某财险公司支付了相应赔偿款后，可依法向亚某运输公司主张权利。

三、其他相关问题的说明

本案还涉及另一个保险人代位求偿权行使中的疑难问题，即承包人能否以发包人已投保财产损失保险为由对抗保险人的代位求偿权。该问题背后触碰到的是保险利益这一深层问题，实质上需要回答对同一标的享有不同保险利益的主体投保的保险险种能否相互替代问题。有观点认为，发包人、承包人对案涉设备均具有保险利益，对于同一个标的，既然发包人已经投保了财产损失保险，承包人就没有必要再重复投保，因此，承包人可以拒绝保险人的代位求偿权。该观点未得到本案再审裁判的支持。

保险利益是保险合同法特有的制度，投保人或被保险人是否具有保险利益涉及保险合同的效力及保险人保险责任的承担，事关当事人的重大利益。保险法第十二条规定："财产保险的被保险人在保险事故发生时，对保险标的应当具有保险利益。保险利益是指投保人或者被保险人对保险标的具有的法律上承认的利益。"该条关于保险利益的界定较为原则，司法实践中容易引发争议。为此，《最高人民法院关于适用〈中华人民共和国保险法〉若干问题的解释（二）》（2013年公布）第一条规定："财产保险中，不同投保人就同一保险标的分别投保，保险事故发生后，被保险人在其保险利益范围内依据保险合同主张保险赔偿的,人民法院应予支持。"司法解释从鼓励保险创新和交易的角度,明确了财产保险中,财产的使用人、租赁人、承运人、承包人等虽然不是财产所有权人,但也可基于不同的保险需求,就同一保险标的分别向保险公司投保与其保险利益相对应的保险险种,成立不同的保险合同,并在各自的保险利益范围内获得保险保障,从而实现利用保险制度分散各自风险的目的。简言之,因不同主体对同一保险标的可以具有不同的保险利益,故可以就同一保险标的分别投保与其保险利益相对应的保险类别。

本案例再审裁判依据该司法解释体现的精神,进一步从反面指出,施工过程中造成发包人的设备毁损灭失,承包人以其对该设备也具有保险利益,且发包人已对该设备投保财产损失保险为由,主张驳回保险人对其行使代位求偿权的请求的,人民法院不予支持。因为,承包人虽对施工所涉发包人设备也具有保险利益,但该保险利益系责任保险利益,不同于发包人对其设备具有的所有权保险利益。保险利益不同,可以投保的保险类别亦不同,不能相互替代。承包人欲将施工过程中可能产生的损害赔偿责任转由保险人承担,应当投保相关责任保险,而不能借由发包人投保的财产损失保险免除自己应负的赔偿责任。镇江安某公司并非两家制罐公司与某财险公司财产损失保险合同的被保险人,其对案涉标的并不享有所有权保险利益,某财险公司有权依照保险法的相关规定向镇江安某公司主张代位赔偿请求权。

(撰稿人:刘振、李兵)

十四、涉港澳台民事关系的法律适用

最高人民法院
关于审理涉台民商事案件法律适用问题的规定

(2010年4月26日最高人民法院审判委员会第1486次会议通过 根据2020年12月23日最高人民法院审判委员会第1823次会议通过的《最高人民法院关于修改〈最高人民法院关于破产企业国有划拨土地使用权应否列入破产财产等问题的批复〉等二十九件商事类司法解释的决定》修正)

为正确审理涉台民商事案件,准确适用法律,维护当事人的合法权益,根据相关法律,制定本规定。

第一条 人民法院审理涉台民商事案件,应当适用法律和司法解释的有关规定。

根据法律和司法解释中选择适用法律的规则,确定适用台湾地区民事法律的,人民法院予以适用。

第二条 台湾地区当事人在人民法院参与民事诉讼,与大陆当事人有同等的诉讼权利和义务,其合法权益受法律平等保护。

第三条 根据本规定确定适用有关法律违反国家法律的基本原则或者社会公共利益的,不予适用。

第二部分　民事诉讼

一、综　合

中华人民共和国民事诉讼法

（1991年4月9日第七届全国人民代表大会第四次会议通过　根据2007年10月28日第十届全国人民代表大会常务委员会第三十次会议《关于修改〈中华人民共和国民事诉讼法〉的决定》第一次修正　根据2012年8月31日第十一届全国人民代表大会常务委员会第二十八次会议《关于修改〈中华人民共和国民事诉讼法〉的决定》第二次修正　根据2017年6月27日第十二届全国人民代表大会常务委员会第二十八次会议《关于修改〈中华人民共和国民事诉讼法〉和〈中华人民共和国行政诉讼法〉的决定》第三次修正　根据2021年12月24日第十三届全国人民代表大会常务委员会第三十二次会议《关于修改〈中华人民共和国民事诉讼法〉的决定》第四次修正　根据2023年9月1日第十四届全国人民代表大会常务委员会第五次会议《关于修改〈中华人民共和国民事诉讼法〉的决定》第五次修正）

目　录

第一编　总　则
　第一章　任务、适用范围和基本原则
　第二章　管　辖
　　第一节　级别管辖
　　第二节　地域管辖
　　第三节　移送管辖和指定管辖
　第三章　审判组织
　第四章　回　避
　第五章　诉讼参加人
　　第一节　当事人
　　第二节　诉讼代理人
　第六章　证　据
　第七章　期间、送达

第一节　期　间
　　第二节　送　达
第八章　调　解
第九章　保全和先予执行
第十章　对妨害民事诉讼的强制措施
第十一章　诉讼费用
第二编　审判程序
第十二章　第一审普通程序
　　第一节　起诉和受理
　　第二节　审理前的准备
　　第三节　开庭审理
　　第四节　诉讼中止和终结
　　第五节　判决和裁定
第十三章　简易程序
第十四章　第二审程序
第十五章　特别程序
　　第一节　一般规定
　　第二节　选民资格案件
　　第三节　宣告失踪、宣告死亡案件
　　第四节　指定遗产管理人案件
　　第五节　认定公民无民事行为能力、限制民事行为能力案件
　　第六节　认定财产无主案件
　　第七节　确认调解协议案件
　　第八节　实现担保物权案件
第十六章　审判监督程序
第十七章　督促程序
第十八章　公示催告程序
第三编　执行程序
第十九章　一般规定
第二十章　执行的申请和移送
第二十一章　执行措施
第二十二章　执行中止和终结
第四编　涉外民事诉讼程序的特别规定
第二十三章　一般原则
第二十四章　管　辖
第二十五章　送达、调查取证、期间
第二十六章　仲　裁
第二十七章　司法协助

第一编 总 则

第一章 任务、适用范围和基本原则

第一条 中华人民共和国民事诉讼法以宪法为根据，结合我国民事审判工作的经验和实际情况制定。

第二条 中华人民共和国民事诉讼法的任务，是保护当事人行使诉讼权利，保证人民法院查明事实，分清是非，正确适用法律，及时审理民事案件，确认民事权利义务关系，制裁民事违法行为，保护当事人的合法权益，教育公民自觉遵守法律，维护社会秩序、经济秩序，保障社会主义建设事业顺利进行。

第三条 人民法院受理公民之间、法人之间、其他组织之间以及他们相互之间因财产关系和人身关系提起的民事诉讼，适用本法的规定。

第四条 凡在中华人民共和国领域内进行民事诉讼，必须遵守本法。

第五条 外国人、无国籍人、外国企业和组织在人民法院起诉、应诉，同中华人民共和国公民、法人和其他组织有同等的诉讼权利义务。

外国法院对中华人民共和国公民、法人和其他组织的民事诉讼权利加以限制的，中华人民共和国人民法院对该国公民、企业和组织的民事诉讼权利，实行对等原则。

第六条 民事案件的审判权由人民法院行使。

人民法院依照法律规定对民事案件独立进行审判，不受行政机关、社会团体和个人的干涉。

第七条 人民法院审理民事案件，必须以事实为根据，以法律为准绳。

第八条 民事诉讼当事人有平等的诉讼权利。人民法院审理民事案件，应当保障和便利当事人行使诉讼权利，对当事人在适用法律上一律平等。

第九条 人民法院审理民事案件，应当根据自愿和合法的原则进行调解；调解不成的，应当及时判决。

第十条 人民法院审理民事案件，依照法律规定实行合议、回避、公开审判和两审终审制度。

第十一条 各民族公民都有用本民族语言、文字进行民事诉讼的权利。

在少数民族聚居或者多民族共同居住的地区，人民法院应当用当地民族通用的语言、文字进行审理和发布法律文书。

人民法院应当对不通晓当地民族通用的语言、文字的诉讼参与人提供翻译。

第十二条 人民法院审理民事案件时，当事人有权进行辩论。

第十三条 民事诉讼应当遵循诚信原则。

当事人有权在法律规定的范围内处分自己的民事权利和诉讼权利。

第十四条 人民检察院有权对民事诉讼实行法律监督。

第十五条 机关、社会团体、企业事业单位对损害国家、集体或者个人民事权益的行为，可以支持受损害的单位或者个人向人民法院起诉。

第十六条 经当事人同意，民事诉讼活动可以通过信息网络平台在线进行。

民事诉讼活动通过信息网络平台在线进行的，与线下诉讼活动具有同等法律效力。

第十七条 民族自治地方的人民代表大会根据宪法和本法的原则,结合当地民族的具体情况,可以制定变通或者补充的规定。自治区的规定,报全国人民代表大会常务委员会批准。自治州、自治县的规定,报省或者自治区的人民代表大会常务委员会批准,并报全国人民代表大会常务委员会备案。

第二章 管 辖

第一节 级别管辖

第十八条 基层人民法院管辖第一审民事案件,但本法另有规定的除外。

第十九条 中级人民法院管辖下列第一审民事案件:

(一) 重大涉外案件;

(二) 在本辖区有重大影响的案件;

(三) 最高人民法院确定由中级人民法院管辖的案件。

第二十条 高级人民法院管辖在本辖区有重大影响的第一审民事案件。

第二十一条 最高人民法院管辖下列第一审民事案件:

(一) 在全国有重大影响的案件;

(二) 认为应当由本院审理的案件。

第二节 地域管辖

第二十二条 对公民提起的民事诉讼,由被告住所地人民法院管辖;被告住所地与经常居住地不一致的,由经常居住地人民法院管辖。

对法人或者其他组织提起的民事诉讼,由被告住所地人民法院管辖。

同一诉讼的几个被告住所地、经常居住地在两个以上人民法院辖区的,各该人民法院都有管辖权。

第二十三条 下列民事诉讼,由原告住所地人民法院管辖;原告住所地与经常居住地不一致的,由原告经常居住地人民法院管辖:

(一) 对不在中华人民共和国领域内居住的人提起的有关身份关系的诉讼;

(二) 对下落不明或者宣告失踪的人提起的有关身份关系的诉讼;

(三) 对被采取强制性教育措施的人提起的诉讼;

(四) 对被监禁的人提起的诉讼。

第二十四条 因合同纠纷提起的诉讼,由被告住所地或者合同履行地人民法院管辖。

第二十五条 因保险合同纠纷提起的诉讼,由被告住所地或者保险标的物所在地人民法院管辖。

第二十六条 因票据纠纷提起的诉讼,由票据支付地或者被告住所地人民法院管辖。

第二十七条 因公司设立、确认股东资格、分配利润、解散等纠纷提起的诉讼,由公司住所地人民法院管辖。

第二十八条 因铁路、公路、水上、航空运输和联合运输合同纠纷提起的诉讼,由运输始发地、目的地或者被告住所地人民法院管辖。

第二十九条 因侵权行为提起的诉讼，由侵权行为地或者被告住所地人民法院管辖。

第三十条 因铁路、公路、水上和航空事故请求损害赔偿提起的诉讼，由事故发生地或者车辆、船舶最先到达地、航空器最先降落地或者被告住所地人民法院管辖。

第三十一条 因船舶碰撞或者其他海事损害事故请求损害赔偿提起的诉讼，由碰撞发生地、碰撞船舶最先到达地、加害船舶被扣留地或者被告住所地人民法院管辖。

第三十二条 因海难救助费用提起的诉讼，由救助地或者被救助船舶最先到达地人民法院管辖。

第三十三条 因共同海损提起的诉讼，由船舶最先到达地、共同海损理算地或者航程终止地的人民法院管辖。

第三十四条 下列案件，由本条规定的人民法院专属管辖：

（一）因不动产纠纷提起的诉讼，由不动产所在地人民法院管辖；

（二）因港口作业中发生纠纷提起的诉讼，由港口所在地人民法院管辖；

（三）因继承遗产纠纷提起的诉讼，由被继承人死亡时住所地或者主要遗产所在地人民法院管辖。

第三十五条 合同或者其他财产权益纠纷的当事人可以书面协议选择被告住所地、合同履行地、合同签订地、原告住所地、标的物所在地等与争议有实际联系的地点的人民法院管辖，但不得违反本法对级别管辖和专属管辖的规定。

第三十六条 两个以上人民法院都有管辖权的诉讼，原告可以向其中一个人民法院起诉；原告向两个以上有管辖权的人民法院起诉的，由最先立案的人民法院管辖。

第三节 移送管辖和指定管辖

第三十七条 人民法院发现受理的案件不属于本院管辖的，应当移送有管辖权的人民法院，受移送的人民法院应当受理。受移送的人民法院认为受移送的案件依照规定不属于本院管辖的，应当报请上级人民法院指定管辖，不得再自行移送。

第三十八条 有管辖权的人民法院由于特殊原因，不能行使管辖权的，由上级人民法院指定管辖。

人民法院之间因管辖权发生争议，由争议双方协商解决；协商解决不了的，报请它们的共同上级人民法院指定管辖。

第三十九条 上级人民法院有权审理下级人民法院管辖的第一审民事案件；确有必要将本院管辖的第一审民事案件交下级人民法院审理的，应当报请其上级人民法院批准。

下级人民法院对它所管辖的第一审民事案件，认为需要由上级人民法院审理的，可以报请上级人民法院审理。

第三章 审判组织

第四十条 人民法院审理第一审民事案件，由审判员、人民陪审员共同组成合议庭或者由审判员组成合议庭。合议庭的成员人数，必须是单数。

适用简易程序审理的民事案件，由审判员一人独任审理。基层人民法院审理的基本事实清楚、权利义务关系明确的第一审民事案件，可以由审判员一人适用普通程序独任审理。

人民陪审员在参加审判活动时，除法律另有规定外，与审判员有同等的权利义务。

第四十一条 人民法院审理第二审民事案件，由审判员组成合议庭。合议庭的成员人数，必须是单数。

中级人民法院对第一审适用简易程序审结或者不服裁定提起上诉的第二审民事案件，事实清楚、权利义务关系明确的，经双方当事人同意，可以由审判员一人独任审理。

发回重审的案件，原审人民法院应当按照第一审程序另行组成合议庭。

审理再审案件，原来是第一审的，按照第一审程序另行组成合议庭；原来是第二审的或者是上级人民法院提审的，按照第二审程序另行组成合议庭。

第四十二条 人民法院审理下列民事案件，不得由审判员一人独任审理：

（一）涉及国家利益、社会公共利益的案件；

（二）涉及群体性纠纷，可能影响社会稳定的案件；

（三）人民群众广泛关注或者其他社会影响较大的案件；

（四）属于新类型或者疑难复杂的案件；

（五）法律规定应当组成合议庭审理的案件；

（六）其他不宜由审判员一人独任审理的案件。

第四十三条 人民法院在审理过程中，发现案件不宜由审判员一人独任审理的，应当裁定转由合议庭审理。

当事人认为案件由审判员一人独任审理违反法律规定的，可以向人民法院提出异议。人民法院对当事人提出的异议应当审查，异议成立的，裁定转由合议庭审理；异议不成立的，裁定驳回。

第四十四条 合议庭的审判长由院长或者庭长指定审判员一人担任；院长或者庭长参加审判的，由院长或者庭长担任。

第四十五条 合议庭评议案件，实行少数服从多数的原则。评议应当制作笔录，由合议庭成员签名。评议中的不同意见，必须如实记入笔录。

第四十六条 审判人员应当依法秉公办案。

审判人员不得接受当事人及其诉讼代理人请客送礼。

审判人员有贪污受贿，徇私舞弊，枉法裁判行为的，应当追究法律责任；构成犯罪的，依法追究刑事责任。

第四章 回 避

第四十七条 审判人员有下列情形之一的，应当自行回避，当事人有权用口头或者书面方式申请他们回避：

（一）是本案当事人或者当事人、诉讼代理人近亲属的；

（二）与本案有利害关系的；

（三）与本案当事人、诉讼代理人有其他关系，可能影响对案件公正审理的。

审判人员接受当事人、诉讼代理人请客送礼，或者违反规定会见当事人、诉讼代理人的，当事人有权要求他们回避。

审判人员有前款规定的行为的，应当依法追究法律责任。

前三款规定,适用于法官助理、书记员、司法技术人员、翻译人员、鉴定人、勘验人。

第四十八条 当事人提出回避申请,应当说明理由,在案件开始审理时提出;回避事由在案件开始审理后知道的,也可以在法庭辩论终结前提出。

被申请回避的人员在人民法院作出是否回避的决定前,应当暂停参与本案的工作,但案件需要采取紧急措施的除外。

第四十九条 院长担任审判长或者独任审判员时的回避,由审判委员会决定;审判人员的回避,由院长决定;其他人员的回避,由审判长或者独任审判员决定。

第五十条 人民法院对当事人提出的回避申请,应当在申请提出的三日内,以口头或者书面形式作出决定。申请人对决定不服的,可以在接到决定时申请复议一次。复议期间,被申请回避的人员,不停止参与本案的工作。人民法院对复议申请,应当在三日内作出复议决定,并通知复议申请人。

第五章 诉讼参加人

第一节 当事人

第五十一条 公民、法人和其他组织可以作为民事诉讼的当事人。

法人由其法定代表人进行诉讼。其他组织由其主要负责人进行诉讼。

第五十二条 当事人有权委托代理人,提出回避申请,收集、提供证据,进行辩论,请求调解,提起上诉,申请执行。

当事人可以查阅本案有关材料,并可以复制本案有关材料和法律文书。查阅、复制本案有关材料的范围和办法由最高人民法院规定。

当事人必须依法行使诉讼权利,遵守诉讼秩序,履行发生法律效力的判决书、裁定书和调解书。

第五十三条 双方当事人可以自行和解。

第五十四条 原告可以放弃或者变更诉讼请求。被告可以承认或者反驳诉讼请求,有权提起反诉。

第五十五条 当事人一方或者双方为二人以上,其诉讼标的是共同的,或者诉讼标的是同一种类、人民法院认为可以合并审理并经当事人同意的,为共同诉讼。

共同诉讼的一方当事人对诉讼标的有共同权利义务的,其中一人的诉讼行为经其他共同诉讼人承认,对其他共同诉讼人发生效力;对诉讼标的没有共同权利义务的,其中一人的诉讼行为对其他共同诉讼人不发生效力。

第五十六条 当事人一方人数众多的共同诉讼,可以由当事人推选代表人进行诉讼。代表人的诉讼行为对其所代表的当事人发生效力,但代表人变更、放弃诉讼请求或者承认对方当事人的诉讼请求,进行和解,必须经被代表的当事人同意。

第五十七条 诉讼标的是同一种类、当事人一方人数众多在起诉时人数尚未确定的,人民法院可以发出公告,说明案件情况和诉讼请求,通知权利人在一定期间向人民法院登记。

向人民法院登记的权利人可以推选代表人进行诉讼;推选不出代表人的,人民法院可以与参加登记的权利人商定代表人。

代表人的诉讼行为对其所代表的当事人发生效力,但代表人变更、放弃诉讼请求或者承认对方当事人的诉讼请求,进行和解,必须经被代表的当事人同意。

人民法院作出的判决、裁定,对参加登记的全体权利人发生效力。未参加登记的权利人在诉讼时效期间提起诉讼的,适用该判决、裁定。

第五十八条 对污染环境、侵害众多消费者合法权益等损害社会公共利益的行为,法律规定的机关和有关组织可以向人民法院提起诉讼。

人民检察院在履行职责中发现破坏生态环境和资源保护、食品药品安全领域侵害众多消费者合法权益等损害社会公共利益的行为,在没有前款规定的机关和组织或者前款规定的机关和组织不提起诉讼的情况下,可以向人民法院提起诉讼。前款规定的机关或者组织提起诉讼的,人民检察院可以支持起诉。

第五十九条 对当事人双方的诉讼标的,第三人认为有独立请求权的,有权提起诉讼。

对当事人双方的诉讼标的,第三人虽然没有独立请求权,但案件处理结果同他有法律上的利害关系的,可以申请参加诉讼,或者由人民法院通知他参加诉讼。人民法院判决承担民事责任的第三人,有当事人的诉讼权利义务。

前两款规定的第三人,因不能归责于本人的事由未参加诉讼,但有证据证明发生法律效力的判决、裁定、调解书的部分或者全部内容错误,损害其民事权益的,可以自知道或者应当知道其民事权益受到损害之日起六个月内,向作出该判决、裁定、调解书的人民法院提起诉讼。人民法院经审理,诉讼请求成立的,应当改变或者撤销原判决、裁定、调解书;诉讼请求不成立的,驳回诉讼请求。

第二节 诉讼代理人

第六十条 无诉讼行为能力人由他的监护人作为法定代理人代为诉讼。法定代理人之间互相推诿代理责任的,由人民法院指定其中一人代为诉讼。

第六十一条 当事人、法定代理人可以委托一至二人作为诉讼代理人。

下列人员可以被委托为诉讼代理人:

(一)律师、基层法律服务工作者;

(二)当事人的近亲属或者工作人员;

(三)当事人所在社区、单位以及有关社会团体推荐的公民。

第六十二条 委托他人代为诉讼,必须向人民法院提交由委托人签名或者盖章的授权委托书。

授权委托书必须记明委托事项和权限。诉讼代理人代为承认、放弃、变更诉讼请求,进行和解,提起反诉或者上诉,必须有委托人的特别授权。

侨居在国外的中华人民共和国公民从国外寄交或者托交的授权委托书,必须经中华人民共和国驻该国的使领馆证明;没有使领馆的,由与中华人民共和国有外交关系的第三国驻该国的使领馆证明,再转由中华人民共和国驻该第三国使领馆证明,或者由当地的爱国华侨团体证明。

第六十三条 诉讼代理人的权限如果变更或者解除,当事人应当书面告知人民法院,并由人民法院通知对方当事人。

第六十四条 代理诉讼的律师和其他诉讼代理人有权调查收集证据,可以查阅本案有关材料。查阅本案有关材料的范围和办法由最高人民法院规定。

第六十五条 离婚案件有诉讼代理人的，本人除不能表达意思的以外，仍应出庭；确因特殊情况无法出庭的，必须向人民法院提交书面意见。

第六章 证 据

第六十六条 证据包括：

（一）当事人的陈述；

（二）书证；

（三）物证；

（四）视听资料；

（五）电子数据；

（六）证人证言；

（七）鉴定意见；

（八）勘验笔录。

证据必须查证属实，才能作为认定事实的根据。

第六十七条 当事人对自己提出的主张，有责任提供证据。

当事人及其诉讼代理人因客观原因不能自行收集的证据，或者人民法院认为审理案件需要的证据，人民法院应当调查收集。

人民法院应当按照法定程序，全面地、客观地审查核实证据。

第六十八条 当事人对自己提出的主张应当及时提供证据。

人民法院根据当事人的主张和案件审理情况，确定当事人应当提供的证据及其期限。当事人在该期限内提供证据确有困难的，可以向人民法院申请延长期限，人民法院根据当事人的申请适当延长。当事人逾期提供证据的，人民法院应当责令其说明理由；拒不说明理由或者理由不成立的，人民法院根据不同情形可以不予采纳该证据，或者采纳该证据但予以训诫、罚款。

第六十九条 人民法院收到当事人提交的证据材料，应当出具收据，写明证据名称、页数、份数、原件或者复印件以及收到时间等，并由经办人员签名或者盖章。

第七十条 人民法院有权向有关单位和个人调查取证，有关单位和个人不得拒绝。

人民法院对有关单位和个人提出的证明文书，应当辨别真伪，审查确定其效力。

第七十一条 证据应当在法庭上出示，并由当事人互相质证。对涉及国家秘密、商业秘密和个人隐私的证据应当保密，需要在法庭出示的，不得在公开开庭时出示。

第七十二条 经过法定程序公证证明的法律事实和文书，人民法院应当作为认定事实的根据，但有相反证据足以推翻公证证明的除外。

第七十三条 书证应当提交原件。物证应当提交原物。提交原件或者原物确有困难的，可以提交复制品、照片、副本、节录本。

提交外文书证，必须附有中文译本。

第七十四条 人民法院对视听资料，应当辨别真伪，并结合本案的其他证据，审查确定能否作为认定事实的根据。

第七十五条 凡是知道案件情况的单位和个人，都有义务出庭作证。有关单位的负责人应当支持证人作证。

不能正确表达意思的人,不能作证。

第七十六条 经人民法院通知,证人应当出庭作证。有下列情形之一的,经人民法院许可,可以通过书面证言、视听传输技术或者视听资料等方式作证:

(一)因健康原因不能出庭的;

(二)因路途遥远,交通不便不能出庭的;

(三)因自然灾害等不可抗力不能出庭的;

(四)其他有正当理由不能出庭的。

第七十七条 证人因履行出庭作证义务而支出的交通、住宿、就餐等必要费用以及误工损失,由败诉一方当事人负担。当事人申请证人作证的,由该当事人先行垫付;当事人没有申请,人民法院通知证人作证的,由人民法院先行垫付。

第七十八条 人民法院对当事人的陈述,应当结合本案的其他证据,审查确定能否作为认定事实的根据。

当事人拒绝陈述的,不影响人民法院根据证据认定案件事实。

第七十九条 当事人可以就查明事实的专门性问题向人民法院申请鉴定。当事人申请鉴定的,由双方当事人协商确定具备资格的鉴定人;协商不成的,由人民法院指定。

当事人未申请鉴定,人民法院对专门性问题认为需要鉴定的,应当委托具备资格的鉴定人进行鉴定。

第八十条 鉴定人有权了解进行鉴定所需要的案件材料,必要时可以询问当事人、证人。

鉴定人应当提出书面鉴定意见,在鉴定书上签名或者盖章。

第八十一条 当事人对鉴定意见有异议或者人民法院认为鉴定人有必要出庭的,鉴定人应当出庭作证。经人民法院通知,鉴定人拒不出庭作证的,鉴定意见不得作为认定事实的根据;支付鉴定费用的当事人可以要求返还鉴定费用。

第八十二条 当事人可以申请人民法院通知有专门知识的人出庭,就鉴定人作出的鉴定意见或者专业问题提出意见。

第八十三条 勘验物证或者现场,勘验人必须出示人民法院的证件,并邀请当地基层组织或者当事人所在单位派人参加。当事人或者当事人的成年家属应当到场,拒不到场的,不影响勘验的进行。

有关单位和个人根据人民法院的通知,有义务保护现场,协助勘验工作。

勘验人应当将勘验情况和结果制作笔录,由勘验人、当事人和被邀参加人签名或者盖章。

第八十四条 在证据可能灭失或者以后难以取得的情况下,当事人可以在诉讼过程中向人民法院申请保全证据,人民法院也可以主动采取保全措施。

因情况紧急,在证据可能灭失或者以后难以取得的情况下,利害关系人可以在提起诉讼或者申请仲裁前向证据所在地、被申请人住所地或者对案件有管辖权的人民法院申请保全证据。

证据保全的其他程序,参照适用本法第九章保全的有关规定。

第七章 期间、送达

第一节 期间

第八十五条 期间包括法定期间和人民法院指定的期间。

期间以时、日、月、年计算。期间开始的时和日，不计算在期间内。

期间届满的最后一日是法定休假日的，以法定休假日后的第一日为期间届满的日期。

期间不包括在途时间，诉讼文书在期满前交邮的，不算过期。

第八十六条 当事人因不可抗拒的事由或者其他正当理由耽误期限的，在障碍消除后的十日内，可以申请顺延期限，是否准许，由人民法院决定。

第二节 送达

第八十七条 送达诉讼文书必须有送达回证，由受送达人在送达回证上记明收到日期，签名或者盖章。

受送达人在送达回证上的签收日期为送达日期。

第八十八条 送达诉讼文书，应当直接送交受送达人。受送达人是公民的，本人不在交他的同住成年家属签收；受送达人是法人或者其他组织的，应当由法人的法定代表人、其他组织的主要负责人或者该法人、组织负责收件的人签收；受送达人有诉讼代理人的，可以送交其代理人签收；受送达人已向人民法院指定代收人的，送交代收人签收。

受送达人的同住成年家属，法人或者其他组织的负责收件的人，诉讼代理人或者代收人在送达回证上签收的日期为送达日期。

第八十九条 受送达人或者他的同住成年家属拒绝接收诉讼文书的，送达人可以邀请有关基层组织或者所在单位的代表到场，说明情况，在送达回证上记明拒收事由和日期，由送达人、见证人签名或者盖章，把诉讼文书留在受送达人的住所；也可以把诉讼文书留在受送达人的住所，并采用拍照、录像等方式记录送达过程，即视为送达。

第九十条 经受送达人同意，人民法院可以采用能够确认其收悉的电子方式送达诉讼文书。通过电子方式送达的判决书、裁定书、调解书，受送达人提出需要纸质文书的，人民法院应当提供。

采用前款方式送达的，以送达信息到达受送达人特定系统的日期为送达日期。

第九十一条 直接送达诉讼文书有困难的，可以委托其他人民法院代为送达，或者邮寄送达。邮寄送达的，以回执上注明的收件日期为送达日期。

第九十二条 受送达人是军人的，通过其所在部队团以上单位的政治机关转交。

第九十三条 受送达人被监禁的，通过其所在监所转交。

受送达人被采取强制性教育措施的，通过其所在强制性教育机构转交。

第九十四条 代为转交的机关、单位收到诉讼文书后，必须立即交受送达人签收，以在送达回证上的签收日期，为送达日期。

第九十五条 受送达人下落不明，或者用本节规定的其他方式无法送达的，公告送达。自发出公告之日起,经过三十日,即视为送达。

公告送达,应当在案卷中记明原因和经过。

第八章 调 解

第九十六条 人民法院审理民事案件,根据当事人自愿的原则,在事实清楚的基础上,分清是非,进行调解。

第九十七条 人民法院进行调解,可以由审判员一人主持,也可以由合议庭主持,并尽可能就地进行。

人民法院进行调解,可以用简便方式通知当事人、证人到庭。

第九十八条 人民法院进行调解,可以邀请有关单位和个人协助。被邀请的单位和个人,应当协助人民法院进行调解。

第九十九条 调解达成协议,必须双方自愿,不得强迫。调解协议的内容不得违反法律规定。

第一百条 调解达成协议,人民法院应当制作调解书。调解书应当写明诉讼请求、案件的事实和调解结果。

调解书由审判人员、书记员署名,加盖人民法院印章,送达双方当事人。

调解书经双方当事人签收后,即具有法律效力。

第一百零一条 下列案件调解达成协议,人民法院可以不制作调解书:

(一)调解和好的离婚案件;

(二)调解维持收养关系的案件;

(三)能够即时履行的案件;

(四)其他不需要制作调解书的案件。

对不需要制作调解书的协议,应当记入笔录,由双方当事人、审判人员、书记员签名或者盖章后,即具有法律效力。

第一百零二条 调解未达成协议或者调解书送达前一方反悔的,人民法院应当及时判决。

第九章 保全和先予执行

第一百零三条 人民法院对于可能因当事人一方的行为或者其他原因,使判决难以执行或者造成当事人其他损害的案件,根据对方当事人的申请,可以裁定对其财产进行保全、责令其作出一定行为或者禁止其作出一定行为;当事人没有提出申请的,人民法院在必要时也可以裁定采取保全措施。

人民法院采取保全措施,可以责令申请人提供担保,申请人不提供担保的,裁定驳回申请。

人民法院接受申请后,对情况紧急的,必须在四十八小时内作出裁定;裁定采取保全措施的,应当立即开始执行。

第一百零四条 利害关系人因情况紧急,不立即申请保全将会使其合法权益受到难以弥补的损害的,可以在提起诉讼或者申请仲裁前向被保全财产所在地、被申请人住所地或者对案件有管辖权的人民法院申请采取保全措施。申请人应当提供担保,不提供担保的,裁定驳回申请。

人民法院接受申请后，必须在四十八小时内作出裁定；裁定采取保全措施的，应当立即开始执行。

申请人在人民法院采取保全措施后三十日内不依法提起诉讼或者申请仲裁的，人民法院应当解除保全。

第一百零五条 保全限于请求的范围，或者与本案有关的财物。

第一百零六条 财产保全采取查封、扣押、冻结或者法律规定的其他方法。人民法院保全财产后，应当立即通知被保全财产的人。

财产已被查封、冻结的，不得重复查封、冻结。

第一百零七条 财产纠纷案件，被申请人提供担保的，人民法院应当裁定解除保全。

第一百零八条 申请有错误的，申请人应当赔偿被申请人因保全所遭受的损失。

第一百零九条 人民法院对下列案件，根据当事人的申请，可以裁定先予执行：

（一）追索赡养费、扶养费、抚养费、抚恤金、医疗费用的；

（二）追索劳动报酬的；

（三）因情况紧急需要先予执行的。

第一百一十条 人民法院裁定先予执行的，应当符合下列条件：

（一）当事人之间权利义务关系明确，不先予执行将严重影响申请人的生活或者生产经营的；

（二）被申请人有履行能力。

人民法院可以责令申请人提供担保，申请人不提供担保的，驳回申请。申请人败诉的，应当赔偿被申请人因先予执行遭受的财产损失。

第一百一十一条 当事人对保全或者先予执行的裁定不服的，可以申请复议一次。复议期间不停止裁定的执行。

第十章 对妨害民事诉讼的强制措施

第一百一十二条 人民法院对必须到庭的被告，经两次传票传唤，无正当理由拒不到庭的，可以拘传。

第一百一十三条 诉讼参与人和其他人应当遵守法庭规则。

人民法院对违反法庭规则的人，可以予以训诫，责令退出法庭或者予以罚款、拘留。

人民法院对哄闹、冲击法庭，侮辱、诽谤、威胁、殴打审判人员，严重扰乱法庭秩序的人，依法追究刑事责任；情节较轻的，予以罚款、拘留。

第一百一十四条 诉讼参与人或者其他人有下列行为之一的，人民法院可以根据情节轻重予以罚款、拘留；构成犯罪的，依法追究刑事责任：

（一）伪造、毁灭重要证据，妨碍人民法院审理案件的；

（二）以暴力、威胁、贿买方法阻止证人作证或者指使、贿买、胁迫他人作伪证的；

（三）隐藏、转移、变卖、毁损已被查封、扣押的财产，或者已被清点并责令其保管的财产，转移已被冻结的财产的；

（四）对司法工作人员、诉讼参加人、证人、翻译人员、鉴定人、勘验人、协助执行的人，进行侮辱、诽谤、诬陷、殴打或者打击报复的；

（五）以暴力、威胁或者其他方法阻碍司法工作人员执行职务的；

（六）拒不履行人民法院已经发生法律效力的判决、裁定的。

人民法院对有前款规定的行为之一的单位，可以对其主要负责人或者直接责任人员予以罚款、拘留；构成犯罪的，依法追究刑事责任。

第一百一十五条　当事人之间恶意串通，企图通过诉讼、调解等方式侵害国家利益、社会公共利益或者他人合法权益的，人民法院应当驳回其请求，并根据情节轻重予以罚款、拘留；构成犯罪的，依法追究刑事责任。

当事人单方捏造民事案件基本事实，向人民法院提起诉讼，企图侵害国家利益、社会公共利益或者他人合法权益的，适用前款规定。

第一百一十六条　被执行人与他人恶意串通，通过诉讼、仲裁、调解等方式逃避履行法律文书确定的义务的，人民法院应当根据情节轻重予以罚款、拘留；构成犯罪的，依法追究刑事责任。

第一百一十七条　有义务协助调查、执行的单位有下列行为之一的，人民法院除责令其履行协助义务外，并可以予以罚款：

（一）有关单位拒绝或者妨碍人民法院调查取证的；

（二）有关单位接到人民法院协助执行通知书后，拒不协助查询、扣押、冻结、划拨、变价财产的；

（三）有关单位接到人民法院协助执行通知书后，拒不协助扣留被执行人的收入、办理有关财产权证照转移手续、转交有关票证、证照或者其他财产的；

（四）其他拒绝协助执行的。

人民法院对有前款规定的行为之一的单位，可以对其主要负责人或者直接责任人员予以罚款；对仍不履行协助义务的，可以予以拘留；并可以向监察机关或者有关机关提出予以纪律处分的司法建议。

第一百一十八条　对个人的罚款金额，为人民币十万元以下。对单位的罚款金额，为人民币五万元以上一百万元以下。

拘留的期限，为十五日以下。

被拘留的人，由人民法院交公安机关看管。在拘留期间，被拘留人承认并改正错误的，人民法院可以决定提前解除拘留。

第一百一十九条　拘传、罚款、拘留必须经院长批准。

拘传应当发拘传票。

罚款、拘留应当用决定书。对决定不服的，可以向上一级人民法院申请复议一次。复议期间不停止执行。

第一百二十条　采取对妨害民事诉讼的强制措施必须由人民法院决定。任何单位和个人采取非法拘禁他人或者非法私自扣押他人财产追索债务的，应当依法追究刑事责任，或者予以拘留、罚款。

第十一章　诉讼费用

第一百二十一条　当事人进行民事诉讼，应当按照规定交纳案件受理费。财产案件除交纳案件受理费外，并按照规定交纳其他诉讼费用。

当事人交纳诉讼费用确有困难的,可以按照规定向人民法院申请缓交、减交或者免交。

收取诉讼费用的办法另行制定。

第二编 审判程序

第十二章 第一审普通程序

第一节 起诉和受理

第一百二十二条 起诉必须符合下列条件:

(一) 原告是与本案有直接利害关系的公民、法人和其他组织;

(二) 有明确的被告;

(三) 有具体的诉讼请求和事实、理由;

(四) 属于人民法院受理民事诉讼的范围和受诉人民法院管辖。

第一百二十三条 起诉应当向人民法院递交起诉状,并按照被告人数提出副本。

书写起诉状确有困难的,可以口头起诉,由人民法院记入笔录,并告知对方当事人。

第一百二十四条 起诉状应当记明下列事项:

(一) 原告的姓名、性别、年龄、民族、职业、工作单位、住所、联系方式,法人或者其他组织的名称、住所和法定代表人或者主要负责人的姓名、职务、联系方式;

(二) 被告的姓名、性别、工作单位、住所等信息,法人或者其他组织的名称、住所等信息;

(三) 诉讼请求和所根据的事实与理由;

(四) 证据和证据来源,证人姓名和住所。

第一百二十五条 当事人起诉到人民法院的民事纠纷,适宜调解的,先行调解,但当事人拒绝调解的除外。

第一百二十六条 人民法院应当保障当事人依照法律规定享有的起诉权利。对符合本法第一百二十二条的起诉,必须受理。符合起诉条件的,应当在七日内立案,并通知当事人;不符合起诉条件的,应当在七日内作出裁定书,不予受理;原告对裁定不服的,可以提起上诉。

第一百二十七条 人民法院对下列起诉,分别情形,予以处理:

(一) 依照行政诉讼法的规定,属于行政诉讼受案范围的,告知原告提起行政诉讼;

(二) 依照法律规定,双方当事人达成书面仲裁协议申请仲裁、不得向人民法院起诉的,告知原告向仲裁机构申请仲裁;

(三) 依照法律规定,应当由其他机关处理的争议,告知原告向有关机关申请解决;

(四) 对不属于本院管辖的案件,告知原告向有管辖权的人民法院起诉;

(五) 对判决、裁定、调解书已经发生法律效力的案件,当事人又起诉的,告知原

告申请再审,但人民法院准许撤诉的裁定除外;

(六)依照法律规定,在一定期限内不得起诉的案件,在不得起诉的期限内起诉的,不予受理;

(七)判决不准离婚和调解和好的离婚案件,判决、调解维持收养关系的案件,没有新情况、新理由,原告在六个月内又起诉的,不予受理。

第二节 审理前的准备

第一百二十八条 人民法院应当在立案之日起五日内将起诉状副本发送被告,被告应当在收到之日起十五日内提出答辩状。答辩状应当记明被告的姓名、性别、年龄、民族、职业、工作单位、住所、联系方式;法人或者其他组织的名称、住所和法定代表人或者主要负责人的姓名、职务、联系方式。人民法院应当在收到答辩状之日起五日内将答辩状副本发送原告。

被告不提出答辩状的,不影响人民法院审理。

第一百二十九条 人民法院对决定受理的案件,应当在受理案件通知书和应诉通知书中向当事人告知有关的诉讼权利义务,或者口头告知。

第一百三十条 人民法院受理案件后,当事人对管辖权有异议的,应当在提交答辩状期间提出。人民法院对当事人提出的异议,应当审查。异议成立的,裁定将案件移送有管辖权的人民法院;异议不成立的,裁定驳回。

当事人未提出管辖异议,并应诉答辩或者提出反诉的,视为受诉人民法院有管辖权,但违反级别管辖和专属管辖规定的除外。

第一百三十一条 审判人员确定后,应当在三日内告知当事人。

第一百三十二条 审判人员必须认真审核诉讼材料,调查收集必要的证据。

第一百三十三条 人民法院派出人员进行调查时,应当向被调查人出示证件。

调查笔录经被调查人校阅后,由被调查人、调查人签名或者盖章。

第一百三十四条 人民法院在必要时可以委托外地人民法院调查。

委托调查,必须提出明确的项目和要求。受委托人民法院可以主动补充调查。

受委托人民法院收到委托书后,应当在三十日内完成调查。因故不能完成的,应当在上述期限内函告委托人民法院。

第一百三十五条 必须共同进行诉讼的当事人没有参加诉讼的,人民法院应当通知其参加诉讼。

第一百三十六条 人民法院对受理的案件,分别情形,予以处理:

(一)当事人没有争议,符合督促程序规定条件的,可以转入督促程序;

(二)开庭前可以调解的,采取调解方式及时解决纠纷;

(三)根据案件情况,确定适用简易程序或者普通程序;

(四)需要开庭审理的,通过要求当事人交换证据等方式,明确争议焦点。

第三节 开庭审理

第一百三十七条 人民法院审理民事案件,除涉及国家秘密、个人隐私或者法律另有规定的以外,应当公开进行。

离婚案件,涉及商业秘密的案件,当事人申请不公开审理的,可以不公开审理。

第一百三十八条 人民法院审理民事案件,根据需要进行巡回审理,就地办案。

第一百三十九条 人民法院审理民事案件,应当在开庭三日前通知当事人和其他诉讼参与人。公开审理的,应当公告当事人姓名、案由和开庭的时间、地点。

第一百四十条 开庭审理前,书记员应当查明当事人和其他诉讼参与人是否到庭,宣布法庭纪律。

开庭审理时,由审判长或者独任审判员核对当事人,宣布案由,宣布审判人员、法官助理、书记员等的名单,告知当事人有关的诉讼权利义务,询问当事人是否提出回避申请。

第一百四十一条 法庭调查按照下列顺序进行:

(一)当事人陈述;

(二)告知证人的权利义务,证人作证,宣读未到庭的证人证言;

(三)出示书证、物证、视听资料和电子数据;

(四)宣读鉴定意见;

(五)宣读勘验笔录。

第一百四十二条 当事人在法庭上可以提出新的证据。

当事人经法庭许可,可以向证人、鉴定人、勘验人发问。

当事人要求重新进行调查、鉴定或者勘验的,是否准许,由人民法院决定。

第一百四十三条 原告增加诉讼请求,被告提出反诉,第三人提出与本案有关的诉讼请求,可以合并审理。

第一百四十四条 法庭辩论按照下列顺序进行:

(一)原告及其诉讼代理人发言;

(二)被告及其诉讼代理人答辩;

(三)第三人及其诉讼代理人发言或者答辩;

(四)互相辩论。

法庭辩论终结,由审判长或者独任审判员按照原告、被告、第三人的先后顺序征询各方最后意见。

第一百四十五条 法庭辩论终结,应当依法作出判决。判决前能够调解的,还可以进行调解,调解不成的,应当及时判决。

第一百四十六条 原告经传票传唤,无正当理由拒不到庭的,或者未经法庭许可中途退庭的,可以按撤诉处理;被告反诉的,可以缺席判决。

第一百四十七条 被告经传票传唤,无正当理由拒不到庭的,或者未经法庭许可中途退庭的,可以缺席判决。

第一百四十八条 宣判前,原告申请撤诉的,是否准许,由人民法院裁定。

人民法院裁定不准许撤诉的,原告经传票传唤,无正当理由拒不到庭的,可以缺席判决。

第一百四十九条 有下列情形之一的,可以延期开庭审理:

(一)必须到庭的当事人和其他诉讼参与人有正当理由没有到庭的;

(二)当事人临时提出回避申请的;

(三)需要通知新的证人到庭,调取新的证据,重新鉴定、勘验,或者需要补充调查的;

（四）其他应当延期的情形。

第一百五十条 书记员应当将法庭审理的全部活动记入笔录，由审判人员和书记员签名。

法庭笔录应当当庭宣读，也可以告知当事人和其他诉讼参与人当庭或者在五日内阅读。当事人和其他诉讼参与人认为对自己的陈述记录有遗漏或者差错的，有权申请补正。如果不予补正，应当将申请记录在案。

法庭笔录由当事人和其他诉讼参与人签名或者盖章。拒绝签名盖章的，记明情况附卷。

第一百五十一条 人民法院对公开审理或者不公开审理的案件，一律公开宣告判决。

当庭宣判的，应当在十日内发送判决书；定期宣判的，宣判后立即发给判决书。

宣告判决时，必须告知当事人上诉权利、上诉期限和上诉的法院。

宣告离婚判决，必须告知当事人在判决发生法律效力前不得另行结婚。

第一百五十二条 人民法院适用普通程序审理的案件，应当在立案之日起六个月内审结。有特殊情况需要延长的，经本院院长批准，可以延长六个月；还需要延长的，报请上级人民法院批准。

第四节 诉讼中止和终结

第一百五十三条 有下列情形之一的，中止诉讼：

（一）一方当事人死亡，需要等待继承人表明是否参加诉讼的；

（二）一方当事人丧失诉讼行为能力，尚未确定法定代理人的；

（三）作为一方当事人的法人或者其他组织终止，尚未确定权利义务承受人的；

（四）一方当事人因不可抗拒的事由，不能参加诉讼的；

（五）本案必须以另一案的审理结果为依据，而另一案尚未审结的；

（六）其他应当中止诉讼的情形。

中止诉讼的原因消除后，恢复诉讼。

第一百五十四条 有下列情形之一的，终结诉讼：

（一）原告死亡，没有继承人，或者继承人放弃诉讼权利的；

（二）被告死亡，没有遗产，也没有应当承担义务的人的；

（三）离婚案件一方当事人死亡的；

（四）追索赡养费、扶养费、抚养费以及解除收养关系案件的一方当事人死亡的。

第五节 判决和裁定

第一百五十五条 判决书应当写明判决结果和作出该判决的理由。判决书内容包括：

（一）案由、诉讼请求、争议的事实和理由；

（二）判决认定的事实和理由、适用的法律和理由；

（三）判决结果和诉讼费用的负担；

（四）上诉期间和上诉的法院。

判决书由审判人员、书记员署名，加盖人民法院印章。

第一百五十六条 人民法院审理案件，其中一部分事实已经清楚，可以就该部分先行判决。

第一百五十七条 裁定适用于下列范围：

（一）不予受理；

（二）对管辖权有异议的；

（三）驳回起诉；

（四）保全和先予执行；

（五）准许或者不准许撤诉；

（六）中止或者终结诉讼；

（七）补正判决书中的笔误；

（八）中止或者终结执行；

（九）撤销或者不予执行仲裁裁决；

（十）不予执行公证机关赋予强制执行效力的债权文书；

（十一）其他需要裁定解决的事项。

对前款第一项至第三项裁定，可以上诉。

裁定书应当写明裁定结果和作出该裁定的理由。裁定书由审判人员、书记员署名，加盖人民法院印章。口头裁定的，记入笔录。

第一百五十八条 最高人民法院的判决、裁定，以及依法不准上诉或者超过上诉期没有上诉的判决、裁定，是发生法律效力的判决、裁定。

第一百五十九条 公众可以查阅发生法律效力的判决书、裁定书，但涉及国家秘密、商业秘密和个人隐私的内容除外。

第十三章 简易程序

第一百六十条 基层人民法院和它派出的法庭审理事实清楚、权利义务关系明确、争议不大的简单的民事案件，适用本章规定。

基层人民法院和它派出的法庭审理前款规定以外的民事案件，当事人双方也可以约定适用简易程序。

第一百六十一条 对简单的民事案件，原告可以口头起诉。

当事人双方可以同时到基层人民法院或者它派出的法庭，请求解决纠纷。基层人民法院或者它派出的法庭可以当即审理，也可以另定日期审理。

第一百六十二条 基层人民法院和它派出的法庭审理简单的民事案件，可以用简便方式传唤当事人和证人、送达诉讼文书、审理案件，但应当保障当事人陈述意见的权利。

第一百六十三条 简单的民事案件由审判员一人独任审理，并不受本法第一百三十九条、第一百四十一条、第一百四十四条规定的限制。

第一百六十四条 人民法院适用简易程序审理案件，应当在立案之日起三个月内审结。有特殊情况需要延长的，经本院院长批准，可以延长一个月。

第一百六十五条 基层人民法院和它派出的法庭审理事实清楚、权利义务关系明确、争议不大的简单金钱给付民事案件，标的额为各省、自治区、直辖市上年度就业人员年平均工资百分之五十以下的，适用小额诉讼的程序审理，实行一审终审。

基层人民法院和它派出的法庭审理前款规定的民事案件，标的额超过各省、自治区、直辖市上年度就业人员年平均工资百分之五十但在二倍以下的，当事人双方也可以约定适用小额诉讼的程序。

第一百六十六条 人民法院审理下列民事案件，不适用小额诉讼的程序：

（一）人身关系、财产确权案件；

（二）涉外案件；

（三）需要评估、鉴定或者对诉前评估、鉴定结果有异议的案件；

（四）一方当事人下落不明的案件；

（五）当事人提出反诉的案件；

（六）其他不宜适用小额诉讼的程序审理的案件。

第一百六十七条 人民法院适用小额诉讼的程序审理案件，可以一次开庭审结并且当庭宣判。

第一百六十八条 人民法院适用小额诉讼的程序审理案件，应当在立案之日起两个月内审结。有特殊情况需要延长的，经本院院长批准，可以延长一个月。

第一百六十九条 人民法院在审理过程中，发现案件不宜适用小额诉讼的程序的，应当适用简易程序的其他规定审理或者裁定转为普通程序。

当事人认为案件适用小额诉讼的程序审理违反法律规定的，可以向人民法院提出异议。人民法院对当事人提出的异议应当审查，异议成立的，应当适用简易程序的其他规定审理或者裁定转为普通程序；异议不成立的，裁定驳回。

第一百七十条 人民法院在审理过程中，发现案件不宜适用简易程序的，裁定转为普通程序。

第十四章 第二审程序

第一百七十一条 当事人不服地方人民法院第一审判决的，有权在判决书送达之日起十五日内向上一级人民法院提起上诉。

当事人不服地方人民法院第一审裁定的，有权在裁定书送达之日起十日内向上一级人民法院提起上诉。

第一百七十二条 上诉应当递交上诉状。上诉状的内容，应当包括当事人的姓名，法人的名称及其法定代表人的姓名或者其他组织的名称及其主要负责人的姓名；原审人民法院名称、案件的编号和案由；上诉的请求和理由。

第一百七十三条 上诉状应当通过原审人民法院提出，并按照对方当事人或者代表人的人数提出副本。

当事人直接向第二审人民法院上诉的，第二审人民法院应当在五日内将上诉状移交原审人民法院。

第一百七十四条 原审人民法院收到上诉状，应当在五日内将上诉状副本送达对方当事人，对方当事人在收到之日起十五日内提出答辩状。人民法院应当在收到答辩状之日起五日内将副本送达上诉人。对方当事人不提出答辩状的，不影响人民法院审理。

原审人民法院收到上诉状、答辩状，应当在五日内连同全部案卷和证据，报送第二审人民法院。

第一百七十五条 第二审人民法院应当对上诉请求的有关事实和适用法律进行审查。

第一百七十六条 第二审人民法院对上诉案件应当开庭审理。经过阅卷、调查和询问当事人，对没有提出新的事实、证据或者理由，人民法院认为不需要开庭审理的，可以不开庭审理。

第二审人民法院审理上诉案件，可以在本院进行，也可以到案件发生地或者原审人民法院所在地进行。

第一百七十七条 第二审人民法院对上诉案件，经过审理，按照下列情形，分别处理：

（一）原判决、裁定认定事实清楚，适用法律正确的，以判决、裁定方式驳回上诉，维持原判决、裁定；

（二）原判决、裁定认定事实错误或者适用法律错误的，以判决、裁定方式依法改判、撤销或者变更；

（三）原判决认定基本事实不清的，裁定撤销原判决，发回原审人民法院重审，或者查清事实后改判；

（四）原判决遗漏当事人或者违法缺席判决等严重违反法定程序的，裁定撤销原判决，发回原审人民法院重审。

原审人民法院对发回重审的案件作出判决后，当事人提起上诉的，第二审人民法院不得再次发回重审。

第一百七十八条 第二审人民法院对不服第一审人民法院裁定的上诉案件的处理，一律使用裁定。

第一百七十九条 第二审人民法院审理上诉案件，可以进行调解。调解达成协议，应当制作调解书，由审判人员、书记员署名，加盖人民法院印章。调解书送达后，原审人民法院的判决即视为撤销。

第一百八十条 第二审人民法院判决宣告前，上诉人申请撤回上诉的，是否准许，由第二审人民法院裁定。

第一百八十一条 第二审人民法院审理上诉案件，除依照本章规定外，适用第一审普通程序。

第一百八十二条 第二审人民法院的判决、裁定，是终审的判决、裁定。

第一百八十三条 人民法院审理对判决的上诉案件，应当在第二审立案之日起三个月内审结。有特殊情况需要延长的，由本院院长批准。

人民法院审理对裁定的上诉案件，应当在第二审立案之日起三十日内作出终审裁定。

第十五章 特别程序

第一节 一般规定

第一百八十四条 人民法院审理选民资格案件、宣告失踪或者宣告死亡案件、指定遗产管理人案件、认定公民无民事行为能力或者限制民事行为能力案件、认定财产无主案件、确认调解协议案件和实现担保物权案件，适用本章规定。本章没有规定的，适用本法和其他法律的有关规定。

第一百八十五条 依照本章程序审理的案件,实行一审终审。选民资格案件或者重大、疑难的案件,由审判员组成合议庭审理;其他案件由审判员一人独任审理。

第一百八十六条 人民法院在依照本章程序审理案件的过程中,发现本案属于民事权益争议的,应当裁定终结特别程序,并告知利害关系人可以另行起诉。

第一百八十七条 人民法院适用特别程序审理的案件,应当在立案之日起三十日内或者公告期满后三十日内审结。有特殊情况需要延长的,由本院院长批准。但审理选民资格的案件除外。

第二节 选民资格案件

第一百八十八条 公民不服选举委员会对选民资格的申诉所作的处理决定,可以在选举日的五日以前向选区所在地基层人民法院起诉。

第一百八十九条 人民法院受理选民资格案件后,必须在选举日前审结。

审理时,起诉人、选举委员会的代表和有关公民必须参加。

人民法院的判决书,应当在选举日前送达选举委员会和起诉人,并通知有关公民。

第三节 宣告失踪、宣告死亡案件

第一百九十条 公民下落不明满二年,利害关系人申请宣告其失踪的,向下落不明人住所地基层人民法院提出。

申请书应当写明失踪的事实、时间和请求,并附有公安机关或者其他有关机关关于该公民下落不明的书面证明。

第一百九十一条 公民下落不明满四年,或者因意外事件下落不明满二年,或者因意外事件下落不明,经有关机关证明该公民不可能生存,利害关系人申请宣告其死亡的,向下落不明人住所地基层人民法院提出。

申请书应当写明下落不明的事实、时间和请求,并附有公安机关或者其他有关机关关于该公民下落不明的书面证明。

第一百九十二条 人民法院受理宣告失踪、宣告死亡案件后,应当发出寻找下落不明人的公告。宣告失踪的公告期间为三个月,宣告死亡的公告期间为一年。因意外事件下落不明,经有关机关证明该公民不可能生存的,宣告死亡的公告期间为三个月。

公告期间届满,人民法院应当根据被宣告失踪、宣告死亡的事实是否得到确认,作出宣告失踪、宣告死亡的判决或者驳回申请的判决。

第一百九十三条 被宣告失踪、宣告死亡的公民重新出现,经本人或者利害关系人申请,人民法院应当作出新判决,撤销原判决。

第四节 指定遗产管理人案件

第一百九十四条 对遗产管理人的确定有争议,利害关系人申请指定遗产管理人的,向被继承人死亡时住所地或者主要遗产所在地基层人民法院提出。

申请书应当写明被继承人死亡的时间、申请事由和具体请求,并附有被继承人死亡的相关证据。

第一百九十五条 人民法院受理申请后,应当审查核实,并按照有利于遗产管理的原则，判决指定遗产管理人。

第一百九十六条 被指定的遗产管理人死亡、终止、丧失民事行为能力或者存在其他无法继续履行遗产管理职责情形的，人民法院可以根据利害关系人或者本人的申请另行指定遗产管理人。

第一百九十七条 遗产管理人违反遗产管理职责，严重侵害继承人、受遗赠人或者债权人合法权益的，人民法院可以根据利害关系人的申请，撤销其遗产管理人资格，并依法指定新的遗产管理人。

第五节 认定公民无民事行为能力、限制民事行为能力案件

第一百九十八条 申请认定公民无民事行为能力或者限制民事行为能力，由利害关系人或者有关组织向该公民住所地基层人民法院提出。

申请书应当写明该公民无民事行为能力或者限制民事行为能力的事实和根据。

第一百九十九条 人民法院受理申请后，必要时应当对被请求认定为无民事行为能力或者限制民事行为能力的公民进行鉴定。申请人已提供鉴定意见的，应当对鉴定意见进行审查。

第二百条 人民法院审理认定公民无民事行为能力或者限制民事行为能力的案件，应当由该公民的近亲属为代理人，但申请人除外。近亲属互相推诿的，由人民法院指定其中一人为代理人。该公民健康情况许可的，还应当询问本人的意见。

人民法院经审理认定申请有事实根据的，判决该公民为无民事行为能力或者限制民事行为能力人；认定申请没有事实根据的，应当判决予以驳回。

第二百零一条 人民法院根据被认定为无民事行为能力人、限制民事行为能力人本人、利害关系人或者有关组织的申请，证实该公民无民事行为能力或者限制民事行为能力的原因已经消除的，应当作出新判决，撤销原判决。

第六节 认定财产无主案件

第二百零二条 申请认定财产无主，由公民、法人或者其他组织向财产所在地基层人民法院提出。

申请书应当写明财产的种类、数量以及要求认定财产无主的根据。

第二百零三条 人民法院受理申请后，经审查核实，应当发出财产认领公告。公告满一年无人认领的，判决认定财产无主，收归国家或者集体所有。

第二百零四条 判决认定财产无主后，原财产所有人或者继承人出现，在民法典规定的诉讼时效期间可以对财产提出请求，人民法院审查属实后，应当作出新判决，撤销原判决。

第七节 确认调解协议案件

第二百零五条 经依法设立的调解组织调解达成调解协议，申请司法确认的，由双方当事人自调解协议生效之日起三十日内，共同向下列人民法院提出：

（一）人民法院邀请调解组织开展先行调解的，向作出邀请的人民法院提出；

（二）调解组织自行开展调解的，向当事人住所地、标的物所在地、调解组织所在地的基层人民法院提出；调解协议所涉纠纷应当由中级人民法院管辖的，向相应的中

级人民法院提出。

第二百零六条 人民法院受理申请后，经审查，符合法律规定的，裁定调解协议有效，一方当事人拒绝履行或者未全部履行的，对方当事人可以向人民法院申请执行；不符合法律规定的，裁定驳回申请，当事人可以通过调解方式变更原调解协议或者达成新的调解协议，也可以向人民法院提起诉讼。

第八节　实现担保物权案件

第二百零七条 申请实现担保物权，由担保物权人以及其他有权请求实现担保物权的人依照民法典等法律，向担保财产所在地或者担保物权登记地基层人民法院提出。

第二百零八条 人民法院受理申请后，经审查，符合法律规定的，裁定拍卖、变卖担保财产，当事人依据该裁定可以向人民法院申请执行；不符合法律规定的，裁定驳回申请，当事人可以向人民法院提起诉讼。

第十六章　审判监督程序

第二百零九条 各级人民法院院长对本院已经发生法律效力的判决、裁定、调解书，发现确有错误，认为需要再审的，应当提交审判委员会讨论决定。

最高人民法院对地方各级人民法院已经发生法律效力的判决、裁定、调解书，上级人民法院对下级人民法院已经发生法律效力的判决、裁定、调解书，发现确有错误的，有权提审或者指令下级人民法院再审。

第二百一十条 当事人对已经发生法律效力的判决、裁定，认为有错误的，可以向上一级人民法院申请再审；当事人一方人数众多或者当事人双方为公民的案件，也可以向原审人民法院申请再审。当事人申请再审的，不停止判决、裁定的执行。

第二百一十一条 当事人的申请符合下列情形之一的，人民法院应当再审：

（一）有新的证据，足以推翻原判决、裁定的；

（二）原判决、裁定认定的基本事实缺乏证据证明的；

（三）原判决、裁定认定事实的主要证据是伪造的；

（四）原判决、裁定认定事实的主要证据未经质证的；

（五）对审理案件需要的主要证据，当事人因客观原因不能自行收集，书面申请人民法院调查收集，人民法院未调查收集的；

（六）原判决、裁定适用法律确有错误的；

（七）审判组织的组成不合法或者依法应当回避的审判人员没有回避的；

（八）无诉讼行为能力人未经法定代理人代为诉讼或者应当参加诉讼的当事人，因不能归责于本人或者其诉讼代理人的事由，未参加诉讼的；

（九）违反法律规定，剥夺当事人辩论权利的；

（十）未经传票传唤，缺席判决的；

（十一）原判决、裁定遗漏或者超出诉讼请求的；

（十二）据以作出原判决、裁定的法律文书被撤销或者变更的；

（十三）审判人员审理该案件时有贪污受贿，徇私舞弊，枉法裁判行为的。

第二百一十二条 当事人对已经发生法律效力的调解书，提出证据证明调解违反自愿原则或者调解协议的内容违反法律的，可以申请再审。经人民法院审查属实的，应当再审。

第二百一十三条 当事人对已经发生法律效力的解除婚姻关系的判决、调解书，不得申请再审。

第二百一十四条 当事人申请再审的，应当提交再审申请书等材料。人民法院应当自收到再审申请书之日起五日内将再审申请书副本发送对方当事人。对方当事人应当自收到再审申请书副本之日起十五日内提交书面意见；不提交书面意见的，不影响人民法院审查。人民法院可以要求申请人和对方当事人补充有关材料，询问有关事项。

第二百一十五条 人民法院应当自收到再审申请书之日起三个月内审查，符合本法规定的，裁定再审；不符合本法规定的，裁定驳回申请。有特殊情况需要延长的，由本院院长批准。

因当事人申请裁定再审的案件由中级人民法院以上的人民法院审理，但当事人依照本法第二百一十条的规定选择向基层人民法院申请再审的除外。最高人民法院、高级人民法院裁定再审的案件，由本院再审或者交其他人民法院再审，也可以交原审人民法院再审。

第二百一十六条 当事人申请再审，应当在判决、裁定发生法律效力后六个月内提出；有本法第二百一十一条第一项、第三项、第十二项、第十三项规定情形的，自知道或者应当知道之日起六个月内提出。

第二百一十七条 按照审判监督程序决定再审的案件，裁定中止原判决、裁定、调解书的执行，但追索赡养费、扶养费、抚养费、抚恤金、医疗费用、劳动报酬等案件，可以不中止执行。

第二百一十八条 人民法院按照审判监督程序再审的案件，发生法律效力的判决、裁定是由第一审法院作出的，按照第一审程序审理，所作的判决、裁定，当事人可以上诉；发生法律效力的判决、裁定是由第二审法院作出的，按照第二审程序审理，所作的判决、裁定，是发生法律效力的判决、裁定；上级人民法院按照审判监督程序提审的，按照第二审程序审理，所作的判决、裁定是发生法律效力的判决、裁定。

人民法院审理再审案件，应当另行组成合议庭。

第二百一十九条 最高人民检察院对各级人民法院已经发生法律效力的判决、裁定，上级人民检察院对下级人民法院已经发生法律效力的判决、裁定，发现有本法第二百一十一条规定情形之一的，或者发现调解书损害国家利益、社会公共利益的，应当提出抗诉。

地方各级人民检察院对同级人民法院已经发生法律效力的判决、裁定，发现有本法第二百一十一条规定情形之一的，或者发现调解书损害国家利益、社会公共利益的，可以向同级人民法院提出检察建议，并报上级人民检察院备案；也可以提请上级人民检察院向同级人民法院提出抗诉。

各级人民检察院对审判监督程序以外的其他审判程序中审判人员的违法行为，有权向同级人民法院提出检察建议。

第二百二十条 有下列情形之一的，当事人可以向人民检察院申请检察建议或者抗诉：

（一）人民法院驳回再审申请的；

（二）人民法院逾期未对再审申请作出裁定的；

（三）再审判决、裁定有明显错误的。

人民检察院对当事人的申请应当在三个月内进行审查，作出提出或者不予提出检察建议或者抗诉的决定。当事人不得再次向人民检察院申请检察建议或者抗诉。

第二百二十一条 人民检察院因履行法律监督职责提出检察建议或者抗诉的需要，可以向当事人或者案外人调查核实有关情况。

第二百二十二条 人民检察院提出抗诉的案件，接受抗诉的人民法院应当自收到抗诉书之日起三十日内作出再审的裁定；有本法第二百一十一条第一项至第五项规定情形之一的，可以交下一级人民法院再审，但经该下一级人民法院再审的除外。

第二百二十三条 人民检察院决定对人民法院的判决、裁定、调解书提出抗诉的，应当制作抗诉书。

第二百二十四条 人民检察院提出抗诉的案件，人民法院再审时，应当通知人民检察院派员出席法庭。

第十七章 督促程序

第二百二十五条 债权人请求债务人给付金钱、有价证券，符合下列条件的，可以向有管辖权的基层人民法院申请支付令：

（一）债权人与债务人没有其他债务纠纷的；

（二）支付令能够送达债务人的。

申请书应当写明请求给付金钱或者有价证券的数量和所根据的事实、证据。

第二百二十六条 债权人提出申请后，人民法院应当在五日内通知债权人是否受理。

第二百二十七条 人民法院受理申请后，经审查债权人提供的事实、证据，对债权债务关系明确、合法的，应当在受理之日起十五日内向债务人发出支付令；申请不成立的，裁定予以驳回。

债务人应当自收到支付令之日起十五日内清偿债务，或者向人民法院提出书面异议。

债务人在前款规定的期间不提出异议又不履行支付令的，债权人可以向人民法院申请执行。

第二百二十八条 人民法院收到债务人提出的书面异议后，经审查，异议成立的，应当裁定终结督促程序，支付令自行失效。

支付令失效的，转入诉讼程序，但申请支付令的一方当事人不同意提起诉讼的除外。

第十八章 公示催告程序

第二百二十九条 按照规定可以背书转让的票据持有人，因票据被盗、遗失或者灭失，可以向票据支付地的基层人民法院申请公示催告。依照法律规定可以申请公示催告的其他事项，适用本章规定。

申请人应当向人民法院递交申请书，写明票面金额、发票人、持票人、背书人等票据主要内容和申请的理由、事实。

第二百三十条 人民法院决定受理申请，应当同时通知支付人停止支付，并在三日内发出公告，催促利害关系人申报权利。公示催告的期间，由人民法院根据情况决定，但不得少于六十日。

第二百三十一条 支付人收到人民法院停止支付的通知，应当停止支付，至公示催告程序终结。

公示催告期间，转让票据权利的行为无效。

第二百三十二条 利害关系人应当在公示催告期间向人民法院申报。

人民法院收到利害关系人的申报后，应当裁定终结公示催告程序，并通知申请人和支付人。

申请人或者申报人可以向人民法院起诉。

第二百三十三条 没有人申报的，人民法院应当根据申请人的申请，作出判决，宣告票据无效。判决应当公告，并通知支付人。自判决公告之日起，申请人有权向支付人请求支付。

第二百三十四条 利害关系人因正当理由不能在判决前向人民法院申报的，自知道或者应当知道判决公告之日起一年内，可以向作出判决的人民法院起诉。

第三编 执行程序

第十九章 一般规定

第二百三十五条 发生法律效力的民事判决、裁定，以及刑事判决、裁定中的财产部分，由第一审人民法院或者与第一审人民法院同级的被执行的财产所在地人民法院执行。

法律规定由人民法院执行的其他法律文书，由被执行人住所地或者被执行的财产所在地人民法院执行。

第二百三十六条 当事人、利害关系人认为执行行为违反法律规定的，可以向负责执行的人民法院提出书面异议。当事人、利害关系人提出书面异议的，人民法院应当自收到书面异议之日起十五日内审查，理由成立的，裁定撤销或者改正；理由不成立的，裁定驳回。当事人、利害关系人对裁定不服的，可以自裁定送达之日起十日内向上一级人民法院申请复议。

第二百三十七条 人民法院自收到申请执行书之日起超过六个月未执行的，申请执行人可以向上一级人民法院申请执行。上一级人民法院经审查，可以责令原人民法院在一定期限内执行，也可以决定由本院执行或者指令其他人民法院执行。

第二百三十八条 执行过程中，案外人对执行标的提出书面异议的，人民法院应当自收到书面异议之日起十五日内审查，理由成立的，裁定中止对该标的的执行；理由不成立的，裁定驳回。案外人、当事人对裁定不服，认为原判决、裁定错误的，依照审判监督程序办理；与原判决、裁定无关的，可以自裁定送达之日起十五日内向人民法院提起诉讼。

第二百三十九条 执行工作由执行员进行。

采取强制执行措施时，执行员应当出示证件。执行完毕后，应当将执行情况制作笔录，由在场的有关人员签名或者盖章。

人民法院根据需要可以设立执行机构。

第二百四十条 被执行人或者被执行的财产在外地的,可以委托当地人民法院代为执行。受委托人民法院收到委托函件后,必须在十五日内开始执行,不得拒绝。执行完毕后,应当将执行结果及时函复委托人民法院;在三十日内如果还未执行完毕,也应当将执行情况函告委托人民法院。

受委托人民法院自收到委托函件之日起十五日内不执行的,委托人民法院可以请求受委托人民法院的上级人民法院指令受委托人民法院执行。

第二百四十一条 在执行中,双方当事人自行和解达成协议的,执行员应当将协议内容记入笔录,由双方当事人签名或者盖章。

申请执行人因受欺诈、胁迫与被执行人达成和解协议,或者当事人不履行和解协议的,人民法院可以根据当事人的申请,恢复对原生效法律文书的执行。

第二百四十二条 在执行中,被执行人向人民法院提供担保,并经申请执行人同意的,人民法院可以决定暂缓执行及暂缓执行的期限。被执行人逾期仍不履行的,人民法院有权执行被执行人的担保财产或者担保人的财产。

第二百四十三条 作为被执行人的公民死亡的,以其遗产偿还债务。作为被执行人的法人或者其他组织终止的,由其权利义务承受人履行义务。

第二百四十四条 执行完毕后,据以执行的判决、裁定和其他法律文书确有错误,被人民法院撤销的,对已被执行的财产,人民法院应当作出裁定,责令取得财产的人返还;拒不返还的,强制执行。

第二百四十五条 人民法院制作的调解书的执行,适用本编的规定。

第二百四十六条 人民检察院有权对民事执行活动实行法律监督。

第二十章 执行的申请和移送

第二百四十七条 发生法律效力的民事判决、裁定,当事人必须履行。一方拒绝履行的,对方当事人可以向人民法院申请执行,也可以由审判员移送执行员执行。

调解书和其他应当由人民法院执行的法律文书,当事人必须履行。一方拒绝履行的,对方当事人可以向人民法院申请执行。

第二百四十八条 对依法设立的仲裁机构的裁决,一方当事人不履行的,对方当事人可以向有管辖权的人民法院申请执行。受申请的人民法院应当执行。

被申请人提出证据证明仲裁裁决有下列情形之一的,经人民法院组成合议庭审查核实,裁定不予执行:

(一)当事人在合同中没有订有仲裁条款或者事后没有达成书面仲裁协议的;
(二)裁决的事项不属于仲裁协议的范围或者仲裁机构无权仲裁的;
(三)仲裁庭的组成或者仲裁的程序违反法定程序的;
(四)裁决所根据的证据是伪造的;
(五)对方当事人向仲裁机构隐瞒了足以影响公正裁决的证据的;
(六)仲裁员在仲裁该案时有贪污受贿,徇私舞弊,枉法裁决行为的。

人民法院认定执行该裁决违背社会公共利益的,裁定不予执行。

裁定书应当送达双方当事人和仲裁机构。

仲裁裁决被人民法院裁定不予执行的,当事人可以根据双方达成的书面仲裁协议重新申请仲裁,也可以向人民法院起诉。

第二百四十九条 对公证机关依法赋予强制执行效力的债权文书,一方当事人不履行的,对方当事人可以向有管辖权的人民法院申请执行,受申请的人民法院应当执行。

公证债权文书确有错误的,人民法院裁定不予执行,并将裁定书送达双方当事人和公证机关。

第二百五十条 申请执行的期间为二年。申请执行时效的中止、中断,适用法律有关诉讼时效中止、中断的规定。

前款规定的期间,从法律文书规定履行期间的最后一日起计算;法律文书规定分期履行的,从最后一期履行期限届满之日起计算;法律文书未规定履行期间的,从法律文书生效之日起计算。

第二百五十一条 执行员接到申请执行书或者移交执行书,应当向被执行人发出执行通知,并可以立即采取强制执行措施。

第二十一章 执行措施

第二百五十二条 被执行人未按执行通知履行法律文书确定的义务,应当报告当前以及收到执行通知之日前一年的财产情况。被执行人拒绝报告或者虚假报告的,人民法院可以根据情节轻重对被执行人或者其法定代理人、有关单位的主要负责人或者直接责任人员予以罚款、拘留。

第二百五十三条 被执行人未按执行通知履行法律文书确定的义务,人民法院有权向有关单位查询被执行人的存款、债券、股票、基金份额等财产情况。人民法院有权根据不同情形扣押、冻结、划拨、变价被执行人的财产。人民法院查询、扣押、冻结、划拨、变价的财产不得超出被执行人应当履行义务的范围。

人民法院决定扣押、冻结、划拨、变价财产,应当作出裁定,并发出协助执行通知书,有关单位必须办理。

第二百五十四条 被执行人未按执行通知履行法律文书确定的义务,人民法院有权扣留、提取被执行人应当履行义务部分的收入。但应当保留被执行人及其所扶养家属的生活必需费用。

人民法院扣留、提取收入时,应当作出裁定,并发出协助执行通知书,被执行人所在单位、银行、信用合作社和其他有储蓄业务的单位必须办理。

第二百五十五条 被执行人未按执行通知履行法律文书确定的义务,人民法院有权查封、扣押、冻结、拍卖、变卖被执行人应当履行义务部分的财产。但应当保留被执行人及其所扶养家属的生活必需品。

采取前款措施,人民法院应当作出裁定。

第二百五十六条 人民法院查封、扣押财产时,被执行人是公民的,应当通知被执行人或者他的成年家属到场;被执行人是法人或者其他组织的,应当通知其法定代表人或者主要负责人到场。拒不到场的,不影响执行。被执行人是公民的,其工作单位或者财产所在地的基层组织应当派人参加。

对被查封、扣押的财产,执行员必须造具清单,由在场人签名或者盖章后,交被执行人一份。被执行人是公民的,也可以交他的成年家属一份。

第二百五十七条 被查封的财产，执行员可以指定被执行人负责保管。因被执行人的过错造成的损失，由被执行人承担。

第二百五十八条 财产被查封、扣押后，执行员应当责令被执行人在指定期间履行法律文书确定的义务。被执行人逾期不履行的，人民法院应当拍卖被查封、扣押的财产；不适于拍卖或者当事人双方同意不进行拍卖的，人民法院可以委托有关单位变卖或者自行变卖。国家禁止自由买卖的物品，交有关单位按照国家规定的价格收购。

第二百五十九条 被执行人不履行法律文书确定的义务，并隐匿财产的，人民法院有权发出搜查令，对被执行人及其住所或者财产隐匿地进行搜查。

采取前款措施，由院长签发搜查令。

第二百六十条 法律文书指定交付的财物或者票证，由执行员传唤双方当事人当面交付，或者由执行员转交，并由被交付人签收。

有关单位持有该项财物或者票证的，应当根据人民法院的协助执行通知书转交，并由被交付人签收。

有关公民持有该项财物或者票证的，人民法院通知其交出。拒不交出的，强制执行。

第二百六十一条 强制迁出房屋或者强制退出土地，由院长签发公告，责令被执行人在指定期间履行。被执行人逾期不履行的，由执行员强制执行。

强制执行时，被执行人是公民的，应当通知被执行人或者他的成年家属到场；被执行人是法人或者其他组织的，应当通知其法定代表人或者主要负责人到场。拒不到场的，不影响执行。被执行人是公民的，其工作单位或者房屋、土地所在地的基层组织应当派人参加。执行员应当将强制执行情况记入笔录，由在场人签名或者盖章。

强制迁出房屋被搬出的财物，由人民法院派人运至指定处所，交给被执行人。被执行人是公民的，也可以交给他的成年家属。因拒绝接收而造成的损失，由被执行人承担。

第二百六十二条 在执行中，需要办理有关财产权证照转移手续的，人民法院可以向有关单位发出协助执行通知书，有关单位必须办理。

第二百六十三条 对判决、裁定和其他法律文书指定的行为，被执行人未按执行通知履行的，人民法院可以强制执行或者委托有关单位或者其他人完成，费用由被执行人承担。

第二百六十四条 被执行人未按判决、裁定和其他法律文书指定的期间履行给付金钱义务的，应当加倍支付迟延履行期间的债务利息。被执行人未按判决、裁定和其他法律文书指定的期间履行其他义务的，应当支付迟延履行金。

第二百六十五条 人民法院采取本法第二百五十三条、第二百五十四条、第二百五十五条规定的执行措施后，被执行人仍不能偿还债务的，应当继续履行义务。债权人发现被执行人有其他财产的，可以随时请求人民法院执行。

第二百六十六条 被执行人不履行法律文书确定的义务的，人民法院可以对其采取或者通知有关单位协助采取限制出境，在征信系统记录、通过媒体公布不履行义务信息以及法律规定的其他措施。

第二十二章　执行中止和终结

第二百六十七条　有下列情形之一的，人民法院应当裁定中止执行：
（一）申请人表示可以延期执行的；
（二）案外人对执行标的提出确有理由的异议的；
（三）作为一方当事人的公民死亡，需要等待继承人继承权利或者承担义务的；
（四）作为一方当事人的法人或者其他组织终止，尚未确定权利义务承受人的；
（五）人民法院认为应当中止执行的其他情形。
中止的情形消失后，恢复执行。

第二百六十八条　有下列情形之一的，人民法院裁定终结执行：
（一）申请人撤销申请的；
（二）据以执行的法律文书被撤销的；
（三）作为被执行人的公民死亡，无遗产可供执行，又无义务承担人的；
（四）追索赡养费、扶养费、抚养费案件的权利人死亡的；
（五）作为被执行人的公民因生活困难无力偿还借款，无收入来源，又丧失劳动能力的；
（六）人民法院认为应当终结执行的其他情形。

第二百六十九条　中止和终结执行的裁定，送达当事人后立即生效。

第四编　涉外民事诉讼程序的特别规定

第二十三章　一般原则

第二百七十条　在中华人民共和国领域内进行涉外民事诉讼，适用本编规定。本编没有规定的，适用本法其他有关规定。

第二百七十一条　中华人民共和国缔结或者参加的国际条约同本法有不同规定的，适用该国际条约的规定，但中华人民共和国声明保留的条款除外。

第二百七十二条　对享有外交特权与豁免的外国人、外国组织或者国际组织提起的民事诉讼，应当依照中华人民共和国有关法律和中华人民共和国缔结或者参加的国际条约的规定办理。

第二百七十三条　人民法院审理涉外民事案件，应当使用中华人民共和国通用的语言、文字。当事人要求提供翻译的，可以提供，费用由当事人承担。

第二百七十四条　外国人、无国籍人、外国企业和组织在人民法院起诉、应诉，需要委托律师代理诉讼的，必须委托中华人民共和国的律师。

第二百七十五条　在中华人民共和国领域内没有住所的外国人、无国籍人、外国企业和组织委托中华人民共和国律师或者其他人代理诉讼，从中华人民共和国领域外寄交或者托交的授权委托书，应当经所在国公证机关证明，并经中华人民共和国驻该国使领馆认证，或者履行中华人民共和国与该所在国订立的有关条约中规定的证明手续后，才具有效力。

第二十四章 管 辖

第二百七十六条 因涉外民事纠纷，对在中华人民共和国领域内没有住所的被告提起除身份关系以外的诉讼，如果合同签订地、合同履行地、诉讼标的物所在地、可供扣押财产所在地、侵权行为地、代表机构住所地位于中华人民共和国领域内的，可以由合同签订地、合同履行地、诉讼标的物所在地、可供扣押财产所在地、侵权行为地、代表机构住所地人民法院管辖。

除前款规定外，涉外民事纠纷与中华人民共和国存在其他适当联系的，可以由人民法院管辖。

第二百七十七条 涉外民事纠纷的当事人书面协议选择人民法院管辖的，可以由人民法院管辖。

第二百七十八条 当事人未提出管辖异议，并应诉答辩或者提出反诉的，视为人民法院有管辖权。

第二百七十九条 下列民事案件，由人民法院专属管辖：

（一）因在中华人民共和国领域内设立的法人或者其他组织的设立、解散、清算，以及该法人或者其他组织作出的决议的效力等纠纷提起的诉讼；

（二）因与在中华人民共和国领域内审查授予的知识产权的有效性有关的纠纷提起的诉讼；

（三）因在中华人民共和国领域内履行中外合资经营企业合同、中外合作经营企业合同、中外合作勘探开发自然资源合同发生纠纷提起的诉讼。

第二百八十条 当事人之间的同一纠纷，一方当事人向外国法院起诉，另一方当事人向人民法院起诉，或者一方当事人既向外国法院起诉，又向人民法院起诉，人民法院依照本法有管辖权的，可以受理。当事人订立排他性管辖协议选择外国法院管辖且不违反本法对专属管辖的规定，不涉及中华人民共和国主权、安全或者社会公共利益的，人民法院可以裁定不予受理；已经受理的，裁定驳回起诉。

第二百八十一条 人民法院依据前条规定受理案件后，当事人以外国法院已经先于人民法院受理为由，书面申请人民法院中止诉讼的，人民法院可以裁定中止诉讼，但是存在下列情形之一的除外：

（一）当事人协议选择人民法院管辖，或者纠纷属于人民法院专属管辖；

（二）由人民法院审理明显更为方便。

外国法院未采取必要措施审理案件，或者未在合理期限内审结的，依当事人的书面申请，人民法院应当恢复诉讼。

外国法院作出的发生法律效力的判决、裁定，已经被人民法院全部或者部分承认，当事人对已经获得承认的部分又向人民法院起诉的，裁定不予受理；已经受理的，裁定驳回起诉。

第二百八十二条 人民法院受理的涉外民事案件，被告提出管辖异议，且同时有下列情形的，可以裁定驳回起诉，告知原告向更为方便的外国法院提起诉讼：

（一）案件争议的基本事实不是发生在中华人民共和国领域内，人民法院审理案件和当事人参加诉讼均明显不方便；

（二）当事人之间不存在选择人民法院管辖的协议；

（三）案件不属于人民法院专属管辖；
（四）案件不涉及中华人民共和国主权、安全或者社会公共利益；
（五）外国法院审理案件更为方便。

裁定驳回起诉后，外国法院对纠纷拒绝行使管辖权，或者未采取必要措施审理案件，或者未在合理期限内审结，当事人又向人民法院起诉的，人民法院应当受理。

第二十五章　送达、调查取证、期间

第二百八十三条　人民法院对在中华人民共和国领域内没有住所的当事人送达诉讼文书，可以采用下列方式：

（一）依照受送达人所在国与中华人民共和国缔结或者共同参加的国际条约中规定的方式送达；

（二）通过外交途径送达；

（三）对具有中华人民共和国国籍的受送达人，可以委托中华人民共和国驻受送达人所在国的使领馆代为送达；

（四）向受送达人在本案中委托的诉讼代理人送达；

（五）向受送达人在中华人民共和国领域内设立的独资企业、代表机构、分支机构或者有权接受送达的业务代办人送达；

（六）受送达人为外国人、无国籍人，其在中华人民共和国领域内设立的法人或者其他组织担任法定代表人或者主要负责人，且与该法人或者其他组织为共同被告的，向该法人或者其他组织送达；

（七）受送达人为外国法人或者其他组织，其法定代表人或者主要负责人在中华人民共和国领域内的，向其法定代表人或者主要负责人送达；

（八）受送达人所在国的法律允许邮寄送达的，可以邮寄送达，自邮寄之日起满三个月，送达回证没有退回，但根据各种情况足以认定已经送达的，期间届满之日视为送达；

（九）采用能够确认受送达人收悉的电子方式送达，但是受送达人所在国法律禁止的除外；

（十）以受送达人同意的其他方式送达，但是受送达人所在国法律禁止的除外。

不能用上述方式送达的，公告送达，自发出公告之日起，经过六十日，即视为送达。

第二百八十四条　当事人申请人民法院调查收集的证据位于中华人民共和国领域外，人民法院可以依照证据所在国与中华人民共和国缔结或者共同参加的国际条约中规定的方式，或者通过外交途径调查收集。

在所在国法律不禁止的情况下，人民法院可以采用下列方式调查收集：

（一）对具有中华人民共和国国籍的当事人、证人，可以委托中华人民共和国驻当事人、证人所在国的使领馆代为取证；

（二）经双方当事人同意，通过即时通讯工具取证；

（三）以双方当事人同意的其他方式取证。

第二百八十五条　被告在中华人民共和国领域内没有住所的，人民法院应当将起诉状副本送达被告，并通知被告在收到起诉状副本后三十日内提出答辩状。被告申请延期的，是否准许，由人民法院决定。

第二百八十六条 在中华人民共和国领域内没有住所的当事人，不服第一审人民法院判决、裁定的，有权在判决书、裁定书送达之日起三十日内提起上诉。被上诉人在收到上诉状副本后，应当在三十日内提出答辩状。当事人不能在法定期间提起上诉或者提出答辩状，申请延期的，是否准许，由人民法院决定。

第二百八十七条 人民法院审理涉外民事案件的期间，不受本法第一百五十二条、第一百八十三条规定的限制。

第二十六章 仲 裁

第二百八十八条 涉外经济贸易、运输和海事中发生的纠纷，当事人在合同中订有仲裁条款或者事后达成书面仲裁协议，提交中华人民共和国涉外仲裁机构或者其他仲裁机构仲裁的，当事人不得向人民法院起诉。

当事人在合同中没有订有仲裁条款或者事后没有达成书面仲裁协议的，可以向人民法院起诉。

第二百八十九条 当事人申请采取保全的，中华人民共和国的涉外仲裁机构应当将当事人的申请，提交被申请人住所地或者财产所在地的中级人民法院裁定。

第二百九十条 经中华人民共和国涉外仲裁机构裁决的，当事人不得向人民法院起诉。一方当事人不履行仲裁裁决的，对方当事人可以向被申请人住所地或者财产所在地的中级人民法院申请执行。

第二百九十一条 对中华人民共和国涉外仲裁机构作出的裁决，被申请人提出证据证明仲裁裁决有下列情形之一的，经人民法院组成合议庭审查核实，裁定不予执行：

（一）当事人在合同中没有订有仲裁条款或者事后没有达成书面仲裁协议的；

（二）被申请人没有得到指定仲裁员或者进行仲裁程序的通知，或者由于其他不属于被申请人负责的原因未能陈述意见的；

（三）仲裁庭的组成或者仲裁的程序与仲裁规则不符的；

（四）裁决的事项不属于仲裁协议的范围或者仲裁机构无权仲裁的。

人民法院认定执行该裁决违背社会公共利益的，裁定不予执行。

第二百九十二条 仲裁裁决被人民法院裁定不予执行的，当事人可以根据双方达成的书面仲裁协议重新申请仲裁，也可以向人民法院起诉。

第二十七章 司法协助

第二百九十三条 根据中华人民共和国缔结或者参加的国际条约，或者按照互惠原则，人民法院和外国法院可以相互请求，代为送达文书、调查取证以及进行其他诉讼行为。

外国法院请求协助的事项有损于中华人民共和国的主权、安全或者社会公共利益的，人民法院不予执行。

第二百九十四条 请求和提供司法协助，应当依照中华人民共和国缔结或者参加的国际条约所规定的途径进行；没有条约关系的，通过外交途径进行。

外国驻中华人民共和国的使领馆可以向该国公民送达文书和调查取证，但不得违反中华人民共和国的法律，并不得采取强制措施。

除前款规定的情况外，未经中华人民共和国主管机关准许，任何外国机关或者个人不得在中华人民共和国领域内送达文书、调查取证。

第二百九十五条 外国法院请求人民法院提供司法协助的请求书及其所附文件，应当附有中文译本或者国际条约规定的其他文字文本。

人民法院请求外国法院提供司法协助的请求书及其所附文件，应当附有该国文字译本或者国际条约规定的其他文字文本。

第二百九十六条 人民法院提供司法协助，依照中华人民共和国法律规定的程序进行。外国法院请求采用特殊方式的，也可以按照其请求的特殊方式进行，但请求采用的特殊方式不得违反中华人民共和国法律。

第二百九十七条 人民法院作出的发生法律效力的判决、裁定，如果被执行人或者其财产不在中华人民共和国领域内，当事人请求执行的，可以由当事人直接向有管辖权的外国法院申请承认和执行，也可以由人民法院依照中华人民共和国缔结或者参加的国际条约的规定，或者按照互惠原则，请求外国法院承认和执行。

在中华人民共和国领域内依法作出的发生法律效力的仲裁裁决，当事人请求执行的，如果被执行人或者其财产不在中华人民共和国领域内，当事人可以直接向有管辖权的外国法院申请承认和执行。

第二百九十八条 外国法院作出的发生法律效力的判决、裁定，需要人民法院承认和执行的，可以由当事人直接向有管辖权的中级人民法院申请承认和执行，也可以由外国法院依照该国与中华人民共和国缔结或者参加的国际条约的规定，或者按照互惠原则，请求人民法院承认和执行。

第二百九十九条 人民法院对申请或者请求承认和执行的外国法院作出的发生法律效力的判决、裁定，依照中华人民共和国缔结或者参加的国际条约，或者按照互惠原则进行审查后，认为不违反中华人民共和国法律的基本原则且不损害国家主权、安全、社会公共利益的，裁定承认其效力；需要执行的，发出执行令，依照本法的有关规定执行。

第三百条 对申请或者请求承认和执行的外国法院作出的发生法律效力的判决、裁定，人民法院经审查，有下列情形之一的，裁定不予承认和执行：

（一）依据本法第三百零一条的规定，外国法院对案件无管辖权；

（二）被申请人未得到合法传唤或者虽经合法传唤但未获得合理的陈述、辩论机会，或者无诉讼行为能力的当事人未得到适当代理；

（三）判决、裁定是通过欺诈方式取得；

（四）人民法院已对同一纠纷作出判决、裁定，或者已经承认第三国法院对同一纠纷作出的判决、裁定；

（五）违反中华人民共和国法律的基本原则或者损害国家主权、安全、社会公共利益。

第三百零一条 有下列情形之一的，人民法院应当认定该外国法院对案件无管辖权：

（一）外国法院依照其法律对案件没有管辖权，或者虽然依照其法律有管辖权但与案件所涉纠纷无适当联系；

（二）违反本法对专属管辖的规定；

(三)违反当事人排他性选择法院管辖的协议。

第三百零二条 当事人向人民法院申请承认和执行外国法院作出的发生法律效力的判决、裁定,该判决、裁定涉及的纠纷与人民法院正在审理的纠纷属于同一纠纷的,人民法院可以裁定中止诉讼。

外国法院作出的发生法律效力的判决、裁定不符合本法规定的承认条件的,人民法院裁定不予承认和执行,并恢复已经中止的诉讼;符合本法规定的承认条件的,人民法院裁定承认其效力;需要执行的,发出执行令,依照本法的有关规定执行;对已经中止的诉讼,裁定驳回起诉。

第三百零三条 当事人对承认和执行或者不予承认和执行的裁定不服的,可以自裁定送达之日起十日内向上一级人民法院申请复议。

第三百零四条 在中华人民共和国领域外作出的发生法律效力的仲裁裁决,需要人民法院承认和执行的,当事人可以直接向被执行人住所地或者其财产所在地的中级人民法院申请。被执行人住所地或者其财产不在中华人民共和国领域内的,当事人可以向申请人住所地或者与裁决的纠纷有适当联系的地点的中级人民法院申请。人民法院应当依照中华人民共和国缔结或者参加的国际条约,或者按照互惠原则办理。

第三百零五条 涉及外国国家的民事诉讼,适用中华人民共和国有关外国国家豁免的法律规定;有关法律没有规定的,适用本法。

第三百零六条 本法自公布之日起施行,《中华人民共和国民事诉讼法(试行)》同时废止。

最高人民法院
关于适用《中华人民共和国民事诉讼法》的解释

(2014年12月18日最高人民法院审判委员会第1636次会议通过 根据2020年12月23日最高人民法院审判委员会第1823次会议通过的《最高人民法院关于修改〈最高人民法院关于人民法院民事调解工作若干问题的规定〉等十九件民事诉讼类司法解释的决定》第一次修正 根据2022年3月22日最高人民法院审判委员会第1866次会议通过的《最高人民法院关于修改〈最高人民法院关于适用《中华人民共和国民事诉讼法》的解释〉的决定》第二次修正)

目 录

一、管 辖

二、回 避

三、诉讼参加人

四、证 据

五、期间和送达
六、调　解
七、保全和先予执行
八、对妨害民事诉讼的强制措施
九、诉讼费用
十、第一审普通程序
十一、简易程序
十二、简易程序中的小额诉讼
十三、公益诉讼
十四、第三人撤销之诉
十五、执行异议之诉
十六、第二审程序
十七、特别程序
十八、审判监督程序
十九、督促程序
二十、公示催告程序
二十一、执行程序
二十二、涉外民事诉讼程序的特别规定
二十三、附　则

2012年8月31日，第十一届全国人民代表大会常务委员会第二十八次会议审议通过了《关于修改〈中华人民共和国民事诉讼法〉的决定》。根据修改后的民事诉讼法，结合人民法院民事审判和执行工作实际，制定本解释。

一、管辖

第一条　民事诉讼法第十九条第一项规定的重大涉外案件，包括争议标的额大的案件、案情复杂的案件，或者一方当事人人数众多等具有重大影响的案件。

第二条　专利纠纷案件由知识产权法院、最高人民法院确定的中级人民法院和基层人民法院管辖。

海事、海商案件由海事法院管辖。

第三条　公民的住所地是指公民的户籍所在地，法人或者其他组织的住所地是指法人或者其他组织的主要办事机构所在地。

法人或者其他组织的主要办事机构所在地不能确定的，法人或者其他组织的注册地或者登记地为住所地。

第四条　公民的经常居住地是指公民离开住所地至起诉时已连续居住一年以上的地方，但公民住院就医的地方除外。

第五条　对没有办事机构的个人合伙、合伙型联营体提起的诉讼，由被告注册登记地人民法院管辖。没有注册登记，几个被告又不在同一辖区的，被告住所地的人民法院都有管辖权。

第六条　被告被注销户籍的，依照民事诉讼法第二十三条规定确定管辖；原告、被告均被注销户籍的，由被告居住地人民法院管辖。

第七条 当事人的户籍迁出后尚未落户，有经常居住地的，由该地人民法院管辖；没有经常居住地的，由其原户籍所在地人民法院管辖。

第八条 双方当事人都被监禁或者被采取强制性教育措施的，由被告原住所地人民法院管辖。被告被监禁或者被采取强制性教育措施一年以上的，由被告被监禁地或者被采取强制性教育措施地人民法院管辖。

第九条 追索赡养费、扶养费、抚养费案件的几个被告住所地不在同一辖区的，可以由原告住所地人民法院管辖。

第十条 不服指定监护或者变更监护关系的案件，可以由被监护人住所地人民法院管辖。

第十一条 双方当事人均为军人或者军队单位的民事案件由军事法院管辖。

第十二条 夫妻一方离开住所地超过一年，另一方起诉离婚的案件，可以由原告住所地人民法院管辖。

夫妻双方离开住所地超过一年，一方起诉离婚的案件，由被告经常居住地人民法院管辖；没有经常居住地的，由原告起诉时被告居住地人民法院管辖。

第十三条 在国内结婚并定居国外的华侨，如定居国法院以离婚诉讼须由婚姻缔结地法院管辖为由不予受理，当事人向人民法院提出离婚诉讼的，由婚姻缔结地或者一方在国内的最后居住地人民法院管辖。

第十四条 在国外结婚并定居国外的华侨，如定居国法院以离婚诉讼须由国籍所属国法院管辖为由不予受理，当事人向人民法院提出离婚诉讼的，由一方原住所地或者在国内的最后居住地人民法院管辖。

第十五条 中国公民一方居住在国外，一方居住在国内，不论哪一方向人民法院提起离婚诉讼，国内一方住所地人民法院都有权管辖。国外一方在居住国法院起诉，国内一方向人民法院起诉的，受诉人民法院有权管辖。

第十六条 中国公民双方在国外但未定居，一方向人民法院起诉离婚的，应由原告或者被告原住所地人民法院管辖。

第十七条 已经离婚的中国公民，双方均定居国外，仅就国内财产分割提起诉讼的，由主要财产所在地人民法院管辖。

第十八条 合同约定履行地点的，以约定的履行地点为合同履行地。

合同对履行地点没有约定或者约定不明确，争议标的为给付货币的，接收货币一方所在地为合同履行地；交付不动产的，不动产所在地为合同履行地；其他标的，履行义务一方所在地为合同履行地。即时结清的合同，交易行为地为合同履行地。

合同没有实际履行，当事人双方住所地都不在合同约定的履行地的，由被告住所地人民法院管辖。

第十九条 财产租赁合同、融资租赁合同以租赁物使用地为合同履行地。合同对履行地有约定的，从其约定。

第二十条 以信息网络方式订立的买卖合同，通过信息网络交付标的的，以买受人住所地为合同履行地；通过其他方式交付标的的，收货地为合同履行地。合同对履行地有约定的，从其约定。

第二十一条 因财产保险合同纠纷提起的诉讼，如果保险标的物是运输工具或者运输中的货物，可以由运输工具登记注册地、运输目的地、保险事故发生地人民法院管辖。

因人身保险合同纠纷提起的诉讼,可以由被保险人住所地人民法院管辖。

第二十二条 因股东名册记载、请求变更公司登记、股东知情权、公司决议、公司合并、公司分立、公司减资、公司增资等纠纷提起的诉讼,依照民事诉讼法第二十七条规定确定管辖。

第二十三条 债权人申请支付令,适用民事诉讼法第二十二条规定,由债务人住所地基层人民法院管辖。

第二十四条 民事诉讼法第二十九条规定的侵权行为地,包括侵权行为实施地、侵权结果发生地。

第二十五条 信息网络侵权行为实施地包括实施被诉侵权行为的计算机等信息设备所在地,侵权结果发生地包括被侵权人住所地。

第二十六条 因产品、服务质量不合格造成他人财产、人身损害提起的诉讼,产品制造地、产品销售地、服务提供地、侵权行为地和被告住所地人民法院都有管辖权。

第二十七条 当事人申请诉前保全后没有在法定期间起诉或者申请仲裁,给被申请人、利害关系人造成损失引起的诉讼,由采取保全措施的人民法院管辖。

当事人申请诉前保全后在法定期间内起诉或者申请仲裁,被申请人、利害关系人因保全受到损失提起的诉讼,由受理起诉的人民法院或者采取保全措施的人民法院管辖。

第二十八条 民事诉讼法第三十四条第一项规定的不动产纠纷是指因不动产的权利确认、分割、相邻关系等引起的物权纠纷。

农村土地承包经营合同纠纷、房屋租赁合同纠纷、建设工程施工合同纠纷、政策性房屋买卖合同纠纷,按照不动产纠纷确定管辖。

不动产已登记的,以不动产登记簿记载的所在地为不动产所在地;不动产未登记的,以不动产实际所在地为不动产所在地。

第二十九条 民事诉讼法第三十五条规定的书面协议,包括书面合同中的协议管辖条款或者诉讼前以书面形式达成的选择管辖的协议。

第三十条 根据管辖协议,起诉时能够确定管辖法院的,从其约定;不能确定的,依照民事诉讼法的相关规定确定管辖。

管辖协议约定两个以上与争议有实际联系的地点的人民法院管辖,原告可以向其中一个人民法院起诉。

第三十一条 经营者使用格式条款与消费者订立管辖协议,未采取合理方式提请消费者注意,消费者主张管辖协议无效的,人民法院应予支持。

第三十二条 管辖协议约定由一方当事人住所地人民法院管辖,协议签订后当事人住所地变更的,由签订管辖协议时的住所地人民法院管辖,但当事人另有约定的除外。

第三十三条 合同转让的,合同的管辖协议对合同受让人有效,但转让时受让人不知道有管辖协议,或者转让协议另有约定且原合同相对人同意的除外。

第三十四条 当事人因同居或者在解除婚姻、收养关系后发生财产争议,约定管辖的,可以适用民事诉讼法第三十五条规定确定管辖。

第三十五条 当事人在答辩期间届满后未应诉答辩,人民法院在一审开庭前,发现案件不属于本院管辖的,应当裁定移送有管辖权的人民法院。

第三十六条 两个以上人民法院都有管辖权的诉讼,先立案的人民法院不得将案件移送给另一个有管辖权的人民法院。人民法院在立案前发现其他有管辖权的人民法院已先立案的,不得重复立案;立案后发现其他有管辖权的人民法院已先立案的,裁定将案件移送给先立案的人民法院。

第三十七条 案件受理后,受诉人民法院的管辖权不受当事人住所地、经常居住地变更的影响。

第三十八条 有管辖权的人民法院受理案件后,不得以行政区域变更为由,将案件移送给变更后有管辖权的人民法院。判决后的上诉案件和依审判监督程序提审的案件,由原审人民法院的上级人民法院进行审判;上级人民法院指令再审、发回重审的案件,由原审人民法院再审或者重审。

第三十九条 人民法院对管辖异议审查后确定有管辖权的,不因当事人提起反诉、增加或者变更诉讼请求等改变管辖,但违反级别管辖、专属管辖规定的除外。

人民法院发回重审或者按第一审程序再审的案件,当事人提出管辖异议的,人民法院不予审查。

第四十条 依照民事诉讼法第三十八条第二款规定,发生管辖权争议的两个人民法院因协商不成报请它们的共同上级人民法院指定管辖时,双方为同属一个地、市辖区的基层人民法院的,由该地、市的中级人民法院及时指定管辖;同属一个省、自治区、直辖市的两个人民法院的,由该省、自治区、直辖市的高级人民法院及时指定管辖;双方为跨省、自治区、直辖市的人民法院,高级人民法院协商不成的,由最高人民法院及时指定管辖。

依照前款规定报请上级人民法院指定管辖时,应当逐级进行。

第四十一条 人民法院依照民事诉讼法第三十八条第二款规定指定管辖的,应当作出裁定。

对报请上级人民法院指定管辖的案件,下级人民法院应当中止审理。指定管辖裁定作出前,下级人民法院对案件作出判决、裁定的,上级人民法院应当在裁定指定管辖的同时,一并撤销下级人民法院的判决、裁定。

第四十二条 下列第一审民事案件,人民法院依照民事诉讼法第三十九条第一款规定,可以在开庭前交下级人民法院审理:

(一)破产程序中有关债务人的诉讼案件;

(二)当事人人数众多且不方便诉讼的案件;

(三)最高人民法院确定的其他类型案件。

人民法院交下级人民法院审理前,应当报请其上级人民法院批准。上级人民法院批准后,人民法院应当裁定将案件交下级人民法院审理。

二、回避

第四十三条 审判人员有下列情形之一的,应当自行回避,当事人有权申请其回避:

(一)是本案当事人或者当事人近亲属的;

(二)本人或者其近亲属与本案有利害关系的;

(三)担任过本案的证人、鉴定人、辩护人、诉讼代理人、翻译人员的;

（四）是本案诉讼代理人近亲属的；
（五）本人或者其近亲属持有本案非上市公司当事人的股份或者股权的；
（六）与本案当事人或者诉讼代理人有其他利害关系，可能影响公正审理的。

第四十四条 审判人员有下列情形之一的，当事人有权申请其回避：
（一）接受本案当事人及其受托人宴请，或者参加由其支付费用的活动的；
（二）索取、接受本案当事人及其受托人财物或者其他利益的；
（三）违反规定会见本案当事人、诉讼代理人的；
（四）为本案当事人推荐、介绍诉讼代理人，或者为律师、其他人员介绍代理本案的；
（五）向本案当事人及其受托人借用款物的；
（六）有其他不正当行为，可能影响公正审理的。

第四十五条 在一个审判程序中参与过本案审判工作的审判人员，不得再参与该案其他程序的审判。

发回重审的案件，在一审法院作出裁判后又进入第二审程序的，原第二审程序中审判人员不受前款规定的限制。

第四十六条 审判人员有应当回避的情形，没有自行回避，当事人也没有申请其回避的，由院长或者审判委员会决定其回避。

第四十七条 人民法院应当依法告知当事人对合议庭组成人员、独任审判员和书记员等人员有申请回避的权利。

第四十八条 民事诉讼法第四十七条所称的审判人员，包括参与本案审理的人民法院院长、副院长、审判委员会委员、庭长、副庭长、审判员和人民陪审员。

第四十九条 书记员和执行员适用审判人员回避的有关规定。

三、诉讼参加人

第五十条 法人的法定代表人以依法登记的为准，但法律另有规定的除外。依法不需要办理登记的法人，以其正职负责人为法定代表人；没有正职负责人的，以其主持工作的副职负责人为法定代表人。

法定代表人已经变更，但未完成登记，变更后的法定代表人要求代表法人参加诉讼的，人民法院可以准许。

其他组织，以其主要负责人为代表人。

第五十一条 在诉讼中，法人的法定代表人变更的，由新的法定代表人继续进行诉讼，并应向人民法院提交新的法定代表人身份证明书。原法定代表人进行的诉讼行为有效。

前款规定，适用于其他组织参加的诉讼。

第五十二条 民事诉讼法第五十一条规定的其他组织是指合法成立、有一定的组织机构和财产，但又不具备法人资格的组织，包括：
（一）依法登记领取营业执照的个人独资企业；
（二）依法登记领取营业执照的合伙企业；
（三）依法登记领取我国营业执照的中外合作经营企业、外资企业；
（四）依法成立的社会团体的分支机构、代表机构；
（五）依法设立并领取营业执照的法人的分支机构；

（六）依法设立并领取营业执照的商业银行、政策性银行和非银行金融机构的分支机构；

（七）经依法登记领取营业执照的乡镇企业、街道企业；

（八）其他符合本条规定条件的组织。

第五十三条 法人非依法设立的分支机构，或者虽依法设立，但没有领取营业执照的分支机构，以设立该分支机构的法人为当事人。

第五十四条 以挂靠形式从事民事活动，当事人请求由挂靠人和被挂靠人依法承担民事责任的，该挂靠人和被挂靠人为共同诉讼人。

第五十五条 在诉讼中，一方当事人死亡，需要等待继承人表明是否参加诉讼的，裁定中止诉讼。人民法院应当及时通知继承人作为当事人承担诉讼，被继承人已经进行的诉讼行为对承担诉讼的继承人有效。

第五十六条 法人或者其他组织的工作人员执行工作任务造成他人损害的，该法人或者其他组织为当事人。

第五十七条 提供劳务一方因劳务造成他人损害，受害人提起诉讼的，以接受劳务一方为被告。

第五十八条 在劳务派遣期间，被派遣的工作人员因执行工作任务造成他人损害的，以接受劳务派遣的用工单位为当事人。当事人主张劳务派遣单位承担责任的，该劳务派遣单位为共同被告。

第五十九条 在诉讼中，个体工商户以营业执照上登记的经营者为当事人。有字号的，以营业执照上登记的字号为当事人，但应同时注明该字号经营者的基本信息。

营业执照上登记的经营者与实际经营者不一致的，以登记的经营者和实际经营者为共同诉讼人。

第六十条 在诉讼中，未依法登记领取营业执照的个人合伙的全体合伙人为共同诉讼人。个人合伙有依法核准登记的字号的，应在法律文书中注明登记的字号。全体合伙人可以推选代表人；被推选的代表人，应由全体合伙人出具推选书。

第六十一条 当事人之间的纠纷经人民调解委员会或者其他依法设立的调解组织调解达成协议后，一方当事人不履行调解协议，另一方当事人向人民法院提起诉讼的，应以对方当事人为被告。

第六十二条 下列情形，以行为人为当事人：

（一）法人或者其他组织应登记而未登记，行为人即以该法人或者其他组织名义进行民事活动的；

（二）行为人没有代理权、超越代理权或者代理权终止后以被代理人名义进行民事活动的，但相对人有理由相信行为人有代理权的除外；

（三）法人或者其他组织依法终止后，行为人仍以其名义进行民事活动的。

第六十三条 企业法人合并的，因合并前的民事活动发生的纠纷，以合并后的企业为当事人；企业法人分立的，因分立前的民事活动发生的纠纷，以分立后的企业为共同诉讼人。

第六十四条 企业法人解散的，依法清算并注销前，以该企业法人为当事人；未依法清算即被注销的，以该企业法人的股东、发起人或者出资人为当事人。

第六十五条 借用业务介绍信、合同专用章、盖章的空白合同书或者银行账户的，出借单位和借用人为共同诉讼人。

第六十六条 因保证合同纠纷提起的诉讼，债权人向保证人和被保证人一并主张权利的，人民法院应当将保证人和被保证人列为共同被告。保证合同约定为一般保证，债权人仅起诉保证人的，人民法院应当通知被保证人作为共同被告参加诉讼；债权人仅起诉被保证人的，可以只列被保证人为被告。

第六十七条 无民事行为能力人、限制民事行为能力人造成他人损害的，无民事行为能力人、限制民事行为能力人和其监护人为共同被告。

第六十八条 居民委员会、村民委员会或者村民小组与他人发生民事纠纷的，居民委员会、村民委员会或者有独立财产的村民小组为当事人。

第六十九条 对侵害死者遗体、遗骨以及姓名、肖像、名誉、荣誉、隐私等行为提起诉讼的，死者的近亲属为当事人。

第七十条 在继承遗产的诉讼中，部分继承人起诉的，人民法院应通知其他继承人作为共同原告参加诉讼；被通知的继承人不愿意参加诉讼又未明确表示放弃实体权利的，人民法院仍应将其列为共同原告。

第七十一条 原告起诉被代理人和代理人，要求承担连带责任的，被代理人和代理人为共同被告。

原告起诉代理人和相对人，要求承担连带责任的，代理人和相对人为共同被告。

第七十二条 共有财产权受到他人侵害，部分共有权人起诉的，其他共有权人为共同诉讼人。

第七十三条 必须共同进行诉讼的当事人没有参加诉讼的，人民法院应当依照民事诉讼法第一百三十五条的规定，通知其参加；当事人也可以向人民法院申请追加。人民法院对当事人提出的申请，应当进行审查，申请理由不成立的，裁定驳回；申请理由成立的，书面通知被追加的当事人参加诉讼。

第七十四条 人民法院追加共同诉讼的当事人时，应当通知其他当事人，应当追加的原告，已明确表示放弃实体权利的，可不予追加；既不愿意参加诉讼，又不放弃实体权利的，仍应追加为共同原告，其不参加诉讼，不影响人民法院对案件的审理和依法作出判决。

第七十五条 民事诉讼法第五十六条、第五十七条和第二百零六条规定的人数众多，一般指十人以上。

第七十六条 依照民事诉讼法第五十六条规定，当事人一方人数众多在起诉时确定的，可以由全体当事人推选共同的代表人，也可以由部分当事人推选自己的代表人；推选不出代表人的当事人，在必要的共同诉讼中可以自己参加诉讼，在普通的共同诉讼中可以另行起诉。

第七十七条 根据民事诉讼法第五十七条规定，当事人一方人数众多在起诉时不确定的，由当事人推选代表人。当事人推选不出的，可以由人民法院提出人选与当事人协商；协商不成的，也可以由人民法院在起诉的当事人中指定代表人。

第七十八条 民事诉讼法第五十六条和第五十七条规定的代表人为二至五人，每位代表人可以委托一至二人作为诉讼代理人。

第七十九条 依照民事诉讼法第五十七条规定受理的案件，人民法院可以发出公告，通知权利人向人民法院登记。公告期间根据案件的具体情况确定，但不得少于三十日。

第八十条 根据民事诉讼法第五十七条规定向人民法院登记的权利人，应当证明其与对方当事人的法律关系和所受到的损害。证明不了的，不予登记，权利人可以另行起诉。人民法院的裁判在登记的范围内执行。未参加登记的权利人提起诉讼，人民法院认定其请求成立的，裁定适用人民法院已作出的判决、裁定。

第八十一条 根据民事诉讼法第五十九条的规定，有独立请求权的第三人有权向人民法院提出诉讼请求和事实、理由，成为当事人；无独立请求权的第三人，可以申请或者由人民法院通知参加诉讼。

第一审程序中未参加诉讼的第三人，申请参加第二审程序的，人民法院可以准许。

第八十二条 在一审诉讼中，无独立请求权的第三人无权提出管辖异议，无权放弃、变更诉讼请求或者申请撤诉，被判决承担民事责任的，有权提起上诉。

第八十三条 在诉讼中，无民事行为能力人、限制民事行为能力人的监护人是他的法定代理人。事先没有确定监护人的，可以由有监护资格的人协商确定；协商不成的，由人民法院在他们之中指定诉讼中的法定代理人。当事人没有民法典第二十七条、第二十八条规定的监护人的，可以指定民法典第三十二条规定的有关组织担任诉讼中的法定代理人。

第八十四条 无民事行为能力人、限制民事行为能力人以及其他依法不能作为诉讼代理人的，当事人不得委托其作为诉讼代理人。

第八十五条 根据民事诉讼法第六十一条第二款第二项规定，与当事人有夫妻、直系血亲、三代以内旁系血亲、近姻亲关系以及其他有抚养、赡养关系的亲属，可以当事人近亲属的名义作为诉讼代理人。

第八十六条 根据民事诉讼法第六十一条第二款第二项规定，与当事人有合法劳动人事关系的职工，可以当事人工作人员的名义作为诉讼代理人。

第八十七条 根据民事诉讼法第六十一条第二款第三项规定，有关社会团体推荐公民担任诉讼代理人的，应当符合下列条件：

（一）社会团体属于依法登记设立或者依法免予登记设立的非营利性法人组织；

（二）被代理人属于该社会团体的成员，或者当事人一方住所地位于该社会团体的活动地域；

（三）代理事务属于该社会团体章程载明的业务范围；

（四）被推荐的公民是该社会团体的负责人或者与该社会团体有合法劳动人事关系的工作人员。

专利代理人经中华全国专利代理人协会推荐，可以在专利纠纷案件中担任诉讼代理人。

第八十八条 诉讼代理人除根据民事诉讼法第六十二条规定提交授权委托书外，还应当按照下列规定向人民法院提交相关材料：

（一）律师应当提交律师执业证、律师事务所证明材料；

（二）基层法律服务工作者应当提交法律服务工作者执业证、基层法律服务所出具的介绍信以及当事人一方位于本辖区内的证明材料；

（三）当事人的近亲属应当提交身份证件和与委托人有近亲属关系的证明材料；

（四）当事人的工作人员应当提交身份证件和与当事人有合法劳动人事关系的证明

材料；

（五）当事人所在社区、单位推荐的公民应当提交身份证件、推荐材料和当事人属于该社区、单位的证明材料；

（六）有关社会团体推荐的公民应当提交身份证件和符合本解释第八十七条规定条件的证明材料。

第八十九条 当事人向人民法院提交的授权委托书，应当在开庭审理前送交人民法院。授权委托书仅写"全权代理"而无具体授权的，诉讼代理人无权代为承认、放弃、变更诉讼请求，进行和解，提出反诉或者提起上诉。

适用简易程序审理的案件，双方当事人同时到庭并径行开庭审理的，可以当场口头委托诉讼代理人，由人民法院记入笔录。

四、证据

第九十条 当事人对自己提出的诉讼请求所依据的事实或者反驳对方诉讼请求所依据的事实，应当提供证据加以证明，但法律另有规定的除外。

在作出判决前，当事人未能提供证据或者证据不足以证明其事实主张的，由负有举证证明责任的当事人承担不利的后果。

第九十一条 人民法院应当依照下列原则确定举证证明责任的承担，但法律另有规定的除外：

（一）主张法律关系存在的当事人，应当对产生该法律关系的基本事实承担举证证明责任；

（二）主张法律关系变更、消灭或者权利受到妨害的当事人，应当对该法律关系变更、消灭或者权利受到妨害的基本事实承担举证证明责任。

第九十二条 一方当事人在法庭审理中，或者在起诉状、答辩状、代理词等书面材料中，对于己不利的事实明确表示承认的，另一方当事人无需举证证明。

对于涉及身份关系、国家利益、社会公共利益等应当由人民法院依职权调查的事实，不适用前款自认的规定。

自认的事实与查明的事实不符的，人民法院不予确认。

第九十三条 下列事实，当事人无须举证证明：

（一）自然规律以及定理、定律；

（二）众所周知的事实；

（三）根据法律规定推定的事实；

（四）根据已知的事实和日常生活经验法则推定出的另一事实；

（五）已为人民法院发生法律效力的裁判所确认的事实；

（六）已为仲裁机构生效裁决所确认的事实；

（七）已为有效公证文书所证明的事实。

前款第二项至第四项规定的事实，当事人有相反证据足以反驳的除外；第五项至第七项规定的事实，当事人有相反证据足以推翻的除外。

第九十四条 民事诉讼法第六十七条第二款规定的当事人及其诉讼代理人因客观原因不能自行收集的证据包括：

（一）证据由国家有关部门保存，当事人及其诉讼代理人无权查阅调取的；

（二）涉及国家秘密、商业秘密或者个人隐私的；

（三）当事人及其诉讼代理人因客观原因不能自行收集的其他证据。

当事人及其诉讼代理人因客观原因不能自行收集的证据，可以在举证期限届满前书面申请人民法院调查收集。

第九十五条 当事人申请调查收集的证据，与待证事实无关联、对证明待证事实无意义或者其他无调查收集必要的，人民法院不予准许。

第九十六条 民事诉讼法第六十七条第二款规定的人民法院认为审理案件需要的证据包括：

（一）涉及可能损害国家利益、社会公共利益的；

（二）涉及身份关系的；

（三）涉及民事诉讼法第五十八条规定诉讼的；

（四）当事人有恶意串通损害他人合法权益可能的；

（五）涉及依职权追加当事人、中止诉讼、终结诉讼、回避等程序性事项的。

除前款规定外，人民法院调查收集证据，应当依照当事人的申请进行。

第九十七条 人民法院调查收集证据，应当由两人以上共同进行。调查材料要由调查人、被调查人、记录人签名、捺印或者盖章。

第九十八条 当事人根据民事诉讼法第八十四条第一款规定申请证据保全的，可以在举证期限届满前书面提出。

证据保全可能对他人造成损失的，人民法院应当责令申请人提供相应的担保。

第九十九条 人民法院应当在审理前的准备阶段确定当事人的举证期限。举证期限可以由当事人协商，并经人民法院准许。

人民法院确定举证期限，第一审普通程序案件不得少于十五日，当事人提供新的证据的第二审案件不得少于十日。

举证期限届满后，当事人对已经提供的证据，申请提供反驳证据或者对证据来源、形式等方面的瑕疵进行补正的，人民法院可以酌情再次确定举证期限，该期限不受前款规定的限制。

第一百条 当事人申请延长举证期限的，应当在举证期限届满前向人民法院提出书面申请。

申请理由成立的，人民法院应当准许，适当延长举证期限，并通知其他当事人。延长的举证期限适用于其他当事人。

申请理由不成立的，人民法院不予准许，并通知申请人。

第一百零一条 当事人逾期提供证据的，人民法院应当责令其说明理由，必要时可以要求其提供相应的证据。

当事人因客观原因逾期提供证据，或者对方当事人对逾期提供证据未提出异议的，视为未逾期。

第一百零二条 当事人因故意或者重大过失逾期提供的证据，人民法院不予采纳。但该证据与案件基本事实有关的，人民法院应当采纳，并依照民事诉讼法第六十八条、第一百一十八条第一款的规定予以训诫、罚款。

当事人非因故意或者重大过失逾期提供的证据，人民法院应当采纳，并对当事人予以训诫。

当事人一方要求另一方赔偿因逾期提供证据致使其增加的交通、住宿、就餐、误工、证人出庭作证等必要费用的，人民法院可予支持。

第一百零三条 证据应当在法庭上出示，由当事人互相质证。未经当事人质证的证据，不得作为认定案件事实的根据。

当事人在审理前的准备阶段认可的证据，经审判人员在庭审中说明后，视为质证过的证据。

涉及国家秘密、商业秘密、个人隐私或者法律规定应当保密的证据，不得公开质证。

第一百零四条 人民法院应当组织当事人围绕证据的真实性、合法性以及与待证事实的关联性进行质证，并针对证据有无证明力和证明力大小进行说明和辩论。

能够反映案件真实情况、与待证事实相关联、来源和形式符合法律规定的证据，应当作为认定案件事实的根据。

第一百零五条 人民法院应当按照法定程序，全面、客观地审核证据，依照法律规定，运用逻辑推理和日常生活经验法则，对证据有无证明力和证明力大小进行判断，并公开判断的理由和结果。

第一百零六条 对以严重侵害他人合法权益、违反法律禁止性规定或者严重违背公序良俗的方法形成或者获取的证据，不得作为认定案件事实的根据。

第一百零七条 在诉讼中，当事人为达成调解协议或者和解协议作出妥协而认可的事实，不得在后续的诉讼中作为对其不利的根据，但法律另有规定或者当事人均同意的除外。

第一百零八条 对负有举证证明责任的当事人提供的证据，人民法院经审查并结合相关事实，确信待证事实的存在具有高度可能性的，应当认定该事实存在。

对一方当事人为反驳负有举证证明责任的当事人所主张事实而提供的证据，人民法院经审查并结合相关事实，认为待证事实真伪不明的，应当认定该事实不存在。

法律对于待证事实所应达到的证明标准另有规定的，从其规定。

第一百零九条 当事人对欺诈、胁迫、恶意串通事实的证明，以及对口头遗嘱或者赠与事实的证明，人民法院确信该待证事实存在的可能性能够排除合理怀疑的，应当认定该事实存在。

第一百一十条 人民法院认为有必要的，可以要求当事人本人到庭，就案件有关事实接受询问。在询问当事人之前，可以要求其签署保证书。

保证书应当载明据实陈述、如有虚假陈述愿意接受处罚等内容。当事人应当在保证书上签名或者捺印。

负有举证证明责任的当事人拒绝到庭、拒绝接受询问或者拒绝签署保证书，待证事实又欠缺其他证据证明的，人民法院对其主张的事实不予认定。

第一百一十一条 民事诉讼法第七十三条规定的提交书证原件确有困难，包括下列情形：

（一）书证原件遗失、灭失或者毁损的；
（二）原件在对方当事人控制之下，经合法通知提交而拒不提交的；
（三）原件在他人控制之下，而其有权不提交的；
（四）原件因篇幅或者体积过大而不便提交的；
（五）承担举证证明责任的当事人通过申请人民法院调查收集或者其他方式无法获

得书证原件的。

前款规定情形，人民法院应当结合其他证据和案件具体情况，审查判断书证复制品等能否作为认定案件事实的根据。

第一百一十二条 书证在对方当事人控制之下的，承担举证证明责任的当事人可以在举证期限届满前书面申请人民法院责令对方当事人提交。

申请理由成立的，人民法院应当责令对方当事人提交，因提交书证所产生的费用，由申请人负担。对方当事人无正当理由拒不提交的，人民法院可以认定申请人所主张的书证内容为真实。

第一百一十三条 持有书证的当事人以妨碍对方当事人使用为目的，毁灭有关书证或者实施其他致使书证不能使用行为的，人民法院可以依照民事诉讼法第一百一十四条规定，对其处以罚款、拘留。

第一百一十四条 国家机关或者其他依法具有社会管理职能的组织，在其职权范围内制作的文书所记载的事项推定为真实，但有相反证据足以推翻的除外。必要时，人民法院可以要求制作文书的机关或者组织对文书的真实性予以说明。

第一百一十五条 单位向人民法院提出的证明材料，应当由单位负责人及制作证明材料的人员签名或者盖章，并加盖单位印章。人民法院就单位出具的证明材料，可以向单位及制作证明材料的人员进行调查核实。必要时，可以要求制作证明材料的人员出庭作证。

单位及制作证明材料的人员拒绝人民法院调查核实，或者制作证明材料的人员无正当理由拒绝出庭作证的，该证明材料不得作为认定案件事实的根据。

第一百一十六条 视听资料包括录音资料和影像资料。

电子数据是指通过电子邮件、电子数据交换、网上聊天记录、博客、微博客、手机短信、电子签名、域名等形成或者存储在电子介质中的信息。

存储在电子介质中的录音资料和影像资料，适用电子数据的规定。

第一百一十七条 当事人申请证人出庭作证的，应当在举证期限届满前提出。

符合本解释第九十六条第一款规定情形的，人民法院可以依职权通知证人出庭作证。

未经人民法院通知，证人不得出庭作证，但双方当事人同意并经人民法院准许的除外。

第一百一十八条 民事诉讼法第七十七条规定的证人因履行出庭作证义务而支出的交通、住宿、就餐等必要费用，按照机关事业单位工作人员差旅费用和补贴标准计算；误工损失按照国家上年度职工日平均工资标准计算。

人民法院准许证人出庭作证申请的，应当通知申请人预缴证人出庭作证费用。

第一百一十九条 人民法院在证人出庭作证前应当告知其如实作证的义务以及作伪证的法律后果，并责令其签署保证书，但无民事行为能力人和限制民事行为能力人除外。

证人签署保证书适用本解释关于当事人签署保证书的规定。

第一百二十条 证人拒绝签署保证书的，不得作证，并自行承担相关费用。

第一百二十一条 当事人申请鉴定，可以在举证期限届满前提出。申请鉴定的事项与待证事实无关联，或者对证明待证事实无意义的，人民法院不予准许。

人民法院准许当事人鉴定申请的，应当组织双方当事人协商确定具备相应资格的鉴定人。当事人协商不成的，由人民法院指定。

符合依职权调查收集证据条件的，人民法院应当依职权委托鉴定，在询问当事人的意见后，指定具备相应资格的鉴定人。

第一百二十二条 当事人可以依照民事诉讼法第八十二条的规定，在举证期限届满前申请一至二名具有专门知识的人出庭，代表当事人对鉴定意见进行质证，或者对案件事实所涉及的专业问题提出意见。

具有专门知识的人在法庭上就专业问题提出的意见，视为当事人的陈述。

人民法院准许当事人申请的，相关费用由提出申请的当事人负担。

第一百二十三条 人民法院可以对出庭的具有专门知识的人进行询问。经法庭准许，当事人可以对出庭的具有专门知识的人进行询问，当事人各自申请的具有专门知识的人可以就案件中的有关问题进行对质。

具有专门知识的人不得参与专业问题之外的法庭审理活动。

第一百二十四条 人民法院认为有必要的，可以根据当事人的申请或者依职权对物证或者现场进行勘验。勘验时应当保护他人的隐私和尊严。

人民法院可以要求鉴定人参与勘验。必要时，可以要求鉴定人在勘验中进行鉴定。

五、期间和送达

第一百二十五条 依照民事诉讼法第八十五条第二款规定，民事诉讼中以时起算的期间从次时起算；以日、月、年计算的期间从次日起算。

第一百二十六条 民事诉讼法第一百二十六条规定的立案期限，因起诉状内容欠缺通知原告补正的，从补正后交人民法院的次日起算。由上级人民法院转交下级人民法院立案的案件，从受诉人民法院收到起诉状的次日起算。

第一百二十七条 民事诉讼法第五十九条第三款、第二百一十二条以及本解释第三百七十二条、第三百八十二条、第三百九十九条、第四百二十条、第四百二十一条规定的六个月，民事诉讼法第二百三十条规定的一年，为不变期间，不适用诉讼时效中止、中断、延长的规定。

第一百二十八条 再审案件按照第一审程序或者第二审程序审理的，适用民事诉讼法第一百五十二条、第一百八十三条规定的审限。审限自再审立案的次日起算。

第一百二十九条 对申请再审案件，人民法院应当自受理之日起三个月内审查完毕，但公告期间、当事人和解期间等不计入审查期限。有特殊情况需要延长的，由本院院长批准。

第一百三十条 向法人或者其他组织送达诉讼文书，应当由法人的法定代表人、该组织的主要负责人或者办公室、收发室、值班室等负责收件的人签收或者盖章，拒绝签收或者盖章的，适用留置送达。

民事诉讼法第八十九条规定的有关基层组织和所在单位的代表，可以是受送达人住所地的居民委员会、村民委员会的工作人员以及受送达人所在单位的工作人员。

第一百三十一条 人民法院直接送达诉讼文书的，可以通知当事人到人民法院领取。当事人到达人民法院，拒绝签署送达回证的，视为送达。审判人员、书记员应当在送达回证上注明送达情况并签名。

人民法院可以在当事人住所地以外向当事人直接送达诉讼文书。当事人拒绝签署送达回证的,采用拍照、录像等方式记录送达过程即视为送达。审判人员、书记员应当在送达回证上注明送达情况并签名。

第一百三十二条 受送达人有诉讼代理人的,人民法院既可以向受送达人送达,也可以向其诉讼代理人送达。受送达人指定诉讼代理人为代收人的,向诉讼代理人送达时,适用留置送达。

第一百三十三条 调解书应当直接送达当事人本人,不适用留置送达。当事人本人因故不能签收的,可由其指定的代收人签收。

第一百三十四条 依照民事诉讼法第九十一条规定,委托其他人民法院代为送达的,委托法院应当出具委托函,并附需要送达的诉讼文书和送达回证,以受送达人在送达回证上签收的日期为送达日期。

委托送达的,受委托人民法院应当自收到委托函及相关诉讼文书之日起十日内代为送达。

第一百三十五条 电子送达可以采用传真、电子邮件、移动通信等即时收悉的特定系统作为送达媒介。

民事诉讼法第九十条第二款规定的到达受送达人特定系统的日期,为人民法院对应系统显示发送成功的日期,但受送达人证明到达其特定系统的日期与人民法院对应系统显示发送成功的日期不一致的,以受送达人证明到达其特定系统的日期为准。

第一百三十六条 受送达人同意采用电子方式送达的,应当在送达地址确认书中予以确认。

第一百三十七条 当事人在提起上诉、申请再审、申请执行时未书面变更送达地址的,其在第一审程序中确认的送达地址可以作为第二审程序、审判监督程序、执行程序的送达地址。

第一百三十八条 公告送达可以在法院的公告栏和受送达人住所地张贴公告,也可以在报纸、信息网络等媒体上刊登公告,发出公告日期以最后张贴或者刊登的日期为准。对公告送达方式有特殊要求的,应当按要求的方式进行。公告期满,即视为送达。

人民法院在受送达人住所地张贴公告的,应当采取拍照、录像等方式记录张贴过程。

第一百三十九条 公告送达应当说明公告送达的原因;公告送达起诉状或者上诉状副本的,应当说明起诉或者上诉要点,受送达人答辩期限及逾期不答辩的法律后果;公告送达传票,应当说明出庭的时间和地点及逾期不出庭的法律后果;公告送达判决书、裁定书的,应当说明裁判主要内容,当事人有权上诉的,还应当说明上诉权利、上诉期限和上诉的人民法院。

第一百四十条 适用简易程序的案件,不适用公告送达。

第一百四十一条 人民法院在定期宣判时,当事人拒不签收判决书、裁定书的,应视为送达,并在宣判笔录中记明。

六、调解

第一百四十二条 人民法院受理案件后,经审查,认为法律关系明确、事实清楚,在征得当事人双方同意后,可以径行调解。

第一百四十三条 适用特别程序、督促程序、公示催告程序的案件,婚姻等身份关系确认案件以及其他根据案件性质不能进行调解的案件，不得调解。

第一百四十四条　人民法院审理民事案件，发现当事人之间恶意串通，企图通过和解、调解方式侵害他人合法权益的，应当依照民事诉讼法第一百一十五条的规定处理。

第一百四十五条　人民法院审理民事案件，应当根据自愿、合法的原则进行调解。当事人一方或者双方坚持不愿调解的，应当及时裁判。

人民法院审理离婚案件，应当进行调解，但不应久调不决。

第一百四十六条　人民法院审理民事案件，调解过程不公开，但当事人同意公开的除外。

调解协议内容不公开，但为保护国家利益、社会公共利益、他人合法权益，人民法院认为确有必要公开的除外。

主持调解以及参与调解的人员，对调解过程以及调解过程中获悉的国家秘密、商业秘密、个人隐私和其他不宜公开的信息，应当保守秘密，但为保护国家利益、社会公共利益、他人合法权益的除外。

第一百四十七条　人民法院调解案件时，当事人不能出庭的，经其特别授权，可由其委托代理人参加调解，达成的调解协议，可由委托代理人签名。

离婚案件当事人确因特殊情况无法出庭参加调解的，除本人不能表达意志的以外，应当出具书面意见。

第一百四十八条　当事人自行和解或者调解达成协议后，请求人民法院按照和解协议或者调解协议的内容制作判决书的，人民法院不予准许。

无民事行为能力人的离婚案件，由其法定代理人进行诉讼。法定代理人与对方达成协议要求发给判决书的，可根据协议内容制作判决书。

第一百四十九条　调解书需经当事人签收后才发生法律效力的，应当以最后收到调解书的当事人签收的日期为调解书生效日期。

第一百五十条　人民法院调解民事案件，需由无独立请求权的第三人承担责任的，应当经其同意。该第三人在调解书送达前反悔的，人民法院应当及时裁判。

第一百五十一条　根据民事诉讼法第一百零一条第一款第四项规定，当事人各方同意在调解协议上签名或者盖章后即发生法律效力的，经人民法院审查确认后，应当记入笔录或者将调解协议附卷，并由当事人、审判人员、书记员签名或者盖章后即具有法律效力。

前款规定情形，当事人请求制作调解书的，人民法院审查确认后可以制作调解书送交当事人。当事人拒收调解书的，不影响调解协议的效力。

七、保全和先予执行

第一百五十二条　人民法院依照民事诉讼法第一百零三条、第一百零四条规定，在采取诉前保全、诉讼保全措施时，责令利害关系人或者当事人提供担保的，应当书面通知。

利害关系人申请诉前保全的，应当提供担保。申请诉前财产保全的，应当提供相当于请求保全数额的担保；情况特殊的，人民法院可以酌情处理。申请诉前行为保全的，担保的数额由人民法院根据案件的具体情况决定。

在诉讼中，人民法院依申请或者依职权采取保全措施的，应当根据案件的具体情况，决定当事人是否应当提供担保以及担保的数额。

第一百五十三条 人民法院对季节性商品、鲜活、易腐烂变质以及其他不宜长期保存的物品采取保全措施时，可以责令当事人及时处理，由人民法院保存价款；必要时，人民法院可予以变卖，保存价款。

第一百五十四条 人民法院在财产保全中采取查封、扣押、冻结财产措施时，应当妥善保管被查封、扣押、冻结的财产。不宜由人民法院保管的，人民法院可以指定被保全人负责保管；不宜由被保全人保管的，可以委托他人或者申请保全人保管。

查封、扣押、冻结担保物权人占有的担保财产，一般由担保物权人保管；由人民法院保管的，质权、留置权不因采取保全措施而消灭。

第一百五十五条 由人民法院指定被保全人保管的财产，如果继续使用对该财产的价值无重大影响，可以允许被保全人继续使用；由人民法院保管或者委托他人、申请保全人保管的财产，人民法院和其他保管人不得使用。

第一百五十六条 人民法院采取财产保全的方法和措施，依照执行程序相关规定办理。

第一百五十七条 人民法院对抵押物、质押物、留置物可以采取财产保全措施，但不影响抵押权人、质权人、留置权人的优先受偿权。

第一百五十八条 人民法院对债务人到期应得的收益，可以采取财产保全措施，限制其支取，通知有关单位协助执行。

第一百五十九条 债务人的财产不能满足保全请求，但对他人有到期债权的，人民法院可以依债权人的申请裁定该他人不得对本案债务人清偿。该他人要求偿付的，由人民法院提存财物或者价款。

第一百六十条 当事人向采取诉前保全措施以外的其他有管辖权的人民法院起诉的，采取诉前保全措施的人民法院应当将保全手续移送受理案件的人民法院。诉前保全的裁定视为受移送人民法院作出的裁定。

第一百六十一条 对当事人不服一审判决提起上诉的案件，在第二审人民法院接到报送的案件之前，当事人有转移、隐匿、出卖或者毁损财产等行为，必须采取保全措施的，由第一审人民法院依当事人申请或者依职权采取。第一审人民法院的保全裁定，应当及时报送第二审人民法院。

第一百六十二条 第二审人民法院裁定对第一审人民法院采取的保全措施予以续保或者采取新的保全措施的，可以自行实施，也可以委托第一审人民法院实施。

再审人民法院裁定对原保全措施予以续保或者采取新的保全措施的，可以自行实施，也可以委托原审人民法院或者执行法院实施。

第一百六十三条 法律文书生效后，进入执行程序前，债权人因对方当事人转移财产等紧急情况，不申请保全将可能导致生效法律文书不能执行或者难以执行的，可以向执行法院申请采取保全措施。债权人在法律文书指定的履行期间届满后五日内不申请执行的，人民法院应当解除保全。

第一百六十四条 对申请保全人或者他人提供的担保财产，人民法院应当依法办理查封、扣押、冻结等手续。

第一百六十五条 人民法院裁定采取保全措施后，除作出保全裁定的人民法院自行解除或者其上级人民法院决定解除外，在保全期限内，任何单位不得解除保全措施。

第一百六十六条 裁定采取保全措施后,有下列情形之一的,人民法院应当作出解除保全裁定:
(一)保全错误的;
(二)申请人撤回保全申请的;
(三)申请人的起诉或者诉讼请求被生效裁判驳回的;
(四)人民法院认为应当解除保全的其他情形。
解除以登记方式实施的保全措施的,应当向登记机关发出协助执行通知书。

第一百六十七条 财产保全的被保全人提供其他等值担保财产且有利于执行的,人民法院可以裁定变更保全标的物为被保全人提供的担保财产。

第一百六十八条 保全裁定未经人民法院依法撤销或者解除,进入执行程序后,自动转为执行中的查封、扣押、冻结措施,期限连续计算,执行法院无需重新制作裁定书,但查封、扣押、冻结期限届满的除外。

第一百六十九条 民事诉讼法规定的先予执行,人民法院应当在受理案件后终审判决作出前采取。先予执行应当限于当事人诉讼请求的范围,并以当事人的生活、生产经营的急需为限。

第一百七十条 民事诉讼法第一百零九条第三项规定的情况紧急,包括:
(一)需要立即停止侵害、排除妨碍的;
(二)需要立即制止某项行为的;
(三)追索恢复生产、经营急需的保险理赔费的;
(四)需要立即返还社会保险金、社会救助资金的;
(五)不立即返还款项,将严重影响权利人生活和生产经营的。

第一百七十一条 当事人对保全或者先予执行裁定不服的,可以自收到裁定书之日起五日内向作出裁定的人民法院申请复议。人民法院应当在收到复议申请后十日内审查。裁定正确的,驳回当事人的申请;裁定不当的,变更或者撤销原裁定。

第一百七十二条 利害关系人对保全或者先予执行的裁定不服申请复议的,由作出裁定的人民法院依照民事诉讼法第一百一十一条规定处理。

第一百七十三条 人民法院先予执行后,根据发生法律效力的判决,申请人应当返还因先予执行所取得的利益的,适用民事诉讼法第二百四十条的规定。

八、对妨害民事诉讼的强制措施

第一百七十四条 民事诉讼法第一百一十二条规定的必须到庭的被告,是指负有赡养、抚育、扶养义务和不到庭就无法查清案情的被告。
人民法院对必须到庭才能查清案件基本事实的原告,经两次传票传唤,无正当理由拒不到庭的,可以拘传。

第一百七十五条 拘传必须用拘传票,并直接送达被拘传人;在拘传前,应当向被拘传人说明拒不到庭的后果,经批评教育仍拒不到庭的,可以拘传其到庭。

第一百七十六条 诉讼参与人或者其他人有下列行为之一的,人民法院可以适用民事诉讼法第一百一十三条规定处理:
(一)未经准许进行录音、录像、摄影的;
(二)未经准许以移动通信等方式现场传播审判活动的;
(三)其他扰乱法庭秩序,妨害审判活动进行的。

有前款规定情形的，人民法院可以暂扣诉讼参与人或者其他人进行录音、录像、摄影、传播审判活动的器材，并责令其删除有关内容；拒不删除的，人民法院可以采取必要手段强制删除。

第一百七十七条　训诫、责令退出法庭由合议庭或者独任审判员决定。训诫的内容、被责令退出法庭者的违法事实应当记入庭审笔录。

第一百七十八条　人民法院依照民事诉讼法第一百一十三条至第一百一十七条的规定采取拘留措施的，应经院长批准，作出拘留决定书，由司法警察将被拘留人送交当地公安机关看管。

第一百七十九条　被拘留人不在本辖区的，作出拘留决定的人民法院应当派员到被拘留人所在地的人民法院，请该院协助执行，受委托的人民法院应当及时派员协助执行。被拘留人申请复议或者在拘留期间承认并改正错误，需要提前解除拘留的，受委托人民法院应当向委托人民法院转达或者提出建议，由委托人民法院审查决定。

第一百八十条　人民法院对被拘留人采取拘留措施后，应当在二十四小时内通知其家属；确实无法按时通知或者通知不到的，应当记录在案。

第一百八十一条　因哄闹、冲击法庭，用暴力、威胁等方法抗拒执行公务等紧急情况，必须立即采取拘留措施的，可在拘留后，立即报告院长补办批准手续。院长认为拘留不当的，应当解除拘留。

第一百八十二条　被拘留人在拘留期间认错悔改的，可以责令其具结悔过，提前解除拘留。提前解除拘留，应报经院长批准，并作出提前解除拘留决定书，交负责看管的公安机关执行。

第一百八十三条　民事诉讼法第一百一十三条至第一百一十六条规定的罚款、拘留可以单独适用，也可以合并适用。

第一百八十四条　对同一妨害民事诉讼行为的罚款、拘留不得连续适用。发生新的妨害民事诉讼行为的，人民法院可以重新予以罚款、拘留。

第一百八十五条　被罚款、拘留的人不服罚款、拘留决定申请复议的，应当自收到决定书之日起三日内提出。上级人民法院应当在收到复议申请后五日内作出决定，并将复议结果通知下级人民法院和当事人。

第一百八十六条　上级人民法院复议时认为强制措施不当的，应当制作决定书，撤销或者变更下级人民法院作出的拘留、罚款决定。情况紧急的，可以在口头通知后三日内发出决定书。

第一百八十七条　民事诉讼法第一百一十四条第一款第五项规定的以暴力、威胁或者其他方法阻碍司法工作人员执行职务的行为，包括：

（一）在人民法院哄闹、滞留，不听从司法工作人员劝阻的；

（二）故意毁损、抢夺人民法院法律文书、查封标志的；

（三）哄闹、冲击执行公务现场，围困、扣押执行或者协助执行公务人员的；

（四）毁损、抢夺、扣留案件材料、执行公务车辆、其他执行公务器械、执行公务人员服装和执行公务证件的；

（五）以暴力、威胁或者其他方法阻碍司法工作人员查询、查封、扣押、冻结、划拨、拍卖、变卖财产的；

（六）以暴力、威胁或者其他方法阻碍司法工作人员执行职务的其他行为。

第一百八十八条 民事诉讼法第一百一十四条第一款第六项规定的拒不履行人民法院已经发生法律效力的判决、裁定的行为,包括:

(一)在法律文书发生法律效力后隐藏、转移、变卖、毁损财产或者无偿转让财产,以明显不合理的价格交易财产、放弃到期债权、无偿为他人提供担保等,致使人民法院无法执行的;

(二)隐藏、转移、毁损或者未经人民法院允许处分已向人民法院提供担保的财产的;

(三)违反人民法院限制高消费令进行消费的;

(四)有履行能力而拒不按照人民法院执行通知履行生效法律文书确定的义务的;

(五)有义务协助执行的个人接到人民法院协助执行通知书后,拒不协助执行的。

第一百八十九条 诉讼参与人或者其他人有下列行为之一的,人民法院可以适用民事诉讼法第一百一十四条的规定处理:

(一)冒充他人提起诉讼或者参加诉讼的;

(二)证人签署保证书后作虚假证言,妨碍人民法院审理案件的;

(三)伪造、隐藏、毁灭或者拒绝交出有关被执行人履行能力的重要证据,妨碍人民法院查明被执行人财产状况的;

(四)擅自解冻已被人民法院冻结的财产的;

(五)接到人民法院协助执行通知书后,给当事人通风报信,协助其转移、隐匿财产的。

第一百九十条 民事诉讼法第一百一十五条规定的他人合法权益,包括案外人的合法权益、国家利益、社会公共利益。

第三人根据民事诉讼法第五十九条第三款规定提起撤销之诉,经审查,原案当事人之间恶意串通进行虚假诉讼的,适用民事诉讼法第一百一十五条规定处理。

第一百九十一条 单位有民事诉讼法第一百一十五条或者第一百一十六条规定行为的,人民法院应当对该单位进行罚款,并可以对其主要负责人或者直接责任人员予以罚款、拘留;构成犯罪的,依法追究刑事责任。

第一百九十二条 有关单位接到人民法院协助执行通知书后,有下列行为之一的,人民法院可以适用民事诉讼法第一百一十七条规定处理:

(一)允许被执行人高消费的;

(二)允许被执行人出境的;

(三)拒不停止办理有关财产权证照转移手续、权属变更登记、规划审批等手续的;

(四)以需要内部请示、内部审批,有内部规定等为由拖延办理的。

第一百九十三条 人民法院对个人或者单位采取罚款措施时,应当根据其实施妨害民事诉讼行为的性质、情节、后果,当地的经济发展水平,以及诉讼标的额等因素,在民事诉讼法第一百一十八条第一款规定的限额内确定相应的罚款金额。

九、诉讼费用

第一百九十四条 依照民事诉讼法第五十七条审理的案件不预交案件受理费,结案后按照诉讼标的额由败诉方交纳。

第一百九十五条 支付令失效后转入诉讼程序的,债权人应当按照《诉讼费用交纳办法》补交案件受理费。

支付令被撤销后，债权人另行起诉的，按照《诉讼费用交纳办法》交纳诉讼费用。

第一百九十六条 人民法院改变原判决、裁定、调解结果的，应当在裁判文书中对原审诉讼费用的负担一并作出处理。

第一百九十七条 诉讼标的物是证券的，按照证券交易规则并根据当事人起诉之日前最后一个交易日的收盘价、当日的市场价或者其载明的金额计算诉讼标的金额。

第一百九十八条 诉讼标的物是房屋、土地、林木、车辆、船舶、文物等特定物或者知识产权，起诉时价值难以确定的，人民法院应当向原告释明主张过高或者过低的诉讼风险，以原告主张的价值确定诉讼标的金额。

第一百九十九条 适用简易程序审理的案件转为普通程序的，原告自接到人民法院交纳诉讼费用通知之日起七日内补交案件受理费。

原告无正当理由未按期足额补交的，按撤诉处理，已经收取的诉讼费用退还一半。

第二百条 破产程序中有关债务人的民事诉讼案件，按照财产案件标准交纳诉讼费，但劳动争议案件除外。

第二百零一条 既有财产性诉讼请求，又有非财产性诉讼请求的，按照财产性诉讼请求的标准交纳诉讼费。

有多个财产性诉讼请求的，合并计算交纳诉讼费；诉讼请求中有多个非财产性诉讼请求的，按一件交纳诉讼费。

第二百零二条 原告、被告、第三人分别上诉的，按照上诉请求分别预交二审案件受理费。

同一方多人共同上诉的，只预交一份二审案件受理费；分别上诉的，按照上诉请求分别预交二审案件受理费。

第二百零三条 承担连带责任的当事人败诉的，应当共同负担诉讼费用。

第二百零四条 实现担保物权案件，人民法院裁定拍卖、变卖担保财产的，申请费由债务人、担保人负担；人民法院裁定驳回申请的，申请费由申请人负担。

申请人另行起诉的，其已经交纳的申请费可以从案件受理费中扣除。

第二百零五条 拍卖、变卖担保财产的裁定作出后，人民法院强制执行的，按照执行金额收取执行申请费。

第二百零六条 人民法院决定减半收取案件受理费的，只能减半一次。

第二百零七条 判决生效后，胜诉方预交但不应负担的诉讼费用，人民法院应当退还，由败诉方向人民法院交纳，但胜诉方自愿承担或者同意败诉方直接向其支付的除外。

当事人拒不交纳诉讼费用的，人民法院可以强制执行。

十、第一审普通程序

第二百零八条 人民法院接到当事人提交的民事起诉状时，对符合民事诉讼法第一百二十二条的规定，且不属于第一百二十七条规定情形的，应当登记立案；对当场不能判定是否符合起诉条件的，应当接收起诉材料，并出具注明收到日期的书面凭证。

需要补充必要相关材料的，人民法院应当及时告知当事人。在补齐相关材料后，应当在七日内决定是否立案。

立案后发现不符合起诉条件或者属于民事诉讼法第一百二十七条规定情形的，裁定驳回起诉。

第二百零九条 原告提供被告的姓名或者名称、住所等信息具体明确，足以使被告与他人相区别的，可以认定为有明确的被告。

起诉状列写被告信息不足以认定明确的被告的，人民法院可以告知原告补正。原告补正后仍不能确定明确的被告的，人民法院裁定不予受理。

第二百一十条 原告在起诉状中有谩骂和人身攻击之辞的，人民法院应当告知其修改后提起诉讼。

第二百一十一条 对本院没有管辖权的案件，告知原告向有管辖权的人民法院起诉；原告坚持起诉的，裁定不予受理；立案后发现本院没有管辖权的，应当将案件移送有管辖权的人民法院。

第二百一十二条 裁定不予受理、驳回起诉的案件，原告再次起诉，符合起诉条件且不属于民事诉讼法第一百二十七条规定情形的，人民法院应予受理。

第二百一十三条 原告应当预交而未预交案件受理费，人民法院应当通知其预交，通知后仍不预交或者申请减、缓、免未获批准而仍不预交的，裁定按撤诉处理。

第二百一十四条 原告撤诉或者人民法院按撤诉处理后，原告以同一诉讼请求再次起诉的，人民法院应予受理。

原告撤诉或者按撤诉处理的离婚案件，没有新情况、新理由，六个月内又起诉的，比照民事诉讼法第一百二十七条第七项的规定不予受理。

第二百一十五条 依照民事诉讼法第一百二十七条第二项的规定，当事人在书面合同中订有仲裁条款，或者在发生纠纷后达成书面仲裁协议，一方向人民法院起诉的，人民法院应当告知原告向仲裁机构申请仲裁，其坚持起诉的，裁定不予受理，但仲裁条款或者仲裁协议不成立、无效、失效、内容不明确无法执行的除外。

第二百一十六条 在人民法院首次开庭前，被告以有书面仲裁协议为由对受理民事案件提出异议的，人民法院应当进行审查。

经审查符合下列情形之一的，人民法院应当裁定驳回起诉：

（一）仲裁机构或者人民法院已经确认仲裁协议有效的；

（二）当事人没有在仲裁庭首次开庭前对仲裁协议的效力提出异议的；

（三）仲裁协议符合仲裁法第十六条规定且不具有仲裁法第十七条规定情形的。

第二百一十七条 夫妻一方下落不明，另一方诉至人民法院，只要求离婚，不申请宣告下落不明人失踪或者死亡的案件，人民法院应当受理，对下落不明人公告送达诉讼文书。

第二百一十八条 赡养费、扶养费、抚养费案件，裁判发生法律效力后，因新情况、新理由，一方当事人再行起诉要求增加或者减少费用的，人民法院应作为新案受理。

第二百一十九条 当事人超过诉讼时效期间起诉的，人民法院应予受理。受理后对方当事人提出诉讼时效抗辩，人民法院经审理认为抗辩事由成立的，判决驳回原告的诉讼请求。

第二百二十条 民事诉讼法第七十一条、第一百三十七条、第一百五十九条规定的商业秘密，是指生产工艺、配方、贸易联系、购销渠道等当事人不愿公开的技术秘密、商业情报及信息。

第二百二十一条 基于同一事实发生的纠纷，当事人分别向同一人民法院起诉的，人民法院可以合并审理。

第二百二十二条 原告在起诉状中直接列写第三人的，视为其申请人民法院追加该第三人参加诉讼。是否通知第三人参加诉讼，由人民法院审查决定。

第二百二十三条 当事人在提交答辩状期间提出管辖异议，又针对起诉状的内容进行答辩的，人民法院应当依照民事诉讼法第一百三十条第一款的规定，对管辖异议进行审查。

当事人未提出管辖异议，就案件实体内容进行答辩、陈述或者反诉的，可以认定为民事诉讼法第一百三十条第二款规定的应诉答辩。

第二百二十四条 依照民事诉讼法第一百三十六条第四项规定，人民法院可以在答辩期届满后，通过组织证据交换、召集庭前会议等方式，作好审理前的准备。

第二百二十五条 根据案件具体情况，庭前会议可以包括下列内容：

（一）明确原告的诉讼请求和被告的答辩意见；

（二）审查处理当事人增加、变更诉讼请求的申请和提出的反诉，以及第三人提出的与本案有关的诉讼请求；

（三）根据当事人的申请决定调查收集证据，委托鉴定，要求当事人提供证据，进行勘验，进行证据保全；

（四）组织交换证据；

（五）归纳争议焦点；

（六）进行调解。

第二百二十六条 人民法院应当根据当事人的诉讼请求、答辩意见以及证据交换的情况，归纳争议焦点，并就归纳的争议焦点征求当事人的意见。

第二百二十七条 人民法院适用普通程序审理案件，应当在开庭三日前用传票传唤当事人。对诉讼代理人、证人、鉴定人、勘验人、翻译人员应当用通知书通知其到庭。当事人或者其他诉讼参与人在外地的，应当留有必要的在途时间。

第二百二十八条 法庭审理应当围绕当事人争议的事实、证据和法律适用等焦点问题进行。

第二百二十九条 当事人在庭审中对其在审理前的准备阶段认可的事实和证据提出不同意见的，人民法院应当责令其说明理由。必要时，可以责令其提供相应证据。人民法院应当结合当事人的诉讼能力、证据和案件的具体情况进行审查。理由成立的，可以列入争议焦点进行审理。

第二百三十条 人民法院根据案件具体情况并征得当事人同意，可以将法庭调查和法庭辩论合并进行。

第二百三十一条 当事人在法庭上提出新的证据的，人民法院应当依照民事诉讼法第六十八条第二款规定和本解释相关规定处理。

第二百三十二条 在案件受理后，法庭辩论结束前，原告增加诉讼请求，被告提出反诉，第三人提出与本案有关的诉讼请求，可以合并审理的，人民法院应当合并审理。

第二百三十三条 反诉的当事人应当限于本诉的当事人的范围。

反诉与本诉的诉讼请求基于相同法律关系、诉讼请求之间具有因果关系，或者反诉与本诉的诉讼请求基于相同事实的，人民法院应当合并审理。

反诉应由其他人民法院专属管辖，或者与本诉的诉讼标的及诉讼请求所依据的事实、理由无关联的，裁定不予受理，告知另行起诉。

第二百三十四条 无民事行为能力人的离婚诉讼，当事人的法定代理人应当到庭；法定代理人不能到庭的，人民法院应当在查清事实的基础上，依法作出判决。

第二百三十五条 无民事行为能力的当事人的法定代理人，经传票传唤无正当理由拒不到庭，属于原告方的，比照民事诉讼法第一百四十六条的规定，按撤诉处理；属于被告方的，比照民事诉讼法第一百四十七条的规定，缺席判决。必要时，人民法院可以拘传其到庭。

第二百三十六条 有独立请求权的第三人经人民法院传票传唤，无正当理由拒不到庭的，或者未经法庭许可中途退庭的，比照民事诉讼法第一百四十六条的规定，按撤诉处理。

第二百三十七条 有独立请求权的第三人参加诉讼后，原告申请撤诉，人民法院在准许原告撤诉后，有独立请求权的第三人作为另案原告，原案原告、被告作为另案被告，诉讼继续进行。

第二百三十八条 当事人申请撤诉或者依法可以按撤诉处理的案件，如果当事人有违反法律的行为需要依法处理的，人民法院可以不准许撤诉或者不按撤诉处理。

法庭辩论终结后原告申请撤诉，被告不同意的，人民法院可以不予准许。

第二百三十九条 人民法院准许本诉原告撤诉的，应当对反诉继续审理；被告申请撤回反诉的，人民法院应予准许。

第二百四十条 无独立请求权的第三人经人民法院传票传唤，无正当理由拒不到庭，或者未经法庭许可中途退庭的，不影响案件的审理。

第二百四十一条 被告经传票传唤无正当理由拒不到庭，或者未经法庭许可中途退庭的，人民法院应当按期开庭或者继续开庭审理，对到庭的当事人诉讼请求、双方的诉辩理由以及已经提交的证据及其他诉讼材料进行审理后，可以依法缺席判决。

第二百四十二条 一审宣判后，原审人民法院发现判决有错误，当事人在上诉期内提出上诉的，原审人民法院可以提出原判决有错误的意见，报送第二审人民法院，由第二审人民法院按照第二审程序进行审理；当事人不上诉的，按照审判监督程序处理。

第二百四十三条 民事诉讼法第一百五十二条规定的审限，是指从立案之日起至裁判宣告、调解书送达之日止的期间，但公告期间、鉴定期间、双方当事人和解期间、审理当事人提出的管辖异议以及处理人民法院之间的管辖争议期间不应计算在内。

第二百四十四条 可以上诉的判决书、裁定书不能同时送达双方当事人的，上诉期从各自收到判决书、裁定书之日计算。

第二百四十五条 民事诉讼法第一百五十七条第一款第七项规定的笔误是指法律文书误写、误算，诉讼费用漏写、误算和其他笔误。

第二百四十六条 裁定中止诉讼的原因消除，恢复诉讼程序时，不必撤销原裁定，从人民法院通知或者准许当事人双方继续进行诉讼时起，中止诉讼的裁定即失去效力。

第二百四十七条 当事人就已经提起诉讼的事项在诉讼过程中或者裁判生效后再次起诉，同时符合下列条件的，构成重复起诉：

（一）后诉与前诉的当事人相同；
（二）后诉与前诉的诉讼标的相同；
（三）后诉与前诉的诉讼请求相同，或者后诉的诉讼请求实质上否定前诉裁判结果。

当事人重复起诉的，裁定不予受理；已经受理的，裁定驳回起诉，但法律、司法解释另有规定的除外。

第二百四十八条 裁判发生法律效力后，发生新的事实，当事人再次提起诉讼的，人民法院应当依法受理。

第二百四十九条 在诉讼中，争议的民事权利义务转移的，不影响当事人的诉讼主体资格和诉讼地位。人民法院作出的发生法律效力的判决、裁定对受让人具有拘束力。

受让人申请以无独立请求权的第三人身份参加诉讼的，人民法院可予准许。受让人申请替代当事人承担诉讼的，人民法院可以根据案件的具体情况决定是否准许；不予准许的，可以追加其为无独立请求权的第三人。

第二百五十条 依照本解释第二百四十九条规定，人民法院准许受让人替代当事人承担诉讼的，裁定变更当事人。

变更当事人后，诉讼程序以受让人为当事人继续进行，原当事人应当退出诉讼。原当事人已经完成的诉讼行为对受让人具有拘束力。

第二百五十一条 二审裁定撤销一审判决发回重审的案件，当事人申请变更、增加诉讼请求或者提出反诉，第三人提出与本案有关的诉讼请求的，依照民事诉讼法第一百四十三条规定处理。

第二百五十二条 再审裁定撤销原判决、裁定发回重审的案件，当事人申请变更、增加诉讼请求或者提出反诉，符合下列情形之一的，人民法院应当准许：
（一）原审未合法传唤缺席判决，影响当事人行使诉讼权利的；
（二）追加新的诉讼当事人的；
（三）诉讼标的物灭失或者发生变化致使原诉讼请求无法实现的；
（四）当事人申请变更、增加的诉讼请求或者提出的反诉，无法通过另诉解决的。

第二百五十三条 当庭宣判的案件，除当事人当庭要求邮寄发送裁判文书的外，人民法院应当告知当事人或者诉讼代理人领取裁判文书的时间和地点以及逾期不领取的法律后果。上述情况，应当记入笔录。

第二百五十四条 公民、法人或者其他组织申请查阅发生法律效力的判决书、裁定书的，应当向作出该生效裁判的人民法院提出。申请应当以书面形式提出，并提供具体的案号或者当事人姓名、名称。

第二百五十五条 对于查阅判决书、裁定书的申请，人民法院根据下列情形分别处理：
（一）判决书、裁定书已经通过信息网络向社会公开的，应当引导申请人自行查阅；
（二）判决书、裁定书未通过信息网络向社会公开，且申请符合要求的，应当及时提供便捷的查阅服务；
（三）判决书、裁定书尚未发生法律效力，或者已失去法律效力的，不提供查阅并告知申请人；

（四）发生法律效力的判决书、裁定书不是本院作出的，应当告知申请人向作出生效裁判的人民法院申请查阅；

（五）申请查阅的内容涉及国家秘密、商业秘密、个人隐私的，不予准许并告知申请人。

十一、简易程序

第二百五十六条　民事诉讼法第一百六十条规定的简单民事案件中的事实清楚，是指当事人对争议的事实陈述基本一致，并能提供相应的证据，无须人民法院调查收集证据即可查明事实；权利义务关系明确是指能明确区分谁是责任的承担者，谁是权利的享有者；争议不大是指当事人对案件的是非、责任承担以及诉讼标的争执无原则分歧。

第二百五十七条　下列案件，不适用简易程序：

（一）起诉时被告下落不明的；

（二）发回重审的；

（三）当事人一方人数众多的；

（四）适用审判监督程序的；

（五）涉及国家利益、社会公共利益的；

（六）第三人起诉请求改变或者撤销生效判决、裁定、调解书的；

（七）其他不宜适用简易程序的案件。

第二百五十八条　适用简易程序审理的案件，审理期限到期后，有特殊情况需要延长的，经本院院长批准，可以延长审理期限。延长后的审理期限累计不得超过四个月。

人民法院发现案件不宜适用简易程序，需要转为普通程序审理的，应当在审理期限届满前作出裁定并将审判人员及相关事项书面通知双方当事人。

案件转为普通程序审理的，审理期限自人民法院立案之日计算。

第二百五十九条　当事人双方可就开庭方式向人民法院提出申请，由人民法院决定是否准许。经当事人双方同意，可以采用视听传输技术等方式开庭。

第二百六十条　已经按照普通程序审理的案件，在开庭后不得转为简易程序审理。

第二百六十一条　适用简易程序审理案件，人民法院可以依照民事诉讼法第九十条、第一百六十二条的规定采取捎口信、电话、短信、传真、电子邮件等简便方式传唤双方当事人、通知证人和送达诉讼文书。

以简便方式送达的开庭通知，未经当事人确认或者没有其他证据证明当事人已经收到的，人民法院不得缺席判决。

适用简易程序审理案件，由审判员独任审判，书记员担任记录。

第二百六十二条　人民法庭制作的判决书、裁定书、调解书，必须加盖基层人民法院印章，不得用人民法庭的印章代替基层人民法院的印章。

第二百六十三条　适用简易程序审理案件，卷宗中应当具备以下材料：

（一）起诉状或者口头起诉笔录；

（二）答辩状或者口头答辩笔录；

（三）当事人身份证明材料；

（四）委托他人代理诉讼的授权委托书或者口头委托笔录；

（五）证据；

（六）询问当事人笔录；

（七）审理（包括调解）笔录；

（八）判决书、裁定书、调解书或者调解协议；

（九）送达和宣判笔录；

（十）执行情况；

（十一）诉讼费收据；

（十二）适用民事诉讼法第一百六十五条规定审理的，有关程序适用的书面告知。

第二百六十四条 当事人双方根据民事诉讼法第一百六十条第二款规定约定适用简易程序的，应当在开庭前提出。口头提出的，记入笔录，由双方当事人签名或者捺印确认。

本解释第二百五十七条规定的案件，当事人约定适用简易程序的，人民法院不予准许。

第二百六十五条 原告口头起诉的，人民法院应当将当事人的姓名、性别、工作单位、住所、联系方式等基本信息，诉讼请求，事实及理由等准确记入笔录，由原告核对无误后签名或者捺印。对当事人提交的证据材料，应当出具收据。

第二百六十六条 适用简易程序案件的举证期限由人民法院确定，也可以由当事人协商一致并经人民法院准许，但不得超过十五日。被告要求书面答辩的，人民法院可在征得其同意的基础上，合理确定答辩期间。

人民法院应当将举证期限和开庭日期告知双方当事人，并向当事人说明逾期举证以及拒不到庭的法律后果，由双方当事人在笔录和开庭传票的送达回证上签名或者捺印。

当事人双方均表示不需要举证期限、答辩期间的，人民法院可以立即开庭审理或者确定开庭日期。

第二百六十七条 适用简易程序审理案件，可以简便方式进行审理前的准备。

第二百六十八条 对没有委托律师、基层法律服务工作者代理诉讼的当事人，人民法院在庭审过程中可以对回避、自认、举证证明责任等相关内容向其作必要的解释或者说明，并在庭审过程中适当提示当事人正确行使诉讼权利、履行诉讼义务。

第二百六十九条 当事人就案件适用简易程序提出异议，人民法院经审查，异议成立的，裁定转为普通程序；异议不成立的，裁定驳回。裁定以口头方式作出的，应当记入笔录。

转为普通程序的，人民法院应当将审判人员及相关事项以书面形式通知双方当事人。

转为普通程序前，双方当事人已确认的事实，可以不再进行举证、质证。

第二百七十条 适用简易程序审理的案件，有下列情形之一的，人民法院在制作判决书、裁定书、调解书时，对认定事实或者裁判理由部分可以适当简化：

（一）当事人达成调解协议并需要制作民事调解书的；

（二）一方当事人明确表示承认对方全部或者部分诉讼请求的；

（三）涉及商业秘密、个人隐私的案件，当事人一方要求简化裁判文书中的相关内容，人民法院认为理由正当的；

（四）当事人双方同意简化的。

十二、简易程序中的小额诉讼

第二百七十一条 人民法院审理小额诉讼案件，适用民事诉讼法第一百六十五条的规定，实行一审终审。

第二百七十二条 民事诉讼法第一百六十五条规定的各省、自治区、直辖市上年度就业人员年平均工资，是指已经公布的各省、自治区、直辖市上一年度就业人员年平均工资。在上一年度就业人员年平均工资公布前，以已经公布的最近年度就业人员年平均工资为准。

第二百七十三条 海事法院可以适用小额诉讼的程序审理海事、海商案件。案件标的额应当以实际受理案件的海事法院或者其派出法庭所在的省、自治区、直辖市上年度就业人员年平均工资为基数计算。

第二百七十四条 人民法院受理小额诉讼案件，应当向当事人告知该类案件的审判组织、一审终审、审理期限、诉讼费用交纳标准等相关事项。

第二百七十五条 小额诉讼案件的举证期限由人民法院确定，也可以由当事人协商一致并经人民法院准许，但一般不超过七日。

被告要求书面答辩的，人民法院可以在征得其同意的基础上合理确定答辩期间，但最长不得超过十五日。

当事人到庭后表示不需要举证期限和答辩期间的，人民法院可立即开庭审理。

第二百七十六条 当事人对小额诉讼案件提出管辖异议的，人民法院应当作出裁定。裁定一经作出即生效。

第二百七十七条 人民法院受理小额诉讼案件后，发现起诉不符合民事诉讼法第一百二十二条规定的起诉条件的，裁定驳回起诉。裁定一经作出即生效。

第二百七十八条 因当事人申请增加或者变更诉讼请求、提出反诉、追加当事人等，致使案件不符合小额诉讼案件条件的，应当适用简易程序的其他规定审理。

前款规定案件，应当适用普通程序审理的，裁定转为普通程序。

适用简易程序的其他规定或者普通程序审理前，双方当事人已确认的事实，可以不再进行举证、质证。

第二百七十九条 当事人对按照小额诉讼案件审理有异议的，应当在开庭前提出。人民法院经审查，异议成立的，适用简易程序的其他规定审理或者裁定转为普通程序；异议不成立的，裁定驳回。裁定以口头方式作出的，应当记入笔录。

第二百八十条 小额诉讼案件的裁判文书可以简化，主要记载当事人基本信息、诉讼请求、裁判主文等内容。

第二百八十一条 人民法院审理小额诉讼案件，本解释没有规定的，适用简易程序的其他规定。

十三、公益诉讼

第二百八十二条 环境保护法、消费者权益保护法等法律规定的机关和有关组织对污染环境、侵害众多消费者合法权益等损害社会公共利益的行为，根据民事诉讼法第五十八条规定提起公益诉讼，符合下列条件的，人民法院应当受理：

（一）有明确的被告；

（二）有具体的诉讼请求；
（三）有社会公共利益受到损害的初步证据；
（四）属于人民法院受理民事诉讼的范围和受诉人民法院管辖。

第二百八十三条 公益诉讼案件由侵权行为地或者被告住所地中级人民法院管辖，但法律、司法解释另有规定的除外。

因污染海洋环境提起的公益诉讼，由污染发生地、损害结果地或者采取预防污染措施地海事法院管辖。

对同一侵权行为分别向两个以上人民法院提起公益诉讼的，由最先立案的人民法院管辖，必要时由它们的共同上级人民法院指定管辖。

第二百八十四条 人民法院受理公益诉讼案件后，应当在十日内书面告知相关行政主管部门。

第二百八十五条 人民法院受理公益诉讼案件后，依法可以提起诉讼的其他机关和有关组织，可以在开庭前向人民法院申请参加诉讼。人民法院准许参加诉讼的，列为共同原告。

第二百八十六条 人民法院受理公益诉讼案件，不影响同一侵权行为的受害人根据民事诉讼法第一百二十二条规定提起诉讼。

第二百八十七条 对公益诉讼案件，当事人可以和解，人民法院可以调解。

当事人达成和解或者调解协议后，人民法院应当将和解或者调解协议进行公告。公告期间不得少于三十日。

公告期满后，人民法院经审查，和解或者调解协议不违反社会公共利益的，应当出具调解书；和解或者调解协议违反社会公共利益的，不予出具调解书，继续对案件进行审理并依法作出裁判。

第二百八十八条 公益诉讼案件的原告在法庭辩论终结后申请撤诉的，人民法院不予准许。

第二百八十九条 公益诉讼案件的裁判发生法律效力后，其他依法具有原告资格的机关和有关组织就同一侵权行为另行提起公益诉讼的，人民法院裁定不予受理，但法律、司法解释另有规定的除外。

十四、第三人撤销之诉

第二百九十条 第三人对已经发生法律效力的判决、裁定、调解书提起撤销之诉的，应当自知道或者应当知道其民事权益受到损害之日起六个月内，向作出生效判决、裁定、调解书的人民法院提出，并应当提供存在下列情形的证据材料：
（一）因不能归责于本人的事由未参加诉讼；
（二）发生法律效力的判决、裁定、调解书的全部或者部分内容错误；
（三）发生法律效力的判决、裁定、调解书内容错误损害其民事权益。

第二百九十一条 人民法院应当在收到起诉状和证据材料之日起五日内送交对方当事人，对方当事人可以自收到起诉状之日起十日内提出书面意见。

人民法院应当对第三人提交的起诉状、证据材料以及对方当事人的书面意见进行审查。必要时，可以询问双方当事人。

经审查，符合起诉条件的，人民法院应当在收到起诉状之日起三十日内立案。不符合起诉条件的，应当在收到起诉状之日起三十日内裁定不予受理。

第二百九十二条　人民法院对第三人撤销之诉案件，应当组成合议庭开庭审理。

第二百九十三条　民事诉讼法第五十九条第三款规定的因不能归责于本人的事由未参加诉讼，是指没有被列为生效判决、裁定、调解书当事人，且无过错或者无明显过错的情形。包括：

（一）不知道诉讼而未参加的；

（二）申请参加未获准许的；

（三）知道诉讼，但因客观原因无法参加的；

（四）因其他不能归责于本人的事由未参加诉讼的。

第二百九十四条　民事诉讼法第五十九条第三款规定的判决、裁定、调解书的部分或者全部内容，是指判决、裁定的主文，调解书中处理当事人民事权利义务的结果。

第二百九十五条　对下列情形提起第三人撤销之诉的，人民法院不予受理：

（一）适用特别程序、督促程序、公示催告程序、破产程序等非讼程序处理的案件；

（二）婚姻无效、撤销或者解除婚姻关系等判决、裁定、调解书中涉及身份关系的内容；

（三）民事诉讼法第五十七条规定的未参加登记的权利人对代表人诉讼案件的生效裁判；

（四）民事诉讼法第五十八条规定的损害社会公共利益行为的受害人对公益诉讼案件的生效裁判。

第二百九十六条　第三人提起撤销之诉，人民法院应当将该第三人列为原告，生效判决、裁定、调解书的当事人列为被告，但生效判决、裁定、调解书中没有承担责任的无独立请求权的第三人列为第三人。

第二百九十七条　受理第三人撤销之诉案件后，原告提供相应担保，请求中止执行的，人民法院可以准许。

第二百九十八条　对第三人撤销或者部分撤销发生法律效力的判决、裁定、调解书内容的请求，人民法院经审理，按下列情形分别处理：

（一）请求成立且确认其民事权利的主张全部或部分成立的，改变原判决、裁定、调解书内容的错误部分；

（二）请求成立，但确认其全部或部分民事权利的主张不成立，或者未提出确认其民事权利请求的，撤销原判决、裁定、调解书内容的错误部分；

（三）请求不成立的，驳回诉讼请求。

对前款规定裁判不服的，当事人可以上诉。

原判决、裁定、调解书的内容未改变或者未撤销的部分继续有效。

第二百九十九条　第三人撤销之诉案件审理期间，人民法院对生效判决、裁定、调解书裁定再审的，受理第三人撤销之诉的人民法院应当裁定将第三人的诉讼请求并入再审程序。但有证据证明原审当事人之间恶意串通损害第三人合法权益的，人民法院应当先行审理第三人撤销之诉案件，裁定中止再审诉讼。

第三百条　第三人诉讼请求并入再审程序审理的，按照下列情形分别处理：

（一）按照第一审程序审理的，人民法院应当对第三人的诉讼请求一并审理，所作的判决可以上诉；

(二）按照第二审程序审理的，人民法院可以调解，调解达不成协议的，应当裁定撤销原判决、裁定、调解书，发回一审法院重审，重审时应当列明第三人。

第三百零一条 第三人提起撤销之诉后，未中止生效判决、裁定、调解书执行的，执行法院对第三人依照民事诉讼法第二百三十四条规定提出的执行异议，应予审查。第三人不服驳回执行异议裁定，申请对原判决、裁定、调解书再审的，人民法院不予受理。

案外人对人民法院驳回其执行异议裁定不服，认为原判决、裁定、调解书内容错误损害其合法权益的，应当根据民事诉讼法第二百三十四条规定申请再审，提起第三人撤销之诉的，人民法院不予受理。

十五、执行异议之诉

第三百零二条 根据民事诉讼法第二百三十四条规定，案外人、当事人对执行异议裁定不服，自裁定送达之日起十五日内向人民法院提起执行异议之诉的，由执行法院管辖。

第三百零三条 案外人提起执行异议之诉，除符合民事诉讼法第一百二十二条规定外，还应当具备下列条件：

（一）案外人的执行异议申请已经被人民法院裁定驳回；

（二）有明确的排除对执行标的执行的诉讼请求，且诉讼请求与原判决、裁定无关；

（三）自执行异议裁定送达之日起十五日内提起。

人民法院应当在收到起诉状之日起十五日内决定是否立案。

第三百零四条 申请执行人提起执行异议之诉，除符合民事诉讼法第一百二十二条规定外，还应当具备下列条件：

（一）依案外人执行异议申请，人民法院裁定中止执行；

（二）有明确的对执行标的继续执行的诉讼请求，且诉讼请求与原判决、裁定无关；

（三）自执行异议裁定送达之日起十五日内提起。

人民法院应当在收到起诉状之日起十五日内决定是否立案。

第三百零五条 案外人提起执行异议之诉的，以申请执行人为被告。被执行人反对案外人异议的，被执行人为共同被告；被执行人不反对案外人异议的，可以列被执行人为第三人。

第三百零六条 申请执行人提起执行异议之诉的，以案外人为被告。被执行人反对申请执行人主张的，以案外人和被执行人为共同被告；被执行人不反对申请执行人主张的，可以列被执行人为第三人。

第三百零七条 申请执行人对中止执行裁定未提起执行异议之诉，被执行人提起执行异议之诉的，人民法院告知其另行起诉。

第三百零八条 人民法院审理执行异议之诉案件，适用普通程序。

第三百零九条 案外人或者申请执行人提起执行异议之诉的，案外人应当就其对执行标的享有足以排除强制执行的民事权益承担举证证明责任。

第三百一十条 对案外人提起的执行异议之诉，人民法院经审理，按照下列情形分别处理：

（一）案外人就执行标的享有足以排除强制执行的民事权益的，判决不得执行该执行标的；

（二）案外人就执行标的不享有足以排除强制执行的民事权益的，判决驳回诉讼请求。

案外人同时提出确认其权利的诉讼请求的，人民法院可以在判决中一并作出裁判。

第三百一十一条 对申请执行人提起的执行异议之诉，人民法院经审理，按照下列情形分别处理：

（一）案外人就执行标的不享有足以排除强制执行的民事权益的，判决准许执行该执行标的；

（二）案外人就执行标的享有足以排除强制执行的民事权益的，判决驳回诉讼请求。

第三百一十二条 对案外人执行异议之诉，人民法院判决不得对执行标的执行的，执行异议裁定失效。

对申请执行人执行异议之诉，人民法院判决准许对该执行标的执行的，执行异议裁定失效，执行法院可以根据申请执行人的申请或者依职权恢复执行。

第三百一十三条 案外人执行异议之诉审理期间，人民法院不得对执行标的进行处分。申请执行人请求人民法院继续执行并提供相应担保的，人民法院可以准许。

被执行人与案外人恶意串通，通过执行异议、执行异议之诉妨害执行的，人民法院应当依照民事诉讼法第一百一十六条规定处理。申请执行人因此受到损害的，可以提起诉讼要求被执行人、案外人赔偿。

第三百一十四条 人民法院对执行标的裁定中止执行后，申请执行人在法律规定的期间内未提起执行异议之诉的，人民法院应当自起诉期限届满之日起七日内解除对该执行标的采取的执行措施。

十六、第二审程序

第三百一十五条 双方当事人和第三人都提起上诉的，均列为上诉人。人民法院可以依职权确定第二审程序中当事人的诉讼地位。

第三百一十六条 民事诉讼法第一百七十三条、第一百七十四条规定的对方当事人包括被上诉人和原审其他当事人。

第三百一十七条 必要共同诉讼人的一人或者部分人提起上诉的，按下列情形分别处理：

（一）上诉仅对与对方当事人之间权利义务分担有意见，不涉及其他共同诉讼人利益的，对方当事人为被上诉人，未上诉的同一方当事人依原审诉讼地位列明；

（二）上诉仅对共同诉讼人之间权利义务分担有意见，不涉及对方当事人利益的，未上诉的同一方当事人为被上诉人，对方当事人依原审诉讼地位列明；

（三）上诉对双方当事人之间以及共同诉讼人之间权利义务承担有意见的，未提起上诉的其他当事人均为被上诉人。

第三百一十八条 一审宣判时或者判决书、裁定书送达时，当事人口头表示上诉的，人民法院应告知其必须在法定上诉期间内递交上诉状。未在法定上诉期间内递交上诉状的，视为未提起上诉。虽递交上诉状，但未在指定的期限内交纳上诉费的，按自动撤回上诉处理。

第三百一十九条 无民事行为能力人、限制民事行为能力人的法定代理人,可以代理当事人提起上诉。

第三百二十条 上诉案件的当事人死亡或者终止的,人民法院依法通知其权利义务承继者参加诉讼。

需要终结诉讼的,适用民事诉讼法第一百五十四条规定。

第三百二十一条 第二审人民法院应当围绕当事人的上诉请求进行审理。

当事人没有提出请求的,不予审理,但一审判决违反法律禁止性规定,或者损害国家利益、社会公共利益、他人合法权益的除外。

第三百二十二条 开庭审理的上诉案件,第二审人民法院可以依照民事诉讼法第一百三十六条第四项规定进行审理前的准备。

第三百二十三条 下列情形,可以认定为民事诉讼法第一百七十七条第一款第四项规定的严重违反法定程序:

(一)审判组织的组成不合法的;

(二)应当回避的审判人员未回避的;

(三)无诉讼行为能力人未经法定代理人代为诉讼的;

(四)违法剥夺当事人辩论权利的。

第三百二十四条 对当事人在第一审程序中已经提出的诉讼请求,原审人民法院未作审理、判决的,第二审人民法院可以根据当事人自愿的原则进行调解;调解不成的,发回重审。

第三百二十五条 必须参加诉讼的当事人或者有独立请求权的第三人,在第一审程序中未参加诉讼,第二审人民法院可以根据当事人自愿的原则予以调解;调解不成的,发回重审。

第三百二十六条 在第二审程序中,原审原告增加独立的诉讼请求或者原审被告提出反诉的,第二审人民法院可以根据当事人自愿的原则就新增加的诉讼请求或者反诉进行调解;调解不成的,告知当事人另行起诉。

双方当事人同意由第二审人民法院一并审理的,第二审人民法院可以一并裁判。

第三百二十七条 一审判决不准离婚的案件,上诉后,第二审人民法院认为应当判决离婚的,可以根据当事人自愿的原则,与子女抚养、财产问题一并调解;调解不成的,发回重审。

双方当事人同意由第二审人民法院一并审理的,第二审人民法院可以一并裁判。

第三百二十八条 人民法院依照第二审程序审理案件,认为依法不应由人民法院受理的,可以由第二审人民法院直接裁定撤销原裁判,驳回起诉。

第三百二十九条 人民法院依照第二审程序审理案件,认为第一审人民法院受理案件违反专属管辖规定的,应当裁定撤销原裁判并移送有管辖权的人民法院。

第三百三十条 第二审人民法院查明第一审人民法院作出的不予受理裁定有错误的,应当在撤销原裁定的同时,指令第一审人民法院立案受理;查明第一审人民法院作出的驳回起诉裁定有错误的,应当在撤销原裁定的同时,指令第一审人民法院审理。

第三百三十一条 第二审人民法院对下列上诉案件,依照民事诉讼法第一百七十六条规定可以不开庭审理:

(一)不服不予受理、管辖权异议和驳回起诉裁定的;

（二）当事人提出的上诉请求明显不能成立的；
（三）原判决、裁定认定事实清楚，但适用法律错误的；
（四）原判决严重违反法定程序，需要发回重审的。

第三百三十二条　原判决、裁定认定事实或者适用法律虽有瑕疵，但裁判结果正确的，第二审人民法院可以在判决、裁定中纠正瑕疵后，依照民事诉讼法第一百七十七条第一款第一项规定予以维持。

第三百三十三条　民事诉讼法第一百七十七条第一款第三项规定的基本事实，是指用以确定当事人主体资格、案件性质、民事权利义务等对原判决、裁定的结果有实质性影响的事实。

第三百三十四条　在第二审程序中，作为当事人的法人或者其他组织分立的，人民法院可以直接将分立后的法人或者其他组织列为共同诉讼人；合并的，将合并后的法人或者其他组织列为当事人。

第三百三十五条　在第二审程序中，当事人申请撤回上诉，人民法院经审查认为一审判决确有错误，或者当事人之间恶意串通损害国家利益、社会公共利益、他人合法权益的，不应准许。

第三百三十六条　在第二审程序中，原审原告申请撤回起诉，经其他当事人同意，且不损害国家利益、社会公共利益、他人合法权益的，人民法院可以准许。准许撤诉的，应当一并裁定撤销一审裁判。

原审原告在第二审程序中撤回起诉后重复起诉的，人民法院不予受理。

第三百三十七条　当事人在第二审程序中达成和解协议的，人民法院可以根据当事人的请求，对双方达成的和解协议进行审查并制作调解书送达当事人；因和解而申请撤诉，经审查符合撤诉条件的，人民法院应予准许。

第三百三十八条　第二审人民法院宣告判决可以自行宣判，也可以委托原审人民法院或者当事人所在地人民法院代行宣判。

第三百三十九条　人民法院审理对裁定的上诉案件，应当在第二审立案之日起三十日内作出终审裁定。有特殊情况需要延长审限的，由本院院长批准。

第三百四十条　当事人在第一审程序中实施的诉讼行为，在第二审程序中对该当事人仍具有拘束力。

当事人推翻其在第一审程序中实施的诉讼行为时，人民法院应当责令其说明理由。理由不成立的，不予支持。

十七、特别程序

第三百四十一条　宣告失踪或者宣告死亡案件，人民法院可以根据申请人的请求，清理下落不明人的财产，并指定案件审理期间的财产管理人。公告期满后，人民法院判决宣告失踪的，应当同时依照民法典第四十二条的规定指定失踪人的财产代管人。

第三百四十二条　失踪人的财产代管人经人民法院指定后，代管人申请变更代管的，比照民事诉讼法特别程序的有关规定进行审理。申请理由成立的，裁定撤销申请人的代管人身份，同时另行指定财产代管人；申请理由不成立的，裁定驳回申请。

失踪人的其他利害关系人申请变更代管的，人民法院应当告知其以原指定的代管人为被告起诉，并按普通程序进行审理。

第三百四十三条　人民法院判决宣告公民失踪后，利害关系人向人民法院申请宣告失踪人死亡，自失踪之日起满四年的，人民法院应当受理，宣告失踪的判决即是该公民失踪的证明，审理中仍应依照民事诉讼法第一百九十二条规定进行公告。

第三百四十四条 符合法律规定的多个利害关系人提出宣告失踪、宣告死亡申请的，列为共同申请人。

第三百四十五条 寻找下落不明人的公告应当记载下列内容：

（一）被申请人应当在规定期间内向受理法院申报其具体地址及其联系方式。否则，被申请人将被宣告失踪、宣告死亡；

（二）凡知悉被申请人生存现状的人，应当在公告期间内将其所知道情况向受理法院报告。

第三百四十六条 人民法院受理宣告失踪、宣告死亡案件后，作出判决前，申请人撤回申请的，人民法院应当裁定终结案件，但其他符合法律规定的利害关系人加入程序要求继续审理的除外。

第三百四十七条 在诉讼中，当事人的利害关系人或者有关组织提出该当事人不能辨认或者不能完全辨认自己的行为，要求宣告该当事人无民事行为能力或者限制民事行为能力的，应由利害关系人或者有关组织向人民法院提出申请，由受诉人民法院按照特别程序立案审理，原诉讼中止。

第三百四十八条 认定财产无主案件，公告期间有人对财产提出请求的，人民法院应当裁定终结特别程序，告知申请人另行起诉，适用普通程序审理。

第三百四十九条 被指定的监护人不服居民委员会、村民委员会或者民政部门指定，应当自接到通知之日起三十日内向人民法院提出异议。经审理，认为指定并无不当的，裁定驳回异议；指定不当的，判决撤销指定，同时另行指定监护人。判决书应当送达异议人、原指定单位及判决指定的监护人。

有关当事人依照民法典第三十一条第一款规定直接向人民法院申请指定监护人的，适用特别程序审理，判决指定监护人。判决书应当送达申请人、判决指定的监护人。

第三百五十条 申请认定公民无民事行为能力或者限制民事行为能力的案件，被申请人没有近亲属的，人民法院可以指定经被申请人住所地的居民委员会、村民委员会或者民政部门同意，且愿意担任代理人的个人或者组织为代理人。

没有前款规定的代理人的，由被申请人住所地的居民委员会、村民委员会或者民政部门担任代理人。

代理人可以是一人，也可以是同一顺序中的两人。

第三百五十一条 申请司法确认调解协议的，双方当事人应当本人或者由符合民事诉讼法第六十一条规定的代理人依照民事诉讼法第二百零一条的规定提出申请。

第三百五十二条 调解组织自行开展的调解，有两个以上调解组织参与的，符合民事诉讼法第二百零一条规定的各调解组织所在地人民法院均有管辖权。

双方当事人可以共同向符合民事诉讼法第二百零一条规定的其中一个有管辖权的人民法院提出申请；双方当事人共同向两个以上有管辖权的人民法院提出申请的，由最先立案的人民法院管辖。

第三百五十三条 当事人申请司法确认调解协议，可以采用书面形式或者口头形式。当事人口头申请的，人民法院应当记入笔录，并由当事人签名、捺印或者盖章。

第三百五十四条 当事人申请司法确认调解协议，应当向人民法院提交调解协议、调解组织主持调解的证明，以及与调解协议相关的财产权利证明等材料，并提供双方当事人的身份、住所、联系方式等基本信息。

当事人未提交上述材料的，人民法院应当要求当事人限期补交。

第三百五十五条 当事人申请司法确认调解协议，有下列情形之一的，人民法院裁定不予受理：

（一）不属于人民法院受理范围的；

（二）不属于收到申请的人民法院管辖的；

（三）申请确认婚姻关系、亲子关系、收养关系等身份关系无效、有效或者解除的；

（四）涉及适用其他特别程序、公示催告程序、破产程序审理的；

（五）调解协议内容涉及物权、知识产权确权的。

人民法院受理申请后，发现有上述不予受理情形的，应当裁定驳回当事人的申请。

第三百五十六条 人民法院审查相关情况时，应当通知双方当事人共同到场对案件进行核实。

人民法院经审查，认为当事人的陈述或者提供的证明材料不充分、不完备或者有疑义的，可以要求当事人限期补充陈述或者补充证明材料。必要时，人民法院可以向调解组织核实有关情况。

第三百五十七条 确认调解协议的裁定作出前，当事人撤回申请的，人民法院可以裁定准许。

当事人无正当理由未在限期内补充陈述、补充证明材料或者拒不接受询问的，人民法院可以按撤回申请处理。

第三百五十八条 经审查，调解协议有下列情形之一的，人民法院应当裁定驳回申请：

（一）违反法律强制性规定的；

（二）损害国家利益、社会公共利益、他人合法权益的；

（三）违背公序良俗的；

（四）违反自愿原则的；

（五）内容不明确的；

（六）其他不能进行司法确认的情形。

第三百五十九条 民事诉讼法第二百零三条规定的担保物权人，包括抵押权人、质权人、留置权人；其他有权请求实现担保物权的人，包括抵押人、出质人、财产被留置的债务人或者所有权人等。

第三百六十条 实现票据、仓单、提单等有权利凭证的权利质权案件，可以由权利凭证持有人住所地人民法院管辖；无权利凭证的权利质权，由出质登记地人民法院管辖。

第三百六十一条 实现担保物权案件属于海事法院等专门人民法院管辖的，由专门人民法院管辖。

第三百六十二条 同一债权的担保物有多个且所在地不同，申请人分别向有管辖权的人民法院申请实现担保物权的，人民法院应当依法受理。

第三百六十三条 依照民法典第三百九十二条的规定，被担保的债权既有物的担保又有人的担保，当事人对实现担保物权的顺序有约定，实现担保物权的申请违反该约定的，人民法院裁定不予受理；没有约定或者约定不明的，人民法院应当受理。

第三百六十四条 同一财产上设立多个担保物权，登记在先的担保物权尚未实现的，不影响后顺位的担保物权人向人民法院申请实现担保物权。

第三百六十五条 申请实现担保物权，应当提交下列材料：

（一）申请书。申请书应当记明申请人、被申请人的姓名或者名称、联系方式等基本信息，具体的请求和事实、理由；

（二）证明担保物权存在的材料，包括主合同、担保合同、抵押登记证明或者他项权利证书，权利质权的权利凭证或者质权出质登记证明等；

（三）证明实现担保物权条件成就的材料；

（四）担保财产现状的说明；

（五）人民法院认为需要提交的其他材料。

第三百六十六条 人民法院受理申请后，应当在五日内向被申请人送达申请书副本、异议权利告知书等文书。

被申请人有异议的，应当在收到人民法院通知后的五日内向人民法院提出，同时说明理由并提供相应的证据材料。

第三百六十七条 实现担保物权案件可以由审判员一人独任审查。担保财产标的额超过基层人民法院管辖范围的，应当组成合议庭进行审查。

第三百六十八条 人民法院审查实现担保物权案件，可以询问申请人、被申请人、利害关系人，必要时可以依职权调查相关事实。

第三百六十九条 人民法院应当就主合同的效力、期限、履行情况，担保物权是否有效设立、担保财产的范围、被担保的债权范围、被担保的债权是否已届清偿期等担保物权实现的条件，以及是否损害他人合法权益等内容进行审查。

被申请人或者利害关系人提出异议的，人民法院应当一并审查。

第三百七十条 人民法院审查后，按下列情形分别处理：

（一）当事人对实现担保物权无实质性争议且实现担保物权条件成就的，裁定准许拍卖、变卖担保财产；

（二）当事人对实现担保物权有部分实质性争议的，可以就无争议部分裁定准许拍卖、变卖担保财产；

（三）当事人对实现担保物权有实质性争议的，裁定驳回申请，并告知申请人向人民法院提起诉讼。

第三百七十一条 人民法院受理申请后，申请人对担保财产提出保全申请的，可以按照民事诉讼法关于诉讼保全的规定办理。

第三百七十二条 适用特别程序作出的判决、裁定，当事人、利害关系人认为有错误的，可以向作出该判决、裁定的人民法院提出异议。人民法院经审查，异议成立或者部分成立的，作出新的判决、裁定撤销或者改变原判决、裁定；异议不成立的，裁定驳回。

对人民法院作出的确认调解协议、准许实现担保物权的裁定，当事人有异议的，应当自收到裁定之日起十五日内提出；利害关系人有异议的，自知道或者应当知道其民事权益受到侵害之日起六个月内提出。

十八、审判监督程序

第三百七十三条 当事人死亡或者终止的，其权利义务承继者可以根据民事诉讼法第二百零六条、第二百零八条的规定申请再审。

判决、调解书生效后，当事人将判决、调解书确认的债权转让，债权受让人对该判决、调解书不服申请再审的，人民法院不予受理。

第三百七十四条 民事诉讼法第二百零六条规定的人数众多的一方当事人，包括公民、法人和其他组织。

民事诉讼法第二百零六条规定的当事人双方为公民的案件，是指原告和被告均为公民的案件。

第三百七十五条 当事人申请再审，应当提交下列材料：

（一）再审申请书，并按照被申请人和原审其他当事人的人数提交副本；

（二）再审申请人是自然人的，应当提交身份证明；再审申请人是法人或者其他组织的，应当提交营业执照、组织机构代码证书、法定代表人或者主要负责人身份证明书。委托他人代为申请的，应当提交授权委托书和代理人身份证明；

（三）原审判决书、裁定书、调解书；

（四）反映案件基本事实的主要证据及其他材料。

前款第二项、第三项、第四项规定的材料可以是与原件核对无异的复印件。

第三百七十六条 再审申请书应当记明下列事项：

（一）再审申请人与被申请人及原审其他当事人的基本信息；

（二）原审人民法院的名称，原审裁判文书案号；

（三）具体的再审请求；

（四）申请再审的法定情形及具体事实、理由。

再审申请书应当明确申请再审的人民法院，并由再审申请人签名、捺印或者盖章。

第三百七十七条 当事人一方人数众多或者当事人双方为公民的案件，当事人分别向原审人民法院和上一级人民法院申请再审且不能协商一致的，由原审人民法院受理。

第三百七十八条 适用特别程序、督促程序、公示催告程序、破产程序等非讼程序审理的案件，当事人不得申请再审。

第三百七十九条 当事人认为发生法律效力的不予受理、驳回起诉的裁定错误的，可以申请再审。

第三百八十条 当事人就离婚案件中的财产分割问题申请再审，如涉及判决中已分割的财产，人民法院应当依照民事诉讼法第二百零七条的规定进行审查，符合再审条件的，应当裁定再审；如涉及判决中未作处理的夫妻共同财产，应当告知当事人另行起诉。

第三百八十一条 当事人申请再审，有下列情形之一的，人民法院不予受理：

（一）再审申请被驳回后再次提出申请的；

（二）对再审判决、裁定提出申请的；

（三）在人民检察院对当事人的申请作出不予提出再审检察建议或者抗诉决定后又提出申请的。

前款第一项、第二项规定情形，人民法院应当告知当事人可以向人民检察院申请再审检察建议或者抗诉，但因人民检察院提出再审检察建议或者抗诉而再审作出的判决、裁定除外。

第三百八十二条 当事人对已经发生法律效力的调解书申请再审，应当在调解书发生法律效力后六个月内提出。

第三百八十三条 人民法院应当自收到符合条件的再审申请书等材料之日起五日内向再审申请人发送受理通知书，并向被申请人及原审其他当事人发送应诉通知书、再审申请书副本等材料。

第三百八十四条 人民法院受理申请再审案件后，应当依照民事诉讼法第二百零七条、第二百零八条、第二百一十一条等规定，对当事人主张的再审事由进行审查。

第三百八十五条 再审申请人提供的新的证据，能够证明原判决、裁定认定基本事实或者裁判结果错误的，应当认定为民事诉讼法第二百零七条第一项规定的情形。

对于符合前款规定的证据，人民法院应当责令再审申请人说明其逾期提供该证据的理由；拒不说明理由或者理由不成立的，依照民事诉讼法第六十八条第二款和本解释第一百零二条的规定处理。

第三百八十六条 再审申请人证明其提交的新的证据符合下列情形之一的，可以认定逾期提供证据的理由成立：

（一）在原审庭审结束前已经存在，因客观原因于庭审结束后才发现的；

（二）在原审庭审结束前已经发现，但因客观原因无法取得或者在规定的期限内不能提供的；

（三）在原审庭审结束后形成，无法据此另行提起诉讼的。

再审申请人提交的证据在原审中已经提供，原审人民法院未组织质证且未作为裁判根据的，视为逾期提供证据的理由成立，但原审人民法院依照民事诉讼法第六十八条规定不予采纳的除外。

第三百八十七条 当事人对原判决、裁定认定事实的主要证据在原审中拒绝发表质证意见或者质证中未对证据发表质证意见的，不属于民事诉讼法第二百零七条第四项规定的未经质证的情形。

第三百八十八条 有下列情形之一，导致判决、裁定结果错误的，应当认定为民事诉讼法第二百零七条第六项规定的原判决、裁定适用法律确有错误：

（一）适用的法律与案件性质明显不符的；

（二）确定民事责任明显违背当事人约定或者法律规定的；

（三）适用已经失效或者尚未施行的法律的；

（四）违反法律溯及力规定的；

（五）违反法律适用规则的；

（六）明显违背立法原意的。

第三百八十九条 原审开庭过程中有下列情形之一的，应当认定为民事诉讼法第二百零七条第九项规定的剥夺当事人辩论权利：

（一）不允许当事人发表辩论意见的；

（二）应当开庭审理而未开庭审理的；

（三）违反法律规定送达起诉状副本或者上诉状副本，致使当事人无法行使辩论权利的；

（四）违法剥夺当事人辩论权利的其他情形。

第三百九十条 民事诉讼法第二百零七条第十一项规定的诉讼请求，包括一审诉讼请求、二审上诉请求，但当事人未对一审判决、裁定遗漏或者超出诉讼请求提起上诉的除外。

第三百九十一条 民事诉讼法第二百零七条第十二项规定的法律文书包括：
（一）发生法律效力的判决书、裁定书、调解书；
（二）发生法律效力的仲裁裁决书；
（三）具有强制执行效力的公证债权文书。

第三百九十二条 民事诉讼法第二百零七条第十三项规定的审判人员审理该案件时有贪污受贿、徇私舞弊、枉法裁判行为，是指已经由生效刑事法律文书或者纪律处分决定所确认的行为。

第三百九十三条 当事人主张的再审事由成立，且符合民事诉讼法和本解释规定的申请再审条件的，人民法院应当裁定再审。

当事人主张的再审事由不成立，或者当事人申请再审超过法定申请再审期限、超出法定再审事由范围等不符合民事诉讼法和本解释规定的申请再审条件的，人民法院应当裁定驳回再审申请。

第三百九十四条 人民法院对已经发生法律效力的判决、裁定、调解书依法决定再审，依照民事诉讼法第二百一十三条规定，需要中止执行的，应当在再审裁定中同时写明中止原判决、裁定、调解书的执行；情况紧急的，可以将中止执行裁定口头通知负责执行的人民法院，并在通知后十日内发出裁定书。

第三百九十五条 人民法院根据审查案件的需要决定是否询问当事人。新的证据可能推翻原判决、裁定的，人民法院应当询问当事人。

第三百九十六条 审查再审申请期间，被申请人及原审其他当事人依法提出再审申请的，人民法院应当将其列为再审申请人，对其再审事由一并审查，审查期限重新计算。经审查，其中一方再审申请人主张的再审事由成立的，应当裁定再审。各方再审申请人主张的再审事由均不成立的，一并裁定驳回再审申请。

第三百九十七条 审查再审申请期间，再审申请人申请人民法院委托鉴定、勘验的，人民法院不予准许。

第三百九十八条 审查再审申请期间，再审申请人撤回再审申请的，是否准许，由人民法院裁定。

再审申请人经传票传唤，无正当理由拒不接受询问的，可以按撤回再审申请处理。

第三百九十九条 人民法院准许撤回再审申请或者按撤回再审申请处理后，再审申请人再次申请再审的，不予受理，但有民事诉讼法第二百零七条第一项、第三项、第十二项、第十三项规定情形，自知道或者应当知道之日起六个月内提出的除外。

第四百条 再审申请审查期间，有下列情形之一的，裁定终结审查：
（一）再审申请人死亡或者终止，无权利义务承继者或者权利义务承继者声明放弃再审申请的；
（二）在给付之诉中，负有给付义务的被申请人死亡或者终止，无可供执行的财产，也没有应当承担义务的人的；
（三）当事人达成和解协议且已履行完毕的，但当事人在和解协议中声明不放弃申请再审权利的除外；

（四）他人未经授权以当事人名义申请再审的；

（五）原审或者上一级人民法院已经裁定再审的；

（六）有本解释第三百八十一条第一款规定情形的。

第四百零一条 人民法院审理再审案件应当组成合议庭开庭审理，但按照第二审程序审理，有特殊情况或者双方当事人已经通过其他方式充分表达意见，且书面同意不开庭审理的除外。

符合缺席判决条件的，可以缺席判决。

第四百零二条 人民法院开庭审理再审案件，应当按照下列情形分别进行：

（一）因当事人申请再审的，先由再审申请人陈述再审请求及理由，后由被申请人答辩、其他原审当事人发表意见；

（二）因抗诉再审的，先由抗诉机关宣读抗诉书，再由申请抗诉的当事人陈述，后由被申请人答辩、其他原审当事人发表意见；

（三）人民法院依职权再审，有申诉人的，先由申诉人陈述再审请求及理由，后由被申诉人答辩、其他原审当事人发表意见；

（四）人民法院依职权再审，没有申诉人的，先由原审原告或者原审上诉人陈述，后由原审其他当事人发表意见。

对前款第一项至第三项规定的情形，人民法院应当要求当事人明确其再审请求。

第四百零三条 人民法院审理再审案件应当围绕再审请求进行。当事人的再审请求超出原审诉讼请求的，不予审理；符合另案诉讼条件的，告知当事人可以另行起诉。

被申请人及原审其他当事人在庭审辩论结束前提出的再审请求，符合民事诉讼法第二百一十二条规定的，人民法院应当一并审理。

人民法院经再审，发现已经发生法律效力的判决、裁定损害国家利益、社会公共利益、他人合法权益的，应当一并审理。

第四百零四条 再审审理期间，有下列情形之一的，可以裁定终结再审程序：

（一）再审申请人在再审期间撤回再审请求，人民法院准许的；

（二）再审申请人经传票传唤，无正当理由拒不到庭的，或者未经法庭许可中途退庭，按撤回再审请求处理的；

（三）人民检察院撤回抗诉的；

（四）有本解释第四百条第一项至第四项规定情形的。

因人民检察院提出抗诉裁定再审的案件，申请抗诉的当事人有前款规定的情形，且不损害国家利益、社会公共利益或者他人合法权益的，人民法院应当裁定终结再审程序。

再审程序终结后，人民法院裁定中止执行的原生效判决自动恢复执行。

第四百零五条 人民法院经再审审理认为，原判决、裁定认定事实清楚、适用法律正确的，应予维持；原判决、裁定认定事实、适用法律虽有瑕疵，但裁判结果正确的，应当在再审判决、裁定中纠正瑕疵后予以维持。

原判决、裁定认定事实、适用法律错误，导致裁判结果错误的，应当依法改判、撤销或者变更。

第四百零六条 按照第二审程序再审的案件，人民法院经审理认为不符合民事诉讼法规定的起诉条件或者符合民事诉讼法第一百二十七条规定不予受理情形的,应当裁定撤销一、二审判决,驳回起诉。

第四百零七条 人民法院对调解书裁定再审后,按照下列情形分别处理:

(一)当事人提出的调解违反自愿原则的事由不成立,且调解书的内容不违反法律强制性规定的,裁定驳回再审申请;

(二)人民检察院抗诉或者再审检察建议所主张的损害国家利益、社会公共利益的理由不成立的,裁定终结再审程序。

前款规定情形,人民法院裁定中止执行的调解书需要继续执行的,自动恢复执行。

第四百零八条 一审原告在再审审理程序中申请撤回起诉,经其他当事人同意,且不损害国家利益、社会公共利益、他人合法权益的,人民法院可以准许。裁定准许撤诉的,应当一并撤销原判决。

一审原告在再审审理程序中撤回起诉后重复起诉的,人民法院不予受理。

第四百零九条 当事人提交新的证据致使再审改判,因再审申请人或者申请检察监督当事人的过错未能在原审程序中及时举证,被申请人等当事人请求补偿其增加的交通、住宿、就餐、误工等必要费用的,人民法院应予支持。

第四百一十条 部分当事人到庭并达成调解协议,其他当事人未作出书面表示的,人民法院应当在判决中对该事实作出表述;调解协议内容不违反法律规定,且不损害其他当事人合法权益的,可以在判决主文中予以确认。

第四百一十一条 人民检察院依法对损害国家利益、社会公共利益的发生法律效力的判决、裁定、调解书提出抗诉,或者经人民检察院检察委员会讨论决定提出再审检察建议的,人民法院应予受理。

第四百一十二条 人民检察院对已经发生法律效力的判决以及不予受理、驳回起诉的裁定依法提出抗诉的,人民法院应予受理,但适用特别程序、督促程序、公示催告程序、破产程序以及解除婚姻关系的判决、裁定等不适用审判监督程序的判决、裁定除外。

第四百一十三条 人民检察院依照民事诉讼法第二百一十六条第一款第三项规定对有明显错误的再审判决、裁定提出抗诉或者再审检察建议的,人民法院应予受理。

第四百一十四条 地方各级人民检察院依当事人的申请对生效判决、裁定向同级人民法院提出再审检察建议,符合下列条件的,应予受理:

(一)再审检察建议书和原审当事人申请书及相关证据材料已经提交;

(二)建议再审的对象为依照民事诉讼法和本解释规定可以进行再审的判决、裁定;

(三)再审检察建议书列明该判决、裁定有民事诉讼法第二百一十五条第二款规定情形;

(四)符合民事诉讼法第二百一十六条第一款第一项、第二项规定情形;

(五)再审检察建议经该人民检察院检察委员会讨论决定。

不符合前款规定的,人民法院可以建议人民检察院予以补正或者撤回;不予补正或者撤回的,应当函告人民检察院不予受理。

第四百一十五条 人民检察院依当事人的申请对生效判决、裁定提出抗诉,符合下列条件的,人民法院应当在三十日内裁定再审:

（一）抗诉书和原审当事人申请书及相关证据材料已经提交；
（二）抗诉对象为依照民事诉讼法和本解释规定可以进行再审的判决、裁定；
（三）抗诉书列明该判决、裁定有民事诉讼法第二百一十五条第一款规定情形；
（四）符合民事诉讼法第二百一十六条第一款第一项、第二项规定情形。

不符合前款规定的，人民法院可以建议人民检察院予以补正或者撤回；不予补正或者撤回的，人民法院可以裁定不予受理。

第四百一十六条 当事人的再审申请被上级人民法院裁定驳回后，人民检察院对原判决、裁定、调解书提出抗诉，抗诉事由符合民事诉讼法第二百零七条第一项至第五项规定情形之一的，受理抗诉的人民法院可以交由下一级人民法院再审。

第四百一十七条 人民法院收到再审检察建议后，应当组成合议庭，在三个月内进行审查，发现原判决、裁定、调解书确有错误，需要再审的，依照民事诉讼法第二百零五条规定裁定再审，并通知当事人；经审查，决定不予再审的，应当书面回复人民检察院。

第四百一十八条 人民法院审理因人民检察院抗诉或者检察建议裁定再审的案件，不受此前已经作出的驳回当事人再审申请裁定的影响。

第四百一十九条 人民法院开庭审理抗诉案件，应当在开庭三日前通知人民检察院、当事人和其他诉讼参与人。同级人民检察院或者提出抗诉的人民检察院应当派员出庭。

人民检察院因履行法律监督职责向当事人或者案外人调查核实的情况，应当向法庭提交并予以说明，由双方当事人进行质证。

第四百二十条 必须共同进行诉讼的当事人因不能归责于本人或者其诉讼代理人的事由未参加诉讼的，可以根据民事诉讼法第二百零七条第八项规定，自知道或者应当知道之日起六个月内申请再审，但符合本解释第四百二十一条规定情形的除外。

人民法院因前款规定的当事人申请而裁定再审，按照第一审程序再审的，应当追加其为当事人，作出新的判决、裁定；按照第二审程序再审，经调解不能达成协议的，应当撤销原判决、裁定，发回重审，重审时应追加其为当事人。

第四百二十一条 根据民事诉讼法第二百三十四条规定，案外人对驳回其执行异议的裁定不服，认为原判决、裁定、调解书内容错误损害其民事权益的，可以自执行异议裁定送达之日起六个月内，向作出原判决、裁定、调解书的人民法院申请再审。

第四百二十二条 根据民事诉讼法第二百三十四条规定，人民法院裁定再审后，案外人属于必要的共同诉讼当事人的，依照本解释第四百二十条第二款规定处理。

案外人不是必要的共同诉讼当事人的，人民法院仅审理原判决、裁定、调解书对其民事权益造成损害的内容。经审理，再审请求成立的，撤销或者改变原判决、裁定、调解书；再审请求不成立的，维持原判决、裁定、调解书。

第四百二十三条 本解释第三百三十八条规定适用于审判监督程序。

第四百二十四条 对小额诉讼案件的判决、裁定，当事人以民事诉讼法第二百零七条规定的事由向原审人民法院申请再审的，人民法院应当受理。申请再审事由成立的，应当裁定再审，组成合议庭进行审理。作出的再审判决、裁定，当事人不得上诉。

当事人以不应按小额诉讼案件审理为由向原审人民法院申请再审的，人民法院应当受理。理由成立的，应当裁定再审，组成合议庭审理。作出的再审判决、裁定，当事人可以上诉。

十九、督促程序

第四百二十五条 两个以上人民法院都有管辖权的，债权人可以向其中一个基层人民法院申请支付令。

债权人向两个以上有管辖权的基层人民法院申请支付令的，由最先立案的人民法院管辖。

第四百二十六条 人民法院收到债权人的支付令申请书后，认为申请书不符合要求的，可以通知债权人限期补正。人民法院应当自收到补正材料之日起五日内通知债权人是否受理。

第四百二十七条 债权人申请支付令，符合下列条件的，基层人民法院应当受理，并在收到支付令申请书后五日内通知债权人：

（一）请求给付金钱或者汇票、本票、支票、股票、债券、国库券、可转让的存款单等有价证券；

（二）请求给付的金钱或者有价证券已到期且数额确定，并写明了请求所根据的事实、证据；

（三）债权人没有对待给付义务；

（四）债务人在我国境内且未下落不明；

（五）支付令能够送达债务人；

（六）收到申请书的人民法院有管辖权；

（七）债权人未向人民法院申请诉前保全。

不符合前款规定的，人民法院应当在收到支付令申请书后五日内通知债权人不予受理。

基层人民法院受理申请支付令案件，不受债权金额的限制。

第四百二十八条 人民法院受理申请后，由审判员一人进行审查。经审查，有下列情形之一的，裁定驳回申请：

（一）申请人不具备当事人资格的；

（二）给付金钱或者有价证券的证明文件没有约定逾期给付利息或者违约金、赔偿金，债权人坚持要求给付利息或者违约金、赔偿金的；

（三）要求给付的金钱或者有价证券属于违法所得的；

（四）要求给付的金钱或者有价证券尚未到期或者数额不确定的。

人民法院受理支付令申请后，发现不符合本解释规定的受理条件的，应当在受理之日起十五日内裁定驳回申请。

第四百二十九条 向债务人本人送达支付令，债务人拒绝接收的，人民法院可以留置送达。

第四百三十条 有下列情形之一的，人民法院应当裁定终结督促程序，已发出支付令的，支付令自行失效：

（一）人民法院受理支付令申请后，债权人就同一债权债务关系又提起诉讼的；

（二）人民法院发出支付令之日起三十日内无法送达债务人的；

（三）债务人收到支付令前，债权人撤回申请的。

第四百三十一条 债务人在收到支付令后，未在法定期间提出书面异议，而向其他人民法院起诉的,不影响支付令的效力。

债务人超过法定期间提出异议的,视为未提出异议。

第四百三十二条 债权人基于同一债权债务关系,在同一支付令申请中向债务人提出多项支付请求,债务人仅就其中一项或者几项请求提出异议的,不影响其他各项请求的效力。

第四百三十三条 债权人基于同一债权债务关系,就可分之债向多个债务人提出支付请求,多个债务人中的一人或者几人提出异议的,不影响其他请求的效力。

第四百三十四条 对设有担保的债务的主债务人发出的支付令,对担保人没有拘束力。

债权人就担保关系单独提起诉讼的,支付令自人民法院受理案件之日起失效。

第四百三十五条 经形式审查,债务人提出的书面异议有下列情形之一的,应当认定异议成立,裁定终结督促程序,支付令自行失效:

(一)本解释规定的不予受理申请情形的;

(二)本解释规定的裁定驳回申请情形的;

(三)本解释规定的应当裁定终结督促程序情形的;

(四)人民法院对是否符合发出支付令条件产生合理怀疑的。

第四百三十六条 债务人对债务本身没有异议,只是提出缺乏清偿能力、延缓债务清偿期限、变更债务清偿方式等异议的,不影响支付令的效力。

人民法院经审查认为异议不成立的,裁定驳回。

债务人的口头异议无效。

第四百三十七条 人民法院作出终结督促程序或者驳回异议裁定前,债务人请求撤回异议的,应当裁定准许。

债务人对撤回异议反悔的,人民法院不予支持。

第四百三十八条 支付令失效后,申请支付令的一方当事人不同意提起诉讼的,应当自收到终结督促程序裁定之日起七日内向受理申请的人民法院提出。

申请支付令的一方当事人不同意提起诉讼的,不影响其向其他有管辖权的人民法院提起诉讼。

第四百三十九条 支付令失效后,申请支付令的一方当事人自收到终结督促程序裁定之日起七日内未向受理申请的人民法院表明不同意提起诉讼的,视为向受理申请的人民法院起诉。

债权人提出支付令申请的时间,即为向人民法院起诉的时间。

第四百四十条 债权人向人民法院申请执行支付令的期间,适用民事诉讼法第二百四十六条的规定。

第四百四十一条 人民法院院长发现本院已经发生法律效力的支付令确有错误,认为需要撤销的,应当提交本院审判委员会讨论决定后,裁定撤销支付令,驳回债权人的申请。

二十、公示催告程序

第四百四十二条 民事诉讼法第二百二十五条规定的票据持有人,是指票据被盗、遗失或者灭失前的最后持有人。

第四百四十三条 人民法院收到公示催告的申请后,应当立即审查,并决定是否受理。经审查认为符合受理条件的，通知予以受理，并同时通知支付人停止支付；认为不符合受理条件的，七日内裁定驳回申请。

第四百四十四条 因票据丧失，申请公示催告的，人民法院应结合票据存根、丧失票据的复印件、出票人关于签发票据的证明、申请人合法取得票据的证明、银行挂失止付通知书、报案证明等证据，决定是否受理。

第四百四十五条 人民法院依照民事诉讼法第二百二十六条规定发出的受理申请的公告，应当写明下列内容：

（一）公示催告申请人的姓名或者名称；

（二）票据的种类、号码、票面金额、出票人、背书人、持票人、付款期限等事项以及其他可以申请公示催告的权利凭证的种类、号码、权利范围、权利人、义务人、行权日期等事项；

（三）申报权利的期间；

（四）在公示催告期间转让票据等权利凭证，利害关系人不申报的法律后果。

第四百四十六条 公告应当在有关报纸或者其他媒体上刊登，并于同日公布于人民法院公告栏内。人民法院所在地有证券交易所的，还应当同日在该交易所公布。

第四百四十七条 公告期间不得少于六十日，且公示催告期间届满日不得早于票据付款日后十五日。

第四百四十八条 在申报期届满后、判决作出之前，利害关系人申报权利的，应当适用民事诉讼法第二百二十八条第二款、第三款规定处理。

第四百四十九条 利害关系人申报权利，人民法院应当通知其向法院出示票据，并通知公示催告申请人在指定的期间查看该票据。公示催告申请人申请公示催告的票据与利害关系人出示的票据不一致的，应当裁定驳回利害关系人的申报。

第四百五十条 在申报权利的期间无人申报权利，或者申报被驳回的，申请人应当自公示催告期间届满之日起一个月内申请作出判决。逾期不申请判决的，终结公示催告程序。

裁定终结公示催告程序的，应当通知申请人和支付人。

第四百五十一条 判决公告之日起，公示催告申请人有权依据判决向付款人请求付款。

付款人拒绝付款，申请人向人民法院起诉，符合民事诉讼法第一百二十二条规定的起诉条件的，人民法院应予受理。

第四百五十二条 适用公示催告程序审理案件，可由审判员一人独任审理；判决宣告票据无效的，应当组成合议庭审理。

第四百五十三条 公示催告申请人撤回申请，应在公示催告前提出；公示催告期间申请撤回的，人民法院可以径行裁定终结公示催告程序。

第四百五十四条 人民法院依照民事诉讼法第二百二十七条规定通知支付人停止支付，应当符合有关财产保全的规定。支付人收到停止支付通知后拒不止付的，除可依照民事诉讼法第一百一十四条、第一百一十七条规定采取强制措施外，在判决后，支付人仍应承担付款义务。

第四百五十五条 人民法院依照民事诉讼法第二百二十八条规定终结公示催告程序后，公示催告申请人或者申报人向人民法院提起诉讼，因票据权利纠纷提起的，由票据支付地或者被告住所地人民法院管辖;因非票据权利纠纷提起的,由被告住所地人民法院管辖。

第四百五十六条 依照民事诉讼法第二百二十八条规定制作的终结公示催告程序的裁定书,由审判员、书记员署名,加盖人民法院印章。

第四百五十七条 依照民事诉讼法第二百三十条的规定,利害关系人向人民法院起诉的,人民法院可按票据纠纷适用普通程序审理。

第四百五十八条 民事诉讼法第二百三十条规定的正当理由,包括:

(一)因发生意外事件或者不可抗力致使利害关系人无法知道公告事实的;

(二)利害关系人因被限制人身自由而无法知道公告事实,或者虽然知道公告事实,但无法自己或者委托他人代为申报权利的;

(三)不属于法定申请公示催告情形的;

(四)未予公告或者未按法定方式公告的;

(五)其他导致利害关系人在判决作出前未能向人民法院申报权利的客观事由。

第四百五十九条 根据民事诉讼法第二百三十条的规定,利害关系人请求人民法院撤销除权判决的,应当将申请人列为被告。

利害关系人仅诉请确认其为合法持票人的,人民法院应当在裁判文书中写明,确认利害关系人为票据权利人的判决作出后,除权判决即被撤销。

二十一、执行程序

第四百六十条 发生法律效力的实现担保物权裁定、确认调解协议裁定、支付令,由作出裁定、支付令的人民法院或者与其同级的被执行财产所在地的人民法院执行。

认定财产无主的判决,由作出判决的人民法院将无主财产收归国家或者集体所有。

第四百六十一条 当事人申请人民法院执行的生效法律文书应当具备下列条件:

(一)权利义务主体明确;

(二)给付内容明确。

法律文书确定继续履行合同的,应当明确继续履行的具体内容。

第四百六十二条 根据民事诉讼法第二百三十四条规定,案外人对执行标的提出异议的,应当在该执行标的执行程序终结前提出。

第四百六十三条 案外人对执行标的提出的异议,经审查,按照下列情形分别处理:

(一)案外人对执行标的不享有足以排除强制执行的权益的,裁定驳回其异议;

(二)案外人对执行标的享有足以排除强制执行的权益的,裁定中止执行。

驳回案外人执行异议裁定送达案外人之日起十五日内,人民法院不得对执行标的进行处分。

第四百六十四条 申请执行人与被执行人达成和解协议后请求中止执行或者撤回执行申请的,人民法院可以裁定中止执行或者终结执行。

第四百六十五条 一方当事人不履行或者不完全履行在执行中双方自愿达成的和解协议,对方当事人申请执行原生效法律文书的,人民法院应当恢复执行,但和解协议已履行的部分应当扣除。和解协议已经履行完毕的,人民法院不予恢复执行。

第四百六十六条 申请恢复执行原生效法律文书,适用民事诉讼法第二百四十六条申请执行期间的规定。申请执行期间因达成执行中的和解协议而中断,其期间自和解协议约定履行期限的最后一日起重新计算。

第四百六十七条 人民法院依照民事诉讼法第二百三十八条规定决定暂缓执行的，如果担保是有期限的，暂缓执行的期限应当与担保期限一致，但最长不得超过一年。被执行人或者担保人对担保的财产在暂缓执行期间有转移、隐藏、变卖、毁损等行为的，人民法院可以恢复强制执行。

第四百六十八条 根据民事诉讼法第二百三十八条规定向人民法院提供执行担保的，可以由被执行人或者他人提供财产担保，也可以由他人提供保证。担保人应当具有代为履行或者代为承担赔偿责任的能力。

他人提供执行保证的，应当向执行法院出具保证书，并将保证书副本送交申请执行人。被执行人或者他人提供财产担保的，应当参照民法典的有关规定办理相应手续。

第四百六十九条 被执行人在人民法院决定暂缓执行的期限届满后仍不履行义务的，人民法院可以直接执行担保财产，或者裁定执行担保人的财产，但执行担保人的财产以担保人应当履行义务部分的财产为限。

第四百七十条 依照民事诉讼法第二百三十九条规定，执行中作为被执行人的法人或者其他组织分立、合并的，人民法院可以裁定变更后的法人或者其他组织为被执行人；被注销的，如果依照有关实体法的规定有权利义务承受人的，可以裁定该权利义务承受人为被执行人。

第四百七十一条 其他组织在执行中不能履行法律文书确定的义务的，人民法院可以裁定执行对该其他组织依法承担义务的法人或者公民个人的财产。

第四百七十二条 在执行中，作为被执行人的法人或者其他组织名称变更的，人民法院可以裁定变更后的法人或者其他组织为被执行人。

第四百七十三条 作为被执行人的公民死亡，其遗产继承人没有放弃继承的，人民法院可以裁定变更被执行人，由该继承人在遗产的范围内偿还债务。继承人放弃继承的，人民法院可以直接执行被执行人的遗产。

第四百七十四条 法律规定由人民法院执行的其他法律文书执行完毕后，该法律文书被有关机关或者组织依法撤销的，经当事人申请，适用民事诉讼法第二百四十条规定。

第四百七十五条 仲裁机构裁决的事项，部分有民事诉讼法第二百四十四条第二款、第三款规定情形的，人民法院应当裁定对该部分不予执行。

应当不予执行部分与其他部分不可分的，人民法院应当裁定不予执行仲裁裁决。

第四百七十六条 依照民事诉讼法第二百四十四条第二款、第三款规定，人民法院裁定不予执行仲裁裁决后，当事人对该裁定提出执行异议或者复议的，人民法院不予受理。当事人可以就该民事纠纷重新达成书面仲裁协议申请仲裁，也可以向人民法院起诉。

第四百七十七条 在执行中，被执行人通过仲裁程序将人民法院查封、扣押、冻结的财产确权或者分割给案外人的，不影响人民法院执行程序的进行。

案外人不服的，可以根据民事诉讼法第二百三十四条规定提出异议。

第四百七十八条 有下列情形之一的，可以认定为民事诉讼法第二百四十五条第二款规定的公证债权文书确有错误：

（一）公证债权文书属于不得赋予强制执行效力的债权文书的；

（二）被执行人一方未亲自或者未委托代理人到场公证等严重违反法律规定的公证程序的；

（三）公证债权文书的内容与事实不符或者违反法律强制性规定的；

（四）公证债权文书未载明被执行人不履行义务或者不完全履行义务时同意接受强制执行的。

人民法院认定执行该公证债权文书违背社会公共利益的，裁定不予执行。

公证债权文书被裁定不予执行后，当事人、公证事项的利害关系人可以就债权争议提起诉讼。

第四百七十九条 当事人请求不予执行仲裁裁决或者公证债权文书的，应当在执行终结前向执行法院提出。

第四百八十条 人民法院应当在收到申请执行书或者移交执行书后十日内发出执行通知。

执行通知中除应责令被执行人履行法律文书确定的义务外，还应通知其承担民事诉讼法第二百六十条规定的迟延履行利息或者迟延履行金。

第四百八十一条 申请执行人超过申请执行时效期间向人民法院申请强制执行的，人民法院应予受理。被执行人对申请执行时效期间提出异议，人民法院经审查异议成立的，裁定不予执行。

被执行人履行全部或者部分义务后，又以不知道申请执行时效期间届满为由请求执行回转的，人民法院不予支持。

第四百八十二条 对必须接受调查询问的被执行人、被执行人的法定代表人、负责人或者实际控制人，经依法传唤无正当理由拒不到场的，人民法院可以拘传其到场。

人民法院应当及时对被拘传人进行调查询问，调查询问的时间不得超过八小时；情况复杂，依法可能采取拘留措施的，调查询问的时间不得超过二十四小时。

人民法院在本辖区以外采取拘传措施时，可以将被拘传人拘传到当地人民法院，当地人民法院应予协助。

第四百八十三条 人民法院有权查询被执行人的身份信息与财产信息，掌握相关信息的单位和个人必须按照协助执行通知书办理。

第四百八十四条 对被执行的财产，人民法院非经查封、扣押、冻结不得处分。对银行存款等各类可以直接扣划的财产，人民法院的扣划裁定同时具有冻结的法律效力。

第四百八十五条 人民法院冻结被执行人的银行存款的期限不得超过一年，查封、扣押动产的期限不得超过两年，查封不动产、冻结其他财产权的期限不得超过三年。

申请执行人申请延长期限的，人民法院应当在查封、扣押、冻结期限届满前办理续行查封、扣押、冻结手续，续行期限不得超过前款规定的期限。

人民法院也可以依职权办理续行查封、扣押、冻结手续。

第四百八十六条 依照民事诉讼法第二百五十四条规定，人民法院在执行中需要拍卖被执行人财产的，可以由人民法院自行组织拍卖，也可以交由具备相应资质的拍卖机构拍卖。

交拍卖机构拍卖的，人民法院应当对拍卖活动进行监督。

第四百八十七条 拍卖评估需要对现场进行检查、勘验的，人民法院应当责令被执行人、协助义务人予以配合。被执行人、协助义务人不予配合的，人民法院可以强制进行。

第四百八十八条 人民法院在执行中需要变卖被执行人财产的，可以交有关单位变卖，也可以由人民法院直接变卖。

对变卖的财产，人民法院或者其工作人员不得买受。

第四百八十九条 经申请执行人和被执行人同意，且不损害其他债权人合法权益和社会公共利益的，人民法院可以不经拍卖、变卖，直接将被执行人的财产作价交申请执行人抵偿债务。对剩余债务，被执行人应当继续清偿。

第四百九十条 被执行人的财产无法拍卖或者变卖的，经申请执行人同意，且不损害其他债权人合法权益和社会公共利益的，人民法院可以将该项财产作价后交付申请执行人抵偿债务，或者交付申请执行人管理；申请执行人拒绝接收或者管理的，退回被执行人。

第四百九十一条 拍卖成交或者依法定程序裁定以物抵债的，标的物所有权自拍卖成交裁定或者抵债裁定送达买受人或者接受抵债物的债权人时转移。

第四百九十二条 执行标的物为特定物的，应当执行原物。原物确已毁损或者灭失的，经双方当事人同意，可以折价赔偿。

双方当事人对折价赔偿不能协商一致的，人民法院应当终结执行程序。申请执行人可以另行起诉。

第四百九十三条 他人持有法律文书指定交付的财物或者票证，人民法院依照民事诉讼法第二百五十六条第二款、第三款规定发出协助执行通知后，拒不转交的，可以强制执行，并可依照民事诉讼法第一百一十七条、第一百一十八条规定处理。

他人持有期间财物或者票证毁损、灭失的，参照本解释第四百九十二条规定处理。

他人主张合法持有财物或者票证的，可以根据民事诉讼法第二百三十四条规定提出执行异议。

第四百九十四条 在执行中，被执行人隐匿财产、会计账簿等资料的，人民法院除可依照民事诉讼法第一百一十四条第一款第六项规定对其处理外，还应责令被执行人交出隐匿的财产、会计账簿等资料。被执行人拒不交出的，人民法院可以采取搜查措施。

第四百九十五条 搜查人员应当按规定着装并出示搜查令和工作证件。

第四百九十六条 人民法院搜查时禁止无关人员进入搜查现场；搜查对象是公民的，应当通知被执行人或者他的成年家属以及基层组织派员到场；搜查对象是法人或者其他组织的，应当通知法定代表人或者主要负责人到场。拒不到场的，不影响搜查。

搜查妇女身体，应当由女执行人员进行。

第四百九十七条 搜查中发现应当依法采取查封、扣押措施的财产，依照民事诉讼法第二百五十二条第二款和第二百五十四条规定办理。

第四百九十八条 搜查应当制作搜查笔录，由搜查人员、被搜查人及其他在场人签名、捺印或者盖章。拒绝签名、捺印或者盖章的，应当记入搜查笔录。

第四百九十九条 人民法院执行被执行人对他人的到期债权，可以作出冻结债权的裁定，并通知该他人向申请执行人履行。

该他人对到期债权有异议，申请执行人请求对异议部分强制执行的，人民法院不予支持。利害关系人对到期债权有异议的，人民法院应当按照民事诉讼法第二百三十四条规定处理。

对生效法律文书确定的到期债权，该他人予以否认的，人民法院不予支持。

第五百条　人民法院在执行中需要办理房产证、土地证、林权证、专利证书、商标证书、车船执照等有关财产权证照转移手续的，可以依照民事诉讼法第二百五十八条规定办理。

第五百零一条　被执行人不履行生效法律文书确定的行为义务，该义务可由他人完成的，人民法院可以选定代履行人；法律、行政法规对履行该行为义务有资格限制的，应当从有资格的人中选定。必要时，可以通过招标的方式确定代履行人。

申请执行人可以在符合条件的人中推荐代履行人，也可以申请自己代为履行，是否准许，由人民法院决定。

第五百零二条　代履行费用的数额由人民法院根据案件具体情况确定，并由被执行人在指定期限内预先支付。被执行人未预付的，人民法院可以对该费用强制执行。

代履行结束后，被执行人可以查阅、复制费用清单以及主要凭证。

第五百零三条　被执行人不履行法律文书指定的行为，且该项行为只能由被执行人完成的，人民法院可以依照民事诉讼法第一百一十四条第一款第六项规定处理。

被执行人在人民法院确定的履行期间内仍不履行的，人民法院可以依照民事诉讼法第一百一十四条第一款第六项规定再次处理。

第五百零四条　被执行人迟延履行的，迟延履行期间的利息或者迟延履行金自判决、裁定和其他法律文书指定的履行期间届满之日起计算。

第五百零五条　被执行人未按判决、裁定和其他法律文书指定的期间履行非金钱给付义务的，无论是否已给申请执行人造成损失，都应当支付迟延履行金。已经造成损失的，双倍补偿申请执行人已经受到的损失；没有造成损失的，迟延履行金可以由人民法院根据具体案件情况决定。

第五百零六条　被执行人为公民或者其他组织，在执行程序开始后，被执行人的其他已经取得执行依据的债权人发现被执行人的财产不能清偿所有债权的，可以向人民法院申请参与分配。

对人民法院查封、扣押、冻结的财产有优先权、担保物权的债权人，可以直接申请参与分配，主张优先受偿权。

第五百零七条　申请参与分配，申请人应当提交申请书。申请书应当写明参与分配和被执行人不能清偿所有债权的事实、理由，并附有执行依据。

参与分配申请应当在执行程序开始后，被执行人的财产执行终结前提出。

第五百零八条　参与分配执行中，执行所得价款扣除执行费用，并清偿应当优先受偿的债权后，对于普通债权，原则上按照其占全部申请参与分配债权数额的比例受偿。清偿后的剩余债务，被执行人应当继续清偿。债权人发现被执行人有其他财产的，可以随时请求人民法院执行。

第五百零九条　多个债权人对执行财产申请参与分配的，执行法院应当制作财产分配方案，并送达各债权人和被执行人。债权人或者被执行人对分配方案有异议的，应当自收到分配方案之日起十五日内向执行法院提出书面异议。

第五百一十条　债权人或者被执行人对分配方案提出书面异议的，执行法院应当通知未提出异议的债权人、被执行人。

未提出异议的债权人、被执行人自收到通知之日起十五日内未提出反对意见的，执行法院依异议人的意见对分配方案审查修正后进行分配；提出反对意见的，应当通知异议人。异议人可以自收到通知之日起十五日内，以提出反对意见的债权人、被执行人为被告，向执行法院提起诉讼；异议人逾期未提起诉讼的，执行法院按照原分配方案进行分配。

诉讼期间进行分配的，执行法院应当提存与争议债权数额相应的款项。

第五百一十一条 在执行中，作为被执行人的企业法人符合企业破产法第二条第一款规定情形的，执行法院经申请执行人之一或者被执行人同意，应当裁定中止对该被执行人的执行，将执行案件相关材料移送被执行人住所地人民法院。

第五百一十二条 被执行人住所地人民法院应当自收到执行案件相关材料之日起三十日内，将是否受理破产案件的裁定告知执行法院。不予受理的，应当将相关案件材料退回执行法院。

第五百一十三条 被执行人住所地人民法院裁定受理破产案件的，执行法院应当解除对被执行人财产的保全措施。被执行人住所地人民法院裁定宣告被执行人破产的，执行法院应当裁定终结对该被执行人的执行。

被执行人住所地人民法院不受理破产案件的，执行法院应当恢复执行。

第五百一十四条 当事人不同意移送破产或者被执行人住所地人民法院不受理破产案件的，执行法院就执行变价所得财产，在扣除执行费用及清偿优先受偿的债权后，对于普通债权，按照财产保全和执行中查封、扣押、冻结财产的先后顺序清偿。

第五百一十五条 债权人根据民事诉讼法第二百六十一条规定请求人民法院继续执行的，不受民事诉讼法第二百四十六条规定申请执行时效期间的限制。

第五百一十六条 被执行人不履行法律文书确定的义务的，人民法院除对被执行人予以处罚外，还可以根据情节将其纳入失信被执行人名单，将被执行人不履行或者不完全履行义务的信息向其所在单位、征信机构以及其他相关机构通报。

第五百一十七条 经过财产调查未发现可供执行的财产，在申请执行人签字确认或者执行法院组成合议庭审查核实并经院长批准后，可以裁定终结本次执行程序。

依照前款规定终结执行后，申请执行人发现被执行人有可供执行财产的，可以再次申请执行。再次申请不受申请执行时效期间的限制。

第五百一十八条 因撤销申请而终结执行后，当事人在民事诉讼法第二百四十六条规定的申请执行时效期间内再次申请执行的，人民法院应当受理。

第五百一十九条 在执行终结六个月内，被执行人或者其他人对已执行的标的有妨害行为的，人民法院可以依申请排除妨害，并可以依照民事诉讼法第一百一十四条规定进行处罚。因妨害行为给执行债权人或者其他人造成损失的，受害人可以另行起诉。

二十二、涉外民事诉讼程序的特别规定

第五百二十条 有下列情形之一，人民法院可以认定为涉外民事案件：

（一）当事人一方或者双方是外国人、无国籍人、外国企业或者组织的；

（二）当事人一方或者双方的经常居所地在中华人民共和国领域外的；

（三）标的物在中华人民共和国领域外的；

（四）产生、变更或者消灭民事关系的法律事实发生在中华人民共和国领域外的；

（五）可以认定为涉外民事案件的其他情形。

第五百二十一条 外国人参加诉讼，应当向人民法院提交护照等用以证明自己身份的证件。

外国企业或者组织参加诉讼，向人民法院提交的身份证明文件，应当经所在国公证机关公证，并经中华人民共和国驻该国使领馆认证，或者履行中华人民共和国与该所在国订立的有关条约中规定的证明手续。

代表外国企业或者组织参加诉讼的人，应当向人民法院提交其有权作为代表人参加诉讼的证明，该证明应当经所在国公证机关公证，并经中华人民共和国驻该国使领馆认证，或者履行中华人民共和国与该所在国订立的有关条约中规定的证明手续。

本条所称的"所在国"，是指外国企业或者组织的设立登记地国，也可以是办理了营业登记手续的第三国。

第五百二十二条 依照民事诉讼法第二百七十一条以及本解释第五百二十一条规定，需要办理公证、认证手续，而外国当事人所在国与中华人民共和国没有建立外交关系的，可以经该国公证机关公证，经与中华人民共和国有外交关系的第三国驻该国使领馆认证，再转由中华人民共和国驻该第三国使领馆认证。

第五百二十三条 外国人、外国企业或者组织的代表人在人民法院法官的见证下签署授权委托书，委托代理人进行民事诉讼的，人民法院应予认可。

第五百二十四条 外国人、外国企业或者组织的代表人在中华人民共和国境内签署授权委托书，委托代理人进行民事诉讼，经中华人民共和国公证机构公证的，人民法院应予认可。

第五百二十五条 当事人向人民法院提交的书面材料是外文的，应当同时向人民法院提交中文翻译件。

当事人对中文翻译件有异议的，应当共同委托翻译机构提供翻译文本；当事人对翻译机构的选择不能达成一致的，由人民法院确定。

第五百二十六条 涉外民事诉讼中的外籍当事人，可以委托本国人为诉讼代理人，也可以委托本国律师以非律师身份担任诉讼代理人；外国驻华使领馆官员，受本国公民的委托，可以以个人名义担任诉讼代理人，但在诉讼中不享有外交或者领事特权和豁免。

第五百二十七条 涉外民事诉讼中，外国驻华使领馆授权其本馆官员，在作为当事人的本国国民不在中华人民共和国领域内的情况下，可以以外交代表身份为其本国国民在中华人民共和国聘请中华人民共和国律师或者中华人民共和国公民代理民事诉讼。

第五百二十八条 涉外民事诉讼中，经调解双方达成协议，应当制发调解书。当事人要求发给判决书的，可以依协议的内容制作判决书送达当事人。

第五百二十九条 涉外合同或者其他财产权益纠纷的当事人，可以书面协议选择被告住所地、合同履行地、合同签订地、原告住所地、标的物所在地、侵权行为地等与争议有实际联系地点的外国法院管辖。

根据民事诉讼法第三十四条和第二百七十三条规定，属于中华人民共和国法院专属管辖的案件，当事人不得协议选择外国法院管辖，但协议选择仲裁的除外。

第五百三十条 涉外民事案件同时符合下列情形的，人民法院可以裁定驳回原告的起诉，告知其向更方便的外国法院提起诉讼：

（一）被告提出案件应由更方便外国法院管辖的请求，或者提出管辖异议；

（二）当事人之间不存在选择中华人民共和国法院管辖的协议；

（三）案件不属于中华人民共和国法院专属管辖；

（四）案件不涉及中华人民共和国国家、公民、法人或者其他组织的利益；

（五）案件争议的主要事实不是发生在中华人民共和国境内，且案件不适用中华人民共和国法律，人民法院审理案件在认定事实和适用法律方面存在重大困难；

（六）外国法院对案件享有管辖权，且审理该案件更加方便。

第五百三十一条 中华人民共和国法院和外国法院都有管辖权的案件，一方当事人向外国法院起诉，而另一方当事人向中华人民共和国法院起诉的，人民法院可予受理。判决后，外国法院申请或者当事人请求人民法院承认和执行外国法院对本案作出的判决、裁定的，不予准许；但双方共同缔结或者参加的国际条约另有规定的除外。

外国法院判决、裁定已经被人民法院承认，当事人就同一争议向人民法院起诉的，人民法院不予受理。

第五百三十二条 对在中华人民共和国领域内没有住所的当事人，经用公告方式送达诉讼文书，公告期满不应诉，人民法院缺席判决后，仍应当将裁判文书依照民事诉讼法第二百七十四条第八项规定公告送达。自公告送达裁判文书满三个月之日起，经过三十日的上诉期当事人没有上诉的，一审判决即发生法律效力。

第五百三十三条 外国人或者外国企业、组织的代表人、主要负责人在中华人民共和国领域内的，人民法院可以向该自然人或者外国企业、组织的代表人、主要负责人送达。

外国企业、组织的主要负责人包括该企业、组织的董事、监事、高级管理人员等。

第五百三十四条 受送达人所在国允许邮寄送达的，人民法院可以邮寄送达。

邮寄送达时应当附有送达回证。受送达人未在送达回证上签收但在邮件回执上签收的，视为送达，签收日期为送达日期。

自邮寄之日起满三个月，如果未收到送达的证明文件，且根据各种情况不足以认定已经送达的，视为不能用邮寄方式送达。

第五百三十五条 人民法院一审时采取公告方式向当事人送达诉讼文书的，二审时可径行采取公告方式向其送达诉讼文书，但人民法院能够采取公告方式之外的其他方式送达的除外。

第五百三十六条 不服第一审人民法院判决、裁定的上诉期，对在中华人民共和国领域内有住所的当事人，适用民事诉讼法第一百七十一条规定的期限；对在中华人民共和国领域内没有住所的当事人，适用民事诉讼法第二百七十六条规定的期限。当事人的上诉期均已届满没有上诉的，第一审人民法院的判决、裁定即发生法律效力。

第五百三十七条 人民法院对涉外民事案件的当事人申请再审进行审查的期间，不受民事诉讼法第二百一十一条规定的限制。

第五百三十八条 申请人向人民法院申请执行中华人民共和国涉外仲裁机构的裁决，应当提出书面申请，并附裁决书正本。如申请人为外国当事人，其申请书应当用中文文本提出。

第五百三十九条 人民法院强制执行涉外仲裁机构的仲裁裁决时，被执行人以有民事诉讼法第二百八十一条第一款规定的情形为由提出抗辩的，人民法院应当对被执行人的抗辩进行审查，并根据审查结果裁定执行或者不予执行。

第五百四十条 依照民事诉讼法第二百七十九条规定，中华人民共和国涉外仲裁机构将当事人的保全申请提交人民法院裁定的，人民法院可以进行审查，裁定是否进行保全。裁定保全的，应当责令申请人提供担保，申请人不提供担保的，裁定驳回申请。

当事人申请证据保全，人民法院经审查认为无需提供担保的，申请人可以不提供担保。

第五百四十一条 申请人向人民法院申请承认和执行外国法院作出的发生法律效力的判决、裁定，应当提交申请书，并附外国法院作出的发生法律效力的判决、裁定正本或者经证明无误的副本以及中文译本。外国法院判决、裁定为缺席判决、裁定的，申请人应当同时提交该外国法院已经合法传唤的证明文件，但判决、裁定已经对此予以明确说明的除外。

中华人民共和国缔结或者参加的国际条约对提交文件有规定的，按照规定办理。

第五百四十二条 当事人向中华人民共和国有管辖权的中级人民法院申请承认和执行外国法院作出的发生法律效力的判决、裁定的，如果该法院所在国与中华人民共和国没有缔结或者共同参加国际条约，也没有互惠关系的，裁定驳回申请，但当事人向人民法院申请承认外国法院作出的发生法律效力的离婚判决的除外。

承认和执行申请被裁定驳回的，当事人可以向人民法院起诉。

第五百四十三条 对临时仲裁庭在中华人民共和国领域外作出的仲裁裁决，一方当事人向人民法院申请承认和执行的，人民法院应当依照民事诉讼法第二百九十条规定处理。

第五百四十四条 对外国法院作出的发生法律效力的判决、裁定或者外国仲裁裁决，需要中华人民共和国法院执行的，当事人应当先向人民法院申请承认。人民法院经审查，裁定承认后，再根据民事诉讼法第三编的规定予以执行。

当事人仅申请承认而未同时申请执行的，人民法院仅对应否承认进行审查并作出裁定。

第五百四十五条 当事人申请承认和执行外国法院作出的发生法律效力的判决、裁定或者外国仲裁裁决的期间，适用民事诉讼法第二百四十六条的规定。

当事人仅申请承认而未同时申请执行的，申请执行的期间自人民法院对承认申请作出的裁定生效之日起重新计算。

第五百四十六条 承认和执行外国法院作出的发生法律效力的判决、裁定或者外国仲裁裁决的案件，人民法院应当组成合议庭进行审查。

人民法院应当将申请书送达被申请人。被申请人可以陈述意见。

人民法院经审查作出的裁定，一经送达即发生法律效力。

第五百四十七条 与中华人民共和国没有司法协助条约又无互惠关系的国家的法院，未通过外交途径，直接请求人民法院提供司法协助的，人民法院应予退回，并说明理由。

第五百四十八条 当事人在中华人民共和国领域外使用中华人民共和国法院的判

决书、裁定书，要求中华人民共和国法院证明其法律效力的，或者外国法院要求中华人民共和国法院证明判决书、裁定书的法律效力的，作出判决、裁定的中华人民共和国法院，可以本法院的名义出具证明。

第五百四十九条 人民法院审理涉及香港、澳门特别行政区和台湾地区的民事诉讼案件，可以参照适用涉外民事诉讼程序的特别规定。

二十三、附则

第五百五十条 本解释公布施行后，最高人民法院于1992年7月14日发布的《关于适用〈中华人民共和国民事诉讼法〉若干问题的意见》同时废止；最高人民法院以前发布的司法解释与本解释不一致的，不再适用。

【解读】

解读《关于适用〈中华人民共和国民事诉讼法〉的解释》修改内容

2022年3月22日，最高人民法院审判委员会第1866次会议审议通过了《最高人民法院关于修改〈最高人民法院关于适用《中华人民共和国民事诉讼法》的解释〉的决定》（法释〔2022〕11号，以下简称《决定》），自2022年4月10日起施行。此次对《最高人民法院关于适用〈中华人民共和国民事诉讼法〉的解释》（以下简称《民诉法解释》）的修改，是对照民事诉讼法进行的适应性修改，属于"小修"。为便于准确理解和适用，本文就《决定》的制定背景、基本原则、重点内容及修改中的相关考量等进行说明。

一、《决定》的制定背景和过程

民事诉讼法是规范民事诉讼程序的基本规则，是人民法院审理和执行民事案件在程序方面的基本法律依据。2021年12月24日，第十三届全国人大常委会第三十二次会议审议通过《全国人民代表大会常务委员会关于修改〈中华人民共和国民事诉讼法〉的决定》，重点围绕优化司法确认程序、完善简易程序及小额诉讼程序、扩大独任制适用范围、完善在线诉讼及送达规则等制度对民事诉讼法进行了修改，进一步优化了相关程序规则，有效建立了"繁简分流、轻重分离、快慢分道"的民事诉讼程序体系。民事诉讼法修改后，条文序号和部分条文内容发生了变化。《民诉法解释》所引用的2021年民事诉讼法（以下简称新民事诉讼法）条文序号与新民事诉讼法条文序号出现了不一致，相关内容也亟待调整，人民群众特别是地方法院对修改《民诉法解释》的呼声很高。

为切实做好新民事诉讼法贯彻实施工作，2022年1月，最高人民法院成立《民诉法解释》修改调研小组，启动修改工作。前期，我们对繁简分流试点改革情况进行了充分调研，结合各方面反馈的情况，严格对标新民事诉讼法，形成了《决定（初稿）》。《决定（初稿）》包括两方面内容：一是对照新民事诉讼法作适应性修改；二是对相关诉讼制度的适用作进一步细化。院内征求意见过程中，不少意见提出，当前宜聚焦司法实践亟须解决的问题，对于尚存争议或者尚需进一步探索的内容可待新民事诉讼法施行一段时间后再作规定。因此，我们对《决定（初稿）》的条文进行了删减，修改完善后形成《决定（征求意见稿）》，先后在江苏南通、上海等地法院召开司法解释调研座谈会，听取中基层人民法院法官意见建议；书面征求清华大学张卫平教授、北京大学潘剑锋教授、北京师范大学刘荣军教授、中国人民大学肖建国教授等专家学者意见。结合权威专家、一线法官的意见，我们对《决定（征求意见稿）》予以完善并送全国人大常委会法工委征求意见。在全国人大常委会法工委的大力支持和有力指导下，形成了《决定（送审稿）》，经最高人民法院审判委员会审议通过。

二、《决定》起草的基本原则

《决定》起草过程中，坚持和贯彻了以下原则。

一是坚持严格依法。司法解释事关法律的正确实施、事关当事人的合法权益、事关社会的公平正义，合法性是司法解释的基本遵循。此次修改严格遵循新民事诉讼法规定精神，对条文序号、部分条文内容进行修改。比如，依照新民事诉讼法相关规定，将适用简易程序案件的最长审理期限由原来的六个月修改为四个月。

二是坚持需求导向。《民诉法解释》条文序号的调整以及个别条文内容与修改后民事诉讼法相冲突，是当前亟待解决的问题。《决定》立足实践需求导向，主要针对条文序号和条文不一致的内容进行"小修"，确保一线法官准确适用新民事诉讼法。修改过程中，尽可能延续原司法解释条文主旨和解释重心。而对于普通程序独任制适用标准、独任制向合议制转换、小额诉讼程序的约定适用等规则的具体细化，还有待审判实践的进一步积累，本次修改并未涉及。

三是坚持体系化考量。由于诉讼程序的体系性较强，且司法解释条文与民事诉讼法条文并非一一对应关系，有时看似简单的文字修改，也可能会牵一发而动全身。修改过程中，我们坚持体系化考量，稳妥审慎推进，所作每一处修改，都通盘考量民事诉讼制度，尽可能避免溢出效应。

四是坚持精简原则。本次修改需要调整所引用的民事诉讼法条文序号共有200余处，加之司法解释自身条文顺序需要调整，《决定》坚持精简原则，通过两个条文对《民诉法解释》引用的民事诉讼法条文序号、《民诉法解释》本身的条文顺序作统一修改。《决定》发布的同时，一并公布新《民诉法解释》文本，便于各级人民法院准确引用司法解释相应条文。

三、部分条文的修改考量及具体适用

《决定》共有16个条文，主要对照新民事诉讼法对简易程序、小额诉讼程序、司法确认程序等内容进行修改。

（一）修改简易程序的相关规定

1. 修改适用简易程序案件审限延长的规定

修改前的《民诉法解释》第二百五十八条第一款规定，适用简易程序审理的案件，审理期限到期后，双方当事人同意继续适用简易程序的，由本院院长批准，可以延长审理期限。延长后的审理期限累计不得超过六个月。根据该规定，适用简易程序审理的案件，如果需要延长审限，必须经双方当事人同意，且可以在原三个月审限基础上再延长三个月。这一规则主要是基于诉讼经济原则以及尊重当事人程序选择权等考量。而新民事诉讼法第一百六十四条对适用简易程序案件延长审限作了明确限制，只有出现特殊情况需要延长的，经批准，方可延长。故《决定》将修改前的《民诉法解释》

第二百五十八条第一款中的"双方当事人同意继续适用简易程序的"修改为"有特殊情况需要延长的"。关于简易程序的最长审限问题，调研中，有意见提出，尽管新民事诉讼法已经明确可以延长一个月，但为避免片面解读，应明确规定适用简易程序案件的最长审限。我们采纳了上述建议，将简易程序的最长审限限定为四个月。本条在适用中应当注意以下几点。第一，适用简易程序审理的案件，审限的延长不再以双方当事人同意为要件，如遇特殊情况需要延长的，人民法院可以依法延长，但应当充分保障当事人的知情权。第二，这里的"特殊情况"一般是指不能预见和不可避免，受到客观因素制约的情形。比如，因疫情防控等因素影响案件的正常审结，法院依职权调取关键性证据，需与关联案件统筹协调等。第三，新民事诉讼法仅规定了可以延长的最长期限，并没有规定报批延长的次数，实践中可灵活掌握，但需要把握的是，适用简易程序案件的最长审限不得超过四个月（自立案之日计算）。

2. 修改简易程序向普通程序转换的条件

科学合理的程序转换机制有助于不同审理程序之间的有序衔接，回应多样化的解纷需求，实现民事诉讼法律制度的体系化和结构化。修改前的《民诉法解释》第二百五十八条第二款规定："人民法院发现案情复杂，需要转为普通程序审理的，应当在审理期限届满前作出裁定并将合议庭组成人员及相关事项书面通知双方当事人。"在该款修改中，关于如何设定"简转普"的条件，有较大争议。有意见认为，该款中的"案情复杂"仅是普通程序合议制的适用条件，简易程序案件不仅可能转化为普通程序合议制，也有可能转化为普通程序独任制，故应当将普通程序独任制的适用条件增加为"简转普"的条件之一，应当将"案情复杂"修改为"人民法院发现案件符合民事诉讼法第四十条的规定或者案情复杂"。也有意见认为，新民事诉讼法第四十条第二款规定的"基本事实清楚、权利义务关系明确"仅是一审适用普通程序独任制的法定条件。案情复杂是转为普通程序的最重要原因，至于适用普通程序独任制还是适用普通程序合议制，再看是否满足"基本事实清楚、权利义务关系明确"的条件。

我们认为，前述两种观点均有一定道理，二者的分歧点在于对"案情复杂"外延的理解不同。"案情复杂"是一个弹性标准，司法解释并未明确其具体外延，审判实践中也难以把握。由于新民事诉讼法新增了普通程序独任制，对"简转普"条件设定的科学性提出了更高要求。如继续将"案情复杂"作为"简转普"的唯一条件，除非对"案情复杂"广义解读为"不符合新民事诉讼法第一百六十条所规定的简单案件"的"复杂案件"，才能实现逻辑上的周延，否则本解释中的"案情复杂"将限缩新民事诉讼法第一百七十条的"不宜适用简易程序"的规定，不符合立法本意。如将"案情复杂"与"基本事实清楚、权利义务关系明确"并列作为"简转普"的条件，则此处的"案情复杂"主要指的是"基本案件事实不清或者权利义务关系不明确"，一定意义上又限缩了原第二百五十八条的"案情复杂"的范围。可见，对于"案情复杂"的界定直接影响了本条对"简转普"条件的设定。

根据新民事诉讼法第一百六十条第一款的规定，适用简易程序审理的案件是"事实清楚、权利义务关系明确、争议不大的简单的"民事案件，只要不符合上述条件之一的（当事人约定适用的除外），均不宜适用简易程序审理。该法第一百七十条规定："人民法院在审理过程中，发现案件不宜适用简易程序的，裁定转为普通程序。"因此，从法律层面看，"简转普"条件的设定应以新民事诉讼法第一百六十条为标准。为避免上述外延之争，在全国人大常委会法工委的指导下，我们依据新民事诉讼法第一百七十条的规定，将"案情复杂"修改为"不宜适用简易程序"，不仅周延涵盖简易程序转换为普通程序独任制和合议制的条件，也为下一步细化程序转换条件特别是新形势下"案情复杂"的具体判定标准预留空间。

适用《民诉法解释》第二百五十八条时应当注意，尽管本条并未明确简易程序转为普通程序独任制或者合议制的具体适用标准，但依据新民事诉讼法规定并结合繁简分流改革试点的经验做法，可以在依据新民事诉讼法第一百七十条规定的前提下，将"基本事实清楚、权利义务关系明确"作为实践中简易程序转为普通程序独任制的标准。其中，"基本事实清楚"主要是指案件的核心和关键事实总体清楚，但部分次要事实或者关联事实需要进一步查实，相关事实的查明需要经过当事人补充举证质证、评估、鉴定、审计、调查取证等程序和环节，有必要进行更充分的陈述辩论、适用更完备的审理程序。"权利义务关系明确"即法律适用明确，是指案件法律关系清晰明了，有明确的法律规范与之对应，在解释和适用上不存在空白与争议。对于既不符合新民事诉讼法第一百六十条规定的要件，也不符合"基本事实清楚、权利义务关系明确"的，则应当转换为普通程序合议制程序审理。

3. 修改驳回当事人程序异议的方式

关于不同审理程序之间转换的启动，通常包括法院依职权和当事人申请两种方式。比如，日本民事诉讼法第18条规定，诉讼虽然属于简易法院管辖，但简易法院认为适当时，根据申请或依职权，可以将诉讼的全部或一部分，向管辖其所在地的地方法院移送。再如，我国台湾地区"民事诉讼法"第435条规定，在依简易程序审理案件的过程中，因当事人为诉之变更、追加及提起反诉而致使诉之全部或一部分不属于简易程序案件范围的，除当事人合意继续适用简易程序外，法院就应以裁定改用通常诉讼程序。我国新民事诉讼法规定了小额诉讼程序向普通程序、简易程序向普通程序以及普通程序独任制向合议制的转换机制。在普通程序独任制和小额诉讼程序转换机制方面，新民事诉讼法明确了依职权启动和依申请启动两种方式。关于当事人对适用简易程序的异议，2003年《最高人民法院关于适用简易程序审理民事案件的若干规定》第三条首次作出规定，后2015年《民诉法解释》第二百六十九条继续沿用，该条第一款规定："当事人就案件适用简易程序提出异议，人民法院经审查，异议成立的，裁定转为普通程序；异议不成立的，口头告知当事人，并记入笔录。"

然而，根据新民事诉讼法第四十三条和第一百六十九条的规定，在普通程序独任制和小额诉讼程序的转换中，如果人民法院经审查认为当事人提出的程序异议不成立，应当采用裁定的方式驳回。因此，根据前述规定，基于体系一致的考量，我们认为，当事人对简易程序提出的程序异议不成立的，也应当采用裁定的方式予以驳回，故《决定》将《民诉法解释》第二百六十九条第一款规定的"异议不成立的，口头告知当事人，并记入笔录"修改为"异议不成立的，裁定驳回"。同时，根据新民事诉讼法第一百五十七条第三款的规定，裁定包括书面和口头两种形式。书面裁定一般适用于与当事人权利义务关系比较重大的程序问题，如驳回起诉的裁定、财产保全和先予执行的裁定、终结诉讼的裁定等。口头裁定一般适用于比较简单的程序问题。基于前述区分，《决定》明确，驳回当事人对审理程序转换异议的，可以采取口头裁定。应当注意，采取口头方式作出裁定，只是对裁定形式的简化，不能减损当事人的合法权益。

人民法院作出口头裁定的，应当将裁定内容和宣布情况记入笔录。裁定内容既应当包含裁定结果，也应当包含作出依据和理由，充分保障当事人的权利和裁定的可接受性。

（二）修改简易程序中简便送达方式适用规则

2007年民事诉讼法第一百四十四条规定了简易程序可以用简便方式传唤当事人和证人，但并未就送达法律文书、开庭审理以及裁判文书简化等事项作出明确规定。2012年民事诉讼法对该条进行了修改，明确规定基层人民法院和它派出的法庭审理简单的民事案件，可以用简便方式传唤当事人和证人、送达诉讼文书、审理案件，但应当保障当事人陈述意见的权利。为细化简便方式送达、传唤规则，2015年《民诉法解释》第二百六十一条第一款规定："适用简易程序审理案件，人民法院可以采取捎口信、电话、短信、传真、电子邮件等简便方式传唤双方当事人、通知证人和送达裁判文书以外的诉讼文书。"该条之所以禁止适用简便方式对判决书、裁定书、调解书送达，主要是因为2012年民事诉讼法第八十七条明确规定这三类裁判文书不适用电子送达。而新民事诉讼法第九十条修改了原第八十七条的规定，将电子送达适用范围扩大至所有诉讼文书。因此，《民诉法解释》第二百六十一条第一款也需要进行修改。对照新民事诉讼法的规定精神，我们进行了反复研究，最后将该款修改为："适用简易程序审理案件，人民法院可以依照民事诉讼法第九十条、第一百六十二条的规定采取捎口信、电话、短信、传真、电子邮件等简便方式传唤双方当事人、通知证人和送达诉讼文书。"在适用本条时应当注意：第一，通过电子方式送达诉讼文书的，必须经受送达人同意，以保障受送达人的程序利益。第二，要注意本条第二款与《人民法院在线诉讼规则》第三十一条之间的衔接。本条第二款规定"以简便方式送达的开庭通知，未经当事人确认或者没有其他证据证明当事人已经收到的，人民法院不得缺席判决"，实践中所采用的简便方式为电子方式，且符合《人民法院在线诉讼规则》第三十一条第一款、第二款所规定情形的，应当认定为有效送达，不属于"未经当事人确认或者没有证据证明当事人已经收到"的情形。

（三）修改小额诉讼程序的相关规定

新民事诉讼法通过5个条文对小额诉讼程序作了如下规定：一是完善小额诉讼程序适用范围和方式；二是明确不得适用小额诉讼程序的案件类型；三是简化小额诉讼案件的审理方式；四是明确小额诉讼的审理期限；五是明确了程序转化并赋予当事人程序异议权。其中，新民事诉讼法第一百六十五条将适用案件类型限定为"金钱给付"案件，同时提高了可适用小额诉讼程序的案件标的额上限，增加了当事人合意选择适用模式。新民事诉讼法第一百六十六条在吸收2015年《民诉法解释》第二百七十五条实践成果的基础上，通过"两增一减"对负面清单予以完善。由于前述两个条文的变动，《民诉法解释》必须作出相应调整。

1. 修改海事法院适用小额诉讼程序的案件标的额上限

修改前的《民诉法解释》第二百七十三条对海事法院适用小额诉讼程序审理海事、海商案件作出了规定。之所以专门对海事法院作出规定，主要基于两点考虑：第一，根据2012年民事诉讼法的规定，小额诉讼程序的适用限于基层人民法院和它派出的法庭。但海事诉讼特别程序法第九十八条规定，海事法院可以适用简易程序审理简单的民事案件。2013年，最高人民法院曾以批复的形式对海事法院可以适用小额诉讼程序审理简单的海事、海商案件予以明确，取得较好效果，故修改前的《民诉法解释》第二百七十三条专门对此问题作出规定。第二，我国海事法院实行跨行政区划管辖模式，部分海事法院在不同的省级行政区内设有派出法庭。例如，武汉海事法院负责审理发生在四川宜宾合江门至安徽省与江苏省交界处的长江主干线及相应的与海相通的可航长江支流水域的海事、海商案件，管辖区域跨越四川、重庆、湖北、湖南、江西、安徽六省市，设有重庆、宜昌、芜湖三个派出法庭，分别位于重庆、湖北、安徽三个省、直辖市范围内。此时，究竟是应当按照海事法院所在的省级行政区域标准还是按照其派出法庭所在地的省级行政区域的标准来确定标的额，曾有一定争议，故修改前的《民诉法解释》第二百七十三条明确规定，案件标的额以实际受理案件的海事法院或者其派出法庭所在的省、自治区、直辖市上年度就业人员年平均工资的30%为限。

由于新民事诉讼法不仅提升了适用的案件标的额上限，还增加了合意选择适用规则，这使得对《民诉讼解释》第二百七十三条的修改有一定难度。经反复研究，我们采取了只规定案件标的额计算基数的方式，以最简练的表述、最少的修改实现该条的解释目的。在适用本条时应注意，本条只是确定了海事法院适用小额诉讼程序的案件标的额基数，具体标的额应当以新民事诉讼法第一百六十五条所规定的年平均工资的50%为上限，对于案件标的额超过年平均工资50%但在二倍以下，当事人双方约定适用小额诉讼的程序的，海事法院也可以适用小额诉讼的程序审理。

2. 删除适用小额诉讼程序案件正面清单与负面清单

由于2012年民事诉讼法仅有一条关于小额诉讼程序的规定，为了指导基层法官正确适用该条规定，2015年《民诉法解释》进行了细化。其中，第二百七十四条和第二百七十五条采取了"列举+概括+排除"的方式对小额诉讼案件类型进行规定。新民事诉讼法第一百六十六条在吸收2015年《民诉法解释》第二百七十五条的基础上进行了完善，故《决定》删除了原第二百七十五条。

关于修改前的《民诉法解释》第二百七十四条是否应当一并删除的问题，有意见认为不宜删除该条，主要理由是：第一，第二百七十四条从正面规定了适用小额诉讼程序的案件，有助于指导基层人民法院准确把握适用条件。第二，新民事诉讼法没有明确"金钱给付案件"的判断标准，对于包含金钱给付内容的复合诉讼请求案件等是否适用小额诉讼程序，需要司法解释结合审判实践予以细化，但在此之前，保留第二百七十四条对相关标准的判断具有重要参考价值。也有意见认为应当删除该条，主要理由是：第一，新民事诉讼法第一百六十五条将适用小额诉讼程序的案件确定为"简单金钱给付民事案件"，而对具体案件类型未作限制要求，继续保留第二百七十四条的规定可能导致限缩小额诉讼程序适用范围，不符合立法本意。第二，新民事诉讼法第一百六十六条已经从反面规定了不得适用小额诉讼程序的案件范围，在立法技术要求上，不宜再作正面列举，否则将导致司法解释条文涵盖不周延、逻辑不顺畅的问题。经反复研究，综合各方面意见，《决定》最终删除了第二百七十四条，尽可能避免不完全列举方式客观上带来的小额诉讼案件类型的趋同，切实推动我国小额诉讼程序日臻完善。

审判实践中应当注意，删除2015年《民诉法解释》第二百七十四条，并不意味该条所列举的案件类型不再适用小额诉讼程序。恰恰相反，只要符合新民事诉讼法第一百六十五条规定条件，且不属于该法第一百六十六条所列情形的所有类型案件，均可适用小额诉讼程序。当然，对于是否属于"金钱给付案件"难以把握的，可将修改前

《民诉法解释》第二百七十四条所列情形作为参考。下一步，我们将在不断总结实践经验的基础上，进一步细化适用小额诉讼程序的相关标准。

（四）修改司法确认案件共同管辖规则

2012年、2017年民事诉讼法规定的司法确认案件管辖规则单一，只有调解组织所在地基层人民法院有管辖权，因此，共同管辖的问题仅存在多个调解组织共同参与调解的情况，2015年《民诉法解释》第三百五十四条也仅对两个以上调解组织参与调解时的共同管辖作出规定。但是，新民事诉讼法第二百零一条规定的司法确认调解协议案件的管辖规则更加立体、多元，对"人民法院邀请调解组织开展先行调解"和"调解组织自行开展调解"两种情形分别规定了不同的管辖规则。特别是调解组织自行开展调解的，不仅增加当事人住所地、标的物所在地等作为地域管辖连结点，还规定中级人民法院（含专门法院）也可以进行司法确认。在新的管辖规则下，共同管辖和管辖冲突的问题将更加突出，修改前的《民诉法解释》第三百五十四条规定的已经不能满足实践需求，故《决定》根据新民事诉讼法第二百零一条的规定，对司法确认程序中的共同管辖和冲突规则进行了适应性修改。在适用时应当注意，修改后的《民诉法解释》第三百五十二条仅针对新民事诉讼法第二百零一条中的自行开展调解的情形作出细化，本条中"两个以上调解组织参与"指的是两个以上调解组织共同参与对同一民事纠纷的调解，并形成一份调解协议。双方当事人对该调解协议共同申请司法确认的，适用本条规定，各调解组织所在地人民法院均有管辖权。如果有两个以上调解组织分别进行调解，并形成多份调解协议的，双方当事人如欲申请确认其中一份调解协议效力，只能共同向实际参与该调解协议的调解组织所在地的人民法院提出申请。

（五）修改所引用的民事诉讼法条文序号及本解释的条文顺序

前文提到，对照新民事诉讼法调整《民诉法解释》所引用的民事诉讼法条文序号，是启动本次解释修改的重要目的之一。司法解释是人民法院对具体法律应用问题作出的解释，引用被解释对象的具体条文序号并对其内容的具体应用予以明确和细化是制定司法解释的成熟经验做法。而《民诉法解释》是人民法院专门针对民事诉讼法具体应用问题作出的较为体系化的解释，该解释中涉及民事诉讼法条文序号的条文有160余条、200余处之多。由于新民事诉讼法条文序号从第十六条开始全部发生变化，故《民诉法解释》所引用的法律条文序号相应地均需要进行调整。关于调整的方式，征求意见过程中，绝大多数意见认为应当通过一个条文对所涉民事诉讼法相关条文序号作统一修改。经慎重研究，我们采纳了该意见，在第十五条对引用民事诉讼法相关条文序号进行统一修改，在发布《决定》的同时，一并公布新《民诉法解释》文本，所引用民事诉讼法条文序号以新公布的《民诉法解释》为准。

除调整所引用民事诉讼法条文序号外，因删除了第二百七十四条、第二百七十五条，《民诉法解释》本身条文顺序也可能面临调整。关于是否调整司法解释的条文序号，我们对历次法律和司法解释修改进行了认真研究。当法律删除个别条文时，该条文及后续条文的安排，存在两种实践方案：一种方案是仅删除条文内容但保留条文序号，如刑法修正案（九）删去了刑法第一百九十九条，其后的条文顺序并未变更。这一方法在域外也被较为广泛采用，如德国民法典第15条至第20条、德国民事诉讼法典第223条、瑞士民法典第50条、瑞士民事诉讼法典第41条和第51条、日本民法典第737条，这些条文被废止后，在法典中仍然保留序号，之后的条文序号不会因删除这些条文发生变化,仍然保留原来的序号。英国、美国等传统判例法国家在修改成文法时也采用这种方式。另一种方案是将条文内容和条文序号整体删除,其后条文的序号依次前移。这是我国修法时所采取的主要方式。有意见认为,本次司法解释修改可探索适用第一种方案,好处在于,不仅本解释中引用自身的条文序号不再需要调整,其他司法解释引用本解释的条文序号也不需要调整。但是,考虑到此次民事诉讼法修改采取的是调整条文序号的方式,为了与立法保持一致,我们仍然采取删除条文内容与条文序号的方式,并调整后续条文序号,以保持条文序号的连续性。但是,对于如何让司法解释条文顺序的修改更加科学,既便于检索也有利于法律适用上的前后一致性,我们将在以后的司法解释修改过程中继续深入研究。需要注意的是,《决定》第十六条蕴含了两层意思:一是本解释的条文顺序调整,二是由于本解释条文顺序调整,条文所引用本解释的相关条文序号也进行相应调整。经统计,《民诉法解释》中援引本解释的条文一共17处,其中12处需要修改。新《民诉法解释》公布时作统一调整。

除上述重点内容外,《决定》还对照新民事诉讼法等法律对个别条文表述进行修改。如将第九条、第二百一十八条中的"抚育费"改为"抚养费",将第四十八条中的"助理审判员"删除,将第六十一条中的"人民调解委员会"修改为"人民调解委员会或者其他依法设立的调解组织",将第四十五条、第二百五十八条、第二百六十九条中的"合议庭组成人员"修改为"审判人员",确保《民诉法解释》与新民事诉讼法等法律保持一致。

四、关于新民事诉讼法的时间效力问题

新民事诉讼法立足经济社会发展变化,对小额诉讼的程序、普通程序独任制、二审独任制、申请司法确认调解协议、在线诉讼等重要制度予以规定,这些新规则自2022年1月1日起正式施行。那么,对于2022年1月1日之前受理但尚未审结的案件,是否可以适用新民事诉讼法?这涉及民事诉讼法规定的时间效力问题。

一直以来,关于新旧法律衔接适用方面,有一个共识性的原则,即"实体(法)从旧、程序(法)从新"。"从新"规则是法律溯及既往的另类表述。基于程序法旨在提供法律救济和实现权利的方法和途径,以公正为主要价值目标,一般认为程序法溯及既往不会影响或侵害信赖利益。程序法溯及既往已经成为一个普遍的法律原则,不论在大陆法系还是在普通法系,也不论是在刑事法律领域还是在民事、行政法领域。但也有观点认为,"程序从新"并非指程序法溯及既往,恰恰相反,"程序从新"是法不溯及既往原则在诉讼法中的特殊表现形式。新法颁布后的诉讼法律行为或者事件适用新法,新法颁布前已经完成的诉讼行为仍然有效,也即适用旧法,这其实就是民事诉讼法不溯及既往的表现。我们认为,关于"程序从新"与溯及既往的关系问题,之所以发生上述分歧,根源在于对溯及适用的判断标准不同。无论实体法还是程序法,溯及适用的大前提均为:一是行为发生时点与评价时点分别处于旧法和新法两种法律的施行区间;二是行为的依据与对行为进行评价的依据相异。此时,如果按照旧法对该行为进行评价,即为不溯及既往;如果按照新法对该行为进行评价,则为溯及既往。以此为基础并综合各方观点,2012年,最高人民法院制定了《关于修改后的民事诉讼法施行时未结案件适用法律若干问题的规定》,这是我国首次针对民事诉讼法新旧衔接问题制定的司法解释,明确了新旧民事诉讼法衔接适用的基本规则:(1)对于新法施行时未结案件,适用新法;(2)新法施行前依照旧法规定已经完成的程序事项,仍然有效；(3) 涉及当事人实体权利处分的事项，原则上从旧。上述法律适用规则对于民事案件的妥善解决和民事诉讼法的统一适用发挥了重要作用。依据上述规则和理念，2021年12月，最高人民法院下发了《关于认真学习贯彻〈全国人民代表大会常务委员会关于修改〈中华人民共和国民事诉讼法〉的决定〉的通知》，并明确了如下规则：2022年1月1日之后人民法院受理的民事案件，适用修改后的民事诉讼法。2022年1月1日之前人民法院未审结的案件，尚未进行的诉讼行为适用修改后的民事诉讼法；依照修改前的民事诉讼法或者最高人民法院印发的《民事诉讼程序繁简分流改革试点实施办法》的有关规定，已经完成的诉讼行为，仍然有效。中级人民法院、专门人民法院对2022年1月1日之后受理的第二审民事案件，可以依照修改后的民事诉讼法的有关规定适用独任制审理。

需要说明的是，民事诉讼繁简分流改革试点工作中，扩大了简易程序适用范围，允许对公告送达案件适用简易程序，此项制度调整在试点过程中取得了良好效果。《民诉法解释》修改过程中，我们对此问题进行了反复研究，但由于该项成果需进一步综合评估，故本次修改并未对修改前的《民诉法解释》第一百四十条、第二百五十七条第一项作出调整，审判实践中应予以注意。下一步，我们将继续对此问题进行调研，适时开展相应的条文修改论证工作。

（撰稿人：郭锋、陈龙业、贾玉慧、牛晓煜）

人民法院在线诉讼规则

法释〔2021〕12号

（2021年5月18日最高人民法院审判委员会第1838次会议通过
2021年6月16日最高人民法院公告公布　自2021年8月1日起施行）

为推进和规范在线诉讼活动，完善在线诉讼规则，依法保障当事人及其他诉讼参与人等诉讼主体的合法权利，确保公正高效审理案件，根据《中华人民共和国刑事诉讼法》《中华人民共和国民事诉讼法》《中华人民共和国行政诉讼法》等相关法律规定，结合人民法院工作实际，制定本规则。

第一条　人民法院、当事人及其他诉讼参与人等可以依托电子诉讼平台（以下简称"诉讼平台"），通过互联网或者专用网络在线完成立案、调解、证据交换、询问、庭审、送达等全部或者部分诉讼环节。

在线诉讼活动与线下诉讼活动具有同等法律效力。

第二条　人民法院开展在线诉讼应当遵循以下原则：

（一）公正高效原则。严格依法开展在线诉讼活动，完善审判流程，健全工作机制，加强技术保障，提高司法效率，保障司法公正。

（二）合法自愿原则。尊重和保障当事人及其他诉讼参与人对诉讼方式的选择权，未经当事人及其他诉讼参与人同意，人民法院不得强制或者变相强制适用在线诉讼。

（三）权利保障原则。充分保障当事人各项诉讼权利，强化提示、说明、告知义务，不得随意减少诉讼环节和减损当事人诉讼权益。

（四）便民利民原则。优化在线诉讼服务，完善诉讼平台功能，加强信息技术应用，降低当事人诉讼成本，提升纠纷解决效率。统筹兼顾不同群体司法需求，对未成年人、老年人、残障人士等特殊群体加强诉讼引导，提供相应司法便利。

（五）安全可靠原则。依法维护国家安全，保护国家秘密、商业秘密、个人隐私和个人信息，有效保障在线诉讼数据信息安全。规范技术应用，确保技术中立和平台中立。

第三条 人民法院综合考虑案件情况、当事人意愿和技术条件等因素，可以对以下案件适用在线诉讼：

（一）民事、行政诉讼案件；

（二）刑事速裁程序案件，减刑、假释案件，以及因其他特殊原因不宜线下审理的刑事案件；

（三）民事特别程序、督促程序、破产程序和非诉执行审查案件；

（四）民事、行政执行案件和刑事附带民事诉讼执行案件；

（五）其他适宜采取在线方式审理的案件。

第四条 人民法院开展在线诉讼，应当征得当事人同意，并告知适用在线诉讼的具体环节、主要形式、权利义务、法律后果和操作方法等。

人民法院应当根据当事人对在线诉讼的相应意思表示，作出以下处理：

（一）当事人主动选择适用在线诉讼的，人民法院可以不再另行征得其同意，相应诉讼环节可以直接在线进行；

（二）各方当事人均同意适用在线诉讼的，相应诉讼环节可以在线进行；

（三）部分当事人同意适用在线诉讼，部分当事人不同意的，相应诉讼环节可以采取同意方当事人线上、不同意方当事人线下的方式进行；

（四）当事人仅主动选择或者同意对部分诉讼环节适用在线诉讼的，人民法院不得推定其对其他诉讼环节均同意适用在线诉讼。

对人民检察院参与的案件适用在线诉讼的，应当征得人民检察院同意。

第五条 在诉讼过程中，如存在当事人欠缺在线诉讼能力、不具备在线诉讼条件或者相应诉讼环节不宜在线办理等情形之一的，人民法院应当将相应诉讼环节转为线下进行。

当事人已同意对相应诉讼环节适用在线诉讼，但诉讼过程中又反悔的，应当在开展相应诉讼活动前的合理期限内提出。经审查，人民法院认为不存在故意拖延诉讼等不当情形的，相应诉讼环节可以转为线下进行。

在调解、证据交换、询问、听证、庭审等诉讼环节中，一方当事人要求其他当事人及诉讼参与人在线下参与诉讼的，应当提出具体理由。经审查，人民法院认为案件存在案情疑难复杂、需证人现场作证、有必要线下举证质证、陈述辩论等情形之一的，相应诉讼环节可以转为线下进行。

第六条 当事人已同意适用在线诉讼，但无正当理由不参与在线诉讼活动或者不作出相应诉讼行为，也未在合理期限内申请提出转为线下进行的，应当依照法律和司法解释的相关规定承担相应法律后果。

第七条 参与在线诉讼的诉讼主体应当先行在诉讼平台完成实名注册。人民法院应当通过证件证照在线比对、身份认证平台认证等方式，核实诉讼主体的实名手机号码、居民身份证件号码、护照号码、统一社会信用代码等信息，确认诉讼主体身份真实性。诉讼主体在线完成身份认证后，取得登录诉讼平台的专用账号。

参与在线诉讼的诉讼主体应当妥善保管诉讼平台专用账号和密码。除有证据证明存在账号被盗用或者系统错误的情形外，使用专用账号登录诉讼平台所作出的行为，视为被认证人本人行为。

人民法院在线开展调解、证据交换、庭审等诉讼活动，应当再次验证诉讼主体的身份；确有必要的，应当在线下进一步核实身份。

第八条 人民法院、特邀调解组织、特邀调解员可以通过诉讼平台、人民法院调解平台等开展在线调解活动。在线调解应当按照法律和司法解释相关规定进行，依法保护国家秘密、商业秘密、个人隐私和其他不宜公开的信息。

第九条 当事人采取在线方式提交起诉材料的，人民法院应当在收到材料后的法定期限内，在线作出以下处理：

（一）符合起诉条件的，登记立案并送达案件受理通知书、交纳诉讼费用通知书、举证通知书等诉讼文书；

（二）提交材料不符合要求的，及时通知其补正，并一次性告知补正内容和期限，案件受理时间自收到补正材料后次日重新起算；

（三）不符合起诉条件或者起诉材料经补正仍不符合要求，原告坚持起诉的，依法裁定不予受理或者不予立案；

当事人已在线提交符合要求的起诉状等材料的，人民法院不得要求当事人再提供纸质件。

上诉、申请再审、特别程序、执行等案件的在线受理规则，参照本条第一款、第二款规定办理。

第十条 案件适用在线诉讼的，人民法院应当通知被告、被上诉人或者其他诉讼参与人，询问其是否同意以在线方式参与诉讼。被通知人同意采用在线方式的，应当在收到通知的三日内通过诉讼平台验证身份、关联案件，并在后续诉讼活动中通过诉讼平台了解案件信息、接收和提交诉讼材料，以及实施其他诉讼行为。

被通知人未明确表示同意采用在线方式，且未在人民法院指定期限内注册登录诉讼平台的，针对被通知人的相关诉讼活动在线下进行。

第十一条 当事人可以在诉讼平台直接填写录入起诉状、答辩状、反诉状、代理意见等诉讼文书材料。

当事人可以通过扫描、翻拍、转录等方式，将线下的诉讼文书材料或者证据材料作电子化处理后上传至诉讼平台。诉讼材料为电子数据，且诉讼平台与存储该电子数据的平台已实现对接的，当事人可以将电子数据直接提交至诉讼平台。

当事人提交电子化材料确有困难的，人民法院可以辅助当事人将线下材料作电子化处理后导入诉讼平台。

第十二条 当事人提交的电子化材料，经人民法院审核通过后，可以直接在诉讼中使用。诉讼中存在下列情形之一的，人民法院应当要求当事人提供原件、原物：

（一）对方当事人认为电子化材料与原件、原物不一致，并提出合理理由和依

据的;

（二）电子化材料呈现不完整、内容不清晰、格式不规范的;

（三）人民法院卷宗、档案管理相关规定要求提供原件、原物的;

（四）人民法院认为有必要提交原件、原物的。

第十三条 当事人提交的电子化材料，符合下列情形之一的，人民法院可以认定符合原件、原物形式要求：

（一）对方当事人对电子化材料与原件、原物的一致性未提出异议的;

（二）电子化材料形成过程已经过公证机构公证的;

（三）电子化材料已在之前诉讼中提交并经人民法院确认的;

（四）电子化材料已通过在线或者线下方式与原件、原物比对一致的;

（五）有其他证据证明电子化材料与原件、原物一致的。

第十四条 人民法院根据当事人选择和案件情况，可以组织当事人开展在线证据交换，通过同步或者非同步方式在线举证、质证。

各方当事人选择同步在线交换证据的，应当在人民法院指定的时间登录诉讼平台，通过在线视频或者其他方式，对已经导入诉讼平台的证据材料或者线下送达的证据材料副本，集中发表质证意见。

各方当事人选择非同步在线交换证据的，应当在人民法院确定的合理期限内，分别登录诉讼平台，查看已经导入诉讼平台的证据材料，并发表质证意见。

各方当事人均同意在线证据交换，但对具体方式无法达成一致意见的，适用同步在线证据交换。

第十五条 当事人作为证据提交的电子化材料和电子数据，人民法院应当按照法律和司法解释的相关规定，经当事人举证质证后，依法认定其真实性、合法性和关联性。未经人民法院查证属实的证据，不得作为认定案件事实的根据。

第十六条 当事人作为证据提交的电子数据系通过区块链技术存储，并经技术核验一致的，人民法院可以认定该电子数据上链后未经篡改，但有相反证据足以推翻的除外。

第十七条 当事人对区块链技术存储的电子数据上链后的真实性提出异议，并有合理理由的，人民法院应当结合下列因素作出判断：

（一）存证平台是否符合国家有关部门关于提供区块链存证服务的相关规定;

（二）当事人与存证平台是否存在利害关系，并利用技术手段不当干预取证、存证过程;

（三）存证平台的信息系统是否符合清洁性、安全性、可靠性、可用性的国家标准或者行业标准;

（四）存证技术和过程是否符合相关国家标准或者行业标准中关于系统环境、技术安全、加密方式、数据传输、信息验证等方面的要求。

第十八条 当事人提出电子数据上链存储前已不具备真实性，并提供证据证明或者说明理由的，人民法院应当予以审查。

人民法院根据案件情况，可以要求提交区块链技术存储电子数据的一方当事人，提供证据证明上链存储前数据的真实性，并结合上链存储前数据的具体来源、生成机制、存储过程、公证机构公证、第三方见证、关联印证数据等情况作出综合判断。当事人不能提供证据证明或者作出合理说明，该电子数据也无法与其他证据相互印证的，人民法院不予确认其真实性。

第十九条 当事人可以申请具有专门知识的人就区块链技术存储电子数据相关技术问题提出意见。人民法院可以根据当事人申请或者依职权，委托鉴定区块链技术存储电子数据的真实性，或者调取其他相关证据进行核对。

第二十条 经各方当事人同意，人民法院可以指定当事人在一定期限内，分别登录诉讼平台，以非同步的方式开展调解、证据交换、调查询问、庭审等诉讼活动。

适用小额诉讼程序或者民事、行政简易程序审理的案件，同时符合下列情形的，人民法院和当事人可以在指定期限内，按照庭审程序环节分别录制参与庭审视频并上传至诉讼平台，非同步完成庭审活动：

（一）各方当事人同时在线参与庭审确有困难；

（二）一方当事人提出书面申请，各方当事人均表示同意；

（三）案件经过在线证据交换或者调查询问，各方当事人对案件主要事实和证据不存在争议。

第二十一条 人民法院开庭审理的案件，应当根据当事人意愿、案件情况、社会影响、技术条件等因素，决定是否采取视频方式在线庭审，但具有下列情形之一的，不得适用在线庭审：

（一）各方当事人均明确表示不同意，或者一方当事人表示不同意且有正当理由的；

（二）各方当事人均不具备参与在线庭审的技术条件和能力的；

（三）需要通过庭审现场查明身份、核对原件、查验实物的；

（四）案件疑难复杂、证据繁多，适用在线庭审不利于查明事实和适用法律的；

（五）案件涉及国家安全、国家秘密的；

（六）案件具有重大社会影响，受到广泛关注的；

（七）人民法院认为存在其他不宜适用在线庭审情形的。

采取在线庭审方式审理的案件，审理过程中发现存在上述情形之一的，人民法院应当及时转为线下庭审。已完成的在线庭审活动具有法律效力。

在线询问的适用范围和条件参照在线庭审的相关规则。

第二十二条 适用在线庭审的案件，应当按照法律和司法解释的相关规定开展庭前准备、法庭调查、法庭辩论等庭审活动，保障当事人申请回避、举证、质证、陈述、辩论等诉讼权利。

第二十三条 需要公告送达的案件，人民法院可以在公告中明确线上或者线下参与庭审的具体方式，告知当事人选择在线庭审的权利。被公告方当事人未在开庭前向人民法院表示同意在线庭审的，被公告方当事人适用线下庭审。其他同意适用在线庭审的当事人，可以在线参与庭审。

第二十四条 在线开展庭审活动，人民法院应当设置环境要素齐全的在线法庭。在线法庭应当保持国徽在显著位置，审判人员及席位名称等在视频画面合理区域。因存在特殊情形，确需在在线法庭之外的其他场所组织在线庭审的，应当报请本院院长同意。

出庭人员参加在线庭审，应当选择安静、无干扰、光线适宜、网络信号良好、相对封闭的场所，不得在可能影响庭审音频视频效果或者有损庭审严肃性的场所参加庭审。必要时，人民法院可以要求出庭人员到指定场所参加在线庭审。

第二十五条 出庭人员参加在线庭审应当尊重司法礼仪，遵守法庭纪律。人民法院根据在线庭审的特点，适用《中华人民共和国人民法院法庭规则》相关规定。

除确属网络故障、设备损坏、电力中断或者不可抗力等原因外，当事人无正当理由不参加在线庭审，视为"拒不到庭"；在庭审中擅自退出，经提示、警告后仍不改正的，视为"中途退庭"，分别按照相关法律和司法解释的规定处理。

第二十六条 证人通过在线方式出庭的，人民法院应当通过指定在线出庭场所、设置在线作证室等方式，保证其不旁听案件审理和不受他人干扰。当事人对证人在线出庭提出异议且有合理理由的，或者人民法院认为确有必要的，应当要求证人线下出庭作证。

鉴定人、勘验人、具有专门知识的人在线出庭的，参照前款规定执行。

第二十七条 适用在线庭审的案件，应当按照法律和司法解释的相关规定公开庭审活动。

对涉及国家安全、国家秘密、个人隐私的案件，庭审过程不得在互联网上公开。对涉及未成年人、商业秘密、离婚等民事案件，当事人申请不公开审理的，在线庭审过程可以不在互联网上公开。

未经人民法院同意，任何人不得违法违规录制、截取、传播涉及在线庭审过程的音频视频、图文资料。

第二十八条 在线诉讼参与人故意违反本规则第八条、第二十四条、第二十五条、第二十六条、第二十七条的规定，实施妨害在线诉讼秩序行为的，人民法院可以根据法律和司法解释关于妨害诉讼的相关规定作出处理。

第二十九条 经受送达人同意，人民法院可以通过送达平台，向受送达人的电子邮箱、即时通讯账号、诉讼平台专用账号等电子地址，按照法律和司法解释的相关规定送达诉讼文书和证据材料。

具备下列情形之一的，人民法院可以确定受送达人同意电子送达：

（一）受送达人明确表示同意的；

（二）受送达人在诉讼前对适用电子送达已作出约定或者承诺的；

（三）受送达人在提交的起诉状、上诉状、申请书、答辩状中主动提供用于接收送达的电子地址的；

（四）受送达人通过回复收悉、参加诉讼等方式接受已经完成的电子送达，并且未明确表示不同意电子送达的。

第三十条 人民法院可以通过电话确认、诉讼平台在线确认、线下发送电子送达确认书等方式，确认受送达人是否同意电子送达，以及受送达人接收电子送达的具体方式和地址，并告知电子送达的适用范围、效力、送达地址变更方式以及其他需告知的送达事项。

第三十一条 人民法院向受送达人主动提供或者确认的电子地址送达的，送达信息到达电子地址所在系统时，即为送达。

受送达人未提供或者未确认有效电子送达地址，人民法院向能够确认为受送达人本人的电子地址送达的，根据下列情形确定送达是否生效：

（一）受送达人回复已收悉，或者根据送达内容已作出相应诉讼行为的，即为完成有效送达；

（二）受送达人的电子地址所在系统反馈受送达人已阅知，或者有其他证据可以证明受送达人已经收悉的，推定完成有效送达，但受送达人能够证明存在系统错误、送达地址非本人使用或者非本人阅知等未收悉送达内容的情形除外。

人民法院开展电子送达，应当在系统中全程留痕，并制作电子送达凭证。电子送达凭证具有送达回证效力。

对同一内容的送达材料采取多种电子方式发送受送达人的，以最先完成的有效送达时间作为送达生效时间。

第三十二条 人民法院适用电子送达，可以同步通过短信、即时通讯工具、诉讼平台提示等方式，通知受送达人查阅、接收、下载相关送达材料。

第三十三条 适用在线诉讼的案件，各方诉讼主体可以通过在线确认、电子签章等方式，确认和签收调解协议、笔录、电子送达凭证及其他诉讼材料。

第三十四条 适用在线诉讼的案件，人民法院应当在调解、证据交换、庭审、合议等诉讼环节同步形成电子笔录。电子笔录以在线方式核对确认后，与书面笔录具有同等法律效力。

第三十五条 适用在线诉讼的案件，人民法院应当利用技术手段随案同步生成电子卷宗，形成电子档案。电子档案的立卷、归档、存储、利用等，按照档案管理相关法律法规的规定执行。

案件无纸质材料或者纸质材料已经全部转化为电子材料的，第一审人民法院可以采用电子卷宗代替纸质卷宗进行上诉移送。

适用在线诉讼的案件存在纸质卷宗材料的，应当按照档案管理相关法律法规立卷、归档和保存。

第三十六条 执行裁决案件的在线立案、电子材料提交、执行和解、询问当事人、电子送达等环节，适用本规则的相关规定办理。

人民法院可以通过财产查控系统、网络询价评估平台、网络拍卖平台、信用惩戒系统等，在线完成财产查明、查封、扣押、冻结、划扣、变价和惩戒等执行实施环节。

第三十七条 符合本规定第三条第二项规定的刑事案件，经公诉人、当事人、辩护人同意，可以根据案件情况，采取在线方式讯问被告人、开庭审理、宣判等。

案件采取在线方式审理的，按照以下情形分别处理：

（一）被告人、罪犯被羁押的，可以在看守所、监狱等羁押场所在线出庭；

（二）被告人、罪犯未被羁押的，因特殊原因确实无法到庭的，可以在人民法院指定的场所在线出庭；

（三）证人、鉴定人一般应当在线下出庭，但法律和司法解释另有规定的除外。

第三十八条 参与在线诉讼的相关主体应当遵守数据安全和个人信息保护的相关法律法规，履行数据安全和个人信息保护义务。除人民法院依法公开的以外，任何人不得违法违规披露、传播和使用在线诉讼数据信息。出现上述情形的，人民法院可以根据具体情况，依照法律和司法解释关于数据安全、个人信息保护以及妨害诉讼的规定追究相关单位和人员法律责任，构成犯罪的，依法追究刑事责任。

第三十九条 本规则自 2021 年 8 月 1 日起施行。最高人民法院之前发布的司法解释涉及在线诉讼的规定与本规则不一致的，以本规则为准。

【解读】

解读《人民法院在线诉讼规则》

2021年5月18日,《人民法院在线诉讼规则》(以下简称《规则》)经最高人民法院审判委员会第1838次会议审议通过,并于2021年8月1日施行。《规则》共39条,明确了在线诉讼的法律效力、基本原则、适用条件,内容涵盖在线立案、调解、证据交换、庭审、宣判、送达等诉讼环节,首次从司法解释层面构建形成系统完备、指向清晰、务实管用的在线诉讼规则体系。

《规则》的正式印发,是人民法院深入学习贯彻习近平法治思想的重要成果,对于进一步规范在线诉讼,保障当事人诉讼权利,便利人民群众诉讼,提升审判质量效率,推动形成"中国特色、世界领先"互联网新司法模式,具有重大而深远的意义。现就《规则》起草背景、主要思路和司法实践中应当注意的重点问题说明如下。

一、《规则》的起草背景和主要思路

"探索构建适应互联网时代需求的新型管辖规则、诉讼规则,推动审判方式、诉讼制度与互联网技术深度融合"是《人民法院第五个五年改革纲要(2019—2023)》确定的重点改革任务。近年来,人民法院主动适应互联网时代发展要求,回应人民群众公正、高效、便捷、多元解纷的司法需求,稳妥有序地推进完善案件在线审理机制。杭州、北京、广州三家互联网法院利用先发优势,探索构建全流程在线审理机制,推动大数据、区块链、人工智能等新技术在审判执行领域深度运用。各地法院依托"中国移动微法院"诉讼平台,逐步推广适用在线诉讼,实现审判模式转型升级。尤其在新冠肺炎疫情防控期间,在线诉讼大显身手,实现了"审判执行不停摆,公平正义不止步",为统筹推进疫情防控和经济社会发展作出了积极贡献。

自2018年以来,最高人民法院先后制定并印发《最高人民法院关于互联网法院审理案件若干问题的规定》(以下简称《互联网法院司法解释》)、《民事诉讼程序繁简分流改革试点实施办法》(以下简称《试点实施办法》)和《最高人民法院关于新冠肺炎疫情防控期间加强和规范在线诉讼工作的通知》,指导相关法院开展在线诉讼实践。但总体上看,上述文件主要针对特定法院、特定时期和特定诉讼环节,还未形成适用于全国法院、覆盖诉讼全流程、效力层级较高的在线诉讼规则。

各地法院尽管积累大量经验,但也存在在线诉讼效力不确定、规则不明确、标准不清晰、程序不统一、操作不规范等问题。因此,最高人民法院在深入开展调研论证,全面总结互联网司法实践成果基础上,研究制定了《规则》,作为全国法院开展在线诉讼的主要依据。

《规则》的主要起草思路如下。

一是坚持人民性,充分回应互联网时代人民群众司法需求。随着移动互联网技术日益普及,人民群众普遍期待司法诉讼更加数字化、网络化、便捷化,推动提升审判效率、降低诉讼成本,同时,也担心诉讼权益在参与在线诉讼过程中受到减损。《规则》针对上述情况，既充分发挥在线诉讼灵活、简便、全天候、易操作等优势，又坚持以当事人同意为基本前提，尊重和保障当事人诉讼模式选择权和程序利益处分权，实现提升司法效能和保障人民群众合法诉讼权益相统一。

二是注重规范性，科学构建人民法院在线办案程序。《规则》聚焦突破制度性障碍，旨在明确在线诉讼法律效力、填补规则空白、统一行为标准、细化程序规范。同时，考虑到互联网技术发展迅速，一些诉讼领域仍有探索创新余地，《规则》已注重保持制度弹性，表述上适当"留白"，不追求面面俱到，对于一些新技术应用领域的问题，可由各地法院结合审判实际、技术发展情况持续探索、细化完善。

三是彰显时代性，积极适应技术与司法融合应用发展要求。《规则》积极推动和有效规范新技术与诉讼程序的融合发展。针对区块链存证、非同步审理机制、在线法庭设置、电子送达、电子卷宗等前沿问题，依法确认法律效力、明确审核规则、划定适用边界，并就维护数据信息安全，确保技术中立和平台中立提出要求。

二、关于在线诉讼的内涵和效力

《规则》第一条明确了在线诉讼的内涵和效力。在效力方面，在线诉讼活动与线下诉讼活动具有同等法律效力。在在线诉讼内涵方面，应当注意把握好以下三个问题。

一是关于在线诉讼的表现形式。在线诉讼包括从立案到执行的各个诉讼环节，但不要求所有流程均必须在线办理。实践中，司法案件各有其特点，有的适宜在线解决，有的适合线下审理，必须遵循规律、实事求是。无论是"全部诉讼环节在线"，还是"部分诉讼环节在线"，或者"部分当事人线上，部分当事人线下"，都属于在线诉讼的表现形式。

二是关于在线诉讼的网络载体。在线诉讼可以通过互联网或专用网络两种方式进行。对于民事、行政等案件，在线诉讼活动主要在互联网上完成，人民法院应当在确保数据和系统安全的前提下，实现内外网系统数据互通。对于刑事案件，在线诉讼一般通过专用网络进行，以满足刑事案件审理的技术保障要求。

三是关于在线诉讼的开展方式。在线诉讼活动主要依托电子诉讼平台开展。考虑到目前全国法院信息化建设规模、进程尚不均衡，《规则》中的"诉讼平台"还是一个泛指概念，既包括最高人民法院统一指导建设的电子诉讼平台，也包括各地法院结合工作需要自行建设的平台，是各类服务于在线诉讼工作平台的集合。未来，随着智慧法院建设不断深入，电子诉讼平台也将逐步向规范化、系统化、一体化发展。

三、关于在线诉讼的基本原则

《规则》第二条确立了在线诉讼"公正高效""合法自愿""权利保障""便民利民""安全可靠"五个基本原则，作为开展在线诉讼总体要求。"公正高效"是在线诉讼的根本特征，目的是利用信息技术，提升审判质量效率，更快更好地实现公平正义；"合法自愿"是在线诉讼的适用前提，当事人有权自主选择线上或者线下诉讼模式，但不得不当干预和影响其他诉讼主体的选择权；"权利保障"是在线诉讼的核心要求，人民法院应当帮助当事人更加充分、便捷、及时地行使各项诉讼权利，不能为求简便而减损当事人权利；"便民利民"是在线诉讼的价值取向，基本出发点是为当事人提供诉讼便利，降低诉讼成本，统筹兼顾不同群体的诉讼能力和司法需求，提供差异化、精准化的在线诉讼服务；"安全可靠"是在线诉讼的基础保障，各类信息技术的运用必须符合司法规律和技术伦理，保障数据信息安全，避免因技术不当使用或平台利益关联，影响司法公正性和公信力。

四、关于在线诉讼的适用范围

《规则》第三条明确在线诉讼的适用案件范围,根据该条规定,各类民事、行政、非诉和执行程序案件,只要符合适用条件,均可采取在线方式办理。但是,考虑到刑事案件涉及侦查、检察、审判机关的协调衔接,在证据规格、权利保障、数据安全方面也有特殊要求,在线诉讼应当依法审慎稳妥推进,主要适用于案情简单、程序简便或者因疫情防控等特殊原因不宜线下审理的刑事案件。因此,《规则》第三条第二项将这类案件的范围限定为"刑事速裁程序案件,减刑、假释案件,以及因其他特殊原因不宜线下审理的刑事案件",并在第三十七条作出专门规定。

《规则》第三条第五项是在线诉讼适用案件范围的兜底条款,即"其他适宜采取在线方式审理的案件"。司法实践中,对于哪些属于"适宜采取在线方式审理"案件,人民法院可以结合当事人意愿、案件性质、复杂程度、证据情况等因素作出综合判断。例如,部分国家赔偿案件,如果不存在重大敏感因素,当事人自身又有在线诉讼需求的,也可以在线办理。

五、关于在线诉讼的适用条件

《规则》第三条、第四条、第五条、第六条对在线诉讼的适用条件以及线上线下两种审理方式的转换作出规定。适用在线诉讼需要满足三个条件。

(一)当事人同意适用在线诉讼

按照《规则》确定的合法自愿原则,在线诉讼是为当事人参与诉讼的方式提供更多选择,并不具有强制性,所以应当以当事人主动选择或者同意为前提。实践中需注意以下四个方面。

一是关于"当事人同意"的方式。《规则》对当事人同意的方式未作具体限制,实践中至少可以包括:主动作出在线诉讼行为、口头同意、在诉讼平台确认同意、线下书面同意等。只要是当事人的真实意思表示,并可以留痕追溯,均是作出同意的有效方式。

二是关于"当事人同意"的效力范围。当事人关于是否同意在线诉讼的意思表示,原则上仅对自身产生效力。一方当事人不同意在线诉讼,不影响其他方当事人选择在线诉讼的权利,案件可以采取"半在线"方式审理。考虑到司法实践的复杂性,《规则》对调解、证据交换、询问、听证、庭审等诉讼环节作出特殊安排,明确一方当事人有权在上述诉讼环节中,要求其他方当事人线下参审,但应当提出合理理由。经人民法院审查,其理由成立的,可以将相应诉讼环节转为线下进行,便于人民法院查明事实、适用法律。

三是关于"当事人同意"后又反悔的处理。《规则》明确当事人同意适用在线诉讼后可以作出反悔,但需满足三个条件:第一,反悔应当在开展相应诉讼活动前的合理期限内提出。考虑到不同诉讼环节的准备时间存在差异,《规则》未对"合理期限"作出"一刀切"式的规定,可由各地法院具体细化或者审判组织根据案件情况确定。第二,反悔需通过申请方式提出,并经人民法院审查同意。第三,反悔不得基于恶意诉讼目的,如果能够认定当事人反悔是为了故意拖延诉讼或者增加对方当事人诉讼成本的,人民法院可以不予批准。

四是关于"当事人同意"的法律后果。《规则》第六条明确,当事人同意适用在线诉讼后,如果既不申请转为线下审理,又无其他无正当理由,无故不作出相应诉讼行为或不参与在线诉讼活动的，人民法院应参照线下诉讼对应情形作出处理，以确保在线诉讼的严肃性和规范性。例如，当事人无正当理由逾期在线举证的，人民法院应当根据民事诉讼法（2017年修正）第六十五条，《最高人民法院关于适用〈中华人民共和国民事诉讼法〉的解释》（2020年修正，下同，以下简称《民事诉讼法司法解释》）第一百零二条，确定是否采纳该证据，并可予以训诫、罚款；当事人无正当理由不按时参加在线庭审或者擅自退出庭审的，视为"拒不到庭"或者"中途退庭"，人民法院可以视为撤诉或者缺席审理。

（二）案件适宜在线审理

案件是否适用在线诉讼，人民法院需要结合案件性质、特点、证据类型、社会关注度等各方面因素，综合作出判断。需要注意的是，实践中需区分考虑是所有诉讼环节均不适用在线方式，还是部分诉讼环节不宜在线开展。例如，对于涉及国家安全、国家秘密、重大涉外、涉港澳台案件，一般应当全案线下审理；而对当事人人数众多、案件疑难复杂、证据繁多、审理耗时长的案件，庭审环节一般应当在线下开展，而此类案件的立案、调解、送达等环节可以在线完成。线上线下有序融合衔接，才应当是在线诉讼的主流和常态。

（三）具备相应技术能力和条件

开展在线诉讼需以人民法院具备技术条件和当事人具备技术应用能力为前提。各级法院应当坚持实事求是，结合自身技术条件，稳妥有序推进在线诉讼，并不要求"一步到位"、追求"应上尽上"，更不能"强上硬上"。实践中，人民法院应当结合实际情况，对当事人的在线诉讼能力作出判断，综合考虑当事人年龄、职业、身体状况、知识背景、所处地域、上网条件、通讯设备、操作能力等因素，准确判断当事人是否具备参与在线诉讼的能力与条件，合理确定案件审理方式。

六、关于在线诉讼的主要程序规则

（一）身份认证规则

《规则》第七条明确了在线诉讼身份认证规则。相比线下诉讼，在线诉讼数字化、网络化的特点，更容易引发人们对诉讼主体身份真实性问题的关注，因此必须强化在线身份认证程序，实践中应注意以下三个方面。

一是在认证方式上。应当主要通过证件证照在线比对、身份认证平台认证等方式验证身份。实践中，部分法院通过对接公安部门人口信息系统，采取人脸识别方式验证身份。采取这一验证方式的，应当严格遵守国家关于人脸识别的法律法规要求，充分履行告知义务，并征得当事人明确同意。

二是在认证环节上。身份认证是在线诉讼的前提，应当在开展诉讼活动前即有效完成。身份认证时，可以同步告知在线诉讼权利义务和法律后果，征求当事人对是否同意在线诉讼及具体适用环节的意见。针对调解、证据交换、庭审等需多方参与的重要诉讼环节，应当再次认证身份，确保诉讼主体身份准确无误，诉讼行为合法有效。

三是在认证效力上。身份认证具有固定诉讼主体和诉讼行为效力的作用。初次身份认证的效力，及于之后各个诉讼环节，被认证人也因此负有妥善保管诉讼平台账户密码的义务。但是，如果能够证明存在诉讼平台系统错误或者诉讼平台账号被盗用的，"视为被认证人行为"的效力可被推翻，以充分保障当事人诉讼权利。

（二）电子材料提交规则

电子材料是开展在线诉讼的基础要素。《规则》第十一条明确了电子材料的主要类型和提交方式。从内容上看，电子材料分为诉讼文书材料和证据材料。从表现形式上看，电子材料分为三种类型：一是诉讼主体直接在电子诉讼平台中录入的电子文本，即在线填写起诉状、答辩状、代理意见、案件要素信息等。二是线下实体材料经过扫描、翻拍、转录等方式进行数字化处理后形成的材料，也被称为电子化材料。形成方式是对线下已经形成书面起诉状、答辩状、代理意见、书证等材料作电子化处理后，直接上传至诉讼平台。三是材料本身即是以电子数据形式存在的，如电子合同、网络购物表单、网络支付凭证等。如果存有上述电子数据的数据平台已对接人民法院诉讼平台，可以直接将电子数据导入诉讼平台。当事人是提交电子材料的主要义务人。如果提交电子化材料确有困难的，人民法院可以通过卷宗扫描等方式，帮助当事人将线下材料转化为电子化材料。同时，人民法院应当通过完善系统设置、细化操作指引、畅通数据传输等方式，尽可能为当事人提交电子材料提供司法便利。

（三）电子化材料的效力与审核规则

线下诉讼模式下，诉讼材料和证据材料一般要求提交原件原物，特定情形下可以提交复印件，而在线诉讼如果要求一律提交原件原物，则既不利于案件在线审理，还将加重当事人诉讼负担。因此，《规则》第十二条、第十三条明确了电子化材料"视同原件"效力及审核规则，实践中需要注意三个方面。

一是关于电子化材料"视同原件"的效力内涵。《规则》第十二条主要解决电子化材料的形式真实性问题，其效力范围仅限于当事人不必再另行提供纸质原件，并不意味着电子化材料必然具备证据能力和证明力，对证据内容的真实性、合法性、关联性问题，还需作专门判断。

二是关于电子化材料"视同原件"的限制。电子化材料"视同原件"的效力既不是当然的，也不是绝对的。首先，电子化材料需以人民法院审核通过为前提，未经法院审核不得在诉讼中直接使用。其次，电子化材料"视同原件"效力具有相应限制条件。如果存在形式真实性存疑、内容格式不够规范清晰、不符合档案管理规定等情形的，仍应当提供原件。

三是关于电子化材料的审核规则。电子化材料本身具有易篡改的特点，为确保其形式真实性，人民法院需审核电子化材料与原件原物的一致性。考虑到电子化材料审核技术性较强，审核更多需要借助外部力量和其他程序完成，具体包括：对方当事人认可、公证机构公证、先行诉讼活动确认、在线或线下比对等。需要说明的是，上述方式只是帮助审判组织审核电子化材料的指引性规则，如果审判组织认为即便采取上述举措，也不足以确保材料形式真实性的，应当要求当事人提供线下实体材料。

（四）区块链存证的效力及审查规则

在线诉讼模式下，证据的存在形态、表现形式、呈现方式等与线下诉讼模式有较大不同。《规则》第十四条至第十九条对在线诉讼证据问题作出集中规定，一方面，明确了在线证据交换方式，确立了同步和非同步两种在线证据交换的效力和程序要求；另一方面，明确了在线证据的审查认定规则。《规则》第十三条明确了在线诉讼证据审查的总体要求和法律依据。考虑到目前我国诉讼法律和相关司法解释已对电子证据审查认定作出了较为系统完备的规定，《规则》对一般性电子证据审查规则不再作重复性列举。

《规则》第十六条至第十九条对区块链存证的司法认定问题作出专门规定。近年来，公证机构、第三方存证平台等大力推广区块链技术存证，涉区块链纠纷日益增多。同时，由于效力和审核规则不明，区块链存证领域存在过度夸大区块链证据效力、误导当事人存证，以及混淆法院内部区块链技术应用与区块链存证的界限，利用法院背书等乱象，亟待予以规范。因此，《规则》进一步规范了区块链技术的司法应用，促进区块链存证行业有序发展，有效解决取证难、认证难问题。关于该问题，有四个方面需要注意。

一是关于区块链存证的性质。目前，我国诉讼法上尚无"区块链证据"这一证据类型，所以《规则》未采用这一表述，而是从技术特征角度将之描述为"通过区块链技术存储的电子数据"，其在性质上属于电子数据。需要指出的是，区块链基于自身技术特点，一般情况下并不存储电子数据内容本身，所存储的是经过加密运算所得的哈希值，并经由对哈希值的核验，判断电子数据本身是否被篡改。

二是关于区块链存证的效力。区块链技术基于自身链式数据结构、分布式存储和加密机制等技术特点，能够很大程度上保障数据上链后难以篡改，为人民法院认定证据真实性提供技术支撑。因此，《规则》第十六条明确："当事人作为证据提交的电子数据系通过区块链技术存储，并经技术核验一致的，人民法院可以认定该电子数据上链后未经篡改，但有相反证据足以推翻的除外。"该规定实际上确立了区块链存储数据的真实性推定效力，但由于区块链技术并不能确保上链存储前的数据必然是客观真实的，因此该推定规则的效力范围仅限于"上链后未经篡改"，并非直接确认区块链存储数据的完整真实性。

三是关于区块链存证的真实性审核规则。虽然区块链技术本身具有防篡改的优势和特点，但这种技术保障并非绝对的，区块链技术的底层架构、共识机制、节点数量和分布，以及存证主体的合法性、存证所依赖的软硬件系统乃至存证技术规范等因素，均可能影响上链后数据的真实性。

基于《规则》第十六条的推定规则，数据上链存储后的真实性是可推翻的，如果对方当事人提出异议，并提供证据证明或者说明理由的，人民法院应当审查数据上链后的真实性。审查内容包括存证平台的主体的合法性和妥当性、存证硬件系统的安全清洁性和可靠可用性、存证技术和过程的规范性和有效性等方面。

考虑到上述审查内容技术性较强，审判组织主要通过分配证明责任，经当事人举证质证、陈述辩论、听取专家辅助人意见、进行专业鉴定等环节和方式，综合各方意见作出判断。

四是关于上链前数据的真实性审查。区块链技术并不能保证上链存储前数据的客观真实性，若当事人提出异议，人民法院应当审查。第一，关于真实性审查的启动条件。考虑到区块链存证本身即是证据保全的一种方式，提交证据一方已完成举证和说明义务，因此，启动上链前数据真实性审查，不仅需要一方当事人提出异议，还应当要求其提供证据证明或说明理由。人民法院也可以根据案件情况主动进行真实性审查。第二，关于数据真实性审查的内容和方式。结合电子数据真实性审查的一般规定以及区块链技术存储的特点，审判组织应当着重审查数据的具体来源、生成机制和存储过程，是否有公证机构公证、第三方见证等程序保障，以及能否有关联数据或证据与之印证。第三，关于证明责任分配。当事人对上链前数据真实性提出异议，并提供证据或者说明理由的，人民法院应当将证明责任分配给提供区块链存储数据的一方当事人，由数据持有方提供证据证明或说明证据的真实性，不能有效证明或者作出合理说明的，由其承担不利法律后果。

（五）非同步审理机制

《规则》第二十条规定，"经各方当事人同意，人民法院可以指定当事人在一定期限内，分别登录诉讼平台，以非同步的方式开展调解、证据交换、调查询问、庭审等诉讼活动"，首次确认了"非同步审理"机制效力，明确了"非同步审理"机制的适用环节、条件、方式和限制条件。实践中需要注意以下三个问题。

一是关于"非同步审理"的含义。"非同步审理"是将原来需要各方诉讼主体在同一时空共同完成的诉讼活动，由各方诉讼主体依托诉讼平台，在一定时间范围内分别完成，并统一汇集至诉讼平台，利用信息技术可记录留痕、可查询追溯的特点，打破时空限制，提供诉讼便利。"非同步审理"不等于"书面审理"，在线提交书面材料或录入相关信息只是其中一种方式，根据相关诉讼环节的需要，也可以采取音频、视频等方式完成"非同步审理"。

二是关于非同步审理的条件。"非同步审理"虽然具有低成本、便捷性方面的优势，但是在审理的效率性、互动性上有所欠缺，实践中应当以同步审理为主，非同步审理为辅，一般适用于当事人不便集中参与诉讼活动，或者人民法院司法资源紧张的情况。由于非同步审理方式涉及各方当事人程序利益，应当以各方当事人均同意为前提。同时，人民法院具有采取"非同步审理"方式的决定权，应当根据当事人需求、案件情况、审理进程等因素综合确定。

三是关于非同步庭审的适用。"非同步庭审"是在特定情形下的一种特殊庭审形式，需要严格把握适用条件、范围和方式。在适用条件上，需以同步庭审确有困难，当事人主动申请且各方当事人均同意，案件的主要事实和证据不存在争议为前提条件。在适用范围上，限于小额诉讼程序或者民事、行政简易程序案件。适用方式上，需通过录制视频方式，按照庭审程序环节进行，不得采取书面方式审理。

（六）在线庭审规则

在线庭审是在线诉讼的核心环节。《规则》第二十一条至第二十七条对在线庭审的适用情形、庭审活动、庭审纪律、庭审公开、证人出庭等问题作出了全面系统的规定。实践中，需重点把握以下四个方面。

一是关于在线庭审适用情形。《规则》调整了《民事诉讼法司法解释》关于在线庭审仅限于简易程序案件的规定，原则上其可适用于各类适宜线上审理的民事、行政案件以及刑事速裁程序案件。《规则》在积极拓展在线庭审适用范围的同时，也严格规范适用的情形，明确了不适用在线庭审的七种情形，主要包括：当事人主观上不愿意、客观条件不具备、案件本身不适宜三种类型。在线庭审适用应当以便利当事人诉讼、便于案件审理为原则，实践中需坚持"当用则用"，并非"能用尽用"，庭审方式应当服务于案件审理的质量和效果。

二是关于在线庭审方式和程序。《规则》所指的在线庭审，既包括各方诉讼主体均在线参与庭审，也包括部分当事人在线，部分当事人在线下的庭审形式。在线庭审必须在诉讼平台上进行，采取视频方式开庭，而不得采取电话、书面等方式。在线庭审的程序应当依照法律和司法解释确定的诉讼环节和程序进行，总体上与线下庭审程序相一致,并应当充分保障当事人各项诉讼权利,不得因庭审方式的不同而减损当事人诉讼权利。

三是关于在线庭审纪律。在线庭审应确保庭审活动的庄重严肃性。一方面,在线庭审应当遵守《人民法院法庭规则》的相关规定,线下庭审中的纪律性要求、禁止性规定和行为规范,对在线庭审同样适用;另一方面,《规则》结合在线庭审的特点,对庭审纪律作出特殊规定。对于非因技术等客观原因,当事人不参加庭审或者擅自退出的,可视为"拒不到庭"或者"中途退庭",并按相关情形处理。需要注意的是,考虑到在线庭审易受到技术因素影响,当出现不按时到庭、脱离庭审画面、庭审音频及视频静止等情形时,不宜直接认定违反庭审纪律,人民法院有必要先作出提示、警告,要求其说明理由。

四是关于证人在线出庭。我国诉讼法律及相关司法解释均规定,证人作证应当出庭,特定情形下证人可以采取视听传输技术方式作证。在线诉讼模式下,证人在线出庭也属于出庭作证的一种形式,关键是要解决证人不得旁听案件和不受他人诉讼指挥的问题。因此,《规则》第二十六条规定,"证人通过在线方式出庭的,人民法院应当通过指定在线出庭场所、设置在线作证室等方式,保证其不旁听案件审理和不受他人干扰"。在目前技术条件下,尽管不能完全赋予证人自由选择在线出庭场所的权利,但可以通过指定相对便利的在线出庭场所,解决在线出庭时证人中立性问题。例如,实践中部分法院与街道、社区合作建设专门的在线庭审工作室、证人作证室等,未来还可以探索证人就近选择人民法院数字法庭在线出庭作证。

(七)电子送达规则

《规则》第二十九条至第三十二条明确了电子送达的总体机制、适用条件、适用范围和生效标准等。实践中需把握好以下四个方面。

一是关于电子送达的适用条件。《规则》坚持以"当事人同意"作为电子送达的前提,同时对"同意"的方式予以拓展,建立了电子送达"默示同意"规则,将同意扩展至事前的约定、事中的行为和事后的认可,在充分保障当事人诉讼权利基础上,鼓励和引导当事人选择电子送达,稳妥有序扩大电子送达的适用。

二是关于电子送达适用文书范围。电子送达的文书范围应该严格遵守现行法律规定,除经全国人大常委会授权开展民事诉讼程序繁简分流改革试点的法院外,其他法院尚不能电子送达判决书、裁定书、调解书。目前,最高人民法院正根据试点情况,积极推进民事诉讼法修改工作。各地法院需根据修法情况,在有明确法律依据之后,才能电子送达裁判文书。

三是关于电子送达的主要方式和平台载体。为确保电子送达规范性和便捷性相统一,《规则》明确了电子送达发出端应当是人民法院统一的送达平台,确保送达过程可查询、可验证、可追溯,形成有效的电子送达凭证。电子送达的到达端可以是多样化的电子地址,包括受送达人的电子邮件、即时通讯账号、诉讼平台的专用账号等。

实践中要注意避免分散和多头送达,同一内容材料原则上只应采取一种送达方式,以便确定送达生效时间,便于当事人行使后续诉讼权利。《规则》同时明确了人民法院电子送达的附随职责,适用电子送达后应尽量通过短信、电话、即时通讯工具等方式作出提示和通知,以充分保障当事人知情权,提升电子送达有效率。

四是关于电子送达的生效标准。《规则》明确了两种送达生效标准和情形:对于当事人主动提供或确认的电子地址，采取"到达主义"；对于人民法院向主动获取的受送达人电子地址进行送达的，采取"收悉主义"。关于"收悉主义"的适用，首先，应把握"收悉主义"的两个适用条件：一是需满足当事人已同意适用电子送达，只是未提供有效电子送达地址或者提供的地址有错误；二是应当向能够确认为受送达人本人的电子地址送达，如经过实名认证的、曾经完成过有效送达的、近期内活跃使用的电子地址等。人民法院对此应有一个查明和判断过程，而非向任意一个可获取的电子地址送达。其次，应把握"收悉主义"的送达生效时间。既然采取"收悉"主义，就不宜再将"到达特定系统"作为送达生效时间，而应当以"确认收悉"的时间点作为标准。具体包括：回复收悉时间、作出相应诉讼行为时间、系统反馈已阅知时间。上述时间点均存在时，应当以最先发生的时间作为送达生效时间，这种判断标准既符合受送达人接受信息的客观状况，也有利于及时确定送达效力，开展后续审判工作。

七、关于妨害在线诉讼的处罚

《规则》第二十八条集中规定了违反在线诉讼程序要求，实施妨害在线诉讼行为的处罚规则。在主观方面，行为人应当存在故意，即在知道或者应当知道相关禁止性要求，或者在人民法院提示、警告后仍不改正的。在客观方面，行为人主要是违反了《规则》关于在线调解、在线庭审环境、在线庭审纪律、证人在线出庭、在线庭审公开的相关禁止性要求，存在披露传播调解过程和内容、扰乱庭审秩序、证人旁听案件庭审、违法违规录制传播庭审过程等行为。在处罚依据上，上述行为均应视为妨害诉讼的行为，按照诉讼法律和司法解释的相关规定，根据情节轻重，处以训诫、责令退出法庭、罚款、拘留等处罚，构成犯罪的，依法追究刑事责任。

八、关于刑事案件在线审理

《规则》充分考虑到刑事案件的特殊性，针对刑事案件在线诉讼的适用条件、适用环节、庭审要求等方面作出专门规定。在适用条件上，人民法院对符合《规则》第三条第二项规定的刑事案件，在征得公诉人、当事人、辩护人同意的基础上，可以采取在线方式审理。刑事案件与民事、行政案件存在一定差异，除当事人外，作为控方的公诉人和具有独立诉讼权利的辩护人均是重要的诉讼主体，享有相应的程序利益，因此适用在线诉讼应当征得其同意。在适用环节上，刑事案件在线审理主要适用于讯问被告人、开庭审理、宣判环节。《规则》关于立案、证据交换、证据认定、送达、签名等诉讼活动的规定，原则上均不适用于刑事案件。在庭审要求上，《规则》区分被告人、罪犯是否在押的不同情形，分别明确在线出庭的具体场所和方式。刑事案件的诉讼主体原则上不得在非指定场所以外的地点在线出庭，以确保刑事案件在线审理的规范性、严肃性和可操作性。

九、关于在线数据信息保护

在线诉讼需高度重视和防范数据信息安全风险。因此，《规则》对在线诉讼数据信息保护作出专门规定，总体上确立了人民法院对在线诉讼数据信息的权利主体地位，明确了各方主体对在线诉讼数据信息的保护义务和责任追究的法律依据，切实加大对数据安全和个人信息保护力度，保障在线诉讼安全、规范、有序运行。

十、关于《规则》的效力范围

《规则》印发前，最高人民法院部分司法解释、司法指导性文件已有关于在线庭审、电子化材料提交、电子送达等方面的规定。《规则》结合审判工作实际，优化完善了上述规定。因此,之前印发的司法解释、司法指导性文件中的在线诉讼规定与《规则》不一致的,应当以《规则》为准。

需要明确的是,案件适用在线诉讼的,可依据《规则》调整适用《民事诉讼法司法解释》及《最高人民法院关于民事诉讼证据的若干规定》(以下简称《民事证据规定》)的部分规定,具体包括:《民事诉讼法司法解释》第一百一十一条第一款、第一百三十六条、第一百三十九条,《民事证据规定》第十一条、第六十一条。《规则》与《互联网法院司法解释》之间不存在替代关系,《互联网法院司法解释》继续有效,但《规则》对《互联网法院司法解释》相关规定作了进一步细化调整的,互联网法院应当适用《规则》的规定。

(撰稿人:刘峥、何帆、李承运)

最高人民法院
关于人民法院民事调解工作若干问题的规定

(2004年8月18日最高人民法院审判委员会第1321次会议通过
根据2008年12月16日公布的《最高人民法院关于调整司法解释等文件中引用〈中华人民共和国民事诉讼法〉条文序号的决定》第一次修正 根据2020年12月23日最高人民法院审判委员会第1823次会议通过的《最高人民法院关于修改〈最高人民法院关于人民法院民事调解工作若干问题的规定〉等十九件民事诉讼类司法解释的决定》第二次修正)

为了保证人民法院正确调解民事案件,及时解决纠纷,保障和方便当事人依法行使诉讼权利,节约司法资源,根据《中华人民共和国民事诉讼法》等法律的规定,结合人民法院调解工作的经验和实际情况,制定本规定。

第一条 根据民事诉讼法第九十五条的规定,人民法院可以邀请与当事人有特定关系或者与案件有一定联系的企业事业单位、社会团体或者其他组织,和具有专门知识、特定社会经验、与当事人有特定关系并有利于促成调解的个人协助调解工作。

经各方当事人同意,人民法院可以委托前款规定的单位或者个人对案件进行调解,达成调解协议后,人民法院应当依法予以确认。

第二条 当事人在诉讼过程中自行达成和解协议的,人民法院可以根据当事人的申请依法确认和解协议制作调解书。双方当事人申请庭外和解的期间,不计入审限。

当事人在和解过程中申请人民法院对和解活动进行协调的,人民法院可以委派审判辅助人员或者邀请、委托有关单位和个人从事协调活动。

第三条 人民法院应当在调解前告知当事人主持调解人员和书记员姓名以及是否申请回避等有关诉讼权利和诉讼义务。

第四条 在答辩期满前人民法院对案件进行调解,适用普通程序的案件在当事人同意调解之日起15天内,适用简易程序的案件在当事人同意调解之日起7天内未达成调解协议的，经各方当事人同意，可以继续调解。延长的调解期间不计入审限。

第五条 当事人申请不公开进行调解的，人民法院应当准许。

调解时当事人各方应当同时在场，根据需要也可以对当事人分别作调解工作。

第六条 当事人可以自行提出调解方案，主持调解的人员也可以提出调解方案供当事人协商时参考。

第七条 调解协议内容超出诉讼请求的，人民法院可以准许。

第八条 人民法院对于调解协议约定一方不履行协议应当承担民事责任的，应予准许。

调解协议约定一方不履行协议，另一方可以请求人民法院对案件作出裁判的条款，人民法院不予准许。

第九条 调解协议约定一方提供担保或者案外人同意为当事人提供担保的，人民法院应当准许。

案外人提供担保的，人民法院制作调解书应当列明担保人，并将调解书送交担保人。担保人不签收调解书的，不影响调解书生效。

当事人或者案外人提供的担保符合民法典规定的条件时生效。

第十条 调解协议具有下列情形之一的，人民法院不予确认：

（一）侵害国家利益、社会公共利益的；

（二）侵害案外人利益的；

（三）违背当事人真实意思的；

（四）违反法律、行政法规禁止性规定的。

第十一条 当事人不能对诉讼费用如何承担达成协议的，不影响调解协议的效力。人民法院可以直接决定当事人承担诉讼费用的比例，并将决定记入调解书。

第十二条 对调解书的内容既不享有权利又不承担义务的当事人不签收调解书的，不影响调解书的效力。

第十三条 当事人以民事调解书与调解协议的原意不一致为由提出异议，人民法院审查后认为异议成立的，应当根据调解协议裁定补正民事调解书的相关内容。

第十四条 当事人就部分诉讼请求达成调解协议的，人民法院可以就此先行确认并制作调解书。

当事人就主要诉讼请求达成调解协议，请求人民法院对未达成协议的诉讼请求提出处理意见并表示接受该处理结果的，人民法院的处理意见是调解协议的一部分内容，制作调解书的记入调解书。

第十五条 调解书确定的担保条款条件或者承担民事责任的条件成就时，当事人申请执行的，人民法院应当依法执行。

不履行调解协议的当事人按照前款规定承担了调解书确定的民事责任后，对方当事人又要求其承担民事诉讼法第二百五十三条规定的迟延履行责任的，人民法院不予支持。

第十六条 调解书约定给付特定标的物的，调解协议达成前该物上已经存在的第三人的物权和优先权不受影响。第三人在执行过程中对执行标的物提出异议的，应当按照民事诉讼法第二百二十七条规定处理。

第十七条 人民法院对刑事附带民事诉讼案件进行调解，依照本规定执行。

第十八条 本规定实施前人民法院已经受理的案件,在本规定施行后尚未审结的,依照本规定执行。

第十九条 本规定实施前最高人民法院的有关司法解释与本规定不一致的,适用本规定。

第二十条 本规定自 2004 年 11 月 1 日起实施。

最高人民法院
关于互联网法院审理案件若干问题的规定

法释〔2018〕16 号

(2018 年 9 月 3 日最高人民法院审判委员会第 1747 次会议通过 2018 年 9 月 6 日最高人民法院公告公布 自 2018 年 9 月 7 日起施行)

为规范互联网法院诉讼活动,保护当事人及其他诉讼参与人合法权益,确保公正高效审理案件,根据《中华人民共和国民事诉讼法》《中华人民共和国行政诉讼法》等法律,结合人民法院审判工作实际,就互联网法院审理案件相关问题规定如下。

第一条 互联网法院采取在线方式审理案件,案件的受理、送达、调解、证据交换、庭前准备、庭审、宣判等诉讼环节一般应当在线上完成。

根据当事人申请或者案件审理需要,互联网法院可以决定在线下完成部分诉讼环节。

第二条 北京、广州、杭州互联网法院集中管辖所在市的辖区内应当由基层人民法院受理的下列第一审案件:

(一)通过电子商务平台签订或者履行网络购物合同而产生的纠纷;

(二)签订、履行行为均在互联网上完成的网络服务合同纠纷;

(三)签订、履行行为均在互联网上完成的金融借款合同纠纷、小额借款合同纠纷;

(四)在互联网上首次发表作品的著作权或者邻接权权属纠纷;

(五)在互联网上侵害在线发表或者传播作品的著作权或者邻接权而产生的纠纷;

(六)互联网域名权属、侵权及合同纠纷;

(七)在互联网上侵害他人人身权、财产权等民事权益而产生的纠纷;

(八)通过电子商务平台购买的产品,因存在产品缺陷,侵害他人人身、财产权益而产生的产品责任纠纷;

(九)检察机关提起的互联网公益诉讼案件;

(十)因行政机关作出互联网信息服务管理、互联网商品交易及有关服务管理等行政行为而产生的行政纠纷;

(十一)上级人民法院指定管辖的其他互联网民事、行政案件。

第三条 当事人可以在本规定第二条确定的合同及其他财产权益纠纷范围内,依法协议约定与争议有实际联系地点的互联网法院管辖。

电子商务经营者、网络服务提供商等采取格式条款形式与用户订立管辖协议的,应当符合法律及司法解释关于格式条款的规定。

第四条 当事人对北京互联网法院作出的判决、裁定提起上诉的案件，由北京市第四中级人民法院审理，但互联网著作权权属纠纷和侵权纠纷、互联网域名纠纷的上诉案件，由北京知识产权法院审理。

当事人对广州互联网法院作出的判决、裁定提起上诉的案件，由广州市中级人民法院审理，但互联网著作权权属纠纷和侵权纠纷、互联网域名纠纷的上诉案件，由广州知识产权法院审理。

当事人对杭州互联网法院作出的判决、裁定提起上诉的案件，由杭州市中级人民法院审理。

第五条 互联网法院应当建设互联网诉讼平台（以下简称诉讼平台），作为法院办理案件和当事人及其他诉讼参与人实施诉讼行为的专用平台。通过诉讼平台作出的诉讼行为，具有法律效力。

互联网法院审理案件所需涉案数据，电子商务平台经营者、网络服务提供商、相关国家机关应当提供，并有序接入诉讼平台，由互联网法院在线核实、实时固定、安全管理。诉讼平台对涉案数据的存储和使用，应当符合《中华人民共和国网络安全法》等法律法规的规定。

第六条 当事人及其他诉讼参与人使用诉讼平台实施诉讼行为的，应当通过证件证照比对、生物特征识别或者国家统一身份认证平台认证等在线方式完成身份认证，并取得登录诉讼平台的专用账号。

使用专用账号登录诉讼平台所作出的行为，视为被认证人本人行为，但因诉讼平台技术原因导致系统错误，或者被认证人能够证明诉讼平台账号被盗用的除外。

第七条 互联网法院在线接收原告提交的起诉材料，并于收到材料后七日内，在线作出以下处理：

（一）符合起诉条件的，登记立案并送达案件受理通知书、诉讼费交纳通知书、举证通知书等诉讼文书。

（二）提交材料不符合要求的，及时发出补正通知，并于收到补正材料后次日重新起算受理时间；原告未在指定期限内按要求补正的，起诉材料作退回处理。

（三）不符合起诉条件的，经释明后，原告无异议的，起诉材料作退回处理；原告坚持继续起诉的，依法作出不予受理裁定。

第八条 互联网法院受理案件后，可以通过原告提供的手机号码、传真、电子邮箱、即时通讯账号等，通知被告、第三人通过诉讼平台进行案件关联和身份验证。

被告、第三人应当通过诉讼平台了解案件信息，接收和提交诉讼材料，实施诉讼行为。

第九条 互联网法院组织在线证据交换的，当事人应当将在线电子数据上传、导入诉讼平台，或者将线下证据通过扫描、翻拍、转录等方式进行电子化处理后上传至诉讼平台进行举证，也可以运用已经导入诉讼平台的电子数据证明自己的主张。

第十条 当事人及其他诉讼参与人通过技术手段将身份证明、营业执照副本、授权委托书、法定代表人身份证明等诉讼材料，以及书证、鉴定意见、勘验笔录等证据材料进行电子化处理后提交的，经互联网法院审核通过后，视为符合原件形式要求。对方当事人对上述材料真实性提出异议且有合理理由的，互联网法院应当要求当事人提供原件。

第十一条 当事人对电子数据真实性提出异议的，互联网法院应当结合质证情况，审查判断电子数据生成、收集、存储、传输过程的真实性，并着重审查以下内容：

（一）电子数据生成、收集、存储、传输所依赖的计算机系统等硬件、软件环境是否安全、可靠；

（二）电子数据的生成主体和时间是否明确，表现内容是否清晰、客观、准确；

（三）电子数据的存储、保管介质是否明确，保管方式和手段是否妥当；

（四）电子数据提取和固定的主体、工具和方式是否可靠，提取过程是否可以重现；

（五）电子数据的内容是否存在增加、删除、修改及不完整等情形；

（六）电子数据是否可以通过特定形式得到验证。

当事人提交的电子数据，通过电子签名、可信时间戳、哈希值校验、区块链等证据收集、固定和防篡改的技术手段或者通过电子取证存证平台认证，能够证明其真实性的，互联网法院应当确认。

当事人可以申请具有专门知识的人就电子数据技术问题提出意见。互联网法院可以根据当事人申请或者依职权，委托鉴定电子数据的真实性或者调取其他相关证据进行核对。

第十二条 互联网法院采取在线视频方式开庭。存在确需当庭查明身份、核对原件、查验实物等特殊情形的，互联网法院可以决定在线下开庭，但其他诉讼环节仍应当在线完成。

第十三条 互联网法院可以视情决定采取下列方式简化庭审程序：

（一）开庭前已经在线完成当事人身份核实、权利义务告知、庭审纪律宣示的，开庭时可以不再重复进行；

（二）当事人已经在线完成证据交换的，对于无争议的证据，法官在庭审中说明后，可以不再举证、质证；

（三）经征得当事人同意，可以将当事人陈述、法庭调查、法庭辩论等庭审环节合并进行。对于简单民事案件，庭审可以直接围绕诉讼请求或者案件要素进行。

第十四条 互联网法院根据在线庭审特点，适用《中华人民共和国人民法院法庭规则》的有关规定。除经查明确属网络故障、设备损坏、电力中断或者不可抗力等原因外，当事人不按时参加在线庭审的，视为"拒不到庭"，庭审中擅自退出的，视为"中途退庭"，分别按照《中华人民共和国民事诉讼法》《中华人民共和国行政诉讼法》及相关司法解释的规定处理。

第十五条 经当事人同意，互联网法院应当通过中国审判流程信息公开网、诉讼平台、手机短信、传真、电子邮件、即时通讯账号等电子方式送达诉讼文书及当事人提交的证据材料等。

当事人未明确表示同意，但已经约定发生纠纷时在诉讼中适用电子送达的，或者通过回复收悉、作出相应诉讼行为等方式接受已经完成的电子送达，并且未明确表示不同意电子送达的，可以视为同意电子送达。

经告知当事人权利义务，并征得其同意，互联网法院可以电子送达裁判文书。当事人提出需要纸质版裁判文书的，互联网法院应当提供。

第十六条 互联网法院进行电子送达，应当向当事人确认电子送达的具体方式和地址,并告知电子送达的适用范围、效力、送达地址变更方式以及其他需告知的送达事项。

受送达人未提供有效电子送达地址的,互联网法院可以将能够确认为受送达人本人的近三个月内处于日常活跃状态的手机号码、电子邮箱、即时通讯账号等常用电子地址作为优先送达地址。

第十七条 互联网法院向受送达人主动提供或者确认的电子地址进行送达的,送达信息到达受送达人特定系统时,即为送达。

互联网法院向受送达人常用电子地址或者能够获取的其他电子地址进行送达的,根据下列情形确定是否完成送达:

(一)受送达人回复已收到送达材料,或者根据送达内容作出相应诉讼行为的,视为完成有效送达。

(二)受送达人的媒介系统反馈受送达人已阅知,或者有其他证据可以证明受送达人已经收悉的,推定完成有效送达,但受送达人能够证明存在媒介系统错误、送达地址非本人所有或者使用、非本人阅知等未收悉送达内容的情形除外。

完成有效送达的,互联网法院应当制作电子送达凭证。电子送达凭证具有送达回证效力。

第十八条 对需要进行公告送达的事实清楚、权利义务关系明确的简单民事案件,互联网法院可以适用简易程序审理。

第十九条 互联网法院在线审理的案件,审判人员、法官助理、书记员、当事人及其他诉讼参与人等通过在线确认、电子签章等在线方式对调解协议、笔录、电子送达凭证及其他诉讼材料予以确认的,视为符合《中华人民共和国民事诉讼法》有关"签名"的要求。

第二十条 互联网法院在线审理的案件,可以在调解、证据交换、庭审、合议等诉讼环节运用语音识别技术同步生成电子笔录。电子笔录以在线方式核对确认后,与书面笔录具有同等法律效力。

第二十一条 互联网法院应当利用诉讼平台随案同步生成电子卷宗,形成电子档案。案件纸质档案已经全部转化为电子档案的,可以以电子档案代替纸质档案进行上诉移送和案卷归档。

第二十二条 当事人对互联网法院审理的案件提起上诉的,第二审法院原则上采取在线方式审理。第二审法院在线审理规则参照适用本规定。

第二十三条 本规定自2018年9月7日起施行。最高人民法院之前发布的司法解释与本规定不一致的,以本规定为准。

【解读】

解读《关于互联网法院审理案件若干问题的规定》

2017年6月26日,中央全面深化改革领导小组第三十六次会议审议通过《关于设立杭州互联网法院的方案》,2017年8月18日,杭州互联网法院挂牌运行,经过一年的实践，取得了良好效果。2018年7月6日，中央全面深化改革委员会第三次会议审议通过《关于增设北京互联网法院、广州互联网法院的方案》，决定在北京、广州两地增设互联网法院，进一步深化互联网法院试点探索，健全完善互联网案件审判格局。为统一规范杭州、北京、广州三家互联网法院诉讼活动，保护当事人及其他诉讼参与人合法权益，最高人民法院于2018年9月6日发布实施《最高人民法院关于互联网法院审理案件若干问题的规定》（法释〔2018〕16号，以下简称《规定》），对互联网法院的管辖范围、上诉机制和诉讼平台建设以及在线诉讼的身份认证、立案、应诉、举证、庭审、送达、签名、归档等诉讼规则作出一系列规范，《规定》对保障互联网法院依法办案、当事人依法参与诉讼以及促进互联网空间依法治理具有重要意义。现就其中涉及的重点问题解读如下：

一、关于互联网法院的全程在线审理原则

《规定》第一条要求互联网法院审理案件应当以全程在线为基本原则，切实践行"网上纠纷网上审理"。所谓"全程在线"，是指案件的受理、送达、调解、证据交换、庭前准备、庭审、宣判等诉讼环节一般应当在互联网上完成。主体方面，要求当事人的诉讼行为在线实施，法院受理的案件在线审理。流程方面，全部诉讼流程或主要诉讼环节均应在线上完成，实现"能在线，尽在线"。仅某一个具体诉讼环节在线完成，不能被视为在线审理。

《规定》第一条同时明确，根据当事人申请或者案件审理需要，互联网法院可以决定在线下完成部分诉讼环节。这么规定的目的，是为了更好地保护当事人及其他诉讼参与人合法权益，因实践中可能存在确需现场查明身份、核对原件、查验实物等情形。但这种情况下，即便部分环节在线下完成，其余诉讼环节仍应当在线进行。

二、关于确定互联网法院管辖范围的标准

互联网法院是集中管辖所在市的辖区内特定类型互联网案件的基层人民法院。之所以强调是"特定类型"，而非所有互联网案件，与互联网技术和现代经济社会生活的融合程度密切相关。截至2018年6月30日，我国网民规模已达8.02亿，互联网普及率为57.7%。其中手机网民规模达7.88亿，网民通过手机接入互联网的比例高达98.3%。在"互联网＋"背景下，互联网技术和产品已深度嵌入社会经济生活各个层面，人民法院受理的各类民商事纠纷，或多或少都带有一定"互联网色彩"，如果将所有涉互联网案件都交由互联网法院审理，既不合理，也不可行。

按照设立互联网法院的方案，为推动繁荣数字经济、促进网络空间治理，互联网法院应当集中受理互联网特性突出、适宜在线审理的纠纷。这类纠纷主要依托互联网发生，证据也主要产生和储存于互联网，适合在线审理，也有利于确立依法治网规则。基于上述考虑，《规定》将互联网购物、服务合同纠纷；互联网金融借款、小额借款合同纠纷；互联网著作权权属和侵权纠纷；互联网域名纠纷；互联网侵权责任纠纷；互联网购物产品责任纠纷；检察机关提起的互联网公益诉讼案件；因对互联网进行行政管理引发的行政纠纷；上级人民法院指定管辖的其他互联网民事、行政案件等案件交由互联网法院管辖。

三、关于互联网法院管辖的重点纠纷类型

《规定》第二条在设立互联网法院方案确定的管辖范围内，结合互联网纠纷特点和在线审理需要，细化明确受案类型，凸显案件互联网特性，确保三个互联网法院管辖

范围规范统一。下面分述几类重点纠纷。

（一）网络购物合同纠纷

网络购物纠纷是最常见的互联网纠纷之一。考虑到实践中对"网络购物合同"的解释较为广泛，《规定》将其限定于"通过电子商务平台签订或者履行"的网络购物合同。所谓"电子商务平台"，是指在电子商务中为交易双方或者多方提供网络经营场所、交易撮合、信息发布等服务，供交易双方或者多方独立开展交易活动的平台。网络购物合同纠纷主要发生在电子商务平台经营者、平台内经营者和平台使用者之间，交易全程在线、相对固定、整体留痕，适合互联网法院在线审理。实践中，仅通过电子合同形式订立或者履行的买卖合同，不涉及电子商务平台的，暂不纳入管辖范围。

（二）网络服务合同纠纷

进入移动互联网时代，网络服务已成为人们的基本生活需求。据统计，截至2018年6月，我国网络购物用户和使用网上支付的用户占总体网民比例均为71.0%，手机网民使用移动支付的比例达71.9%。2018年上半年，分别有30.6%、43.2%和37.3%的网民使用过共享单车、预约出租车和预约专车，74.1%的网民使用短视频应用。

既然网络服务无处不在，并非所有"涉互联网服务合同"纠纷都适合由互联网法院审理。因此，《规定》将网络服务合同界定为"签订、履行行为均在互联网上完成"的服务合同。传统互联网服务在具体形态上，一般包含三个层次：第一，提供接入互联网的物理层服务；第二，提供互联网服务器、存储空间、网站网页、软件、系统等设计、利用、租用、维护、管理等平台应用服务；第三，提供网络社交、网络音视频、网络资讯、网络游戏、网络支付、网络居间等互联网内容或产品服务。

上述第一种服务形态因涉及网线入户等物理接入环节，不具备全程在线特征，而且此类合同基本已被电信服务合同包含，相关纠纷不宜纳入互联网法院管辖。后两种服务形态具有较强的互联网特性，只要符合"签订、履行行为均在互联网上完成"条件，应当由互联网法院管辖。需要指出的是，互联网法院受理的网络服务合同原则上应以明确约定权利义务的要式服务合同为限，不能认为只要接受一般性的、免费的互联网服务即成立网络服务合同关系。

（三）互联网金融借款、小额借款纠纷

《规定》将"签订、履行行为均在互联网上完成"作为管辖互联网金融借款、小额借款纠纷的限定条件。这里的"互联网金融借款、小额借款合同"特指与金融机构、小额贷款公司订立的借款合同，并不包含P2P网络借贷平台，互联网法院也不受理P2P借贷纠纷。

（四）互联网著作权权属、侵权纠纷

随着我国引导网络文化产业繁荣健康发展的政策陆续出台，网络原创音乐、网络文学、网络游戏等产业发展提速，相关著作权权属、侵权纠纷数量也呈逐年递增趋势。《规定》细化了这类案件的收案标准。

第一，权属案件方面，限定为在互联网上"首次"发表的作品，即"网络作品"。"非网络作品"的权属问题并不因网络传播而改变，互联网特性并不突出，可不纳入管辖范围。

第二，侵权案件方面，要求必须是在互联网上侵害在线发表或者传播作品的著作权或者邻接权的纠纷。之所以包括在线传播行为，是因为著作权侵权行为的主体、手段、方式与互联网传播形式密切相关。通过互联网对非网络作品实施的侵权行为,会因互联网载体、技术、手段的变化呈现出新的样态,新类型案件较多,便于通过审判创制规则。

(五)互联网行政案件

《规定》明确,因行政机关作出互联网信息服务管理、互联网商品交易及有关服务管理的行政行为而产生的行政纠纷,由互联网法院管辖。根据2011年修订的《互联网信息服务管理办法》,"互联网信息服务"是指通过互联网向上网用户提供信息的服务活动,既包括有偿提供的信息或者网页制作等服务活动,也包括无偿提供的具有公开性、共享性信息的服务活动。此外,按照2014年发布的《网络交易管理办法》,互联网商品交易是指"通过互联网(含移动互联网)销售商品或者提供服务的经营活动"。"有关服务"是指"为网络商品交易提供第三方交易平台、宣传推广、信用评价、支付结算、物流、快递、网络接入、服务器托管、虚拟空间租用、网站网页设计制作等营利性服务"。

(六)上级人民法院指定管辖的案件

《规定》授权互联网法院管辖"上级人民法院指定管辖的其他互联网民事、行政案件"。实践中,互联网法院对应的中级、高级人民法院只能对符合本《规定》要求的具体案件进行指定管辖,对类型化案件的指定管辖权、对管辖范围的调整权统一由最高人民法院行使。

四、关于协议管辖机制

为便利当事人诉讼,《规定》第三条明确:"当事人可以在本规定第二条确定的合同及其他财产权益纠纷范围内,依法协议约定与争议有实际联系地点的互联网法院管辖。"当事人协议约定由互联网法院管辖,应当符合民事诉讼法确立的实际联系地点原则,即相关互联网法院必须与争议有实际连接点。

根据民事诉讼法及相关司法解释关于确定管辖连接点的规定,实际联系的地点可以为:原告住所地、被告住所地、签订或者履行合同的互联网平台经营者住所地等。考虑到互联网平台的缔约特点,侵权类纠纷也可能由当事人事前作出管辖约定,因此被诉侵权行为的网络服务器、计算机终端等设备所在地、被侵权人住所地等也可以作为协议管辖连接点。

为防止电子商务经营者、网络服务提供商利用格式条款订立管辖协议,侵犯消费者或网络用户的诉讼权利,《规定》第三条第二款明确了协议管辖适用格式条款的规则。制定提供格式合同一方未按法律要求对协议管辖条款进行特别提示和说明的,互联网法院应当认定协议约定管辖无效。《规定》所称"电子商务经营者",是指通过互联网等信息网络从事销售商品或者提供服务的经营活动的自然人、法人和非法人组织,包括电子商务平台经营者、平台内经营者以及通过自建网站、其他网络服务销售商品或者提供服务的电子商务经营者。

五、关于涉案数据接入机制

《规定》第五条明确互联网法院应当建设互联网诉讼平台,作为当事人开展在线诉讼活动和法官在线办理案件的专用平台。根据设立互联网法院方案的要求,诉讼平台应当做到系统安全、技术中立,能够与电子商务平台经营者、网络服务提供商、相关国家机关对接,保障涉案数据有序接入、安全管理,方便互联网法院在线核实信息、提取证据。

互联网法院审理案件所需涉案数据，电子商务平台经营者、网络服务提供商、相关国家机关应当提供。这里的"涉案数据"是指互联网法院在具体案件审理过程中依职权主动调取或依当事人申请调取的涉案电子证据、身份信息以及其他关联信息。数据的调取、接入应当符合法定条件和范围，严格遵循法定程序。

六、关于在线诉讼规则

《规定》在总结杭州互联网法院在线审理经验基础上，立足于现行民事诉讼法框架，明确了在线诉讼相关程序规则，并调整适用了民事诉讼法司法解释部分规定。

（一）身份认证规则

身份认证是案件在线审理的必备程序。互联网法院必须通过身份认证环节确保"人、案、账户"匹配一致。《规定》第六条明确了身份认证规则。

第一，身份认证方式上，《规定》明确可以通过证件证照比对、生物特征识别或者国家统一身份认证平台认证等在线方式认证。实践中，针对自然人的"证件比对、生物特征识别"、针对法人单位的"证照比对"身份认证方式已经普及。按照2018年7月25日印发的《国务院关于加快推进全国一体化在线政务服务平台建设的指导意见》，综合自然人身份信息、法人单位信息等国家认证资源的全国统一身份认证系统将于2019年底前建成，并依托国家政务服务平台运行。

在征求意见过程中，有学者提出，可以通过手机号码、淘宝账号、微博实名等网络实名认证方式进行身份认证。考虑到目前网络实名认证的主体、方式和标准并不统一，无法确保行为人主体身份的真实性和唯一性，《规定》未使用"网络实名认证"表述，但并不排斥实践中适用能够科学确认身份真实性的网络实名认证方式。

第二，身份认证效力上，初次身份认证的效力及于诉讼后续各环节，有利于简化认证程序，减轻当事人技术负担。对达成调解、参与庭审等影响当事人权利义务的重要环节，互联网法院也可以要求再次进行身份验证，确保诉讼参与人身份准确无误。

第三，除外情形上，因被认证人负有妥善保管诉讼平台账户密码的义务，也有权授权诉讼代理人或其他人使用诉讼平台，对除外情形应作严格限定，仅限于诉讼平台系统错误或者诉讼平台账号被盗用两种情形。

（二）在线举证规则

《规定》第九条明确了线上、线下两种证据类型的具体举证方式。对于线下证据，当事人可以通过扫描、翻拍、转录等方式转化为电子数据后上传至诉讼平台。对于线上证据，具体可分两种情况：一是当事人自己占有的在线电子证据，可以通过提供链接、上传资料等方式导入诉讼平台。二是互联网法院可以从电子商务平台经营者、网络服务提供商、电子取证存证平台获取相关案件的结构化信息，并导入诉讼平台，例如，电子商务平台存储的网络购物纠纷中买卖双方主体身份、购买时间、购买物品等信息。对于这类信息，互联网法院可以直接向双方当事人提供，供其选择证明自己的主张。

互联网法院对类型化案件基本信息的结构化导入，不违背"谁主张，谁举证"的诉讼原则。互联网法院的一大优势，在于能够通过技术手段完成数据信息的迁移和可视化呈现，为当事人举证提供便利，有效解决电子证据取证困难、举证不能、认证不足等问题。当事人对结构化导入以外的证据仍应当主动提供或者申请法院调取，对自身提出的主张负有举证责任。

（三）电子数据真实性认定规则

目前，对电子数据真实性的审查判断主要依靠公证程序，且基本为形式审查，程序复杂烦琐，证明力不强。互联网法院案件在线审理和大量证据在线的特征，客观上要求打破通过公证程序认定真实性的单一途径，通过技术手段和相关配套机制对电子数据真实性作实质性认定。

基于以上考虑，《规定》第十一条明确了电子证据真实性的认定规则。一是在认定对象上，涵盖对电子证据生成、收集、存储、传输等各环节真实性的认定。二是在审查内容上，强调对电子数据生成平台、存储介质、保管方式、提取主体、传输过程、验证形式等方面进行审查。三是在认定方式上，鼓励和引导当事人通过电子签名、可信时间戳、哈希值校验、区块链等技术手段以及通过取证存证平台等对证据进行固定、留存、收集和提取，弥补仅依靠公证程序认定电子证据的不足，提升电子数据的证据效力。

（四）在线庭审规则

在线庭审是影响当事人诉讼权利义务的核心环节。《规定》第十二条、第十三条、第十四条分别明确了在线庭审的适用范围、简化条件和庭审纪律。一是在线庭审适用范围。互联网法院适用在线庭审不局限于简易程序案件，也包括普通程序案件。二是在线庭审方式。在线审理也要符合庭审亲历性和直接言辞原则，应当采取视频方式进行，不能单纯靠图文或语音交流。三是在线庭审程序简化。互联网法院通过诉讼平台在庭前已完成在线身份核实、权利义务告知、举证质证、固定无争议事实和证据等环节的，庭审中可对相应程序进行简化或合并。四是在线庭审纪律。针对在线庭审特点，《规定》明确，当事人不按时参加在线庭审的，视为拒不到庭，庭审中擅自退出的，视为中途退庭。在最高人民法院制定在线庭审专门规则前，参照适用《中华人民共和国人民法院法庭规则》相关规定。

（五）电子送达规则

电子送达是互联网法院的基本送达方式，实践中应当优先适用。《规定》第十五条明确了电子送达的条件、方式和范围；第十六条明确了电子送达地址的确认和告知规则；第十七条明确了有效送达的情形和判断标准。有三个问题需要重点把握。

一是电子送达的适用条件。民事诉讼法规定电子送达应征得当事人同意，因此，《规定》明确了适用电子送达的确认和告知程序，同时，考虑到实践中可能会出现当事人意思表示不明确或意思表示与实际诉讼行为有矛盾的情况，《规定》第十五条第二款明确了默示同意规则，具体情形包括：对电子送达作出过事前或事中的约定，或者事后作出认可。确立默示同意规则，能够在充分保障当事人诉讼权利的基础上，积极稳妥有序扩大电子送达的适用频率。

二是电子送达的适用对象。《规定》第十五条明确，除了诉讼文书及当事人提交的证据等材料可适用电子送达外，在充分告知当事人权利义务并征得其同意的前提下，对判决书、裁定书、调解书也可以电子送达。为保障当事人诉讼权益，这里的"同意"，应当是明示同意，不能是默示同意。

三是电子送达生效规则。《规定》第十七条明确了到达生效和收悉生效两种送达生效标准和情形。对受送达人在事前送达约定和送达确认过程中主动提供或确认的电子地址，适用到达生效主义，送达信息到达该电子地址即为有效送达。在非当事人主动提供地址的情况下，法院向常用电子地址或者能够获取的其他电子地址送达的，适用收悉生效主义。具体而言，确认收悉分为两种类型：第一，不可推翻的直接确认，即符合"受送达人回复已收到送达材料，或者根据送达内容作出相应诉讼行为"情形时，视为送达成功，且效力不可推翻；第二，可推翻的推定确认，即符合"受送达人的媒介系统反馈受送达人已阅知，或者有其他证据可以证明受送达人已经收悉"情形时，推定送达成功。若当事人举证证明非因主观过错确未收悉，则不能视为有效送达，送达效力可被推翻。

七、关于公告送达案件适用简易程序

《规定》第十八条明确，对需要进行公告送达的事实清楚、权利义务关系明确的简单民事案件，互联网法院可以适用简易程序审理。《规定》征求意见过程中，杭州互联网法院和部分律师反映，公告案件一律适用普通程序并无现实必要，既延长了审理时间，耗费了司法资源，也增加了当事人诉讼成本，一些法学专家也赞成这个观点。综合各方意见，《规定》考虑在互联网法院探索实行对公告案件适用简易程序审理，但应当严格限定于事实清楚、权利义务关系明确的简单民事案件。

八、关于审级衔接机制

为确保"全程在线"原则贯穿诉讼全过程，《规定》第二十二条明确，当事人对互联网法院审理的案件提起上诉的，第二审法院原则上采取在线方式审理。第二审法院应当整合改造现有诉讼服务和办案系统，并与互联网法院诉讼平台有序对接，推动实现卷宗移转、案件受理、送达、询问、开庭、宣判等诉讼环节在线完成。

实践中，符合下列情形之一的，第二审法院可根据案件情况决定在线下审理：二审程序中各方当事人均申请线下方式审理的；二审法院认为采取在线方式审理不能有效查明事实或认定证据的；等等。

九、关于《规定》的效力范围

为探索推动审判方式、诉讼制度与互联网技术深度融合，《规定》调整适用了民事诉讼法司法解释部分规定。民事诉讼法司法解释相关条文与《规定》不一致的内容，在互联网法院不再适用，并以《规定》为准，具体包括：《最高人民法院关于适用〈中华人民共和国民事诉讼法〉的解释》（2005年公布）第一百一十一条第一款、第一百三十六条、第一百四十条、第二百五十七条第一款第一项、第二百五十九条。

需要特别强调的是，司法实践中，可以调整适用上述条文的法院，仅限于北京、广州、杭州互联网法院，其他法院不得适用《规定》条文审理案件。

（撰稿人：胡仕浩、何帆、李承运）

最高人民法院
关于人民法院通过互联网公开审判
流程信息的规定

法释〔2018〕7号

(2018年2月12日最高人民法院审判委员会第1733次会议通过 2018年3月4日最高人民法院公告公布 自2018年9月1日起施行)

为贯彻落实审判公开原则,保障当事人对审判活动的知情权,规范人民法院通过互联网公开审判流程信息工作,促进司法公正,提升司法公信,根据《中华人民共和国刑事诉讼法》《中华人民共和国民事诉讼法》《中华人民共和国行政诉讼法》《中华人民共和国国家赔偿法》等法律规定,结合人民法院工作实际,制定本规定。

第一条 人民法院审判刑事、民事、行政、国家赔偿案件的流程信息,应当通过互联网向参加诉讼的当事人及其法定代理人、诉讼代理人、辩护人公开。

人民法院审判具有重大社会影响案件的流程信息,可以通过互联网或者其他方式向公众公开。

第二条 人民法院通过互联网公开审判流程信息,应当依法、规范、及时、便民。

第三条 中国审判流程信息公开网是人民法院公开审判流程信息的统一平台。各级人民法院在本院门户网站以及司法公开平台设置中国审判流程信息公开网的链接。

有条件的人民法院可以通过手机、诉讼服务平台、电话语音系统、电子邮箱等辅助媒介,向当事人及其法定代理人、诉讼代理人、辩护人主动推送案件的审判流程信息,或者提供查询服务。

第四条 人民法院应当在受理案件通知书、应诉通知书、参加诉讼通知书、出庭通知书中,告知当事人及其法定代理人、诉讼代理人、辩护人通过互联网获取审判流程信息的方法和注意事项。

第五条 当事人、法定代理人、诉讼代理人、辩护人的身份证件号码、律师执业证号、组织机构代码、统一社会信用代码,是其获取审判流程信息的身份验证依据。

当事人及其法定代理人、诉讼代理人、辩护人应当配合受理案件的人民法院采集、核对身份信息,并预留有效的手机号码。

第六条 人民法院通知当事人应诉、参加诉讼,准许当事人参加诉讼,或者采用公告方式送达当事人的,自完成其身份信息采集、核对后,依照本规定公开审判流程信息。

当事人中途退出诉讼的,经人民法院依法确认后,不再向该当事人及其法定代理人、诉讼代理人、辩护人公开审判流程信息。

法定代理人、诉讼代理人、辩护人参加诉讼或者发生变更的,参照前两款规定处理。

第七条 下列程序性信息应当通过互联网向当事人及其法定代理人、诉讼代理人、辩护人公开：

（一）收案、立案信息，结案信息；
（二）检察机关、刑罚执行机关信息，当事人信息；
（三）审判组织信息；
（四）审判程序、审理期限、送达、上诉、抗诉、移送等信息；
（五）庭审、质证、证据交换、庭前会议、询问、宣判等诉讼活动的时间和地点；
（六）裁判文书在中国裁判文书网的公布情况；
（七）法律、司法解释规定应当公开，或者人民法院认为可以公开的其他程序性信息。

第八条 回避、管辖争议、保全、先予执行、评估、鉴定等流程信息，应当通过互联网向当事人及其法定代理人、诉讼代理人、辩护人公开。

公开保全、先予执行等流程信息可能影响事项处理的，可以在事项处理完毕后公开。

第九条 下列诉讼文书应当于送达后通过互联网向当事人及其法定代理人、诉讼代理人、辩护人公开：

（一）起诉状、上诉状、再审申请书、申诉书、国家赔偿申请书、答辩状等诉讼文书；
（二）受理案件通知书、应诉通知书、参加诉讼通知书、出庭通知书、合议庭组成人员通知书、传票等诉讼文书；
（三）判决书、裁定书、决定书、调解书，以及其他有中止、终结诉讼程序作用，或者对当事人实体权利有影响、对当事人程序权利有重大影响的裁判文书；
（四）法律、司法解释规定应当公开，或者人民法院认为可以公开的其他诉讼文书。

第十条 庭审、质证、证据交换、庭前会议、调查取证、勘验、询问、宣判等诉讼活动的笔录，应当通过互联网向当事人及其法定代理人、诉讼代理人、辩护人公开。

第十一条 当事人及其法定代理人、诉讼代理人、辩护人申请查阅庭审录音录像、电子卷宗的，人民法院可以通过中国审判流程信息公开网或者其他诉讼服务平台提供查阅，并设置必要的安全保护措施。

第十二条 涉及国家秘密，以及法律、司法解释规定应当保密或者限制获取的审判流程信息，不得通过互联网向当事人及其法定代理人、诉讼代理人、辩护人公开。

第十三条 已经公开的审判流程信息与实际情况不一致的，以实际情况为准，受理案件的人民法院应当及时更正。

已经公开的审判流程信息存在本规定第十二条列明情形的，受理案件的人民法院应当及时撤回。

第十四条 经受送达人书面同意，人民法院可以通过中国审判流程信息公开网向民事、行政案件的当事人及其法定代理人、诉讼代理人电子送达除判决书、裁定书、调解书以外的诉讼文书。

采用前款方式送达的，人民法院应当按照本规定第五条采集、核对受送达人的身份信息，并为其开设个人专用的即时收悉系统。诉讼文书到达该系统的日期为送达日期，由系统自动记录并生成送达回证归入电子卷宗。

已经送达的诉讼文书需要更正的，应当重新送达。

第十五条 最高人民法院监督指导全国法院审判流程信息公开工作。高级、中级人民法院监督指导辖区法院审判流程信息公开工作。

各级人民法院审判管理办公室或者承担审判管理职能的其他机构负责本院审判流程信息公开工作，履行以下职责：

（一）组织、监督审判流程信息公开工作；

（二）处理当事人及其法定代理人、诉讼代理人、辩护人对审判流程信息公开工作的投诉和意见建议；

（三）指导技术部门做好技术支持和服务保障；

（四）其他管理工作。

第十六条 公开审判流程信息的业务规范和技术标准，由最高人民法院另行制定。

第十七条 本规定自 2018 年 9 月 1 日起施行。最高人民法院以前发布的司法解释和规范性文件与本规定不一致的，以本规定为准。

最高人民法院
关于人民法院庭审录音录像的若干规定

法释〔2017〕5 号

（2017 年 1 月 25 日最高人民法院审判委员会第 1708 次会议通过
2017 年 2 月 22 日最高人民法院公告公布　自 2017 年 3 月 1 日起施行）

为保障诉讼参与人诉讼权利，规范庭审活动，提高庭审效率，深化司法公开，促进司法公正，根据《中华人民共和国刑事诉讼法》《中华人民共和国民事诉讼法》《中华人民共和国行政诉讼法》等法律规定，结合审判工作实际，制定本规定。

第一条 人民法院开庭审判案件，应当对庭审活动进行全程录音录像。

第二条 人民法院应当在法庭内配备固定或者移动的录音录像设备。

有条件的人民法院可以在法庭安装使用智能语音识别同步转换文字系统。

第三条 庭审录音录像应当自宣布开庭时开始，至闭庭时结束。除下列情形外，庭审录音录像不得人为中断：

（一）休庭；

（二）公开庭审中的不公开举证、质证活动；

（三）不宜录制的调解活动。

负责录音录像的人员应当对录音录像的起止时间、有无中断等情况进行记录并附卷。

第四条 人民法院应当采取叠加同步录制时间或者其他措施保证庭审录音录像的真实和完整。

因设备故障或技术原因导致录音录像不真实、不完整的，负责录音录像的人员应当作出书面说明，经审判长或独任审判员审核签字后附卷。

第五条 人民法院应当使用专门设备在线或离线存储、备份庭审录音录像。因设备故障等原因导致不符合技术标准的录音录像,应当一并存储。

庭审录音录像的归档,按照人民法院电子诉讼档案管理规定执行。

第六条 人民法院通过使用智能语音识别系统同步转换生成的庭审文字记录,经审判人员、书记员、诉讼参与人核对签字后,作为法庭笔录管理和使用。

第七条 诉讼参与人对法庭笔录有异议并申请补正的,书记员可以播放庭审录音录像进行核对、补正;不予补正的,应当将申请记录在案。

第八条 适用简易程序审理民事案件的庭审录音录像,经当事人同意的,可以替代法庭笔录。

第九条 人民法院应当将替代法庭笔录的庭审录音录像同步保存在服务器或者刻录成光盘,并由当事人和其他诉讼参与人对其完整性校验值签字或者采取其他方法进行确认。

第十条 人民法院应当通过审判流程信息公开平台、诉讼服务平台以及其他便民诉讼服务平台,为当事人、辩护律师、诉讼代理人等依法查阅庭审录音录像提供便利。

对提供查阅的录音录像,人民法院应当设置必要的安全防范措施。

第十一条 当事人、辩护律师、诉讼代理人等可以依照规定复制录音或者誊录庭审录音录像,必要时人民法院应当配备相应设施。

第十二条 人民法院可以播放依法公开审理案件的庭审录音录像。

第十三条 诉讼参与人、旁听人员违反法庭纪律或者有关法律规定,危害法庭安全、扰乱法庭秩序的,人民法院可以通过庭审录音录像进行调查核实,并将其作为追究法律责任的证据。

第十四条 人民检察院、诉讼参与人认为庭审活动不规范或者违反法律规定的,人民法院应当结合庭审录音录像进行调查核实。

第十五条 未经人民法院许可,任何人不得对庭审活动进行录音录像,不得对庭审录音录像进行拍录、复制、删除和迁移。

行为人实施前款行为的,依照规定追究其相应责任。

第十六条 涉及国家秘密、商业秘密、个人隐私等庭审活动的录制,以及对庭审录音录像的存储、查阅、复制、誊录等,应当符合保密管理等相关规定。

第十七条 庭审录音录像涉及的相关技术保障、技术标准和技术规范,由最高人民法院另行制定。

第十八条 人民法院从事其他审判活动或者进行执行、听证、接访等活动需要进行录音录像的,参照本规定执行。

第十九条 本规定自2017年3月1日起施行。最高人民法院此前发布的司法解释及规范性文件与本规定不一致的,以本规定为准。

最高人民法院
关于人民法院特邀调解的规定

法释〔2016〕14号

(2016年5月23日最高人民法院审判委员会第1684次会议通过 2016年6月28日最高人民法院公告公布 自2016年7月1日起施行)

为健全多元化纠纷解决机制,加强诉讼与非诉讼纠纷解决方式的有效衔接,规范人民法院特邀调解工作,维护当事人合法权益,根据《中华人民共和国民事诉讼法》《中华人民共和国人民调解法》等法律及相关司法解释,结合人民法院工作实际,制定本规定。

第一条 特邀调解是指人民法院吸纳符合条件的人民调解、行政调解、商事调解、行业调解等调解组织或者个人成为特邀调解组织或者特邀调解员,接受人民法院立案前委派或者立案后委托依法进行调解,促使当事人在平等协商基础上达成调解协议、解决纠纷的一种调解活动。

第二条 特邀调解应当遵循以下原则:
(一)当事人平等自愿;
(二)尊重当事人诉讼权利;
(三)不违反法律、法规的禁止性规定;
(四)不损害国家利益、社会公共利益和他人合法权益;
(五)调解过程和调解协议内容不公开,但是法律另有规定的除外。

第三条 人民法院在特邀调解工作中,承担以下职责:
(一)对适宜调解的纠纷,指导当事人选择名册中的调解组织或者调解员先行调解;
(二)指导特邀调解组织和特邀调解员开展工作;
(三)管理特邀调解案件流程并统计相关数据;
(四)提供必要场所、办公设施等相关服务;
(五)组织特邀调解员进行业务培训;
(六)组织开展特邀调解业绩评估工作;
(七)承担其他与特邀调解有关的工作。

第四条 人民法院应当指定诉讼服务中心等部门具体负责指导特邀调解工作,并配备熟悉调解业务的工作人员。

人民法庭根据需要开展特邀调解工作。

第五条 人民法院开展特邀调解工作应当建立特邀调解组织和特邀调解员名册。建立名册的法院应当为入册的特邀调解组织或者特邀调解员颁发证书,并对名册进行管理。上级法院建立的名册,下级法院可以使用。

第六条 依法成立的人民调解、行政调解、商事调解、行业调解及其他具有调解职能的组织，可以申请加入特邀调解组织名册。品行良好、公道正派、热心调解工作并具有一定沟通协调能力的个人可以申请加入特邀调解员名册。

人民法院可以邀请符合条件的调解组织加入特邀调解组织名册，可以邀请人大代表、政协委员、人民陪审员、专家学者、律师、仲裁员、退休法律工作者等符合条件的个人加入特邀调解员名册。

特邀调解组织应当推荐本组织中适合从事特邀调解工作的调解员加入名册，并在名册中列明；在名册中列明的调解员，视为人民法院特邀调解员。

第七条 特邀调解员在入册前和任职期间，应当接受人民法院组织的业务培训。

第八条 人民法院应当在诉讼服务中心等场所提供特邀调解组织和特邀调解员名册，并在法院公示栏、官方网站等平台公开名册信息，方便当事人查询。

第九条 人民法院可以设立家事、交通事故、医疗纠纷等专业调解委员会，并根据特定专业领域的纠纷特点，设定专业调解委员会的入册条件，规范专业领域特邀调解程序。

第十条 人民法院应当建立特邀调解组织和特邀调解员业绩档案，定期组织开展特邀调解评估工作，并及时更新名册信息。

第十一条 对适宜调解的纠纷，登记立案前，人民法院可以经当事人同意委派给特邀调解组织或者特邀调解员进行调解；登记立案后或者在审理过程中，可以委托给特邀调解组织或者特邀调解员进行调解。

当事人申请调解的，应当以口头或者书面方式向人民法院提出；当事人口头提出的，人民法院应当记入笔录。

第十二条 双方当事人应当在名册中协商确定特邀调解员；协商不成的，由特邀调解组织或者人民法院指定。当事人不同意指定的，视为不同意调解。

第十三条 特邀调解一般由一名调解员进行。对于重大、疑难、复杂或者当事人要求由两名以上调解员共同调解的案件，可以由两名以上调解员调解，并由特邀调解组织或者人民法院指定一名调解员主持。当事人有正当理由的，可以申请更换特邀调解员。

第十四条 调解一般应当在人民法院或者调解组织所在地进行，双方当事人也可以在征得人民法院同意的情况下选择其他地点进行调解。

特邀调解组织或者特邀调解员接受委派或者委托调解后，应当将调解时间、地点等相关事项及时通知双方当事人，也可以通知与纠纷有利害关系的案外人参加调解。

调解程序开始之前，特邀调解员应当告知双方当事人权利义务、调解规则、调解程序、调解协议效力、司法确认申请等事项。

第十五条 特邀调解员有下列情形之一的，当事人有权申请回避：

（一）是一方当事人或者其代理人近亲属的；

（二）与纠纷有利害关系的；

（三）与纠纷当事人、代理人有其他关系，可能影响公正调解的。

特邀调解员有上述情形的，应当自行回避；但是双方当事人同意由该调解员调解的除外。

特邀调解员的回避由特邀调解组织或者人民法院决定。

第十六条 特邀调解员不得在后续的诉讼程序中担任该案的人民陪审员、诉讼代理人、证人、鉴定人以及翻译人员等。

第十七条　特邀调解员应当根据案件具体情况采用适当的方法进行调解，可以提出解决争议的方案建议。特邀调解员为促成当事人达成调解协议，可以邀请对达成调解协议有帮助的人员参与调解。

第十八条　特邀调解员发现双方当事人存在虚假调解可能的，应当中止调解，并向人民法院或者特邀调解组织报告。

人民法院或者特邀调解组织接到报告后，应当及时审查，并依据相关规定作出处理。

第十九条　委派调解达成调解协议，特邀调解员应当将调解协议送达双方当事人，并提交人民法院备案。

委派调解达成的调解协议，当事人可以依照民事诉讼法、人民调解法等法律申请司法确认。当事人申请司法确认的，由调解组织所在地或者委派调解的基层人民法院管辖。

第二十条　委托调解达成调解协议，特邀调解员应当向人民法院提交调解协议，由人民法院审查并制作调解书结案。达成调解协议后，当事人申请撤诉的，人民法院应当依法作出裁定。

第二十一条　委派调解未达成调解协议的，特邀调解员应当将当事人的起诉状等材料移送人民法院；当事人坚持诉讼的，人民法院应当依法登记立案。

委托调解未达成调解协议的，转入审判程序审理。

第二十二条　在调解过程中，当事人为达成调解协议作出妥协而认可的事实，不得在诉讼程序中作为对其不利的根据，但是当事人均同意的除外。

第二十三条　经特邀调解组织或者特邀调解员调解达成调解协议的，可以制作调解协议书。当事人认为无需制作调解协议书的，可以采取口头协议方式，特邀调解员应当记录协议内容。

第二十四条　调解协议书应当记载以下内容：

（一）当事人的基本情况；

（二）纠纷的主要事实、争议事项；

（三）调解结果。

双方当事人和特邀调解员应当在调解协议书或者调解笔录上签名、盖章或者捺印；由特邀调解组织主持达成调解协议的，还应当加盖调解组织印章。

委派调解达成调解协议，自双方当事人签名、盖章或者捺印后生效。委托调解达成调解协议，根据相关法律规定确定生效时间。

第二十五条　委派调解达成调解协议后，当事人就调解协议的履行或者调解协议的内容发生争议的，可以向人民法院提起诉讼，人民法院应当受理。一方当事人以原纠纷向人民法院起诉，对方当事人以调解协议提出抗辩的，应当提供调解协议书。

经司法确认的调解协议，一方当事人拒绝履行或者未全部履行的，对方当事人可以向人民法院申请执行。

第二十六条　有下列情形之一的，特邀调解员应当终止调解：

（一）当事人达成调解协议的；

（二）一方当事人撤回调解请求或者明确表示不接受调解的；

（三）特邀调解员认为双方分歧较大且难以达成调解协议的；

（四）其他导致调解难以进行的情形。

特邀调解员终止调解的，应当向委派、委托的人民法院书面报告，并移送相关材料。

第二十七条 人民法院委派调解的案件，调解期限为30日。但是双方当事人同意延长调解期限的，不受此限。

人民法院委托调解的案件，适用普通程序的调解期限为15日，适用简易程序的调解期限为7日。但是双方当事人同意延长调解期限的，不受此限。延长的调解期限不计入审理期限。

委派调解和委托调解的期限自特邀调解组织或者特邀调解员签字接收法院移交材料之日起计算。

第二十八条 特邀调解员不得有下列行为：

（一）强迫调解；

（二）违法调解；

（三）接受当事人请托或收受财物；

（四）泄露调解过程或调解协议内容；

（五）其他违反调解员职业道德的行为。

当事人发现存在上述情形的，可以向人民法院投诉。经审查属实的，人民法院应当予以纠正并作出警告、通报、除名等相应处理。

第二十九条 人民法院应当根据实际情况向特邀调解员发放误工、交通等补贴，对表现突出的特邀调解组织和特邀调解员给予物质或者荣誉奖励。补贴经费应当纳入人民法院专项预算。

人民法院可以根据有关规定向有关部门申请特邀调解专项经费。

第三十条 本规定自2016年7月1日起施行。

中华人民共和国人民法院法庭规则

法释〔2016〕7号

(1993年11月26日最高人民法院审判委员会第617次会议通过
根据2015年12月21日最高人民法院审判委员会第1673次会议
通过的《最高人民法院关于修改〈中华人民共和国
人民法院法庭规则〉的决定》修正)

第一条 为了维护法庭安全和秩序，保障庭审活动正常进行，保障诉讼参与人依法行使诉讼权利，方便公众旁听，促进司法公正，彰显司法权威，根据《中华人民共和国人民法院组织法》《中华人民共和国刑事诉讼法》《中华人民共和国民事诉讼法》《中华人民共和国行政诉讼法》等有关法律规定，制定本规则。

第二条 法庭是人民法院代表国家依法审判各类案件的专门场所。

法庭正面上方应当悬挂国徽。

第三条 法庭分设审判活动区和旁听区，两区以栏杆等进行隔离。

审理未成年人案件的法庭应当根据未成年人身心发展特点设置区域和席位。

有新闻媒体旁听或报道庭审活动时，旁听区可以设置专门的媒体记者席。

第四条 刑事法庭可以配置同步视频作证室，供依法应当保护或其他确有保护必要的证人、鉴定人、被害人在庭审作证时使用。

第五条 法庭应当设置残疾人无障碍设施；根据需要配备合议庭合议室，检察人员、律师及其他诉讼参与人休息室，被告人羁押室等附属场所。

第六条 进入法庭的人员应当出示有效身份证件，并接受人身及携带物品的安全检查。

持有效工作证件和出庭通知履行职务的检察人员、律师可以通过专门通道进入法庭。需要安全检查的，人民法院对检察人员和律师平等对待。

第七条 除经人民法院许可，需要在法庭上出示的证据外，下列物品不得携带进入法庭：

（一）枪支、弹药、管制刀具以及其他具有杀伤力的器具；

（二）易燃易爆物、疑似爆炸物；

（三）放射性、毒害性、腐蚀性、强气味性物质以及传染病病原体；

（四）液体及胶状、粉末状物品；

（五）标语、条幅、传单；

（六）其他可能危害法庭安全或妨害法庭秩序的物品。

第八条 人民法院应当通过官方网站、电子显示屏、公告栏等向公众公开各法庭的编号、具体位置以及旁听席位数量等信息。

第九条 公开的庭审活动，公民可以旁听。

旁听席位不能满足需要时，人民法院可以根据申请的先后顺序或者通过抽签、摇号等方式发放旁听证，但应当优先安排当事人的近亲属或其他与案件有利害关系的人旁听。

下列人员不得旁听：

（一）证人、鉴定人以及准备出庭提出意见的有专门知识的人；

（二）未获得人民法院批准的未成年人；

（三）拒绝接受安全检查的人；

（四）醉酒的人、精神病人或其他精神状态异常的人；

（五）其他有可能危害法庭安全或妨害法庭秩序的人。

依法有可能封存犯罪记录的公开庭审活动，任何单位或个人不得组织人员旁听。

依法不公开的庭审活动，除法律另有规定外，任何人不得旁听。

第十条 人民法院应当对庭审活动进行全程录像或录音。

第十一条 依法公开进行的庭审活动，具有下列情形之一的，人民法院可以通过电视、互联网或其他公共媒体进行图文、音频、视频直播或录播：

（一）公众关注度较高；

（二）社会影响较大；

（三）法治宣传教育意义较强。

第十二条 出庭履行职务的人员，按照职业着装规定着装。但是，具有下列情形之一的，着正装：

（一）没有职业着装规定；

（二）侦查人员出庭作证；

（三）所在单位系案件当事人。

非履行职务的出庭人员及旁听人员，应当文明着装。

第十三条 刑事在押被告人或上诉人出庭受审时，着正装或便装，不着监管机构的识别服。

人民法院在庭审活动中不得对被告人或上诉人使用戒具，但认为其人身危险性大，可能危害法庭安全的除外。

第十四条 庭审活动开始前，书记员应当宣布本规则第十七条规定的法庭纪律。

第十五条 审判人员进入法庭以及审判长或独任审判员宣告判决、裁定、决定时，全体人员应当起立。

第十六条 人民法院开庭审判案件应当严格按照法律规定的诉讼程序进行。

审判人员在庭审活动中应当平等对待诉讼各方。

第十七条 全体人员在庭审活动中应当服从审判长或独任审判员的指挥，尊重司法礼仪，遵守法庭纪律，不得实施下列行为：

（一）鼓掌、喧哗；

（二）吸烟、进食；

（三）拨打或接听电话；

（四）对庭审活动进行录音、录像、拍照或使用移动通信工具等传播庭审活动；

（五）其他危害法庭安全或妨害法庭秩序的行为。

检察人员、诉讼参与人发言或提问，应当经审判长或独任审判员许可。

旁听人员不得进入审判活动区，不得随意站立、走动，不得发言和提问。

媒体记者经许可实施第一款第四项规定的行为，应当在指定的时间及区域进行，不得影响或干扰庭审活动。

第十八条 审判长或独任审判员主持庭审活动时，依照规定使用法槌。

第十九条 审判长或独任审判员对违反法庭纪律的人员应当予以警告；对不听警告的，予以训诫；对训诫无效的，责令其退出法庭；对拒不退出法庭的，指令司法警察将其强行带出法庭。

行为人违反本规则第十七条第一款第四项规定的，人民法院可以暂扣其使用的设备及存储介质，删除相关内容。

第二十条 行为人实施下列行为之一，危及法庭安全或扰乱法庭秩序的，根据相关法律规定，予以罚款、拘留；构成犯罪的，依法追究其刑事责任：

（一）非法携带枪支、弹药、管制刀具或者爆炸性、易燃性、放射性、毒害性、腐蚀性物品以及传染病病原体进入法庭；

（二）哄闹、冲击法庭；

（三）侮辱、诽谤、威胁、殴打司法工作人员或诉讼参与人；

（四）毁坏法庭设施，抢夺、损毁诉讼文书、证据；

（五）其他危害法庭安全或扰乱法庭秩序的行为。

第二十一条 司法警察依照审判长或独任审判员的指令维持法庭秩序。

出现危及法庭内人员人身安全或者严重扰乱法庭秩序等紧急情况时,司法警察可以直接采取必要的处置措施。

人民法院依法对违反法庭纪律的人采取的扣押物品、强行带出法庭以及罚款、拘留等强制措施,由司法警察执行。

第二十二条 人民检察院认为审判人员违反本规则的,可以在庭审活动结束后向人民法院提出处理建议。

诉讼参与人、旁听人员认为审判人员、书记员、司法警察违反本规则的,可以在庭审活动结束后向人民法院反映。

第二十三条 检察人员违反本规则的,人民法院可以向人民检察院通报情况并提出处理建议。

第二十四条 律师违反本规则的,人民法院可以向司法行政机关及律师协会通报情况并提出处理建议。

第二十五条 人民法院进行案件听证、国家赔偿案件质证、网络视频远程审理以及在法院以外的场所巡回审判等,参照适用本规则。

第二十六条 外国人、无国籍人旁听庭审活动,外国媒体记者报道庭审活动,应当遵守本规则。

第二十七条 本规则自2016年5月1日起施行;最高人民法院此前发布的司法解释及规范性文件与本规则不一致的,以本规则为准。

最高人民法院
关于修改后的民事诉讼法施行时未结案件适用法律若干问题的规定

法释〔2012〕23号

(2012年12月24日最高人民法院审判委员会第1564次会议通过
2012年12月28日最高人民法院公告公布 自2013年1月1日起施行)

为正确适用《全国人民代表大会常务委员会关于修改〈中华人民共和国民事诉讼法〉的决定》(2012年8月31日第十一届全国人民代表大会常务委员会第二十八次会议通过,2013年1月1日起施行)(以下简称《决定》),现就修改后的民事诉讼法施行前已经受理、施行时尚未审结和执结的案件(以下简称2013年1月1日未结案件)具体适用法律的若干问题规定如下:

第一条 2013年1月1日未结案件适用修改后的民事诉讼法,但本规定另有规定的除外。

前款规定的案件,2013年1月1日前依照修改前的民事诉讼法和有关司法解释的规定已经完成的程序事项,仍然有效。

第二条 2013年1月1日未结案件符合修改前的民事诉讼法或者修改后的民事诉

讼法管辖规定的，人民法院对该案件继续审理。

第三条 2013年1月1日未结案件符合修改前的民事诉讼法或者修改后的民事诉讼法送达规定的，人民法院已经完成的送达，仍然有效。

第四条 在2013年1月1日未结案件中，人民法院对2013年1月1日前发生的妨害民事诉讼行为尚未处理的，适用修改前的民事诉讼法，但下列情形应当适用修改后的民事诉讼法：

（一）修改后的民事诉讼法第一百一十二条规定的情形；

（二）修改后的民事诉讼法第一百一十三条规定情形在2013年1月1日以后仍在进行的。

第五条 2013年1月1日前，利害关系人向人民法院申请诉前保全措施的，适用修改前的民事诉讼法等法律，但人民法院2013年1月1日尚未作出保全裁定的，适用修改后的民事诉讼法确定解除保全措施的期限。

第六条 当事人对2013年1月1日前已经发生法律效力的判决、裁定或者调解书申请再审的，人民法院应当依据修改前的民事诉讼法第一百八十四条规定审查确定当事人申请再审的期间，但该期间在2013年6月30日尚未届满的，截止到2013年6月30日。

前款规定当事人的申请符合下列情形的，仍适用修改前的民事诉讼法第一百八十四条规定：

（一）有新的证据，足以推翻原判决、裁定的；

（二）原判决、裁定认定事实的主要证据是伪造的；

（三）判决、裁定发生法律效力二年后，据以作出原判决、裁定的法律文书被撤销或者变更，以及发现审判人员在审理该案件时有贪污受贿，徇私舞弊，枉法裁判行为的。

第七条 人民法院对2013年1月1日前已经受理、2013年1月1日尚未审查完毕的申请不予执行仲裁裁决的案件，适用修改前的民事诉讼法。

第八条 本规定所称修改后的民事诉讼法，是指根据《决定》作相应修改后的《中华人民共和国民事诉讼法》。

本规定所称修改前的民事诉讼法，是指《决定》施行之前的《中华人民共和国民事诉讼法》。

【解读】

解读《关于修改后的民事诉讼法施行时未结案件适用法律若干问题的规定》

一、问题的提出

2012年12月28日，最高人民法院公布了《最高人民法院关于修改后的民事诉讼法施行时未结案件适用法律若干问题的规定》（以下简称《规定》），对民事诉讼法新旧衔接适用的若干问题作出了规定。为便于在审判实践中正确理解和把握《规定》的有关内容，现就《规定》作简要介绍。

二、理解与适用

（一）2013年1月1日未结案件法律适用的一般规则

《规定》按照一般性规定与特殊规定相结合的模式，对于2013年1月1日未结案件确立了适用修改后的民事诉讼法的一般规则。立法法（2000年公布，下同）第八十四条规定："法律、行政法规、地方性法规、自治条例和单行条例、规章不溯及既往，但为了更好地保护公民、法人和其他组织的权利和利益而作的特别规定除外。"此即为学理上的法不溯及既往原则。调研过程中，倾向性意见认为，这一规定应是针对实体法而言的，"实体从旧、程序从新"是大陆法系和普通法系公认的法则。为此，《规定》按照"程序从新"的要求作出规定，对2013年1月1日未结案件，适用修改后的民事诉讼法。

就具体条文而言，由于修改后的民事诉讼法的许多内容，都是针对当前民事诉讼法（2007年修正，下同）施行过程中发现的问题所作的改进，在维护司法公正、保护当事人诉讼权利及提高司法效率方面都较原有规定更加科学，对于2013年1月1日未结案件，采用"从新"的做法，虽然可能会对某一方当事人产生一定影响，但是适用修改后的民事诉讼法会更有利于促进纠纷妥善解决，更有利于保障民事诉讼有序进行。如修改后的民事诉讼法第一百条关于行为保全的规定，虽会对被保全方的行为自由造成一定限制，但有利于实现纠纷彻底解决，符合公平正义的要求，也有利于提高诉讼效率，节约司法资源，故采取"从新"的做法；其他一些规定，如修改后的民事诉讼法第一百三十三条关于诉讼程序转入督促程序的规定，第二百零六条关于再审不中止执行的规定，第二百三十条增加规定的"申请执行人因受欺诈、胁迫与被执行人达成和解协议"这一恢复执行的事由，第二百四十条关于"执行员接到申请执行书或者移交执行书，应当向被执行人发出执行通知，并可以立即采取强制执行措施"的规定等，在新旧衔接问题上，采取"从新"的做法，适用修改后的民事诉讼法规定，更有积极意义。

实践中还有一种情形，就是修改后的民事诉讼法中的一些规定，在修改后的民事诉讼法施行前的一些司法解释已经作出明确规定，我们采取"从新"的做法实际上与原有规定是一致的。例如，修改后的民事诉讼法第七十六条及第七十九条关于鉴定程序和专家辅助人的规定，在《最高人民法院关于民事诉讼证据的若干规定》中有大致相同的规定。又如，修改后的民事诉讼法第四十四条关于回避的修改、第七十三条关于证人不能出庭作证的规定、第一百五十七条第二款关于当事人选择适用简易程序的规定等，在此前的司法解释中也均已作出类似规定。

但还应当看到，"程序从新"作为程序法的一般原则，难免有些例外情形。修改后的民事诉讼法有些条文涉及一定实体权利，一概采取"从新"的做法，可能会损害当事人合法权益，影响当事人对于法律的信赖。尤其是当前程序法与实体法联系越来越密切，程序法中存在不少直接与当事人实体权益密切相关的条款的背景下，对于"程序从新"的一般原则设一例外条款显得尤为重要。《规定》即采取了这一做法，在第一条作出"从新"原则规定之后，在后续条文中，就审判实践中适用修改后的民事诉讼法的一些特殊情形，作了例外规定。

（二）2013年1月1日前已依法完成的程序事项的效力

修改后的民事诉讼法对许多诉讼程序作出了修改，对于人民法院已经依照修改前的民事诉讼法或者相关司法解释的规定完成的程序事项，是否需要依据修改后的民事诉讼法的规定进行更改，也是审判实践中必须明确的问题。对于2013年1月1日前已依法完成的程序事项，由于在进行该程序时有明确的法律依据，不能因为当时的法律或司法解释的规定与修改后的民事诉讼法内容不一致，就认定为程序违法或者存在程序瑕疵，即使修改后的民事诉讼法所作规定更为科学合理，也无须再行更改，即应贯彻法不溯及既往原则，这更有利于维护诉讼秩序，也符合诉讼效率的要求。《规定》即按照这一思路，对于2013年1月1日未结案件，明确规定了"2013年1月1日前依照修改前的民事诉讼法和有关司法解释的规定已经完成的程序事项，仍然有效。"这一规定正是贯彻了立法法第八十四条规定的法不溯及既往原则。例如，在2013年1月1日前，人民法院依据修改前的民事诉讼法第一百五十二条关于二审是否开庭审理的规定选择的审理程序，无须根据修改后的民事诉讼法第一百六十九条的规定再行更改；人民法院依据《最高人民法院关于人民调解协议司法确认程序的若干规定》（法释〔2011〕5号）第八条已经对调解协议确认或者不予确认所作出的决定书，不必根据修改后的民事诉讼法第一百九十五条更改为裁定书。

（三）2013年1月1日未结案件中已完成的管辖和送达的效力

修改后的民事诉讼法对于管辖和送达的规定作了较大改动，新增了公司诉讼地域管辖（第二十六条）、应诉管辖（第一百二十七条）的规定，对协议管辖的范围也作了扩大（第三十四条），对管辖权转移（第三十八条）也作了修改，这对于方便当事人诉讼、便于人民法院审理案件、节约诉讼成本都具有积极意义。但是，对于管辖问题的新旧衔接问题，实务上存有一定争议，尤其是对人民法院在2013年1月1日前已经受理的案件，其对案件的管辖，如公司管辖问题，在当时缺乏明确法律依据，但符合修改后的民事诉讼法规定的情形如何处理，亟待明确。对这一问题，《规定》不仅明确了人民法院依照修改前的民事诉讼法有管辖权的，对案件继续管辖，还进一步规定了若其管辖符合修改后的民事诉讼法规定的，也继续对案件进行管辖。其理由在于：一方面，由于该案件在修改后的民事诉讼法施行时尚未审结，人民法院对此案件继续管辖，符合修改后的民事诉讼法的规定；另一方面，这还可以避免当事人再以该管辖不符合案件受理时的民事诉讼法（修改前的民事诉讼法）的规定为由，提起管辖权异议而造成诉讼拖延，以减轻当事人诉累，节约司法资源。

同样，关于送达程序，修改后的民事诉讼法有关送达的规定（如第八十六条关于留置送达的规定、第八十七条关于电子送达的规定），对方便当事人诉讼、便于人民法院审理案件、节约诉讼成本都具有积极意义。关于送达程序的新旧衔接问题，《规定》同样规定了人民法院对某一案件已经完成的送达符合修改前的民事诉讼法或者修改后的民事诉讼法规定的，仍然有效。这样规定的理由在于，修改后的民事诉讼法的上述规定简化了送达程序，使得送达制度更加合理，对于2013年1月1日未结案件中已经完成的送达程序，若符合修改后的民事诉讼法的规定，认定为合法有效，有利于解决此类案件的送达难问题，有利于减轻当事人诉累，有利于提高案件审判效率，节约司法资源。

（四）2013年1月1日未结案件中的妨害民事诉讼行为的处理规则

修改后的民事诉讼法第一百一十二条至第一百一十五条加大了对妨害民事诉讼行

为的制裁力度，其中涉及当事人可能承担的罚款、拘留及刑事责任的实体内容。对2013年1月1日未结案件中，人民法院在2013年1月1日及以后尚未处理的妨害民事诉讼行为，就面临着适用新法还是旧法的争议。调研过程中，大家一致认为，对于2013年1月1日以后发生的妨害民事诉讼的行为，应当适用修改后的民事诉讼法予以制裁；对于发生在2013年1月1日前的妨害民事诉讼行为，则由于涉及对当事人的处罚，甚至刑事责任问题，应当坚持法不溯及既往原则，即适用修改前的民事诉讼法。但是，对于2013年1月1日未结案件中虚假诉讼行为及恶意逃避执行行为在2013年1月1日以后仍处于持续状态的，考虑到其本身就具有的违法性，则应适用修改后的民事诉讼法予以制裁。据此，《规定》对此作出了明确规定。

（1）关于虚假诉讼行为的制裁。在2013年1月1日未结案件中，有关虚假诉讼行为在2013年1月1日以后尚未处理的，由于该案件处于尚未审结的状态，说明该虚假诉讼行为在2013年1月1日以后仍处于持续状态，而此时修改后的民事诉讼法已经施行，对此适用修改后的民事诉讼法予以制裁，不仅于法有据，而且也符合修改后的民事诉讼法从严制裁虚假诉讼行为的立法目的。

（2）对于被执行人与他人恶意串通进行的诉讼、仲裁、调解等，于2013年1月1日以后仍在进行的情形，同样的道理，由于该恶意逃避执行的行为在修改后的民事诉讼法施行后仍然处于持续状态，故也应当适用修改后的民事诉讼法予以制裁。

（五）诉前保全措施的新旧衔接适用规则

修改前的民事诉讼法第九十三条第三款规定，申请人在人民法院采取保全措施后十五日内不起诉的，应当解除保全措施。由于这一规定期限太短，不利于对申请人利益的维护，为此，修改后的民事诉讼法第一百零一条第三款将该期限延长至三十日。这就会遇到一个问题，即当事人在2013年1月1日前申请诉前保全，是适用旧法还是新法的问题。《规定》起草过程中，有两种意见：第一种意见认为，应当一概采取"从新"的做法，在2013年1月1日前采取保全措施的，也适用三十日的保全期间。其理由是，修改后的民事诉讼法有关诉前保全期限的规定更为合理，保全期限的延长，虽会使被保全财产所有人的利益受到影响，但相对于上述申请人可能面临的损失而言，相对较轻，故有必要采取从新的做法，这样也有利于纠纷的彻底解决；另一种意见认为，保全措施毕竟影响当事人的实体权利，为避免不必要的争议，对于利害关系人向人民法院申请采取诉前保全措施的，应当适用修改前的民事诉讼法，但2013年1月1日人民法院尚未作出保全裁定的，由于此时修改后的民事诉讼法已经施行，故可以适用修改后的民事诉讼法，确定解除诉前保全措施的期间。经研究，《规定》采纳了上述第二种意见。

此外，2008年修正的专利法（第六十六条、第六十七条）、2001年修正的商标法（第五十七条、第五十八条）和2010年修正的著作权法（第五十条、第五十一条）对涉及专利权、商标权及著作权纠纷的诉前保全问题作出了特别规定。考虑到涉及适用修改前的民事诉讼法的情形时，有关专利权、商标权及著作权纠纷中的诉前保全措施要适用专利法、商标法及著作权法的上述特别法规则，故《规定》采用"修改前的民事诉讼法等法律"的表述，以将专利法、商标法及著作权法的上述特别法规则包括在内。但在涉及适用新法的情形，则要统一适用修改后的民事诉讼法，因为其延长了诉前保全期间，采取从新的做法，更有利于维护当事人的合法权益，更有利于纠纷的妥善解决和实现案结事了人和的最终目的。

(六) 申请再审期间的确定规则

修改前的民事诉讼法第一百八十四条规定的是"当事人申请再审，应当在判决、裁定发生法律效力后二年内提出；二年后据以作出原判决、裁定的法律文书被撤销或者变更，以及发现审判人员在审理该案件时有贪污受贿，徇私舞弊，枉法裁判行为的，自知道或者应当知道之日起三个月内提出"。修改后的民事诉讼法第二百零五条则规定："当事人申请再审，应当在判决、裁定发生法律效力后六个月内提出；有本法第二百条第一项、第三项、第十二项、第十三项规定情形的，自知道或者应当知道之日起六个月内提出。"针对修改后的民事诉讼法对修改前的民事诉讼法关于当事人申请再审期间及如何起算的规定作出了较大修改，《规定》对人民法院审查当事人申请再审期间的新旧衔接问题作出了明确规定，具体包括以下三个方面。

(1) 关于二年的一般申请再审期间的确定问题。根据修改前的民事诉讼法第一百八十四条规定，当事人有权在二年内提出再审申请，但在修改后的民事诉讼法施行后，其第二百零五条明确规定了六个月的期限。对于当事人就2013年1月1日前已经发生法律效力的判决、裁定申请再审的期间确定问题，有必要与修改后的规定保持一致。《规定》对此明确为"该期间在2013年6月30日尚未届满的，截止到2013年6月30日"。例如，张某与李某的房屋买卖合同纠纷案，人民法院在2012年6月1日作出终审判决，当事人的申请再审期间，如果按修改前的民事诉讼法规定的二年，应当计算到2014年5月31日，这就远远超过了修改后的民事诉讼法规定的六个月的时间，故按照《规定》的规定，当事人的申请再审期间应当截止到2013年6月30日。这一做法可以与修改后的民事诉讼法的立法精神保持一致，符合"程序从新"的要求，也可以督促当事人及时主张权利，稳定社会关系，做到保护当事人申请再审的权利与维护生效裁判的权威性、稳定性的有机统一。

(2) 关于当事人的申请符合"二年后据以作出原判决、裁定的法律文书被撤销或者变更，以及发现审判人员在审理该案件时有贪污受贿，徇私舞弊，枉法裁判行为的"情形时，申请再审期间如何确定的问题。对于此种情形，修改前的民事诉讼法与修改后的民事诉讼法对此规定的申请再审期间并不一致。前者第一百八十四条对此规定为"自知道或者应当知道之日起三个月内提出。"而后者第二百零五条规定为"自知道或者应当知道之日起六个月内提出"。若按照《规定》的"该期间在2013年6月30日尚未届满的，截止到2013年6月30日"的一般性规定，则会出现剥夺或严重限制当事人申请再审权利的情况。例如，张某与李某的房屋买卖合同纠纷案，人民法院在2011年6月1日作出终审判决，张某在2013年6月28日后才知道（或应当知道）作出原判决、裁定的法律文书被撤销或者变更，这时依据修改前的民事诉讼法第一百八十四条的规定，张某可以在此后的三个月内申请再审，依据修改后的民事诉讼法，其可以在此后六个月内申请再审，但按照"该期间在2013年6月30日尚未届满的，截止到2013年6月30日"的规则，则张某只有两天的申请再审期间，对其会不公平，故《规定》设置了例外规定，对上述情形适用修改前的民事诉讼法第一百八十四条的规定确定申请再审的期间。《规定》对上述情形下的申请再审期间适用修改前的民事诉讼法，不但足以起到督促当事人及时行使权利的作用，而且又不至于出现将申请再审期间一概截至2013年6月30日，从而剥夺或限制当事人再审申请权的问题。

（3）关于当事人的申请符合"有新的证据，足以推翻原判决、裁定的"以及"原判决、裁定认定事实的主要证据是伪造的"两种情形下的。对此，修改前的民事诉讼法与修改后的民事诉讼法的规定并不一致，前者第一百八十四条规定为"在判决、裁定发生法律效力后二年内提出"，而后者第二百零五条则规定为"自知道或者应当知道之日起六个月内提出"。如果当事人在2013年6月1日以后发现足以推翻原判决、裁定的新的证据，或者发现原判决、裁定认定事实的主要证据是伪造的情形下，若该事由的发现在裁判生效二年内，依据修改前的民事诉讼法，本可申请再审；依据修改后的民事诉讼法，也可以在发现之日起六个月内申请再审，但若一概依据上述"该期间在2013年6月30日尚未届满的，截止到2013年6月30日"的一般性规定，则会出现剥夺或者限制当事人申请再审权的问题。例如，张某与李某的房屋买卖合同纠纷案，人民法院在2012年6月1日作出终审判决，但张某在2013年7月1日才发现新的证据，足以推翻原判决、裁定的或者原判决、裁定认定事实的主要证据是伪造的，这时依据修改前的民事诉讼法的规定，张某可在2014年5月31日前申请再审，依据修改后的民事诉讼法，其也可以2013年7月1日以后六个月内申请再审，但若按照《规定》中的一般性规定，"该期间在2013年6月30日尚未届满的，截止到2013年6月30日"，则张某在2013年7月1日以后无论依据修改前的民事诉讼法还是修改后的民事诉讼法的规定享有的申请再审权均被剥夺。鉴于此，《规定》对此也设了例外规定，适用修改前的民事诉讼法来确定当事人的申请再审期间，避免出现上述剥夺或限制当事人申请再审权的情形，从而切实维护当事人申请再审的权利。

（七）申请不予执行仲裁裁决案件的事由的审查规则

由于修改后的民事诉讼法第二百三十七条规定的申请不予执行仲裁裁决的事由与修改前的民事诉讼法第二百一十三条相比，已作出了较大修改，限缩了当事人申请不予执行仲裁裁决的事由，将"（四）认定事实的主要证据不足的；（五）适用法律确有错误的……"修改为"（四）裁决所根据的证据是伪造的；（五）对方当事人向仲裁机构隐瞒了足以影响公正裁决的证据的……"，这一做法使得申请不予执行仲裁裁决的事由与仲裁法第五十八条规定的申请撤销仲裁裁决事由相一致，其本身内容更为合理，也更有利于维护仲裁裁决的独立性和权威性，体现了司法监督有限原则。但对于2013年1月1日人民法院尚未审查完毕的申请不予执行仲裁裁决案件，若一概适用修改后的民事诉讼法，就会出现一个问题，即当事人可能会丧失其本可依据旧法得以申请人民法院不予执行仲裁裁决的机会，这就会破坏当事人基于修改前的民事诉讼法而产生的信赖，不仅会影响当事人的诉讼权利，更会直接危及其实体权利，不能一概适用"程序从新"的做法。因此，《规定》对此作出了例外规定，对2013年1月1日尚未处理完毕的申请不予执行仲裁裁决案件，适用修改前的民事诉讼法予以审查，以充分保护当事人享有的诉讼权利和实体权利。

（撰稿人：孙佑海、黄建中、陈龙业）

最高人民法院
关于审判人员在诉讼活动中执行回避制度若干问题的规定

法释〔2011〕12号

(2011年4月11日最高人民法院审判委员会第1517次会议通过 2011年6月10日最高人民法院公告公布 自2011年6月13日起施行)

为进一步规范审判人员的诉讼回避行为,维护司法公正,根据《中华人民共和国人民法院组织法》、《中华人民共和国法官法》、《中华人民共和国民事诉讼法》、《中华人民共和国刑事诉讼法》、《中华人民共和国行政诉讼法》等法律规定,结合人民法院审判工作实际,制定本规定。

第一条 审判人员具有下列情形之一的,应当自行回避,当事人及其法定代理人有权以口头或者书面形式申请其回避:

(一)是本案的当事人或者与当事人有近亲属关系的;

(二)本人或者其近亲属与本案有利害关系的;

(三)担任过本案的证人、翻译人员、鉴定人、勘验人、诉讼代理人、辩护人的;

(四)与本案的诉讼代理人、辩护人有夫妻、父母、子女或者兄弟姐妹关系的;

(五)与本案当事人之间存在其他利害关系,可能影响案件公正审理的。

本规定所称近亲属,包括与审判人员有夫妻、直系血亲、三代以内旁系血亲及近姻亲关系的亲属。

第二条 当事人及其法定代理人发现审判人员违反规定,具有下列情形之一的,有权申请其回避:

(一)私下会见本案一方当事人及其诉讼代理人、辩护人的;

(二)为本案当事人推荐、介绍诉讼代理人、辩护人,或者为律师、其他人员介绍办理该案件的;

(三)索取、接受本案当事人及其受托人的财物、其他利益,或者要求当事人及其受托人报销费用的;

(四)接受本案当事人及其受托人的宴请,或者参加由其支付费用的各项活动的;

(五)向本案当事人及其受托人借款,借用交通工具、通讯工具或者其他物品,或者索取、接受当事人及其受托人在购买商品、装修住房以及其他方面给予的好处的;

(六)有其他不正当行为,可能影响案件公正审理的。

第三条 凡在一个审判程序中参与过本案审判工作的审判人员,不得再参与该案其他程序的审判。但是,经过第二审程序发回重审的案件,在一审法院作出裁判后又进入第二审程序的,原第二审程序中合议庭组成人员不受本条规定的限制。

第四条 审判人员应当回避,本人没有自行回避,当事人及其法定代理人也没有申请其回避的,院长或者审判委员会应当决定其回避。

第五条 人民法院应当依法告知当事人及其法定代理人有申请回避的权利,以及合议庭组成人员、书记员的姓名、职务等相关信息。

第六条 人民法院依法调解案件,应当告知当事人及其法定代理人有申请回避的权利,以及主持调解工作的审判人员及其他参与调解工作的人员的姓名、职务等相关信息。

第七条 第二审人民法院认为第一审人民法院的审理有违反本规定第一条至第三条规定的,应当裁定撤销原判,发回原审人民法院重新审判。

第八条 审判人员及法院其他工作人员从人民法院离任后二年内,不得以律师身份担任诉讼代理人或者辩护人。

审判人员及法院其他工作人员从人民法院离任后,不得担任原任职法院所审理案件的诉讼代理人或者辩护人,但是作为当事人的监护人或者近亲属代理诉讼或者进行辩护的除外。

本条所规定的离任,包括退休、调离、解聘、辞职、辞退、开除等离开法院工作岗位的情形。

本条所规定的原任职法院,包括审判人员及法院其他工作人员曾任职的所有法院。

第九条 审判人员及法院其他工作人员的配偶、子女或者父母不得担任其所任职法院审理案件的诉讼代理人或者辩护人。

第十条 人民法院发现诉讼代理人或者辩护人违反本规定第八条、第九条的规定的,应当责令其停止相关诉讼代理或者辩护行为。

第十一条 当事人及其法定代理人、诉讼代理人、辩护人认为审判人员有违反本规定行为的,可以向法院纪检、监察部门或者其他有关部门举报。受理举报的人民法院应当及时处理,并将相关意见反馈给举报人。

第十二条 对明知具有本规定第一条至第三条规定情形不依法自行回避的审判人员,依照《人民法院工作人员处分条例》的规定予以处分。

对明知诉讼代理人、辩护人具有本规定第八条、第九条规定情形之一,未责令其停止相关诉讼代理或者辩护行为的审判人员,依照《人民法院工作人员处分条例》的规定予以处分。

第十三条 本规定所称审判人员,包括各级人民法院院长、副院长、审判委员会委员、庭长、副庭长、审判员和助理审判员。

本规定所称法院其他工作人员,是指审判人员以外的在编工作人员。

第十四条 人民陪审员、书记员和执行员适用审判人员回避的有关规定,但不属于本规定第十三条所规定人员的,不适用本规定第八条、第九条的规定。

第十五条 自本规定施行之日起,《最高人民法院关于审判人员严格执行回避制度的若干规定》(法发〔2000〕5号)即行废止;本规定施行前本院发布的司法解释与本规定不一致的,以本规定为准。

最高人民法院
关于裁判文书引用法律、法规等规范性法律文件的规定

法释〔2009〕14号

(2009年7月13日最高人民法院审判委员会第1470次会议通过 2009年10月26日最高人民法院公告公布 自2009年11月4日起施行)

为进一步规范裁判文书引用法律、法规等规范性法律文件的工作,提高裁判质量,确保司法统一,维护法律权威,根据《中华人民共和国立法法》等法律规定,制定本规定。

第一条 人民法院的裁判文书应当依法引用相关法律、法规等规范性法律文件作为裁判依据。引用时应当准确完整写明规范性法律文件的名称、条款序号,需要引用具体条文的,应当整条(款、项)引用。

第二条 并列引用多个规范性法律文件的,引用顺序如下:法律及法律解释、行政法规、地方性法规、自治条例或者单行条例、司法解释。同时引用两部以上法律的,应当先引用基本法律,后引用其他法律。引用包括实体法和程序法的,先引用实体法,后引用程序法。

第三条 刑事裁判文书应当引用法律、法律解释或者司法解释。刑事附带民事诉讼裁判文书引用规范性法律文件,同时适用本规定第四条规定。

第四条 民事裁判文书应当引用法律、法律解释或者司法解释。对于应当适用的行政法规、地方性法规或者自治条例和单行条例,可以直接引用。

第五条 行政裁判文书应当引用法律、法律解释、行政法规或者司法解释。对于应当适用的地方性法规、自治条例和单行条例、国务院或者国务院授权的部门公布的行政法规解释或者行政规章,可以直接引用。

第六条 对于本规定第三条、第四条、第五条规定之外的规范性文件,根据审理案件的需要,经审查认定为合法有效的,可以作为裁判说理的依据。

第七条 人民法院制作裁判文书确需引用的规范性法律文件之间存在冲突,根据立法法等有关法律规定无法选择适用的,应当依法提请有决定权的机关作出裁决,不得自行在裁判文书中认定相关规范性法律文件的效力。

第八条 本院以前发布的司法解释与本规定不一致的,以本规定为准。

最高人民法院
关于印发修改后的《民事案件案由规定》的通知

2020年12月29日   法〔2020〕347号

各省、自治区、直辖市高级人民法院，解放军军事法院，新疆维吾尔自治区高级人民法院生产建设兵团分院：

为切实贯彻实施民法典，最高人民法院对2011年2月18日第一次修正的《民事案件案由规定》（以下简称2011年《案由规定》）进行了修改，自2021年1月1日起施行。现将修改后的《民事案件案由规定》（以下简称修改后的《案由规定》）印发给你们，请认真贯彻执行。

2011年《案由规定》施行以来，在方便当事人进行民事诉讼、规范人民法院民事立案、审判和司法统计工作等方面，发挥了重要作用。近年来，随着民事诉讼法、邮政法、消费者权益保护法、环境保护法、反不正当竞争法、农村土地承包法、英雄烈士保护法等法律的制定或者修订，审判实践中出现了许多新类型民事案件，需要对2011年《案由规定》进行补充和完善。特别是民法典将于2021年1月1日起施行，迫切需要增补新的案由。经深入调查研究、广泛征求意见，最高人民法院对2011年《案由规定》进行了修改。现就各级人民法院适用修改后的《案由规定》的有关问题通知如下：

一、高度重视民事案件案由在民事审判规范化建设中的重要作用，认真学习掌握修改后的《案由规定》

民事案件案由是民事案件名称的重要组成部分，反映案件所涉及的民事法律关系的性质，是对当事人诉争的法律关系性质进行的概括，是人民法院进行民事案件管理的重要手段。建立科学、完善的民事案件案由体系，有利于方便当事人进行民事诉讼，有利于统一民事案件的法律适用标准，有利于对受理案件进行分类管理，有利于确定各民事审判业务庭的管辖分工，有利于提高民事案件司法统计的准确性和科学性，从而更好地为创新和加强民事审判管理、为人民法院司法决策服务。

各级人民法院要认真学习修改后的《案由规定》，理解案由编排体系和具体案由制定的背景、法律依据、确定标准、具体含义、适用顺序以及变更方法等问题，准确选择适用具体案由，依法维护当事人诉讼权利，创新和加强民事审判管理，不断推进民事审判工作规范化建设。

二、关于《案由规定》修改所遵循的原则

一是严格依法原则。本次修改的具体案由均具有实体法和程序法依据，符合民事诉讼法关于民事案件受案范围的有关规定。

二是必要性原则。本次修改是以保持案由运行体系稳定为前提，对于必须增加、调整的案由作相应修改，尤其是对照民法典的新增制度和重大修改内容，增加、变更部分具体案由，并根据现行立法和司法实践需要完善部分具体案由，对案由编排体系不作大的调整。民法典施行后，最高人民法院将根据工作需要，结合司法实践，继续细化完善民法典新增制度案由，特别是第四级案由。对本次未作修改的部分原有案由，届时一并修改。

三是实用性原则。案由体系是在现行有效的法律规定基础上，充分考虑人民法院民事立案、审判实践以及司法统计的需要而编排的，本次修改更加注重案由的简洁明了、方便实用，既便于当事人进行民事诉讼，也便于人民法院进行民事立案、审判和司法统计工作。

三、关于案由的确定标准

民事案件案由应当依据当事人诉争的民事法律关系的性质来确定。鉴于具体案件中当事人的诉讼请求、争议的焦点可能有多个，争议的标的也可能是多个，为保证案由的高度概括和简洁明了，修改后的《案由规定》仍沿用2011年《案由规定》关于案由的确定标准，即对民事案件案由的表述方式原则上确定为"法律关系性质"加"纠纷"，一般不包含争议焦点、标的物、侵权方式等要素。但是，实践中当事人诉争的民事法律关系的性质具有复杂多变性，单纯按照法律关系标准去划分案由体系的做法难以更好地满足民事审判实践的需要，难以更好地满足司法统计的需要。为此，修改后的《案由规定》在坚持以法律关系性质作为确定案由的主要标准的同时，对少部分案由也依据请求权、形成权或者确认之诉、形成之诉等其他标准进行确定，对少部分案由的表述也包含了争议焦点、标的物、侵权方式等要素。另外，为了与行政案件案由进行明显区分，本次修改还对个别案由的表述进行了特殊处理。

对民事诉讼法规定的适用特别程序、督促程序、公示催告程序、公司清算、破产程序等非讼程序审理的案件案由，根据当事人的诉讼请求予以直接表述；对公益诉讼、第三人撤销之诉、执行程序中的异议之诉等特殊诉讼程序案件的案由，根据修改后民事诉讼法规定的诉讼制度予以直接表述。

四、关于案由体系的总体编排

1. 关于案由纵向和横向体系的编排设置。修改后的《案由规定》以民法学理论对民事法律关系的分类为基础，以法律关系的内容即民事权利类型来编排案由的纵向体系。在纵向体系上，结合民法典、民事诉讼法等民事立法及审判实践，将案由的编排体系划分为人格权纠纷，婚姻家庭、继承纠纷，物权纠纷，合同、准合同纠纷，劳动争议与人事争议，知识产权与竞争纠纷，海事海商纠纷，与公司、证券、保险、票据等有关的民事纠纷，侵权责任纠纷，非讼程序案件案由，特殊诉讼程序案件案由，共计十一大部分，作为第一级案由。

在横向体系上，通过总分式四级结构的设计，实现案由从高级（概括）到低级（具体）的演进。如物权纠纷（第一级案由）→所有权纠纷（第二级案由）→建筑物区分所有权纠纷（第三级案由）→业主专有权纠纷（第四级案由）。在第一级案由项下，细分为五十四类案由，作为第二级案由（以大写数字表示）；在第二级案由项下列出了473个案由，作为第三级案由（以阿拉伯数字表示）。第三级案由是司法实践中最常见和广泛使用的案由。基于审判工作指导、调研和司法统计的需要，在部分第三级案由项下又列出了391个第四级案由（以阿拉伯数字加（）表示）。基于民事法律关系的复杂性，不可能穷尽所有第四级案由，目前所列的第四级案由只是一些典型的、常见的或者为了司法统计需要而设立的案由。

修改后的《案由规定》采用纵向十一个部分、横向四级结构的编排设置，形成了网状结构体系，基本涵盖了民法典所涉及的民事纠纷案件类型以及人民法院当前受理的民事纠纷案件类型，有利于贯彻落实民法典等民事法律关于民事权益保护的相关规定。

2. 关于物权纠纷案由与合同纠纷案由的编排设置。修改后的《案由规定》仍然沿用 2011 年《案由规定》关于物权纠纷案由与合同纠纷案由的编排体系。按照物权变动原因与结果相区分的原则，对于涉及物权变动的原因，即债权性质的合同关系引发的纠纷案件的案由，修改后的《案由规定》将其放在合同纠纷项下；对于涉及物权变动的结果，即物权设立、权属、效力、使用、收益等物权关系产生的纠纷案件的案由，修改后的《案由规定》将其放在物权纠纷项下。前者如第三级案由"居住权合同纠纷"列在第二级案由"合同纠纷"项下；后者如第三级案由"居住权纠纷"列在第二级案由"物权纠纷"项下。

具体适用时，人民法院应根据当事人诉争的法律关系的性质，查明该法律关系涉及的是物权变动的原因关系还是物权变动的结果关系，以正确确定案由。当事人诉争的法律关系性质涉及物权变动原因的，即因债权性质的合同关系引发的纠纷案件，应当选择适用第二级案由"合同纠纷"项下的案由，如"居住权合同纠纷"案由；当事人诉争的法律关系性质涉及物权变动结果的，即因物权设立、权属、效力、使用、收益等物权关系引发的纠纷案件，应当选择第二级案由"物权纠纷"项下的案由，如"居住权纠纷"案由。

3. 关于第三部分"物权纠纷"项下"物权保护纠纷"案由与"所有权纠纷""用益物权纠纷""担保物权纠纷"案由的编排设置。修改后的《案由规定》仍然沿用 2011 年《案由规定》关于物权纠纷案由的编排设置。"所有权纠纷""用益物权纠纷""担保物权纠纷"案由既包括以上三种类型的物权确认纠纷案由，也包括以上三种类型的侵害物权纠纷案由。民法典物权编第三章"物权的保护"所规定的物权请求权或者债权请求权保护方法，即"物权保护纠纷"，在修改后的《案由规定》列举的每个物权类型（第三级案由）项下都可能部分或者全部适用，多数都可以作为第四级案由列举，但为避免使整个案由体系冗长繁杂，在各第三级案由下并未一一列出。实践中需要确定具体个案案由时，如果当事人的诉讼请求只涉及"物权保护纠纷"项下的一种物权请求权或者债权请求权，则可以选择适用"物权保护纠纷"项下的六种第三级案由；如果当事人的诉讼请求涉及"物权保护纠纷"项下的两种或者两种以上物权请求权或者债权请求权，则应按照所保护的权利种类，选择适用"所有权纠纷""用益物权纠纷""担保物权纠纷"项下的第三级案由（各种物权类型纠纷）。

4. 关于侵权责任纠纷案由的编排设置。修改后的《案由规定》仍然沿用 2011 年《案由规定》关于侵权责任纠纷案由与其他第一级案由的编排设置。根据民法典侵权责任编的相关规定，该编的保护对象为民事权益，具体范围是民法典总则编第五章所规定的人身、财产权益。这些民事权益，又分别在人格权编、物权编、婚姻家庭编、继承编等予以了细化规定，而这些民事权益纠纷往往既包括权属确认纠纷也包括侵权责任纠纷，这就为科学合理编排民事案件案由体系增加了难度。为了保持整个案由体系的完整性和稳定性，尽可能避免重复交叉，修改后的《案由规定》将这些侵害民事权益侵权责任纠纷案由仍旧分别保留在"人格权纠纷""婚姻家庭、继承纠纷""物权纠纷""知识产权与竞争纠纷"等第一级案由体系项下，对照侵权责任编新规定调整第一级案由"侵权责任纠纷"项下案由；同时，将一些实践中常见的、其他第一级案由不便列出的侵权责任纠纷案由也列在第一级案由"侵权责任纠纷"项下，如"非机动车交通事故责任纠纷"。从"兜底"考虑，修改后的《案由规定》将第一级案由"侵权责任纠纷"列在其他八个民事权益纠纷类型之后，作为第九部分。

具体适用时，涉及侵权责任纠纷的，为明确和统一法律适用问题，应当先适用第九部分"侵权责任纠纷"项下根据侵权责任编相关规定列出的具体案由；没有相应案由的，再适用"人格权纠纷""物权纠纷""知识产权与竞争纠纷"等其他部分项下的具体案由。如环境污染、高度危险行为均可能造成人身损害和财产损害，确定案由时，应当适用第九部分"侵权责任纠纷"项下"环境污染责任纠纷""高度危险责任纠纷"案由，而不应适用第一部分"人格权纠纷"项下的"生命权、身体权、健康权纠纷"案由，也不应适用第三部分"物权纠纷"项下的"财产损害赔偿纠纷"案由。

五、适用修改后的《案由规定》应当注意的问题

1. 在案由横向体系上应当按照由低到高的顺序选择适用个案案由。确定个案案由时，应当优先适用第四级案由，没有对应的第四级案由的，适用相应的第三级案由；第三级案由中没有规定的，适用相应的第二级案由；第二级案由没有规定的，适用相应的第一级案由。这样处理，有利于更准确地反映当事人诉争的法律关系的性质，有利于促进分类管理科学化和提高司法统计准确性。

2. 关于个案案由的变更。人民法院在民事立案审查阶段，可以根据原告诉讼请求涉及的法律关系性质，确定相应的个案案由；人民法院受理民事案件后，经审理发现当事人起诉的法律关系与实际诉争的法律关系不一致的，人民法院结案时应当根据法庭查明的当事人之间实际存在的法律关系的性质，相应变更个案案由。当事人在诉讼过程中增加或者变更诉讼请求导致当事人诉争的法律关系发生变更的，人民法院应当相应变更个案案由。

3. 存在多个法律关系时个案案由的确定。同一诉讼中涉及两个以上的法律关系的，应当根据当事人诉争的法律关系的性质确定个案案由；均为诉争的法律关系的，则按诉争的两个以上法律关系并列确定相应的案由。

4. 请求权竞合时个案案由的确定。在请求权竞合的情形下，人民法院应当按照当事人自主选择行使的请求权所涉及的诉争的法律关系的性质，确定相应的案由。

5. 正确认识民事案件案由的性质与功能。案由体系的编排制定是人民法院进行民事审判管理的手段。各级人民法院应当依法保障当事人依照法律规定享有的起诉权利，不得将修改后的《案由规定》等同于民事诉讼法第一百一十九条规定的起诉条件，不得以当事人的诉请在修改后的《案由规定》中没有相应案由可以适用为由，裁定不予受理或者驳回起诉，损害当事人的诉讼权利。

6. 案由体系中的选择性案由（即含有顿号的部分案由）的使用方法。对这些案由，应当根据具体案情，确定相应的个案案由，不应直接将该案由全部引用。如"生命权、身体权、健康权纠纷"案由，应当根据具体侵害对象来确定相应的案由。

本次民事案件案由修改工作主要基于人民法院当前司法实践经验，对照民法典等民事立法修改完善相关具体案由。2021年1月1日民法典施行后，修改后的《案由规定》可能需要对标民法典具体施行情况作进一步调整。地方各级人民法院要密切关注民法典施行后立案审判中遇到的新情况、新问题，重点梳理汇总民法典新增制度项下可以细化规定为第四级案由的新类型案件，及时层报最高人民法院。

民事案件案由规定

（2007年10月29日最高人民法院审判委员会第1438次会议通过 自2008年4月1日起施行 根据2011年2月18日最高人民法院《关于修改〈民事案件案由规定〉的决定》（法〔2011〕41号）第一次修正 根据2020年12月14日最高人民法院审判委员会第1821次会议通过的《最高人民法院关于修改〈民事案件案由规定〉的决定》（法〔2020〕346号）第二次修正）

第一部分 人格权纠纷
  一、人格权纠纷
第二部分 婚姻家庭、继承纠纷
  二、婚姻家庭纠纷
  三、继承纠纷
第三部分 物权纠纷
  四、不动产登记纠纷
  五、物权保护纠纷
  六、所有权纠纷
  七、用益物权纠纷
  八、担保物权纠纷
  九、占有保护纠纷
第四部分 合同、准合同纠纷
  十、合同纠纷
  十一、不当得利纠纷
  十二、无因管理纠纷
第五部分 知识产权与竞争纠纷
  十三、知识产权合同纠纷
  十四、知识产权权属、侵权纠纷
  十五、不正当竞争纠纷
  十六、垄断纠纷
第六部分 劳动争议、人事争议
  十七、劳动争议
  十八、人事争议
第七部分 海事海商纠纷
  十九、海事海商纠纷

第八部分 与公司、证券、保险、票据等有关的民事纠纷

　　二十、与企业有关的纠纷
　　二十一、与公司有关的纠纷
　　二十二、合伙企业纠纷
　　二十三、与破产有关的纠纷
　　二十四、证券纠纷
　　二十五、期货交易纠纷
　　二十六、信托纠纷
　　二十七、保险纠纷
　　二十八、票据纠纷
　　二十九、信用证纠纷
　　三十、独立保函纠纷

第九部分 侵权责任纠纷

　　三十一、侵权责任纠纷

第十部分 非讼程序案件案由

　　三十二、选民资格案件
　　三十三、宣告失踪、宣告死亡案件
　　三十四、认定自然人无民事行为能力、限制民事行为能力案件
　　三十五、指定遗产管理人案件
　　三十六、认定财产无主案件
　　三十七、确认调解协议案件
　　三十八、实现担保物权案件
　　三十九、监护权特别程序案件
　　四十、督促程序案件
　　四十一、公示催告程序案件
　　四十二、公司清算案件
　　四十三、破产程序案件
　　四十四、申请诉前停止侵害知识产权案件
　　四十五、申请保全案件
　　四十六、申请人身安全保护令案件
　　四十七、申请人格权侵害禁令案件
　　四十八、仲裁程序案件
　　四十九、海事诉讼特别程序案件
　　五十、申请承认与执行法院判决、仲裁裁决案件

第十一部分 特殊诉讼程序案件案由

　　五十一、与宣告失踪、宣告死亡案件有关的纠纷
　　五十二、公益诉讼
　　五十三、第三人撤销之诉
　　五十四、执行程序中的异议之诉

为了正确适用法律，统一确定案由，根据《中华人民共和国民法典》《中华人民共和国民事诉讼法》等法律规定，结合人民法院民事审判工作实际情况，对民事案件案由规定如下：

第一部分　人格权纠纷

一、人格权纠纷

1. 生命权、身体权、健康权纠纷
2. 姓名权纠纷
3. 名称权纠纷
4. 肖像权纠纷
5. 声音保护纠纷
6. 名誉权纠纷
7. 荣誉权纠纷
8. 隐私权、个人信息保护纠纷
    （1）隐私权纠纷
    （2）个人信息保护纠纷
9. 婚姻自主权纠纷
10. 人身自由权纠纷
11. 一般人格权纠纷
    （1）平等就业权纠纷

第二部分　婚姻家庭、继承纠纷

二、婚姻家庭纠纷

12. 婚约财产纠纷
13. 婚内夫妻财产分割纠纷
14. 离婚纠纷
15. 离婚后财产纠纷
16. 离婚后损害责任纠纷
17. 婚姻无效纠纷
18. 撤销婚姻纠纷
19. 夫妻财产约定纠纷
20. 同居关系纠纷
    （1）同居关系析产纠纷
    （2）同居关系子女抚养纠纷
21. 亲子关系纠纷
    （1）确认亲子关系纠纷
    （2）否认亲子关系纠纷
22. 抚养纠纷
    （1）抚养费纠纷
    （2）变更抚养关系纠纷

23. 扶养纠纷
   （1）扶养费纠纷
   （2）变更扶养关系纠纷
24. 赡养纠纷
   （1）赡养费纠纷
   （2）变更赡养关系纠纷
25. 收养关系纠纷
   （1）确认收养关系纠纷
   （2）解除收养关系纠纷
26. 监护权纠纷
27. 探望权纠纷
28. 分家析产纠纷

三、继承纠纷

29. 法定继承纠纷
   （1）转继承纠纷
   （2）代位继承纠纷
30. 遗嘱继承纠纷
31. 被继承人债务清偿纠纷
32. 遗赠纠纷
33. 遗赠扶养协议纠纷
34. 遗产管理纠纷

第三部分 物权纠纷

四、不动产登记纠纷

35. 异议登记不当损害责任纠纷
36. 虚假登记损害责任纠纷

五、物权保护纠纷

37. 物权确认纠纷
   （1）所有权确认纠纷
   （2）用益物权确认纠纷
   （3）担保物权确认纠纷
38. 返还原物纠纷
39. 排除妨害纠纷
40. 消除危险纠纷
41. 修理、重作、更换纠纷
42. 恢复原状纠纷
43. 财产损害赔偿纠纷

六、所有权纠纷

44. 侵害集体经济组织成员权益纠纷
45. 建筑物区分所有权纠纷

(1) 业主专有权纠纷
(2) 业主共有权纠纷
(3) 车位纠纷
(4) 车库纠纷

46. 业主撤销权纠纷
47. 业主知情权纠纷
48. 遗失物返还纠纷
49. 漂流物返还纠纷
50. 埋藏物返还纠纷
51. 隐藏物返还纠纷
52. 添附物归属纠纷
53. 相邻关系纠纷

(1) 相邻用水、排水纠纷
(2) 相邻通行纠纷
(3) 相邻土地、建筑物利用关系纠纷
(4) 相邻通风纠纷
(5) 相邻采光、日照纠纷
(6) 相邻污染侵害纠纷
(7) 相邻损害防免关系纠纷

54. 共有纠纷

(1) 共有权确认纠纷
(2) 共有物分割纠纷
(3) 共有人优先购买权纠纷
(4) 债权人代位析产纠纷

七、用益物权纠纷

55. 海域使用权纠纷
56. 探矿权纠纷
57. 采矿权纠纷
58. 取水权纠纷
59. 养殖权纠纷
60. 捕捞权纠纷
61. 土地承包经营权纠纷

(1) 土地承包经营权确认纠纷
(2) 承包地征收补偿费用分配纠纷
(3) 土地承包经营权继承纠纷

62. 土地经营权纠纷
63. 建设用地使用权纠纷
64. 宅基地使用权纠纷
65. 居住权纠纷
66. 地役权纠纷

八、担保物权纠纷

67. 抵押权纠纷
    (1) 建筑物和其他土地附着物抵押权纠纷
    (2) 在建建筑物抵押权纠纷
    (3) 建设用地使用权抵押权纠纷
    (4) 土地经营权抵押权纠纷
    (5) 探矿权抵押权纠纷
    (6) 采矿权抵押权纠纷
    (7) 海域使用权抵押权纠纷
    (8) 动产抵押权纠纷
    (9) 在建船舶、航空器抵押权纠纷
    (10) 动产浮动抵押权纠纷
    (11) 最高额抵押权纠纷

68. 质权纠纷
    (1) 动产质权纠纷
    (2) 转质权纠纷
    (3) 最高额质权纠纷
    (4) 票据质权纠纷
    (5) 债券质权纠纷
    (6) 存单质权纠纷
    (7) 仓单质权纠纷
    (8) 提单质权纠纷
    (9) 股权质权纠纷
    (10) 基金份额质权纠纷
    (11) 知识产权质权纠纷
    (12) 应收账款质权纠纷

69. 留置权纠纷

九、占有保护纠纷

70. 占有物返还纠纷
71. 占有排除妨害纠纷
72. 占有消除危险纠纷
73. 占有物损害赔偿纠纷

第四部分　合同、准合同纠纷

十、合同纠纷

74. 缔约过失责任纠纷
75. 预约合同纠纷
76. 确认合同效力纠纷
    (1) 确认合同有效纠纷
    (2) 确认合同无效纠纷

77. 债权人代位权纠纷
78. 债权人撤销权纠纷
79. 债权转让合同纠纷
80. 债务转移合同纠纷
81. 债权债务概括转移合同纠纷
82. 债务加入纠纷
83. 悬赏广告纠纷
84. 买卖合同纠纷
　　（1）分期付款买卖合同纠纷
　　（2）凭样品买卖合同纠纷
　　（3）试用买卖合同纠纷
　　（4）所有权保留买卖合同纠纷
　　（5）招标投标买卖合同纠纷
　　（6）互易纠纷
　　（7）国际货物买卖合同纠纷
　　（8）信息网络买卖合同纠纷
85. 拍卖合同纠纷
86. 建设用地使用权合同纠纷
　　（1）建设用地使用权出让合同纠纷
　　（2）建设用地使用权转让合同纠纷
87. 临时用地合同纠纷
88. 探矿权转让合同纠纷
89. 采矿权转让合同纠纷
90. 房地产开发经营合同纠纷
　　（1）委托代建合同纠纷
　　（2）合资、合作开发房地产合同纠纷
　　（3）项目转让合同纠纷
91. 房屋买卖合同纠纷
　　（1）商品房预约合同纠纷
　　（2）商品房预售合同纠纷
　　（3）商品房销售合同纠纷
　　（4）商品房委托代理销售合同纠纷
　　（5）经济适用房转让合同纠纷
　　（6）农村房屋买卖合同纠纷
92. 民事主体间房屋拆迁补偿合同纠纷
93. 供用电合同纠纷
94. 供用水合同纠纷
95. 供用气合同纠纷
96. 供用热力合同纠纷
97. 排污权交易纠纷

98. 用能权交易纠纷
99. 用水权交易纠纷
100. 碳排放权交易纠纷
101. 碳汇交易纠纷
102. 赠与合同纠纷
  (1) 公益事业捐赠合同纠纷
  (2) 附义务赠与合同纠纷
103. 借款合同纠纷
  (1) 金融借款合同纠纷
  (2) 同业拆借纠纷
  (3) 民间借贷纠纷
  (4) 小额借款合同纠纷
  (5) 金融不良债权转让合同纠纷
  (6) 金融不良债权追偿纠纷
104. 保证合同纠纷
105. 抵押合同纠纷
106. 质押合同纠纷
107. 定金合同纠纷
108. 进出口押汇纠纷
109. 储蓄存款合同纠纷
110. 银行卡纠纷
  (1) 借记卡纠纷
  (2) 信用卡纠纷
111. 租赁合同纠纷
  (1) 土地租赁合同纠纷
  (2) 房屋租赁合同纠纷
  (3) 车辆租赁合同纠纷
  (4) 建筑设备租赁合同纠纷
112. 融资租赁合同纠纷
113. 保理合同纠纷
114. 承揽合同纠纷
  (1) 加工合同纠纷
  (2) 定作合同纠纷
  (3) 修理合同纠纷
  (4) 复制合同纠纷
  (5) 测试合同纠纷
  (6) 检验合同纠纷
  (7) 铁路机车、车辆建造合同纠纷
115. 建设工程合同纠纷
  (1) 建设工程勘察合同纠纷

（2）建设工程设计合同纠纷
　　（3）建设工程施工合同纠纷
　　（4）建设工程价款优先受偿权纠纷
　　（5）建设工程分包合同纠纷
　　（6）建设工程监理合同纠纷
　　（7）装饰装修合同纠纷
　　（8）铁路修建合同纠纷
　　（9）农村建房施工合同纠纷
116. 运输合同纠纷
　　（1）公路旅客运输合同纠纷
　　（2）公路货物运输合同纠纷
　　（3）水路旅客运输合同纠纷
　　（4）水路货物运输合同纠纷
　　（5）航空旅客运输合同纠纷
　　（6）航空货物运输合同纠纷
　　（7）出租汽车运输合同纠纷
　　（8）管道运输合同纠纷
　　（9）城市公交运输合同纠纷
　　（10）联合运输合同纠纷
　　（11）多式联运合同纠纷
　　（12）铁路货物运输合同纠纷
　　（13）铁路旅客运输合同纠纷
　　（14）铁路行李运输合同纠纷
　　（15）铁路包裹运输合同纠纷
　　（16）国际铁路联运合同纠纷
117. 保管合同纠纷
118. 仓储合同纠纷
119. 委托合同纠纷
　　（1）进出口代理合同纠纷
　　（2）货运代理合同纠纷
　　（3）民用航空运输销售代理合同纠纷
　　（4）诉讼、仲裁、人民调解代理合同纠纷
　　（5）销售代理合同纠纷
120. 委托理财合同纠纷
　　（1）金融委托理财合同纠纷
　　（2）民间委托理财合同纠纷
121. 物业服务合同纠纷
122. 行纪合同纠纷
123. 中介合同纠纷
124. 补偿贸易纠纷

125. 借用合同纠纷
126. 典当纠纷
127. 合伙合同纠纷
128. 种植、养殖回收合同纠纷
129. 彩票、奖券纠纷
130. 中外合作勘探开发自然资源合同纠纷
131. 农业承包合同纠纷
132. 林业承包合同纠纷
133. 渔业承包合同纠纷
134. 牧业承包合同纠纷
135. 土地承包经营权合同纠纷
　　（1）土地承包经营权转让合同纠纷
　　（2）土地承包经营权互换合同纠纷
　　（3）土地经营权入股合同纠纷
　　（4）土地经营权抵押合同纠纷
　　（5）土地经营权出租合同纠纷
136. 居住权合同纠纷
137. 服务合同纠纷
　　（1）电信服务合同纠纷
　　（2）邮政服务合同纠纷
　　（3）快递服务合同纠纷
　　（4）医疗服务合同纠纷
　　（5）法律服务合同纠纷
　　（6）旅游合同纠纷
　　（7）房地产咨询合同纠纷
　　（8）房地产价格评估合同纠纷
　　（9）旅店服务合同纠纷
　　（10）财会服务合同纠纷
　　（11）餐饮服务合同纠纷
　　（12）娱乐服务合同纠纷
　　（13）有线电视服务合同纠纷
　　（14）网络服务合同纠纷
　　（15）教育培训合同纠纷
　　（16）家政服务合同纠纷
　　（17）庆典服务合同纠纷
　　（18）殡葬服务合同纠纷
　　（19）农业技术服务合同纠纷
　　（20）农机作业服务合同纠纷
　　（21）保安服务合同纠纷
　　（22）银行结算合同纠纷

138. 演出合同纠纷
139. 劳务合同纠纷
140. 离退休人员返聘合同纠纷
141. 广告合同纠纷
142. 展览合同纠纷
143. 追偿权纠纷

十一、不当得利纠纷
144. 不当得利纠纷

十二、无因管理纠纷
145. 无因管理纠纷

第五部分 知识产权与竞争纠纷

十三、知识产权合同纠纷
146. 著作权合同纠纷
　　（1）委托创作合同纠纷
　　（2）合作创作合同纠纷
　　（3）著作权转让合同纠纷
　　（4）著作权许可使用合同纠纷
　　（5）出版合同纠纷
　　（6）表演合同纠纷
　　（7）音像制品制作合同纠纷
　　（8）广播电视播放合同纠纷
　　（9）邻接权转让合同纠纷
　　（10）邻接权许可使用合同纠纷
　　（11）计算机软件开发合同纠纷
　　（12）计算机软件著作权转让合同纠纷
　　（13）计算机软件著作权许可使用合同纠纷
147. 商标合同纠纷
　　（1）商标权转让合同纠纷
　　（2）商标使用许可合同纠纷
　　（3）商标代理合同纠纷
148. 专利合同纠纷
　　（1）专利申请权转让合同纠纷
　　（2）专利权转让合同纠纷
　　（3）发明专利实施许可合同纠纷
　　（4）实用新型专利实施许可合同纠纷
　　（5）外观设计专利实施许可合同纠纷
　　（6）专利代理合同纠纷
149. 植物新品种合同纠纷
　　（1）植物新品种育种合同纠纷

(2) 植物新品种申请权转让合同纠纷
(3) 植物新品种权转让合同纠纷
(4) 植物新品种实施许可合同纠纷

150. 集成电路布图设计合同纠纷
(1) 集成电路布图设计创作合同纠纷
(2) 集成电路布图设计专有权转让合同纠纷
(3) 集成电路布图设计许可使用合同纠纷

151. 商业秘密合同纠纷
(1) 技术秘密让与合同纠纷
(2) 技术秘密许可使用合同纠纷
(3) 经营秘密让与合同纠纷
(4) 经营秘密许可使用合同纠纷

152. 技术合同纠纷
(1) 技术委托开发合同纠纷
(2) 技术合作开发合同纠纷
(3) 技术转化合同纠纷
(4) 技术转让合同纠纷
(5) 技术许可合同纠纷
(6) 技术咨询合同纠纷
(7) 技术服务合同纠纷
(8) 技术培训合同纠纷
(9) 技术中介合同纠纷
(10) 技术进口合同纠纷
(11) 技术出口合同纠纷
(12) 职务技术成果完成人奖励、报酬纠纷
(13) 技术成果完成人署名权、荣誉权、奖励权纠纷

153. 特许经营合同纠纷

154. 企业名称（商号）合同纠纷
(1) 企业名称（商号）转让合同纠纷
(2) 企业名称（商号）使用合同纠纷

155. 特殊标志合同纠纷

156. 网络域名合同纠纷
(1) 网络域名注册合同纠纷
(2) 网络域名转让合同纠纷
(3) 网络域名许可使用合同纠纷

157. 知识产权质押合同纠纷

十四、知识产权权属、侵权纠纷

158. 著作权权属、侵权纠纷
(1) 著作权权属纠纷
(2) 侵害作品发表权纠纷

（3）侵害作品署名权纠纷
（4）侵害作品修改权纠纷
（5）侵害保护作品完整权纠纷
（6）侵害作品复制权纠纷
（7）侵害作品发行权纠纷
（8）侵害作品出租权纠纷
（9）侵害作品展览权纠纷
（10）侵害作品表演权纠纷
（11）侵害作品放映权纠纷
（12）侵害作品广播权纠纷
（13）侵害作品信息网络传播权纠纷
（14）侵害作品摄制权纠纷
（15）侵害作品改编权纠纷
（16）侵害作品翻译权纠纷
（17）侵害作品汇编权纠纷
（18）侵害其他著作财产权纠纷
（19）出版者权权属纠纷
（20）表演者权权属纠纷
（21）录音录像制作者权权属纠纷
（22）广播组织权权属纠纷
（23）侵害出版者权纠纷
（24）侵害表演者权纠纷
（25）侵害录音录像制作者权纠纷
（26）侵害广播组织权纠纷
（27）计算机软件著作权权属纠纷
（28）侵害计算机软件著作权纠纷

159. 商标权权属、侵权纠纷
（1）商标权权属纠纷
（2）侵害商标权纠纷

160. 专利权权属、侵权纠纷
（1）专利申请权权属纠纷
（2）专利权权属纠纷
（3）侵害发明专利权纠纷
（4）侵害实用新型专利权纠纷
（5）侵害外观设计专利权纠纷
（6）假冒他人专利纠纷
（7）发明专利临时保护期使用费纠纷
（8）职务发明创造发明人、设计人奖励、报酬纠纷
（9）发明创造发明人、设计人署名权纠纷
（10）标准必要专利使用费纠纷

161. 植物新品种权权属、侵权纠纷
    (1) 植物新品种申请权权属纠纷
    (2) 植物新品种权权属纠纷
    (3) 侵害植物新品种权纠纷
    (4) 植物新品种临时保护期使用费纠纷
162. 集成电路布图设计专有权权属、侵权纠纷
    (1) 集成电路布图设计专有权权属纠纷
    (2) 侵害集成电路布图设计专有权纠纷
163. 侵害企业名称（商号）权纠纷
164. 侵害特殊标志专有权纠纷
165. 网络域名权属、侵权纠纷
    (1) 网络域名权属纠纷
    (2) 侵害网络域名纠纷
166. 发现权纠纷
167. 发明权纠纷
168. 其他科技成果权纠纷
169. 确认不侵害知识产权纠纷
    (1) 确认不侵害专利权纠纷
    (2) 确认不侵害商标权纠纷
    (3) 确认不侵害著作权纠纷
    (4) 确认不侵害植物新品种权纠纷
    (5) 确认不侵害集成电路布图设计专用权纠纷
    (6) 确认不侵害计算机软件著作权纠纷
170. 因申请知识产权临时措施损害责任纠纷
    (1) 因申请诉前停止侵害专利权损害责任纠纷
    (2) 因申请诉前停止侵害注册商标专用权损害责任纠纷
    (3) 因申请诉前停止侵害著作权损害责任纠纷
    (4) 因申请诉前停止侵害植物新品种权损害责任纠纷
    (5) 因申请海关知识产权保护措施损害责任纠纷
    (6) 因申请诉前停止侵害计算机软件著作权损害责任纠纷
    (7) 因申请诉前停止侵害集成电路布图设计专用权损害责任纠纷
171. 因恶意提起知识产权诉讼损害责任纠纷
172. 专利权宣告无效后返还费用纠纷

十五、不正当竞争纠纷

173. 仿冒纠纷
    (1) 擅自使用与他人有一定影响的商品名称、包装、装潢等相同或者近似的标识纠纷
    (2) 擅自使用他人有一定影响的企业名称、社会组织名称、姓名纠纷
    (3) 擅自使用他人有一定影响的域名主体部分、网站名称、网页纠纷
174. 商业贿赂不正当竞争纠纷

175. 虚假宣传纠纷
176. 侵害商业秘密纠纷
　　（1）侵害技术秘密纠纷
　　（2）侵害经营秘密纠纷
177. 低价倾销不正当竞争纠纷
178. 捆绑销售不正当竞争纠纷
179. 有奖销售纠纷
180. 商业诋毁纠纷
181. 串通投标不正当竞争纠纷
182. 网络不正当竞争纠纷

十六、垄断纠纷

183. 垄断协议纠纷
　　（1）横向垄断协议纠纷
　　（2）纵向垄断协议纠纷
184. 滥用市场支配地位纠纷
　　（1）垄断定价纠纷
　　（2）掠夺定价纠纷
　　（3）拒绝交易纠纷
　　（4）限定交易纠纷
　　（5）捆绑交易纠纷
　　（6）差别待遇纠纷
185. 经营者集中纠纷

第六部分　劳动争议、人事争议

十七、劳动争议

186. 劳动合同纠纷
　　（1）确认劳动关系纠纷
　　（2）集体合同纠纷
　　（3）劳务派遣合同纠纷
　　（4）非全日制用工纠纷
　　（5）追索劳动报酬纠纷
　　（6）经济补偿金纠纷
　　（7）竞业限制纠纷
187. 社会保险纠纷
　　（1）养老保险待遇纠纷
　　（2）工伤保险待遇纠纷
　　（3）医疗保险待遇纠纷
　　（4）生育保险待遇纠纷
　　（5）失业保险待遇纠纷
188. 福利待遇纠纷

十八、人事争议

189. 聘用合同纠纷
190. 聘任合同纠纷
191. 辞职纠纷
192. 辞退纠纷

第七部分　海事海商纠纷

十九、海事海商纠纷

193. 船舶碰撞损害责任纠纷
194. 船舶触碰损害责任纠纷
195. 船舶损坏空中设施、水下设施损害责任纠纷
196. 船舶污染损害责任纠纷
197. 海上、通海水域污染损害责任纠纷
198. 海上、通海水域养殖损害责任纠纷
199. 海上、通海水域财产损害责任纠纷
200. 海上、通海水域人身损害责任纠纷
201. 非法留置船舶、船载货物、船用燃油、船用物料损害责任纠纷
202. 海上、通海水域货物运输合同纠纷
203. 海上、通海水域旅客运输合同纠纷
204. 海上、通海水域行李运输合同纠纷
205. 船舶经营管理合同纠纷
206. 船舶买卖合同纠纷
207. 船舶建造合同纠纷
208. 船舶修理合同纠纷
209. 船舶改建合同纠纷
210. 船舶拆解合同纠纷
211. 船舶抵押合同纠纷
212. 航次租船合同纠纷
213. 船舶租用合同纠纷
　　（1）定期租船合同纠纷
　　（2）光船租赁合同纠纷
214. 船舶融资租赁合同纠纷
215. 海上、通海水域运输船舶承包合同纠纷
216. 渔船承包合同纠纷
217. 船舶属具租赁合同纠纷
218. 船舶属具保管合同纠纷
219. 海运集装箱租赁合同纠纷
220. 海运集装箱保管合同纠纷
221. 港口货物保管合同纠纷
222. 船舶代理合同纠纷

223. 海上、通海水域货运代理合同纠纷
224. 理货合同纠纷
225. 船舶物料和备品供应合同纠纷
226. 船员劳务合同纠纷
227. 海难救助合同纠纷
228. 海上、通海水域打捞合同纠纷
229. 海上、通海水域拖航合同纠纷
230. 海上、通海水域保险合同纠纷
231. 海上、通海水域保赔合同纠纷
232. 海上、通海水域运输联营合同纠纷
233. 船舶营运借款合同纠纷
234. 海事担保合同纠纷
235. 航道、港口疏浚合同纠纷
236. 船坞、码头建造合同纠纷
237. 船舶检验合同纠纷
238. 海事请求担保纠纷
239. 海上、通海水域运输重大责任事故责任纠纷
240. 港口作业重大责任事故责任纠纷
241. 港口作业纠纷
242. 共同海损纠纷
243. 海洋开发利用纠纷
244. 船舶共有纠纷
245. 船舶权属纠纷
246. 海运欺诈纠纷
247. 海事债权确权纠纷

第八部分　与公司、证券、保险、票据等有关的民事纠纷

二十、与企业有关的纠纷

248. 企业出资人权益确认纠纷
249. 侵害企业出资人权益纠纷
250. 企业公司制改造合同纠纷
251. 企业股份合作制改造合同纠纷
252. 企业债权转股权合同纠纷
253. 企业分立合同纠纷
254. 企业租赁经营合同纠纷
255. 企业出售合同纠纷
256. 挂靠经营合同纠纷
257. 企业兼并合同纠纷
258. 联营合同纠纷

259. 企业承包经营合同纠纷
    （1）中外合资经营企业承包经营合同纠纷
    （2）中外合作经营企业承包经营合同纠纷
    （3）外商独资企业承包经营合同纠纷
    （4）乡镇企业承包经营合同纠纷
260. 中外合资经营企业合同纠纷
261. 中外合作经营企业合同纠纷

二十一、与公司有关的纠纷

262. 股东资格确认纠纷
263. 股东名册记载纠纷
264. 请求变更公司登记纠纷
265. 股东出资纠纷
266. 新增资本认购纠纷
267. 股东知情权纠纷
268. 请求公司收购股份纠纷
269. 股权转让纠纷
270. 公司决议纠纷
    （1）公司决议效力确认纠纷
    （2）公司决议撤销纠纷
271. 公司设立纠纷
272. 公司证照返还纠纷
273. 发起人责任纠纷
274. 公司盈余分配纠纷
275. 损害股东利益责任纠纷
276. 损害公司利益责任纠纷
277. 损害公司债权人利益责任纠纷
    （1）股东损害公司债权人利益责任纠纷
    （2）实际控制人损害公司债权人利益责任纠纷
278. 公司关联交易损害责任纠纷
279. 公司合并纠纷
280. 公司分立纠纷
281. 公司减资纠纷
282. 公司增资纠纷
283. 公司解散纠纷
284. 清算责任纠纷
285. 上市公司收购纠纷

二十二、合伙企业纠纷

286. 入伙纠纷
287. 退伙纠纷
288. 合伙企业财产份额转让纠纷

二十三、与破产有关的纠纷

289. 请求撤销个别清偿行为纠纷
290. 请求确认债务人行为无效纠纷
291. 对外追收债权纠纷
292. 追收未缴出资纠纷
293. 追收抽逃出资纠纷
294. 追收非正常收入纠纷
295. 破产债权确认纠纷
    (1) 职工破产债权确认纠纷
    (2) 普通破产债权确认纠纷
296. 取回权纠纷
    (1) 一般取回权纠纷
    (2) 出卖人取回权纠纷
297. 破产抵销权纠纷
298. 别除权纠纷
299. 破产撤销权纠纷
300. 损害债务人利益赔偿纠纷
301. 管理人责任纠纷

二十四、证券纠纷

302. 证券权利确认纠纷
    (1) 股票权利确认纠纷
    (2) 公司债券权利确认纠纷
    (3) 国债权利确认纠纷
    (4) 证券投资基金权利确认纠纷
303. 证券交易合同纠纷
    (1) 股票交易纠纷
    (2) 公司债券交易纠纷
    (3) 国债交易纠纷
    (4) 证券投资基金交易纠纷
304. 金融衍生品种交易纠纷
305. 证券承销合同纠纷
    (1) 证券代销合同纠纷
    (2) 证券包销合同纠纷
306. 证券投资咨询纠纷
307. 证券资信评级服务合同纠纷
308. 证券回购合同纠纷
    (1) 股票回购合同纠纷
    (2) 国债回购合同纠纷
    (3) 公司债券回购合同纠纷
    (4) 证券投资基金回购合同纠纷

（5）质押式证券回购纠纷
　309. 证券上市合同纠纷
　310. 证券交易代理合同纠纷
　311. 证券上市保荐合同纠纷
　312. 证券发行纠纷
　　（1）证券认购纠纷
　　（2）证券发行失败纠纷
　313. 证券返还纠纷
　314. 证券欺诈责任纠纷
　　（1）证券内幕交易责任纠纷
　　（2）操纵证券交易市场责任纠纷
　　（3）证券虚假陈述责任纠纷
　　（4）欺诈客户责任纠纷
　315. 证券托管纠纷
　316. 证券登记、存管、结算纠纷
　317. 融资融券交易纠纷
　318. 客户交易结算资金纠纷

二十五、期货交易纠纷
　319. 期货经纪合同纠纷
　320. 期货透支交易纠纷
　321. 期货强行平仓纠纷
　322. 期货实物交割纠纷
　323. 期货保证合约纠纷
　324. 期货交易代理合同纠纷
　325. 侵占期货交易保证金纠纷
　326. 期货欺诈责任纠纷
　327. 操纵期货交易市场责任纠纷
　328. 期货内幕交易责任纠纷
　329. 期货虚假信息责任纠纷

二十六、信托纠纷
　330. 民事信托纠纷
　331. 营业信托纠纷
　332. 公益信托纠纷

二十七、保险纠纷
　333. 财产保险合同纠纷
　　（1）财产损失保险合同纠纷
　　（2）责任保险合同纠纷
　　（3）信用保险合同纠纷
　　（4）保证保险合同纠纷
　　（5）保险人代位求偿权纠纷

· 1622 ·

334. 人身保险合同纠纷
　　（1）人寿保险合同纠纷
　　（2）意外伤害保险合同纠纷
　　（3）健康保险合同纠纷
335. 再保险合同纠纷
336. 保险经纪合同纠纷
337. 保险代理合同纠纷
338. 进出口信用保险合同纠纷
339. 保险费纠纷

二十八、票据纠纷

340. 票据付款请求权纠纷
341. 票据追索权纠纷
342. 票据交付请求权纠纷
343. 票据返还请求权纠纷
344. 票据损害责任纠纷
345. 票据利益返还请求权纠纷
346. 汇票回单签发请求权纠纷
347. 票据保证纠纷
348. 确认票据无效纠纷
349. 票据代理纠纷
350. 票据回购纠纷

二十九、信用证纠纷

351. 委托开立信用证纠纷
352. 信用证开证纠纷
353. 信用证议付纠纷
354. 信用证欺诈纠纷
355. 信用证融资纠纷
356. 信用证转让纠纷

三十、独立保函纠纷

357. 独立保函开立纠纷
358. 独立保函付款纠纷
359. 独立保函追偿纠纷
360. 独立保函欺诈纠纷
361. 独立保函转让纠纷
362. 独立保函通知纠纷
363. 独立保函撤销纠纷

第九部分　侵权责任纠纷

三十一、侵权责任纠纷

364. 监护人责任纠纷

365. 用人单位责任纠纷
366. 劳务派遣工作人员侵权责任纠纷
367. 提供劳务者致害责任纠纷
368. 提供劳务者受害责任纠纷
369. 网络侵权责任纠纷
　　(1) 网络侵害虚拟财产纠纷
370. 违反安全保障义务责任纠纷
　　(1) 经营场所、公共场所的经营者、管理者责任纠纷
　　(2) 群众性活动组织者责任纠纷
371. 教育机构责任纠纷
372. 性骚扰损害责任纠纷
373. 产品责任纠纷
　　(1) 产品生产者责任纠纷
　　(2) 产品销售者责任纠纷
　　(3) 产品运输者责任纠纷
　　(4) 产品仓储者责任纠纷
374. 机动车交通事故责任纠纷
375. 非机动车交通事故责任纠纷
376. 医疗损害责任纠纷
　　(1) 侵害患者知情同意权责任纠纷
　　(2) 医疗产品责任纠纷
377. 环境污染责任纠纷
　　(1) 大气污染责任纠纷
　　(2) 水污染责任纠纷
　　(3) 土壤污染责任纠纷
　　(4) 电子废物污染责任纠纷
　　(5) 固体废物污染责任纠纷
　　(6) 噪声污染责任纠纷
　　(7) 光污染责任纠纷
　　(8) 放射性污染责任纠纷
378. 生态破坏责任纠纷
379. 高度危险责任纠纷
　　(1) 民用核设施、核材料损害责任纠纷
　　(2) 民用航空器损害责任纠纷
　　(3) 占有、使用高度危险物损害责任纠纷
　　(4) 高度危险活动损害责任纠纷
　　(5) 遗失、抛弃高度危险物损害责任纠纷
　　(6) 非法占有高度危险物损害责任纠纷
380. 饲养动物损害责任纠纷
381. 建筑物和物件损害责任纠纷

（1）物件脱落、坠落损害责任纠纷
（2）建筑物、构筑物倒塌、塌陷损害责任纠纷
（3）高空抛物、坠物损害责任纠纷
（4）堆放物倒塌、滚落、滑落损害责任纠纷
（5）公共道路妨碍通行损害责任纠纷
（6）林木折断、倾倒、果实坠落损害责任纠纷
（7）地面施工、地下设施损害责任纠纷

382. 触电人身损害责任纠纷
383. 义务帮工人受害责任纠纷
384. 见义勇为人受害责任纠纷
385. 公证损害责任纠纷
386. 防卫过当损害责任纠纷
387. 紧急避险损害责任纠纷
388. 驻香港、澳门特别行政区军人执行职务侵权责任纠纷
389. 铁路运输损害责任纠纷
　　（1）铁路运输人身损害责任纠纷
　　（2）铁路运输财产损害责任纠纷
390. 水上运输损害责任纠纷
　　（1）水上运输人身损害责任纠纷
　　（2）水上运输财产损害责任纠纷
391. 航空运输损害责任纠纷
　　（1）航空运输人身损害责任纠纷
　　（2）航空运输财产损害责任纠纷
392. 因申请财产保全损害责任纠纷
393. 因申请行为保全损害责任纠纷
394. 因申请证据保全损害责任纠纷
395. 因申请先予执行损害责任纠纷

第十部分　非讼程序案件案由

三十二、选民资格案件
396. 申请确定选民资格

三十三、宣告失踪、宣告死亡案件
397. 申请宣告自然人失踪
398. 申请撤销宣告失踪判决
399. 申请为失踪人财产指定、变更代管人
400. 申请宣告自然人死亡
401. 申请撤销宣告自然人死亡判决

三十四、认定自然人无民事行为能力、限制民事行为能力案件
402. 申请宣告自然人无民事行为能力
403. 申请宣告自然人限制民事行为能力

404. 申请宣告自然人恢复限制民事行为能力
405. 申请宣告自然人恢复完全民事行为能力

三十五、指定遗产管理人案件
406. 申请指定遗产管理人

三十六、认定财产无主案件
407. 申请认定财产无主
408. 申请撤销认定财产无主判决

三十七、确认调解协议案件
409. 申请司法确认调解协议
410. 申请撤销确认调解协议裁定

三十八、实现担保物权案件
411. 申请实现担保物权
412. 申请撤销准许实现担保物权裁定

三十九、监护权特别程序案件
413. 申请确定监护人
414. 申请指定监护人
415. 申请变更监护人
416. 申请撤销监护人资格
417. 申请恢复监护人资格

四十、督促程序案件
418. 申请支付令

四十一、公示催告程序案件
419. 申请公示催告

四十二、公司清算案件
420. 申请公司清算

四十三、破产程序案件
421. 申请破产清算
422. 申请破产重整
423. 申请破产和解
424. 申请对破产财产追加分配

四十四、申请诉前停止侵害知识产权案件
425. 申请诉前停止侵害专利权
426. 申请诉前停止侵害注册商标专用权
427. 申请诉前停止侵害著作权
428. 申请诉前停止侵害植物新品种权
429. 申请诉前停止侵害计算机软件著作权
430. 申请诉前停止侵害集成电路布图设计专用权

四十五、申请保全案件
431. 申请诉前财产保全
432. 申请诉前行为保全

433. 申请诉前证据保全
434. 申请仲裁前财产保全
435. 申请仲裁前行为保全
436. 申请仲裁前证据保全
437. 仲裁程序中的财产保全
438. 仲裁程序中的证据保全
439. 申请执行前财产保全
440. 申请中止支付信用证项下款项
441. 申请中止支付保函项下款项

四十六、申请人身安全保护令案件

442. 申请人身安全保护令

四十七、申请人格权侵害禁令案件

443. 申请人格权侵害禁令

四十八、仲裁程序案件

444. 申请确认仲裁协议效力
445. 申请撤销仲裁裁决

四十九、海事诉讼特别程序案件

446. 申请海事请求保全
（1）申请扣押船舶
（2）申请拍卖扣押船舶
（3）申请扣押船载货物
（4）申请拍卖扣押船载货物
（5）申请扣押船用燃油及船用物料
（6）申请拍卖扣押船用燃油及船用物料
447. 申请海事支付令
448. 申请海事强制令
449. 申请海事证据保全
450. 申请设立海事赔偿责任限制基金
451. 申请船舶优先权催告
452. 申请海事债权登记与受偿

五十、申请承认与执行法院判决、仲裁裁决案件

453. 申请执行海事仲裁裁决
454. 申请执行知识产权仲裁裁决
455. 申请执行涉外仲裁裁决
456. 申请认可和执行香港特别行政区法院民事判决
457. 申请认可和执行香港特别行政区仲裁裁决
458. 申请认可和执行澳门特别行政区法院民事判决
459. 申请认可和执行澳门特别行政区仲裁裁决
460. 申请认可和执行台湾地区法院民事判决
461. 申请认可和执行台湾地区仲裁裁决

462. 申请承认和执行外国法院民事判决、裁定
463. 申请承认和执行外国仲裁裁决

第十一部分 特殊诉讼程序案件案由

五十一、与宣告失踪、宣告死亡案件有关的纠纷
464. 失踪人债务支付纠纷
465. 被撤销死亡宣告人请求返还财产纠纷

五十二、公益诉讼
466. 生态环境保护民事公益诉讼
（1）环境污染民事公益诉讼
（2）生态破坏民事公益诉讼
（3）生态环境损害赔偿诉讼
467. 英雄烈士保护民事公益诉讼
468. 未成年人保护民事公益诉讼
469. 消费者权益保护民事公益诉讼

五十三、第三人撤销之诉
470. 第三人撤销之诉

五十四、执行程序中的异议之诉
471. 执行异议之诉
（1）案外人执行异议之诉
（2）申请执行人执行异议之诉
472. 追加、变更被执行人异议之诉
473. 执行分配方案异议之诉

【解读】

解读修改后《民事案件案由规定》

民事案件案由是民事案件名称的重要组成部分，反映案件所涉及的民事法律关系的性质，是人民法院进行民事案件管理的重要手段。建立科学、完善的民事案件案由体系，有利于方便当事人进行民事诉讼，有利于统一民事案件的法律适用标准，有利于对受理案件进行分类管理，有利于提高司法统计的准确性和科学性、创新和加强民事审判管理。

为切实贯彻实施民法典，完善民事案件案由体系，2020年12月14日，最高人民法院审判委员会第1821次全体会议审议通过了《最高人民法院关于修改〈民事案件案由规定〉的决定》（以下简称《修改决定》），自2021年1月1日起施行。本文就《修改决定》的制定背景、基本原则、主要内容以及适用中需要注意的问题进行说明，以便

广大法官准确理解和适用。

一、《修改决定》的制定背景

最高人民法院历来重视民事案件案由工作。2000年印发《民事案件案由规定（试行）》，自2001年1月1日起试行。试行七年后，2008年正式制发《民事案件案由规定》，自2008年4月1日起施行。2011年进行了第一次修正，完善了民事案件案由体系。《民事案件案由规定》施行以来，在方便当事人诉讼，规范人民法院民事立案、审判和司法统计工作等方面，发挥了重要作用。

近年来，随着民事诉讼法、邮政法、消费者权益保护法、环境保护法、反不正当竞争法、农村土地承包法、英雄烈士保护法等法律的制定或者修订，审判实践中出现了许多新类型民事案件，需要对2011年修正的《民事案件案由规定》进行补充和完善。特别是民法典于2021年1月1日起正式施行，需要对照民法典增加新的案由。

为做好此次民事案件案由修改工作，最高人民法院明确将修改民事案件案由列为切实实施民法典的重点任务之一，由最高人民法院研究室牵头有关成员单位组成研究小组。2020年6月，最高人民法院下发书面调研通知，向全国各高级法院征集意见建议。各高级法院高度重视、快速反应，组织辖区三级法院认真对照民法典开展广泛研究讨论，及时上报了关于建议增加、变更、删除民事案件案由的调研报告，相关意见建议共计1100余条，涉及具体案由300多个。

在此期间，最高人民法院还专门委托北京、上海、江苏、浙江、广东五家高级法院同步开展民事案件案由调研，充分发挥案件量较大省市的资源优势和调研优势，确保此次修改质量。在认真吸收各方意见基础上，研究小组逐条逐句逐字对照民法典，形成了《民事案件案由规定（征求意见稿）》。随后，分别在重庆和北京召开了民事案件案由修改工作座谈会，全国部分法院从事民事立案、审判和司法统计工作的法官参加座谈并对征求意见稿提出了具体修改建议。结合调研座谈情况，研究小组对征求意见稿修改完善后再次征求全国各高级法院意见。

在此基础上形成的《关于修改〈民事案件案由规定〉的决定（送审稿）》《关于印发修改后的〈民事案件案由规定〉的通知（送审稿）》《民事案件案由规定（送审稿）》经最高人民法院审判委员会第1821次会议审议通过。

可以说，此次民事案件案由修改广泛征求了全国各级法院意见，凝聚了各级法院的辛勤探索，集中了各方智慧。

二、《修改决定》所遵循的基本原则

一是严格依法原则。本次修改严格对照民法典等民事法律相关规定，确保具体案由均具有实体法和程序法依据，符合民事诉讼法关于民事案件受案范围的有关规定。

二是必要性原则。本次修改是以保持案由运行体系稳定为前提，对于必须增加、调整的案由作相应修改，尤其是对照民法典的新增制度和重大修改内容，增加、变更部分具体案由，并根据现行立法和司法实践需要完善部分具体案由，对案由编排体系不作大的调整。由于部分第四级案由需要在总结审判实践经验基础上进行提炼，最高人民法院将根据民法典施行情况，结合司法实践需求，继续细化完善民法典新增制度案由，特别是第四级案由，形成一套更加全面、科学、系统贯彻实施民法典的民事案件案由体系。

三是实用性原则。案由体系是在现行有效的法律规定基础上，充分考虑人民法院民事立案、审判实践以及司法统计的需要而编排的。本次修改更加注重案由的简洁明了、方便实用，既便于当事人进行民事诉讼，也便于人民法院进行民事立案、审判和司法统计工作。

三、《修改决定》的主要内容

2011年《民事案件案由规定》共有第一级案由10个，第二级案由43个，第三级案由424个，第四级案由367个，加上2018年增补的8个民事案件案由，总计852个。在此基础上，《修改决定》对153个具体案由进行了修改，修改方式涵盖了对具体案由的增加、删除、变更、升级和降级。其中，修改第一级案由3个、第二级案由13个、第三级案由88个、第四级案由49个。修改后，《民事案件案由规定》共有第一级案由11个，第二级案由54个，第三级案由473个，第四级案由391个，总计929个。主要修改如下：

一是对照民法典增加、变更相应案由。民法典是此次修改所依照的主要法律，在修改过程中，研究小组对民法典1260条规定进行了逐一梳理。对于民法典亮点制度和重大修改中符合案由设置规则的，《修改决定》予以最大程度体现。

例如，增加"声音保护纠纷""个人信息保护纠纷""居住权纠纷""土地经营权纠纷""预约合同纠纷""保理合同纠纷""申请人格权侵害禁令"等。同时，为贯彻和彰显绿色原则，《修改决定》还增加了涉及生态环境保护的若干案由。

此次对照民法典增加的案由以第二级和第三级案由为主，第四级案由相对较少，主要考虑是第四级案由的设立尚需总结审判实践经验，轻易增加可能会降低案由体系的科学性。对照民法典增加第四级案由是下一步工作重点。

二是对照程序法及司法解释增加特殊诉讼程序案件案由。根据现行民事诉讼法规定，公益诉讼、第三人撤销之诉以及执行异议之诉，作为三种特殊的民事诉讼制度，在案件当事人、管辖、审理程序、判决和调解方式、审级等方面均与第一审诉讼程序存在较大区别，在司法统计方面具有特殊的价值，当事人之间的基础法律关系性质不好确定，且单纯根据法律关系性质来确定案由的意义不大。

2011年《民事案件案由规定》将"执行异议之诉"与特别程序一并列入"适用特殊程序案件案由"，在体系上有待进一步完善。经广泛征求意见，《修改决定》增加第一级案由"第十一部分 特殊诉讼程序案件案由"，并在其项下增加相应的第二级案由"公益诉讼""第三人撤销之诉""执行程序中的异议之诉"及相关第三级案由。与之相对应，将2011年《民事案件案由规定》第一级案由"适用特殊程序案件案由"修改为"非讼程序案件案由"，将法律规定的适用特别程序、督促程序、公示催告程序、公司清算、破产程序等非讼程序审理的案件案由作为其下属案由。

三是对照其他法律、司法解释修改完善具体案由。对照消费者权益保护法、环境保护法、反不正当竞争法、英雄烈士保护法以及相关司法解释，对2011年《民事案件案由规定》进行了完善。比如，将"企业借贷纠纷"并入"民间借贷纠纷"，将"邮寄服务合同纠纷"拆分为"邮政服务合同纠纷"和"快递服务合同纠纷"，调整"仿冒纠纷"项下第四级案由的表述，增加"网络不正当竞争纠纷"，增加"实际控制人损害公司债权人利益责任纠纷"，增加"独立保函纠纷"，增加"申请人身安全保护令案件"等。

除上述修改外，《修改决定》还根据审判实际，对非独立案件案由予以删除，比如涉诉中保全的相关案由。

四、部分案由的设计思路以及适用时需要注意的问题

本次修改是对照民法典进行必要性修改，关于案由的确定标准、案由体系的总体编排、案由的适用规则等内容，除进行必要调整外，基本沿用了之前所确立的规则，相关内容已经在《最高人民法院关于印发修改后的〈民事案件案由规定〉的通知》中作了明确，本文不再赘述。为方便人民法院准确适用修改后的个案案由，现就部分重点案由的设计思路和适用时需要注意的问题作以下说明。

（一）人格权纠纷相关案由

1. 名称权纠纷

依据民法典第一百一十条、第九百九十条、第一千零一十三条、第一千零一十四条、第一千零一十六条、第一千零一十七条等规定，增加了第三级案由"名称权纠纷"。名称权是指法人和非法人组织享有的依法使用、变更、转让或者许可他人使用自己名称的权利。修改前的《民事案件案由规定》没有单独设立"名称权纠纷"案由，而是依据民法通则、反不正当竞争法、企业名称登记管理规定等法律法规，在第一级案由"知识产权与竞争纠纷"项下专门针对企业等商事主体设立了相关案由，如"企业名称（商号）合同纠纷""侵害企业名称（商号）权纠纷""擅自使用他人企业名称、姓名纠纷"。

这种编排在突出企业名称（商号）的财产权属性上具有积极意义，但伴随着立法对人格权制度的日益重视，特别是民法典将人格权独立成编，充分彰显了对人格权的尊重和保护。与民法通则等法律相比，民法典进一步完善了名称权的相关规定。为周延对名称权的案由编排，修改后的《民事案件案由规定》专门在人格权纠纷项下增加"名称权纠纷"案由。

适用上述案由时需要注意：因对企业名称（商号）的转让、许可使用、盗用、冒用等发生的纠纷，适用"知识产权与竞争纠纷"项下对应的第三级案由；企业等商事主体之外的其他法人和非法人组织名称权纠纷，适用"人格权纠纷"项下的第三级案由"名称权纠纷"。

2. 隐私权、个人信息保护纠纷

民法典人格权编第六章专章规定了隐私权和个人信息保护。关于如何增设个人信息保护纠纷案由，有意见认为，修改前《民事案件案由规定》已经有"隐私权纠纷"，建议将"个人信息保护纠纷"设为第三级案由，与"隐私权纠纷"并列，为下一步细化第四级案由留下空间。

这种设立方式具有一定合理性，但考虑到个人信息保护是民法典新增规定，且个人信息中私密信息适用规则又决定了二者之间的交叉性，如果将"个人信息保护纠纷"作为与隐私权并列的第三级案由，一些既侵害个人信息又侵害隐私权的案件可能无法充分体现。

另外，个人信息保护纠纷项下的第四级案由需要在总结审判经验基础上进行提炼，当前并不具有紧迫性，待民法典施行一段时间后，可根据需要对"个人信息保护纠纷"作升级处理。

经多次研究论证并征求意见，《修改决定》参照民法典的表述方式，设立"隐私权、个人信息保护纠纷"，项下设立第四级案由"隐私权纠纷"和"个人信息保护纠纷"。这种方式周延了隐私权和个人信息保护的适用情形，充分考虑了各地信息化程度的差异性，提高了案由选择的精准度，也有利于防止此类案件向第二级案由分散。

适用上述案由时需要注意：对于侵害隐私权引发的纠纷，适用"隐私权纠纷"；对于侵害个人信息引发的纠纷，一般适用"个人信息保护纠纷"，但侵害的个人信息中既有非私密信息又有私密信息的，适用"隐私权、个人信息保护纠纷"。

（二）土地承包经营权和土地经营权相关案由

为落实农村承包地"三权分置"改革的要求，民法典对土地承包经营权的相关规定作了完善，增加土地经营权的规定，并删除耕地使用权不得抵押的规定，以适应"三权分置"后土地经营权入市的需要。

为彰显民法典关于"三权分置"的相关规定，《修改决定》对土地承包经营权的相关案由进行了修改。关于土地经营权的设立，民法典第三百四十一条规定："流转期限为五年以上的土地经营权，自流转合同生效时设立。当事人可以向登记机构申请土地经营权登记；未经登记，不得对抗善意第三人。"《修改决定》在"用益物权纠纷"项下增加了"土地经营权纠纷"，与"土地承包经营权纠纷"并列为第三级案由。

同时，民法典第三百三十四条、第三百三十九条规定，土地承包经营权人有权在集体经济组织内部互换、转让土地承包经营权，也有权采取出租、入股或者其他方式向他人流转土地经营权。根据全国人大常委会法工委的相关释义，土地承包经营权只能在集体经济组织内部互换、转让，而不得对外流转；对外流转的对象只限于土地经营权，不包括土地承包经营权。

此外，民法典第三百九十九条删去了物权法中关于耕地使用权不得抵押的规定，与农村土地承包法第四十七条第一款相衔接，允许承包地的经营权向金融机构抵押融资。对照民法典的规定，《修改决定》在"合同纠纷"项下，保留"土地承包经营权转让合同纠纷""土地承包经营权互换合同纠纷"，删除"土地承包经营权转包合同纠纷"，将"土地承包经营权入股合同纠纷""土地承包经营权抵押合同纠纷""土地承包经营权出租合同纠纷"依次修改为"土地经营权入股合同纠纷""土地经营权抵押合同纠纷""土地经营权出租合同纠纷"；将"担保物权纠纷"项下的"土地承包经营权抵押权纠纷"变更为"土地经营权抵押权纠纷"。

适用上述案由时需要注意：针对土地经营权确认纠纷、基于土地经营权而引发的涉及物权保护的纠纷，适用"物权纠纷"项下的"土地经营权纠纷"；针对土地经营权抵押权的设立、实现等引发的纠纷，适用"土地经营权抵押权纠纷"；因土地经营权流转合同成立、效力等引发的纠纷，适用"合同纠纷"项下的对应案由。

需要说明的是，2011年《民事案件案由规定》中的"土地承包经营权抵押权纠纷""土地承包经营权入股合同纠纷""土地承包经营权抵押合同纠纷"针对的对象是以其他方式取得的承包地，比如"四荒地"；而修改后的对应案由，不限于以其他方式取得的承包地，还包括以家庭承包方式取得的承包地。

（三）预约合同相关案由

《修改决定》根据民法典第四百九十五条的规定，在"合同纠纷"项下增加了第三级案由"预约合同纠纷"。民法典将预约合同规定在合同编通则中，因此适用于买卖、租赁等各类合同。这也就决定了"预约合同纠纷"适用的广泛性。

2011年《民事案件案由规定》在第三级案由"房屋买卖合同纠纷"项下规定了

"商品房预约合同纠纷"。有意见认为，如果增加"预约合同纠纷"，没有必要继续保留"商品房预约合同纠纷"。在征求意见过程中，多数意见认为，商品房预约合同与一般意义的预约合同存在一定区别，且适用规则也具有一定特殊性，因此建议保留。经研究，《修改决定》保留了该案由。

在上述案由适用时需要注意：因商品房预约合同引发的纠纷，适用"商品房预约合同纠纷"案由；其他预约合同引发的纠纷，适用"预约合同纠纷"案由。

（四）建设用地使用权出让合同纠纷案由

自2014年行政协议纳入行政诉讼受案范围以来，司法实践中对建设用地使用权出让合同纠纷到底属于民事诉讼受案范围还是行政诉讼受案范围，意见不统一。我们经研究后认为，建设用地使用权合同纠纷属于民事案件类型。理由有如下几个。

一是民法典第三百四十八条明确规定了建设用地使用权出让合同，全国人大常委会法工委在相关释义中也明确，建设用地使用权合同为民事合同。虽然各级人民政府代表国家，以土地所有人的身份与建设用地使用权人签订出让合同，但是该合同属于国家以民事主体的身份与其他主体从事交易行为。

二是将此类合同纳入行政协议的法律依据明显不足。行政协议虽然是行政诉讼法的新规定，但行政诉讼法所列举的行政协议类型中没有此类合同，行政诉讼法司法解释中也未将此类合同界定为行政协议。

另外，该类案件作为民事案件审理更有利于平等保护。比如，《最高人民法院关于审理涉及国有土地使用权合同纠纷案件适用法律问题的解释》第六条规定："受让方擅自改变土地使用权出让合同约定的土地用途，出让方请求解除合同的，应予支持。"此种情形即行政机关为原告起诉的情形，属"官告民"情形，无法纳入行政诉讼范畴。实践中上述"官告民"案件在2015年后仍有发生，且不止于该第六条规定的解除合同情形。部分土地因特定原因，可产生出让土地的行政机关起诉要求受让人补交地价款的民事诉讼。

鉴于此，《修改决定》将建设用地使用权出让合同作为民事案件案由予以保留。

在适用本案由时需要注意：集体所有土地作为建设用地的，不属于民法典物权编第十二章所规范的建设用地使用权，相关合同纠纷不适用本案由；建设用地使用权抵押合同纠纷，因有专门的抵押合同纠纷的案由，不适用本案由；建设用地使用权采用拍卖、招标方式出让的，相关纠纷应适用本案由，而不适用拍卖合同纠纷和招标投标买卖合同纠纷的案由；建设用地使用权的互换、赠与、出资等合同纠纷，适用第三级案由"建设用地使用权合同纠纷"，不适用第四级案由"建设用地使用权转让合同纠纷"。

（五）行为保全相关案由

关于申请保全案件案由，2011年《民事案件案由规定》规定了财产保全和证据保全案件案由，并未明确列明行为保全案件案由。当然，这并不意味着2011年《民事案件案由规定》没有规定行为保全相关案件案由。根据当时的法律，行为保全主要适用于海事领域和知识产权领域，即海事强制令、诉前责令停止有关侵犯知识产权行为的措施。针对这两类行为保全案件，2011年《民事案件案由规定》在"适用特殊程序案件案由"规定了"申请诉前停止侵害知识产权案件"及项下4个第三级案由、"海事诉讼特别程序案件"项下的"申请海事强制令"。

鉴于现行民事诉讼法第一百条、第一百零一条明确规定了行为保全制度，《修改决定》增加了"申请诉前行为保全"案由。之所以没有增加"申请诉中行为保全"，主要原因是诉中保全并非独立案件，人民法院可基于在审案件作出保全裁定。

适用上述案由时需要注意：涉及知识产权纠纷诉前行为保全的案件，应当适用第二级案由"申请诉前停止侵害知识产权案件"项下对应的第三级案由；当事人在起诉前申请海事强制令，应当适用"申请海事强制令"案由；针对侵害其他权益的行为申请诉前保全的，适用"申请诉前行为保全"案由。

（六）申请人身安全保护令与申请人格权侵害禁令

《修改决定》依据反家庭暴力法第四章的规定，增加了"申请人身安全保护令"案由；依据民法典第九百九十七条的规定，增加了"申请人格权侵害禁令"案由。在案由体系的编排上，我们对上述两类案件案由进行了深入调研。

有意见认为，从所保护法益的外延上看，二者存在包含与被包含的关系，建议将"申请人身安全保护令"作为"申请人格权侵害禁令"的下级案由。

也有意见认为，尽管对家庭成员人身权的侵害也构成对人格权的侵害，但民法典第九百九十七条只是对人格权侵害禁令进行了原则性规定，在相关程序未予明确规定前，建议将二者作为并列的两个案由。

我们采纳了第二种意见，除程序差异因素外，还考虑到人身安全保护令案件经过多年实践探索，已经形成了相对独立的案件类型，将其与人格权侵害禁令案件并列，既符合司法实践需要，也便于司法统计。伴随着民事诉讼法修改，对二者的编排问题可再作研究。

适用上述案由时需要注意：对于申请人因遭受家庭暴力或者面临家庭暴力现实危险而申请保护令的，适用"申请人身安全保护令"案由；对于其他侵害或者可能侵害人格权情形的，适用"申请人格权侵害禁令"案由。

需要说明的是，人格权侵害禁令作为民法典的一项新制度，当前缺乏具体程序规定，为保障该制度在司法实践中得到正确适用，我们正就有关程序进行调研，将适时出台司法解释、规范性文件或者指导性案例。

当前，在涉及本案由的适用时要注意的是，尽管人格权侵害禁令不同于诉前保全制度，但在某些类似问题处理的具体程序要求上可以探索参照适用。

比如，在诉讼费用、提供担保以及错误申请的救济等问题上，可适当参照诉前行为保全，严格相关标准，防止禁令制度的滥用；在禁令文书样式、复议规则等方面，可适当参照人身安全保护令的程序。在对当事人申请的审查方面，要严格把握人格权侵害禁令的要件。

比如，关于何种情形属于使权利人的合法权益受到难以弥补的损害的，应当遵循民法典立法精神进行严格审查，遵循比例原则的要求，难以弥补的损害必须是事后的恢复已经不可能或者极为困难。如果损失能够通过金钱方式在事后进行充分赔偿，则不应认为该损失是不可弥补的。

（七）监护权特别程序案件中的部分案由

民法典第三十一条第一款规定："对监护人的确定有争议的，由被监护人住所地的居民委员会、村民委员会或者民政部门指定监护人，有关当事人对指定不服的，可以向人民法院申请指定监护人；有关当事人也可以直接向人民法院申请指定监护人。"

该规定改变了民法通则和《最高人民法院关于贯彻执行〈中华人民共和国民法通则〉若干问题的意见（试行）》的相关规定，取消了向人民法院申请指定监护的前置程序，允许有关当事人直接向人民法院申请指定监护人。对于民法典的这一修改，是否需要增加相应的案由？有意见认为，可将民法典的新规定直接纳入"申请确定监护人"案由，没有必要增加新的案由。

经广泛征求意见，《修改决定》最终增加了"申请指定监护人"案由，作为与"申请确定监护人"并列的第三级案由，主要理由为：

一是充分体现民法典对于指定监护作出修改的重大制度价值。监护制度是我国基本的民事法律制度之一，在民法典中占有重要地位，与未成年人保护、老年人权益保护息息相关，民事案件案由的设置应予以充分体现。

二是便于区分直接申请人民法院指定和间接申请指定。当事人对监护人的确定有争议而直接向人民法院申请指定监护的，适用"申请指定监护人"案由；当事人对居民委员会、村民委员会或者民政部门指定监护不服而申请人民法院确定的，适用"申请确定监护人"案由，这基本上维持了"申请确定监护人"案由原来的适用范围。这种设计有利于对两类案件进行精准司法统计，有利于调研分析司法实践中指定监护可能存在的相关问题。

三是基于程序考量。根据《最高人民法院关于适用〈中华人民共和国民事诉讼法〉的解释》（2020年修正）第三百五十一条规定，被指定的监护人不服居民委员会、村民委员会或者民政部门指定，应当自接到通知之日起30日内向人民法院提出异议。对于当事人直接向人民法院申请指定监护人的案件，不适用上述规定。

（八）涉遗产管理相关案由

民法典在继承法的基础上，增加了遗产管理人制度，这是对我国遗产处理制度的进一步完善。《修改决定》依据民法典第一千一百四十五条、第一千一百四十六条的规定，在"非讼程序案件案由"项下增加了"申请指定遗产管理人"案件案由；同时依据民法典第一千一百四十七条、第一千一百四十八条、第一千一百四十九条等规定，在"继承纠纷"项下增加了"遗产管理纠纷"案由。

上述案由适用时需要注意：对遗产管理人的确定发生争议的，适用"申请指定遗产管理人"案件案由；涉及遗产管理人的侵权纠纷或者因报酬引发的纠纷，适用"遗产管理纠纷"案由。

（撰稿人：郭锋、陈龙业、贾玉慧）

二、起诉和受理

最高人民法院
关于当事人申请承认澳大利亚法院出具的离婚证明书人民法院应否受理问题的批复

(2005年7月11日最高人民法院审判委员会第1359次会议通过
根据2008年12月16日公布的《最高人民法院关于调整司法解释等文件中引用〈中华人民共和国民事诉讼法〉条文序号的决定》第一次修正
根据2020年12月23日最高人民法院审判委员会第1823次会议通过的《最高人民法院关于修改〈最高人民法院关于人民法院民事调解工作若干问题的规定〉等十九件民事诉讼类司法解释的决定》第二次修正)

广东省高级人民法院：

你院报送的粤高法民一他字〔2004〕9号"关于当事人申请承认澳大利亚法院出具的离婚证明书有关问题"的请示收悉。经研究，答复如下：

当事人持澳大利亚法院出具的离婚证明书向人民法院申请承认其效力的，人民法院应予受理，并依照《中华人民共和国民事诉讼法》第二百八十一条和第二百八十二条以及最高人民法院《关于中国公民申请承认外国法院离婚判决程序问题的规定》的有关规定进行审查，依法作出承认或者不予承认的裁定。

此复。

【解读】

解读《关于当事人申请承认澳大利亚法院出具的离婚证明书人民法院应否受理问题的批复》

一、问题的提出

《最高人民法院关于当事人申请承认澳大利亚法院出具的离婚证明书人民法院应否受理问题的批复》已于2005年7月11日由最高人民法院审判委员会第1359次会议通过，自2005年8月1日起施行。

二、理解与适用

司法协助中的外国法院判决承认与执行，其实质为对外国法院依其本国程序法审理的案件作出的裁决结果的承认与执行。通常情况下，这种裁决结果多以"判决书"的形式予以记载和表示，但也有以"裁定书""调解书"等其他书面形式记载和表示的。正因为如此，《最高人民法院关于人民法院受理申请承认外国法院离婚判决案件有关问题的规定》（法释〔2000〕6号）第三条明确规定："当事人向人民法院申请承认外国法院离婚调解书效力的，人民法院应予受理"，并根据上述规定进行审查，作出承认或不承认的裁定。这就表明，一国判决是包括该国法律所规定的裁判形式下所出具的多种书面法律文书形式的。我们对一国"判决"的识别，应按该国法律规定的法院裁判结果的表现形式来识别，而不是从"判决"的名称来识别"判决"一语。据此，对请示所指澳大利亚法院向当事人出具的离婚证明书，据其领事馆回函证实，澳大利亚法院现已不再出具离婚判决书，代之以离婚证明书解除当事人的婚姻关系，其法律效力等同于离婚判决书，这就是澳大利亚法院对离婚案件裁决的结果和形式，应为"外国法院判决"的一种具体表现形式。

对于广东省高级人民法院请示的问题，最高人民法院研究室同意其倾向性意见，即鉴于澳大利亚法院现已不再出具离婚判决书，代之以离婚证明书证明法庭已经解除当事人之间婚姻关系的事实，离婚证明书成为当事人之间已经法院裁判离婚的法律文书。故当事人持澳大利亚法院作出的与离婚判决书有同等效力的离婚证明书，向人民法院申请承认的，人民法院应予受理，并按照民事诉讼法及有关司法解释的规定进行审查，作出承认或者不予承认的裁定。最高人民法院民一庭认为："民事诉讼法及相关司法解释对外国法院民事判决的承认是指广义的判决而言的，即经过法院司法程序的任何法律文书。"故同意最高人民法院研究室意见。

民政部办公厅2004年12月1日以民办函〔2004〕252号函回复，主要内容有：（1）居住在国外的华侨办理结婚登记所提供的本人无配偶的证明，"应当为居住国公证机构或有权机关出具并经我国驻该国使（领）馆认证，或者由我国驻该国使（领）馆出具。除此之外，当事人无须提交其他任何资料"，不需要提供离婚证件。（2）对居住在国外的华侨，婚姻登记机关并不根据当事人的离婚证件或在婚姻登记机关作出个人宣誓确认其婚姻状况，而是通过当事人提交的有关证明了解其婚姻状况。由我国驻外使（领）馆出具或经我国驻外使（领）馆认证的，内容表明当事人无配偶的证明，婚姻登记机关予以接受。（3）离婚系外国司法机关判决或政府登记的，其离婚证件须经中国法院裁定承认或经我驻外使（领）馆认证。《婚姻登记条例》（2003年公布）实施后，婚姻登记机关不再查看离婚证件。

外交部领事司2005年3月30日以领八函〔2005〕166号函回复。函称：经我驻澳大利亚使馆向澳外交贸易部了解，"自2002年年中起，澳法院用现行的离婚证明书（certificate of divorce）代替了之前的离婚判决书（decree nisi of dissolution of marriage）。这项改革方案系根据澳大利亚1975年家庭法第56条制定，但离婚证明书并未像离婚判决书一样明确规定在家庭法中，而只是由澳家庭法院、澳联邦初级（地方）法院以及西澳洲家庭法院等三家行使审判离婚案件职权的法院以普通形式颁发。""离婚证明本身并非离婚判决的摘要，只是证明离婚判决最终生效（在澳洲，离婚判决本身并不能宣告婚姻结束及无效），法庭会等到离婚最终结束后再颁发离婚证明。离婚证明本身没有（也没有必要有）一个固定格式，其只是记录了法庭宣告一段婚姻结束的法律事实，并且可作为该事实的依据为所有澳洲法院承认。一般情况下，澳地方法院认为该证明亦可作为婚姻结束的相关依据为其他国家的有关机构所承认。"

外交部、民政部回函提供的情况表明，一是澳大利亚法院确实用离婚证明书作为已经离婚事实的依据，该依据为澳洲法院和澳洲其他国家有关机构所承认；二是我民政部门仍然认为外国离婚证件有经中国法院裁定承认的方式。因此，广东省高级人民法院请示中提到的问题，即能否直接承认问题，有必要正式批复。

经反复研究，最高人民法院作出了最后批复的意见。民事诉讼法（1991公布，下同）第二百六十七条规定："外国法院作出的发生法律效力的判决、裁定，需要中华人民共和国人民法院承认和执行的，可以由当事人直接向中华人民共和国有管辖权的中级人民法院申请承认和执行，也可以由外国法院依照该国与中华人民共和国缔结或者参加的国际条约的规定，或者按照互惠原则，请求人民法院承认和执行。"显然，这里的判决应当广义理解，包括离婚证明书。民事诉讼法第二百六十八条规定："人民法院对申请或者请求承认和执行的外国法院作出的发生法律效力的判决、裁定，依照中华人民共和国缔结或者参加的国际条约，或者按照互惠原则进行审查后，认为不违反中华人民共和国法律的基本原则或者国家主权、安全、社会公共利益的，裁定承认其效力，需要执行的，发出执行令，依照本法的有关规定执行。违反中华人民共和国法律的基本原则或者国家主权、安全、社会公共利益的，不予承认和执行。"这里的判决也应当包括离婚证明书。《最高人民法院关于中国公民申请承认外国法院离婚判决程序问题的规定》的有关规定，主要是指该规定第十二条第一项至第五项：经审查，外国法院的离婚判决具有下列情形之一的，不予承认：（1）判决尚未发生法律效力；（2）作出判决的外国法院对案件没有管辖权；（3）判决是在被告缺席且未得到合法传唤情况下作出的；（4）该当事人之间的离婚案件，我国法院正在审理或已作出判决，或者第三国法院对该当事人之间作出的离婚案件判决已为我国法院所承认；（5）判决违反我国法律的基本原则或者危害我国国家主权、安全和社会公共利益。因为澳大利亚法院出具离婚证明书是以离婚判决最终生效为前提的，故不需要适用第一项规定。其第八条规定："人民法院受理申请后，对于外国法院离婚判决书没有指明已生效或生效时间的，应责令申请人提交作出判决的法院出具的判决已生效的证明文件。"澳大利亚法院出具的离婚证明书，实际上也可以理解为该规定中"判决已生效的证明文件"。

（撰稿人：曹守晔、杨洪逵、邵文虹）

最高人民法院
关于人民法院登记立案若干问题的规定

法释〔2015〕8号

(2015年4月13日最高人民法院审判委员会第1647次会议通过 2015年4月15日最高人民法院公告公布 自2015年5月1日起施行)

为保护公民、法人和其他组织依法行使诉权,实现人民法院依法、及时受理案件,根据《中华人民共和国民事诉讼法》《中华人民共和国行政诉讼法》《中华人民共和国刑事诉讼法》等法律规定,制定本规定。

第一条 人民法院对依法应该受理的一审民事起诉、行政起诉和刑事自诉,实行立案登记制。

第二条 对起诉、自诉,人民法院应当一律接收诉状,出具书面凭证并注明收到日期。

对符合法律规定的起诉、自诉,人民法院应当当场予以登记立案。

对不符合法律规定的起诉、自诉,人民法院应当予以释明。

第三条 人民法院应当提供诉状样本,为当事人书写诉状提供示范和指引。

当事人书写诉状确有困难的,可以口头提出,由人民法院记入笔录。符合法律规定的,予以登记立案。

第四条 民事起诉状应当记明以下事项:

(一)原告的姓名、性别、年龄、民族、职业、工作单位、住所、联系方式,法人或者其他组织的名称、住所和法定代表人或者主要负责人的姓名、职务、联系方式;

(二)被告的姓名、性别、工作单位、住所等信息,法人或者其他组织的名称、住所等信息;

(三)诉讼请求和所根据的事实与理由;

(四)证据和证据来源;

(五)有证人的,载明证人姓名和住所。

行政起诉状参照民事起诉状书写。

第五条 刑事自诉状应当记明以下事项:

(一)自诉人或者代为告诉人、被告人的姓名、性别、年龄、民族、文化程度、职业、工作单位、住址、联系方式;

(二)被告人实施犯罪的时间、地点、手段、情节和危害后果等;

(三)具体的诉讼请求;

(四)致送的人民法院和具状时间;

(五)证据的名称、来源等;

(六)有证人的,载明证人的姓名、住所、联系方式等。

第六条 当事人提出起诉、自诉的,应当提交以下材料:

（一）起诉人、自诉人是自然人的，提交身份证明复印件；起诉人、自诉人是法人或者其他组织的，提交营业执照或者组织机构代码证复印件、法定代表人或者主要负责人身份证明书；法人或者其他组织不能提供组织机构代码的，应当提供组织机构被注销的情况说明；

（二）委托起诉或者代为告诉的，应当提交授权委托书、代理人身份证明、代为告诉人身份证明等相关材料；

（三）具体明确的足以使被告或者被告人与他人相区别的姓名或者名称、住所等信息；

（四）起诉状原本和与被告或者被告人及其他当事人人数相符的副本；

（五）与诉请相关的证据或者证明材料。

第七条 当事人提交的诉状和材料不符合要求的，人民法院应当一次性书面告知在指定期限内补正。

当事人在指定期限内补正的，人民法院决定是否立案的期间，自收到补正材料之日起计算。

当事人在指定期限内没有补正的，退回诉状并记录在册；坚持起诉、自诉的，裁定或者决定不予受理、不予立案。

经补正仍不符合要求的，裁定或者决定不予受理、不予立案。

第八条 对当事人提出的起诉、自诉，人民法院当场不能判定是否符合法律规定的，应当作出以下处理：

（一）对民事、行政起诉，应当在收到起诉状之日起七日内决定是否立案；

（二）对刑事自诉，应当在收到自诉状次日起十五日内决定是否立案；

（三）对第三人撤销之诉，应当在收到起诉状之日起三十日内决定是否立案；

（四）对执行异议之诉，应当在收到起诉状之日起十五日内决定是否立案。

人民法院在法定期间内不能判定起诉、自诉是否符合法律规定的，应当先行立案。

第九条 人民法院对起诉、自诉不予受理或者不予立案的，应当出具书面裁定或者决定，并载明理由。

第十条 人民法院对下列起诉、自诉不予登记立案：

（一）违法起诉或者不符合法律规定的；

（二）涉及危害国家主权和领土完整的；

（三）危害国家安全的；

（四）破坏国家统一和民族团结的；

（五）破坏国家宗教政策的；

（六）所诉事项不属于人民法院主管的。

第十一条 登记立案后，当事人未在法定期限内交纳诉讼费的，按撤诉处理，但符合法律规定的缓、减、免交诉讼费条件的除外。

第十二条 登记立案后，人民法院立案庭应当及时将案件移送审判庭审理。

第十三条 对立案工作中存在的不接收诉状、接收诉状后不出具书面凭证，不一次性告知当事人补正诉状内容，以及有案不立、拖延立案、干扰立案、既不立案又不作出裁定或者决定等违法违纪情形，当事人可以向受诉人民法院或者上级人民法院投诉。

人民法院应当在受理投诉之日起十五日内,查明事实,并将情况反馈当事人。发现违法违纪行为的,依法依纪追究相关人员责任;构成犯罪的,依法追究刑事责任。

第十四条　为方便当事人行使诉权,人民法院提供网上立案、预约立案、巡回立案等诉讼服务。

第十五条　人民法院推动多元化纠纷解决机制建设,尊重当事人选择人民调解、行政调解、行业调解、仲裁等多种方式维护权益,化解纠纷。

第十六条　人民法院依法维护登记立案秩序,推进诉讼诚信建设。对干扰立案秩序、虚假诉讼的,根据民事诉讼法、行政诉讼法有关规定予以罚款、拘留;构成犯罪的,依法追究刑事责任。

第十七条　本规定的"起诉",是指当事人提起民事、行政诉讼;"自诉",是指当事人提起刑事自诉。

第十八条　强制执行和国家赔偿申请登记立案工作,按照本规定执行。

上诉、申请再审、刑事申诉、执行复议和国家赔偿申诉案件立案工作,不适用本规定。

第十九条　人民法庭登记立案工作,按照本规定执行。

第二十条　本规定自 2015 年 5 月 1 日起施行。以前有关立案的规定与本规定不一致的,按照本规定执行。

最高人民法院
关于税务机关就破产企业欠缴税款产生的滞纳金提起的债权确认之诉应否受理问题的批复

法释〔2012〕9 号

(2012 年 6 月 4 日最高人民法院审判委员会第 1548 次会议通过　2012 年 6 月 26 日最高人民法院公告公布　自 2012 年 7 月 12 日起施行)

青海省高级人民法院:

你院《关于税务机关就税款滞纳金提起债权确认之诉应否受理问题的请示》(青民他字〔2011〕1 号)收悉。经研究,答复如下:

税务机关就破产企业欠缴税款产生的滞纳金提起的债权确认之诉,人民法院应依法受理。依照企业破产法、税收征收管理法的有关规定,破产企业在破产案件受理前因欠缴税款产生的滞纳金属于普通破产债权。对于破产案件受理后因欠缴税款产生的滞纳金,人民法院应当依照《最高人民法院关于审理企业破产案件若干问题的规定》第六十一条规定处理。

此复。

【解读】

解读《关于税务机关就破产企业欠缴税款产生的滞纳金提起的债权确认之诉应否受理问题的批复》

2012年6月26日,最高人民法院公布了《最高人民法院关于税务机关就破产企业欠缴税款产生的滞纳金提起的债权确认之诉应否受理问题的批复》(以下简称《批复》),对破产企业欠缴税款的债权性质及人民法院是否应当受理此债权确认之诉问题提出了明确意见。为便于审判实践中正确理解和把握《批复》的有关内容,现就《批复》的起草背景及主要内容作介绍和说明。

一、《批复》的起草背景和主要过程

对欠缴税款的纳税主体加收滞纳金,有利于促进纳税主体依法及时纳税和缴清欠税,这对于维护税收法律、法规的权威性、严肃性和国家的整体利益具有重要意义。但是,税款滞纳金制度在实践中也存在一些问题,其中之一就是我国现行法律对于欠缴税款产生的滞纳金的法律属性没有明确规定,导致法律适用方面的困难。尤其是在企业破产法实施后,关于破产程序中欠缴税款产生的滞纳金是否可以与税款本身一起享受破产优先权的问题,一直在理论和实践中存有争议,致使裁判尺度不一。企业破产法及税收征收管理法等法律法规都将税款作为第一顺位的债权予以优先受偿。对于税款滞纳金,税收征收管理法(2001年修订,下同)第三十二条规定:"纳税人未按照规定期限缴纳税款的,扣缴义务人未按照规定期限解缴税款的,税务机关除责令限期缴纳外,从滞纳税款之日起,按日加收滞纳税款万分之五的滞纳金。"但是对于因欠缴税款产生的滞纳金是否属于破产债权,该滞纳金是否要与税款作为同一顺位一并予以优先受偿,以及人民法院对于税务机关就该滞纳金提起的债权确认之诉应否受理等问题则并无明确规定,导致司法实践中对此理解和适用上的不一致。

2011年,青海省高级人民法院青民他字〔2011〕1号《关于税务机关就税款滞纳金提起债权确认之诉应否受理问题的请示》(以下简称《请示》),针对税务机关就破产重整企业欠缴税款产生的滞纳金提起的债权确认之诉应否受理的问题向最高人民法院请示。《请示》中有两种意见:第一种意见认为,欠缴税款产生的滞纳金可以视为公债权,依照企业破产法第五十八条第三款的规定,税务机关对此滞纳金所提起的债权确认之诉,人民法院应当受理。此为倾向性意见。第二种意见认为,人民法院对此债权确认之诉不应受理,主要理由是:其一,税务机关收取滞纳金是基于公法原因,对未依法纳税者给予经济上的处罚,在企业宣告破产后,仍然执行滞纳金,无异于是将对破产企业的处罚转嫁由破产企业的债权人承担。其二,我国法律中尚无公债权概念,通过民事诉讼程序主张公债权并无法律依据。

最高人民法院经研究后认为,在破产程序中,有关欠缴税款滞纳金的案件人民法院应否受理的问题,不只发生在重整程序中,在破产和解程序及破产清算程序中都有可能产生这一问题,而上述问题也不应因该程序是重整程序还是清算、和解程序而有所区别。因此，应当将上述问题置于破产程序的整体框架下考虑。而对于税务机关就破产企业欠缴税款产生的滞纳金提起的债权确认之诉应否受理、税款滞纳金的债权性质以及是否应与税款一起优先受偿等问题，现行法律、司法解释并无具体规定，有待进一步明确。鉴于《请示》所涉及问题在司法实践中具有一定的普遍性，在破产案件中，往往会涉及众多债权人，滞纳金是否可以作为破产债权参与破产财产的分配、以哪种顺序参与分配，势必与其他债权人的利益攸关，有必要制定司法解释予以规范，以统一裁判标准。经报最高人民法院院领导审批正式立项后，最高人民法院研究室开展了深入调研，先后征求了全国人大常委会法工委、部分专家学者及我院有关部门的意见，并多次与国家税务总局沟通协调后，起草了《批复》，经最高人民法院审判委员会审议通过，予以公布施行。

二、《批复》的主要内容

（一）关于破产企业在破产案件受理前欠缴税款产生的滞纳金是否属于破产债权的问题

税款滞纳金是否可以作为破产程序中的破产债权，涉及对税款滞纳金的性质认定及功能定位问题。在调研过程中，对于这一问题，主要有两种意见：一种意见认为，企业破产法第一百一十三条及税收征收管理法第三十二条、第四十五条均未明确规定欠缴税款产生的滞纳金属于破产债权。《最高人民法院关于审理企业破产案件若干问题的规定》（法释〔2002〕23号）第六十一条第一款规定，人民法院受理破产案件后债务人未支付应付款项的滞纳金不属于破产债权。而关于人民法院受理破产案件前债务人未支付应付款项的滞纳金是否属于破产债权，该司法解释未予明确。而且滞纳金本身属于基于公权力而产生的强制征收的款项，在本质上应属于行政罚款，应当通过有权机关行使相应的行政权力来实现，不应将其列入破产债权，甚至纳入民事诉讼案件的受案范围。另一种意见认为，该滞纳金是税收管理法规定的对未按期缴纳税款的纳税人征收的款项，其性质是对因欠缴税款给国家利益造成损失的利息补偿。滞纳金不是处罚，而是纳税人或者扣缴义务人因占用国家税金而应缴纳的一种补偿，应当列入破产债权。我们经研究后认为，应当将税款滞纳金作为破产债权，理由主要有以下三点。

第一，从税款滞纳金的性质看，破产税款滞纳金作为纳税主体未按照税收法律法规规定的期限缴纳税款，征税机关依法对该占用国家资金、影响国家财政收入的行为所附加征收一定数量的金钱给付，虽然也具有督促、强制、制裁甚至惩罚的功能，但其在本质上不同于罚款，应属对因欠缴税款给国家利益造成损失的一种补偿，与税款本身密切相连，属于国家税收利益的重要组成部分，纳税主体应当承担相应的清偿义务。

第二，从企业破产法对于破产程序的定位看，虽然学理上通常都认为税收是一种公法之债、法定之债，与私法上的债权存在明确区别，但是由于企业破产案件常常表现出法律关系多维化、利益指向广泛化、矛盾纠纷复杂化、法律适用与企业管理复合化等特点，这就决定了破产程序不仅是一个认定事实和适用法律的单一过程，而且是一项需要统筹兼顾、综合考量的系统工程。从程序设计目的上看，破产程序需要最终清理破产企业的所有财产及负债，实现纠纷的一揽子解决，因此，破产程序中对于债权债务范围的界定要比普通债权债务的范围要宽泛。2007年6月1日起实施的企业破产法第一百一十三条即明确将有关社会保险费用及税款请求权作为一种破产债权来进行规范。因此，在税款请求权已被作为破产债权的前提下，对于与税款本身密切相连的滞纳金也应被列入破产债权。

第三，从现行司法解释的规定看，上述《最高人民法院关于审理企业破产案件若干问题的规定》仅是将人民法院受理破产案件后债务人未支付应付款项的滞纳金排除在破产债权之外，对于在破产案件受理之前已经发生的欠缴税款的滞纳金作为破产企业对外负有的债务，应与其他债务同等对待，依法列入破产债权。

（二）关于税务机关就该企业欠缴税款产生的滞纳金提起的债权确认之诉应否受理的问题

在将税款滞纳金定性为破产债权的前提下，依据《最高人民法院关于〈中华人民共和国企业破产法〉施行时尚未审结的企业破产案件适用法律若干问题的规定》（法释〔2007〕10号）第九条前段规定："债权人对债权表记载债权有异议，向受理破产申请的人民法院提起诉讼的，人民法院应当依据企业破产法第二十一条和第五十八条的规定予以受理。"依据企业破产法第二十一条的规定，人民法院受理破产申请后，有关债务人的民事诉讼，债权人有权向受理破产申请的人民法院提起。同时，企业破产法第五十八条第三款规定："债务人、债权人对债权表记载的债权有异议的，可以向受理破产申请的人民法院提起诉讼。"因此，对于税务机关就破产企业欠缴税款产生的滞纳金应否纳入破产债权的争议依法向受理该破产案件的人民法院提起诉讼的，人民法院应当依法受理。

（三）关于破产企业在破产案件受理前欠缴税款产生的滞纳金作为破产债权的清偿顺序问题

税款滞纳金在破产债权中的清偿顺序问题，涉及企业职工利益、普通债权人利益以及企业自身利益与国家税收利益的平衡问题，对此主要有三种意见：第一种意见认为，税款滞纳金是国家税款利益不可分割的重要组成部分，应当与税款本身一起优先受偿。第二种意见认为，税款滞纳金毕竟不同于税款本身，为避免国家公权力与普通债权人争利，使得该滞纳金最终转嫁到普通债权人身上，应当将税款滞纳金置于劣后于普通债权而优先于股权的顺序，在破产财产清偿了其他债权后仍有剩余时再予以清偿。第三种意见认为，应当作为普通债权清偿。我们同意第三种意见，即应当将税款滞纳金作为普通债权接受清偿，不宜将税款滞纳金作为劣后于普通债权的债权进行清偿。对于税款滞纳金作为劣后于普通债权的债权予以清偿，虽然对保护破产企业的普通债权人的利益具有积极意义，但是这种做法在现行法框架下缺乏法律依据，而且这也涉及与国家税收利益乃至整个国家财政收入之间的平衡问题。如果将税款滞纳金作为劣后债权，其可能获得清偿或者部分清偿的概率大大降低，这必然会使该滞纳金对国家税收征缴的保障功能及对国家税收损失的补偿功能大打折扣，进而影响国家整体上的税收利益。

另外，也不应将税款滞纳金与税款本身一起优先受偿，主要理由有以下三点。

第一，对该滞纳金予以优先受偿并无法律依据。作为突破债权平等性的优先权，其存在会对其他债权的实现造成较大的障碍，以至于会影响甚至牺牲其他债权人的利益。因此，为防止对其他债权人造成不测妨害，维护交易安全和秩序，任何优先权的创设都应以有明确的法律依据为限。企业破产法第一百一十三条第一款规定："破产财产在优先清偿破产费用和共益债务后，依照下列顺序清偿：（一）破产人所欠职工的工资和医疗、伤残补助、抚恤费用,所欠的应当划入职工个人账户的基本养老保险、基本医疗保险费用,以及法律、行政法规规定应当支付给职工的补偿金;(二)破产人欠缴的除前项规定以外的社会保险费用和破产人所欠税款;(三)普通破产债权。"《税收征收管理法》第四十五条也规定:"税务机关征收税款,税收优先于无担保债权,法律另有规定的除外;纳税人欠缴的税款发生在纳税人以其财产设定抵押、质押或者纳税人的财产被留置之前的,税收应当先于抵押权、质权、留置权执行。"可见,上述法律规定仅是明确规定了税款本身的优先受偿权,并未涉及税款滞纳金部分。因此,虽然税款滞纳金与税款本身密切相连,但是在现行法律框架下,在破产案件中税款滞纳金并不能同税款一样优先受偿。

第二,税款滞纳金的性质与功能并不同于税款本身。如上所述,税款滞纳金作为税收管理法规定的对未按期缴纳税款的纳税人征收的款项,不仅具有惩罚功能,也是对因欠缴税款给国家利益造成损失的一种补偿。征缴滞纳金的目的和税款也存在很大差异,税款直接涉及国家的财政收入乃至国家机器的正常运转,而滞纳金仅是对因欠缴税款给国家利益造成损失的补偿,是税收征缴的重要保障,这与税款本身有明显区别,不可与之等量齐观。而且,税款滞纳金作为一种类似于利息性质的补偿债权,与其他金钱债权的利息也不宜有本质区别,应当与其他普通金钱债权一样,作为破产程序中的普通债权予以清偿。

第三,为有力推动破产企业摆脱困境及合理保护债权人利益所需要。妥善适用重整、和解程序,挽救符合国家产业结构政策且具有挽救价值和希望的债务人企业,实现各方互利共赢,是人民法院充分发挥审判职能、切实践行能动司法理念的重要举措。在当前受国际国内因素影响,我国经济体制中的深层次矛盾和经济发展引发的新矛盾相互交织,经济社会中的不确定性因素较多,人民法院维护社会和谐稳定的任务日益繁重的背景下,通过对符合再生条件的债务人企业充分运用破产和解及重整程序,以实现企业再生,就显得尤为重要。如果把破产企业在破产案件受理前欠缴税款产生的滞纳金作为税收债权的组成部分予以优先受偿,就会由于滞纳金数额过高,不仅会使本可以通过和解程序或者重整程序生存下去的企业破产倒闭,也会使得许多普通债权得不到实现,既无法取得良好的法律效果,更会造成不好的社会效果,影响社会和谐稳定。

(四)关于破产案件受理后因欠缴税款产生的滞纳金,人民法院应如何处理的问题

《最高人民法院关于审理企业破产案件若干问题的规定》第六十一条规定:"下列债权不属于破产债权:……(二)人民法院受理破产案件后债务人未支付应付款项的滞纳金,包括债务人未执行生效法律文书应当加倍支付的迟延利息和劳动保险金的滞纳金……上述不属于破产债权的权利,人民法院或者清算组也应当对当事人的申报进行登记。"因此,人民法院受理破产案件后欠缴税款产生的滞纳金应当属于本条规定的人民法院受理破产案件后债务人未支付应付款项的滞纳金的范畴,人民法院对此滞纳金应当按照本条的规定处理,对当事人的申报进行登记,但不应列入破产债权。

(撰稿人:孙佑海、吴兆祥、陈龙业)

最高人民法院
关于银行储蓄卡密码被泄露导致存款被他人骗取引起的储蓄合同纠纷应否作为民事案件受理问题的批复

法释〔2005〕7号

(2005年7月4日最高人民法院审判委员会第1358次会议通过 2005年7月25日最高人民法院公告公布 自2005年8月1日起施行)

四川省高级人民法院：

你院《关于存款人泄露银行储蓄卡密码导致存款被他人骗取引起的纠纷应否作为民事案件受理的请示》收悉。经研究，答复如下：

因银行储蓄卡密码被泄露，他人伪造银行储蓄卡骗取存款人银行存款，存款人依其与银行订立的储蓄合同提起民事诉讼的，人民法院应当依法受理。

此复。

【解读】

解读《关于银行储蓄卡密码被泄露导致存款被他人骗取引起的储蓄合同纠纷应否作为民事案件受理问题的批复》

一、问题的提出

最高人民法院法释〔2005〕7号《关于银行储蓄卡密码被泄露导致存款被他人骗取引起的储蓄合同纠纷应否作为民事案件受理问题的批复》（以下简称本批复）已于2005年7月25日公布，并于2005年8月1日起正式实施。

二、理解

虽然银行储蓄卡密码被泄露，他人伪造储蓄卡而骗取了银行存款，其中已经涉及刑事犯罪，但存款人依据存款合同主张其存款权利的，可以向人民法院提起民事诉讼。其主要理由如下：第一，当事人是基于民事关系提起的诉讼，起诉本身符合民事诉讼法有关民事案件受理的规定。存款合同是存款人与银行签订的民事合同，并不因为刑事犯罪的存在，而致使存款合同消灭。因此，当事人根据存款合同提起存款之诉，符合民事诉讼法（1991年公布，下同）关于民事案件受理的规定条件。第二，人民法院不受理此类案件，势必以受理前对案件实体审理为前提，不符合案件受理的规定。民事案件的受理应当以民事诉讼法第一百零八条规定的条件为审查的根据，如果人民法院以该案涉及犯罪为由而不予受理，实际上是以刑事犯罪已经致使该存款合同发生了变更或者消灭作了实体上的判断，这显然不符合民事诉讼法的规定。第三，当事人请求银行支付存款与银行存款被骗是两个独立的法律事实。银行存款被人骗取的事实可以作为刑事案件处理，存款人请求银行支付存款是以存款合同存在为基础的民事诉讼，应当单独作为民事案件处理。存款被骗取只能是银行对抗存款人支付请求的事由，而不是否认存款人与银行之间存款合同关系的理由。此类案件与合同诈骗是不同的，如果是合同诈骗，则该合同就不能作为民事行为处理。如果该合同作为民事法律行为对待就不能认定为合同诈骗，二者之间是竞合关系。第四，作为民事案件受理，不会影响刑事犯罪的处理。存款关系和骗取存款的事实之间并不冲突，其处理后果也不会发生矛盾。如果法院不支持存款人的请求，则骗取存款的人应当向存款人承担民事赔偿的责任；如果法院支持存款人的请求，则骗取存款的人应当向银行承担民事赔偿责任。第五，有利于保护当事人的民事权益。虽然涉及经济犯罪，但该种犯罪的行为最终能够确定的对象通常都是一方当事人。因此，对双方当事人之间的民事关系的单独处理，不受经济犯罪的影响，有利于保护当事人的民事权益。否则，一个案件因涉及经济犯罪，就不作为民事案件受理，或者移交刑事机关，民事案件不再处理，当事人的民事权益就很难得到充分及时的保护。《最高人民法院关于在审理经济纠纷案件中涉及经济犯罪嫌疑若干问题的规定》也是根据经济犯罪与经济行为是否属于同一法律事实来判断是刑事案件还是民事案件，而不是只要涉及刑事犯罪就不再作为民事案件处理，其目的即在于充分保护当事人的合法民事权益。

三、适用

本批复规定当事人可以基于存款合同提起民事诉讼，但当事人的请求能否得到支持，作为相关联的重要问题，本批复并没有规定。我们认为，不能认为人民法院可以受理此类案件，即推定存款人支付存款的请求应当得到法院的支持。案件的具体判决结果，应以查清的事实，并根据民法通则规定的过错责任原则来确定各方的责任。根据民事诉讼的一般规则，存款人请求支付存款应当提供相应的证据。银行拒不支付存款的，应当有相应的理由并提供证据。而其中，存款被他人骗取这一事实将是法院应当审查的一项非常关键的内容。关键问题是存款被他人骗取应归责于银行一方还是存款人一方。通常他人利用储蓄卡骗取存款应当具备两个条件：一是有储蓄卡；二是有储蓄卡的密码。储蓄卡的密码泄露既可能是一方的过错，也可能是双方的过错，也可能双方均无过错。例如，在网络上进行交易时，被他人窃取密码，到底是谁的过错就应当根据有关事实来判断。又如，有的犯罪分子，在自动存取款机上安装摄像头，以窃取储蓄卡的密码，此时银行是否有过错，也是应当根据认定的事实判断。关于储蓄卡的伪造，通常情况下，很难说银行能够预防，但也不能否认银行储蓄卡系统存在一定的安全隐患。比如，犯罪分子通过自行获取资料，如持卡人未提供原卡，或者犯罪分子未通过一定的手段了解到原卡本身的资料的话，犯罪分子就能复制出他人的储蓄卡，就可以说银行储蓄卡系统本身存在安全隐患，此时可以说银行对存款被骗取存有过错。如果持卡人将自己的储蓄卡交由别人保管，保管人通过一定的手段对储蓄卡进行了复制，则持卡人对储蓄卡被他人伪造就有过错。又如，当事人丢失了银行储蓄卡，结果别人使用该储蓄卡而骗取银行存款，持卡人存有重大的过错。法院在审理此类案件时要严格按照过错原则来确定当事人之间的责任，其重点是要认定存款人和银行在存款被他人骗取事实中的过错程度。

（撰稿人：吴兆祥）

三、管　辖

最高人民法院
关于军事法院管辖民事案件若干问题的规定

法释〔2025〕6号

（2025年3月1日最高人民法院审判委员会第1943次会议通过　2025年4月25日最高人民法院公布　自2025年5月1日起施行）

根据《中华人民共和国人民法院组织法》《中华人民共和国民事诉讼法》等法律规定，结合审判实践，就军事法院管辖民事案件有关问题，制定本规定。

第一条　下列民事案件，由军事法院管辖：

（一）双方当事人均为军人或者军队单位的案件；

（二）认定案件基本事实的主要证据涉及军事秘密的案件；

（三）侵权行为发生在营区内的侵权责任纠纷，且当事人一方为军人或者军队单位的案件；

（四）军队聘用制文职人员与军队单位发生解除或者终止聘用合同争议，不服劳动人事争议仲裁裁决，依法提起诉讼的案件；

（五）申请宣告军人失踪或者死亡的案件；

（六）申请认定军人无民事行为能力或者限制民事行为能力以及相应的指定监护人的案件；

（七）军队设立选举委员会的选民资格案件；

（八）认定营区内无主财产案件。

军事法院依照本条第一款第一项受理民事案件后，根据当事人申请或者依职权追加地方当事人参加诉讼的，由军事法院继续审理。

第二条　下列民事案件，有关军事法院与地方人民法院都有权管辖，地方当事人向军事法院提起诉讼的，军事法院应当受理：

（一）军人或者军队单位执行职务过程中造成他人损害的侵权责任纠纷案件；

（二）当事人一方为军人的婚姻家庭纠纷案件；

（三）民事诉讼法第三十四条规定的不动产所在地、港口所在地、被继承人死亡时住所地或者主要遗产所在地在营区内，且当事人一方为军人或者军队单位的案件；

（四）地方当事人与军队医疗机构之间的医疗损害责任纠纷案件。

第三条　当事人一方是军人或者军队单位，且合同履行地或者标的物所在地在营区内的合同或者其他财产权益纠纷，当事人书面约定军事法院管辖，不违反法律关于级别管辖、专属管辖和专门管辖规定的，应当由军事法院管辖。

第四条　军事法院受理第一审民事案件，应当参照民事诉讼法关于级别管辖、地域管辖的规定确定。

当事人住所地省级行政区划内没有可以受理案件的第一审军事法院，或者处于交通十分不便的边远地区，双方当事人同意由地方人民法院管辖的，地方人民法院可以管辖，但本规定第一条第一款第二项规定的案件除外。

第五条　军事法院发现受理的民事案件属于地方人民法院管辖的，应当移送有管辖权的地方人民法院，受移送的地方人民法院应当受理。

地方人民法院认为受移送的案件不属于本院管辖的，应当报请上级人民法院处理，不得再自行移送。

地方人民法院发现受理的民事案件属于军事法院管辖的，参照第一款规定办理。军事法院认为受移送的案件不属于本院管辖的，参照第二款规定办理。

第六条　军事法院与地方人民法院依照本规定第五条移送管辖之前，可以先行协商。

军事法院与地方人民法院之间因管辖权发生争议，由争议双方通过会商机制解决；协商不成的，报请各自的上级法院协商解决；仍然协商不成的，报请最高人民法院指定管辖。

第七条　军事法院受理案件后，当事人对管辖权有异议的，应当在提交答辩状期间提出。军事法院对当事人提出的异议，应当审查。异议成立的，裁定将案件移送有管辖权的军事法院或者地方人民法院；异议不成立的，裁定驳回。

第八条　本规定所称军人是指中国人民解放军的现役军官、军士、义务兵及具有军籍的学员，中国人民武装警察部队的现役警官、警士、义务兵及具有军籍的学员。军队中的文职人员、由军队管理的离退休人员、具有军队编制的职工，参照军人确定管辖。

军队单位是指中国人民解放军现役部队和预备役部队、中国人民武装警察部队及其编制内的企业事业单位。

营区是指由军队管理使用的区域，包括军事禁区、军事管理区，以及军队设立的临时驻地等。

第九条　本规定自2025年5月1日起施行。《最高人民法院关于军事法院管辖民事案件若干问题的规定》（2020年修正）同时废止；本规定施行前的司法解释以及司法解释性文件与本规定不一致的，以本规定为准。

【解读】

解读《关于军事法院管辖民事案件若干问题的规定》

2025年3月1日，最高人民法院审判委员会第1943次会议审议通过了《最高人民法院关于军事法院管辖民事案件若干问题的规定》（法释〔2025〕6号，以下简称《规定》),自 2025 年 5 月 1 日起施行。这是最高人民法院就军事法院管辖民事案件有关问题第二次出台专门司法解释,旨在深入学习贯彻习近平强军思想、习近平法治思想,根据新时代发展需要,优化军事法院管辖民事案件诉讼规则,依法平等保护军地当事人合法权益,促进军事法院公正高效审理民事案件,为新时代强军兴军事业提供更加有力的司法服务和保障。现对《规定》的起草背景、主要内容解读如下。

一、起草背景

管辖是民事诉讼中的一项重要制度,科学合理地确定民事案件的管辖,是践行民事诉讼两便原则的题中应有之义,不仅可以促使各个法院及时、正确地行使审判职权和履行审判职责,也有利于当事人正确行使诉权,有助于社会公平正义的实现。为依法妥善合理安排军地法院管辖涉军民事案件的分工,促进军地法院更好履行审判职责,在总结有关审判实践经验的基础上,2012 年 8 月 20 日,经最高人民法院审判委员会第 1553 次会议通过,最高人民法院出台了《最高人民法院关于军事法院管辖民事案件若干问题的规定》(以下简称《2012 年规定》),自 2012 年 9 月 17 日起施行,并于 2020 年对标民事诉讼法的法律规定,作了个别修正。

《2012 年规定》施行以来,在平等保护军地当事人诉讼权利,保障军事法院公正、高效审理民事案件,维护部队官兵合法权益,促进部队全面建设方面发挥了重要作用。随着经济社会的快速发展和国防建设的稳步推进,涉军民事案件类型日益增多,出现了一些新的管辖争议问题。

一是军地法院案件管辖分工有待进一步优化。对部分涉军案件,地方法院在文书送达、财产保全、调查取证等方面存在一定困难,直接影响了诉讼效率,需要综合考量两便原则的落实和军事安全保护、军事管理需要等因素加以调整优化。

二是涉军事秘密保护案件管辖有待进一步明确。涉军案件较为普遍存在涉密性的特点,直接涉及国防利益的维护。实践中对涉及军事秘密案件的标准判定以及对军事秘密的密级认定不够明确,一定程度上影响了军地法院对相关案件的受理。

三是属人原则的细化有待进一步完善。对于军事法院依据属人原则受理双军当事人案件之后,根据当事人申请或者依职权追加地方当事人参加诉讼的,是否改变了原有的属人特点而需要移送地方法院审理,抑或仍然由军事法院继续审理,需要予以明确规范。

四是移送管辖前的协商程序有必要进一步健全。实践中涉及案件管辖的沟通协商机制不够健全,有时会出现管辖推诿,造成诉讼拖延,给当事人增加诉累,有必要进一步明确相关规范指引。

为此,最高人民法院研究室经过深入调查研究、广泛听取意见,根据新时代发展要求,对《2012 年规定》作了全面修改,形成新的司法解释,有针对性地回应实践中出现的新问题,不断优化完善军事法院管辖民事案件法律适用规则。这是最高人民法院贯彻落实习近平总书记重要指示精神、依法维护国防利益和军人军属合法权益的又一重要举措,必将对促推建设跨军地治理法律法规体系,助力新质战斗力培育发挥积极作用。

二、起草过程

2024 年,为扎实推进《规定》起草工作,最高人民法院研究室与立案庭、民一庭以及解放军军事法院组成联合调研组,在军地法院开展广泛深入的调研论证。2024 年

4月至10月，先后到有关部队单位和地方法院调研，深入了解当前部队官兵及地方法院对涉军民事案件司法管辖的需求，听取对军地法院民事案件管辖分工的意见建议。在涉军民事案件较多的省市组织两场四级法院专题讨论会，在此基础上形成征求意见稿；在各级军地法院组织开展研讨活动，两次征求院内相关部门意见建议；2024年10月，在山东省济南市组织召开"军事法院管辖民事案件规定修改工作"调研座谈会，7个省市的法院代表参与讨论，对征求意见稿进行再次完善，此后又专门征求解放军军事法院意见。在此基础上，征求了全国人大常委会法工委的意见。

三、基本思路

在《规定》起草过程中，我们始终以习近平强军思想、习近平法治思想为根本遵循，坚持平等保护军地当事人合法权益与维护国防利益相统一，坚持依法独立行使审判权与军地协同配合相统一，以服务和保障国防利益为主线，以充分发挥管辖规则便民利民的制度功能为导向，按照"服务国防、于法有据、较为成熟、确有必要"的思路，主要践行了以下原则。

一是坚持服务国防和军事利益的原则。进一步强化对军事安全、军事秘密的保护，把原来地方当事人可以选择向军事法院提起诉讼或者提出申请的部分案件列入军事法院专门管辖，优化了军事法院专门管辖范围。

二是坚持平等保护军地当事人合法权益的原则。对于一方为地方当事人的非涉密民事纠纷案件，充分尊重当事人意愿，坚持由当事人自主选择向地方或军事法院起诉。

三是坚持突出两便原则与科学调整的原则。遵循民事诉讼法方便当事人诉讼、方便人民法院审判的原则，着重考虑军地法院在职能和任务上的区别，坚持原则性与灵活性相结合，既遵循涉军属人、属地的原则，同时均衡考虑军地法院之间的工作任务，科学合理优化管辖分工。

四、主要内容

《规定》坚持以问题为导向，围绕审判实践中反映的涉军事法院管辖民事案件的新情况新问题，依照人民法院组织法、民事诉讼法、《最高人民法院关于适用〈中华人民共和国民事诉讼法〉的解释》（以下简称《民诉法解释》）的相关规定，对军事法院管辖民事案件作了全面系统规定，主要包括以下八个方面的内容。

（一）关于专门管辖

1. 践行属人原则

《2012年规定》第一条第一项规定，双方当事人均为军人或者军队单位的案件，由军事法院管辖，但法律另有规定的除外。这是军事法院民事案件管辖范围的一般条款，体现了属人管辖的基本原则。对照《2012年规定》施行后发布的《民诉法解释》第十一条关于"双方当事人均为军人或者军队单位的民事案件由军事法院管辖"的规定，《规定》删除了《2012年规定》中的但书条款，与《民诉法解释》保持一致。删除但书条款后，专门管辖与专属管辖的关系更加明确，即先对相应的案件类型确定由军事法院专门管辖后，再按照民事诉讼法的相关规定确定地域管辖，包括民事诉讼法第三十四条规定的不动产、港口作业、遗产所在地或被继承人死亡时住所地的专属管辖以及《民诉法解释》进一步细化规定的专属管辖。

2. 强化军事秘密保护

按照《2012年规定》第一条第二项规定，涉及机密级以上军事秘密的案件由军事法院管辖。实践中，对涉密标准的判断容易产生争议。为此，《规定》作了两项调整：一是将涉密范围从"军事机密"拓宽至"军事秘密"，即涉及军事秘密的案件均由军事法院管辖，不再限定为"机密"级，以更好地维护国防安全和军事利益；二是将案件涉密的识别标准规定为"认定案件基本事实的主要证据"，以准确界定军事秘密的外延，确保于法有据，标准统一。需要强调的是，此"主要证据"指与法院查明的基本事实相对应的证据，是审理案件必须具有的主要证据。实践中，应当严格把握案件基本事实、主要证据与军事秘密的关联性，对于与案件关联度不高、军事属性不强的军事秘密证据，相关案件可仍由地方法院审理。当然，此种情况下，地方法院在审理案件过程中也要按照民事诉讼法等规定，做好相应的保密处理。

3. 特殊地域管辖

民事诉讼法第二十九条规定："因侵权行为提起的诉讼，由侵权行为地或者被告住所地人民法院管辖。"《规定》第一条第一款第三项是关于营区内的侵权责任纠纷的规定。本项调整了特殊地域管辖设置，将其从《2012年规定》第二条规定的选择管辖调整为专门管辖，以强化军事安全保护，也便于文书送达、调查取证和保全执行方便。目前军队管理的住宅区、招待所、干休所、幼儿园、医院不少仍在营区内，不排除有双地方主体之间的侵权纠纷发生。将发生在营区内的侵权责任纠纷作为"一方当事人为军人或军队单位"的限定，更加符合涉军案件属性，也便于军事法院协调军方当事人，实质化解争议。对于双地方当事人的侵权纠纷，由于当事人身份均无军人属性，由地方法院审理，不仅有利于军地法院案件管辖科学分工，对当事人参加诉讼也更为便利。

4. 人事争议处理

《规定》第一条第一款第四项是新增的关于人事争议的规定。对于军队聘用制文职人员与单位就解除或者终止聘用合同发生的人事争议案件，实践中存在管辖法律适用方面的争议，军地法院均建议予以明确。根据《中国人民解放军文职人员条例》规定，文职人员分为聘用制和委任制两类，聘用制文职人员与军队用人单位签订聘用合同，委任制文职人员不需要签订合同，其与部队管理关系与军人类似。根据《劳动人事争议仲裁办案规则》《劳动人事争议仲裁组织规则》，处理军队文职人员与用人单位因聘用合同引发争议的机构为劳动人事争议仲裁机构。为做好依法治军法治保障工作，在专门管辖中新增关于军队聘用制文职人员不服劳动人事争议仲裁机构裁决的纠纷案件由军事法院专门管辖的规定。

5. 特别程序案件

《规定》第一条第一款第五项、第六项是新增加的适用涉军特别程序案件的管辖规定。将申请宣告军人失踪或者死亡的案件，以及申请认定军人无民事行为能力或者限制行为能力的案件，由《2012年规定》第二条选择管辖调整为第一条专门管辖，以更加符合有关涉军工作程序，提高诉讼效率。这类案件与军队管理密切相连，有的案件还发生在演习训练等执行军事任务过程中，有一定的保密要求。从加强部队管理、强调依法治理的角度出发，这类案件由军事法院专门管辖更为适当，有利于及时保护军人合法权益。

《规定》第一条第一款第六项还增加了认定军人无民事行为能力或者限制民事行为能力后相应的指定监护人案件。主要考虑在于以下两点：一是此类案件涉及退役军人移交地方安置问题，军队单位需要联系退役军人事务部门完成安置事项，故指定监护人案件最好由受理认定军人无民事行为能力或者限制民事行为能力案件的军事法院同步受理；二是依据《民诉法解释》第三百四十九条第二款规定，"依照民法典第三十一条第一款规定直接向人民法院申请指定监护人的"案件也适用特别程序审理。故对这两类同为特别程序的关联案件一并规定，可以最大限度缩短程序流转时间，提高诉讼效率，同时也实现了实体法与程序法的有机衔接。

《规定》第一条第七项、第八项也是适用涉军特别程序案件的管辖问题。根据民事诉讼法第一百八十八条的规定，对于军队设立选举委员会的选民资格案件，规定由军事法院管辖；根据民事诉讼法第二百零二条的规定，对于营区内的财产无主认定案件，规定由财产所在地军事法院管辖。

6. 明确管辖恒定

《规定》第一条新增加了第二款，增设地方当事人参加双军当事人诉讼的管辖规则。原则上，当事人一方或者双方为二人以上的共同诉讼，与每一名当事人相关的地点都有可能成为管辖地。为保证案件审理的连续性和稳定性，对于军事法院依据受理双军当事人案件之后，根据当事人申请或者依职权追加地方当事人参加诉讼的，明确"由军事法院继续审理"。

（二）关于选择管辖

选择管辖和共同管辖是一个问题的两个方面。从学理上说，共同管辖是指依照法律规定，两个或两个以上的人民法院对同一诉讼都有管辖权。选择管辖则是在共同管辖的情况下，当事人可以选择其中一个人民法院提起诉讼。根据民事诉讼法第三十六条的规定，两个或两个以上的人民法院都有管辖权的诉讼，原告可以向其中一个人民法院起诉；原告向两个以上有管辖权的人民法院起诉的，由最先立案的人民法院管辖。

依据民事诉讼法第三十六条规定，《规定》第二条规定，"下列民事案件，有关军事法院和地方人民法院都有权管辖，地方当事人向军事法院提起诉讼的，军事法院应当受理"。上述规定，体现出共同管辖是选择管辖前提条件的法理。对于军事法院和地方法院共同管辖的民事案件，第二条明确规定了地方当事人享有选择管辖的权利，就军人职务侵权案件、军人婚姻家庭案件、专属管辖的涉军案件以及地方当事人与军队医疗机构之间的医疗损害责任纠纷案件，可以选择向军事法院或地方法院提起诉讼。

需要说明的是，第二条第四项将地方当事人与军队医疗机构之间的医疗损害责任纠纷案件规定为选择管辖，主要考虑是军队医院大多位于军事管理区即营区范围内，依据《规定》第一条第一款第三项的规定，营区内的侵权纠纷一方为军人或者军队单位的案件属于军事法院专门管辖。鉴于医疗损害责任纠纷案件本身的复杂性，在选择管辖规定中保留原有的侵权纠纷中包含的医疗损害责任纠纷类型，既符合一直以来的实践做法，也有利于发挥军、地法院的优势，促进医患纠纷的就地化解；而且给予地方当事人相应的选择权，便于其根据自身客观情况选择到军、地法院起诉，也是践行两便原则的体现。

此外，民事诉讼法第三十六条规定为一般规则，实践中还会出现专门法院共同管辖涉军案件的特殊情形，比如军舰在执行职务中造成的侵权责任纠纷，有可能军事法院、海事法院均有管辖权。在此情况下，确定管辖时还应当遵循原则性与灵活性相结合的基本原则，结合专门法院专业性较强的特点，按照更有利于维护国防安全、更有利于发挥专业优势、更有利于调查取证裁判执行、更有利于化解纠纷的思路确定审理法院。当然，对此情形更有必要用好沟通协调的会商机制。调研发现，专门法院之间往往通过协商解决共同管辖问题，很少发生推诿管辖情况。

（三）关于协议管辖

根据民事诉讼法的规定，可以适用协议管辖的范围，除了合同纠纷外，还包括因物权、知识产权中的财产权等引发的纠纷。对于涉及身份关系的案件，原则上不适用协议管辖，例如，劳动争议案件涉及的法律关系具有人身属性，不适用协议管辖的有关规定。需要注意的是，根据《民诉法解释》第三十四条规定，当事人因同居或者在解除婚姻、收养关系后发生财产争议，约定管辖的，可以适用协议管辖。换言之，对于不涉及身份关系的处理，仅仅是在涉及同居或者解除身份关系后的财产纠纷，双方当事人可以约定协议管辖。

对照民事诉讼法第三十五条关于协议管辖的规定，《规定》将《2012年规定》第三条中协议管辖纠纷的范围由合同履行地或者标的物所在地在营区内的"合同纠纷"扩展至"合同或者其他财产权益纠纷"，既践行了民事诉讼法的规定精神，又进一步彰显了意思自治原则，也有利于减少管辖冲突。根据有效的管辖协议，如果起诉时不能确定具体由哪个军事法院管辖的，依照民事诉讼法等规定在军事法院中确定具体的管辖法院。例如，对于当事人之间的管辖协议中关于地域管辖约定明确具体，但级别管辖不符合法律、司法解释规定，按照当事人约定的地域，结合案件性质、标的额等能够确定具体管辖法院的，可以认定该管辖协议条款有效。对于约定不明的，则应按照民事诉讼法的相关规定确定管辖。

（四）专门管辖的除外规定

根据两便原则，《规定》第四条对当事人住所地所在省级行政区划内没有军事法院，或者交通十分不便的边远地区的案件，双方当事人同意由地方人民法院管辖的，规定地方人民法院可以管辖，涉及军事秘密的案件除外。主要考虑是，我国有8个省级行政区划内未设基层军事法院，而且即使在设有基层军事法院的省市，也有不便于当事人起诉的边远地区。"交通十分不便的边远地区"是参照新修正的刑事诉讼法第一百五十八条第一项规定予以确定。依据本条规定，当事人可以就近选择地方法院管辖，地方法院应当受理，但涉及军事秘密的案件除外。

（五）关于军事法院与地方人民法院之间管辖权争议的解决

管辖权争议主要指两个以上人民法院由于管辖区域不明，或者有共同管辖权的案件、多种地域管辖连接点并存的案件，或者对管辖法律规定、协议管辖条款产生不同理解，引起争抢管辖权或者推诿管辖权而发生的争议。发生管辖权争议且经协商仍无法解决的，应当由争议法院报请共同的上级法院指定管辖。《民诉法解释》第四十条进一步规范了报请程序，规定报请应当逐级进行。报请指定管辖前发生管辖权争议的人民法院必须先行协商，未经协商不得直接报请。

实践中，军事法院和地方法院积累了一些处理军地管辖争议的好经验，北京、山东等军地法院之间通过管辖会商协作机制，较好地确保诉讼高效便捷运行。在《规定》起草过程中，军地法院提出可以将实践中好的做法提炼出来，写入司法解释。为此，《规定》针对军地法院之间移送管辖的情况，依据民事诉讼法第三十七条关于移送管辖的规定、第三十八条第二款关于法院之间管辖争议"先双方协商、后报请指定管辖"

的规定，在《规定》第六条对军地法院之间的移送管辖明确了"可以先行协商"的规则，即"军事法院移送前可以先行与地方人民法院协商"，进一步强化对军地法院之间会商解决管辖争议的指引。

（六）关于地方当事人诉讼权利的保障

《规定》除了在军事法院民事案件管辖范围方面，明确地方当事人的选择管辖、协议管辖以外，还在以下方面加强了对地方当事人诉讼权利的保护：一是第四条规定了军事法院专门管辖的案件，如果当事人住所地省级行政区划内没有可以受理案件的第一审军事法院，或者处于交通十分不便的边远地区，双方当事人同意由地方人民法院管辖的，地方人民法院可以管辖；二是第七条明确了当事人的管辖异议救济权，规定军事法院受理案件后，当事人对管辖权有异议的，可以在提交答辩状期间提出。异议成立的，裁定将案件移送有管辖权的军事法院或者地方人民法院。

（七）关于术语解释

由于"军人"、"军队人员"以及"营区"的界定，直接影响到军事法院受理民事案件范围。依据军队最新制定的相关规范性文件，对上述概念重新作出准确定义，以有效避免因理解上的分歧而引发的管辖争议。

一是依据军队的相关规定，对"军人"的范围进行调整，删除"文职干部"，将"士兵"修改为"军士、义务兵"以及"警士、义务兵"。

二是依据军队的相关规定，对参照军人确定管辖的"军队人员"范围进行调整，删除"非现役公勤人员、正式职工"，增加"具有军队编制的职工"。

三是参照《最高人民法院、最高人民检察院、公安部、国家安全部、司法部、解放军总政治部办理军队和地方互涉刑事案件规定》第二十条的规定，对"营区"的范围进行调整，将"军队设立的临时驻地"明确为营区范围。主要考虑是，随着演习演训任务日益增多，部队设立临时驻地比较普遍。如此规定，能够适应练兵备战形势需求，充分发挥军事法院职能作用，有力维护军地和谐稳定。

（八）关于时间效力

《规定》自2025年5月1日起施行。《最高人民法院关于军事法院管辖民事案件若干问题的规定》（2020年修正）同时废止。《规定》施行前的司法解释以及司法解释性文件，与《规定》不一致的，以《规定》为准。

（撰稿人：周加海、司艳丽、沙玲、陈龙业）

最高人民法院
关于成渝金融法院案件管辖的规定

法释〔2022〕20号

（2022年9月19日最高人民法院审判委员会第1875次会议通过
2022年12月20日最高人民法院公告公布
自2023年1月1日起施行）

为服务和保障成渝地区双城经济圈及西部金融中心建设，进一步明确成渝金融法院案件管辖的具体范围，根据《中华人民共和国民事诉讼法》《中华人民共和国行政诉讼法》《全国人民代表大会常务委员会关于设立成渝金融法院的决定》等规定，制定本规定。

第一条 成渝金融法院管辖重庆市以及四川省属于成渝地区双城经济圈范围内的应由中级人民法院受理的下列第一审金融民商事案件：

（一）证券、期货交易、营业信托、保险、票据、信用证、独立保函、保理、金融借款合同、银行卡、融资租赁合同、委托理财合同、储蓄存款合同、典当、银行结算合同等金融民商事纠纷；

（二）资产管理业务、资产支持证券业务、私募基金业务、外汇业务、金融产品销售和适当性管理、征信业务、支付业务及经有权机关批准的其他金融业务引发的金融民商事纠纷；

（三）涉金融机构的与公司有关的纠纷；

（四）以金融机构为债务人的破产纠纷；

（五）金融民商事纠纷的仲裁司法审查案件；

（六）申请认可和执行香港特别行政区、澳门特别行政区、台湾地区法院金融民商事纠纷的判决、裁定案件，以及申请承认和执行外国法院金融民商事纠纷的判决、裁定案件。

第二条 下列金融纠纷案件，由成渝金融法院管辖：

（一）境内投资者以发生在中华人民共和国境外的证券发行、交易活动或者期货和衍生品交易活动损害其合法权益为由向成渝金融法院提起的诉讼；

（二）境内个人或者机构以中华人民共和国境外金融机构销售的金融产品或者提供的金融服务损害其合法权益为由向成渝金融法院提起的诉讼。

第三条 以住所地在重庆市以及四川省属于成渝地区双城经济圈范围内依法设立的金融基础设施机构为被告或者第三人，与其履行职责相关的第一审金融民商事案件和涉金融行政案件，由成渝金融法院管辖。

第四条 重庆市以及四川省属于成渝地区双城经济圈范围内应由中级人民法院受理的对金融监管机构以及法律、法规、规章授权的组织，因履行金融监管职责作出的行政行为不服提起诉讼的第一审涉金融行政案件，由成渝金融法院管辖。

第五条 重庆市以及四川省属于成渝地区双城经济圈范围内基层人民法院涉及本规定第一条第一至三项的第一审金融民商事案件和第一审涉金融行政案件的上诉案件，由成渝金融法院审理。

第六条 重庆市以及四川省属于成渝地区双城经济圈范围内应由中级人民法院受理的金融民商事案件、涉金融行政案件的申请再审和再审案件，由成渝金融法院审理。

本规定施行前已生效金融民商事案件、涉金融行政案件的申请再审和再审案件，仍由原再审管辖法院审理。

第七条 成渝金融法院作出的第一审民商事案件和涉金融行政案件生效裁判，重庆市以及四川省属于成渝地区双城经济圈范围内应由中级人民法院执行的涉金融民商事纠纷的仲裁裁决，由成渝金融法院执行。

成渝金融法院执行过程中发生的执行异议案件、执行异议之诉案件，重庆市以及四川省属于成渝地区双城经济圈范围内基层人民法院涉金融案件执行过程中发生的执行复议案件、执行异议之诉上诉案件，由成渝金融法院审理。

第八条 当事人对成渝金融法院作出的第一审判决、裁定提起的上诉案件，由重庆市高级人民法院审理。

当事人对成渝金融法院执行过程中作出的执行异议裁定申请复议的案件，由重庆市高级人民法院审查。

第九条 成渝金融法院作出发生法律效力的判决、裁定和调解书的申请再审、再审案件，依法应由上一级人民法院管辖的，由重庆市高级人民法院审理。

第十条 重庆市以及四川省属于成渝地区双城经济圈范围内各中级人民法院在本规定施行前已经受理但尚未审结的金融民商事案件和涉金融行政案件，由该中级人民法院继续审理。

第十一条 本规定自2023年1月1日起施行。

【链接】

最高人民法院民二庭负责人就
《关于成渝金融法院案件管辖的规定》答记者问

2022年12月20日，最高人民法院发布《最高人民法院关于成渝金融法院案件管辖的规定》（以下简称《规定》），自2023年1月1日起施行。为便于准确理解和执行《规定》，最高人民法院民二庭负责人就《规定》涉及的主要问题接受了采访，回答了记者的提问。

问：请介绍一下《规定》的制定背景和主要经过？

答：成渝地区双城经济圈建设是以习近平同志为核心的党中央作出的重大决策部署。2022年初，中央全面深化改革委员会通过了《关于设立成渝金融法院的方案》；2022年2月28日，第十三届全国人民代表大会常务委员会第三十三次会议通过《关于设立成渝金融法院的决定》，对成渝金融法院的案件管辖范围作了原则性规定。最高人民法院院长在向全国人大常委会作说明时专门指出,最高人民法院还将专门出台相关司法解释,进一步明确成渝金融法院的案件管辖问题。

设立成渝金融法院,是贯彻落实党中央决策部署的具体举措,对服务保障国家金融战略实施,防范化解金融风险,完善中国特色金融司法体系,维护金融安全,提升我国金融审判体系和审判能力现代化水平,促进成渝地区双城经济圈建设健康发展具有重要意义。为认真贯彻落实中央全面深化改革委员会通过的《关于设立成渝金融法院的方案》和全国人大常委会作出的《关于设立成渝金融法院的决定》,最高人民法院于2022年2月底就启动了成渝金融法院案件管辖司法解释的调研起草工作,通过召开座谈会、征求意见等方式,充分吸收了全国人大常委会法工委、中国人民银行、中国银行保险监督管理委员会、中国证券监督管理委员会、国家外汇管理局、司法部等国家部委和法院系统的意见建议,对条文进行了修改完善,并经最高人民法院审委会讨论通过后正式出台。

问:成渝金融法院的案件管辖相较其他金融法院,有没有自身特点?《规定》对此有没有专门的考虑?

答:成渝金融法院是我国第一家跨省级行政区域设立的金融专门法院,相较于北京金融法院和上海金融法院,其最大的特点在于跨省域管辖。一是管辖面积大。成渝地区双城经济圈面积18.5万平方公里,包括重庆市的中心城区及万州等27个区县以及四川省的成都、自贡等15个市。地域面积约是北京的11倍、上海的29.2倍,常住人口9600万人。二是涉及的基层法院多。受成渝金融法院管辖的基层法院超过150个,远超北京、上海金融法院管辖的基层法院数量。三是金融案件多。近三年来四川、重庆两地中级人民法院年均受理的金融案件数近1万件,而北京金融法院2021年受理案件4700余件,上海金融法院年均受理案件7000余件。

习近平总书记在中央财经委员会第六次会议上强调,推动成渝地区双城经济圈建设,要牢固树立一体化发展理念,做到统一谋划、一体部署、相互协作、共同实施。针对成渝金融法院跨省管辖的突出特点,我们在《规定》起草过程中,牢固树立一体化发展理念,不折不扣地落实中央全面深化改革委员会《关于设立成渝金融法院的方案》和全国人大常委会《关于设立成渝金融法院的决定》。《规定》立足"两地一个金融法院"的定位,确保成渝金融法院对重庆市以及四川省属于成渝地区双城经济圈范围内的金融案件要做到"应管尽管",确保两地金融案件裁判尺度的统一,确保成渝金融法院更好服务保障成渝地区双城经济圈和西部金融中心建设。

问:根据《规定》,成渝金融法院主要受理哪些案件?

答:《规定》共设置了11条内容,对成渝金融法院管辖的金融民商事案件、涉金融行政案件、执行案件等三大案件类型进行了全方位明确,对两地金融案件做到了"应管尽管"。在受案类型上,成渝金融法院管辖的辖区内金融民商事案件,主要包括以下六类:第一类是按照最新《民事案件案由规定》所列举的涉金融民商事纠纷,包括证券、期货交易、营业信托、保险、票据、信用证、独立保函、保理、金融借款合同、银行卡、融资租赁合同、委托理财合同、储蓄存款合同、典当、银行结算合同等;第二类是目前《民事案件案由规定》中没有的新型金融民商事纠纷,包括资产管理业务、资产支持证券业务、私募基金业务、外汇业务、金融产品销售和适当性管理、征信业务、支付业务及经有权机关批准的其他金融业务引发的金融民商事纠纷案件;第三类是涉金融机构的与公司有关的纠纷；第四类是金融机构破产案件；第五类是仲裁司法审查案件；第六类是申请认可、承认和执行我国港澳台地区及外国法院裁判案件。另外，成渝金融法院还对境外相关金融活动损害境内投资者合法权益的有关案件和辖区内金融基础设施机构所涉民商事案件，实行集中管辖。

成渝金融法院管辖的涉金融行政案件主要有，辖区内金融监管机构以及法律、法规、规章授权的组织所涉金融行政纠纷、辖区内金融基础设施机构所涉一审金融行政案件。

成渝金融法院管辖的执行案件主要有，负责执行其自身审理的第一审民商事案件和行政案件，审理由此引发的执行异议案件和执行异议之诉案件，审理辖区内基层法院执行金融案件过程中的执行复议案件和执行异议之诉上诉案件。

问：成渝金融法院跨省域管辖四川、重庆两地金融案件，《规定》施行后，两地金融案件的审级关系如何划分？

答：成渝金融法院管辖司法解释的重点和难点在于，要根据成渝金融法院跨省管辖的职能定位，对四川、重庆两地各级法院金融案件的审级关系作出了重新划分。成渝金融法院设立后，《规定》按照全国人大常委会作出的《关于设立成渝金融法院的决定》精神，对四川、重庆两地法院金融案件的审级关系作了如下明确。

第一，关于成渝金融法院的二审管辖范围。《规定》第五条明确，成渝金融法院辖区内基层人民法院作出的第一审金融民商事案件和第一审涉金融行政案件的上诉案件，由成渝金融法院审理。《规定》第十条规定，重庆市以及四川省属于成渝地区双城经济圈范围内各中级人民法院在《规定》施行前，也就是2023年1月1日前已经受理但尚未审结的二审金融民商事案件和涉金融行政案件，由该中级人民法院继续审理。

第二，关于成渝金融法院的再审管辖范围。与二审案件不同，再审管辖的案件是对已生效裁判的申请再审和再审案件。鉴于成渝金融法院跨省域管辖的实际，为保持成渝金融法院设立之前两地已生效裁判的安定性，《规定》第六条明确，成渝金融法院的再审管辖范围为，对《规定》施行后即2023年1月1日后辖区内生效的金融民商事案件、涉金融行政案件，行使中级人民法院审判监督权。也就是说，对于《规定》施行前即2023年1月1日前已生效金融民商事案件、涉金融行政案件的申请再审和再审案件，仍由原再审管辖法院审理。

第三，重庆市高级人民法院管辖成渝金融法院的二审和再审案件。《规定》第八条和第九条明确，当事人对成渝金融法院作出的第一审判决、裁定提起的上诉案件，由重庆市高级人民法院审理。成渝金融法院作出发生法律效力的判决、裁定和调解书的申请再审、再审案件，依法应由上一级人民法院管辖的，由重庆市高级人民法院审理。另外，当事人对成渝金融法院执行过程中作出的执行异议裁定申请复议的案件，由重庆市高级人民法院审查。

问：我们注意到，成渝金融法院有权管辖境外金融活动损害境内投资者合法权益案件，与北京金融法院、上海金融法院的管辖相同，在此类案件上如何协调三家金融法院的关系？

答：正如您所提到的，根据《规定》第二条，成渝金融法院有权管辖在我国境外上市的境内公司及境外公司损害境内投资者合法权益的证券、期货纠纷，以及境外其他金融产品和金融服务的提供者损害境内个人或者机构合法权益的金融纠纷。这一条与之前发布的北京金融法院、上海金融法院案件管辖规定的相关条款内容一致。三家金融法院都有权管辖境外金融活动损害境内投资者的金融纠纷，由此可能产生管辖权争议，即三家金融法院有可能对同一个案件行使管辖权。实际上，多个法院对同一案件都具有管辖权的情形，司法实践中常见多发。对此，民事诉讼法（2021年修正，下同）第三十六条规定，两个以上人民法院都有管辖权的诉讼，原告可以向其中一个人民法院起诉；原告向两个以上有管辖权的人民法院起诉的，由最先立案的人民法院管辖。民事诉讼法第三十八条第二款规定，人民法院之间因管辖权发生争议，由争议双方协商解决；协商解决不了的，报请它们的共同上级人民法院指定管辖。因此，对于此类案件的管辖法院，由当事人提起诉讼时自行选择确定；当事人同时向多家金融法院起诉的，案件由最先立案的法院管辖。如多家金融法院发生管辖争议，可以就个案报请共同上级人民法院即最高人民法院指定管辖。

最高人民法院
关于涉外民商事案件管辖若干问题的规定

法释〔2022〕18号

（2022年8月16日最高人民法院审判委员会第1872次会议通过
2022年11月14日最高人民法院公告公布
自2023年1月1日起施行）

为依法保护中外当事人合法权益，便利当事人诉讼，进一步提升涉外民商事审判质效，根据《中华人民共和国民事诉讼法》的规定，结合审判实践，制定本规定。

第一条 基层人民法院管辖第一审涉外民商事案件，法律、司法解释另有规定的除外。

第二条 中级人民法院管辖下列第一审涉外民商事案件：

（一）争议标的额大的涉外民商事案件。

北京、天津、上海、江苏、浙江、福建、山东、广东、重庆辖区中级人民法院，管辖诉讼标的额人民币4000万元以上（包含本数）的涉外民商事案件；

河北、山西、内蒙古、辽宁、吉林、黑龙江、安徽、江西、河南、湖北、湖南、广西、海南、四川、贵州、云南、西藏、陕西、甘肃、青海、宁夏、新疆辖区中级人民法院，解放军各战区、总直属军事法院，新疆维吾尔自治区高级人民法院生产建设兵团分院所辖各中级人民法院，管辖诉讼标的额人民币2000万元以上（包含本数）的涉外民商事案件。

（二）案情复杂或者一方当事人人数众多的涉外民商事案件。

（三）其他在本辖区有重大影响的涉外民商事案件。

法律、司法解释对中级人民法院管辖第一审涉外民商事案件另有规定的，依照相关规定办理。

第三条 高级人民法院管辖诉讼标的额人民币50亿元以上（包含本数）或者其他

在本辖区有重大影响的第一审涉外民商事案件。

第四条 高级人民法院根据本辖区的实际情况，认为确有必要的，经报最高人民法院批准，可以指定一个或数个基层人民法院、中级人民法院分别对本规定第一条、第二条规定的第一审涉外民商事案件实行跨区域集中管辖。

依据前款规定实行跨区域集中管辖的，高级人民法院应及时向社会公布该基层人民法院、中级人民法院相应的管辖区域。

第五条 涉外民商事案件由专门的审判庭或合议庭审理。

第六条 涉外海事海商纠纷案件、涉外知识产权纠纷案件、涉外生态环境损害赔偿纠纷案件以及涉外环境民事公益诉讼案件，不适用本规定。

第七条 涉及香港、澳门特别行政区和台湾地区的民商事案件参照适用本规定。

第八条 本规定自2023年1月1日起施行。本规定施行后受理的案件适用本规定。

第九条 本院以前发布的司法解释与本规定不一致的，以本规定为准。

【解读】

解读《关于涉外民商事案件管辖若干问题的规定》

为依法保护中外当事人合法权益，便利当事人诉讼，进一步提升涉外民商事审判质效，2022年8月16日，最高人民法院审判委员会第1872次会议审议通过了《最高人民法院关于涉外民商事案件管辖若干问题的规定》（以下简称《规定》），自2023年1月1日起施行。本文就《规定》的起草背景、主要内容、重点条款的把握等问题进行说明，便于实践中准确理解与适用。

一、《规定》的起草背景

党的十八届四中全会作出了完善审级制度的重大决定。为贯彻落实中共中央关于深化司法体制综合配套改革的决策部署，最高人民法院近年来一直在有序开展完善四级法院审级职能定位改革的相关工作。2021年9月27日，最高人民法院印发《最高人民法院关于完善四级法院审级职能定位改革试点的实施办法》，明确基层人民法院重在准确查明事实、实质化解纠纷；中级人民法院重在二审有效终审、精准定分止争；高级人民法院重在再审依法纠错、统一裁判尺度；最高人民法院监督指导全国审判工作，确保法律正确统一适用。涉外民商事案件管辖机制是涉外诉讼制度的重要组成部分，对于平等保护中外当事人合法权益、便利当事人诉讼、进一步提升涉外民商事审判质效具有重大意义。为在涉外民商事审判领域推动矛盾纠纷解决重心下移、积极落实合理定位四级法院民事审判职能的相关司改举措，进一步优化涉外民商事案件管辖机制，最高人民法院民四庭将制定《规定》作为推进涉外法治建设的一项重点工作，在充分调研、征求意见基础上起草了《规定》。

二、涉外民商事案件集中管辖制度的历史演进

我国涉外民商事案件集中管辖制度由来已久。为应对我国加入世界贸易组织后涉外民商事审判面临的形势和任务，最高人民法院审判委员会第1203次会议于2001年

12月25日通过了《最高人民法院关于涉外民商事案件诉讼管辖若干问题的规定》（法释〔2002〕5号）。该规定自2002年3月1日起施行，以司法解释的形式对涉外民商事案件的管辖权作出调整，将以往分散由各基层人民法院、中级人民法院管辖的涉外民商事案件集中由少数收案较多、审判力量较强的基层人民法院和中级人民法院管辖。随着涉外民商事审判的实际需求，最高人民法院又于2004年出台《最高人民法院关于加强涉外商事案件诉讼管辖工作的通知》（法〔2004〕265号）、于2017年出台《最高人民法院关于明确第一审涉外民商事案件级别管辖标准以及归口办理有关问题的通知》（法〔2017〕359号），适时调整涉外民商事案件集中管辖机制。涉外民商事案件集中管辖机制实施20余年来，形成了以特定管辖法院、专门审判机构、专业审判人员为特征的涉外民商事审判格局，培养造就了一支高素质、专业化的涉外法官队伍，涉外民商事案件的审判质量明显提高。

党的十八大以来，以习近平同志为核心的党中央坚定不移推进高水平对外开放，形成全方位、多层次、宽领域的全面开放新格局。随着我国开放型经济的深入发展、高质量共建"一带一路"的深入推进以及自由贸易试验区和海南自由贸易港的深化建设，涉外民商事案件数量明显上升，案件类型和分布区域发生较大变化，现有的涉外民商事案件集中管辖机制已经难以完全满足新形势新任务的要求，具体表现为以下方面。

其一，中外当事人对高效便利解决涉外民商事纠纷的新期待迫切要求改革现有管辖机制。法释〔2002〕5号文为确保涉外民商事审判质量，仅确定由极少数基层人民法院和少量中级人民法院集中管辖第一审涉外民商事案件，存在不够高效便民的情况，也不利于涉外民商事案件审判质效的持续提升。过往二十余年间，尽管最高人民法院应相关高级人民法院的请示，以复函方式陆续下放了部分地区涉外民商事案件的集中管辖权，但由于各地经济发展状况不一，出现部分地区所有中级人民法院均有涉外集中管辖权、部分地区仅有少量中级人民法院具有涉外集中管辖权的现象，难以满足中外当事人与日俱增的司法需求。

其二，涉外民商事案件集中管辖司法实践出现的普遍性问题迫切要求改革现有管辖机制。从调研情况看，法释〔2002〕5号文实施以来，一直存在对集中管辖案件范围认识不一致、不清晰的普遍性问题。由于涉外合同纠纷、涉外侵权纠纷案件的外延十分宽泛，较多法院对涉外民间借贷纠纷、涉外人身损害赔偿纠纷是否属于集中管辖范围认识不一。较多法院反映，对于案件事实和法律适用较为简单、影响不大的涉外合同纠纷、涉外侵权纠纷案件实行集中管辖，不方便当事人诉讼，也不利于涉外审判资源的科学配置。此外，法释〔2002〕5号文规定集中管辖机制不适用于边境贸易纠纷案件和涉外房地产案件，但该两类案件均非独立的案由，司法实践对其范围的认识也不尽统一。各地法院实施涉外民商事案件集中管辖尺度不统一的问题，亟待加以解决。

其三，当前四级法院审级职能定位改革迫切要求改革现有管辖机制。完善审级制度是党的十八届四中全会确定的重要改革举措方向。2021年5月，中央全面深化改革委员会审议通过《关于完善四级法院审级职能定位改革的方案》，明确了这项改革的目标和内容。最高人民法院自2021年9月开启四级法院审级职能定位改革之路以来，出台一系列改革举措，通过调整四级法院案件结构，构建梯次过滤、层级相适的案件分布格局，第一审民商事案件进一步下沉至基层人民法院。2019年，最高人民法院发布

《最高人民法院关于调整高级人民法院和中级人民法院管辖第一审民事案件标准的通知》(法发〔2019〕14号),规定了中级人民法院管辖第一审民事案件的诉讼标的额上限原则上为50亿元。该通知适用于涉外民商事案件。2021年9月17日,最高人民法院发布《最高人民法院关于调整中级人民法院管辖第一审民事案件标准的通知》(法发〔2021〕27号),统一规定了中级人民法院管辖第一审非涉外民商事案件的下限标准。如继续实施法释〔2002〕5号文规定的涉外集中管辖制度,将形成纯国内民商事案件基本集中在基层人民法院,而小标的额或者影响不大的涉外民商事案件却由中级人民法院管辖的情况,这不符合四级法院审级职能定位改革的大方向,也不利于涉外民商事审判资源的优化配置。

其四,中级人民法院、基层人民法院涉外审判队伍的长足发展为改革现有管辖机制奠定了坚实基础。党的十八大以来,各级法院深化司法体制综合配套改革,全面落实司法责任制,尤其是实施法官员额制改革后,具有涉外审判知识储备和审判能力的法官数量有了较大提升。随着涉外审判精品战略的不断深化,各中级人民法院、基层人民法院审判队伍素质不断提高,已经完全能够胜任涉外民商事审判工作,为改革现有涉外集中管辖机制提供了坚实基础和队伍保障。我们认为,改革涉外集中管辖机制的时机已经完全成熟,并有利于提升涉外司法质效,更好服务保障高水平对外开放。

最高人民法院坚持法治统一、坚持问题导向、坚持务实高效原则,着力化解制约涉外民商事审判质效的难题,在深入调研、广泛征求意见的基础上,慎重提出了重新制定涉外管辖司法解释、废止法释〔2002〕5号文的建议。

党的二十大提出,要推进高水平对外开放,营造市场化、法治化、国际化一流营商环境,推动共建"一带一路"高质量发展。《规定》的出台是贯彻落实党的二十大精神,统筹推进国内法治和涉外法治的具体举措。《规定》出台后,将进一步优化涉外民商事案件管辖机制、便利中外当事人诉讼、维护中外当事人的合法权益、提升涉外民商事案件审判质效,实现涉外民商事审判调结构、定职能的作用。

三、《规定》的主要内容

(一) 明确了基层人民法院管辖第一审涉外民商事案件的相关规则

关于基层人民法院管辖第一审涉外民商事案件的规则,主要体现在《规定》第一条。民事诉讼法(2021年修正,下同)第十八条规定,基层人民法院管辖第一审民事案件。民事诉讼法第十九条第一项、第二项规定,中级人民法院管辖第一审重大涉外案件和在本辖区有重大影响的案件,因此,非重大的第一审涉外民商事案件原则上均应由基层人民法院管辖。法释〔2002〕5号文制定之初较好地解决了我国加入世界贸易组织时涉外审判力量不足的掣肘,但存在和民事诉讼法规定相冲突的问题。因此,《规定》第一条以民事诉讼法第十八条和第十九条为依据,明确第一审涉外民商事案件原则上由基层人民法院管辖。此规定符合民事诉讼法的原意,符合社会经济发展的实际,也顺应四级法院审级职能定位改革的要求。应注意的是,如果法律、司法解释对第一审涉外民商事案件管辖权另有规定的,则适用特别规定。例如,最高人民法院公布的《最高人民法院关于设立国际商事法庭若干问题的规定》对最高人民法院国际商事法庭受理第一审涉外商事案件有专门的规定,该类案件的管辖则应依据该规定。

(二) 明确了中级人民法院管辖第一审涉外民商事案件的相关规则

《规定》第二条将第一审涉外民商事案件管辖权下放至所有中级人民法院,同时明确中级人民法院管辖第一审涉外民商事案件的级别管辖标准。民事诉讼法第十九条第一项规定重大涉外案件由中级人民法院管辖，最高人民法院公布的《最高人民法院关于适用〈中华人民共和国民事诉讼法〉的解释》(2020年修正，下同，以下简称《民诉法解释》)第一条进一步明确，重大涉外案件是指争议标的额大、案情复杂，或者一方当事人人数众多等具有重大影响的案件。《规定》第二条第一款第二项和第三项与《民诉法解释》第一条的规定保持一致，第二条第一款第一项则从标的额角度界定了"争议标的额大"的标准。《规定》第二条第二款是但书条款，即现行法律和司法解释规定其他相关案件应由中级人民法院管辖的，则依照规定由中级人民法院管辖，主要是指民事诉讼法、最高人民法院公布的《关于审理仲裁司法审查案件若干问题的规定》等规定的由中级人民法院管辖的申请承认和执行外国法院判决案件、仲裁司法审查案件以及其他依法应由中级人民法院管辖的案件等情形。

《规定》根据不同区域确定不同标的额的管辖标准，主要考虑是各地外向型经济发展存在巨大差异，中级人民法院涉外民商事案件收案数量相应存在明显差异的实际情况。如果标的额采取"一刀切"模式，标的额过低可能会出现部分中级人民法院一审涉外民商事案件数量过多；过高则可能导致部分中级人民法院一审涉外民商事案件数量过少。基于均衡中级、基层人民法院涉外案件工作量、保障涉外案件裁判尺度统一、提升中西部法官涉外审判水平等多方面考虑，我们经广泛调研，多方听取意见，采取了分区域梯度划分标的额管辖标准的模式，第一档为人民币4000万元以上（包含本数），第二档为人民币2000万元以上（包含本数），加大第一审涉外民商事案件下沉力度，构建统一、稳定、可预期的涉外民商事案件管辖规则。

（三）明确了高级人民法院管辖第一审涉外民商事案件的相关规则

《规定》第三条规定："高级人民法院管辖诉讼标的额人民币50亿元以上（包含本数）或者其他在本辖区有重大影响的第一审涉外民商事案件。"该规定的主要依据在于以下两个方面。

第一，关于"重大影响"管辖标准的把握。根据民事诉讼法第十九条第一项和第二十条的规定，中级人民法院管辖重大第一审涉外民事案件，高级人民法院管辖在本辖区有重大影响的第一审民事案件。因此，根据民事诉讼法的现行规定，在高级人民法院辖区有重大影响的第一审涉外民商事案件，应由高级人民法院管辖。实践中应注意的是，重大涉外案件应以中级人民法院管辖为原则，一般应由中级人民法院管辖，只有在高级人民法院辖区内乃至全国范围内影响极为重大的第一审涉外民商事案件，方应由高级人民法院管辖。

第二，关于诉讼标的额标准的把握。应注意到，2019年4月，最高人民法院发布《最高人民法院关于调整高级人民法院和中级人民法院管辖第一审民事案件标准的通知》（法发〔2019〕14号，以下简称《通知》)，根据《通知》第二条、第三条的规定，高级人民法院管辖诉讼标的额50亿元（人民币）以上（包含本数）或者其他在本辖区有重大影响的第一审民事案件。海事海商案件、涉外民事案件的级别管辖标准按照《通知》执行。由于《通知》第二条已经对高级人民法院管辖第一审民事案件的标准予以确定，《通知》第三条明确该标准适用于涉外民事案件。为保证规则的稳定和涉外管辖规则体系的统一，《规定》沿用了《通知》第二条和第三条的内容，作出了现行规定。

(四) 明确了必要情况下基层人民法院、中级人民法院对第一审涉外民商事案件实行跨区域集中管辖的相关规则

《规定》第四条规定:"高级人民法院根据本辖区的实际情况,认为确有必要的,经报最高人民法院批准,可以指定一个或数个基层人民法院、中级人民法院分别对本规定第一条、第二条规定的第一审涉外民商事案件实行跨区域集中管辖。依据前款规定实行跨区域集中管辖的,高级人民法院应及时向社会公布该基层人民法院、中级人民法院相应的管辖区域。"理解这一规定,应把握如下要点。

首先,必须明确的是,《规定》前三条与第四条是一般规定与特殊规定、原则规定与例外规定的关系。下沉第一审涉外民商事案件的管辖是《规定》确立的一个基本原则,第四条的内容并不能动摇这一原则。

其次,因不同地区的实际情况不一,涉外案件数量分布、涉外审判力量配备不均衡,允许高级人民法院根据实际情况、因地制宜,其认为确有必要并层报最高人民法院批准,可以在部分基层人民法院、少数中级人民法院仍然实施第一审涉外民商事案件跨区域集中管辖机制。

再次,关于基层人民法院实行跨区域集中管辖的特别规定。第一审涉外民商事案件管辖下沉后,在便利中外当事人、优化涉外审判资源配置的同时,可能产生案件质量参差不齐影响涉外司法公信力、涉外审判人案配比矛盾突出等问题。从前期深圳、珠海等地将区域内第一审涉外民商事案件集中到涉外审判力量较强的一家基层人民法院审理的情况看,已经取得了较好效果。为此,《规定》第四条第一款允许各高级人民法院报经最高人民法院批准,可以指定中级人民法院辖区内一个或数个基层人民法院管辖第一审涉外民商事案件。但需要强调的是,原则上每个中级人民法院辖区内应至少确定一个基层人民法院管辖涉外民商事案件,以免造成中外当事人诉讼不便。

最后,关于中级人民法院集中管辖第一审涉外民商事案件的规定。鉴于北京、天津、上海、重庆四个直辖市辖区内的各中级人民法院基本上集中在一个城市,故《规定》第四条第一款允许直辖市的高级人民法院报经最高人民法院批准,可以指定辖区内特定的一个或数个中级人民法院集中管辖第一审涉外民商事案件。

四、其他需要注意的问题

(一) 与开放型经济关系密切的特定民商事案件归口办理的问题

实践中,对于最高人民法院印发的《最高人民法院关于明确第一审涉外民商事案件级别管辖标准以及归口办理有关问题的通知》在《规定》施行后是否予以废止存有疑问。《规定》第九条规定:"本院以前发布的司法解释与本规定不一致的,以本规定为准。"该条也适用于《规定》出台前发布的规范性文件。由于《规定》对四级法院第一审涉外民商事案件级别管辖标准作出了明确规定,取代了《最高人民法院关于明确第一审涉外民商事案件级别管辖标准以及归口办理有关问题的通知》第一条的规定,故该通知第一条的规定不再适用。但该通知第二条规定的与开放型经济关系密切的十类特定民商事案件由涉外审判庭或专门合议庭归口办理的内容,并未被《规定》所涵盖,因而仍然是有效的。这十类案件包括:(1) 当事人一方或者双方是外国人、无国籍人、外国企业或者组织,或者当事人一方或者双方的经常居所地在中华人民共和国领域外的民商事案件;(2) 产生、变更或者消灭民事关系的法律事实发生在中华人民共和国领域外,或者标的物在中华人民共和国领域外的民商事案件;(3) 外商投资企

业设立、出资、确认股东资格、分配利润、合并、分立、解散等与该企业有关的民商事案件;(4)一方当事人为外商独资企业的民商事案件;(5)信用证、保函纠纷案件,包括申请止付保全案件;(6)对第一项至第五项案件的管辖权异议裁定提起上诉的案件;(7)对第一项至第五项案件的生效裁判申请再审的案件,但当事人依法向原审人民法院申请再审的除外;(8)跨境破产协助案件;(9)民商事司法协助案件;(10)《最高人民法院关于仲裁司法审查案件归口办理有关问题的通知》确定的仲裁司法审查案件。

此外,实践中对于涉外民商事案件归口办理与管辖的关系问题,存在着一定的混淆认识。对此,应当注意二者是不同层面的问题。归口办理仅涉及同一法院内设审判部门之间对办理案件的分工,即法院受理案件后由哪个民事审判庭办理,其并不涉及管辖事宜。管辖是诉讼制度的组成部分,是不同层级、不同地域法院之间对受理第一审民商事案件的分工。归口办理所涉及的十类案件的管辖应当根据民事诉讼法、仲裁法等法律以及《规定》等司法解释予以确定。综上所述,由于《规定》仅涉及第一审涉外民商事案件的管辖规则,并不涉及归口办理的问题,因此,法〔2017〕359号文第二条仍然有效,该条规定范围内的案件仍应由涉外审判庭或专门合议庭归口办理。同时,根据该条第二款的规定,如该条规定范围内的案件属于涉外婚姻家庭纠纷、继承纠纷、劳动争议、人事争议、环境污染侵权纠纷及环境公益诉讼的,则不适用归口办理。

(二)此前已经报批过的具有涉外管辖权的中级人民法院和基层人民法院,《规定》生效后如何处理

《规定》的出台完全改变了此前的涉外集中管辖制度,形成了中级、基层人民法院均有权依据民事诉讼法等法律及司法解释的规定审理第一审涉外民商事案件的常态化管辖机制,但根据《规定》第四条的规定,高级人民法院认为确有必要并经最高人民法院批准,可以指定少数中级、基层人民法院实施涉外集中管辖机制,即以涉外管辖权下沉为原则、集中管辖为例外。这是理解如何处理前期报批问题和后续可能的报批问题的重要出发点。

其一,尚未取得涉外管辖权的中级人民法院和基层人民法院在《规定》生效后,自动获得了对涉外民商事案件的管辖权。

其二,此前涉外集中管辖制度实施过程中,最高人民法院依据法释〔2002〕5号文对高级人民法院要求授予中级、基层人民法院涉外民商事案件管辖权的请示作出的批复,因法释〔2002〕5号文被废止而相应废止,不需再另行撤销。

其三,《规定》第四条涉及的层报制度是在放开涉外管辖权背景下,将跨区域集中管辖作为例外情形,由高级人民法院根据实际情况、因地制宜决定是否呈报最高人民法院批准。因此,如果高级人民法院拟在部分基层人民法院和中级人民法院仍实行跨区域集中管辖,应当重新履行报批手续。

其四,最高人民法院前期已陆续批准在苏州、北京、成都、厦门、长春、泉州、无锡、南宁等地中级人民法院设立国际商事法庭,集中管辖第一审涉外民商事案件。鉴于国际商事法庭的特殊性,为维护管辖规则的稳定和统一,其可以继续实行集中管辖机制,无须再履行向最高人民法院报批的手续。

(撰稿人:沈红雨、郭载宇)

最高人民法院
关于第一审知识产权民事、行政案件管辖的若干规定

法释〔2022〕13号

(2021年12月27日最高人民法院审判委员会第1858次会议通过
2022年4月20日最高人民法院公告公布
自2022年5月1日起施行）

为进一步完善知识产权案件管辖制度，合理定位四级法院审判职能，根据《中华人民共和国民事诉讼法》《中华人民共和国行政诉讼法》等法律规定，结合知识产权审判实践，制定本规定。

第一条 发明专利、实用新型专利、植物新品种、集成电路布图设计、技术秘密、计算机软件的权属、侵权纠纷以及垄断纠纷第一审民事、行政案件由知识产权法院、省、自治区、直辖市人民政府所在地的中级人民法院和最高人民法院确定的中级人民法院管辖。

法律对知识产权法院的管辖有规定的，依照其规定。

第二条 外观设计专利的权属、侵权纠纷以及涉驰名商标认定第一审民事、行政案件由知识产权法院和中级人民法院管辖；经最高人民法院批准，也可以由基层人民法院管辖，但外观设计专利行政案件除外。

本规定第一条及本条第一款规定之外的第一审知识产权案件诉讼标的额在最高人民法院确定的数额以上的，以及涉及国务院部门、县级以上地方人民政府或者海关行政行为的，由中级人民法院管辖。

法律对知识产权法院的管辖有规定的，依照其规定。

第三条 本规定第一条、第二条规定之外的第一审知识产权民事、行政案件，由最高人民法院确定的基层人民法院管辖。

第四条 对新类型、疑难复杂或者具有法律适用指导意义等知识产权民事、行政案件，上级人民法院可以依照诉讼法有关规定，根据下级人民法院报请或者自行决定提级审理。

确有必要将本院管辖的第一审知识产权民事案件交下级人民法院审理的，应当依照民事诉讼法第三十九条第一款的规定，逐案报请其上级人民法院批准。

第五条 依照本规定需要最高人民法院确定管辖或者调整管辖的诉讼标的额标准、区域范围的，应当层报最高人民法院批准。

第六条 本规定自2022年5月1日起施行。

最高人民法院此前发布的司法解释与本规定不一致的，以本规定为准。

【解读】

解读《关于第一审知识产权民事、行政案件管辖的若干规定》

2021年12月27日，最高人民法院审判委员会第1858次会议审议通过《最高人民法院关于第一审知识产权民事、行政案件管辖的若干规定》（法释〔2022〕13号，以下简称《规定》），自2022年5月1日起施行。为细化《规定》第三条，最高人民法院配套发布了《最高人民法院关于印发基层人民法院管辖第一审知识产权民事、行政案件标准的通知》（法〔2022〕109号，以下简称《通知》），与《规定》同步实施。本文就《规定》的起草背景、基本原则及主要内容，并结合《通知》的有关规定进行说明，以便于实践中准确理解与适用。

一、《规定》制定的背景与经过

2014年以来，北京、上海、广州和海南自由贸易港知识产权法院相继设立。2017年起，最高人民法院批复同意南京等27个城市设立知识产权专门审判机构，跨区域管辖专业技术性较强的知识产权案件。2019年1月，最高人民法院知识产权法庭挂牌办公，集中管辖全国范围内专利等技术类知识产权和垄断上诉案件。在此之前，最高人民法院先后批准近200家基层人民法院集中管辖相应区域的商标、著作权等普通知识产权案件，管辖布局不断完善。随着我国经济社会快速发展，知识产权案件数量逐年激增，新类型疑难复杂案件不断涌现，现有的知识产权案件管辖布局需要作进一步优化，以便更好地发挥知识产权专门化审判体系在统一裁判标准、优化科技创新法治环境、服务知识产权强国建设等方面的职能作用。

一是民事案件诉讼标的额标准应尽可能统一，便于当事人诉讼。《最高人民法院关于调整地方各级人民法院管辖第一审知识产权民事案件标准的通知》（法发〔2010〕5号，以下简称《2010年通知》）基于当时各地案件类型和数量分布差异大等实际，规定基层人民法院管辖第一审民事案件诉讼标的额由高级人民法院自行确定并报最高人民法院批准。随着知识产权案件数量增加，各地管辖标准不统一问题日益凸显。

二是中级人民法院、基层人民法院管辖标准需要进一步优化，合理定位法院审级职能。当前有部分中级人民法院辖区没有基层人民法院管辖知识产权民事案件，以致所有知识产权民事案件，包括案情简单、诉讼标的额小的案件都由中级人民法院一审、高级人民法院二审。地方法院反映，这种情况既不利于中级人民法院集中审判力量审理疑难复杂案件，也不利于高级人民法院再审纠错、统一裁判尺度职能的发挥。

三是知识产权刑事案件管辖需要进一步调整，确保"三合一"审判机制功能充分发挥。目前，部分地区第一审知识产权民事案件由中级人民法院管辖，而第一审知识产权刑事案件由基层人民法院管辖，容易造成针对同一权利的民事、刑事案件管辖不协调情形。

《中共中央关于全面推进依法治国若干重大问题的决定》要求完善审级制度，一审重在解决事实认定和法律适用，二审重在解决事实法律争议、实现二审终审，再审重在解决依法纠错、维护裁判权威。中央全面深化改革委员会审议通过的《关于完善四级法院审级职能定位的改革方案》明确了完善四级法院审级职能定位的改革目标、基本原则及主要内容。《最高人民法院关于完善四级法院审级职能定位改革试点的实施办法》（法〔2021〕242号，以下简称《实施办法》）进一步明确"基层人民法院重在准确查明事实、实质化解纠纷；中级人民法院重在二审有效终审、精准定分止争；高级人民法院重在再审依法纠错、统一裁判尺度；最高人民法院监督指导全国审判工作、确保法律正确统一适用"。中共中央、国务院印发的《知识产权强国建设纲要（2021—2035年）》强调"健全公正高效、管辖科学、权界清晰、系统完备的司法保护体制""深入推进知识产权民事、刑事、行政案件'三合一'审判机制改革，构建案件审理专门化、管辖集中化和程序集约化的审判体系"。上述决策部署为完善知识产权案件管辖制度提供了遵循，指明了方向。

为贯彻落实党中央决策部署，进一步完善管辖科学的知识产权诉讼制度，合理定位四级法院审判职能，切实解决知识产权案件管辖存在的问题，最高人民法院民三庭牵头起草《规定》。起草期间，多次征求中宣部、全国人大常委会法工委、最高人民检察院、公安部、司法部、海关总署、国家市场监管总局、国家知识产权局、全国律协等部门及各高级人民法院意见。在充分吸收各方反馈意见的基础上，对条文稿作了反复修改完善，形成送审稿，并提交最高人民法院审判委员会讨论通过。

二、《规定》的基本原则

《规定》的起草，始终坚持以习近平新时代中国特色社会主义思想为指导，深入学习贯彻习近平法治思想，切实发挥知识产权审判激励创新创造、维护公平竞争、促进文化繁荣的职能作用，紧扣知识产权审判工作实际，着力促进知识产权审判体系和审判能力现代化建设，确保党中央决策部署落地见效。起草过程中，遵循以下原则。

一是坚持服务大局。兼顾推动知识产权审判重心下沉和充分发挥专门审判机构优势的指导思想，《规定》采取"特殊案由列举＋其他兜底"的起草思路，明确知识产权法院等部分中级人民法院集中管辖发明专利等特定类型案件，充分聚焦重大科技创新的司法保障问题。同时，积极推进知识产权案件繁简分流，切实发挥基层人民法院多元解纷、化解矛盾的重要功能，促进社会治理体系和治理能力现代化。

二是坚持依法解释。严格依据民事诉讼法、行政诉讼法及全国人大常委会决定等法律规定，进一步明确中级人民法院、基层人民法院管辖知识产权民事、行政案件类型及诉讼标的额标准，对管辖布局作进一步细化完善。

三是坚持问题导向。积极回应社会各方关切，以方便当事人诉讼为出发点，紧扣各地经济发展及知识产权案件数量分布不均衡等实际情况，《规定》从案由、类型及标的额三个方面入手，明确第一审知识产权案件管辖范围和标准。

三、《规定》的主要内容

（一）部分中级人民法院管辖的第一审知识产权案件类型

为确保部分中级人民法院集中力量公正高效审理专业技术性强、重大疑难复杂等案件，《规定》依据《全国人民代表大会常务委员会关于专利等知识产权案件诉讼程序若干问题的决定》和《全国人民代表大会常务委员会关于在北京、上海、广州设立知识产权法院的决定》（以下简称《知识产权法院决定》），明确发明专利、实用新型专利、植物新品种、集成电路布图设计、技术秘密、计算机软件的权属、侵权纠纷及垄断纠纷这七类案件由知识产权法院、省会城市中级人民法院和最高人民法院确定的中级人民法院集中管辖。适用中需要注意以下问题。

一是涉及发明专利等的合同纠纷案件按普通知识产权案件确定管辖。起草过程中，有意见提出，鉴于《知识产权法院决定》对知识产权法院管辖的专利等案件类型作出了"专业技术性较强"的限定，而专利等知识产权合同纠纷案件通常不涉及较强的专业技术性问题，由知识产权法院等部分中级人民法院集中管辖的必要性不大，可将知识产权合同纠纷案件作为普通知识产权案件确定管辖。经征求全国人大常委会法工委意见，《规定》采纳了上述意见，即涉及发明专利等权属、侵权案件由部分中级人民法院管辖，而将知识产权合同纠纷案件作为普通知识产权案件管辖。《规定》施行后，涉及发明专利等的第一审知识产权合同纠纷案件，将由基层人民法院管辖（需符合有关诉讼标的额标准）。当事人对一审裁判不服的，应当上诉至上一级人民法院。需要注意的是，《规定》第一条、第二条所称"权属、侵权纠纷"，主要是指《民事案件案由规定》所规定的"知识产权权属、侵权纠纷"，包括确认不侵害知识产权纠纷、因申请知识产权临时措施损害责任纠纷、因恶意提起知识产权诉讼损害责任纠纷、专利权宣告无效后返还费用纠纷等。知识产权合同纠纷亦指《民事案件案由规定》所规定的"知识产权合同纠纷"。另外，有的商业秘密侵权案件可能既涉及技术信息又涉及经营信息，应当按照特殊优先原则，由有权管辖侵害技术秘密纠纷的法院审理。

二是垄断行政案件包括滥用行政权力排除、限制竞争的行政性垄断案件。起草过程中，有意见提出，滥用行政权力排除、限制竞争的行政案件同样涉及相关市场认定、竞争损害分析等具有普遍性的反垄断法律问题，需要与有关垄断民事案件和行政处罚类垄断行政案件保持一致，建议将滥用行政权力排除、限制竞争行政案件的管辖按照垄断民事、行政案件管辖确定。为统一司法裁判标准，《规定》采纳了该意见，亦即《规定》第一条规定的垄断行政案件包括滥用行政权力排除、限制竞争的行政性垄断案件。

另外，鉴于《知识产权法院决定》及《全国人民代表大会常务委员会关于设立海南自由贸易港知识产权法院的决定》（以下简称《海南知识产权法院决定》）对知识产权法院管辖的案件类型还有其他明确规定，如不服国务院行政部门裁定或者决定而提起的第一审知识产权授权确权行政案件，由北京知识产权法院管辖，故《规定》第一条第二款规定，法律对知识产权法院的管辖有规定的，依照其规定。

（二）各中级人民法院管辖的第一审知识产权案件类型

《规定》第二条明确了知识产权法院和各中级人民法院可以管辖的案件类型，可分为以下三类。

第一类是外观设计专利的权属、侵权纠纷以及涉驰名商标认定第一审民事、行政案件。此前，该两类案件由部分中级人民法院集中管辖。起草过程中，有意见提出，该两类案件通常不涉及较强的专业技术性问题，跨区域集中管辖会给当事人诉讼带来不便，此两类案件集中管辖的必要性不大。《规定》采纳该意见，明确该两类案件由知识产权法院和各中级人民法院管辖，不再由部分中级人民法院集中管辖，以均衡案件分布，进一步确保部分中级人民法院集中审理专业技术性较强的疑难复杂案件。

需要注意的是，就知识产权法院而言，根据《知识产权法院决定》的规定，北京、上海、广州知识产权法院跨区域管辖所在省（直辖市）的有关专利等第一审知识产权民事和行政案件；《海南知识产权法院决定》规定，海南自由贸易港知识产权法院管辖海南省有关专利等第一审知识产权民事、行政案件。全国人大常委会决定所规定的专利案件包括外观设计专利案件，故知识产权法院所属区域的其他中级人民法院不能管辖外观设计专利民事、行政案件。

关于涉驰名商标认定第一审知识产权民事、行政案件，《知识产权法院决定》未规定北京、上海、广州知识产权法院集中管辖，但考虑到北京、上海知识产权法院统一管辖北京市、上海市应当由中级人民法院管辖的第一审知识产权民事、行政案件，因此，北京、上海知识产权法院统一管辖全市涉驰名商标认定第一审民事、行政案件。根据《最高人民法院关于北京、上海、广州知识产权法院案件管辖的规定》，广州知识产权法院对涉驰名商标认定的民事案件实行跨区域集中管辖。鉴于知识产权审判经验不断积累，涉驰名商标认定案件裁判规则业已成熟，从方便当事人诉讼角度考虑，不再由广州知识产权法院统一管辖广东省内此类案件的做法，条件已经成熟，因此，根据《规定》第二条，广州知识产权法院不再集中管辖全省其他地市的涉驰名商标认定案件，此类案件由广东省各中级人民法院管辖。

也就是说，《规定》施行后，除北京市、上海市、广东省、海南省外，其他地区的中级人民法院均可以管辖外观设计专利第一审民事、行政案件；除北京市、上海市、海南省外，其他地区的中级人民法院均可以管辖涉驰名商标认定第一审案件。

起草过程中，有意见提出，个别中级人民法院案件数量多，建议经最高人民法院批准，外观设计专利民事、涉驰名商标认定案件可以由基层人民法院管辖。《规定》采纳该意见，以便于案件特别多的地区将此类案件下沉。需要注意两点：一是外观设计专利行政案件不能由基层人民法院管辖；二是基层人民法院管辖此两类案件须经最高人民法院另行批准，并不是所有具有知识产权民事案件管辖权的基层人民法院均可管辖。另外，基于《规定》第一条规定权属、侵权纠纷案件由知识产权法院等部分中级人民法院管辖，而将合同纠纷案件作为普通知识产权案件管辖的理由，《规定》第二条对外观设计专利案件亦作同样规定。

第二类是最高人民法院确定的诉讼标的额以上的普通知识产权民事案件。本文所指的普通知识产权民事、行政案件，是指《规定》第一条规定的七类案件和第二条第一款规定的两类案件之外的其他知识产权民事、行政案件，包括涉及发明专利等的合同纠纷案件。关于普通知识产权民事案件诉讼标的额的确定，考虑到各地诉讼标的额不宜"一刀切"、需要动态调整等实际情况，《规定》未涉及诉讼标的额的具体标准，而由《通知》另行明确。另外，根据民事诉讼法（2021年修正，下同）第十九条的规定，中级人民法院还管辖重大涉外案件、在本辖区有重大影响的第一审民事案件。需要注意的是，涉外知识产权民事案件的管辖应依照民事诉讼法及《规定》确定，不适用一般涉外民商事案件管辖司法解释的规定。

第三类是涉及国务院部门、县级以上地方人民政府或者海关行政行为的普通知识产权行政案件。另外，根据行政诉讼法（2017年修正）第十五条的规定，中级人民法院还管辖本辖区内重大、复杂的第一审行政案件。《最高人民法院关于适用〈中华人民共和国行政诉讼法〉的解释》第五条进一步规定："有下列情形之一的，属于行政诉讼法第十五条第三项规定的'本辖区内重大、复杂的案件'：（一）社会影响重大的共同诉讼案件；（二）涉外或者涉及香港特别行政区、澳门特别行政区、台湾地区的案件；（三）其他重大、复杂案件。"知识产权行政案件同样适用行政诉讼法关于级别管辖的规定。

（三）最高人民法院确定的基层人民法院管辖的案件类型

除《规定》第一条、第二条规定的案件外，其他第一审知识产权民事、行政案件均由基层人民法院管辖。为细化《规定》第三条，最高人民法院同步发布了《通知》。

一是确定了具有知识产权民事、行政案件管辖权的基层人民法院及其管辖区域。除个别地区外，每个中级人民法院辖区内至少有一个基层人民法院具有知识产权案件管辖权。需要注意的是，每一个基层人民法院管辖的知识产权民事案件区域范围与行政案件区域范围是一致的。

二是确定了基层人民法院管辖第一审知识产权民事案件的诉讼标的额标准。《通知》充分考虑各地区知识产权案件数量分布不均、诉讼标的额差异较大等实际情况，同时为确保标准相对简单明了，便于当事人诉讼，根据各高级人民法院的请示，明确广东省划分两个诉讼标的额标准确定基层人民法院的管辖，其他省份实行省内一个诉讼标的额标准确定基层人民法院的管辖。

（四）关于提级管辖

完善案件提级管辖机制是四级法院审级职能定位改革试点的重要内容，有利于充分发挥较高层级法院统一法律适用、打破诉讼主客场的职能作用。就知识产权案件而言，国际影响重大、涉新领域新业态的新类型案件不断涌现，前沿法律争议问题较多，因此，知识产权案件下沉的同时，提级管辖机制显得尤为重要。根据《规定》第四条的规定，对新类型、疑难复杂或者具有法律适用指导意义等知识产权民事、行政案件，上级人民法院可以依照诉讼法的有关规定，根据下级人民法院报请或者自行决定提级审理。

需要注意的是，《实施办法》规定的可以提级管辖的特殊类型案件的识别标准、案件提级管辖的流转程序、案件提级管辖的处理方式等，同样适用于知识产权案件。各高级人民法院可以根据辖区知识产权审判实际，依据《实施办法》细化提级管辖机制方案，积极完善符合地方审判实践的提级管辖工作机制。

（五）关于适用效力及立案衔接

《规定》对当前中级人民法院、基层人民法院管辖知识产权民事、行政案件的类型和标准进行了较大调整，此前发布的司法解释以及最高人民法院有关批复、答复等与《规定》不一致的，以《规定》为准。需要注意的是，《规定》和《通知》施行前，具有知识产权案件管辖权的人民法院已经收到当事人起诉材料的，继续审查，不得基于《规定》移送管辖。

四、其他需要注意的问题

（一）地方法院知识产权法庭管辖案件的调整

2017年起，最高人民法院先后批准在南京等27个城市中级人民法院内设知识产权法庭（审判庭），省内跨区域管辖专业技术性较强的知识产权案件。《规定》实施后，地方知识产权法庭管辖的案件类型应当根据《规定》进行调整，此前最高人民法院有关批复与《规定》不一致的，以《规定》为准。

为便于理解，现以南京知识产权法庭为例进行说明。根据《最高人民法院关于同意南京市、苏州市、武汉市、成都市中级人民法院内设专门审判机构并跨区域管辖部分知识产权案件的批复》（法〔2017〕2号）[《最高人民法院关于同意江苏省徐州市中级人民法院内设专门审判机构跨区域管辖部分知识产权案件并调整江苏省南京市中级人民法院管辖范围的批复》（法〔2022〕15号）对南京知识产权法庭管辖区域范围等进行了调整］，南京市中级人民法院管辖以下知识产权案件：（1）发生在南京市、镇江市等辖区内的专利、技术秘密、计算机软件、植物新品种、集成电路布图设计、涉及驰名商标认定及垄断纠纷的第一审知识产权民事案件；（2）发生在南京市、镇江市等辖区内，诉讼标的额为300万元以上的商标、著作权、不正当竞争、技术合同纠纷的第一审知识产权民事案件；（3）发生在南京市、镇江市等辖区内，对国务院部门或者县级以上地方人民政府所作的著作权、商标、专利、不正当竞争等行政行为提起诉讼的第一审知识产权行政案件……根据《规定》和《通知》，调整事项为以下内容。

一是南京市中级人民法院跨区域集中管辖南京市、镇江市等辖区内的发明专利、实用新型专利、植物新品种、集成电路布图设计、技术秘密、计算机软件的权属、侵权纠纷以及垄断纠纷第一审民事、行政案件，而此前由南京市中级人民法院跨区域集中管辖的外观设计专利权属、侵权纠纷以及涉驰名商标认定第一审民事、行政案件则由南京市、镇江市等各中级人民法院管辖，涉及发明专利等的合同纠纷案件则按照普通知识产权案件确定管辖。

二是南京市中级人民法院管辖南京市辖区内诉讼标的额在500万元以上（包括本数）的第一审商标、著作权、不正当竞争以及涉及发明专利等的合同纠纷等普通知识产权民事案件，而诉讼标的额在500万元以下的此类案件则由南京市辖区内具有知识产权民事案件管辖权的基层人民法院管辖（根据江苏省高级人民法院的报请，《通知》确定江苏省辖区基层人民法院管辖诉讼标的额在500万元以下的第一审知识产权民事案件）。

三是应当由中级人民法院管辖的涉及著作权、商标、不正当竞争等第一审普通知识产权行政案件，不再由南京市中级人民法院集中管辖，各中级人民法院均有管辖权。这里所称"普通知识产权行政案件"，主要强调不包括专利、商标授权确权类行政案件及《规定》第一条和第二条第一款规定的行政案件。

（二）知识产权"三合一"审判机制改革的协同推进

知识产权民事、行政和刑事案件"三合一"审判机制改革，是党中央决策部署的改革任务。最高人民法院于2016年发布《最高人民法院关于在全国法院推进知识产权民事、行政和刑事案件审判"三合一"工作的意见》，"三合一"改革进一步深化。实践证明，"三合一"改革在统一司法标准、提高审判质量、优化审判资源配置、培养复合型人才、提升知识产权司法保护整体效能等方面发挥了重要作用。

随着《规定》的实施，知识产权民事、行政、刑事案件"三合一"审判机制改革将面临一些新的变化：一是知识产权刑事案件集中管辖布局将更加合理。《规定》和《通知》明确，除个别地区外，各中级人民法院辖区内均有管辖知识产权民事、行政案件的基层人民法院。在实施"三合一"的地区，知识产权刑事案件将在中级人民法院辖区内由相应的基层人民法院管辖，便于公检法三家协调配合。二是为全面铺开"三合一"改革奠定基础。原则上，第一审知识产权刑事案件的管辖法院及管辖区域范围，应当与第一审知识产权民事、行政案件保持一致。由此产生的刑事案件跨区域管辖，须报最高人民法院批准。下一步，最高人民法院将会同有关部门开展"三合一"改革专项调研，尽快制定相关规范性文件。

需要注意的是，知识产权刑事案件一般由基层人民法院管辖，而《规定》第一条中的技术秘密、计算机软件等权属、侵权纠纷第一审知识产权民事案件由有关中级人民法院管辖。为解决上述级别管辖不一致的问题，具有技术秘密、计算机软件等权属、侵权纠纷民事案件管辖权的中级人民法院可以通过提级管辖的方式，审理相关刑事案件。

（三）高级人民法院管辖第一审知识产权民事、行政案件的标准

根据《实施办法》，高级人民法院重在再审依法纠错、统一裁判尺度。《规定》实施后，知识产权案件将进一步下沉，高级人民法院审理的案件数量会相应减少，应当通过完善案件提级管辖机制、加强审判监督等多种方式发挥监督职能。民事诉讼法第二十条规定，高级人民法院管辖在本辖区有重大影响的第一审民事案件。行政诉讼法第十六条规定，高级人民法院管辖本辖区内重大、复杂的第一审行政案件。原则上，高级人民法院可以管辖辖区内重大的第一审知识产权民事、行政案件，故《规定》未再规定高级人民法院管辖第一审知识产权民事、行政案件的具体标准。

关于高级人民法院管辖第一审知识产权民事、行政案件的具体标准。根据《最高人民法院关于调整高级人民法院和中级人民法院管辖第一审民事案件标准的通知》（法发〔2019〕14号）的规定，高级人民法院管辖诉讼标的额50亿元以上（包含本数）或者其他在本辖区有重大影响的第一审民事案件。知识产权民事案件的级别管辖标准按照该通知执行，但发明专利、实用新型专利、植物新品种、集成电路布图设计、技术秘密、计算机软件、垄断第一审民事案件除外。

发明专利等七类民事案件诉讼标的额标准，仍适用《2010年通知》的规定，即"高级人民法院管辖诉讼标的额在2亿元以上的第一审知识产权民事案件，以及诉讼标的额在1亿元以上且当事人一方住所地不在其辖区或者涉外、涉港澳台的第一审知识产权民事案件"。

结合《规定》所明确的涉发明专利等合同纠纷案件由基层人民法院管辖的情况，高级人民法院管辖第一审知识产权民事、行政案件的具体标准为：一是本辖区有重大影响的第一审知识产权民事案件和重大、复杂的第一审知识产权行政案件；二是诉讼标的额在2亿元以上以及诉讼标的额在1亿元以上且当事人一方住所地不在其辖区，或者涉外、涉港澳台的第一审发明专利、实用新型专利、植物新品种、集成电路布图设计、技术秘密、计算机软件的权属、侵权纠纷以及垄断纠纷案件；三是诉讼标的额在50亿元以上的其他普通知识产权民事案件。

（撰稿人：林广海、李剑、许常海）

最高人民法院
关于上海金融法院案件管辖的规定

（2018年7月31日由最高人民法院审判委员会第1746次会议通过 根据2021年3月1日最高人民法院审判委员会第1833次会议通过的《关于修改〈关于上海金融法院案件管辖的规定〉的决定》修正）

为服务和保障上海国际金融中心建设，进一步明确上海金融法院案件管辖的具体范围，根据《中华人民共和国民事诉讼法》《中华人民共和国行政诉讼法》《全国人民代表大会常务委员会关于设立上海金融法院的决定》等规定，制定本规定。

第一条 上海金融法院管辖上海市辖区内应由中级人民法院受理的下列第一审金融民商事案件：

（一）证券、期货交易、营业信托、保险、票据、信用证、独立保函、保理、金融借款合同、银行卡、融资租赁合同、委托理财合同、储蓄存款合同、典当、银行结算合同等金融民商事纠纷；

（二）资产管理业务、资产支持证券业务、私募基金业务、外汇业务、金融产品销售和适当性管理、征信业务、支付业务及经有权机关批准的其他金融业务引发的金融民商事纠纷；

（三）涉金融机构的与公司有关的纠纷；

（四）以金融机构为债务人的破产纠纷；

（五）金融民商事纠纷的仲裁司法审查案件；

（六）申请认可和执行香港特别行政区、澳门特别行政区、台湾地区法院金融民商事纠纷的判决、裁定案件，以及申请承认和执行外国法院金融民商事纠纷的判决、裁定案件。

第二条 下列金融纠纷案件，由上海金融法院管辖：

（一）境内投资者以发生在中华人民共和国境外的证券发行、交易活动或者期货交易活动损害其合法权益为由向上海金融法院提起的诉讼；

（二）境内个人或者机构以中华人民共和国境外金融机构销售的金融产品或者提供的金融服务损害其合法权益为由向上海金融法院提起的诉讼。

第三条 在上海证券交易所科创板上市公司的证券发行纠纷、证券承销合同纠纷、证券上市保荐合同纠纷、证券上市合同纠纷和证券欺诈责任纠纷等第一审民商事案件，由上海金融法院管辖。

第四条 以上海证券交易所为被告或者第三人的与证券交易所监管职能相关的第一审金融民商事和涉金融行政案件，由上海金融法院管辖。

第五条 以住所地在上海市并依法设立的金融基础设施机构为被告或者第三人的与其履行职责相关的第一审金融民商事案件，由上海金融法院管辖。

第六条 上海市辖区内应由中级人民法院受理的对金融监管机构以及法律、法规、规章授权的组织因履行金融监管职责作出的行政行为不服提起诉讼的第一审涉金融行政案件，由上海金融法院管辖。

第七条 当事人对上海市基层人民法院作出的涉及本规定第一条第一至三项的第一审金融民商事案件和涉金融行政案件判决、裁定提起的上诉案件和申请再审案件，由上海金融法院审理。

第八条 上海市辖区内应由中级人民法院受理的金融民商事案件、涉金融行政案件的再审案件，由上海金融法院审理。

第九条 上海金融法院作出的第一审民商事案件和涉金融行政案件生效裁判，以及上海市辖区内应由中级人民法院执行的涉金融民商事纠纷的仲裁裁决，由上海金融法院执行。

上海金融法院执行过程中发生的执行异议案件、执行异议之诉案件，以及上海市基层人民法院涉金融案件执行过程中发生的执行复议案件、执行异议之诉上诉案件，由上海金融法院审理。

第十条 当事人对上海金融法院作出的第一审判决、裁定提起的上诉案件，由上海市高级人民法院审理。

第十一条 上海市各中级人民法院在上海金融法院成立前已经受理但尚未审结的金融民商事案件和涉金融行政案件，由该中级人民法院继续审理。

第十二条 本规定自2018年8月10日起施行。

最高人民法院
关于审理民事级别管辖异议案件若干问题的规定

（2009年7月20日最高人民法院审判委员会第1471次会议通过
根据2020年12月23日最高人民法院审判委员会第1823次会议通过的
《最高人民法院关于修改〈最高人民法院关于人民法院民事调解工作若干问题的规定〉等十九件民事诉讼类司法解释的决定》修正）

为正确审理民事级别管辖异议案件，依法维护诉讼秩序和当事人的合法权益，根据《中华人民共和国民事诉讼法》的规定，结合审判实践，制定本规定。

第一条 被告在提交答辩状期间提出管辖权异议，认为受诉人民法院违反级别管辖规定，案件应当由上级人民法院或者下级人民法院管辖的，受诉人民法院应当审查，并在受理异议之日起十五日内作出裁定：

（一）异议不成立的，裁定驳回；

（二）异议成立的，裁定移送有管辖权的人民法院。

第二条 在管辖权异议裁定作出前，原告申请撤回起诉，受诉人民法院作出准予撤回起诉裁定的，对管辖权异议不再审查，并在裁定书中一并写明。

第三条 提交答辩状期间届满后，原告增加诉讼请求金额致使案件标的额超过受诉人民法院级别管辖标准，被告提出管辖权异议，请求由上级人民法院管辖的，人民法院应当按照本规定第一条审查并作出裁定。

第四条 对于应由上级人民法院管辖的第一审民事案件，下级人民法院不得报请上级人民法院交其审理。

第五条 被告以受诉人民法院同时违反级别管辖和地域管辖规定为由提出管辖权异议的，受诉人民法院应当一并作出裁定。

第六条 当事人未依法提出管辖权异议，但受诉人民法院发现其没有级别管辖权的，应当将案件移送有管辖权的人民法院审理。

第七条 对人民法院就级别管辖异议作出的裁定，当事人不服提起上诉的，第二审人民法院应当依法审理并作出裁定。

第八条 对于将案件移送上级人民法院管辖的裁定，当事人未提出上诉，但受移送的上级人民法院认为确有错误的，可以依职权裁定撤销。

第九条 经最高人民法院批准的第一审民事案件级别管辖标准的规定，应当作为审理民事级别管辖异议案件的依据。

第十条 本规定施行前颁布的有关司法解释与本规定不一致的，以本规定为准。

【解读】

解读《关于审理民事级别管辖异议案件若干问题的规定》

一、问题的提出

2009年12月1日，最高人民法院以法释〔2009〕17号文件公布了《关于审理民事级别管辖异议案件若干问题的规定》（以下简称本规定），明确了审理民事级别管辖异议案件的法律依据和程序。本规定于2010年1月1日起施行。

二、理解与适用

（一）审理民事级别管辖异议案件的模式选择

本规定起草过程中面临的首要问题，就是要建立何种模式的级别管辖异议裁判机制，是继续沿用现行的行政化处理方式，还是走与处理地域管辖权异议相同的附带诉讼模式？在管辖权异议的裁判机制上，各国主要有两种模式：一是附带诉讼模式。管辖权异议被视为本诉的附带诉讼，作为诉来对待，运用民事诉讼程序方式解决。这种模式的优势在于当事人能够充分参与程序，但弊端是容易为当事人滥用，造成诉讼拖延。二是中间判决模式。对被告提出的管辖权抗辩，如认为抗辩不成立的，则作出中间判决或者在终局判决中予以说明，对中间判决不允许单独上诉。如认为抗辩成立的，依原告申请或者依职权裁定移送管辖，不能移送管辖的则作出驳回诉讼的终局判决。这种模式为多数国家采用。长期以来，我国司法实践中对管辖权异议的处理采取厚此薄彼的做法：一方面，对地域管辖权异议给予充分救济，允许上诉，采取附带诉讼模式；另一方面，将级别管辖仅视为法院内部分工问题，采取行政化模式处理，虽然程序简便、快捷，但是当事人程序参与较少，对当事人权利保障不力。

为贯彻落实第七次全国民事审判工作会议中提出的级别管辖权异议裁判机制改革目标，本规定摒弃以往的行政化处理模式，采取与地域管辖异议相同的诉讼化模式。根据本规定第一条，被告在提交答辩状期间提出管辖权异议，认为受诉人民法院违反级别管辖规定，案件应当由上级人民法院或者下级人民法院管辖的，受诉人民法院应当审查，并在受理异议之日起十五日内作出裁定。这种诉讼化模式的优势明显。

一是有利于为当事人级别管辖异议权提供程序保障。级别管辖的确定不仅是法院内部的事情，也关系到当事人的程序利益。尤其是在目前地方保护和部门保护一定程度客观存在的情况下，仅仅采取内部通报、批评、追究责任等方式，当事人被动接受这种反射性利益，这对当事人程序利益的保护是远远不够的。山西省晋中市两级法院的实证经验表明，由于采取裁定方式处理并允许上诉，程序变得透明、公开了，由此产生的申诉和信访减少了，上下级法院之间的级别管辖秩序也相应地规范了。

二是有利于上级法院及时、有效地行使监督权，维护级别管辖秩序。目前上级法院对下级法院级别管辖秩序的监督，基本上是滞后乏力的，级别管辖标准被突破的现象屡见不鲜。一方面，因不作出书面裁定，当事人不能上诉，上级法院对于下级法院违反级别管辖规定的行为难以及时发现；另一方面，即使通过信访渠道发现，上级法院也无法定程序要求下级法院改正。若采用诉讼方式处理级别管辖异议，上级法院就可以通过二审程序行使级别管辖监督权。

三是有利于顺应民事诉讼法对管辖提出的新要求。修改后的民事诉讼法（2007年修正，下同）第一百七十九条明确将"违反法律规定，管辖错误"作为再审事由，体现了立法机关对管辖问题的高度重视。人民法院也应当顺势而为，彻底改变以往那种级别管辖纯属法院系统内部上下级分工问题，发生错误无足轻重的观点，认识到正确确定案件级别管辖是涉及当事人程序利益、影响生效判决稳定性的重要问题，必须认真对待。

（二）本规定第一条与民事诉讼法第三十八条的关系

对于民事诉讼法第三十八条是否适用于级别管辖异议，争议较大。本规定第一条明确级别管辖异议不成立的，裁定驳回；异议成立的，裁定移送有管辖权的人民法院，从而与民事诉讼法第三十八条保持一致，明确了处理级别管辖异议的法律依据。

实践中，级别管辖异议有两种情况，一种是受诉法院审查认为应由下级法院管辖，另一种是受诉法院审查认为应由上级法院管辖，这两种情形都应当依法作出裁定，不能再像以往那样以通知方式作出。但对于后一种情形该如何处理，是应当裁定将案件移送上级人民法院管辖，还是应当裁定驳回起诉并告知当事人向有管辖权的法院起诉，在起草、论证和审议过程中争论最大。主张应当裁定将案件移送上级人民法院的意见认为，裁定移送管辖是把案件从无管辖权的法院移送到有管辖权的法院，既包括平级法院之间的移送，也包括上下级法院之间的移送。民事诉讼法第三十八条规定移送管辖的立法目的是方便当事人诉讼，避免法院之间相互推诿案件，没有将管辖权异议限制在地域管辖异议，也应当适用于级别管辖异议。移送裁定是面对当事人的，不是针对受移送法院的，管辖问题是法律规定的，对于依法应由上级法院管辖的案件，下级法院裁定将案件移送上级法院，不存在下级指挥上级的问题。主张应当裁定驳回起诉的意见认为，下级法院只能裁判自己是否有管辖权，无权裁判上级法院的管辖权问题，其裁定将案件移送到上级法院管辖，观念上让人无法接受。

经过反复调研论证，征求专家、法官和律师意见，并与全国人大常委会法工委多次沟通，本规定最终采纳了第一种意见。主要考虑：一是民事诉讼法第三十八条没有明确排除适用于级别管辖。从文义解释角度理解，应当适用于地域和级别管辖。全国人大常委会法工委持这一观点，认为民事诉讼法第三十八条应当适用于级别管辖异议。在征求专家意见过程中，参与起草民事诉讼法的专家介绍，当时起草民事诉讼法时，由于实践中级别管辖问题并不突出，所以没有过多考虑其第三十八条是否包括级别管辖，但专家一致认为，应当对该条作开放性的解释，以适应司法实践的需要。二是不同级别法院之间的裁定移送，有各国和地区的民事诉讼立法和实践的基础。例如，德国的初级法院与州法院之间的相互移送。再如，日本民事诉讼法规定的裁量移送、双方当事人同意情形下的必要的移送、反诉管辖的移送，均为简易法院向地方法院的下移上类型的移送。而德国的初级法院与州法院之间、日本的简易法院与地方法院之间的关系，相当于我国基层人民法院与中级人民法院之间的关系，既是同为事务管辖上的一审法院（初审法院），又是审级管辖上的第一审法院与第二审法院。三是为避免产生下级法院错误地作出移送上级法院的裁定而上级法院受其拘束无法纠正的情形，本规定第九条规定，对于将案件移送上级人民法院管辖的裁定，当事人未提出上诉，但受移送的上级人民法院认为确有错误的，可以依职权裁定撤销。实践操作中，当事人提出上诉的，该上级法院自可依法审查并作出处理；当事人未提出上诉，而受移送的上级人民法院认为该裁定确有错误的，根据案件具体情况，既可以依职权撤销裁定，从而避免受错误裁定的拘束，也可以不撤销该裁定而由该上级人民法院自行审理，以使案件尽快进入实体审理，避免在管辖问题上拖延诉讼。

（三）级别管辖异议案件审理程序的具体问题

1. 在管辖权异议裁定作出前，原告申请撤回起诉的处理程序

本规定第二条规定，在管辖权异议裁定作出前，原告申请撤回起诉，受诉人民法院作出准予撤回起诉裁定的，对管辖权异议不再审查，并在裁定书中一并写明。受诉法院无管辖权的，原则上应裁定将案件移送到有管辖权的法院审理。但实践中案件移送存在许多问题。为避免产生这些问题，在实际操作中，人民法院在作出移送管辖的裁定前，可以询问当事人是否申请撤诉。原告撤诉的，人民法院应尊重其意愿。主诉撤回后，管辖权异议即没有必要继续审理。

2. 答辩期间届满后，原告增加诉讼请求金额，被告提出管辖权异议的处理程序

民事诉讼法规定，被告提出管辖权异议的期限为提交答辩状期间，同时规定原告有权增加诉讼请求。审判实践中，有的原告就恶意地于管辖异议期满后才增加诉讼请求，致使案件标的金额超过受诉法院级别管辖标准。《最高人民法院关于案件级别管辖几个问题的批复》第二条规定："当事人在诉讼中增加诉讼请求从而加大诉讼标的金额，致使诉讼标的金额超过受诉法院级别管辖权限的，一般不再变动。但是当事人故意规避有关级别管辖等规定的除外。"由于何谓"故意规避"难以判断，实践中对随意增加诉讼标的额致使超过受诉法院级别管辖标准的行为几乎放任不管，既破坏了级别管辖的秩序，也损害了对方当事人的管辖利益。

为保持原告、被告之间在管辖争议点上攻击防御的动态平衡，防止原告利用答辩期即为异议期，规避管辖异议制度，本规定第三条规定，提交答辩状期间届满后，原

告增加诉讼请求金额致使案件标的额超过受诉人民法院级别管辖标准，被告提出管辖权异议，请求由上级人民法院管辖的，人民法院应当按照本规定第一条审查并作出裁定。即允许被告在特定情形下，可在答辩期届满后提出管辖权异议。该条争议的主要问题，一是是否需要设定原告规避级别管辖规定的恶意条件。对此，本规定从提高操作性、规范原告行为的角度，未予设定其他条件，只要增加诉讼请求金额后超出了受诉法院级别管辖标准，被告即可提出管辖权异议。二是是否需要给被告提出此类管辖权异议限制时间。对此，由于目前并无法律和司法解释规定原告增加诉讼请求后要重新给予被告答辩期间，而原告增加诉讼请求应当在庭审结束前提出，被告提出级别管辖权异议的时间与此对应即可，即在庭审结束前，只要原告增加诉讼请求致使案件标的额超过受诉人民法院级别管辖标准，被告即可依据此条提出管辖权异议。

3. 被告同时提出级别管辖异议和地域管辖异议的处理程序

被告以受诉人民法院同时违反级别管辖和地域管辖为由分别提出管辖权异议的，应当理解为一个管辖权异议下的两个不同理由，不是两个管辖权异议，受诉人民法院应当作为一个管辖权异议处理，以避免出现一个异议成立而另一个异议不成立时的裁判相互抵触的情况。实践中，由于各地级别管辖标准不同，应当先审查地域管辖异议理由是否成立。成立的，应当按照民事诉讼法第三十八条的规定处理，此时无须审查级别管辖理由；不成立的，再审查级别管辖理由是否成立。

4. 级别管辖异议上诉案件的审理程序

本规定第八条明确了当事人对于级别管辖异议裁定的上诉权。改革级别管辖异议裁判机制的关键，不仅在于以裁定取代告知、通知，更重要的是赋予当事人上诉权，使上级法院得以通过第二审程序予以监督。

5. 受诉法院发现其没有级别管辖权应依职权移送的问题

本规定第七条明确了当事人未依法提出管辖权异议情况下，受诉人民法院发现其没有级别管辖权的，应当将案件移送有管辖权的人民法院审理。规定此条的主要理由是，管辖权属于诉讼要件之一，是作出实体判决的前提条件。因此，不论当事人是否提出管辖权异议，法院都应当依职权审查。逾期提出的管辖权异议，尽管不是一个具有诉讼法效力的异议，但由于管辖权问题是法院必须审查的事项，法院也应当对此慎重考虑。但是应当明确的是，如果当事人未提出异议，法院也未发现其无管辖权，在此基础上作出实体裁判的，除违反专属管辖外，一般不能认为构成程序严重违法并以此作为上诉或者再审的法定理由，其正当性根据在于诉讼行为瑕疵的补正理论，即欠缺任意管辖权问题，已经由于作出生效判决而得到补正。

与此相关仍然有待研究的问题：一是依职权的移送，是用裁定书的形式，还是通知书的形式。从法理上讲，移送管辖的行为，是法院就程序性问题作出的裁定行为，应当采用裁定书的形式，但我国现行的实践中多采用通知书的形式。二是依职权移送时的原告利益保护问题。德国、法国以及日本的移送管辖，一般是受诉法院在发现无管辖权时，应原告的请求或者依照职权，裁定将案件移送到有管辖权的法院。移送管辖的目的，是节省原告重新起诉的费用和时间，及避免原告诉讼时效期间利益的丧失。从我国民事诉讼法及审判实践看，并无应原告的请求移送管辖的程序设计，容易产生移送管辖违背原告意愿和利益的问题。从调研情况看，原告选择法院和法官打官司的情况比较突出，原告不到受移送法院继续诉讼的情况比较常见。有鉴于此，在依职权移送前,最好征求原告的意见:原告不愿意继续诉讼的,可以撤诉;愿意继续诉讼的,可以征求原告意见,将案件移送到原告选择的有管辖权的法院。

(四)规范上下级法院之间管辖权转移的问题

在审判实践中,一些法院明知其对某一案件无级别管辖权,但出于其他考虑,在受理前或者受理后报请上级法院交由其审理。这种做法严重扰乱了管辖秩序,裁判的公正性难以令人信服,由此引发一些申诉、信访,严重损害了人民法院的公信力,确有必要加以限制。针对这种做法,本规定第五条作出了禁止性规定。依照民事诉讼法的规定,下级法院报请上级法院指令管辖的做法,只有第三十九条第二款规定的一种情形,即将本院有管辖权的案件报请由上级法院管辖。第三十九条第一款后半段的规定,应当是上级法院主动作出决定而不是根据下级法院的报请作出决定的结果。因此,下级法院主动报请上级法院将案件交其审理的做法,是没有法律依据的。基于程序法定的一般原理,欠缺法律依据的诉讼行为通常即为不合法。

(五)审理级别管辖异议案件的依据

本规定第十条明确规定,经最高人民法院批准的第一审民事案件级别管辖标准的规定,应当作为审理民事级别管辖异议案件的依据。在调研和起草过程中,一些同志认为,高级人民法院所作的级别管辖规定,既非法律又非司法解释,在裁定书中不宜作为处理级别管辖异议案件的依据。但这里强调的是,高级人民法院作出的级别管辖规定是经过最高人民法院批准,并统一发布后施行的,人民法院和当事人都应当严格遵守,可以在裁判理由部分予以引用。再者,如果不明确将其作为裁判的依据,则裁判文书的理由部分不能让当事人理解和信服。需要说明的是,未经最高人民法院批准,各级人民法院自行作出的级别管辖标准,不能作为处理级别管辖异议的裁判依据。

(六)有待研究、解决的其他问题

在本规定的起草、论证和送审过程中,还存在着与级别管辖有关的一些问题。例如,以分案起诉方式规避级别管辖问题。在合同纠纷案件中,有的以主合同项下的多个分合同为基础分别起诉,有的以多个补充合同为基础分别起诉,在借款案件中,有的将一笔借款拆开提起多个诉讼,或者将本金和利息分别起诉。对此类问题的规制,德国法律规定,如果将应当属于州法院管辖的请求权,分解为多个部分请求到初级法院诉讼的,初级法院应将这些部分诉讼以不合法为由予以驳回,如果原告申请移送到州法院,则应合并移送。本规定曾试图对于以分案起诉的方式规避级别管辖的情形予以规范,但在讨论时,意见分歧很大。多数同志认为虽然确有必要予以规范,但是如何界定分案起诉非常困难,还可能产生新的问题,暂不规定为宜。

被告以外的当事人能否提出管辖权异议问题,也有争议。由于依职权移送管辖、指定管辖或管辖权转移等原因,造成本案的审理法院不是原告起诉的法院的,原告应否享有管辖异议权的问题存在争议。第三人有无管辖异议权问题,也有争论。鉴于《最高人民法院关于第三人能否对管辖权提出异议问题的批复》作了否定性规定,该批复的精神应当坚持。

受诉法院基于无地域管辖权移送管辖后,受移送法院认为其无级别管辖权,可否将案件再移送到有级别管辖权法院?再行移送原则上不被允许是各国民事诉讼立法的通例。在大陆法系一些国家,移送裁定的拘束力仅限于移送所依据的确定理由。如果移送管辖裁定是基于无地域管辖权作出的,则受移送法院认为其无地域管辖权,仍可裁定再行移送。我国民事诉讼法似乎只允许受移送法院报请上级法院指定管辖。因此，本规定如何与再行移送管辖相互衔接，有待进一步研究。

（撰稿人：刘学文、姜启波、王胜全、刘小飞）

最高人民法院
关于对与证券交易所监管职能相关的诉讼案件管辖与受理问题的规定

（2004年11月18日最高人民法院审判委员会第1333次会议通过 根据2020年12月23日最高人民法院审判委员会第1823次会议通过的《最高人民法院关于修改〈最高人民法院关于人民法院民事调解工作若干问题的规定〉等十九件民事诉讼类司法解释的决定》修正）

为正确及时地管辖、受理与证券交易所监管职能相关的诉讼案件，特作出以下规定：

一、根据《中华人民共和国民事诉讼法》第三十七条和《中华人民共和国行政诉讼法》第二十三条的有关规定，指定上海证券交易所和深圳证券交易所所在地的中级人民法院分别管辖以上海证券交易所和深圳证券交易所为被告或第三人的与证券交易所监管职能相关的第一审民事和行政案件。

二、与证券交易所监管职能相关的诉讼案件包括：

（一）证券交易所根据《中华人民共和国公司法》《中华人民共和国证券法》《中华人民共和国证券投资基金法》《证券交易所管理办法》等法律、法规、规章的规定，对证券发行人及其相关人员、证券交易所会员及其相关人员、证券上市和交易活动作出处理决定引发的诉讼；

（二）证券交易所根据国务院证券监督管理机构的依法授权，对证券发行人及其相关人员、证券交易所会员及其相关人员、证券上市和交易活动作出处理决定引发的诉讼；

（三）证券交易所根据其章程、业务规则、业务合同的规定，对证券发行人及其相关人员、证券交易所会员及其相关人员、证券上市和交易活动作出处理决定引发的诉讼；

（四）证券交易所在履行监管职能过程中引发的其他诉讼。

三、投资者对证券交易所履行监管职责过程中对证券发行人及其相关人员、证券交易所会员及其相关人员、证券上市和交易活动作出的不直接涉及投资者利益的行为提起的诉讼，人民法院不予受理。

四、本规定自发布之日起施行。

【解读】

解读《关于对与证券交易所监管职能相关的诉讼案件管辖与受理问题的规定》

一、问题的提出

2004年11月18日，经最高人民法院审判委员会第1333次会议讨论，通过了《关于对与证券交易所监管职能相关的诉讼案件管辖与受理问题的规定》（以下简称本规定）。

二、理解与适用

（一）关于指定管辖

以自律监管为基础和渊源，以专业性和及时性为特征的交易所监管行为，原则上应建立诉讼阻隔机制，司法权应尽量少地介入这一领域。基于此，成熟市场国家通过各种法律机制限制交易所成为被告的机会，建立诉讼阻隔机制，限制或禁止以交易所为被告而发生的诉讼，必须给相对人一个可行的、有效的主张权利，以维护自身合法权益，如美国针对交易所监管行为就有听证、复议、复核等救济机制。

目前我国针对交易所的监管行为所设置的救济渠道，通常只针对限制交易（业务）、取消会籍类提供向理事会复议的救济，而对于其他的处理决定，如罚款、暂停席位使用等则没有提供救济措施，救济范围非常有限。我国虽然有证券仲裁的规定，但范围也是有限的，目前仅包括：上市公司在上市时与交易所签订的股票上市协议中应该包括解决双方法律纠纷的仲裁条款；深交所与境外机构B股席位使用者之间的争议双方应当协商解决，协商不成的，应当提交中国国际贸易仲裁委员会仲裁。考虑到我国尚未建立完善的诉讼阻隔机制，在相关制度完善之前，除一部分案件确实不应当受理以外，作为过渡性措施，对其他与交易所监管职能相关的案件可以先予受理，但有必要对受理的案件实行指定管辖。本规定决定由上海市和深圳市的中级人民法院统一管辖一审案件，主要理由为以下几点。

第一，证券案件专业性比较强，要求审理案件的法官除具有专业的法律知识和丰富的审判经验外，还必须具有专业的证券市场知识。鉴于我国证券市场尚处于发展的初期，全国各地证券市场的发展水平差别很大，人们对证券市场及相关知识的认知程度有很大差别，在这样的背景下，对有关证券案件的管辖不宜在全国各地各级法院全面铺开。

第二，证券交易所是全国性证券交易市场的组织者和一线监管者，其制定的有关证券交易等的业务规则普遍适用于全国各地的会员、上市公司和投资者。对以交易所为被告的案件实行指定管辖有利于法制的统一和证券市场的发展。如果允许全国各地法院受理以交易所为被告的诉讼，很有可能出现在同一规则下的同一类型案件判决结果截然相反的情况，对证券市场的健康发展造成不利的影响，甚至危及证券市场的稳定和金融安全。

第三，证券交易所所在的深圳、上海两地证券市场发育程度较高，法官对有关证券诉讼的审理已经积累了较为丰富的经验，具备了审理证券案件的基本条件。考虑到证券交易所地位的特殊性，由交易所所在地的中级人民法院受理较为妥当。而且对以交易所为被告的诉讼实行指定管辖，也有利于加强法官队伍建设，造就一支专家型的证券诉讼法官队伍。

第四，将专业性和技术性比较强的案件指定由指定地区的中级人民法院管辖，在我国司法实践中也有先例。例如，《最高人民法院关于〈中华人民共和国适用民事诉讼法〉若干问题的意见》第二条规定："专利纠纷案件由最高人民法院确定的中级人民法院管辖。"《最高人民法院关于审理证券市场因虚假陈述引发的民事赔偿案件的若干规定》第八条也规定："虚假陈述证券民事赔偿案件，由省、直辖市、自治区人民政府所在的市、计划单列市和经济特区中级人民法院管辖。"

考虑到实践中，一些原告为了规避指定管辖，不将交易所列为共同被告，而是列为第三人，在判决时再让交易所承担责任的情况，本规定将把交易所列为第三人的诉讼一并归入指定管辖的范围。

（二）关于实行指定管辖的案件范围

交易所日常从事的行为很多，有监管行为，有服务行为，还有普通的民事行为，这些行为都可能引发诉讼。如何在本规定中界定哪些属于履行监管职能的行为，并实行指定管辖？本规定将所有的监管行为概括为三类，又在每一类中根据监管对象的不同进行细化，第一类是法律、法规、规章规定的监管行为，即交易所根据公司法、证券法、证券投资基金法以及证券交易所管理办法等法律法规、规章的规定，对证券发行人及其相关人员、交易所会员及其相关人员、证券上市和交易活动作出的处理决定；第二类是政府监管部门授权的监管行为，即交易所根据国务院证券监督管理机构的依法授权，对证券发行人及其相关人员、交易所会员及其相关人员、证券上市和交易活动作出的处理决定；第三类是合同约定的监管行为，即交易所根据其章程、业务规则、业务合同的规定，对证券发行人及其相关人员、交易所会员及其相关人员、证券上市和交易活动作出的处理决定。除此之外，本规定还作出了概括性的规定，即证券交易所履行监管职能的其他行为。

交易所作出的上述处理决定，有的属于交易所一般事务处置权，一般仅涉及证券活动事务的管理，如授予会员资格、允许使用席位、接受上市申请、组织证券交易、公布上市公司年度报告；有的属于交易所的处罚权，一般涉及交易所可以采取的具体处分（罚）措施，如予以警告、批评、处以罚款、取消会籍、暂停或终止上市；有些处理决定可能同时包括处置权和处罚权，如对合格境外机构投资者超过持股限定比例未按规定处理的，通知其受托人和托管人强制平仓等，比较复杂，需要具体情况具体分析。

（三）不予受理的案件范围

本规定对与证券交易所监管职能相关的诉讼案件，以指定管辖为原则，以不予受理为例外。投资者对证券交易所履行监管职责过程中对证券发行人及其相关人员、证券交易所会员及其相关人员、证券上市和交易活动做出的不直接涉及投资者利益的行为提起的诉讼，人民法院不予受理。所谓不直接涉及投资者利益，可能间接涉及投资者的利益，如交易所作出的上市公司终止上市的决定，作为该上市公司的股民，可能主张交易所赔偿其因公司退市而遭受的损失。对此类诉讼，本规定明确不予受理，主要理由是：针对交易所履行监管职能的行为，司法权应当尽量少地干预，投资者对交易所履行监管职责过程中对证券发行人及其相关人员、交易所会员及其相关人员、证券上市和交易活动作出的不直接涉及投资者利益的行为提起的诉讼，如果予以受理，则可能引发滥诉，过重的监管诉讼风险将削弱交易所进行监管活动的积极性，使交易所在监管过程中过于保守，不利于及时查处证券市场的违法、违规行为，从而影响证券市场公平正义的最终实现，不利于交易所正常履行监管职能，还可能损害其他主体的利益。

交易所的下列监管行为不属于直接涉及投资者利益的行为：交易所对债券、基金份额等作出的核准或不予核准上市交易的决定；交易所对股票、债券、基金份额等上市证券作出的暂停上市、恢复上市和终止上市的决定；交易所对证券发行人及其董事、监事、董事会秘书、其他高级管理人员、上市推荐人作出的公开谴责、认为其不适宜担任上市公司相关职务等决定；交易所对会员作出的公开谴责、暂停或者限制交易、取消会员资格等决定；交易所对席位使用者作出的警告、公开批评、缴纳滞纳金、罚款、限制交易、限制或暂停其席位使用、终止席位等决定；交易所对基金管理人、基金托管人作出的公开谴责等决定；交易所对合格境外机构投资者作出的警告、公开谴责以及对其受托人和托管人作出的通知强制平仓等决定；交易所作出的摘牌、停牌、复牌、特别处理、临时停市等决定；交易所履行监管职能作出的其他不直接涉及投资者利益的行为。

（撰稿人：李伟）

最高人民法院
关于北京、上海、广州知识产权法院案件管辖的规定

（2014年10月27日最高人民法院审判委员会第1628次会议通过 根据2020年12月23日最高人民法院审判委员会第1823次会议通过的《最高人民法院关于修改〈最高人民法院关于审理侵犯专利权纠纷案件应用法律若干问题的解释（二）〉等十八件知识产权类司法解释的决定》修正）

为进一步明确北京、上海、广州知识产权法院的案件管辖，根据《中华人民共和国民事诉讼法》《中华人民共和国行政诉讼法》《全国人民代表大会常务委员会关于在北京、上海、广州设立知识产权法院的决定》等规定，制定本规定。

第一条 知识产权法院管辖所在市辖区内的下列第一审案件：

（一）专利、植物新品种、集成电路布图设计、技术秘密、计算机软件民事和行政案件；

（二）对国务院部门或者县级以上地方人民政府所作的涉及著作权、商标、不正当

竞争等行政行为提起诉讼的行政案件；

（三）涉及驰名商标认定的民事案件。

第二条 广州知识产权法院对广东省内本规定第一条第（一）项和第（三）项规定的案件实行跨区域管辖。

第三条 北京市、上海市各中级人民法院和广州市中级人民法院不再受理知识产权民事和行政案件。

广东省其他中级人民法院不再受理本规定第一条第（一）项和第（三）项规定的案件。

北京市、上海市、广东省各基层人民法院不再受理本规定第一条第（一）项和第（三）项规定的案件。

第四条 案件标的既包含本规定第一条第（一）项和第（三）项规定的内容，又包含其他内容的，按本规定第一条和第二条的规定确定管辖。

第五条 下列第一审行政案件由北京知识产权法院管辖：

（一）不服国务院部门作出的有关专利、商标、植物新品种、集成电路布图设计等知识产权的授权确权裁定或者决定的；

（二）不服国务院部门作出的有关专利、植物新品种、集成电路布图设计的强制许可决定以及强制许可使用费或者报酬的裁决的；

（三）不服国务院部门作出的涉及知识产权授权确权的其他行政行为的。

第六条 当事人对知识产权法院所在市的基层人民法院作出的第一审著作权、商标、技术合同、不正当竞争等知识产权民事和行政判决、裁定提起的上诉案件，由知识产权法院审理。

第七条 当事人对知识产权法院作出的第一审判决、裁定提起的上诉案件和依法申请上一级法院复议的案件，由知识产权法院所在地的高级人民法院知识产权审判庭审理，但依法应由最高人民法院审理的除外。

第八条 知识产权法院所在省（直辖市）的基层人民法院在知识产权法院成立前已经受理但尚未审结的本规定第一条第（一）项和第（三）项规定的案件，由该基层人民法院继续审理。

除广州市中级人民法院以外，广东省其他中级人民法院在广州知识产权法院成立前已经受理但尚未审结的本规定第一条第（一）项和第（三）项规定的案件，由该中级人民法院继续审理。

最高人民法院
关于铁路运输法院案件管辖范围的若干规定

法释〔2012〕10号

(2012年7月2日最高人民法院审判委员会第1551次会议通过 2012年7月17日最高人民法院公告公布 自2012年8月1日起施行)

为确定铁路运输法院管理体制改革后的案件管辖范围,根据《中华人民共和国刑事诉讼法》《中华人民共和国民事诉讼法》,规定如下:

第一条 铁路运输法院受理同级铁路运输检察院依法提起公诉的刑事案件。

下列刑事公诉案件,由犯罪地的铁路运输法院管辖:

(一)车站、货场、运输指挥机构等铁路工作区域发生的犯罪;

(二)针对铁路线路、机车车辆、通讯、电力等铁路设备、设施的犯罪;

(三)铁路运输企业职工在执行职务中发生的犯罪。

在列车上的犯罪,由犯罪发生后该列车最初停靠的车站所在地或者目的地的铁路运输法院管辖;但在国际列车上的犯罪,按照我国与相关国家签订的有关管辖协定确定管辖,没有协定的,由犯罪发生后该列车最初停靠的中国车站所在地或者目的地的铁路运输法院管辖。

第二条 本规定第一条第二、三款范围内发生的刑事自诉案件,自诉人向铁路运输法院提起自诉的,铁路运输法院应当受理。

第三条 下列涉及铁路运输、铁路安全、铁路财产的民事诉讼,由铁路运输法院管辖:

(一)铁路旅客和行李、包裹运输合同纠纷;

(二)铁路货物运输合同和铁路货物运输保险合同纠纷;

(三)国际铁路联运合同和铁路运输企业作为经营人的多式联运合同纠纷;

(四)代办托运、包装整理、仓储保管、接取送达等铁路运输延伸服务合同纠纷;

(五)铁路运输企业在装卸作业、线路维修等方面发生的委外劳务、承包等合同纠纷;

(六)与铁路及其附属设施的建设施工有关的合同纠纷;

(七)铁路设备、设施的采购、安装、加工承揽、维护、服务等合同纠纷;

(八)铁路行车事故及其他铁路运营事故造成的人身、财产损害赔偿纠纷;

(九)违反铁路安全保护法律、法规,造成铁路线路、机车车辆、安全保障设施及其他财产损害的侵权纠纷;

(十)因铁路建设及铁路运输引起的环境污染侵权纠纷;

(十一)对铁路运输企业财产权属发生争议的纠纷。

第四条 铁路运输基层法院就本规定第一条至第三条所列案件作出的判决、裁定,当事人提起上诉或铁路运输检察院提起抗诉的二审案件,由相应的铁路运输中级法院受理。

第五条 省、自治区、直辖市高级人民法院可以指定辖区内的铁路运输基层法院受理本规定第三条以外的其他第一审民事案件,并指定该铁路运输基层法院驻在地的中级人民法院或铁路运输中级法院受理对此提起上诉的案件。此类案件发生管辖权争议的,由该高级人民法院指定管辖。

省、自治区、直辖市高级人民法院可以指定辖区内的铁路运输中级法院受理对其驻在地基层人民法院一审民事判决、裁定提起上诉的案件。

省、自治区、直辖市高级人民法院对本院及下级人民法院的执行案件,认为需要指定执行的,可以指定辖区内的铁路运输法院执行。

第六条 各高级人民法院指定铁路运输法院受理案件的范围,报最高人民法院批准后实施。

第七条 本院以前作出的有关规定与本规定不一致的,以本规定为准。

本规定施行前,各铁路运输法院依照此前的规定已经受理的案件,不再调整。

【解读】

解读《关于铁路运输法院案件管辖范围的若干规定》

一、问题的提出

根据中央司法体制改革的总体部署,铁路公、检、法机关通过管理体制改革,纳入国家司法管理体系,其中,铁路运输两级法院与铁路运输企业全部分离,一次性移交给驻在地的省、自治区、直辖市党委和高级人民法院,实行属地管理。在管理体制改革以前,铁路法院的管辖范围基本不涉及驻在地的普通民事案件。转为属地管理后,应根据新的形势和要求,重新确定铁路法院的案件管辖范围,充分发挥铁路法院这支重要的司法力量的积极作用,实现管理体制改革的预定目标。为此,中央编办、最高人民法院、最高人民检察院、财政部、人力资源和社会保障部、铁道部于2010年12月7日会签了《关于铁路法院检察院管理体制改革若干问题的意见》(铁政法〔2010〕238号),其中第四条明确规定:"铁路法院和检察院的业务管辖范围由最高人民法院、最高人民检察院另行规定。新规定出台前按原规定执行。"

最高人民法院在总结铁路法院二十余年审判工作经验的基础上,先后征求了中央有关部门、各高级人民法院、全国铁路运输两级法院和有关专家学者的意见,经过反复论证、修改,最终出台了《关于铁路运输法院案件管辖范围的若干规定》(以下简称《规定》)。《规定》体现了铁路法院管理体制改革整体纳入、属地管理、平稳过渡的宏观思路,考虑了管理体制改革中各地的不同情况,兼顾铁路法院的历史、现状和今后发展,对管理体制改革后确定铁路法院案件管辖范围、充分发挥铁路法院这支审判力量的作用,都具有重要的指导意义。为各地法院准确理解《规定》精神,在此作简要阐述。

二、理解与适用
（一）管理体制改革前铁路法院管辖情况的整体回顾
1. 铁路法院恢复设立时确定的管辖范围

铁路法院于1982年开始恢复办案，在恢复之初，最高人民法院等中央有关部门就结合铁路法院恢复设立的目的，先后就铁路法院受理案件的范围进行了规定。

1982年4月23日，最高人民法院发布了《关于铁路运输法院办案问题的通知》，其中规定，铁路运输法院的案件管辖，从保护铁路运输的任务出发，目前主要受理铁路运输系统公安机关负责侦破的刑事案件和与铁路运输有关的经济纠纷案件、涉外案件。对各类民事案件及不属于铁路运输范围的铁道部直属工厂、工程局、勘测设计院、大专院校等地发生的案件，仍由地方各级人民法院受理。如铁路运输法院与地方人民法院对管辖发生争议的案件，由双方人民法院协商解决。

1982年7月9日，最高人民法院、最高人民检察院、公安部、司法部、铁道部发布了《关于铁路运输法院、检察院办案中有关问题的联合通知》，其中规定，铁路运输法院、检察院的案件管辖，应从保护铁路运输的任务出发，体现其专门性。目前主要受理铁路运输系统公安机关负责侦破的刑事案件和与铁路运输有关的经济案件、法纪案件、涉外案件（包括铁道部委托铁路局常委代管单位的案件）。对各类民事案件及不属于铁路运输范围的铁道部直属工厂、工程局、勘测设计院、大专院校等地发生的案件，仍由地方法院、检察院受理。如铁路运输法院、检察院与地方法院、检察院对案件管辖发生争议，暂由地方受理。

1982年的这两个规定，明确了铁路法院受理案件的基本原则，即围绕铁路运输，突出专业性，这两个规定也是铁路法院此后受理各类案件的基础。1987年铁路高级法院撤销，但相关案件管辖范围并未因此调整。

2. 最高人民法院对铁路法院受理民事案件范围的规定

为了明确铁路运输法院与地方人民法院对案件管辖的分工，及时审理与铁路运输有关的经济合同纠纷和侵权纠纷案件，维护铁路运输经济秩序，保护公民、法人的合法权益，最高人民法院于1990年6月16日印发《关于铁路运输法院对经济纠纷案件管辖范围的规定》[法（交）发〔1990〕8号]，对铁路运输法院受理经济纠纷案件的范围规定了十二种情形，分别是：铁路货物运输合同纠纷案件；铁路旅客和行李、包裹运输合同纠纷案件；由铁路处理的多式联运合同纠纷案件；国际铁路联运合同纠纷案件；铁路货物运输保险合同纠纷案件；代办托运、包装整理、仓储保管、接取送达等铁路运输延伸服务合同纠纷案件；国家铁路与地方铁路、专用铁路、专用线在修建、管理和运输方面发生的合同纠纷案件；铁路在装卸作业、线路维修等方面发生的委外劳务合同纠纷案件；铁路系统内部的经济纠纷案件；违反铁路安全保护法律、法规，对铁路造成损害的侵权纠纷案件；铁路行车、调车作业造成人身、财产损害，原告选择向铁路运输法院起诉的侵权纠纷案件；上级人民法院指定铁路运输法院受理的其他经济纠纷案件。

最高人民法院的这一规定，一方面规范和扩展了铁路法院受理民事案件的范围，另一方面，授权相关人民法院可以指定铁路法院受理其他民事案件，为铁路法院民事案件管辖范围的扩大提供了制度性基础。

3. 各高级人民法院在拓展铁路法院案件管辖范围方面所进行的积极探索

根据最高人民法院的授权，各地高级人民法院对铁路法院受理民事案件的范围进行了积极的研究，并结合本地实际，通过多种方式指定铁路法院受理其他民事案件。从指定的方式上看，一般是以铁路中级法院辖区为界，相关各高级人民法院通过协商，共同确定指定管辖的方案，在几个省、自治区、直辖市内同时适用。所指定管辖的案件主要是与铁路运输企业有关的普通民事案件。此外，上海市高级人民法院对上海市内的铁路中级法院和基层法院受理案件的问题作出规定，将一部分与铁路无关的其他民事案件指定上海市内的铁路两级法院管辖。在相关高级人民法院协商确定指定管辖案件范围方面，比较有代表性的是2002年北京市高级人民法院与天津、河北、山西高级人民法院协商一致后，就北京铁路运输中级法院及其所属的各铁路运输基层法院指定管辖问题所作的规定。通过这些指定管辖的案件，既为地方法院分流了一定的案件，也为铁路法院拓展业务范围、提高业务能力打下了良好的基础。

(二) 结合铁路法院管理体制改革，调整铁路法院案件管辖

1. 制定司法解释的主要原则

从全国的情况看，管理体制改革前，17家铁路运输中级法院和58家铁路运输基层法院分布在29个省、自治区、直辖市内，与铁路局形成一套完整的对应关系，其中，12个省、区、市内的铁路运输基层法院与其驻在地的人民法院并无工作关系。因此，确定铁路法院的案件管辖问题，既要考虑一次性整体改革的政策背景和移交后属地管理的基本要求，又要考虑原辖有铁路法院的17家和未辖有铁路法院的12家高级人民法院的不同情况。《规定》对管理体制改革后铁路法院案件管辖范围所确定的原则是以下三点。

第一，尊重历史，对现行有效的各项制度继续加以执行。例如，铁路法院管辖刑事案件的范围符合实际，也有利于与铁路公安、检察机关进行协调；铁路法院此前受理的民事案件均与铁路运输、铁路安全、铁路财产等密切相关，这些案件专业性较强，铁路法院在长期的审判实践中已经积累了丰富的经验，由他们继续受理这些案件，有利于发挥其专业特长，取得良好效果。这些好的制度在《规定》中都得到体现。

第二，尊重现实，充分发挥铁路法院的重要作用。铁路法院基本上都设置在直辖市、省会城市和较大的市，其驻在地经济发达、人口众多，当地人民法院大多长期苦于案多人少的问题，而铁路法院移交地方管理，可以成为解决上述问题的及时雨。指定铁路法院受理驻在地的民事案件，充分发挥铁路法院这支重要的司法力量的积极作用，帮助地方人民法院缓解"案多人少"的矛盾，实现管理体制改革的预定目标。

第三，坚持司法为民，方便群众诉讼。铁路运输两级法院之间大多相距较远，因此对铁路运输基层法院受理的驻在地的民事案件，根据民事诉讼法的相关原则，由当地中级人民法院受理其上诉，方便群众就地诉讼。

2. 刑事案件的管辖问题

《规定》对铁路法院现有刑事案件管辖范围只是进行了规范和归纳，仍然以涉及铁路运输的犯罪为主。《规定》从场所、对象、主体三个方面定义铁路法院对刑事公诉案件的管辖范围，即车站、货场、运输指挥机构等铁路工作区域发生的犯罪、针对铁路线路、机车车辆、通讯、电力等铁路设备、设施的犯罪和铁路运输企业职工在执行职务中发生的犯罪，由犯罪地的铁路运输法院管辖。同时《规定》还将最高人民法院刑

事诉讼法司法解释对国际列车上犯罪管辖问题的有关规定扩展适用到国内列车上。此外,《规定》还明确了铁路法院有权受理刑事自诉案件。

3. 与铁路运输有关的民事案件的管辖问题

1990年《最高人民法院关于铁路运输法院对经济纠纷案件管辖范围的规定》中,确定若干与铁路运输密切相关的民事案件由铁路法院管辖,从二十多年的司法实践看,整体效果是好的,只是随着时代发展,其中若干内容需要调整、规范,并增加一些适应现实需要的新规定。因此,《规定》以此为基础,围绕铁路运输、铁路安全、铁路财产等与铁路密切相关的领域作了一定扩展,也进行了一定的规范,并以此作为铁路法院受理民事案件的基本来源。具体包括:(1)铁路旅客和行李、包裹运输合同纠纷;(2)铁路货物运输合同和铁路货物运输保险合同纠纷;(3)国际铁路联运合同和铁路运输企业作为经营人的多式联运合同纠纷;(4)代办托运、包装整理、仓储保管、接取送达等铁路运输延伸服务合同纠纷;(5)铁路运输企业在装卸作业、线路维修等方面发生的委外劳务、承包等合同纠纷;(6)与铁路及其附属设施的建设施工有关的合同纠纷;(7)铁路设备、设施的采购、安装、加工承揽、维护、服务等合同纠纷;(8)铁路行车事故及其他铁路运营事故造成的人身、财产损害赔偿纠纷;(9)违反铁路安全保护法律、法规,造成铁路线路、机车车辆、安全保障设施及其他财产损害的侵权纠纷;(10)因铁路建设及铁路运输引起的环境污染侵权纠纷;(11)对铁路运输企业财产权属发生争议的纠纷。

界定上述十一类纠纷是否属于与铁路运输相关的纠纷,其主要依据是诉争法律关系的性质,而不再是诉争主体是否具有铁路运输企业身份,从这个意义上说,体现了铁路法院是国家的法院、代表国家依法行使审判权这一根本原则,也是此次管理体制改革的核心所在。

4. 各高级人民法院指定管辖民事案件的问题

《规定》授权各省、自治区、直辖市高级人民法院可以在与铁路运输相关的民事案件之外,指定本辖区内的铁路运输基层法院受理其他一审民事案件,还可以将辖区内的执行案件指定铁路法院执行。上述措施的主要意义在于:第一,充分尊重各地实际,体现方便当事人诉讼和法院审理的两便原则。第二,有利于缓解地方人民法院"案多人少"的矛盾,有利于调动铁路运输法院的积极性。第三,拓展铁路法院案件受理范围,充实铁路法院的工作量,为铁路法院今后继续科学发展打下良好的基础。

《规定》对于将哪些案件指定铁路法院受理并未作出具体要求,各高级人民法院在指定铁路法院受理民事案件时,需要结合本地案件的整体情况,综合考虑辖区内铁路法院和地方法院之间工作任务的平衡,制定符合本地实际的方案,报最高人民法院批准后实施。同时,要根据移交后铁路法院开展工作的情况,按照循序渐进的原则进行,其范围可视情况适时进行调整。

(撰稿人:沈剑)

最高人民法院关于新疆生产建设兵团人民法院案件管辖权问题的若干规定

法释〔2005〕4号

(2005年1月13日最高人民法院审判委员会第1340次会议通过 2005年5月24日最高人民法院公告公布 自2005年6月6日起施行)

根据《全国人民代表大会常务委员会关于新疆维吾尔自治区生产建设兵团设置人民法院和人民检察院的决定》第三条的规定，对新疆生产建设兵团各级人民法院案件管辖权问题规定如下：

第一条 新疆生产建设兵团基层人民法院和中级人民法院分别行使地方基层人民法院和中级人民法院的案件管辖权，管辖兵团范围内的各类案件。

新疆维吾尔自治区高级人民法院生产建设兵团分院管辖原应当由高级人民法院管辖的兵团范围内的第一审案件、上诉案件和其他案件，其判决和裁定是新疆维吾尔自治区高级人民法院的判决和裁定。但兵团各中级人民法院判处死刑（含死缓）的案件的上诉案件以及死刑复核案件由新疆维吾尔自治区高级人民法院管辖。

第二条 兵团人民检察院提起公诉的第一审刑事案件，由兵团人民法院管辖。

兵团人民法院对第一审刑事自诉案件、第二审刑事案件以及再审刑事案件的管辖，适用刑事诉讼法的有关规定。

第三条 兵团人民法院管辖以下民事案件：

（一）垦区范围内发生的案件；

（二）城区内发生的双方当事人均为兵团范围内的公民、法人或者其他组织的案件；

（三）城区内发生的双方当事人一方为兵团范围内的公民、法人或者其他组织，且被告住所地在兵团工作区、生活区或者管理区内的案件。

对符合协议管辖和专属管辖条件的案件，依照民事诉讼法的有关规定确定管辖权。

第四条 以兵团的行政机关作为被告的行政案件由该行政机关所在地的兵团人民法院管辖，其管辖权限依照行政诉讼法的规定办理。

第五条 兵团人民法院管辖兵团范围内发生的涉外案件。新疆维吾尔自治区高级人民法院生产建设兵团分院根据最高人民法院的有关规定确定管辖涉外案件的兵团法院。

第六条 兵团各级人民法院与新疆维吾尔自治区地方各级人民法院之间因管辖权发生争议的，由争议双方协商解决；协商不成的，报请新疆维吾尔自治区高级人民法院决定管辖。

第七条 新疆维吾尔自治区高级人民法院生产建设兵团分院所管辖第一审案件的上诉法院是最高人民法院。

第八条 对于新疆维吾尔自治区高级人民法院生产建设兵团分院审理再审案件所作出的判决、裁定，新疆维吾尔自治区高级人民法院不再进行再审。

第九条 本规定自2005年6月6日起实施。人民法院关于兵团人民法院案件管辖的其他规定与本规定不一致的，以本规定为准。

指导案例56号

韩某彬诉内蒙古某药业有限责任公司等
产品责任纠纷管辖权异议案

（最高人民法院审判委员会讨论通过 2015年11月19日发布）

关键词

民事诉讼 管辖异议 再审期间

裁判要点

当事人在一审提交答辩状期间未提出管辖异议，在二审或者再审发回重审时提出管辖异议的，人民法院不予审查。

相关法条

《中华人民共和国民事诉讼法》第一百二十七条

基本案情

原告韩某彬诉被告内蒙古某药业有限责任公司（以下简称某药业）、上海云某商厦有限公司（以下简称云某商厦）、某广播电视台（以下简称某电视台）、大连鸿某大药房有限公司（以下简称鸿某大药房）产品质量损害赔偿纠纷一案，辽宁省大连市中级人民法院于2008年9月3日作出（2007）大民权初字第4号民事判决。某药业、云某商厦、某电视台不服，向辽宁省高级人民法院提起上诉。该院于2010年5月24日作出（2008）辽民一终字第400号民事判决。该判决发生法律效力后，再审申请人某药业、云某商厦向最高人民法院申请再审。

最高人民法院于同年12月22日作出（2010）民申字第1019号民事裁定，提审本案，并于2011年8月3日作出（2011）民提字第117号民事裁定，撤销一审、二审民事判决，发回辽宁省大连市中级人民法院重审。在重审中，某药业和云某商厦提出管辖异议。

裁判结果

辽宁省大连市中级人民法院于2012年2月29日作出（2011）大审民再初字第7号民事裁定，认为该院重审此案系接受最高人民法院指令，被告之一鸿某大药房住所地在辽宁省大连市中山区，遂裁定驳回某药业和云某商厦对管辖权提出的异议。某药业、云某商厦提起上诉，辽宁省高级人民法院于2012年5月7日作出（2012）辽立一民再终字第1号民事裁定，认为原告韩某彬在向大连市中级人民法院提起诉讼时，即将住所地在大连市的鸿某大药房列为被告之一，且在原审过程中提交了在鸿某大药房购药的相关证据并经庭审质证，鸿某大药房属适格被告，大连市中级人民法院对该案有管辖权，遂裁定驳回上诉，维持原裁定。某药业、云某商厦后分别向最高人民法院申请再审。最高人民法院于2013年3月27日作出（2013）民再申字第27号民事裁定，驳回某药业和云某商厦的再审申请。

裁判理由

法院生效裁判认为：对于当事人提出管辖权异议的期间，民事诉讼法第一百二十七条明确规定：当事人对管辖权有异议的，应当在提交答辩状期间提出。当事人未提出管辖异议，并应诉答辩的，视为受诉人民法院有管辖权。由此可知，当事人在一审提交答辩状期间未提出管辖异议，在案件二审或者再审时才提出管辖权异议的，根据管辖恒定原则，案件管辖权已经确定，人民法院对此不予审查。本案中，某药业和云某商厦是案件被通过审判监督程序裁定发回一审法院重审，在一审法院的重审中才就管辖权提出异议的。最初一审时原告韩某彬的起诉状送达给某药业和云某商厦，某药业和云某商厦在答辩期内并没有对管辖权提出异议，说明其已接受了一审法院的管辖，管辖权已确定。而且案件经过一审、二审和再审，所经过的程序仍具有程序上的效力，不可逆转。本案是经审判监督程序发回一审法院重审的案件，虽然按照第一审程序审理，但是发回重审的案件并非一个初审案件，案件管辖权早已确定。就管辖而言，因民事诉讼程序的启动始于当事人的起诉，确定案件的管辖权，应以起诉时为标准，起诉时对案件有管辖权的法院，不因确定管辖的事实在诉讼过程中发生变化而影响其管辖权。当案件诉至人民法院，经人民法院立案受理，诉状送达给被告，被告在答辩期内未提出管辖异议，表明案件已确定了管辖法院，此后不因当事人住所地、经常居住地的变更或行政区域的变更而改变案件的管辖法院。在管辖权已确定的前提下，当事人无权再就管辖权提出异议。如果在重审中当事人仍可就管辖权提出异议，无疑会使已稳定的诉讼程序处于不确定的状态，破坏了诉讼程序的安定、有序，拖延诉讼，不仅降低诉讼效率，浪费司法资源，而且不利于纠纷的解决。因此，基于管辖恒定原则、诉讼程序的确定性以及公正和效率的要求，不能支持重审案件当事人再就管辖权提出的异议。据此，某药业和云某商厦就本案管辖权提出异议，没有法律依据，原审裁定驳回其管辖异议并无不当。

综上所述，某药业和云某商厦的再审申请不符合民事诉讼法第二百条第六项规定的应当再审情形，故依照该法第二百零四条第一款的规定，裁定驳回某药业和云某商厦的再审申请。

【解读】

解读《韩某彬诉内蒙古某药业有限责任公司等产品责任纠纷管辖权异议案》

2015年11月19日，最高人民法院发布了指导案例56号《韩某彬诉内蒙古某药业有限责任公司等产品责任纠纷管辖权异议案》。为了正确理解和准确参照适用该指导案例，现对其推选经过、裁判要点等有关情况予以解释、论证和说明。

一、推选经过及指导意义

本案由辽宁省大连市中级人民法院一审，辽宁省高级人民法院二审。当事人向最高人民法院申请再审，最高人民法院于 2013 年 3 月 27 日审结此案。最高人民法院案例指导工作办公室从 2013 年第 7 期《最高人民法院公报》发现该案例具有指导意义，商请原立案一庭作为指导性案例推荐。2013 年 8 月 27 日，原立案一庭经审查同意将此案例作为指导性案例推荐。12 月 4 日，最高人民法院研究室室务会经讨论同意该案例作为指导性案例，并提出征求案例指导工作专家委员会专家的意见。12 月 5 日，最高人民法院研究室发函征求专家意见。12 月底前，中国人民大学汤维建和肖建国教授、清华大学王亚新教授均认为，该案例很有意义，赞同作为指导性案例。2014 年 6 月 17 日，最高人民法院审委会经讨论，同意该案例作为指导性案例。后为了避免与当时正在起草的民事诉讼法司法解释的可能冲突，暂缓发布。2015 年 11 月 19 日，最高人民法院以法〔2015〕320 号文件将该案例作为第 11 批指导性案例发布。

该指导案例的发布，明确了发回重审的案件当事人提出管辖权异议的，人民法院不予审查。这一处理规则具有重要指导意义。一是能够避免当事人在发回重审后就管辖等程序性的问题纠缠不休，拖延诉讼，有利于尽快解决纠纷，促进社会和谐；二是能够提高诉讼效率，节约诉讼成本，有利于人民法院及时公正高效审理案件，维护生效裁判的稳定性和权威性。本案件裁判时民事诉讼法及相关司法解释对所涉管辖异议问题尚无明确规定，2015 年 2 月 4 日起施行的《最高人民法院关于适用〈中华人民共和国民事诉讼法〉的解释》（以下简称《民事诉讼法司法解释》）第三十九条第二款就此明确规定：人民法院发回重审或者按第一审程序再审的案件，当事人提出管辖权异议的，人民法院不予审查。因此，指导性案例裁判要点与民事诉讼法司法解释有关规定协调一致，并且弥补了司法解释遗漏的发回重审按二审程序审理的情形。

二、裁判要点的理解与说明

指导案例 56 号裁判要点确认：当事人在一审提交答辩状期间未提出管辖异议，在二审或者再审发回重审时提出管辖异议的，人民法院不予审查。该指导案例裁判要点的主要依据是民事诉讼法的相关规定和管辖恒定原则，解决了发回重审案件的管辖异议问题。下面结合有关法律和司法解释规定，围绕裁判要点中有关问题予以论证和说明。

（一）裁判要点符合民事诉讼法相关规定精神

管辖权异议，是指当事人向受诉法院提出的该院对案件无管辖权的主张。民事诉讼法对于发回重审后的案件，当事人能否提出管辖权异议并没有具体规定。民事诉讼法（2012 年修正，下同）第一百二十七条规定："人民法院受理案件后，当事人对管辖权有异议的，应当在提交答辩状期间提出。人民法院对当事人提出的异议，应当审查。异议成立的，裁定将案件移送有管辖权的人民法院；异议不成立的，裁定驳回。当事人未提出管辖异议，并应诉答辩的，视为受诉人民法院有管辖权。但违反级别管辖和专属管辖规定的除外。"从该条规定精神看，当事人提出管辖权异议的时间应当在一审提交答辩状期间内，超出此期间提出的，人民法院可以不予审查。我国民事诉讼法学界通说也认为，根据法律规定，管辖权异议制度的适用条件有以下几点：一是提出异议的主体须是本案的当事人；二是提出管辖异议的客体是第一审民事案件的管辖权；

三是提出管辖权异议的时间须在提交答辩状期间。①

如果当事人在最初一审答辩期内并没有对管辖权提出异议，就说明其已接受了一审法院的管辖，管辖权此时已确定。而且案件经过一审、二审和再审，所经过的程序仍具有程序上的效力，不可逆转。因此，被告没有在答辩期内提出管辖权异议，意味着其已接受一审法院的管辖，其后无论案件处在何种程序，其已丧失了单独就管辖权再提出异议的机会。案件虽被发回重审，但从发回重审的性质看，根据民事诉讼法第一百七十条第一款第三项、第四项的规定，只有原判决认定基本事实不清或遗漏当事人或者违法缺席判决等严重违反法定程序的，才可发回重审。同理，若再审案件经过审理发现案件存在上述情形的，应当依据上述条文规定将案件发回重审。但发回重审的案件并非一个初审案件，原告的起诉状在最初的一审中就已送达被告，即便原告修改了起诉状内容，再次送达被告，但就管辖而言，当被告在答辩期内未提出管辖异议，表明案件已确定了管辖法院，此后不因当事人住所地、经常居住地的变更或行政区域的变更而改变案件的管辖法院。在管辖权已确定的前提下，当事人无权再就管辖权提出异议。反之，如果在重审中当事人仍可就管辖权提出异议，无疑使已稳定的诉讼程序处于不确定的状态，破坏了诉讼程序的安定有序，拖延了诉讼，不仅浪费司法资源，而且不利于纠纷的尽快解决，也会导致应诉管辖制度无法发挥作用。

（二）裁判要点符合有关司法解释规定

我国民事诉讼法过去并没有明确确立管辖恒定原则，但最高人民法院有关司法解释中对此有所体现。1990年最高人民法院作出《最高人民法院关于经济纠纷案件当事人向受诉法院提出管辖权异议的期限问题的批复》，尽管该批复是针对经济纠纷案件提出管辖异议期限问题作出的，已被《最高人民法院关于废止1980年1月1日至1997年6月30日期间发布的部分司法解释和司法解释性质文件（第九批）的决定》自2013年1月18日起废止，但答复内容多数被新民事诉讼法及其司法解释吸收。该批复第一条规定：“法院受理的第一审经济纠纷案件，当事人在法律规定的答辩期内对管辖权提出异议的，法院应当先就本院对该案有无管辖权问题进行审议；逾期提出的，不予审议。”第二条规定：“当事人在法律规定的答辩期限内对法院的管辖权提出了异议，但是在法院就有无管辖权问题作出裁定前，又以书面或口头形式（须经法院记录在案并经本人签字）表示接受受诉法院管辖的，视为当事人自动放弃了异议。以后，当事人在诉讼中再行提出管辖异议的，法院不再审议。”1992年的《最高人民法院关于适用〈中华人民共和国民事诉讼法〉若干问题的意见》第三十四条及第三十五条规定以列举的方式部分地体现了管辖恒定原则，即"案件受理后，受诉人民法院的管辖权不受当事人住所地、经常居住地变更的影响"；"有管辖权的人民法院受理案件后，不得以行政区域变更为由，将案件移送给变更后有管辖权的人民法院。"最高人民法院在1996年5月7日作出的《关于执行级别管辖几个问题的批复》第二条规定："当事人在诉讼中增加诉讼请求从而加大诉讼标的金额，致使诉讼标的金额超过受诉法院级别管辖权限的，一般不再变动。但是当事人故意规避有关级别管辖等规定的除外。"2007年以及2012年两次修改民事诉讼法时，虽然没有明确规定这一制度，但2015年《民事诉讼法司法解释》第三十七条至第三十九条即是管辖恒定原则的具体情形的规定。该司法解

---

① 参见张卫平主编：《民事诉讼法必读资料》，法律出版社2004年版，第132页。

释第三十七条规定:"案件受理后,受诉人民法院的管辖权不受当事人住所地、经常居住地变更的影响。"第三十八条规定:"有管辖权的人民法院受理案件后,不得以行政区域变更为由,将案件移送给变更后有管辖权的人民法院。判决后的上诉案件和依审判监督程序提审的案件,由原审人民法院的上级人民法院进行审判;上级人民法院指令再审、发回重审的案件,由原审人民法院再审或者重审。"第三十九条规定:"人民法院对管辖异议审查后确定有管辖权的,不因当事人提起反诉、增加或者变更诉讼请求等改变管辖,但违反级别管辖、专属管辖规定的除外。人民法院发回重审或者按第一审程序再审的案件,当事人提出管辖异议的,人民法院不予审查。"从上述司法解释规定看,管辖权的确定是以起诉时为标准,其后无论引起管辖事实是否发生变化,都不影响管辖权的确定。这些规则的确立,有利于确保民事诉讼的安定性和经济性。

(三)裁判要点符合管辖恒定原则要求

管辖恒定是学理概念,并非法律概念,民事诉讼法条文中并没有使用这个概念。所谓管辖恒定原则,也被称为管辖权延续原则或者管辖固定原则,是指在某些情况下,以起诉时为标准时点确定管辖后,即使诉讼中管辖依据发生变化,也不影响已经确定的管辖。[①] 也就是说,按照这一规则,人民法院一旦在诉讼中取得了管辖权,该法院在有关该诉讼的一切问题上,一直到结案都具有管辖权,案件某些因素的产生或变化并不影响法院对该案管辖权的延续行使。在诉讼中产生变化的因素,通常包括诉讼主体的情况变化,如当事人的住所发生变化,诉讼请求的增加或减少,以及法律发生变化等。在我国民事诉讼中,管辖权恒定原则的适用以受诉法院依照民事诉讼法的规定有管辖权为前提,而该法院是否实际行使管辖权,是以原告起诉时为准。管辖权的效力及于案件诉讼的全过程,不仅及于一审程序,而且还及于一审以后可能进行的其他程序,如二审程序、审判监督程序或执行程序。

管辖恒定原则在其他国家立法中也被普遍承认。例如,日本民事诉讼法第15条规定:"决定法院管辖,应以提起诉讼为标准。"管辖恒定原则的意义在于:保持诉讼的安定性,避免多个法院之间因为管辖确定后,诉讼中管辖原因的变化导致丧失管辖权而发生诉讼不安定的现象,保证民事案件及时审理,减少当事人诉累,实现诉讼经济要求。

三、需要说明的问题

需要强调说明的是,对于管辖权异议裁定,今后已不能申请再审。本案例系当事人不服二审管辖权异议裁定,向最高人民法院申请再审的案件。对此,由于2012年民事诉讼法并没有禁止性规定,本案在当时是可以作为申请再审案件受理的。对于当事人不服生效的管辖权异议裁定能否申请再审,曾经存在争议。值得注意的是,2013年1月1日起施行的民事诉讼法第二百条删除了2007年民事诉讼法第一百七十九条第一款第七项"违反法律规定,管辖错误的"的再审事由。2015年2月4日起施行的《民事诉讼法司法解释》第三百八十一条进一步明确规定:"当事人认为发生法律效力的不予受理、驳回起诉的裁定错误的,可以申请再审。"这就明确了可以申请再审的裁定范围,并不包括管辖异议的裁定。这样规定的主要原因是,管辖权异议的救济已经通过一审程序及二审程序来保障,从诉讼程序的稳定性考虑,允许对该类裁定申请再审将

[①] 参见张卫平:《民事诉讼法》,法律出版社2016年版,第88页。

严重拖延诉讼，且实体判决存在错误的，可以通过对判决申请再审予以救济。因此，对于管辖权异议的裁定，今后不能再申请再审。

（撰稿人：吴光侠、张志弘）

四、诉讼参加人

最高人民法院　最高人民检察院
关于办理海洋自然资源与生态环境
公益诉讼案件若干问题的规定

法释〔2022〕15号

（2021年12月27日最高人民法院审判委员会第1858次会议、2022年3月16日最高人民检察院第十三届检察委员会第九十三次会议通过　2022年5月10日最高人民法院、最高人民检察院公告公布　自2022年5月15日起施行）

为依法办理海洋自然资源与生态环境公益诉讼案件，根据《中华人民共和国海洋环境保护法》《中华人民共和国民事诉讼法》《中华人民共和国刑事诉讼法》《中华人民共和国行政诉讼法》《中华人民共和国海事诉讼特别程序法》等法律规定，结合审判、检察工作实际，制定本规定。

第一条　本规定适用于损害行为发生地、损害结果地或者采取预防措施地在海洋环境保护法（2017年修正，下同）第二条第一款规定的海域内，因破坏海洋生态、海洋水产资源、海洋保护区而提起的民事公益诉讼、刑事附带民事公益诉讼和行政公益诉讼。

第二条　依据海洋环境保护法第八十九条第二款规定，对破坏海洋生态、海洋水产资源、海洋保护区，给国家造成重大损失的，应当由依照海洋环境保护法规定行使海洋环境监督管理权的部门，在有管辖权的海事法院对侵权人提起海洋自然资源与生态环境损害赔偿诉讼。

有关部门根据职能分工提起海洋自然资源与生态环境损害赔偿诉讼的，人民检察院可以支持起诉。

第三条　人民检察院在履行职责中发现破坏海洋生态、海洋水产资源、海洋保护区的行为，可以告知行使海洋环境监督管理权的部门依据本规定第二条提起诉讼。在有关部门仍不提起诉讼的情况下，人民检察院就海洋自然资源与生态环境损害，向有管辖权的海事法院提起民事公益诉讼的，海事法院应予受理。

第四条　破坏海洋生态、海洋水产资源、海洋保护区，涉嫌犯罪的，在行使海洋环境监督管理权的部门没有另行提起海洋自然资源与生态环境损害赔偿诉讼的情况下，人民检察院可以在提起刑事公诉时一并提起附带民事公益诉讼，也可以单独提起民事公益诉讼。

第五条 人民检察院在履行职责中发现对破坏海洋生态、海洋水产资源、海洋保护区的行为负有监督管理职责的部门违法行使职权或者不作为，致使国家利益或者社会公共利益受到侵害的，应当向有关部门提出检察建议，督促其依法履行职责。

有关部门不依法履行职责的，人民检察院依法向被诉行政机关所在地的海事法院提起行政公益诉讼。

第六条 本规定自2022年5月15日起施行。

【解读】

解读《关于办理海洋自然资源与生态环境公益诉讼案件若干问题的规定》

为依法办理海洋自然资源与生态环境公益诉讼案件，全面加强海洋环境司法保护，促进海洋生态文明建设，2021年12月27日最高人民法院审判委员会第1858次会议、2022年3月16日最高人民检察院第十三届检察委员会第九十三次会议审议通过了《最高人民法院、最高人民检察院关于办理海洋自然资源与生态环境公益诉讼案件若干问题的规定》（法释〔2022〕15号，以下简称《规定》），并已于2022年5月15日起施行。现就《规定》涉及的有关问题予以说明，以供相关案件办理过程中准确理解与适用。

一、制定背景和意义

出台《规定》，是最高人民法院、最高人民检察院贯彻落实党中央决策部署，加大海洋自然资源与生态环境司法保护力度，积极回应社会关切的重要举措。司法解释的颁布实施，对于完善海洋自然资源与生态环境保护法律体系，统一法律适用标准，规范海洋自然资源与生态环境公益诉讼案件办理，具有重要意义。

我国是海洋大国，海洋是我国经济社会可持续发展的重要资源和战略空间。随着海上活动的日益频繁，在海洋经济快速发展的同时，船舶排污、陆源污染和海洋资源的开发活动等不断影响我国海洋生态环境质量，海洋生态环境面临较大压力，涉及海洋自然资源与生态环境损害的案件数量也不断上升。

以习近平同志为核心的党中央高度重视海洋事业发展和海洋生态环境保护。党的十八大作出了建设海洋强国的重大部署，党的十九大明确提出"坚持陆海统筹，加快建设海洋强国""加快生态文明体制改革，建设美丽中国"；《中华人民共和国国民经济和社会发展第十四个五年规划和2035年远景目标纲要》提出"坚持陆海统筹、人海和谐、合作共赢，协同推进海洋生态保护、海洋经济发展和海洋权益维护，加快建设海洋强国"。保护海洋自然资源和生态环境是加快建设海洋强国、实现人海和谐共生的根本要求和基础保障，迫切需要不断加大司法保护力度，为促进海洋生态文明建设提供强有力的服务与保障。

为了保护和改善海洋环境，保护海洋资源，防治污染损害，维护生态平衡，保障人体健康，促进经济和社会的可持续发展，全国人大常委会法工委于1982年颁布海洋环境保护法。该法于1999年12月修订时，在法律责任章节增加了由依照海洋环境保护法规定行使海洋环境监督管理权的部门代表国家对责任者提出损害赔偿要求的规定。2012年以来，随着环境保护法、民事诉讼法的修改以及《最高人民法院关于审理环境民事公益诉讼案件适用法律若干问题的解释》《最高人民法院、最高人民检察院关于检察公益诉讼案件适用法律若干问题的解释》（以下简称《检察公益诉讼解释》）等司法解释的制定，逐步建立和细化了环境公益诉讼制度。如何正确理解上述不同法律规定的本意，如何界定海洋自然资源与生态环境损害赔偿诉讼的性质，如何在海洋环境保护中充分发挥公益诉讼制度的作用，亟待出台司法解释加以明确和规范，构建较为完善、独立的具有中国特色的海洋环境公益诉讼制度，进一步保障海洋安全、保护海洋资源、推进海洋法治、服务海洋强国建设。

二、主要内容说明

《规定》共6条，分别就适用范围以及海洋环境民事公益诉讼、刑事附带民事公益诉讼、行政公益诉讼的主体、管辖权等作出了规定。

（一）关于适用范围

第一条从案件类型、行为后果和地域三个方面界定了《规定》的适用范围，也是对海洋自然资源与生态环境公益诉讼案件的解读。

首先，《规定》系因海洋自然资源与生态环境损害而提起的海洋环境公益诉讼的专门规定，包括民事、刑事附带民事和行政公益诉讼三种案件类型。

其次，《规定》的重要法律依据是海洋环境保护法（2017年修正，下同），主要是围绕如何正确理解和适用该法第八十九条第二款的规定作出的具体规范，故《规定》第一条直接援引了海洋环境保护法第八十九条第二款内容界定了《规定》适用的行为后果，即破坏海洋生态、海洋水产资源、海洋保护区。

再次，《规定》适用的地域范围与海洋环境保护法适用的海域范围一致。海洋环境保护法第二条第一款规定："本法适用于中华人民共和国内水、领海、毗连区、专属经济区、大陆架以及中华人民共和国管辖的其他海域。"第九十四条第二项进一步规定，该法中的内水是指我国领海基线向内陆一侧的所有海域。故《规定》并不适用于江河、湖泊等内陆水域。

最后，造成海洋自然资源与生态环境损害的原因，不仅包括海上航行、海上作业生产等发生在海上的行为，还包括从陆地向海域排放污染物造成海洋自然资源与生态环境损害等陆源污染行为。损害行为发生地或损害结果地位于海域，是确定《规定》适用范围的重要因素。此外，为减轻或防止海洋环境污染、生态恶化、自然资源减少，可能会采取相应的合理应急处置措施，该预防措施费用亦属于海洋自然资源与生态环境损害赔偿范围，故采取预防措施地也是界定《规定》适用范围的考量因素之一。

因此，只要损害行为发生地、损害结果地或者采取预防措施地三个因素中的一个因素发生在海洋环境保护法第二条第一款规定的海域内，因海洋自然资源与生态环境损害而提起的公益诉讼，就应当适用《规定》。《规定》的适用范围涵盖了因陆源污染造成海洋环境损害而提起的公益诉讼案件，因此，如污染行为发生在陆地，污染物经由陆地流入海洋，就海洋自然资源与生态环境损害提起的公益诉讼案件应当适用《规定》确定相应的诉讼主体和管辖权等，但是，《规定》并不影响其他相关主体依据环境保护法、民事诉讼法等法律规定仅就陆地环境污染损害提起公益诉讼的权利。

（二）关于民事公益诉讼

《规定》第二条、第三条采用列明方式明确有权提起海洋自然资源与生态环境民事公益诉讼的主体，确定海事法院是海洋环境民事公益诉讼的专门管辖法院。

1. 关于海洋环境监督管理部门就海洋自然资源与生态环境损害提起的诉讼

海洋环境保护法是环境领域的特别法，应当优先适用于相关纠纷。该法第八十九条第二款规定，将海洋自然资源与生态环境损害索赔的权利赋予依法行使海洋环境监督管理权的部门。根据现阶段相关立法意图[①]，该类诉讼属于民事公益诉讼范畴。2018年1月15日起施行的《最高人民法院关于审理海洋自然资源与生态环境损害赔偿纠纷案件若干问题的规定》（以下简称《海洋环境司法解释》）通过在第十一条、第十二条规定相关公益诉讼司法解释适用规则的方式，表明了海洋环境监督管理部门提起此类诉讼的性质。《规定》系关于海洋环境公益诉讼的司法解释，通过将海洋环境监督管理部门提起诉讼的情形纳入本司法解释的方式，进一步明确了此类诉讼属于民事公益诉讼。但是在表述方式上，为了保持连贯性，继续沿用海洋环境保护法和《海洋环境司法解释》中关于"海洋自然资源与生态环境损害赔偿诉讼"的表述。

在《规定》起草过程中，有人建议，应当在海洋自然资源与生态环境损害赔偿诉讼中规定磋商前置程序，相关部门与侵权人就海洋自然资源与生态环境损害赔偿开展磋商无果的，再进入诉讼程序。我们经研究认为，2017年12月中共中央办公厅、国务院办公厅印发的《生态环境损害赔偿制度改革方案》（以下简称《改革方案》）中提出了"主动磋商，司法保障"的工作原则，生态环境损害发生后，赔偿权利人组织开展生态环境损害调查、鉴定评估、修复方案编制等工作，主动与赔偿义务人磋商。磋商未达成一致的，赔偿权利人可依法提起诉讼。据此，《最高人民法院关于审理生态环境损害赔偿案件的若干规定（试行）》第一条明确磋商是提起生态环境损害赔偿诉讼的前置程序，经磋商未达成一致或者无法进行磋商的才可以提起诉讼。2022年4月，生态环境部联合最高人民法院、最高人民检察院等14家单位印发的《生态环境损害赔偿管理规定》中也规定了磋商程序。但是《改革方案》第三条第二项、《最高人民法院关于审理生态环境损害赔偿案件的若干规定（试行）》第二条第二项和《生态环境损害赔偿管理规定》均明确规定，上述方案和规定不适用于海洋生态环境损害赔偿，涉及海洋生态环境损害赔偿的，适用海洋环境保护法等法律及相关规定。因海洋环境保护法并没有磋商前置的规定，故在海洋自然资源与生态环境损害赔偿诉讼中规定磋商前置程序，目前没有相应的法律或者国家规定作为依据。但《规定》也并不限制或影响海洋环境监督管理部门先行与侵权人进行磋商的程序，如果今后在海洋环境保护中明确了磋商机制，还可另行作出新的规定。

---

① 2012年4月24日《全国人民代表大会法律委员会关于〈中华人民共和国民事诉讼法修正案（草案）修改情况的汇报》对公益诉讼制度问题作了说明："目前，有的环境保护领域的法律已规定了提起这类诉讼的机关。比如，海洋环境保护法规定，海洋环境监督管理部门代表国家对破坏海洋环境给国家造成重大损失的责任者提出损害赔偿要求。"

2. 关于检察机关就海洋自然资源与生态环境损害提起的民事公益诉讼

检察机关是否有权提起海洋环境公益诉讼，长期以来一直存在不同观点。虽然《检察公益诉讼解释》并未明确将海洋环境公益诉讼排除在外，但是，对海洋环境保护法、民事诉讼法相关规定的不同理解导致对检察机关诉权的认识不统一，从而该司法解释能否适用于海洋环境公益诉讼，也一直存在分歧。一种观点认为，海洋环境保护法第八十九条第二款的特别规定排除了其他国家机关的索赔资格，包括检察机关。根据特别法优先于一般法适用的原则，检察机关无权提起海洋环境公益诉讼。另一种观点认为，检察机关提起公益诉讼是国家赋予其的工作职能，海洋环境保护法的规定并不能排除民事诉讼法对检察机关赋权规定的适用。

我们经研究认为，首先，民事诉讼法（2021年修正，下同）第五十八条第一款规定："对污染环境、侵害众多消费者合法权益等损害社会公共利益的行为，法律规定的机关和有关组织可以向人民法院提起诉讼。"第二款规定："在没有前款规定的机关和组织或者前款规定的机关和组织不提起诉讼的情况下，可以向人民法院提起诉讼。前款规定的机关或者组织提起诉讼的，人民检察院可以支持诉讼。"因此，依据海洋环境保护法第八十九条第二款、民事诉讼法第五十八条第二款的规定，海洋环境保护法明确规定了海洋环境监督管理部门有权提起海洋自然资源与生态环境损害赔偿，在上述部门不提起诉讼的情况下，检察机关可以就海洋自然资源与生态环境损害提起公益诉讼。其次，虽然海洋环境保护法规定海洋环境监督管理部门有权就海洋自然资源与生态环境损害提起诉讼，但是海洋环境监督管理部门在不同案件中的诉讼能力可能会影响其提起诉讼的积极性，司法实践中也确实存在海洋环境监督管理部门怠于履行提起诉讼的职责，导致海洋环境保护力度受到影响的情形。允许检察机关在海洋环境监督管理部门不起诉的情况下提起诉讼，可以充分发挥检察机关督促、协同、兜底的职能定位，符合加大海洋环境保护力度、维护国家海洋权益的价值取向。

基于加大海洋环境保护力度、完善海洋环境公益诉讼制度体系的需要，《规定》第二条、第三条体现了海洋环境保护法作为特别法应当优先适用的原则，在注重充分发挥海洋环境监督管理部门行政监管职能的同时，也明确了检察机关督促、协同、兜底的职能定位。检察机关发现破坏海洋生态、海洋水产资源、海洋保护区的行为，可以将有关线索移送海洋环境监督管理部门并告知其提起诉讼。只有在海洋环境监督管理部门经告知仍不提起诉讼的情况下，检察机关才可以直接作为原告提起公益诉讼；海洋环境监督管理部门经告知提起诉讼的，检察机关可以依据《规定》第二条第二款的规定支持起诉。这一规定体现了检察机关与海洋环境监督管理部门提起海洋环境公益诉讼的不同定位，可以实现海洋环境监督管理部门与检察机关提起公益诉讼的有效衔接，对加大海洋环境保护力度、维护国家海洋权益具有现实意义。

（三）关于刑事附带民事公益诉讼

破坏海洋生态、海洋水产资源、海洋保护区，涉嫌犯罪的，应当如何确定刑事附带民事诉讼适格原告，相关海洋环境监督管理部门能否提起刑事附带民事海洋环境损害赔偿，一直是争论热点。一种观点认为，海洋环境保护法第八十九条第二款对代表国家提出损害赔偿要求的主体作出了特别规定，应当优先适用，故当海洋环境遭受侵害并构成犯罪时，相关海洋环境监督管理部门具有提起刑事附带民事损害赔偿诉讼的权利，这与刑事诉讼法第一百零一条关于被害人由于被告人的犯罪行为而遭受物质损失,在刑事诉讼过程中有权提起刑事附带民事诉讼的规定也并不相悖。另一种观点认为,刑事诉讼法明确规定,附带民事诉讼原告人只有被害人和检察机关。涉及国家利益受损的,提起附带民事诉讼的主体只是检察机关,没有规定其他机关。允许海洋环境监督管理部门依据海洋环境保护法的规定提起刑事附带民事诉讼,是对刑事诉讼法规定的突破。

经研究,鉴于对破坏海洋生态、海洋水产资源、海洋保护区,涉嫌犯罪的,海洋环境监督管理部门能否提起刑事附带民事诉讼,刑事诉讼法并未作出明确规定,有关方面还存在不同认识,《规定》第四条仅就海洋环境监督管理部门与检察机关在涉及民事和刑事案件交叉的情况下,如何协调各自职能作出规定。一方面,《规定》明确了在涉嫌犯罪的情况下,海洋环境监督管理部门依然有权就海洋自然资源与生态环境损害另行提起民事诉讼;另一方面,依据刑事诉讼法第一百零一条第二款、《检察公益诉讼解释》第二十条第一款的规定,《规定》明确了在海洋环境监督管理部门未另行提起民事诉讼的情况下,检察机关可以根据实际情况,从有利于提高司法效率的角度,选择在提起刑事公诉时一并提起附带民事公益诉讼,也可以选择单独提起民事公益诉讼,以充分发挥检察机关对海洋环境保护的兜底、协同职能。

(四)关于行政公益诉讼

为了充分发挥检察机关的监督职能作用,在制度功能层面督促行政主管机关积极依法履职,行政诉讼法规定检察机关可以通过行政诉讼促进依法行政、严格执法。根据海洋环境保护法的规定,相关海洋环境监督管理部门对破坏海洋自然资源和生态环境的行为负有监督管理职责,但实践中往往存在行政部门对海洋环境保护违法行使职权或者怠于履职不作为的现象。如何正确、充分利用行政公益诉讼制度,加大海洋环境司法保护力度,是制定《规定》第五条的主要目的。

我们经研究认为,首先,根据行政诉讼法第二十五条的规定,检察机关可以向海洋环境监督管理部门依次提出检察建议和提起诉讼,这是法律对其职能的赋权与定位。其次,根据前述规定,海洋环境行政公益诉讼的提起要以诉前检察建议为前提。实践中,检察机关发出检察建议后,多数海洋环境监督管理部门都能够及时采取有效措施依法履职,故大部分案件在行政公益诉讼的诉前程序便已终结。但对于海洋环境监督管理部门仍然不依法履职的,检察机关可以通过直接提起行政诉讼的方式,督促其依法全面履行监管职责、恢复受侵害的公共利益。最后,行政公益诉讼主要针对海洋环境监督管理部门违法行使职权或者怠于履职不作为,是为有效补足行政执法短板而采取的有利于海洋自然资源和生态环境保护的另一种监督手段。但是,对于海洋环境监督管理部门不提起诉讼的情形,通常并不采用检察建议这一特定文书形式。通过行政公益诉讼要求海洋环境监督管理部门提起海洋自然资源与生态环境损害赔偿诉讼,也不符合司法诉讼高效、便利原则。因此,对于海洋环境监督管理部门经告知仍然不提起诉讼的,检察机关可以依据《规定》第三条直接提起民事公益诉讼,而并非依据第五条提出检察建议和提起行政公益诉讼。

(五)关于管辖权

根据《海洋环境司法解释》第二条的规定,海洋环境监督管理部门提起的海洋自然资源与生态环境损害赔偿诉讼,由损害行为发生地、损害结果地或者采取预防措施地海事法院管辖。但是由检察机关提起的海洋环境公益诉讼案件是否应当由海事法院专门管辖，起草过程中存在争论。有观点认为，根据《检察公益诉讼解释》第五条的规定，市（分、州）检察机关提起的第一审民事公益诉讼案件，由侵权行为地或者被告住所地中级人民法院管辖；基层检察机关提起的第一审行政公益诉讼案件，由被诉行政机关所在地基层人民法院管辖，故并未要求由海事法院专门管辖。

经研究，《规定》第二条、第三条和第五条最终明确了海事法院对海洋自然资源与生态环境民事公益诉讼和行政公益诉讼的专门管辖。主要理由如下。

第一，根据海事诉讼特别程序法第四条、第七条，《海洋环境司法解释》第二条，《最高人民法院关于海事法院受理案件范围的规定》第三类第65项、第五类第81项、第82项，《最高人民法院关于海事诉讼管辖问题的规定》第二条的规定，污染海洋环境、破坏海洋生态责任纠纷和海事行政案件都属于海事法院专门或者专属管辖。上述有关海事法院专门或专属管辖的规定属于特别规定，如果与《检察公益诉讼解释》的一般规定不同，应当优先适用特别规定。

第二，根据《规定》，在海洋环境监督管理部门不提起诉讼的情况下，检察机关可以依照《规定》提起民事公益诉讼。检察机关履行的系督促、协同、兜底职能，其提起的民事公益诉讼与海洋环境监督管理部门提起的诉讼请求和诉讼目的基本相同，并不因提起主体不同而改变此类案件的性质，均应当属于前述法律法规调整的范围，故检察机关提起的民事公益诉讼也应当由海事法院管辖。

第三，海洋自然资源与生态环境损害赔偿涉及国际公约、国际惯例、海商法等的适用，具有专业性、技术性、涉外性强的特点。海事法院是审理海事案件的专门法院，具有专业化审判优势，由海事法院统一审理海洋环境监督管理部门和检察机关提起的海洋自然资源与生态环境损害赔偿诉讼，有利于审判质量保障和裁判尺度统一。

第四，海事行政公益诉讼案件从性质而言也属于海事行政案件，应当由海事法院专门管辖。随着海洋强国建设对海上法治环境提出更高的要求，涉海行政部门的执法力度进一步加强。海事法院属于跨行政区划设置的专门法院，由其审理海事行政案件，有利于克服地方保护主义，可以进一步为依法开展海洋执法活动提供有力的司法支持和监督，加大海洋环境的司法保护力度，也顺应了海事司法改革的需要。

第五，全国11个海事法院共设立了40余个派出法庭，还根据需要设立了巡回审判点，以适应海事法院管辖区域线长面广的特点，增强了海事审判的服务功能，方便了当事人诉讼，已经成为海事司法保障沿海沿江地区经济发展与生态文明建设的重要前沿。

需要说明的是，《规定》第四条并未对海洋自然资源与生态环境刑事附带民事公益诉讼案件的管辖法院作出特别规定。主要理由是，根据1984年颁布的《全国人民代表大会常务委员会关于在沿海港口城市设立海事法院的决定》，海事法院不审理刑事案件。但是，随着"一带一路"和海洋强国建设的不断推进，我国周边海洋形势面临着空前激烈的外部压力和挑战，亟须我国海事司法在彰显我国海洋主权、服务保障国家海洋建设等方面发挥更大的作用。为了满足国际、国内形势发展对海事审判工作的司法需求，从有利于发挥海事法院专业优势、有利于更好维护国家海洋权益出发，最高人民法院一直将海事法院试点管辖海事刑事案件、推进海事审判"三合一"，作为落实深化人民法院司法体制改革、服务保障国家重大战略要求的重要内容和具体措施。最高人民法院已指定宁波、海口海事法院作为试点法院审理了部分海上交通肇事罪和破坏海洋生态环境资源犯罪案件,取得了较好的效果。

实践证明,在海事法院实行海事刑事、民事和行政"三合一"审判,统一审理海洋自然资源与生态环境损害赔偿案件、破坏海洋生态环境资源犯罪及刑事附带民事环境公益诉讼案件、海事行政公益诉讼案件,可以在充分发挥海事法院专业化审判优势的同时,兼顾审判效率和裁判尺度的统一。目前,该项试点工作正在稳步推进。根据《检察公益诉讼解释》第二十条的规定,检察机关提起的刑事附带民事公益诉讼,由审理刑事案件的人民法院管辖。因此,如果破坏海洋生态环境资源犯罪案件属于海事法院试点管辖的刑事案件,则由海事法院一并管辖刑事附带民事公益诉讼案件;如果该刑事案件由其他人民法院管辖,则有关海洋自然资源与生态环境的刑事附带民事公益诉讼案件也由其他人民法院一并管辖,但海洋环境监督管理部门另行单独提起的海洋自然资源与生态环境损害赔偿,依然由海事法院专门管辖。

(六)关于法律适用

鉴于海洋自然资源与生态环境损害赔偿诉讼有其自身特殊实际和规律,《海洋环境司法解释》专门针对海洋自然资源与生态环境损害赔偿的管辖权、责任承担方式、损失赔偿范围、损失认定规则、船舶污染损害赔偿法律适用等问题作出了具体的特别规定。但早期由于对检察机关诉权问题存在不同认识,故司法实践中,该司法解释主要适用于海洋环境监督管理部门提起的损害赔偿诉讼。目前,在明确检察机关提起海洋环境公益诉讼权利的情况下,对审理此类纠纷的法律适用问题亦应当予以明确。鉴于司法解释行文规范,《规定》对法律适用问题没有作出专门规定。

但是,从《海洋环境司法解释》第一条的规定来看,为请求赔偿海洋环境保护法第八十九条第二款规定的海洋自然资源与生态环境损害而提起的诉讼,都适用该司法解释。考虑到无论是海洋环境监督管理部门还是检察机关提起的诉讼,都是针对海洋环境保护法第八十九条第二款所规定的破坏海洋生态、海洋水产资源、海洋保护区而造成的海洋自然资源与生态环境的损害赔偿,都是代表国家和社会公共利益,检察机关是在海洋环境监督管理部门没有提起诉讼的情况下,行使督促、协同、兜底的职能作用而提起的诉讼,不能因提起诉讼的主体不同而适用不同法律规定,从而导致不同的处理结果。因此,应当对《海洋环境司法解释》的适用范围作从宽解释,即人民法院审理检察机关就海洋自然资源与生态环境损害提起的公益诉讼,也应当适用《海洋环境司法解释》中的相关规定。

此外,《规定》针对海洋环境公益诉讼的诉权、管辖权等问题作出了规定,《检察公益诉讼解释》对检察机关提起的公益诉讼也作出了程序性规定。对于两个司法解释中有关管辖权等问题的规定,如有冲突,应当优先适用《规定》;《规定》没有作出规定,且其他相关海事司法解释也没有作出不同规定的,可以适用《检察公益诉讼解释》的规定。

(撰稿人:王淑梅、胡方)

最高人民法院 最高人民检察院
关于检察公益诉讼案件适用法律若干问题的解释

(2018年2月23日最高人民法院审判委员会第1734次会议、2018年2月11日最高人民检察院第十二届检察委员会第73次会议通过 根据2020年12月23日最高人民法院审判委员会第1823次会议、2020年12月28日最高人民检察院第十三届检察委员会第58次会议修正)

一、一般规定

第一条 为正确适用《中华人民共和国民法典》《中华人民共和国民事诉讼法》《中华人民共和国行政诉讼法》关于人民检察院提起公益诉讼制度的规定，结合审判、检察工作实际，制定本解释。

第二条 人民法院、人民检察院办理公益诉讼案件主要任务是充分发挥司法审判、法律监督职能作用，维护宪法法律权威，维护社会公平正义，维护国家利益和社会公共利益，督促适格主体依法行使公益诉权，促进依法行政、严格执法。

第三条 人民法院、人民检察院办理公益诉讼案件，应当遵守宪法法律规定，遵循诉讼制度的原则，遵循审判权、检察权运行规律。

第四条 人民检察院以公益诉讼起诉人身份提起公益诉讼，依照民事诉讼法、行政诉讼法享有相应的诉讼权利，履行相应的诉讼义务，但法律、司法解释另有规定的除外。

第五条 市（分、州）人民检察院提起的第一审民事公益诉讼案件，由侵权行为地或者被告住所地中级人民法院管辖。

基层人民检察院提起的第一审行政公益诉讼案件，由被诉行政机关所在地基层人民法院管辖。

第六条 人民检察院办理公益诉讼案件，可以向有关行政机关以及其他组织、公民调查收集证据材料；有关行政机关以及其他组织、公民应当配合；需要采取证据保全措施的，依照民事诉讼法、行政诉讼法相关规定办理。

第七条 人民法院审理人民检察院提起的第一审公益诉讼案件，适用人民陪审制。

第八条 人民法院开庭审理人民检察院提起的公益诉讼案件，应当在开庭三日前向人民检察院送达出庭通知书。

人民检察院应当派员出庭，并应当自收到人民法院出庭通知书之日起三日内向人民法院提交派员出庭通知书。派员出庭通知书应当写明出庭人员的姓名、法律职务以及出庭履行的具体职责。

第九条 出庭检察人员履行以下职责：

（一）宣读公益诉讼起诉书；

（二）对人民检察院调查收集的证据予以出示和说明，对相关证据进行质证；

（三）参加法庭调查，进行辩论并发表意见；
（四）依法从事其他诉讼活动。

第十条 人民检察院不服人民法院第一审判决、裁定的，可以向上一级人民法院提起上诉。

第十一条 人民法院审理第二审案件，由提起公益诉讼的人民检察院派员出庭，上一级人民检察院也可以派员参加。

第十二条 人民检察院提起公益诉讼案件判决、裁定发生法律效力，被告不履行的，人民法院应当移送执行。

二、民事公益诉讼

第十三条 人民检察院在履行职责中发现破坏生态环境和资源保护，食品药品安全领域侵害众多消费者合法权益，侵害英雄烈士等的姓名、肖像、名誉、荣誉等损害社会公共利益的行为，拟提起公益诉讼的，应当依法公告，公告期间为三十日。

公告期满，法律规定的机关和有关组织、英雄烈士等的近亲属不提起诉讼的，人民检察院可以向人民法院提起诉讼。

人民检察院办理侵害英雄烈士等的姓名、肖像、名誉、荣誉的民事公益诉讼案件，也可以直接征询英雄烈士等的近亲属的意见。

第十四条 人民检察院提起民事公益诉讼应当提交下列材料：
（一）民事公益诉讼起诉书，并按照被告人数提出副本；
（二）被告的行为已经损害社会公共利益的初步证明材料；
（三）已经履行公告程序、征询英雄烈士等的近亲属意见的证明材料。

第十五条 人民检察院依据民事诉讼法第五十五条第二款的规定提起民事公益诉讼，符合民事诉讼法第一百一十九条第二项、第三项、第四项及本解释规定的起诉条件的，人民法院应当登记立案。

第十六条 人民检察院提起的民事公益诉讼案件中，被告以反诉方式提出诉讼请求的，人民法院不予受理。

第十七条 人民法院受理人民检察院提起的民事公益诉讼案件后，应当在立案之日起五日内将起诉书副本送达被告。

人民检察院已履行诉前公告程序的，人民法院立案后不再进行公告。

第十八条 人民法院认为人民检察院提出的诉讼请求不足以保护社会公共利益的，可以向其释明变更或者增加停止侵害、恢复原状等诉讼请求。

第十九条 民事公益诉讼案件审理过程中，人民检察院诉讼请求全部实现而撤回起诉的，人民法院应予准许。

第二十条 人民检察院对破坏生态环境和资源保护，食品药品安全领域侵害众多消费者合法权益，侵害英雄烈士等的姓名、肖像、名誉、荣誉等损害社会公共利益的犯罪行为提起刑事公诉时，可以向人民法院一并提起附带民事公益诉讼，由人民法院同一审判组织审理。

人民检察院提起的刑事附带民事公益诉讼案件由审理刑事案件的人民法院管辖。

三、行政公益诉讼

第二十一条 人民检察院在履行职责中发现生态环境和资源保护、食品药品安全、国有财产保护、国有土地使用权出让等领域负有监督管理职责的行政机关违法行使职权或者不作为，致使国家利益或者社会公共利益受到侵害的，应当向行政机关提出检察建议，督促其依法履行职责。

行政机关应当在收到检察建议书之日起两个月内依法履行职责，并书面回复人民检察院。出现国家利益或者社会公共利益损害继续扩大等紧急情形的，行政机关应当在十五日内书面回复。

行政机关不依法履行职责的，人民检察院依法向人民法院提起诉讼。

第二十二条 人民检察院提起行政公益诉讼应当提交下列材料：

（一）行政公益诉讼起诉书，并按照被告人数提出副本；

（二）被告违法行使职权或者不作为，致使国家利益或者社会公共利益受到侵害的证明材料；

（三）已经履行诉前程序，行政机关仍不依法履行职责或者纠正违法行为的证明材料。

第二十三条 人民检察院依据行政诉讼法第二十五条第四款的规定提起行政公益诉讼，符合行政诉讼法第四十九条第二项、第三项、第四项及本解释规定的起诉条件的，人民法院应当登记立案。

第二十四条 在行政公益诉讼案件审理过程中，被告纠正违法行为或者依法履行职责而使人民检察院的诉讼请求全部实现，人民检察院撤回起诉的，人民法院应当裁定准许；人民检察院变更诉讼请求，请求确认原行政行为违法的，人民法院应当判决确认违法。

第二十五条 人民法院区分下列情形作出行政公益诉讼判决：

（一）被诉行政行为具有行政诉讼法第七十四条、第七十五条规定情形之一的，判决确认违法或者确认无效，并可以同时判决责令行政机关采取补救措施；

（二）被诉行政行为具有行政诉讼法第七十条规定情形之一的，判决撤销或者部分撤销，并可以判决被诉行政机关重新作出行政行为；

（三）被诉行政机关不履行法定职责的，判决在一定期限内履行；

（四）被诉行政机关作出的行政处罚明显不当，或者其他行政行为涉及对款额的确定、认定确有错误的，可以判决予以变更；

（五）被诉行政行为证据确凿，适用法律、法规正确，符合法定程序，未超越职权，未滥用职权，无明显不当，或者人民检察院诉请被诉行政机关履行法定职责理由不成立的，判决驳回诉讼请求。

人民法院可以将判决结果告知被诉行政机关所属的人民政府或者其他相关的职能部门。

四、附则

第二十六条 本解释未规定的其他事项，适用民事诉讼法、行政诉讼法以及相关司法解释的规定。

第二十七条 本解释自2018年3月2日起施行。

最高人民法院、最高人民检察院之前发布的司法解释和规范性文件与本解释不一致的，以本解释为准。

最高人民法院
关于审理环境民事公益诉讼案件
适用法律若干问题的解释

(2014年12月8日最高人民法院审判委员会第1631次会议通过 根据2020年12月23日最高人民法院审判委员会第1823次会议通过的《最高人民法院关于修改〈最高人民法院关于人民法院民事调解工作若干问题的规定〉等十九件民事诉讼类司法解释的决定》修正)

为正确审理环境民事公益诉讼案件,根据《中华人民共和国民法典》《中华人民共和国环境保护法》《中华人民共和国民事诉讼法》等法律的规定,结合审判实践,制定本解释。

第一条 法律规定的机关和有关组织依据民事诉讼法第五十五条、环境保护法第五十八条等法律的规定,对已经损害社会公共利益或者具有损害社会公共利益重大风险的污染环境、破坏生态的行为提起诉讼,符合民事诉讼法第一百一十九条第二项、第三项、第四项规定的,人民法院应予受理。

第二条 依照法律、法规的规定,在设区的市级以上人民政府民政部门登记的社会团体、基金会以及社会服务机构等,可以认定为环境保护法第五十八条规定的社会组织。

第三条 设区的市、自治州、盟、地区,不设区的地级市,直辖市的区以上人民政府民政部门,可以认定为环境保护法第五十八条规定的"设区的市级以上人民政府民政部门"。

第四条 社会组织章程确定的宗旨和主要业务范围是维护社会公共利益,且从事环境保护公益活动的,可以认定为环境保护法第五十八条规定的"专门从事环境保护公益活动"。

社会组织提起的诉讼所涉及的社会公共利益,应与其宗旨和业务范围具有关联性。

第五条 社会组织在提起诉讼前五年内未因从事业务活动违反法律、法规的规定受过行政、刑事处罚的,可以认定为环境保护法第五十八条规定的"无违法记录"。

第六条 第一审环境民事公益诉讼案件由污染环境、破坏生态行为发生地、损害结果地或者被告住所地的中级以上人民法院管辖。

中级人民法院认为确有必要的,可以在报请高级人民法院批准后,裁定将本院管辖的第一审环境民事公益诉讼案件交由基层人民法院审理。

同一原告或者不同原告对同一污染环境、破坏生态行为分别向两个以上有管辖权的人民法院提起环境民事公益诉讼的,由最先立案的人民法院管辖,必要时由共同上级人民法院指定管辖。

第七条 经最高人民法院批准,高级人民法院可以根据本辖区环境和生态保护的实际情况,在辖区内确定部分中级人民法院受理第一审环境民事公益诉讼案件。

中级人民法院管辖环境民事公益诉讼案件的区域由高级人民法院确定。

第八条 提起环境民事公益诉讼应当提交下列材料：

（一）符合民事诉讼法第一百二十一条规定的起诉状，并按照被告人数提出副本；

（二）被告的行为已经损害社会公共利益或者具有损害社会公共利益重大风险的初步证明材料；

（三）社会组织提起诉讼的，应当提交社会组织登记证书、章程、起诉前连续五年的年度工作报告书或者年检报告书，以及由其法定代表人或者负责人签字并加盖公章的无违法记录的声明。

第九条 人民法院认为原告提出的诉讼请求不足以保护社会公共利益的，可以向其释明变更或者增加停止侵害、修复生态环境等诉讼请求。

第十条 人民法院受理环境民事公益诉讼后，应当在立案之日起五日内将起诉状副本发送被告，并公告案件受理情况。

有权提起诉讼的其他机关和社会组织在公告之日起三十日内申请参加诉讼，经审查符合法定条件的，人民法院应当将其列为共同原告；逾期申请的，不予准许。

公民、法人和其他组织以人身、财产受到损害为由申请参加诉讼的，告知其另行起诉。

第十一条 检察机关、负有环境资源保护监督管理职责的部门及其他机关、社会组织、企业事业单位依据民事诉讼法第十五条的规定，可以通过提供法律咨询、提交书面意见、协助调查取证等方式支持社会组织依法提起环境民事公益诉讼。

第十二条 人民法院受理环境民事公益诉讼后，应当在十日内告知对被告行为负有环境资源保护监督管理职责的部门。

第十三条 原告请求被告提供其排放的主要污染物名称、排放方式、排放浓度和总量、超标排放情况以及防治污染设施的建设和运行情况等环境信息，法律、法规、规章规定被告应当持有或者有证据证明被告持有而拒不提供，如果原告主张相关事实不利于被告的，人民法院可以推定该主张成立。

第十四条 对于审理环境民事公益诉讼案件需要的证据，人民法院认为必要的，应当调查收集。

对于应当由原告承担举证责任且为维护社会公共利益所必要的专门性问题，人民法院可以委托具备资格的鉴定人进行鉴定。

第十五条 当事人申请通知有专门知识的人出庭，就鉴定人作出的鉴定意见或者就因果关系、生态环境修复方式、生态环境修复费用以及生态环境受到损害至修复完成期间服务功能丧失导致的损失等专门性问题提出意见的，人民法院可以准许。

前款规定的专家意见经质证，可以作为认定事实的根据。

第十六条 原告在诉讼过程中承认的对己方不利的事实和认可的证据，人民法院认为损害社会公共利益的，应当不予确认。

第十七条 环境民事公益诉讼案件审理过程中，被告以反诉方式提出诉讼请求的，人民法院不予受理。

第十八条 对污染环境、破坏生态，已经损害社会公共利益或者具有损害社会公共利益重大风险的行为，原告可以请求被告承担停止侵害、排除妨碍、消除危险、修复生态环境、赔偿损失、赔礼道歉等民事责任。

第十九条 原告为防止生态环境损害的发生和扩大，请求被告停止侵害、排除妨碍、消除危险的，人民法院可以依法予以支持。

原告为停止侵害、排除妨碍、消除危险采取合理预防、处置措施而发生的费用，请求被告承担的，人民法院可以依法予以支持。

第二十条 原告请求修复生态环境的，人民法院可以依法判决被告将生态环境修复到损害发生之前的状态和功能。无法完全修复的，可以准许采用替代性修复方式。

人民法院可以在判决被告修复生态环境的同时，确定被告不履行修复义务时应承担的生态环境修复费用；也可以直接判决被告承担生态环境修复费用。

生态环境修复费用包括制定、实施修复方案的费用，修复期间的监测、监管费用，以及修复完成后的验收费用、修复效果后评估费用等。

第二十一条 原告请求被告赔偿生态环境受到损害至修复完成期间服务功能丧失导致的损失、生态环境功能永久性损害造成的损失的，人民法院可以依法予以支持。

第二十二条 原告请求被告承担以下费用的，人民法院可以依法予以支持：

（一）生态环境损害调查、鉴定评估等费用；

（二）清除污染以及防止损害的发生和扩大所支出的合理费用；

（三）合理的律师费以及为诉讼支出的其他合理费用。

第二十三条 生态环境修复费用难以确定或者确定具体数额所需鉴定费用明显过高的，人民法院可以结合污染环境、破坏生态的范围和程度，生态环境的稀缺性，生态环境恢复的难易程度，防治污染设备的运行成本，被告因侵害行为所获得的利益以及过错程度等因素，并可以参考负有环境资源保护监督管理职责的部门的意见、专家意见等，予以合理确定。

第二十四条 人民法院判决被告承担的生态环境修复费用、生态环境受到损害至修复完成期间服务功能丧失导致的损失、生态环境功能永久性损害造成的损失等款项，应当用于修复被损害的生态环境。

其他环境民事公益诉讼中败诉原告所需承担的调查取证、专家咨询、检验、鉴定等必要费用，可以酌情从上述款项中支付。

第二十五条 环境民事公益诉讼当事人达成调解协议或者自行达成和解协议后，人民法院应当将协议内容公告，公告期间不少于三十日。

公告期满后，人民法院审查认为调解协议或者和解协议的内容不损害社会公共利益的，应当出具调解书。当事人以达成和解协议为由申请撤诉的，不予准许。

调解书应当写明诉讼请求、案件的基本事实和协议内容，并应当公开。

第二十六条 负有环境资源保护监督管理职责的部门依法履行监管职责而使原告诉讼请求全部实现，原告申请撤诉的，人民法院应予准许。

第二十七条 法庭辩论终结后，原告申请撤诉的，人民法院不予准许，但本解释第二十六条规定的情形除外。

第二十八条 环境民事公益诉讼案件的裁判生效后，有权提起诉讼的其他机关和社会组织就同一污染环境、破坏生态行为另行起诉，有下列情形之一的，人民法院应予受理：

（一）前案原告的起诉被裁定驳回的；

（二）前案原告申请撤诉被裁定准许的，但本解释第二十六条规定的情形除外。

环境民事公益诉讼案件的裁判生效后，有证据证明存在前案审理时未发现的损害，有权提起诉讼的机关和社会组织另行起诉的，人民法院应予受理。

第二十九条 法律规定的机关和社会组织提起环境民事公益诉讼的，不影响因同一污染环境、破坏生态行为受到人身、财产损害的公民、法人和其他组织依据民事诉讼法第一百一十九条的规定提起诉讼。

第三十条 已为环境民事公益诉讼生效裁判认定的事实，因同一污染环境、破坏生态行为依据民事诉讼法第一百一十九条规定提起诉讼的原告、被告均无需举证证明，但原告对该事实有异议并有相反证据足以推翻的除外。

对于环境民事公益诉讼生效裁判就被告是否存在法律规定的不承担责任或者减轻责任的情形、行为与损害之间是否存在因果关系、被告承担责任的大小等所作的认定，因同一污染环境、破坏生态行为依据民事诉讼法第一百一十九条规定提起诉讼的原告主张适用的，人民法院应予支持，但被告有相反证据足以推翻的除外。被告主张直接适用对其有利的认定的，人民法院不予支持，被告仍应举证证明。

第三十一条 被告因污染环境、破坏生态在环境民事公益诉讼和其他民事诉讼中均承担责任，其财产不足以履行全部义务的，应当先履行其他民事诉讼生效裁判所确定的义务，但法律另有规定的除外。

第三十二条 发生法律效力的环境民事公益诉讼案件的裁判，需要采取强制执行措施的，应当移送执行。

第三十三条 原告交纳诉讼费用确有困难，依法申请缓交的，人民法院应予准许。

败诉或者部分败诉的原告申请减交或者免交诉讼费用的，人民法院应当依照《诉讼费用交纳办法》的规定，视原告的经济状况和案件的审理情况决定是否准许。

第三十四条 社会组织有通过诉讼违法收受财物等牟取经济利益行为的，人民法院可以根据情节轻重依法收缴其非法所得、予以罚款；涉嫌犯罪的，依法移送有关机关处理。

社会组织通过诉讼牟取经济利益的，人民法院应当向登记管理机关或者有关机关发送司法建议，由其依法处理。

第三十五条 本解释施行前最高人民法院发布的司法解释和规范性文件，与本解释不一致的，以本解释为准。

最高人民法院
关于审理消费民事公益诉讼案件适用法律若干问题的解释

(2016年2月1日最高人民法院审判委员会第1677次会议通过
根据2020年12月23日最高人民法院审判委员会第1823次会议通过的
《最高人民法院关于修改〈最高人民法院关于人民法院民事调解工作若干问题的规定〉等十九件民事诉讼类司法解释的决定》修正)

为正确审理消费民事公益诉讼案件，根据《中华人民共和国民事诉讼法》《中华人民共和国民法典》《中华人民共和国消费者权益保护法》等法律规定，结合审判实践，制定本解释。

第一条 中国消费者协会以及在省、自治区、直辖市设立的消费者协会，对经营者侵害众多不特定消费者合法权益或者具有危及消费者人身、财产安全危险等损害社会公共利益的行为提起消费民事公益诉讼的，适用本解释。

法律规定或者全国人大及其常委会授权的机关和社会组织提起的消费民事公益诉讼，适用本解释。

第二条 经营者提供的商品或者服务具有下列情形之一的，适用消费者权益保护法第四十七条规定：

（一）提供的商品或者服务存在缺陷，侵害众多不特定消费者合法权益的；

（二）提供的商品或者服务可能危及消费者人身、财产安全，未作出真实的说明和明确的警示，未标明正确使用商品或者接受服务的方法以及防止危害发生方法的；对提供的商品或者服务质量、性能、用途、有效期限等信息作虚假或引人误解宣传的；

（三）宾馆、商场、餐馆、银行、机场、车站、港口、影剧院、景区、体育场馆、娱乐场所等经营场所存在危及消费者人身、财产安全危险的；

（四）以格式条款、通知、声明、店堂告示等方式，作出排除或者限制消费者权利、减轻或者免除经营者责任、加重消费者责任等对消费者不公平、不合理规定的；

（五）其他侵害众多不特定消费者合法权益或者具有危及消费者人身、财产安全危险等损害社会公共利益的行为。

第三条 消费民事公益诉讼案件管辖适用《最高人民法院关于适用〈中华人民共和国民事诉讼法〉的解释》第二百八十五条的有关规定。

经最高人民法院批准，高级人民法院可以根据本辖区实际情况，在辖区内确定部分中级人民法院受理第一审消费民事公益诉讼案件。

第四条 提起消费民事公益诉讼应当提交下列材料：

（一）符合民事诉讼法第一百二十一条规定的起诉状，并按照被告人数提交副本；

（二）被告的行为侵害众多不特定消费者合法权益或者具有危及消费者人身、财产安全危险等损害社会公共利益的初步证据；

（三）消费者组织就涉诉事项已按照消费者权益保护法第三十七条第四项或者第五项的规定履行公益性职责的证明材料。

第五条 人民法院认为原告提出的诉讼请求不足以保护社会公共利益的，可以向其释明变更或者增加停止侵害等诉讼请求。

第六条 人民法院受理消费民事公益诉讼案件后，应当公告案件受理情况，并在立案之日起十日内书面告知相关行政主管部门。

第七条 人民法院受理消费民事公益诉讼案件后，依法可以提起诉讼的其他机关或者社会组织，可以在一审开庭前向人民法院申请参加诉讼。

人民法院准许参加诉讼的，列为共同原告；逾期申请的，不予准许。

第八条 有权提起消费民事公益诉讼的机关或者社会组织，可以依据民事诉讼法第八十一条规定申请保全证据。

第九条 人民法院受理消费民事公益诉讼案件后，因同一侵权行为受到损害的消费者申请参加诉讼的，人民法院应当告知其根据民事诉讼法第一百一十九条规定主张权利。

第十条 消费民事公益诉讼案件受理后，因同一侵权行为受到损害的消费者请求对其根据民事诉讼法第一百一十九条规定提起的诉讼予以中止，人民法院可以准许。

第十一条 消费民事公益诉讼案件审理过程中，被告提出反诉的，人民法院不予受理。

第十二条 原告在诉讼中承认对己方不利的事实，人民法院认为损害社会公共利益的，不予确认。

第十三条 原告在消费民事公益诉讼案件中，请求被告承担停止侵害、排除妨碍、消除危险、赔礼道歉等民事责任的，人民法院可予支持。

经营者利用格式条款或者通知、声明、店堂告示等，排除或者限制消费者权利、减轻或者免除经营者责任、加重消费者责任，原告认为对消费者不公平、不合理主张无效的，人民法院应依法予以支持。

第十四条 消费民事公益诉讼案件裁判生效后，人民法院应当在十日内书面告知相关行政主管部门，并可发出司法建议。

第十五条 消费民事公益诉讼案件的裁判发生法律效力后，其他依法具有原告资格的机关或者社会组织就同一侵权行为另行提起消费民事公益诉讼的，人民法院不予受理。

第十六条 已为消费民事公益诉讼生效裁判认定的事实，因同一侵权行为受到损害的消费者根据民事诉讼法第一百一十九条规定提起的诉讼，原告、被告均无需举证证明，但当事人对该事实有异议并有相反证据足以推翻的除外。

消费民事公益诉讼生效裁判认定经营者存在不法行为，因同一侵权行为受到损害的消费者根据民事诉讼法第一百一十九条规定提起的诉讼，原告主张适用的，人民法院可予支持，但被告有相反证据足以推翻的除外。被告主张直接适用对其有利认定的，人民法院不予支持，被告仍应承担相应举证证明责任。

第十七条 原告为停止侵害、排除妨碍、消除危险采取合理预防、处置措施而发生的费用，请求被告承担的，人民法院应依法予以支持。

第十八条 原告及其诉讼代理人对侵权行为进行调查、取证的合理费用、鉴定费用、合理的律师代理费用,人民法院可根据实际情况予以相应支持。

第十九条 本解释自 2016 年 5 月 1 日起施行。

本解释施行后人民法院新受理的一审案件,适用本解释。

本解释施行前人民法院已经受理、施行后尚未审结的一审、二审案件,以及本解释施行前已经终审、施行后当事人申请再审或者按照审判监督程序决定再审的案件,不适用本解释。

最高人民法院
关于证券纠纷代表人诉讼若干问题的规定

法释〔2020〕5 号

(2020 年 7 月 23 日最高人民法院审判委员会第 1808 次会议通过
2020 年 7 月 30 日最高人民法院公告公布 自 2020 年 7 月 31 日起施行)

为进一步完善证券集体诉讼制度,便利投资者提起和参加诉讼,降低投资者维权成本,保护投资者合法权益,有效惩治资本市场违法违规行为,维护资本市场健康稳定发展,根据《中华人民共和国民事诉讼法》《中华人民共和国证券法》等法律的规定,结合证券市场实际和审判实践,制定本规定。

一、一般规定

第一条 本规定所指证券纠纷代表人诉讼包括因证券市场虚假陈述、内幕交易、操纵市场等行为引发的普通代表人诉讼和特别代表人诉讼。

普通代表人诉讼是依据民事诉讼法第五十三条、第五十四条、证券法第九十五条第一款、第二款规定提起的诉讼;特别代表人诉讼是依据证券法第九十五条第三款规定提起的诉讼。

第二条 证券纠纷代表人诉讼案件,由省、自治区、直辖市人民政府所在的市、计划单列市和经济特区中级人民法院或者专门人民法院管辖。

对多个被告提起的诉讼,由发行人住所地有管辖权的中级人民法院或者专门人民法院管辖;对发行人以外的主体提起的诉讼,由被告住所地有管辖权的中级人民法院或者专门人民法院管辖。

特别代表人诉讼案件,由涉诉证券集中交易的证券交易所、国务院批准的其他全国性证券交易场所所在地的中级人民法院或者专门人民法院管辖。

第三条 人民法院应当充分发挥多元解纷机制的功能,按照自愿、合法原则,引导和鼓励当事人通过行政调解、行业调解、专业调解等非诉讼方式解决证券纠纷。

当事人选择通过诉讼方式解决纠纷的,人民法院应当及时立案。案件审理过程中应当着重调解。

第四条 人民法院审理证券纠纷代表人诉讼案件,应当依托信息化技术手段开展立案登记、诉讼文书送达、公告和通知、权利登记、执行款项发放等工作,便利当事人行使诉讼权利、履行诉讼义务,提高审判执行的公正性、高效性和透明度。

二、普通代表人诉讼

第五条 符合以下条件的,人民法院应当适用普通代表人诉讼程序进行审理:

(一)原告一方人数十人以上,起诉符合民事诉讼法第一百一十九条规定和共同诉讼条件;

(二)起诉书中确定二至五名拟任代表人且符合本规定第十二条规定的代表人条件;

(三)原告提交有关行政处罚决定、刑事裁判文书、被告自认材料、证券交易所和国务院批准的其他全国性证券交易场所等给予的纪律处分或者采取的自律管理措施等证明证券侵权事实的初步证据。

不符合前款规定的,人民法院应当适用非代表人诉讼程序进行审理。

第六条 对起诉时当事人人数尚未确定的代表人诉讼,在发出权利登记公告前,人民法院可以通过阅卷、调查、询问和听证等方式对被诉证券侵权行为的性质、侵权事实等进行审查,并在受理后三十日内以裁定的方式确定具有相同诉讼请求的权利人范围。

当事人对权利人范围有异议的,可以自裁定送达之日起十日内向上一级人民法院申请复议,上一级人民法院应当在十五日内作出复议裁定。

第七条 人民法院应当在权利人范围确定后五日内发出权利登记公告,通知相关权利人在指定期间登记。权利登记公告应当包括以下内容:

(一)案件情况和诉讼请求;

(二)被告的基本情况;

(三)权利人范围及登记期间;

(四)起诉书中确定的拟任代表人人选姓名或者名称、联系方式等基本信息;

(五)自愿担任代表人的权利人,向人民法院提交书面申请和相关材料的期限;

(六)人民法院认为必要的其他事项。

公告应当以醒目的方式提示,代表人的诉讼权限包括代表原告参加开庭审理,变更、放弃诉讼请求或者承认对方当事人的诉讼请求,与被告达成调解协议,提起或者放弃上诉,申请执行,委托诉讼代理人等,参加登记视为对代表人进行特别授权。

公告期间为三十日。

第八条 权利人应在公告确定的登记期间向人民法院登记。未按期登记的,可在一审开庭前向人民法院申请补充登记,补充登记前已经完成的诉讼程序对其发生效力。

权利登记可以依托电子信息平台进行。权利人进行登记时,应当按照权利登记公告要求填写诉讼请求金额、收款方式、电子送达地址等事项,并提供身份证明文件、交易记录及投资损失等证据材料。

第九条 人民法院在登记期间届满后十日内对登记的权利人进行审核。不符合权利人范围的投资者,人民法院不确认其原告资格。

第十条 权利登记公告前已就同一证券违法事实提起诉讼且符合权利人范围的投资者,申请撤诉并加入代表人诉讼的,人民法院应当予以准许。

投资者申请撤诉并加入代表人诉讼的,列为代表人诉讼的原告,已经收取的诉讼费予以退还;不申请撤诉的,人民法院不准许其加入代表人诉讼,原诉讼继续进行。

第十一条 人民法院应当将审核通过的权利人列入代表人诉讼原告名单,并通知全体原告。

第十二条 代表人应当符合以下条件：

（一）自愿担任代表人；

（二）拥有相当比例的利益诉求份额；

（三）本人或者其委托诉讼代理人具备一定的诉讼能力和专业经验；

（四）能忠实、勤勉地履行维护全体原告利益的职责。

依照法律、行政法规或者国务院证券监督管理机构的规定设立的投资者保护机构作为原告参与诉讼，或者接受投资者的委托指派工作人员或委派诉讼代理人参与案件审理活动的，人民法院可以指定该机构为代表人，或者在被代理的当事人中指定代表人。

申请担任代表人的原告存在与被告有关联关系等可能影响其履行职责情形的，人民法院对其申请不予准许。

第十三条 在起诉时当事人人数确定的代表人诉讼，应当在起诉前确定获得特别授权的代表人，并在起诉书中就代表人的推选情况作出专项说明。

在起诉时当事人人数尚未确定的代表人诉讼，应当在起诉书中就拟任代表人人选及条件作出说明。在登记期间向人民法院登记的权利人对拟任代表人人选均没有提出异议，并且登记的权利人无人申请担任代表人的，人民法院可以认定由该二至五名人选作为代表人。

第十四条 在登记期间向人民法院登记的权利人对拟任代表人的人选提出异议，或者申请担任代表人的，人民法院应当自原告范围审核完毕后十日内在自愿担任代表人的原告中组织推选。

代表人的推选实行一人一票，每位代表人的得票数应当不少于参与投票人数的50%。代表人人数为二至五名，按得票数排名确定，通过投票产生二名以上代表人的，为推选成功。首次推选不出的，人民法院应当即时组织原告在得票数前五名的候选人中进行二次推选。

第十五条 依据前条规定推选不出代表人的，由人民法院指定。

人民法院指定代表人的，应当将投票情况、诉讼能力、利益诉求份额等作为考量因素，并征得被指定代表人的同意。

第十六条 代表人确定后，人民法院应当进行公告。

原告可以自公告之日起十日内向人民法院申请撤回权利登记，并可以另行起诉。

第十七条 代表人因丧失诉讼行为能力或者其他事由影响案件审理或者可能损害原告利益的，人民法院依原告申请，可以决定撤销代表人资格。代表人不足二人时，人民法院应当补充指定代表人。

第十八条 代表人与被告达成调解协议草案的，应当向人民法院提交制作调解书的申请书及调解协议草案。申请书应当包括以下内容：

（一）原告的诉讼请求、案件事实以及审理进展等基本情况；

（二）代表人和委托诉讼代理人参加诉讼活动的情况；

（三）调解协议草案对原告的有利因素和不利影响；

（四）对诉讼费以及合理的公告费、通知费、律师费等费用的分摊及理由；

（五）需要特别说明的其他事项。

第十九条 人民法院经初步审查，认为调解协议草案不存在违反法律、行政法规的强制性规定、违背公序良俗以及损害他人合法权益等情形的，应当自收到申请书后十日内向全体原告发出通知。通知应当包括以下内容：

（一）调解协议草案；

（二）代表人请求人民法院制作调解书的申请书；

（三）对调解协议草案发表意见的权利以及方式、程序和期限；

（四）原告有异议时，召开听证会的时间、地点及报名方式；

（五）人民法院认为需要通知的其他事项。

第二十条 对调解协议草案有异议的原告，有权出席听证会或者以书面方式向人民法院提交异议的具体内容及理由。异议人未出席听证会的，人民法院应当在听证会上公开其异议的内容及理由，代表人及其委托诉讼代理人、被告应当进行解释。

代表人和被告可以根据听证会的情况，对调解协议草案进行修改。人民法院应当将修改后的调解协议草案通知所有原告，并对修改的内容作出重点提示。人民法院可以根据案件的具体情况，决定是否再次召开听证会。

第二十一条 人民法院应当综合考虑当事人赞成和反对意见、本案所涉法律和事实情况、调解协议草案的合法性、适当性和可行性等因素，决定是否制作调解书。

人民法院准备制作调解书的，应当通知提出异议的原告，告知其可以在收到通知后十日内向人民法院提交退出调解的申请。未在上述期间内提交退出申请的原告，视为接受。

申请退出的期间届满后，人民法院应当在十日内制作调解书。调解书经代表人和被告签收后，对被代表的原告发生效力。人民法院对申请退出原告的诉讼继续审理，并依法作出相应判决。

第二十二条 代表人变更或者放弃诉讼请求、承认对方当事人诉讼请求、决定撤诉的，应当向人民法院提交书面申请，并通知全体原告。人民法院收到申请后，应当根据原告所提异议情况，依法裁定是否准许。

对于代表人依据前款规定提交的书面申请，原告自收到通知之日起十日内未提出异议的，人民法院可以裁定准许。

第二十三条 除代表人诉讼案件外，人民法院还受理其他基于同一证券违法事实发生的非代表人诉讼案件的，原则上代表人诉讼案件先行审理，非代表人诉讼案件中止审理。但非代表人诉讼案件具有典型性且先行审理有利于及时解决纠纷的除外。

第二十四条 人民法院可以依当事人的申请，委托双方认可或者随机抽取的专业机构对投资损失数额、证券侵权行为以外其他风险因素导致的损失扣除比例等进行核定。当事人虽未申请但案件审理确有需要的，人民法院可以通过随机抽取的方式委托专业机构对有关事项进行核定。

对专业机构的核定意见，人民法院应当组织双方当事人质证。

第二十五条 代表人请求败诉的被告赔偿合理的公告费、通知费、律师费等费用的，人民法院应当予以支持。

第二十六条 判决被告承担民事赔偿责任的，可以在判决主文中确定赔偿总额和损害赔偿计算方法，并将每个原告的姓名、应获赔偿金额等以列表方式作为民事判决书的附件。

当事人对计算方法、赔偿金额等有异议的，可以向人民法院申请复核。确有错误的，人民法院裁定补正。

第二十七条 一审判决送达后，代表人决定放弃上诉的，应当在上诉期间届满前通知全体原告。

原告自收到通知之日起十五日内未上诉，被告在上诉期间内亦未上诉的，一审判决在全体原告与被告之间生效。

原告自收到通知之日起十五日内上诉的，应当同时提交上诉状，人民法院收到上诉状后，对上诉的原告按上诉处理。被告在上诉期间内未上诉的，一审判决在未上诉的原告与被告之间生效，二审裁判的效力不及于未上诉的原告。

第二十八条 一审判决送达后，代表人决定上诉的，应当在上诉期间届满前通知全体原告。

原告自收到通知之日起十五日内决定放弃上诉的，应当通知一审法院。被告在上诉期间内未上诉的，一审判决在放弃上诉的原告与被告之间生效，二审裁判的效力不及于放弃上诉的原告。

第二十九条 符合权利人范围但未参加登记的投资者提起诉讼，且主张的事实和理由与代表人诉讼生效判决、裁定所认定的案件基本事实和法律适用相同的，人民法院审查具体诉讼请求后，裁定适用已经生效的判决、裁定。适用已经生效裁判的裁定中应当明确被告赔偿的金额，裁定一经作出立即生效。

代表人诉讼调解结案的，人民法院对后续涉及同一证券违法事实的案件可以引导当事人先行调解。

第三十条 履行或者执行生效法律文书所得财产，人民法院在进行分配时，可以通知证券登记结算机构等协助执行义务人依法协助执行。

人民法院应当编制分配方案并通知全体原告，分配方案应当包括原告范围、债权总额、扣除项目及金额、分配的基准及方法、分配金额的受领期间等内容。

第三十一条 原告对分配方案有异议的，可以依据民事诉讼法第二百二十五条的规定提出执行异议。

三、特别代表人诉讼

第三十二条 人民法院已经根据民事诉讼法第五十四条第一款、证券法第九十五条第二款的规定发布权利登记公告的，投资者保护机构在公告期间受五十名以上权利人的特别授权，可以作为代表人参加诉讼。先受理的人民法院不具有特别代表人诉讼管辖权的，应当将案件及时移送有管辖权的人民法院。

不同意加入特别代表人诉讼的权利人可以提交退出声明，原诉讼继续进行。

第三十三条 权利人范围确定后，人民法院应当发出权利登记公告。权利登记公告除本规定第七条的内容外，还应当包括投资者保护机构基本情况、对投资者保护机构的特别授权、投资者声明退出的权利及期间、未声明退出的法律后果等。

第三十四条 投资者明确表示不愿意参加诉讼的，应当在公告期间届满后十五日内向人民法院声明退出。未声明退出的，视为同意参加该代表人诉讼。

对于声明退出的投资者，人民法院不再将其登记为特别代表人诉讼的原告，该投资者可以另行起诉。

第三十五条 投资者保护机构依据公告确定的权利人范围向证券登记结算机构调

取的权利人名单,人民法院应当予以登记,列入代表人诉讼原告名单,并通知全体原告。

第三十六条 诉讼过程中由于声明退出等原因导致明示授权投资者的数量不足五十名的,不影响投资者保护机构的代表人资格。

第三十七条 针对同一代表人诉讼,原则上应当由一个投资者保护机构作为代表人参加诉讼。两个以上的投资者保护机构分别受五十名以上投资者委托,且均决定作为代表人参加诉讼的,应当协商处理;协商不成的,由人民法院指定其中一个作为代表人参加诉讼。

第三十八条 投资者保护机构应当采取必要措施,保障被代表的投资者持续了解案件审理的进展情况,回应投资者的诉求。对投资者提出的意见和建议不予采纳的,应当对投资者做好解释工作。

第三十九条 特别代表人诉讼案件不预交案件受理费。败诉或者部分败诉的原告申请减交或者免交诉讼费的,人民法院应当依照《诉讼费用交纳办法》的规定,视原告的经济状况和案件的审理情况决定是否准许。

第四十条 投资者保护机构作为代表人在诉讼中申请财产保全的,人民法院可以不要求提供担保。

第四十一条 人民法院审理特别代表人诉讼案件,本部分没有规定的,适用普通代表人诉讼中关于起诉时当事人人数尚未确定的代表人诉讼的相关规定。

四、附则

第四十二条 本规定自2020年7月31日起施行。

【解读】

解读《关于证券纠纷代表人诉讼若干问题的规定》

为推动证券法第九十五条规定的代表人诉讼机制落地实施,切实保护投资者合法权益,助力建设资本市场良性维权生态,结合证券民事诉讼的具体特点,最高人民法院出台了《最高人民法院关于证券纠纷代表人诉讼若干问题的规定》(以下简称《规定》)。为正确理解和适用《规定》,现对有关问题说明如下。

一、《规定》的起草背景

虚假陈述、内幕交易、操纵市场等违法犯罪行为是资本市场的毒瘤。近年来连续发生多起上市公司财务造假案件,严重损害了投资者的合法权益,危及资本市场的健康稳定发展,影响极为恶劣。2015年监管部门对虚假陈述、内幕交易、操纵市场行为作出行政处罚共103件,2016年142件,2017年156件,2018年221件,2019年219件,基本上呈现逐年递增的态势。集体诉讼制度为权利受损的中小投资者提供了便利、低成本的维权渠道,其聚沙成塔、集腋成裘的赔偿效应能够对证券违法犯罪行为形成强大的威慑力和高压态势。在民事诉讼法(2017年修正,下同)第五十三条、第五十四条关于普通代表人诉讼规定的基础上,证券法第九十五条第三款规定了默示加入、明示退出的特别代表人诉讼,为我国集体诉讼制度的完善提供了法律依据。《规定》是在党中央提出探索建立集体诉讼制度,对资本市场违法违规犯罪行为零容忍的背景下,最高人民法院依据证券法、民事诉讼法等法律规定,为保障投资者的合法权益,便利投资者提起和参加诉讼,有效惩治资本市场违法违规行为,依法提高证券市场违法犯罪行为成本而制定的一部重要司法解释。《规定》通过详细具体的程序规则保障证券集体诉讼制度落到实处,为各级人民法院正确适用法律、统一裁判尺度、提高诉讼质效提供了明确的操作指引,为畅通投资者求偿途径、惩戒威慑证券违法活动、落实对资本市场违法行为零容忍的要求提供了有力的司法保障。

二、《规定》的主要内容和价值导向

《规定》全文共计42条,分为四部分,重点规范以下内容。

一是明确证券纠纷代表人诉讼分为普通代表人诉讼和特别代表人诉讼。普通代表人诉讼是指依据民事诉讼法第五十三条、第五十四条规定提起的诉讼,包括当事人一方在起诉时人数确定的代表人诉讼和以明示加入为特征的起诉时人数尚未确定的代表人诉讼;特别代表人诉讼是指依据证券法第九十五条第三款提起的以明示退出为特征的特别代表人诉讼。

二是细化了两类代表人诉讼的程序规定,包括先行审查、代表人的推选、审理与判决、执行与分配等。

三是准确回应了代表人诉讼中的实践难题,如代表人诉讼的启动条件、代表人的推选方式、代表人的权限范围、调解协议的审查、重大诉讼事项的审查、代表人放弃上诉或者决定上诉的处理、特别代表人诉讼的启动等。

四是充分发挥投资者保护机构和证券登记结算机构的职能作用,依托信息化技术手段开展各项工作,提高审判执行的公正性、高效性和透明度。

《规定》遵循依法合规与机制创新相协调、诉讼效率与权利保障相平衡、实体审查与正当程序相结合的原则,主要体现了以下价值导向。

(一)降低维权成本,便利投资者提起和参加诉讼

接近司法是证券集体诉讼的重要价值所在。为降低诉讼门槛和维权成本,《规定》明确了代表人请求败诉的被告赔偿合理的公告费用、通知费用、律师费用等费用的,人民法院应当予以支持;特别代表人诉讼中公告期满后十五日内未声明退出的投资者即视为原告;特别代表人诉讼案件不预交案件受理费,败诉或者部分败诉的原告申请减交或者免交诉讼费的,人民法院应当依照《诉讼费用交纳办法》的规定,视原告的经济状况和案件的审理情况决定是否准许;特别代表人诉讼中投资者保护机构作为代表人在诉讼中申请财产保全的,人民法院可以不要求提供担保等。

(二)提升诉讼效率,促进证券群体纠纷多元化解

为克服美国式集团诉讼周期长、成本高的痼疾,《规定》明确普通代表人诉讼和特别代表人诉讼均采用特别授权的模式,代表人可以代表原告变更、放弃诉讼请求或者承认对方当事人的诉讼请求,决定撤诉,与被告达成调解协议,提起或放弃上诉等;代表人的确定采取诉前确定与诉后推选相结合的方式,既方便双方当事人又利于程序的高效开展;依托信息化技术手段开展立案登记、诉讼文书送达、公告和通知、权利登记、执行款项发放等工作,便利当事人行使诉讼权利、履行诉讼义务;注重代表人诉讼与非代表人诉讼机制的衔接,引导和鼓励当事人选择非诉讼方式解决证券纠纷。

(三)践行正当程序,重视当事人诉讼权利的保护

在提高代表人诉讼效率的同时,《规定》注重妥善保护投资者的诉讼权利和程序利益,包括表决权、知情权、异议权、复议权、退出权和上诉权等。一是表决权。代表人的推选实行一人一票,充分保护弱势群体的利益。二是知情权。代表人对于决定撤诉、达成调解协议、变更或放弃诉讼请求、放弃或决定上诉等重要诉讼事项,应当及时通知全体原告。三是异议权。原告认为代表人不适格的,可以向人民法院申请撤销代表人资格;原告对代表人撤诉、变更或者放弃诉讼请求等决定以及调解协议草案内容有权提出异议;当事人对判决中的计算方法和赔偿金额等有异议的可以申请复核;原告对分配方案有异议的可以依据民事诉讼法第二百二十五条的规定提出执行异议。四是复议权。当事人对人民法院经先行审查裁定确定的权利人范围有异议的,可以自裁定送达之日起十日内向上一级人民法院申请复议。五是退出权。普通代表人诉讼中,投资者对推选出的代表人不满意的,有权撤回权利登记并另行起诉;特别代表人诉讼中,符合权利人范围的投资者可以在公告期限届满后十五日内向人民法院声明退出;经听证程序后,投资者对调解协议草案仍不认同的,可向法院提交退出调解的申请。六是上诉权。代表人放弃上诉的,不影响个别投资者提起上诉的权利;代表人决定上诉的,不影响个别投资者放弃上诉的权利。

(四)强化实体审查,发挥司法权的监督制约作用

证券纠纷集体诉讼人数多、规模大,不仅涉及公众投资者利益保护,还涉及证券法律秩序维护,人民法院的监督制约作用至关重要。私益诉讼中的处分原则、辩论原则以及程序自治原则应当受到职权主义诉讼模式和法院实体审查权的相应限制。一是权利范围的先行审查。在发出权利登记公告前,人民法院可以通过阅卷、调查、询问和听证等方式对被诉证券侵权行为的基本事实进行审查以确定权利人范围。二是对代表人选任的监督。二次推选不出代表人的,由人民法院指定代表人;申请担任代表人的原告与被告存在关联关系等可能影响履职的情形时,人民法院不予准许其担任代表人;代表人因丧失诉讼行为能力或者其他事由影响案件审理或者可能损害原告利益的,人民法院可以决定撤销其代表人资格。三是对调解协议的审查。原告对调解协议草案内容有异议时,人民法院应当召开听证会,对调解协议草案的合法性、适当性和可行性进行审查,并决定是否制作调解书。四是对重要诉讼事项的审查。代表人变更或者放弃诉讼请求、承认对方当事人诉讼请求、决定撤诉的,应当向人民法院提交书面申请,人民法院依法裁定是否准许。

三、《规定》涉及的主要问题

(一)代表人诉讼的启动条件

《规定》第五条确定了代表人诉讼的启动条件。需要说明以下几点。

一是设置启动条件的目的在于防止程序被滥用,同时防止程序被搁置。代表人诉讼一旦启动,涉及的原告人数将显著增加,如案件起诉时证据不足、事实不清,法院的审理难度将显著加大,可能影响审判效率,甚至影响社会稳定。因此,有必要在司法解释中设置启动条件,只有符合法定条件的诉讼才能适用代表人诉讼的程序进行审理。同时,只要当事人的起诉符合《规定》第五条第三项条件,人民法院必须适用普通代表人诉讼程序进行审理,避免出现以往代表人诉讼空置的情形,以激活代表人诉讼程序。

二是代表人诉讼的启动条件包括四个方面：起诉符合民事诉讼法第一百一十九条规定和共同诉讼条件；原告一方人数十人以上；起诉书中确定二至五名符合条件的拟任代表人；原告提交证明证券侵权事实的初步证据。

三是取消了前置程序。即便没有相关行政处罚决定或者刑事裁判文书，原告提交有关被告自认材料、证券交易所等给予的纪律处分或者采取的自律管理措施等初步证据证明存在证券侵权事实的亦可。其中，被告自认材料主要是指作为被告的发行人对虚假陈述等行为的相关更正公告、迫于监管压力、舆论压力等原因承认实施了虚假陈述等行为的声明等。

四是明确了不符合代表人诉讼启动条件的诉讼分流方式。不符合代表人诉讼启动条件的，人民法院应当适用非代表人诉讼程序进行审理，包括个别诉讼或者共同诉讼形式。立案部门在登记立案后，应当及时将相关材料移送审判部门，由审判部门根据案件情况选择适当的审理程序，切实加快案件审理进程，提高审判效率。

(二) 先行审查的程序

《规定》第六条确定了权利人范围的先行审查以及异议复议程序。此处的权利人范围，是指在某一时间段买入或者卖出证券可以向法院进行登记并进入诉讼的投资者，解决的是代表人诉讼中如何确定适格原告范围的问题。证券违法事实具有特殊性，以虚假陈述为例，其权利人范围的划定有赖于虚假陈述行为实施日、揭露日、更正日、基准日等关键时点的确定。为防止不适格的投资者进入权利登记程序并导致权利人范围"翻烧饼"的现象，在发出权利登记公告前，人民法院应当对被诉证券侵权行为的基本事实进行先行审查，并在受理后三十日内以裁定的方式确定具有相同诉讼请求的权利人范围。当事人对权利人范围有异议的，可以自裁定送达之日起十日内向上一级人民法院申请复议，上一级人民法院应当在十五日内作出复议裁定。

在此程序中，法院要审查确定的就是前述关键时点。通过赋予原被告双方异议复议的权利以及二审法院的进一步审查，尽量确保权利人范围认定的准确性。这里确定的权利人范围，原则上就是将来可依法获赔的原告范围。人民法院在登记期间届满后十日内对登记的权利人进行审核：不符合权利人范围的投资者，人民法院不确认其原告资格；符合权利人范围的投资者，列入代表人诉讼原告名单，并通知全体原告。

需要指出的问题是，进入实体审理之后再发现权利人范围有误如何处理？应当说，经过先行审查和异议复议程序之后，虚假陈述实施日、揭露日、基准日等时点的确定是比较准确的，有误的可能性不大。但先行审查程序毕竟是在开庭审理之前，在进入实体审理后，如果确有证据证明应当重新划定权利人范围的，人民法院可以根据新查明的事实裁定变更权利登记范围并进行公告。因人民法院裁定导致其不再属于原告的投资者，可以另行提起诉讼。在变更公告期内登记的投资者，视为接受已经进行的诉讼程序。

(三) 代表人的确定

代表人选任机制关系到整个代表人诉讼制度的设计，《规定》第十三条至第十五条设计了一套详细的代表人选任程序，旨在保证代表人的产生方式高效、快捷，避免无人愿意出任代表人的困境。

第十三条区分了起诉时当事人人数确定和当事人人数尚未确定两种情形。对起诉时人数确定的代表人诉讼，原告之间方便沟通和协调，应当在起诉前确定诉讼代表人，并在起诉书中就代表人的推选情况作出专项说明。这样，代表人的产生能够体现全体原告的意愿，在诉前推选产生有利于立案后程序的快速顺利推进。对起诉时人数尚未确定的代表人诉讼，应当在起诉书中就拟任代表人人选及条件作出说明，体现起诉的原告对代表人的推选意愿。如果后来登记的权利人对拟任代表人的人选均没有提出异议，并且登记的权利人无人申请担任代表人的，表明在先起诉的原告和在后登记的原告在代表人的人选上取得一致意见，人民法院可以直接认定该2至5名人选作为代表人。这样省却了后续选举和指定代表人的程序操作，既体现当事人的意志，又利于程序的高效开展。

第十四条解决的是在先起诉的原告和在后登记的原告在代表人的人选上不能形成一致意见时如何处理。《最高人民法院关于适用〈中华人民共和国民事诉讼法〉的解释》(2015年修正，下同，以下简称《民诉法解释》)第七十七条规定，人数不确定的代表人诉讼的代表人选任采取"推选+协商+指定"的方式。本条规定沿袭了该思路，在契合现有司法解释的基础上最大程度尊重当事人意思自治。登记权利人对拟任代表人的人选提出异议，或者申请担任代表人的，表明起诉时原告推选的拟任代表人不能得到后续登记原告的认同。为取得最大共识，基于公平和自愿原则，人民法院应当自原告范围审核完毕后十日内在自愿担任代表人的原告中组织推选，包括起诉书中列明的拟任代表人的原告和权利登记阶段申请担任代表人的原告。代表人的推选实行一人一票，每位代表人的得票数应当不少于参与投票人数的50%。代表人人数为二至五名，按得票数排名确定。通过投票产生二名以上代表人的，为推选成功。首次推选不出的，人民法院应当即时组织原告在得票数前五名的候选人中进行二次推选，以此提高诉讼效率，快速推进诉讼程序。

同时，为避免代表人选任程序过于拖延冗长或者陷入僵局，《规定》第十五条规定，依据前条规定推选不出代表人的，由人民法院指定。人民法院指定代表人的，应当将投票情况、诉讼能力、利益诉求份额等作为考量因素，并征得被指定代表人的同意。法院指定是代表人产生的一种必要形式，也是人民法院发挥审判指挥权和诉讼监督权的具体表现。

(四) 对代表人的特别授权

民事诉讼法第五十三条及第五十四条均规定，代表人变更、放弃诉讼请求或者承认对方当事人的诉讼请求，进行和解，必须经被代表的当事人同意。此系基于充分保障原告诉权之考虑，采纳了明示特别授权规则，即代表人处分实体权利须逐一征得被代表原告的明确同意。但这会导致集体诉讼程序变得烦琐冗长、久拖不决，也是民事诉讼法规定的代表人诉讼在实践中无法落地的原因之一。

针对这个问题，《规定》改为采纳默示特别授权规则。根据《规定》第七条，无论是普通代表人诉讼还是特别代表人诉讼，权利登记公告均应当以醒目的方式提示，参加登记视为对代表人进行特别授权，代表人可代表原告参加开庭审理，变更、放弃诉讼请求或者承认对方当事人的诉讼请求，决定撤诉，与被告达成调解协议，提起或者放弃上诉，申请执行，委托诉讼代理人等。《规定》第十三条规定，在起诉时当事人人数确定的代表人诉讼，应当在起诉前确定获得特别授权的代表人，并在起诉书中就代表人的推选情况作出专项说明。默示特别授权模式系对诉讼效率与权利保障两种价值进行重新权衡的结果，其是整个代表人诉讼制度的核心，也是集体诉讼程序得以推进的关键。但特别授权本身隐含被滥用的风险，因此《规定》注重通过多种机制来制衡代表人权利，包括赋予投资者知情权、异议权、上诉权和退出权等诉讼权利以及人民法院行使审判监督职能，形成了"代表人特别授权—投资者诉讼权利—法院监督权"相互制衡的三方权利架构。

以投资者的知情权和异议权为例，代表人对于决定撤诉、达成调解协议、变更或放弃诉讼请求、放弃或决定上诉等重要诉讼事项，应当及时通知全体原告。对代表人撤诉、变更或者放弃诉讼请求等决定以及调解协议草案内容，投资者有权提出异议。投资者还有两次机会"用脚投票"退出诉讼。第一次是投资者对推选出的代表人不满意或者不愿意加入特别代表人诉讼的，有权撤回权利登记或者声明退出并另行起诉；第二次是调解协议草案经听证程序后，投资者仍不认同的，可向法院提交退出申请。此外，代表人放弃上诉的，个别投资者有权提起上诉；代表人决定上诉的，个别投资者有权放弃上诉。

为缓解代表人特别授权与投资者诉讼权利之间的张力和冲突，司法权应积极发挥对诉讼活动的监督管理职能。申请担任代表人的原告与被告存在关联关系等可能影响履职的情形时，人民法院不予准许其担任代表人；代表人因丧失诉讼行为能力或者其他事由影响案件审理或者可能损害原告利益的，人民法院可以决定撤销其代表人资格。原告对调解协议草案内容有异议时，人民法院应当召开听证会，对调解协议草案的合法性、适当性和可行性进行审查，并决定是否制作调解书。代表人变更或者放弃诉讼请求、承认对方当事人诉讼请求、决定撤诉的，应当向人民法院提交书面申请，人民法院依法裁定是否准许。

需要指出的是，《规定》第七条的代表人特别授权中包括与被告达成调解协议，未列明与被告进行和解，表明《规定》鼓励代表人在法院主持调解或委托调解的前提下与被告达成调解协议，不倡导代表人自行与被告进行和解，以发挥法院的监督管理作用。

(五) 调解协议的审查及退出

代表人与被告达成调解协议属于特别授权的范围，构成对全体原告实体权利的重大处分，对此须加以适当的制约。

《规定》第十八条至第二十一条旨在明确人民法院依法审查调解协议草案并制作调解书的程序，具体包含以下两个方面。

一方面是保障当事人的知情权、异议权、听证权和退出权。代表人与被告达成调解协议草案的，应当向人民法院提交制作调解书的申请；人民法院经初步审查后，向全体原告发出包含调解协议草案的通知；对调解协议草案有异议的原告，有权出席听证会或者以书面方式向人民法院提交异议的具体内容及理由；异议人未出席听证会的，人民法院应当在听证会上公开其异议的内容及理由，代表人及其委托代理人、被告应当进行解释；经听证程序后，投资者对代表人达成的调解协议草案仍不认同的，可自收到法院拟出具调解书的通知后十日内向人民法院提交退出调解的申请。

另一方面是强化法院的实体审查权。人民法院应当对提交的调解协议草案进行初步审查，认定其不存在违反法律、行政法规的强制性规定、违背公序良俗及损害他人合法权益等情形的，方能向全体原告发出通知；被代表的原告有异议时，法院确定召开听证会的时间、地点及报名方式；召开听证会之后，人民法院应当综合考虑当事人意见、所涉法律和事实情况、调解协议草案的合法性、适当性和可行性等因素，决定是否制作调解书；人民法院准备制作调解书的，应当通知提出异议的原告，告知其可以在收到通知后十日内向人民法院提交退出调解的申请；人民法院对申请退出原告的诉讼继续审理，并依法作出相应判决。

根据《规定》第二十二条，代表人变更或者放弃诉讼请求、承认对方当事人诉讼请求、决定撤诉的，应当向人民法院提交书面申请，人民法院收到申请后应当根据原告所提异议情况，依法裁定是否准许。根据案件实际情况，人民法院认为有必要时可以参照《规定》第二十条的程序召开听证会，并要求代表人及其委托诉讼代理人作出相应解释。

（六）代表人放弃上诉和决定上诉的处理

上诉权是一项重要的民事权利，如何规范意义重大。在起草过程中，出现了两种观点。第一种是不允许部分当事人提起上诉，理由是允许部分投资者自行上诉会产生以下问题：一是根据总体制度设计，既然已经将上诉权纳入特别授权的范围，就不应再允许部分当事人自行上诉。二是代表人诉讼制度的核心之一就是判决在生效后发生既判力扩张，如果在代表人决定不上诉时允许部分当事人上诉，在一审、二审判决结果不同时，就会发生到底是一审判决还是二审判决发生既判力扩张的问题，造成实践中的困惑。三是允许部分当事人上诉会导致程序上的难题，比如二审程序中如何推选代表人、执行依据的生效范围如何确定等。

第二种是允许部分当事人提起上诉。此种观点的理由在于：上诉权是当事人的基本诉权，应当尊重当事人的正当程序利益，在程序设计上还是应当保护个别投资者的上诉权，不应以代表人不上诉为由剥夺当事人的上诉权，也不应以代表人决定上诉为由剥夺当事人放弃上诉的权利。

经反复研究，《规定》采纳的是第二种观点。

第二十七条规定，代表人决定放弃上诉的，应当在上诉期间届满前通知全体原告；原告自收到通知之日起十五日内未上诉，被告在上诉期间内亦未上诉的，一审判决在全体原告与被告之间生效；原告自收到通知之日起十五日内上诉的，对上诉的原告按上诉处理；被告在上诉期间内未上诉的，一审判决在未上诉的原告与被告之间生效，二审裁判的效力不及于未上诉的原告。

第二十八条规定，代表人决定上诉的，应当在上诉期间届满前通知全体原告；原告自收到通知之日起十五日内决定放弃上诉的，应当通知一审法院；被告在上诉期间内未上诉的，一审判决在放弃上诉的原告与被告之间生效，二审裁判的效力不及于放弃上诉的原告。

采纳上述观点主要基于以下考虑。

第一，证券纠纷代表人诉讼属于普通共同诉讼，按照民事诉讼法的原理，普通共同诉讼是非必要的诉的合并，必要时应当允许诉的分离。民事诉讼法第五十二条第二款规定，对诉讼标的没有共同权利义务的，其中一人的诉讼行为对其他共同诉讼人不发生效力。在证券纠纷代表人诉讼中，各当事人与被告之间的诉讼标的并非共同的，而是同一种类，代表人与当事人之间在诉讼标的上没有共同的权利义务关系，代表人的诉讼行为未必总是以个别原告的利益为依归，必要时应允许当事人撤回特别授权并自行提起上诉。

第二，将上诉权纳入特别授权的范围，意味着代表人决定上诉或者放弃上诉无须逐一征求被代表的原告的同意。《规定》同时允许被代表的原告撤回特别授权，并非否定特别授权，而是构成对特别授权的制约，以实现被代表的投资者与代表人之间的权益平衡。

第三，我国证券纠纷代表人诉讼尚处于起步阶段，为防止代表人和诉讼代理人的道德风险，有必要保护个别投资者自行提起上诉的权利。

适用《规定》第二十七条、第二十八条应当注意以下问题。

第一，生效判决的效力冲突问题。一审判决在未上诉的原告与被告之间生效，二审裁判的效力不及于未上诉的原告。一审和二审判决不一致时，二审判决发生既判力扩张。未上诉的投资者不得以生效二审裁判为依据申请再审。

第二，执行依据的确定。执行部门应当依据《规定》第二十六条至第二十八条审查执行依据是否存在对部分当事人生效、对部分当事人不生效的情形，并向审判部门核实执行依据的生效范围，防止出现差错。

第三，二审程序中代表人的确定。在代表人决定放弃上诉，个别投资者提起上诉的情况下，再要求原代表人继续担任二审代表人有违处分权原则；此外，在被告上诉的情形下，如果原代表人同时作为二审阶段上诉投资者和不上诉投资者的代表人，则其诉讼主张必然是分裂和矛盾的。因此，在部分投资者自行提起上诉的情况下，如果符合代表人诉讼的条件，应当依据相关规定重新确定代表人。

第四，上诉费用的交纳。根据《民诉法解释》第一百九十四条，在起诉时人数尚未确定的代表人诉讼案件不预交案件受理费，结案后按照诉讼标的额由败诉方交纳。该规定不适用于上诉程序，投资者提起上诉应当按照标的额交纳上诉费。

（七）代表人诉讼裁判的既判力扩张

代表人诉讼制度的核心之一就是裁判在生效后发生既判力扩张，这是代表人诉讼制度预设的法律框架。民事诉讼法第五十四条第四款规定："人民法院作出的判决、裁定，对参加登记的全体权利人发生效力。未参加登记的权利人在诉讼时效期间提起诉讼的，适用该判决、裁定。"《民诉法解释》第八十条规定："……未参加登记的权利人提起诉讼，人民法院认定其请求成立的，裁定适用人民法院已作出的判决、裁定。"

根据《规定》第二十九条，符合权利人范围但未参加登记的投资者提起诉讼，且主张的事实和理由与代表人诉讼生效判决、裁定所认定的案件基本事实和法律适用相同的，人民法院审查具体诉讼请求后，裁定适用已经生效的判决、裁定。本条是关于代表人诉讼生效裁判既判力扩张的规定。本条规定一方面与第二十三条规定的审理顺序相互衔接，除代表人诉讼案件外，人民法院还受理其他基于同一证券违法事实发生的非代表人诉讼案件的，原则上代表人诉讼案件先行审理，非代表人诉讼案件中止审理，但非代表人诉讼案件具有典型性且先行审理有利于及时解决纠纷的除外。另一方面，本条也与第三条关于多元解纷与着重调解的规定形成呼应关系，代表人诉讼调解结案的，人民法院对后续同类案件应当引导当事人先行调解。

应当注意的是，代表人诉讼裁判的既判力扩张存在例外，不适用于明示退出或者明示不加入代表人诉讼的投资者。具体包括：《规定》第十条中经释明不申请撤诉的投资者；《规定》第十六条中自代表人公告之日起十日内向人民法院申请撤回权利登记并另行起诉的投资者；《规定》第三十二条中不同意加入特别代表人诉讼并提交退出声明,继续进行原诉讼的在先登记权利人;《规定》第三十四条中自公告期间届满后十五日内向人民法院声明退出并另行起诉的投资者。

(八)特别代表人诉讼的启动方式

关于证券法第九十五条第二款与第三款之间的关系,即特别代表人诉讼的启动方式,《规定》起草过程中形成了两种意见。第一种意见是递进说,启动证券法第九十五条第二款的程序是投资者保护机构后续启动第三款程序的前提。这种观点的理由在于:一是从诉讼制度的立法原理上看,证券法第九十五条应该是在民事诉讼法第五十四条的框架下进行设计,证券法不能超越民事诉讼法的基本框架创设新的诉讼制度。二是从证券法第九十五条三款之间的关系来看,也能看出第二款与第三款之间存在程序上的递进关系,即先进入了第二款规定的普通代表人诉讼程序之后,如果投资者保护机构在这个阶段受到五十名以上投资者的委托,可以代表全体权利人向人民法院登记。三是从程序进行的可操作性角度,在人民法院没有公告确定权利人范围的情况下,投资者保护机构自行征集和确定权利人范围的标准不明确,可能出现对权利人范围的确定"翻烧饼"的情况,不利于程序的稳妥推进。第二种意见是并行说,证券法第九十五条第二款、第三款之间不存在严格的先后顺序,既可以先由人民法院通过发布公告启动普通代表人诉讼,再由投资者保护机构介入转为特别代表人诉讼,也可以由投资者保护机构先行征集五十名以上投资者委托,直接向人民法院提起特别代表人诉讼。这种观点的理由在于:特别代表人诉讼是此次证券法修法的最大亮点,有利于降低诉讼成本,提高诉讼效率,震慑证券市场违法违规行为,人民法院用好用足特别代表人诉讼机制符合各方预期。考虑到代表人诉讼制度长期处于休眠状态,为鼓励投资者保护机构提起诉讼,不应再人为设置障碍。

《规定》最终采纳的是第一种递进说。从证券法第九十五条的文义看,三款内容在逻辑上存在递进关系。第三款使用的是"参加"而非"提起",即投资者保护机构是在已有投资者提起普通代表人诉讼的情形下参加诉讼。据此,投资者保护机构作为代表人参加诉讼有两个前提:一是人民法院决定采用起诉时人数尚未确定的代表人诉讼程序审理案件,发出权利登记公告,通知投资者在一定期间内向法院登记;二是投资者保护机构受五十名以上投资者委托作为代表人参加诉讼。此外,从实际工作的角度看,投资者保护机构依法选择参与法院已经发布权利登记公告的案件,在案件选择、权利人范围划定、权利人征集等方面更容易开展工作,同时也更有利于加强司法与行政监管部门的沟通,并降低可能带来的负面影响。

《规定》第三十二条的适用应当注意以下问题:一是管辖权的移转。根据《规定》第二条,特别代表人诉讼案件实行专属管辖,先受理的人民法院不具有特别代表人诉讼管辖权的,应当将案件及时移送有管辖权的人民法院。二是投资者的退出权。在先登记的权利人不同意加入特别代表人诉讼的可以提交退出声明,原诉讼作为普通代表人诉讼、个别诉讼或者共同诉讼继续进行;人民法院依据《规定》第三十三条发布权利登记公告后,投资者明确表示不愿意参加诉讼的,应当在公告期间届满后十五日内向人民法院声明退出,声明退出的投资者可以另行起诉。

(撰稿人:林文学、付金联、李伟、张凌云)

最高人民法院
关于诉讼代理人查阅民事案件材料的规定

(2002年11月4日最高人民法院审判委员会第1254次会议通过 根据2020年12月23日最高人民法院审判委员会第1823次会议通过的《最高人民法院关于修改〈最高人民法院关于人民法院民事调解工作若干问题的规定〉等十九件民事诉讼类司法解释的决定》修正)

为保障代理民事诉讼的律师和其他诉讼代理人依法行使查阅所代理案件有关材料的权利,保证诉讼活动的顺利进行,根据《中华人民共和国民事诉讼法》第六十一条的规定,现对诉讼代理人查阅代理案件有关材料的范围和办法作如下规定:

第一条 代理民事诉讼的律师和其他诉讼代理人有权查阅所代理案件的有关材料。但是,诉讼代理人查阅案件材料不得影响案件的审理。

诉讼代理人为了申请再审的需要,可以查阅已经审理终结的所代理案件有关材料。

第二条 人民法院应当为诉讼代理人阅卷提供便利条件,安排阅卷场所。必要时,该案件的书记员或者法院其他工作人员应当在场。

第三条 诉讼代理人在诉讼过程中需要查阅案件有关材料的,应当提前与该案件的书记员或者审判人员联系;查阅已经审理终结的案件有关材料的,应当与人民法院有关部门工作人员联系。

第四条 诉讼代理人查阅案件有关材料应当出示律师证或者身份证等有效证件。查阅案件有关材料应当填写查阅案件有关材料阅卷单。

第五条 诉讼代理人在诉讼中查阅案件材料限于案件审判卷和执行卷的正卷,包括起诉书、答辩书、庭审笔录及各种证据材料等。

案件审理终结后,可以查阅案件审判卷的正卷。

第六条 诉讼代理人查阅案件有关材料后,应当及时将查阅的全部案件材料交回书记员或者其他负责保管案卷的工作人员。

书记员或者法院其他工作人员对诉讼代理人交回的案件材料应当当面清查,认为无误后在阅卷单上签注。阅卷单应当附卷。

诉讼代理人不得将查阅的案件材料携出法院指定的阅卷场所。

第七条 诉讼代理人查阅案件材料可以摘抄或者复印。涉及国家秘密的案件材料,依照国家有关规定办理。

复印案件材料应当经案卷保管人员的同意。复印已经审理终结的案件有关材料,诉讼代理人可以要求案卷管理部门在复印材料上盖章确认。

复印案件材料可以收取必要的费用。

第八条 查阅案件材料中涉及国家秘密、商业秘密和个人隐私的,诉讼代理人应当保密。

第九条 诉讼代理人查阅案件材料时不得涂改、损毁、抽取案件材料。

人民法院对修改、损毁、抽取案卷材料的诉讼代理人，可以参照民事诉讼法第一百一十一条第一款第（一）项的规定处理。

第十条 民事案件的当事人查阅案件有关材料的，参照本规定执行。

第十一条 本规定自公布之日起施行。

【解读】

解读《关于诉讼代理人查阅民事案件材料的规定》

一、问题的提出

民事诉讼法（1991年公布，下同）第五十条和第六十一条既赋予了当事人及其诉讼代理人查阅案件有关材料的权利，也赋予了最高人民法院就当事人及其诉讼代理人查阅案件有关材料的范围和办法作出具体规定的职责。2002年11月4日最高人民法院审判委员会讨论通过、12月7日起施行的《最高人民法院关于诉讼代理人查阅民事案件材料的规定》（以下简称本规定）既是最高人民法院履行法定职责的具体表现，有利于树立法院开放公正的形象，也是最高人民法院贯彻执行民事诉讼法有关保障和便利当事人及其诉讼代理人行使诉讼权利的规定的举措。

二、理解与适用

（一）以前的规定

本规定出台前，涉及民事诉讼代理人查阅案件材料的具体规定见于1981年4月27日《最高人民法院、最高人民检察院、公安部、司法部关于律师参加诉讼的几项具体规定的联合通知》（以下简称《联合通知》）。该《联合通知》第一条规定的法律依据为刑事诉讼法和1980年8月全国人大常委会通过的《律师暂行条例》。《律师暂行条例》第七条规定，律师参加诉讼活动，有权依照有关规定，查阅本案材料，向有关单位、个人调查。可见，在民事诉讼法出台前，法律就赋予了律师作为诉讼代理人查阅所代理案件材料权利。

（二）本规定的主要内容

本规定司法解释的直接法律依据是民事诉讼法第六十一条和第五十条。制定本解释的目的是保障当事人及其诉讼代理人依法行使其查阅案件材料的权利，维护诉讼程序的顺利进行。本规定共11条，主要规定了以下内容。

1. 当事人及其诉讼代理人依法享有查阅案件有关材料的权利

当事人进行民事诉讼活动，除了向法院提供能够支持其诉讼请求的各种证据材料外，还必须及时掌握对方当事人的诉讼请求，全面了解与案件有关联的各种证据材料，准确把握法院的诉讼活动状况。只有如此，才能采取行之有效的应对措施以维护自己的合法权益。所以，民事诉讼法赋予了当事人查阅、复制本案有关材料的权利。代理诉讼的律师和其他诉讼代理人是受当事人委托代替当事人进行诉讼活动的人，他们在诉讼活动中，一方面，可以根据当事人提供的资料了解案件情况；另一方面，通过查阅案件材料可以了解案件更全面的情况。由于诉讼代理人多为律师或者其他掌握法律专业知识的人，相对于不具有法律专业知识的当事人而言，诉讼代理人可以自己专业的角度分析案件材料、把握诉讼进展状况，从而更好地为当事人提供法律服务。因而，民事诉讼法同样赋予诉讼代理人查阅、复制案件材料的权利。虽然从理论上分析，诉讼代理人查阅案件有关材料的权利源于当事人，但根据现行民事诉讼法的规定，诉讼代理人的这项权利是法定权利，并非当事人的授权。

本规定一方面依法肯定了当事人及其诉讼代理人查阅案件材料的权利，另一方面又规定查阅案件材料时不得影响案件的审理。这主要基于以下考虑：其一，根据档案管理办法和司法实践，民事案件在不同的诉讼阶段分立不同的案卷，如一审卷宗、二审卷宗和再审卷宗以及执行卷宗。各种卷宗中的材料是人民法院和诉讼参与人进行诉讼活动的真实、详细记录，各种诉讼文书是人民法院进行诉讼活动的重要依据和必要条件，根据最高人民法院于1991年12月4日发布的《人民法院诉讼文书立卷归档办法》第七条规定，入卷的诉讼文书材料一般只保存一份，重复的材料一律剔除。而且许多证据材料是原始证据，有的证据甚至是决定案件的唯一证据。因而，保护案卷材料的完整性和原始性对案件的审判和执行就显得非常重要。其二，阅卷是各方当事人及其诉讼代理人的权利，不应当允许一方当事人或其诉讼代理人阅卷而影响他方代理人或其诉讼代理人阅卷。其三，民事诉讼法规定了案件的审理期限，因而当事人或其诉讼代理人阅卷的时间和次数客观上受到限制，阅卷不得影响案件的审限。当然，诉讼代理人阅卷是否影响案件的审理应由审判人员根据具体情况作出判断。

诉讼代理人代理案件的权限既取决于当事人的授权，又取决于诉讼阶段。代理进行一审、二审和再审或执行不同诉讼阶段的诉讼活动，必须分别取得不同阶段的授权。享有代理一审诉讼活动的权利，并不意味着当然享有代理二审、再审或执行阶段诉讼活动的权利。例如，《最高人民法院关于民事诉讼委托代理人在执行程序中的代理权限问题的批复》（法复〔1997〕1号）中规定，如果当事人在授权委托书中没有写明代理人在执行程序中有代理权及具体的代理事项，则代理人在执行程序中没有代理权。所以，诉讼代理人查阅案件有关材料的权利只及于所代理的诉讼阶段及其之前的卷宗。案件已经审理终结后，也就是说，法院作出生效裁判文书后，诉讼代理人查阅案件有关材料的权利即告终止。对审理终结的案件材料，只有当事人决定申请再审并委托律师或者其他人作为申请再审的诉讼代理人时，诉讼代理人才可以向法院提出查阅其所代理的案件材料。案件审理终结后，出于当事人申请再审的需要，诉讼代理人查阅案件材料时，必须向法院出具授权委托书。当然，当事人既可以委托原来的诉讼代理人作为再审阶段的代理人，也可以委托其他人作为再审阶段的代理人。本规定第一条第二款中"为了申请再审的需要"并非仅限于当事人已向法院提出了再审申请。当事人有申请再审的意向，委托诉讼代理人先查阅案件材料，诉讼代理人通过查阅材料并综合考虑其他因素，向当事人出具申请再审或接受已经生效的裁判的法律意见。

根据民事诉讼法和本规定，查阅案件材料是当事人及其诉讼代理人的权利。除另有规定外，非当事人或诉讼代理人不得查阅案件材料。

2. 诉讼代理人查阅案件的程序

诉讼代理人在诉讼过程中查阅案件材料，应当提前与该案的书记员或者承办案件的审判人员联系；查阅已经审理终结的案件材料，如果案卷已经归档，与法院档案管理部门联系，如果案卷尚未归档，则与该案的书记员或者审判人员联系。只有提前联系，才能不至于与其他人阅卷或者审判人员的既定工作产生冲突。

为便利阅卷，各法院应当为当事人及其诉讼代理人安排适当的阅卷场所和合理的阅卷时间。诉讼代理人只能在法院规定的阅卷时间和专门的阅卷场所阅卷，不得将案件材料携出阅卷场所。这样规定的主要考虑是为了保证案件材料的完整无缺和诉讼活动的顺利进行。为保持阅卷场所秩序和维护卷宗的安全，必要时，该案的书记员或者法院其他工作人员应当在场。

查阅案件材料，律师应当出示律师证，其他诉讼代理人应当出示身份证或者其他有效证件，以表明阅卷人的身份。查阅案件材料还应当填写阅卷单。本规定对阅卷单的规定是一项新的内容。阅卷单，既是当事人及其诉讼代理人行使阅卷权利的体现，又是法院对卷宗管理的一种形式。当案卷归档后，通过阅卷单还可以方便档案管理人员查找案卷。因而，法院工作人员、当事人及其诉讼代理人都应当认真填写阅卷单，法院工作人员还应当将阅卷单附卷。本规定附有阅卷单的样式，各级人民法院可以根据这个样式自行制作。阅卷单的内容包括：阅卷人（填写阅卷人的姓名）、证件名称及其编号（表明阅卷人的身份：诉讼代理人或者当事人）、案件名称、案由、案号、借阅册数、归还册数、阅卷时间、法院工作人员签注（姓名、案件卷宗归还时的状况等）。

3. 查阅案件材料的范围

当事人及其诉讼代理人查阅案件材料的范围限于审判卷和执行卷的正卷，不可查阅案件副卷的内容。

按照《人民法院诉讼文书立卷归档办法》的规定，正卷分民事一审、民事二审等。例如，民事案件一审案件正卷诉讼文书材料包括：（1）起诉状或口头起诉笔录；（2）立案（受理）通知书；（3）缴纳诉讼费收据或减、缓、免交诉讼费用的手续；（4）应诉通知书回执；（5）答辩状及附件；（6）原、被告诉讼代理人、法定代表人授权委托书、鉴定委托书及法定代表人身份证明；（7）原、被告举证材料；（8）询问、调查取证材料；（9）调解笔录及调解材料；（10）开庭通知、传票及开庭公告底稿；（11）开庭审判笔录；（12）判决书、调解书、裁定书正本；（13）宣判笔录；（14）判决书、调解书、裁定书送达回证；（15）上诉案件移送函存根；（16）上级法院退卷函；（17）上级法院判决书、调解书、裁定书正本；（18）证物处理手续；（19）执行手续材料等。

副卷中的诉讼文书材料包括：（1）阅卷笔录；（2）案件承办人的审查报告；（3）承办人与有关部门内部交换意见的材料或笔录；（4）有关本案的内部请示及批复；（5）合议庭评议案件笔录；（6）审判庭研究、汇报案件记录；（7）审判委员会讨论记录；（8）案情综合报告原、正本；（9）判决书、裁定书原本；（10）审判监督表或发回重审意见书；（11）其他不宜对外公开的材料等。副卷的存在是我国现行司法体制的必然结果，但其中的一些内容并非都不宜向当事人或其诉讼代理人公开。不过，随着司法体制改革的深入和审判公开化和透明化程度的增加，副卷中的有些材料的内容，如合议庭不同组成人员的意见会写在法律文书中；有些材料可能会归入审判正卷。

本规定仅适用于当事人及其诉讼代理人，主要是在诉讼阶段查阅案件材料的情形。案件审理终结后，案卷都应当依法归档，由法院档案部门管理。归档后，查阅档案材料属于对档案的利用范畴。按照档案法的规定，对已开放的档案，我国公民和组织可以利用已经开放的档案，即可以对档案进行阅览、复制和摘录。根据1991年12月24日最高人民法院发布的《人民法院档案管理办法》第十六条的规定，法院"外单位查阅档案，应持有县、团级以上（本县、区的，应持乡、街道办事处以上）介绍信，按有关外调规定办理。涉及国家机密、个人隐私和对社会有不良影响的案卷，不得查阅。律师查阅档案，应通过原案件承办人办理。卷内材料除判决书、裁定书、调解书等结论性材料外，其他材料原则上不准摘抄和复制"。本规定与该管理办法相比，诉讼代理人查阅案件的范围有所扩大，并不限于结论性材料。

4. 查阅案件材料的方式

根据民事诉讼法的规定，当事人及其诉讼代理人查阅案件材料时除可以阅览外，还可以摘抄、复制。案件材料通常以纸质形式存在，因而复制这种材料的方式就是复印。如果以电子文档等非纸质形式存在，可以复制。对于复印的案件材料，当事人及其诉讼代理人可以要求案卷管理部门盖章确认其真实性和权威性，方便当事人或诉讼代理人对案件材料的利用。在审判过程中，当事人复印案件材料时可否要求审判人员签字或盖章，本规定没有提及。这主要考虑到，当事人及其诉讼代理人复印案件有关材料用于本案的诉讼活动需要。当然，如果当事人提交的证据材料为原始材料且只有一份，但该证据还需用于其他事由，当事人要求审判人员在复印件上签字或盖章，可以比照本规定第七条第二款的规定办理。

5. 查阅案件材料的责任

当事人及其诉讼代理人查阅案件材料时，应当保持案件材料的完整性，不得涂改或以其他方式修改、损毁、抽取案件材料。否则，人民法院可以依照民事诉讼法第一百零二条第一项对"伪造、毁灭重要证据，妨碍人民法院审理案件的"行为的处罚措施予以处罚。另外，案件材料中涉及国家秘密、商业秘密和个人隐私的内容，当事人及其诉讼代理人应当依法保密。

本规定第十条规定，当事人查阅案件的有关材料参照本规定处理。由于民事诉讼法对当事人及其诉讼代理人查阅案件有关材料的范围和办法都要求最高人民法院作出规定，因而有人提出，最高人民法院可以就当事人和诉讼代理人查阅案件有关材料的范围和办法分别作出规定。只是考虑到当事人及其诉讼代理人在查阅案件材料的范围和办法不应当有所差别，而且以前最高人民法院与有关部门就律师阅卷问题作出过规定，故本规定将诉讼代理人作为规定的主体。

本规定第一次明确了查阅案件材料的时间、范围和手续等问题，于2002年12月7日公布时，《北京晨报》等新闻媒体于12月7日根据新华社12月6日发布的电讯称，"民事审判案卷今起开放""持有效证件即申请查阅"。实际上，如前所述，根据民事诉讼法的规定，查阅案件材料是当事人及其诉讼代理人的一项诉讼权利，而且人民法院在司法实践中都是保障当事人及其诉讼代理人行使这项权利的。因此，民事审判案卷并非从2002年12月7日起才"开放"，而且这种"开放"只限于案件当事人及其诉讼代理人，不是所有的人都可以"持有效证件即可申请查阅"。对于已经形成档案的案件材料的查阅属于档案管理利用对象，应适用档案法的规定，不适用民事诉讼法有关查阅案件材料的规定。

（撰稿人：汪治平）

最高人民法院
关于民事诉讼委托代理人在执行
程序中的代理权限问题的批复

1997年1月23日　　　　　　　　　　　法复〔1997〕1号

陕西省高级人民法院：

你院陕高法〔1996〕78号《关于诉讼委托代理人的代理权限是否包括执行程序的请示》收悉，经研究，答复如下：

根据民事诉讼法的规定，当事人在民事诉讼中有权委托代理人。当事人委托代理人时，应当依法向人民法院提交记明委托事项和代理人具体代理权限的授权委托书。如果当事人在授权委托书中没有写明代理人在执行程序中有代理权及具体的代理事项，代理人在执行程序中没有代理权，不能代理当事人直接领取或者处分标的物。

此复。

最高人民法院
关于审理劳动争议案件诉讼当事人问题的批复

1988年10月19日　　　　　　　　　法（经）复〔1988〕50号

陕西省高级人民法院：

你院陕高法研〔1988〕43号"关于审理劳动争议案件诉讼当事人问题的请示"收悉，经研究答复如下：

同意你院的意见。即：劳动争议当事人不服劳动争议仲裁委员会的仲裁决定，向人民法院起诉，争议的双方仍然是企业与职工。双方当事人在适用法律上和诉讼地位上是平等的。此类案件不是行政案件。人民法院在审理时，应以争议的双方为诉讼当事人，不应把劳动争议仲裁委员会列为被告或第三人。

五、证 据

全国人民代表大会常务委员会
关于司法鉴定管理问题的决定

(2005年2月28日第十届全国人民代表大会常务委员会第十四次会议通过
根据2015年4月24日第十二届全国人民代表大会常务委员会
第十四次会议《关于修改〈中华人民共和国义务教育法〉
等五部法律的决定》修正)

为了加强对鉴定人和鉴定机构的管理,适应司法机关和公民、组织进行诉讼的需要,保障诉讼活动的顺利进行,特作如下决定:

一、司法鉴定是指在诉讼活动中鉴定人运用科学技术或者专门知识对诉讼涉及的专门性问题进行鉴别和判断并提供鉴定意见的活动。

二、国家对从事下列司法鉴定业务的鉴定人和鉴定机构实行登记管理制度:

(一)法医类鉴定;

(二)物证类鉴定;

(三)声像资料鉴定;

(四)根据诉讼需要由国务院司法行政部门商最高人民法院、最高人民检察院确定的其他应当对鉴定人和鉴定机构实行登记管理的鉴定事项。

法律对前款规定事项的鉴定人和鉴定机构的管理另有规定的,从其规定。

三、国务院司法行政部门主管全国鉴定人和鉴定机构的登记管理工作。省级人民政府司法行政部门依照本决定的规定,负责对鉴定人和鉴定机构的登记、名册编制和公告。

四、具备下列条件之一的人员,可以申请登记从事司法鉴定业务:

(一)具有与所申请从事的司法鉴定业务相关的高级专业技术职称;

(二)具有与所申请从事的司法鉴定业务相关的专业执业资格或者高等院校相关专业本科以上学历,从事相关工作五年以上;

(三)具有与所申请从事的司法鉴定业务相关工作十年以上经历,具有较强的专业技能。

因故意犯罪或者职务过失犯罪受过刑事处罚的,受过开除公职处分的,以及被撤销鉴定人登记的人员,不得从事司法鉴定业务。

五、法人或者其他组织申请从事司法鉴定业务的,应当具备下列条件:

(一)有明确的业务范围;

（二）有在业务范围内进行司法鉴定所必需的仪器、设备；

（三）有在业务范围内进行司法鉴定所必需的依法通过计量认证或者实验室认可的检测实验室；

（四）每项司法鉴定业务有三名以上鉴定人。

六、申请从事司法鉴定业务的个人、法人或者其他组织，由省级人民政府司法行政部门审核，对符合条件的予以登记，编入鉴定人和鉴定机构名册并公告。

省级人民政府司法行政部门应当根据鉴定人或者鉴定机构的增加和撤销登记情况，定期更新所编制的鉴定人和鉴定机构名册并公告。

七、侦查机关根据侦查工作的需要设立的鉴定机构，不得面向社会接受委托从事司法鉴定业务。

人民法院和司法行政部门不得设立鉴定机构。

八、各鉴定机构之间没有隶属关系；鉴定机构接受委托从事司法鉴定业务，不受地域范围的限制。

鉴定人应当在一个鉴定机构中从事司法鉴定业务。

九、在诉讼中，对本决定第二条所规定的鉴定事项发生争议，需要鉴定的，应当委托列入鉴定人名册的鉴定人进行鉴定。鉴定人从事司法鉴定业务，由所在的鉴定机构统一接受委托。

鉴定人和鉴定机构应当在鉴定人和鉴定机构名册注明的业务范围内从事司法鉴定业务。

鉴定人应当依照诉讼法律规定实行回避。

十、司法鉴定实行鉴定人负责制度。鉴定人应当独立进行鉴定，对鉴定意见负责并在鉴定书上签名或者盖章。多人参加的鉴定，对鉴定意见有不同意见的，应当注明。

十一、在诉讼中，当事人对鉴定意见有异议的，经人民法院依法通知，鉴定人应当出庭作证。

十二、鉴定人和鉴定机构从事司法鉴定业务，应当遵守法律、法规，遵守职业道德和职业纪律，尊重科学，遵守技术操作规范。

十三、鉴定人或者鉴定机构有违反本决定规定行为的，由省级人民政府司法行政部门予以警告，责令改正。

鉴定人或者鉴定机构有下列情形之一的，由省级人民政府司法行政部门给予停止从事司法鉴定业务三个月以上一年以下的处罚；情节严重的，撤销登记：

（一）因严重不负责任给当事人合法权益造成重大损失的；

（二）提供虚假证明文件或者采取其他欺诈手段，骗取登记的；

（三）经人民法院依法通知，拒绝出庭作证的；

（四）法律、行政法规规定的其他情形。

鉴定人故意作虚假鉴定，构成犯罪的，依法追究刑事责任；尚不构成犯罪的，依照前款规定处罚。

十四、司法行政部门在鉴定人和鉴定机构的登记管理工作中，应当严格依法办事，积极推进司法鉴定的规范化、法制化。对于滥用职权、玩忽职守，造成严重后果的直接责任人员，应当追究相应的法律责任。

十五、司法鉴定的收费标准由省、自治区、直辖市人民政府价格主管部门会同同级司法行政部门制定。

十六、对鉴定人和鉴定机构进行登记、名册编制和公告的具体办法，由国务院司法行政部门制定，报国务院批准。

十七、本决定下列用语的含义是：

（一）法医类鉴定，包括法医病理鉴定、法医临床鉴定、法医精神病鉴定、法医物证鉴定和法医毒物鉴定。

（二）物证类鉴定，包括文书鉴定、痕迹鉴定和微量鉴定。

（三）声像资料鉴定，包括对录音带、录像带、磁盘、光盘、图片等载体上记录的声音、图像信息的真实性、完整性及其所反映的情况过程进行的鉴定和对记录的声音、图像中的语言、人体、物体作出种类或者同一认定。

十八、本决定自2005年10月1日起施行。

最高人民法院
关于生态环境侵权民事诉讼证据的若干规定

法释〔2023〕6号

（2023年4月17日由最高人民法院审判委员会第1885次会议通过
根据2023年8月14日中华人民共和国最高人民法院公告公布
自2023年9月1日起施行）

为保证人民法院正确认定案件事实，公正、及时审理生态环境侵权责任纠纷案件，保障和便利当事人依法行使诉讼权利，保护生态环境，根据《中华人民共和国民法典》《中华人民共和国民事诉讼法》《中华人民共和国环境保护法》等有关法律规定，结合生态环境侵权民事案件审判经验和实际情况，制定本规定。

第一条 人民法院审理环境污染责任纠纷案件、生态破坏责任纠纷案件和生态环境保护民事公益诉讼案件，适用本规定。

生态环境保护民事公益诉讼案件，包括环境污染民事公益诉讼案件、生态破坏民事公益诉讼案件和生态环境损害赔偿诉讼案件。

第二条 环境污染责任纠纷案件、生态破坏责任纠纷案件的原告应当就以下事实承担举证责任：

（一）被告实施了污染环境或者破坏生态的行为；

（二）原告人身、财产受到损害或者有遭受损害的危险。

第三条 生态环境保护民事公益诉讼案件的原告应当就以下事实承担举证责任：

（一）被告实施了污染环境或者破坏生态的行为，且该行为违反国家规定；

（二）生态环境受到损害或者有遭受损害的重大风险。

第四条 原告请求被告就其污染环境、破坏生态行为支付人身、财产损害赔偿费用，或者支付民法典第一千二百三十五条规定的损失、费用的，应当就其主张的损失、费用的数额承担举证责任。

第五条 原告起诉请求被告承担环境污染、生态破坏责任的，应当提供被告行为与损害之间具有关联性的证据。

人民法院应当根据当事人提交的证据，结合污染环境、破坏生态的行为方式、污染物的性质、环境介质的类型、生态因素的特征、时间顺序、空间距离等因素，综合判断被告行为与损害之间的关联性是否成立。

第六条 被告应当就其行为与损害之间不存在因果关系承担举证责任。

被告主张不承担责任或者减轻责任的，应当就法律规定的不承担责任或者减轻责任的情形承担举证责任。

第七条 被告证明其排放的污染物、释放的生态因素、产生的生态影响未到达损害发生地，或者其行为在损害发生后才实施且未加重损害后果，或者存在其行为不可能导致损害发生的其他情形的，人民法院应当认定被告行为与损害之间不存在因果关系。

第八条 对于发生法律效力的刑事裁判、行政裁判因未达到证明标准未予认定的事实，在因同一污染环境、破坏生态行为提起的生态环境侵权民事诉讼中，人民法院根据有关事实和证据确信待证事实的存在具有高度可能性的，应当认定该事实存在。

第九条 对于人民法院在生态环境保护民事公益诉讼生效裁判中确认的基本事实，当事人在因同一污染环境、破坏生态行为提起的人身、财产损害赔偿诉讼中无需举证证明，但有相反证据足以推翻的除外。

第十条 对于可能损害国家利益、社会公共利益的事实，双方当事人未主张或者无争议，人民法院认为可能影响裁判结果的，可以责令当事人提供有关证据。

前款规定的证据，当事人申请人民法院调查收集，符合《最高人民法院关于适用〈中华人民共和国民事诉讼法〉的解释》第九十四条规定情形的，人民法院应当准许；人民法院认为有必要的，可以依职权调查收集。

第十一条 实行环境资源案件集中管辖的法院，可以委托侵权行为实施地、侵权结果发生地、被告住所地等人民法院调查收集证据。受委托法院应当在收到委托函次日起三十日内完成委托事项，并将调查收集的证据及有关笔录移送委托法院。

受委托法院未能完成委托事项的，应当向委托法院书面告知有关情况及未能完成的原因。

第十二条 当事人或者利害关系人申请保全环境污染、生态破坏相关证据的，人民法院应当结合下列因素进行审查，确定是否采取保全措施：

（一）证据灭失或者以后难以取得的可能性；

（二）证据对证明待证事实有无必要；

（三）申请人自行收集证据是否存在困难；

（四）有必要采取证据保全措施的其他因素。

第十三条 在符合证据保全目的的情况下，人民法院应当选择对证据持有人利益影响最小的保全措施，尽量减少对保全标的物价值的损害和对证据持有人生产、生活的影响。

确需采取查封、扣押等限制保全标的物使用的保全措施的，人民法院应当及时组织当事人对保全的证据进行质证。

第十四条 人民法院调查收集、保全或者勘验涉及环境污染、生态破坏专门性问题的证据，应当遵守相关技术规范。必要时，可以通知鉴定人到场，或者邀请负有环境资源保护监督管理职责的部门派员协助。

第十五条 当事人向人民法院提交证据后申请撤回该证据，或者声明不以该证据证明案件事实的，不影响其他当事人援引该证据证明案件事实以及人民法院对该证据进行审查认定。

当事人放弃使用人民法院依其申请调查收集或者保全的证据的，按照前款规定处理。

第十六条 对于查明环境污染、生态破坏案件事实的专门性问题，人民法院经审查认为有必要的，应当根据当事人的申请或者依职权委托具有相应资格的机构、人员出具鉴定意见。

第十七条 对于法律适用、当事人责任划分等非专门性问题，或者虽然属于专门性问题，但可以通过法庭调查、勘验等其他方式查明的，人民法院不予委托鉴定。

第十八条 鉴定人需要邀请其他机构、人员完成部分鉴定事项的，应当向人民法院提出申请。

人民法院经审查认为确有必要的，在听取双方当事人意见后，可以准许，并告知鉴定人对最终鉴定意见承担法律责任；主要鉴定事项由其他机构、人员实施的，人民法院不予准许。

第十九条 未经人民法院准许，鉴定人邀请其他机构、人员完成部分鉴定事项的，鉴定意见不得作为认定案件事实的根据。

前款情形，当事人申请退还鉴定费用的，人民法院应当在三日内作出裁定，责令鉴定人退还；拒不退还的，由人民法院依法执行。

第二十条 鉴定人提供虚假鉴定意见的，该鉴定意见不得作为认定案件事实的根据。人民法院可以依照民事诉讼法第一百一十四条的规定进行处理。

鉴定事项由其他机构、人员完成，其他机构、人员提供虚假鉴定意见的，按照前款规定处理。

第二十一条 因没有鉴定标准、成熟的鉴定方法、相应资格的鉴定人等原因无法进行鉴定，或者鉴定周期过长、费用过高的，人民法院可以结合案件有关事实、当事人申请的有专门知识的人的意见和其他证据，对涉及专门性问题的事实作出认定。

第二十二条 当事人申请有专门知识的人出庭，就鉴定意见或者污染物认定、损害结果、因果关系、生态环境修复方案、生态环境修复费用、生态环境受到损害至修复完成期间服务功能丧失导致的损失、生态环境功能永久性损害造成的损失等专业问题提出意见的，人民法院可以准许。

对方当事人以有专门知识的人不具备相应资格为由提出异议的，人民法院对该异议不予支持。

第二十三条 当事人就环境污染、生态破坏的专门性问题自行委托有关机构、人员出具的意见，人民法院应当结合本案的其他证据，审查确定能否作为认定案件事实的根据。

对方当事人对该意见有异议的，人民法院应当告知提供意见的当事人可以申请出具意见的机构或者人员出庭陈述意见；未出庭的，该意见不得作为认定案件事实的根据。

第二十四条 负有环境资源保护监督管理职责的部门在其职权范围内制作的处罚决定等文书所记载的事项推定为真实,但有相反证据足以推翻的除外。

人民法院认为有必要的,可以依职权对上述文书的真实性进行调查核实。

第二十五条 负有环境资源保护监督管理职责的部门及其所属或者委托的监测机构在行政执法过程中收集的监测数据、形成的事件调查报告、检验检测报告、评估报告等材料,以及公安机关单独或者会同负有环境资源保护监督管理职责的部门提取样品进行检测获取的数据,经当事人质证,可以作为认定案件事实的根据。

第二十六条 对于证明环境污染、生态破坏案件事实有重要意义的书面文件、数据信息或者录音、录像等证据在对方当事人控制之下的,承担举证责任的当事人可以根据《最高人民法院关于适用〈中华人民共和国民事诉讼法〉的解释》第一百一十二条的规定,书面申请人民法院责令对方当事人提交。

第二十七条 承担举证责任的当事人申请人民法院责令对方当事人提交证据的,应当提供有关证据的名称、主要内容、制作人、制作时间或者其他可以将有关证据特定化的信息。根据申请人提供的信息不能使证据特定化的,人民法院不予准许。

人民法院应当结合申请人是否参与证据形成过程、是否接触过该证据等因素,综合判断其提供的信息是否达到证据特定化的要求。

第二十八条 承担举证责任的当事人申请人民法院责令对方当事人提交证据的,应当提出证据由对方当事人控制的依据。对方当事人否认控制有关证据的,人民法院应当根据法律规定、当事人约定、交易习惯等因素,结合案件的事实、证据作出判断。

有关证据虽未由对方当事人直接持有,但在其控制范围之内,其获取不存在客观障碍的,人民法院应当认定有关证据由其控制。

第二十九条 法律、法规、规章规定当事人应当披露或者持有的关于其排放的主要污染物名称、排放方式、排放浓度和总量、超标排放情况、防治污染设施的建设和运行情况、生态环境开发利用情况、生态环境违法信息等环境信息,属于《最高人民法院关于民事诉讼证据的若干规定》第四十七条第一款第三项规定的"对方当事人依照法律规定有权查阅、获取的书证"。

第三十条 在环境污染责任纠纷、生态破坏责任纠纷案件中,损害事实成立,但人身、财产损害赔偿数额难以确定的,人民法院可以结合侵权行为对原告造成损害的程度、被告因侵权行为获得的利益以及过错程度等因素,并可以参考负有环境资源保护监督管理职责的部门的意见等,合理确定。

第三十一条 在生态环境保护民事公益诉讼案件中,损害事实成立,但生态环境修复费用、生态环境受到损害至修复完成期间服务功能丧失导致的损失、生态环境功能永久性损害造成的损失等数额难以确定的,人民法院可以根据污染环境、破坏生态的范围和程度等已查明的案件事实,结合生态环境及其要素的稀缺性、生态环境恢复的难易程度、防治污染设备的运行成本、被告因侵权行为获得的利益以及过错程度等因素,并可以参考负有环境资源保护监督管理职责的部门的意见等,合理确定。

第三十二条 本规定未作规定的,适用《最高人民法院关于民事诉讼证据的若干规定》。

第三十三条 人民法院审理人民检察院提起的环境污染民事公益诉讼案件、生态破坏民事公益诉讼案件,参照适用本规定。

第三十四条 本规定自 2023 年 9 月 1 日起施行。

本规定公布施行后,最高人民法院以前发布的司法解释与本规定不一致的,不再适用。

【解读】

解读《关于生态环境侵权民事诉讼证据的若干规定》

《最高人民法院关于生态环境侵权民事诉讼证据的若干规定》(以下简称《规定》)已于 2023 年 4 月 17 日由最高人民法院审判委员会第 1885 次会议通过,自 2023 年 9 月 1 日起施行。《规定》以习近平生态文明思想和习近平法治思想为指导,贯彻民法典绿色原则和生态环境侵权责任制度,对于人民法院正确认定案件事实,公正、及时审理生态环境侵权责任纠纷案件,保障和便利当事人依法行使诉讼权利,保护生态环境,具有重要意义。现就《规定》的制定背景和意义、制定的基本原则、主要内容解读如下。

一、制定的背景和意义

制定《规定》是最高人民法院深入践行习近平生态文明思想和习近平法治思想的重要举措。党的十八大以来,以习近平同志为核心的党中央把生态文明建设作为关系中华民族永续发展的根本大计,开展了一系列开创性工作,生态文明建设从理论到实践都发生了历史性、转折性、全局性变化,美丽中国建设迈出重要步伐。党的二十大报告深刻阐述人与自然和谐共生是中国式现代化的重要特征,对推动绿色发展,促进人与自然和谐共生作出重大战略部署。2023 年 7 月召开的全国生态环境保护大会,深入研究生态文明建设面临的形势任务,对全面推进美丽中国建设、加快推进人与自然和谐共生的现代化作出系统部署。《规定》坚持以习近平生态文明思想和习近平法治思想为指导,贯彻党的二十大精神和全国生态环境保护大会精神,牢固树立绿水青山就是金山银山理念,落实以最严格制度、最严密法治保护生态环境要求,进一步完善生态环境裁判规则体系,保障人民法院充分发挥审判职能作用,不断夯实守护绿水青山和增进民生福祉的法治防线。

制定《规定》是最高人民法院贯彻实施民法典绿色原则和生态环境侵权责任制度的重要举措。2021 年 1 月 1 日起施行的民法典,作为一部固根本、稳预期、利长远的基础性法律,系统规定了绿色原则和绿色条款,开世界民事立法之先河,为世界生态文明建设提供了中国方案,具有鲜明的中国特色、实践特色、时代特色。作为民法典绿色条款的重要组成部分,民法典侵权责任编专章规定了环境污染和生态破坏责任,对生态环境侵权的归责原则、举证责任等内容作出明确规定。《规定》严格遵循立法原意,立足审判实际,深入研究、系统解决生态环境侵权民事纠纷案件中的证据规则问题,确保民法典绿色原则和生态环境侵权责任制度在审判实践中得到正确实施。

制定《规定》是最高人民法院丰富完善生态环境裁判规则体系的重要举措。最高人民法院自 2014 年 6 月成立环境资源审判庭以来,先后制定发布 20 余部司法解释,基本涵盖生态环境案件审理的实体和程序问题,但对作为实体与程序问题"结合部""连接点"的证据问题,并无系统性、专门性规定。与一般侵权相比,生态环境侵权在证据方面存在一些突出特点:一是适用特殊的举证责任分配规则。生态环境侵权采取无过错责任归责原则,侵权人应就其行为与损害之间不存在因果关系承担举证责任。二是事实认定的"专业壁垒"问题突出。生态环境侵权大多具有长期性、潜伏性、持续性、广泛性特点,造成损害的过程、因果关系链条比较复杂,案件事实所涉专门性问题较多,查明难度较大,对专家证据的依赖程度较高。三是"证据偏在"问题突出。诸如污染物名称、排放方式、排放浓度和总量、超标排放情况以及防治污染设施的建设和运行情况等对案件审理至关重要的环境信息,往往掌握在侵权人手中,被侵权人收集证据的手段不足,举证能力受限,申请人民法院调查收集证据的情况较为普遍。证据问题直接关系当事人权利保护和人民法院裁判结果的公正性,而生态环境侵权案件在证据方面又存在上述突出特点,确需构建符合生态环境侵权案件特点和审判规律的证据规则体系。

制定《规定》是最高人民法院积极回应和满足审判实践迫切需要的重要举措。在历次环境资源审判疑难问题调研中,证据问题都是一线法官反映、讨论的焦点,比如,公益诉讼与私益诉讼举证责任分配之异同,原告关于关联性的证明程度,过度依赖鉴定问题如何破解,当事人自行委托有关机构出具的意见如何处理,鉴定人能否邀请其他机构、人员完成部分鉴定事项,书证提出命令如何具体适用,损失、费用能否及如何酌定等。人民法院对这些问题的认识和把握,直接关系到当事人实体权利的保护和人民法院裁判结果的公正性,直接影响"努力让人民群众在每一个司法案件中感受到公平正义"目标的实现,需要深入研究并妥善解决。

二、制定的基本原则

一是坚持合法性原则。贯彻落实民法典、民事诉讼法、环境保护法等法律规定,解决法律关于证据制度的规定在生态环境侵权诉讼中的具体适用问题,是制定《规定》的核心目标。在《规定》起草过程中,始终坚持合法性原则,坚持在现行法律框架下思考问题、拟定条文,严格就如何具体适用法律问题作出解释。

二是满足司法实践需要。立足审判实践,坚持问题导向,强化效果意识,系统梳理生态环境侵权案件中证据方面的突出问题,深入研究其特点和规律,有针对性地设计条文内容,确保《规定》能够较好满足生态环境审判实践需要,切实解决证据方面的难点、堵点问题。

三是重点完善技术性、操作性规则。严守司法解释功能定位,准确把握《规定》与《最高人民法院关于适用〈中华人民共和国民事诉讼法〉的解释》(以下简称《民事诉讼法解释》)、《最高人民法院关于民事诉讼证据的若干规定》(以下简称《民事诉讼证据规定》)的适用关系,不追求体系的完整性,对于法律及有关司法解释已有明确规定的内容,不作重复规定。所拟条文紧扣法律规定的适用问题,推动生态环境侵权民事诉讼在当事人举证、证据调查收集、认定、采信等方面的规范化。

三、规定的主要内容

《规定》共34条,除引言外,主要包括适用范围、当事人举证、证据的调查收集和保全、证据共通原则、专家证据、书证、损失费用的酌定等内容。现择要解析如下。

(一)关于适用范围

《规定》第一条采用《民事案件案由规定》的划分标准,明确了《规定》所规范的生态环境侵权案件的范围，旨在方便人民法院立案、审判，方便当事人诉讼。在民法典施行前，通说认为，侵权责任属于私益诉讼范畴，民法典扩展了侵权责任的范围，将公益诉讼纳入其中。为贯彻实施好民法典，最高人民法院2020年修改了《民事案件案由规定》，增加"公益诉讼"二级案由，在该二级案由项下增设"生态环境保护民事公益诉讼"三级案由，并在该三级案由项下增设"环境污染民事公益诉讼""生态破坏民事公益诉讼""生态环境损害赔偿诉讼"三个四级案由；同时，在"侵权责任纠纷"二级案由项下增设"生态破坏责任纠纷"三级案由。

基于此，《规定》第一条明确，人民法院审理环境污染责任纠纷案件、生态破坏责任纠纷案件和生态环境保护民事公益诉讼案件，适用《规定》；生态环境保护民事公益诉讼案件，包括环境污染民事公益诉讼案件、生态破坏民事公益诉讼案件和生态环境损害赔偿诉讼案件。《民事案件案由规定》关于生态环境侵权案件案由的规定，与生态环境侵权案件包括私益诉讼、公益诉讼和生态环境损害赔偿诉讼三种类型的通常理解存在一定差异，故需要开宗明义予以明确，避免产生理解和适用上的混乱。

（二）关于举证责任

举证责任被视为"民事诉讼的脊梁"，在民事证据规则体系中居于基础性地位。通说认为，举证责任分配具有法定性，民事实体法规范已经对举证责任分配作出了规定，法官在举证责任分配问题上是适用实体法的过程，通过对实体法规范的分析发现法律确定的举证责任分配规则，而非创造举证责任分配规则。[①] 此即法律要件分类说中的规范说，为《民事诉讼法解释》第九十一条关于举证责任分配规则的规定所采纳。《规定》亦采此说，严格按照民法典相关规定确定生态环境侵权民事诉讼各方当事人的举证责任。

1. 关于原告的举证责任

一般侵权责任的构成要件包括侵权行为、损害后果、行为与损害之间的因果关系及行为人行为时有过错四个方面，原告需要对全部构成要件所涉案件事实举证证明。生态环境侵权作为一种特殊类型侵权，其责任构成要件有所不同，相应要件的举证责任分配也有特殊性。

关于因果关系，民法典第一千二百三十条规定，行为人应当对其行为与损害之间不存在因果关系承担举证责任。

关于主观过错，民法典第一千二百二十九条规定了无过错责任归责原则，民法典第一千二百三十四条、第一千二百三十五条又规定了"违反国家规定"的生态环境保护民事公益诉讼的特殊构成要件。主流观点认为，"违反国家规定"意味着适用过错责任归责原则。[②] 据此，《规定》区分生态环境侵权私益诉讼和生态环境保护民事公益诉讼，对原告的举证责任作出不同规定：环境污染责任纠纷案件、生态破坏责任纠纷案件的原告应当就被告实施了污染环境或者破坏生态的行为，以及原告人身、财产受到损害或者有遭受损害的危险承担举证责任；生态环境保护民事公益诉讼案件的原告应当就被告实施了污染环境或者破坏生态的行为且该行为违反国家规定，以及生态环境受到损害或者有遭受损害的重大风险承担举证责任。需要注意的是，除上述"违反国

[①] 参见最高人民法院民法典贯彻实施工作领导小组办公室编著：《最高人民法院新民事诉讼法司法解释理解与适用》，人民法院出版社2022年版，第252～254页。

[②] 参见黄薇主编：《中华人民共和国民法典侵权责任编释义》，法律出版社2020年版，第257页。

家规定"的区别外，基于侵权责任法的预防性原则，在未发生实际损害情况下，生态环境侵权私益诉讼的原告需要具有遭受损害的危险举证证明，这也与民法典第一千一百六十七条规定的消除危险的侵权责任承担方式相对应；由于生态环境保护民事公益诉讼涉及公共利益或者国家利益，需要更高的保护门槛，故原告应当举证证明生态环境有遭受损害的重大风险，且这种风险应当具有现实性和紧迫性。

关于原告请求被告就其污染环境、破坏生态行为支付人身、财产损害赔偿费用，或者支付民法典第一千二百三十五条规定的损失、费用，根据"谁主张，谁举证"的举证责任分配原则，应当由原告承担举证责任。需要说明的是，由于生态环境侵权的专业性、复杂性，在侵权事实成立而损害赔偿数额或相关损失、费用数额难以确定的情况下，人民法院应当依法酌定，而不能仅以原告未履行举证义务为由不支持其关于损害赔偿或者损失、费用的诉讼请求。关于酌定的考量因素，《规定》第三十条、第三十一条进行了明确，下文作进一步说明。

关于关联性的证明。虽然生态环境侵权民事诉讼的被告应当就其行为与损害之间不存在因果关系承担举证责任，但并不意味着原告对因果关系不承担任何举证义务。为防止滥诉，提高因果关系认定的准确性，原告应当首先证明污染行为与损害结果之间存在联系，即存在因果关系的可能性，并提交初步证据，这也符合民事诉讼法（2021年修正，下同）第六十七条第一款"当事人对自己提出的主张，有责任提供证据"的规定。

关于原告对关联性的证明，2015年《最高人民法院关于审理环境侵权责任纠纷案件适用法律若干问题的解释》第六条、《最高人民法院关于审理环境民事公益诉讼案件适用法律若干问题的解释》第八条、《最高人民法院关于审理生态环境损害赔偿案件的若干规定（试行）》第六条均作出规定，内涵基本相同，《规定》第五条第一款在上述条款基础上作出统一规定。需要注意的是，由于因果关系不存在的举证责任由被告承担，故原告承担的这种提供证据的责任是行为意义而非结果意义上的，且只要证明被告行为可能导致损害发生即可，不需要达到高度盖然性的证明标准。审判实践中，判断被告行为与损害之间是否具有关联性是一个难点问题，对此，《规定》第五条第二款在充分总结审判经验基础上，明确了行为方式、污染物性质、环境介质类型、生态因素特征、时间顺序、空间距离等具体考量因素，为准确判断该问题提供有效指引。

2. 关于被告的举证责任

根据民法典第一千二百三十条的规定，生态环境侵权民事诉讼中的被告，应当就两种情形承担举证责任：一是其行为与损害不存在因果关系；二是存在法律规定的不承担责任或者减轻责任的情形。由于生态环境侵权原则上适用无过错责任归责原则，因此因果关系是认定生态环境侵权是否成立的最关键也是最难证明的要件。法律之所以将该要件的举证责任分配给侵权人，是为了减轻被侵权人的举证负担，为被侵权人提供有效救济。

在调研起草《规定》过程中，有观点认为，举证责任应当与举证能力相匹配，与私益侵权诉讼原告相比，提起环境污染、生态破坏民事公益诉讼的检察机关和提起生态环境损害赔偿诉讼的政府部门具有更强的举证能力，不应不加区别地将因果关系要件的举证责任分配给被告。我们经研究认为，司法解释关于举证责任的分配应当严格遵守实体法规定，民法典第一千二百三十条并未区分生态环境侵权的不同诉讼类型对举证责任作出差别化规定,《规定》应当予以严格贯彻。

关于减轻、免除责任的法定事由,除了民法典侵权责任编第七章的规定外,还涉及侵权责任编"一般规定"、总则编"民事责任",以及环境保护法和各环境保护单行法的相关规定,它们之间存在着一般规定与特别规定的关系,应当注意适用顺位。根据民法典第一千一百七十八条"本法和其他法律对不承担责任或者减轻责任的情形另有规定的,依照其规定",以及特殊规定优先于一般规定的法律适用原则,环境保护单行法规定的减轻、免除责任事由应当优先适用。①

3. 关于因果关系判断

生态环境侵权的因果关系链条比较复杂,多因一果、一因多果、多因多果的情况比较普遍,判断因果关系是否成立是司法实践中的重点和难点。2015年《最高人民法院关于审理环境侵权责任纠纷案件适用法律若干问题的解释》第七条对认定不存在因果关系的情形作出了规定,《规定》第七条在此基础上增加了与生态破坏相关的因素,明确了以下几种可以认定因果关系不存在的情形。

一是排放的污染物、释放的生态因素、产生的生态影响未到达损害发生地。这是从空间关系角度所作的规定,如果空间上不存在交集,自无发生作用的可能。

二是行为在损害发生后才实施且未加重损害后果。这是从时间先后角度所作的规定。就因果关系而言,因在前而果在后,不存在果在前因在后的可能。当然,如果某行为在损害发生后才实施但加重了损害后果,则该行为与加重的损害后果之间仍然存在因果关系,只有行为在损害发生后才实施且未加重损害后果的,才能彻底排除因果关系。

三是存在该行为不可能导致损害发生的其他情形。这主要是从科学原理、自然规律的角度所作的规定。生态环境侵权可能涉及物理、化学、生物、地质、大气等诸多领域的反应或者变化,按照科学原理、自然规律不可能导致损害发生的,人民法院应当认定被告行为与损害之间不存在因果关系。

(三)关于证明标准

因同一污染环境、破坏生态行为分别提起刑事、民事、行政诉讼的情况在司法实践中较为普遍,检察机关在提起刑事诉讼时也时常附带提起民事公益诉讼。调研中发现,审判实践中存在生效刑事裁判、行政裁判未予认定的事实,生态环境侵权民事裁判亦不予认定的情况,忽视了三大诉讼证明标准之不同,可能导致对被侵权人或者公共利益保护不足的问题。根据刑事诉讼法第五十五条的规定,认定被告有罪的证明标准是排除合理怀疑;根据《民事诉讼法解释》第一百零八条的规定,民事诉讼的一般证明标准是高度可能性;行政诉讼法及其司法解释虽未对证明标准作出规定,但一般认为行政诉讼的证明标准介于刑事诉讼与民事诉讼之间,与民事诉讼的证明标准相差不大。基于裁判统一性的要求,刑事裁判、行政裁判、民事裁判对同一事实的认定原则上应当是一致的,但基于不同的证明标准、作出不同的事实认定在一定情况下存在合理性。比如,对于因证据不足、案件事实不清,未达到排除合理怀疑的刑事诉讼证明标准而作出的无罪判决,如果能够达到高度可能性的民事诉讼证明标准,则民事诉

---

① 参见最高人民法院民法典贯彻实施工作领导小组主编:《中华人民共和国民法典侵权责任编理解与适用》,人民法院出版社2020年版,第521~523页。

讼或者附带民事诉讼应当认定该事实存在。

基于此,《规定》第八条明确,对于发生法律效力的刑事裁判、行政裁判因未达到证明标准而未予认定的事实,在因同一污染环境、破坏生态行为提起的生态环境侵权民事诉讼中,人民法院根据有关事实和证据确信待证事实的存在具有高度可能性的,应当认定该事实存在。

(四)关于证据的调查收集和保全

与一般侵权案件相比,生态环境侵权案件在证据调查收集和保全方面存在三方面突出特点:一是公益诉讼案件较多,此类案件需要更好地平衡当事人依法承担举证责任与人民法院依职权调查收集证据的关系;二是集中管辖比较普遍,证据的调查收集和保全往往涉及管辖法院与非管辖法院之间的协调配合;三是侵权事实所涉专门性问题较多,更强调证据调查收集和保全的科学性。

1. 关于公益事实所涉证据的调查收集

我们在调研中发现,在环境污染、生态破坏民事公益诉讼中,部分社会组织不积极收集、提交证据,而仅以案件涉及国家利益、社会公共利益为由申请法院调查收集,将举证责任转移给人民法院的情况比较普遍,一定程度上影响了审判质效。为解决这一问题,并切实维护国家利益、社会公共利益,《规定》第十条在民事诉讼法第六十七条及相关司法解释规定基础上,将法院调查与法院收集证据作了适当区分,对法院收集证据作出相对严格的程序性限制。

2. 关于集中管辖法院委托调查收集证据

随着环境资源审判机制改革的深入推进,以生态系统或者生态功能区为单位,跨行政区划集中管辖生态环境案件已经成为鲜明特色。为落实好环境资源案件集中管辖制度,强化集中管辖法院与非管辖法院之间的协调配合,提高集中管辖案件审判质效,《规定》第十一条以民事诉讼法第一百三十四条为依据,对集中管辖法院委托侵权行为实施地、侵权结果发生地、被告住所地等法院调查收集证据作出具体规定。

3. 关于证据调查收集和保全的科学性要求

生态环境侵权案件涉及较多的专门性问题,法院认定相关事实往往需要通过勘验、鉴定等手段查明,因此证据获取的科学性尤为重要。《规定》第十四条在《民事诉讼证据规定》第二十四条基础上,对科学性要求作了进一步扩展和完善,旨在避免证据的法律价值、证据价值被破坏。

(五)关于证据共通原则

证据共通原则是证据法上的一项基本原则,其基本含义是指某项证据被提交法院后,提交证据的一方当事人申请撤回该证据的,不影响对方当事人援引该证据证明案件事实。证据共通原则虽然未被民事诉讼法及相关司法解释所规定,但在司法实践中被普遍遵循。

《规定》第十五条立足基本法理和审判实践,对该原则在生态环境侵权司法实践中的具体适用作出较为全面的规定:当事人向人民法院提交证据后申请撤回该证据,或者声明不以该证据证明案件事实的,不影响其他当事人援引该证据证明案件事实以及人民法院对该证据进行审查认定;当事人放弃使用人民法院依其申请调查收集或者保全证据的,按照《规定》第十五条第一款规定处理。需要说明的是,当事人申请法院调查收集或者保全的证据,性质上仍然属于该当事人提交的证据,只不过是假法院之职权行为以消除其收集证据的障碍,故应适用相同规则。

对于证据共通原则,大陆法系国家和地区原则上以对方当事人援引该证据证明案件事实为适用前提,即在一方当事人向法院提交证据后又申请撤回的情况下,如果对方当事人不援引该证据或者同意撤回证据的,法官不能主动对该证据进行审核认定。而《规定》第十五条未作此方面的限制,主要原因有以下两点:一是与德国等大陆法系国家和地区相比,我国当事人收集证据的手段较少、能力较弱,法院查明案件事实的职责较重,如果适用该原则必须以对方当事人援引为前提,可能导致法院认定的事实与客观情况不符,造成诉讼不公;二是证据一旦提交法院,将会对裁判者的心证产生影响,该影响难以因证据被撤回而完全消除。因此,对于一方当事人申请撤回的证据,即使对方当事人不援引,也不影响法官基于查明案件事实的需要对该证据进行审核认定。

(六)关于专家证据

在证据法理论上,具有专门知识、技能的人对于待证事实中的专门性问题所提供的意见被称为专家证据。[①] 民事诉讼法及相关司法解释构建了鉴定意见和专家辅助人出庭陈述意见并存的双层专家证据制度。专家证据制度对于破解生态环境侵权案件事实认定中的"专业壁垒"问题具有非常重要的作用。《规定》以第十六条至第二十三条共8个条文,对专家证据制度在生态环境侵权案件中的具体适用作出较为系统的规定,所确立的规则对其他民事诉讼案件也有一定参考意义。

1. 关于鉴定意见

关于委托鉴定。调研中发现,一些生态环境侵权案件需要委托鉴定的事项涉及的专业领域广、技术知识新,而鉴定人资格认定及鉴定人名册更新又相对滞后,司法实践中存在鉴定人名册中没有相应资格的鉴定机构或者人员,而又需要通过委托鉴定查明案件事实所涉专门性问题的情况。对此,《人民法院对外委托司法鉴定管理规定》第十一条规定,司法鉴定所涉及的专业未纳入名册时,人民法院司法鉴定机构可以从社会相关专业中,择优选定受委托单位或专业人员进行鉴定。《规定》第十六条以此为基础,旨在明确在鉴定人名册中没有相应资格的机构或者人员的情况下,人民法院可以依法委托其他具有相应资格的机构或者人员进行鉴定。

关于不予委托鉴定情形和鉴定之外认定专门性事实的方法。生态环境侵权案件涉及的专门性问题较多,委托鉴定的案件比例较高,一定程度上存在鉴定过滥、鉴定依赖等问题,对办案质效造成较大影响。为解决这些问题,《规定》第十七条明确了不予委托鉴定的两种情形:一是非专门性问题不予委托鉴定,旨在使司法鉴定回归辅助法庭解决专门性问题的本质;二是虽然属于专门性问题,但可以通过法庭调查、勘验等其他方式查明的,不予委托鉴定。在很多情况下,鉴定并非查明专门性问题所涉案件事实的唯一方法,也不是最优方法,通过其他事实查明手段可以查明案件事实的,人民法院不应启动鉴定程序,以避免案件久拖不决,给当事人增加不必要的诉讼负担。《规定》第二十一条明确了鉴定之外认定专门性事实的方法,即因没有鉴定标准、成熟的鉴定方法、相应资格的鉴定人等情况而无法进行鉴定,或者在鉴定周期过长、费用

[①] 参见最高人民法院民事诉讼法修改研究小组编著:《〈中华人民共和国民事诉讼法〉修改条文理解与适用》,人民法院出版社2012年版,第187页。

过高等鉴定成本明显超出诉讼目的情况下，人民法院可以结合案件有关事实、当事人申请的有专门知识的人的意见和其他证据，对涉及专门性问题的事实作出认定。

关于鉴定人邀请其他机构、人员完成部分鉴定事项的问题。原则上，鉴定人应当以自己的专业能力、技术条件独立进行鉴定并出具鉴定意见，但是环境损害等司法鉴定可能涉及多种学科，需要多方面专业知识和多种检测设备，实践中存在难以由某一鉴定机构或者人员完成全部鉴定事项的情况，鉴定技术需求综合性与鉴定主体专长分散性之间的矛盾较为突出。解决这一问题有两条路径：一是将鉴定事项拆分并分别委托鉴定；二是在严格限制前提下允许鉴定机构邀请其他机构、人员完成部分鉴定事项。第一种方式是鉴定制度的题中应有之义，但应当以人民法院能够对鉴定事项进行合理拆分，并且能够综合多份鉴定意见对案件事实作出认定为前提；否则，第二种方式更具可行性，当然，前提是通过严格限定适用条件避免"皮包机构""鉴定中介"等问题的发生。《规定》针对第二种方式构建了"有限许可、严格限制"的制度安排，并通过3个条文作出规定。《规定》第十八条对鉴定人邀请其他机构、人员完成部分鉴定事项作出的限制：即仅能针对部分非主要鉴定事项；必须经过人民法院准许；鉴定人对最终鉴定意见负责。《规定》第十九条进一步规定了未经法院准许的法律后果：一是证据法上的后果，即该鉴定意见不能作为认定案件事实的根据；二是诉讼法上的后果，即鉴定人退还鉴定费用。针对接受邀请的机构、人员提供虚假鉴定意见的情况，《规定》第二十条明确，该鉴定意见不得作为认定案件事实的根据，人民法院可以依照民事诉讼法第一百一十四条的规定进行处理。

关于当事人自行委托有关机构、人员出具专业意见的审查认定规则。当事人自行委托有关机构、人员出具专业意见的情况在生态环境侵权案件中较为普遍，但其并非民事诉讼法上的鉴定意见。对于此种意见，民事诉讼法及相关司法解释并不禁止，但也未对其审查判断规则作出明确规定。审判实践中，主要存在按照私文书证处理、按照具有专门知识的人的意见处理两种做法，审查判断规则不同，事实认定结果也可能截然相反，确有规范的必要。经深入研究，并参考民事诉讼法学者的意见，我们认为，在现行民事证据制度框架下，参照专家辅助人制度，将此种专业意见视为当事人的书面陈述，是符合其自身特点、较为妥当的做法。其一，当事人自行委托的专业机构与专家辅助人性质相同，均为当事人自行选择的辅助其诉讼的主体，均针对涉及专门性问题的事实查明并代表当事人发表意见，将当事人自行提供的专业意见理解为专家辅助人意见符合逻辑。其二，若将当事人自行提供的专业意见按私文书证处理，由于私文书证具有推定真实的效力，在效力层级上高于当事人陈述，会产生当事人自行委托的专家辅助人出庭陈述的意见性质为当事人陈述，而当事人自行委托的专业机构或人员不出庭提交的书面意见为书证的情形，导致逻辑上的矛盾和证据效力体系的不平衡。基于以上分析，《规定》第二十三条比照专家辅助人制度，对此种专业意见明确了以下审查判断规则：当事人就环境污染、生态破坏的专门性问题自行委托有关机构、人员出具的意见，人民法院应当结合本案的其他证据，审查确定能否作为认定案件事实的根据。对方当事人对该意见有异议的，人民法院应当告知提供意见的当事人可以申请出具意见的机构或者人员出庭陈述意见；未出庭的，该意见不能作为认定案件事实的根据。

2. 关于专家辅助人出庭陈述意见

在生态环境侵权案件中，大量的案件事实涉及专业问题，需要通过专家证据予以查明,而鉴定机构有限、鉴定周期较长、费用较高等问题一定程度上存在,因此,需要更好地发挥专家辅助人制度的作用。《规定》第二十二条在充分总结司法经验基础上,明确规定当事人可以聘请有专门知识的人对鉴定意见或者污染物认定、损害结果、因果关系、生态环境修复方案、生态环境修复费用、生态环境受到损害至修复完成期间服务功能丧失导致的损失、生态环境功能永久性损害造成的损失等专业问题提出意见。上述专业问题,技术性、专业性强,在生态环境侵权案件中较为常见,而法官囿于知识结构之局限,往往难以凭一己之力对这些问题作出准确判断。在当事人未申请鉴定或者委托专家辅助人的情况下,法庭可以向当事人释明;经释明仍不申请的,人民法院应当依据举证责任制度进行裁判。

需要说明的是,生态环境侵权案件所涉专业问题可能涉及多领域、多学科,故《规定》并未对一方当事人聘请的专家辅助人总人数作出限制,但按照《民事诉讼法解释》第一百二十二条的规定,当事人申请的某一专业领域的专家辅助人不应超过二人。由于专家辅助人在法庭上就专业问题提出的意见视为当事人的陈述,故对专家辅助人不应有资格方面的限制。如果一方当事人以对方当事人聘请的有专门知识的人不具备相应资格为由提出异议,人民法院对该异议不予支持,此点与鉴定人有本质区别。调研中还发现,司法实践中对专家辅助人存在一定程度的误解甚至误用。根据民事诉讼法及相关司法解释,民事诉讼中的专家辅助人具有以下特征:不具有证人身份,并非专家证人;仅具有单一地辅助当事人的功能,只能由当事人聘请,不能由法院依职权委托或者通知其出庭;其意见视为当事人的陈述,不能单独作为认定案件事实的依据。以上特征使其明显区别于英美法系的专家证人,与我国刑事诉讼法上的有专门知识的人亦存在一定差异,在理解与适用时应当准确把握。

(七)关于书证提出命令

与普通民事案件相比,生态环境侵权案件存在更为突出的证据偏在被告一方、原告举证困难的问题,若机械适用举证责任制度判决原告败诉,可能导致司法不公。书证提出命令是最高人民法院通过司法解释创设的一项证据制度,旨在通过对举证责任分配规则的调整,扩展当事人收集证据的手段,解决"证据偏在"问题,促进实现诉讼实质公平,在生态环境侵权诉讼中大有用武之地。《规定》在《民事诉讼法解释》《民事诉讼证据规定》基础上,通过第二十六条至第二十九条4个条文,细化规定了书证提出命令制度在生态环境侵权诉讼中的具体适用。

一是对书证提出命令的适用范围作了适当扩展,明确书证提出命令适用于数据信息或者录音、录像等证据,依据是《民事诉讼证据规定》第九十九条第二款"关于书证的规定适用于视听资料、电子数据"的规定。

二是进一步明确了对象书证特定化的判断规则。所谓对象书证特定化,是指书证提出命令所指向的书证应当具体明确,这是书证提出命令的适用前提。《规定》第二十七条在《民事诉讼证据规定》第四十五条第一款、第四十六条第二款基础上,明确人民法院应当结合申请人是否参与证据形成过程、是否接触过该证据等因素,对书证是否特定化作出判断。

三是明确对方当事人控制书证的判断规则。《规定》第二十八条在《民事诉讼证据规定》第四十五条基础上,明确"有关证据虽未由对方当事人直接持有,但在其控制范围之内,其获取不存在客观障碍的",可以认定对方当事人控制书证。

四是明确规定环境信息适用书证提出命令。其中的重点有以下两点：一是对环境信息的内容进行了列举式规定，诸如排放的主要污染物名称、排放方式、排放浓度和总量、超标排放情况、防治污染设施的建设和运行情况、生态环境开发利用情况、生态环境违法信息等均属于环境信息；二是对《民事诉讼证据规定》第四十七条第一款第三项"对方当事人依照法律规定有权查阅、获取的书证"中的"法律"进行了扩大解释，即法规、规章也可适用，理由是现行生态环境法律、行政法规的相关规定较为粗疏，且多是从行政管理角度作出的规定，大量具体的规范性要求规定在法规、规章中，从加大生态环境保护力度、维护被侵权人合法权益的角度出发，确有必要作扩大解释。

（八）关于损失、费用等的酌定

根据"谁主张，谁举证"的举证责任分配规则，在生态环境侵权民事诉讼中，私益诉讼原告应当就其主张的损害赔偿承担举证责任，公益诉讼原告应当就其主张的损失、费用承担举证责任。

但由于生态环境侵权案件的专业性、复杂性，实践中存在"定性不易、定量更难"的问题，即使根据在案证据能够认定侵权事实成立，但损害赔偿数额或者损失、费用数额仍然难以确定。这里的损害赔偿数额或者有关损失、费用难以确定，就包括了《规定》第二十一条所列因没有鉴定标准、成熟的鉴定方法、相应资格的鉴定人等无法进行鉴定，以及鉴定周期过长、费用过高等诉讼成本明显超出诉讼目的的情形。

对于这些情况，法院既不能因事实不清拒绝裁判，也不能仅以原告未完成举证责任为由不支持其关于赔偿数额或者损失、费用的主张，而应结合已查明的案件事实和其他证据，对相关数额进行酌定。

为保证酌定的规范和公平，《规定》在充分总结审判经验基础上，区分生态环境侵权私益诉讼和生态环境保护民事公益诉讼，对法院酌定时的考量因素进行了列举式规定。

对于私益诉讼，《规定》第三十条规定，人民法院可以结合侵权行为对原告造成损害的程度、被告因侵权行为获得的利益以及过错程度等因素，并可以参考负有环境资源保护监督管理职责的部门的意见等，合理确定人身、财产损害赔偿数额。

对于生态环境保护民事公益诉讼，《规定》第三十一条规定，人民法院可以根据污染环境、破坏生态的范围和程度等已查明的案件事实，结合生态环境及其要素的稀缺性、生态环境恢复的难易程度、防治污染设备的运行成本、被告因侵权行为获得的利益以及过错程度等因素，并可以参考负有环境资源保护监督管理职责的部门的意见等，合理确定生态环境修复费用、生态环境受到损害至修复完成期间服务功能丧失导致的损失、生态环境功能永久性损害造成的损失等具体数额。

需要注意的是，酌定的前提是侵权事实成立；此外，如果存在相应鉴定机构且鉴定费用、鉴定周期合理，人民法院应当委托鉴定，而不宜直接依职权酌定。

（九）其他规定

1. 关于《规定》与《民事诉讼证据规定》的适用关系

《规定》是在《民事诉讼证据规定》的基础上，为解决生态环境侵权民事诉讼证据的特殊问题而制定的，是《民事诉讼证据规定》在生态环境侵权领域的具体化及补充规定，二者是一般规定与特殊规定的关系，因此，人民法院在审理生态环境侵权民事案件时，应当首先适用《规定》；《规定》未作规定的，适用《民事诉讼证据规定》。

2. 关于检察公益诉讼参照适用

根据《最高人民法院、最高人民检察院关于检察公益诉讼案件适用法律若干问题的解释》第四条的规定，检察机关以公益诉讼起诉人身份提起公益诉讼，但从诉讼层面看，其实际上居于原告地位，依法享有、负担原告的诉讼权利义务，故《规定》第三十三条明确，人民法院审理人民检察院提起的环境污染民事公益诉讼案件、生态破坏民事公益诉讼案件，参照适用《规定》。

（撰稿人：杨临萍、刘竹梅、宋春雨、刘哲）

最高人民法院关于民事诉讼证据的若干规定

法释〔2019〕19号

（2001年12月6日最高人民法院审判委员会第1201次会议通过 根据2019年10月14日最高人民法院审判委员会第1777次会议《关于修改〈关于民事诉讼证据的若干规定〉的决定》修正）

为保证人民法院正确认定案件事实，公正、及时审理民事案件，保障和便利当事人依法行使诉讼权利，根据《中华人民共和国民事诉讼法》（以下简称民事诉讼法）等有关法律的规定，结合民事审判经验和实际情况，制定本规定。

一、当事人举证

第一条 原告向人民法院起诉或者被告提出反诉，应当提供符合起诉条件的相应的证据。

第二条 人民法院应当向当事人说明举证的要求及法律后果，促使当事人在合理期限内积极、全面、正确、诚实地完成举证。

当事人因客观原因不能自行收集的证据，可申请人民法院调查收集。

第三条 在诉讼过程中，一方当事人陈述的于己不利的事实，或者对于己不利的事实明确表示承认的，另一方当事人无需举证证明。

在证据交换、询问、调查过程中，或者在起诉状、答辩状、代理词等书面材料中，当事人明确承认于己不利的事实的，适用前款规定。

第四条 一方当事人对于另一方当事人主张的于己不利的事实既不承认也不否认，经审判人员说明并询问后，其仍然不明确表示肯定或者否定的，视为对该事实的承认。

第五条 当事人委托诉讼代理人参加诉讼的，除授权委托书明确排除的事项外，诉讼代理人的自认视为当事人的自认。

当事人在场对诉讼代理人的自认明确否认的，不视为自认。

第六条 普通共同诉讼中，共同诉讼人中一人或者数人作出的自认，对作出自认的当事人发生效力。

必要共同诉讼中,共同诉讼人中一人或者数人作出自认而其他共同诉讼人予以否认的,不发生自认的效力。其他共同诉讼人既不承认也不否认,经审判人员说明并询问后仍然不明确表示意见的,视为全体共同诉讼人的自认。

第七条 一方当事人对于另一方当事人主张的于己不利的事实有所限制或者附加条件予以承认的,由人民法院综合案件情况决定是否构成自认。

第八条 《最高人民法院关于适用〈中华人民共和国民事诉讼法〉的解释》第九十六条第一款规定的事实,不适用有关自认的规定。

自认的事实与已经查明的事实不符的,人民法院不予确认。

第九条 有下列情形之一,当事人在法庭辩论终结前撤销自认的,人民法院应当准许:

(一)经对方当事人同意的;

(二)自认是在受胁迫或者重大误解情况下作出的。

人民法院准许当事人撤销自认的,应当作出口头或者书面裁定。

第十条 下列事实,当事人无须举证证明:

(一)自然规律以及定理、定律;

(二)众所周知的事实;

(三)根据法律规定推定的事实;

(四)根据已知的事实和日常生活经验法则推定出的另一事实;

(五)已为仲裁机构的生效裁决所确认的事实;

(六)已为人民法院发生法律效力的裁判所确认的基本事实;

(七)已为有效公证文书所证明的事实。

前款第二项至第五项事实,当事人有相反证据足以反驳的除外;第六项、第七项事实,当事人有相反证据足以推翻的除外。

第十一条 当事人向人民法院提供证据,应当提供原件或者原物。如需自己保存证据原件、原物或者提供原件、原物确有困难的,可以提供经人民法院核对无异的复制件或者复制品。

第十二条 以动产作为证据的,应当将原物提交人民法院。原物不宜搬移或者不宜保存的,当事人可以提供复制品、影像资料或者其他替代品。

人民法院在收到当事人提交的动产或者替代品后,应当及时通知双方当事人到人民法院或者保存现场查验。

第十三条 当事人以不动产作为证据的,应当向人民法院提供该不动产的影像资料。

人民法院认为有必要的,应当通知双方当事人到场进行查验。

第十四条 电子数据包括下列信息、电子文件:

(一)网页、博客、微博客等网络平台发布的信息;

(二)手机短信、电子邮件、即时通信、通讯群组等网络应用服务的通信信息;

(三)用户注册信息、身份认证信息、电子交易记录、通信记录、登录日志等信息;

(四)文档、图片、音频、视频、数字证书、计算机程序等电子文件;

(五)其他以数字化形式存储、处理、传输的能够证明案件事实的信息。

第十五条 当事人以视听资料作为证据的,应当提供存储该视听资料的原始载体。

当事人以电子数据作为证据的,应当提供原件。电子数据的制作者制作的与原件一致的副本,或者直接来源于电子数据的打印件或其他可以显示、识别的输出介质,视为电子数据的原件。

第十六条 当事人提供的公文书证系在中华人民共和国领域外形成的,该证据应当经所在国公证机关证明,或者履行中华人民共和国与该所在国订立的有关条约中规定的证明手续。

中华人民共和国领域外形成的涉及身份关系的证据,应当经所在国公证机关证明并经中华人民共和国驻该国使领馆认证,或者履行中华人民共和国与该所在国订立的有关条约中规定的证明手续。

当事人向人民法院提供的证据是在香港、澳门、台湾地区形成的,应当履行相关的证明手续。

第十七条 当事人向人民法院提供外文书证或者外文说明资料,应当附有中文译本。

第十八条 双方当事人无争议的事实符合《最高人民法院关于适用〈中华人民共和国民事诉讼法〉的解释》第九十六条第一款规定情形的,人民法院可以责令当事人提供有关证据。

第十九条 当事人应当对其提交的证据材料逐一分类编号,对证据材料的来源、证明对象和内容作简要说明,签名盖章,注明提交日期,并依照对方当事人人数提出副本。

人民法院收到当事人提交的证据材料,应当出具收据,注明证据的名称、份数和页数以及收到的时间,由经办人员签名或者盖章。

二、证据的调查收集和保全

第二十条 当事人及其诉讼代理人申请人民法院调查收集证据,应当在举证期限届满前提交书面申请。

申请书应当载明被调查人的姓名或者单位名称、住所地等基本情况、所要调查收集的证据名称或者内容、需要由人民法院调查收集证据的原因及其要证明的事实以及明确的线索。

第二十一条 人民法院调查收集的书证,可以是原件,也可以是经核对无误的副本或者复制件。是副本或者复制件的,应当在调查笔录中说明来源和取证情况。

第二十二条 人民法院调查收集的物证应当是原物。被调查人提供原物确有困难的,可以提供复制品或者影像资料。提供复制品或者影像资料的,应当在调查笔录中说明取证情况。

第二十三条 人民法院调查收集视听资料、电子数据,应当要求被调查人提供原始载体。

提供原始载体确有困难的,可以提供复制件。提供复制件的,人民法院应当在调查笔录中说明其来源和制作经过。

人民法院对视听资料、电子数据采取证据保全措施的,适用前款规定。

第二十四条 人民法院调查收集可能需要鉴定的证据,应当遵守相关技术规范,确保证据不被污染。

第二十五条　当事人或者利害关系人根据民事诉讼法第八十一条的规定申请证据保全的，申请书应当载明需要保全的证据的基本情况、申请保全的理由以及采取何种保全措施等内容。

当事人根据民事诉讼法第八十一条第一款的规定申请证据保全的，应当在举证期限届满前向人民法院提出。

法律、司法解释对诉前证据保全有规定的，依照其规定办理。

第二十六条　当事人或者利害关系人申请采取查封、扣押等限制保全标的物使用、流通等保全措施，或者保全可能对证据持有人造成损失的，人民法院应当责令申请人提供相应的担保。

担保方式或者数额由人民法院根据保全措施对证据持有人的影响、保全标的物的价值、当事人或者利害关系人争议的诉讼标的金额等因素综合确定。

第二十七条　人民法院进行证据保全，可以要求当事人或者诉讼代理人到场。

根据当事人的申请和具体情况，人民法院可以采取查封、扣押、录音、录像、复制、鉴定、勘验等方法进行证据保全，并制作笔录。

在符合证据保全目的的情况下，人民法院应当选择对证据持有人利益影响最小的保全措施。

第二十八条　申请证据保全错误造成财产损失，当事人请求申请人承担赔偿责任的，人民法院应予支持。

第二十九条　人民法院采取诉前证据保全措施后，当事人向其他有管辖权的人民法院提起诉讼的，采取保全措施的人民法院应当根据当事人的申请，将保全的证据及时移交受理案件的人民法院。

第三十条　人民法院在审理案件过程中认为待证事实需要通过鉴定意见证明的，应当向当事人释明，并指定提出鉴定申请的期间。

符合《最高人民法院关于适用〈中华人民共和国民事诉讼法〉的解释》第九十六条第一款规定情形的，人民法院应当依职权委托鉴定。

第三十一条　当事人申请鉴定，应当在人民法院指定期间内提出，并预交鉴定费用。逾期不提出申请或者不预交鉴定费用的，视为放弃申请。

对需要鉴定的待证事实负有举证责任的当事人，在人民法院指定期间内无正当理由不提出鉴定申请或者不预交鉴定费用，或者拒不提供相关材料，致使待证事实无法查明的，应当承担举证不能的法律后果。

第三十二条　人民法院准许鉴定申请的，应当组织双方当事人协商确定具备相应资格的鉴定人。当事人协商不成的，由人民法院指定。

人民法院依职权委托鉴定的，可以在询问当事人的意见后，指定具备相应资格的鉴定人。

人民法院在确定鉴定人后应当出具委托书，委托书中应当载明鉴定事项、鉴定范围、鉴定目的和鉴定期限。

第三十三条　鉴定开始之前，人民法院应当要求鉴定人签署承诺书。承诺书中应当载明鉴定人保证客观、公正、诚实地进行鉴定，保证出庭作证，如作虚假鉴定应当承担法律责任等内容。

鉴定人故意作虚假鉴定的，人民法院应当责令其退还鉴定费用，并根据情节，依照民事诉讼法第一百一十一条的规定进行处罚。

第三十四条 人民法院应当组织当事人对鉴定材料进行质证。未经质证的材料，不得作为鉴定的根据。

经人民法院准许，鉴定人可以调取证据、勘验物证和现场、询问当事人或者证人。

第三十五条 鉴定人应当在人民法院确定的期限内完成鉴定，并提交鉴定书。

鉴定人无正当理由未按期提交鉴定书的，当事人可以申请人民法院另行委托鉴定人进行鉴定。人民法院准许的，原鉴定人已经收取的鉴定费用应当退还；拒不退还的，依照本规定第八十一条第二款的规定处理。

第三十六条 人民法院对鉴定人出具的鉴定书，应当审查是否具有下列内容：

（一）委托法院的名称；

（二）委托鉴定的内容、要求；

（三）鉴定材料；

（四）鉴定所依据的原理、方法；

（五）对鉴定过程的说明；

（六）鉴定意见；

（七）承诺书。

鉴定书应当由鉴定人签名或者盖章，并附鉴定人的相应资格证明。委托机构鉴定的，鉴定书应当由鉴定机构盖章，并由从事鉴定的人员签名。

第三十七条 人民法院收到鉴定书后，应当及时将副本送交当事人。

当事人对鉴定书的内容有异议的，应当在人民法院指定期间内以书面方式提出。

对于当事人的异议，人民法院应当要求鉴定人作出解释、说明或者补充。人民法院认为有必要的，可以要求鉴定人对当事人未提出异议的内容进行解释、说明或者补充。

第三十八条 当事人在收到鉴定人的书面答复后仍有异议的，人民法院应当根据《诉讼费用交纳办法》第十一条的规定，通知有异议的当事人预交鉴定人出庭费用，并通知鉴定人出庭。有异议的当事人不预交鉴定人出庭费用的，视为放弃异议。

双方当事人对鉴定意见均有异议的，分摊预交鉴定人出庭费用。

第三十九条 鉴定人出庭费用按照证人出庭作证费用的标准计算，由败诉的当事人负担。因鉴定意见不明确或者有瑕疵需要鉴定人出庭的，出庭费用由其自行负担。

人民法院委托鉴定时已经确定鉴定人出庭费用包含在鉴定费用中的，不再通知当事人预交。

第四十条 当事人申请重新鉴定，存在下列情形之一的，人民法院应当准许：

（一）鉴定人不具备相应资格的；

（二）鉴定程序严重违法的；

（三）鉴定意见明显依据不足的；

（四）鉴定意见不能作为证据使用的其他情形。

存在前款第一项至第三项情形的，鉴定人已经收取的鉴定费用应当退还。拒不退还的，依照本规定第八十一条第二款的规定处理。

对鉴定意见的瑕疵，可以通过补正、补充鉴定或者补充质证、重新质证等方法解决的，人民法院不予准许重新鉴定的申请。

重新鉴定的,原鉴定意见不得作为认定案件事实的根据。

第四十一条 对于一方当事人就专门性问题自行委托有关机构或者人员出具的意见,另一方当事人有证据或者理由足以反驳并申请鉴定的,人民法院应予准许。

第四十二条 鉴定意见被采信后,鉴定人无正当理由撤销鉴定意见的,人民法院应当责令其退还鉴定费用,并可以根据情节,依照民事诉讼法第一百一十一条的规定对鉴定人进行处罚。当事人主张鉴定人负担由此增加的合理费用的,人民法院应予支持。

人民法院采信鉴定意见后准许鉴定人撤销的,应当责令其退还鉴定费用。

第四十三条 人民法院应当在勘验前将勘验的时间和地点通知当事人。当事人不参加的,不影响勘验进行。

当事人可以就勘验事项向人民法院进行解释和说明,可以请求人民法院注意勘验中的重要事项。

人民法院勘验物证或者现场,应当制作笔录,记录勘验的时间、地点、勘验人、在场人、勘验的经过、结果,由勘验人、在场人签名或者盖章。对于绘制的现场图应当注明绘制的时间、方位、测绘人姓名、身份等内容。

第四十四条 摘录有关单位制作的与案件事实相关的文件、材料,应当注明出处,并加盖制作单位或者保管单位的印章,摘录人和其他调查人员应当在摘录件上签名或者盖章。

摘录文件、材料应当保持内容相应的完整性。

第四十五条 当事人根据《最高人民法院关于适用〈中华人民共和国民事诉讼法〉的解释》第一百一十二条的规定申请人民法院责令对方当事人提交书证的,申请书应当载明所申请提交的书证名称或者内容、需要以该书证证明的事实及事实的重要性、对方当事人控制该书证的根据以及应当提交该书证的理由。

对方当事人否认控制书证的,人民法院应当根据法律规定、习惯等因素,结合案件的事实、证据,对于书证是否在对方当事人控制之下的事实作出综合判断。

第四十六条 人民法院对当事人提交书证的申请进行审查时,应当听取对方当事人的意见,必要时可以要求双方当事人提供证据、进行辩论。

当事人申请提交的书证不明确、书证对于待证事实的证明无必要、待证事实对于裁判结果无实质性影响、书证未在对方当事人控制之下或者不符合本规定第四十七条情形的,人民法院不予准许。

当事人申请理由成立的,人民法院应当作出裁定,责令对方当事人提交书证;理由不成立的,通知申请人。

第四十七条 下列情形,控制书证的当事人应当提交书证:

(一)控制书证的当事人在诉讼中曾经引用过的书证;

(二)为对方当事人的利益制作的书证;

(三)对方当事人依照法律规定有权查阅、获取的书证;

(四)账簿、记账原始凭证;

(五)人民法院认为应当提交书证的其他情形。

前款所列书证,涉及国家秘密、商业秘密、当事人或第三人的隐私,或者存在法律规定应当保密的情形的,提交后不得公开质证。

第四十八条 控制书证的当事人无正当理由拒不提交书证的，人民法院可以认定对方当事人所主张的书证内容为真实。

控制书证的当事人存在《最高人民法院关于适用〈中华人民共和国民事诉讼法〉的解释》第一百一十三条规定情形的，人民法院可以认定对方当事人主张以该书证证明的事实为真实。

三、举证时限与证据交换

第四十九条 被告应当在答辩期届满前提出书面答辩，阐明其对原告诉讼请求及所依据的事实和理由的意见。

第五十条 人民法院应当在审理前的准备阶段向当事人送达举证通知书。

举证通知书应当载明举证责任的分配原则和要求、可以向人民法院申请调查收集证据的情形、人民法院根据案件情况指定的举证期限以及逾期提供证据的法律后果等内容。

第五十一条 举证期限可以由当事人协商，并经人民法院准许。

人民法院指定举证期限的，适用第一审普通程序审理的案件不得少于十五日，当事人提供新的证据的第二审案件不得少于十日。适用简易程序审理的案件不得超过十五日，小额诉讼案件的举证期限一般不得超过七日。

举证期限届满后，当事人提供反驳证据或者对已经提供的证据的来源、形式等方面的瑕疵进行补正的，人民法院可以酌情再次确定举证期限，该期限不受前款规定的期间限制。

第五十二条 当事人在举证期限内提供证据存在客观障碍，属于民事诉讼法第六十五条第二款规定的"当事人在该期限内提供证据确有困难"的情形。

前款情形，人民法院应当根据当事人的举证能力、不能在举证期限内提供证据的原因等因素综合判断。必要时，可以听取对方当事人的意见。

第五十三条 诉讼过程中，当事人主张的法律关系性质或者民事行为效力与人民法院根据案件事实作出的认定不一致的，人民法院应当将法律关系性质或者民事行为效力作为焦点问题进行审理。但法律关系性质对裁判理由及结果没有影响，或者有关问题已经当事人充分辩论的除外。

存在前款情形，当事人根据法庭审理情况变更诉讼请求的，人民法院应当准许并可以根据案件的具体情况重新指定举证期限。

第五十四条 当事人申请延长举证期限的，应当在举证期限届满前向人民法院提出书面申请。

申请理由成立的，人民法院应当准许，适当延长举证期限，并通知其他当事人。延长的举证期限适用于其他当事人。

申请理由不成立的，人民法院不予准许，并通知申请人。

第五十五条 存在下列情形的，举证期限按照如下方式确定：

（一）当事人依照民事诉讼法第一百二十七条规定提出管辖权异议的，举证期限中止，自驳回管辖权异议的裁定生效之日起恢复计算；

（二）追加当事人、有独立请求权的第三人参加诉讼或者无独立请求权的第三人经人民法院通知参加诉讼的，人民法院应当依照本规定第五十一条的规定为新参加诉讼的当事人确定举证期限，该举证期限适用于其他当事人；

（三）发回重审的案件，第一审人民法院可以结合案件具体情况和发回重审的原因，酌情确定举证期限；

（四）当事人增加、变更诉讼请求或者提出反诉的，人民法院应当根据案件具体情况重新确定举证期限；

（五）公告送达的，举证期限自公告期届满之次日起计算。

第五十六条 人民法院依照民事诉讼法第一百三十三条第四项的规定，通过组织证据交换进行审理前准备的，证据交换之日举证期限届满。

证据交换的时间可以由当事人协商一致并经人民法院认可，也可以由人民法院指定。当事人申请延期举证经人民法院准许的，证据交换日相应顺延。

第五十七条 证据交换应当在审判人员的主持下进行。

在证据交换的过程中，审判人员对当事人无异议的事实、证据应当记录在卷；对有异议的证据，按照需要证明的事实分类记录在卷，并记载异议的理由。通过证据交换，确定双方当事人争议的主要问题。

第五十八条 当事人收到对方的证据后有反驳证据需要提交的，人民法院应当再次组织证据交换。

第五十九条 人民法院对逾期提供证据的当事人处以罚款的，可以结合当事人逾期提供证据的主观过错程度、导致诉讼迟延的情况、诉讼标的金额等因素，确定罚款数额。

四、质证

第六十条 当事人在审理前的准备阶段或者人民法院调查、询问过程中发表过质证意见的证据，视为质证过的证据。

当事人要求以书面方式发表质证意见，人民法院在听取对方当事人意见后认为有必要的，可以准许。人民法院应当及时将书面质证意见送交对方当事人。

第六十一条 对书证、物证、视听资料进行质证时，当事人应当出示证据的原件或者原物。但有下列情形之一的除外：

（一）出示原件或者原物确有困难并经人民法院准许出示复制件或者复制品的；

（二）原件或者原物已不存在，但有证据证明复制件、复制品与原件或者原物一致的。

第六十二条 质证一般按下列顺序进行：

（一）原告出示证据，被告、第三人与原告进行质证；

（二）被告出示证据，原告、第三人与被告进行质证；

（三）第三人出示证据，原告、被告与第三人进行质证。

人民法院根据当事人申请调查收集的证据，审判人员对调查收集证据的情况进行说明后，由提出申请的当事人与对方当事人、第三人进行质证。

人民法院依职权调查收集的证据，由审判人员对调查收集证据的情况进行说明后，听取当事人的意见。

第六十三条 当事人应当就案件事实作真实、完整的陈述。

当事人的陈述与此前陈述不一致的，人民法院应当责令其说明理由，并结合当事人的诉讼能力、证据和案件具体情况进行审查认定。

当事人故意作虚假陈述妨碍人民法院审理的，人民法院应当根据情节，依照民事诉讼法第一百一十一条的规定进行处罚。

第六十四条 人民法院认为有必要的，可以要求当事人本人到场，就案件的有关事实接受询问。

人民法院要求当事人到场接受询问的，应当通知当事人询问的时间、地点、拒不到场的后果等内容。

第六十五条 人民法院应当在询问前责令当事人签署保证书并宣读保证书的内容。

保证书应当载明保证据实陈述，绝无隐瞒、歪曲、增减，如有虚假陈述应当接受处罚等内容。当事人应当在保证书上签名、捺印。

当事人有正当理由不能宣读保证书的，由书记员宣读并进行说明。

第六十六条 当事人无正当理由拒不到场、拒不签署或宣读保证书或者拒不接受询问的，人民法院应当综合案件情况，判断待证事实的真伪。待证事实无其他证据证明的，人民法院应当作出不利于该当事人的认定。

第六十七条 不能正确表达意思的人，不能作为证人。

待证事实与其年龄、智力状况或者精神健康状况相适应的无民事行为能力人和限制民事行为能力人，可以作为证人。

第六十八条 人民法院应当要求证人出庭作证，接受审判人员和当事人的询问。证人在审理前的准备阶段或者人民法院调查、询问等双方当事人在场时陈述证言的，视为出庭作证。

双方当事人同意证人以其他方式作证并经人民法院准许的，证人可以不出庭作证。

无正当理由未出庭的证人以书面等方式提供的证言，不得作为认定案件事实的根据。

第六十九条 当事人申请证人出庭作证的，应当在举证期限届满前向人民法院提交申请书。

申请书应当载明证人的姓名、职业、住所、联系方式，作证的主要内容，作证内容与待证事实的关联性，以及证人出庭作证的必要性。

符合《最高人民法院关于适用〈中华人民共和国民事诉讼法〉的解释》第九十六条第一款规定情形的，人民法院应当依职权通知证人出庭作证。

第七十条 人民法院准许证人出庭作证申请的，应当向证人送达通知书并告知双方当事人。通知书中应当载明证人作证的时间、地点，作证的事项、要求以及作伪证的法律后果等内容。

当事人申请证人出庭作证的事项与待证事实无关，或者没有通知证人出庭作证必要的，人民法院不予准许当事人的申请。

第七十一条 人民法院应当要求证人在作证之前签署保证书，并在法庭上宣读保证书的内容。但无民事行为能力人和限制民事行为能力人作为证人的除外。

证人确有正当理由不能宣读保证书的，由书记员代为宣读并进行说明。

证人拒绝签署或者宣读保证书的，不得作证，并自行承担相关费用。

证人保证书的内容适用当事人保证书的规定。

第七十二条 证人应当客观陈述其亲身感知的事实，作证时不得使用猜测、推断或者评论性语言。

证人作证前不得旁听法庭审理，作证时不得以宣读事先准备的书面材料的方式陈述证言。

证人言辞表达有障碍的,可以通过其他表达方式作证。

第七十三条 证人应当就其作证的事项进行连续陈述。

当事人及其法定代理人、诉讼代理人或者旁听人员干扰证人陈述的,人民法院应当及时制止,必要时可以依照民事诉讼法第一百一十条的规定进行处罚。

第七十四条 审判人员可以对证人进行询问。当事人及其诉讼代理人经审判人员许可后可以询问证人。

询问证人时其他证人不得在场。

人民法院认为有必要的,可以要求证人之间进行对质。

第七十五条 证人出庭作证后,可以向人民法院申请支付证人出庭作证费用。证人有困难需要预先支取出庭作证费用的,人民法院可以根据证人的申请在出庭作证前支付。

第七十六条 证人确有困难不能出庭作证,申请以书面证言、视听传输技术或者视听资料等方式作证的,应当向人民法院提交申请书。申请书中应当载明不能出庭的具体原因。

符合民事诉讼法第七十三条规定情形的,人民法院应当准许。

第七十七条 证人经人民法院准许,以书面证言方式作证的,应当签署保证书;以视听传输技术或者视听资料方式作证的,应当签署保证书并宣读保证书的内容。

第七十八条 当事人及其诉讼代理人对证人的询问与待证事实无关,或者存在威胁、侮辱证人或不适当引导等情形的,审判人员应当及时制止。必要时可以依照民事诉讼法第一百一十条、第一百一十一条的规定进行处罚。

证人故意作虚假陈述,诉讼参与人或者其他人以暴力、威胁、贿买等方法妨碍证人作证,或者在证人作证后以侮辱、诽谤、诬陷、恐吓、殴打等方式对证人打击报复的,人民法院应当根据情节,依照民事诉讼法第一百一十一条的规定,对行为人进行处罚。

第七十九条 鉴定人依照民事诉讼法第七十八条的规定出庭作证的,人民法院应当在开庭审理三日前将出庭的时间、地点及要求通知鉴定人。

委托机构鉴定的,应当由从事鉴定的人员代表机构出庭。

第八十条 鉴定人应当就鉴定事项如实答复当事人的异议和审判人员的询问。当庭答复确有困难的,经人民法院准许,可以在庭审结束后书面答复。

人民法院应当及时将书面答复送交当事人,并听取当事人的意见。必要时,可以再次组织质证。

第八十一条 鉴定人拒不出庭作证的,鉴定意见不得作为认定案件事实的根据。人民法院应当建议有关主管部门或者组织对拒不出庭作证的鉴定人予以处罚。

当事人要求退还鉴定费用的,人民法院应当在三日内作出裁定,责令鉴定人退还;拒不退还的,由人民法院依法执行。

当事人因鉴定人拒不出庭作证申请重新鉴定的,人民法院应当准许。

第八十二条 经法庭许可,当事人可以询问鉴定人、勘验人。

询问鉴定人、勘验人不得使用威胁、侮辱等不适当的言语和方式。

第八十三条 当事人依照民事诉讼法第七十九条和《最高人民法院关于适用〈中华人民共和国民事诉讼法〉的解释》第一百二十二条的规定,申请有专门知识的人出庭的，申请书中应当载明有专门知识的人的基本情况和申请的目的。

人民法院准许当事人申请的，应当通知双方当事人。

第八十四条 审判人员可以对有专门知识的人进行询问。经法庭准许，当事人可以对有专门知识的人进行询问，当事人各自申请的有专门知识的人可以就案件中的有关问题进行对质。

有专门知识的人不得参与对鉴定意见质证或者就专业问题发表意见之外的法庭审理活动。

五、证据的审核认定

第八十五条 人民法院应当以证据能够证明的案件事实为根据依法作出裁判。

审判人员应当依照法定程序，全面、客观地审核证据，依据法律的规定，遵循法官职业道德，运用逻辑推理和日常生活经验，对证据有无证明力和证明力大小独立进行判断，并公开判断的理由和结果。

第八十六条 当事人对于欺诈、胁迫、恶意串通事实的证明，以及对于口头遗嘱或赠与事实的证明，人民法院确信该待证事实存在的可能性能够排除合理怀疑的，应当认定该事实存在。

与诉讼保全、回避等程序事项有关的事实，人民法院结合当事人的说明及相关证据，认为有关事实存在的可能性较大的，可以认定该事实存在。

第八十七条 审判人员对单一证据可以从下列方面进行审核认定：

（一）证据是否为原件、原物，复制件、复制品与原件、原物是否相符；

（二）证据与本案事实是否相关；

（三）证据的形式、来源是否符合法律规定；

（四）证据的内容是否真实；

（五）证人或者提供证据的人与当事人有无利害关系。

第八十八条 审判人员对案件的全部证据，应当从各证据与案件事实的关联程度、各证据之间的联系等方面进行综合审查判断。

第八十九条 当事人在诉讼过程中认可的证据，人民法院应当予以确认。但法律、司法解释另有规定的除外。

当事人对认可的证据反悔的，参照《最高人民法院关于适用〈中华人民共和国民事诉讼法〉的解释》第二百二十九条的规定处理。

第九十条 下列证据不能单独作为认定案件事实的根据：

（一）当事人的陈述；

（二）无民事行为能力人或者限制民事行为能力人所作的与其年龄、智力状况或者精神健康状况不相当的证言；

（三）与一方当事人或者其代理人有利害关系的证人陈述的证言；

（四）存有疑点的视听资料、电子数据；

（五）无法与原件、原物核对的复制件、复制品。

第九十一条 公文书证的制作者根据文书原件制作的载有部分或者全部内容的副本，与正本具有相同的证明力。

在国家机关存档的文件，其复制件、副本、节录本经档案部门或者制作原本的机关证明其内容与原本一致的，该复制件、副本、节录本具有与原本相同的证明力。

第九十二条 私文书证的真实性，由主张以私文书证证明案件事实的当事人承担举证责任。

私文书证由制作者或者其代理人签名、盖章或捺印的，推定为真实。

私文书证上有删除、涂改、增添或者其他形式瑕疵的，人民法院应当综合案件的具体情况判断其证明力。

第九十三条 人民法院对于电子数据的真实性，应当结合下列因素综合判断：

（一）电子数据的生成、存储、传输所依赖的计算机系统的硬件、软件环境是否完整、可靠；

（二）电子数据的生成、存储、传输所依赖的计算机系统的硬件、软件环境是否处于正常运行状态，或者不处于正常运行状态时对电子数据的生成、存储、传输是否有影响；

（三）电子数据的生成、存储、传输所依赖的计算机系统的硬件、软件环境是否具备有效的防止出错的监测、核查手段；

（四）电子数据是否被完整地保存、传输、提取，保存、传输、提取的方法是否可靠；

（五）电子数据是否在正常的往来活动中形成和存储；

（六）保存、传输、提取电子数据的主体是否适当；

（七）影响电子数据完整性和可靠性的其他因素。

人民法院认为有必要的，可以通过鉴定或者勘验等方法，审查判断电子数据的真实性。

第九十四条 电子数据存在下列情形的，人民法院可以确认其真实性，但有足以反驳的相反证据的除外：

（一）由当事人提交或者保管的于己不利的电子数据；

（二）由记录和保存电子数据的中立第三方平台提供或者确认的；

（三）在正常业务活动中形成的；

（四）以档案管理方式保管的；

（五）以当事人约定的方式保存、传输、提取的。

电子数据的内容经公证机关公证的，人民法院应当确认其真实性，但有相反证据足以推翻的除外。

第九十五条 一方当事人控制证据无正当理由拒不提交，对待证事实负有举证责任的当事人主张该证据的内容不利于控制人的，人民法院可以认定该主张成立。

第九十六条 人民法院认定证人证言，可以通过对证人的智力状况、品德、知识、经验、法律意识和专业技能等的综合分析作出判断。

第九十七条 人民法院应当在裁判文书中阐明证据是否采纳的理由。

对当事人无争议的证据，是否采纳的理由可以不在裁判文书中表述。

六、其他

第九十八条 对证人、鉴定人、勘验人的合法权益依法予以保护。

当事人或者其他诉讼参与人伪造、毁灭证据，提供虚假证据，阻止证人作证，指使、贿买、胁迫他人作伪证，或者对证人、鉴定人、勘验人打击报复的，依照民事诉讼法第一百一十条、第一百一十一条的规定进行处罚。

第九十九条 本规定对证据保全没有规定的，参照适用法律、司法解释关于财产保全的规定。

除法律、司法解释另有规定外，对当事人、鉴定人、有专门知识的人的询问参照适用本规定中关于询问证人的规定；关于书证的规定适用于视听资料、电子数据；存储在电子计算机等电子介质中的视听资料，适用电子数据的规定。

第一百条 本规定自 2020 年 5 月 1 日起施行。

本规定公布施行后，最高人民法院以前发布的司法解释与本规定不一致的，不再适用。

【解读】

解读《关于民事诉讼证据的若干规定》

2019 年 12 月 25 日公布的《最高人民法院关于修改〈关于民事诉讼证据的若干规定〉的决定》（以下简称《修改决定》），是 2001 年《最高人民法院关于民事诉讼证据的若干规定》（以下简称《民事证据规定》）公布施行 18 年来首次、全面修改。《修改决定》以修改后的民事诉讼法为根据，在 2015 年《最高人民法院关于适用〈中华人民共和国民事诉讼法〉的解释》（以下简称《民事诉讼法解释》）的基础上，结合民事审判实践，对 2001 年《民事证据规定》施行以来有关民事诉讼证据的司法解释、司法文件进行了全面梳理，对审判实践中积累的经验进行了全面总结，对实践中暴露出的问题进行了有针对性的回应。《修改决定》既是对《民事证据规定》的修改，也是对《民事诉讼法解释》的完善、补充，是对民事诉讼法（2017 年修正，下同）有关证据制度的规定在审判实践中如何适用的进一步解释，对于民事审判实践意义重大，影响深远。

由于修改后重新发布的《民事证据规定》保留的原有条文仅 11 条，其余 89 条为修改或新增加的条文，为便于审判实践中理解和适用新的司法解释内容，我们对其中的重点问题进行梳理和概要性阐释，以供参考。

一、关于自认规则

民事诉讼中，当事人主张于己有利的事实的，应当提供证据证明，这是"谁主张，谁举证"的应有之义；而当事人主张于己不利事实，构成自认，具有免除对方当事人举证责任的效力。自认不是证据，而是举证责任的例外情形，是当事人行使处分权的结果，也是人民法院认定案件事实的方法，对于保障当事人的诉讼权利，节约诉讼成本具有重要意义。

2001 年《民事证据规定》第八条对自认作出规定，《民事诉讼法解释》第九十二条规定了自认的基本内容及其除外情形。《修改决定》在《民事诉讼法解释》第九十二条基础上，对于 2001 年《民事证据规定》第八条进行了修改和补充，主要体现在以下几个方面。

1. 修改了委托诉讼代理人自认规则

2001 年《民事证据规定》将委托诉讼代理人自认按照授权范围不同区分了不同后

果，未经特别授权的委托诉讼代理人对事实的承认直接导致承认对方诉讼请求的，不构成自认。审判实践中，当事人不出庭而由委托诉讼代理人出庭的情况非常普遍，一些当事人、委托诉讼代理人利用前述规定，出尔反尔、随意否认代理人在法庭上陈述的行为时有发生，严重干扰诉讼秩序，损害对方当事人合法权益。事实上，民事诉讼法对于委托诉讼代理人特别授权的规定，针对的是诉讼代理人对诉讼请求的处分，而自认是对事实的承认，其本身与诉讼请求并不直接相关；审判实践中，"对事实的承认直接导致承认对方诉讼请求"的情形发生在对事实和诉讼请求概况承认的场合，这种情况下可以直接认定为对诉讼请求的认可，没有区分对事实承认和对诉讼请求认可的必要。因此，《修改决定》规定，除授权委托书明确排除的事项外，诉讼代理人的自认视为当事人的自认。

2. 增加了共同诉讼人自认的规定

2001年《民事证据规定》没有规定共同诉讼人的自认，由于共同诉讼属于实践中常见的诉讼形态，《修改决定》增加规定了共同诉讼人自认的规则。由于普通共同诉讼中共同诉讼人相互之间具有独立性，一人或数人的自认仅对作出自认的当事人发生效力。而必要共同诉讼因共同诉讼人对诉讼标的须"合一确定"，故只有全体共同诉讼人共同作出的自认，才能发生自认的效力，部分共同诉讼人作出自认而其他共同诉讼人否认的，不能发生自认的效力。同时，为防止部分必要共同诉讼人以消极态度妨碍诉讼进行，对于己不利的事实消极应对的必要共同诉讼人，可以适用拟制自认规则。

3. 增加了限制自认或附条件自认的规定

自认，一般指完全自认，即自认并不附加条件或限制。限制自认或附条件自认是与完全自认相对的情形，是指一方对于对方当事人所主张的于己不利事实承认其中一部分而否认其他部分，或者在自认时附加独立的攻击或防御方法。限制自认或附条件自认在2001年《民事证据规定》中没有涉及，但审判实践中这种情形大量存在，不同法院、不同审判人员对限制自认或附条件自认的认识不统一，影响事实认定和法律适用的效果，有作出规定的必要。《修改决定》没有遵循德国民事诉讼法上有关限制自认亦构成自认、由作出自认的当事人对所附的限制条件举证证明的观点，而是采纳了我国台湾地区"民事诉讼法"的立场，由法官根据案件具体情况"审酌情形"判断是否构成自认。申言之，对于单纯地承认部分事实而否认其他事实的情形，即不附加条件的部分自认，应当认定承认部分事实的行为构成自认，否认的部分不构成自认。对于附加条件的自认，则应当考查所附加的条件与承认的事实是否不可分割。如果当事人承认对方当事人陈述的不利于己事实的同时，又附加了独立的攻击或防御方法以否定对方当事人的主张，则应当将承认事实与附加事实作为一个整体加以考察。若将两个事实割裂开，截取对当事人不利的部分认定为自认，因该部分自认并不能反映当事人全部意思表示，很可能由于断章取义而导致不公平的结果。如果一方当事人承认对方当事人陈述的不利于己事实的同时，又以与对方当事人主张的事实不具有法律上关联性另一事实进行独立的攻击或防御，由于两项事实分别表达各自独立的内容，具有可分割性，当事人对于己不利事实的承认构成自认。

4. 修改了撤销自认的条件

根据2001年《民事证据规定》，当事人在法庭辩论终结前存在两种情形下可以撤销自认：其一，经对方当事人同意；其二，有充分证据证明其承认行为是在受胁迫或者重大误解情况下作出且与事实不符。这一规定，特别是第二种情形的规定对于撤销自认设定了比较严格的条件。事实上，如果自认的内容与事实不符，无论当事人作出自认是否基于受胁迫或者重大误解，均不发生自认的效力。因此，《修改决定》对2001年《民事证据规定》第八条关于撤销自认的规定进行重新整理，对第二种情形进行修改，不再要求作出自认的当事人证明自认内容与事实不符，只要自认是在受胁迫或者重大误解下作出的，即可以撤销自认，实质上放宽了撤销自认的条件。

二、关于免证事实

《民事诉讼法解释》第九十三条对2001年《民事证据规定》第九条免证事实的规定作了修改，《修改决定》对《民事诉讼法解释》第九十三条的内容作了进一步修改和完善，主要体现在以下两个方面。

1. 对于"已为仲裁机构的生效裁决所确认的事实"的反证标准进行修改

关于仲裁机构的生效裁决所确认的事实能否作为免证事实问题，在修改《民事证据规定》过程中存在很大争议。反对将其作为免证事实的观点认为，其一，人民法院的裁判受仲裁庭认定的事实约束，没有理论依据，也违背自由心证原则；其二，仲裁庭对事实认定并不需要遵循严格的证据规则，在认定事实上有很大的自由和空间，其事实认定可靠性不足；其三，仲裁庭对事实的认定不受法院生效裁判拘束，人民法院裁判反受仲裁庭约束，逻辑上不成立；其四，审判实践中，当事人利用仲裁程序确认事实后，再进行关联诉讼，给人民法院的审判活动带来很大困扰。因此，仲裁机构生效裁决所确认的事实不宜作为免证事实保留。支持其作为免证事实的观点认为，仲裁作为当事人协议选择的争议解决方式，对于及时解决纠纷，减少诉讼案件具有积极意义；将仲裁裁决确认的事实从免证事实中删除，不利于仲裁的发展，与国家积极倡导的大力支持仲裁发展的政策相悖。我们对这两种意见进行折中，在保留生效仲裁裁决作为免证事实的同时，降低其反证的标准。我们认为，由于仲裁机构并非具有社会管理职能的组织，仲裁裁决本身不属于公文书证，因此对于仲裁裁决的反证不需要按照公文书证的标准，达到有相反证据足以推翻的程度，而应当按照私文书证的反证标准，以有"相反证据足以反驳"作为其反证标准。

2. 将"已为人民法院发生法律效力的裁判所确认的事实"限缩为"基本事实"

在修改《民事证据规定》过程中，有学者提出，"已为人民法院发生法律效力的裁判所确认的事实"免除当事人举证责任的规定违反自由心证原则，应删除。我们经研究认为，"已为人民法院发生法律效力的裁判所确认的事实"免除当事人举证责任的规定，与自由心证原则确实存在一定矛盾。但由于生效裁判所确认的事实与裁判结果存在密切关系，如果在免证事实中删除此项规定，在我国现阶段尚未建立既判力规则的情况下，容易产生裁判效力的冲突，且对事实认定不一致所导致的相关联裁判结果的不一致，不易被社会公众所接受，故现阶段仍然有保留该项规定的必要。考虑到已生效裁判所审理认定的基本事实系人民法院经过审理重点查明的事实，本身已经过严格的质证与审查程序，故对该项免证事实的范围限缩为"已为人民法院发生法律效力的裁判所确认的基本事实"。

三、关于域外证据

《修改决定》对2001年《民事证据规定》第十一条关于域外形成的证据的规定作了较大修改，区分证据的不同性质规定了不同的要求，限缩了需要经所在国公证机关证明以及我国驻该国使领馆认证的范围。根据《修改决定》，域外形成的证据是公文书证的，须经所在国公证机关证明；而域外形成的涉及身份关系的证据，须经所在国公证机关证明并经我国驻该国使领馆认证；对于其他情形的证据，不作公证、认证手续上的要求。上述修改主要基于如下考虑：其一，普通的民事法律关系的证据，一般仅涉及当事人之间的权利义务，其真实性通过质证检验即可，一概要求经所在国公证机关证明或者经我国驻该国使领馆认证，没有必要，也增加当事人的诉讼成本和我国驻外使领馆的工作负担；其二，由于公文书证适用推定真实的规则，而对于域外形成的公文书证是否真实，人民法院无法采取依职权查询等针对一般公文书证的方法检验，因此，由所在国公证机关证明是必要的；其三，由于身份关系的事实涉及社会基本伦理价值和秩序，对域外形成的证据应当有更为严格的要求，涉及身份关系的证据按照民事诉讼法第二百六十四条涉外授权委托书的要求，由所在国公证机关证明并经我国驻该国使领馆认证的有其必要性与合理性。

四、关于书证提出命令

书证提出命令在民事诉讼法上没有规定，是《民事诉讼法解释》创设的制度，是最高人民法院为提高当事人举证能力、扩展当事人收集证据手段所采取的重要措施。在对2001年《民事证据规定》施行情况进行调研的过程中，我们发现，由于立法上对当事人调查收集证据的权利保障不够充分，而法律规定的律师调查权亦未得到充分落实，致使当事人调查收集证据的手段十分有限，由此导致当事人的举证能力不足，特别在证据偏在场合更显得十分突出。这种情况严重影响事实查明的准确性，影响当事人诉讼权利的保障和实体权利的实现，是民事诉讼实践中十分突出、亟待解决的问题。为此，《修改决定》在《民事诉讼法解释》第一百一十二条对书证提出命令作出原则性规定的基础上，作出了进一步完善。

1. 申请书证提出命令的条件

《修改决定》第四十七条通过对申请书内容的规定，明确了对待证事实负有举证责任的当事人向人民法院申请控制书证的对方当事人提出书证的条件，包括：其一，作为提出对象的书证应当特定化，即申请人应当明确需要对方当事人提出的书证名称或标题或者主要内容；其二，应当明确需要以对象书证证明的事实以及事实的重要性，即在对象书证对要证事实的证明有积极作用，且要证事实本身对于裁判有重要意义的情况下，人民法院才有作出书证提出命令的必要；其三，应当证明书证存在且对方当事人控制对象书证的事实；其四，控制书证的对方当事人提出书证的法定原因或者理由，即《修改决定》第四十九条所规定的控制书证的当事人的书证提出义务。

2. 控制书证的当事人的书证提出义务范围

书证提出命令客体范围，包括：其一，控制书证的当事人在诉讼中曾经引用过的书证，控制书证的当事人在诉讼中引用过书证，意味着其愿意将该书证公开，负有举证责任的当事人有权要求控制人提交该书证；其二，为对方当事人的利益制作的书证，此处的利益不仅指负有举证责任的当事人的利益，也包括负有举证责任的当事人与其他人拥有共同利益的情形，即只要包括负有举证责任的当事人的利益即可；其三，对方当事人依照法律规定有权查阅、获取的书证，这种权利文书作为书证提出义务的范围，源于实体法上的理由，其既可以基于实体法的规定，如公司法关于股东知情权的规定作出判断，也可以基于实体法上的请求权而发生，如委托人要求受托人交付其保管的文书；其四，账簿、记账原始凭证，这些财务资料在正常的经济往来中，能够比较准确地反映出交易的主要过程，或者能够从中推定交易情况，具有较强的证明作用；其五，人民法院认为应当提交书证的其他情形，属于兜底性条款，由人民法院在案件审理中根据具体情况审酌确定。需要注意的是，虽然《修改决定》规定了书证提出义务范围的兜底性条款，但这种兜底性条款与大陆法系国家和地区书证提出义务一般化不能等同，其目的在于为人民法院在审判实践中逐步探索前四项之外的书证提出义务范围预留空间。在适用中，人民法院应当充分考虑当事人举证责任的贯彻，并可以结合负有举证责任的当事人是否处于事件发生或者证据形成过程之外、是否确实存在不能获得有关证据的情形，以及对方当事人是否能够较为容易获取证据等因素，根据诚实信用原则和公平原则进行综合判断。

3. 不遵守书证提出命令的后果

不遵守书证提出命令，适用证明妨害法理，确定行为的法律后果。对于不遵守书证提出命令的一般情形，人民法院可以认定书证提出命令的申请人所主张的书证内容为真实，通过这种间接强制的方法，对书证控制人课以诉讼法上的后果，以促使其尽可能提出书证。对于恶意损毁书证或者实施其他使书证不能使用行为的情形，由于其行为本身已经构成妨碍民事诉讼，在处以罚款、拘留等强制措施的同时，在证据法上也应令其承担更为严重的后果，人民法院可以认定对方当事人主张以该书证证明的事实为真实。

五、关于鉴定

鉴定是民事诉讼涉及专业性问题时查明事实的重要手段，鉴定意见也是民事诉讼中十分重要的证据形式，在民事诉讼中具有重要地位。但审判实践中，鉴定存在的问题比较突出。审判人员对鉴定程序参与不充分，人民法院对鉴定人参与诉讼缺乏有效管理和监督等情形一定范围内普遍存在。这些都是民事诉讼中亟待解决的问题。《修改决定》主要从以下几个方面对2001年《民事证据规定》的有关内容进行完善和补充。

1. 加强审判人员对鉴定程序的参与

审判实践中，一些审判人员对当事人鉴定申请缺乏必要审查，放任申请、"不鉴不审"；一些法院委托鉴定事项不明确、不具体，委托鉴定之后不闻不问、不监督鉴定过程和期限，导致鉴定程序冗长、鉴定意见缺乏针对性。《修改决定》针对这些问题，加强了审判人员对鉴定程序的参与和管理。其一，在第三十二条规定了人民法院对鉴定的释明和当事人申请期间的要求，促使当事人及时、适当地提出鉴定申请。其二，根据第三十四条第三款规定，鉴定事项、鉴定范围、鉴定目的和鉴定期限属于委托书必要记载事项，而这四项内容一般需要在与鉴定人充分沟通的基础上才能明确。关于委托书记载内容的规定，可促进审判人员积极参与鉴定过程。

2. 加强对鉴定人的诉讼管理

对鉴定人的行政管理，归属于行政主管部门或者行业组织，但对鉴定人参与民事诉讼的活动进行管理，则是人民法院的职权。针对审判实践中鉴定人参与诉讼活动不规范的情况，《修改决定》从以下几个方面加强对鉴定人的诉讼管理：其一，规定了鉴定人承诺制度及故意作虚假鉴定的处罚，要求鉴定人在从事鉴定活动之前，应当签署承诺书，保证客观、公正、诚实地进行鉴定等，增加其内心的约束，促使其谨慎、勤勉履行职责；鉴定人违背承诺，故意作虚假鉴定的，除应当退还鉴定费用外，由于其行为构成妨碍民事诉讼，人民法院应当依照民事诉讼法第一百一十一条规定对其进行处罚。其二，规定了鉴定人如期提交鉴定书的义务，未按期提交且无正当理由的，当事人可以重新申请鉴定，原鉴定人收取的鉴定费用予以退还。其三，对鉴定人在人民法院采信鉴定意见后擅自撤销的行为规定了处罚措施，对于鉴定人无正当理由撤销鉴定意见的，不仅应当退还鉴定费用，人民法院应当对这种妨碍民事诉讼的行为予以处罚，并支持当事人关于鉴定人负担合理费用的主张。

六、关于电子数据

《修改决定》在2015年《民事诉讼法解释》第一百一十六条关于电子数据含义的原则性规定基础上，进一步明确了电子数据的范围以及审查判断规则。

1. 明确电子数据的范围

为增强电子数据在审判实践中的操作性，《修改决定》根据电子数据的表现形式和特点进行归类整理。为了实现有效分析，技术上通常将电子数据的内容分为以下四类：一是内容数据，指与案件有关的文档、图片、图像等电子数据；二是衍生数据，指对内容数据进行操作时，计算机自动生成的有关操作行为的数据；三是环境数据，指数据的生成、增加、删除、修改、传输所依赖的软硬件环境；四是通信数据，是指在利用网络传输数据时生成的关于通信信息的数据。在此基础上，我们征求了网络、电子计算机专业人士的意见，将电子数据的范围确定为：网络平台发布的信息，网络应用服务的通信信息，注册信息、交易记录等痕迹信息以及文档、音频、视频等电子文件，同时规定了"其他以数字化形式存储、处理、传输的能够证明案件事实的信息"的兜底性条款，为当事人区分搜集相关证据提供了指引的线索。

2. 明确电子数据审查判断规则

其一，电子数据的完整性、可靠性需要遵循无损性原则、专业性原则和完整性原则，因此人民法院对于电子数据的真实性，应当结合电子数据的生成、存储、传输所依赖的计算机系统的硬件、软件环境是否完整、可靠，是否处于正常运行状态，如处于非正常状态下的影响程度，是否具备有效地防止出错的监测、核查手段，是否被完整地保存、传输、提取，相关搜集的方法是否可靠，相关搜集的主体是否适当等因素综合判断。在有必要时，可以通过鉴定、勘验的方法，辅助法官形成心证。其二，明确了电子数据推定真实的规则。通过对审判实践中电子数据的真实性、可靠性程度较高情形进行总结，结合电子数据形成、保存、传输、提取的一般方式，我们认为，以下电子数据，除有足以反驳的相反证据外，人民法院可以推定其为真实：（1）由当事人提交和保管的于己不利的电子数据；（2）由记录和保存电子数据的中立第三方平台提供或者确认的电子数据；（3）在正常业务活动中形成的电子数据；（4）以档案管理方式保管的电子数据；（5）以当事人约定的方式保存、传输、提取的电子数据。

七、关于当事人的陈述

为更好地发挥当事人的陈述作为独立的证据形式在民事诉讼中的事实证明作用，《修改决定》在《民事诉讼法解释》的基础上，对当事人的陈述进行了完善和补充。

1. 明确当事人的真实陈述义务

当事人既是案件所涉事实的亲历者，同时亦是案件的直接利害关系人。这决定了当事人陈述一方面更能反映案件事实，另一方面也具有主观性和不稳定性的特点。为了使当事人的陈述能够更好地发挥事实证明作用，《修改决定》从民事诉讼法第十三条诚实信用原则的规定出发，明确规定了当事人"应当就案件事实作真实、完整的陈述"，以及当事人故意作虚假陈述的处罚，以促使当事人谨慎、诚实地陈述事实情况。

2. 完善了人民法院询问时当事人具结的方式

《民事诉讼法解释》第一百一十条对人民法院询问时当事人应当签署保证书作出规定。通过对《民事诉讼法解释》施行情况的调研，我们发现仅签署保证书这种具结方式并不能使当事人产生足够的内心威慑。审判实践经验表明，当事人、证人以大声朗读的方式宣读保证书的内容，能够更好地起到具结效果。为此，《修改决定》规定，人民法院在询问时，当事人不仅应当签署保证书，还应当宣读保证书的内容，由此构成完整的具结；当事人拒绝具结，或者拒绝完整具结的，如待证事实无其他证据证明的，人民法院应当作出不利于该当事人的认定。

八、关于防止裁判突袭的释明

民事审判实践中，当事人主张的法律关系的性质或者民事行为的效力与人民法院认定不一致的情况经常发生。传统上，人民法院对于这种情况，或者驳回当事人的诉讼请求，或者根据自己的认识进行审理、作出实体裁判。但无论哪种处理方式，都存在当事人诉讼权利保障不充分、发生裁判突袭的风险，而第二种处理方式也可能导致人民法院的审理与裁判超出当事人的诉讼请求、违反辩论主义原则。因此，2001年《民事证据规定》第三十五条规定，这种情况下，"人民法院应当告知当事人可以变更诉讼请求"。这种释明的规定对于保障当事人的诉讼权利，防止裁判突袭，节约诉讼成本具有积极意义。但在适用过程中，关于法律关系的性质或者民事行为的效力的释明方式、释明程度如何把握，存在较大分歧，特别是上下级法院对法律关系性质或者民事行为效力问题存在不同认识时，往往会使下级法院的审判人员处于无所适从境地。

在修改《民事证据规定》的过程中，我们对此问题进行了认真研究。我们认为，对法律关系性质或者民事行为效力问题进行释明，对于保障当事人诉讼权利，防止裁判突袭，规范人民法院的审理活动，十分必要，应当坚持。但从释明的目的出发，可以对释明的方式进行调整。因此，《修改决定》规定，当事人主张的法律关系性质或者民事行为效力与人民法院根据案件事实作出的认定不一致的，人民法院应当将该问题作为焦点问题进行审理，即通过审理焦点问题的方式，使当事人对法律关系性质或者民事行为效力问题有充分发表意见、进行辩论的机会，以此种方式实现释明目的。在归纳焦点问题时，对于当事人未主张的法律关系性质或者民事行为效力的观点，也需要进行适当提示，以促使当事人对法律关系性质或者民事行为效力问题能够充分、完整、全面地发表意见。当然，如果法律关系性质对裁判理由及结果没有影响，或者人民法院需要释明的内容本身即为争议焦点、已经当事人充分辩论的，人民法院可以不再进行释明。

九、关于新的证据

2001年《民事证据规定》对于逾期提供证据后果的规定，以证据失权为原则，新的证据不属于逾期提供证据的情形，即只有符合新的证据条件的，才不发生证据失权的后果。因此，对于新的证据的内涵、外延作出明确规定，十分必要。这也是2001年《民事证据规定》在第四十一条至第四十四条对新的证据的范围、判断标准及后果等作出详细规定的原因。

2012年民事诉讼法在总结2001年《民事证据规定》有关举证时限规定施行情况的

基础上，在第六十五条确立的举证时限制度，采取了区分逾期提供证据的不同情况对应不同后果的处理方式。即 2012 年民事诉讼法对于逾期提供证据，并未以证据失权作为一般原则，而是针对逾期提供证据的理由是否成立，对应训诫、罚款直至不予采纳的后果。由于 2012 年民事诉讼法实质上改变了以证据失权作为逾期提供证据后果的一般原则的立场，在此前提下，2001 年《民事证据规定》中有关新的证据的规定，没有存在的价值和必要。因此，《修改决定》删除了 2001 年《民事证据规定》中有关新的证据的内容。民事审判实践中，除法律、司法解释有特别规定外，新的证据不再具有特别的含义，未在以前的诉讼过程中出现过的证据，原则上都属于新的证据。

十、关于举证责任

《修改决定》的一个基本思路是，对于 2015 年《民事诉讼法解释》已经作出规定的内容，除确有必要的外，不再重复规定。因此，修改后的《民事证据规定》与修改前相比，删除了一些在《民事诉讼法解释》中已经作出规定的内容。其中比较重要的是关于举证责任的规定。

2001 年《民事证据规定》第二条、第四条、第五条、第六条、第七条都是关于举证责任及分配规则的规定。这些规定中，第二条的内容已经被《民事诉讼法解释》第九十条吸收；第四条关于举证责任倒置的规定、第五条、第六条关于合同纠纷和劳动争议案件举证责任分配的规定，均能够通过适用《民事诉讼法解释》第九十一条关于举证责任分配规则的规定解决，没有重复规定的必要。2001 年《民事证据规定》第七条是关于法官分配举证责任的规定，《修改决定》没有保留，主要考虑：举证责任分配具有法定性，实体法律规范本身包含了法律对举证责任分配的内容，原则上举证责任由法律分配而非由法官分配，只有在极为特殊的情况下，按照法律分配的举证责任会导致明显不公平的结果时，才允许法官根据诚实信用原则、公平原则等因素分配举证责任。这也是 2001 年《民事证据规定》第七条的本义。但在对 2001 年《民事证据规定》实施情况的调研中，我们发现审判实践中随意适用第七条的情况比较普遍，仅应在极为特殊情形下适用的法官分配举证责任的规定存在滥用的风险。为此，《修改决定》不再保留该条内容。实践中如果出现按照实体法律规定确定举证责任分配可能导致明显不公平情形的，由于涉及《民事诉讼法解释》第九十一条适用问题，可以通过向最高人民法院请示、由最高人民法院批复的方式解决，而不能在个案中随意变更法律所确定的举证责任分配规则。

（撰稿人：刘敏、宋春雨、潘华明）

最高人民法院
人民法院对外委托司法鉴定管理规定

法释〔2002〕8号

(2002年2月22日最高人民法院审判委员会第1214次会议通过 2002年3月27日最高人民法院公告公布 自2002年4月1日起施行)

第一条 为规范人民法院对外委托和组织司法鉴定工作,根据《人民法院司法鉴定工作暂行规定》,制定本办法。

第二条 人民法院司法鉴定机构负责统一对外委托和组织司法鉴定。未设司法鉴定机构的人民法院,可在司法行政管理部门配备专职司法鉴定人员,并由司法行政管理部门代行对外委托司法鉴定的职责。

第三条 人民法院司法鉴定机构建立社会鉴定机构和鉴定人(以下简称鉴定人)名册,根据鉴定对象对专业技术的要求,随机选择和委托鉴定人进行司法鉴定。

第四条 自愿接受人民法院委托从事司法鉴定,申请进入人民法院司法鉴定人名册的社会鉴定、检测、评估机构,应当向人民法院司法鉴定机构提交申请书和以下材料:

(一)企业或社团法人营业执照副本;
(二)专业资质证书;
(三)专业技术人员名单、执业资格和主要业绩;
(四)年检文书;
(五)其他必要的文件、资料。

第五条 以个人名义自愿接受人民法院委托从事司法鉴定,申请进入人民法院司法鉴定人名册的专业技术人员,应当向人民法院司法鉴定机构提交申请书和以下材料:

(一)单位介绍信;
(二)专业资格证书;
(三)主要业绩证明;
(四)其他必要的文件、资料等。

第六条 人民法院司法鉴定机构应当对提出申请的鉴定人进行全面审查,择优确定对外委托和组织司法鉴定的鉴定人候选名单。

第七条 申请进入地方人民法院鉴定人名册的单位和个人,其入册资格由有关人民法院司法鉴定机构审核,报上一级人民法院司法鉴定机构批准,并报最高人民法院司法鉴定机构备案。

第八条 经批准列入人民法院司法鉴定人名册的鉴定人,在《人民法院报》予以公告。

第九条 已列入名册的鉴定人应当接受有关人民法院司法鉴定机构的年度审核,并提交以下材料:

(一)年度业务工作报告书;
(二)专业技术人员变更情况;
(三)仪器设备更新情况;
(四)其他变更情况和要求提交的材料。

年度审核有变更事项的,有关司法鉴定机构应当逐级报最高人民法院司法鉴定机构备案。

第十条 人民法院司法鉴定机构依据尊重当事人选择和人民法院指定相结合的原则,组织诉讼双方当事人进行司法鉴定的对外委托。

诉讼双方当事人协商不一致的,由人民法院司法鉴定机构在列入名册的、符合鉴定要求的鉴定人中,选择受委托人鉴定。

第十一条 司法鉴定所涉及的专业未纳入名册时,人民法院司法鉴定机构可以从社会相关专业中,择优选定受委托单位或专业人员进行鉴定。如果被选定的单位或专业人员需要进入鉴定人名册的,仍应当呈报上一级人民法院司法鉴定机构批准。

第十二条 遇有鉴定人应当回避等情形时,有关人民法院司法鉴定机构应当重新选择鉴定人。

第十三条 人民法院司法鉴定机构对外委托鉴定的,应当指派专人负责协调,主动了解鉴定的有关情况,及时处理可能影响鉴定的问题。

第十四条 接受委托的鉴定人认为需要补充鉴定材料时,如果由申请鉴定的当事人提供确有困难的,可以向有关人民法院司法鉴定机构提出请求,由人民法院决定依据职权采集鉴定材料。

第十五条 鉴定人应当依法履行出庭接受质询的义务。人民法院司法鉴定机构应当协调鉴定人做好出庭工作。

第十六条 列入名册的鉴定人有不履行义务,违反司法鉴定有关规定的,由有关人民法院视情节取消入册资格,并在《人民法院报》公告。

六、期间、送达

最高人民法院
关于严格规范民商事案件延长审限和延期开庭问题的规定

法释〔2019〕4号

（2018年4月23日最高人民法院审判委员会第1737次会议通过 根据2019年2月25日最高人民法院审判委员会第1762次会议通过的《最高人民法院关于修改〈最高人民法院关于严格规范民商事案件延长审限和延期开庭问题的规定〉的决定》修正）

为维护诉讼当事人合法权益，根据《中华人民共和国民事诉讼法》等规定，结合审判实际，现就民商事案件延长审限和延期开庭等有关问题规定如下。

第一条 人民法院审理民商事案件时，应当严格遵守法律及司法解释有关审限的规定。适用普通程序审理的第一审案件，审限为六个月；适用简易程序审理的第一审案件，审限为三个月。审理对判决的上诉案件，审限为三个月；审理对裁定的上诉案件，审限为三十日。

法律规定有特殊情况需要延长审限的，独任审判员或合议庭应当在期限届满十五日前向本院院长提出申请，并说明详细情况和理由。院长应当在期限届满五日前作出决定。

经本院院长批准延长审限后尚不能结案，需要再次延长的，应当在期限届满十五日前报请上级人民法院批准。上级人民法院应当在审限届满五日前作出决定。

第二条 民事诉讼法第一百四十六条第四项规定的"其他应当延期的情形"，是指因不可抗力或者意外事件导致庭审无法正常进行的情形。

第三条 人民法院应当严格限制延期开庭审理次数。适用普通程序审理民商事案件，延期开庭审理次数不超过两次；适用简易程序以及小额速裁程序审理民商事案件，延期开庭审理次数不超过一次。

第四条 基层人民法院及其派出的法庭审理事实清楚、权利义务关系明确、争议不大的简单民商事案件，适用简易程序。

基层人民法院及其派出的法庭审理符合前款规定且标的额为各省、自治区、直辖市上年度就业人员年平均工资两倍以下的民商事案件，应当适用简易程序，法律及司法解释规定不适用简易程序的案件除外。

适用简易程序审理的民商事案件，证据交换、庭前会议等庭前准备程序与开庭程序一并进行，不再另行组织。

适用简易程序的案件，不适用公告送达。

第五条 人民法院开庭审理民商事案件后，认为需要延期开庭审理的，应当依法告知当事人下次开庭的时间。两次开庭间隔时间不得超过一个月，但因不可抗力或当事人同意的除外。

第六条 独任审判员或者合议庭适用民事诉讼法第一百四十六条第四项规定决定延期开庭的，应当报本院院长批准。

第七条 人民法院应当将案件的立案时间、审理期限，扣除、延长、重新计算审限，延期开庭审理的情况及事由，按照《最高人民法院关于人民法院通过互联网公开审判流程信息的规定》及时向当事人及其法定代理人、诉讼代理人公开。当事人及其法定代理人、诉讼代理人有异议的，可以依法向受理案件的法院申请监督。

第八条 故意违反法律、审判纪律、审判管理规定拖延办案，或者因过失延误办案，造成严重后果的，依照《人民法院工作人员处分条例》第四十七条的规定予以处分。

第九条 本规定自2018年4月26日起施行；最高人民法院此前发布的司法解释及规范性文件与本规定不一致的，以本规定为准。

最高人民法院
关于依据原告起诉时提供的被告住址无法送达应如何处理问题的批复

法释〔2004〕17号

（2004年10月9日最高人民法院审判委员会第1328次会议通过 2004年11月25日最高人民法院公告公布 自2004年12月2日起施行）

近来，一些高级人民法院就人民法院依据民事案件的原告起诉时提供的被告住址无法送达应如何处理问题请示我院。为了正确适用法律，保障当事人行使诉讼权利，根据《中华人民共和国民事诉讼法》的有关规定，批复如下：

人民法院依据原告起诉时所提供的被告住址无法直接送达或者留置送达，应当要求原告补充材料。原告因客观原因不能补充或者依据原告补充的材料仍不能确定被告住址的，人民法院应当依法向被告公告送达诉讼文书。人民法院不得仅以原告不能提供真实、准确的被告住址为由裁定驳回起诉或者裁定终结诉讼。

因有关部门不准许当事人自行查询其他当事人的住址信息，原告向人民法院申请查询的，人民法院应当依原告的申请予以查询。

【解读】

解读《关于依据原告起诉时提供的被告住址无法送达应如何处理问题的批复》

一、问题的提出

最高人民法院于2004年10月9日公布《最高人民法院关于依据原告起诉时提供的被告住址无法送达应如何处理问题的批复》（以下简称本批复），于2004年12月2日起施行。

二、理解与适用

不少民事案件中，法院在按照原告起诉材料中提供的被告住址向被告送达起诉书等诉讼文书时，发现被告下落不明或者并不在此地居住；同时，由于原告往往不聘请律师代理诉讼，当地公安机关也不接受原告对被告户籍资料中记载的住址信息的自行查询。对于这种情况，法院应当如何处理，各地做法不一，第一种做法是依据民事诉讼法（1991年公布，下同）第一百零八条的规定，认为原告起诉必须有明确的被告，原告起诉不能提供被告准确的住址情况的，视为没有明确的被告，所以法院应当裁定驳回原告的起诉。那么，何谓"有明确的被告"？或者说原告起诉时不能提供被告准确的住址情况的，能否视为没有明确的被告？这是确定第一种做法是否符合法律规定的主要问题之所在。一般来说，原告起诉到法院后，就进入了诉讼的第一阶段——立案阶段。此时法院审查原告起诉是否符合起诉必须符合的起诉条件，是为形式审查，不为实质审查，即仅根据原告提交的起诉材料进行审查。此点决定，此时法院审查原告起诉是否"有明确的被告"，是指原告的起诉书上是否写明了被告的姓名（名称）、住址等基本情况，即被告是谁、在哪里。特殊情况下，原告甚至可以在写明被告的住址后，写明被告现在下落不明（当然要求随附下落不明的有关材料）。不可能是指原告写明的被告基本情况必须准确。因为，一方面，法院不可能事先掌握原告所要告的被告的基本情况，只能依据原告提供的信息，被动地向被告为送达或者通知行为；另一方面，在现实生活中的不少情形下，根据当事人之间发生法律关系的具体情况，一方当事人对对方当事人基本情况的了解，仅是从对方当事人所告知的情况或者所提供的书面材料得知的，甚至于仅是从有关的第三方得知的。因此，法律上没有、也不可能要求原告起诉材料中提供的被告基本情况必须准确，法院在此时也无法确认原告起诉材料中提供的被告基本情况是否准确。法院在根据原告起诉材料中提供的被告住址情况向被告为送达或者通知行为时，如果发现被告现实不在此地，不等于被告不在此地，可再次向该被告为送达或者通知行为；如果发现此地无被告此人，则应当告知原告另行提供信息或者由原告表示是否先行撤诉。所以，原告起诉不能提供被告准确的住址情况的，不能视为没有明确的被告，法院不能以此为由裁定驳回原告的起诉。第一种做法对民事诉讼法第一百零八条"有明确的被告"的规定，存在理解上的偏差。另外，被告的住址与案件管辖的确定有着密切的联系。但原告起诉时管辖的确定，法院只能根据原告提供的被告住址信息进行形式审查。经审查认为不该本院管辖的，应当根据民事诉讼法第三十六条的规定，移送有管辖权的法院，从而终结该案在本院的诉讼；经按照原告提供的被告住址进行送达时，发生送达不能的情形，依法应当继续让原告提供有关信息或者进行公告送达，并不能当然确定本院没有管辖权，送达不能的诉讼后果不是终结诉讼或者驳回起诉。

第二种做法认为，此种情形涉及是否应当终结诉讼的程序问题，故根据有关法律规定，属于法院依职权调查收集证据的情形，法院可以自行调查取证。这里的问题是，法院在按照原告起诉材料中提供的被告住址向被告送达起诉书等诉讼文书时，发现被告下落不明或者并不在此地居住，是否属于法律规定的应当终结诉讼的情形。从民事诉讼法第一百三十七条规定的四种终结诉讼的情形来看，都是指一方当事人死亡或者其死亡后没有权利义务承担人。尽管该条规定并不周全，但法院在按照原告提供的被告住址向被告送达诉讼文书时，发现被告下落不明或者并不在此地居住的，根据第一种做法中已经说明的理由，是不可能也不应当纳入应当终结诉讼的情形中的。因此，由于不存在涉及应当终结诉讼的程序问题，也就不发生根据《最高人民法院关于民事诉讼证据的若干规定》（2001 年公布，下同）第十五条第二项关于涉及终结诉讼等与实体争议无关的程序事项法院应当调查收集的规定，由法院对被告住址自行调查取证的问题。被告下落不明，依照民事诉讼法第八十四条的规定，这是适用公告送达方式的法定理由，不是终结诉讼的理由。被告不在此地居住的，应当要求原告另行提供信息或者补充材料，以便再次进行送达，因此属于可以由当事人补正的诉讼行为。所以，第二种做法不可取。

第三种做法认为，公民的户籍资料由公安机关保存，根据《最高人民法院关于民事诉讼证据的若干规定》，此属于当事人有权申请调查取证的范围，原告必须递交书面申请，法院方可依其申请调查取证。这种做法有一定的可取之处，但其立论的基础值得商榷。因为，被告的住址如何，不是原告向被告提出的事实主张和诉讼请求，要求原告在起诉时列明被告的住址，目的是通知被告参加诉讼活动的客观需要，在本质上不涉及举证责任的分配以及应负举证责任的当事人申请调查取证的问题，故不发生举证意义上的法院依当事人申请调查取证的问题。但是，被告住在什么地方，毕竟是原告必须向法院提供的诉讼信息，并关系到诉讼管辖的确定，在某种意义上说，它又是原告应当证明的诉讼信息，在当地公安机关不接受当事人自行查询被告户籍资料信息的情况下，原告申请法院查询，从保护当事人的诉权和方便当事人诉讼来说，法院应当接受原告的申请予以查询。在这个意义上说，《最高人民法院关于民事诉讼证据的若干规定》第十七条关于当事人可以申请法院调查收集证据的第一项、第三项情形的规定就有了可适用之处。

在对上述问题有了基本认识以后，我们起草了本批复征求意见稿。有关庭室提出的下列意见需要我们认真对待。

（1）《最高人民法院关于适用简易程序审理民事案件的若干规定》（2003 年公布，下同）可否解决上述问题。上述问题说的是法院在按照原告起诉时提供的被告住址送达时，发现被告下落不明或者并不在此地居住，原告又无法到当地公安机关自行查询被告户籍资料，应否由法院查询被告户籍资料。这里有两种情况：一是被告下落不明，表明被告住址确实，只是不知被告去向而不能向被告本人送达，民事诉讼法第八十四条将此规定为适用公告送达的条件，《最高人民法院关于适用简易程序审理民事案件的若干规定》将此规定为排除适用简易程序的情形之一；二是被告现实不在此地居住，在何地居住不明，需要到当地公安部门查询被告户籍变动情况才能得知，而该查询需要诉讼帮助，出现了"原告提供了被告准确的送达地址，但人民法院无法向被告直接送达或者留置送达"的情形，按照《最高人民法院关于适用简易程序审理民事案件的若干规定》第八条第一项的规定，此种情形出现，"应当将案件转入普通程序审理"，也即出现了民事诉讼法第八十四条规定的应当公告送达的情形，公告送达正是排除简易程序适用的条件。因此，《最高人民法院关于适用简易程序审理民事案件的若干规定》不能解决上述问题。

（2）对于原告是否应当向法院提供被告准确的住址，以及是否应当区分原告提供时的主观不能和客观不能。其实，这不是一个问题，因为，如果要求原告必须向法院提供被告准确的住址，也就不存在被告下落不明的问题，民事诉讼法也就不用规定公告送达的方式；要求原告"必须"，等于要求原告找到被告后才能起诉，这等于剥夺了原告的起诉权。一般来说，原告提供的被告住址不准确应属于客观不能，如果通过审查原告的起诉材料就能够确定是原告主观不能，则当然可以被告不明确为由驳回原告起诉，也就是说，在绝大多数情况下，原告没有理由找一个不存在的被告来起诉，起诉有风险，原告不可能不清楚；即使原告对法律关系的对方当事人存在认识错误，也只是对被告认识错误，而不是被告不存在。故此，在要求原告提供补充材料或者法院依据原告的申请查询后，法院认为原告起诉的被告仍不明确的，法院完全可以裁定驳回原告的起诉，原告仍然可以再次起诉。

在介绍了上述情况和明确了上述问题后，本批复就不难理解和适用。本批复有以下三层含义。

（1）指导思想是为了在正确适用法律的基础上，保障当事人行使诉讼权利。事实上，也是在补充民事诉讼法以及有关司法解释在这个环节上规定的不足。

（2）明确了具体处理方法。出现"人民法院依据原告起诉时所提供的被告住址无法直接送达或者留置送达"的情形的，人民法院"应当要求原告补充材料"；对于"原告因客观情况不能补充或者依据原告补充的材料仍不能确定被告住址的"，人民法院"应当依法向被告公告送达诉讼文书"，并强调"人民法院不得仅以原告不能提供真实、准确的被告住址为由裁定驳回起诉或者裁定终结诉讼"。

（3）明确了此种情况下的相应救济方法，即"因有关部门不准许当事人自行查询其他当事人的住址信息，原告向人民法院申请查询的，人民法院应当依原告的申请予以查询"。

应注意的是，本批复不限于当事人双方是自然人的情形，也包括当事人一方是法人或者其他民事主体的情形。故此，有关部门也不仅限于公安部门，只要掌握一方当事人的登记档案资料的部门，不准许当事人自行查询其他当事人的住址等信息的，都属于本批复所指的情形。

（撰稿人：杨洪逵）

最高人民法院
关于以法院专递方式邮寄送达民事诉讼文书的若干规定

法释〔2004〕13号

(2004年9月7日最高人民法院审判委员会第1324次会议通过 2004年9月17日最高人民法院公告公布 自2005年1月1日起施行)

为保障和方便双方当事人依法行使诉讼权利,根据《中华人民共和国民事诉讼法》的有关规定,结合民事审判经验和各地的实际情况,制定本规定。

第一条 人民法院直接送达诉讼文书有困难的,可以交由国家邮政机构(以下简称邮政机构)以法院专递方式邮寄送达,但有下列情形之一的除外:

(一)受送达人或者其诉讼代理人、受送达人指定的代收人同意在指定的期间内到人民法院接受送达的;

(二)受送达人下落不明的;

(三)法律规定或者我国缔结或者参加的国际条约中约定有特别送达方式的。

第二条 以法院专递方式邮寄送达民事诉讼文书的,其送达与人民法院送达具有同等法律效力。

第三条 当事人起诉或者答辩时应当向人民法院提供或者确认自己准确的送达地址,并填写送达地址确认书。当事人拒绝提供的,人民法院应当告知其拒不提供送达地址的不利后果,并记入笔录。

第四条 送达地址确认书的内容应当包括送达地址的邮政编码、详细地址以及受送达人的联系电话等内容。

当事人要求对送达地址确认书中的内容保密的,人民法院应当为其保密。

当事人在第一审、第二审和执行终结前变更送达地址的,应当及时以书面方式告知人民法院。

第五条 当事人拒绝提供自己的送达地址,经人民法院告知后仍不提供的,自然人以其户籍登记中的住所地或者经常居住地为送达地址;法人或者其他组织以其工商登记或者其他依法登记、备案中的住所地为送达地址。

第六条 邮政机构按照当事人提供或者确认的送达地址送达的,应当在规定的日期内将回执退回人民法院。

邮政机构按照当事人提供或确认的送达地址在五日内投送三次以上未能送达,通过电话或者其他联系方式又无法告知受送达人的,应当将邮件在规定的日期内退回人民法院,并说明退回的理由。

第七条 受送达人指定代收人的,指定代收人的签收视为受送达人本人签收。

邮政机构在受送达人提供或确认的送达地址未能见到受送达人的,可以将邮件交给与受送达人同住的成年家属代收,但代收人是同一案件中另一方当事人的除外。

第八条 受送达人及其代收人应当在邮件回执上签名、盖章或者捺印。

受送达人及其代收人在签收时应当出示其有效身份证件并在回执上填写该证件的号码;受送达人及其代收人拒绝签收的,由邮政机构的投递员记明情况后将邮件退回人民法院。

第九条 有下列情形之一的,即为送达:

(一)受送达人在邮件回执上签名、盖章或者捺印的;

(二)受送达人是无民事行为能力或者限制民事行为能力的自然人,其法定代理人签收的;

(三)受送达人是法人或者其他组织,其法人的法定代表人、该组织的主要负责人或者办公室、收发室、值班室的工作人员签收的;

(四)受送达人的诉讼代理人签收的;

(五)受送达人指定的代收人签收的;

(六)受送达人的同住成年家属签收的。

第十条 签收人是受送达人本人或者是受送达人的法定代表人、主要负责人、法定代理人、诉讼代理人的,签收人应当当场核对邮件内容。签收人发现邮件内容与回执上的文书名称不一致的,应当当场向邮政机构的投递员提出,由投递员在回执上记明情况后将邮件退回人民法院。

签收人是受送达人办公室、收发室和值班室的工作人员或者是与受送达人同住成年家属,受送达人发现邮件内容与回执上的文书名称不一致的,应当在收到邮件后的三日内将该邮件退回人民法院,并以书面方式说明退回的理由。

第十一条 因受送达人自己提供或者确认的送达地址不准确、拒不提供送达地址、送达地址变更未及时告知人民法院、受送达人本人或者受送达人指定的代收人拒绝签收,导致诉讼文书未能被受送达人实际接收的,文书退回之日视为送达之日。

受送达人能够证明自己在诉讼文书送达的过程中没有过错的,不适用前款规定。

第十二条 本规定自 2005 年 1 月 1 日起实施。

我院以前的司法解释与本规定不一致的,以本规定为准。

【解读】

解读《关于以法院专递方式邮寄送达民事诉讼文书的若干规定》

一、问题的提出

面对当前人民法院直接送达实践中的重重困难,最高人民法院自 2003 年 1 月起开始着手调研和起草《最高人民法院关于以法院专递方式邮寄送达民事诉讼文书的若干规定》(以下简称本规定),最终完成了本规定的起草工作。

二、理解与适用

(一)法院专递的性质和特征

当前,制约邮寄送达的主要障碍集中表现在以下几方面:第一,邮政机构的性质和地位无法确立。我们在调研的过程中，邮政机构要求明确自己为人民法院委托的送达人，这样便于提高送达的效率。我国民事诉讼法对邮政机构的性质和地位未予明确，这次本规定只是明确了邮政机构"以法院专递方式邮寄送达民事诉讼文书的，其送达与人民法院送达具有同等法律效力"。第二，缺少当事人对自己邮寄送达地址的确认制度。我们从民事简易程序中率先推出当事人对自己的送达地址的确认制度，受到了基层人民法院的一致肯定，多数法院来信来电要求在普通程序中尽快推广这一制度。这次本规定明确了当事人对自己送达地址的确认制度，可以大大提高邮寄送达的质量和效率。第三，因受送达人原因导致送达不能的法律后果不明确。在邮寄送达的实践中，因受送达人故意或重大过失导致送达不能的情况时有发生，而邮递人员在面对受送达人拒收邮件时因无法留置送达又颇显无奈。因此，对于因受送达人自己的原因导致送达不能的后果理应由受送达人自己承担。这次本规定对送达不能的法律后果作了明确规定，即因受送达人自己的原因导致送达不能的，"文书退回之日视为送达之日。"

（二）关于法院专递的范围

我国民事诉讼法（1991年公布，下同）第八十条规定："直接送达诉讼文书有困难的，可以委托其他人民法院代为送达，或者邮寄送达。邮寄送达的，以回执上注明的收件日期为送达日期。"因此，"直接送达有困难"是邮寄送达的前提条件，也是确定邮寄送达范围的重要标准。

为了避免与现行法律发生冲突，本规定采取反向排除的方法对邮寄送达的范围作了规定，并保留了民事诉讼法关于邮寄送达条件的规定。我们认为，"直接送达诉讼文书是否有困难"应当由受理案件的法院根据自己的人员、经费、装备等条件来具体判定，不宜在司法解释中作出统一、具体的规定。近年来，各地法院的物质装备条件虽有不同程度的改善，但要完全适应当前人民法院案多人少的现状尚有一定困难，因此，大力拓展邮寄送达特别是法院专递的范围，是解决人民法院"送达难"的重要举措。

（三）关于法院专递的机构与效力

法院专递是邮政机构以特快专递的方式送达人民法院民事诉讼文书的一种邮寄送达方式，它相比传统的邮寄送达具有专业、快捷、准确、方便等优点，也是近年来各地法院普遍选择的一种邮寄送达方式。由于特快专递只是一种单向传递的邮寄方式，不具备回执返还等民事诉讼文书送达的必要条件，因此，我们在邮政特快专递现有的基础上，根据送达的基本要求，对法院专递的机构、效力、投送方式等作出了统一规定。

与普通的邮寄送达相比，法院专递具有更强的专业性和准确性，本规定第六条规定："邮政机构按照当事人提供或者确认的送达地址送达的，应当在规定的日期内将回执退回人民法院。邮政机构按照当事人提供或确认的送达地址在五日内投送三次以上未能送达，通过电话或者其他联系方式又无法告知受送达人的，应当将邮件在规定的日期内退回人民法院，并说明退回的理由。"正是有国家邮政机构的上述操作规程作为保证，我们在本规定的第二条中明确规定："以法院专递方式邮寄送达民事诉讼文书的，其送达与人民法院送达具有同等法律效力。"

本规定赋予法院专递与人民法院送达具有同等法律效力的规定，既可以大大提高邮寄送达的效率，又可以强化邮政机构的责任，实践证明是现实可行的。

(四) 关于送达地址的提供或确认

由当事人提供或者确认自己的送达地址，可以确保邮寄送达的准确性和及时性。总结过去人民法院"送达难"的一个重要原因，就是缺少当事人对自己送达地址的提供和确认制度。根据民事诉讼法第一百一十条关于起诉状的规定，原告应当在起诉时向人民法院提供当事人双方的住所，因此，由原告提供当事人双方的送达地址是其依法应当承担的义务。原告因自己的权益遭受侵害而请求国家司法救济，当然应当为推进诉讼进程而提供自己准确的送达地址，这是启动民事诉讼进程的前提和基础。此外，我国民事诉讼法虽然没有直接规定被告负有提供或确认自己送达地址的义务，但根据民事诉讼法第五十条第三款之规定，被告负有遵守诉讼秩序的义务，而向人民法院提供或确认自己准确的送达地址正是诉讼秩序的基本要求。同时，诉讼是文明社会解决纠纷最重要的一种方式，它可以在较大程度上避免私力救济和武力冲突。因此，任何回避和蔑视司法裁判的行为均属拒绝与国家合作的行为，违背了社会共同体成员之间共同生活与生存的基本规则。被告选择通过诉讼解决纠纷，并遵守诉讼的基本秩序，是现代社会公民依法应当履行的义务。因此，在本规定中要求当事人提供或确认自己的送达地址，符合民事诉讼法的一般规定和基本精神。

当事人应当向人民法院提供自己准确的送达地址，同时，还应当向人民法院提供自己的电话号码、电子邮箱等便于与其联系的相关信息，以保证送达的质量和效率，更好地保护当事人依法享有的诉讼权利。在起草本规定的过程中，有人对此曾提出疑问，即当事人是否可以拒绝提供自己的家庭电话和移动电话，因为这些信息资料均可能给当事人的正常生活带来诸多不便。这个问题实际上涉及国家司法权与公民个人隐私权的冲突问题。我们认为，公民享有隐私权的大小是现代社会文明进步的标志，合理界定国家司法权与公民个人隐私权的界限是现代法治社会的基本要求。因此，本规定给人民法院设定了为当事人私人信息保密的义务。司法实践中，当事人的住所依法应予公开，但当事人在送达地址确认书中的部分内容可能不愿公开，如电话号码、临时住所或指定代收人等，这些内容在离婚、人身损害等案件中常常成为一方当事人要求保密的事项。为了鼓励当事人向人民法院提供真实的送达地址，减除当事人的后顾之忧，我们在本规定第四条第二款中规定："当事人要求对送达地址确认书中的内容保密的，人民法院应当为其保密。"

当事人拒绝提供自己送达地址的，人民法院应当向其行使释明权，告知当事人拒不提供送达地址的不利后果。如果当事人拒不提供送达地址，经人民法院告知后仍不提供，人民法院只能按照法定住所地推定当事人的送达地址，并按照推定的地址进行邮寄送达，即自然人以其户籍登记中的住所地或者经常居住地为送达地址；法人或者其他组织以其工商登记或者其他依法登记、备案中的住所地为送达地址。由于法定住所地与当事人的送达地址常常不同一，因此，根据法定住所地推定的地址可能导致送达不能，受送达人为此需要付出的代价和风险远远大于提供真实送达地址的代价。由于人民法院在事先已经告知了当事人拒不提供送达地址的后果，并且为当事人提供了充分的选择机会，当事人应当对自己的选择承担相应后果。

(五) 关于送达的六种情形

在邮寄送达的实践中，受送达人的法定代理人、诉讼代理人、指定代收人、法定代收人拒绝签收或者签收后反悔的现象时有发生，导致邮寄送达的质量无法保证。本规定总结了当前邮寄送达实践中好的经验,将送达的6种情形作了明确统一的规定,进一步完善了邮寄送达制度。

首先,本规定明确了法人或其他组织的办公室、收发室或值班室工作人员签收的制度。最高人民法院于1992年制定的《最高人民法院关于适用〈中华人民共和国民事诉讼法〉若干问题的意见》第八十一条规定:"向法人或者其他组织送达诉讼文书,应当由法人的法定代表人、该组织的主要负责人或者办公室、收发室、值班室等负责收件的人签收或盖章,拒绝签收或者盖章的,适用留置送达。"经过长达十余年司法实践的检验,如何判断和掌握"负责收件的人"成为送达是否有效的重要标准。由于企业内部到底由谁负责收件只能由企业自己说明,无法由送达人自行判定,导致许多企业事后否认签收人的现象屡有发生。本规定总结了现行送达制度中的缺陷和不足,规定了法人或其他组织的办公室、收发室或值班室工作人员签收即为送达的制度,避免了因签收人资格和权利而引发新的矛盾和冲突。

其次,本规定明确了诉讼代理人签收的制度。签收诉讼文书是民事诉讼中的一项基本事务,也是诉讼代理人最基本的义务。长期以来,由于我国尚未建立律师强制代理制度,律师与当事人之间的权利义务关系尚待进一步完善,这就使个别代理律师以拖延诉讼或恶意诉讼为目的,拒绝签收诉讼文书,加剧了司法实践中的"送达难"。本规定中将诉讼代理人的签收即为送达完成的一种情形,符合民事诉讼代理制度的基本法理。

最后,本规定对受送达人指定的代收人以及同住的成年家属签收的法律后果也作了明确规定,这将大大提高了邮寄送达的质量和效率。

(六)关于邮寄送达的核对制度

如何核对邮件内容是邮寄送达实践中较为复杂的问题,也是最容易发生争议的问题。由于邮寄送达以"回执"代替了"送达回证",人民法院单凭"回执"只能确定受送达人是否已经收到了邮件,而无法确认受送达人已经实际接收了邮件中的诉讼文书。因此,要求受送达人当场核对邮件内容既是受送达人应当承担的一项重要义务,又是送达人享有的一项重要权利。

在送达实践中,有权签收邮件的人并不一定有权启封文书,如收发室、值班室工作人员有权签收邮件,但无权开启邮件,当然也就无法当场核对邮件内的诉讼文书。因此,本规定第十条第二款规定:"签收人是受送达人办公室、收发室和值班室的工作人员或者是与受送达人同住的成年家属,受送达人发现邮件内容与回执上的文书名称不一致的,应当在收到邮件后的三日内将该邮件退回人民法院,并以书面方式说明退回的理由。"

(七)关于送达不能的法律后果

送达不能的法律后果是起草本规定过程中争议最大的问题。多数基层法院的同志认为,对于因当事人自己的过错导致送达不能的后果,一定要由负有提供送达地址的当事人自己承担不利后果。只有这样,才能彻底解决"送达难"的问题。按照诚实信用原则,当事人应当对自己在民事诉讼过程中陈述、认可的真实性承担法律责任。当前,隐藏在"送达难"背后的其实就是"恶意诉讼",因此,对于那些严重违背诚信、意图逃废债务的当事人而言,由其承担送达不能的不利后果,符合民事诉讼中的诚实信用原则。本规定第十一条采纳了上述意见。

司法实践中,"送达不能"所形成的原因是多元的。当前,因邮政机构工作人员疏忽大意或严重不负责任导致送达不能的情形也客观存在,因此,如果受送达人能够证明"送达不能"不是由于自己的原因导致的,受送达人可以不承担"送达不能"的不利后果。

(撰稿人:贺小荣、杜万华)

七、一审、二审程序

最高人民法院
关于适用简易程序审理民事案件的若干规定

(2003年7月4日最高人民法院审判委员会第1280次会议通过
根据2020年12月23日最高人民法院审判委员会第1823次会议通过的
《最高人民法院关于修改〈最高人民法院关于人民法院民事调解工作若干问题的规定〉
等十九件民事诉讼类司法解释的决定》修正)

为保障和方便当事人依法行使诉讼权利,保证人民法院公正、及时审理民事案件,根据《中华人民共和国民事诉讼法》的有关规定,结合审判实践,制定本规定。

一、适用范围

第一条 基层人民法院根据民事诉讼法第一百五十七条规定审理简单的民事案件,适用本规定,但有下列情形之一的案件除外:

(一)起诉时被告下落不明的;

(二)发回重审的;

(三)共同诉讼中一方或者双方当事人人数众多的;

(四)法律规定应当适用特别程序、审判监督程序、督促程序、公示催告程序和企业法人破产还债程序的;

(五)人民法院认为不宜适用简易程序进行审理的。

第二条 基层人民法院适用第一审普通程序审理的民事案件,当事人各方自愿选择适用简易程序,经人民法院审查同意的,可以适用简易程序进行审理。

人民法院不得违反当事人自愿原则,将普通程序转为简易程序。

第三条 当事人就适用简易程序提出异议,人民法院认为异议成立的,或者人民法院在审理过程中发现不宜适用简易程序的,应当将案件转入普通程序审理。

二、起诉与答辩

第四条 原告本人不能书写起诉状,委托他人代写起诉状确有困难的,可以口头起诉。

原告口头起诉的，人民法院应当将当事人的基本情况、联系方式、诉讼请求、事实及理由予以准确记录，将相关证据予以登记。人民法院应当将上述记录和登记的内容向原告当面宣读，原告认为无误后应当签名或者按指印。

第五条 当事人应当在起诉或者答辩时向人民法院提供自己准确的送达地址、收件人、电话号码等其他联系方式，并签名或者按指印确认。

送达地址应当写明受送达人住所地的邮政编码和详细地址；受送达人是有固定职业的自然人的，其从业的场所可以视为送达地址。

第六条 原告起诉后，人民法院可以采取捎口信、电话、传真、电子邮件等简便方式随时传唤双方当事人、证人。

第七条 双方当事人到庭后，被告同意口头答辩的，人民法院可以当即开庭审理；被告要求书面答辩的，人民法院应当将提交答辩状的期限和开庭的具体日期告知各方当事人，并向当事人说明逾期举证以及拒不到庭的法律后果，由各方当事人在笔录和开庭传票的送达回证上签名或者按指印。

第八条 人民法院按照原告提供的被告的送达地址或者其他联系方式无法通知被告应诉的，应当按以下情况分别处理：

（一）原告提供了被告准确的送达地址，但人民法院无法向被告直接送达或者留置送达应诉通知书的，应当将案件转入普通程序审理；

（二）原告不能提供被告准确的送达地址，人民法院经查证后仍不能确定被告送达地址的，可以被告不明确为由裁定驳回原告起诉。

第九条 被告到庭后拒绝提供自己的送达地址和联系方式的，人民法院应当告知其拒不提供送达地址的后果；经人民法院告知后被告仍然拒不提供的，按下列方式处理：

（一）被告是自然人的，以其户籍登记中的住所或者经常居所为送达地址；

（二）被告是法人或者非法人组织的，应当以其在登记机关登记、备案中的住所为送达地址。

人民法院应当将上述告知的内容记入笔录。

第十条 因当事人自己提供的送达地址不准确、送达地址变更未及时告知人民法院，或者当事人拒不提供自己的送达地址而导致诉讼文书未能被当事人实际接收的，按下列方式处理：

（一）邮寄送达的，以邮件回执上注明的退回之日视为送达之日；

（二）直接送达的，送达人当场在送达回证上记明情况之日视为送达之日。

上述内容，人民法院应当在原告起诉和被告答辩时以书面或者口头方式告知当事人。

第十一条 受送达的自然人以及他的同住成年家属拒绝签收诉讼文书的，或者法人、非法人组织负责收件的人拒绝签收诉讼文书的，送达人应当依据民事诉讼法第八十六条的规定邀请有关基层组织或者所在单位的代表到场见证，被邀请的人不愿到场见证的，送达人应当在送达回证上记明拒收事由、时间和地点以及被邀请人不愿到场见证的情形，将诉讼文书留在受送达人的住所或者从业场所，即视为送达。

受送达人的同住成年家属或者法人、非法人组织负责收件的人是同一案件中另一方当事人的，不适用前款规定。

三、审理前的准备

第十二条 适用简易程序审理的民事案件，当事人及其诉讼代理人申请证人出庭作证，应当在举证期限届满前提出。

第十三条 当事人一方或者双方就适用简易程序提出异议后，人民法院应当进行审查，并按下列情形分别处理：

（一）异议成立的，应当将案件转入普通程序审理，并将合议庭的组成人员及相关事项以书面形式通知双方当事人；

（二）异议不成立的，口头告知双方当事人，并将上述内容记入笔录。

转入普通程序审理的民事案件的审理期限自人民法院立案的次日起开始计算。

第十四条 下列民事案件，人民法院在开庭审理时应当先行调解：

（一）婚姻家庭纠纷和继承纠纷；

（二）劳务合同纠纷；

（三）交通事故和工伤事故引起的权利义务关系较为明确的损害赔偿纠纷；

（四）宅基地和相邻关系纠纷；

（五）合伙合同纠纷；

（六）诉讼标的额较小的纠纷。

但是根据案件的性质和当事人的实际情况不能调解或者显然没有调解必要的除外。

第十五条 调解达成协议并经审判人员审核后，双方当事人同意该调解协议经双方签名或者按指印生效的，该调解协议自双方签名或者按指印之日起发生法律效力。当事人要求摘录或者复制该调解协议的，应予准许。

调解协议符合前款规定，且不属于不需要制作调解书的，人民法院应当另行制作民事调解书。调解协议生效后一方拒不履行的，另一方可以持民事调解书申请强制执行。

第十六条 人民法院可以当庭告知当事人到人民法院领取民事调解书的具体日期，也可以在当事人达成调解协议的次日起十日内将民事调解书发送给当事人。

第十七条 当事人以民事调解书与调解协议的原意不一致为由提出异议，人民法院审查后认为异议成立的，应当根据调解协议裁定补正民事调解书的相关内容。

四、开庭审理

第十八条 以捎口信、电话、传真、电子邮件等形式发送的开庭通知，未经当事人确认或者没有其他证据足以证明当事人已经收到的，人民法院不得将其作为按撤诉处理和缺席判决的根据。

第十九条 开庭前已经书面或者口头告知当事人诉讼权利义务，或者当事人各方均委托律师代理诉讼的，审判人员除告知当事人申请回避的权利外，可以不再告知当事人其他的诉讼权利义务。

第二十条 对没有委托律师代理诉讼的当事人，审判人员应当对回避、自认、举证责任等相关内容向其作必要的解释或者说明，并在庭审过程中适当提示当事人正确行使诉讼权利、履行诉讼义务，指导当事人进行正常的诉讼活动。

第二十一条 开庭时，审判人员可以根据当事人的诉讼请求和答辩意见归纳出争议焦点，经当事人确认后，由当事人围绕争议焦点举证、质证和辩论。

当事人对案件事实无争议的，审判人员可以在听取当事人就适用法律方面的辩论意见后径行判决、裁定。

第二十二条 当事人双方同时到基层人民法院请求解决简单的民事纠纷，但未协商举证期限，或者被告一方经简便方式传唤到庭的，当事人在开庭审理时要求当庭举证的，应予准许；当事人当庭举证有困难的，举证的期限由当事人协商决定，但最长不得超过十五日；协商不成的，由人民法院决定。

第二十三条 适用简易程序审理的民事案件，应当一次开庭审结，但人民法院认为确有必要再次开庭的除外。

第二十四条 书记员应当将适用简易程序审理民事案件的全部活动记入笔录。对于下列事项，应当详细记载：

（一）审判人员关于当事人诉讼权利义务的告知、争议焦点的概括、证据的认定和裁判的宣告等重大事项；

（二）当事人申请回避、自认、撤诉、和解等重大事项；

（三）当事人当庭陈述的与其诉讼权利直接相关的其他事项。

第二十五条 庭审结束时，审判人员可以根据案件的审理情况对争议焦点和当事人各方举证、质证和辩论的情况进行简要总结，并就是否同意调解征询当事人的意见。

第二十六条 审判人员在审理过程中发现案情复杂需要转为普通程序的，应当在审限届满前及时作出决定，并书面通知当事人。

五、宣判与送达

第二十七条 适用简易程序审理的民事案件，除人民法院认为不宜当庭宣判的以外，应当当庭宣判。

第二十八条 当庭宣判的案件，除当事人当庭要求邮寄送达的以外，人民法院应当告知当事人或者诉讼代理人领取裁判文书的期间和地点以及逾期不领取的法律后果。上述情况，应当记入笔录。

人民法院已经告知当事人领取裁判文书的期间和地点的，当事人在指定期间内领取裁判文书之日即为送达之日；当事人在指定期间内未领取的，指定领取裁判文书期间届满之日即为送达之日，当事人的上诉期从人民法院指定领取裁判文书期间届满之日的次日起开始计算。

第二十九条 当事人因交通不便或者其他原因要求邮寄送达裁判文书的，人民法院可以按照当事人自己提供的送达地址邮寄送达。

人民法院根据当事人自己提供的送达地址邮寄送达的，邮件回执上注明收到或者退回之日即为送达之日，当事人的上诉期从邮件回执上注明收到或者退回之日的次日起开始计算。

第三十条 原告经传票传唤，无正当理由拒不到庭或者未经法庭许可中途退庭的，可以按撤诉处理；被告经传票传唤，无正当理由拒不到庭或者未经法庭许可中途退庭的，人民法院可以根据原告的诉讼请求及双方已经提交给法庭的证据材料缺席判决。

按撤诉处理或者缺席判决的，人民法院可以按照当事人自己提供的送达地址将裁判文书送达给未到庭的当事人。

第三十一条 定期宣判的案件，定期宣判之日即为送达之日，当事人的上诉期自定期宣判的次日起开始计算。当事人在定期宣判的日期无正当理由未到庭的，不影响该裁判上诉期间的计算。

当事人确有正当理由不能到庭,并在定期宣判前已经告知人民法院的,人民法院可以按照当事人自己提供的送达地址将裁判文书送达给未到庭的当事人。

第三十二条 适用简易程序审理的民事案件,有下列情形之一的,人民法院在制作裁判文书时对认定事实或者判决理由部分可以适当简化:

(一)当事人达成调解协议并需要制作民事调解书的;

(二)一方当事人在诉讼过程中明确表示承认对方全部诉讼请求或者部分诉讼请求的;

(三)当事人对案件事实没有争议或者争议不大的;

(四)涉及自然人的隐私、个人信息,或者商业秘密的案件,当事人一方要求简化裁判文书中的相关内容,人民法院认为理由正当的;

(五)当事人双方一致同意简化裁判文书的。

六、其他

第三十三条 本院已经公布的司法解释与本规定不一致的,以本规定为准。

第三十四条 本规定自2003年12月1日起施行。2003年12月1日以后受理的民事案件,适用本规定。

最高人民法院
关于第二审人民法院在审理过程中可否对当事人的违法行为径行制裁等问题的批复

1990年7月25日　　　　　　　　　　　　　　　　法经〔1990〕45号

湖北省高级人民法院:

你院鄂法〔1990〕经呈字第1号《关于人民法院在第二审中发现需要对当事人的违法行为予以民事制裁时,应由哪一审法院作出决定等问题的请示》报告收悉。经研究,答复如下:

一、第二审人民法院在审理案件过程中,认为当事人有违法行为应予依法制裁而原审人民法院未予制裁的,可以径行予以民事制裁。

二、当事人不服人民法院民事制裁决定而向上一级人民法院申请复议的,该上级人民法院无论维持、变更或者撤销原决定,均应制作民事制裁决定书。

三、人民法院复议期间,被制裁人请求撤回复议申请的,经过审查,应当采取通知的形式,准予撤回申请或者驳回其请求。

最高人民法院
关于第二审人民法院因追加、更换当事人发回重审的民事裁定书上，应如何列当事人问题的批复

1990年4月14日　　　　　　　　　　　　　　法民〔1990〕8号

山东省高级人民法院：

你院鲁法（经）函〔1990〕19号《关于在第二审追加当事人后调解不成发回重审的民事裁定书上，是否列上被追加的当事人问题的请示报告》收悉。经研究，我们认为：

第二审人民法院审理需要追加或更换当事人的案件，如调解不成，应发回重审。在发回重审的民事裁定书上，不应列被追加或更换的当事人。

最高人民法院
关于第二审人民法院发现原审人民法院已生效的民事制裁决定确有错误应如何纠正问题的复函

1994年11月21日　　　　　　　　　　　　　　法经〔1994〕308号

西藏自治区高级人民法院：

你院藏高法〔1994〕49号请示收悉。经研究，答复如下：

同意你院审判委员会的意见。第二审人民法院纠正一审人民法院已生效的民事制裁决定，可比照我院1986年4月2日法（研）复〔1986〕14号批复的精神处理。即：上级人民法院发现下级人民法院已生效的民事制裁决定确有错误时，应及时予以纠正。纠正的方法，可以口头或者书面通知下级人民法院纠正，也可以使用决定书，撤销下级人民法院的决定。

八、审判监督程序

最高人民法院
关于适用《中华人民共和国民事诉讼法》
审判监督程序若干问题的解释

(2008年11月10日最高人民法院审判委员会第1453次会议通过 根据2020年12月23日最高人民法院审判委员会第1823次会议通过的《最高人民法院关于修改〈最高人民法院关于人民法院民事调解工作若干问题的规定〉等十九件民事诉讼类司法解释的决定》修正)

为了保障当事人申请再审权利,规范审判监督程序,维护各方当事人的合法权益,根据《中华人民共和国民事诉讼法》,结合审判实践,对审判监督程序中适用法律的若干问题作出如下解释:

第一条 当事人在民事诉讼法第二百零五条规定的期限内,以民事诉讼法第二百条所列明的再审事由,向原审人民法院的上一级人民法院申请再审的,上一级人民法院应当依法受理。

第二条 民事诉讼法第二百零五条规定的申请再审期间不适用中止、中断和延长的规定。

第三条 当事人申请再审,应当向人民法院提交再审申请书,并按照对方当事人人数提出副本。

人民法院应当审查再审申请书是否载明下列事项:

(一) 申请再审人与对方当事人的姓名、住所及有效联系方式等基本情况;法人或其他组织的名称、住所和法定代表人或主要负责人的姓名、职务及有效联系方式等基本情况;

(二) 原审人民法院的名称,原判决、裁定、调解文书案号;

(三) 申请再审的法定情形及具体事实、理由;

(四) 具体的再审请求。

第四条 当事人申请再审,应当向人民法院提交已经发生法律效力的判决书、裁定书、调解书,身份证明及相关证据材料。

第五条 申请再审人提交的再审申请书或者其他材料不符合本解释第三条、第四条的规定,或者有人身攻击等内容,可能引起矛盾激化的,人民法院应当要求申请再审人补充或改正。

第六条 人民法院应当自收到符合条件的再审申请书等材料后五日内完成向申请

再审人发送受理通知书等受理登记手续,并向对方当事人发送受理通知书及再审申请书副本。

第七条 人民法院受理再审申请后,应当组成合议庭予以审查。

第八条 人民法院对再审申请的审查,应当围绕再审事由是否成立进行。

第九条 民事诉讼法第二百条第(五)项规定的"对审理案件需要的主要证据",是指人民法院认定案件基本事实所必需的证据。

第十条 原判决、裁定对基本事实和案件性质的认定系根据其他法律文书作出,而上述其他法律文书被撤销或变更的,人民法院可以认定为民事诉讼法第二百条第(十二)项规定的情形。

第十一条 人民法院经审查再审申请书等材料,认为申请再审事由成立的,应当径行裁定再审。

当事人申请再审超过民事诉讼法第二百零五条规定的期限,或者超出民事诉讼法第二百条所列明的再审事由范围的,人民法院应当裁定驳回再审申请。

第十二条 人民法院认为仅审查再审申请书等材料难以作出裁定的,应当调阅原审卷宗予以审查。

第十三条 人民法院可以根据案情需要决定是否询问当事人。

以有新的证据足以推翻原判决、裁定为由申请再审的,人民法院应当询问当事人。

第十四条 在审查再审申请过程中,对方当事人也申请再审的,人民法院应当将其列为申请再审人,对其提出的再审申请一并审查。

第十五条 申请再审人在案件审查期间申请撤回再审申请的,是否准许,由人民法院裁定。

申请再审人经传票传唤,无正当理由拒不接受询问,可以裁定按撤回再审申请处理。

第十六条 人民法院经审查认为申请再审事由不成立的,应当裁定驳回再审申请。

驳回再审申请的裁定一经送达,即发生法律效力。

第十七条 人民法院审查再审申请期间,人民检察院对该案提出抗诉的,人民法院应依照民事诉讼法第二百一十一条的规定裁定再审。申请再审人提出的具体再审请求应纳入审理范围。

第十八条 上一级人民法院经审查认为申请再审事由成立的,一般由本院提审。最高人民法院、高级人民法院也可以指定与原审人民法院同级的其他人民法院再审,或者指令原审人民法院再审。

第十九条 上一级人民法院可以根据案件的影响程度以及案件参与人等情况,决定是否指定再审。需要指定再审的,应当考虑便利当事人行使诉讼权利以及便利人民法院审理等因素。

接受指定再审的人民法院,应当按照民事诉讼法第二百零七条第一款规定的程序审理。

第二十条 有下列情形之一的,不得指令原审人民法院再审:

(一)原审人民法院对该案无管辖权的;

(二)审判人员在审理该案件时有贪污受贿,徇私舞弊,枉法裁判行为的;

(三)原判决、裁定系经原审人民法院审判委员会讨论作出的;

（四）其他不宜指令原审人民法院再审的。

第二十一条 当事人未申请再审、人民检察院未抗诉的案件，人民法院发现原判决、裁定、调解协议有损害国家利益、社会公共利益等确有错误情形的，应当依照民事诉讼法第一百九十八条的规定提起再审。

第二十二条 人民法院应当依照民事诉讼法第二百零七条的规定，按照第一审程序或者第二审程序审理再审案件。

人民法院审理再审案件应当开庭审理。但按照第二审程序审理的，双方当事人已经其他方式充分表达意见，且书面同意不开庭审理的除外。

第二十三条 申请再审人在再审期间撤回再审申请的，是否准许由人民法院裁定。裁定准许的，应终结再审程序。申请再审人经传票传唤，无正当理由拒不到庭的，或者未经法庭许可中途退庭的，可以裁定按自动撤回再审申请处理。

人民检察院抗诉再审的案件，申请抗诉的当事人有前款规定的情形，且不损害国家利益、社会公共利益或第三人利益的，人民法院应当裁定终结再审程序；人民检察院撤回抗诉的，应当准予。

终结再审程序的，恢复原判决的执行。

第二十四条 按照第一审程序审理再审案件时，一审原告申请撤回起诉的，是否准许由人民法院裁定。裁定准许的，应当同时裁定撤销原判决、裁定、调解书。

第二十五条 当事人在再审审理中经调解达成协议的，人民法院应当制作调解书。调解书经各方当事人签收后，即具有法律效力，原判决、裁定视为被撤销。

第二十六条 人民法院经再审审理认为，原判决、裁定认定事实清楚、适用法律正确的，应予维持；原判决、裁定在认定事实、适用法律、阐述理由方面虽有瑕疵，但裁判结果正确的，人民法院应在再审判决、裁定中纠正上述瑕疵后予以维持。

第二十七条 人民法院按照第二审程序审理再审案件，发现原判决认定事实错误或者认定事实不清的，应当在查清事实后改判。但原审人民法院便于查清事实，化解纠纷的，可以裁定撤销原判决，发回重审；原审程序遗漏必须参加诉讼的当事人且无法达成调解协议，以及其他违反法定程序不宜在再审程序中直接作出实体处理的，应当裁定撤销原判决，发回重审。

第二十八条 人民法院以调解方式审结的案件裁定再审后，经审理发现申请再审人提出的调解违反自愿原则的事由不成立，且调解协议的内容不违反法律强制性规定的，应当裁定驳回再审申请，并恢复原调解书的执行。

第二十九条 民事再审案件的当事人应为原审案件的当事人。原审案件当事人死亡或者终止的，其权利义务承受人可以申请再审并参加再审诉讼。

第三十条 本院以前发布的司法解释与本解释不一致的，以本解释为准。本解释未作规定的，按照以前的规定执行。

最高人民法院
关于民事审判监督程序严格依法适用指令再审和发回重审若干问题的规定

法释〔2015〕7号

（2015年2月2日最高人民法院审判委员会第1643次会议通过 2015年2月16日最高人民法院公告公布 自2015年3月15日起施行）

为了及时有效维护各方当事人的合法权益，维护司法公正，进一步规范民事案件指令再审和再审发回重审，提高审判监督质量和效率，根据《中华人民共和国民事诉讼法》，结合审判实际，制定本规定。

第一条 上级人民法院应当严格依照民事诉讼法第二百条等规定审查当事人的再审申请，符合法定条件的，裁定再审。不得因指令再审而降低再审启动标准，也不得因当事人反复申诉将依法不应当再审的案件指令下级人民法院再审。

第二条 因当事人申请裁定再审的案件一般应当由裁定再审的人民法院审理。有下列情形之一的，最高人民法院、高级人民法院可以指令原审人民法院再审：

（一）依据民事诉讼法第二百条第（四）项、第（五）项或者第（九）项裁定再审的；

（二）发生法律效力的判决、裁定、调解书是由第一审法院作出的；

（三）当事人一方人数众多或者当事人双方为公民的；

（四）经审判委员会讨论决定的其他情形。

人民检察院提出抗诉的案件，由接受抗诉的人民法院审理，具有民事诉讼法第二百条第（一）至（五）项规定情形之一的，可以指令原审人民法院再审。

人民法院依据民事诉讼法第一百九十八条第二款裁定再审的，应当提审。

第三条 虽然符合本规定第二条可以指令再审的条件，但有下列情形之一的，应当提审：

（一）原判决、裁定系经原审人民法院再审审理后作出的；

（二）原判决、裁定系经原审人民法院审判委员会讨论作出的；

（三）原审审判人员在审理该案件时有贪污受贿，徇私舞弊，枉法裁判行为的；

（四）原审人民法院对该案无再审管辖权的；

（五）需要统一法律适用或裁量权行使标准的；

（六）其他不宜指令原审人民法院再审的情形。

第四条 人民法院按照第二审程序审理再审案件，发现原判决认定基本事实不清的，一般应当通过庭审认定事实后依法作出判决。但原审人民法院未对基本事实进行过审理的，可以裁定撤销原判决，发回重审。原判决认定事实错误的，上级人民法院不得以基本事实不清为由裁定发回重审。

第五条 人民法院按照第二审程序审理再审案件，发现第一审人民法院有下列严重违反法定程序情形之一的，可以依照民事诉讼法第一百七十条第一款第（四）项的规定，裁定撤销原判决，发回第一审人民法院重审：

（一）原判决遗漏必须参加诉讼的当事人的；

（二）无诉讼行为能力人未经法定代理人代为诉讼，或者应当参加诉讼的当事人，因不能归责于本人或者其诉讼代理人的事由，未参加诉讼的；

（三）未经合法传唤缺席判决，或者违反法律规定剥夺当事人辩论权利的；

（四）审判组织的组成不合法或者依法应当回避的审判人员没有回避的；

（五）原判决、裁定遗漏诉讼请求的。

第六条 上级人民法院裁定指令再审、发回重审的，应当在裁定书中阐明指令再审或者发回重审的具体理由。

第七条 再审案件应当围绕申请人的再审请求进行审理和裁判。对方当事人在再审庭审辩论终结前也提出再审请求的，应一并审理和裁判。当事人的再审请求超出原审诉讼请求的不予审理，构成另案诉讼的应告知当事人可以提起新的诉讼。

第八条 再审发回重审的案件，应当围绕当事人原诉讼请求进行审理。当事人申请变更、增加诉讼请求和提出反诉的，按照《最高人民法院关于适用〈中华人民共和国民事诉讼法〉的解释》第二百五十二条的规定审查决定是否准许。当事人变更其在原审中的诉讼主张、质证及辩论意见，应说明理由并提交相应的证据，理由不成立或证据不充分的，人民法院不予支持。

第九条 各级人民法院对民事案件指令再审和再审发回重审的审判行为，应当严格遵守本规定。违反本规定的，应当依照相关规定追究有关人员的责任。

第十条 最高人民法院以前发布的司法解释与本规定不一致的，不再适用。

【解读】

解读《关于民事审判监督程序严格依法适用指令再审和发回重审若干问题的规定》

一、问题的提出

最高人民法院于2015年2月16日公布了《最高人民法院关于民事审判监督程序严格依法适用指令再审和发回重审若干问题的规定》（法释〔2015〕7号，以下简称《规定》）。为便于准确理解和正确适用，对《规定》的制定背景作如下说明。

（一）《规定》的起草背景

2007年修正的民事诉讼法实施后，民事审判监督类案件的裁判结果出现了两种不好的走势：一是民事申请再审案件启动再审的方式中，指令再审比例逐年升高，从2007年的20%左右上升到2013年的60%左右，但指令再审案件审理后改判的比例却从33%下降到23%。二是再审发回重审的比例逐年升高，从5%上升到15%以上，有的法院再审发回重审的比例甚至超过50%，但过半发回重审案件裁判结果与原先相同或基本相同。

为解决司法实践中存在的指令再审和发回重审随意性较大的问题，最高人民法院将"严格规范上级法院发回重审和指令再审的条件和次数"作为《人民法院第四个五年改革纲要（2014—2018）》的一项重点任务。《规定》是这一改革任务的阶段性成果，主要是通过严格规范民事案件指令再审和再审发回重审的标准，来解决指令再审和再审发回重审的"任性"问题，确保再审程序充分发挥依法纠错功能，及时有效维护各方当事人的合法权益，维护司法公正。

"规范指令再审和发回重审的条件和次数"的改革任务，并没有区分刑事、民事、行政不同案件，对发回重审也没有区分二审、再审不同程序。但从近五年的统计数据看，二审发回重审比例远低于再审，且呈下降趋势，问题不如再审突出。而审判监督类案件中，民事类案件数量最大，问题最突出。且刑事、民事、行政等不同类型案件裁判原则和裁判标准差异显著，二审与再审发回重审的裁判基础、裁判规则与裁判后果等方面也存在较大差别，不适宜全部规范在一个司法解释中。再考虑到民事审判监督程序一直是近几年社会各界关注的重点，又是近两次民事诉讼法修改的主要内容，遂决定将问题较为突出、呼声较为强烈的民事案件指令再审和再审发回重审的裁判标准作为规范重点和突破口，在充分听取各方意见基础上，几经修订最终出台了《规定》。

（二）《规定》的指导思想

根据统计，指令再审案件再审审理的结果维持原判比例较高、发回重审案件重审后维持原判结果比例也较大、再再审案件（两次以上再审的案件）仍有一定数量（近三年，各高级法院共审结再再审案件1973件，每年均超过600件）且改判比例仍较高，审判监督纠错功能的发挥还有可改善空间。为解决纠错不得法的情况，《规定》将确保再审纠错的及时性、有效性和正确性作为指导思想。具体体现在以下三个方面。

一是坚持启动再审以提审为原则。根据近几年的统计，全国各级法院提审案件再审纠错率（改判、发回、调解比例之和）一般都高出指令再审案件10个百分点，表明提审比指令再审更有利于再审纠错。因此，为提高再审纠错的有效性，《规定》坚持以提审为原则。

二是依法从严限定发回重审的适用。再审案件发回重审，全部审理周期少则几年、多则十几年，使法律秩序长期处于不稳定的状态；不当发回重审的案件，增加了当事人的诉讼成本、浪费了司法资源；发回重审后又维持原结果，程序无效"空转"，不仅无助于息诉止争，而且会激化矛盾，增加当事人的不满情绪。《规定》贯彻民事诉讼法的相关精神，限制发回重审的随意性，确保纠错的及时性。

三是尽量实现纠纷一次性解决。再审程序是特殊的补救程序，其主要职能是依法纠错，故审判监督类案件的审查和审理一般集中于当事人申请所指向的原审差错。但另一方面，再审是最后的审判程序，需要对诉争的矛盾纠纷作最终、实质性的解决，才更可能实现"再审不再"，避免无限再审，因此，《规定》坚持再审案件的审理应覆盖当事人在再审期间的全部争议，对被申请人提出的有关诉求也一并审理和裁判，以免"按下葫芦浮起瓢"。

二、理解与适用

（一）启动再审标准应统一

对当事人的再审申请，无论是以指令再审方式还是以提审方式裁定再审，标准应该是相同的，也即当事人的申请必须符合民事诉讼法（2012年修正，下同）第二百条或第二百零一条规定的情形。但实践中仍感觉提审与指令再审的标准似乎不尽相同，指令再审标准相对较宽、提审标准相对较严。客观地说，部分法院的一些工作机制容易形成驳回申请容易、再审难，指令再审容易、提审难的局面。原有信访化解机制也是造成民事审判监督案件裁判"变形"的一个重要因素，为了化解信访压力，一些不具备再审事由的案件可能会启动再审，或者再审案件可能会因此不当裁判。为了减轻信访压力，有的法院更愿意对有信访因素的案件选择指令再审、发回重审。

针对司法实践中的这些问题，《规定》第一条强调，对当事人的再审申请，人民法院仍应当按照民事诉讼法第二百条等规定进行审查，事由成立的始得裁定再审，不得因指令再审和信访等因素而降低相关标准。

（二）指令再审的适用标准

2008年《最高人民法院关于适用〈中华人民共和国民事诉讼法〉审判监督程序若干问题的解释》（以下简称《审判监督解释》）就明确了再审以提审为原则，其中第二十七条规定："上一级人民法院经审查认为申请再审事由成立的，一般由本院提审……"但实践中，指令再审比例仍超过60%，为启动再审的首选方式。提审原则落实得不好，其中一个重要原因，就是没有在指令再审和提审两种方式间画出清楚的区分线，《审判监督解释》在确定提审原则后，只规定"最高人民法院、高级人民法院也可以指定与原审人民法院同级的其他人民法院再审，或者指令原审人民法院再审。"界限的模糊，导致指令再审的随意。

划定指令再审和提审的标准，有两种思路：一是对民事诉讼法第二百条规定的十三种事由进行区分；二是从程序上进行严格规定。以申请再审事由作为区分标准，有两个问题不易解决：一是对哪些事由适合指令再审、哪些事由适合提审认识存在较大分歧。二是申请再审事由相对集中于民事诉讼法第二百条第一项、第二项、第六项，要体现提审的原则就必然要将这三项作为提审的事由，而民事诉讼法第二百一十一条将第一项至第五项作为抗诉案件可以指令再审的情形，就产生一定的冲突。从程序上严格限定，规定指令再审须经审委会讨论，则因缺乏一般标准，容易陷入一事一议的状态，增加审委会工作压力，与审委会改革的大方向也不相吻合。基于此，《规定》第二条在明确提审原则的前提下，综合考虑再审方式、申请事由、原审程序、当事人情况以及程序限定等多种因素，规定了可以指令再审的情形。

首先，法院依职权裁定再审的案件一律提审。上级法院依据民事诉讼法第一百九十八条第二款裁定再审，需确认原生效裁判确有错误，既已审查确定错误的存在，提审可以更加及时、准确地纠错，并可避免不必要的重复劳动和可能的矛盾裁判，《规定》第二条第三款要求依职权再审案件应当提审，没有任何例外规定。

其次，因抗诉裁定再审的案件，由接受抗诉的法院再审。检察院的抗诉是向同级法院提出的，而抗诉的对象是下级法院的生效裁判，由接受抗诉的法院再审，也体现了提审原则。因民事诉讼法第二百一十一条规定，有民事诉讼法第二百条第一项至第五项规定情形之一的可以指令再审，《规定》对此也予以明确。

最后，因当事人申请裁定再审案件，以提审为原则，只有最高人民法院、高级人民法院在四种情形下可以指令再审。依据民事诉讼法第二百零四条第二款的规定，对当事人申请再审的案件，中级人民法院不能指令基层人民法院再审，故《规定》明确对当事人的申请可以指令再审的法院只有最高人民法院和高级人民法院。可以指令再审的四种情形：一是依据民事诉讼法第二百条第四项、第五项或第九项裁定再审的，即当事人申请再审事由中包含有这三项事由之一，且经人民法院审查认定相关事由成立，据此裁定再审。二是发生法律效力的判决、裁定、调解书是由第一审法院作出的，即原生效裁判文书是一审后即发生法律效力的。三是当事人一方人数众多或者当事人双方为公民的，依据民事诉讼法第一百九十九条，这类当事人可以向原审人民法院申请再审，为延续民事诉讼法这一规定方便自然人诉讼、方便原审法院化解矛盾的立法本意，《规定》将之作为可以指令再审的情形。其中，依据2015年《最高人民法院关于适用〈中华人民共和国民事诉讼法〉的解释》（以下简称《民事诉讼法司法解释》），当事人一方人数众多，一般指十人以上。四是经审判委员会讨论决定的其他情形，也即不具备前三种情形，则指令再审必须提交本院审委会讨论同意。前三种情形界定清晰且范围较小，第四种情形则作了极为严格的程序性限制，坚持了提审原则，也清楚地划定了可以指令再审的例外情形。

（三）应当提审的具体情形

《规定》第二条明确了提审原则和指令再审的例外情形，为保证纠错效果，第三条还明确，虽然符合《规定》第二条可以指令再审的条件，但在以下六种情形下，仍应当提审而不得指令再审。

一是原判决、裁定系经原审人民法院再审审理后作出的。原生效裁判文书是再审裁判文书，此时若再指令原审法院再审，就可能会出现多次再审、反复再审的情形，不利于诉讼依法终结。

二是原判决、裁定系经原审人民法院审判委员会讨论作出的。原生效裁判文书系按原审人民法院审委会讨论形成的意见作出的，若再指令原审法院再审，必将仍由该院审委会讨论决定案件的裁判结果，显然不利于纠正原审可能存在的错误。

三是原审审判人员在审理该案时有贪污受贿、徇私舞弊、枉法裁判行为的。依据民事诉讼法司法解释，原审审判人员的贪污受贿、徇私舞弊、枉法裁判行为，需要已经由生效刑事法律文书或者纪律处分决定所确认，这些行为严重影响了司法公信力，同时也可能影响当事人对原审法院的信任，若指令原审法院再审，恐再审裁判结果不易令当事人信服。

四是原审人民法院对该案无再审管辖权的。民事诉讼法在2012年修正时，不再将管辖错误作为再审事由，故此处的"无再审管辖权"与原审法院在原审时对案件有无管辖权无关，而是指原审法院不符合民事诉讼法对再审法院的限定。如民事诉讼法第二百零四条第二款规定，"因当事人申请裁定再审的案件由中级人民法院以上的人民法院审理"，如果当事人不符合向基层法院申请再审的条件，或者虽符合条件但未向基层法院申请再审，则基层法院对因当事人申请而裁定再审的案件就不具有再审管辖权。

五是需要统一法律适用或裁量权行使标准的。依据《最高人民法院关于规范上下级人民法院审判业务关系的若干意见》，上级人民法院监督指导下级人民法院的审判业务工作，统一法律适用和裁量权行使标准是上级法院监督指导的主要内容之一，对涉及法律适用和裁量权行使标准的再审案件，由上级法院提审更有利于对下监督指导，也有利于提高再审案件裁判质量和效果。

六是其他不宜指令原审人民法院再审的情形。对指令再审标准不设兜底条款，对提审的标准设兜底条款，也是对提审原则的坚持。

（四）再审发回重审的事实性事由

2012年《全国人民代表大会常务委员会关于修改〈中华人民共和国民事诉讼法〉的决定》，对以事实认定方面的原因发回重审作了较为严格的限定。而据统计，民事再审发回重审的案件中，以事实方面的原因发回重审的占70%以上，随意以基本事实不清为由发回重审的情况较为普遍。为减少发回重审的随意性，就必须对发回重审的事实性事由进行严格限定，《规定》第四条从以下三个层次对此作了限定：

首先，《规定》明确，人民法院按照第二审程序审理再审案件，发现原判决认定基本事实不清的，一般应当通过庭审认定事实后依法作出判决。民事诉讼法第一百七十条第一款第三项规定，原判决认定基本事实不清的，裁定撤销原判决，发回原审人民法院重审，或者查清事实后改判。这一规定意味着，对基本事实可以在二审中直接审理认定，并非必须经过两级法院的两次审理。而再审案件，大多经过一审、二审、申请再审，如果再审再发回重审，则案件全部审理周期少则几年、多则十几年，将使法律秩序长期处于不稳定的状态。基于再审案件的特殊性，基于法律规定可以二审直接认定基本事实，《规定》明确了"基本事实不清"以查清事实后依法判决为原则。

其次，《规定》第四条明确，"原判决认定事实错误的，上级人民法院不得以基本事实不清为由裁定发回重审。"依据2007年民事诉讼法，原判决认定事实错误，也可以发回原审人民法院重审，而2012年民事诉讼法修正后，原判决认定事实错误的应依法改判，未规定可以发回重审，《规定》对此予以明确。

最后，《规定》对"认定基本事实不清"作了限制性解释。《民事诉讼法司法解释》已对"基本事实"作了专门解释，即"用以确定当事人主体资格、案件性质、民事权利义务等对原判决、裁定的结果有实质性影响的事实"，《规定》只对"不清"进行了解释。民事诉讼是依据证据规则对证据进行审核认定后再据此认定事实，因此，民事诉讼中对事实的认定只有三种情况：认定正确、认定错误、未作认定。而未作认定又分为两种情形：一是经过审理但因遗漏或认为没有必要而未作认定；二是未经审理，因而也没有认定。对经过审理而未作认定的情形，因相关证据已经过举证质证，各方当事人的意见已充分陈述，相关诉讼权利已充分行使，故没有发回重审的必要。只有对基本事实未经过庭审审理，相关证据没有组织过举证质证，才需要听取当事人的意见，才有可能需要发回重审。因此，本条将"未对基本事实进行过审理"，作为可以"认定基本事实不清"为由发回重审的情形。

（五）再审发回重审的程序性事由

《规定》对"严重违反法定程序"的界定主要从两个方面着手：一是对程序的限定，明确只有一审程序严重违法，才是发回重审的理由。一审程序合法，二审程序存在严重违反法定程序情形的，因再审以二审程序审理，可以弥补原二审程序中的程序问题，因而不得发回重审。二是对具体情形的限定，考虑到民事诉讼法第二百条第七项至第十项，就是对严重违反法定程序的细化，本条结合民事诉讼法第一百七十条第一款第四项及第二百条第七项至第十项的规定，将可以发回重审的程序性事由限定为5

种情形:(1)原判决遗漏必须参加诉讼的当事人的;(2)无诉讼行为能力人未经法定代理人代为诉讼,或者应当参加诉讼的当事人,因不能归责于本人或者其诉讼代理人的事由,(3)未参加诉讼的;未经合法传唤缺席判决,或者违反法律规定剥夺当事人辩论权利的;(4)审判组织的组成不合法或者依法应当回避的审判人员没有回避的;(5)原判决、裁定遗漏诉讼请求的。

需要注意的是,因法律或其他司法解释已经有了规定,或者受制于体例,或者其他原因,《规定》没有重复或明确以下内容。

一是对依据《规定》可以发回重审的案件,都可以根据当事人自愿的原则进行调解,调解不成的再发回重审。

二是二审终审后,再审提审的,因案件经过三级法院的审理,如果只是第一审程序存在严重违反法定程序的情形,而二审和提审程序没有问题,仍可以保障案件经过两级法院的合法审理,当事人的审级利益等程序性权利也可以获得充分保障,也不一定再发回重审。

三是只能发回重审一次规定的适用问题。民事诉讼法第一百七十条第二款规定:"原审人民法院对发回重审的案件作出判决后,当事人提起上诉的,第二审人民法院不得再次发回重审。"依据民事诉讼法第二百零七条,原生效裁判是由第二审法院作出的,或是上级法院提审的,再审案件按照第二审程序审理,所以民事诉讼法第一百七十条第二款的规定也完全适用于再审程序。原审程序中已经发回重审过的案件,再审中发现该案仍具有必须发回重审的法定情形的,不得再发回原第一审人民法院重审。如何处理,可以考虑提级审理的方式,即由再审人民法院裁定撤销原所有判决,并由原第一审人民法院的上一级人民法院按照第一审程序审理。当事人对作出的该一审判决不服的,可以提起上诉。

(六)再审案件的审理范围

再审案件的审理范围,也是长期困扰再审案件审理的一个问题。《审判监督解释》曾规定,"人民法院应当在具体的再审请求范围内或在抗诉支持当事人请求的范围内审理再审案件。"按照这一规定,因当事人申请裁定再审的案件,审理范围限于申请人的再审请求;因抗诉再审的案件,审理范围限于检察机关支持申请人的部分请求。《规定》对此作了较大调整,抗诉案件不再限于检察机关支持的范围,而且还要求对对方当事人提出的再审请求也一并审理和裁判。

首先,再审案件的审理范围一般是申请人的再审请求。对此应从以下四个方面理解。

一是所谓再审请求是指对原审裁判主文提出的具体的改判请求,即原审就诉讼请求作出的处理,申请人对部分或全部判项不服,提出应予改判以及如何改判的请求。

二是因当事人申请或检察机关抗诉裁定指令再审的,再审人民法院应当要求申请人明确具体的再审请求。再审人民法院应当对再审请求的有关事实和适用法律进行审理,并就当事人的再审请求应当支持与否作出再审裁判。

三是将再审审理范围限定为当事人的再审请求可以进一步理顺再审审查和再审审理之间的关系。再审审查与再审审理两个阶段的功能有着较大区别,理念也应该有所不同。再审审查阶段的任务是,审查确定当事人的申请事由是否符合法律规定,这一阶段应严格依法限制审查的范围,符合法定事由的才裁定再审,以维护生效裁判的稳定性。再审审理阶段的任务是，对当事人的再审请求依法裁判，这一阶段关注对象是再审请求是否有事实和法律依据，应全面覆盖当事人的争议，确保再审裁判认定事实清楚、适用法律正确、程序合法，避免再审程序空转或不必要的反复。因此，再审审理阶段就是要审理确定改判请求依据是否充分，是否应该获得支持，并据此裁判，而不应该继续围绕申请再审事由是否成立作判断，并根据事由是否成立自行决定如何处理原判。

四是将再审审理范围限定为当事人的再审请求更符合抗诉的职能作用。依据民事诉讼法第二百零八条，检察机关提起抗诉只是其认定原审裁判存在民事诉讼法第二百条规定的再审事由，也即检察机关在审查决定是否抗诉时，只在意是否具有再审事由，并不关注具体的再审请求，更不在意再审请求是否应该获得支持，所以抗诉书中一般只表述请法院依法再审，而很少表述支持当事人的具体再审请求，故《审判监督解释》的相关规定不易把握。而且抗诉案件中，当事人可能有多个请求和理由，检察机关抗诉时可能会支持了不成立的理由和请求，而对可以成立的请求和理由没有支持，适用原来的规定，可能会有错不纠、程序空转。

其次，对方当事人在再审庭审辩论终结前也提出再审请求的，应一并审理和裁判。对此可从以下三个方面来理解。

一是《规定》调整的原因。《规定》强调再审应覆盖当事人在再审期间的全部争议，这是对原有审判理念的一次较大调整。做这样的调整，主要是基于以下考虑：再审程序是特殊的补救程序，也是最后的审判程序，只有对当事人在再审期间存在的全部争议进行审理和裁判，对诉争的矛盾纠纷作最终、实质性的解决，才更可能实现"再审不再"。因当事人申请启动的再审案件中，被申请人因担心再审打破原判决各判项出入形成的利益平衡，也在再审中要求对其他判项作相应改判，如只对申请人的改判请求进行审判，则再审判决作出后被申请人会因利益平衡状态被打破而对再审案件申请再审，可能导致"反复再审""多次再审"的出现。因此，在再审中，对各方当事人的再审请求一并审理和裁判，解决当事人在再审期间的全部争议，可以避免再审多次启动，损害司法权威。当然，当事人在再审期间的全部争议，不应超出原审争议的范围。

二是对方当事人提出再审请求的时间为再审庭审辩论终结前。从提高再审庭审效率的角度出发，可将提出时间规定在再审答辩期限届满之前，以避免庭审活动行将结束之时再生反复。最后考虑到《民事诉讼法司法解释》第二百三十二条规定，将原告增加诉讼请求、被告提出反诉以及第三人提出相关请求的时间均限定在法庭辩论结束前，《规定》与之统一，也限定为再审庭审辩论结束前。

三是对方当事人提出再审请求无其他限制。《民事诉讼法司法解释》第四百零五条规定，对方当事人提出再审请求应符合民事诉讼法第二百零五条关于申请再审期限的规定。《规定》没有重申这一条件，也即，并不要求对方当事人的再审请求满足申请再审期限的规定。这一变动的主要理由除了尽可能覆盖再审期间的全部争议以避免多次再审外，还因为民事诉讼法司法解释的限制不够合理。如果按《民事诉讼法司法解释》的要求，对方当事人的再审请求超出申请再审期限，不予一并审理和裁判，则再审判决作出后，对方当事人被阻挡在再审之外的相关请求和理由，又可以通过申请检察监督来主张（按一审程序再审时则可通过上诉主张），如其理由成立、请求应获支持，则可能再次启动再审程序,原再审裁判结果也将变更。《民事诉讼法司法解释》的限制就显得毫无意义,而且不利于纠纷快速解决、诉讼依法及时终结。

最后,当事人的再审请求超出原审诉讼请求的部分不予审理。原告在一审中提出的诉讼请求、被告提出的反诉以及有独立请求权第三人提出的请求,都属于诉讼请求,法院一审、二审以及再审裁判对象实际都是当事人在一审中的诉讼请求。一审法院对当事人的诉讼请求作出裁判后,当事人不服的,其上诉请求实际是对一审法院就各方当事人诉讼请求作出的裁判请求部分或全部变更,所以二审最终的处理仍在一审诉讼请求的范围之内。同样的,因二审裁判(对一审就诉讼请求作出裁判的变更或维持)是在一审诉讼请求范围之内,二审裁判被裁定再审的,申请人的再审请求实质仍是要求对原审就一审中诉讼请求处理的部分或全部变更。换言之,无论是一审、二审还是再审,裁判的对象实质都是当事人在一审中的诉讼请求,而上诉请求和再审请求都是对法院就诉讼请求作出的裁判请求部分或全部变更。因此,所谓的再审请求超出原审诉讼请求,是指当事人的改判请求超出各方当事人在一审中的诉讼请求。无论哪方当事人的再审请求超出原审诉讼请求,再审都不予审理,构成另案诉讼的,告知当事人可以提起新的诉讼。

另外,《民事诉讼法司法解释》第四百零五条第三款规定:"人民法院经再审,发现已经发生法律效力的判决、裁定损害国家利益、社会公共利益、他人合法权益的,应一并审理。"沿用了《审判监督解释》第三十条的精神,相关规定与《规定》并不矛盾,在确定再审审理范围时也应遵照执行。

(七)再审发回重审后诉讼主张的变更

再审发回重审案件,是否准许当事人增加诉讼请求和提出反诉,也是司法实践中需要规范的一个重要内容,《规定》第八条专门就此作了规定。对此可以从以下三个方面进行理解。

一是再审发回重审的案件,应当围绕当事人原诉讼请求进行审理。这涉及对再审发回重审案件性质的理解,对此有两种不同观点:一种意见认为,因原生效裁判文书已被撤销,再审发回重审后案件又回到原点,成为一个全新的普通一审案件;另一种意见则认为,再审发回重审是再审程序的延续,仍是纠错程序。应该说,案件经过再审审理,裁定撤销原判发回重审后,生效裁判被撤销,再审程序已经结束。民事诉讼法第十三条第一款规定,"民事诉讼应当遵循诚实信用原则"。根据诚实信用原则,当事人在原一审、二审以及再审中的相关诉讼主张、质证及辩论意见,仍对其有约束力。从这个角度看,再审发回重审案件并非"另起炉灶重开张",而应该是原有诉讼程序的继续。基于这种理解,再考虑到司法实践中再审发回重审案件一般历时较长,为避免问题复杂化、及时解决相关纠纷,《规定》明确再审发回重审案件原则上仍应当围绕当事人原诉讼请求进行审理。

二是当事人变更、增加诉讼请求和提出反诉的,应符合民事诉讼法司法解释规定的条件。《民事诉讼法司法解释》第二百五十二条规定:"再审裁定撤销原判决、裁定发回重审的案件,当事人申请变更、增加诉讼请求或者提出反诉,符合下列情形之一的,人民法院应当准许:(一)原审未合法传唤缺席判决,影响当事人行使诉讼权利的;(二)追加新的诉讼当事人的;(三)诉讼标的灭失或者发生变化致使原诉讼请求无法实现的;(四)当事人申请变更、增加的诉讼请求或者提出的反诉,无法通过另诉解决的。"第一种、第二种情形，相关当事人非因自己原因，未能在原审中充分行使提出诉讼请求或反诉等基本诉讼权利，发回重审就是为了给予其救济，故应准许其提出相应的请求。第三种、第四种情形，则因情况特殊，只能准许当事人在再审中提出相关请求。

三是当事人变更原审中的诉讼主张应有充分的理由。根据诚实信用原则，当事人在原诉讼程序中的相关诉讼主张、质证及辩论意见，仍对其有约束力。再审案件撤销原判、发回重审后，当事人变更其原先主张需要有充分的理由和证据，理由不成立或证据不充分的，人民法院不予支持。

（八）其他问题

《规定》第六条还要求指令再审、发回重审裁定应阐明具体理由。有的法院指令再审、发回重审时习惯附内部函进一步说明。附内部函的做法，容易将法定裁判文书虚化、简单化，不符合司法公开的要求，也不符合各级法院依法独立行使审判权的要求。因内部函的意见不需要承担责任，还容易诱发指令再审、发回重审的随意性。《规定》第六条要求全面公开裁定的理由，在裁定书中阐明指令再审或者发回重审的具体理由，并达到减少指令再审、发回重审随意性的效果。

《规定》第九条还对审判纪律提出了要求。这在以往的司法解释中比较少见，这主要是基于对指令再审、再审发回重审随意性较大这一问题的成因分析。民事诉讼法对审查启动再审标准、裁定再审方式、再审发回重审标准等都有原则性规定，相关司法解释又作了进一步明确，虽有少许模糊地带，但根据立法意图和基本原则足以厘清。例如，审查启动再审方式，民事诉讼法的精神是以提审为原则，《审判监督解释》第二十七条更是作出明确规定。但实践中指令再审成为首选方式，显然与法律和司法解释的要求相悖。又如，对发回重审，再审与二审适用的规定相同，2007年之前再审发回重审比例也一直低于二审，而如今二审发回重审比例逐年走低，再审发回重审比例却节节攀升远超二审，显见主因不是法律规定的模糊和再审的特殊性，而是法律和司法解释未得到严格执行。因此，解决民事案件指令再审和发回重审工作中的相关问题，除了需要制定有关标准外，还需要强调审判纪律，确保法律和司法解释的规定得到严格执行。为此，《规定》第九条明确了审判纪律及责任。当然，责任的追究，应由人民法院纪检监察部门依照《人民法院工作人员处分条例》等规定进行。

（撰稿人：高沈坚）

最高人民法院
关于判决生效后当事人将判决确认的债权转让债权受让人对该判决不服提出再审申请人民法院是否受理问题的批复

法释〔2011〕2号

（2010年12月16日最高人民法院审判委员会第1506次会议通过 2011年1月7日最高人民法院公告公布 自2011年2月1日起施行）

海南省高级人民法院：

你院《关于海南长江旅业有限公司、海南凯立中部开发建设股份有限公司与交通银行海南分行借款合同纠纷一案的请示报告》（〔2009〕琼民再终字第16号）收悉。经研究，答复如下：

判决生效后当事人将判决确认的债权转让，债权受让人对该判决不服提出再审申请的，因其不具有申请再审人主体资格，人民法院应依法不予受理。

【解读】

解读《关于判决生效后当事人将判决确认的债权转让债权受让人对该判决不服提出再审申请人民法院是否受理问题的批复》

一、问题的提出

民事诉讼法2007年修改后，民事申请再审案件数量大量上升，其中部分案件涉及判决生效后当事人将判决确认的债权转让，债权受让人对该判决不服提出申请再审。对这种债权受让人有无申请再审人主体资格问题，则有不同意见：有的认为其可直接作为当事人申请再审，有的认为其可作为案外人申请再审，有的认为其不具有申请再审主体资格。生活实践中确实存在"买卖判决书"的现象，一些受让人以低廉的价格收购债权后，还企图通过再审程序谋求超出正常预期的额外利益。在银行不良资产的债权转让中也出现了这个问题。鉴于此问题带有普遍性、争议较大，有必要出台《最高人民法院关于判决生效后当事人将判决确认的债权转让债权受让人对该判决不服提出再审申请人民法院是否受理问题的批复》（以下简称本批复）。

二、理解与适用

（一）不赋予判决债权受让人申请再审人主体资格的法理依据

关于受让诉讼标的法律关系的继受人有无再审当事人资格，有当事人恒定主义与诉讼承继主义两种不同立法体例。我国现行法律、司法解释认可自然人死亡后的继承人、企业合并分立后的权利义务承受人有申请再审主体资格，但对判决生效后受让诉讼标的法律关系的继受人有无申请再审人资格，则未予明文规定。

我们研究认为，从平衡各方当事人利益及维护诉讼顺利进行的立场出发，应当不允许这种情形下的继受人有申请再审人主体资格。理由是以下三点：（1）保护了债务人的诉讼信赖利益。当事人之间的诉讼系基于一定的法律关系，双方当事人在原审诉讼中的诉讼主张和请求、攻击防御方法为双方所知晓，如果更换他人为当事人再行诉讼，将使得法律关系变得不确定，从而损害债务人的诉讼利益。（2）不损害债权转让人、受让人的正当利益。如果作为原审一方当事人的债权让与人对生效裁判不服，其应当先行对该裁判申请再审，待再审裁判作出后再行转让。由于债权让与人转让的是判决确定的债权，不是原审诉讼争议诉讼标的所涉及的债权。因此，不允许债权受让人作为申请再审人，在其正常的诉讼预期之内，并不损害其正当利益。（3）若对方当事人提出债权转让无效的抗辩，因该项事实系原判生效后新发生的事实，不属原判既判力时间范围之内，不是再审程序能够解决的事项。因此，若受理债权受让人提出的再审申请，再审程序或恐难以正常进行。

（二）判决债权的受让人既没有申请再审资格，也没有申诉人资格

本批复征求意见稿规定判决生效后当事人将判决确认的债权转让的，债权受让人对该判决无申请再审人主体资格，也没有申诉人主体资格，目的是杜绝此类案件进入再审程序。后来删掉了关于没有申诉人主体资格的表述。从解释论而言，既然判决债权的受让人不具有申请再审人资格，也就没有申诉人资格，没必要重复规定。

（三）本批复对金融不良债权转让案件的处理的意义

最高人民法院出台了一系列关于审理不良债权转让案件的文件，并在2010年出台了《最高人民法院关于审理涉及金融不良债权转让案件工作座谈会纪要》，但对判决债权受让人有无申请再审人主体资格这一问题均未予明确。可以说，本批复对处置不良债权案件具有重要意义。

最高人民法院
关于人民法院不予受理人民检察院单独就诉讼费负担裁定提出抗诉问题的批复

法释〔1998〕22号

（1998年7月21日最高人民法院审判委员会第1005次会议通过 1998年8月31日最高人民法院公告公布 自1998年9月5日起施行）

河南省高级人民法院：

你院豫高法〔1998〕131号《关于人民检察院单独就诉讼费负担的裁定进行抗诉能

否受理的请示》收悉。经研究，同意你院意见，即：人民检察院对人民法院就诉讼费负担的裁定提出抗诉，没有法律依据，人民法院不予受理。

此复。

【解读】

解读《关于人民法院不予受理人民检察院单独就诉讼费负担裁定提出抗诉问题的批复》

一、问题的提出

最高人民法院审判委员会于1998年7月21日经讨论后通过了《最高人民法院关于人民法院不予受理人民检察院单独就诉讼费负担提出抗诉问题的批复》（法释〔1998〕22号，以下简称本批复）。本批复认为，人民检察院对人民法院就诉讼费负担的裁定提出抗诉，没有法律依据，人民法院不予受理。

二、理解与适用

本批复是最高人民法院发布的有关民事抗诉案件审理的系列司法解释之一，是对人民法院受理民事抗诉案件范围的明确规定，即有关诉讼费用负担的民事裁定不属于民事抗诉的对象。

人民法院决定当事人负担诉讼费用的行为具有司法行政行为。虽然这一行为与审判行为密切相联系但其本身不是审判行为，不是对当事人民事权利义务争议的裁判，不是审判活动。因而不属于民事诉讼法（1991年公布，下同）第十四条规定的人民检察院监督人民法院的民事审判活动的范畴。所以，人民检察院单独就诉讼费用的负担的裁定提出抗诉没有法律依据。就河南省高级人民法院请示中的案例而言，新某公司诉徐某欠款纠纷一案，一审判决后，徐某不服提起上诉，二审法院发回重审后，新某公司撤诉。新某公司承担一审诉讼费用完全符合《人民法院诉讼收费办法》确定的原则。至于二审上诉费用应由哪一方当事人负担，《人民法院诉讼收费办法》没有具体规定，考虑到上诉是由徐某提起的，法院确定由其承担二审诉讼费也是合理的，不存在适用法律错误的问题。

尽管有人认为，根据民事诉讼法第一百八十五条的规定，凡是发生法律效力的民事判决、裁定，人民检察院都可以提出抗诉。因为该条并未明确将有关诉讼费用负担的裁定排除在外。故人民法院应当受理人民检察院就诉讼费用负担的裁定提出的抗诉。这种理解显得过于片面。因为：第一，根据民事诉讼法第一百四十条的规定，有关诉讼费用负担的裁定当事人不得上诉。《人民法院诉讼收费办法》第二十九条也规定，当事人不得单独就人民法院关于诉讼费用的决定提出上诉。《最高人民法院关于适用〈中华人民共和国民事诉讼法〉若干问题的意见》第二百零八条还规定，当事人对有关诉讼费用负担的裁定不得申请再审。如果人民法院受理人民检察院提出的抗诉，实际上有关不得上诉和不得申请再审的规定形同虚设。第二，民事诉讼法第一百八十五条虽然规定民事裁定是抗诉的对象，但这只是原则的规定，并非表明所有的民事裁定，检察院都可以抗诉。就诉讼费用裁定而言，如果法院受理检察院对这种裁定的抗诉，再审时，人民法院审理的对象不是当事人的民事权利义务之争，而是审查法院对诉讼费用负担决定行为。因而，人民法院无法开庭再审，即使开庭，当事人在法庭上就其民事权利义务而言也无话可说。第三，就河南省高级人民法院请示的案件而言，新某公司申请撤诉，是法律赋予的诉讼权利，表明其不愿意再继续诉讼。新某公司撤诉，徐某也就解除了不必要的诉累。如果受理检察院的抗诉，法院就必须再审，当事人必须到庭，实际上既有违当事人的意愿，也有违民事诉讼法有关撤诉的规定。故本批复的规定是正确的，符合法律原意。

尽管河南省高级人民法院请示中涉及的问题仅涉及上诉费用的负担，但本批复是就诉讼费用负担一般问题作出答复的，本批复当然适用于所有的有关民事诉讼费用负担问题。

（撰稿人：汪治平）

最高人民法院
关于人民法院发现本院作出的诉前保全裁定和在执行程序中作出的裁定确有错误以及人民检察院对人民法院作出的诉前保全裁定提出抗诉人民法院应当如何处理的批复

法释〔1998〕17号

（1998年7月21日最高人民法院审判委员会第1005次会议通过 1998年7月30日最高人民法院公告公布 自1998年8月5日起施行）

山东省高级人民法院：

你院鲁高法函〔1998〕57号《关于人民法院在执行程序中作出的裁定如发现确有错误应按何种程序纠正的请示》和鲁高法函〔1998〕58号《关于人民法院发现本院作出的诉前保全裁定确有错误或者人民检察院对人民法院作出的诉前保全提出抗诉人民法院应如何处理的请示》收悉。经研究，答复如下：

一、人民法院院长对本院已经发生法律效力的诉前保全裁定和在执行程序中作出的裁定，发现确有错误，认为需要撤销的，应当提交审判委员会讨论决定后，裁定撤销原裁定。

二、人民检察院对人民法院作出的诉前保全裁定提出抗诉，没有法律依据，人民法院应当通知其不予受理。

最高人民法院
关于人民检察院提出抗诉按照审判监督程序再审维持原裁判的民事、经济、行政案件，人民检察院再次提出抗诉应否受理问题的批复

1995年10月6日　　　　　　　　　　　　　　法复〔1995〕7号

四川省高级人民法院：

你院关于人民检察院提出抗诉，人民法院按照审判监督程序再审维持原裁判的民事、经济、行政案件，人民检察院再次提出抗诉，人民法院应否受理的请示收悉。经研究，同意你院意见，即上级人民检察院对下级人民法院已经发生法律效力的民事、经济、行政案件提出抗诉的，无论是同级人民法院再审还是指令下级人民法院再审，凡作出维持原裁判的判决、裁定后，原提出抗诉的人民检察院再次提出抗诉的，人民法院不予受理；原提出抗诉的人民检察院的上级人民检察院提出抗诉的，人民法院应当受理。

最高人民法院
关于对执行程序中的裁定的抗诉不予受理的批复

1995年8月10日　　　　　　　　　　　　　　法复〔1995〕5号

广东省高级人民法院：

你院粤高法〔1995〕37号《关于人民法院在执行程序中作出的裁定检察院是否有权抗诉的请示》收悉。经研究，答复如下：

根据《中华人民共和国民事诉讼法》的有关规定，人民法院为了保证已发生法律效力的判决、裁定或者其他法律文书的执行而在执行程序中作出的裁定，不属于抗诉的范围。因此，人民检察院针对人民法院在执行程序中作出的查封财产裁定提出抗诉，于法无据，人民法院不予受理。

最高人民法院 最高人民检察院
印发《关于规范办理民事再审检察建议案件若干问题的意见》的通知

2023年11月24日　　　　　　　　　　法发〔2023〕18号

各省、自治区、直辖市高级人民法院、人民检察院，解放军军事法院、军事检察院，新疆维吾尔自治区高级人民法院生产建设兵团分院、新疆生产建设兵团人民检察院：

为规范人民法院、人民检察院办理民事再审检察建议案件程序，推进落实《中共中央关于加强新时代检察机关法律监督工作的意见》，提升法律监督质效和司法公信力，促进司法公正，根据《中华人民共和国民事诉讼法》和相关法律规定，最高人民法院、最高人民检察院制定了《关于规范办理民事再审检察建议案件若干问题的意见》，现予印发，请结合实际贯彻执行。在执行中遇到的问题，请分别层报最高人民法院、最高人民检察院。

最高人民法院 最高人民检察院
关于规范办理民事再审检察建议案件若干问题的意见

为规范人民法院、人民检察院办理民事再审检察建议案件程序，推进落实《中共中央关于加强新时代检察机关法律监督工作的意见》，提升法律监督质效和司法公信力，促进司法公正，根据《中华人民共和国民事诉讼法》等法律规定，结合司法实践，制定本意见。

第一条 民事再审检察建议是人民检察院对生效民事判决、裁定、调解书实施法律监督的重要方式。人民法院、人民检察院应当严格按照《中华人民共和国民事诉讼法》有关再审检察建议的规定，依法规范履行审判和法律监督职责。人民检察院要坚持法定性与必要性相结合的监督标准，增强监督的及时性与实效性，规范适用再审检察建议；人民法院要坚持依法接受监督，增强接受监督的主动性与自觉性，及时办理民事再审检察建议案件，共同维护司法公正。

第二条 人民检察院发现同级人民法院生效民事判决、裁定有《中华人民共和国民事诉讼法》第二百零七条规定情形之一的，或者民事调解书有损害国家利益、社会公共利益情形的，可以向同级人民法院提出再审检察建议；地方各级人民检察院提出再审检察建议的，应报上级人民检察院备案。

人民检察院发现生效民事判决、裁定、调解书系民事诉讼当事人通过虚假诉讼获得的，依照《最高人民法院、最高人民检察院、公安部、司法部关于进一步加强虚假诉讼犯罪惩治工作的意见》第十八条规定办理。

第三条 人民检察院对同级人民法院再审或者审判委员会讨论后作出的生效民事

判决、裁定、调解书，一般不适用提出再审检察建议的方式进行监督。

人民法院生效民事判决、裁定、调解书存在的笔误或者表述瑕疵不属于提出再审检察建议的情形，人民检察院可以提出改进工作建议。

第四条 人民检察院提出再审检察建议，一般应当经检察委员会讨论决定。存在特殊情形的，人民检察院可与同级人民法院会商解决。

第五条 人民检察院提出再审检察建议，应当将再审检察建议书连同检察案件材料一并移送同级人民法院。

再审检察建议书应当载明案件相关情况、监督意见并列明原判决、裁定、调解书存在《中华人民共和国民事诉讼法》第二百一十五条、第二百一十六条规定的情形。

人民检察院提出再审检察建议案件不符合前述规定的，人民法院依照《最高人民法院关于适用〈中华人民共和国民事诉讼法〉的解释》第四百一十四条规定处理。

第六条 人民法院应当自收到符合条件的再审检察建议书和相关检察案件材料之日起七日内编立案号，纳入案件流程管理，依法进行审查，并告知人民检察院。

本院或者上级人民法院已作出驳回再审申请裁定的，不影响人民法院受理同级人民检察院提出的再审检察建议。

人民检察院提出再审检察建议的案件已经同级人民法院裁定再审但尚未审结的，人民法院应当将再审检察建议并入再审案件一并审理，并函告人民检察院。案件已经上级人民法院裁定再审但尚未审结的，同级人民法院可以将再审检察建议书及检察案件材料报送上级人民法院并告知提出再审检察建议的人民检察院。

第七条 人民法院对民事再审检察建议案件，应当组成合议庭，在三个月内审查完毕。有特殊情况需要延长的，应当依照相关审批程序延长审查期限。

在原审判程序中参与过本案审判工作的审判人员，不得再参与该民事再审检察建议案件的办理。

第八条 人民法院对民事再审检察建议案件，一般采取审查人民检察院移交的案件材料、调阅原审案件卷宗等方式进行书面审查。经审查，案件可能启动再审或者存在其他确有必要情形的，应当询问当事人。

第九条 人民法院对民事再审检察建议案件经审查认为原判决、裁定、调解书确有错误，决定采纳检察建议启动再审的，再审裁定书应当载明监督机关及民事再审检察建议文号。裁定书应当送交同级人民检察院。

人民法院经审查决定不予再审的，应当书面回复人民检察院并述明理由。人民检察院可以适当方式将人民法院不予再审结果告知申请人。

第十条 人民法院采纳再审检察建议启动再审的民事案件，按照《最高人民法院关于适用〈中华人民共和国民事诉讼法〉的解释》第四百零二条第一款第三项、第四项规定的程序开庭审理。有下列情形之一的，人民检察院可以派员出席法庭：

（一）人民检察院认为原案的处理损害国家利益或者社会公共利益的；

（二）人民检察院认为原案存在虚假诉讼的；

（三）人民检察院调查核实的证据需要向法庭出示的；

（四）具有重大社会影响等其他确有出庭必要的。

人民检察院派员出席法庭的，可以参照《最高人民法院关于适用〈中华人民共和国民事诉讼法〉的解释》第四百零二条第一款第二项规定的程序开庭审理。

第十一条 人民法院采纳再审检察建议启动再审的民事案件，应当将再审后作出的判决书、裁定书送交同级人民检察院。调解结案的，书面告知同级人民检察院。

第十二条 人民法院、人民检察院应当建立民事再审检察建议案件共同调解机制，做好民事再审检察建议案件调解和矛盾化解工作。

第十三条 人民法院、人民检察院应当探索建立常态化工作联系机制。对涉及群体性纠纷或者引发社会广泛关注，可能影响社会稳定的案件，以及重大、疑难、复杂、敏感等案件，人民法院、人民检察院在办理过程中，应当加强相互沟通，依法妥善处理。

第十四条 人民法院、人民检察院应当定期开展再审检察建议工作综合分析和通报，推动审判监督和检察监督工作良性互动，提升再审检察建议案件办理质效。

地方各级人民法院、人民检察院在实践中遇到新情况、新问题可先行会商，并将相关问题及应对措施及时层报最高人民法院、最高人民检察院。

【解读】

解读《关于规范办理民事再审检察建议案件若干问题的意见》

为规范法院、检察机关办理民事再审检察建议案件程序，推进落实2021年党中央印发的《中共中央关于加强新时代检察机关法律监督工作的意见》，提升法律监督质效和司法公信力，促进司法公正，最高人民法院、最高人民检察院联合印发《最高人民法院、最高人民检察院关于规范办理民事再审检察建议案件若干问题的意见》（以下简称《意见》）。为便于司法实践中准确理解与适用，现对《意见》的制定背景、基本思路和主要内容解读如下。

一、《意见》的制定背景

2012年民事诉讼法修改时，新增再审检察建议作为检察监督的重要方式。再审检察建议是指检察机关在办理民事检察监督案件过程中，发现法院已生效的民事判决、裁定和调解书确有错误，符合法定再审条件的，由检察机关向同级法院提出书面监督意见，建议法院启动再审程序进行纠正的重要监督方式。2023年前三季度，检察机关提出再审检察建议数量已超过抗诉案件数量。

多年实践证明，再审检察建议制度的确立与施行，有利于促进法检良性互动，减少办案环节，提升监督质效，为维护民事实体法和民事程序法的统一正确实施、促进司法公正和保障当事人合法权益提供有力制度支撑。但是，法律对再审检察建议的适用范围，以及法院的审查程序、启动再审标准、检察机关诉讼地位、再审审理方式等未作具体规定，导致再审检察建议适用标准不明、检察监督与审判监督程序衔接不畅、再审检察建议非案件化办理等问题突出，影响再审检察建议制度运行效果。对此，最高人民法院与最高人民检察院采取联合调研方式，针对再审检察建议的具体适用问题进行充分考察论证，在全面总结调研的基础上，征求全国人大常委会法制工作委员会、地方法院与检察院的意见，联合制定《意见》。《意见》通过完善相关工作机制，强化再审检察建议同级监督制约作用，实现再审检察建议案件化、规范化办理，促进法检在民事审判监督方面的协作配合，提高司法效率，维护司法公正，以审判和检察工作现代化助推中国式法治现代化。

二、《意见》制定的基本思路

一是坚持以习近平法治思想为指导。《意见》坚持以习近平法治思想为指导，认真贯彻落实党的二十大报告"加强检察机关法律监督工作""强化对司法活动的制约监督，促进司法公正"等重要内容，深刻领会习近平总书记在中央政治局第二十次集体学习时有关"要加强民事检察工作，加强对司法活动的监督"的重要指示，积极推进落实《中共中央关于加强新时代检察机关法律监督工作的意见》，聚焦民事领域检察监督与审判监督工作新形势新要求，完善检察机关法律监督与法院内部纠错衔接机制，实现再审检察建议案件化、规范化办理，努力让人民群众在每一个民事案件中感受到公平正义。

二是坚持问题导向。民事诉讼法及相关司法解释对再审检察建议的规定较为原则，缺乏具体操作程序及法检衔接机制规定，导致有的地方再审检察建议制度运行效果不理想，未能充分发挥实质纠错作用。《意见》着眼于解决实践中存在的突出问题，对检察机关制发再审检察建议的标准与程序、法院审查与处理再审检察建议案件的程序、强化检法之间的协作配合等问题重点作出规定，为司法实践提供有效指导。

三是坚持积极稳妥。《意见》突出对立法精神和立法原意的把握，遵循民事诉讼法和相关司法解释的规定，按照"各方认识上有共识、司法实践相对成熟、司法实践急迫需要"的标准，积极稳妥对相关问题作出规定。

三、《意见》的主要内容

《意见》共14条，主要规定以下内容。

（一）基本要求

一是检察机关要规范适用再审检察建议。根据《意见》第一条的规定，检察机关要坚持法定性与必要性相结合的监督标准，增强监督的及时性与实效性，规范适用再审检察建议。法定性标准系就监督依据而言，主要指检察机关应当依据民事诉讼法（2021年修正，下同）第二百零七条的规定审查民事裁判结果。必要性标准系就监督效果而言，主要指检察机关应当结合监督的社会效果、裁判作出时的司法政策和社会背景等因素对监督的必要性进行审查，在综合考量后再作出是否予以监督的决定。《意见》还强调增强法律监督的及时性与实效性，各级检察机关要对标最高人民检察院党组提出的"高质效办好每一个案件"的要求，更加注重监督质与量的统一。

二是法院要依法办理再审检察建议案件。根据《意见》规定，法院要充分认识再审检察建议是检察机关对生效民事裁判、调解书实施法律监督的重要方式，增强接受检察机关法律监督的主动性和自觉性，把外部监督转化为司法审判质效的内在提升，及时、规范办理再审检察建议案件，依法纠正确有错误的民事案件。

三是检法要共同维护司法公正和司法权威。检察机关与法院都是党绝对领导下的司法机关，司法办案的根本目的和基本价值追求都是"努力让人民群众在每一个司法案件中感受到公平正义"。检察机关、法院在办理再审检察建议案件过程中要从强化检察机关法律监督、促进法院公正审判的角度，切实践行习近平法治思想，进一步加强协同协作，共同维护司法公正和司法权威。

（二）明确再审检察建议的适用标准与决定程序

一是再审检察建议的适用标准。检察机关制发再审检察建议的目的是督促法院启动再审程序，因此，案件符合民事诉讼法规定的再审条件是适用再审检察建议的法定标准。根据《意见》第二条第一款规定，检察机关发现同级法院生效民事判决、裁定有民事诉讼法第二百零七条规定情形之一的，或者民事调解书有损害国家利益、社会公共利益情形的，可以向同级法院提出再审检察建议。

检察机关多年的监督实践表明，司法调解案件是虚假诉讼的重灾区，虚假调解案件数量居高不下。而民事诉讼法尚未将该类案件明确纳入检察监督范围，为回应实践需求和人民关切，2021年3月，《最高人民法院、最高人民检察院、公安部、司法部关于进一步加强虚假诉讼犯罪惩治工作的意见》第十八条规定："人民检察院发现已经发生法律效力的判决、裁定、调解书系民事诉讼当事人通过虚假诉讼获得的，应当依照民事诉讼法第二百零八条第一款、第二款等法律和相关司法解释的规定，向人民法院提出再审检察建议或者抗诉。"2021年6月，《人民检察院民事诉讼监督规则》第七十五条规定："人民检察院发现民事调解书损害国家利益、社会公共利益的，依法向人民法院提出再审检察建议或者抗诉。人民检察院对当事人通过虚假诉讼获得的民事调解书应当依照前款规定监督。"《意见》第二条第二款明确检察机关发现生效民事判决、裁定、调解书系民事诉讼当事人通过虚假诉讼获得的，依照《最高人民法院、最高人民检察院、公安部、司法部关于进一步加强虚假诉讼犯罪惩治工作的意见》第十八条规定办理。

二是适用再审检察建议的例外情形。《意见》第三条根据司法实践经验，明确下列情形中检察机关一般不采用再审检察建议监督方式：首先，法院再审后作出的生效民事裁判、调解书。由于案件经过了一次再审程序，由同一法院再次启动再审程序予以纠正的可能性较小，监督效果得不到保证，因此，对同级法院经再审程序作出的生效民事裁判、调解书，即使符合提出再审检察建议的条件，同级检察机关也不宜提出，一般应当提请上一级检察机关抗诉。其次，法院审判委员会讨论后作出的生效民事裁判、调解书。审判委员会讨论作出的决定对该法院而言，具有最高的专业性和权威性，对这类案件，即使符合提出再审检察建议的条件，由原审法院进行纠正也会存在一定的难度，同级检察机关一般应当提请上一级检察机关抗诉。最后，法院生效民事裁判、调解书中存在笔误或者表述瑕疵的。这类情形不属于法定再审事由，同级检察机关不应对此提出再审检察建议，但可根据最高人民检察院《人民检察院检察建议工作规定》《人民检察院民事诉讼监督规则》相关规定提出改进工作建议。

三是再审检察建议的决定程序。民事诉讼法未规定再审检察建议的决定程序。2011年3月，《最高人民法院、最高人民检察院关于对民事审判活动与行政诉讼实行法律监督的若干意见（试行）》第七条规定，再审检察建议应当经检察委员会决定。《最高人民法院关于适用〈中华人民共和国民事诉讼法〉的解释》及《人民检察院民事诉讼监督规则》重申了该决定程序，规定提出再审检察建议应当经检察委员会讨论决定，主要是为确保再审检察建议提出的程序规范严谨，避免随意性。再审检察建议由同级检察机关向作出生效裁判、调解书的同级法院提出，对提出再审检察建议的工作机制适当灵活掌握，有利于检察机关及时发挥同级监督作用，也有利于法院区分和优化检察监督案件办理程序，符合现实需要。同时，这也符合全面落实司法责任制的要求。

因此,《意见》第四条在坚持"人民检察院提出再审检察建议,一般应当经检察委员会讨论决定"的原则前提下,规定"存在特殊情形的,人民检察院可与同级人民法院会商解决"。所谓的"特殊情形",主要指客观上没有必要提交检察委员会决定或者其他经检法沟通协商一致达成共识的情形。如,原民事案件涉嫌虚假诉讼,相应刑事诉讼程序已经启动;据以作出原裁判的法律文书被撤销或者变更;生效刑事法律文书或者纪律处分决定已确认审判人员审理原民事案件时有贪污受贿、徇私舞弊、枉法裁判行为;原民事案件有明显错误且经会商法院同意启动再审程序的其他情形。

(三)优化检察监督与审判监督衔接程序

一是检察机关移送再审检察建议案件的相关要求。根据《意见》第五条规定,检察机关提出再审检察建议,应当将再审检察建议书连同检察案件材料一并移送同级法院。再审检察建议书应当载明案件相关情况、监督意见并列明原判决、裁定、调解书存在民事诉讼法第二百一十五条、第二百一十六条规定的情形。检察案件材料一般包括原审裁判文书、当事人提交的监督申请书及相关证据材料等,如检察机关对案件依法开展调查核实并已调取相关证据材料的,还应包括检察机关调取的证据材料。对于移送材料不全的,由检法协商解决。

二是法院受理再审检察建议不受驳回再审申请裁定的影响。根据民事诉讼法相关规定,对生效民事裁判、调解书启动再审有当事人申请、法院院长发现、检察机关提出抗诉和再审检察建议三种途径,法院作出的驳回再审申请裁定仅是对当事人申请再审的评判,且经过再审审查没有启动再审,而再审检察建议是检察机关依法进行的公权力监督,是检察机关对原裁判、调解书的监督意见,法院应当依法审查,不受驳回裁定的影响。据此,《意见》第六条第二款明确规定,法院受理再审检察建议不受上级法院或本院驳回当事人再审申请裁定的影响。

三是对法院收到再审检察建议案件时原民事案件已经同级或上级法院裁定再审的处理。《意见》第六条第三款规定区分以下两种情形进行处理:首先,法院收到再审检察建议时,原案件已经同级法院裁定再审但尚未审结的,同级法院应当将再审检察建议并入再审案件一并审理,并函告提出再审检察建议的检察机关。其次,法院收到再审检察建议时,发现原案件已被上级法院裁定再审但尚未审结的,同级法院可以将再审检察建议书及检察案件材料报送上级法院,供上级法院在再审中一并考虑,并告知提出再审检察建议的检察机关。

(四)健全再审检察建议案件化、规范化办理保障机制

一是法院受理再审检察建议的"入案"程序。根据《意见》第六条第一款规定,法院应当自收到符合条件的再审检察建议书和相关检察案件材料之日起七日内编立案号,纳入案件流程管理,依法进行审查,并告知提出再审检察建议的检察机关。

二是法院对再审检察建议的审查程序。《意见》第七条、第八条对审查主体、审查方式及审查期限作出明确规定:首先,关于审查主体,法院对民事再审检察建议案件,应当组成合议庭进行审查,且在原审判程序中参与过本案审判工作的审判人员,不得再参与该民事再审检察建议案件的办理,以体现"任何人不得作为自己的法官"的基本程序原理。其次,关于审查方式,法院对民事再审检察建议案件,一般采取审查检察机关移交的案件材料、调阅原审案件卷宗等方式进行书面审查;经审查,案件可能启动再审或者存在其他确有必要情形的,应当询问当事人。最后,关于审查期限法院

应当在三个月内审查完毕，有特殊情况需要延长的，应当依照相关审批程序延长审查期限。

三是法院对再审检察建议的处理结果。根据《意见》第九条规定，法院对再审检察建议的处理结果包括以下两种：第一，采纳并启动再审。法院应当在再审裁定书中载明监督机关及民事再审检察建议文号，并将裁定书送交同级检察机关。第二，不采纳并决定不予再审。法院应当书面回复同级检察机关并述明理由。实践中，检察机关在收到法院不予再审的书面回复后，有的申请人向检察机关索要法院书面回复，检察机关往往考虑书面回复属于同级法院送交的文书，不宜直接将书面回复提供给申请人，一般使用口头等方式告知申请人有关法院不予再审的审查结果。对此，《意见》第九条第二款还规定，检察机关可以适当方式将法院不予再审结果告知申请人。

需要说明的是，首先，2016年最高人民法院公布的《民事诉讼文书样式》专门设置了民事决定书，适用于法院对再审检察建议进行审查后，决定不采纳建议、不启动再审的情况。其次，《意见》虽未规定法院对再审检察建议的回复期限，但在第七条规定了三个月的审查期限。根据《最高人民法院、最高人民检察院关于对民事审判活动与行政诉讼实行法律监督的若干意见（试行）》第七条第二款规定，法院的回复期限为三个月。该三个月与《意见》规定的三个月是一致的，只是从不同角度作出的规定。法院审查后无论作出再审裁定还是决定不予再审，均应及时回复同级检察机关。最后，在制定《意见》过程中，有意见提出应在《意见》中增加法院对再审检察建议案件作出处理必须经审判委员会决定的程序性约束条款。调研发现，安徽省高级人民法院与安徽省人民检察院对此已达成共识，"对拟不采纳再审检察建议的监督案件，应当提交审判委员会讨论决定"，广东省中山市人民检察院和中山市中级人民法院也有相应规定，各地可继续探索。

四是检察机关派员出席再审法庭。与抗诉案件中检察机关一律派员出庭的情况不同，检察机关对于法院采纳再审检察建议并裁定再审的案件，一般不派员出席再审法庭，但在特殊情况下也有派员出庭的现实需要。例如，对于双方恶意串通提起虚假诉讼的案件，为避免双方继续在再审法庭上串通掩盖虚假诉讼行为，检察机关一般需要派员出席法庭。《最高人民法院审判监督庭、最高人民检察院民事行政检察厅关于办理民事诉讼检察监督案件若干问题的会议纪要》第二条规定，法院采纳再审检察建议而裁定再审的案件，开庭程序可参照适用有关抗诉案件出庭的规定。《意见》第十条在参照上述会议纪要规定的基础上，结合再审检察建议案件的特点，作出有针对性的规定：首先，法院采纳再审检察建议启动再审的民事案件，按照《最高人民法院关于适用〈中华人民共和国民事诉讼法〉的解释》（2022年修正）第四百零二条第一款第三项、第四项规定的法院依职权再审程序开庭审理。其次，检察机关可以派员出席法庭的具体情形有：（1）检察机关认为原案的处理损害国家利益或者社会公共利益的；（2）检察机关认为原案存在虚假诉讼的；（3）检察机关调查核实的证据需要向法庭出示的；（4）具有重大社会影响等其他确有出庭必要的。最后，检察机关派员出席法庭的程序，参照《最高人民法院关于适用〈中华人民共和国民事诉讼法〉的解释》第四百零二条第一款第二项规定的抗诉再审案件开庭程序。

五是法院对再审结果的反馈。根据《意见》第十一条的规定，法院采纳再审检察建议启动再审的民事案件，应当将再审后作出的判决书、裁定书送交同级检察机关；

调解结案的，书面告知同级检察机关。

(五) 强化检法之间的协作配合

一是建立检法共同调解机制。根据《意见》第十二条的规定，法院、检察机关应当建立民事再审检察建议案件共同调解机制，做好案件调解和矛盾化解工作。

二是探索建立检法常态化工作联系机制。根据《意见》第十三条、第十四条的规定，法院、检察机关应当探索建立常态化工作联系机制，对涉及群体性纠纷或者引发社会广泛关注，可能影响社会稳定的案件，以及重大、疑难、复杂、敏感等案件，法院、检察机关在办理过程中，应当加强相互沟通，依法妥善处理；法院、检察机关应当定期开展再审检察建议工作综合分析和通报，推动审判监督和检察监督工作良性互动，提升再审检察建议案件办理质效。

(撰稿人：冯小光、肖正磊、颜良伟)

最高人民法院关于印发《第一次全国民事再审审查工作会议纪要》的通知

2011年4月21日　　　　　　　　　　　　　法〔2011〕159号

各省、自治区、直辖市高级人民法院，解放军军事法院，新疆维吾尔自治区高级人民法院生产建设兵团分院：

2011年1月6日至7日，最高人民法院召开了第一次全国民事再审审查工作会议。现将《第一次全国民事再审审查工作会议纪要》印发给你们，请结合审判工作实际，遵照执行。执行中有何问题，望及时报告我院。

第一次全国民事再审审查工作会议纪要

为规范和加强人民法院民事再审审查工作，保障当事人申请再审权利，依法公正高效审查各类民事申请再审案件，推动民事再审审查工作科学发展，最高人民法院于2011年1月6日至7日在广东省广州市召开第一次全国民事再审审查工作会议。各省、自治区、直辖市高级人民法院、解放军军事法院、新疆维吾尔自治区高级人民法院生产建设兵团分院主管民事再审审查工作的副院长、民事再审审查机构负责人以及中央有关部门的代表共120余人参加了会议。最高人民法院院长作重要批示，常务副院长作重要讲话，副院长作工作报告，立案二庭庭长对会议作了总结。

会议总结了修改后的民事诉讼法施行以来民事再审审查工作的情况，交流了工作经验，研究了审判实践中亟待解决的问题，对建立科学、有效的民事再审审查工作机制，推进民事再审审查工作提出了明确的目标和要求。与会同志通过认真讨论，就民事再审审查工作中涉及的部分问题达成了共识。现纪要如下：

一、民事再审审查工作的指导思想和原则

1. 民事再审审查工作是人民法院依法审查再审申请，确定再审事由是否成立，依法作出裁定的审判工作，是人民法院履行审判监督职能的重要内容，是保障当事人诉讼权利的法定手段，是启动民事再审程序的主要途径。

2. 民事再审审查工作应当坚持平等保护原则，既要依法保护申请再审人的诉讼权利，又要平等保护对方当事人的合法权益。

3. 民事再审审查工作应当坚持依法裁定原则。再审申请符合法定再审事由的，应当裁定再审，不符合的，应当裁定驳回，既要注重保护当事人的申请再审权，又要注重维护生效裁判的既判力。

4. 民事再审审查工作应当坚持"调解优先、调判结合"原则，积极探索符合民事申请再审案件特点的调解方法，努力化解社会矛盾。

5. 应当正确认识民事再审审查和再审审理的关系。民事再审审查和再审审理是审判监督程序的不同阶段。民事再审审查的主要任务是依据再审审查程序对再审申请是否符合法定再审事由进行审查，决定是否裁定再审。民事再审审理的主要任务是依据再审审理程序对裁定再审的案件进行审理，确定生效裁判是否确有错误，依法作出再审裁判。两个阶段具有不同的功能和裁判标准，不能简单地以再审改判率评判再审审查工作的质量。

二、民事申请再审案件的受理

6. 当事人对地方各级人民法院作出的已经发生法律效力的一审、二审民事判决、裁定、调解书，以及再审改变原审结果的民事判决、裁定、调解书，认为有法定再审事由，向上一级人民法院申请再审的，上一级人民法院应当受理。

当事人对不予受理、管辖权异议、驳回起诉以及按自动撤回上诉处理的裁定不服申请再审的，上一级人民法院应当受理。

7. 人民法院在审查申请再审案件过程中，被申请人或者其他当事人提出符合条件的再审申请的，应当将其列为申请再审人，对于其再审事由一并审查，审查期限重新计算。经审查，其中一方申请再审人主张的再审事由成立的，人民法院即应裁定再审。部分当事人主张的再审事由成立，其余当事人主张的再审事由不成立的，在裁定书中载明部分当事人主张的再审事由成立，对于其余当事人主张的再审事由是否成立不作结论。各方申请再审人主张的再审事由均不成立的，一并裁定驳回。

一方当事人申请再审经人民法院裁定再审后，被申请人或其他当事人在再审审理期间提出再审申请的，不再进行审查，移送再审审理机构处理。被申请人或其他当事人在前案再审结束后对原裁判申请再审的，告知其可针对新作出的再审裁判主张权利。

8. 案外人对判决、裁定、调解书确定的执行标的物主张权利，且无法提起新的诉讼解决争议而申请再审的，应予受理。

判决生效后当事人将判决确认的债权转让，债权受让人对该判决不服申请再审的，不予受理。

9. 当事人向原人民法院申请再审的，原审人民法院应当做好释明、和解工作。原审人民法院发现本院生效判决、裁定确有错误，认为需要再审的，依照民事诉讼法

第一百七十七条的规定处理。

10. 人民法院受理申请再审案件，应当依照《最高人民法院关于受理审查民事申请再审案件的若干意见》的规定，认真审查再审申请是否符合法定条件。有下列情形的，应当向申请再审人释明：

（1）申请再审人不是原审当事人、原审当事人的权利义务继受人或者《最高人民法院关于适用〈中华人民共和国民事诉讼法〉审判监督程序若干问题的解释》第五条规定的案外人；

（2）他人未经授权，以委托代理人名义代理当事人提出再审申请；

（3）再审申请不是向上一级人民法院提出；

（4）原审裁判系法律规定不得申请再审的裁判；

（5）申请再审的裁判尚未生效或已被再审撤销；

（6）再审申请书未列明再审事由或列明的再审事由不属于民事诉讼法第一百七十九条、第一百八十二条规定的再审事由范围；

（7）再审申请不符合民事诉讼法第一百八十四条规定的期间要求；

（8）其他不符合申请再审法定条件的情形。

人民法院受理再审申请后，发现当事人申请再审不符合法定条件的，裁定驳回再审申请。

11. 案件受理后，应当依法向申请再审人发送受理通知书，向被申请人和其他当事人发送受理通知书、再审申请书副本和送达地址确认书。因通讯地址不详等原因，受理通知书、再审申请书副本等材料未发送至当事人的，不影响案件的审查。

三、民事申请再审案件的审查

12. 人民法院审查民事申请再审案件，应当围绕当事人主张的再审事由是否成立进行，当事人未主张的事由不予审查。当事人主张的再审事由与其依据的事实和理由不一致的，可以向当事人释明。

13. 人民法院审查申请再审案件，可以根据案件具体情况，在审查当事人提交的再审申请书、书面意见后直接作出裁定，或者在审阅原审卷宗、询问当事人后作出裁定。

14. 人民法院审查申请再审案件可以根据审查工作需要调取相关卷宗，也可以要求原审人民法院以传真件、复印件、电子文档等方式及时报送相关卷宗材料。

上级人民法院决定调卷审查的，应当制发调卷函。调卷函应当载明案号、当事人名称、案由、送卷期限、调卷人及联系方式等内容，并写明需调取的卷宗案号。原审人民法院应当在收到调卷函后1个月内按要求调齐卷宗报送上级人民法院。各级人民法院应当确定专人负责调卷工作，提高调卷效率。

15. 人民法院可以根据审查工作需要询问一方或者各方当事人。对已有足以推翻原判决、裁定的新证据为由申请再审的案件，人民法院应当询问当事人。

询问由审判长或承办法官主持，围绕与再审事由相关的证据采信、事实认定、法律适用、裁判结果以及诉讼程序等问题和法院应当依职权查明的事项进行。

16. 人民法院审查民事申请再审案件，可以根据案件情况组织当事人进行调解。当事人经调解达成协议或自行达成和解协议，需要出具调解书的，应当裁定提审。提审后，由审查该申请再审案件的合议庭制作调解书。

当事人经调解达成协议或自行达成和解协议，申请撤回再审申请，经审查不违反法律规定的，应当裁定准许。当事人经调解达成协议或自行达成和解协议且已履行完毕，未申请撤回再审申请的，可以裁定终结审查。

17. 人民法院在审查过程中认为确有必要的，可以依职权调查核实案件事实，也可以向原审人民法院了解案件审理中的有关情况。

18. 人民法院应当自受理申请再审案件之日起3个月内审查完毕，但公告期间、鉴定期间、双方当事人申请调解期间以及调卷期间等不计入审查期限。有特殊情况需要延长的，由本院院长批准。

19. 审查过程中，出现下列情形之一的，裁定终结审查：

（1）申请再审人死亡或者终止，无权利义务承受人或者权利义务承受人声明放弃再审申请的；

（2）在给付之诉中，负有给付义务的被申请人死亡或者终止，无可供执行的财产，也没有应当承担义务的人的；

（3）当事人达成执行和解协议且已履行完毕的，但当事人在执行和解协议中声明不放弃申请再审权利的除外；

（4）他人未经授权，以委托代理人名义代理当事人提出再审申请的；

（5）人民检察院对该案提出抗诉的；

（6）原审人民法院对该案裁定再审的。

四、民事申请再审案件再审事由的认定

20. 人民法院审查民事申请再审案件，应当区分再审事由类型，结合案件具体情况，准确掌握再审事由成立的条件。

原判决、裁定存在民事诉讼法第一百七十九条第一款第（七）项至第（十三）项以及该条第二款规定情形的，应当认定再审事由成立。

当事人依据民事诉讼法第一百七十九条第一款第（一）项至第（六）项申请再审的，人民法院判断再审事由是否成立，应当审查原判决、裁定在证据采信、事实认定、法律适用方面是否存在影响基本事实、案件性质、裁判结果等情形。

21. 申请再审人申请人民法院委托鉴定、勘验，并请求以鉴定结论、勘验笔录作为新证据申请再审的，不予支持。

申请再审人在原审中依法申请鉴定、勘验，原审人民法院应当准许而未予准许，且未经鉴定、勘验可能影响案件基本事实认定的，可以依据民事诉讼法第一百七十九条第一款第（二）项的规定审查处理。

22. 民事诉讼法第一百七十九条第一款第（三）项、第（四）项规定的主要证据是指原判决、裁定认定基本事实的证据。

23. 人民法院可以根据原审卷宗中的庭审笔录、证据交换笔录、答辩意见、代理词等材料判断原判决、裁定认定事实的主要证据是否未经质证。

申请再审人对原判决、裁定认定事实的主要证据在原审拒绝发表质证意见，又依照民事诉讼法第一百七十九条第一款第（四）项申请再审的，不予支持。

24. 申请再审人能够在一审答辩期间提出管辖权异议而未提出，判决、裁定生效后又依照民事诉讼法第一百七十九条第一款第（七）项申请再审的，不予支持。但违反专属管辖规定的除外。

25. 有下列情形之一的，应当认定为民事诉讼法第一百七十九条第一款第（八）项规定的审判组织的组成不合法的情形：

(1) 人民陪审员独任审理的；

(2) 应当组成合议庭审理的案件采用独任制审理的；

(3) 合议庭成员曾参加同一案件一审、二审或者再审程序审理的；

(4) 参加开庭的审判组织成员与参加合议、在判决书、裁定书上署名的审判组织成员不一致的，但依法变更审判组织成员的除外；

(5) 变更审判组织成员未依法告知当事人的；

(6) 其他属于审判组织不合法的情形。

26. 民事诉讼法第一百七十九条第一款第（八）项、第二款规定的"审判人员"包括参加一审、二审、再审程序审理的审判人员。

27. 民事诉讼法第一百七十九条第一款第（十二）项规定的原判决、裁定遗漏或超出诉讼请求的情形，包括遗漏或超出一审原告的诉讼请求、被告的反诉请求，二审上诉人的上诉请求，申请再审人的再审请求。

28. 当事人同时提出确认之诉和给付之诉，且确认之诉是给付之诉前提条件的，原判决在主文里仅对给付之诉作出判定，但在判决理由中对确认之诉进行了分析认定的，不属于遗漏诉讼请求的情形。

五、民事再审审查工作的监督指导

29. 上级人民法院裁定指令再审的案件，原审人民法院应当及时将再审结果反馈给上级人民法院。

上级人民法院裁定驳回再审申请后，原审人民法院依照民事诉讼法第一百七十七条的规定决定再审的，应当报请上级人民法院同意。

30. 上级人民法院应当充分发挥监督指导职能，及时总结民事再审审查工作中发现的法律适用等具有共性的问题，以适当形式予以公布，指导下级人民法院民事再审审查工作。

31. 上级人民法院应当建立信息通报制度，定期公布申请再审案件审查结果，通报辖区内下级人民法院民事案件的申请再审率、裁定再审率、按期送卷率等工作指标，实现上下级人民法院和同级人民法院之间信息共享和良性互动。

32. 人民法院再审审查机构应当加强与再审审理机构的沟通，建立再审案件审判结果跟踪制度，及时了解再审案件审判结果，认真查找工作中存在的问题，提升民事再审审查工作质效。

指导案例 7 号

牡丹江市宏某建筑安装有限责任公司诉
牡丹江市华某房地产开发有限责任公司、张某增
建设工程施工合同纠纷案

（最高人民法院审判委员会讨论通过　2012 年 4 月 9 日发布）

关键词

民事诉讼　抗诉　申请撤诉　终结审查

裁判要点

人民法院接到民事抗诉书后，经审查发现案件纠纷已经解决，当事人申请撤诉，且不损害国家利益、社会公共利益或第三人利益的，应当依法作出对抗诉案终结审查的裁定；如果已裁定再审，应当依法作出终结再审诉讼的裁定。

相关法条

《中华人民共和国民事诉讼法》第一百四十条第一款第十一项

基本案情

2009 年 6 月 15 日，牡丹江市华某房地产开发有限责任公司（以下简称华某公司）因与牡丹江市宏某建筑安装有限责任公司（以下简称宏某公司）、张某增建设工程施工合同纠纷一案，不服黑龙江省高级人民法院同年 2 月 11 日作出的（2008）黑民一终字第 173 号民事判决，向最高人民法院申请再审。最高人民法院于同年 12 月 8 日作出（2009）民申字第 1164 号民事裁定，按照审判监督程序提审本案。在最高人民法院民事审判第一庭提审期间，华某公司鉴于当事人之间已达成和解且已履行完毕，提交了撤回再审申请书。最高人民法院经审查，于 2010 年 12 月 15 日以（2010）民提字第 63 号民事裁定准许其撤回再审申请。

申诉人华某公司在向法院申请再审的同时，也向检察院申请抗诉。2010 年 11 月 12 日，最高人民检察院受理后决定对本案按照审判监督程序提出抗诉。2011 年 3 月 9 日，最高人民法院立案一庭收到最高人民检察院高检民抗（2010）58 号民事抗诉书后进行立案登记，同月 11 日移送审判监督庭审理。最高人民法院审判监督庭经审查发现，华某公司曾向本院申请再审，其纠纷已解决，且申请检察院抗诉的理由与申请再审的理由基本相同，遂与最高人民检察院沟通并建议其撤回抗诉，最高人民检察院不同意撤回抗诉。再与华某公司联系，华某公司称当事人之间已就抗诉案达成和解且已履行完毕，纠纷已经解决，并于同年 4 月 13 日再次向最高人民法院提交了撤诉申请书。

裁判结果

最高人民法院于 2011 年 7 月 6 日以（2011）民抗字第 29 号民事裁定书，裁定本案终结审查。

裁判理由

最高人民法院认为：对于人民检察院抗诉再审的案件，或者人民法院依据当事人申请或依据职权裁定再审的案件，如果再审期间当事人达成和解并履行完毕，或者撤回申诉，且不损害国家利益、社会公共利益的，为了尊重和保障当事人在法定范围内对本人合法权利的自由处分权，实现诉讼法律效果与社会效果的统一，促进社会和谐，人民法院应当根据《最高人民法院关于适用〈中华人民共和国民事诉讼法〉审判监督程序若干问题的解释》第三十四条的规定，裁定终结再审诉讼。

本案中，申诉人华某公司不服原审法院民事判决，在向最高人民法院申请再审的同时，也向检察机关申请抗诉。在本院提审期间，当事人达成和解，华某公司向本院申请撤诉。由于当事人有权在法律规定的范围内自由处分自己的民事权益和诉讼权利，其撤诉申请意思表示真实，已裁定准许其撤回再审申请，本案当事人之间的纠纷已得到解决，且本案并不涉及国家利益、社会公共利益或第三人利益，故检察机关抗诉的基础已不存在，本案已无按抗诉程序裁定进入再审的必要，应当依法裁定本案终结审查。

【解读】

解读《牡丹江市宏某建筑安装有限责任公司诉牡丹江市华某房地产开发有限责任公司、张某增建设工程施工合同纠纷案》

2012年4月9日，最高人民法院发布了《牡丹江市宏某建筑安装有限责任公司诉牡丹江市华某房地产开发有限责任公司、张某增建设工程施工合同纠纷案》（指导案例7号）。为了深入理解和准确参照适用该指导性案例，现对该指导性案例的推选经过、裁判要点等有关情况予以说明。

一、推选经过及其意义

2011年6月13日，最高人民法院审判委员会讨论该案时，鉴于其涉及对民事诉讼法（2007年修正，下同）第一百八十八条的理解与适用，具有重要指导意义，符合《最高人民法院关于案例指导工作的规定》第二条的规定，研究确定将该案例作为指导性案例。2012年4月9日，最高人民法院将该案例作为第二批指导性案例予以发布。

该指导性案例的裁判要点涉及民事诉讼法第一百八十八条和第一百四十条第一款第十一项规定的理解和适用问题，不仅充分尊重了当事人在法律规定范围内对自己民事权益和诉讼权利的自由处分权，节约了司法资源，而且有利于实现办理案件法律效果和社会效果的统一，达到案结事了人和，促进社会和谐稳定。它对于明确和完善民事抗诉案件的审查程序，进一步规范和统一民事抗诉案件的审理，具有重要意义。否则，如果人民法院对于不当的抗诉，不论抗诉对象是否正确，都不加审查径行作出再审的裁定，不仅浪费了司法资源，损害了司法机关的公信力和生效裁判的稳定性，而且会出现当事人不满意的尴尬局面。

二、裁判要点的理解与说明

该指导性案例裁判要点确认：人民法院接到民事抗诉书后，经审查发现案件纠纷已经解决，当事人申请撤诉，且不损害国家利益、社会公共利益或第三人利益的，应当依法作出对抗诉案终结审查的裁定；如果已裁定再审，应当依法作出终结再审诉讼的裁定。该指导性案例裁判要点结合立法和司法解释的规定，解决了司法实践中认识不一的问题，下面就相关问题分别予以说明。

（一）关于抗诉案件的审查问题

民事诉讼法第一百八十八条规定："人民检察院提出抗诉的案件，接受抗诉的人民法院应当自收到抗诉书之日起三十日内作出再审的裁定；……"对于"三十日内作出再审的裁定"，司法实践中主要存在两种认识。一种观点认为，该规定作了相对较短的期日限制，是为了防止有的接受抗诉的人民法院拖延不作进入再审的裁定；另一种观点认为，该规定除有督促人民法院尽快裁定再审之外，还包含接受抗诉的人民法院审查抗诉是否符合形式要件之立法本意，抗诉符合形式要件的，应在该期限内作出再审的裁定。从司法实践看，全国各级法院对于大多数抗诉案件进行了审查，后一种意见的做法是当前司法实践的主流。该指导性案例的裁判要点正是从立法本意出发，肯定了司法实践中的主流做法。

（二）关于审查后裁定终结审查或终结诉讼问题

检察机关提出抗诉之前或者之后，在法院裁定再审之前，当事人和解或者撤诉的如何处理，相关规范性司法文件已有规定。例如，最高人民检察院2001年颁行的《人民检察院民事行政抗诉案件办案规则》（以下简称《办案规则》）第二十二条规定："有下列情形之一的，人民检察院应当终止审查：（一）申诉人撤回申诉，且不损害国家利益和社会公共利益的；（二）人民法院已经裁定再审的；（三）当事人自行和解的；（四）应当终止审查的其他情形。"《办案规则》对于检察机关向人民法院提出抗诉之后，出现上述情况该如何处理，没有明确规定。又如，2003年5月22日，为了规范"部分人民检察院出现了随意撤回或执意不撤回抗诉等情形"，最高人民检察院民事行政检察厅发布了《最高人民检察院民事行政检察厅关于人民检察院办理民事行政案件撤回抗诉的若干意见》（以下简称《若干意见》）。该《若干意见》第二条规定："人民检察院向人民法院提出抗诉后，人民法院裁定再审之前，申诉人书面申请撤回申诉或者确认涉案当事人已达成和解协议并提交该协议，经人民检察院审查，认为涉案当事人达成的和解协议不损害国家、集体和第三人利益的，人民检察院应当撤回抗诉。"可见，出现上述情形后，不论是否已提出抗诉，只要在人民法院裁定再审之前，检察机关就应当终止审查或者撤回抗诉。

《最高人民法院关于适用〈中华人民共和国民事诉讼法〉审判监督程序若干问题的解释》（2008年公布，以下简称《审监程序解释》）第二十五条规定，当事人申请再审中出现四种情形时，人民法院可以裁定终结审查。《审监程序解释》第三十四条对抗诉再审后出现相关情形时可以裁定终结再审诉讼作出了规定："申请再审人在再审期间撤回再审申请的，是否准许由人民法院裁定。裁定准许的，应终结再审程序。申请再审人经传票传唤，无正当理由拒不到庭的，或者未经法庭许可中途退庭的，可以裁定按自动撤回再审申请处理。人民检察院抗诉再审的案件，申请抗诉的当事人有前款规定的情形，且不损害国家利益、社会公共利益或第三人利益的，人民法院应当裁定终结再审程序；人民检察院撤回抗诉的，应当准予。"但是，该司法解释对受理审查抗诉案件时，遇到前述情形，检察机关出于种种原因不撤回抗诉的如何处理没有规定。

我们认为，当事人有权在法律规定的范围内处分自己的民事权利和诉讼权利。申请抗诉的当事人在人民法院审查期间请求撤诉，其撤诉申请意思表示真实，且不损害国家利益、社会公共利益或第三人利益的，应当依法准许。鉴于检察机关提出抗诉的目的是启动再审程序，而申请抗诉的当事人已明确表示放弃继续通过再审程序主张权利，故已无裁定进入再审的必要，可依照民事诉讼法第一百四十条第一款第十一项规定，裁定终结审查。

本指导案例中，牡丹江市华某房地产开发有限责任公司（以下简称华某公司）曾于2009年6月15日向最高人民法院申请再审，最高人民法院于同年12月8日裁定再审，后该公司请求撤回再审申请，最高人民法院于2010年12月15日以（2010）民提字第63号民事裁定准许其撤回再审申请。最高人民检察院向最高人民法院提出抗诉后，在最高人民法院审查期间，申诉人华某公司于2011年4月13日向最高人民法院提交撤诉申请书。因申请抗诉的当事人已明确表示放弃继续通过再审程序主张权利，在不损害国家利益、社会公共利益以及第三人利益的情况下，检察机关提出抗诉的基础已不存在，故本案已无裁定进入再审的必要，应依法裁定终结审查。

（三）对因抗诉而裁定再审的，在再审时发现检察机关抗诉对象错误的处理

司法实践中，经常出现裁定再审或者指令再审后，申请再审人曾因达成和解协议且履行完毕而撤回再审申请，或者检察机关抗诉所针对的判决已在抗诉之前被其他生效裁判所替代等情形。对此，《审监程序解释》第三十四条第一款仅规定，申请再审人在再审期间撤回再审申请的，人民法院可以裁定终结再审程序；检察机关抗诉再审的案件，申请抗诉的当事人在再审期间撤回申诉的，也应当裁定终结再审诉讼。2003年10月15日，最高人民法院审判监督庭印发的《关于审理民事、行政抗诉案件几个具体程序问题的意见》（以下简称《具体程序问题的意见》）规定："一、人民法院裁定再审后，向人民检察院申诉的当事人书面申请撤诉，人民法院应当裁定终结再审诉讼。如果人民检察院是以生效裁判损害国家利益或者社会公共利益为由提出抗诉的，应当依法继续审理，及时作出再审裁判。二、人民法院对民事抗诉案件、行政赔偿抗诉案件裁定再审后，发现双方当事人达成和解协议，且履行完毕的，应当裁定终结再审诉讼。"2003年5月22日，最高人民检察院民事行政检察厅下发的《若干意见》第三条规定："人民检察院向人民法院提出抗诉，人民法院裁定再审之后，申诉人书面申请撤回申诉或者确认涉案当事人已达成和解协议并提交该协议的，人民检察院不撤回抗诉，由人民法院依法处理。"可见，上述司法解释和规范性文件明确了申诉人撤回申诉或者当事人已达成和解协议的处理，没有明确在抗诉对象错误的情形下，检察机关不撤回抗诉，应当如何处理。我们认为，参照该指导性案例的裁判要点，在检察机关抗诉对象发生错误的情形下，相关再审法院查实后，可以裁定终结再审诉讼。

（四）其他值得探讨的相关问题

1. 因当事人申请而裁定再审后，提出的撤回再审申请书是否及于抗诉案件

本指导案例中，华某公司在申请再审中因达成和解协议后申请撤诉，问题在于和解协议履行完毕、纠纷被解决后，华某公司向人民法院申请撤回再审申请的请求，能否及于后来的抗诉案件。对此，我们倾向于持认可态度。也就是说，即便华某公司在抗诉案件的审查时未再提交撤诉申请，由于抗诉的发动也是基于华某公司的申诉权，

在申请再审时的撤诉申请也可以作为终结审查程序的依据。理由在于，"当事人是否起诉或者终结诉讼，何时或以何种内容、范围对何人起诉，原则上由当事人自由决定"。①就同一个纠纷，当事人已经处分了自己的权利，况且本案纠纷也已在申请再审阶段得到了实质性的最终解决，因抗诉而再审已无必要。

2. 在三十日的法定审查期间，发现检察机关的抗诉不应裁定再审的，是作出不予受理的裁定还是终结审查的裁定

对于这一问题，司法实践中根据不同情形分别作出了不同处理。如最高人民法院处理的广州市海珠区凤阳街某村民委员会以及某沙溪第二经济合作社与广东省某进出口集团某物业发展有限公司等合资、合作开发房地产合同纠纷抗诉案，最高人民检察院对广东省高级人民法院（2008）粤高法民一终字第188号民事判决提出抗诉，但基于当事人提出的再审申请，广东省高级人民法院已经再审并对本案作出（2010）粤高法审监民再字第38号再审判决。因此，最高人民检察院抗诉所针对的188号民事判决已非发生法律效力的最终判决，抗诉对象不当，遂依据民事诉讼法第一百四十条第一款第一项的规定，作出不予受理的裁定。②本指导案例中，则援引民事诉讼法第一百四十条第一款第十一项"其他需要裁定解决的事项"，裁定终结本案审查。上述两案引用了同一条的不同项作为依据，有必要进一步探究具体条文引用问题。从民事诉讼法一般原理来看，不予受理是指人民法院认为原告的起诉不符合法定的起诉条件并依法作出民事裁定的行为。终结审查是指人民法院已对案件予以审查，但在审查或诉讼进行中查明某种特殊情况，使得案件的继续处理不可能进行或者进行下去没有意义，需以裁定终结诉讼的方式结束诉讼程序。③检察机关的抗诉案件在人民法院立案后，主要是审查是否符合进入再审的形式要件，如果出现当事人的纠纷已经解决或者撤诉，法院继续审理该案已无必要的，应以裁定终结诉讼为宜。因此，在查明前述特殊情况，使得案件的继续处理已无必要的情形下，我们倾向于援引民事诉讼法第一百四十条第一款第十一项的规定，裁定终结审查。但是，如果抗诉的对象不属于可抗诉范围的判决、裁定，则裁定不予受理似乎更合适。

三、其他需要说明的问题

（一）对同一案件的抗诉与申请再审相互并入问题

本指导案例中，华某公司申请再审在先，抗诉在后，人民法院接到抗诉书时，申请再审案件已经处理完毕，没有产生"并入"问题。但司法实践中，常常出现在审查申请再审时或者因当事人申请而裁定再审时，检察机关同时抗诉。对于这一问题，有关规范性文件曾有规定。2003年10月15日，最高人民法院审判监督庭下发的《具体程序问题的意见》第五条规定："人民法院收到人民检察院的抗诉书后，如果正在就同一案件是否启动再审程序进行审查的，应当终止审查，按照抗诉案件处理。人民法院裁定再审后，收到人民检察院抗诉书的，不作为抗诉案件审理，但审理时应当将此情况告知各方当事人，案件审结后应将裁判文书送有关人民检察院。"《若干意见》第五条中规定："……人民检察院向人民法院提出抗诉后，又得知人民法院已依据当事人的申请或者依据职权裁定再审的，人民检察院不撤回抗诉，由人民法院一并审理……"

---

① 张卫平：《转换的逻辑——民事诉讼体制转型分析》，法律出版社2007年版，第157页。
② 参见江必新主编：《审判监督指导》（2011年第2辑），人民法院出版社2011年版，第202页。
③ 参见姚红主编：《中华人民共和国民事诉讼法释义》，法律出版社2007年版，第213、220页。

上述规范性文件表述和认识不一致之处，在于对法院再审后收到抗诉书的处理问题，最高人民法院审判监督庭表述为"不作为抗诉案件审理"，最高人民检察院民事行政检察厅表述为"由人民法院一并审理"，存在细微的差别。我们认为，上述两家规定基本秉持一致的"并入"原则，即主要看法院裁定再审时间与收到抗诉书时间的先后，法院裁定再审在前的，抗诉并入，不作为抗诉案件审理；抗诉时法院未启动再审的，法院审查则并入抗诉再审，按抗诉案件审理。2008年《审监程序解释》又再次确认了上述"并入"原则，该司法解释第二十六条规定："人民法院审查再审申请期间，人民检察院对该案提出抗诉的，人民法院应依照民事诉讼法第一百八十八条的规定裁定再审。申请再审人提出的具体再审请求应纳入审理范围。"

（二）三十日审查期限内应审查的内容

根据司法实践，人民法院接受检察机关的抗诉后，在法定的期限内主要应审查的内容有以下五点。

第一，审查抗诉对象是否出现错误。主要审查检察机关提出抗诉所针对的判决、裁定，是否已经不再是最终的生效裁判，是否如本指导案例中的纠纷已经得到实质性解决，且不损害国家利益、社会公共利益等情形。

第二，审查裁判是否具有可抗诉性。一般来讲，有诉的内容的判决、裁定，检察机关才可以抗诉；或者说，民事诉讼法赋予当事人上诉权的判决、裁定，检察机关才可以抗诉。这也是最高人民法院作出对检察机关抗诉"不予受理"或"没有法律依据"批复秉承的法理。

第三，审查抗诉是否有必要的材料。检察机关提出抗诉的，移送的抗诉卷宗内除了抗诉书之外，还应当包括当事人的申诉书、原生效判决书等材料。之所以需要原生效裁判文书，是因为需要参照原审生效裁判文书列明的当事人基本情况，否则仅参考抗诉书所列明的当事人，再审裁定可能会出现漏列原审裁判当事人情况的笔误。

第四，审查是否已向本院申请再审并处理。最高人民法院已在相关文件中明确，案件已经上一级法院审查并驳回再审申请的，检察机关对该案又提出抗诉的，一般应由上一级法院裁定再审。为了避免将已经本院审查驳回再审申请的案件指令下级法院再审，需就同一案件是否经本院处理申请再审情况予以了解。同时，这也有利于了解对同一案件的申请再审与抗诉是否存在"并入"的情况。

第五，审查抗诉的实质事由。司法实践中，有的检察机关希望抗诉案件留在上级法院再审，即便存在民事诉讼法第一百七十九条第一款第一项至第五项事由的，也不在抗诉书中援引，而仅仅援引第六项事由。故审查内容还包括为避免指令下级法院再审而故意错误引用法条的事由，如果经审查实质事由中包括第一项至第五项事由的，可以指令下级法院再审。

（三）审查中应注意的问题

需要指出的是，人民法院对抗诉案件的审查程序应当是形式性审查，至于抗诉理由是否应当支持，应是裁定再审之后的事。同时应当明确，抗诉是检察机关的法律监督权，接受抗诉的人民法院一般应当裁定再审。审查不是限制检察机关的抗诉，而是减少和避免检察机关抗诉的随意性和差误，维护司法机关整体的公信力，促进社会和谐稳定。

（四）民事诉讼法第一百八十八条立法完善问题

2007年修改民事诉讼法时，立法机关规定了"接受抗诉的人民法院应当自收到抗诉书之日起三十日内作出再审的裁定"。司法实践中，由于种种原因，检察机关提出的抗诉有时会出现抗诉对象错误。如有的案件在申请再审阶段已被人民法院依法裁定驳回再审申请，根据2011年《最高人民法院、最高人民检察院关于对民事审判活动与行政诉讼活动实行法律监督的若干意见（试行）》第八条的规定，检察机关不能对驳回的裁定予以抗诉，只能抗诉原生效判决裁定。但在有的案件中，检察机关还是对驳回再审申请的裁定进行抗诉。如上述广州市海珠区凤阳街某村民委员会以及某沙溪第二经济合作社与广东省某进出口集团某物业发展有限公司等合资、合作开发房地产合同纠纷抗诉案中，最高人民检察院抗诉针对的188号民事判决已非发生法律效力的最终判决，抗诉对象不当，依据民事诉讼法第一百四十条第一款第一项的规定，作出了不予受理的裁定。这一实证案例表明："三十日内作出再审的裁定"，实际上应当是指"三十日内作出是否再审的裁定"。对此，在2012年修改民事诉讼法过程中，最高人民法院已提出完善该处表述的建议。

（撰稿人：孙祥壮、吴光侠）

九、特别程序和督促程序

最高人民法院
关于办理人身安全保护令案件
适用法律若干问题的规定

法释〔2022〕17号

（2022年6月7日最高人民法院审判委员会第1870次会议通过
2022年7月14日最高人民法院公告公布
自2022年8月1日起施行）

为正确办理人身安全保护令案件，及时保护家庭暴力受害人的合法权益，根据《中华人民共和国民法典》《中华人民共和国反家庭暴力法》《中华人民共和国民事诉讼法》等相关法律规定，结合审判实践，制定本规定。

第一条 当事人因遭受家庭暴力或者面临家庭暴力的现实危险，依照反家庭暴力法向人民法院申请人身安全保护令的，人民法院应当受理。

向人民法院申请人身安全保护令，不以提起离婚等民事诉讼为条件。

第二条 当事人因年老、残疾、重病等原因无法申请人身安全保护令，其近亲属、公安机关、民政部门、妇女联合会、居民委员会、村民委员会、残疾人联合会、依法设立的老年人组织、救助管理机构等，根据当事人意愿，依照反家庭暴力法第二十三条规定代为申请的，人民法院应当依法受理。

第三条 家庭成员之间以冻饿或者经常性侮辱、诽谤、威胁、跟踪、骚扰等方式实施的身体或者精神侵害行为，应当认定为反家庭暴力法第二条规定的"家庭暴力"。

第四条 反家庭暴力法第三十七条规定的"家庭成员以外共同生活的人"一般包括共同生活的儿媳、女婿、公婆、岳父母以及其他有监护、扶养、寄养等关系的人。

第五条 当事人及其代理人对因客观原因不能自行收集的证据，申请人民法院调查收集，符合《最高人民法院关于适用〈中华人民共和国民事诉讼法〉的解释》第九十四条第一款规定情形的，人民法院应当调查收集。

人民法院经审查，认为办理案件需要的证据符合《最高人民法院关于适用〈中华人民共和国民事诉讼法〉的解释》第九十六条规定的，应当调查收集。

第六条 人身安全保护令案件中，人民法院根据相关证据，认为申请人遭受家庭暴力或者面临家庭暴力现实危险的事实存在较大可能性的，可以依法作出人身安全保护令。

前款所称"相关证据"包括：

（一）当事人的陈述；
（二）公安机关出具的家庭暴力告诫书、行政处罚决定书；
（三）公安机关的出警记录、讯问笔录、询问笔录、接警记录、报警回执等；
（四）被申请人曾出具的悔过书或者保证书等；
（五）记录家庭暴力发生或者解决过程等的视听资料；
（六）被申请人与申请人或者其近亲属之间的电话录音、短信、即时通讯信息、电子邮件等；
（七）医疗机构的诊疗记录；
（八）申请人或者被申请人所在单位、民政部门、居民委员会、村民委员会、妇女联合会、残疾人联合会、未成年人保护组织、依法设立的老年人组织、救助管理机构、反家暴社会公益机构等单位收到投诉、反映或者求助的记录；
（九）未成年子女提供的与其年龄、智力相适应的证言或者亲友、邻居等其他证人证言；
（十）伤情鉴定意见；
（十一）其他能够证明申请人遭受家庭暴力或者面临家庭暴力现实危险的证据。

第七条 人民法院可以通过在线诉讼平台、电话、短信、即时通讯工具、电子邮件等简便方式询问被申请人。被申请人未发表意见的，不影响人民法院依法作出人身安全保护令。

第八条 被申请人认可存在家庭暴力行为，但辩称申请人有过错的，不影响人民法院依法作出人身安全保护令。

第九条 离婚等案件中，当事人仅以人民法院曾作出人身安全保护令为由，主张存在家庭暴力事实的，人民法院应当根据《最高人民法院关于适用〈中华人民共和国民事诉讼法〉的解释》第一百零八条的规定，综合认定是否存在该事实。

第十条 反家庭暴力法第二十九条第四项规定的"保护申请人人身安全的其他措

施"可以包括下列措施：

（一）禁止被申请人以电话、短信、即时通讯工具、电子邮件等方式侮辱、诽谤、威胁申请人及其相关近亲属；

（二）禁止被申请人在申请人及其相关近亲属的住所、学校、工作单位等经常出入场所的一定范围内从事可能影响申请人及其相关近亲属正常生活、学习、工作的活动。

第十一条 离婚案件中，判决不准离婚或者调解和好后，被申请人违反人身安全保护令实施家庭暴力的，可以认定为民事诉讼法第一百二十七条第七项规定的"新情况、新理由"。

第十二条 被申请人违反人身安全保护令，符合《中华人民共和国刑法》第三百一十三条规定的，以拒不执行判决、裁定罪定罪处罚；同时构成其他犯罪的，依照刑法有关规定处理。

第十三条 本规定自 2022 年 8 月 1 日起施行。

【解读】

解读《关于办理人身安全保护令案件适用法律若干问题的规定》

家庭是社会的基本细胞。家庭和谐稳定是国家发展、社会进步、民族繁荣的基石。党的十八大以来，以习近平同志为核心的党中央对家庭文明建设作出重要部署。习近平总书记深刻指出："家庭和睦则社会安定，家庭幸福则社会祥和，家庭文明则社会文明。"[①] 为深入贯彻落实习近平总书记关于注重家庭家教家风建设的重要论述精神，贯彻落实民法典关于"树立优良家风，弘扬家庭美德，重视家庭文明建设"和"禁止家庭暴力"的规定，最高人民法院制定了《最高人民法院关于办理人身安全保护令案件适用法律若干问题的规定》（以下简称《规定》）。现就其制定背景和相关重要问题介绍如下。

一、《规定》制定的背景

2016 年实施的反家庭暴力法表明了国家禁止任何形式家庭暴力的鲜明态度。其中，人身安全保护令是反家庭暴力法创设的重要制度，也是该法的核心内容。反家庭暴力法第二十三条规定，当事人因遭受家庭暴力或者面临家庭暴力的现实危险，向人民法院申请人身安全保护令的，人民法院应当受理。反家庭暴力法实施六年来，各级人民法院积极履职尽责，所作出的人身安全保护令数量逐年上升。据统计，截至 2021 年 12 月 31 日，全国人民法院共作出人身安全保护令 10917 份，有效预防和制止了家庭暴力的发生或者再次发生，依法保护了家庭暴力受害人的人身安全和人格尊严。但是，近年来，人身安全保护令在作出和执行等环节还存在一定问题，而且逐渐凸显。为此，2021 年，最高人民法院就人身安全保护令制度实施问题开展专题调研，主要开展了以

[①] 习近平：《在会见第一届全国文明家庭代表时的讲话》，载《人民日报》2016 年 12 月 16 日。

下四项工作：一是对人身安全保护令典型案例进行逐个分析，了解家庭暴力的集中发生领域，总结经验；二是在全国范围内进行书面调研；三是对各地有关人身安全保护令的司法文件进行全面、系统的梳理和比较，归纳共性规则；四是邀请全国妇联、中国女法官协会共同开展实地调研。调研中尤其听取了妇联、公安、民政等相关部门意见。在广泛充分调研基础上，2022年3月，最高人民法院会同公安部、全国妇联等六部委共同发布了《关于加强人身安全保护令制度贯彻实施的意见》，对家庭暴力的发现机制、证据收集机制以及执行联动机制等作了进一步细化和完善。为统一法律适用标准，明晰裁判规则，最高人民法院制定了《规定》，经征求全国人大常委会法工委、最高人民检察院、公安部、司法部、民政部、全国妇联、国务院妇儿工委以及各高级人民法院的意见后，由最高人民法院审判委员会第1870次会议通过，于2022年8月1日起施行。

二、《规定》制定的原则

（一）合法性原则

坚持在现有法律制度框架内，遵循法律规定本意，确定审判实践中的具体法律适用问题。尽管司法实践中关于扩大人身安全保护令适用范围的呼声很高，但为不突破现有的法律框架，依然未将前夫、前妻或者解除同居关系的人员纳入人身安全保护令的适用范围。

（二）注重保护家暴受害人原则

从调研了解的情况看，目前，人身安全保护令制度实施过程中的一个瓶颈问题是证明标准不明确，签发率偏低。《规定》不仅列举了各种证据形式，给予家庭暴力受害人以明确的举证指引，同时，明确了申请人身安全保护令的证明标准为"较大可能性"，而不是"高度可能性"，从而依法减轻家庭暴力受害人的举证负担。

（三）可操作性原则

《规定》以问题为导向，紧贴审判实践中的热点、难点问题，不务虚，不贪大求全，切实为审判实践提供裁判依据。对于争议比较大而司法实践中又较少出现的问题未作规定。

三、《规定》中的几个主要问题

《规定》共13条，以体现人身安全保护令的预防功能为出发点，着力扫清该类案件在受理和作出程序中的各种障碍，突出对家庭暴力受害人权益保护的时效性，明确规则。主要包括以下几个方面的问题。

（一）关于人身安全保护令案件的程序独立性问题

《规定》第一条第二款规定："向人民法院申请人身安全保护令，不以提起离婚等民事诉讼为条件。"通过该规定，明确了向人民法院申请人身安全保护令不需要在先提起离婚诉讼或其他诉讼，也不需要在申请人身安全保护令后一定期限内提起离婚等诉讼。这主要是考虑人身安全保护令的制度目的是预防和制止家庭暴力，而与是否离婚无关。实践中，不少受害人也只是单纯希望制止家庭暴力行为，并不想解除婚姻关系。

此外，人身安全保护令与诉讼保全也不同，不以后续提起离婚等诉讼为必要。从程序法的角度看，人身安全保护令的申请、审查、执行等均具有高度的独立性，完全可以不依托于家事诉讼而独立存在。这符合人身安全保护令快速、及时制止家庭暴力的基本特征和制度目的。2016年公布的《最高人民法院关于人身安全保护令案件相关程序问题的批复》确定人身安全保护令案件比照民事诉讼法上的特别程序审理，强调了该类案件办理程序的简洁性和经济性，实际上也暗含了人身安全保护令无须依附于其他民事诉讼程序的独立性。

《规定》第一条进一步确认了人身安全保护令案件的独立性，明确人身安全保护令案件不依附于离婚等民事诉讼程序。

（二）家庭暴力的行为种类

反家庭暴力法第二条规定："本法所称家庭暴力，是指家庭成员之间以殴打、捆绑、残害、限制人身自由以及经常性谩骂、恐吓等方式实施的身体、精神等侵害行为。"该条列举了家庭暴力的常见形式，但实践中，除了上述列举的形式外，还存在其他可以归为家庭暴力范畴的行为，需要明确。

《规定》第三条对家庭暴力行为种类作了列举式扩充，明确冻饿以及经常性侮辱、诽谤、威胁、跟踪、骚扰等均属于家庭暴力，从而进一步明晰了人身安全保护令的适用范围，保障家庭成员免受各种形式家庭暴力的侵害。

需要特别说明的是，从现有理论研究成果和国外立法例看，将性暴力和经济控制纳入家庭暴力范畴并无大的争议。《规定》没有明确列举该两种情形，主要考虑是：第一，对于性暴力，一方面，可能涉及目前争议较大的婚内强奸问题；另一方面，基于该类行为发生的时空领域的特殊性，证据收集、留存困难，导致事实认定上已存在一定难度，需要审判实践进一步总结经验；第二，对于经济控制，反家庭暴力法对家庭暴力的界定，主要是以身体和精神暴力为主。从司法实践看，因经济控制原因提出人身安全保护令的案件数量较小，目前的样本数量无法为制定规则提供实践支撑。司法实践中，对于上述两种形式，各地法院可以根据案件实际情况进行探索，积累实践经验，待条件成熟的时候再作进一步明确。

（三）关于代为申请的问题

反家庭暴力法第二十三条第二款规定："当事人是无民事行为能力人、限制民事行为能力人，或者因受到强制、威吓等原因无法申请人身安全保护令的，其近亲属、公安机关、妇女联合会、居民委员会、村民委员会、救助管理机构可以代为申请。"实践中，除了受到强制、威吓外，还存在因年老、残疾、重病等原因致使受害人不敢或者不能亲自申请的情况。为最大限度保障该类特殊困难群体能够依法及时获得人身安全保护令制度的救济，《规定》第二条在反家庭暴力法基础上进行了适当扩充，将年老、残疾、重病等情况纳入代为申请情形。

但考虑到该类人员生活保障仍需要以家庭为基础，而且，其并非因民事行为能力欠缺而导致意思表示受限，仅仅是因身体状况等现实原因，是否申请人身安全保护令也需要充分尊重其自身意愿，因此，《规定》在扩大代为申请情形时增加了一个限制条件，即"根据其意愿"。

同时，对于代为申请的主体，《规定》结合审判实践，在征求有关部门意见的基础上，根据部门职责分工，增加了民政部门、残疾人联合会、依法设立的老年人组织等，以充分调动全社会力量，进一步织牢织密对该类人员的保护网，合力保障其人身健康和生命安全。本条在征求意见过程中，有部门建议增加学校、幼儿园、医疗机构以及未成年人保护机构、儿童福利机构作为代为申请的主体。

我们经研究认为，学校、幼儿园、医疗机构在工作过程中较容易发现家庭暴力，故法律已经赋予其强制报告的义务,代为申请人身安全保护令与其基本职责关系较远,且实践中不好操作,故未作出明确规定。未成年人属于无民事行为能力人或者限制民事行为能力人,考虑到反家庭暴力法对无民事行为能力人或者限制民事行为能力人代为申请的情形已经有明确规定,因此,司法解释没有重复规定。

在没有规定未成年人的情况下,《规定》相应地也没有增加未成年人保护机构和儿童福利机构作为代为申请的主体。实践中,如果家暴受害人是未成年人,未成年人保护机构或者儿童福利机构代为申请的,法院可以受理。

（四）关于证据形式及证明标准问题

反家庭暴力法第二十条规定:"人民法院审理涉及家庭暴力的案件,可以根据公安机关出警记录、告诫书、伤情鉴定意见等证据,认定家庭暴力事实。"但是,实践中,家庭暴力行为具有封闭性、隐秘性等特点。而且,与一般民事侵权案件不同,受害人往往处于弱势地位,不敢或缺乏收集证据的意识,未及时采取报警、验伤、拍照、住院治疗等方式固定、收集证据。有些家庭暴力发生时,当事人虽第一时间报警,但公安机关仅将其作为一般家事纠纷,只进行口头处理,不记录现场状况,不对加害人做询问笔录,甚至也不给受害人做询问笔录,未留存证据或者虽留存有证据但不允许当事人自己查看。

此外,经常性谩骂、恐吓等精神侵害行为更是难以留存证据,实践中往往只有当事人陈述。上述原因常导致家庭暴力受害人的申请因证据不足而被驳回,限制了人身安全保护令作用的发挥。法院还可以根据哪些证据作出人身安全保护令,是审判实践中亟待明确的问题。

我们经研究认为,根据民事诉讼法（2021年修正）第六十六条的规定,证据形式包括当事人的陈述、书证、物证、视听资料、电子数据、证人证言、鉴定意见、勘验笔录等。具体到申请人身安全保护令案件中的证据,根据家庭暴力发生特点,总结审判实践经验,《规定》细化列举了十种证据形式,比较常见的如当事人的陈述（包括申请人的陈述和被申请人的陈述）、被申请人曾出具的悔过书或者保证书、双方之间的电话录音、短信,医疗机构的诊疗记录,妇联组织等收到反映或者求助的记录,公安机关的出警记录、讯问笔录、询问笔录、接警记录、报警回执等。

这不仅能够明确指导审判实践,也为家庭暴力受害人留存、收集证据提供了清晰的行为指引。法院在审查申请人身安全保护令案件中,可以综合上述证据中的一种或者几种对家庭暴力事实进行认定。

人身安全保护令案件中,对家庭暴力事实的证明标准把握不准,是制约签发率的重要原因。当事人为证明自己的请求或者申请能够成立,应当提供相应的证据予以证明,这一点并无异议,问题是当事人提供的证据达到何种证明程度,法院即可作出人身安全保护令,实践中采用的标准并不一致。

不论大陆法系国家和地区,还是英美法系国家和地区,对于证明标准均作层次性的多元化区分,如德国,证明标准被确定为三级:第一级为原则性证明标准,要求法官对真相形成全面心证,达到很高的盖然性,适用于通常的实体事实的证明;第二级为降低的证明标准,要求达到令人相信的程度,相当于英美法系国家和地区盖然性占优的标准,适用于程序性事实的证明;第三级为提高的证明标准,要求达到显而易见的程度,适用于如显失公平的证明等特殊场合。人身安全保护令案件的证明标准,要根据人身安全保护令的性质、功能等作出合理认定。从内容上看，人身安全保护令可以包括禁止实施家庭暴力，禁止骚扰、跟踪、接触以及责令迁出居所等措施，主要是对被申请人行为的控制，类似于行为保全，因此，严格来说，人身安全保护令案件并不是独立的诉讼案件。从程序上看，根据反家庭暴力法第二十八条规定："人民法院受理申请后，应当在七十二小时内作出人身安全保护令或者驳回申请；情况紧急的，应当在二十四小时内作出。"可见，人身安全保护令的作用是快捷、高效地制止已经发生或者可能发生的家庭暴力行为，更多的是追求效率，而不是通过判断是非确定民事责任承担。

人身安全保护令不对申请人与被申请人的权利和义务作出终局性的判断，不对当事人的亲属关系、财产分配、子女监护权和探望权等人身财产关系作出终局决定，也不是对被申请人的惩罚措施。人身安全保护令的目的是制止正在发生的家庭暴力，给受害人提供一道"隔离墙"，故应当与民事案件实体事实的证明标准有所区分。

修正后的《最高人民法院关于民事诉讼证据的若干规定》第八十六条第二款对于降低证明标准的情形作了规定，降低证明标准的情形主要针对民事诉讼程序中的程序性事项，从保障当事人诉讼权利、推进诉讼程序出发，对于程序性事项降低证明标准，符合审判实际的需要。

参照上述规定精神，《规定》根据人身安全保护令非诉程序特点，明确签发人身安全保护令的证明标准是"较大可能性"，而不需要达到"高度可能性"，从而减轻了当事人的举证负担，有助于充分发挥人身安全保护令的作用。

同时，《规定》还进一步重申了人民法院依职权调查取证的规定。这些规定完善了人身安全保护令案件的证据规则体系，进一步消除了家庭暴力受害人的举证困难，为保护家庭暴力受害人合法权益提供了更加坚强有力的制度支撑，从而保障人民群众更安全更有尊严地生活。

（五）人身安全保护令适用的人员范围

反家庭暴力法第三十七条规定："家庭成员以外共同生活的人之间实施的暴力行为，参照本法规定执行。"民法典实施之前，对于家庭成员的范围，没有明确的法律规定。民法典实施后，其第一千零四十五条对家庭成员进行了界定。该条规定，亲属包括配偶、血亲和姻亲。配偶、父母、子女、兄弟姐妹、祖父母、外祖父母、孙子女、外孙子女为近亲属。配偶、父母、子女和其他共同生活的近亲属为家庭成员。也即，配偶、父母、子女以及共同生活的兄弟姐妹、祖父母、外祖父母、孙子女、外孙子女为家庭成员。

但是"家庭成员以外共同生活的人"都包括哪些，实践中存在一定的模糊认识。现实生活中比较常见的共同生活的人主要是儿媳、女婿、公婆、岳父母，也包括其他一些因监护、扶养、寄养等关系共同生活的人。这类人员与家庭成员一样，具有相似的生活紧密度和情感连接性，因为共同生活的事实，参照适用反家庭暴力法，争议不大，《规定》对此进行了明确。

需要特别说明的是，离婚后或恋爱、同居关系终止后的暴力行为，能否参照适用反家庭暴力法，对此在实践中最具争议。该类情况在现实生活中并不鲜见，甚至由此产生极端恶性事件，引起舆论广泛关注。从调研了解的情况看，很多地方法院倾向于将该种暴力行为纳入参照适用范围，依当事人申请作出了人身安全保护令。

对此,我们也进行了深入研究。从反家庭暴力法的规定看,人身安全保护令适用的情形是家庭成员,家庭成员以外共同生活的人可以参照适用。而离婚后或恋爱、同居关系终止后的人员既不属于家庭成员,也未共同生活,因此,不适宜通过司法解释的方式将其纳入人身安全保护令的适用范围。目前,正在修改的妇女权益保障法征求意见稿规定,该类人员可以参照反家庭暴力法规定申请人身安全保护令。如果最终法律保留该条规定,则该类人员参照适用反家庭暴力法规定向法院申请人身安全保护令就有了明确的法律依据。在现行法律没有明确规定的情况下,该类人员之间发生的暴力行为可以通过民法典第九百九十七条规定的人格权禁令予以解决。民法典第九百九十七条规定,民事主体有证据证明行为人正在实施或者即将实施侵害其人格权的违法行为,不及时制止将使其合法权益受到难以弥补的损害的,有权依法向法院申请采取责令行为人停止有关行为的措施。

人身安全保护令是人格权行为禁令针对家庭暴力行为的具体化特殊化适用,是为有效保护受害人的生命权、身体权、健康权等人格权,由法院依法责令行为人停止家庭暴力侵害行为的一种命令制度。虽然从法律施行时间看,规定人身安全保护令的反家庭暴力法先于规定人格权行为禁令的民法典,但从两者内在逻辑关系看,人格权行为禁令与人身安全保护令属于一般与特殊的关系。人格权行为禁令是一般化普遍化适用于保护所有人格权主体免于所有人格权侵害的制度,具有适用主体、适用客体上的一般性,而原本规定在先的人身安全保护令反而成了人格权禁令的一种特殊适用程序。家庭暴力虽然广义上也属于人格权侵权范畴,但人身安全保护令属于特别法规定,在反家庭暴力法明确规定的人员范围内,应优先适用。但对于该范围以外人员之间实施的暴力行为,则应当适用民法典第九百九十七条的规定。

《规定》之所以没有就该部分人员申请人格权禁令作出指引性规定,主要考虑是,如果最终通过的妇女权益保障法能够保留征求意见稿的相关规定,则该类人员可以直接根据妇女权益保障法,参照适用反家庭暴力法规定,向法院申请人身安全保护令,而不需要再适用人格权禁令制度。

(六)被申请人辩称受害人有过错如何处理的问题

实践中,被申请人对自己实施的家庭暴力行为往往提出各种辩解,以对方"有错在先"为由为自己的行为寻找借口,借机通过暴力的方式控制对方,是比较常见的情形之一,甚至有些法官在决定是否作出人身安全保护令时也会考虑对方过错情况。

为纠正上述对家庭暴力的错误认识,着重体现对家庭暴力"零容忍"的态度和原则,《规定》第八条明确规定,被申请人认可存在家庭暴力行为,但辩称受害人有过错的,法院应当依法作出人身安全保护令。该条规定明确了这样一个观念,即任何理由都不是实施家庭暴力的借口。家庭暴力是违法行为,甚至有可能构成犯罪,要坚决予以制止和打击。那种认为家庭暴力情有可原的想法是完全错误的。实践中,受害人可能存在虐待老人或出轨等过错行为,但民法典等法律已对相应情形作出了规定,比如,根据民法典第一千零八十七条规定,离婚时夫妻共同财产分割在双方协议不成时要考虑照顾无过错方权益的原则。再比如,根据民法典第一千零九十一条规定,如果一方构成虐待、遗弃家庭成员或者存在与他人同居等重大过错,要承担损害赔偿责任。

(七)人身安全保护令案件与离婚等案件中对家庭暴力事实认定的关系问题

据调研了解,很多基层法院法官之所以对签发人身安全保护令持谨慎态度,证据标准把握过严,一个很大的担心是,如果当事人将来提起离婚诉讼,并以法院曾作出人身安全保护令为由主张存在家庭暴力事实的,将给离婚案件审理造成被动。而在离婚案件中,一旦认定家庭暴力事实存在,就必须依法判决离婚和支持离婚损害赔偿的诉讼请求。

我们经研究认为,基层法院法官的担心有一定道理,尤其对于普通民众来讲,盖有法院印章的人身安全保护令是最好的家庭暴力证明。但该种观念在诉讼法意义上确实需要一定程度的澄清。尤其是,如果将两者捆绑,将使得法官签发人身安全保护令瞻前顾后,反倒限制了该制度作用的有效发挥,不能及时保护家庭暴力受害人。

为此,《规定》第九条从证明标准的角度对两者关系进行了澄清。主要思路是:人身安全保护令的目的在于制止正在发生或者可能发生的家庭暴力行为,要求便捷、快速,与诉讼中经过当事人举证质证程序采信证据认定事实,存在本质不同。根据《规定》第六条规定,人身安全保护令案件的证明标准是"较大可能性",而非"高度可能性",故同样是对家庭暴力事实的认定,由于人身安全保护令案件证明标准相较离婚案件中对涉及实体权利义务关系事实的证明标准低,如果只要作出人身安全保护令,就必须在离婚纠纷中认定家庭暴力事实,则实际上变相降低了实体权利义务关系的证明标准。

因此,仅以法院曾签发人身安全保护令为由,即在离婚案件中认定家庭暴力事实,这样的事实认定可能是不扎实的。根据反家庭暴力法规定,向法院申请人身安全保护令有两种情形:一种是面临家庭暴力的现实危险;一种是遭受了家庭暴力。如果系因面临家庭暴力现实危险作出的人身安全保护令,当然不能以人身安全保护令作为认定家庭暴力事实的证据。

实际上,《规定》第九条要规范的也并不主要是该种情形。该条主要解决的是,即便当事人以实际遭受家庭暴力为由申请人身安全保护令,但是,由于签发人身安全保护令的证明标准较低,仅为"较大可能性"即可,而不需要达到涉及实体权利义务事实的"高度可能性"证明标准。而且,在七十二小时甚至二十四小时内即必须签发,相关证据一般未经法定的举证质证程序,人身安全保护令裁定书中亦没有法院查明事实部分,故离婚纠纷中,对涉及实体权利义务内容的家庭暴力事实,还不能仅以曾签发人身安全保护令为由直接认定。

但是,签发人身安全保护令一般有一些基础证据,根据《规定》第六条规定,包括当事人陈述、被申请人曾出具的悔过书或者保证书、记录家庭暴力发生或者解决过程等的视听资料以及医疗机构的诊疗记录等。此种情况下,既要考虑法院曾作出人身安全保护令的事实,也要进一步对基础证据进行审查和质证,并根据《最高人民法院关于适用〈中华人民共和国民事诉讼法〉的解释》第一百零八条的规定对家庭暴力事实进行认定。人身安全保护令属于非诉程序,应当适用适当的职权干预和职权探知。审判实践中,考虑到家庭暴力受害人普遍举证能力比较弱,法院应当进行适当的释明,告知当事人补充提供有关证据。

(八)违反人身安全保护令构成拒不执行判决、裁定罪的问题

法院作出人身安全保护令后,被申请人理应严格遵守,不再实施家庭暴力。如果被申请人在保护期内仍然实施家庭暴力,则不仅是对家庭成员人格权的再次侵害,也是对司法权威的漠视,应当坚决依法惩治。根据反家庭暴力法第三十四

条规定，被申请人违反人身安全保护令，构成犯罪的，依法追究刑事责任；尚不构成犯罪的，人民法院应当给予训诫，可以根据情节轻重处以1000元以下罚款或者十五日以下拘留。

据调研了解，人身安全保护令制度实施中存在的主要问题之一是违反后受到的惩罚力度较弱，一般只能是训诫、1000元以下罚款或者十五日以下拘留，对施暴方起不到足够的威慑作用。反家庭暴力法第三十四条虽然规定"构成犯罪的，依法追究刑事责任"，但实践中对于违反人身安全保护令的，能否构成拒不执行判决、裁定罪，存在不同认识，需要对构成何种犯罪进一步明确。

经研究，我们认为，违反人身安全保护令的，可以构成拒不执行判决、裁定罪，主要理由是以下几点。

第一，从适用对象看。根据刑法第三百一十三条规定，拒不执行判决、裁定罪针对的是"对人民法院的判决、裁定有能力执行而拒不执行"的行为，人身安全保护令是法院依法作出的裁定，属于拒不执行判决、裁定罪的适用范畴。

第二，从体系解释的角度看。反家庭暴力法第三十三条和第三十四条均规定了刑事责任的承担问题，第三十三条规定了加害人实施家庭暴力，构成犯罪的，依法追究刑事责任，第三十四条规定了被申请人违反人身安全保护令，构成犯罪的，依法追究刑事责任。可见，第三十四条主要是对人身安全保护令本身的保障。当然，违反人身安全保护令的，一般情况下是再次实施了家庭暴力。如果通过实施家庭暴力的方式违反人身安全保护令，则可能同时构成虐待罪、故意伤害罪甚至故意杀人罪等，具体定罪量刑还要考虑犯罪竞合的问题。

第三，违反人身安全保护令本身情节严重的，可以按照拒不执行判决、裁定罪定罪处罚，这是反家庭暴力法第三十四条规定的立法初衷，不存在破坏刑法谦抑性问题。

第四，根据《最高人民法院关于审理拒不执行判决、裁定刑事案件适用法律若干问题的解释》第二条规定，违反人民法院限制高消费及有关消费令等拒不执行行为，经采取罚款或者拘留等强制措施后仍拒不执行的，可以拒不执行判决、裁定罪定罪量刑。第三条规定，申请执行人有证据证明同时具有下列情形，人民法院认为符合刑事诉讼法第二百零四条第三项规定的，以自诉案件立案审理：（1）负有执行义务的人拒不执行判决、裁定，侵犯了申请执行人的人身、财产权利，应当依法追究刑事责任的；（2）申请执行人曾经提出控告，而公安机关或者人民检察院对负有执行义务的人不予追究刑事责任的。被申请人违反人身安全保护令的，与上述情形相比，在行为特点上有相似之处，可以作一定程度的类比。

据此，《规定》明确，被申请人违反人身安全保护令，符合刑法第三百一十三条规定的，以拒不执行判决、裁定罪定罪处罚，从而将违反人身安全保护令行为本身纳入拒不执行判决、裁定罪适用范围，更有针对性地加大刑事打击力度，增强人身安全保护令的权威性，回应社会关切。

需要特别说明的是，该条只解决违反人身安全保护令本身能否构成拒不执行判决、裁定罪的问题，至于是否与其他犯罪构成竞合，需要根据案件具体情况确定。为避免产生歧义，《规定》第十条后半段规定，同时构成其他犯罪的，按照刑法有关规定处理。之所以作此笼统规定，主要考虑是《规定》并非刑事法律适用司法解释，具体的刑事裁判规则，比如，犯罪竞合等问题，在相关刑事司法解释中均有明确规定，故在条文表述上仅笼统性地作出转引性规定，未作具体规定。实践中，在构成犯罪竞合的情况下，应当依照处罚较重的规定定罪处罚。

（撰稿人：吴景丽、王丹）

最高人民法院
关于人身安全保护令案件相关程序问题的批复

2016年7月11日　　　　　　　　　　法释〔2016〕15号

北京市高级人民法院：

你院《关于人身安全保护令案件相关程序问题的请示》（京高法〔2016〕45号）收悉。经研究，批复如下：

一、关于人身安全保护令案件是否收取诉讼费的问题。同意你院倾向性意见，即向人民法院申请人身安全保护令，不收取诉讼费用。

二、关于申请人身安全保护令是否需要提供担保的问题。同意你院倾向性意见，即根据《中华人民共和国反家庭暴力法》请求人民法院作出人身安全保护令的，申请人不需要提供担保。

三、关于人身安全保护令案件适用程序等问题。人身安全保护令案件适用何种程序，反家庭暴力法中没有作出直接规定。人民法院可以比照特别程序进行审理。家事纠纷案件中的当事人向人民法院申请人身安全保护令的，由审理该案的审判组织作出是否发出人身安全保护令的裁定；如果人身安全保护令的申请人在接受其申请的人民法院并无正在进行的家事案件诉讼，由法官以独任审理的方式审理。至于是否需要就发出人身安全保护令问题听取被申请人的意见，则由承办法官视案件的具体情况决定。

四、关于复议问题。对于人身安全保护令的被申请人提出的复议申请和人身安全保护令的申请人就驳回裁定提出的复议申请，可以由原审判组织进行复议；人民法院认为必要的，也可以另行指定审判组织进行复议。

此复。

【解读】

解读《关于人身安全保护令案件相关程序问题的批复》

2015年12月27日，第十二届全国人民代表大会第十八次会议通过了反家庭暴力法，该法于2016年3月1日起实施。反家庭暴力法实施前夕，北京市高级人民法院（以下简称北京高院）就人身安全保护令案件的有关程序问题，向最高人民法院请示。

鉴于北京高院请示的问题,对于人民法院审理人身安全保护令案件具有普遍意义,最高人民法院民一庭经研究,提出了答复意见稿。经向本院研究室、全国人大常委会法工委征求意见,又对批复稿进行了修改。2016年6月6日,经最高人民法院审判委员会第1686次会议讨论通过,最高人民法院于2016年7月13日发布《最高人民法院关于人身安全保护令案件相关程序问题的批复》(以下简称批复)。现就该批复所涉及的主要问题以及人民法院在审判实践中应当注意的问题加以阐释。

一、北京高院请示的问题及倾向性意见

北京高院请示的问题有以下四个。

1. 关于人身安全保护令案件是否收取诉讼费用的问题

北京高院倾向性意见认为,人民法院对人身安全保护令案件不收取诉讼费用。

2. 关于申请人申请人身安全保护令是否需要提供担保的问题

北京高院对此存在两种意见。一种意见认为,申请人身安全保护令应比照民事诉讼法关于行为保全的规定,可以责令申请人提供担保,诉前申请的应当提供担保;另一种意见认为,人身安全保护令系保护因家庭暴力受害一方的民事强制措施,不需要提供担保。北京高院倾向于第二种意见。

3. 关于审判程序问题

申请人在婚姻家庭案件诉讼中向受诉法院申请人身安全保护令的,应当由审理该案的审判组织依法作出裁定。申请人于诉前直接申请人身安全保护令的,一种意见认为,应当组成合议庭审理,一般应听取被申请人意见;另一种意见认为,可以由独任法官审理,视案件需要决定是否听取被申请人意见。北京高院倾向于第二种意见。

4. 关于复议问题

一种意见认为人身安全保护令具有紧迫性,故应当由作出裁定的审判组织进行复议;另一种意见认为法律规定复议不影响人身安全保护令的执行,故应另行组成合议庭进行复议。北京高院倾向于第二种意见。

二、最高人民法院批复

针对北京高院请示的四个问题,批复提出答复意见如下。

1. 关于人身安全保护令案件是否收取诉讼费用的问题

最高人民法院通过批复认为,北京高院的倾向性意见是正确的。人民法院受理人身安全保护令案件不应当收取诉讼费用。理由是:第一,诉讼费用属于国家规费,收费应当有法律、行政法规作为依据。现行《诉讼费用交纳办法》是2006年12月19日国务院第481号令公布的,其制定依据是民事诉讼法和行政诉讼法。可见,诉讼费用的收取需要有国家法律作为依据。反家庭暴力法本身没有就人身安全保护令案件规定收费,负责向全国人大常委会提交立法草案的国务院法制办公室在起草该法律草案的过程中,也没有提出收取费用的问题。因此,在没有收取诉讼费的法律依据的情况下,由最高人民法院决定收取某一类案件的诉讼费,显然不妥。第二,参考国外的立法例,无论是成文法国家还是判例法国家,鲜见就人身安全保护令单独收取诉讼费的先例。第三,人身安全保护令常常是家暴受害者在遭受家庭暴力或者面临家庭暴力的现实危险的情况下提出申请的,此种情形下的家暴受害者,有时面临因恐惧或受伤无法回家、离家时未能带出财产和随身衣物的困难处境。而且施暴者有可能一时无法找到,如果人民法院以收取诉讼费作为受理此类案件或者出具人身安全保护令的条件,则无疑不

利于对家暴受害者的保护，也不符合反家庭暴力法的立法本意。因此，批复的意见是此类案件不收取诉讼费用。

2. 关于申请人申请人身安全保护令是否需要提供担保的问题

批复同意北京高院倾向性意见。理由是：第一，与2008年全国部分法院开展人身安全保护裁定试点阶段不同，自2016年3月1日起，人民法院出具人身安全保护令的法律依据是反家庭暴力法第四章的规定，而不再是民事诉讼法（2012年修正，下同）第一百条有关民事诉讼中行为保全的规定。因此，将人身安全保护令等同于民事诉讼法中的行为保全的依据并不充分。第二，反家庭暴力法第二十七条明确规定了人民法院作出人身安全保护令的条件，其中并没有要求申请人提供担保的内容，因此，由人民法院自行增加发出人身安全保护令的条件缺少法律依据；第三，要求家庭暴力的受害者在申请人身安全保护令时提供担保，明显不利于对遭遇家庭暴力或者面临家庭暴力现实危险的人身安全保护令申请人的保护，有违立法初衷。

3. 关于人身安全保护令案件适用程序等问题

人身安全保护令案件适用何种程序审理，反家庭暴力法中并没有作出直接规定。根据民事诉讼法的规定，人民法院审理民事案件，或者组成合议庭适用普通程序审理，或者由独任法官适用简易程序审理。对于宣告失踪、宣告死亡，公示催告等非诉案件和本质上不属于平等主体之间的民事权益之争的选民名单案件，我国民事诉讼法将其归入特别程序。适用特别程序审理的案件，其实并非一律是非讼案件，却有一个共同特点，即一审终审。北京高院请示的第三个问题是"关于审判程序问题"，但其内容是要求明确，人民法院审理人身安全保护令案件，是组成合议庭审理还是由独任法官审理。至于是不是一审终审的问题，反家庭暴力法是有明确规定的，即此类案件中，人民法院一旦作出裁定，当事人只有申请复议的权利，而无权提起上诉。考虑到其他地方法院也就此类案件适用何种程序进行审理向本院民一庭询问的情况，故在批复中明确此类案件可以比照特别程序进行审理的意见。具体到适用何种审判组织审理此类案件的问题上，批复同意北京高院倾向性意见。如果是人民法院正在审理的家事案件中的一方当事人申请人身安全保护令，就由审理该案的审判组织对人身安全保护令申请作出处理。也就是说，家事案件原来是由合议庭适用普通程序审理的，受理当事人提出的人身安全保护令申请后，就由合议庭审理；审理家事案件原来是由独任法官适用简易程序进行的，就由独任法官审理。这样规定的优点是相对于从未接触过家事案件当事人的其他法官而言，该合议庭比较了解当事人的情况，易于作出是否支持当事人的申请，发出人身安全保护令的判断。如果申请人并无正在法院审理的家事案件，或者虽然其在A法院有正在进行的家事诉讼，但却因为某种原因而向B法院申请人身安全保护令或者只是向人民法院申请人身安全保护令，则可由法官以独任审理的方式处理案件。理由是以下两点：第一，人身安全保护令案件是相对简单的案件，独任法官完全可以胜任此类案件的处理。第二，根据反家庭暴力法第二十八条的规定，需要人民法院在受理当事人的申请后七十二小时内作出人身安全保护令或者裁定驳回申请，但情况紧急的，应当在二十四小时内作出。在全国人大常委会法工委就反家庭暴力法草案征求意见的会议上，最高人民法院与会人员曾向全国人大常委会法工委询问，节假日是否除外。得到的答复是，既然是紧急情况，节假日不能除外，否则不利于对家暴受害者的保护。从域外立法和司法实践的情况看，解决这个问题的办法大致有两种：

一种办法是法院在节假日安排值班法官处理人身安全保护令案件；另一种办法是通过立法授权警察发出临时性人身安全保护令。我国反家庭暴力法显然是采取了前一种安排。因此，反家庭暴力法实施后，基层人民法院和中级人民法院需要在节假日安排值班法官应对人身安全保护令案件。如果规定由合议庭处理此类案件，则假日值班的法官也需要相应增加。由独任法官处理此类案件，则只要一位值班法官和一位书记员保证电话畅通，在收到本院值班人员电话通知后及时赶到法院即可处理此类案件。第三，域外多数法院都是由一位法官（治安法官）处理此类案件。我国部分法院在人身安全保护令试点期间的做法也证明，独任法官完全可以胜任此类案件的处理。

4. 关于复议问题

反家庭暴力法第三十一条赋予人身安全保护令的申请人在对驳回申请不服时或者人身安全保护令的被申请人对人民法院作出的人身安全保护令不服时，可以自裁定生效之日起五日内向作出裁定的人民法院申请复议一次。同时规定，复议期间不停止人身安全保护令的执行。但对于人民法院在收到复议申请后应当由原审判组织还是其他审判组织在多长时间内作出复议裁定，则没有作出具体规定。北京高院的倾向性意见是另行组成合议庭进行复议。批复明确了由原审判组织复议即可，但对此问题暂时并未作出硬性规定。主要是考虑到：第一，根据广东省珠海市香洲区人民法院试行人身安全保护裁定几年来的经验，随着人们对人身安全保护裁定的深入了解，申请复议案件本身就不是很多。而且原来该院采取了另组合议庭复议的方式，但后来又改为由原来作出保护令的审判组织复议了。审判实践证明，是否应当发出人身安全保护令，更多的是基于审理此类案件的法官对人身安全保护令申请人当时所面临情况的判断，主观性较强。因为，保护令发出前的听证，并非必须进行，即使法官决定询问当事人，也不一定能够听到双方当事人的陈述、辩论。申请人可能因为受伤住院、年老体弱，无民事行为能力或者限制民事行为能力而无法到庭或者即使到庭也无法亲自陈述，被申请人可能施暴后逃走，也可能因为既不在家也不在单位而无法收到法院传票，当然，也不排除被申请人没有实施家庭暴力且不知道申请人申请人身安全保护令之事。而反家庭暴力法又要求人民法院在收到当事人的申请后的二十四小时至七十二小时之内作出人身安全保护令，因此，事后由其他审判组织去评价负责审理人身安全保护令案件的法官当时作出是否应当决定发出人身安全保护令是否正确，可能会因条件的不同而作出完全不同的判断。域外的立法例中，一般不给被申请人申请复议的机会，也是出于此种考量。第二，人身安全保护令的目的在于制止尚未发生的和可能再次发生的家庭暴力，但保护令本身并不能成为被申请人实施家庭暴力的证据。只要人民法院正确理解法律，在家事案件的审判中不以单纯的人身安全保护令作为认定被申请人实施家庭暴力的证据，并且通过宣传让人们知道人身安全保护令的意义，逐步去除人身安全保护令本身可能对被申请人产生的负面影响，就可能逐步减少针对人身安全保护令申请复议的案件。第三，由合议庭复议可能要投入更多的审判力量。特别是在七天长假中，如果人身安全保护令是在假期的第一天被作出，次日保护令的被申请人申请复议，则复议不可能到假期结束后才开始，可能就要动用一个合议庭（三名法官）的力量在假日加班进行复议。对于基层法院，特别是人民法庭，可能是一个较重的负担。结合上述两个因素考虑，由原作出人身安全保护令的审判组织进行复议更具合理性。但批复中写明，人民法院认为必要的，也可以另行组成合议庭进行复议。之所以留有让地方各级法院自行决定人身安全保护令案件复议的审判组织的余地，主要是考虑到目前人民法院的司法权威还有待提高的情况下，有时需要借助集体的智慧去应对一些复杂的情况，借助合议庭的力量来为独任法官分担压力。

适用批复在审判实践中需要注意的是：第一，批复之所以允许承办人身安全保护令案件的法官，自行决定在发出人身安全保护令以前是否需要传唤双方当事人到庭，听取其陈述，主要是考虑如果将传唤当事人到庭听取意见作为发出人身安全保护令的必经程序，则有可能在一些特殊情况下，使得法官因为无法传唤一方或者双方当事人到庭而无法发出人身安全保护令，进而无法起到适用保护令及时制止家庭暴力，为家庭暴力的受害者提供保护的作用。在一般情况下，承办此类案件的审判组织，应当尽可能通知当事人到庭，以便直接听取其陈述。特别是在作出责令被申请人迁出其与申请人共同的住所以及被申请人（施暴者）未成年或者限制民事行为能力的情况下，传唤被申请人及其监护人到庭，倾听其陈述，与其监护人协商并做好对被申请人的安置有着不容忽视的意义。第二，对于人身安全保护令发出前未能到庭的被申请人或者虽然到庭但坚持其并未实施家庭暴力的被申请人，承办法官应当尽可能地向其说明人身安全保护令的意义在于制止已经发生的或者潜在的家庭暴力，因其目的和时效性要求，使得法官不可能像审理其他民事案件一样，对证据进行深入地核实、分析。人身安全保护令本身并非被申请人实施家庭暴力的证据，也不能在离婚案件中作为其配偶请求离婚损害赔偿的证据。因此，如果法院发出保护令时并未查实被申请人的家暴行为并记载于保护令之中，只要被申请人不违反人民法院作出的人身安全保护令，保护令既不意味着其就是家暴实施者，也不代表国家法律对其进行了处罚。

（撰稿人：韩玫）

最高人民法院
关于人民调解协议司法确认程序的若干规定

法释〔2011〕5号

（2011年3月21日由最高人民法院审判委员会第1515次会议通过 2011年3月23日最高人民法院公告公布 自2011年3月30日施行）

为了规范经人民调解委员会调解达成的民事调解协议的司法确认程序，进一步建立健全诉讼与非诉讼相衔接的矛盾纠纷解决机制，依照《中华人民共和国民事诉讼法》和《中华人民共和国人民调解法》的规定，结合审判实际，制定本规定。

第一条 当事人根据《中华人民共和国人民调解法》第三十三条的规定共同向人民法院申请确认调解协议的，人民法院应当依法受理。

第二条 当事人申请确认调解协议的，由主持调解的人民调解委员会所在地基层人民法院或者它派出的法庭管辖。

人民法院在立案前委派人民调解委员会调解并达成调解协议，当事人申请司法确认的,由委派的人民法院管辖。

第三条 当事人申请确认调解协议,应当向人民法院提交司法确认申请书、调解协议和身份证明、资格证明,以及与调解协议相关的财产权利证明等证明材料,并提供双方当事人的送达地址、电话号码等联系方式。委托他人代为申请的,必须向人民法院提交由委托人签名或者盖章的授权委托书。

第四条 人民法院收到当事人司法确认申请,应当在三日内决定是否受理。人民法院决定受理的,应当编立"调确字"案号,并及时向当事人送达受理通知书。双方当事人同时到法院申请司法确认的,人民法院可以当即受理并作出是否确认的决定。

有下列情形之一的,人民法院不予受理:

(一)不属于人民法院受理民事案件的范围或者不属于接受申请的人民法院管辖的;

(二)确认身份关系的;

(三)确认收养关系的;

(四)确认婚姻关系的。

第五条 人民法院应当自受理司法确认申请之日起十五日内作出是否确认的决定。因特殊情况需要延长的,经本院院长批准,可以延长十日。

在人民法院作出是否确认的决定前,一方或者双方当事人撤回司法确认申请的,人民法院应当准许。

第六条 人民法院受理司法确认申请后,应当指定一名审判人员对调解协议进行审查。人民法院在必要时可以通知双方当事人同时到场,当面询问当事人。当事人应当向人民法院如实陈述申请确认的调解协议的有关情况,保证提交的证明材料真实、合法。人民法院在审查中,认为当事人的陈述或者提供的证明材料不充分、不完备或者有疑义的,可以要求当事人补充陈述或者补充证明材料。当事人无正当理由未按时补充或者拒不接受询问的,可以按撤回司法确认申请处理。

第七条 具有下列情形之一的,人民法院不予确认调解协议效力:

(一)违反法律、行政法规强制性规定的;

(二)侵害国家利益、社会公共利益的;

(三)侵害案外人合法权益的;

(四)损害社会公序良俗的;

(五)内容不明确,无法确认的;

(六)其他不能进行司法确认的情形。

第八条 人民法院经审查认为调解协议符合确认条件的,应当作出确认决定书;决定不予确认调解协议效力的,应当作出不予确认决定书。

第九条 人民法院依法作出确认决定后,一方当事人拒绝履行或者未全部履行的,对方当事人可以向作出确认决定的人民法院申请强制执行。

第十条 案外人认为经人民法院确认的调解协议侵害其合法权益的,可以自知道或者应当知道权益被侵害之日起一年内,向作出确认决定的人民法院申请撤销确认决定。

第十一条 人民法院办理人民调解协议司法确认案件,不收取费用。

第十二条 人民法院可以将调解协议不予确认的情况定期或者不定期通报同级司

法行政机关和相关人民调解委员会。

第十三条 经人民法院建立的调解员名册中的调解员调解达成协议后，当事人申请司法确认的，参照本规定办理。人民法院立案后委托他人调解达成的协议的司法确认，按照《最高人民法院关于人民法院民事调解工作若干问题的规定》（法释〔2004〕12号）的有关规定办理。

【解读】

解读《关于人民调解协议司法确认程序的若干规定》

一、问题的提出

2011年3月21日，最高人民法院审判委员会第1515次会议通过了《最高人民法院关于人民调解协议司法确认程序的若干规定》（以下简称本规定）。

二、理解与适用

本规定的起草坚持以下原则：第一，要创新，要用创新的精神来发展完善司法确认制度，不能拘泥于过去的老办法；第二，要合法，不能违背法律，不能与法律有冲突；第三，要快捷，方便当事人申请确认；第四，要便于操作，有利于下级法院在具体工作中适用。

本规定根据人民调解法的规定，对司法确认程序一些具体问题予以了明确，主要规定了以下内容：司法确认案件的管辖法院、当事人申请司法确认时应当提交的材料、司法确认案件的受理、法院办理司法确认案件的期限、审查方式、不予确认的情形、确认方式及效力、案外人权利救济方式、费用、向司法行政机关及人民调解委员会通报情况、经法院建立的调解员名册中的调解员调解达成协议后当事人申请确认如何办理等。

（一）关于司法确认案件的管辖

为方便当事人就近、及时申请司法确认，本规定明确司法确认案件由主持调解的人民调解委员会所在地基层人民法院或者它派出的法庭管辖。人民法院在立案前委派人民调解委员会调解并达成调解协议，当事人申请司法确认的，由委派的人民法院管辖。在本规定起草过程中，有一种意见认为，应当允许当事人选择调解协议签订地、调解协议履行地、当事人住所地（包括任何一方申请人的住所地）人民法院管辖。实际上，2009年《最高人民法院关于建立诉讼与非诉讼相衔接的矛盾纠纷解决机制的若干意见》（以下简称《若干意见》）采纳的就是这种观点，这样规定的好处是充分尊重了当事人的选择权。《若干意见》规定的可以申请司法确认的案件范围包括经行政机关、人民调解组织、商事调解组织、行业调解组织或者其他具有调解职能的组织调解达成的具有民事合同性质的协议，而本规定主要规范人民调解协议司法确认程序。人民调解委员会主要调解民间纠纷，多为婚姻家庭、继承纠纷、相邻关系纠纷，以及简单的民事合同、侵权责任纠纷，而且人民调解委员会与纠纷当事人之间联系密切，与当事人通常就在同一个村或者同一个街道。因此，就人民调解协议的司法确认管辖而言,没有必要规定若干个选择项供当事人选择。直接规定由调解委员会所在地的基层人民法院或其派出法庭管辖人民调解协议司法确认案件,不仅方便当事人申请确认,也方便人民法院开展必要的审查工作。

也有人担心,由于人民调解法没有规定人民调解委员会的地域管辖范围问题,有些当事人可能会利用法律的疏漏,达到损人利己的目的。例如,有的当事人可能会在远离房产所在地的地方进行调解,对房产权利问题达成协议,并就地申请司法确认,使法院在不全面了解案情的情况下,确认调解协议,达到损害其他人合法利益的目的。应当说,这种担心不无道理,但本规定没有就涉及不动产的司法确认案件是否应当参考民事诉讼法专属管辖规定予以明确。从目前人民调解工作情况看,大多数的当事人还是选择与纠纷有密切联系的人民调解委员会对案件进行调解。如果当事人通过调解损害了他人利益,应当承担相应的法律责任。人民法院在办理涉及不动产的司法确认案件的时候,应当要求当事人提供不动产财产权利证明等证明材料,并应当要求当事人提出选择异地调解的合理理由。

此外,本规定明确规定,人民法院在立案前委派人民调解委员会调解并达成调解协议,当事人申请司法确认的,由委派的人民法院管辖。人民法院在立案前可以委派人民调解委员会进行调解(有的法院还设有人民调解工作室),经该人民调解委员会调解达成协议后,当事人如果要申请司法确认,则应当向委派的人民法院提出。因为委派的人民法院在初次接触案件的时候,已经对案情有了初步了解,由其对调解协议进行审查确认,有利于提高效率。例如,一个中级人民法院将自己有一审案件管辖权的案件在立案前委派给人民调解委员会进行调解,达成调解协议后,如果当事人申请司法确认,就应当由该中级人民法院进行审查。需要明确的是,不是任何案件人民法院都可以在立案前委派调解。根据《若干意见》第十四条的规定,人民法院可以委派调解的案件是属于人民法院受理民事诉讼的范围和受诉人民法院管辖的案件。也就是说,对不属于中级人民法院管辖的案件,不能利用中级人民法院通过委派调解后再进行司法确认的方式规避级别管辖。

(二)关于司法确认的申请及受理

根据人民调解法的规定,当事人在达成调解协议后,可以在三十日内共同向人民法院申请司法确认。为便于人民法院审查,当事人申请确认调解协议,应当向人民法院提交司法确认申请书、调解协议和身份证明、资格证明,以及与调解协议相关的财产权利证明等证明材料,并提供双方当事人的送达地址、电话号码等联系方式。委托他人代为申请的,必须向人民法院提交由委托人签名或者盖章的授权委托书。当事人申请时,原则上应当提供调解协议书。如果当事人达成的是口头调解协议,则应当提供已经达成调解协议的有效证明,如人民调解委员会制作的调解工作记录。

人民法院收到当事人司法确认申请,应当在三日内决定是否受理。人民法院决定受理的,应当编立"调确字"案号,并及时向当事人送达受理通知书。双方当事人同时到法院申请司法确认的,人民法院可以当即受理并作出是否确认的决定。

(三)关于人民法院受理司法确认案件的范围

本规定明确规定人民法院在以下四种情形下不受理司法确认申请:(1)不属于人民法院受理民事案件的范围或者不属于接受申请的人民法院管辖的;(2)确认身份关系的;(3)确认收养关系的;(4)确认婚姻关系的。

1. 人民法院不受理就非民事调解协议提出的司法确认申请

在起草本规定过程中，有一种观点提出，人民调解委员会对轻微刑事案件主持调解达成协议后，当事人也可以申请司法确认。其理由是人民调解委员会可以根据人民调解法调解民间纠纷。民间纠纷的范围广泛，包括了民事案件和部分轻微刑事案件。因此，可以申请确认的调解协议既包括民事调解协议，也应当包括就轻微刑事案件达成的人民调解协议，而且可以规定调解协议经确认后，当事人不得再提起自诉。本规定在序言中明确规定确认的调解协议范围为"民事调解协议"，原因有以下两点：第一，人民调解委员会对民事纠纷的调解经验相对丰富一些，目前法院开展的司法确认工作也主要针对民事调解协议；第二，虽然有的人民调解委员会也对部分轻微刑事案件进行调解并取得了较好的效果，但这项工作尚处于初步探索阶段，还不够成熟；第三，对民间纠纷内涵和外延的理解目前尚存争议。

本规定所指的"不属于接受申请的人民法院管辖"，不是民事诉讼法所规定的级别管辖和地域管辖，而是本规定所规定的管辖，即一般情况下是由人民调解委员会所在地的基层法院或其派出法庭管辖，但委派调解后申请确认的案件由委派的法院管辖。

2. 人民法院不受理确认身份关系、收养关系及婚姻关系的申请

身份关系、收养关系、婚姻关系是否存在以及是否需要解除，不仅对当事人本人，而且对整个社会的和谐稳定都具有重要影响，当事人应当慎重处理上述关系。如果确实需要对上述关系是否存在进行认定，确实需要解除上述关系，应当通过诉讼或者其他法定方式解决。以婚姻关系为例，如果当事人协议解除婚姻关系，可以到民政部门办理离婚手续。如果对离婚涉及的财产分割等问题有争议，可以通过诉讼方式解决。当事人在办理离婚手续后就财产纠纷达成人民调解协议的，可以申请司法确认。

（四）关于司法确认案件的审查

关于司法确认案件的审查期限。人民法院应当自受理司法确认申请之日起十五日内作出是否确认的决定。因特殊情况需要延长的，经本院院长批准，可以延长十日。在人民法院作出是否确认的决定前，一方或者双方当事人撤回司法确认申请的，人民法院应当准许。从各地法院目前审查确认案件情况看，审查确认案件一般只需要十几天时间，有的法院平均只需两天时间。为体现确认程序快捷特点，本规定规定了较短的审查时间。当然，如果存在一些比较复杂的情况，也可以适当延长。

关于司法确认案件的审查方式。本规定确立了书面审查与庭审相结合的审查原则。人民法院受理司法确认申请后，应当指定一名审判人员对调解协议进行审查。一般情况下，审判人员如果认为调解协议符合确认条件，可以在审查当事人申请、调解协议、有关证明材料基础上直接作出确认或者不予确认的决定。如果审判人员认为通过书面审查尚不能作出决定的，可以通知双方当事人同时到场，当面询问当事人。当事人应当向人民法院如实陈述申请确认的调解协议的有关情况，保证提交的证明材料真实、合法。为避免人民法院确认不应当确认的调解协议，人民法院在审查中，认为当事人的陈述或者提供的证明材料不充分、不完备或者有疑义的，可以要求当事人补充陈述或者补充证明材料。当事人无正当理由未按时补充或者拒不接受询问的，人民法院不能直接作出不予确认的决定。当事人这种不配合的状态，表明当事人不具有申请司法确认的真实意愿，人民法院可以按撤回司法确认申请处理。

人民法院在确认程序中应当对调解协议的内容进行审查，这种审查主要是对自愿

性和合法性的审查。根据《若干意见》的规定，人民法院在审查后不予确认调解协议效力的情形主要有三大类：第一类是不予确认违反自愿原则的调解协议效力。根据《若干意见》的规定，因违背自愿原则而不予确认的情况主要包括：当事人在违背真实意思的情况下签订调解协议、调解协议显失公正、调解组织、调解员与案件有利害关系的情况。第二类为不予确认因违法达成的调解协议。《若干意见》规定的因违法而不予确认的情形具体包括：违反法律、行政法规强制性规定的，侵害国家利益、社会公共利益的，侵害案外人合法权益的，涉及是否追究当事人刑事责任的，调解组织、调解员强迫调解或者有其他严重违反职业道德准则的行为的。第三类为不予确认内容不明确，无法确认和执行的调解协议。

本规定继续坚持了《若干意见》所体现的审查原则，即调解协议应当体现当事人的真实意愿并且不违反法律法规的强制性规定。此外，本规定还进一步明确对损害社会公序良俗的调解协议不予确认。具体来讲，本规定明确有三大类人民调解协议不予确认：第一类为违法的协议，包括违反法律、行政法规强制性规定的协议，侵害国家利益、社会公共利益的协议，侵害案外人合法权益的协议。第二类为内容不明确的协议。确认调解协议的目的之一是使调解协议获得现实的强制执行力，强制执行的前提是执行的内容明确具体，如果不清楚需要执行的内容，确认调解协议也就没有多大意义了。第三类为损害社会公序良俗的协议。调解的特点是能够在非常广泛的范围内解决纠纷，不仅仅解决法律纠纷，也解决法律纠纷之外的纠纷。在审查确认调解协议的时候，如果仅仅考虑调解协议是否违法是不够的，还要看看调解协议对法律纠纷之外的问题的处理是否损害了社会公序良俗。

虽然本规定没有明确规定违反自愿原则的调解协议不予确认，但是，当事人自愿是调解协议的应有之义。如果法院在审查过程中发现调解协议可能违背当事人真实意思，就应当认真探寻当事人的真实意愿，也可以在向当事人讲明司法确认的法律意义后，询问当事人是否撤回司法确认申请。

对不符合确认条件，具备本规定规定的不予确认的情形的，人民法院应当作出不予确认决定，而不宜直接确认无效。第一，当事人申请确认调解协议效力，并未申请确认其无效。法院直接确认无效，不符合司法被动性的要求；第二，未经当事人申请，法院就确认其无效，导致当事人不能就相关事项充分表达意见，其诉讼权利难以得到有效保障；第三，由人民法院直接确认无效，意味着法院需要进行更多的实体审查，将在司法确认程序中投入更多的司法资源，这与司法确认程序便捷的特点不符，不利于发挥司法确认程序的优势。

如果在确认程序中发现了部分不宜确认的情况，法官应当征询双方当事人意见。双方当事人同意部分确认的，可以仅就适宜确认的部分进行确认。当事人不同意部分确认的，应当作出不予确认的决定。

（五）确认决定文书形式及效力

根据本规定，人民法院审查后可以作出两种决定文书，一种是认为调解协议符合确认条件的，应当作出确认决定书；另一种是决定不予确认调解协议效力的，应当作出不予确认决定书。

关于确认决定的文书的形式，实践中主要有三种不同做法：一是决定书；二是确认书；三是调解书。支持用调解书的意见认为，这样无须改变现有司法统计体系，且民事调解书等同于判决书的效力具有相应法律依据,并且已为社会公众所熟知,更易被接受。但是,调解书不能反映司法确认程序的特点,也在一定程度上模糊了纠纷解决的过程。决定书具有灵活的特点,既可以作出确认决定书,也可以作出不确认决定书。反对者认为,根据民事诉讼法的规定,决定书仅仅适用于程序性事项,而司法确认中必然会涉及对调解协议内容进行实体审查,适用决定书显然是不合适的。

支持用确认书的观点认为,确认书符合司法确认程序的特点,很贴切。但是,确认书难以适用于不予确认的情况。

此外,也有一种观点建议,可以采用裁定书形式。理由有以下两点:第一,裁定书作为执行依据在各地法院的认同度较高,便于申请人实现实体权利;第二,在现行民事诉讼法框架下,存在的几种法律文书类型中,裁定书较判决、决定等其他文书来看,是较为适宜的。该裁定书可以比照具有强制执行效力的债权文书制作,在文书主文前附调解协议书并作为裁定书的组成部分。

应当说,决定书更符合现实需要。人民法院对拟予确认的,应当在决定书中明确对某某组织调解达成的协议内容进行确认,反映客观的纠纷解决过程,尊重调解组织的劳动成果。对不予确认的,应当在决定书中予以明确,简要说明不予确认的原因。

人民法院在作出决定前,向当事人说明确认决定或者不予确认决定的法律后果,有利于当事人充分了解确认程序的特点,从而更为慎重、谨慎,必要时可以撤回申请。这样也可以避免当事人今后后悔,避免埋下新的纠纷隐患。为此,最高人民法院在司法确认文书样式《受理通知书》中明确将此内容列入:"如果本院依法确认调解协议有效,一方当事人拒绝履行或者未全部履行的,对方当事人可以向人民法院申请强制执行。如果本院决定不予确认调解协议效力,当事人可以通过人民调解方式变更原调解协议或者达成新的调解协议,也可以就相关纠纷向有管辖权的人民法院提起诉讼;当事人之间有仲裁协议的,可以向仲裁机构申请仲裁。"

对确认决定当事人不能上诉。这种方式的合理性在于:第一,当事人自愿共同申请确认,没有争议,没有必要在法院予以确认后设置上诉程序;第二,有利于体现确认程序便捷特点。确认程序的核心价值之一是赋予调解协议强制执行力,因此,人民法院依法确认调解协议有效后,当事人就应当全部履行调解协议,否则对方当事人可以申请强制执行。

对于不予确认决定,本规定也没有给出上诉的救济途径。原因有两个:一是当事人可以再次通过调解、诉讼等途径解决纠纷,其诉讼权利行使没有受到阻碍;二是体现确认程序便捷特点。

(六)案外人权利救济

根据本规定,案外人认为经人民法院确认的调解协议侵害其合法权益的,可以自知道或者应当知道权益被侵害之日起一年内,向作出确认决定的人民法院申请撤销确认决定。

允许案外人申请撤销确认决定有以下考虑:第一,司法确认程序中虽然有些环节有利于避免人民法院确认侵害案外人利益的调解协议,但由于司法确认程序本身比较快捷,没有设计由法院通知案外人参与审查程序的环节,案外人在确认程序中一般没有机会表达意见,维护权利,其权利保障力度相对较弱。在此情况下,应该对案外人权利救济设置较低的门槛。第二,基于第一点理由,不宜选择审判监督程序,因为启动审判监督程序的难度相对较大，而且，再审程序一般仍为作为原生效法律文书的程序，而司法确认程序中当事人之间没有争议，司法确认程序显然不满足审理调解协议当事人与案外人利益争执的程序需求。第三，法国设置了第三人撤销诉讼制度，为我国提供了有益借鉴。

（七）关于人民法院建立的调解员名册中的调解员调解达成协议后的司法确认问题

这几年，基层人民法院及人民法庭积极聘请乡村、社区一些德高望重、热心服务、能力较强的人民群众担任司法调解员，或邀请人民调解员、司法行政部门、行业组织等协助化解社会矛盾纠纷，取得了良好效果。在有的法院，由退休法官、检察官、警官、人民陪审员、高校教师、律师、街道人民调解员、行业专业人士组成的司法调解员队伍在诉前调解的案件达到了法院民商事案件的五分之一，而且纠纷调处周期仅为几天，及时有效化解了矛盾纠纷。这些调解人员素质高，与人民群众联系密切，由他们主持调解，能够保障调解的高质量，能够赢得人民群众的广泛认同。有的法院还设立了诉调对接中心，邀请政府信访部门、法律援助中心、交警支队、人民调解委员会、消费者协会、工会、妇联等单位派代表进入诉调对接中心，形成了整体联动解决矛盾纠纷的格局。顺应形势发展需要，《若干意见》规定有条件的地方人民法院可以按照一定标准建立调解组织名册和调解员名册。

为鼓励各地法院发展完善调解员名册制度，将本院的一些工作人员以及聘请的其他人员纳入名册进行管理，并鼓励当事人选择名册中的调解员调解纠纷，本规定明确规定，经人民法院建立的调解员名册中的调解员调解达成协议后，当事人申请司法确认的，参照本规定办理。当然，这是立案前当事人选择调解员名册中的调解员调解后申请司法确认的情况。如果在立案后当事人选择了名册中的调解员调解案件，并且希望法院确认调解协议，则可以申请法院制作调解书。此时法院应当按照《最高人民法院关于人民法院民事调解工作若干问题的规定》（法释〔2004〕12号）的有关规定办理。

经行政机关、商事调解组织、行业调解组织、其他具有调解职能的组织调解达成协议后，当事人向人民法院申请司法确认案件的办理。

本规定主要规定了人民调解协议的司法确认问题，但这并不意味着经行政机关、商事调解组织、行业调解组织、其他具有调解职能的组织调解达成协议后，当事人不能申请司法确认。根据《若干意见》第二十条的规定，经行政机关、人民调解组织、商事调解组织、行业调解组织或者其他具有调解职能的组织调解达成的具有民事合同性质的协议，经调解组织和调解员签字盖章后，当事人可以申请有管辖权的人民法院确认其效力。如果当事人就上述协议申请司法确认，人民法院在适用《若干意见》的基础上，可以参照本规定。对于一些特有的程序问题，可以在总结经验的基础上继续完善。

（八）本规定的特点

本规定是最高人民法院在推动建立健全诉讼与非诉讼相衔接的矛盾纠纷解决机制过程中取得的又一阶段性成果。本规定内容具有以下鲜明特点。

1. 便民

本规定在三个方面体现了便民的特点：（1）当事人在达成调解协议后，如果认为有必要进行司法确认的，可以就近申请司法确认。人民法庭与人民调解组织联系密切，地理位置也更近，当事人如果选择到人民法庭申请确认，人民法庭应当依法及时受理并审查。(2) 要求人民法院尽可能减少当事人往返法院的次数，在受理的时候，具备确认条件的，可以当场作出确认决定。当事人同时到法院的，如果条件成熟，法院应当立即予以审查确认。即使不能当即作出是否确认的决定，法院也应尽量当即决定是否受理，尽量减少当事人往返法院的次数。(3) 不收取当事人费用。

2. 快捷

人民法院受理司法确认案件时的审查期限不超过三日，受理后的审查期限也比较短。为了在较短的时间内完成确认工作，当事人应当积极配合人民法院，按照要求及时提交有关材料，例如司法确认申请书、调解协议和身份证明、资格证明，以及与调解协议相关的财产权利证明等证明材料，并提供双方当事人的送达地址、电话号码等联系方式。委托他人代为申请的，必须向人民法院提交由委托人签名或者盖章的授权委托书。

3. 严谨

(1) 当事人要在申请书中承诺：申请人出于解决纠纷的目的自愿达成协议，没有恶意串通、规避法律的行为；如果因为该协议内容而给他人造成损害的，愿意承担相应的民事责任和其他法律责任。(2) 人民法院在必要时可以通知双方当事人同时到场，当面询问当事人。法官当面询问当事人，有利于防止当事人恶意申请确认。为避免确认的调解协议损害国家利益、社会公共利益和他人合法权益，人民法院可以在必要时要求当事人提交相关证明材料。当事人不提供的，应当承担相应后果。在审查之后，人民法院认为有本规定第七条所列六种情形之一的，将不予确认调解协议的效力。这些规定都有利于维护司法确认程序的严肃性。

本规定的出台，进一步明确和细化了司法确认案件的程序问题，进一步明确了确认的条件和范围，有利于维护国家和社会公共利益、当事人及案外人的合法权益。通过规范对调解协议的审查与确认方式，有利于鼓励当事人选择人民调解途径化解矛盾纠纷，进一步发挥人民调解在化解矛盾纠纷、维护社会和谐稳定中的积极作用，对于进一步健全诉讼与非诉讼相衔接的矛盾纠纷解决机制必将产生重要影响。

司法确认程序是一项新的程序，实践经验不足，理论研究也不够。本规定虽然提出了一些具体的程序操作要求，但仍需要根据实践中发现的问题和实践经验的总结，及时地对此程序予以发展完善，并及时上升为立法规范，从而更大程度地促进诉讼与非诉讼相衔接纠纷解决机制效能的发挥。

（撰稿人：卫彦明、蒋惠岭、向国慧）

十、涉港澳台民事诉讼程序的规定

最高人民法院
关于认可和执行台湾地区法院民事判决的规定

(2015年6月2日最高人民法院审判委员会第1653次会议通过 根据2024年10月29日最高人民法院审判委员会第1928次会议通过的《最高人民法院关于修改〈最高人民法院关于认可和执行台湾地区法院民事判决的规定〉的决定》修正)

为正确审理认可和执行台湾地区法院民事判决案件,依法保障海峡两岸民事主体的合法权益,根据民事诉讼法等相关法律规定,结合审判实践,制定本规定。

第一条 台湾地区法院民事判决的当事人以及当事人的继承人、权利承受人可以根据本规定,作为申请人向人民法院申请认可和执行该判决,该判决中的对方当事人为被申请人。双方当事人都提出认可和执行申请的,均列为申请人。

第二条 本规定所称台湾地区法院民事判决,包括台湾地区法院作出的生效民事判决、裁定、和解笔录、调解笔录、支付命令等。

申请认可台湾地区法院在刑事案件中作出的有关民事损害赔偿的生效判决、裁定、和解笔录的,适用本规定。

申请认可由台湾地区乡镇市调解委员会等出具并经台湾地区法院核定,与台湾地区法院生效民事判决具有同等效力的调解文书的,参照适用本规定。

第三条 申请人同时提出认可和执行台湾地区法院民事判决申请的,人民法院先按照认可程序进行审查,裁定认可后,由人民法院执行机构执行。

申请人仅提出认可台湾地区法院民事判决申请,人民法院对应否认可进行审查并作出裁定;台湾地区法院民事判决具有给付内容的,人民法院在受理认可申请及作出认可裁定时,应当向申请人释明其可以向人民法院申请执行。

申请人直接申请执行的,人民法院应当告知其一并提交认可申请;坚持不申请认可的,裁定驳回其申请。

第四条 申请认可台湾地区法院民事判决的案件,由申请人住所地、经常居住地或者被申请人住所地、经常居住地、财产所在地中级人民法院或者专门人民法院受理。

申请人向两个以上有管辖权的人民法院申请认可的,由最先立案的人民法院管辖。

申请人向被申请人财产所在地人民法院申请认可的,应当提供财产存在的相关证据。

第五条 申请人委托他人代理申请认可台湾地区法院民事判决的,应当向人民法院提交由委托人签名或者盖章的授权委托书。

台湾地区当事人签名或者盖章的授权委托书应当履行相关公证或者查明手续,但授权委托书经人民法院法官线上视频或者线下见证签署,或者经中国大陆公证机关公证证明是在中国大陆签署的除外。

持有台湾居民居住证的台湾地区当事人委托中国大陆执业律师或者其他人代理的,代理人向人民法院转交的授权委托书无需公证或者履行相关查明手续。

第六条 申请认可台湾地区法院民事判决,应当提交下列材料:

(一)申请书,并按照被申请人人数提交副本;

(二)判决正本或者经证明无误的副本;

(三)判决确定证明书正本或者经证明无误的副本,依据台湾地区有关规定不需另行出具证明书的调解笔录等除外;

(四)身份证明材料(申请人为自然人的,应当提交居民身份证、台湾居民居住证、台湾居民来往大陆通行证等身份证件复印件;申请人为法人或者非法人组织的,应当提交注册登记证书的复印件以及法定代表人或者主要负责人的身份证件复印件;申请人为当事人的继承人、权利承受人的,应当提交证明其继承人、权利承受人身份的证明材料)。

身份证明材料在中国大陆以外形成的,申请人应当依据民事诉讼法及相关司法解释的规定履行证明手续。

第七条 申请书应当载明下列事项:

(一)申请人和被申请人的基本情况:申请人或者被申请人为自然人的,包括姓名、住所、身份证件信息、通讯方式等;申请人或者被申请人为法人或者非法人组织的,包括名称、住所及其法定代表人或者主要负责人的姓名、职务、住所、身份证件信息、通讯方式等;

(二)作出判决的台湾地区法院名称、裁判文书案号、诉讼程序开始日期和判决日期;

(三)请求事项和理由;

(四)申请认可的判决的执行情况;

(五)其他需要说明的情况。

第八条 对于符合本规定第四条至第七条规定条件的申请,人民法院应当在收到申请后七日内立案,并通知申请人和被申请人。对于不符合上述规定的申请,人民法院应当在七日内裁定不予受理,同时说明不予受理的理由。已经受理的,裁定驳回申请。申请人对裁定不服的,可以提起上诉。

申请人提交的材料不符合要求的,人民法院应当一次性书面告知在指定期限内补正。在指定期限内补正的,人民法院决定是否立案的期间,自收到补正材料之日起计算。在指定期限内没有补正的,退回申请并记录在册;坚持提出申请的,裁定不予受理。经补正仍不符合要求的,裁定不予受理。

人民法院裁定不予受理或者驳回申请后,申请人再次申请并符合受理条件的,人民法院应予受理。

第九条 人民法院应当在立案之日起五日内将申请书副本送达被申请人。被申请人应当在收到申请书副本之日起十五日内提交意见;被申请人在中国大陆没有住所的,应当在收到申请书副本之日起三十日内提交意见。被申请人在上述期限内不提交意见的，不影响人民法院审查。被申请人申请延期的，是否准许，由人民法院决定。

第十条 对申请认可台湾地区法院民事判决的案件，人民法院应当组成合议庭进行审查。

第十一条 申请人申请认可台湾地区法院民事判决，应当提供相关证明文件，以证明该判决真实并且已经生效。台湾地区法院民事判决为缺席判决的，申请人应当同时提交台湾地区法院已经合法传唤当事人的证明文件，但判决已经对此予以明确说明的除外。

申请人可以申请人民法院通过海峡两岸调查取证司法互助途径查明台湾地区法院民事判决的真实性和是否生效以及当事人得到合法传唤的证明文件；人民法院认为必要时，也可以就有关事项依职权通过海峡两岸司法互助途径向台湾地区请求调查取证。

第十二条 申请人提供的台湾地区法院民事判决以及相关证明文件等证据，系通过海峡两岸公证书使用查证渠道转递的，人民法院应当确认其真实性，但有相反证据足以推翻的除外。

第十三条 人民法院受理认可台湾地区法院民事判决的申请之前或者之后，可以依据民事诉讼法及相关司法解释的规定，根据申请人的申请，裁定采取保全措施。

第十四条 人民法院受理认可台湾地区法院民事判决的申请后，作出裁定前，申请人请求撤回申请的，可以裁定准许。

第十五条 人民法院受理认可台湾地区法院民事判决的申请后，应当在立案之日起六个月内审结。有特殊情况需要延长的，报请上一级人民法院批准。

通过海峡两岸司法互助途径送达文书和调查取证的期间，不计入审查期限。

第十六条 台湾地区法院民事判决具有下列情形之一的，裁定不予认可：

（一）申请认可的民事判决，是在被申请人缺席且未经合法传唤，或者在被申请人无诉讼行为能力且未得到适当代理的情况下作出的；

（二）案件系人民法院专属管辖的；

（三）案件双方当事人订有有效仲裁协议，且无放弃仲裁管辖情形的；

（四）判决是通过欺诈方式取得的；

（五）人民法院已经就同一纠纷作出裁判，或者已经承认或认可其他国家或地区就同一纠纷作出的裁判的；

（六）仲裁庭在中国大陆已经就同一纠纷作出仲裁裁决，或者人民法院已经承认或认可仲裁庭在其他国家或地区就同一纠纷作出的仲裁裁决的。

认可该民事判决将违反一个中国原则等国家法律的基本原则或者损害国家主权、安全、社会公共利益的，人民法院应当裁定不予认可。

第十七条 人民法院经审查能够确认台湾地区法院民事判决真实并且已经生效，而且不具有本规定第十六条所列情形的，裁定认可其效力。不能认可判决全部判项的，可以认可其中的部分判项。不能确认该民事判决的真实性或者已经生效的，裁定驳回申请人的申请。

裁定驳回申请的案件，申请人再次申请并符合受理条件的，人民法院应予受理。

第十八条 经人民法院裁定认可的台湾地区法院民事判决，与人民法院作出的生效判决具有同等效力。

第十九条 人民法院依据本规定第十六条、第十七条作出的裁定，一经送达即发生法律效力。

申请人或者被申请人对裁定不服的,可以自裁定送达之日起十日内向上一级人民法院申请复议。

第二十条 申请人向人民法院申请认可台湾地区法院民事判决,该判决涉及的纠纷与人民法院正在审理的纠纷属于同一纠纷的,人民法院可以裁定中止诉讼。

经审查,裁定不予认可台湾地区法院民事判决的,恢复已经中止的诉讼;裁定认可的,对已经中止的诉讼,裁定驳回起诉。

第二十一条 审查认可台湾地区法院民事判决申请期间,申请人或者被申请人就同一纠纷向人民法院起诉的,裁定不予受理;已经受理的,裁定中止诉讼。

第二十二条 台湾地区法院民事判决已经被人民法院裁定全部或者部分认可,申请人或者被申请人对已经获得认可的部分又向人民法院起诉的,裁定不予受理;已经受理的,裁定驳回起诉。

台湾地区法院民事判决已经被人民法院裁定不予认可或者部分不予认可的,申请人对不予认可部分再次申请认可的,裁定不予受理;已经受理的,裁定驳回申请。但申请人可以对不予认可部分向人民法院起诉。

第二十三条 台湾地区法院民事判决被人民法院裁定全部或者部分认可后,申请人对认可部分申请执行的,依据民事诉讼法关于执行程序的规定予以执行。

第二十四条 申请人申请认可和执行台湾地区法院民事判决的期间,适用民事诉讼法第二百五十条的规定,但申请认可台湾地区法院有关身份关系的判决除外。

申请人仅申请认可而未同时申请执行的,申请执行的期间自人民法院对认可申请作出的裁定生效之日起重新计算。

第二十五条 人民法院在办理申请认可和执行台湾地区法院民事判决案件中作出的法律文书,应当依法送达申请人和被申请人。

第二十六条 申请认可和执行台湾地区法院民事判决,应当参照《诉讼费用交纳办法》的规定,交纳相关费用。

第二十七条 本规定自 2015 年 7 月 1 日起施行。《最高人民法院关于人民法院认可台湾地区有关法院民事判决的规定》(法释〔1998〕11 号)、《最高人民法院关于当事人持台湾地区有关法院民事调解书或者有关机构出具或确认的调解协议书向人民法院申请认可人民法院应否受理的批复》(法释〔1999〕10 号)、《最高人民法院关于当事人持台湾地区有关法院支付命令向人民法院申请认可人民法院应否受理的批复》(法释〔2001〕13 号)和《最高人民法院关于人民法院认可台湾地区有关法院民事判决的补充规定》(法释〔2009〕4 号)同时废止。

最高人民法院
关于内地与香港特别行政区法院
相互认可和执行民商事案件判决的安排

法释〔2024〕2号

（2019年1月14日最高人民法院审判委员会第1759次会议通过　2024年1月25日最高人民法院公告公布　自2024年1月29日起施行）

根据《中华人民共和国香港特别行政区基本法》第九十五条的规定，最高人民法院与香港特别行政区政府经协商，现就民商事案件判决的相互认可和执行问题作出如下安排。

第一条　内地与香港特别行政区法院民商事案件生效判决的相互认可和执行，适用本安排。

刑事案件中有关民事赔偿的生效判决的相互认可和执行，亦适用本安排。

第二条　本安排所称"民商事案件"是指依据内地和香港特别行政区法律均属于民商事性质的案件，不包括香港特别行政区法院审理的司法复核案件以及其他因行使行政权力直接引发的案件。

第三条　本安排暂不适用于就下列民商事案件作出的判决：

（一）内地人民法院审理的赡养、兄弟姐妹之间扶养、解除收养关系、成年人监护权、离婚后损害责任、同居关系析产案件，香港特别行政区法院审理的应否裁判分居的案件；

（二）继承案件、遗产管理或者分配的案件；

（三）内地人民法院审理的有关发明专利、实用新型专利侵权的案件，香港特别行政区法院审理的有关标准专利（包括原授专利）、短期专利侵权的案件，内地与香港特别行政区法院审理的有关确认标准必要专利许可费率的案件，以及有关本安排第五条未规定的知识产权案件；

（四）海洋环境污染、海事索赔责任限制、共同海损、紧急拖航和救助、船舶优先权、海上旅客运输案件；

（五）破产（清盘）案件；

（六）确定选民资格、宣告自然人失踪或者死亡、认定自然人限制或者无民事行为能力的案件；

（七）确认仲裁协议效力、撤销仲裁裁决案件；

（八）认可和执行其他国家和地区判决、仲裁裁决的案件。

第四条　本安排所称"判决"，在内地包括判决、裁定、调解书、支付令，不包括保全裁定；在香港特别行政区包括判决、命令、判令、讼费评定证明书，不包括禁诉令、临时济助命令。

本安排所称"生效判决"：

（一）在内地，是指第二审判决，依法不准上诉或者超过法定期限没有上诉的第一审判决，以及依照审判监督程序作出的上述判决；

（二）在香港特别行政区，是指终审法院、高等法院上诉法庭及原讼法庭、区域法院以及劳资审裁处、土地审裁处、小额钱债审裁处、竞争事务审裁处作出的已经发生法律效力的判决。

第五条 本安排所称"知识产权"是指《与贸易有关的知识产权协定》第一条第二款规定的知识产权，以及《中华人民共和国民法典》第一百二十三条第二款第七项、香港《植物品种保护条例》规定的权利人就植物新品种享有的知识产权。

第六条 本安排所称"住所地"，当事人为自然人的，是指户籍所在地或者永久性居民身份所在地、经常居住地；当事人为法人或者其他组织的，是指注册地或者登记地、主要办事机构所在地、主要营业地、主要管理地。

第七条 申请认可和执行本安排规定的判决：

（一）在内地，向申请人住所地或者被申请人住所地、财产所在地的中级人民法院提出；

（二）在香港特别行政区，向高等法院提出。

申请人应当向符合前款第一项规定的其中一个人民法院提出申请。向两个以上有管辖权的人民法院提出申请的，由最先立案的人民法院管辖。

第八条 申请认可和执行本安排规定的判决，应当提交下列材料：

（一）申请书；

（二）经作出生效判决的法院盖章的判决副本；

（三）作出生效判决的法院出具的证明书，证明该判决属于生效判决，判决有执行内容的，还应当证明在原审法院地可以执行；

（四）判决为缺席判决的，应当提交已经合法传唤当事人的证明文件，但判决已经对此予以明确说明或者缺席方提出认可和执行申请的除外；

（五）身份证明材料：

1. 申请人为自然人的，应当提交身份证件复印件；

2. 申请人为法人或者其他组织的，应当提交注册登记证书的复印件以及法定代表人或者主要负责人的身份证件复印件。

上述身份证明材料，在被请求方境外形成的，应当依据被请求方法律规定办理证明手续。

向内地人民法院提交的文件没有中文文本的，应当提交准确的中文译本。

第九条 申请书应当载明下列事项：

（一）当事人的基本情况：当事人为自然人的，包括姓名、住所、身份证件信息、通讯方式等；当事人为法人或者其他组织的，包括名称、住所及其法定代表人或者主要负责人的姓名、职务、住所、身份证件信息、通讯方式等；

（二）请求事项和理由；申请执行的，还需提供被申请人的财产状况和财产所在地；

（三）判决是否已在其他法院申请执行以及执行情况。

第十条 申请认可和执行判决的期间、程序和方式，应当依据被请求方法律的规定。

第十一条 符合下列情形之一，且依据被请求方法律有关诉讼不属于被请求方法院专属管辖的，被请求方法院应当认定原审法院具有管辖权：

（一）原审法院受理案件时，被告住所地在该方境内；

（二）原审法院受理案件时，被告在该方境内设有代表机构、分支机构、办事处、营业所等不属于独立法人的机构，且诉讼请求是基于该机构的活动；

（三）因合同纠纷提起的诉讼，合同履行地在该方境内；

（四）因侵权行为提起的诉讼，侵权行为实施地在该方境内；

（五）合同纠纷或者其他财产权益纠纷的当事人以书面形式约定由原审法院地管辖，但各方当事人住所地均在被请求方境内的，原审法院地应系合同履行地、合同签订地、标的物所在地等与争议有实际联系地；

（六）当事人未对原审法院提出管辖权异议并应诉答辩，但各方当事人住所地均在被请求方境内的，原审法院地应系合同履行地、合同签订地、标的物所在地等与争议有实际联系地。

前款所称"书面形式"是指合同书、信件和数据电文（包括电报、电传、传真、电子数据交换和电子邮件）等可以有形地表现所载内容的形式。

知识产权侵权纠纷案件以及内地人民法院审理的《中华人民共和国反不正当竞争法》第六条规定的不正当竞争纠纷民事案件、香港特别行政区法院审理的假冒纠纷案件，侵权、不正当竞争、假冒行为实施地在原审法院地境内，且涉案知识产权权利、权益在该方境内依法应予保护的，才应当认定原审法院具有管辖权。

除第一款、第三款规定外，被请求方法院认为原审法院对于有关诉讼的管辖符合被请求方法律规定的，可以认定原审法院具有管辖权。

第十二条 申请认可和执行的判决，被申请人提供证据证明有下列情形之一的，被请求方法院审查核实后，应当不予认可和执行：

（一）原审法院对有关诉讼的管辖不符合本安排第十一条规定的；

（二）依据原审法院地法律，被申请人未经合法传唤，或者虽经合法传唤但未获得合理的陈述、辩论机会的；

（三）判决是以欺诈方法取得的；

（四）被请求方法院受理相关诉讼后，原审法院又受理就同一争议提起的诉讼并作出判决的；

（五）被请求方法院已经就同一争议作出判决，或者已经认可其他国家和地区就同一争议作出的判决的；

（六）被请求方已经就同一争议作出仲裁裁决，或者已经认可其他国家和地区就同一争议作出的仲裁裁决的。

内地人民法院认为认可和执行香港特别行政区法院判决明显违反内地法律的基本原则或者社会公共利益，香港特别行政区法院认为认可和执行内地人民法院判决明显违反香港特别行政区法律的基本原则或者公共政策的，应当不予认可和执行。

第十三条 申请认可和执行的判决，被申请人提供证据证明在原审法院进行的诉讼违反了当事人就同一争议订立的有效仲裁协议或者管辖协议的，被请求方法院审查核实后，可以不予认可和执行。

第十四条 被请求方法院不能仅因判决的先决问题不属于本安排适用范围，而拒绝认可和执行该判决。

第十五条 对于原审法院就知识产权有效性、是否成立或者存在作出的判项，不予认可和执行，但基于该判项作出的有关责任承担的判项符合本安排规定的，应当认可和执行。

第十六条 相互认可和执行的判决内容包括金钱判项、非金钱判项。

判决包括惩罚性赔偿的，不予认可和执行惩罚性赔偿部分，但本安排第十七条规定的除外。

第十七条 知识产权侵权纠纷案件以及内地人民法院审理的《中华人民共和国反不正当竞争法》第六条规定的不正当竞争纠纷民事案件、香港特别行政区法院审理的假冒纠纷案件，内地与香港特别行政区法院相互认可和执行判决的，限于根据原审法院地发生的侵权行为所确定的金钱判项，包括惩罚性赔偿部分。

有关商业秘密侵权纠纷案件判决的相互认可和执行，包括金钱判项（含惩罚性赔偿）、非金钱判项。

第十八条 内地与香港特别行政区法院相互认可和执行的财产给付范围，包括判决确定的给付财产和相应的利息、诉讼费、迟延履行金、迟延履行利息，不包括税收、罚款。

前款所称"诉讼费"，在香港特别行政区是指讼费评定证明书核定或者命令支付的费用。

第十九条 被请求方法院不能认可和执行判决全部判项的，可以认可和执行其中的部分判项。

第二十条 对于香港特别行政区法院作出的判决，一方当事人已经提出上诉，内地人民法院审查核实后，中止认可和执行程序。经上诉，维持全部或者部分原判决的，恢复认可和执行程序；完全改变原判决的，终止认可和执行程序。

内地人民法院就已经作出的判决裁定再审的，香港特别行政区法院审查核实后，中止认可和执行程序。经再审，维持全部或者部分原判决的，恢复认可和执行程序；完全改变原判决的，终止认可和执行程序。

第二十一条 被申请人在内地和香港特别行政区均有可供执行财产的，申请人可以分别向两地法院申请执行。

应对方法院要求，两地法院应当相互提供本方执行判决的情况。

两地法院执行财产的总额不得超过判决确定的数额。

第二十二条 在审理民商事案件期间，当事人申请认可和执行另一地法院就同一争议作出的判决的，应当受理。受理后，有关诉讼应当中止，待就认可和执行的申请作出裁定或者命令后，再视情终止或者恢复诉讼。

第二十三条 审查认可和执行判决申请期间，当事人就同一争议提起诉讼的，不予受理；已经受理的，驳回起诉。

判决全部获得认可和执行后，当事人又就同一争议提起诉讼的，不予受理。

判决未获得或者未全部获得认可和执行的，申请人不得再次申请认可和执行，但可以就同一争议向被请求方法院提起诉讼。

第二十四条 申请认可和执行判决的，被请求方法院在受理申请之前或者之后，可以依据被请求方法律规定采取保全或者强制措施。

第二十五条　法院应当尽快审查认可和执行的申请，并作出裁定或者命令。

第二十六条　被请求方法院就认可和执行的申请作出裁定或者命令后，当事人不服的，在内地可以于裁定送达之日起十日内向上一级人民法院申请复议，在香港特别行政区可以依据其法律规定提出上诉。

第二十七条　申请认可和执行判决的，应当依据被请求方有关诉讼收费的法律和规定交纳费用。

第二十八条　本安排签署后，最高人民法院和香港特别行政区政府经协商，可以就第三条所列案件判决的认可和执行以及第四条所涉保全、临时济助的协助问题签署补充文件。

本安排在执行过程中遇有问题或者需要修改的，由最高人民法院和香港特别行政区政府协商解决。

第二十九条　内地与香港特别行政区法院自本安排生效之日起作出的判决，适用本安排。

第三十条　本安排生效之日，《最高人民法院关于内地与香港特别行政区法院相互认可和执行当事人协议管辖的民商事案件判决的安排》同时废止。

本安排生效前，当事人已签署《最高人民法院关于内地与香港特别行政区法院相互认可和执行当事人协议管辖的民商事案件判决的安排》所称"书面管辖协议"的，仍适用该安排。

第三十一条　本安排生效后，《最高人民法院关于内地与香港特别行政区法院相互认可和执行婚姻家庭民事案件判决的安排》继续施行。

第三十二条　本安排自2024年1月29日起施行。

【解读】

解读《关于内地与香港特别行政区法院相互认可和执行民商事案件判决的安排》

2019年1月14日，最高人民法院审判委员会第1759次全体会议讨论通过了《关于内地与香港特别行政区法院相互认可和执行民商事案件判决的安排》（以下简称《民商事判决互认安排》或本安排）。1月18日，最高人民法院副院长杨万明和香港特区政府律政司司长郑若骅分别代表两地在北京签署《民商事判决互认安排》。该安排的签署，标志着两地民商事领域司法协助已基本全面覆盖，对于有效减少两地当事人重复诉讼之累、增进两地民众福祉具有重要意义。

一、《民商事判决互认安排》的商签背景和过程

第一，"一国两制"方针和香港基本法为两地开展安排商签提供了基本依据。根据"一国两制"方针，香港回归以后保持原有法律制度不变，享有独立的司法权和终审权。香港特别行政区基本法第九十五条规定，香港特区可与全国其他地区的司法机关通过协商依法进行司法方面的联系和相互提供协助。据此，自回归以来，最高人民法院与香港特区有关方面分别代表两地商签民商事领域有关司法协助安排事宜，先后签署了《关于内地与香港特别行政区法院相互委托送达民商事司法文书的安排》、《关于内地与香港特别行政区相互执行仲裁裁决的安排》、《关于内地与香港特别行政区法院相互认可和执行当事人协议管辖的民商事案件判决的安排》（以下简称《协议管辖安排》）、《关于内地与香港特别行政区法院就民商事案件相互委托提取的安排》（以下简称《委托取证安排》）、《关于内地与香港特别行政区法院相互认可和执行婚姻家庭民事案件判决的安排》（以下简称《婚姻家事安排》）。《民商事判决互认安排》是双方商签的第六项司法协助安排，是双方在民商事案件判决互认方面的第三项司法协助安排。

第二，两地社会经济发展对开展司法协助提出了现实需求。内地与香港同根同源、血脉相连，既是利益共同体，又是命运共同体。香港回归祖国后，两地人员交往日益频繁密切，经贸合作不断拓展深化，由此相应产生了数量日渐增多、类型日益多元的两地互涉法律纠纷。习近平总书记亲自谋划、亲自部署、亲自推动粤港澳大湾区建设，是新时代推动形成全面开放新格局的新尝试，也是推动"一国两制"事业发展的新实践，为两地拓展深化司法协作提出了新的更高要求，同时也提供了新的重大机遇。两地此前的民商事司法协助安排，特别是民商事判决互认领域的司法协助工作，已经不能适应两地的经贸发展、人员往来情况。通过开展司法协助工作有效促进纠纷化解、维护公平正义、增进两地人民福祉，是大势所趋、人心所向。

第三，两地司法界的密切合作为安排商签创造了有利条件。2006年之前，两地先后签署了三项安排。其后，由于各方面原因，两地司法协助安排商签工作陷入停滞状态。党的十八大以来，以习近平同志为核心的党中央更加关心香港繁荣稳定发展，大力支持香港、澳门融入国家发展大局，倡导香港、澳门同胞同祖国人民共担民族复兴的历史责任，共享祖国繁荣富强的伟大荣光。新时代为两地司法协助事业发展提供了新机遇、注入了新动能。自2015年以来，两地司法协助安排商签工作进入快车道。2016年3月，最高人民法院与香港特区政府律政司签署《会谈纪要》，划定了两地司法协助安排商签的时间表和路线图，明确了"三步走"目标。2016年12月、2017年6月，双方分别签署了《委托取证安排》和《婚姻家事安排》，如期完成了前两步目标；《民商事判决互认安排》标志着《会谈纪要》确定的第三步目标也已顺利完成。

在一国之内、不同法域特别是不同法系间开展司法协助，既不同于国际司法协助，亦不同于同一法域内不同地区之间的司法协助，是回归以后两地法律人面对的崭新课题和责无旁贷的历史使命。相较于两地商签的其他民商事司法协助安排，《民商事判决互认安排》覆盖面最广、意义最为重大，同时挑战和难度也前所未有，需要应对两地法律制度、司法理念乃至立法技术、语言风格等方方面面的差异。最高人民法院高度重视此项工作，专门成立了研究室牵头统筹，立案庭、各民事审判庭、执行局、第一巡回法庭参与的工作小组。一年多以来，最高人民法院与香港特区政府律政司进行了五轮当面磋商、数百次电话沟通、交换上百篇资料案例，逐条逐字逐句反复推敲，在求同存异基础上达成了最大共识。

二、《民商事判决互认安排》的主要成果

《民商事判决互认安排》旨在建立内地与香港特区法院相互认可和执行民商事案件判决的制度性安排，实现两地民商事案件判决的异地流通，减轻当事人在两地重复诉讼之累，同时也节省两地的司法资源。《民商事判决互认安排》秉持"一国"原

则,切实做到比国家间司法协助更加紧密、更加开放;贯彻"两制",妥善处理一国之内、不同法域特别是不同法系之间法律制度、司法程序的差异。其主要成果包括以下内容。

第一,在案件类型上,将两地同属民商事纠纷的各类案件判决基本全部纳入互认范围。本安排签署后,加上之前已经签署的《婚姻家事安排》,两地法院90%左右的民商事案件判决将有望得到相互认可和执行。

第二,在判决类型上,将两地生效判决均纳入适用范围。两地分属不同法系,法律制度、诉讼程序有较大差异。双方求同存异、彼此理解,充分尊重对方的审判程序,将各自的生效判决包括内地的再审判决全部纳入。

第三,在互认内容上,将金钱判项、非金钱判项均纳入互认范围。香港根据其《外地判决(交互强制执行)条例》,仅认可和执行其他法域民商事案件判决中的金钱判项。在本安排商签过程中,双方秉持"一国"原则,将金钱判项和非金钱判项全部纳入互认范围。

第四,加强知识产权司法保护。本安排采取了比国际公约更加开放和积极的立场,以多个条文对知识产权案件判决的认可与执行问题作出了前瞻性规定,特别是明确规定了知识产权案件的管辖标准、侵犯知识产权的惩罚性赔偿以及侵害商业秘密的非金钱责任等,以更好地服务于粤港澳大湾区的创新驱动发展。

三、《民商事判决互认安排》的主要内容

本安排共31条,对两地相互认可和执行民商事案件判决的范围和判项内容、申请认可和执行的程序和方式、对原审法院管辖权的审查、不予认可和执行的情形、不予认可和执行救济途径等作出了规定。

(一)关于适用的案件范围

本安排适用于两地民商事案件生效判决,包括刑事案件涉及民事赔偿的生效判项。

第二条对本安排所称的民商事案件作了定义,即在两地均属于民商事性质的案件。香港特区仅区分刑事案件和民事案件,无行政案件类别。司法复核案件以及其他因行使行政权力直接引发的案件在香港大多属于民事案件,在内地大多属于行政诉讼案件或者行政机关作出的行政处罚。因此,香港的司法复核案件和内地的行政诉讼案件不适用本安排。

第三条采用负面清单方式列举暂不适用本安排的民商事案件。暂不适用本安排的案件主要包括以下几种:第一,法律制度有明显差异的案件,包括继承案件、部分婚姻家事案件、宣告自然人失踪或者死亡、认定自然人限制或者无民事行为能力的案件等。一是关于继承案件。香港有遗产代理人制度,在遗产继承中多会设置遗产代理人(遗产管理人或者遗嘱执行人),负责清算遗产(支付费用及履行债务)及分配剩余遗产,有时还要代表被继承人进行诉讼、交易或者变现遗产等;内地并无相似制度。二是关于部分婚姻家事案件。首先,在两地均属于婚姻家事案件的,依据《婚姻家事安排》相互认可和执行;其次,在内地属于婚姻家事案件而在香港属于普通民商事案件(非婚姻家事案件)但裁判规则相似的,依据本安排相互认可和执行;最后,在一地属于婚姻家事案件,但在另一地没有此类案件的,暂排除在相互认可和执行的案件范围以外,即本安排第三条第一项列举的案件"内地人民法院审理的赡养、兄弟姐妹之间扶养、解除收养关系、成年人监护权、离婚后损害责任、同居关系析产案件,香港特别行政区法院审理的应否裁判分居的案件"。三是关于选民资格，宣告自然人失踪或者死亡、认定自然人限制或者无民事行为能力的案件。选民资格案件在香港的裁判规则与内地大不相同，且无互认必要。香港法院不会就自然人失踪或者死亡、行为能力认定等作出单独的判决，而是作为事实或者前置问题在相关纠纷的判决中作出认定。四是关于专利侵权案件、确认标准必要专利许可费率的案件以及有关本安排第五条未规定的知识产权案件。另外，本安排第五条对知识产权作定义时，纳入了两地现有的全部知识产权类型，第三条第三项意在表明，将来产生新类型的知识产权时，双方再行商议。第二，仲裁方面有关案件。参照国际公约，将判决问题与仲裁问题切割处理、互不干涉，本安排不适用于确认仲裁协议效力、撤销仲裁裁决案件。第三，不同于普通民商事案件相互协助的方式，拟下一步单独签署安排的案件。破产（清盘）案件和海事索赔责任限制、船舶优先权、紧急拖航和救助等部分海事案件的协助均涉及一整套单独、配套机制，与普通民商事案件的协助在协助方式、程序、救济等方面存在显著差异，在国际、区际司法协助中都在普通民商事案件判决互认的规范以外，制定单行规范。第四，认可和执行其他国家和地区判决、仲裁裁决的案件。为避免当事人利用本安排，变相申请认可和执行未与内地或者香港签订判决互认条约的国家和地区所作的判决，参照国际惯例，将双方依据其法律承认的其他国家和地区法院作出的判决排除在安排适用范围之外。

特别需要说明的是，两地在本安排中排除了上述案件的认可和执行，并不意味着这些案件的互认就不再解决。比如，破产（清盘）协助问题事关跨境投资安全和营商环境优化，且两地业界均十分关注，目前，最高人民法院与香港特区政府律政司正在积极磋商，力争早日签署相关安排。

（二）关于生效判决的范围

第四条规定了本安排所称生效判决的范围。第一款纳入了香港和内地的各种判决类型，排除双方中间程序性质的判决。中间程序性质的判决，在内地包括财产保全、证据保全、行为保全等保全裁定；在香港，除了临时济助命令外，还明确排除禁诉令。香港法庭可以在聆讯讼案之前或者之后作出临时济助方面的命令，主要包括：要求一方提供文件，要求当事人安全保管物品或者文件，颁布资产冻结令以限制当事人处分或者转移争议财产等。禁诉令即禁止当事人开展或者继续诉讼程序的命令，例如当事人之间订立了仲裁协议，法庭可根据一方当事人申请向另一方颁布禁诉令。第二款关于生效判决，分别与两地法律规定的生效判决范围保持一致。香港特区司法机构包括终审法院、高等法院、区域法院、裁判法院。该款所列劳资审裁处、土地审裁处、小额钱债审裁处、竞争事务审裁处分别设在高等法院、区域法院、裁判法院，均属于香港司法机构，可作出生效判决。

（三）关于住所地的概念

第六条对本安排的住所地作出定义。主要考虑：第一，本安排多次出现住所地，且内地法律有住所地概念；香港法例无住所地概念，只是在案件管辖中有关于管辖连接点的指引，故有必要统一作出定义。第二，为扩大两地互认范围，对住所地进行界定时，纳入了双方各自的连接点。就自然人而言，内地纳入了户籍所在地、经常居住地，香港纳入了永久性居民身份所在地、经常居住地；就法人或者其他组织而言，内地纳入了注册地或者登记地、主要办事机构所在地，香港纳入了注册地、主要管理地、主要营业地。

（四）关于申请认可和执行的程序

第七条、第八条、第九条为当事人申请认可和执行有关民商事判决提供了明确指引。其中，第七条规定了受理认可和执行申请的法院。在内地，向申请人住所地或者被申请人住所地、财产所在地的中级人民法院提出申请；在香港，向香港特区高等法院提出。第八条规定了当事人提出申请时应当提交的材料，包括申请书、原审法院的判决书、原审法院的证明书、身份证明材料等。特别说明的是，为更好体现"一国"原则、方便两地当事人，本安排放宽了对申请材料公证、认证的要求，即只有在被请求方境外形成的身份证明材料才需要依据被请求方的法律要求办理证明手续。第九条就申请书的主要内容作了细化规定，包括当事人的基本情况、请求事项和理由、判决是否已在其他法院申请执行以及执行情况等。具体到实务中，受理当事人申请后，两地法院将根据本安排规定和具体案情，裁定或者命令是否予以认可。当事人可以凭裁定或者命令申请执行。

（五）关于对原审法院管辖权的审查

第十一条规定了对管辖权的审查标准。在国际民事司法协助层面，管辖权审查主要有四种模式：一是按照原审法院地法律审查模式；二是专属管辖排除模式；三是按照被请求方法律审查模式；四是具体列举模式。据统计，从我国与外国签署的33个民商事判决承认与执行条约的管辖权条文看，有14个采用被请求方法律审查模式，11个采列举模式，8个采专属管辖排除模式。经双方磋商，本安排最终参照海牙国际私法会议《外国民商事案件判决承认和执行公约》（草案）[以下简称《海牙公约》（草案）]，采用"专属管辖排除＋列举"的方案。双方还达成共识：审查原审法院是否有管辖权时，仅审查原审法院所在的法域（比如香港或者内地）的管辖权，而不审查法域内部（如上海与北京）具体哪个法院有无管辖权。

第十一条第一款适用于除本条第三款所规定的知识产权案件以外的案件。该款规定只要满足以下六种情形的其中一项，且依据被请求方法律有关诉讼不属于被请求方法院专属管辖的，应当认定原审法院具有管辖权：（1）原审法院受理案件时，被告住所地在该方境内，即原告就被告的一般管辖原则。（2）原审法院受理案件时，被告在该方境内设有代表机构、分支机构、办事处、营业所等不属于独立法人的机构，且诉讼请求是基于该机构的活动。其中，代表机构、分支机构为内地用语；办事处、营业所为香港用语。（3）因合同纠纷提起的诉讼，合同履行地在该方境内。关于合同履行地的识别，具体实践中，合同约定履行地点的，以约定的履行地点为合同履行地；合同对履行地点没有约定或者约定不明确的，以约定的准据法确定合同履行地；合同对履行地点、准据法均没有约定或者约定不明确的，被请求方法院按照被请求地的冲突法规则或者国际私法规则确定准据法，进而确定合同履行地。（4）因侵权行为提起的诉讼，侵权行为实施地在该方境内。两地法律关于侵权行为地的概念不同，在内地包括侵权行为实施地和侵权结果发生地；在香港，香港法院审理案件时一般以侵权行为实施地作为连接点去认定该法院有管辖权，同时在特定情况下也会考虑案件的其他因素确定是否适合管辖该案件。经协商，参照《海牙公约》（草案）将侵权行为实施地作为连接点。（5）当事人协议管辖的情形。合同纠纷或者其他财产权益纠纷的当事人以书面形式约定由原审法院地管辖，但各方当事人住所地均在被请求方境内的，原审法院地应系合同履行地、合同签订地、标的物所在地等与争议有实际联系地。关于当事人约定的管辖法院是否需与争议有实际联系，磋商过程中争议较大。根据中华人民共和国民事诉讼法的规定，内地人民法院根据当事人的管辖协议审理案件时，约定的管辖法院需与争议有实际联系；根据香港法律，香港法院根据当事人管辖协议审理案件时，不要求香港法院与争议有实际联系；《海牙公约》（草案）等亦未对实际联系作出要求。鉴于此，考虑到双方关切，经协商，除各方当事人住所地均在被请求方境内的除外，其余情形下不要求原审法院地与争议有实际联系。（6）当事人应诉管辖的情形。当事人应诉管辖在法理上相当于默示的协议管辖，故处理原则与协议管辖相同，即当事人未对原审法院提出管辖权异议并应诉答辩，但各方当事人住所地均在被请求方境内的，原审法院地应系合同履行地、合同签订地、标的物所在地等与争议有实际联系的地点。

第十一条第三款是关于知识产权侵权纠纷等案件管辖的特别规定。由于知识产权具有地域性，故本款特别规定管辖法院必须同时符合以下条件：一是法院地即侵权行为地；二是诉争的知识产权在法院地依法应予保护。

第十一条第四款系为避免挂一漏万、列举不全，进行了兜底性规定。例如，在讨论过程中，曾有观点认为应当对反诉情形下的管辖作出规定，考虑原审法院如对本诉具有管辖权，则对反诉一并管辖乃法理的题中应有之义，故未作专门列举。实践中，如当事人未对本诉判决申请认可和执行，仅对反诉判决申请认可和执行时，即可适用该第四款兜底条款。

（六）关于不予认可和执行的情形

第十二条规定了应当不予认可和执行的情形。其中，第一款第一项是关于管辖权基础的规定，即原审法院对诉讼的管辖不符合本安排规定的；第二项、第三项是关于程序瑕疵的规定；第四项旨在限制恶意平行诉讼；第五项、第六项旨在限制重复申请认可和执行。第二款是公共秩序保留条款，此为两地司法协助安排惯常条款。

第十三条规定了酌定不予认可和执行的情形，即违反有效仲裁协议或者管辖协议的情形。当事人订有仲裁协议时，一方当事人向原审法院起诉，另一方当事人提出管辖异议，原审法院认定仲裁协议无效、裁定管辖异议不能成立，故审理案件并作出判决；或者当事人协议由原审法院以外的其他法院管辖时，一方当事人向原审法院起诉，另一方当事人提出管辖异议，原审法院认定异议不能成立，审理并作出判决。对以上两种情形下的判决，申请人向被请求方法院申请认可和执行时，如被请求方法院认定仲裁协议或者管辖协议有效，则可以不予认可和执行原审法院判决。当然，如果被请求方法院认为，原审法院行使管辖权审理该案虽然违反当事人有效仲裁协议或者管辖协议，但是基于公平公正或者最紧密联系原则等其他理由而审理该案的，仍可予以认可和执行原审法院的判决。需要说明的是，香港《外地判决（限制承认及强制执行）条例》将本条所涉内容列入应当不予认可和执行的情形，而本安排将其列为酌定不予认可和执行，体现了一国之内尽可能扩大互认范围的初衷。

第十四条规定了不能仅因为先决问题而拒绝认可和执行。该条参照了《海牙公约》（草案）的规定，旨在尽可能扩大判决互认的范围。例如，宣告自然人失踪后，指定财产代管人，财产代管人处分财产的行为构成侵权时，将引发侵权诉讼。侵权纠纷案件中，宣告自然人失踪即为先决问题，虽宣告自然人失踪案件不属于本安排适用范围，但侵权纠纷案件判决仍然可以相互认可和执行。第十五条系知识产权案件判决互认的特别规定，其中对先决问题也作了专门明确。

（七）关于判项范围、惩罚性赔偿

第十六条规定了知识产权案件以外的案件中互认的判项范围。第一款明确本安排下相互认可与执行的判决内容不限于金钱判项，为本安排的一项重大突破。民法总则共规定了11种责任承担方式，其中只有赔偿损失和支付违约金为金钱责任，因此，将非金钱判项纳入本安排适用范围，具有重要意义。香港《外地判决（交互强制执行）条例》仅认可和执行其他法域民商事案件判决中的金钱判项，《协议管辖安排》亦将互认范围限于金钱判项。磋商中，经反复沟通，双方秉持一国原则，从两地实际需求出发，将非金钱判项纳入认可与执行范围。第二款为原则性排除惩罚性赔偿的相互认可与执行。一是参照《海牙公约》（草案）的规定和不同法域判决相互认可与执行中的惯常做法。二是虽近年来大陆法系对损害赔偿的填平原则、禁止得利观点有所突破，例如，内地在产品责任侵权案件、消费者权益保护案件等中均有关于惩罚性赔偿的规定，但考虑惩罚性赔偿带有刑事或者行政制裁性质，故排除在互认范围之外。

第十七条系知识产权案件的特别规定。第一，关于知识产权侵权纠纷案件以及内地人民法院审理的反不正当竞争法第六条规定的不正当竞争纠纷民事案件（香港特别行政区法院审理的假冒纠纷案件），认可与执行的范围只包括金钱判项，包括其中的惩罚性赔偿部分。首先，知识产权案件判决互认范围限于金钱判项为国际通行做法，本安排参照国际规则，排除了行为责任等的互认。同时，规定了惩罚性赔偿金钱判项的互认以加强对知识产权保护。其次，由于知识产权具有地域性，故本条第一款规定的金钱责任的范围"限于根据原审法院地发生的侵权行为所确定的金钱判项"，故如果法院对于法院地以外发生的侵权行为作出认定并判决金钱责任，则不予认可和执行。第二，关于商业秘密侵权纠纷。由于商业秘密具有秘密性，对于商业秘密的保护而言，停止披露、使用等行为责任（非金钱判项）是至关重要的，由此，规定非金钱判项的互认可以避免侵权范围扩大，导致商业秘密丧失秘密性。

（八）关于平行或者重复诉讼

第二十二条规定认可优先。实践中，当事人可能为规避一地生效判决的执行而在另一地另行提起诉讼，为避免两地诉讼结果冲突、司法资源浪费等不利后果，本条确立了认可优先原则，以减少当事人在两地分别诉讼的诉累。

第二十三条规定一事不再理，即当事人就同一争议再次提起诉讼或者再次申请认可和执行的情况。第一款、第二款规定法院受理认可和执行申请在先的，无论在审理期间还是已作出认可和执行裁定，均排除当事人就同一争议再行提起诉讼的权利。第一款、第二款与民事诉讼法的一事不再理原则在价值取向上一致，都是为了维护既判力和避免诉讼资源浪费。第三款规定判决未获认可和执行的救济途径，指引申请人可以就同一争议向被请求方法院提起诉讼。另外，该款较《婚姻家事安排》增加了部分获得认可或执行的情形。理由为：一份判决有一部分未予以认可，即说明该部分在被请求地无法得到支持，那么自然没有再申请认可和执行该部分的必要和可能。

（九）关于保全措施和救济途径

第二十四条规定受理前后的保全或者强制措施。申请认可和执行的判决内容可能涉及财产处分等内容，为保障当事人胜诉后得以顺利执行，规定当事人可以向被请求方法院提出保全申请（香港称之为强制措施）。另需特别说明的是，本条针对原审法院已经作出判决且当事人已经向被请求方法院申请认可和执行的情况，并非当事人在原审法院作出判决前，即可向被请求方法院申请保全。根据《民商事判决互认安排》第二十八条规定，今后两地可以就保全协助问题进行商讨，但不在判决认可和执行中解决。为此，本条特意强调"申请认可和执行判决"。

第二十六条规定当事人不服认可和执行裁定的救济途径。根据民事诉讼法（2017年修正）第一百五十四条的规定，针对以下三种情形作出的裁定，当事人可以上诉：不予受理裁定、管辖权异议、驳回起诉。故对于是否认可和执行作出的裁定，当事人在内地不可上诉，可申请复议；在香港可提起上诉。

（十）关于本安排与其他民商事案件判决互认安排的关系

2006年，两地签署《协议管辖安排》，规定了当事人有书面管辖协议情形下的民商事案件判决相互认可和执行；2017年，两地签署《婚姻家事安排》，规定了相互认可和执行的部分婚姻家事案件判决。

鉴于本安排包含了当事人协议管辖的情形，且相互认可和执行的范围更广、更利于维护两地当事人权利，故本安排施行之日即同时废止《协议管辖安排》；同时考虑到尊重当事人意思自治，作了过渡期的规定，即本安排生效前，当事人已签署《协助管辖安排》所称书面管辖协议的，仍适用该安排。《婚姻家事安排》中规定的案件的判决认可和执行，仍然适用《婚姻家事安排》。安排签署后，在香港将转化为本地法例、在内地转化为司法解释后，在两地同时生效。目前，在内地该安排已经由最高人民法院审判委员会审议通过。待香港转化为本地法例后，即同时生效实施。

（撰稿人：姜启波、周加海、司艳丽、刘琨）

最高人民法院
关于内地与澳门特别行政区就仲裁程序相互协助保全的安排

法释〔2022〕7号

（2022年2月15日由最高人民法院审判委员会第1864次会议通过 2022年2月24日最高人民法院公告公布 自2022年3月25日起施行）

根据《中华人民共和国澳门特别行政区基本法》第九十三条的规定，经最高人民法院与澳门特别行政区协商，现就内地与澳门特别行政区关于仲裁程序相互协助保全作出如下安排：

第一条 本安排所称"保全"，在内地包括财产保全、证据保全、行为保全；在澳门特别行政区包括为确保受威胁的权利得以实现而采取的保存或者预行措施。

第二条 按照澳门特别行政区仲裁法规向澳门特别行政区仲裁机构提起民商事仲裁程序的当事人，在仲裁裁决作出前，可以参照《中华人民共和国民事诉讼法》《中华人民共和国仲裁法》以及相关司法解释的规定，向被申请人住所地、财产所在地或者证据所在地的内地中级人民法院申请保全。被申请人住所地、财产所在地或者证据所在地在不同人民法院辖区的，应当选择向其中一个人民法院提出申请，不得分别向两个或者两个以上人民法院提出申请。

在仲裁机构受理仲裁案件前申请保全，内地人民法院采取保全措施后三十日内未收到仲裁机构已受理仲裁案件的证明函件的，内地人民法院应当解除保全。

第三条 向内地人民法院申请保全的，应当提交下列材料：

（一）保全申请书；

（二）仲裁协议；

（三）身份证明材料：申请人为自然人的，应当提交身份证件复印件；申请人为法人或者非法人组织的，应当提交注册登记证书的复印件以及法定代表人或者负责人的身份证件复印件；

（四）在仲裁机构受理仲裁案件后申请保全的，应当提交包含主要仲裁请求和所根据的事实与理由的仲裁申请文件以及相关证据材料、仲裁机构出具的已受理有关仲裁案件的证明函件；

（五）内地人民法院要求的其他材料。

身份证明材料系在内地以外形成的，应当依据内地相关法律规定办理证明手续。

向内地人民法院提交的文件没有中文文本的，应当提交中文译本。

第四条 向内地人民法院提交的保全申请书应当载明下列事项：

（一）当事人的基本情况：当事人为自然人的，包括姓名、住所、身份证件信息、通讯方式等；当事人为法人或者非法人组织的，包括法人或者非法人组织的名称、住所以及法定代表人或者主要负责人的姓名、职务、住所、身份证件信息、通讯方式等；

（二）请求事项，包括申请保全财产的数额、申请行为保全的内容和期限等；

（三）请求所依据的事实、理由和相关证据，包括关于情况紧急，如不立即保全将会使申请人合法权益受到难以弥补的损害或者将使仲裁裁决难以执行的说明等；

（四）申请保全的财产、证据的明确信息或者具体线索；

（五）用于提供担保的内地财产信息或者资信证明；

（六）是否已提出其他保全申请以及保全情况；

（七）其他需要载明的事项。

第五条 依据《中华人民共和国仲裁法》向内地仲裁机构提起民商事仲裁程序的当事人，在仲裁裁决作出前，可以根据澳门特别行政区法律规定，向澳门特别行政区初级法院申请保全。

在仲裁机构受理仲裁案件前申请保全的，申请人应当在澳门特别行政区法律规定的期间内，采取开展仲裁程序的必要措施，否则该保全措施失效。申请人应当将已作出必要措施及作出日期的证明送交澳门特别行政区法院。

第六条 向澳门特别行政区法院申请保全的，须附同下列资料：

（一）仲裁协议；

（二）申请人或者被申请人为自然人的，应当载明其姓名以及住所；为法人或者非法人组织的，应当载明其名称、住所以及法定代表人或者主要负责人的姓名、职务和住所；

（三）请求的详细资料，尤其包括请求所依据的事实和法律理由、申请标的的情况、财产的详细资料、须保全的金额、申请行为保全的详细内容和期限以及附同相关证据,证明权利受威胁以及解释恐防受侵害的理由;

(四)在仲裁机构受理仲裁案件后申请保全的,应当提交该仲裁机构出具的已受理有关仲裁案件的证明;

(五)是否已提出其他保全申请以及保全情况;

(六)法院要求的其他资料。

如向法院提交的文件并非使用澳门特别行政区的其中一种正式语文,则申请人应当提交其中一种正式语文的译本。

第七条 被请求方法院应当尽快审查当事人的保全申请,可以按照被请求方法律规定要求申请人提供担保。

经审查,当事人的保全申请符合被请求方法律规定的,被请求方法院应当作出保全裁定。

第八条 当事人对被请求方法院的裁定不服的,按被请求方相关法律规定处理。

第九条 当事人申请保全的,应当根据被请求方法律的规定交纳费用。

第十条 本安排不减损内地和澳门特别行政区的仲裁机构、仲裁庭、仲裁员、当事人依据对方法律享有的权利。

第十一条 本安排在执行过程中遇有问题或者需要修改的,由最高人民法院和澳门特别行政区协商解决。

第十二条 本安排自 2022 年 3 月 25 日起施行。

【解读】

解读《关于内地与澳门特别行政区就仲裁程序相互协助保全的安排》

2022 年 2 月 25 日,最高人民法院常务副院长贺荣和澳门特别行政区政府行政法务司司长张永春分别代表两地签署《最高人民法院关于内地与澳门特别行政区就仲裁程序相互协助保全的安排》(以下简称《仲裁保全安排》)。根据两地法律规定和以往做法,《仲裁保全安排》在内地将转化为司法解释(2022 年 2 月 15 日,最高人民法院审判委员会第 1864 次全体会议讨论并通过了《最高人民法院关于内地与澳门特别行政区就仲裁程序相互协助保全的安排》)。经双方协商一致,《仲裁保全安排》已于 2022 年 3 月 25 日在两地同时生效。这是自澳门回归祖国以来,内地与澳门签署的第五项司法协助安排,标志着两地仲裁协助的全面覆盖,实现"一国"之内比与其他国家更加紧密的司法协助。这既是"一国两制"制度优势的充分体现,又是两地贯彻落实"一国两制"方针和澳门特别行政区基本法的具体举措,有利于内地和澳门创新和完善跨境商事争议多元化解决机制,推进法律规则深度衔接,为粤港澳大湾区建设和横琴粤澳深度合作区建设提供高效便捷的法律服务和保障。

一、《仲裁保全安排》的商签背景

第一，澳门基本法为两地开展司法协助提供了法律依据。根据"一国两制"方针和澳门基本法规定，内地与澳门系一个国家之内两个不同的法域，有开展司法协助之必要。澳门基本法第九十三条规定，澳门特别行政区可与全国其他地区的司法机关通过协商依法进行司法方面的联系和相互提供协助，这为最高人民法院与澳门特别行政区开展司法协助提供了法律依据。据此，澳门回归祖国以来，最高人民法院与澳门特别行政区有关方面持续推进民商事司法协助安排商签工作，基本实现了民商事领域司法协助的全面覆盖。《仲裁保全安排》为进一步降低当事人解纷成本、妥善化解跨境纠纷、切实增进两地民众福祉提供了制度资源。

第二，两地经济社会发展对仲裁程序相互协助保全提出了现实需求。内地与澳门同根同源、血脉相连，既是利益共同体，又是命运共同体。当前，粤港澳大湾区建设和横琴粤澳深度合作区建设蓬勃发展，"一国两制三法域"的独特性决定了区际法律冲突客观存在、互涉法律纠纷不可避免、区际司法协助亟待深化。随着内地仲裁业迅速发展，澳门仲裁制度逐步国际化和现代化，仲裁在化解跨境纠纷中的地位更加举足轻重。《仲裁保全安排》贯彻《横琴粤澳深度合作区建设总体方案》关于加强粤澳司法交流合作的要求，通过临时性救济措施保障两地仲裁裁决的有效执行，体现了司法对仲裁的引领、支持作用，有利于澳门仲裁业发展，有利于两地仲裁机构为粤港澳大湾区乃至"一带一路"共建国家和地区商事主体纠纷解决提供更有效服务，有利于推动完善国际商事审判、仲裁、调解等多元化商事纠纷解决机制。

第三，两地司法法律界的精诚合作为实现两地更紧密协助创造了有利条件。最高人民法院与澳门特别行政区有关方面同舟共济、砥砺前行，建立并不断完善定期化、常态化交流合作机制和平台，实现了更紧密的协作和更深入的融合。2021年12月17日，最高人民法院与澳门特别行政区签署《关于进一步加强司法法律交流合作的会谈纪要》（以下简称《会谈纪要》），作为两地首份司法法律交流合作的框架性文件，对两地共同推进司法法律规则衔接和机制对接作出了全方位、系统性规定，为两地进一步深化司法合作提供了指引。《仲裁保全安排》遵循《会谈纪要》划定的时间表和路线图，实现两地仲裁领域司法法律规则的深度衔接，达成仲裁领域更紧密的协助和联系。

第四，内地与香港有关安排的签署和实施为《仲裁保全安排》提供了有益经验。2019年4月2日，最高人民法院与香港特别行政区政府律政司签署《关于内地与香港特别行政区法院就仲裁程序相互协助保全的安排》（以下简称《内地与香港仲裁保全安排》），其签署和施行受到两地以及海外法律界人士的高度关注和充分肯定。《内地与香港仲裁保全安排》施行以来，内地人民法院已受理57起就香港仲裁程序提供协助保全的申请，保全财产价值达127亿元。《仲裁保全安排》借鉴《内地与香港仲裁保全安排》，并结合澳门仲裁法规相关规定和澳门仲裁业现状作出相应调整，更加符合内地与澳门司法协助工作实际。

二、《仲裁保全安排》的磋商过程和总体思路

2021年7月，最高人民法院与澳门特别行政区政府行政法务司正式启动《仲裁保全安排》的磋商工作。双方克服疫情影响，通过电话、邮件、视频会议等形式开展磋商工作，经反复协商和交换文本，并最终达成共识。

根据澳门仲裁法，内地有关仲裁程序开始前或者进行中，当事人可向澳门法院申

请保全措施；但根据民事诉讼法、仲裁法、海事诉讼特别程序法等相关法律规定，除海事案件外，内地人民法院不能对包括澳门在内的域外仲裁提供保全协助。《仲裁保全安排》旨在建立允许有关澳门仲裁程序当事人向内地人民法院申请保全的机制，同时，进一步明确内地仲裁程序当事人向澳门法院申请保全的程序。

三、《仲裁保全安排》的主要内容

《仲裁保全安排》共12条，对保全的类型、适用的仲裁程序、申请保全的程序、保全申请的处理等作了规定。

（一）关于保全的类型

1. 向内地人民法院申请的保全

依据中华人民共和国仲裁法，一方当事人因另一方当事人的行为或者其他原因，可能使裁决不能执行或者难以执行的，可以申请财产保全；在证据可能灭失或者以后难以取得的情况下，当事人可以申请证据保全。依据中华人民共和国民事诉讼法，人民法院对于可能因当事人一方的行为或者其他原因，使判决难以执行或者造成当事人其他损害的案件，根据对方当事人的申请，可以责令其作出一定行为或者禁止其作出一定行为。《仲裁保全安排》赋予澳门仲裁程序当事人与内地仲裁程序当事人相同的权利，将上述法律规定的财产保全、证据保全、行为保全悉数纳入，真正体现了"一国"之内更紧密的合作。

2. 向澳门法院申请的保全

依据澳门仲裁法，在仲裁程序开始前或进行期间，当事人可以向法院申请采取保全措施。澳门的保全分为普通保全和特定保全，规定于澳门民事诉讼法典第三编。普通保全是指，任何人有理由恐防他人对其权利造成严重且难以弥补之侵害，得声请采取具体适当之保存或预行措施，以确保受威胁之权利得以实现。同时，法院有权命令采取非为所声请人具体声请采取之措施。特定保全包括占有之临时返还、法人决议之中止执行、临时扶养、裁定给予临时弥补、假扣押、新工程之禁制、制作清单等七种。《仲裁保全安排》意在涵盖澳门法律规定的所有保全类型，考虑到澳门民事诉讼法典对于保全设定了较为灵活和开放的机制，为最大限度保护当事人合法权利，采用概括方式表述可向澳门法院申请的保全措施。

（二）关于适用的仲裁程序

《仲裁保全安排》将适用的仲裁程序限定于内地与澳门仲裁机构管理的仲裁程序，不包括临时仲裁程序和其他国家或者地区仲裁机构管理的仲裁程序。需要说明的是，考虑到澳门仲裁机构数量较少，《仲裁保全安排》未再限定澳门仲裁机构的条件。

1. 排除临时仲裁程序

虽然依据《承认及执行外国仲裁裁决公约》，外国的临时仲裁裁决可以在我国得到承认和执行；依据内地与香港、澳门分别签署的仲裁裁决互认安排，香港、澳门的临时仲裁裁决也可以在内地获得认可和执行，但考虑以下几点，《仲裁保全安排》排除临时仲裁程序：一是提供仲裁保全协助时，仲裁裁决尚未作出，一旦保全错误，涉及对另一方当事人的救济，应当持较为谨慎的态度；二是《内地与香港仲裁保全安排》排除了临时仲裁，《仲裁保全安排》与其保持一致；三是中华人民共和国仲裁法没有规定临时仲裁程序，对此有待进一步研究。

值得注意的是，2016年12月30日最高人民法院发布《关于为自由贸易试验区建设提供司法保障的意见》,有限度地引入了临时仲裁制度,规定在自贸试验区内注册的企业相互之间约定在内地特定地点、按照特定仲裁规则、由特定人员对有关争议进行仲裁的,可以认定该仲裁协议有效。修改仲裁法已列入第十三届全国人大常委会立法规划和国务院2021年度立法工作计划。从仲裁法(修订草案)(征求意见稿)看,其拟增加临时仲裁制度。考虑上述因素和临时仲裁快速、简便、高效并被各国法律和国际公约广泛认可的特点,下一步,最高人民法院将持续关注和研究域外临时仲裁保全协助的发展,秉持循序渐进、由易到难的原则推进有关工作。

2. 排除其他国家或者地区仲裁机构管理的仲裁程序

主要有以下两点考虑:一是《内地与香港仲裁保全安排》排除了其他国家或者地区仲裁机构管理的仲裁程序,《仲裁保全安排》与之相一致。二是《最高人民法院关于内地与澳门特别行政区相互认可和执行仲裁裁决的安排》(以下简称《仲裁裁决互认安排》)排除了其他国家或者地区仲裁机构所作仲裁裁决,因此,可提供保全协助的仲裁程序范围,不宜广于相互认可和执行的仲裁程序范围。

(三)关于受理保全申请的管辖法院

1. 内地受理保全申请的法院

《仲裁保全安排》第二条第一款规定,内地的管辖法院为被申请人住所地、财产所在地或者证据所在地的内地中级人民法院。采取仲裁保全措施的目的是保障终局性仲裁裁决的顺利执行,故受理仲裁保全申请的法院一般应与受理仲裁裁决申请认可和执行案件的法院相一致。参照《最高人民法院关于涉外民商事案件诉讼管辖若干问题的规定》,有关案件由具有涉港澳案件管辖权的法院受理;依据《最高人民法院关于审查知识产权纠纷行为保全案件适用法律若干问题的规定》等,有关案件由相应的专门法院管辖。被申请人住所地、财产所在地或者证据所在地在不同人民法院辖区的,应当选择向其中一个人民法院提出保全申请,不得分别向两个或者两个以上人民法院提出保全申请。

2. 澳门受理保全申请的法院

依据澳门仲裁法,澳门初级法院具有行使保全措施的管辖权。《仲裁保全安排》第五条第一款规定,依据仲裁法向内地仲裁机构提起民商事仲裁程序的当事人,在仲裁裁决作出前,可以根据澳门特别行政区法律规定,向澳门特别行政区初级法院申请保全。需要说明的是,根据《仲裁裁决互认安排》相关规定,澳门特别行政区有权受理认可仲裁裁决申请的法院为中级法院,有权执行仲裁裁决的法院为初级法院。

(四)关于可申请保全的阶段

民事诉讼法和仲裁法规定的保全包括仲裁前保全和仲裁中保全。根据澳门仲裁法,不论仲裁地是否为澳门特别行政区,法院均有管辖权命令在仲裁程序开始前或者仲裁程序进行中采取与仲裁程序有关的保全措施。因此,即便在《仲裁保全安排》签署之前,无论在内地仲裁程序开始前还是仲裁程序进行中,仲裁程序当事人均可向澳门特别行政区法院申请保全。《仲裁保全安排》在保全方面将澳门仲裁程序与内地仲裁程序同等视之,同时不减损内地仲裁程序当事人依据澳门法律享有的权利,既包括仲裁中的保全,也包括仲裁前的保全。

1. 仲裁中的保全

《仲裁保全安排》第二条第一款规定，按照澳门特别行政区仲裁法规向澳门特别行政区仲裁机构提起民商事仲裁程序的当事人，在仲裁裁决作出前，可以参照民事诉讼法、仲裁法以及相关司法解释的规定，向内地人民法院申请保全。第五条第一款规定，依据仲裁法向内地仲裁机构提起民商事仲裁程序的当事人，在仲裁裁决作出前，可以根据澳门特别行政区法律规定，向澳门特别行政区初级法院申请保全。此处限定"民商事"仲裁程序，是因为依据澳门仲裁法的规定，任何可由当事人订立和解协议的争议，包括行政性质的争议，均可作为仲裁的标的，而根据仲裁法的规定，只有平等主体之间发生的合同纠纷和其他财产权益纠纷，才可仲裁。

需要说明的是，根据民事诉讼法（2021年修正，下同）第二百七十九条的规定，内地涉外仲裁机构受理的案件，当事人申请采取保全的，应当由该涉外仲裁机构将当事人的申请提交人民法院。《仲裁保全安排》将澳门的仲裁机构视为内地涉外仲裁机构处理，如参照上述规定，当事人在仲裁过程中申请保全的，应由受理仲裁案件的澳门仲裁机构向内地人民法院提交当事人的保全申请。为体现"一国"之内两地更紧密的司法合作，以及考虑到保全的临时性、紧急性，《仲裁保全安排》未要求仲裁程序中的保全申请由澳门仲裁机构转递，澳门仲裁程序的当事人可以直接向内地人民法院申请保全，以减少转递环节、提高保全效率。

2. 仲裁前的保全

《仲裁保全安排》第二条第二款参照民事诉讼法第一百零四条，规定在澳门仲裁机构受理仲裁案件前当事人向内地人民法院申请保全的，如内地人民法院采取保全措施后三十日内未收到澳门仲裁机构已受理仲裁案件的证明函件的，内地人民法院应当解除保全。《仲裁保全安排》第五条第二款根据澳门仲裁法第十五条第二款、第三款，规定了内地仲裁机构受理仲裁案件前当事人向澳门法院申请保全的，申请人应当在澳门特别行政区法律规定的期间内，采取开展仲裁程序的必要措施，否则该保全措施失效，并应当及时将已作出必要措施及作出日期的证明送交澳门特别行政区法院。

此外，《仲裁保全安排》与《仲裁裁决互认安排》有机结合，可实现两地就仲裁程序相互协助保全的全流程覆盖。《仲裁裁决互认安排》涵盖仲裁裁决作出后、法院受理认可和执行仲裁裁决申请之前或者之后的保全，但不包括仲裁裁决作出前的保全。《仲裁保全安排》进一步将两地相互协助保全向前延伸至仲裁前和仲裁中，从而实现了从仲裁程序开始前到仲裁程序进行中，从申请认可和执行仲裁裁决前到法院裁定作出前的全流程保全协助。

（五）关于应当提交的申请材料

1. 向内地人民法院申请保全应当提交的材料及申请书内容

《仲裁保全安排》第三条规定了澳门仲裁程序的当事人向内地人民法院申请保全时应提交的材料。该条参考了内地有关法律、司法解释以及以往司法协助安排特别是《内地与香港仲裁保全安排》的规定。第三条第一款第一项规定的保全申请书，包括当事人基本情况、保全事实、理由和证据等。第二项规定仲裁协议，主要为方便内地人民法院判断当事人之间的基础法律关系，此为形式审查，并不对仲裁协议的效力等实质问题进行审查。第三项为身份证明材料。第四项为规定仲裁申请文件及相关证明材料、仲裁机构出具的已受理有关仲裁案件的证明函件。第五项为兜底条款，如内地人民法院根据具体案情认为还需其他材料的,可要求申请人提供。为了更好体现"一国"原则,方便两地当事人,第三条第二款参照《内地与香港仲裁保全安排》放宽了对申请材料"公证、认证"的要求,仅针对在内地以外形成的身份证明材料作出需要依照内地相关法律规定办理证明手续的规定。

《仲裁保全安排》第四条参考《内地与香港仲裁保全安排》、民事诉讼法及相关司法解释、《最高人民法院关于人民法院办理财产保全案件若干问题的规定》、《最高人民法院关于审查知识产权纠纷行为保全案件适用法律若干问题的规定》规定了保全申请书应当载明的内容,包括当事人的基本情况,请求事项,请求所依据的事实、理由和相关证据,申请保全的财产、证据的明确信息或者具体线索,用于提供担保的内地财产信息或者资信证明,是否已提出其他保全申请和保全情况,以及其他需要载明的事项。

2. 向澳门法院申请保全应当提交的材料及内容

《仲裁保全安排》第六条列明了当事人向澳门特别行政区法院申请保全应当提交的材料以及应当载明的内容,包括:仲裁协议;申请人信息;请求的详细资料;在仲裁机构受理仲裁案件后申请保全的,应当提交该仲裁机构出具的已受理有关仲裁案件的证明;是否已提出其他保全申请以及保全情况;法院要求的其他资料。

如向澳门特别行政区法院提交的文件并非使用澳门特别行政区的其中一种正式语文,即中文或葡文,则申请人应当提交其中一种正式语文的译本。

(六) 关于保全申请的审查以及救济

《仲裁保全安排》第七条规定:"被请求方法院应当尽快审查当事人的保全申请,可以按照被请求方法律规定要求申请人提供担保。经审查,当事人的保全申请符合被请求方法律规定的,被请求方法院应当作出保全裁定。"第一,关于要求"尽快审查"。因保全具有紧迫性,如审查拖延将可能使保全失去意义。根据民事诉讼法第一百零四条第二款、第三款的规定,对于申请仲裁前保全的,对案件有管辖权的人民法院接受申请后,应当在四十八小时内作出裁定;裁定采取保全措施的,应当立即开始执行。申请人在人民法院采取保全措施后三十日内不依法提起诉讼或者申请仲裁的,人民法院应当解除保全。根据澳门民事诉讼法典的规定,就保全申请,第一审时应于二个月内作出裁判;如无保全措施所针对之人,应于十五日内作出裁判。第二,向内地人民法院申请保全的,申请人应当根据内地法律以及司法解释规定提供担保;向澳门特别行政区法院申请保全的,根据澳门法律规定,法院可命令申请人提供担保。第三,是否采取保全、要求申请人提供何种担保,都依据被请求方法律来判断。

《仲裁保全安排》第八条规定了对被请求方法院裁定不服的救济途径,即按照被请求方相关法律规定处理。在内地,当事人对保全裁定不服的,可以自收到裁定书之日起五日内向作出裁定的人民法院申请复议。人民法院应当在收到复议申请后十日内审查。裁定正确的,驳回当事人的申请;裁定不当的,变更或者撤销原裁定。

在澳门特别行政区,当事人若认为法院不应批准保全措施的,可按一般程序对法院采取措施的批示提起上诉;当事人若认为法院采取的措施不当,比如超标的查封等,可以提出申辩,由法官作出裁判,当事人对该裁判也可以上诉。

（七）关于《仲裁保全安排》与现有法律及司法解释的关系

1.《仲裁保全安排》与《仲裁裁决互认安排》的关系

一是二者规范调整的对象不同，《仲裁保全安排》针对仲裁裁决尚未作出时的保全协助事宜；《仲裁裁决互认安排》针对两地终局性仲裁裁决的相互认可和执行事宜。二是二者规定的保全申请阶段不同。如前所述，《仲裁保全安排》并不针对仲裁裁决作出后、向对方法院申请认可和执行之前或者之后的保全事宜。《仲裁裁决互认安排》第十一条则对此类情形下的保全作出规定。

2. 与两地现有法律的关系

《仲裁保全安排》不减损两地相关权利人根据对方法律已经享有的权利。本安排签署前，内地仲裁机构、仲裁庭、当事人即可依据澳门民事诉讼法典和澳门仲裁法向澳门特别行政区法院申请保全，有关权利不因《仲裁保全安排》的签署生效而有所减损。例如，根据澳门仲裁法第十五条第四款规定，不论仲裁地是否为澳门特别行政区，澳门特别行政区法院均有权采取与仲裁程序有关的保全措施。据此，由内地仲裁机构管理的、仲裁地在境外的仲裁程序当事人，也可以向澳门特别行政区法院申请保全。

（八）其他需要说明的问题

仲裁法并未授权仲裁机构命令采取临时措施的权利。但是按照澳门仲裁法，仲裁庭应任一方当事人的请求，并在听取他方当事人的意见后，可命令采取临时措施，包括：（1）在解决争议的过程中，维持现状或恢复原状；（2）采取措施防止目前或即将对仲裁程序造成的损害或损失，或不采取可能造成此等损害或损失的措施；（3）提供保全资产的必要手段以执行后续的仲裁裁决；（4）保全对解决争议可能具有相关性和重要性的证据。仲裁庭命令采取的临时措施应被确认为具有约束力，应透过向法院提出申请加以执行。

（撰稿人：司艳丽、张鑫萌、刘琨、吴延波）

最高人民法院
关于内地与香港特别行政区法院相互认可和执行婚姻家庭民事案件判决的安排

法释〔2022〕4号

（2017年5月22日由最高人民法院审判委员会第1718次会议通过　2022年2月14日最高人民法院公告公布　自2022年2月15日起施行）

根据《中华人民共和国香港特别行政区基本法》第九十五条的规定，最高人民法院与香港特别行政区政府经协商，现就婚姻家庭民事案件判决的认可和执行问题作出如下安排。

第一条　当事人向香港特别行政区法院申请认可和执行内地人民法院就婚姻家庭民事案件作出的生效判决，或者向内地人民法院申请认可和执行香港特别行政区法就婚姻家庭民事案件作出的生效判决的,适用本安排。

当事人向香港特别行政区法院申请认可内地民政部门所发的离婚证,或者向内地人民法院申请认可依据《婚姻制度改革条例》(香港法例第 178 章)第 V 部、第 VA 部规定解除婚姻的协议书、备忘录的,参照适用本安排。

第二条 本安排所称生效判决:

(一)在内地,是指第二审判决,依法不准上诉或者超过法定期限没有上诉的第一审判决,以及依照审判监督程序作出的上述判决;

(二)在香港特别行政区,是指终审法院、高等法院上诉法庭及原讼法庭和区域法院作出的已经发生法律效力的判决,包括依据香港法律可以在生效后作出更改的命令。

前款所称判决,在内地包括判决、裁定、调解书,在香港特别行政区包括判决、命令、判令、讼费评定证明书、定额讼费证明书,但不包括双方依据其法律承认的其他国家和地区法院作出的判决。

第三条 本安排所称婚姻家庭民事案件:

(一)在内地是指:

1. 婚内夫妻财产分割纠纷案件;
2. 离婚纠纷案件;
3. 离婚后财产纠纷案件;
4. 婚姻无效纠纷案件;
5. 撤销婚姻纠纷案件;
6. 夫妻财产约定纠纷案件;
7. 同居关系子女抚养纠纷案件;
8. 亲子关系确认纠纷案件;
9. 抚养纠纷案件;
10. 扶养纠纷案件(限于夫妻之间扶养纠纷);
11. 确认收养关系纠纷案件;
12. 监护权纠纷案件(限于未成年子女监护权纠纷);
13. 探望权纠纷案件;
14. 申请人身安全保护令案件。

(二)在香港特别行政区是指:

1. 依据香港法例第 179 章《婚姻诉讼条例》第 III 部作出的离婚绝对判令;
2. 依据香港法例第 179 章《婚姻诉讼条例》第 IV 部作出的婚姻无效绝对判令;
3. 依据香港法例第 192 章《婚姻法律程序与财产条例》作出的在讼案待决期间提供赡养费令;
4. 依据香港法例第 13 章《未成年人监护条例》、第 16 章《分居令及赡养令条例》、第 192 章《婚姻法律程序与财产条例》第 II 部、第 IIA 部作出的赡养令;
5. 依据香港法例第 13 章《未成年人监护条例》、第 192 章《婚姻法律程序与财产条例》第 II 部、第 IIA 部作出的财产转让及出售财产令;
6. 依据香港法例第 182 章《已婚者地位条例》作出的有关财产的命令;
7. 依据香港法例第 192 章《婚姻法律程序与财产条例》在双方在生时作出的修改赡养协议的命令;

8. 依据香港法例第 290 章《领养条例》作出的领养令；

9. 依据香港法例第 179 章《婚姻诉讼条例》、第 429 章《父母与子女条例》作出的父母身份、婚生地位或者确立婚生地位的宣告；

10. 依据香港法例第 13 章《未成年人监护条例》、第 16 章《分居令及赡养令条例》、第 192 章《婚姻法律程序与财产条例》作出的管养令；

11. 就受香港法院监护的未成年子女作出的管养令；

12. 依据香港法例第 189 章《家庭及同居关系暴力条例》作出的禁制骚扰令、驱逐令、重返令或者更改、暂停执行就未成年子女的管养令、探视令。

第四条 申请认可和执行本安排规定的判决：

（一）在内地向申请人住所地、经常居住地或者被申请人住所地、经常居住地、财产所在地的中级人民法院提出；

（二）在香港特别行政区向区域法院提出。

申请人应当向符合前款第一项规定的其中一个人民法院提出申请。向两个以上有管辖权的人民法院提出申请的，由最先立案的人民法院管辖。

第五条 申请认可和执行本安排第一条第一款规定的判决的，应当提交下列材料：

（一）申请书；

（二）经作出生效判决的法院盖章的判决副本；

（三）作出生效判决的法院出具的证明书，证明该判决属于本安排规定的婚姻家庭民事案件生效判决；

（四）判决为缺席判决的，应当提交法院已经合法传唤当事人的证明文件，但判决已经对此予以明确说明或者缺席方提出申请的除外；

（五）经公证的身份证件复印件。

申请认可本安排第一条第二款规定的离婚证或者协议书、备忘录的，应当提交下列材料：

（一）申请书；

（二）经公证的离婚证复印件，或者经公证的协议书、备忘录复印件；

（三）经公证的身份证件复印件。

向内地人民法院提交的文件没有中文文本的，应当提交准确的中文译本。

第六条 申请书应当载明下列事项：

（一）当事人的基本情况，包括姓名、住所、身份证件信息、通讯方式等；

（二）请求事项和理由，申请执行的，还需提供被申请人的财产状况和财产所在地；

（三）判决是否已在其他法院申请执行和执行情况。

第七条 申请认可和执行判决的期间、程序和方式，应当依据被请求方法律的规定。

第八条 法院应当尽快审查认可和执行的请求，并作出裁定或者命令。

第九条 申请认可和执行的判决，被申请人提供证据证明有下列情形之一的，法院审查核实后，不予认可和执行：

（一）根据原审法院地法律，被申请人未经合法传唤，或者虽经合法传唤但未获得合理的陈述、辩论机会的；

(二) 判决是以欺诈方法取得的;
(三) 被请求方法院受理相关诉讼后,请求方法院又受理就同一争议提起的诉讼并作出判决的;
(四) 被请求方法院已经就同一争议作出判决,或者已经认可和执行其他国家和地区法院就同一争议所作出的判决的。

内地人民法院认为认可和执行香港特别行政区法院判决明显违反内地法律的基本原则或者社会公共利益,香港特别行政区法院认为认可和执行内地人民法院判决明显违反香港特别行政区法律的基本原则或者公共政策的,不予认可和执行。

申请认可和执行的判决涉及未成年子女的,在根据前款规定审查决定是否认可和执行时,应当充分考虑未成年子女的最佳利益。

第十条 被请求方法院不能对判决的全部判项予以认可和执行时,可以认可和执行其中的部分判项。

第十一条 对于香港特别行政区法院作出的判决,一方当事人已经提出上诉,内地人民法院审查核实后,可以中止认可和执行程序。经上诉,维持全部或者部分原判决的,恢复认可和执行程序;完全改变原判决的,终止认可和执行程序。

内地人民法院就已经作出的判决裁定再审的,香港特别行政区法院审查核实后,可以中止认可和执行程序。经再审,维持全部或者部分原判决的,恢复认可和执行程序;完全改变原判决的,终止认可和执行程序。

第十二条 在本安排下,内地人民法院作出的有关财产归一方所有的判项,在香港特别行政区将被视为命令一方向另一方转让该财产。

第十三条 被申请人在内地和香港特别行政区均有可供执行财产的,申请人可以分别向两地法院申请执行。

两地法院执行财产的总额不得超过判决确定的数额。应对方法院要求,两地法院应当相互提供本院执行判决的情况。

第十四条 内地与香港特别行政区法院相互认可和执行的财产给付范围,包括判决确定的给付财产和相应的利息、迟延履行金、诉讼费,不包括税收、罚款。

前款所称诉讼费,在香港特别行政区是指讼费评定证明书、定额讼费证明书核定或者命令支付的费用。

第十五条 被请求方法院就认可和执行的申请作出裁定或者命令后,当事人不服的,在内地可以于裁定送达之日起十日内向上一级人民法院申请复议,在香港特别行政区可以依据其法律规定提出上诉。

第十六条 在审理婚姻家庭民事案件期间,当事人申请认可和执行另一地法院就同一争议作出的判决的,应当受理。受理后,有关诉讼应当中止,待就认可和执行的申请作出裁定或者命令后,再视情终止或者恢复诉讼。

第十七条 审查认可和执行判决申请期间,当事人就同一争议提起诉讼的,不予受理;已经受理的,驳回起诉。

判决获得认可和执行后,当事人又就同一争议提起诉讼的,不予受理。

判决未获认可和执行的,申请人不得再次申请认可和执行,但可以就同一争议向被请求方法院提起诉讼。

第十八条 被请求方法院在受理认可和执行判决的申请之前或者之后,可以依据其法律规定采取保全或者强制措施。

第十九条 申请认可和执行判决的,应当依据被请求方有关诉讼收费的法律和规定交纳费用。

第二十条 内地与香港特别行政区法院自本安排生效之日起作出的判决,适用本安排。

第二十一条 本安排在执行过程中遇有问题或者需要修改的,由最高人民法院和香港特别行政区政府协商解决。

第二十二条 本安排自2022年2月15日起施行。

【解读】

解读《关于内地与香港特别行政区法院相互认可和执行婚姻家庭民事案件判决的安排》

2017年6月20日,最高人民法院与香港特别行政区政府律政司签署了《关于内地与香港特别行政区法院相互认可和执行婚姻家庭民事案件判决的安排》(以下简称《婚姻家事安排》)。该安排在内地将转化为司法解释,且已经最高人民法院审判委员会审议通过;在香港将转换为本地立法。2021年5月5日,香港立法会已通过《内地婚姻家庭案件判决(相互承认及强制执行)条例草案》,标志着香港的本地立法程序亦已完成。最高人民法院与香港特别行政区政府律政司已协商一致,该安排于2022年初同时在两地生效实施。该安排被业界誉为两地司法协助领域最聚焦民意、最贴近民生、最合乎民心的一项创举,是以法律文件形式落实和丰富"一国两制"方针的重大举措。为及时回应业界关切,本文拟介绍《婚姻家事安排》的几个重点问题。

一、《婚姻家事安排》的签署背景

近年来,随着内地与香港联系日益紧密,人员流动频繁,跨境婚姻越来越多,每年均达2万余件。根据香港司法机构的统计数据,2017年至2019年,当事人向香港家事法庭提出的共68374宗离婚案件中,涉及内地婚姻的案件数约占18%,即平均每年超过4000宗。

在跨境婚姻中,当事人往往在内地和香港均有财产,且婚姻双方在两地的流动性也较高。香港法院颁布的离婚令及赡养令涉及分割内地财产时,则需要获得内地人民法院的认可和执行。同时,如果赡养令的付款人其后迁到内地工作或者居住,并停止在香港向对方支付赡养费,以及香港法院作出的有关子女管养权的命令,也需要获得内地人民法院的认可和执行,否则,当事人一方只能向内地人民法院重新提起诉讼。然而,根据内地法律相关规定,只能通过个案方式认可香港法院的离婚判令,且仅限于认可离婚判令中有关离婚的效力,涉及财产和子女抚养的部分只能另诉。比如,香港居民林某兴与周某荣等监护权案即是典型案例。香港居民林某兴1989年与案外人周某华结婚,生育两个孩子(均为香港居民)。2002年,周某华将两个孩子由香港带到重庆,将孩子交由本案被告周某荣(周某华之父)、周某卫(周某华之妹)抚养。2004年,香港法院判令林某兴取得两个孩子的管养权,并解除林某兴与周某华的婚姻关系。

随后，林某兴向重庆市九龙坡区人民法院申请认可香港法院作出的管养权命令。本案经一审、二审，法院裁判认为，在内地与香港就相互认可民商事判决事宜未达成协议前，人民法院对于林某兴申请认可香港法院命令效力的申请不予受理，但林某兴就子女抚养问题，可以另行向内地人民法院提请民事诉讼，并确认被告周某荣侵犯了原告林某兴的监护权。同样，根据香港法律相关规定，香港法院曾依据香港法例第179章《婚姻诉讼条例》规定，以个案方式认可内地诉讼离婚效力，但离婚判决所涉财产部分，因缺乏认可和执行的法律依据，也只能由当事人一方向香港法院重新提起诉讼。

因此，为保护跨境婚姻双方及家庭的利益，内地与香港有必要建立机制性安排，让有关婚姻家庭案件判决在两地之间可以相互认可和执行，避免当事人重复起诉，从而节省时间和费用，并且减轻当事人的精神压力。关于机制性安排的建立，曾有两种解决方案。一种方案是两地签署全面的相互认可和执行民商事案件判决的框架安排，一揽子解决民商事案件判决认可和执行问题，既包括婚姻家庭案件，也包括其他民商事案件；既包括协议管辖的案件，也包括非协议管辖的案件。另一种方案是就相互认可和执行婚姻家庭案件判决签署专门的安排，以及时回应社会的迫切需要。经最高人民法院与香港特别行政区政府律政司协商，双方本着先易后难、循序渐进的原则，先商签《婚姻家事安排》，并商定力争2017年6月底前签署，将其作为两地司法法律界庆祝香港回归二十周年的献礼。

二、相互认可和执行的婚姻家庭案件范围

由于两地法律规定的婚姻家庭案件范围有所不同，故并非所有的婚姻家庭案件均能适用《婚姻家事安排》。为最大程度便利两地当事人，最大范围相互认可和执行，最高人民法院与香港特别行政区政府律政司反复协商，一致同意采取最大公约数原则，将两地同属婚姻家庭纠纷的案件纳入该安排。同时，鉴于同一类纠纷在两地的称谓和具体内涵有所不同，比如内地的抚养在香港被称为赡养，内地的监护在香港被称为管养，故《婚姻家事安排》第三条采取分别列举的方式，规定两地婚姻家庭案件的范围。

(一)关于纳入《婚姻家事安排》的内地婚姻家庭案件

适用《婚姻家事安排》的内地婚姻家庭案件范围，以最高人民法院2011年《民事案件案由规定》"婚姻家庭纠纷"中的案件为基础，同时将反家庭暴力法中的申请人身安全保护令案件列入，共14类。也就是说，当事人就内地人民法院作出的这14类案件判决，可以请求香港法院认可和执行。以案由确定内地婚姻家庭案件范围，主要是考虑案由是判决书的必备记载事项，香港法院透过内地人民法院的生效判决，即可一目了然判断此类纠纷是否属于《婚姻家事安排》适用范围。

这14类案件具体包括：婚内夫妻财产分割纠纷案件、离婚纠纷案件、离婚后财产纠纷案件、婚姻无效纠纷案件、撤销婚姻纠纷案件、夫妻财产约定纠纷案件、同居关系子女抚养纠纷案件、亲子关系确认纠纷案件、抚养纠纷案件、扶养纠纷案件（限于夫妻之间扶养纠纷）、确认收养关系纠纷案件、监护权纠纷案件（限于未成年子女监护权纠纷）、探望权纠纷案件、申请人身安全保护令案件。

需要说明的是，在《婚姻家事安排》起草过程中，关于是否限定离婚纠纷案件当事人的籍属，有两种观点。一种观点认为，根据香港法律规定，应限定离婚纠纷当事人的籍属。比如，在内地提起离婚诉讼，那么在提起离婚诉讼的当日，任何一方配偶应为内地公民；如在香港提起离婚诉讼，那么在提起离婚诉讼的当日，任何一方配偶应为香港永久性居民。只有符合这些条件，相关离婚判决才能得到对方法院的认可和执行。另一种观点认为，应参照最高人民法院与香港特别行政区政府律政司2006年签署的《关于内地与香港特别行政区法院相互认可和执行当事人协议管辖的民商事案件判决的安排》（以下简称《协议管辖安排》）的做法，在相互认可和执行时无须考虑当事人双方的籍属。经研究，《婚姻家事安排》采纳了第二种观点。主要考虑，如果限定当事人的籍属，将导致一部分离婚案件无法相互认可和执行，不能更好地满足实践需要。比如，夫妻双方原为内地居民，在内地结婚登记，婚后取得香港永久居留权，后又向内地人民法院提起离婚诉讼，内地人民法院可否受理？如果可以受理，内地人民法院作出的离婚判决可否向香港法院申请认可和执行？首先，根据最高人民法院相关司法解释的规定，对于夫妻双方均居住在港澳的同胞，原在内地登记结婚的，现在发生离婚诉讼，如果他们向内地人民法院起诉，内地原结婚登记地或原户籍地人民法院可以受理。那么，内地人民法院作出离婚判决后，可否申请香港法院认可和执行？若按第一种观点，香港法院将不能认可和执行；若按第二种观点，当事人籍属并非不予认可和执行的情形。综上，第二种观点有利于最大范围便利当事人。

（二）关于纳入《婚姻家事安排》的香港婚姻家庭案件

香港婚姻家庭案件的规定散见于《婚姻诉讼条例》《婚姻法律程序与财产条例》《已婚者地位条例》《领养条例》《未成年人监护条例》等香港法例中。根据这些规定，向香港法院提起离婚诉讼，一般包括三个相对独立的部分：第一，离婚诉讼程序，即夫妻双方围绕是否应当解除婚姻关系展开争讼；第二，子女安排程序，即夫妻双方对子女的监护、抚养、探望等问题作出安排；第三，财产争议程序，即在婚姻关系解除之时或之后，法庭以附属济助命令的方式，对婚姻财产的分配作出裁决。在离婚诉讼程序中，香港法官可能会先后作出一项或者多项命令。比如在袁某诉吕某的离婚案件中，诉讼双方于1992年结婚，于2004年开始分居，丈夫于2007年1月基于双方分居超过两年提出离婚呈请。诉讼双方有一个子女，系未成年人。对于这起离婚案件，香港法院作出如下处理：第一，关于婚姻关系，香港法庭于2008年8月颁发暂准离婚令，后又在符合条件的情况下，颁发了绝对离婚令；第二，关于子女安排，香港法庭于2009年6月颁令儿子的管养权归妻子，丈夫有合理的探视权；第三，关于附属济助（财产分配），香港法庭于2011年3月颁发附属济助命令：在绝对离婚令颁发的六个月内，双方作出相关物业的转名，比如丈夫将北京某公寓转名给妻子、妻子将广州某大厦转名给丈夫等，所有转名的费用及支出（包括税项及物业的有关欠款）由最终得到全部业权的一方负责；第四，香港法庭最后发出满意的子女安排声明。

从以上案例可以看出，两地法律关于离婚程序的规定不尽相同。另外，两地婚姻家庭案件范围亦不尽相同，因此，根据选取两地法律最大公约数的原则，纳入《婚姻家事安排》的香港婚姻家庭案件共12类。也就是说，当事人就香港法院作出的这12类案件判令，可以申请内地人民法院认可和执行。

1. 离婚绝对判令

此类案件类似于内地的离婚纠纷。依据香港法例第179章《婚姻诉讼条例》第Ⅲ部第11条至第18B条的规定，当事人向法院提起离婚诉讼之后，若法院认为当事人的婚姻已破裂至无可挽救，可颁布离婚暂准判令。需注意的是，离婚暂准判令并非最终的离婚判令，其可以按照香港法院命令撤销，故不能向内地人民法院申请认可和执行。

在离婚暂准判令颁布一段时间以后，当事人认为已就家庭、子女的福利作出了令人满意的安排，可向法庭申请转为离婚绝对判令。

2. 婚姻无效绝对判令

此类案件类似于内地的婚姻无效纠纷和撤销婚姻纠纷。依据香港法例第179章《婚姻诉讼条例》第Ⅳ部的规定，香港婚姻无效有两种情形：一种是"绝对无效"，包括近亲结婚、未到法定婚龄、重婚、同性婚姻；另一种是"可使无效"，比如婚姻是出于威迫等。

3. 在讼案待决期间提供赡养费令

此类案件类似于内地的婚内夫妻财产分割纠纷。依据香港法例第192章《婚姻法律程序与财产条例》第3条的规定，当事人提起离婚诉讼或者婚姻无效诉讼期间，法庭可命令婚姻的任何一方在法庭认为合理的期间内，向另一方作出法庭认为合理的定期付款作为赡养费，但该段期间开始之日不得早于提起诉讼的日期，并须于该讼案裁定当日结束。

4. 赡养令

此类案件类似于内地的抚养纠纷和夫妻扶养纠纷。根据香港《赡养令（交互强制执行）条例》（第188章）和《外地判决（交互强制执行）条例》（第319章），在其他司法管辖区作出的婚姻命令，如符合某些条件，便可在香港执行，但这两个条例均不适用于在内地作出的婚姻命令。因此，赡养令的受款人不能根据这两个条例，寻求在香港执行内地人民法院所作的判决。同样，根据内地相关法律规定，在内地以外其他地方法院所作的婚姻财产分割、附属济助及子女管养命令，也不能得到认可。为此，将赡养令纳入相互认可和执行范围，有助于填补法律空白，使在内地或者香港任何一地作出的赡养令，受款人可以从速寻求法院认可和执行，让他们得到较好的保障。赡养令包括向配偶、婚生或者非婚生子女支付定期付款及整笔款项的命令。根据香港法律规定，赡养令散见于香港法例第13章《未成年人监护条例》、第16章《分居令及赡养令条例》、第192章《婚姻法律程序与财产条例》第Ⅱ部和第ⅡA部的规定。

5. 财产转让及出售财产令

此类案件类似于内地的离婚纠纷和离婚后财产纠纷，散见于香港法例第13章《未成年人监护条例》、第192章《婚姻法律程序与财产条例》第Ⅱ部和第ⅡA部的规定，即法院在颁布离婚判令、婚姻无效判令或者裁判分居判令时或者在其后的任何时候，可以颁布一项或者多项有关财产转让及出售财产的命令。比如，命令婚姻一方将指明的财产转让给另一方或者任何家庭子女，或者为该子女的利益而转让给命令中指明的人；又如，香港法庭在离婚等案件中作出经济给养命令时，可以同时或者在其后的任何时候，进一步作出出售财产的命令，命令一方出售指定的财产；再如，应未成年人的监护人申请，香港法庭可以发出命令，命令该未成年人的父亲或母亲将某项财产移转给该未成年人或为该未成年人的利益而移转给该申请人。

6. 《已婚者地位条例》下有关财产的命令

此类案件类似于内地的婚内夫妻财产分割纠纷，系法庭就夫妻间因财产所有权或者管有权发生的争议而作出的命令。需要注意的是，尽管婚姻已解除或者无效，也不影响婚姻任何一方就财产所有权或者管有权争议向法院提出申请，只要申请是在婚姻解除或者无效之日起三年内提出即可。

7. 双方在生时修改赡养协议的命令

此类案件类似于内地的夫妻财产约定纠纷。"赡养协议"指婚姻双方在婚姻持续期间或者在婚姻解除、废止后达成的载有财务安排的协议;或在该婚姻双方并无订立任何载有财务安排的其他书面协议下,达成的一份载有财务安排的分居协议。双方在生且均以香港为居籍或在香港居住时,法庭可经任一方申请,基于情况出现变化而对原有财务安排作出修改;没有适当财务安排的,法庭可以更改、撤销任何财务安排条文,或增加为协议一方或家庭子女的利益而作出的财务安排条文。

8. 领养令

此类案件类似于内地的确认收养关系纠纷。根据香港《领养条例》的规定,法院可依符合规定的申请作出命令,授权申请人领养某幼年人。需要注意的是,领养关系一旦成立,则成为拟制血亲,不允许解除。因此,在香港没有解除收养关系的纠纷。

9. 父母身份、婚生地位或者确立婚生地位的宣告

此类案件类似于内地的亲子关系确认纠纷,系香港法庭依据香港法例第179章《婚姻诉讼条例》、第429章《父母与子女条例》作出的宣告。需要注意的是,向香港法院提出此宣告申请的,申请人需要符合下列条件:在申请之日需以香港为其居籍;在提出申请当日之前的一年期间内,申请人一直惯常居于香港或者申请人与香港有密切联系。若宣告内容的真实性经证明而为法院所信纳,则除非作出该项宣告明显的有违公共政策,否则法院须作出该项宣告。

10. 管养令

此类案件类似于内地的监护权纠纷、探望权纠纷、抚养权纠纷等,散见于香港法例第13章《未成年人监护条例》、第16章《分居令及赡养令条例》、第192章《婚姻法律程序与财产条例》。主要包括以下几种情形。

(1) 应未成年人的父或母或社会福利署署长的申请,香港法庭可就未成年人的管养及父母其中一方探视未成年人的权利,发出其认为适当的命令。法院在作出命令时,须以未成年人的最佳利益为首要考虑事项。

(2) 任何已婚人士符合特定情况时,婚姻另一方可向香港区域法院提出申请,请求法院发出命令,将子女的法定管养权交付予丈夫或妻子,直至该子女年满十八周岁为止。

(3) 在任何离婚、婚姻无效或裁判分居的法律程序中,香港法庭于作出最后判令之当时、之前或之后,可以作出其认为是适宜的命令,为任何十八周岁以下的子女提供管养及教育。并且,基于未成年人的最佳利益考虑,在该子女年满十八周岁之前,法庭可以解除或者更改其作出的命令。

11. 就受香港法院监护的未成年子女作出的管养令

香港法庭可以针对特定情况,为保障未成年子女福利发出法庭认为合适的命令,包括探视子女、将子女交还或交付一方父母等。

在磋商过程中,香港律政司提出,实践中,有些香港当事人为规避离婚及相关诉讼程序,将儿童视为货物或者筹码带到内地,不仅影响了儿童正常的学习和生活,也损害了夫妻另一方对子女的监护权和探视权。为此,香港律政司建议将子女管养令纳入两地法院相互认可和执行的范围,以交还被父母掳拐的子女。经研究认为,两地法院相互认可和执行管养令,在实践中有其需要,目的是确保将在父母掳拐案中被不

当迁移的子女交还其惯常居住地，符合儿童利益最大化原则。国际社会亦认为此等交还符合子女的最佳利益，比如海牙《国际拐掠儿童民事方面公约（1980年）》的基本原则是，除非情况特殊，将子女不当迁移或者扣留，并不符合其最佳利益，而把子女交还其惯常居住的司法管辖区，则可维护子女与父母双方联系的权利、协助子女安稳地生活。比如，前面所述的香港居民林某兴与周某荣案。香港法院判令两个孩子的管养权，若两地当时已有《婚姻家事安排》，林某兴可直接向内地人民法院请求认可和执行香港法院的管养令。内地人民法院一旦认可林某兴的申请，则可以要求周某荣将藏匿的孩子交给林某兴带回香港。如果周某荣拒不执行的，内地人民法院可以依法对周某荣拘留、罚款，情节严重的，可以拒不执行判决、裁定罪定罪处罚。

12.《家庭及同居关系暴力条例》下的强制令

此类案件类似于内地的申请人身安全保护令纠纷，包括香港法庭依据香港法例第189章《家庭及同居关系暴力条例》作出的禁制骚扰令、驱逐令、重返令或者更改、暂停执行就未成年子女的管养令、探视令。

（三）关于未纳入《婚姻家事安排》的婚姻家庭案件判决的相互认可和执行问题

如前所述，并非所有的婚姻家庭案件均适用《婚姻家事安排》，对比最高人民法院《民事案件案由规定》，未纳入《婚姻家事安排》的内地婚姻家庭案件有两类：一是香港法律没有规定的纠纷，包括赡养纠纷、解除收养关系纠纷、兄弟姐妹间的扶养关系纠纷、成年人监护纠纷；二是香港法律中有类似规定但不属于婚姻家庭纠纷的，包括婚约财产纠纷、离婚后损害责任纠纷、分家析产纠纷、同居关系析产纠纷。

当事人就内地人民法院针对这两类纠纷作出的判决，不能依据《婚姻家事安排》请求香港法院认可和执行，那么，可否依据其他法律和司法解释规定请求香港法院认可和执行，是实践中无法回避的问题。对此问题的处理，应当把握以下原则：一是对于婚约财产纠纷、分家析产纠纷，可以依据2019年1月18日最高人民法院与香港特别行政区政府律政司签署的《关于内地与香港特别行政区法院相互认可和执行民商事案件判决的安排》，请求香港法院认可和执行；二是对于赡养纠纷、解除收养关系纠纷、兄弟姐妹间的扶养关系纠纷、成年人监护纠纷、离婚后损害责任纠纷、同居关系析产纠纷，既不能适用《婚姻家事安排》，也不能适用《关于内地与香港特别行政区法院相互认可和执行民商事案件判决的安排》，但是，可以按照个案协助的原则和程序根据具体情况来判断。

三、婚姻家庭案件生效判决的认定

根据《婚姻家事安排》第一条规定，当事人可以向香港特别行政区法院申请认可和执行内地人民法院就婚姻家庭案件作出的生效判决，也可以向内地人民法院申请认可和执行香港特别行政区法院就婚姻家庭案件作出的生效判决。可见，对"生效判决"的判断，是认可和执行的基础和前提。

在磋商过程中，对于两地法院认可和执行的对象，曾拟沿用《协议管辖安排》的规定，使用"终审判决"的概念。值得注意的是，《协议管辖安排》所称"具有执行力的终审判决"，将原审法院依照审判监督程序作出的判决排除在外。也就是说，依据内地法律规定，原审法院依照审判监督程序作出的再审判决，在内地虽然属于具有执行力的终审判决，但在《协议管辖安排》中未被承认。这主要是基于香港普通法所秉持的"最终及不可推翻的原则",认为作出判决的法院不能对其作出的判决撤销或者改判。对此认识,可以追溯至香港法院审理的集友银行案:原告集某银行在内地向客户某公司提供贷款,由被告香港居民陈某提供担保。1994年3月,原告在福建省某市中级人民法院起诉被告,并于1995年1月取得了一审胜诉判决。一审判决后,被告向福建省人民高级人民法院提起上诉而被驳回。随后,原告向香港高等法院起诉,请求执行内地人民法院的判决。1995年10月,被告向福建省人民检察院提出再审申请。1996年3月,福建省人民检察院向最高人民检察院提交了请求抗诉的报告。基于此,被告以避免重复诉讼为由,向香港高等法院提出了搁置诉讼程序的申请,并且认为内地判决仅为"暂时的""最终及不可推翻"的判决。香港高等法院承办法官认为,本案在内地的抗诉虽尚未正式提出,但有关程序已启动,若检察院正式提起抗诉,原审法院可能在再审中变更其判决,即原审法院保留了变更其原判决的权力,故原审法院作出的判决并不符合"最终及不可推翻"的要求,从而不应被执行。此后,香港多个案件受本案影响,导致内地判决在香港难以获得认可和执行。

需要特别说明的是,对于两地法院认可和执行的对象,经两地反复研究,《婚姻家事安排》以"生效判决"取代了"终审判决"。其主要理由如下:第一,"终审判决"的概念在两地法律中差异较大。此外,"最终及不可推翻的原则"也并非适用于香港法律中所有的命令,比如,就香港法院作出的附属济助命令而言,法律容许法院保留司法管辖权,在向婚姻一方或者家庭子女作出经济给养命令后,也可基于情况的变化而更改、解除、暂停执行或者恢复执行该命令;第二,民事诉讼法修改后,当事人对已经发生法律效力的判决、裁定,认为有错误的,原则上应向上一级人民法院申请再审,即原审人民法院作出再审判决的比例在实践中很小;第三,香港司法法律界对内地判决终局性的理解经过漫长曲折的过程后,态度也发生了转变。比如,在香港高等法院上诉法庭处理的李某荣诉李某群案(案号:CACV159/2005)中,钟安德法官认为,内地审判监督程序的启动需要具备法定情形,与香港法律规定的上诉理由,实质上并无不同,仅因审判监督制度的存在,并不足以认定内地判决不属于"最终及不可推翻"的判决,且法庭之友在本案上诉聆讯时也同意,在裁定内地判决是否属于"最终及不可推翻"的判决时,香港法院不应只从纯理论的角度考虑重审的可能性,而应兼顾涉案事实是否显示有合理的可能性。尽管钟安德法官的观点在该案中属于少数意见,但对于香港司法法律界全面客观理解内地人民法院判决是否为"最终及不可推翻"判决,具有非常重要的意义。基于以上几点考虑,《婚姻家事安排》使用了"生效判决"的概念,将判决在原审法院地是否具有效力并可予执行作为判断是否认可和执行的关键,而无须考虑是否为"终审判决"。这样规定,一方面,体现出对对方法律的充分尊重;另一方面,可以在更大范围相互认可和执行,相较于《协议管辖安排》,双方更加开放务实。

关于"生效判决"的范围,依据原审法院地的法律来判断,在内地包括第二审判决,依法不准上诉或者超过法定期限没有上诉的第一审判决,以及依照审判监督程序作出的上述判决;在香港,包括终审法院、高等法院上诉法庭及原讼法庭和区域法院作出的已经发生法律效力的判决,包括依据香港法律可以在生效后作出更改的命令。其中,依据香港法律可以在生效后作出更改的命令,是指香港法院在离婚诉讼期间作出赡养费令、分期整笔付款或定期付款令、赡养令、管养令之后,经当事人申请,有权根据实际情况变化就此前作出的命令作出更改。

关于"判决"的种类,在内地,包括判决书、裁定书、调解书,但不包括内地人民法院依据内地法律承认的其他国家和地区法院作出的判决;在香港,包括判决书、命令、判令、诉讼费评定证明书、定额讼费证明书,但不包括香港法院依据香港法律承认的其他国家和地区法院作出的判决。其中,依据香港法律规定,判决书、命令、判令具有不同的含义。在香港离婚诉讼中,当事人如果无法对财产分割或者子女管养达成一致意见,则由法庭作出判决书,判决书中的判项即为命令;当事人如果自行达成协议交由法庭核准,则由法庭直接签发命令。判令是原衡平法上的概念,在普通法诉讼与衡平法诉讼程序合一后,一般用判决代替判令。但是,在香港法例中,解除婚姻关系或者宣布婚姻无效时仍采用判令。诉讼费评定证明书,是指当事人双方就诉讼费未协商一致时,由法庭结合案件具体情况确定合理费用后,作出支付命令。定额讼费证明书,是香港婚姻诉讼中特有的一种讼费方式,如一方律师选择收取定额讼费,由司法常务官审查该律师提交的申请核准金额,经律师再次确认后,发出定额讼费证明书。需要注意的是,无论以上哪种"判决",必须是法院就实质问题作出的决定,财产保全裁定等针对临时性救济措施作出的裁定不属于此处规定的判决。

四、协议离婚是否适用《婚姻家事安排》

依据《婚姻家事安排》第一条第一款规定,当事人向香港特别行政区法院申请认可内地民政部门所发的离婚证,或者向内地人民法院申请认可依据《婚姻制度改革条例》(香港法例第178章)第Ⅴ部、第ⅤA部规定解除婚姻的协议书、备忘录的,参照适用本安排。

(一)将在内地取得的"离婚证"纳入认可范围

内地的离婚制度分为协议离婚和诉讼离婚。协议离婚也叫"双方自愿离婚"。其主要特征:一是当事人双方在离婚以及子女和财产问题上意愿一致,达成协议;二是按照婚姻登记程序办理离婚登记,取得离婚证,即解除婚姻关系。协议离婚充分尊重当事人的意愿,且程序简便,因此,越来越多的当事人选择协议离婚。关于内地协议离婚的效力在香港可否获得认可,有不同的认识。一种观点认为,依据香港《婚姻诉讼条例》第55条的规定,外地离婚如要在香港获承认为有效,必须"在香港以外的任何地方藉司法或者其他法律程序而获准",以及根据该地方的法律具有效力。此处的"其他法律程序"包括在内地民政部门登记离婚的程序。另一种观点认为,内地登记离婚程序属于行政程序,在没有任何法院批准的情况下,通过登记程序而获准的离婚,不能构成本条中所讲的"其他法律程序"。经研究,双方均认为,《婚姻家事安排》应涵盖内地的协议离婚,以使协议离婚与诉讼离婚在法律上更为平等,也可以使更多人受惠于《婚姻家事安排》。

(二)将香港协议离婚纳入《婚姻家事安排》

1930年以前,香港大多数华人沿用清代一夫一妻多妾的礼俗,此为"旧式婚姻"。1930年南京国民政府颁布民法,规定了一种新型婚姻方式,需要有两名以上见证人在场并以公开仪式举行婚礼,此为"新式婚姻"。1970年7月10日,港英当局公布《婚姻制度改革条例》(香港法例第178章),以1971年10月7日为指定日期,自此日起实行一夫一妻婚姻制度,不再承认旧式婚姻,但有条件地认可新式婚姻,符合法律规定条件的新式婚姻被称为"认可婚姻"。旧式婚姻中的夫妻（不包括妾）以及认可婚姻的双方可以补办婚姻登记手续。

第178章第V部规定的是上述认可婚姻和在香港举行婚礼的旧式婚姻的解除。因1971年10月7日以后，不论一方申请抑或双方共同申请的离婚，必须经过司法程序。所以，《婚姻制度改革条例》第V部规定，认可婚姻的双方可以在1971年10月7日以前，以两名以上见证人在场、签署协议书或备忘录的方式解除婚姻，此后的婚姻须经司法程序解除。

第178章第VA部规定的是1931年5月4日至1950年5月1日、按照当时有效的法律在内地举行婚礼的旧式婚姻在香港的解除，解除程序与上述认可婚姻的解除程序相同。

为解决以上历史遗留问题，依据《婚姻制度改革条例》（香港法例第178章）第V部、第VA部规定解除婚姻的协议书、备忘录，可以参照适用《婚姻家事安排》，向内地人民法院申请认可。

需要注意的是，通过协议离婚而取得的离婚证、协议书、备忘录等，不能等同于法院作出的离婚判决。对于协议离婚的效力，两地法院仅相互认可"离婚"的身份关系，不涉及子女抚养、财产处分等事项的认可和执行。比如，当事人在内地协议离婚的，双方需就子女抚养和财产分割达成书面协议，但该协议不能直接作为执行依据。一旦履行协议出现争议，属于抚养纠纷或者离婚后财产纠纷，双方应另诉解决，法院就另诉作出相应判决之后，当事人可依据《婚姻家事安排》向香港法院申请认可和执行。

五、有关财产判项的认可和执行

实践中，不少婚姻家庭案件判决包括财产调整的判项。对于是否将财产调整的判项纳入《婚姻家事安排》，有两种观点。一种观点认为，婚姻家庭案件判决的相互认可和执行，应参照海牙《承认离婚和分居公约》的规定，仅限于身份关系的认可。其主要理由是，财产所在地的法院往往有专属管辖权，与此同时，财产的转让及分配由财产所在地的法律所规管，财产的转让亦需要通过注册或者其他形式的财产转移程序方为有效。因此，那些在境外作出的命令还需要财产所在地法院的合作才能执行，而这已超出婚姻家事法的范畴，鉴于其复杂性，建议将财产调整的命令摒除在《婚姻家事安排》之外。另一种观点认为，内地与香港同属"一国"，其协助力度应超过国际公约。两地婚姻家庭案件判决的相互认可和执行，应立足实践需要，不应限于身份关系。实践中，跨境离婚诉讼中，往往会涉及异地财产的处分，比如，香港区域法院审理的CL诉LMP及另二人案，女方提出离婚呈请，争议的财产包括四处物业及现金，其中一处物业位于武汉市（以下简称武汉物业）。基于案件事实，法院判令男方无偿转让给女方其于武汉物业的全部法定权益和实益权益。如果该财产判项不能得到内地人民法院的认可和执行，将导致当事人就财产分割问题在内地重新提起诉讼，势必增加当事人的讼累。鉴于此，双方同意将财产调整的判项纳入《婚姻家事安排》。同时，考虑到内地人民法院有关财产调整的判项通常表述为归夫妻一方"所有"，这与香港法律规定和审判实践存在较大差异，为此，《婚姻家事安排》创新表述技术，第十二条规定"在本安排下，内地人民法院作出的有关财产归一方所有的判项，在香港特别行政区将被视为命令一方向另一方转让该财产"，有效实现了两地法律制度的对接，将大量涉及财产分割的判决成功纳入《婚姻家事安排》适用范围，实现了"一国"之内的紧密协助，协助范围和力度远超国家与国家之间的司法协助。

六、申请认可和执行判决的具体程序

依据《婚姻家事安排》第七条规定，申请认可和执行判决的期间、程序和方式，应当依据被请求方法律的规定。

（一）向内地人民法院申请认可和执行香港法院判决的具体程序

申请认可和执行香港法院判决的，按照民事诉讼法（2021年修正）第二百四十六条规定，申请执行的期间为二年。期间的计算，具体分为以下几种情形：一是法律文书载明履行期间的，从法律文书规定履行期间的最后一日起计算；二是法律文书规定分期履行的，从规定的每次履行期间的最后一日起计算；三是法律文书未规定履行期间的，从法律文书生效之日起计算；四是当事人仅申请认可而未同时申请执行的，申请执行的期间自人民法院对认可申请作出的裁定生效之日起重新计算；五是申请认可有关身份关系的判决，不受执行期间限制，比如解除婚姻关系的离婚判决不受申请执行期间限制。

（二）向香港法院申请认可和执行内地人民法院判决的具体程序

香港《内地婚姻家庭案件判决（相互承认及强制执行）条例草案》将《婚姻家事安排》第三条规定的内地人民法院作出的十四类案件判决分为三大类：一是看顾相关命令，包括针对抚养权纠纷、监护权纠纷、探望权纠纷、申请人身安全保护令等作出的判决或者判项；二是状况相关命令，包括针对离婚纠纷、婚姻无效纠纷、撤销婚姻纠纷、亲子关系确认纠纷、确认收养关系纠纷等作出的判决或者判项；三是赡养相关命令，包括针对抚养费纠纷、夫妻之间扶养纠纷、财产分割纠纷等作出的判决或者判项。

这三类命令的认可和执行程序，有其共性，也有不同。共性是指，当事人申请认可和执行的，首先向香港区域法院（家事法庭设在区域法院）申请登记，由法官颁发登记命令。此后，申请人应当通知被申请人在法庭规定的期限内（一般是两周，具体的时间根据案件情况由法官确定）向法庭提出登记作废申请。在规定的期限内，被申请人未提出登记作废申请，或者被申请人提出登记作废申请而被驳回的，申请人可以向法院申请强制执行。需要说明的是，申请人向区域法院提出登记申请，区域法院如果认为由高等法院原讼法庭处理该登记申请将更加便捷，则可以颁发移交令，将该登记申请移交给高等法院原讼法庭处理。

三类命令的认可和执行程序的区别之一，在于申请的条件有所不同。一是对于状况相关命令，比如离婚判决、婚姻无效判决、撤销婚姻判决、亲子关系确认判决、收养关系确认判决等，其登记申请没有时效的限制。二是对于看顾相关命令，比如有关监护权判决、抚养权判决、探望权判决、人身安全保护令等，提出登记申请的先决条件有两种情形：第一，截至申请日，并无不遵从该命令的情况；第二，截至申请日，如有不遵从该命令的情况，申请人应当在该情况首次出现之日起二年内提出登记申请。三是对于赡养相关命令，即有关支付款项或者履行行为，申请人提出登记申请的先决条件大概分为两种情形：第一，支付款项或者履行行为有明确期限的，被申请人若逾期未履行，应在期限届满之日起二年内提出登记申请；第二，支付款项或者履行行为没有明确期限的，应在判决生效之日起二年内提出登记申请。总之，对于看顾相关命令和赡养相关命令的申请执行时效，一般是两年，法官批准可以延期的除外。

（撰稿人：司艳丽）

最高人民法院
关于内地与香港特别行政区相互执行仲裁裁决的补充安排

法释〔2020〕13号

(2020年11月9日由最高人民法院审判委员会第1815次会议通过，并于2020年11月26日公告：本司法解释第一条、第四条自2020年11月27日起施行，第二条、第三条在香港特别行政区完成有关程序后，由最高人民法院公布施行日期*)

依据《最高人民法院关于内地与香港特别行政区相互执行仲裁裁决的安排》（以下简称《安排》）第十一条的规定，最高人民法院与香港特别行政区政府经协商，作出如下补充安排：

一、《安排》所指执行内地或者香港特别行政区仲裁裁决的程序，应解释为包括认可和执行内地或者香港特别行政区仲裁裁决的程序。

二、将《安排》序言及第一条修改为："根据《中华人民共和国香港特别行政区基本法》第九十五条的规定，经最高人民法院与香港特别行政区（以下简称香港特区）政府协商，现就仲裁裁决的相互执行问题作出如下安排：

"一、内地人民法院执行按香港特区《仲裁条例》作出的仲裁裁决，香港特区法院执行按《中华人民共和国仲裁法》作出的仲裁裁决，适用本安排。"

三、将《安排》第二条第三款修改为："被申请人在内地和香港特区均有住所地或者可供执行财产的，申请人可以分别向两地法院申请执行。应对方法院要求，两地法院应当相互提供本方执行仲裁裁决的情况。两地法院执行财产的总额，不得超过裁决确定的数额。"

四、在《安排》第六条中增加一款作为第二款："有关法院在受理执行仲裁裁决申请之前或者之后，可以依申请并按照执行地法律规定采取保全或者强制措施。"

五、本补充安排第一条、第四条自2020年11月27日起施行，第二条、第三条在香港特别行政区完成有关程序后，由最高人民法院公布施行日期。

---

* 2021年5月18日最高人民法院公告公布：现香港特别行政区已完成有关程序，本司法解释第二条、第三条自2021年5月19日起施行。

最高人民法院
关于内地与澳门特别行政区法院就民商事案件相互委托送达司法文书和调取证据的安排

（2001年8月7日最高人民法院审判委员会第1186次会议通过 根据2019年12月30日最高人民法院审判委员会第1790次会议通过的《最高人民法院关于修改〈关于内地与澳门特别行政区法院就民商事案件相互委托送达司法文书和调取证据的安排〉的决定》修正）

根据《中华人民共和国澳门特别行政区基本法》第九十三条的规定，最高人民法院与澳门特别行政区经协商，现就内地与澳门特别行政区法院就民商事案件相互委托送达司法文书和调取证据问题规定如下：

一、一般规定

第一条 内地人民法院与澳门特别行政区法院就民商事案件（在内地包括劳动争议案件，在澳门特别行政区包括民事劳工案件）相互委托送达司法文书和调取证据，均适用本安排。

第二条 双方相互委托送达司法文书和调取证据，通过各高级人民法院和澳门特别行政区终审法院进行。最高人民法院与澳门特别行政区终审法院可以直接相互委托送达和调取证据。

经与澳门特别行政区终审法院协商，最高人民法院可以授权部分中级人民法院、基层人民法院与澳门特别行政区终审法院相互委托送达和调取证据。

第三条 双方相互委托送达司法文书和调取证据，通过内地与澳门司法协助网络平台以电子方式转递；不能通过司法协助网络平台以电子方式转递的，采用邮寄方式。

通过司法协助网络平台以电子方式转递的司法文书、证据材料等文件，应当确保其完整性、真实性和不可修改性。

通过司法协助网络平台以电子方式转递的司法文书、证据材料等文件与原件具有同等效力。

第四条 各高级人民法院和澳门特别行政区终审法院收到对方法院的委托书后，应当立即将委托书及所附司法文书和相关文件转送根据其本辖区法律规定有权完成该受托事项的法院。

受委托方法院发现委托事项存在材料不齐全、信息不完整等问题，影响其完成受托事项的，应当及时通知委托方法院补充材料或者作出说明。

经授权的中级人民法院、基层人民法院收到澳门特别行政区终审法院委托书后，认为不属于本院管辖的，应当报请高级人民法院处理。

第五条 委托书应当以中文文本提出。所附司法文书及其他相关文件没有中文文本的，应当提供中文译本。

第六条 委托方法院应当在合理的期限内提出委托请求,以保证受委托方法院收到委托书后,及时完成受托事项。

受委托方法院应当优先处理受托事项。完成受托事项的期限,送达文书最迟不得超过自收到委托书之日起两个月,调取证据最迟不得超过自收到委托书之日起三个月。

第七条 受委托方法院应当根据本辖区法律规定执行受托事项。委托方法院请求按照特殊方式执行委托事项的,受委托方法院认为不违反本辖区的法律规定的,可以按照特殊方式执行。

第八条 委托方法院无须支付受委托方法院在送达司法文书、调取证据时发生的费用、税项。但受委托方法院根据其本辖区法律规定,有权在调取证据时,要求委托方法院预付鉴定人、证人、翻译人员的费用,以及因采用委托方法院在委托书中请求以特殊方式送达司法文书、调取证据所产生的费用。

第九条 受委托方法院收到委托书后,不得以其本辖区法律规定对委托方法院审理的该民商事案件享有专属管辖权或者不承认对该请求事项提起诉讼的权利为由,不予执行受托事项。

受委托方法院在执行受托事项时,发现该事项不属于法院职权范围,或者内地人民法院认为在内地执行该受托事项将违反其基本法律原则或社会公共利益,或者澳门特别行政区法院认为在澳门特别行政区执行该受托事项将违反其基本法律原则或公共秩序的,可以不予执行,但应当及时向委托方法院书面说明不予执行的原因。

二、司法文书的送达

第十条 委托方法院请求送达司法文书,须出具盖有其印章或者法官签名的委托书,并在委托书中说明委托机关的名称、受送达人的姓名或者名称、详细地址以及案件性质。委托方法院请求按特殊方式送达或者有特别注意的事项的,应当在委托书中注明。

第十一条 采取邮寄方式委托的,委托书及所附司法文书和其他相关文件一式两份,受送达人为两人以上的,每人一式两份。

第十二条 完成司法文书送达事项后,内地人民法院应当出具送达回证;澳门特别行政区法院应当出具送达证明书。出具的送达回证和送达证明书,应当注明送达的方法、地点和日期以及司法文书接收人的身份,并加盖法院印章。

受委托方法院无法送达的,应当在送达回证或者送达证明书上注明妨碍送达的原因、拒收事由和日期,并及时书面回复委托方法院。

第十三条 不论委托方法院司法文书中确定的出庭日期或者期限是否已过,受委托方法院均应当送达。

第十四条 受委托方法院对委托方法院委托送达的司法文书和所附相关文件的内容和后果不负法律责任。

第十五条 本安排中的司法文书在内地包括:起诉状副本、上诉状副本、反诉状副本、答辩状副本、授权委托书、传票、判决书、调解书、裁定书、支付令、决定书、通知书、证明书、送达回证以及其他司法文书和所附相关文件;在澳门特别行政区包括:起诉状复本、答辩状复本、反诉状复本、上诉状复本、陈述书、申辩书、声明异议书、反驳书、申请书、撤诉书、认诺书、和解书、财产目录、财产分割表、和解建议书、债权人协议书、传唤书、通知书、法官批示、命令状、法庭许可令状、判决书、合议庭裁判书、送达证明书以及其他司法文书和所附相关文件。

三、调取证据

第十六条 委托方法院请求调取的证据只能是用于与诉讼有关的证据。

第十七条 双方相互委托代为调取证据的委托书应当写明：

（一）委托法院的名称；

（二）当事人及其诉讼代理人的姓名、地址和其他一切有助于辨别其身份的情况；

（三）委托调取证据的原因，以及委托调取证据的具体事项；

（四）被调查人的姓名、地址和其他一切有助于辨别其身份的情况，以及需要向其提出的问题；

（五）调取证据需采用的特殊方式；

（六）有助于执行该委托的其他一切情况。

第十八条 代为调取证据的范围包括：代为询问当事人、证人和鉴定人，代为进行鉴定和司法勘验，调取其他与诉讼有关的证据。

第十九条 委托方法院提出要求的，受委托方法院应当将取证的时间、地点通知委托方法院，以便有关当事人及其诉讼代理人能够出席。

第二十条 受委托方法院在执行委托调取证据时，根据委托方法院的请求，可以允许委托方法院派司法人员出席。必要时，经受委托方允许，委托方法院的司法人员可以向证人、鉴定人等发问。

第二十一条 受委托方法院完成委托调取证据的事项后，应当向委托方法院书面说明。

未能按委托方法院的请求全部或者部分完成调取证据事项的，受委托方法院应当向委托方法院书面说明妨碍调取证据的原因，采取邮寄方式委托的，应及时退回委托书及所附文件。

当事人、证人根据受委托方的法律规定，拒绝作证或者推辞提供证言的，受委托方法院应当书面通知委托方法院，采取邮寄方式委托的，应及时退回委托书及所附文件。

第二十二条 受委托方法院可以根据委托方法院的请求，并经证人、鉴定人同意，协助安排其辖区的证人、鉴定人到对方辖区出庭作证。

证人、鉴定人在委托方地域内逗留期间，不得因在其离开受委托方地域之前，在委托方境内所实施的行为或者针对他所作的裁决而被刑事起诉、羁押，不得为履行刑罚或者其他处罚而被剥夺财产或者扣留身份证件，不得以任何方式对其人身自由加以限制。

证人、鉴定人完成所需诉讼行为，且可自由离开委托方地域后，在委托方境内逗留超过七天，或者已离开委托方地域又自行返回时，前款规定的豁免即行终止。

证人、鉴定人到委托方法院出庭而导致的费用及补偿，由委托方法院预付。

本条规定的出庭作证人员，在澳门特别行政区还包括当事人。

第二十三条 受委托方法院可以根据委托方法院的请求，并经证人、鉴定人同意，协助安排其辖区的证人、鉴定人通过视频、音频作证。

第二十四条 受委托方法院取证时，被调查的当事人、证人、鉴定人等的代理人可以出席。

四、附则

第二十五条 受委托方法院可以根据委托方法院的请求代为查询并提供本辖区的有关法律。

第二十六条 本安排在执行过程中遇有问题的，由最高人民法院与澳门特别行政区终审法院协商解决。

本安排需要修改的，由最高人民法院与澳门特别行政区协商解决。

第二十七条 本安排自2001年9月15日起生效。本安排的修改文本自2020年3月1日起生效。

最高人民法院
关于内地与香港特别行政区法院就仲裁程序相互协助保全的安排

法释〔2019〕14号

（2019年3月25日最高人民法院审判委员会第1763次会议通过
2019年9月26日最高人民法院公告公布
自2019年10月1日起生效）

根据《中华人民共和国香港特别行政区基本法》第九十五条的规定，最高人民法院与香港特别行政区政府经协商，现就内地与香港特别行政区法院关于仲裁程序相互协助保全作出如下安排：

第一条 本安排所称"保全"，在内地包括财产保全、证据保全、行为保全；在香港特别行政区包括强制令以及其他临时措施，以在争议得以裁决之前维持现状或者恢复原状、采取行动防止目前或者即将对仲裁程序发生的危害或者损害，或者不采取可能造成这种危害或者损害的行动、保全资产或者保全对解决争议可能具有相关性和重要性的证据。

第二条 本安排所称"香港仲裁程序"，应当以香港特别行政区为仲裁地，并且由以下机构或者常设办事处管理：

（一）在香港特别行政区设立或者总部设于香港特别行政区，并以香港特别行政区为主要管理地的仲裁机构；

（二）中华人民共和国加入的政府间国际组织在香港特别行政区设立的争议解决机构或者常设办事处；

（三）其他仲裁机构在香港特别行政区设立的争议解决机构或者常设办事处，且该争议解决机构或者常设办事处满足香港特别行政区政府订立的有关仲裁案件宗数以及标的金额等标准。

以上机构或者常设办事处的名单由香港特别行政区政府向最高人民法院提供，并经双方确认。

第三条 香港仲裁程序的当事人，在仲裁裁决作出前，可以参照《中华人民共和国民事诉讼法》《中华人民共和国仲裁法》以及相关司法解释的规定，向被申请人住所地、财产所在地或者证据所在地的内地中级人民法院申请保全。被申请人住所地、财产所在地或者证据所在地在不同人民法院辖区的，应当选择向其中一个人民法院提出申请，不得分别向两个或者两个以上人民法院提出申请。

当事人在有关机构或者常设办事处受理仲裁申请后提出保全申请的，应当由该机构或者常设办事处转递其申请。

在有关机构或者常设办事处受理仲裁申请前提出保全申请，内地人民法院采取保全措施后三十日内未收到有关机构或者常设办事处提交的已受理仲裁案件的证明函件的，内地人民法院应当解除保全。

第四条 向内地人民法院申请保全的，应当提交下列材料：

（一）保全申请书；

（二）仲裁协议；

（三）身份证明材料：申请人为自然人的，应当提交身份证件复印件；申请人为法人或者非法人组织的，应当提交注册登记证书的复印件以及法定代表人或者负责人的身份证件复印件；

（四）在有关机构或者常设办事处受理仲裁案件后申请保全的，应当提交包含主要仲裁请求和所根据的事实与理由的仲裁申请文件以及相关证据材料、该机构或者常设办事处出具的已受理有关仲裁案件的证明函件；

（五）内地人民法院要求的其他材料。

身份证明材料系在内地以外形成的，应当依据内地相关法律规定办理证明手续。

向内地人民法院提交的文件没有中文文本的，应当提交准确的中文译本。

第五条 保全申请书应当载明下列事项：

（一）当事人的基本情况：当事人为自然人的，包括姓名、住所、身份证件信息、通讯方式等；当事人为法人或者非法人组织的，包括法人或者非法人组织的名称、住所以及法定代表人或者主要负责人的姓名、职务、住所、身份证件信息、通讯方式等；

（二）请求事项，包括申请保全财产的数额、申请行为保全的内容和期限等；

（三）请求所依据的事实、理由和相关证据，包括关于情况紧急，如不立即保全将会使申请人合法权益受到难以弥补的损害或者将使仲裁裁决难以执行的说明等；

（四）申请保全的财产、证据的明确信息或者具体线索；

（五）用于提供担保的内地财产信息或者资信证明；

（六）是否已在其他法院、有关机构或者常设办事处提出本安排所规定的申请和申请情况；

（七）其他需要载明的事项。

第六条 内地仲裁机构管理的仲裁程序的当事人，在仲裁裁决作出前，可以依据香港特别行政区《仲裁条例》《高等法院条例》，向香港特别行政区高等法院申请保全。

第七条 向香港特别行政区法院申请保全的，应当依据香港特别行政区相关法律规定，提交申请、支持申请的誓章、附同的证物、论点纲要以及法庭命令的草拟本，并应当载明下列事项：

（一）当事人的基本情况：当事人为自然人的，包括姓名、地址；当事人为法人或者非法人组织的，包括法人或者非法人组织的名称、地址以及法定代表人或者主要负责人的姓名、职务、通讯方式等；

（二）申请的事项和理由；

（三）申请标的所在地以及情况；

（四）被申请人就申请作出或者可能作出的回应以及说法；

（五）可能会导致法庭不批准所寻求的保全，或者不在单方面申请的情况下批准该保全的事实；

（六）申请人向香港特别行政区法院作出的承诺；

（七）其他需要载明的事项。

第八条 被请求方法院应当尽快审查当事人的保全申请。内地人民法院可以要求申请人提供担保等，香港特别行政区法院可以要求申请人作出承诺、就费用提供保证等。

经审查，当事人的保全申请符合被请求方法律规定的，被请求方法院应当作出保全裁定或者命令等。

第九条 当事人对被请求方法院的裁定或者命令等不服的，按被请求方相关法律规定处理。

第十条 当事人申请保全的，应当依据被请求方有关诉讼收费的法律和规定交纳费用。

第十一条 本安排不减损内地和香港特别行政区的仲裁机构、仲裁庭、当事人依据对方法律享有的权利。

【解读】

解读《关于内地与香港特别行政区法院就仲裁程序相互协助保全的安排》

2019年3月25日，最高人民法院审判委员会第1763次全体会议讨论并通过了《最高人民法院关于内地与香港特别行政区法院就仲裁程序相互协助保全的安排》（以下简称《仲裁保全安排》或本安排）。2019年4月2日，最高人民法院副院长杨万明和香港特区政府律政司司长郑若骅分别代表两地在香港签署《仲裁保全安排》。经双方协商，该安排拟于2019年10月1日在两地同时生效，且在内地将以司法解释的形式发布。这是自香港回归祖国以来，内地与香港商签的第七项司法协助安排，也是内地与其他法域签署的第一份有关仲裁保全协助的文件，标志着两地在"一国两制"方针下实现了更加紧密的司法协助。

一、《仲裁保全安排》的商签背景

第一，"一国两制"方针和香港基本法为两地开展司法协助安排商签提供了基本依据。香港基本法第九十五条规定，香港特区可与全国其他地区的司法机关通过协商依法进行司法方面的联系和相互提供协助，这为最高人民法院与香港特区政府律政司商签有关司法协助安排提供了法律依据。香港回归以来，最高人民法院已与香港有关方面签署了六项民商事司法协助安排，涵盖相互委托送达司法文书、相互委托提取证据、相互执行仲裁裁决、相互认可和执行民商事案件判决等内容，基本实现了民商事司法协助安排的全面覆盖，为降低诉讼成本、减少当事人诉累、提高审判质效切实发挥了重要作用。《仲裁保全安排》系两地在民商事领域的第七项司法协助安排，也是在司法领域落实"一国两制"方针的重要举措。

第二，两地社会经济发展对仲裁程序相互协助保全提出了现实需求。当前，内地与港澳特区正携手推进粤港澳大湾区建设，粤港澳大湾区"一国两制三法域"的独特性决定了大湾区建设过程中互涉法律纠纷不可避免、区际法律冲突客观存在，区际司法协助亟须加强，包括加强仲裁裁决的相互认可和执行以及仲裁保全相互协助。签署于1999年的《关于内地与香港特别行政区相互执行仲裁裁决的安排》（以下简称《仲裁裁决执行安排》）解决了两地仲裁裁决相互认可和执行问题，且运行情况良好，为促进仲裁裁决异地流通、支持香港建设亚太区国际法律及争议解决服务中心发挥了重要作用，但其系针对两地终局性仲裁裁决相互执行的制度性安排，不包括仲裁过程中的保全协助。经研究认为，开展仲裁保全协助，有利于通过预防性救济措施的完善来保障终局性仲裁裁决的顺利执行，有利于更加充分地发挥仲裁在多元化纠纷解决机制中的重要作用，也有利于为香港建设亚太区国际法律及争议解决服务中心提供更大支持。

第三，"一国"原则和两地司法法律界的合作为两地实现更紧密协助创造了有利条件。根据香港特区《仲裁条例》《高等法院条例》，香港可以对包括内地在内的域外仲裁提供保全协助；而内地目前没有关于仲裁保全协助的相关法律规定。经研究，在不违反现有法律规定的前提下，为更大力度支持香港建设亚太区国际法律及争议解决服务中心，最高人民法院决定启动《仲裁保全安排》的磋商，在"一国"之内，向香港提供比其他国家和地区更加紧密的协助。

二、《仲裁保全安排》的主要内容

《仲裁保全安排》安排共11条，对两地相互协助保全的途径、可申请保全的范围、申请保全的程序以及保全申请审查处理等问题作出了明确规定。

（一）关于保全的类型

保全为大陆法系概念，临时措施为英美法系概念，实质都是为保障终局性仲裁裁决执行、维护当事人合法权益的预防性救济措施。安排统一表述为"保全"，并在第一条中根据两地法律对可申请保全的类型分别作出了规定。

1. 关于可向内地人民法院申请的保全

仲裁法规定了财产保全、证据保全，民事诉讼法2012年修正时纳入了行为保全。本安排旨在给予香港仲裁程序当事人与内地仲裁程序当事人相同权利，故将财产保全、证据保全、行为保全全部纳入。

2. 关于可向香港特区法院申请的保全

保全在香港称为"临时措施"，即由香港特区法院就在香港或者香港以外开展或者即将开展的仲裁程序作出临时措施，以便利仲裁程序进行、防止发生不可逆转的损害等。主要包括：要求当事人维持现状或恢复原状；采取行动防止目前或即将对仲裁程序发生的危害或损害，或不采取可能造成这种危害或损害的行动；提供保全资产；保全对解决争议具有相关性和重要性的证据；颁发强制令以禁止当事人移走或以其他方式处理资产、防止损坏或侵入行为；颁布命令指定财产接管人。例如，2017年，在中国国际经济贸易仲裁委员会仲裁一起股权纠纷案件的过程中，当事人向香港特区法院申请委任临时接管人并颁布禁制令以禁止被申请人转让股权，香港特区法院作出HC-MP962/2017号命令予以批准。

（二）关于"香港仲裁程序"的界定

第二条第一款对《仲裁保全安排》所称的"香港仲裁程序"作出界定，即必须同时符合两个条件。

1. 仲裁地在香港

此系确定"香港仲裁程序"的首要条件，也是香港特区采纳的确认仲裁程序籍属的标准，也是《仲裁裁决执行安排》确认的标准。仲裁地在香港包括两种类型：一是当事人在仲裁条款中约定地点为香港；二是当事人没有约定时，仲裁庭根据其仲裁规则或者一定标准确定仲裁地为香港并记载于仲裁裁决中。

2. 仲裁程序由有关机构或者常设办事处管理

《仲裁保全安排》第二条第一款以列举方式对有关机构或者常设办事处的条件作出规定，具体名单由香港特区政府确定并经最高人民法院确认。主要考虑是：相对于仲裁裁决执行方面的协助，仲裁保全协助属于中间措施的协助，为防止申请人滥用，给被申请人带来损失，宜持更加审慎的态度。按照第二条第二款规定，香港特区政府律政司经过发布标准、接受申请并审查后，确定了符合本款规定的有关仲裁机构或者常设办事处名单，并已由最高人民法院和香港特区政府律政司共同确认。目前包括香港国际仲裁中心、中国国际经济贸易仲裁委员会香港仲裁中心、国际商会国际仲裁院亚洲事务办公室、香港海事仲裁协会、华南（香港）国际仲裁院、一邦国际网上仲调中心。

此外，双方还达成共识，"香港仲裁程序"仅包括平等主体间的商事仲裁，不包括投资者与东道主国之间的投资仲裁。

（三）关于内地仲裁程序的界定

《仲裁保全安排》第六条将可向香港特区法院申请仲裁保全的内地仲裁程序界定为内地仲裁机构管理的仲裁程序，而不论仲裁地是否在内地。主要考虑是：根据香港特区《仲裁条例》《高等法院条例》，就香港以外已经开始或者尚未开始的仲裁程序，香港特区法院均可依申请采取保全措施，而不问仲裁地在哪个法域。由内地仲裁机构管理的、仲裁地在境外的仲裁程序，当事人也可以向香港特区法院申请保全。安排不应缩减内地仲裁机构的此项权能，故界定内地仲裁程序时，未对仲裁地作出限制。

（四）关于受理保全申请的管辖法院

1. 内地受理保全申请的法院

《仲裁保全安排》第三条第一款规定，内地的管辖法院为被申请人住所地、财产所在地或者证据所在地的内地中级人民法院。另外，采取仲裁保全的目的是保障终局性仲裁裁决的执行，故受理仲裁保全申请的法院应当与受理仲裁裁决执行申请案件的法院一致，以更好地发挥保全的作用。参考《仲裁裁决执行安排》《内地与香港特别行政区法院相互认可和执行民商事案件判决的安排》（以下简称《内地与香港民商事判决互认安排》）等，《仲裁保全安排》第三条还规定，"被申请人住所地、财产所在地或者证据所在地在不同人民法院辖区的，应当选择向其中一个人民法院提出申请，不得分别向两个或者两个以上人民法院提出申请"。主要考虑是避免因向多个人民法院申请而产生超标的保全等情况。实践中，受理保全申请的法院应当依法审查当事人申请，特别是对当事人提出的关于本辖区以外财产或者证据的保全申请应当依法审查、及时采取保全措施，必要时可请财产或者证据所在地的法院提供协助。

2. 香港受理保全申请的法院

依据香港特区《仲裁条例》《高等法院条例》，《仲裁保全安排》第六条规定香港的管辖法院为香港特区高等法院，此与受理仲裁裁决执行申请的管辖法院一致。

（五）关于可申请保全的时间和程序

《仲裁保全安排》第三条第二款、第三款分别规定了在仲裁程序进行中和受理仲裁申请前向内地人民法院申请保全的程序。

1. 仲裁中申请保全的程序

《仲裁保全安排》第三条第二款规定了仲裁机构或者常设办事处的转递程序，相关程序参照了民事诉讼法（2017年修正，下同）第二百七十二条的规定，即当事人申请仲裁保全的，应当通过仲裁机构或者办事处将申请材料提交人民法院。需要说明的是，考虑到香港有关仲裁机构或者常设办事处位于香港，如实践中都要求申请书以及转递函等由香港有关仲裁机构或者常设办事处向内地人民法院提交，将导致转递周期长，不符合保全的紧急性特点，无法充分发挥保全的作用。

应当允许香港仲裁程序的当事人，将保全申请书连同仲裁机构或者办事处的转递函自行提交给内地人民法院；内地人民法院可以根据香港特区政府律政司提供的联系方式向相关仲裁机构或者办事处核实情况。

2. 仲裁前申请保全的程序

《仲裁保全安排》第三条第三款参照民事诉讼法第一百零一条规定了仲裁前申请保全的程序。此外，安排还增加了关于证明函件的规定，即依据安排于有关机构或者常设办事处受理仲裁申请前申请保全的，在香港有关机构或者常设办事处受理仲裁申请后，应当由该机构或者常设办事处向内地人民法院出具相关证明函件。与上述"仲裁中申请保全的程序"一致，实践中，允许当事人自行将证明函提交给内地人民法院。本款进一步明确，三十日期限的计算以内地人民法院收到证明函件为准。这一期限包括当事人递交仲裁申请、有关机构或者常设办事处受理仲裁申请、该机构或者常设办事处出具证明函件并转递等几个环节，要求每个环节尽快进行。

依据《仲裁保全安排》第六条规定，内地仲裁机构管理的仲裁程序的当事人，向香港特区法院申请的仲裁保全协助，既包括仲裁程序进行中的保全，也包括受理仲裁申请前的保全。

（六）关于应当提交的申请材料及相关内容

1. 向内地人民法院申请保全应当提交的材料及申请书内容

《仲裁保全安排》第四条第一款规定了香港仲裁程序的当事人向内地人民法院申请保全时提交的材料：（1）保全申请书；（2）仲裁协议，以方便内地人民法院判断当事人之间的基础法律关系，此为形式审查，并不判断仲裁协议的效力；（3）身份证明材料；（4）仲裁申请文件和有关证明函件；（5）内地人民法院根据具体案情认为还需要提供的其他材料。第四条第二款循《内地与香港民商事判决互认安排》放宽了对"公证、认证"的要求，只有在内地以外形成的身份证明材料才需要进行公证、认证，且具体手续依照内地法律规定办理。

第五条规定了保全申请书应当载明的内容。（1）当事人的基本情况。（2）请求事项,包括申请保全财产的数额、申请行为保全的内容和期限等。请求事项应当明确具体。(3) 请求所依据的事实、理由和相关证据,包括关于情况紧急,如不立即保全将会使申请人合法权益受到难以弥补的损害或者将使仲裁裁决难以执行的说明等,以方便审查是否确有保全必要。(4) 申请保全的财产、证据的明确信息或者具体线索。(5) 用于提供担保的内地财产信息或者资信证明。(6) 是否已在其他法院、有关机构或者常设办事处提出本安排所规定的申请情况。(7) 其他需要载明的事项。

2. 向香港特区法院申请临时措施应当提交的材料及相关内容

《仲裁保全安排》第七条根据香港特区法律列明了当事人向香港特区法院申请保全应当提交的材料以及应当载明的内容。与内地不同,按照香港特区相关法律规定,本条应当载明的内容写于不同材料中,并非只体现在申请书中(香港特区政府律政司向最高人民法院提供了向香港特区法院申请临时措施的参考文书样式,见2019年9月26日最高人民法院官网和最高人民法院官方微信相关报道)。

(七)关于保全申请的审查以及救济

《仲裁保全安排》第八条规定,法院审查保全申请,要求申请人提供何种担保或者作出承诺、保证,作出是否保全的裁定或者命令等,均依据被请求方法律进行。(1) 要求尽快审查。因保全具有紧迫性,如审查拖延将可能使保全失去意义。内地人民法院应当按照内地法律规定的期限进行审查并作出是否保全的裁定。例如,按照民事诉讼法的规定,对仲裁前保全申请应当于四十八小时内作出裁定。香港特区法律对审查期限没有明确规定,《仲裁保全安排》强调应当尽快审查并作出有关命令或者指示。(2) 向内地人民法院申请保全的,申请人应当根据内地法律以及司法解释规定提供担保;向香港特区法院申请保全的,申请人应当根据香港特区法律作出承诺及保证,包括对损害赔偿作出承诺,就被申请人的诉讼费及其他合理支出提供保证,申请仲裁前保全时承诺立刻申请仲裁等。

《仲裁保全安排》第九条规定当事人对裁定或者命令不服时,按被请求方有关法律规定处理,在内地,可以申请复议;在香港特区,可以申请解除或者更改。

(八)本安排的时间效力

除《仲裁保全安排》生效后开启的仲裁程序外,《仲裁保全安排》也适用于已经启动、尚未完结的仲裁程序。如仲裁程序于2019年10月1日之前开始,但尚未完结的,当事人可依据安排向内地人民法院或者香港特区法院申请仲裁保全。

(九)关于《仲裁保全安排》与现有法律及司法解释的关系

1.《仲裁保全安排》与《仲裁裁决执行安排》的关系

一是二者规范调整的对象不同,《仲裁保全安排》针对仲裁裁决尚未作出时的协助事宜;《仲裁裁决执行安排》针对两地终局性仲裁裁决的相互认可和执行事宜。二是二者协助方式不同,依据《仲裁保全安排》,当事人向被请求方法院申请保全,由被请求方法院作出保全裁定或者命令;依据《仲裁裁决执行安排》,被请求方法院直接认可和执行对方法院的仲裁裁决。

需要说明的是,《仲裁保全安排》并不针对仲裁裁决作出后、向对方法院申请执行前的保全事宜。将来有望通过完善《仲裁裁决执行安排》对此类保全予以规定,司法实践中亦可根据案情采取此类保全措施。

2. 与两地现有法律的关系

《仲裁保全安排》不减损两地相关权利人根据对方法律已经享有的权利。内地仲裁机构、仲裁庭、当事人在本安排生效施行前,依据香港特区《仲裁条例》《高等法院条例》已享有的权利,不因《仲裁保全安排》而受减损。

(撰稿人:姜启波、周加海、司艳丽、刘琨)

最高人民法院
关于内地与香港特别行政区法院就民商事案件相互委托提取证据的安排

法释〔2017〕4号

(2016年10月31日最高人民法院审判委员会第1697次会议通过 2017年2月27日最高人民法院公告公布 自2017年3月1日起施行)

根据《中华人民共和国香港特别行政区基本法》第九十五条的规定,最高人民法院与香港特别行政区经协商,就民商事案件相互委托提取证据问题作出如下安排:

第一条 内地人民法院与香港特别行政区法院就民商事案件相互委托提取证据,适用本安排。

第二条 双方相互委托提取证据,须通过各自指定的联络机关进行。其中,内地指定各高级人民法院为联络机关;香港特别行政区指定香港特别行政区政府政务司司长办公室辖下行政署为联络机关。

最高人民法院可以直接通过香港特别行政区指定的联络机关委托提取证据。

第三条 受委托方的联络机关收到对方的委托书后,应当及时将委托书及所附相关材料转送相关法院或者其他机关办理,或者自行办理。

如果受委托方认为委托材料不符合本辖区相关法律规定,影响其完成受托事项,应当及时通知委托方修改、补充。委托方应当按照受委托方的要求予以修改、补充,或者重新出具委托书。

如果受委托方认为受托事项不属于本安排规定的委托事项范围,可以予以退回并说明原因。

第四条 委托书及所附相关材料应当以中文文本提出。没有中文文本的,应当提供中文译本。

第五条 委托方获得的证据材料只能用于委托书所述的相关诉讼。

第六条 内地人民法院根据本安排委托香港特别行政区法院提取证据的,请求协助的范围包括:

(一)讯问证人;

(二)取得文件;

(三)检查、拍摄、保存、保管或扣留财产;

（四）取得财产样品或对财产进行试验；
（五）对人进行身体检验。

香港特别行政区法院根据本安排委托内地人民法院提取证据的，请求协助的范围包括：

（一）取得当事人的陈述及证人证言；
（二）提供书证、物证、视听资料及电子数据；
（三）勘验、鉴定。

第七条 受委托方应当根据本辖区法律规定安排取证。

委托方请求按照特殊方式提取证据的，如果受委托方认为不违反本辖区的法律规定，可以按照委托方请求的方式执行。

如果委托方请求其司法人员、有关当事人及其诉讼代理人（法律代表）在受委托方取证时到场，以及参与录取证言的程序，受委托方可以按照其辖区内相关法律规定予以考虑批准。批准同意的，受委托方应当将取证时间、地点通知委托方联络机关。

第八条 内地人民法院委托香港特别行政区法院提取证据，应当提供加盖最高人民法院或者高级人民法院印章的委托书。香港特别行政区法院委托内地人民法院提取证据，应当提供加盖香港特别行政区高等法院印章的委托书。

委托书或者所附相关材料应当写明：

（一）出具委托书的法院名称和审理相关案件的法院名称；
（二）与委托事项有关的当事人或者证人的姓名或者名称、地址及其他一切有助于联络及辨别其身份的信息；
（三）要求提供的协助详情，包括但不限于：与委托事项有关的案件基本情况（包括案情摘要、涉及诉讼的性质及正在进行的审理程序等）；需向当事人或者证人取得的指明文件、物品及询（讯）问的事项或问题清单；需要委托提取有关证据的原因等；必要时，需陈明有关证据对诉讼的重要性及用来证实的事实及论点等；
（四）是否需要采用特殊方式提取证据以及具体要求；
（五）委托方的联络人及其联络信息；
（六）有助执行委托事项的其他一切信息。

第九条 受委托方因执行受托事项产生的一般性开支，由受委托方承担。

受委托方因执行受托事项产生的翻译费用、专家费用、鉴定费用、应委托方要求的特殊方式取证所产生的额外费用等非一般性开支，由委托方承担。

如果受委托方认为执行受托事项或会引起非一般性开支，应先与委托方协商，以决定是否继续执行受托事项。

第十条 受委托方应当尽量自收到委托书之日起六个月内完成受托事项。受委托方完成受托事项后，应当及时书面回复委托方。

如果受委托方未能按委托方的请求完成受托事项，或者只能部分完成受托事项，应当向委托方书面说明原因，并按委托方指示及时退回委托书所附全部或者部分材料。

如果证人根据受委托方的法律规定，拒绝提供证言时，受委托方应当以书面通知委托方，并按委托方指示退回委托书所附全部材料。

第十一条 本安排在执行过程中遇有问题，或者本安排需要修改，应当通过最高人民法院与香港特别行政区政府协商解决。

第十二条　本安排在内地由最高人民法院发布司法解释和香港特别行政区完成有关内部程序后,由双方公布生效日期。

本安排适用于受委托方在本安排生效后收到的委托事项,但不影响双方根据现行法律考虑及执行在本安排生效前收到的委托事项。

最高人民法院
关于认可和执行台湾地区仲裁裁决的规定

法释〔2015〕14号

(2015年6月2日最高人民法院审判委员会第1653次会议通过 2015年6月29日最高人民法院公告公布 自2015年7月1日起施行)

为保障海峡两岸当事人的合法权益,更好地适应海峡两岸关系和平发展的新形势,根据民事诉讼法、仲裁法等有关法律,总结人民法院涉台审判工作经验,就认可和执行台湾地区仲裁裁决,制定本规定。

第一条　台湾地区仲裁裁决的当事人可以根据本规定,作为申请人向人民法院申请认可和执行台湾地区仲裁裁决。

第二条　本规定所称台湾地区仲裁裁决是指,有关常设仲裁机构及临时仲裁庭在台湾地区按照台湾地区仲裁规定就有关民商事争议作出的仲裁裁决,包括仲裁判断、仲裁和解和仲裁调解。

第三条　申请人同时提出认可和执行台湾地区仲裁裁决申请的,人民法院先按照认可程序进行审查,裁定认可后,由人民法院执行机构执行。

申请人直接申请执行的,人民法院应当告知其一并提交认可申请;坚持不申请认可的,裁定驳回其申请。

第四条　申请认可台湾地区仲裁裁决的案件,由申请人住所地、经常居住地或者被申请人住所地、经常居住地、财产所在地中级人民法院或者专门人民法院受理。

申请人向两个以上有管辖权的人民法院申请认可的,由最先立案的人民法院管辖。

申请人向被申请人财产所在地人民法院申请认可的,应当提供财产存在的相关证据。

第五条　对申请认可台湾地区仲裁裁决的案件,人民法院应当组成合议庭进行审查。

第六条　申请人委托他人代理申请认可台湾地区仲裁裁决的,应当向人民法院提交由委托人签名或者盖章的授权委托书。

台湾地区、香港特别行政区、澳门特别行政区或者外国当事人签名或者盖章的授权委托书应当履行相关的公证、认证或者其他证明手续,但授权委托书在人民法院法官的见证下签署或者经中国大陆公证机关公证证明是在中国大陆签署的除外。

第七条　申请人申请认可台湾地区仲裁裁决,应当提交以下文件或者经证明无误的副本:

（一）申请书；
（二）仲裁协议；
（三）仲裁判断书、仲裁和解书或者仲裁调解书。
申请书应当记明以下事项：
（一）申请人和被申请人姓名、性别、年龄、职业、身份证件号码、住址（申请人或者被申请人为法人或者其他组织的，应当记明法人或者其他组织的名称、地址、法定代表人或者主要负责人姓名、职务）和通讯方式；
（二）申请认可的仲裁判断书、仲裁和解书或者仲裁调解书的案号或者识别资料和生效日期；
（三）请求和理由；
（四）被申请人财产所在地、财产状况及申请认可的仲裁裁决的执行情况；
（五）其他需要说明的情况。

第八条 对于符合本规定第四条和第七条规定条件的申请，人民法院应当在收到申请后七日内立案，并通知申请人和被申请人，同时将申请书送达被申请人；不符合本规定第四条和第七条规定条件的，应当在七日内裁定不予受理，同时说明不予受理的理由；申请人对裁定不服的，可以提起上诉。

第九条 申请人申请认可台湾地区仲裁裁决，应当提供相关证明文件，以证明该仲裁裁决的真实性。

申请人可以申请人民法院通过海峡两岸调查取证司法互助途径查明台湾地区仲裁裁决的真实性；人民法院认为必要时，也可以就有关事项依职权通过海峡两岸司法互助途径向台湾地区请求调查取证。

第十条 人民法院受理认可台湾地区仲裁裁决的申请之前或者之后，可以按照民事诉讼法及相关司法解释的规定，根据申请人的申请，裁定采取保全措施。

第十一条 人民法院受理认可台湾地区仲裁裁决的申请后，当事人就同一争议起诉的，不予受理。

当事人未申请认可，而是就同一争议向人民法院起诉的，亦不予受理，但仲裁协议无效的除外。

第十二条 人民法院受理认可台湾地区仲裁裁决的申请后，作出裁定前，申请人请求撤回申请的，可以裁定准许。

第十三条 人民法院应当尽快审查认可台湾地区仲裁裁决的申请，决定予以认可的，应当在立案之日起两个月内作出裁定；决定不予认可或者驳回申请的，应当在作出决定前按有关规定自立案之日起两个月内上报最高人民法院。

通过海峡两岸司法互助途径送达文书和调查取证的期间，不计入审查期限。

第十四条 对申请认可和执行的仲裁裁决，被申请人提出证据证明有下列情形之一的，经审查核实，人民法院裁定不予认可：

（一）仲裁协议一方当事人依对其适用的法律在订立仲裁协议时属于无行为能力的；或者依当事人约定的准据法，或当事人没有约定适用的准据法而依台湾地区仲裁规定，该仲裁协议无效的；或者当事人之间没有达成书面仲裁协议的，但申请认可台湾地区仲裁调解的除外；

（二）被申请人未接到选任仲裁员或进行仲裁程序的适当通知，或者由于其他不可归责于被申请人的原因而未能陈述意见的；

（三）裁决所处理的争议不是提交仲裁的争议，或者不在仲裁协议范围之内；或者裁决载有超出当事人提交仲裁范围的事项的决定，但裁决中超出提交仲裁范围的事项的决定与提交仲裁事项的决定可以分开的，裁决中关于提交仲裁事项的决定部分可以予以认可；

（四）仲裁庭的组成或者仲裁程序违反当事人的约定，或者在当事人没有约定时与台湾地区仲裁规定不符的；

（五）裁决对当事人尚无约束力，或者业经台湾地区法院撤销或者驳回执行申请的。

依据国家法律，该争议事项不能以仲裁解决的，或者认可该仲裁裁决将违反一个中国原则等国家法律的基本原则或损害社会公共利益的，人民法院应当裁定不予认可。

第十五条　人民法院经审查能够确认台湾地区仲裁裁决真实，而且不具有本规定第十四条所列情形的，裁定认可其效力；不能确认该仲裁裁决真实性的，裁定驳回申请。

裁定驳回申请的案件，申请人再次申请并符合受理条件的，人民法院应予受理。

第十六条　人民法院依据本规定第十四条和第十五条作出的裁定，一经送达即发生法律效力。

第十七条　一方当事人向人民法院申请认可或者执行台湾地区仲裁裁决，另一方当事人向台湾地区法院起诉撤销该仲裁裁决，被申请人申请中止认可或者执行并且提供充分担保的，人民法院应当中止认可或者执行程序。

申请中止认可或者执行的，应当向人民法院提供台湾地区法院已经受理撤销仲裁裁决案件的法律文书。

台湾地区法院撤销该仲裁裁决的，人民法院应当裁定不予认可或者裁定终结执行；台湾地区法院驳回撤销仲裁裁决请求的，人民法院应当恢复认可或者执行程序。

第十八条　对人民法院裁定不予认可的台湾地区仲裁裁决，申请人再次提出申请的，人民法院不予受理。但当事人可以根据双方重新达成的仲裁协议申请仲裁，也可以就同一争议向人民法院起诉。

第十九条　申请人申请认可和执行台湾地区仲裁裁决的期间，适用民事诉讼法第二百三十九条的规定。

申请人仅申请认可而未同时申请执行的，申请执行的期间自人民法院对认可申请作出的裁定生效之日起重新计算。

第二十条　人民法院在办理申请认可和执行台湾地区仲裁裁决案件中所作出的法律文书，应当依法送达案件当事人。

第二十一条　申请认可和执行台湾地区仲裁裁决，应当参照《诉讼费用交纳办法》的规定，交纳相关费用。

第二十二条　本规定自 2015 年 7 月 1 日起施行。

本规定施行前，根据《最高人民法院关于人民法院认可台湾地区有关法院民事判决的规定》（法释〔1998〕11 号），人民法院已经受理但尚未审结的申请认可和执行台湾地区仲裁裁决的案件，适用本规定。

【解读】

解读《关于认可和执行台湾地区仲裁裁决的规定》

一、问题的提出

《最高人民法院关于认可和执行台湾地区仲裁裁决的规定》（法释〔2015〕14号，以下简称本解释）于2015年6月29日发布，自同年7月1日起施行。为正确理解和准确适用这一司法解释，现对有关问题说明如下。

（一）关于制定背景

大陆和台湾地区仲裁裁决的相互认可和执行，对保障双方民众权益、推动两岸经贸往来，意义重大。就认可和执行台湾地区仲裁裁决问题，最高人民法院并未单独发布过专门司法解释予以规范，仅在1998年发布的《最高人民法院关于人民法院认可台湾地区有关法院民事判决的规定》（法释〔1998〕11号，以下简称1998年《规定》）第十九条规定："申请认可台湾地区有关法院民事裁定和台湾地区仲裁机构裁决的，适用本规定。"根据该条规定，人民法院在司法实践中已办理若干起认可和执行台湾地区仲裁裁决的案件。但是，对仲裁裁决直接套用对法院判决认可和执行的规则，明显忽略了仲裁裁决与法院判决在认可和执行方面的差异，特别是审查条件上的差异（其中有些审查条件甚至相冲突）。近年来，法学理论和司法实务界均呼吁，对台湾地区仲裁裁决的认可和执行，不宜再简单套用1998年《规定》，而应单独制定司法解释。司法实践中，内地与港澳之间对法院判决和仲裁裁决的认可和执行也是分别签署安排的。鉴于此，最高人民法院决定，对台湾地区仲裁裁决的认可和执行问题，单独制定本解释。

（二）本解释概况

本解释共22条，其中，有关申请主体、申请认可和执行的处理顺序、案件管辖、审判组织、委托代理、受理条件、保全措施、撤回申请、驳回申请、裁定效力、申请期间、送达、诉讼费用、解释生效等内容，多源于1998年《规定》和《最高人民法院关于人民法院认可台湾地区有关法院民事判决的补充规定》（法释〔2009〕4号），并与同步发布的《最高人民法院关于认可和执行台湾地区法院民事判决的规定》（法释〔2015〕13号，以下简称《认可台湾民事判决规定》）基本保持一致。有关适用范围、不予认可的理由、审查期限及不予认可报审程序、司法对仲裁的支持和监督、撤销仲裁裁决的影响等仲裁裁决的认可和执行中所特有的内容，本解释参照内地与港澳特区相互认可和执行仲裁裁决的两个安排，并适度参考《承认及执行外国仲裁裁决公约》（1958年纽约公约）的规定，同时结合本解释只适用于台湾地区仲裁裁决认可和执行的情况，作出富有特色的针对性规定。

二、理解与适用

（一）关于适用范围

本解释第二条规定："本规定所称台湾地区仲裁裁决是指，有关常设仲裁机构及临时仲裁庭在台湾地区按照台湾地区仲裁规定就有关民商事争议作出的仲裁裁决，包括仲裁判断、仲裁和解和仲裁调解。"该条款明确了可予认可和执行的台湾地区仲裁裁决的认定标准及其外延，较之于1998年《规定》进一步扩大了认可和执行的范围。就台湾地区仲裁裁决的认定，要注意以下几点。

1. 关于台湾地区仲裁裁决的认定标准

台湾地区"仲裁法"第四十七条规定，在台湾境外作出的裁决以及在台湾依据外国法律作成的裁决系外国仲裁裁决。根据该条之"立法理由"，该条所称之外国法律，包含外国仲裁法规、外国仲裁机构仲裁规则及国际组织仲裁规则。按照台湾地区"仲裁法"被认定为外国仲裁裁决的，自不宜列入本解释的适用范围。鉴于此，本条明确了认定台湾地区仲裁裁决的两个必备因素：一是仲裁地因素，即在台湾地区作出；二是仲裁程序规则适用因素，即适用台湾地区仲裁规定，该仲裁规定既包括台湾地区"仲裁法"，亦包括台湾地区的相关仲裁规则。

2. 关于台湾地区仲裁裁决的外延

按照台湾地区"仲裁法"，仲裁庭就仲裁事项可作出仲裁判断、仲裁和解和仲裁调解，其并无大陆"仲裁裁决"之概念。基于表述方便和易于为大陆人士理解的考虑，本解释采用"台湾地区仲裁裁决"之概念，明确其包括仲裁判断、仲裁和解和仲裁调解三种形式，并将三者均纳入本解释适用范围。

第一，关于仲裁判断。仲裁判断即为仲裁庭作出的判断，等同于仲裁法（2009年修正，下同）中仲裁裁决的概念。台湾地区"仲裁法"第三十七条规定："仲裁人之判断，于当事人间，与法院之确定判决，有同一效力。"将台湾地区的仲裁判断列入本解释的适用范围，自无争议。

第二，关于仲裁和解。台湾地区"仲裁法"第四十四条规定了仲裁和解，即"仲裁事件，于仲裁判断前，得为和解"；"和解成立者，由仲裁人作成和解书。前项和解，与仲裁判断有同一效力。"该仲裁和解类似于仲裁法第五十一条所规定的由仲裁庭作出的调解（该调解与仲裁裁决具有同等法律效力）。二者的共性在于，在当事人订有仲裁协议的前提下，达成与仲裁判断或仲裁裁决具有同等法律效力的和解书或调解书。故，台湾地区的仲裁和解可纳入本解释的适用范围。

第三，关于仲裁调解。台湾地区"仲裁法"第四十五条规定了仲裁调解，即"未依本法订立仲裁协议者，仲裁机构得依当事人之声请，经他方同意后，由双方选定仲裁人进行调解。调解成立者，由仲裁人作成调解书"；"前项调解成立者，其调解与仲裁和解有同一效力。"按照台湾地区"仲裁法"第四十五条、第四十四条和第三十七条，可推导出所谓的仲裁调解与法院之确定判决有同一效力。故，台湾地区的仲裁调解亦可纳入本解释的适用范围。

本解释起草过程中曾有意见提出，虽然仲裁法中没有与台湾地区"仲裁法"第四十五条的仲裁调解书相对应的概念，但是《最高人民法院关于建立健全诉讼与非诉讼相衔接的矛盾纠纷解决机制的若干意见》（法发〔2009〕45号）第九条规定："没有仲裁协议的当事人申请仲裁委员会对民事纠纷进行调解的，由该仲裁委员会专门设立的调解组织按照公平中立的调解规则进行调解后达成的有民事权利义务内容的调解协议，经双方当事人签字或者盖章后，具有民事合同性质。"台湾地区"仲裁法"第四十五条规定的仲裁调解与上述意见第九条规定的调解协议较为类似，二者共性在于，当事人未达成仲裁协议的前提下，仲裁庭（或其下设的调解机构）促成调解，达成协议。根据上述意见第九条的规定，调解协议并不具有强制执行力。在大陆尚未赋予与台湾地区的仲裁调解具有类似地位的调解协议以强制执行力的情况下，暂不宜将台湾地区的仲裁调解纳入本解释的适用范围。上述观点虽有一定道理，但基于以下两点考虑，最终将台湾地区仲裁调解纳入本解释适用范围。一是大陆司法实践中亦有通过司法确认赋予上述意见第九条中调解协议以强制执行力的做法，在一定意义上该司法确认与本解释规定的认可审查具有相同的功能。二是在台湾地区"仲裁法"实际赋予仲裁调解与法院之确定判决有同一效力的情况下，将台湾地区仲裁调解纳入本解释的适用范围，作为大陆人民法院可以认可和执行的对象，有利于减少两岸当事人的诉累，保障当事人的合法权益。

3. 所谓台湾地区仲裁裁决既包括机构仲裁裁决，也包括临时仲裁裁决

1998年《规定》第十九条将可向人民法院申请认可和执行的仲裁裁决限定为"台湾地区仲裁机构裁决"，从而排除了临时仲裁裁决的适用。目前，仲裁法虽未规定临时仲裁问题，但是根据《承认及执行外国仲裁裁决公约》《最高人民法院关于适用〈中华人民共和国民事诉讼法〉的解释》（2015年公布）第五百四十五条以及内地与港澳特区两个认可和执行仲裁裁决安排的规定，当事人可就境外的临时仲裁裁决在我国（内地）申请认可和执行。台湾地区允许临时仲裁，因此，同样会产生当事人就台湾地区临时仲裁裁决在大陆申请认可和执行的问题。本解释对此没有延续1998年《规定》的限制，而是采用我国（内地）对外国（港澳）临时仲裁裁决的一贯做法，明确将台湾地区临时仲裁裁决纳入本解释的适用范围。

4. 所谓台湾地区仲裁裁决仅限于就有关民商事争议作出的仲裁裁决，不包括有关解决行政争议的仲裁裁决

台湾地区"仲裁法"第一条第二款规定，可仲裁的争议以"依法得和解者为限"。就该条款，有台湾学者认为："不仅民事争议，若行政上给付的争议可能和解的，亦可以仲裁方式解决。"[①] 这一点与仲裁法第三条有关依法应当由行政机关处理的行政争议不能仲裁的规定明显不同。根据《海峡两岸共同打击犯罪及司法互助协议》第十条"相互认可及执行民事确定裁判与仲裁裁决（仲裁判断）"的约定，本解释仅适用于民商事仲裁裁决，而不适用于有关涉及行政争议的仲裁裁决。对于台湾地区就行政争议作出的仲裁裁决的认可和执行问题，需要在两岸有明确协议或共识基础上，大陆有关方面另行以适当方式加以规范。

（二）关于司法对仲裁的支持

仲裁法第五条规定："当事人达成仲裁协议，一方向人民法院起诉的，人民法院不予受理，但仲裁协议无效的除外。"该条规定表明了人民法院对当事人意思自治的尊重和对仲裁的支持，体现了在当事人之间存在有效仲裁协议的前提下，仲裁优先于诉讼的精神。本解释第十一条第一款规定："人民法院受理认可台湾地区仲裁裁决的申请后，当事人就同一争议起诉的，不予受理。"第二款规定："当事人未申请认可，而是就同一争议向人民法院起诉的，亦不予受理，但仲裁协议无效的除外。"该两款规定均体现了仲裁法第五条的精神，即在当事人之间存在有效仲裁协议的情况下，无论当事人是否向人民法院提出认可台湾地区仲裁裁决的申请，其就同一争议向人民法院起诉

---

① 吴光明：《仲裁权之探讨——海峡两岸之比较研究》，载《仲裁法理论与判决研究》，中国台湾地区翰芦图书出版有限公司2004年版，第75页。

的,人民法院均不予受理。就该两款条文的理解,需注意以下几点。

(1) 关于本条第一款规定的人民法院受理认可申请后当事人在大陆地区重新起诉的问题。《认可台湾民事判决规定》第十一条第一款亦有类似规定,即"人民法院受理认可台湾地区法院民事判决的申请后,当事人就同一争议起诉的,不予受理。"二者虽然表述类似,处理结果相同,但法理依据相异。前者更多体现了仲裁优先的精神,即有效仲裁协议排斥法院管辖;后者在本质上体现了一事不再理的原则。

(2) 关于本条第二款规定的当事人在大陆未申请认可而选择向人民法院起诉的问题。《认可台湾民事判决规定》第十二条亦有类似规定,即"案件虽经台湾地区有关法院判决,但当事人未申请认可,而是就同一争议向人民法院起诉的,应予受理。"二者处理结果完全相反。前者依然体现了仲裁优先的精神;后者则体现了对当事人诉讼权利的尊重。

(3) 本条两款的处理结果均为人民法院不予受理,但不同在于第二款有"仲裁协议无效"的除外条款。就本条第一款规定的情形,人民法院认定仲裁协议无效的,结合本解释第十四条和第十八条,当事人可以就同一争议向人民法院起诉。

(4) 本条第二款和第十四条第一款第一项均涉及仲裁协议无效的问题,后者明确了准据法的适用,前者对此未予规定。判断仲裁协议的效力应适用相应的准据法,而准据法的认定则应遵守相同的法律适用规则。故,本条第二款有关认定仲裁协议无效的准据法,应当参照适用第十四条第一款第一项的规定,即优先适用当事人约定的准据法,在当事人没有约定时适用台湾地区的仲裁规定。

(三) 关于司法对仲裁的监督

司法对仲裁的监督主要体现在本解释第十四条不予认可和第十五条驳回申请的相关规定,核心是第十四条。

仲裁裁决与法院判决在认可和执行问题上最主要的区别在于审查条件——不予认可理由上的差异。除了正当程序(被申请人在此前的仲裁或诉讼程序中得到合法通知或传唤)及公共秩序条款可以作为其二者审查的共同条件外,其他审查事项均需根据各自的性质而设定,并不能相互简单替代,其中有些审查事项甚至相冲突。仲裁庭的组成或者仲裁程序的合法性、争议事项的可仲裁性等是仲裁裁决审查所独有的事项;而申请认可和执行地法院的专属管辖则为法院判决审查所特有。对仲裁裁决审查中要求当事人之间订有有效的仲裁协议,而有效的仲裁协议恰恰是对判决不予认可的重要理由。鉴此,本解释第十四条没有再简单沿用1998年《规定》中有关不予认可台湾地区法院民事判决的理由,而是参考内地与港澳两个认可和执行仲裁裁决安排及《承认及执行外国仲裁裁决公约》的有关内容,规定了不予认可台湾地区仲裁裁决的具体理由。该条规定的理由与上述安排和公约的内容除个别表述外,基本保持了一致。就该条文,要注意以下几点。

1. 部分表述的调整

本解释系最高人民法院单方发布的司法解释,而非海峡两岸签署的裁判认可司法协助协议,仅适用于台湾地区仲裁裁决在大陆的认可和执行问题,故本解释并未延续内地与港澳两个认可和执行仲裁裁决安排及《承认及执行外国仲裁裁决公约》中有关依据仲裁地法律确定仲裁协议效力及仲裁庭的组成或者仲裁程序合法性等表述,而是在第十四条第一款第一项、第四项、第五项中直接表述为依据"台湾地区仲裁规定"

认定或"经台湾地区法院撤销或者驳回执行申请"。表述虽然有一定差异，但体现的法理并无二致。

2. 具体审查事项

本解释第十四条第一款所列的五种情形，基本上属于程序性问题，第一项是仲裁协议无效；第二项是限制或者剥夺了当事人重大程序性权利；第三项是仲裁裁决超范围；第四项是仲裁庭组成或者仲裁程序不合法；第五项是仲裁裁决未生效或者被撤销、驳回执行申请。由此可见，人民法院对于台湾地区仲裁裁决中的事实认定和法律适用问题是不予审查的，其对仲裁裁决的审查只是程序性审查。该审查类似于人民法院对大陆仲裁机构作出的涉外仲裁裁决的审查，不同于人民法院对大陆仲裁机构作出的非涉外仲裁裁决所进行的实质性审查。

本解释第十四条第二款主要规定了公共秩序保留条款。在适用该款规定时应采用结果说，即只有认可台湾地区仲裁裁决的结果违反国家法律的基本原则或损害社会公共利益时才不予认可，而不得简单根据仲裁裁决的内容即作出不予认可的裁定。海峡两岸在社会、经济制度等方面均存在差异，规定公共秩序条款固然可以起到"安全阀"的功能，但是认可和执行台湾地区仲裁裁决毕竟属于一国之内的区际司法协助，人民法院在司法实践中应当采取十分慎重的态度，严格限制公共秩序条款的适用。该款中所称"依据国家法律，该争议事项不能以仲裁解决的"，即争议事项不具有可仲裁性，其中就包括对依法应当由行政机关处理的行政争议所作的仲裁裁决，目前不能依据本解释予以认可执行，未来不排除可以通过其他方式予以认可和执行。

3. 审查的启动方式

本解释第十四条第一款所列五种情形，人民法院不主动审查，只有被申请人提出申请后人民法院方予以审查；同时也只有被申请人能够举证证明有关情形存在，人民法院方可裁定不予认可。就第十四条第二款所列情形，人民法院应当依职权主动审查。

4. 仲裁调解审查的特殊规定

本解释第二条明确其适用范围涵盖台湾地区的仲裁调解，而按照台湾地区"仲裁法"，仲裁调解适用于"未依本法订立仲裁协议者"，故当事人申请认可台湾地区仲裁调解书时，其并无仲裁协议。鉴于此，第十一条第一款第一项规定了申请认可台湾地区仲裁调解时的除外条款，即不得以无仲裁协议为由裁定不予认可。同理，本解释第七条有关申请时应当提交材料的规定，亦应作相同的解释，即申请认可台湾地区仲裁调解书的，不应要求提交仲裁协议。

司法对仲裁的监督还体现在第十五条有关驳回申请的规定。就当事人的认可申请，本解释与《认可台湾民事判决规定》第十六条基本一致，区分了裁定不予认可与裁定驳回申请两种否定性的处理结果。第十五条规定的裁定驳回申请，仅适用于不能确认台湾地区仲裁裁决真实性的情形。

（四）关于审查期限及不予认可的报审程序

本解释第十三条明确了对台湾地区仲裁裁决的审查期限及拟不予认可时的报审程序。此前，最高人民法院于1998年发布的《最高人民法院关于承认和执行外国仲裁裁决收费及审查期限问题的规定》（法释〔1998〕28号）第四条规定了人民法院办理申请承认和执行外国仲裁裁决案件的两个月审查期限及不予承认时的报审程序，该程序表明了人民法院审慎对待境外仲裁裁决的态度，实质上体现了人民法院支持仲裁的立场，实践中也取得了较好的法律效果和社会效果。台湾地区仲裁并非外国仲裁，但就审查期限及不予认可时的报审问题，则完全可参照适用上述有关外国仲裁裁决的规定。鉴于此，本解释就审查期限及不予认可报审问题采用了前述法释〔1998〕28号司法解释的意见。

（五）关于在台撤销仲裁裁决程序对人民法院认可和执行程序的影响

台湾地区仲裁裁决进入人民法院的认可审查和执行程序后，如果当事人（通常是被申请人）又向台湾地区法院提出撤销仲裁裁决之诉的，撤销之诉的审理结果将直接影响该仲裁裁决的法律效力，进而对人民法院的认可和执行程序产生影响。根据台湾地区"仲裁法"，起诉撤销仲裁裁决的，"法院得依当事人之声请，定相当并确实之担保，裁定停止执行"，即该仲裁裁决在台湾被起诉撤销期间，亦可停止执行。鉴于此，在仲裁裁决被当事人在台湾法院提起撤销之诉的情况下，在申请认可和执行地（大陆）自不宜赋予该仲裁裁决比仲裁地（台湾地区）更高的效力。本解释第十七条第一款就此规定："一方当事人向人民法院申请认可或者执行台湾地区仲裁裁决，另一方当事人向台湾地区法院起诉撤销该仲裁裁决，被申请人申请中止认可或者执行并且提供充分担保的，人民法院应当中止认可或者执行程序。"同时，该条第二款要求被申请人应当向人民法院提供台湾地区法院已经受理撤销仲裁裁决案件的法律文书。第三款则区分在台撤销之诉的审理结果，分别规定了人民法院在认可或者执行程序中的相应处理方式。就该条文，需注意以下几点。

1. 本条与本解释第十四条第一款第五项的关系

根据第十四条第一款第五项，仲裁裁决业经台湾地区法院撤销的，人民法院裁定不予认可。本条第一款适用于在台湾地区启动撤销仲裁裁决之诉但尚未作出判决的情形；而第十四条第一款第五项仅适用于被申请人提供证据证明台湾地区法院已经作出了撤销仲裁裁决的判决或者驳回执行申请的情形。

2. 区分台湾法院撤销之诉的判决情况及该申请案件在人民法院所处的阶段，作出不同的处理

人民法院中止认可或者执行程序后，如果台湾地区法院驳回撤销仲裁裁决请求，无论该申请案件处于认可阶段还是执行阶段，人民法院均应当恢复相应的程序；如果台湾地区法院撤销该仲裁裁决，该申请案件尚处于认可审查阶段的，人民法院应当裁定不予认可，该申请案件已经处于执行阶段的，人民法院应当裁定终结执行。

3. 台湾地区法院的撤销之诉判决是否需要人民法院认可

司法实践中，多数意见认为，台湾地区仲裁裁决在大陆法院认可和执行程序中，不宜再要求当事人就台湾地区法院的撤销之诉判决向人民法院提出认可申请。本解释第十四条第一款第五项规定的不予认可的理由，即"（仲裁）裁决……经台湾地区法院撤销……的"，也并未要求台湾法院的撤销判决需经人民法院认可。主要是考虑：其一，这样规定与《承认及执行外国仲裁裁决公约》第五条第一款戊项的内容相一致，符合国际司法协助的惯例，并且一国范围内的区际司法协助自不宜规定较之于国际司法协助更为烦琐的程序。其二，在认可和执行仲裁裁决程序中，人民法院的审查对象是仲裁裁决，台湾法院撤销仲裁裁决的判决只是审查中认定仲裁裁决效力的证据而已，只要能确认其真实性即可，无须对其效力再作深度审查。这样理解既有利于减少当事人的诉累，也可有效地提高司法效率。

(六) 关于裁定不予认可后的纠纷解决途径

人民法院作出不予认可裁定后申请人再次提出申请的，人民法院不予受理，但当事人若就同一争议向人民法院起诉，法院可否受理不无疑问。该问题的关键在于，人民法院作出不予认可的裁定后，当事人之间原有的仲裁协议是否还继续具有约束双方通过仲裁解决争议的效力。与人民法院对境外仲裁裁决作出的不予认可裁定相类似的是，人民法院对大陆仲裁裁决作出的撤销或者不予执行裁定。对于后者，仲裁法第九条第二款规定："裁决被人民法院依法裁定撤销或者不予执行的，当事人就该纠纷可以根据双方重新达成的仲裁协议申请仲裁，也可以向人民法院起诉。"由此可知，仲裁裁决被人民法院裁定撤销或者不予执行的，原有仲裁协议已经不具有约束当事人进行仲裁的效力，当事人可以直接就该争议向法院诉讼，希望仲裁的还需重新达成仲裁协议。据此，上述问题可转化为，人民法院对境外仲裁裁决作出不予承认或者不予认可裁定与人民法院对大陆仲裁裁决作出撤销或者不予执行裁定，是否具有相同的法律后果。本解释起草过程中有意见认为，其二者法律后果不同，前者仍涉及依据相关准据法对仲裁协议有效性的认定问题，若协议有效人民法院不得受理，若协议无效人民法院可予受理。我们认为，人民法院裁定不予承认或者不予认可境外仲裁裁决的理由和人民法院撤销或者不予执行大陆涉外仲裁裁决的理由大致相同，均为程序性事由，其法律后果均为对仲裁裁决效力的否定性评价，在此情形下没有必要对仲裁协议的效力再加以区别。最终，本解释第十八条明确规定，人民法院裁定不予认可的，"当事人可以根据双方重新达成的仲裁协议申请仲裁，也可以就同一争议向人民法院起诉。"

（撰稿人：邰中林、陈宏宇）

最高人民法院
关于人民法院办理海峡两岸送达文书和调查取证司法互助案件的规定

法释〔2011〕15 号

（2010 年 12 月 16 日最高人民法院审判委员会第 1506 次会议通过 2011 年 6 月 14 日最高人民法院公告公布 自 2011 年 6 月 25 日起施行）

为落实《海峡两岸共同打击犯罪及司法互助协议》（以下简称协议），进一步推动海峡两岸司法互助业务的开展，确保协议中涉及人民法院有关送达文书和调查取证司法互助工作事项的顺利实施，结合各级人民法院开展海峡两岸司法互助工作实践，制定本规定。

一、总则

第一条 人民法院依照协议，办理海峡两岸民事、刑事、行政诉讼案件中的送达文书和调查取证司法互助业务，适用本规定。

第二条 人民法院应当在法定职权范围内办理海峡两岸司法互助业务。

人民法院办理海峡两岸司法互助业务，应当遵循一个中国原则，遵守国家法律的基本原则，不得违反社会公共利益。

二、职责分工

第三条 人民法院和台湾地区业务主管部门通过各自指定的协议联络人，建立办理海峡两岸司法互助业务的直接联络渠道。

第四条 最高人民法院是与台湾地区业务主管部门就海峡两岸司法互助业务进行联络的一级窗口。最高人民法院台湾司法事务办公室主任是最高人民法院指定的协议联络人。

最高人民法院负责：就协议中涉及人民法院的工作事项与台湾地区业务主管部门开展磋商、协调和交流；指导、监督、组织、协调地方各级人民法院办理海峡两岸司法互助业务；就海峡两岸调查取证司法互助业务与台湾地区业务主管部门直接联络，并在必要时具体办理调查取证司法互助案件；及时将本院和台湾地区业务主管部门指定的协议联络人的姓名、联络方式及变动情况等工作信息通报高级人民法院。

第五条 最高人民法院授权高级人民法院就办理海峡两岸送达文书司法互助案件，建立与台湾地区业务主管部门联络的二级窗口。高级人民法院应当指定专人作为经最高人民法院授权的二级联络窗口联络人。

高级人民法院负责：指导、监督、组织、协调本辖区人民法院办理海峡两岸送达文书和调查取证司法互助业务；就办理海峡两岸送达文书司法互助案件与台湾地区业务主管部门直接联络，并在必要时具体办理送达文书和调查取证司法互助案件；登记、统计本辖区人民法院办理的海峡两岸送达文书司法互助案件；定期向最高人民法院报告本辖区人民法院办理海峡两岸送达文书司法互助业务情况；及时将本院联络人的姓名、联络方式及变动情况报告最高人民法院，同时通报台湾地区联络人和下级人民法院。

第六条 中级人民法院和基层人民法院应当指定专人负责海峡两岸司法互助业务。

中级人民法院和基层人民法院负责：具体办理海峡两岸送达文书和调查取证司法互助案件；定期向高级人民法院层报本院办理海峡两岸送达文书司法互助业务情况；及时将本院海峡两岸司法互助业务负责人员的姓名、联络方式及变动情况层报高级人民法院。

三、送达文书司法互助

第七条 人民法院向住所地在台湾地区的当事人送达民事和行政诉讼司法文书，可以采用下列方式：

（一）受送达人居住在大陆的，直接送达。受送达人是自然人，本人不在的，可以交其同住成年家属签收；受送达人是法人或者其他组织的，应当由法人的法定代表人、其他组织的主要负责人或者该法人、其他组织负责收件的人签收。

受送达人不在大陆居住，但送达时在大陆的，可以直接送达。

（二）受送达人在大陆有诉讼代理人的，向诉讼代理人送达。但受送达人在授权委托书中明确表明其诉讼代理人无权代为接收的除外。

（三）受送达人有指定代收人的，向代收人送达。

（四）受送达人在大陆有代表机构、分支机构、业务代办人的，向其代表机构或者经受送达人明确授权接受送达的分支机构、业务代办人送达。

（五）通过协议确定的海峡两岸司法互助方式，请求台湾地区送达。

（六）受送达人在台湾地区的地址明确的，可以邮寄送达。

（七）有明确的传真号码、电子信箱地址的，可以通过传真、电子邮件方式向受送达人送达。

采用上述方式均不能送达或者台湾地区当事人下落不明的，可以公告送达。

人民法院需要向住所地在台湾地区的当事人送达刑事司法文书，可以通过协议确定的海峡两岸司法互助方式，请求台湾地区送达。

第八条 人民法院协助台湾地区法院送达司法文书，应当采用民事诉讼法、刑事诉讼法、行政诉讼法等法律和相关司法解释规定的送达方式，并应当尽可能采用直接送达方式，但不采用公告送达方式。

第九条 人民法院协助台湾地区送达司法文书，应当充分负责，及时努力送达。

第十条 审理案件的人民法院需要台湾地区协助送达司法文书的，应当填写《〈海峡两岸共同打击犯罪及司法互助协议〉送达文书请求书》附录部分，连同需要送达的司法文书，一式二份，及时送交高级人民法院。

需要台湾地区协助送达的司法文书中有指定开庭日期等类似期限的，一般应当为协助送达程序预留不少于六个月的时间。

第十一条 高级人民法院收到本院或者下级人民法院《〈海峡两岸共同打击犯罪及司法互助协议〉送达文书请求书》附录部分和需要送达的司法文书后，应当在七个工作日内完成审查。经审查认为可以请求台湾地区协助送达的，高级人民法院联络人应当填写《〈海峡两岸共同打击犯罪及司法互助协议〉送达文书请求书》正文部分，连同附录部分和需要送达的司法文书，立即寄送台湾地区联络人；经审查认为欠缺相关材料、内容或者认为不需要请求台湾地区协助送达的，应当立即告知提出请求的人民法院补充相关材料、内容或者在说明理由后将材料退回。

第十二条 台湾地区成功送达并将送达证明材料寄送高级人民法院联络人，或者未能成功送达并将相关材料送还，同时出具理由说明给高级人民法院联络人的，高级人民法院应当在收到之日起七个工作日内，完成审查并转送提出请求的人民法院。经审查认为欠缺相关材料或者内容的，高级人民法院联络人应当立即与台湾地区联络人联络并请求补充相关材料或者内容。

自高级人民法院联络人向台湾地区寄送有关司法文书之日起满四个月，如果未能收到送达证明材料或者说明文件，且根据各种情况不足以认定已经送达的，视为不能按照协议确定的海峡两岸司法互助方式送达。

第十三条 台湾地区请求人民法院协助送达台湾地区法院的司法文书并通过其联络人将请求书和相关司法文书寄送高级人民法院联络人的，高级人民法院应当在七个工作日内完成审查。经审查认为可以协助送达的，应当立即转送有关下级人民法院送达或者由本院送达；经审查认为欠缺相关材料、内容或者认为不宜协助送达的，高级人民法院联络人应当立即向台湾地区联络人说明情况并告知其补充相关材料、内容或者将材料送还。

具体办理送达文书司法互助案件的人民法院应当在收到高级人民法院转送的材料之日起五个工作日内，以"协助台湾地区送达民事（刑事、行政诉讼）司法文书"案由立案，指定专人办理，并应当自立案之日起十五日内完成协助送达，最迟不得超过两个月。

收到台湾地区送达文书请求时，司法文书中指定的开庭日期或者其他期限逾期的，人民法院亦应予以送达，同时高级人民法院联络人应当及时向台湾地区联络人说明情况。

第十四条 具体办理送达文书司法互助案件的人民法院成功送达的，应当由送达人在《〈海峡两岸共同打击犯罪及司法互助协议〉送达回证》上签名或者盖章，并在成功送达之日起七个工作日内将送达回证送交高级人民法院；未能成功送达的，应当由送达人在《〈海峡两岸共同打击犯罪及司法互助协议〉送达回证》上注明未能成功送达的原因并签名或者盖章，在确认不能送达之日起七个工作日内，将该送达回证和未能成功送达的司法文书送交高级人民法院。

高级人民法院应当在收到前款所述送达回证之日起七个工作日内完成审查，由高级人民法院联络人在前述送达回证上签名或者盖章，同时出具《〈海峡两岸共同打击犯罪及司法互助协议〉送达文书回复书》，连同该送达回证和未能成功送达的司法文书，立即寄送台湾地区联络人。

四、调查取证司法互助

第十五条 人民法院办理海峡两岸调查取证司法互助业务，限于与台湾地区法院相互协助调取与诉讼有关的证据，包括取得证言及陈述；提供书证、物证及视听资料；确定关系人所在地或者确认其身份、前科等情况；进行勘验、检查、扣押、鉴定和查询等。

第十六条 人民法院协助台湾地区法院调查取证，应当采用民事诉讼法、刑事诉讼法、行政诉讼法等法律和相关司法解释规定的方式。

在不违反法律和相关规定、不损害社会公共利益、不妨碍正在进行的诉讼程序的前提下，人民法院应当尽力协助调查取证，并尽可能依照台湾地区请求的内容和形式予以协助。

台湾地区调查取证请求书所述的犯罪事实，依照大陆法律规定不认为涉嫌犯罪的，人民法院不予协助，但有重大社会危害并经双方业务主管部门同意予以个案协助的除外。台湾地区请求促使大陆居民至台湾地区作证，但未作出非经大陆主管部门同意不得追诉其进入台湾地区之前任何行为的书面声明的，人民法院可以不予协助。

第十七条 审理案件的人民法院需要台湾地区协助调查取证的，应当填写《〈海峡两岸共同打击犯罪及司法互助协议〉调查取证请求书》附录部分，连同相关材料，一式三份，及时送交高级人民法院。

高级人民法院应当在收到前款所述材料之日起七个工作日内完成初步审查，并将审查意见和《〈海峡两岸共同打击犯罪及司法互助协议〉调查取证请求书》附录部分及相关材料，一式二份，立即转送最高人民法院。

第十八条 最高人民法院收到高级人民法院转送的《〈海峡两岸共同打击犯罪及司法互助协议〉调查取证请求书》附录部分和相关材料以及高级人民法院审查意见后，应当在七个工作日内完成最终审查。经审查认为可以请求台湾地区协助调查取证的，最高人民法院联络人应当填写《〈海峡两岸共同打击犯罪及司法互助协议〉调查取证请求书》正文部分，连同附录部分和相关材料，立即寄送台湾地区联络人；经审查认为欠缺相关材料、内容或者认为不需要请求台湾地区协助调查取证的，应当立即通过高级人民法院告知提出请求的人民法院补充相关材料、内容或者在说明理由后将材料退回。

第十九条 台湾地区成功调查取证并将取得的证据材料寄送最高人民法院联络人，或者未能成功调查取证并将相关材料送还，同时出具理由说明给最高人民法院联络人的，最高人民法院应当在收到之日起七个工作日内完成审查并转送高级人民法院，高级人民法院应当在收到之日起七个工作日内转送提出请求的人民法院。经审查认为欠缺相关材料或者内容的，最高人民法院联络人应当立即与台湾地区联络人联络并请求补充相关材料或者内容。

第二十条 台湾地区请求人民法院协助台湾地区法院调查取证并通过其联络人将请求书和相关材料寄送最高人民法院联络人的，最高人民法院应当在收到之日起七个工作日内完成审查。经审查认为可以协助调查取证的，应当立即转送有关高级人民法院或者由本院办理，高级人民法院应当在收到之日起七个工作日内转送有关下级人民法院办理或者由本院办理；经审查认为欠缺相关材料、内容或者认为不宜协助调查取证的，最高人民法院联络人应当立即向台湾地区联络人说明情况并告知其补充相关材料、内容或者将材料送还。

具体办理调查取证司法互助案件的人民法院应当在收到高级人民法院转送的材料之日起五个工作日内，以"协助台湾地区民事（刑事、行政诉讼）调查取证"案由立案，指定专人办理，并应当自立案之日起一个月内完成协助调查取证，最迟不得超过三个月。因故不能在期限届满前完成的，应当提前函告高级人民法院，并由高级人民法院转报最高人民法院。

第二十一条 具体办理调查取证司法互助案件的人民法院成功调查取证的，应当在完成调查取证之日起七个工作日内将取得的证据材料一式三份，连同台湾地区提供的材料，并在必要时附具情况说明，送交高级人民法院；未能成功调查取证的，应当出具说明函一式三份，连同台湾地区提供的材料，在确认不能成功调查取证之日起七个工作日内送交高级人民法院。

高级人民法院应当在收到前款所述材料之日起七个工作日内完成初步审查，并将审查意见和前述取得的证据材料或者说明函等，一式二份，连同台湾地区提供的材料，立即转送最高人民法院。

最高人民法院应当在收到之日起七个工作日内完成最终审查，由最高人民法院联络人出具《〈海峡两岸共同打击犯罪及司法互助协议〉调查取证回复书》，必要时连同相关材料，立即寄送台湾地区联络人。

证据材料不适宜复制或者难以取得备份的，可不按本条第一款和第二款的规定提供备份材料。

五、附则

第二十二条 人民法院对于台湾地区请求协助所提供的和执行请求所取得的相关资料应当予以保密。但依据请求目的使用的除外。

第二十三条 人民法院应当依据请求书载明的目的使用台湾地区协助提供的资料。但最高人民法院和台湾地区业务主管部门另有商定的除外。

第二十四条 对于依照协议和本规定从台湾地区获得的证据和司法文书等材料，不需要办理公证、认证等形式证明。

第二十五条 人民法院办理海峡两岸司法互助业务，应当使用统一、规范的文书样式。

第二十六条 对于执行台湾地区的请求所发生的费用，由有关人民法院负担。但下列费用应当由台湾地区业务主管部门负责支付：

（一）鉴定费用；

（二）翻译费用和誊写费用；

（三）为台湾地区提供协助的证人和鉴定人，因前往、停留、离开台湾地区所发生的费用；

（四）其他经最高人民法院和台湾地区业务主管部门商定的费用。

第二十七条 人民法院在办理海峡两岸司法互助案件中收到、取得、制作的各种文件和材料，应当以原件或者复制件形式，作为诉讼档案保存。

第二十八条 最高人民法院审理的案件需要请求台湾地区协助送达司法文书和调查取证的，参照本规定由本院自行办理。

专门人民法院办理海峡两岸送达文书和调查取证司法互助业务，参照本规定执行。

第二十九条 办理海峡两岸司法互助案件和执行本规定的情况，应当纳入对有关人民法院及相关工作人员的工作绩效考核和案件质量评查范围。

第三十条 此前发布的司法解释与本规定不一致的，以本规定为准。

最高人民法院
关于涉港澳民商事案件司法文书送达问题若干规定

法释〔2009〕2号

（2009年2月16日最高人民法院审判委员会第1463次会议通过 2009年3月9日最高人民法院公告公布 自2009年3月16日起施行）

为规范涉及香港特别行政区、澳门特别行政区民商事案件司法文书送达，根据《中华人民共和国民事诉讼法》的规定，结合审判实践，制定本规定。

第一条 人民法院审理涉及香港特别行政区、澳门特别行政区的民商事案件时，向住所地在香港特别行政区、澳门特别行政区的受送达人送达司法文书，适用本规定。

第二条 本规定所称司法文书，是指起诉状副本、上诉状副本、反诉状副本、答辩状副本、传票、判决书、调解书、裁定书、支付令、决定书、通知书、证明书、送达回证等与诉讼相关的文书。

第三条 作为受送达人的自然人或者企业、其他组织的法定代表人、主要负责人在内地的，人民法院可以直接向该自然人或者法定代表人、主要负责人送达。

第四条 除受送达人在授权委托书中明确表明其诉讼代理人无权代为接收有关司法文书外，其委托的诉讼代理人为有权代其接受送达的诉讼代理人，人民法院可以向该诉讼代理人送达。

第五条 受送达人在内地设立有代表机构的，人民法院可以直接向该代表机构送达。

受送达人在内地设立有分支机构或者业务代办人并授权其接受送达的,人民法院可以直接向该分支机构或者业务代办人送达。

第六条 人民法院向在内地没有住所的受送达人送达司法文书,可以按照《最高人民法院关于内地与香港特别行政区法院相互委托送达民商事司法文书的安排》或者《最高人民法院关于内地与澳门特别行政区法院就民商事案件相互委托送达司法文书和调取证据的安排》送达。

按照前款规定方式送达的,自内地的高级人民法院或者最高人民法院将有关司法文书递送香港特别行政区高等法院或者澳门特别行政区终审法院之日起满三个月,如果未能收到送达与否的证明文件且不存在本规定第十二条规定情形的,视为不能适用上述安排中规定的方式送达。

第七条 人民法院向受送达人送达司法文书,可以邮寄送达。

邮寄送达时应附有送达回证。受送达人未在送达回证上签收但在邮件回执上签收的,视为送达,签收日期为送达日期。

自邮寄之日起满三个月,虽未收到送达与否的证明文件,但存在本规定第十二条规定情形的,期间届满之日视为送达。

自邮寄之日起满三个月,如果未能收到送达与否的证明文件,且不存在本规定第十二条规定情形的,视为未送达。

第八条 人民法院可以通过传真、电子邮件等能够确认收悉的其他适当方式向受送达人送达。

第九条 人民法院不能依照本规定上述方式送达的,可以公告送达。公告内容应当在内地和受送达人住所地公开发行的报刊上刊登,自公告之日起满三个月即视为送达。

第十条 除公告送达方式外,人民法院可以同时采取多种法定方式向受送达人送达。

采取多种方式送达的,应当根据最先实现送达的方式确定送达日期。

第十一条 人民法院向在内地的受送达人或者受送达人的法定代表人、主要负责人、诉讼代理人、代表机构以及有权接受送达的分支机构、业务代办人送达司法文书,可以适用留置送达的方式。

第十二条 受送达人未对人民法院送达的司法文书履行签收手续,但存在以下情形之一的,视为送达:

(一)受送达人向人民法院提及了所送达司法文书的内容;

(二)受送达人已经按照所送达司法文书的内容履行;

(三)其他可以确认已经送达的情形。

第十三条 下级人民法院送达司法文书,根据有关规定需要通过上级人民法院转递的,应当附申请转递函。

上级人民法院收到下级人民法院申请转递的司法文书,应当在七个工作日内予以转递。

上级人民法院认为下级人民法院申请转递的司法文书不符合有关规定需要补正的,应当在七个工作日内退回申请转递的人民法院。

【解读】

解读《关于涉港澳民商事案件司法文书送达问题若干规定》

一、问题的提出

最高人民法院法释〔2009〕2号《关于涉港澳民商事案件司法文书送达问题若干规定》（以下简称本规定）经最高人民法院审判委员会第1463次会议讨论通过，于2009年3月9日公布，自2009年3月16日起施行。

二、理解与适用

（一）关于本规定的适用范围

涉港澳民商事案件司法文书的送达广义上包括两种情形，一种情形是内地人民法院受理的案件，需要向港澳地区的当事人送达；另一种情形是港澳地区法院受理的案件，需要通过司法协助程序，委托内地人民法院代为送达。本规定第一条强调本规定适用于人民法院审理的涉港澳民商事案件需向住所地在港澳地区的受送达人送达司法文书的情况。对于港澳地区相关机构通过司法协助程序委托内地相关机构送达司法文书的情形，本规定暂不涉及。本规定适用的案件范围包括人民法院审理的涉港澳民商事案件，既包括传统的涉港澳民事案件，例如，涉港澳的婚姻家庭、劳动争议、不当得利、无因管理等案件，也包括了当事人在经济贸易活动中发生的涉港澳合同、侵权等商事纠纷案件。另外，考虑到司法文书这一概念从外延上比诉讼文书更为宽泛，且内地与香港特区和澳门特区分别签署的《最高人民法院关于内地与香港特别行政区法院相互委托送达民商事司法文书的安排》（以下简称《与香港送达安排》）和《最高人民法院关于内地与澳门特别行政区法院就民商事案件相互委托送达司法文书和调取证据的安排》（以下简称《与澳门送达安排》）均使用了司法文书的概念，故本规定中亦使用了司法文书的概念。

（二）向在内地出现的港澳地区的受送达人直接送达的问题

由于对涉港澳民商事案件司法文书送达方面长期以来缺乏明确系统的规定，人民法院在审理涉港澳民商事案件时，在司法文书的送达以及其他一些程序方面，法律适用上均参照适用涉外案件的有关规定，因此，民事诉讼法（2007年修正，下同）第二百四十五条关于对涉外案件送达方面的规定一直在人民法院审理的涉港澳民商事案件中参照适用。该条规定了七种送达方式，但对于在内地没有住所的港澳地区的受送达人在内地出现时可否向其直接送达，没有明确规定。本规定第三条对该问题予以了明确，即作为受送达人的港澳地区的自然人或者企业、其他组织的法定代表人、主要负责人在内地的，人民法院可以向其直接送达。该条规定进一步丰富了涉港澳民商事案件司法文书的送达方式。随着内地与港澳地区经济交往的加深，港澳地区的企业与内地企业开展合资、合作经营，或者在内地设立独资企业，港澳地区的相关人员也经常来往内地，因此，明确规定此种送达方式，也是有效解决司法文书送达难的一个有效途径。

(三)向受送达人的诉讼代理人、代表机构、分支机构、业务代办人送达的问题

民事诉讼法第二百四十五条第四项规定人民法院对在中华人民共和国领域内没有住所的当事人,可以向受送达人委托的有权代其接受送达的诉讼代理人送达。本规定第四条结合审判实践,对于何为有权接受送达的诉讼代理人进行了明确,即除受送达人在授权委托书中明确表明其诉讼代理人无权代为接收有关司法文书外,其委托的诉讼代理人为有权代其接受送达的诉讼代理人,人民法院可以向该诉讼代理人送达。从调研的情况看,在一些案件的审理过程中,有的案件当事人为了拖延诉讼,在人民法院向其诉讼代理人送达司法文书时,其诉讼代理人以授权委托书中未明确授权其可以接受有关司法文书的送达为由,拒绝接受人民法院送达的相关司法文书。现在本规定针对该问题作出明确规定,可以防止受送达人以此理由拖延诉讼,从而保证诉讼程序的顺利进行。

本规定第五条参照民事诉讼法第二百四十五条第五项的规定,明确受送达人在我国内地设立有代表机构的,人民法院向受送达人送达司法文书,可以送达给其在内地的代表机构。而对于受送达人在内地的分支机构和业务代办人,本规定强调受送达人授权其分支机构或者业务代办人可以接受送达,人民法院才可以向该分支机构和业务代办人送达。这是特别需要注意的地方,即向受送达人的代表机构送达不需要受送达人的授权,只要是受送达人的代表机构,人民法院即可以向其直接送达,而如果是受送达人的分支机构或者业务代办人,则必须经过其授权,人民法院才可以向其送达相关司法文书。从调研的情况看,一些人民法院在向港澳地区的当事人在我国内地设立的分支机构或者业务代办人送达时,存在着在受送达人没有授权的情况下即向其分支机构或者业务代办人送达的情况,而民事诉讼法第二百四十五条第五项规定的是向受送达人在我国领域内有权接受送达的分支机构、业务代办人送达。参照上述规定,我们认为,有权接受送达应该理解为经过受送达人的授权,如果未经受送达人的授权即向其分支机构或者业务代办人送达,显然与民事诉讼法的规定是相悖的。

(四)适用两个安排规定方式送达的问题

本规定第六条强调了对于最高人民法院分别与香港特区代表及澳门特区代表签订的《与香港送达安排》和《与澳门送达安排》的适用。上述两个安排是香港、澳门回归后,根据香港特别行政区基本法和澳门特别行政区基本法的规定,最高人民法院与香港特区代表和澳门特区代表经过协商分别签署的,并由最高人民法院于1998年12月和2001年8月以司法解释的形式发布。根据上述两个安排的规定,内地法院和香港法院、内地法院和澳门法院可以相互委托送达民商事司法文书,委托送达司法文书均须通过各高级人民法院和香港特别行政区高等法院、澳门特别行政区终审法院进行。送达司法文书应当依照受委托方所在地法律规定的程序进行。上述两个安排是区际司法协助的一个典范,在人民法院受理的涉港澳民商事案件中,上述两个安排在人民法院送达司法文书方面发挥了积极的作用。

从调研的情况看,由于《与香港送达安排》和《与澳门送达安排》规定双方委托送达司法文书时,内地需通过高级人民法院和最高人民法院进行,因此内地的基层人民法院和中级人民法院审理涉港澳民商事案件,需要适用《与香港送达安排》和《与澳门送达安排》规定的方式委托港澳地区法院送达司法文书时,必须通过二级人民法院进行转递。司法实践中存在着由于转递环节出现问题,下级人民法院长时间得不到送达结果，送达的情况往往难以把握。从而使得司法文书的送达长时间处于不确定的状态，影响了人民法院审理案件的效率。本规定第六条结合审判实践，对于如何认定不能通过《与香港送达安排》和《与澳门送达安排》规定的方式送达作出了明确规定，即自内地的高级人民法院或者最高人民法院将有关司法文书递送香港特别行政区高等法院或者澳门特别行政区终审法院之日起满三个月，如果未能收到送达与否的证明文件且不存在本规定第十二条规定情形的，视为不能适用上述安排中规定的方式送达。这样可以使得人民法院在一个相对确定的时间内对能否适用该种方式送达作出判断，以便于在这种方式不能送达的情况下人民法院及时采取其他的送达方式，避免案件因为送达问题长时间地搁置而处于久拖不决的状态。这里将判断是否可以适用安排送达的期限确定为三个月，主要是考虑到《与香港送达安排》和《与澳门送达安排》中均规定了受委托方接到关于送达司法文书的委托后，应当在二个月内完成，这样算上转递等时间，三个月应该是判断是否可以适用该种方式送达的一个较为合理的时间。

同时，考虑到采用邮寄方式向港澳地区受送达人送达司法文书同样存在长时间没有结果的情况，本规定在第七条中对于如何认定不能通过邮寄方式送达亦作出了规定，即自邮寄之日起满三个月，如果未能收到送达与否的证明文件，且不存在本规定第十二条规定情形的，视为未送达，理由同上。

本规定第八条借鉴海事诉讼特别程序法的相关内容，规定人民法院可以通过传真、电子邮件等能够确认收悉的其他适当方式向受送达人送达，即将传真、电子邮件等方式也确定为法定的送达方式。随着电子计算机技术和国际互联网业务迅速发展，现代通信方式已不局限于传统的邮件，通过电子邮件和传真传送信息日趋普遍，这使法院已具备通过国际互联网送达民事诉讼文书的物质条件。在国外，许多国家的法律已经认可通过传真、电子邮件等方式送达。例如，英国民事诉讼规则第6.2条规定可以以传真或其他电子通讯方式送达。在美国，许多州允许电子送达。欧盟对于电子送达也持积极的肯定态度。2000年5月29日欧盟理事会第1348号规则公布的关于成员国间送达民事或商事司法或司法外文书的欧洲规则第4（2）条款规定，只要所接收的文件内容真实，忠于发送件，文件中所有信息易于辨认，文件、请求书、确认书、收据、证书和其他文书均可在传送机构与接收机构之间以任何适当的方式进行传递。规则第17条d项要求欧盟委员会制定相应规则，赋予加快文件传输和送达的措施以法律效力。另外，新西兰、立陶宛、波兰、德国等国家均有相关的规定。在我国，随着互联网技术的高速发展，人民法院也已具备通过国际互联网等方式送达民事诉讼文书的条件。当然，该条规定的适用必须慎重，特别是必须确认受送达人已经收悉，如通过电子邮件方式送达，当事人明确向人民法院予以回复，才可以确认受送达人已经收悉，以充分保护相关当事人的诉讼权利。

（五）公告送达期限的问题

人民法院受理涉港澳民商事案件，对住所地在港澳地区的当事人进行公告送达的期限问题，一直以来缺乏明确的法律规定，而最高人民法院公布的一些批复、会议纪要等法律文件，规定的内容亦不尽相同，存在矛盾的地方，例如，1987年10月9日最高人民法院发布的法〔经〕发〔1987〕28号《最高人民法院关于审理涉港澳经济纠纷案件若干问题的解答》（以下简称《审理涉港澳案件解答》）第五条规定，对于港澳地区的当事人公告送达，"自公告之日起，满六个月，即视为送达。"该规定显然是参照适用民事诉讼法（试行）关于审理涉外案件的有关规定。1989年6月12日最高人民法院发布的法〔经〕发〔1989〕12号《全国沿海地区涉外、涉港澳经济审判工作座谈会纪要》（以下简称《第一次会议纪要》）在第三部分第七条"公告送达、答辩和上诉期限的问题"中规定："对于在港澳地区的当事人公告送达的期限可以适用民事诉讼法（试行）第七十五条的规定。"而民事诉讼法（试行）第七十五条是关于国内案件公告送达期限的规定，该条规定："受送达人下落不明，或者用本章规定的其他方式无法送达的，公告送达。自发出公告之日起，经过三个月，即视为送达。"因此，按照《第一次会议纪要》的要求，对于港澳当事人公告送达期限是适用国内案件的有关规定。而最高人民法院2001年8月7日针对上海市高级人民法院请示进行答复的〔2001〕民四他字第29号复函又表明："对港澳台当事人在内地诉讼时的公告送达期限和答辩、上诉的期限，应参照我国民事诉讼法涉外篇的有关规定执行。"按照该批复的内容，对于港澳台当事人的公告送达期限适用民事诉讼法涉外编的有关规定，应为六个月。2005年12月26日，最高人民法院发布的《第二次全国涉外商事海事审判工作座谈会纪要》第三十八条规定："通过公告方式向住所地在香港特别行政区、澳门特别行政区、台湾地区的当事人送达司法文书，自公告之日起满六十日，即视为送达。"即适用国内案件关于公告送达期限的有关规定。可见，对于涉港澳民商事案件当事人公告送达期限问题，最高人民法院的一些批复、纪要等在内容上存在不尽相同的地方，且严格讲由于上述规定既非法律、亦非司法解释，因此也难以认定哪一项规定更具有法律效力。由于对该问题缺乏明确、有效的规定，因此导致实践中混乱情况的出现，有的人民法院采用涉外案件六个月的期限，有的人民法院采用国内案件六十日的期限。最高人民法院于2008年4月23日公布施行的《最高人民法院关于涉台民事诉讼文书送达的若干规定》（以下简称《涉台送达规定》）第八条规定了涉台案件公告送达的期限为三个月，本规定参照了该条的规定，也规定自公告之日起满三个月即视为送达，即确定涉港澳民商事案件公告送达的期限为三个月，这样与涉台案件规定的公告送达期限相一致，也可以突出涉港澳案件既不同于涉外案件，又不同于国内案件的特性。

（六）同时采取多种方式送达

为了提高司法文书送达的效率考虑，本规定第十条规定除公告送达方式外，可以同时采取多种方式进行送达，如在采取邮寄送达方式送达的同时，可以一并按照两个《安排》规定的方式送达，但考虑到可能存在多种方式均成功送达的情况，为了避免在此种情况下难以确定送达日期，规定还强调应该根据最先实现送达的送达方式确定送达日期。这里特别需要注意的一点，即民事诉讼法第二百四十五条第七项明确规定："不能用上述方式送达的，公告送达。"参照上述规定，同时采取的多种送达方式，是指公告方式以外的送达方式，只有在不能用其他方式送达的时候，才能公告送达，公告送达方式不能与其他方式一并进行。

（七）留置送达方式的适用

对于受送达人来说，签收诉讼文书不仅是其应该履行的诉讼义务，亦是其享有的诉讼权利，但司法实践中，常常碰到受送达人拒绝签收相关法律文书的情况，这既不利于法院送达职能的行使，也不利于当事人权利的保障，因为作为当事人来讲，其只有收到诉讼文书并获悉诉讼文书的内容，才能确定自己如何行使诉讼权利和承担诉讼义务，为此法律特别规定了留置送达。本规定第十一条规定人民法院向受送达人在我国内地的法定代表人、主要负责人、诉讼代理人、代表机构以及有权接受送达的分支机构、业务代办人送达司法文书，可以适用留置送达的方式。对于该问题，实际上最高人民法院在 2002 年 6 月 22 日公布施行的法释〔2002〕15 号《最高人民法院关于向外国公司送达司法文书能否向其驻华代表机构送达并适用留置送达问题的批复》中已经作出了类似规定，该批复明确可以向外国公司驻华代表机构适用留置送达。参照上述批复及民事诉讼法的相关规定，本规定作出了该规定。对于该问题需要注意的是，即在对受送达人在我国领域内的代表机构和有权接受的分支机构适用留置送达时，应当是向这些机构有权签收相关司法文书的人员送达时，如果其拒绝接受，人民法院才能适用留置送达，而不能到达这些机构，在没有找到相关的有权签收的人员的情况下，把司法文书随意留下即算送达了，这种理解是不正确的。根据《最高人民法院关于适用〈中华人民共和国民事诉讼法〉若干问题的意见》第八十一条的规定，上述机构的代表人、主要负责人或者办公室、收发室、值班室等负责收件的人员，可以认定为有权签收的人员。

（八）在受送达人未履行签收手续时如何认定已经送达

本规定第十二条结合审判实践，对在受送达人未履行签收手续的情况下，如何认定已经合法送达进行了规定，包括两种具体的情形：一是受送达人向人民法院提及了所送达司法文书的内容；二是受送达人已经按照所送达司法文书的内容履行。例如，人民法院向受送达人送达了开庭传票，受送达人虽然未履行签收手续，但其通过书面形式向人民法院提出了延期开庭的申请；或者人民法院向作为被告的受送达人送达了应诉通知书、起诉状副本等，受送达人没有履行签收手续，但其按照应诉通知书的内容向人民法院提交了答辩状以及相关证据材料等，如果存在上述情形，显然可以认定受送达人已经收到了送达的相关司法文书，知晓了司法文书的内容。该条第三项是一项兜底性的规定，主要是考虑到司法实践中具体情况比较复杂，司法解释中难以完全概括，人民法院可以根据该项规定，在具体案件中具体把握，但该项的适用必须遵循从严掌握的原则，不能为了及时结案、片面追求结案率而随意扩大该项的适用。

（九）其他规定

本规定针对司法实践中存在的上下级人民法院转递司法文书等有关问题，亦作出了相关的规定。

（撰稿人：任雪峰）

最高人民法院
关于涉台民事诉讼文书送达的若干规定

法释〔2008〕4号

(最高人民法院审判委员会第1421次会议通过 2008年4月17日最高人民法院公告公布 自2008年4月23日起施行)

为维护涉台民事案件当事人的合法权益，保障涉台民事案件诉讼活动的顺利进行，促进海峡两岸人员往来和交流，根据民事诉讼法的有关规定，制定本规定。

第一条 人民法院审理涉台民事案件向住所地在台湾地区的当事人送达民事诉讼文书，以及人民法院接受台湾地区有关法院的委托代为向住所地在内地的当事人送达民事诉讼文书，适用本规定。

涉台民事诉讼文书送达事务的处理，应当遵守一个中国原则和法律的基本原则，不违反社会公共利益。

第二条 人民法院送达或者代为送达的民事诉讼文书包括：起诉状副本、上诉状副本、反诉状副本、答辩状副本、授权委托书、传票、判决书、调解书、裁定书、支付令、决定书、通知书、证明书、送达回证以及与民事诉讼有关的其他文书。

第三条 人民法院向住所地在台湾地区的当事人送达民事诉讼文书，可以采用下列方式：

（一）受送达人居住在内地的，直接送达。受送达人是自然人，本人不在的，可以交其同住成年家属签收；受送达人是法人或者其他组织的，应当由法人的法定代表人、其他组织的主要负责人或者该法人、组织负责收件的人签收；

受送达人不在内地居住，但送达时在内地的，可以直接送达；

（二）受送达人在内地有诉讼代理人的，向诉讼代理人送达。受送达人在授权委托书中明确表明其诉讼代理人无权代为接收的除外；

（三）受送达人有指定代收人的，向代收人送达；

（四）受送达人在内地有代表机构、分支机构、业务代办人的，向其代表机构或者经受送达人明确授权接受送达的分支机构、业务代办人送达；

（五）受送达人在台湾地区的地址明确的，可以邮寄送达；

（六）有明确的传真号码、电子信箱地址的，可以通过传真、电子邮件方式向受送达人送达；

（七）按照两岸认可的其他途径送达。

采用上述方式不能送达或者台湾地区的当事人下落不明的，公告送达。

第四条 采用本规定第三条第一款第（一）、（二）、（三）、（四）项方式送达的，由受送达人、诉讼代理人或者有权接受送达的人在送达回证上签收或者盖章，即为送达；拒绝签收或者盖章的，可以依法留置送达。

第五条 采用本规定第三条第一款第（五）项方式送达的，应当附有送达回证。受送达人未在送达回证上签收但在邮件回执上签收的,视为送达,签收日期为送达日期。

自邮寄之日起满三个月,如果未能收到送达与否的证明文件,且根据各种情况不足以认定已经送达的,视为未送达。

第六条 采用本规定第三条第一款第(六)项方式送达的,应当注明人民法院的传真号码或者电子信箱地址,并要求受送达人在收到传真件或者电子邮件后及时予以回复。以能够确认受送达人收悉的日期为送达日期。

第七条 采用本规定第三条第一款第(七)项方式送达的,应当由有关的高级人民法院出具盖有本院印章的委托函。委托函应当写明案件各方当事人的姓名或者名称、案由、案号;受送达人姓名或者名称、受送达人的详细地址以及需送达的文书种类。

第八条 采用公告方式送达的,公告内容应当在境内外公开发行的报刊或者权威网站上刊登。

公告送达的,自公告之日起满三个月,即视为送达。

第九条 人民法院按照两岸认可的有关途径代为送达台湾地区法院的民事诉讼文书的,应当有台湾地区有关法院的委托函。

人民法院收到台湾地区有关法院的委托函后,经审查符合条件的,应当在收到委托函之日起两个月内完成送达。

民事诉讼文书中确定的出庭日期或者其他期限逾期的,受委托的人民法院亦应予送达。

第十条 人民法院按照委托函中的受送达人姓名或者名称、地址不能送达的,应当附函写明情况,将委托送达的民事诉讼文书退回。

完成送达的送达回证以及未完成送达的委托材料,可以按照原途径退回。

第十一条 受委托的人民法院对台湾地区有关法院委托送达的民事诉讼文书的内容和后果不负法律责任。

【解读】

解读《关于涉台民事诉讼文书送达的若干规定》

一、问题的提出

《最高人民法院关于涉台民事诉讼文书送达的若干规定》(以下简称本规定)已经最高人民法院审判委员会第1421次会议通过,于2008年4月23日正式实施。

二、理解

(一)以最大诚意解决两岸法院,特别是台湾地区法院送达难问题

为了避免出现对送达或者代为送达的民事诉讼文书范围因理解不同,影响送达效果,本规定对民事诉讼文书的范围采用了最大化的表述方式。除了规定民事诉讼文书包括起诉状副本、上诉状副本、反诉状副本、答辩状副本、授权委托书、传票、判决书、调解书、裁定书、支付令、决定书、通知书、证明书、送达回证外,为了解决列举不能穷尽的问题,还设定了"兜底"条款,即明确规定民事诉讼文书还包括"与民事诉讼有关的其他文书"。此外,本规定还明确,即使民事诉讼文书中确定的出庭日期

或者其他期限已过，受委托的人民法院仍应当根据委托函的要求进行送达。体现了人民法院对台湾地区法院目前涉内地案件送达难的最大理解和为解决台湾地区法院送达难问题的最大诚意。

（二）为便于操作，本规定详细规定了人民法院受台湾地区法院委托代为送达的具体程序

首先，本规定明确人民法院接到台湾地区法院的委托函后，应当代为送达。上述规定表明，本规定对法院之间直接委托送达的方式持肯定态度。实际上，对于法院之间是直接委托送达，还是通过海峡交流基金会等中间环节转递送达是有不同看法的。但是，通过中间环节转递送达，产生的送达时间长，送达效率低等问题，是一个不争的事实。从港澳特区与内地法院之间的司法协助实践看，法院之间相互委托送达，是解决目前两岸送达难问题的最有效途径。目前，两岸法院之间相互委托送达途径尚未正式启动，这有待于两岸有关部门的进一步沟通和协调。其次，为了防止无限期送达，提高送达效率，本规定对人民法院受托后的送达时间作出了限制性规定，即在收到委托函之日起二个月内完成送达。最后，对人民法院不能完成送达及完成送达后的回复程序，提出了具体要求。即人民法院按照委托函中的受送达人姓名或者名称、地址不能送达的，应当附函写明情况，将委托送达的民事诉讼文书退回；完成送达的送达回证以及未完成送达的委托材料，按原途径退回。

（三）对送达日期的确定，采取了十分谨慎的态度

本规定明确规定，自邮寄之日起满三个月，如果未能收到送达与否的证明文件，并且根据各种情况不足以认定已经送达，就视为没有送达；对于通过传真号码或者电子信箱地址送达的，在确定送达日期时，要求要有证据确认受送达人已经收悉，否则，不能确认已经送达。

本规定公布实施之后，人民法院送达或者代为送达涉台民事诉讼文书有了法律依据。但是，要想使人民法院与台湾地区法院互涉民事案件送达难问题的解决取得最好的效果，还要有赖于海峡两岸法院的积极合作与相互支持。因此，真诚呼吁台湾地区法界同仁，与我们一道，以积极的态度、务实的精神，共同将两岸司法方面的联系和协助，推向一个新的阶段。

三、适用

人民法院对住所地在台湾地区的当事人的送达，本规定第三条规定了若干种送达方式。受送达人在内地有诉讼代理人的，向诉讼代理人送达。但受送达人在授权委托书中明确表明其诉讼代理人无权代为接收的除外；受送达人有指定代收人的，向代收人送达；受送达人在内地有代表机构、分支机构、业务代办人的，向其代表机构或者经受送达人明确授权接受送达的分支机构、业务代办人送达；受送达人在台湾地区的地址明确的，邮寄送达；受送达人有明确的传真号码、电子信箱地址的，可以通过传真、电子邮件方式送达。除此之外，对于受送达人在内地居住的，可以直接送达。对于受送达人虽然不在内地居住，但是，送达时在内地的，也可以直接送达。另外，本规定还规定可以按照两岸认可的其他途径送达。上述方式，是为了多途径解决涉台民事案件送达问题，并没有先后顺序之分，人民法院可以根据案件的具体情况，决定采用其中的某些方式进行送达。除了以上几种送达方式外，本规定还规定了公告送达方式。但应当注意，采用这种方式送达的前提是，采用其他方式不能完成送达或者台湾

地区的当事人下落不明。考虑到目前两岸信息往来还不是太方便等特殊情况，从此类案件自身特点及有利于及时审理和裁判考虑，本规定将涉台诉讼文书公告送达的时间规定为三个月。

（撰稿人：高莎薇）

最高人民法院关于内地与澳门特别行政区相互认可和执行仲裁裁决的安排

法释〔2007〕17号

（2007年9月17日最高人民法院审判委员会第1437次会议通过 2007年12月12日最高人民法院公告公布 自2008年1月1日起实施）

根据《中华人民共和国澳门特别行政区基本法》第九十三条的规定，经最高人民法院与澳门特别行政区协商，现就内地与澳门特别行政区相互认可和执行仲裁裁决的有关事宜达成如下安排：

第一条 内地人民法院认可和执行澳门特别行政区仲裁机构及仲裁员按照澳门特别行政区仲裁法规在澳门作出的民商事仲裁裁决，澳门特别行政区法院认可和执行内地仲裁机构依据《中华人民共和国仲裁法》在内地作出的民商事仲裁裁决，适用本安排。

本安排没有规定的，适用认可和执行地的程序法律规定。

第二条 在内地或者澳门特别行政区作出的仲裁裁决，一方当事人不履行的，另一方当事人可以向被申请人住所地、经常居住地或者财产所在地的有关法院申请认可和执行。

内地有权受理认可和执行仲裁裁决申请的法院为中级人民法院。两个或者两个以上中级人民法院均有管辖权的，当事人应当选择向其中一个中级人民法院提出申请。

澳门特别行政区有权受理认可仲裁裁决申请的法院为中级法院，有权执行的法院为初级法院。

第三条 被申请人的住所地、经常居住地或者财产所在地分别在内地和澳门特别行政区的，申请人可以向一地法院提出认可和执行申请，也可以分别向两地法院提出申请。

当事人分别向两地法院提出申请的，两地法院都应当依法进行审查。予以认可的，采取查封、扣押或者冻结被执行人财产等执行措施。仲裁地法院应当先进行执行清偿；另一地法院在收到仲裁地法院关于经执行债权未获清偿情况的证明后，可以对申请人未获清偿的部分进行执行清偿。两地法院执行财产的总额，不得超过依据裁决和法律规定所确定的数额。

第四条 申请人向有关法院申请认可和执行仲裁裁决的，应当提交以下文件或者经公证的副本：

（一）申请书；

（二）申请人身份证明；

（三）仲裁协议；

（四）仲裁裁决书或者仲裁调解书。

上述文件没有中文文本的，申请人应当提交经正式证明的中文译本。

第五条 申请书应当包括下列内容：

（一）申请人或者被申请人为自然人的，应当载明其姓名及住所；为法人或者其他组织的，应当载明其名称及住所，以及其法定代表人或者主要负责人的姓名、职务和住所；申请人是外国籍法人或者其他组织的，应当提交相应的公证和认证材料；

（二）请求认可和执行的仲裁裁决书或者仲裁调解书的案号或识别资料和生效日期；

（三）申请认可和执行仲裁裁决的理由及具体请求，以及被申请人财产所在地、财产状况及该仲裁裁决的执行情况。

第六条 申请人向有关法院申请认可和执行内地或者澳门特别行政区仲裁裁决的期限，依据认可和执行地的法律确定。

第七条 对申请认可和执行的仲裁裁决，被申请人提出证据证明有下列情形之一的，经审查核实，有关法院可以裁定不予认可：

（一）仲裁协议一方当事人依对其适用的法律在订立仲裁协议时属于无行为能力的；或者依当事人约定的准据法，或当事人没有约定适用的准据法而依仲裁地法律，该仲裁协议无效的；

（二）被申请人未接到选任仲裁员或者进行仲裁程序的适当通知，或者因他故未能陈述意见的；

（三）裁决所处理的争议不是提交仲裁的争议，或者不在仲裁协议范围之内；或者裁决载有超出当事人提交仲裁范围的事项的决定，但裁决中超出提交仲裁范围的事项的决定与提交仲裁事项的决定可以分开的，裁决中关于提交仲裁事项的决定部分可以予以认可；

（四）仲裁庭的组成或者仲裁程序违反了当事人的约定，或者在当事人没有约定时与仲裁地的法律不符的；

（五）裁决对当事人尚无约束力，或者业经仲裁地的法院撤销或者拒绝执行的。

有关法院认定，依执行地法律，争议事项不能以仲裁解决的，不予认可和执行该裁决。

内地法院认定在内地认可和执行该仲裁裁决违反内地法律的基本原则或者社会公共利益，澳门特别行政区法院认定在澳门特别行政区认可和执行该仲裁裁决违反澳门特别行政区法律的基本原则或者公共秩序，不予认可和执行该裁决。

第八条 申请人依据本安排申请认可和执行仲裁裁决的，应当根据执行地法律的规定，交纳诉讼费用。

第九条 一方当事人向一地法院申请执行仲裁裁决，另一方当事人向另一地法院申请撤销该仲裁裁决，被执行人申请中止执行且提供充分担保的，执行法院应当中止执行。

根据经认可的撤销仲裁裁决的判决、裁定，执行法院应当终结执行程序；撤销仲裁裁决申请被驳回的，执行法院应当恢复执行。

当事人申请中止执行的，应当向执行法院提供其他法院已经受理申请撤销仲裁裁决案件的法律文书。

第十条 受理申请的法院应当尽快审查认可和执行的请求，并作出裁定。

第十一条 法院在受理认可和执行仲裁裁决申请之前或者之后，可以依当事人的申请，按照法院地法律规定，对被申请人的财产采取保全措施。

第十二条 由一方有权限公共机构（包括公证员）作成的文书正本或者经公证的文书副本及译本，在适用本安排时，可以免除认证手续在对方使用。

第十三条 本安排实施前，当事人提出的认可和执行仲裁裁决的请求，不适用本安排。

自1999年12月20日至本安排实施前，澳门特别行政区仲裁机构及仲裁员作出的仲裁裁决，当事人向内地申请认可和执行的期限，自本安排实施之日起算。

第十四条 为执行本安排，最高人民法院和澳门特别行政区终审法院应当相互提供相关法律资料。

最高人民法院和澳门特别行政区终审法院每年相互通报执行本安排的情况。

第十五条 本安排在执行过程中遇有问题或者需要修改的，由最高人民法院和澳门特别行政区协商解决。

第十六条 本安排自2008年1月1日起实施。

最高人民法院
关于内地与澳门特别行政区相互认可和执行民商事判决的安排

法释〔2006〕2号

(2006年2月13日最高人民法院审判委员会第1378次会议通过 2006年3月21日最高人民法院公告公布 自2006年4月1日起生效)

根据《中华人民共和国澳门特别行政区基本法》第九十三条的规定，最高人民法院与澳门特别行政区经协商，就内地与澳门特别行政区法院相互认可和执行民商事判决事宜，达成如下安排：

第一条 内地与澳门特别行政区民商事案件（在内地包括劳动争议案件，在澳门特别行政区包括劳动民事案件）判决的相互认可和执行，适用本安排。

本安排亦适用于刑事案件中有关民事损害赔偿的判决、裁定。

本安排不适用于行政案件。

第二条 本安排所称"判决"，在内地包括：判决、裁定、决定、调解书、支付令；在澳门特别行政区包括：裁判、判决、确认和解的裁定、法官的决定或者批示。

本安排所称"被请求方"，指内地或者澳门特别行政区双方中，受理认可和执行判决申请的一方。

第三条 一方法院作出的具有给付内容的生效判决，当事人可以向对方有管辖权的法院申请认可和执行。

没有给付内容，或者不需要执行，但需要通过司法程序予以认可的判决，当事人可以向对方法院单独申请认可，也可以直接以该判决作为证据在对方法院的诉讼程序中使用。

第四条 内地有权受理认可和执行判决申请的法院为被申请人住所地、经常居住地或者财产所在地的中级人民法院。两个或者两个以上中级人民法院均有管辖权的，申请人应当选择向其中一个中级人民法院提出申请。

澳门特别行政区有权受理认可判决申请的法院为中级法院，有权执行的法院为初级法院。

第五条 被申请人在内地和澳门特别行政区均有可供执行财产的，申请人可以向一地法院提出执行申请。

申请人向一地法院提出执行申请的同时，可以向另一地法院申请查封、扣押或者冻结被执行人的财产。待一地法院执行完毕后，可以根据该地法院出具的执行情况证明，就不足部分向另一地法院申请采取处分财产的执行措施。

两地法院执行财产的总额，不得超过依据判决和法律规定所确定的数额。

第六条 请求认可和执行判决的申请书，应当载明下列事项：

（一）申请人或者被申请人为自然人的，应当载明其姓名及住所；为法人或者其他组织的，应当载明其名称及住所，以及其法定代表人或者主要负责人的姓名、职务和住所；

（二）请求认可和执行的判决的案号和判决日期；

（三）请求认可和执行判决的理由、标的，以及该判决在判决作出地法院的执行情况。

第七条 申请书应当附生效判决书副本，或者经作出生效判决的法院盖章的证明书，同时应当附作出生效判决的法院或者有权限机构出具的证明下列事项的相关文件：

（一）传唤属依法作出，但判决书已经证明的除外；

（二）无诉讼行为能力人依法得到代理，但判决书已经证明的除外；

（三）根据判决作出地的法律，判决已经送达当事人，并已生效；

（四）申请人为法人的，应当提供法人营业执照副本或者法人登记证明书；

（五）判决作出地法院发出的执行情况证明。

如被请求方法院认为已充分了解有关事项时，可以免除提交相关文件。

被请求方法院对当事人提供的判决书的真实性有疑问时，可以请求作出生效判决的法院予以确认。

第八条 申请书应当用中文制作。所附司法文书及其相关文件未用中文制作的，应当提供中文译本。其中法院判决书未用中文制作的，应当提供由法院出具的中文译本。

第九条 法院收到申请人请求认可和执行判决的申请后，应当将申请书送达被申请人。

被申请人有权提出答辩。

第十条 被请求方法院应当尽快审查认可和执行的请求,并作出裁定。

第十一条 被请求方法院经审查核实存在下列情形之一的,裁定不予认可:

(一)根据被请求方的法律,判决所确认的事项属被请求方法院专属管辖;

(二)在被请求方法院已存在相同诉讼,该诉讼先于待认可判决的诉讼提起,且被请求方法院具有管辖权;

(三)被请求方法院已认可或者执行被请求方法院以外的法院或仲裁机构就相同诉讼作出的判决或仲裁裁决;

(四)根据判决作出地的法律规定,败诉的当事人未得到合法传唤,或者无诉讼行为能力人未依法得到代理;

(五)根据判决作出地的法律规定,申请认可和执行的判决尚未发生法律效力,或者因再审被裁定中止执行;

(六)在内地认可和执行判决将违反内地法律的基本原则或者社会公共利益;在澳门特别行政区认可和执行判决将违反澳门特别行政区法律的基本原则或者公共秩序。

第十二条 法院就认可和执行判决的请求作出裁定后,应当及时送达。

当事人对认可与否的裁定不服的,在内地可以向上一级人民法院提请复议,在澳门特别行政区可以根据其法律规定提起上诉;对执行中作出的裁定不服的,可以根据被请求方法律的规定,向上级法院寻求救济。

第十三条 经裁定予以认可的判决,与被请求方法院的判决具有同等效力。判决有给付内容的,当事人可以向该方有管辖权的法院申请执行。

第十四条 被请求方法院不能对判决所确认的所有请求予以认可和执行时,可以认可和执行其中的部分请求。

第十五条 法院受理认可和执行判决的申请之前或者之后,可以按照被请求方法律关于财产保全的规定,根据申请人的申请,对被申请人的财产采取保全措施。

第十六条 在被请求方法院受理认可和执行判决的申请期间,或者判决已获认可和执行,当事人再行提起相同诉讼的,被请求方法院不予受理。

第十七条 对于根据本安排第十一条第(一)、(四)、(六)项不予认可的判决,申请人不得再行提起认可和执行的申请。但根据被请求方的法律,被请求方法院有管辖权的,当事人可以就相同案件事实向当地法院另行提起诉讼。

本安排第十一条第(五)项所指的判决,在不予认可的情形消除后,申请人可以再行提起认可和执行的申请。

第十八条 为适用本安排,由一方有权限公共机构(包括公证员)作成或者公证的文书正本、副本及译本,免除任何认证手续而可以在对方使用。

第十九条 申请人依据本安排申请认可和执行判决,应当根据被请求方法律规定,交纳诉讼费用、执行费用。

申请人在生效判决作出地获准缓交、减交、免交诉讼费用的,在被请求方法院申请认可和执行判决时,应当享有同等待遇。

第二十条 对民商事判决的认可和执行,除本安排有规定的以外,适用被请求方的法律规定。

第二十一条 本安排生效前提出的认可和执行请求,不适用本安排。

两地法院自1999年12月20日以后至本安排生效前作出的判决,当事人未向对方法院申请认可和执行，或者对方法院拒绝受理的，仍可以于本安排生效后提出申请。

澳门特别行政区法院在上述期间内作出的判决，当事人向内地人民法院申请认可和执行的期限，自本安排生效之日起重新计算。

第二十二条 本安排在执行过程中遇有问题或者需要修改，应当由最高人民法院与澳门特别行政区协商解决。

第二十三条 为执行本安排，最高人民法院和澳门特别行政区终审法院应当相互提供相关法律资料。

最高人民法院和澳门特别行政区终审法院每年相互通报执行本安排的情况。

第二十四条 本安排自 2006 年 4 月 1 日起生效。

最高人民法院
关于内地与香港特别行政区相互执行仲裁裁决的安排[①]

法释〔2000〕3 号

(1999 年 6 月 18 日最高人民法院审判委员会第 1069 次会议通过
2000 年 1 月 24 日最高人民法院公告公布 自 2000 年 2 月 1 日起施行)

根据《中华人民共和国香港特别行政区基本法》第九十五条的规定，经最高人民法院与香港特别行政区（以下简称香港特区）政府协商，香港特区法院同意执行内地仲裁机构（名单由国务院法制办公室经国务院港澳事务办公室提供）依据《中华人民共和国仲裁法》所作出的裁决，内地人民法院同意执行在香港特区按香港特区《仲裁条例》所作出的裁决。现就内地与香港特区相互执行仲裁裁决的有关事宜作出如下安排：

一、在内地或者香港特区作出的仲裁裁决，一方当事人不履行仲裁裁决的，另一方当事人可以向被申请人住所地或者财产所在地的有关法院申请执行。

二、上条所述的有关法院，在内地指被申请人住所地或者财产所在地的中级人民法院，在香港特区指香港特区高等法院。

被申请人住所地或者财产所在地在内地不同的中级人民法院辖区内的，申请人可以选择其中一个人民法院申请执行裁决，不得分别向两个或者两个以上人民法院提出申请。

被申请人的住所地或者财产所在地，既在内地又在香港特区的，申请人不得同时分别向两地有关法院提出申请。只有一地法院执行不足以偿还其债务时，才可就不足部分向另一地法院申请执行。两地法院先后执行仲裁裁决的总额，不得超过裁决数额。

三、申请人向有关法院申请执行在内地或者香港特区作出的仲裁裁决的，应当提

---

① 本安排已被《最高人民法院关于内地与香港特别行政区相互执行仲裁裁决的补充安排》（法释〔2020〕13号）修改，因修改后未重新予以公布，因此收录修改前的版本，方便读者参考。——编者注

交以下文书：

（一）执行申请书；

（二）仲裁裁决书；

（三）仲裁协议。

四、执行申请书的内容应当载明下列事项：

（一）申请人为自然人的情况下，该人的姓名、地址；申请人为法人或者其他组织的情况下，该法人或其他组织的名称、地址及法定代表人姓名；

（二）被申请人为自然人的情况下，该人的姓名、地址；被申请人为法人或者其他组织的情况下，该法人或其他组织的名称、地址及法定代表人姓名；

（三）申请人为法人或者其他组织的，应当提交企业注册登记的副本。申请人是外国籍法人或者其他组织的，应当提交相应的公证和认证材料；

（四）申请执行的理由与请求的内容，被申请人的财产所在地及财产状况。

执行申请书应当以中文文本提出，裁决书或者仲裁协议没有中文文本的，申请人应当提交正式证明的中文译本。

五、申请人向有关法院申请执行内地或者香港特区仲裁裁决的期限依据执行地法律有关时限的规定。

六、有关法院接到申请人申请后，应当按执行地法律程序处理及执行。

七、在内地或者香港特区申请执行的仲裁裁决，被申请人接到通知后，提出证据证明有下列情形之一的，经审查核实，有关法院可裁定不予执行：

（一）仲裁协议当事人依对其适用的法律属于某种无行为能力的情形；或者该项仲裁协议依约定的准据法无效；或者未指明以何种法律为准时，依仲裁裁决地的法律是无效的；

（二）被申请人未接到指派仲裁员的适当通知，或者因他故未能陈述意见的；

（三）裁决所处理的争议不是交付仲裁的标的或者不在仲裁协议条款之内，或者裁决载有关于交付仲裁范围以外事项的决定的；但交付仲裁事项的决定可与未交付仲裁的事项划分时，裁决中关于交付仲裁事项的决定部分应当予以执行；

（四）仲裁庭的组成或者仲裁庭程序与当事人之间的协议不符，或者在有关当事人没有这种协议时与仲裁地的法律不符的；

（五）裁决对当事人尚无约束力，或者业经仲裁地的法院或者按仲裁地的法律撤销或者停止执行的。

有关法院认定依执行地法律，争议事项不能以仲裁解决的，则可不予执行该裁决。

内地法院认定在内地执行该仲裁裁决违反内地社会公共利益，或者香港特区法院决定在香港特区执行该仲裁裁决违反香港特区的公共政策，则可不予执行该裁决。

八、申请人向有关法院申请执行在内地或者香港特区作出的仲裁裁决，应当根据执行地法院有关诉讼收费的办法交纳执行费用。

九、1997 年 7 月 1 日以后申请执行在内地或者香港特区作出的仲裁裁决按本安排执行。

十、对 1997 年 7 月 1 日至本安排生效之日的裁决申请问题，双方同意：

1997 年 7 月 1 日至本安排生效之日因故未能向内地或者香港特区法院申请执行，申请人为法人或者其他组织的，可以在本安排生效后 6 个月内提出；如申请人为自然人的,可以在本安排生效后 1 年内提出。

对于内地或香港特区法院在 1997 年 7 月 1 日至本安排生效之日拒绝受理或者拒绝执行仲裁裁决的案件,应允许当事人重新申请。

十一、本安排在执行过程中遇有问题和修改,应当通过最高人民法院和香港特区政府协商解决。

内地仲裁委员会名单

截止至 1999 年 5 月 31 日,内地依照《中华人民共和国仲裁法》成立的仲裁委员会名单如下:

一、中国国际商会设立的仲裁委员会
中国国际经济贸易仲裁委员会、中国海事仲裁委员会

二、各省、自治区、直辖市成立的仲裁委员会
北京市
北京仲裁委员会
天津市
天津仲裁委员会
河北省
石家庄仲裁委员会、邯郸仲裁委员会、邢台仲裁委员会、沧州仲裁委员会、承德仲裁委员会、张家口仲裁委员会、衡水仲裁委员会
山西省
大同仲裁委员会、阳泉仲裁委员会
内蒙古自治区
呼和浩特仲裁委员会、乌海仲裁委员会、包头仲裁委员会、赤峰仲裁委员会
辽宁省
鞍山仲裁委员会、抚顺仲裁委员会、本溪仲裁委员会、锦州仲裁委员会、辽阳仲裁委员会、朝阳仲裁委员会、大连仲裁委员会、葫芦岛仲裁委员会、沈阳仲裁委员会、营口仲裁委员会、丹东仲裁委员会、阜新仲裁委员会、铁岭仲裁委员会、盘锦仲裁委员会
吉林省
长春仲裁委员会、白山仲裁委员会、通化仲裁委员会
黑龙江省
牡丹江仲裁委员会、哈尔滨仲裁委员会、七台河仲裁委员会、鸡西仲裁委员会、佳木斯仲裁委员会、黑河仲裁委员会、鹤岗仲裁委员会、大庆仲裁委员会
上海市
上海仲裁委员会
江苏省
常州仲裁委员会、南京仲裁委员会、南通仲裁委员会、徐州仲裁委员会、连云港仲裁委员会、淮阴仲裁委员会、盐城仲裁委员会、扬州仲裁委员会、苏州仲裁委员会、

无锡仲裁委员会、镇江仲裁委员会

浙江省

杭州仲裁委员会、金华仲裁委员会、绍兴仲裁委员会、温州仲裁委员会、宁波仲裁委员会、舟山仲裁委员会、嘉兴仲裁委员会、湖州仲裁委员会、台州仲裁委员会

安徽省

马鞍山仲裁委员会、滁州仲裁委员会、黄山仲裁委员会、安庆仲裁委员会、铜陵仲裁委员会、芜湖仲裁委员会、合肥仲裁委员会、淮南仲裁委员会、蚌埠仲裁委员会、淮北仲裁委员会、阜阳仲裁委员会

福建省

福州仲裁委员会、厦门仲裁委员会

江西省

南昌仲裁委员会、新余仲裁委员会、萍乡仲裁委员会

山东省

淄博仲裁委员会、潍坊仲裁委员会、青岛仲裁委员会、威海仲裁委员会、济南仲裁委员会、烟台仲裁委员会、东营仲裁委员会、泰安仲裁委员会、枣庄仲裁委员会、临沂仲裁委员会、日照仲裁委员会、德州仲裁委员会、莱芜仲裁委员会、济宁仲裁委员会

河南省

洛阳仲裁委员会、平顶山仲裁委员会

湖北省

武汉仲裁委员会、荆州仲裁委员会、宜昌仲裁委员会、襄樊仲裁委员会

湖南省

长沙仲裁委员会、株洲仲裁委员会、郴州仲裁委员会、常德仲裁委员会、益阳仲裁委员会、湘潭仲裁委员会、衡阳仲裁委员会、邵阳仲裁委员会、岳阳仲裁委员会

广东省

广州仲裁委员会、深圳仲裁委员会、佛山仲裁委员会、江门仲裁委员会、汕头仲裁委员会、肇庆仲裁委员会、韶关仲裁委员会、惠州仲裁委员会

广西壮族自治区

柳州仲裁委员会、南宁仲裁委员会、桂林仲裁委员会、钦州仲裁委员会、梧州仲裁委员会

海南省

海口仲裁委员会

重庆市

重庆仲裁委员会、万县仲裁委员会

四川省

广元仲裁委员会、遂宁仲裁委员会、德阳仲裁委员会、成都仲裁委员会、泸州仲裁委员会、攀枝花仲裁委员会、自贡仲裁委员会、乐山仲裁委员会、绵阳仲裁委员会

贵州省

六盘水仲裁委员会、贵阳仲裁委员会

云南省

昆明仲裁委员会
陕西省
西安仲裁委员会、宝鸡仲裁委员会、咸阳仲裁委员会、铜川仲裁委员会、汉中仲裁委员会
甘肃省
天水仲裁委员会、兰州仲裁委员会、嘉峪关仲裁委员会
青海省
西宁仲裁委员会
宁夏回族自治区
银川仲裁委员会、石嘴山仲裁委员会
新疆维吾尔自治区
克拉玛依仲裁委员会

三、迄今曾受理过涉港澳仲裁案件的仲裁委员会

中国国际经济贸易仲裁委员会、中国海事仲裁委员会。

北京仲裁委员会、天津仲裁委员会、石家庄仲裁委员会、抚顺仲裁委员会、长春仲裁委员会、常州仲裁委员会、南通仲裁委员会、连云港仲裁委员会、苏州仲裁委员会、杭州仲裁委员会、深圳仲裁委员会、佛山仲裁委员会、长沙仲裁委员会、呼和浩特仲裁委员会、上海仲裁委员会、广州仲裁委员会、江门仲裁委员会、厦门仲裁委员会、青岛仲裁委员会、济南仲裁委员会、东营仲裁委员会、烟台仲裁委员会、汕头仲裁委员会、岳阳仲裁委员会、南宁仲裁委员会、桂林仲裁委员会、昆明仲裁委员会、柳州仲裁委员会。

最高人民法院
关于内地与香港特别行政区法院相互委托送达民商事司法文书的安排

法释〔1999〕9号

(1998年12月30日最高人民法院审判委员会第1038次会议通过 1999年3月29日最高人民法院公告公布 自1999年3月30日起施行)

根据《中华人民共和国香港特别行政区基本法》第九十五条的规定，经最高人民法院与香港特别行政区代表协商，现就内地与香港特别行政区法院相互委托送达民商事司法文书问题规定如下：

一、内地法院和香港特别行政区法院可以相互委托送达民商事司法文书。

二、双方委托送达司法文书，均须通过各高级人民法院和香港特别行政区高等法院进行。最高人民法院司法文书可以直接委托香港特别行政区高等法院送达。

三、委托方请求送达司法文书，须出具盖有其印章的委托书，并须在委托书中说明委托机关的名称、受送达人的姓名或者名称、详细地址及案件的性质。

委托书应当以中文文本提出。所附司法文书没有中文文本的，应当提供中文译本。以上文件一式两份。受送达人为两人以上的，每人一式两份。

受委托方如果认为委托书与本安排的规定不符，应当通知委托方，并说明对委托书的异议。必要时可以要求委托方补充材料。

四、不论司法文书中确定的出庭日期或者期限是否已过，受委托方均应送达。委托方应当尽量在合理期限内提出委托请求。

受委托方接到委托书后，应当及时完成送达，最迟不得超过自收到委托书之日起两个月。

五、送达司法文书后，内地人民法院应当出具送达回证；香港特别行政区法院应当出具送达证明书。出具送达回证和证明书，应当加盖法院印章。

受委托方无法送达的，应当在送达回证或者证明书上注明妨碍送达的原因、拒收事由和日期，并及时退回委托书及所附全部文书。

六、送达司法文书，应当依照受委托方所在地法律规定的程序进行。

七、受委托方对委托方委托送达的司法文书的内容和后果不负法律责任。

八、委托送达司法文书费用互免。但委托方在委托书中请求以特定送达方式送达所产生的费用，由委托方负担。

九、本安排中的司法文书在内地包括：起诉状副本、上诉状副本、授权委托书、传票、判决书、调解书、裁定书、决定书、通知书、证明书、送达回证；在香港特别行政区包括：起诉状副本、上诉状副本、传票、状词、誓章、判案书、判决书、裁决书、通知书、法庭命令、送达证明。

上述委托送达的司法文书以互换司法文书样本为准。

十、本安排在执行过程中遇有问题和修改，应当通过最高人民法院与香港特别行政区高等法院协商解决。

【解读】

解读《关于内地与香港特别行政区法院相互委托送达民商事司法文书的安排》

一、问题的提出

1999年3月30日，最高人民法院以司法解释的形式发布了由最高人民法院与香港特别行政区代表签署的《最高人民法院关于内地与香港特别行政区法院相互委托送达民商事司法文书的安排》（以下简称本安排）。

二、理解

根据本安排，内地与香港特别行政区法院送达民商事司法文书应当通过各高级人民法院和香港特别行政区高等法院进行，送达的司法文书仅限于民商事司法文书，有关刑事或行政等方面的文书不能委托送达。相互送达的司法文书在内地主要包括起诉状副本、上诉状副本、授权委托书、传票、判决书、调解书、裁定书、决定书、通知书、证明书、送达回证；在香港特别行政区包括起诉状副本、上诉状副本、授权委托书、传票、状词、誓章、判案书、判决书、裁决书、决定书、通知书、法庭命令、送达证明，将来如果双方认为有增减司法文书种类的必要时，可以再增加。相互委托送达的司法文书以交换的文书样本为准。送达司法文书依照送达地法律规定的程序进行。受委托方对委托送达的司法文书的内容和后果不负法律责任。委托送达费用互免。请求以特定方式送达产生的费用，由委托方负担。送达时间限制在两个月内。

三、适用

香港回归前，有关法律或司法解释中规定的其他送达方式仍可继续沿用，不必拘泥于本安排一种方式。例如，通过诉讼代理人送达可能比本安排的方式更为快捷。

本安排中的"特定方式送达"，主要是针对两地有不同送达方式的实际情况而规定的。例如，香港有在当事人最后住所地张贴送达的方式。连续三天每天张贴一次，以防文书被他人撕毁。最后一次张贴，视为已经送达。如果香港高等法院要求以这一方式送达，可视为"特定方式送达"。又如，指定专人在指定时间直接送达的方式也可视为"特定方式送达"。要求以"特定方式送达"实践中不会很多，主要应以送达地法律规定的送达方式为主。

本安排没有规定不予送达的情形。主要考虑两地间文书送达仅仅是一方司法机关将有关文书通过另一方司法机关送交当事人，并不意味着对有关诉讼及所产生的判决的承认。所以在接到对方委托书后，除因地址不详等特殊原因外，原则上不得拒绝送达。在遇有不宜送达的情形时，如出现以国家为被告的司法文书，可以作为个案由内地最高人民法院与香港特别行政区高等法院协商解决。

就已经送达司法文书的文件证明，本安排对内地与香港特别行政区有不同的要求，即内地法院出具送达回证；香港特别行政区法院出具送达证明书。之所以作出不同规定，主要是照顾两地不同的做法。根据香港法律，法院送达司法文书后，受送达人并不需要签收，一般由执达主任填妥送达或不能送达的证明书即可。香港法院是否将内地法院委托送达的司法文书送达给香港一方当事人，应当看是否有执达主任填具的送达证明书。

实践中，如果采取本安排或其他方式均不能送达时，为了确实保障香港特别行政区一方当事人的权利，宜以公告方式最终确定送达。

在具体送达过程中，高级人民法院如认为由下级人民法院送达效率更高，也可以委托下级人民法院送达。但高级人民法院委托香港特别行政区高等法院送达司法文书，必须以高级人民法院的名义，委托书应当加盖高级人民法院的印章。

（撰稿人：邵文虹、高莎薇）